Großkommentare der Praxis

Klaus Ramming

Seehandelsrecht

Großkommentar

Erster Band
Einleitung; §§ 476–480; ÖlHÜ 1992, BunkerölÜ, WBÜ

DE GRUYTER

Bearbeitungsstand: März 2017

Zitiervorschlag: z.B. *Ramming* Seehandelsrecht § 476 Rn 2

ISBN 978-3-11-040513-2
e-ISBN (PDF) 978-3-11-040736-5
e-ISBN (EPUB) 978-3-11-040744-0

Library of Congress Cataloging-in-Publication Data
A CIP catalog record for this book has been applied for at the Library of Congress.

Bibliografische Information der Deutschen Nationalbibliothek
Die Deutsche Nationalbibliothek verzeichnet diese Publikation in der Deutschen Nationalbibliografie; detaillierte bibliografische Daten sind im Internet über http://dnb.dnb.de abrufbar.

© 2017 Walter de Gruyter GmbH, Berlin/Boston
Datenkonvertierung und Satz: jürgen ullrich typosatz, Nördlingen
Druck und Bindung: Hubert & Co. GmbH und Co. KG, Göttingen
♾ Gedruckt auf säurefreiem Papier
Printed in Germany

www.degruyter.com

Vorwort

Dies ist der Band 1 des auf drei Bände angelegten Kommentars zum Seehandelsrecht des Fünften Buches HGB. Der Band 1 betrifft die grundlegenden Vorschriften der §§ 476 bis 480 HGB nebst einer Kommentierung zu Art. 7 EGHGB. Darüber hinaus behandelt der Band 1 die wichtigsten Grundlagen des Fünften Buches wie den Werdegang des deutschen Seehandelsrechts, das Schiff einschließlich der Abgrenzung zwischen See- und Binnenschiffen sowie ausgewählte Bereiche des öffentlichen Seerechts. Darüber hinaus werden im Band 1 die international insbesondere durch das ÖlHÜ 1992, das BunkerölÜ und das WBÜ vereinheitlichte Haftung des Reeders sowie viele weitere spezielle Haftungsregelungen erörtert. Neben dem Reeder und dem Ausrüster, die bereits Gegenstand der §§ 476 und 477 sind, behandelt Band 1 mit dem Schiffsmanager, dem Lotsen sowie dem Kapitän weitere prominente Rechtsfiguren des Seehandelsrechts. Gegenstand des Bands 2 des Werkes werden im Wesentlichen die Rechtsverhältnisse des Frachtrechts, also der Stückgutfrachtvertrag, die Reisecharter, die Bareboat-Charter, die Zeitcharter sowie das Normal- und das Haag-Konnossement sein, mit Seitenblicken auf damit zusammenhängende Rechtsgebiete wie die multimodale Beförderung mit Seeteilstrecke, die Spedition, die Lagerei sowie den Umschlag von Gut. Die Vorschriften über die Passagierhaftung werden im Band 2 ausgelassen und in den Band 3 verlagert. Dieser ist außerdem den Schiffsnotlagen – Zusammenstoß von Schiffen, Bergung, Große Haverei –, den Schiffsgläubigerrechten, der Verjährung, dem Recht der Beschränkung der Haftung sowie prozessualen Fragen einschließlich des Arrests von Schiffen gewidmet.

Die drei Bände des Werkes sind als Nachfolger des *Schaps/Abraham* gedacht. Dieses monumentale Buch ist zuletzt in der 4. Auflage im Jahre 1978 erschienen. Ich bin als Seehandelsrechtler mit dem *Schaps/Abraham* aufgewachsen und habe bis heute größten Respekt vor den Verfassern, die in den Jahrzehnten seit der ersten Auflage eine unglaubliche Menge Material zusammengetragen haben. Der Kommentar versucht, praktisch alle Fundstellen seit Beginn des deutschen Seehandelsrechts zu sammeln. Das vorliegende Werk hat allerdings mit dem früheren *Schaps/Abraham* nicht mehr viel gemeinsam. Zum einen gab es bereits seit der letzten Auflage 1978 im Seehandelsrecht mehrere Rechtsänderungen. Spätestens aber seit dem Inkrafttreten des SHR-ReformG am 25. April 2013 – der Stunde Null des modernen deutschen Seehandelsrechts – war es erforderlich, die Kommentierung von Grund auf neu aufzulegen. Eine derart vollständige und bis in die Anfangszeiten zurückreichende Kommentierung, wie sie im *Schaps/Abraham* angelegt war, neu zu erstellen, würde heute jeden Rahmen sprengen. Zudem sind eine ganze Reihe der Quellen, die im *Schaps/Abraham* noch zitiert werden, inzwischen nicht mehr ohne weiteres verfügbar.

Gleichwohl merkt man der jetzigen Neuauflage sicherlich an, dass ich eine Schwäche vor allem für alte seerechtliche Entscheidungen, aber auch für Aufsätze und Monographien der 1930er Jahre und früher habe. Diese Veröffentlichungen findet man nicht online, sondern nur noch in staubigen Büchern in vergessenen Winkeln von Bibliotheken und deren Außenlagern. Sie sind nicht weniger als das Jahrhunderte alte Fundament des heutigen deutschen Seehandelsrechts. Nicht alle Veröffentlichungen sind heute noch brauchbar, manche muten nur noch kurios an, aber viele haben nichts an Aktualität eingebüßt. Ihnen gebührt mit Recht ein Platz in einer Reihe mit den jüngeren Veröffentlichungen. Die alten Publikationen zeugen von einem überaus umtriebigen seehandelsrechtlichen Rechtsleben mit vielen Beteiligten, dessen Lebhaftigkeit mit den heutigen geruhsamen Verhältnissen nicht zu vergleichen ist. Es war auch eine Zeit technischer Revolutionen und einer entsprechenden Aufbruchsstimmung: Der Übergang der Segelschifffahrt zu Dampf- und Motorschiffen, die Einführung von Stahl als Schiffbaustoff, die Entwicklung leistungsfähiger Dieselmotoren und, mit allem einhergehend, eine bis dahin nicht gekannte Industrialisierung der Seebeförderungen, gefördert durch eine stetige Zunahme des Welthandels. Es ist auch die Zeit der ersten großen Übereinkommen des Seerechts: Das Übereinkommen vom 23. September 1910 zur einheitlichen Feststellung von Regeln über den Zusammenstoß von Schiffen sowie die Haager Regeln von 1924 (die beide bis heute für Deutschland in Kraft sind), das Übereinkommen vom 23. September 1910 zur einheitlichen Feststellung von Regeln über die Hilfsleistung und Bergung in Seenot (inzwischen abgelöst durch das Internationale Übereinkommen vom 28. April 1989 über Bergung), das erste Internationale Übereinkommen vom 10. April 1926 über Vorzugsrechte und Schiffshypotheken, aber auch die ersten SOLAS-Übereinkommen von 1914 und 1929.

Auf die erste seehandelsrechtliche Euphorie in den 1950er und 60er Jahren folgte die Blütezeit der 70er Jahre. Danach spielte das Seehandelsrecht in Deutschland allmählich eine zunehmend geringer werdende Rolle. Allerdings ist seit dem Tiefstand um die Jahrtausendwende ungefähr in der Zeit zwischen 1990 und 2010 wieder eine Zunahme seehandelsrechtlicher Aktivitäten in Deutschland festzustellen. Auch das Inkrafttreten des SHR-ReformG hat das Interesse nochmals angefacht. Seit einigen Jahren bietet die Universität Hamburg sogar wieder eine regelmäßige umfassende Ausbildung im Bereich des maritimen Wirtschaftsrechts an, die sich einer stetig wachsenden Anzahl Studierender erfreut.

Eine weitere, nicht zu unterschätzende Quelle seehandelsrechtlicher Erkenntnis ist das Handelsrecht der Binnenschifffahrt. Sie hat viel mit der Seeschifffahrt gemeinsam. In beiden Rechtsgebieten finden sich dieselben Rechtsinstitute und eine ganze Reihe gemeinsamer Grundsätze. Teils begnügt sich das BinSchG auch mit einer bloßen Verweisung auf Vorschriften des Fünften Buches; siehe §§ 27 Abs. 1 und 2, 77, 78 Abs. 3, 93 Abs. 1 BinSchG. Viele Gedanken, die für das Binnenschifffahrtsrecht entwickelt werden, können nahtlos auf die Verhältnisse des Seerechts übertragen werden. Dies kommt auch in dem Fußnotenapparat dieses Buches zum Ausdruck, wo die Anzahl nachgewiesener binnenschifffahrtsrechtlicher Entscheidungen denen des Seerechts durchaus ebenbürtig ist. Tatsächlich spielen etwa die SchOG Köln und Karlsruhe bei der Fortentwicklung des Seehandelsrechts eine gewichtige Rolle.

Das vorliegende Werk betrifft nur das Seehandelsrecht Deutschlands. Es hat eine lange Tradition, auf die Wissenschaft wie Praxis mit Fug und Recht stolz sein können. Das deutsche Seehandelsrecht braucht sich hinter den Seehandelsrechten anderer Staaten nicht zu verstecken. Auf Bezugnahmen zu fremden Seehandelsrechten, insbesondere des angelsächsischen Rechtskreises, habe ich in diesem Werk bewusst weitgehend verzichtet. Dies hat verschiedene Gründe: Den ohnehin schon erheblichen Umfang dieses Buches; die unterschiedliche Verfügbarkeit ausländischer Rechtsprechung und Literatur, die zu einer unausgewogenen Berücksichtigung führen würde; und natürlich meine begrenzten Sprachkenntnisse, die nicht allzu weit über das Englische hinausgehen. Nicht zuletzt geht es mir auch um den Respekt vor dem fremden Recht, dem man ohne ein grundlegendes systematisches Verständnis, denke ich, eigentlich nicht in authentischer Weise gerecht werden kann.

Hamburg, am 5. März 2017 *Klaus Ramming*

Inhaltsübersicht

Vorwort —— **V**
Abkürzungsverzeichnis —— **XXI**
Literaturverzeichnis —— **LXXV**
Fest- und Gedächtnisschriften —— **LXXX**

Einleitung
A. Die Rechtsquellen des Seehandelsrechts —— **1**
B. Das Schiff —— **47**
C. Öffentlich-rechtliche Belange —— **122**

FÜNFTES BUCH
Seehandel

ERSTER ABSCHNITT
Personen der Schifffahrt
    § 476 Reeder —— **173**
    Anhang zu § 476 (Art. 7 EGHGB) —— **188**
    § 477 Ausrüster —— **209**
    Anhang zu §§ 476, 477 (Manager) —— **236**
    § 478 Schiffsbesatzung —— **271**
    Anhang zu § 478 (Lotse) —— **295**
    Anhang zu § 478 (Kanalsteurer) —— **356**
    § 479 Rechte des Kapitäns. Tagebuch —— **363**
    Anhang zu § 479 (Kapitän) —— **387**
    § 480 Verantwortlichkeit des Reeders für Schiffsbesatzung und Lotsen —— **443**
    Anhang I.1 zu § 480 (ÖlHÜ 1992) —— **529**
    Anhang I.2 zu § 480 (Art. 15 ÖlHÜProt 1992) —— **571**
    Anhang I.3 zu § 480 (ÖlFÜ 1992) —— **575**
    Anhang I.4 zu § 480 (ÖlFÜProt 2003) —— **599**
    Anhang I.5 zu § 480 (BunkerölÜ) —— **619**
    Anhang II zu § 480 (HNS-Ü 2010) —— **644**
    Anhang III.1 zu § 480 (WBÜ) —— **682**
    Anhang III.2 zu § 480 (WrBesKoDG) —— **757**
    Anhang zum WrBesKoDG —— **761**
    Anhang III.3 zu § 480 (Wrackbeseitigung) —— **767**
    Anhang IV zu § 480 (maritime Nuklearhaftung) —— **776**
    Anhang IV.1 (§ 25 AtomG) —— **788**
    Anhang IV.2 zu § 480 (ReaktorschiffÜ) —— **789**
    Anhang IV.3 zu § 480 (KernmatBefÜ) —— **800**
    Anhang V zu § 480 (Antarktishaftung) —— **804**
    Anhang VI zu § 480 (BGB) —— **809**
    Anhang VII zu § 480 (Anlagenhaftung) —— **818**
    Anhang VIII zu § 480 (öffentlich-rechtliche Kostenerstattung) —— **819**
    Anhang IX zu § 480 (Ansprüche des Reeders) —— **821**

Inhaltsverzeichnis

Vorwort —— **V**
Abkürzungsverzeichnis —— **XXI**
Literaturverzeichnis —— **LXXV**
Fest- und Gedächtnisschriften —— **LXXX**

Einleitung

A. Die Rechtsquellen des Seehandelsrechts —— **1**
    I. Völkerrechtliche Übereinkommen —— **1**
    II. Das europäische Recht —— **33**
    III. Das nationale deutsche Recht —— **35**
    IV. Deutschsprachige Literatur zu ausländischen Seehandelsrechten —— **46**
B. Das Schiff —— **47**
    I. Die Qualifikation eines Gegenstandes als Schiff —— **47**
    II. See- und Binnenschiffe —— **64**
    III. Der Heimathafen bzw. -ort des Schiffes —— **71**
    IV. Die Flagge des Schiffes —— **73**
    V. Das Schiffssachenrecht —— **81**
    VI. Das Schiffsbauwerk —— **111**
    VII. Das Schwimmdock —— **112**
    VIII. Das Schiff als Gegenstand der Zwangsvollstreckung —— **113**
    IX. Das Schiffswrack —— **116**
C. Öffentlich-rechtliche Belange —— **122**
    I. Das SeerechtsÜ und seine Seegebiete —— **122**
    II. Die Mündung der Ems —— **124**
    III. Schiffsicherheit und Umweltschutz —— **125**
    IV. Die Schiffsbesetzung —— **152**
    V. Das Gefahrgutrecht —— **153**
    VI. Die ISM-Regelungen —— **161**
    VII. Die ISPS-Regelungen —— **165**
    VIII. Die STCW-Regelungen —— **169**

FÜNFTES BUCH
Seehandel

ERSTER ABSCHNITT
Personen der Schifffahrt

§ 476
Reeder —— **173**
    I. Die Bedeutung des § 476 —— **173**
    II. Begrifflichkeiten —— **175**
    III. Die Umschreibung des § 476 —— **175**
    IV. Der Reeder als Kaufmann (§§ 1 ff.) —— **185**
    V. Reederverbände —— **185**

VI. Die sonstige Anknüpfung an den Reeder —— 186
VII. Vertraglich begründete Rechtsstellungen —— 187

Anhang zu § 476 (Art. 7 EGHGB) —— 188
I. Die Anwendung von Vorschriften auf Nichterwerbsschiffe (Art. 7 Abs. 1 EGHGB) —— 189
II. Beschränkbarkeit der Haftung für sonstige Ansprüche (Art. 7 Abs. 2 EGHGB) —— 204
III. Der zeitliche Anwendungsbereich des HBÜ 1976 bzw. 1996 (Art. 7 Abs. 3 EGHGB) —— 207

§ 477
Ausrüster —— 209
I. Die Umschreibung des Ausrüsters in § 477 Abs. 1 —— 209
II. Der Ausrüster als Reeder (§ 477 Abs. 2) —— 219
III. Die Ausrüster-Einwendung (§ 477 Abs. 3) —— 223
IV. Der Ausrüster als unmittelbarer Adressat von Vorschriften —— 226
V. Die Stellung des Ausrüsters im Hinblick auf Schiffsgläubigerrechte —— 230
VI. Der (Nur-)Eigentümer —— 233

Anhang zu §§ 476, 477 (Manager) —— 236
I. Vertragsreeder, Bereederer, Korrespondentreeder, Manager —— 236
II. Der Betrieb des Schiffes für den Auftraggeber —— 237
III. Der Manager als Adressat von Vorschriften —— 237
IV. Der Managementvertrag —— 238
V. Die Pflichten des Managers —— 240
VI. Die Pflichten des Auftraggebers —— 249
VII. Die Haftung aus dem Managementvertrag —— 254
VIII. Die Beendigung des Managementvertrags —— 257
IX. Der Manager als Unternehmen im Sinne der ISM-Bestimmungen —— 259
X. Der Manager als Vertreter des Auftraggebers —— 260
XI. Die Haftung des Managers gegenüber Dritten —— 261
XII. Die Haftung des Auftraggebers für den Manager —— 264
XIII. Internationalprivatrechtliche Gesichtspunkte —— 269

§ 478
Schiffsbesatzung —— 271
I. Einleitung —— 272
II. Der Kapitän —— 274
III. Die Schiffsoffiziere —— 275
IV. Die Schiffsmannschaft —— 276
V. Die sonstigen Personen —— 277
VI. Beginn und Ende der Stellung als Mitglied der Schiffsbesatzung —— 293
VII. Die Sportschifffahrt —— 294

Anhang zu § 478 (Lotse) —— 295
I. Die Organisation des Seelotsewesens in Deutschland —— 295
II. Die Durchführung der Lotsung —— 307

III. Das Nutzungsverhältnis —— 320
IV. Das Verhältnis zwischen dem Lotsen und dem Reeder bzw. Eigner —— 323
V. Die Haftung gegenüber Dritten —— 336

Anhang zu § 478 (Kanalsteurer) —— 356
I. Die Organisation des Kanalsteurerdienstes —— 356
II. Die Tätigkeit der Kanalsteurer an Bord —— 358
III. Das Nutzungsverhältnis —— 358
IV. Das Rechtsverhältnis zwischen Kanalsteurer und Reeder —— 359
V. Die Haftung im Verhältnis zwischen Kanalsteurer und Reeder —— 359
VI. Die Haftung gegenüber Dritten —— 360

§ 479
Rechte des Kapitäns. Tagebuch —— 363
I. Der Kapitän als Vertreter des Reeders —— 363
II. Eintragungen in das Schiffstagebuch —— 380

Anhang zu § 479 (Kapitän) —— 387
I. Die Entwicklung des Kapitänsrechts —— 387
II. Die Stellung des Kapitäns an Bord —— 389
III. Die persönlichen Anforderungen —— 391
IV. Öffentlich-rechtliche Pflichten —— 392
V. Der Kapitän als Arbeitnehmer —— 394
VI. Der innerbetriebliche Schadensausgleich —— 395
VII. Das seehandelsrechtliche Kapitän-Reeder-Rechtsverhältnis —— 397
VIII. Das Verhältnis zu den Ladungsbeteiligten —— 417
IX. Bergung; Große Haverei —— 417
X. Die Befugnisse des Kapitäns im Hinblick auf die Güter —— 418
XI. Der Kapitän als Besitzdiener des Reeders —— 419
XII. Der Kapitän als Hilfsperson —— 420
XIII. Die Haftung gegenüber Dritten —— 420
XIV. Der Reeder-Kapitän —— 442

§ 480
Verantwortlichkeit des Reeders für Schiffsbesatzung und Lotsen —— 443
I. Einleitung —— 444
II. Der Tatbestand des § 480 Satz 1 —— 444
III. Die analoge Anwendung auf weitere Personen —— 468
IV. Überwachungspflichten der Schiffsbesatzung —— 478
V. Die Haftung des Reeders —— 478
VI. Die Darlegungs- und Beweislast —— 480
VII. Die Anwendung des § 480 Satz 1 im Rahmen des Mitverschuldens —— 481
VIII. Die Verjährung des Anspruchs —— 482
IX. Die Haftung für Verlust und Beschädigung von Gut —— 483
X. Schiffsgläubigerrechte —— 498
XI. Konkurrenzen —— 500
XII. Internationalprivatrechtliche Gesichtspunkte —— 507
XIII. Die (frühere) Haftung mit Schiff und Fracht —— 524
XIV. Die Anwendung des § 480 auf Nichterwerbsschiffe —— 525

XV. Die Anwendung des § 480 auf Staatsschiffe —— 526
XVI. Prozessuales —— 527

Anhang I.1 zu § 480 (ÖlHÜ 1992) —— 529
  I. Die Entstehung des ÖlHÜ 1992 und des ÖlFÜ 1992 —— 530
  II. Die ergänzenden innerstaatlichen Vorschriften —— 531
  III. Europarechtliche Fragen —— 531
  IV. Das Verhältnis zu anderen Haftungsrégimes —— 532
Artikel I —— 533
Artikel II —— 539
Artikel III —— 540
  I. Die Grundlage des Anspruchs —— 541
  II. Die Entlastung des Eigentümers —— 542
  III. Der Ausschluss anderer Ansprüche —— 543
  IV. Die Freistellung der übrigen Beteiligten —— 543
  V. Der Ausschluss der Befreiung im Falle qualifizierten Verschuldens —— 546
  VI. Der Rückgriff des Eigentümers —— 546
Artikel IV —— 547
Artikel V —— 548
Artikel VI —— 549
  I. Das Recht zur Beschränkung der Haftung —— 551
  II. Der Höchstbetrag —— 551
  III. Die Geltendmachung der Haftungsbeschränkung —— 552
  IV. Die Wirkungen der Errichtung des Haftungsfonds —— 553
  V. Das Verfahren —— 554
Artikel VII —— 555
  I. Die Pflicht zur Versicherung —— 557
  II. Der Gegenstand der Versicherung —— 557
  III. Die Anforderungen an die Versicherung —— 558
  IV. Der Nachweis der Versicherung —— 558
  V. Der Direktanspruch —— 560
Artikel VIII —— 560
Artikel IX —— 562
  I. Die gerichtlichen Zuständigkeiten —— 562
  II. Die weiteren Regelungen des Art. IX ÖlHÜ 1992 —— 567
Artikel X —— 567
Artikel XI —— 568
Artikel XII —— 569
Artikel XIIbis Übergangsbestimmungen —— 569
Artikel XII^{ter} Schlussbestimmungen —— 570

Anhang I.2 zu § 480 (Art. 15 ÖlHÜProt 1992) —— 571
  I. Ersuchen, Beratung, Beschlussfassung —— 573
  II. Das Inkrafttreten der Änderungen —— 573
  III. Die Bindung der Vertragsstaaten —— 573

Anhang I.3 zu § 480 (ÖlFÜ 1992) —— 575
  I. Einleitung —— 576
  II. Europarechtliche Fragen —— 576

    III.   Der Anwendungsbereich —— **576**
    IV.   Die Entschädigung —— **577**
    V.   Der Ölfonds —— **580**
    VI.   Prozessuales —— **582**
    VII.   STOPIA 2006 und TOPIA 2006 —— **583**

Artikel 1 —— **584**
Artikel 2 —— **585**
Artikel 3 —— **585**
Artikel 4 —— **586**
Artikel 5 —— **587**
Artikel 6 —— **588**
Artikel 7 —— **588**
Artikel 8 —— **589**
Artikel 9 —— **589**
Artikel 10 —— **589**
Artikel 11 —— **590**
Artikel 12 —— **590**
Artikel 13 —— **591**
Artikel 14 —— **591**
Artikel 15 —— **592**
Artikel 16 —— **592**
Artikel 17 —— **592**
Artikel 18 —— **593**
Artikel 19 —— **593**
Artikel 20 —— **594**
Artikel 21 bis 27 —— **594**
Artikel 28 —— **594**
Artikel 29 —— **594**
Artikel 30 —— **595**
Artikel 31 —— **595**
Artikel 32 —— **595**
Artikel 33 —— **595**
Artikel 34 —— **596**
Artikel 35 —— **596**
Artikel 36 —— **596**
Artikel 36bis —— **597**
Artikel 36ter —— **597**
Artikel 36^{quater} —— **598**
Artikel 36^{quinquies} —— **598**

Anhang I.4 zu § 480 (ÖlFÜProt 2003) —— **599**
    I.   Einleitung —— **599**
    II.   Europarechtliche Fragen —— **599**
    III.   Der Anwendungsbereich —— **600**
    IV.   Die Entschädigung —— **600**
    V.   Der Zusatzfonds —— **602**
    VI.   Prozessuales —— **604**
Artikel 1 —— **606**
Artikel 2 —— **607**
Artikel 3 —— **607**

Artikel 4 —— **607**
Artikel 5 —— **608**
Artikel 6 —— **608**
Artikel 7 —— **608**
Artikel 8 —— **609**
Artikel 9 —— **609**
Artikel 10 —— **609**
Artikel 11 —— **610**
Artikel 12 —— **611**
Artikel 13 —— **611**
Artikel 14 —— **611**
Artikel 15 —— **611**
Artikel 16 —— **612**
Artikel 17 —— **612**
Artikel 18 —— **613**
Artikel 19 —— **613**
Artikel 20 —— **614**
Artikel 21 —— **614**
Artikel 23 —— **614**
Artikel 24 —— **615**
Artikel 25 —— **616**
Artikel 26 —— **616**
Artikel 27 —— **616**
Artikel 28 —— **617**
Artikel 29 —— **617**
Artikel 30 —— **617**
Artikel 31 —— **618**

Anhang I.5 zu § 480 (BunkerölÜ) —— **619**
    I.   Einleitung —— **619**
    II. Europarechtliche Fragen —— **620**
    III. ÖlSG, ÖlHBesch —— **621**
    IV. Die Resolutionen —— **621**
Artikel 1 Begriffsbestimmungen —— **622**
Artikel 2 Geltungsbereich —— **626**
Artikel 3 Haftung des Schiffseigentümers —— **626**
    I.   Die Begründung der Haftung —— **627**
    II. Der Ausschluss der Haftung —— **628**
    III. Der Ausschluss anderer Ansprüche —— **628**
    IV. Der Rückgriff der Schiffseigentümer —— **629**
Artikel 4 Ausschlüsse —— **629**
Artikel 5 Ereignisse, an denen mehrere Schiffe beteiligt sind —— **630**
Artikel 6 Haftungsbeschränkung —— **631**
    I.   Das anwendbare Recht —— **631**
    II. HBÜ 1996, §§ 611ff. —— **631**
Artikel 7 Pflichtversicherung oder finanzielle Sicherheit —— **634**
    I.   Die Pflicht zur Versicherung —— **637**
    II. Der Gegenstand der Versicherung —— **637**
    III. Die Anforderungen an die Versicherung —— **638**

  IV. Der Nachweis der Versicherung —— 638
  V. Der Direktanspruch —— 640
Artikel 8 Ausschlussfristen —— 641
Artikel 9 Gerichtsbarkeit —— 641
Artikel 10 Anerkennung und Vollstreckung von Urteilen —— 642
Artikel 11 Vorrangklausel —— 643
Artikel 12–19 —— 643
Anlage —— 643

Anhang II zu § 480 (HNS-Ü 2010) —— 644
 I. Das Protokoll von 2010 —— 644
 II. Der Anwendungsbereich des HNS-Ü 2010 —— 645
 III. Die Haftung für HNS-Schäden —— 645
 IV. Die Beschränkung der Haftung —— 646
 V. Die Versicherungspflicht —— 646
 VI. Der HNS-Fonds —— 647
 VII. Europarechtliche Gesichtspunkte —— 647
Chapter I General Provisions —— 649
  Article 1 Definitions —— 649
  Article 2 Annexes —— 652
  Article 3 Scope of Application —— 652
  Article 4 —— 652
  Article 5 —— 653
  Article 6 Duties of State Parties —— 653
Chapter II Liability —— 654
  Article 7 Liability of the Owner —— 654
  Article 8 Incidents involving two or more Ships —— 655
  Article 9 Limitation of Liability —— 655
  Article 10 —— 657
  Article 11 Death and Injury —— 657
  Article 12 Compulsory Insurance of the Owner —— 657
Chapter III Compension by the International Hazardous and Noxious
  Substances Fund (HNS Fund) —— 659
  Article 13 Establishment of the HNS Fund —— 659
  Article 14 Compensation —— 659
  Article 15 Related Tasks of the HNS Fund —— 661
  Article 16 General Provisions on Contributions —— 661
  Article 17 General Provisions on Annual Contributions —— 662
  Article 18 Annual Contributions to the General Account —— 663
  Article 19 Annual Contributions to Separate Accounts —— 663
  Article 20 Initial Contributions —— 664
  Article 21 Reports —— 665
  Article 21[bis] Non-Reporting —— 665
  Article 22 Non-Payment of Contributions —— 666
  Article 23 Optional Liability of States Parties for the Payment
    of Contributions —— 666
  Article 24 —— 667
  Article 25 —— 667
  Article 26 —— 667
  Article 27 —— 668

Article 28 —— 668
Article 29 —— 668
Article 30 —— 668
Article 31 —— 669
Article 32 —— 669
Article 33 —— 669
Article 34 —— 670
Article 35 —— 670
Article 36 —— 671
Chapter IV Claims and Actions —— 671
Article 37 Limitation of Actions —— 671
Article 38 Jurisdiction in respect of Action against the Owner —— 671
Article 39 Jurisdiction in respect of Action against the HNS Fund or taken by the HNS Fund —— 672
Article 40 Recognition and Enforcement —— 673
Article 41 Subrogation and Recourse —— 673
Article 42 Supersession Clause —— 673
Chapter V Transitional provisions —— 674
Article 43 First Session of the Assembly —— 674
Article 44 —— 674
Chapter VI Final Clauses —— 674
Article 45 Signature, Ratification, Acceptance, Approval and Accession [P20] —— 674
Article 46 Entry into Force [P21] —— 675
Article 47 Revision and Amendment [P22] —— 675
Article 48 Amendment of Limits [P23] —— 676
Article 49 Denunciation [P24] —— 677
Article 50 Extraordinary Sessions of the Assembly [P25] —— 677
Article 51 Cessation [P26] —— 678
Article 52 Winding up of the HNS Fund [P27] —— 678
Article 53 Depositary [P28] —— 678
Article 54 Languages [P29] —— 679
Annex I Certificate of Insurance —— 679
Annex II —— 680
Regulation 1 —— 680
Regulation 2 —— 680

Anhang III.1 zu § 480 (WBÜ) —— 682
 I. Überblick —— 682
 II. Das völkerrechtliche Inkrafttreten des WBÜ —— 683
 III. Die Anwendung des WBÜ in Deutschland —— 683
 IV. Das MaßnahmeÜ und das MaßnahmeProt —— 684
Artikel 1 Begriffsbestimmungen —— 688
 I. Das Übereinkommensgebiet (Art. 1 Abs. 1 WBÜ) —— 690
 II. Das Schiff (Art. 1 Abs. 2 WBÜ) —— 690
 III. Der Seeunfall (Art. 1 Abs. 3 WBÜ) —— 691
 IV. Das Wrack (Art. 1 Abs. 4 WBÜ) —— 693
 V. Die Gefahr (Art. 1 Abs. 5 WBÜ) —— 697
 VI. Damit zusammenhängende Interessen (Art. 1 Abs. 6 WBÜ) —— 698
 VII. Die Beseitigung (Art. 1 Abs. 7 WBÜ) —— 699

    VIII. Der eingetragene Eigentümer (Art. 1 Abs. 8 WBÜ) —— **699**
    IX. Der Betreiber des Schiffes (Art. 1 Abs. 9 WBÜ) —— **699**
    X. Der betroffene Staat (Art. 1 Abs. 10 WBÜ) —— **700**
    XI. Der Staat des Schiffsregisters (Art. 1 Abs. 11 WBÜ) —— **700**
    XII. Die Organisation (Art. 1 Abs. 12 WBÜ) —— **701**
    XIII. Der Generalsekretär (Art. 1 Abs. 13 WBÜ) —— **701**
Artikel 2 Ziele und allgemeine Grundsätze —— **701**
    I. Die Befugnis zur Beseitigung —— **701**
    II. Der Umfang der Beseitigung —— **702**
    III. Die Freiheit der Hohen See —— **704**
    IV. Die Zusammenarbeit der Vertragsstaaten —— **704**
Artikel 3 Geltungsbereich —— **705**
    I. Der Ausgangspunkt: Art. 3 Abs. 1 WBÜ —— **705**
    II. Die Möglichkeit des Opt-in (Art. 3 Abs. 2 bis 4 WBÜ) —— **706**
    III. Die Anwendung in zeitlicher Hinsicht —— **708**
Artikel 4 Ausschlüsse —— **708**
    I. Vorrang des MaßnahmeÜ und des MaßnahmeProt —— **709**
    II. Kriegs- und Staatsschiffe —— **710**
    III. Modifikationen im Falle des Opt-in —— **710**
Artikel 5 Meldung von Wracks —— **710**
    I. Die zu verpflichtenden Personen —— **711**
    II. Die Meldung —— **711**
    III. Das deutsche Recht —— **712**
Artikel 6 Feststellung einer Gefahr —— **712**
    I. Ausgehen einer Gefahr von dem Wrack —— **713**
    II. Die Feststellung —— **714**
    III. Die Rechtsfolgen —— **714**
    IV. Der Rechtsschutz —— **715**
Artikel 7 Lokalisierung von Wracks —— **715**
    I. Die Unterrichtung der Betroffenen —— **716**
    II. Die Ermittlung des Ortes des Wracks —— **716**
Artikel 8 Markierung von Wracks —— **717**
Artikel 9 Maßnahmen zur Erleichterung der Beseitigung von Wracks —— **717**
    I. Die Unterrichtung der Betroffenen —— **719**
    II. Konsultationen —— **719**
    III. Der Nachweis der Versicherung (Art. 9 Abs. 3 WBÜ) —— **719**
    IV. Die Pflicht zur Beseitigung des Wracks (Art. 9 Abs. 2 WBÜ) —— **720**
Artikel 10 Haftung des Eigentümers —— **727**
    I. Die Begründung der Haftung —— **728**
    II. Die Entlastung —— **729**
    III. Der Anspruch —— **730**
    IV. Die Beschränkung der Haftung —— **731**
    V. Anspruchskonkurrenzen —— **732**
    VI. Die Haftung anderer Personen —— **732**
    VII. Der Rückgriff des eingetragenen Eigentümers —— **733**
    VIII. Ansprüche des eingetragenen Eigentümers auf Schadenersatz —— **733**
Artikel 11 Haftungsausschluss —— **733**
    I. Vorrang der Haftungsübereinkommen —— **734**
    II. Wrackbeseitigung und Bergung —— **740**

Artikel 12 Pflichtversicherung oder sonstige finanzielle Sicherheit —— 742
    I. Die Pflicht zur Aufrechterhaltung der Versicherung —— 745
    II. Der Gegenstand der Versicherung —— 745
    III. Die Anforderungen an die Versicherung —— 746
    IV. Der Nachweis der Versicherung —— 746
    V. Der Direktanspruch —— 748
Artikel 13 Ausschlussfristen —— 749
    I. Die Drei-Jahres-Frist (Art. 13 Satz 1 WBÜ) —— 749
    II. Die Sechs-Jahres-Frist (Art. 13 Satz 2 und 3 WBÜ) —— 749
    III. Die Wahrung der Fristen —— 750
    IV. Der Lauf der Fristen —— 750
    V. Kritik —— 750
    VI. Die Fristen des im Übrigen anwendbaren nationalen Rechts —— 751
Artikel 14 Änderungsbestimmungen —— 751
Artikel 15 Beilegung von Streitigkeiten —— 752
Artikel 16 Verhältnis zu anderen Übereinkommen und internationalen Übereinkünften —— 753
Artikel 17 Unterzeichnung, Ratifikation, Annahme, Genehmigung und Beitritt —— 753
Artikel 18 Inkrafttreten —— 754
Artikel 19 Kündigung —— 755
Artikel 20 Verwahrer —— 755
Artikel 21 Sprachen —— 756

Anhang III.2 zu § 480 (WrBesKoDG) —— 757
  § 1 —— 757
  § 2 —— 758
  § 3 —— 759
  § 4 —— 759
  § 5 Übergangsregelung —— 760

Anhang zum WrBesKoDG —— 761
    I. Internationalprivatrechtliche Gesichtspunkte —— 761
    II. Der Arrest des Schiffes —— 762
    III. Die Sicherung des Anspruchs durch ein Schiffsgläubigerrecht —— 763
    IV. Die Beschränkbarkeit der Haftung —— 763

Anhang III.3 zu § 480 (Wrackbeseitigung) —— 767
    I. Strompolizeiliche Maßnahmen auf Bundeswasserstraßen —— 767
    II. Maßnahmen außerhalb der Bundeswasserstraßen —— 774

Anhang IV zu § 480 (maritime Nuklearhaftung) —— 776
    I. Grundlagen —— 776
    II. Die Haftung des Inhabers der Kernanlage —— 777
    III. Die Haftung für Reaktorschiffe —— 781
    IV. Die Haftung für beförderte Kernmaterialien —— 784
    V. Die Haftung für beförderte sonstige radioaktive Stoffe —— 786

Anhang IV.1 (§ 25 AtomG) —— 788

Anhang IV.2 zu § 480 (ReaktorschiffÜ) —— **789**
Artikel l —— **789**
Artikel II —— **790**
Artikel III —— **791**
Artikel IV —— **791**
Artikel V —— **791**
Artikel VI —— **792**
Artikel VII —— **792**
Artikel VIII —— **793**
Artikel IX —— **793**
Artikel X —— **793**
Artikel XI —— **793**
Artikel XII —— **795**
Artikel XIII —— **795**
Artikel XIV —— **795**
Artikel XV —— **796**
Artikel XVI —— **796**
Artikel XVII —— **796**
Artikel XVIII —— **796**
Artikel XIX —— **797**
Artikel XX —— **797**
Artikel XXI —— **797**
Artikel XXII —— **797**
Artikel XXIII —— **797**
Artikel XXIV —— **798**
Artikel XXV —— **798**
Artikel XXVI —— **798**
Artikel XXVII —— **798**
Artikel XXVIII —— **798**

Anhang IV.3 zu § 480 (KernmatBefÜ) —— **800**
Artikel 1 —— **800**
Artikel 2 —— **800**
Artikel 3 —— **801**
Artikel 4 —— **801**
Artikel 5 —— **801**
Artikel 6 —— **802**
Artikel 7 —— **802**
Artikel 8 —— **802**
Artikel 9 —— **803**
Artikel 10 —— **803**
Artikel 11 —— **803**
Artikel 12 —— **803**

Anhang V zu § 480 (Antarktishaftung) —— **804**
    I. Die Grundlagen —— **804**
    II. Die neue AntarktisV-UmwProt VI —— **804**
    III. Das AntHaftG —— **807**

Anhang VI zu § 480 (BGB) —— **809**
　I.　　§ 823 Abs. 1 BGB —— **809**
　II.　　§ 823 Abs. 2 BGB —— **812**
　III.　§ 831 Abs. 1 BGB —— **814**
　IV.　§§ 677, 683 Satz 1, 670 BGB —— **815**
　V.　　§ 839 Abs. 1 Satz 1 BGB, Art. 34 Satz 1 GG —— **816**
　VI.　§ 904 Satz 2 BGB —— **816**
　VII.　§§ 987 ff. BGB —— **817**

Anhang VII zu § 480 (Anlagenhaftung) —— **818**

Anhang VIII zu § 480 (öffentlich-rechtliche Kostenerstattung) —— **819**

Anhang IX zu § 480 (Ansprüche des Reeders) —— **821**

Abkürzungsverzeichnis

1. Ostseeschutz-ÄndV	Erste Verordnung zu Änderungen der Anlagen III und IV zum Übereinkommen von 1992 über den Schutz der Meeresumwelt des Ostseegebiets (Erste Ostseeschutz-Änderungsverordnung) vom 19. Dezember 2002 (BGBl. 2002 II S. 2953), geändert durch Art. 6 der Verordnung vom 15. Dezember 2004 (BGBl. 2004 II S. 1667)
1. SeeLG-ÄndG	Erstes Gesetz zur Änderung des Seelotsgesetzes vom 26. Juli 2008 (BGBl. 2008 I S. 1507)
1. SprengV	Erste Verordnung zum Sprengstoffgesetz in der Fassung der Bekanntmachung vom 31. Januar 1991 (BGBl. 1991 I S. 169), zuletzt geändert durch Art. 13 der Verordnung vom 2. Juni 2016 (BGBl. 2016 I S. 1257, 1259)
1. SRÄndG	Gesetz zur Änderung des Handelsgesetzbuchs und anderer Gesetze (Seerechtsänderungsgesetz) vom 21. Juni 1972 (BGBl. 1972 I S. 966, berichtigt BGBl. 1972 I S. 1300), geändert durch Art. 9 Abs. 1 des Gesetzes vom 25. Juli 1986 (BGBl. 1986 I S. 1120, 1987 I S. 2083), Art. 4, 6 und 7 aufgehoben durch Art. 32 des Gesetzes vom 23. November 2007 (BGBl. 2007 I S. 2614, 2618)
1. SRÄndG-Begr	Begründung zum Entwurf der Bundesregierung eines Gesetzes zur Änderung des Handelsgesetzbuchs und anderer Gesetze (Seerechtsänderungsgesetz), BT-Drucks. VI/2225, S. 2–46 (= BR-Drucks. 19/71 S. 2–46)
1. SRÄndG-Bericht	Bericht des Rechtsauschusses zum Entwurf der Bundesregierung eines Gesetzes zur Änderung des Handelsgesetzbuchs und anderer Gesetze (Seerechtsänderungsgesetz), BT-Drucks. VI/3182
1957/1952Ü-G	Gesetz zu dem Übereinkommen vom 10. Oktober 1957 über die Beschränkung der Haftung der Eigentümer von Seeschiffen und zu den auf der IX. Diplomatischen Seerechtskonferenz in Brüssel am 10. Mai 1952 geschlossenen Übereinkommen vom 21. Juni 1972 (BGBl. II 1972 S. 683), zuletzt geändert durch Gesetz vom 8. Dezember 2010 (BGBl. 2010 I S. 1864)
2. BinHaftÄndG	Zweites Gesetz zur Änderung der Haftungsbeschränkung in der Binnenschifffahrt vom 5. Juli 2016 (BGBl. 2016 I S. 1578)
2. BinHaftÄndG-Begr	Begründung zum Gesetzentwurf der Bundesregierung eines Zweiten Gesetzes zur Änderung der Haftungsbeschränkung in der Binnenschifffahrt (BT-Drs. 18/7821 S. 9–19)
2. Ostseeschutz-ÄndV	Zweite Verordnung zu Änderungen der Anlage IV zum Übereinkommen vom 1992 über den Schutz der Meeresumwelt des Ostseegebiets (2. Ostseeschutz-Änderungsverordnung) vom 15. Dezember 2004 (BGBl. 2004 II S. 1667), zuletzt geändert durch Art. 1 der Verordnung vom 23. Januar 2014 (BGBl. 2014 I S. 78, 83)
2. SprengV	Zweite Verordnung zum Sprengstoffgesetz in der Fassung der Bekanntmachung vom 10. September 2002 (BGBl. 2002 I S. 3543), zuletzt geändert durch Art. 2 der Verordnung vom 26. November 2010 (BGBl. 2010 I S. 1643)
2. SRÄndG	Gesetz zur Änderung des Handelsgesetzbuchs und anderer Gesetze (Zweites Seerechtsänderungsgesetz) vom 25. Juli 1986 (BGBl. 1986 I S. 1120), Art. 10 und 11 aufgehoben durch Art. 31 des Gesetzes vom 23. November 2007 (BGBl. 2007 I S. 2614, 2618)
2. SRÄndG-Begr	Begründung zum Entwurf der Bundesregierung eines Gesetzes zur Änderung des Handelsgesetzbuchs und anderer Gesetze (Zweites Seerechtsänderungsgesetz) (BT-Drucks. 10/3852) S. 13–42
2. SRÄndG-Beschlußempfehlung	Beschlußempfehlung und Bericht des Rechtsausschusses (6. Ausschuss) zu dem von der Bundesregierung eingebrachten Entwurf eines Gesetzes zur Änderung des Handelsgesetzbuchs und anderer Gesetze (Zweites Seerechtsänderungsgesetz), BT-Drucks. 10/5539
3. FlRG-DVO	Dritte Durchführungsverordnung zum Flaggenrechtsgesetz (Grenze der Seefahrt; Anbringung von Schiffsnamen) vom 3. August 1951 (BGBl. 1951 II S. 155),

	geändert durch § 11.07 der Verordnung über die Schiffsicherheit in der Binnenschifffahrt (Binnenschiffs-Untersuchungsordnung – BinSchUO) vom 14. Januar 1977 (BGBl.1977 I S. 59, 83), aufgehoben durch § 33 S. 2 Nr. 3 FlRV
3. KVR-ÄndV	Dritte Verordnung zur Änderung der Internationalen Regeln von 1972 zur Verhütung von Zusammenstößen auf See vom 14. Juni 1989 (BGBl. 1989 I S. 1107)
3. SRÄndG	Gesetz zur Neuregelung des Bergungsrechts in der See- und Binnenschifffahrt (Drittes Seerechtsänderungsgesetz) vom 16. Mai 2001 (BGBl. 2001 I S. 898)
3. SRÄndG-Begr	Begründung zum Entwurf der Bundesregierung eines Gesetzes zur Neuregelung des Bergungsrechts in der See- und Binnenschifffahrt (Drittes Seerechtsänderungsgesetz), BT-Drucks. 14/4672 S. 11–28 (= BR-Drucks. 573/00 S. 18–61
4. FrUmrV	Vierte Verordnung über den Umrechnungssatz für französische Franken bei Anwendung des Ersten Abkommens zur Vereinheitlichung des Luftprivatrechts vom 4. Dezember 1973 (BGBl. 1973 I S. 1815)
8. MARPOL-ÄndV	Achte Verordnung über Änderungen des Internationalen Übereinkommens von 1973 zur Verhütung der Meeresverschmutzung durch Schiffe und des Protokolls von 1978 zu diesem Übereinkommen (8. MARPOL-ÄndV) (BGBl. 2003 II S. 130), in Kraft am 19. Mai 2005 (BGBl. 2013 II 394)
a.E.	am Ende
AAK	Atemalkoholkonzentration
aaO.	am angegebenen Ort
AbfVerbrG	Gesetz zur Ausführung der Verordnung (EG) Nr. 1013/2006 des Europäischen Parlaments und des Rates vom 14. Juni 2006 über die Verbringung von Abfällen und des Basler Übereinkommens vom 22. März 1989 über die Kontrolle der grenzüberschreitenden Verbringung gefährlicher Abfälle und ihrer Entsorgung (Abfallverbringungsgesetz – AbfVerbrG), Art. 1 des Gesetzes vom 19. Juli 2007 (BGBl. 2007 I S. 1462), zuletzt geändert durch Art. 1 Abs. 1 des Gesetzes vom 1. November 2016 (BGBl. 2016 I S. 2452)
ABl.	Amtsblatt
Abs.	Absatz
AcP	Archiv für die civilistische Praxis
ADHGB	Allgemeines Deutsches Handelsgesetzbuch
ADN	Europäisches Übereinkommen vom 26. Mai 2000 über die internationale Beförderung von gefährlichen Gütern auf Binnenwasserstraßen (ADN) (BGBl. 2007 II S. 1906, 1908)
ADN-Verordnung	Verordnung, dem ADN als Anlage beigefügt, zuletzt geändert durch die Beschlüsse vom 29. Januar und 26. August 2016 (Sechste Verordnung zur Änderung der Anlage zum ADN-Übereinkommen [6. ADN-Änderungsverordnung – 6. ADNÄndV] vom 25. November 2016 (BGBl. 2016 II S. 1298)
ADR	Europäisches Übereinkommen vom 30. September 1957 über die Beförderung gefährlicher Güter auf der Straße (ADR) in der Fassung der Bekanntmachung der Anlagen A und B vom 3. Juni 2013 (BGBl. 2013 II S. 648, Anlageband; berichtigt BGBl. 2014 II S. 237), Anlagen A und B zuletzt geändert durch Beschlüsse vom 6. bis 9. Mai 2014, 3. bis 6. November 2014, 4. bis 6. Mai 2015, 9. bis 13. November 2015 und 9. bis 12. Mai 2016, in Kraft gesetzt durch die Fünfundzwanzigste Verordnung zur Änderung der Anlagen A und B zum ADR-Übereinkommen (25. ADR-Änderungsverordnung – 25. ADRÄdV) vom 25. Oktober 2016 (BGBl.2016 II S. 1203)
ADSp	Allgemeine Deutsche Spediteurbedingungen
ADSp 1998	Allgemeine Deutsche Spediteurbedingungen in der Fassung der Bekanntmachung des Bundeskartellamts vom 6. Juli 1998 (BAnz. 1998, 9891)
ADSp 1999	Allgemeine Deutsche Spediteurbedingungen (ADSp) mit den vom Bundeskartellamt am 13. Januar 1999 bekanntgemachten Änderungen (BAnz. 1999, 1082)
ADSp 2001	Allgemeine Deutsche Spediteurbedingungen mit den vom Bundeskartellamt am 19. September 2001 bekanntgemachten Änderungen (BAnz. 2001, 2130)

ADSp 2003	Allgemeine Deutsche Spediteurbedingungen (ADSp) mit den vom Bundeskartellamt am 17. Dezember 2002 bekanntgemachten Änderungen (BAnz. 2003, 130)
AEG	Allgemeines Eisenbahngesetz (AEG) vom 27. Dezember 1993 (BGBl. 1993 I S. 2378, 2396; BGBl. 1994 I S. 2439), zuletzt geändert durch Art. 2 des Gesetzes vom 29. August 2016 (BGBl. 2016 I S. 2082, 2122)
AEUV	Vertrag über die Arbeitsweise der Europäischen Union in der Fassung des Vertrags von Lissabon vom 13. Dezember 2007 (BGBl. 2008 II S.1038 – konsolidierte Fassung ABl. 2010 Nr. C 83 S. 47–199)
ÄndV	Änderungsverordnung
AFS	Bewuchsschutzsystem (anti fouling system)
AFS-BesRichtlinie	Richtlinien für Besichtigungen von Bewuchsschutzsystemen an Schiffen und für die Erteilung von Zeugnissen über solche Besichtigungen, Entschließung MEPC.195(61), angenommen am 1. Oktober 2010 (VkBl. 2011, 30) (C.IV.2 Anlage SchSG)
AFS-Bestätigung	AFS-Bestätigung (Art. 2 Abs. 4 Verordnung 536/2008)
AFS-G	Gesetz vom 2. Juni 2008 zu dem Internationalen Übereinkommen von 2001 über die Beschränkung des Einsatzes schädlicher Bewuchsschutzsysteme auf Schiffen (AFS-Gesetz), zuletzt geändert durch Art. 112 der Verordnung vom 31. August 2015 (BGBl. 2015 I S. 1474, 1493)
AFS-StichprRichtlinie	Richtlinien für die Entnahme kleiner Stichproben des Bewuchsschutzsystems an Schiffen, Entschließung MEPC.104(49), angenommen am 18. Juli 2003 (VkBl. 2007, 661) (C.IV.1 Anlage SchSG)
AFS-ÜberprRichtlinie 2003	Richtlinien für die Überprüfung von Bewuchsschutzsystemen an Schiffen, Entschließung MEPC.105(49), angenommen am 18. Juli 2003 (VkBl. 2007, 677), aufgehoben durch Entschließung MEPC.208(62), angenommen am 15. Juli 2011 (VkBl. 2012, 202)
AFS-ÜberprRichtlinie 2011	Richtlinien von 2011 für die Überprüfung von Bewuchsschutzsystemen an Schiffen, Entschließung MEPC.208(62), angenommen am 15. Juli 2011 (VkBl. 2012, 202) (C.IV.1 Anlage SchSG)
AFS-Ü	Internationales Übereinkommen vom 5. Oktober 2001 über die Beschränkung des Einsatzes schädlicher Bewuchssysteme auf Schiffen (BGBl. 2008 II S. 520, 522, Inkrafttreten BGBl. 2009 II S. 967)
AG	Amtsgericht
AGB	Allgemeine Geschäftsbedingungen
AGBG	Gesetz zur Regelung des Rechts der Allgemeinen Geschäftsbedingungen (AGB-Gesetz) vom 9. Dezember 1976 in der Fassung der Bekanntmachung vom 29. Juni 2000 (BGBl. 2000 I S. 946), aufgehoben durch Art. 6 Ziffer 4 SMG
AGHmbZustV	Verordnung über die Zuständigkeit des Amtsgerichts Hamburg in Zivil- und Handelssachen sowie für die Erledigung inländischer Rechtshilfeersuchen vom 1. September 1987 (GVBl. 1987, 172), zuletzt geändert durch Verordnung vom 7. Dezember 2006 (GVBl. 2006, 603)
AGNB	Allgemeine Beförderungsbedingungen für den gewerblichen Güternahverkehr mit Kraftfahrzeugen
AktG	Aktiengesetz vom 6. September 1965 (BGBl. 1965 I S. 1089), zuletzt geändert durch Art. 1 des Gesetzes vom 22. Dezember 2015 (BGBl. 2015 I S. 2565)
AlkoholWarenG	Gesetz über die Verfrachtung alkoholischer Waren vom 14. April 1926 (RGBl. 1926 II S. 230) in der Neufassung vom 2. Januar 1975 (BGBl. 1975 I S. 289)
AlkoholSchmÜ	Internationales Abkommen vom 19. August 1925 zur Bekämpfung des Alkoholschmuggels (RGBl 1926 II S. 220)
ALV	Allgemeine Lotsverordnung vom 21. April 1987 (BGBl. 1987 I S. 1290), zuletzt geändert durch Art. 68 der Verordnung vom 2. Juni 2016 (BGBl. 2016 I S. 1257, 1275)

AnfG	Gesetz über die Anfechtung von Rechtshandlungen eines Schuldners außerhalb des Insolvenzverfahrens (Anfechtungsgesetz – AnfG) vom 5. Oktober 1994 (BGBl. 1994 I S. 2911), zuletzt geändert durch Art. 16 des Gesetzes vom 9. Dezember 2010 (BGBl. 2010 I S. 1900)
AnkerwacheAnl	Anleitung für die Durchführung sicherer Ankerwachen (IMO/STCW.7/Circ. 14 vom 24. Mai 2004; NfS 36/06)
Anlage GüKUMB	Anlage zum GüKUMB
Anlage HGB	Anlage zum HGB a.F. (zu § 664)
AnlBV	Verordnung über das Anlaufen der inneren Gewässer der Bundesrepublik Deutschland aus Seegebieten seewärts der Grenze des deutschen Küstenmeeres und das Auslaufen (Anlaufbedingungsverordnung – AnlBV), Art. 1 der Verordnung vom 18. Februar 2004 (BGBl. 2004 I S. 300), zuletzt geändert durch Art. 3 der Verordnung vom 28. Juni 2016 (BGBl. 2016 I S. 1504, 1507)
anschl.	anschließend
AntHaftG	Gesetz zur Ausführung der Anlage VI des Umweltschutzprotokolls zum Antarktis-Vertrag über die Haftung bei umweltgefährdenden Notfällen vom 14. Juni 2005 (Antarktis-Haftungsgesetz – AntHaftG)
AntHaftG-E	Entwurf eines AntHaftG
AntarktisV	Antarktis-Vertrag vom 1. Dezember 1959 (BGBl. 1978 II S. 1517, 1518)
AntarktisV-UmwProt	Umweltschutzprotokoll vom 4. Oktober 1991 zum Antarktis-Vertrag (BGBl. 1994 II S. 2478, 2479, berichtigt BGBl. 1997 II S. 706)
AntarktisV-UmwProt VI	Anlage VI des Umweltschutzprotokolls zu Antarktis-Vertrag vom 14. Juni 2005 über die Haftung bei umweltgefährdenden Notfällen
AnwErlLeckStab	Erweiterte Anwendung der Erläuterungen zu den Solas-Regeln über die Unterteilung und die Leckstabilität von Frachtschiffen von 100 und mehr Meter Länge (Empfehlung A.684[17]), Entschließung MSC.76(69), angenommen am 14. Mai 1998 (VkBl. 1999, 680)
AO	Abgabenordnung in der Fassung der Bekanntmachung vom 1. Oktober 2002 (BGBl. 2002 I S. 3866; 2003 I S. 61), zuletzt geändert durch Art. 19 Abs. 12 des Gesetzes vom 23. Dezember 2016 (BGBl. 2016 I S. 3234, 3330)
AÖS	Allgemeine Österreichische Seetransportversicherung
Arbeitskreis III	Reform des Seehandelsrechts, Berichte der drei Arbeitskreise an den Bundesminister der Justiz, Arbeitskreis III, DVIS B 16
ArbGG	Arbeitsgerichtsgesetz in der Fassung der Bekanntmachung vom 2. Juli 1979 (BGBl. 1979 I S. 853, 1036), zuletzt geändert durch Art. 19 Abs. 6 des Gesetzes vom 23. Dezember 2016 (BGBl. 2016 I S. 3234, 3330)
ArchBR	Archiv für Bürgerliches Recht
ArrestÜ 1952	Internationales Übereinkommen vom 10. Mai 1952 zur Vereinheitlichung von Regeln über den Arrest in Seeschiffe (BGBl. 1972 II S. 655)
ArrestÜ 1999	Internationales Übereinkommen vom 12. März 1999 über den Arrest von Schiffen (völkerrechtlich nicht in Kraft)
ASBA	Association of Ship Brokers and Agents (U.S.A.), Inc.
ATP-Ü	Übereinkommen vom 1. September 1970 über internationale Beförderungen leicht verderblicher Lebensmittel und über die besonderen Beförderungsmittel, die für diese Beförderungen zu verwenden sind (ATP) (BGBl. 1974 II S. 565), Anlagen zuletzt geändert durch Verordnung vom 13. Februar 2015 (BGBl. 2015 II S. 259)
AtAV	Verordnung über die Verbringung radioaktiver Abfälle in das oder aus dem Bundesgebiet (Atomrechtliche Abfallverbringungsverordnung – AtAV) vom 27. Juli 1998, zuletzt geändert durch Art. 76 des Gesetzes vom 8. Juli 2016 (BGBl. 2016 I S. 1594, 1603)
AtDeckV	Verordnung über die Deckungsvorsorge nach dem Atomgesetz (Atomrechtliche Deckungsvorsorge-Verordnung – AtDeckV) vom 25. Januar 1977 (BGBl. 1977 I S. 220), zuletzt geändert durch Art. 74 des Gesetzes vom 8. Juli 2016 (BGBl. 2016 I S. 1594)

AthenÜ	Athener Übereinkommen vom 13. Dezember 1974 über die Beförderung von Reisenden und ihrem Gepäck auf See
AthenÜProt 2002	Protokoll von 2002 zu dem Athener Übereinkommen von 1974 über die Beförderung von Reisenden und ihrem Gepäck auf See vom 1. November 2002
AthenÜ 1976	AthenÜ in der Fassung des Protokolls vom 19. November 1976
AthenÜ 1990	AthenÜ in der Fassung des Protokolls vom 29. März 1990
AthenÜ 2002	AthenÜ in der Fassung des Protokolls vom 1. November 2002
AthenÜ-IMO	IMO-Vorbehalt und den IMO-Richtlinien zur Durchführung des Athener Übereinkommens, angenommen vom Rechtsausschuss der IMO am 19. Oktober 2006 (Anhang II VO Athen)
AtomG	Gesetz über die friedliche Verwendung der Kernenergie und den Schutz gegen ihre Gefahren (Atomgesetz) in der Fassung der Bekanntmachung vom 15. Juli 1985 (BGBl. 1985 I S. 3053), zuletzt geändert durch Art. 73 des Gesetzes vom 8. Juli 2016 (BGBl. 2016 I S. 1594, 1603)
AtomhaftÜ-G	Gesetz zu dem Übereinkommen vom 29. Juli 1960 über die Haftung gegenüber Dritten auf dem Gebiet der Kernenergie nebst Zusatzvereinbarungen, zu dem Übereinkommen vom 25. Mai 1962 über die Haftung der Inhaber von Reaktorschiffen nebst Zusatzprotokoll und zu dem Übereinkommen vom 17. Dezember 1971 über die zivilrechtliche Haftung bei der Beförderung von Kernmaterial auf See (Gesetz zu den Pariser und Brüsseler Atomhaftungs-Übereinkommen) vom 8. Juli 1975 (BGBl. 1975 II S. 957), zuletzt geändert durch Art. 30 des Gesetzes vom 9. September 2001 (BGBl. 2001 I S. 2331)
AtomHProt2004-G	Gesetz zu den Protokollen vom 12. Februar 2004 zur Änderung des Übereinkommens vom 29. Juli 1960 über die Haftung gegenüber Dritten auf dem Gebiet der Kernenergie in der Fassung des Zusatzprotokolls vom 28. Januar 1964 und des Protokolls vom 16. November 1982 und zur Änderung des Zusatzübereinkommens vom 31. Januar 1963 zum Pariser Übereinkommen vom 29. Juli 1960 über die Haftung gegenüber Dritten auf dem Gebiet der Kernenergie in der Fassung des Zusatzprotokolls vom 28. Januar 1964 und des Protokolls vom 16. November 1982 (Gesetz zu den Pariser Atomhaftungs-Protokollen 2004) vom 29. August 2008 (BGBl. 2008 II S. 902)
AußervertrIPRG	Gesetz zum Internationalen Privatrecht für außervertragliche Schuldverhältnisse und für Sachen vom 21. Mai 1999 (BGBl. 1999 I S. 1026)
AußervertrIPRG-Begründung	Begründung zum Entwurf der Bundesregierung eines Gesetzes zum Internationalen Privatrecht für außervertragliche Schuldverhältnisse und für Sachen; BT-Drucks. 14/343 S. 6–19 = BR-Drucks. 759/98 S. 8–50
AÜG	Gesetz zur Regelung der gewerbsmäßigen Arbeitnehmerüberlassung (Arbeitnehmerüberlassungsgesetz – AÜG) in der Fassung der Bekanntmachung vom 3. Februar 1995 (BGBl. 1995 I S. 158), zuletzt geändert durch Art. 1 des Gesetzes vom 21. Februar 2017 (BGBl. 2017 I S. 258)
AVAG	Gesetz zur Ausführung zwischenstaatlicher Verträge und zur Durchführung von Abkommen der Europäischen Union auf dem Gebiet der Anerkennung und Vollstreckung in Zivil- und Handelssachen (Anerkennungs- und Vollstreckungsausführungsgesetz – AVAG), in der Fassung der Bekanntmachung vom 30. November 2015 (BGBl. 2015 I S. 2146)
AWD	Außenwirtschaftsdienst des Betriebs-Beraters (ab 1975: RIW)
AWPrax	Außenwirtschaftliche Praxis (Zeitschrift)
B/L bzw. b/l	bill of lading
BAFA	Bundesamt für Wirtschaft und Ausfuhrkontrolle (www. bafa.de)
BAK	Blutalkoholkonzentration
BallastwasserÜ	Internationales Übereinkommen von 2004 zur Kontrolle und Behandlung von Ballastwasser und Sedimenten von Schiffen vom 13. Februar 2004 (BGBl. 2013 II S. 42, 44)

Abkürzungsverzeichnis

BAnz.	Bundesanzeiger
BaselÜ	Baseler Übereinkommen vom 22. März 1998 über die Kontrolle der grenzüberschreitenden Verbringung gefährlicher Abfälle und ihrer Entsorgung (BGBl. 1994 II S. 2703), zuletzt geändert durch Beschluß der Siebten Konferenz der Vertragsparteien 25. bis 29. Oktober 2004 (BGBl. 2005 II S. 1123)
BayObLG	Bayrisches Oberstes Landesgericht
BB	Betriebs-Berater (Zeitschrift)
BC-Code	Richtlinien für die sichere Behandlung von Schüttladungen bei der Beförderung mit Seeschiffen in der Neufassung MSC.193(79) vom 3. Dezember 2004 (VkBl. 2007, 647, Dokument C 8141); der BC-Code wurde vom 1. Januar 2011 an durch den IMSBC-Code ersetzt
BCH-Code	Code für den Bau und die Ausrüstung von Schiffen zur Beförderung gefährlicher Chemikalien als Massengut (BCH-Code) (BAnz. Nr. 146a vom 9. August 1983), zuletzt geändert durch Entschließung MEPC.249(66), angenommen am 4. April 2014, und gleichlautend Entschließung MSC.376(93), angenommen am 22. Mai 2014 (VkBl. 2015, 261)
BCH-Zeugnis	Zeugnis über die Eignung zur Beförderung gefährlicher Chemikalien als Massengut (Regel 1.4, 7 und 11 Anlage II MA RPOL-Ü, Ziffer 1.6 BCH-Code, A.1.II.16 Anhang 2 SchSV)
BeckRS	Beck-Rechtsprechung
BefErlV	Verordnung zur Beförderungserlaubnis (Beförderungserlaubnisverordnung – BefErlV), erlassen als Transportgenehmigungsverordnung vom 10. September 1996 (BGBl. 1996 I S. 1411, berichtigt BGBl. 1997 I S. 2861), zuletzt geändert durch Art. 5 Abs. 16 des Gesetzes vom 24. Februar 2012 (BGBl. 2012 I S. 212, 251), aufgehoben durch Art. 6 der Verordnung vom 5. Dezember 2013 (BGBl. 2013 I S. 4043, 4064)
BeitrSeehR	Lagoni (Hrsg.), Beiträge zum deutschen und europäischen Seehafenrecht, Schriften zum See- und Hafenrecht, Band 7, 2001
BerA-MoK	Berufungsausschuss der Moselkommission
BerggÜ 1910	Übereinkommen vom 23. September 1910 zur einheitlichen Feststellung von Regeln über die Hilfsleistung und Bergung in Seenot (RGBl. 1913, 66, 89), von Deutschland gekündigt zum 8. Oktober 2002 (BGBl. 2002 II S. 33)
BerggÜ 1989	Internationales Übereinkommen vom 28. April 1989 über Bergung (BGBl. 2001 I S. 510)
BerggÜ-1989-Denkschrift	Denkschrift zum Entwurf eines Gesetzes zu dem Internationalen Übereinkommen von 1989 über Bergung (BT-Drucks. 14/4673 S. 19–31 = BR-Drucks. 574/00 S. 15–27)
BerggÜ-1989-G	Gesetz zu dem internationalen Übereinkommen von 1989 über Bergung vom 18. Mai 2001 (BGBl. 2001 II S. 510)
BerK-ZKRh	Berufungskammer der Zentralkommission für die Rheinschifffahrt
BFH	Bundesfinanzhof
BG Verkehr	Berufsgenossenschaft Verkehrswirtschaft Post-Logistik Telekommunikation
BG Verkehr Satzung	Satzung der Berufsgenossenschaft Verkehrswirtschaft Post-Logistik Telekommunikation, Stand Januar 2016 (www.bg-verkehr.de/redaktion/medien-und-downloads/informationen/die-bg-verkehr/satzung_bgverkehr_2016.pdf)
BGB	Bürgerliches Gesetzbuch in der Fassung der Bekanntmachung vom 2. Januar 2002 (BGBl. 2002 I S. 42, berichtigt BGBl. 2002 I S. 2909 und BGBl. 2003 I S. 738), zuletzt geändert durch Art. 2 des Gesetzes vom 21. Februar 2017 (BGBl. 2017 I S. 258, 261)
BGB-InfoV	BGB-Informationspflichten-Verordnung in der Fassung der Bekanntmachung vom 5. August 2002 (BGBl. 2002 I S. 3002), zuletzt geändert durch Art. 3 des Gesetzes vom 11. Januar 2011 (BGBl. 2011 I S. 34, 37)
BGBl.	Bundesgesetzblatt
BGBl. I	Bundesgesetzblatt Teil I
BGBl. II	Bundesgesetzblatt Teil II

BGH	Bundesgerichtshof
bgh-e	www.bundesgerichtshof.de
BGHZ	Entscheidungen des Bundesgerichtshofs in Zivilsachen
BIMCO	Baltic and International Maritime Council
BinHaftÄndG	Gesetz zur Änderung der Haftungsbeschränkung in der Binnenschifffahrt vom 25. August 1998 (BGBl. 1998 I S. 2489)
BinHaftÄndG-Begr	Begründung des Gesetzes zur Änderung der Haftungsbeschränkung in der Binnenschifffahrt (BT-Drs. 13/8446, S. 17–54)
BinSchAufgG	Gesetz über die Aufgaben des Bundes auf dem Gebiet der Binnenschifffahrt (Binnenschifffahrtsaufgabengesetz – BinSchAufgG) in der Fassung der Bekanntmachung vom 5. Juli 2001 (BGBl. I S. 2026), zuletzt geändert durch Art. 4 Abs. 120 des Gesetzes vom 18. Juli 2016 (BGBl. 2016 I S. 1666)
BinSchG	Gesetz betreffend die privatrechtlichen Verhältnisse der Binnenschifffahrt vom 20. Mai 1898 (RGBl. 1898, 868), zuletzt geändert durch Art. 1 des Gesetzes vom 5. Juli 2016 (BGBl. 2016 I S. 1578)
BinSchLV	Lade- und Löschzeitenverordnung in der Fassung der Bekanntmachung vom 25. Januar 2010 (BGBl. I S. 62)
BinSchRS	Universität Mannheim, Institut für Transport- und Verkehrsrecht, Abteilung Binnenschifffahrtsrecht, Rechtsprechungssammlung zum Binnenschifffahrtsrecht (www.binnenschifffahrtsrecht.uni-mannheim.de/db)
BinSchStrO	Binnenschifffahrtsstraßen-Ordnung (BinSchStrO) vom 16. Dezember 2011, Anlageband zu BGBl. 2012 I Nr. 1 vom 2. Januar 2012 (berichtigt BGBl. 2012 I S. 1666), zuletzt geändert durch Art. 2 § 2 der Verordnung vom 16. Dezember 2016 (BGBl. 2016 I S. 2948, 2955)
BinSchUO	Verordnung über die Schiffssicherheit in der Binnenschifffahrt (Binnenschiffsuntersuchungsordnung – BinSchUO) vom 6. Dezember 2008 (BGBl. 2008 I S. 2450), zuletzt geändert durch Art. 1 der Verordnung vom 16. Dezember 2016 (BGBl. 2017 I S. 2948)
BinSchStrEV	Verordnung zur Einführung der Binnenschifffahrtsstraßen-Ordnung (BinSchStrEV) vom 16. Dezember 2011 (BGBl. 2012 I S. 2, berichtigt BGBl. 2012 I S. 1717), zuletzt geändert durch Art. 2 § 1 der Verordnung vom 16. Dezember 2016 (BGBl. 2016 I S. 2948, 2954)
BinSchVerfG	Gesetz über das gerichtliche Verfahren in Binnenschifffahrtssachen vom 27. September 1952 (BGBl. 1952 I S. 641), zuletzt geändert durch Art. 8 des Gesetzes vom 20. April 2013 (BGBl. 2013 I S. 831, 866)
BinSchVorträge	Vorträge zum Binnenschifffahrtsrecht, Institut für Binnenschifffahrtsrecht
Bl.	Blatt
BLU-Code	Code für das sichere Be- und Entladen von Massengutschiffen (BLU-Code), Anlage zur Entschließung A.862 (20) vom 27. November 1997; Bekanntmachung vom 24. März 1999 (VkBl. 1999, 278 sowie Dokument B 8127), geändert durch Entschließung MSC.238 (82) (VkBl. 2007, 214, berichtigt VkBl. 2009, 274)
BMI	Bundesministerium des Inneren
BMJ	Bundesministerium der Justiz – heute: BMJV
BMJV	Bundesministerium der Justiz und für Verbraucherschutz
BMVBS	Bundesministerium für Verkehr, Bau und Stadtentwicklung
BMVBW	Bundesministerium für Verkehr, Bau- und Wohnungswesen
BMVI	Bundesministerium für Verkehr und digitale Infrastruktur
BMWi	Bundesministerium für Wirtschaft und Energie
BOSeeAE	Entscheidungen des Bundesoberseeamtes und der Seeämter
BR-Drucks.	Bundesratsdrucksache
BreHafenBetrG	Bremisches Hafenbetriebsgesetz vom 21. November 2000 (GBl. 2000, 437), zuletzt geändert durch Gesetz vom 1. März 2016 (GBl. 2016, 85)
BreHafenG	Bremisches Hafengesetz vom 27. September 1966 (GBl. 1966, 131), zuletzt geändert durch Gesetz vom 1. Juni 1999 (GBl. 1999, 95), aufgehoben zum 1. Januar 2001 durch § 25 Abs. 2 Nr. 1 BreHafenBetrG

Abkürzungsverzeichnis

BreHGebO	Bremische Hafengebührenordnung (HGebO) vom 15. März 2006 (GBl. 2006, 135, berichtigt GBl. 2006, 157 und 363), zuletzt geändert durch Art. 1 der Verordnung vom 23. November 2016 (GBl. 2016, 824)
BreHafenO	Bremische Hafenordnung vom 24. April 2001 (GBl. 2001, 91, berichtigt 2001, 237), zuletzt geändert durch Art. 2 der Verordnung vom 23. November 2016 (GBl. 2016, 824)
BreHafenSiG	Bremisches Hafensicherheitsgesetz (BremHaSiG) vom 30. April 2007 (GBl. 2007, 307), zuletzt geändert durch Art. 1 des Gesetzes vom 28. April 2015 (GBl. 2015, 269)
BremLotsO	Lotsenordnung für das Hafenlotsenwesen in Bremerhaven vom 28. November 1979 (GBl. 1979, 431), zuletzt geändert durch Art. 1 der Verordnung vom 15. Oktober 2012 (GBl. 2012, 461)
BreSeeSchAssV	Verordnung zur Durchführung der Seeschiffsassistenz in den Bremischen Häfen (Bremische Seeschiffsassistenzverordnung) vom 4. September 2002 (GBl. 2002, 415), zuletzt geändert durch Verordnung vom 4. November 2015 (GBl. 2015, 510)
BRZ	Bruttoraumzahl (Art. 2 Nr. 4 SchVermÜ)
BSH	Bundesamt für Seeschifffahrt und Hydrographie
BSHL	Bundesverband der See- und Hafenlotsen (www.bshl.de)
(BSch)	Entscheidung aus der Binnenschifffahrt
BT-Drs.	Bundestagsdrucksache
BulkerSofortMaßn	Sofortmaßnahmen zur Verbesserung der Sicherheit von Schiffen, die Schüttladungen befördern (Entschließung A.713[17]) (VkBl. 1992, 536)
BunkerölÜ	Internationales Übereinkommen vom 23. März 2001 über die zivilrechtliche Haftung für Bunkerölverschmutzungsschäden (BGBl. 2006 II S. 578)
BunkerölÜ-Denkschrift	Denkschrift zum Internationalen Übereinkommen vom 23. März 2001 über die zivilrechtliche Haftung für Bunkerölverschmutzungsschäden, BT-Drucks. 16/736, S. 23–30 (= BR-Drucks. 944/05 S. 23–30)
BVerfG	Bundesverfassungsgericht
BVerfGE	Entscheidungen des Bundesverfassungsgerichts
BVerwG	Bundesverwaltungsgericht
BVKatBin-See	Allgemeine Verwaltungsvorschrift für die Erteilung von Buß- und Verwarnungsgeldern für Zuwiderhandlungen gegen strom- und schifffahrtspolizeiliche Vorschriften des Bundes auf Binnen- und Seeschifffahrtsstraßen sowie in der ausschließlichen Wirtschaftszone und auf der Hohen See (Buß- und Verwarnungsgeldkatalog Binnen- und Seeschifffahrtsstraßen – BVKatBin-See) (VkBl. 2015, 615 sowie Dokument-Nr. C8350), zuletzt geändert durch Bekanntmachung vom 6. Juli 2016 (VkBl. 2016, 506)
BWM-Zeugnis	Internationales Zeugnis über die Behandlung von Ballastwasser (Art. 1.4 und Art. 7 sowie Abschnitt E Anlage Ballastwasser-Ü, A.1 VII.27 [b] Anlage SchSV)
bzw.	beziehungsweise
CDNI	Übereinkommen über die Sammlung, Abgabe und Annahme von Abfällen in der Rhein- und Binnenschifffahrt vom 9. September 1996 (BGBl. 2003 II S. 1800), Anlage 1 zuletzt geändert durch Beschluss CDNI 2012-I-2 der Konferenz der Vertragsparteien vom 28. Juni 2012 (BGBl. 2015 II S. 210), Anlage 2 geändert durch Beschlüsse CDNI 2013-II-4, CDNI 2013-II-5, CDNI 2013-II-6 der Konferenz der Vertragsparteien vom 12. Dezember 2013, CDNI 2015-II-3 der Konferenz der Vertragsparteien vom 30. Juni 2015 und CDNI 2015-II-3 der Konferenz der Vertragsparteien vom 18. Dezember 2015 (BGBl. 2016, 1274)
CDNI-AusfG	Ausführungsgesetz zu dem Übereinkommen vom 9. September 1996 über die Sammlung, Abgabe und Annahme von Abfällen in der Rhein- und Binnenschifffahrt vom 13. Dezember 2003 (BGBl. I S. 2642), zuletzt geändert durch Art. 1 des Gesetzes vom 18. September 2013 (BGBl. 2013 I S. 3602)
Circ.	Circular (Rundschreiben)

CISG	Übereinkommen der Vereinten Nationen vom 11. April 1980 über Verträge über den internationalen Warenkauf (BGBl. 1989 II S. 586, berichtigt BGBl. 1990 II S. 1699)
CISG/CMR-G	Gesetz zu dem Übereinkommen der Vereinten Nationen vom 11. April 1980 über Verträge über den internationalen Warenkauf sowie zur Änderung des Gesetzes zu dem Übereinkommen vom 19. Mai 1956 über den Beförderungsvertrag im internationalen Straßengüterverkehr (CMR) vom 5. Juli 1989 (BGBl. 1989 II S. 585), geändert durch Art 5 Abs. 30 des Gesetzes vom 26. November 2001 (BGBl. 2001 I S. 3138)
C.L.R.	Commonwealth Law Report
CIM 1990	Einheitliche Rechtsvorschriften für den Vertrag über die internationale Eisenbahnbeförderung von Gütern (CIM), Anh. B zur COTIF 1990 (BGBl. 1985 II S. 224)
CIM 1999	Einheitliche Rechtsvorschriften für den Vertrag über die internationale Eisenbahnbeförderung von Gütern (CIM), Anh. B zur COTIF 1999 (BGBl. 2002 II S. 2221), geändert durch den Beschluss des Revisionsausschusses der Zwischenstaatlichen Organisation für den internationalen Eisenbahnverkehr vom 20. April 2015 (BGBl. 2016 II S. 378)
CLNI	Straßburger Übereinkommen vom 4. November 1988 über die Beschränkung der Haftung in der Binnenschifffahrt (CLNI) (BGBl. 1998 II S. 1643)
CLNI 2012	Straßburger Übereinkommen vom 27. September 2012 über die Beschränkung der Haftung in der Binnenschifffahrt (CLNI 2012) (BGBl. 2016 II S. 738)
CLNI-2012-Denkschrift	Denkschrift zu dem Straßburger Übereinkommen vom 27. September 2012 über die Beschränkung der Haftung in der Binnenschifffahrt (CLNI 2012) (BT-Drs. 18/7822, S. 23–36)
CLNI-2012-G	Gesetz zu dem Straßburger Übereinkommen vom 27. September 2012 über die Beschränkung der Haftung in der Binnenschifffahrt (CLNI 2012) vom 27. Jun 2016 (BGBl. 2016 II S. 738)
CLNI-G	Gesetz zu dem Übereinkommen vom 4. November 1988 über die Beschränkung der Haftung in der Binnenschifffahrt (CLNI) vom 6. August 1998 (BGBl. 1998 II S. 1643)
CMNI	Budapester Übereinkommen vom 22. Juni 2001 über den Vertrag über die Güterbeförderung in der Binnenschifffahrt (CMNI) (BGBl. 2007 II S. 298)
CMNI-Denkschrift	Denkschrift zum Budapester Übereinkommen vom 22. Juni 2001 über den Vertrag über die Güterbeförderung in der Binnenschifffahrt (CMNI) (BT-Drucks. 16/3225 S. 31–48 = BR-Drucks. 563/06 S. 31–48)
CMNI-G	Gesetz zu dem Budapester Übereinkommen vom 22. Juni 2001 über den Vertrag über die Güterbeförderung in der Binnenschifffahrt (CMNI) (BGBl. 2007 II S. 298), zuletzt geändert durch Art. 622 der Verordnung vom 31. August 2015 (BGBl. 2015 I S. 1474, 1563)
CMR	CMR 1956 bzw. CMR 1978
CMR 1956	Übereinkommen vom 19. Mai 1956 über den Beförderungsvertrag im internationalen Straßengüterverkehr (CMR) (BGBl. 1961 II S. 1119)
CMR 1978	CMR in der Fassung des Protokolls vom 5. Juli 1978 (BGBl. 1980 II S. 721, 733)
CMR-G	Gesetz zu dem Übereinkommen vom 19. Mai 1956 über den Beförderungsvertrag im internationalen Straßengüterverkehr (CMR) vom 16. August 1961 (BGBl. 1961 II S. 1119), geändert durch Art. 4 des Gesetzes vom 5. Juli 1989 (BGBl. II 1989 S. 585)
ColRegÜ	Übereinkommen vom 20. Oktober 1972 über die Internationalen Regeln zur Verhütung von Zusammenstößen auf See (BGBl. 1976 II S. 1017), zuletzt geändert durch IMO-Entschließung A.910(22), angenommen am 29. November 2001 (BGBl. 2003 II S. 1644)
ContSiZulV	Verordnung zum Container-Sicherheits-Zulassungsschild und zur Änderung der Kostenordnung vom 11. Dezember 1985 (BGBl. I S. 2221)
COTIF	Übereinkommen vom 9. Mai 1980 über den internationalen Eisenbahnverkehr (COTIF) (BGBl. 1985 II S. 130)

COTIF 1990	COTIF in der Fassung des Protokolls vom 20. Dezember 1990 (BGBl. 1992 II S. 1182)
COTIF 1999	COTIF in der Fassung des Protokolls vom 3. Juni 1999 (BGBl. 2002 II S. 2140, 2142), zuletzt geändert durch Beschlüsse vom 25. und 26. Juni 2014 (BGBl. 2015 I S. 830)
COW-Handbuch	Betriebs- und Ausrüstungshandbuch für das Waschen mit Rohöl (*crude oil washing*); Empfehlung für Standard-Muster angenommen mit Entschließung MEPC.3(XII) vom 30. November 1979, geändert durch Entschließung MEPC.81(43), angenommen am 1. Juli 1999 (VkBl. 2007, 643)
C/P bzw. c/p	Charterparty
CRTD	Übereinkommen vom 10. Oktober 1989 über die zivilrechtliche Haftung für Schäden bei der Beförderung gefährlicher Güter auf der Straße, auf der Schiene und auf Binnenschiffen; wiedergegeben etwa TranspR 1990, 82 sowie im Entwurf mit deutscher Übersetzung TranspR 1987, 152
CSC	Internationales Übereinkommen vom 2. Dezember 1972 über sichere Container (CSC) in der Fassung der Bekanntmachung vom 2. August 1985 (BGBl. 1985 II S. 1009), zuletzt geändert durch Entschließung MSC.310(88) vom 3. Dezember 2010 (BGBl. 2013 I S. 1074)
CSC-G	Gesetz zu dem Übereinkommen vom 2. Dezember 1972 über sichere Container vom 10. Februar 1976 (BGBl. 1976 II S. 253), zuletzt geändert durch Art. 12 des Gesetzes vom 8. Juli 2016 (BGBl. 2016 I S. 1594, 1595)
CSA	Company Security Assessment
CSO	Company Security Officer
CSR	lückenlose Stammdatendokumentation (*continous synopsis record*)
CSR-Richtlinie	IMO-Entschließung A.959(23) der Vollversammlung, angenommen am 5. Dezember 2003, über das Format und die Richtlinien zur Führung der lückenlosen Stammdatendokumentation (CSR) (VkBl. 2004, 414), geändert durch Entschließung MSC.196(80), angenommen am 20. Mai 2005 (VkBl. 2009, 37), und durch Entschließung MSC.198(80), angenommen am 20. Mai 2005 (VkBl. 2008, 504) (A.I.11/1 Anlage SchSG)
CSS-Code	Richtlinien für die sachgerechte Stauung und Sicherung von Ladung bei der Beförderung mit Seeschiffen (*cargo stowage and securing*) (Entschließung A.714[17]) (BAnz. 1991 Nr. 8a), zuletzt geändert durch MSC/Circ. 1352/Rev. 1, angenommen am 15. Dezember 2014 (VkBl. 2016, 100)
CTU	Cargo Transport Unit
CTU-Code	Verfahrensregeln für das Packen von Ladung in oder auf Beförderungseinheiten mit allen Verkehrsträgern zu Wasser und zu Lande (CTU-Code), Rundschreiben MSC.1/Circ. 1497 vom 16. Dezember 2014 (VkBl. 2015, 422) (E.38 Anlage SchSG)
CTU-PackRichtlinie	Richtlinien der Internationalen Seeschiffahrts-Organisation (IMO), der internationalen Arbeitsorganisation (ILO) und der Wirtschaftskommission der Vereinten Nationen für Europa (UN ECE) für das Packen von Beförderungseinheiten (CTUs) – (CTU-Packrichtlinien), bekannt gemacht durch Rundschreiben MSC/Circ. 787 vom 12. Mai 1997 (VkBl. 1999, 164, Dokument-Nr. B 8087), aufgehoben durch Bekanntmachung vom 27. April 2015 (VkBl. 2015, 422)
DDR	Deutsche Demokratische Republik
DRiZ	Deutsche Richterzeitung
DGTR	Deutsche Gesellschaft für Transportrecht (www.transportrecht.org)
DJZ	Deutsche Juristen-Zeitung
DOC	Document of Compliance
DTV-ADS	Allgemeine Deutsche Seeschiffsversicherungsbedingungen 2009, Stand 19. August 2009 (siehe etwa http://www.tis-gdv.de/tis/bedingungen/avb/see/see.html)
DVBl.	Deutsches Verwaltungsblatt
DVIS	Deutscher Verein für internationales Seerecht (www. seerechtsverein.de)

DVIS A	Schriften des DVIS, Reihe A, Berichte und Vorträge
DVIS B	Schriften des DVIS, Reihe B, Dokumente und Materialien
DVWG	Deutsche verkehrswissenschaftliche Gesellschaft e. V.
Eb	Eisenbahn
ECB	Express Cargo Bill
ECSA	European Community Shipowners' Association
EE	Eisenbahnrechtliche und verkehrsrechtliche Entscheidungen
EG	Europäische Gemeinschaft
EG-Dk-Abk	Abkommen von 2005 zwischen der Europäischen Gemeinschaft und dem Königreich Dänemark über die gerichtliche Zuständigkeit und die Anerkennung und Vollstreckung von Entscheidungen in Zivil- und Handelssachen (ABl. 2005 Nr. L 299 S. 62)
EG-Vertrag	Vertrag vom 25. März 1957 zur Gründung der Europäischen Wirtschaftsgemeinschaft (BGBl. 1957 II S. 753, 1678; BGBl. 1958 II S. 64), geändert durch den Vertrag von Nizza vom 26. Februar 2001 (BGBl. 2001 II S. 1666)
EGBGB	Einführungsgesetz zum Bürgerlichen Gesetzbuche in der Fassung der Bekanntmachung vom 21. September 1994 (BGBl. 1994 I S. 2494; 1997 I S. 1061), zuletzt geändert durch Art. 55 des Gesetzes vom 8. Juli 2016 (BGBl. 2016 I S. 1594, 1601)
EGHGB	Einführungsgesetz zum Handelsgesetzbuch vom 10. Mai 1897 (RGBl. 1897 S. 437), zuletzt geändert durch Art. 57 des Gesetzes vom 8. Juli 2016 (BGBl. 2016 I S. 1594, 1601)
EGHGB 1897	EGHGB in der Fassung des Gesetzes vom 10. Mai 1897 (RGBl. 1897 S. 437)
EGHGB 1972	EGHGB in der Fassung, die es durch das 1. SRÄndG erhalten hat
EGHGB 1986	EGHGB in der Fassung, die es durch das 2. SRÄndG erhalten hat
EGHGB 2000	EGHGB in der Fassung, die es durch das HBÜProt-1996-AusfG erhalten hat
EGHGB 2001	EGHGB in der Fassung, die es durch das 3. SRÄndG erhalten hat
EGHGB 2006	EGHGB in der Fassung, die es durch das ÖlSG-ÄndG erhalten hat
EGGVG	Einführungsgesetz zum Gerichtsverfassungsgesetz vom 27. Januar 1877 in der im Bundesgesetzblatt Teil III, Gliederungsnummer 300-1, veröffentlichten bereinigten Fassung, zuletzt geändert durch Art. 130 der Verordnung vom 31. August 2015 (BGBl. 2015 I S. 1474, 1495)
EGV	Vertrag vom 25. März 1957 zur Gründung der Europäischen Wirtschaftsgemeinschaft (BGBl. 1957 II S. 753, 1678; BGBl. 1958 II S. 64), geändert durch den Vertrag von Nizza vom 26. Februar 2001 (BGBl. II S. 1666)
EGVVG	Einführungsgesetz zu dem Gesetz über den Versicherungsvertrag, zuletzt geändert durch Art. 2 Abs. 51 des Gesetzes vom 1. April 20015 (BGBl. 2015 I S. 434)
EIAPP-Zeugnis	Internationales Motorenzeugnis über die Verhütung der Luftverunreinigung (Ziffer 1.3.6, 2.1.bis 2.3 Anhang 1 TechnVorschrNO$_x$, Regel 13 Anlage VI MARPOL-Ü 1978, Art. 3 der 8. MARPOL-ÄndV, A.2. II.18 Anlage 2 SchSV)
EinbringungsV	Verordnung zur Durchführung des Gesetzes zu den Übereinkommen vom 15. Februar 1972 und 29. Dezember 1972 zur Verhütung der Meeresverschmutzung durch das Einbringen von Abfällen durch Schiffe und Luftfahrzeuge vom 7. Dezember 1977 (BGBl. 1977 I S. 2478), zuletzt geändert durch Art. 10 des Gesetzes vom 27. September 1994 (BGBl. 1994 I S. 2705)
EiniggV	Vertrag zwischen der Bundesrepublik Deutschland und der Deutschen Demokratischen Republik über die Herstellung der Einheit Deutschlands – Einigungsvertrag – vom 31. August 1990 (BGBl. 1990 II S. 889)
Elbe LV	Verordnung über die Verwaltung und Ordnung des Seelotsreviers Elbe (Elbe-Lotsverordnung – Elbe LV) vom 8. April 2003 (BAnz. 2003, 9989), zuletzt geändert durch Art. 74 § 6 der Verordnung vom 2. Juni 2016 (BGBl. 2016 I S. 1257, 1277)
EMPA	European Maritime Pilots' Association (www.empa-pilots.org)
Ems-Dollart-Vtrg	Vertrag vom 8. April 1960 zwischen der Bundesrepublik Deutschland und dem Königreich der Niederlande über die Regelung der Zusammenarbeit in der Emsmündung (Ems-Dollart-Vertrag) (BGBl. 1963 II S. 458, 602), geändert durch Art. 1

	des Abkommens vom 17. November 1975 zur Änderung des Ems-Dollart-Vertrages (BGBl. 1978 II S. 309)
Ems-Dollart-UmweltProt	Ergänzendes Protokoll vom 22. August 1996 zum Ems-Dollart-Vertrag zur Regelung der Zusammenarbeit zum Gewässer- und Naturschutz in der Emsmündung (Ems-Dollart-Umweltprotokoll) (BGBl. 1997 II S. 1702)
Ems-Dollart-ZusatzAbk	Zusatzabkommen vom 14. Mai 1962 zu dem zwischen der Bundesrepublik Deutschland und dem Königreich der Niederlande am 8. April 1960 unterzeichneten Vertrag über die Regelung der Zusammenarbeit in der Emsmündung (Ems-Dollart-Vertrag) (BGBl. 1963 II S. 652)
EmS-Leitfaden	EmS-Leitfaden für Unfallbekämpfungsmaßnahmen für Schiffe, die gefährliche Güter befördern, in der Fassung der Bekanntmachung vom 19. August 2013 (VkBl. 2013, 850), geändert durch Entschließung MSC.372(93), angenommen am 22. Mai 2014 (VkBl. 2015, 486)
Ems LV	Verordnung über die Verwaltung und Ordnung des Seelotsreviers Ems (Ems-Lotsverordnung – Ems LV) vom 25. Februar 2003 (BAnz. 2003, 3702), zuletzt geändert durch Art. 74 § 4 der Verordnung vom 2. Juni 2016 (BGBl. 2016 I S. 1257, 1277)
EMSA	European Maritime Safety Agency (www.emsa.eu)
EmsSchEV	Verordnung zur Einführung der Schiffahrtsordnung Emsmündung (EmsSchEV) vom 8. August 1989 (BGBl.1989 I S. 1583), zuletzt geändert durch Art. 63 der Verordnung vom 2. Juni 2016 (BGBl. 2016 I S. 1257)
EmsSchInfo-Vtrg	Vertrag vom 9. Dezember 1980 zwischen der Bundesrepublik Deutschland und dem Königreich der Niederlande über die gemeinsame Information und Beratung der Schifffahrt in der Emsmündung durch Landradar- und Revierfunkanlagen (BGBl. 1982 II S. 1015)
EmsSchO	Schifffahrtsordnung Emsmündung – Anlage A zum EmsSchO-Abk
EmsSchO-Abk	Abkommen vom 22. Dezember 1986 zwischen der Regierung der Bundesrepublik Deutschland und der Regierung des Königreichs der Niederlande über die Schifffahrtsordnung in der Emsmündung (BGBl. 1987 II S. 144), geändert durch das Abkommen vom 5. April 2001 zur Änderung und Ergänzung des Abkommens vom 22. Dezember 1986 zwischen der Regierung der Bundesrepublik Deutschland und der Regierung des Königreichs der Niederlande über die Schifffahrtsordnung in der Emsmündung (BGBl. 2001 II S. 1049)
Entsch. 2002/762	Entscheidung des Rates vom 19. September 2002 zur Ermächtigung der Mitgliedstaaten, im Interesse der Gemeinschaft das Internationale Übereinkommen über die zivilrechtliche Haftung für Schäden durch Bunkerölverschmutzung von 2001 („Bunkeröl-Übereinkommen") zu unterzeichnen, zu ratifizieren oder diesem beizutreten (2002/762/EG) (ABl. 2002 Nr. L 256 S. 7)
Entsch. 2004/246	Entscheidung des Rates vom 2. März 2004 zur Ermächtigung der Mitgliedstaaten, im Interesse der Europäischen Gemeinschaft das Protokoll von 2003 zum Internationalen Übereinkommen von 1992 über die Errichtung eines internationalen Fonds zur Entschädigung für Ölverschmutzungsschäden zu unterzeichnen, zu ratifizieren oder ihm beizutreten, und zur Ermächtigung Österreichs und Luxemburgs, im Interesse der Europäischen Gemeinschaft den zugrunde liegenden Instrumenten beizutreten (2004/246/EG, ABl. 2004 Nr. L 78 S. 22), geändert durch Entscheidung 2004/664/EG des Rates vom 24. September 2004 (ABl. 2004 Nr. L 303 S. 28)
ERA	Einheitliche Richtlinien und Gebräuche für Dokumenten-Akkreditive
ESP-Code 2011	International Code on the enhanced Programme of Inspections during Surveys of Bulk Carriers and Oil Tankers, 2011 (2011 ESP Code) (Resolution A.1049[27], adopted on 3 November 2011)
EStG	Einkommensteuergesetz in der Fassung der Bekanntmachung vom 8. Oktober 2009 (BGBl. 2009 I S. 3366, 3862), zuletzt geändert durch Art. 9 des Gesetzes vom 23. Dezember 2016 (BGBl. 2016 I S. 3191)
ETR	Europäisches Transportrecht (Zeitschrift)

EU	Europäische Union
EU-FahrgRSchG	EU-Fahrgastrechte-Schifffahrt-Gesetz, Art. 1 des Gesetzes vom 5. Dezember 2012 (BGBl. 2012 I S. 2454), zuletzt geändert durch Art. 4 Abs. 131 des Gesetzes vom 18. Juli 2016 (BGBl.2016 I S. 1666)
EU-FahrgRSchGebV	Verordnung über Gebühren und Auslagen für Amtshandlungen zur Durchsetzung der EU Fahrgastrechte-Schifffahrt (EU-Fahrgastrechte-Schifffahrt-Gebührenverordnung – EU FahrgRSchGebV) (BGBl. 2012 I S. 2797), geändert durch Art. 2 Abs. 171 des Gesetzes vom 7. August 2016 (BGBl. 2016 I S. 3154)
EU-FahrgRSchV	Verordnung zur Durchsetzung von Fahrgastrechten der Europäischen Union in der Schifffahrt (EU-Fahrgastrechte-Schifffahrt-Verordnung – EU-FahrgRSchV) (BGBl. 2012 I S. 2571)
EuGH	Europäischer Gerichtshof
EuGVÜ	Übereinkommen vom 27. September 1968 über die gerichtliche Zuständigkeit und die Anerkennung und Vollstreckung von Entscheidungen in Zivil- und Handelssachen (BGBl. 1972 II S. 773; ABl. 1972 L 299 S. 32), in der Fassung des 4. Beitrittsübereinkommens vom 29. November 1996 (BGBl. 1998 II S. 1411; ABl. 1997 Nr. C 15 S. 1)
EuGVV	Verordnung (EG) Nr. 44/2001 des Rates vom 22. Dezember 2000 über die gerichtliche Zuständigkeit und die Anerkennung und Vollstreckung von Entscheidungen in Zivil- und Handelssachen (ABl. 2000 L 12 S. 1; berichtigt ABl. 2001 L 307 S. 28 und ABl. 2010 L 333 S. 36), zuletzt geändert durch Verordnung (EG) Nr. 1103/2008 des Europäischen Parlaments und des Rates vom 22. Oktober 2008 (ABl. 2008 Nr. L 304 S. 80), Neufassung der Anhänge durch Verordnung (EU) Nr. 156/2012 der Kommission vom 22. Februar 2012 (ABl. 2012 L 50 S. 3), Anhänge zuletzt geändert durch Verordnung (EU) 2015/263 der Kommission vom 16. Januar 2015 (ABl. 2015 Nr. L 45 S. 2), aufgehoben durch Art. 80 EuGVV 2012
EuGVV 2012	Verordnung (EG) Nr. 1215/2012 des Rates vom 12. Dezember 2012 über die gerichtliche Zuständigkeit und die Anerkennung und Vollstreckung von Entscheidungen in Zivil- und Handelssachen (ABl. 2012 L 351 S. 1, berichtigt ABl. 2016 L 264 S. 43), Neufassung der Anhänge I und II durch die Delegierte Verordnung (EU) 2015/281 der Kommission vom 26. November 2014 (ABl. 2015 Nr. L 54 S. 1)
Euro-Verordnung	Verordnung (EG) Nr. 974/98 des Rates vom 3. Mai 1998 über die Einführung des Euro (ABl. 1998 L 139 S. 1); zuletzt geändert durch Verordnung (EG) Nr. 1647/2006 des Rates vom 7. November 2006 (ABl. 2006 L 309 S. 2)
EUV	Vertrag vom 7. Februar 1992 über die Europäische Union (BGBl. 1992 II S. 1251), geändert durch den Vertrag von Nizza vom 26. Februar 2001 (BGBl. II S. 1666)
EuZW	Europäische Zeitschrift für Wirtschaftsrecht
EVO	Eisenbahn-Verkehrsordnung (EVO) in der Fassung der Bekanntmachung vom 20. April 1999 (BGBl. 1999 I S. 782), zuletzt geändert durch Art. 19 des Gesetzes vom 19. Februar 2016 (BGBl. 2016 I S. 254, 270)
EVÜ	Übereinkommen vom 19. Juni 1980 über das auf vertragliche Schuldverhältnisse anzuwendende Recht (BGBl. 1986 II S. 809), in der Fassung des 4. Beitrittsübereinkommens vom 14. April 2005 (BGBl. 2006 II S. 348; 2007 II S. 638)
EVÜ-Bericht	Mario Giuliano, Paul Lagarde; Bericht über das Übereinkommen über das auf vertragliche Schuldverhältnisse anzuwendende Recht (BT-Drucks. 10/503 S. 33–79)
EVÜ-Denkschrift	Denkschrift zum Übereinkommen vom 19. Juni 1980 über das auf vertragliche Schuldverhältnisse anzuwendende Recht (BT-Drucks. 10/503 S. 21–31)
EVÜ-G	Gesetz zu dem Übereinkommen vom 19. Juni 1980 über das auf vertragliche Schuldverhältnisse anzuwendende Recht vom 25. Juli 1986 (BGBl. 1986 II S. 809)
EWR-Abk	Abkommen vom 2. Mai 1992 über den Europäischen Wirtschaftsraum (BGBl. 1993 II S. 266), in der Fassung des Änderungsprotokolls vom 17. März 1993 zum Abkommen über den Europäischen Wirtschaftsraum (BGBl. 1993 II S. 1294)

f. oder ff.	folgende
FäV	Verordnung über den Betrieb der Fähren auf Bundeswasserstraßen (Fährenbetriebsverordnung – FäV) vom 24. Mai 1995 (BGBl. 1995 I S. 752), zuletzt geändert durch Art. 41 der Verordnung vom 2. Juni 2016 (BGBl. 2016 I S. 1257, 1266)
FaireBehdlgSeelLeitl	Leitlinien über die faire Behandlung von Seeleuten bei einem Seeunfall, Entschließung LEG.3(91), angenommen am 27. April 2006, IMO Rundschreiben Nr. 2711 (VkBl. 2010, 506)
FAL-Ü	Übereinkommen vom 9. April 1965 zur Erleichterung des Internationalen Seeverkehrs (BGBl. 1967 II S. 2434), mit den letzten vom Ausschuss zur Erleichterung des Internationalen Seeverkehrs der IMO in London am 16. Januar 2009 angenommenen Änderungen (BGBl. 2011 II S. 980)
FamFG	Gesetz über das Verfahren in Familiensachen und in den Angelegenheiten der freiwilligen Gerichtsbarkeit (FamFG), Art. 1 des Gesetzes vom 17. Dezember 2008 (BGBl. 2008 I S. 2586), zuletzt geändert durch Art. 2 des Gesetzes vom 11. Oktober 2016 (BGBl. 2016 I S. 2222)
FamRZ	Zeitschrift für das gesamte Familienrecht
FatigueRichtlinie	Richtlinie zur Linderung von Fatigue (Übermüdung) und Fatigue-Management (MSC/Circ. 1014 vom 12. Juni 2001) (VkBl. 2002, 156 und Dokument Nr. B 8107)
FBL	FIATA Bill of Lading
FCR	Forwarder's Certificate of Receipt (herausgegeben von der FIATA)
FCT	Forwarder's Certificate of Transport (herausgegeben von der FIATA)
FG	Festgabe
FGG	Gesetz über die Angelegenheiten der freiwilligen Gerichtsbarkeit vom 17. Mai 1898 (RGBl. 1898 S. 189) in der Fassung der Bekanntmachung vom 20. Mai 1898 (RGBl. 1898 S. 771), zuletzt geändert durch Art. 6 des Gesetzes vom 12. März 2009 (BGBl. 2009 I S. 470, 479), außer Kraft gesetzt durch Art. 112 Abs. 1 Hs. 2 des Gesetzes vom 17. Dezember 2008 (BGBl. 2008 I S. 2586, 2743)
FIATA	Fédération Internationale des Associations de Transitaires et Assimilés (www.fiata.com)
FinG	Finanzgericht
FlößereiG	Gesetz betreffend die privatrechtlichen Verhältnisse der Flößerei vom 15. Juni 1895 (RGBl. 1895 S. 341), zuletzt geändert durch Art. 42 des Gesetzes vom 5. Oktober 1994 (BGBl. 1994 I S. 2911), aufgehoben durch Art. 13 des Gesetzes vom 25. August 1998 (BGBl. 1998 I S. 2489)
FlRG	Gesetz über das Flaggenrecht der Seeschiffe und die Flaggenführung der Binnenschiffe (Flaggenrechtsgesetz) in der Fassung der Bekanntmachung vom 26. Oktober 1994 (BGBl. 1994 I S. 3140), zuletzt geändert durch Art. 4 Abs. 134 des Gesetzes vom 18. Juli 2016 (BGBl. 2016 I S. 1666)
FlRV	Flaggenrechtsverordnung (FlRV) vom 4. Juli 1990 (BGBl. 1990 I S. 1389), zuletzt geändert durch Art. 562 der Verordnung vom 31. August 2015 (BGBl. 2015 I S. 1474, 1554)
Fn	Fußnote
FPSO	floating production storage and off-loading units
FreibordÜ	Internationales Freibord-Übereinkommen von 1966 vom 5. April 1966 (BGBl. 1969 II S. 249, berichtigt BGBl. 1977 II S. 164) in der Fassung des Protokolls von 1988 (BGBl. 1994 II S. 2475), zuletzt geändert durch Entschließungen MSC.356(92) vom 21. Juni 2013 und MSC.375(93) vom 22. Mai 2014 (BGBl. 2016 II S. 380)
FrR	allgemeines Frachtrecht (§§ 407 ff. HGB)
FS	Festschrift
FSU	floating storage unit
FzSichRichtlinie	Richtlinien für Sicherungsvorkehrungen bei der Beförderung von Straßenfahrzeugen mit Ro/Ro-Schiffen (Ladungssicherung auf RoRo-Schiffen) (Resolution A.581[14] vom 20. November 1985) (BAnz. 1988 Nr. 189a), zuletzt geändert durch MSC.1/Circ. 1355 vom 16. Juni 1997 (VkBl. 2011, 638) (E.5 Anlage SchSG)

GasChemTankReg	Zusätzliche Regeln für Gas- und Chemikalientankschiffe (BAnz. 1986 Nr. 125a vom 12. Juli 1986, S. 781–784)
GbV	Verordnung über die Bestellung von Gefahrgutbeauftragten in Unternehmen (Gefahrgutbeauftragtenverordnung – GbV) vom 25. Februar 2011 (BGBl. 2011 I S. 341), zuletzt geändert durch Art. 490 der Verordnung vom 31. August 2015 (BGBl. 2015 I S. 1474, 1545)
GC-Code	Code für den Bau und die Ausrüstung von Schiffen zur Beförderung verflüssigter Gase als Massengut (GC-Code) (BAnz. Nr. 146a vom 9. August 1983), zuletzt geändert durch Entschließung MSC.377(93), angenommen am 22. Mai 2014 (VkBl. 2015, 261) (E.1 Anlage SchSG)
GC-Zeugnis	Zeugnis über die Eignung zur Beförderung verflüssigter Gase als Massengut (Ziffer 1.6 und Anhang GC-Code, A.1.VII.27 Anlage 2 SchSV)
GefGutAuslHinw	Nicht rechtsverbindliche Hinweise zur Auslegung der Gefahrgutverordnung See und des IMDG-Code deutsch, Bekanntmachung vom 23. Dezember 1999 (BAnz. 1999 Nr. 57a Buchst. F S. 24–27)
GHBG	Gesamthafenbetriebs-Gesellschaft m.b.H (www.ghb.de)
GewichtsbezG	Gesetz über die Gewichtsbezeichnung an schweren, auf Schiffen beförderten Frachtstücken, vom 28. Juni 1933 (RGBl I 1933 S. 412), zuletzt geändert durch Gesetz vom 2. März 1974 (BGBl. I 1974, S. 469)
GewichtsbezÜ	Übereinkommen Nr. 27 der ILO vom 21. Juni 1929 über die Gewichtsbezeichnung an schweren, auf Schiffen beförderten Frachtstücken (RGBl. 1933 II S. 940), geändert durch das Übereinkommen Nr. 116 der ILO vom 26. Juli 1961 (BGBl. 1963 II S. 1135)
GewO	Gewerbeordnung in der Fassung der Bekanntmachung vom 22. Februar 1991 (BGBl. 1991 I S. 202), zuletzt geändert durch Art. 16 des Gesetzes vom 11. November 2016 (BGBl. 2016 I S. 2500)
GG	Grundgesetz für die Bundesrepublik Deutschland vom 23. Mai 1949 (BGBl. 1949, 1), zuletzt geändert durch Art. 11 des Gesetzes vom 9. Juli 2015 (BGBl. I S. 1114, 1128)
GGAV	Verordnung über Ausnahmen von den Vorschriften über die Beförderung gefährlicher Güter (Gefahrgut-Ausnahmeverordnung – GGAV) in der Neufassung vom 18. Februar 2016 (BGBl. 2016 I S. 275)
GGBefG	Gesetz über die Beförderung gefährlicher Güter (Gefahrgutbeförderungsgesetz – GGBefG) in der Bekanntmachung der Neufassung vom 7. Juli 2009 (BGBl. I S. 1774, berichtigt BGBl. I 2009 S. 3975), zuletzt geändert durch Art. 5 des Gesetzes vom 26. Juli 2016 (BGBl. 2016 I S. 1843)
GGBVOHH	Verordnung über die Sicherheit bei der Beförderung von gefährlichen Gütern und zur Erhöhung des Brandschutzes im Hamburger Hafen (Gefahrgut- und Brandschutzverordnung Hafen Hamburg – GGBVOHH) vom 19. März 2013 (GVBl. 2013, 93), zuletzt geändert durch Art. 2 der Verordnung vom 21. Juli 2015 (GVBl. 2015, 191)
GGSiDatenblEmpf	Empfehlungen für Gefahrgut-Sicherheitsdatenblätter für Ladungen und Schiffskraftstoffe nach Anlage 1 zu MARPOL (MSC.150[77], angenommen am 2. Juni 2003) (VkBl. 2005, 263)
GGSiDatenbl-Richtlinie	Richtlinie zur Erstellung der Gefahrgut-Sicherheitsdatenblätter für Ladungen und Schiffskraftstoffe nach Anlage 1 zu MARPOL (MSC.150 [77], angenommen am 2. Juni 2003) (VkBl. 2005, 263)
GGVSEB	Verordnung über die innerstaatliche und grenzüberschreitende Beförderung gefährlicher Güter auf der Strasse, mit Eisenbahnen und auf Binnengewässern (Gefahrgutverordnung Strasse, Eisenbahn und Binnenschifffahrt – GGVSEB) in der Fassung der Bekanntmachung vom 30. März 2015 (BGBl. 2015 I S. 366), zuletzt geändert durch Art. 6 des Gesetzes vom 26. Juli 2016 (BGBl. 2016 I S. 1843)
GGVSee	Verordnung über die Beförderung gefährlicher Güter mit Seeschiffen (Gefahrgutverordnung See – GGVSee), in der Fassung der Bekanntmachung vom

	9. Februar 2016 (BGBl. 2016 I S. 182), geändert durch Art. 14 des Gesetzes vom 26. Juli 2016 (BGBl. 2016 I S. 1843)
GGVSee-Begründung	Begründung zur Neufassung der Gefahrgutverordnung See (GGVSee) (BR-Drucks. 535/03 S. 20–35)
GKG	Gerichtskostengesetz vom 5. Mai 2004 in der Fassung der Bekanntmachung vom 27. Februar 2014 (BGBl. I 2014 S. 154), zuletzt geändert durch Art. 9 des Gesetzes vom 11. Oktober 2016 (BGBl. 2016 I S. 2222, 2224)
GMAA	German Maritime Arbitration Association (www.gmaa.de)
GmbH	Gesellschaft mit beschränkter Haftung
GoldfrUmrG	Gesetz zu den Protokollen vom 19. November 1976 und vom 5. Juli 1978 über die Ersetzung des Goldfrankens durch das Sonderziehungsrecht des Internationalen Währungsfonds sowie zur Regelung der Umrechnung des Goldfrankens in haftungsrechtlichen Bestimmungen vom 9. Juni 1980 (BGBl. 1980 II S. 721), geändert durch Art. 10 des Gesetzes vom 8. Dezember 2010 (BGBl. 2010 I S. 1864, 1865)
Gruchot	Beiträge zur Erläuterung des deutschen Rechts
GRUR	Gewerblicher Rechtsschutz und Urheberrecht (Zeitschrift)
GS	Gedächtnisschrift
GuadalajaraZAbk	Zusatzabkommen vom 18. September 1961 zum Warschauer Abkommen zur Vereinheitlichung von Regeln über die von einem anderen als dem vertraglichen Luftfrachtführer ausgeführte Beförderung im internationalen Luftverkehr (BGBl. 1963 II S. 1159)
GüKG	Güterkraftverkehrsgesetz vom 22. Juni 1998 (BGBl. I S. 1485), zuletzt geändert durch Art. 492 der Verordnung vom 31. August 2015 (BGBl. 2015 I S. 1474, 1546)
GüKUMB	Güterkraftverkehrstarif für den Umzugsverkehr und für die Beförderung von Handelsmöbeln in besonders für die Möbelbeförderung eingerichteten Fahrzeugen im Güterfernverkehr und Güternahverkehr (GüKUMB) vom 3. August 1983 (BAnz. Nr. 151 vom 16. August 1983), aufgehoben durch Art. 9 Nr. 4 TRG
GVBl.	Gesetz- und Verordnungsblatt
GVG	Gerichtsverfassungsgesetz vom 12. September 1950 in der Neufassung vom 9. Mai 1975 (BGBl. 1975 I S. 1077), zuletzt geändert durch Art. 2 Abs. 2 des Gesetzes vom 22. Dezember 2016 (BGBl. 2016 I S. 3150)
GVGA	Geschäftsanweisung für Gerichtsvollzieher (GVGA) in der in der Fassung vom 19. August 2016
GvKostG	Gerichtsvollzieherkostengesetz vom 19. April 2001 (BGBl. 2001 I S. 623), geändert durch Art. 12 des Gesetzes vom 21. November 2016 (BGBl. 2016 I S. 2591)
Haager Regeln	Internationales Abkommen vom 25. August 1924 zur Vereinheitlichung von Regeln über Konnossemente (RGBl. 1939 II S. 1049)
Haag-Visby Regeln	Haager Regeln in der Fassung des Visby Protokolls (wiedergegeben etwa bei *Rabe* Seehandelsrecht Anhang III zu § 663 b)
HaftPflG	Haftpflichtgesetz in der Fassung der Bekanntmachung vom 4. Januar 1978 (BGBl. 1978 I S. 145), zuletzt geändert durch Art. 5 des Gesetzes vom 19. Juli 2002 (BGBl. 2002 I S. 2674)
Hamburg Regeln	Übereinkommen der Vereinten Nationen vom 31. März 1978 über die Beförderung von Gütern auf See
Hansa	(Zeitschrift)
HansGZ H	Hanseatische Gerichtszeitung, Hauptblatt
HBÜ 1957	Übereinkommen vom 10. Oktober 1957 über die Beschränkung der Haftung der Eigentümer von Seeschiffen; wiedergegeben etwa bei *Schaps/Abraham* Seehandelsrecht Anh I § 487 d
HBÜ-1957-AusfV	Ausführungsvorschriften zu dem Übereinkommen vom 10. Oktober 1957 über die Beschränkung der Haftung der Eigentümer von Seeschiffen (Art. 3 des 1. SRÄndG, BGBl. 1972 II S. 966, 976, aufgehoben durch Art. 9 Abs. 1 des 2. SRÄndG)

HBÜ-1976-Denkschrift	Denkschrift zum Übereinkommen von 1976 über die Beschränkung der Haftung für Seeforderungen (BT-Drucks. 10/3553 S. 22–31)
HBÜ 1976	Übereinkommen von 1976 vom 19. November 1976 über die Beschränkung der Haftung für Seeforderungen (BGBl. 1986 II S. 786); für die Bundesrepublik zum 13. Mai 2004 außer Kraft getreten (BGBl. 2005 II S. 189)
HBÜ 1996	Übereinkommen von 1976 vom 19. November 1976 über die Beschränkung der Haftung für Seeforderungen (BGBl. 1986 II S. 786) in der Fassung des Protokolls vom 2. Mai 1996 (BGBl. 2000 II S. 790), geändert durch Entschließung LEG.5(99) des Rechtsausschusses der IMO vom 19. April 2012 (BGBl. 2015 I S. 506)
HBÜProt 1996	Protokoll von 1996 zur Änderung des Übereinkommens von 1976 über die Beschränkung der Haftung für Seeforderungen vom 2. Mai 1996 (BGBl. 2000 II S. 790)
HBÜProt1996-AusfG	Ausführungsgesetz zu dem Protokoll von 1996 zur Änderung des Übereinkommens von 1976 über die Beschränkung der Haftung für Seeforderungen vom 27. Juni 2000 (BGBl. 2000 I S. 938)
HBÜProt1996-AusfG-Begr	Begründung des Entwurfs eines Ausführungsgesetzes zu dem Protokoll von 1996 zur Änderung des Übereinkommens von 1976 über die Beschränkung der Haftung für Seeforderungen (BT-Drs. 14/2697 S. 5–6)
HBÜProt1996-G	Gesetz zu dem Protokoll von 1996 zur Änderung des Übereinkommens von 1976 über die Beschränkung der Haftung für Seeforderungen vom 27. Juni 2000 (BGBl. 2000 II S. 790), geändert durch Art. 612 der Verordnung vom 31. August 2015 (BGBl. 2015 I S. 1474, 1552)
HelsinkiÜ	Übereinkommen vom 9. April 1992 über den Schutz der Meeresumwelt des Ostseegebietes (BGBl. 1994 II S. 1937), zuletzt geändert durch HELCOM-Empfehlung 24/8 vom 25. Juni 2003 (BGBl. 2004 II S. 1669)
HGB	Handelsgesetzbuch vom 10. Mai 1897 (RGBl. 1897 S. 219), zuletzt geändert durch Art. 5 des Gesetzes vom 5. Juli 2016 (BGBl. 2016 I S. 1578)
HGB 1897	Handelsgesetzbuch vom 10. Mai 1897 (RGBl. 1897, S. 219)
HGB 1902	HGB in der Fassung, die es durch das Gesetz, betreffend Abänderung seerechtlicher Vorschriften des Handelsgesetzbuchs, vom 2. Juni 1902 (RGBl. 1902, 618) erhalten hat
HGB 1913	HGB in der Fassung, die es durch das ZusÜSee-G erhalten hat
HGB 1937	HGB in der Fassung, die es durch das SeefrG erhalten hat
HGB 1954	HGB in der Fassung, die es durch das SeeLG erhalten hat
HGB 1972	HGB in der Fassung, die es durch das 1. SRÄndG erhalten hat
HGB 1986	HGB in der Fassung, die es durch das 2. SRÄndG erhalten hat
HGB 2001	HGB in der Fassung, die es durch das 3. SRÄndG erhalten hat
HGB-KomE	HGB in der Fassung des SHR-KomE-Bericht S. 12–65
HGB-RefE	HGB in der Fassung des SHR-RefE S. 3–86
HGB-RegE	HGB in der Fassung des SHR-RegE S. 5–35
Hmb HafenGebV	Gebührenordnung für den Hamburger Hafen (Hafengebührenordnung – HafenGebO) vom 3. Januar 2006 (GVBl. 2006, 4), zuletzt geändert durch Art. 12 der Verordnung vom 17. Dezember 2013 (GVBl. 2013, 545, 571)
Hmb HafenVerkSchG	Hafenverkehrs- und Schifffahrtsgesetz vom 3. Juli 1979 (GVBl. 1979, 177), zuletzt geändert durch Gesetz vom 6. Oktober 2005 (GVBl. 2005, 424, 428)
Hmb SchSpr	Hamburger Schiedsspruch
Hmb HafenSDVO	Verordnung zur Durchführung des Hafensicherheitsgesetzes (Hafensicherheits-Durchführungsverordnung – HafenSDVO) vom 10. August 2010 (GVBl. 2010, 512), zuletzt geändert durch Art. 3 der Verordnung vom 21. Juli 2015 (GVBl. 2015, 191)
Hmb HafenLAusbV	Verordnung über die Ausbildung und Prüfung der Hafenlotsen sowie über die Hafenlotsenausweise (Hafenlotsenausbildungs- und Ausweisordnung) vom 7. Juli 1981 (GVBl. 1981, 193), zuletzt geändert durch Verordnung vom 23. September 2008 (GVBl. 2008, 345)
Hmb HafenLG	Gesetz über das Hafenlotswesen (Hafenlotsgesetz) vom 19. Januar 1981 (GVBl. 1981, 9), zuletzt geändert durch Gesetz vom 18. Juli 2001 (GVBl. 2001, 251, 257)

Hmb HafenLTarifO	Tarifordnung für das Hafenlotsrevier (Hafenlotstarifordnung) vom 7. Juli 1981 (GVBl. 1981, 192), zuletzt geändert durch Verordnung vom 19. Juli 2016 (GVBl. 2016, 317)
Hmb HafenLUntO	Verordnung über die vertrauensärztliche Untersuchung der Hafenlotsen (Hafenlotsenuntersuchungsordnung) vom 7. Juli 1981 (GVBl. 1981, 196)
Hmb HafenLV	Hafenlotsordnung vom 7. Mai 2013 (GVBl. 2013, 193, 196)
HmbHafenSG	Hafensicherheitsgesetz (HafenSG) vom 6. Oktober 2005 (HmbGVBl. 2005, 424), zuletzt geändert durch Art. 1 des Gesetzes vom 19. Juni 2013 (GVBl. 2013, 293)
HmbHafenSDVO	Verordnung zur Durchführung des Hafensicherheitsgesetzes (Hafensicherheits-Durchführungsverordnung – HafenSDVO) vom 10. August 2010 (GVBl. 2010, 512), zuletzt geändert durch Art. 3 der Verordnung vom 21. Juli 2015 (GVBl. 2015, 191)
Hmb HafenVerkO	Verordnung über den Verkehr im Hamburger Hafen und auf anderen Gewässern (Hafenverkehrsordnung) vom 12. Juli 1979 (GVBl. 1979, 227), zuletzt geändert durch Art. 1 der Verordnung vom 21. Juli 2015 (GVBl. 2015, 191)
Hmb SchiffsAbgV	Verordnung über die Erhebung einer Abgabe für die Entsorgung von Schiffsabfällen (Schiffsabfallabgabenverordnung – SchiffsAbgV) vom 6. Mai 2003 (GVBl. 2003, 101) zuletzt geändert durch Verordnung vom 30. Juni 2015 (GVBl. 2015, 131)
HmbNSGBefV	Verordnung über das Befahren der Bundeswasserstrasse Elbe in bestimmten Naturschutzgebieten der Freien und Hansestadt Hamburg (Hamburg-Naturschutzgebietsbefahrensverordnung – HmbNSGBefV) (BGBl. 2016 I S. 2193)
HmbSchEG	Hamburgisches Gesetz über Schiffsabfälle und Ladungsrückstände (Hamburgisches Schiffsentsorgungsgesetz – HmbSchEG) vom 17. Dezember 2002 (GVBl. 2002, 343), zuletzt geändert durch § 1 des Gesetzes vom 11. Oktober 2011 (GVBl. 2011, 421)
HmbSchRZ	Hamburger Zeitschrift für Schifffahrtsrecht (vormals: HmbSeeRep)
HmbSchRZ-Int	Hamburger Zeitschrift für Schifffahrtsrecht – International
HmbSeeRep	Hamburger Seerechts-Report (bis 2008, dann: HmbSchRZ)
HmbSeeSchAssV	Verordnung zur Durchführung der Seeschiffsassistenz im Hamburger Hafen (Seeschiffsassistenzverordnung) vom 11. März 1997 (GVBl. 1997, 65), zuletzt geändert durch Verordnung vom 28. Juli 2009 (GVBl. 2009, 315, 318)
HNS	*hazardous and noxious substances* (gefährliche und schädliche Stoffe)
HNS-Prot 2010	Protokoll vom 30. April 2010 zu dem Internationalen Übereinkommen vom 3. Mai 1996 über Haftung und Entschädigung für Schäden bei der Beförderung gefährlicher und schädlicher Stoffe auf See (HNS-Übereinkommen); siehe http://www.hnsconvention.org/fileadmin/IOPC_Upload/hns/files/2010%20HNS%20Protocol_e.pdf
HNS-Ü 2010	Internationales Übereinkommen vom 3. Mai 1996 über Haftung und Entschädigung für Schäden bei der Beförderung gefährlicher und schädlicher Stoffe auf See (HNS-Übereinkommen) in der Fassung des Protokolls vom 30. April 2010 (konsolidierte Fassung www.imo.org/en/OurWork/Legal/HNS/Documents/HNS Consolidated text.pdf)
HNS-Ü 1996	Internationales Übereinkommen vom 3. Mai 1996 über Haftung und Entschädigung für Schäden bei der Beförderung gefährlicher und schädlicher Stoffe auf See (HNS-Übereinkommen); englischer Wortlaut TranspR 1997, 450, deutsche Übersetzung im Anhang zum Beschluss des Rates vom 18. November 2002 (2002/971/EG) (ABl. 2002 Nr. L 337 S. 55)
Hohe-See-EinbrggG	Gesetz über das Verbot der Einbringung von Abfällen und anderen Stoffen und Gegenständen in die Hohe See (Hohe-See-Einbringungsgesetz) vom 25. August 1998 (BGBl. 1998 I S. 2455), zuletzt geändert durch Art. 5 des Gesetzes vom 24. Mai 2016 (BGBl. 2016 I S. 1217, 1218)
Hohe-See-EinbrggV	Verordnung zur Durchführung des Gesetzes zu den Übereinkommen vom 15. Februar 1972 und 29. Dezember 1972 zur Verhütung der Meeresverschmutzung durch das Einbringen von Abfällen durch Schiffe und Luftfahrzeuge vom

	7. Dezember 1977 (BGBl. 1977 I S. 2478), zuletzt geändert durch Art. 10 des Gesetzes vom 27. September 1994 (BGBl. 1994 I S. 2705)
HPA	Hamburg Port Authority (www.hamburg-port-authority.de)
HPAG	Gesetz über die Hamburg Port Authority (HPAG) vom 29. Juni 2005, Art. 1 des Gesetzes zur Errichtung der Hamburg Port Authority (Hamburg Port Authority Errichtungsgesetz) vom 29. Juni 2005 (GVBl. 2005 256), zuletzt geändert durch Gesetz vom 28. Mai 2014 (GVBl. 2014, 197)
Hrsg.	Herausgeber
HSC	Hochgeschwindigkeitsschiffe (High Speed Craft)
HSC-Code 1994	Internationaler Code für die Sicherheit von Hochgeschwindigkeitsfahrzeugen (HSC-Code 1994), zuletzt geändert durch Entschließung MSC.351(92) vom 21. Juni 2013 (VkBl. 2015, 37)
HSC-Code 2000	Internationaler Code für die Sicherheit von Hochgeschwindigkeitsfahrzeugen (HSC-Code 2000), zuletzt geändert durch Entschließung MSC.352(92) vom 21. Juni 2013 (VkBl. 2015, 38)
HSC-Richtlinie	Richtlinie 99/35/EG des Rates vom 29. April 1999 über ein System verbindlicher Überprüfungen im Hinblick auf den sicheren Betrieb von Ro-Ro-Fahrgastschiffen und Fahrgast-Hochgeschwindigkeits-Fahrzeugen im Linienverkehr (ABl. 1999 Nr. L 138 S. 1), zuletzt geändert durch die Richtlinie 2009/18/EG des Europäischen Parlaments und des Rates vom 23. April 2009 (ABl. 2009 Nr. L 131 S. 114)
HSeeZG	Gesetz über die internationale Zusammenarbeit zur Durchführung von Sanktionsrecht der Vereinten Nationen und über die internationale strafrechtliche Zusammenarbeit auf Hoher See (Hohe-See-Zusammenarbeitsgesetz – HSeeZG), Art. 1 des Gesetzes vom 25. November 2015 (BGBl. 2015 I S. 2095)
HTV-See 2015	Heuertarifvertrag für die deutsche Seeschiffahrt (HTV-See), gültig ab 1. Dezember 2015 zwischen dem Verband Deutscher Reeder e.V. und der ver.di – Vereinte Dienstleistungsgewerkschaft (ver.di) (http://www.deutsche-flagge.de/de/download/besatzung/heuervertraege/htv-see-2015-16)
IAEA	International Atomic Energy Agency
IAEOTranspReg.	Regulations for the Safe Transport of Radioactive Materials, 1996 Edition (as amended 2003), Safety Standards Series No. TS-R-1
IAFS-Erklärung	Erklärung über ein Bewuchsschutzsystem (Art. 6 Abs. 1 [b] Verordnung 782/20003, Art. 4 und Regel 6 Anlage 4 AFS-Ü, A.1 VII.27 [a] [bb] Anlage 2 SchSV)
IAFS-Zeugnis	Internationales Zeugnis über ein Bewuchsschutzsystem (Art. 6 Abs. 1 [a] Verordnung 782/20003, Art. 4 und Anlage 4 AFS-Ü, A.1 VII.27 [a] [aa] Anlage 2 SchSV)
IALA	International Association of Marine Aids to Navigation and Lighthouse Authorities (http://www.iala-aism.org)
IAPP-Zeugnis	Internationales Zeugnis über die Verhütung der Luftverunreinigung durch Schiffe (Regel 6.1 bis 3, 8.1, 9.1 bis 9 Anlage VI MARPOL-Ü 1978, Art. 3 der 8. MARPOL-ÄndV, A.1 II.17 Anlage 2 SchSV)
IBC	Großpackmittel (Intermediate Bulk Container)
IBC-Code	Internationaler Code für den Bau und die Ausrüstung von Schiffen zur Beförderung gefährlicher Chemikalien als Massengut (IBC-Code), neu gefasst durch Entschließungen MEPC.119(52), angenommen am 15. Oktober 2004, und MSC.176(79), angenommen am 4. Dezember 2004, zuletzt geändert durch Entschließung MEPC.250(66), angenommen am 4. April 2014, und gleichlautend Entschließung MSC.369(93), angenommen am 22. Mai 2014 (VkBl. 2015, 257)
IBC-Zeugnis	Internationales Zeugnis über die Eignung zur Beförderung gefährlicher Chemikalien als Massengut (Regel VII/10 Anlage SOLAS-Ü, Regel 1.4 und Regel 7 Anlage II MARPOL-Ü 1978, Ziffer 1.5.4 bis 1.5.6 und Anhang IBC-Code, A.1.I.9 Anhang 2 SchSV)

Abkürzungsverzeichnis

ICC	International Chamber of Commerce (http://www.iccwbo.org)
ICS	International Chamber of Shipping
IEE-Zeugnis	Internationales Zeugnis über die Energieeffizienz (Regel 6.4 und 5, 8.2, 9.10 und 11 Anlage VI MARPOL-Ü 1978, Art. 3 der 8. MARPOL-ÄndV, A.1 II.17a Anlage 2 SchSV)
IfBinSchR	Schriftenreihe des Instituts für Binnenschifffahrtsrecht
IFLOS	International Foundation for the Law of the Sea (Internationale Stiftung für Seerecht – www.iflos.org)
IG-Code	Internationaler Code für die sichere Beförderung von Schüttgetreide (Internationaler Getreide-Code) vom 24. September 1993 (Entschließung MSC.23[59], angenommen am 23. Mai 1991) (VkBl. 1993, 835)
IGC-Code	Internationaler Code für den Bau und die Ausrüstung von Schiffen zur Beförderung verflüssigter Gase als Massengut (IGC-Code) (BAnz. Nr. 125a vom 12. Juli 1986), neu gefasst durch Entschließung MSC.370(93) (VkBl. 2016, 67 sowie Dokument C 8072)
IGC-Zeugnis	Internationales Zeugnis über die Eignung zur Beförderung verflüssigter Gase als Massengut (Ziffer 1.4 und Anhang 2 GC-Code, Regel VII/13 Anlage SOLAS-Ü, A.1.I.10 Anlage 2 SchSV)
IGF-Code	Internationaler Code für die Sicherheit von Schiffen, die Gase oder andere Brennstoffe mit niedrigem Flammpunkt verwenden (IGF-Code) (Entschließung MSC.391[95] – VkBl. 2016, 655 und Dokument C 8151)
IGV	Internationale Gesundheitsvorschriften (2005) vom 23. Mai 2005 (IGV) (BGBl. 2007 II S. 930, 932, 1528); Änderung vom 24. Mai 2014, angenommen von der 67. Weltgesundheitsversammlung (BGBl. 2016 II S. 498)
IGV-DG	Gesetz zur Durchführung der Internationalen Gesundheitsvorschriften (2005) (IGV-Durchführungsgesetz - IGV-DG) vom 21. März 2013 (BGBl. I S. 566), zuletzt geändert durch Art. 42 des Gesetzes vom 8. Juli 2016 (BGBl. 2016 I S. 1594, 1599)
IGV-G	Gesetz zu den Internationalen Gesundheitsvorschriften (2005) (IGV) vom 20. Juli 2007 (BGBl. 2007 II S. 930), geändert durch Art. 2 des Gesetzes vom 21. März 2013 (BGBl. I S. 566)
IHR	Internationales Handelsrecht (Zeitschrift)
III-Code	Code für die Anwendung der IMO-Instrumente (III-Code) (Entschließung A.1070[28], angenommen am 4. Dezember 2013) (VkBl. 2015, 636)
Il Dir. Mar.	Il. Diritto Marittimo (Zeitschrift)
ILA	International Law Association
ILO	International Labor Organisation
IMO	International Maritime Organisation (früher: IMCO) (www.imo.org)
IMCO	International Maritime Consultative Organisation (heute: IMO)
IMDG-Code	International Maritime Dangerous Goods Code in der Fassung des Amendment 37-14 (IMDG Code 2014) (Entschließung MSC.372[93], angenommen am 22. Mai 2014 – VkBl. 2014, 810 sowie Dokument B 8185; berichtigt VkBl. 2016, 90)
IMO-Ü	Übereinkommen vom 6. März 1948 über die Internationale Seeschifffahrtsorganisation in der Neufassung vom 29. Januar 1986 (BGBl. 1986 II S. 423), geändert durch Entschließung A.735(18) vom 4. November 1993 (BGBl. 2002 II 1870)
IMPA	International Maritime Pilots' Association (www.impahq.org)
IMSBC-Code	Internationaler Code für die Beförderung von Schüttgut über See (Entschließung MSC.268[85], angenommen am 4. Dezember 2008 – VkBl. 2009, 775), zuletzt geändert durch Entschließung MSC.393(95), angenommen am 11. Juni 2015 (VkBl. 2015, 789)
INF-Code	Internationaler Code für die sichere Beförderung von verpackten bestrahlten Kernbrennstoffen, Plutonium und hochradioaktiven Abfällen mit Seeschiffen (INF-Code) (Entschließung MSC.88[71], angenommen am 27. Mai 1999 – BAnz. 2000, 23322), zuletzt geändert durch Entschließung MSC.241(83), angenommen 12. Oktober 2007 (VkBl. 2009, 82)

INF-Ladung	verpackte bestrahlte Kernbrennstoffe, Plutonium und hochradioaktive Abfälle (Begriffsbestimmung in Regel VII/14.2 bis 5 Anlage SOLAS-Ü)
INF-Zeugnis	Internationales Zeugnis über die Eignung zur Beförderung von INF-Ladung (Regel VII/16 Anlage SOLAS-Ü, Ziffer 1.3 INF-Code, A.I.7 Anlage SchSG)
InsO	Insolvenzordnung (InsO) vom 5. Oktober 1994 (BGBl. 1994 I S. 2866), zuletzt geändert durch Art. 2 des Gesetzes vom 22. Dezember 2016 (BGBl. 2016 I S. 3147)
InterpretII-1	Interpretationen unbestimmter Ausdrücke und sonstiger unpräziser Formulierungen im Kapitel II-2 des internationalen Übereinkommens von 1974 zum Schutz des menschlichen Lebens auf See (SOLAS '74) der internationalen Seeschiffahrts-Organisation (VkBl. 2000, 259 sowie Dokument Nr. B 8115)
InterpretXII 1998	Interpretationen zu den Vorschriften des SOLAS-Kapitels XII über zusätzliche Sicherheitsmaßnahmen für Massengutschiffe, Entschließung MSC.79(70), angenommen am 11. Dezember 1998 (VkBl. 1999, 680)
InterpretXII 1999	Auslegung zu den Bestimmungen des Kapitels XII SOLAS über zusätzliche Sicherheitsmaßnahmen für Massengutschiffe, Entschließung MSC.89(71), angenommen am 28. Mai 1999 (VkBl. 1999, 30)
IOPP-Zeugnis	Internationales Zeugnis über die Verhütung der Ölverschmutzung (Regel 7 bis 10 Anlage I MARPOL-Ü 1978, A.1 II.14 Anlage 2 SchSV)
IoC	Identity of Carrier
IPR	Internationales Privatrecht
IPR-G	Gesetz vom 25. Juli 1986 zur Neuregelung des Internationalen Privatrechts (BGBl.II 1986 S. 1142)
IPRG-Begründung	Begründung des Entwurfs der Bundesregierung eines Gesetzes zur Neuregelung des Internationalen Privatrechts (BT-Drucks. 10/504 S. 20–97)
IS-Code 2008	Internationaler Code über Intaktstabilität von 2008 (IS-Code 2008) (Entschließung MSC.267[85], angenommen am 4 Dezember 2008 – VkBl. 2009, 724, Sonderdruck B 8142), geändert durch Entschließung MSC.319(89), angenommen am 20. Mai 2011 (VkBl. 2011, 877) (E.16 Anlage SchSG) – Teil B geändert durch Entschließung MSC.398(95), angenommen am 5. Juni 2015 (VkBl. 2016, 290) (E.16 Anlage SchSG)
iSd.	im Sinne des
ISM	International Safety Management
ISM-Code	Internationaler Code für Maßnahmen zur Organisation eines sicheren Schiffsbetriebes und der Verhütung der Meeresverschmutzung (ISM-Code), IMO Entschließung A.741(18) vom 23. November 1994 (BAnz. 1995 S. 2732), zuletzt geändert durch Entschließung MSC.73(85), angenommen am 4. Dezember 2008 (VkBl. 2012, 239) – eine nichtamtliche konsolidierte Fassung ist in VkBl. 2012, 230 veröffentlicht – die Änderungen durch Entschließung MSC.353(92), angenommen am 21. Juni 2013, sind innerstaatlich noch nicht umgesetzt worden
ISM-Hinweise	Hinweise zu den für die Ausübung der Tätigkeit des Durchführungsbeauftragten erforderlichen Qualifikationen, Ausbildung und Erfahrung nach den Bestimmungen des Internationalen Code für die Organisation eines sicheren Schiffsbetriebs (ISM-Code) (MSC-MEPC.7/Circ.6 vom 19. Oktober 2007 – VkBl. 2008, 23)
ISM-UmsRichtlinien	Geänderte Richtlinien für die betriebliche Umsetzung des Internationalen Codes für die Organisation eines sicheren Schiffsbetriebes (ISM-Code) durch Unternehmen (MSC-MEPC.7/Circ. 8 vom 28. Juni 2013 – VkBl. 2013, 1093)
ISM-VerwRichtlinien	Geänderte Richtlinien für die Umsetzung des Internationalen Code für die Organisation eines sicheren Schiffsbetriebes (ISM-Code) durch die Verwaltungen (Entschließung A.1071[28], angenommen am 4. Dezember 2013 – VkBl. 2014, 468)
ISPP-Zeugnis	Internationales Zeugnis über die Verhütung der Verschmutzung durch Abwasser (Regel 5 bis 8 Anlage IV MARPOL-Ü 1978, A.1 VII.26 Anlage 2 SchSV)
ISPS-Code	Internationaler Code für die Gefahrenabwehr auf Schiffen und in Hafenanlagen, Teil A und Teil B, Entschließung 2 der Konferenz der Vertragsregierungen des Internationalen Übereinkommens von 1974 zum Schutze des menschlichen

Abkürzungsverzeichnis

	Lebens auf See, angenommen am 12. Dezember 2002 (Teil A: BGBl. 2003 II S. 2043 – Teil B: VkBl. 2004, 32 und Dokument Nr. B 8007); Teil A geändert durch Entschließung MSC.196(80), angenommen am 20. Mai 2005 (VkBl. 2005, 750)
ISPS-Code/A	ISPS-Code Teil A
ISPS-Code/B	ISPS-Code Teil B
ISPS-EinlHinweise	Hinweise für Kapitäne, Unternehmen und ordnungsgemäß ermächtigte Bediensteten zu den Vorschriften im Zusammenhang mit der Übermittlung von sicherheitsbezogenen Angaben vor dem Einlaufen eines Schiffes in den Hafen (IMO-Dokument MSC/Circ. 1130 vom 14. Dezember 2004 – VkBl. 2005, 142)
ISPS-Hinweise	Hinweise zur Umsetzung des SOLAS-Kapitels XI-2 und des ISPS-Codes (MSC/Circular 1132 vom 14. Dezember 2004 – VkBl. 2005, 164)
ISPS-KontrollV	Verordnung (EG) Nr. 324/2008 der Kommission vom 9. April 2008 zur Festlegung geänderter Verfahren für die Durchführung von Kommissionsinspektionen zur Gefahrenabwehr in der Schifffahrt (Abl. 2008 Nr. L 98 S. 5)
ISR	Internationales Seeschiffsregister
ITLOS	International Tribunal for the Law of the Sea (Internationaler Seegerichtshof – www.itlos.org)
IWF	Internationaler Währungsfonds (www.imf.org)
JbAkDR	Jahrbuch der Akademie für Deutsches Recht
jurisPR-TranspR	juris PraxisReport Transport und Speditionsrecht
JW	Juristische Wochenschrift
JZ	JuristenZeitung
KanalStTarifV	Verordnung über die Entgelte der Kanalsteurer auf dem Nord-Ostsee-Kanal (Kanalsteurertarifverordnung) vom 26. Oktober 2010 (BAnz. 2010, 3646), geändert durch Art. 73 der Verordnung vom 2. Juni 2016 (BGBl. 2016 I S. 1257, 1275)
KammerG	Kammergericht (Berlin)
KaufRÜ	Übereinkommen der Vereinten Nationen vom 11. April 1980 über Verträge über den nationalen Warenkauf (BGBl. 1989 II S. 586)
KernmatBefÜ	Übereinkommen vom 17. Dezember 1971 über die zivilrechtliche Haftung bei der Beförderung von Kernmaterial auf See (BGBl. 1975 II S. 957, 1026)
KernmatSchÜ	Übereinkommen vom 26. Oktober 1979 über den physischen Schutz von Kernmaterial und Kernanlagen (BGBl. 1990 II S. 326), geändert durch Entschließung vom 8. Juli 2005 (BGBl. 2008 I S. 574)
KG	Kommanditgesellschaft
Kl.	Klausel
KrankenfürsorgeV	Verordnung über die Krankenfürsorge auf Kauffahrteischiffen vom 25. April 1972 (BGBl. I 1972 S. 734), zuletzt geändert durch Art. 1 der Verordnung vom 5. September 2007 (BGBl. 2007 I S. 2221), aufgehoben durch Art. 3 Nr. 2 der Verordnung vom 14. August 2014 (BGBl. 2014 I S. 1383, 1433)
KritVierteljSchr	Kritische Vierteljahrsschrift
KrW-/AbfG	Gesetz zur Förderung der Kreislaufwirtschaft und Sicherung der umweltverträglichen Beseitigung von Abfällen (Kreislaufwirtschafts- und Abfallgesetz – KrW-/AbfG) vom 27. September 1994 (BGBl. 1994 I S. 2705), zuletzt geändert durch Art. 5 des Gesetzes vom 8. Oktober 2011 (BGBl. 2011 I S. 1986, 1991), aufgehoben zum 1. Juni 2012 durch Art. 6 Abs. 1 S. 2 des Gesetzes vom 24. Februar 2012 (BGBl. 2012 I S. 212, 264)
KrWG	Gesetz zur Förderung der Kreislaufwirtschaft und Sicherung der umweltverträglichen Bewirtschaftung von Abfällen (Kreislaufwirtschaftsgesetz – KrWG), Art. 1 des Gesetzes vom 24. Februar 2012 (BGBl. 2012 I S. 212, berichtigt BGBl. 2013 I S. 3753), zuletzt geändert durch Art. 4 des Gesetzes vom 4. April 2016 (BGBl. 2016 I S. 569)

KüstenmeerVtrg (NL)	Vertrag vom 24. Oktober 2014 zwischen der Bundesrepublik Deutschland und dem Königreich der Niederlande über die Nutzung und Verwaltung des Küstenmeers zwischen 3 und 12 Seemeilen (BGBl. 2016 II S. 602)
KüstenschiffV	Verordnung über die Küstenschifffahrt vom 5. Juli 2002 (BGBl. 2002 I S. 2555), zuletzt geändert durch Art. 56 der Verordnung vom 2. Juni 2016 (BGBl. 2016 I S. 1257, 1271)
KVO	Kraftverkehrsordnung für den Güterfernverkehr mit Kraftfahrzeugen (KVO) vom 23. Dezember 1958 (BAnz. Nr. 249 vom 31. Dezember 1958), aufgehoben durch Art. 9 Nr. 3 TRG
KVR	Internationale Regeln von 1972 zur Verhütung von Zusammenstößen auf See (Kollisionsverhütungsregeln – KVR), Anlage zu § 1 KVR-V (BGBl. 1977 I S. 816), zuletzt geändert durch Art. 1 Nr. 2 der Verordnung vom 18. März 2009 (BGBl. 2009 I S. 647)
KVR-V	Verordnung vom 13. Juni 1977 zu den Internationalen Regeln von 1972 zur Verhütung von Zusammenstößen auf See (BGBl. 1977 I S. 813), zuletzt geändert durch Art. 62 der Verordnung vom 2. Juni 2016 (BGBl. 2016 I S. 1257, 1273)
KVR-Ü	Übereinkommen vom 20. Oktober 1972 über die Internationalen Regeln zur Verhütung von Zusammenstößen auf See (BGBl. 1976 II S. 1017)
LAG	Landesarbeitsgericht
LASH	*lighter aboard ship*
LdgSiHdbRichtlinie	Richtlinien zur Erstellung des Ladungssicherungshandbuchs (MSC.1/Circ. 1353/Rev. 1) vom 15. Dezember 2014 (VkBl. 2015, 534) (C.I.5.2 Anlage SchSG)
Lade-/LöschZeitV	Verordnung über den Lade- und Löschtag sowie die Lade- und Löschzeiten in der Binnenschifffahrt vom 26. Januar 1994 (BGBl. 1994 I S. 160), aufgehoben durch Art. 9 Nr. 2 TRG
LBV	Lotsbetriebsverein e.V.
LeckStabTankRichtlinie	Richtlinien für die Überprüfung der Leckstabilitäts-Anforderungen für Tankschiffe (MSC.1/Circ. 1461 vom 8. Juli 2013 – VkBl. 2015, 59)
LG	Landgericht
LinienKonf-G	Gesetz zu dem Übereinkommen vom 6. April 1974 über einen Verhaltenskodex für Linienkonferenzen vom 17. Februar 1983 (BGBl. 1983 II S. 62), zuletzt geändert durch Art. 3 der Verordnung vom 4. Juni 2013 (BGBl. 2013 I S. 1471, 1474)
Lkw	Lastkraftwagen
LM	Lindemaier-Möhrig, Nachschlagewerk des BGH
LMHV	Verordnung über Anforderungen an die Hygiene beim Herstellen, Behandeln und Inverkehrbringen von Lebensmitteln (Lebensmittelhygiene-Verordnung – LMHV), Art. 1 der Verordnung vom 8. August 2007 (BGBl. 2007 I S. 1816), in der Fassung der Bekanntmachung vom 21. Juni 2016 (BGBl. 2016 I S. 1469)
LNG	*liquified natural gas*
LOF	Lloyd's Open Form
LondonÜ	Übereinkommen vom 29. Dezember 1972 über die Verhütung der Meeresverschmutzung durch das Einbringen von Abfällen und anderen Stoffen (BGBl. 1977 II S. 165, 180), geändert durch zur Entschließung vom 12. Oktober 1978 (BGBl. 1987 II S. 118), Anlagen geändert durch Entschließungen vom 12. Oktober 1978 und 24. September 1980 (BGBl. 1983 II S. 141, 142, 151)
LondonÜ-G	Gesetz zu den Übereinkommen vom 15. Februar 1972 und 29. Dezember 1972 zur Verhütung der Meeresverschmutzung durch das Einbringen von Abfällen durch Schiffe und Luftfahrzeuge vom 11. Februar 1977 (BGBl. 1977 II S. 165)
LondonÜ-Änd-G	Gesetz zu der Entschließung vom 12. Oktober 1978 zur Änderung des Übereinkommens vom 29. Dezember 1972 über die Verhütung der Meeresverschmutzung durch das Einbringen von Abfällen und anderen Stoffen vom 11. Februar 1987 (BGBl. 1987 II S. 118), zuletzt geändert durch durch Art. 602 der Verordnung vom 31. August 2015 (BGBl. 2015 I S. 1474, 1560)

Abkürzungsverzeichnis

LondonÜ-Prot	Protokoll vom 7. November 1996 zum Übereinkommen vom 29. Dezember 1972 über die Verhütung der Meeresverschmutzung durch das Einbringen von Abfällen und anderen Stoffen (BGBl. 1998 II 1345, 1346), Anlage I geändert durch Entschließung vom 2. November 2006 (BGBl. 2006 II S. 1006, 1007)
LondonÜ-Prot-G	Gesetz vom 9. Juli 1998 zu dem Protokoll vom 7. November 1996 zum Übereinkommen über die Verhütung der Meeresverschmutzung durch das Einbringen von Abfällen und anderen Stoffen von 1972 (BGBl. 1998 II S. 1345), zuletzt geändert durch Art. 610 der Verordnung vom 31. August 2015 (BGBl. 2015 I S. 1474, 1561)
LotsBetrGmbH-MV	Lotsbetriebs GmbH Mecklenburg-Vorpommern (www.lotsbetrieb.de)
LPG	liquefied petroleum gas
LTV	Verordnung über die Tarifordnung für die Seelotsreviere (Lotstarifverordnung – LTV) vom 26. Januar 2009 (BGBl. I S. 97), zuletzt geändert durch Art. 1 der Verordnung vom 14. Februar 2017 (BGBl. 2017 I S. 277)
LuftVG	Luftverkehrsgesetz (LuftVG) in der Fassung der Bekanntmachung vom 10. Mai 2007 (BGBl. 2007 I S. 699), zuletzt geändert durch Art. 1 des Gesetzes vom 28. Juni 2016 (BGBl. 2016 I S. 1548)
LuganoÜ	Übereinkommen vom 16. September 1988 über die gerichtliche Zuständigkeit und die Vollstreckung in Zivil- und Handelssachen (BGBl. 1994 II S. 2658, 3772)
LuganoÜ 2007	Übereinkommen über die gerichtliche Zuständigkeit und die Anerkennung und Vollstreckung von Entscheidungen in Zivil- und Handelssachen, unterzeichnet am 30. Oktober 2007 in Lugano (ABl. 2009 Nr. L 147 S. 1), berichtigt durch Berichtigungsprotokolle vom 24. März 2009 (ABl. 2009 Nr. L 147 S. 44), 27. Oktober 2010 (ABl. 2011 Nr. L 115 S. 31) und 20. Oktober 2011 (ABl. 2014 Nr. L 18 S. 70), zwischen der EU sowie Norwegen und Dänemark am 1. Januar 2010 (ABl. 2010 Nr. L 140 S. 1), der Schweizerischen Eidgenossenschaft am 1. Januar 2011 und Island am 1. Mai 2011 (ABl. 2011 Nr. L 138 S. 1) in Kraft getreten
LukenÜberprN	Normen für die Überprüfung und Instandhaltung von Lukendeckeln von Massengutschiffen durch die Reedereien, Entschließung MSC.169(79), angenommen am 9. Dezember 2004 (VkBl. 2006, 515)
LZ	Leipziger Zeitschrift für Handels-, Konkurs- und Versicherungsrecht
MariMedV	Verordnung über maritime medizinische Anforderungen auf Kauffahrteischiffen (Meritime-Medizin-Verordnung – MariMedV), Art. 1 der Verordnung vom 14. August 2014 (BGBL. 2014 I S. 1383)
MARPOL-G	Gesetz zu dem internationalen Übereinkommen von 1973 zur Verhütung der Meeresverschmutzung durch Schiffe und zu dem Protokoll von 1978 zu diesem Übereinkommen (MARPOL-Gesetz) in der Fassung der Bekanntmachung vom 18. September 1998 (BGBl. 1998 II S. 2546), zuletzt geändert durch Art. 2 des Gesetzes vom 25. November 2015 (BGBl. 2015 I S. 2095, 2098)
MARPOL-Ü 1978	Internationales Übereinkommen vom 2. November 1973 zur Verhütung der Meeresverschmutzung durch Schiffe in der Fassung des Protokolls von 1978 (Neufassung der amtlichen deutschen Übersetzung in der seit dem 15. Juni 1995 gültigen Fassung in BGBl. 1996 II S. 399), zuletzt geändert durch die Entschließungen MEPC.216(63) und MEPC.217(63) vom 2. März 2012 (BGBl. 2013 II S. 356, 357, 362) – Protokoll vom 26. September 1997 zur Änderung des Internationalen Übereinkommens von 1973 zur Verhütung der Meeresverschmutzung durch Schiffe in der Fassung des Protokolls von 1978 zu diesem Übereinkommen (2003 II S. 130, 132) – Anlage I zuletzt geändert durch Entschließung MEPC.235(65), angenommen am 17. Mai 2013 (BGBl. 2014 II S. 709, 710) – Anlage II zuletzt geändert durch Entschließung MEPC.235(65), angenommen am 17. Mai 2013 (BGBl. 2014 II S. 709, 710) – Revidierte Anlage III in der Neufassung der Entschließung MEPC.193(61), angenommen am 1. Oktober 2010 (BGBl. 2013 II S. 1098, 1099) – Anlage IV zuletzt geändert durch Entschließungen MEPC.216(63) und 217(63), beide angenommen am 2. März 2012 (BGBl. 2013 II S. 356, 357, 362) – Revidierte

	Anlage V in der Neufassung der Entschließung MEPC.201(62), angenommen am 15. Juli 2011 (BGBl. 2012 II S. 1194, 1206) – Revidierte Anlage VI in der Neufassung der Entschließung MEPC.176(58), angenommen am 10. Oktober 2008 (BGBl. 2010 II S. 556, 558), zuletzt geändert durch Entschließung MEPC.217(63), angenommen am 2. März 2012 (BGBl. 2013 II S. 356, 362)
MARPOL-ZuwV	Verordnung über Zuwiderhandlungen gegen das Internationale Übereinkommen von 1973 zur Verhütung der Meeresverschmutzung durch Schiffe und gegen das Protokoll von 1978 zu diesem Übereinkommen (MARPOL-Zuwiderhandlungsverordnung – MARPOL-ZuwV), in der Fassung der Bekanntmachung vom 19. Februar 1989 (BGBl. 1989 I S. 247), zuletzt geändert durch Art. 1 der Verordnung vom 9. April 2008 (BGBl. 2008 I S. 698), außer Kraft durch Art. 5 Abs. 1 S. 2 des Gesetzes vom 13. August 2014 (BGBl. 2014 I S. 1371, 1382)
Massengutschiff-Klarstellung	Klarstellung des Begriffs „Massengutschiff" und Anleitung zur Anwendung von Regeln im SOLAS-Übereinkommen auf Schiffe, die gelegentlich Massengüter in loser Schüttung befördern und nicht als Massengutschiffe entsprechend Regel XII/1.1 und Kapitel II-1 eingestuft sind (Entschließung MSC.277[85] vom 28. November 2008) (VkBl. 2010, 487)
Massengutschiffe-ZusatzlErwä	Zusätzlichen Erwägungen hinsichtlich des sicheren Beladens von Massengutschiffen (Rundschreiben MSC.1/Circ. 1375) (VkBl. 2010, 530)
MaßnahmeÜ	Internationales Übereinkommen vom 29. November 1969 über Maßnahmen auf Hoher See bei Ölverschmutzungs-Unfällen (BGBl. 1975 II S. 137, 139)
MaßnahmeÜ-G	Gesetz zu dem Internationalen Übereinkommen vom 29. November 1969 über Maßnahmen auf Hoher See bei Ölverschmutzungs-Unfällen (BGBl. 1975 II S. 137, 139), zuletzt geändert durch Art. 6 des Gesetzes vom 15. Juli 1994 (BGBl. 1994 I 1554, 1559)
MaßnahmeProt	Protokoll von 1973 vom 2. November 1973 über Maßnahmen auf Hoher See bei Fällen von Verschmutzung durch andere Stoffe als Öl (BGBl. 1985 II S. 593, 596)
MaßnahmeProt-G	Gesetz zu dem Protokoll von 1973 vom 2. November 1973 über Maßnahmen auf Hoher See bei Fällen von Verschmutzung durch andere Stoffe als Öl (BGBl. 1985 II S. 593), zuletzt geändert durch Art. 601 der Verordnung vom 31. August 2015 (BGBl. 2015 I S. 1474, 1560)
MBergG	Meeresbodenbergbaugesetz vom 6. Juni 1995 (BGBl. 1995 I S. 778, 782), zuletzt geändert durch Art. 305 der Verordnung vom 31. August 2015 (BGBl. 2015 I S. 1474, 1518)
MDR	Monatsschrift für deutsches Recht
MeeresumweltÜ-G	Gesetz zu internationalen Übereinkommen über den Schutz der Meeresumwelt des Ostseegebietes und des Nordostatlantiks vom 23. August 1994 (BGBl. 1994 II S 1355), zuletzt geändert durch § … der Verordnung vom 25. November 2003 (BGBl. 2003 I S. 2309)
MEGC	Gascontainer mit mehreren Elementen (Multiple Element Gas Container)
MEPC	Marine Environment Protection Committee (Ausschuß für den Schutz der Meeresumwelt der IMO)
MFAG	(*Medical First Aid Guide*) Leitfaden für medizinische Erste-Hilfe-Maßnahmen mit gefährlichen Gütern in der Fassung der Bekanntmachung vom 1. Februar 2001 (BAnz. 2001 Nr. 68a)
MindestBesGrds	Grundsätze für eine sichere Mindestbesatzung (Entschließung A.1047[27] vom 30. November 2011, VkBl. 2013, 201) (C.I.4.0 Anlage SchSG)
MLC 2006	Seearbeitsübereinkommen, 2006, der Internationalen Arbeitsorganisation vom 23. Februar 2006 (BGBl. 2013 II S. 763, 764)
MLC-2006-G	Gesetz vom 26. Juni 2013 zu dem Seearbeitsübereinkommen, 2006, der Internationalen Arbeitsorganisation vom 23. Februar 2006 (BGBl. 2013 II S. 673), geändert durch Art. 624 der Verordnung vom 31. August 2015 (BGBl. 2015 I S. 1474, 1563)

Abkürzungsverzeichnis

MODU-Code	Code für den Bau und die Ausrüstung beweglicher Offshore-Bohrplattformen (MODU-Code), Entschließung A.414(IX), angenommen am 15. November 1989, geändert durch Entschließung MSC.357(92), angenommen am 21. Juni 2013 (VkBl. 2013, 388)
MODU-Code 1989	Code für den Bau und die Ausrüstung beweglicher Offshore-Bohrplattformen (MODU-Code), Entschließung A.649(16), angenommen am 19. Oktober 1989, geändert durch Entschließung MSC.358(92), angenommen am 21. Juni 2013 (VkBl. 2013, 389)
MODU-Code 2009	Code für den Bau und die Ausrüstung beweglicher Offshore-Bohrplattformen (MODU-Code), Entschließung A.1023(26), angenommen am 2. September 2009, zuletzt geändert durch Entschließung MSC.4079(96), angenommen am 19. Mai 2016 (VkBl. 2016, 675)
MontrealProt Nr. 1	Additional Protocol No. 1 to Amend the Convention for the Unification of Certain Rules Relating to International Carriage by Air, Signed at Warsaw on 12 October 1929 (25 September 1975)
MontrealProt Nr. 2	Additional Protocol No. 2 to Amend the Convention for the Unification of Certain Rules Relating to International Carriage by Air, Signed at Warsaw on 12 October 1929, as Amended by the Protocol Done at The Hague on 28 September 1955 (25 September 1975)
MontrealProt Nr. 4	Additional Protocol No. 4 to Amend the Convention for the Unification of Certain Rules Relating to International Carriage by Air, Signed at Warsaw on 12 October 1929, as Amended by the Protocol Done at The Hague on 28 September 1955 (25 September 1975)
MontrealÜ	Übereinkommen vom 28. Mai 1999 zur Vereinheitlichung bestimmter Vorschriften über die Beförderung im internationalen Luftverkehr (BGBl. 2004 II S. 458, 459), Höchstbeträge angepasst mit Wirkung zum 30. Dezember 2009 (BGBl. 2009 II S. 1258)
MontrealÜ-G	Gesetz zu dem Übereinkommen vom 28. Mai 1999 zur Vereinheitlichung bestimmter Vorschriften über die Beförderung im internationalen Luftverkehr (Montrealer Übereinkommen) (BGBl. 2004 II S. 458)
MontÜG	Gesetz zur Durchführung des Übereinkommens vom 28. Mai 1999 zur Vereinheitlichung bestimmter Vorschriften über die Beförderung im internationalen Luftverkehr und zur Durchführung der Versicherungspflicht zur Deckung der Haftung für Güterschäden nach der Verordnung (EG) Nr. 785/2004 (Montrealer-Übereinkommen-Durchführungsgesetz – MontÜG), Art. 1 des Gesetzes vom 6. April 2004 (BGBl. 2004 I S. 550, 1027), zuletzt geändert durch Art. 581 der Verordnung vom 31. August 2015 (BGBl. 2015 I S. 1474, 1558)
MoSchG	Moselschifffahrtsgericht
MoSchOG	Moselschifffahrtsobergericht
MoSchPolV	Moselschifffahrtspolizeiverordnung (Anlage zu Art. 1 der MoSchPolV-EV) vom 3. September 1997 (BGBl. 1997 II S. 1670, Anlageband), zuletzt geändert durch Art. 6 der Verordnung vom 17. Juni 2016 (BGBl. 2016 I S. 698, 702)
MoSchPolV-EV	Verordnung vom 3. September 1997 zur Einführung der Moselschifffahrtspolizeiverordnung (BBl. 1997 II S. 1670), zuletzt geändert durch Art. 5 der Verordnung vom 17. Juni 2016 (BGBl. 2016 I S. 698, 701)
MoselV	Vertrag vom 27. Oktober 1956 zwischen der Bundesrepublik Deutschland, der französischen Republik und dem Großherzogtum Luxemburg über die Schiffbarmachung der Mosel (BGBl. II S. 1837), zuletzt geändert durch das Dritte Protokoll vom 12. Mai 1987 (BGBl. 1988 II S. 586)
Motive II	Motive zu dem Entwurfe eines bürgerlichen Gesetzbuches für das Deutsche Reich, Band II, Recht der Schuldverhältnisse, 1888
MSC	Marine Safety Committee (Schiffssicherheitsausschuß der IMO)
MTV-See 2002	Manteltarifvertrag für die deutsche Seeschifffahrt (MTV-See), zwischen dem Verband Deutscher Reeder e.V. und der Vereinten Dienstleistungsgewerkschaft e.V. (ver.di) vom 11. März 2002, zuletzt geändert durch Tarifvertrag vom

	30. Dezember 2014 (http://www.deutsche-flagge.de/de/download/besatzung/heuervertraege/mtv-see)
MultimodalÜ	Konvention der Vereinten Nationen vom 24. Mai 1980 über den internationalen multimodalen Transport von Gütern (TranspR 1981, 67)
N.A.G.	nicht anderweitig genannt
nds-e	http://www.rechtsprechung.niedersachsen.de/jportal/portal/page/bsndprod.psml
NfS	Nachrichten für Seefahrer
NJW	Neue Juristische Wochenschrift
NJW-RR	NJW-Rechtsprechungs-Report Zivilrecht
NJWE-VHR	NJW-Entscheidungsdienst Versicherungs- und Haftungsrecht
NLS	schädliche flüssige Stoffe (*noxious liquid sustances*)
NLS-Zeugnis	Internationales Zeugnis über die Verhütung der Verschmutzung bei der Beförderung schädlicher flüssiger Stoffe als Massengut (Regel 8 bis 10, Anhang 3 Anlage II MARPOL-Ü 1978, A.1.II.15 Anlage 2 SchSV)
NOK-LV	Verordnung über die Verwaltung und Ordnung der Seelotsreviere Nord-Ostsee-Kanal I und Nord-Ostsee-Kanal II/Kieler Förde/Trave/Flensburger Förde (NOK-Lotsverordnung – NOK-LV) vom 8. April 2003 (BAnz. 2003, 9991), zuletzt geändert durch Art. 74 § 7 der Verordnung vom 2. Juni 2016 (BGBl. 2016 I S. 1257, 1277)
NOK-SeelAusbV	Verordnung über die lotsenspezifische Grundausbildung zum Seelotsenanwärter im Seelotsrevier Nord-Ostsee-Kanal I (NOK I Seelotsen-Grundausbildungs-Verordnung) vom 26. Januar 2009 (BGBl. I S. 94), zuletzt geändert durch Art. 69 der Verordnung vom 2. Juni 2016 (BGBl. 2016 I S. 1257, 1275)
NOKTierSSchV	Verordnung über die Beförderung von Tieren, Teilen, Erzeugnissen und Rohstoffen von Tieren sowie von sonstigen Gegenständen, die Träger von Ansteckungsstoff sein können, durch den Nord-Ostsee-Kanal (Nord-Ostsee-Kanal-Tierseuchenschutzverordnung) in der Bekanntmachung der Neufassung vom 19. Juli 1983 (BGBl. 1983 I S. 1016), zuletzt geändert durch Art. 15 der Verordnung vom 17. April 2014 (BGBl. 2014 I S. 388)
NO_X-Richtlinien 2011	Richtlinien von 2011 über zusätzliche Aspekte der Technischen NO_X-Vorschrift 2008 in Bezug auf besondere Anforderungen an Schiffsdieselmotoren mit Systemen zur katalytischen Reduktion (SCR) (Entschließung MEPC.198[62], angenommen am 15. Juli 2011 – VkBl. 2012, 927)
nrw-e	http://www.justiz.nrw.de/RB/nrwe2/index.php
NRZ	Nettoraumzahl (Art. 2 Nr. 5 SchVermÜ)
NuR	Natur und Recht (Zeitschrift)
NvD	Nautiker vom Dienst
NVersZ	Neue Zeitschrift für Versicherungsrecht
NVOCC	non-vessel operating common carrier
NZA	Neue Zeitschrift für Arbeitsrecht
NZI	Neue Zeitschrift für das Recht der Insolenz und Sanierung
OA-AusbRichtlinie	Richtlinien für die praktische Ausbildung und Seefahrtzeit als nautischer/nautische Offiziersassistent/-in (VkBl. 2009, 48)
ODV	Ortsbewegliche-Druckgeräte-Verordnung (ODV), Art. 1 der Verordnung vom 29. November 2011 (BGBl. 2011 I S. 2349), geändert durch Art. 491 der Verordnung vom 31. August 2015 (BGBl. 2015 I S. 1474)
ÖlFÜ 1971	Internationales Übereinkommen vom 18. Dezember 1971 über die Errichtung eines Internationalen Fonds zur Entschädigung für Ölverschmutzungsschäden (BGBl. 1975 II S. 310, 320), geändert durch Protokoll vom 19. November 1976 (BGBl. 1980 II S. 721, 729) – von Deutschland gekündigt mit Wirkung zum 15. Mai 1998 (BGBl. 1997 II S. 1546)
ÖlFÜ 1992	Internationales Übereinkommen von 1992 vom 27. November 1992 über die Errichtung eines Internationalen Fonds zur Entschädigung für Ölverschmutzungs-

schäden in der Neufassung vom 23. April 1996 (BGBl. 1996 II S. 685), geändert durch die Entschließung LEG.2(82) des Rechtsausschusses der IMO vom 18. Oktober 2000 (BGBl. 2002 II S. 947)

ÖlFÜProt 1976   Protokoll vom 19. November 1976 zum Internationalen Übereinkommen von 1971 über die Errichtung eines Internationalen Fonds zur Entschädigung für Ölverschmutzungsschäden (BGBl. 1980 II S. 721, 729)

ÖlFÜProt 1984   Protokoll vom 25. Mai 1984 zum Internationalen Übereinkommen von 1971 über die Errichtung eines Internationalen Fonds zur Entschädigung für Ölverschmutzungsschäden (BGBl. 1988 II S. 705, 724) (das Protokoll ist nicht in Kraft getreten)

ÖlFÜProt 1992   Protokoll vom 27. November 1992 zur Änderung des Internationale Übereinkommens von 1971 über die Errichtung eines Internationalen Fonds zur Entschädigung von Ölverschmutzungsschäden (BGBl. 1994 II S. 1150, 1169)

ÖlFÜProt 2003   Protokoll vom 16. Mai 2003 zum Internationalen Übereinkommen von 1992 über die Errichtung eines Internationalen Fonds zur Entschädigung für Ölverschmutzungsschäden (BGBl. 2004 II S. 1291)

ÖlFÜProt2003-G   Gesetz zu dem Protokoll 16. Mai 2003 zum Internationalen Übereinkommen von 1992 über die Errichtung eines Internationalen Fonds zur Entschädigung für Ölverschmutzungsschäden vom 15. September 2004 (BGBl. 2004 II S. 1290), zuletzt geändert durch Art. 620 der Verordnung vom 31. August 2015 (BGBl. 2015 I S. 1474, 1563)

ÖlProt1992-ÄndV   Verordnung zu den Änderungen des Protokolls vom 27. November 1992 zur Änderung des Internationalen Übereinkommens von 1969 über die zivilrechtliche Haftung für Ölverschmutzungsschäden und des Protokolls vom 27. November 1992 zur Änderung des Internationalen Übereinkommens von 1971 über die Errichtung eines Internationalen Fonds zur Entschädigung für Ölverschmutzungsschäden vom 22. März 2002 (BGBl. 2002 II S. 943)

ÖlProt1992-G   Gesetz zu den Protokollen vom 27. November 1992 zur Änderung des Internationalen Übereinkommens von 1969 über die zivilrechtliche Haftung für Ölverschmutzungsschäden und zur Änderung des Internationalen Übereinkommens von 1971 über die Errichtung eines Internationalen Fonds zur Entschädigung von Ölverschmutzungsschäden vom 25. Juli 1994 (BGBl. 1994 II S. 1150), zuletzt geändert durch Art. 19 der Verordnung vom 31. Oktober 2006 (BGBl. 2006 I S. 2407, 2409)

ÖlHG   Gesetz zu den Internationalen Übereinkommen vom 29. November 1969 über die zivilrechtliche Haftung für Ölverschmutzungsschäden und vom 18. Dezember 1971 über die Errichtung eines Internationalen Fonds zur Entschädigung für Ölverschmutzungsschäden vom 18. März 1975 (BGBl. 1975 II S. 301), zuletzt geändert durch Art. 10 der Verordnung vom 31. Oktober 2006 (BGBl. 2006 I S. 2407)

ÖlHBeschV   Verordnung über die Ausstellung von Bescheinigungen nach dem Ölschadengesetz (Ölhaftungsbescheinigungs-Verordnung) vom 30. Mai 1996 (BGBl. 1996 I S. 707), zuletzt geändert durch Art. 29 Nr. 1 des Gesetzes vom 25. Juli 2013 (BGBl. 2013 I S. 2749)

ÖlHÜ 1969   Internationales Übereinkommen vom 29. November 1969 über die zivilrechtliche Haftung für Ölverschmutzungsschäden (BGBl. 1975 II S. 305), geändert durch das Protokoll vom 19. November 1976 zum Internationalen Übereinkommen von 1969 über die zivilrechtliche Haftung für Ölverschmutzungsschäden (BGBl. 1980 II S. 721, 724) – von Deutschland gekündigt mit Wirkung zum 15. Mai 1998 (BGBl. 1997 II S. 1678)

ÖlHÜ 1992   Internationales Übereinkommen von 1992 vom 27. November 1992 über die zivilrechtliche Haftung für Ölverschmutzungsschäden in der Neufassung vom 23. April 1996 (BGBl. 1996 II S. 670), geändert durch die Entschließung LEG.1(82) des Rechtsausschusses der IMO vom 18. Oktober 2000 (BGBl. 2002 II S. 944)

ÖlHÜProt 1976	Protokoll vom 19. November 1976 zum Internationalen Übereinkommen von 1969 über die zivilrechtliche Haftung für Ölverschmutzungsschäden (BGBl. 1980 II S. 721, 724)
ÖlHÜProt 1984	Protokoll vom 25. Mai 1988 zum Internationalen Übereinkommen von 1969 über die zivilrechtliche Haftung für Ölverschmutzungsschäden (BGBl. 1988 II S. 705) (das Protokoll ist nicht in Kraft getreten)
ÖlHÜProt 1992	Protokoll vom 27. November 1992 zur Änderung des Internationalen Übereinkommens von 1969 über die zivilrechtliche Haftung für Ölverschmutzungsschäden (BGBl. 1994 II S. 1150, 1152)
ÖlmeldeV	Verordnung vom 10. Juni 1996 zur Ermittlung der vom Internationalen Entschädigungsfonds für Ölverschmutzungsschäden nach dem Ölschadengesetz beitragspflichtigen Ölmengen (Ölmeldeverordnung) (BGBl. 1996 I S. 812), zuletzt geändert durch Art. 36 des Gesetzes vom 21. Dezember 2000 (BGBl. 2000 I S. 1956, 1963)
ÖlSG	Gesetz über die Haftung und Entschädigung für Ölverschmutzungsschäden durch Seeschiffe (Ölschadengesetz – ÖlSG) vom 30. September 1988 (BGBl. 1988 I S. 1770), zuletzt geändert durch Art. 4 Abs. 23 des Gesetzes 18. Juli 2016 (BGBl. 2016 I S. 1666, 1669)
ÖlSGÄndG	Gesetz zur Änderung des Ölschadengesetzes und anderer schifffahrtsrechtlicher Vorschriften vom 12. Juli 2006 (BGBl. 2006 I S. 1461)
ÖlSGÄndG-Begr	Begründung des Entwurfs eines Gesetzes zur Änderung des Ölschadengesetzes und anderer schifffahrtsrechtlicher Vorschriften, BT-Drucks. 16/737 S. 10–15 (= BR-Drucks. 941/05 S. 12–24)
OGH	Obergerichtshof (Wien)
Offshore-ArbZV	Verordnung über die Arbeitszeit bei Offshore-Tätigkeiten (Offshore-Arbeitszeitverordnung – Offshore-ArbZV) vom 5. Juli 2013 (BGBl. 2013 I S. 2228)
OffshoreBergV	Bergverordnung für das Gebiet der Küstengewässer und des Festlandsockels (Offshore-Bergverordnung – OffshoreBergV), Art. 1 der Verordnung vom 3. August 2016 (BGBl. 2016 I S. 1866)
OffshoreVersorger Richtlinie	Richtlinie für die Beförderung gefährlicher und schädlicher flüssiger Stoffe als Massengut an Bord von Offshore-Versorgern, Entschließung A.673 (16) der IMO vom 19. Oktober 1989 (BAnz. 1991, 1729)
OHG	Offene Handelsgesellschaft
OIE	World Organisation for Animal Health (www.oie.int)
OLG	Oberlandesgericht
OLGRspr	Die Rechtsprechung der Oberlandesgerichte auf dem Gebiete des Zivilrechts (Zeitschrift)
OLGZ	Entscheidungen der Oberlandesgerichte in Zivilsachen
OPRC-Ü	Internationales Übereinkommen vom 30. November 1990 über Vorsorge, Bekämpfung und Zusammenarbeit auf dem Gebiet der Ölverschmutzung (BGBl. 1994 II S. 3798)
OSC-Code	Code für den Bau, die Ausrüstung und den Betrieb von Offshore-Service-Fahrzeugen (Code für Offshore-Service-Fahrzeuge) (VkBl. 2014, 883)
OSPAR-Ü	Übereinkommen vom 22. September 1992 zum Schutz der Meeresumwelt des Nordostatlantiks (BGBl. 1994 II S. 1355, 1360), zuletzt geändert durch den Beschluß der OSPAR-Kommission 2005/1 vom 1. Juli 2005 (BGBl. 2006 II S. 2 und 358)
OstseeSHNSGBefV	Verordnung über das Befahren von Bundeswasserstrassen in bestimmten Schleswig-Holsteinischen Naturschutzgebieten im Bereich der Ostsee (Ostsee-Schleswig-Holstein-Naturschutzgebietbefahrensverordnung – OstseeSHNSG-BefV) (BGBl. 2016 I S. 2180)
OSV-Code	Code für die sichere Beförderung von Ladungen und Personen an Bord von Offshore-Versorgern (OSV-Code) (VkBl. 2010, 589) (Entschließung A.863[20]

	vom 27. November 1997), zuletzt geändert durch Entschließung MSC.237(82) vom 1. Dezember 2006 (VkBl. 2010, 456)
OSV-Richtlinie 2006	Richtlinien von 2006 für den Entwurf und den Bau von Offshore-Versorgern (Entschließung MSC.235[82] vom 1. Dezember 2006) (VkBl. 2010, 451)
OTIF	Zwischenstaatliche Organisation für den internationalen Eisenbahnverkehr
OVG	Oberverwaltungsgericht
ParisMoU	Pariser Vereinbarung vom 26. Januar 1982 über die Hafenstaatkontrolle (BGBl. 1982 II S. 585) in der vom 1. Januar 2011 geltenden Neufassung (BGBl. 2013 II S. 187), in der Fassung der 34. Änderung, beschlossen am 10. Mai 2012 (BGBl. 2016 II S. 1051)
ParisÜ	Übereinkommen vom 29. Juli 1960 über die Haftung gegenüber Dritten auf dem Gebiet der Kernenergie (BGBl. 1975 II S. 957, 959)
ParisÜ 1964	ParisÜ in der Fassung des ParisÜProt 1964, Bekanntmachung vom 5. Februar 1976 (BGBl. 1976 II S. 310, 311)
ParisÜ 1982	ParisÜ in der Fassung des ParisÜProt 1964 und des ParisÜProt 1982, Bekanntmachung vom 15. Juli 1985 (BGBl. 1985 II S. 963, 964)
ParisÜ 2004	ParisÜ in der Fassung des ParisÜProt 1964, des ParisÜProt 1982 und des ParisÜProt 2004
ParisÜProt 1964	Zusatzprotokoll vom 28. Januar 1964 zum Übereinkommen über die Haftung gegenüber Dritten auf dem Gebiet der Kernenergie (BGBl. 1975 II S. 957, 1007)
ParisÜProt 1982	Protokoll vom 16. November 1982 zur Änderung des Übereinkommens vom 29. Juli 1960 über die Haftung gegenüber Dritten auf dem Gebiet der Kernenergie in der Fassung des Zusatzprotokolls vom 28. Januar 1964 (BGBl. 1985 II S. 690, 691)
ParisÜProt 2004	Protokoll zur Änderung des Übereinkommens vom 29. Juli 1960 über die Haftung gegenüber Dritten auf dem Gebiet der Kernenergie in der Fassung des Zusatzprotokolls vom 28. Januar 1964 und des Protokolls vom 16. November 1982 (BGBl. 2008 II S. 902, 904)
ParisZusatzÜ	Zusatzübereinkommen vom 31. Januar 1963 zum Pariser Übereinkommen vom 29. Juli 1960 über die Haftung gegenüber Dritten auf dem Gebiet der Kernenergie (BGBl. 1975 II S. 957, 992)
ParisZusatzÜ 1964	ParisZusatzÜ in der Fassung des ParisZusatzÜProt 1964, Bekanntmachung vom 5. Februar 1976 (BGBl. 1976 II S. 310, 318)
ParisZusatzÜ 1982	ParisZusatzÜ in der Fassung des ParisZusatzÜProt 1964 und des ParisZusatzÜProt 1982, Bekanntmachung vom 15. Juli 1985 (BGBl. 1985 II S. 963, 970)
ParisZusatzÜ 2004	ParisZusatzÜ in der Fassung des ParisZusatzÜProt 1964, des ParisZusatzÜProt 1982 und des ParisZusatzÜProt 2004
ParisZusatzÜProt 1964	Zusatzprotokoll vom 28. Januar 1964 zum Zusatzübereinkommen vom 31. Januar 1963 zum Pariser Übereinkommen vom 29. Juli 1960 über die Haftung gegenüber Dritten auf dem Gebiet der Kernenergie (BGBl. 1975 II S. 957, 1021)
ParisZusatzÜProt 1982	Protokoll vom 16. November 1982 zur Änderung des Zusatzübereinkommens vom 31. Januar 1963 zum Pariser Übereinkommen vom 29. Juli 1960 über die Haftung gegenüber Dritten auf dem Gebiet der Kernenergie in der Fassung des Zusatzprotokolls vom 28. Januar 1964 (BGBl. 1985 II S. 690, 698)
ParisZusatzÜProt 2004	Protokoll zur Änderung des Zusatzübereinkommens vom 31. Januar 1963 zum Pariser Übereinkommen vom 29. Juli 1960 über die Haftung gegenüber Dritten auf dem Gebiet der Kernenergie in der Fassung des Zusatzprotokolls vom 28. Januar 1964 und des Protokolls vom 16. November 1982 (BGBl. 2008 II S. 902, 920)
ParisWienProt	Gemeinsames Protokoll vom 21. September 1988 über die Anwendung des Wiener Übereinkommens und des Pariser Übereinkommens (BGBl. 2001 II S. 202, 203)

PBefG	Personenbeförderungsgesetz in der Fassung der Bekanntmachung vom 8. August 1990 (BGBl. I S. 1690), zuletzt geändert durch Art. 5 des Gesetzes vom 29. August 2016 (BGBl. I S. 2082, 2129)
Pflanzenöl-Richtlinie	Überarbeitete Richtlinien für die Beförderung von Pflanzenölen in Tieftanks oder in unabhängigen Tanks, die für die Beförderung solcher Pflanzenöle besonders ausgelegt sind, auf Trockenfrachtschiffen (Entschließung MEPC.148[54] vom 24. März 2006 – VBl. 2006, 870) (C.II.2 Anlage SchSG)
Polar-Code	Internationaler Code für Schiffe, die in Polargewässern verkehren (Polar Code) (Entschließung des Schiffssicherheitsausschusses [Maritime Safety Committee – MSC], MSC.385[94] angenommen am 21. November 2014, gleichlautend auch MEPC.264[68], angenommen am 15. Mai 2015 – VkBl. 2015, 843 sowie Sonderdruck C 8146)
ProblBinSchR	Probleme des Binnenschifffahrtsrechts; Vorträge und Kommentare der Mannheimer Tagungen für Binnenschifffahrtsrecht
ProdHaftG	Gesetz über die Haftung für fehlerhafte Produkte (Produkthaftungsgesetz – ProdHaftG) vom 15. Dezember 1989 (BGBl. 1989 I S. 2198), zuletzt geändert durch Art. 180 der Verordnung vom 31. August 2015 (BGBl. 2015 I S. 1474, 1501)
Protokoll von 1997 zum MARPOL-Ü 1978	Protokoll vom 26. September 1997 zur Änderung des Internationalen Übereinkommens von 1973 zur Verhütung der Meeresverschmutzung durch Schiffe in der Fassung des Protokolls von 1978 zu diesem Übereinkommen (BGBl. 2003 II S. 130)
PSC	Port State Control
r + s	Recht und Schaden (Zeitschrift)
RBerG	Rechtsberatungsgesetz (RBerG) vom 13. Dezember 1935 (RGBl. I S. 1478), zuletzt geändert durch Art. 21a des Gesetzes vom 21. Juni 2002 (BGBl. I S. 2010), aufgehoben durch Art. 20 Nr. 1 des Gesetzes vom 12. Dezember 2007 (BGBl. 2007 I S. 2840, 2860)
RDG	Gesetz über außergerichtliche Rechtsdienstleistungen (Rechtsdienstleistungsgesetz – RDG), Art. 1 des Gesetzes vom 12. Dezember 2007 (BGBl. 2007 I S. 2840), zuletzt geändert durch Art. 5 Abs. 1 des Gesetzes vom 19. Juli 2016 (BGBl. 2016 I S. 1757)
RDGEG	Einführungsgesetz zum Rechtsdienstleistungsgesetz (RDGEG), Art. 2 des Gesetzes vom 12. Dezember 2007 (BGBl. 2007 I S. 2840), geändert durch Art. 143 der Verordnung vom 31. August 2015 (BGBl. 2015 I S. 1474, 1497)
RdTW	Recht der Transportwirtschaft (Zeitschrift)
ReaktorschiffÜ	Übereinkommen vom 25. Mai 1962 über die Haftung der Inhaber von Reaktorschiffen (Brüsseler Reaktorschiff-Übereinkommen) nebst Zusatzprotokoll (BGBl. 1975 II S. 957, 977)
Recht	Das Recht (Zeitschrift)
REIO	Regional Economic Integration Organisation
ReiseplanRichtlinie	Richtlinien für die Reiseplanung, Entschließung A.893(21), angenommen am 25. November 1999 (VkBl. 2002, 264) (C.I.4.5 Anlage SchSG)
ReiseDokRichtlinie	Richtlinien für die Dokumentation von Reisevorbereitung und -verlauf (IMO Resolution A.916(22) vom 29. November 2001; NfS 36/06)
Resolution A.916(22)	Guidelines for the Recording of Events Related to Navigation, Resolution A.916 (22), adopted on 29 November 2001
Resolution A.960 (23)	Resolution A.960(23), adopted 5 December 2003, Recommendations on Training and Certification and of Operational Procedures für Maritime Pilots other than Deep-Sea Pilots
RhBinSchAbfÜ	Übereinkommen vom 9. September 1996 über die Sammlung, Abgabe und Annahme von Abfällen in der Rhein- und Binnenschifffahrt (BGBl. 2003 II S. 1799)
RhSchBinAbfÜ-AG	Ausführungsgesetz zu dem Übereinkommen vom 9. September 1996 über die Sammlung, Abgabe und Annahme von Abfällen in der Rhein- und Binnenschiff-

	fahrt vom 13. Dezember 2003 (BGBl. I 2003 S. 2642), zuletzt geändert durch Art. 6 des Gesetzes vom 24. Mai 2016 (BGBl. 20016 I S. 1217)
RGBl.	Reichsgesetzblatt
RheinLotsO	Lotsenordnung für den Rhein zwischen Basel und Mannheim/Ludwigshafen vom 15. Juni 1956 (Anlage 1 zur RheinLotsOEV) in der im Bundesgesetzblatt Teil III, Gliederungsnummer 9503-7, veröffentlichten bereinigten Fassung, geändert durch Art. 2 der Verordnung vom 27. August 1968 (BGBl. 1968 II S. 813)
RheinLotsOEV	Verordnung zur Einführung der Lotsenordnung für den Oberrhein in der im Bundesgesetzblatt Teil III, Gliederungsnummer 9503-6, veröffentlichten bereinigten Fassung, zuletzt geändert durch Art. 47 der Verordnung vom 2. Juni 2016 (BGBl. 2016 I S. 1257, 1268)
RhSchA	Revidierte Rheinschifffahrtsakte vom 17. Oktober 1868 in der Neufassung vom 11. März 1969 (BGBl. II S. 597), zuletzt geändert durch das Zusatzprotokoll Nr. 7 vom 27. November 2002 (BGBl. 2003 II S. 1915)
RhSchG	Rheinschifffahrtsgericht
RhSchOG	Rheinschifffahrtsobergericht
RhSchPolV	Rheinschifffahrtspolizeiverordnung (Anlage zu Art. 1 der RhSchPolV-EV), zuletzt geändert durch Art. 38 der Verordnung vom 2. Juni 2016 (BGBl. 2016 I S. 1257, 1265)
RhSchPolV-EV	Verordnung vom 19. Dezember 1994 zur Einführung der Rheinschifffahrtspolizeiverordnung (BGBl. 1994 II S. 3816), zuletzt geändert durch Art. 3 der Verordnung vom 17. Juni 2016 (BGBl. 2016 I S. 698, 700)
Richtlinie 86/653	Richtlinie 86/653/EWG des Rates vom 18. Dezember 1986 zur Koordinierung der Rechtsvorschriften der Mitgliedstaaten betreffend die selbständigen Handelsvertreter (ABl. 1986 Nr. L 382 S. 17, berichtigt ABl. 1988 Nr. L 28)
Richtlinie 89/108	Richtlinie 89/108/EWG des Rates von 21. Dezember 1988 zur Angleichung der Rechtsvorschriften der Mitgliedstaaten über tiefgefrorene Lebensmittel (ABl. 1989 Nr. L 40 S. 34), zuletzt geändert durch Richtlinie 2013/20/EU des Rates vom 20. November 2013 (ABl. 2013 Nr. L 158 S. 234)
Richtlinie 91/628	Richtlinie 91/628/EWG des Rates vom 19. November 1991 über den Schutz von Tieren beim Transport sowie zur Änderung der Richtlinien 90/425/EWG und 91/496/ EWG (ABl. 1991 Nr. L 340 S. 17), zuletzt geändert durch Verordnung (EG) Nr. 806/2003 des Rates vom 14. April 2003 (ABl. 2003 Nr. L 122 S. 1), aufgehoben durch Verordnung (EG) Nr. 1/2005 des Rates vom 22. Dezember 2004 (ABl 2005 Nr. L 3 S. 1)
Richtlinie 92/1	Richtlinie 92/1/EWG der Kommission vom 13. Januar 1992 zur Überwachung der Temperaturen von tiefgefrorenen Lebensmitteln in Beförderungsmitteln sowie Einlagerungs- und Lagereinrichtungen (ABl. 1992 Nr. L 34 S. 28)
Richtlinie 93/43	Richtlinie 93/43/EWG des Rates vom 14. Juni 1993 über Lebensmittelhygiene (ABl. 1993 Nr. L 175 S. 1), geändert durch Verordnung (EG) Nr. 1882/2003 vom 29. September 2003 (ABl. 2003 Nr. L 284 S. 1), aufgehoben durch Art. 17 Abs. 1 Verordnung 852/2004
Richtlinie 93/75	Richtlinie 93/75/EWG des Rates vom 13. September 1993 über Mindestanforderungen an Schiffe, die Seehäfen der Gemeinschaft anlaufen oder aus ihnen auslaufen und gefährliche oder umweltschädliche Güter befördern (ABl. 1993 Nr L 247 S. 19), aufgehoben durch Richtlinie 2002/59/EG des Europäischen Parlaments und des Rates vom 27. Juni 2002 (ABl. 2002 Nr. L 208 S. 10)
Richtlinie 96/3	Richtlinie 96/3/EG der Kommission vom 26. Januar 1996 über eine Ausnahmeregelung von einigen Bestimmungen der Richtlinie 93/43/EWG des Rates über Lebensmittelhygiene für die Beförderung von Ölen und Fetten als Massengut auf dem Seeweg (ABl. 1996 Nr. L 21 S. 42, berichtigt ABl. 2004 Nr. L 81 S. 92), geändert durch Richtlinie 2004/4/EG der Kommission von 15. Januar 2004 (ABl. 2004 Nr. L 15 S. 25)
Richtlinie 96/35	Richtlinie 96/35/EG des Rates vom 3. Juni 1996 über die Bestellung und die berufliche Befähigung von Sicherheitsberatern für die Beförderung gefährlicher

	Güter auf Straße, Schiene oder Binnenwasserstraßen (ABl. 1996 Nr. L 145 S. 10)
Richtlinie 96/98	Richtlinie 96/98/EG des Rates vom 20. Dezember 1996 über Schiffsausrüstung (ABl. 1996 Nr. L 46 S. 25), Anhang A neu gefasst durch Richtlinie (EU) 2015/559 der Kommission vom 9. April 2015 (ABl. 2015 Nr. L 95 S. 1), mit Wirkung zum 18. September 2016 aufgehoben durch Art. 40 Abs. 1 der Richtlinie 2014/90
Richtlinie 98/18	Richtlinie 98/18/EG des Rates vom 17. März 1998 über Sicherheitsvorschriften und -normen für Fahrgastschiffe (ABl. 1998 Nr. L 144 S. 1), aufgehoben durch Art. 17 Richtlinie 2009/45 (ABl. 2009 Nr. L 163 S. 1)
Richtlinie 98/28	Richtlinie 98/28/EG der Kommission vom 29. April 1998 über die Zulassung einer Abweichung von bestimmten Vorschriften der Richtlinie 93/43/EWG über Lebensmittelhygiene bei der Beförderung von Rohzucker auf See (ABl. 1998 Nr. L 140 S. 10)
Richtlinie 1999/32	Richtlinie 1999/32/EG des Rates vom 26. April 1999 über eine Verringerung des Schwefelgehalts bestimmter flüssiger Kraft- oder Brennstoffe und zur Änderung der Richtlinie 93/12/EWG (ABl. 1999 Nr. L 121 S. 13), zuletzt geändert durch Richtlinie 2012/33/EU des Europäischen Parlaments und des Rates vom 21. November 2012 (ABl. 2012 Nr. L 327 S. 1), aufgehoben durch Richtlinie (EU) 2016/802 des Europäischen Parlaments und des Rates vom 11. Mai 2016 (ABl. 2016 Nr. L 132 S. 58)
Richtlinie 2000/59	Richtlinie 2000/59/EG des Europäischen Parlaments und des Rates vom 27. November 2000 über Hafenauffangeinrichtungen für Schiffsabfälle und Ladungsrückstände (ABl. 2000 Nr. L 332 S. 81), zuletzt geändert durch die Richtlinie (EU) 2015/2087 der Kommission vom 18. November 2015 (ABl. 2015 Nr. L 302 S. 99) (D.16 Anlage SchSG)
Richtlinie 2001/96	Richtlinie 2001/96/EG des Europäischen Parlaments und des Rates vom 4. Dezember 2001 zur Festlegung von harmonisierten Vorschriften und Verfahrensregeln für das sichere Be- und Entladen von Massengutschiffen (ABl. 2002 L 13 S. 9), zuletzt geändert durch Verordnung (EG) Nr. 1137/2008 des Europäischen Parlaments und des Rates vom 22. Oktober 2008 (ABl. 2008 Nr. L 311 S. 1) (D.17 Anlage SchSG)
Richtlinie 2002/59	Richtlinie 2002/59/EG des Europäischen Parlaments und des Rates vom 27. Juni 2002 über die Errichtung eines gemeinschaftlichen Überwachungs- und Informationssystems für den Schiffsverkehr und zur Aufhebung der Richtlinie 93/75/EWG des Rates (ABl. Nr. L 208 S. 10), zuletzt geändert durch Richtlinie 2014/100/EU der Kommission vom 28. Oktober 2014 (ABl. 2014 Nr. L 308 S. 82) (D.4 und 19 Anlage SchSG)
Richtlinie 2004/35	Richtlinie 2004/35/EG des Europäischen Parlaments und des Rates vom 21. April 2004 über die Umwelthaftung zur Vermeidung und Sanierung von Umweltschäden (ABl. 2004 Nr. L143 S. 56), zuletzt geändert durch Richtlinie 2013/30/EU des Europäischen Parlaments und des Rates vom 12. Juni 2013 (ABl. 2013 Nr. L178 S. 66)
Richtlinie 2005/45	Richtlinie 2005/45/EG des Europäischen Parlaments und des Rates vom 7. September 2005 über die gegenseitige Anerkennung von Befähigungszeugnissen der Mitgliedstaaten für Seeleute und zur Änderung der Richtlinie 2001/25/EG (ABl. 2005 Nr. L 255 S. 60)
Richtlinie 2005/35	Richtlinie 2005/35/EG des Europäischen Parlaments und des Rates vom 7. September 2005 über die Meeresverschmutzung durch Schiffe und die Einführung von Sanktionen, einschließlich strafrechtlicher Sanktionen, für Verschmutzungsdelikte (ABl. 2005 Nr. L 255 S. 11, berichtigt ABl. 2006 Nr. L 33 S. 87 und Nr. L 105 S. 65), geändert durch Richtlinie 2009/123/EG des Europäischen Parlaments und des Rates vom 21. Oktober 2009 (ABl. 2009 Nr. L 280 S. 52)
Richtlinie 2005/65	Richtlinie 2005/65/EG des Europäischen Parlaments und des Rates vom 26. Oktober 2005 zur Erhöhung der Gefahrenabwehr in Häfen (ABl. 2005

Abkürzungsverzeichnis

	Nr. L 310 S. 28), geändert durch Verordnung (EG) Nr. 219/2009 des Europäischen Parlaments und des Rates vom 11. März 2009 (ABl. 2009 Nr. L 87 Nr. 109)
Richtlinie 2008/98	Richtlinie 2008/98/EG des Europäischen Parlaments und des Rates vom 19. November 2008 über Abfälle und zur Aufhebung bestimmter Richtlinien (ABl. 2008 Nr. L 312 S. 3, berichtigt ABl. 2009 Nr. L 127 S. 24 und ABl. 2015 Nr. L 297 S. 9), zuletzt geändert durch Richtlinie (EU) 2015/1127 der Kommission vom 10. Juli 2015 (ABl. 2015 Nr. L 184 S. 13)
Richtlinie 2008/99	Richtlinie 2008/98/EG des Europäischen Parlaments und des Rates vom 19. November 2008 über den strafrechtlichen Schutz der Umwelt (ABl. 2008 Nr. L 328 S. 28)
Richtlinie 2008/106	Richtlinie 2008/106/EG des europäischen Parlaments und des Rates vom 19. November 2008 über Mindestanforderungen für die Ausbildung von Seeleuten (Neufassung) (ABl. 2008 Nr. L 323 S. 33), geändert durch Richtlinie 2012/35/EU des Europäischen Parlaments und des Rates vom 21. November 2012 (ABl. 2013 Nr. L 343 S. 78)
Richtlinie 2009/13	Richtlinie 2009/13/EG des Rates vom 16. Februar 2009 zur Durchführung der Vereinbarung zwischen dem Verband der Reeder in der Europäischen Gemeinschaft (ECSA) und der Europäischen Transportarbeiter-Föderation (ETF) über das Seearbeitsübereinkommen 2006 und zur Änderung der Richtlinie 1999/63/EG (ABl. 2009 Nr. L 124 S. 30)
Richtlinie 2009/15	Richtlinie 2009/15/EG des europäischen Parlaments und des Rates vom 23. April 2009 über gemeinsame Vorschriften und Normen für Schiffsüberprüfungs- und -besichtigungsorganisationen und die einschlägigen Maßnahmen der Seebehörden (Neufassung) (ABl. 2009 Nr. L 131 S. 47), geändert durch Art. 1 der Durchführungsrichtlinie der Kommission vom 17. Dezember 2014 (ABl. 2014 Nr. L 366 S. 83) (D.7 Anlage SchSG)
Richtlinie 2009/16	Richtlinie 2009/16/EG des Europäischen Parlaments und des Rates vom 23. April 2009 über die Hafenstaatkontrolle (ABl. 2009 Nr. L 131 S. 57, berichtigt ABl. 2013 Nr. L 32 S. 23), geändert durch Richtlinie 2013/38/EU des Europäischen Parlaments und des Rates vom 12. August 2013 (ABl. 2013 Nr. L 218 S. 1) (D.8 Anlage SchSG)
Richtlinie 2009/18	Richtlinie 2009/18 des Europäischen Parlaments und des Rates vom 23. April 2009 zur Festlegung der Grundsätze für die Untersuchung von Unfällen im Seeverkehr und zur Änderung der Richtlinie 1999/35/EG des Rates und der Richtlinie 2002/59/EG des Europäischen Parlaments und des Rates (ABl. 2009 Nr. L 131 S. 114) (D.14 Anlage SchSG)
Richtlinie 2009/20	Richtlinie 2009/20 des Europäischen Parlaments und des Rates vom 23. April 2009 über die Versicherung von Schiffseigentümern für Seeforderungen (ABl. 2009 Nr. 131 S. 128)
Richtlinie 2009/21	Richtlinie 2009/21/EG des Europäischen Parlaments und des Rates vom 23. April 2009 über die Erfüllung von Flaggenstaatspflichten (ABl. 2009 Nr. L 131 S. 132)
Richtlinie 2009/45	Richtlinie 2009/45/EG des Europäischen Parlaments und des Rates vom 6. Mai 2009 über Sicherheitsvorschriften und -normen für Fahrgastschiffe (ABl. 2009 Nr. L 163 S. 1), zuletzt geändert durch Richtlinie 2016/844 der Kommission vom 27. Mai 2016 (ABl. 2016 Nr. L 141 S. 51, berichtigt ABl. 2016 Nr. L 193 S. 117) (D.12 Anlage SchSG)
Richtlinie 2010/65	Richtlinie 2010/65/EU des Europäischen Parlaments und des Rates vom 20. Oktober 2010 über Meldeformalitäten für Schiffe beim Einlaufen in und/oder Auslaufen aus Häfen der Mitgliedstaaten und zur Aufhebung der Richtlinie 2002/6/EG (ABl. EU Nr. L 283 S.1) (D.18 Anlage SchSG)
Richtlinie 2013/54	Richtlinie 2013/54/EU des Europäischen Parlaments und des Rates vom 20. November 2013 über bestimmte Verantwortlichkeiten der Flaggenstaaten für die Einhaltung und Durchsetzung des Seearbeitsübereinkommens 2006 (ABl. 2013 Nr. L 329 S. 1)

Richtlinie 2014/90	Richtlinie 2014/90/EU des Europäischen Parlaments und des Rates vom 23. Juli 2014 über Schiffsausrüstung und zur Aufhebung der Richtlinie 96/98/EG des Rates (ABl. 2014 Nr. L 257 S. 146) (D.10 Anlage SchSG)
Richtlinie 2016/802	Richtlinie (EU) 2016/802 des Europäischen Parlaments und des Rates vom 11. Mai 2016 über eine Verringerung des Schwefelgehalts bestimmter flüssiger Kraft- oder Brennstoffe (ABl. 2016 Nr. L 132 S. 58)
RID	Ordnung für die internationale Eisenbahnbeförderung gefährlicher Güter (RID) – Anhang C zum Übereinkommen über den internationalen Eisenbahnverkehr (COTIF) – in der Fassung der Bekanntmachung vom 16. Mai 2008 (BGBl. 2008 II S. 475, 899, 2009 II S. 1188, 1189, 2012 II S. 168, 169), zuletzt geändert durch Beschluss des Fachausschusses für die Beförderung gefährlicher Güter vom 25. Mai 2016 (BGBl. 2016 II S. 1258)
RIW	Recht der Internationalen Wirtschaft (ab 1975; zuvor: AWD)
RM	Richtlinien zur Durchführung der Gefahrgutverordnung See (VkBl. 2016, 458)
Rn	Randnummer
RO-Code	Code für anerkannte Organisationen (RO-Code) (MSC.349[92] vom 21. Juni 2013, gleichlautend MEPC.237[65] vom 17. Mai 2013) (VkBl. 2014, 942, Sonderband C 8012).
ROHG	Reichsoberhandelsgericht
ROHGE	Entscheidungen des ROHG
Rom I	Verordnung (EG) Nr. 593/2008 des Europäischen Parlaments und des Rates vom 17. Juni 2008 über das auf vertragliche Schuldverhältnisse anzuwendende Recht (Rom I) (Abl. 2008 Nr. L 177 S. 6, berichtigt ABl. 2009 Nr. L 309 S. 87)
Rom II	Verordnung (EG) Nr. 864/2007 des Europäischen Parlaments und des Rates vom 11. Juli 2007 über das auf außervertragliche Schuldverhältnisse anzuwendende Recht („Rom II") (ABl. 2007 Nr. L 199 S. 40, berichtigt ABl. 2012 Nr. L 310 S. 52)
RoRo	roll on roll off
RoRoOstseeMoU	Memorandum of Understanding für die Beförderung verpackter gefährlicher Güter mit Ro/Ro-Schiffen in der Ostsee, Kopenhagen-Fassung vom 15.–17. Juni 2004 (VkBl. 2005, 30), mit Anlage 1 in der 2014 überarbeiteten Fassung (VkBl. 2015, 810)
RoRoStabRichtlinie	Richtlinie 2003/25/EG des Europäischen Parlaments und des Rates vom 14. April 2003 über besondere Stabilitätsanforderungen für RoRo-Fahrgastschiffe (ABl. 2003 Nr. L 123 S. 22), zuletzt geändert durch Verordnung (EG) Nr. 1137/2008 des Europäischen Parlaments und des Rates vom 22. Oktober 2008 (ABl. 2008 Nr. L 311 S. 21) (D.20 Anlage SchSG)
RoRoStabÜ	Übereinkommen vom 28. Februar 1996 über die besonderen Stabilitätsanforderungen an Ro-Ro-Fahrgastschiffe, die regelmäßig und planmäßig in der Auslandsfahrt zwischen, nach oder von bestimmten Häfen in Nordwesteuropa und der Ostsee verkehren (BGBl. 1997 II S. 540)
Rotterdam Regeln	United Nations Convention on Contracts for the International Carriage of Goods Wholly or Partly by Sea
RPfl	Der Deutsche Rechtspfleger (Zeitschrift)
RPflG	Rechtspflegergesetz in der Fassung der Bekanntmachung vom 14. April 2013 (BGBl. 2013 I S. 778), zuletzt geändert durch Art. 5 des Gesetzes vom 21. November 2016 (BGBl. 2016 I S. 2591)
RSEB	Richtlinien zur Durchführung der Gefahrgutverordnung Straße, Eisenbahn und Binnenschifffahrt und weiterer gefahrgutrechtlicher Verordnungen – RSEB – vom 1. Juni 2015 (VkBl. 2015, 402); Neubekanntmachung der Anlage 12 vom 27. Juni 2016 (VkBl. 2016, 494)
RSO	Recognized Security Organisation
RVG	Gesetz über die Vergütung der Rechtsanwältinnen und Rechtsanwälte (Rechtsanwaltsvergütungsgesetz – RVG) vom 5. Mai 2004 (BGBl. I S. 718, 788), zuletzt geändert durch Art. 13 des Gesetzes vom 21. November 2016 (BGBl. 2016 I S. 2591)

Abkürzungsverzeichnis

S.	Seite
SAR	search and rescue
SBV	Seeleute-Befähigungs-Verzeichnis
SchädlBekämpfg-BefEinh-Empf	Empfehlungen für die sichere Anwendung von Schädlingsbekämpfungsmitteln auf Schiffen für die Begasung von Beförderungseinheiten, MSC/Circ. 1265, VkBl. 2009, 30
SchAusrV	Schiffsausrüstungsverordnung vom 1. Oktober 2008 (BGBl. I 2008 S. 1913), zuletzt geändert durch Art. 5 der Verordnung vom 25. September 2015 (BGBl. 2015 I S. 1664, 1669)
SchädlBekämpfg-Laderaum-Empf	Empfehlungen für die sichere Anwendung von Schädlingsbekämpfungsmitteln auf Schiffen für die Begasung von Laderäumen, MSC/Circ. 1264, VkBl. 2008, 677
SchädlBekämpfg-Schiff-Empf	Überarbeitete Empfehlungen für die sichere Anwendung von Schädlingsbekämpfungsmitteln auf Schiffen, MSC.1/Circ. 1358, VkBl. 2011, 19
SchAusrV	Schiffsausrüstungsverordnung (SchAusrV) vom 1. Oktober 2008 (BGBl. 2008 I S. 1913), zuletzt geändert durch Art. 5 der Verordnung vom 25. September 2015 (BGBl. 2015 I S. 1664, 1669)
SchiedsVZ	Zeitschrift für Schiedsverfahren
SchOffzAusbV	Verordnung über die Ausbildung und Befähigung von Kapitänen und Schiffsoffizieren des nautischen und technischen Schiffsdienstes (Schiffsoffizier-Ausbildungsverordnung – SchAusbV) in der Fassung der Bekanntmachung vom 15. Januar 1992 (BGBl. 1992 I S. 22, berichtigt S. 227), zuletzt geändert durch Art. 29 Nr. 5 des Gesetzes vom 25. Juli 2013 (BGBl. 2013 I S. 2749), aufgehoben durch Art. 66 Abs. 2 Nr. 1 SeeBV
SchBesFrFlV	Verordnung vom 28. Oktober 1981 über die Besatzung von Schiffen unter fremder Flagge (BGBl. 1981 I S. 1163), zuletzt geändert durch Art. 557 der Verordnung vom 31. August 2015 (BGBl. 2015 I S. 1474, 1554)
SchBesV	Schiffsbesetzungsverordnung (SchBesV) vom 18. Juli 2013 (BGBl. 2013 I S. 2575), zuletzt geändert durch Verordnung vom 9. Juni 2016 (BGBl. 2016 I S. 1350)
SchGeschUV	Verordnung über die Übermittlung schiffahrtsgeschäftlicher Unterlagen an ausländische Stellen vom 14. Dezember 1966 (BGBl. 1966 II S. 1542), zuletzt geändert durch Art. 542 der Verordnung vom 31. August 2015 (BGBl. 2015 I S. 1474)
SchGlHypÜ 1967	Internationales Übereinkommen vom 27. Mai 1967 zur Vereinheitlichung von Regeln über Schiffsgläubigerrechte und Schiffshypotheken
SchGlHypÜ 1993	International Convention on Maritie Liens and Mortgages, 1993, vom 6. Mai 1993 (wiedergegeben in TranspR 1994, 253)
SchlHolstAnz	Schleswig-Holsteinische Anzeigen
SchRegDV	Verordnung zur Durchführung der Schiffsregisterordnung (SchRegDV) in der Fassung der Bekanntmachung vom 30. November 1994 (BGBl. I S. 3631, berichtigt BGBl. 1995 I S. 249), zuletzt geändert durch Art. 157 der Verordnung vom 31. August 2015 (BGBl. 2015 I S. 1474, 1498)
SchRegO	Schiffsregisterordnung in der Fassung der Bekanntmachung vom 26. Mai 1994 (BGBl. I S. 1133), zuletzt geändert durch Art. 156 der Verordnung vom 31. August 2015 (BGBl. 2015 I S. 1474, 1498)
SchRG	Gesetz vom 15. November 1940 über Rechte an eingetragenen Schiffen und Schiffsbauwerken (RGBl. 1940 I S. 1499), zuletzt geändert durch Art. 15 des Gesetzes vom 10. Oktober 2013 (BGBl. 2013 I S. 3786, 3796)
SchRG-Begr	Amtliche Begründung zum Gesetz über Rechte an eingetragenen Schiffen und Schiffsbauwerken vom 15. November 1940 (RGBl. I S. 1499), DJ 1940, 1329 Nr. 470
SchRegDV	Verordnung zur Durchführung der Schiffsregisterordnung (SchRegDV) in der Fassung der Bekanntmachung vom 30. November 1994 (BGBl. I S. 3631, berichtigt BGBl. 1995 I S. 249), zuletzt geändert durch Art. 157 der Verordnung vom 31. August 2015 (BGBl. 2015 I S. 1474)

SchSiHafV	Verordnung über die Schutz- und Sicherheitshäfen, die Häfen der Deutschen Marine und der Bundespolizei der Bundesrepublik Deutschland an Seeschifffahrtsstrassen (Schutz- und Sicherheitshafenverordnung – SchSiHafV) vom 6. Januar 2017 (BAnz AT 17.01.2017 V1)
SchSG	Schiffssicherheitsgesetz vom 9. September 1998 (BGBl. 1998 I S. 2860), zuletzt geändert durch Art. 555 der Verordnung vom 31. August 2015 (BGBl. 2015 I S. 1474), Anlage zuletzt geändert durch Art. 1 der Verordnung vom 28. Juni 2016 (BGBl. 2016 I S. 1504)
SchSpr	Schiedsspruch
SchSV	Schiffssicherheitsverordnung vom 18. September 1998 (BGBl. 1998 I S. 3013, 3023), zuletzt geändert durch Art. 2 der Verordnung vom 28. Juni 2016 (BGBl. 2016 I S. 1504, 1507)
SchUnfDatG	Schiffunfalldatenbankgesetz (SchUnfDatG), Art. 1 des Gesetzes vom 7. August 2013 (BGBl. 2013 I S. 3118), zuletzt geändert durch Art. 23 des Gesetzes vom 24. Mai 2016 (BGBl. 2016 I S. 1217, 1223)
SchubBed 1997	Allgemeine Europäische Bedingungen für Verträge über die Mitnahme von Schubleichtern durch Schubboote 1997 (Europäische Schubbedingungen 1997), erarbeitet vom Verein für europäische Binnenschifffahrt und Wasserstraßen e.V. (VBW) und der Internationalen Vereinigung des Rheinschiffsregisters (IVR)
SchVermÜ	Internationales Schiffsvermessungs-Übereinkommen von 1969 vom 23. Juni 1969 (BGBl. 1975 II S. 65) geändert durch Entschließung A.1084(28), angenommen am 4. Dezember 2013 (BGBl. 2017 II S. 50)
SchVermÜ-G	Gesetz zu dem Internationalen Schiffsvermessungs-Übereinkommen vom 23. Juni 1969 vom 22. Januar 1975 (BGBl. 1975 II 65), zuletzt geändert durch Art. 566 der Verordnung vom 31. August 2015 (BGBl. 2015 I S. 1474, 1556)
SDR	Special Drawing Right (Sonderziehungsrecht)
SeeA	Seeamt
SeeAnlV	Verordnung über Anlagen seewärts der Begrenzung des deutschen Küstenmeeres (Seeanlagenverordnung – SeeAnlV) vom 23. Januar 1997 (BGBl. 1997 I S. 57), zuletzt geändert durch Art. 55 der Verordnung vom 2. Juni 2016 (BGBl. 2016 I S. 1257, 1271)
SeeArbG	Seearbeitsgesetz (SeeArbG), Art. 1 des Gesetzes vom 20. April 2013 (BGBl. 2013 I S. 868), zuletzt geändert durch Art. 1 des Gesetzes vom 22. Dezember 2015 (BGBl. 2015 I S. 2569)
SeeArbÜV	Verordnung über die Überprüfung der Einhaltung der Arbeits- und Lebensbedingungen auf Schiffen vom 25. Juli 2013 (Seearbeitsüberprüfungs-Verordnung – SeeArbÜV) (BGBl. 2013 I S. 2800)
See-ArbZNV	Verordnung betreffend die Übersicht über die Arbeitsorganisation und die Arbeitszeitnachweise in der Seeschifffahrt vom 25. Juli 2013 (See-Arbeitszeitnachweisverordnung – See-ArbZNV) (BGBl. 2013 I S. 2795)
SeeaufgG	Gesetz über die Aufgaben des Bundes auf dem Gebiet der Seeschifffahrt (Seeaufgabengesetz – SeeaufgG) in der Neufassung vom 17. Juni 2016 (BGBl. 2016 I S. 1489), zuletzt geändert durch Art. 21 des Gesetzes vom 13. Oktober 2016 (BGBl. 2016 I S. 2258)
SeeBAV	Verordnung über die Berufsausbildung in der Seeschifffahrt (See-Berufsausbildungsverordnung – See-BAV) vom 10. September 2013 (BGBl. 2013 I S. 3565), geändert durch Art. 560 der Verordnung vom 31. August 2015 (BGBl. 2015 I S. 1474, 1555)
SchBesV	Schiffsbesetzungsverordnung vom 18. Juli 2013 (BGBl. 2013 I S. 2575), geändert durch Art. 559 der Verordnung vom 31. August 2015 (BGBl. 2015 I S. 1474)
SeeBewachV	Verordnung über die Zulassung von Bewachungsunternehmen auf Seeschiffen (Seeschiffbewachungsverordnung – SeeBewachV) vom 11. Juni 2013 (BGBl. 2013 I S. 1562)

SeeBewachDV	Verordnung zur Durchführung der Seeschiffbewachungsverordnung (Seeschiffbewachungsdurchführungsverordnung – SeeBewachDV) vom 21. Juni 2013 (BGBl. 2013 I S. 1623)
SeeBewachGebV	Verordnung über Gebühren und Auslagen des Bundesamtes für Wirtschaft und Ausfuhrkontrolle im Zusammenhang mit der Zulassung von Bewachungsunternehmen auf Seeschiffen (Seeschiffbewachungsgebührenverordnung – SeeBewachGebV) vom 12. Dezember 2013 (BGBl. 2013 I S. 4110), geändert durch Art. 5 Abs. 3 des Gesetzes vom 18. Juli 2016 (BGBl. 2016 I S. 1666)
SeeBV	Verordnung vom 6. Mai 2014 über die Befähigungen der Seeleute in der Seeschifffahrt (Seeleute-Befähigungsverordnung – SeeBV) (BGBl. 2014 I S. 460), geändert durch Art. 66 der Verordnung vom 2. Juni 2016 (BGBl. 2016 I S. 1257, 1274)
Seebohm	Seebohm (Hrsg.), Sammlung seerechtlicher Erkenntnisse des Handelsgerichts zu Hamburg, Erkenntnisse aus den Jahren 1858–1861
SeeEigensichV	Verordnung zur Eigensicherung von Seeschiffen zur Abwehr äußerer Gefahren (See-Eigensicherungsverordnung – SeeEigensichV), Art. 1 der Verordnung zum Gesetz vom 25. Juni 2004 zur Ausführung der im Dezember 2002 vorgenommenen Änderungen des Internationalen Übereinkommens von 1974 zum Schutz des menschlichen Lebens auf See und des Internationalen Codes für die Gefahrenabwehr auf Schiffen und in Hafenanlagen vom 19. September 2005 (BGBl. 2005 I S. 2787), zuletzt geändert durch Art. 3 der Verordnung vom 1. März 2016 (BGBl. 2016 I S. 329)
See-DatenÜbermittDV	Verordnung zur Durchführung der Datenübermittlung an nichtöffentliche Stellen im Seeverkehr (See-Datenübermittlung-Durchführungsverordnung – See-DatenÜbermittDV) vom 1. März 2016 (BGBl. I 2016 S. 329)
SeefahrtSichergV	Verordnung über die Sicherung der Seefahrt vom 27. Juni 1993 (BGBl. 1993 I S. 1417), zuletzt geändert durch Art. 544 der Verordnung vom 31. August 2015 (BGBl. 2015 I S. 1474, 1553)
SeefrG	Gesetz zur Änderung von Vorschriften des Handelsgesetzbuchs über das Seefrachtrecht vom 10. August 1937 (RGBl. 1937, 891)
SeefrG-Begründung	Amtliche Begründung des Gesetzes zur Änderung von Vorschriften des Handelsgesetzbuches über das Seefrachtrecht vom 10. August 1937 (Deutscher Reichsanzeiger und Preußischer Staatsanzeiger Nr. 186 vom 14. August 1937 S. 1–3
SeefrGDV	Verordnung zur Durchführung des Gesetzes zur Änderung von Vorschriften des Handelsgesetzbuchs über das Seefrachtrecht vom 5. Dezember 1939 (RGBl. 1939 I S. 2501); Art. 2 des SeefrGDV aufgehoben durch Art. 9 Abs. 2 des 2. SRÄndG
SeeHBV	Verordnung zu den 2012 beschlossenen Änderungen des Protokolls von 1996 zur Änderung des Übereinkommens von 1976 über die Beschränkung der Haftung für Seeforderungen (Seehaftungsbeschränkungsverordnung – SeeHBV) vom 7. Mai 2015 (BGBl. 2015 II S. 506)
SeeLAuFV	Verordnung über die Aus- und Fortbildung der Seelotsen (Seelotsenaus- und -fortbildungsverordnung – SeeLAuFV) (BGBl. 2014 I S. 234), geändert durch Art. 71 der Verordnung vom 2. Juni 2016 (BGBl. 2016 I S. 1257, 1275)
SeeLG	Gesetz über das Seelotswesen (Seelotsgesetz – SeeLG) in der Neufassung vom 13. September 1984 (BGBl. 1984 I S. 1213), zuletzt geändert durch Art. 4 Abs. 135 des Gesetzes vom 18. Juli 2016 (BGBl. 2016 I S. 1666)
SeeLG 1954	Gesetz über das Seelotswesen vom 13. Oktober 1954 (BGBl. 1954 I S. 1035)
SeeLG 1984	Gesetz über das Seelotswesen (Seelotsgesetz – SeeLG) in der Neufassung vom 13. September 1984 (BGBl. 1984 I S. 1213)
SeeLGÄndG 1984	Gesetz vom 25. April 1984 zur Änderung des Gesetzes über das Seelotswesen (BGBl. 1984 I S. 618)
SeeLGÄndG 1984 Begr	Begründung zum Gesetzentwurf der Bundesregierung zum Entwurf eines Gesetzes zur Änderung des Gesetzes über das Seelotswesen (BT-Drs. 10/572 S. 10–15)

SeeLGÄndG 1984 Beschl	Beschlussempfehlung und Bericht des Ausschusses für Verkehr (14. Ausschuss) zu dem von der Bundesregierung eingebrachten Entwurf eines Gesetzes zur Änderung des Gesetzes über das Seelotswesen (BT-Drs. 10/925)
SeeLRevV	Verordnung über das Seelotswesen außerhalb der Reviere vom 25. August 1978 (BGBl. 1978 I S. 1515), zuletzt geändert durch Art. 67 der Verordnung vom 2. Juni 2016 (BGBl. 2016 I S. 1257, 1274)
SeeLUntV	Verordnung über die seeärztliche Untersuchung der Seelotsen (Seelotsenuntersuchungsverordnung – SeeLotUntV 1998) vom 12. März 1998 (BGBl. 1998 I S. 511), geändert durch Art. 1 Abs. 5 der Verordnung vom 20. Oktober 2004 (BGBl. 1994 I S. 2652)
SeeLG-Begr	Begründung des Entwurfs eines Gesetzes über das Seelotswesen (BT-Drs. 2/393 S. 10–18)
SeemO 1871	Seemannsordnung (RGBl. 1871, 409)
SeemO 1902	Seemannsordnung (RGBl. 1902, 175)
SeemG	Seemannsgesetz vom 26. Juli 1957 (BGBl. 1956 II S. 713), zuletzt geändert durch Art. 14 des Gesetzes vom 20. April 2013 (BGBl. 2013 I S. 831, 867), außer Kraft getreten am 1. August 2013, Art. 7 Abs. 4 des Gesetzes vom 20. April 2013 (BGBl. 2013 I S. 916)
SeerechtsÜ	Seerechtsübereinkommen der Vereinten Nationen vom 10. Dezember 1982 (BGBl. 1994 II S. 1798)
SeeRÜbkAG	Gesetz zur Ausführung des Seerechtsübereinkommens der Vereinten Nationen vom 10. Dezember 1982 sowie des Übereinkommens vom 28. Juli 1994 zur Durchführung des Teils XI des Seerechtsübereinkommens (Ausführungsgesetz Seerechtsübereinkommen 1982/1994) (BGBl. I S. 778), geändert durch Art. 550 der Verordnung vom 31. August 2015 (BGBl. 2015 I S. 1474, 1553)
SeeSchStrO	Seeschiffahrtsstraßenordnung in der Fassung der Bekanntmachung vom 22. Oktober 1998 (BGBl. 1998 I S. 3209, berichtigt BGBl. 1999 I S. 193), zuletzt geändert durch Art. 60 der Verordnung vom 2. Juni 2016 (BGBl. 2016 I S. 1257, 1272)
SeeUmwVerhV	Verordnung über das umweltgerechte Verhalten in der Seeschifffahrt (See-Umweltverhaltensverordnung – SeeUmwVerhV), Art. 1 der Verordnung vom 13. August 2014 (BGBl. 2014 I S. 1371), geändert durch Art. 4 der Verordnung vom 2. Juni 2016 (BGBl. 2016 I S. 1257, 1258)
SeeverkÄndG	Gesetz zur Änderung seeverkehrsrechtlicher und sonstiger Vorschriften mit Bezug zum Seerecht (BGBl. 2013 Abs. 1 S. 1471)
SeeverkÄndV	Verordnung zur Änderung seeverkehrsrechtlicher und sonstiger Vorschriften mit Bezug zur Seeschifffahrt (BGBl. 2013 Abs. 1 S. 1926)
SeeverkSiV	Verordnung zur Sicherstellung des Seeverkehrs vom 3. August 1978 (BGBl. 1978 I S. 1210), zuletzt geändert durch Art. 18 der Verordnung vom 2. Juni 2016 (BGBl. 2016 I S. 1257, 1260)
SeeVersNachwG	Gesetz über bestimmte Versicherungsnachweise in der Seeschifffahrt (Seeversicherungsnachweisgesetz – SeeVerNachwG), Art. 15 des Gesetzes vom 4. Juni 2013 (BGBl. 2013 I S. 1471, 1474), zuletzt geändert durch Art. 7 des Gesetzes vom 24. Mai 2016 (BGBl. 2016 I S. 1217, 1218)
SeeVersNachwV	Verordnung über die Ausstellung von Haftungsbescheinigungen nach dem Seeversicherungsnachweisgesetz (Seeversicherungsnachweisverordnung – SeeVersNachwV) (BGBl. 2013. I S. 1926, 1927), geändert durch Art. 117 der Verordnung vom 31. August 2015 (BGBl. 2015 I S. 1474, 1494)
SeuffA	J.A. Seuffert's Archiv für Entscheidungen der obersten Gerichte in den deutschen Staaten
SGB IV	Viertes Buch Sozialgesetzbuch – Gemeinsame Vorschriften für die Sozialversicherung – in der Fassung der Bekanntmachung vom 12. November 2009 (BGBl. 2009 I S. 3710, 3973; 2011 I S. 363), zuletzt geändert durch Art. 1 des Gesetzes vom 11. November 2016 (BGBl. 2016 I S. 2500)

Abkürzungsverzeichnis

SGB V	Fünftes Buch Sozialgesetzbuch – Gesetzliche Krankenversicherung – (Art. 1 des Gesetzes vom 20. Dezember 1988, BGBl. 1988 I S. 2477, 2482), zuletzt geändert durch Art. 5 des Gesetzes vom 19. Dezember 2016 (BGBl. 2016 I S. 2986)
SGB VII	Siebtes Buch Sozialgesetzbuch – Gesetzliche Unfallversicherung (Art. 1 des Gesetzes vom 7. August 1996, BGBl. 1996 I S. 1254), zuletzt geändert durch Art. 8 des Gesetzes vom 23. Dezember 2016 (BGBl. 2016 I S. 3234, 3313)
SGB X	Das Zehnte Buch Sozialgesetzbuch – Sozialverwaltungsverfahren und Sozialdatenschutz – in der Fassung der Bekanntmachung vom 18. Januar 2001 (BGBl. 2001 I S. 130), zuletzt geändert durch Art. 21 Abs. 8 des Gesetzes vom 23. Dezember 2016 (BGBl. 2016 I S. 3234, 3334)
SHHafenSiG	Gesetz zur Verbesserung der Sicherheit in den schleswig-holsteinischen Hafenanlagen (Hafenanlagensicherheitsgesetz – HaSiG) vom 18. Juni 2004 (GVBl. 2004, 177, berichtigt GVBl. 2004, 231), zuletzt geändert durch Art. 4 des Gesetzes vom 9. März 2010 (GVBl. 2010, 356)
SHHafenV	Landesverordnung für die Häfen in Schleswig-Holstein (Hafenverordnung – HafVO) vom 9. Februar 2005, Art. 1 der Verordnung vom 9. Februar 2005 (GVBl. 2005, 151), zuletzt geändert durch Art. 1 der Landesverordnung vom 2. November 2015 (GVBl. 2015, 387)
SHR	Seehandelsrecht
SHR-KomE-Begr	Begründung zum HGB-KomE in: SHR-KomE-Bericht S. 67–179
SHR-KomE-Bericht	Abschlussbericht der Sachverständigengruppe zur Reform des Seehandelsrechts (http://www.bmj.de/SharedDocs/Downloads/DE/pdfs/Abschlussbericht_der_ Sachverstaendigengruppe_zur_Reform_des_Seehandelsrechts.pdf?__blob= publicationFile), teilweise in TranspR 2009, 417–444 wiedergegeben
SHR-KomE-Bericht (DGTR)	Stellungnahme der Deutschen Gesellschaft für Transportrecht zur SHR-KomE-Begr
SHR-KomE-Bericht (DVIS)	Stellungnahme des Deutschen Vereins für Internationales Seerecht zur SHR-KomE-Begr, DVIS B 18
SHR-RefE	Referentenentwurf des Bundesministeriums der Justiz eines Gesetzes zur Reform des Seehandelsrechts (http://www.bmj.de/SharedDocs/Downloads/DE/ pdfs/RefE_Gesetz_zur_Reform_des_Seehandelsrechts.pdf?__blob=publication File)
SHR-RefE(DGTR)	Stellungnahme der Deutschen Gesellschaft für Transportrecht zu dem Referentenentwurf für ein Gesetz zur Reform des Seehandelsrechts, TranspR 2011, 309–318
SHR-RefE(DVIS)	Stellungnahme des Deutschen Vereins für Internationales Seerecht zum SHR-ReformGRefE, DVIS B 19
SHR-RefE-Begr	Begründung zum SHR-RefE S. 75–250
SHR-ReformG	Gesetz zur Reform des Seehandelsrechts (BGBl. 2013 I S. 831)
SHR-ReformG-Begr	Begründung zum Gesetzentwurf der Bundesregierung eines Gesetzes zur Reform des Seehandelsrechts (BT-Drs. 17/10309), S. 40–145; auch TranspR 2012, 166–268
SHR-RegE	Gesetzentwurf der Bundesregierung eines Gesetzes zur Reform des Seehandelsrechts (BT-Drs. 17/10309), auch TranspR 2012, 166–268
SHSG	Seehandelsschifffahrtsgesetz der Deutschen Demokratischen Republik vom 5. Februar 1976 (GBl. I 1976 Nr. 7 S. 109)
Slg.	Sammlung
SMC	Safety Management Certificate
SMG	Gesetz zur Modernisierung des Schuldrechts vom 26. November 2001 (BGBl. 2001 I S. 3138)
SofortmaßnV	Sofortmaßnahmeverordnung zur Einfuhr von Feuerwerk über deutsche Seehäfen vom 25. Januar 2002 (BAnz. 2002, 1929)
SofortmaßnBktm	Bekanntmachung der *Sofortmaßnehmen zur Verbesserung der Sicherheit von Schiffen, die Schüttladungen befördern, vom 9. September 1992, Entschließung A.713(17) (VkBl. 1992, 535)

SOHSP-Richtlinien	Richtlinien zu den Grundelementen eines Programms zum Arbeits- und Gesundheitsschutz an Bord von Schiffen (SOHSP) (Rundschreiben MSC-MEPC.2/Circ. 3 vom 22. Juli 2005 – VkBl. 2010, 401)
SOLAS-Ü	Internationales Übereinkommen von 1974 vom 1. November 1974 zum Schutz des menschlichen Lebens auf See (Verordnung vom 11. Januar 1979 – BGBl. 1979 II S. 141, berichtigt BGBl. 1983 II S. 784), zuletzt geändert durch Entschließungen MSC.386(94) vom 21. November 2014 und MSC.392(95) vom 11. Juni 2015 (28. SOLAS-Änderungsverordnung vom 20. Dezember 2016, BGBl. 2016 II S. 1408), in der Fassung des Protokolls von 1988 (Sechste Änderungsverordnung vom 20. September 1994, BGBl. 1994 II S. 2458, berichtigt BGBl. 2003 I S. 747), zuletzt geändert durch Entschließung MSC.395(95) vom 11. Juni 2015 (28. SOLAS-Änderungsverordnung vom 20. Dezember 2016, BGBl. 2016 II S. 1408)
SO_X-ARS-Richtlinie	Richtlinien für bordseitige SO_X-Abgasreinigungssysteme (VkBl. 2006, 712)
Sp.	Spalte
SportbootVermV-Bin	Verordnung über die gewerbsmäßige Vermietung von Sportbooten sowie deren Benutzung auf den Binnenschifffahrtsstraßen (Binnenschifffahrt-Sportbootvermietungsverordnung – BinSch-SportbootVermV) 18. April 2000 (BGBl. 2000 I S. 572), zuletzt geändert durch Art. 2 § 6 der Verordnung vom 16. Dezember 2016 (BGBl. 2016 I S. 2948, 2973)
SportbootV-See	Verordnung über die Inbetriebnahme von Sportbooten und Wassermotorrädern sowie deren Vermietung und gewerbsmäßige Nutzung im Küstenbereich (See-Sportbootverordnung – SeeSpbootV) vom 29. August 2002 (BGBl. I S. 3457), zuletzt geändert durch Art. 2 § 5 der Verordnung vom 16. Dezember 2016 (BGBl. 2016 I S. 2948, 2973)
SportSeeSchV	Verordnung über den Erwerb von Sportsee- und Sporthochseeschifferscheinen und die Besetzung von Traditionsschiffen (Sportseeschifferscheinverordnung) vom 17. Dezember 1992 (BGBl. 1992 I S. 2061), zuletzt geändert durch Art. 53 der Verordnung vom 2. Juni 2016 (BGBl. 2016 I S. 1257)
SprengG	Gesetz über explosionsgefährliche Stoffe (Sprengstoffgesetz – SprengG) in der Fassung der Bekanntmachung vom 10. September 2002 (BGBl. 2002 I S. 3518), zuletzt geändert durch Art. 5 Abs. 5 des Gesetzes vom 18. Juli 2016 (BGBl. 2016 I S. 1666)
SPS-Code 2008	Code über die Sicherheit von Spezialschiffen von 2008 (SPS-Code 2008) (Entschließung MSC.266[84], angenommen am 13. Mai 2008), geändert durch Entschließung MSC.299(87), angenommen am 14. Mai 2010 (nichtamtliche Bekanntmachung in der konsolidierten Fassung in VkBl. 2016, 67), geändert durch Entschließung MSC.408(96), angenommen am 13. Mai 2016 (VkBl. 2016, 675) (E.4 Anlage SchSG)
SRC	Hong Kong International Convention for the Safe and Environmentally Sound Recycling of Ships, 2009
StabBktm	Bekanntmachung über die Anwendung der Stabilitätsvorschriften für Frachtschiffe, Fahrgastschiffe und Sonderfahrzeuge vom 24. Oktober 1984 (VkBl. 1985, 36)
StabÜberwRichtlinie	Richtlinien für die Überwachung der Schiffsstabilität, herausgegeben vom Bundesministerium für Verkehr, Bau und Statdtentwicklung (VkBl. 2007, 14 und Dokument B 8011)
STCW	Standards of Training, Certification and Watchkeeping
STCW-Code	Neufassung der Änderungen von Manila zum Code für die Ausbildung, die Erteilung von Befähigungszeugnissen und den Wachdienst von Seeleuten (STCW-Code) (BGBl. 2013 II S. 934 und Anlageband zum BGBl. II Nr. 18) – Teil A zuletzt geändert durch Entschließung MSC.397(95), angenommen am 11. Juni 2015 (VkBl. 2016, 110, zurückgezogen in VkBl. 2016, 244) – Teil B geändert durch STCW.6/Circ. 11 vom 12. Juni 2015 (VkBl. 2016, 483)
STCW-Code/A	STCW-Code Teil A

Abkürzungsverzeichnis

STCW-Code/B	STCW-Code Teil B
STCW-G	Gesetz vom 25. März 1982 zu dem Internationalen Übereinkommen vom 7. Juli 1978 über Normen für die Ausbildung, die Erteilung von Befähigungszeugnissen und den Wachdienst von Seeleuten (BGBl. 1982 II S. 297), zuletzt geändert durch Art. 598 der Verordnung vom 31. August 2015 (BGBl. 2015 I S. 1474, 1560)
STCW-Ü	Internationales Übereinkommen von 1978 über Normen für die Ausbildung, die Erteilung von Befähigungszeugnissen und den Wachdienst von Seeleuten vom 7. Juli 1978 (BGBl. 1982 II S. 297), Anlage zuletzt geändert durch Entschließungen MSC.373(93) und MSC.374(93), beide angenommen am 22. Mai 2014 (BGBl. 2016 II S. 162)
STOPIA 2006	Small Tanker Oil Pollution Indemnification Agreement (STOPIA) 2006 (www.iopcfunds.org/about-us/legal-framework/stopia-2006-and-topia-2006)
StrandO	Strandungsordnung in der im Bundesgesetzblatt Teil III, Gliederungsnummer 9516-1, veröffentlichten bereinigten Fassung, zuletzt geändert durch Art. 7 des Gesetzes vom 25. Juli 1986 (BGBl. 1986 I S. 1120), aufgehoben durch Art. 35 des Gesetzes vom 28. Juni 1990 (BGBl. 1990 I S. 1221, 1243)
STS	ship to ship
StGB	Strafgesetzbuch in der Fassung der Bekanntmachung vom 13. November 1998 (BGBl. 1998 I S. 3322), zuletzt geändert durch Art. 1 des Gesetzes vom 4. November 2016 (BGBl. 2016 I S. 2460)
StrlSchV	Verordnung über den Schutz vor Schäden durch ionisierende Strahlen (Strahlenschutzverordnung – StrlSchV), Art. 1 der Verordnung vom 20. Juli 2001 (BGBl. 2001 I S. 1714, berichtigt BGBl. 2002 I S. 1459), zuletzt geändert durch Art. 8 des Gesetzes vom 26. Juli 2016 (BGBl. 2016 I S. 1843)
StPO	Strafprozessordnung in der Fassung der Bekanntmachung vom 7. April 1987 (BGBl. I S. 1074, 1319), zuletzt geändert durch Art. 2 Abs. 3 des Gesetzes vom 22. Dezember 2016 (BGBl. 2016 I S. 3150)
SVertO	Gesetz über das Verfahren bei der Errichtung und Verteilung eines Fonds zur Beschränkung der Haftung in der See- und Binnenschifffahrt (Schifffahrtsrechtliche Verteilungsordnung – SVertO) in der Fassung der Bekanntmachung vom 23. März 1999 (BGBl. 1999 I S. 530, berichtigt BGBl. 2000 I S. 149), zuletzt geändert durch Art. 3 des Gesetzes vom 5. Juli 2016 (BGBl. 2016 I S. 1578)
SVertO 1972	Gesetz über das Verfahren bei der Einzahlung und Verteilung der Haftungssumme zur Beschränkung der Reederhaftung (Seerechtliche Verteilungsordnung) vom 21. Juni 1972 (BGBl. 1972 I S. 953), geändert durch Art. 7 Nr. 8 des Gesetzes vom 3. Dezember 1976 (BGBl. 1976 I S. 3281), aufgehoben durch § 38 S. 1 SVertO 1986
SVertO 1986	Gesetz über das Verfahren bei der Errichtung und Verteilung eines Fonds zur Beschränkung der Haftung für Seeforderungen (Seerechtliche Verteilungsordnung) vom 25. Juli 1986 (BGBl. 1986 I S. 1130)
SVertZustAbk	Abkommen vom 6. November 1991 über die Zuständigkeit des Amtsgerichts Hamburg für die seerechtlichen Verteilungsverfahren (Hbg GVBl. 1992, 91)
StVG	Straßenverkehrsgesetz in der Fassung der Bekanntmachung vom 5. März 2003 (BGBl. 2003 I S. 310, 919), zuletzt geändert durch Art. 1 des Gesetzes vom 28. November 2016 (BGBl. 2016 I S. 2722)
SUA-G 1988	Gesetz vom 13. Juni 1990 zu dem Übereinkommen vom 10. März 1988 zur Bekämpfung widerrechtlicher Handlungen gegen die Sicherheit der Seeschifffahrt und zum Protokoll vom 10. März 1988 zur Bekämpfung widerrechtlicher Handlungen gegen die Sicherheit fester Plattformen, die sich auf dem Festlandsockel befinden (BGBl. 1990 II S. 494), zuletzt geändert durch Art. 3 des Gesetzes vom 23. November 2015 (BGBl. 2015 I S. 2095)
SUA-G 2005	Gesetz vom 23. November 2015 zu dem Protokoll vom 14. November 2005 zum Übereinkommen vom 10. März 1988 zur Bekämpfung widerrechtlicher Handlungen gegen die Sicherheit der Seeschifffahrt und zu dem Protokoll vom 14. November 2005 zum Übereinkommen vom 10. März 1988 zur Bekämpfung

	widerrechtlicher Handlungen gegen die Sicherheit fester Plattformen, die sich auf dem Festlandsockel befinden (BGBl. 2015 II S. 1446)
SUA-Ü 1988	Übereinkommen vom 10. März 1988 zur Bekämpfung widerrechtlicher Handlungen gegen die Sicherheit der Seeschifffahrt (BGBl. 1990 II S. 494, 496)
SUA-Ü 2005	Protokoll von 2005 zum Übereinkommen zur Bekämpfung widerrechtlicher Handlungen gegen die Sicherheit der Seeschifffahrt, vom 14. Oktober 2005 (BGBl. 2015 II S. 1446, 1448)
SUA-Prot 1988	Protokoll vom 10. März 1988 zur Bekämpfung widerrechtlicher Handlungen gegen die Sicherheit fester Plattformen, die sich auf dem Festlandsockel befinden (BGBl. 1990 II S. 494, 508)
SUA-Prot 2005	Protokoll von 2005 zum Protokoll zur Bekämpfung widerrechtlicher Handlungen gegen die Sicherheit fester Plattformen, die sich auf dem Festlandsockel befinden, vom 14. Oktober 2005 (BGBl. 2015 II S. 1446, 1474)
SUG	Gesetz zur Verbesserung der Sicherheit der Seefahrt durch die Untersuchung von Seeunfällen und anderen Vorkommnissen (Seesicherheits-Untersuchungs-Gesetz – SUG) (Bekanntmachung vom 1. März 2012, BGBl. I 2012 S. 390), zuletzt geändert durch Art. 4 Abs. 129 des Gesetzes vom 18. Juli 2016 (BGBl. 2016 I S. 1666)
SUG-DV	Verordnung zur Durchführung des Seesicherheits-Untersuchungs-Gesetzes vom 5. Juni 1986 (BGBl. I 1986 S. 860), zuletzt geändert durch Art. 58 der Verordnung vom 2. Juni 2016 (BGBl. 2016 I S. 1257)
SZR	Sonderziehungsrecht
SZR-Protokoll	Protokoll vom 21. Dezember 1979 zur Änderung des Internationalen Übereinkommens vom 25. August 1924 zur Vereinheitlichung einzelner Regeln über Konnossemente in der Fassung des Protokolls vom 23. Februar 1968
Tagebuch-Eintragg-Bktm	Bekanntmachung der Dienststelle Schiffssicherheit der BG Verkehr der Tatbestände, die auf Grund besonderer Rechtsvorschriften in das Seetagebuch einzutragen sind, vom 1. Oktober 2016 (VkBl. 2016, 590); siehe B.II.7. der Anlage 1 zu § 5 Abs. 2 SchSV in Verbindung mit § 6 Abs. 2 SchSG
TBT	Tributylzinn
TCM-Entwurf	Entwurf eines Übereinkommens über die gemischte Beförderung im internationalen Güterverkehr (Transport Combiné de Marchandises) – Wortlaut wiedergegeben etwa bei *Ganten* (Die Rechtsstellung des Unternehmers des kombinierten Verkehrs [CTO]), 1978) S. 85, deutsche Übersetzung etwa bei *Loewe* ETR 1972, 702 und *Ganten* (aaO.) S. 93.
TerAnimalHealth-Code	Terrestrial Animal Health Code 2005 der OIE (www.oie.int)
TierschTranspÜ-Bericht	Erläuternder Bericht zum TierschTranspÜ 2003 des Ministerkomitees vom 11. Juni 2003
TierschTranspÜ 1968	Europäisches Übereinkommen vom 13. Dezember 1968 über den Schutz von Tieren beim internationalen Transport (BGBl. 1973 II S. 722) in der Fassung des Zusatzprotokolls vom 10. Mai 1979 (BGBl. 1980 II S. 1154)
TierschTranspÜ 2003	Europäisches Übereinkommen vom 6. November 2003 über den Schutz von Tieren beim internationalen Transport (revidiert) (BGBl. 2006 II S. 798)
TierSchG	Tierschutzgesetz in der Neufassung vom 18. Mai 2006 (BGBl. 2006 I S. 1207, berichtigt BGBl. 2006 I S. 1313), zuletzt geändert durch Art. 4 Abs. 87 des Gesetzes vom 18. Juli 2016 (BGBl. 2016 I S. 1666)
TierSchTrV	Verordnung vom 11. Februar 2009 zum Schutz von Tieren beim Transport und zur Durchführung der Verordnung (EG) Nr. 1/2005 des Rates (Tierschutztransportverordnung – TierSchTrV) (BGBl. 2009 I S. 375), zuletzt geändert durch Art. 9 Abs. 14 des Gesetzes vom 3. Dezember 2015 (BGBl. I 2015 S. 2178, 2183)
TierGesG	Gesetz zur Vorbeugung vor und Bekämpfung von Tierseuchen (Tiergesundheitsgesetz – TierGesG) vom 22. Mai 2013 (BGBl. 2013 I S. 1324), zuletzt geändert durch Art. 4 Abs. 85 des Gesetzes vom 18. Juli 2016 (BGBl. 2015 I S. 1666)

Abkürzungsverzeichnis

TOPIA 2006	Tanker Oil Pollution Indemnification Agreement 2006
TCM-Entwurf	IMCO/ECE-Entwurf eines Übereinkommens über die gemischte Beförderung im internationalen Güterverkehr von 1972
TLMV	Verordnung über tiefgefrorene Lebensmittel in der Neufassung vom 22. Februar 2007 (BGBl. 2007 I S. 258), geändert durch Art. 3 der Verordnung vom 13. Dezember 2011 (BGBl. 2011 I S. 2720)
TOPIA 2006	Tanker Oil Pollution Indemnification Agreement (TOPIA) 2006 (www.iopcfunds.org/about-us/legal-framework/stopia-2006-and-topia-2006)
TranspR	Transportrecht (Zeitschrift)
TRG	Gesetz zur Neuregelung des Fracht-, Speditions- und Lagerrechts (Transportrechtsreformgesetz – TRG) vom 25. Juni 1998 (BGBl. I S. 1588; berichtigt BGBl. 1999 I S. 42)
TRG-Begründung	Begründung zum TRG-Entwurf, BT-Drucks. 13/8445, S. 23–132 = BR-Drucks. 368/97, S. 22–131
TRG-Beschlußempfehlung	Beschlußempfehlung und Bericht des Rechtsausschusses (6. Ausschuss) zum TRG-Entwurf, BT-Drucks. 13/10014
TRG-Entwurf	Entwurf der Bundesregierung eines Gesetzes zur Neuregelung des Fracht-, Speditions- und Lagerrecht (Transportrechtsreformgesetz – TRG), BT-Drucks. 13/8445, S. 3–22 = BR-Drucks. 368/97, S. 3–21
TRG-Bericht	Bericht der Sachverständigenkommission zur Reform des Transportrechts mit Textvorschlägen zur Neuregelung des Transportrechts; BAnz. 1996 Beilage Nr. 228a
ÜbermSchUnt-V	Verordnung über die Übermittlung schiffahrtsgeschäftlicher Unterlagen an ausländische Stellen vom 14. Dezember 1966 (BGBl. 1966 II S. 1542), zuletzt geändert durch Art. 542 der Verordnung vom 31. August 2015 (BGBl. 2015 I S. 1474, 1553)
Ullrich (1)	Ullrich (Hrsg.), Sammlung seerechtlicher Erkenntnisse des Handelsgerichts zu Hamburg, Erstes Heft, Erkenntnisse aus den Jahren 1851 bis 1853
Ullrich (2)	Ullrich (Hrsg.), Sammlung seerechtlicher Erkenntnisse des Handelsgerichts zu Hamburg, Zweites Heft, Erkenntnisse aus den Jahren 1854 bis 1857
UN	United Nations (Vereinte Nationen)
UNCTAD	*United Nations Conference on Trade and Development*
UNCTAD/ICC-Rules	UNCTAD/ICC-Rules for Multimodal Transport Documents, Stand: 1991 (wiedergegeben in Herber, Transportgesetze, 1. Aufl. 1992, S. 873–878)
UN-DGModReg	Model Regulations on the Transport of Dangerous Goods, Anhang zu UN-DGTranspRec
UN-DGTranspRec	United Nation Recommendations on the Transport of Dangerous Goods, Model Regulations, 13th revised Edition, 2015 (ST/SG/AC.10/1/Rev. 19 [Vol. I und II]); https://www.unece.org/trans/danger/publi/unrec/rev19/19files_e.html
Unfall-Untersuchungs-Code	Code über internationale Normen und empfohlene Verhaltensweisen für die Sicherheitsuntersuchung eines Seeunfalls oder eines Vorkommnisses auf See (Unfall-Untersuchungs-Code), Entschließung MSC.255(84), angenommen am 16. Mai 2008, VkBl. 2010, 632
UmweltHG	Umwelthaftungsgesetz (UmweltHG) vom 10. Dezember 1990 (BGBl. 1990 I S. 2634), zuletzt geändert durch Art. 9 Abs. 5 des Gesetzes vom 23. November 2007 (BGBl. 2007 I S. 2631, 2670)
UmweltÜ-NAtlantikOstsee-G	Gesetz zu den internationalen Übereinkommen über den Schutz der Meeresumwelt des Ostseegebietes und des Nordostatlantiks vom 23. August 1994 (BGBl. 1994 II S. 1355), zuletzt geändert durch Art. 604 der Verordnung vom 31. August 2015 (BGBl. 2015 I S. 1474, 1561)
Unterabs.	Unterabsatz
UNÜ	Übereinkommen vom 10. Juni 1958 über die Anerkennung und Vollstreckung ausländischer Schiedssprüche (BGBl. 1961 II S. 121)

USchadG	Gesetz über die Vermeidung und Sanierung von Umweltschäden (Umweltschadensgesetz – USchadG), Art. 1 des Gesetzes zur Umsetzung der Richtlinie des Europäischen Parlaments und des Rates über die Umwelthaftung zur Vermeidung und Sanierung von Umweltschäden vom 1. Mai 2007 (BGBl. 2007 I S. 666), zuletzt geändert durch Art. 4 des Gesetzes vom 4. August 2016 (BGBl. 2016 I S. 1972)
UVVSee	Unfallverhütungsvorschriften für Unternehmen der Seefahrt (UVVSee) vom 1. Januar 1981, in der Fassung vom 1. Januar 2011
UZwG	Gesetz über den unmittelbaren Zwang bei Ausübung öffentlicher Gewalt durch Vollzugsbeamte des Bundes (UZwG) in der im Bundesgesetzblatt Teil III, Gliederungsnummer 201-5, veröffentlichten bereinigten Fassung, zuletzt geändert durch Art. 4 des Gesetzes vom 24. Mai 2016 (BGBl. 2016 I S. 1217)
VAG	Gesetz über die Beaufsichtigung von Versicherungsunternehmen (Versicherungsaufsichtsgesetz – VAG), Art. 1 des Gesetzes vom 1. April 2015 (BGBl. 2015 I S. 434), zuletzt geändert durch Art. 3 Abs. 6 des Gesetzes vom 26. Juli 2016 (BGBl. 2016 I S. 1824)
VBGL	Vertragsbedingungen für den Güterkraftverkehrs-, Speditions- und Logistikunternehmer (VBGL) (BAnz. 2003, 2133)
VDK	Verband Deutscher Küstenschiffseigner
VDR	Verband Deutscher Reeder
VdKanalSt	Verein der Kanalsteurer e.V. (www.kanalsteurer.de)
VerkLG	Gesetz zur Sicherung von Verkehrsleistungen (Verkehrsleistungsgesetz – VerkLG) vom 23. Juli 2004 (BGBl. 2004 I S. 1865), zuletzt geändert durch Art. 15 des Gesetzes vom 26. Juli 2016 (BGBl. 2016 I S. 1843)
VerkLG-Begründung	Begründung der Bundesregierung zum Entwurf eines Gesetzes zur Sicherung von Verkehrsleistungen (Verkehrsleistungsgesetz – VerkLG), BT-Drucks. 15/2769 Anlage 1 S. 8–11 (= BR-Drucks. 85/04 S. 10–18 = VkBl. 2004, 460, 463–466)
VerkLGVV	Verkehrsleistungsgesetz-Verwaltungsvorschrift – VerkLGVV – zum Gesetz zur Sicherung von Verkehrsleistungen (VBl. 2006, 638)
VerkRschau	Verkehrsrechtliche Rundschau
VerkSicherstellG	Gesetz zur Sicherstellung des Verkehrs (Verkehrssicherstellungsgesetz) in der Fassung der Bekanntmachung vom 8. Oktober 1968 (BGBl. 1968 I S. 1082), zuletzt geändert durch Art. 499 der Verordnung vom 31. August 2015 (BGBl. 2015 I S. 1474, 1547)
VerkSicherstellgZustV	Verordnung über Zuständigkeiten nach dem Verkehrssicherstellungsgesetz (Verkehrssicherstellungsgesetz-Zuständigkeitsverordnung – VSGZustV) vom 12. August 1992 (BGBl. 1992 I S. 1529), zuletzt geändert durch Art. 20 der Verordnung vom 2. Juni 2016 (BGBl. 2016 I S. 1257)
VerkStatG	Gesetz über die Statistik der See- und Binnenschifffahrt, des Güterkraftverkehrs, des Luftverkehrs sowie des Schienenverkehrs und des gewerblichen Straßen-Personenverkehrs (Verkehrsstatistikgesetz – VerkStatG) in der Bekanntmachung vom 20. Februar 2004 (BGBl. 2004 I S. 318), zuletzt geändert durch Art. 8 des Gesetzes vom 24. Mai 2016 (BGBl. 2016 I S. 1217)
Vers	Versicherung
VersR	Versicherungsrecht (Zeitschrift)
VersWir	Versicherungswirtschaft (Zeitschrift)
VerstV	Verordnung über gewerbsmäßige Versteigerungen (Versteigererverordnung – VerstV), Art. 1 der Verordnung vom 24. April 2003 (BGBl. 2003 I S. 547) zuletzt geändert durch Art. 2a Abs. 4 des Gesetzes vom 4. März 2013 (BGBl. 2013 I S. 362)
VertragsÜ	Wiener Übereinkommen vom 23. Mai 1969 über das Recht der Verträge (BGBl. 1985 II S. 926)
VG	Verwaltungsgericht
VGH	Verwaltungsgerichtshof
vgl.	vergleiche

Abkürzungsverzeichnis

VHDH	Veröffentlichungen der Vereinigung der Handelsrechtslehrer Deutscher Hochschulen
ViehVerkV	Verordnung zum Schutz gegen die Verschleppung von Tierseuchen im Viehverkehr (Viehverkehrsverordnung – ViehVerkV) in der Fassung der Bekanntmachung vom 3. März 2010 (BGBl. 2010 I S. 203), zuletzt geändert durch Art. 6 der Verordnung vom 3. Mai 2016 (BGBl. 2016 I S. 1057)
Visby Protokoll	Protokoll vom 23. Februar 1968 zur Änderung des internationalen Übereinkommens von 1924 zur Vereinheitlichung von Regeln über Konnossemente (wiedergegeben etwa bei *Rabe* Seehandelsrecht Anhang II zu § 663b)
VkBl.	Verkehrsblatt
Verordnung 1408/71	Verordnung (EWG) Nr. 1408/71 des Rates vom 14. Juni 1971 zur Anwendung der Systeme der sozialen Sicherheit auf Arbeitnehmer und Selbständige sowie deren Familienangehörige, die innerhalb der Gemeinschaft zu- und abwandern (ABl. 1971 Nr. L 149 S. 2, konsolidierte Fassung ABl. 1997 Nr. L 28 S. 1, berichtigt ABl. 1997 Nr. L 179 S. 12), zuletzt geändert durch Verordnung (EG) Nr. 629/2006 des Europäischen Parlaments und des Rates vom 5. April 2006 (ABl. 2006 Nr. L 114 S. 1)
Verordnung 3577/92	Verordnung (EWG) des Rates vom 7. Dezember 1992 zur Anwendung des Grundsatzes des freien Dienstleistungsverkehrs auf den Seeverkehr in den Mitgliedstaaten (Seekabotage) (ABl. 1992 Nr. L 364 S. 7)
Verordnung 1493/93	Verordnung (Euratom) Nr. 1493/93 des Rates vom 8. Juni 1993 über die Verbringung radioaktiver Stoffe zwischen den Mitgliedsstaaten (ABl. 1993 Nr. L 148 S. 1)
Verordnung 3118/93	Verordnung (EWG) Nr. 3118/93 des Rates vom 25. Oktober 1993 über die Bedingungen für die Zulassung von Verkehrsunternehmen zum Güterkraftverkehr innerhalb eines Mitgliedstaats, in dem sie nicht ansässig sind (ABl.1993 Nr. L 279 S. 1); zuletzt geändert durch Verordnung Nr. 484/2002 des Europäischen Parlaments und des Rates vom 1. März 2002 (ABl. 2002 Nr. L 76 S. 1); aufgehoben durch Verordnung (EG) Nr. 1072/2009 des Europäischen Parlaments und des Rates vom 21. Oktober 2009 (ABl. 2009 Nr. L 300 S. 72)
Verordnung 3051/95	Verordnung (EG) Nr. 3051/95 des Rates vom 8. Dezember 1995 über Maßnahmen zur Organisation eines sicheren Schiffsbetriebs von Ro-Ro-Fahrgastfährschiffen (ABl. 1995 Nr. L 320 S. 14), zuletzt geändert durch Art. 10 der Verordnung (EG) Nr. 2099/2002 des Europäischen Parlaments und des Rates vom 5. November 2002 (ABl. 2002 Nr. L 324 S. 1), aufgehoben durch Art. 13 Abs. 1 der Verordnung (EG) Nr. 336/2006 des europäischen Parlaments und des Rates vom 15. Februar 2006 (ABl. 2006 Nr. L 64 S. 1)
Verordnung 974/98	Verordnung (EG) Nr. 974/98 des Rates vom 3. Mai 1998 über die Einführung des Euro (ABl. L 139 S. 1); zuletzt geändert durch die Verordnung (EG) Nr. 836/2007 des Rates vom 10. Juli 2007 (ABl. L 186 S. 3)
Verordnung 1348/2000	Verordnung (EG) Nr. 1348/2000 des Rates vom 29. Mai 2000 über die Zustellung gerichtlicher und außergerichtlicher Schriftstücke in Zivil- und Handelssachen in den Mitgliedstaaten (ABl. 2000 Nr. L 160 S. 37)
Verordnung 2580/2001	Verordnung (EG) Nr. 2580/2001 des Rates vom 27. Dezember 2001 über spezifische, gegen bestimmte Personen und Organisationen gerichtete restriktive Maßnahmen zur Bekämpfung des Terrorismus (ABl. 2001 Nr. L 344 S. 70), zuletzt geändert durch Verordnung (EG) 2016/1710 des Rates vom 27. September 2016 (ABl. 2016 Nr. L 259 S. 1), Liste nach Art. 2 Abs. 3 wiedergegeben im Anhang zur Durchführungsverordnung EU 2017/150 des Rates vom 27. Januar 2017 (ABl. 2017 Nr. L 23 S. 3)
Verordnung 417/2002	Verordnung (EG) Nr. 417/2002 des Europäischen Parlaments und des Rates vom 18. Februar 2002 zur beschleunigten Einführung von Doppelhüllen oder gleichwertigen Konstruktionsanforderungen für Einhüllen-Öltankschiffe und zur Aufhebung der Verordnung (EG) Nr. 2978/94 des Rates (ABl. 2002 Nr. L 64 S. 1), zuletzt geändert durch Verordnung (EG) Nr. 1163/2009 der Kommission vom 30. November 2009 (ABl. 2009 Nr. L 314 S. 13), aufgehoben durch Verordnung

	(EU) Nr. 530/2012 des Europäischen Parlaments und des Rates vom 13. Juni 2012 (ABl. 2012 Nr. L 172 S. 3)
Verordnung 881/2002	Verordnung (EG) Nr. 881/2002 des Rates vom 27. Mai 2002 über die Anwendung bestimmter spezifischer restriktiver Maßnahmen gegen bestimmte Personen und Organisationen, die mit dem ISIL (Da'esh)- und Al-Qaida-Organisationen in Verbindung stehen (ABl. 2002 Nr. L 139 S. 9), zuletzt geändert durch die Verordnung (EU) 2016/363 des Rates vom 14. März 2016 (ABl. 2016 Nr. L 68 S. 1), Anhänge zuletzt geändert durch Durchführungsverordnung (EU) 2017/326 der Kommission vom 24. Februar 2017 (ABl. 2017 Nr. L 49 S. 30)
Verordnung 1406/2002	Verordnung (EG) Nr. 1406/2002 des Europäischen Parlaments und des Rates vom 27. Juni 2002 zur Errichtung einer Europäischen Agentur für die Sicherheit des Seeverkehrs (ABl. 2002 Nr. L 208 S.1), zuletzt geändert durch Verordnung (EU) 2016/1625 des Europäischen Parlaments und des Rates vom 14. September 2016 (ABl. 2016 Nr. L 251 S. 77)
Verordnung 2099/2002	Verordnung (EG) Nr. 2099/2002 des Europäischen Parlaments und des Rates vom 5. November 2002 zur Einsetzung eines Ausschusses für die Sicherheit im Seeverkehr und die Vermeidung von Umweltverschmutzung durch Schiffe (COSS) (ABl. 2002 Nr. L 324 S. 1), zuletzt geändert durch Verordnung (EU) 2016/103 der Kommission vom 27. Januar 2016 (ABL. 2016 Nr. L 21 S. 67)
Verordnung 1/2003	Verordnung (EG) Nr. 1/2003 des Rates vom 16. Dezember 2002 zur Durchführung der in den Artikeln 81 und 82 des Vertrags niedergelegten Wettbewerbsregeln (ABl. 2003 Nr. L 1 S. 1), zuletzt geändert durch Verordnung (EG) Nr. 1419/2006 des Rates vom 25. September 2006 (ABl. 2006 Nr. L 269 S. 1)
Verordnung 147/2003	Verordnung (EG) Nr. 147/2003 des Rates vom 27. Januar 2003 über bestimmte restriktive Maßnahmen gegenüber Somalia (ABl. 2003, Nr. L 24 S. 2), zuletzt geändert durch Verordnung (EU) Nr.1153/2013 des Rates vom 12. Mai 2013 (ABl. 2014 Nr. L 138 S. 1)
Verordnung 782/2003	Verordnung (EG) Nr. 782/2003 des Europäischen Parlaments und des Rates vom 14. April 2003 über das Verbot zinnorganischer Verbindungen auf Schiffen (ABl. 2003 Nr. L 115 S. 1), zuletzt geändert durch Verordnung (EG) Nr. 219/2009 des Europäischen Parlaments und des Rates vom 11. März 2009 (ABl. 2009 L 87 S. 109)
Verordnung 1210/2003	Verordnung (EG) Nr. 1210/2003 des Rates vom 7. Juli 2003 über bestimmte spezifische Beschränkungen in den wirtschaftlichen und finanziellen Beziehungen zu Irak (ABl. 2003 Nr. L 169 S. 6), geändert durch Verordnung (EU) Nr. 791/2014 des Rates vom 22. Juli (ABl. 2014 Nr. L 217 S. 8); Anhang III zuletzt geändert durch Durchführungsverordnung (EU) 2017/184 der Kommission vom 1. Februar 2017 (ABl. 2017 Nr. L 29 S. 19)
Verordnung 234/2004	Verordnung (EG) Nr. 234/2004 des Rates vom 10. Februar 2004 über bestimmte restriktive Maßnahmen gegenüber Simbabwe (ABl. 2004 Nr. L 55 S. 1), zuletzt geändert durch Verordnung (EU) 2015/1919 des Rates vom 26. Oktober 2015 (ABl. 2015 Nr. L 281 S. 1
Verordnung 314/2004	Verordnung (EG) Nr. 314/2004 des Rates vom 19. Februar 2004 über bestimmte restriktive Maßnahmen gegen Liberia und zur Aufhebung der Verordnung (EG) Nr. 1030/2003 (ABl. 2004 Nr. L 40 S. 1), aufgehoben durch Verordnung (EU) 2016/983 des Rates vom 20. Juni 2016 (ABl. 2016. Nr. L 162 S. 1)
Verordnung 725/2004	Verordnung (EG) Nr. 725/2004 des Europäischen Parlaments und des Rates vom 31. März 2004 zur Erhöhung der Gefahrenabwehr auf Schiffen und in Hafenanlagen (ABl. 2004 Nr. L 129 S. 6), zuletzt geändert durch Verordnung (EG) Nr. 219/2009 des Europäischen Parlaments und des Rates vom 11. März 2009 (ABl. 2009 Nr. L 87 S. 109)
Verordnung 852/2004	Verordnung (EG) Nr. 852/2004 des Europäischen Parlaments und des Rates vom 29. April 2004 über Lebensmittelhygiene (ABl. 2004 Nr. L 139 S. 3, berichtigt ABl. 2004 Nr. L 226 S. 3 [Neufassung], ABl. 2007 Nr. L 204 S. 26 sowie ABl. 2009 Nr. L 58 S. 3), zuletzt geändert durch Ziffer 6.7 Anhang der Verordnung (EG)

Abkürzungsverzeichnis

	Nr. 219/2009 des Europäischen Parlaments und des Rates vom 11. März 2009 (ABl. 2009 Nr. L 87 S. 109)
Verordnung 853/2004	Verordnung (EG) Nr. 853/2004 des Europäischen Parlaments und des Rates vom 29. April 2004 mit spezifischen Hygienevorschriften für Lebensmittel tierischen Ursprungs (ABl. 2004 Nr. L 139 S. 55), berichtigt ABl. 2004 Nr. L 226 S. 22 (Neufassung) sowie ABl. 2007 Nr. L 204 S. 26, zuletzt geändert durch Art. 20 der Verordnung Nr. 2067/2005 vom 5. Dezember 2005 (ABl. 2005 Nr. L 338 S. 83)
Verordnung 854/2004	Verordnung (EG) Nr. 854/2004 des Europäischen Parlaments und des Rates vom 29. April 2004 mit besonderen Verfahrensvorschriften für die amtliche Überwachung von zum menschlichen Verzehr bestimmten Erzeugnissen tierischen Ursprungs (ABl. 2004 Nr. L 139 S. 206), berichtigt ABl. 2004 Nr. L 226 S. 83 (Neufassung) sowie ABl. 2007 Nr. L 204 S. 26, zuletzt geändert durch Art. 21 der Verordnung Nr. 2067/2005 vom 5. Dezember 2005 (ABl. 2005 Nr. L 338 S. 83)
Verordnung 872/2004	Verordnung (EG) Nr. 872/2004 des Rates vom 29. April 2004 über weitere restriktive Maßnahmen gegen Liberia (Abl. 2004 Nr. L 162 S. 32), aufgehoben durch Verordnung (EU) 2015/1776 des Rates vom 5. Oktober 2015 (ABl. 2015 Nr. L 259 S. 1)
Verordnung 883/2004	Verordnung (EG) Nr. 883/2004 des Europäischen Parlaments und des Rates vom 29. April 2004 zur Koordinierung der Systeme der sozialen Sicherheit (ABl. 2004 Nr. L 166 S. 1, Neufassung ABl. 2004 Nr. L 200 S. 1, berichtigt ABl. 2015 Nr. L 213 S. 65), zuletzt geändert durch Verordnung (EU) Nr. 1368/2014 der Kommission vom 17. Dezember 2014 (ABl. 2014 Nr. L 366 S. 15)
Verordnung 1/2005	Verordnung (EG) Nr. 1/2005 des Rates vom 22. Dezember 2004 über den Schutz von Tieren beim Transport und damit zusammenhängenden Vorgängen sowie zur Änderung der Richtlinien 64/432/EWG und 93/119/EG und der Verordnung (EG) Nr. 1255/97 (ABl. 2005 Nr. L 003 S. 1, berichtigt ABl. 2006 Nr. L 113 S. 26)
Verordnung 37/2005	Verordnung (EG) Nr. 37/2005 der Kommission vom 12. Januar 2005 zur Überwachung der Temperaturen von tief gefrorenen Lebensmitteln in Beförderungsmitteln sowie Einlagerungs- und Lagereinrichtungen (ABl. 2005 Nr. L 10 S. 18, berichtigt ABl. 2005 Nr. L 153)
Verordnung 174/2005	Verordnung (EG) Nr. 174/2005 des Rates vom 31. Januar 2005 über Beschränkungen für die Erbringung von Hilfe für Côte d'Ivoire im Zusammenhang mit militärischen Aktivitäten (ABl. 2005 Nr. L 29 S. 5), aufgehoben durch Verordnung (EU) 2015/907 des Rates vom 9. Juni 2016 (ABl. 2016 Nr. L 153 S. 1)
Verordnung 560/2005	Verordnung (EG) Nr. 560/2005 des Rates vom 12. April 2005 über die Anwendung spezifischer restriktiver Maßnahmen gegen bestimmte Personen und Organisationen angesichts der Lage in der Republik Côte d'Ivoire (ABl. 2005 Nr. L 95 S. 1), Anhänge zuletzt geändert durch Durchführungsverordnung (EU) 2015/615 des Rates vom 20. April 2015 (ABl. 2015 Nr. L 102 S. 29), aufgehoben durch Verordnung (EU) 2015/907 des Rates vom 9. Juni 2016 (ABl. 2016 Nr. L 153 S. 1)
Verordnung 884/2005	Verordnung (EG) Nr. 884/2005 der Kommission vom 10. Juni 2005 zur Festlegung von Verfahren für die Durchführung von Kommissionsinspektionen zur Gefahrenabwehr in der Schifffahrt (ABl. 2005 Nr. L 148 S. 25), aufgehoben durch Art. 18 der Verordnung (EG) Nr. 324/2008 der Kommission vom 9. April 2008 (ABl. 2016 Nr. L 80 S. 28)
Verordnung 1183/2005	Verordnung (EG) Nr. 1183/2005 über die Anwendung spezifischer restriktiver Maßnahmen gegen Personen, die gegen das Waffenembargo betreffend die Demokratische Republik Kongo verstoßen (ABl. 2005 Nr. L 193 S. 1), zuletzt geändert durch Verordnung (EU) 2016/2230 des Rates vom 12. Dezember 2016 (ABl. 2016 Nr. L 336 S. 1); Anhang I zuletzt geändert durch Durchführungsverordnung (EU) 2017/199 des Rates vom 6. Februar 2017 (ABl. 2017 Nr. L 32 S. 1)
Verordnung 336/2006	Verordnung (EG) Nr. 336/2006 des Europäischen Parlaments und des Rates vom 15. Februar 2006 zur Umsetzung des Internationalen Codes für Maßnahmen zur Organisation eines sicheren Schiffsbetriebs innerhalb der Gemeinschaft und zur

	Aufhebung der Verordnung (EG) Nr. 3051/95 des Rates (ABl. 2006 Nr. L 64 S. 1), zuletzt geändert durch Verordnung (EG) Nr. 1137/2008 des Europäischen Parlaments und des Rates vom 22. Oktober 2008 (ABl. 2008 Nr. L 311 S. 1)
Verordnung 765/2006	Verordnung (EG) Nr. 765/2006 des Rates vom 18. Mai 2006 über restriktive Maßnahmen gegen Belarus (ABl. 2006 Nr. L 134 S. 1), geändert durch Verordnung (EU) 2017/331 des Rates vom 27. Februar 2017 (ABl. 2017 Nr. L 50 S. 9), Anhang I zuletzt geändert durch Durchführungsverordnung (EU) 2016/276 des Rates vom 25. Februar 2016 (ABl. 2016 Nr. L 52 S. 19)
Verordnung 1013/2006	Verordnung (EG) Nr. 1013/2006 des Europäischen Parlaments und des Rates vom 14. Juni 2006 über die Verbringung von Abfällen (ABl. 2006 Nr. L 190 S. 1, berichtigt ABl. 2008 Nr. L 318 S. 15), Anhänge zuletzt geändert durch Verordnung (EU) 2015/2002 der Kommission vom 10. November 2015 (ABl. 2015 Nr. 294 S. 1)
Verordnung 1419/2006	Verordnung (EG) Nr. 1419/2006 des Rates vom 25. September 2006 zur Aufhebung der Verordnung (EWG) Nr. 4056/86 über die Einzelheiten der Anwendung der Artikel 85 und 86 des Vertrages auf den Seeverkehr und zur Ausweitung des Anwendungsbereichs der Verordnung (EG) Nr. 1/2003 auf Kabotage und internationale Trampdienste (ABl. 2006 Nr. L 269 S. 1)
Verordnung 329/2007	Verordnung (EG) Nr. 329/2007 des Rates vom 27. März 2007 über restriktive Maßnahmen gegen die Demokratische Volksrepublik Korea (ABl. 2007 Nr. L 88 S. 1), zuletzt geändert durch Art. 1 der Verordnung (EU) 2017/330 des Rates vom 27. Februar 2017 (ABl. 2017 Nr. L 50 S. 1), Anhang Ig geändert durch Art. 2 der Verordnung (EU) 2017/330 des Rates vom 27. Februar 2017 (ABl. 2017 Nr. L 50 S. 1), Anhang IV zuletzt geändert durch Durchführungsverordnung (EU) 2017/80 des Rates vom 16. Januar 2017 (ABl. 2017 Nr. L 12 S. 86), Anhang V zuletzt geändert durch Durchführungsverordnung (EU) 2016/780 der Kommission vom 19. Mai 2016 (ABl. 2016 Nr. L 131 S. 55, berichtigt ABl. 2016 Nr. 151 S. 12)
Verordnung 324/2008	Verordnung (EG) Nr. 324/2008 der Kommission vom 9. April 2008 zur Festlegung geänderter Verfahren für die Durchführung von Kommissionsinspektionen zur Gefahrenabwehr in der Schifffahrt (ABl. 2008 Nr. L 98 S. 5), geändert durch Durchführungsverordnung (EU) 2016/462 der Kommission vom 30. März 2016 (ABl. 2016 Nr. L 80 S. 28)
Verordnung 536/2008	Verordnung (EG) Nr. 536/2008 der Kommission vom 13. Juni 2008 mit Durchführungsvorschriften für Artikel 6 Absatz 3 und Artikel 7 der Verordnung (EG) Nr. 782/2003 des Europäischen Parlaments und des Rates über das Verbot zinnorganischer Verbindungen auf Schiffen und zur Änderung dieser Verordnung (ABl. 2008 Nr. L 156 S. 10)
Verordnung 391/2009	Verordnung (EG) Nr. 391/2009 des Europäischen Parlaments und des Rates vom 23. April 2009 über gemeinsame Vorschriften und Normen für Schiffsüberprüfungs- und -Besichtigungsorganisationen (ABl. 2009 Nr. L 131 S. 11), zuletzt geändert durch Durchführungsverordnung (EU) Nr. 1355/2014 der Kommission vom 17. Dezember 2014 (ABl. 2014 Nr. L 365 S. 82)
Verordnung 662/2009	Verordnung (EG) Nr. 662/2009 des Europäischen Parlaments und des Rates vom 13. Juli 2009 zur Einführung eines Verfahrens für die Aushandlung und den Abschluss von Abkommen zwischen Mitgliedstaaten und Drittstaaten über spezifische Fragen des auf vertragliche und außervertragliche Schuldverhältnisse anzuwendenden Rechts (ABl. 2009 Nr. L 200 S. 25, berichtigt ABl. 2011 Nr. L 241 S. 35)
Verordnung 987/2009	Verordnung (EG) Nr. 987/2009 des Europäischen Parlaments und des Rates vom 16. September 2009 zur Festlegung der Modalitäten für die Durchführung der Verordnung (EG) Nr. 883/2004 über die Koordinierung der Systeme der sozialen Sicherheit (ABl. 2009 Nr. L 284 S. 1), zuletzt geändert durch Verordnung (EU) Nr. 1368/2014 der Kommission vom 17. Dezember 2014 (ABl. 2014 Nr. L 366 S. 15)
Verordnung 1072/2009	Verordnung (EG) Nr. 1072/2009 des Europäischen Parlaments und des Rates vom 21. Oktober 2009 über gemeinsame Regeln für den Zugang zum Markt des

Abkürzungsverzeichnis

	grenzüberschreitenden Güterkraftverkehrs (Neufassung) (ABl. 2009 Nr. L 300 S. 72), zuletzt geändert durch Verordnung (EU) Nr. 517/2013 des Rates vom 13. Mai 2013 (ABl. 2013 Nr. L 158 S. 1)
Verordnung 356/2010	Verordnung (EU) Nr. 356/2010 des Rates vom 26. April 2010 über die Anwendung bestimmter spezifischer restriktiver Maßnahmen gegen bestimmte natürliche oder juristische Personen, Organisationen oder Einrichtungen aufgrund der Lage in Somalia (ABl. 2010 Nr. L 105 S. 1), Anhang I zuletzt geändert durch Durchführungsverordnung (EU) 2015/2044 des Rates vom 16. November 2015 (ABl. 2015 Nr. L 300 S. 3)
Verordnung 101/2011	Verordnung (EU) Nr. 101/2011 über restriktive Maßnahmen gegen bestimmte Personen, Organisationen und Einrichtungen angesichts der Lage in Tunesien (ABl. 2011 Nr. L 31 S. 1), Anhang I zuletzt geändert durch Durchführungsverordnung (EU) 2017/149 vom 27. Januar 2017 (ABl. 2017 Nr. L 23 S. 1)
Verordnung 359/2011	Verordnung (EU) Nr. 359/2011 über restriktive Maßnahmen gegen bestimmte Personen, Organisationen und Einrichtungen angesichts der Lage im Iran (ABl. 2011 Nr. L S. 100), Anhang I zuletzt geändert durch Durchführungsverordnung (EU) Nr. 371/2014 vom 10. April 2014 (ABl. 2014 Nr. L 109 S. 9)
Verordnung 753/2011	Verordnung (EU) Nr. 753/2011 über restriktive Maßnahmen gegen bestimmte Personen, Gruppen, Unternehmen und Einrichtungen angesichts der Lage in Afghanistan (ABl. 2011 Nr. L S. 100), Anhang I zuletzt geändert durch Durchführungsverordnung (EU) 2016/1736 vom 29. September 2016 (ABl. 2016 Nr. L 264 S. 8)
Verordnung 36/2012	Verordnung (EU) Nr. 36/2012 des Rates vom 18. Januar 2012 über restriktive Maßnahmen angesichts der Lage in Syrien (ABl. 2012 Nr. L 16 S. 1, berichtigt ABl. 2015 Nr. L 65 S. 23), zuletzt geändert durch Verordnung (EU) 2017/2137 des Rates vom 6. Dezember 2016 (ABl. 2016 Nr. L 332 S. 3), Anhang II zuletzt geändert durch Durchführungsverordnung (EU) 2016/1996 des Rates vom 15. November 2016 (ABl. 2016 Nr. L 308 S. 3)
Verordnung 267/2012	Verordnung (EU) Nr. 267/2012 des Rates vom 23. März 2012 über restriktive Maßnahmen gegen Iran und zur Aufhebung der Verordnung (EU) Nr. 961/2010 (ABl. 2012 Nr. L 88 S. 1, berichtigt ABl. 2012 Nr. L 332 S. 31, ABl. 2014 Nr. L 93 S. 85, ABl. 2014 Nr. L 216 S. 5 und ABl. 2015 Nr. L 196 S. 68), zuletzt geändert durch Verordnung (EU) 2016/31 des Rates vom 14. Januar 2016 (ABl. 2016 Nr. L 10 S. 1), Anhänge I, II und III neu gefasst durch Durchführungsverordnung (EU) 2016/1375 des Rates vom 29. Juli 2016 (ABl. 2016 Nr. L 221 S. 1), Anhang IX zuletzt geändert durch Durchführungsverordnung (EU) 2017/77 des Rates vom 16. Januar 2017 (ABl. 2017 Nr. L 12 S. 24)
Verordnung 530/2012	Verordnung (EU) Nr. 530/2012 des Europäischen Parlaments und des Rates vom 13. Juni 2012 zur beschleunigten Einführung von Doppelhüllen oder gleichwertigen Konstruktionsanforderungen für Einhüllen-Öltankschiffe (Neufassung) (ABl. 2012 Nr. L 172 S. 3)
Verordnung 608/2013	Verordnung (EU) Nr. 608/2013 des Europäischen Parlaments und des Rates vom 12. Juni 2013 zur Durchsetzung der Rechte geistigen Eigentums durch die Zollbehörden und zur Aufhebung der Verordnung (EG) Nr. 1383/2003 des Rates (ABl. 2013 Nr. L 181 S. 15)
Verordnung 1257/2013	Verordnung (EU) Nr. 1257/2013 vom 20. November 2013 über das Recycling von Schiffen und zur Änderung der Verordnung (EG) Nr. 1013/2006 und der Richtlinie 2009/16/EG (ABl. 2013 Nr. L 330 S. 1)
Verordnung 1352/2013	Durchführungsverordnung (EU) Nr. 1352/2013 der Kommission vom 4. Dezember 2013 zur Festlegung der in der Verordnung (EU) Nr. 608/2013 des Europäischen Parlaments und des Rates zur Durchsetzung der Rechte geistigen Eigentums durch die Zollbehörden (ABl. 2013 Nr. L 341 S. 10)
Verordnung 208/2014	Verordnung (EU) Nr. 208/2014 über restriktive Maßnahmen gegen bestimmte Personen, Organisationen und Einrichtungen angesichts der Lage in der Ukraine (ABl. 2014 Nr. L 66 S. 1), geändert durch Verordnung (EU) 2015/138 des Rates

	vom 29. Januar 2015 (ABl. 2015 Nr. L 24 S. 1), Anhang I zuletzt geändert durch Durchführungsverordnung (EU) 2016/354 des Rates vom 11. März 2016 (ABl. 2016 Nr. L 67 S. 18)
Verordnung 224/2014	Verordnung (EU) Nr. 224/2014 des Rates vom 10. März 2014 über restriktive Maßnahmen angesichts der Lage in der Zentralafrikanischen Republik (ABl. 2014 Nr. L 70 S. 1), zuletzt geändert durch Verordnung (EU) 2016/555 des Rates vom 11. April 2016 (ABl. 2016 Nr. L 96 S. 1), Anhang I zuletzt geändert durch Durchführungsverordnung (EU) 2016/1442 des Rates vom 31. August 2016 (ABl. 2016 Nr. L 235 S. 1)
Verordnung 269/2014	Verordnung (EU) Nr. 269/2014 über restriktive Maßnahmen angesichts von Handlungen, die die territoriale Unversehrtheit, Souveränität und Unabhängigkeit der Ukraine untergraben oder bedrohen (ABl. 78 S. 16), zuletzt geändert durch Verordnung (EU) Nr. 959/2014 des Rates vom 8. September 2014 (ABl. 2014 Nr. L 271 S. 1), Anhang I zuletzt geändert durch Durchführungsverordnung (EU) 2016/1955 des Rates vom 8. November 2016 (ABl. 2016 Nr. L 301 S. 1)
Verordnung 579/2014	Verordnung (EU) Nr. 579/2014 der Kommission vom 28. Mai 2014 über eine Ausnahmeregelung zu einigen Bestimmungen des Anhangs II der Verordnung (EG) Nr. 852/2004 des Europäischen Parlaments und des Rates hinsichtlich der Beförderung flüssiger Öle und Fette auf dem Seeweg (ABl. 2014 Nr. L 160 S. 14), Anhang geändert durch Verordnung (EU) 2016/238 der Kommission vom 19. Februar 2016 (ABl. 2016 Nr. L 45 S. 1)
Verordnung 656/2014	Verordnung (EU) Nr. 656/2014 des Europäischen Parlaments und des Rates vom 15. Mai 2014 zur Festlegung von Regelungen für die Überwachung der Seeaußengrenzen im Rahmen der von der Europäischen Agentur für die operative Zusammenarbeit an den Außengrenzen der Mitgliedstaaten der Europäischen Union koordinierten operativen Zusammenarbeit (ABl. 2014 Nr. L 189 S. 93)
Verordnung 692/2014	Verordnung (EU) Nr. 692/2014 über restriktive Maßnahmen als Reaktion auf die rechtswidrige Eingliederung der Krim und Sewastopols (ABl. 2014 Nr. L 183 S. 9), geändert durch Verordnung (EU) Nr. 1351/2014 des Rates vom 18. Dezember 2014 (ABl. 2014 Nr. L 365 S. 46, berichtigt ABl. 2015 Nr. L 37 S. 24)
Verordnung 747/2014	Verordnungen (EU) Nr. 747/2014 des Rates vom 10. Juli 2014 über restriktive Maßnahmen angesichts der Lage in Sudan (ABl. 2014 Nr. L 203 S. 1)
Verordnung 788/2014	Verordnung (EU) Nr. 788/2014 der Kommission vom 18. Juli 2014 mit Bestimmungen für die Verhängung von Geldbußen und Zwangsgeldern und den Entzug der Anerkennung von Schiffsüberprüfungs- und -Besichtigungsorganisationen gemäß den Artikeln 6 und 7 der Verordnung (EG) Nr. 319/2009 des Europäischen Parlaments und des Rates (berichtigte Fassung ABl. 2014 Nr. L 234 S. 15)
Verordnung 833/2014	Verordnung (EU) Nr. 833/2014 des Rates vom 31. Juli 2014 über restriktive Maßnahmen angesichts der Handlungen Russlands, die die Lage in der Ukraine destabilisieren (ABl. 2014 Nr. L 229 S. 1, berichtigt ABl. 2014 Nr. L 246 S. 59), zuletzt geändert durch Verordnung (EU) 2015/1797 des Rates vom 7. Oktober 2015 (ABl. 2015 Nr. L 263 S. 10)
Verordnung 911/2014	Verordnung (EU) Nr. 911/2014 des Europäischen Parlaments und des Rates vom 23. Juli 2014 über die mehrjährige Finanzierung der Maßnahmen der Europäischen Agentur für die Sicherheit des Seeverkehrs im Bereich des Eingreifens bei Meeresverschmutzung durch Schiffe und durch Öl- und Gasanlagen (ABl. 2014 Nr. L 257 S. 115)
Verordnung 1352/2014	Verordnung (EU) Nr. 1352/2014 des Rates vom 18. Dezember 2014 über restriktive Maßnahmen angesichts der Lage im Jemen (ABl. 2014 Nr. L365 S. 60), geändert durch Verordnung (EU) 2015/878 des Rates vom 8 Juni 2015 (ABl. 2015 Nr. L 143 S. 1), Anhang I zuletzt geändert durch Durchführungsverordnung (EU) 2016/1737 des Rates vom 29. September 2016 (ABl. 2016 Nr. L 264 S. 13)
Verordnung 2015/735	Verordnung (EU) 2015/735 des Rates vom 7. Mai 2015 über restriktive Maßnahmen angesichts der Lage in Südsudan (ABl. 2015 Nr. L 117 S. 3, berichtigt ABl.

Abkürzungsverzeichnis

	2015 Nr. L 146 S. 10), Anhang I neu gefasst durch Art. 1 der Durchführungsverordnung (EU) 2015/1112 des Rates vom 9. Juli 2015 (ABl. 2015 Nr. L 182 S. 2), Anhang II geändert durch Art. 2 der Durchführungsverordnung (EU) 2015/1112 des Rates vom 9. Juli 2015 (ABl. 2015 Nr. L 182 S. 2)
Verordnung 2015/757	Verordnung (EU) 2015/757 des Europäischen Parlaments und des Rates vom 29. April 2015 über die Überwachung von Kohlendioxidemissionen aus dem Seeverkehr, die Berichterstattung darüber und die Prüfung dieser Emissionen und zur Änderung der Richtlinie 2009/16/EG (ABl. 2015 Nr. L 123 S. 55)
Verordnung 2015/1735	Verordnung (EU) 2015/1755 des Rates vom 1. Oktober 2015 über restriktive Maßnahmen angesichts der Lage in Burundi (ABl. 2015 Nr. L 257 S. 1)
Verordnung 2016/44	Verordnung (EU) Nr. 2016/44 des Rates vom 18. Januar 2016 über restriktive Maßnahmen angesichts der Lage in Libyen und zur Aufhebung der Verordnung (EU) Nr. 204/2011 (ABl. 2016 Nr. L 12 S. 1), Anhang II geändert durch Durchführungsverordnung (EU) 2016/690 des Rates vom 4. Mai 2016 (ABl. 2016 Nr. L 120 S. 1), Anhang III geändert durch Durchführungsverordnung (EU) 2016/1334 des Rates vom 20. September 2016 (ABl. 2016 Nr. L 255 S. 12), Anhang V geändert durch Durchführungsverordnung (EU) 2016/690 des Rates vom 4. Mai 2016 (ABl. 2016 Nr. L 120 S. 1)
Verordnung 2016/1686	Verordnung (EU) 2016/1686 des Rates vom 20. September 2016 zur Verhängung zusätzlicher restriktiver Maßnahmen gegen ISIL (Da'esch)- und Al-Qaida und der mit ihnen verbundenen natürlichen oder juristischen Personen, Organisationen und Einrichtungen (ABl. 2016 Nr. L 255 S. 1)
Verordnung 2017/1	Durchführungsverordnung (EU) 2017/1 der Kommission vom 3. Januar 2017 über Verfahren zur Kennzeichnung von Wasserfahrzeugen gemäß der Richtlinie 2013/53/EU des Europäischen Parlaments und des Rates über Sportboote und Wassermotorräder (ABl. 2017 Nr. L 1 S. 1)
VN	Versicherungsnehmer
VO Athen	Verordnung (EG) Nr. 392/2009 des Europäischen Parlaments und des Rates vom 23. April 2009 über die Unfallhaftung von Beförderern von Reisenden auf See (ABl. 2009 Nr. L 131 S. 24)
VuR	Verbraucher und Recht (Zeitschrift)
VVG 1908	Gesetz über den Versicherungsvertrag vom 30. Mai 1908 (RGBl. 1908, 263), zuletzt geändert durch Art. 43 des Gesetzes vom 26. März 2007 (BGBl. 2007 I S. 378, 466), aufgehoben durch Art. 12 Abs. 1 Unterabs. 2 Nr. 1 des Gesetzes vom 23. November 2007 (BGBl. 2007 I S. 2631, 2678)
VVG	Gesetz über den Versicherungsvertrag (Versicherungsvertragsgesetz – VVG), Art. 1 des Gesetzes vom 23. November 2007 (BGBl. 2007 I S. 2631), zuletzt geändert durch Art. 20 Abs. 3 des Gesetzes vom 23. Dezember 2016 (BGBl. 2016 I S. 3234, 3333)
VVG-ReformG	Gesetz zur Reform des Versicherungsvertragsrechts vom 23. November 2007 (BGBl. 2007 I S. 2631)
VW	Versicherungswirtschaft (Zeitschrift)
VwGO	Verwaltungsgerichtsordnung in der Fassung der Bekanntmachung vom 19. März 1991 (BGBl. 1991 I S. 868), zuletzt geändert Art. 17 des Gesetzes vom 22. Dezember 2016 (BGBl. 2016 I S. 3106)
VwVfG	Verwaltungsverfahrensgesetz in der Fassung der Bekanntmachung vom 23. Januar 2003 (BGBl. 2003 I S. 2749), zuletzt geändert durch Art. 20 des Gesetzes vom 18. Juli 2016 (BGBl. 2016 I S. 1679)
VwVG	Verwaltungs-Vollstreckungsgesetz in der im Bundesgesetzblatt Teil III, Gliederungsnummer 201-4 veröffentlichten bereinigten Fassung, zuletzt geändert durch Art. 15 Abs. 1 des Gesetzes vom 21. November 2016 (BGBl. 2016 I S. 2591)
WaffenG	Waffengesetz vom 11. Oktober 2002 (BGBl. 2002 I S. 3970, 4592; 2003 I S. 1957), zuletzt geändert durch Art. 5 Abs. 4 des Gesetzes vom 18. Juli 2016 (BGBl. 2016 I S. 1666)

WarnRspr	Otto Warneyer (Hrsg.), Die Rechtsprechung des Reichsgerichts auf dem Gebiete des Zivilrechts
WarschauAbk 1929	Abkommen vom 12. Oktober 1929 zur Vereinheitlichung von Regeln über die Beförderung im internationalen Luftverkehr (RGBl. 1933 II S. 1039)
WarschauAbk 1955	WarschauAbk 1929 in der Fassung des WarschauAbkProt
WarschauAbkProt	Protokoll von 28. September 1955 zum Abkommen vom 12. Oktober 1929 zur Vereinheitlichung von Regeln über die Beförderung im internationalen Luftverkehr (BGBl. 1958 II S. 291)
WaStrG	Bundeswasserstraßengesetz (WaStrG) in der Fassung der Bekanntmachung vom 23. Mai 2007 (BGBl. 2007 I S. 962, berichtigt BGBl. 2008 I S. 1980), zuletzt geändert durch Art. 2 des Gesetzes vom 23. Dezember 2016 (BGBl. 2016 I S. 3224, 3226)
WaStrG-Begr	Begründung zum Entwurf der Bundesregierung eines Bundeswasserstraßengesetzes (WaStrG) (BT-Drs. V/352 S. 19–30)
WaStrBefV	Verordnung über das Befahren der Bundeswasserstrassen in Nationalparken im Bereich der Nordsee in der Fassung der Bekanntmachung vom 15. Februar 1995 (BGBl. 1995 I S. 211), zuletzt geändert durch Art. 18 der Verordnung vom 2. Juni 2016 (BGBl. 2016 I S. 1257, 1262)
WBÜ	Internationales Übereinkommen von Nairobi von 2007 über die Beseitigung von Wracks vom 18. Mai 2007 (BGBl. 2013 II S. 530)
WBÜ-Denkschrift	Denkschrift zum Entwurf eines Gesetzes zu dem Internationalen Übereinkommen von Nairobi von 2007 über die Beseitigung von Wracks (BT-Drs. 17/12343, S. 29–36)
WechselG	Wechselgesetz vom 21. Juni 1933 (RGBl. I S. 399) in der im Bundesgesetzblatt Teil III, Gliederungsnummer 4133-1, veröffentlichten bereinigten Fassung, zuletzt geändert durch Art. 201 der Verordnung vom 31. August 2015 (BGBl. 2015 I S. 1474, 1502)
Weser/Jade LV	Verordnung über die Verwaltung und Ordnung der Seelotsreviere Weser I und Weser II/Jade (Weser/Jade-Lotsverordnung – Weser/Jade LV) vom 25. Februar 2003 (BAnz. 2003, 3703), zuletzt geändert durch Art. 74 § 5 der Verordnung vom 2. Juni 2016 (BGBl. 2016 I S. 1257, 1277)
WHG	Gesetz zur Ordnung des Wasserhaushalts (Wasserhaushaltsgesetz – WHG), Art. 1 des Gesetzes vom 31. Juli 2009 (BGBl. 2009 I S. 2585), zuletzt geändert durch Art. 1 des Gesetzes vom 4. August 2016 (BGBl. 2016 I S. 1972)
WiB	Wirtschaftsrechtliche Beratung (Zeitschrift)
WienÜ	Wiener Übereinkommen vom 21. Mai 1963 über die zivilrechtliche Haftung für nukleare Schäden (siehe BGBl. 2001 II S. 202, 207)
WIROST-LV	Verordnung über die Verwaltung und Ordnung des Seelotsreviers Wismar/Rostock/Stralsund (Wismar-Rostock-Stralsund- Lotsverordnung – WIROST-LV) vom 8. April 2003 (BAnz. 2003, 9994), zuletzt geändert durch Art. 74 § 8 der Verordnung vom 2. Juni 2016 (BGBl. 2016 I S. 1257, 1277)
WrBesKoDG	Gesetz über die Durchsetzung von Kostenforderungen aus dem Internationalen Übereinkommen von Nairobi von 2007 über die Beseitigung von Wracks (Wrackbeseitigungskostendurchsetzungsgesetz), Art. 6 des Gesetzes vom 4. Juni 2013 (BGBl. 2013 I S. 1471, 1478)
WSA	Wasserstraßen- und Schifffahrtsamt
WSAZustBektm(BMVI)	Bekanntmachung der örtlichen und sachlichen Zuständigkeiten der Wasserstraßen- und Schifffahrtsämter (BAnz AT 07.06.2016 B2)
WSAZustBektm(GDWS)	Bekanntmachung der örtlich und sachlich zuständigen Wasserstraßen- und Schifffahrtsämter nach der Talsperrenverordnung, der Verordnung über das Verbot des Befahrens der Neustädter Bucht mit bestimmten Fahrzeugen, der Sperr- und Warngebietsverordnung sowie der Ems-Lotsverordnung bekannt gemacht (BAnz AT 7.6.2016 B10)
WSV	Wasserstraßen- und Schifffahrtsverwaltung
WuB	Entscheidungssammlung zum Wirtschafts- und Bankrecht

YAR	York-Antwerp Rules
ZAkDR	Zeitschrift der Akademie für deutsches Recht
ZDK	Zentralverein Deutscher Rheder e.V.
ZEuP	Zeitschrift für Europäisches Privatrecht
ZfA	Zeitschrift für Arbeitsrecht
ZfB	Zeitschrift für Binnenschifffahrt und Wasserstraßen; bis 1969: Zeitschrift für Binnenschifffahrt
ZfW	Zeitschrift für Wasserrecht
ZfRV	Zeitschrift für Rechtsvergleichung
ZfVersW	Zeitschrift für Versicherungswesen
ZfVersWiss	Zeitschrift für Versicherungswissenschaft
ZfZ	Zeitschrift für Zölle + Verbrauchssteuern
ZG	Zeitschrift für Gesetzgebung
ZGS	Zeitschrift für das gesamte Schuldrecht
ZHR	Zeitschrift für das gesamte Handelsrecht und Wirtschaftsrecht
ZIntEisenb	Zeitschrift für den internationalen Eisenbahnverkehr
ZLW	Zeitschrift für Luft- und Weltraumrecht
ZNR	Zeitschrift für neuere Rechtsgeschichte
ZPO	Zivilprozessordnung in der Fassung der Bekanntmachung vom 5. Dezember 2005 (BGBl. 2005 I S. 3202, berichtigt BGBl. 2006 I S. 431), zuletzt geändert durch Art. 3 des Gesetzes vom 21. November 2016 (BGBl. 2016 I S. 2591)
ZfRVgl	Zeitschrift für Rechtsvergleichung, Internationales Privatrecht und Europarecht
Zus-BerggÜ-1910-G	Gesetz über den Zusammenstoß von Schiffen sowie über die Bergung und Hilfsleistung in Seenot vom 7. Januar 1913 (RGBl. 1913, 90)
ZusÜBin	Übereinkommen vom 15. März 1960 zur Vereinheitlichung einzelner Regeln über den Zusammenstoß von Binnenschiffen (BGBl. 1972 II S. 1005, 1008)
ZusÜBin-Denkschr	Denkschrift zum ZusÜBin (BT-Drs. VI/2432 S. 13–17)
ZusÜBin-G	Gesetz zu dem Übereinkommen vom 15. März 1960 zur Vereinheitlichung einzelner Regeln über den Zusammenstoß von Binnenschiffen sowie zur Änderung des Binnenschifffahrtgesetzes sowie des Flößereigesetzes vom 30. August 1972 (BGBl. 1972 II S. 1005)
ZusÜBin-G-Begr	Begründung der Bundesregierung zu dem Gesetz zu dem Übereinkommen vom 15. März 1960 zur Vereinheitlichung einzelner Regeln über den Zusammenstoß von Binnenschiffen sowie zur Änderung des Binnenschifffahrtgesetzes sowie des Flößereigesetzes (BT-Drs. VI/2432 S. 4–7)
ZusÜSee	Übereinkommen vom 23. September 1910 zur einheitlichen Feststellung von Regeln über den Zusammenstoß von Schiffen (RGBl. 1913 S. 49, 89)
ZusZustÜ	Internationales Übereinkommen vom 10. Mai 1952 zur Vereinheitlichung von Regeln über die zivilgerichtliche Zuständigkeit bei Schiffszusammenstößen (BGBl. 1972 II S. 653, 663)
ZVersW	Zeitschrift für Versicherungswesen
ZVersWirt	Zeitschrift für die gesamte Versicherungswirtschaft
ZVG	Gesetz über die Zwangsversteigerung und die Zwangsverwaltung vom 24. März 1897 in der Fassung der Bekanntmachung vom 20. Mai 1898 (RGBl. 1898 S. 713), zuletzt geändert durch Art. 9 des Gesetzes vom 24. Mai 2016 (BGBl. 2016 I S. 1217)
ZVglRWiss	Zeitschrift für Vergleichende Rechtswissenschaft
ZZP	Zeitschrift für Zivilprozess

Literaturverzeichnis

Abraham Seerecht – Hans Jürgen Abraham, Das Seerecht, 4. Auflage 1974
Abraham SeeRÄndG – Hans Jürgen Abraham, Die Reform des deutschen Seehandelsrechts durch das Seerechtsänderungsgesetz vom 21. Juni 1972, 1973
Argyriadis Frachtversicherung – Alkis Argyriadis, Die Frachtversicherung, 1961
Asariotis Hamburg Regeln – Die Anwendungs- und Zuständigkeitsvorschriften der Hamburg-Regeln und ihre Auswirkungen in Nichtvertragsstaaten, 1999
Bacmeister Zeitcharter – Diedrich Bacmeister, Probleme der Zeitcharter, 1935
Bahnsen BerggÜ 1989 – Kay Uwe Bahnsen, Internationales Übereinkommen von 1989 über Bergung, 1997
Bardewyk Beschlagnahme – Gerd Bardewyk, Sicherungsbeschlagnahme von Seeschiffen nach deutschem Recht, dem Bundesrecht der USA und dem Recht des Staates New York, 1976
Basedow Transportvertrag – Jürgen Basedow, Der Transportvertrag, 1987
Baumbach/Lauterbach/Albers/Hartmann ZPO – Adolf Baumbach, Wolfgang Lauterbach, Jan Albers, Peter Hartmann, Zivilprozessordnung, 75. Auflage 2017
Baumbach/Hefermehl/Casper WG – Adolf Baumbach, Wolfgang Hefermehl, Matthias Casper, Wechselgesetz, Scheckgesetz, Recht der kartengestützten Zahlungen, 23. Auflage 2007
Baumbach/Hopt/Merkt HGB – Klaus J. Hopt, Hanno Merkt, Handelsgesetzbuch, 37. Auflage 2016
Becker Beweiskraft – Christian Becker, Die Beweiskraft des Konnossements, 1991
Becker/Dabelstein Klauseln – Rudolf Becker, Hans Erich Dabelstein, Klauseln des Seefrachtgeschäftes, 3. Auflage 1987
Bemm/von Waldstein RhSchPV – Wilfried Bemm, Thor von Waldstein, Rheinschifffahrtspolizeiverordnung, 3. Auflage 1996
BinSch HaftgR – Eibe Riedel (Hrsg.), Rechtsprobleme bei der Havarie von Binnenschiffen, 2006
BinSch MultimodalTransp – Eibe Riedel (Hrsg.), Multimodaler Transport und Binnenschifffahrt, 2001
BinSch PolR – Eibe Riedel (Hrsg.), Binnenschifffahrtspolizeirecht, 2003
BinSch TranspR – Rolf Herber, Martin Fischer, Werner Korioth, Thomas Hartmann, Transport- und Haftungsrecht in der Binnenschifffahrt, 2000
Braun Leistungsstörungsrecht – Thomas Braun, Das frachtrechtliche Leistungsstörungsrecht nach dem Transportrechtsreformgesetz, 2002
Breitzke Zeitcharter – Constantin Breitzke, Die Rechtsnatur der Zeitcharter – Dargestellt am Standardformular der Boxtime-Charter, 2005
Brüning-Wildhagen Pfandrechte – Ursel Brüning-Wildhagen, Pfandrechte und Zurückbehaltungsrechte im Transportrecht, 2000
Bubener/Noltin/Preetz/Mallach SeeArbG – Seearbeitsgesetz, 2015
Capelle Frachtcharter – Karl-Hermann Capelle, Die Frachtcharter, 1940
Castelli Lieferschein – Heinrich Castelli, Der Lieferschein, 1930
Claussen Schiffsmiete – Willy Claussen, Die Schiffsmiete, 1910
CMI Traveaux Préparatoires – CMI, The Traveaux Préparatoires of the International Convention for the Unification of certain Rules of Law Relating to Bills of Lading of 25 August 1924 (The Hague Rules) and of the Protocols of 23 February 1968 and 21 December 1979 (The Hague-Visby Rules), 1997
Coeler Durch-Konnossement – Gerd Coeler, Das Durch-Konnossement, 1950
Czerwenka SHR-ReformG – Beate Czerwenka, Das Gesetz zur Reform des Seehandelsrechts, 2014
Developments – Turkish Maritime Law Association, German Maritime Law Association, Recent Developments in Maritime Law, Papers submitted to the Joint Seminars of the German and Turkish Maritime Law Associations, 2012
Didier Risikozurechnung – Timo Didier, Risikozurechnung bei Leistungsstörungen im Gütertransportrecht, 2001
Döser Inkorporationsklausel – Achim Döser, Inkorporationsklauseln in Konnossementen, 2004
Dusendschön Deutzeit – Guillermo Dusendschön, Der sogenannte „Deutzeit"-Frachtvertrag als Chartermiete, 1926
Ebenroth/Boujong/Joos/Strohn HGB – Detlev Joost, Lutz Strohn, Handelsgesetzbuch, Band 2, §§ 343–475h, Transportrecht, Bank- und Börsenrecht, 3. Auflage 2015

Literaturverzeichnis

Ebermann Konnossementsinhalt – Klaus-Dieter Ebermann, Die Bedeutung des Konnossementsinhaltes unter besonderer Berücksichtigung ihres Ausschlusses durch Unbekannt-Klauseln, 1971
Edye Reederhaftung – Christian E. Edye, Die Haftung des Reeders für Dritt- und Umweltschäden beim Seetransport gefährlicher Güter, 1991
Ehlers Seeverkehr – Peter Ehlers, Recht des Seeverkehrs, 2017
Ehrenberg/Mittelstein – Victor Ehrenberg (Hrsg.), Handbuch des gesamten Handelsrechts, Siebenter Band, I. Abteilung, 1918, Bearbeiter: Max Mittelstein
Ehrenberg/Wüstendörfer – Victor Ehrenberg (Hrsg.), Handbuch des gesamten Handelsrechts, Siebenter Band, II. Abteilung, 1923, Bearbeiter: Hans Wüstendörfer
Ensthaler HGB – Jürgen Ensthaler (Hrsg.), Gemeinschaftskommentar zum Handelsgesetzbuch, 8. Auflage 2015
Erba-Tissot Schiffsverwendung – Héléne Erba-Tissot, Die Formen der Schiffsverwendung insbesondere der Ausrüster nach schweizerischem Recht, 1947
Ernst Ablader – Dierk Ernst, Der Ablader im deutschen Seerecht, 1971
Framhein Anvertrauen – Otto Gustav Framhein, Das „Anvertrauen" der Schiffsführung, 1929
Fremuth/Thume Transportrecht – Fritz Fremuth, Karl-Heinz Thume, Kommentar zum Transportrecht, 2000
Friesecke WaStrG – Albrecht Friesecke, Bundeswasserstrassengesetz, 6. Auflage 2009
Frommelt Rechtsnatur – Jürgen Frommelt, Die Rechtsnatur der Zeitcharter, 1979
Gehrke Transportdokument – Florian Gehrke, Das elektronische Transportdokument – Frachtbrief und Konnossement in elektronischer Form im deutschen und internationalen Recht, 2005
Geißler OPRC – Alexander Geißler, Das Internationale Übereinkommen von 1990 über Vorsorge, Bekämpfung und Zusammenarbeit auf dem Gebiet der Ölverschmutzung (OPRC), 2004
von Gerlach Seesicherheitsuntersuchung – Christian von Gerlach, Die Seesicherheitsuntersuchung, 2005
Giuliano/Lagarde EVÜ-Bericht – Mario Giuliano/Paul Lagarde, Bericht über das Übereinkommen über das auf vertragliche Schuldverhältnisse anzuwendende Recht (BT-Drs. 10/503, S. 33–82)
Goette Binnenschifffahrtsfrachtrecht – Wulf Goette, Binnenschifffahrtsfrachtrecht, 1995
Götz Haager Regeln – Hans Norbert Götz, Das Seefrachtrecht der Haager Regeln, 1960
Giermann Konnossementsangaben – Heiko A. Giermann, Die Haftung des Verfrachters für Konnossementsangaben, 2000
Giuliano/Lagarde Bericht – Mario Giuliano, Paul Lagarde, Bericht über das Übereinkommen über das auf vertragliche Schuldverhältnisse anzuwendende Recht, Anlage zur Denkschrift zum Übereinkommen vom 19. Juni 1980 über das auf vertragliche Schuldverhältnisse anzuwendende Recht (BT-Drucks 10/503 S. 33 bis 82)
Govers Abfallentladung – Marco Govers, Schiffsabfallentladung im Lichte der Hafenauffanganlagen-Richtlinie 2000-59 EG, 2004
Gramm Seefrachtrecht – Hans Gramm, Das neue deutsche Seefrachtrecht, 1938
Gündisch Absenderhaftung – Nicola Gündisch, Der Absender im Land- und Seetransportrecht, 1999
Gushterov Revers – Savin Gushterov, Der Revers im Seefrachtgeschäft, 2011
Hackert § 433 HGB – Michael Hackert, Die Reichweite der Haftungsbegrenzung bei sonstigen Vermögensschäden gemäß § 433 HGB, 2000
Häbe Unanbringliche Frachtgüter – Jürgen Häbe, Unanbringliche Frachtgüter unter besonderer Berücksichtigung der Postbeförderung, 2007
Häußer Subunternehmer – Markus Häußer, Subunternehmer beim Seetransport, 2006
Heini Durch-Konnossement – Anton Heini, Das Durch-Konnossement (Through Bill of Lading), 1957
Herber Haftungsrecht – Rolf Herber, Das neue Haftungsrecht der Schifffahrt, 1989 – Besprechung *Basedow* ZHR 155(1991), 486–491
Herber Seehandelsrecht – Rolf Herber, Seehandelsrecht, 2. Auflage 2016 – Besprechung *Freise* TranspR 2016, 162, *Ramming* RdTW 2016, 199
Herber/Piper CMR – Rolf Herber, Henning Piper, CMR, 1996
Heyck Empfänger – Eduard Heyck, Die Rechtsstellung des Empfängers beim Seefrachtvertrag nach deutschem Recht, 1930
Heymann HGB – Norbert Horn (Hrsg.), Handelsgesetzbuch, Band 4, Viertes Buch, §§ 343–475h, 2. Auflage 2005
Hinz Frachtvertrag – Robert Hinz, Frachtvertrag und Frachtführerhaftung, 2005

Höppner Umschlag – Friedrich Höppner, Die Rechtsstellung der den Umschlag zwischen Schiff und Land bewirkenden Betriebe, 1928
Hoffmann FBL – Michael Hoffmann, FIATA Multimodal Transport Bill of Lading und deutsches Recht, 2002
Hoffmann Verfrachterhaftung – Andreas Hoffmann, Die Haftung des Verfrachters nach deutschem Seefrachtrecht, 1996
Hübsch Hilfspersonen – Michael Hübsch, Haftung des Güterbeförderers und seiner selbstständigen und unselbstständigen Hilfspersonen für Güterschäden, 1997
Ilse Durchbrechung – Jan Hinnerk Ilse, Haftung des Seegüterbeförderers und Durchbrechung von Haftungsbeschränkungen bei qualifiziertem eigenem und Gehilfenverschulden, 2005
Isernhagen Ausrüster – Karl Isernhagen, Der Ausrüster, 1931
Jacobsen Durch-Konnossement – Friedrich Jacobsen, Das Durch-Konnossement und dessen Freizeichnungen, 1912
Jaerisch Schuten-Vermietung – Werner Jaerisch, Vermietung einer bemannten Schute, 1927
Jaeschke Kaianstalten – Hans Wolf Jaeschke, Die Rechtsstellung der Kaianstalten im Seefrachtverkehr, 1931
Janssen Zeitcharter – Hermann Janssen, Die Zeitcharter, 1923
Kehl Unterfrachtführer – Michael F. Kehl, Die Haftung des Unterfrachtführers im Straßengüterverkehr, 2004
Knöfel Hilfspersonen – Susanne Knöfel, Die Haftung des Güterbeförderers für Hilfspersonen, 1995
Knorr SchGlHypÜ 1967 – Peter Knorr, Das Internationale Übereinkommen über Schiffsgläubigerrechte von 1967 im künftigen deutschen Recht, 1969
Köster See-IPR – Nils G. Köster, Internationales Seeprivatrecht – eine vergleichende Darstellung des deutschen und russischen Rechts, 2004
Koller Transportrecht – Ingo Koller, Transportrecht, 9. Auflage 2016
Kopper Multimodal-Ladeschein – Christoph Kopper, Der multimodale Ladeschein im internationalen Transportrecht, 2007
Kornmann Beschlagnahme – Suzanne Kornmann, Die vorsorgliche Beschlagnahme von Seeschiffen, 1957
Lange Reine Konnossemente – Louis Lange, Zeichnung reiner Konnossemente gegen Revers, 1929
Lion Reine Konnossemente – Robert Lion, Reine Konnossemente gegen Revers, 1930
Lindemann SeeArbG – Dierk Lindemann, Seearbeitsgesetz – Manteltarifvertrag für die deutsche Seeschifffahrt, 2014
Lorenz-Meyer Reeder – Georg-Christian Lorenz-Meyer, Reeder und Charterer, 1961
Lotter Beweislast – Beweislast im Seefrachtrecht, 1969
Lüders Zeitcharter – Carl-Heinz Lüders, Gedanken zum Zeitcharter- und Reederproblem, 1939
Mankabady Hamburg Rules – Samir Mankabady (Hrsg.), The Hamburg Rules on the Carriage of Goods by Sea, 1978
Mankowski Vertragsverhältnisse – Peter Mankowski, Seerechtliche Vertragsverhältnisse im internationalen Privatrecht, 1995
Markianos Haager Regeln – Demetrios J. Markianos, Die Übernahme der Haager Regeln in die nationalen Gesetze über die Verfrachterhaftung, 1960
Mast Multimodal-Frachtvertrag – Sabine Mast, Der multimodale Frachtvertrag nach deutschem Recht, 2002
Meyer Durch-Frachtvertrag – Arthur Meyer, Durch-Frachtvertrag und Durch-Konnossement, 1919
Meyer-Rehfueß Weisungsrecht – Maximiliane Meyer-Rehfueß, Das frachtvertragliche Weisungsrecht, 1995
Mittelbach Reine Konnossemente – Clamor Mittelbach, Das Verfahren „Reine Konnossemente gegen Revers" und seine Lösungsmöglichkeiten, 1962
de la Motte/Herber Sonderbeilage – Karl-Heinz Thume, Sonderbeilage zu TranspR 2004 aus Anlaß des 80. Geburtstages von Rechtsanwalt Harald de la Motte und des 75. Geburtstages von Rechtsanwalt Prof. Rolf Herber
Möbusz Chartpartie – Burkhard Möbusz, Die Chartpartie des deutschen Seerechts, 1935
Müglich E-Economy – Andreas Müglich, Logistik in der E-Economy, 2003
MüKo/BGB – Münchener Kommentar zum Bürgerlichen Gesetzbuch, Band 10, Internationales Privatrecht I, Europäisches Kollisionsrecht, Einführungsgesetz zum Bürgerlichen Gesetzbuche (Art. 1–24), 6. Auflage 2015
MüKo/HGB – Münchener Kommentar zum Handelsgesetzbuch, Band 7, Transportrecht, 3. Auflage 2014

MüKo/ZPO – Münchener Kommentar zur Zivilprozessordnung, Gerhard Lüke, Peter Wax (Hrsg.), 5. Auflage 2016
Nieschulz Arrest – Silke Nieschulz, Der Arrest in Seeschiffe, 1997
Nilsen Aufnahmefähigkeit – Jens Nilsen, Die Aufnahmefähigkeit von Transportdokumenten im Akkreditivgeschäft, WM Sonderbeilage Nr. 3/1993
Nöcker Beleglose Spedition – Gregor Nöcker, Die beleglose Spedition, 2002
Norf Gemischter Warenverkehr – Michael Norf, Das Konnossement im gemischten Warenverkehr, insbesondere am Beispiel des Containerverkehrs, 1976
Oboussier Sicherungsrechte – Felix Oboussier, Die Sicherungsrechte des Verfrachters im deutschen und englischen Seeschifffahrtsrecht, 1934
Pappenheim Handbuch III – Max Pappenheim, Handbuch des Seerechts, 3. Band, Schuldverhältnisse des Seerechts II, 1918
Palandt BGB – Bürgerliches Gesetzbuch, 76. Auflage 2017
Paschke/Graf/Olbrisch HmbHdbExpR – Marian Paschke, Christian Graf, Arne Olbrisch (Hrsg.), Hamburger Handbuch des Exportrechts, 2. Auflage 2014
Peters Liegezeit – Rainer Peters, Der Beginn der Liegezeit nach See- und Binnenschifffahrtsrecht unter Berücksichtigung gebräuchlicher Charterformulare, 1964
Pfirmann Folgeschäden – Marc Pfirmann, Die vertragliche und außervertragliche Haftung des Frachtunternehmers wegen Folgeschäden, 2008
Pocar LuganoÜ-Bericht – Fausto Pocar, Erläuternder Bericht zum Übereinkommen über die gerichtliche Zuständigkeit und die Vollstreckung gerichtlicher Entscheidungen in Zivil- und Handelssachen (unterzeichnet am 30. Oktober 2007 in Lugano) (ABl. 2009 Nr. C 319 S. 1)
Pötschke Konnossemente – Jan-Erik Pötschke, Die Haftung des Reeders für Ansprüche aus Konnossementen unter einer Zeitcharter nach deutschem und englischem Recht, 1999
Puttfarken Seehandelsrecht – Hans-Jürgen Puttfarken, Seehandelsrecht, 1997
Rabe Seehandelsrecht – Dieter Rabe, Seehandelsrecht, 4. Auflage 2000
Radisch Verfrachterhaftung – Hans-Joachim Radisch, Die Beschränkung der Verfrachterhaftung beim Überseetransport von Containern, 1986
Ramming HmbHdbBinSch – Klaus Ramming, Hamburger Handbuch des Binnenschifffahrtsfrachtrechts, 2009
Ramming HmbHdbMultimodal – Klaus Ramming, Hamburger Handbuch Multimodaler Transport, 2011
Ramming Speed und Consumption – Klaus Ramming, Speed und Consumption Claims, 2000
Rauscher Rom I Rom II – Thomas Rauscher (Hrsg.), Europäisches Zivilprozess- und Kollisionsrecht EuZPR/EuIPR, Rom I-VO Rom II-VO, Bearbeitung 2011
Reithmann/Martiny VertragsR – Christoph Reithmann, Dieter Martiny, Internationales Vertragsrecht, 7. Auflage 2010
Reuschle MontrealÜ – Fabian Reuschle, Montrealer Übereinkommen, 2005
Richter-Hannes/Richter/Trotz Seehandelsrecht – Dolly Richter-Hannes, Ralf Richter, Robert Trotz, Seehandelsrecht, 2. Auflage 1987
Richter-Hannes/Trotz SHSG – Dolly Richter-Hannes, Norbert Trotz, Kommentar zum Seehandelsschifffahrtsgesetz der Deutschen Demokratischen Republik – SHSG – vom 5. Februar 1976, 1979
Ried Zeitcharter – Walter Ried, Der Zeitcharterer als Reeder, 1937
Rittmeister Haftungsbeschränkung – Sabine Rittmeister, Das seerechtliche Haftungsbeschränkungsverfahren nach neuen Recht, 1995
Rogert Einheitsrecht – Marco Rogert, Einheitsrecht und Kollisionsrecht im internationalen multimodalen Gütertransport, 2005
Rose Dritteigentümer – Stephan Rose, Die Haftung des Frachtführers gegenüber dem Dritteigentümer, 2005
Schaps Seerecht – Georg Schaps, Das deutsche Seerecht, 1906
Schaps² Seerecht – Georg Schaps, Julius Sebba, Max Mittelstein, Das Deutsche Seerecht, Erster und Zweiter Band, 2. Auflage 1929
Schaps/Abraham Seehandelsrecht – Hans Jürgen Abraham, Das Seerecht in der Bundesrepublik Deutschland, Seehandelsrecht, Erster und Zweiter Teil, 4. Auflage 1978
Schaps/Abraham³ Seerecht I – Hans Jürgen Abraham, Das deutsche Seerecht, Erster Band, 3. Auflage 1959

Schaps/Abraham[3] Seerecht II – Hans Jürgen Abraham, Das deutsche Seerecht, Zweiter Band, 3. Auflage 1962
Schilling Durch-Frachtvertrag – Bernd Schilling, Der Durch-Frachtvertrag und das Durch-Konnossement im Stückgüterverkehr, 1913
Schlegelberger/Liesecke Seehandelsrecht – Franz Schlegelberger, Rudolf Liesecke, Seehandelsrecht, 2. Auflage 1964
Schmidt-Vollmer Schiffsgläubigerrechte – Bastian Schmidt-Vollmer, Schiffsgläubigerrechte und ihre Geltendmachung, 2003
Schütze Dokumentenakkreditiv – Rolf A. Schütze, Das Dokumentenakkreditiv im Internationalen Handelsverkehr, 5. Auflage 1999
Schuster Haftung – Michael Schuster, Haftung der Teil-, Zwischen-, Samt- und Unterfrachtführer im deutschen Gütertransportrecht, 2002
Seyffert Ausführender Frachtführer – Wiebke Seyffert, Die Haftung des ausführenden Frachtführers im neuen deutschen Frachtrecht, 2000
Senckpiehl Pfandrecht – Richard Senckpiehl, Pfandrecht und Zurückbehaltungsrecht im Güterverkehr, 2. Auflage 1952
Soergel BGB – Bürgerliches Gesetzbuch, Band 10, Einführungsgesetz, 12. Auflage, Stand: Anfang 1996
Solaguren Seefrachtrecht – Magdalena Corra Solaguren, Haftung im Seefrachtrecht und ihre gesetzliche Fortentwicklung den skandinavischen Staaten, 2004
Staub[4] (Helm) – Claus-Wilhelm Canaris, Wolfgang Schilling, Peter Ulmer (Hrsg.), Staub Großkommentar HGB, 15. Lieferung: §§ 425–452, Bearbeiter: Helm, 1994
Staub[4] CMR – Claus-Wilhelm Canaris, Wolfgang Schilling, Peter Ulmer (Hrsg.), Staub Großkommentar HGB, Siebenter Band, 2. Teilband, Anhang VI nach § 452: CMR, 4. Auflage 2002, Bearbeiter: Helm
Stahl Zeitcharter – Ulrich Stahl, Die Zeitcharter nach englischem Recht, 1989
Steingröver ausführender Verfrachter – Wilm Steingröver, Die Mithaftung des ausführenden Verfrachters im Seerecht – de lege lata und de lege ferenda, 2006
Stengel Traditionsfunktion – Eberhard Stengel, Die Traditionsfunktion des Orderkonnossements, 1975
Thomas/Putzo ZPO – Heinz Thomas, HansPutzo, Klaus Reichold, Rainer Hüßtege, Christian Seiler, Zivilprozessordnung, 37. Auflage 2016
Thume[1] CMR – Karl-Heinz Thume, Kommentar zur CMR, 1. Auflage 1995
Thume CMR – Karl-Heinz Thume, Kommentar zur CMR, 2. Auflage 2007
TranspR AGBG – Deutsche Gesellschaft für Transportrecht, Transportrecht und Gesetz über Allgemeine Geschäftsbedingungen, 1988
Tzschucke Kaiumschlagsverkehr – Hans Tzschucke, Die Verteilung der Haftung im Hamburger Kaiumschlagsverkehr, 1929
Volze Fautfracht – Harald Volze, Das Fautfrachtsystem und die Klauseln des Seefrachtvertrages, 1975
Vortisch/Bemm Binnenschifffahrtsrecht – Otto Vortisch, Wilfried Bemm, Binnenschifffahrtsrecht, 4. Auflage 1991
v. Waldstein/Holland Binnenschifffahrtsrecht – Thor v. Waldstein, Hubert Holland, Binnenschifffahrtsrecht, 5. Auflage 2007
Wersel SchiffsGlR – Christine Wersel, Das Übereinkommen über Schiffsgläubigerrechte und Schiffshypotheken vom 6. Mai 1993, 1996
Weibgen Durch-Konnossement – Hans Joachim Weibgen, Das Durch-Konnossement und seine besonderen Klauseln, 1930
Willner Zeitcharter – Horst Willner, Die Zeitcharter, 1953
Wollny Hilfspersonen – Gerd Wollny, Die Verantwortlichkeit des Verfrachters aus dem Seefrachtvertrag für das Verschulden seiner Helfer mit einem Überblick über die Lösungen im anglo-amerikanischen Recht, 1965
von Wurmb Hilfspersonen – Leopold von Wurmb, Die Haftung des Verfrachters für das Verschulden selbständiger Hilfspersonen, 1966
Wüstendörfer Handbuch – Hans Wüstendörfer, in: Victor Ehrenberg (Hrsg.), Handbuch des gesamten Seehandelsrechts, Siebter Band, II. Abteilung, 1923)
Wüstendörfer Seehandelsrecht – Hans Wüstendörfer, Neuzeitliches Seehandelsrecht, 2. Auflage 1950
Wüstendörfer Studien – Hans Wüstendörfer, Studien zur modernen Entwicklung des Seefrachtvertrags, 1905–1909

Zeller Himalaya-Klausel – Rudolf Zeller, Die Umgehung der Haager Regeln durch die Ladungsbeteiligten und die Himalaya-Klausel im Seefrachtrecht, 1966

Zeller Skripturhaftung – Sven Zeller, Die neue Skripturhaftung bei Konnossementen im Seehandelsrecht, 1994

von Ziegler Haftungsgrundlage – Alexander von Ziegler, Haftungsgrundlage im internationalen Seefrachtrecht, 2002

Zöller ZPO – Reinhold Geimer, Reinhard Greger, Kurt Herget, Hans-Joachim Heßler, Clemens Lückemann, Kurt Stöber, Max Vollkommer, Christian Feskorn, Arndt Lorenz, Zivilprozessordnung, 31. Auflage 2016

Fest- und Gedächtnisschriften

FG Herber – Thume (Hrsg.), Transport- und Vertriebsrecht 2000, Festgabe für Professor Dr. Rolf Herber, 1999

FG Reichsgericht – Otto Schreiber (Hrsg.); Die Reichsgerichtspraxis im deutschen Rechtsleben – Festgabe der juristischen Fakultäten zum 50jährigen Bestehen des Reichsgerichts (1. Oktober 1929), 6 Bände, 1929

FS Firsching – Dieter Henrich, Bernd von Hoffmann; Festschrift für Karl Firsching zum 70. Geburtstag; 1985

FS Hasche – Liber Amicorum für Walter Hasche (1989)

FS Herber – Lagoni/Paschke (Hrsg.), Seehandelsrecht und Seerecht, Festschrift für Rolf Herber zum 70. Geburtstag; 1999

FS Markianos – Greek Maritime Law Association; Demetrios Markianos in memoriam; 1988

FS Piper – Willi Erdmann, Wolfgang Gloy, Rolf Herber (Hrsg.); Festschrift für Henning Piper; 1996

FS Raisch – Karsten Schmidt, Eberhard Schwark, Unternehmen, Recht und Wirtschaftsordnung, Festschrift für Peter Raisch zum 70. Geburtstag, 1995

FS SeeRInst – Lagoni/Paschke (Hrsg.); 20 Jahre Seerechtswissenschaft an der Universität Hamburg, Beiträge aus Anlass des 20jährigen Bestehens des Instituts für Seerecht und Seehandelsrecht der Universität Hamburg; 2005

FS Sieg – Horst Baumann, Helmut Schirmer, Reimer Schmidt; Festschrift für Karl Sieg; 1976

FS Stödter – Hans Peter Ibsen, Karl-Hartmann Necker; Recht über See, Festschrift Rolf Stödter zum 70. Geburtstag am 22. April 1979

FS Vischer – Peter Böckli, Kurt Eichenberger, Hans Hinderling, Hans Peter Tschudi; Festschrift für Frank Vischer zum 60. Geburtstag; 1983

GS Helm – Schachtschneider/Piper/Hübsch (Hrsg.), Transport – Wirtschaft – Recht, Gedächtnisschrift für Johann Georg Helm, 2001

GS Lüderitz – Haimo Schack; Gedächtnisschrift für Alexander Lüderitz; 2000

Einleitung

A. Die Rechtsquellen des Seehandelsrechts

I. Völkerrechtliche Übereinkommen

Literatur: *Gütschow* Arten des Seefrachtvertrages und Versuche des Comité Maritime zur Vereinheitlichung des Seefrachtrechts, HansRZ 1925, 755–758; *Herber* Gedanken zur internationalen Vereinheitlichung des Seehandelsrechts, FS Stödter S. 55–77; *Richter* Tendenzen in der Entwicklung des internationalen Seehandelsrechts – Vereinheitlichung oder Zersplitterung?, FS Dünnebier S. 740–748; *Wüstendörfer* Leistungen und Grenzen der internationalen Vereinheitlichung des Seehandelsrechts, MDR 1951, 449–454.

Völkerrechtliche Übereinkommen sind Verträge (auch: „Abkommen", „Vertrag", **1** oder „Staatsvertrag"), die zwischen zwei oder mehr Staaten geschlossen werden und daher eine völkerrechtliche Rechtsnatur haben. Das wichtigste seerechtliche Übereinkommen ist das SeerechtsÜ (unten Rn 1–8 Einleitung C). Typischer Gegenstand von Übereinkommen ist etwa die Schiffssicherheit (unten Rn 11–28 Einleitung C) und der Schutz der Meeresumwelt (unten Rn 29–66 Einleitung C). Auch das Seeprivatrecht einschließlich des Seefrachtrechts ist Gegenstand mehrerer Übereinkommen, wodurch eine grundsätzlich durchaus weitgehende internationale Rechtsvereinheitlichung erzielt worden ist. Eine Rolle spielen hier etwa die Haager Regeln (unten Rn 17–78), die Haag-Visby Regeln (unten Rn 79–87), die Hamburg Regeln (unten Rn 88–93), die Rotterdam Regeln (unten Rn 94–99), das AthenÜ 2002 (unten Rn 100) sowie weiter etwa das ÖlHÜ 1992, das ÖlFÜ 1992, das ÖlFÜ Prot 2003 und das BunkerölÜ (siehe Rn 101 sowie ausführlich die Anhänge I.1, I.3, I.4, I.5 zu § 480) und zukünftig das HNS-Ü (unten Anhang II zu § 480), außerdem das ZusÜSee (unten Rn 103), daneben das HBÜ 1996 (unten Rn 104) und schließlich das BerggÜ 1989 (unten Rn 105–106), das ArrestÜ (unten Rn 107) und das ZusZustÜ (unten Rn 108). Gewissermaßen über allen völkerrechtlichen Übereinkommen steht das VertragsÜ. Es betrifft, wie sein Art. 1 festlegt, Verträge zwischen Staaten.

1. Die Anwendung des staatsvertraglich vereinheitlichten Rechts

a) Vereinheitlichtes und unvereinheitlichtes Recht. Internationale privatrechts- **2** vereinheitlichende Übereinkommen befassen sich in der Regel nur mit bestimmten Fragen, an deren einheitlicher Regelung ein internationales Interesse besteht. Frachtrechtliche Übereinkommen etwa betreffen durchweg die Haftung des Beförderers für Verlust und Beschädigung von Gut und daneben etwa den Frachtbrief oder die Haftung des Auftraggebers gegenüber dem Beförderer, nicht aber etwa die Ansprüche des Beförderers auf Fracht und Aufwendungsersatz oder dessen Sicherungsrechte am Gut. Dabei ist vereinheitlichte Recht ist von vornherein lückenhaft angelegt. Im Vergleich dazu hält das nationale Recht jedes Staates ein grundsätzlich geschlossenes System bereit, das alle anstehenden Fragen beantwortet. Entsprechend ist immer wieder zu klären, ob und inwieweit im vereinheitlichten Recht Lücken bestehen, die durch das nationale Recht auszufüllen sind. Maßgeblich ist jeweils das nach internationalprivatrechtlichen Grundsätzen anwendbare Sachrecht. Teilweise legt das vereinheitlichte Recht auch selbst fest, anhand welcher Rechtsordnung offene Fragen geregelt werden. (besonders weitgehend: Art. 29 CMNI). Das im Übrigen geltende unvereinheitlichte Recht kann ggf. auch zur Ausfüllung unbestimmter Rechtsbegriffe im vereinheitlichten Recht herangezogen werden (siehe aber zur Auslegung des vereinheitlichten Rechts unten Rn 14).

3   **b) Entstehung des Übereinkommens; völkerrechtliche Bindung.** Völkerrechtliche Übereinkommen werden in der Regel auf diplomatischen Konferenzen beschlossen. Deren Vorbereitung liegt in der Hand einer oder mehrerer Institutionen, früher etwa des CMI, heute insbesondere der UNCTAD oder der IMO oder auch der ECE. Auf der diplomatischen Konferenz wird ein zuvor vorbereiteter Entwurf nochmals mit den Vertretern der an der Konferenz beteiligten Verhandlungsstaaten (Art. 2 Abs. 1 [e] VertragsÜ) erörtert. Für die Annahme des Wortlauts des Übereinkommens genügt grundsätzlich eine Mehrheit von Zweidrittel der anwesenden und abstimmenden Staaten (Art. 9 Abs. 1 VertragsÜ). Der Tag der Annahme ist das für die Bezeichnung des Übereinkommens maßgebliche Datum. Nunmehr liegt das Übereinkommen zur Zeichnung auf (siehe Art. 12 Abs. 1 [a] und Abs. 2 VertragsÜ). Mehrseitige Übereinkommen werden normalerweise in mehreren Sprachen angenommen, die gleichermaßen verbindlich (authentisch) sind (siehe dazu Art. 33 Abs. 4 VertragsÜ).

4   Die förmliche Erklärung der Zustimmung eines Staates (siehe Art. 16 VertragsÜ), durch ein völkerrechtliches Übereinkommen gebunden zu sein, wird als Ratifikation bezeichnet, wenn sie durch das Staatsoberhaupt erfolgt, wie in der Bundesrepublik (Art. 59 Abs. 1 Satz 1 GG). Ansonsten handelt es sich bei Zeichnerstaaten um eine Annahme oder um eine Genehmigung (siehe Art. 11 und 14 VertragsÜ) und bei sonstigen Staaten um einen Beitritt (siehe Art. 16 und 18 [b] VertragsÜ). Bei der Ratifikation, der Annahme bzw. Genehmigung oder dem Beitritt können Vorbehalte erklärt werden (siehe Art. 2 Abs. 1 [d], Art. 19 sowie 21 bis 23 VertragsÜ). Zum völkerrechtlichen Inkrafttreten siehe Art. 24 VertragsÜ.

5   Die Bestimmungen eines völkerrechtlichen Übereinkommens können durch ein hierauf gerichtetes, weiteres Übereinkommen geändert werden (Art. 39 Satz 1 VertragsÜ), die häufig als „Protokolle" bezeichnet werden. Im Verhältnis der Vertragsparteien des ändernden Übereinkommens untereinander gilt das ursprüngliche Übereinkommen in seiner geänderten Fassung. Im Verhältnis der Vertragsparteien des ursprünglichen Übereinkommens, die (noch) nicht auch Vertragsparteien des ändernden Übereinkommens sind, bleibt es bei der Anwendbarkeit des ursprünglichen Übereinkommens (Art. 40 Abs. 4 in Verbindung mit Art. 30 Abs. 4 [b] VertragsÜ – siehe auch Art. 40 Abs. 5). In neueren Übereinkommen ist vielfach ein Verfahren vorgesehen, durch das bestimmte Regelungen des Übereinkommens auf eine vereinfachte Weise und grundsätzlich mit Wirkung gegenüber allen Vertragsstaaten geändert werden kann (sogenanntes *tacit-acceptance*-Verfahren). Im Bereich des Privatrechts betrifft dies etwa eine Änderung der Höchstbeträge der Haftung; siehe die Hinweise zu Anhang I.2 zu § 480 (Art. 15 ÖlHÜProt 1992).

6   Die Vertragsstaaten müssen die sich aus dem Übereinkommen ergebenden völkerrechtlichen Pflichten erfüllen (Art. 26 VertragsÜ). Enthält das Übereinkommen vereinheitlichte privatrechtliche Rechtsvorschriften, sind die Vertragsparteien verpflichtet, diese Bestimmungen innerstaatlich zur Anwendung zu bringen (siehe sogleich Rn 7–12). Dies gilt auch im Hinblick auf solche Vorschriften, die nach dem Übereinkommen für die beteiligten Privatpersonen nicht zwingend gelten sollen. Eine Vertragspartei darf nicht etwa davon absehen, abdingbare Vorschriften nicht mit in das innerstaatliche Recht zu übernehmen. Die Befugnis, von den betreffenden Bestimmungen abzuweichen, steht nach dem Übereinkommen ausschließlich den beteiligten Privatpersonen, nicht aber den Vertragsparteien zu. Andererseits ist eine Vertragspartei nicht gehindert, den Geltungsbereich des Übereinkommens auszudehnen und auf weitere Tatbestände anzuwenden, sofern das Übereinkommen insofern keinen abschließenden Charakter hat.

7   **c) Die Umsetzung in das innerstaatliche Recht.** Die Übernahme der Vorschriften des Übereinkommens in das innerstaatliche Recht eines Vertragsstaates kann zu einen

dadurch erfolgen, dass er das Übereinkommen oder jedenfalls die maßgeblichen vereinheitlichten Rechtsvorschriften als Ganzes in sein innerstaatliches Recht einstellt. Die maßgeblichen Rechtsvorschriften stellen sich dabei ein selbständiges Regelwerk im Recht dieses Staates dar. Als Ganzes wurden in Deutschland etwa das ÖlHÜ 1992, das ÖlFÜ 1992, das ÖlFÜProt 2003, das das BunkerölÜ sowie das WBÜ übernommen (unten Anhang I.1, I.3, I.4, I.5 und III.1 zu § 480), ebenso das ZusÜSee (unten Rn 103), das HBÜ 1996 (aber nicht die CLNI, unten Rn 104) sowie das ArrestÜ (unten Rn 107). Die Bestimmungen des ZusZustÜ waren ursprünglich in §§ 738, 738a HGB a.F. umgesetzt worden. Dies ist durch das SHR-ReformG rückgängig gemacht, seit seinem Inkrafttreten ist das Übereinkommen als solches anwendbar (unten Rn 108).

Die zweite mögliche Art der Umsetzung ist die Einarbeitung der einzelnen vereinheitlichten Rechtsvorschriften in bereits vorhandene Regelwerke. In diesen stehen dann vereinheitlichte und unvereinheitlichte Vorschriften nebeneinander. Eine solche Einarbeitung liegt auch vor, wenn bereits vorhandene Vorschriften lediglich „umgewidmet", aber nicht geändert werden. Möglicherweise stellt bereits das Übereinkommen selbst es den Vertragsparteien frei, in der einen oder anderen Weise zu verfahren (siehe etwa Abs. 2 des Zeichnungsprotokolls der Haager Regeln und Art. 16 Visby Protokoll). In das HGB eingearbeitet worden sind etwa die Bestimmungen der Haager Regeln, des Visby Protokolls und des Protokolls von 1979 (unten Rn 73–77, 79–83, 84), des BerggÜ 1989 (heute §§ 574 bis 584 – unten Rn 105–106), ebenso die der CLNI in die § 4 bis § 5m BinSchG (unten Rn 105). **8**

In Deutschland bestimmt der Gesetzgeber, ob ein Übereinkommen als Ganzes in das innerstaatliche Recht übernommen oder in bestehende Vorschriften eingearbeitet wird. Schwierigkeiten können sich ergeben, wenn die Bestimmungen des Übereinkommens in das innerstaatliche Recht eingearbeitet werden. Hier kann sich die Frage stellen, ob die Bestimmungen des Übereinkommens neben den parallelen innerstaatlichen Regelungen anwendbar sind und ggf. in welchem Verhältnis beide zueinander stehen. Bei den jüngeren Übereinkommen wie dem BerggÜ 1989 und der CLNI ist im Vertragsgesetz jeweils ausdrücklich klargestellt worden, dass die Übereinkommen innerstaatlich nicht als solches zur Anwendung gelangen (siehe Art. 1 Abs. 2 BerggÜ-1989-G und Art. 1 Abs. 2 CLNI-G, früher auch schon Art. 1 Abs. 2 EVÜ-G). Für ältere Übereinkommen fehlt es an entsprechenden Regelungen. Die Haager Regeln kommen innerstaatlich nicht als solche zur Anwendung, sondern ausschließlich die entsprechenden Bestimmungen des Fünften Buches HGB (siehe unten Rn 74). Dies ergibt sich daraus, dass andernfalls die Vorschrift des Art. 6 EGHGB überflüssig wäre. Dagegen ist für das Verhältnis zwischen dem ZusÜSee und den §§ 570ff. sowie zwischen dem ZusÜBin und den §§ 92ff. BinSchG anerkannt, dass sowohl die Übereinkommen unmittelbar als auch die innerstaatlichen Regelungen gelten, wobei den Übereinkommen der Vorrang zukommt. Gleiches galt für das ZusZustÜ und die §§ 738, 738a HGB a.F., bis diese Entscheidung durch das SHR-ReformG wieder rückgängig gemacht wurde (unten Rn 108). **9**

Für eine Einarbeitung der Bestimmungen eines völkerrechtlichen Übereinkommens in das innerstaatliche Recht spricht die erleichterte Rechtsanwendung, weil sachlich zusammen gehörende Bestimmungen des vereinheitlichten und des autonomen Rechts in einem Regelwerk enthalten und aufeinander abgestimmt formuliert enthalten sind. Nachteilig ist jedoch insbesondere, dass äußerlich nicht mehr erkennbar ist, welche Rechtsvorschriften zum autonomen Recht gehören und welche auf das Übereinkommen zurückgehen. Der frühere Art. 36 EGBGB a.F. hat ausdrücklich daran erinnert, dass einer Reihe der Vorschriften „dieses Kapitels" das EVÜ zugrunde lag. **10**

In Deutschland bedarf es für die Umsetzung von Übereinkommen in das innerstaatliche deutsche Recht nach Art. 59 Abs. 2 Satz 1 GG einer Zustimmung zum Übereinkom- **11** men in Form eines Gesetzes. Sie ermächtigt das betreffende staatliche Organ, namentlich den Bundespräsidenten (Art. 59 Abs. 1 Satz 1 GG), die Bindung an das Übereinkommen durch dessen Ratifikation herbeizuführen (oben Rn 4). Zum anderen bewirkt die Zustimmung die innerstaatliche Geltung des Übereinkommens. Die Zustimmung erfolgt in einem Vertragsgesetz. Gleichzeitig wird der deutsche Wortlaut des Übereinkommens oder, wenn es einen solchen nicht gibt, eine amtliche deutsche Übersetzung bekannt gemacht. All dies sind keine bloßen Formalitäten, sondern Voraussetzungen der innerstaatlichen Anwendungsfähigkeit des Übereinkommens.[1] Das Vertragsgesetz kann darüber hinaus weitere Regelungen enthalten, ggf. wird ein begleitendes Ausführungsgesetz erlassen.

12   Innerstaatlich zur Anwendung kommt das Übereinkommen grundsätzlich erst, wenn es für die Deutschland völkerrechtlich verbindlich wird. Üblicherweise ist bereits im Vertragsgesetz vorgesehen, dass dieser Tag im BGBl. bekannt zu machen ist. Wird das völkerrechtliche Inkrafttreten erst nachträglich bekannt gemacht, was häufig vorkommt, ist das Übereinkommen innerstaatlich auch erst vom Tag der Bekanntmachung an anwendbar; allerdings kommt es zu einer Rückwirkung ab dem Tag des Inkrafttretens.[2] Das Zustimmungsgesetz enthält einen eigenständigen innerstaatlichen Rechtsanwendungsbefehl.[3]

13   **d) Das vereinheitlichte Recht als Teil des innerstaatlichen Rechts.** Die Vorschriften des international vereinheitlichten Rechts haben gegenüber dem sonstigen innerstaatlichen Recht nicht automatisch Vorrang. Ein solcher ergibt sich auch nicht aus Art. 25 Satz 2 GG.[4] Maßgeblich ist vielmehr der Rang des Zustimmungsgesetzes bzw. des Gesetzes, in das die betreffenden Bestimmungen eingearbeitet worden sind. Jedenfalls geht das Zustimmungsgesetz als Bundesgesetz nach Art. 31 GG dem Landesrecht vor. Im Gegensatz dazu hat § 1 Abs. 3 SHSG hat einen grundsätzlichen Vorrang von Bestimmungen in völkerrechtlichen Übereinkommen angeordnet. Im Hinblick auf privatrechtsvereinheitlichende Übereinkommen ist ebenfalls von einem Vorrang des vereinheitlichten Rechts gegenüber dem autonomen innerstaatlichen Recht auszugehen. Hierzu kann auf den Vorrang des spezielleren Gesetzes verweisen werden. Oder auf Art. 3 Nr. 2 EGBGB, der auf der Ebene des internationalen Privatrechts den Vorrang des staatsvertraglich vereinheitlichten Rechts festschreibt.

14   In völkerrechtlichen Übereinkommen enthaltene Bestimmungen, auch und gerade solche privatrechtlicher Natur, sind grundsätzlich aus sich heraus, unter Berücksichtigung völkerrechtlicher Grundsätze und insbesondere unabhängig vom nationalen Recht auszulegen. Dabei kommt dem Wortlaut der Bestimmung sowie dem systematischen Zusammenhang eine besondere Bedeutung zu.[5] Dies wird in Art. 31 Abs. 1 VertragsÜ bestätigt; weitere Regelungen über die Auslegung völkerrechtlicher Übereinkommen ent-

---

1 BVerfGE 63, 343, 354.
2 BVerfGE 63, 343, 354 f.
3 BVerfGE 59, 63, 90, BVerfGE 75, 223, 244; BVerfGE 77, 170, 210; BVerfGE 90, 286, 364.
4 BVerfGE 6, 309, 363; BVerfGE 31, 145, 178.
5 Siehe RGZ 104, 352, 356; RGZ 130, 220, 221 (unten); RG JW 1932, 243; BGHZ 52, 216 = NJW 1969, 2083, 2084 (vor b); BGHZ 75, 92 = NJW 1979, 2472 (rechte Spalte) (CMR); BGHZ 84, 339 = NJW 1983, 518 (rechte Spalte) (WarschauAbk); BGHZ 115, 299 = NJW 1992, 621, 622 (unter bb) (CMR); BGHZ 123, 200 = NJW 1993, 2808, 2809 (rechte Spalte) (CMR); BGH NJW 1975, 1597, 1598 (vor 2.) (CMR); BGH NJW 1976, 1583, 1584 (unter 2a); BGH NJW 1979, 493, 494 (linke Spalte oben) (WarschauAbk); BGH NJW-RR 1989, 481, 482 (vor b) (CMR); BGH NJW-RR 1989, 497, 498 (unter d) (zur CMR); BGH NJW-RR 2004, 497, 498 (unter d) (CMR); OLG Düsseldorf VersR 1980, 826 (CMR); OLG Düsseldorf VersR 1974, 1095.

halten Art. 31 Abs. 2 und Art. 32 VertragsÜ.⁶ Die autonome Auslegung des vereinheitlichten Rechts ist von der gewollten ergänzenden Anwendung des nationalen Rechts zur Ausfüllung von Lücken und unbestimmten Rechtsbegriffen zu unterscheiden (dazu oben Rn 2).

Eine entsprechende völkerrechtskonforme Auslegung ist auch geboten, wenn die Bestimmungen des Übereinkommens nicht als Ganzes übernommen, sondern in das innerstaatliche deutsche Recht eingearbeitet wurden (oben Rn 7–12). Dies gilt ebenso für Vorschriften, die bereits vor Wirksamwerden der völkerrechtlichen Bindung gleichlautender Bestandteil des nationalen Rechts waren, nunmehr also ggf. eine andere Bedeutung erlangen. Bei der Auslegung einer Vorschrift im Sinne des zugrundeliegenden Übereinkommens bleibt es auch, wenn vereinheitlichte Bestimmungen innerstaatlich über ihren völkerrechtlich vorgegebenen Geltungsbereich hinaus auf weitere Sachverhalte zur Anwendung gebracht werden. Schließlich ist Art. 24, 25 und 59 Abs. 2 Satz 1 GG das Gebot zu entnehmen, dass sonstige innerstaatliche deutsche Rechtsvorschriften so auszulegen sind, dass sie nicht zu den Bestimmungen völkerrechtlicher Übereinkommen in Widerspruch treten.⁷ **15**

e) Die fehlende völkerrechtliche Bindung. Staaten, die nicht zu den Vertragsparteien eines Übereinkommens gehören, sind nicht daran gehindert, die Bestimmungen des Übereinkommens in ihr innerstaatliches Recht aufzunehmen (siehe Art. 34 VertragsÜ). Der betreffende Staat kann die Bestimmungen des Übereinkommens auch unvollständig oder mit Abweichungen übernehmen oder den Anwendungsbereich der Bestimmungen einschränken oder erweitern. Auch Deutschland ist teilweise so verfahren. Dies gilt namentlich für die durch das Visby Protokoll und das Protokoll von 1979 bewirkten Änderungen der Haager Regeln, die heute Grundlage und Ausgangspunkt des deutschen Seefrachtrechts sind (dazu sogleich Rn 17–78). **16**

2. Die Haager Regeln

Literatur: *Betzel* Die Reform der Haager Regeln, 1975; *Ehlers* Die Haager Regeln und das deutsche Seerecht, Hansa 1937, 3006–3009; *Ehlers* Die Übernahme der Haager Regeln in das Deutsche Seefrachtrecht, Hansa 1937, 1588–1589; *Figert* MV Sea Joy, Art. 3 § 2 Haager Regeln und der deutsche Gesetzgeber, TranspR 2001, 108–117; *Götz* Der zwingende Geltungsbereich der Haager Regeln nach anglo-amerikanischem Recht, ZHR 121, 47–66; *Götz* Das Seefrachtrecht der Haager Regeln nach anglo-amerikanischer Praxis, 1960; *Gütschow* Die Haager Regeln 1922, HansRZ 1924, 887–898 und 929–940; *Hartmann* Die Haftung des Verfrachters aus Seefrachtvertrag nach den Haager Regeln, 1945; *Herber* Haftung nach Haager Regeln, Haag-Visby-Regeln und Hamburg-Regeln, TranspR 1995, 261–266; *Kuhl* Haager Regeln und Reederhaftung, Hansa 1927, 723; *Kuhl* Die Haager Regeln und das Internationale Uebereinkommen über den Zusammenstoß von Schiffen, Hansa 1925, 1335; *Kuhl* Zur Auslegung der Haager Regeln, HansRZ 1926, 571–580; *Kuhl* Das kommerzielle und das nautisch-technische Verschulden in den Haager Regeln, Hansa 1926, 631–635 und 668–673; *Kuhl* Haager Regeln und Reederhaftung, Hansa 1927, 723; *Kuhl* Die Abänderung des deutschen Seefrachtrechts durch die Einführung der Haager Regeln, Hansa 1937, 1860–1863; *von Laun* Die Haager Regeln im Ausland, Hansa 1951, 1841–1842; *von Laun* Der Geltungsbereich der Haager Regeln, RIW 1955, 202–203; *Lebuhn* Die Haager Regeln im Spiegel der ausländischen Gesetzgebung, Hansa 1951, 1346–1347 und 1457; *Leisler Kiep* Die Ergebnisse der XIII. Tagung des Comité Maritime International, Hansa 1922, 1277, 1299–1302, 1323–1325; *Leisler Kiep* Die neueste Entwicklung der Bestrebungen zur Einführung eines einheitlichen Konnossementsrechts, Hansa 1923, 466–467; *Leisler Kiep* Die Haager Regeln von England angenommen! Hansa 1924, 869–871; *Leisler Kiep* Haager Regeln, Hansa 1924, 965–967; *Liesecke*

---

6   Siehe zur Anwendung dieser Vorschriften BVerwGE 80, 249, 253 und BVerwGE 78, 11, 15 f. (unter 4a).
7   BVerfGE 74, 358, 370 (unten).

Die Haager Regeln – Probleme ihrer Anwendung und Reform, Hansa 1965, 1136–1138 und 1254–1256; *Lindenmaier* Bisherige Arbeitsergebnisse des Seerechtsausschusses der Akademie für Deutsches Recht, DRiZ 1934, 229–230; *Lindenmaier* Das Gesetz zur Änderung von Vorschriften des Handelsgesetzbuches über das Seefrachtrecht, ZAkDR 1937, 530–532; *Lindenmaier* Die bisherige Arbeit des Seerechtsausschusses der Akademie für Deutsches Recht, JBAkDR 1939/1940, 105–138; *Markianos* Die Übernahme der Haager Regeln in die nationalen Gesetze über die Verfrachterhaftung, 1960; *Mittelstein* Hague Rules 1921, HansRZ 1922, 32–43; *Mittelstein* Hague Rules 1922, HansRZ 1923, 757–766; *Möller* Umbruch des Seefrachtrechts, HansRGZ A 1937, 405–414; *Möller* Versicherung und Haager Regeln, Hansa 1937, 2092–2095; *Müller* Seeuntüchtigkeit und Management of the Ship nach den Haager Regeln, 1922, 1937; *Müller* Seeuntüchtigkeit und technische Bedienung („management") des Schiffes nach der Seefrachtrechtsnovelle vom 10.8.1937 (Haager Regeln 1922), HansRGZ A 1937, 371–392; *Necker* Der räumliche Geltungsbereich der Haager Regeln, 1962; *Okuda* Zur Anwendungsnorm der Haager, Visby und Hamburg Regeln, DVIS A 45; *Rabe* Das Seefrachtgesetz vom 10. August 1937 – ein radikaler Vorläufer von § 11 Nr. 7 AGB-Gesetz, FS Heinrichs S. 397–410; *Sieveking* Internationale Bestrebungen zur Vereinheitlichung des Seefrachtrechts, HansRZ 1921, 945–952; *Sieveking* Die Haager Regeln in englischer Beleuchtung, HansRZ 1923, 315–320; *Stödter* Zur Einführung der Haager Regeln, Hansa 1940, 164–168, 188–191; *Stödter* Das deutsche Einheitskonnossement (1940), Hansa 1941, 1020–1025; *Stödter* Geschichte der Konnossementsklauseln, 1953; *Stödter* Zur Statutenkollision im Seefrachtrecht, Liber Amoricum Algot Bagge (1955) S. 220–232; *Wüstendörfer* Die Haager Regeln von 1922, Schifffahrt-Jahrbuch 1924, 30; *Wüstendörfer* Die kommende Reform des deutschen Seerechts, VHDH 1(1928), 18–40; *Wüstendörfer* Leitgedanken für die Erneuerung des deutschen Seerechts, JbAkDR 1933/1934, 56–63; *Wüstendörfer* Auf dem Weg zur Erneuerung des deutschen Seerechts, ZAkDR 1934, 220–225; *Wüstendörfer* Die Neugestaltung des deutschen Seerechts, ZAkDR 1935, 265–272 und 940–950; *Wüstendörfer* Gutachten über die Verschlechterung der Rechtslage der Reeder durch die Haager Regeln, Hansa 1928, 893–896, 929–931, 1046; *Wüstendörfer* Der Schutzzweck der Haager Regeln und das DEK 1940, HansRGZ A 1943, 49–63; *Wüstendörfer* Zur Haftung für Feuerschäden an Bord von Seeschiffen nach den Haager Regeln, MDR 1949, 450–454 und 515–516; *Wüstendörfer* The Hague Rules 1922, 1923; *Yazicioglu* Konflikte zwischen den Haager Regeln und dem türkischen Handelsgesetzbuch bei der Anwendung bestimmter Regeln, TranspR 2003, 286–295; *von Ziegler* Haftungsgrundlage im internationalen Seefrachtrecht, 2002; *Zeller* Die Umgehung der Haager Regeln durch die Ladungsbeteiligten und die Himalaya-Klausel im Seefrachtrecht, 1966 – (Verfasser unbekannt) Neuregelung des Seefrachtrechts, Hansa 1937, 1521, 1554–1556.

Materialien: *CMI* The Traveaux Préparatoires of the Hague Rules and of the Hague-Visby Rules, 1997; *Sturley* The legislative History of the Carriage of Goods by Sea Act and the Traveaux Préparatoires of the Hague Rules, 1990 (3 Bände).

17 Die Haager Regeln wurden am 25. August 1924 auf einer diplomatischen Konferenz in Brüssel verabschiedet. Ihr Vorbild waren der US-amerikanische Harter Act von 1897[8] und entsprechende Gesetzgebungen in Neuseeland (1903), in Australien (1904) und in Kanada (1910) sowie in Japan. Anlass all dieser Maßnahmen war die Praxis der in Konferenzen zusammengeschlossenen Liniendienste, die eine erhebliche Marktmacht besaßen, ihre Haftung in AGB weitgehend auszuschließen. Dem sollte durch die Einführung zwingend geltender Bestimmungen Einhalt geboten werden. Aufbau und Inhalt der Haager Regeln entsprachen noch nicht dem Standard moderner Frachtrechtsübereinkommen. Viele Bestimmungen, die heute im vereinheitlichten Frachtrecht selbstverständlich sind, fehlen. Zudem sind die Haager Regeln stark vom angelsächsischen Rechtsdenken geprägt, was das Verständnis der Vorschriften aus Sicht anderer Rechtssysteme erschwert. Die Haager Regeln befassen sich mit drei Gegenständen: Mit der Ausstellung und bestimmten Wirkungen des Konnossements (unten Rn 45–49), mit der Haf-

---

[8] Siehe *Meckel* Der US Harter Act und die Haftung des Verfrachters für Ladungsschäden im internationalen Seetransportrecht der USA, 1998.

tung des Unternehmers für Schäden in Bezug auf die Güter (unten Rn 50–68) sowie mit der Haftung des Befrachters (unten Rn 69–72).

a) Der Anwendungsbereich der Haager Regeln

aa) Die Geltung für Frachtvertrag bzw. Konnossement. Nach den Vorstellungen des deutschen Rechts handelt es sich bei dem Frachtvertrag und dem Konnossement um zwei selbständige und voneinander unabhängige Rechtsverhältnisse. Ausgehend davon stellt sich die Frage, ob die Haager Regeln nur für das eine, nur für das andere oder gleichermaßen für beide Rechtsverhältnisse gelten. Dabei ist zu berücksichtigen, dass die Haager Regeln stark vom angelsächsischen Recht geprägt sind, wo es diese Unterscheidung grundsätzlich nur bei Charterverträgen gibt. 18

Entsprechend bietet sich ein verwirrendes Bild. In Art. 1 (a) Haager Regeln ist im Hinblick auf die Definition des Unternehmers (unten Rn 41) von dem zwischen dem Unternehmer und dem Befrachter geschlossenen Frachtvertrag die Rede. Art. 1 (b) Hs. 1 Haager Regeln will den Frachtvertrag umschreiben, scheidet aber lediglich solche Verträge aus, über die kein Konnossement ausgestellt ist. Der Hs. 2 der Vorschrift betrifft Konnossemente, die auf Grund „oder in Verfolg" einer Charterpartie – gemeint ist: eines Chartervertrages (unten Rn 23) – ausgestellt werden. Auf den Frachtvertrag bzw. nur noch auf den „Vertrag" wird weiter in Art. 2, Art. 3 § 5 Satz 3, § 6 Abs. 1, § 8 Satz 1, Art. 4 § 4, Art. 6 Abs. 1 und Art. 7 Haager Regeln verwiesen. Um „Vereinbarungen" geht es in Art. 4 § 5 Abs. 3 und Art. 6 Abs. 2 und 3 Haager Regeln, während Art. 5 Abs. 2 Haager Regeln Chartern betrifft. 19

Der Frachtvertrag bzw. Vertrag, von dem in den Haager Regeln die Rede ist, meint nicht den (Stückgut-)Frachtvertrag des deutschen Rechts.[9] Nach angelsächsischer Rechtsvorstellung dokumentiert das Konnossement den Frachtvertrag. Es gibt es keine zwei Rechtsverhältnisse, die voneinander zu unterscheiden wären. Der „Frachtvertrag" im Sinne der Haager Regeln ist der „Konnossements-Vertrag", die Grundlage für die mit dem Konnossement verbundenen Rechtswirkungen. Nach deutschem Recht hat das Konnossement solche bereits von sich aus, ohne dass es eines weiteren Vertrages bedarf (dieser „Konnossements-Vertrag" des angelsächsischen Rechts ist nicht mit dem für die Ausstellung erforderlichen Konnossements-Begebungsvertrag zu verwechseln). Andererseits ist das Konnossements-Rechtsverhältnis grundsätzlich einseitig, auf den verbrieften Auslieferungsanspruch des Berechtigten gegen den Verfrachter bezogen. Die Haager Regeln gehen dagegen, ausgehend von dem Vertragscharakter des Konnossements, widerspruchsfrei davon aus, dass auch der Unternehmer „aus dem Konnossement" Ansprüche gegen den Befrachter haben kann (Art. 3 § 5 Satz 2, Art. 4 § 6 Satz 1 Haager Regeln – unten Rn 69–72). 20

Die Haager Regeln befassen sich aber auch mit dem Fall, dass es neben dem Konnossement einen selbständigen (weiteren) Vertrag gibt, nämlich eine Charter. Nach Art. 5 Abs. 2 Satz 1 Hs. 1 Haager Regeln gilt keine Bestimmung des Übereinkommens für Chartern, während im Hs. 2 sogleich klargestellt wird, dass die Haager Regeln auf die vom Unternehmer ausgestellten Konnossemente sehr wohl zur Anwendung kommen. Art. 1 (b) Hs. 2 Haager Regeln ordnet weiter an, dass das Konnossement hier erst eine eigenständige Rechtswirkung entfaltet, wenn es für das Rechtsverhältnis zwischen dem Unternehmer und dem „Inhaber" des Konnossements maßgebend geworden ist. Diese Regelungen gelten gleichermaßen für den Stückgutfrachtvertrag des deutschen Rechts, 21

---

[9] Anders *Koller* VersR 1982, 1, 5f. (unter 1.), ihm zustimmend *J. Schmidt* TranspR 1988, 105, 106.

wenn ein Konnossement ausgestellt ist. Kommt es hierzu nicht, ist die schwer verständliche Vorschrift des Art. 6 Haager Regeln anzuwenden (unten Rn 38–40).

22 Für das deutsche Recht und die hier bestehende Selbständigkeit von Konnossement und Frachtvertrag ergibt sich aus dem zuvor (oben Rn 21) Dargelegten, dass die Bestimmungen über die Sorgfaltspflichten des Unternehmers im Hinblick auf die Güter sowie dessen Haftung (unten Rn 50–68) ausschließlich seine Einstandspflicht aus dem Konnossement betreffen, nicht aber die aus einem Stückgutfrachtvertrag oder einer Charter (Art. 5 Abs. 2 Satz 1 Hs. 1 Haager Regeln). Die Pflicht des Unternehmers zur Ausstellung des Konnossements, deren Grundlage an sich der „Konnossements-Vertrag" ist (den es nach deutscher Rechtsvorstellung nicht gibt – oben Rn 20), ist eine solche des Stückgutfrachtvertrages oder der Charter. Entsprechendes gilt für die Haftung des Befrachters (unten Rn 69–72).

23 **bb) Konnossement und Charter (bzw. Stückgutfrachtvertrag).** Art. 5 Abs. 2 Satz 1 Hs. 1, Art. 1 (b) Hs. 2 Haager Regeln betrifft den Fall, dass ein Konnossement aufgrund einer Charter ausgestellt wird. Ihr ist der Stückgutfrachtvertrag gleichzustellen (oben Rn 22). Nach Art. 5 Abs. 2 Satz 1 Hs. 1 Haager Regeln kommt das Übereinkommen auf Charterverträge nicht zur Anwendung. Andererseits gelten die Haager Regeln nach dem Hs. 2 der Vorschrift für Konnossemente, die im Rahmen von Chartern ausgestellt werden. Gemäß Art. 1 (b) Hs. 2 Haager Regeln unterliegt das Konnossement jedoch erst dann den Haager Regeln, wenn es für das Rechtsverhältnis zwischen dem Unternehmer und dem (Dritt-)Inhaber des Konnossements maßgebend geworden ist. So lange der Charterer nach der Ausstellung des Konnossements dessen Inhaber ist, hat das Papier lediglich die Funktion einer Quittung. Die mit dem Konnossement verbundenen Rechtswirkungen treten auch rückwirkend ein, als ob der Dritte von Anfang an aus dem Konnossement berechtigt war. Keine Rolle spielen die Vorbehalte der Art. 1 (b) Hs. 2 und Art. 5 Abs. 2 Satz 1 Haager Regeln, wenn der Unternehmer das Konnossement unter Übergehung des Charterers sogleich einem Dritten ausstellt. Diese Bestimmungen sind in der Weise in § 663a HGB a.F. übernommen worden, dass die in § 662 Abs. 1 Satz 1 HGB a.F. genannten Vorschriften sowohl auf das Konnossement als auch auf die Charter zur Anwendung gelangten, aber für das Konnossement erst mit Begebung an einen Dritten zwingend galten. Diese Unterscheidung findet sich im heutigen Fünften Buch HGB nicht mehr.

24 **cc) Konnossemente oder gleichartige Titel.** Die Haager Regeln gelten nach ihrem Art. 1 (b) Hs. 1 für Konnossemente oder gleichartige Titel (*documents of title*). Letztere sind handelbare Dokumente, die an die Stelle der beförderten Güter treten und aus sich heraus Rechte an ihnen verschaffen. Ein Konnossement im Sinne des deutschen Rechts, auch ein Namens-(Rekta-)Konnossement, erfüllt die Voraussetzungen des Art. 1 (b) Haager Regeln, nicht aber *booking notes*, Seefrachtbriefe, Charter Parties oder Mate's Receipts.[10]

25 **dd) Beförderungen zur See.** Die Konnossemente oder gleichartigen Titel müssen sich nach Art. 1 (b) Hs. 1 Haager Regeln auf die Beförderung von Gütern zur See beziehen. Es schadet nicht, dass die Beförderung auch über Binnengewässer erfolgen soll (siehe § 450 Nr. 2; zu der Abgrenzung zwischen Binnen- und Seegewässern siehe unten

---

[10] *Markianos* Haager Regeln S. 78 (unter 4); *Schaps/Abraham* Seehandelsrecht Rn 7 zu Art. 1 Haager Regeln Anh. III. § 663b.

Rn 78–85 Einleitung B). Die Haager Regeln gelten hier für die gesamte Strecke, nicht etwa nur für den Abschnitt, der über Seegewässer führt.[11] Die Beförderung muss keine internationale sein, sondern kann zwischen Häfen desselben Staates stattfinden; siehe Abs. 3 Nr. 2 Zeichnungsprotokoll. Im Falle einer Durch-Beförderung bleiben die Haager Regeln durchgehend, also auch während der Umladung und einer (beförderungsbedingten) Lagerung anwendbar.

ee) Beförderungen mit einem Schiff. Die Haager Regeln gelten nur, wie sich aus den zahlreichen Bezugnahmen im Übereinkommen ergibt, für Güterbeförderungen per Schiff. Art. 1 (d) Haager Regeln enthält außerdem eine nichtssagende Umschreibung. Zwischen See- und Binnenschiffen wird nicht unterschieden[12] (dazu unten Rn 63–85 Einleitung B), ebenso ist die Staatszugehörigkeit des Schiffes ohne Bedeutung. Art. 1(d) Haager Regeln ist auch nicht zu entnehmen, dass das Übereinkommen nur dann zur Anwendung kommt, wenn der Unternehmer nur *ein* Schiff für die Beförderung einsetzt, also keine Umladung stattfindet.[13] 26

ff) Die beförderten Güter. Die Haager Regeln gelten nach ihrem Art. 1(c) grundsätzlich für alle Arten von Gütern. Ausgenommen werden lediglich lebende Tiere. Unabhängig von der Art der Güter betreffen die Haager Regeln auch nicht Güter, die „im Frachtvertrag" – gemeint ist: im Konnossement (oben Rn 18–22) – als Deckladung bezeichnet *und* tatsächlich so befördert werden. Beide Voraussetzungen müssen vorliegen. Ein bloßer Vorbehalt, dass die Güter an Deck verladen werden dürfen, genügt nicht. Es kommt auch nicht darauf an, ob die Deckverladung erlaubt war. Nach dem früheren deutschen Recht galten die in § 662 Abs. 1 Satz 1 HGB a.F. genannten Vorschriften grundsätzlich auch für die Beförderung lebender Tiere sowie für Deckladung, allerdings nicht zwingend (§ 663 Abs. 2 Nr. 1 HGB a.F.). Die heutigen Vorschriften gelten uneingeschränkt auch für die Beförderung lebender Tiere, während für die Deckladung die besonderen Regelungen der §§ 486 Abs. 4, 500, 507 Nr. 2. 27

gg) Die Ausstellung eines Konnossements. Die Haager Regeln gelten nur, wie Art. 1 (b) Hs. 1 zu entnehmen ist, wenn ein Konnossement ausgestellt ist. Allerdings ist das Übereinkommen hier nicht erst von der Ausstellung an, sondern auch schon in der Zeit davor anwendbar. Dies gilt für die Bestimmungen über die Ausstellung des Konnossements ohnehin (unten Rn 46–48), aber ebenso für die Regelungen über die Haftung des Unternehmers (unten Rn 50–68) und des Befrachters (unten Rn 69–72). War der Unternehmer nach Art. 3 § 3 Abs. 1 Haager Regeln zur Ausstellung des Konnossements verpflichtet, ist dies aber unterblieben, sind die Haager Regeln gleichwohl anwendbar. Dies gilt lediglich dann nicht, wenn die Ausstellung des Konnossements ausgeschlossen war. 28

hh) Die Ausstellung in einem Vertragsstaat. Nach Art. 10 Haager Regeln kommt das Übereinkommen zur Anwendung, wenn das Konnossement in einem Vertragsstaat ausgestellt wird oder werden sollte (soeben Rn 28). Die Umsetzung des Art. 10 Haager Regeln erfolgte durch Art. 21 SeeFrGDV. 29

---

11 Anders aber *Schaps/Abraham* Seehandelsrecht Rn 16 zu Art. 1 Haager Regeln Anh. III § 663b.
12 *Schlegelberger/Liesecke* Seehandelsrecht Rn 39 Einf. § 556.
13 *Schaps/Abraham* Seehandelsrecht Rn 16 zu Art. 1 Haager Regeln Anh. III § 663b.

30 **ii) *Tackle-to-tackle.*** Nach einem in der Praxis verbreiteten, auf Art. 1 (e) Haager Regeln zurückgehenden Missverständnis gelten die Haager Regeln nur in der Zeit vom Beginn der Verladung bis zur Beendigung der Entladung. Der Wendung *tackle-to-tackle* liegt die Vorstellung zugrunde, dass die Güter mit dem schiffseigenen Ladegeschirr von der Pier neben dem Schiff geladen und im Bestimmungshafen dort wieder abgesetzt werden. Art. 1 (e) Haager Regeln bezieht sich zurück auf die Umschreibungen in Abs. (b) und (d). Auf den *tackle-to-tackle*-Zeitraum wird auch in Art. 2, Art. 3 § 2 sowie in Art. 7 Haager Regeln abgestellt. Art. 1 (e) Haager Regeln dient der Abgrenzung der eigentlichen Seebeförderung von Vor- und Anschlusstransporten. Art. 7 Haager Regeln erlaubt Vereinbarungen im Hinblick auf die Haftung des Unternehmers für Ladungsschäden außerhalb des *tackle-to-tackle*-Zeitraums (unten Rn 36). Die Haager Regeln betreffen damit auch Vorgänge außerhalb des *tackle-to-tackle* Zeitraums. So muss der Unternehmer schon vor Beginn der Beladung nach Art. 3 § 1 Haager Regeln bei der Herstellung der Seetüchtigkeit des Schiffes die gehörige Sorgfalt anwenden (unten Rn 52–54) und nach Art. 3 § 3 Abs. 1 Haager Regeln ein Übernahme-Konnossement ausstellen (siehe unten Rn 46); der Unternehmer und der Konnossements-Berechtigte sind nach Art. 3 § 6 Abs. 5 Haager Regeln nach der Entladung im Hinblick auf die Schadensfeststellung zum Zusammenwirken verpflichtet (unten Rn 62); die Haftung des Verfrachters für die Richtigkeit seiner Angaben zu den Gütern setzt nach Art. 3 § 5 Haager Regeln bereits vor dem Beginn der Beladung ein; die Beweiskraft des Konnossements wirkt nach Art. 3 § 4 Haager Regeln auch nach Abschluss der Entladung fort (unten Rn 49); und die Jahresfrist des Art. 3 § 6 Abs. 4 Haager Regeln beginnt erst mit der Ablieferung der Güter (unten Rn 63).

31 **jj) Multimodale Beförderungen.** Umfasst die vom Frachtführer übernommene multimodale Beförderung eine See-Teilstrecke, so gelten die Haager Regeln von sich aus weder für die gesamte Beförderung noch für die See-Teilstrecke allein.[14] Sie sind nach Art. 1 (b) Hs. 1 Haager Regeln nur auf Konnossemente (oben Rn 24) für die Beförderung von Gütern zur See, „... par mer ...") anwendbar. Dies umfasst nach Art. 1 (e) Haager Regeln lediglich den Zeitraum vom Beginn der Beladung in das Schiff bis zu ihrer Entladung (zuvor Rn 30). Für die Haag-Visby Regeln ergibt sich die Nicht-Geltung bei multimodalen Beförderungen aus dem neuen Wortlaut des Art. 10; Rückschlüsse auf die Vorstellungen der Beteiligten im Hinblick auf Art. 10 Haager Regeln lassen sich hieraus nicht ziehen. Denkbar, aber wenig praktisch ist es, dass der Frachtführer nur über die See-Teilstrecke ein Konnossement ausstellt; hier kämen die Haager Regeln zur Anwendung.

32 Erschwert wird das Verständnis dadurch, dass die englischsprachigen Haag- bzw. Haag-Visby-Gesetzgebungen in den entscheidenden, auf Art. 1 (b) Haager Regeln zurückgehenden Passagen anders formuliert sind. So heißt es im britischen COGSA und in 46 USC § 1301 (b), dass die maßgeblichen Gesetze für Konnossemente und gleichartige Titel gelten, „... in so far as such documents relate to the carriage of goods by sea ...". Dieser Wortlaut weicht von der verbindlichen französischen Originalfassung der Haager Regeln und auch von der ihr entsprechenden deutschen amtlichen Übersetzung ab. Die Formulierung legt die Auslegung nahe, dass die betreffende Gesetzgebung auch im Rahmen multimodaler Beförderungen mit See-Teilstrecken zu berücksichtigen ist.

---

14 Siehe *Herber* TranspR 2006, 435, 439 (unter c) und wohl auch schon *Herber* GS Helm S. 99 (S. 115); *Drews* TranspR 2003, 12, 14 (linke Spalte oben); *Erbe/Schlienger* TranspR 2005, 421, 424 (unter 5.1); *Otte* Liber amorium Kegel S. 141 (S. 147 unten).

kk) Die zwingende Geltung. Von den Bestimmungen der Haager Regeln kann nur 33
in eingeschränktem Umfang in den Konnossements-Bedingungen bzw. durch Vereinbarungen im Frachtvertrag (oben Rn 18–22) abgewichen werden. Die betreffenden Vorschriften sind wenig übersichtlich; siehe Art. 3 § 8, Art. 4 § 5 Abs. 3, Art. 5 Abs. 1, Art. 6 und Art. 7 Haager Regeln.

(1) Die Beschränkungen. Art. 3 § 8 Satz 1 Haager Regeln verbietet einen Ausschluss 34
und eine Beschränkung der Haftung des Unternehmers für Verluste und Schäden in Bezug auf die Güter (unten Rn 57), soweit sie auf einer Verletzung der in Art. 3 Haager Regeln umschriebenen Pflichten beruhen. Dies betrifft insbesondere die Pflicht zur Herstellung der Seetüchtigkeit (§ 1 Haager Regeln – unten Rn 52–54) sowie zur Ladungsfürsorge (§ 2 Haager Regeln – unten Rn 55–56). Nach § 8 Satz 2 Haager Regeln sind auch Regelungen über eine Abtretung von Ansprüchen unzulässig. Außerdem kann die in Art. 4 § 5 Abs. 1 Haager Regeln geregelte beschränkte Höchsthaftung des Unternehmers (unten Rn 64–66) nach Abs. 3 nicht zu seinen Gunsten durch entsprechende Vereinbarungen (dies umfasst auch Konnossements-Bedingungen) weiter herabgesetzt werden. Siehe zum früheren Recht § 662 HGB a.F. Das heutige Recht geht mit der AGB-Festigkeit bestimmter Vorschriften (siehe etwa §§ 488 Abs. 5, 512, 525 und Art. 6 Abs. 1 Satz 1 Nr. 3 EGHGB) von einem grundlegend abweichenden Konzept aus.

(2) Zulässige Bestimmungen. Art. 5 Abs. 1 Haager Regeln erlaubt es dem Unter- 35
nehmer ausdrücklich, seine Pflichten und seine Haftung über den in den Haager Regeln vorgesehenen Umfang hinaus zu erweitern und auf Rechte und Haftungsausschlüsse und -beschränkungen zu verzichten. Die betreffenden Bestimmungen müssen in das Konnossement aufgenommen, also auf ihm vermerkt werden. Dies kann auch nachträglich geschehen. Dieser Vorbehalt betrifft nicht unmittelbar im Verhältnis zwischen Unternehmer und Konnossements-Berechtigtem getroffene Abreden. Zugunsten eines Erwerbers wirken die Abreden nur, wenn sie im Konnossement vermerkt sind. Dies gilt auch für die in Art. 4 § 5 Abs. 3 Haager Regeln angesprochene Erhöhung der Höchsthaftung. Siehe insoweit § 662 Abs. 3 HGB a.F. und heute § 512 Abs. 2 Nr. 2.

Nach Art. 7 Haager Regeln ist eine Freizeichnung für alle Verluste und Schäden in 36
Bezug auf die Güter zulässig, die vor dem Beginn des Einladens oder nach Beendigung des Ausladens eintreten. Damit ist Art. 7 Haager Regeln Ausgangspunkt der im Seefrachtrecht bis heute gängigen Landschadensklausel. Der Unternehmer muss darlegen und beweisen, dass die Voraussetzungen des Art. 7 Haager Regeln vorliegen.[15] Entsprechende Abreden mussten, damit sie auch gegenüber dem Konnossements-Erwerber gelten, in das Konnossement aufgenommen werden. Zum früheren Recht siehe § 663 Abs. 1 Nr. 2 HGB a.F. Heute gelten für die Landschadensklausel keine Ausnahmen, vielmehr unterliegt sie § 512 Abs. 1.

Von vornherein zulässig sind abweichende Bestimmungen im Hinblick auf die Haf- 37
tung des Befrachters für die Richtigkeit der Angaben zu den Gütern (Art. 3 § 5 Haager Regeln – unten Rn 71); auf das Verschuldenserfordernis des Art. 4 § 3 Haager Regeln (unten Rn 70); auf die Haftung für gefährliche Güter (Art. 4 § 6 Satz 1 Haager Regeln – unten Rn 72); und auf die Pflicht des Unternehmers zur Ausstellung eines Konnossements (Art. 3 § 3 Abs. 1 Haager Regeln – unten Rn 46).

---

15 BGH VersR 1972, 294, 295 (linke Spalte) „Marrakech".

38 **ll) Nicht handelsübliche Verschiffungen.** Die Vorschrift des Art. 6 Haager Regeln ist unübersichtlich und nur mit Schwierigkeiten nachzuvollziehen. Sie erlaubt (Abs. 2) jede Vereinbarung im Hinblick auf bestimmte Gegenstände (Abs. 1), wenn (i) ein Konnossement nicht ausgestellt wird, (ii) die vereinbarten Bedingungen in eine nicht begebbare und als solche gekennzeichnete Empfangsbescheinigung aufgenommen werden – dies entspricht dem Seefrachtbrief – und es sich (iii) um eine nicht handelsübliche Verschiffung im Sinne des Abs. 3 handelt. Dies sind solche, bei denen die Eigenart und Beschaffenheit der zu befördernden Güter und die Art der Umstände, Bestimmungen und Bedingungen, unter denen die Beförderung ausgeführt werden soll, eine besondere Vereinbarung rechtfertigen. Erwähnt werden in den Materialien zu den Haager Regeln die Rückbeförderung einer durch Seewasser beschädigten Partie Baumwolle sowie Güter, von denen man nicht wisse, ob sie das Schiff gefährdeten.[16] Nach anderer Auffassung fallen Verschiffungen, bei denen der Absender und der Empfänger identisch sind,[17] sowie solche durch Nicht-Kaufleute[18] (§§ 1 ff. HGB) unter Art. 6 Abs. 3 Haager Regeln.

39 Zugelassen werden in Art. 6 Abs. 1 Haager Regeln drei Gruppen von Vereinbarungen, die in der deutschen Übersetzung jeweils durch das Wort „hinsichtlich" voneinander abgegrenzt werden; es geht (i) um die Verantwortlichkeit und Verpflichtungen sowie die Rechte und Befreiungen des Unternehmers in Bezug auf die Güter, (ii) um die Verpflichtungen des Unternehmers in Bezug auf die Seetüchtigkeit des Schiffes und (iii) um das Verhalten Dritter, namentlich des Agenten des Unternehmers und der im Dienst des Unternehmers stehenden Personen im Hinblick auf die Obhut über die Güter. Die Zulässigkeit beliebiger Vereinbarungen im Hinblick auf die Seetüchtigkeit des Schiffes steht unter dem Vorbehalt, dass sie nicht der öffentlichen Ordnung widersprechen dürfen. Art. 6 Haager Regeln wird ergänzt um die Regelung des Abs. 3 Nr. 2 des Zeichnungsprotokolls, der es den Vertragsparteien gestattet, im Bereich ihrer inländischen Küstenschifffahrt Art. 6 Haager Regeln ohne die Beschränkungen des Abs. 3 und damit auch auf handelsübliche Verschiffungen anzuwenden. Siehe dazu auch Art. 2 SeeFrGDV.

40 Als privatrechtliche Bestimmung hat Art. 6 Abs. 1 und 2 Haager Regeln offenbar keinen eigenständigen Anwendungsbereich und läuft leer.[19] Die wesentliche Regelung ist die des Abs. 3: die Bestimmungen der Haager Regeln, auch wenn ein Konnossement oder ein entsprechender Titel für die Beförderung über See ausgestellt ist, gelten im Falle nicht handelsüblicher Verschiffungen nicht oder nicht zwingend.[20] Auch Abs. 3 Nr. 2 des Zeichnungsprotokolls ist hiermit ohne weiteres vereinbar (siehe auch § 663 Abs. 3 Nr. 3 HGB).

41 **b) Die beteiligten Personen.** Die zentrale Figur in den Haager Regeln ist der „transporteur", in der amtlichen deutschen Übersetzung als „Unternehmer" bezeichnet. Er wird in Art. 1 (a) Haager Regeln umschrieben als derjenige, der mit einem Befrachter einen („Konnossements-")Frachtvertrag eingeht (oben Rn 18–22). Der Begriff „Unternehmer" umfasst, wie Art. 1 (a) Haager Regeln weiter klarstellt, den Schiffseigentümer (und damit insbesondere den Reeder – § 476) und den (Bareboat-, Zeit- oder Reise-) Charterer. Die Aufzählung in Art. 1 (a) Haager Regeln ist nicht abschließend („… comprend

---

16 Siehe *CMI Traveaux Préparatoires* S. 662.
17 *Sieveking* HansRZ 1923, 315, 318 (oben); *Wüstendörfer* Hague Rules S. 29.
18 *Mittelstein* HansRZ 1923, 757, 763–764 (vor VI.).
19 Worauf auch in den Beratungen hingewiesen wurde: siehe die Hinweise von Mr. Bagge, *CMI Traveaux Préparatoires* S. 659 und 666.
20 Siehe *CMI Traveaux Préparatoires* S. 667 (Mr. Beecher).

..."), so dass auch der Stückgutbefrachter Unternehmer sein kann. Für den Spediteur gelten die Haager Regeln nicht. Der in verschiedenen Vorschriften der Haager Regeln angesprochene „Schiffer" ist eine heute etwas unelegant anmutende Übersetzung des französischen „capitaine"; es geht selbstverständlich um den Kapitän des Schiffes. Die Haager Regeln nehmen vielfach auch Bezug auf den *Agenten* des Unternehmers. Gemeint ist jeder (selbständige oder unselbständige) Stellvertreter des Unternehmers, der für ihn Erklärungen abzugeben bzw. entgegenzunehmen befugt ist. Dieser ist nicht zu verwechseln mit der Person, die aufgrund eines Agenturvertrages für den Unternehmer tätig ist. Allerdings kann und wird dieser häufig auch Agent im Sinne der Haager Regeln sein.

Die Haager Regeln wenden sich verschiedentlich auch an den „chargeur", der in der amtlichen deutschen Übersetzung teilweise als „Befrachter" und teilweise als „Ablader" bezeichnet wird; siehe Art. 1 (a), Art. 4 § 3, § 5 Abs. 3, Art. 6 Abs. 1, Art. 7 sowie Art. 3 § 3 Abs. 1, § 5 Satz 1 und 2, § 7 Satz 1, Art. 4 § 2 (i), § 3, § 5 Abs. 1 und 3, § 6 Satz 1, Art. 5 Abs. 1 Haager Regeln. Aus Art. 1 (a) Haager Regeln ergibt sich eindeutig, dass der „chargeur" derjenige ist, mit dem der Unternehmer den („Konnossements-")Frachtvertrag schließt (oben Rn 18–22). Nach den Begriffen des deutschen Rechts ist dies der Befrachter. Nur dieser wird in den Haager Regeln angesprochen, nicht aber ein von diesem verschiedener Drittablader.[21] Die amtliche deutsche Übersetzung der Haager Regeln ist insoweit unrichtig. **42**

In Art. 3 § 6 Abs. 1 Haager Regeln wird auf den „... auf Grund des Frachtvertrags zum Empfange Berechtigten ..." abgestellt; siehe auch Abs. 3. Gemeint ist stets, auch im Falle des Abs. 1, der aus dem Konnossement Berechtigte. Teilweise richten sich die Haager Regeln an das Schiff, so als sei es eine natürliche oder juristische Person; siehe Art. 3 § 6 Abs. 4, § 8 Satz 1 sowie Art. 4 § 1 Satz 1, § 2, § 5 Abs. 1 und 4 Haager Regeln. In Staaten mit angelsächsischer Rechtstradition sind Verfahren in rem möglich, in denen Schiffe und andere Sachen die Stellung eines Beteiligten haben können. In Rechtsordnungen, die dies nicht vorsehen, sind die Bezugnahmen in den Haager Regeln auf das Schiff selbst gegenstandslos; hierzu zählt auch das deutsche Recht. **43**

Die Haager Regeln wenden sich auch an weitere Beteiligte, etwa an die im Dienste des Unternehmers stehenden Personen (Art. 4 § 2 [a] [q] Hs. 1 und Hs. 2, Art. 6 Abs. 1 Haager Regeln), an den Agenten des Befrachters und die in seinem Dienste stehenden Personen (Art. 4 § 3 Haager Regeln), an den Eigentümer des Gutes, seinen Agenten oder Vertreter (Art. 4 § 2 [i] Haager Regeln) sowie an die Schiffsoffiziere, die Schiffsmannschaft und den Lotsen (Art. 4 § 2 [a] Haager Regeln). **44**

c) Das Konnossement. Die Bestimmungen der Haager Regeln über das Konnossement befassen sich lediglich mit einzelnen, wesentlichen Gesichtspunkten, namentlich mit der Ausstellung des Konnossements (Art. 3 § 3 Abs. 1, § 7 Haager Regeln, sogleich Rn 46), mit dessen Inhalt (Art. 3 § 3 Abs. 1 und 2, § 7 Satz 2 Haager Regeln, unten Rn 47–48) und mit dessen Beweiswirkung (Art. 3 § 4 Haager Regeln, unten Rn 49). Alles Übrige wird der näheren Regelung durch das nationale Recht überlassen. Das Übereinkommen unterscheidet zwischen dem Übernahme-Konnossement nach Art. 3 § 3 Abs. 1 Haager Regeln und dem Ablade-Konnossement nach Art. 3 § 7. Diese entsprechen jeweils dem Übernahme- bzw. dem Bord-Konnossement (früher § 642 Abs. 1 und 5 HGB a.F. und heute § 514). **45**

---

21 *Mittelstein* HansRZ 1923, 757, 761 (vor III).

46 **aa) Die Pflicht zur Ausstellung des Konnossements.** Art. 3 § 3 Abs. 1 Haager Regeln begründet die Pflicht des Unternehmers, ein Konnossement auszustellen;[22] siehe früher § 642 Abs. 1 HGB a.F. und heute § 513 Abs. 1 Satz 1). Der Kapitän und der Agent werden (in nicht abschließender Weise) als Vertreter des Unternehmers mit erwähnt. Inhaber des Anspruchs ist der Befrachter, nicht aber ein Drittablader (oben Rn 42). Ein Charterer hat nach den Haager Regeln keinen Anspruch auf Ausstellung des Konnossements. Eine entsprechende Pflicht des Unternehmers kann durch Vereinbarung begründet werden. Ein dem Charterer ausgestelltes Konnossement unterliegt jedoch den Bestimmungen des Übereinkommens (Art. 5 Abs. 2 Satz 1 Haager Regeln). Der Anspruch auf Ausstellung des Konnossements wird durch einen Verzicht des Befrachters ausgeschlossen. Art. 3 § 8 Haager Regeln (oben Rn 34) steht dem nicht entgegen. Ist der Anspruch ausgeschlossen, kommen die Haager Regeln nicht zur Anwendung. Eine Voraussetzung des Anspruchs auf Ausstellung des Konnossements ist die Übernahme der Güter in die Obhut des Unternehmers. Diese Übernahme erfolgt auf Grundlage eines mit dem Unternehmer geschlossenen Frachtvertrages. Der Befrachter muss außerdem die Ausstellung des Konnossements verlangen (verhaltener Anspruch). Nach Abschluss der Verladung hat der der Befrachter Anspruch auf Ausstellung eines Ablade-Konnossements, davor lediglich einen solchen auf Ausstellung eines Übernahme-Konnossements (siehe Art. 3 § 3 Abs. 1 und § 7 Satz 1 Haager Regeln).

47 **bb) Der Inhalt des Konnossements.** Art. 3 § 3 Abs. 1 Haager Regeln enthält Bestimmungen darüber, welche Angaben in das Konnossement aufzunehmen sind. Die Aufzählung ist ersichtlich nicht vollständig. Ein Übernahme-Konnossement kann nach Art. 3 § 7 Satz 2 Haager Regeln mit einem An-Bord-Vermerk versehen werden. Die Haager Regeln gehen von der üblichen Praxis aus, dass das Konnossement vorab vorbereitet und beim Unternehmer zum Zwecke der Ausstellung vorgelegt wird. Das Konnossement enthält nach Art. 3 § 3 Abs. 1 (a) Haager Regeln die für die Unterscheidung der Güter erforderlichen Merkzeichen. Dies gilt allerdings mit der Einschränkung, dass die Merkzeichen in einer Weise angebracht sind, dass sie bis zum Ende der Reise lesbar bleiben. Nur die Merkzeichen sind im Konnossement zu nennen, die der Befrachter vor dem Beginn des Einladens der betreffenden Güter schriftlich angegeben hat. Für die schriftliche Angabe genügt es, dass der Befrachter ein entsprechend ausgefülltes Konnossements-Formular vorlegt. Zum Vorbehalt der Richtigkeit der Angaben siehe sogleich Rn 48. Ebenfalls im Konnossement genannt werden müssen nach Art. 3 § 3 Abs. 1 (b) Haager Regeln die Zahl der Packungen oder Stücke *oder* die Menge *oder* das Gewicht der Güter. Der Unternehmer ist nicht gehindert, ggf. auch zwei oder alle drei Angaben in das Konnossement aufzunehmen; tut er dies, so tritt die Vermutungswirkung (unten Rn 49) auch im Hinblick auf alle aufgenommenen Angaben ein. Maßgeblich sind Angaben, die der Befrachter schriftlich gemacht hat. Abweichend von Buchst. (a) ist es nicht erforderlich, dass dies vor Beginn des Einladens erfolgt. Zum Vorbehalt der Richtigkeit siehe sogleich Rn 48. Stets muss der Unternehmer nach Art. 3 § 3 Abs. 1 (c) Haager Regeln die äußerlich erkennbare Verfassung und Beschaffenheit der Güter in das Konnossement aufnehmen. Gemeint ist die durch bloße äußere Augenscheinnahme ermittelte Beschaffenheit; Verpackungen braucht der Unternehmer nicht zu öffnen. Der Vorbehalt der Richtigkeit (sogleich Rn 48) spielt keine Rolle, weil es sich um eigene Feststellungen des Unternehmers handelt. Siehe zum früheren Recht §§ 643, 645 HGB a.F. und heute § 515.

---

22 Siehe *Schaps/Abraham* Seehandelsrecht Rn 8 zu Art. 1 Haager Regeln Anh. III § 663b.

Der Unternehmer darf nach Art. 3 § 3 Abs. 2 Haager Regeln in zwei Fällen die Aufnahme der in Abs. 1 (a) und (b) bezeichneten Angaben des Befrachters in das Konnossement verweigern. Dies gilt zum einen, wenn er nach den Umständen den Verdacht hegen darf, dass sie die von ihm tatsächlich übernommenen Güter nicht genau bezeichnen, also unrichtig sind. Eine solche Befugnis hat der Unternehmer erst recht, wenn die Unrichtigkeit der Angaben feststeht. Zum anderen genügt es, dass er keine ausreichende Gelegenheit hatte, die Richtigkeit der Angaben zu prüfen. Wenn dem Unternehmer gestattet ist, die Angaben überhaupt nicht in das Konnossement aufzunehmen, dann umfasst dies die Befugnis, die vom Befrachter im Konnossements-Formular gemachten Angaben zu streichen. Ebenso kann der Unternehmer die Angaben des Befrachters mit einem Unbekannt-Vermerk versehen.[23] Diese Bestimmungen wurden früher durch verschiedene Bestimmungen der §§ 656 Abs. 2, 643 Nr. 8 HGB a.F. umgesetzt; heute gelten §§ 515 Abs. 2, § 517 Abs. 1 und 2. **48**

cc) Die Beweisfunktion des Konnossements. Art. 3 § 4 Haager Regeln begründet die Vermutung, dass der Unternehmer die Güter so empfangen hat, wie sie im Konnossement gemäß Art. 3 § 3 Abs. 1 (a) bis (c) Haager Regeln (oben Rn 47) beschrieben sind. Sind im Konnossement mehrere Angaben nach Abs. 1 (b) Haager Regeln gemacht worden, so gilt Art. 3 § 4 Haager Regeln für alle Angaben, auch soweit der Unternehmer nicht zur Aufnahme der Angabe verpflichtet war. Die durch Art. 3 § 4 Haager Regeln begründete Vermutung ist widerleglich. Dies ergibt sich nicht aus der amtlichen deutschen Übersetzung (siehe aber § 292 Satz 1 ZPO), jedoch ausdrücklich aus dem verbindlichen französischen Wortlaut („... sauf preuve contraire ..."). Siehe § 656 Abs. 2 Satz 1 und Abs. 2 HGB a.F. sowie heute § 517 Abs. 1. **49**

d) Die Pflichten und die Haftung des Unternehmers. Die Bestimmungen über die Pflicht des Unternehmers im Hinblick auf die Güter sowie über seine Haftung sind das Kernstück der Haager Regeln. Nach Art. 2 Haager Regeln begründet „jeder Frachtvertrag" – zu lesen als: jedes Konnossement (oben Rn 18–22) – eine Pflicht des Unternehmers, mit den Gütern nach Maßgabe der folgenden Bestimmungen umzugehen. Art. 3 § 1 Haager Regeln betrifft die Herstellung der Seetüchtigkeit des Schiffes, § 2 die Ladungsfürsorge. Eine Schadenersatzpflicht des Unternehmers im Falle von Pflichtverletzungen wird nicht ausdrücklich geregelt, sondern vorausgesetzt; hier muss das nationale Recht aushelfen. Siehe zum deutschen Recht ursprünglich §§ 559 Abs. 2 und 606 Satz 2 HGB a.F., heute §§ 485, 498 Abs. 2 Satz 2. Dagegen wird die Einstandspflicht des Unternehmers in den Haager Regeln in eigenartiger Weise ausgestaltet (siehe Art. 3 § 6, Art. 4 Abs. 1 bis 3 Haager Regeln). Die Bestimmungen gelten zu Lasten des Unternehmers zwingend (siehe Art. 3 § 8 und Art. 4 § 5 Abs. 3 Haager Regeln – oben Rn 33–37). Auch ein qualifiziertes Verschulden auf Seiten des Unternehmers einschließlich eines vorsätzlichen Verhaltens lässt die Haftungsbefreiungen und -beschränkungen nicht entfallen. **50**

Art. 2 Haager Regeln bezieht sich auf die nachfolgenden, also insbesondere in Art. 3 und 4 aufgeführten Verantwortlichkeiten und Pflichten des Unternehmers sowie dessen Rechte und Befreiungen. Dagegen betrifft Art. 2 Haager Regeln, ebenso wie Art. 3 § 2, *nicht* die primären Leistungspflichten des Unternehmers. Namentlich ist er nicht automatisch auch zum Einladen, Stauen und Ausladen der Güter verpflichtet. Dies kann **51**

---

[23] Siehe *Gütschow* HansRZ 1924, 887, 894–898; *Wüstendörfer* Hague Rules S. 24–26; *Mittelstein* HansRZ 1922, 34, 37–38 (unter 4.).

nach dem im Übrigen anwendbaren nationalen Recht Sache des Befrachters bzw. Empfängers sein. Auch FIO- und ähnliche Klauseln, aus denen sich ergibt, dass das Laden und ggf. auch das Stauen der Güter vom Befrachter bzw. dass das Entladen vom Befrachter oder Empfänger durchgeführt wird, sind nicht nach Art. 3 § 8 Satz 1 Haager Regeln unwirksam.[24]

52 **aa) Die Seetüchtigkeit des Schiffes.** Nach Art. 3 § 1 Haager Regeln ist der Unternehmer verpflichtet, vor und bei Antritt der Reise im Hinblick auf die Herstellung der Seetüchtigkeit des Schiffes die gehörige Sorgfalt anzuwenden. Geregelt werden Anforderungen an die anzuwendende Sorgfalt, auf die es an sich erst im Falle einer Pflichtverletzung ankommt (siehe § 276 Abs. 1 Satz 1 BGB, § 347 Abs. 1). Art. 3 § 1 Haager Regeln setzt eine (Neben-) Leistungspflicht des Unternehmers zur Herstellung der Seetüchtigkeit des Schiffes zu Beginn der Reise voraus (siehe § 559 Abs. 1 HGB a.F. und heute § 498 Abs. 2 Satz 2). Umschrieben wird eine Mindest-Soll-Beschaffenheit des Schiffes. Eine Bestimmung, dass das Schiff auch von schlechterer Beschaffenheit sein darf, ist nach Art. 3 § 8 Satz 1 Haager Regeln nichtig.

53 Die seetüchtige Beschaffenheit des Schiffes wird in Art. 3 § 1 Haager Regeln in dreierlei Hinsicht umschrieben. Buchst. (a) betrifft die Beschaffenheit des Schiffes selbst sowie seiner Teile, der Buchst. (b) die Bemannung, die Ausrüstung und die Verproviantierung. In Buchst. (c) geht es um die Ladungstüchtigkeit des Schiffes. Die Regelungen sind in § 559 Abs. 1 HGB a.F., heute § 485, aufgenommen worden.

54 Die Einstandspflicht des Unternehmers für die Seeuntüchtigkeit des Schiffes ist unübersichtlich geregelt. Er kann sich nach Art. 4 § 1 Haager Regeln durch die Darlegung und den Beweis entlasten, dass er vor und bei Antritt der Reise (siehe Art. 3 § 1 Haager Regeln) bei der Herstellung der Seetüchtigkeit die gehörige Sorgfalt angewandt hat. Die Anwendung der Tatbestände des Art. 4 § 2 Haager Regeln (näher unten Rn 58–59) macht Schwierigkeiten. Einige von ihnen können die (Mit-)Ursache der Seeuntüchtigkeit sein. Insoweit kann sich der Unternehmer etwa auf (d), (e), (f), (g), (h), (i), (k) und (p), nicht aber auf ein Verschulden bei der Bedienung des Schiffes (a) oder auf Feuer (b) berufen. Umgekehrt können sich die genannten Umstände unabhängig von der Seeuntüchtigkeit auswirken. Der Unternehmer kann sich entlasten, wenn sie den Zurechnungszusammenhang unterbrechen, die Seeuntüchtigkeit also keine Rolle mehr spielt. Der Unternehmer haftet nach Maßgabe des Art. 4 § 5 Haager Regeln nur in beschränkter Höhe (unten Rn 64–66). Es gelten außerdem die Regelungen über die Schadensanzeige (Art. 3 § 6 Abs. 1 bis 3 Haager Regeln – unten Rn 61), über die Jahresfrist (Art. 3 § 6 Abs. 4 Haager Regeln – unten Rn 63) sowie über unrichtige Angaben des Befrachters zu den Gütern (Art. 4 § 5 Abs. 4 Haager Regeln – unten Rn 60).

55 **bb) Die Ladungsfürsorge.** Art. 3 § 2 und Art. 2 Haager Regeln begründen die Pflicht des Unternehmers, die Güter sachgemäß und sorgfältig einzuladen, zu behandeln, zu stauen, zu befördern, zu verwahren, zu betreuen und auszuladen (siehe § 606 Satz 1 HGB a.F.; heute fehlt eine entsprechende ausdrückliche Vorschrift). Der verbindliche französische Wortlaut des Art. 3 § 2 Haager Regeln verwendet die Formulierung „... de façon appropriée et soigneuse ...". Im Unterschied dazu heißt es in der parallelen Vorschrift des Art. 3 § 1 Haager Regeln „... une diligence raisonnable ...". Der Wortlaut des Art. 3 § 2 Haager Regeln stellt damit in etwa auf eine „angemessene und sorgfältige Art und

---

[24] Siehe *Schaps/Abraham* Seehandelsrecht Rn 1 zu Art. 3 § 2 Haager Regeln Anh. III § 663b; *Schlegelberger/Liesecke* Seehandelsrecht Rn 42 Einf. § 556.

Weise" der Ladungsbehandlung ab. Dies umfasst die Anwendung der gehörigen Sorgfalt, wie sie in Art. 3 § 1 Haager Regeln vorgesehen ist, geht aber noch darüber hinaus, weil auch organisatorisch-technischen Anforderungen zu genügen ist. Eine Herabsetzung dieser Anforderungen ist nach Art. 3 § 8 Satz 1 Haager Regeln ausgeschlossen.

Der Unternehmer kann die in Art. 4 § 2 Haager Regeln umschriebenen Haftungsausschlüsse geltend machen (unten Rn 58–59). Daneben spielen die Schadensanzeige (Art. 3 § 6 Abs. 1 bis 3 Haager Regeln – unten Rn 61), die Jahresfrist (Art. 3 § 6 Abs. 4 Haager Regeln – unten Rn 63), die Höchsthaftung (Art. 4 § 5 Abs. 1 bis 3 Haager Regeln – unten Rn 64–66) sowie die Richtigkeit der Angaben des Befrachters zu den Gütern eine Rolle (Art. 4 § 5 Abs. 4 Haager Regeln – unten Rn 60). **56**

cc) Verluste und Schäden in Bezug auf die Güter. Die Haager Regeln betreffen nicht nur die Haftung des Unternehmers für Verluste und Beschädigungen der Güter (Ladungsschäden), sondern weiter gehend seine allgemeine Einstandspflicht für „pertes ou dommages" (Verluste und Schäden; siehe Art. 3 § 6 Abs. 1, 2, 4 und 5, § 8 Satz 1, Art. 4 § 1 Satz 1 und 2 § 2, § 2 (m), § 2 (q), § 3, § 4 § 5 Abs. 1 und 4, Art. 7 Haager Regeln. Trotz der im Einzelnen abweichenden Formulierungen ist die Umschreibung grundsätzlich durchgehend als „Verluste und Schäden in Bezug auf die Güter" zu verstehen (so ausdrücklich Art. 3 § 8 Satz 1, Art. 4 § 5 Abs. 1 und 4 Haager Regeln). Lediglich in Art. 3 § 6 Abs. 1, 2, 3 und 5 Haager Regeln geht es bezüglich der Schadensanzeige (unten Rn 61) um bloße Ladungsschäden. Die Verluste und Schäden in Bezug auf die Güter müssen nicht auf eine Verletzung der Pflichten des Unternehmers aus Art. 3 § 1 oder Art. 2, Art. 3 § 2 Haager Regeln zurückgehen. Zu den Verlusten und Schäden in Bezug auf die Güter gehören etwa die Fälle einer verspäteten Ablieferung der Güter. **57**

dd) Die Befreiungsgründe des Art. 4 § 2 Haager Regeln. Art. 4 § 2 Haager Regeln enthält einen Katalog von Tatbeständen, bei deren Vorliegen eine Haftung des Unternehmers ausgeschlossen ist. Die Vorschrift gilt für die Einstandspflicht des Unternehmers bei Verletzung der Pflicht zur Ladungsfürsorge (oben Rn 55–56), für Verluste und Schäden in Bezug auf die Güter (oben Rn 57) und eingeschränkt im Hinblick auf die Seeuntüchtigkeit des Schiffes (oben Rn 52–54). Geht der Schaden nur zu einem abgrenzbaren Teil auf einen der Tatbestände zurück, so tritt auch nur insoweit eine Befreiung ein. Mehrere der in Art. 4 § 2 Haager Regeln genannten Umstände können zusammenwirken. Die Darlegung und der Beweis, dass die Voraussetzungen eines der Befreiungsgründe vorliegen, ist Sache des Unternehmers. Nach Abs. 3 Nr. 1 des Zeichnungsprotokolls können sich die Vertragsstaaten vorbehalten, die Tatbestände des Art. 4 § 2 (c) bis (p) Haager Regeln im Falle eines Verschuldens des Unternehmers oder seiner Hilfspersonen nicht zur Anwendung zu bringen (siehe § 608 Abs. 3 HGB a.F. und heute § 499 Abs. 1 Satz 2). **58**

Einen der klassischen Haftungsausschlüsse des internationalen Seefrachtrechts nimmt Art. 4 § 2 (a) Haager Regeln auf: Für Schäden, die auf ein Verhalten des Kapitäns oder der Besatzung einschließlich des Lotsen oder der sonstigen im Dienste des Unternehmers stehenden Personen (Leute) bei der Führung oder dem Betrieb des Schiffes zurückgehe, muss der Unternehmer nicht einstehen (§ 607 Abs. 2 HGB a.F., siehe heute § 512 Abs. 2 Nr. 1). Ein weiterer typischer Tatbestand ist der Haftungsausschluss bei Feuer nach § 2 (b), der nur im Fall eigenen Verschuldens des Unternehmers entfällt (§ 607 Abs. 2 HGB a.F., heute § 512 Abs. 2 Nr. 1). Praktische Bedeutung hat auch der Ausschluss der Haftung für Gefahren der See gemäß Art. 4 § 2 (c) Haager Regeln, wozu insbesondere schlechtes Wetter gehört (§ 608 Abs. 1 Nr. 1 HGB a.F., heute § 499 Abs. 1 Nr. 1). Weitere Haftungsausschlüsse betreffen „Actes de Dieux", in der deutschen Übersetzung nüchtern als „Naturereignisse" umschrieben (Art. 4 § 2 [d] Haager Regeln); kriegerische Er- **59** eignisse, Handlungen öffentlicher Feinde, Behinderungen durch Herrscher, Behörden oder Volk, gerichtliche Beschlagnahme, Quarantänebeschränkungen und Aufruhr oder bürgerliche Unruhen (Art. 4 § 2 [d] bis [h], [k] Haager Regeln, § 608 Abs. 1 Nr. 2 und 3 HGB a.F., heute § 499 Abs. 1 Satz 1 Nr. 2 und 3); das Verhalten bestimmter Ladungsbeteiligter (Art. 4 § 2 [i] Haager Regeln, § 608 Abs. 1 Nr. 5 HGB a.F., heute § 499 Abs. 1 Satz 1 Nr. 5) des Frachtvertrages (oben Rn 18–22); Streiks und andere Arbeitsbehinderungen (Art. 4 § 2 [j] Haager Regeln, § 608 Abs. 1 Nr. 4 HGB a.F., § 499 Abs. 1 Satz 1 Nr. 4); die Rettung von Personen oder Sachen (Art. 4 § 2 [l] Haager Regeln, § 608 Abs. 1 Nr. 6 HGB a.F., § 499 Abs. 1 Satz 1 Nr. 8 und 9); „inherent vice", also bereits in den Gütern selbst angelegte Umstände (Art. 4 § 2 [m] Haager Regeln, § 608 Abs. 1 Nr. 7 HGB a.F., § 499 Abs. 1 Satz 1 Nr. 6); die unzulängliche Verpackung (Art. § 2 [n] Haager Regeln, § 499 Abs. 1 Satz 1 Nr. 5); sowie unzulängliche oder ungenaue Merkzeichen an den Gütern (Art. § 2 [o] Haager Regeln, § 499 Abs. 1 Satz 1 Nr. 5). Ausgeschlossen ist die Haftung auch bei verborgenen Mängeln anderer Gegenstände als den Gütern (siehe Art. § 2 [m] Haager Regeln), die bei Anwendung der gehörigen Sorgfalt nicht zu entdecken waren (Art. § 2 [p] Haager Regeln). Begründen die verborgenen Mängel die Seeuntüchtigkeit des Schiffes, gilt Art. 4 § 1 Haager Regeln. Nach dem Generaltatbestand des Art. 4 § 2 (q) ist der Unternehmer auch von der Haftung befreit, wenn der Schaden auf einem sonstigen, nicht in (a) bis (p) genannten Umstand beruht, der nicht auf einem schuldhaften Verhalten des Unternehmers oder seiner Hilfspersonen beruht; siehe § 606 Satz 2 HGB a.F. und heute § 498 Abs. 2 Satz 1.

60 **ee) Unrichtige Angaben des Befrachters zu den Gütern.** Nach Art. 4 § 5 Abs. 4 Haager Regeln ist die Haftung des Unternehmers für Verluste oder Schäden in Bezug auf die Güter (oben Rn 57) ausgeschlossen, wenn der Befrachter im Konnossement wesentlich falsche Angaben über die Natur oder den Wert der Güter gemacht hat. Dies gilt auch für Angaben des Abladers (siehe die amtliche deutsche Übersetzung sowie oben Rn 42). Es genügt irgendeine wissentlich unrichtige Angabe, unabhängig davon, ob die Unrichtigkeit in einem ursächlichen Zusammenhang mit dem Verlust bzw. Schaden steht. Der Unternehmer kann die Haftungsbefreiung auch dem Empfänger entgegenhalten. Siehe zum früheren Recht § 609 HGB a.F. Die Bestimmung ist nicht mit in das neue Recht übernommen worden.

61 **ff) Die Schadensanzeige.** Art. 3 § 6 Abs. 1 bis 3 Haager Regeln regelt in eigenartiger Weise das Erfordernis einer Schadensanzeige. Diese muss durch den „... aufgrund des Frachtvertrags zum Empfange Berechtigten ..." – also den Konnossements-Berechtigten (oben Rn 43) –, vor oder bei der Auslieferung, im Falle äußerlich nicht erkennbarer Schäden innerhalb von drei Tagen (Abs. 2), schriftlich erfolgen. An die Stelle der Anzeige tritt die gemeinsame Feststellung des Zustands der Güter (Abs. 3). Anzuzeigen sind, wie sich aus Abs. 2 ergibt, nur Verluste und Beschädigungen; die Bestimmungen gelten nicht für sonstige Schäden in Bezug auf die Güter (oben Rn 57). Im Falle einer nicht ordnungsgemäßen Anzeige begründet Abs. 1 die widerlegliche Vermutung (französischer Wortlaut: „... jusqu'à preuve contraire ..."), dass die Güter wie im Konnossement beschrieben ausgeliefert wurden. Siehe zum früheren Recht § 611 HGB a.F. und heute § 510.

62 **gg) Besichtigung; Feststellung von Mängeln.** Art. 3 § 6 Abs. 5 Haager Regeln verpflichtet den Unternehmer und den Konnossements-Berechtigten, im Hinblick auf die Besichtigung der Güter und die Feststellung von Mängeln einander alle gemessenen Erleichterungen zu gewähren. Siehe dazu § 610 HGB a.F., der nicht mit in das neue Recht übernommen worden ist.

hh) Die Jahresfrist. Nach Art. 3 § 6 Abs. 4 Haager Regeln wird der Unternehmer und 63
das Schiff (oben Rn 43) nach Ablauf eines Jahres von „... jeder Haftung für Verluste oder
Schäden ..." frei, wenn der Anspruch nicht gerichtlich geltend gemacht wird. Geregelt
wird eine Ausschlussfrist, der Anspruch gegen den Unternehmer erlischt. Sie gilt für alle
Ansprüche gegen den Unternehmer im Hinblick auf Verluste und Schäden in Bezug auf
die Güter (oben Rn 57). Die Frist beginnt mit der Auslieferung bzw. zu dem Zeitpunkt, zu
dem sie hätten ausgeliefert werden müssen. Gewahrt wird die Frist (nur) durch eine gerichtliche Geltendmachung. Zum früheren Recht siehe § 612 HGB a.F., heute §§ 605 Nr. 1,
§ 607 Abs. 1.

ii) Der Höchstbetrag der Haftung. Der Unternehmer und das Schiff (oben Rn 43) 64
haften für Verluste und Schäden in Bezug auf die Güter (oben Rn 57) nach Art. 4 § 5
Abs. 1 bis 3 Haager Regeln lediglich in beschränkter Höhe. Die Höchsthaftung ist mit 100
Pfund Sterling pro Stück oder Einheit festgelegt. Eine Durchbrechung im Falle qualifizierten Verschuldens ist in den Haager Regeln nicht vorgesehen. Der Höchstbetrag kann
durch eine Wertangabe erhöht werden (Art. 4 § 5 Abs. 1 und 2 Haager Regeln), ebenso
durch eine entsprechende Vereinbarung (Abs. 3). Siehe § 660 Abs. 1 HGB a.F., Art. 6
Abs. 2 EGHGB a.F. sowie heute § 504 Abs. 1 Satz 1 und Art. 6 Abs. 1 Satz 1 Nr. 2 EGHGB.
Die Haager Regeln enthalten keine Bestimmungen über eine Beschränkung des Schadensersatzes auf Wertersatz;[25] siehe aber schon damals §§ 658, 659 HGB a.F. und heute
§ 502.

Die Angabe „100 Pfund Sterling" bezieht sich ihrem Wortlaut nach auf die englische 65
Währung. Art. 4 § 5 Abs. 1 Haager Regeln stellt weiter klar, dass ggf. auch eine andere
Währung zugrunde gelegt werden kann; siehe auch Art. 9 Abs. 2 und 3 Haager Regeln.
Aus Abs. 1 ergibt sich, dass in Art. 4 § 5 Abs. 1 Haager Regeln tatsächlich nicht die englische Währung gemeint ist, sondern der Goldwert. Hierdurch sollte einer Verringerung
des Betrages durch eine Entwertung des Britischen Pfund vorgebeugt werden. Die Bezugnahme auf „100 Pfund Sterling" ist daher so zu verstehen, dass der Wert von 100
goldenen Pfundmünzen gemeint ist.[26] Nach den im Jahre 1924 anwendbaren englischen
Münzgesetzen enthielt eine Pfundmünze 7,98805 Gramm Gold mit einer Feinheit von
916,66; dies entspricht einem Gewicht in Feingold von 7,32238 Gramm. 100 Goldene
Pfundmünzen haben damit ein Gewicht von 732,238 Gramm. Der Wert einer solchen
Menge Goldes ist maßgeblich für den Betrag der Höchsthaftung des Unternehmers pro
Stück oder Einheit. Viele Vertragsstaaten der Haager Regeln haben gemäß Art. 9 Abs. 2
des Übereinkommens Höchstbeträge in ihrer gesetzlichen Währung bestimmt, diese jedoch später dem steigenden Goldwert nicht mehr angepasst. Das Ergebnis war und ist
heute, dass in den Vertragsstaaten keine dem Werte nach übereinstimmenden Höchstbeträge gelten, während zum anderen alle in den innerstaatlichen autonomen Rechten
vorgesehenen Beträge weit hinter dem heute durch Art. 4 § 5 Abs. 1 Haager Regeln vorgegebenen Betrag zurückbleiben.

Die Höchsthaftung nach Art. 4 § 5 Abs. 1 Haager Regeln errechnet sich auf Grundlage 66
der Stücke oder der Einheit. Im verbindlichen französischen Wortlaut der Vorschrift ist
die Umschreibung „... par coli ..." verwendet. Die amtliche deutsche Übersetzung spricht
zutreffend von „Stück", während die englischsprachigen Haag-Gesetzgebungen auf das

---

25 OLG Hamburg VersR 1976, 1059, 1060 (unter I.2) „Samos Sky", Revision BGH NJW 1978, 1109 mit
Anm. *Schmidt* VersR 1978, 681.
26 Siehe *Schaps/Abraham* Seehandelsrecht Rn 1 zu § 660; *Markianos* Haager Regeln S. 204–205 (unter
5 A); Götz Haager Regeln S. 172–173 (unter 1.); *von Ziegler* Schadenersatz S. 159 (vor b).

"package" abstellen, was nahelegt, dass eine Verpackung vorhanden sein muss. Das „Stück" meint die einzelnen, jeweils selbständig für sich zu befördernden Teile der Partie; normalerweise geht es um Stückgüter. Die „Einheit" betrifft die (Maß-) Einheit, anhand derer die betreffenden Güter üblicherweise mengenmäßig bezeichnet werden; dies sind insbesondere (Gewichts-) Tonnen oder Kubikmeter. Häufig ist dies die Einheit, nach der die Fracht berechnet wird.

67   **jj) Die erlaubte Abweichung vom Reiseweg.** Art. 4 § 4 Haager Regeln knüpft an die Grundsätze des angelsächsischen Rechts über die *unreasonable deviation* an. Die Vorschrift regelt einen besonderen Rechtfertigungsgrund im Falle von Abweichungen vom Reiseweg. Für diese muss der Unternehmer nicht einstehen, wenn sie zum Zweck der Rettung oder des Versuchs der Rettung von Leben oder Eigentum zur See oder in sonst gerechtfertigter Weise erfolgten. Siehe § 636a HGB a.F.; die Vorschrift findet sich im heutigen Seefrachtrecht nicht mehr.

68   **kk) Die erlaubte Unschädlichmachung gefährlicher Güter.** In Art. 4 § 6 Haager Regeln finden sich weitere Rechtfertigungstatbestände. Nach Satz 1 ist der Unternehmer befugt, zur Beförderung übernommene gefährliche Güter, von deren Gefährlichkeit er keine Kenntnis hatte, zu entladen, zu vernichten oder unschädlich zu machen. Die Vorschrift regelt außerdem eine Einstandspflicht des Befrachters (unten Rn 72). Dabei bezieht sich Art. 4 § 6 Satz 2 Haager Regeln auf den Fall, dass der Unternehmer Kenntnis von der Anwesenheit der gefährlichen Güter an Bord hat, von diesen aber nunmehr eine konkrete Gefahr ausgeht. Auch diese darf er entladen, vernichten oder unschädlich machen. Für die Schäden, die durch erlaubte Maßnahmen entstehen, muss der Unternehmer nicht einstehen. Siehe früher § 564b Abs. 1 Satz 2 und Abs. 2 Satz 1 und 2, § 564c HGB a.F. sowie heute § 483 Abs. 2.

69   **e) Die Haftung des Befrachters.** Die Haager Regeln enthalten auch Bestimmungen über die Haftung des Befrachters gegenüber dem Unternehmer; siehe Art. 3 § 5 Satz 2 (unten Rn 71), Art. 4 § 6 Satz 1 (unten Rn 72) sowie Art. 4 § 3 Haager Regeln (sogleich Rn 70). Diese Bestimmungen gelten nicht zwingend (siehe Art. 3 § 8, Art. 5 Haager Regeln – oben Rn 37), im Frachtvertrag (oben Rn 18–22) können abweichende Vereinbarungen getroffen werden.

70   **aa) Das Verschuldenserfordernis.** Art. 4 § 3 Haager Regeln ordnet an, dass eine Haftung des Befrachters gegenüber dem Unternehmer grundsätzlich an eine Handlung, einen Fehler oder eine Nachlässigkeit des Befrachters oder seiner Hilfspersonen erfordert. Gemeint ist, wie sich deutlicher aus dem französischen Wortlaut ergibt („... acte, faute ou négligence ..."), das Erfordernis eines Verschuldens. Dies gilt nicht, wie sich aus dem systematischen Zusammenhang ergibt, für den Fall des Art. 3 § 5 Satz 2 (sogleich Rn 71) sowie des Art. 4 § 6 Satz 1 Haager Regeln a.E. (unten Rn 72).

71   **bb) Die Unrichtigkeit der Angaben zu den Gütern.** Die Haftung des Befrachters aus Art. 3 § 5 Satz 2 Haager Regeln steht im Zusammenhang mit Art. 3 § 3 Abs. 1 (a) und (b) Haager Regeln und betrifft die Merkzeichen sowie die Zahl, die Menge bzw. das Gewicht der Güter (oben Rn 47). Aus der Stellung des § 5 nach den § 3 und § 4 ergibt sich, dass die Einstandspflicht nur begründet ist, wenn und soweit die Angaben des Befrachters in das Konnossement übernommen wurden. Art. 4 § 3 Haager Regeln bleibt unberücksichtigt (zuvor Rn 70). Der Befrachter haftet dem Unternehmer für alle Schäden, die mit den unrichtigen Angaben in einem objektiven Zurechnungszusammenhang stehen.

Die Einstandspflicht des Unternehmers aus dem Frachtvertrag gegenüber Dritten wird nach Art. 3 § 5 Satz 3 Haager Regeln durch die Haftung des Befrachters nicht berührt. Siehe § 563 Abs. 1 HGB a.F. und heute § 488 Abs. 3 Satz 1 Nr. 1; die Haftung ist jeweils verschuldensunabhängig.

cc) Gefährliche Güter. Der in Art. 4 § 6 Satz 1 Haager Regeln a.E. vorgesehene Tatbestand der Haftung des Befrachters ergänzt die zuvor geregelte Befugnis des Unternehmers, zur Beförderung übernommene gefährliche Güter, von deren Gefährlichkeit er keine Kenntnis hatte, unschädlich zu machen (oben Rn 68). Angeordnet wird für diesen Fall eine Einstandspflicht des Befrachters für alle Schäden und Kosten des Unternehmers. Dies betrifft sowohl die Folgen der Unschädlichmachung als auch die Situation, dass sich die von den Gütern ausgehende Gefahr realisiert und etwa das Schiff oder andere Güter beschädigt. Abweichend von Art. 4 § 3 Haager Regeln (oben Rn 70) ist die Haftung des Befrachters von einem Verschulden unabhängig. Er kann auch nicht auf seine fehlende Kenntnis von der Gefährlichkeit der Güter verweisen. Siehe zum früheren Recht § 564b Abs. 1 Satz 1 HGB a.F. und heute § 488 Abs. 3 Satz 1 Nr. 2. Hatte der Unternehmer Kenntnis von der Gefährlichkeit der Güter und kommt es zu einer konkreten Gefährdung, darf der Unternehmer die in Art. 4 § 6 Satz 2 Haager Regeln vorgesehenen Maßnahmen ergreifen (oben Rn 68). 72

f) Die Anwendung der Haager Regeln in Deutschland. Das Deutsche Reich hat die Haager Regeln gezeichnet. Die Ratifikation erfolgte zunächst nicht, unter anderem weil die Haager Regeln mit Rücksicht auf die deutsche Ostseeschifffahrt gemeinsam mit den skandinavischen Staaten eingeführt werden sollte. Am 1. Juli 1939 wurde die Ratifikation erklärt. Gemäß Art. 14 Abs. 2 sind die Haager Regeln dann am 1. Januar 1940 für das Deutsche Reich in Kraft getreten.[27] Abs. 2 des Zeichnungsprotokolls erlaubt es den Vertragsstaaten ausdrücklich, die Haager Regeln als Ganzes zu übernehmen oder die Bestimmungen des Übereinkommens in bereits vorhandene Regelwerke einzuarbeiten. Deutschland hat sich für den zweiten Weg entschieden und die Bestimmungen des HGB durch das SeefrG entsprechend geändert und ergänzt. Auch das SeefrG trat am 1. Januar 1940 in Kraft (Art. 1 SeeFrGDV). 73

Die Haager Regeln als Übereinkommen sind nicht Teil des innerstaatlichen deutschen Rechts und gelten in Deutschland nicht unmittelbar kraft Gesetzes.[28] Andernfalls wäre die Bestimmung des Art. 6 EGHGB überflüssig. Die Haager Regeln können aber als solche zur Anwendung gelangen, wenn nach Maßgabe des internationalen Privatrechts ein ausländisches Sachrecht maßgeblich ist, das die Haager Regeln unmittelbar übernommen hat. Dies kann ggf. im Rahmen einer Paramount-Klausel erfolgen. Ebenso können die Haager Regeln, wiederum aufgrund einer Paramount-Klausel, aufgrund einer entsprechenden vertragsergänzenden Einbeziehung als weitere vertragliche Vereinbarungen zu berücksichtigen sein. 74

Art. 9 Abs. 2 Haager Regeln erlaubt es den Vertragsstaaten, den Höchstbetrag der Haftung (Art. 4 § 5 Abs. 1 – oben Rn 64–66) durch Beträge in Landeswährung zu ersetzen. Die neue Vorschrift des § 660 HGB 1937 sah einen Betrag von 1.250 Reichsmark pro Packung oder Einheit vor, der bis zum Inkrafttreten des 2. SRÄndG im Jahre 1986 unverändert blieb. Ebenso machte Deutschland mit Einführung des neuen § 661 HGB 1937 von seiner Befugnis aus Art. 9 Abs. 3 Haager Regeln Gebrauch. 75

---

27 RGBl. 1939 II S. 1049.
28 Anders *Münchener Kommentar* HGB Aktualisierungsband (Puttfarken) Rn 21–28 zu § 452.

76   Aufgrund der Ermächtigung des Art. 5 SeefrG wurde die SeefrGDV erlassen. Deren Art. 2 ordnete an, dass der § 662 HGB a.F. auf Konnossemente nicht zur Anwendung kommt, wenn (1) die Konnossemente nicht Verschiffungen nach einem Hafen des Deutschen Reichs betreffen, wenn (2) die Konnossemente weder innerhalb des Deutschen Reiches noch innerhalb des Gebiets einer Vertragspartei ausgestellt sind oder wenn (3) die Konnossemente Verschiffungen durch deutsche Schiffe zwischen deutschen Häfen betreffen. Mit Art. 2 Nr. 1 SeefrGDV wurde Art. 10 Haager Regeln umgesetzt. Durch Art. 2 Nr. 2 SeefrGDV machte das Deutsche Reich von seinen Befugnissen aus Abs. 3 Nr. 2 des Zeichnungsprotokolls Gebrauch. Art. 9 Abs. 2 des 2. SRÄndG hob Art. 2 SeefrGDV schließlich auf. An dessen Stelle trat Art. 6 EGHGB a.F., der im weiteren Verlauf durch das SHR-ReformG vollständig umgestaltet wurde.

77   Die auf die Haager Regeln zurückgehenden Bestimmungen des HGB a.F. kamen, im Vergleich zu dem eigentlichen Anwendungsbereich der Haager Regeln, in einem erheblich erweiterten Umfang zur Anwendung. Deutschland verstieß hierdurch nicht gegen seine Verpflichtungen aus den Haager Regeln.[29] So gelten die Bestimmungen, insbesondere über die Haftung des Unternehmers, im innerstaatlichen deutschen Recht nicht nur für Konnossemente, die die Voraussetzungen des Art. 10 Haager Regeln erfüllen, sondern für alle Konnossemente sowie für Stückgutfrachtverträge und Chartern (oben Rn 18–22, 23), für Deckladung und lebende Tiere (oben Rn 27), für Landschäden (oben Rn 36), sowie für nicht handelsübliche Verschiffungen, allerdings jeweils nicht zwingend; siehe Art. 6 Abs. 1 und 2 EGHGB a.F. sowie § 663 Abs. 2 Nr. 1 bis 4 HGB a.F. Ebenso ist heute der Geltungsbereich der §§ 498 ff. umfassend ausgestaltet, wobei die Vorschriften auch grundsätzlich durchgehend zwingend gelten (also AGB-fest sind, § 512). Dies gilt nicht für die Reisecharter, § 527 Abs. 2 nimmt nicht auch Bezug auf § 512.

78   **g) Zur Rolle der Haager Regeln heute.** Die Haager Regeln und die völkerrechtliche Bindung Deutschlands an das Übereinkommen sowie die damit verbundene Pflicht, die Bestimmungen der Haager Regeln in Deutschland anzuwenden, stellen bis heute die Grundlage des deutschen Seefrachtrechts dar. Allerdings finden sich im heutigen deutschen Seefrachtrecht nur noch wenige Vorschriften, die unmittelbar auf die Haager Regeln zurückgehen. Dies liegt zum einen daran, dass Deutschland die durch das Visby Protokoll bewirkten Änderungen der Haager Regeln in das deutsche Recht übernommen hat (dazu unten Rn 85–86). Zum anderen hat die umfassende Modernisierung des Seehandelsrechts durch die Seerechtsreform von 2013 mit vielen der früheren Vorschriften aufgeräumt. All dies ändert aber nichts an der grundlegenden Rolle der Haager Regeln.

3. Das Visby Protokoll

Literatur: *Betzel* Die Reform der Haager Regeln, 1975; *Capelle* Zur Revision der Haager Regeln, FS Möller (1972) S. 155–168; *Fan-Respondek* Die Haager/Visby Regeln im Seefrachtrecht Singapurs im Vergleich mit der Bundesrepublik Deutschland, 1992; *Herber* Die Brüsseler Seerechtskonferenz 1967, Hansa 1967, 1350–1352; *Herber* Zur Neuregelung der Haftung im internationalen Seefrachtrecht, Hansa 1968, 620–622; *Herber* Neuere Arbeiten zur Vereinheitlichung des Seeprivatrechts, Hansa 1969, 1643–1645; *Herber* Die Revision der Haager Regeln, DVIS A 16; *Herber* Haftung nach Haager Regeln, Haag-Visby-Regeln und Hamburg-Regeln, TranspR 1995, 261–266; *Eilenberger-Czwalinna* Haftung des Verfrachters nach dem zweiten Seerechtsänderungsgesetz, 1998; *Kasten* Für welche Seetransporte gelten die „Hague-Visby-Rules"?, Hansa 1983, 2093–2094; *Lebuhn* C.M.I.-Konferenz in Stockholm, VersR 1963, 693–698; *Liesecke* Die Haager

---

29 Siehe *Schaps/Abraham* Seehandelsrecht Rn 9 zu Art. 1 Haager Regeln Anh. III § 663b.

Regeln – Probleme ihrer Anwendung und Reform, Hansa 1965, 1136–1138 und 1254–1256; *de la Motte* Zur evision der Haager Regeln, Hansa 1972, 764–768; *Okuda* Zur Anwendungsnorm der Haager, Visby und Hamburg Regeln, DVIS A 45.

Die Haager Regeln wurden im weiteren Verlauf durch das Visby Protokoll aus dem **79** Jahr 1968 geändert und nach dem Vorbild zwischenzeitlich verabschiedeter sonstiger Frachtrechtsübereinkommen – dem WarschauAbk und der CMR – modernisiert. Dem folgte im später eine erneute Änderung durch das Protokoll von 1979, das die Währung der Haag-Visby Regeln für die Bemessung des Höchstbetrages der Haftung des Unternehmers auf die SZR umstellte. Die Haag-Visby Regeln in der Fassung des Protokolls von 1979 sind die Grundlage des heutigen deutschen Seefrachtrechts.

a) Die Änderungen durch das Visby Protokoll. Art. 1 des Visby Protokolls ergänz- **80** te Art. 3 § 4 Haager Regeln, der die Beweisvermutung des Konnossements zum Gegenstand hatte, um eine Regelung, dass gegenüber dem gutgläubigen Berechtigten die Vermutungen unwiderleglich sind; siehe § 656 Abs. 2 Satz 2 HGB a.F. und heute § 517 Abs. 2. Die Bestimmungen des Art. 3 § 6 Abs. 4 Haager Regeln über die einjährige Ausschlussfrist wurden dahingehend geändert, dass nunmehr eine Vereinbarung über eine Verlängerung der Frist ausdrücklich zulässig war; dazu § 612 Abs. 1 Satz 2 HGB a.F. und heute § 609 Abs. 1. Außerdem wurde in einem neuen Art. 3 § 6 bis Haager Regeln eine besondere Bestimmung über die Verjährung von Rückgriffsansprüchen eingeführt (dazu § 612 Abs. 2 HGB a.F. und heute § 607 Abs. 2).

Weiter hat Art. 2 Visby Protokoll die Bestimmung des Art. 4 § 5 Haager Regeln durch **81** eine umfassende neue Bestimmung ersetzt. Im neuen Art. 4 § 5 (a) Haag-Visby Regeln war nunmehr die auch heute geläufige alternative Berechnung des Höchstbetrages anhand der Packungs- bzw. der Stück-Alternative vorgesehen (§ 660 Abs. 1 Satz 1 HGB a.F., heute § 504 Abs. 1 Satz 1). Außerdem schrieb der neue Art. 4 § 5 (b) Haag-Visby Regeln das Wertersatzprinzip fest. Dies war bereits vor Inkrafttreten der Haager Regeln in den früheren §§ 658, 659 HGB a.F. vorgesehen. Die Vorschriften wurden auch nach Inkrafttreten des Seefrachtgesetzes beibehalten, obwohl die Haager Regeln eine Begrenzung der Haftung des Unternehmers auf Wertersatz gar nicht vorsahen. Insofern waren für die Anpassung des deutschen Rechts im Hinblick auf das durch die Haag-Visby Regeln neu eingeführte Wertersatzprinzip keine Änderungen erforderlich. Siehe heute § 502. Der neue Art. 4 § 5 (c) Haag-Visby Regeln enthielt die ebenfalls bis heute geläufige Container-Klausel; siehe § 660 Abs. 2 HGB a.F., heute § 504 Abs. 1 Satz 2 und 3. Geändert wurde auch die Einheit für die Bemessung des Höchstbetrages. Vorgesehen waren nunmehr 10.000 Goldfranken pro Packung oder Einheit oder 30 Goldfranken pro Kilogramm (siehe Art. 4 § 5 [d] Haag-Visby Regeln). Diese Einheit wurde später durch das Protokoll von 1979 durch die heute weltweit gebräuchlichen SZR ersetzt (siehe unten Rn 84). Erstmals fand sich in Art. 4 § 5 (e) Haag-Visby Regeln auch eine Bestimmung über das qualifizierte Verschulden. Vorgesehen war nunmehr, dass sich weder der Unternehmer noch das Schiff auf die in den Haag-Visby Regeln vorgesehene Haftungsbefreiungen und -beschränkungen berufen konnten, wenn der Schaden auf ein persönliches qualifiziertes Verschulden des Unternehmers zurückzuführen war; siehe dazu § 662 Abs. 3 HGB a.F. und heute § 507. Schließlich erlaubte der neue Art. 4 § 5 (d) Haag-Visby Regeln die Vereinbarung einer Erhöhung der Höchstbeträge des Art. 4 § 5 (a) Haag-Visby Regeln; siehe § 660 Abs. 1 Satz 1 HGB a.F. und heute § 512 Abs. 2 Satz 2.

Gegenstand des Art. 3 Visby Protokoll war die Einführung eines neuen Art. 4bis in die **82** Haager Regeln. Dieser enthielt mehrere Bestimmungen, durch die die Wirksamkeit der Haftungsbefreiung und -beschränkungen der Haag-Visby Regeln abgesichert wurde. Der neue Art. 4bis Abs. 1 Haager Regeln ordnete an, dass die Haftungsbefreiungen und -beschränkungen der Haag-Visby Regeln nicht nur für vertragliche, sondern darüber hinaus auch für außervertragliche Ansprüche geltend sollen. Siehe dazu § 607a Abs. 1 HGB a.F. und heute § 506 Abs. 1. Der neue Art. 4bis Abs. 2 Haag-Visby Regeln enthielt eine Himalaya-Regelung ein. Geschützt wurde der „... servant or agent of the carrier", wobei klargestellt war, dass es sich bei dem „servant" nicht um eine selbständige Hilfsperson handeln dürfe. Den geschützten Personen standen alle Haftungsbefreiungen und -beschränkungen der Haag-Visby Regeln zu (allerdings nicht auch darüber hinaus vereinbarte vertragliche Haftungsbefreiungen und -beschränkungen); siehe dazu § 607a Abs. 2 HGB a.F. und heute § 508 Abs. 1. Der außerdem eingefügte Art. 4bis Abs. 3 Haag-Visby Regeln sah vor, dass auch im Falle einer Inanspruchnahme sowohl der Leute des Unternehmers als auch des Unternehmers selbst der Geschädigte insgesamt den Höchstbetrag nur einmal verlangen konnte; siehe § 607a Abs. 3 HGB a.F. und heute § 508 Abs. 3. Art. 4bis Abs. 4 Haag-Visby Regeln enthält darüber hinaus den auch heute geläufigen Vorbehalt, dass sich die durch die Himalaya-Regelung geschützten Personen nicht auf die in den Haag-Visby Regeln vorgesehenen Haftungsbefreiungen und -beschränkungen berufen können, wenn ihnen ein qualifiziertes Verschulden vorzuwerfen ist; dazu § 607a Abs. 4 HGB a.F. und heute § 508 Abs. 2. Außerdem stellte ein vollständig neu gefasster Art. 9 Haag-Visby Regeln nunmehr klar, dass Bestimmungen in internationalen Übereinkommen oder eines nationalen Rechts über die Haftung für Nuklearschäden den Haag-Visby Regeln vorgingen (siehe dazu unten Anhang IV zu § 480 [maritime Nuklearhaftung]).

83   Wesentliche Änderungen ergaben sich auch im Hinblick auf Art. 10 Haager Regeln. Diese Vorschrift wurde durch neue Bestimmungen über den Anwendungsbereich der Haag-Visby Regeln ersetzt, der deutlich erweitert wurde. Die Haag-Visby Regeln kommen zur Anwendung, wenn das Konnossement in einem Vertragsstaat des Visby Protokolls ausgestellt wurde; wenn die Beförderung in einem solchen Staat begann; oder wenn das Konnossement eine Paramount-Klausel zugunsten der Haag-Visby Regeln enthält. All dies gilt nach Art. 10 Abs. 1 Haag-Visby Regeln unabhängig von der Staatsangehörigkeit des Schiffes oder der Staatszugehörigkeit des Unternehmers, des Shippers, des Empfängers oder irgendeiner anderen Person.

84   **b) Das Protokoll von 1979.** Die Haag-Visby Regeln sind im weiteren Verlauf noch einmal durch das Protokoll von 1979 geändert worden, das am 14. Februar 1984 in Kraft getreten ist. Hierdurch wurden die Bestimmungen des Art. 4 § 5 (d) Haag-Visby Regeln über den Höchstbetrag der Haftung von der ursprünglich vorgesehen Einheit Goldfranken auf die heute überall gebräuchlichen SZR umgestellt. Das 2. SRÄndG hat die Änderungen durch das Protokoll von 1979 gleich mit übernommen und den Höchstbetrag der Haftung in § 660 Abs. 1 Satz 1 HGB a.F. von vornherein in der Einheit SZR festgelegt. So verhält es sich auch heute mit § 504 Abs. 1.

85   **c) Die Bedeutung der Haag-Visby Regeln für Deutschland.** Das Visby Protokoll ist am 23. Juni 1977 völkerrechtlich in Kraft getreten. Es ist von Deutschland nicht ratifiziert worden. Der Grund hierfür war, dass seinerzeit Deutschland Gastgeber der diplomatischen Konferenz war, auf der die Hamburg Regeln verabschiedet worden waren. Es bestand die Befürchtung, dass die Ratifikation des Visby Protokolls als Ablehnung der Hamburg Regeln verstanden würde. Gleichwohl hat Deutschland, obwohl keine völkerrechtliche Pflicht bestand, die durch das Visby Protokoll bewirkten Änderungen der Haager Regeln in das innerstaatliche deutsche Recht übernommen. Dies erfolgte durch das 2. SRÄndG von 1986. Dabei ist der Gesetzgeber genau so verfahren wie mit den Haa-

ger Regeln. Die maßgeblichen Änderungen durch das Visby Protokoll wurden durch eine Änderung und Ergänzung der maßgeblichen innerstaatlichen Regelungen übernommen. Keinesfalls gelten die Haag-Visby Regeln als Übereinkommen in Deutschland unmittelbar.[30]

Die Umsetzung der Haag-Visby Regeln in das deutsche Recht durch Einarbeitung in bestehende Rechtsvorschriften betrafen die Bestimmungen des HGB, ebenso wie den völlig neu konzipierten Art. 6 EGHGB a.F. Diese Vorschrift übernahm grundsätzlich die Rolle des Art. 10 Haag-Visby Regeln und ordnete an, dass unter entsprechenden Voraussetzungen die maßgeblichen Regelungen des HGB a.F. direkt zur Anwendung gelangten. Es handelte sich um eine Vorschrift internationalprivatrechtlichen Charakters. Die entsprechenden Bestimmungen des HGB wurden bei Vorliegen eines der Tatbestände des Art. 6 EGHGB a.F. unmittelbar zur Anwendung berufen. Auf diese Weise sollte sichergestellt werden, dass in den Anwendungsfällen des Art. 10 Haag-Visby Regeln auch die entsprechenden deutschen sachrechtlichen Vorschriften, die denen der Haag-Visby Regeln nachempfunden waren, sofort zur Anwendung gelangten. Lagen die Voraussetzungen des Art. 6 EGHGB a.F. nicht vor, konnten die betreffenden Vorschriften des deutschen Sachrechts gleichwohl zur Anwendung gelangen, wenn die sonstigen Grundsätze des internationalen Privatrechts auf sie verwiesen. **86**

Die Seerechtsreform hat auch den Art. 6 EGHGB vollständig neu gefasst. Er hat heute einen ähnlichen Zweck, der aber auf eine etwas andere Weise erreicht wird. Er geht nicht mehr von Art. 10 Haag-Visby Regeln, sondern von Art. 10 der Haager Regeln aus. Liegen die Voraussetzungen der Vorschrift vor, kommen – wie früher – bestimmte Vorschriften des modernisierten deutschen Seefrachtrechts unmittelbar zur Anwendung. Auch insoweit hat Art. 6 Abs. 1 EGHGB eine internationalprivatrechtliche Funktion. Darüber hinaus nimmt Art. 6 Abs. 1 Satz 1 Nr. 1 bis 4 EGHGB noch bestimmte Modifikationen an den unmittelbar zur Anwendung gebrachten Vorschriften vor. Dies hat den Zweck, die in Art. 6 Abs. 1 Satz 1 EGHGB genannten Vorschriften des deutschen Rechts, die sich zunächst an den Haag-Visby Regeln orientieren, an die der Haager Regeln rückanzupassen. Auf diese Weise will Deutschland seiner völkerrechtlichen Pflicht zur Übernahme der Bestimmungen der Haager Regeln nachkommen (obwohl das deutsche Recht an sich die Haag-Visby Regeln als Grundlage hat). **87**

4. Die weiteren Frachtrechtsübereinkommen

a) Die Hamburg Regeln

Literatur: *Albrecht* Hamburg Rules – warum?, Hansa 1979, 895–898; *Asariotis* Urteile ach den Hamburg-Regeln unter Verletzung vertraglicher Gerichtsstands- und Schiedsgerichtsklauseln, TranspR 1995, 266–274; *Asariotis* Die Anwendungs- und Zuständigkeitsvorschriften der Hamburg-Regeln und ihre Auswirkungen in Nichtvertragsstaaten, 1999; *Basedow* Seefrachtrecht: Die Hamburger Regeln sind in Kraft, ZEuP 1993, 100–119; *Herber* Die Arbeiten des Ausschusses der Vereinten Nationen für internationales Handelsrecht (UNCITRAL), RIW 1977, 314–320; *Herber* Übereinkommen über das Seefrachtrecht, Hansa 1978, 316–318; *Herber* Die Konferenz der Vereinten Nationen über die Beförderung von Gütern auf See in Hamburg und ihr Ergebnis, DVIS B 12; *Herber* Gedanken zum Inkrafttreten der Hamburg Regeln, TranspR 1992, 381–390; *Herber* Haftung nach Haager Regeln, Haag-Visby-Regeln und Hamburg-Regeln, TranspR 1995, 261–266; *Kienzle* Die Haftung des Carrier und des Actual Carrier nach den Hamburg Regeln, 1993; *Mankowski* Jurisdiction Clauses und Paramount Clauses nach dem Inkrafttreten der Hamburg Rules, TranspR 1992, 301–313; *Okuda* Zur Anwendungsnorm der Haager, Visby und Hamburg Regeln, DVIS A 45; *Ramming* Anmerkung

---

30 Anders aber *Münchener Kommentar* HGB Aktualisierungsband (Puttfarken) Rn 21–28 zu § 452.

zu OLG Hamburg, Urteil vom 18. Dezember 1997 (6 U 115/97) (TranspR 1998, 201–206); *Reynardson/ Pineus/Röhrecke* The Maritime Carrier's Liability under the Hamburg Rules, FS Stödter S. 3–26; *von Ziegler* Haftungsgrundlage im internationalen Seefrachtrecht, 2002; (Verfasser unbekannt) Die neuen „Hamburg-Regeln über das Seefrachtrecht", DB 1978, 875–876.

88   Das Visby-Protokoll zu den Haager Regeln stellte lediglich eine Fortentwicklung des ursprünglichen Übereinkommens aus dem Jahre 1924 dar. Letztlich hielten auch die Haag-Visby Regeln bald nicht mehr mit dem allgemeinen Standard mit, der sich im übrigen internationalen Frachtrecht entwickelt hatte. Dies war der Anlass für den Versuch, ein umfassendes neues Übereinkommen zum Seefrachtrecht auf den Weg zu bringen.

89   **aa) Einleitung.** Die Hamburg Regeln wurden am 31. März 1978 auf einer diplomatischen Konferenz in Hamburg verabschiedet. Sie unterscheiden sich im Hinblick auf Systematik und Aufbau grundlegend von den Haager bzw. Haag-Visby Regeln. Insbesondere betreffen die Hamburg Regeln nicht mehr nur unmittelbar das Konnossement, sondern befasste sich in erster Linie mit dem Frachtvertrag. Die treibende Kraft hinter den Hamburg Regeln waren die Verlader in den Entwicklungsländern, die sich gegen die als solche wahrgenommene Übermacht der Verfrachter aus den wohlhabenderen Staaten wandten. Unabhängig davon sind die Hamburg Regeln m.E. handwerklich sehr geglückt, mit angemessenen und wohldurchdachten Bestimmungen. Es handelt sich um ein sehr modernes und gut gelungenes Frachtrechtsübereinkommen, das es verdient hätte, zum weltweiten Standard zu werden. Leider sind die Hamburg Regeln letztlich international nicht zum Durchbruch gekommen. Zwar sind sie völkerrechtlich am 1. November 1992 in Kraft getreten. Allerdings gehören zu den Vertragsstaaten nicht die großen Schifffahrtsnationen, so dass die Hamburg Regeln heute lediglich ein Nischendasein fristen.

90   **bb) Der Inhalt der Hamburg Regeln.** Die Hamburg Regeln befassen sich mit allen Gegenständen, die in modernen Frachtrechtsübereinkommen enthalten sind. In Art. 1 Hamburg Regeln finden sich eine ganze Reihe von Begriffsbestimmungen, auf die in den weiteren Vorschriften des Übereinkommens abgestellt wird. Großen Raum nimmt die in Art. 4 ff. Hamburg Regeln näher ausgestaltete besondere Haftung des Beförderers für Verlust und Beschädigung des Gutes und ihre verspätete Ablieferung ein. Im Hinblick auf Feuer gelten besondere Ausschlusstatbestände (Art. 5 Abs. 4 Hamburg Regeln). Ein Ausschluss der Haftung für nautisches Verschulden ist in den Hamburg Regeln nicht vorgesehen. Die Haftung ist nach Art. 6 Hamburg Regeln auf einen Betrag von 835 SZR je Packung oder Einheit oder 2,5 SZR pro Kilogramm des Gutes beschränkt, je nachdem, welcher Betrag höher ist. Eine Beschränkung der Haftung des Beförderers auf Wertersatz ist nicht vorgesehen.

91   Die Haftungsbefreiungen und -beschränkungen der Art. 4 ff. Hamburg Regeln gelten gleichermaßen für außervertragliche Ansprüche gegen den Beförderer (Art. 7 Abs. 1 Hamburg Regeln). Ebenso enthalten die Hamburg Regeln eine Himalaya-Regelung zugunsten der Bediensteten oder Beauftragten des Beförderers (Art. 7 Abs. 2 Hamburg Regeln). Im Falle eines persönlichen qualifizierten Verschulden des Beförderers entfallen nach Art. 8 Abs. 1 Hamburg Regeln die zu seinen Gunsten vorgesehenen Haftungsbefreiungen und -beschränkungen. Gleiches gilt im Hinblick auf die Himalaya-Regelungen, wenn sich die Bediensteten oder Beauftragten des Beförderers qualifiziert schuldhafter Weise verhalten haben (Art. 8 Abs. 2 Hamburg Regeln).

92   Besondere Vorschriften finden sich in Art. 9 Hamburg Regeln über die Haftung des Beförderers für Deckladung. Erstmals wurde für das Seefrachtrecht durch Art. 10 Hamburg Regeln eine Haftung des ausführenden Beförderers eingeführt. Weiterer Gegenstand von Bestimmungen der Hamburg Regeln ist die Haftung des Absenders (Art. 12 ff. Hamburg Regeln). Außerdem enthält das Übereinkommen umfassende Bestimmungen über Ausstellung, Inhalt und Wirkungen des Konnossements (Art. 14 ff. Hamburg Regeln). Weitere ausführliche Vorschriften der Hamburg Regeln betreffen die Obliegenheit zur Anzeige eines Ladungsschadens oder einer verspäteten Ablieferung des Gutes (Art. 19 Hamburg Regeln). In Art. 20 Hamburg Regeln ist eine Verjährung von zwei Jahren für Ansprüche aus der Beförderung von Gut und nach dem Übereinkommen vorgesehen. Ausführliche Regelungen enthält schließlich Art. 21 Hamburg Regeln über die Zuständigkeit der Gerichte für Klagen, die die Beförderung von Gut nach dem Übereinkommen betreffen. Die Bestimmungen der Hamburg Regeln gelten nach Art. 23 Abs. 1 des Übereinkommens grundsätzlich beidseitig zwingend. Allerdings kann der Beförderer nach Art. 23 Abs. 1 Hamburg Regeln seine Haftung und seine aus dem Übereinkommen erweitern.

cc) Die Anwendbarkeit der Hamburg Regeln in Deutschland. Deutschland hat 93 die Hamburg Regeln nicht ratifiziert. Sie sind daher auch nicht Bestandteil des innerstaatlichen Rechts. Ein deutsches Gericht wendet die Hamburg Regeln nicht von sich aus, kraft eines gesetzlichen Anwendungsbefehls an. Dies gilt auch dann, wenn die Klage eine Beförderung betrifft, die, für sich genommen, in den Anwendungsbereich der Hamburg Regeln fiele.[31] Allerdings können die Hamburg Regeln auf anderer Grundlage auch durch ein deutsches Gericht angewandt werden. So verhält es sich, wenn die Grundsätze des internationalen Privatrechts, namentlich Art. 3 bzw. 5 Abs. 1 Rom I, auf das Recht eines Staates verweisen, der Vertragsstaat der Hamburg Regeln ist und der seinerseits die Bestimmungen des Übereinkommens in sein nationales Recht übernommen hat. Denkbar ist auch eine Bezugnahme auf eine solche Gesetzgebung im Rahmen einer Teilrechtswahl, die sich aus einer Paramount-Klausel ergibt, insbesondere (nur) im Hinblick auf die Haftung des Verfrachters für Verlust und Beschädigung des Gutes. Schließlich können die Hamburg Regeln zu berücksichtigen sein, wenn auf sie im Rahmen einer Paramount-Klausel im Frachtvertrag oder Konnossement Bezug genommen wird, mit der Folge, dass die Bestimmungen der Hamburg Regeln im Wege einer vertragsergänzenden Einbeziehung als Bestandteil des Frachtvertrages bzw. des Konnossements anzusehen sind. Hier haben die privatrechtlichen Bestimmungen der Hamburg Regeln den Charakter weiterer vertraglicher Vereinbarungen. Deren Wirksamkeit hängt davon ab, ob und in welchem Umfang das zugrunde liegende Sachrecht zwingend gilt und abweichende Vereinbarungen der Parteien zulässt.

b) Die Rotterdam Regeln

Literatur: *Bonnevie* Evaluation of the new Convention from the Perspective of cargo interests, TranspR 2009, 361–366; *Fuglar* Evaluation of the new Convention from the perspective of insurers, TranspR 2009, 366–369; *Haak/Hoeks* Intermodal Transport under Unimodal Arrangements – Conflicting Conventions: the UNCITRAL/CMI Draft Instrument and the CMR on the subject of Intermodal Contracts, TranspR 2005, 89–102; *Herber* Symposium of Deutsche Gesellschaft für Transportrecht, 25. Juni 2009, Introduction to the Symposium, TranspR 2009, 345–346; *Müglich* UNCITRAL – Internationale Vereinheitlichung des Seefrachtrechts in Sicht?, AWPrax 2007, 24–28; *Ramberg* Evaluation of the new Convention from the perspective of freight forwarders, TranspR 2009, 370–371; *Ramming* Zum Anwendungsbereich der Rotterdam Regeln, HmbSchR 2009, 414 Nr. 141; *Rasmussen* Evaluation of the new Convention from the perspective of carriers, TranspR 2009, 357–361; *Tschiltschke* Symposium of Deutsche Gesellschaft

---

31 Siehe aber OLG Hamburg TranspR 1998, 200 mit Anm. *Ramming* aaO.

für Transportrecht, 25. Juni 2009, Panel discussion and its Results, TranspR 2009, 371–372; *Wirtz* Internationales Symposium in Hamburg, Hansa 2009 Nr. 7 S. 80–83; *Wirtz* The Rotterdam Rules, Hansa 2009 Nr. 7 S. 83; *von Ziegler* Main Concepts of the new Convention: Its aims, structure and essentials, TranspR 2009, 346–357; *van der Ziel* The UNCITRAL/CMI Draft for a New Convention Relating to the Contract of Carriage by Sea, TranspR 2002, 265–277; DVIS A 107 mit Beiträgen *von Ziegler* (Die Rotterdam Regeln – Werdegang und Einführung, S. 1–46), *Paschke* (Die zwingende Geltung der Rotterdam Regeln, S. 47–64), *Ramming* (Das Verhältnis der Rotterdam Regeln zu anderen völkerrechtlichen Übereinkommen, S. 65–110), *Schwampe* (Die Haftung für Güter- und Verspätungsschäden nach den Rotterdam Regeln, S. 111–134), *Jessen* (Die Haftung der „Maritime Performing Party", S. 135–154).

94   Die Rotterdam Regeln wurden nach jahrelangen Vorarbeiten auf einer diplomatischen Konferenz am 11. Dezember 2008 in New York verabschiedet. Obwohl das Übereinkommen bereits von der Republik Kongo, Spanien und Togo ratifiziert wurde, ist es bis zum Inkrafttreten des Übereinkommens noch ein weiter Weg. Die Rotterdam Regeln stellen eine erhebliche Weiterentwicklung der Haager Regeln bzw. Haag-Visby Regeln sowie der Hamburg Regeln dar. Die Rotterdam Regeln unterscheiden sich auch grundlegend in Aufbau und Systematik von den Hamburg Regeln. Insbesondere sind die Rotterdam Regeln mit ihren insgesamt 96 Artikeln erheblich umfangreicher als alle vorherigen Seefrachtrechtsübereinkommen. Die Rotterdam Regeln erinnern in vieler Hinsicht an das CISG. Dabei pflegen die Rotterdam Regeln, insbesondere im Gegensatz zu den Hamburg Regeln, eine durch das angelsächsische Recht geprägte Rechtssprache. Dies macht das Verständnis für den kontinentaleuropäischen Juristen nicht immer einfach. Insgesamt sind die Rotterdam Regeln sehr detailliert und versuchen, jeweils bis ins Einzelne gehende und abschließende Regelungen zu treffen.

95   **aa) Der Inhalt der Rotterdam Regeln.** Grundsätzlich kommen die Rotterdam Regeln zur Anwendung, wenn es sich um eine internationale Beförderung handelt, bei der der Ort der Übernahme des Gutes, der Ladehafen, der Ort der Ablieferung oder der Löschhafen in einem Vertragsstaat der Hamburg Regeln befindet (Art. 5 Abs. 1 Rotterdam Regeln). Andererseits gilt das Übereinkommen nicht für Charterverträge (siehe Art. 6 Abs. 1 Rotterdam Regeln) sowie in bestimmten Fällen für Frachtverträge in der Nicht-Linienbeförderung (Art. 6 Abs. 2, Art. 1 Nr. 4 und 3 Rotterdam Regeln). Die Art. 8 ff. Rotterdam Regeln betreffen elektronische Beförderungsaufzeichnungen. Daran schließen sich mit Art. 11 ff. Rotterdam Regeln besondere Bestimmungen über die Pflichten des Beförderers an. Insbesondere schuldet er die Beförderung und Ablieferung des Gutes (Art. 11 Rotterdam Regeln). Ab Art. 17 Rotterdam Regeln geht es im Einzelnen um die Haftung des Beförderers für Verlust oder Beschädigung des Gutes sowie für dessen verspätete Ablieferung. Dabei ist grundsätzlich eine Haftungsbefreiung im Falle von Feuer auf dem Schiff vorgesehen (Art. 17 Abs. 3 [f] Rotterdam Regeln), nicht aber für nautisches Verschulden. Die Bestimmungen des Art. 19 Rotterdam Regeln betreffen die Haftung der maritimen ausführenden Partei (siehe Art. 1 Nr. 7 Rotterdam Regeln). Der Beförderer schuldet grundsätzlich (nur) Wertersatz (siehe Art. 22 Abs. 1 Rotterdam Regeln). Daneben gibt es umfassende Bestimmungen über das Erfordernis einer Schadensanzeige (Art. 23 Rotterdam Regeln). Gegenstand der Art. 27 ff. Rotterdam Regeln sind die Pflichten des Absenders gegenüber dem Beförderer. Solche bestehen insbesondere im Hinblick auf dessen Angaben zum Gut und namentlich zu seiner Gefährlichkeit.

96   Das Kapitel 8 Rotterdam Regeln nimmt sich der Beförderungsurkunden an (Art. 35 ff. Rotterdam Regeln). Die Umschreibung „Bill of Lading" bzw. „Konnossement" taucht in den Bestimmungen der Rotterdam Regeln nicht auf. Die Beförderungsurkunde muss grundsätzlich vom Beförderer unterzeichnet sein (Art. 38 Rotterdam Regeln). Er ist nach

Maßgabe des Art. 40 Rotterdam Regeln berechtigt, zu den Angaben des Absenders, die er, der Beförderer, in das Beförderungsdokument übernimmt, Vorbehalte zu machen. Das Beförderungsdokument begründet bestimmte Vermutungswirkungen (siehe Art. 41 Rotterdam Regeln) und kann nach Maßgabe der Art. 57, 58 Rotterdam Regeln übertragen werden. In den Art. 43ff. Rotterdam Regeln finden sich ausführliche Bestimmungen über die Ablieferung des Gutes. Insbesondere nehmen Art. 46 und 47 Rotterdam Regeln die Frage der Ablieferung im Falle der Ausstellung von übertragbaren bzw. nichtübertragbaren Beförderungsurkunden auf. Gegenstand des Art. 48 Rotterdam Regeln sind Ablieferungshindernisse. Das Kapitel 10 Rotterdam Regeln, die Art. 50ff., enthält umfangreiche Bestimmungen über die Weisungsbefugnis des Absenders.

Der Höchstbetrag der Haftung für Verlust und Beschädigung des Gutes beträgt 875 SZR pro Packung oder sonstiger Ladungseinhalt oder drei SZR je Kilogramm des Rohgewichts des Gutes, je nachdem, welcher Betrag höher ist (Art. 59 Abs. 1 Rotterdam Regeln). Im Falle einer Verspätung ist die Haftung grundsätzlich auf das Zweieinhalbfache der geschuldeten Fracht beschränkt (Art. 60 Rotterdam Regeln). Der Beförderer verliert das Recht auf Haftungsbeschränkung im Falle eines qualifizierten Verschuldens (Art. 61 Abs. 1 Rotterdam Regeln). Er haftet nach Art. 18 Rotterdam Regeln auch für das Verhalten seiner Hilfspersonen. Zu diesen gehören namentlich die ausführende Partei, die Schiffsbesatzung, die Bediensteten des Beförderers oder der ausführende Partei sowie weitere Personen, die Pflichten des Beförderers erfüllen, wenn die Personen auf Verlangen des Beförderers oder unter dessen Aufsicht oder Kontrolle handeln. Die Himalaya-Regelung des Art. 4 Abs. 1 Rotterdam Regeln gewährt die für den Beförderer maßgeblichen Haftungsbefreiungen und -beschränkungen auch den in der Vorschrift genannten Hilfspersonen, sofern diesen kein qualifiziertes Verschulden vorzuwerfen ist (siehe Art. 61 Abs. 1 und 2, Art. 81 [a] Rotterdam Regeln). **97**

Die Art. 62ff. Rotterdam Regeln enthalten Vorschriften über Klagefristen. Bestimmungen zur gerichtlichen Zuständigkeit für Klagen gegen den Beförderer, zu Gerichtsstandsvereinbarungen, zu Klagen gegen die maritime ausführende Partei und weitere Regelungen hierzu finden sich in den Art. 66ff. Rotterdam Regeln. Ebenso sieht Art. 73 Rotterdam Regeln besondere Vorschriften über die Anerkennung und Vollstreckung von Urteilen von Gerichten eines Vertragsstaates in einem anderen Vertragsstaat des Übereinkommens vor. Es schließt sich ein Abschnitt mit relativ ausführlichen Bestimmungen über die Streitbeilegung durch Schiedsverfahren an (Art. 75ff. Rotterdam Regeln). Sehr detailliert sind schließlich auch die Bestimmungen der Art. 79ff. Rotterdam Regeln über die zwingende Geltung der Vorschriften des Übereinkommens. **98**

bb) Ausblick. Die Rotterdam Regeln stellen den vorläufigen Abschluss der Entwicklung internationaler Übereinkommen im Bereich des Seefrachtrechts dar. Bislang haben die Rotterdam Regeln noch nicht das Interesse der Vertragsstaaten erweckt. Letztlich wird es darauf ankommen, ob wichtige Handelsnationen wie die USA und China sich dazu entschließen, das Übereinkommen zu ratifizieren. Geschieht dies, werden sich viele weitere Staaten dem nicht entziehen können. Bislang ist nicht abzusehen, ob und ggf. wann die Rotterdam Regeln in Kraft treten. Sicher verhält es sich so, dass mit den Rotterdam Regeln der vorerst letzte Versuch unternommen wurde, zu einem modernen, international einheitlichem Seefrachtrecht zu kommen. Ein weiterer, erfolgversprechender Anlauf ist wahrscheinlich erst in einigen Jahrzehnten möglich. **99**

5. Die Passagierhaftung. Ausgangspunkt der international einheitlichen Haftung des Beförderers für Tod und Körperverletzung von Passagieren sowie von Beschädigung oder Verlust oder der verspäteten Ablieferung von Gepäck ist das AthenÜ 1974. Es ist **100**

völkerrechtlich am 28. April 1987 in Kraft getreten, allerdings von Deutschland nicht ratifiziert worden. Deutschland hat jedoch die Bestimmungen des AthenÜ 1974 insbesondere unter Festlegung höherer Höchstbeträge durch das 2. SRÄndG in eine Anlage zum HGB a.F. eingefügt. Das AthenÜ 1974 ist durch ein Protokoll von 1990 geändert worden, das allerdings völkerrechtlich nicht in Kraft getreten ist. Ein weiterer Versuch der Modernisierung des AthenÜ 1974 wurde mit dem Protokoll von 2002 unternommen (AthenÜ 2002). Das AthenÜ 2002 ist am 23. April 2014 völkerrechtlich in Kraft getreten. Wiederum hat Deutschland bislang von einer Ratifikation des Protokolls von 2002 abgesehen. Das AthenÜ 2002 enthält in seinem Art. 19 eine REIO-Regelung, von der die EU Gebrauch gemacht hat. Sie ist seit dem Inkrafttreten des Protokolls von 2002 Partei des Übereinkommens. Dies hat zur Folge, dass das AthenÜ 2002 als Übereinkommen seitdem auch für alle Mitgliedsstaaten gilt. Unabhängig davon sind die Bestimmungen des AthenÜ 2002 durch die VO Athen für die Mitgliedstaaten für anwendbar erklärt worden (dazu noch unten Rn 110).

101   **6. Die Haftungsübereinkommen.** Für die Seeschifffahrt gibt es ein umfassendes, international vereinheitlichtes System der Haftung für Verschmutzungsschäden, die von Schiffen ausgehen. Dessen wesentliche Bausteine sind internationale Übereinkommen. Das erste Übereinkommen, dass international eine Rolle gespielt hat, war das ÖlHÜ 1969 (unten Anhang I.1 zu § 480), das die Haftung für Ölverschmutzungsschäden regelt, die von Tankern ausgehen. Das ÖlHÜ 1969 gilt heute in der Fassung des Protokolls von 1992. Ergänzt wird das ÖlHÜ 1992 durch das ÖlFÜ 1992 sowie das ÖlFÜProt 2003 (unten Anhang I.3 und I.4 zu § 480). Das System der Ölhaftung wird durch das BunkerölÜ ergänzt (unten Anhang I.5 zu § 480). Hier ist die Haftung verschiedener, am Schiffsbetrieb beteiligter Personen für Bunkerölverschmutzungsschäden geregelt. Das BunkerölÜ gilt für alle Schiffe. Ergänzt werden diese Übereinkommen zukünftig durch das HNS-Ü 2010 (unten Anhang II zu § 480). Hier geht es um die Haftung des Eigentümers des Schiffes für HNS-Schäden, die durch das Schiff verursacht werden (*hazardous noxious substances*). Das ÖlHÜ 1992, das BunkerölÜ sowie das HNS-Ü 2010 haben gemeinsam, dass der Eigentümer des Schiffes eine Versicherung im Hinblick auf die Haftung aus dem Übereinkommen vorzuhalten verpflichtet ist und dass die Geschädigten jeweils Direktansprüche gegen den Versicherer geltend machen können.

102   Das jüngste für Deutschland in Kraft getretene Übereinkommen ist das WBÜ (Anhang III.1 zu § 480). Dessen Gegenstand sind die Befugnisse des Küstenstaates im Hinblick auf Wracks. Der Begriff ist in einem weiten Sinne zu verstehen und umfasst nicht nur das (verunglückte) Schiff selbst sowie dessen Teile, sondern auch dessen Ladung und alle sonstigen Gegenstände, die das (im Übrigen ggf. unbeeinträchtigte) Schiff verloren hat. Darüber hinaus enthält das WBÜ Regelungen über die Haftung des eingetragenen Eigentümers für die Kosten der Lokalisierung, der Markierung und ggf. der Beseitigung des Wracks. Internationale Übereinkommen spielen auch im Zusammenhang mit der maritimen Nuklearhaftung eine Rolle (unten Anhang IV zu § 480). Das Reaktorschiffü betrifft die umfassende Einstandspflicht des Inhabers eines Reaktorschiffes für Schäden aus nuklearen Ereignissen. Das Übereinkommen ist zwar völkerrechtlich nicht in Kraft getreten, aber gleichwohl nach Maßgabe des § 25a AtomG anwendbar. Weiterer Bestandteil der maritimen Nuklearhaftung ist das KernmaterialBefÜ, dass sich mit der Einstandspflicht des Eigentümers für Schäden aus nuklearen Ereignissen befasst, die durch bestimmte beförderte Kernmaterialien entstanden sind. Die maritime Nuklearhaftung wird geprägt durch die Besonderheiten des Atomhaftungsrechts, das insbesondere eine Kanalisierung der Haftung auf den Inhaber der Kernanlage vorsieht. Hinzukommen wird zukünftig die besondere Haftung für umweltgefährdende Notfälle im Zusam-

menhang mit bestimmten Tätigkeiten im Gebiet der Antarktis (unten Anhang IV zu § 480). Deren Grundlage ist die neue Anlage VI des AntarktisV-UmwProt.

Zu nennen ist schließlich ein weiteres Sonderübereinkommen, das die Haftung des Reeders zum Gegenstand hat. Das ZusÜSee betrifft die Haftung der Reeder der an einem Zusammenstoß beteiligten Schiffe. Das Übereinkommen ist seit dem 1. März 1913 völkerrechtlich und für Deutschland unverändert in Kraft. Das ZusÜSee kommt zur Anwendung, wenn an dem Zusammenstoß ein Seeschiff beteiligt ist und alle Schiffe die Flagge von Vertragsstaaten führen. Parallel zu dem Übereinkommen enthalten die §§ 570 ff. inhaltlich entsprechende Vorschriften. Auch die Binnenschifffahrt verfügt mit dem ZusÜ-Bin über ein entsprechendes Übereinkommen, dessen Bestimmungen ebenfalls in die §§ 92 ff. BinSchG übernommen wurden. Das ZusÜSee wird ergänzt durch das ZusZustÜ mit Bestimmungen über die gerichtliche Zuständigkeit für Klagen wegen Ansprüchen aus einem Zusammenstoß von Schiffen (dazu unten Rn 108). 103

7. Die Beschränkung der Haftung. Auch die Befugnis des Eigentümers des Schiffes und anderer am Schiffsbetrieb beteiligter Personen zur Beschränkung ihrer Haftung für alle Ansprüche aus einem Ereignis ist international einheitlich geregelt. Für den Bereich der Seeschifffahrt ist heute das HBÜ 1976 der anerkannte Standard. Das Übereinkommen gilt für Deutschland in der Fassung des Protokolls von 1996. Gegenstand des Übereinkommens ist die Beschränkung der Haftung im Zusammenhang mit dem Betrieb eines Seeschiffes. Dazu gibt es ein paralleles Übereinkommen für die Binnenschifffahrt. Die CLNI weist erhebliche Ähnlichkeiten in Systematik und Aufbau und teils wortgleiche Regelungen wie das HBÜ 1976 bzw. 1996 auf. Anders als das HBÜ 1996, das innerstaatlich in Deutschland unmittelbar anwendbar ist, gelten die Bestimmungen der CLNI innerstaatlich nicht (siehe Art. 1 Abs. 2 CLNI-G). Vielmehr sind die Regelungen der CLNI in die §§ 4 ff. BinSchG übernommen worden. Die CLNI wird zukünftig durch ein ähnlich ausgestaltetes, aber völlig neues Übereinkommen ersetzt, die CLNI 2012.[32] Auch dieses Übereinkommen wird innerstaatlich nicht unmittelbar anwendbar sein. Vielmehr gelten auch zukünftig die geänderten Vorschriften der §§ 4 ff. BinSchG. 104

8. Sonstige Übereinkommen

a) Das BerggÜ 1989. Auch das Recht der Bergung ist international vereinheitlicht. Ursprünglich war das BerggÜ 1910 maßgeblich. Es ist am 1. März 1913 völkerrechtlich und für Deutschland in Kraft getreten.[33] Die Bestimmungen des BerggÜ 1910 wurden in die §§ 740 ff. HGB a.F. übernommen. Das BerggÜ 1910 ist dann im weiteren Verlauf durch das BerggÜ 1989 abgelöst worden. Dieses trat am 14. Juli 1996 völkerrechtlich und für Deutschland am 8. Oktober 2002 in Kraft.[34] Allerdings sind die Bestimmungen des BerggÜ 1989 innerstaatlich nicht unmittelbar anzuwenden, wie Art. 1 Abs. 2 BerggÜ-1989-G klarstellt. Vielmehr sind die Bestimmungen des BerggÜ 1989 in die §§ 740 ff. HGB a.F., Art. 8 EGHGB eingearbeitet worden. Die Regelungen der §§ 740 ff. HGB a.F. sind im Rahmen der Seerechtsreform nahezu unverändert in die §§ 574 ff. übernommen worden. Nach wie vor bleibt es dabei, dass nach Art. 1 Abs. 2 BerggÜ-1989-G die Bestimmungen des BerggÜ 1989 innerstaatlich nicht unmittelbar zur Anwendung gelangen. 105

Die Regelungen des Bergungsrechts betreffen den Fall, dass einem Schiff oder einem sonstigen Vermögensgegenstand, das oder der sich auf See in Not befindet, Hilfe geleistet 106

---

32 Siehe *Ramming* RdTW 2016, 281.
33 RGBl.1913 S. 66, 89.
34 Siehe BGBl. 2002 II S. 1202.

wird. Im Mittelpunkt des Bergungsrechts steht traditionell der großzügig ausgestaltete Anspruch des Bergers auf Bergelohn und Ersatz der Bergungskosten (Art. 12 und 13 BerggÜ 1989). Die wesentliche Neuerung des BerggÜ 1989 war, dass darüber hinaus ein weiterer Anspruch des Bergers in das internationale Bergungsrecht eingeführt wurde, nämlich der Anspruch auf Sondervergütung nach Art. 14 BerggÜ 1989. Dies betrifft den Fall, dass der Berger für ein Schiff, das als solches oder durch seine Ladung eine Gefahr für die Umwelt darstellt, Bergungsmaßnahmen durchgeführt hat. Der Anspruch auf Sondervergütung wird nach Maßgabe des Art. 14 Abs. 1 BerggÜ 1989 bemessen. Bleibt der Anspruch des Bergers auf Bergelohn hinter dem Anspruch auf Sondervergütung zurück, kann der Berger die Sondervergütung verlangen. Darüber hinaus enthält das BerggÜ 1989 weitere Regelungen über die Rettung von Menschen, über die Haftung des Bergers, über das Verbot der Durchführung von Bergungsmaßnahmen, über Schiffsgläubigerrechte, über Ansprüche auf gerichtliche Festsetzung einer vorläufigen Zahlung sowie über die Verjährung der Ansprüche auf Bergelohn bzw. Sondervergütung.

107   **b) Das ArrestÜ.** Im Seehandelsrecht spielt außerdem das ArrestÜ eine Rolle. Es ist am 24. Februar 1956 völkerrechtlich und am 6. April 1973 für Deutschland[35] in Kraft getreten und regelt bestimmte Fragen im Zusammenhang mit dem Arrest von Schiffen. Aus der Perspektive des deutschen Rechts ergeben sich aus dem ArrestÜ insbesondere Beschränkungen. Es kommt zur Anwendung, wenn Schiffe unter der Flagge von Vertragsstaaten des Übereinkommens im Wege des Arrestes beschlagahmt werden sollen (Art. 8 Abs. 1 ArrestÜ). Die wesentliche Regelung des ArrestÜ besteht darin, dass ein Arrest nur zulässig ist, wenn eine Seeforderung geltend gemacht wird (Art. 2 Hs. 1 ArrestÜ). Diese sind in Art. 1 Abs. 1 ArrestÜ in einem umfangreichen Katalog aufgelistet. Der ist wiederum so weit, dass alle praktisch wesentlichen Ansprüche als Seeforderung einzuordnen sind. Unter diesem Aspekt wirkt sich das ArrestÜ im Vergleich zum übrigen anwendbaren deutschen Recht kaum aus. Andererseits gehören zu den Seeforderungen nach Art. 1 Abs. 1 (o) und (p) ArrestÜ auch andere als Zahlungsansprüche, etwa solche auf Herausgabe oder Übereignung. Dieser Ansatz ist dem deutschen Recht fremd, das einen Arrest nach § 916 Abs. 1 ZPO an sich nur für Geldforderungen zur Verfügung stellt.

108   **c) Das ZusZustÜ.** Die Regelungen des ZusZustÜ ergänzen die des ZusÜSee. Im ZusZustÜ geht es um die gerichtliche Zuständigkeit für Klagen zur Geltendmachung von Schadenersatzansprüchen nach dem Zusammenstoß von Schiffen. Das ZusZustÜ bietet verschiedene Gerichtsstände an, nämlich bei dem allgemeinen Gerichtsstand des Beklagten; an dem Gerichtsstand, wo ein Arrest in das Schiff vollzogen worden ist oder hätte vollzogen werden können; oder bei dem Gericht des Ortes des Zusammenstoßes (Art. 1 Abs. 1 [a], [b] und [c] ZusZustÜ). Das ZusZustÜ ist (wie das ArrestÜ) am 24. Februar 1954 völkerrechtlich und am 6. April 1973 für Deutschland in Kraft getreten.[36] Der Gesetzgeber hat die Bestimmungen des Übereinkommens durch das 1. SRÄndG (unten Rn 119) in das HGB, hier in die §§ 738, 738a HGB a.F. eingearbeitet. Dabei blieb es bis zum Inkrafttreten des SHR-ReformG. Durch dieses Gesetz wurden die Regelungen der früheren §§ 738, 738a HGB a.F. vollständig aus dem Fünften Buch entfernt. Dies hat zur Folge, dass seit dem ausschließlich die Bestimmungen des ZusZustÜ heranzuziehen sind. Die ser Vorgang eines „de-install" durch Aufhebung der parallelen inner-

---

35   BGBl. 1973 II S. 172.
36   BGBl. 1973 II S. 169.

staatlichen Vorschriften ist einzigartig in der Geschichte des deutschen Seehandelsrechts.

II. Das europäische Recht

Auch das europäische Recht spielt eine große Rolle auf dem Gebiet des öffentlichen Seerechts, namentlich im Hinblick auf die Bereiche Schiffsicherheit und Umweltschutz. Gleiche gilt für das maritime Wettbewerbs- und Kartellrecht. Im Kernbereich des privaten Seehandelsrechts spielen namentlich die Vorschriften des europäischen Zivilprozessrechts eine Rolle, insbesondere die Bestimmungen der EuGVV 2012 und des LuganoÜ 2007 (unten Rn 113–115). Eine weitere zentrale Funktion haben die europäischen Regelungen über das internationale Privatrecht, wie sie in der Rom I und der Rom II Verordnung niedergelegt sind (unten Rn 112). Unmittelbare Bestimmungen in einem der Kernbereiche des Seehandelsrechts trifft die VO Athen (unten Rn 110). Zu nennen ist schließlich die Richtlinie 2004/35, die in Deutschland durch das USchadG umgesetzt wurde und die Vorgaben für die Umwelthaftung zur Vermeidung und Sanierung von Umweltschäden macht und das Verursacherprinzip festschreibt. Hier können sich insbesondere auch Überschneidungen mit den international vereinheitlichten Bestimmungen über die Haftung für Öl-, Bunkeröl- und zukünftig für HNS-Schäden ergeben (siehe unten Rn 111). 109

1. Die VO Athen. Gegenstand der VO Athen ist die Haftung des Beförderers und des ausführenden Beförderers für Schäden der Passagiere eines Schiffes durch Tod oder Körperverletzung oder den Verlust oder die Beschädigung von Gepäck oder dessen verspäteter Ablieferung. Dabei bringt die VO Athen die Bestimmungen des AthenÜ 2002 für die Mitgliedstaaten zur Anwendung (Art. 3 Abs. 1 VO Athen). Dabei gilt die Verordnung und damit auch das AthenÜ 2002 nach Maßgabe des Art. 2 Satz 1 VO Athen auch für bestimmte nationale Fahrten. Darüber hinaus ist die EU als REIO mit Inkrafttreten des Protokolls von 2002 am 23. April 2014 auch Partei des AthenÜ 2002 geworden. Auch unter diesem Gesichtspunkt gilt das AthenÜ 2002 in allen Mitgliedstaaten. Die VO Athen enthält darüber hinaus weitere Bestimmungen zum Schutze der Passagiere. 110

2. Die Richtlinie 2004/35. Die Richtlinie 2004/35 hat sich nach ihrem Art. 1 zum Ziel gesetzt, auf Grundlage des Verursacherprinzips einen Rahmen für die Umwelthaftung zur Vermeidung und Sanierung von Umweltschäden zu schaffen. Sie ist durch das USchadG in das deutsche Recht übernommen worden. Die Haftung für Umweltschäden ist auch Gegenstand insbesondere des ÖlHÜ 1992, des ÖlFÜ 1992 und des ÖlFÜProt 2003, des BunkerölÜ sowie zukünftig des HNS-Ü 2010 (unten Anhänge I.1, I.3, I.4, I.5 und II zu § 480). Hier kann es zu Überschneidungen im Anwendungsbereich kommen. Dabei hat der Erlass der Richtlinie 2004/35 insbesondere zur Folge, dass den Mitgliedstaaten die Zuständigkeit genommen wird, internationale Übereinkommen, die ebenfalls die Haftung für Umweltschäden zum Gegenstand haben, auszuhandeln und zu ratifizieren. Dies ist insbesondere im Hinblick auf das ÖlFÜProt 2003 zum Tragen gekommen. Allerdings will die Richtlinie 2004/35 Konflikte mit den zuvor angesprochenen Übereinkommen schon von sich aus vermeiden. Zu diesem Zweck beschränkt sie ihren Anwendungsbereich in Art. 4 Abs. 2 in Verbindung mit Buchst. (a) bis (d) Anhang IV zugunsten des ÖlHÜ 1992, des ÖlFÜ 1992, des ÖlFÜProt 2003, des BunkerölÜ sowie des HNS-Ü 1996. Die Ausnahme betrifft auch künftige Änderungen dieser Übereinkommen (Art. 4 Abs. 2 Richtlinie 2004/35) und erstreckt sich damit später automatisch auf das HNS-Ü 2010. Das Übereinkommen muss jedoch, wie es in Art. 4 Abs. 2 Richtlinie 2004/35 heißt, in dem 111 betroffenen Mitgliedstaat in Kraft sein, und zwar zum Zeitpunkt ihrer Verkündung (und gleichzeitigen Inkrafttretens) am 30. April 2004.

Damit wirkt sich eine spätere Ratifikation eines Übereinkommens, das von dem Katalog der Anlage IV erfasst wird, trotz des Bestehens einer solchen Ausnahmeregelung dahingehend aus, dass der ursprüngliche Anwendungsbereich der Richtlinie 2004/35 verringert wird. Unter diesem Gesichtspunkt würden die Mitgliedsstaaten, wenn sie die Ratifikation eines der genannten Übereinkommen erklären würden, in die Zuständigkeiten der EU eingreifen. Dies hat zur Folge, dass es den Mitgliedsstaaten verwehrt war und ist, nach dem 30. April 2004 eines der Übereinkommen zu ratifizieren. Praktische Bedeutung hat dies im Hinblick auf das ÖlFÜProt 2003 erlangt. Um dem Konflikt abzuhelfen, hat der Rat mit der Entsch. 2004/246 die Mitgliedsstaaten ermächtigt, die Ratifikation des Übereinkommens zu erklären. Dies erfolgte gleichzeitig im Hinblick auf eine Überschneidung mit den Bestimmungen der EuGVV. Siehe hierzu näher unten Rn 3–4 Anhang I.4 zu § 480 (ÖlFÜProt 2003).

112   **3. Die Rom I und Rom II Verordnungen.** Die EU verfügt seit einigen Jahren über ein umfassend ausgestaltetes, einheitliches System internationalprivatrechtlicher Vorschriften für verschiedene Bereiche des Privatrechts. Im Zentrum stehen dabei die Rom I Verordnung, die für die Anknüpfung vertraglicher Schuldverhältnisse gilt, und die Rom II Verordnung, die Entsprechendes für außervertragliche Schuldverhältnisse regelt. Beide Verordnungen spielen für das Seehandelsrecht eine große Rolle. Anhand der Rom I Verordnung ermittelt sich das Sachrecht, das auf die Verträge des Seehandelsrechts und ggf. auch auf Konnossemente zur Anwendung gelangt. In gleicher Weise wird die Rom II Verordnung im Hinblick auf alle Arten von außervertraglichen Ansprüchen tätig. Dies betrifft auch und gerade die Ansprüche gegen den Reeder auf Ersatz von Schäden aus dem Betrieb des Schiffes. Siehe hierzu näher unten Rn 186–241 zu § 480.

113   **4. EuGVV 2012, LuganoÜ 2007.** Eine ähnlich tragende Rolle wie der Rom I und der Rom II Verordnung kommt für das Seehandelsrecht den Bestimmungen der EuGVV 2012 und des LuganoÜ 2007 zu. Diese Regelwerke betreffen die gerichtliche Zuständigkeit sowie die Anerkennung und Vollstreckung von Entscheidungen von Gerichten anderer Mitgliedsstaaten. Das LuganoÜ 2007 gilt über den Anwendungsbereich der EuGVV 2012 hinaus auch für Dänemark, Island, Norwegen und der Schweiz. Es geht in Deutschland als völkerrechtliches Übereinkommen allen anderen konkurrierenden nationalen Bestimmungen über die gerichtliche Zuständigkeit und die Anerkennung und Vollstreckung von Entscheidungen vor. Die EuGVV 2012 wirkt im Verhältnis zu allen Mitgliedstaaten und nach Maßgabe des EG-Dk-Abk auch zu Dänemark. Als europäische Verordnung hat die EuGVV 2012 nach Art. 288 Abs. 2 AEUV Vorrang vor allen nationalen Bestimmungen der Mitgliedstaaten über die gerichtliche Zuständigkeit und die Anerkennung und Vollstreckung von Entscheidungen. Gleiches galt auch schon früher für die EuGVV.

114   Damit kann es zu Überschneidungen mit internationalen Übereinkommen kommen, soweit diese Regelungen über die gerichtliche Zuständigkeit und die Anerkennung und Vollstreckung von Entscheidungen enthalten. Dies betrifft insbesondere Art. IX und X ÖlHÜ 1992, Art. 7 und 8 ÖlFÜ 1992, Art. 7 und 8 ÖlFÜProt 2003, ebenso Art. 9 und 10 BunkerölÜ sowie zukünftig Art. 38 bis 40 HNS-Ü 2010 – nicht aber das WBÜ –, die eigenständige Regelungen über gerichtliche Zuständigkeiten für Klagen wegen Ansprüchen aus den betreffenden Übereinkommen sowie selbständige, interne Vorschriften über die Anerkennung und Vollstreckung von Entscheidungen anderer Vertragsstaaten enthalten (zu den genannten Übereinkommen siehe unten Anhänge I.1, I.3, I.4, I.5, II und III. zu § 480).

Die EG hat mit der EuGVV von ihren Zuständigkeiten nach Art. 61 (c), 65 EGV Ge- **115**
brauch gemacht. Damit war es den Mitgliedsstaaten vom Tag der Verkündung der
EuGVV am 16. Januar 2001 verwehrt, ihrerseits internationale Übereinkommen auszuhandeln und zu ratifizieren, die Vorschriften über die gerichtliche Zuständigkeit und die
Anerkennung und Vollstreckung von Entscheidungen enthielten. Diese Situation setzte
sich mit der Ablösung der EuGVV durch die neue EuGVV 2012 am 10. Januar 2015 fort
(siehe Art. 80 Satz 1, 81 Abs. 2 EuGVV 2012). Andererseits war es bzw. ist es der EG bzw.
der EU nicht möglich, Partei des ÖlHÜ 1992, des ÖlFÜ 1992, des ÖlFÜProt 2003, des BunkerölÜ und zukünftig des HNS-Ü 2010 zu werden, weil es in allen Übereinkommen an
einer REIO-Klausel (Regional Economic Integration Organisation) fehlt; siehe dagegen
etwa Art. 19 AthenÜProt 2002, Art. 93 Rotterdam Regeln. Eine solche Bestimmung hätte
es der EG bzw. der EU ermöglicht, selbst Partei des betreffenden Übereinkommens zu
werden (dazu Art. 218 AEUV). Das Mittel zur Lösung des Problems ist eine ausdrückliche
Entscheidung des Rates, der die Mitgliedsstaaten ausdrücklich ermächtigt, das betreffende Übereinkommen zu ratifizieren. Eine Rolle haben dabei bisher die Entsch.
2002/762 und 2004/246 gespielt. Die Ermächtigungen betreffen das ÖlFÜProt 2003, im
Hinblick auf bestimmte spätere Mitgliedstaaten auch das ÖlHÜ 1992 und das ÖlFÜ 1992,
sowie das BunkerölÜ (siehe Rn 5 vor Art. I ÖlHÜ 1992 [Anhang I.1 zu § 480], Rn 3 Anhang I.3 zu § 480 [ÖlFÜ 1992], Rn 3 Anhang I.4 zu § 480 [ÖlFÜProt 2003]; Rn 3 vor Art. 1
BunkerölÜ [Anhang I.5 zu § 480]).

III. Das nationale deutsche Recht

Literatur: *Herber* Empfiehlt sich eine Kodifizierung des deutschen Transportrechts?, JZ 1974, 629–634; *Herber* Zur Fortentwicklung des deutschen Schifffahrtsrechts durch den Bundesgerichtshof, FS Stimpel (1985) S. 1015–1035; *Krüger* Das deutsche Transportrecht an der Schwelle zum Europäischen Binnenmarkt, TranspR 1992, 315–321; *Schmidt* Reeder, Schiffseigner und Unterfrachter – Systemfragen des kodifizierten Seehandelsrechts –, GS Markianos (1988) S. 35–53.

Das HGB 1897 ist am 1. Januar 1900 zusammen mit dem BGB in Kraft getreten. Die **116**
Bestimmungen des Seehandelsrechts fanden sich seinerzeit im Vierten Buch HGB. Sie
waren im Wesentlichen nahezu unverändert aus dem ADHGB übernommen worden.
Bereits bei Inkrafttreten des HGB war deutlich geworden, dass die Bestimmungen des
Seehandelsrechts veraltet waren. Gleichwohl sollte es noch mehr als 100 Jahre dauern,
bis durch das SHR-ReformG eine umfassende Modernisierung des Seehandelsrechts auf
den Weg gebracht wurde. Das zunächst im Vierten Buch HGB geregelte Seehandelsrecht
wurde durch das Bilanzrichtlinien-Gesetz[37] vom 1. Januar 1986 an[38] in das Fünfte Buch
umgesiedelt (die Handelsgeschäfte entsprechend vom Dritten in das Vierte Buch).[39] Seit
Inkrafttreten des HGB 1897 sind die seehandelsrechtlichen Bestimmungen des Vierten
bzw. Fünften Buches mehrfach geändert worden. Die wichtigsten Änderungen gehen auf
das Zus-BerggÜ-1910-G (unten Rn 117), das SeeFrG (unten Rn 118) sowie die drei Seerechtsänderungsgesetze (unten Rn 119–121) zurück. Alle diese Neuregelungen waren im
Wesentlichen dadurch veranlasst, dass internationale Übereinkommen in das innerstaatliche Recht übernommen wurden, teils aufgrund einer entsprechenden völkerrecht-

---

[37] Gesetz zur Durchführung der Vierten, Siebenten und Achten Richtlinie des Rates der Europäischen Gemeinschaften zur Koordinierung des Gesellschaftsrechts (Bilanzrichtlinien-Gesetz – BiRiLiG) vom 19. Dezember 1985 (BGBl. 1985 I S. 2355).
[38] Art. 13 S. 1.
[39] Art. 1 Nr. 9 (a) und b).

lichen Pflicht Deutschlands, teils ohne eine solche. Eine weitere wichtige Änderung erfolgte durch das VVG-ReformG (unten Rn 122), bevor schließlich die umfassende Modernisierung durch das SHR-ReformG (unten Rn 123–147) durchgeführt wurde.

117 **1. Das Zus-BerggÜ-1910-G.** Eine der ersten größeren Änderungen des HGB erfolgte durch das Zus-BerggÜ-1910-G. Durch dieses Gesetz wurde das ZusÜSee 1910 sowie das BerggÜ 1910 (dazu noch oben Rn 105–106) in das deutsche Recht umgesetzt. Die Vorschriften wurden in die §§ 734 ff. und §§ 740 ff. HGB a.F. eingearbeitet. Das Zus-BerggÜ-1910-G ist am 1. März 1913 in Kraft getreten.

2. Das SeeFrG

Literatur: Siehe zu den Haager Regeln (oben vor Rn 17)

118 Die erste große Änderung des (seinerzeit noch) Vierten Buches HGB erfolgte durch das SeeFrG. Durch dieses Gesetz wurden die Bestimmungen der Haager Regeln in das HGB eingearbeitet. Hierdurch kam Deutschland seiner völkerrechtlichen Pflicht zur Übernahme der Bestimmungen der Haager Regeln in das innerstaatliche deutsche Recht nach. Die Änderungen betrafen insbesondere § 559 HGB a.F. über die Haftung des Verfrachters für die See- und Ladungstüchtigkeit des Schiffes, die §§ 563 ff. HGB a.F. über die Haftung des Befrachters bzw. Abladers, die §§ 606 ff. HGB a.F. über die Haftung des Verfrachters für Verlust und Beschädigung des Gutes und die §§ 642 ff. HGB a.F. über das Konnossement. Die durch das SeeFrG veranlassten Änderungen sind am 1. Januar 1940 in Kraft getreten (Art. 1 SeefrGDV).

3. Das 1. SRÄndG

Literatur: *Herber* Zur Modernisierung des deutschen Seehandelsrechts, Hansa 1972, 508–512, 795–798, 1065–1068.

119 Die nächste umfassende Änderung des damaligen Vierten Buches HGB erfolgte durch das 1. SRÄndG. Auch diese Änderungen hatten den Zweck, mehrere Übereinkommen in das innerstaatliche deutsche Recht zu übernehmen. Dies galt zunächst für das HBÜ 1957. Die Übernahme erfolgte durch eine Anpassung der §§ 486 ff. HGB a.F. Darüber hinaus wurde ergänzend die SVertO 1972 erlassen. Mit diesen Änderungen wurde anstelle der bis dahin maßgeblichen beschränkte Haftung des Reeders mit Schiff und Fracht auf das neue Summenhaftungssystem umgestellt. Dies erforderte eine ganze Reihe weiterer Änderungen in den Bestimmungen über die Vertretungsmacht des Kapitäns, über die Große Haverei sowie über die Bergung. Darüber hinaus wurden auch die Bestimmungen über Schiffsgläubigerrechte geändert. Zweck dieser Neuregelungen war es, das Recht der Schiffsgläubigerrechte an die Bestimmungen des SchGlHypÜ 1967 anzupassen. Diese Anpassung betraf lediglich die Schiffsgläubigerrechte, nicht aber die Schiffshypotheken. Darüber hinaus wurden die Bestimmungen des ZusZustÜ (oben Rn 108) in das deutsche Recht durch eine entsprechende Einfügung der §§ 738, 738a HGB a.F. durchgeführt. Auch aufgrund des ArrestÜ (oben Rn 107), das als Ganzes innerstaatlich in Kraft gesetzt wurde, waren kleinere Änderungen im innerstaatlichen deutschen Recht erforderlich. Schließlich wurden die Bestimmungen über das Verklarungsverfahren geändert. Dieses Verfahren ist durch das SHR-ReformG vollständig abgeschafft worden, so dass es heute nur noch in der Binnenschifffahrt zur Verfügung steht.

4. Das 2. SRÄndG

Literatur: *Herber* Das Zweite Seerechtsänderungsgesetz, TranspR 1986, 249–259, 326–334; *Herber* Das neue Haftungsrecht de Schifffahrt, 1989; *Looks* Neuregelung der Haftungsbestimmungen im Seehandelsrecht der Bundesrepublik Deutschland, FS Tricot (1988) S. 399–410; *Nöll* Zur Modernisierung des deutschen Seehandelsrechts, Hansa 1986, 1309–1312, 1717–1719; *Rabe* Das Zweite Seerechtsänderungsgesetz, VersR 1987, 429–436.

Nur 14 Jahre nach Einführung des Summenhaftungssystems durch das 1. SRÄndG erfolgte mit dem 2. SRÄndG eine weitere umfassende Modernisierung. Das HBÜ 1976 ist am 1. Dezember 1986 völkerrechtlich in Kraft getreten und galt seit dem 1. September 1987 auch für Deutschland.[40] Anders als zuvor das HBÜ 1957 ist das HBÜ 1976 als Ganzes in das innerstaatliche Recht übernommen worden. Das HBÜ 1976 fand damit in Deutschland unmittelbar Anwendung. Die unmittelbare Geltung des Übereinkommens machte es außerdem erforderlich, innerstaatlich ergänzende Vorschriften zu erlassen. Diese wurden in die §§ 486 ff. HGB a.F. übernommen. Gleichzeitig wurde die alte SVertO 1972 durch die SVertO 1986 ersetzt. Durch das 2. SRÄndG wurde auch das Recht der Personenbeförderung auf See überarbeitet. Ausgehend von dem – von Deutschland nicht ratifizierten – AthenÜ 1974 wurden entsprechende Regelungen in das innerstaatliche deutsche Recht übernommen. Grundlage hierfür war § 664 HGB a.F., der auf eine Anlage zum HGB a.F. verwies. Das 2. SRÄndG befasste sich auch umfassend mit dem Seefrachtrecht. Die Haager Regeln waren zwischenzeitlich durch das Visby-Protokoll von 1968 geändert worden. Obwohl Deutschland das Visby-Protokoll nicht ratifiziert hat, entschloss man sich, die durch das Visby-Protokoll durchgeführten Änderungen in das deutsche Recht zu übernehmen. Dies erfolgte durch eine Anpassung der §§ 606 ff. HGB a.F., so dass sie nunmehr den Haag/Visby Regeln entsprachen. Gleichzeitig wurde auch den ebenfalls zwischenzeitlich erfolgten Änderungen der Haag/Visby Regeln durch das SZR-Protokoll von 1979 Rechnung getragen. Die Bestimmungen des 2. SRÄndG sind größtenteils am 31. Juli 1986 (Art. 11 Abs. 2 Satz 1), die ergänzenden Regelungen zum HBÜ 1976 zusammen mit dem Übereinkommen am 1. September 1987 (Art. 11 Abs. 1 Satz 1) in Kraft getreten.

5. Das 3. SRÄndG

Literatur: *Ramming* Das Dritte Seerechtsänderungsgesetz, Hansa 2001, 159–161.

Gegenstand des 3. SRÄndG waren die Vorschriften über die Bergung. Anlass der Rechtsänderung war die Ratifikation des BerggÜ 1989 durch Deutschland. Das Übereinkommen löste das veraltete BerggÜ 1910 ab. Dessen Regelungen waren durch das Zus-BerggÜ-1910-G in das deutsche Recht eingearbeitet worden (dazu oben Rn 117). Das BerggÜ 1989 ist nicht im Ganzen in das innerstaatliche deutsche Recht übernommen worden. In Art. 1 Abs. 2 BerggÜ-1989-G heißt es ausdrücklich, dass die Bestimmungen des BerggÜ 1989 innerstaatlich nicht unmittelbar anzuwenden seien, sondern durch das 3. SRÄndG umgesetzt würden. Die Rechtsänderungen betrafen auch das Bergungsrecht der Binnenschifffahrt. Dies war ursprünglich in §§ 93 BinSchG a.F. eigenständig geregelt. Das 3. SRÄndG hat diese Bestimmungen aufgehoben und in § 93 BinSchG eine Verweisung auf das seerechtliche Bergungsrecht vorgesehen (seinerzeit die §§ 740 ff. HGB a.F., heute §§ 574 ff.). Darüber hinaus führte das 3. SRÄndG weitere Folgeänderungen im HGB

---

[40] BGBl. 1987 II S. 407.

und in anderen Gesetzen durch. Das BerggÜ 1989 ist am 8. Oktober 2002 für Deutschland in Kraft getreten.[41] An diesem Tage traten auch die durch das 3. SRÄndG bewirkten Änderungen des Fünften Buches in Kraft.[42]

6. Das VVG-ReformG

Literatur: *Büchner/Jürss* VVG-Reform: Die Seeversicherung unter der Flagge des § 203 n.F. (§ 186 a.F.) VVG? – Zu den Auswirkungen einer geplanten Neuregelung in der Praxis –, VersR 2004, 1090; *Ehlers* Brauchen wir noch ein Recht der Seeversicherung, Sonderbeilage Transportrecht 3/2004, S. XIV; *Johannsen* Zur Einbeziehung des Seeversicherungsrechts in die VVG-Reform, VersR 2005, 319; *Remé* Das Seeversicherungsrecht bleibt Kaufmannsrecht, VersR 2008, 756; *Remé* Gehören See- und Binnenversicherung unter einen Hut?, Sonderbeilage TranspR 3/2004, S. XXXII; *Schleif* Die Seeversicherung in der VVG-Reform, TranspR 2009, 18; *Schleif* Die Seeversicherung nach altem und neuem VVG, VersR 2010, 1281.

122 Die letzte größere Änderung des Fünften Buches HGB a.F. erfolgte durch das VVG-ReformG. Bis zum Inkrafttreten dieses Gesetzes enthielt das Vierte bzw. später das Fünfte Buch HGB umfassende Vorschriften über die Seeversicherung. Diese wurden durch Art. 4 VVG-ReformG vollständig und ersatzlos aus dem Fünften Buch HGB entfernt. Darüber hinaus ist in § 209 VVG ausdrücklich vorgesehen, dass Vorschriften des VVG auf die Versicherung gegen die Gefahren der Seeschifffahrt nicht anzuwenden ist. Der Versicherungsvertrag beurteilt sich daher im deutschen Recht anhand des allgemeinen Schuldrechts des BGB.

7. Das SHR-ReformG

Literatur: *Brehmer* Seehandelsrecht – Made in Germany?, RdTW 2014, 100–102; *Furrer* Das neue Seehandelsrecht im Kontext internationaler und privater Rechtsvereinheitlichung, RdTW 2014, 85–92; *Paschke/Ramming* Reform des deutschen Seehandelsrechts RdTW 2013, 1–10; *Ramming* Der zeitliche Anwendungsbereich des SHR-ReformG, RdTW 2013, 303–313; *Ramming* Die doppelte Vergabe des Art. 71 EGHGB, RdTW 2013, 351–352.

123 Die Stunde Null des modernen deutschen Seehandelsrechts schlug am 25. April 2013. An diesem Tag trat das SHR-ReformG in Kraft[43] (siehe Art. 71 EGHGB, dazu unten Rn 145–147). Die Bezeichnung „Reformgesetz" ist zutreffend gewählt: Es handelt sich um eine komplette Neufassung des gesamten Fünften Buches HGB, nicht lediglich um die Überarbeitung von Teilbereichen, wie sie durch die früheren Seerechtsänderungsgesetze (dazu oben Rn 119–121) durchgeführt wurden.

124 **a) Der Weg zum SHR-ReformG.** Die Arbeiten an dem SHR-ReformG gehen zurück auf das Jahr 2004, als das Bundesministerium der Justiz eine Sachverständigenkommission einsetzte.[44] Am 27. August 2009 legte die Kommission einen umfangreichen Entwurf eines neuen Fünften Buches HGB nebst Begründung vor (SHR-KomE-Bericht). In diesem Entwurf waren bereits alle Grundstrukturen angelegt, die das heutige Fünfte Buch prägen. Die wichtigsten Änderungen betrafen das Seefrachtrecht. Namentlich sprach sich die Kommission nachdrücklich dafür aus, die Haager Regeln zu kündigen. Dies hatte den

---

41 BGBl. 2002 II S. 1202.
42 BGBl. 2002 II S. 1944.
43 Art. 16 I SHR-ReformG.
44 Siehe die Mitteilung in TranspR 2004, 272.

Zweck, die völkerrechtliche Bindung Deutschlands an das Übereinkommen zu beenden, so dass der Weg frei war zu einem eigenständig gestalteten deutschen Seefrachtrecht. In entsprechender Weise war auch das Fünfte Buch in der Fassung des Kommissionsentwurfs ausgestaltet. Zu dem Entwurf sind eine Reihe von Stellungnahmen vorgelegt worden.[45]

Auf Grundlage des SHR-KomE-Bericht sowie der dazu ergangenen Stellungnahmen erarbeitete das BMJ (heute: BMJV) Referentenentwurf für Reformgesetz SHR-RefE. Dieser übernahm die von der Kommission vorgeschlagenen Regelungen, allerdings teils mit Abweichungen, die durch die inzwischen eingegangenen Stellungnahmen veranlasst waren. Auch der Referentenentwurf ging noch davon aus, dass die Haager Regeln zu kündigen seien. Ebenso war er Gegenstand verschiedener Stellungnahmen.[46] **125**

All dies war wiederum der Ausgangspunkt für den vom BMJ vorgelegten Regierungsentwurf für ein Reformgesetz (SHR-RegE), der ebenfalls ausführlich begründet wurde. Der Entwurf wich im Hinblick auf die seefrachtrechtlichen Bestimmungen von dem SHR-RefE ab. Dies war insbesondere darauf zurückzuführen, dass, anders als im Hinblick auf die Vorentwürfe, dem Seefrachtrecht in der Fassung des SHR-RegE nunmehr die Haager Regeln zugrunde lagen. Damit hatte das BMJ den Stellungnahmen Rechnung getragen, sich für eine Beibehaltung der Haager Regeln ausgesprochen hatten.[47] Wie auch das seinerzeit geltende Seefrachtrecht stützte sich der SHR-RegE auf die Bestimmungen der Haag-Visby Regeln. Dies machte es wiederum erforderlich, wie auch im seinerzeit geltenden Recht, eine Regelung von der Art des Art. 6 EGHGB vorzusehen (unten Rn 143). Durch sie soll eine Art „Rückanpassung" des deutschen Seefrachtrechts, das sich an den Haag-Visby Regeln orientiert, an die Bestimmungen der Haager Regeln erfolgen. **126**

Gleichzeitig trifft das SHR-ReformG in seinem Art. 15 Abs. 2 weiterhin auch schon Vorsorge für den Fall, dass die Haager Regeln gekündigt werden. Treten diese für Deutschland außer Kraft, tritt nach Art. 15 Abs. 2 Satz 1 SHR-ReformG dessen Art. 1 Nr. 27 in Kraft. Hier ist vorgesehen, dass die Alternative der Nr. 1 aus dem § 450 entfernt wird, so dass es für die Abgrenzung des See- vom Binnenschifffahrtsfrachtrecht nur noch darauf ankommt, ob die geschuldete Beförderung überwiegend über See- oder über Binnengewässer führen soll (dazu unten Rn 78–85 Einleitung B). Außerdem wird mit dem Außerkrafttreten der Haager Regeln für Deutschland nach Art. 15 Abs. 2 Satz 1 Hs. 2 SHR-ReformG auch Art. 6 EGHGB aufgehoben. Die Bestimmungen des Art. 15 Abs. 2 SHR-ReformG suggerieren, dass die Kündigung der Haager Regeln durch Deutschland bevorsteht. Dies ist nicht der Fall. Ganz im Gegenteil, durch das SHR-ReformG hat der Gesetzgeber gerade erst bestätigt, an den Haager Regeln festhalten zu wollen. **127**

Auf Grundlage des SHR-RegE wurde im weiteren Verlauf das Gesetzgebungsverfahren eingeleitet. Vom Bundestag wurde der Entwurf an die Ausschüsse überwiesen. Der federführende Rechtsausschuss des Bundestages empfahl einige Änderungen des Regierungsentwurfs.[48] Insbesondere wurde die Befugnis des Frachtführers und des Verfrachters, die im Frachtvertrag zu seinen Gunsten vorgesehenen Haftungsbeschränkungen auch vertragsfremden Dritten entgegen halten zu können, erweitert (siehe § 434 Abs. 2).[49] Außerdem wurde es dem Verfrachter gestattet, eine zu seinen Gunsten verein- **128**

---

45 Siehe SHR-KomE-Bericht (DGTR), SHR-KomE-Bericht (DVIS), *Ramming* HmbSchRZ 2009, 357 Nr. 133.
46 Siehe SHR-KomE-Bericht (DVIS) Rn 8–9, SHR-RefE(DVIS) Rn 5–9; *Ramming* HmbSchRZ 2009, 357 Nr. 133 Rn 3.
47 DVIS B 18 Rn 8–9; DVIS B 19 Rn 5–9; *Ramming* HmbSchRZ 2009, 257 Nr. 133 Rn 3.
48 BT-Drs 17/11884.
49 BT-Drs 17/11884 S. 9 f. und 127.

barte Haftungsfreistellung im Falle nautischen Verschuldens und Feuers auch vertragsfremden Dritten entgegen zu halten (siehe § 506 Abs. 2).[50] Die darüber hinaus durchgeführten Änderungen waren im Wesentlichen redaktioneller Art.

129 **b) Die Neuregelungen.** Durch das SHR-ReformG erhielt das Fünfte Buch HGB ein völlig neues Gesicht. Es wurden systematische Abschnitte mit Überschriften eingeführt, viele Vorschriften wurden erheblich gestrafft. Die Anzahl der Paragraphen wurde von 304 auf 143 reduziert. Das SHR-ReformG hat auch viele der alten Vorschriften vollständig abgeschafft. Die Partenreederei als besondere Gesellschaftsform des Seerechts ist im neuen Seehandelsrecht nicht mehr vorgesehen. Gleiches gilt für das Verklarungsverfahren, das es heute nur noch in der Binnenschifffahrt gibt (siehe §§ 11 bis 14 BinSchG). Auch die alten, teils sehr ausführlichen Regelungen über die Rechtsstellung des Kapitäns sind im Wesentlichen auf eine einzige Vorschrift, die des § 479, reduziert worden (zum Kapitän ausführlich unten Anhang zu § 479 [Kapitän]).

130 Das Fünfte Buch HGB beginnt mit einem kurzen Ersten Abschnitt über die Personen der Schifffahrt (§§ 476 bis 480 HGB). Der Zweite Abschnitt trägt den Titel „Beförderungsverträge" und enthält Unterabschnitte über „Seefrachtverträge" (§§ 481 bis 535) und „Personenbeförderungsverträge" (§§ 536 bis 552). Unter die Seefrachtverträge fallen der Stückgutfrachtvertrag (Erster Titel, §§ 481 bis 526) sowie die Reisecharter (Zweiter Titel, § 527 bis 535). Der Abschnitt über Stückgutfrachtverträge enthält wiederum Untertitel mit Allgemeinen Vorschriften (§§ 481 bis 497) sowie über die Haftung des Verfrachters wegen Verlust oder Beschädigung des Gutes (§§ 498 bis 512) und die Beförderungsdokumente (§§ 513 bis 526). Zu diesem gehört neben dem Konnossement erstmals im deutschen Recht auch der Seefrachtbrief (siehe § 526 HGB). Ebenso sind Bestimmungen vorgesehen, die die Ausstellung eines elektronischen Konnossements bzw. Seefrachtbriefs betreffen (§ 516 Abs. 2 und 3, § 526 Abs. 4). Entsprechende Vorschriften wurden durch das SHR-ReformG auch im Allgemeinen Frachtrecht sowie im Lagerrecht eingeführt (§§ 408 Abs. 3, 444 Abs. 3, 475c Abs. 4). Alle Vorschriften nehmen Bezug auf eine Verordnung des BMJV. Eine solche ist bislang nicht erlassen worden. Der Zweite Unterabschnitt (§§ 536 bis 552) über „Personenbeförderungsverträge" enthält im Wesentlichen, anders als die Überschrift es vermuten lässt, nur Vorschriften über die Haftung des Beförderers für Tod und Körperverletzung des Fahrgastes, für Verlust und Beschädigung des Gepäcks sowie für die verspätete Aushändigung des Gepäcks. Im Übrigen unterliegt der Personenbeförderungsvertrag den Bestimmungen des BGB.

131 Der Dritte Abschnitt des neuen Fünften Buches (§§ 553 bis 569) betrifft die dort so genannten „Schiffsüberlassungsverträge". Dieser umfasst einen Unterabschnitt mit Bestimmungen über die Schiffsmiete (§§ 553 bis 556). Dabei ist zu berücksichtigen, dass außerdem auch § 578a BGB besondere Regelungen für Mietverhältnisse über (in einem deutschen Schiffsregister, dazu unten Rn 127–156) eingetragenen Schiffe enthält. Bis zum Inkrafttreten des SHR-ReformG fanden sich entsprechende Bezugnahmen auch in § 579 und § 580a BGB, die allerdings durch das SHR-ReformG entfernt wurden. Der zweite Fall der Schiffsüberlassung ist die erstmals im deutschen Recht geregelte Zeitcharter (§§ 557 bis 569).

132 Der Vierte Abschnitt des Fünften Buches enthält die traditionellen Regelungen über die Schiffsnotlagen (§§ 570 bis 595). Sie beginnen im ersten Unterabschnitt (§§ 570 bis 573) mit Bestimmungen über den Schiffszusammenstoß. Diese wurden erheblich verkürzt und vereinfacht, ohne dass es hierdurch zu inhaltlichen Änderungen gekommen

---

50 BT-Drs 17/11884 S. 44 f. und 128 f.

ist. Grundlage der Bestimmungen ist nach wie vor das ZusÜSee. Bemerkenswert ist, dass die früheren §§ 738 bis 738b HGB a.F. nicht mit übernommen wurden. Diese Vorschriften gehen auf das ZusZustÜ zurück. Das Übereinkommen war dadurch in das deutsche Recht übernommen worden, dass die maßgeblichen Bestimmungen in die §§ 738 bis 738b HGB a.F. eingearbeitet wurden. Durch das Auslassen dieser Bestimmungen in das neue Recht wurde die frühere Art der Übernahme der Bestimmungen des ZusZustÜ rückgängig gemacht. Heute gilt damit ausschließlich das Übereinkommen selbst.[51] Dies ist ein einmaliger Fall eines „de-instal", den es in dieser Form im deutschen Seehandelsrecht bisher nicht gegeben hat.

Die Regelung über die Bergung im Zweiten Unterabschnitt (§§ 574 bis 587) sind nahezu wörtlich aus den §§ 740 bis 753a HGB a.F. übernommen worden. Auch die heutigen §§ 574 bis 587 gehen nach wie vor auf das BerggÜ 1989 zurück, die mit dem 3. SRÄndG in das deutsche Recht übernommen worden waren (dazu oben Rn 121). Schließlich enthält der Vierte Abschnitt einen Dritten Unterabschnitt (§§ 588 bis 595) mit Bestimmungen über die Große Haverei. Diese sind komplett neu gefasst und vereinfacht worden. **133**

Gegenstand des Fünften Abschnitts des Fünften Buches HGB sind die Schiffsgläubigerrechte (§§ 596 bis 604). Auch diese Bestimmungen wurden im Wesentlichen inhaltlich unverändert aus den früheren §§ 754 bis 764 HGB a.F. übernommen. Der Sechste Abschnitt des Fünften Buches mit den §§ 605 bis 610 enthält schließlich die Vorschriften über die Verjährung von Ansprüchen aus den zuvor geregelten Rechtsverhältnissen. Dies folgt einer alten Tradition im deutschen Seehandelsrecht. Auch früher waren die Vorschriften über die Verjährung am Ende des fünften Buches, in den §§ 903 bis 905 HGB a.F., zusammengefasst. Ausgehen von der neuen Systematik des Fünften Buches folgt erst jetzt, im Siebten Abschnitt, ein Kapitel über die Beschränkung der Haftung des Reeders (§§ 611 bis 617). Ausgangspunkt sind nach wie vor die Vorschriften des HBÜ 1996. Dessen Vorschriften werden, wie auch bereits im früheren Recht (§§ 486 bis 487e HGB a.F.), durch Bestimmungen des autonomen deutschen Rechts ergänzt. Ganz neu im Fünften Buch ist ein Achter Abschnitt mit eigenen Verfahrensvorschriften (§§ 618, 619). **134**

Das SHR-ReformG hat nicht nur das Fünfte Buch HGB neu gefasst, sondern auch eine ganze Reihe weiterer Gesetze geändert (siehe Art. 2 bis 13 SHR-ReformG). Hiervon betroffen sind das EGHGB, das BGB, das USchadG, das BinSchG, die ZPO, das BinschVerfG, die SFertO, die SchRegDV, das FamFG, das WaStrG sowie das SeemG (heute ersetzt durch das SeeArbG). Darüber hinaus hat das SHR-ReformG auch Änderungen im Allgemeinen Frachtrecht durchgeführt (siehe Art. 1 Nr. 4 bis 29 SHR-ReformG). Der wesentliche Teil dieser Änderungen hatte den Zweck, gleichartige Bestimmungen im Allgemeinen Frachtrecht und im Seefrachtrecht vorzusehen. Namentlich ist das Recht des Ladescheins (§§ 443 ff.) an die neuen Bestimmungen über das Konnossement (§§ 513 ff.) angepasst worden. Außerdem hat das SHR-ReformG kleinere Änderungen im Spediteurs- und Lagerrecht durchgeführt (Art. 1 Nr. 30 bis 33 und 34 bis 39 SHR-ReformG). Bis auf eine unbedeutende sprachliche Anpassung – Ersetzung der Worte „zur See" durch „über See" in § 452 Satz 2 – hat das SHR-ReformG die Bestimmungen über die multimodale Beförderung (§§ 452 ff.) vollständig unberührt gelassen. **135**

c) Die Highlights. Auch wenn das Hauptanliegen des SHR-ReformG die Neuordnung und Modernisierung des Fünften Buches HGB war, sind doch einige Neuregelungen eingeführt worden. Einige davon sowie weitere der neuen Bestimmungen waren auch bereits Gegenstand von Stellungnahmen in der Literatur. **136**

---

51 SHR-ReformG-Begr S. 122 (linke Spalte).

137   **aa) Der ausführende Verfrachter.** Dies betrifft etwa die neu eingeführte Haftung des ausführenden Verfrachters (§ 509, § 522 Abs. 3).[52] Die Regelung hat die des § 437 zum Vorbild. Diese wiederum hat seit ihrer Einführung durch das TRG im Jahre 1998 in Literatur eine erhebliche Aufmerksamkeit gefunden. Viele der bereits geklärten und noch offenen Fragen zu § 437 können in gleicher Weise auch für das Verständnis des §§ 509, 522 Abs. 3 herangezogen werden.

138   **bb) Die Haftung für Verspätungsschäden.** Bemerkenswert ist weiter, dass sich im neuen Seefrachtrecht keine Bestimmungen über eine Haftung des Verfrachters über die Überschreitung der Lieferfrist finden. Entsprechende Vorschriften waren im KomE sowie im RefE vorgesehen, sind aber gewissermaßen in letzter Minute wieder aus dem Gesetz entfernt worden. Teils finden sich noch Überbleibsel der zuvor vorgesehenen Bestimmungen: § 511 Abs. 1 Satz 1 stellt noch auf eine „vereinbarte Lieferfrist" ab, obwohl sich eine Bestimmung zur Lieferfrist in den §§ 481 ff. nicht mehr findet. § 502 Abs. 1 spricht noch immer von der „fristgemäßen Ablieferung". Offenbar steht dieser „Rückbau" im Zusammenhang mit der Entscheidung, die Haager Regeln nicht zu kündigen. Weder in diesen noch in den Haag-Visby Regeln noch im früheren Seefrachtrecht (und anders als im allgemeinen Frachtrecht, §§ 425 ff., und vielen anderen Frachtrechten) war eine besondere Haftung des Verfrachters für die Überschreitung der Lieferfrist vorgesehen. Die SHR-ReformG-Begr äußert sich hierzu nicht und begründet die Nicht-Regelung der Haftung mit Hinweisen auf Art. 17 Rotterdam Regeln.[53] Mangels besonderer Bestimmungen haftet der Verfrachter für eine verspätete Ablieferung des Gutes, wie schon nach dem früheren Recht, nach den Grundsätzen des Verzuges (§§ 280 Abs. 2, 286 BGB).[54]

139   **cc) Die Abschaffung des Charter-Konnossements.** Einige Aufmerksamkeit hat außerdem die neue Regelung des § 522 Abs. 1 Satz 2 erfahren. Dort heißt es, dass eine Vereinbarung, auf die im Konnossement lediglich verwiesen wird, nicht Inhalt des Konnossements werde. Dies zielt insbesondere ab auf die weltweit gängige Praxis der Ausstellung sogenannter Charter-Konnossemente. Hierbei handelt es sich um Konnossemente, die selbst nur wenige Bestimmungen enthalten und im Übrigen auf die Regelungen einer Charter Bezug nehmen. Eine solche Verweisung geht bei Anwendbarkeit deutschen Rechts nach § 522 Abs. 1 Satz 1 ins Leere.[55] Ausgehend von dieser Entscheidung des Gesetzgebers ordnet Art. 6 Nr. 9 SHR-ReformG folgerichtig die Aufhebung des § 1031 Abs. 4 ZPO an. Hier war bis zum Inkrafttreten des SHR-ReformG vorgesehen, dass eine Schiedsvereinbarung zum Bestandteil des Konnossements-Rechtsverhältnisses wird, wenn in dem Konnossement ausdrücklich auf die in einem Chartervertrag enthaltene Schiedsklausel Bezug genommen wird.

---

52   Dazu siehe *Herber* TranspR 2011, 359; *Hesse* Hansa 2012 Nr. 6 S. 89; *Paschke/Ramming* RdTW 2013, 1, 4; *Rabe* TranspR 2013, 278, 280 ff. (unter III.); *Ramming* RdTW 2013, 81; *Matzen* RdTW 2015, 203; *Mankowski* TranspR 2016, 136; sowie *Herber* Seehandelsrecht S. 243 f. (unter 5.) und S. 293 f. (unter 1.).
53   Siehe S. 78 f., dazu *Paschke/Ramming* RdTW 2013, 1, 5 (unter 2.).
54   Siehe OLG Hamburg HmbSchRZ 2012, 225 Nr. 92 „MSC Delhi" mit Anm. *Ramming* HmbSchRZ 2012, 257–272 Nr. 107; OLG Düsseldorf TranspR 1996, 243, 243 f.; OLG Düsseldorf HmbSchRZ 2011, 15 Nr. 6 [12]; zuvor LG Wuppertal HmbSchRZ 2010, 285 Nr. 138; OLG Hamburg HmbSchRZ 2011, 186 Nr. 92 [9]; LG Hamburg TranspR 1997, 116, 117 (rechte Spalte) „Rickmers Shanghai"; sowie noch OLG Hamburg TranspR 1993, 194, 199 (linke Spalte oben) – sowie noch *Ramming* HmbSchRZ 2012, 257 Nr. 107.
55   Siehe *Paschke/Ramming* RdTW 2013, 1, 5 f. (unter 3.); *Jessen* RdTW 2013, 293; *Rabe* TranspR 2014, 309, 310 ff. (unter II.); *Herber* in MüKo/HGB Rn 10–16 zu § 481; *Herber* Seehandelsrecht S. 320 (unter 5.).

dd) Ablader, benannter Dritter, abladender Dritter. Die neuen Regelungen be- 140
treffen auch die Rechtsfigur des Abladers. Hierbei handelte es sich nach dem früheren
Verständnis um diejenige Person, die das Gut in Abwicklung des Frachtvertrages
beim Verfrachter abgeliefert (= „abgeladen") hat. Dem Ablader wurden im früheren
Recht von Gesetzes wegen bestimmte Rechte und Pflichten eingeräumt. Auch das
neue Recht kennt den Ablader, daneben aber auch weitere Beteiligte.[56] Der Ablader ist
in § 513 Abs. 2 umschrieben. Danach ist Ablader, wer das Gut dem Verfrachter zur
Beförderung übergibt. Außerdem muss die betreffende Person vom Befrachter als
Ablader zur Eintragung in das Konnossement benannt worden sein. Damit ist der
Ablader an die Ausstellung eines Konnossements geknüpft. Daneben kennt das neue
Recht den in § 482 Abs. 2 umschriebenen „benannten Dritten". Auch er lädt das Gut
ab und muss außerdem vom Befrachter benannt sein. Auch der benannte Dritte ist,
wie der Ablader, in mehrfacher Hinsicht Adressat weiterer frachtrechtlicher Vorschriften (siehe § 482 Abs. 2, 483 Abs. 1 und 3, 488, 490 Abs. 4 Satz 1). Schließlich wird in
§ 486 Abs. 1 Satz 2 auf einen weiteren Dritten Bezug genommen (den „abladenden
Dritten"). Er ist berechtigt, vom Verfrachter die Erteilung einer Quittung zu verlangen.

ee) Nautisches Verschulden und Feuer. Eines der zentralen Anliegen der See- 141
rechtsreform war die vorgesehene Abschaffung der Nicht-Zurechnung des Verhaltens
der Schiffsbesatzung im Falle nautischen Verschuldens und bei Feuer. Diese Haftungsbefreiung ist in Art. 4 § 2 (a) Haager bzw. Haag-Visby Regeln und war im früheren Recht in § 607 Abs. 2 HGB a.F. vorgesehen. Entsprechende Vorschriften fanden
sich folgerichtig weder im HGB-KomE noch im HGB-RefE. Mit der Entscheidung des
Gesetzgebers, sich im Hinblick auf das deutsche Seefrachtrecht doch weiterhin an den
Haager Regeln zu orientieren (oben Rn 126), hätte eine Vorschrift von der Art des früheren § 607 Abs. 2 HGB a.F. eigentlich wieder in das Seefrachtrecht aufgenommen
werden müssen. Der Gesetzgeber hat hiervon allerdings Abstand genommen und sich
mit einer anderen Regelung begnügt. Grundsätzlich sind die Bestimmungen des Seefrachtrechts im Rahmen von Stückgutfrachtverträgen (§ 512 Abs. 1) sowie auf Grundlage des Konnossements-Rechtsverhältnisses (§ 525 Satz 1) AGB-fest. Diese besondere
Form der zwingenden Geltung ist aus dem Landfrachtrecht übernommen worden, wo
sie durch das TRG im Jahre 1998 eingeführt wurde (siehe § 449). Nach § 525 Satz 2
kommen die §§ 498 ff. im Rahmen des Konnossements-Rechtsverhältnisses zu Lasten
des Verfrachters einseitig zwingend zur Anwendung. Von beiden Formen der zwingenden Geltung sieht das Gesetz im Hinblick auf das nautische Verschulden und bei
Feuer dann wieder ab: Ein entsprechender Haftungsausschluss kann auch in AGB
(§ 512 Abs. 2 Nr. 2) oder als Ausnahme von der halbzwingenden Geltung zu Lasten des
Verfrachters (§ 525 Satz 2) vorgesehen werden. Diese Variante einer bloßen Ermöglichung der Vereinbarung eines Haftungsausschlusses für nautisches Verschulden und
bei Feuer anstelle einer unmittelbaren gesetzlichen Anordnung entspricht nicht den
Vorgaben der Haager Regeln. Allerdings ist eine entsprechende Geltung des Haftungsausschlusses von Gesetzes wegen für Haag-Konnossemente in Art. 6 Abs. 1 Satz 1 Nr. 1
EGHGB vorgesehen.

ff) Die neuen Vorschriften über die Zeitcharter. Auch die neuen Bestimmungen 142
über die Zeitcharter (§§ 557 ff.) sind bereits Gegenstand verschiedener Stellungnahmen

---

56 Dazu *Harbs* TranspR 2014, 398, *Ramming* RdTW 2013, 464.

geworden.[57] Diese betreffen weniger die inhaltliche Ausgestaltung als vielmehr ein traditionelles Problem, das schon seit langem die Zeitcharter beherrscht. Es geht um ihre Rechtsnatur und damit etwa um die Frage der Geltung frachtrechtlicher Bestimmungen. Insbesondere scheint die eigenartige Vorschrift des § 567 nicht als Allheilmittel geeignet.

143   **gg) Art. 6 EGHGB.** Ausgangspunkt des neuen wie des alten deutschen Seefrachtrechts (oben Rn 126) sind die Haag-Visby Regeln (siehe hierzu bereits oben Rn 79–87). Deutschland ist allerdings nicht Vertragsstaat des Visby Protokolls, andererseits aber völkerrechtlich an die Haager Regeln gebunden und daher verpflichtet, die Haager Regeln innerstaatlich zur Anwendung zu bringen. Dies macht es erforderlich, im Anwendungsbereich der Haager Regeln einen Rückbau des Seefrachtrechts, wie es im Fünften Buch niedergelegt ist, vorzunehmen, um es auf den Stand der Haager Regeln zu bringen. Dies ist Aufgabe und Zweck des Art. 6 EGHGB. Die Vorschrift wurde erstmals durch das 2. SRÄndG eingeführt (oben Rn 120). Schon diese frühere Regelung des Art. 6 EGHGB a.F. war kompliziert und schwierig nachzuvollziehen. Die heute geltende Vorschrift in der Neufassung durch das SHR-ReformG ist etwas vereinfacht, allerdings auch erheblich umgestaltet worden. Zum neuen Art. 6 EGHGB gibt es bereits einige Stellungnahmen der Literatur.[58] Unstimmigkeiten gibt es insbesondere im Hinblick auf die Regelung des Art. 6 Abs. 1 Satz 2 EGHGB, wonach eine Rechtswahl im Konnossement ausdrücklich unberührt bleibt. Nach Art. 15 Abs. 2 Satz 1 Hs. 2 SHR-ReformG tritt Art. 6 EGHGB außer Kraft, wenn die Haager Regeln für Deutschland außer Kraft treten (dazu oben Rn 127).

144   **hh) Der Wegfall des Arrestgrundes beim Schiffsarrest.** Eine der einschneidensten Neuerungen, die durch das SHR-ReformG eingeführt wurde, betraf überhaupt nicht das HGB. Der Gesetzgeber hat sich in einem sehr mutigen Schritt dazu entschlossen, den Arrest von Schiffen in Deutschland auf eine dramatische Weise zu erleichtern. Mit einem neuen § 917 Abs. 2 Satz 2 ZPO wird klargestellt, dass es für den Arrest eine Schiffes der Glaubhaftmachung eines Arrestgrundes nicht mehr bedarf. Auch zu dieser Neuregelung gibt es bereits verschiedene Stellungnahmen.[59] In einigen Standardkommentaren wird in diesem Zusammenhang vertreten, dass § 917 Abs. 1 Satz 2 ZPO nur zur Anwendung komme, wenn der Gläubiger gleichzeitig Schiffsgläubiger sei, er sich also auf ein Schiffsgläubigerrecht nach §§ 596 ff. berufen könne.[60] Diese Auffassung ist unzutreffend.[61] Sie findet auch keine Stütze in der SHR-RegE-Begr[62] (gleichlautend zuvor die SHR-RefE-Begr[63]). Hier wird zwar in der Tat eine Situation geschildert, in der ein Schiffsgläubigerrecht eine Rolle spielt. Es wird aber auch deutlich, dass es sich um ein Beispiel handelt („Vor allem mit Blick auf die Schiffsgläubiger …"). Auch aus der HGB-KomE-Begr ist nicht ersichtlich, dass § 917 Abs. 2 Satz 2 ZPO nur Schiffsgläubigern zugutekommen soll.[64]

---

57 Schon zu den Entwürfen *Rabe* TranspR 2010, 1 und TranspR 2010, 62; *Paschke/Ramming* RdTW 2013, 1, 8 f. (unter 6.); *Ramming* RdTW 2013, 333.
58 *Herber* TranspR 2013, 368; *Herber* Seehandelsrecht S. 327 f. (unter 11.); *Paschke* RdTW 2013, 457; *Ramming* RdTW 2013, 173; *Mankowski* TranspR 2014, 268; *Rabe* TranspR 2014, 309, 312 ff. (unter III.).
59 *Paschke/Ramming* RdTW 2013, 1, 9 f. (unter 7.), *Spiess* RdTW 2013, 301; *Ramming* RdTW 2013, 177.
60 Zunächst *Zöller* ZPO (Vollkommer) Rn 18, 19 zu § 917 sowie schon die Vorauflage; jetzt auch *Thomas/Putzo* ZPO (Seiler) Rn 5 zu § 917.
61 *Herber* Seehandelsrecht S. 130 (unter b); *Spiess* RdTW 2013, 301 (unter II.); *Ramming* RdTW 2013, 177, 183 (unter dd) – ebenso AG Meldorf RdTW 2016, 191.
62 Siehe dort S. 143 („Zu Nummer 6").
63 S. 246 f. („Zu Nummer 6").
64 Siehe S. 179 SHR-KomE-Begr.

d) Das Überleitungsrecht. Wie bei Änderungen des HGB üblich werden Überleitungsregeln in jeweils neue Abschnitte des EGHGB eingestellt. Das Überleitungsrecht des SHR-ReformG[65] findet sich im Dreiunddreißigsten Abschnitt, der lediglich aus dem Art. 71 besteht. Die Vorschrift wurde durch Art. 2 Nr. 4 SHR-ReformG eingefügt. Ausgangspunkt des Art. 71 Abs. 1 EGHGB ist der ersatzlose Wegfall der früheren Vorschriften über die Partenreederei. Neue Reedereien können seit dem 25. April 2013 nicht mehr entstehen. Für bereits bestehende Reedereien bleibt es bei der Geltung der früheren Vorschriften der §§ 489 bis 509 HGB a.F. In Übereinstimmung mit den traditionellen Grundsätzen des Überleitungsrechts bestimmt Art. 71 Abs. 2 Satz 1 EGHGB, dass Schuldverhältnisse, die vor dem 25. April 2013 entstanden sind, weiterhin den früheren Vorschriften unterliegen. Eine Rückwirkung ist damit ausgeschlossen. **145**

Es fällt auf, dass in Art. 71 Abs. 2 Satz 1 EGHGB nur von den Schuldverhältnissen des Fünften Buches die Rede ist. Das SHR-ReformG betraf allerdings noch eine ganze Reihe weiterer Schuldverhältnisse, etwa den Kommissionsvertrag (§§ 383 ff., 366 Abs. 3, 368 Abs. 2 HGB) die Rechtsverhältnisse des Vierten Buches, insbesondere den Frachtvertrag (§§ 407 ff., §§ 366 Abs. 3, 368 Abs. 2 HGB) und den Ladeschein (§§ 443 ff. HGB), den Umzugsvertrag (§§ 451 ff. HGB) sowie den Multimodal-Frachtvertrag bzw. -Ladeschein (§§ 452 ff. HGB), den Speditionsvertrag (§§ 453 ff., §§ 366 Abs. 3, 368 Abs. 2 HGB) sowie der Lagervertrag (§§ 467 ff., §§ 366 Abs. 3, 368 Abs. 2 HGB). Auch das Haag-Konnossement ist nicht im Fünften Buch HGB, sondern grundlegend in Art. 6 EGHGB geregelt, mit Verweisungen auf Vorschriften des Fünften Buches. Außerdem bezog sich das SHR-ReformG auch auf Schuldverhältnisse des Binnenschifffahrtsrechts. Die Änderungen des allgemeinen Landfrachtrechts (§§ 407 ff. HGB) wirken sich nach § 26 BinSchG ebenso im Binnenschifffahrtsfrachtrecht aus. Nach § 27 BinSchG gelten die neuen Vorschriften über die Schiffsmiete und die Zeitcharter (§§ 553 ff., §§ 557 ff. HGB) auch für das Binnenschifffahrtsrecht. Weitere Änderungen gibt es im Recht der beschränkbaren Haftung (§§ 4 ff. BinSchG), der Beförderung von Fahrgästen (§ 77 BinSchG), der Großen Haverei (§ 78 BinSchG) und der Bergung (§ 93 BinSchG). Es ist nicht erkennbar, dass der Gesetzgeber tatsächlich nur ein Überleitungsrecht für die Rechtsverhältnisse des Fünften Buches schaffen wollte. Es handelt sich bei der Bezugnahme auf diese Rechtsverhältnisse daher um ein Redaktionsversehen. Art. 71 Abs. 2 Satz 1 EGHGB und ebenso Satz 2 der Vorschrift (siehe sogleich) gilt in gleicher Weise auch für alle sonstigen Rechtsverhältnisse, die von den Änderungen des SHR-ReformG betroffen sind. **146**

Besonderheiten gelten nach Art. 71 Abs. 2 Satz 2 EGHGB für die Verjährung von Ansprüchen. Die Verjährung von Ansprüchen aus Rechtsverhältnissen, die vor dem 25. April 2013 entstanden sind (Alt-Rechtsverhältnisse), beurteilt sich grundsätzlich nach den früher geltenden Vorschriften.[66] Dies gilt nach Art. 71 Abs. 2 Satz 2 EGHGB jedoch nur, wenn auch der Anspruch vor dem 25. April 2013 entstanden ist. Ansprüche aus Alt-Rechtsverhältnissen, die am oder nach diesem Tag entstanden sind, verjähren nach Maßgabe des neuen Rechts. **147**

Dem Gesetzgeber ist mit dem Art. 71 EGHGB ein Missgeschick passiert. Art. 2 Nr. 4 SHR-ReformG hat den Art. 71 EGHGB mit Wirkung zum 25. April 2013 in das EGHGB eingefügt. Art. 71 EGHGB ist dann versehentlich doppelt vergeben worden.[67] Auch das Gesetz zur Umsetzung der Richtlinie 2011/61/EU über die Verwaltung alternativer Investmentfonds (AIFM-Umsetzungsgesetz – AIFM-UmsG)[68] vom 4. Juli 2013 durch seinen

---

65 Ausführlich *Ramming* RdTW 2013, 303.
66 Siehe LG Düsseldorf RdTW 2015, 38 [20].
67 Näher *Ramming* RdTW 2013, 351.
68 BGBl. 2013 I S. 1981.

Art. 7 einen Dreiunddreißigsten Abschnitt und einem Art. 71 mit Übergangsvorschriften in das EGHGB eingefügt. Diese sind am 22. Juli 2013 in Kraft getreten. Das Versehen ist durch Art. 4 des Gesetzes vom 15. Juli 2014[69] korrigiert worden, indem die Übergangsvorschrift in einen neuen Vierunddreißigsten Abschnitt mit dem Art. 72 verschoben wurde.

IV. Deutschsprachige Literatur zu ausländischen Seehandelsrechten

China: *Fante* Die Haftung des Verfrachters im Seehandelsgesetz der Volksrepublik China, TranspR 1995, 99–104 – **Frankreich:** *Sieg* Aktuelle Fragen des Seefrachtrechts – eine Rechtsvergleichende Auswertung neuer französischer Judikatur, MDR 1956, 708–711; *Sieg* Besondere Haverei in französischem Hafen: Exequaturprobleme, Versicherungsfragen, RIW 1996, 198–201 – **Japan:** *Pfeifer* Die Reform des Transport- und Seehandelsrechts in Japan und Deutschland aus rechtsvergleichender Perspektive, TranspR 2016, 37–40 – **Spanien:** *Lubach* Das neue spanische Gesetz über die Seefahrt, TranspR 2014, 414–416; *Ramoz/Villar* The new Spanish Law of Maritime Navigation 14/2014, The Contract of Marine Insurance – an Overview, TranspR 2014, 417–426 – **Türkei:** *Yazicioglu* Konflikte zwischen den Haager Regeln und dem türkischen Handelsgesetzbuch bei der Anwendung bestimmter Regeln, TranspR 2003, 286–295; *Damar* Die Entstehung der Schiffsgläubigerrechte nach türkischem materiellen und internationalem Privatrecht, RdTW 2014, 468–471 – **Iran:** *Schulze* Einige Schifffahrtsaspekte des Sharia Rechts, Hansa 1981, 418.

---

69 BGBl. 2014 I S. 934, 947.

B. Das Schiff

I. Die Qualifikation eines Gegenstandes als Schiff

Literatur: *Graebler* Die Rechtsstellung der Bohrinsel, 1970; *Jessen* Was ist ein „Schiff"? – Eine aktuelle Definitionsfrage mit versicherungsrechtlicher Relevanz für Offshore-Anlagen –, VersR 2014, 670–680; *Manara* Über den Begriff „Schiff" im deutschen und im italienischen Recht, HansRGZ A 1937, 161–168; *Schäfer* Die Fluginsel, 1932; *Sebba* Was ist ein „Schiff" im Rechtssinne?, HansRZ 1918, 502–510.

Eine Vielzahl seehandelsrechtlicher und anderer Vorschriften knüpfen in verschiedener Weise an „das Schiff" an. Nach den Umständen kann es daher für die Rechtsanwendung von entscheidender Bedeutung sein, ob ein Gegenstand ein Schiff ist oder nicht. Schiffe unterliegen in vielfacher Hinsicht besonderen Vorschriften, die für andere Gegenstände nicht gelten. Dies betrifft beispielsweise die Übereignung von Schiffen (unten Rn 157–163); die rechtsgeschäftliche Begründung von Pfandrechten in Form von Schiffshypotheken am Schiff (unten Rn 164–214); die Anwendung des § 648 Abs. 2 BGB über den Anspruch des Werftinhabers auf Einräumung einer Schiffshypothek anstelle des § 647 BGB über das Werkunternehmerpfandrecht; die besondere (adjektizische) Haftung des Betreibers des Schiffes (§ 480); die Begründung von Schiffsgläubigerrechten zur Sicherung bestimmter Ansprüche (§§ 596ff., §§ 102ff. BinSchG); die Möglichkeit für Gläubiger, im Wege des Arrestes unter erleichterten Voraussetzungen zur Sicherung von Ansprüchen auf das Sondervermögen „Schiff" des Schuldners zuzugreifen (§ 917 Abs. 2 Satz 2 ZPO); die Möglichkeit in entsprechenden Fällen bestimmte Schäden und Aufwendungen als Große Haverei auf die Beteiligten umzulegen (§§ 588ff., § 78 BinSchG); oder die Befugnis des Schiffseigentümers und anderer am Schiffsbetrieb beteiligter Personen, die Haftung für alle Ansprüche aus einem Ereignis auf einen oder mehrere Höchstbeträge zu beschränken (HBÜ 1996, §§ 611ff., §§ 4ff. BinSchG). Siehe außerdem noch die weiteren Regelungen des § 383 Abs. 4 BGB (Ausschluss der Versteigerung eines hinterlegten Schiffes); des § 452 BGB über den Kaufvertrag über ein Schiff; des § 468 Abs. 2 BGB zum Vorkaufsrecht an einem Schiff sowie der §§ 1424, 1821, 2113, 2168a mit 2165 Abs. 2, 2166, 2167 BGB. **1**

Auch in der ZPO finden sich Vorschriften, die Schiffe betreffen und nur auf diese zur Anwendung gelangen. Zumeist geht es nur um (in einem deutschen Schiffsregister eingetragene) Schiffe. Dies gilt für die Regelungen der §§ 30 und 30a ZPO über Gerichtsstände für Ansprüche aus der Beförderung von Gütern oder Personen aus der Bergung von Schiffen; §§ 58 Abs. 2, 787 ZPO über die Prozesspflegschaft bei einem herrenlosen eingetragenen Schiff im Prozess und in der Zwangsvollstreckung; § 266 ZPO über die Übernahme des Rechtsstreits über Rechte an oder aus einem eingetragenen Schiff, das veräußert wird; § 305 ZPO über Urteile unter dem Vorbehalt der beschränkten Haftung (hier ist die amtliche Überschrift der Vorschrift unzutreffend, weil es nicht nur um die „seerechtlich beschränkte Haftung", sondern in § 305a Abs. 1 Satz 2 und Abs. 2 Nr. 2 ZPO in gleicher Weise um die nach Binnenschifffahrtsrecht beschränkte Haftung geht); § 786a ZPO über die Geltendmachung der schifffahrtsrechtlichen Haftungsbeschränkung in der Zwangsvollstreckung; §§ 847a, 855a ZPO über die Pfändung eines Anspruchs auf Herausgabe eines eingetragenen Schiffes; § 800a mit §§ 799, 800 ZPO über Urkunden, in denen sich der Eigentümer der sofortigen Zwangsvollstreckung in das Schiff unterwirft; §§ 864ff., 870a ZPO (mit Ausnahme des Abs. 1 Satz 2) über die Zwangsvollstreckung in eingetragene Schiffe; § 885 ZPO über die Vollstreckung eines Anspruchs auf die Herausgabe eines eingetragenen Schiffes; § 917 Abs. 2 Satz 2 ZPO, wonach es eines Arrestgrundes nicht bedarf, wenn es um den Arrest eines Schiffes geht; § 931 ZPO über die Vollzie- **2** hung des Arrestes in ein eingetragenes Schiff; § 938 Abs. 2, 941, 942 ZPO über einstweiligen Verfügungen im Hinblick auf ein Schiff.

3   In den allermeisten Fällen ist die Frage, ob es sich bei dem betreffenden Gegenstand um ein Schiff handelt, unproblematisch. Gleichwohl kann es in Einzelfällen zu Abgrenzungsschwierigkeiten kommen. Hier helfen möglicherweise die in den betreffenden gesetzlichen Regelungen mitgelieferten Umschreibungen weiter (unten 1.). Fehlt es an solchen, muss ggf. auf die traditionelle allgemeine Umschreibung des Schiffes zurückgegriffen werden, die auf eine ältere Rechtsprechung des BGH zurückgeht (unten 2.).

4   **1. Gesetzliche Umschreibungen.** Manche Regelwerke enthalten eine eigenständige Umschreibung des „Schiffes". Nur selten taugen die Begrifflichkeiten allerdings tatsächlich für eine sinnvolle Abgrenzung von Schiffen und sonstigen Gegenständen. Vielmehr geht es zumeist um ergänzende Klarstellungen, welche Gegenstände als Schiff im Sinne der betreffenden Vorschriften anzusehen sind oder welche Gegenstände als Schiffe ausgeschlossen sind.

5   Nach § 574 Abs. 2 Satz 1, Art. 1 (b) BerggÜ 1989 ist als Schiff jedes schwimmende Gerät und jedes schwimmfähige Bauwerk anzusehen. Auf die genaue Abgrenzung zwischen Schiffen und sonstigen Gegenständen kommt es nicht unbedingt an, weil auch die Bergung sonstiger Vermögensgegenstände in den Anwendungsbereich des Bergungsrechts fallen kann (siehe § 574 Abs. 1). Zu den Vermögensgegenständen gehören alle nicht auf Dauer und absichtlich an der Küste oder am Ufer befestigte Vermögensgegenstände (Art. 1 [c] BergÜ 1989, siehe auch § 574 Abs. 2 Satz 3 Nr. 1). Ausgenommen sind aber wiederum feste oder schwimmende Plattformen oder der Küste vorgelagerte bewegliche Bohreinrichtungen, die sich zur Erforschung, Ausbeutung oder Gewinnung mineralischer Ressourcen des Meeresbodens vor Ort im Einsatz befinden (§ 574 Abs. 2 Satz 3 Nr. 2, Art. 3 BergÜ 1989). Nicht unter die Ausnahme fallen die genannten Plattformen oder Bohreinrichtungen daher, wenn sie nicht im Einsatz sind. In diesen Fällen sind sie tauglicher Gegenstand einer Bergung.

6   Nach Art. 1 Abs. 4 (a) ZusÜBin, § 92 Abs. 3 Satz 1 BinSchG umfasst die Umschreibung „Schiff" auch Kleinfahrzeuge (zu diesen unten Rn 44–46). Auch Gleitboote, Flöße, Fähren und bewegliche Teile von Schiffsbrücken sowie schwimmende Bagger, Krane, Elevatoren und alle schwimmenden Anlagen und Geräte ähnlicher Art stehen nach Art. 1 Abs. 4 (b) ZusÜBin den Schiffen gleich. Aus diesem Katalog übernimmt § 92 Abs. 3 Satz 2 BinSchG lediglich die beweglichen Teile von Schiffsbrücken.

7   Schiffe im Sinne der CLNI sind auch Tragflächenboote, Fähren und Kleinfahrzeuge (zu diesen unten Rn 44–46), nicht jedoch Luftkissenfahrzeuge (Art. 1 Abs. 2 [b] Hs. 1 CLNI), sowie Bagger, Krane, Elevatoren und alle sonstigen schwimmenden und beweglichen Anlagen oder Geräte ähnlicher Art (Art. 1 Abs. 2 [b] Hs. 2 CLNI). Eine entsprechende Regelung fehlt in Art. 1 HBÜ 1996. Auch § 4 Abs. 5 BinSchG übernimmt den ausdrücklichen Einschluss von Kleinfahrzeugen, während sich für Bagger, Krane, Elevatoren und alle sonstigen schwimmenden und beweglichen Anlagen oder Geräte ähnlicher Art in § 5e Abs. 1 Nr. 4 BinSchG eine unmittelbare Regelung des Personenschadens-Höchstbetrages findet.

8   Nach Art. 1 (d) Haager bzw. Haag/Visby Regeln gilt als Schiff jedes Fahrzeug, das für die Beförderung von Gütern zur See verwendet wird. § 3 Abs. 4 SHSG umschreibt Schiffe im Sinne des Gesetzes als Wasserfahrzeuge, mit Ausnahme von Sportbooten, sowie außerdem schwimmende und feste Anlagen, die auf dem Offenen Meer und damit zusammenhängenden Gewässern eingesetzt sind.

9   Nach Art. I Nr. 1 ÖlHÜ 1992 (Art. 1 Nr. 2 ÖlFÜ 1992, Art. 1 Nr. 6 ÖlFÜ Prot 2003) bedeutet der Ausdruck „Schiff" ein Seeschiff oder ein sonstiges Seefahrzeug jeder Art, das zur

Beförderung von Öl als Bulkladung gebaut oder hergerichtet ist. Gemäß Art. 1 Nr. 1 BunkerölÜ, Art. 1 Abs. 1 HNS-Ü ist ein „Schiff" jede Art von Seeschiff oder sonstigem seegängigen Gerät. Ausführlicher heißt es in Art. 1 Abs. 2 WBÜ, ein Schiff ein seegängiges Wasserfahrzeug jeder Art und umfasse Tragflächenboote, Luftkissenfahrzeuge, Unterwassergerät, schwimmendes Gerät und schwimmende Plattformen, ausgenommen diese Plattformen befinden sich zur Erforschung, Ausbeutung oder Gewinnung mineralischer Ressourcen des Meeresbodens vor Ort im Einsatz.

Weitere Umschreibungen finden sich etwa in Art. 19 Abs. 2 LondonÜ, Art. 1.6 LondonÜ-Prot; Art. 2 Nr. 4 MARPOL-Ü 1978; Art. 2 Nr. 9 AFS-Ü; Art. 1 Nr. 12 BallastwasserÜ; Art. 2 Nr. 7 SRC; Art. 2 Nr. 9 Verordnung 656/2014. 10

2. Die allgemeine Umschreibung. Für den Bereich des Seeprivat-, insbesondere 11 des Seehandelsrechts gibt es eine Definition des Schiffes, die auf eine ältere Entscheidung des BGH[70] aus dem Jahre 1951 zurückgeht: Danach ist ein Schiff ein schwimmfähiges, mit einem Hohlraum versehenes Fahrzeug von nicht ganz unbedeutender Größe, dessen Zweckbestimmung es mit sich bringt, dass es auf dem Wasser bewegt wird. Auf diese Umschreibung geht die anerkannte, im *Schaps/Abraham*[71] formulierte Definition zurück: Ein Schiff ist ein schwimmfähiger Hohlkörper nicht ganz unbedeutender Größe, der fähig und bestimmt ist, auf oder auch unter Wasser fortbewegt zu werden und dabei Personen oder Sachen zu tragen. An diesen Begriffsbestimmungen haben sich die Gerichte seitdem in vielen Fällen orientiert.[72]

Es handelt sich um einen Generaltatbestand, der heranzuziehen ist, wenn es an einer besonderen, für die betreffende Frage maßgeblichen Umschreibung ganz fehlt oder wenn diese ihrerseits an einen vorausgesetzten, aber nicht näher umschriebenen Begriff des Schiffes anknüpft. Andererseits ist es nicht ausgeschlossen, im Einzelfall Tatbestände, die an sich nur für Schiffe gelten, analog auf Gegenstände anzuwenden, die die erforderlichen Voraussetzungen nicht erfüllen. Dies kann namentlich geboten sein, wenn der Gegenstand geschleppt oder geschoben wird, etwa im Hinblick auf eine Heranziehung des ZusÜSee oder der §§ 570 ff.[73] 12

Die von der Rechtsprechung vorgenommene Einordnung als Schiff war etwa erfor- 13 derlich, weil es um die Anwendung der Vorschriften über den Zusammenstoß von Schiffen (ZusÜSee, ZusÜBin, §§ 570 ff., §§ 92 ff. BinSchG);[74] der besonderen schifffahrtsrechtli-

---

70 BGH NJW 1952, 1135.
71 Seehandelsrecht Rn 1 vor § 476; ganz ähnlich zuvor schon *Wüstendörfer* Seehandelsrecht S. 38 f. – ebenso *Pötschke* in MüKo/HGB Rn 18 zu § 481, *Herber* Seehandelsrecht S. 93 f.
72 ZKR VersR 1974, 991, 992 „Gottlieb Jäger", „Vera", „St. Michael" mit Anm. *Wassermeyer* aaO.; OLG Hamburg VersR 1977, 813 (unter b) „Kalahari", „Wandrahm"; OLG Hamburg VersR 1973, 1115 (rechte Spalte oben); RhSchOG Köln Hansa 1964, 1991, 1992 (unter a) „Tina Scarlett"; RhSchOG Köln VersR 1977, 276, 277 (linke Spalte unten) „Henriette", „Dr. Geier", „Mannesmann 5" mit Anm. *Dütemeyer* ZfB 1976, 401 (Slg. 563), Revision BGHZ 70, 127 = VersR 1978, 226, 227 mit Anm. *Bauer* LM Nr. 17a zu § 3 BinSchG und *Dütemeyer* ZfB 1978 Nr. 3 S. 90 (Slg. 630); RhSchOG Köln ZfB 1998 Nr. 24 S. 43 (Slg. 1717) „Colombia", „Breughel"; RhSchOG Karlsruhe ZfB 1992, 810, 810 f. (Slg. 1382) „Glück Auf", „Barbara"; LG Duisburg ZfB 1975, 120 (Slg. 620) „Helga", anschl. OLG Düsseldorf ZfB 1975, 344 (Slg. 652); LG Kiel VersR 1969, 236; VGH Baden-Württemberg HmbSchRZ 2011, 145 Nr. 76 [34].
73 Siehe LG Kiel VersR 1969, 236.
74 Siehe RG JW 1896, 705 Nr. 47 „Möwe"; RGZ 78, 176; BGH BGH NJW 1952, 1135; BGH VersR 1960, 305, 307 (unter B); BGHZ 62, 146 = VersR 1974, 468 „Sylvia"; BGHZ 76, 201 = NJW 1980, 1747 „Utrecht"; OLG Hamburg VersR 1973, 1115; OLG Hamburg VersR 1977, 813 „Kalahari", „Wandrahm"; RhSchOG Köln VersR 1977, 276 „Henriette", „Dr. Geier", „Mannesmann 5" mit Anm. *Dütemeyer* ZfB 1976, 401 (Slg. 563), anschließend BGHZ 70, 127 = VersR 1978, 226, 227 mit Anm. *Bauer* LM Nr. 17a zu § 3 BinSchG und *Dütemeyer* ZfB 1978 Nr. 3 S. 90 (Slg. 630); OLG Hamburg HansGZ H 1914, 289, 294 Nr. 132 „Bandalia", zuvor

chen Haftungsvorschriften der § 480 Satz 1, § 3 Abs. 1 BinSchG;[75] der kurzen Verjährung nach § 117 Nr. 7 BinSchG;[76] der §§ 596 ff., §§ 102 ff. BinSchG über Schiffsgläubigerrechte;[77] der besonderen Tatbestände der Übereignung von Schiffen[78] (unten Rn 157–163); oder der Bestimmungen über die Große Haverei[79] ging.

a) Die Voraussetzungen im Einzelnen

14 **aa) Schwimmfähiger Gegenstand.** Eine wesentliche Voraussetzung für das Vorliegen eines Schiffes ist, das der betreffende Gegenstand schwimmfähig sein muss. Dabei kann er sich an der Wasseroberfläche befinden oder auch unter Wasser schweben. Ein Gegenstand, der sich ausschließlich auf dem Grund eines Gewässers befindet, ist kein Schiff. Andererseits schadet es nicht, wenn der grundsätzlich schwimmfähige Gegenstand zeitweise auf dem Boden des Gewässers abgelegt wird. Auf die Form des Gegenstandes kommt es nicht an. Insbesondere ist es nicht erforderlich, dass es länglich gestaltet und über die typische Bug- bzw. Heckform verfügt.[80] Entscheidend ist weiter, dass der betreffende Gegenstand schwimmfähig ist. Er ist nicht nur dann ein Schiff, wenn er tatsächlich schwimmt oder unter Wasser schwebt. Ein Gegenstand verliert seine Schiffseigenschaft daher nicht, wenn er sich zeitweise nicht im Wasser befindet. Schließlich genügt es, dass der betreffende Gegenstand zwar nach der Vorstellung seines Betreibers (auf den es insoweit ankommt, siehe unten Rn 21) schwimmfähig sein sollte, er dies allerdings von vornherein tatsächlich nicht ist.

15 **bb) Hohlkörper.** Nach der traditionellen Umschreibung (oben Rn 11) muss es sich bei dem betreffenden Gegenstand um einen schwimmfähigen Hohlkörper handeln. Dieses Merkmal diente der Abgrenzung zu Flössen im Sinne des früheren Flößereirechts. Hier ging es um Gegenstände, die im Wasser schwimmend befördert wurden. Der Hauptfall waren Baumstämme, die zum Zwecke des Transports und einzeln oder (in einem Floß) zusammengefasst in ein Gewässer gebracht wurden. Auch Bündel von Schnittholz wurden auf diese Weise befördert. Die Gegenstände wurden geschleppt oder von Land aus gezogen. Dabei konnten sich auch Personen oder Sachen „an Bord" befinden. Das Flößereirecht stand neben dem Binnenschifffahrtrecht und in seinen wesentlichen Teilen im FlößereiG niedergelegt. Es trat zusammen mit dem BinSchG am 1. Januar 1896 in Kraft. Das FlößereiG enthielt Regelungen, die teils denen des früheren BinSchG entsprachen, auch solche frachtrechtlichen Charakters, etwa über den Floßführer und seine Pflichten gegenüber der Floßmannschaft, dem Absender und dem Empfänger, über die Haftung des Eigentümers für Schäden Dritter, zu denen es aufgrund des Verschuldens

---

das LG Hamburg aaO., dazu in derselben Sache auch RGZ 86, 424 „Bandalia", „Schelde", „Donau"; RhSchOG Karlsruhe ZfB 1992, 810 (Slg. 1382) „Glück Auf", „Barbara"; RhSchOG Köln ZfB 1998 Nr. 24 S. 43 (Slg. 1717) „Colombia", „Breughel"; LG Kiel VersR 1969, 236.
75 Siehe RGZ 51, 330 „Falke"; BGHZ 57, 309 = NJW 1972, 538, 539 „Sonnenschein 3", zuvor KammerG MDR 1970, 241, 242; OLG Hamburg HansGZ H 1914, 289, 294 Nr. 132 (S. 296) „Bandalia", zuvor das LG Hamburg aaO., in derselben Sache auch RGZ 86, 424 „Bandalia", „Schelde", „Donau"; RhSchOG Köln Hansa 1964, 1991 „Tina Scarlett"; KammerG VersR 1974, 564.
76 BGHZ 69, 62 = VersR 1977, 738 „Wildente", „Etna", zuvor BGH VersR 1974, 1015; OLG Köln VersR 2002, 1534.
77 RhSchOG Köln Hansa 1964, 1991, 1993 (unter d) „Tina Scarlett".
78 RhSchOG Köln Hansa 1964, 1991, 1993 (unter c) „Tina Scarlett".
79 OLG Hamburg HansRGZ B 1942, 121 Nr. 36.
80 KammerG Recht 1910 Nr. 277 – anders aber OLG Hamburg HansGZ H 1914, 289, 294 Nr. 132 (S. 296 linke Spalte oben) „Bandalia", zuvor das LG Hamburg aaO., in derselben Sache auch RGZ 86, 424 „Bandalia", „Schelde", „Donau".

des Floßführers oder der Personen der Floßmannschaft kommt (siehe § 3 Abs. 1 BinSchG), über das Pfandrecht des Geschädigten am Floß sowie über die Bergung des Floßes. Das FlößereiG ist schließlich zum 1. September 1998 durch Art. 13 HaftBeschrBinÄndG aufgehoben worden. In Deutschland werde, so die Regierungsbegründung, seit Jahren keine Flößerei mehr betrieben, so dass kein Bedürfnis für eine Beibehaltung des FlößereiG bestehe.[81] Ausgehend davon kann heute bei der Umschreibung des Schiffes auf das Merkmal des Hohlkörpers verzichtet werden. Auch ein Gegenstand, der nicht über einen Hohlkörper verfügt, kann daher ein Schiff sein. Umgekehrt sind Gegenstände, die nach dem alten Recht als Flöße angesehen wurden, normalerweise keine Schiffe, weil sie nicht dazu dienen, Personen oder Sachen fortzubewegen (unten Rn 17–18 und 19–20). Nach Art. 1 Abs. 4 (b) ZusÜBin stehen für die Zwecke der Anwendung des Übereinkommens Flöße den Schiffen gleich. Diese Regelung ist nicht mit in die §§ 92ff. BinSchG, insbesondere in § 92 Abs. 3 BinSchG übernommen worden.

cc) Nicht unbedeutende Größe. Der schwimmfähige Gegenstand darf nicht lediglich eine unbedeutende Größe haben. Hier kommt letztlich alles auf die Umstände des Einzelfalles an. Als Schiffe wurden etwa angesehen[82] ein 8 Meter langes, mit einem 55-PS-Motor ausgestattetes Proviantboot;[83] ein 6 bis 8 Meter langer Jollenkreuzer mit einer Segelfläche von ungefähr 20 Quadratmetern;[84] eine 8 Meter lange Motoryacht;[85] eine Segelyacht mit über 30 Quadratmetern Segelfläche;[86] eine 11 Meter lange und 3,5 Meter breite Yacht mit zwei 160-PS-Motoren;[87] ein 6,40 Meter langes Sportboot mit einem 180-PS-Motor;[88] ein 11,55 Meter langes Kajütmotorboot mit einem 75-PS-Motor;[89] ein 6 Meter langes Motorboot mit einem 160-PS-Motor.[90] Die für das Flaggenrecht maßgebliche Grenze von 15 Metern Länge (siehe § 3 [d] FlRG, § 10 Abs. 1 Satz 2 SchRegO) spielt ebenso wenig eine Rolle[91] wie die in § 3 Abs. 3 Satz 2 Nr. 1 und 2 sowie § 10 Abs. 2 Nr. 1 und 2 SchRegO im Hinblick auf die Eintragung von Binnenschiffen genannten Größen von 10 bzw. 20 Tonnen Tragfähigkeit[92] oder 5 bzw. 10 Kubikmeter Verdrängung. Siehe noch unten Rn 44–46 zu der Umschreibung „Kleinfahrzeuge" in § 92 Abs. 3 und § 4 Abs. 5 BinSchG. Ein Jetski ist unter dem Gesichtspunkt der Größe kein Schiff.[93] **16**

dd) Die Fortbewegung auf oder unter Wasser. Das entscheidende Merkmal, das einen Gegenstand zu einem Schiff macht, ist, dass er fähig und dazu bestimmt ist, sich auf oder unter Wasser fortzubewegen und dabei Personen oder Sachen zu tragen (dazu unten Rn 19–20). Die Fortbewegung muss nicht aufgrund eines eigenen Antriebs erfolgen,[94] so dass auch Gegenstände, die stets geschleppt oder geschoben werden müssen, **17**

---

81 HaftBeschrBinÄndG-Begr S. 53 („Zu Art. 13").
82 BGHZ 35, 150 = NJW 1961, 1526 lässt offen, ob ein 9 Meter langes und 1,5 Meter breites Fahrzeug mit 50-PS-Motor ein Schiff ist.
83 BGH VersR 1960, 305, 307 (unter B).
84 BGHZ 57, 309 = NJW 1972, 538, 539 „Sonnenschein 3", zuvor KammerG MDR 1970, 241, 242.
85 VGH Baden-Württemberg HmbSchRZ 2011, 145 Nr. 76 [34].
86 OLG Köln VersR 2002, 1534, 1535 (rechte Spalte oben).
87 KammerG VersR 1974, 564, 565 (oben).
88 BGHZ 62, 146 = VersR 1974, 468, 470 (unter 4.) „Sylvia".
89 BGHZ 69, 62 = VersR 1977, 738 „Wildente", „Etna", zuvor BGH VersR 1974, 1015.
90 LG Duisburg ZfB 1975, 120 (Slg. 620) „Helga", anschl. OLG Düsseldorf ZfB 1975, 344 (Slg. 652).
91 Anders *Puttfarken* Seehandelsrecht Rn 678.
92 Siehe auch BinSchG-Begr S. 13 (linke Spalte).
93 *Jessen* VersR 2014, 670, 671.
94 RG JW 1896, 705 Nr. 47 „Möwe"; OLG Hamburg HansGZ H 1893, 312 Nr. 105 „Möwe", „Julius"; OLG Hamburg HansGZ H 1906, 189 Nr. 86 (S. 190 linke Spalte); LG Kiel VersR 1969, 236.

Schiffe sein können. Ein Schiff, dessen Hauptmaschine zum Zwecke der Reparatur ausgebaut wurde, bleibt ein Schiff.[95] Es genügt, dass die Fortbewegung durch Muskelkraft erfolgt[96] (siehe dazu auch die Hinweise zu den „Kleinfahrzeugen" unten Rn 44–46) oder auch durch Vorrichtungen, die sich die Auswirkungen des Windes zur Nutze machen. Die Fortbewegung auf dem Wasser ist im Sinne von „durch das Wasser" zu verstehen. Das Fahrzeug muss sich zumindest teilweise im Wasser befinden. Es ist nicht erforderlich, dass der Auftrieb des Wassers genutzt wird, so dass Tragflächen- und Oberflächeneffektfahrzeuge ebenfalls Schiffe sein können (siehe Art. 1 Abs. 2 [b] Hs. 1 CLNI, Art. 1 Abs. 4 [b] ZusÜBin, Art. 1 Abs. 2 WBÜ, Art. 2 Nr. 4 MARPOL-Ü 1978, Art. 2 Nr. 9 AFS-Ü). Dagegen sind Luftkissenfahrzeuge, die sich über, aber nicht durch das Wasser bewegen, keine Schiffe (näher unten Rn 40). Ebenso nicht Wasserflugzeuge,[97] die lediglich zum Zwecke des Startens oder Landens das Wasser nutzen. Die Fortbewegung muss auch nicht an der Oberfläche des Wassers stattfinden. Auch Gegenstände, die sich unter Wasser fortbewegen, können Schiffe sein (siehe Art. 1 Abs. 2 WBÜ, Art. 2 Nr. 4 MARPOL-Ü 1978, Art. 2 Nr. 9 AFS-Ü Art. 1 Nr. 12 BallastwasserÜ: „Unterwassergerät"). Es ist nicht notwendig, dass der Gegenstand überhaupt jemals an die Wasseroberfläche gelangt.

18 Die Fortbewegung auf oder unter Wasser muss nicht der alleinige oder auch nur der Hauptzweck des Gegenstandes sein. Es genügt, dass die vorgesehene Verwendung die Fortbewegung mit umfasst. So etwa, wenn Baggerschiffe während der Fahrt Baggergut aufnehmen. Die Verwendung des Gegenstandes zur Fortbewegung kann auch zeitweise ausgesetzt sein, ohne dass die Eigenschaft eines Schiffes verloren geht (näher unten Rn 24–27). Der Gegenstand ist allerdings kein Schiff mehr, wenn er zu anderen Zwecken als zur Fortbewegung und Tragen von Personen oder Sachen verwendet wird. Ebenfalls keine Schiffe sind im Wasser verlegte Beförderungssysteme, namentlich Rohrleitungen oder etwa Eimerkettensysteme von Baggern. Hier bewegt sich nicht das Beförderungssystem durch das Wasser, sondern das Gut im Beförderungssystem.

19 **ee) Das Tragen von Personen oder Sachen.** Der Gegenstand muss, um als Schiff angesehen zu werden, dafür vorgesehen sein, bei der Fortbewegung auf oder unter Wasser Personen oder Sachen zu tragen. Die Personen oder Sachen können sich auf oder in dem Gegenstand befinden. Es genügt, dass lediglich eine Person fortbewegt wird. Dabei kann es die einzige Aufgabe der jeweiligen Personen sein, den Gegenstand fortzubewegen oder für die Fortbewegung zu sorgen. Die Sachen, die fortbewegt werden, dürfen nicht Teil des Gegenstandes selbst sein oder lediglich ihm oder seiner Fortbewegung dienen. Die Fortbewegung von Personen oder Sachen muss nicht der einzige oder auch nur der Hauptzweck der Verwendung des Gegenstandes sein. Es reicht aus, wenn bei der eigentlichen Verwendung die Fortbewegung „nebenbei" stattfindet.

20 Maßgeblich ist, dass der Gegenstand in diesem Sinne für das Tragen von Personen oder Sachen vorgesehen ist. Dass es hierzu während der gesamten Lebensdauer des Gegenstandes möglicherweise tatsächlich nicht kommt, ist ohne Bedeutung. Ebenso schadet es nicht, dass sich der Gegenstand im Einzelfall fortbewegt oder dass er fortbewegt wird, ohne dass sich Personen oder Sachen auf oder in ihm befinden. So bleibt ein Ponton ein Schiff, auch wenn er unbemannt und ohne Ladung zu seinem Einsatz- oder Liege-

---

95 RG JW 1896, 705 Nr. 47 „Möwe".
96 Siehe RG JW 1937, 705 Nr. 47 „Möwe"; BGHZ 76, 201 = NJW 1980, 1747, 1748 (unter 1a) „Utrecht"; RhSchOG Köln Hansa 1964, 1991, 1992 (unter a) „Tina Scarlett"; KammerG Recht 1910 Nr. 277 – ablehnend allerdings VGH Baden-Württemberg HmbSchRZ 2011, 145 Nr. 76 [34] – siehe aber auch RGZ 152, 91, 93 „Zufriedenheit".
97 *Pötschke* in MüKo/HGB Rn 18 zu § 481.

ort gebracht wird. Erforderlich ist schließlich die „Fremdnützigkeit" der Fortbewegung des Gegenstandes. Kein Schiff ist ein Gegenstand, der sich ausschließlich zum Zwecke der eigenen Fortbewegung im Wasser befindet, etwa bei Flößen (dazu oben Rn 15) oder wenn ein Tank, der an Land verwendet wurde bzw. werden soll, schwimmfähig gemacht und befördert wird. Hierbei bleibt es auch, wenn sich während der Beförderung Personen oder Sachen auf dem Gegenstand befinden.

ff) Die Vorstellung des Betreibers des Gegenstandes. Der Gegenstand muss fähig 21 und dazu bestimmt sein, auf oder unter Wasser fortbewegt zu werden und dabei Personen oder Sachen zu tragen. Maßgeblich für die Bestimmung des Zwecks der Verwendung des Gegenstands sind die Vorstellungen des Betreibers. Dies ist (ausgehend von den Grundgedanken der §§ 476, 477 Abs. 1 und 2) derjenige, der den Gegenstand nutzt und über seine Verwendung entscheidet. Vielfach wird dieser mit dem Eigentümer des Gegenstands identisch sein. Geht der Betreiber davon aus, dass der Gegenstand dazu dienen soll, auf oder unter Wasser fortbewegt zu werden und dabei Personen oder Sachen zu tragen, ist der Gegenstand auch hierzu bestimmt und kann daher ein Schiff sein. Es schadet nicht, dass es etwa während der gesamten Lebenszeit des Gegenstandes tatsächlich hierzu gar nicht kommt.

gg) Gesichtspunkte ohne Bedeutung. Für die Frage, ob es sich bei einem Gegen- 22 stand um ein Schiff handelt, ist es ohne Bedeutung, ob das Fahrzeug üblicherweise auf Binnen- oder auf Seegewässern verwendet wird (dazu unten Rn 78–85); ob das Fahrzeug gewerblich genutzt wird[98] (dazu Rn 30–32 zu § 476); ob es über ein Ruder verfügt;[99] ob es sich auch über Land bewegen kann, wie Amphibienfahrzeuge (zu diesen noch unten Rn 39); oder ob das Fahrzeug als „Schiff" oder nur als „Boot"[100] oder „Kahn" bezeichnet wird. Auch der Umstand, dass von einem geschleppten Gegenstand eine Gefahr wie von einem Schiff ausgeht, bleibt unberücksichtigt.[101] Es spielt schließlich keine Rolle, ob der Gegenstand in einem Schiffsregister eingetragen. Insbesondere begründet § 15 Abs. 1 SchRG keine Vermutung dafür, dass es sich bei dem eingetragenen Gegenstand tatsächlich um ein Schiff handelt.[102]

b) Der Beginn der Schiffseigenschaft. Der betreffende Gegenstand wird zu einem 23 Schiff, wenn er erstmals zu Wasser gelassen wird und außerdem so weit fertig gestellt ist, dass nach der Verkehrsanschauung der vorgesehenen Verwendung zur Fortbewegung auf oder unter Wasser und zum Tragen von Personen oder Sachen nichts Wesentliches mehr im Wege steht. Beide Voraussetzungen müssen vorliegen, wobei die Fertigstellung dem Zuwasserlassen vorangehen kann oder umgekehrt. Vor der Fertigstellung handelt es sich allenfalls um ein Schiffbauwerk (dazu Rn 220–223). Möglicherweise wird das auf einer Bauwerft im Wesentlichen fertiggestellte Bauwerk mit dem Stapellauf zum Schiff. In diesem Falle ist er bereits ein Schiff, auch wenn zunächst nur eine Überfüh-

---

98 Siehe BGHZ 57, 309 = NJW 1972, 538, 539 (vor 2.) „Sonnenschein 3", zuvor KammerG MDR 1970, 241; KammerG VersR 1974, 564, 565 (oben); BGHZ 3, 34 = NJW 1952, 64, 66 (linke Spalte oben); siehe auch RGZ 51, 330, 334 f. „Falke".
99 KammerG Recht 1910 Nr. 277.
100 BGHZ 57, 309 = NJW 72, 538, 539 (linke Spalte unten) „Sonnenschein 3", zuvor KammerG MDR 1970, 241.
101 OLG Hamburg HansGZ H 1914, 289, 294 Nr. 132 (S. 295) „Bandalia", zuvor LG Hamburg aaO., sowie in derselben Sache noch RGZ 86, 424, 430 „Bandalia", „Schelde", „Donau".
102 Siehe OLG Hamburg VRS 1, 317, 318 f. „Adele Walter", „Helgoland".

rung zum Zwecke der endgültigen Fertigstellung erfolgt.[103] Sind nach dem Stapellauf bis zur Fertigstellung noch wesentliche Arbeiten an dem Bauwerk zu erledigen, wird es erst mit deren Abschluss zu einem Schiff. So ist ein bereits schwimmfähiges Schiffsbauwerk (See-Kasko), das längsseits geschleppt wird, nicht als Schiff anzusehen.[104]

24   c) **Die Unterbrechung der Schiffseigenschaft.** Die Einordnung eines Gegenstandes als Schiff kann zeitweise aufgehoben sein. So kann es sich verhalten, wenn der Gegenstand zunächst nicht mehr der Fortbewegung auf oder unter Wasser und zum Tragen von Personen oder Sachen verwendet werden soll. Auch hier hängt alles von den Umständen ab. Die Unterbrechung einer Reise, etwa weil auf das Freiwerden eines Liegeplatzes gewartet wird, weil an Bord Reparaturen durchgeführt werden oder wenn es von einem Gläubiger arrestiert worden ist, lässt die Eigenschaft als Schiff unberührt. Gleiches gilt, wenn das Schiff planmäßig in eine Werft geht, etwa um die 5-Jahres-Besichtigung durchzuführen. Die Eigenschaft als Schiff geht auch nicht verloren, wenn das Schiff aus dem Wasser genommen wird und etwa in ein Trockendock geht. Schließlich hört das Schiff nicht auf, ein Schiff, wenn ohne Beschäftigung ist, an einem Liege- oder Ankerplatz wartet und jederzeit die Reise zum nächsten Ladehafen antreten kann.

25   Ebenso behält das Schiff seine Eigenschaft als Schiff, wenn der Betreiber das Schiff zeitweise stilllegt, es also nach Ablauf einer bestimmten oder auch unbestimmten Zeit wieder verwenden will, ohne dass es bis dahin für einen anderen Zweck eingesetzt wird. Das Schiff bleibt insbesondere ein Schiff, wenn es mit reduzierter oder ggf. auch ohne Besatzung aufgelegt wird, etwa um abzuwarten, ob sich der Markt wieder bessert oder wenn das Schiff ohnehin nur in der Saison verwendet wird. Die Eigenschaft als Schiff endet mit dem endgültigen Festmachen am Ort der Stilllegung und beginnt erneut, wenn der Betreiber nach außen erkennbar Vorbereitungen trifft, um das Schiff wieder in Fahrt zu setzen. Dabei schadet es nicht, dass das Schiff auch aus dem Wasser genommen wird, etwa wenn Sportboote in ein Winterlager gebracht werden, oder dass das Schiff, wenn es nicht gebraucht wird, in seine Bestandteile zerlegt wird.[105] Wenn das Schiff zum Zwecke der vorübergehenden Stilllegung aus dem Wasser genommen wird, endet die Eigenschaft als Schiff mit dem Verlassen des Wassers. Umgekehrt beginnt sie wieder mit dem erneuten Zuwasserlassen. Ein Sportboot, das auf einen Anhänger verladen und an einen anderen Ort befördert wird, wo es wieder zu Wasser gelassen wird, bleibt durchgehend ein Schiff.

26   Etwas anderes gilt allerdings, wenn das Schiff in der Zeit der Stilllegung in anderer Weise als zur Fortbewegung auf oder unter Wasser und zum Tragen von Personen oder Sachen verwendet werden soll, beispielsweise wenn ein Fahrgastschiff als Restaurant- oder Hotel- oder Wohnschiff zum Einsatz kommt.[106] Gleiches gilt für Museumsschiffe. So werden die „Cap San Diego" oder die „Rickmer Rickmers" in Hamburg, die lediglich zu besonderen Gelegenheiten („Hafengeburtstag") Fahrten mit Fahrgästen durchführen, auch nur zu diesen Anlässen zu Schiffen. Auch ein Frachtschiff, das stillgelegt und als schwimmendes Lager zum Einsatz kommt, ist kein Schiff mehr.[107]

---

103   RhSchOG Köln Hansa 1964, 1991, 1992 (unter a) „Tina Scarlett", siehe auch BGH VersR 1971, 1012.
104   Siehe OLG Nürnberg RdTW 2014, 119 [36, 37]; AG St. Goar (2012) BeckRS 2016, 05682.
105   RhSchOG Karlsruhe ZfB 1992, 810 (Slg. 1382) „Glück Auf", „Barbara".
106   *Pötschke* in MüKo/HGB Rn 18 zu § 481 – anders aber RhSchOG Karlsruhe ZfB 1992, 810 (Slg. 1382) „Glück Auf", „Barbara".
107   *Pötschke* in MüKo/HGB Rn 18 zu § 481 – anders RhSchOG Karlsruhe ZfB 1992, 810 (Slg. 1382) „Glück Auf", „Barbara".

27 STS-Szenarien ändern grundsätzlich nichts an der Einordnung des Tank-Mutterschiffes als Schiff.[108] Hier geben große Tanker (Tank-Mutterschiffe) auf See vor der Küste Ladung an kleinere Tanker ab, die das Öl weiterbefördern, oder das Tank-Mutterschiff erhält Öl von mehreren kleineren Tankern, das vom Mutterschiff nach Übersee befördert wird. Dabei kann es sich auch so verhalten, dass das Mutterschiff letztlich für einen längeren Zeitraum vor Anker liegt und als Umschlagsstelle für Öl dient, und dabei sowohl Öl abgibt als auch erhält. Dies führt allerdings normalerweise nicht dazu, dass das Mutterschiff nunmehr in anderer Weise, namentlich als Lager verwendet wird. Allenfalls ist die Verwendung zur Fortbewegung zeitweise ausgesetzt.

28 **d) Das Ende der Schiffseigenschaft.** Die Eigenschaft eines Gegenstandes als Schiff endet, wenn er endgültig nicht mehr zur Fortbewegung auf oder unter Wasser und zum Tragen von Personen oder Sachen verwendet werden kann oder soll. Dies betrifft zunächst den Fall, dass das Schiff derart zerstört wurde, etwa durch eine Explosion, dass praktisch nichts mehr übrig ist. Das Schiff kann auch unrettbar verloren gehen, insbesondere untergehen;[109] das Schiff wird zum Wrack (unten Rn 236–250). Kann das Schiff noch geborgen werden,[110] kommt es für den Fortbestand der Eigenschaft als Schiff darauf an, ob der Betreiber (oben Rn 21) beabsichtigt, das Schiff unverzüglich zu bergen, es wiederherzurichten und in Fahrt zu setzen. Dies muss äußerlich erkennbar sein. Fehlt es hieran, endet die Eigenschaft als Schiff, es wird zum Wrack (unten Rn 237–240). Möglicherweise entscheidet sich der Betreiber später (äußerlich erkennbar) doch für eine Bergung, in diesem Falle lebt die Schiffseigenschaft wieder auf. Letztlich sind hier die Umstände des Falles maßgeblich. Siehe zu der Rechtsstellung des Wracks noch die Hinweise unten Rn 241–250. Darüber hinaus verliert ein Schiff die Eigenschaft eines Schiffes, wenn es planmäßig abgewrackt oder recycled wird. Schließlich hört ein Gegenstand auf, ein Schiff zu sein, wenn der Betreiber (oben Rn 21) es endgültig nicht mehr als Schiff, also zur Fortbewegung auf oder unter Wasser und zum Tragen von Personen oder Sachen verwenden will.[111] Die Eigenschaft als Schiff endet, wenn der Vorgang der Stilllegung abgeschlossen ist. War das Schiff ohnehin bereits stillgelegt (ohne dass es die Eigenschaft als Schiff verloren hat), genügt es, dass der Wille zur endgültigen Stilllegung äußerlich erkennbar zum Ausdruck kommt.

29 **e) Schwimmende bzw. schwimmfähige Plattformen.** Schwierig und im Einzelnen unklar ist die Einordnung von Plattformen, die zu bestimmten Zwecken an einem festen Ort in einem Gewässer platziert werden. Die Umschreibung „Plattform" ist hier nicht wörtlich zu nehmen. Sie umfasst jedes Gebilde, das zu einem beliebigen Zweck verwendet wird, auch wenn es oben nicht mit einer flachen „Arbeitsfläche" sondern mit festen Einrichtungen ausgestattet ist (siehe die Beispiele unten Rn 33). Eine Einordnung als Schiff kommt nur in Betracht, wenn die Plattformen schwimmend an ihren Einsatzort gebracht bzw. von dort wieder entfernt werden. Dort können sie als schwimmende Plattform eingesetzt oder ggf. auf dem Boden des Gewässers aufgestellt werden.

30 Dabei kann die Platzierung an einem festen Ort auf verschiedene Weise sichergestellt werden, beispielsweise durch einen eigenen Antrieb; durch Anker; durch das Ab-

---

108 Siehe *Jessen* VersR 2014, 670, 677 f. (unter 3.).
109 Siehe RhSchOG Köln Hansa 1964, 1991, 1993 (unter c) „Tina Scarlett" siehe auch BGH VersR 1971, 1012.
110 Siehe OLG Bremen Hansa 1956, 469, Revision BGHZ 25, 244 = NJW 1957, 1717 „Anna B."; OLG Hamburg VRS 1, 317, 318 f. „Adele Walter", „Helgoland"; sowie noch RGZ 95, 226.
111 Siehe OVG Münster RdTW 2014, 288 [41].

senken von Pfählen in den Boden des Gewässers, wobei die Plattform weiterhin an oder zwischen den Pfählen schwimmt; durch das Herablassen von Pfählen mit „Füssen", die auf dem Boden des Gewässers stehen und an denen sich die Plattform („Hubinsel") möglicherweise sogar selbst hochfahren kann (so dass sie nicht mehr schwimmt oder auch vollständig austaucht); durch das Festmachen an anderen Gegenstanden wie Schiffen, andere Plattformen oder feste Einrichtungen, einschließlich Landeinrichtungen. Auf die äußere Erscheinung der Plattform kommt es nicht an, sie können auch die typische Form eines Schiffes haben.

31   Die zuvor umschriebenen Plattformen dienen während ihres Einsatzes anderen Zwecken als der Fortbewegung auf oder unter Wasser, so dass die Einordnung als Schiff fraglich ist. Dies gilt auch in den Fällen, in denen die Plattform während ihres Einsatzes weiterhin im Wasser schwimmt und aufgrund eines eigenen Antriebs ihren Einsatzort einhält. Die hiermit möglicherweise verbundenen geringen Bewegungen des Gegenstandes dienen dem Ausgleich von Abweichungen und nicht der Fortbewegung. Allerdings kann der Zweck der Fortbewegung zeitweise entfallen, ohne dass der Gegenstand die Eigenschaft eines Schiffes verliert. Hier ist für den Einzelfall zu beurteilen, ob insgesamt der Zweck der Fortbewegung vom und zum Einsatzort überwiegt, so dass eine Einordnung als Schiff gerechtfertigt ist, oder ob die bestimmungsgemäße Verwendung am Einsatzort im Vordergrund steht. Dies hängt von den Umständen des Falles ab.

32   Wiederum kommt es auf die vorgesehene Verwendung an. Diese beurteilt sich aus der Perspektive des Betreibers der Plattform (oben Rn 21). Die Fortbewegung ist entscheidend, wenn die Plattform von vornherein laufend an verschiedenen Orten eingesetzt wird und dort Arbeiten verrichten soll. Dagegen überwiegt die bestimmungsgemäße Verwendung, wenn sie „bis auf weiteres" an einem einzigen Einsatzort tätig werden soll. Hier stellt sich die Fortbewegung zum Einsatzort lediglich als notwendige Voraussetzung zur dortigen bestimmungsgemäßen Verwendung dar. Eine Plattform, die die Voraussetzungen eines Schiffes erfüllt, bleibt auch während ihres Einsatzes ein Schiff, selbst wenn sie dabei das Wasser verlässt („Hubinsel"). Umgekehrt wird eine Plattform, die kein Schiff ist, auch nicht während der Fahrt zum Einsatzort oder von ihm weg zum Schiff. Gleiches gilt, wenn die Plattform loskommt und vertreibt.

33   Unter den zuvor dargelegten Voraussetzungen können Schiffe etwa sein Schwimmbagger[112] (siehe Art. 1 Abs. 2 Satz 2 [b] Hs. 2 CLNI sowie § 5e Abs. 1 Nr. 4 BinSchG und Art. 1 Abs. 4 [b] ZusÜBin), die Baggergut vom Boden des Gewässers aufnehmen, dies erst recht, wenn sie sich bei der Durchführung der Arbeiten aus eigener Kraft fortbewegen; Schwimmkräne[113] (siehe Art. 1 Abs. 2 Satz 2 [b] Hs. 2 CLNI sowie § 5e Abs. 1 Nr. 4 BinSchG und Art. 1 Abs. 4 [b] ZusÜBin); schwimmende Hebeeinrichtungen für Massengut, etwa Getreideheber[114] („Elevatoren", siehe Art. 1 Abs. 2 Satz 2 [b] Hs. 2 CLNI sowie § 5e Abs. 1 Nr. 4 BinSchG und Art. 1 Abs. 4 [b] ZusÜBin); Arbeitsplattformen, von denen aus Bau-

---

[112] Siehe RGZ 51, 330, 334f. „Falke"; BGHZ 76, 201 = NJW 1980, 1747, 1748 (unter 1a) „Utrecht"; OLG Hamburg HansGZ H 1893, 312 Nr. 105 „Möwe", „Julius"; OLG Hamburg SeuffA 63, 326 Nr. 187; OLG Hamburg HansGZ H 1921, 113 Nr. 54 „Krammer", „Listrac"; OLG Hamburg VersR 1973, 1115 (rechte Spalte oben); Oberprisengericht LZ 1917, 1191 „De Brussels 31" – *Pötschke* in MüKo/HGB Rn 18 zu § 481.

[113] BGH NJW 1952, 1135; OLG Hamburg VersR 1976, 752, 753 (unter 1.) „Magnus 2" sowie ohne weiteres anschließend BGH VersR 1978, 712; siehe auch BVerwG Hansa 1962, 455 (rechte Spalte) – das OLG Hamburg BeckRS 2000, 16776 [3] sieht den Schwimmkran „Taklift 4" ohne weiteres als (See-)Schiff an – *Pötschke* in MüKo/HGB Rn 18 zu § 481.

[114] OLG Hamburg HansGZ H 1914, 289, 294 Nr. 132 (S. 29) „Bandalia", zuvor LG Hamburg aaO., sowie in derselben Sache noch RGZ 86, 424, 430 „Bandalia", „Schelde", „Donau"; OLG Hamburg VersR 1977, 813 (unter b) „Kalahari", „Wandrahm".

werke, etwa Windenergieanlagen und andere Einrichtungen errichtet, repariert oder gewartet werden, oder von denen aus Taucher- oder sonstige Arbeiten durchgeführt werden; Hebekräne, die beim Heben von großen Gegenständen, etwa von Schiffen, verwendet werden.[115]

Dagegen sind etwa schwimmende Bohrinseln, einschließlich MODUs, sowie FSUs und FPSOs normalerweise keine Schiffe,[116] weil hier die stationäre Förderung von Rohöl und Erdgas im Vordergrund steht (siehe auch § 574 Abs. 2 Satz 3 Nr. 2, Art. 3 BerggÜ 1989; Art. 15 Abs. 5 [b] HBÜ 1996; Art. 1 Abs. 2 WBÜ; Art. 15 Abs. 4 HBÜ 1996; Art. 2 Nr. 4 MARPOL-Ü 1978; Art. 2 Nr. 9 AFS-Ü; Art. 1 Nr. 12 BallastwasserÜ; Art. 2 Nr. 7 SRC). Fehlt den zuvor genannten Gegenständen die Eigenschaft eines Schiffes, bleibt es hierbei auch, wenn sie sich auf der Fahrt zum Einsatzort oder von dort zurück befinden[117] (anders § 574 Abs. 2 Satz 3 Nr. 2, Art. 3 BerggÜ 1989, Art. 1 Abs. 2 WBÜ) oder losgekommen und vertrieben sind. **34**

Auch sind Bauwerke, die von vornherein auf dem Boden des Gewässers errichtet werden, keine Schiffe; siehe § 574 Abs. 2 Satz 3 Nr. 1 und 2, Art. 1 [c] und Art. 3 BerggÜ 1989. Dies betrifft etwa Windräder oder Umspannstationen für Windparks. Dasselbe gilt für schwimmende Plattformen, die normalerweise zu keiner Zeit durch das Wasser fortbewegt werden sollen, also etwa durch ein Schiff an ihren Einsatzort befördert und dort zu Wasser gelassen und in entsprechender Weise wieder aufgenommen und vom Einsatzort entfernt werden. Dies gilt namentlich für Tonnen und andere schwimmende Seezeichen. Sie werden auch dann nicht zum Schiff, wenn sie im Einzelfall ausnahmsweise geschleppt werden, etwa auf diese Weise zum Einsatzort oder von ihm weggebracht oder wenn sie, nachdem sie losgekommen sind, geborgen werden. Die Schiffseigenschaft fehlt normalerweise ebenfalls bei Forschungseinrichtungen; Ver- oder Entladeeinrichtungen bzw. Terminals; Bootsstegen und Anlegern; Einrichtungen für die Lagerung von Sachen bzw. die Unterbringung von Personen („Wohnschiffe"); Hausboote; „Fluginseln", von denen aus Luftfahrzeuge starten oder landen; Badeinseln und ganze schwimmende Badeanstalten. **35**

Keine Schiffe sind unbemannte Feuerschiffe.[118] Hierbei handelt es sich um Einrichtungen, die ggf. äußerlich wie Schiffe aussehen, allerdings als grundsätzlich stationäre Navigationshilfe für die Schifffahrt dienen. Sie haben den Zweck, einen bestimmten Ort sichtbar zu markieren, sollen sich also gerade nicht fortbewegen. Eine andere Einordnung kann allerdings im Hinblick auf den früher üblichen Betrieb von Feuerschiffen geboten sein.[119] Sie waren bemannt, verfügten über einen eigenen Antrieb und hatten die Freiheit, bei schwerem Wetter oder Eisgang ihren Ort zu verlassen. **36**

f) Einzelfälle. Siehe zu der Frage der nicht unbedeutenden Größe des Gegenstandes bereits die Hinweise oben Rn 16 sowie ausführlich zu schwimmenden bzw. schwimmfähigen Plattformen zuvor Rn 29–36. Schiffe können insbesondere auch sein Schub- und Schleppleichter[120] (siehe § 2 Nr. 1 SchUnfDatG); Schuten; Barges; Proviant- **37**

---

115 Siehe RGZ 55, 316, 320 f. „Cobra", „Ostsee"; OLG Hamburg HansGZ H 1914, 289, 294 Nr. 132 (S. 295) „Bandalia", zuvor LG Hamburg aaO., sowie in derselben Sache noch RGZ 86, 424, 430 „Bandalia", „Schelde", „Donau".
116 Pötschke in MüKo/HGB Rn 18 zu § 481, anders jedoch Herber Seehandelsrecht S. 95 (unter 6.).
117 Anders LG Kiel VersR 1969, 236.
118 Anders Pötschke in MüKo/HGB Rn 18 zu § 481.
119 Anders aber RGZ 38, 85 „Eider" sowie in derselben Sache RGZ 47, 191.
120 Siehe ZKR VersR 1974, 991, 992 „Gottlieb Jäger", „Vera", „St. Michael" mit Anm. Wassermeyer aaO.; RGZ 78, 176, 178; RhSchOG Köln VersR 1977, 276, 277 (linke Spalte unten) „Henriette", „Dr. Geier", „Mannesmann 5" mit Anm. Dütemeyer ZfB 1976, 401 (Slg. 563), anschließend BGHZ 70, 127 = VersR 1978,

boote;[121] Lotsentender und Lotsenversetzboote; Fähren im Sinne des § 1 Nr. 1 FäV (siehe auch Art. 1 Abs. 4 [b] ZusÜBin, Art. 1 Abs. 2 [b] Hs. 1 CLNI, § 2 Nr. 1 SchUnfDatG), unabhängig davon, ob sie frei fahren oder sich mit Hilfe eines Drahtes fortbewegen, nicht jedoch Schwebefähren, die sich hängend über die Wasseroberfläche bewegen und mit keinem Teil in das Wasser hineinragen; oder ferngesteuerte oder selbstfahrende unbemannte Wasserfahrzeuge, die nur Sachen tragen.

38   Keine Schiffe sind bei Wasserbauarbeiten verwendete Senkkästen („Caissons"), mit deren Hilfe auf dem Boden des Gewässers Fundamente hergerichtet oder auch Arbeitsräume geschaffen werden; dies gilt sowohl vor als auch nach dem Versenken des Kastens.[122] Schwimmbrücken, also Überquerungen von Gewässern, die durch Schwimmkörper getragen werden und möglicherweise verholt werden können, um Schiffe passieren zu lassen, sind ihrerseits keine Schiffe (siehe aber Art. 1 Abs. 4 [b] ZusÜBin, § 92 Abs. 3 Satz 2 BinSchG). Auch Schiffsbauwerke erfüllen, nicht die Voraussetzungen des Schiffes, auch dann nicht, wenn sie bereits zu Wasser gelassen worden sind. Frühestens mit Fertigstellung erlangen sie die Schiffseigenschaft. Allerdings werden Schiffsbauwerke in bestimmter Hinsicht bereits wie Schiffe behandelt; siehe dazu unten Rn 220–223.

39   **aa) Amphibienfahrzeuge.** Kraftfahrzeuge, die sich sowohl über Land auf Rädern fahrend als auch auf dem Wasser schwimmend fortbewegen können, sind Schiffe, wenn und solange sie sich auf dem Wasser befinden.[123]

40   **bb) Luftkissenfahrzeuge.** Ein Luftkissenfahrzeug bewegt sich nicht durch das, sondern über dem Wasser. Normalerweise ragt kein Teil des Fahrzeugs in das Wasser hinein. Die Beschaffenheit des Untergrunds, über den sich das Fahrzeug bewegt, spielt grundsätzlich keine Rolle. Es kann sich in gleicher Weise auch über Land bewegen (sofern der Boden hinreichend eben ist) und sich ohne Unterbrechung der Fahrt vom Land aufs Wasser und umgekehrt begeben. Ein solches Fahrzeug ist kein Schiff (siehe auch Art. 15 Abs. 5 [a] HBÜ 1996, Art. 1 Abs. 2 [b] Hs. 1 CLNI, Art. 1 Abs. 2 WBÜ, Art. 2 Nr. 4 MARPOL-Ü 1978, Art. 19 Abs. 2 LondonÜ, Art. 1.6 LondonÜ-Prot), auch nicht auf der Fahrt über Wasser.[124]

41   **cc) Schwimmdocks.** Bei Schwimmdocks handelt es sich um schwimmende Anlagen, die durch Fluten von Ballasttanks abgesenkt werden können, so dass sich die Arbeitsfläche vollständig unter Wasser befindet. Schiffe und andere Gegenstände werden darüber positioniert. Die Ballasttanks werden nunmehr gelenzt, so dass das Dock aufschwimmt. Das Schiff bzw. der Gegenstand sind jetzt auf der entsprechend vorbereiteten Arbeitsfläche platziert und von allen Seiten zugänglich. Zum Verlassen des Docks werden die Ballasttanks wieder geflutet, so dass das Schiff bzw. der Gegenstand aufschwimmt und vom Dock entfernt werden kann. Ein Schwimmdock ist kein Schiff.[125] Es trägt zwar Personen oder Sachen, dient aber nicht der Fortbewegung.

226, 227 mit Anm. *Bauer* LM Nr. 17a zu § 3 BinSchG und *Dütemeyer* ZfB 1978 Nr. 3 S. 90 (Slg. 630); RhSchOG Köln ZfB 1998 Nr. 24 S. 43 (Slg. 1717) „Colombia", „Breughel".
121   BGH VersR 1960, 305, 307 (unter B).
122   OLG Hamburg HansGZ H 1893, 312 Nr. 105 „Möwe", „Julius"; dazu auch OLG Hamburg HansGZ H 1914, 289, 294 Nr. 132 (S. 295) „Bandalia", zuvor LG Hamburg aaO.
123   Anders *Herber* Seehandelsrecht S. 94 (unter 4.).
124   Anders *Herber* Seehandelsrecht S. 94 (unter 4.).
125   OLG Hamburg HansGZ H 1914, 289, 294 Nr. 132 (S. 296 linke Spalte oben) „Bandalia", zuvor LG Hamburg aaO., sowie in derselben Sache noch RGZ 86, 424, 430 „Bandalia", „Schelde", „Donau"; OLG Hamburg HansRGZ B 1942, 121 Nr. 36 – *Pötschke* in MüKo/HGB Rn 18 zu § 481.

dd) Das Schiff als befördertes Gut. Gegenstände, die an sich alle Merkmale eines 42
Schiffes haben, können als Gut im frachtrechtlichen Sinne durch ein anderes Schiff befördert und am Bestimmungsort abgeliefert werden. So kann sich das beförderte Schiff an Bord des anderen Schiffes befinden. Dass eine Fortbewegung auf dem Wasser durch das andere Schiff stattfindet, führt für das beförderte Schiff nicht dazu, dass es nunmehr ebenfalls der Fortbewegung dient. Vielmehr beurteilt sich die Eigenschaft des beförderten Schiffes als Schiff nach den sonstigen Grundsätzen. Insoweit kann es sein, dass das zeitweise Fehlen der Bestimmung zur Fortbewegung unbeachtlich ist (dazu oben Rn 24–26). Das Gleiche gilt für ein geschlepptes Schiff.

ee) Das LASH-System. Bei dem LASH (Lighter Aboard Ship) System werden stan- 43
dardisierte Leichter an Land beladen und von Schlepp- oder Schubbooten zum Schiff (LASH-Carrier) gebracht, das die Leichter an Bord nimmt. Das Umgekehrte geschieht am Ende der Reise: Die Leichter werden wieder zu Wasser gelassen und von Schlepp- oder Schubbooten zum Bestimmungsort gebracht. Bei den Leichtern handelt es sich um Schiffe, solange sie sich nicht Bord des LASH-Carriers befinden. Befinden sich die Leichter an Bord, haben sie nicht die Eigenschaft eines Schiffes (sondern sind Ladung).

ff) „Kleinfahrzeuge". Im Recht der Binnenschifffahrt finden sich besondere Rege- 44
lungen über „Kleinfahrzeuge". Nach § 92 Abs. 3 BinSchG sind als Schiffe im Sinne der §§ 92 ff. BinSchG (die Haftung aus einem Zusammenstoß von Schiffen sowie über die Bergung) auch Kleinfahrzeuge anzusehen. § 92 Abs. 3 BinSchG übernimmt einige der Regelungen des Art. 1 Abs. 4 ZusÜBin. Hier werden außerdem noch Gleitboote, Flöße, Fähren sowie schwimmende Bagger, Krane, Elevatoren und alle schwimmenden Anlagen und Geräte ähnlicher Art genannt. Diese Gegenstände wurden nicht ebenfalls in den §§ 92 ff. BinSchG aufgeführt, weil, so die ZusÜBin-G-Begr, sie ohnehin unter den allgemeinen Begriff des Schiffes im deutschen Recht fielen[126] (zu den Flößen siehe oben Rn 15). Im Hinblick auf die Wendung „Kleinfahrzeuge" verwies die ZusÜBin-G-Begr[127] auf die entsprechende Umschreibung in der RhSchPV, die sich heute in deren § 1.01 (m) findet. Danach ist ein Kleinfahrzeug ein Fahrzeug, dessen Schiffskörper, ohne Ruder und Bugspriet, eine Höchstlänge von weniger als 20,00 Metern aufweist, wobei folgende Fahrzeuge ausgenommen sind: Ein Fahrzeug, das zugelassen ist, Fahrzeuge, die nicht Kleinfahrzeuge sind, zu schleppen, zu schieben oder längsseits, gekuppelt mitzuführen; ein Fahrzeug, das zur Beförderung von mehr als zwölf Fahrgästen zugelassen ist; eine Fähre; oder ein Schubleichter. Siehe zu Kleinfahrzeugen auch § 2 Nr. 1 SchUnfDatG.

Auch § 4 Abs. 5 BinSchG stellt für das Recht der Haftungsbeschränkung klar, dass 45
als Schiff im Sinne des § 4 BinSchG auch Kleinfahrzeuge gelten. Diese Vorschrift geht zurück auf Art. 1 Abs. 2 (b) Hs. 1 CLNI. Die Regelung des § 4 Abs. 5 BinSchG sei, wie die HaftBeschrBinÄndG-Begr[128] erläutert, ebenso wie in § 92 Abs. 3 Satz 1 BinSchG erforderlich, weil die Vorschriften des BinSchG auf Kleinfahrzeuge grundsätzlich nicht angewendet würden. Dieser Begriff sei im gleichen Sinne zu verstehen wie in § 92 Abs. 3 Satz 1 BinSchG (womit auch insoweit auf § 1.01 [m] RhSchPV verwiesen wird). Der Ausschluss der Geltung des BinSchG für Kleinfahrzeuge sei zwar, so die HaftBeschrBinÄndG-Begr weiter, im Gesetz nicht ausdrücklich vorgesehen, entspreche jedoch der BinSchG-Begr und der h.M. Auch die weiter in Art. 1 Abs. 2 (b) Hs. 1 CLNI genannten Fahrzeuge – Trag-

---
126 Siehe dazu ZusÜBin-G-Begr S. 3f. sowie RhSchOG Karlsruhe ZfB 1992, 810, 811 (Slg. 1382) „Glück Auf", „Barbara".
127 S. 4 (vor „Zu Nummer 4").
128 S. 21 („Zu Absatz 5").

flächenboote, Fähren, Bagger, Krane, Elevatoren, sonstige schwimmende und bewegliche Anlagen oder Geräte ähnlicher Art – seien nicht nochmals ausdrücklich in den § 4 ff. BinSchG genannt, weil sie ohnehin als Schiffe im Sinne des BinSchG angesehen würden.

46 Die BinSchG-Begr weist darauf hin,[129] dass im Gesetz zwar keine Umschreibung des Begriffes „Schiff" enthalten sei. Hierzu gehörten aber alle Fahrzeuge, welche zur Schifffahrt verwendet und nach dem allgemeinen Sprachgebrauch als Schiffe bezeichnet zu werden pflegen. Gewöhnliche Boote, Nachen, Gondeln und ähnliche kleine Fahrzeuge, welche zu Lustfahrten oder zum Übersetzen von Personen benutzt zu werden pflegen, fielen nicht unter das Gesetz.[130] M.E. ist diese Einschränkung seit langem überholt und durch die umfassende Rechtsprechung zum Begriff des Schiffes ersetzt worden (siehe insbesondere zur erforderlichen Größe oben Rn 16). Ebenso passt die maßgebliche Umschreibung des „Kleinfahrzeugs" in § 1.01 [m] RhSchPV weder zu dem „Schiff" im Sinne der Rechtsprechung noch zu dem der BinSchG-Begr. Und schließlich ist es systematisch unglücklich, Kleinfahrzeuge in § 92 Abs. 3 und § 4 Abs. 5 BinSchG ausdrücklich zu erwähnen. Die Umschreibungen gelten nur für die §§ 92 ff. BinSchG über die Haftung aus einem Zusammenstoß von Schiffen sowie über die Bergung sowie für § 4 BinSchG und damit für das Recht der Haftungsbeschränkung. Dem wäre im Umkehrschluss zu entnehmen, dass die übrigen Vorschriften des BinSchG grundsätzlich nicht auch für Kleinfahrzeuge gelten.

47 **3. Wesentliche Bestandteile; Zubehör.** Das Schiff ist ein körperlicher Gegenstand und damit eine Sache im Sinne des § 90 BGB. Es besteht aus einer Vielzahl von Einzelteilen. Bei diesen kann es sich um (wesentliche oder einfache) Bestandteile des Schiffes (§§ 93 ff. BGB) oder auch um bloßes Zubehör (§ 97 BGB) handeln. Die Einordnung als wesentlicher Bestandteil bzw. als Zubehör ist insbesondere im Hinblick darauf maßgeblich, ob die betreffenden Gegenstände von dinglichen Rechten am Schiff erfasst werden oder nicht.

a) Die Bestandteile des Schiffes

48 **aa) Wesentliche Bestandteile.** § 93 BGB enthält eine Legaldefinition des wesentlichen Bestandteils. Dies sind Teile einer Sache, die voneinander nicht getrennt werden können, ohne dass der eine oder der andere zerstört oder in seinem Wesen verändert wird. Dies sind beispielsweise der Rumpf und die Aufbauten eines Schiffes.

49 Anerkannt ist darüber hinaus, dass auf (in einem deutschen Schiffsregister) eingetragene Schiffe auch die Vorschrift des § 94 Abs. 2 BGB, der an sich nur für Grundstücke gilt, analog zur Anwendung gelangt.[131] Allerdings ist nicht erkennbar, warum der Gedanke des § 94 Abs. 2 BGB gerade nur für eingetragene Schiffe maßgeblich sein soll. Es ist nicht die Eintragung im Grundbuch (bzw. Schiffsregister), die die Erweiterung des Begriffs des Bestandteils in § 94 Abs. 2 BGB gebietet, sondern die Eigenarten des Grundstücks, auf dem Gebäude errichtet werden können (§ 94 Abs. 1 BGB). M.E. gilt § 94 Abs. 2 BGB daher gleichermaßen für nicht eingetragene Schiffe.[132]

50 Ausgehend von dieser Vorschrift gehören bei Schiffen zu den wesentlichen Bestandteilen auch die zur Herstellung des Schiffes eingefügten Sachen. Das Einfügen erfordert

---

129 S. 312 (linke Spalte).
130 Siehe auch VGH Baden-Württemberg HmbSchRZ 2011, 145 Nr. 76 [34].
131 BGHZ 26, 225 = NJW 1958, 457; OLG Bremen OLG-Report Bremen 2005, 248; OLG Hamm ZfB 1992, 147 (Slg. 1360); LG Hamburg Hansa 1959, 696 – siehe auch schon RGZ 152, 91, 97 „Zufriedenheit".
132 Siehe RGZ 152, 91, 97 „Zufriedenheit"; LG Hamburg Hansa 1955, 1733 (Nr. 4).

keine feste und dauerhafte Verbindung der Sache mit dem Schiff.[133] Abnehmbare Lukendeckel eines Containerschiffes, die das Verschließen des Laderaums im Wesentlichen aufgrund ihres Eigengewichts bewirken, sind in das Schiff eingefügt.[134] § 94 Abs. 2 BGB verfolgt einen anderen Ansatz als § 93 BGB. Hier geht es um die Zusammengehörigkeit von Teilen, die für sich keinen vernünftigen Zweck haben, gemeinsam aber ein sinnvolles Ganzes bilden. Dagegen genügt es für § 94 Abs. 2 BGB, dass ein Teil, das für sich allein sehr wohl eine sinnvolle Verwendung hat, in ein anderes Teil zu dessen Herstellung eingefügt wird. Dabei ist von dem Schiff als Ganzem, so, wie es sich in seiner Sonderart und seinem Sonderzweck darstellt, auszugehen.

Der BGH hat dazu in seiner grundlegenden Entscheidung BGHZ 26, 225 ausgeführt, **51** dass ein Motorschiff, das mit eigener Antriebskraft fahren soll, ohne Maschine noch kein Motorschiff sei, so dass die Maschine, auch wenn sie serienmäßig hergestellt werde, nach § 94 Abs. 2 BGB wesentlicher Bestandteil des Schiffes sei.[135] Die betreffenden Teile können von Anfang an eingefügt sein oder auch erst später eingefügt werden.[136] Umgekehrt ist bei einem Segelschiff, das über einen Hilfsmotor verfügt, der Motor, insbesondere wenn es sich um eine serienmäßige Produktion handelt, nicht wesentlicher Bestandteil des Schiffes.[137] In entsprechender Weise hat das OLG Bremen ausgeführt, dass ein „Container-Hochseeschiff" über Lukendeckel verfügen müsse, so dass auch diese wesentliche Bestandteile eines solchen Schiffes seien.[138] M.E. können die Regelungen des § 95 Abs. 2 BGB im Wege der Analogie auf eingetragene und nicht eingetragene Schiffe angewandt werden.[139] Keine Bestandteile des Schiffes werden danach solche Sachen, die nur zu einem vorübergehenden Zweck in das Schiff eingefügt sind (siehe auch § 31 Abs. 3 SchRG).

Wesentliche Bestandteile können nach § 93 BGB nicht Gegenstand besonderer Rech- **52** te sein. Werden wesentliche Bestandteile in ein Schiff eingefügt (§ 94 Abs. 2 BGB), erwirbt der Eigentümer des Schiffes nach § 946 BGB auch das (alleinige) Eigentum an der eingefügten Sache.[140] Dies gilt jedenfalls für (in einem deutschen Schiffsregister) eingetragene Schiffe. Bei nicht eingetragenen Schiffen wäre § 947 BGB heranzuziehen: Die Eigentümer der wesentlichen Bestandteile werden nach Abs. 1 der Vorschrift Miteigentümer des Schiffes. Ist eines der Bestandteile als Hauptsache anzusehen, erwirbt ihr Eigentümer nach § 947 Abs. 2 BGB das Alleineigentum. So würde es sich verhalten, wenn das Schiff eine Hauptmaschine erhält.[141] Richtigerweise ist allerdings auch bei nicht eingetragenen Schiffen nicht § 947 BGB, sondern die Regelung des § 946 BGB anzuwenden (zuvor Rn 51). Wird eine Hauptmaschine in das Schiff eingebaut, die nach § 94 Abs. 2 BGB zum wesentlichen Bestandteil des Schiffes wird, erlangt dessen Eigentümer auch das Eigentum an der Maschine, ein Eigentumsvorbehalt des Lieferanten geht ins Leere.[142] Durch § 946 oder § 947 BGB eintretende Rechtsverluste sind ggf. nach Maßgabe des § 951

---

133 BGHZ 26, 225 = NJW 1958, 457; OLG Bremen OLG-Report Bremen 2005, 248; OLG Hamm ZfB 1992, 147 (Slg. 1360).
134 OLG Bremen OLG-Report Bremen 2005, 248.
135 Siehe BGHZ 26, 225 = NJW 1958, 457; zustimend OLG Hamm ZfB 1992, 147 (Slg. 1360) – zuvor schon RGZ 152, 91, 97 „Zufriedenheit"; OLG Stettin LZ 1931, 1098 „Else" – anders noch OLG Köln JW 1936, 466 mit Anm. *Hamaekers* aaO.
136 Siehe RGZ 152, 91, 97 „Zufriedenheit".
137 Siehe schon OLG Stettin LZ 1931, 1098 „Else".
138 OLG-Report Bremen 2005, 248.
139 Siehe RGZ 152, 91, 97 „Zufriedenheit".
140 Siehe BGHZ 26, 225 = NJW 1958, 457; OLG Bremen OLG-Report Bremen 2005, 248; OLG Hamm ZfB 1992, 147 (Slg. 1360); LG Hamburg Hansa 1955, 1733 (Nr. 4).
141 Siehe OLG Bremen Hansa 1956, 469, Revision BGHZ 25, 244 = NJW 1957, 1717 „Anna B.".
142 Siehe OLG Hamm ZfB 1992, 147 (Slg. 1360).

BGB auszugleichen. Dingliche Rechte am Schiff, etwa eine Schiffshypothek oder ein Schiffsgläubigerrecht, erstrecken sich auch auf die wesentlichen Bestandteile. Allerdings können nach § 31 Abs. 3 in Verbindung mit Abs. 2 SchRG auch Bestandteile von der Haftung für die Schiffshypothek frei werden.

53   **bb) Einfache Bestandteile.** Von den wesentlichen Bestandteilen sind die einfachen Bestandteile des Schiffes zu unterscheiden. Dies sind solche Teile, die vom Schiff getrennt werden können, ohne dass sie zerstört oder in ihrem Wesen verändert werden (siehe § 93 BGB) und die zwar in das Schiff eingefügt wurden, aber nicht zu dessen Herstellung (§ 94 Abs. 2 BGB). Auch die einfachen Bestandteile des Schiffes sind zunächst Bestandteile und teilen dessen Schicksal. Sie werden etwa als Teil des Schiffes übereignet und mit Pfandrechten belastet. Allerdings können an einfachen Bestandteilen Sonderrechte begründet sein. Gleiches gilt für Teile des Schiffes, die nach § 95 Abs. 2 BGB schon keine Bestandteile sind, weil sie nur zu einem vorübergehenden Zweck in das Schiff eingefügt wurden. Hierzu gehören beispielsweise zu Versuchszwecken auf dem Schiff eingebaute Geräte und Anlagen, etwa eine zusätzliche Navigations- oder Kommunikationsausrüstung, Anlagen im Maschinenbereich oder zusätzliche Generatoren zur Erzeugung von Strom, der beispielsweise für die Kühlung oder Erwärmung von Ladung benötigt wird, etwa für Kühlcontainer oder beheizte Tanks. Die Einfügung kann etwa auch auf Veranlassung eines Charterers erfolgen, der die betreffenden Teile für die von ihm vorgesehene Verwendung des Schiffes benötigt.

54   **cc) Einzelfälle.** Zu den wesentlichen Bestandteilen gehören insbesondere der Schiffsrumpf einschließlich der Decks, der Schotten, der Aufbauten und Masten sowie des Schornsteins; die Sektionen, aus denen das Schiff in der Bauwerft zusammengesetzt wurde; ggf. die Hauptmaschine (oben Rn 52) bzw. die Hauptmaschinen, Antriebsturbinen und alle sonst für den Antrieb des Schiffes erforderlichen Einrichtungen[143] wie Kessel, Getriebe, Propeller, Hilfsdiesel, Separatoren, Turbolader, Brennstoff-, Schmieröl- und Kühlwasserpumpen; das Ruder und die Rudermaschine; Lukendeckel, auch wenn sie im Ganzen abnehmbar sind;[144] Anker und Ankerketten (auch wenn diese relativ leicht vom Schiff zu trennen sind).[145]

55   Einfache Bestandteile sind eingebaute Navigationsanlagen wie Radargeräte,[146] Echolot, Kreisel- und Magnetkompass, GPS-Geräte, AIS-, VDR- und GMDSS-Systeme, UKW-Geräte, jeweils einschließlich etwa erforderlicher Antennen; eingebaute Einrichtungen von Kammern (der Besatzungsmitglieder) und Kabinen (der Fahrgäste); Frischwasser-, Feuerlösch- und Ballastpumpen, das Bugstrahlruder; Kräne und sonstige Lade- und Löscheinrichtungen einschließlich Ladepumpen; Anlagen zur Tankreinigung; Feuerlöschsysteme wie Sprinkler- und CO_2-Anlagen sowie Feuerlöschpumpen und -leitungen.

b) Das Zubehör des Schiffes

56   **aa) Voraussetzungen.** § 97 BGB unterscheidet zwischen der Hauptsache und dem Zubehör. Bei letzterem handelt es sich um bewegliche Sachen, die nicht (wesentlicher oder einfacher) Bestandteil der Hauptsache sind (siehe zuvor Rn 48–52) und dem wirt-

---

[143] Siehe OLG Hamm ZfB 1992, 147 (Slg. 1360).
[144] Ausführlich OLG Bremen OLG-Report Bremen 2005, 248.
[145] OLG Hamburg Hansa 1956, 502; LG Hamburg Hansa 1955, 1733 (Nr. 4).
[146] Siehe LG Hamburg Hansa 1959, 696 und *Schaps/Abraham* Seehandelsrecht Rn 3 zu § 478.

schaftlichen Zweck der Hauptsache zu dienen bestimmt sind. Außerdem muss die Sache, um als Zubehör angesehen zu werden, in einem entsprechenden räumlichen Verhältnis zur Hauptsache stehen. § 97 Abs. 1 Satz 2 BGB verweist für die Einordnung einer Sache als Zubehör auch auf die Verkehrsauffassung. Die vorübergehende Benutzung für den wirtschaftlichen Zweck macht eine Sache nicht zum Zubehör (§ 97 Abs. 2 Satz 1 BGB). Umgekehrt beendet die vorübergehende Trennung von der Hauptsache nicht deren Eigenschaft als Zubehör (§ 97 Abs. 2 Satz 2 BGB). Anders als bei den wesentlichen Bestandteilen kann das Zubehör Gegenstand besonderer Rechte sein. Insbesondere kann das Zubehör im Eigentum eines Dritten stehen.

§ 97 BGB gilt auch für Schiffe, unabhängig von einer Eintragung im Schiffsregister. **57** Die Sache muss, um Zubehör zu sein, dem wirtschaftlichen Zweck des Schiffes dienen. Diese Umschreibung ist nicht im Sinne von „Erwerb" zu verstehen. Auch bei Nicht-Erwerbsschiffen (siehe Rn 30–32 zu § 476) gibt es Zubehör. Der „wirtschaftliche Zweck" meint die vorgesehene Verwendung des Schiffes. Die betreffenden Sachen müssen diesem Zweck des Schiffes zu dienen bestimmt sein. Maßgeblich ist auch hier die Vorstellung des Betreibers des Schiffes (dazu oben Rn 21). Nicht dem Zweck der Verwendung des Schiffes dienen etwa Sachen im persönlichen Eigentum der Besatzung. Hierbei bleibt es auch, wenn es für die Zwecke des Schiffes verwendet wird, etwa wenn der Kapitän oder ein Wachoffizier ein eigenes Fernglas oder einen eigenen Taschenrechner an Bord mitführen, den sie für Navigationszwecke verwenden. Schließlich muss die betreffende Sache, um Zubehör des Schiffes zu werden, in einem entsprechenden räumlichen Verhältnis zum Schiff stehen. Dies ist in der Regel unproblematisch, weil sich die in Frage kommenden Gegenstände normaler Weise an Bord, also auf oder im Schiff befinden. Kein Zubehör des Schiffes sind Ansprüche und Rechte, hierbei handelt sich nicht um Sachen. Dies gilt auch für Ansprüche des Eigentümers wegen des Verlustes oder der Beschädigung des Schiffes auf Schadenersatz oder auf eine Zahlung in Großer Haverei (siehe aber § 598 Abs. 2 Satz 1 und 2) oder aus einem Versicherungsvertrag (siehe aber § 32 SchRG einerseits und § 598 Abs. 3 andererseits).

Um als (bloßes) Zubehör angesehen zu werden, darf die Sache nicht (einfacher) Be- **58** standteil des Schiffes sein (oben Rn 53), also insbesondere nicht in das Schiff eingefügt sein. Andererseits steht es der Zubehöreigenschaft nicht entgegen, wenn die Sache zum Zwecke der Sicherung leicht lösbar mit dem Schiff verbunden ist. So verhält es sich etwa bei lediglich angeschraubten Sachen, auch wenn sie außerdem an die elektrische Stromversorgung des Schiffes angeschlossen sind. Nach der früheren, durch das SHR-ReformG aufgehobenen Vorschrift des § 478 Abs. 1 HGB a.F. gehörten zu dem Zubehör des Schiffes auch die „Schiffsboote". Außerdem enthielt § 478 Abs. 2 HGB a.F. die Vermutung, dass Gegenstände, die in das „Schiffsinventar" eingetragen sind, als Zubehör des Schiffes galten.

bb) Einzelfälle. Zum Zubehör des Schiffes gehören etwa an Deck und in der Ma- **59** schine mitgeführte Ersatzteile, Werkzeug, Farbe; Leinen und Drähte aller Art, sofern sie nicht als stehendes Gut verwendet werden; nautische Hilfsmittel wie Seekarten und Handbücher, Flaggen, Handscheinwerfer, Ferngläser, tragbare UKW-Geräte, Mobiltelefone; die in der Kombüse und in der Messe verwendeten Gegenstände, etwa Töpfe und Geschirr etc.; nicht fest eingebaute Gegenstände in Kammern (der Besatzung) und Kabinen (der Fahrgäste); Rettungsboote und sonstige mitgeführte Fahrzeuge (siehe § 478 Abs. 1 HGB a.F.), Rettungsinseln, sonstige Rettungseinrichtungen, Überlebensanzüge; tragbare Feuerlöscheinrichtungen wie Schläuche und Feuerlöscher; alle Brennstoffe, Schmiermittel, Frischwasser (aber nicht Ballastwasser, § 97 Abs. 2 Satz 1 BGB), Proviant. Die lediglich vorübergehende Benutzung einer Sache für den Zweck des Schiffes begründet nicht deren Eigenschaft als Zubehör des Schiffes (§ 97 Abs. 2 Satz 1 BGB). Dies gilt etwa für Sachen, die von einem Charterer an Bord gegeben werden, etwa besondere Ladehilfsmittel oder Aggregate zum Zwecke der Stromerzeugung, etwa zur Versorgung von Kühlcontainern oder von beheizbaren Tankcontainern. Andererseits behält eine Sache ihre Eigenschaft als Zubehör des Schiffes, wenn sie vorübergehend vom Schiff getrennt wird (§ 97 Abs. 2 Satz 2 BGB), insbesondere zum Zwecke der Wartung oder Untersuchung an Land gegeben wird. Kein Zubehör des Schiffes ist die Ladung sowie die persönlichen Effekte der Besatzung und der Fahrgäste, einschließlich mitgeführter PKW.

60   cc) Bedeutung. Die Frage, ob eine Sache Zubehör des betreffenden Schiffes ist, hat in mehrfacher Hinsicht Bedeutung. Wird Zubehör in Große Haverei aufgeopfert oder beschädigt, ist der Wert bzw. die Wertdifferenz in Großer Haverei zu vergüten (siehe § 590 Abs. 1 und 2). Dagegen wird das Zubehör bei der Bemessung des Beitrags des Schiffes in Großer Haverei nicht berücksichtigt (siehe 591 Abs. 2 Satz 2). Das Schiffsgläubigerrecht am Schiff erstreckt sich nach § 598 Abs. 1 auch auf das Zubehör, das sich im Eigentum des Eigentümers des Schiffes befindet. Entsprechendes gilt für die Schiffshypothek (siehe § 31 Abs. 1 SchRG). Nach Maßgabe des § 31 Abs. 2 SchRG können jedoch bei der Schiffshypothek Zubehörstücke von der Haftung frei werden. Schließlich erstreckt sich auch der Nießbrauch an einem Schiff auf dessen Zubehör (§ 82 Abs. 1 SchRG, §§ 1031, 926 BGB).

61   Im Falle des Verkaufs des Schiffes erstreckt sich die Pflicht des Verkäufers zur Übereignung und Übergabe des Schiffes (§ 433 Abs. 1 Satz 1 BGB) nach § 311c BGB grundsätzlich auch auf das Zubehör. Im Hinblick auf die Übertragung des Eigentums an einem (in einem deutschen Schiffsregister) eingetragenen Schiff wird auch das (zum Zeitpunkt des Erwerbs) vorhandene Zubehör mit übereignet, wenn sich Verkäufer und Käufer darüber einig sind, dass sich die Veräußerung auf das Zubehör erstrecken soll (§ 4 Abs. 1 SchRG; anders § 926 Abs. 1 Satz 1 BGB). Diese Einigung kann sich auch über § 311c BGB ergeben. Allerdings muss das vorhandene Zubehör im Eigentum des Veräußerers stehen. Fehlt es hieran, kann der Erwerber nach Maßgabe des § 4 Abs. § 4 Abs. 2 SchRG in Verbindung mit §§ 932 ff. BGB gutgläubig Eigentum an dem Zubehör erlangen. Maßgeblich für die Beurteilung der Gutgläubigkeit ist nach § 4 Abs. 2 Hs. 2 SchRG der Zeitpunkt, in dem der Erwerber Besitz an dem Zubehör erlangt.

62   Im Falle des Verkaufs eines nicht eingetragenen Schiffes muss das Zubehör nach Maßgabe der §§ 929 ff. selbständig übereignet werden. Gutgläubiger Erwerb ist nach §§ 932 ff. BGB möglich. Die §§ 929a, 931a BGB gelten nicht für das Zubehör.

II. See- und Binnenschiffe

63   Neben der Frage, ob ein Gegenstand die Voraussetzungen eines Schiffes erfüllt (zuvor Rn 1–62), geht es häufig um die weitere systematische Einordnung des Schiffes als See- oder Binnenschiff. Viele Vorschriften in internationalen Übereinkommen sowie im innerstaatlichen öffentlichen Recht und im Privatrecht knüpfen an diese Merkmale an. Häufig gibt es in sachlicher Hinsicht entsprechende, aber ggf. inhaltlich voneinander abweichende Regelungen für See- und Binnenschiffe. Dies betrifft auch das Handelsrecht der Schifffahrt (siehe sogleich Rn 65). Der für die Abgrenzung von See- und Binnenschiffen maßgebliche Gesichtspunkt ist, ob das Schiff üblicherweise überwiegend auf See- oder auf Binnengewässern verwendet werden soll (unten Rn 72–77). Dies führt sogleich weiter zu der Frage, wo die Grenze zwischen See- und Binnengewässern verläuft (unten Rn 78–85). Vielfach finden sich in Regelwerken auch eigenständige Umschrei-

bungen vom Binnen- bzw. Seeschiffen; siehe etwa § 13 Abs. 2 SGB IV, § 2 Nr. 1 SchUnf-DatG; § 2 Abs. 1 und 2 Hmb HafenLV

1. Die Bedeutung der Abgrenzung im Privat- und Prozessrecht. Die Frage, ob es 64 sich bei dem Schiff um ein See- oder ein Binnenschiff handelt, stellt sich vielfach auch im Bereich des Privat- und Prozessrechts der Schifffahrt. Hier finden sich für gleiche Sachverhalte teils abweichende Regelungen, die jeweils an die Einordnung des Schiffes anknüpfen. Die Abweichungen erscheinen nicht immer sachlich gerechtfertigt.

a) Das Handelsrecht der Schifffahrt. Die Umschreibungen des Reeders und des 65 Schiffseigners in § 476 und § 1 BinSchG knüpfen übereinstimmend an das Eigentum an einem See- bzw. Binnenschiff an. Allerdings steht § 476 und mit ihm die Anwendung des Fünften Buches HGB insgesamt unter dem (See-) Erwerbsschiff-Vorbehalt (§ 476, Art. 7 Abs. 1 EGHGB, unten Rn 4–8 zu § 476), nicht aber das BinSchG, das von vornherein auch für Nicht-Erwerbsschiffe gilt. Die Umschreibung des Ausrüsters in § 477 Abs. 1 und 2 weicht von der des § 2 Abs. 1 BinSchG ab, außerdem fehlt hier eine Regelung von der Art des § 477 Abs. 3. Der Grundtatbestände der Haftung des Reeders bzw. Eigners in § 480 Satz 1 und § 3 Abs. 1 BinSchG stimmen zunächst überein. Allerdings enthält § 480 in Satz 2 noch einen ausdrücklichen Vorbehalt im Hinblick auf Ladungsschäden (dazu unten Rn 114–141 zu § 480). Außerdem unterliegt der Anspruch aus § 3 Abs. 1 BinSchG der kurzen Verjährung des § 117 Abs. 1 Nr. 7 BinSchG, während für den Anspruch aus § 480 Satz 1 die Regelungen der §§ 195 ff. BGB gelten (unten Rn 106–110 zu § 480). Die international vereinheitlichte Haftung aus dem ÖlHÜ 1992 und dem BunkerölÜ gilt nur für Seeschiffe (Art. I Nr. 1 ÖlHÜ, dort Rn 10, sowie Art. 1 Nr. 1 BunkerölÜ, dort Rn 10). Auch das WBÜ betrifft nur Seeschiffe bzw. Wracks, die zuvor Seeschiffe waren (Art. 1 Abs. 2 WBÜ, dort Rn 23). Die §§ 553 ff. und die §§ 557 ff. gelten von sich aus nur für die Bareboat-Charter und die Zeitcharter von von Seeschiffen (siehe § 553 Abs. 3 sowie § 557 Abs. 3 und Rückschluss aus § 27 Abs. 1 und 2 BinSchG), während § 27 Abs. 1 und 2 BinSchG Binnenschiffe betreffen. Die Bestimmungen des ZusÜSee und der §§ 570 ff. sowie des ZusÜBin und der §§ 92 ff. BinSchG regeln (einander ergänzend) die Haftung aus Zusammenstößen zwischen See- und Binnenschiffen. Gleiches gilt für die Vorschriften der §§ 574, § 93 BinSchG über die Bergung. Zum Recht der Großen Haverei siehe §§ 588 ff. und § 78 BinSchG.

b) Das Schiffssachenrecht. Für die Übereignung, also die rechtsgeschäftliche Über- 66 tragung des Eigentums an See- und Binnenschiffen gelten verschiedene Vorschriften (näher unten Rn 157–163 Einleitung B). Nach § 2 Abs. 1 SchRG genügt für die Übereignung eines (in einem deutschen Seeschiffsregister) eingetragenen Seeschiff die bloße formfreie Einigung. Ist das Schiff in einem Binnenschiffsregister eingetragen, bedarf es nach § 3 Abs. 1 SchRG der Einigung des Eigentümers und des Erwerbers und der Eintragung des Eigentumsübergangs. Nicht eingetragene Seeschiffe werden nach den Spezialvorschriften der §§ 929a, 929 Satz 1 BGB übereignet, nicht eingetragene Binnenschiffe auf Grundlage der §§ 929 ff. BGB (ohne § 929a BGB).

Auch die Regelungen über Schiffsgläubigerrechte an See- und Binnenschiffen in 67 §§ 596 ff. und §§ 102 ff. BinSchG sind im Einzelnen unterschiedlich ausgestaltet. Die Kataloge der § 596 Abs. 1 und des § 102 BinSchG stimmen grundsätzlich überein. Allerdings sieht § 102 Nr. 5 noch ein Schiffsgläubigerrecht für Forderungen aus Rechtsgeschäften vor, die der Schiffer als solcher kraft seiner gesetzlichen Befugnisse (§§ 15, 16 BinSchG) und nicht mit Bezug auf eine Vollmacht geschlossen hat. Außerdem weicht die Reihenfolge der genannten Schiffsgläubigerrechte in § 596 Abs. 1 und § 102 BinSchG voneinander ab, was sich auf deren Rang auswirkt (siehe § 603 Abs. 1 und § 107 BinSchG). Das Schiffsgläubigerrecht des § 102 Nr. 2 BinSchG sichert nur Heuerforderungen, die jünger als sechs Monate sind, § 596 Abs. 1 Nr. 1 enthält keine solche Einschränkung. Das Schiffsgläubigerrecht nach § 596 Abs. 1 Nr. 3 sieht in Hs. 2 einen Ausschluss für den Fall konkurrierender vertraglicher Forderungen vor,[147] der in § 102 Nr. 4 BinSchG nicht vorgesehen ist. § 596 Abs. 1 Nr. 4 Hs. 3 gewährt ein Schiffsgläubigerrecht für Ansprüche aus Wrackbeseitigung (dazu unten Rn 247), das im Katalog des § 102 BinSchG fehlt. Ganz wichtig: Das Schiffsgläubigerrecht an einem Seeschiff erstreckt sich nach § 596 Abs. 2 auf Ersatzansprüche sowie auf Ansprüche auf Beiträge in Großer Haverei, das Schiffsgläubigerrecht an einem Binnenschiff nicht (siehe § 103 Abs. 1 BinSchG). Das Schiffsgläubigerrecht an einem Seeschiff erlischt nach einem Jahr (§ 600 Abs. 1), das Schiffsgläubigerrecht an einem Binnenschiff unterliegt dagegen keinen solchen Beschränkungen. Schließlich fehlt in den §§ 102ff. BinSchG eine Regelung von der Art des § 601 Abs. 2.[148]

68   **c) Die beschränkbare Haftung.** Auch die beschränkbare Haftung des Reeders bzw. Eigners sowie der weiteren am Schiffsbetrieb beteiligten Personen für alle Ansprüche aus einem Ereignis ist für See- und Binnenschiffe unterschiedlich geregelt. Für Seeschiffe gelten die Bestimmungen des HBÜ 1996, der §§ 611ff. sowie der §§ 1 bis 33 SVertO über das seerechtliche Verteilungsverfahren, für Binnenschiffe die §§ 4ff. BinSchG und die §§ 34ff. SVertO zum binnenschifffahrtsrechtlichen Verteilungsverfahren. Da die §§ 4ff. BinSchG auf die CLNI zurückgehen, die erhebliche Ähnlichkeit mit dem (unmittelbar geltenden) HBÜ 1996 hat, gibt es weitgehende inhaltliche Übereinstimmungen zwischen dem HBÜ 1996 und den §§ 4ff. BinSchG. Die Höchstbeträge werden allerdings in teils abweichender Weise berechnet. Es gibt aber auch grundlegende Unterschiede. So gelten die §§ 4ff. BinSchG nicht für Nichterwerbs-(Binnen-)Schiffe (§ 4 Abs. 1 Satz 1 Hs. 2 BinSchG), das HBÜ 1996 sowie die §§ 611ff. dagegen sehr wohl für Nichterwerbs-(See-)Schiffe (Art. 7 Abs. 1 Nr. 4 EGHGB). Bei einem Binnenschiff kann die Haftung für Ansprüche nach § 89 WHG nach § 5 Nr. 4 BinSchG nicht beschränkt werden, während für ein Seeschiff keine solche Beschränkung besteht. Im Binnenschifffahrtsrecht gibt es einen besonderen (zusätzlichen) Höchstbetrag für Ansprüche wegen Gefahrgutschäden (§ 5h BinSchG), nicht aber im Seerecht. Und schließlich kann auch der (Radar-)Lotse, der nicht an Bord tätig ist und ein Seeschiff berät, seine Haftung nach § 615 Abs. 4 beschränken, nicht aber, wenn er es mit einem Binnenschiff zu tun hat.

69   **d) Prozessrecht.** Auch im Hinblick auf die Anwendung prozessualer Vorschriften kann es auf die Einordnung des betreffenden Schiffes als See- oder Binnenschiff ankommen. Dies gilt allerdings im Wesentlichen nicht für die besondere Schifffahrtsgerichtsbarkeit. Rheinschifffahrtssachen sind nur Vorgänge, die sich auf den Rhein beziehen (§ 14 Abs. 2 Satz 1 BinSchVerfG), Moselschifffahrtssachen sind Vorgänge mit Bezug zur Mosel (§ 18a Abs. 1 Satz 1 BinSchVerfG) und Binnenschifffahrtssachen Vorgänge, die sich auf Binnengewässern ereignet haben (siehe die Tatbestände des § 2 Abs. 1 BinSchVerfG). Dabei spielt es grundsätzlich keine Rolle, ob es sich bei dem betreffenden Schiff um ein See- oder um ein Binnenschiff handelt. Lediglich die Ausnahmeregelung des § 2 Abs. 1 Satz 2 BinSchVerfG betrifft bestimmte Vorfälle, an denen ein Seeschiff beteiligt ist.

70   Das ZusZustÜ regelt die gerichtliche Zuständigkeit für Ansprüche aus Zusammenstößen zwischen Seeschiffen sowie zwischen See- und Binnenschiffen (Art. 1 Abs. 1 Zus-

---

147   Siehe dazu *Ramming* RdTW 2016, 161.
148   Siehe OLG Hamburg HansRGZ 1935 B Sp. 524 Nr. 144 (Sp. 528 unten) „Sanssouci".

ZustÜ) und gilt damit nicht für Ansprüche aus Zusammenstößen zwischen Binnenschiffen. Ein entsprechendes Übereinkommen für den Bereich der Binnenschifffahrt gibt es nicht. Das ArrestÜ bezieht sich nur auf den Arrest von Seeschiffen, nicht aber von Binnenschiffen. Dies ist im Übereinkommen nicht ausdrücklich geregelt, ergibt sich aber aus dem Titel des Übereinkommens („... Arrest in Seeschiffe") sowie aus der Präambel. Auch hier fehlt eine entsprechende internationale Regelung für die Binnenschifffahrt.

Zu den besonderen Vorschriften der ZPO, die an Schiffe anknüpfen, siehe bereits **71** oben Rn 2. Ausschließlich für See- und nicht für Binnenschiffe gelten dagegen die Regelungen der §§ 870a Abs. 1 Satz 2, 930 Abs. 4 und 931 Abs. 7 ZPO. Diese waren früher in der Generalklausel des § 482 HGB a.F. zusammengefasst. Die Anordnung der Zwangsversteigerung eines (in ein deutsches Schiffsregister) eingetragenen bzw. eintragungsfähigen Seeschiffes (§ 870a Abs. 1 Satz 2 ZPO) sowie die Vollziehung des Arrestes in ein nicht eingetragenes (§ 930 Abs. 4 ZPO) bzw. in ein eingetragenes Seeschiff (§ 931 Abs. 7 ZPO) ist unzulässig, wenn sich das Schiff auf der Reise befindet und nicht in einem Hafen liegt. Die Eintragung einer Schiffshypothek als Maßnahme der Vollstreckung in ein eingetragenes bzw. eintragungsfähiges Schiff (§§ 870a Abs. 1 Satz 1 ZPO) unterliegt nicht den Beschränkungen des § 870a Abs. 1 Satz 2 ZPO. Sie gelten auch nicht für Vollstreckungsmaßnahmen gegen nicht eingetragene und nicht eintragungsfähige Seeschiffe. Auf Binnenschiffe kommen die §§ 870a Abs. 1 Satz 2, 930 Abs. 4 und 931 Abs. 7 ZPO von vornherein nicht zur Anwendung. Hier kann daher die Zwangsversteigerung angeordnet bzw. ein Arrest vollzogen werden, wenn es sich auf der Reise befindet. Dies kann allerdings im Einzelfall mit praktischen Schwierigkeiten verbunden sein.

2. Die Anknüpfung: Die übliche Verwendung des Schiffes. Maßgeblich für die **72** Einordnung eines Schiffes als See- oder Binnenschiff ist in erster Linie dessen regelmäßige Verwendung auf See- oder auf Binnengewässern[149] (zur Abgrenzung siehe unten Rn 78–85). An diesen Gesichtspunkt knüpfen auch eine Reihe weiterer Bestimmungen an, etwa § 1 BinSchG (zur Schifffahrt auf Binnengewässern „bestimmt und verwendet"), Art. 15 Abs. 2 (a) HBÜ 1996 (zur „Schifffahrt auf Binnenwasserstraßen bestimmt"); § 1 Abs. 1 FlRG (zur „Seefahrt bestimmt"), § 3 Abs. 2 und 3 SchRegO (zur „Seefahrt" bzw. zur „Schifffahrt auf Binnengewässern bestimmt"), Art. 1 (i) RhBinSchAbfÜ („vorwiegend zur See- oder Küstenfahrt bestimmt"). Da eine Fahrt auf Seegewässern normalerweise voraussetzt, dass bei der Abfahrt des Schiffes vom Liegeplatz und bei seiner Rückkehr zum Liegeplatz auch Binnengewässer durchfahren werden, ist, ausgehend von dem Rechts-

---

[149] Siehe RGZ 13, 68, 70 f. „Stralsund I"; RGZ 51, 330, 335 (oben) „Falke"; RGZ 102, 45 „V 26", „Pommern"; RGZ 152, 91, 92 (unten) „Zufriedenheit"; RG SeuffA 38, 82 Nr. 51 „Terra"; BGH VersR 1978, 712, 713 (linke Spalte oben) „Magnus 2", zuvor OLG Hamburg VersR 1976, 752, 753 (unter 1.); OLG Hamburg HansGZ 1891, 177 Nr. 65 „Johann", „Itzehoe", anschließend RG HansGZ H 1892, 7 Nr. 3; OLG Hamburg HansGZ 1894, 121 Nr. 42 (S. 123 f.) „Johann", „Undine"; OLG Hamburg 1902, 116 Nr. 48 „Caecilie", „Sigrid"; OLG Hamburg 1903, 119 Nr. 86 „Bazan", „Hansa"; OLG Hamburg 1903, 272 Nr. 119 „Fairplay 2"; OLG Hamburg HansGZ H 1914, 249 Nr. 116 (S. 251) „Carl", „Neuwerk", zuvor LG Hamburg aaO.; OLG Hamburg HansRGZ B 1935, 155 Nr. 43 „Maria Ursula"; OLG Hamburg VRS 1949, 237 „Emsstrom"; OLG Hamburg Hansa 1960, 1800, 1800 f. (unter I.) „Elle"; RhSchOG Köln Hansa 1964, 1991, 1992 (unter a) „Tina Scarlett", siehe auch BGH VersR 1971, 1012; OLG Celle VersR 1990, 1297, 1298 (linke Spalte oben); OLG Düsseldorf ZfB 1975, 344 (Slg. 652) „Helga", zuvor LG Duisburg ZfB 1975, 120 (Slg. 620); LG Hamburg Hansa 1952, 1763 (Nr. 2) – siehe auch noch RGZ 34, 37, RGZ 119, 270 „Jan Molsen", zuvor OLG Hamburg HansGZ H 1927, 215 Nr. 94; BGHZ 57, 309 = NJW 1972, 538 „Sonnenschein 9"; OLG Hamburg SeuffA 63, 326 Nr. 187; LG Potsdam HmbSchRZ 2012, 124 Nr. 56 [21], OLG Nürnberg RdTW 2014, 119 [36, 37], OVG Münster RdTW 2014, 288 [41], OLG Schleswig SchlHolstAnz 1963, 21 – siehe auch KammerG JW 1924, 101, 102 (linke Spalte) „Pylades" (Scherpunkt des Betriebs) – OLG Hamburg BeckRS 2000, 16776 [3] sieht den Schwimmkran „Taklift 4" ohne weiteres als Seeschiff an – *Pötschke* in MüKo/HGB Rn 19 zu § 481.

gedanken des § 450 Nr. 2, darauf abzustellen, ob das Schiff bei seiner Verwendung überwiegend See- oder Binnengewässer befährt oder sich dort aufhält.[150] Schiffe, die für Hafendienste verwendet werden, etwa Leichter, Schuten[151] oder Assistenzschlepper, sind Binnenschiffe. Auch längere Zeiten ohne Einsatz des Schiffes ändern grundsätzlich nichts an der vorgesehenen Verwendung, etwa wenn das Schiff auf eine neue Beschäftigung wartet oder aufgelegt wird oder wenn es sich in einer Werft befindet, auch zum Zwecke des Umbaus.[152]

73   Grundlage der Beurteilung ist der Einsatz des Schiffes durch den aktuellen Betreiber.[153] Dies kann der Reeder (§ 476), aber auch der Ausrüster[154] (§ 477 Abs. 1 und 2) des Schiffes sein. Ist das Schiff gerade erst von dem Betreiber übernommen worden, kommt es auf die von ihm zukünftig vorgesehene Verwendung an.[155] Ein neues Schiff ist bereits ein Seeschiff, wenn es sich noch auf einer ersten Überführungsreise auf Binnengewässern befindet und noch nie auf Seegewässern unterwegs war.[156] Die zukünftige Verwendung ist auch im Falle einer Änderung des Einsatzes maßgeblich. Ein See- wird zum Binnenschiff und umgekehrt ein Binnen- zum Seeschiff, wenn der Betreiber eine entsprechende neue Verwendung vorsieht. Hier wird der Reeder zum Eigner und der Eigner zum Reeder (§ 476, § 1 BinSchG). Im Hinblick auf den Ausrüster finden § 477 Abs. 1 und 2 bzw. § 2 Abs. 1 BinSchG Anwendung. Maßgeblich ist hier der Zeitpunkt, in dem die neue Verwendung äußerlich erkennbar wird. Eine vereinzelte Verwendung eines Seeschiffes in Binnengewässern oder eines Binnenschiffes auf Seegewässern lässt die Einordnung als See- bzw. Binnenschiff unberührt[157] (siehe auch § 1 Abs. 4 FlRG). Ein Seeschiff bleibt ein solches, wenn es etwa eine Fahrt auf dem Rhein unternimmt. Ein Hafenschlepper bleibt ein Binnenschiff, wenn er einmal eine Reise überwiegend über Seegewässer durchführt.[158]

74   Wenn das Schiff in gleichem Umfang sowohl zu Einsätzen auf Binnengewässern als auch zu solchen überwiegend auf Seegewässern verwendet wird, kann die Frage nach der üblichen Verwendung nicht beantwortet werden.[159] Nach der Rechtsprechung des BGH[160] sei in diesen Fällen der Charakter der einzelnen Reise maßgeblich;[161] sei die Reise noch nicht angetreten oder schon beendet, komme es auf den Einsatz- oder Liegeort an.

---

150 Siehe auch schon OLG Hamburg HansGZ 1894, 121 Nr. 42 (S. 123 f.) „Johann", „Undine".
151 Siehe RGZ 5, 89, 91 f.
152 Siehe BGHZ 25, 244 = NJW 1957, 1717 „Anna B.", zuvor OLG Bremen Hansa 1956, 469.
153 Siehe BGHZ 25, 244 = NJW 1957, 1717 „Anna B.", zuvor OLG Bremen Hansa 1956, 469; RhSchOG Köln Hansa 1964, 1991, 1992 (unter a) „Tina Scarlett", siehe auch BGH VersR 1971, 1012; OLG Düsseldorf ZfB 1975, 344 (Slg. 652) „Helga", zuvor LG Duisburg ZfB 1975, 120 (Slg. 620).
154 BGHZ 25, 244 = NJW 1957, 1717 „Anna B.", zuvor OLG Bremen Hansa 1956, 469.
155 Siehe OLG Hamburg 1902, 116 Nr. 48 „Caecilie", „Sigrid"; RhSchOG Köln Hansa 1964, 1991, 1992 (unter a) „Tina Scarlett", siehe auch BGH VersR 1971, 1012.
156 RhSchOG Köln Hansa 1964, 1991, 1992 (unter a) „Tina Scarlett", siehe auch BGH VersR 1971, 1012.
157 BGHZ 25, 244 = NJW 1957, 1717 „Anna B.", zuvor OLG Bremen Hansa 1956, 469; RG SeuffA 38, 82 Nr. 51 „Terra"; OLG Hamburg HansGZ 1891, 177 Nr. 65 „Johann", „Itzehoe", anschließend RG HansGZ H 1892, 7 Nr. 3; OLG Hamburg HansGZ 1894, 121 Nr. 42 (S. 123 f.) „Johann", „Undine"; OLG Hamburg 1902, 116 Nr. 48 „Caecilie", „Sigrid"; OLG Hamburg 1903, 272 Nr. 119 „Fairplay 2"; OLG Hamburg VRS 1949, 237 „Emsstrom"; RhSchOG Köln Hansa 1964, 1991, 1992 (unter a) „Tina Scarlett", siehe auch BGH VersR 1971, 1012; OLG Düsseldorf ZfB 1975, 344 (Slg. 652) „Helga", zuvor LG Duisburg ZfB 1975, 120 (Slg. 620); LG Hamburg Hansa 1952, 1763 (Nr. 2).
158 Siehe OLG Hamburg 1903, 272 Nr. 119 „Fairplay 2".
159 Siehe OLG Hamburg HansGZ H 1906, 189 Nr. 86 (S. 190).
160 Siehe BGHZ 76, 201 = NJW 1980, 1747, 1748 (unter c) „Utrecht"; BGH VersR 1978, 712, 713 (linke Spalte) „Magnus 2" und zuvor das OLG Hamburg VersR 1976, 752, 753 (unter 1.); OLG Celle VersR 1990, 1297, 1298 – siehe auch RG JW 1937, 29.
161 So auch *Pötschke* in MüKo/HGB Rn 19 zu § 481.

M.E. kann nicht auf die einzelne Reise abgestellt werden, wie es die Rechtsprechung tut. Angesichts der verschiedenen Tatbestände, die an die Einordnung als See- oder Binnenschiff anknüpfen (oben Rn 64–71), ist es wenig sinnvoll, auf zufällig eintretende und sich laufend ändernde (und äußerlich nicht immer erkennbare) Umstände abzustellen.[162] Immerhin sorgt § 6 SchRegO in einem Teilbereich für eine gewisse Stetigkeit. Im Übrigen bliebe die Einordnung als See- oder Binnenschiff willkürlich. Liegt das Schiff im Hafen, wäre es ein Binnenschiff. Wird die Reise, die überwiegend über Seegewässer führen soll, angetreten, würde das Binnenschiff mit Beginn der Reise zum Seeschiff (auch wenn zunächst Binnengewässer zu durchfahren wären). Mit seiner Rückkehr zum Liegeplatz und dem Ende der Seereise würde das Seeschiff wieder zum Binnenschiff. Ein solches Hin und Her würde zu erheblicher Rechtsunsicherheit führen. Auf die einzelne Reise kann auch (und erst recht) nicht für die Zwecke der Anwendung der §§ 929a, 932a BGB abgestellt werden.[163] Kann tatsächlich nicht ermittelt werden, ob das Schiff überwiegend auf See- oder Binnengewässern verwendet wird, handelt es sich richtigerweise um ein Seeschiff.[164] **75**

Andere Kategorien bleiben bei der Einordnung als See- oder Binnenschiff außen vor, etwa das Klassenzertifikat und der Fahrterlaubnisschein[165] (anders aber Art. 1 [i] RhBinSchAbfÜ); Bauart oder Ausrüstung des Schiffes;[166] oder der Umstand, dass ein Seerechtliches oder Binnenschifffahrtsrechtliches Verteilungsverfahren (§§ 1 ff. bzw. §§ 34 ff. SVertO) eingeleitet worden ist.[167] Die Eintragung des Schiffes im See- bzw. Binnenschiffsregister spielt ebenfalls keine Rolle[168] (anders aber etwa § 2 Abs. 1 und 2 Hmb HafenLV); siehe auch die Klarstellung des § 6 SchRegO, die schiffsregisterrechtliche Belange betrifft. Ein Schlepper, der ein Binnenschiff ist, wird nicht dadurch zum Seeschiff, dass er einem Seeschiff assistiert oder ein solches schleppt.[169] **76**

In weiteren Fällen wird die Abgrenzung zwischen See- und Binnenschifffahrtsrecht nicht anhand des Schiffstyps, sondern nach anderen Gesichtspunkten durchgeführt. So kommt es für die Anwendung entweder der §§ 481 ff. des Seefrachtrechts oder der § 26 BinSchG, §§ 407 ff. des Binnenschifffahrtsfrachtrechts nach § 450 Nr. 2[170] darauf an, ob die geschuldete Beförderung überwiegend über See oder über Binnengewässer führt.[171] Dies betrifft Stückgutfrachtverträge (§§ 481 ff.) und Reisechartern (§§ 527 ff.) bzw. den Frachtvertrag des Binnenschifffahrtsrechts (§ 26 BinSchG, §§ 407 ff.), ebenso (Normal- und Haag-)Konnossemente (§§ 513 ff, Art. 6 EGHGB) bzw. den Ladeschein (§§ 443 ff.). Im Gegensatz dazu wird bei Bareboat-Chartern und bei Zeitchartern doch wieder danach gefragt, ob das vercharterte Schiff ein See- oder ein Binnenschiff ist (§§ 553 ff. und die **77**

---

162 In diesem Sinne auch RhSchOG Köln Hansa 1964, 1991, 1992 (unter a) „Tina Scarlett", siehe auch BGH VersR 1971, 1012.
163 So aber *Schaps/Abraham* Seehandelsrecht Rn 16 vor § 476.
164 Siehe auch KammerG JW 1924, 101, 102 (linke Spalte) „Pylades".
165 Anders BGH NJW 1956, 1065, 1066 (vor 2.).
166 RGZ 13, 68, 70 f. „Stralsund I"; OLG Hamburg HansGZ 1891, 177 Nr. 65 „Johann", „Itzehoe", anschließend RG HansGZ H 1892, 7 Nr. 3; OLG Hamburg HansGZ 1894, 121 Nr. 42 (S. 123 f.) „Johann", „Undine" – anders aber OLG Hamburg 1903, 272 Nr. 119 „Fairplay 2".
167 BGHZ 76, 201 = NJW 1980, 1747, 1748 (unter d) „Utrecht".
168 Siehe RGZ 102, 45 „V 26", „Pommern"; RG SeuffA 38, 82 Nr. 51 „Terra"; RG JW 1937, 29; BGH VersR 1978, 712, 713 (linke Spalte oben) „Magnus 2", zuvor OLG Hamburg VersR 1976, 752, 753 (unter 1.); OLG Hamburg HansGZ 1891, 177 Nr. 65 „Johann", „Itzehoe", anschließend RG HansGZ H 1892, 7 Nr. 3; OLG Hamburg HansGZ 1894, 121 Nr. 42 (S. 123 f.) „Johann", „Undine"; OLG Hamburg 1903, 272 Nr. 119 „Fairplay 2"; OLG Hamburg HansRGZ B 1935, 155 Nr. 43 „Maria Ursula"; OLG Celle VersR 1990, 1297, 1298 (linke Spalte unten); *Pötschke* in MüKo/HGB Rn 19 zu § 481 – anders aber RGZ 152, 91, 92 (unten) „Zufriedenheit", OLG Hamburg 1903, 119 Nr. 86 „Bazan", „Hansa" sowie OLG Hamburg HansGZ H 1905, 188 Nr. 85 „Jan" (im Hinblick auf eine öffentliche Abgabe für Seeschiffe).
169 OLG Celle VersR 1990, 1297, 1298 (linke Spalte).
170 Zu dieser Vorschrift siehe *Ramming* TranspR 2005, 128.
171 OLG Hamburg VRS 1949, 237 „Emsstrom" wendet auch insoweit den Gesichtspunkt der regelmäßigen Verwendung an.

§§ 557 ff., § 27 Abs. 1 und 2 BinSchG). Auch bei dem Merkmal der „verschiedenartigen Beförderungsmittel" in § 452 Satz 1 HGB ist nicht entscheidend, ob für die Bewältigung der betreffenden Teilstrecke(n) See- oder Binnenschiffe eingesetzt werden sollen, wie der Wortlaut der Vorschrift nahelegen würde. Vielmehr ist auch hier unter Heranziehung des Rechtsgedankens des § 450 Nr. 2 maßgeblich, ob die betreffende Teilstrecke überwiegend über See oder über Binnengewässer führt.

78 **3. See- und Binnengewässer.** Im deutschen Recht werden für die Abgrenzung von See- und Binnengewässern traditionell flaggenrechtliche Gesichtspunkte herangezogen. § 1 Abs. 1 FlRG begründet unter bestimmten weiteren Voraussetzungen eine Pflicht zur Führung der Bundesflagge für alle Kauffahrteischiffe und sonstigen zur Seefahrt bestimmten Schiffe. Daran anknüpfend ermächtigt § 22 Abs. 1 Nr. 1 FlRG das BMVI, die Grenzen der Seefahrt durch Rechtsverordnung zu bestimmen. Dies erfolgt durch § 1 FlRV.[172] Die Vorschrift enthält die Regelungen, anhand derer auch für die sonstigen Bereiche des Schifffahrtsrechts die Abgrenzung von See- und Binnengewässern vorgenommen wird.[173] Vorgänger des § 1 FlRV war § 1 der 3. FlRG-DVO. In deren § 1 Abs. 2 waren für bestimmte Wasserstraßen die seewärtigen Grenzen ausdrücklich genannt (siehe heute § 1 Abs. 1 Nr. 2 FlRV, unten Rn 83). § 1 Abs. 3 der 3. FlRG-DVO umschrieb weitere Tatbestände, die sich heute in den § 1 Abs. 1 Nr. 1, 3 und 4 FlRV wiederfinden.

79 Im Einzelfall können besondere Bestimmungen heranzuziehen sein. In § 121 Abs. 3 Satz 1 SGB VII werden die Tatbestände des § 1 FlRV übernommen. Für die Zwecke der Geltung des SeeArbG findet sich in dessen § 1 Abs. 2 eine Abgrenzung. Sie knüpft an die in Anhang I der BinSchUO umschriebenen Zonen an. Das Seearbeitsrecht kommt nur zur Anwendung, wenn das Schiff die Zonen 1 oder 2 seewärts verlässt oder zu verlassen beabsichtigt, sofern dies nicht nur aufgrund einer besonderen schifffahrtsrechtlichen Genehmigung erfolgt.

80 **a) Der Anwendungsbereich.** Die Bestimmungen des § 1 FlRV gelten stets dann, wenn auf Grundlage des deutschen Rechts See- und Binnengewässer voneinander abzugrenzen sind. Abgesehen von § 1 Nr. 2 FlRV (unten Rn 83) gelten die übrigen Tatbestände der Nr. 1, 3 und 4 nicht nur für die deutsche Küste, sondern weltweit. Keiner der Tatbestände knüpft an die Einordnung der Gewässer nach dem Recht des jeweiligen Küstenstaates an, so dass es auf die entsprechenden Grundsätze dieses Staates nicht ankommt.

81 **b) Die Tatbestände.** Der Katalog ist abschließend, weitere als die in § 1 FlRV zusammengestellten Regeln gibt es nicht. Die völkerrechtliche Einordnung der betreffenden Gewässer, etwa anhand der für die Festlegung des Küstenmeeres nach Art. 3 ff. SeerechtsÜ notwendigen Basislinie (siehe insbesondere Art. 5, 7, 9, 10 und 11 SeerechtsÜ) spielt keine Rolle. Auch die verkehrsrechtliche Bestimmung als See- oder Binnenschifffahrtsstraße bleibt unberücksichtigt.[174]

82 **aa) § 1 Nr. 1 FlRV.** § 1 Nr. 1 FlRV bestimmt die Grenzen der Seefahrt vor dem Festland und vor Inseln. Die Tatbestände der Nr. 2 bis 4 gehen vor. Maßgeblich ist Nr. 1 die Küs-

---

[172] Siehe BGHZ 76, 201 = NJW 1980, 1747, 1748 (unter c) „Utrecht"; OLG Celle VersR 1990, 1297, 1298 (linke Spalte oben); OLG Hamburg Hansa 1967, 442, 443 (unter II.1) (alle noch zu § 1 der 3. FlRG-DVO) – siehe auch bereits OLG Hamburg HansGZ 1894, 121 Nr. 42 (S. 123 f.) „Johann", „Undine".
[173] *Herber* Seehandelsrecht S. 8 f. (unter 3.).
[174] OLG Celle VersR 1990, 1297, 1298 (linke Spalte unten).

tenlinie, also die Grenze zwischen Wasser und Land, wie sie bei mittlerem Hochwasser besteht; siehe auch § 1 Abs. 2 Satz 1 WaStrG. Nicht gemeint ist eine durchgehende „einhüllende" Küstenlinie, die auch Inseln mit einschließt. Vielmehr kann auch zwischen dem Festland und vorgelagerten Inseln Seefahrt stattfinden. Das Wattenmeer vor der west- und nordfriesischen Küste ist ein Seegewässer.[175]

bb) § 1 Nr. 2 FlRV. Bei Binnenwasserstraßen kommt es nach § 1 Nr. 2 FlRV auf deren 83 seewärtige Begrenzung an (siehe § 1 Abs. 2 Satz 1 WaStrG). Die Binnenwasserstraßen sind in § 1 Abs. 1 Nr. 1 WaStrG umschrieben und in der Anlage 1 einschließlich ihrer Endpunkte aufgelistet. Dies sind ggf. gleichzeitig die seewärtigen Begrenzungen im Sinne des § 1 Nr. 2 FlRV.[176] Siehe etwa zur Elbe Ziffer 9 Anlage 1 zum WaStrG[177] sowie zur Trave Ziffer 58 der Anlage 1 zum WaStrG.[178] Die Vorschrift betrifft nur deutsche Binnenwasserstraßen. Bei der Einordnung ausländischer Wasserstraßen als Binnen- oder Seegewässer kommt daher lediglich § 1 Nr. 4 FlRV zur Anwendung.

cc) § 1 Nr. 3 FlRV. Bei Häfen, die nicht über Wasserstraßen zu erreichen sind, sondern die eine Ein- und Ausfahrt unmittelbar in die offene See hinaus haben, ist nach § 1 84 Nr. 3 FlRV die Verbindungslinie der Molenköpfe maßgebend (siehe § 1 Abs. 2 Satz 2 WaStrG). Dies umfasst auch die seewärtigen Enden der Begrenzungen der Hafeneinfahrt, wenn diese ausnahmsweise nicht als Mole ausgestaltet sind.

dd) § 1 Nr. 4 FlRV. Bei Flüssen wird nach § 1 Nr. 4 FlRV die Grenze von Binnen- zu 85 Seegewässern durch die Verbindungslinie der äußeren Uferausläufer markiert; siehe auch Art. 9 SeerechtsÜ. Der Tatbestand der Nr. 4 tritt hinter den der Nr. 2 zurück, soweit es um eine in der Anlage zum WaStrG aufgeführte deutsche Binnenwasserstraße geht.

III. Der Heimathafen bzw. -ort des Schiffes

Die frühere Regelung des § 480 Abs. 1 HGB a.F. ist durch das SHR-ReformG aus dem 86 Fünften Buch entfernt worden. Gleichwohl gibt es weiterhin Vorschriften, die an den Heimathafen bzw. -ort anknüpfen. So muss das Schiff nach § 9 Abs. 1 FlRG den Namen des Heimathafens, ggf. des Registerhafens am Heck führen (siehe auch § 9 Abs. 2 FlRG). Das Schiff ist grundsätzlich in das Schiffsregister des Heimathafens bzw. -ortes einzutragen (§ 4 Abs. 1 und 2 SchRegO). Der Heimathafen bzw. -ort des Schiffes ist bei der Eintragung des Schiffes im Schiffsregister anzugeben (§ 11 Abs. 1 Nr. 3, § 12 Nr. 3 SchRegO, siehe auch § 8 Abs. 2 Nr. 2 [a] FlRV). Die Regelung des § 942 Abs. 2 Hs. 1 ZPO begründet für einstweilige Verfügungen, die auf die Eintragung einer Vormerkung oder eines Widerspruchs im Schiffsregister gerichtet sind, einen Gerichtsstand am Heimathafen bzw. -ort des Schiffes. Siehe auch noch § 62 Abs. 1 Satz 3 SchRegO, § 168 Abs. 2 ZVG und § 10 Abs. 1 StPO, § 10 Abs. 3 SGB IV. Nach einem Zusammenstoß von Schiffen sind die Kapitäne nach Art. 8 Abs. 2 ZusÜSee verpflichtet, verschiedene Angaben auszutauschen, darunter den jeweiligen Heimathafen des Schiffes. Gemäß § 57 Abs. 3 Nr. 1 SeeArbG sind auf den

---

175 BGHZ 76, 201 = NJW 1980, 1747, 1748 (unter c) „Utrecht".
176 Siehe OLG Hamburg Hansa 1967, 442, 443 (unter II.1) zu § 1 II Ziffer 11 der 3. FlRG-DVO (heute Ziffer 58 der Anlage 1 zum WaStrG) (Trave).
177 Dazu siehe OLG Hamburg HansGZ 1894, 121 Nr. 42 (S. 123f.) „Johann", „Undine".
178 Dazu OLG Hamburg Hansa 1967, 442, 443 (unter II.1) zu § 1 II Ziffer 11 der 3. FlRG-DVO.

Urlaub die gesetzlichen Feiertage am Ort des Heimathafens des Schiffes anzurechnen. § 4 Abs. 2 SchRegO, § 942 Abs. 2 Hs. 2 ZPO gehen davon aus, dass der Heimathafen bzw. -ort des Seeschiffes auch im Ausland liegen kann; zu Binnenschiffen siehe § 20 Abs. 2 Hs. 1, Abs. 4 Satz 1, § 21 Abs. 4 Satz 2 Hs. 2 SchRegO. Liegt der Heimathafen im Ausland, gilt nach § 10 Abs. 3 Satz 2 SGB IV Hamburg als Heimathafen.

87 Das Binnenschifffahrtsrecht enthält in § 6 BinSchG, eingebettet in eine Gerichtsstandsregelung, eine Umschreibung des Heimatortes. Dies ist nach der Legaldefinition des Abs. 1 der Vorschrift der Ort, von dem aus die Schifffahrt mit dem Schiff betrieben wird. Entsprechend war im früheren § 480 Abs. 1 HGB a.F. vorgesehen, dass als Heimathafen des Schiffes der Hafen galt, von welchem aus die Seefahrt mit dem Schiff betrieben wird. Diese Umschreibung kann m.E. auch heute noch herangezogen werden. Sie entspricht auch dem Ansatz des § 4 Abs. 2 SchRegO.

88 Der Ort, von dem aus mit dem Schiff die Seefahrt betrieben wird, ist der Ort an dem die für den Betrieb des Schiffes maßgeblichen Geschäfte geführt und Entscheidungen getroffen werden.[179] Dies ist zunächst der Geschäftssitz des Betreibers des Schiffes, also des Reeders bzw. Ausrüsters (§ 477 Abs. 1 und 2). Dies entspricht auch der Anknüpfung des § 6 Abs. 2 BinSchG für den Heimatort eines Binnenschiffes. Besteht ein Ausrüsterverhältnis, ist der Geschäfts- oder Wohnsitz des (Nur-)Eigentümers bleibt unberücksichtigt, und zwar auch dann, wenn am zuständigen Amtsgericht ein Schiffsregister eingerichtet ist.[180] Wird für den Reeder bzw. Ausrüster ein Manager tätig (dazu unten Anhang zu §§ 476, 477 [Manager]), ist dessen Geschäftssitz maßgeblich.[181] Der Ort, von dem aus mit dem Schiff die Seefahrt betrieben wird, kann auch im Ausland liegen. Notwendig ist aber stets, wie die für Seeschiffe verwendete Umschreibung „Heimathafen" nahelegt, dass es sich bei dem Ort um einen Hafen handelt. Ein Ort im Binnenland kann kein Heimathafen sein. Es ist andererseits nicht erforderlich, dass die einzelnen Reisen des Schiffes vom Heimathafen ausgehen oder dort regelmäßig wieder hinführen[182] oder dass das Schiff den Heimathafen überhaupt jemals anläuft. Das Schiff ist nach § 4 Abs. 1 SchRegO in das Schiffsregister des Heimathafens einzutragen. Dies begründet die Vermutung, dass der Registerort auch der Heimathafen ist.[183] Die Vermutung besteht nicht, wenn im Schiffsregister ein anderer Heimathafen eingetragen ist (siehe § 11 Abs. 1 Nr. 3 SchRegO). Ebenso wird die Vermutung widerlegt, wenn sich aus den Umständen ergibt, dass die Seefahrt von einem anderen Hafen aus betrieben wird.[184] Die Eintragung eines Heimathafens im Schiffsregister (§ 11 Abs. 1 Nr. 3 SchRegO) nimmt nicht an dem öffentlichen Glauben des Schiffsregisters teil (unten Rn 153). Werden die für den Betrieb des Schiffes maßgeblichen Geschäfte vom Schiff aus durchgeführt, etwa wenn es von einem Reeder-Kapitän gefahren wird (dazu unten Rn 157 Anhang zu § 479 [Kapitän]), gibt es keinen Ort, von dem aus mit dem Schiff die Seefahrt betrieben wird. Fehlt es an einem Heimathafen, weil sich der Ort, von dem aus mit dem Schiff die Seefahrt betrieben wird, im Binnenland befindet oder es einen solchen Ort nicht gibt, ist der Registerort als Heimatort anzusehen.[185]

---

179 Siehe OLG Kiel HansRGZ B 1934, 340 Nr. 162 (Sp. 342): „... rechtlicher und geschäftlicher Ausgangspunkt der Tätigkeit des Reeders ..."; OLG Bremen RPfl 1977, 324.
180 OLG Bremen RPfl 1977, 324.
181 Siehe auch OLG Kiel HansRGZ B 1934, 340 Nr. 162 (Sp. 342).
182 Siehe OLG Kiel HansRGZ B 1934, 340 Nr. 162 (Sp. 342), aber auch OLG Bremen RPfl 1977, 324.
183 OLG Kiel HansRGZ B 1934, 340 Nr. 162 (Sp. 342).
184 OLG Kiel HansRGZ B 1934, 340 Nr. 162 (Sp. 342).
185 BGHZ 58, 170 = NJW 1972, 762, 763 (unter III); siehe auch OLG Celle MDR 1970, 513.

IV. Die Flagge des Schiffes

Literatur: *Ehlers* Seeverkehr, dort Kommentierung zum FlRG; *Haensel* Flaggenrechtliche und steuerrechtliche Fragen bei der Umflaggung von Seeschiffen, Hansa 1972, 1831–1834, 1934–1938, 2119–2120; *Nöll* 60 Jahre Flaggenrechtsgesetz, TranspR 2012, 91–99; *Schellhammer* Das Flaggenrechtsgesetz, TranspR 2011, 173–178; *Werbke* Neue Akzente im Seerecht: Flaggenrecht, Rechtsbereinigung, Rechtsüberleitung, TranspR 1990, 317–325; *Wüstendörfer* Das Seeschiffsregister als Flaggenregister, Handelsregister und Hypothekenbuch, ZHR 81(1918), 1–69.

1. Die Flaggenhoheit. Eingebettet in die Bestimmungen über die Hohe See finden sich in Art. 90 ff. SeerechtsÜ Regelungen über die Flaggenhoheit. Es handelt sich um einen Sonderfall hoheitlicher Befugnisse. Die Flaggenhoheit ist weder Gebietshoheit über das Schiff noch eine an die Staatszugehörigkeit geknüpfte Personalhoheit. Jeder Staat, auch Binnenstaaten, haben das Recht, Schiffe unter ihrer Flagge auf der Hohen See fahren zu lassen (Art. 90 SeerechtsÜ). Der Staat legt die Voraussetzungen fest, unter denen er Schiffen seine Staatszugehörigkeit gewährt und die Berechtigung erteilt, seine Flagge zu führen (Art. 91 Abs. 1 Satz 1 SeerechtsÜ). Schiffe besitzen die Staatszugehörigkeit des Staates, dessen Flagge zu führen sie berechtigt sind (Art. 91 Abs. 1 Satz 2 SeerechtsÜ). Ganz wichtig ist der in Art. 91 Abs. 1 Satz 3 SeerechtsÜ niedergelegte Grundsatz, dass die Regelungen über die Berechtigung zur Führung der Flagge des betreffenden Staates so ausgestaltet sein müssen, dass zwischen dem Staat und dem Schiff eine echte Verbindung bestehen muss („genuine link"). Der Flaggenstaat ist gehalten, Schiffen unter seiner Flagge entsprechende Dokumente auszustellen (Art. 91 Abs. 2 SeerechtsÜ). In Deutschland ist die Pflicht und die Berechtigung zur Führung der deutschen Flagge im FlRG sowie in der FlRV geregelt. Dabei besteht eine enge Verknüpfung mit den Bestimmungen über das Schiffsregister, namentlich mit dem SchRG, der SchRegO sowie der SchRegDVO. Auf der Hohen See unterstehen Schiffe auch grundsätzlich nur der Hoheitsgewalt des Flaggenstaates (Art. 92 Abs. 1 Satz 1 SeerechtsÜ). Befindet sich das Schiff in der AWZ, im Küstenmeer oder in den inneren Gewässern eines Staates, kann es zu einem Konflikt zwischen den Hoheitsbefugnissen des Küstenstaates und den Befugnissen des Flaggenstaates kommen.

Art. 94 SeerechtsÜ nimmt den Flaggenstaat umfassend in die Pflicht. Er muss seine Hoheitsgewalt in verwaltungsmäßigen, technischen und sozialen Angelegenheiten über Schiffe, die seine Flagge führen, wirksam ausüben. Dazu gehört es nach Art. 94 Abs. 2 (a) SeerechtsÜ auch, dass ein Schiffsregister geführt wird. Der Flaggenstaat muss nach Art. 94 Abs. 3 SeerechtsÜ im Hinblick auf Schiffe unter seiner Flagge die Maßnahmen ergreifen, die zur Gewährleistung der Sicherheit auf See erforderlich sind. Dies betrifft insbesondere den Bau, die Ausrüstung und die Seetüchtigkeit der Schiffe, die Bemannung, die Arbeitsbedingungen und die Ausbildung der Besatzungen sowie die Verwendung von Signalen, die Aufrechterhaltung von Nachrichtenverbindungen und die Verhütung von Zusammenstößen. Weitere Einzelheiten regelt Art. 94 Abs. 4 SeerechtsÜ. Hier geht es unter anderem um die regelmäßige Besichtigung des Schiffes, die Ausrüstung mit nautischen Veröffentlichungen und Navigationsgeräten, die Bemannung des Schiffes sowie die Einhaltung von Vorschriften der Schiffssicherheit, der Verhütung von Zusammenstößen, zur Verhütung der Meeresverschmutzung sowie zur Unterhaltung von Funkverbindungen. Dabei muss sich der Flaggenstaat nach Art. 94 Abs. 5 SeerechtsÜ an die allgemein anerkannten internationalen Vorschriften, Verfahren und Gebräuche halten.

Hat ein Staat eindeutigen Grund zu der Annahme, dass der Flaggenstaat seine Hoheitsgewalt und Kontrolle über das Schiff (zur Flaggenstaatkontrolle in Deutschland siehe unten Rn 117–118) den Verhältnissen in Deutschland unten nicht ausreichend ausübt, kann er dem Flaggenstaat diese Tatsachen mitteilen. Der Flaggenstaat ist gehalten, die Angelegenheit zu untersuchen und Abhilfemaßnahmen zu ergreifen (Art. 94 Abs. 6 SeerechtsÜ). Schließlich gibt Art. 94 Abs. 7 dem Flaggenstaat vor, ein System der Seeunfalluntersuchung aufrecht zu erhalten. Schließlich muss der Flaggenstaat dafür sorgen, dass Kapitäne von Schiffen unter seiner Flagge Maßnahmen der Hilfeleistung erbringen (Art. 98 SeerechtsÜ).

92   Die Flagge des Schiffes ist Ausdruck seiner Staatszugehörigkeit. Nach Art. 91 Abs. 1 Satz 2 SeerechtsÜ besitzen Schiffe die Staatszugehörigkeit des Staates, dessen Flagge zu führen sie berechtigt sind. Jeder Staat legt die Bedingungen fest, zu denen er Schiffen seine Staatszugehörigkeit gewährt, sie in seinem Hoheitsgebiet in das Schiffsregister einträgt und ihnen das Recht einräumt, seine Flagge zu führen (Art. 91 Abs. 1 Satz 1 SeerechtsÜ). Ausdrücklich umschreibt Art. 91 Abs. 1 Satz 3 SeerechtsÜ das Erfordernis des „genuine link": Zwischen dem Staat und dem Schiff muss eine echte Verbindung bestehen. Nach Art. 91 Abs. 2 SeerechtsÜ stellt jeder Staat, über das Recht eines Schiffes zur Flaggenführung entsprechende Dokumente aus.

93   **2. Pflicht und Recht zur Führung der Bundesflagge.** Das FlRG sowie eine Reihe weiterer Gesetze unterscheiden zwischen der Pflicht des Schiffes zur Führung der Bundesflagge und der Berechtigung hierzu. Dabei umfasst die Pflicht zur Führung der Bundesflagge stets auch eine entsprechende Berechtigung. Zur Führung der Bundesflagge verpflichtet sind nach § 1 Abs. 1 FlRG Seeschiffe, deren Eigentümer Deutsche sind und ihren Wohnsitz im Geltungsbereich des Grundgesetzes haben. Die „Seeschiffe" werden in der Vorschrift umschrieben als alle Kauffahrteischiffe und sonstigen zur Seefahrt bestimmten Schiffe. Zu den Grenzen der Seefahrt siehe § 1 FlRV (und ausführlich oben Rn 80–85). Deutschen mit Wohnsitz im Geltungsbereich des Grundgesetzes gleichgestellt sind nach § 1 Abs. 2 FlRG OHGs, KGs und juristische Personen, die hier ihren Sitz haben. Bei diesen ist weiter erforderlich, dass deutsche Staatsangehörige die Mehrheit der Gesellschafter oder der Mitglieder der Geschäftsführung stellen. Für Binnenschiffe besteht grundsätzlich keine Pflicht zur Führung der Bundesflagge. Eine Ausnahme macht § 1 Abs. 3 FlRG für Binnenschiffe, auf das die SchSV anzuwenden ist, wenn es Seegewässer seewärts der Grenze des deutschen Küstenmeeres (dazu unten Rn 5 Einleitung C) befährt (siehe auch § 19 FlRG).

94   § 2 FlRG regelt die Berechtigung zur Führung der Bundesflagge, sofern nicht bereits nach § 1 FlRG (aufgrund der dort begründeten Pflicht zur Flaggenführung) ein entsprechende Berechtigung besteht. Die Regelungen betreffen bestimmte (weitere, § 1 Abs. 2 FlRG) Fälle der Beteiligung von Ausländern. § 2 Abs. 1 Nr. 1 FlRG bezieht sich auf Erbengemeinschaften. Nach § 2 Abs. 1 Nr. 2 FlRG besteht die Berechtigung zur Führung der Bundesflagge in den Fällen des § 1 sowie des § 2 Abs. 1 Nr. 1 FlRG, wenn an die Stelle der deutschen Staatsbürger solche aus Mitgliedsstaaten der EU treten. Siehe noch § 23 Nr. 1 FlRG. Diesen wiederum stellt § 2 Abs. 2 FlRG Bürger aus bestimmten Drittstaaten gleich. Änderungen der Voraussetzungen für die Führung der Bundesflagge sind unverzüglich anzuzeigen (§§ 2 Abs. 3, 16 Abs. 2 Nr. 3 FlRG). Siehe auch § 22b FlRG.

95   Zur Führung der Bundesflagge berechtigt sind nach § 2 Abs. 1 Nr. 3 FlRG schließlich Schiffe im Eigentum von Gesellschaften, die nach den Rechtsvorschriften eines Mitgliedsstaates gegründet wurden und ihren Geschäftssitz in einem EU-Mitgliedsstaat haben. Die Regelungen des § 2 Abs. 1 Nr. 3 FlRG gelten nach § 2 Abs. 2 FlRG auch für Personen oder Gesellschaften bestimmter Drittstaaten. Siehe auch § 23 Nr. 2 FlRG. Weitere Voraussetzung des § 2 Abs. 1 Nr. 3 FlRG ist, dass eine oder mehrere verantwortliche Personen im Inland ständig damit beauftragt worden sind, zu gewährleisten, dass die für

Seeschiffe geltenden deutschen Rechtsvorschriften eingehalten werden. Hierzu finden sich in § 5a bis 5c FlRV weitere Regelungen. Insbesondere muss jede beauftragte Person sich schriftlich verpflichten, für die Einhaltung der betreffenden Rechtsvorschriften einzustehen und außerdem darlegen, dass sie persönlich zuverlässig und finanziell leistungsfähig ist. Hierüber stellt das BSH als Flaggenbehörde (§ 27 FlRV) einen Nachweis aus (§ 5b Abs. 1 FlRV). Die Bescheinigung kann bei Wegfall der zugrunde liegenden Tatsachen widerrufen werden (§ 5b Abs. 4 FlRV). Die BG Verkehr kann ggf. die Weiterfahrt des Schiffes im deutschen Hoheitsgebiet verbieten oder nur unter Bedingungen oder Auflagen zulassen, die sicherstellen, dass die Hoheitsgewalt und Kontrolle des Flaggenstaates über das Schiff wirksam ausgeübt werden kann (§ 5c FlRV). Änderungen hinsichtlich der Voraussetzungen für die Führung der Bundesflagge müssen unverzüglich angezeigt werden (§§ 2 Abs. 3, 16 Abs. 2 Nr. 3 FlRG). Siehe auch § 22b FlRG.

In den Fällen des §§ 10 und 11 FlRG kann die Befugnis zur Führung der Bundesflagge **96** verliehen werden. Dies betrifft Seeschiffe, die im Geltungsbereich des Grundgesetzes erbaut wurden, für eine erste Überführungsreise in einen anderen Hafen (§ 10 FlRG). Ebenso kann nach § 11 Abs. 1 Satz 1 FlRG einem ausländischen Eigentümer für ein Seeschiff aufgrund internationaler Vereinbarungen die Befugnis zur Führung der Bundesflagge verliehen werden; siehe auch § 21 Abs. 3 FlRG.

An § 11 Abs. 1 Satz 1 FlRG anknüpfend bestimmt Satz 2, dass eine entsprechende Ver- **97** leihung auch ohne das Vorliegen internationaler Vereinbarungen bei einem Ausrüster (§ 477 Abs. 1 und 2) für die Dauer der Überlassung des Schiffes zur Bereederung im eigenen Namen verliehen werden kann („bareboat-charerting in"). Dies erfolgt unter dem Vorbehalt des Widerrufs sowie bei Vorliegen der im Katalog des § 11 Satz 2 (a) bis (e) FlRG genannten Voraussetzungen. Änderungen der Voraussetzungen für die Verleihung hat der Ausrüster unverzüglich anzuzeigen (§§ 11 Abs. 2, 16 Abs. 2 Nr. 3 FlRG). Siehe außerdem noch die Regelungen der §§ 21 Abs. 3, 22b FlRG.

3. Die Ausweise über die Berechtigung zur Führung der Bundesflagge. Das **98** deutsche Flaggenrecht sieht verschiedene Ausweisdokumente für das Schiff vor, die die Berechtigung zur Führung der Bundesflagge dokumentieren. Dies sind das Schiffszertifikat bzw. das Schiffsvorzertifikat, der Flaggenschein, die Flaggenbescheinigung oder das Flaggenzertifikat (siehe § 3 FlRG). Für jedes Schiff wird, abgesehen von Schiffszertifikaten, nur ein Ausweis erteilt (§ 31 Abs. 1 und 3 FlRG).

Das Schiffszertifikat wird Schiffen ausgestellt, die nach § 1 FlRG zur Führung der **99** Bundesflagge verpflichtet sind oder hierzu nach § 2 FlRG berechtigt sind. Entsteht die Berechtigung zur Führung der Bundesflagge bei einem Seeschiff, das sich im Ausland befindet, kann nach § 5 Abs. 1 Satz 1 FlRG ein Schiffsvorzertifikat ausgestellt werden (siehe § 3 [a] FlRG). Das Schiffsvorzertifikat gilt lediglich für einen Zeitraum von 6 Monaten (§ 5 Abs. 2 FlRG). Siehe zum Schiffsvorzertifikat noch die Regelungen des §§ 2 bis 5 FlRV.

Der Flaggenschein (§ 3 [b] FlRG) wird Seeschiffen ausgestellt, denen nach Maßgabe **100** der §§ 10 und 11 FlRG die Befugnis zur Führung der Bundesflagge verliehen wurde (dazu oben Rn 96–97). Siehe zu den Flaggenscheinen nach §§ 6 bis 11 FlRV. Seeschiffe im Eigentum und öffentlichen Dienst einer deutschen Behörde kann wahlweise eine Flaggenbescheinigung nach § 3 (c) FlRG ausgestellt werden. Siehe hierzu näher §§ 12, 13 FlRV sowie noch §§ 21 Abs. 2, 22b FlRG. Kleinen Seeschiffen von weniger als 15 Metern Länge kann wahlweise auch ein Flaggenzertifikat ausgestellt werden (§ 3 [d] FlRG). Hierzu enthält die FlRV in §§ 14 bis 18 weitere Bestimmungen.

Vor Erteilung des betreffenden Dokuments darf nach § 4 Abs. 1 Hs. 1 FlRG die Be- **101** rechtigung zur Führung der Bundesflagge nicht ausgeübt werden. Dies gilt lediglich nicht für kleine Seeschiffe von weniger als 15 Metern Länge (§ 4 Abs. 1 Hs. 2 FlRG, § 10 Abs. 1 Satz 1 und 2 SchRegO). Das Schiffszertifikat oder ein vom Registergericht beglaubigter Auszug aus dem Schiffszertifikat, das Schiffsvorzertifikat, der Flaggenschein oder die Flaggenbescheinigung (nicht aber ein Flaggenzertifikat) ist während der Reise stets an Bord des Schiffes mitzuführen (§§ 4 Abs. 2, 16 Abs. 1 Nr. 1 FlRG). Endet eine Berechtigung zur Führung der Bundesflagge vor Ablauf der in dem Ausweis angegebenen Gültigkeitsdauer oder geht das Schiff unter oder wird es ausbesserungsunfähig wird, hat der Berechtigte, soweit möglich, den Ausweis unverzüglich der Flaggenbehörde zuzuleiten (§ 32 Abs. 2 Satz 1 FlRV). Dies betrifft nicht das Schiffszertifikat (§ 32 Abs. 3 FlRV).

102 **4. Das Flaggenregister.** Das BSH als Flaggenbehörde (§ 27 FlRV) führt ein Register aller Seeschiffe, denen ein amtlicher Ausweis über die Berechtigung zur Führung der Bundesflagge (siehe § 3 FlRG) erteilt worden ist (§ 22 Nr. 6 [d] FlRG). Die Angaben, die in das Flaggenregister aufzunehmen sind, sind in § 21 Abs. 2 Nr. 1 bis 7 FlRV zusammen gestellt. Endet die Berechtigung zur Führung der Bundesflagge wird die Eintragung nach § 22 FlRV nach 10 Jahren gelöscht.

103 **5. Die Führung der Flagge.** Ist ein Seeschiff berechtigt, die Bundesflagge zu führen, darf es grundsätzlich keine andere Flagge als Nationalflagge führen. Dies gilt gemäß § 6 Abs. 1 Satz 1 FlRG für Seeschiffe, die nach § 1 FlRG zur Führung der Bundesflagge verpflichtet sind. Die Beschränkung betrifft nach § 6 Abs. 1 Satz 2 FlRG auch Seeschiffe, die nach § 2 FlRG die Bundesflagge führen dürfen und für die ein Schiffszertifikat, ein Schiffsvorzertifikat oder ein Flaggenzertifikat erteilt ist, sowie für Seeschiffe, denen nach §§ 10 oder 11 FlRG die Berechtigung zur Führung der Bundesflagge verliehen wurde und für die ein Flaggenschein oder ein Flaggenzertifikat erteilt worden ist. Siehe noch § 15 Abs. 1 FlRG. Binnenschiffe dürfen als deutsche Nationalflagge nur die Bundesflagge führen (§§ 14 Abs. 1 Satz 1, 16 Abs. 2 Nr. 2 FlRG). Flaggen deutscher Länder oder andere deutsche Heimatflaggen dürfen nur neben der Bundesflagge gesetzt werden (§§ 14 Abs. 1 Satz 2, 16 Abs. 2 Nr. 2 FlRG).

104 Auf Seeschiffen darf die Bundesflagge nach § 8 Abs. 1 Satz 1 FlRG nur geführt werden, wenn ein entsprechendes Recht zur Führung der Bundesflagge besteht. Sie ist in der im Seeverkehr für Seeschiffe der betreffenden Gattung üblichen Art und Weise zu führen (§§ 8 Abs. 2 Satz 1, 16 Abs. 2 Nr. 1 FlRG). An die Stelle, wo die Bundesflagge gesetzt ist oder regelmäßig gesetzt wird, dürfen andere Flaggen nur zum Signal geben eingesetzt werden (§§ 8 Abs. 2 Satz 2, 16 Abs. 2 Nr. 1 FlRG). Die Bundesflagge ist beim Einlaufen in einen Hafen und beim Auslaufen zu zeigen (§§ 8 Abs. 3, 16 Abs. 1 Nr. 1 FlRG). Siehe noch §§ 15 Abs. 2, 17 FlRG.

105 Ist einem Seeschiff ein Schiffszertifikat, ein Schiffsvorzertifikat oder ein Flaggenschein erteilt (oben Rn 98–101), muss es seinen Namen an jeder Seite des Bugs und seinen Namen sowie den Namen des Heimat- bzw. Registerhafens am Heck in gut sichtbaren und fest angebrachten Schriftzeichen führen (§§ 9 Abs. 1 Satz 1 und 2, 16 Abs. 1 Nr. 3 FlRG); siehe auch § 30 Abs. 1 FlRV. Ist einem Seeschiff ein Flaggenzertifikat erteilt, muss der darin angegebene Hafen am Heck sowie der Schiffsname in gut sichtbaren und fest angebrachten Schriftzeichen geführt werden (§§ 9 Abs. 2, 16 Abs. 1 Nr. 3 FlRG). Der Name und der Hafen am Schiff sind in lateinischer Schrift unter Berücksichtigung der Größe des Schiffes so anzubringen, dass in Fahrt eine ausreichende Lesbarkeit durch andere Verkehrsteilnehmer bei guten Sichtverhältnissen gewährleistet ist (§ 30 Abs. 2 FlRV). Der Name des Seeschiffes, für das die Ausstellung eines Schiffszertifikats oder Schiffsvorzertifikats beantragt wird, muss rechtzeitig dem BMVI angezeigt werden (§ 9 Abs. 2 Hs. 1 FlRG). Das BMVI kann die Führung von bestimmten Schiffsnamen untersagen (§ 9 Abs. 3

Satz 1 Hs. 2 FlRG). Entsprechendes gilt für alle Änderungen von Schiffsnamen (§ 9 Abs. 3 Satz 2 FlRG).

Ist dem Schiff eine IMO-Schiffsidentifikationsnummer gemäß Regel XI-1/3 Anlage **106** SOLAS-Ü erteilt worden, muss diese neben dem Namen entweder am Heck oder auf beiden Seiten des Schiffsrumpfes deutlich sichtbar angebracht sein (§§ 9a Abs. 1, 16 Abs. 2 Nr. 1a FlRG). Näheres zur Anbringung der IMO-Schiffsidentifikationsnummer ist in Regel XI-1/3 Anlage SOLAS-Ü sowie § 30 Abs. 3 FlRV geregelt. Der Eigentümer des Schiffes außerdem dafür zu sorgen, dass die IMO-Schiffsidentifikationsnummer entsprechend Regel XI-1/3.4.2 Anlage SOLAS-Ü auch noch im Inneren des Schiffes angebracht wird (§§ 9a Abs. 2, 16 Abs. 2 Nr. 1a FlRG).

6. Die Ausflaggungsgenehmigung. In bestimmten Fällen kann dem Reeder oder **107** Ausrüster eines eingetragenen Seeschiffes die Befugnis erteilt werden, anstelle der Bundesflagge eine andere Nationalflagge zu führen (§ 7 Abs. 1 Satz 1 FlRG). Dies betrifft Schiffe, die nach § 1 Abs. 1 oder 2 FlRG zur Führung der Bundesflagge verpflichtet oder nach § 2 Abs. 1 oder 2 FlRG hierzu berechtigt sind. Zum Antrag siehe näher § 20 FlRV. Die Genehmigung wird durch das BSH für einen Zeitraum von längstens zwei Jahren erteilt und ist widerruflich (§ 7 Abs. 1 Satz 1 FlRG). Die Führung der anderen Nationalflagge muss nach dem maßgeblichen ausländischen Recht erlaubt sein. Stellt der Ausrüster den Antrag auf Erteilung einer Ausflaggungsgenehmigung, muss der (Nur-)Eigentümer seine Zustimmung erklären (§ 7 Abs. 1 Satz 3 FlRG). Solange die Ausflaggungsgenehmigung wirksam ist, darf das Recht zur Führung der Bundesflagge nicht ausgeübt werden (§ 7a Abs. 3 FlRG). Dies ist in das Seeschiffsregister einzutragen (§ 17 Abs. 2 SchRegO). Siehe auch die weiteren Vorgaben der §§ 1 Abs. 2, 5 Abs. 5 und D.I Anlage 1 SchSG.

Der Antragsteller muss nachweisen, dass er die durch den Flaggenwechsel hervor- **108** gerufenen Nachteile für den Schifffahrtsstandort ausgeglichen hat (§ 7 Abs. 1 Satz 2 FlRG). Ein solcher Ausgleich ist erfolgt, wenn der Antragsteller sich für jedes auszuflaggende Seeschiff verpflichtet, für einen bestimmten Zeitraum einen oder mehrere Plätze zur seefahrtbezogenen Ausbildung an Bord des ausgeflaggten Seeschiffes ständig besetzt zu halten (§ 7 Abs. 2 Satz 1 FlRG). Die Plätze der seefahrtbezogenen Ausbildung sind solche nach Maßgabe der Schiffsmechaniker-Ausbildungsverordnung sowie nach Maßgabe der Richtlinien für die Anerkennung der praktischen Ausbildung und Seefahrtszeit als nautischer oder technischer Offiziersassistent. Der maßgebliche Zeitraum ergibt sich aus der Anlage zum FlRG und ist abhängig von der Schiffsgröße. Der maßgebliche Zeitraum beginnt mit Wirksamwerden der jeweiligen Ausflaggungsgenehmigung (§ 7 Abs. 2 Satz 2 FlRG). Das Beenden eines Ausbildungsverhältnisses wegen Ablaufes des Zeitraumes ist nicht zulässig (§ 7 Abs. 2 Satz 3 FlRG). Der Inhaber der Genehmigung muss durch geeignete Aufzeichnungen und Unterlagen nachweisen, dass er seine Verpflichtungen erfüllt oder erfüllt hat (§ 7 Abs. 2 Satz 4 FlRG, § 20a FlRV). Ist dem Seeschiff ein Schiffszertifikat oder ein Schiffsvorzertifikat erteilt (oben Rn 98–101), wird die Ausflaggungsgenehmigung erst mit der Eintragung eines entsprechenden Vermerks in das Zertifikat wirksam (§ 7a Abs. 1 FlRG). Eine Veränderung der Voraussetzungen für die Erteilung der Ausflaggungsgenehmigung ist vom Inhaber unverzüglich anzuzeigen (§§ 7a Abs. 2, 16 Abs. 2 Nr. 3 FlRG); siehe auch § 22b FlRG.

Macht der Antragsteller, der die Genehmigung der Ausflaggung begehrt, von vorn- **109** herein geltend, seinen Pflicht im Hinblick auf die Stellung von Plätzen der seefahrtbezogene Ausbildung nicht oder nicht vollständig nachkommen zu können, kann ihm statt dessen gestattet werden, einen Ablösebetrag an eine vom VDR errichtete Einrichtung zu entrichten hat (§ 7 Abs. 3 Satz 1 FlRG). Die Ausflaggungsgenehmigung darf erst erteilt werden, wenn die Zahlung des Ablösebetrages nachgewiesen ist (§ 7 Abs. 3 Satz 3 FlRG).

Zweck der Einrichtung muss es sein, die nautische und technische Ausbildung, Qualifizierung und Fortbildung von Besatzungsmitgliedern zu fördern, die auf in inländischen Schiffsregistern eingetragenen Seeschiffen beschäftigt sind (§ 7 Abs. 3 Satz 3 FlRG).

110   Ergibt sich bei einer Überprüfung, dass der Antragsteller seiner Pflicht nach § 7 Abs. 2 FlRG zur Vorhaltung von Plätzen zur seefahrtbezogenen Ausbildung nicht oder nicht mehr nachkommt, ist die Ausflaggungsgenehmigung zu widerrufen (§ 49 VwVfG, § 7 Abs. 4 Satz 2 und 3 FlRV). Für die Zeit ab dem Beginn der Wirksamkeit der Ausflaggungsgenehmigung bis zum Widerruf ist der Ablösebetrag nachzuzahlen (§ 7 Abs. 4 Satz 1 FlRG). Von dem Widerruf kann abgesehen werden, wenn der Inhaber der Genehmigung binnen einer vom BSH festgesetzten angemessenen Frist für die verbleibende Dauer der Wirksamkeit der Ausflaggungsgenehmigung einen Ablösebetrag entrichtet hat (§ 7 Abs. 4 Satz 2 FlRG). Das BSH kann die Berufsbildungsstelle Seeschifffahrt e.V., Bremen, beauftragen, an der Überprüfung im Sinne des § 7 Abs. 4 Satz 1 FlRG mitzuwirken (§ 7 Abs. 4 Satz 4 FlRG).

111   Bei der vom VDR errichteten Einrichtung, an die der Ablösebetrag jeweils zu entrichten ist (§ 7 Abs. 3 und 4 FlRG), handelt es sich um die Stiftung Schifffahrtsstandort Deutschland.[186] Der für die Anwendung des § 7 Abs. 3 und 4 FlRG maßgebliche Ablösebetrag ist nach Maßgabe des § 7 Abs. 5 FlRG festzusetzen. Das Nähere regelt nach § 7 Abs. 5 Satz 4 FlRG die Einrichtung. Die Regelungen zur Festsetzung der Höhe des Ablösebetrages bedürfen der Genehmigung des BSH (§ 7 Abs. 5 Satz 5 FlRG) und sind im Bundesanzeiger zu veröffentlichen (§ 7 Abs. 5 Satz 6 FlRG). Die Stiftung Schifffahrtsstandort Deutschland macht die Höhe des Ablösebetrages nach § 7 Abs. 3 und 5 des Flaggenrechtsgesetzes laufend bekannt.[187] Die Einrichtung wird nach § 7 Abs. 6 FlRG vom BSH überprüft.

7. Das Internationale Seeschifffahrtsregister (ISR)

Literatur: *Basedow* Zweitregister und Kollisionsrecht in der Deutschen Schiffahrtpolitik, in: Recht der Flagge und „Billige Flaggen", Berichte der deutschen Gesellschaft für Völkerrecht, Heft 31, S. 31; *Däubler* Das zweite Schiffsregister, 1988; *Dörr* Das Zweitregistergesetz, AdV 26(1988), 366–386; *Erbguth* Die Zweitregisterentscheidung des Bundesverfassungsgerichts, DVIS A 87 (1995); *Geffken* Internationales Seeschifffahrtsregister, 1989; *Hauschka* Das Norwegian International Shipping Register (NIS) – Vorbild für den deutschen Gesetzgeber?, RIW 1988, 607–612; *Hauschka/Henssler* Ein „Billigarbeitsrecht" für die deutsche Seeschifffahrt?, NZA 1988, 597; *Herber* Ist das „Zweitregister" verfassungs- oder völkerrechtswidrig? Hansa 1988, 645–648; *Höfft* Zweitregister oder Ausflaggen – Auf dem Weg zur Neubestimmung des Art. 9 III GG?, NJW 1995, 2329–2331; *Geffken* Internationales Seeschifffahrtsregister verstößt gegen geltendes Recht, NZA 1989, 88–92; *Kostka* Zweitregister für Seeschiffe, 1992; *Kröger* Anmerkungen zur Einführung eines Internationalen Seeschifffahrtsregisters (ISR), FS Hasche S. 119; *Kühl* Das Gesetz zum deutschen „Internationalen Schifffahrtsregister", TranspR 1989, 89–95; *Lagoni* Koalitionsfreiheit und Arbeitsverträge auf Seeschiffen, JZ 1995, 499; *Magnus* Zweites Schiffsregister und Heuerstatut, IPrax 1990, 141; *Magnus* Internationales Seearbeitsrecht, Zweites Schiffsregister und der Europäische Gerichtshof, IPRax 1994, 178; *Mankowski* Arbeitsverträge von Seeleuten im deutschen Internationalen Privatrecht, RabelsZ 53(1989), 487; *Rostek* Anmerkungen zum Gesetzentwurf, Hansa 1988, 648–653; *Schlicht* Das spanische Zweitregister – „El Registro Esepcial de Buques y Empresas Navieras", TranspR 1996, 41–103; *Werbke* Die neue Rechtslage nach Einführung des Internationalen Seeschifffahrtsregisters, DVIS A 69; *Werbke* Seeschiffahrtsrechts-Änderungsgesetz – Rechtliche Generalbereinigung mit neuen Themen, Hansa 1994-08, 6–9; *Werbke* Höchstrichterlich bestätigt: Das Rechtsmodell ISR als Basis der maritimen Standortsicherung, TranspR 1995, 405–423; *Wilde* Registeränderung – Zweitregister weiterhin hart umkämpft, Hansa 1988, 1407–1408; *Wimmer* Minderer Grundrechtsschutz bei internationalen Arbeitssachverhalten?, NZA 1995, 250–257.

---

186   BAnz AT 28.12.2012 B8 (www.stiftung-schiffahrtsstandort.de).
187   Siehe BAnz AT 28.12.2012 B9, BAnz AT 28.12.2012 B9, BAnz AT 23.1.2014 B6, BAnz AT 13.1.2015 B6, BAnz AT 14.1.2016 B5, BAnz AT 26.1.2017 B7.

Die Einführung des Internationalen Seeschifffahrtsregisters (ISR)[188] („Zweitregister") **112**
im Jahre 1989 hatte den Zweck, die Attraktivität der deutschen Flagge für Reeder zu erhöhen, um dem anhaltenden Trend zur Ausflaggung entgegenzuwirken. Wohl selten war ein schifffahrtsrechtliches Gesetzgebungsvorhaben politisch umstrittener. Grundlage des ISR ist (heute) § 12 FlRG. In das ISR eingetragen werden können zur Führung der Bundesflagge berechtigte Schiffe, die im Sinne des EStG im internationalen Verkehr betrieben werden. Die Eintragung im ISR war und ist Anknüpfungspunkt für die neu eingeführte Regelung des § 21 Abs. 4 FlRG, die für den Bereich des Seearbeitsrechts bestimmte Erleichterungen vorsieht (dazu unten Rn 114).

Das ISR wird vom BMVI eingerichtet und geführt (§ 12 Abs. 2 FlRG). Für das BMVI ist **113** das BSH als Flaggenbehörde tätig (§ 22 Abs. 1 Nr. 6 [e] FlRG, §§ 23 Satz 1 und 27 FlRV). Es führt das ISR als Anhang zum Flaggenregister (§ 23 Satz 1 FlRG). Das ISR enthält über die Angaben im Flaggenregister hinaus nur den Vermerk, dass das Schiff im internationalen Seeschifffahrtsregister eingetragen ist (§ 23 Satz 2 FlRV). Nach § 24 FlRV muss der Eigentümer des Schiffes mit dem Antrag auf Eintragung in das ISR glaubhaft die Tatsachen angeben, aus denen sich der Betrieb des Schiffes im internationalen Verkehr ergibt. Dabei verweist § 24 FlRV auf § 34c Abs. 4 EStG. Die Vorschrift § 24 FlRV gilt unverändert mit diesem Wortlaut seit Verkündung der FlRV im Jahre 1990.[189] Zwischenzeitlich ist § 34c Abs. 4 EStG allerdings aufgehoben worden,[190] ohne dass auch § 24 FlRV entsprechend angepasst worden wäre. Allerdings enthält § 24 FlRV eine Art laufende Verweisung auf die „jeweils geltend Fassung" des § 34c Abs. 4 EStG. Zudem nimmt § 12 FlRG pauschal Bezug auf das Einkommenssteuergesetz. Dies lässt den Schluss zu, dass § 24 FlRV heute auf § 5a Abs. 2 EStG verweist, in dem ausführlich erläutert wird, unter welchen Voraussetzungen Handelsschiffe im internationalen Verkehr betrieben werden. Zur Austragung des Schiffes aus dem ISR siehe § 25 Abs. 1 FlRV. Die Eintragung wird 10 Jahre nach der Austragung des Seeschiffes gelöscht (§ 25 FlRV).

Ist das Schiff im ISR eingetragen, gelten die Vorschriften des § 21 Abs. 4 FlRG. In **114** Satz 1 hieß es ursprünglich, dass Arbeitsverhältnisse von Besatzungsmitgliedern eines im Internationalen Seeschifffahrtsregister eingetragenen Kauffahrteischiffes, die im Inland keinen Wohnsitz oder ständigen Aufenthalt haben, unterliegen bei der Anwendung des Art. 30 EGBGB a.F. (die Anknüpfung von Individual-Arbeitsverträgen) nicht schon auf Grund der Tatsache, dass das Schiff die Bundesflagge führt, dem deutschen Recht unterliegen. An die Stelle des Art. 30 EGBGB a.F. ist seit einer Anpassung des § 21 Abs. 4 Satz 1 FlRG inzwischen Art. 8 Rom I getreten.[191] Die Regelung des § 21 Abs. 4 Satz 1 FlRG zielt auf die objektive Anknüpfung nach Art. 8 Abs. 2 Satz 1 Rom I ab, die auf das Recht des Staates verweist, in dem oder andernfalls von dem aus der Arbeitnehmer in Erfüllung des Vertrags gewöhnlich seine Arbeit verrichtet. Die bei Seeleuten denkbare Bezugnahme auf das Recht der Flagge des Schiffes wird durch § 21 Abs. 4 Satz 1 FlRG für Schiffe unter deutscher Flagge ausgeschlossen. Dies wirkt sich auch auf die Anwendung des Art. 8 Abs. 1 Satz 2 Rom I aus, der für den Fall einer Rechtswahl dem Arbeitnehmer ins-

---

[188] Durch das Gesetz zur Einführung eines zusätzlichen Registers für Seeschiffe unter der Bundesflagge im internationalen Verkehr (Internationales Seeschifffahrtsregister – ISR) vom 23. März 1989 (BGBl. 1989 I S. 550).
[189] BGBl. 1990 I S. 1389.
[190] Durch Art. 6 Nr. 2 des Gesetzes zur Anpassung der technischen und steuerlichen Bedingungen in der Seeschifffahrt an den internationalen Standard (Seeschiffahrtsanpassungsgesetz) (BGBl. 1998 I S. 2860, 2866).
[191] Siehe Art. 2 VI des Gesetzes zur Anpassung der Vorschriften des Internationalen Privatrechts an die Verordnung (EG) Nr. 593/2008 (BGBl. 2009 I S. 1574).

besondere den Schutz der nach Abs. 2 Satz 1 ermittelten Rechtsordnung erhält. § 21 Abs. 4 Satz 2 FlRG ergänzt, dass Tarifverträge, die mit ausländischen Gewerkschaften abgeschlossen werden, nur dann die im Tarifvertragsgesetz genannten Wirkungen haben, wenn für sie die Anwendung des im Geltungsbereich des Grundgesetzes geltenden Tarifrechts sowie die Zuständigkeit der deutschen Gerichte vereinbart worden ist. Neue Tarifverträge beziehen sich nach § 21 Abs. 4 Satz 3 FlRG auf die in Satz 1 genannten Arbeitsverhältnisse im Zweifel nur, wenn sie dies ausdrücklich vorsehen. § 21 Abs. 4 Satz 4 FlRG stellt klar, dass die Vorschriften des deutschen Sozialversicherungsrechts unberührt bleiben.

115   Das BVerfG hat bestätigt, dass § 21 Abs. 4 Satz 1 (in der früheren Fassung mit der Verweisung auf Art. 30 EGBGB a.F.) und Satz 2 wirksam sind, nicht aber Art. 21 Abs. 4 Satz 3 FlRG, der mit dem Grundgesetz unvereinbar und nichtig ist.[192] Zu beachten ist schließlich, dass Art. 8 Rom I als EU-Verordnung vorrangig gilt, so dass die Regelungen des Art. 21 Abs. 4 FlRG, namentlich des Satz 1 unbeachtlich sind, soweit sie zu den Bestimmungen des Art. 8 Rom I in Widerspruch stehen.

116   **8. Die lückenlose Stammdatendokumentation (CSR).** Regel XI-1/5 Anlage SOLAS-Ü gibt den Vertragsstaaten auf, für jedes Schiff unter ihrer Flagge eine lückenlose Stammdatendokumentation („Continous Synopsis Record" – CSR) anzulegen. Diese muss die in Regel XI-1/5.3 Anlage SOLAS-Ü zusammengestellten Angaben umfassen. In den Fällen der Regel XI-1/6 Anlage SOLAS-Ü bleibt die CSR an Bord. Bei einem Flaggenwechsel übermittelt der bisherige Flaggenstaat die CSR an den zweiten Staat (siehe Regel XI-1/5.7 bis 9 Anlage SOLAS-Ü). Die CSR ist an Bord mitzuführen (Regel XI-1/5.10 Anlage SOLAS-Ü). Die Bestimmung des § 13 FlRG knüpft an diese Vorschriften an. Zuständig für die Führung der CSR ist das BSH als Flaggenbehörde (§§ 13 Abs. 1, 27 FlRG). Das BSH erteilt eine Bescheinigung, die an Bord des Seeschiffes mitzuführen ist (§§ 13 Abs. 2, 16 Abs. 1 Nr. 4 FlRG). Ergänzende Regelungen zur CSR finden sich in § 30a FlRV. In dessen Abs. 2 wird auch auf die CSR-Ri Bezug genommen.

117   **9. Die Flaggenstaatkontrolle in Deutschland.** Nach Art. 94 Abs. 1 SeerechtsÜ übt jeder Vertragsstaat des Übereinkommens seine Hoheitsgewalt und Kontrolle in verwaltungsmäßigen, technischen und sozialen Angelegenheiten über Schiffe, die seine Flagge führen, wirksam aus (dazu noch oben Rn 89–92). Entsprechende Regelungen finden sich etwa auch in Art. 1 (b) SOLAS-Ü, Art. 1 Abs. 1 MARPOL-Ü 1978 Zur Überwachung von Schiffen unter deutscher Flagge im Hinblick auf die Sicherheit und den Umweltschutz auf See sowie den damit unmittelbar im Zusammenhang stehenden Arbeitsschutz siehe die Vorschriften der §§ 2 Abs. 1 sowie 10 bis 13 SchSG und §§ 10, 11 SchSV.

118   Der Flaggenstaat wird im Hinblick auf die Vorschriften des MLC 2006 auch durch die Bestimmungen der Regel 5.1 MLC 2006 in die Pflicht genommen. Ergänzend gelten die Richtlinien 2009/13 zur Durchführung der Vereinbarung zwischen dem Verband der Reeder in der Europäischen Gemeinschaft (ECSA) und der Europäischen Transportarbeiter-Föderation (ETF) über das Seearbeitsübereinkommen 2006 sowie die Richtlinie 2013/54 über bestimmte Verantwortlichkeiten der Flaggenstaaten für die Einhaltung und Durchsetzung der MLC 2006. Innerstaatlich werden diese Vorgaben insbesondere durch § 129 SeeArbG umgesetzt.

---

[192] BVerfG NJW 1995, 2339.

V. Das Schiffssachenrecht

Literatur: *Bräuer* Rechtsgeschäftlicher Eigentumserwerb am Wrack eines eingetragenen Binnenschiffes, MDR 1956, 67–70; *Breuer* Eingetragene und nicht eingetragene Schiffe, Hansa 1953, 393–394; *Bühling* Der Begriff des wesentlichen Bestandteils bei Schiffen, Hansa 1954, 1333–1336; *Däubler* Das Gesetz über Rechte an eingetragenen Schiffen und Schiffsbauwerken vom 15. November 1940, DR 1941, 609–614; *Däubler* Die Schiffsregisterordnung vom 19. Dezember 1940, DR 1941, 614–620; *Dimigen* Bareboat-Charter und Bareboat-Registrierung, 2000; *Dobberahn* Rechte an Schiffen und Luftfahrzeugen, MittRhNotK 1998, 146–165; *Graue* Der Eigentumsvorbehalt an eingebauten Schiffsmotoren, BB 1959, 1282; *Heinerici/Gilgan* Das deutsche Schiffsregisterrecht, 1942; *Hornung* Änderung der Schiffsregisterordnung, RPfl 1981, 271–280; Beiträge zum Schiffsregister (A), RPfl 1985, 271–278; *Hornung* Beiträge zum Schiffsregister (B), Rechtspfleger 1985, 345–351; *Hornung* Das Schwimmdock in der Register- und Vollstreckungspraxis, RPfl 2003, 232–238; *Hornung* Die Eigentümerbefugnis nach § 57 Abs. 3 SchRG, RPfl 2003, 564–569; *Kränzlien* Eigentum und Hypothek an gesunkenen Seeschiffen, 1951; *Krieger* Rechte an eingetragenen Schiffen und Schiffsbauwerken, DJ 1941, 97–103; *Krause* Praxishandbuch Schiffsregister, 2012; *Krieger* Die Schifffsregisterordnung vom 19. Dezember 1940, DJ 1941, 125–130, 181–186; *Krieger* Die Durchführungsverordnung zum Gesetz über Rechte an eingetragenen Schiffen und Schiffsbauwerken vom 21. Dezember 1940, DJ 1941, 209–214; *Kröger* Praktische Erfahrungen mit Bareboat-Charter-Registern, TranspR 1988, 173–176; *Krohn* Die Pfandrechte an registrierten Schiffen, 2004; *Landwehr* Der Eigentumserwerb an Seeschiffen im deutschen Recht während des 19. Jahrhunderts, FS Herber S. 113; *von Laun* Partenreederei, „Stille" Partenreederei und Bruchteilseigentum am Seeschiff, MDR 1953, 467–469; *von Laun* Registerhafen und Heimathafen, ZHR 115(1952), 1–14; *Lechner* Die rechtsgeschäftliche Übertragung des Eigentums an See- und Binnenschiffen, TranspR 2006, 440–444; *Pamperin-Herbst* Das Schiffsvorzertifikat, RPfl 2009, 77–78; *Pflüger* Zum Begriff des wesentlichen Bestandteils bei Schiffen, Hansa 1956, 502; *Prause* Über die Form der Anmeldung von See- und Binnenschiffen und Schiffsbauwerken, MDR 1956, 139; *Prause* Schiffsregisterprobleme, MDR 1957, 6–9; *Prause/Weichert* Schiffssachenrecht und Schiffsregisterrecht, 1974; *Schiering* Bareboatcharter – Ursprung und heutige Problematik bei der Registrierung, Hansa 1989, 344–345; *Schiering* Schiffskredit und Werftpfandrechte, Hansa 1979, 1435–1436; *Sebode* Neuerungen bei der Zwangsvollstreckung in Schiffe und Schiffsbauwerke, DR 1941, 620–625; *von Sprekelsen* Die neuen Vorschriften über das Schiffsregister, Hansa 1951, 966–967; *Stamer* Absicherung der Schiffshypothekengläubiger, Hansa 1989, 1524–1525; *Winter/Hennig/Gerhard* Grundlagen der Schiffsfinanzierung, 2007; *Wistritschan* Zum Recht der eingetragenen Schiffe und Schiffsbauwerke, DJ 1941, 214–218; *Wolff* Grundriss des Sachenrechts bei Schiffen und Schiffsbauwerken, 1949; *Wüstendörfer* Das Seeschiffsregister als Flaggenregister, Handelsregister und Hypothekenbuch, ZHR 81(1918), 1–69.

Für die Zwecke des Sachenrechts werden Schiffe grundsätzlich als bewegliche Sachen angesehen, für die allerdings eine Reihe von Besonderheiten gelten. Insoweit bestehen Ähnlichkeiten zum Sachenrecht der Grundstücke. Das Eigentum (unten Rn 120–123) sowie der Besitz am Schiff (unten Rn 124–126) beurteilen sich nach den allgemeinen Grundsätzen des BGB. Allerdings kann ein Schiffe in ein Schiffsregister eintragungsfähig und -pflichtig sein (unten Rn 127–156). Für die Übereignung von Schiffen gelten eine Reihe von Besonderheiten (unten Rn 157–163). Ebenso können an Schiffen dingliche Rechte bestehen, insbesondere Schiffshypotheken (unten Rn 164–214, 215). Zur internationalprivatrechtlichen Anknüpfung sachenrechtlicher Fragen siehe unten Rn 216–219. **119**

1. Das Eigentum am Schiff. Für das Eigentum am Schiff gelten die allgemeinen Vorschriften der §§ 903 ff. BGB sowie in entsprechenden Fällen die Regelungen des SchRG. **120**

a) Erwerb und Verlust des Eigentums. Zur Übereignung des Schiffes, also der rechtsgeschäftlichen Übertragung des Eigentums, einschließlich des gutgläubigen Erwerbs siehe unten Rn 157–163. Daneben gibt es weitere Tatbestände des Erwerbs von **121**

Eigentum an einem Schiff. Möglich ist etwa eine Ersitzung des Eigentums am Schiff (§§ 937 ff. BGB). Für Schiff, die in einem deutschen Schiffsregister eingetragen sind, gelten §§ 5, 6 SchRG. Wird das Schiff aus mehreren Teilen hergestellt, die wesentliche Bestandteile des Schiffes sind (§ 93 BGB, oben Rn 47–55), werden die bisherigen Eigentümer der Bestandteile nach § 947 Abs. 1 BGB Miteigentümer des Schiffes. Nach den Umständen kann möglicherweise auch eine der Sachen als Hauptsache angesehen werden, mit der Folge, dass deren Eigentümer nach § 947 Abs. 2 BGB das Alleineigentum am Schiff erwirbt. Siehe zur Einfügung von Sachen in das Schiff die Vorschriften der §§ 946 und 947 BGB und die Hinweise oben Rn 48–52. Ebenso kann im Hinblick auf den Erwerb des Eigentums am Schiff der Tatbestand des § 950 BGB zum Tragen kommen, wenn das Schiff durch Verarbeitung oder Umbildung eines oder mehrerer Stoffe hergestellt wird.[193] Eine Rolle hat dies bei der Verwendung von Teilen eines Wracks für die Herstellung eines neuen Schiffes gespielt.[194] Andererseits genügen auch einschneidende Reparaturen nicht für eine Anwendung des § 950 BGB.[195] Auch im Falle der Verarbeitung oder Umbildung können nach § 951 BGB Ansprüche desjenigen begründet sein, der durch die Verarbeitung oder Umbildung einen Verlust erlitten hat. An einem herrenlosen Schiff kann nach § 958 Abs. 1 BGB von jedermann Eigentum erworben werden.[196] Ein Schiff wird nach § 959 BGB herrenlos, wenn der Eigentümer in der Absicht, auf das Eigentum zu verzichten, den Besitz am Schiff aufgibt.[197] Die Aufgabe des Eigentums an einem eingetragenen Schiff kann nach § 7 Abs. 1 SchRG in der Weise erfolgen, dass der Eigentümer den Verzicht dem Registergericht gegenüber erklärt und der Verzicht in das Schiffsregister eingetragen wird. Das Recht zur Aneignung des herrenlosen Schiffes, das im Schiffregister eingetragen ist, steht nach § 7 Abs. 2 SchRG nur dem Bund zu (§ 958 Abs. 2 BGB). Er erwirbt das Eigentum dadurch, dass er sich als Eigentümer in das Schiffsregister eintragen lässt. Schließlich ist es denkbar, dass ein Schiff, das verloren gegangen ist, wieder aufgefunden wird, so dass die Regelungen der §§ 965 ff. BGB über den Fund zur Anwendung gelangen.

122 **b) Der Schutz des Eigentums am Schiff.** Das Eigentum am Schiff ist umfassend vor Beeinträchtigungen geschützt. Dem Eigentümer steht der Herausgabeanspruch nach §§ 985, 986 BGB zu,[198] der ggf. durch eine einstweilige Verfügung,[199] in entsprechenden Fällen auch im Wege der Leistungsverfügung,[200] durchgesetzt werden kann. § 23 Nr. 2 (a) GVG, der bei Wohnraumstreitigkeiten unabhängig vom Wert der Sache die Zuständigkeit des AG vorsieht, gilt für Verfahren über die Herausgabe eines Schiffes nicht, auch wenn es sich um ein „Hotelschiff" handelt.[201] Geht es um die Räumung des Schiffes durch eine einstweilige Verfügung, bleiben die für Wohnräume geltenden Beschränkungen des § 940a ZPO unberücksichtigt, auch bei „Hotelschiffen".[202] Zum Gläubigerverzug des

---

193 Siehe OLG Hamburg VRS 1, 317, 320 „Adele Walter", „Helgoland"; OLG Bremen Hansa 1956, 469, Revision BGHZ 25, 244 = NJW 1957, 1717 „Anna B.".
194 Siehe OLG Hamburg VRS 1, 317 „Adele Walter", „Helgoland" und LG Hamburg Hansa 1951, 1580 (Nr. 5).
195 OLG Hamburg VRS 1, 317, 320 „Adele Walter", „Helgoland".
196 LG Hamburg HansGZ H 1900, 229 Nr. 109 (S. 232) „Leon Paucaldo", zuvor das AG aaO. sowie bereits das AG und das LG Hamburg aaO., sowie noch LG Hamburg HansGZ H 1900, 127 Nr. 58.
197 Siehe LG Hamburg HansGZ H 1900, 229 Nr. 109 (S. 231 und S. 232) „Leon Paucaldo", zuvor jeweils das AG aaO. sowie noch LG Hamburg HansGZ H 1900, 127 Nr. 58.
198 Siehe BGH NJW 1995, 2097 sowie OLG Rostock (2001) BeckRS 2010, 26365 (unter II.2 und 3).
199 OLG Rostock (2001) BeckRS 2010, 26365 (unter II.2); LG Stade HmbSeeRep 1998, 169 Nr. 173.
200 OLG Rostock (2001) BeckRS 2010, 26365 (unter II.3).
201 OLG Rostock (2001) BeckRS 2010, 26365 (unter II.1).
202 OLG Rostock (2001) BeckRS 2010, 26365 (unter II.3c).

Eigentümers siehe § 303 BGB. Zwischen dem Eigentümer und dem nichtberechtigten Besitzer des Schiffes können die weiteren Bestimmungen der §§ 987 ff. BGB über das Eigentümer-Besitzer-Verhältnis zur Anwendung gelangen. Ggf. schuldet der Besitzer gemäß §§ 987 ff. BGB die Herausgabe der gezogenen Nutzungen.[203] Der Eigentümer kann die Beseitigungs- und Unterlassungsansprüche aus § 1004 BGB geltend machen. Eingriffe durch hoheitliche Maßnahmen in das Eigentum am Schiff können nach den Umständen Ansprüche aus enteignendem bzw. enteignungsgleichem Eingriff auslösen. Der Eigentümer ist verpflichtet, nach § 904 Satz 1 BGB gerechtfertigte Beeinträchtigungen seines Eigentums hinzunehmen. Ihm stehen aber ggf. die Schadenersatzansprüche aus § 904 Satz 2 BGB zu. Rechtswidrige Beeinträchtigungen des Eigentums am Schiff können nach den Umständen Ansprüche des Eigentümers auf Schadenersatz begründen, insbesondere nach § 823 Abs. 1 oder §§ 823 Abs. 2, 831 BGB; bei einem Zusammenstoß mit einem anderen Schiff nach den Bestimmungen des ZusÜSee, der §§ 570 ff., des ZusÜBin und der §§ 92 ff. BinSchG; oder im Falle der Schadenszufügung durch ein anderes Schiff nach § 480 Satz 1.

c) Das Miteigentum. Hat das Schiff mehrere Miteigentümer,[204] gelten in sachen- **123** rechtlicher Hinsicht die Bestimmungen der §§ 1008 ff. BGB. Die Miteigentümer bilden normalerweise eine Bruchteilsgemeinschaft nach §§ 741 ff. BGB. Die Anteile am Schiff können veräußert und erworben werden. Dies ist im SchRG nicht geregelt. Der Miteigentumsanteil wird jeweils wie das Schiff selbst übertragen; siehe §§ 929a Abs. 1, 932a Hs. 2 BGB („... Anteil an einem Schiff ..."). Die Anmeldung des Seeschiffes zur Eintragung im Schiffsregister (§ 9 Satz 1 SchRegO) muss durch alle Miteigentümer erfolgen. Bei Binnenschiffen genügt die Anmeldung durch einen Miteigentümer (§ 9 Satz 2 SchRegO). Nach § 12 Nr. 6 SchRegO sind bei der Anmeldung eines Binnenschiffes zur Eintragung in das Schiffsregister die Miteigentumsanteile anzugeben. In § 11 SchRegO fehlt für die Anmeldung eines Seeschiffes eine entsprechende Bestimmung. Allerdings ist im Falle der Eintragung einer Reederei als Eigentümer in § 11 Nr. 6 SchRegO die Angabe der Größe der Schiffsparten vorgesehen. Zum Erwerb des Eigentums an einem eingetragenen Schiff durch mehrere Miteigentümer siehe § 51 SchRegO. Am Miteigentumsanteil kann eine Schiffshypothek (siehe § 8 Abs. 3 sowie § 68 SchRG) oder ein Nießbrauch begründet werden. Soll die Eintragung eines nicht eintragungspflichtigen Schiffes im Schiffsregister gelöscht werden, müssen alle Miteigentümer der Löschung zustimmen (§ 20 Abs. 2 Satz 2 SchRegO). Dagegen kann die Anmeldung der in § 17 Abs. 4 SchRegO genannten Umstände (die ggf. die Löschung der Eintragung des Schiffes zur Folge haben, § 20 Abs. 1 Satz 1 SchRegO), durch einen Miteigentümer erfolgen (§ 18 Abs. 2 Hs. 1 SchRegO). Zur Zwangsvollstreckung in einen Miteigentumsanteil am Schiff siehe § 864 Abs. 2 ZPO.

2. Der Besitz am Schiff. Für das Schiff gelten auch die Bestimmungen der §§ 854 ff. **124** BGB über den Besitz. Der unmittelbare Besitzer des Schiffes ist grundsätzlich dessen Reeder bzw. Ausrüster (§ 477 Abs. 1 und 2). Der Kapitän und die weiteren Besatzungsmitglieder sind deren Besitzdiener (§ 855 BGB). Grundlage der Besitzdienerverhältnisse ist das Kapitän-Reeder-Rechtsverhältnis (unten Rn 22–83 Anhang zu § 479 [Kapitän]) sowie die weitere Weisungsbefugnis des Kapitäns gegenüber den Mitgliedern der Schiffsbesatzung (unten Rn 91 Anhang zu § 479 [Kapitän]). In diesem Zusammenhang spielt es keine Rolle, dass der Kapitän seinen Heuervertrag möglicher Weise mit einem Dritten ge-

---

203 Siehe OLG Rostock (2001) BeckRS 2010, 26365 (unter II.3b).
204 Siehe BGH NJW 1995, 2097.

schlossen hat. Für den unmittelbaren Besitz des Reeders bzw. Ausrüsters ist es nicht erforderlich, dass das Schiff bemannt ist. Es bleibt auch im Besitz des Reeders bzw. Ausrüsters, wenn es unbemannt ist, loskommt und vertreibt.[205] Das Schiff kann auch mehrere Mitbesitzer haben (§ 866 BGB), namentlich bei mehreren Miteigentümern[206] (oben Rn 123). Zum Eigenbesitz nach § 872 BGB siehe die Hinweise unten Rn 232.

125 Der Zeitcharterer hat keinen Besitz am Schiff, auch wenn ihm möglicherweise eingeschränkte Weisungsbefugnisse unmittelbar gegenüber dem Kapitän zustehen, namentlich aufgrund einer Employment-Klausel.[207] Die Weisungsbefugnisse betreffen allerdings nur die Verwendung des Schiffes, was für die Begründung eines Besitzmittlungsverhältnisses nicht ausreicht. Der Zeitcharterer ist daher nicht unmittelbarer Besitzer des Schiffes. Vielmehr bleibt der unmittelbare Besitz beim Reeder bzw. Ausrüster. Hat der (Nur-)Eigentümer das Schiff an einen Bareboat-Charterer vermietet (§§ 553 ff.), ist der Eigentümer mittelbarer Besitzer (§ 868 BGB) und der Bareboat-Charterer unmittelbarer Besitzer.

126 Den (unmittelbaren oder mittelbaren) Besitzern des Schiffes stehen im Fall verbotener Eigenmacht (§ 858 BGB) das Selbsthilferecht des § 859 BGB zu, ebenso dem Kapitän und den Mitgliedern der Schiffsbesatzung in ihrer Stellung als Besitzdiener (§ 860 BGB). Außerdem können der Reeder oder Ausrüster (als unmittelbarer Besitzer), ebenso mittelbare Besitzer des Schiffes (§ 869 BGB), die Ansprüche aus §§ 861 ff. BGB geltend machen,[208] ggf. im Wege einer einstweiligen Verfügung (§§ 935 ff. 940 ZPO).[209] In entsprechenden Fällen stehen ihnen als frühere Besitzer anstelle des § 861 BGB gegen den jetzigen Besitzer die Herausgabeansprüche aus § 1007 BGB zu.

3. Die Schiffsregister

Literatur: *Däubler* Das Gesetz über Rechte an eingetragenen Schiffen und Schiffsbauwerken vom 15. November 1940, DR 1941, 609–614; *Däubler* Die Schiffsregisterordnung vom 19. Dezember 1940, DR 1941, 614–620; *Dimigen* Bareboat-Charter und Bareboat-Registrierung, 2000; *Dobberahn* Rechte an Schiffen und Luftfahrzeugen, MittRhNotK 1998, 146–165; *Heinerici/Gilgan* Das deutsche Schiffsregisterrecht, 1942; *Hornung* Änderung der Schiffsregisterordnung, RPfl 1981, 271–280; *Hornung* Beiträge zum Schiffsregister (A), RPfl 1985, 271–278; *Hornung* Beiträge zum Schiffsregister (B), RPfl 1985, 345–351; *Hornung* Das Schwimmdock in der Register- und Vollstreckungspraxis, RPfl 2003, 232–238; *Hornung* Die Eigentümerbefugnis nach § 57 Abs. 3 SchRG, RPfl 2003, 564–569; *Johannsen* Sind registerfähige Schiffe unbewegliche Sachen iSd. § 4 I Ziffer 6b AHB?, VersR 1959, 782–783; *Kränzlien* Eigentum und Hypothek an gesunkenen Seeschiffen, 1951; *Krause* Rechte an eingetragenen Schiffen und Schiffsbauwerken, DJ 1941, 97–103; *Krause* Praxishandbuch Schiffsregister, 2012; *Krieger* Die Schiffsregisterordnung vom 19. Dezember 1940, DJ 1941, 125–130, 181–186 *Krieger* Die Durchführungsverordnung zum Gesetz über Rechte an eingetragenen *Schiffen* und Schiffsbauwerken vom 21. Dezember 1940, DJ 1941, 209–214; *Kröger* Praktische Erfahrungen mit Bareboat-Charter-Registern, TranspR 1988, 173–176; *von Laun* Registerhafen und Heimathafen, ZHR 115 (1952), 1–14; *Pamperin-Herbst* Das Schiffsvorzertifikat, RPfl 2009, 77–78; *Prause* Über die Form der Anmeldung von See- und Binnenschiffen und Schiffsbauwerken, MDR 1956, 139; *Prause* Schiffsregisterprobleme, MDR 1957, 6–9; *Prause/Weichert* Schiffssachenrecht und Schiffsregisterrecht, 1974; *Schiering* Bareboatcharter – Ursprung und heutige Problematik bei der Registrierung, Hansa 1989, 344–345; *von Spreckelsen* Die neuen Vorschriften über das Schiffsregister, Hansa 1951, 966–967.

---

205 Siehe OLG Hamburg HansGZ H 1906, 189 Nr. 86 (S. 190).
206 BGH NJW 1995, 2097, 2099 (unter 3.).
207 Typisch etwa Kl. 8 (a) NYPE 1993: „The Master ... (although appointed by the Owners) shall be under the orders and directions of the Charterers as regards employment and agency ...".
208 Siehe OLG Rostock (2001) BeckRS 2010, 26365 (unter I.1 und 2).
209 Siehe OLG Rostock (2001) BeckRS 2010, 26365 (unter I.1 und 2).

Art. 94 Abs. 2 (a) SeerechtsÜ verpflichtet die Vertragsstaaten, ein Schiffsregister zu **127** führen, das die Namen und die Einzelheiten der Schiffe unter seiner Flagge enthält. In Deutschland gibt es insgesamt drei Arten von Schiffsregistern (unten Rn 128). Sie sind in vielerlei Hinsicht dem Grundbuch nachgebildet. Dies ist der augenfälligste Ausdruck der teilweisen Gleichstellung von Schiffen mit Grundstücken. Nähere Regelungen über die Schiffsregister in Deutschland finden sich in dem SchRG sowie in der SchRegO sowie der SchRegDV, außerdem gibt es Verflechtungen mit dem FlRG und der FlRV. Das Übereinkommen vom 25. Januar 1965 über die Eintragung von Binnenschiffen (mit Zusatzprotokollen über dingliche Rechte an Schiffen und über die Vollstreckung in Schiffe) ist von Deutschland nicht ratifiziert. Siehe auch die United Nations Convention on Conditions for Registration of Ships vom 7. Februar 1986,[210] die völkerrechtlich nicht in Kraft ist.

a) Einleitung. Die Schiffsregister in Deutschland dienen sowohl öffentlich- **128** rechtlichen als auch privat-rechtlichen Zwecken. Dabei spielen die Schiffsregister im Hinblick auf die flaggenrechtlichen Beziehungen des Schiffes eine Rolle (dazu oben Rn 98–118), indem sie insbesondere das Flaggenrecht des Schiffes feststellen. In privatrechtlicher Hinsicht entsprechen die Schiffsregister dem Grundbuch, in dem sie bestimmte Rechtsverhältnisse des Schiffes für jedermann ersichtlich dokumentieren. Dies gilt namentlich für das Eigentum und die Belastung des Schiffes mit Schiffshypotheken. Das Schiffsregisterrecht umfasst materiell-rechtliche Rechtsvorschriften, etwa über den Erwerb und den Verlust von Eigentum oder Rechten am Schiff, insbesondere von Schiffshypotheken. Davon zu unterscheiden ist das formelle Schiffsregisterrecht, das Bestimmungen über die Führung, die Einrichtung und das Verfahren der Schiffsregister betrifft. Es gibt drei voneinander unabhängige Schiffsregister, die getrennt geführt werden: Das Seeschiffsregister (§ 3 Abs. 1 und 2 SchRegO, §§ 25 bis 31 SchRegDV), das Binnenschiffsregister (§ 3 Abs. 1 und 3 SchRegO, §§ 32 bis 36 SchRegDV) sowie das Schiffsbauwerksregister (§§ 65 ff. SchRegO). Die Falscheintragung eines Seeschiffes in das Binnenschiffsregister und eines Binnenschiffes in das Seeschiffsregister ist unschädlich (§ 5 SchRegO).

Die Schiffsregister werden von den Amtsgerichten geführt (§ 1 Abs. 1, § 65 Abs. 1 **129** SchRegO). Hier sind die erforderlichen Geschäfte nach § 3 Nr. 1 (h) RPflG dem Rechtspfleger übertragen. § 1 Abs. 2 SchRegO ermächtigt die Landesregierungen, die Amtsgerichte, bei denen die Schiffsregister zu führen sind sowie deren Registerbezirke zu bestimmen. Die Länder können nach § 1 Abs. 3 SchRegO vereinbaren, dass Schiffsregistersachen eines Landes Gerichten eines anderen Landes zugewiesen werden. Von letzterer Befugnis haben insbesondere die neuen Bundesländer Gebrauch gemacht. Im Übrigen finden sich im Recht aller Bundesländer Vorschriften über die zuständigen Registergerichte sowie deren Registerbezirke. Die örtliche Zuständigkeit des betreffenden Schiffsregisters ermittelt sich anhand des Heimathafens oder -ortes des Schiffes (§ 4 Abs. 1 SchRegO); siehe zum Heimathafen bzw. -ort des Schiffes oben Rn 86–88. Die Schiffsregister sind öffentlich (§ 8 Abs. 1 Satz 1 Hs. 1 SchRegO). Jedermann kann Einsicht nehmen und eine beglaubigte Abschrift der Eintragung verlangen (§ 8 Abs. 1 SchRegO, §§ 22 bis 24 SchRegDV). Dies gilt nicht für das Schiffsbauwerksregister (§ 65 Abs. 2 SchRegO). Einsicht in die Registerakten der Schiffsregister wird nach § 8 Abs. 2 SchRegO nur gestattet, wenn ein berechtigtes Interesse glaubhaft gemacht werden kann. Seeschiffsregister gibt es an den Amtsgerichten Cuxhaven, Duisburg-Ruhrort, Emden, Ham-

---

210 http://unctad.org/en/PublicationsLibrary/tdrsconf23_en.pdf (UN Dokument TD/RS/Conf. 23).

burg, Kiel, Mannheim, Regensburg, Rostock, Saarbrücken, Stade, St. Goar, Wiesbaden, Wilhelmshaven und Würzburg.

130 **b) Der Inhalt der Schiffsregister.** Das See- und das Binnenschiffsregister bestehen jeweils aus der Aufschrift und drei Abteilungen. In Abteilung I („Das Schiff") findet sich die Eintragung des Schiffes sowie eine Beschreibung. Angaben über den Eigentümer, die Miteigentümer und ihre Anteile sowie über Eigentumsbeschränkungen finden sich in Abteilung II („Eigentümer"). Hier werden ggf. auch Vormerkungen, Widersprüche und Schutzvermerke eingetragen, soweit sie das Eigentum betreffen. Gegenstand der Abteilung III („Schiffshypotheken, Nießbrauch, Pfandrechte an Schiffsparten") sind die Belastungen des Schiffes. Hierzu gehören namentlich die Schiffshypotheken (dazu unten Rn 164–214) sowie der Nießbrauch (unten Rn 215). In die Abteilung III können außerdem Vormerkungen, Widersprüche und Schutzvermerke eingetragen werden, die die Belastungen des Schiffes betreffen. Siehe zur Aufmachung und Führung der Schiffsregister im Einzelnen die Regelungen der SchRegDV.

131 **c) Eintragung und Löschung des Schiffes.** Für die (erstmalige) Eintragung eines Schiffes in das Schiffsregister sowie seine Löschung gelten die Vorschriften der §§ 9 bis 22 SchRegO. Ausgangspunkt der Eintragung des Schiffes ist der Antrag des Eigentümers (§ 9 SchRegO). Bei der Anmeldung sind die in § 11 SchRegO (Seeschiffe) und § 12 SchRegO (Binnenschiffe) zusammengestellten Angaben zum Schiff zu machen.[211] Eine generelle Ausnahme gilt für Schiffe des öffentlichen Dienstes, die nach § 10 Abs. 3 SchRegO nicht zur Eintragung angemeldet zu werden brauchen. Der Eingang des Antrags auf Eintragung eines Seeschiffs ist der BG Verkehr unverzüglich mitzuteilen (§ 196 Satz 1 SGB VII).

132 Der Eigentümer eines Seeschiffes ist zur Anmeldung verpflichtet, wenn das Schiff nach Maßgabe des § 1 FlRG die Bundesflagge führen muss (§ 10 Abs. 1 Satz 1 SchRegO). So verhält es sich insbesondere, wenn der oder die Eigentümer deutsche Staatsangehörige sind und ihren Wohnsitz in Deutschland haben (§ 1 Abs. 1 und 2 FlRG); siehe näher oben Rn 93–97. Die Anmeldepflicht gilt nach § 10 Abs. 1 Satz 2 SchRegO nicht für Seeschiffe, deren Länge 15 Meter nicht übersteigt. Dem Seeschiff steht nach § 1 Abs. 4 FlRG ein Binnenschiff gleich, auf das die SchSV Anwendung findet und das Seegewässer seewärts der Grenze des deutschen Küstenmeeres befährt. Zur Eintragung angemeldet werden können auch Schiffe, die lediglich berechtigt sind, die deutsche Flagge zu führen (§ 9 Satz 1, § 3 Abs. 2 und 3 SchRegO).

133 Ein Binnenschiff muss vom Eigentümer zur Eintragung im Binnenschiffsregister nach § 10 Abs. 2 SchRegO angemeldet werden,[212] wenn es sich um ein Frachtschiff handelt und seine größte Tragfähigkeit mindestens 20 Tonnen beträgt; wenn seine Wasserverdrängung bei größter Eintauchung mindestens 10 Kubikmeter beträgt; oder wenn es sich bei dem Schiff um einen Schlepper, ein Tankschiff oder ein Schubboot handelt (unabhängig von ihrer Größe). Für Binnenschiffe gibt es, abgesehen von dem Fall des § 1 Abs. 4 FlRG, keine Pflicht zur Flaggenführung. Sind Binnenschiffe zur Führung der Bundesflagge berechtigt, kann eine Eintragung im Schiffsregister erfolgen (§ 9 Satz 1, § 3 Abs. 2 und 3 SchRegO).

134 Ein Schiff darf nicht in das Schiffsregister eingetragen werden, solange es in einem ausländischen Schiffsregister eingetragen ist (§ 14 Abs. 1 Satz 1 SchRegO).[213] Bei anmeldepflichtigen Schiffen (§ 10 Abs. 1 und 2 SchRegO), die in einem ausländischen Schiffs-

---

211 Zur Vorlage eines Eichscheins siehe LG Regensburg RPfl 1977, 325.
212 Siehe OLG Düsseldorf ZfB 1975, 344 (Slg. 652) „Helga", zuvor LG Düsseldorf ZfB 1975, 120 (Slg. 620).
213 Siehe LG Bremen Hansa 1952, 769 „Ida".

register eingetragen sind, hat der Eigentümer die Löschung der Eintragung in dem ausländischen Register zu veranlassen (§ 14 Abs. 2 SchRegO). War das Schiff in einem ausländischem Register eingetragen, muss der Eigentümer bei der Anmeldung eine Bescheinigung über die Löschung der Eintragung des Schiffes vorlegen (§ 14 Abs. 3 Hs. 1 SchRegO).

Die Änderungen bestimmter eingetragener Umstände, die das Schiff betreffen, sind **135** unverzüglich zur Eintragung anzumelden (§ 17 Abs. 1 SchRegO). Dies gilt auch für die Erteilung einer Ausflaggungsgenehmigung nach § 7 FlRG (§ 17 Abs. 2 SchRegO); dazu oben Rn 107–111. Anzumelden sind auch der Untergang des Schiffes, dessen endgültiger Verlust und Ausbesserungsunfähigkeit und der Verlust des Rechts zur Führung der Bundesflagge (§ 17 Abs. 4 SchRegO). Zur Anmeldung ist der Eigentümer verpflichtet (§§ 18 Abs. 1, 19 SchRegO). Bei Seeschiffen ist der Eingang eines Antrags auf Eintragung einer Änderung oder der Löschung unverzüglich der BG Verkehr mitzuteilen (§ 196 Satz 2 SGB VII).

Die Anmeldung des Untergangs des Schiffes, des endgültigen Verlustes oder der **136** Ausbesserungsunfähigkeit (§ 17 Abs. 4 SchRegO) führt grundsätzlich zur Löschung der Eintragung des Schiffes[214] (siehe § 20 Abs. 1 Satz 1 SchRegO). Zur Anmeldung der Ausbesserungsunfähigkeit siehe § 20 Abs. 1 Satz 2 SchRegO. Die Löschung erfolgt grundsätzlich auch, wenn angemeldet wird, dass das Schiff das Recht zur Führung der Bundesflagge verloren hat (§§ 17 Abs. 4, 20 Abs. 1 Satz 1, Abs. 3 und 4 SchRegO). Die Eintragung eines Binnenschiffs wird gelöscht, wenn sein Heimatort ins Ausland verlegt wurde (§ 20 Abs. 2 Satz 1 SchRegO). Bei nicht eintragungspflichtigen Schiffen erfolgt die Löschung der Eintragung auf Antrag des Eigentümers (§ 20 Abs. 2 Satz 2 SchRegO). In den Fällen des §§ 21, 22 SchRegO erfolgt die Löschung der Eintragung von Amts wegen.

d) Die Schiffsurkunde. Zu den wichtigsten Ausweispapieren eines Schiffes zählt **137** die vom Schiffsregister ausgegebene Schiffsurkunde. Nach § 60 Abs. 1 SchRegO hat das Registergericht über die Eintragung des Schiffes eine Urkunde auszustellen, in die der vollständige Inhalt der Eintragungen aufzunehmen ist. Bei Seeschiffen wird die Schiffsurkunde als „Schiffszertifikat"[215] und bei Binnenschiffen als „Schiffsbrief" bezeichnet (§ 60 Abs. 1 Satz 2 SchRegO, siehe auch §§ 37 bis 45 SchRegDV). Das Schiffszertifikat weist die Berechtigung zur Führung der Bundesflagge nach (§ 3 [a] FlRG, oben Rn 99). Im Schiffszertifikat ist außerdem zu bezeugen, dass die in ihm enthaltenen Angaben glaubhaft gemacht sind und dass das Schiff das Recht hat, die Bundesflagge zu führen (§ 60 Abs. 2 SchRegO). Der Eigentümer des Seeschiffes kann beantragen, dass ihm ein beglaubigter Auszug aus dem Schiffszertifikat erteilt wird, in dem nur bestimmte Tatsachen aufzunehmen sind (§ 60 Abs. 3 SchRegO). Eintragungen im Schiffsregister sind auf dem Schiffszertifikat oder dem Schiffsbrief zu vermerken (§ 61 SchRegO). Entsteht das Recht zur Führung der deutschen Flagge bei einem Seeschiff, das sich im Ausland befindet, kann zunächst anstelle des Schiffszertifikats ein Schiffsvorzertifikat erteilt werden (siehe §§ 3 [a], 5 FlRG, §§ 2 ff. FlRV). Zu den weiteren flaggenrechtlichen Ausweisen über die Berechtigung zur Führung der Bundesflagge siehe oben Rn 100–101.

e) Sonstige Eintragungen. Ist das Schiff im Schiffsregister eingetragen, können **138** weitere Rechtsverhältnisse eingetragen werden (siehe §§ 23 bis 59 SchRegO). Dies sind etwa Änderungen der Eigentumsverhältnisse, insbesondere durch eine Übereignung des

---

214 Siehe OLG Hamburg VRS 1, 317, 318 „Adele Walter", „Helgoland".
215 Siehe LG Hamburg (2005) BeckRS 2009, 07971.

Schiffes (unten Rn 157–161); die Belastung des Schiffes mit einer Schiffshypothek (unten Rn 164–214) oder einem Nießbrauch (unten Rn 215); Verfügungsverbote und -beschränkungen (unten Rn 151); Vormerkungen zur Sicherung von Ansprüchen (unten Rn 148), Widersprüche gegen die Richtigkeit des Schiffsregisters (unten Rn 149) und Schutzvermerke (unten Rn 150); die Löschung von Eintragungen (unten Rn 152) oder der Eintragung des Schiffes (oben Rn 136). Nicht zu den eintragungsfähigen Rechtsverhältnissen gehören Schiffsgläubigerrechte (§§ 596 ff.). Siehe zur Bekanntmachung von Eintragungen die Regelungen der § 57 SchRegO, §§ 19, 20 SchRegDV.

139   **aa) Der Antrag.** Eintragungen in das Schiffsregister erfolgen grundsätzlich nur auf Antrag (§ 23 Abs. 1 Satz 1 SchRegO) desjenigen, dessen Recht von der Eintragung betroffen ist oder zu dessen Gunsten die Eintragung erfolgen soll (§ 23 Abs. 2 SchRegO); siehe auch § 26 Abs. 1 SchRegO. Werden mehrere Eintragungen beantragt, die dasselbe Recht betreffen, werden die Anträge in zeitlicher Reihenfolge bearbeitet (§ 27 SchRegO); siehe auch § 49 SchRegO. Wird die Eintragung eines neuen Eigentümers beantragt, muss nachgewiesen werden, dass das Schiff weiterhin zur Führung der Bundesflagge berechtigt ist (§ 32 SchRegO). Die für die Eintragung erforderlichen Erklärungen müssen durch öffentliche oder öffentlich beglaubigte Urkunden nachgewiesen werden (§ 37 Abs. 1 Satz 1 SchRegO). Sonstige Voraussetzungen der Eintragung bedürfen, soweit sie nicht bei dem Registergericht offenkundig sind, des Nachweises durch öffentliche Urkunden (§ 37 Abs. 1 Satz 2 SchRegO).

140   **bb) Die Bewilligung.** Die Eintragung erfolgt, wenn derjenige, dessen Recht von ihr betroffen ist, sie bewilligt (§ 29 SchRegO, formelles Konsensprinzip). Für die rechtsgeschäftliche Übertragung des Eigentums an einem Binnenschiff ist die Erklärung der Einigung des Veräußerers und des Erwerbers erforderlich (§ 30 SchRegO). Die Eintragungsbewilligung muss durch öffentliche oder öffentlich beglaubigte Urkunden nachgewiesen werden (§ 37 Abs. 1 Satz 1 SchRegO). Ggf. besteht ein Anspruch auf Erteilung der Bewilligung. Siehe auch § 847a Abs. 2 ZPO, § 318 Abs. 3 und 4 AO: Erwerb einer Schiffshypothek nach Pfändung des Anspruchs des Schuldners auf Übertragung des Eigentums am Schiff und Übertragung des Eigentums auf den Schuldner unter Einschaltung eines Treuhänders als Vertreter des Schuldners, wobei der Vertreter für den Schuldner die Eintragung bewilligt. Die Vollstreckung eines auf Erklärung der Bewilligung gerichteten Titels erfolgt nach § 894 ZPO. Ist das Urteil erst vorläufig vollstreckbar, gilt die Eintragung einer Vormerkung oder eines Widerspruchs als bewilligt (§ 895 ZPO). Bei einer bloßen Berichtigung des Schiffsregisters (unten Rn 144–146) ist eine Bewilligung nicht erforderlich, wenn die Unrichtigkeit des Schiffsregisters nachgewiesen wird (§ 31 Abs. 1 SchRegO).

141   Der Bewilligung bedarf es auch nicht, wenn eine Behörde, die kraft Gesetzes befugt ist, das Registergericht um eine Eintragung zu ersuchen, ein entsprechendes Ersuchen an das Registergericht richtet (§§ 45 sowie 37 Abs. 3 SchRegO, § 322 Abs. 3 Satz 2 AO). Dies betrifft etwa die Eintragung der Eröffnung des Insolvenzverfahrens auf Ersuchen des Insolvenzgerichts (§§ 33, 32 Abs. 2 Satz 1 InsO) oder auf Antrag des Insolvenzverwalters (§§ 33, 32 Abs. 2 Satz 1 InsO); die Anordnung der Zwangsversteigerung unter Anordnung unter Bewachung und Verwahrung des Schiffes (§ 165 Abs. 1 ZVG) auf Ersuchen des Vollstreckungsgerichts (§§ 162, 163 Abs. 2, 19 Abs. 1 ZVG); eine Sicherungshypothek für die nach § 118 Abs. 1 ZVG auf den Berechtigten übertragene Forderung gegen den Ersteher auf Ersuchen des Vollstreckungsgerichts (§§ 162, 163 Abs. 2, 169 Abs. 2 ZVG); die Anordnung der Zwangsversteigerung des Schiffes auf Ersuchen des Vollstreckungsgerichts (162, 163 Abs. 2, 19 Abs. 1, 22 Abs. 1, 23 ZVG); die Vormerkung zur Sicherung eines

Arrestpfandrechts auf Ersuchen des Arrestgerichts (§ 931 Abs. 3 Hs. 2 ZPO); die Beschlagnahme des Schiffes zum Zwecke der Sicherstellung im Hinblick auf dessen Verfall oder Einziehung auf Ersuchen der Staatsanwaltschaft (§§ 73 ff. StGB, §§ 111b Abs. 1 Satz 1, 111c Abs. 4, 5 und 1, 111g insbesondere Abs. 3 Satz 4, 111f Abs. 2 StPO); die Pfändung einer Forderung, für die eine Schiffshypothek besteht, aufgrund einer Pfändungsverfügung der Vollstreckungsbehörde (§§ 309, 311 Abs. 1 und 3 AO) auf deren Ersuchen (§ 311 Abs. 2 Satz 1 AO), zur ggf. gleichzeitigen Einziehung der Forderung siehe § 314 Abs. 1 und 2 und § 315 AO, insbesondere dessen Abs. 1 Satz 2.

Die Bewilligung der Eintragung ist ebenfalls nicht erforderlich, wenn die Eintragung **142** auf Antrag des Berechtigten auf anderer Grundlage erfolgt, etwa die Eintragung einer Vormerkung oder eines Widerspruchs gegen die Richtigkeit des Schiffsregisters durch einstweilige Verfügung (§§ 11 Abs. 1 Satz 1, 21 Abs. 2 SchRG, § 942 Abs. 2 ZPO); Eintragung einer Schiffshypothek im Rahmen der Zwangsvollstreckung auf Antrag des Gläubigers (§§ 870a Abs. 1 Satz 1, Abs. 2, 867 Abs. 1 und 2 ZPO); die Eintragung einer (Höchstbetrags-)Schiffshypothek im Rahmen eines Arrestverfahrens in das Schiff auf Antrag des Gläubigers (§§ 931 Abs. 6 Satz 1 und 2, 867 Abs. 1 und 2 ZPO); im Rahmen der Zwangsvollstreckung gegen den Schiffshypothekengläubiger bei der Pfändung der gesicherten Forderung die Eintragung der Pfändung auf Antrag des Gläubigers aufgrund des Pfändungsbeschlusses (§ 830a Abs. 1 ZPO) und bei der Überweisung an Zahlungs statt (siehe § 835 Abs. 1 und 2 ZPO) die Eintragung der Überweisung auf Antrag des Gläubigers aufgrund des Überweisungsbeschlusses (§ 837a Abs. 1 Satz 2 ZPO).

cc) Die Zustimmung. In bestimmten Fällen bedarf eine Eintragung der Zustimmung **143** Dritter, etwa des Eigentümers des Schiffes (siehe §§ 14 Abs. 1, 26 Abs. 2 und 6, 56 Abs. 1 SchRG, §§ 31 Abs. 2, 35 SchRegO), der Miteigentümer (§ 20 Abs. 2 SchRegO) oder sonstiger Personen (siehe §§ 18 Abs. 1, 26 Abs. 3, 28 Abs. 2 Satz 4, 54 Abs. 2, 55 Abs. 2 SchRG sowie § 30 Abs. 1 und 2 SchRG). Die Zustimmung muss grundsätzlich durch öffentliche oder öffentlich beglaubigte Urkunden nachgewiesen werden (§ 37 Abs. 1 Satz 1 SchRegO).

dd) Die Berichtigung des Schiffsregisters. Das Schiffsregister kann unrichtig sein, **144** weil es nicht die tatsächlichen rechtlichen oder tatsächlichen Verhältnisse wiedergibt. Hier kann oder muss eine Berichtigung herbeigeführt werden. § 18 SchRG nimmt den Fall auf, dass der Inhalt des Schiffsregisters im Hinblick auf das Eigentum, auf eine Schiffshypothek oder ein Recht an einer solchen, auf einen Nießbrauch oder auf eine Verfügungsbeschränkung (§ 16 Abs. 1 Satz 2 SchRG) mit der wirklichen Rechtslage nicht im Einklang steht. Hier hat derjenige, dessen Recht nicht oder nicht richtig eingetragen oder durch die Eintragung einer nicht bestehenden Belastung oder Beschränkung beeinträchtigt ist, einen Anspruch auf Zustimmung zu der Berichtigung des Schiffsregisters (§ 18 Abs. 1 SchRG). Schuldner des Anspruchs ist die Person, deren Recht durch die Berichtigung betroffen wird. Ggf. muss eine Voreintragung des Schuldners erfolgen (§ 18 Abs. 2 SchRG, § 24 SchRegO). Der Anspruch aus § 18 Abs. 1 SchRG unterliegt nicht der Verjährung (§ 20 SchRG). Er kann durch einen Widerspruch gegen die Richtigkeit des Schiffsregisters gesichert werden (§§ 21, 22 SchRG, unten Rn 149).

Im Übrigen erfordert die Berichtigung des unrichtigen Schiffsregisters grundsätzlich **145** einen Antrag, die Bewilligung sowie ggf. die Bewirkung der Voreintragung (oben Rn 139, 140–142 sowie unten Rn 147); siehe §§ 18, 19 SchRG. Die Bewilligung ist nicht erforderlich, wenn die Unrichtigkeit des Schiffsregisters nachgewiesen wird, namentlich im Hinblick auf die Eintragung oder Löschung einer Verfügungsbeschränkung (§ 31 Abs. 1 SchRegO). Ein neuer Eigentümer darf, abgesehen von den Fall des § 24 SchRegO, im Wege der Berichtigung aufgrund einer Bewilligung nur mit seiner Zustimmung eingetragen werden (§ 31 Abs. 2 SchRegO). Eine Schiffshypothek darf – wegen der Ersetzungsbefugnis des Eigentümers nach § 57 Abs. 3 SchRG (unten Rn 206) – im Wege der Berichtigung nur gelöscht werden, wenn der Eigentümer zustimmt, sofern nicht nachgewiesen wird, dass sie nicht entstanden ist (§ 35 SchRegO).

146 Das Registergericht darf das unrichtige Schiffsregister grundsätzlich nicht von Amts wegen zu berichtigen. Hat es Zweifel im Hinblick auf die Richtigkeit der Eintragung des Eigentümers im Schiffsregister, muss es von Amts wegen die erforderlichen Ermittlungen anstellen (§ 33 Satz 1 SchRegO). Ggf. hat das Registergericht die Beteiligten anzuhalten, den Antrag auf Berichtigung des Schiffsregisters zu stellen und die zur Berichtigung erforderlichen Unterlagen zu beschaffen (§ 33 Satz 2 SchRegO). Kommt es zu einer Änderung bestimmter Umstände, die als tatsächliche Angaben in das Schiffsregister aufgenommen wurden (siehe §§ 11, 12 SchRegO), müssen diese nach § 17 Abs. 1 und 2, § 18 SchRegO unverzüglich zur Eintragung angemeldet werden. Dies kann vom Registergericht nach Maßgabe des § 19 SchRegO erzwungen werden. Zur Berichtigung von Schreibfehlern siehe § 11 SchRegDV.

147 **ee) Die Voreintragung.** Darüber hinaus gilt für die Schiffsregister der Grundsatz der Voreintragung. Nach § 46 Hs. 1 SchRegO soll eine Eintragung nur erfolgen, wenn derjenige, dessen Recht durch die Eintragung betroffen wird, als Berechtigter eingetragen ist. Siehe hierzu auch § 170a Abs. 1 ZVG. Der Grundsatz der Voreintragung hat den Zweck, dem Schiffsregister die Prüfung der Berechtigung der begehrten Eintragung zu erleichtern. Insbesondere soll mit dem Erfordernis der Voreintragung auch die Historie hin zu dem jetzigen Stand der Eintragungen nachvollziehbar werden. Ist das Schiffsregister hinsichtlich der Voreintragung unrichtig, muss es berichtigt werden (oben Rn 144–146); siehe dazu auch § 24 SchRegO.

148 **ff) Die Vormerkung.** Wie das Grundbuch kennt auch das Schiffsregister die Vormerkung. Eine solche wird zur Sicherung des Anspruchs auf Einräumung oder Aufhebung eines Rechts an einem Schiff oder an einer Schiffshypothek oder auf Änderung des Inhalts oder des Rangs eines solchen Rechts eingetragen (§ 10 Abs. 1 Satz 1 SchRG). Die Vormerkung kann auch künftige oder bedingte Ansprüche sichern (§ 10 Abs. 1 Satz 2 SchRG), ebenso den Anspruch auf Löschung der Schiffshypothek (§ 58 SchRG). Eine Verfügung, die nach Eintragung der Vormerkung getroffen wird, ist insoweit unwirksam, als sie den Anspruch vereiteln oder beeinträchtigen würde (§ 10 Abs. 2 Satz 1 SchRG). Dies gilt auch, wenn die Verfügung im Wege der Zwangsvollstreckung oder der Arrestvollziehung oder durch die Insolvenzverwalter erfolgt (§ 10 Abs. 2 Satz 2 SchRG). Die Vormerkung wird nach § 11 Abs. 1 SchRG aufgrund einer einstweiligen Verfügung (siehe § 942 Abs. 2 ZPO) oder einer Bewilligung des Betroffenen eingetragen (§ 29 SchRegO). Ebenso kann das Arrestgerichts das Registergericht um Eintragung einer Vormerkung zur Sicherung eines Arrestpfandrechts ersuchen (§ 931 Abs. 3 Hs. 2 ZPO, § 45 SchRegO). Steht demjenigen, dessen Eigentum oder Recht von der Vormerkung betroffen ist, eine Einrede die die Geltendmachung des gesicherten Anspruchs dauerhaft ausschließt, kann er die Beseitigung der Vormerkung verlangen (§ 12 SchRG). Dies betrifft namentlich die Verjährung des Anspruchs. Zur Fiktion einer Vormerkung im Falle eines vorläufig vollstreckbaren Urteils, das auf die Bewilligung einer Eintragung oder die Zustimmung zu einer Eintragung gerichtet ist, siehe § 895, 894 ZPO.

149 **gg) Der Widerspruch.** Ist das Schiffsregister im Hinblick auf bestimmte Rechtsverhältnisse unrichtig, kann der Betroffene die Zustimmung zu der Berichtigung des Schiffsregisters verlangen (§ 18 Abs. 1 SchRG, oben Rn 144–146). Ggf. muss zunächst der

Verpflichtete selbst eingetragen werden (§ 18 Abs. 2 SchRG). Zur Sicherung des Anspruchs auf Berichtigung kann nach § 21 Abs. 1 SchRG ein Widerspruch gegen die Richtigkeit des Schiffsregisters eingetragen werden.[216] Dies erfolgt aufgrund einer Bewilligung (§ 29 SchRegO) des durch die Berichtigung Betroffenen oder aufgrund einer einstweiligen Verfügung[217] (§ 21 Abs. 2 Satz 1 SchRG), die erlassen werden kann, ohne dass eine Gefährdung des Rechts des Widersprechenden glaubhaft gemacht wird (§ 21 Abs. 2 Satz 2 SchRG, § 942 Abs. 2 ZPO). Ein Widerspruch wird nach § 56 Satz 1 SchRegO von Amts wegen eingetragen, wenn eine Eintragung rechtswidrig ist (siehe auch § 75 Abs. 2 SchRegO). Zur Fiktion eines Widerspruchs im Falle eines vorläufig vollstreckbaren Urteils, das auf die Bewilligung einer Eintragung oder die Zustimmung zu einer Eintragung gerichtet ist, siehe § 895, 894 ZPO. Zur Verjährung von Ansprüchen aus Rechten, für die ein Widerspruch eingetragen ist, siehe außerdem die Regelungen des § 23 Abs. 2 und 1 SchRG.

hh) Der Schutzvermerk. In das Schiffsregister kann nach § 28 Abs. 2 Hs. 1 SchRegO 150 auch ein Schutzvermerk eingetragen werden. Dies erfolgt von Amts wegen, wenn ein Antrag auf Eintragung eines Rechtsverhältnisses gestellt wurde, aber noch nicht erledigt ist (siehe § 28 Abs. 1 SchRegO) und nunmehr wegen desselben Rechtsverhältnisses ein zweiter, abweichender Antrag eingeht. Der Schutzvermerk dient der Sicherung des Vorrangs des früher gestellten Antrags.

ii) Verfügungsverbote und -beschränkungen. Auch Verfügungsverbote und -be- 151 schränkungen zu Lasten eines Berechtigten können im Schiffsregister eintragungsfähig sein. Die wichtigsten sind die Eintragung der Eröffnung des Insolvenzverfahrens auf Ersuchen des Insolvenzgerichts (§§ 33, 32 Abs. 2 Satz 1 InsO) oder auf Antrag des Insolvenzverwalters (§§ 33, 32 Abs. 2 Satz 1 InsO); die Anordnung von Verfügungsverboten oder -beschränkungen und die Bestellung eines vorläufigen Insolvenzverwalters (§§ 21 Abs. 2 Satz 1 Nr. 1 und 2, 22 Abs. 1 und 2, 23 Abs. 3, 33, 32 Abs. 2 Satz 1 InsO); die Anordnung der Zwangsversteigerung des Schiffes (162, 163 Abs. 2, 19 Abs. 1, 22 Abs. 1, 23 ZVG); die Beschlagnahme des Schiffes zum Zwecke der Sicherstellung im Hinblick auf dessen Verfall oder Einziehung (§§ 73 ff. StGB, §§ 111b Abs. 1 Satz 1, 111c Abs. 4, 5 und 1, 111g, insbesondere Abs. 3 Satz 4 StPO).

jj) Die Löschung. Ein Recht, eine Vormerkung (oben Rn 148), ein Widerspruch 152 (oben Rn 149) oder eine Verfügungsbeschränkung (oben Rn 151) wird durch Eintragung eines Löschungsvermerks gelöscht (§ 50 Abs. 1 SchRegO). Ist das Schiffsregister unrichtig geworden, weil das Registergericht unter Verletzung gesetzlicher Vorschriften eine Eintragung vorgenommen hat, ist von Amts wegen ein Widerspruch einzutragen bzw. die Eintragung ist, wenn sie ihrem Inhalt nach unzulässig ist, von Amts wegen zu löschen (§ 56 SchRegO). Zur Löschung der Eintragung des Schiffes siehe oben Rn 136.

f) Der öffentliche Glaube des Schiffsregisters. Ebenso wie das Grundbuch (§ 891 153 BGB) genießt auch das Schiffsregister öffentlichen Glauben. Der Umfang der Vermutung der Richtigkeit ergibt sich aus § 15 SchRG. Nach dessen Abs. 1 wird vermutet, dass Eigentümer des Schiffes ist, wer als Eigentümer eingetragen ist.[218] Gleiches gilt für den Gläubiger einer Schiffshypothek oder eines Rechts an einer Schiffshypothek oder eines Nieß-

---

216 Siehe OLG Hamburg VRS 1, 317 „Adele Walter", „Helgoland".
217 Siehe OLG Hamburg VRS 1, 317 „Adele Walter", „Helgoland".
218 Siehe LG Hamburg (2005) BeckRS 2009, 07971.

brauchs (§ 15 Abs. 2 SchRG). Bei gelöschten Rechten besteht nach § 15 Abs. 3 SchRG die Vermutung, dass es nicht mehr besteht. Die Tatbestände des § 15 SchRG begründen widerlegliche Vermutungen (§ 292 Satz 1 ZPO). Dagegen erfasst der öffentliche Glaube nicht Vormerkungen, Widersprüche, Verfügungsbeschränkungen (oben Rn 148, 149, 151); den Bestand und die Höhe der durch eine Schiffshypothek (unten Rn 164–214) gesicherten Forderung; die tatsächlichen Angaben zum Schiff (siehe §§ 10, 11 SchRegO); oder dass der als Schiff eingetragene Gegenstand überhaupt, schon oder noch die Voraussetzungen eines Schiffes erfüllt. Schließlich begründet die Eintragung eines Schiffes im See- bzw. im Binnenschiffsregister nicht die Vermutung, dass es sich bei dem Schiff auch um ein See- bzw. Binnenschiff handelt (siehe noch § 5 SchRegO). Die an § 15 SchRG anknüpfenden Regelungen der §§ 16, 17 SchRG sind die Grundlage des Schutzes des guten Glaubens im rechtsgeschäftlichen Verkehr. Die Bestimmunen entsprechen denen des §§ 892, 893 BGB. Der für den Schutz des guten Glaubens maßgebliche Zeitpunkt ist der der Stellung des Antrags auf Eintragung bzw., wenn die Einigung erst später zustande kommt, die Zeit der Einigung maßgeblich (§ 16 Abs. 2 SchRG).

154 **g) Das Schiffsbauwerksregister.** Neben dem See- und dem Binnenschiffsregister gibt es ein weiteres Register, das Schiffsbauwerksregister. Dies ist erforderlich, um die Bestellung einer Hypothek an einem Schiffsbauwerk zu ermöglichen (siehe §§ 76 ff. SchRG sowie unten Rn 220–223 zum Schiffsbauwerk). Darin erschöpft sich der Zweck des Schiffsbauwerksregisters, flaggenrechtliche Belange spielen keine Rolle. Das Schiffsbauwerksregister ist in den §§ 65 ff. SchRegO geregelt; siehe auch §§ 46 bis 53 SchRegDV. Ein Schiffsbauwerk wird in das Schiffsbauregister nur eingetragen, wenn zugleich eine Schiffshypothek eingetragen wird oder wenn die Zwangsversteigerung des Schiffsbauwerkes beantragt ist (§ 66 SchRegO). Örtlich zuständig ist das Register des Bauortes (§ 67 Abs. 1 SchRegO). Hierbei bleibt es auch, wenn das Schiffsbauwerk an einen anderen Ort außerhalb des Registerbezirks gebracht wird (§ 67 Abs. 2 SchRegO). Für die Eintragung des Schiffsbauwerkes ist nach § 68 SchRegO eine Anmeldung des Inhabers der Schiffswerft, auf dem das Schiff erbaut wird (siehe § 648 Abs. 2 BGB), ggf. des Dritteigentümers oder desjenigen erforderlich, der aufgrund eines vollstreckbaren Titels die Eintragung in das Schiffsbauregister oder die Zwangsversteigerung des Schiffsbauwerkes betreiben kann (siehe § 170a Abs. 1 ZVG). Zur Anmeldung siehe näher die Einzelheiten des §§ 69, 70 SchRegO. Jede Veränderung in den eingetragenen Tatsachen und insbesondere die Fertigstellung des Schiffes ist nach § 71 Satz 1 SchRegO unverzüglich bei dem Registergericht anzumelden. Nach Anmeldung der Fertigstellung des Schiffes bzw. nach Erteilung der Bescheinigung der (Nicht-)Eintragung in das Schiffsbauregister zum Zwecke der Eintragung des Schiffes in das Schiffsregister (§ 15 SchRegO) kann eine Schiffshypothek im Schiffsbauregister nicht mehr eingetragen werden (§ 72 Satz 1 SchRegO). Die Eintragung des Schiffsbauwerkes wird gelöscht, wenn angemeldet wird, dass das Schiff ins Ausland abgeliefert ist, wenn die Löschung beantragt wird oder wenn das Schiffsbauwerk untergegangen ist (§ 73 SchRegO). Im Hinblick auf die sonstigen Eintragungen im Schiffsbauregister gelten die Vorschriften des Dritten Abschnitts der §§ 23 ff. SchRegO nach § 74 SchRegO sinngemäß.

155 **h) Das Schwimmdock.** Auch an einem Schwimmdock, bei dem es sich nicht um ein Schiff handelt, kann nach § 81a Satz 1 SchRG eine Schiffshypothek bestellt werden (unten Rn 224). Dies gilt auch für Schwimmdocks, die sich noch im Bau befinden. Die Bestellung der Schiffshypothek erfordert die Eintragung in ein Register. Schwimmdocks werden in das Schiffsbauregister eingetragen, unabhängig davon, ob sie sich im Bau befinden oder bereits fertiggestellt sind. Auch in diesem Zusammenhang spielt das

Flaggenrecht keine Rolle, der einzige Zweck der Eintragung ist die Ermöglichung der Bestellung der Schiffshypothek. Befindet sich das Schwimmdock noch im Bau, wird es wie ein Schiffsbauwerk behandelt; siehe §§ 73a, 66 bis 71, 73 SchRegO. Nach Fertigstellung des Schwimmdocks verbleibt es bei der Eintragung im Schiffsbauregister des Bauortes. Es wird lediglich der neue Ort eingetragen, an dem das Schwimmdock gewöhnlich liegt („Lageort", § 73a Satz 2 SchRegO). Dies gilt nicht, wenn das Schwimmdock ins Ausland abgeliefert wird, so dass die Eintragung zu löschen ist (§§ 73a Satz 1, 73 Satz 1 Nr. 1, Satz 2 SchRegO). Im Übrigen können (bereits fertiggestellte) Schwimmdocks, die nicht bereits in das Schiffsbauregister des Bauortes eingetragen sind (§ 73b Satz 1 SchRegO), in das Schiffsbauregister des Lageortes eingetragen werden (§ 73b Satz 2 Nr. 1 SchRegO).

i) Rechtsbehelfe gegen Entscheidungen des Registergerichts. Gegen Entscheidungen des Registergerichts ist grundsätzlich die Beschwerde statthaft (§ 75 Abs. 1 SchRegO, § 11 Abs. 1 RPflG). Eine Erinnerung nach § 11 Abs. 2 RPflG findet nur statt, wenn die Entscheidung noch geändert werden kann (§ 11 Abs. 3 Satz 1 RPflG). Wird eine Eintragung angegriffen, kann mit der Beschwerde nur verlangt werden, dass ein Widerspruch einzutragen oder dass die Eintragung zu löschen sei (§ 75 Abs. 2 SchRegO). Über die Beschwerde entscheidet das Oberlandesgericht, in dessen Bezirk das Registergericht seinen Sitz hat (§ 76 SchRegO). Die Beschwerde hat grundsätzlich keine aufschiebende Wirkung (§ 78 SchRegO). Im Beschwerdeverfahren können neue Tatsachen und Beweise eingeführt werden (§ 79 SchRegO). Das Beschwerdegericht ist nach § 81 SchRegO befugt, vor seiner Entscheidung eine einstweilige Anordnung zu erlassen. Diese kann insbesondere darin bestehen, dass dem Registergericht aufgegeben wird, einen Schutzvermerk nach § 28 Abs. 2 SchRegO einzutragen (oben Rn 150). Siehe zum Beschwerdeverfahren noch die Regelungen des § 89 SchRegO. Gegen einen Beschluss des Beschwerdegerichts ist ggf. die Rechtsbeschwerde statthaft (§ 83 SchRegO, §§ 71 bis 74a FamFG). Die sofortige Beschwerde unterliegt den Vorschriften über die Beschwerde nach dem FamFG (§ 90 SchRegO). 156

4. Die Übereignung des Schiffes. Für die Übereignung, also die rechtsgeschäftliche Übertragung des Eigentums an Schiffen, gelten eine Reihe von Besonderheiten. Dabei wird zwischen (in einem deutschen Schiffsregister) eingetragenen und nicht eingetragenen Schiffen sowie zwischen See- und Binnenschiffen unterschieden (dazu oben Rn 63–85 Einleitung A). Die maßgeblichen Vorschriften finden sich im SchRG sowie im BGB. 157

a) Seeschiffe. Ist das Schiff im Seeschiffsregister eingetragen, ist es nach § 2 Abs. 1 SchRG für die Übereignung des Schiffes erforderlich und genügend, dass sich der Eigentümer und der Erwerber darüber einig sind, dass das Eigentum auf den Erwerber übergehen soll. Es gelten keine weiteren Formerfordernisse. Einer Übergabe des Schiffes, wie sie für den Grundfall des § 929 BGB vorgesehen ist, bedarf es nicht. Der Zweck der Regelung des § 2 Abs. 1 SchRG besteht darin, die Übereignung von Schiffen, die sich auf See befinden, zu ermöglichen. 158

Ist das Seeschiff nicht im Schiffsregister eingetragen, gilt die Regelung des § 929a BGB. Diese Vorschrift knüpft an die des § 929 Satz 1 BGB an. Danach wäre zur Übertragung des Eigentums am Schiff erforderlich, dass der Eigentümer die Sache dem Erwerber übergibt und beide einig sind, dass das Eigentum übergehen solle. § 929a Abs. 1 BGB betrifft das erste der beiden Merkmale: Der Übergabe bedarf es nicht, wenn sich die Einigung über den Eigentumsübergang außerdem darauf erstreckt, dass das Eigentum sofort 159 übergehen soll.[219] Beide Bestandteile der Einigung sind formfrei. Soll das Eigentum erst zu einem späteren Zeitpunkt übergehen, etwa nach einer Besichtigung oder weil ein Eigentumsvorbehalt vereinbart wurde, ist § 929a BGB unanwendbar, so dass es bei der Übereignung nach den allgemeinen Tatbeständen der §§ 929, 930, 931 BGB bleibt.[220]

160 **b) Binnenschiffe.** Für die Übereignung eines Binnenschiffes gelten strengere Anforderungen als für Seeschiffe. Ist das Schiff in einem Binnenschiffsregister eingetragen, ist nach § 3 Abs. 1 SchRG die Einigung des Eigentümers und des Erwerbers im Hinblick auf die Übertragung des Eigentums und außerdem die Eintragung des Eigentumsübergangs in das Binnenschiffsregister erforderlich (siehe auch § 30 SchRegO) Es genügt hier also nicht nur die bloße Einigung. Vor der Eintragung sind die Beteiligten nach § 3 Abs. 2 SchRG an die Einigung nur gebunden, wenn die Erklärungen beurkundet oder vor dem Registergericht abgegeben oder bei diesem eingereicht sind oder wenn der Eigentümer dem Erwerber eine Eintragungsbewilligung ausgehändigt hat.

161 Ist das Binnenschiff nicht im Binnenschiffsregister eingetragen, erfolgt die Übereignung nach Maßgabe der allgemeinen Vorschriften der §§ 929 ff. BGB. Die Vorschrift des § 929a BGB gilt nur für Seeschiffe und findet keine Anwendung. Erforderlich ist nach § 929 Satz 1 BGB, dass der Eigentümer das Schiff dem Erwerber übergibt und beide einig sind, dass das Eigentum übergehen soll. Die Einigung bedarf keiner Form. Für die Übergabe des Schiffes gelten die weiteren Tatbestände der §§ 929 Satz 2, 930, 931 BGB.

162 **c) Der gutgläubige Erwerb des Eigentums.** Der Erwerber eines Schiffes, der das Schiff von einem Nichteigentümer erwirbt, kann gutgläubig Eigentum an dem Schiff erlangen. Ist das Schiff in einem deutschen Schiffsregister eingetragen, vollzieht sich der Gutglaubensschutz auf Grundlage des § 16 SchRG. Nach dessen Abs. 1 gilt zu Gunsten des Erwerbers der Inhalt des Schiffsregisters, soweit es das Eigentum betrifft, als richtig, es sei denn, dass ein Widerspruch gegen die Richtigkeit eingetragen (§ 21 SchRG, oben Rn 149) oder dem Erwerber die Unrichtigkeit bekannt ist. § 16 Abs. 1 Satz 2 SchRG gewährt dem Erwerber einen entsprechenden Schutz im Hinblick auf Verfügungsbeschränkungen des Eigentümers. Diese Regelungen gelten gleichermaßen für See- wie für Binnenschiffe. Bei Seeschiffen kommt es dabei für die Gutgläubigkeit des Erwerbers auf den Zeitpunkt der Einigung (§ 2 Abs. 1 SchRG) an. Im Falle der Übereignung eines Binnenschiffes, die erst mit der Eintragung wirksam wird (§ 3 Abs. 1 SchRG), ist im Hinblick auf die Gutgläubigkeit des Erwerbers der Zeitpunkt der Stellung des Antrags auf Eintragung oder der Einigung maßgeblich, je nachdem, welche Voraussetzung später eintritt.

163 Ist das Schiff nicht im Schiffsregister eingetragen, gelten für den gutgläubigen Erwerb des Eigentums die allgemeinen Vorschriften des BGB. Hier findet sich für Seeschiffe in § 932a BGB ein Sondertatbestand. Der Erwerber ist nach § 932a Hs. 1 BGB geschützt, wenn ihm das Schiff vom Veräußerer übergeben wird und er zu diesem Zeitpunkt im guten Glauben (§ 932 Abs. 2 BGB) ist. Der gutgläubige Erwerb des Eigentums an einem nicht eingetragenen Binnenschiff beurteilt sich dagegen nach §§ 932, 933, 934 BGB.[221] Ist das Schiff abhanden gekommen,[222] ist nach § 935 Abs. 1 BGB der gutgläubige Erwerb des Eigentums in allen Fällen ausgeschlossen.

---

219 Unklar BGH NJW 1995, 2097, 2098 (unter II.1a): Einigung im Hinblick darauf, dass die bloße Einigung für die Übertragung des Eigentums genügt.
220 BGH NJW 1995, 2097, 2098 (unter II.1b und c).
221 Siehe BGH NJW 1995, 2097, 2098 f. (unter 2.).
222 Siehe BGH NJW 1995, 2097, 2099 (unter 3.).

5. Die Schiffshypothek

Literatur: *Abraham* Die Schiffshypothek im deutschen und ausländischen Recht, 1950; *Bredow/Wetzler/Thum* Die Besicherung von privatplatzierten Schiffsfinanzierungen, ZIP 2014, 1316–1324; *Dobberahn* Rechte an Schiffen und Luftfahrzeugen, MittRhNotK 1998, 146–165; *Grädler/Zintl* Die Schiffshypothek, RdTW 2013, 95–99; *Heemann/Grieser* Die Schiffbauwerkhypothek – ein Finanzierungsinstrument, Hansa 2005-04, 17–20; *Hornung* Vollstreckungsunterwerfung und Höchstbetragshypothek, NJW 1991, 1649; *Kränzlien* Eigentum und Hypothek an gesunkenen Seeschiffen, 1951; *Krohn* Die Pfandrechte an registrierten Schiffen, 2004; *Prause* Das Recht des Schiffskredits unter besonderer Berücksichtigung des Schiffsachenrechts und des Schiffsregisterwesens, 3. Auflage 1979; *Richter* Schiffsfinanzierung, Beiträge zum nationalen und internationalen Recht, Heft 14, Rostock 1988; *Ringstmeier* Das Recht der Schiffshypothek, Hansa 1985, 1444–1446 und 1542–1544; *Rottnauer* Die Mobiliarkreditsicherheiten unter besonderer Berücksichtigung der besitzlosen Pfandrechte im deutschen und englischen Recht, 1992; *Schackow/Busch* Der Schiffskredit, 1968; *Schiering* Charterverträge und Schiffshypotheken aus der Sicht der Banken, Hansa 1978, 1974; *Scholast/Walter* Verkauf von Forderungen aus notleidenden Schiffsfinanzierungsdarlehen, BB 2012, 1301–1304; *Schulze* Die Sicherung von Lieferantenkrediten im Schiffsraum mittels Schiffshypotheken – ausgewählte Probleme des Seehandelsrechts, Seevölker- und Seeversicherungsrecht, Gesellschaft für Seerecht der DDR, 1985; *Schulze* Seerechtliche Kreditsicherung unter Einbeziehung der Seeversicherung, Beiträge zum nationalen und internationalen Seerecht, Heft 14, Rostock 1988; *Stamer* Absicherung der Schiffshypothekengläubiger, Hansa 1989, 1524–1526; *Trappe* Die Schiffshypothek als Gegenstand der Rechtsvereinheitlichung, 1957; *Weimar* Die mithaftenden Gegenstände bei der Schiffshypothek, WM 1963, 154–156; *Wüstendörfer* Die Brüsseler Vorentwürfe zu internationalem Uebereinkommen über die Beschränkte Haftung der Schiffseigentümer und über die Schiffshypotheken und Schiffsprivilegien, ZHR 71(1912) 1–60.

Die Schiffshypothek ist das wichtigste Sicherungsmittel im Rahmen der Finanzierung des Schiffes. Sie ist in den §§ 24 bis 81a SchRG (die den größten Teil des Gesetzes ausmachen) ausführlich geregelt. Eine Schiffshypothek kann auch an einem Schiffsbauwerk oder an einem Schwimmdock begründet werden (dazu unten Rn 212–213, 214). § 8 Abs. 1 Satz 1 SchRG enthält eine Legaldefinition der Schiffshypothek. Es ist die Belastung eines Schiffes zur Sicherung einer Forderung in der Weise, dass der Gläubiger berechtigt ist, wegen einer bestimmten Geldsumme Befriedigung aus dem Schiff zu suchen. Die Schiffshypothek begründet gegen den Eigentümer des Schiffes einen Anspruch auf Duldung der Zwangsvollstreckung. Eine Sicherheit kann nach § 232 Abs. 1 BGB durch Bestellung einer Schiffshypothek an einem Schiff, das in einem deutschen Schiffsregister eingetragen ist, geleistet werden; siehe auch § 241 Abs. 1 Nr. 5 (b) AO. Zur Verjährung von Ansprüchen aus der Schiffshypothek siehe § 23 SchRG.

a) Die Begründung der Schiffshypothek. Eine Schiffshypothek kann rechtsgeschäftlich bestellt werden. Hierfür gilt nach § 8 Abs. 2 SchRG die Regelung des § 3 SchRG über die Übereignung eines eingetragenen Binnenschiffes sinngemäß. Dies betrifft auch die Bestellung einer Schiffshypothek an einem Seeschiff. Erforderlich ist die Einigung des Eigentümers und des Gläubigers über die Bestellung einer Schiffshypothek und die Eintragung der Schiffshypothek in das Schiffsregister (§ 3 Abs. 1 SchRG). Vor der Eintragung sind die Beteiligten an der Einigung über die Bestellung der Schiffshypothek nur gebunden, wenn die Erklärungen beurkundet oder vor dem Registergericht abgegeben oder bei diesem eingereicht sind oder wenn der Eigentümer dem Gläubiger eine Eintragungsbewilligung ausgehändigt hat (§ 3 Abs. 2 SchRG). Zu den erforderlichen Angaben, die in das Schiffsregister einzutragen sind, siehe die Regelung des § 24 SchRG.

Eine Schiffshypothek kann auch kraft Gesetzes ohne die Mitwirkung des Eigentümers des Schiffes entstehen, etwa im Rahmen der Zwangsvollstreckung wegen einer

Geldforderung gegen den Eigentümer (§ 870a Satz 1 ZPO, dazu unten Rn 227); als Arrestpfandrecht (§ 931 Abs. 1 und 2 ZPO), das nach § 931 Abs. 2 Hs. 2 ZPO dem Gläubiger im Verhältnis zu anderen Rechten dieselben Rechte wie eine Schiffshypothek gewährt; in der Zwangsversteigerung des Schiffes in den Fällen des § 118 Abs. 1 ZVG für die auf die Berechtigten übertragenen Forderungen gegen den Ersteher (§§ 162, 163 Abs. 2, 169 Abs. 2 ZVG); wenn ein Pfandrecht an einem auf Übertragung des Eigentums an einem Schiffes gerichteten Anspruch besteht und der Schuldner leistet (§ 1287 Satz 2 BGB). Siehe auch § 847a Abs. 2 ZPO, § 318 Abs. 3 und 4 AO: Erwerb einer Schiffshypothek nach Pfändung des Anspruchs des Schuldners auf Übertragung des Eigentums am Schiff und Übertragung des Eigentums auf den Schuldner unter Einschaltung eines Treuhänders als Vertreter des Schuldners, wobei der Vertreter für den Schuldner die Eintragung bewilligt. Schließlich kann der Inhaber einer Schiffswerft für seine Forderungen aus der Ausbesserung eines Schiffes die Einräumung einer Schiffshypothek verlangen (§ 648 Abs. 2 BGB).

167   **b) Der Rang der Schiffshypothek.** Der Rang einer Schiffshypothek im Verhältnis zu anderen dinglichen Rechten am Schiff ist für den Fall von Bedeutung, dass es zur Zwangsversteigerung kommt und der Erlös nicht (einmal) ausreicht, um die Schiffsgläubiger mit ihren Forderungen zu befriedigen. In der Zwangsvollstreckung generell und auch in der Zwangsversteigerung wird der Erlös nicht etwa anteilig nach der Höhe der Forderungen verteilt. Vielmehr werden zunächst die jeweils vorrangigen Forderungen in vollem Umfang bedient.

168   **aa) Die Schiffshypotheken untereinander.** Im Verhältnis zwischen den Schiffshypotheken untereinander bestimmt sich das Rangverhältnis nach der Reihenfolge der Eintragungen (§ 25 Abs. 1 Satz 1 SchRG). Die Eintragungen müssen nacheinander in der Reihenfolge der Anträge erfolgen (§ 27 SchRegO). Im Ergebnis hat die früher eingetragene Schiffshypothek Vorrang. Es spielt keine Rolle, ob die Schiffshypothek rechtsgeschäftlich oder kraft Gesetzes begründet wurde. Im Falle einer rechtsgeschäftlichen Bestellung der Schiffshypothek bleibt die Eintragung maßgeblich, auch wenn die Einigung erst nach der Eintragung zu Stande kommt (§ 25 Abs. 1 Satz 2 SchRG). Ist im Hinblick auf den Rang der Schiffshypothek eine Vormerkung in das Schiffsregister eingetragen, kommt es auf den Zeitpunkt der Eintragung der Vormerkung an (§ 10 Abs. 3 SchRG, oben Rn 148).

169   **bb) Die Rangänderung.** Die Beteiligten können die Rangverhältnisse der Schiffshypotheken nach Maßgabe des § 26 SchRG nachträglich ändern. Hierfür ist grundsätzlich die Einigung des zurücktretenden und des vortretenden Gläubigers, die Zustimmung des Eigentümers des Schiffes sowie die Eintragung der Rangänderung erforderlich (§ 26 Abs. 2 Satz 1 SchRG). Darüber hinaus gilt § 3 Abs. 2 und 3 SchRG sinngemäß (§ 26 Abs. 2 Satz 2 SchRG). Die Zustimmung des Eigentümers ist im Registergericht oder einem der Beteiligten gegenüber zu erklären und kann nicht widerrufen werden (§ 26 Abs. 2 Satz 3 SchRG). Ist die zurücktretende Schiffshypothek ihrerseits mit dem Recht eines Dritten belastet, bedarf die Rangänderung auch dessen Zustimmung (§ 26 Abs. 2 SchRG). Die Rangänderung berührt lediglich die zurücktretende und die vortretende Schiffshypothek, nicht aber Schiffshypotheken mit einem Zwischenrang (§ 26 Abs. 5 SchRG). Hat ein Rangrücktritt zur Folge, dass der Drittschuldner nunmehr hinsichtlich seines möglicherweise bestehenden Ersatzanspruches gegen den Eigentümer nicht mehr durch den Übergang der Schiffshypothek auf ihn, den Schuldner, nach Maßgabe des § 59 SchRG gesichert ist, erlischt die Forderung gegen den Schuldner (§ 60 SchRG).

cc) **Der Rangvorbehalt.** Zwischen dem Eigentümer des Schiffes und dem Gläubiger 170
kann auch von vornherein vereinbart werden, dass es dem Eigentümer vorbehalten
bleibt, eine andere Schiffshypothek mit Vorrang eintragen zu lassen (§ 27 Abs. 1 und 2
SchRG). Auf diese Weise kann der Eigentümer erreichen, dass er zu einem späteren Zeitpunkt eine Schiffshypothek mit dem (besseren) vorbehaltenen Rang bestellen kann.
Wird das Schiff veräußert, geht die vorbehaltene Befugnis der Eintragung einer vorrangigen Schiffshypothek auf den Erwerber über (§ 28 Abs. 3 SchRG). Siehe zu dem Fall,
dass das Schiff vor Eintragung der vorrangigen Schiffshypothek mit einer anderen
Schiffshypothek ohne einen entsprechenden Vorbehalt belastet wurde, die Regelung des
§ 27 Abs. 4 SchRG.

dd) **Der Rang im Verhältnis zu Schiffsgläubigerrechten.** Ggf. muss auch das 171
Rangverhältnis der Schiffshypothek zu anderen dinglichen Sicherungsrechten am Schiff
geklärt werden. Dies betrifft insbesondere die Schiffsgläubigerrechte (siehe §§ 596 ff.).
Hierbei handelt es sich um gesetzliche Pfandrechte an dem Schiff (siehe § 597 Abs. 1
Satz 1). Der Besitz am Schiff ist nicht erforderlich und eine Eintragung im Schiffsregister
nicht möglich. Für einen Dritten ist es daher normalerweise nicht erkennbar, dass ein
Schiff mit Schiffsgläubigerrechten belastet ist. Schiffsgläubigerrechte stellen aus diesem
Grund eine potenzielle Bedrohung für die Schiffshypotheken dar.[223] Mit zunehmender
Bedeutung der Schiffshypothek als Sicherungsmittel bei der Finanzierung des Schiffes
sind die Schiffsgläubigerrechte im deutschen Recht weiter zurückgedrängt worden. Insbesondere sind mit dem 1. SRÄndG von 1972 viele Schiffsgläubigerrechte, die bis dahin
bestanden haben, abgeschafft worden. Dies erfolgte auch im Hinblick auf den Schutz der
Gläubiger von Schiffshypotheken.[224]

Die internationalprivatrechtliche Frage, ob eine Forderung durch ein Schiffsgläubi- 172
gerrecht gesichert ist, beurteilt sich nach Art. 45 Abs. 2 Satz 1 EGBGB. Maßgeblich ist das
Sachrecht, dem die Forderung unterliegt.[225] Insoweit gelten die §§ 596 ff. nur, wenn für
die Forderung das deutsche Sachrecht maßgeblich ist. Für den Rang von Sicherungsrechten am Schiff gilt die besondere Anknüpfung des Art. 45 Abs. 2 Satz 2 EGBGB. Anders
als der Satz 1 der Vorschrift betrifft der Satz 2 sowohl gesetzliche und für rechtsgeschäftlich begründete Sicherungsrechte. Nach Art. 43 Abs. 1, 45 Abs. 2 Satz 2 EGBGB bestimmt
sich der Rang der Sicherungsrechte nach dem Recht des Staates, in dem sich das Schiff
befindet. Im Falle einer Zwangsversteigerung in Deutschland kommt mithin das deutsche Sachrecht bei der Bestimmung der Rangverhältnisse zur Anwendung.[226]

Hier findet sich zunächst in § 602 Satz 1 die Klarstellung, dass die Schiffsgläubiger- 173
rechte Vorrang vor allen anderen Pfandrechten am Schiff haben. Damit haben sie auch
Vorrang vor den Schiffshypotheken,[227] unabhängig von ihrem Rang untereinander. § 602
Satz 1 betrifft unmittelbar lediglich einen Vorrang der nach § 596 Abs. 1 Nr. 1 bis 5 begründeten Schiffsgläubigerrechte. Diese Vorschrift gilt nur, wenn es um Schiffsgläubigerrechte nach deutschem Sachrecht geht, wenn also die gesicherte Forderung dem
deutschen Sachrecht unterliegt (Art. 45 Abs. 2 Satz 1 EGBGB, zuvor Rn 172). Darüber hin-

---

223 Siehe auch OLG Schleswig Hansa 1958, 1824.
224 1. SRÄndG-Begr S. 34 (linke Spalte).
225 Siehe schon BGH NJW-RR 1991, 1211 „Ventuari".
226 So auch schon BGH NJW-RR 1991, 1211, 1212(unter 2.) „Ventuari"; OLG Oldenburg VersR 1975, 271 „Anna G." – siehe auch RGZ 45, 276 „Libra".
227 Siehe OLG Hamburg HansRGZ B 1935, 155 Nr. 43 „Maria Ursula"; OLG Hamburg VersR 1975, 563, 564 (rechte Spalte) – zum Bereicherungsanspruch des Schiffsgläubigers, der seine Rechte im Zwangsversteigerungsverfahren nicht geltend gemacht hat, gegen den Hypothekengläubiger siehe OLG Hamburg HansRGZ B 1935, 155 Nr. 43 „Maria Ursula".

aus kommt § 602 Satz 1 zum Tragen, wenn es um Schiffsgläubigerrechte geht, die nach einem ausländischen Sachrecht entstanden sind. Diese Schiffsgläubigerrechte haben Vorrang vor allen anderen Pfandrechten, einschließlich der Schiffshypotheken, wenn sie sich unter einen der Tatbestände des § 596 Abs. 1 Nr. 1 bis 5 einordnen lassen.[228] Ein nach ausländischem Recht begründetes Schiffsgläubigerrecht, das dem deutschen Recht unbekannt ist, wird grundsätzlich anerkannt.[229] Es tritt jedoch hinter die in § 596 Abs. 1 Nr. 1 bis 5 genannten Schiffsgläubigerrechte zurück.[230] Auch § 602 Satz 1 gilt nicht.[231] Im Verhältnis zu den sonstigen Pfandrechten am Schiff gilt auch für das nach ausländischem Recht begründete Schiffsgläubigerrecht das Prioritätsprinzip, wonach das ältere Recht Vorrang vor dem jüngeren Recht hat. Dies betrifft das Verhältnis zur Schiffshypothek.

174 In der Binnenschifffahrt gelten für die Rangverhältnisse zwischen den Schiffsgläubigerrechten und den Schiffshypotheken etwas andere Grundsätze. Auch hier genießen nach § 109 Abs. 1 Hs. 1 BinSchG die Schiffsgläubigerrechte zunächst Vorrang. Dies gilt allerdings für die in § 102 Nr. 4 bis 6 BinSchG genannten Schiffsgläubigerrechte nur, wenn diese nicht früher als die sonstigen Pfandrechte entstanden sind. Damit bleibt es insoweit beim Prioritätsprinzip, ältere Schiffshypotheken haben Vorrang vor jüngeren Schiffsgläubigerrechten nach § 102 Nr. 4 bis 6 BinSchG.

175 Das OLG Hamburg[232] hat im Hinblick auf das Verhältnis zwischen Schiffshypotheken und Schiffsgläubigerrechten eine Drittwirkung der Rechtskraft anerkannt. Hat der Schiffsgläubiger einen gegen den Eigentümer einen rechtskräftigen Titel auf Duldung der Zwangsvollstreckung aus dem Schiffsgläubigerrecht erwirkt, ist grundsätzlich auch der Schiffshypothekengläubiger an die Feststellung des Bestehens des Schiffsgläubigerrechts gebunden (auch wenn er nicht an diesem Verfahren beteiligt war). Dies gilt lediglich dann nicht, wenn die Voraussetzungen einer Gläubigeranfechtung nach Maßgabe des AnfG vorliegen oder der Schiffsgläubiger und der Eigentümer kollusiv zusammengewirkt haben. Bleibt es bei der Drittwirkung der Rechtskraft, kann sich der Schiffshypothekengläubiger insbesondere nicht auf einen inzwischen eingetretenen Ablauf der Frist des § 600 Abs. 1 berufen. Ist auch die zugrunde liegende Forderung tituliert, gilt die Verjährung des § 197 Abs. 1 Nr. 3 BGB. Abgesehen davon lässt der Eintritt der Verjährung der gesicherten Forderung das Schiffsgläubigerrecht nach § 216 Abs. 1 BGB ohnehin unberührt.

176 **ee) Der Rang im Verhältnis zu sonstigen dinglichen Sicherungsrechten am Schiff.** Neben den Schiffsgläubigerrechten können weitere Sicherungsrechte am Schiff bestehen, insbesondere nach ausländischem Recht begründete Pfandrechte. Nach dem Rechtsgedanken der §§ 1257, 1209 BGB gilt hier das Prioritätsprinzip. Maßgeblich ist der Zeitpunkt der Entstehung des Pfandrechts bzw. der Eintragung (ggf. der Vormerkung): Das ältere Pfandrecht hat gegenüber der jüngeren Schiffshypothek Vorrang. Gleichzeitig entstandene Pfandrechte und Schiffshypotheken haben den gleichen Rang.

177 **c) Die gesicherte Forderung.** Die Schiffshypothek besteht im Hinblick auf die gesicherte Forderung (§ 8 Abs. 1 Satz 1 SchRG). Dies kann auch eine zukünftige oder einen

---

[228] Siehe OLG Oldenburg VersR 1975, 271 „Anna G."; *Eckardt* in MüKo/HGB Rn 2 zu § 602 und Rn 8 vor § 596; *Schaps/Abraham* Seehandelsrecht Rn 34 vor § 754.
[229] Siehe BGH NJW-RR 1991, 1211 „Ventuari" und schon RGZ 45, 276 – anders aber RGZ 80, 129 „Rewa".
[230] *Schaps/Abraham* Seehandelsrecht Rn 34 vor § 754.
[231] OLG Oldenburg VersR 1975, 271 „Anna G." a.E.
[232] VersR 1975, 563, 564 f.

bedingte Forderung sein (§ 8 Abs. 1 Satz 2 SchRG). Der Gläubiger der Schiffshypothek ist grundsätzlich immer auch Gläubiger der gesicherten Forderung. Schuldner der gesicherten Forderung kann der Eigentümer selbst oder auch ein Dritter sein. Das Schiff haftet auch für die gesetzlichen Zinsen der Forderung[233] sowie für die Kosten der Kündigung und die Kosten der Rechtsverfolgung bei der Geltendmachung der Schiffshypothek (§ 29 SchRG). Die Schiffshypothek kann im Hinblick auf die Zinsen auf einen Zinssatz von 5 % pro Jahr erweitert werden, wenn die Forderung unverzinslich ist oder ein niedrigerer Zinssatz vereinbart wurde (§ 30 Abs. 1 SchRG). Hat der Gläubiger an den Versicherer zur Erhaltung des Versicherungsschutzes Zahlungen geleistet, etwa die Prämie entrichtet (siehe § 38 Abs. 1 SchRG), haftet die Schiffshypothek auch für den Anspruch des Gläubigers auf Erstattung der Beträge einschließlich der Zinsen (§ 38 Abs. 2 SchRG). Unabhängig davon fallen auch die bei der Geltendmachung der Schiffshypothek gegen den (ggf. vom Schuldner verschiedenen) Eigentümer entstehenden Verzugszinsen unter die Schiffshypothek (§ 46 SchRG). Sie ist im Übrigen nach § 8 Abs. 1 Satz 3 SchRG akzessorisch und besteht damit nur in Höhe der gesicherten Ansprüche. Ebenso erlischt die Schiffshypothek grundsätzlich mit den gesicherten Ansprüchen (unten Rn 200).

d) Die von der Schiffshypothek erfassten Gegenstände

aa) Schiff und Zubehör. Die Schiffshypothek erstreckt sich zunächst auf „das Schiff" (§ 8 Abs. 1 Satz 1 SchRG). Dies umfasst alle (wesentlichen oder einfachen, oben Rn 48–55) Bestandteile des Schiffes. Abtrennbare einfache Bestandteile werden von der Haftung frei, wenn sie vom Schiff getrennt und entfernt werden, sofern dies nicht nur zu einem vorrübergehenden Zweck erfolgt (§ 31 Abs. 3 SchRG). Ebenso erstreckt sich die Schiffshypothek auf das Zubehör des Schiffes (§ 97 BGB, oben Rn 56–62). Dies gilt nicht für Zubehörstücke, die nicht in das Eigentum des Schiffseigentümers gelangt sind (§ 31 Abs. 1 SchRG). Außerdem werden Zubehörstücke von der Haftung frei, wenn ihre Zubehöreigenschaft in den Grenzen einer ordnungsmäßigen Wirtschaft aufgehoben wird. Dies betrifft insbesondere Brenn- und Schmierstoffe, Frischwasser und Proviant sowie Ersatzteile, die an Bord verbraucht oder im normalen Betrieb des Schiffes verwendet werden. Ebenso sind Zubehörstücke nicht mehr mit der Haftung für die Schiffshypothek belastet, wenn sie veräußert und von dem Schiff entfernt werden, bevor sie zu Gunsten des Gläubigers in Beschlag genommen worden sind (§ 31 Abs. 2 Satz 1 SchRG). Siehe zum Schutze des guten Glaubens in diesem Zusammenhang die Bestimmungen des § 1121 Abs. 2 BGB (§ 31 Abs. 2 Satz 2 SchRG). Siehe zu den Rechten des Gläubigers in dem Fall, dass Zubehörstücke den Regeln einer ordnungsmäßigen Wirtschaft zuwider von dem Schiff entfernt werden, die Vorschrift des § 39 Abs. 3 SchRG.

bb) Forderungen des Eigentümers. Die Schiffshypothek kann sich auch auf bestimmte Forderungen des Eigentümers erstrecken. Dies gilt nicht für Ansprüche auf Schadenersatz aus dem Verlust oder einer Beschädigung des Schiffes (anders die Schiffsgläubigerrechte, § 598 Abs. 2 Satz 1). Ebenso wenig haftet ein Anspruch des Eigentümers auf Zahlungen in Großer Haverei (anders auch insoweit das Schiffsgläubigerrecht, § 598 Abs. 2 Satz 2). Allerdings kann sich die Schiffshypothek auf eine Forderung des Eigentümers aus einer für das Schiff genommenen Versicherung erstrecken (§§ 32 ff. SchRG, dazu sogleich Rn 180–183). Dies gilt wiederum nicht für das Schiffsgläubigerrecht (§ 598 Abs. 3). Damit bleiben die Ansprüche aus einer für das Schiff genommenen

---

[233] Siehe auch OLG Hamburg Hansa 1953, 308 (Nr. 6).

Versicherung für den Schiffshypothekengläubiger reserviert. Keinesfalls erstreckt sich die Schiffshypothek auf sonstige Forderungen des Eigentümers aus der Verwendung des Schiffes, etwa auf Fracht (§§ 481 Abs. 2, 527 Abs. 2), Hire (§ 557 Abs. 2) oder Miete (§ 553 Abs. 2 Satz 1).

180   **cc) Insbesondere Versicherungsforderungen des Eigentümers.** Die Schiffshypothek erfasst nach § 32 Abs. 1 SchRG auch eine (künftige) Forderung des Eigentümers aus einer für das Schiff genommenen Versicherung. Dies betrifft nur eine solche Versicherung, die gerade das Eigentümerinteresse am Schiff deckt, also eine Kaskoversicherung. Der Eigentümer ist Versicherter. Es kommt nicht darauf an, ob er oder eine andere Person Versicherungsnehmer ist. Soweit sich die Schiffshypothek auf die Versicherungsforderung erstreckt, hat der Schiffshypothekengläubiger ein Pfandrecht an der Forderung, auf das grundsätzlich die §§ 1279 ff. BGB zur Anwendung gelangen (§ 32 Abs. 2 Satz 1 Hs. 1 SchRG). Ggf. kann der Gläubiger daher vom Versicherer unmittelbar Zahlung an sich, den Gläubiger, verlangen.[234] Die weiteren Regelungen der §§ 32 ff. SchRG sind denen der §§ 1127 ff. BGB über Grundstückshypotheken nachgebildet. Ist die Schiffshypothek im Schiffsregister eingetragen, kann sich der Versicherer nicht darauf berufen, dass er von der Schiffshypothek keine Kenntnis gehabt habe (§ 32 Abs. 2 Satz 1 Hs. 2 SchRG). Der Versicherer kann die Entschädigung unter dem Versicherungsvertrag mit befreiender Wirkung an den Versicherungsnehmer zahlen, wenn der Eintritt des Schadens dem Gläubiger angezeigt wurde und seit dem Empfang der Anzeige eine Frist von zwei Wochen verstrichen ist (§ 32 Abs. 2 Satz 2 SchRG). Ist die Anzeige untunlich, beginnt die Frist mit der Fälligkeit der Versicherungsforderung (§ 32 Abs. 2 Satz 3 Hs. 2 SchRG). Bis zum Ablauf der Frist kann der Gläubiger der Zahlung widersprechen (§ 32 Abs. 2 Satz 4 SchRG). Ebenso sind Zahlungen des Versicherers dem Gläubiger gegenüber wirksam, soweit sie zum Zweck der Wiederherstellung des Schiffes bewirkt werden und die Wiederherstellung gesichert ist (§ 33 Abs. 1 Satz 1 SchRG). Dem Gläubiger gegenüber wirksam sind ebenfalls Zahlungen des Versicherers zum Zweck der Befriedigung von Schiffsgläubigern (dazu siehe oben Rn 171–175), wenn ihre Befriedigung gesichert ist (§ 33 Abs. 1 Satz 2 SchRG). Soweit das Schiff wiederhergestellt oder für Zubehörstücke Ersatz beschafft worden ist oder die Ansprüche von Schiffsgläubigern erfüllt worden sind, endet die Haftung der Versicherungsforderung für die Schiffshypothek (§ 33 Abs. 2 SchRG).

181   Der Gläubiger kann seine Schiffshypothek bei dem Versicherer anmelden. Dies ist für ihn insoweit vorteilhaft, als ihm nach Maßgabe des § 34 SchRG Gelegenheit gegeben wird, für den Fall, dass der Versicherungsschutz bedroht ist, die Versicherung zu erhalten. Bei mehreren Mitversicherern genügt die Anmeldung der Schiffshypothek bei dem vom Eigentümer benannten führenden Versicherer (§ 35 SchRG). Der Versicherer muss dem angemeldeten Gläubiger unverzüglich mitteilen, wenn die Prämie nicht rechtzeitig gezahlt ist und aus diesem Grunde dem Versicherungsnehmer eine Zahlungsfrist bestimmt wird oder wenn das Versicherungsverhältnis nach Ablauf der Frist wegen der ausgebliebenen Zahlung gekündigt wird (§ 34 Abs. 1 SchRG). Darüber hinaus wird eine Kündigung, ein Rücktritt oder eine sonstige Tatsache, die zur vorzeitigen Beendigung des Versicherungsverhältnisses führt, gegenüber dem angemeldeten Gläubiger erst mit dem Ablauf von zwei Wochen unwirksam, nachdem der Versicherer ihm die Beendigung bzw. den Zeitpunkt der Beendigung mitgeteilt oder der Gläubiger dies in anderer Weise erfahren hat; dies gilt nicht in den Fällen einer Kündigung wegen nicht rechtzeitiger

---

[234] Siehe OLG Stuttgart HmbSchRZ 2012, 66 Nr. 27.

Zahlung der Prämie oder Beendigung aufgrund eines Insolvenzverfahrens über das Vermögen des Versicherers (§ 34 Abs. 2 SchRG). Ebenso wird eine Vereinbarung zwischen dem Versicherer und dem Versicherungsnehmer über eine Minderung der Versicherungssumme oder der versicherten Gefahren gegenüber dem angemeldeten Gläubiger erst mit dem Ablauf von zwei Wochen wirksam (§ 34 Abs. 3 SchRG). Schließlich kann der Versicherer eine Unwirksamkeit des Versicherungsvertrages gegenüber dem angemeldeten Gläubiger nicht geltend machen, die sich daraus ergibt, dass der Versicherungsnehmer den Versicherungsvertrag in der Absicht geschlossen hat, sich aus einer Überversicherung oder einer Doppelversicherung einen rechtswidrigen Vermögensvorteil zu verschaffen (§ 34 Abs. 4 Satz 1 SchRG). Allerdings endet das Versicherungsverhältnis dem Gläubiger gegenüber mit Ablauf von zwei Wochen, nachdem der Versicherer ihn, den Gläubiger, die Unwirksamkeit mitgeteilt oder der Gläubiger sie in anderer Weise erfahren hat (§ 34 Abs. 4 Satz 2 SchRG). Leistet der Versicherer nach Maßgabe des §§ 34 Abs. 2 bis 4 SchRG an den Gläubiger, geht die Schiffshypothek auf ihn, den Versicherer, über (§ 37 SchRG).

In bestimmten Fällen bleibt der Versicherer, der gegenüber dem Versicherungsnehmer frei geworden ist, gegenüber dem Schiffshypothekengläubiger verpflichtet. So etwa, dass der Versicherer wegen des Verhaltens des Versicherungsnehmers oder des Versicherten leistungsfrei ist, sofern es nicht um die nicht rechtzeitige Zahlung der Prämie, die fehlende Fahr- bzw. Seetüchtigkeit des Schiffes oder um eine Abweichung vom Reiseweg geht (§ 36 Abs. 1 Satz 1, Abs. 2 SchRG). Ebenso bleibt der Versicherer gegenüber dem Gläubiger zur Leistung verpflichtet, wenn er, der Versicherer, nach Eintritt des Versicherungsfalls vom Vertrag zurücktritt (§ 36 Abs. 1 Satz 2 SchRG). Auch hier geht die Schiffshypothek auf den Versicherer über, wenn er an den Gläubiger leistet (§ 37 SchRG). **182**

Der Versicherer muss fällige Prämien und sonstige Zahlungen vom Versicherten und vom Schiffshypothekengläubiger auch dann annehmen, wenn er nach den Vorschriften des Bürgerlichen Rechts die Zahlung zurückweisen könnte (§ 38 Abs. 1 SchRG); insbesondere nach § 267 Abs. 2 BGB. Hat der Schiffshypothekengläubiger zur Erhaltung des Versicherungsschutzes Zahlungen an den Versicherer geleistet, sichert die Schiffshypothek auch die Ansprüche des Gläubigers auf Erstattung dieser Zahlungen einschließlich Zinsen (§ 38 Abs. 2 SchRG). **183**

e) Der Schutz der Schiffshypothek

aa) Im Verhältnis zum Eigentümer. Der Gläubiger hat im Hinblick auf den Schutz der Schiffshypothek gegenüber dem Eigentümer bestimmte Befugnisse. Ist infolge einer (bereits eingetretenen) Verschlechterung des Schiffes oder seiner Einrichtungen die Sicherheit der Schiffshypothek gefährdet, kann der Gläubiger vom Eigentümer Beseitigung der Verschlechterung verlangen und ihm hierfür eine angemessene Frist setzen (§ 39 Abs. 1 Satz 1 SchRG). Dabei kommt es auf ein Verschulden des Eigentümers nicht an. Nach fruchtlosem Ablauf der Frist darf der Gläubiger sofort seine Rechte aus der Schiffshypothek geltend machen (§ 39 Abs. 1 Satz 2 und 3 SchRG). **184**

Ist die Verschlechterung noch nicht eingetreten, ist aber aufgrund des Verhaltens des Eigentümers im Hinblick auf das Schiff zu besorgen, dass sich das Schiff oder seine Einrichtung verschlechtert, so dass die Sicherheit der Schiffshypothek gefährdet ist, oder unterlässt der Eigentümer insoweit Maßnahmen gegen Dritte, so hat das Gericht die zur Abwendung erforderlichen Maßnahmen anzuordnen (§ 39 Abs. 2 Hs. 1 SchRG). Gegebenenfalls kann das Gericht bestimmen, dass der Gläubiger berechtigt ist, sofort seine Rechte aus dem Schiff zu verfolgen (§ 39 Abs. 2 Hs. 2 SchRG). Auch insoweit kommt es **185** auf ein Verschulden des Eigentümers nicht an. Der Verschlechterung des Schiffes ist insoweit die Verschlechterung von Zubehörstücken gleichgestellt, auf die sich die Schiffshypothek erstreckt, oder deren Entfernung von dem Schiff gegen den Regeln einer ordnungsmäßigen Wirtschaft (§ 39 Abs. 3 SchRG).

186 Die Regelungen des § 39 SchRG betreffen nur Ansprüche des Gläubigers auf Beseitigung von Verschlechterungen des Schiffes oder auf Durchführung bestimmter Maßnahmen im Falle einer drohenden Verschlechterung. Unabhängig davon können Ansprüche des Gläubigers gegen den Eigentümer auf Schadenersatz wegen einer Beeinträchtigung der Schiffshypothek bestehen, etwa aus einem vertraglichen Rechtsverhältnis zwischen dem Gläubiger und dem Eigentümer nach § 280 Abs. 1 BGB, oder auf außervertraglicher Grundlage nach § 823 Abs. 1 BGB (wegen Verletzung der Schiffshypothek als eigentumsähnliches Recht) oder § 823 Abs. 2 BGB. Ansprüche aus § 480 Satz 1, § 3 Abs. 1 BinSchG können gegen den Eigentümer bestehen, wenn er auch Reeder bzw. Eigner des Schiffes ist (es also keinen Ausrüster gibt, § 477 Abs. 1 und 2, § 2 Abs. 1 BinSchG).

187 **bb) Im Verhältnis zu Dritten.** Die Schiffshypothek ist als dingliches Recht am Schiff Dritten gegenüber in ähnlicher Weise geschützt wie das Eigentum selbst. Droht durch das Verhalten eines Dritten eine die Sicherheit der Schiffshypothek gefährdende Verschlechterung des Schiffes, ist der Gläubiger befugt, den Dritten auf Unterlassung in Anspruch zu nehmen (§ 40 SchRG). Das Verschulden des Dritten spielt keine Rolle.

188 Wird die Schiffshypothek durch das Verhalten Dritter, das zu einer Verschlechterung des Schiffes führt, beeinträchtigt, können dem Gläubiger Ansprüche auf Schadenersatz zustehen. Solche können sich wiederum aus §§ 823 Abs. 1 oder 2, 831 BGB ergeben. Ist der Dritte Reeder bzw. Eigner oder Ausrüster (§ 477 Abs. 1 und 2, § 2 Abs. 1 BinSchG) eines Schiffes, von dem aus die Beeinträchtigungen ausgehen, stehen dem Schiffshypothekengläubiger ggf. Ansprüche aus § 480 Satz 1, § 3 Abs. 1 BinSchG zu. Ansprüche aus den Bestimmungen des ZusÜSee, der §§ 570 ff., des ZusÜBin und der §§ 92 ff. BinSchG kommen nicht in Betracht, weil die Vorschriften nur das Eigentum am Schiff schützen und es sich bei der Schiffshypothek nicht um eine Sache an Bord des betroffenen Schiffes handelt.

189 **f) Schiffshypothek und persönliche Forderung.** Die Schiffshypothek ist akzessorisch (§ 8 Abs. 1 Satz 2 SchRG). Der Bestand und der Betrag der Schiffshypothek richten sich grundsätzlich nach der gesicherten Forderung. Schuldner der Forderung kann der Eigentümer selbst oder ein Dritter sein.

190 **aa) Die Einwendungen des Eigentümers.** Der Eigentümer kann auch im Rahmen der Schiffshypothek dem Schiffshypothekengläubiger gegenüber die Einreden geltend machen, die dem Schuldner gegen die gesicherte Forderung zustehen (§ 41 Abs. 1 Satz 1 SchRG). Dies gilt nicht für die Einrede der Verjährung der Forderung (§ 216 Abs. 1 BGB). Der Eigentümer kann dem Gläubiger aber entgegenhalten, dass der Schuldner befugt wäre, das zugrundeliegende Rechtsgeschäft anzufechten (§ 41 Abs. 1 Satz 2 SchRG). Ebenso kann der Eigentümer den Gläubiger darauf verweisen, dass der Gläubiger im Verhältnis zum Schuldner aufrechnen könne (§ 41 Abs. 1 Satz 2 SchRG). Verzichtet der Drittschuldner auf eine Einrede, wirkt dies nicht gegen den Eigentümer (§ 41 Abs. 2 SchRG). Muss eine Kündigung erklärt werden, um die gesicherte Forderung fällig zu stellen, so wirkt sich die Kündigung auf die Schiffshypothek nur aus, wenn sie (auch) dem Eigentümer gegenüber oder, wenn der Eigentümer auch der Schuldner ist, von ihm erklärt wird (§ 42 Abs. 1 Satz 1 SchRG). Zu Gunsten des Gläubigers gilt als Eigentümer die Person, die im Schiffsregister als solcher eingetragen ist (§ 42 Abs. 1 Satz 2 SchRG).

bb) Das Freiwerden des Schuldners. Führt die Aufhebung der Schiffshypothek (unten Rn 199), der Verzicht des Gläubigers auf die Schiffshypothek (unten Rn 201) oder die Einräumung des Vorrangs einer anderen Schiffshypothek (oben Rn 169) dazu, dass der Drittschuldner nunmehr hinsichtlich seines möglicherweise bestehenden Ersatzanspruches gegen den Eigentümer nicht mehr durch den Übergang der Schiffshypothek auf ihn, den Schuldner, nach Maßgabe des § 59 SchRG gesichert ist, erlischt die Forderung gegen den Schuldner (§ 60 SchRG). Betreibt der Gläubiger die Zwangsversteigerung des Schiffes, ohne den Drittschuldner, der berechtigt wäre, vom Eigentümer Ersatz zu verlangen, unverzüglich zu benachrichtigen, kann der Schuldner die Befriedigung des Gläubigers wegen eines Ausfalls bei der Zwangsversteigerung verweigern, soweit er, der Schuldner, durch die Unterlassung der Benachrichtigung einen Schaden erleidet (§ 61 SchRG). 191

cc) Die Erfüllung der gesicherten Forderung durch den Eigentümer. Der Eigentümer ist berechtigt, die Erfüllung der zugrundeliegenden Forderung zu bewirken, wenn sie ihm gegenüber fällig geworden oder wenn er als Schuldner bzw. der (Dritt-) Schuldner zur Leistung berechtigt ist (§ 43 Abs. 1 SchRG, § 271 BGB). Dabei ist der Eigentümer auch zur Hinterlegung (§§ 372ff. BGB) oder Aufrechnung (§§ 387ff. BGB) berechtigt (§ 43 Abs. 2 SchRG). Hat der Eigentümer, um die Geltendmachung der Schiffshypothek abzuwenden, an den Gläubiger geleistet, geht dessen Forderung gegen den Drittschuldner auf ihn, den Eigentümer, über (§ 44 Abs. 1 Satz 1 SchRG). Dem Drittschuldner stehen gegenüber dem Eigentümer weiterhin alle Einwendungen aus dem zwischen ihnen bestehenden Rechtsverhältnis zu (§ 44 Abs. 1 Satz 2 SchRG). Der Eigentümer kann vom Gläubiger die Aushändigung der zur Berichtigung des Schiffsregisters oder zur Löschung der Schiffshypothek erforderlichen Urkunden verlangen (§ 45 SchRG). Insoweit steht ihm gegen den Gläubiger ein Zurückbehaltungsrecht zu (§§ 273, 274 BGB). Gerät der Eigentümer (gegen den an sich nur ein Anspruch auf Duldung der Zwangsvollstreckung besteht) in „Verzug", haftet die Schiffshypothek auch für die Verzugszinsen (§ 46 SchRG). 192

dd) Gläubiger- bzw. Schuldnerwechsel. Der Gläubiger kann die durch die Schiffshypothek gesicherte Forderung an einen neuen Gläubiger abtreten (§§ 398ff. BGB). Die Schiffshypothek geht mit über (§ 401 Abs. 1 BGB), der neue Gläubiger ist auch Gläubiger der Schiffshypothek. Gleiches gilt, wenn die gesicherte Forderung kraft Gesetzes auf den neuen Gläubiger übergeht (§ 412 BGB). Anders verhält es sich bei einer Schuldübernahme, wenn der bisherige Schuldner durch einen neuen Schuldner ersetzt wird (§§ 414ff. BGB). Dies hat die Wirkungen eines Verzichts des Gläubigers auf die Schiffshypothek, es sei denn, der Eigentümer hat die Einwilligung zur der Schuldübernahme erklärt (§ 418 Abs. 1 Satz 2 und 3 BGB). 193

ee) Die Pfändung der gesicherten Forderung. Die durch die Schiffshypothek gesicherte Forderung des Gläubigers kann durch dessen Gläubiger im Wege der Zwangsvollstreckung (§§ 828ff. ZPO) oder des Arrestes (§§ 928, 828ff., 930 Abs. 1 Satz 3 ZPO) gepfändet werden. Für die Pfändung ist die Eintragung der Pfändung in das Schiffsregister erforderlich (§ 830a Abs. 1 Hs. 1 ZPO). Die Eintragung erfolgt auf Grund des Pfändungsbeschlusses (§ 830a Abs. 1 Hs. 2 ZPO). Wird der Pfändungsbeschluss vor der Eintragung der Pfändung dem Drittschuldner zugestellt, so gilt die Pfändung diesem gegenüber mit der Zustellung als bewirkt (§ 830a Abs. 1 Hs. 2 ZPO). Zur Überweisung der gepfändeten Forderung zur Einziehung siehe die Regelungen des § 837a Abs. 1 Satz 1 ZPO, zur Überweisung an Zahlungs statt (§ 835 Abs. 1 und 2 ZPO) die des § 837a Abs. 1 Satz 2 ZPO. Siehe zur Pfändung der Forderung durch die Vollstreckungsbehörde nach § 309 AO die weiteren Regelungen des § 311 Abs. 1, 3 und 4 AO. 194

195 **g) Die Geltendmachung der Schiffshypothek.** Der Schiffshypothekengläubiger kann seine Rechte an dem Schiff und den weiteren, unter die Schiffshypothek fallenden Gegenstände nur im Wege der Zwangsvollstreckung geltend machen (§ 47 Abs. 1 SchRG). Ausgangspunkt der Zwangsvollstreckung ist ein vollstreckbarer Titel des Gläubigers gegen den Eigentümer (§§ 704, 794 ZPO), gerichtet auf Duldung der Zwangsvollstreckung; siehe auch § 323 Satz 1 AO. Zu Gunsten des Gläubigers gilt als Eigentümer, wer im Schiffsregister als Eigentümer eintragen ist (§ 48 Satz 1 SchRG). Zu vollstreckbaren Urkunden, in der sich der Eigentümer der sofortigen Zwangsvollstreckung unterwirft, siehe §§ 800a, 800, 799 ZPO. Ist der tatsächliche Eigentümer nicht eingetragen, stehen ihm weiterhin alle Einwendungen gegen die Schiffshypothek zu (§ 48 Satz 2 SchRG). Zum Schutze des Eigentümers ist außerdem bestimmt, dass er vor Antritt der Fälligkeit der gesicherten Forderung ihm gegenüber dem Gläubiger nicht das Recht einräumen kann, zum Zwecke der Befriedigung die Übertragung des Eigentums an dem Schiff zu verlangen oder das Schiff auf andere Weise als im Wege der Zwangsvollstreckung zu veräußern (§ 49 SchRG). Dies betrifft Verfallklauseln, wie sie in Darlehensverträgen vorgesehen sein können. Der Schiffshypothekengläubiger kann seinen Anspruch auf Duldung der Zwangsvollstreckung auch im Urkundenprozess verfolgen (§ 592 Satz 2 ZPO). Ein Urteil gegen den Eigentümer über einen Anspruch des Gläubigers aus einer eingetragenen Schiffshypothek wirkt nach § 325 Abs. 4, Abs. 3 Satz 1 ZPO auch gegenüber demjenigen, der das Schiff erwirbt.

196 Macht der Gläubiger seine Rechte aus der Schiffshypothek geltend, so ist jede Person, die Gefahr läuft, durch die Zwangsvollstreckung ein Recht an dem Schiff oder an den Gegenständen, auf die sich die Schiffshypothek erstreckt (oben Rn 178–183), berechtigt, den Gläubiger zu befriedigen (§ 50 Abs. 1 Hs. 1 SchRG). Ein solches Ablöserecht haben insbesondere die Gläubiger nachrangiger Schiffshypotheken (oben Rn 168) oder die Inhaber von Schiffsgläubigerrechten, die nicht in den Katalog des § 596 Abs. 1 Nr. 1 bis 5 fallen (dazu oben Rn 173) bzw. die nach §§ 109 Abs. 1, 102 Nr. 4 bis 6 BinSchG den Schiffshypotheken nachgehen (oben Rn 174) sowie die Inhaber sonstiger jüngerer Pfandrechte am Schiff (siehe oben Rn 176). Das entsprechende Ablöserecht des Eigentümers ergibt sich aus § 43 Abs. 1 SchRG. Die Leistung an den Gläubiger kann auch im Wege der Hinterlegung (§§ 372ff. BGB) oder der Aufrechnung (§§ 387ff. BGB) erfolgen (§§ 50 Abs. 1 Satz 1 Hs. 2, 43 Abs. 2 SchRG). Ein Ablöserecht steht auch dem Besitzer des Schiffes oder von Zubehörstücken zu, wenn die Gefahr besteht, dass er durch die Zwangsvollstreckung den Besitz verliert (§ 50 Satz 2 SchRG). Macht der Dritter, der nicht der Schuldner ist, von seinem Ablöserecht Gebrauch, geht die Forderung des Gläubigers gegen den Schuldner auf ihn, den Dritten, über. Der persönliche Schuldner kann weiterhin die ihm gegen den Dritten zustehenden Einwendungen geltend machen (§ 50 Abs. 2 SchRG). Wiederum steht dem Dritten im Hinblick auf die zur Berichtigung des Schiffsregisters oder zur Löschung der Schiffshypothek erforderlichen Unterlagen ein Zurückbehaltungsrecht gegen den Gläubiger zu (§§ 50 Abs. 3, 45 SchRG). Betreibt der Gläubiger die Zwangsversteigerung des Schiffes, ohne den Drittschuldner, der berechtigt wäre, vom Eigentümer Ersatz zu verlangen, unverzüglich zu benachrichtigen, kann der Schuldner die Befriedigung des Gläubigers wegen eines Ausfalls bei der Zwangsversteigerung verweigern, soweit er, der Schuldner, durch die Unterlassung der Benachrichtigung einen Schaden erleidet (§ 61 SchRG).

197 **h) Die Übertragung der Schiffshypothek.** Die Schiffshypothek ist akzessorisch (§ 8 Abs. 1 Satz 2 SchRG), mit der Übertragung der gesicherten Forderung geht auch die Schiffshypothek auf den neuen Gläubiger über (§ 51 Abs. 1 SchRG). Forderung und Schiffshypothek können nicht getrennt voneinander übertragen werden (§ 51 Abs. 2

SchRG). Ist eine Forderung durch eine Schiffshypothek gesichert, bedarf die Übertragung der Forderung (die an sich formfrei ist, §§ 398 ff. BGB), neben der Einigung des bisherigen und des neuen Gläubigers über die Abtretung der Forderung außerdem der Eintragung in das Schiffsregister (§ 51 Abs. 3 Hs. 1 SchRG). Vor der Eintragung sind die Beteiligten an die Einigung über die Abtretung nur gebunden, wenn die Erklärungen beurkundet oder vor dem Registergericht abgegeben oder bei diesem eingereicht sind oder wenn der bisherige Gläubiger dem neuen Gläubiger eine Eintragungsbewilligung ausgehändigt hat (§ 51 Abs. 3 Hs. 2, § 3 Abs. 2 SchRG). Der Eigentümer kann die ihm gegen den bisherigen Gläubiger zustehenden Einwendungen gegen die Schiffshypothek auch dem neuen Gläubiger entgegenhalten (siehe § 52 SchRG). Für die Abtretung bestimmter Nebenforderungen gelten die allgemeinen Vorschriften (§ 53 SchRG).

i) Die Änderung der Schiffshypothek. Der Inhalt der Schiffshypothek (siehe § 24 **198** Abs. 1 Satz 2 SchRG) kann nachträglich geändert werden. Erforderlich ist auch hier die Einigung des Eigentümers und des Gläubigers über den Eintritt der Rechtsänderung sowie deren Eintragung in das Schiffsregister (§ 54 Abs. 1 Hs. 1 SchRG). Vor der Eintragung sind die Beteiligten nach § 3 Abs. 2 SchRG an die Einigung nur gebunden, wenn die Erklärungen beurkundet oder vor dem Registergericht abgegeben oder bei diesem eingereicht sind oder wenn der Gläubiger dem Eigentümer eine Eintragungsbewilligung ausgehändigt hat (§ 54 Abs. 1, § 3 Abs. 2 SchRG). Zu den Eintragungen siehe auch § 24 SchRG (§ 54 Abs. 1 Satz 2 SchRG). Ist die Schiffshypothek mit dem Recht eines Dritten belastet, ist seine Zustimmung zu der Änderung erforderlich (§ 54 Abs. 2 SchRG). Die Forderung, für die die Schiffshypothek besteht, kann durch eine andere Forderung ersetzt werden (§ 55 Abs. 1 Satz 1 SchRG). Auch hier ist die Einigung des Gläubigers und des Eigentümers sowie die Eintragung in das Schiffsregister erforderlich. Vor der Eintragung sind die Beteiligten nur nach Maßgabe des § 3 Abs. 2 SchRG an die Einigung gebunden (§ 55 Abs. 1 Satz 2 SchRG). Ist die Schiffshypothek mit dem Recht eines Dritten belastet, muss auch dieser seine Zustimmung erklären (§ 55 Abs. 1 Satz 2 Hs. 2, § 54 Abs. 2 SchRG). Keine Änderung der Schiffshypothek ist insbesondere die Erhöhung oder Herabsetzung des Betrages der Forderung (siehe § 24 Abs. 1 Satz 1 und 2 SchRG). Die Erhöhung ist die Neubestellung einer Schiffshypothek (§ 8 Abs. 2, § 3 Abs. 2 SchRG, oben Rn 165), die Herabsetzung eine Aufhebung (§ 56 SchRG, sogleich Rn 199).

j) Das Erlöschen der Schiffshypothek

aa) Die Aufhebung. Die Schiffshypothek kann nach Maßgabe des § 56 SchRG recht- **199** geschäftlich aufgehoben werden. Erforderlich ist eine entsprechende Erklärung des Gläubigers, die Zustimmung des Eigentümers und die Löschung der Schiffshypothek im Schiffsregister. Zur Erklärung der Aufhebung der Schiffshypothek durch den Gläubiger siehe noch § 56 Abs. 1 Satz 2, Abs. 2 und 3 SchRG. Die Zustimmung des Eigentümers ist unwiderruflich (§ 56 Abs. 1 Satz 3 SchRG). Ist die Schiffshypothek mit dem Recht eines Dritten belastet, ist auch dessen Zustimmung erforderlich (§ 56 Abs. 4, § 54 Abs. 2 SchRG). Die Aufhebung der Schiffshypothek begründet keine Ersetzungsbefugnis des Eigentümers nach § 57 Abs. 3 SchRG. Führt die Aufhebung dazu, dass der Drittschuldner nunmehr hinsichtlich seines möglicherweise bestehenden Ersatzanspruches gegen den Eigentümer nicht mehr durch den Übergang der Schiffshypothek auf ihn, den Schuldner, nach Maßgabe des § 59 SchRG gesichert ist, erlischt die Forderung gegen den Schuldner (§ 60 SchRG).

200   **bb) Das Erlöschen mit der Forderung.** Als akzessorisches Sicherungsrecht (§ 8 Abs. 1 Satz 2 SchRG) erlischt die Schiffshypothek grundsätzlich mit der Forderung (§ 57 Abs. 1 Satz 1 SchRG). Der Eigentümer erwirbt die Ersetzungsbefugnis des § 57 Abs. 3 SchRG (unten Rn 206). Die Schiffshypothek erlischt nicht (und die Ersetzungsbefugnis entsteht nicht), wenn die Schiffshypothek nach §§ 57 Abs. 1 Satz 1, 59 SchRG auf den Drittschuldner übergeht (unten Rn 207). Dagegen erlischt die Schiffshypothek auch, wenn die gesicherte Forderung des Gläubigers im Wege der Zwangsvollstreckung erfüllt wird (§ 57 Abs. 1 Satz 2 SchRG). In diesem Fall ist die Ersetzungsbefugnis des Eigentümers ausgeschlossen (§ 57 Abs. 3 Satz 1 Hs. 1 SchRG).

201   **cc) Der Verzicht.** Darüber hinaus erlischt die Schiffshypothek, wenn der Gläubiger auf sie verzichtet (§ 57 Abs. 2 Satz 1 SchRG). Der Verzicht ist dem Registergericht oder dem Eigentümer gegenüber zu erklären und bedarf der Eintragung in das Schiffsregister (§ 57 Abs. 2 Satz 2 Hs. 1 SchRG). Ist die Schiffshypothek mit dem Recht eines Dritten belastet, so ist außerdem dessen Zustimmung erforderlich (§ 57 Abs. 2 Satz 2 Hs. 2, § 54 Abs. 2 SchRG). Vor der Löschung ist der Gläubiger an seine Erklärung nur gebunden, wenn er sie dem Registergericht gegenüber abgegeben oder eine Löschungsbewilligung erteilt hat (§ 57 Abs. 2 Satz 2 Hs. 2, 56 Abs. 2 SchRG). Darüber hinaus hat er Eigentümer hat nach § 63 SchRG einen Anspruch auf Erklärung des Verzichts des Gläubigers auf die Schiffshypothek, wenn ihm, dem Eigentümer, eine Einrede zusteht, die die Geltendmachung der Schiffshypothek dauernd ausschließt (siehe § 41 SchRG). Übernimmt ein Dritter die Schuld des bisherigen Schuldners (§§ 414 ff. BGB), wirkt dies, wenn der Eigentümer nicht einwilligt, wie ein Verzicht des Gläubigers (§ 418 Abs. 1 Satz 2 und 3 BGB). Der Verzicht des Gläubigers auf die Schiffshypothek hat auch zur Folge, dass die Ersetzungsbefugnis des Eigentümers nach § 57 Abs. 3 SchRG entsteht (unten Rn 206). Wirkt sich der Verzicht in der Weise aus, dass der Drittschuldner nunmehr hinsichtlich seines möglicherweise bestehenden Ersatzanspruches gegen den Eigentümer nicht mehr durch den Übergang der Schiffshypothek auf ihn, den Schuldner, nach Maßgabe des § 59 SchRG gesichert ist, erlischt die Forderung gegen den Schuldner (§ 60 SchRG).

202   **dd) Die Konsolidation.** Die Schiffshypothek erlischt grundsätzlich auch, wenn der Eigentümer Gläubiger der Schiffshypothek wird (§ 64 Abs. 1 Hs. 1 SchRG). Hierzu kommt es insbesondere in den Fällen des § 44 Abs. 1 Satz 1 Hs. 1 SchRG, wenn der Eigentümer den Gläubiger befriedigt und dessen Forderung gegen den Drittschuldner und damit auch die Schiffshypothek (§ 51 Abs. 1 SchRG) auf ihn, den Eigentümer, übergeht (§ 64 Abs. 2 Satz 1 SchRG). Dem Eigentümer steht die Ersetzungsbefugnis nach § 57 Abs. 3 SchRG zu (§ 64 Abs. 1 Hs. 2 SchRG, unten Rn 206). Eine Zwangsvollstreckung des Eigentümers in sein eigenes Schiff ist ausgeschlossen (§ 64 Abs. 2 Satz 2 SchRG).

203   **ee) Sonstige Tatbestände.** Ist eine Schiffshypothek im Schiffsregister unrechtmäßig gelöscht worden, erlischt sie, wenn der Eigentümer auch der Schuldner der persönlichen Forderung ist und Verjährung eingetreten ist (§ 65 Abs. 1 SchRG). Ebenso erlischt eine kraft Gesetzes entstandene Schiffshypothek, die nicht in das Schiffsregister eingetragen worden ist, mit der Verjährung des persönlichen Anspruchs gegen den Eigentümer (§ 65 Abs. 2 SchRG). Die Schiffshypothek erlischt weiter mit Rechtskraft eines Beschlusses, mit dem ein unbekannter Gläubiger im Wege des Aufgebotverfahrens mit der Schiffshypothek ausgeschlossen wird.[235] Näheres hierzu regelt § 66, 67 SchRG, zum Auf-

---

235   Siehe OLG Düsseldorf HmbSchRZ 2012, 49 Nr. 20.

gebotsverfahren siehe § 52, §§ 448 bis 451 FamFG. Örtlich Zuständig ist das Gericht am Ort des Registers (§ 452 Abs. 2 FamFG). Siehe außerdem noch § 35 SchRegO zur Löschung der Eintragung einer Schiffshypothek im Wege der Berichtigung.

Darüber hinaus gibt es weitere Sachverhalte, die zum Erlöschen der Schiffshypothek **204** führen, etwa in der Zwangsversteigerung des Schiffes mit dem Zuschlag (§§ 162, 52 Abs. 1, § 91 Abs. 1 ZVG); bei gutgläubig lastenfreiem Erwerb des Eigentums am Schiff nach unrechtmäßiger Löschung der Schiffshypothek auf Grundlage des § 16 SchRG; mit Löschung der Eintragung des Schiffes in den Fällen des § 17 Abs. 4 SchRegO (§ 20 Abs. 1 Satz 1 SchRegO), allerdings kann hier nach Maßgabe der §§ 32 ff. SchRG ein Pfandrecht an der Versicherungsforderung bestehen; im Falle einer Übernahme der persönlichen Forderung durch einen anderen Schuldner nach §§ 414 ff. BGB (§ 418 Abs. 1 Satz 2 BGB); bei Einziehung des Schiffes im Straf- oder Ordnungswidrigkeitenverfahren, ggf. mit Entschädigung des Gläubigers nach §§ 74e, 74f StGB, §§ 26, 28 OWiG oder auf Grundlage des § 375 Abs. 2 Satz 1 Nr. 1 AO; zur Enteignung des Schiffes siehe Art. 52, 53a EGBGB.

Eine Schiffshypothek, die im Rahmen der Zwangsvollstreckung nach § 870a Abs. 1 **205** Satz 1 ZPO oder im Rahmen eines Arrestverfahrens durch Pfändung des Schiffes nach § 931 Abs. 2 und 3 ZPO entstanden ist, erlischt, wenn die zu vollstreckende bzw. im Falle eines Arrestes die zu vollziehende Entscheidung aufgehoben oder wenn im Rahmen der Vollstreckung die vorläufige Vollstreckbarkeit aufgehoben oder die Zwangsvollstreckung für unzulässig erklärt und die Einstellung angeordnet wird (§ 870a Abs. 3 Satz 1 Hs. 1, § 931 Abs. 6 Satz 2 ZPO). Der Eigentümer ist nach § 57 Abs. 3 SchRG zur Ersetzung befugt (§ 870a Abs. 3 Satz 1 Hs. 2 ZPO, sogleich Rn 206). Das gleiche gilt im Falle der einstweiligen Einstellung der Zwangsvollstreckung und der Anordnung der Aufhebung der erfolgten Vollstreckungsmaßregeln oder im Falle der Sicherheitsleistung zur Abwendung der Vollstreckung (§ 870a Abs. 3 Satz 2 ZPO). Siehe auch § 322 Abs. 1 Satz 3 AO.

ff) Die Ersetzungsbefugnis des Eigentümers. In bestimmten Fällen, in denen die **206** Schiffshypothek an sich erlischt, kann der Eigentümer intervenieren und von seiner Ersetzungsbefugnis nach § 57 Abs. 3 SchRG Gebrauch machen. Dies betrifft das Erlöschen der gesicherten Forderung (§ 57 Abs. 1 Satz 1 SchRG, oben Rn 200), nicht aber im Wege der Zwangsvollstreckung (§ 57 Abs. 1 Satz 2, Abs. 3 Satz 1 Hs. 2 SchRG); den Verzicht des Gläubigers auf die Schiffshypothek (§ 57 Abs. 2 SchRG, oben Rn 201); den Übergang der Schiffshypothek auf den Eigentümer (§ 64 Abs. 1 Hs. 2 SchRG, oben Rn 202); den rechtskräftigen Ausschluss des Gläubigers im Wege des Aufgebotsverfahrens (§ 66 Abs. 2 Satz 2 SchRG); das Erlöschen einer im Rahmen der Zwangsvollstreckung nach § 870a Abs. 1 Satz 1 ZPO oder im Rahmen eines Arrestverfahrens durch Pfändung des Schiffes nach § 931 Abs. 2 und 3 ZPO entstandenen Schiffshypothek in den Fällen des §§ 870a Abs. 3, 931 Abs. 6 Satz 2 ZPO (zuvor Rn 205). Die Ersetzungsbefugnis steht dem jeweiligen Eigentümer des Schiffs zu und ist nicht übertragbar (§ 57 Abs. 3 Satz 2 SchRG). Nach der Beschlagnahme des Schiffs im Zwangsversteigerungsverfahren kann die Befugnis nur mit Zustimmung des betreibenden Gläubigers ausgeübt werden (§ 57 Abs. 3 Satz 3 Hs. 1 SchRG) Die Ersetzungsbefugnis erlischt mit der Erteilung des Zuschlags, sie gewährt keinen Anspruch am Erlös (§ 57 Abs. 3 Satz 3 Hs. 2 und 3 SchRG). Erlischt die Schiffshypothek nur zum Teil, hat der dem Gläubiger verbleibende Teil der Schiffshypothek Vorrang vor der dem Eigentümer aufgrund der Ersetzungsbefugnis zustehenden Hypothek (§ 57 Abs. 4 SchRG).

gg) Der Übergang der Schiffshypothek. Wird der Gläubiger von dem Drittschuld- **207** ner befriedigt, der seinerseits von dem Eigentümer Ersatz verlangen kann, bleibt die Schiffshypothek abweichend von § 57 Abs. 1 Satz 1 SchRG bestehen und geht auf ihn, den

Schuldner, über (§ 59 Abs. 1 Hs. 1 SchRG). Der Drittschuldner kann vom Gläubiger verlangen, ihm die zur Berichtigung des Schiffsregisters erforderlichen Urkunden auszuhändigen (§ 62 SchRG). Befriedigung des Gläubigers kann auch eintreten, wenn sich Forderung und Schuld in einer Person vereinigen (§ 59 Abs. 3 SchRG). Im Falle einer teilweisen Befriedigung des Gläubigers und einem entsprechend beschränkten Übergang der Schiffshypothek auf den Drittschuldner hat der beim Gläubiger verbleibende Teil der Schiffshypothek Vorrang vor der des Drittschuldners (§ 59 Abs. 2 SchRG). Hat der Drittschuldner die Forderung des Gläubigers vollständig erfüllt, kann der Drittschuldner aber nur teilweise vom Eigentümer Ersatz verlangen und hat der Eigentümer im Übrigen von seiner Ersetzungsbefugnis nach § 57 Abs. 3 SchRG Gebrauch gemacht (zuvor Rn 206), hat die übergegangene Schiffshypothek Vorrang vor der des Eigentümers (§ 59 Abs. 1 Hs. 2 SchRG). Führt die Aufhebung der Schiffshypothek (oben Rn 199), der Verzicht des Gläubigers auf die Schiffshypothek (oben Rn 201) oder die Einräumung des Vorrangs einer anderen Schiffshypothek (oben Rn 169) dazu, dass der Drittschuldner nunmehr hinsichtlich seines möglicherweise bestehenden Ersatzanspruches gegen den Eigentümer nicht mehr durch den Übergang der Schiffshypothek auf ihn, den Schuldner, nach Maßgabe des § 59 SchRG gesichert ist, erlischt die Forderung gegen den Schuldner (§ 60 SchRG).

k) Sonderfälle

208 **aa) Die Schiffshypothek für verbriefte Forderungen.** Eine Schiffshypothek kann auch für verbriefte Forderungen bestellt werden. Im Falle eines Inhaberpapiers genügt die Erklärung des Eigentümers gegenüber dem Registergericht, dass er die Schiffshypothek bestelle, sowie die Eintragung in das Schiffsregister (§ 72 Abs. 1 Hs. 1 SchRG); siehe auch §§ 47, 53 SchRegO. Siehe außerdem noch § 72 Abs. 1 Hs. 2, § 3 Abs. 3 SchRG sowie § 72 Abs. 2 SchRG. Die Abtretung des Inhaberpapiers bestimmt sich nach dem für die Abtretung dieser Forderungen geltenden allgemeinen Vorschriften. Die Abtretung erfolgt grundsätzlich in der Weise, dass das Papier nach §§ 929 ff. BGB übereignet wird (§ 73 SchRG). Siehe außerdem § 74 SchRG. Die Pfändung der verbrieften Forderung in der Zwangsvollstreckung erfolgt durch Pfändung des Papiers (§§ 808 ff. ZPO). Die Vorschriften der § 830a Abs. 1 und 2 sowie § 837a Abs. 1 ZPO gelten nicht (§§ 830a Abs. 3, 837a Abs. 2 ZPO).

209 Eine Schiffshypothek kann nach § 72 Abs. 1 und 2, § 3 Abs. 3 SchRG, §§ 47, 53 SchRegO auch für Forderungen aus einem Orderpapier, namentlich aus einem Wechsel oder einem anderen Papier, das durch Indossament übertragen werden kann, bestellt werden. Hierzu gehören auch beispielsweise Ladescheine und Konnossemente. § 73 SchRG regelt hierzu, dass für die Abtretung der Forderungen keine Besonderheiten gelten. Sie werden insbesondere durch Indossierung nach § 363 Abs. 2, § 364, § 365 Abs. 1 in Verbindung mit Art. 13, 14 Abs. 2, 16, 40 Abs. 3 Satz 2 WechselG übertragen. Siehe außerdem noch § 74 SchRG. In der Zwangsvollstreckung gegen den Gläubiger erfolgt die Pfändung der verbrieften Forderung auf Grundlage der §§ 828 ff., 831 ZPO. Die Vorschriften der § 830a Abs. 1 und 2 sowie § 837a Abs. 1 ZPO sind nicht anwendbar (§§ 830a Abs. 3, 837a Abs. 2 ZPO).

210 **bb) Die Höchstbetragsschiffshypothek.** Eine Schiffshypothek kann auch in der Weise bestellt werden, dass für eine bestimmte gesicherte Forderung oder für mehrere Forderungen nur der Höchstbetrag, bis zu dem das Schiff haften soll, bestimmt wird und der tatsächliche Betrag offen bleibt (§ 75 Abs. 1 Satz 1 SchRG). Beispielsweise kann bei der Finanzierung eines Schiffes neben der Schiffshypothek für die Darlehensforderung eine Höchstbetragsschiffshypothek für die Nebenkosten des Darlehensgebers eingetra-

gen werden. Auch das Arrestpfandrecht, das die Wirkungen einer Schiffshypothek hat (§ 931 Abs. 2 ZPO), wird als Höchstbetragsschiffshypothek eingetragen (§ 931 Abs. 6 Satz 1 ZPO), wobei der Höchstbetrag durch die Lösungssumme (§ 923 ZPO) bestimmt wird. Der Höchstbetrag muss in das Schiffsregister eingetragen werden (§ 75 Abs. 1 Satz 2 SchRG). Die ggf. angefallenen Zinsen werden in den Höchstbetrag eingerechnet (§ 75 Abs. 2 SchRG). Die Höchstbetragsschiffshypothek kann in der Weise übertragen werden, dass die gesicherte Forderung nach § 51 Abs. 3 SchRG abgetreten wird (dazu oben Rn 197). Außerdem erlaubt § 75 Abs. 3 Satz 1 SchRG bei der Höchstbetragsschiffshypothek die Übertragung der gesicherten Forderung(en) nach den allgemeinen Vorschriften (der §§ 398 ff. BGB). Geschieht dies, so ist der Übergang der Schiffshypothek, abweichend von § 51 Abs. 1 und 2 SchRG, ausgeschlossen (§ 75 Abs. 3 Satz 1 SchRG). Zur Pfändung einer Forderung, für die eine Höchstbetragsschiffshypothek besteht, siehe zunächst §§ 828 ff. ZPO und insbesondere § 830a Abs. 1 und 2 und § 837a Abs. 1 ZPO (oben Rn 194). Außerdem kann der Gläubiger die Pfändung und Überweisung der gesicherten Forderung nach den allgemeinen Vorschriften der § 828 ff. ZPO bewirken, wenn er die Überweisung der Forderung ohne die Höchstbetragsschiffshypothek an Zahlungs statt beantragt (§§ 837a Abs. 3, 837 Abs. 3 ZPO).

cc) **Die Gesamtschiffshypothek.** Eine Schiffshypothek für eine Forderung kann auch an mehreren Schiffen oder an mehreren Anteilen eines Schiffes in der Weise bestellt werden, dass jedes Schiff oder jeder Anteil für die ganze Forderung haftet (Gesamtschiffshypothek, § 28 Abs. 1 SchRG). Der Gläubiger kann den Betrag, für den das einzelne Schiff oder der einzelne Anteil haftet, festlegen. Hierfür ist die Erklärung des Gläubigers sowie die Eintragung in das Schiffsregister erforderlich (siehe im einzelnen § 28 Abs. 2 SchRG). Der Gläubiger einer Gesamtschiffshypothek kann diese aus jedem der haftenden Schiffe ganz oder teilweise geltend machen (§ 47 Abs. 2 SchRG). Siehe zur Gesamtschiffshypothek außerdem noch die Vorschriften der § 44 Abs. 2, 68 bis 70 SchRG, § 52 SchRegO. 211

dd) **Die Schiffsbauwerkshypothek.** Eine Schiffshypothek kann auch an einem Schiffsbauwerk bestellt werden (§ 76 Abs. 1 SchRG); siehe zum Schiffsbauwerk unten Rn 220–223. Die Schiffsbauwerkshypothek hat Bedeutung im Hinblick auf die Finanzierung von Schiffen. Sie kann bestellt werden, sobald der Kiel gelegt und das Schiffsbauwerk durch Namen oder Nummer an einer bis zum Stapellauf des Schiffes sichtbar bleibenden Stelle deutlich und dauernd gekennzeichnet ist (§ 76 Abs. 2 Satz 1 SchRG). Die Bestellung einer Schiffsbauwerkshypothek ist ausgeschlossen, wenn das spätere Schiff nicht mehr als fünfzig Kubikmeter Bruttoraumgehalt haben oder als Binnenschiff zur Eintragung in ein Binnenschiffsregister nicht geeignet sein wird (§ 76 Abs. 2 Satz 2 SchRG). Für die Bestellung der Schiffsbauwerkshypothek sind die Einigung des Eigentümers des Schiffsbauwerks und des Gläubigers sowie die Eintragung erforderlich (siehe §§ 77 Satz 2, 8 Abs. 2, 3 Abs. 1 SchRG). Die Schiffsbauwerkshypothek wird nicht in das (Binnen- oder See-)Schiffsregister eingetragen, sondern in das Schiffsbauwerkregister (§ 77 Satz 1 SchRG, dazu oben Rn 154). 212

Die Schiffsbauwerkshypothek erstreckt sich auf das Schiffsbauwerk in seinem jeweiligen Bauzustand (§ 79 Satz 1 SchRG). Außerdem betrifft die Schiffsbauwerkshypothek auch die Zubehörstücke, sofern diese im Eigentum des Eigentümers des Schiffsbauwerkes stehen (§ 79 Satz 1, 31 Abs. 1 SchRG). Darüber hinaus erstreckt sich die Schiffsbauwerkshypothek auf die bereits auf der Bauwerft befindlichen, zum Einbau bestimmten und als solche gekennzeichneten Bauteile, sofern diese in das Eigentum des Eigentümers der Schiffsbauwerft gelangt sind (§ 79 Satz 2 SchRG). Mach Maßgabe der §§ 79 213

Satz 3, 31 Abs. 2 SchRG können Zubehörstücke von der Haftung frei werden. Die Schiffsbauwerkshypothek erstreckt sich auf eine Versicherungsforderung nur dann, wenn der Eigentümer für das Schiffsbauwerk eine besondere Versicherung genommen hat (§ 80 SchRG, dazu oben Rn 180–183). Die an einem Schiffsbauwerk bestellte Hypothek bleibt nach Fertigstellung des Schiffes mit ihrem bisherigen Rang an dem Schiff bestehen (§ 81 SchRG).

214   **ee) Die Schiffshypothek an einem Schwimmdock.** Schließlich kann eine Schiffshypothek auch an einem im Bau befindlichen oder fertiggestellten Schwimmdock bestellt werden (§ 81a Satz 1 SchRG); zum Schwimmdock siehe näher unten Rn 224. Für die Bestellung der Schiffshypothek an dem Schwimmdock bedarf es der Einigung zwischen dem Eigentümer und dem Gläubiger sowie der Eintragung der Hypothek in das Binnenschiffsregister (§ 81a Satz 2, 77, 8 Abs. 2, 3 Abs. 2 SchRG). Bei einem im Bau befindlichen Schwimmdock kann eine Schiffshypothek bestellt werden, sobald der „Kiel" gelegt und das Schwimmdock durch Namen oder Nummer in einer bis zum „Stapellauf" sichtbar bleibenden Stelle deutlich und dauernd gekennzeichnet ist. An die Stelle des Stapellaufs tritt im Falle eines Schwimmdocks dessen Fertigstellung (§ 81a Satz 3, § 76 Abs. 2 Satz 1 SchRG). Die an dem im Bau befindlichen Schwimmdock bestellte Schiffshypothek bleibt nach Fertigstellung des Docks mit seinem bisherigen Rang bestehen (§ 81a Satz 3, 81 SchRG).

215   **6. Der Nießbrauch.** Ein Schiff kann unter bestimmten Umständen auch mit einem Nießbrauch belastet werden (§§ 9, 82 SchRG). Dies ist das (dingliche) Recht des Gläubigers, die Nutzungen der Sache zu ziehen (siehe § 1030 Abs. 1 BGB). Am Schiff kann nach § 9 Abs. 1 SchRG ein Nießbrauch nur bestellt werden, wenn damit eine Verpflichtung zur Bestellung des Nießbrauchs am ganzen Vermögen des Eigentümers (siehe §§ 1085 ff., § 311b Abs. 2 und 3 BGB) oder an einer Erbschaft (§§ 1089, 1085 ff. BGB) oder an einem Bruchteil des Vermögens oder der Erbschaft erfüllt werden soll. Ein auf das Schiff beschränkter Nießbrauch ist ausgeschlossen. Der Nießbrauch an einem Schiff unterliegt nach § 82 Abs. 1 SchRG den für den Nießbrauch an Grundstücken geltenden Vorschriften des Bürgerlichen Rechts; siehe näher in den §§ 1030 ff. BGB. Im Rahmen des § 9 Abs. 1 SchRG ist auch die Bestellung eines Nießbrauchs an einem Miteigentumsanteil möglich; siehe auch § 1066 BGB. Für die Bestellung des Nießbrauchs gelten (auch bei Seeschiffen) die Regelungen des § 3 SchRG (§ 9 Abs. 2 SchRG); siehe noch § 43 SchRegO. Erforderlich ist die Einigung des Gläubigers und des Eigentümers über die Bestellung des Nießbrauchs und dessen Eintragung (§ 3 Abs. 1 SchRG). Zur Verjährung von Ansprüchen aus einem Nießbrauch siehe § 23 SchRG.

216   **7. Internationalprivatrechtliche Gesichtspunkte.** Für die internationalprivatrechtliche Anknüpfung sachenrechtlicher Fragen halten Art. 45 Abs. 1, 46 EGBGB spezielle Regelungen für Schiffe bereit. Ausgangspunkt ist die Anknüpfung an den Ort der Belegenheit der Sache: Nach Art. 43 Abs. 1 EGBGB gilt das Recht des Staates, in dem sich die Sache befindet. Davon macht Art. 45 Abs. 1 EGBGB unter anderem für Wasserfahrzeuge eine Ausnahme. Diese unterliegen nach Abs. 1 Satz 1 dem Recht des Herkunftsstaates, der für Wasserfahrzeuge in Art. 45 Abs. 1 Satz 1 Nr. 2 EGBGB als der Ort der Registereintragung, sonst des Heimathafens oder -ortes umschrieben wird.[236] Art. 46 EGBGB

---

[236] Genau so vor Einfügung der neuen Art. 43 ff. EGBGB schon BGH NJW 1995, 2097, 2097 f. (unter c aa).

enthält den Vorbehalt der wesentlich engeren Verbindung zu dem Recht eines anderen Staates.

a) Wasserfahrzeuge. Art. 45 Abs. 1 Satz 1 Nr. 2 EGBGB betrifft „Wasserfahrzeuge". 217
Diese Umschreibung stimmt mit der des „Schiffes" überein (dazu ausführlich oben Rn 11–46). Sie gilt für See- und Binnenschiffes, für Erwerbs- und Nichterwerbsschiffe sowie für (in einem deutschen oder anderen Register) eingetragene und für nicht eingetragene Schiffe. Das Schiff muss sich nicht im Wasser befinden oder in Fahrt sein. Für Sachen, die keine Schiffe sind, bleibt es bei der Anknüpfung an das Recht des Ortes der Belegenheit nach Art. 43, 46 EGBGB.

b) Die Anknüpfung. Maßgeblich ist nach Art. 45 Abs. 1 Nr. 2 EGBGB in erster Linie 218
der Staat der Registereintragung. Dabei muss es sich um ein Register handeln, das zumindest auch sachenrechtliche Gesichtspunkte wie das Eigentum und sonstige dingliche Rechte am Schiff betrifft. Ein reines Flaggenregister, wie es in Deutschland nach § 22 Abs. 1 Nr. 6 (d) FlRG, §§ 21, 22 FlRV geführt wird (dazu oben Rn 102), genügt hier nicht. Art. 45 Abs. 1 Satz 2 Nr. 2 EGBGB knüpft an die Tatsache der Registereintragung an, ohne dass es darauf ankommt, ob eine Pflicht zur Eintragung besteht oder ob dies auf freiwilliger Grundlage erfolgte. Schiffe, die in einem deutschen See- oder Binnenschiffsregister eingetragen sind, unterliegen daher den deutschen sachenrechtlichen Vorschriften des Sachenrechts. Dies gilt unabhängig davon, ob sie sich im Hoheitsbereich eines anderen Staates oder in staatsfreiem Gebiet befinden. Sind Schiffe nicht registriert, unterliegen die an ihnen bestehenden Rechte nach Art. 45 Abs. 1 Nr. 2 EGBGB dem Recht des Heimathafens oder des Heimatortes. Siehe hierzu die Hinweise oben Rn 86–88.

c) Statutenwechsel. Im Falle einer Änderung der Anknüpfung gilt Art. 43 Abs. 2 219
EGBGB entsprechend. Dies betrifft den Fall, dass das Schiff in das Register eines anderen Staates wechselt; dass das Schiff erstmals in ein Register eingetragen wird, so dass von der Anknüpfung an den Heimathafen und der an die (vorrangige, Art. 45 Abs. 1 Satz 1 Nr. 2 EGBGB: „sonst") Registereintragung überzugehen ist; dass das Schiff in Register gelöscht wird, so dass zur Anknüpfung an den Heimathafen zu wechseln ist; oder dass die Sache nunmehr die Schiffseigenschaft erwirbt oder das Schiff diese Funktion verliert.

VI. Das Schiffsbauwerk

Das Schiffsbauwerk ist in § 76 Abs. 1 SchRG umschrieben. Es handelt sich um ein auf 220
einer Schiffswerft im Bau befindliches Schiff. Maßgeblich ist hier insbesondere, dass die Sache, die erbaut wird, ein Schiff sein wird. Es kommt grundsätzlich nicht darauf an, ob es sich bei dem Schiff später um ein See- oder um ein Binnenschiff handeln wird. Das Schiffsbauwerk erfüllt nicht die Voraussetzungen eines Schiffes (zu diesen oben Rn 11–46), wird aber in verschiedener Hinsicht bereits wie ein Schiff behandelt. Insbesondere kann ein Schiffsbauwerk in das Schiffsbauregister eingetragen werden (oben Rn 154). Dies ermöglicht die Bestellung einer Schiffshypothek an dem Schiffsbauwerk, die für die Finanzierung des Schiffes verwendet werden kann (näher dazu oben Rn 154). Schiffsgläubigerrechte (§§ 596ff.) können an dem Schiffsbauwerk nicht entstehen. Nach § 648 Abs. 2 Satz 1 BGB kann der Inhaber einer Schiffswerft für seine Forderungen aus dem Bau eines Schiffes die Einräumung einer Schiffshypothek an dem Schiffsbauwerk verlangen (siehe auch § 68 SchRegO). Das Unternehmerpfandrecht des § 647 BGB ist ausgeschlossen (§ 648 Abs. 2 Satz 2 BGB).

221 Die Übereignung des Schiffsbauwerks erfolgt grundsätzlich nach §§ 929 ff. BGB[237] (unter Ausschluss der §§ 929a, 932a BGB). Ist das Schiffsbauwerk in das Schiffsbauregister eingetragen, kann es nur noch nach Maßgabe der §§ 78, 3 SchRG übereignet werden,[238] also namentlich durch Einigung und Eintragung des Eigentumsübergangs in das Schiffsbauregister (§ 3 Abs. 1 SchRG).

222 In der Zwangsvollstreckung wird das Schiffsbauwerk dem Schiff weitgehend gleichgestellt; siehe zur Vollstreckung von Geldforderungen in das Schiffsbauwerk die Regelungen der §§ 864 ff., insbesondere § 870a ZPO, §§ 162 ff. ZVG und insbesondere § 170a ZVG, jedoch nicht § 171 ZVG (siehe zu Schiffen unten Rn 225–234). Die Zwangsvollstreckung wegen Geldforderungen erfolgt durch Eintragung einer Schiffshypothek oder durch Zwangsversteigerung (§ 870a Abs. 1 Satz 1 ZPO). Während bei Schiffen im Wege der Zwangsvollstreckung eine Schiffshypothek nur an eingetragenen Schiffen bestellt werden kann, genügt bei Schiffsbauwerken dessen Eintragungsfähigkeit. Die Worte „...oder in dieses Register eingetragen werden kann ..." in § 870a Abs. 1 Satz 1 ZPO beziehen sich nur auf das Schiffsbauwerk und das Schiffsbauwerksregister. Bei eintragungsfähigen Schiffsbauwerken kann der Gläubiger das Schiffsbauwerk (siehe § 68 Abs. 2 SchRegO) und gleichzeitig (§ 66 SchRegO) die Schiffshypothek eintragen lassen (§§ 870a Abs. 2, 867 Abs. 1 Satz 1 und 2 ZPO). Siehe sowie zur Vollstreckung von Ansprüchen auf Herausgabe des Schiffsbauwerks die Vorschriften der §§ 883 ff. ZPO (zu Schiffen unten Rn 235).

223 Für den Arrest zur Sicherung der Zwangsvollstreckung in das Schiffsbauwerk muss ein Arrestgrund glaubhaft gemacht werden (§ 917 Abs. 1 und Abs. 2 Satz 1 ZPO), das Privileg des § 917 Abs. 2 Satz 2 ZPO gilt nur für Schiffe. Die Vollziehung des Arrestes erfolgt nach § 930 ZPO bzw., wenn das Schiffsbauwerk eingetragen ist, nach § 931 ZPO. Siehe zum Schiffsbauwerk noch die besonderen Regelungen der § 232 Abs. 1 BGB (dazu auch § 241 Abs. 1 Nr. 5 [b] AO) sowie §§ 303, 383 Abs. 4, 452, 468 Abs. 2, 1287 Abs. 2, 1424, 1821, 2113, 2168a mit 2165 Abs. 2, 2166, 2167 BGB, §§ 58 Abs. 2, 266 Abs. 1, 787 Abs. 2, 800a (mit §§ 799, 800), 830a, 837a, 847a, 855a, 938 Abs. 2, 942 Abs. 2 ZPO, §§ 311, 318, 322 Abs. 1 AO sowie etwa noch Art. 53a, 52 ff. EGBGB.

VII. Das Schwimmdock

224 Wie das Schiffsbauwerk (zuvor Rn 220–223) ist auch das Schwimmdock kein Schiff, und es wird auch zu keiner Zeit zu einem solchen (oben Rn 41). Gleichwohl wird es in mancher Beziehung wie ein Schiff angesehen. Das Schwimmdock kann in das Schiffsbauregister eingetragen werden, unabhängig davon, ob es sich noch im Bau befindet oder bereits fertiggestellt ist (oben Rn 155). Der Möglichkeit der Eintragung des Schwimmdocks bedarf es, weil an ihm eine Schiffshypothek bestellt werden kann (dazu oben Rn 214). Schiffsgläubigerrechte (§§ 596 f.) können an dem Schwimmdock jedoch nicht entstehen. Auch § 648 Abs. 2 BGB gilt nicht für Schwimmdocks, sie können allenfalls mit dem allgemeinen Werkunternehmerpfandrecht des § 647 BGB belastet werden. Das Schwimmdock ist eine bewegliche Sache, die nach Maßgabe der §§ 929 ff. BGB (unter Ausschluss der §§ 929a, 932a BGB) übereignet wird. Ist das Schwimmdock im Schiffsbauregister eingetragen, kann die Übereignung nur noch auf Grundlage der §§ 81a, 78, 3

---

[237] RhSchOG Köln Hansa 1964, 1991, 1992 (rechte Spalte) „Tina Scarlett", siehe auch BGH VersR 1971, 1012.
[238] RhSchOG Köln Hansa 1964, 1991, 1992 (rechte Spalte) „Tina Scarlett", siehe auch BGH VersR 1971, 1012.

SchRG erfolgen. Erforderlich ist die Einigung und Eintragung des Eigentumsübergangs in das Schiffsbauregister (§ 3 Abs. 1 SchRG). Für Schwimmdocks gelten die besonderen Vorschriften der §§ 864 ff. ZPO und des ZVG über die Zwangsvollstreckung von Geldforderungen nicht. Für die Zwecke der Zwangsvollstreckung kann weder eine Schiffshypothek eingetragen noch eine Zwangsversteigerung durchgeführt werden. Vielmehr bleibt bei den §§ 803 ff., 808 ff. ZPO. Soll ein Arrest in das Schwimmdock erfolgen, muss ein Arrestgrund glaubhaft gemacht werden (§ 917 Abs. 1 und Abs. 2 Satz 1 ZPO), die Vorschrift des § 917 Abs. 2 Satz 2 ZPO kommt nicht zur Anwendung. Die Vollziehung des Arrestes erfolgt, unabhängig von der Eintragung des Schwimmdocks in das Schiffsbauregister, nach § 930 ZPO. Im Übrigen finden sich weder im BGB noch in der ZPO besondere Bestimmungen über Schwimmdocks. Allerdings wird in den Bestimmungen der AO das eingetragene Schwimmdock zum Teil, in Abweichung von den parallelen Bestimmungen der ZPO, mit eingetragenen Schiffen und Schiffsbauwerken gleichgestellt; siehe §§ 241 Abs. 1 Nr. 5 (b), 318 Abs. 4 und 3, 322 Abs. 1 AO.

VIII. Das Schiff als Gegenstand der Zwangsvollstreckung

Literatur: *Albrecht* Die Zwangsversteigerung von Seeschiffen im internationalen Rechtsverkehr – ausgewählte Rechtsfragen, DVIS A 46 (1983); *von Laun* Zwangsversteigerung ausländischer Schiffe, Hansa 1952, 633–634; *Sebode* Neuerungen bei der Zwangsvollstreckung in Schiffe und Schiffsbauwerke, DR 1941, 620–625.

1. Die Vollstreckung von Geldforderungen in ein Schiff. Ein Gläubiger, der über einen Titel gegen den Eigentümer des Schiffes verfügt, kann aus dem Titel die Zwangsvollstreckung in das Schiff betreiben. Der Titel kann eine Geldforderung betreffen, also auf Zahlung gerichtet sein,[239] aber auch auf Duldung der Zwangsvollstreckung lauten, etwa aus einer Schiffshypothek (§§ 8, 24 ff. SchRG, oben Rn 164–214) oder einem Schiffsgläubigerrecht (§§ 596 ff.). Für die Zwangsvollstreckung in Schiffe gelten grundsätzlich die Vorschriften über die Vollstreckung in das bewegliche Vermögen des Schuldners (§§ 803 ff. ZPO). Geht es um eine Vollstreckung in Schiffe, die in einem deutschen Schiffsregister eingetragen sind oder in ein deutsches Schiffsregister eingetragen werden können, kommen nach § 864 Abs. 1 ZPO die Vorschriften über die Zwangsvollstreckung in Grundstücke zur Anwendung; siehe auch § 322 Abs. 1 AO. Zum Miteigentum am Schiff siehe § 864 Abs. 2 ZPO. Der Zwangsvollstreckung in das Schiff unterliegen nach § 865 Abs. 1 ZPO die Gegenstände, auf die sich die Schiffshypothek erstreckt (dazu oben Rn 178–183), unabhängig davon, ob der Gläubiger tatsächlich aus einer Schiffshypothek vollstreckt. Geht es um die Vollstreckung aus einem Schiffsgläubigerrecht, gilt für den Umfang der Zwangsvollstreckung die Regelung des § 598. Die selbständige Pfändung von Zubehörgegenständen des Schiffes (§ 31 Abs. 1 SchRG, oben Rn 56–58) ist nach § 865 Abs. 2 Satz 1 ZPO grundsätzlich ausgeschlossen, es sei denn, sie sind von der Haftung frei geworden (§ 31 Abs. 2 SchRG, § 865 Abs. 2 Satz 2 ZPO). Gleiches gilt für abtrennbare Bestandteile des Schiffes (siehe § 31 Abs. 3 SchRG). Die selbständige Vollstreckung in Zubehörgegenstände (und abtrennbare Bestandteile) ist wiederum ausgeschlossen, nachdem eine Beschlagnahme zum Zwecke der Zwangsvollstreckung in das Schiff erfolgt ist (§ 865 Abs. 2 ZPO). Ist das Schiff, in das vollstreckt werden soll, herrenlos, muss nach § 787 Abs. 2 und 1 ZPO (nicht: § 58 Abs. 2 und 1 ZPO) ein Vertreter bestimmt werden. **225**

---

[239] Siehe zu der Frage der Bestimmtheit einer Verurteilung zur Zahlung von „… 22½ pCt. des Nettowerthes der gesunkenen Bark gleich 5000 M – mehr oder weniger – …" LG Hamburg HansGZ H 1900, 127 Nr. 58 „Leon Paucaldo", dazu auch AG und LG Hamburg HansGZ H 1900, 229 Nr. 109.

Ist das Urteil gegen den früheren Eigentümer ergangen, muss die Vollstreckungsklausel gegen den Vertreter erteilt und ihm zugestellt werden (§ 727, 750 Abs. 2 ZPO).

226 **a) Die Vollstreckung in eingetragene Schiffe.** Die Zwangsvollstreckung in ein (in ein deutsches Schiffsregister) eingetragenes Schiff kann nach § 870a Abs. 1 Satz 1 ZPO in zweierlei Weise erfolgen. Zum einen kann sich der Gläubiger für seine Forderung eine Schiffshypothek eintragen lassen (unten Rn 227). Daneben kann der Gläubiger die Zwangsversteigerung des Schiffes betreiben (unten Rn 228–229); siehe auch § 322 Abs. 1 AO. Die Worte „...oder in dieses Register eingetragen werden kann ..." beziehen sich nur auf das Schiffsbauwerk und das Schiffsbauwerksregister. Nicht etwa kann der Gläubiger die Eintragung eines eintragungsfähigen, aber nicht eingetragenen Schiffes und die Eintragung einer Schiffshypothek bewirken. Dies ist nur beim Schiffsbauwerk vorgesehen (siehe § 68 Abs. 2 SchRegO).

227 **aa) Die Eintragung einer Schiffshypothek.** Die Vollstreckung gegen den Eigentümer eines eingetragenen Schiffes kann durch Eintragung einer Schiffshypothek erfolgen (§ 870a Abs. 1 Satz 1 ZPO), allerdings nur für eine Hauptforderung von mehr als EUR 750,00 (§ 870a Abs. 2, 866 Abs. 3 Satz 1 ZPO). Wo sich das (See)Schiff befindet, spielt keine Rolle, § 870a Abs. 1 Satz 2 ZPO gilt nicht. Die Eintragung in das Schiffsregister erfolgt auf Antrag des Gläubigers (§ 870a Abs. 2, 867 Abs. 1 Satz 1 Hs. 1 ZPO), sie wird auf dem Titel vermerkt (§ 870a Abs. 2, 867 Abs. 1 Satz 1 Hs. 2 ZPO). Die Schiffshypothek entsteht mit der Eintragung (§ 870a Abs. 2, 867 Abs. 1 Satz 2 ZPO). Sie sichert auch die Kosten der Eintragung (§ 870a Abs. 2, 867 Abs. 1 Satz 3 ZPO). Für die spätere Durchführung der Zwangsversteigerung des Schiffes genügt der vollstreckbare Titel, auf dem die Eintragung der Schiffshypothek vermerkt ist (§ 870a Abs. 2, 867 Abs. 3 ZPO). Aus einem nur gegen Sicherheit vorläufig vollstreckbaren Urteil darf der Gläubiger ohne Sicherheitsleistung die Zwangsvollstreckung nur im Wege der Eintragung einer Schiffshypothek betreiben (§ 720a Abs. 1 Satz 1 [b] sowie noch Satz 2 und Abs. 3 ZPO).

228 **bb) Die Zwangsversteigerung.** Die Vollstreckung in das eingetragene Schiff kann auch im Wege der Zwangsversteigerung erfolgen (§ 870a Abs. 1 Satz 1 ZPO). Sie kann entweder unmittelbar auf Grundlage des Titels (§ 870a Abs. 1 Satz 1 ZPO) oder ausgehend von einer zuvor im Wege der Zwangsvollstreckung eingetragenen Schiffshypothek (§§ 870a Abs. 1 Satz 1, 866 Abs. 2, 867 Abs. 3 ZPO) eingeleitet werden. Bei Seeschiffen ist die Beschränkung des § 870a Abs. 1 Satz 2 ZPO zu beachten: Die Anordnung der Zwangsversteigerung ist unzulässig, wenn sich das Schiff auf der Reise befindet und nicht in einem Hafen liegt.

229 Regelungen zur Zwangsversteigerung von Schiffen finden sich im ZVG. Diese betrifft in erster Linie Grundstücke, enthält aber in den §§ 162 ff. ZVG Bestimmungen über die Zwangsversteigerung eingetragener Schiffe. Nach § 162 Satz 1 ZVG gelten die Vorschriften des ersten Abschnitts, also die §§ 1 ff. ZVG auch für Schiffe, soweit sich aus den §§ 163 ff. ZVG nichts anderes ergibt. Eine Zwangsversteigerung nach §§ 162 ff. ZVG kann nur durchgeführt werden, wenn sich das Schiff im deutschen Hoheitsgebiet befindet. Für die Eintragung der Zwangshypothek (im deutschen Schiffsregister, § 870a Abs. 1 Satz 1 ZPO) ist dies nicht erforderlich.

230 **b) Die Zwangsverwaltung.** Anders als bei Grundstücken (§ 866 Abs. 1 ZPO) ist die Zwangsverwaltung (in einem deutschen Schiffsregister) eingetragener oder eintragungsfähiger Schiffe nicht vorgesehen (siehe § 870a Abs. 1 Satz 1 ZPO). Allerdings bestimmt § 165 Abs. 2 ZVG, dass das begonnene Verfahren der Zwangsversteigerung einstweilen eingestellt und dass stattdessen die Bewachung und Verwahrung des Schiffes einem Treuhänder übertragen werden kann. Dieser kann nach § 165 Abs. 2 Satz 3 ZVG vom Gericht auch ermächtigt werden, das Schiff für Rechnung und im Namen des Schuldners zu nutzen.

c) Die Zwangsversteigerung ausländischer Schiffe. § 171 ZVG enthält Regelungen 231 über die Zwangsversteigerung eines ausländischen Schiffes; siehe auch § 322 Abs. 2 AO. Es kann sich um ein See- oder um ein Binnenschiff handeln. § 171 ZVG gilt, anders als § 162 ZVG, nicht auch für Schiffsbauwerke. Die Bestimmungen des § 171 ZVG kommen zur Anwendung, wenn das Schiff, wenn es ein deutsches Schiff wäre, in ein deutsches Schiffsregister eingetragen werden müsste. Dabei ist ohne Bedeutung, ob das Schiff in einem ausländischen Register eingetragen ist oder nicht. Maßgeblich ist die fiktive Eintragungspflicht in Deutschland (dazu oben Rn 132–133). Damit knüpft § 171 ZVG an die Tatbestände der eintragungsfähigen Schiffe in §§ 864 Abs. 1, 870a Abs. 1 Satz 1 ZPO an.

Nach § 171 Abs. 1 ZPO gelten für die Zwangsversteigerung die Vorschriften des Ers- 232 ten Abschnitts ZVG (§§ 1ff.), soweit sie nicht die Eintragung in das Schiffsregister voraussetzen und sich aus dem § 171 Abs. 2 bis 5 ZVG nichts anderes ergibt. Nach § 171 Abs. 2 Satz 2 Hs. 1 ZVG darf die Zwangsversteigerung grundsätzlich nur angeordnet werden, wenn der Schuldner das Schiff in Eigenbesitz hat, er es also als ihm gehörig besitzt (§ 872 BGB). Die hierfür maßgeblichen Tatsachen sind nach § 171 Abs. 2 Satz 2 Hs. 2 ZVG durch Urkunden glaubhaft zu machen, soweit sie nicht bei Gericht offenkundig sind. Grundsätzlich hat der Eigentümer das Schiff auch in mittelbarem oder unmittelbarem Eigenbesitz, so dass eine Glaubhaftmachung des Eigentums (durch Urkunden) für die Darlegung des Eigenbesitzes genügt.[240] Dies gilt allerdings nicht, wenn der Eigentümer den Besitz und das Eigentum am Schiff aufgegeben hat, es also herrenlos ist (§ 959 BGB). In diesem Fall ist nach § 787 Abs. 1 ZPO – nicht: § 58 Abs. 2 ZPO – ein Vertreter zu bestellen.[241] Ist das Urteil gegen den früheren Eigentümer ergangen, muss die Vollstreckungsklausel gegen den Vertreter erteilt und ihm zugestellt werden[242] (§ 727, 750 Abs. 2 ZPO).

Die Eintragung einer Zwangshypothek (§ 870a Abs. 1 Satz 1 ZPO) kommt in den hier 233 erörterten Fällen nicht in Betracht, weil das Schiff gerade nicht in einem deutschen Schiffsregister eingetragen ist und ein deutsches Gericht nicht die Eintragung einer Schiffshypothek in einem ausländischen Schiffsregister anordnen kann. Im Übrigen kann die Zwangsversteigerung nach Maßgabe des § 171 ZVG nur stattfinden, wenn sich das Schiff im deutschen Hoheitsgebiet befindet. Die Möglichkeit der Übertragung der Bewachung und Verwahrung des Schiffes an einen Treuhänder nach § 165 Abs. 2 ZVG besteht auch bei einem ausländischen Schiff (siehe § 171 Abs. 5 Satz 1 ZVG).

d) Die Vollstreckung in nicht eingetragene Schiffe. Schiffe, die nicht eingetragen 234 sind (oben Rn 226–229) und die, im Falle ausländischer Staatszugehörigkeit, nicht in einem deutschen Schiffsregister eintragungspflichtig wären (§ 171 ZVG, zuvor Rn 231–233), unterliegen den allgemeinen Vorschriften über die Zwangsvollstreckung in bewegliche

---

240 LG Hamburg HansGZ H 1900, 229 Nr. 109 (S. 230) „Leon Paucaldo", zuvor das AG aaO., anschließend AG und LG Hamburg aaO., sowie noch LG Hamburg HansGZ H 1900, 127 Nr. 58.
241 Siehe LG Hamburg HansGZ H 1900, 229 Nr. 109 (S. 232) „Leon Paucaldo", zuvor das AG aaO., anschließend AG und LG Hamburg aaO., sowie noch LG Hamburg HansGZ H 1900, 127 Nr. 58.
242 LG Hamburg HansGZ H 1900, 229 Nr. 109 (S. 232) „Leon Paucaldo", zuvor das AG aaO., anschließend AG und LG Hamburg aaO., sowie noch LG Hamburg HansGZ H 1900, 127 Nr. 58.

Sachen. Die Vollstreckung erfolgt durch Pfändung des Schiffes (§§ 808 ff. ZPO) sowie öffentliche Versteigerung (§§ 814 ff. ZPO).

235 **2. Die Vollstreckung von Ansprüchen auf Herausgabe des Schiffes.** Ein Anspruch auf Herausgabe eines Schiffes wird grundsätzlich nach Maßgabe der §§ 883, 885a, 886 ZPO vollstreckt. Hier ist die Wegnahme des Schiffes durch den Gerichtsvollzieher und die Übergabe an den Gläubiger vorgesehen (§ 883 Abs. 1 ZPO). Befindet sich das Schiff nicht im Gewahrsam des Schuldners, sondern eines Dritten, kann der Gläubiger nach § 886 ZPO beantragen, dass ihm der Anspruch des Schuldners auf Herausgabe des Schiffes überwiesen wird. Für ein (in einem deutschen Schiffsregister) eingetragenes Schiff gilt die besondere Regelung des § 885 ZPO. Es geht um den Fall, dass der Schuldner das Schiff herauszugeben, zu überlassen oder zu räumen hat. Der Gerichtsvollzieher setzt den Schuldner aus dem Besitz und weist an seiner Stelle den Gläubiger ein (§ 885 Abs. 1 Satz 1 ZPO). Der Schuldner hat ggf. eine Anschrift zum Zweck von Zustellungen oder einen Zustellungsbevollmächtigten zu benennen (§ 885 Abs. 1 Satz 2 ZPO). Die Vollstreckung eines Anspruchs gegen den Schuldner auf Herausgabe des Schiffes ist zu unterscheiden von der Pfändung eines Anspruchs des Schuldners gegen einen Drittschuldner auf Herausgabe des Schiffes. Diese Pfändung unterliegt den §§ 847a Abs. 1, 855a ZPO; siehe auch §§ 318 Abs. 1, 2, 3 Satz 1 und 5, Abs. 4 und 5, 309 ff. AO. Soll ein Anspruch gepfändet werden, der auf Übertragung des Eigentums am Schiff gerichtet ist, gelten außerdem die Bestimmungen der § 847a Abs. 2 ZPO, § 318 Abs. 3 Satz 2 und 3 AO: Es wird ein Treuhänder als Vertreter des Schuldners bestellt, der für den Schuldner die für den Übergang des Eigentums am Schiff auf den Schuldner erforderlichen Rechtshandlungen vornimmt und die Eintragung einer Schiffshypothek bewilligt (§ 847a Abs. 2 Satz 3 ZPO, § 318 Abs. 4, 3 Satz 4 AO). Ist das Schiff, in das vollstreckt werden soll, herrenlos, muss nach § 787 Abs. 2 und 1 ZPO (nicht: § 58 Abs. 2 und 1 ZPO) ein Vertreter bestimmt werden. Ist das Urteil gegen den früheren Eigentümer ergangen, muss die Vollstreckungsklausel gegen den Vertreter erteilt und ihm zugestellt werden (§ 727, 750 Abs. 2 ZPO).

IX. Das Schiffswrack

Literatur: Bischoff Kriegsschiffwracks – Welches Recht gilt für Fragen des Eigentums, der Beseitigung und der Haftung, Zeitschrift für ausländisches öffentliches Recht und Völkerrecht (ZaöRV) 2006, 455–490; *Bräuer* Das Begriffspaar „Schiff" und „Wrack", MDR 1955, 453–454; *Bräuer* Rechtsgeschäftlicher Eigentumserwerb am Wrack eines eingetragenen Binnenschiffes, MDR 1956, 67–70; *Hailbronner* Frachtgut gesunkener Schiffe und Kulturgüterschutz vor deutschen Gerichten, JZ 2002, 957–963; *Tanrack* Die Rechtslage kriegsversenkter Schiffe und Güter, 1919.

236 Dem Begriff des „Schiffes" (oben Rn 1–62) wird der des „Wracks" gegenübergestellt (unten Rn 237–240). Ein Wrack ist kein Schiff mehr, war aber früher einmal eines. In diesem Zusammenhang können sich flaggenrechtliche Fragen stellen (unten Rn 241). Ein Wrack unterliegt den allgemeinen, für bewegliche Sachen geltenden sachenrechtlichen Vorschriften (unten Rn 243–247). Von dem Wrack können Gefahren ausgehen, so dass dritte Personen geschädigt werden können (unten Rn 248–249). Auch ein Wrack kann Gegenstand eines Arrestes sein (unten Rn 250).

237 **1. Der allgemeine Begriff des Wracks.** Der Ausdruck „Wrack" umschreibt einen Gegenstand oder mehrere zusammengehörende Gegenstände, die zuvor ein (See- oder Binnen-)Schiff waren, das diese Eigenschaft aber aufgrund einer Beschädigung verloren hat. Das RhSchOG Köln hat nach dem Untergang der „Tina Scarlett", die unter Wasser in

mehrere Teile zerschnitten wurde, die wiederum geborgen wurden, die einzelnen Teile als Wrack angesehen.²⁴³ Kein Wrack ist ein Schiff, das noch gerettet werden kann und soll (oben Rn 28). Die Anknüpfung für die Einordnung als Wrack ist die Beschädigung des Schiffes und der dadurch veranlasste Wille des Betreibers des Schiffes, den Gegenstand gar nicht mehr oder jedenfalls nicht mehr als Schiff einzusetzen. Das Wrack kann sich ganz oder unter oder über Wasser befinden. Typischerweise liegt es irgendwo auf, es ist jedoch nicht erforderlich, dass der Gegenstand seine Schwimmfähigkeit verloren hat. Ein Wrack ist darüber hinaus auch ein vom Betreiber aufgegebenes Schiff, das, weil keine Wartung und Unterhaltung mehr stattfindet, langsam verfällt.

238 Ein beschädigtes Schiffsbauwerk oder ein beschädigtes Schwimmdock können kein (Schiffs-)Wrack sein. Nicht jedes Schiff wird zum Wrack, etwa wenn es planmäßig abgewrackt oder recycled wird oder wenn sich der Verwendungszweck ändert (oben Rn 28). Aber jedes Wrack war einmal ein Schiff. Unberücksichtigt bleibt, dass ggf. weiterhin eine Eintragung als Schiff in einem deutschen Schiffsregister besteht. Dessen öffentlicher Glaube (§§ 15, 16 SchRG, oben Rn 153) begründet keine Vermutung, dass das eingetragene Schiff weiterhin ein Schiff ist.²⁴⁴

239 Auch Art. 1 Abs. 4 WBÜ enthält eine Umschreibung des Wracks im Sinne des Übereinkommens (siehe die Hinweise dort Rn 33–52 zu Art. 1 WBÜ). Diese Definition geht weiter als die aus dem Begriff des Schiffes entwickelte Umschreibung (siehe zuvor). Zum einen umfasst das Wrack im Sinne des WBÜ auch Gegenstände, die ein Schiff auf See verloren hat (Art. 1 Abs. 4 [c] WBÜ). Zum anderen ist ein Wrack nach Art. 1 Abs. 4 (d) WBÜ auch ein sinkendes oder strandendes Schiff oder ein solches, das aller Voraussicht nach sinken oder stranden wird. Diese weite Umschreibung erklärt sich aus dem Zweck des WBÜ, das frühzeitig zur Anwendung kommen soll, um dem Küstenstaat Maßnahmen zu erlauben. Der Wrackbegriff des WBÜ gilt auch in anderen Vorschriften, etwa in § 7b (siehe dort Abs. 5) und § 7c SeefahrtSicherGV, §§ 4 und 5 SeeVersNachwG sowie im WrBesKODG. Ein Gegenstand kann daher im Sinne des Art. 1 Abs. 4 WBÜ ein Wrack, tatsächlich aber noch ein Schiff sein. Entsprechendes gilt im Hinblick auf die innerstaatlichen Vorschriften über die „Wrackbeseitigung", namentlich die §§ 24 ff. und insbesondere § 30 WaStrG über die Beseitigung von Schifffahrtshindernissen. Zu diesen gehören auch und gerade Wracks im zuvor erläuterten Sinne.

240 Es gibt im deutschen Recht nur wenige Bestimmungen, für die die allgemeine Umschreibung des Wracks (oben Rn 237) und nicht die des WBÜ eine Rolle spielt. Dies betrifft namentlich §§ 606 Nr. 4, 607 Abs. 7, 608, 610 über die Verjährung von Ansprüchen wegen der Beseitigung eines Wracks (eine entsprechende Vorschrift fehlt für das Binnenschifffahrtsrecht) sowie §§ 22 Abs. 1 Satz 1, 23 Abs. 1 SUG über den Zugang zum Wrack zum Zwecke der Seeunfalluntersuchung. Siehe auch die Umschreibung der Ansprüche aus Wrackbeseitigung in Art. 2 Abs. 1 (d) und (e) HBÜ 1996, § 612 sowie Art. 2 Abs. 1 (d) und (e) CLNI, § 4 Abs. 4 BinSchG.

241 **2. Die Flagge.** Verliert das Schiff die Eigenschaft eines Schiffes, ist es nicht mehr tauglicher Gegenstand der flaggenrechtlichen Bestimmungen. Hat das Schiff die deutsche Flagge geführt, erledigt sich mit dem Verlust der Schiffseigenschaft die Berechtigung zur Führung der Bundesflagge. Ein dem Schiff erteilter Ausweis über die Berechtigung (oben Rn 98–100) ist, soweit möglich, unverzüglich dem BSH als Flaggenbehörde (§ 27 FlRV) zuzuleiten (§ 31 Abs. 2 und 3 FlRV).

---

243 RhSchOG Köln Hansa 1964, 1991, 1993 (unter c) „Tina Scarlett"; siehe auch BGH VersR 1971, 1012.
244 Siehe OLG Hamburg VRS 1, 317, 318 f. „Adele Walter", „Helgoland".

242 **3. Sachenrechtliche Gesichtspunkte.** Die Tatsache, dass der betreffende Gegenstand seine Rechtsstellung als Schiff verliert und zum Wack wird, ändert nichts an den Eigentumsverhältnissen. Der Eigentümer des Schiffes ist ohne weiteres auch Eigentümer des Wracks. Allerdings entfallen die Besonderheiten, die in sachenrechtlicher Hinsicht für ein Schiff gelten. War das Schiff in einem deutschen Schiffsregister eingetragen, muss es nunmehr gelöscht werden (unten Rn 243). Grundsätzlich enden auch an dem Schiff bestehende Schiffshypotheken (unten Rn 244). Der Übergang des Eigentums am Wrack unterliegt den §§ 929 ff. BGB (unten Rn 245). Schiffsgläubigerrechte, die am Schiff bestanden haben, bleiben als Pfandrechte am Wrack bestehen (unten Rn 246). Forderungen wegen Beseitigung des Wracks können Schiffsgläubigerrechte begründen (unten Rn 247).

243 **a) Das Schiffsregister.** Ein Wrack ist nicht im Schiffsregister eintragungsfähig. War das Schiff, bevor es zum Wrack wurde, in einem Schiffsregister eingetragen, muss der Eigentümer den Untergang des Schiffes, dessen endgültigen Verlust oder eine Ausbesserungsunfähigkeit unverzüglich anmelden (§ 17 Abs. 4, 18 Abs. 1, 19 SchRegO). Dies führt zur Löschung des Schiffes aus dem Schiffsregister (§ 20 Abs. 1 SchRegO).

244 **b) Die Schiffshypotheken.** In Schiffsregister eingetragene Schiffshypotheken erlöschen grundsätzlich bereits mit dem Verlust der Schiffseigenschaft. Dies gilt allerdings nicht im Hinblick auf mithaftende Forderungen aus einer Versicherung (siehe § 32 SchRG, oben Rn 180–183), das an diesen begründete Pfandrecht des Schiffshypothekengläubigers besteht fort. Dies gilt auch, wenn das Schiff nunmehr aus dem Schiffsregister gelöscht wird. Der Gläubiger kann im Hinblick auf sein Pfandrecht an der Versicherungsforderung die Bewilligung der Löschung verweigern bzw. einen Widerspruch eintragen lassen.

245 **c) Der Übergang des Eigentums am Wrack.** Das Eigentum am Wrack kann an einen Dritten übergehen. So kann das Wrack beispielsweise an einen Unternehmer verkauft werden, der es ggf. zu heben und zu verwerten beabsichtigt. Eine Übereignung des Wracks erfolgt auf Grundlage der §§ 929 ff. BGB.[245] Die besonderen Regelungen für die Übereignung von Schiffen (oben Rn 157–163), insbesondere des SchRG, kommen nicht zur Anwendung.[246] Dies gilt namentlich für ein unrettbar gesunkenes Schiff, während die besonderen Bestimmungen über die Übereignung von Schiffen, namentlich §§ 2 ff. SchRG und §§ 929a, 932a BGB weiterhin zur Anwendung gelangen, wenn das Schiff als Ganzes noch bergungsfähig ist[247] (und damit weiterhin ein Schiff ist, oben Rn 28). Ist der Erwerber bereits im Besitz des Wracks, erfolgt die Übereignung nach § 929 Satz 2 BGB.[248] Im Übrigen kann die Übergabe des Wracks, das sich nicht im Besitz des Eigentümers befindet, Schwierigkeiten machen.[249] M.E. kann in entsprechenden Fällen die Vorschrift des § 929a BGB analog angewandt werden. Möglich ist auch ein Eigentumserwerb des Her-

---

245 Siehe OLG Hamburg HansGZ H 1919, 95 Nr. 56 „Trave", anschließend das RG HansGZ H 1919, 118 Nr. 76; RhSchOG Köln Hansa 1964, 1991, 1993 (unter c) „Tina Scarlett", siehe auch BGH VersR 1971, 1012.
246 OLG Hamburg VRS 1, 317, 318 f. „Adele Walter", „Helgoland".
247 Siehe RhSchOG Köln Hansa 1964, 1991, 1993 (unter c) „Tina Scarlett", siehe auch BGH VersR 1971, 1012.
248 RhSchOG Köln Hansa 1964, 1991, 1993 (unter c) „Tina Scarlett", siehe auch BGH VersR 1971, 1012.
249 Siehe OLG Hamburg HansGZ H 1919, 95 Nr. 56 „Trave", anschließend das RG HansGZ H 1919,, 118 Nr. 76.

stellers nach § 950 BGB, wenn das Wrack oder Teile davon verarbeitet, insbesondere wenn sie für die Herstellung eines neuen Schiffes verwendet werden.[250]

d) Bestehende Schiffsgläubigerrechte. War das Schiff mit Schiffsgläubigerrechten 246 belastet, werden diese als einfache Pfandrechte am Wrack fortgeführt. Der BGH geht davon aus, dass die Schiffsgläubigerrechte weiter bestehen.[251] Richtigerweise setzen sich die Schiffsgläubigerrechte als (besitzlose) Mobiliarpfandrechte an beweglichen Sachen fort.[252] Auch der Regelung des § 596 Nr. 4 Hs. 3, die ein Schiffsgläubigerrecht für Ansprüche aus Wrackbeseitigung begründet, ist nicht etwa zu entnehmen, dass für die Anwendung der §§ 596 ff. insgesamt ein Wrack als Schiff angesehen wird[253] (dazu sogleich Rn 247). Für die früheren Schiffsgläubigerrechte und jetzigen Pfandrechte an dem Wrack gelten die §§ 1204 ff. BGB. Das Pfandrecht hat denselben Rang wie zuvor das Schiffsgläubigerrecht. Es unterliegt weiterhin der Befristung nach Maßgabe des § 600. Nach den Umständen mag das Pfandrecht an dem Wrack selbst relativ wertlos sein, insbesondere weil es möglicherweise gar nicht erreichbar ist. Allerdings erstreckt sich das Schiffsgläubigerrecht und damit ebenso das an seine Stelle tretende Pfandrecht nach § 598 Abs. 2 auch auf Ersatzansprüche, die dem Reeder (bzw. Ausrüster, § 477 Abs. 1 und 2) wegen des Verlustes oder der Beschädigung des Schiffes gegen einen Dritten zustehen, sowie auf Ansprüche des Eigentümers auf Zahlungen in Großer Haverei. Die Schadenersatzansprüche können gerade aus dem Vorfall entstanden sein, der das Schiff zum Wrack gemacht hat. Das Pfandrecht betrifft aber auch davon unabhängige Ansprüche auf Schadenersatz oder Zahlungen in Großer Haverei, die noch „zu Lebzeiten" des Schiffes entstanden sind, nachdem das Schiffsgläubigerrecht begründet wurde. Auf das Pfandrecht an den Ansprüchen auf Schadenersatz bzw. Zahlungen in Großer Haverei finden die §§ 1273 ff. BGB Anwendung. Neue Schiffsgläubigerrechte an dem Wrack können nicht entstehen (siehe aber § 596 Abs. 1 Nr. 4 Hs. 3 und sogleich Rn 247). Werden das Wrack oder Teile des Wracks verwendet, um eine neue Sache, insbesondere ein neues Schiff herzustellen, erlöschen nach § 950 Abs. 2 BGB an dem Wrack bzw. den Wrackteilen bestehende Pfandrechte.

e) Das Schiffsgläubigerrecht für Forderungen aus der Beseitigung des Wracks. 247 Nach § 596 Nr. 4 Hs. 3 besteht auch im Hinblick auf Forderungen aus der Beseitigung des Wracks ein Schiffsgläubigerrecht. Es wurde durch das 1. SRÄndG neu in den Katalog des damaligen § 754 HGB 1972 aufgenommen.[254] Das Schiffsgläubigerrecht des § 596 Nr. 4 Hs. 3 für Forderungen aus Wrackbeseitigung ist bemerkenswert, weil nach dem traditionellen Verständnis an einem Wrack, das kein Schiff mehr ist, keine Schiffsgläubigerrechte fortbestehen und keine Schiffsgläubigerrechte neu begründet werden können (siehe zuvor Rn 246). In der 1. SRÄndG-Begr heißt es zu der neuen Regelung,[255] dass ein Schiffsgläubigerrecht auch dann entstehen solle, wenn die Voraussetzungen der Bergung und Hilfeleistung nicht vorlägen. Die Umschreibung „Bergung und Hilfeleistung" entspricht der seinerzeitigen Terminologie, seit dem 3. SRÄndG wird im Fünften Buch HGB nur noch der Ausdruck „Bergung" verwendet. Aus dem Hinweis in der 1. SRÄndG-Begr ergibt

---

250 Siehe OLG Hamburg VRS 1, 317, 320 „Adele Walter", „Helgoland".
251 BGH NJW 1952, 1135 – offen gelassen von RhSchOG Köln Hansa 1964, 1991, 1993 (unter d) „Tina Scarlett"; siehe auch BGH VersR 1971, 1012.
252 *Schaps/Abraham* Seehandelsrecht Rn 9 vor § 476 und Rn 7 zu § 755.
253 So aber *Eckardt* in MüKo/HGB Rn 14 zu § 596.
254 S. 35 (rechte Spalte oben).
255 S. 35 (rechte Spalte oben).

sich, dass das neue Schiffsgläubigerrecht lediglich ergänzenden Charakter haben sollte. Die Ansprüche insbesondere von Behörden auf Erstattung von Kosten für Maßnahmen, die sich nicht als Bergungsmaßnahmen darstellen, sollen durch das Schiffsgläubigerrecht gesichert werden. M.E. kann durch § 596 Nr. 4 Hs. 3 trotz der abweichenden Terminologie ein Schiffsgläubigerrecht nur an solchen Gegenständen begründet werden, die noch die Eigenschaft eines Schiffes haben, nicht aber an einem Wrack.[256] Auch die weiteren Regelungen der §§ 597 ff. beziehen sich durchgehend nur auf das Schiff. Allerdings bleibt § 596 Nr. 4 Hs. 3 im Falle von Maßnahmen zugunsten eines Wracks nicht unbeachtlich. Vielmehr begründet die Vorschrift wegen der Ansprüche aus Wrackbeseitigung an dem Wrack ein Mobiliarpfandrecht. Die Vorschriften der §§ 596 ff. gelten sinngemäß. Wenn dort auf ein „Schiff" Bezug genommen wird, ist das Wrack gemeint. Ergänzend kommen ggf. die §§ 1204 ff. BGB zur Anwendung. Im Binnenschifffahrtsrecht, namentlich im § 102 BinSchG, fehlt eine Vorschrift von der Art des § 596 Nr. 4 Hs. 3. Damit ist es für die Entstehung des Schiffsgläubigerrechts bzw. des Pfandrechts wegen der Ansprüche aus Wrackbeseitigung entscheidend, ob das Schiff ein Binnen- oder ein Seeschiff ist oder war.

248 **4. Die Haftung für Schäden Dritter.** Von einem Wrack können nach den Umständen Gefahren für die Schifffahrt ausgehen. Insbesondere können andere Schiffe mit dem Wrack kollidieren, ebenso können Fischfanggeräte beschädigt werden.[257] Im Falle der Kollision mit einem Schiff gelten die Regelungen des ZusÜSee, der §§ 570 ff, des ZusÜBin und der §§ 92 ff. BinSchG nicht, da es an einem Zusammenstoß zwischen Schiffen fehlt. Die Herbeiführung des Vorfalls, durch den das Schiff zum Wrack wurde, ist im Hinblick auf eine spätere Kollision eines anderen Schiffes mit dem Wrack auch keine Fernschädigung (Art. 13 ZusÜSee, § 572, Art. 1 Abs. 2 ZusÜBin, § 92 Abs. 2 BinSchG). Ebenso ist § 480 Satz 1 ist nicht zu Lasten des Eigentümers anwendbar, weil das Wrack gerade kein Schiff mehr ist, selbst wenn sich die frühere Besatzung oder Teile davon oder sonstige Personen des Eigentümers „an Bord" befinden. Vielmehr beurteilt sich die Haftung nach den allgemeinen Grundsätzen, namentlich auf Grundlage der §§ 823 Abs. 1 und 2 sowie 831 BGB.[258] Ist der Vorfall, durch den das Schiff zum Wrack wurde, von einer Person der Schiffsbesatzung oder einen an Bord tätigen Lotsen verursacht worden, kann dies die Ursache der späteren Kollision des anderen Schiffes mit dem Wrack sein, so dass eine Haftung des damaligen Reeders (bzw. Ausrüsters, § 477 Abs. 1 und 2) aus § 480 Satz 1 in Betracht kommt. Allerdings wird es normalerweise an einem objektiven Zurechnungszusammenhang zwischen dem Verhalten der betreffenden Person und dem späteren Zusammenstoß fehlen.

249 Eine Haftung kann sich aber aus den Umständen ergeben, wenn Verkehrssicherungspflichten verletzt wurden. Der Betreiber des Schiffes muss dafür Sorge tragen, dass die von dem Wrack ausgehenden Gefahren für Dritte herabgesetzt oder ausgeschlossen werden. So muss er den Vorfall bei den örtlichen Verkehrsbehörden anzeigen[259] und ggf., gerade in dringenden Situationen, auch selbst Maßnahmen treffen, um das Wrack zu markieren und die Schifffahrt zu warnen. Diese Pflicht trifft den (früheren) Betreiber des Schiffes, also seines Reeders (bzw. Ausrüsters, § 477 Abs. 1 und 2) und möglicherweise auch den (jetzigen) Eigentümer des Wracks. Umgekehrt kann es sich so verhalten, dass

---

256 Anders *Eckardt* in MüKo/HGB Rn 14 zu § 596.
257 Siehe BGH VersR 1969, 563.
258 BGH NJW 1952, 1135.
259 RG HansGZ H 1910, 223 Nr. 95.

im Falle des Untergangs des Schiffes bei entsprechend großer Wassertiefe nichts veranlasst werden muss.[260]

5. Der Arrest des Wracks. Eine Beschlagnahme des Wracks im Wege des Arrestes 250 erfolgt nach Maßgabe der §§ 916 ff. ZPO. Das Privileg des § 917 Abs. 2 Satz 2 ZPO kommt dem Gläubiger nicht zugute, der Arrestgrund nach § 917 Abs. 1 oder Abs. 2 Satz 1 ZPO ist in vollem Umfang glaubhaft zu machen. Der Arrestbeschluss bzw. das Arresturteil sowie die weiteren Urteile bzw. Beschlüsse können nicht nach § 619 zugestellt werden, auch nicht an den früheren Kapitän, selbst wenn er sich noch „an Bord" aufhält, und auch nicht an den jetzigen „Führer" möglicherweise noch „an Bord" tätiger Personen. § 931 ZPO über die Vollziehung des Arrestes in ein eingetragenes Schiff ist nicht anwendbar, auch wenn das Wrack noch als Schiff in einem deutschen Schiffsregister eingetragen ist. Vielmehr erfolgt die Vollziehung des Arrestes in allen Fällen durch Pfändung des Wracks nach §§ 930 Abs. 1 Satz 1 und 2, 808 ff. ZPO. Die Beschränkungen der §§ 930 Abs. 4, 931 Abs. 7 ZPO gelten nicht, auch wenn das Wrack nicht in einem Hafen liegt. Die Vollziehung des Arrestes ist nicht möglich, wenn sich das Wrack nicht in deutschem Hoheitsgebiet (einschließlich des Küstenmeeres, unten Rn 5 Einleitung C) befindet.

---

[260] BGH VersR 1969, 563.

C. Öffentlich-rechtliche Belange

I. Das SeerechtsÜ und seine Seegebiete

1 **1. Einführung.** Das monumentale, 320 Artikel und neun Anlagen umfassende SeerechtsÜ ist die Grundlage des modernen Seevölkerrechts. Es gilt inzwischen praktisch weltweit. Gegenstand des SeerechtsÜ sind zunächst die verschiedenen Seegebiete und die jeweils hier bestehenden hoheitlichen und sonstigen staatlichen Befugnisse. Dabei unterscheidet das SeerechtsÜ insbesondere die inneren Gewässer eines Staates (unten Rn 4), sein Küstenmeer (unten Rn 5), die ausschließlich Wirtschaftszone (AWZ, unten Rn 6), den Festlandsockel (unten Rn 7) sowie die Hohe See (unten Rn 8). Wichtig ist die Abgrenzung des Staatsgebietes, zu dem die inneren Gewässer und das Küstenmeer gehören, von den staatsfreien Gebieten, also die AWZ, die Gewässer über dem Festlandsockel, soweit dieser über die AWZ hinausreicht, sowie die Hohe See. Weitere Abschnitte befassen sich mit Meerengen, die der internationalen Schifffahrt dienen (Art. 34 bis 54 SeerechtsÜ), mit dem völkerrechtlichen Regime von Inseln (Art. 121 SeerechtsÜ) sowie von umschlossenen oder halb umschlossenen Meeren (Art. 122, 123 SeerechtsÜ). Festgeschrieben wird das Recht der Binnenstaaten auf Zugang zum Meer (Art. 124 bis 132 SeerechtsÜ).

2 Ausführlich widmet sich das SeerechtsÜ in den Art. 133 ff. den Ressourcen im sogenannten „Gebiet". Gemeint ist der Meeresboden und der Meeresuntergrund jenseits der Grenze des Bereichs nationaler Hoheitsbefugnisse (Art. 1 Abs. 1 Nr. 1 SeerechtsÜ). Die Regelung des Art. 136 SeerechtsÜ das Gebiet und seine Ressourcen zum gemeinsamen Erbe der Menschheit. Alle Rechte an den Ressourcen des Gebiets stehen nach Art. 137 Abs. 2 Satz 1 der gesamten Menschheit zu, in deren Namen „die Behörde" handelt. Gemeint ist die Internationale Meeresbodenbehörde (Art. 1 Abs. 1 Nr. 2, Art. 156 ff. SeerechtsÜ) mit Sitz auf Jamaika. Die Ressourcen des Gebietes sind nach § 137 Abs. 2 Satz 2 SeerechtsÜ unveräußerlich. Die gewonnenen Mineralien dürfen nur in Übereinstimmung mit den Bestimmungen des SeerechtsÜ und den Regeln, Vorschriften und Verfahren der Behörde veräußert werden. Weitere Regelungen des SeerechtsÜ betreffen sonstige Tätigkeiten im Gebiet, insbesondere die Nutzung für ausschließlich friedliche Zwecke (Art. 141 SeerechtsÜ), die wissenschaftliche Meeresforschung (Art. 143 SeerechtsÜ), und etwa den Schutz der Meeresumwelt im Gebiet (Art. 145 SeerechtsÜ). Außerdem enthält das SeerechtsÜ in Art. 150 bis 155 ausführliche Regelungen über die Erschließung der Ressourcen im Gebiet.

3 Darüber hinaus befasst sich das SeerechtsÜ in seinen Art. 192 ff. ausführlich mit dem Schutz und der Bewahrung der Meeresumwelt, in Art. 238 ff. mit der wissenschaftlichen Meeresforschung sowie in Art. 266 ff. mit der Entwicklung und Weitergabe von Meerestechnologie. Einen großen Raum nehmen auch die Regelungen der Art. 279 ff. SeerechtsÜ über die Beilegung von Streitigkeiten zwischen den Vertragsstaaten des Übereinkommens ein. Im Übereinkommen sind eine ganze Reihe verschiedener Streitbeilegungsverfahren vorgesehen. Eines davon ist die Durchführung eines Verfahrens vor dem Internationalen Seegerichtshof in Hamburg. Dieser ist auch insbesondere für Freigabeverfahren nach Art. 292 SeerechtsÜ zuständig.

4 **2. Die inneren Gewässer.** Zu dem Hoheitsgebiet eines Staates zählt neben seinem Landgebiet auch die von den Landgebieten umgrenzten Binnengewässer sowie außerdem die inneren Gewässer (siehe Art. 2 Abs. 1 SeerechtsÜ). Hierbei handelt es sich um die der Küste vorgelagerten Gewässer, die landseitig von der für die Ermittlung des Küstenmeeres maßgeblichen Basislinie (siehe Art. 3 ff., insbesondere Art. 8 Abs. 1 SeerechtsÜ)

liegen. Zu den inneren Gewässern gehören auch die Seehäfen, die im Landesinneren liegen und mit dem offenen Meer über Flüsse oder Kanäle verbunden. Innere Gewässer sind auch Kanäle, die von Schiffen befahren werden, ohne dass Häfen angelaufen werden (wie etwa der Nord-Ostsee-, der Panama- und der Suez-Kanal).

3. Das Küstenmeer. Neben den inneren Gewässern ist das Küstenmeer Teil des Hoheitsgebiets des Küstenstaates, wie Art. 2 Abs. 1 SeerechtsÜ klarstellt. Es handelt sich um ein der Küste vorgelagertes Seegebiet, das sich seewärts bis zu 12 Seemeilen über die Basislinie (Art. 3 bis 16 SeerechtsÜ) hinaus erstreckt. Dem Küstenstaat stehen in seinem Küstenmeer noch alle wesentlichen Hoheitsbefugnisse zu (Art. 2 SeerechtsÜ). Beschränkt werden die Hoheitsbefugnisse des Küstenstaates insbesondere durch das Recht zur friedlichen Durchfahrt (Art. 17 ff. SeerechtsÜ). Der Küstenstaat darf nach Art. 22 SeerechtsÜ von fremden Schiffen verlangen, dass sie die eingerichteten Schifffahrtswege und Verkehrstrennungsgebiete benutzen. Beschränkt sind auch die Befugnisse des Küstenstaates im Hinblick auf die Ausübung seiner Straf- und Zivilgerichtsbarkeit an Bord eines fremden Schiffes, das das Küstenmeer durchfährt (Art. 27 und 28 SeerechtsÜ). Über das Küstenmeer hinaus stehen dem Küstenstaat innerhalb der Anschlusszone weitere Befugnisse zu (Art. 33, 111 SeerechtsÜ).

4. Die AWZ. Jenseits des Küstenmeeres (soeben Rn 5) endet die Gebietshoheit des Küstenstaates. Jedoch gelten für die sich anschließende AWZ (Art. 55 bis 75 SeerechtsÜ) eine Reihe von Besonderheiten. Es handelt sich um ein dem Küstenmeer vorgelagertes Seegebiet, das vom Küstenstaat festgelegt werden muss und das sich bis zu 200 Seemeilen vor der Küste erstrecken kann. Die AWZ des Küstenstaates wird durch die AWZ daneben bzw. gegenüberliegender Küstenstaaten beschränkt. Deutschland hat von seinen insoweit bestehenden Befugnissen Gebrauch gemacht[261] und in der Nord- und der Ostsee jeweils eine AWZ festgelegt.[262] Beide grenzen an die AWZ benachbarter und gegenüberliegender Staaten an (Art. 74 SeerechtsÜ). Der Küstenstaat hat in seiner AWZ eingeschränkte souveräne Rechte und Hoheitsbefugnisse. Diese betreffen namentlich die Erforschung und Ausbeutung, Haltung und Bewirtschaftung der lebenden und nicht lebenden natürlichen Ressourcen wie insbesondere die wirtschaftliche Erforschung und Ausbeutung der AWZ zum Zwecke der Energieerzeugung aus Wasser, Strömung und Wind (siehe Art. 56 SeerechtsÜ). Ausgehend hiervon hat der Küstenstaat nach Art. 60 SeerechtsÜ eingeschränkte Hoheitsbefugnisse im Hinblick auf die Errichtung und Nutzung von künstlichen Inseln, von Anlagen und Bauwerken (feste Einrichtungen). Diese haben nach Art. 60 Abs. 8 Satz 1 SeerechtsÜ nicht den Status von Inseln und gehören daher nicht zum Staatsgebiet des Küstenstaates. In diesem Zusammenhang spielen namentlich Windkraftanlagen eine Rolle, die in der AWZ errichtet werden.

5. Der Festlandsockel. Zu dem Festlandsockel eines Küstenstaates (siehe Art. 76 bis 85 SeerechtsÜ) gehört nach Art. 76 Abs. 1 SeerechtsÜ der jenseits seines Küstenmeeres gelegene Meeresboden und Meeresuntergrund der Gebiete, die sich über die gesamte

---

[261] Proklamation derBundesrepublik Deutschland über die Errichtung einer ausschließlichen Wirtschaftszone der Bundesrepublik Deutschland in der Nordsee und in der Ostsee vom 29. November 1994 (BGBl. 1994 I S. 3769).
[262] Siehe zur deutschen AWZ in der Nord- bzw. Ostsee http://www.bsh.de/de/Meeresnutzung/Wirtschaft/CONTIS-Informationssystem/ContisKarten/NordseeDeutscherFestlandsockelAWZ.pdf; und http://www.bsh.de/de/Meeresnutzung/Wirtschaft/CONTIS-Informationssystem/ContisKarten/Ostsee DeutscherFestlandsockelAWZ.pdf.

natürliche Verlängerung seines Landgebietes bis zur äußeren Kante des Festlandrands (Art. 76 Abs. 3 SeerechtsÜ) erstrecken. Zu dem Festlandsockel gehört mindestens ein Gebiet bis zu 200 Seemeilen seewärts der Basislinie. Reicht der Festlandrand darüber hinaus, ergibt sich dessen äußere Begrenzung aus Art. 76 Abs. 2 bis 6 SeerechtsÜ. Der Küstenstaat übt über seinen Festlandsockel souveräne Rechte zum Zweck seiner Erforschung und der Ausbeutung seiner natürlichen Ressourcen aus (Art. 77 SeerechtsÜ). Zu diesem Zweck er nach Art. 80, Art. 60 SeerechtsÜ befugt, künstliche Inseln, Anlagen und Bauwerke (feste Einrichtungen) auf dem Festlandsockel zu errichten. Außerdem darf der Küstenstaat Bohrarbeiten auf dem Festlandsockel regeln und genehmigen (Art. 81 SeerechtsÜ). Hat der Küstenstaat eine AWZ festgelegt (oben Rn 6), gelten die Rechtsordnungen der AWZ und des Festlandsockels als einheitliches Régime (siehe Art. 56 Abs. 3 SeerechtsÜ). Der Festlandsockel kann sich, je nach den Umständen, aber auch über die AWZ hinaus erstrecken. Abgesehen von den im SeerechtsÜ umschriebenen Befugnissen stehen dem Küstenstaat auf seinem Festlandsockel keine hoheitlichen Befugnisse zu. Er untersteht nicht der Gebietshoheit des Küstenstaates, der Festlandsockel ist staatsfreies Gebiet.

8   **6. Die Hohe See.** Die Teile des Meeres, die nicht zu den inneren Gewässern eines Staates, zu seinem Küstenmeer oder zu seiner ausschließlichen Wirtschaftszone gehören, bilden die Hohe See (Art. 86 ff. SeerechtsÜ). Sie ist grundsätzlich frei von staatlichen souveränen Rechten und Hoheitsbefugnissen (siehe Art. 89 SeerechtsÜ), steht aber der Ausübung einer Flaggenhoheit (unten Rn 89–92 Einleitung A) über Schiffe nicht im Weg. Die Hohe See steht allen Staaten, auch Binnenstaaten, offen (Art. 87 SeerechtsÜ) und ist friedlichen Zwecken vorbehalten (Art. 88 SeerechtsÜ). Die Strafgerichtsbarkeit im Hinblick eines mit der Führung eines Schiffes zusammenhängenden Ereignisses auf der Hohen See darf nach Art. 97 SeerechtsÜ grundsätzlich nur vom Flaggenstaat ausgeübt werden. Die Flaggenstaaten sind gehalten, Kapitäne von Schiffen unter ihrer Flagge zu verpflichten, in Notfällen Hilfe zu leisten (Art. 98 SeerechtsÜ). Weitere Vorschriften befassen sich mit der Seeräuberei (Art. 100 ff. SeerechtsÜ), den unerlaubten Verkehr mit Suchtstoffen oder psychotrophen Stoffen (Art. 108 SeerechtsÜ), nicht genehmigten Rundfunksendungen (Art. 109 SeerechtsÜ), dem Recht der Nacheile (Art. 111 SeerechtsÜ), unterseeischen Kabeln und Rohrleitungen (Art. 113 ff. SeerechtsÜ) und der Erhaltung und Bewirtschaftung der lebenden Ressourcen der Hohen See (Art. 116 SeerechtsÜ).

II. Die Mündung der Ems

Literatur: *Lampe* Die Bedeutung des Ems-Dollart-Vertrages für die deutsche Seeschifffahrt, Hansa 1963, 2422–2424.

9   Für den Bereich der Emsmündung gelten einige bemerkenswerte Besonderheiten. Der Verlauf der deutsch-niederländischen Grenze ist zwischen diesen Staaten seit langem streitig. Zur Klärung praktischer Fragen sind eine Reihe bilateraler Abkommen zwischen Deutschland und den Niederlanden geschlossen worden, darunter der Ems-Dollart-Vtrg, das Ems-Dollart-UmweltProt, das Ems-Dollart-ZusatzAbk, der EmsSchInfo-Vtrg und das EmsSchO-Abk sowie zukünftig der KüstenmeerVtrg (NL); siehe zu alldem auch unten Rn 148 und 180 Anhang zu § 478 (Lotse) sowie zu Art. 32 Ems-Dollart-Vtrg unten Rn 233–234 zu § 480. Der KüstenmeerVtrg (NL) ergänzt den Ems-Dollart-Vtrg von 1960, der in der Emsmündung seewärts lediglich innerhalb des seinerzeit bestehenden Küstenmeeres zur Anwendung gelangt, also in einem Bereich bis zu drei Seemeilen vor der Küste (siehe Art. 1, 7 Abs. 1 sowie § 1 Anlage B Ems-Dollart-Vtrg). Inzwischen hat Deutschland die Ausdehnung seines Küstenmeeres auf zwölf Seemeilen erklärt (oben Rn 5), ebenso die Niederlande. Der KüstenmeerVtrg (NL) regelt die Zusammenarbeit zwischen Deutschland und den Niederlanden im Küstenmeer in dem Bereich zwischen drei und zwölf Seemeilen vor der Küste.

III. Schiffsicherheit und Umweltschutz

Die wesentlichen Gebiete des öffentlich-rechtlichen Schifffahrtsrechts sind die Schiffssicherheit und der Schutz der Umwelt vor Verschmutzungen, die von Schiffen ausgehen. Ursprünglich betraf dies nur das Schiff selbst, also dessen sicheren Betrieb zum Schutze der Besatzung und anderer Personen an Bord sowie der Ladung. Dabei ist die Umschreibung „Schiffssicherheit" in einem weiten Sinne zu verstehen. Sie umfasst auch den Schutz der Allgemeinheit vor Gefahren, die mit dem Betrieb des Schiffes einhergehen. Im Ergebnis lassen sich die Bereiche der Schiffssicherheit und des Umweltschutzes nicht vollständig voneinander trennen. Auch die ISPS-Regelungen (unten Rn 131–140) haben ihren Ursprung im Schiffssicherheitsrecht. Die führenden internationalen Regelwerke sind das umfangreiche SOLAS-Ü (unten Rn 11–25), das FreibordÜ (unten Rn 26–27), das RoRoStabÜ (unten Rn 28), das MARPOL-Ü 1978 als klassisches internationales Umweltschutzrecht, zusammen mit weiteren entsprechenden, teils regionalen Übereinkommen (unten Rn 29–60), die AFS-Regelungen (unten Rn 61–63) und das BallastwasserÜ (unten Rn 64–66). Daneben ist in seiner typischen, an Einzelmaßnahmen orientierten Art vielfach auch der europäische Gesetzgeber tätig geworden (unten Rn 67–70). Auch das nationale deutsche Recht enthält Vorschriften zur Schiffssicherheit und zum Umweltschutz (unten Rn 71–85).

1. Das SOLAS-Ü. Das nahezu weltweit geltende Ausgangspunkt der internationalen Schiffssicherheitsvorschriften ist das SOLAS-Ü (siehe A.I.0 Anlage SchSG). Das ursprüngliche Übereinkommen von 1974 ist inzwischen durch zwei Protokolle von 1978 und 1988 geändert worden. Es wird in der Fassung des Protokolls von 1978 den allgemein anerkannten völkerrechtlichen Regeln und Normen zugerechnet (siehe A.I Anlage SchSG), während die Änderungen durch das Protokoll von 1988 weitere Regeln in multilateralen völkerrechtlichen Vereinbarungen sind (siehe B.VI Anlage SchSG); siehe auch C.I Anlage SchSG. Das Übereinkommen besteht aus dem eigentlichen Hauptwerk sowie einer umfangreichen Anlage, in der in einzelnen Kapiteln verschiedene Gegenstände der Schiffssicherheit angesprochen werden. Das SOLAS-Ü gilt für Schiffe unter der Flagge von Vertragsstaaten (Art. II Anlage SOLAS-Ü) mit einer BRZ von 500 oder mehr (Regel I/3 [a] [ii] Anlage SOLAS-Ü), die in der Auslandsfahrt eingesetzt sind (Regel I/1 [a] sowie I/2 [d] Anlage SOLAS-Ü).

Die auf das Kapitel I mit allgemeinen Bestimmungen folgenden Kapitel der Anlage enthalten Regelungen über die Bauweise, die Unterteilung und Stabilität sowie Maschinen und elektrische Anlagen (Kapitel II/1); den Brandschutz, Feueranzeige und Feuerlöschung (Kapitel II/2); über Rettungsmittel und -vorrichtungen (Kapitel III); über den Funkverkehr (Kapitel IV); über die Sicherung der Seefahrt (Kapitel V – unten Rn 14–16); über die Beförderung von Ladung (Kapitel VI – unten Rn 17–20); über die Beförderung gefährlicher Güter (Kapitel VII – unten Rn 88–89); über Reaktorschiffe (Kapitel VIII); über Maßnahmen zur Organisation eines sicheren Schiffsbetriebes (Kapitel IX – unten Rn 116–130); über Sicherheitsmaßnahmen für HSC (Kapitel X); über besondere Maßnahmen zur Erhöhung der Sicherheit der Schifffahrt (Kapitel XI-1 – unten Rn 21); über besondere Maßnahmen zur Erhöhung der Gefahrenabwehr in der Seeschifffahrt (Kapitel

XI-2 – unten Rn 131–140); über zusätzliche Sicherheitsmaßnahmen für Massengutschiffe (Kapitel XII – unten Rn 22); über den Flaggenstaat-Audit (Kapitel XIII – unten Rn 23); sowie über Sicherheitsmaßnahmen für Schiffe, die in Polargewässern verkehren (Kapitel XIV – unten Rn 24).

13   Änderungen des SOLAS-Ü sollen vom 1. Januar 2016 an grundsätzlich in vierjährigen Abständen erfolgen.[263] Ausgehend davon treten weitere Änderungen des Übereinkommens erst am 1. Januar 2020 in Kraft. Die Bestimmungen des SOLAS-Ü werden um zahlreiche weitere verbindliche oder unverbindliche Regelwerke ergänzt insbesondere durch Codes und Richtlinien der IMO. Wichtige Codes sind etwa der ISM-Code (siehe unten Rn 116–130), der ISPS-Code (unten Rn 131–140), der IMDG-Code (unten Rn 92–95), der IBC-, der BCH-, der IGC- und der GC-Code (unten Rn 96–97), der IMSBC-Code (unten Rn 100–101), der CSS-Code, der CTU-Code (unten Rn 17–19), der IG-Code (unten Rn 20), der RO-Code, der ESP-Code 2011 (unten Rn 21), der III-Code (unten Rn 23), der BLU-Code und der Polar-Code (dazu unten Rn 24).

14   **a) Sicherung der Seefahrt (Kapitel V Anlage SOLAS-Ü).** Die Regelungen des Kapitels V Anlage SOLAS-Ü enthalten allgemeine Bestimmungen über die Sicherung der Seefahrt; siehe dazu auch siehe auch C.I.4 Anlage 1 SchSV. Hier geht es um nautische Warnnachrichten, um meteorologische Dienste und Warnnachrichten, um den Eiswachdienst, um Such- und Rettungsdienste, um Rettungssignale, um den hydrographischen Dienst (Regel VI/4 bis 9 Anlage SOLAS-Ü). Ausführliche Bestimmungen befassen sich mit der Schiffswegeführung, also insbesondere der Einrichtung von Verkehrstrennungsgebieten (Regel V/10 Anlage SOLAS-Ü); der Einrichtung und Unterhaltung von Schiffsmeldesystemen (Regel V/11 Anlage SOLAS-Ü); mit Schiffsverkehrsdiensten (Regel V/12 Anlage SOLAS-Ü); sowie mit der Errichtung und dem Betrieb von Seezeichen (Regel V/13 Anlage SOLAS-Ü). Ebenso finden sich Bestimmungen über eine ausreichende Schiffsbesatzung (Regel V/14 – dazu auch unten Rn 86). Ausführliche Bestimmungen enthalten die Regeln (V/15 bis 19 Anlage SOLAS-Ü) über die Gestaltung der Kommandobrücke, über die Gestaltung und Anordnung von Navigationssystemen und -ausrüstung, über das Verfahren auf der Kommandobrücke, über die Unterhaltung der Ausrüstung, über die elektromagnetische Verträglichkeit und über die Zulassung und Besichtigung sowie die an Bord mitzuführenden Navigationssystem und Ausrüstung.[264] Weitere Regelungen befassen sich mit der Identifizierung und Routenverfolgung von Schiffen über große Entfernungen (Regel V/19-1 Anlage SOLAS-Ü). Bestimmte Schiffe sind mit Schiffsdatenschreibern (*voyage data recorder* – VDR) auszurüsten (Regel V/20 Anlage SOLAS-Ü).

15   Gegenstand weiterer Regelungen sind die Sicht von der Kommandobrücke (Regel V/22 Anlage SOLAS-Ü), die Einrichtungen für das Versetzen von Lotsen (Regel V/23 Anlage SOLAS-Ü – dazu unten Rn 46 Anhang zu § 478 [Lotse]), der Gebrauch von Kursüberwachungs- und/oder Bahnführungssystemen (Regel V/24 Anlage SOLAS-Ü), der Betrieb der Hauptstromquelle und der Ruderanlage (Regel V/25 Anlage SOLAS-Ü), die Ruderanlage (Regel V/26 Anlage SOLAS-Ü), Seekarten und nautischen Veröffentlichungen (Regel V/27 Anlage SOLAS-Ü), die Aufzeichnung über Tätigkeiten im Zusammenhang mit der Schiffsführung und tägliche Meldungen (Regel V/28 Anlage SOLAS-Ü – siehe zu den Schiffstagebüchern unten Rn 50–71), die von Schiffen, Luftfahrzeugen und

---

263 Siehe näher die Anleitung zum Inkrafttreten von Änderungen des SOLAS-Übereinkommens von 1974 und der dazugehörigen verbindlichen Regelwerke (MSC.1/Circ. 1418, angenommen am 11. Juni 2014 – VkBl. 2015, 496).
264 Zu elektronischen Seekarten siehe die ECDIS-Richtlinien für eine gute Praxis (MSC.1/Circ. 1503 vom 24. Juli 2015 – VkBl. 2016, 727).

Personen in Seenot zu benutzenden Rettungssignale (Regel V/29 Anlage SOLAS-Ü), die für Fahrtgastschiffe geltenden Betriebsbeschränkungen (Regel V/30 Anlage SOLAS-Ü), sowie die Meldung von gefährlichem Eis, eines gefährlichen Wracks oder einer anderen unmittelbaren Gefahr für die Schifffahrt, oder einer bestimmten Schwerwetter-Situation (Regel V/31 und 32 Anlage SOLAS-Ü).

Die Bestimmung der Regel V/33 Anlage SOLAS-Ü bestätigt die Pflicht des Kapitäns, Personen, die sich in Seenot befinden, unverzüglich zur Hilfe zu kommen. Er muss außerdem vor dem Auslaufen eine angemessene Reiseplanung durchführen (Regel V/34 Anlage SOLAS-Ü). Schließlich ist in Regel V/34-1 Anlage SOLAS-Ü bestimmt, dass die Entscheidungsbefugnis des Kapitäns im Hinblick auf den Schutz des menschlichen Lebens auf See und den Schutz der Meeresumwelt weder durch den Reeder oder den Manager, noch durch den Charterer des Schiffes beeinträchtigt werden darf (siehe dazu auch unten Rn 11 Anhang zu § 479 [Kapitän]). 16

b) Die Beförderung von Ladung (Kapitel VI Anlage SOLAS-Ü). Gegenstand des Kapitels VI der Anlage zum SOLAS-Ü ist die Beförderung von Ladung von flüssigen Brennstoffen und die für ihre Handhabung an Bord erforderlichen besonderen Sicherheitsmaßnahmen. Nach Regel VI/1-2 Anlage SOLAS-Ü muss die Beförderung von anderen Schüttgütern als Getreide in Übereinstimmung mit den Bestimmungen des IMSBC-Code erfolgen. Darüber hinaus ist der Verlader verpflichtet, rechtzeitig vor dem Laden dem Kapitän oder dessen Vertreter sachdienliche Angaben zur Ladung zur Verfügung stellen, damit die etwa für die ordnungsgemäße Stauung und sichere Beförderung der Ladung erforderlichen Vorkehrungen getroffen werden können (Regel VI/2.1 Anlage SOLAS-Ü). Insoweit wird auf die CSS-Code verwiesen. Nach Regel VI/2.2.1 Anlage SOLAS-Ü müssen bei Stückgut und von Ladung, die in Ladungseinheiten befördert wird, eine allgemeine Beschreibung der Ladung, die Bruttomasse der Ladung oder Ladungseinheiten und alle besonderen Eigenschaften der Ladung, die von Belang sind, angegeben werden. Bevor Ladungseinheiten an Bord genommen werden, hat der Verlader sicherzustellen, dass die Bruttomasse dieser Einheiten mit der in die Beförderungspapieren angegebenen Bruttomasse übereinstimmt (Regel VI/2 Anlage SOLAS-Ü). Die Bestimmungen der C.I.5 Anlage 1 SchSV ergänzen, dass Güter in Containern, Landfahrzeugen und Ladungseinheiten zur Beförderung auf Seeschiffen im Geltungsbereich dieser Verordnung nur übergeben werden dürfen, wenn den Beförderungspapieren eine Ladungsbescheinigung beigefügt ist, in der neben den richtigen und vollständigen Angaben über Art, Gewicht und Eigenschaften der Ladung gemäß Regel VI/2 Anlage SOLAS-Ü bescheinigt wird, dass die Ladung entsprechend den CTUPackrichtlinien (inzwischen ersetzt durch den CTU-Code) gepackt und gesichert ist, und wenn die Ladungsbescheinigung dem Schiffsführer vor dem Auslaufen übergeben worden ist. 17

Vor kurzem sind zu zuvor genannten Regelungen um die neuen VGM-Bestimmungen ergänzt worden (Regel VI/2.4 bis 2.6 Anlage SOLAS-Ü – *verified gross mass*).[265] Sie betreffen die Beförderung von Containern und schreiben vor, dass in einem Beförderungspapier für jeden Container die verifizierte Bruttomasse anzugeben ist. Das Ver- 18

---

[265] Siehe dazu auch die Richtlinien zur Bestimmung der bestätigten Bruttomasse von Frachtcontainern (MSC.1/Rundschreiben 1475 vom 9. Juni 2014 – VkBl. 2015, 29) (C.I.5.1 Anlage SchSG); die Empfehlung für Verwaltungen, Hafenstaatkontrollbehörden, Unternehmen, Hafenumschlagsanlagen und Kapitäne hinsichtlich der SOLAS-Anforderungen an die bestätigte Bruttomasse von beladenen Containern (MSC.1/Rundschreiben 1548 – VkBl. 2016, 449); sowie die Methoden der Verifizierung des Bruttogewichts von Containern infolge des Inkrafttretens der Bestimmungen des SOLAS-Übereinkommens zum VGM (*verified gross mass*) (VkBl. 2016, 485).

ständnis und die Umsetzung dieser neuen Regelungen hat in der Praxis Schwierigkeiten verursacht.[266]

19   Regel VI/5.1 Anlage SOLAS-Ü gibt weiter vor, dass auf oder unter Deck beförderte Ladung, Ladungseinheiten oder Beförderungseinheiten so zu laden, zu stauen und zu sichern sind, dass während der gesamten Reise Schäden oder Gefahren für das Schiff und die Personen an Bord sowie das Überbordgehen von Ladung soweit wie möglich verhindert werden. Außerdem sind Ladung, Ladungseinheiten und Beförderungseinheiten so zu packen und innerhalb der Ladungseinheit zu sichern, dass während der gesamten Reise Schäden oder Gefahren für das Schiff und die Personen an Bord verhindert werden (Regel VI/5.2 Anlage SOLAS-Ü); siehe dazu auch die Bestimmungen des CTU-Code[267] (E.38 Anlage SchSG). Die weiteren Vorschriften der Regel VI/5.3 Anlage SOLAS-Ü betreffen die Stauung und Sicherung von Schwergut und von Ladungseinheiten und Beförderungseinheiten auf RoRo-Schiffen; siehe dazu die FzSichRichtlinie. Beim Laden von Containern darf das höchste Bruttogewicht laut Sicherheits-Zulassungsschild aufgrund des CSC nicht überschritten werden (Regel VI/5.5 Anlage SOLAS-Ü). Alle Ladungen mit Ausnahme fester oder flüssiger Massengüter, alle Ladungseinheiten und Beförderungseinheiten sind während der gesamten Reise nach Maßgabe des genehmigten Ladungssicherungshandbuchs zu laden, zu stauen und zu sichern (Regel VI/5.6 Anlage SOLAS-Ü). Zum Ladungssicherungshandbuch siehe noch die LdgSiHdbRichtlinie (C.I.5.2 Anlage SchSG). Schiffe, die Öl oder flüssige Brennstoffe nach Regel I Anlage I MARPOL befördern, sind mit Sicherheitsdatenblättern auszustatten (Regel VI/5-1 Anlage SOLAS-Ü). Das physikalische Vermischen flüssiger Massengutladung während einer Reise ist verboten (Regel VI/5-2 Anlage SOLAS-Ü).

20   Weitere Bestimmungen des Kapitels VI Anlage SOLAS-Ü befassen sich mit Schüttgütern. Vor dem Laden muss der Kapitän in Besitz umfassender Angaben über die Stabilität des Schiffes und die Verteilung der Ladung für übliche Beladungsfälle sein (Regel VI/6.1 Anlage SOLAS-Ü). Besonders ausführliche Bestimmungen gelten für das Laden, Löschen und Stauen von Schüttgut (Regel VI/7 Anlage SOLAS-Ü). Das Schiff ist mit Unterlagen auszustatten, die dem Kapitän helfen sollen, übermäßige Belastungen der schiffsbaulichen Verbände zu vermeiden (Regel VI/7.2 Anlage SOLAS-Ü). Vor dem Laden oder Löschen eines festen Massengutes müssen sich der Kapitän und der Vertreter der Umschlagsanlage auf einen Plan einigen, durch den sichergestellt wird, dass während des Be- bzw. Entladens die auf das Schiff einwirkenden Kräfte um Momente die zulässigen Werte nicht überschreiten (Regel VI/7.3 Anlage SOLAS-Ü). Der Plan ist bei der zuständigen Behörde des Hafenstaates zu hinterlegen. Der Kapitän und der Vertreter der Umschlagsanlage haben sicherzustellen, dass die Lade- bzw. Löscharbeiten nach Maßgabe des vereinbarten Plans durchgeführt werden (Regel VI/7.4 Anlage SOLAS-Ü). Werden bei der Beladung Grenzwerte überschritten oder besteht die Wahrscheinlichkeit, dass dies bei Fortsetzung des Umschlags eintritt, ist der Kapitän befugt, die Arbeiten einzustellen (Regel VI/7.5 Satz 1 und 2 Anlage SOLAS-Ü). Auch beim Löschen von Ladung haben der Kapitän und der Vertreter der Umschlagsanlage sicherzustellen, dass durch das Löschverfahren die schiffsbaulichen Verbände nicht beschädigt werden (Regel VI/7.5 Satz 3 Anlage SOLAS-Ü). Der Kapitän muss dafür sorgen, dass Besatzungsmitglieder Um-

---

266 *Brinkmann*, Die Haftung für fehlerhafte Gewichtsangaben für Ladung in Containern nach Inkrafttreten der SOLAS-Regeln über die Bruttomassebestimmung, TranspR 2016, 329–331; *Piltz*, Containergewichte im Seehandel, IHR 2016, 191–194; *Ramming*, Die neuen VGM-Regelungen des SOLAS-Übereinkommens, RdTW 2016, 241–251.
267 Siehe dazu die Prüfliste zum Erkennen gewissenhafter Anbieter von Dienstleistungen im Zusammenhang mit dem CTU-Code (Due Diligence Checkliste) (MSC.1/Circ. 1531 vom 6. Juni 2016 – VkBl. 2016, 785).

schlagsarbeiten ununterbrochen überwachen, dass der Tiefgang des Schiffes ist während des Be- bzw. Entladens regelmäßig überprüft wird, um die Angaben bezüglich der Ladungsmengen zu bestätigen, und dass Einzelheiten in einem Ladungstagebuch festgehalten werden (Regel VI/7.6 Anlage SOLAS-Ü). Siehe zu allem auch den BLU-Code sowie die Richtlinie 2001/96 (dazu unten Rn 22). Andere besondere Regelungen des Kapitels VI betreffen die Beförderung von Getreide. Die Regel VI/8 und 9 Anlage SOLAS-Ü verweisen hierzu auf die Bestimmungen des IG-Code, der insbesondere Anforderungen an das Schiff regelt. Es muss eine Genehmigung nach Maßgabe des Ziffer 3 IG-Code besitzen. Der IG-Code ist verbindlich. Verfügt das Schiff nicht über die erforderliche Genehmigung, darf kein Getreide geladen werden.

c) Besondere Maßnahmen zur Erhöhung der Sicherheit der Schifffahrt (Kapitel XI-1 Anlage SOLAS-Ü). Das Kapitel XI-1 Anlage SOLAS-Ü enthält eine Sammlung von Vorschriften mit besonderen Maßnahmen zur Erhöhung der Sicherheit der Schifffahrt. Nach Regel I/6 (a) Anlage SOLAS-Ü sind die Verwaltungen der Vertragsstaaten berechtigt, die Überprüfung und Besichtigung von Schiffen an erkannten Stellen zu übertragen. Ergänzend bestimmt Regel XI-1/1 Anlage SOLAS-Ü, dass diese Stellen, einschließlich Klassifikationsgesellschaften, die Voraussetzungen des RO-Code erfüllen müssen. Nach Regel XI-1/2 Anlage SOLAS-Ü unterliegen bestimmte Massengutschiffe und bestimmte Öltankschiffe einem verschärften Besichtigungsprogramm nach Maßgabe des ESP-Code 2011. Die Regel XI-1/3 und 3-1 Anlage SOLAS-Ü sind die Grundlage für die den Schiffen zugeteilten Schiffsidentifikationsnummern (siehe dazu auch oben Rn 106 Einleitung B). Nach Regel XI/4 Anlage SOLAS-Ü erstreckt sich die Hafenstaatkontrolle auch auf betriebliche Anforderungen. Die ausführlichen Bestimmungen der Regel XI-1/5 Anlage SOLAS-Ü betreffen die lückenlose Stammdatendokumentation (siehe auch oben Rn 116 Einleitung B). Die Regel XI-1/6 Anlage SOLAS-Ü begründet die Pflicht der Verwaltung der Vertragsstaaten, bei Seeunfällen und Vorkommnissen auf See eine Untersuchung nach Maßgabe des Unfall-Untersuchungs-Codes durchzuführen. Schließlich schreibt Regel XI-1/7 Anlage SOLAS-Ü vor, dass grundsätzlich jedes Schiff ein oder mehrere geeignete tragbare Geräte zum Messen der Atmosphäre in geschlossenen Räumen mitzuführen hat.

d) Zusätzliche Sicherheitsmaßnahmen für Massengutschiffe (Kapitel XII Anlage SOLAS-Ü). Gegenstand des Kapitels XII Anlage SOLAS-Ü sind zusätzliche Sicherheitsmaßnahmen für Massengutschiffe. Dies sind Schiffe, die in erster Linie dafür bestimmt sind, Massengüter in loser Schüttung zu befördern, wie Erzfrachtschiffe und Tanker (Regel XII/1.1 Anlage SOLAS-Ü). Massengutschiffe müssen auch den Bestimmungen des Kapitels XII genügen (Regel XII/2 Anlage SOLAS-Ü). Für bestimmte Massengutschiffe finden sich in Regel XII/4 bis 6 Anlage SOLAS-Ü Vorschriften über die Leckstabilität, über die bauliche Festigkeit sowie sonstige bauliche Vorschriften. Andere Bestimmungen befassen sich mit der Besichtigung von Massengutschiffen (Regel XII/7 Anlage SOLAS-Ü). Den Schiffen wird in der Unterlage Anlage SOLAS-Ü nach Regel VI/7.2 bestätigt, dass sie den Anforderungen des Kapitels XII genügen (Regel XII/8 Anlage SOLAS-Ü). Vor der Beladung von Massengutschiffen von 150 Metern Länge und darüber hat der Verlader zusätzlich zu den nach Regel VI/2 Anlage SOLAS-Ü vorgeschriebenen Angaben zur Ladung eine Erklärung über die Dichte der Ladung abzugeben; ggf. ist die Dichte durch eine Prüfstelle zu bestätigen (Regel XII/2 Anlage SOLAS-Ü). Siehe zu allem auch den BLU-Code sowie Richtlinie 2001/96 zur Festlegung von harmonisierten Vorschriften und Verfahrensregeln für das sichere Be- und Entladen von Massengutschiffen (genannt in D.17 Anlage SchSG). Darüber hinaus müssen Massengutschiffe von 150 Metern Länge und darüber mit einem Ladungsrechner (Regel XII/11 Anlage SOLAS-Ü) sowie mit Wasserstandsmeldern für Laderäume, Ballasttanks und Trockenräume ausgestattet sein (Regel XII/12 Anlage SOLAS-Ü). Weitere Bestimmungen stellen die Verfügbarkeit von Pumpenanlagen sicher (Regel XII/13 Anlage SOLAS-Ü). Für bestimmte Massengutschiffe, die älter als 10 Jahre sind, gelten für den Fall eines oder mehrerer leerer Laderäume bestimmte Fahrtbeschränkungen (Regel XII/14 Anlage SOLAS-Ü).

23   **e) Das Flaggenstaat-Audit (Kapitel XIII Anlage SOLAS-Ü).** Das Kapitel XIII Anlage SOLAS-Ü begründet die Pflichten der Vertragsstaaten, nach Maßgabe der Richtlinien der IMO ein Audit-System einzurichten.[268] Es umschreibt ein systematisches, unabhängiges und dokumentiertes Verfahren, das dazu dient, Auditnachweise zu erlangen und objektiv auszuwerten, um zu ermitteln, inwieweit die Auditkriterien erfüllt sind. Die Vertragsstaaten wenden bei der Wahrnehmung ihrer Verpflichtungen und Verantwortlichkeiten nach dem SOLAS-Ü den III-Code an (Regel XIII/2 Anlage SOLAS-Ü). Jede Vertragsregion unterliegt regelmäßigen Audits, die die IMO nach Maßgabe des III-Code durchführt, um die Einhaltung und Durchführung des SOLAS-Ü zu überprüfen (Regel XIII/3.1 Anlage SOLAS-Ü). Die Vertragsregierungen sind verantwortlich für die Umsetzung eines Maßnahmeprogramms zum Umgang mit den Auditergebnissen auf der Grundlage des III-Code. Das Audit jeder Vertragsregierung erfolgt auf Grundlage eines Gesamtzeitplans und wird in regelmäßigen Abständen unter Berücksichtigung der von der IMO angenommenen Richtlinien durchgeführt (Regel XIII/3.4 Anlage SOLAS-Ü).

24   **f) Die Schifffahrt in Polargewässern (Kapitel XIV Anlage SOLAS-Ü).** Das neue, seit dem 1. Januar 2017 geltende Kapitel XIV SOLAS-Ü gilt für Schiffe, die in Polargewässern verkehren (Regel XIV/2.1 Anlage SOLAS-Ü). Die Polargewässer umfassen die arktischen Gewässer sowie das Antarktisgebiet(siehe Regel XIV/1.2 bis 1.4 Anlage SOLAS-Ü). Das Kapitel XIV SOLAS-Ü gilt für Schiffe, die vor dem 1. Januar 2017 gebaut sind, von der ersten Zwischen- oder Erneuerungsbesichtigung an, die nach dem 1. Januar 2018 erfolgt. Die Vorschriften des Kapitels XIV SOLAS-Ü nehmen Bezug auf den Polar Code.[269] Dieser enthält im Teil I (A und B) Bestimmungen über die Schiffssicherheit, die die Anlage zum SOLAS-Ü ergänzen, und im Teil II (Teil A und B) entsprechende Regelungen über die Verhütung der Meeresverschmutzung, die sich auf die Anlagen des MARPOL-Ü (unten Rn 29–60) beziehen.[270] Die Vorschriften des Teils I-A Polar-Code gelten nach Regel XIV/3.1 Anlage SOLAS-Ü verbindlich, während die des Teils I-B als zusätzliche Anleitung berücksichtigt werden (Regel XIV/2.3 Anlage SOLAS-Ü). Die Teile II-A und II-B Polar Code werden durch eine Änderung des MARPOL-Ü umgesetzt.

25   **g) Zeugnisse.** Frachtschiffen werden ein Ausrüstungs-Sicherheitszeugnis, ein Funk-Sicherheitszeugnis und ein Bau-Sicherheitszeugnis oder ein allgemeines Sicherheitszeugnis für Frachtschiffe ausgestellt (Regel I/8 bis 10 sowie 12 [a] [v] Anlage SOLAS-Ü). Zu Mustern siehe Regel I/15 sowie den Anhang zur Anlage SOLAS-Ü. Die Zeugnisse werden um ein Ausrüstungsverzeichnis ergänzt (Regel I/12 [a], [vi] Anlage SOLAS-Ü). In den Zeugnissen wird bestätigt, dass das Schiff den Anforderungen der maßgeblichen Be-

---

268 Siehe die Resolution A.1067(28), angenommen am 4. Dezember 2013 (Framework and Procedures für the IMO Member State Audit Scheme).
269 Dazu *Mein* Die Regulierung der Schifffahrt in den Polarregionen und der neue Polar Code der IMO, RdTW 2016, 6–14.
270 Siehe auch die Anleitung für Methoden zur Beurteilung der Möglichkeiten und Beschränkungen beim Einsatz im Eis (MSC.1/Circ. 1519 vom 6. Juni 2016 – VlBl. 2017, 106).

stimmungen der Kapitel II bis V entspricht (Regel I/12 [a] Anlage SOLAS-Ü). Die Zeugnisse sind fünf Jahre gültig (Regel I/14 [a] Anlage SOLAS-Ü) und können ggf. aufgrund einer Erneuerungsbesichtigung unter erleichterten Voraussetzungen neu erteilt werden; siehe die Abs. (a) (ii) und (b) (ii) zu Regel I/8 bis 10, Regel I/14 (b) Anlage SOLAS-Ü. Hinzu kommen regelmäßige, jährliche und weitere Besichtigungen nach Regel I/8 (a) (iii) bis (v), (b) (ii) bis (iii), (c), Regel I/9 (a) (ii) bis (iv), (b) (ii), (c), Regel I/10 (a) (ii) bis (vi), (b) bis (v), (c) sowie Regel I/14 (h) Anlage SOLAS-Ü. Siehe zu allem näher § 9 sowie Anlage 2 SchSV. Massengutschiffe und Tanker unterliegen einem verschärften Besichtigungsprogramm auf Grundlage des ESP-Code 2011 (Regel XI-1/2 Anlage SOLAS-Ü).

2. Das FreibordÜ. Gegenstand des FreibordÜ (siehe A.III Anlage SchSG) ist traditionell insbesondere der (Mindest-) Freibord von Schiffen sowie die Dichtigkeit von Öffnungen im Schiff. Der Freibord ist der Abstand zwischen der Wasseroberfläche und dem Hauptdeck des Schiffes. Der Mindestfreibord ist umgekehrt maßgeblich dafür, wie tief ein Schiff abgeladen werden darf. Hier sind die wirtschaftlichen Interessen des Betreibers des Schiffes an einer bestmöglichen Ausnutzung gegen die Sicherheit der Besatzung und der Ladung abzuwägen. Das FreibordÜ ist durch das Protokoll von 1988 geändert worden. In der ursprünglichen Fassung enthält es anerkannte völkerrechtliche Regelungen und Normen (Abschnitt A. III Anlage SchSG), die durch das Protokoll von 1988 bewirkten Änderungen sind weitere Regeln multilateraler völkerrechtlicher Vereinbarungen (Abschnitt B VII. Anlage SchSG). Das Übereinkommen gilt für Schiffe unter der Flagge von Vertragsstaaten, die in der Auslandsfahrt eingesetzt werden (siehe Art. 4 und 5 FreibordÜ). 26

Anlage I FreibordÜ enthält Bestimmungen über die Festlegung des Mindestfreibords. Dieser wird für jedes Schiff unter Berücksichtigung des Schiffstyps, seiner Abmessungen und weiterer Kriterien auf Grundlage von Tabellen (Regel 28 Anlage I FreibordÜ) ermittelt. Der so festgestellte Mindestfreibord ist der Sommer-Freibord in Seewasser. Dieser ist wiederum Ausgangspunkt für die Berechnung abweichender Freiborde in Tropenzonen, im Winter, im Winter im Nordatlantik sowie in Frischwasser (siehe Regel 40 Anlage I FreibordÜ). Die erteilten Mindestfreiborde werden am Schiff durch die charakteristische Freibordmarke angemarkt (Regeln 4 bis 9 Anlage I FreibordÜ). Die jeweils maßgebliche, am Schiff angebrachte Freibordmarke darf grundsätzlich während der Reise oder bei der Ankunft des Schiffes nicht unter Wasser liegen[271] (Art. 12 Abs. 1 FreibordÜ). Dem Schiff wird nach einer entsprechenden Besichtigung und nach ordnungsgemäßer Anbringung der Freibordmarke (Art. 9 FreibordÜ) ein Internationales Freibord-Zeugnis erteilt (Art. 16 Abs. 1 – Muster siehe Art. 18 und Anlage III FreibordÜ, dazu § 9 sowie Anlage 2 SchSV). Der Hafenstaat ist befugt, die Einhaltung der Anforderungen des FreibordÜ zu kontrollieren (Art. 21 Freibord-Ü, dazu auch § 3e Nr. 1 SeeaufgG). 27

3. Das RoRoStabÜ. Der tragische Untergang der Fähre „Estonia" im Jahre 1994 war der Anlass für internationale Maßnahmen zur Erhöhung der Schiffssicherheit bei RoRo-Fahrgastschiffen. Das RoRoStabÜ (siehe B.V Anlage SchSG) ist völkerrechtlich und für Deutschland am 1. April 1997 in Kraft getreten.[272] Gegenstand des RoRoStabÜ sind besondere Stabilitätsanforderungen für RoRo-Fahrgastschiffe, die in der Anlage 2 zum Übereinkommen festgelegt werden. In räumlicher Hinsicht ist der Anwendungsbereich auf Auslandsfahrten zwischen, nach oder von bestimmten Häfen in Nordwest-Europa 28

---

271 Siehe OLG Hamburg Hansa 1984, 106 (Freibordunterschreitung als Ordnungswidrigkeit).
272 BGBl. 1997 II S. 1020.

und insbesondere der Ostsee beschränkt. Art. 2 RoRoStabÜ verpflichtet die Vertragsstaaten, die besonderen Stabilitätsanforderungen auf RoRo-Fahrgastschiffe unter ihrer Flagge anzuwenden. Nach Maßgabe des Art. 5 RoRoStabÜ wenden die Vertragsstaaten die besonderen Stabilitätsanforderungen auch auf Schiffe unter der Flagge von Nicht-Vertragsstaaten an. Die Vertragsstaaten bestätigen RoRo-Fahrgastschiffen unter ihrer Flagge die Einhaltung der besonderen Stabilitätsanforderungen in einer Bescheinigung (Art. 6 RoRoStabÜ). Auch die EG hat entsprechende Vorschriften über besondere Stabilitätsanforderungen für RoRo-Fahrgastschiffe in der RoRoStabRichtlinie erlassen.

4. Das MARPOL-Ü 1978

29 **a) Das Übereinkommen.** Das international wichtigste Übereinkommen, das sich mit der Verhütung von Meeresverschmutzungen befasst, die von Schiffen ausgehen, ist das MARPOL-Ü 1978. Es besteht aus einem Grundübereinkommen und heute insgesamt sechs Anlagen. Das MARPOL-Ü 1978 gilt in Deutschland in der Fassung des Protokolls von 1978 (siehe A.II Anlage SchSG). Durch das Protokoll wurde die Anwendung der Anlage II mit Regeln zur Überwachung der Verschmutzung durch als Massengut beförderte schädliche flüssige Stoffe (NLS – *noxious liquid substances*) aufgrund bestimmter, seinerzeit noch fehlender technischer Voraussetzungen im Hinblick auf das Waschen von Tanks aufgeschoben. Vor allem passte das Protokoll die Bestimmungen der Anlage I über Maßnahmen zur Verhütung der Verschmutzung durch Öl den weiter entwickelten technischen Möglichkeiten an und verbesserte die Überwachung der Einhaltung der Vorschriften durch verschärfte Regeln über die Besichtigung der Tankschiffe und Erteilung von Zeugnissen. Das MARPOL-Ü 1978 umfasste ursprünglich fünf Anlagen. Das weitere Protokoll von 1997 hat dem Übereinkommen die Anlage VI hinzugefügt (A.II Anlage SchSG – siehe unten Rn 46–60).

30 Das MARPOL-Ü 1978 kommt grundsätzlich auf Schiffe zur Anwendung, die die Flagge von Vertragsstaaten führen oder unter der Hoheitsgewalt eines Vertragsstaates betrieben werden (Art. 3 Abs. 1 MARPOL-Ü 1978). Die Vertragsstaaten sind gehalten, jeden Verstoß gegen die Vorschriften des MARPOL-Ü 1978 unter Strafe zu stellen, gleichviel wo der Verstoß begangen wurde (Art. 4 Abs. 1 MARPOL-Ü 1978). Das Übereinkommen enthält auch allgemeine Regeln über Zeugnisse und das Überprüfen von Schiffen (Art. 5 und 6 MARPOL-Ü 1978; siehe dazu auch § 9 sowie Anlage 2 SchSV). Schiffe, die in unangemessener Weise fest- oder aufgehalten werden, haben Anspruch auf Schadenersatz (Art. 7 MARPOL-Ü 1978). Nach Art. 12 MARPOL-Ü 1978 sind die Vertragsstaaten verpflichtet, Unfälle von Schiffen unter ihrer Flagge zu untersuchen, wenn er größere schädliche Auswirkungen auf die Meeresumwelt hatte.

31 Nach Maßgabe des Art. 8 MARPOL-Ü 1978 besteht die Pflicht zur Meldung von Ereignissen in Verbindung mit Schadstoffen. Näheres regelt das Protokoll I MARPOL-Ü 1978.[273] Die Bestimmung des Art. 1 Abs. 1 des Protokolls nimmt zunächst den Kapitän in die Pflicht. Falls das Schiff aufgegeben wird oder falls eine Meldung von einem solchen Schiff unvollständig oder nicht erhältlich ist, haben der Eigentümer, Charterer, Reeder oder Ausrüster des Schiffes oder ihre Beauftragten soweit wie möglich die dem Kapitän

---

[273] Siehe dazu die Allgemeinen Grundsätze für Schiffsmeldesysteme und Schiffsmeldeerfordernisse einschließlich Richtlinien für die Meldung von Ereignissen mit gefährlichen Gütern, Schadstoffen und/oder Meeresschadstoffen (Entschließung A.851[20], angenommen am 27. November 1997 – VkBl. 1998, 892 und Dokument B 8119), geändert durch Entschließung MEPC.138[53], angenommen am 22. Juli 2005 (VkBl. 2006, 821) (C.II.6 Anlage SchSG).

nach dem Protokoll obliegenden Pflichten zu übernehmen. Auch dies ist eine etwas verunglückte Umschreibung der Wendung „... owner, charterer, manager or operator of the ship, or their agents ..." des verbindlichen englischen Wortlauts (Art. 20 Satz 1 MARPOL-Ü 1978). Wiederum ist der amtlichen deutschen Übersetzung nicht zu entnehmen, dass auch der Manager nach Art. 1 Abs. 2 Protokoll I MARPOL-Ü 1978 meldepflichtig sein kann; siehe auch Rn 6 Anhang zu §§ 476, 477 (Manager).

Ergänzend zum MARPOL-Ü 1978 gelten die Bestimmungen des MARPOL-G, der SeeUmwVerhV und noch der AnlBV. Weitere Übereinkommen, die sich (auch) mit der Verhütung der Meeresverschmutzung durch Schiffe in bestimmten Gebieten befassen, sind insbesondere das HelsinkiÜ für die Ostsee (siehe auch das MeeresumweltÜ-G und die 1. und 2. OstseeschÄndV) sowie das OSPAR-Ü für den Nordostatlantik (dazu auch das MeeresumweltÜ-G). Zum Einbringen von Abfällen und anderen Stoffen in das Meer siehe das LondonÜ, das Hohe-See-EinbringungsG[274] sowie die Hohe-See-EinbringungsV. 32

Die Anlagen des MARPOL-Ü 1978 betreffen Regeln zur Verhütung der Verschmutzung durch Öl (Anlage I, unten Rn 34–42), Regeln zur Überwachung der Verschmutzung durch als Massengut beförderte schädliche flüssige Stoffe (Anlage II – dazu unten Rn 98), Regeln zur Verhütung der Meeresverschmutzung durch Schadstoffe, die auf See in verpackter Form befördert werden (Revidierte Anlage III – dazu unten Rn 99), Regeln zur Verhütung der Verschmutzung durch Schiffsabwasser (Anlage IV, unten Rn 43–44), Regeln zur Verhütung der Verschmutzung durch Schiffsmüll (Revidierte Anlage V, unten Rn 45) sowie Regeln zur Verhütung der Luftverunreinigung durch Schiffe (Revidierte Anlage VI, unten Rn 46–60). Die „fakultativen" Anlagen III bis V können jeweils für sich ratifiziert werden (Art. 14 MARPOL-Ü 1978), die Anlage VI ist alleiniger Gegenstand des Protokolls von 1997. Damit handelt es sich bei den Anlagen III bis VI praktisch um selbständige Übereinkommen. 33

b) Die Anlage I MARPOL-Ü 1978. Die Anlage I MARPOL-Ü 1978 enthält Regeln zur Verhütung der Verschmutzung durch Öl (Regel 1.1 und Anhang I Anlage I MARPOL-Ü 1978). Dabei geht es nicht nur um Öltankschiffe und um Öle, die als Ladung befördert wird. Die Anlage I gilt gleichermaßen für alle sonstigen Öle, einschließlich des Brennstoffs von Schiffen, sowie von ölhaltigen Rückständen, die an Bord angefallen sind, etwa im Maschinenraum beim Betrieb des Schiffes oder beim Waschen von Ladetanks. Diese Rückstände dürfen bis heute unter bestimmten engen Voraussetzungen ins Meer geleitet werden. Die Regelungen der Anlage I MARPOL-Ü 1978 betreffen aber auch bauliche Gegebenheiten. 34

Die Regeln 6 bis 11 Anlage I MARPOL-Ü 1978 enthalten Bestimmungen über die Besichtigung von Schiffen und die Ausstellung von Zeugnissen. Jedem Öltankschiff mit einer BRZ von 150 und mehr und jedem anderen Schiff mit einer BRZ von 400 und mehr wird nach einer Besichtigung gemäß Regel 6 Anlage I MARPOL-Ü 1978 ein IOPP-Zeugnis (*International Oil Pollution Prevention*) nach dem Muster des Anhangs II der Anlage ausgestellt (Regel 7 und 9 Anlage I MARPOL-Ü 1978). Das Zeugnis ist grundsätzlich für einen Zeitraum von fünf Jahren gültig (siehe Regel 10 Anlage I MARPOL-Ü 1978). Die Hafenstaaten sind befugt, Kontrollen im Hinblick auf die Einhaltung der Bestimmungen der Anlage I durchzuführen (Regel 11 Anlage I MARPOL-Ü 1978). Siehe dazu auch § 9 sowie Anlage 2 SchSV. 35

Die Regeln 12 ff. Anlage I MARPOL-Ü 1978 betreffen die Anforderungen an Maschinenräume aller Schiffe. In den Bestimmungen geht es um die Bauart von Tanks für Öl- 36

---

[274] Siehe dazu BVerwG HmbSchRZ 2012, 1 Nr. 1.

rückstande (Ölschlamm) (Regel 12 Anlage I MARPOL-Ü 1978); um die Bauart von Brennstofftanks (Regel 12A Anlage I MARPOL-Ü 1978), um den genormten Abflussanschluss (Regel 13 Anlage I MARPOL-Ü 1978) sowie um die Ölfilteranlage (Regel 14 Anlage I MARPOL-Ü 1978). Gegenstand weiterer Vorschriften ist die Überwachung des Einleitens von Öl im Schiffsbetrieb. Das Einleiten von Öl oder ölhaltigen Gemischen ins Meer ist grundsätzlich verboten (Regel 15.1 Anlage I MARPOL-Ü 1978) und nur nach Maßgabe der weiteren Bestimmungen der Regel 15 zulässig. Hier wird insbesondere danach unterschieden, ob sich das Schiff außerhalb oder innerhalb eines Sondergebietes befindet (Regel 15.2 und 15.3 Anlage I MARPOL-Ü 1978); zu den Sondergebieten siehe Regel 1.11 Anlage I MARPOL-Ü 1978. Für Schiffe mit einer BRZ von weniger als 400 gilt Regel 15.6 Anlage I MARPOL-Ü 1978. Die weitere Bestimmung der Regel 15.7 Anlage I MARPOL-Ü 1978 verpflichtet die Vertragsstaaten zur Durchführung einer Untersuchung, wenn auf oder unter der Wasseroberfläche in unmittelbarer Nähe eines Schiffes oder eines Kielwassers sichtbare Ölspuren bemerkt werden. Siehe zu allem auch § 6 SeeUmwVerhV. In Brennstofftanks darf grundsätzlich kein Ballastwasser befördert werden (Regel 16.1 und 16.2 Anlage I MARPOL-Ü 1978). Ebenso darf Öl nicht in der Vorpiek oder einem vor dem Kollisionsschott gelegenen Tank befördert werden (Regel 16.4 Anlage I MARPOL-Ü 1978).

37   Jedes Öltankschiff mit einer BRZ von 150 und mehr sowie jedes andere Schiff mit einer BRZ von 400 oder mehr ist verpflichtet, ein Öltagebuch Teil I (Betriebsvorgänge im Maschinenraum) zu führen (Regel 17.1 Anlage I MARPOL-Ü 1978). Die eintragungspflichtigen Tatbestände ergeben sich aus den Bestimmungen der Regel 17.2 bis 5 Anlage I MARPOL-Ü 1978. Das Öltagebuch Teil I muss jederzeit zur Verfügung stehen und nach der letzten Eintragung drei Jahre aufbewahrt werden (Regel 17.6 Anlage I MARPOL-Ü 1978). Abschriften aus dem Öltagebuch Teil I, die vom Kapitän als richtig bescheinigt wurden, sind als Beweismittel verwendbar (Regel 17.6 Anlage I MARPOL-Ü 1978).

38   Regel 18 Anlage I MARPOL-Ü 1978 betrifft die Trennung von Ballast-und Ladetanks bei Öltankschiffen. Nach Maßgabe der Regel 19 Anlage I MARPOL-Ü 1978 müssen neue Öltankschiffe, die am oder nach dem 6. Juli 1996 abgeliefert wurden (siehe Regel 1.28.6 Anlage I MARPOL-Ü 1978), grundsätzlich über eine Doppelhülle und Doppelboden verfügen. Ausgehend davon bestimmt Regel 20, welche Anforderungen insoweit an ältere Öltankschiffe zu stellen sind, die vor dem 6. Juli 1996 abgeliefert worden sind. Dabei hat die Regel 20 einen gestuften „Auslaufplan" für ältere Öltankschiffe vorgesehen, der sich nach dem Jahrestag der Ablieferung richtet. Spätestens seit Ende 2010 war der Betrieb von Einhüllen-Öltankschiffen auch von Öltankschiffen der Kategorie 2 und 3 (dazu Regel 20.3.2 Anlage I MARPOL-Ü 1978) grundsätzlich nicht mehr erlaubt (Regel 20.4). Ein Öltankschiff der Kategorie 2 oder 3, das 15 Jahre oder älter ist, unterlag nach Regel 20.6 Anlage I MARPOL-Ü 1978 einer besonderen Überprüfung auf Grundlage eines vom MEPC angenommenen Zustandsbewertungsschemas (CAS – *Condition Assessment Scheme*). Erfüllte das Schiff die Voraussetzungen, konnte der Betrieb nach Regel 20.7 Anlage I MARPOL-Ü 1978 auch über den in Regel 20.4 festgelegten Zeitpunkt hinaus gestattet werden, falls das Zustandsbewertungsschema zufriedenstellende Ergebnisse zeigt. Jedoch war nach Regel 20.7 Anlage I MARPOL-Ü 1978 ein Betrieb über den Jahrestag der Ablieferung des Schiffes im Jahre 2015 oder über den Tag hinaus, an dem das Schiff, gerechnet ab dem Tag seiner Ablieferung, das Alter von 25 Jahren erreicht. nicht mehr zulässig. Da der frühere Zeitpunkt maßgeblich war, gibt es heute keine Einhüllen-Öltankschiffe mehr. Die EG hatte mit der Verordnung 417/2002, die im Rahmen des Erika II Pakets erlassen wurde (unten Rn 70), den Zeitplan für die Außerdienststellung der Einhüllen-Öltankschiffe für die Mitgliedsstaaten vorverlegt. Die Verordnung 417/2002 ist zwischenzeitlich dann von der Verordnung 530/2012 abgelöst worden. Auch diese ist durch Zeitablauf weitgehend gegenstandslos geworden.

Weitere Beschränkungen der Verwendung von Einhüllen-Öltankschiffen galten **39** nach Regel 21 Anlage I MARPOL-Ü 1978 für den Fall der Beförderung von Schweröl (Regel 21.2) als Ladung. Weitere Bestimmungen der Anlage I MARPOL-Ü 1978 betreffen den Schutz des Pumpenraumbodens (Regel 22). Gegenstand ausführlicher Vorschriften sind die unfallbedingten Ölausflussmerkmale (Regel 23 Anlage I MARPOL-Ü 1978), die angenommenen Beschädigungen (Regel 24 Anlage I MARPOL-Ü 1978), der hypothetische Ölausfluss (Regel 25 Anlage I MARPOL-Ü 1978), die Begrenzung der Größe und Anordnung der Ladetanks (Regel 26 Anlage I MARPOL-Ü 1978), die Intaktstabilität (Regel 27 Anlage I MARPOL-Ü 1978), die Unterteilung des Schiffes und die Leckstabilität (Regel 28 Anlage I MARPOL-Ü 1978), die Sloptanks (Regel 29 Anlage I MARPOL-Ü 1978), Pump-, Leitungs- und Einleiteinrichtungen (Regel 30 Anlage I MARPOL-Ü 1978), das Überwachungs- und Kontrollsystem für das Einleiten von Öl (Regel 31 Anlage I MARPOL-Ü 1978), Öl/Wassergrenzflächen-Messgeräte (Regel 32 Anlage I MARPOL-Ü 1978) sowie das Tankwaschen mit Rohöl (Regel 33 Anlage I MARPOL-Ü 1978).

Das Einleiten von Öl oder ölhaltigen Gemischen ins Meer aus dem Ladebereich eines **40** Öltankschiffes – etwa von Ladungsresten oder von Rückständen nach dem Waschen der Ladetanks – ist nach Regel 34.1 Anlage I MARPOL-Ü 1978 grundsätzlich verboten. Lediglich unter den engen Voraussetzungen der weiteren Vorschriften der Regel 34 ist ein Einleiten zulässig. Auch hier wird danach unterschieden ob das Öltankschiff ein Sondergebiet befährt oder nicht (Regel 34.1 und 34.2, Regel 34.3 bis 34.5 Anlage I MARPOL-Ü 1978). Wiederum muss nach Regel 34.7 Anlage I MARPOL-Ü 1978 eine Untersuchung durchgeführt werden, wenn auf oder unter der Wasseroberfläche in unmittelbarer Nähe eines Schiffes oder seines Kielwassers sichtbare Ölspuren bemerkt werden. Regel 35 Anlage I MARPOL-Ü 1978 betrifft das Waschen der Tanks mit Rohöl. Verfügt das Öltankschiff über ein solches System, muss ein Betriebs- und Ausrüstungshandbuch mitgeführt werden, in dem das System und die Ausrüstung im Einzelnen beschrieben und der Betrieb erläutert sind (Regel 35.1 Satz 1 Anlage I MARPOL-Ü 1978).

Jedes Öltankschiff mit einer Bruttoraumzahl von 150 und mehr muss ein Öltagebuch **41** Teil II (Ladungs- oder Ballast-Betriebsvorgänge) mitführen (Regel 36.1 Anlage I MARPOL-Ü 1978). Die eintragungspflichtigen Tatbestände ergeben sich aus den Vorschriften der Regeln 36.2 bis 36.6 Anlage I MARPOL-Ü 1978. Das Öltagebuch Teil II muss jederzeit zur Verfügung stehen und nach der letzten Eintragung drei Jahre lang aufbewahrt werden (Regel 36.7 Anlage I MARPOL-Ü 1978). Abschriften, deren Richtigkeit vom Kapitän bestätigt wurde, sind Beweismittel (Regel 36.8 Anlage I MARPOL-Ü 1978). Ein Muster des Öltagebuches enthält Anhang III zur Anlage I MARPOL-Ü 1978. Siehe außerdem ausführlich § 4 SeeUmwVerhV. Jedes Öltankschiff mit einer BRZ von 150 und mehr und jedes sonstiges Schiff mit einer BRZ von 400 und mehr müssen einen bordeigenen Notfallplan für Ölverschmutzungen nach Maßgabe der Regel 37 Anlage I MARPOL-Ü 1978 mitführen.[275]

Gegenstand der umfangreichen Bestimmungen der Regel 38 Anlage I MARPOL-Ü **42** 1978 sind Auffanganlagen an Land für Rückstände und ölhaltige Gemische. Die Vertragsstaaten werden verpflichtet, in einem bestimmten Umfang Auffanganlagen zur Verfügung zu stellen. Die Regeln 40 bis 42 Anlage I MARPOL-Ü 1978 betrifft das Umpumpen von Ölladungen auf See zwischen Schiffen (STS – ship to ship transfers). Die Schiffe

---

[275] Siehe dazu auch die Richtlinien für die Erstellung bordeigener Notfallpläne für Ölverschmutzungen (Entschließung MEPC.54[32], angenommen am 6. März 1992 – VkBl. 1994, 833), zuletzt geändert durch Entschließung MEPC.137[53], angenommen am 22. Juli 2005 – VkBl. 2009, 393) (C.II.1 [a] Anlage SchSG) sowie die Richtlinien für die Erstellung bordeigener Notfallpläne für Meeresverschmutzungen durch Öl und/oder schädliche flüssige Stoffe (Entschließung MEPC.85[44], angenommen am 13. März 2000 – VkBl. 2002, 97 und Dokument B 8163) (C.II.1 [c] Anlage SchSG).

müssen über einen Plan für Umpumpvorgänge verfügen (Regel 41.1 bis 41.3 Anlage I MARPOL-Ü 1978). Die Aufzeichnungen über Umpumpvogäge sind drei Jahre an Bord aufzubewahren (Regel 41.5 Anlage I MARPOL-Ü 1978). Umpumpvorgänge im Küstenmeer oder in der AWZ eines Vertragsstaates sind diesem im Voraus mitzuteilen (Regel 42 Anlage I MARPOL-Ü 1978); siehe dazu § 5 SeeUmwVerhV. Schließlich enthält Regel 43 Anlage I MARPOL-Ü 1978 Bestimmungen über die Verwendung und die Beförderung von Ölen im Antarktisgebiet.

43   c) Die Anlage IV MARPOL-Ü 1978. Die Revidierte Anlage IV MARPOL-Ü 1978 enthält Regeln zur Verhütung der Verschmutzung durch Schiffsabwasser. Sie ist am 27. September 2003 völkerrechtlich und für Deutschland in Kraft getreten.[276] Jedes Schiff, auf das die Anlage IV zur Anwendung gelangt (siehe Regel 2 Anlage IV MARPOL-Ü 1978), unterliegt regelmäßigen Besichtigungen im Hinblick darauf, ob die Anforderungen der Anlage IV erfüllt sind (Regel 4 Anlage IV MARPOL-Ü 1978). Dem Schiff wird ein internationales Zeugnis über die Verhütung der Verschmutzung durch Abwasser nach dem im Anhang zur Anlage IV wiedergegebenen Muster (Regel 7 Anlage IV MARPOL-Ü 1978) erteilt. Das Zeugnis ist grundsätzlich fünf Jahre gültig (Regel 8 Anlage IV MARPOL-Ü 1978). Siehe auch § 9 sowie Anlage 2 SchSV.

44   Der Umgang mit dem Abwasser kann auf verschiedene Weise erfolgen. Das Schiff kann mit einer Abwasser-Aufbereitungsanlage ausgestattet sein (Regel 9.1.1 Anlage IV MARPOL-Ü 1978).[277] Ggf. genügt ein zugelassenes System zur mechanischen Behandlung und Desinfektion von Abwasser (Regel 9.1.2 Anlage IV MARPOL-Ü 1978). In entsprechenden Fällen kann es ausreichen, dass das Schiff über einen ausreichend großen und ausgestatteten Sammeltank an Bord verfügt (Regel 9.1.3 Anlage IV MARPOL-Ü 1978). Für ein Fahrgastschiff, das sich in einem Sondergebiet befindet (dazu Regel 1.5^{bis} Anlage IV MARPOL-Ü 1978), gelten abweichende Vorschriften (Regel 9.2 Anlage IV MARPOL-Ü 1978). Das Einleiten von Abwasser von Schiffen ist grundsätzlich verboten und nur nach Maßgabe der Regel 11 A.1 Anlage IV MARPOL-Ü 1978 erlaubt. Das Einleiten von Abwasser durch neue Fahrgastschiffe (Regel 7ter Abs. 2 Anlage IV MARPOL-Ü 1978) ist seit dem 1. Januar 2016 in Sondergebieten grundsätzlich verboten (Regel 11 B.3a Anlage IV MARPOL-Ü 1978), wenn in dem betreffenden Fahrtgebiet genügend Auffanganlagen für Fahrgastschiffe vorhanden sind (Regel 12bis Anlage IV MARPOL-Ü 1978). Vorhandene Fahrgastschiffe (Regel 7ter Abs. 3 Anlage IV MARPOL-Ü 1978) müssen, wenn diese Voraussetzungen vorliegen, vom 1. Januar 2018 an eine zugelassene Abwasser-Aufbereitungsanlage betreiben (Regel 11 B.3b Anlage IV MARPOL-Ü 1978). Den Vertragsstaaten wird aufgegeben, entsprechende Auffanganlagen in ihren Häfen bereitzuhalten (Regel 12 und 12bis Anlage IV MARPOL-Ü 1978). Die Einhaltung der Bestimmungen der Anlage IV kann im Rahmen einer Hafenstaatkontrolle überprüft werden (Regel 13 Anlage IV MARPOL-Ü 1978). Siehe auch noch § 9 SeeUmwVerhV.

45   d) Die Revidierte Anlage V MARPOL-Ü 1978. Gegenstand der Revidierten Anlage V MARPOL-Ü 1978 sind Regeln zur Verhütung der Verschmutzung durch Schiffsmüll.[278] Die

---

276 BGBl. 2005 II S. 1102.
277 Siehe auch die Richtlinien von 2012 für die Anwendung von Ausflussnormen und die Leistungsprüfunge von Abwasser-Aufbereitungsanlagen (Entschließung MEPC.227[64], angenommen am 5. Oktober 2012 – VkBl. 2015, 697) (A.II.3 Anlage SchSG).
278 Siehe dazu auch die Richtlinien von 2012 für die Durchführung der Anlage V von MARPOL (Entschließung MEPC.219[63], angenommen am 2. März 2012 – VkBl. 2012, 795), geändert durch Entschließung MEPC.239(65), angenommen am 17. Mai 2013 (VkBl. 2014, 533) (C.II.4 Anlage SchSG).

Anlage V ist am 31. Dezember 1988 völkerrechtlich und für Deutschland in Kraft getreten[279] und durch Entschließung MEPC.201(62) mit Wirkung zum 1. Januar 2013 vollständig erneuert worden.[280] Grundsätzlich ist das Einbringen oder Einleiten aller Arten von Schiffsmüll (Regel 1.9 Revidierte Anlage V MARPOL-Ü 1978) ins Meer verboten (Regel 3 Revidierte Anlage V MARPOL-Ü 1978). Lediglich unter den Voraussetzungen der Regel 4 Revidierte Anlage V MARPOL-Ü 1978 kann Müll eingebracht oder eingeleitet werden. Besondere Bestimmungen gelten für das Einbringen oder Einleiten von Müll von festen oder schwimmenden Plattformen (Regel 5 Revidierte Anlage V MARPOL-Ü 1978) sowie innerhalb von Sondergebieten (Regel 6 Revidierte Anlage V MARPOL-Ü 1978) (zu den Sondergebieten siehe Regel 1.14 Revidierte Anlage V MARPOL-Ü 1978). Die Vorschriften der Regel 8 Revidierte Anlage V MARPOL-Ü 1978 geben den Vertragsstaaten auf, in ihren Häfen Auffanganlagen für Schiffsmüll vorzuhalten. Der Hafenstaat ist befugt, im Hinblick auf die Einhaltung der Anforderungen der Anlage V eine Kontrolle des Schiffes durchzuführen (Regel 9 Revidierte Anlage V MARPOL-Ü 1978). Die Besatzungsmitglieder und Fahrgäste sind mit Aushängen über die jeweils für das Schiff maßgeblichen Vorschriften zu unterrichten (Regel 10.1 Revidierte Anlage V MARPOL-Ü 1978, dazu auch § 11 SeeUmwVerhV). Das Schiff muss über einen Müllbehandlungsplan verfügen[281] (Regel 10.2 Revidierte Anlage V MARPOL-Ü 1978), außerdem ist an Bord ein Mülltagebuch zu führen (Regel 10.3 Revidierte Anlage V MARPOL-Ü 1978). Die eintragungspflichten Tatbestände sind in Regel 10.3.1, 10.3.2 und 10.3.4 Revidierte Anlage V MARPOL-Ü 1978 zusammengestellt. Das Mülltagebuch muss an Bord verfügbar sein und mindestens zwei Jahre aufbewahrt werden (Regel 10.3 Revidierte Anlage V MARPOL-Ü 1978). Siehe außerdem § 10 SeeUmwVerhV. Kopien aus dem Mülltagebuch, die vom Kapitän bestätigt wurden, sind Beweismittel (Regel 10.5 Revidierte Anlage V MARPOL-Ü 1978).

e) Die Revidierte Anlage VI MARPOL-Ü 1978. Die später durch das Protokoll von 1997 zum MARPOL-Ü 1978 hinzugefügte Anlage VI mit Regeln zur Verhütung der Luftverunreinigung durch Schiffe ist am 19. Mai 2005 völkerrechtlich und für Deutschland in Kraft getreten.[282] Seit dem 1. Juli 2010 gilt die Revidierte Anlage VI.[283]   46

aa) Allgemeines. Nach Durchführung einer Besichtigung erhält das Schiff ein IAPP-Zeugnis (*International Air Pollution Prevention*), das dem im Anhang I zur Revidierten Anlage VI MARPOL-Ü 1978 wiedergegebenen Muster entspricht und das bis zu fünf Jahre gültig ist (Regel 6 bis 9 Revidierte Anlage VI MARPOL-Ü 1978). Das Zeugnis bestätigt, dass das Schiff den Anforderungen der Anlage VI genügt. Die Hafenstaaten sind befugt, die Einhaltung der Bestimmungen der Anlage VI zu überprüfen (Regel 10 Revidierte Anlage VI MARPOL-Ü 1978). Die weiteren Vorschriften betreffen jeweils einzelne Arten von Emissionen (zu diesen siehe Regel 2.7 Revidierte Anlage VI MARPOL-Ü 1978). Siehe zu allem auch § 9 sowie Anlage 2 SchSV.   47

Gegenstand der Regel 12 Revidierte Anlage VI MARPOL-Ü 1978 sind Stoffe, die zu einem Abbau der Ozonschicht führen (dazu Regel 2.16 Revidierte Anlage VI MARPOL-Ü 1978). Ggf. ist an Bord ein Tagebuch zu führen (Regel 12.6 Revidierte Anlage VI MARPOL-Ü 1978), in das bestimmte Tatbestände im Hinblick auf Stoffe, die zu einem Abbau der   48

---

279 BGBl. 1989 II S. 398.
280 Entschließung MEPC.201(62), angenommen am 15. Juli 2011 (BGBl. 2012 II S. 1194, 1206).
281 Siehe die Richtlinien von 2012 für die Ausarbeitung von Müllbehandlungsplänen (Entschließung MEPC.220[63], angenommen am 2. März 2012 – VkBl. 2012, 838) (C.II.4 Anlage SchSG).
282 BGBl. 2013 II S. 394.
283 Entschließung MEPC.176(58), angenommen am 10. Oktober 2008 (BGBl. 2010 II S. 556, 558).

Ozonschicht führen, einzutragen sind (Regel 12.7 Revidierte Anlage VI MARPOL-Ü 1978). Die Regel 13 Revidierte Anlage VI MARPOL-Ü 1978 befasst sich mit der Emission von Stickoxiden (NO_X) aus Dieselmotoren. Ausgehend vom Baudatum des Schiffes sieht Regel 13.3, 13.4 und 13.5 Revidierte Anlage VI MARPOL-Ü 1978 verschiedene Grenzwerte für NO_X-Emissionen vor, wobei jeweils für Emissions-Überwachungsgebiete (dazu Regel 2.8 und 13.6 sowie Anhänge III und VII Revidierte Anlage VI MARPOL-Ü 1978) Besonderheiten gelten. Für ältere Schiffe gelten die Grenzwerte der Regel 13.7 Revidierte Anlage VI MARPOL-Ü 1978. In Regel 13.8 Revidierte Anlage VI MARPOL-Ü 1978 wird auf die Technische NO_X-Vorschrift 2008[284] Bezug genommen (siehe Regel 2.15 Revidierte Anlage VI MARPOL-Ü 1978). Erhebliche Aufmerksamkeit ist zuletzt der Regel 14 Revidierte Anlage VI MARPOL-Ü 1978 über die Emission von Schwefeloxiden (SO_X) zuteil geworden (unten Rn 51–60). Die weiteren Bestimmungen der Regel 15 Revidierte Anlage VI MARPOL-Ü 1978 befassen sich mit der Emission von flüchtigen organischen Verbindungen (VOCs) von Tankschiffen (Regel 2.21 Revidierte Anlage VI MARPOL-Ü 1978). Sie machen den Vertragsstaaten bestimmte Vorgaben für den Fall, dass sie für die Emission von VOCs in einem oder mehreren Häfen oder an einem oder mehreren Umschlagplätzen in ihrem Hoheitsbereich Vorschriften erlassen wollen.

49 Nach Maßgabe der Regel 16 Revidierte Anlage VI MARPOL-Ü 1978 kann auch eine Verbrennung von Stoffen an Bord erfolgen (Regel 2.17 Revidierte Anlage VI MARPOL-Ü 1978; siehe auch Anhang IV). Die Vertragsstaaten werden in Regel 17 Revidierte Anlage VI MARPOL-Ü 1978 verpflichtet, ausreichende Auffanganlagen für die Aufnahme von Stoffen bereit zu stellen,[285] die zu einem Abbau der Ozonschicht führen, und von Ausrüstungsgegenständen, die solche Stoffe enthalten (siehe Regel 12 Revidierte Anlage VI MARPOL-Ü 1978), sowie für die Aufnahme von Rückständen aus der Abgasreinigung, die aus einem Abgasreinigungssystem stammen.

50 Das Kapitel 4 mit den Regeln 19 bis 23 der Revidierten Anlage VI MARPOL-Ü 1978 enthält Regeln über die Energieeffizienz von Schiffen. Es gelten die besonderen Begriffsbestimmungen der Regel 2.22 bis 2.37 Revidierte Anlage VI MARPOL-Ü 1978. Die Regeln 19 bis 23 Revidierte Anlage VI MARPOL-Ü 1978 betreffen im Wesentlichen nur neue Schiffe der in Regel 2.25 bis 2.35 Revidierte Anlage VI MARPOL-Ü 1978 genannten Art (siehe Regel 2.22 bis 2.24, Regel 20.1 Satz 1, Regel 21.1 Revidierte Anlage VI MARPOL-Ü 1978). Grundsätzlich ist für jedes Schiff der erreichte Energieeffizienz-Kennwert (EEDI) zu berechnen (Regel 20, Regel 2.36 Revidierte Anlage VI MARPOL-Ü 1978). Dieser ist mit dem vorgeschriebenen Energieeffizienz-Kennwert zu vergleichen (siehe Regel 21 und Regel 2.37 Revidierte Anlage VI MARPOL-Ü 1978). Jedes Schiff muss einen Plan für das Energieeffizienz-Management mitführen (SEEMP), der auch Teil des schiffseigenen Systems zur Organisation von Sicherheitsmaßnahmen (SMS) sein kann (siehe Regel 22.2 Revidierte Anlage VI MARPOL-Ü 1978 sowie die SEEMP-Richtlinien 2012[286]).

---

284 Technische Vorschrift über die Kontrolle der Stickstoffoxid-Emissionen aus Schiffsdieselmotoren (VkBl. 2003, 142 und Dokument Nr. B 8133), geändert durch Entschließung MEPC.251(66) vom 4. April 2014 (VkBl. 2016, 652) (A.II.4 Anlage SchSG); siehe auch die Richtlinien von 2011 über zusätzliche Aspekte der technischen NO_X-Vorschrift 2008 in Bezug auf besondere Anforderungen an Schiffsdieselmotoren mit Systemen zur selektiven katalytischen Reduktion (Selective Catalytic Reduction – SCR) (Entschließung MEPC.198[63], angenommen am 15. Juli 2011 – VkBl. 2012, 1009).
285 Siehe die Richtlinien von 2011 für Auffanganlagen nach Anlage VI von MARPOL (Entschließung MEPC.199[62], angenommen am 15. Juli 2011 (VkBl. 2011, 927) (E.30 Anlage SchSG).
286 Richtlinien von 2012 für die Erstellung eines Schiffsenergieeffizienz-Managementplans (SEEMP) (Entschließung MEPC.213[63], angenommen am 2. März 2012 – VkBl. 2012, 676) (C.II.5 „Zu Regel 22" Anlage SchSG).

bb) Die SO$_X$-Emissionen (Regel 14 Revidierte Anlage VI MARPOL-Ü 1978). Re- 51
gel 14 Revidierte Anlage VI MARPOL-Ü 1978 bezweckt die Begrenzung von Schwefeloxid-
(SO$_X$-) Emissionen von Schiffen. Ausschließlicher Gegenstand der Bestimmungen ist der
Schwefelgehalt des an Bord verwendeten ölhaltigen Brennstoffs[287] (Regel 2.9 Revidierte
Anlage VI MARPOL-Ü 1978). Eine Herabsetzung der SO$_X$-Emissionen kann auch auf andere Weise erreicht werden (siehe Regel 4 Revidierte Anlage VI MARPOL-Ü 1978), etwa
durch Abgasreinigungssysteme[288] (siehe auch § 13 Abs. 5 SeeUmwVerhV). Solche sind in
der Praxis allerdings sehr selten, so dass der Schwefelgehalt des verwendeten Brennstoffs die zentrale Rolle spielt. Weitere Bestimmungen über die Verwendung ölhaltigen
Brennstoffs und die Einhaltung der SO$_X$-Grenzwerte finden sich insbesondere in der
Richtlinie 2016/802, in §§ 13 bis 15 SeeUmwVerhV sowie in den Hafengesetzen der Länder.[289]

In einem Stufenplan ist in Regel 14 Revidierte Anlage VI MARPOL-Ü 1978 eine all- 52
mähliche Herabsetzung des Schwefelgehalts des an Bord verwendeten Brennstoffs vorgesehen. Seit dem 1. Januar 2012 gilt grundsätzlich ein Grenzwert von 3,50 % m/m, vom
1. Januar 2020 an ein solcher von 0,50 % m/m (Regel 14.1, 14.2 und 14.3 Revidierte Anlage VI MARPOL-Ü 1978). In Emissions-Überwachungsgebieten (SECA – *Sulphur Emission
Control Area*, Regel 2.8 und Anhänge III und VII Revidierte Anlage VI MARPOL-Ü 1978)
kommen besondere Bestimmungen zur Anwendung. Zu den Emissions-Überwachungsgebieten gehören insbesondere das Ostseegebiet sowie das Nordseegebiet (und damit die
gesamte deutsche Küste), das nordamerikanische Gebiet sowie das karibische Seegebiet
(Regel 14.3.1 bis Regel 14.3.3 Revidierte Anlage VI MARPOL-Ü 1978). Innerhalb dieser
Emissions-Überwachungsgebiete darf der Schwefelgehalt des verwendeten Brennstoffs
seit dem 1. Januar 2015 lediglich noch 0,10 % m/m betragen, nachdem zuvor seit dem
1. Juli 2010 ein Wert von 1,0 % m/m galt (Regel 14.4 Regel 2.8 Revidierte Anlage VI MAR-
POL-Ü 1978). Siehe dazu auch § 13 Abs. 1 SeeUmwVerhV. Der Schwefelgehalt des ölhaltigen Brennstoffs, der an Bord von Schiffen verwendet wird, ist durch den Lieferanten
nach Maßgabe der Regel 18 zu bescheinigen (Regel 14.5 Revidierte Anlage VI MARPOL-Ü
1978; siehe unten Rn 57–58. Werden im und außerhalb eines Emissions-Überwachungs-
gebietes verschiedene Brennstoffe verwendet, muss das Schiff eine Verfahrensbeschrei-
bung über die Brennstoffumstellung mit sich führen, wobei genügend Zeit vorgesehen
sein muss, damit sämtliche ölhaltige Brennstoffe mit dem höheren Schwefelgehalt vor
dem Einlaufen in ein Emissions-Überwachungsgebiet aus dem Brennstoffbetriebssystem
vollständig herausgespült werden können (Regel 14.6 Satz 1 Revidierte Anlage VI MAR-
POL-Ü 1978). Das Volumen der schwefelarmen ölhaltigen Brennstoffe in jedem Tank sowie Datum, Uhrzeit und Schiffsposition bei Beendigung jedes Brennstoffumstellungsvorgangs vor dem Einlaufen in ein Emissions-Überwachungsgebiet bzw. bei Beginn jedes
Brennstoffumstellungsvorgangs nach dem Verlassen des Gebiets müssen in ein Bordbuch eingetragen werden (Regel 14.6 Satz 2 Revidierte Anlage VI MARPOL-Ü 1978). Im
Anwendungsbereich der SchSV ist dies das Schiffs- oder Maschinentagebuch (siehe § 13
Abs. 2 SeeUmwVerhV).

---

[287] Siehe dazu *Paschke/Zink* Effektive Rechtsdurchsetzung als Ordnungsaufgabe: Neue Schwefelgrenz-
werte für Nord- und Ostsee, RdTW 2015, 449–454; *Ramming* Die Auswirkungen der neuen, für SECAs
maßgeblichen SO$_X$-Grenzwerte auf Fracht- und Charterverträge, RdTW 2015, 454–458.
[288] Richtlinien für Abgasreinigungssysteme 2009 (Entschließung MEPC.184[59], angenommen am
17. Juli 2009 – VkBl. 2010, 341).
[289] Siehe etwa für Hamburg das Gesetz über die Verwendung von schwefelhaltigen Schiffskraftstoffen
vom 11. Mai 2010 (HmbGVBl. 2010, 385), zuletzt geändert durch Gesetz vom 30. Januar 2015 (HmbGVBl.
2015, 20).

53 Das Durchfahren von Emissions-Überwachungsgebieten im weiteren Verlauf der Reise und die Verpflichtung, dort Brennstoff mit geringerem Schwefelgehalt zu verwenden, stellt erhöhte Anforderungen an die Reiseplanung, an die Planung der rechtzeitigen Übernahme von Brennstoff in entsprechender Qualität und Menge sowie an das Brennstoff-Management an Bord. Nach § 13 Abs. 3 Satz 2 und 3 SeeUmwVerhV darf das Schiff nach dem Bunkern die Fahrt mit dem Schiff nur fortsetzen, wenn eine Menge an Schiffskraftstoff mit einem maximalen Schwefelgehalt vorhanden ist, die für die beabsichtigte Fahrt im Anwendungsbereich der SchSV und in einem Emissions-Überwachungsgebiet ausreicht.

54 Auch die EG hatte mit der Richtlinie 1999/32 über eine Verringerung des Schwefelgehalts bestimmter flüssiger Kraft- oder Brennstoffe Regelungen geschaffen. Die Richtlinie 1999/32 ist inzwischen durch die Richtlinie 2016/802 ersetzt worden. Art. 5 Richtlinie 2016/802 gibt den Mitgliedstaaten auf sicherzustellen, dass Schiffskraftstoffe (Art. 2 [c] Richtlinie 2016/802), deren Schwefelgehalt 3,50 Massenhundertteile überschreitet, in ihrem Hoheitsgebiet nicht verwendet werden. Sie ergreifen außerdem alle erforderlichen Maßnahmen, um sicherzustellen, dass in ihren Hoheitsgewässern, AWZ und Schadstoffkontrollgebieten keine Schiffskraftstoffe verwendet werden, deren Schwefelgehalt den Wert von 3,50 Massenhundertteilen und vom 1. Januar 2020 an von 0,50 Massenhundertteilen überschreitet (Art. 6 Abs. 1 Richtlinie 2016/802). Liegen die zuvor genannten Gebiete in einem SO_x-Emissions-Überwachungsgebiet (Art. 2 [h] Richtlinie 2016/802), gilt ein Grenzwert von 0,10 Massenhundertteilen (Art. 6 Abs. 2 Richtlinie 2016/802). Außerdem ergreifen die Mitgliedstaaten bis zum 1. Januar 2020 alle erforderlichen Maßnahmen, um sicherzustellen, dass im Linienverkehr von oder zu einem Hafen der EU betriebene Fahrgastschiffe[290] in ihren Hoheitsgewässern, AWZ und Schadstoffkontrollgebieten außerhalb von SOx-Emissions-Überwachungsgebieten keine Schiffskraftstoffe verwenden, deren Schwefelgehalt 1,50 Massenhundertteile überschreitet (Art. 6 Abs. 5 Richtlinie 2016/802). Die Mitgliedstaaten verlangen das ordnungsgemäße Führen von Logbüchern mit Angaben zur Brennstoffumstellung (Art. 6 Abs. 6 Richtlinie 2016/802). Weiter stellen die Mitgliedstaaten sicher, dass Schiffe am Liegeplatz in Häfen der EU keine Schiffskraftstoffe verwenden, deren Schwefelgehalt 0,10 Massenhundertteile überschreitet, wobei der Besatzung ausreichend Zeit eingeräumt wird, so bald wie möglich nach der Ankunft am Liegeplatz und so spät wie möglich vor der Abfahrt die notwendige Kraftstoffumstellung vorzunehmen (Art. 7 Abs. 1 Unterabs. 1 Richtlinie 2016/802). Dies gilt insbesondere nicht für Schiffe, die sich nach den veröffentlichten Fahrplänen voraussichtlich weniger als zwei Stunden am Liegeplatz befinden (Art. 7 Abs. 2 [a] Richtlinie 2016/802). Schließlich stellen die Mitgliedstaaten sicher, dass Gasöl für den Seeverkehr (Art. 2 [e] Richtlinie 2016/802), dessen Schwefelgehalt 0,10 Massenhundertteile überschreitet, in ihrem Hoheitsgebiet nicht in Verkehr gebracht wird (Art. 7 Abs. 3 Richtlinie 2016/802).

55 **cc) Die Verfügbarkeit geeigneter Brennstoffe.** Viele der Vorgaben der Bestimmungen der Revidierten Anlage VI MARPOL-Ü 1978, insbesondere die Grenzwerte für den Schwefelgehalt des an Bord verwendeten Brennstoffs nach Art. 14. und 14.4, erfordern den Einsatz von Brennstoffen entsprechender Qualität. Dieser muss in ausreichender Menge an den betreffenden Orten zur Verfügung stehen. Entsprechend sind die Vertragsstaaten nach Regel 18.1 Revidierte Anlage VI MARPOL-Ü 1978 verpflichtet, alle

---

[290] Siehe dazu auch EuGH RdTW 2014, 102.

zumutbaren Maßnahmen zu treffen, um die Verfügbarkeit von ölhaltigen Brennstoffen zu fördern, die der Anlage VI entsprechen; siehe dazu auch ausführlich Regel 18.3 Revidierte Anlage VI MARPOL-Ü 1978. Ganz entsprechend sieht Art. 6 Abs. 7 Richtlinie 2016/802 vor, dass sich die Mitgliedstaaten bemühen, für die Verfügbarkeit von Schiffskraftstoffen, die den Bestimmungen der Richtlinie genügt, zu sorgen, und die Kommission über die Verfügbarkeit solcher Schiffskraftstoffe in ihren Häfen und an ihren Terminals unterrichten. Nach Regel 18.2.4 Revidierte Anlage VI MARPOL-Ü 1978 benachrichtigt das Schiff die zuständige Verwaltung und die zuständige Behörde des jeweiligen Bestimmungshafens, wenn es keinen vorschriftsmäßigen ölhaltigen Brennstoff erwerben kann; siehe auch Art. 6 Abs. 8 Unterabs. 4 Richtlinie 2016/802. Gleiches sieht Art. 6 Abs. 8 Unterabs. 4 Richtlinie 2016/802 vor: Wenn ein Schiff keinen Brennstoff beschaffen kann, der den Anforderungen der Richtlinie entspricht, setzt es seinen Flaggenstaat und die zuständige Behörde des jeweiligen Bestimmungshafens davon in Kenntnis. In Deutschland ist die zuständige Behörde das BSH (§ 14 Satz 1 SeeUmwVerhV).

dd) Die Brennstofflieferanten. Auch die örtlichen Lieferanten des Brennstoffes **56** werden umfassend in die Pflicht genommen. Die Vertragsstaaten sind insbesondere verpflichtet, ein Verzeichnis der örtlich tätigen Lieferanten von ölhaltigem Brennstoff zu führen (Regel 18.9.1 Revidierte Anlage VI MARPOL-Ü 1978, Art. 6 Abs. 9 [a] Richtlinie 2016/802) – siehe für Deutschland die Bestimmungen des § 14 Satz 2 SeeUmwVerhV; den örtlich tätigen Lieferanten vorzuschreiben, eine Bunkerlieferbescheinigung einschließlich einer Bestätigung, dass der ölhaltige Brennstoff den Anforderungen der Regeln 14 und 18 entspricht, auszustellen und die Probe abzugeben (Regel 18.9.2 Revidierte Anlage VI MARPOL-Ü 1978, Art. 6 Abs. 9 [b] Richtlinie 2016/802; § 15 Abs. 1 Satz 1 Nr. 1, 2 und 3 SeeUmwVerhV; unten Rn 57–58); den örtlich tätigen Lieferanten vorzuschreiben, eine Abschrift der Bunkerlieferbescheinigung mindestens drei Jahre lang aufzubewahren, damit sie bei Bedarf vom Hafenstaat eingesehen und auf ihre Richtigkeit überprüft werden kann (Regel 18.9.3 Revidierte Anlage VI MARPOL-Ü 1978, § 15 Abs. 1 Satz 1 Nr. 4 und 5 SeeUmwVerhV); geeignete Maßnahmen gegen Lieferanten zu treffen, von denen festgestellt wurde, dass sie ölhaltigen Brennstoff liefern, der nicht den Angaben in der Bunkerlieferbescheinigung entspricht (Regel 18.9.4 Regel 18.9.2 Revidierte Anlage VI MARPOL-Ü 1978, Art. 6 Abs. 9 [c] Richtlinie 2016/802). Ergänzend gelten in Deutschland die weiteren Bestimmungen des § 15 SeeUmwVerhV.

ee) Die Bunkerlieferbescheinigung. Nach Regel 18.5 Revidierte Anlage VI MAR- **57** POL-Ü 1978 sind über den ölhaltigen Brennstoff, der zum Zweck der Verbrennung an Bord geliefert und dort verwendet wird, genaue Aufzeichnungen in Form einer Bunkerlieferbescheinigung zu führen; siehe auch Regel 14.5 Revidierte Anlage VI MARPOL-Ü 1978. Diese ist vom Lieferanten auszustellen. Die Bunkerlieferbescheinigung muss mindestens die in Anhang V Revidierte Anlage VI MARPOL-Ü 1978 aufgeführten Angaben enthalten. Sie muss an Bord jederzeit zur Verfügung stehen und für einen Zeitraum von drei Jahren aufbewahrt werden (Regel 18.6 Revidierte Anlage VI MARPOL-Ü 1978). Die beglaubigte Abschrift einer Bunkerlieferbescheinigung ist ein Beweismittel (Regel 18.7.1 Satz 2 Revidierte Anlage VI MARPOL-Ü 1978). Die Schiffsführung muss die Bunkerlieferbescheinigung auf ihre Richtigkeit prüfen (§ 13 Abs. 3 Satz 1 SeeUmwVerhV).

Der Bunkerlieferbescheinigung ist eine typische Probe (dazu § 15 Abs. 1 Satz 2 **58** SeeUmwVerhV) des gelieferten ölhaltigen Brennstoffes beizufügen (Regel 18.1 Satz 1 Revidierte Anlage VI MARPOL-Ü 1978). Hierbei sind die von der IMO ausgearbeiteten Richtlinien zu berücksichtigen;[291] siehe § 15 Abs. 1 Satz 1 Nr. 2 SeeUmwVerhV. Das Schiff ist verpflichtet, das Zehen der Probe zu unterstützen (§ 15 Abs. 2 SeeUmwVerhV). Nach Beendigung des Bunkerns ist das Probengefäß luftdicht zu verschließen, vom Vertreter des Lieferanten und vom Kapitän oder dem für das Bunkern verantwortlichen Offizier mit ihrer Unterschrift zu versehen und so lange im Verantwortungsbereich des Schiffes aufzubewahren, bis der ölhaltige Brennstoff im Wesentlichen verbraucht ist, auf jeden Fall aber mindestens 12 Monate vom Tag der Lieferung an (Regel 18.8.1 Revidierte Anlage VI MARPOL-Ü 1978).

59 **ff) Die Überprüfung des Schiffes.** Stellen die Behörden eines Vertragsstaates fest, dass ein Schiff nicht den Bestimmungen der Revidierten Anlage VI MARPOL-Ü 1978 über vorschriftsmäßige ölhaltige Brennstoffe erfüllt, so sind sie berechtigt von dem betreffenden Schiff Aufzeichnungen über die Versuche zu verlangen, die unternommen worden sind, um die Vorschriften einzuhalten (Regel 18.2.1 Revidierte Anlage VI MARPOL-Ü 1978, Art. 6 Abs. 8 Unterabs. 1 [a] Richtlinie 2016/802). Ebenso können die Behörden Beweise dafür verlangen, dass versucht wurde, entsprechend dem Reiseplan des Schiffes vorschriftsmäßigen ölhaltigen Brennstoff zu erwerben, sowie dafür, dass – falls dieser an den geplanten Stellen nicht zur Verfügung stand – Versuche unternommen wurden, andere Quellen für solchen ölhaltigen Brennstoff ausfindig zu machen, dieser aber trotz aller Anstrengungen nicht zu erwerben war (Regel 18.1.2 Revidierte Anlage VI MARPOL-Ü 1978, Art. 6 Abs. 8 Unterabs. 1 [b] Richtlinie 2016/802). Allerdings soll ein Schiff nicht verpflichtet sein, von seinem vorgesehenen Reiseablauf abzuweichen oder den Reiseablauf unangemessen zu verzögern, um den Vorschriften des Kapitels VI zu genügen (Regel 18.2.2 Revidierte Anlage VI MARPOL-Ü 1978, Art. 6 Abs. 8 Unterabs. 2 Richtlinie 2016/802). Im Hinblick auf Maßnahmen gegen das Schiff sind dessen Angaben zur fehlenden Möglichkeit der Beschaffung vorschriftsmäßigen ölhaltigen Brennstoffs zu berücksichtigen (Regel 18.3 Revidierte Anlage VI MARPOL-Ü 1978, siehe auch Art. 6 Abs. 8 Unterabs. 3 Richtlinie 2016/802). Die Überprüfung des Schiffes kann sich auch auf die Bunkerlieferbescheinigungen erstrecken (Regel 18.7.1 Satz 1 Revidierte Anlage VI MARPOL-Ü 1978, Art. 13 Abs. 2 [a] Richtlinie 2016/802), ebenso auf die Tagebücher (Art. 13 Abs. 2 [a] Richtlinie 2016/802). Zu diesem Zweck kann sich die Behörde auch an den Hafen wenden, in dem die Bunkerlieferbescheinigung ausgestellt worden ist (Regel 18.7.1 Satz 3 Revidierte Anlage VI MARPOL-Ü 1978). Die Überprüfung der Bunkerlieferbescheinigungen sind so schnell wie möglich und ohne unangemessene Verzögerung für das Schiff durchzuführen (Regel 18.7.2 Revidierte Anlage VI MARPOL-Ü 1978). Die Behörden sind auch befugt, die der Bunkerlieferbescheinigung beigefügte Probe zu analysieren (Regel 18.8.2 Revidierte Anlage VI MARPOL-Ü 1978; Art. 13 Abs. 2 Unterabs. 2 Richtlinie 2016/802, § 14 Satz 1 Nr. 2 SeeUmwVerhV). Dies erfolgt nach Maßgabe des im Anhang VI der Revidierten Anlage VI MARPOL-Ü 1978 vorgegebenen Verfahrens. Siehe auch Art. 7 MARPOL-Ü 1978. Nach Art. 13 Abs. 2 (b) Richtlinie 2016/802 können während der Lieferung von Brennstoff nach den Richtlinien des MEPC[292] und auch aus den Tanks des Schiffes Proben genommen werden. Auf Grundlage des Art. 13 Abs. 4 Richtlinie 2016/802 ist der Durchführungsbeschluss 2015/253 zur Regelung der Probenahmen und der Bericht-

---

[291] Richtlinien von 2009 für die Probeentnahme von ölhaltigem Brennstoff zur Feststellung der Einhaltung der revidierten Anlage VI von MARPOL (Entschließung MEPC.182[59], angenommen am 17. Juli 2009 – VkBl. 2010, 336).
[292] Richtlinie von 2009 für die Probenentnahme von ölhaltigem Brennstoff zur Feststellung der Einhaltung der revidierten Anlage VI von MARPOL (Entschließung MEPC.182[59], angenommen am 17. Juli 2009 – VkBl. 2010, 336).

erstattung gemäß der Richtlinie 1999/32 (inzwischen ersetzt durch die Richtlinie 2016/802) bezüglich des Schwefelgehalts von Schiffskraftstoffen erlassen worden.[293] Siehe auch § 13 Abs. 4 SeeUmwVerhV.

gg) Sanktionen. Schließlich kann die Nichtbeachtung der Vorgaben der Regeln 14 und 18 Revidierte Anlage VI MARPOL-Ü 1978 dazu führen, dass „dem Schiff" bzw. dem Reeder oder Kapitän Geldstrafen oder Bußgelder auferlegt werden; siehe Art. 18 Richtlinie 2016/802. Im Zusammenhang mit den Formalitäten rund um die Verwendung von schwefelarmem Brennstoff enthält die SeeUmwVerhV in § 23 Abs. 1 Nr. 11 bis 18, Abs. 2 Nr. 26 nicht weniger als zehn Tatbestände von Ordnungswidrigkeiten, die an Verstöße gegen Pflichten anknüpfen, die in den §§ 13 und 15 SeeUmwVerhV geregelt sind. Dazu gehören etwa die Pflicht, die Umstellung von Brennstoff im Hinblick auf das Befahren von Emissions-Überwachungsgebieten zu dokumentieren (Regel 14.6 Revidierte Anlage VI MARPOL-Ü, §§ 13 Abs. 2, 23 Abs. 2 Nr. 26 SeeUmwVerhV), oder die Vorgaben im Hinblick auf die vom Lieferanten des Brennstoffes ausgestellten Bunkerlieferbescheinigungen (§§ 13 Abs. 3, 15 Abs. 1 Satz 1 Nr. 3 bis 5, 23 Abs. 1 Nr. 14 bis 16 SeeUmwVerhV). 60

5. Die AFS-Regelungen. Ein weiterer wichtiger und moderner Baustein des maritimen Umweltschutzes ist das AFS-Übereinkommen (*anti-fouling system*); siehe A.VIII Anlage SchSG. Schiffe sind im Unterwasserbereich normalerweise mit Anstrichen versehen, die die Bildung von Bewuchs verhindern. Von bestimmten Bewuchsschutzsystemen ging die erhebliche Gefahr einer Vergiftung oder sonstiger Beeinträchtigungen von Meeresorganismen aus. Das AFS-Ü stellt eine Plattform für das Verbot gefährlicher Bewuchsschutzsysteme sowie für die Durchsetzung dieses Verbots zur Verfügung. Dabei ist das Übereinkommen als eine Art Rahmen ausgestaltet: Welche Arten von Bewuchsschutzsystemen verboten sind, kann nach und nach festgelegt werden. Von Anfang an und bis heute lediglich ein Verbot zinnorganischer Verbindungen vorgesehen, die in Bewuchsschutzsystemen als Biozide wirken (TBT-Anstriche). Das AFS-Übereinkommen sah vor, dass solche Bewuchsschutzsysteme vom 1. Januar 2003 an nicht mehr aufgebracht werden durften und dass ihre Verwendung vom 1. Januar 2008 an vollständig verboten war. Allerdings ist das AFS-Ü völkerrechtlich erst am 19. September 2008 und für Deutschland am 20. November 2008 in Kraft getreten.[294] 61

Inzwischen hatte sich jedoch die EG der Sache angenommen und mit der Verordnung 782/2003 über das Verbot zinnorganischer Verbindungen auf Schiffen die Regelungen des AFS-Ü für die Mitgliedsstaaten eingeführt. Die Verordnung 536/2008 enthält ergänzende Durchführungsvorschriften. Nach Art. 4 Verordnung 536/2008 lassen sich die Mitgliedstaaten bei der Erfüllung ihrer Pflichten gemäß Art. 6 und 7 der Verordnung 782/2003 von der AFS-StichprRichtlinie über die Entnahme kleiner Stichproben des Bewuchsschutzsystems an Schiffen (C.IV.1 Anlage SchSG) leiten; siehe auch die AFS-BesRi für Besichtigungen von Bewuchsschutzsystemen an Schiffen und für die Erteilung von Zeugnissen über solche Besichtigungen (C.IV.2 Anlage SchSG) sowie die AFS-Überprüfungsrichtlinie von 2011 für die Überprüfung von Bewuchsschutzsystemen an Schiffen (C.IV.1 Anlage SchSG). 62

Einem Schiff, das den Voraussetzungen der AFS-Regelungen entspricht, wird ein IAFS-Zeugnis ausgestellt (Art. 6 Abs. 1 [a] Verordnung 782/20003, Art. 4 und Anlage 4 63

---

[293] Durchführungsbeschluss (EU) 2015/253 der Kommission vom 16. Februar 2015 zur Regelung der Probenahmen und der Berichterstattung gemäß der Richtlinie 1999/32/EG des Rates bezüglich des Schwefelgehalts von Schiffskraftstoffen (ABl. 2015 Nr. L 41 S. 55).
[294] BGBl. 2009 II S. 967.

AFS-Ü, dazu auch § 9 sowie Anlage 2, dort insbesondere auch B.4 SchSV). Kleinere Schiffe führen eine IAFS-Erklärung mit (Art. 6 Abs. 1 [b] Verordnung 782/20003, Art. 4 und Regel 6 Anlage 4 AFS-Ü, A.1 VII.27 [a] [bb] Anlage 2 SchSV). Die Vertragsstaaten sehen für den Fall von Verstößen gegen die Bestimmungen des AFS-Ü Sanktionen vor (Art. 12 und 13 AFS-Ü). Die Hafenstaaten sind zur Überprüfung von Schiffen im Hinblick auf die Einhaltung der Anforderungen des AFS-Ü befugt (Art. 11 und 13 AFS-Ü, dazu auch § 3e Nr. 6 SeeaufgG). Weitere innerstaatliche Regelungen zum AFS-Ü finden sich in § 16 und 17 SeeUmwVerhV. Nach § 16 Abs. 1 SeeUmwVerhV ist der Betrieb eines Schiffes mit einem nicht zugelassenen Bewuchsschutzsystem verboten. Der Schiffsführer ist nach § 17 SeeUmwVerhV verpflichtet, die jeweiligen AFS-Dokumente mitzuführen und auf Verlangen den Bediensteten der zuständigen Behörde zur Prüfung auszuhändigen.

6. Das BallastwasserÜ

Literatur: *Ramming* Das neue Ballastwasser-Übereinkommen, HmbSeeRep 2004, 103 Nr. 70.

64 Das neue BallastwasserÜ wird am 8. September 2017 völkerrechtlich und für Deutschland in Kraft treten. Die USA, Panama, Griechenland und China haben das Übereinkommen bislang allerdings nicht ratifiziert. Gegenstand des Übereinkommens ist das Ballastwasser von Schiffen. Ballastwasser kann etwa in entsprechende Tanks an Bord übernommen werden, um den Tiefgang, den Trimm, die Stabilität oder Spannungen im Rumpf des Schiffes zu regulieren. Üblicherweise befindet sich auf einer (Ballast-)Fahrt ohne Ladung lediglich Ballastwasser an Bord. Dieses wird im Ladehafen abgegeben, um das Schiff beladen zu können. Umgekehrt wird im Löschhafen mit der Entladung Ballastwasser aufgenommen. Insbesondere Tanker und Massengutschiffe verfügen über erhebliche Kapazitäten für Ballastwasser. Dies führte dazu, dass Organismen und Keime in Gebiete verbracht wurden, wo sie nicht heimisch sind. Hier haben sie teils erhebliche Schäden verursacht. Dem soll durch das BallastwasserÜ abgeholfen werden (siehe auch Art. 196 SeerechtsÜ). Das BallastwasserÜ gibt den Schiffen auf, ein Ballastwasser-Management einzuführen, das sicherstellt, dass bestimmte Grenzwerte für Organismen in dem abgegebenen Ballastwasser eingehalten werden (Regel D-2 Anlage BallastwasserÜ). Für eine Übergangszeit genügt es, dass während der Reise das Ballastwasser in bestimmter Weise ausgetauscht wird (Regel D-1 Anlage BallastwasserÜ). Erforderlich ist außerdem, dass jedes Schiff über einen Ballastwasserbehandlungsplan verfügt (Regel B-1 Anlage BallastwasserÜ) und ein Ballastwasserbehandlungsbuch führt (Regel B-2 Anlage BallastwasserÜ). Das Übereinkommen selbst gibt in Regel B-2 Anlage BallastwasserÜ einen Zeitplan vor, wann welches Schiff sich nicht mehr mit dem D-1 Standard begnügen darf, sondern eine Ballastwasserbehandlung nach D-2 durchführen muss. Die Bestimmungen der Regel B-3 Anlage BallastwasserÜ sind aufgrund des späten Inkrafttretens des BallastwasserÜ obsolet geworden. An deren Stelle ist die Entschließung A.1088(28) der Versammlung der IMO, angenommen am 4. Dezember 2013 getreten.[295]

65 Einem Schiff, das die Voraussetzungen des BallastwasserÜ erfüllt, wird ein Zeugnis erteilt (Art. 7 sowie Abschnitt E Anlage BallastwasserÜ); siehe auch § 9 sowie Anlage 2 SchSV. Die Vertragsstaaten des BallastwasserÜ sind verpflichtet, sicherzustellen, dass ausreichend Auffanganlagen für die Aufnahme von Sedimenten zur Verfügung stehen

---

[295] Application of the International Convention for the Control and Management of Ships' Ballastwater and Sediments, 2004 (Resolution A.1088[28], adopted on 4 December 2013).

(Art. 5 BallastwasserÜ). Ihnen wird aufgegeben, Zuwiderhandlungen gegen die Vorschriften des Übereinkommens zu ahnden (Art. 8 BallastwasserÜ). Gegenstand der Art. 9 bis 12 BallastwasserÜ ist die Befugnis der Hafenstaaten, das Schiff zu kontrollieren; dazu auch § 3e Nr. 7 SeeaufgG. Ergänzt werden die Bestimmungen des BallastwasserÜ durch die §§ 18 bis 22 SeeUmwVerhV; siehe § 1 Nr. 16, § 3e Nr. 7, § 4 Abs. 1 Satz 1 Nr. 4b SeeaufgG. Grundsätzlich ist das Einleiten von Ballastwasser ins Meer verboten, sofern kein Ballastwasser-Austausch nach Regel D-1 oder D-2 Anlage BallastwasserÜ stattgefunden hat (§ 18 Abs. 1 SeeUmwVerhV). Der Ballastwasserbehandlungsplan (Regel B-1 Anlage BallastwasserÜ) bedarf der Zulassung durch die BG Verkehr (§ 19 Abs. 1 SeeUmwVerhV). Der Schiffsführer eines Schiffes unter der Flagge eines Vertragsstaates muss dem Ballastwasserbehandlungsplan (Regel B-1 Anlage BallastwasserÜ) sowie das Ballastwassertagbuch (Regel B-2 Anlage BallastwasserÜ) mitführen und auf Verlangen dem Bediensteten der zuständigen Behörden zur Prüfung aushändigen (siehe § 20 SeeUmwVerhV). Einzelheiten über die Führung des Ballastwasser-Tagebuches finden sich in § 21 SeeUmwVerhV. Schließlich hat der MEPC der IMO insgesamt 14 Richtlinien (G1 bis G14) zum BallastwasserÜ beschlossen, die bestimmte Einzelheiten regeln.

(Übersicht über die Richtlinien in VkBl. 2011, 649) Richtlinien für Sediment-Auffanganlagen (G1) **66** (Entschließung MEPC.152[55], angenommen am 13. Oktober 2006 – VkBl. 2011, 134, berichtigt VkBl. 2011, 650); Richtlinien für die Entnahme von Proben aus dem Ballastwasser (G2)" (Entschließung MEPC.173[58], angenommen am 10. Oktober 2008 – VkBl. 2011, 478); Richtlinien für die Ballastwasser-Behandlung – gleichwertige Einhaltung (G3) (Entschließung MEPC.123 [53], angenommen am 22. Juli 2005 – VkBl. 2011, 136); Richtlinien für die Ballastwasser-Behandlung und die Erstellung von Ballastwasser-Behandlungsplänen (G4) (Entschließung MEPC.127[53], angenommen am 22. Juli 2005 – VkBl. 2010, 180); Richtlinien für Ballastwasser-Auffanganlagen (G5) (Entschließung MEPC.153[55], angenommen am 13. Oktober 2006 – VkBl. 2011, 138); Richtlinien für den Ballastwasser-Austausch (G6) (Entschließung MEPC.124[53], angenommen am 22. Juli 2005) (VkBl. 2011, 486); Richtlinien für die Risikobewertung nach Regel A-4 des Ballastwasser-Übereinkommens (G7) (Entschließung MEPC.162[56]), angenommen am 13. Juli 2007 – VkBl. 2011, 546); Richtlinien für die Zulassung von Ballastwasser-Behandlungssystemen (G8) (Entschließung MEPC.174 [58], angenommen am 22. Juli 2005 – VkBl. 2011, 180, berichtigt VkBl. 2011, 650; eine Revision steht zurzeit an); Verfahren für die Zulassung von Ballastwasser- Behandlungssystemen, die aktive Substanzen verwenden (G9) (Entschließung MEPC.169[57], angenommen am 4. April 2008 – VkBl. 2011, 639, berichtigte Entschließung VkBl. 2012, 616); Richtlinien für die Zulassung und Beaufsichtigung von Prototypen von Ballastwasser-Aufbereitungstechnologieprogrammen (G10) (Entschließung MEPC.140[54], angenommen am 24. März 2006 – VkBl. 2011, 555); Richtlinien für Entwurfe- und Bauvorschriften für den Ballastwasser-Austausch (G11) (Entschließung MEPC. 149[155], angenommen am 13. Oktober 2006 – VkBl. 2011, 268); Richtlinien von 2012 für Entwurf und Bau zur Erleichterung der Sedimentkontrolle auf Schiffen (G12) (Entschließung MEPC.209[63], angenommen am 2. März 2012 – VkBl. 2013, 25; Richtlinien für zusätzliche Maßnahmen im Zusammenhang mit der Behandlung von Ballastwasser einschließlich Notfallsituationen (G13) (Entschließung MEPC. 161[56], angenommen am 13. Juli 2007) (VkBl. 2011, 271); Richtlinien für die Festlegung von Gebieten für den Ballastwasser-Austausch (G14) (Entschließung MEPC. 151[55], angenommen am 13. Oktober 2006 – VkBl. 2011, 236).

7. Europäische Vorschriften. Das System der internationalen Schiffsicherheits- **67** und Umweltschutzvorschriften ist im Grundsatz derart umfassend, dass ein Gesetzgeber, der völkerrechtlich an die betreffenden völkerrechtlichen Übereinkommen gebunden ist, nur noch beschränkte Gestaltungsspielräume. Dies galt auch für die EG bzw. gilt für die EU, weil jedenfalls die Mitgliedstaaten normalerweise auch Vertragsstaaten der betreffenden Übereinkommen waren. Der europäische Gesetzgeber konnte und musste sich vielfach darauf beschränken, unterstützende und ausgestaltende Rechtsakte zu erlassen oder internationale Regelungen zu verschärfen, etwa indem Anforderungen erhöht wurden oder indem internationale Vorschriften, die erst mit zeitlicher Verzögerung in Kraft traten, für die Mitgliedstaaten bereits zu einem früheren Zeitpunkt zur Anwendung gebracht wurden.

68 Frühe Maßnahmen waren der Erlass der ersten Richtlinie über die Hafenstaatkontrolle aus dem Jahr 1995 (inzwischen durch die Richtlinie 2009/16 ersetzt); die erste Richtlinie über gemeinsame Vorschriften und Normen für Schiffsüberprüfungs- und -besichtigungsorganisationen und die einschlägigen Maßnahmen der Seebehörden von 1994 (inzwischen ersetzt durch die Verordnung 391/2009 und die Richtlinie 2009/15); die Richtlinie 93/75 über Mindestanforderungen an Schiffe, die Seehäfen der Gemeinschaft anlaufen oder aus ihnen auslaufen und gefährliche oder umweltschädliche Güter befördern (inzwischen aufgehoben durch Richtlinie 2002/59); die Richtlinie 98/18 über Sicherheitsvorschriften und -normen für Fahrgastschiffe (inzwischen ersetzt durch die Richtlinie 2009/45); die Richtlinie 2000/59 über Hafenauffangeinrichtungen für Schiffsabfälle und Ladungsrückstände (D.16 Anlage SchSG); die Einsetzung eines Ausschusses für die Sicherheit im Seeverkehr und die Vermeidung von Umweltverschmutzung durch Schiffe (COSS) durch die (bis heute gültige) Verordnung 2099/2001; die Richtlinie 2002/6 über Meldeformalitäten für Schiffe beim Einlaufen in und/oder Auslaufen aus Häfen der Mitgliedstaaten der Gemeinschaft (inzwischen ersetzt durch die Richtlinie 2010/65); sowie die Richtlinie 2005/35 über die Meeresverschmutzung durch Schiffe und die Einführung von Sanktionen, einschließlich strafrechtlicher Sanktionen, für Verschmutzungsdelikte.

69 Eine weitere Maßnahme des europäischen Gesetzgebers erfolgte im Hinblick auf das RoRoStabÜ (oben Rn 28), das als Folge des „Estonia" Unglücks verabschiedet wurde. Es enthält besondere Stabilitätsanforderungen für RoRoFahrgastschiffe, gilt aber lediglich in der Ostsee und in nordwesteuropäischen Gewässern. Die Bestimmungen des RoRoStabÜ wurden – letztlich auch aus Wettbewerbsgründen – durch die RoRoStabRichtlinie von 2003 für die gesamte EG übernommen. In einem anderen Fall hat die IMO, ausgehend von den Bestimmungen der Regel VI/7 und Regel VI/10 Anlage SOLAS-Ü, mit dem BLU-Code Bestimmungen für das sichere Be- und Entladen von Massengutschiffen aufgestellt. Diese Regelungen sind durch die Richtlinie 2001/96 in das Gemeinschaftsrecht übernommen worden. Umgesetzt werden die Vorschriften in Deutschland durch die Länder im Rahmen der Hafengesetze, etwa in Hamburg durch die §§ 37 bis 39 Hmb HafenVerkO.

70 Eine starke Reaktion des europäischen Gesetzgebers erfolgte auf den Untergang des Tankers „Erika" vor der bretonischen Küste am 12. Dezember 1999, die erhebliche Ölverschmutzungen an der französischen Atlantikküste verursachte. In zeitlichen Abständen erfolgten drei Bündel von gesetzgeberischen Maßnahmen, die mit „Erika I", „Erika II" und „Erika III" umschrieben wurden. Das Erika I Paket war eine Eilreaktion auf die Missstände, die durch die Katastrophe zutage getreten waren. Es umfasste eine Verschärfung der seinerzeit geltenden Richtlinie über die Hafenstaatkontrolle;[296] eine Verschärfung der ersten Richtlinie über gemeinsame Vorschriften und Normen für Schiffsüberprüfungs- und -besichtigungsorganisationen und die einschlägigen Maßnahmen der Seebehörden;[297] sowie die Verordnung 417/2002 vom 18. Februar 2002 zur beschleunigten Einfüh-

---

[296] durch die Richtlinie 2001/106/EG des Europäischen Parlaments und des Rates vom 19. Dezember 2001 zur Änderung der Richtlinie 95/21/EG des Rates zur Durchsetzung internationaler Normen für die Schiffssicherheit, die Verhütung von Verschmutzung und die Lebens- und Arbeitsbedingungen an Bord von Schiffen, die Gemeinschaftshäfen anlaufen und in Hoheitsgewässern der Mitgliedstaaten fahren (Hafenstaatkontrolle) (ABl. 2001 Nr. L 19 S. 17).
[297] durch die Richtlinie 2001/105/EG des Europäischen Parlaments und des Rates vom 19. Dezember 2001 zur Änderung der Richtlinie 94/57/EG des Rates über gemeinsame Vorschriften und Normen für

rung von Doppelhüllen oder gleichwertigen Konstruktionsanforderungen für Einhüllen-Öltankschiffe mit dem Ziel der vorzeitigen Außerdienststellung von Einhüllen-Öltankschiffen (oben Rn 38). Dem folgte im Dezember 2000 das Erika II Paket. Eine weitere Maßnahme war die Gründung der Europäischen Agentur für die Sicherheit des Seeverkehrs (EMSA) durch die Verordnung 1406/2002 (siehe dazu auch die Verordnung 911/2014 über die mehrjährige Finanzierung der Maßnahmen der Europäischen Agentur für die Sicherheit des Seeverkehrs im Bereich des Eingreifens bei Meeresverschmutzung durch Schiffe und durch Öl- und Gasanlagen); sowie der Erlass der Richtlinie 2002/59 (D.4 und 19 Anlage SchSG) über die Errichtung eines gemeinschaftlichen Überwachungs- und Informationssystems für den Schiffsverkehr (siehe auch A.IV Anlage 1 SchSV). Weiterer Bestandteil des Erika II Pakets war eine Initiative, durch die sichergestellt werden sollte, dass die Opfer von Ölverschmutzungen hinreichend entschädigt werden. Nachdem anfänglich eine europäische Lösung im Raume stand, wurde schließlich mit dem ÖlFÜProt 2003 (Anhang I.4 zu § 480) eine Lösung auf internationaler Ebene herbeigeführt. Zwischenzeitlich kam es im November 2002 zu dem Untergang des Tankers „Prestige" vor der Nordwestküste Spaniens. Im Jahre 2009 folgte das Erika III Paket mit einer Reihe gesetzgeberischer Maßnahmen zur Verbesserung der Sicherheit der Schifffahrt. Diese umfassten die Richtlinie 2009/21 über die Erfüllung von Flaggenstaatspflichten; die Verordnung 391/2009 und die Richtlinie 2009/15 über gemeinsame Vorschriften und Normen für Schiffsüberprüfungs- und -besichtigungsorganisationen (D.7 Anlage SchSG); die umfassende Änderung der Richtlinie 2002/59 (D.4 und 19 Anlage SchSG) über die Errichtung eines gemeinschaftlichen Überwachungs- und Informationssystems für den Schiffsverkehr[298] (siehe auch A.IV Anlage 1 SchSV); die Richtlinie 2009/18 zur Festlegung der Grundsätze für die Untersuchung von Unfällen im Seeverkehr; die VO Athen, die ihrerseits das AthenÜ 2002 mit Regelungen über die Beförderung von Reisenden und ihrem Gepäck auf See zur Anwendung bringt; sowie die Richtlinie 2009/20, die eine Versicherungspflicht der Schiffseigentümer begründet.

8. Das nationale deutsche Recht

a) Das SchSG. Die Bestimmungen des SchSG[299] sind eine Schaltstelle im Hinblick 71 auf die internationalen Regelungen zur Schiffssicherheit und zum Umweltschutz auf See. Es regelt, welche Maßnahmen bei der Durchführung der jeweils geltenden Regelungen vorzunehmen sind, um die Sicherheit und den Umweltschutz auf See sowie den damit unmittelbar im Zusammenhang stehenden Arbeitsschutz zu gewährleisten (§ 1 Abs. 1 SchSG). Dreh- und Angelpunkt des SchSG ist der umfangreiche Katalog von Regelwerken in den Abschnitten A bis E der Anlage SchSG, der laufend geändert und ergänzt im Hinblick auf Änderungen der Regelwerke aktualisiert wird. Internationale Regelungen im Sinne des Gesetzes sind die in den Abschnitten A bis C der Anlage aufgeführten Vorschriften des innerstaatlich geltenden Völkerrechtes und die in Abschnitt D der Anlage aufgeführten europäischen Rechtsinstrumente in der jeweils angegebenen Fassung (§ 1 Abs. 2 Satz 1 SchSG). Internationale Schiffssicherheitsnormen sind in Abschnitt E der Anlage zum SchSG aufgeführt.

Schiffsüberprüfungs- und -besichtigungsorganisationen und die einschlägigen Maßnahmen der Seebehörden (ABl. 2001 Nr. L 19 S. 9).
298 durch die Richtlinien 2009/17 und 2009/18 des Europäischen Parlaments und des Rates vom 23. April 2009 (ABl. 2009 Nr. L 131 S. 101 und 114).
299 Siehe die Kommentierung des SchSG in *Ehlers* Seeverkehr.

72   **aa) Abschnitte A, B und C Anlage SchSG.** Der Abschnitt A Anlage SchSG enthält eine Zusammenstellung allgemein anerkannter völkerrechtlicher Regeln und Normen und nennt etwa das SOLAS-Ü (A.I. Anlage SchSG), das MARPOL-Ü 1978 mit den Anlagen I, II, III, IV und V (A.II Anlage SchSG), das Freibord-Ü (A.III Anlage SchSG), das SchVermÜ (A.IV Anlage SchSG), das Übereinkommen vom 15. Februar 1966 über die Eichung von Binnenschiffen[300] (A.V Anlage SchSG), bestimmte Vorschriften des STCW-Ü (A.VI Anlage SchSG, dazu unten 141–148) und das AFS-Ü (A.VIII Anlage SchSG, dazu oben Rn 61–63). Der Anhang B umfasst für die jeweiligen Vertragsstaaten anwendbaren weiteren Regeln in multilateralen völkerrechtlichen Vereinbarungen. Hier werden etwa genannt Art. 10 Abs. 1 und 3 des BerggÜ 1989 (der innerstaatlich gar nicht zur Anwendung kommt, Art. 1 Abs. 2 BerggÜ-1989-G) (B.I Anlage SchSG), bestimmte Vorschriften der Anlage IV des AntarktisV-UmwProt (B.II Anlage SchSG), Art. 7 des EWR-Abk. (B.IV Anlage SchSG) und das RoRoStabÜ (B.V Anlage SchSG, oben Rn 28). Der Abschnitt C der Anlage SchSG enthält eine Sammlung internationaler Richtlinien und Standards, die bestimmten, in Abschnitt A genannten Regeln und Normen zugrunde gelegt werden müssen. Hier werden ergänzend zum SOLAS-Ü (C.I Anlage SchSG), zum MARPOL-Ü 1978 (C.II Anlage SchSG), zu den STCW-Regelungen (C.III Anlage SchSG) sowie zum ASF-Ü (C.IV Anlage SchSG) weitere Regelwerke aufgeführt.

73   **bb) Abschnitt D Anlage SchSG.** In Abschnitt D Anlage SchSG sind Rechtsakte der Europäischen Gemeinschaften und der Europäischen Union zusammengestellt. Es handelt sich um bestimmte, im Einzelnen genannte Vorschriften von Richtlinien. Durch deren Einstellung in den Abschnitt D Anlage SchSG erfolgt deren innerstaatliche Umsetzung in das deutsche Recht; siehe § 5 Abs. 1 SchSG. Genannt werden etwa bestimmte Vorschriften der Richtlinie 2002/59 über die Einrichtung eines gemeinschaftlichen Überwachungs- und Informationssystems für den Schiffsverkehr (D.4 und 19 Anlage SchSG), der Richtlinie 2008/106 über Mindestanforderungen für die Ausbildung von Seeleuten (D.6 Anlage SchSG, dazu unten Rn 141–148), der Richtlinie 2009/15 über gemeinsame Vorschriften und Normen für Schiffsüberprüfungs- und -besichtigungsorganisationen und die einschlägigen Maßnahmen der Seebehörden (D.7 Anlage SchSG), der Richtlinie 2009/16 über die Hafenstaatkontrolle (D.8 Anlage SchSG), der Richtlinie 2014/19 über Schiffsausrüstung (D.10 Anlage SchSG), der Richtlinie 2009/45 über Sicherheitsvorschriften und -normen für Fahrgastschiffe (D.12 Anlage SchSG, siehe auch A.II Anlage 1 SchSV), der Richtlinie 98/41 über die Registrierung der an Bord von Fahrgastschiffen im Verkehr nach oder von einem Hafen eines Mitgliedstaates der in Gemeinschaft befindlichen Personen (D.13 Anlage SchSG), der Richtlinie 1999/35 über ein System verbindlicher Überprüfungen im Hinblick auf den sicheren Betrieb von RoRo-Fahrgastschiffen und Fahrgast-Hochgeschwindigkeitsfahrzeugen im Linienverkehr (D.14 Anlage SchSG), der Richtlinie 2000/59 über Hafenauffangeinrichtungen für Schiffsabfälle und Ladungsrückstände (D.16 Anlage SchSG), der Richtlinie 2001/96 zur Festlegung von harmonisierten Vorschriften und Verfahrensregeln für das sichere Be- und Entladen von Massengutschiffen (D.17 Anlage SchSG), der Richtlinie 2010/65 über Meldeformalitäten für Schiffe beim Einlaufen in und/oder Auslaufen aus Häfen der Mitgliedstaaten (D.18 Anlage SchSG), der Richtlinie 2002/59 über die Einrichtung eines gemeinschaftlichen Überwachungs- und Informationssystems für den Schiffsverkehr (D.4 und 19 Anlage SchSG), der Richtlinie 2003/25 über besondere Stabilitätsanforderungen für RoRo-Fahrgastschiffe (D.20 Anlage SchSG) sowie der Richtlinie 1999/32 über eine Verringerung des Schwefel-

---

300   BGBl. 1973 III S. 1417.

gehaltes bestimmter flüssiger Kraft- und Brennstoffe, die durch die Richtlinie 2005/33 eingefügt worden sind (D.21 Anlage SchSG). Die Richtlinie 1999/32 ist inzwischen durch die Richtlinie 2016/802 ersetzt worden (dazu oben Rn 51–60); siehe aber Art. 19 Abs. 2 Richtlinie 2016/802.

cc) **Abschnitt E Anlage SchSG.** § 1 Abs. 1 Satz 2 SchSG betrifft darüber hinaus internationale Schiffssicherheitsnormen. Diese sind in E der Anlage SchSG aufgeführt und gelten in Deutschland als anwendbare anerkannte Regeln der Technik oder seemännischen Praxis. Im Abschnitt E Anlage SchSG werden etwa genannt der GC-Code (E.1 Anlage SchSG), der SPS-Code 2008 (E.4 Anlage SchSG), die Richtlinien für Sicherungsvorkehrungen bei der Beförderung von Straßenfahrzeugen mit RoRo-Schiffen (E.5 Anlage SchSG), die Richtlinien über die Sicherheit von geschleppten Schiffen und sonstigen schwimmenden Gegenständen, insbesondere von Anlagen, Bauwerken und Plattformen auf See (E.12 Anlage SchSG), den IS-Code 2008 (E.16 Anlage SchSG), die Richtlinie für die Probenahme von Bunkeröl zur Feststellung der Einhaltung von Anlage VI MARPOL-Ü 1978 (E.20 Anlage SchSG, dazu oben Rn 51–60), den OSV-Code (E.23 Anlage SchSG), die Richtlinie für Schiffe, die in Polargewässern operieren (E.27 Anlage SchSG) sowie die NO_x-Richtlinien 2011 (E.29 Anlage SchSG). 74

dd) **Die weiteren Regelungen des SchSG.** Das SchSG kommt auf Schiffe unter deutscher Flagge sowie auf Schiffe unter ausländischer Flagge, mit denen Küstenschifffahrt betrieben wird (§ 2 Abs. 1 und 2 SchSG) und auf sonstige Schiffe nach Maßgabe des § 2 Abs. 3 SchSG zur Anwendung. Wer ein Schiff zur Seefahrt einsetzt, ist verpflichtet, für dessen sicheren Betrieb und insbesondere dafür zu sorgen, dass es samt seinem Zubehör im betriebssicheren Zustand gehalten und sicher geführt wird und dass die notwendigen Vorkehrungen zum Schutze Dritter vor Gefahren aus dem Betrieb sowie zum Schutz der Meeresumwelt und der Luft vor Gefahren oder widerrechtlichen Beeinträchtigungen aus dem Betrieb getroffen werden (§ 3 Satz 1 SchSG). Dies umfasst auch, dass Personen, die in dem Schifffahrtsunternehmen und auf dem Schiff hierfür beauftragt werden, wirksam ausgewählt, angeleitet, unterrichtet, beobachtet und unterstützt werden (§ 3 Satz 2 SchSG). Die Vorschrift des § 8 SchSG regelt die verschiedenen Pflichten des Schiffsführers einerseits und des Eigentümers andererseits. Soweit der Schiffseigentümer verantwortlich ist, gilt dies auch für diejenigen Personen, die ihm gegenüber die Verantwortung für den Betrieb des Schiffes übernommen haben (§ 9 Abs. 1 Nr. 1 [d] SchSG). Dies gilt insbesondere für den Manager (siehe Rn 5 Anhang zu §§ 476, 477 [Manager]). In dem in § 9 Abs. 2 SchSG umschriebenen Umfang tritt der Manager in die Verantwortlichkeiten des Schiffseigentümers ein. Soweit nach Maßgabe des SchSG der Schiffsführer verantwortlich ist, gilt dies daneben auch für die Person, die mit Aufgaben der Sicherheit des Schiffes beauftragt sind, im Rahmen der ihnen übertragenen Aufgaben und Befugnisse (§ 9 Abs. 1 Nr. 2 SchSG). Die Bestimmungen der §§ 10 bis 13 SchSG betreffen die behördlichen Eingriffsbefugnisse sowie die Pflicht des Schiffseigentümers und des Schiffsführers zur Unterstützung. § 14 SchSG betrifft die Überprüfung von Schiffen unter ausländischer Flagge. 75

b) **Die SchSV.** Die SchSV ist ergänzend zum SchSG erlassen worden und weitgehend an die Stelle der früheren Schiffssicherheitsverordnung von 1986 getreten. Dabei dient die SchSV nach ihrem § 1 Abs. 1 Satz 1 SchSV der Sicherheit auf See einschließlich des damit unmittelbar im Zusammenhang stehenden Arbeitsschutzes von Beschäftigten auf Seeschiffen, des Umweltschutzes auf See und der wirksamen Anwendung des SchSG (§ 1 Abs. 1 Satz 1 SchSV). Der Geltungsbereich nach § 1 und 2 SchSG gilt nach § 1 Abs. 1 Satz 2 76

Hs. 1 SchSV gleichermaßen für die SchSV. Einige der Bestimmungen der SchSV betreffen auch Schiffe unter ausländischer Flagge (siehe § 1 Abs. 2 SchSV).

77 § 2 SchSV verpflichtet die am Schiffsbetrieb beteiligten Personen zu einer umfassenden Selbstkontrolle. Wer ein Schiff zur Seefahrt einsetzt, hat dafür zu sorgen, dass im Schiffsbetrieb auftretende Gefahrenquellen überprüft, im Betrieb gewonnene Erkenntnisse sowie andere wichtige hierzu zur Verfügung stehende Informationen und Unterlagen einschließlich der Aufzeichnungen der mit der Bedienung des Schiffes beauftragten Personen im Rahmen der Sicherheitsvorsorge ausgewertet und die zur Gefahrvermeidung und -verminderung erforderlichen Maßnahmen getroffen werden. § 3 SchSV enthält ins Einzelne gehende Regelungen über die Zusammenarbeit und maritime Sicherheitspartnerschaft zwischen den zuständigen Behörden und den nach § 3 SchSG verantwortlichen Personen. Nach § 3 Abs. 3 Nr. 4 SchSV veröffentlicht das BMVI im Januar jeden Jahres eine Liste der Fundstellen bestimmter neuer Regelwerke.[301] § 4 SchSV bestätigt, dass als Regeln der Technik und der seemännischen Praxis insbesondere die in Abschnitt E der Anlage zum SchSG genannten Regelwerke zu beachten sind (oben Rn 74).

78 Nach § 5 Abs. 1 SchSV gelten für Schiffe unter deutscher Flagge ergänzend zu den Vorschriften des europäischen Rechts im Sinne des Abschnitts D Anlage SchSG (oben Rn 73) die in Abschnitt A Anlage 1 SchSV enthaltenen Vorschriften. Hier finden sich weitere Bestimmungen zur Ausführung der Richtlinie 96/98 über Schiffausrüstung (siehe dazu auch A.I Anlage 1 SchSV), der Richtlinie 2009/45 über Sicherheitsvorschriften und -normen für Fahrgastschiffe (D.12 Anlage SchSG, siehe auch A.II Anlage 1 SchSV), zur Richtlinie 2003/25 über besondere Stabilitätsanforderungen für RoRo-Fahrgastschiffe (D.20 Anlage SchSG, siehe auch A.III Anlage 1 SchSV), zur Richtlinie 98/41 über die Registrierung der an Bord bestimmter Schiffe befindlichen Personen (A.III.a Anlage 1 SchSV) sowie zur Richtlinie 2002/59 über die Einrichtung eines gemeinschaftlichen Überwachungs- und Informationssystems für den Schiffsverkehr (D.4 und 19 Anlage SchSG, A.IV Anlage 1 SchSV).

79 § 6 SchSG regelt ergänzende Pflichten des Schiffseigentümers und des Schiffsführers. § 5 Abs. 2 SchSV nimmt dies für Schiffe unter deutscher Flagge auf und bestimmt, dass außerdem die in Abschnitt B Anlage 1 SchSV enthaltenen Vorschriften einzuhalten sind. Diese betreffen die amtliche Vermessung des Schiffes (B.I Anlage 1 SchSV) sowie Bestimmungen über die Führung von Tagebüchern (B.II Anlage 1 SchSV – dazu unten Rn 50–71 zu § 479).

80 Soweit in Abschnitt A und C Anlage SchSG genannte Regelwerke auf ein Schiff unter deutscher Flagge zur Anwendung kommen, gelten nach § 5 Abs. 3 SchSV ergänzend die in Abschnitt C Anlage 1 SchSV genannten Vorschriften. In Abschnitt C Anlage 1 SchSV finden sich weitere Bestimmungen zu den Kapiteln II-1, II-2 und II-3 Anlage SOLAS-Ü betreffend ältere Schiffe (C.I.1 Anlage 1 SchSV); zu Kapitel II-2 sowie den FSS-Code zu persönlichen Brandschutzausrüstungen (C.I.2 Anlage 1 SchSV); zu Kapitel III, IV und V Anlage SOLAS-Ü und die Regelungen über die Schiffsausrüstung (C.I.3 Anlage 1 SchSV); zu Kapitel V Anlage SOLAS-Ü mit Bestimmungen über die Einhaltung der Anforderungen des Kapitels durch kleine Schiffe (C.I.4 Anlage 1 SchSV); zu Kapitel VI Anlage SOLAS-Ü (C.I.5 Anlage 1 SchSV); zu Kapitel IX Anlage SOLAS-Ü und die Anwendung der ISM-VerwRichtlinien, die Durchführung der Audits, das Auftragsverhältnis mit der BG Verkehr und die besonderen Anforderungen an Unternehmen, die RoRo-Fahrgastschiffe oder Fahrgast-Hochgeschwindigkeitsschiffe betreiben (C.I.6 Anlage 1 SchSV); zu Kapitel

---

301 Siehe zuletzt mit Stand 31. Dezember 2016: VkBl. 2017, 101.

XI-1 Anlage SOLAS-Ü und der Schiffsidentifikationsnummer (C.I.7 Anlage 1 SchSV); zum Freibord-Ü (C.II Anlage 1 SchSV); sowie zum Kapitel VIII über den Wachdienst der Anlage zum STCW-Ü (C.III Anlage 1 SchSV).

Nach § 5 Abs. 5 SchSV gelten für Schiffe unter ausländischer Flagge die weiteren Anforderungen des Abschnitts D der Anlage 1 SchSV. Hier geht es um bestimmte Vorgaben für Schiffe, die in einem deutschen Schiffsregister eingetragen sind (D.I Anlage 1 SchSV) sowie in Bezug auf bestimmte im Linienverkehr betriebene RoRo-Fahrgastschiffe und Fahrgast-Hochgeschwindigkeitsfahrzeuge (D.II Anlage 1 SchSV) sowie für Schiffe, die in der Küstenschifffahrt betrieben werden (D.III Anlage 1 SchSV). 81

Soweit für Schiffe unter deutscher Flagge nicht die internationalen Regelungen im Sinne des SchSG gelten, kann das BMVI nach § 6 SchSV, falls erforderlich, Richtlinien erlassen. Dies sind etwa die Richtlinie nach § 6 Abs. 1 der Schiffssicherheitsverordnung über Sicherheitsanforderungen an Bau und Ausrüstung von Traditionsschiffen, soweit sie nicht internationalen Schiffssicherheitsregelungen und der Richtlinie 98/18/EG des Rates vom 17. März 1998 über Sicherheitsvorschriften und -normen für Fahrgastschiffe unterliegen (Sicherheitsrichtlinie für Traditionsschiffe);[302] die Richtlinie für den Bau, die Ausrüstung und den Betrieb von Fahrgastschiffen in der Seefahrt (Nationale Fahrgastschiffsrichtlinie);[303] die Richtlinie nach § 6 Abs. 1 Nr. 1 der Schiffssicherheitsverordnung über Sicherheitsanforderungen an Frachtschiffe, die nicht internationalen Schiffssicherheitsregelungen im Sinne des Schiffssicherheitsgesetzes unterliegen (Sicherheitsrichtlinie für Frachtschiffe)[304] sowie die Richtlinie nach § 6 Abs. 1 Nr. 1 der Schiffssicherheitsverordnung über Sicherheitsanforderungen an Schiffe, die nicht dem Internationalen Freibordübereinkommen unterliegen (Freibordrichtlinie).[305] 82

Gegenstand des § 9 SchSV sind ausführliche Vorschriften über die Erteilung von Schiffszeugnissen und -bescheinigungen sowie von Schiffsbesichtigungen. Ergänzend dazu enthält Abschnitt A.1 der Anlage 2 SchSV eine Liste der maßgeblichen Zeugnisse und Bescheinigungen sowie in Abschnitt A.2 bis 8 Anlage 2 SchSV einige ergänzende Bestimmungen (§ 9 Abs. 1 SchSV). Für die Durchführung von Besichtigungen von Schiffen zur Erteilung von Zeugnissen durch befähigte Schiffsbesichtiger sind zusätzlich zur Richtlinie 2009/15 über gemeinsame Vorschriften und Normen für Schiffsüberprüfungs- und -besichtigungsorganisationen und die einschlägigen Maßnahmen der Seebehörden (D.7 Anlage SchSG) die ausführlichen Bestimmungen des Abschnitts B Anlage 2 SchSV anzuwenden (§ 9 Abs. 2 SchSV). 83

Nach Maßgabe des § 11 SchSG kann bei Nichteinhaltung von Schiffssicherheitsvorschriften Schiffen unter deutscher Flagge das Auslaufen und die Weiterfahrt verboten werden. Mit der Hafenstaatkontrolle von Schiffen unter ausländischer Flagge befasst sich § 12 SchSG. Die weitere Vorschrift des § 13 SchSV enthält einen umfangreichen Katalog von Verhaltenspflichten des Eigentümers des Schiffes, des Schiffsführers und des verantwortlichen nautischen Wachoffiziers. § 14 SchSV hält schließlich eine umfassende Sammlung von Ordnungswidrigkeiten-Tatbeständen bereit. 84

c) Die SeeUmwVerhV. Ergänzende Vorschriften im Hinblick auf die Verhütung von Umweltschäden finden sich in der SeeUmwVerhV. Die Verordnung regelt die Anforderungen an das umweltgerechte Verhalten in der Schifffahrt (§ 1 Nr. 1 SeeUmwVerhV). Sie kommt grundsätzlich auf alle Schiffe zur Anwendung, die sich auf den Seewasserstraßen 85

---

302 VkBl. 2000, 57 und Dokument B 8135, zuletzt geändert VkBl. 2003, 205.
303 (Neufassung) VkBl. 2013, 951.
304 VkBl. 2015, 572.
305 VkBl. 2015, 589.

sowie in der deutschen AWZ befinden. Darüber hinaus gilt sie für Schiffe unter deutscher Flagge auch in allen sonstigen Seegebieten, soweit nicht in Hoheitsgewässern oder der AWZ anderer Staaten abweichende Regelungen gelten. Der Abschnitt 2 SeeUmwVerhV enthält ergänzende Bestimmungen zu den verschiedenen Anlagen des MARPOL-Ü 1978, insbesondere zur Anlage I (§ 4 bis 6 SeeUmwVerhV), Anlage II (§ 7 und 8 SeeUmwVerhV), Anlage IV (§ 9 SeeUmwVerhV), Anlage V (§ 10 bis 12 SeeUmwVerhV), Anlage VI (§ 13 bis 16 SeeUmwVerhV). Weitere ergänzende Bestimmungen gelten für das AFS-Ü (§ 17 SeeUmwVerhV) sowie für das BallastwasserÜ (§ 18 bis 22 SeeUmwVerhV). Außerdem enthält die SeeUmwVerhV in ihrem § 23 einen umfangreichen Katalog von Ordnungswidrigkeiten-Tatbeständen.

IV. Die Schiffsbesetzung

86   Schiffe sind mit einer ausreichenden Anzahl von hinreichend qualifizierten Personen zu besetzen; siehe Art. 94 Abs. 3 (b), Abs. 4 (b) SeerechtsÜ, Regel V/14.1 Anlage SOLAS-Ü, Regel 2.7 MLC 2006, § 21 SeeArbG sowie die MindestBesGrds (C.I.4.0 Anlage SchSG). Für Schiffe unter deutscher Flagge gilt die auf Grundlage der § 1 Nr. 6, § 9 Abs. 1 Satz 1 Nr. 3 SeeaufgG erlassene SchBesV[306] (siehe auch § 21 SeeArbG). Die Vorschrift des § 2 Abs. 1 SchBesV enthält Vorgaben, anhand derer die für das Schiff erforderliche Anzahl, Befähigung und Eignung der Besatzungsmitglieder zu ermitteln sind. Dies ist Aufgabe des Reeders. Zu berücksichtigen sind die Schiffsicherheit; der sichere Wachdienst; die Einhaltung der Vorschriften des Arbeitsschutzes einschließlich des Arbeitszeitschutzes, des Gesundheitsschutzes, der medizinischen Betreuung an Bord und des maritimen Umweltschutzes, die Erhaltung der öffentlichen Ordnung und Sicherheit an Bord; die sprachliche Verständigung der Besatzungsmitglieder untereinander; sowie die betrieblichen Voraussetzungen, insbesondere der Schiffstyp, der Automationsstand, die Ausrüstung, der Einsatzzweck, die Hafenfolge, das Fahrtgebiet und die Art der zu befördernden Ladung zu berücksichtigen. Siehe zur Staatsangehörigkeit des Kapitäns und weiterer Besatzungsmitglieder §§ 4 und 5 Abs. 1 und 3 SchBesV sowie zur Besetzung mit Schiffsmechanikern, einem Schiffsarzt und Gesundheits- und Krankenpflegern, einem Schiffskoch § 5 Abs. 2, § 6 und 7, § 10 SchBesV. Der Kapitän des Schiffes muss Unionsbürger sein, also die Staatsangehörigkeit eines EU-Mitgliedsstaates oder die Islands, Liechtensteins oder Norwegens, also eines sonstigen Vertragsstaates des EWR-Abk besitzen (§ 4 Abs. 1, § 1 Abs. 2 Satz 1 Nr. 3 und Satz 2 SchBesV; siehe auch unten Rn 12 Anhang zu § 479 [Kapitän]). Ggf. sind nach § 4 Abs. 2 SchBesV Rechts- und Sprachkenntnisse nachzuweisen. Nach § 5 SchBesV in der bis zum 30. Juni 2021 anzuwendenden Fassung (§ 12 Abs. 2 SchBesV) muss nur noch auf Schiffen mit einer BRZ von über 8.000 von den Offizieren des nautischen oder technischen Bereichs mindestens einer Unionsbürger sein. Dem Schiff wird ein für fünf Jahre gültiges Schiffsbesatzungszeugnis erteilt (Regel V/14.2 Anlage SOLAS-Ü, § 8 SchBesV, Anlage 3 SchBesGrds; Muster im Anhang zu den SchBesGrds; siehe auch § 9 sowie Anlage 2 SchV). Zur den Befugnissen der BG Verkehr für die Einhaltung der Vorschriften der SchBesV siehe § 9. Daneben betrifft die SchBesFrFlV die Mindestbesatzung und die Mindestbefähigung von Besatzungen von Schiffen unter fremder Flagge (§ 2), die das Küstenmeer oder die inneren Gewässer der Bundesrepublik befahren (§ 1). Siehe auch § 8 SeeverkSiV.

---

306 Siehe *Tüngler/Warmann/Hoffmann* Neuregelung des Kerngebiets des deutschen Schifffahrtsrechts: Die Seeleute-Befähigungsverordnung, RdTW 2016, 401–406 und 441–450.

V. Das Gefahrgutrecht

Literatur (ausgewählt): *Auerswald* Gefahrgüter und Anlaufbedingungsverordnung, BeitrSeeHR S. 57–64; *Bottke* Zur Straf- und Ordnungswidrigkeitsrechtlichen Verantwortlichkeit bei der Beförderung gefährlicher Güter einschließlich der Verantwortlichkeit des Gefahrgutbeauftragten, TranspR 1992, 390–403; *Brunn* Versicherungslösungen bei der Beförderung gefährlicher Güter – Verkehrshaftungsversicherung, Transportversicherung, Umweltschadenversicherung, DVWG B 149 S. 138–148; *Dorias* Gefährliche Güter, 1984; *Hole/Busch* Internationale und nationale Vorschriften für die Beförderung gefährlicher Güter, TranspR 1986, 401–409; *Hole/Busch* Quo vadis Gefahrgutrecht? – Einblick und Ausblick, TranspR 2003, 133–154; *Kraft* Beförderung gefährlicher Güter in Frachtcontainern, Hansa 2009 Nr. 4 S. 84–87; *Kraft* Beförderung gefährlicher Güter mit Fährschiffen, Hansa 2009 Nr. 6 S. 88–91; *Kraft* Der neue IMSBC-Code, Hansa 2009 Nr. 8 S. 98–101; *Kraft* Gefährliche Eigenschaften fester Massengüter, Hansa 2009 Nr. 10 S. 78–81; *Kraft* Beförderung von Nickel-Metallhydrid-Batterien mit Seeschiffen, Hansa 2010 Nr. 4 S. 74–75; *Kraft* Einstufung und Beförderung radioaktiver Stoffe, Hansa 2011 Nr. 8 S. 75–82; *Lampe/Masson* Neues Recht für gefährliche Seefrachtgüter, Hansa 1974, 698–700; *Lemcke* Beförderung gefährlicher Güter, Hansa 1971, 2251–2253; *Mandl/Pinter* Gefahrgut-Transport, 2. Auflage 1997; *Schrötter* Der Gefahrgut-Transport im nationalen und internationalen Recht, NJW 1982, 1186–1189; *Smeddinck* Gefahrgut-Transporte im Visier des UGB, TranspR 1999, 433–439; *Törkel* Gefahrgutverkehrspolitik der europäischen Gemeinschaft – Ziele, Handlungsgrundlagen und Aktivitäten, TranspR 1995, 133–142; *Triebel* Umladen vom Tankanhänger in den Tank-LKW, TranspR 2002, 152–154; *Zeiss* Gefahrgutrecht und Haftung–Gefahrgut-Tage Hamburg 1986, TranspR 1986, 97–100.

1. Die Gefahrgut-Bestimmungen. Ausgangspunkt aller internationalen Gefahrgut-Bestimmungen sind die UN-DGTranspRec, die heute in ihrer neunzehnten Fassung von 2015 vorliegen. Sie richten sich an Regierungen und internationale Organisationen, die mit der Erstellung und dem Erlaß von Gefahrgut-Vorschriften befasst sind. Keine Anwendung finden die UN-DGTranspRec auf Gefahrgut, das in Bulk oder als Flüssigladung durch See- oder Binnenschiffe befördert wird. Im Übrigen gelten die UN-DGTranspRec für alle Verkehrsträger. Es handelt sich lediglich um unverbindliche Empfehlungen, die allerdings von der IMO und den entsprechenden anderen Organisationen weitgehend befolgt werden. Wichtigster Bestandteil der UN-DGTranspRec sind die UN-DGModReg, die Vorgaben für ein vollständiges Gefahrgut-Regelwerk enthalten. Die UN-DGModReg werden alle zwei Jahre überarbeitet.

a) Internationale Vorschriften

aa) Das Kapitel VII Anlage SOLAS-Ü. Ausgangspunkt der Gefahrgut-Vorschriften für Seebeförderungen sind die Bestimmungen des Kapitels VII Anlage SOLAS-Ü über die Beförderung gefährlicher Güter. Es umfasst fünf Teile mit Vorschriften über die Beförderung gefährlicher Güter in verpackter Form (Teil A), über die Beförderung gefährlicher Güter in fester Form als Massengut (Teil A-1), über Bauart und Ausrüstung von Schiffen zur Beförderung gefährlicher flüssiger Chemikalien als Massengut (Teil B), über Bauart und Ausrüstung von Schiffen zur Beförderung verflüssigter Gase als Massengut (Teil C) sowie mit besonderen Vorschriften für die Beförderung von INF-Ladung (Teil D). In den Vorschriften der Anlage zum SOLAS-Ü wird in einigen Fällen auf weitere Codes verwiesen, die ihrerseits Bestandteil des Übereinkommens sind und gleichermaßen verbindlich gelten. Dies ist namentlich der IMDG-Code (unten Rn 92–95), der IBC-Code (unten Rn 96), der IGC-Code (unten Rn 97) sowie der INF-Code.

Die Bestimmungen des Teils A des Kapitels VII Anlage SOLAS-Ü (Regel 1 bis 6) gelten für gefährliche Güter, die in verpackter Form auf Schiffen, die der Anlage SOLAS-Ü unterliegen (oben Rn 11), sowie auf Frachtschiffen mit einer BRZ von weniger als 500 befördert werden (Regel VII/2.1 Anlage SOLAS-Ü). Gefährliche Güter im Sinne dieser Bestimmungen sind die im IMDG-Code bezeichneten Stoffe und Gegenstände (Regel VII/1.1 Anlage SOLAS-Ü). Die Beförderung gefährlicher Güter ist verboten, wenn sie nicht nach Maßgabe der Bestimmungen des Teils A erfolgt (Regel VII/2.3 Anlage SOLAS-Ü). Der IMDG-Code ist verbindlich anwendbar (Regel VII/3 Anlage SOLAS-Ü), wobei laufend auf die jeweils neueste Fassung verwiesen wird (Regel VII/1.1 Anlage SOLAS-Ü). Gegenstand der Regel VII/4.1 Anlage SOLAS-Ü sind Beförderungsdokumente. An Bord muss ein besonderer Stauplan für gefährliche Güter in verpackter Form vorhanden sein (Regel VII/4.2 Anlage SOLAS-Ü). Ladung, Ladungseinheiten und Beförderungseinheiten sind während der gesamten Reise nach Maßgabe des Ladungssicherungshandbuchs zu laden, zu stauen und zu sichern (Regel VII/5 Anlage SOLAS-Ü). Sind gefährliche Güter in verpackter Form über Bord gegangen oder kann dies der Fall sein, muss der Kapitän oder eine andere für das Schiff verantwortliche Person dem nächstgelegenen Küstenstaat dieses Ereignis unter möglichst vollständiger Angabe von Einzelheiten unverzüglich melden (Regel VII/6.1 Anlage SOLAS-Ü).

90   Teil A-1 des Kapitels VII Anlage SOLAS-Ü betrifft gefährliche Güter in fester Form als Massengut. Gemeint sind in Bulk beförderte Stoffe, die aus Teilchen, Körnchen oder größeren Teilen zusammengesetzt sind und unter den IMDG-Code fallen (Regel VII/7 Anlage SOLAS-Ü). Der Teil A-1 gilt für alle Schiffe, die der Anlage SOLAS-Ü unterliegen (oben Rn 11), sowie für Frachtschiffe mit einer BRZ von weniger als 500 (Regel VII/7-1.1 Anlage SOLAS-Ü). Die Beförderung der genannten Güter ist verboten, soweit sie nicht nach Maßgabe des Teils A-1 erfolgt (Regel VII/7-1.2 Anlage SOLAS-Ü). Weitere Bestimmungen befassen sich mit den Beförderungsdokumenten sowie dem Gefahrgut-Stauplan (Regel VII/7-2 Anlage SOLAS-Ü) und der Stauung und Trennung der Güter/Regel VII/7-3 Anlage SOLAS-Ü). Der Kapitän muss Ereignisse, bei dem gefährliche Güter in fester Form als Massengut über Bord gehen oder über Bord gehen können, unverzüglich melden (Regel VII/7-4.1 Anlage SOLAS-Ü). Für die Beförderung gefährlicher Güter in fester Form als Massengut ordnet Regel VII/7-5 Anlage SOLAS-Ü die Anwendung des IMSBC-Codes an (unten Rn 100–101).

91   **bb) Die Regel II-2/19 Anlage SOLAS-Ü.** In Regel II-2/19 Anlage SOLAS-Ü werden im Hinblick auf den Brandschutz an Bord zusätzliche Sicherheitsmaßnahmen bei Schiffen vorgesehen, die gefährliche Güter befördern. Über die Einhaltung der Bestimmungen über Bauart und Ausrüstung wird dem Schiff eine Bescheinigung ausgestellt (Regel II-2/19.4 Anlage SOLAS-Ü, § 6 Abs. 5 Nr. 2 [e] und 3 [b] GGVSee). Siehe zu Regel II-2/19 Anlage SOLAS-Ü noch § 3 Abs. 1 Nr. 1 und 2 (b), Abs. 2, § 5 Abs. 1, § 22 Nr. 1, § 23 Nr. 10 GGVSee sowie zu Schiffen, die vor dem 1. Juli 2002 gebaut wurden, die Regel II-2/54 Anlage SOLAS-Ü alte Fassung sowie § 28 Abs. 2 und 4 GGVSee, Ziffer 1.1.1.2 IMDG-Code, § 8 RoRoOstseeMoU.

92   **cc) Der IMDG-Code.** Bei Beförderungen von gefährlichen verpackten Gütern zur See ist der IMDG-Code das wichtigste Regelwerk.[307] Er gilt nach Regel VII/3 Anlage SOLAS-Ü bei der Beförderung gefährlicher Güter in verpackter Form (siehe Ziffer 1.1.1 IMDG-Code). Ursprünglich handelte es sich bei dem IMDG-Code lediglich um eine Empfehlung. Seit dem 1. Januar 2004 gilt der IMDG-Code im Wesentlichen verbindlich (zu den Ausnahmen siehe Ziffer 1.1.1.5); siehe auch § 3 Abs. 1 Nr. 1 GGVSee. Seit dem 1. Januar 2016 gilt der IMDG-Code in der Fassung des 37. Amendment. Vom 1. Januar 2018 an wird der heute

---

[307] Siehe BGH VersR 1981, 331, 332 ff. (unter IV. 1) und TranspR 1085, 198, 199 f. „Catharina Wiards".

geltende IMDG-Code durch den IMDG-Code 2016 abgelöst.[308] Er kann seit dem 1. Januar 2017 auf freiwilliger Basis angewandt werden.[309] Der IMDG-Code hält sich eng an die UN-DGModReg (oben Rn 87). Entsprechend den Änderungen des UN-DGModReg wird auch der IMDG-Code grundsätzlich alle zwei Jahre angepasst.

Im Kapitel 2 des IMDG-Code sind die einzelnen Gefahrgutklassen einschließlich ih- 93 rer Unterklassen geregelt. Der IMDG-Code unterscheidet explosive Stoffe und Gegenstände mit Explosivstoff (Klasse 1), Gase (Klasse 2), entzündbare Flüssigkeiten (Klasse 3), entzündbare feste Stoffe bzw. selbstentzündliche Stoffe (Klasse 4), entzündend (oxidierend) wirkende Stoffe und organische Peroxide (Klasse 5), giftige und ansteckungsgefährliche Stoffe (Klasse 6), radioaktive Stoffe (Klasse 7), ätzende Stoffe (Klasse 8) sowie sonstige verschiedene gefährliche Stoffe und Gegenstände (Klasse 9). Darüber hinaus können Stoffe als Meeresschadstoffe einzuordnen sein (Kapitel 2.10).

Kernstück des IMDG-Code ist das Kapitel 3 mit der umfangreichen Gefahrgutliste 94 (Ziffer 3.2). Sie enthält namentlich genannte chemische Stoffe und Gegenstände sowie Gruppenbezeichnungen und N.A.G.-Eintragungen. Zu jeder Eintragung wird in der Gefahrgutliste unter anderem die UN-Nummer, der richtige technische Name und die Gefahrgutklasse (zuvor Rn 93) genannt. Ergänzt wird das Kapitel 3 um einen Anhang A zum IMDG-Code mit den richtigen technischen Namen von Gattungseintragungen und N.A.G.-Eintragungen, um einen Anhang B mit Erläuterungen zu den verwendeten Bezeichnungen sowie um einen umfangreichen Index zur Ermittlung der UN-Nummer anhand der Bezeichnung des Stoffes oder Gegenstandes.

Gegenstand des Kapitels 4 ist die Verwendung von Verpackungen und Tanks. In Ka- 95 pitel 5 geht es um das Verfahren für den Versand, einschließlich der Kennzeichnung und Bezettelung von Versandstücken (Kapitel 5.2), die Plakatierung und Kennzeichnung von Güterbeförderungseinheiten (Kapitel 5.3) sowie um die Dokumentation von Gefahrgut (Kapitel 5.4). Mit der Plakatierung und Kennzeichnung wird unter anderem die Verwendung der geläufigen, rautenförmigen Gefahrgutsymbole geregelt. Umfassende Bau- und Prüfvorschriften für die Verpackung von Gefahrgut enthält Kapitel 6. Die in der Praxis so wichtigen Stau- und Trennvorschriften finden sich schließlich in den Bestimmungen des Kapitels 7.

dd) IBC-, BCH-, IGC- und GC-Code. Für Bau und Ausrüstung von Chemikalientank- 96 schiffen gelten zunächst die Regeln VII/8 bis 10 (Teil B) der Anlage SOLAS-Ü, sofern sie nach dem 1. Juli 1986 gebaut wurden (siehe näher Regel 9). Diese Schiffe unterliegen außerdem den Bestimmungen des IBC-Codes; siehe Regel VII/10.1 Anlage SOLAS-Ü, Regel 11.1.1 Anlage II MARPOL-Ü 1978, A.I.7 Anlage SchSG, § 3 Abs. 1 Nr. 3 GGVSee, § 4 GasChemTankReg, Ziffer 1.1.7 IBC-Code sowie die Pflanzenöl-Richtlinie. Kernstück des IBC-Codes sind dessen Kapitel 17 und 18, in denen die NLS (noxious liquid substances), für die der IBC-Code gilt, genannt und insbesondere in eine Verschmutzungskategorie eingeordnet (Spalte c; siehe auch Regel 6 Anlage II MARPOL-Ü 1978). NLS, die hier nicht aufgeführt sind, dürfen nicht mit Schiffen befördert werden (§ 3 Abs. 1 Nr. 3 GGVSee; Regel 6.3 Satz 2 Anlage II MARPOL-Ü 1978,); zur vorläufigen Bewertung siehe Regel 6.3 Anlage II MARPOL-Ü 1978.[310] Für Chemikalientankschiffe, die vor dem 1. Juli 1986 gebaut wurden, gilt der BCH-Code; siehe Regel 11.1.2 und 11.1.3 Anlage II MARPOL-Ü 1978, A.II.2

---

308 International Maritime Dangerous Goods Code in der Fassung des Amendment 38-16 (IMDG-Code 2016) (VkBl. 2016, 718 und Dokument B 8185).
309 Siehe VkBl. 2016, 718.
310 sowie das Rundschreiben „Vorläufige Einstufung flüssiger Stoffe" (MEPC.2/Circ. 22 vom 1. Dezember 2016 – VkBl. 2017, 129 und Dokument C 8017).

Anlage SchSG, § 1 Abs. 1 GasChemTankReg, § 3 Abs. 1 Nr. 3 GGVSee. In etwas anderer Anordnung finden sich im BCH-Code im Wesentlichen die gleichen sachlichen Regelungen wie im IBC-Code.

97 Für Gastankschiffe halten die Regeln VII/11 bis 13 (Teil C) Anlage SOLAS-Ü bestimmte Vorschriften bereit. Die Bestimmungen kommen auf Schiffe zur Anwendung, die nach dem 1. Juli 1986 gebaut wurden (Regel VII/12 Anlage SOLAS-Ü). Sie entsprechen den für Chemikalientankschiffe geltenden Vorschriften der Regeln VII/8 bis 10 Anlage SOLAS-Ü (Teil B – zuvor Rn 96). Die Vorschrift der Regel VII/13.1 Anlage SOLAS-Ü bringt ein selbständiges, ergänzendes Regelwerk verbindlich zur Anwendung, den IGC-Code; siehe auch dessen Ziffer 1.1 sowie § 3 Abs. 1 Nr. 4 GGVSee, A.I.7 der Anlage zum SchSG, § 5 GasChemTankReg. Der IGC-Code gilt seinerseits nur für Schiffe, deren Kiel am oder nach dem 1. Juli 2016 gelegt wurde (Ziffer 1.1.2.1 IGC-Code). Er enthält besondere Regelungen über den Bau und die Ausrüstung von Gastankschiffen. Auf Schiffe, die am oder nach dem 1. Juli 1986 und vor dem 1. Juli 2016 gebaut sind, kommt der IGC-Code in der früheren Fassung zur Anwendung (Ziffer 1.1.2.3 IGC-Code). Wie im Verhältnis IBC-/BCH-Code (soeben Rn 96) existiert neben dem IGC-Code ein paralleles weiteres Regelwerk, der GC-Code (siehe E.1 Anlage SchSG). Er kommt nach bestimmten Maßgaben auf ältere Schiffe zur Anwendung; siehe Regel 11.1.2 Anlage II MARPOL-Ü 1978, Ziffer 1.1.2 GC-Code, § 1 Abs. 2 GasChemTankReg, § 3 Abs. 1 Nr. 4 GGVSee.

98 **ee) Die Anlage II MARPOL-Ü 1978.** Siehe zum MARPOL-Ü 1978 allgemein oben Rn 29–60. Dessen Anlage II befasst sich mit der Überwachung der Verschmutzung durch als Massengut beförderte schädliche flüssige Stoffe (NLS – noxious liquid substances). Zu den NLS, auf die die Anlage II MARPOL-Ü 1978 zur Anwendung gelangt, siehe Regel 1.10 und 6.3 Anlage II MARPOL-Ü 1978, Ziffer 1.3.23 mit Kapitel 17 und 18 IBC-Code. Regel 6 Anlage II MARPOL-Ü 1978 betrifft die Einstufung von NLS; Regel 6.3 Anlage II MARPOL-Ü 1978 die vorläufige Bewertung durch die Regierungen der beteiligten Staaten (dazu Anhang 1 Anlage II MARPOL-Ü 1978 sowie noch § 8 SeeUmwVerhV); Regel 7 bis 10 Anlage II MARPOL-Ü 1978 die Besichtigung und die Ausstellung des NLS-Zeugnisses (dazu Anhang 3 Anlage II MARPOL-Ü 1978); Regel 11 und 12 Anlage II MARPOL-Ü 1978 die baulichen Anforderungen; und Regel 13 Anlage II MARPOL-Ü 1978 das Einleiten von Rückständen, die NLS enthalten. Es muss ein Handbuch zu den Vorkehrungen und betrieblichen Verfahren an Bord vorhanden sein (Regel 14 du Anhang 4 Anlage II MARPOL-Ü 1978), ebenso muss ein Ladungstagebuch geführt werden (Regel 15 und Anhang 2 Anlage II MARPOL-Ü 1978, dazu auch § 7 SeeUmwVerhV). Die Hafenstaaten sind zur Überprüfung des Schiffes im Hinblick auf die Einhaltung der Bestimmungen der Anlage II MARPOL-Ü 1978 berechtigt (Regel 16). Das Schiff muss einen bordeigenen Notfallplan für Meeresverschmutzungen durch schädliche flüssige Stoffe mitführen, der ggf. mit dem bordeigenen Notfallplan für Ölverschmutzungen (oben Rn 41) zu einem bordeigenen Notfallplan für Meeresverschmutzungen[311] zusammengefasst werden kann (Regel 17 Anlage II MARPOL-Ü 1978). Die Regel 18 Anlage II MARPOL-Ü 1978 betrifft landseitige Auffanganlagen. Chemikalientankschiffe müssen gemäß Regel 11 Anlage II MARPOL-Ü 1978 den Anforderungen des IBC- bzw. des BCH-Code genügen (zu diesen oben Rn 41).

99 **ff) Die Revidierte Anlage III MARPOL-Ü 1978.** Zum MARPOL-Ü 1978 siehe zunächst oben Rn 29–60. Gegenstand der Revidierten Anlage III ist die Verhütung der Meeresver-

---

311 Siehe die Richtlinien für die Erstellung bordeigener Notfallpläne für Meeresverschmutzungen durch Öl und/oder schädliche flüssige Stoffe (Entschließung MEPC.85[44], angenommen am 13. März 2000 – VkBl. 2002, 97 und Dokument B 8163).

schmutzung durch Schadstoffe, die in verpackter Form befördert werden. Die Anlage III ist am 1. Juli 1992 völkerrechtlich und für Deutschland in Kraft getreten[312] und zuletzt durch MEPC.193(62), angenommen am 1. Oktober 2010, mit Wirkung zum 1. Januar 2014 vollständig neu gefasst worden. Schadstoffe sind solche, die im IMDG-Code als Meeresschadstoffe bezeichnet werden (Ziffer 1.1.1 und Anhang Revidierte Anlage III MARPOL-Ü 1978 sowie Ziffer 2.10 IMDG-Code). Die Beförderung von Schadstoffen ist verboten, soweit sie nicht nach Maßgabe der Anlage III erfolgt (Regel III/1.2 Revidierte Anlage III MARPOL-Ü 1978). Die Revidierte Anlage III enthält eigene Bestimmungen über die Verpackung der Schadstoffe (Regel III/2 Revidierte Anlage III MARPOL-Ü 1978), über ihre Beschriftung und Kennzeichnung (Regel III/3 Revidierte Anlage III MARPOL-Ü 1978), über Beförderungspapiere (Regel III/4 Revidierte Anlage III MARPOL-Ü 1978), über das Stauen und Sichern der Schadstoffe (Regel III/5 Revidierte Anlage III MARPOL-Ü 1978), über die Zulässigkeit von Mengenbeschränkungen (Regel III/6 Revidierte Anlage III MARPOL-Ü 1978), über das Überbordwerfen von Schadstoffen (Regel III/7 Revidierte Anlage III MARPOL-Ü 1978) sowie über die Hafenstaatkontrolle (Regel III/8 Revidierte Anlage III MARPOL-Ü 1978).

gg) Der IMSBC-Code. Gegenstand des IMSBC-Codes (A.I.6 Anlage SchSG) ist die Beförderung von Schüttgut über See. Ziffer 1.4.1 verweist auf die Umschreibung in Regel VI/2 Anlage SOLAS-Ü (tatsächlich offenbar Regel VI/1-2.1). Danach ist Schüttgut eine beliebige Ladung, mit Ausnahme von Flüssigkeit oder Gas, die aus einer Mischung von Teilchen, Granulat oder größeren Stoffbestandteilen von üblicherweise einheitlicher Zusammensetzung besteht und die unmittelbar ohne Verwendung von zusätzlichen Behältern in die Laderäume eines Schiffes geladen wird. Der IMSBC-Code betrifft nicht Getreide, für dessen Beförderung der IG-Code gilt. Die Bestimmungen des IMSBC-Codes stehen im Zusammenhang mit den Regeln des Kapitels VI (Beförderung von Ladung) Teil A (Allgemeine Bestimmungen) und Teil B (Besondere Bestimmungen für Schüttgüter) (dazu oben Rn 17–20) sowie des Kapitels VII Teil A-1 (Beförderung gefährlicher Güter in fester Form als Massengut) (oben Rn 90) Anlage SOLAS-Ü. Der IMSBC-Code findet nach Maßgabe der Regeln VI/1-2.1 und VII/7-5 Anlage SOLAS-Ü verbindliche Anwendung; siehe auch Ziffer 1.4.2 IMSBC-Code, § 3 Abs. 1 Nr. 2 (a) GGVSee. **100**

Im Einzelnen geht es im IMSBC-Code um allgemeine Vorsichtsmaßnahmen für das Beladen, die Beförderung und das Entladen (Ziffer 2), um die Sicherheit für Besatzung und Schiff (Ziffer 3), um die Beurteilung der Annahmefähigkeit einer Partie für die sichere Beförderung (Ziffer 4), um Trimmverfahren (Ziffer 5), um Verfahren zur Bestimmung des Schüttwinkels (Ziffer 6), um Ladungen, die breiartig werden können (Ziffer 7) und um entsprechende Prüfverfahren (Ziffer 8), um Stoffe, deren chemische Eigenschaften zu Gefährdungen führen können (Ziffer 9), um die Beförderung von Abfällen in fester Form als Schüttgut (Ziffer 10), um die Gefahrenabwehr (Ziffer 11, zu den ISPS-Bestimmungen siehe unten Rn 131–140), um die Umrechnung von Staufaktoren (Regel 12) sowie um Verweisungen auf andere anwendbare Vorschriften (Ziffer 13). Der ausführliche Anhang 1 enthält Stoffmerkblätter für einzelne Schüttgüter, Anhang 4 ein Stoffverzeichnis. Anhang 2 beschreibt Prüfverfahren und Anhang 3 die Eigenschaften von Schüttladungen. **101**

hh) Das RoRoOstseeMoU. Bei dem RoRoOstseeMoU handelt es sich um eine zwischen Deutschland sowie Dänemark, Estland, Finnland, Lettland, Litauen, Polen und Schweden getroffene Vereinbarung über die Beförderung von verpackten gefährlichen **102**

---

312 BGBl. 1994 II S. 252.

Gütern mit RoRo-Schiffen auf der Ostsee. Hier können Eisenbahnwagen oder LKW unmittelbar an Bord fahren, so dass grundsätzlich die RID, die ADR und der IMDG-Code nebeneinander Geltung beanspruchen. Grundlage des MoU sind die Ausnahmeregelungen in Ziffer 7.9.1 IMDG-Code (oben Rn 92–95). Von der hier geregelten Ermächtigung machen die eingangs genannten Staaten mit dem MoU Gebrauch. Dessen Anlage 1 enthält die maßgeblichen Gefahrgut-Vorschriften.

103 **b) Europäische Vorschriften.** Angesichts der Regelungsdichte des internationalen Gefahrgutrechts der Schifffahrt besteht für weitere eigenständige europäische Vorschriften kein unmittelbarer Anlass. Allerdings befasst sich die Richtlinie 2002/59 (D.4 und 19 Anlage SchSG, siehe auch A.IV Anlage 1 SchSV) mit bestimmten Gesichtspunkten im Zusammenhang mit der Beförderung von Gefahrgut. Durch die Richtlinie wird ein umfassendes Überwachungs- und Informationssystem für den Schiffsverkehr eingerichtet, der es den Behörden erlaubt, auf Vorkommnisse, Unfälle oder möglicherweise gefährliche Situation angemessen reagieren zu können (Art. 1 Abs. 1 Richtlinie 2002/59). In diesem Rahmen werden unter anderem Informationspflichten des Verladers im Hinblick auf gefährliche Güter (Art. 12 Richtlinie 2002/59) sowie des Schiffes zur Meldung bestimmter Angaben zu gefährlichen Gütern an Bord (Art. 13 Richtlinie 2002/59) geregelt; siehe näher Ziffer 2 und 3 des Anhangs I. Einige Bestimmungen der Richtlinie werden durch die AnlBV in das deutsche Recht umgesetzt; siehe hierzu § 1 Abs. 1 in Verbindung mit Ziffer 2 der Anlage zur AnlBV.

104 **c) Das nationale deutsche Gefahrgutrecht.** Ergänzend zu den internationalen und den europäischen Gefahrgutregelungen der Schifffahrt gelten in Deutschland nationale Gefahrgutvorschriften des Bundes und der Länder. Ausgangspunkt der Gefahrgutvorschriften des Bundes sind insbesondere das GGBefG (sogleich Rn 105) und die GGVSee (unten Rn 106–107).

105 **aa) Das GGBefG.** Die Grundlage aller deutschen Vorschriften über die Beförderung gefährlicher Güter ist das GGBefG. Es gilt grundsätzlich für die Beförderung gefährlicher Güter mit Eisenbahn-, Magnetschwebebahn-, Straßen-, Wasser- und Luftfahrzeugen, also auch mit (See-)Schiffen (§ 1 Abs. 1 Satz 1 GGBefG). Gefährliche Güter im Sinne des GGBefG sind Stoffe und Gegenstände, von denen auf Grund ihrer Natur, ihrer Eigenschaften oder ihres Zustandes im Zusammenhang mit der Beförderung Gefahren für die öffentliche Sicherheit oder Ordnung, insbesondere für die Allgemeinheit, für wichtige Gemeingüter, für Leben und Gesundheit von Menschen sowie für Tiere und Sachen ausgehen können (§ 2 Abs. 1 GGBefG). Zu der Umschreibung der „Beförderung" siehe § 2 Abs. 2 GGBefG. Sie umfasst nach Satz 1 der Vorschrift sowohl den Vorgang der Ortsveränderung als auch die Übernahme und Ablieferung des Gutes.[313] Die Entsorgung von Gefahrgut ist auch dann keine Beförderung, wenn die Entsorgung eine Beförderung umfasst.[314] Die internationalen Gefahrgut-Bestimmungen des Kapitels VII Anlage SOLAS-Ü und des IMDG-Codes haben Vorrang; siehe § 1 Abs. 1 Satz 2 Nr. 3 GGBefG. Das BMVI wird durch § 3 Abs. 1 GGBefG ermächtigt, bestimmte Gesichtspunkte im Zusammenhang mit der Beförderung gefährlicher Güter durch Rechtsverordnungen und allgemeine Verwaltungsvorschriften zu regeln. Dies ist insbesondere die Grundlage für die GGVSee (siehe sogleich Rn 106–107). Die aufgrund des § 6 GGBefG ergangene GGAV enthält allgemeine

---

313 Siehe OLG Hamm NJW-RR 1993, 914, 915 (unter aa).
314 OLG Düsseldorf NJW-RR 1999, 1126 zur Gefahrgut-Verordnung Straße, dem Vorgänger der GGVSE.

Ausnahmen von der GGVSEB und der GGVSee (§ 1 Abs. 1 Nr. 1 und 2 GGAV). Im Geltungsbereich der GGVSee („M" – § 1 Abs. 2 Nr. 3) gibt es lediglich die Ausnahme 33 für die Gefahrgutbeförderung auf Fährschiffen in der Küstenschifffahrt sowie auf der Fährstrecke Eemshaven-Borkum.

bb) Die GGVSee. Ausgehend von § 3 Abs. 1 GGBefG (zuvor Rn 105) hat das BMVI die **106** GGVSee zur näheren Regelung der Beförderung gefährlicher Güter mit Seeschiffen erlassen (§ 1 Abs. 1 Satz 1 GGVSee). Sie gilt grundsätzlich im deutschen Hoheitsgebiet einschließlich des Küstenmeeres sowie auf Schiffen unter deutscher Flagge. Zum Verhältnis der GGVee zu den binnenschifffahrtsrechtlichen Bestimmungen des GGVSEB siehe § 1 Abs. 1 Satz 2 GGVSee, § 1 Abs. 1 Satz 2 GGVSEB. Die Umschreibung „gefährliche Güter" wird in § 2 Abs. 2 GGVSee umschrieben. Gefährliche Güter dürfen zur Beförderung auf Seeschiffen nach § 3 Abs. 1 GGVSee nur übergeben, auf Seeschiffe verladen und mit Seeschiffen nur befördert werden, wenn die in Nr. 1 bis 5 genannten Vorschriften – Regel II-2/19 Anlage SOLAS-Ü (oben Rn 91), die Regeln des Kapitels VII Anlage SOLAS-Ü (oben Rn 88–90), der IMDG-Code (oben Rn 92–95), der IMSBC-Code mit den weiteren Bestimmungen des Kapitels VI Anlage SOLAS-Ü (oben Rn 100–101), der IBC-, der BCH-, der IGC- und der GC-Code (oben Rn 92–95) sowie des INF-Codes – eingehalten werden (siehe auch § 12 Abs. 2 und 3). Zu den Ausnahmevorschriften der GGAV siehe zuvor Rn 105.

Gegenstand der sonstigen Regelungen der GGVSee sind weitere Anforderungen an **107** bestimmte Fälle der Gefahrgutbeförderung (§ 3 Abs. 2 bis 5 GGVSee); allgemeine Sicherheitspflichten sowie die Überwachung der Beförderung, die Ausrüstung sowie die Unterweisung (§ 4 GGVSee); die Verladung gefährlicher Güter (§ 5 GGVSee) mit einem Hinweis auf den CSS-Code; die Unterlagen für die Beförderung gefährlicher Güter (§ 6 GGVSee); die Zulässigkeit von Ausnahmen von der GGVSee (§ 5 GGVSee); die Zuständigkeit von Behörden und sonstigen Stellen (§§ 6 bis 16 GGVSee); die Pflichten des Versenders (§ 2 Abs. 1 Nr. 22 GGVSee), des für das Packen oder Beladen einer Güterbeförderungseinheit Verantwortlichen, des Auftraggebers des Beförderers, des für den Umschlag Verantwortlichen, des Beförderers (§ 2 Abs. 1 Nr. 3 GGVSee), des Reeders (§ 2 Abs. 1 Nr. 19 GGVSee), des Schiffsführers, des mit der Planung der Beladung Beauftragten, des Empfängers und mehrerer Beteiligter (§§ 17 bis 26 GGVSee). Schließlich enthält § 27 GGVSee einen umfassenden Katalog von Ordnungswidrigkeiten-Tatbeständen. Siehe außerdem die RM.

cc) Die sonstigen Regelungen. Weitere innerstaatliche Gefahrgutbestimmungen **108** finden sich etwa in den GasChemTankReg Deren § 1 ordnet an, dass Chemikalien- und Gastankschiffe, auf die Regel VII/10 bzw. 12 Anlage SOLAS-Ü nicht zur Anwendung kommen, dem BCH- bzw. dem GC-Code unterliegen, wenn sie vor dem 1. Juli 1986 gebaut wurden. Außerdem räumt § 2 GasChemTankReg der SeeBG (heute: BG Verkehr) die Befugnis ein, die Anforderungen an Chemikalien- und Gastankschiffe, für die keine Mindestanforderungen gelten, im Einzelfall zu bestimmen. Die Vorschrift des § 3 geht heute in Leere, da es keine Regel II-2/55 Anlage SOLAS-Ü mehr gibt. Schließlich enthalten § 4 und § 5 GasChemTankReg Bestimmungen, die die Vorschriften des IBC- und des IGC-Code ergänzen.

Der EmS-Leitfaden (Emergency Response Procedures for Ships Carrying Dangerous **109** Goods) wird regelmäßig im Anschluss an Änderungen des IMDG-Code vom BMVI herausgegeben; siehe auch Ziffer 5.4.3.2.1.3 IMDG-Code sowie § 2 Nr. 7, § 4 Abs. 7, § 6 Abs. 5 Nr. 2 (b) GGVSee. Eine entsprechende (völkerrechtliche) Pflicht wird für verpacktes Gefahrgut in Regel VII/2.4 Anlage SOLAS-Ü und für gefährliche Güter in fester Form als Massengut in Regel VII/7-1.3 Anlage SOLAS-Ü begründet. Der Leitfaden enthält allgemeine Empfehlungen unter Hinweis auf die geforderten Ausrüstungen und Planungen/Übungen für Notfallmaßnahmen, Leitlinien und Unfallmerkblätter für die Feuerbekämpfung an Bord sowie Leitlinien und Unfallmerkblätter für den Umgang mit Leckagen.

110   Der MFAG (Medical First Aid Guide) ergänzt den EmS-Leitfaden (soeben Rn 109) und enthält eine Zusammenstellung von Erste-Hilfe-Maßnahmen bei Gefahrgutunfällen. Deutschland ist als Vertragsstaat des SOLAS-Ü nach Regeln VII/2.4 und VII/7.1.3 der Anlage zur Herausgabe eines solchen Leitfadens verpflichtet. Siehe auch Ziffer 5.4.3.2.1.3 IMDG-Code sowie § 2 Abs. 1 Nr. 16, 4 Abs. 7, § 6 Abs. 5 Nr. 1 (b) GGVSee.

111   Auch das Verkehrsrecht enthält gefahrgutrechtliche Bestimmungen; siehe etwa die Sonderregelungen der § 30 (Befahrensbeschränkungen), § 35 (Ankern, Anlegen, Festmachen und Vorbeifahren von und an Fahrzeugen, die bestimmte gefährliche Güter befördern) und § 36 (Umschlag bestimmter gefährlicher Güter) in Verbindung mit § 2 Abs. 1 Nr. 16 SeeSchStrO, § 58 Abs. 1 Nr. 1 (e) und (f) SeeSchStrO mit § 1 Abs. 1 und der Anlage zur AnlBV, Art. 21, 25, und 26 in Verbindung mit Art. 1 Abs. 1 Nr. 8, Art. 29 Abs. 3 Nr. 6 und 7 SchOEms sowie hierzu die entsprechenden Bekanntmachungen der WSV. Beim Befahren des Nord-Ostsee-Kanals bestehen besondere Meldepflichten (§ 42 Abs. 3 Satz 1 bis 3 SeeSchStrO), außerdem muss der Gefahrgut-Stauplan griffbereit auf der Brücke vorgehalten werden (Satz 4).

112   **dd) Das Gefahrgutrecht der Länder.** Neben den Gefahrgutvorschriften des Bundes können entsprechende Gesetze der Länder zu berücksichtigen sein (siehe § 1 Abs. 4 GGVSee). Diese befassen sich insbesondere mit der Behandlung gefährlicher Güter in den Häfen. Siehe etwa für Hamburg die GGBVOHH.[315]

113   **2. Die Pflichten der Beteiligten.** Der IMDG-Code verzichtet ausdrücklich darauf, im Hinblick auf die erforderlichen Maßnahmen auch die Personen zu bestimmen, die diese Maßnahmen durchzuführen haben, sondern überlässt dies dem jeweiligen nationalen Recht (Ziffer 1.1.1.4). Dies wiederum ist Ausgangspunkt der ausführlichen Bestimmungen der §§ 17 bis 26 GGVSee, an die auch die Ordungswidrigkeiten-Tatbestände des § 27 GGVSee anknüpfen. Geregelt werden gefahrgutrechtliche Pflichten des Versenders (§ 17 GGVSee), also des Herstellers oder Vertreibers gefährlicher Güter oder jeder anderen Person, die die Beförderung gefährlicher Güter ursprünglich veranlasst hat (§ 2 Abs. 1 Nr. 22 GGVSee); des für das Packen oder Beladen einer Güterbeförderungseinheit Verantwortlichen (§ 18 GGVSee); des Beförderers[316] (§ 21 GGVSee), der auf Grund eines Seefrachtvertrags als Verfrachter die Ortsveränderung gefährlicher Güter mit einem ihm gehörenden oder ganz oder teilweise gecharterten Seeschiff durchführt (§ 2 Abs. 1 Nr. 3 GGVSee) – Beförderer kann also nur der Reeder (§ 476) oder jeder (Reise-, Zeit-, Bareboat-)Charterer des Schiffes sein, nicht aber ein bloßer Stückgutbefrachter; des Auftraggebers des Beförderers (§ 19 GGVSee); des für den Umschlag Verantwortlichen (§ 20 GGVSee); des Reeders (§ 22 GGVSee), also der Eigentümer eines von ihm zum Erwerb durch Seefahrt betriebenen Schiffes (siehe § 476) oder eine Person, die ein ihm nicht gehörendes Schiff zum Erwerb durch Seefahrt betreibt (§ 477 Abs. 1) und vom Eigentümer die Verantwortung für den Betrieb des Schiffes übernommen und durch Übernahme dieser Verantwor-

---

315   Verordnung über die Sicherheit bei der Beförderung von gefährlichen Gütern und zur Erhöhung des Brandschutzes im Hamburger Hafen (Gefahrgut- und Brandschutzverordnung Hafen Hamburg – GGBVOHH) vom 19. März 2013 (HmbGVBl. 2013, 93), zuletzt geändert durch Art. 2 der Verordnung vom 21. Juli 2015 (HmbGVBl. 2015, 191).
316   Siehe Siehe OLG Düsseldorf TanspR 1995, 26.

tung zugestimmt hat, alle dem Eigentümer auferlegten Pflichten und Verantwortlichkeiten zu übernehmen (§ 2 Abs. 1 Nr. 19 GGVSee, dazu unten Rn 41 zu § 477); des Schiffsführers (§ 23 GGVSee); des mit der Planung der Beladung Beauftragten (§ 24 GGVSee); des Empfängers (§ 25 GGVSee); und mehrerer Beteiligter (§ 26 GGVSee). Siehe noch Regel VIII/2.2.4 Anlage STCW-Ü, A-VIII/2.105 und 106 STCW-Code (Hafenwache) (dazu unten Rn 141–148).

3. Die Gefahrgut-Beförderungsdokumente. Jedes verpackte Gefahrgut muss von 114 einem allgemeinen Gefahrgut-Beförderungsdokument (Ziffer 5.4.1 IMDG-Code, § 6 Abs. 1 Nr. 1 GGVSee), jedes in Beförderungseinheiten, insbesondere in Container verpacktes Gefahrgut von einem CTU-Packzertifikat bzw. Container- oder Fahrzeugpackzertifikat (siehe Regel VII/4.1 Anlage SOLAS-Ü, Ziffer 5.4.2 IMDG-Code, § 18 Nr. 3, § 19 Nr. 2, § 21 Nr. 2 und 3 GGVSee, Ziffer 2.9 CSS-Code, § 5 Abs. 1 RoRoOstseeMoU) begleitet sein. Bei Gefahrgut in fester Form als Massengut ist ein allgemeines Beförderungsdokument auszustellen (siehe Regel VI/2 Anlage SOLAS-Ü, Ziffer 7-2.1 IMSBC-Code, § 6 Abs. 5 Nr. 3 [a] GGVSee). Die Papiere sind die Grundlage für die Erstellung des Gefahrgut-Stauplanes; siehe Regel VII/7-2.2 Anlage SOLAS-Ü, Ziffer 4.8.1 IMSBC-Code, Regel 4 Abs. 2 Anlage III MARPOL-Ü 1978, Ziffer 5.4.3 IMDG-Code, § 6 Abs. 1 Nr. 2, Abs. 5 Nr. 2 (c), § 42 Abs. 3 Satz 4 SeeSchStrO. Siehe zur Bescheinigung nach Regel II-2/19.4 Anlage SOLAS-Ü oben Rn 91; zur Beförderung von NLS als Massengut Ziffer 16.2.2 und 16.2.3 IBC-Code, Ziffer 5.2.2 BCH-Code, § 6 Abs. 5 Nr. 4 (c) und (d) GGVSee; zur Bescheinigung zur Beförderung von Abfällen Ziffer 20.5.1 IBC-Code, Ziffer 8.5 BCH-Code, § 6 Abs. 5 Nr. 4 (e) GGVSee; zur Beförderung von Gasen Ziffer 18.3 IGC-Code und Ziffer 18.1.1 GC-Code, § 6 Abs. 5 Nr. 4 (c) und (d) GGVSee; sowie zur Stabilisator-Bescheinigung Ziffer 17.8 IGC-Code, Ziffer 17.10 GC-Code.

4. Die Qualifikation des Personals. An der Beförderung von Gefahrgut mit Eisen- 115 bahn-, Straßen-, Wasser- oder Luftfahrzeugen beteiligte Betriebe müssen mindestens einen Gefahrgutbeauftragten bestellen (§ 3 Abs. 1 Nr. 14 GGBefG, die GbV sowie die Richtlinie 96/35). Siehe zur Bestellung von Gefahrgutbeauftragten § 3 GbV; zur Unterweisung von Schiffsführer und Ladungsoffizier über die Vorschriften, die die Beförderung gefährlicher Güter regeln, § 4 Abs. 11 § 22 Abs. 4 GGVSee; zur Unterweisung des Landpersonals über die Vorschriften, die die Beförderung gefährlicher Güter regeln, Ziffer 1.3 IMDG-Code, § 4 Abs. 12 GGVSee; zur Ausbildung des Personals von Chemikalientankschiffen Ziffer 16.3 IBC-Code, Ziffer 5.3 BCH-Code sowie Regel V/1-1 Anlage STWC-Ü, A-V/1-1 und B-V/1-1 STCW-Code und von Gastankschiffen Ziffer 18.3.3 IGC-Code, Ziffer 18.3.3 GC-Code sowie Regel V/1-2 Anlage STWC-Ü, A-V/1-2 und B-V/1-2 STCW-Code; zu Schulungen der Personen, die bei der Beförderung von Güterbeförderungseinheiten nach den Bestimmungen des RoRoOstseeMoU eingesetzt werden, im Hinblick auf die Anwendung der betreffenden Regelungen, insbesondere des ADR/RID, die Regelungen des § 9 Abs. 4 RoRoOstseeMoU.

VI. Die ISM-Regelungen

Literatur: *Golchert* Die Verantwortung des Reeders für die Sicherheit auf Autofähren, Tankern, und Massengutschiffen – der International Safety Management (ISM-) Code, Vorträge zum 37. Deutschen Verkehrsgerichtstag, 1999, VIII/1, S. 317–329; *Jeske* Die Verantwortung des Reeders für die Sicherheit auf Autofähren, Tankern und Massengutschiffen – Probleme bei der Einführung eines Sicherheitsmanagement-Systems im Reedereibetrieb, Vorträge zum 37. Deutschen Verkehrsgerichtstag, 1999, VIII/2, S. 330–339; *Looks* Die Verantwortung des Reeders für die Sicherheit auf Autofähren, Tankern und Massengutschiffen –

die zivil-, straf- und öffentlich-rechtlichen Auswirkungen des ISM-Code auf die Verantwortung des Reeders sowie die Bedeutung des ISM-Code für die Seeunfalluntersuchung, Vorträge zum 37. Deutschen Verkehrsgerichtstag, 1999, VIII/3; S. 340–368; *Looks/Kraft* Die zivilrechtlichen Auswirkungen des ISM-Code, TranspR 1998, 221–228; *Looks* Rechtliche Auswirkungen des ISM-Code, DVIS A 93; *de la Motte* Die Auswirkungen des ISM-Codes auf das Seehaftungsrecht, 1998; *Ramming* Die neue ISM-Verordnung der EG, HmbSeeRep 2006, 55 Nr. 32; *Stecher* Das Dilemma des Kapitäns und der ISM-Code, Hansa 1996, 64–70; *Werbke* Nautisches Verhalten der Schiffsbesatzung und Sicherheitspartnerschaft, FS Herber S. 319–340.

116   Gegenstand der ISM-Regelungen ist ein an Bord und im Landbetrieb einzurichtendes Qualitätsmanagementsystem (*international safety management*). Aus zwei vom Schiffssicherheitsausschuss erarbeiteten Richtlinien, die jeweils durch Entschließungen der IMO angenommen wurden,[317] entstand der ISM-Code, der zunächst lediglich empfehlenden Charakter hatte. Im weiteren Verlauf wurde die Anlage SOLAS-Ü um ein neues Kapitel IX über Maßnahmen zur Organisation eines sicheren Schiffsbetriebes ergänzt. In Regel IX/3.1 wird der ISM-Code (hierzu Regel IX/1.1 Anlage SOLAS-Ü, A.I.9 Anlage SchSG) verbindlich für anwendbar erklärt. Das Kapitel IX Anlage SOLAS-Ü und mit ihm der ISM-Code wurden für verschiedene Arten von Schiffen zeitlich gestaffelt nach und nach anwendbar (siehe Regel IX/2.1 Anlage SOLAS-Ü). Seit dem 1. Juli 2002 gelten die ISM-Bestimmungen grundsätzlich uneingeschränkt.

117   Die EG hatte den ISM-Code bereits seit dem 1. Juli 1996 durch die Verordnung 3051/95 auf RoRo-Fähren im Liniendienst zur Anwendung gebracht. Diese Verordnung ist durch die allgemeine Verordnung 336/2006 abgelöst worden. Auch sie bringt den ISM-Code verbindlich zur Anwendung (siehe Art. 5). Der ISM-Code[318] enthält einen Teil A mit Bestimmungen zur Umsetzung des Codes (Ziffer 1 bis 12) und einen Teil B mit Regelungen über die Zeugniserteilung und Überprüfung (Ziffer 13 bis 16). Zu den ISM-Bestimmungen gehören neben dem ISM-Code weiter auch die als unverbindliche Entschließung der IMO ergangenen ISM-VerwRichtlinien (siehe Ziffer 15 ISM-Code, C.1.6.1 Anlage 1 SchSV), in denen Hinweise zur Umsetzung der Vorgaben des ISM-Codes durch den Flaggenstaat gegeben werden; die ISM-UmsRichtlinien (C.I.6 [a] Anlage SchSG) mit Erläuterungen zur Umsetzung durch das Unternehmen; die ISM-Hinweise (C.I.6 [b] Anlage SchSG); sowie die SOHSP-Richtlinien (C.I.6 [c] Anlage SchSG). Schließlich gelten die weiteren Regelungen der C.I.6 Anlage 1 SchSV über die Durchführung der Audits, das Auftragsverhältnis mit der BG Verkehr und die besonderen Anforderungen an Unternehmen, die RoRo-Fahrgastschiffe oder Fahrgast-Hochgeschwindigkeitsschiffe betreiben.

118   Die Verordnung 336/2006 gilt für Frachtschiffe mit einer BRZ von nicht weniger als 500, die in der Auslandsfahrt eingesetzt sind und die Flagge eines Mitgliedstaates führen, oder die unabhängig von der Flagge in der Inlandsfahrt sowie im Linienverkehr von oder nach Häfen der Mitgliedstaaten eingesetzt sind (Art. 3 Abs. 1 [a] bis [c], Abs. 2 [d] Verordnung 336/2006). Die Bestimmungen des Kapitels IX Anlage SOLAS-Ü kommen auf alle Frachtschiffe einschließlich Öltankschiffe, Chemikalientankschiffe, Gastankschiffe, Massengutschiffe und Fracht-HSC mit einer BRZ von 500 und mehr zur Anwendung (Regel IX/2.1.2 und 2.1.3 Anlage SOLAS-Ü), die in der Auslandsfahrt eingesetzt sind (Regel I/2 [d] Anlage SOLAS-Ü).

---

317 A.647 (16) und A.680 (17).
318 Die weiteren Änderungen durch Entschließung MSC.353(92), angenommen am 21. Juni 2013, die seit dem 1. Januar 2015 gelten, sind innerstaatlich noch nicht umgesetzt worden.

1. Das Unternehmen. Die ISM-Bestimmungen richten sich zum einen an das Schiff 119
und zum anderen an dessen Landbetrieb, an das Unternehmen. Dieses ist in Art. 2 Nr. 3
Verordnung 336/2006, Regel IX/1.2 Anlage SOLAS-Ü, Ziffer 1.1.2 ISM-Code umschrieben.
Auf das Unternehmen im Sinne der ISM-Bestimmungen wird auch in anderen Vorschriften Bezug genommen; siehe etwa die Regeln VII/6.2 und VII/7-4.2 sowie Regel XI-2/1.7
und XI-2/5 Anlage SOLAS-Ü und Ziffer 2.4 ISPS-Code/A (unten Rn 134), § 2 Abs. 2 Ro-
RoOstseeMoU (oben Rn 102), Art. 3 (e) Richtlinie 2002/59, Regel I/1.25 und 1/14 Anlage
STCW-Ü, A-I/14 und B-I/14 STCW-Code, Art. 1 Nr. 26 und Art. 14 Richtlinie 2008/106 (unten Rn 144).

a) Der (Nur-) Eigentümer des Schiffes. Das Unternehmen im Sinne der ISM-Be- 120
stimmungen ist zunächst der Eigentümer des Schiffes (Art. 2 Nr. 3 Verordnung 336/2006,
Regel IX/1.2 Anlage SOLAS-Ü, Ziffer 1.1.2 ISM-Code). Gemeint ist der (ggf. eingetragene)
Eigentümer im sachenrechtlichen Sinne. Betreibt er auch das Schiff zum Erwerb durch
die Seefahrt, ist er Reeder im Sinne des § 476. Wird das Schiff von einem Ausrüster betrieben (siehe § 477 Abs. 1), bleibt es zunächst dabei dass der (Nur-)Eigentümer als Unternehmen anzusehen ist (siehe aber sogleich Rn 121–125). § 477 Abs. 2 findet im Hinblick
auf die ISM-Pflichtigkeit keine Anwendung.

b) Der Übernehmer der ISM-Pflichten. An die Stelle des Eigentümers kann eine 121
Person treten, die die Verantwortung für den Betrieb des Schiffes übernommen und die
durch die Übernahme dieser Verantwortung zugestimmt hat, alle durch den ISM-Code
auferlegten Pflichten und Verantwortlichkeiten zu übernehmen (siehe Art. 2 Nr. 3 Verordnung 336/2006, Regel IX/1.2 Anlage SOLAS-Ü, Ziffer 1.1.2 ISM-Code). Ausdrücklich
kann es sich um eine Gesellschaft, aber auch um eine natürliche Person handeln. Ebenso
ist es für die Übernahme der ISM-Pflichten ohne Bedeutung, ob der Übernehmer das
Schiff für sich betreibt, also darüber hinaus auch Ausrüster ist (§ 477 Abs. 1), oder ob der
Übernehmer den Betrieb für einen anderen durchführt und damit die Stellung eines Manager hat (zu diesem ausführlich unten im Anhang zu §§ 476, 477 (Manager); siehe auch
unten Rn 123 sowie § 2 Abs. 1 Nr. 19 GGVSee und dazu Rn 41 zu § 477.

Übernehmer der ISM-Pflichten im Sinne der Art. 2 Nr. 3 Verordnung 336/2006, Re- 122
gel IX/1.2 Anlage SOLAS-Ü, Ziffer 1.1.2 ISM-Code ist derjenige, der die Verantwortung für
den Betrieb des Schiffes übernommen hat. Dies wird nochmals in der Weise qualifiziert,
dass der Betreffende durch Übernahme dieser Verantwortung zustimmen muss, alle dem
Eigentümer auferlegten Pflichten und Verantwortlichkeiten zu übernehmen. In Art. 2 (c)
Verordnung 3051/95 fehlte der Vorbehalt der Zustimmung noch. Gemeint ist die Übernahme der Verantwortung im Außenverhältnis, gegenüber fremden Rechtsgütern. Die
Zustimmung muss durch den Betreffenden erklärt werden. Die Erklärung ist keine Willenserklärung (§§ 116 ff. BGB), aber einer geschäftsähnlichen Handlung gleichzustellen,
so dass die §§ 116 ff. BGB analog herangezogen werden können. Die Zustimmung ist nicht
zugangsbedürftig, es genügt, dass der Wille des Betreffenden zur qualifizierten Übernahme der Verantwortung äußerlich erkennbar ist. Eine besondere Form ist nicht erforderlich, so dass eine konkludente Zustimmung genügt. Eine solche kann sich etwa nach
den Umständen aus der Art und Weise der Übernahme der Betriebsführung ergeben.
Häufig wird die qualifizierte Zustimmung den zwischen dem Eigentümer und dem Übernehmer getroffenen Vereinbarungen zu entnehmen sein.

Beispielhaft nennen Art. 2 Nr. 3 Verordnung 336/2006, Regel IX/1.2 Anlage SOLAS-Ü, 123
Ziffer 1.1.2 ISM-Code den Geschäftsführer oder den Bareboat-Charterer. Der (verbindliche) englische Wortlaut der Regel IX/1.2 Anlage SOLAS-Ü spricht von „... the manager, or
the bareboat charterer ...". Gleiches gilt für Ziffer 1.1.2 ISM-Code. und den englischen

Wortlaut des Art. 2 Nr. 3 Verordnung 336/2006. Die Umschreibung „Geschäftsführer" ist kein Begriff des Gesellschaftsrechts, sondern im Sinne der §§ 675 ff. BGB zu verstehen. Hier hätte man auch einfach die Wendung „Manager" übernehmen können (wie in Regel I/1.25 Anlage STCW-Ü, Art. 1 Nr. 26 Richtlinie 2008/106); zu dieser Figur ausführlich unten Anhang zu §§ 476, 477 (Manager). Ohnehin handelt es sich bei dem in Art. 2 Nr. 3 Verordnung 336/2006, Regel IX/1.2 Anlage SOLAS-Ü, Ziffer 1.1.2 ISM-Code genannten Geschäftsführer bzw. Bareboat-Charterer um Beispiele. Jedenfalls ist Manager, der das Schiff für einen anderen betreibt, typischerweise Übernehmer der ISM-Pflichten. Auch der Bareboat-Charterer, der als Ausrüster das Schiff betreibt (siehe Rn 2–27 zu § 477), kann Übernehmer der ISM-Pflichten sein.

124 Entscheidend für die ISM-Pflichtigkeit ist die tatsächliche Übernahme des Betriebes, nicht das Bestehen eines auf Übertragung der ISM-Pflichten gerichteten Vertrages. Von der (öffentlich-rechtlichen) ISM-Pflichtigkeit des Übernehmers ist das jeweilige Innenverhältnis zum Eigentümer des Schiffes zu unterscheiden. Erforderlich ist, dass der gesamte Betrieb des Schiffes übernommen wird. Dies betrifft etwa nicht den bloßen Crewing-Manager (unten Rn 16–24 Anhang zu §§ 476, 477 [Manager]), ebenso nicht den Makler oder Agenten, der die Befrachtung des Schiffes durchführt, oder den Zeit- oder Reisecharterer. Auch mehrstufige Übernehmer-Verhältnisse sind möglich.

125 Wenn und solange die Voraussetzungen der Übernahme der ISM-Pflichten vorliegen, ist allein der Dritte ISM-verpflichtet, der Eigentümer wird frei. Er muss nach Ziffer 3.1 ISM-Code der Verwaltung des Flaggenstaates die vollständige Bezeichnung des Übernehmer der ISM-Pflichtens mitteilen sowie nähere Angaben machen.

126 2. Das SMS. Zentraler Bestandteil der ISM-Bestimmungen sind die Vorschriften über die Errichtung und Durchführung des Systems zur Organisation von Sicherheitsmaßnahmen (SMS – *Safety Management System*); siehe Ziffer 1.1.4 ISM-Code. Es bezieht sich auf die Gesichtspunkte der Schiffssicherheit und der Verhütung der Meeresverschmutzung. Angesichts der erheblichen Unterschiede in der betrieblichen Organisation von Schifffahrtsunternehmen müssen sich die ISM-Bestimmungen auf allgemeine Grundsätze und Zielsetzungen beschränken (Ziffer 4 Präambel ISM-Code). Zu den Zielen des ISM-Codes siehe Ziffer 1.2 ISM-Code. Die betrieblichen Anforderungen an das SMS sind in Ziffer 1.4 ISM-Code näher umschrieben.

127 Nach Ziffer 3.2 ISM-Code soll das Unternehmen die Verantwortung, die Weisungsbefugnisse und die gegenseitige Zuordnung aller Personen schriftlich festlegen, die Tätigkeiten mit Bezug oder mit Auswirkungen auf die Schiffssicherheit und die Verschmutzungsverhütung anordnen, ausführen oder überwachen. Jedes Unternehmen soll einen Durchführungsbeauftragten oder mehrere Durchführungsbeauftragte benennen (Ziffer 4 ISM-Code). Sie genießen jeweils unmittelbares Vortragsrecht bei der Unternehmensspitze. Von Bedeutung ist auch die Rolle des Kapitäns (Ziffer 5 ISM-Code). In den schriftlichen Ausführungen zum SMS muss eine unmissverständliche Aussage enthalten sein, die mit dem gebotenen Nachdruck die Weisungsbefugnisse des Kapitäns betont. Dabei muss zum Ausdruck kommen, dass der Kapitän die alleinige Zuständigkeit und Entscheidungsbefugnis für sämtliche Maßnahmen in Bezug auf Schiffssicherheit und Verhütung der Meeresverschmutzung sowie ggf. für die Anforderung von Unterstützung durch das Unternehmen besitzt (Ziffer 5.2 Satz 2 und 3 ISM-Code). Siehe auch noch Art. 19 Abs. 3 Richtlinie 2002/59.

128 Das Unternehmen stellt sicher, dass der Kapitän zur ordnungsgemäßen Wahrnehmung seiner Führungsaufgaben an Bord befähigt ist, mit allen Punkten des SMS vertraut ist und die erforderliche Unterstützung erhält (Ziffer 6.1 ISM-Code). Im Hinblick auf das Personal siehe die weiteren Vorgaben der Ziffer 6.2 bis 6.7 ISM-Code. Das Unternehmen muss Verfahren für die Erarbeitung von Plänen und Anweisungen für wichtige Betriebsabläufe an Bord einführen (Ziffer 7 ISM-Code). Auch die maßgeblichen Stellen des Unternehmens müssen jederzeit auf Gefahren-, Unfall- und sonstige Notfallsituationen reagieren können (Ziffer 8 ISM-Code). Zum SMS gehören auch Verfahren, durch die sichergestellt wird, dass Unfälle, gefährliche Situationen und Fälle der Nichteinhaltung von Vorschriften dem Unternehmen gemeldet, untersucht und analysiert werden und dass Verfahren für die Beseitigung von Mängeln und Schwachstellen vorgesehen sind (Ziffer 9 ISM-Code). Ebenso muss das Unternehmen sicherstellen, dass das Schiff ordnungsgemäß instand gehalten wird (Ziffer 10 ISM-Code) und dass die erforderlichen Dokumente zugänglich sind (Ziffer 11 ISM-Code). Die Unterlagen, die der Darstellung und Umsetzung des SMS dienen, können zu einem „Handbuch für die Organisation von Sicherheitsmaßnahmen" zusammengefasst werden (Ziffer 11.3 ISM-Code). Schließlich muss die Einhaltung des SMS überwacht werden (Ziffer 12 ISM-Code).

3. Die ISM-Zeugnisse. Dem Unternehmen wird ein Zeugnis über die Erfüllung der 129 ISM-Bestimmungen ausgestellt (DOC – *Document of Compliance*); Art. 8 Verordnung 336/2006, Regel IX/4.1 Anlage SOLAS-Ü, Ziffer 13.2 ISM-Code. Das DOC gilt allgemein für die in ihm angegebenen Schiffstypen (Ziffer 13.3 ISM-Code). Eine Ausfertigung des DOC muss an Bord mitgeführt werden (Regel IX/4.2 Anlage SOLAS-Ü, Ziffer 13.6 ISM-Code). Das Schiff muss von einem Unternehmen betrieben werden, das über ein DOC verfügt (Regel IX/3.2 Anlage SOLAS-Ü). Zuständig für die Ausstellung des DOC ist die BG Verkehr (§ 9, insbesondere auch Abs. 8 SchSV sowie A.1 Ziffer 11 [a] und [b] Anlage 2).

Auch dem Schiff wird ein entsprechendes Zeugnis ausgestellt (SMC – *Safety Mana-* 130 *gement Certificate*); siehe Art. 8 Verordnung 336/2006, Regel IX/4.3 Satz 1 Anlage SOLAS-Ü, Ziffer 13.7 Satz 1 ISM-Code. Es bestätigt, dass das Unternehmen und seine leitenden Mitarbeiter an Bord das Schiff im Einklang mit dem genehmigten SMS betreiben (Regel IX/4.3 Satz 2 Anlage SOLAS-Ü, Ziffer 13.7 Satz 2 ISM-Code). Wird das DOC des Unternehmens eingezogen, erlöschen auch die SMC aller von ihm betriebenen Schiffe (Ziffer 13.5.1 ISM-Code). Siehe zur Ungültigerklärung des DOC und des SMC auch § 13 Abs. 2 SchSG sowie § 9 Abs. 8 SchSV. Die Ausstellung des SMC erfolgt durch die BG Verkehr (§ 9 in Verbindung mit A.1 Ziffer 12 [a] und [b] Anlage 2 SchSV). Siehe zu den ISM-Zeugnissen noch die Ziffern 13 bis 16 ISM-Code, die ISM-VerwRichtlinien sowie § 5 Abs. 3 in Verbindung mit C.I.6.2 und 3 Anlage 1 SchSV.

VII. Die ISPS-Regelungen

Literatur: *Christodoulou-Varotsi* A New Maritime Security Regime – Terrorists Trap or Lawyers' Paradise?, MarJus 330, 285–306; *Girvin* The Commercial Implications of the ISPS-Code, MarJus 330, 307–355; *Jost* Anti-Terrorismus im Seeverkehr – Die Entwicklung eines weltweiten Vorsorgekonzepts, in: *Lagoni* (Hrsg.), Deutsche Seehäfen: Hafenwettbewerb – Hafensicherheit – Schiffsentsorgung; 2004, S. 39–44; *Looks* Der internationale Code für die Gefahrenabwehr auf Schiffen und in Hafenanlagen (ISPS-Code) – Rechtliche Fragestellungen – Die Schifffahrt im Visier des Terrors, DVIS B 99; *Nöll* Gefahrenabwehr aus der Sicht der Schifffahrt, in: *Lagoni/Erbguth* Seehäfen S. 75–79; *Rah* Gefahrenabwehr in Seehäfen: Zusammenfassung und Ausblick, in: *Lagoni/Erbguth* Seehäfen S. 95–100; *Ramming* Gefahrenabwehr auf Schiffen und in Hafenanlagen – Kapitel XI-2 SOLAS-Übereinkommen und ISPS-Code, HmbSeeRep 2004, 50 Nr. 37; *Ramming* EU-Verordnung zur Erhöhung der Gefahrenabwehr auf Schiffen und in Hafenanlagen, HmbSeeRep 2004, 104 Nr. 71; *Ramming* Die See-Eigensicherungsverordnung, HmbSeeRep 2005, 195 Nr. 167; *Ramming* EU-Richtlinie zur Erhöhung der Gefahrenabwehr in Häfen, HmbSeeRep 2005, 240 Nr. 193; *Ramming* Änderung des Seeaufgabengesetzes zur Ermöglichung der Durchführung von Kommissions-Inspektionen, HmbSeeRep 2006, 55 Nr. 32; *Verhoeven* Gefahrenabwehr in Seehäfen – Entwicklungen auf europäischer Ebene; in: Lagoni/Erbguth Seehäfen S. 67–74; *Weber* Gefahrenabwehr aus der Sicht eines Umschlagsunternehmens, in: Lagoni/Erbguth Seehäfen S. 81–87; *Wichmann* Gefahrenabwehr in Seehäfen – Erste Erfahrungen, in: *Lagoni/Erbguth* Seehäfen S. 89–93.

131 Ausgelöst durch die tragischen Ereignisse vom 11. September 2001 wurden auf Betreiben der USA Vorschriften über den Schutz der Schifffahrt vor terroristischen Angriffen erarbeitet und international verbindlich eingeführt. Grundlage hierfür war das neue Kapitel XI-2 über besondere Maßnahmen zur Erhöhung der Sicherheit der Seefahrt und in Hafenanlagen in die Anlage SOLAS-Ü. Die neuen Vorschriften über die Gefahrenabwehr (*security*) gingen über den ursprünglichen Zweck des Übereinkommens hinaus, dessen Gegenstand traditionell die Sicherheit des Schiffes (*safety*) war. Die neuen ISPS-Vorschriften des Kapitels XI-2 Anlage SOLAS-Ü sind zum 1. Juli 2004 in Kraft getreten. Bestandteil der ISPS-Bestimmungen ist ein selbständiges Regelwerk, der ISPS-Code (siehe Regel XI-2/1.12 Anlage SOLAS-Ü), der aus einem Teil A und einem Teil B besteht. Nach Regel XI-2/4.1 und 4.2 sowie Regel XI-2/10.1 Anlage SOLAS-Ü müssen Unternehmen, Schiffe und Hafenanlagen die Bestimmungen des Teils A des ISPS-Codes einhalten. Die des Teils B haben grundsätzlich lediglich empfehlenden Charakter (Regel XI-2/1.12 Anlage SOLAS-Ü) und sind lediglich „zu berücksichtigen" (Regel XI-2/4.1, 4.2 und 10.1 Anlage SOLAS-Ü; C.I.7 der Anlage SchSG). Siehe dazu noch die ISPS-EinlHinweise sowie die ISPS-Hinweise. Auch in den Gefahrgutvorschriften (oben Rn 87–115) finden sich Regelungen, die sich mit Fragen der Gefahrenabwehr im Zusammenhang mit dem gefährlichen Gut befassen; siehe Ziffer 1.4 IMDG-Code, Ziffer 11 IMSBC-Code.

132 Darüber hinaus hat die EG Vorschriften über die Gefahrenabwehr erlassen. Die Verordnung 725/2004 zur Erhöhung der Gefahrenabwehr auf Schiffen und in Hafenanlagen knüpft an die Bestimmungen des Kapitels XI-2 Anlage SOLAS-Ü und des ISPS-Code an und ergänzt und verschärft diese. Insbesondere werden einzelne Bestimmungen des ISPS-Code/B durch Art. 3 Abs. 5 Verordnung 725/2004 für verbindlich erklärt. Art. 9 Abs. 4 Verordnung 725/2004 erlaubt es der EG-Kommission, die Anwendung der Verordnung in den Mitgliedstaaten zu überwachen; siehe dazu auch die Verordnung 324/2008 zur Festlegung geänderter Verfahren für die Durchführung von Kommissionsinspektionen zur Gefahrenabwehr in der Schifffahrt. Die europäischen ISPS-Bestimmungen sind mit der Richtlinie 2005/65 zur Erhöhung der Gefahrenabwehr in Häfen nochmals um besondere Regelungen zur Gefahrenabwehr in Häfen – nicht lediglich: in Hafenanlagen – erweitert worden.

133 Innerstaatliche Regelungen enthält insbesondere die SeeEigensichV. Siehe zur Durchführung von Inspektionen der Kommission nach Art. 9 Abs. 4 Verordnung 725/2004 auch § 1 Nr. 15 und § 8a SeeaufgG. Weitere Bestimmungen über die Gefahrenabwehr in Hafenanlagen und in Häfen finden sich in den jeweiligen Hafengesetzen des Bundes und der Länder; siehe für Hamburg das HmbHafenSG sowie die HmbHafenSD-VO.

134 **1. Der Anwendungsbereich der ISPS-Bestimmungen.** Kapitel XI-2 Anlage SOLAS-Ü gilt insbesondere für in der Auslandsfahrt eingesetzte Fahrgastschiffe sowie für Frachtschiffe mit einer BRZ von 500 und darüber, jeweils einschließlich Hochgeschwindigkeitsfahrzeugen (Regel XI-2/2.1.1 Anlage SOLAS-Ü) sowie für Hafenanlagen, an den die genannten Schiffe abgefertigt werden (Regel XI-2/2.1.2. – unten Rn 139); siehe auch Ziffer 3.1.1.2 und 3.1.2 ISPS-Code/A. Die ISPS-Bestimmungen richten sich auch an das Unternehmen; insoweit wird auf die Umschreibung in den ISM-Bestimmungen verwiesen (Regel XI-2/1.7 und Regel IX/1.2 Anlage SOLAS-Ü). Der Anwendungsbereich der Verordnung 725/2004 entspricht im internationalen Seeverkehr (Art. 2 Nr. 8) dem des Kapitels XI-2 Anlage SOLAS-Ü (Art. 3 Abs. 1 Verordnung 725/2004). Im nationalen See-

verkehr (Art. 2 Nr. 9 Verordnung 725/2004) gilt die Verordnung nach ihrem Art. 3 Abs. 2 auch für Fahrgastschiffe der Klasse A im Sinne des Art. 4 Abs. 1 der Richtlinie 2009/45 über Sicherheitsvorschriften und -normen für Fahrgastschiffe (die an die Stelle der noch in der Verordnung genannten Richtlinie 98/18 getreten ist), für ihre Unternehmen und für die ihnen dienenden Hafenanlagen. Der Anwendungsbereich der Verordnung kann von den Mitgliedstaaten auch auf weitere Fahrgastschiffe im Einsatz für nationale Verkehrsdienste ausgedehnt werden (Art. 3 Abs. 3 Verordnung 725/2004). Siehe zu Schiffen, die den ISPS-Code/A nicht einhalten müssen, die Regelungen in Ziffer 4.20 ISPS-Code/B.

2. Der Plan zur Gefahrenabwehr. Jedes Schiff muss einen genehmigten Plan zur 135 Gefahrenabwehr auf dem Schiff mitführen; siehe Ziffer 1.2.4 und 9.1 ISPS-Code/A, ausführlich Ziffer 9 ISPS-Code/B, Art. 3 Abs. 5 Verordnung 725/2004, § 8 Abs. 3 Satz 3 SchSG und § 7 SeeEigensichV. Dabei ist den in Regel XI-2/1.14 Anlage SOLAS-Ü, Ziffer 2.9 bis 2.11 ISPS-Code/A näher umschriebenen drei Gefahrenstufen Rechnung zu tragen, die von den Verwaltungen der Vertragsstaaten festgelegt werden (unten Rn 138). Der Erstellung des Gefahrenabwehrplans hat eine Risikobewertung für das Schiff vorauszugehen; siehe die Ziffern 8 des ISPS-Code/A und B, Art. 3 Abs. 5 Verordnung 725/2004, § 6 SeeEigensichV sowie das vom BMVI veröffentlichte Verfahren zur Durchführung von Risikobewertungen.[319] Der Gefahrenabwehrplan befasst sich mit den in Ziffer 9.4 ISPS-Code/A näher umschriebenen Gesichtspunkten. Er muss auch Regelungen über eine Verhinderung des unerlaubten Zutritts zum Schiff enthalten (Ziffer 9.4.3 ISPS-Code/A, Ziffer 9 ISPS-Code/B). Der Gefahrenabwehrplan ist vor ungenehmigtem Zugriff und ungenehmigter Offenlegung zu schützen (Ziffer 9.7 ISPS-Code/A, § 5 SeeEigensichV) und unterliegt grundsätzlich keiner Prüfung im Rahmen einer Hafenstaatkontrolle (Ziffer 9.8 ISPS-Code/A, § 7 Abs. 6 SeeEigensichV).

3. Weitere Maßnahmen der Gefahrenabwehr. Schiffe müssen nach Maßgabe der 136 Regel XI-2/6 Anlage SOLAS-Ü mit einem Alarmsystem zur Gefahrenabwehr ausgerüstet sein[320] (siehe auch § 8 Abs. 3 Satz 2 SchSG). Nach Maßgabe der Ziffer 7 ISPS-Code/A muss das Schiff unter Berücksichtigung der festgelegten Gefahrenstufen die erforderlichen Maßnahmen zur Gefahrenabwehr treffen. Dies kann auch die Verweigerung des Zugangs zum Schiff umfassen[321] (siehe Ziffer 9.12 ISPS-Code/B). Der Kapitän muss sicherstellen, dass im Hinblick auf die Gefahrenabwehr zweckmäßige und wirksame Wachen gegangen werden (Regel VIII/2.2.5 Anlage STCW-Ü, § 9a Abs. 2 Satz 1 Nr. 4 SchBesV). Ihm steht in allen Belangen der Gefahrenabwehr die endgültige Entscheidungsbefugnis zu; siehe Regel XI-2/8 Anlage SOLAS-Ü, Ziffern 6.1 ISPS-Code/A und B, Art. 3 Abs. 5 Verordnung 725/2004 sowie § 8 Abs. 3 Satz 4 und Abs. 4 SchSG. Das Unternehmen muss dafür sorgen, dass der Kapitän des Schiffes über Angaben über die Identität bestimmter Personen, die über den Einsatz von an Bord beschäftigten Personen sowie über den Einsatz des Schiffes entscheiden, sowie über die Charterer des Schiffes verfügt (Regel XI-2/5 Anlage SOLAS-Ü).

---

319 VkBl. 2004, 705.
320 Siehe die „Überarbeitete Empfehlung für die Ausführungsstandards für Alarmsysteme zur Gefahrenabwehr auf Schiffen (SSAS)" des MSC (VkBl. 2005, 438).
321 Siehe die „Hinweise für den Zugang von Vertretern von Behörden, Notdiensten und Lotsen zu Schiffen, auf die Kapitel XI-2 der Anlage des SOLAS-Übereinkommens sowie der ISPS-Code Anwendung finden" (MSC/Circular 1156 – VkBl. 2005, 612).

137 Jedes Schiff und jedes Unternehmen muss Beauftragte zur Gefahrenabwehr bestellen (SSO – Ship Security Officer; CSO – Company Security Officer), die über Fachkenntnisse verfügen und eine Ausbildung[322] erhalten haben müssen; siehe Ziffer 2.6, 2.7, 11, 12, 13.1 und 13.2 ISPS-Code/A, das Vorläufige Verfahren zur Fortbildung von Beauftragten zur Gefahrenabwehr in der Schifffahrt,[323] Regel VI/5 und VI/6 Anlage STCW-Ü, A-VI/5 und A-VI/6 STCW-Code sowie § 8 Abs. 3 Satz 2 SchSG und §§ 4 und 5 SeeEigensichV. Außerdem hat das Unternehmen dafür zu sorgen, dass sein Gefahrenabwehrbeauftragter, der Kapitän des Schiffes sowie dessen Gefahrenabwehrbeauftragter die erforderliche Unterstützung erhalten (Ziffer 6.2 ISPS-Code/A). Dem Schiff wird ein Internationales Zeugnis über die Gefahrenabwehr (ISPS-Zeugnis) ausgestellt; siehe Ziffer 19.2 bis 19.4 ISPS-Code/A, Muster Anhang A, § 8 SeeEigensichV.

138 Die Vertragsstaaten legen die Gefahrenstufen fest; siehe näher Regel XI-2/3 sowie Regel XI-2/7 Anlage SOLAS-Ü; Ziffer 4 ISPS-Code/A, Ziffer 4.8 bis 4.13, 4.21 bis 4.25 ISPS-Code/B, Art. 3 Abs. 5 Verordnung 725/2004; Ziffer 1 bis 10 ISPS-Hinweise. In Deutschland erfolgt dies durch das BMI (§ 5a und § 1 Nr. 14 SeeaufgG). Seit dem 1. Juli 2004 gilt grundsätzlich die Gefahrenstufe 1[324] (siehe Ziffer 2.1.9 ISPS-Code/A und Ziffer 4.8 ISPS-Code/B). Deutschland hat die in Regel XI-2/7.2 Anlage SOLAS-Ü vorgesehene Zentrale Kontaktstelle im gemeinsamen Lagezentrum See des Maritimen Sicherheitszentrums Cuxhaven eingerichtet (§ 10 SeeEigensichV). Zuständig für die Wahrnehmung der Aufgaben der Gefahrenabwehr ist in Deutschland grundsätzlich das BSH (§ 5 Abs. 1 Satz 1 Nr. 4b und Abs. 2 in Verbindung mit § 1 Nr. 13 SeeaufgG).

139 **4. Gefahrenabwehr in der Hafenanlage und im Hafen.** Die ISPS-Bestimmungen gelten auch für Hafenanlagen, die von den Vertragsstaaten bzw. den zuständigen Behörden (Regel XI-2/1.11 Anlage SOLAS-Ü, Ziffer 4.2 ISPS-Code/B) bestimmt sind und an denen ein Zusammenwirken von Schiff und Hafen stattfindet (Regel XI-2/1.9 und 1.10 Anlage SOLAS-Ü; siehe auch Ziffer 1.16 bis 1.21 ISPS-Code/B, Art. 3 Abs. 5 Verordnung 725/2004, Art. 3 Abs. 2 und 3 Richtlinie 2005/65). Dies sind insbesondere die Bereiche, in denen Güter umgeschlagen werden. Die Hafenanlagen umfassen gegebenenfalls auch Reeden, Warteplätze und seewärtige Hafenzufahrten. Auch sie müssen Maßnahmen der Gefahrenabwehr ergreifen (Ziffer 14 ISPS-Code/A), eine Risikobewertung durchführen (Ziffern 15 ISPS-Code/A und B, Art. 3 Abs. 5 sowie Abs. 6 und 8 Verordnung 725/2004) und einen Gefahrenabwehrplan erstellen (Ziffer 16 ISPS-Code/A sowie Ziffern 4.14 bis 4.17 und umfassend Ziffer 16 ISPS-Code/B, Art. 3 Abs. 5 Verordnung 725/2004). Ergänzend gilt noch die die Richtlinie 2005/65 zur Erhöhung der Gefahrenabwehr in Häfen, die nicht nur Hafen*anlagen*, sondern den gesamten Hafen betrifft. Siehe zu alldem noch die Hafensicherheitsgesetze der Länder,[325] in Hamburg etwa das HmbHafenSG und die HmbHafenSG-DV.

140 **5. Cyber-Angriffe.** Der Schutz des Schiffes und des Schiffsbetriebes vor Cyber-Angriffen ist nicht unmittelbar Gegenstand der ISPS-Bestimmungen. Gleichwohl besteht auch in der Schifffahrt die Gefahr, dass von außen in die Kommunikations- und Be-

---

[322] Siehe den Modellkurs 3.19 „Beauftragter zur Gefahrenabwehr auf dem Schiff" und 3.20 „Beauftragter zur Gefahrenabwehr im Unternehmen" der IMO (VkBl. 2004, 433 und Dokument Nr. 8008) sowie die „Richtlinien über die Ausbildung und Zeugniserteilung für Beauftragte für die Gefahrenabwehr im Unternehmen" (MSC/Circ. 1154 – VkBl. 2005, 696).
[323] VkBl. 2003, 327.
[324] VkBl. 2004, 534 (Nr. 1).
[325] sowie OVG Münster RdTW 2015, 28 und zuvor VG Düsseldorf RdTW 2013, 150.

triebssysteme des Schiffes und des Landbetriebes eingegriffen wird. Der Schiffssicherheitsausschuss der IMO hat hierzu die Interimsrichtlinien für das maritime Cyber-Risikomanagement herausgegeben.[326]

VIII. Die STCW-Regelungen

Auch die Ausbildung, die Erteilung von Befähigungszeugnissen und der Wachdienst von Seeleuten (*Standards of Training, Certification and Watchkeeping* – STWC) sind Gegenstand international einheitlicher Vorschriften. Das STCW-Ü ist am 28. April 1984 völkerrechtlich und für Deutschland in Kraft getreten.[327] Wesentlicher Bestandteil des STCW-Ü ist dessen Anlage. Ergänzend zu deren Bestimmungen gelten die Regelungen des STCW-Codes. Am 25. Juni 2010 sind auf einer Konferenz der Vertragsparteien in Manila die Anlage des STCW-Ü und der STCW-Code umfassend modernisiert worden. Die Änderungen sind am 1. Januar 2012 in Kraft getreten.[328] Die Regelungen der Anlage zum STCW-Ü (A.VI Anlage SchSG) werden ergänzt durch die verbindlich geltenden Bestimmungen des Teils A des STCW-Codes (Regel I/1.2.1 Anlage STWC-Ü, A.VI.1 Anlage SchSG). Der Teil B des STCW-Codes enthält unverbindliche Anleitungen und Erläuterungen, die aber im größtmöglichen Umfang berücksichtigt werden sollen (Regel I/1.2.2 Anlage STWC-Ü, C.III Anlage SchSG). Zur Erleichterung der Anwendung entspricht die Nummerierung der Bestimmungen der Teile A und B des STCW-Codes der Anlage zum STCW-Ü. 141

Auch der europäische Gesetzgeber ist im STCW-Bereich tätig geworden. Im Mittelpunkt steht die Richtlinie 2008/106 über Mindestanforderungen für die Ausbildung von Seeleuten (D.6 Anlage SchSG). Weitere Aspekte regelt die Richtlinie 2005/45 über die gegenseitige Anerkennung von Befähigungszeugnissen der Mitgliedsstaaten für Seeleute. Ausgangspunkt des innerstaatlichen deutschen Rechts steht seit dem 1. Juni 2014 die neue SeeBV mit Regelungen über die Arten von Befähigungszeugnissen und die Anforderungen an deren Erwerb, Anerkennung und Entzug sowie über die Zulassung von Lehrgängen und das Verfahren zur Anerkennung von Berufseingangsprüfungen. Daneben steht SeeBAV, die sich mit den für den Eignungsnachweis erforderlichen Ausbildungen befasst. 142

1. Der Anwendungsbereich der STCW-Regelungen. Das STCW-Ü findet nach seinem Art. III Anwendung auf Seeleute, die auf Seeschiffen (Art. II [g] STCW-Ü) tätig sind, die die Flagge eines Vertragsstaates führen. Das Übereinkommen gilt nicht für Staatsschiffe, Fischereifahrzeuge (Art. II [h] STCW-Ü), „Vergnügungsyachten", die nicht dem Handelsverkehr dienen, sowie Holzschiffe einfacher Bauart. In entsprechender Weise betrifft die Richtlinie 2008/106 Seeleute auf Seeschiffen (Art. 1 Nr. 11 Richtlinie 2008/106), die unter der Flagge eines Mitgliedsstaats fahren (Art. 2 Hs. 1 Richtlinie 2008/106). Wiederum sind Staatsschiffe, Fischereifahrzeuge und „Vergnügungsboote", die keinem kommerziellen Zweck dienen, sowie Holzschiffe einfacher Bauart ausgenommen (Art. 2 Hs. 2 Richtlinie 2008/106). 143

---

326 MSC.1/Circ. 1526 vom 1. Juni 2015 – VkBl. 2016, 738.
327 BGBl. 1984 II S. 2.
328 Achte Verordnung über Änderungen der Anlage des Internationalen Übereinkommens von 1978 über Normen für die Ausbildung, die Erteilung von Befähigungszeugnissen und den Wachdienst von Seeleuten (BGBl. 2013 II S. 934).

144 **2. Die Bestimmungen im Einzelnen.** Die Regeln I/2, I/10, I/11, VII/1 bis VII/3 Anlage STCW-Ü, Art. 5 Richtlinie 2008/106 sowie §§ 5 ff. SeeBV betreffen Befähigungszeugnisse und Vermerke (*endorsements*); dazu unten Rn 147. Nach Regel I/3 Anlage STCW-Ü in Verbindung mit Regel I/1.1.14 Anlage STCW-Ü sind die Vertragsstaaten befugt, für küstennahe Reisen besondere Bestimmungen zu erlassen (A-I/3 STCW-Code, Art. 7 und Art. 1 Nr. 13 sowie Art. 7 Richtlinie 2008/106). Siehe für Deutschland die Umschreibung in § 2 Abs. 3 Satz 1 Nr. 16 sowie noch §§ 5 Abs. 2 Nr. 1 und 29 Abs. 2 SeeBV. Nach Art. X STCW-Ü, Regel I/4 Anlage STCW-Ü, A-I/4 STCW-Code, Art. 22 bis 24 Richtlinie 2008/106 sind die Hafenstaaten zur Überprüfung von Schiffen im Hinblick auf die Einhaltung der Anforderungen der STCW-Bestimmungen berechtigt; dazu auch § 3e Nr. 5 SeeaufgG. Die Vertragsstaaten sind verpflichtet, in Fällen des Missbrauchs von Befähigungszeugnissen und Vermerken (*endorsements*), die von dem betreffenden Staat ausgestellt wurden, sowie zur Durchsetzung der STCW-Bestimmungen im Hinblick auf Schiffe unter ihrer Flagge und auf Unternehmen, die in ihrem Hoheitsgebiet ansässig sind, Maßnahmen zu ergreifen und Sanktionen vorzusehen (Regel I/5 Anlage STCW-Ü, Art. 8 und 9 Richtlinie 2008/106). Außerdem beaufsichtigen und überwachen die Vertragsstaaten die Ausbildung und Beurteilung von Seeleuten (Regel I/6 Anlage STCW-Ü, A-I/6 STCW-Code). Alle Tätigkeiten nichtstaatlicher Stellen im Hinblick auf die Durchführung der STCW-Bestimmungen werden mittels eines Qualitätssicherungssystems ständig überwacht (siehe Regel I/8 Anlage STCW-Ü, A-I/8 STCW-Code, Art. 10 Richtlinie 2008/106, §§ 11 und 12 SeeBV). Den Vertragsstaaten wird aufgegeben, Vorgaben für die Anforderungen an die Seediensttauglichkeit vorzusehen (Regel I/9 Anlage STCW-Ü, A-I/9 STCW-Code, Art. 11 Richtlinie 2008/106, § 7 Abs. 1 Nr. 1 SeeBV, die MariMedV).[329] Zu der Verwendung von Simulatoren siehe Regel I/12 Anlage STCW-Ü, A-I/12 Anlage STCW-Ü, Art. 13 Richtlinie 2008/106). Das Unternehmen im Sinne der ISM-Bestimmungen (oben Rn 119–125) wird auch im Rahmen der STCW-Regelungen umfassend in die Pflicht genommen (siehe Regel I/14 Anlage STCW-Ü, A-I/14 STCW-Code, Art. 14 Richtlinie 2008/106). Siehe zu allem auch die Bestimmungen der SeeBV.

145 Die Regeln II/1 bis II/5 Anlage STCW-Ü legen verbindliche Mindestanforderungen für die Erteilung von Zeugnissen über die Befähigung zum Nautischen Wachoffizier, zum Kapitän, und zum Ersten Offizier sowie über die Berechtigung zur Brückenwache sowie zum Dienst als Vollmatrose im Decksbereich fest. Die Regeln III/1 bis III/7 Anlage STCW-Ü sehen entsprechende Bestimmungen für den technischen Bereich, die Regeln IV/1 und IV/2 Anlage STCW-Ü solche für den Funkverkehr und den Funker vor. Besondere verbindliche Mindestanforderungen gelten für die Ausbildung und Befähigung von Besatzungen von Öl- und Chemikalientankschiffen (Regel V/1-1 sowie I/1.1.17 und I/1.1.18 Anlage STCW-Ü), von Flüssiggastankschiffen (Regel V/1-2 und I/1.1.19 Anlage STCW-Ü) sowie von Fahrgastschiffen (Regel V/2 und I/1.1.20 Anlage STCW-Ü).[330] Weitere verbindliche Mindestanforderungen betreffen die Grundausbildung und -unterweisung in Sicherheitsangelegenheiten (Regel VI/1 Anlage STCW-Ü); die Fachkunde im Umgang mit Überlebensfahrzeugen, Bereitschaftsbooten und schnellen Bereitschaftsbooten (Regel VI/2 Anlage STCW-Ü); die Ausbildung in moderner Brandbekämpfung (Regel VI/3 Anlage STCW-Ü); die medizinische erste Hilfe und die medizinische Betreuung (Regel VI/4 Anlage STCW-Ü); die Fachkunde als Beauftragter für die Gefahrenabwehr auf dem Schiff (Regel VI/5 und I/1.1.28 Anlage STCW-Ü, dazu oben Rn 131–140); die Erteilung von

---

[329] Siehe auch *Bubenzer* Die Tauglichkeitsuntersuchungen von Seeleuten, TranspR 2015, 427–429.
[330] Siehe auch die Vorläufige Anleitung für die Ausbildung von Seeleuten auf Schiffen, die Gase oder andere Brennstoffe mit niedrigem Flammpunkt verwenden (STCW.7/Circ. 23 vom 9. Dezember 2014 – VkBl. 2015, 650).

Zeugnissen der Fachkunde als Beauftragter für die Gefahrenabwehr auf dem Schiff (Regel VI/5); sowie für die Ausbildung und Unterweisung aller Seeleute in Angelegenheiten der Gefahrenabwehr (Regel VI/6 Anlage STCW-Ü). Die Bestimmungen der Regel VIII/1 Anlage STCW-Ü, A-VIII/1 STCW-Code, Art. 15 Richtlinie 2008/106 betreffen die die Diensttüchtigkeit, insbesondere die Verhinderung von Übermüdung sowie von Medikamenten- und Alkoholmissbrauch. Regel VIII/2 Anlage STCW-Ü macht weitere Vorgaben im Hinblick auf den Wachdienst und die hierbei zu beachtenden Grundsätze, die ergänzt werden durch die ausführlichen Bestimmungen des A-VIII/2 STWC-Code. Hier finden sich Regelungen über die Reiseplanung sowie die Grundsätze für den Wachdienst auf See und im Hafen. Siehe auch § 13 Abs. 2 Nr. 9 und Abs. 3 SchSV, zur Reiseplanung Regel V/34 Anlage SOLAS-Ü und die ReiseplanRichtlinie sowie zu allem die SeeBV.

3. Befähigungszeugnisse und Vermerke (endorsements). Die Bestimmungen der 146 Art. VI STCW-Ü, Regeln I/2, I/10, I/11, VII/1 bis VII/3 Anlage STCW-Ü und die parallelen Vorschriften des STCW-Code/A, Art. 3, 5 und 12 Richtlinie 2008/106 sowie §§ 5ff. und 20ff. SeeBV betreffen die Ausstellung und den weiteren Umgang mit Befähigungszeugnissen und deren Anerkennung durch Vermerke (*endorsements*). Zuständig für die Ausstellung von Befähigungszeugnissen (Art. II [c] STCW-Ü, Regel I/1.1.30 Anlage STCW-Ü, Art. 5 Abs. 1 bis 4 Richtlinie 2008/106) für die Besatzungsmitglieder eines Schiffes ist nach Art. VI Abs. 1, Art. II (b) STCW-Ü, Regel I/2.2 bis 2.4 Anlage STCW-Ü grundsätzlich dessen Flaggenstaat.

Ist der Bewerber Inhaber eines Befähigungszeugnisses eines anderen Vertragsstaa- 147 tes, muss der Flaggenstaat einen Vermerk (*endorsement*) erteilen (Art. VI Abs. 2 STCW-Ü, Regel I/5 bis I/9 Anlage STCW-Ü, Art. 5 Abs. 5 bis 9 Richtlinie 2008/106, §§ 20 und 21 SeeBV).[331] Ein solcher wird nur ausgestellt, wenn das Befähigungszeugnis von den Behörden eines Vertagsstaates ausgestellt wurde, die dem Generalsekretär der IMO (Art. II [e] und [f] STCW-Ü) Informationen vorgelegt haben, dass sie Maßnahmen getroffen haben, um den STCW-Regelungen zu entsprechen (Art. IV STCW-Ü, Regel I/7 Anlage STCW-Ü, A-I/7 STCW-Code). Der Schiffssicherheitsausschuss (MSC – Maritime Safety Committee) der IMO überprüft die Angaben und bestätigt ggf., dass sich aus ihnen ergibt, dass den STCW-Regelungen voll und ganz Wirksamkeit verliehen wurde (Regel I/7.3.1 Anlage STCW-Ü). Diese Staaten werden in einer Liste vom MSC veröffentlichten Liste benannt (Regel I/7.3.2 Anlage STCW-Ü – die „White List").[332] Die Vertragsstaaten dürfen nur Befähigungszeugnisse anerkennen, die von den Behörden anerkannter Staaten ausgestellt wurden (Regel I/7.3.3 und I/10.1.1 Anlage STCW-Ü). Die Richtlinie 2008/106 geht über diese Anforderungen nochmals hinaus. Mitgliedsstaaten dürfen im Hinblick auf Befähigungszeugnisse, die von der Verwaltung eines Drittstaates ausgestellt wurden, nur dann einen Vermerk erteilen, wenn das Drittland seinerseits von der Kommission anerkannt wurde (siehe Art. 19 Richtlinie 2008/106). Sie sammelt mit Unterstützung der EMSA die im Anhang II der Richtlinie genannten Informationen und prüft die Ausbildungs- und Zeugniserteilungssysteme des Drittlandes, um festzustellen, ob es alle Anforderungen des STCW-Übereinkommens erfüllt und ausreichende Maßnahmen zur Vermeidung von Betrug mit Zeugnissen getroffen wurden (Art. 19 Abs. 2 Unterabs. 2 Richtlinie 2008/106). Die Kommission erstellt eine Liste der anerkannten Drittländer (Art. 19 Abs. 6 Richtlinie

---

331 Siehe VG Hamburg RdTW 2016, 472 und dazu *Tüngler/Warmann/Hoffmann* RdTW 2016, 445, 446 (unter 1.).
332 Siehe zuletzt MSC.1/Circ. 1163/Rev.10 vom 23. Mai 2016 (VkBl. 2016, 831).

2008/106). Zu Entzug der Anerkennung sowie der erneuten Prüfung von Drittländern siehe Art. 20 und 21 Richtlinie 2008/106.

148 Die Vertragsstaaten sind nach Regel I/2.14 Anlage STCW-Ü, Art. 5 Abs. 12 (a) Richtlinie 2008/106 verpflichtet, ein Register für alle erteilten, abgelaufenen oder erneuerten, ruhend gestellten, widerrufen oder als verloren oder unbrauchbar gemeldeten Befähigungszeugnissen und Vermerke zu führen. Außerdem müssen die Vertragsstaaten Angaben über den Status dieser Befähigungszeugnisse anderen Vertragsparteien und Unternehmen zur Verfügung stellen, seit dem 1. Januar 2017 in englischer Sprache und auf elektronischem Wege (Regel I/2.15 und I/2.16 Anlage STCW-Ü, Art. 5 Abs. 12 [b] und 13 Richtlinie 2008/106); siehe näher A-I/2 STCW-Code sowie zum deutschen Seeleute-Befähigungs-Verzeichnis §§ 1 Nr. 6a und 9f SeeaufgG, §§ 23 Satz 1, 63 Abs. 1 SeeBV.

FÜNFTES BUCH
Seehandel

ERSTER ABSCHNITT
Personen der Schifffahrt

§ 476
Reeder

Reeder ist der Eigentümer eines von ihm zum Erwerb durch Seefahrt betriebenen Schiffes.

Geschichte: § 484 HGB 1897 blieb durchgehend unverändert – **Entstehung:** § 476 HGB-KomE, SHR-KomE-Begr S. 88; § 476 HGB-RefE; SHR-RefE-Begr S. 111; § 476 HGB-RegE, SHR-ReformG-Begr S. 62 – **Binnenschifffahrt:** § 1 BinSchG.

Literatur: Siehe zu § 477.

§ 476 übernimmt mit einer kleinen redaktionellen Abweichung die alte Regelung des 1 § 484 HGB a.F. Die frühere Vorschrift des § 484 HGB 1897 ist bis zum Inkrafttreten des SHR-ReformG unverändert geblieben. Ausgehend von der früheren Formulierung des § 484 HGB a.F., des „... zum Erwerb durch Seefahrt dienenden Schiffes ...", wird heute anstelle des Wortes „dienenden" der Begriff „betriebenen" verwendet (dazu unten Rn 14–28). Hierdurch sollte § 476 an die umfassend neu formulierten Regelungen des § 477 angepasst werden.[1] Anders als früher ist heute § 476 die erste Vorschrift des Fünften Buches HGB. Dies unterstreicht ihre Funktion im Hinblick auf die Bestimmung des Anwendungsbereichs des Fünften Buches auf Seeschifffahrt, die des Erwerbes wegen erfolgt (der Erwerbschiff-Vorbehalt, unten Rn 4–8). Nach der früheren Regelung des § 104 SHSG war Reeder, wer ein Schiff in eigenen Namen betrieb. Auf das Eigentum am Schiff kam es daneben nicht an.

§ 1 BinSchG entspricht der Vorschrift des § 476. Obwohl das SHR-ReformG in Art. 5 2 Änderungen am BinSchG vorgenommen hat, ist § 1 BinSchG nicht der neuen Regelung des § 476 angepasst worden. Weiterhin umschreibt § 1 BinSchG den Schiffseigner als Eigentümer eines zur Schifffahrt auf Binnengewässern bestimmten und hierzu von ihm verwendeten Schiffes. Anders als § 476 stellt § 1 BinSchG daher nach wie vor auf die Verwendung und nicht auf den Betrieb des Schiffes ab.

I. Die Bedeutung des § 476

1. Die Legaldefinition des Reeders. Wie schon zuvor § 484 HGB a.F. enthält auch 3 der heutige § 476 die Legaldefinition des Reeders. Bei ihm handelt es sich um eine der Schlüsselfiguren des Seehandelsrechts. Auf die Umschreibung in § 476 kommt es an, wenn in den weiteren Vorschriften des Fünften Buches auf die Rechtsfigur des Reeders Bezug genommen wird; siehe zu den Voraussetzungen des § 476 im einzelnen unten Rn 11–44. An den Reeder wird angeknüpft in § 479 Abs. 1 Satz 1 (Vertretung des Reeders); § 480 (Haftung); § 513 Abs. 1 Satz 2, § 518, § 523 Abs. 3 (Ausstellung von Konnossementen durch Vertretungsbefugte); §§ 570 ff., § 605 Nr. 4 (Zusammenstoß von Schiffen); § 581

---

[1] SHR-RegE-Begr S. 62 („Zu § 476").

Abs. 1, 587 Abs. 4 (Bergung); § 594 Abs. 4 und 5 (Große Haverei); sowie § 596 Abs. 1 Nr. 5 und § 598 Abs. 2 (Schiffsgläubigerrechte). Daneben wenden sich Vorschriften des Fünften Buches auch ausdrücklich an den Eigentümer des Schiffes; dazu unten Rn 82–83 zu § 477. Die Legaldefinition des § 476 HGB gilt systematisch ausschließlich für das Fünfte Buch HGB sowie das EGHGB; siehe Art. 7 Nr. 1 EGHGB. Zur Verwendung des Begriffes „Reeder" außerhalb des HGB und des EGHGB siehe unten Rn 50, zu vertraglich begründeten Rechtsstellungen unten Rn 51 sowie zum Nur-Eigentümer des Schiffes unten Rn 81–88 zu § 477. Die Vorschrift des § 4 Abs. 1 SeeArbG enthält eine eigenständige Umschreibung des Reeders.

4   **2. Der Erwerbsschiff-Vorbehalt des Fünften Buches.** § 476 hat neben der Umschreibung des Reeders eine weitere Funktion, die sich erst im Zusammenspiel mit Art. 7 Abs. 1 EGHGB erschließt. Nach § 476 muss der Eigentümer eines Schiffes, um Reeder zu sein, das Schiff zum Erwerb durch die Seefahrt betreiben. Art. 7 Abs. 1 EGHGB erklärt weiter bestimmte Vorschriften des HGB – genauer: des Fünften Buches – für anwendbar, wenn das Schiff nicht zum Erwerb durch die Seefahrt betrieben wird. Dem liegt im Rückschluss der Ausgangspunkt zugrunde, dass das gesamte Fünfte Buch grundsätzlich nicht zur Anwendung gelangt, wenn es am Erwerb durch die Seefahrt fehlt – andernfalls wären die Ausnahmeregelungen des Art. 7 Abs. 1 Nr. 3 und 4 EGHGB überflüssig. Denn weder in den §§ 574 bis 587 noch in den §§ 611 bis 617 wird an den Reeder angeknüpft.

5   Aus alldem ergibt sich zweierlei: Das Fünfte Buch bleibt unberücksichtigt, wenn der Erwerb durch die Binnenschifffahrt erfolgt – hier gilt das BinSchG – oder kein Erwerb durch Schifffahrt stattfindet (dazu unten Rn 36–39). Vor allem aber stehen alle Vorschriften des Fünften Buches unter dem Vorbehalt, dass das Schiff überhaupt des Erwerbes wegen (durch die Seefahrt) betrieben wird (dazu unten Rn 29–35). Dies gilt schon nach § 476, wenn in Vorschriften des Fünften Buches an die Person des Reeders angeknüpft wird (oben Rn 3). Ebenso verhält es sich, wenn sich Vorschriften an den Eigentümer richten, der an dem Rechtsverhältnis der Bergung (§§ 574 ff.) beteiligt und insbesondere Schuldner der Ansprüche auf Bergelohn und Ersatz der Bergungskosten oder der Sondervergütung ist (§§ 576 ff.) oder der in Großer Haverei beitragsberechtigt oder vergütungspflichtig ist (§§ 588 ff.); dazu noch unten Rn 82–83 zu § 477. Der Betrieb des Schiffes zum Erwerb (durch die Seefahrt) muss nicht notwendig durch oder für den Eigentümer selbst erfolgen; siehe § 477.

6   Der Erwerbsschiff-Vorbehalt betrifft nur Seeschiffe. Soweit im Fünften Buch auf Binnenschiffe Bezug genommen wird – siehe §§ 573, 574 Abs. 1 Nr. 1 und 3, 619 –, kann es sich auch um Nichterwerbsschiffe handeln. Auch das BinSchG unterscheidet nicht zwischen Erwerbs- und Nichterwerbsschiffen (unten Rn 35). Von dem generellen Erwerbsschiff-Vorbehalt des Fünften Buches macht Art. 7 Abs. 1 EGHGB Ausnahmen, indem bestimmte Vorschriften des Fünften Buches auch auf Nichterwerbsschiffe für anwendbar erklärt werden.

7   Der Erwerbsschiff-Vorbehalt der § 476, Art. 7 Abs. 1 EGHGB spielt bei vertraglich begründeten Schuldverhältnissen im Hinblick auf das für die Durchführung des Schuldverhältnisses verwendete Schiff keine Rolle. Allerdings sind für einzelne Schuldverhältnisse selbständig entsprechende Anforderungen formuliert. So gelten die Vorschriften des Ersten Titels über den Stückgutfrachtvertrag nach § 481 Abs. 3 Satz 1 nur, wenn die Beförderung zum Betrieb eines gewerblichen Unternehmens gehört. Diese Voraussetzung erstreckt sich auch auf das (Normal-)Konnossement (§§ 513 ff.), das ebenfalls im Ersten Titel geregelt ist. Dagegen fehlt sie beim Haag-Konnossement, weil Art. 6 Abs. 1 Satz 1 EGHGB nicht auch auf § 481 Bezug nimmt. Auch bei der Reisecharter muss die Beförderung zum Betrieb eines gewerblichen Unternehmens gehören, § 527 Abs. 2 verweist

auf § 481. Bei der Bareboat- und der Zeitcharter (§§ 553 ff., 557 ff.), die der Gesetzgeber als Schiffsüberlassungsverträge einordnet, wird entsprechend der Grundstruktur des Fünften Buches, darauf abgestellt, dass der Mieter (§ 553 Abs. 3 Satz 1) bzw. der Zeitcharterer (§ 557 Abs. 3 Satz 1)[2] den Vertrag abschließt, um das Schiff zum Erwerb durch die Seefahrt zu betreiben. Für die §§ 536 ff. über die Personenbeförderung ist ein entsprechender Vorbehalt nicht vorgesehen.

Der für das Fünfte Buch geltende Erwerbsschiff-Vorbehalt der § 476, Art. 7 Abs. 1 EGHGB betrifft auch den ausführenden Verfrachter (§ 509) und den ausführenden Beförderer (§ 546), wenn es sich bei ihnen um den Betreiber des Schiffes handelt. Dieser muss gleichzeitig Reeder (oder Ausrüster, § 477) sein, um §§ 509, 546 zur Anwendung zu bringen. Die Vorschriften gelten daher nicht, wenn das Schiff nicht des Erwerbes wegen betrieben wird (was im Hinblick auf eine Anwendung der §§ 509, 546 nicht häufig vorkommen wird). Dem steht im Hinblick auf den ausführenden Verfrachter nicht entgegen, dass § 481 Abs. 3 Satz 1 für die Heranziehung der §§ 498 ff. auf den vertraglichen Verfrachter außerdem voraussetzt, dass die Beförderung zum Betrieb eines gewerblichen Unternehmens gehört. **8**

II. Begrifflichkeiten

Anders als das Fünfte Buch verwendet die Praxis den Begriff „Reeder" auch zur Umschreibung sonstiger Personen. Insbesondere wird bei Reise-, Zeit- und Bareboat-Charterverträgen diejenige Partei, die vertragstypische Leistungen erbringt, häufig als „Reeder" umschrieben. Der Verfrachter, Zeitvercharterer bzw. Vermieter können im Einzelfall Reeder sein, wenn sie in ihrer Person die Voraussetzungen des § 476 verwirklichen. In vielen Fällen fehlt es hieran allerdings. **9**

Das frühere Fünfte Buch kannte noch die „Reederei" bzw. die „Partenreederei". Hierbei handelte es sich um eine besondere Gesellschaftsform, die für den Zweck des Betriebes eines Schiffes zur Verfügung stand. Vorschriften über die Partenreederei sind mit dem SHR-ReformG aus dem Fünften Buch HGB entfernt worden (siehe auch Art. 71 Abs. 1 EGHGB, dazu oben Rn 145 Einleitung A). Eine Rechtsfigur, die bei der Partenreederei eine Rolle spielte, war der sogenannte „Korrespondenzreeder" (§§ 492 ff. HGB). Dieser erledigte für die Reederei die Rechtsgeschäfte, die für den Betrieb des Schiffes erforderlich waren. Der Korrespondenzreeder wird heute noch in § 616 Abs. 1 Satz 2 erwähnt. Schließlich verwendet die Praxis gelegentlich auch die Begriffe des „Vertragsreeders" oder des „Bereederers". Dies ist nichts anderes als der Manager des Schiffes; siehe zu diesem den Anhang zu §§ 476, 477 (Manager). **10**

III. Die Umschreibung des § 476

Die Vorschrift des § 476 regelt den Tatbestand des Reeders. Denjenigen, der diese Voraussetzungen erfüllt, treffen die Rechte und Pflichten, die das Fünfte Buch HGB für die Person des Reeders vorsieht (dazu oben Rn 3). Zusammen mit Art. 7 Abs. 1 EGHGB ist § 476 die Grundlage des Erwerbsschiffs-Vorbehalts, der für das gesamte Fünfte Buch gilt (oben Rn 4–8). Unter den Voraussetzungen des § 477 ist der Ausrüster des Schiffes als Reeder anzusehen. Der Reeder kann auch ausführender Verfrachter (§ 509 HGB) oder ausführender Beförderer sein (§ 546). Die Vorschrift des § 476 setzt nicht voraus, dass das Schiff in einem Schiffsregister eingetragen ist. Eine Person kann Reeder mehrerer Schiffe **11**

---

2 Dazu *Ramming* RdTW 2013, 333, 336 f. (unter 9.).

sein. In der Praxis trifft man allerdings regelmäßig auf Ein-Schiff-Gesellschaften. Dass eine Person im Hinblick auf mehrere Schiffe Reeder ist, kommt gelegentlich in der Hafen- und Küstenschifffahrt vor.

1. Der Eigentümer des Schiffes

12   a) **Das Eigentum.** Reeder ist nach § 476 nur, wer Eigentümer des Schiffes ist (dazu oben Rn 120–123 Einleitung A). Maßgeblich sind die Grundsätze des Sachenrechts. Der Inhaber einer Schiffshypothek oder eines Nießbrauchsrechts am Schiff (oben Rn 164–214, 215 Einleitung B) kann nicht Reeder sein, ebenso wenig ein Schiffsgläubiger (§§ 596 ff. HGB), der Gläubiger, der das Schiff zum Zwecke der Zwangsversteigerung beschlagnahmt hat (§§ 177 ff., 15 ff. ZVG), der Gläubiger, der die Pfändung des Schiffes im Arrestverfahren erwirkt hat (§ 931, 930, 928 ZPO) oder der Werkunternehmer im Hinblick auf sein Pfandrecht (§ 647 BGB). Der bloße Besitz am Schiff (§§ 854 ff. BGB) genügt für die Rechtsstellung als Reeder ebenfalls nicht. Auch eine schuldrechtlich begründete Befugnis zur Nutzung des Schiffes macht den Betreffenden nicht zum Reeder. Eigentümer des Schiffes können natürliche oder auch juristische Personen sein. Sicherungseigentum genügt. Mehrere Miteigentümer (§§ 1008 ff., §§ 741 ff. BGB) des Schiffes können jeder für sich Reeder sein, so dass es ggf. mehrere Reeder gibt. Gleiches gilt im Falle des Gesamthandseigentums (§§ 718, 719 BGB) am Schiff, so dass jedes Mitglied einer Erbengemeinschaft (§§ 2032 ff. BGB) und jeder Gesellschafter einer BGB-Gesellschaft (§§ 705 ff. BGB), einer OHG (§§ 105 ff. HGB), einer KG (§§ 161 ff. BGB) – auch der Kommanditist[3] – oder einer Reederei (Art. 71 Abs. 1 EGHGB, §§ 489 ff. HGB a.F.) für sich die Voraussetzungen eines Reeders des Schiffes erfüllen können. Eine Person, die nicht Eigentümer des Schiffes ist, kann ggf. dessen Ausrüster und damit im Verhältnis zu Dritten als Reeder anzusehen sein (§ 477 Abs. 1 und 2). Auch Staaten und staatliche Stellen können Eigentümer eines Schiffes sein. Zum Nur-Eigentümer siehe noch unten Rn 81–88 zu § 477.

13   b) **Die Ermittlung des Eigentümers.** Wer Reeder eines Schiffes ist, ermittelt sich, wenn das Schiff in einem Schiffsregister eingetragen ist, anhand der Eintragungen im Register. Gemäß § 15 Abs. 1 SchRG besteht insoweit eine gesetzliche Vermutung. Nach § 15 Abs. 3 SchRG gilt umgekehrt die Vermutung, dass ein gelöschtes Recht nicht mehr besteht; näher hierzu oben Rn 153 Einleitung B. Es gibt eine Reihe von privat betriebenen Datenbanken, die sich teils auch als „Register" oder „Schiffsregister" bezeichnen, bei denen in der Regel kostenpflichtig Angaben über das Schiff, seine Eigentümer und den Manager, aber etwa auch über den aktuellen Ort des Schiffes eingeholt werden können. Angaben zu den Beteiligten sind stets mit Vorsicht zu genießen. In der Regel stammen die Angaben von dem betreffenden Unternehmen selbst. Sie können inzwischen auch veraltet sein. Häufig sind Angaben zu Firmen unvollständig, etwa weil die Gesellschaftsform fehlt oder unrichtig ist. Keinesfalls können derartige Datensammlungen die Eintragungen im Schiffsregister ersetzen. Es ist dringend zu empfehlen, sich zum Zwecke der Ermittlung des Eigentümers stets an das betreffende Schiffsregister zu halten. Die SHR-RegE-Begr weist außerdem darauf hin, dass sich der Reeder des Schiffes zuverlässig anhand der Schiffsidentifikationsnummer ermitteln lasse[4] (hierzu Regel XI-1/3 Anlage SOLAS-Ü sowie oben Rn 106 Einleitung A). Dies trifft nicht zu. Die Schiffsidentifikationsnummer ist der Fahrgestellnummer bei Kraftfahrzeugen vergleichbar. Man kann das

---

3   Siehe *Schaps-Abraham* Seehandelsrecht Rn 8 zu § 484.
4   SHR-RegE-Begr S. 62 („Zu § 476").

betreffende Schiff identifizieren, auch wenn es den Namen und den Eigentümer wechselt. Sichere Auskunft über die Person des jeweiligen Eigentümers gibt aber weiterhin ausschließlich das Schiffsregister.

2. Der Betrieb des Schiffes. Der Eigentümer muss, um Reeder im Sinne des § 476 zu sein, das Schiff „betreiben". Dies umschreibt eine eigenartige Beziehung tatsächlicher Art zum Schiff (unten Rn 16–18). Der Gesichtspunkt des Betriebs des Schiffes wirkt in zwei Richtungen. Zum einen geht es um die Frage, ob der Eigentümer eines Schiffes auch dessen Betreiber und damit der Reeder ist. Umgekehrt wird anhand des Merkmals des Betriebs des Schiffes ermittelt, wer dessen Betreiber und damit (wenn das Schiff ihm auch gehört) der Reeder ist. 14

Das Anknüpfungsmoment des „Betriebs" des Schiffes ist durch das SHR-ReformG für die Umschreibung des Reeders neu eingeführt worden. Auf den entsprechenden Gesichtspunkt kam es nach altem Recht im Rahmen des § 510 Abs. 1 HGB a.F. an, der Vorschrift, aus der der heutige § 477 hervorgegangen ist. In § 510 HGB a.F. fand sich noch die umständlich anmutende Umschreibung, Ausrüster sei, wer das Schiff „… für seine Rechnung verwendet und es entweder selbst führt oder die Führung einem Kapitän anvertraut …" (näher Rn 7–10 zu § 477). In § 477 Abs. 1 ist die Wendung durch die Worte, „Ausrüster ist, wer … das Schiff betreibt …" ersetzt worden. Diese Formulierung wurde mit in die Definition des Reeders nach § 476 übernommen.[5] Hier steht sie an der Stelle der früheren Umschreibung, dass der Reeder der Eigentümer des ihm „… dienenden Schiffes" sei. Der Sache nach entspricht dies der Verwendung des Schiffes durch den Eigentümer. Die Ersetzung Ausdrucks „ihm dienenden" durch „von ihm betriebenen" Schiffes bewirkt eine nicht nur unerhebliche Rechtsänderung.[6] Das Schiff dient dem Eigentümer bereits, wenn er über den Einsatz des Schiffes bestimmen kann, es also verwendet. Im Gegensatz dazu erfordert der Betrieb des Schiffes eine aktive Betätigung (unten Rn 16–18). Siehe zu alldem noch näher unten Rn 7–10 zu § 477. 15

a) Der Betrieb. Der „Betrieb" des Schiffes umfasst die Herrichtung und Aufrechterhaltung eines Zustands des Schiffes, der es ermöglicht, mit dem Schiff Leistungen zu erbringen (siehe auch § 557 Abs. 1). Dies erfordert die Organisation und Durchführung einer Gesamtheit von Einzelmaßnahmen. Durch den Betrieb wird das Schiff „zum Leben erweckt" und zu einer funktionierenden Einheit. Hierzu gehört etwa die Versorgung des Schiffes mit Brenn- und Schmierstoffen, mit Wasser und Proviant, sowie mit Ersatzteilen, ebenso die Organisation und Durchführung von Wartungsarbeiten, einschließlich der erforderlichen Werftaufenthalte. Von besonderer Bedeutung ist die Stellung einer Besatzung für das Schiff. Welche Maßnahmen für den Betrieb des Schiffes zu treffen sind, hängt außerdem davon ab, welche Leistungen mit dem Schiff erbracht werden sollen. Letztlich hängt alles von den Umständen des Falles ab. Ob das Schiff die Leistungen, zu denen es fähig ist, dann auch tatsächlich erbringt, ist ohne Bedeutung. Ebenso kommt es für die Anwendung des § 476 nicht darauf an, ob der (vorgesehene) Einsatz des Schiffes erlaubt oder verboten ist. 16

Bei den Leistungen, die das Schiff erbringen soll, geht es in erster Linie um die Beförderung von Gut und Fahrgästen mit dem Schiff. Aber auch jede andere Art von Leistungen kommt in Betracht, etwa der Einsatz des Schiffes als Forschungsschiff, als 17

---

[5] SHR-RegE-Begr S. 62 („Zu § 476").
[6] Anders *Pötschke* in MüKo/HGB Rn 5 zu § 476; der SHR-RegE-Begr S. 62 f. („Zu § 476" und „Zu § 477") ist insoweit nichts zu entnehmen.

Eisbrecher, als Kabelleger oder als Bohrschiff; zum Zwecke der Fischerei[7] oder der Wal- oder Seehundjagd; für Bergungen und Maßnahmen der Wrackbeseitigung; zur Erbringung von Hilfstätigkeiten, namentlich als Assistenzschlepper oder Versorger. Um die Leistungen zu erbringen, muss das Schiff jeweils in entsprechender Weise hergerichtet, ausgerüstet und besetzt sein.

18 Im Hinblick auf § 104 SHSG wurde vertreten,[8] dass der Betrieb des Schiffes dessen selbständige Verwendung und die Bestimmung und Anweisung umfasse, ohne dass es der Mitwirkung oder Zustimmung Dritter bedürfe. Zur Verwendung gehöre auch der Betrieb im nautisch-technischen Sinne, also die Verantwortlichkeit und Kompetenz für die ordnungsgemäße Durchführung und Sicherung des Schiffsbetriebes. Vertragliche Beschränkungen der selbständigen Verwendung seien unschädlich, etwa wenn das Schiff nur in bestimmten Fahrtgebieten verwendet werden dürfe oder wenn der Vermieter des Schiffes bestimmte Instandhaltungspflichten behalte.

19 **b) Der Betreiber.** Der Betreiber des Schiffes, der auch Eigentümer des Schiffes ist, erfüllt die Voraussetzungen des Reeders (§ 476). Gehört das Schiff nicht dem Betreiber, ist er Ausrüster (§ 477). Der Zeit- und der Reisecharterer (§§ 557ff., §§ 527ff.) betreibt das Schiff normalerweise nicht, wohl aber der Bareboat-Charterer (§§ 553ff.). Der Manager betreibt das Schiff, aber nicht für sich, sondern für einen anderen (unten Rn 23 sowie Rn 4 Anhang zu §§ 476, 477 [Manager]). Ziffer 1.1 Anlage AnlBV umschreibt für die Zwecke der Verordnung den „Betreiber" einigermaßen nichtssagend als „Eigentümer, Reeder, Charterer oder Manager des Schiffes". Der Ausrüster wird in der Begriffsbestimmung nicht genannt.

20 **aa) Der Herr des Betriebs.** Der Betreiber des Schiffes ist derjenige, der für den Betrieb des Schiffes (oben Rn 16–18) sorgt. Er versetzt das Schiff in den betriebsbereiten Zustand und erhält diesen Zustand aufrecht. Der Betreiber trägt die Kosten des Betriebs. Er ist der Herr des Betriebs und hat es in der Hand, den Betrieb des Schiffes zu beginnen, ihn fortzusetzen oder einzustellen. Ein wichtiges Indiz ist die Besetzung des Schiffes. Derjenige, der die Besatzung stellt, und dessen Weisungen sie befolgt, ist normalerweise auch der Betreiber des Schiffes. Der Betreffende kann selbst für die Besetzung des Schiffes sorgen oder dies durch einen anderen, der für ihn tätig wird – den Crewing Manager (unten Rn 16–24 Anhang zu §§ 476, 477 [Manager]) – erledigen lassen. Hat der Crewing Manager auch das technische bzw. das kommerzielle Management des Schiffes übernommen (unten Rn 15, 25 Anhang zu §§ 476, 477 [Manager]), und erteilt der Manager daher der Besatzung die Weisungen, geschieht dies stets für den Auftraggeber, auch wenn dies häufig nicht äußerlich erkennbar ist. Keinesfalls will der Manager das Schiff für sich (als Ausrüster) betreiben. Die Beziehung zwischen dem Schiff und seinem Betreiber ist rein tatsächlicher Art und anhand der Umstände zu beurteilen; siehe hierzu noch die Fälle des Ausrüsters unten Rn 13 zu § 477. Auf Rechtsverhältnisse kommt es zunächst nicht an, weil die tatsächliche Handhabung davon abweichen und ggf. widerrechtlich sein kann. Allerdings darf man grundsätzlich davon ausgehen, dass sich die Beteiligten vertragsgemäß verhalten, so dass sich die aus einem Rechtsverhältnis ergebenden Pflichten ein Indiz dafür sind, dass der Betreffende sich auch tatsächlich so verhält.

21 Es genügt, dass der Betreffende die wesentlichen Maßnahmen für den Betrieb des Schiffes durchführt, namentlich die Besatzung stellt. Es schadet nicht, dass eine andere

---

7 Siehe RGZ 32, 104 „Präsident Herwig".
8 Siehe *Richter-Hannes/Trotz* SHSG Ziffer 4.2 zu § 104; *Richter-Hannes/Richter/Trotz* Seehandelsrecht S. 70.

Person mit eigenen, untergeordneten Maßnahmen zum Betrieb beiträgt oder Kosten übernimmt. Soll Gut befördert werden und sorgt ein anderer als der Betreiber des Schiffes, etwa ein Charterer, für das Ver- bzw. Entladen des Gutes, wird weder der Charterer (für die Zwecke des § 476) zum Teil-Betreiber des Schiffes noch verliert der Betreiber seine Stellung als alleiniger Betreiber. Gleiches gilt, wenn ein Zeitcharterer die Versorgung des Schiffes mit Brennstoff übernimmt.

Es gibt grundsätzlich nur einen Betreiber des Schiffes. Dies gilt auch für den Fall der **22** Zeitcharter[9] (dazu unten Rn 25). Allerdings können von mehreren (Mit- oder Gesamthands-)Eigentümern des Schiffes (oben Rn 12) nur einer oder einige auch mit dem Betrieb des Schiffes befasst sein. Lediglich diese sind daher auch Betreiber des Schiffes und damit ggf. Reeder.

Der Betreiber kann einen Dritten mit der Durchführung der erforderlichen Maßnah- **23** men beauftragen. Dies ist der Manager des Schiffes; siehe die Erläuterungen im Anhang zu §§ 476, 477 (Manager). Der Manager wird für den Auftraggeber tätig, Dieser, nicht der Manager, ist Betreiber des Schiffes. Der Auftraggeber kann auch mehrere Manager einschalten, die etwa für den technischen Schiffsbetrieb und für das Crewing zuständig sind. Ein Manager, der mit der Durchführung des gesamten oder von Teilen des Schiffsbetriebes betraut ist, kann ggf. seinerseits Unter-Manager beauftragen, die die Aufgaben des Haupt-Managers ganz oder teilweise übernehmen. Auch hier bleibt der ursprüngliche Auftraggeber der Betreiber des Schiffes.

bb) Die Zurverfügungstellung des Schiffes. Der Eigentümer, dessen Tätigkeiten **24** sich darauf beschränken, sein Schiff lediglich einem anderen zur Verfügung zu stellen, ist nicht der Betreiber des Schiffes und nicht dessen Reeder. Dies betrifft namentlich den Bareboat-Charter (§§ 553 ff.). Das bloße Überlassen des Schiffes und die Gewährung des Gebrauchs (§ 553 Abs. 1) ist kein Betrieb des Schiffes im oben Rn 16–18 geschilderten Sinne.[10] Betrieben wird es durch oder für den Bareboat-Charterer bzw. von dessen Sub-Charterer, wenn das Schiff bareboat weiterverchartert wurde. Er, nicht der Vercharterer, sorgt für den Betrieb, der erforderlich ist, um mit dem Schiff Leistungen zu erbringen. Auch in § 553 Abs. 3 Satz 1 wird ausdrücklich an den Betrieb des Schiffes durch den Bareboat-Charterer angeknüpft. Zu anderen Fällen der Zurverfügungstellung des Schiffes an einen Ausrüster siehe unten Rn 13 zu § 477. In dieser Hinsicht weicht § 476 von der Regelung des § 484 HGB a.F. ab, der noch auf das Merkmal Bezug genommen hat, dass das Schiff dem Eigentümer (zum Erwerb durch die Seefahrt) „dient". Dies wurde bereits durch die bloße Zurverfügungstellung des Schiffes verwirklicht, was zur Folge hatte, dass der Eigentümer, der das Schiff einem Bareboat-Charterer überlassen hatte, noch als Reeder angesehen werden konnte.[11] Daneben war widersprüchlicher Weise auch der Bareboat-Charterer nach § 510 Abs. 1 HGB a.F. Ausrüster und damit weiterer Reeder.

cc) Die Zeitcharter. Schließt der Eigentümer des Schiffes eine Zeitcharter (§§ 557 ff. **25** HGB), wird normaler Weise der Zeitcharterer nicht zum Betreiber des Schiffes,[12] auch nicht zum Mitbetreiber.[13] Alleiniger Betreiber bleibt vielmehr dessen Eigentümer. Letztlich kommt es hier auf die Ausgestaltung der Zeitcharter an. Hat sie im Einzelfall die

---

9 Anders *Pötschke* in MüKo/HGB Rn 8 zu § 476, ihm folgend BAG RdTW 2017, 17 [35].
10 Anders *Pötschke* in MüKo/HGB Rn 8 zu § 476, ihm folgend BAG RdTW 2017, 17 [35].
11 Siehe *Schaps-Abraham* Seehandelsrecht Rn 2 zu § 484; *Rabe* Seehandelsrecht Rn 4 zu § 484.
12 Siehe SHR-ReformG-Begr S. 63 (linke Spalte oben); *Herber* Seehandelsrecht S. 141 (vor 4.); ebenso schon *Richter-Hannes/Trotz* SHSG Ziffer 4.1 zu § 104; *Richter-Hannes/Richter/Trotz* Seehandelsrecht S. 71 f.
13 So aber *Pötschke* in MüKo/HGB Rn 8 zu § 476 und ihm folgend BAG RdTW 2017, 17 [35].

Rechtsnatur eines Mietvertrages, verbunden mit einer Vereinbarung, dass der Vercharterer dem Charterer die Dienste der Besatzung verschafft, wird der Charterer zum Betreiber des Schiffes.[14] Ihm steht das Schiff zur eigenständigen Nutzung zur Verfügung und die Besatzung wird für ihn, den Charterer, tätig. Richtiger Weise allerdings ist die Zeitcharter eine Sonderform des Frachtvertrages, mit Ähnlichkeiten zu einem Rahmenvertrag. Dies gilt insbesondere für die Ausgestaltung der Zeitcharter in den §§ 557 ff. HGB. Die hier getroffenen Regelungen entsprechen den traditionellen vertraglichen Vereinbarungen der Zeitcharter in der Praxis. § 557 Abs. 1 geht zwar zunächst davon aus, dass dem Charterer das Schiff auf Zeit überlassen wird. Gleichzeitig ist in der Vorschrift aber auch ausdrücklich geregelt, dass der Vercharterer mit dem Schiff Güter oder Personen befördert oder andere vereinbarte Leistungen erbringt. Damit ist es Sache des Vercharterers, für einen Betrieb des Schiffes zu sorgen, der es ihm ermöglicht, diese Leistungen zu erbringen. Der Vercharterer bleibt daher Betreiber des Schiffes. Zu diesem Ergebnis passt die Vorschrift des § 557 Abs. 3 Satz 1 allerdings nicht. Hier wird eine Voraussetzung der Anwendung der §§ 557 Hff.GB geregelt. Sie gelten nur, wenn der Zeitcharterer den Vertrag abschließt, um das Schiff (zum Erwerb durch die Seefahrt) zu betreiben. Dies kann normaler Weise nicht eintreten, denn es ist nach wie vor ausschließlich der Vercharterer, der das Schiff betreibt. Wäre § 557 Abs. 3 Satz 1 wörtlich zu nehmen, kämen §§ 557 ff. nie zur Anwendung. Richtiger Weise muss die Regelung des § 557 Abs. 3 Satz 1 so verstanden werden, dass es genügt, dass der Zeitcharterer den Vertrag abschließt, um das Schiff (zum Erwerb durch die Seefahrt) zu verwenden. Auf die Verwendung durch den Charterer wird auch in § 557 Abs. 1 Bezug genommen.

26   **dd) Darlegung und Beweis.** Der Betrieb des Schiffes umfasst ein Bündel von Maßnahmen (oben Rn 16–18), die normalerweise nach außen nicht sichtbar sind. Entsprechend kann die Ermittlung der Person, die Herr dieses Geschehens und damit Betreiber des Schiffes ist (Rn 20–23), für Außenstehende schwierig sein. Dem Schiff sieht man nicht an, wer es betreibt. Auch Merkmale wie eine „Reedereiflagge", ein prägnanter, auf eine Person hindeutender Schiffsname, eine Aufschrift an der Bordwand oder eine Schornsteinmarke lassen keinen Rückschluss auf den Betreiber zu. Denn häufig ist es gerade ein Zeitcharterer, der sich diese Mittel zum Zwecke der Vermarktung seines Dienstleistungsangebots zunutze macht und der gerade nicht der Betreiber des Schiffes ist (oben Rn 25). Die genannten äußerlich erkennbaren Umstände waren möglicherweise im Hinblick auf § 484 HGB a.F. geeignet, auf denjenigen hinzuweisen, dem das Schiff zum Erwerb dient oder der es hierfür verwendet (siehe § 510 Abs. 1 HGB a.F. sowie Rn 7–10 zu § 477). Für das neue Moment des Betriebs des Schiffes taugen sie nicht. Ein Dritter, der darzulegen und zu beweisen hat, dass eine bestimmte Person Betreiber des Schiffes ist, wird sich damit häufig schwertun, weil er keinen Einblick in die internen Verhältnisse hat. Für den Dritten streitet aber die Vermutung, dass der Eigentümer des Schiffes auch dessen Betreiber ist (sogleich Rn 27). Im Verhältnis zum Eigentümer kann der Dritte ggf. auch die neue Regelung des § 477 Abs. 3 (dort Rn 42–54) für sich geltend machen.

27   **ee) Die Vermutung des Betriebs durch den Eigentümer.** M.E. ist von der widerleglichen Vermutung auszugehen, dass der Eigentümer das Schiff auch selbst betreibt. Der Außenstehende kann sich daher damit begnügen, darzulegen und zu beweisen, dass das Schiff im Eigentum der betreffenden Person steht. Gelingt dies, gilt der Eigentümer als Betreiber. Diese Vermutung betrifft namentlich den Fall, dass die Frage, wer Betrei-

---

14 *Schaps-Abraham* Seehandelsrecht Rn 2 zu § 484.

ber des Schiffes ist, unter zwei Außenstehenden eine Rolle spielt. Im Verhältnis zum Eigentümer selbst steht dem Außenstehenden die Vorschrift des § 477 Abs. 3 (dort Rn 42–54) zur Seite. Die Vermutung besteht nur zugunsten des Außenstehenden, nicht aber zugunsten des Eigentümers. Will er geltend machen, dass er auch Betreiber des Schiffes sei, muss er dies ggf. in vollem Umfang beweisen.

c) Beginn und Ende des Betriebes. Der Betrieb eines Schiffes setzt voraus, dass es sich bei dem Gegenstand, der betrieben wird, um ein Schiff handelt. Daher kann erst mit Vorliegen dieser Voraussetzungen (dazu oben Rn 11–46 Einleitung A) ein Schiffsbetrieb vorliegen. Entsprechendes gilt, wenn das Schiff seine Eigenschaft als Schiff verliert. Gleichzeitig endet auch der Betrieb des Schiffes. Unabhängig davon beginnt der Schiffsbetrieb, wenn erste, nach außen hin erkennbare Maßnahmen als Vorbereitung für die Herrichtung des Schiffes zum Betrieb getroffen werden;[15] die bloße Absicht des Betriebs genügt nicht.[16] Ist das Schiff noch nicht in Dienst gestellt, kann es bereits betrieben werden, bevor die erste Reise angetreten wird.[17] Werden schon Tätigkeiten im Hinblick auf einen Betrieb durchgeführt, ohne dass der betreffende Gegenstand bereits ein Schiff ist, beginnt der Betrieb mit Eintritt der Voraussetzungen eines Schiffes. Bei einem Neubau beginnt der Betrieb frühestens mit der Ablieferung des Schiffes.[18] Der Betrieb endet, wenn die Maßnahmen zur Abwicklung des Betriebes vollendet sind. Dies gilt auch, wenn das Schiff verloren gegangen ist. Der Betrieb endet sofort, wenn das Schiff seine Eigenschaft als Schiff verliert. Andererseits endet der Schiffsbetrieb nicht bereits mit dem bloßen Einstellen aller Tätigkeiten. Der Betreiber kann seine Rechtsstellung nicht dadurch verlieren, dass er untätig bleibt. Der Betrieb des Schiffes wird nicht dadurch unterbrochen, dass die maßgeblichen Leistungen zeitweise nicht mehr erbracht werden können, etwa weil Reparaturarbeiten am Schiff erforderlich sind. Gleiches gilt für geplante Werftaufenthalte. Schließlich wird der Schiffsbetrieb auch fortgeführt, wenn das Schiff aufgelegt ist. 28

3. Der Betrieb des Schiffes zum Erwerb. § 476 kommt zur Anwendung, dass das Schiff des Erwerbes wegen betrieben wird (sogleich Rn 30–32). Auch eine zeitweise Verwendung zum Erwerb ist möglich (unten Rn 33). Die Darlegung und der Beweis des Betriebes des Schiffes zum Erwerb kann Schwierigkeiten machen (unten Rn 34). Darauf, ob das Schiff des Erwerbes wegen betrieben wird, kommt es nur im Seerecht, nicht aber in der Binnenschifffahrt nicht an (unten Rn 35). 29

a) Der Erwerb. Der Tatbestand des § 476 setzt voraus, dass der Eigentümer das Schiff des Erwerbes wegen betreibt. Erforderlich ist eine entgeltliche Verwendung des Schiffes zu dem Zweck, Einnahmen zu erzielen. Diese Voraussetzung ist auch erfüllt, wenn die Einnahmen ausschließlich zur Deckung der Kosten des Schiffsbetriebes verwendet werden sollen. Es ist nicht notwendig, dass durch den Betrieb des Schiffes Gewinn erwirtschaftet wird oder dass dies jedenfalls beabsichtigt ist. Der Betrieb des Schiffes des Erwerbes wegen ist abzugrenzen von einer rein privaten Nutzung als Sport- oder Vergnügungsfahrzeug. Auch die Verwendung des Schiffes zur Wahrnehmung hoheitli- 30

---

15 Siehe OLG Bremen Hansa 1956, 469 (rechte Spalte oben) „Anna B.", Revision BGHZ 25, 244 = NJW 1957, 1717.
16 *Schaps-Abraham* Seehandelsrecht Rn 3 zu § 484; *Pötschke* in MüKo/HGB Rn 7 zu § 476.
17 *Schaps-Abraham* Seehandelsrecht Rn 3 zu § 484.
18 OLG Bremen Hansa 1956, 469 (rechte Spalte oben) „Anna B.", Revision BGHZ 25, 244 = NJW 1957, 1717.

cher Aufgaben schließt normaler Weise dessen Verwendung zum Erwerb aus. Das RG hat einen auf dem Nord-Ostsee-Kanal tätigen Schlepper, der im Eigentum des Fiskus stand, ohne weiteres als Erwerbsschiff angesehen, weil für seine Nutzung eine Gebühr zu entrichten war.[19] Fehlt es an einem Betrieb des Schiffes zum Erwerb, bleiben die Bestimmungen des Fünften Buches wegen des generellen Erwerbsschiffs-Vorbehalts (oben Rn 4–8) an sich außen vor. Allerdings bringt Art. 7 Abs. 1 EGHGB einige Vorschriften des Fünften Buches auch auf Nichterwerbsschiffe zur Anwendung. Zu Fragen des Wechsels des Erwerbs siehe Rn 46, 50 Anhang zu §§ 476, 477 (Art. 7 EGHGB).

31 Der Betrieb des Schiffes zum Zwecke des Erwerbs erfordert nicht darüber hinaus die gewerbliche Verwendung des Schiffes im Sinne einer planmäßigen und auf Dauer ausgerichteten anbietenden Tätigkeit am Markt. § 476 erfasst auch den „Gelegenheits"-Reeder. Andererseits steht die Gewerblichkeit des Schiffsbetriebs einer Anwendung des § 476 nicht entgegen. Die gewerbsmäßige Tätigkeit kann aber für die Einordnung des Reeders als Kaufmann maßgeblich sein (unten Rn 45).

32 Auch die öffentliche Hand kann in ihrem Eigentum stehende Schiffe des Erwerbes wegen betreiben. Gegenstand gerichtlicher Entscheidungen waren etwa Lotsenversetzschiffe;[20] nur auf dem Nord-Ostsee-Kanal eingesetzte Schlepper;[21] oder Bugsierschiffe.[22] Der Betrieb zu Erwerbszwecken fehlt normalerweise bei Feuerschiffen.[23] Ein Transportschiff der Marine wird nicht des Erwerbes wegen betrieben, auch wenn der Fiskus hierdurch Aufwendungen für den Einkauf von Transportleistungen am Markt spart.[24]

33 **b) Der zeitweise Betrieb zum Erwerb.** § 476 setzt nicht voraus, dass das Schiff ausschließlich oder in erster Linie zum Erwerb betrieben wird.[25] Ist eine vorübergehende Änderung des Betriebs äußerlich erkennbar, etwa bei abgrenzbaren einzelnen Reisen, kommt § 476 nur in entsprechenden Fällen zur Anwendung und bleibt im Übrigen unberücksichtigt.[26] Ein normalerweise privat genutztes Schiff kann daher auf einzelnen Reisen, etwa zur Beförderung von Personen, des Erwerbes wegen genutzt werden, so dass jetzt § 476 gilt. Eine Bauwerft, die als Betreiber mit dem Schiff eine Überführungsfahrt durchführt, um die Arbeiten am Bestimmungsort fortzusetzen, verwendet das Schiff zum Erwerb,[27] aber nicht zum Zwecke der Schifffahrt (unten Rn 36–39). Wechselt der Betrieb laufend und gewissermaßen zufällig in der Weise, dass der Betrieb des Schiffes teils zum Erwerb und teils ohne diesen Zweck erfolgt, wird das Schiff durchgehend des Erwerbes wegen betrieben; so etwa, wenn ein staatliches Lotsenversetzschiff für staatseigene (Kriegs-)Schiffe und dann wieder entgeltlich für Handelsschiffe tätig wird;[28] oder wenn ein Bugsierschiff Staatsschiffen und gelegentlich gegen Entgelt Handelsschiffen assis-

---

19 RGZ 45, 162 „Anna", „Schwerin".
20 Siehe RG HansGZ H 1984, 249 Nr. 88 „Kong Sigurd", „Wangeroog", zuvor OLG Hamburg HansGZ H 1894, 6 Nr. 2; RGZ 39, 183 „Berlin".
21 RGZ 45, 162, 164 „Anna", „Schwerin".
22 LG Hamburg HansGZ H 1905, 13 Nr. 6 (unter 3.) „Golo".
23 Siehe RGZ 38, 85, 86 „Eider" sowie in derselben Sache RGZ 47, 191, 193 (unter 2.); LG Hamburg HansGZ H 1905, 13 Nr. 6 (unter 3.) „Golo".
24 OLG Kiel SeuffA 38, 81 Nr. 50 „Eider", „Elizabeth".
25 Siehe RG HansGZ H 1984, 249 Nr. 88 (S. 251 rechte Spalte unten) „Kong Sigurd", „Wangeroog", zuvor OLG Hamburg HansGZ H 1894, 6 Nr. 2.
26 *Pötschke* in MüKo/HGB Rn 6 zu § 476.
27 Siehe RhSchOG Köln Hansa 1964, 1991, 1992f. (unter b) „Tina Scarlett", siehe auch BGH VersR 1971, 1012.
28 Siehe RG HansGZ H 1984, 249 Nr. 88 „Kong Sigurd", „Wangeroog", zuvor OLG Hamburg HansGZ H 1894, 6 Nr. 2.

tiert.²⁹ Der Zweck des Betriebes des Schiffes zum Erwerb wird nicht unterbrochen, wenn Reparaturen durchgeführt werden müssen, wenn geplanten Werftaufenthalte stattfinden oder wenn das Schiff zeitweise aufgelegt wird.

c) Darlegung und Beweis. Derjenige, der im Prozess geltend macht, dass der Betrieb des Schiffes des Erwerbes wegen erfolge, muss dies darlegen und ggf. beweisen. Ist der Betreiber selbst am Verfahren beteiligt, kommen ggf. die Grundsätze über die sekundäre Darlegungs- und Beweislast zum Tragen. Möglicherweise spielt die Frage nach dem Betrieb des Erwerbes wegen letztlich keine Rolle, weil die maßgeblichen Vorschriften, um deren Anwendung es geht, nach Art. 7 Abs. 1 Nr. 1 bis 4 EGHGB auch auf ein Nichterwerbsschiff zur Anwendung gelangen würden. 34

d) Die Binnenschifffahrt. Abweichend von § 476 erfordert die parallele Vorschrift des § 1 BinSchG nicht, dass der Eigentümer das Schiff des Erwerbes wegen verwendet. Damit ist die Unterscheidung zwischen Erwerbs- und Nichterwerbsschiffen für die Anwendung des BinSchG ohne Bedeutung. Insbesondere gilt das BinSchG auch für Sport- und Vergnügungsfahrzeuge.³⁰ Entsprechend gibt es für das BinSchG auch keine Vorschrift von der Art des Art. 7 Abs. 1 EGHGB. Damit kommt das BinSchG grundsätzlich auch ohne Einschränkungen auf (Binnen-)Staatsschiffe zur Anwendung. 35

4. Die Verwendung zur Schifffahrt. Der Betrieb des Schiffes muss, damit § 476 zur Anwendung gelangt, dem Erwerb (oben Rn 29–34) durch die Schifffahrt dienen. Hierzu muss das Schiff auf (Binnen- oder See-)Gewässern betrieben werden. Maßgeblich ist die Perspektive desjenigen, der das Schiff betreibt. Schifffahrt erfolgt insbesondere durch die Beförderung von Gut oder Personen³¹ (siehe oben Rn 16–18). Auch der Betrieb eines Fahrzeugs zum Versetzen von Lotsen kann Verwendung zur Schifffahrt sein.³² Nicht erforderlich ist eine anhaltende Fortbewegung des Schiffes auf Gewässern. Jedenfalls aber muss ein Mindestmaß an Schiff-„Fahrt" vorhanden sein. Dauerhaft festgemachte „Schiffe" – die etwa als Hotel oder Restaurant oder als Museum verwendet werden –, werden ggf. des Erwerbes wegen betrieben, aber nicht (mehr) durch Schifffahrt. Eigentümer solcher Einrichtungen sind daher auch nicht Reeder. Gleiches gilt für Feuerschiffe.³³ Unabhängig davon fehlt diesen Einrichtungen normalerweise auch schon die Eigenschaft des Schiffes (dazu Rn 11–46 Einleitung B). Der Zweck des Betriebes des Schiffes zur Verwendung durch Schifffahrt wird nicht unterbrochen, wenn zeitweilig keine Reisen durchgeführt werden, etwa wenn das Schiff repariert wird, wenn geplante Werftaufenthalte stattfinden oder wenn das Schiff zunächst aufgelegt wird. Betreibt ein anderer als der Eigentümer das Schiff zum Erwerb durch die Schifffahrt, gilt § 477. 36

Eine Verwendung des Schiffes zur Schifffahrt betrifft den Zweck des Einsatzes. Erforderlich ist eine gewisse Nachhaltigkeit der Schifffahrt. Dies wird auch dadurch belegt, dass in § 476 Abs. 1 und Art. 7 Abs. 1 EGHGB jeweils vom „Erwerb durch die Seefahrt" die Rede ist. Es genügt daher offenbar nicht, dass sich der Betrieb des Schiffes gewissermaßen als Selbstzweck darstellt. So verhält es sich, wenn eine Bauwerft als Betreiber des 37

---

29 LG Hamburg HansGZ H 1905, 13 Nr. 6 (unter 3.) „Golo".
30 BGHZ 3, 34, 43 (insoweit nicht in NJW 1952, 64 wiedergegeben); BGHZ 57, 309 = NJW 1972, 538, 539 (vor 2.) „Sonnenschein 9".
31 Ausführlich und instruktiv RGZ 32, 104, 105 „Präsident Herwig" (Fischerei).
32 RG HansGZ H 1984, 249 Nr. 88 „Kong Sigurd", „Wangeroog", zuvor OLG Hamburg HansGZ H 1894, 6 Nr. 2; siehe auch RGZ 39, 183 „Berlin".
33 Siehe RGZ 38, 85 „Eider".

Schiffes eine Probe- oder Überführungsfahrt durchführt. Die Werft betreibt das Schiff nicht zum Zwecke der Schifffahrt, sondern für die Zwecke ihres Werftbetriebes. Das RhSchOG Köln hat dies in der „Tina Scarlett" Entscheidung[34] ausdrücklich festgestellt. Allerdings hatte der BGH zuvor in dem Urteil „Anna B.",[35] wenn auch eher nebenbei, bestätigt, dass die Werft das Schiff zur (See-)Schifffahrt verwende. Ausgehend von „Tina Scarlett" fehlt es auch an einer Verwendung des Schiffes zur Schifffahrt, wenn im Rahmen eines Verkaufs des Schiffes der Käufer als dessen Betreiber das Schiff probefährt. Da das Schiff in diesen Fällen nur zur gelegentlichen Schifffahrt verwendet wird, erfüllt der Eigentümer, der das Schiff betreibt, nicht die Voraussetzungen des § 476, so dass er nicht Reeder ist. Allerdings hat das RhSchOG Köln Art. 7 EGHGB in der damals geltenden Fassung herangezogen (dazu Rn 55–56 zu Anhang § 476 [Art. 7 EGHGB]). Letztlich halte ich es allerdings für richtig, die gelegentliche Schifffahrt als (See-)Schifffahrt im Sinne des § 476 anzusehen (näher unten Rn 55–56 zu Anhang § 476 [Art. 7 EGHGB]).

38   Der Betreiber des Schiffes kann auch eigenes Gut befördern, das er verkaufen will oder verkauft oder erworben hat, oder das er selbst im Bestimmungshafen verwenden will, etwa zum Zwecke der Durchführung von Bauarbeiten. Ebenso kann der Betreiber des Schiffes eigenes Personal befördern, etwa zu einer Arbeitsstelle auf einer Insel oder einer Einrichtung vor der Küste. In diesen Fällen betreibt er das Schiff ebenfalls zur Schifffahrt.[36]

39   Derjenige, der im Prozess geltend macht, dass der Betrieb des Schiffes des Erwerbes durch die Schifffahrt wegen erfolge, muss dies darlegen und ggf. beweisen. Ist der Betreiber selbst am Verfahren beteiligt, kommen ggf. die Grundsätze über die sekundäre Darlegungs- und Beweislast zum Tragen.

40   **5. Die Verwendung zur Seefahrt.** Der Betrieb des Schiffes (oben Rn 14–28) muss, wie § 476 außerdem voraussetzt, nicht nur dem Erwerb (oben Rn 29–35) durch die Schifffahrt (oben Rn 36–39), sondern gerade dem Erwerb durch die Seefahrt dienen. Dies erfordert eine Verwendung des Schiffes auf Seegewässern.

41   **a) Die Seefahrt.** Es genügt, dass es überwiegend auf Seegewässern eingesetzt werden soll. Eine Verwendung des Schiffes ausschließlich oder überwiegend auf Binnengewässern ist keine Verwendung zur Seefahrt. § 476 kommt nicht zur Anwendung. Ggf. unterliegt die Verwendung des Schiffes ausschließlich oder überwiegend auf Binnengewässern dem BinSchG. Die Unterscheidung zwischen einer Verwendung des Schiffes überwiegend auf See- bzw. auf Binnengewässern entspricht der Abgrenzung von See- und Binnenschiffen; siehe hierzu ausführlich oben Rn 63–85 Einleitung B. Grundlage der Einordnung der Verwendung des Schiffes ist die Perspektive des Betreibers. Ein Schiff, das zum Erwerb durch die Binnenschifffahrt verwendet wird, unterliegt auch nicht den Regelungen des Art. 7 Abs. 1 EGHGB (dort Rn 5). Denn diese betreffen lediglich den Fall, dass das Schiff zwar zur Seeschifffahrt, aber nicht des Erwerbes wegen betrieben wird. Betreibt ein anderer als der Eigentümer das Schiff zum Erwerb durch die Seefahrt, gilt § 477. Eine Bauwerft, die mit dem Schiff und eigener Besatzung eine Überführungsfahrt durchführt, um die Arbeiten fortzusetzen, betreibt das Schiff schon nicht für die Schifffahrt (oben Rn 36–39). Außerdem setzt sie es, wenn die Überführung ausschließlich auf Binnengewässern stattfinden soll, nicht zur Seefahrt ein, selbst wenn das Schiff nach der

---

34 Hansa 1964, 1991, 1992f. (unter b).
35 BGHZ 25, 244 = NJW 1957, 1717 (rechte Spalte unten), zuvor OLG Bremen Hansa 1956, 469.
36 Siehe *Schaps-Abraham* Seehandelsrecht Rn 3 zu § 484 sowie OLG Kiel SeuffA 38, 81 Nr. 50 „Eider", „Elizabeth".

Ablieferung vom Kunden für die Seefahrt verwendet werden soll[37] (und es sich daher eigentlich um ein Seeschiff handelt, oben Rn 63–85 Einleitung B).

b) Wechsel der Verwendung. Ändert sich die Verwendung des Schiffes, wirkt sich 42
dies auf die Anwendung des § 476 aus. Wird das See- zum Binnenschiff, verliert der Eigentümer seine Rechtsstellung als Reeder, er wird Eigner (§ 1 BinSchG). Umgekehrt verwandelt sich der Eigner zum Reeder, wenn sich die Einordnung des Schiffes entsprechend ändert. Der Zweck des Betriebes des Schiffes zur Seefahrt wird nicht unterbrochen, wenn Reparaturen durchgeführt werden müssen, wenn geplante Werftaufenthalte stattfinden oder wenn das Schiff zeitweise aufgelegt wird, auch wenn sich das Schiff in diesen Fällen in Binnengewässern befindet.

Ein Wechsel der Verwendung hat keine Rückwirkung. Wurde das Schiff zum fragli- 43
chen Zeitpunkt für die Seefahrt verwendet, bleiben die seehandelsrechtlichen Tatbestände anwendbar, auch wenn inzwischen Binnenschifffahrt stattfindet. Gleiches gilt umgekehrt. War der Zweck des Betriebs seinerzeit die Binnenschifffahrt, bleibt das Seehandelsrecht außen vor, auch wenn es inzwischen für die Seefahrt verwendet wird.

Derjenige, der im Prozess geltend macht, dass der Betrieb des Schiffes für die See- 44
fahrt erfolge, muss dies darlegen und ggf. beweisen. Ist der Betreiber selbst am Verfahren beteiligt, kommen ggf. die Grundsätze über die sekundäre Darlegungs- und Beweislast zum Tragen.

IV. Der Reeder als Kaufmann (§§ 1 ff.)

Eine Person, die die Voraussetzungen des § 476 erfüllt, ist nicht automatisch auch 45
Kaufmann im Sinne der §§ 1 ff.[38] In der Regel wird es sich bei dem Reeder aber um einen Formkaufmann (§ 6) oder einen Kaufmann kraft Eintragung (§ 5) handeln. Wird das Schiff nicht nur (zeitweise) des Erwerbes wegen, sondern gewerblich betrieben (oben Rn 31), handelt es sich bei dem Reeder um einen Kaufmann im Sinne des § 1. Der Betrieb eines Schiffes zum Zwecke der Erbringung von Leistungen mit dem Schiff ist geeigneter Gegenstand eines Handelsgewerbes. Im früheren Recht waren die Übernahme der Beförderung von Gütern oder Reisenden oder die Geschäfte der Schleppschifffahrtsunternehmer in § 1 Abs. 2 Nr. 5 HGB a.F. als Grundhandelsgewerbe ausdrücklich genannt. Der Reeder ist nicht nach § 1 Kaufmann, wenn er ein Kleingewerbe betreibt (§ 1 Abs. 2 Hs. 2) und nicht eingetragen ist (§ 2 Satz 1). Ist der Reeder nicht auch Kaufmann im Sinne der §§ 1 ff., kommen die Vorschriften des Ersten bis Vierten Buches auf ihn nicht zur Anwendung; siehe aber auch §§ 481 Abs. 2 Satz 2, 527 Abs. 2, 553 Abs. 3 Satz 2, 557 Abs. 3 Satz 2.

V. Reederverbände

Es gibt eine Reihe von Verbänden, die die Interessen von Schiffseigentümern und 46
weiteren am Betrieb des Schiffes beteiligten Personen wahrnehmen. Der Verband Deutscher Reeder[39] (VDR) mit Hauptsitz in Hamburg vertritt die Interessen der deutschen Reeder und Schiffseigentümer im nationalen und internationalen Bereich. Der VDR ist Mitglied etwa in der ECSA und der ICS. Gegründet wurde der VDR im Jahre 1907 als Zent-

---

[37] Anders BGHZ 25, 244 = NJW 1957, 1717 (rechte Spalte unten) „Anna B.", zuvor OLG Bremen Hansa 1956, 469 (offenbar handelte es sich um eine Verschleppung von Papenburg nach Emden) und RhSchOG Köln Hansa 1964, 1991, 1992 f. (unter b) „Tina Scarlett", dazu auch BGH VersR 1971, 1012.
[38] Siehe *Herber* Seehandelsrecht S. 139 f.
[39] www.reederverband.de.

ralverein Deutscher Rheder e.V. (ZDR) in Berlin. Er ging aus den bis dahin bestehenden regionalen Reederverbänden in Hamburg, Bremen, Rostock, Flensburg und Emden hervor. Seit 1945 trägt der Verband seinen heutigen Namen. Zum 1. Januar 1995 erfolgte der Zusammenschluss mit dem Verband Deutscher Küstenschiffseigner (VDK). Der VDR ist insbesondere intensiv an den seit dem Jahr 2001 regelmäßig stattfindenden nationalen maritimen Konferenzen beteiligt.

47   Die International Chamber of Shipping[40] (ICS) ist ein Zusammenschluss der nationalen Reederverbände. Die ICS wurde 1921 gegründet und ist in London ansässig. Sie vertritt heute ungefähr 80% der Welt-Handelstonnage. Die ICS ist auch im Rahmen der IMO aktiv und hält Kontakt zu verschiedenen weiteren Verbänden.

48   Die European Community Shipowners' Association[41] (ECSA) besteht seit 1965. Ihre Mitglieder sind die Reederverbände der EU-Mitgliedsstaaten sowie außerdem der norwegische Reederverband. Die ECSA vertritt die Interessen seiner Mitglieder insbesondere gegenüber den EU-Institutionen und den Mitgliedsstaaten.

49   Die Baltic and International Maritime Council[42] (BIMCO) ist eine weitere internationale Schifffahrtsorganisation mit Sitz in Kopenhagen. Sie wurde im Jahre 1905 gegründet und ist ein Zusammenschluss von Schiffseigentümern, Schiffsmaklern, Agenturen und weiteren Schifffahrtsbeteiligten. Die BIMCO beteiligt sich an der Herausgabe standardisierter Regelungen sowie an der Angleichung von Regeln und Gesetzen in der Seeschifffahrt. Sie ist auch im Bereich der Schifffahrtspolitik tätig und hat Kontakt zu Schifffahrtsbehörden und Regierungen. Die BIMCO erfasst eine breite Auswahl schifffahrtsbezogener Daten und stellt diese ihren Mitgliedern zur Verfügung. Außerdem wird sie für ihre Mitglieder beratend tätig. Bekannt ist die BIMCO vor allem für die zahlreichen von ihr erstellten Standardformulare, insbesondere für Charterverträge, booking notes, Konnossemente, aber etwa auch für Schiffskauf- und Managementverträge.

VI. Die sonstige Anknüpfung an den Reeder

50   Die Legaldefinition des Reeders in § 476 gilt für das Fünfte Buch und das EGHGB; siehe oben Rn 3. Die Umschreibung betrifft aber grundsätzlich nicht sonstige privat- oder öffentlich-rechtliche Vorschriften, in denen der Begriff des Reeders verwendet wird. Allerdings kann es im Einzelfall in Betracht kommen, die Umschreibung des § 476 heranzuziehen. Auf den Reeder wird etwa Bezug genommen in Art. I Nr. 3 Satz 2 ÖlHÜ 1992; Art. 1 Nr. 3 BunkerölÜ; Art. 1 Abs. 2 HBÜ 1996 sowie § 1 Abs. 3 Nr. 1 und 2 SVertO; § 30 Abs. 12 Satz 1 WaStrG; § 4 Abs. 2 und 3 AlkoholWarenG; § 2, 7 Abs. 2, 8, 9a Abs. 1, 10 Abs. 3 und 4 SchBesV; § 7 Abs. 1 Satz 1 FlRG; § 2 Satz 1, 3, 6, 7, 8, 10, 11 Satz 2 Nr. 1, 14 Abs. 1 Nr. 3 bis 6 SeeverkSiV; § 4 Abs. 1 Nr. 2 VerkLG; § 21 Abs. 3 SeeLG; § 9 SeefahrtSiV; § 297 StGB; § 1 Abs. 2 der 1. SprengV. Das SeeArbG umschreibt in § 4 Abs. 1 den Reeder als Eigentümer des Schiffes oder jede andere Person, die die Verantwortung für den Betrieb des Schiffes übernommen hat. An den Reeder wird in zahllosen Vorschriften des SeeArbG und der dazu ergangenen Verordnungen angeknüpft. Nach § 13 Abs. 1 Satz 1 SGB IV ist der Reeder der Eigentümer des Seeschiffes. Siehe dazu auch § 2 Abs. 3, 13 Abs. 1 Satz 1, 28e Abs. 3 SGB IV; § 16 Abs. 3, 17 Abs. 3 SGB V; § 3 Abs. 2 Nr. 4, 53, 107 Abs. 2, 136 Abs. 3 Nr. 4, 150 Abs. 2 Satz 1 Nr. 2 SGB VII. Für die GGVSee übernimmt § 2 Abs. 1 Nr. 19 Fall 1 die Umschreibung des § 476. Ziffer 1.1 Anlage AnlBV umschreibt den Betreiber als „Eigentümer, Reeder, Charterer oder Manager des Schiffes". Auch die Ha-

---

40   www.ics-shipping.org.
41   www.ecsa.eu.
42   www.bimco.org.

fengesetze der Länder wenden sich an den Reeder; siehe zum Recht Hamburgs §§ 19 Satz 2, 21 Abs. 2 HmbMG, § 6 Satz 1 Nr. 1 Hmb SchiffsAbgV, § 7 Abs. 2 HmbSchEG; § 4 Abs. 3 („Reederin bzw. Reeder") Hmb HafenSDVO.

VII. Vertraglich begründete Rechtsstellungen

Vielfach knüpfen die Bestimmungen des Fünften Buches nicht an die (sachenrecht- 51 liche) Beziehung einer Person zum Schiff, sondern an vertraglich begründete Rechtsstellungen an. Dies gilt insbesondere für den Verfrachter unter dem Stückgutfrachtvertrag (§§ 491 ff.), dem Konnossement (§§ 513 ff.) und der Reise- (§§ 527 ff.), für den Vercharterer bei der Bareboat- (§§ 553 ff.) und der Zeitcharter (§§ 557 ff. HGB) sowie für den Beförderer von Fahrgästen (§ 536 ff. HGB). Der Verfrachter, Vercharterer und der Beförderer können, müssen aber nicht gleichzeitig die Rechtsstellung eines Reeders (§ 476) oder Ausrüsters (§ 477) haben. Sie können allerdings nicht auch Nur-Eigentümer des Schiffes sein (zu diesen unten Rn 81–88 zu § 477).

Anhang zu § 476 (Art. 7 EGHGB)

Artikel 7 EGHGB

(1) Folgende Vorschriften des Handelsgesetzbuchs sind auch anzuwenden, wenn das Schiff nicht zum Erwerb durch Seefahrt betrieben wird:
1. § 480 über die Verantwortlichkeit des Reeders für ein Mitglied der Schiffsbesatzung und einen an Bord tätigen Lotsen,
2. die §§ 570 bis 573 und 606 Nummer 2, dieser in Verbindung mit § 607 Absatz 6 und § 608, über die Haftung im Falle des Zusammenstoßes von Schiffen,
3. die §§ 574 bis 587 und 606 Nummer 3, dieser in Verbindung mit § 607 Absatz 7 sowie den §§ 608 und 610, über Bergung,
4. die §§ 611 bis 617 über die Beschränkung der Haftung.

(2) Die Vorschriften der §§ 611 bis 617 des Handelsgesetzbuchs sind auch auf Ansprüche, die nicht auf den Vorschriften des Handelsgesetzbuchs beruhen, sowie auf andere als privatrechtliche Ansprüche anzuwenden.

(3) Die Haftung für Seeforderungen aus Vorfällen bis zu dem Inkrafttreten des Protokolls von 1996 zur Änderung des Übereinkommens von 1976 über die Beschränkung der Haftung für Seeforderungen (BGBl. 2000 II S. 790) oder bis zu dem Inkrafttreten einer späteren Änderung des Übereinkommens für die Bundesrepublik Deutschland kann nach den bis zu dem Zeitpunkt des jeweiligen Vorfalls geltenden Bestimmungen beschränkt werden.

Geschichte: Art. 7 EGHGB 1897, geändert durch Art. 2 Abs. 1 des 1. SRÄndG, Art. 5 Nr. 2 des 2. SRÄndG, Art. 2 Nr. 1 des 3. SRÄndG, Art. 2 HBÜProt-1996-AusfG, Art. 4 ÖlSGÄndG und Art. 2 Nr. 2 SHR-ReformG – **Entstehung:** Der Kommissionsentwurf enthielt keine Regelung; Art. 7 EGHGB-RefE, SHR-RefE-Begr S. 239 f.; Art. 7 EGHGB-RegE, SHR-ReformG-Begr S. 138 f. – **Binnenschifffahrt:** keine Vorschrift.

1   Art. 7 EGHGB ist der traditionelle Standort weiterer Regelungen über den Anwendungsbereich des Fünften Buches. Dabei betrifft Art. 7 Abs. 1 EGHGB die Anwendung bestimmter Vorschriften des Fünften Buches auf Nichterwerbsschiffe. Abs. 2 des Art. 7 befasst sich mit der Beschränkbarkeit der Haftung für bestimmte Ansprüche. Die Vorschrift des Art. 7 Abs. 3 EGHGB ist unverändert geblieben. Sie regelt den zeitlichen Anwendungsbereich der Vorschriften des HBÜ 1976 bzw. 1996 im Hinblick auf weitere Änderungen des Übereinkommens.

2   Der ursprüngliche Art. 7 EGHGB 1897 befasste sich lediglich mit der Anwendung der Vorschriften über die Haftung des „Rheders" insbesondere nach § 485 HGB 1897 (heute: § 480) einschließlich seiner Einstandspflicht im Falle des Zusammenstoßes von Schiffen nach §§ 734 ff. HGB 1897 (heute: §§ 570 ff.). Durch Art. 2 Abs. 1 des 1. SRÄndG (Rn 119 Einleitung A) wurden die ursprünglichen Bestimmungen geändert und insbesondere die neuen, durch das 1. SRÄndG eingeführten Vorschriften der §§ 486 ff. HGB 1972 (heute: §§ 611 ff.) über die Haftungsbeschränkung auf Nichterwerbsschiffe für anwendbar erklärt (dazu unten Rn 37–45). Außerdem wurde ein neuer Abs. 2 hinzugefügt, der klarstellte, dass Ansprüche, die ihre Grundlage nicht in den Vorschriften des HGB hatten, der Beschränkung unterlagen (unten Rn 58–60). Art. 5 Nr. 2 des 2. SRÄndG (Rn 119 Einleitung A) änderte den Abs. 1 (unten Rn 8, 40) und ergänzte den Abs. 2 dahingehend, dass auch die Haftung für andere als privatrechtliche Ansprüche beschränkbar war (unten Rn 61–63). Art. 2 Nr. 1 des 3. SRÄndG (oben Rn 121 Einleitung A) hat den Abs. 1 redaktionell überarbeitet[1] und in eine neue Form ge-

---
1   Siehe 3. SRÄndG-Begr S. 24 (rechte Spalte unten).

bracht, außerdem wurden erstmals auch die Vorschriften der §§ 740 ff. HGB 2001 (heute: §§ 574 ff.) über die Bergung auf Nichterwerbsschiffe in Abs. 1 Nr. 4 für anwendbar erklärt (dazu unten Rn 40). Art. 2 HBÜProt-1996-AusfG hat einen neuen Abs. 3 mit Übergangsvorschriften betreffend das HBÜ 1996 angefügt (unten Rn 66–69). Durch Art. 4 ÖlSG-ÄndG wurde Art. 7 Abs. 1 Nr. 4 EGHGB 2001 an die inzwischen geänderten Regelungen der §§ 901 ff. HGB a.F. (heute: §§ 605 ff.) über die Verjährung von Ansprüchen angepasst (unten Rn 23). Schließlich hat Art. 2 Nr. 2 SHR-ReformG den Abs. 1 des Art. 7 EGHGB a.F. neu gefasst und den Abs. 2 geändert. Die Neuregelungen waren ihrerseits durch den Umbau des gesamten Fünften Buches veranlasst.

I. Die Anwendung von Vorschriften auf Nichterwerbsschiffe (Art. 7 Abs. 1 EGHGB)

Gegenstand des Art. 7 Abs. 1 EGHGB ist die Anwendung bestimmter Vorschriften des Fünften Buches in Fällen, in denen das Schiff nicht zum Erwerb durch die Seefahrt betrieben wird. Insoweit ordnet Art. 7 Abs. 1 EGHGB die Geltung des § 480 (Nr. 1), der besonderen Regelungen über die Haftung nach einem Zusammenstoß von Schiffen (Nr. 2), der Vorschriften über die Bergung (Nr. 3) sowie der Regelungen über die Beschränkbarkeit der Haftung an (Nr. 4). Hierdurch wird im Zusammenspiel mit § 476 umgekehrt klargestellt, dass die Vorschriften des Fünften Buches nur für Schiffe gelten, die des Erwerbes wegen betrieben werden (oben Rn 4–8 zu § 476). Die Tatbestände des Art. 7 Abs. 1 Nr. 1 bis 4 EGHGB betreffen ggf. in gleicher Weise den Ausrüster des Nichterwerbsschiffes, auch wenn § 477 nicht in der Vorschrift genannt ist (näher Rn 6 zu § 477 sowie unten Rn 25). Art. 7 Abs. 1 EGHGB betrifft alle Arten von Nichterwerbsschiffen und damit auch Staatsschiffe. Bei diesen sind allerdings ggf. auch die Grundsätze über deren Immunität zu beachten. 3

Ursprünglich waren Regelungen vom Typ des heutigen Art. 7 Abs. 1 EGHGB die einzigen Bestimmungen der Vorschrift. Abs. 2 wurde durch Art. 2 Abs. 1 des 1. SRÄndG, Abs. 3 durch Art. 2 HBÜProt-1996-AusfG angefügt. Ebenso ist der Katalog der Vorschriften des Fünften Buches, die auch für Nichterwerbsschiffe gelten, im Laufe der Zeit erweitert worden. Ursprünglich waren es nur die Bestimmungen über die allgemeine Haftung des Reeders (mit Schiff und Fracht, unten Rn 237–240 zu § 480) sowie über die Haftung im Falle eines Zusammenstoßes (heute: Art. 7 Abs. 1 und 2 EGHGB). Mit Einführung des Summenhaftungssystems als Grundlage der Haftungsbeschränkung durch das 1. SRÄndG sind durch dessen Art. 2 Abs. 1 auch diese Regelungen (damals §§ 486 ff. HGB 1972, heute §§ 611 ff.) auf Nichterwerbsschiffe für anwendbar erklärt worden. Art. 2 Nr. 1 des 3. SRÄndG hat die Regelung dann auch erstmals auf die Vorschriften der §§ 740 ff. HGB 2001 (heute: §§ 574 ff.) über die Bergung erstreckt. Von der ersten Fassung des Art. 7 EGHGB 1897 an enthielt die Vorschrift die Formulierung „Verwendung des Schiffes". Erst Art. 2 Nr. 2 SHR-ReformG hat sie in Art. 7 Abs. 1 Nr. EGHGB durch die Bezugnahme auf den „Betrieb" des Schiffes ersetzt, was der neuen Terminologie der §§ 476, 477 entspricht.[2] 4

Art. 7 Abs. 1 EGHGB hilft nach seinem Wortlaut zunächst nur über die fehlende erwerbsmäßige Nutzung hinweg (oben Rn 29–35 zu § 476). Darüber hinaus kann Art. 7 Abs. 1 EGHGB entsprechend anwendbar sein, wenn der Betreiber das Schiff gelegentlich zur Schifffahrt einsetzt (unten Rn 55). Weiter ist es erforderlich, dass das Schiff für die Seefahrt verwendet wird (oben Rn 40–44 zu § 476), dass es sich also um ein Seeschiff 5

---

[2] SHR-ReformG-Begr S. 138 („Zu Buchstabe a").

handelt. Ein Betrieb zum Zwecke der Binnenschifffahrt und damit eines Binnenschiffes führt nicht zur Anwendung des Art. 7 Abs. 1 EGHGB. Das Handelsrecht der Binnenschifffahrt ist umfassend im BinSchG geregelt. Dort wird ohnehin nicht zwischen Erwerbs- und Nichterwerbsschiffen unterschieden. Daher fehlt im Binnenschifffahrtrecht eine Vorschrift von der Art des Art. 7 Abs. 1 EGHGB.[3]

6   Anders als die benachbarten Art. 6 und 8 EGHGB hat Art. 7 Abs. 1 EGHGB keinerlei internationalprivatrechtliche Funktion. Die Vorschrift regelt ausschließlich den sachrechtlichen Anwendungsbereich der in den Nr. 1 bis 4 genannten Bestimmungen. Art. 7 kommt daher nur zur Anwendung, wenn die internationalprivatrechtliche Anknüpfung zuvor zum deutschen Sachrecht hingeführt hat.

7   **1. Art. 7 Abs. 1 Nr. 1 EGHGB.** Die Vorschrift des Art. 7 Abs. 1 Nr. 1 EGHGB bringt den seehandelsrechtlichen Generaltatbestand des § 480 über die Haftung des Reeders für Schäden, die durch das Schiff verursacht wurden, auch auf Nichterwerbsschiffe zur Anwendung. Eine entsprechende Regelung fand sich auch bereits in Art. 7 EGHGB 1897. Die Bestimmung wurde im weiteren Verlauf in den Abs. 1 Satz 1 (durch Art. 2 Nr. 1 des 1. SRÄndG), in den Abs. 1 Satz 1 Nr. 1 (durch Art. 2 Nr. 1 des 3. SRÄndG) und zuletzt in den Abs. 1 Nr. 1 (durch Art. 2 Nr. 2 SHR-ReformG) eingestellt. Art. 7 EGHGB 1897 verwies auf § 485 HGB 1897 (heute: § 480) sowie auf § 486 Abs. 1 Nr. 3 HGB 1897, der die beschränkte Haftung mit Schiff und Fracht für Ansprüche aus § 485 HGB 1897 zum Gegenstand hatte (siehe dazu Rn 237–240 zu § 480). Bei der Bezugnahme auf den Tatbestand des § 485 HGB 1897 blieb es auch nach den weiteren Änderungen des Art. 7 EGHGB in den früheren Fassungen. Seit Inkrafttreten des SHR-ReformG verweist Art. 7 Abs. 1 Nr. 1 EGHGB auf den neuen § 480.

8   Art. 7 EGHGB 1897 bezog sich auf § 485 HGB 1897 über die Haftung des „Rheders" für das Verschulden einer Person der Schiffsbesatzung. Art. 2 Nr. 1 des 1. SRÄndG änderte diese Umschreibung dahingehend ab, dass es um die Haftung des „Reeders" für das Verschulden einer Person der Schiffsbesatzung und eines an Bord des Schiffes tätigen Seelotsen ging. Dies war durch § 59 Nr. 1 SeeLG veranlasst worden, der die Vorschrift des § 485 HGB a.F. (18 Jahre zuvor) in dieser Weise ergänzt hatte (dazu Rn 11 zu § 480). Als nächstes wurde durch Art. 5 Nr. 2 (a) des 2. SRÄndG in Art. 7 Abs. 1 EGHGB in der damaligen Fassung das Wort „Seelotse" durch „Lotse" ersetzt. Gleichzeitig hat Art. 1 Nr. des 2. SRÄndG den § 485 HGB 1972 in entsprechender Weise geändert (dazu unten Rn 13 zu § 480).

9   Schließlich hat Art. 2 Nr. 2 (a) SHR-ReformG die Bezugnahme in Art. 7 Abs. 1 Satz 1 Nr. 1 EGHGB a.F. auf Vorschriften „über die Haftung des Reeders" umformuliert in „über die Verantwortlichkeit des Reeders". Hierdurch sollte, so die SHR-ReformG-Begr,[4] der neue Art. 7 Abs. 1 Nr. 1 EGHGB an den ebenfalls neuen § 480 angepasst werden. Dort ist die Einstandspflicht des Reeders dahingehend erweitert worden, dass jede Schadenersatzpflicht des Mitglieds der Besatzung, unabhängig von einem Verschulden, auf ihn erstreckt wird (näher Rn 31–58 zu § 480). In sachlicher Hinsicht ist dies nach wie vor eine, wenngleich nunmehr etwas anders ausgestaltete, adjektizische Haftung des Reeders. Die Umschreibung „Verantwortlichkeit des Reeders" findet sich zwar nicht im Text des § 480, wohl aber in dessen (amtlicher) Überschrift. Welche Personen zur Schiffsbesatzung gehören, ist in § 478 umschrieben.

---

3   Siehe dazu auch BGHZ 3, 321 = NJW 1952, 259 (unter b) „Bothnia", „Schiff 10".
4   S. 138 („Zu Buchstabe a").

Art. 7 Abs. 1 Nr. 1 EGHGB bewirkt, dass der Eigentümer eines von ihm betriebenen **10** Nichterwerbsschiffes nach Maßgabe des seehandelsrechtlichen Generaltatbestands des § 480 wie ein Reeder für Schäden aus dem Betrieb des Schiffes haftet.[5] Eine Schadenersatzpflicht, die in der Person eines Mitglieds der Schiffsbesatzung oder eines an Bord tätigen Lotsen begründet ist, wird auf den Eigentümer erstreckt (näher unten Rn 96–100 zu § 480). In diesem Zusammenhang kann auch die Umschreibung der Schiffsbesatzung in § 478 herangezogen werden, selbst wenn die Vorschrift nicht in Art. 7 Abs. 1 Nr. 1 EGHGB genannt ist. Die gleiche Verantwortlichkeit trifft auch den „Ausrüster", also den Betreiber eines ihm nicht gehörenden (Nichterwerbs)Schiffes, obwohl Art. 7 Abs. 1 EGHGB nicht auch auf § 477 verweist; siehe näher unten Rn 6 zu § 477. Die Vorschrift des Art. 7 Abs. 1 Nr. 1 EGHGB gilt auch für Staatsschiffe,[6] so dass deren Eigentümer bzw. Ausrüster (unten Rn 6 zu § 477) für Schäden aus dem Betrieb des Schiffes nach § 480 einzustehen haben. Allerdings sind hier die Grundsätze über die Immunität von Staatsschiffen zu berücksichtigen. Siehe zur Anwendung des § 480 auf Staatsschiffe unten Rn 242–244 zu § 480.

2. Art. 7 Abs. 1 Nr. 2 EGHGB. Die umfassendsten Änderungen des neuen Art. 7 **11** Abs. 1 EGHGB betreffen den Tatbestand der Nr. 2. Hier geht es um die Anwendbarkeit der Bestimmungen der §§ 570 ff. über die Haftung der an einem Zusammenstoß beteiligten Schiffe auf solche Schiffe, die nicht des Erwerbes wegen betrieben werden. Eine entsprechende Vorschrift fand sich bereits in Art. 7 EGHGB 1897 mit einer Verweisung auf §§ 734 bis 739 HGB 1897. Diese Vorschriften sind durch Art. 1 Zus-BerggÜ-1910-G umfassend geändert worden. Hierdurch wurden die Bestimmungen des ZusÜSee in das deutsche Recht übernommen. Einer Änderung des Art. 7 EGHGB 1897 bedurfte es nicht, die dort vorgesehene Verweisung auf die §§ 734 bis 739 war auch nach der Neufassung dieser Vorschriften zutreffend.

Art. 1 Nr. 38 des 1. SRÄndG ersetzte den bisherigen § 738 HGB 1897 durch vier neue **12** Vorschriften, die §§ 738 bis 738c HGB 1972. Diese Vorschriften betrafen Gerichtsstände für Ansprüche wegen des Zusammenstoßes von Schiffen. Grundlage dieser prozessualen Regelungen war wiederum das ZusZustÜ. Die Verweisung in Art. 7 EGHGB 1897 auf die §§ 734 bis 739 war nach wie vor richtig, umfasste jetzt aber auch die neuen §§ 738 bis 738c. Dies nahm dann Art. 2 Nr. 1 des 1. SRÄndG zum Anlass, auch einen Hinweis auf die Regelungen über die gerichtliche Zuständigkeit im Falle des Zusammenstoßes von Schiffen in Art. 7 Abs. 1 Satz 1 EGHGB 1972 aufzunehmen. Ein neuer Satz 2 stellte außerdem klar, dass die §§ 738, 738a HGB 1972 keine Anwendung auf Staatsschiffe fanden.

Art. 2 Nr. 1 des 3. SRÄndG verschob die Anordnung der Anwendung der §§ 734 bis **13** 739 auf Nichterwerbsschiffe in Art. 7 Abs. 1 Satz 1 Nr. 3 EGHGB 2001 und den Staatsschiff-Vorbehalt in den Satz 2. Seit Inkrafttreten des SHR-ReformG verweist Art. 7 Abs. 1 Nr. 2 EGHGB auf §§ 570 bis 573 sowie die dazugehörigen Bestimmungen der §§ 606 ff. über die Verjährung (dazu unten Rn 23–24). Die §§ 570 ff. enthalten außerdem keine prozessualen Vorschriften mehr, so dass auch der Staatsschiff-Vorbehalt des Art. 7 Abs. 2 Satz 2 entfallen ist (unten Rn 16). Schließlich ist bei der Anwendung der §§ 570 ff. auf Nichterwerbsschiffe auch die Vorschrift des § 477 über den Ausrüster zu berücksichtigen (unten Rn 25).

---

5 Siehe RhSchOG Köln Hansa 1964, 1991, 1992 f. (unter b) „Tina Scarlett", siehe auch BGH VersR 1971, 1012; LG Dortmund RdTW 2015, 265 mit Anm. *Ramming* aaO.
6 Siehe zu den früheren Fassungen der Vorschrift schon RGZ 149, 167 und 151, 271 „Jelö", „Pilot"; BGHZ 3, 321 = NJW 1952, 259 (unter b) „Bothnia", „Schiff 10"; RhSchOG Köln VersR 1957, 716.

14   **a) Art. 2 ff. ZusÜSee vs. §§ 570 ff.** Die §§ 570 ff. gehen zurück auf die Art. 2 ff. ZusÜSee. Dabei ist zu beachten, dass auch das ZusÜSee Teil des innerstaatlichen deutschen Rechts ist und unmittelbar zur Anwendung gelangt. Liegen die Voraussetzungen für eine Anwendung des ZusÜSee vor (siehe Art. 1, 11, 12, 13), gelten vorrangig dessen Art. 2 ff. Hierdurch erfüllt Deutschland seine völkerrechtliche Pflicht zur Übernahme der Bestimmungen des ZusÜSee in das deutsche Recht. Die Art. 2 ff. verdrängen als international vereinheitlichte Vorschriften die des autonomen Rechts, das nach Maßgabe der Grundsätze des internationalen Privatrechts – in der Regel Art. 4 Rom II – heranzuziehen ist. Dies gilt, wenn das deutsche Sachrecht im Übrigen maßgeblich ist, ebenso für die §§ 570 ff. Dabei ist ohne Bedeutung, dass diese Regelungen inhaltlich mit Art. 2 ff. ZusÜSee übereinstimmen. Das ZusÜSee unterscheidet nicht zwischen Erwerbs- und Nichterwerbsschiffen, sondern findet auf beide gleichermaßen Anwendung. Allerdings gilt das ZusÜSee nach seinem Art. 11 nicht für Staatsschiffe.

15   Bleibt das ZusÜSee außen vor, weil die Voraussetzungen für seine Anwendung nicht erfüllt sind, und verweisen die Grundsätze des internationalen Privatrechts auf das deutsche Sachrecht, sind die §§ 570 ff. maßgeblich. Diese Vorschriften gelten nach § 570 Abs. 1 Satz 1 grundsätzlich nur für Seeschiffe und aufgrund des generellen Anwendungsvorbehalts des Fünften Buches (oben Rn 4–8 zu § 476) außerdem nur für (See-)Erwerbsschiffe. Alle beteiligten Seeschiffe müssen Erwerbsschiffe sein. Aus § 573 ergibt sich weiter, dass es im Falle eines Zusammenstoßes mit Binnenschiffen für die Anwendung der §§ 570 ff. genügt, dass mindestens ein See(Erwerbs)schiff an dem Vorfall beteiligt ist. Das weitere Binnenschiff oder die weiteren Binnenschiffe müssen ihrerseits nicht des Erwerbes wegen betrieben werden. Ergänzend bestimmt Art. 7 Abs. 1 Nr. 2 EGHGB, dass die §§ 570 ff. auch zur Anwendung gelangen, wenn das beteiligte Seeschiff kein Erwerbsschiff bzw. die beteiligten Seeschiffe keine Erwerbsschiffe sind.[7] Dies entspricht den Vorgaben des ZusÜSee, das auch für Nichterwerbs(See-)Schiffe gilt.

16   **b) Staatsschiffe.** Nach Art. 11 ZusÜSee findet das Übereinkommen auf Staatsschiffe keine Anwendung. Andererseits ordnet Art. 7 Abs. 1 Nr. 2 EGHGB die Geltung der §§ 570 ff. für alle Arten von Nichterwerbsschiffen und damit auch für Staatsschiffe an.[8] Die frühere Rückausnahme des Art. 7 Abs. 1 Satz 2 EGHGB 1972/2001 ist entfallen und betraf ohnehin nur die §§ 738, 738a HGB 1972 über gerichtliche Zuständigkeiten (sogleich Rn 17–22). Damit kommen die §§ 570 ff. grundsätzlich auch auf Staatsschiffe zur Anwendung.[9] Dies betrifft sowohl die Haftung als auch Ansprüche aus dem Zusammenstoß. Die §§ 570 ff gelten auch, wenn an sich der Anwendungsbereich des ZusÜSee eröffnet ist, das Übereinkommen aber nur wegen des Staatsschiffs-Vorbehalts des Art. 11 unberücksichtigt bleibt. Führen hier die Grundsätze des internationalen Privatrechts in zum deutschen Sachrecht, sind die §§ 570 ff. maßgeblich. Die Vorschriften gelten auch, wenn Binnen-Staatsschiffe an dem Zusammenstoß beteiligt sind. Bei diesen spielt die Abgrenzung von Erwerbs- und Nichterwerbsschiffen ohnehin keine Rolle (oben Rn 35 zu § 476). Hierbei bleibt es auch im Rahmen der Anwendung der §§ 570 ff. In jedem Falle sind (Binnen-

---

7 Siehe OLG Kiel SchlHAnz 1909, 22 „Mathilde", „Tanger".
8 Siehe zu den früheren Fassungen der Vorschrift grundlegend RGZ 79, 178 „San Antonio", „Lübeck", gegen RGZ 72, 347 „Wilhelm", „Zähringen"; RGZ 149, 167 und 151, 271 „Jelö", „Pilot"; OLG Oldenburg VkBl. 1970, 585, 586 – siehe *Pappenheim* Gruchot 56, 19 sowie LZ 1910, 417 zur Anwendung auf Kriegsschiffe.
9 *Czerwenka* SHR-ReformG Rn 6 zu Art. 7 EGHGB; ausdrücklich auch schon 1. SRÄndG-Begr S. 41 (rechte Spalte) zu den früheren §§ 734 ff. HGB a.F.; siehe auch BGHZ 3, 321 = NJW 1952, 259 (unter b) „Bothnia", „Schiff 10" sowie BGH Hansa 1952, 307 (Nr. 2) mit Anm. *Burchard-Motz* Hansa 1953, 1322.

und See-)Staatsschiffe durch die Grundsätze über die Immunität von Staatsschiffen geschützt.

c) Gerichtliche Zuständigkeiten. Seit dem 1. SRÄndG bezogen sich Art. 7 Abs. 1 Satz 1 EGHGB 1972, Art. 7 Abs. 1 Satz 1 Nr. 3 EGHGB 2001 nicht nur auf die damaligen Vorschriften der §§ 734 ff. HGB 1972 über die Haftung im Falle des Zusammenstoßes von Schiffen, sondern ausdrücklich auch auf die darin enthaltenen §§ 738, 738a HGB 1972 über gerichtliche Zuständigkeiten für Ansprüche aus Schiffszusammenstößen. Diese Vorschriften galten damit auch, wenn es um Ansprüche aus einem Zusammenstoß ging, an dem Nichterwerbs(See-)Schiffe (zu Binnenschiffen siehe oben Rn 16) beteiligt waren. Dies stand allerdings unter dem Vorbehalt des Art. 7 Abs. 1 Satz 2 EGHGB 1972/2001, wo bestimmt war, dass die §§ 738, 738a HGB 1972 nicht auf Staatsschiffe zur Anwendung gelangten. **17**

Ausgangspunkt der §§ 738, 738a HGB 1972 waren die Regelungen eines weiteren Übereinkommens, des ZusZustÜ. In Ergänzung zu Bestimmungen über die Haftung aus dem Zusammenstoß von Schiffen geht es im ZusZustÜ um prozessuale Fragen, insbesondere solchen der gerichtlichen Zuständigkeit für Klagen wegen Ansprüchen aus dem Zusammenstoß von Schiffen. Wie schon das ZusÜSee galt auch das ZusZustÜ unmittelbar, wenn die Voraussetzungen seiner Anwendungsnormen (siehe Art. 1 Abs. 1, 5, 7, 8 ZusZustÜ) erfüllt waren. Fehlte es hieran, waren vor einem deutschen Gericht die §§ 738, 738a HGB 1972 als Teil des deutschen Prozessrechts heranzuziehen. **18**

Der Staatsschiff-Vorbehalt des Art. 7 Abs. 1 Satz 2 EGHGB 1972 sei, so die 1. SRÄndG-Begr,[10] eingefügt worden, weil auch Art. 5 ZusZustÜ Staatsschiffe vom Anwendungsbereich des Übereinkommens ausnehme. Dies trifft allerdings nicht zu, weil Art. 5 ZusZustÜ lediglich klarstellt, dass Vorschriften im Recht der Vertragsstaaten über Zusammenstöße unter Beteiligung von Staatsschiffen unberührt bleiben. In Deutschland genießen Staatsschiffe unter der Flagge ausländischer Staaten grundsätzlich Immunität. Diese Regelungen gelten ohnehin vorrangig, was Art. 5 ZusZustÜ bestätigt. Auch die früheren §§ 738, 738a HGB 1972 wurden richtigerweise verdrängt. Die Klarstellung in Art. 7 Abs. 1 Satz 2 EGHGB 1972/2001, dass §§ 738, 738a HGB 1972 nicht auf Staatsschiffe zur Anwendung gelangten, hatte daher nur deklaratorische Wirkung und war an sich überflüssig. **19**

Das ZusZustÜ selbst ist gleichermaßen auf Erwerbs- wie Nichterwerbsschiffe anwendbar. Im Vergleich dazu galten die §§ 738, 738a HGB 1972 wegen des generellen Anwendungsvorbehalts des Fünften Buches (oben Rn 4–8 zu § 476) nur für Erwerbsschiffe. Entsprechend bedurfte es des Art. 7 Abs. 1 Satz 1 EGHGB 1972, Art. 1 Abs. 1 Satz 1 Nr. 3 EGHGB 2001, um die Anwendung der §§ 738, 738a HGB 1972 entsprechend den Vorgaben des ZusZustÜ auf Nichterwerbsschiffe (mit Ausnahme von Staatsschiffen, Art. 7 Abs. 1 Satz 2 EGHGB 1972/2001) sicherzustellen. **20**

Art. 7 Abs. 1 Satz 2 HGB-RefE sah noch einen Staatsschiff-Vorbehalt von der Art des Art. 7 Abs. 1 Satz 2 EGHGB 1972/2001 vor. Dieser bezog sich allerdings nicht auf Regelungen über die Zuständigkeit – diese waren bereits im HGB-RefE aus den dortigen §§ 571 bis 573 entfernt worden (siehe sogleich) – sondern unmittelbar auf die §§ 571 bis 573 HGB-RefE (heute: §§ 570 bis 572). Offenbar aufgrund eines Redaktionsversehens umfasste die Verweisung in Art. 7 Abs. 1 Satz 1 Nr. 2 HGB-RefE nicht auch den § 574 HGB-RefE[11] (heute: § 573). Jedenfalls stellte der Staatsschiffs-Vorbehalt zu den §§ 571 bis 573 HGB-RefE eine **21**

---

10   S. 41 (rechte Spalte).
11   Siehe SHR-RefE(DVIS) Rn 197.

erhebliche Abweichung von der bis dahin bestehenden Rechtslage dar, dass die §§ 734 ff. HGB a.F. grundsätzlich auch für Staatsschiffe galten, vorbehaltlich der Bestimmungen über deren Immunität. Aufgrund eines entsprechenden Vorschlags des DVIS[12] ist der vorgesehene Art. 7 Abs. 1 Satz 2 HGB-RefE nicht mit in den Gesetzentwurf übernommen worden.[13]

22 Auch die Bestimmung des Art. 7 Abs. 1 Satz 2 EGHGB 1972/2001 findet sich in Art. 7 Abs. 1 Nr. 2 EGHGB nicht wieder. Hierfür besteht auch kein Bedarf, weil die heutigen §§ 570 ff. ohnehin keine Regelungen mehr über die gerichtliche Zuständigkeit enthalten. Die Vorschriften der früheren §§ 738, 738a HGB 1972 sind vollständig aus dem neuen Fünften Buch entfernt worden, mit der Folge, dass sich die gerichtliche Zuständigkeit für Klagen aus dem Zusammenstoß von Schiffen heute allein nach dem ZusZustÜ beurteilt.[14]

23 **d) Die Verjährungsvorschriften.** Im Vergleich zum vorherigen Art. 7 Abs. 1 Satz 1 Nr. 3 EGHGB 2001 besteht eine weitere Neuerung des heutigen Art. 7 Abs. 1 Nr. 2 EGHGB darin, dass nunmehr ausdrücklich auch auf die Vorschriften über die Verjährung von Ansprüchen aus dem Zusammenstoß von Schiffen Bezug genommen wird (§§ 606 Nr. 2, 607 Abs. 6, 608). Alle früheren Fassungen des Art. 7 EGHGB, und zwar von Art. 7 EGHGB 1897 an, verwiesen lediglich auf die §§ 734 ff. HGB a.F. und nicht auch auf die dazugehörigen Vorschriften über die Verjährung von Ansprüchen aus dem Zusammenstoß von Schiffen (§§ 901 ff. HGB a.F.). Dies hatte zur Folge, dass sich im Falle der Beteiligung eines Nichterwerbsschiffes an dem Zusammenstoß die Verjährung von Ansprüchen nach den jeweils geltenden allgemeinen Bestimmungen des BGB richtete. Letztlich handelte es sich offenbar um ein Redaktionsversehen. Hierbei blieb es auch, als im Jahre 2001 durch Art. 2 Nr. 1 des 3. SRÄndG der Katalog des Art. 7 Abs. 1 EGHGB der vorherigen Fassung um die damaligen Vorschriften der §§ 754 ff. HGB a.F. über die Bergung ergänzt wurde, mit ausdrücklicher Verweisung auch auf die seinerzeit maßgeblichen Vorschriften der §§ 901 ff. HGB a.F. über die Verjährung. Die Bezugnahme in Art. 7 Abs. 1 Satz 1 Nr. 4 EGHGB 2001 auf die Verjährungsvorschriften wurde 2006 durch Art. 4 ÖlSG-ÄndG an die inzwischen geänderten §§ 901 ff. HGB a.F. angepasst. Der Art. 7 Abs. 1 Satz 1 Nr. 3 EGHGB 2001 blieb weiter unverändert. Auch Art. 7 Abs. 1 Satz 2 HGB-RefE enthielt noch keine Verweisung auf die maßgeblichen Vorschriften auf die Verjährung. Offenbar erst nach einem Vorschlag des DVIS[15] wurden schließlich durch Art. 3 Nr. 2 SHR-ReformG – nach 116 Jahren – die Bezugnahmen auf die §§ 605 ff. angefügt. Die SHR-ReformG-Begr geht hierauf mit keinem Wort ein.[16]

24 Die zeitweise fehlende Bezugnahme auf die §§ 905 ff. HGB a.F. in den früheren Fassungen des Art. 7 Abs. 1 Nr. 2 EGHGB, so dass die Verjährung von Ansprüchen aus §§ 734 ff. HGB a.F. den Bestimmungen des BGB unterlag, war allerdings kein Verstoß Deutschlands gegen die Pflicht zur Umsetzung des ZusÜSee in das deutsche Recht. Das Übereinkommen gilt, soweit die Voraussetzungen seiner eigenen Anwendungsnormen erfüllt sind, unmittelbar als Teil des deutschen Rechts. Die §§ 734 ff. HGB a.F. kamen (und die §§ 570 ff. kommen heute) nur dann zur Anwendung, wenn das vorrangige ZusÜ-See gerade außen vor bleibt. Außerhalb des Anwendungsbereichs des Übereinkommens besteht keine völkerrechtliche Pflicht zur Übernahme seiner Bestimmungen in das na-

---

12 Siehe SHR-RefE(DVIS) Rn 205–206.
13 Siehe *Czerwenka* SHR-ReformG Rn 3 zu Art. 7 EGHGB.
14 SHR-ReformG-Begr S. 122 (linke Spalte) und S. 138 („Zu Buchstabe a").
15 SHR-RefE(DVIS) Rn 199.
16 Siehe S. 138 (rechte Spalte unten).

tionale Recht. Deutschland war es daher erlaubt, sein Recht über die Haftung aus dem Zusammenstoß von Schiffen in beliebiger Weise und damit ganz oder teilweise abweichend vom ZusÜSee auszugestalten. Allerdings erscheint es systematisch wenig glücklich, die Regelungen des ZusÜSee ohne die Bestimmungen seines Art. 7 über die Verjährung von Ansprüchen in das deutsche Recht zu übernehmen.

e) Die Anwendung des § 477. Art. 7 Abs. 1 EGHGB bezieht sich nicht auch auf die 25 Vorschrift des § 477. Ausgehend von der „Anna B." Entscheidung des BGH ist § 477 jedenfalls im Rahmen des Art. 7 Abs. 1 Nr. 1 EGHGB zu berücksichtigen (siehe Rn 6 zu § 477). Dies muss in gleicher Weise für Art. 7 Abs. 1 Nr. 2 EGHGB gelten. Betreibt eine Person ein ihr nicht gehörendes Schiff nicht des Erwerbes wegen, haftet sie im Falle eines Zusammenstoßes nach Maßgabe der §§ 570 ff., 606 ff. anstelle des Eigentümers. Im Hinblick auf Art. 2 ff. ZusÜSee stellt sich diese Frage von vornherein nicht, weil das Übereinkommen nicht zwischen Erwerbs- und Nichterwerbsschiffen unterscheidet. Unabhängig von § 477 können dem Betreiber eines Nichterwerbsschiffes, das ihm nicht gehört, nach einem Zusammenstoß wie einem Ausrüster Ansprüche aus §§ 570 ff., 606 ff. zustehen (unten Rn 35 zu § 477). Auch insoweit gelten die Art. 2 ff. ZusÜSee unmittelbar und ohne Rücksicht auf Art. 7 Abs. 1 Nr. 2 EGHGB.

3. Art. 7 Abs. 1 Nr. 3 EGHGB. Die Bestimmung des Art. 7 Abs. 1 Nr. 3 EGHGB betrifft die 26 Anwendung der Bestimmungen der §§ 574 ff. über die Bergung einschließlich der Regelungen der §§ 606 ff. über die Verjährung der Ansprüche auf Bergelohn, auf Sondervergütung und auf Bergungskosten[17] auf Nichterwerbsschiffe (unten Rn 29). Die Vorschrift war nicht von Anfang an in Art. 7 EGHGB 1897 enthalten (unten Rn 27). Die §§ 574 ff., 606 ff. haben ihre Grundlage im BerggÜ 1989 (unten Rn 28) und finden auch Anwendung auf Staatsschiffe (unten Rn 31–34). Art. 7 Abs. 1 Nr. 3 EGHGB verweist nicht auch auf § 618 (unten Rn 30), auf Art. 8 EGHGB (unten Rn 35) und auch nicht auf § 477 (unten Rn 36).

a) Die Geschichte der Vorschrift. Art. 7 EGHGB 1897 enthielt noch keine Bestim- 27 mung dahingehend, dass die Vorschiften über die Bergung auch für Nichterwerbsschiffe gelten sollten, obwohl das HGB 1897 bereits Regelungen über die Bergung umfasste. Auch das BerggÜ 1910 und dessen Umsetzung in das deutsche Recht durch Anpassung der §§ 740 ff. HGB 1897 im Zus-BerggÜ-1910-G nahm der Gesetzgeber nicht zum Anlass, die Anwendung der Vorschriften auf Nichterwerbsschiffe zu regeln. Erst durch Art. 2 Nr. 1 des 3. SRÄndG wurde in den neuen Art. 7 Abs. 1 Satz 1 Nr. 4 EGHGB 2001 eine Bezugnahme auf die §§ 740 ff. HGB 2001 über die Bergung und auf die §§ 902 ff. HGB 2001 über die Verjährung der Ansprüche auf Bergelohn oder Sondervergütung einschließlich Bergungskosten eingefügt. Art. 4 ÖlSG-ÄndG hat diese Bezugnahme auf die Verjährungsvorschriften nochmals an die inzwischen geänderten §§ 902 ff. HGB. a.F. angepasst. Der heutige Art. 7 Abs. 1 Nr. 3 EGHGB wurde ohne sachliche Änderung aus Art. 7 Abs. 1 Satz 1 Nr. 4 EGHGB 2001 übernommen.

b) Das BerggÜ 1989. Die Vorschriften der §§ 574 ff., 606 ff., auf die Art. 7 Abs. 1 28 Nr. 3 EGHGB Bezug nimmt, gehen auf das BerggÜ 1989 zurück (zu diesem siehe oben Rn 105–106 Einleitung A). Deutschland ist Vertragsstaat des Übereinkommens und völkerrechtlich verpflichtet, dessen Bestimmungen in sein innerstaatliches Recht umzusetzen. Dazu stellt Art. 2 BerggÜ-1989-G klar, dass die Vorschriften des Übereinkommens

---

17 Dazu *Ramming* RdTW 2015, 45, 48 (unter g) und 61 (unter 8.).

innerstaatlich nicht zur Anwendung gelangen. Stattdessen erfolgte die Umsetzung in der Weise, dass die Bestimmungen des BerggÜ 1989 durch das 3. SRÄndG in die Vorschriften des deutschen Rechts, insbesondere in das Fünfte Buch, damals §§ 740 ff., 902 ff. HGB 2001 sowie in Art. 8 EGHGB eingearbeitet wurden. Die §§ 740 ff., 902 ff. HGB 2001 wurden praktisch unverändert in die §§ 574 ff., 906 ff. übernommen. Diesen Vorschriften sieht man nicht an, dass sie auf international vereinheitlichtes Recht zurückgehen und entsprechend auszulegen und anzuwenden sind. Das BerggÜ 1989 gilt gleichermaßen für Erwerbs- wie Nichterwerbsschiffe, wie sich ausdrücklich aus Art. 1 (b) ergibt. Zu Staatsschiffen siehe unten Rn 31–34.

29   **c) Anwendung der §§ 574 ff. auf Nichterwerbsschiffe.** Art. 7 Abs. 1 Nr. 3 EGHGB bringt die §§ 574 ff, 606 ff. auf Nichterwerbsschiffe zur Anwendung (zu Staatsschiffen siehe unten Rn 31–34). Die Vorschriften sind in den in § 574 Abs. 1 Nr. 1 bis 3 umschriebenen Szenarien maßgeblich, wenn das jeweils genannte Seeschiff nicht des Erwerbes wegen betrieben wird. Dies gilt in den Fällen, in denen Bergungsmaßnahmen zugunsten eines Nichterwerbsschiffes durchgeführt werden, so dass möglicherweise Ansprüche auf Bergelohn und auf Ersatz der Bergungskosten oder auf Sondervergütung (§§ 576 ff.) gegen den Eigentümer begründet sind. Ebenso können die §§ 574 ff, 606 ff. zur Anwendung gelangen, wenn von einem Nichterwerbsschiff aus Bergungsmaßnahmen erfolgen. Werden Bergungsmaßnahmen zugunsten eines Binnenschiffes ergriffen (siehe § 574 Abs. 1 Nr. 1 und 3), braucht auch im Rahmen des § 574 Abs. 1 nicht zwischen Erwerbs- und Nichterwerbs(binnen)schiffen unterschieden zu werden. Der Erwerbsschiff-Vorbehalt des § 480, Art. 7 Abs. 1 EGHGB (oben Rn 4–8 zu § 476) betrifft nicht Binnenschiffe.

30   **d) Keine Bezugnahme auf § 618.** Art. 7 Abs. 1 Nr. 3 EGHGB verweist nicht auch auf § 618 über die Befugnis des Bergers, hinsichtlich seines Anspruchs auf Bergelohn oder Sondervergütung eine Abschlagszahlung im Wege einer einstweiligen Verfügung festlegen zu lassen. Damit findet § 618 keine Anwendung in Bezug auf Nichterwerbsschiffe. Dies gilt in Fällen, in denen Bergungsmaßnahmen zugunsten eines Nichterwerbsschiffes durchgeführt werden, und ebenso dann, wenn dies von einem Nichterwerbsschiff aus geschieht. Ausgehend davon, dass bei der Anwendung der §§ 574 ff. in Bezug auf Binnenschiffe nicht zwischen Erwerbs- und Nichterwerbsschiffen unterschieden wird (oben Rn 29), bleibt es bei der Geltung auch des § 618, wenn es sich bei dem Nichterwerbsschiff um ein Binnenschiff handelt. § 618 geht auf Art. 22 BerggÜ 1989 zurück. Dadurch, dass § 618 nicht auch für Nichterwerbs(see)schiffe gilt, verstößt Deutschland gegen seine völkerrechtliche Pflicht zur Umsetzung des BerggÜ 1989.

31   **e) Staatsschiffe.** Die Anordnung der Geltung der §§ 574 ff., 606 ff. auch für Nichterwerbsschiffe nach Art. 7 Abs. 1 Nr. 3 EGHGB betrifft auch Staatsschiffe. Das galt ebenso bereits für die vorherige Vorschrift des Art. 7 Abs. 1 Satz 1 Nr. 4 EGHGB 2001.[18] Diese Bestimmung und ebenso heute Art. 7 Abs. 1 Nr. 3 EGHGB stehen im Zusammenhang mit Art. 4 Abs. 1 BerggsÜ 1989. Danach ist die Anwendung des Übereinkommens auf Schiffe eines Staates grundsätzlich ausgeschlossen, es sei denn, dass „dieser Staat" etwas anderes beschließt. Ausgehend davon kann sich die Erklärung der Anwendung auf Staatschiffe nach dem Wortlaut des Art. 4 Abs. 1 BerggÜ 1989 nur auf eigene Staatsschiffe erstrecken. Deutschland hat sich bei der Ratifikation des BerggÜ 1989 jedoch vorbehalten, dass das Übereinkommen (mit Ausnahme des Art. 21, dazu unten Rn 34) auch auf

---

18   Siehe 3. SRÄndG-Begr S. 24 („Zu Nummer 1") sowie BerggÜ-1989-Denkschrift S. 22 („Zu Artikel 4").

Staatsschiffe „eines Staates" angewandt werde,[19] also nicht nur auf deutsche Staatsschiffe.

In der BerggÜ-1989-Denkschrift heißt es dazu[20] – nachdem der Inhalt des Art. 4 Abs. 1 und 2 BerggÜ 1989 sinngemäß wiederholt wird – insbesondere, dass die Ausnahmeregelung des Art. 4 Abs. 1 BerggÜ 1989 von Art. 1 des von Deutschland nicht ratifizierten Protokolls vom 27. Mai 1967 zur Änderung des BerggÜ 1910 abweiche, wonach Staatsschiffen den Handelsschiffen gleichgestellt würden. Soweit die Immunität der Staatsschiffe, auch im Hinblick auf Pfand- und Zurückbehaltungsrechte, gewahrt bleibe, bestehe kein sachlicher Grund, von einem Staatsschiff oder zugunsten eines solchen Schiffes erbrachte Bergungsmaßnahmen rechtlich anders zu behandeln als Bergungsmaßnahmen eines Kauffahrteischiffes oder zugunsten eines solchen Schiffes. Dies entspreche auch der allgemeinen Auffassung in der Literatur und der geltenden Praxis. Daher solle von der durch Art. 4 Abs. 1 BerggÜ 1989 genannten Möglichkeit Gebrauch gemacht werden, das Übereinkommen auf Staatsschiffe für anwendbar zu erklären. Nicht angewandt werden sollten jedoch die Regelungen über Pfand- und Zurückbehaltungsrechte des Gläubigers und über dessen Anspruch auf Sicherheitsleistung. Die Denkschrift verweist hier auf §§ 751 bis 753 des HGB-Entwurf (= §§ 751 bis 753 HGB 2001, heute: §§ 585 bis 587). In der 3. SRÄndG-Begr zu Art. 7 Abs. 1 Satz 1 Nr. 4 EGHGB 2001 heißt es bestätigend, dass mit der Regelung von der in Art. 4 BerggÜ 1989 eingeräumten Befugnis Gebrauch gemacht werden solle, die Vorschriften über Bergung auch auf Staatsschiffe anzuwenden. Es sei kein sachlicher Grund dafür ersichtlich, Bergungsmaßnahmen für Nichterwerbsschiffe – abgesehen von den in §§ 751 bis 753 HGB 2001 vorgesehenen Ausnahmen – rechtlich anders zu behandeln als Bergungsmaßnahmen für Kauffahrteischiffe. **32**

M.E. liefern die zuvor zusammengetragenen Hinweise in der BerggÜ-1989-Denkschrift und der 3. SRÄndG-Begr keine tragfähige Grundlage dafür, dass der von Deutschland erklärte, weit über den Rahmen des Art. 4 Abs. 1 BerggÜ hinausgehende Vorbehalt gleichwohl rechtens war. Deutschland hätte nur die Anwendung des BerggÜ 1989 auf Staatsschiffe unter deutscher Flagge erklären dürfen. Indem Deutschland über das BerggÜ 1989 auch auf ausländische Staatsschiffe zur Anwendung bringt, verstößt es gegen seine völkerrechtlichen Pflichten zur Umsetzung des Übereinkommens. **33**

Art. 7 Abs. 1 Nr. 3 EGHGB ordnet die Anwendung der §§ 574 ff., 606 ff. auf alle Nichterwerbsschiffe einschließlich aller Staatsschiffe, unabhängig von ihrer Flagge an. Dies gilt in Fällen, in denen Bergungstätigkeiten zugunsten eines Staatsschiffes erbracht werden, so dass ggf. gegen dessen Eigentümer Ansprüche auf Bergelohn und auf Ersatz der Bergungskosten oder auf Sondervergütung (§§ 576 ff.) bestehen. Allerdings werden in Einzelfällen Ausnahmen geregelt (dazu schon oben Rn 32). So schließt § 585 Abs. 3 Nr. 2 die Ausübung des Schiffsgläubigerrechts (§ 585 Abs. 1) des Bergers an dem geborgenen Schiff aus, wenn es sich um ein Staatsschiff handelt (dazu noch unten Rn 51–54). Entsprechendes gilt nach § 585 Abs. 3 Nr. 3 im Hinblick auf staatseigene Ladung. In gleicher Weise ist der Anspruch des Bergers auf Sicherheitsleistung nach § 587 Abs. 1 Satz 1 gemäß Satz 2 der Vorschrift ausgeschlossen, wenn das geborgene Schiff ein Staatsschiff ist. Dies entspricht dem bei der Ratifikation des BerggÜ 1989 erklärten Vorbehalt, dass Art. 21 des Übereinkommens nicht auf Staatsschiffe angewandt werde.[21] Umgekehrt können dem Eigentümer (bzw. Ausrüster, unten Rn 36) eines Staatsschiffes, von dem aus **34**

---

19 Siehe BGBl. 2002 II S. 1202.
20 S. 22 („Zu Artikel 4 – Staatsschiffe").
21 Siehe BGBl. 2002 II S. 1202.

Bergungsmaßnahmen durchgeführt werden, Ansprüche auf Bergelohn und auf Ersatz der Bergungskosten oder auf Sondervergütung zustehen. Ist das geborgene Schiff kein Staatsschiff, gelten die Beschränkungen der §§ 585 Abs. 3 Nr. 2, 587 Abs. 1 Satz 2 nicht. Schließlich bezieht sich die Vorschrift des Art. 7 Abs. 1 Nr. 3 EGHGB nicht auch auf § 618 (oben Rn 30). Sie gilt daher nicht für Nichterwerbs(see)schiffe und damit auch nicht für Staats(see)schiffe.

35 **f) Keine Verweisung auf Art. 8 EGHGB.** Sowohl im früheren Art. 7 Abs. 1 Satz 1 Nr. 4 EGHGB 2001 wie heute in Art. 7 Abs. 1 Nr. 3 EGHGB fehlt eine Verweisung auch auf Art. 8 EGHGB. Dies ist eine Sondervorschrift zum internationalen Bergungsrecht. Allerdings folgt daraus nicht, dass Art. 8 im Falle einer Beteiligung von Nichterwerbs(see)schiffen nicht zum Tragen kommt. Art. 8 ist eine Vorschrift des internationalen Privatrechts. In den betreffenden Fällen bringt sie die genannten Vorschriften der §§ 574 ff. unmittelbar zur Anwendung. Die §§ 574 ff. gelten nach Maßgabe ihrer eigenen (sachrechtlichen) Anwendungsnormen. Und zu diesen gehört auch Art. 7 Abs. 1 Nr. 3 EGHGB. Einer ausdrücklichen Verweisung auf Art. 8 EGHGB bedurfte es nicht. Art. 7 Abs. 1 Nr. 3 EGHGB kommt erst auf der Ebene des Sachrechts zum Tragen, nach dem das internationale Privatrecht und damit Art. 8 EGHGB seine Aufgabe erfüllt hat.

36 **g) Die Anwendung des § 477.** Die Regelung des Art. 7 Abs. 1 EGHGB nimmt nicht auch Bezug auf die Vorschrift des § 477. Geklärt ist allerdings seit der „Anna B." Entscheidung des BGH, dass sie bei der Anwendung des Art. 7 Abs. 1 Nr. 1 EGHGB zu berücksichtigen ist (siehe Rn 6 zu § 477). Dies ist auch im Rahmen des Tatbestands des Art. 7 Abs. 1 Nr. 3 EGHGB der Fall. Auch im Hinblick auf Nichterwerbsschiffe ist bei der Anwendung der §§ 574 ff. über die Bergung § 477 heranzuziehen, so dass ggf. der Betreiber des Schiffes, das ihm nicht gehört, an die Stelle des Eigentümers tritt. Wurden zugunsten dieses Schiffes Bergungsmaßnahmen durchgeführt, haftet allerdings von vornherein nicht der Betreiber, sondern nur der Eigentümer des Schiffes für den Bergelohn und auf Ersatz der Bergungskosten oder auf Sondervergütung (§§ 576 ff., unten Rn 30–32 zu § 477). Werden aber von dem Nichterwerbsschiff aus Bergungsmaßnahmen durchgeführt, stehen die Ansprüche auf Bergelohn und auf Ersatz der Bergungskosten oder auf Sondervergütung (§§ 576 ff.) dem Ausrüster zu (unten Rn 36 zu § 477).

37 **4. Art. 7 Abs. 1 Nr. 4 EGHGB.** Der neu formulierte Art. 7 Abs. 1 Nr. 4 EGHGB erklärt die Vorschriften der §§ 611 ff. über die Beschränkung der Haftung auch auf Nichterwerbsschiffe für anwendbar. Weitere Regelungen zur Geltung der Vorschriften der §§ 611 ff. über die beschränkbare Haftung finden sich in Art. 7 Abs. 2 und 3 EGHGB (siehe unten Rn 57–65, 66–69). Ob und in welcher Weise der Reeder und weitere am Schiffsbetrieb beteiligte Personen ihre Haftung für alle Ansprüche aus einem Ereignis auf bestimmte Höchstbeträge beschränken können, regelt in erster Linie das HBÜ 1996. Dieses Übereinkommen ist unmittelbarer Bestandteil des deutschen Rechts und kommt von sich aus zur Anwendung. § 611 Abs. 1 Satz 1 hat daher insoweit lediglich deklaratorische Wirkung. Das HBÜ 1996 gilt für Seeschiffe (siehe Art. 1 Abs. 2), ohne dass zwischen Erwerbs- und Nichterwerbsschiffen unterschieden wird, kommt also auch auf letztere zur Anwendung.

38 **a) Die Geschichte der Vorschrift.** Die beschränkte Haftung des Reeders kam seit jeher auch dem Betreiber eines Nichterwerbsschiffes zugute. Ursprünglich haftete der Reeder nach § 486 Abs. 1 Nr. 3 HGB 1897 für Ansprüche aus § 485 HGB 1897 von vornherein nur mit Schiff und Fracht, was je nach den Umständen auch eine höhenmäßige Be-

schränkung der Haftung bedeutete (siehe Rn 237–240 zu § 480). Dies galt nach Art. 7 EGHGB 1897 auch für den Eigentümer eines Nichterwerbsschiffes. Hierbei blieb es in den folgenden Jahrzehnten. Praktisch haftete der Eigentümer eines Nichterwerbsschiffes nur mit dem Schiff, weil normalerweise Frachtansprüche nicht in Betracht kamen.

Das 1. SRÄndG, zusammen mit dem zugrunde liegenden HBÜ 1957, bewirkte funda- **39** mentale Änderungen im Recht der Beschränkung der Haftung. Diese wurde grundsätzlich neu geregelt: Der Reeder haftete nicht mehr nur mit bestimmten Vermögensgegenständen (Schiff und Fracht), sondern mit seinem gesamten Vermögen, allerdings beschränkt auf bestimmte Beträge. Art. 1 Nr. 4 des 1. SRÄndG fügte an die Stelle der bisherigen §§ 486, 487 HGB 1897 vollständig neue §§ 486 bis 487d in das HGB 1972 ein, die ihrerseits auf die Bestimmungen des HBÜ 1957 zurückgingen. Die §§ 486 bis 487d HGB 1972 galten aufgrund des entsprechend geänderten Art. 7 Abs. 1 EGHGB 1972 auch für Nichterwerbsschiffe. Soweit die Bestimmungen des HBÜ 1957 nach § 1 Abs. 1 Satz 1 HBÜ-1957-AusfV unmittelbar zur Anwendung gelangten, spielte Art. 7 Abs. 1 EGHGB 1972 keine Rolle, weil das Übereinkommen ohne Unterschied für Erwerbs- wie Nichterwerbsschiffe galt. Siehe zu allem noch unten Rn 58–60.

Durch das 2. SRÄndG wurde das Recht der Haftungsbeschränkung dann erneut um- **40** gestaltet, veranlasst durch das Inkrafttreten des HBÜ 1976 für Deutschland. Die betreffenden Vorschriften entsprachen bereits der heute geläufigen Systematik. Anders als das HBÜ 1957 war das HBÜ 1976 innerstaatlich unmittelbar anwendbar (siehe § 486 Abs. 1 HGB 1986). Das Übereinkommen galt für Seeschiffe (Art. 1 Abs. 2), unabhängig davon, ob sie des Erwerbes wegen betrieben wurden oder nicht. Die neuen §§ 486 bis 487e HGB 1986 enthielten ergänzende Regelungen (siehe § 486 Abs. 5 HGB 1986). Art. 5 Nr. 2 (a) des 2. SRÄndG ließ die Bezugnahme in Art. 7 Abs. 1 EGHGB 1972 auf die §§ 486 bis 487d HGB 1972 unverändert. Dies offenbar aufgrund eines Redaktionsversehens, denn diese Vorschriften waren im HGB 1986 um einen § 487e (heute: § 617) erweitert worden. Damit waren auch die §§ 486 bis 487d HGB 1986 für Nichterwerbsschiffe maßgeblich. Das HBÜProt 1996 brachte dann das HBÜ 1976 auf den Stand von heute (HBÜ 1996). Das HBÜProt-1996-AusfG ließ die Regelung des Art. 7 Abs. 1 EGHGB 1986 unberührt. Durch Art. 2 Nr. 1 des 3. SRÄndG erhielt dann Art. 7 Abs. 1 Satz 1 EGHGB 2001 seine enumerative Form, wobei entsprechend den früheren Fassungen die Bezugnahme auf die §§ 486 bis 487d HGB 1972 (nach wie vor nicht auch auf § 487e) in Art. 7 Abs. 1 Satz 1 Nr. 2 EGHGB 2001 eingestellt wurde. Die heutige Fassung des Art. 7 Abs. 1 Nr. 4 EGHGB geht auf Art. 2 SHR-ReformG zurück. Entsprechend der neuen Einteilung des Fünften Buches wurde die Verweisung auf die §§ 611 ff. aus der Nr. 2 in die Nr. 4 des Art. 7 Abs. 1 EGHGB verlegt. Die Bezugnahme ist jetzt auch vollständig und betrifft alle Bestimmungen der §§ 611 ff. einschließlich des § 617.

b) Der Anwendungsbereich des Art. 7 Abs. 1 Nr. 4 EGHGB. Die wichtigste Grund- **41** lage der Haftungsbeschränkung ist heute das HBÜ 1996. Das Übereinkommen gilt von sich aus auch für Nichterwerbsschiffe, auf Art. 7 Abs. 1 Nr. 4 EGHGB kommt es insoweit nicht an. Allerdings regelt das HBÜ 1996 nicht alle Fragen abschließend. Einige Tatbestände beurteilen sich nach dem ergänzend geltenden autonomen Recht, das sich anhand der Grundsätze des internationalen Privatrechts ermittelt.[22] Dies gilt etwa für die Fälle des Art. 15 Abs. 2, 3 und 3bis HBÜ 1996. Danach ist es den Vertragsstaaten erlaubt, die Bestimmungen des Übereinkommens durch besondere innerstaatliche Vorschriften zu ersetzen. Dies ist außerdem auch im Hinblick auf die Haftung des Lotsen und deren

---

22 Ausführlich hierzu *Ramming* HmbSchRZ 2009, 181–199.

Beschränkbarkeit anerkannt. Deutschland hat hiervon teilweise Gebrauch gemacht. Ausgehend von Art. 15 Abs. 2 Satz 1 (b) HBÜ 1996 ist die Beschränkung der Haftung bei kleinen Schiffen in § 613 in besonderer Weise geregelt. Für die Haftung des Lotsen gelten die Vorschriften des § 615 Abs. 1 bis 3, wenn er an Bord tätig war, und die des § 615 Abs. 4, wenn er nicht an Bord tätig war.[23]

42 Von diesen besonderen innerstaatlichen Vorschriften sind diejenigen Bestimmungen zu unterscheiden, die vollständig auf dem eigenständigen deutschen Recht beruhen. Dies betrifft die Bereiche, in denen das HBÜ 1996 nicht zur Anwendung gelangt, namentlich die Beschränkung der Haftung im Hinblick auf Binnenschiffe (siehe Art. 15 Abs. 2 Satz 1 [a] HBÜ 1996), die Gegenstand der §§ 4 bis 5m BinSchG ist (und die ihrerseits auf die CLNI zurückgehen); § 611 Abs. 3 über die Beschränkung der Haftung für Ölverschmutzungsschäden, die nicht unter das ÖlHÜ 1992 fallen (Art. 3 [b] HBÜ 1996; siehe auch unten Rn 58–59 zu Art. VI ÖlHÜ 1992); § 612 über die Beschränkung der Haftung für Ansprüche wegen Wrackbeseitigung (siehe Art. 18 Abs. 1 Satz 1 HBÜ 1996); § 614 über den Vorrang von Ansprüchen wegen Beschädigung von Hafenanlagen, Hafenbecken, Wasserstraßen und Navigationshilfen vor den sonstigen Ansprüchen (Art. 6 Abs. 3 HBÜ 1996); sowie des § 616 Abs. 2 über das Recht zur Beschränkung der Haftung der persönlich haftenden Gesellschafter einer ihrerseits zur Beschränkung berechtigten Personengesellschaft. Schließlich gibt es ergänzende Regelungen, etwa dass die Haftung für Ansprüche wegen der Kosten der Rechtsverfolgung nicht der Beschränkung unterliegt (§ 611 Abs. 4 Nr. 2); oder dazu, auf wessen Verhalten es bei Gesellschaften im Hinblick auf das persönliche qualifizierte Verschulden (Art. 4 HBÜ 1996) ankommt (§ 616 Abs. 1).

43 Soweit für diese Fälle nach den Grundsätzen des internationalen Privatrechts das deutsche Sachrecht gilt, sind die zuvor genannten Vorschriften der §§ 611ff. heranzuziehen (§ 611 Abs. 5). Diese wiederum setzen voraus, dass ein (See-)Erwerbsschiff betroffen ist. An dieser Stelle hilft Art. 7 Abs. 1 Nr. 4 EGHGB aus und ordnet die Anwendbarkeit der Vorschriften auch im Hinblick auf Nichterwerbsschiffe an. Hierdurch weicht das Seehandelsrecht vom Binnenschifffahrtsrecht ab, für das in § 4 Abs. 1 Satz 1 Hs. BinSchG gerade klargestellt ist, dass die §§ 4ff. BinSchG über die Beschränkbarkeit der Haftung des Eigners nicht für Nichterwerbsschiffe gelten.

44 Der Umstand, dass Art. 7 Abs. 1 EGHGB an keiner Stelle auf § 477 Bezug nimmt (siehe Rn 6 zu § 477), hat im Hinblick auf den Tatbestand der Nr. 4 keine Auswirkungen. Innerhalb der Regelungen über die Beschränkbarkeit der Haftung stellt sich nirgends die Frage, ob der Betreiber eines ihm nicht gehörenden Schiffes an die Stelle des (Nur)Eigentümers tritt. Insbesondere ist der Betreiber Schiffseigentümer im Sinne des Art. 1 Abs. 2 HBÜ 1996, so dass er – ebenso wie der (Nur-)Eigentümer – seine Haftung für alle in Art. 2 und 3 HBÜ 1996 genannten Ansprüche aus einem Ereignis nach Maßgabe der weiteren Bestimmungen des Übereinkommens beschränken kann. Ohnehin betrifft das HBÜ 1996 gleichermaßen Erwerbs- wie Nichterwerbsschiffe, so dass es auch auf Art. 7 Abs. 1 Nr. 4 EGHGB nicht abkommt. Aber auch die Regelungen der §§ 611ff., soweit sie auf dem autonomen deutschen Recht beruhen (oben Rn 42), betreffen gleichermaßen den Betreiber eines ihm nicht gehörenden Schiffes und dessen (Nur-)Eigentümer.

45 **c) Staatsschiffe.** Die Haftung des Eigentümers nur mit dem Schiff nach §§ 485, 486 Abs. 1 Nr. 3 HGB 1897, Art. 7 Abs. 1 EGHGB 1897 galt grundsätzlich auch für Staatsschiffe.[24] Die Anordnung der Haftung mit dem Schiff nach § 486 Abs. 1 Nr. 3 HGB 1897 be-

---

23 Ausführlich hierzu *Ramming* RdTW 2014, 301–309.
24 Zum Folgenden siehe BGHZ 3, 321 = NJW 1952, 259, 260 „Bothnia", „Schiff 10"; OLG Oldenburg VkBl. 1970, 585.

gründete auch ein Schiffsgläubigerrecht (obwohl Art. 7 Abs. 1 EGHGB 1897 nicht auch auf die §§ 754 ff. HGB 1897 verwies). Das Schiffsgläubigerrecht ruhte allerdings für die Zeit, in der das Schiff für Staatszwecke verwendet wurde (siehe ganz ähnlich heute etwa § 585 Abs. 3 Nr. 2), und lebte im Falle einer späteren Verwendung des Erwerbes wegen wieder auf. Daher bestand bei Staatsschiffen von vornherein eine persönliche Haftung des Staates, beschränkt auf den Wert des Schiffes.[25] Das HBÜ 1996 enthält keinen Staatsschiff-Vorbehalt und kommt daher uneingeschränkt auch den Eigentümern solcher Schiffe zugute. Für das innerstaatliche deutsche Recht (siehe oben Rn 42) ergibt sich das Gleiche aus Art. 7 Abs. 1 Nr. 4 EGHGB, der sich generell auf alle Nichterwerbschiffe bezieht und damit auch Staatsschiffe einschließt. Bei alldem sind zugunsten von Staatsschiffen ggf. auch die Grundsätze der Immunität zu beachten.

5. Keine Anwendung der §§ 588 ff. (Große Haverei). Art. 7 Abs. 1 EGHGB nimmt, 46 wie auch schon alle früheren Fassungen der Vorschrift, nicht Bezug auf die Vorschriften der §§ 588 ff. über die Große Haverei. Bei Nichterwerbs(See-)Schiffen findet daher von vornherein keine Verteilung von Schäden und Kosten in Großer Haverei statt. Allerdings wird es nicht häufig vorkommen, dass ein Nichterwerbsschiff Ladung befördert. Auch Frachtansprüche bestehen hier normalerweise nicht. Denkbar ist aber, dass sich das Schiff und der Brennstoff (der einem anderen als dem Eigentümer des Schiffes gehört) in gemeinsamer Gefahr befinden. Das Binnenschifffahrtsrecht regelt die Große Haverei in § 78 BinSchG, dessen Abs. 3 wiederum eine Verweisung auf die seerechtlichen Bestimmungen der §§ 589 bis 592, 594 und 595 enthält. Für die Anwendbarkeit des BinSchG und damit auch seines § 78 spielt es keine Rolle, ob das (Binnen)Schiff gewerblich betrieben wird oder nicht. Ob im Falle eines Nichterwerbsschiffes daher eine Verteilung von Schäden und Kosten in Großer Haverei stattfindet, hängt davon ab, ob es sich um ein Binnen- oder ein Seeschiff handelt. Ein Wechsel des Betriebes des (See)Schiffes hat keine Rückwirkung (oben Rn 42–44 zu § 476). Die Verteilung von Schäden und Kosten in Großer Haverei bleibt ausgeschlossen, auch wenn das Schiff von einem Zeitpunkt nach dem Ereignis an des Erwerbes wegen betrieben wird. Umgekehrt werden Schäden und Kosten auch dann in Großer Haverei verteilt, wenn das Schiff inzwischen ein Nichterwerbsschiff geworden ist.

6. Keine Anwendung der §§ 596 ff. (Schiffsgläubigerrechte). Schließlich verweist 47 Art. 7 Abs. 1 EGHGB ebenfalls nicht auf die §§ 596 ff. über die Schiffsgläubigerrechte (unten Rn 48–49, 50). Allerdings können wegen der Ansprüche des Bergers auf Bergelohn und Ersatz der Bergungskosten oder auf Sondervergütung (§§ 576 ff.) auch an geborgenen Nichterwerbsschiffen Schiffgläubigerrechte entstehen (unten Rn 51–54).

a) Der Ausschluss von Schiffsgläubigerrechten an Nichterwerbsschiffen. Art. 7 48 Abs. 1 EGHGB nimmt nicht Bezug auf die Regelungen der §§ 596 ff. über die Schiffsgläubigerrechte. Dies galt auch für alle früheren Fassungen der Vorschrift bis zurück zum Art. 7 EGHGB 1897. Damit kommt die Entstehung von Schiffsgläubigerrechten an Nichterwerbsschiffen grundsätzlich nicht in Betracht. Dieser Ausschluss gilt auch für Staatsschiffe. Hiervon sind namentlich die Ansprüche gegen den Reeder bzw. Ausrüster des Nichterwerbschiffes aus § 480, Art. 7 Abs. 1 Nr. 1 EGHGB (oben Rn 7–10) und aus §§ 570 ff., Art. 7 Abs. 1 Nr. 2 EGHGB, Art. 2 ZusÜSee (oben Rn 11–25) betroffen. Eine Aus-

---

25 Siehe zuvor auch schon RGZ 79, 178, 181 f. „San Antonio", „Lübeck"; RGZ 149, 167, 168 und dann ausführlich zur Ermittlung des Wertes RGZ 151, 271 „Jelö", „Pilot"; RhSchOG Köln VersR 1957, 716.

nahme gilt für Schiffsgläubigerrechte wegen Ansprüche des Bergers auf Bergelohn und Ersatz der Bergungskosten oder auf Sondervergütung (§§ 576 ff., unten Rn 51–54).

49 Auch zu der Zeit, als der Reeder für Ansprüche wegen Schäden aus dem Betrieb des Schiffes auf Grundlage des § 485 HGB 1897 noch mit Schiff und Fracht haftete (§ 486 Abs. 1 Nr. 3 HGB 1897, dazu unten Rn 237–240 zu § 480), nahm Art. 7 EGHGB 1897 nicht auch Bezug auf die damaligen §§ 754 ff. HGB 1897 über die Schiffsgläubigerrechte. Gleichwohl war anerkannt, dass bei Nichterwerbschiffen die Haftung nach § 486 Abs. 1 Nr. 3 HGB 1897 mit dem Schiff ein Schiffsgläubigerrecht begründete. Dabei galt für Staatsschiffe die Besonderheit,[26] dass das Schiffsgläubigerrecht für die Dauer der hoheitlichen Verwendung ruhte und nicht ausgeübt werden konnte. Erst in dem Fall, dass die hoheitliche Verwendung ihr Ende fand und das Schiff als „einfaches" Nichterwerbs- oder als Erwerbsschiff eingesetzt wurde, konnte der Schiffsgläubiger ohne Beschränkungen auf das Schiff zugreifen. Ähnliche Ansätze finden sich heute im Hinblick auf das Schiffsgläubigerrecht des Bergers für Ansprüche auf Bergelohn und Ersatz der Bergungskosten oder auf Sondervergütung (§§ 576 ff.) in den § 585 Abs. 3 Nr. 1 und 2 (unten Rn 51–54). Die Bestimmung, dass der Eigentümer eines Nichterwerbschiffes (nur) mit dem Schiff für Ansprüche Dritter haftete, ist seit dem 1. SRÄndG entfallen. Heute gibt es keine Haftung nur mit dem Schiff mehr, so dass kein Anlass besteht, trotz des Fehlens einer entsprechenden Bezugnahme in Art. 7 Abs. 1 EGHGB auf die §§ 596 ff. „durch die Hintertür" gleichwohl ein Schiffsgläubigerrecht anzunehmen.[27]

50 **b) Wechsel des Erwerbs.** Bei einem Wechsel des Erwerbs kommt es nicht zu einer Rückwirkung. Ist ein Schiffsgläubigerrecht an einem Erwerbsschiff begründet, besteht es auch fort, wenn das Schiff jetzt nicht mehr des Erwerbes wegen betrieben wird. Entsprechendes gilt umgekehrt: Ist ein Schiffsgläubigerrecht ausgeschlossen, weil es sich um ein Nichterwerbschiff handelt, gelangt es nicht nachträglich zur Entstehung, wenn das Schiff zum Erwerbsschiff wird. Keine Rolle spielt hier das frühere Konzept, dass die Haftung mit dem (Nichterwerbs)Schiff nach § 486 Abs. 1 Nr. 3 HGB 1897 (trotz der fehlenden Verweisung auf §§ 754 ff. HGB 1897 in Art. 7 EGHGB 1897) bei Staatschiffen dazu führte, dass zwar ein Schiffsgläubigerrecht bestand, das jedoch für die Dauer der hoheitlichen Verwendung des Schiffes nicht ausgeübt werden konnte (oben Rn 49). Eine Haftung „mit dem Schiff" gibt es nicht mehr, ebenso wenig den Ansatz, dass in bestimmten Fällen das Schiffsgläubigerrecht gehemmt ist.

51 **c) Das Schiffsgläubigerrecht wegen Ansprüchen auf Bergelohn etc.** Werden Bergungsmaßnahmen zugunsten eines (See-)Nichterwerbschiffes durchgeführt, entsteht – trotz der Nicht-Nennung der §§ 596 ff. in Art. 7 Abs. 1 EGHGB (oben Rn 48–49) – an diesem Schiff ein Schiffsgläubigerrecht im Hinblick auf die Ansprüche des Bergers auf Bergelohn und Ersatz der Bergungskosten oder auf Sondervergütung (§§ 576 ff.). Dies ergibt sich aus § 585 Abs. 1. Die Vorschrift des Art. 7 Abs. 1 Nr. 3 EGHGB (oben Rn 26–36) bringt die §§ 574 bis 587 und damit auch § 585 auf Nichterwerbschiffe zur Anwendung. Es schadet nicht, dass es in § 585 Abs. 1 ausdrücklich heißt, dass dem Gläubiger „nach § 596 Absatz 1 Nummer 4" ein Schiffsgläubigerrecht zusteht und dass diese Vorschrift ihrerseits nicht zur Anwendung berufen ist. Dass ein Schiffsgläubigerrecht auch an Nichterwerbschiffen bestehen kann, ergibt sich auch im Rückschluss aus § 585 Abs. 3 Nr. 2. Hier wird die Ausübung des Schiffsgläubigerrechts nach § 585 Abs. 1 (nur) im Hinblick

---

[26] Siehe BGHZ 3, 321 = NJW 1952, 259, 260 „Bothnia", „Schiff 10"; *Schaps-Abraham* Seehandelsrecht Rn 4 zu Art. 7 EGHGB.
[27] *Schaps-Abraham* Seehandelsrecht Rn 4 zu Art. 7 EGHGB.

auf Staatsschiffe beschränkt. Dies setzt gedanklich voraus, dass an sonstigen Nichterwerbsschiffen – wie in Art. 7 Abs. 1 Nr. 3 EGHGB angeordnet – Schiffsgläubigerrechte entstehen können. Schließlich war auch schon früher anerkannt, dass sich bei Nichterwerbsschiffen aus der Anordnung der Haftung mit dem Schiff (§ 486 Abs. 1 Nr. 3 HGB 1897, Art. 7 EGHGB 1897) ergab, dass trotz der fehlenden Verweisung in Art. 7 Abs. 1 EGHGB 1897 auf die §§ 754 ff. HGB 1897 ein Schiffsgläubigerrecht begründet war (oben Rn 49).

§ 585 Abs. 1 gilt unmittelbar auch für die Bergung eines Binnenschiffes in Seegewässern (§ 574 Abs. 1 Nr. 1) oder die Bergung eines Binnenschiffes in Binnengewässern von einem Seeschiff aus (§ 574 Abs. 1 Nr. 3). Hier gewährt § 585 Abs. 1 in Verbindung mit § 102 Nr. 3 Fall 2 BinSchG – nicht: § 596 Abs. 1 Nr. 4 – dem Berger ein Schiffsgläubigerrecht an dem Binnenschiff. Gleiches gilt im Falle der Bergung eines Binnenschiffes in Binnengewässern. § 93 Abs. 1 BinSchG verweist auf die seerechtlichen Vorschriften der §§ 574 ff., allerdings gerade mit Ausnahme des § 585 Abs. 1, der das Schiffsgläubigerrecht des Bergers betrifft. Stattdessen begründet § 93 Abs. 2 BinSchG selbst ein Schiffsgläubigerrecht. Die Binnenschifffahrt unterscheidet nicht zwischen Erwerbs- und Nichterwerbsschiffen (oben Rn 35 zu § 476). Wenn nach der Bergung eines (Nichterwerbs-)Binnenschiffes auf Grundlage der §§ 574 ff. ein Schiffsgläubigerrecht entsteht, ist auch schwerlich einsehbar, warum der Berger eines (Nichterwerbs-)Seeschiffes nicht in entsprechender Weise gesichert sein soll. 52

Die §§ 574 ff. gehen zurück auf die §§ 740 ff. HGB 2001, die praktisch unverändert in das neue Recht übernommen wurden. Diese Vorschriften hatten ihren Ursprung wiederum in den Bestimmungen des BergÜ 1989 (oben Rn 27). Das BergÜ 1989 unterscheidet nicht zwischen See- und Binnenschiffen (so die ausdrückliche Umschreibung des Schiffes in Art. 1 [b]) oder Erwerbs- und Nichterwerbsschiffen (sofern es sich nicht um Staatsschiffe handelt, Art. 4 BergÜ, oben Rn 31–34). Damit entspricht die Gleichbehandlung des Bergers im Hinblick darauf, dass er Bergungsmaßnahmen zugunsten eines See- oder eines Binnenschiffes ergreift, den Grundgedanken des BergÜ. 53

Allerdings überlässt das Übereinkommen selbst in Art. 20 Abs. 1 die Regelung von Schiffsgläubigerrechten des Bergers an dem geborgenen Schiff dem jeweils anwendbaren unvereinheitlichten Recht. Ausgehend davon[28] sieht das deutsche Recht in § 585 Abs. 1 ein solches Schiffsgläubigerrecht vor. Es ist bergungsrechtlich jedoch in zweifacher Hinsicht begrenzt. Zum einen darf es nach § 585 Abs. 3 Nr. 1 nicht ausgeübt werden, wenn dem Berger eine anderweitige Sicherheit angeboten oder geleistet wurde. Diese Beschränkung ergibt sich bereits aus Art. 20 Abs. 2 BergÜ 1989. Sie gilt unmittelbar gegenüber allen Erwerbsschiffen und über Art. 7 Abs. 1 Nr. 3 EGHGB auch gegenüber Nichterwerbsschiffen. Zum zweiten darf der Berger von seinem Schiffgläubigerrecht nach § 585 Abs. 3 Nr. 2 überhaupt keinen Gebrauch machen, wenn ein Staatsschiff betroffen ist (dazu schon oben Rn 31–34). 54

7. Die analoge Anwendung des Art. 7 Abs. 1 EGHGB auf die gelegentliche Schifffahrt. Art. 7 Abs. 1 EGHGB regelt eine Ausnahme von dem Erfordernis, dass das Schiff des Erwerbes wegen betrieben wird. Die Ausnahme gilt an sich nicht für die weitere Voraussetzung, dass die Verwendung des Schiffes zum Zwecke der Schifffahrt erfolgt (dazu oben Rn 36–39 zu § 476). Abweichend davon hat das RhSchOG Köln in der „Tina Scarlett" Entscheidung[29] frühere Vorschriften des Art. 7 EGHGB 1897 (die den heutigen Rege- 55

---

28 Siehe 3. SRÄndG-Begr S. 21 f. („Zu § 751").
29 Hansa 1964, 1991, 1992 f. (unter b).

lungen des Art. 7 Abs. 1 EGHGB entsprechen) in einem Fall angewandt, in dem eine Bauwerft als Betreiber des Schiffes eine Überführungsfahrt durchgeführt hat, um die Arbeiten am Bestimmungsort zu beenden. Der Betrieb diente dem Erwerb der Werft, aber gerade nicht dem Erwerb durch die Schifffahrt, sondern dem Erwerb aus der Durchführung von Schiffbauarbeiten. Die analoge Anwendung des Art. 7 Abs. 1 EGHGB in Fällen gelegentlicher Schifffahrt ist im Ergebnis richtig (siehe sogleich Rn 56). Damit ist eine Person, die ein Schiff zum Zwecke gelegentlicher Schifffahrt betreibt, im Hinblick auf die Anwendung der Tatbestände des Art. 7 Abs. 1 EGHGB als Reeder des Schiffes (§ 476) anzusehen, wenn sie auch dessen Eigentümer ist.[30] Auch im Rahmen der hier erörterten analogen Anwendung des Art. 7 Abs. 1 EGHGB ist die Regelung des § 477 zu berücksichtigen (dazu unten Rn 6 zu § 477). Die Bestimmungen des Art. 7 Abs. 1 EGHGB gelten auch für den Betreiber des Schiffes zur gelegentlichen Schifffahrt, der nicht auch dessen Eigentümer ist. Die analoge Anwendung des Art. 7 Abs. 1 EGHGB erstreckt sich auf alle Tatbestände der Nr. 1 bis 4. Umgekehrt gelten auch die sich aus Art. 7 Abs. 1 EGHGB ergebenden Beschränkungen: Die Verteilung von Schäden und Kosten in Großer Haverei nach §§ 588 ff. ist ausgeschlossen (oben Rn 46 – wobei sich in den Fällen gelegentlicher Schifffahrt in der Regel keine Ladung an Bord befinden wird), ebenso die Entstehung von Schiffsgläubigerrechten nach §§ 596 ff. (oben Rn 47–49).

56 M.E. sind die Fälle der gelegentlichen Schifffahrt nicht nur analog Art. 7 Abs. 1 EGHGB zu beurteilen. Richtig ist es, schon das Merkmal des Betriebs des Schiffes zur Schifffahrt (oben Rn 36–39 zu § 476) weiter auszulegen, so dass die gelegentliche Schifffahrt ebenfalls erfasst wird.[31] § 476 kommt unmittelbar zur Anwendung, ebenso § 477 und alle weiteren Bestimmungen des Fünften Buches. Auf Art. 7 Abs. 1 EGHGB kommt es dann nicht mehr an. Entsprechend kämen auch die Regelungen der §§ 588 ff. HGB über die Große Haverei ohne weiteres zur Anwendung. Vor allem aber könnten uneingeschränkt nach §§ 596 ff. Schiffsgläubigerrechte begründet werden. Auf Grundlage des damals geltenden Rechts ist auch das RhSchOG Köln in der „Tina Scarlett" Entscheidung[32] davon ausgegangen, dass die Ansprüche durch Schiffsgläubigerrechte gesichert waren.

II. Beschränkbarkeit der Haftung für sonstige Ansprüche (Art. 7 Abs. 2 EGHGB)

57 Art. 7 Abs. 2 EGHGB stellt klar, dass auch Ansprüche, die nicht auf den Vorschriften des HGB beruhen, sowie andere als privatrechtliche Ansprüche den §§ 611 ff. HGB über die Beschränkung der Haftung unterliegen. Die Regelung des Art. 7 Abs. 2 EGHGB ist zusammen mit dem Abs. 1 Nr. 4 (oben Rn 37–45) und dem Abs. 3 (unten Rn 66–69) der Vorschrift zu lesen. Die Entwicklung des Art. 7 Abs. 2 EGHGB erfolgte in zwei Stufen. Durch Art. 2 Nr. 1 des 1. SRÄndG wurde Art. 7 EGHGB 1972 erstmals um einen Abs. 2 ergänzt. Die Regelung betraf zunächst nur andere Ansprüche als solche auf Grundlage des HGB (unten Rn 58–60). Durch Art. 5 Nr. 2 (b) des 2. SRÄndG wurde die Bezugnahme auf andere als privatrechtliche Ansprüche erweitert (unten Rn 61–63).

58 **1. Das 1. SRÄndG.** Nach dem Konzept des 1. SRÄndG erfolgte die Beschränkung der Haftung auf Grundlage der §§ 486 bis 487d HGB 1972. Dies galt allerdings nur für Ansprüche, die dem deutschen Recht unterlagen. Das Recht zur Beschränkung bestand unabhängig von der Staatszugehörigkeit des Schiffes oder der Staatsangehörigkeit der Beteiligten. Nach Abs. 2 (c) des Zeichnungsprotokolls zum HBÜ 1957 war es den Ver-

---

30 Siehe *Herber* Seehandelsrecht S. 139 f. (unter III.2).
31 In diesem Sinne auch schon BGHZ 25, 244 = NJW 1957, 1717 (rechte Spalte unten) „Anna B.", zuvor OLG Bremen Hansa 1956, 469.
32 Hansa 1964, 1991, 1992 f. (unter b), siehe auch BGH VersR 1971, 1012.

tragsstaaten gestattet, die Regelungen des Übereinkommens durch Einarbeitung in das nationale Recht zu übernehmen. Deutschland hat von allen Vorbehalten einschließlich dem des Buchst. (c) Gebrauch gemacht (siehe Art. 1 Nr. 4 1957/1952Ü-G).

Abweichend von §§ 486 bis 487d HGB 1972 war für die Beschränkung der Haftung in unmittelbarer Anwendung des HBÜ 1957 nicht maßgeblich, welches Recht auf den Anspruch, für den die Haftung beschränkt wurde, zur Anwendung kam (siehe Art. 7 Abs. 1 HBÜ 1957). Dem trug § 1 Abs. 1 Satz 1 HBÜ-1957-AusfV Rechnung, indem er anordnete, dass der Reeder und die weiteren nach § 3 HBÜ-1957-AusfV zur Beschränkung berechtigten Personen ihre Haftung auch für andere Ansprüche als solche nach deutschem Recht beschränken konnten. Voraussetzung hierfür war allerdings § 1 Abs. 1 Satz 1 HBÜ-1957-AusfV, dass die Betreffenden Angehörige eines Vertragsstaates des HBÜ 1957 waren (siehe Art. 7 Abs. 2 HBÜ 1957 sowie § 1 Abs. 2 HBÜ-1957-AusfV). Die Beschränkung der Haftung für andere als nach deutschem Recht begründete Ansprüche erfolgte auf Grundlage der Bestimmungen des HBÜ 1957 (und nicht der §§ 486 ff. HGB 1972). Dies musste in § 1 Satz 1 HBÜ-1957-AusfV nochmals ausdrücklich geregelt werden, weil Deutschland zuvor den Vorbehalt nach Abs. 2 (c) des Zeichnungsprotokolls zum HBÜ 1957 erklärt hatte. 59

Da sich die Befugnis zur Beschränkung der Haftung im Wesentlichen aus §§ 486 ff. HGB 1972 ergab, war die Regelung des Art. 7 Abs. 2 EGHGB 1972 sinnvoll und geboten. Der Umstand, dass das Recht zur Beschränkung der Haftung seine Grundlage in den §§ 486 ff. HGB 1972 hatte, hätte Anlass zu dem Verständnis geben können, dass sich, ggf. nach Art. 2 Abs. 2 EGHGB, die Beschränkbarkeit der Haftung nur auf Ansprüche auf Grundlage des HGB bezog.[33] 60

2. Die Erweiterung durch das 2. SRÄndG. Die Änderungen des Rechts der Haftungsbeschränkung durch das 2. SRÄndG umfassten nicht auch die Aufhebung des Art. 7 Abs. 2 EGHGB 1972. Dies hätte durchaus nahegelegen, weil das Zusammenspiel zwischen dem neuen HBÜ 1976 und dem innerstaatlichen Recht im Vergleich zur früheren Rechtslage umgekehrt wurde. Anders als das HBÜ 1957 kam das HBÜ 1976 in Deutschland in vollem Umfange und vorrangig zur Anwendung (§ 486 Abs. 1 HGB 1986, heute: § 611 Abs. 1 Satz 1). Die §§ 486 bis 487e HGB 1986 hatten lediglich ergänzende Funktion (siehe § 486 Abs. 5 HGB 1986, heute § 611 Abs. 5). Und aus Art. 2 Abs. 2 Satz 1 HBÜ 1976 ergab sich bereits, dass die Haftung für die in Abs. 1 genannten Ansprüche unabhängig vom Grund des Anspruchs beschränkt werden konnte. Art. 7 Abs. 2 EGHGB 1972 hatte allerdings im Hinblick auf die ergänzende Anwendung der §§ 486 ff. HGB 1986 Bedeutung (dazu oben Rn 41–44). 61

Der Gesetzgeber hat zudem Art. 7 Abs. 2 EGHGB 1972 auf weitere Anspruchsgrundlagen erweitert. Einbezogen waren nach Art. 7 Abs. 2 EGHGB 1986 nunmehr auch andere als privatrechtliche Ansprüche, also namentlich solche, die nach öffentlich-rechtlichen Vorschriften begründet waren. Das HBÜ 1976 unterscheidet nicht zwischen öffentlich-rechtlichen und privatrechtlichen Ansprüchen. Maßgeblich ist nur, ob sie in sachlicher Hinsicht unter Art. 2 Abs. 1 HBÜ 1976 fallen (und nicht nach Art. 3 HBÜ 1976 ausgeschlossen sind). Die Erweiterung des Art. 7 Abs. 2 EGHGB 1986 hatte erneut nur Bedeutung für die ergänzende Anwendung der §§ 486 ff. HGB 1986. 62

Aus der 2. SRÄndG-Begr[34] ergibt sich, dass die in Art. 7 Abs. 2 EGHGB 1986 aufgenommene Erweiterung auf Ansprüche öffentlich-rechtlicher Natur im Zusammenhang mit dem neuen § 487 HGB 1986 (heute: § 612) stand. Deutschland hat bei der Ratifikation 63

---

33 Siehe 1. SRÄndG-Begr S. 41 (rechte Spalte unten).
34 Siehe 2. SRÄndG-Begr S. 39 („Zu Nummer 2") und S. 17 f. („Zu § 487 HGB").

des HBÜ 1976 von dem Vorbehalt des Art. 18 Abs. 1 Satz 1 Gebrauch gemacht und die Anwendung des Übereinkommens auf die in Art. 2 Abs. 1 (d) und (e) HBÜ 1976 genannten Ansprüche wegen Wrackbeseitigung ausgeschlossen.[35] Damit war der Weg frei für eine eigene nationale Regelung über die Beschränkung der Haftung für solche Ansprüche. Diese wurde in § 487 HGB 1986 (heute: § 612) getroffen. Danach war die Haftung beschränkbar, allerdings galt ein gesonderter Höchstbetrag, der dem Sachschadens-Höchstbetrag des Art. 6 Abs. 1 (b) HBÜ 1976 entsprach. Die 2. SRÄndG-Begr geht ausdrücklich davon aus, dass das Recht zur Beschränkung der Haftung bis dahin nur für privatrechtliche und nicht auch für öffentlich-rechtliche Ansprüche gegolten habe. Allerdings verweist die 2. SRÄndG-Begr dann nur auf die unterschiedlich ausgestaltete Haftung, die nach § 25 StrO und § 30 WaStrG auf das Wrack bzw. auf dessen Wert beschränkt sei, während nach § 28 Abs. 3 WaStrG keine Beschränkungen vorgesehen seien. Nunmehr solle eine einheitliche Haftungsbeschränkung für alle Ansprüche, unabhängig von der Grundlage des Anspruchs maßgeblich sein. Bereits § 487 Abs. 1 HGB 1986 stellte klar, dass die Beschränkbarkeit unabhängig von der Rechtsgrundlage war, auf der die Ansprüche beruhten. Dies umfasst auch öffentlich-rechtliche Ansprüche. Gleichwohl sollte dies noch einmal in Art. 7 Abs. 2 EGHGB 1986 bestätigt werden. Unabhängig davon fügten Art. 6 und 7 des 2. SRÄndG ausdrückliche Vorbehalte zugunsten der §§ 486 bis 487e HGB 1986 in die §§ 28 Abs. 4, 30 Abs. 12 Satz 3 WaStrG a.F. ein (heute: Bezugnahmen auf §§ 611 bis 617, §§ 4 bis 5m BinSchG). Gleiches galt für § 25 Abs. 4 StrO (inzwischen aufgehoben).

64   **3. Die heutige Rechtslage.** Die auf das 2. SRÄndG folgenden Änderungen des Art. 7 EGHGB a.F. haben den Abs. 2 der Vorschrift unberührt gelassen. Art. 2 Nr. 2 (b) SHR-ReformG hat lediglich neue Bezugnahmen auf die §§ 611 bis 617 anstelle der §§ 486 bis 487e HGB 1986 eingefügt. Die Vorgeschichte der beiden Regelungen des Art. 7 Abs. 2 EGHGB, zurückgehend auf das 1. und das 2. SRÄndG (siehe zuvor Rn 58–60, 61–63), bleibt für das Verständnis der Vorschrift weiterhin maßgeblich. Sie stellt nach wie vor in Bezug auf das autonome deutsche Recht der §§ 611 bis 617 klar, dass diese Vorschriften auch auf andere Ansprüche als solche aus dem HGB sowie andere als privatrechtliche Ansprüche der Beschränkung anzuwenden sind (die Beschränkbarkeit also anordnen und näher regeln oder auch ausschließen können). Im Übrigen hat Art. 7 Abs. 2 EGHGB für den Anwendungsbereich des HBÜ 1996 lediglich deklaratorische Wirkung. Abgesehen von alldem ist Art. 7 Abs. 2 EGHGB (ebenso wie seine Vorgänger) ein Fremdkörper innerhalb der Art. 6ff. EGHGB, die nur Anwendungsvorschriften umfassen. Systematisch hätten die Regelungen des Art. 7 Abs. 2 EGHGB in die §§ 611ff. hinein gehört, etwa als weiterer Absatz des § 611.

65   Privatrechtliche Ansprüche, die nicht auf dem HGB beruhen, sind etwa solche aus dem BGB, insbesondere §§ 823 Abs. 1 und 2, 831 Abs. 1 und 2, 839, 904 Satz 2, 812ff., 677ff. BGB; aus Art. 2ff. ZusÜSee; aus Art. 3 Abs. 1 Hs. 1 BunkerölÜ (siehe Art. 6 BunkerölÜ und § 611 Abs. 1 Satz 2); aus Art. 10 Abs. 1 WBÜ, § 1 WrBesKoDG, §§ 677ff. BGB; aus § 86 WHG (siehe aber §§ 5 Nr. 4, 5h Abs. 1 Satz 1 BinSchG); auf der Grundlage ausländischen Rechts. Andere als privatrechtliche Ansprüche sind etwa solche nach strompolizeilichen Verfügung (§§ 24ff. WaStrG) für die Kosten der Ersatzvornahme (§ 10 VwVG), im Rahmen der sofortigen Vollziehung einer strompolizeilichen Maßnahme (§ 28 Abs. 3 WaStrG) oder im Falle der Beseitigung eines Schifffahrtshindernisses nach § 30 WaStrG, sofern die WSV sich nicht für ein Vorgehen auf privatrechtlicher Grundlage nach §§ 677ff. BGB ent-

---

35 BGBl. 1987 II S. 407.

schieden hat; siehe die ausdrücklichen Vorbehalte der beschränkten Haftung in §§ 28 Abs. 4, 30 Abs. 12 Satz 3 WaStrG.

III. Der zeitliche Anwendungsbereich des HBÜ 1976 bzw. 1996 (Art. 7 Abs. 3 EGHGB)

Die Regelung des Art. 7 Abs. 3 EGHGB betrifft den zeitlichen Anwendungsbereich des HBÜ 1996 sowie späterer Änderungen des Übereinkommens. Der Abs. 3 ist durch Art. 2 HBÜProt-1996-AusfG angefügt worden und gilt seitdem unverändert. Entsprechende Übergangsvorschriften fanden sich für das HBÜ 1976 auch in Art. 11 Abs. 2 Satz 1 und Abs. 2 Satz 2 des 2. SRÄndG.

Der erste Fall des Art. 7 Abs. 3 EGHGB betrifft die Änderungen des HBÜ 1976 durch das HBÜProt 1996. Das Protokoll ist am 13. Mai 2004 für Deutschland in Kraft getreten.[36] Art. 9 Abs. 3 HBÜProt 1996 regelt bereits selbst, dass das HBÜ 1996 nur auf Ansprüche aus Vorfällen nach Inkrafttreten des Protokolls zur Anwendung gelangt. Eine Rückwirkung war damit ausgeschlossen, was der üblichen Regelung entspricht. Umgekehrt ordnet Art. 7 Abs. 3 Fall 1 EGHGB an, dass sich die Beschränkung der Haftung für Ansprüche aus Vorfällen, zu denen es vor diesem Tag gekommen ist, weiter nach den Vorschriften des ursprünglichen HBÜ 1976 beurteilt. Diese auf den ersten Blick überflüssige Bestimmung war durchaus erforderlich.[37] Denn mit dem Inkrafttreten des HBÜProt 1996 für Deutschland trat das HBÜ 1976 am 13. Mai 2004 außer Kraft,[38] so dass es an sich auch innerstaatlich nicht mehr anwendbar war. Für die Zwecke der Durchführung von Altfällen gilt nach Art. 7 Abs. 3 Fall 1 EGHGB das HBÜ 1976 fort. Insbesondere bleiben die niedrigeren Höchstbeträge des HBÜ 1976 maßgeblich. Die Bestimmung des Art. 7 Abs. 3 Fall 1 EGHGB ist durch Zeitablauf überholt. An sich hätte sie gut aus Art. 7 Abs. 3 EGHGB entfernt werden können.

Praktische Bedeutung haben dagegen die weiteren Regelungen des Art. 7 Abs. 3 Fall 2 EGHGB. Hier wird Vorsorge für zukünftige Änderungen „des Übereinkommens" getroffen. Diese Wendung bezieht sich zurück auf das zuvor in der Vorschrift genannte „Übereinkommen von 1976", das an sich bereits am 13. Mai 2004 außer Kraft getreten ist (siehe zuvor). Allerdings ist das HBÜ 1976 in der Fassung des HBÜProt 1996 nach Art. 9 Abs. 1 HBÜProt 1996 ein einheitliches Regelwerk. Das „Übereinkommen", auf das sich Art. 7 Abs. 3 EGHGB bezieht, ist das HBÜ 1976 in seiner jeweils aktuellen Fassung. Gemeint ist heute das HBÜ 1996. Nach Art. 7 Abs. 3 Fall 2 EGHGB gilt der Grundsatz, dass sich die Beschränkung der Haftung für Ansprüche aus Vorfällen, die vor dem Tag des Inkrafttretens der Änderung für Deutschland gekommen ist, nach Maßgabe der früheren, zu dieser Zeit geltenden Vorschriften beurteilen. Das neue Recht kommt jeweils lediglich auf Vorfälle zur Anwendung, zu denen es am oder nach dem Tag des Inkrafttretens der Änderung gekommen ist. Seit Inkrafttreten des HBÜProt 1996 hat es allerdings keine Änderungen des HBÜ 1976 durch weitere Protokolle gegeben. Dies ist bislang auch nicht im Gespräch. Art. 7 Abs. 3 EGHGB ist eine Vorschrift des autonomen deutschen Rechts. Das Protokoll, das das HBÜ 1996 ändert, kann die Frage der Rückwirkung anders regeln als Art. 7 Abs. 3 Fall 2 EGHGB, der dann unbeachtlich wäre.

Art. 7 Abs. 3 Fall 2 EGHGB bezieht sich darüber hinaus auch auf Änderungen der im HBÜ 1996 festgelegten Höchstbeträge der Haftung, die nach dem „tacit acceptance" Verfahren des Art. 8 HBÜProt 1996 durchgeführt werden. Die auf diese Weise geänderten

---

36 BGBl. 2004 II S. 1793.
37 Siehe HBÜProt-1996-AusfG-Begr S. 6.
38 BGBl. 2005 II S. 189.

Höchstbeträge können dann in einem vereinfachten Verfahren nach Maßgabe des Art. 2 HBÜProt-1996-G durch Rechtsverordnung des BMJV innerstaatlich in Kraft gesetzt werden. Art. 8 HBÜProt 1996 enthält keine ausdrücklichen Regelungen zum Übergangsrecht. Nach Art. 7 Abs. 3 Fall 2 EGHGB bleiben für Altfälle die früheren (jetzt an sich nicht mehr geltenden) Höchstbeträge maßgeblich. Die Höchstbeträge des HBÜ 1996 sind bislang einmal mit Wirkung zum 8. Juni 2015 geändert worden. Der Personenschaden- und der Sachschaden-Höchstbetrag des Art. 6 Abs. 1 (a) und (b) wurden deutlich um 51% erhöht. Der Reisende-Höchstbetrag blieb dagegen unverändert. Die Änderungen wurden innerstaatlich durch die SeeHBV umgesetzt.[39] Dies ist ein Anwendungsfall des Art. 7 Abs. 3 EGHGB. Die alten Höchstbeträge galten für Ansprüche aus Vorfällen, zu denen es bis zum 7. Juni, 24.00 Uhr, gekommen ist. Die neuen Höchstbeträge betreffen spätere Vorfälle.

---

39 Näher zu allem *Ramming* RdTW 2015, 241–245.

§ 477
Ausrüster

(1) Ausrüster ist, wer ein ihm nicht gehörendes Schiff zum Erwerb durch Seefahrt betreibt.
(2) Der Ausrüster wird im Verhältnis zu Dritten als Reeder angesehen.
(3) Wird der Eigentümer eines Schiffes von einem Dritten als Reeder in Anspruch genommen, so kann er sich dem Dritten gegenüber nur dann darauf berufen, dass nicht er, sondern ein Ausrüster das Schiff zum Erwerb durch Seefahrt betreibt, wenn er dem Dritten unverzüglich nach Geltendmachung des Anspruchs den Namen und die Anschrift des Ausrüsters mitteilt.

Geschichte: § 510 HGB 1897 blieb durchgehend unverändert – **Entstehung:** § 477 HGB-KomE, SHR-KomE-Begr S. 88 f.; § 477 HGB-RefE; SHR-RefE-Begr S. 111 f.; § 477 HGB-RegE, SHR-ReformG-Begr S. 62 f. – **Binnenschifffahrt:** § 2 Abs. 1 BinSchG.

Literatur: *Dabelstein* Die Demise-Klausel, 1968; *Framhein* Das Anvertrauen der Schiffsführung, Ein Beitrag zur Auslegung von § 510 HGB, 1929; *Isernhagen* Der Ausrüster im deutschen und im ausländischen Recht, 1931; *Janssen* Die Zeitcharter, 1923; *Lebuhn/Alpen* Zur Haftung des Ausrüsters für die Schiffsbesatzung, RIW 1957, 241–242; *Lorenz-Meyer* Reeder und Charterer, 1962; *Lüders* Gedanken zum Zeitcharter- und Reederproblem unter Berücksichtigung der Novelle v. 10.8.1937, 1939; *Necker* Die Rechtsstellung des Zeitcharterers, Hansa 1957, 353–356; *Ried* Der Zeitcharterer als Reeder, 1937; *Riensberg* Hansa 1956, 2294; *Willner* Die Zeitcharter, 1953; *Würdinger* Zur Rechtsnatur der Zeitcharter, MDR 1957, 257–260.

Gegenstand der Vorschrift des § 477 ist die besondere Rechtsfigur des Ausrüsters. Dieser war im früheren Recht in § 510 HGB 1897 geregelt. Die Vorschrift ist bis zum Inkrafttreten des SHR-ReformG unverändert geblieben. Im Vergleich zum früheren § 510 HGB a.F. ist der neue § 477 ist in mehrfacher Hinsicht umgestaltet worden. Die Umschreibung des Ausrüsters in § 477 Abs. 1 wurde vollständig neu gefasst. Weggefallen sind die Merkmale der Verwendung des Schiffes für eigene Rechnung und des Anvertrauens der Schiffsführung. Außerdem ist die Regelung des § 510 Abs. 1 HGB a.F. aufgeteilt worden. In § 477 Abs. 1 wird der Ausrüster – der erstmals auch in der Vorschrift selbst genannt wird – umschrieben. Die Rechtsfolge ist getrennt in § 477 Abs. 2 geregelt. Die frühere Vorschrift des § 510 Abs. 2 HGB a.F. ist vollständig entfallen (dazu unten Rn 7–10). Die englische Bezeichnung für den Ausrüster ist *owner pro hac vice* (lateinisch: Eigentümer „für diesen Zweck", „ausnahmsweise"). Das Binnenschifffahrtsrecht enthält in § 2 BinSchG eine Vorschrift, die dem alten § 510 HGB a.F. entspricht. Das SHR-ReformG hat in seinem Art. 5 auch das BinSchG geändert, allerdings nicht auch die Vorschrift des § 2 BinSchG. 1

I. Die Umschreibung des Ausrüsters in § 477 Abs. 1

Nach § 477 Abs. 1 ist Ausrüster, wer ein ihm nicht gehörendes Schiff zum Erwerb durch Seefahrt betreibt. Das Merkmal des Betriebes des Schiffes ist auch in § 476 übernommen worden. Der Tatbestand des Ausrüsters weicht von der früheren Regelung des § 510 Abs. 1 HGB ab. Für das Binnenschifffahrtsrecht ist die Rechtsfigur des Ausrüsters in § 2 Abs. 1 BinSchG umschrieben. Dessen Wortlaut entspricht dem des alten § 510 Abs. 1 HGB a.F. Das SHR-ReformG hat § 2 Abs. 1 BinSchG unverändert gelassen. Dies ist m.E. nicht sachgerecht. das SHSG enthielt in § 104 ebenfalls eine Umschreibung des Reeders. Dies war derjenige der ein Schiff in seinem Namen betreibt. Auf das Eigentum am Schiff kam es nicht an. Daher benötigte das SHSG auch die Rechtsfigur des Ausrüsters von vornherein nicht. 2

3   **1. Der Betreffende ist nicht Eigentümer des Schiffes.** Ausrüster kann nur eine Person sein, der das Schiff nicht gehört, die also nicht (Allein-) Eigentümer des Schiffes ist.[1] Bloßes Miteigentum am Schiff steht der Rechtsstellung als Ausrüster nicht entgegen,[2] ebenso nicht Gesamthandseigentum (oben Rn 12 zu § 476). Nicht selten bestehen gesellschaftsrechtliche Verflechtungen zwischen dem Eigentümer und dem Betreffenden.[3] Kein Eigentum ist ein bloßes Nießbrauchsrecht am Schiff (§§ 9, 82 SchRG, oben Rn 215 Einleitung B), so dass auch der Nießbrauchsberechtige nach § 477 Abs. 1 Ausrüster sein kann. Häufig verhält es sich so, dass der Betreffende aufgrund eines mit dem Eigentümer bestehenden Schuldverhältnisses berechtigt ist, das Schiff zu nutzen (unten Rn 11–13). Auch entsprechend gestaffelte Schuldverhältnisse kommen vor, wenn der (erste) Nutzungsberechtigte diese Befugnis einem weiteren Berechtigten einräumt.

4   Für die gegen den Ausrüster gerichteten Forderungen Dritter haftet er mit seinem gesamten Vermögen einschließlich anderer, in seinem Eigentum stehender Schiffe. Das betreffende Schiff, dessen Ausrüster er ist, gehört nicht zu seinem Vermögen. Ein Arrest in das Schiff zum Zwecke der Sicherung einer Forderung gegen den Ausrüster scheidet grundsätzlich aus, ebenso eine Vollstreckung in das Schiff auf Grundlage eines Titels gegen den Ausrüster; siehe allerdings unten Rn 69 zu Forderungen, die durch ein Schiffsgläubigerrecht gesichert sind (§§ 596 ff.).

5   **2. Der Betrieb des Schiffes zum Erwerb durch die Seefahrt.** Um Ausrüster zu sein, muss der Betreffende das Schiff zum Erwerb durch die Seefahrt betreiben. Dies entspricht der parallelen Formulierung in § 476 HGB; siehe zu dem Merkmal des Betriebs dort Rn 14–28, zur Verwendung des Schiffes des Erwerbes wegen dort Rn 29–35, zur Verwendung durch die Schifffahrt dort Rn 36–39 und zur Verwendung durch die Seefahrt dort Rn 40–44. Der Betreffende muss das Schiff auch nicht selbst, mit eigenem Personal betreiben. Es genügt, dass er insoweit einen Manager beauftragt[4] (siehe die Erläuterungen im Anhang zu §§ 476, 477 [Manager]). Grundlage der Beurteilung ist die Sicht des Betreibers und nicht die des Eigentümers. Auch im Hinblick auf den Betrieb des Schiffes durch den Nicht-Eigentümer kommt es ausschließlich auf die tatsächlichen Umstände an.[5] Ob zum Eigentümer im Innenverhältnis eine Rechtsbeziehung besteht und welcher Art diese ist, spielt für die Anwendung des § 477 Abs. 1 und 2 keine Rolle.[6] Auch ein Betrieb des Schiffes durch den Betreffenden, die ihm im Innenverhältnis zum Eigentümer nicht gestattet ist, ändert nichts daran, dass er ggf. als Ausrüster anzusehen ist. Da es normalerweise nur einen Betreiber des Schiffes gibt (oben Rn 20–23), kann es nur eine Person geben, die selbst die Merkmale des § 477 Abs. 1 erfüllt, und nicht noch weitere „Auch-Ausrüster".[7] Ein „doppeltes Ausrüsterverhältnis" ist ausgeschlossen.[8] Damit kann es auch nicht zu der Situation kommen, dass es sowohl einen Ausrüster als auch einen

---

1 Siehe OLG Bremen Hansa 1956, 469, 470 „Anna B.", Revision BGHZ 25, 244 = NJW 1957, 1717.
2 BGHZ 62, 320 = NJW 1974, 1332 (unter 2.) „Moerdijk VI", „Ulma"; OLG Hamburg HansGZ H 1901, 243 Nr. 103 (S. 243) „Fairplay II" „Tammy".
3 SchOG Hamburg ZfB 1989, 184, 186 (Slg. 1265) (unter e) „Heike" (der Eigner als Komplementär des Ausrüsters).
4 SHR-ReformG-Begr S. 63 (linke Spalte oben); *Herber* Seehandelsrecht S. 141 (oben).
5 ZKR ZfB 1995 Nr. 4 S. 37, 41 (linke Spalte oben) (Slg. 1517) „Aland"; SchOG Karlsruhe TranspR 2008, 172, 174 (rechte Spalte unten) = HmbSeeRep 2008, 77 Nr. 35.
6 *Herber* Seehandelsrecht S. 139 (unter III.1).
7 Siehe SchOG Köln TranspR 2005, 212, 214 „Vadasz", „Ursula von Köppen", „Eiltank 53" = HmbSeeRep 2005, 44 Nr. 20; SchOG Karlsruhe TranspR 2008, 172, 175 (vor 2.) = HmbSeeRep 2008, 77 Nr. 35.
8 Anders offenbar BVerfGE 91, 207 = NVwZ 1995, 368, 369 (unter d aa).

Reeder (oder jeweils mehrere davon) gibt,⁹ wenn der weitere oder die weiteren Betreiber auch Eigentümer des Schiffes sind.

3. Der Betrieb eines Nichterwerbsschiffes. Aus § 476, zusammen mit Art. 7 Abs. 1 **6** EGHGB, ergibt sich, dass die Vorschriften des Fünften Buches grundsätzlich nur für Schiffe gelten, die zum Erwerb durch die Seefahrt betrieben werden (dazu Rn 29–35 zu § 476). Allerdings bringen die Tatbestände des Art. 7 Abs. 1 EGHGB bestimmte Vorschriften auch auf Nichterwerbsschiffe zur Anwendung. Jedoch wird der § 477 in Art. 7 Abs. 1 EGHGB an keiner Stelle genannt. Dies führt aber nicht etwa dazu, dass die in den Nr. 1 bis 4 zusammengestellten Vorschriften, soweit sie sich an den Reeder richten, bei Nichterwerbsschiffen unberücksichtigt bleiben, wenn das Schiff nicht vom Eigentümer betrieben wird. Zum früheren Recht war seit der „Anna B." Entscheidung des BGH geklärt, dass im Rahmen der Anwendung des § 485 HGB a.F – heute: § 480 – auf Nichterwerbsschiffe auf Grundlage des früheren Art. 7 Abs. 1 Satz 1 Nr. 1 EGHGB a.F. auch der damalige § 510 Abs. 1 HGB a.F. heranzuziehen war.¹⁰ Dieser Grundsatz gilt auch für das neue Recht und § 477.¹¹ Damit haftet eine Person, die nicht Eigentümer des Schiffes ist und es nicht des Erwerbes wegen betreibt, in entsprechender Anwendung des Art. 7 Abs. 1 Nr. 1 EGHGB auf Grundlage des § 480 wie ein Ausrüster. In Fortführung dieses Ansatzes gilt Gleiches auch für die Tatbestände des Art. 7 Abs. 1 Nr. 2 bis 3 EGHGB; siehe dazu Rn 25, 36, 44 zu Anhang § 476 (Art. 7 EGHGB).

4. Betrieb und Verwendung des Schiffes (§ 510 Abs. 1 HGB a.F.). Der neue Tatbe- **7** stand des Ausrüsters in § 477 Abs. 1 weicht von der früheren Regelung des § 510 Abs. 1 HGB a.F. ab. Hier hieß es, dass der Betreffende das Schiff für seine Rechnung zum Erwerb durch die Seefahrt verwendet und es selbst führt oder die Führung einem Kapitän anvertraut. § 477 Abs. 1 setzt das Merkmal des Betriebs des Schiffes an die Stelle der Verwendung für seine Rechnung und verzichtet gänzlich auf den Vorbehalt des Anvertrauens der Schiffsführung. Parallel dazu wurde auch § 476 in entsprechender Weise umgestellt. Der alte § 484 HGB a.F. knüpfte noch daran an, dass das Schiff dem Eigentümer zu Erwerb durch die Seefahrt diente. § 476 stellt dagegen, wie § 477 Abs. 1, auf den Betrieb zum Erwerb durch die Seefahrt ab. Die SHR-ReformG-Begr erläutert dazu,¹² dass die Formulierung „Betrieb" inhaltlich umfassender und besser geeignet sei, den eigenen wirtschaftlichen Einsatz des Schiffes durch den Ausrüster hervorzuheben. Außerdem erfasse die neue Umschreibung des § 477 Abs. 1 auch denjenigen, der einen „Vertragsreeder" – gemeint ist der Manager des Schiffes (siehe Anhang zu §§ 476, 477 [Manager]) – beauftrage, die Bemannung im eigenen Namen durchzuführen und der daher nicht Arbeitgeber des Kapitäns und diesem gegenüber unmittelbar weisungsbefugt sei.

Letztlich stehen sich hier zwei Anknüpfungspunkte gegenüber: Der Betrieb des **8** Schiffes (neues Recht) und die Verwendung des Schiffes (früheres Recht). Dies sind Umschreibungen mit verschiedener Bedeutung. „Betrieb" meint die Herrichtung und Aufrechterhaltung eines Zustands des Schiffes, der es ermöglicht, mit dem Schiff Leistungen zu erbringen (siehe näher Rn 14–18 zu § 476). Dies umfasst ein Handeln, ein auf das Schiff bezogenes Tätigwerden. Dagegen geht es bei der „Verwendung" des Schiffes um die tatsächliche Herrschaft über das Schiff, um die Möglichkeit zu bestimmen, wie das

---

9 Siehe auch RGZ 78, 307, 308 (unten).
10 BGHZ 25, 244 = NJW 1957, 1717, 1718, zuvor OLG Bremen Hansa 1956, 469.
11 *Herber* in MüKo/HGB Rn 4 zu Art. 7 EGHGB; *Herber* Seehandelsrecht S. 139 (unter III.2) und S. 141 (a.E.); wohl auch *Czerwenka* SHR-ReformG Rn 5 zu Art. 7 EGHGB.
12 S. 62 f. („Zu § 477").

§ 477 —— Ausrüster

Schiff eingesetzt werden soll. Es handelt sich damit um zwei komplett unterschiedliche Ansätze. Der Verwender muss mit dem Betrieb des Schiffes nichts zu tun haben, solange er nur über dessen Einsatz entscheiden kann. Um Betreiber des Schiffes zu sein, muss der Betreffende nicht auch über dessen Verwendung bestimmen können. Der Hinweis in der SHR-ReformG-Begr,[13] die Umschreibung „Betrieb" des Schiffes sei besser geeignet, einen eigenen wirtschaftlichen Einsatz des Schiffes durch den Ausrüster hervorzuheben, ist widersprüchlich und falsch. Der Betrieb des Schiffes ist etwas anderes als der Einsatz des Schiffes. Hinzu kommt, dass es verschiedene Arten von Verwendungen des Schiffes geben kann, die nicht miteinander in Konflikt geraten. Der Vermieter verwendet das Schiff, indem er dem Mieter dessen Gebrauch gewährt (§ 553 Abs. 1 – dies ist allerdings kein Erwerb durch die Seefahrt,[14] siehe § 553 Abs. 3 Satz 1). Der Mieter verwendet das Schiff, indem er etwa im Rahmen von Stückgutfrachtverträgen (§§ 481 ff.) oder Reisechartern (§§ 527 ff.) Gut befördert oder indem er das Schiff einem Zeitcharterer überlässt und für ihn Leistungen erbringt (§ 557 Abs. 1 – zu § 557 Abs. 3 Satz 1 siehe oben Rn 25 zu § 476). Auch der Zeitcharterer verwendet das Schiff, weil er, wie § 561 Abs. 1 Satz 1 klarstellt, über dessen Verwendung bestimmt.

9 Es zeigt sich, dass der Begriff der „Verwendung" des Schiffes letztlich einigermaßen kontourlos ist und kaum Unterscheidungskraft hat. Der Gesetzgeber hat gut daran getan, sich davon abzuwenden. Das Merkmal des „Betriebs" des Schiffes ist deutlich geeigneter. Zum einen, weil die hierdurch umschriebene Beziehung zum Schiff eine mindestens genauso sachgerechte Anknüpfung für die Einordnung der betreffenden Person als Reeder bzw. Ausrüster und die damit verbundene besondere Rechtsstellung darstellt. Und vor allem kann es nur einen Betreiber des Schiffes geben (oben Rn 20–23 zu § 476), so dass eine eindeutige Zuordnung möglich ist.

10 Aus alldem folgt weiter, dass die gesamte, umfangreiche Rechtsprechung und Literatur zu § 510 Abs. 1 HGB a.F. und die Merkmale der Verwendung für eigene Rechnung[15] und des Anvertrauens der Schiffsführung[16] überholt sind und für die Anwendung des

---

13 S. 62 f. („Zu § 477").
14 Vergleiche SchOG Köln ZfB 1996 Nr. 6 S. 43 (Slg. 1592) „Passat", „Dordrecht 26".
15 Siehe RGZ 103, 280, 283 f. „West Chatala", zuvor OLG Hamburg HansGZ H 1921, 137 Nr. 68 S. 139 f.); RGZ 25, 108, 113; OLG Hamburg VersR 1976, 560 „Merweborg", „Finnrose"; BGHZ 62, 320 = NJW 1974, 1332 f. (unter 3.) „Moerdijk VI", „Ulma"; OLG Schwerin VRS 5, 111; RhSchOG Köln ZfB 1952, 304; SchOG Köln ZfB 1996 Nr. 6 S. 43 (Slg. 1592) „Passat", „Dordrecht 26"; LG Hamburg Hansa 1951, 1580 (Nr. 4), zuvor AG Hamburg Hansa 1951, 539 (Nr. 2); LG Bremen HmbSeeRep 2006, 176 Nr. 113 „Blue Arabella", „Spandau DT 61".
16 Grundlegend in ausführlicher Auseinandersetzung mit der Literatur BGHZ 22, 197 = NJW 1957, 828, 829 (linke Spalte) mit Anm. *Sieg* MDR 1957, 234, *Würdinger* MDR 1957, 257 und *Necker* Hansa 1957, 353, zuvor OLG Hamburg Hansa 1955, 538; BGH VersR 1965, 230, 231 (unter II.) „Defender", anschließend BGH VersR 1967, 798; RGZ 56, 360, 361 „Henry", zuvor OLG Hamburg HansGZ H 1904, 16 Nr. 8 (S. 18) sowie nicht LG Hamburg aaO.; RGZ 98, 327, 328; RGZ 103, 280, 283 „West Chatala", zuvor OLG Hamburg HansGZ H 1921, 137 Nr. 68; RG HansGZ H 1917, 32 Nr. 1 (Sp. 33 f.) „Erich", zuvor OLG Hamburg aaO.; RG HansRZ 1922, 203 Nr. 40 (linke Spalte) „Borussia", „Eberswalde 722"; OLG Hamburg HansGZ H 1899, 197 Nr. 74 (S. 197 rechte Spalte) „Commercial", „Rival"; OLG Hamburg HansGZ H 1906, 32 Nr. 15 „London"; OLG Hamburg HansGZ H 1906, 225 Nr. 105 (S. 226) „Margarethe"; OLG Hamburg HansGZ H 1908, 177 Nr. 84 „Torreador"; OLG Hamburg HansGZ H 1914, 284 Nr. 129 „Mary"; OLG Hamburg Hansa 1957, 880, 881 (linke Spalte); OLG Hamburg VersR 1978, 560, 560 f. „Merweborg", „Finnrose"; SchOG Köln ZfB 1996 Nr. 6 S. 43 (Slg. 1592) „Passat", „Dordrecht 26"; SchOG Köln TranspR 2005, 212, 213 „Vadasz", „Ursula von Köppen", „Eiltank 53" = HmbSeeRep 2005, 44 Nr. 20; SchOG Karlsruhe TranspR 2008, 172 = HmbSeeRep 2008, 77 Nr. 35; LG Duisburg HmbSeeRep 1997, 114 Nr. 128 „Eilenborg", zuvor OLG Düsseldorf TranspR 1997, 151 = HmbSeeRep 1997, 116 Nr. 129; SchG Duisburg-Ruhrort sowie SchOG Köln HmbSeeRep 2000, 166 Nr. 152 „Rheintank 2", „Fuchur", insoweit nicht in ZfB 2000 Nr. 10 S. 70 (Slg. 1799) wiedergegeben; Hamburger Schiedsspruch vom 18. Januar 2000, TranspR 2000, 416, 419 = HmbSeeRep 2000, 190 Nr. 175 mit Anm. *Strube* TranspR 2001, 163 – siehe auch ZKR ZfB 1995 Nr. 4 S. 37, 40 f. (unter 4.) (Slg. 1517, 1520 f.) „Aland"; RhSchOG Köln ZfB 1952, 304.

§ 477 keine Rolle mehr spielen (sehr wohl aber noch für § 2 Abs. 1 BinSchG). Dies betrifft insbesondere die Erwägungen zur äußeren Erkennbarkeit der Person des Verwenders,[17] beispielsweise im Hinblick auf eine „Reedereiflagge", auf den Schiffsnamen, auf eine Aufschrift an der Bordwand oder auf die Schornsteinmarke. Der Betrieb des Schiffes ist ein rein interner Vorgang. Man kann dem Schiff normalerweise nicht ansehen, wer es betreibt.

5. Das Innenverhältnis zwischen Ausrüster und Eigentümer. Nach dem Ansatz des § 477, ebenso wie früher nach § 510 HGB a.F., kommt es auf das Innenverhältnis zwischen dem Ausrüster und dem Eigentümer nicht an. Der Tatbestand des § 477 Abs. 1 knüpft mit dem Merkmal des Betriebs des Schiffes zum Erwerb durch die Seefahrt ausschließlich an selbständige, vom Innenverhältnis unabhängige Gesichtspunkte an. Zwar wird es sich häufig so verhalten, dass zwischen dem Eigentümer und dem Ausrüster eine vertragliche Beziehung besteht. Diese kann vielleicht auch bereits beendet worden sein, so dass sie nur noch abzuwickeln und insbesondere der Betrieb des Schiffes wieder vom Eigentümer zu übernehmen ist. An einer vertraglichen Beziehung zwischen dem Eigentümer und dem Ausrüster kann es aber auch gänzlich fehlen. So etwa bei mehrstufigen Ausrüsterverhältnissen, wo mehrere Sub-Bareboat-Chartern geschlossen wurden. Hat der Eigentümer das Schiff einem Bareboat-Charterer überlassen, der es im Rahmen einer Sub-Bareboat-Charter an den Eigentümer zurückvermietet hat, ist dieser ggf. der Reeder (§ 476) des Schiffes (nicht dessen Ausrüster). Ebenso ist es denkbar, dass das Schiff dem Eigentümer abhanden gekommen ist und der Ausrüster es ohne oder gegen den Willen des Eigentümers betreibt. 11

Besteht eine unmittelbare vertragliche Beziehung zwischen dem Eigentümer und dem Ausrüster, kommt für die Anwendung des § 477 nicht darauf an, ob das Rechtsverhältnis wirksam ist oder nicht. Diese Frage kann etwa in Fällen einer Bareboat-Charter eine Rolle spielen, die mit einer ausländischen Gesellschaft geschlossen wurde, um die Voraussetzungen für eine Ausflaggung des Schiffes herzustellen (siehe Rn 107–111 Einleitung B). Die Bareboat-Charter kann sich hier als bloßes Scheingeschäft darstellen.[18] Maßgeblich sind die tatsächlichen Umstände. Betreibt tatsächlich der Eigentümer das Schiff, ist er Reeder (§ 476), während der Bareboat-Charterer insoweit keine Funktion hat. 12

6. Einzelfälle. Auch wenn es auf das Innenverhältnis zwischen dem Ausrüster und dem Eigentümer nicht ankommt (zuvor Rn 11–12), gibt es doch typische vertragliche Gestaltungen der Überlassung des Schiffes durch den Eigentümer, bei denen sein Vertragspartner zum Ausrüster wird. Mit vielen von ihnen hat sich die Rechtsprechung zum früheren Recht bereits befasst. Sie ist zwar wegen des neuen Anknüpfungsmomentes des § 477 Abs. 1 – Betrieb des Schiffes anstelle der Verwendung (§ 510 HGB a.F.) – nicht auf das neue Recht übertragbar. Im Ergebnis gibt es allerdings kaum Abweichungen. Der klassische Ausrüster war früher[19] und ist heute der Bareboat-Charterer bzw. Mieter des 13

---

17 BGHZ 62, 320 = NJW 1974, 1332 f. (unter 3.) „Moerdijk VI", „Ulma"; OLG Hamburg VersR 1978, 560 „Merweborg", „Finnrose"; RGZ 78, 307, 309 (unten), LG Bremen HmbSeeRep 2006, 176 Nr. 113 „Blue Arabella", „Spandau DT 61"; LG Hamburg Hansa 1951, 1580 (Nr. 4), zuvor AG Hamburg Hansa 1951, 539 (Nr. 2); RhSchOG Köln ZfB 1952, 304; SchOG Köln ZfB 1996 Nr. 6 S. 43 (Slg. 1592) „Passat", „Dordrecht 26"; LG Hamburg Hansa 1951, 1580 (Nr. 4), zuvor AG Hamburg Hansa 1951, 539 (Nr. 2).
18 Siehe Schleswig-Holsteinisches FinG HmbSchRZ 2011, 214 Nr. 106.
19 RG HansRGZ 1928, 547 Nr. 234 (S. 550 f.) „Alster", „Pregel"; OLG Hamburg HansGZ H 1901, 225 Nr. 95 (S. 226 f.), zuvor LG Hamburg aaO.; OLG Hamburg HansGZ H 1906, 297 Nr. 145 (S. 299 linke Spalte oben) „Stahleck", anschließend RG HansGZ H 1908, 7 Nr. 4; OLG Hamburg HansRGZ B 1935, 425 Nr. 113; OLG

Schiffes, denn er betreibt es normalerweise auch (siehe Rn 24 zu § 476). Ausrüster ist etwa auch der Leasingnehmer;[20] der Pächter;[21] der Vorbehaltskäufer;[22] ein potentieller Käufer, der mit eigenen Leuten eine Probefahrt durchführt;[23] ein Treuhänder;[24] oder die Werft, die das Schiff mit eigenen Leuten überführt,[25] bei entsprechenden Sachverhalten, etwa in der Sportschifffahrt, auch der Entleiher (§§ 598 ff.), dem das Schiff unentgeltlich zur Verfügung gestellt wird. Dagegen ist der Zeitcharterer (§§ 557 ff.) nicht der Betreiber des Schiffes (Rn 25 zu § 476) und damit auch nicht dessen Ausrüster.[26] Gleiches gilt für den Reischarterer (§§ 527 ff.) und beim Stückgutfrachtvertrag (§§ 481 ff.) für den Befrachter.[27] Auch der Manager des Schiffes ist nicht Ausrüster.[28] Denn er betreibt das Schiff nicht für sich, sondern für seinen Auftraggeber, der ggf. als Betreiber anzusehen ist. Ebenso ist der Agent des Eigentümers nicht der Ausrüster des Schiffes.[29]

Bremen RPfl 1977, 324; SchOG Köln ZfB 1998 Nr. 8 S. 39, 40 (linke Spalte) (Slg. 1685); RhSchG St. Goar HmbSchRZ 2011, 239 Nr. 118 [25] „Eiltank 21", „Waldhof", anschließed ZKR RdTW 2013, 227 – siehe auch OLG Hamburg VersR 1972, 658, 659 (linke Spalte) „Anke"; SchOG Köln ZfB 1996 Nr. 6 S. 43 (Slg. 1592) „Passat", „Dordrecht 26"; SchOG Karlsruhe TranspR 2008, 172, 175 (linke Spalte) = HmbSeeRep 2008, 77 Nr. 35; BVerfGE 91, 207 = NVwZ 1995, 368, 369 (unter d aa) – ablehnend LG Duisburg HmbSeeRep 1997, 114 Nr. 128 „Eilenborg", zuvor OLG Düsseldorf TranspR 1997, 151 = HmbSeeRep 1997, 116 Nr. 129.
20 Siehe ZKR ZfB 1995 Nr. 4 S. 37, 40 f. (unter 4.) (Slg. 1517) „Aland".
21 Siehe RGZ 78, 307, 309 (unten); OLG Kiel SchlHolstAnz 1909, 118 „Adler"; SchG Duisburg-Ruhrort HmbSchRZ 2011, 53 Nr. 22 [2] „Excelsior".
22 Siehe OLG Hamburg HansRGZ 1935 B Sp. 524 Nr. 144 (Sp. 525 oben) „Sanssouci"; LG Flensburg Hansa 1958, 2444.
23 Siehe OLG Düsseldorf ZfB 2004 Nr. 12 S. 69 = HmbSeeRep 2006, 126 Nr. 85.
24 Siehe OLG Schwerin VRS 5, 111.
25 Siehe BGHZ 25, 244 = NJW 1957, 1717 „Anna B.", zuvor OLG Bremen Hansa 1956, 469; sowie RhSchOG Köln Hansa 1964, 1991, 1992 f. (unter b) „Tina Scarlett". siehe auch BGH VersR 1971, 1012 (hier war die Werft auch noch Eigentümer des Schiffes).
26 SHR-ReformG-Begr S. 63 (linke Spalte oben); *Pötschke* in MüKo/HGB Rn 7 zu § 477; *Herber* Seehandelsrecht S. 141 (vor 4.). – zum früheren Recht siehe RGZ 48, 89, 91 „Trio"; RGZ 98, 186, 187 und 190 „Feliciana"; offengelassen in RGZ 103, 384; ausführlich dann BGHZ 22, 197 = NJW 1957, 828, 829 f. mit Anm. *Sieg* MDR 1957, 234, *Würdinger* MDR 1957, 257 und *Necker* Hansa 1957, 353, zuvor OLG Hamburg Hansa 1955, 538; BGHZ 26, 152 = NJW 1958, 220 mit Anm. *Nörr* LM Nr. 5 zu § 485; zuvor OLG Hamburg VersR 1957, 383; BGHZ 56, 300 = NJW 1971, 2223, 2224 (rechte Spalte) „Neuwied" und zuvor OLG Hamburg VersR 1969, 660, 662 (unter III.); BGH Hansa 1958, 627 (unter I.); OLG Hamburg HansGZ H 1896, 101 Nr. 37 (S. 103) „Lubeca"; OLG Hamburg HansGZ H 1899, 197 Nr. 74 (S. 197 ff.) „Commercial", „Rival"; OLG Hamburg HansGZ H 1900, 81 Nr. 37 (S. 83 rechte Spalte unten, S. 84 linke Spalte oben) „Marschall Keith"; OLG Hamburg HansGZ H 1906, 32 Nr. 15 „London"; OLG Hamburg HansGZ H 1908, 176 Nr. 84 „Torreador"; OLG Hamburg HansGZ H 1914, 284 Nr. 129 „Mary"; OLG Hamburg OLG RSpr 2, 371; OLG Hamburg Hansa 1957, 880, 881 (linke Spalte); OLG Bremen Hansa 1958, 2329, 2330 (vor II.); HG Hamburg HGZ 1873, 293 Nr. 226 (S. 294 linke Spalte) „Norden"; LG Hamburg HansGZ H 1912, 21 Nr. 10 (S. 23) „Konkurrent", „Anna"; LG Flensburg Hansa 1958, 2444; Hamburger Schiedsspruch vom 18. Januar 2000, TranspR 2000, 416, 419 mit Anm. *Strube* aaO. = HmbSeeRep 2000, 190 Nr. 175 – siehe aus der Binnenschifffahrt RGZ 56, 360, 361 „Henry", zuvor OLG Hamburg HansGZ H 1904, 16 Nr. 8 (S. 18) und LG Hamburg aaO.; RGZ 98, 327, 328; RG HansGZ H 1917, 32 Nr. 1 (Sp. 33 f.) „Erich", zuvor OLG Hamburg aaO.; RG HansRZ 1922, 203 Nr. 40 (linke Spalte) „Borussia", „Eberswalde 722"; BGH VersR 1965, 230, 231 (unter II.) „Defender", anschließend BGH VersR 1967, 798; OLG Hamburg HansGZ H 1908, 177 Nr. 84 „Torreador", OLG Hamburg HansGZ H 1914, 284 Nr. 129 „Mary"; OLG Hamburg HansRGZ B 1941, 237, 240 Nr. 86, zuvor RG HansRGZ B 1941, 235 Nr. 85 und OLG Hamburg HansRGZ H 1940, 242 Nr. 93; OLG Hamburg Hansa 1957, 880, 881 (linke Spalte); RhSchOG Köln ZfB 1952, 304; SchOG Köln ZfB 1996 Nr. 6 S. 43 (Slg. 1592) „Passat", „Dordrecht 26" – siehe auch ZKR ZfB 1995 Nr. 4 S. 37, 40 f. (unter 4.) (Slg. 1517) „Aland".
27 Siehe BGHZ 22, 197 = NJW 1957, 828, 829 (linke Spalte oben) mit Anm. *Sieg* MDR 1957, 234, *Würdinger* MDR 1957, 257 und *Necker* Hansa 1957, 353, zuvor OLG Hamburg Hansa 1955, 538.
28 Siehe OLG Hamburg VersR 1978, 560, 560 f. „Merweborg", „Finnrose"; LG Bremen HmbSeeRep 2006, 176 Nr. 113 „Blue Arabella", „Spandau DT 61".
29 Siehe RGZ 103, 280, 282 „West Chatala", zuvor OLG Hamburg HansGZ H 1921, 137 Nr. 68 (S. 139 f.).

7. Beginn und Ende der Ausrüster-Stellung. Maßgeblich für den Beginn und für 14
das Ende der Rechtsstellung des Ausrüsters ist das Vorliegen aller bzw. der Wegfall
einer der oben Rn 5 genannten Voraussetzungen. Insbesondere wird der Betreffende
zum Ausrüster, wenn er mit dem Betrieb des Schiffes zum Erwerb durch die Seefahrt
beginnt (oben Rn 28 § 476). Er verliert diese Rechtsstellung, wenn er das Schiff nicht
mehr zum Erwerb durch die Seefahrt betreibt (oben Rn 28 zu § 476). Der Reeder wird
zum Ausrüster, wenn er nicht mehr Eigentümer des Schiffes ist, aber den Betrieb fort-
führt. Umgekehrt erwirbt der Ausrüster die Rechtsstellung des Reeders, wenn er das
Eigentum am Schiff erwirbt. Auf die Begründung bzw. Beendigung des jeweiligen
Rechtsverhältnisses zwischen dem Ausrüster und dem Eigentümer – wenn ein solches
überhaupt besteht (oben Rn 11, 12) – kommt es nicht an. Rechte und Pflichten des
Eigentümers, die bis zum Beginn der Rechtsstellung des Betreffenden als Ausrüster begründet waren, bleiben in der Person des Eigentümers bestehen und berechtigen und
verpflichten nicht den Ausrüster (unten Rn 34–37, 30–33). Das Gleiche gilt umgekehrt
für die Rechte und Pflichten des Ausrüsters nach Beendigung seiner Rechtsstellung[30]
(unten Rn 34–37, 30–33). Zur gesetzlichen Prozessstandschaft des Ausrüsters für den
Eigentümer im Hinblick auf die Pfandklage aus einem Schiffsgläubigerrecht siehe unten Rn 73–77.

8. Der Schein-Ausrüster. Gelegentlich war vom so genannten „Schein-Ausrüster" 15
die Rede.[31] Dies ist eine Person, die sich wie der Reeder bzw. Ausrüster des Schiffes verhält und einen entsprechenden Rechtschein setzt, tatsächlich aber weder Reeder noch
Ausrüster ist. Auf den Schein-Ausrüster kommt es lediglich im rechtsgeschäftlichen Verkehr an. Hat der Vertragspartner darauf vertraut, dass es sich bei dem Betreffenden um
den Reeder bzw. Ausrüster des Schiffes handelt, muss er sich daran festhalten lassen.
Der Betreffende wird im Verhältnis zum Vertragspartner als Reeder bzw. Ausrüster angesehen. Heute spielt es unter keinem Gesichtspunkt mehr eine Rolle, ob das Geschäft mit
dem Reeder oder Ausrüster eines Schiffes oder mit einer sonstigen Person geschlossen
wird. Der Schein-Ausrüster ist ein Überbleibsel aus einer Zeit, in der ein Konnossement
nur wirksam durch den Reeder oder den Ausrüster des Schiffes ausgestellt werden konnte. Mit Inkrafttreten des SeefrG und der Einführung des Verfrachter-Konnossements war
das Problem erledigt. Im außervertraglichen Bereich hat der Schein-Ausrüster von vornherein keine Bedeutung.[32]

9. Darlegung und Beweis. Beruft sich ein Dritter im Prozess darauf, dass es sich bei 16
einer Person um den Ausrüster des Schiffes handelt, muss der Dritte die Voraussetzun-

---

30 OLG Hamburg HansGZ H 1906, 297 Nr. 145 (S. 299 linke Spalte oben) „Stahleck", anschließend RG HansGZ H 1908, 7 Nr. 4; SchOG Karlsruhe VersR 2006, 96, 97 (unter 2.) = HmbSeeRep 2005, 114 Nr. 102; RhSchOG Köln ZfB 1952, 304.
31 OLG Hamburg HansGZ H 1906, 32 Nr. 15 „London"; OLG Bremen Hansa 1956, 469, 470 (rechte Spalte) „Anna B.", Revision BGHZ 25, 244 = NJW 1957, 1717; *Schaps/Abraham* Seehandelsrecht Rn 6 zu § 510; *v. Waldstein/Holland* Binnenschifffahrtsrecht Rn 9 zu § 2 BinSchG.
32 Siehe BGHZ 22, 197 = NJW 1957, 828, 830 mit Anm. *Sieg* MDR 1957, 234, *Würdinger* MDR 1957, 257 und *Necker* Hansa 1957, 353, zuvor OLG Hamburg Hansa 1955, 538; OLG Hamburg VersR 1978, 560, 561 „Merweborg", „Finnrose", SchOG Karlsruhe TranspR 2008, 172, 175 = HmbSeeRep 2008, 77 Nr. 35 und SchOG Köln TranspR 2005, 212, 214 (rechte Spalte) „Vadasz", „Ursula von Köppen", „Eiltank 53" = HmbSeeRep 2005, 44 Nr. 20 (Zuammenstoß von Schiffen); SchG Wien ZfB 2015-10 (Slg. 2391) (unter 1.) „Stadt Wörth" mit Anm. *Csoklich* aaO. (Zusammenstoß); LG Hamburg Hansa 1951, 1580 (Nr. 4), zuvor AG Hamburg Hansa 1951, 539 (Nr. 2); LG Bremen HmbSeeRep 2006, 176 Nr. 113 „Blue Arabella", „Spandau DT 61" (Ölverschmutzung); *Herber* Seehandelsrecht S. 140 (vor 3.).

gen des § 477 Abs. 1 darlegen und beweisen.³³ Er muss erläutern, dass der Betreffende das Schiff betreibt (dazu Rn 19-27 zu § 476). Es genügt nicht, dass er sich darauf beruft, der Betreffende sei „Bereederer".³⁴ Die Bezeichnung als „Ausrüster" in Schiffspapieren hat keine konstitutive Bedeutung, führt nicht zu einer Beweislastumkehr und begründet keinen Anscheinsbeweis.³⁵ Steht fest, dass der Betreffende der Ausrüster des Schiffes ist, kann normalerweise offenbleiben, ob der Betreiber auch Eigentümer des Schiffes ist oder nicht, denn er ist jedenfalls Reeder oder Ausrüster. Die Unterscheidung spielt praktisch keine Rolle. Dem Kläger helfen die Grundsätze über die sekundäre Darlegungs- und Beweislast.³⁶ Will umgekehrt etwa der in Anspruch genommene Eigentümer darauf verweisen, dass ein anderer der Ausrüster des Schiffes ist, muss der Eigentümer dies darlegen und beweisen;³⁷ siehe auch § 477 Abs. 3 sowie unten Rn 42-54.

17   **10. Die Pflicht des Eigentümers zur Auskunft.** Nach dem früheren Recht war der Eigentümer unter bestimmten Voraussetzungen verpflichtet, dem Dritten Auskunft im Hinblick auf den Ausrüster zu erteilen. Dies gilt ebenso nach Inkrafttreten des SHR-ReformG. Auch die neue Vorschrift des § 477 Abs. 3 hat hieran nichts geändert. Im Falle der Verletzung der Pflicht zur Erteilung von Auskunft haftet der Eigentümer ggf. nach §§ 241 Abs. 2, 280 Abs. 1 BGB auf Schadenersatz.

18   **a) Der Auskunftsanspruch.** Zwischen dem Eigentümer und dem Dritten kann nach den Umständen ein Rechtsverhältnis bestehen (§ 241 Abs. 2 BGB), aufgrund dessen der Eigentümer verpflichtet ist, dem Dritten Auskunft im Hinblick auf den Ausrüster zu erteilen. So verhält es sich insbesondere, wenn Dritte im Zusammenhang mit dem Betrieb des Schiffes zu Schaden gekommen sind und nunmehr „das Schiff" in Anspruch nehmen und zu diesem Zweck ermitteln will, ob die Ansprüche ggf. – wegen der Freistellung des Eigentümers (unten Rn 33) – gegen den Ausrüster zu richten sind.³⁸ Auch § 477 Abs. 3 (unten Rn 42-54) geht davon aus, dass in diesen Fällen eine entsprechende Pflicht des Eigentümers besteht. Nach Zusammenstößen ist schifffahrtsüblich, dass Angaben über den Ausrüster gemacht werden.³⁹ Anlass für eine Anfrage im Hinblick auf den Ausrüster besteht insbesondere, wenn Anhaltspunkte dafür erkennbar sind, dass ein Ausrüster-Verhältnis besteht. Ein Indiz hierfür kann der Umstand sein, dass das Schiff die Flagge eines Staates führt, in dem der Eigentümer nicht seinen Geschäftssitz hat (siehe dazu Rn 93-97 Einleitung A). Daneben begründet auch jedes andere angemessene Interesse des Dritten an der Feststellung, ob es einen Ausrüster gibt und wer dies ist, einen Auskunftsanspruch gegen den Eigentümer. Angesichts des Umstands, dass äußerlich nicht erkennbar ist, wer das Schiff betreibt, ist der Eigentümer notgedrungen die erste Anlauf-

---

33   Zu früheren Recht siehe BGH VersR 1974, 131 (unter 1.); SchOG Köln TranspR 2005, 212, 213 (rechte Spalte oben) „Vadasz", „Ursula von Köppen", „Eiltank 53" = HmbSeeRep 2005, 44 Nr. 20; SchOG Karlsruhe TranspR 2008, 172 = HmbSeeRep 2008, 77 Nr. 35; LG Bremen HmbSeeRep 2006, 176 Nr. 113 „Blue Arabella", „Spandau DT 61".
34   BGH VersR 1974, 131 (unter 1.).
35   SchOG Karlsruhe TranspR 2008, 172, 174 f. = HmbSeeRep 2008, 77 Nr. 35.
36   Siehe SchOG Karlsruhe TranspR 2008, 172 = HmbSeeRep 2008, 77 Nr. 35; SchOG Köln TranspR 2005, 212, 213 (rechte Spalte oben) „Vadasz", „Ursula von Köppen", „Eiltank 53" = HmbSeeRep 2005, 44 Nr. 20.
37   Siehe BGHZ 22, 197 = NJW 1957, 828, 830 mit Anm. *Sieg* MDR 1957, 234, *Würdinger* MDR 1957, 257 und *Necker* Hansa 1957, 353, zuvor OLG Hamburg Hansa 1955, 538; OLG Hamburg TranspR 1986, 69 73 (unter 4.) „Dithmarschen", anschließend BGHZ 104, 215 = NJW 1988, 3092.
38   Siehe RhSchG Mainz ZfB 2001 Nr. 4 S. 78 (Slg. 1824) „Berta Beckmann", „Vierwaldstättersee".
39   RhSchG Mainz ZfB 2001-04, 78 (Slg. 1824) „Berta Beckmann", „Vierwaldstättersee".

stelle. Er kann normalerweise auch unschwer Auskunft zur Person des Betreibers geben. Daher sind an das Auskunftsinteresse des Dritten keine hohen Anforderungen zu stellen. Der Eigentümer ist nicht verpflichtet, dem Drittem von sich aus Mitteilung über das Vorhandensein eines Ausrüsters zu machen. Dies gilt nach Auffassung des OLG Karlsruhe sogar dann, wenn der Eigentümer bereits über den Anspruch verhandelt und sich mit anderen Einwendungen verteidigt hat und erst im Prozess die Ausrüster-Einwendung geltend macht.[40] Es ist daher grundsätzlich allein Sache des Außenstehenden, dem nachzugehen und vom Eigentümer Auskunft über den Ausrüster zu verlangen.[41] Zur Auskunft sind der jetzige und ggf. alle früheren Eigentümer des Schiffes verpflichtet.

Die Pflicht des Eigentümers zur Auskunft besteht uneingeschränkt, wenn er zum Betreiber des Schiffes in einem unmittelbaren Rechtsverhältnis steht, namentlich wenn der Eigentümer das Schiff bareboat-verchartert hat und der Charterer daher der Ausrüster ist. Bestehen weitere Sub-Bareboat-Chartern oder sonstige Ausrüster-Verhältnisse, kann dem Eigentümer die Auskunft möglicherweise schwerfallen. Hier muss sich der Eigentümer in angemessenem Rahmen bemühen, den Betreiber des Schiffes zu ermitteln. Insbesondere muss sich der Eigentümer nunmehr an seinen Bareboat-Charterer halten und von diesem Auskunft über den Betreiber des Schiffes verlangen. 19

Entsprechendes gilt in zeitlicher Hinsicht. Die Anfrage des Dritten bezieht sich normalerweise auf einen bestimmten Zeitpunkt, etwa der des zugrunde liegenden Vorfalles. Gehörte das Schiff schon damals dem Eigentümer, muss er auch Auskunft erteilen und ggf. Rücksprache halten, wenn seinerzeit ein anderer Ausrüster das Schiff betrieben hat. Betrifft die Anfrage des Dritten einen Zeitpunkt, zu dem der jetzige Eigentümer noch nicht Eigentümer des Schiffes war, muss der Eigentümer grundsätzlich keine eigenen Ermittlungen zu der Person des damaligen Ausrüsters anstellen. Er muss aber dem Dritten den früheren Eigentümer benennen, um dem Dritten zu ermöglichen, bei dem früheren Eigentümer vorstellig zu werden und von ihm Auskunft über die Person des damaligen Ausrüsters zu verlangen. Der frühere Eigentümer kann den Dritten ggf. erneut auf einen früheren Eigentümer verweisen. Der jetzige Eigentümer ist allerdings in vollem Umfange zur Auskunft verpflichtet, wenn er selbst der damalige Ausrüster war und im weiteren Verlauf das Eigentum am Schiff erworben hat. 20

Der Eigentümer muss die Auskunft unverzüglich erteilen (siehe § 121 Abs. 1 Satz 1 BGB). Auch § 477 Abs. 3 verlangt dies vom Eigentümer (unten Rn 48). Der Anspruch auf Auskunft ist sofort fällig (§ 271 Abs. 1 BGB). Zur drohenden Verjährung des gegen den Eigentümer bzw. den Ausrüster gerichteten Anspruchs und damit zusammenhängende Fragen siehe unten Rn 48. 21

b) Die Auswirkungen des § 477 Abs. 3. Die neue Regelung des § 477 Abs. 3 lässt die Pflicht des Eigentümers zur Erteilung von Auskünften über den Ausrüster unberührt. § 477 Abs. 3 betrifft von vornherein lediglich die Situation, dass der Dritte Ansprüche gegen den Reeder bzw. Ausrüster geltend machen will. Nicht etwa kann hier der Eigentümer von der Nennung des Ausrüsters absehen und zum Nachteil des Dritten den Anspruch im Wege des § 477 Abs. 3 „auf sich nehmen". Der Dritte kann ein erhebliches Interesse daran haben, seine Ansprüche nicht gegen den Eigentümer, sondern gegen den Ausrüster zu verfolgen, beispielsweise weil er der bessere Schuldner ist (der etwa über Versicherungsschutz verfügt), weil im Hinblick auf eine Klage gegen den Ausrüster ein 22

---

40 TranspR 2008, 172, 175 = HmbSeeRep 2008, 77 Nr. 35.
41 RhSchG Mainz ZfB 2001 Nr. 4 S. 78 (Slg. 1824) „Berta Beckmann", „Vierwaldstättersee"; MoSchG St. Goar HmbSchRZ 2011, 226 Nr. 111 [18] und S. 225 Nr. 110 [20] „Lippischer Wald"; *von Waldstein/Holland* Binnenschifffahrtsrecht Rn 17 zu BinSchG § 117.

günstigerer Gerichtsstand begründet wäre oder weil die Vollstreckung eines Urteils gegen den Ausrüster leichter möglich wäre. Gelangt § 477 Abs. 3 zur Anwendung, haften dem Dritten sowohl der Eigentümer als auch der Ausrüster (unten Rn 52).

23   c) **Die Erfüllung des Anspruchs.** Der Eigentümer erfüllt seine Pflicht zur Auskunftserteilung, wenn er mitteilt, wer das Schiff betreibt bzw. zur fraglichen Zeit betrieben hat. Eine besondere Form ist nicht vorgesehen. Die Pflicht des Eigentümers umfasst die Mitteilung von Tatsachen. Der Außenstehende hat keinen Anspruch auf eine Erklärung, dass eine bestimmte Person Ausrüster sei,[42] weil dies bereits eine rechtliche Bewertung umfassen würde. Bezieht sich die Anfrage auf einen Zeitpunkt, zu dem das Schiff dem jetzigen Eigentümer noch nicht gehörte, muss er dem Dritten den vorherigen Eigentümer nennen. Hat der Eigentümer Zweifel daran, dass die von ihm benannte Person das Schiff tatsächlich betreibt, muss er dies dem Dritten mitteilen. So kann es sich namentlich verhalten, wenn der Eigentümer seinerseits bei seinem Bareboat-Charterer angefragt hat und möglicherweise weitere Sub-Bareboat-Chartern geschlossen wurden. Ggf. muss der Dritte zur Durchsetzung seines Anspruchs gegen den Eigentümer Klage auf Auskunft erheben;[43] zu der Hemmung der Verjährung von Ansprüchen durch eine solche Klage siehe unten Rn 25–27.

24   d) **Die Verletzung der Auskunftspflicht.** Der Eigentümer kommt seiner Pflicht zur Auskunft über den Ausrüster nicht bzw. schlecht nach, wenn er keine Auskunft erteilt oder wenn die erteilte Auskunft unvollständig oder unrichtig ist. Verletzt der Eigentümer seine Auskunftspflicht, haftet er dem Dritten nach §§ 241 Abs. 2, 280 Abs. 1 BGB auf Schadenersatz. Der Eigentümer kann sich nach § 280 Abs. 1 Satz 2 BGB durch Darlegung und ggf. Beweis des Nichtverschuldens entlasten. Der Schaden des Dritten kann etwa darin bestehen, dass Kosten für eine eigene Recherche zur Ermittlung des Ausrüsters bzw. zur Vervollständigung bzw. Richtigstellung der Angaben des Eigentümers entstehen; oder dass eine Inanspruchnahme des Ausrüsters wegen der unterbliebenen oder fehlerhaften Auskunft unterbleibt. Vorrangig ist hier allerdings die Vorschrift des § 477 Abs. 3 zu beachten (unten Rn 42–54). Erteilt der Eigentümer verspätet Auskunft, kann der Dritte nach Maßgabe der §§ 280 Abs. 2, 286 BGB Ersatz des Verzugsschadens verlangen. Hierfür ist nach § 286 Abs. 1 und 2 BGB grundsätzlich eine Mahnung erforderlich. Auch hier kann der Schaden des Dritten darin bestehen, dass er bereits Kosten für die Ermittlung des Ausrüsters aufgewandt hat oder dass der Anspruch gegen den Ausrüster mittlerweile verjährt ist (siehe auch sogleich Rn 25–27).

25   e) **Fragen der Verjährung.** Der Anspruch gegen den Eigentümer auf Auskunft verjährt grundsätzlich nach Maßgabe der allgemeinen Vorschriften der §§ 194 ff. BGB. Dies gilt nicht, wenn zwischen dem Dritten und dem Eigentümer im Einzelfall ein anderweitiges Rechtsverhältnis besteht, aufgrund dessen die wechselseitigen Ansprüche einer anderen Verjährung unterliegen. Eine andere Verjährung, die im Verhältnis zum Ausrüster zum Tragen käme, betrifft nicht die Ansprüche gegen den Eigentümer. Unterliegt beispielsweise der Anspruch des Dritten gegen den Ausrüster aus einem Zusammenstoß von Schiffen den Art. 2ff. ZusÜSee, §§ 570ff. und damit der zweijährigen Verjährung nach Art. 7 Abs. 1 ZusÜSee, §§ 606 Nr. 2, 607 Abs. 3, 608, oder will der Dritte den Ausrüster als ausführenden Verfrachter nach § 509 in Anspruch nehmen, so dass gemäß §§ 509

---

42   Siehe AG Mannheim HmbSeeRep 2008, 259 Nr. 104.
43   SchG St. Goar HmbSchRZ 2011, 225 Nr. 110 [20] und S. 226 Nr. 111 [18] „Lippischer Wald".

Abs. 3, 605 Nr. 1, 607 Abs. 1, 608, 609 Abs. 1 die kurze einjährige Verjährung gilt, kommt dem Eigentümer dies nicht zugute. Normalerweise hilft dem Dritten die Auskunft über den Ausrüster nach Eintritt der Verjährung der gegen ihn gerichteten Ansprüche allerdings nicht mehr.

Eine Hemmung der Verjährung des Auskunftsanspruchs gegen den Eigentümer, etwa durch Verhandlung (§ 203 BGB) oder Rechtsverfolgung (§ 204 BGB), insbesondere durch Erhebung einer Klage auf Auskunft (§ 204 Abs. 1 Nr. 1 BGB) führt nicht zur Hemmung der Verjährung der Ansprüche gegen den Ausrüster. Ebenso wenig kann ein Verhalten des Eigentümers, das die Inanspruchnahme des Ausrüsters verzögert, der jetzt begründeten Verjährungseinrede des Ausrüsters entgegengehalten werden.[44] 26

Ist der Anspruch gegen den Ausrüster wegen einer Verletzung der Auskunftspflicht durch den Eigentümer verjährt, kann dies Ansprüche des Dritten gegen den Eigentümer auf Schadenersatz nach §§ 241 Abs. 2, 280 Abs. 1 BGB oder aus Verzug (§§ 280 Abs. 2, 286 BGB) begründen. Der Eigentümer muss den Dritten so stellen, als wäre der Anspruch gegen den Ausrüster nicht verjährt. Im Ergebnis haftet der Eigentümer dem Dritten hier in derselben Weise wie der Ausrüster. Dem Eigentümer stehen alle Einwendungen zu, die auch der Ausrüster hätte geltend machen können. 27

II. Der Ausrüster als Reeder (§ 477 Abs. 2)

§ 477 Abs. 2 knüpft an den Tatbestand des „Ausrüsters" in Abs. 1 der Vorschrift an und bestimmt, dass der Ausrüster im Verhältnis zu Dritten als Reeder angesehen wird. Dritter ist jede Person mit Ausnahme des Eigentümers selbst.[45] Ist der Ausrüster Miteigentümer des Schiffes, sind die anderen Miteigentümer im Sinne des § 477 Abs. 2 Dritte.[46] § 477 betrifft dagegen nicht die Rechtsstellung des Ausrüsters im Innenverhältnis zum Eigentümer.[47] Die Rechtsfolge des § 477 Abs. 2 entspricht der des § 510 Abs. 1 HGB a.F. Die Anordnung des § 477 Abs. 2 führt dazu, dass alle Regelungen des Fünften Buches, die sich auf den Reeder beziehen, nunmehr für den Ausrüster gelten. Die Vorschriften wirken zugunsten oder zulasten des Reeders oder knüpfen lediglich an diese Rechtsperson an. § 477 Abs. 2 bewirkt insbesondere zweierlei: Der Ausrüster tritt in die Rechtsstellung des Reeders ein, während der Eigentümer aus dieser Rechtsstellung ausscheidet. Dies gilt sowohl für die Haftung des Reeders (unten Rn 30–33) als auch für dessen Rechte (unten Rn 34–38), ebenso für verschiedene andere Beziehungen (unten Rn 39–40). Allerdings gibt es hiervon auch Ausnahmen (unten Rn 35, 36, 37). § 477 Abs. 2 führt nicht dazu, dass der Ausrüster in sachenrechtlicher Hinsicht als Reeder, also als Eigentümer des Schiffes angesehen wird. 28

Maßgeblich für die Anwendung des § 477 Abs. 2 ist die Entstehung des Anspruchs, also insbesondere das zugrunde liegende Ereignis.[48] Zu diesem Zeitpunkt muss der Betreffende die Rechtsstellung eines Ausrüsters haben (oben Rn 14). Ansprüche gegen den Eigentümer oder einen vorherigen Ausrüster oder deren Rechte werden von dem neuen Ausrüster nicht übernommen. Ebenso bleiben einmal begründete Ansprüche gegen den Ausrüster von der Beendigung der seiner Rechtsstellung als Ausrüster unberührt.[49] Glei- 29

---

44 Siehe SchG St. Goar HmbSchRZ 2011, 225 Nr. 110 [20] und S. 226 Nr. 111 [18] „Lippischer Wald".
45 Siehe RG JW 1901, 619 Nr. 8.
46 OLG Hamburg HansGZ H 1901, 243 Nr. 103 (S. 243) „Fairplay II" „Tammy".
47 SchOG Köln ZfB 1996 Nr. 6 S. 43 (Slg. 1592) „Passat", „Dordrecht 26".
48 SchOG Karlsruhe TranspR 2008, 172, 174 (unter II.) = HmbSeeRep 2008, 77 Nr. 35.
49 Siehe SchOG Karlsruhe VersR 2006, 96, 97 (unter 2.) = HmbSeeRep 2005, 114 Nr. 102; RhSchOG Köln ZfB 1952, 304.

ches gilt für Rechte des Ausrüsters. Nicht etwa rückt nunmehr der Eigentümer oder der nachfolgende Ausrüster in diese Rechtspositionen anstelle des (vorherigen) Ausrüsters ein.

1. Die Haftung des Ausrüsters

30   a) Die Tatbestände. § 477 Abs. 2 kommt zum Tragen, wenn das Fünfte Buch eine Haftung des Reeders anordnet. Nunmehr begründen die betreffenden Vorschriften eine Haftung des Ausrüsters. Dies gilt vor allem für den Generaltatbestand des § 480, aber auch für die Einstandspflicht des Reeders im Zusammenhang mit dem Zusammenstoß von Schiffen nach Art. 2ff. ZusÜSee bzw. §§ 570 ff. Ebenso regelt § 523 Abs. 3 eine Haftung des Ausrüsters im Falle der unrichtigen Angabe des Verfrachters in einem Konnossement, das von einer Person ausgestellt worden ist, die zur Zeichnung des Konnossements für den Ausrüster befugt war. Die Voraussetzungen der Stellung als Ausrüster müssen zum Zeitpunkt des haftungsbegründenden Ereignisses vorliegen.[50] Die Haftung des Ausrüsters besteht auch nach Beendigung der Rechtsstellung als Ausrüster fort (oben Rn 14).

31   Das Konzept der §§ 476, 477 kommt auch im Falle der Haftung nach Art. 2ff. ZusÜSee zur Anwendung. Dort ist durchgehend von einem Verschulden, einer Haftung oder einer Ersatzpflicht „der Schiffe", die an dem Zusammenstoß beteiligt waren, die Rede. Gemeint ist eine (persönliche) Einstandspflicht des Reeders im Sinne des § 476 HGB. Dieser haftet auch mit seinem sonstigen Vermögen, nicht nur mit dem Schiff, wie die Terminologie der Art. 2ff. ZusÜSee nahezulegen scheint. An die Stelle des Reeders tritt nach § 477 Abs. 2 auch für die Zwecke der Anwendung der Art. 2ff. ZusÜSee unter den Voraussetzungen des § 477 Abs. 1 der Ausrüster. Auch dieser muss für den Schaden mit seinem Vermögen einstehen (zu dem das Schiff gerade nicht gehört, oben Rn 3–4).

32   In den Fällen, in denen Tatbestände des Fünften Buches oder anderer Vorschriften (dazu noch unten Rn 55–68) eine ausdrückliche Haftung des Eigentümers regeln, spielt § 477 Abs. 2 keine Rolle. Es bleibt bei der Einstandspflicht des Eigentümers, unabhängig davon, dass es einen Ausrüster gibt. Dieser tritt nicht an die Stelle des Eigentümers. Mit Blick auf das Fünfte Buch betrifft dies Ansprüche des Bergers auf Bergelohn und Ersatz der Bergungskosten oder auf Sondervergütung (§§ 576, 577, 578), für die der Eigentümer (§ 576 Abs. 3, 578 Abs. 1 Satz 1) und nicht der Ausrüster einzustehen hat. Gleiches gilt für die Ansprüche aus Großer Haverei. Für die Beiträge des Schiffes (§§ 591 Abs. 1, 588 Abs. 2) haftet der Eigentümer, nicht aber der Ausrüster.

33   b) Das Freiwerden des (Nur-)Eigentümers. Der Umstand, dass ein anderer als der Eigentümer des Schiffes die Voraussetzungen des § 477 Abs. 1 erfüllt und damit zum Ausrüster wird, hat außerdem zur Folge, dass der (Nur-)Eigentümer nicht mehr Reeder ist. Die betreffenden Tatbestände sind auf ihn nicht mehr anwendbar, eine Einstandspflicht ist nicht begründet.[51] Dies ergibt sich nicht aus § 477 Abs. 2, war aber schon immer unzweifelhaft[52] und ist heute mittelbar dem § 477 Abs. 3 zu entnehmen. Hierbei bleibt es auch, wenn der geschädigte Dritte keine Kenntnis von dem Bestehen des Ausrüsterverhältnisses hatte oder solche Kenntnis nicht hätte haben können. An die Stelle des Eigen-

---

50   SchOG Karlsruhe TranspR 2008, 172, 174 f. (unter II.1) = HmbSeeRep 2008, 77 Nr. 35.
51   Siehe *Herber* Seehandelsrecht S. 141 (unter 4.).
52   Siehe SchOG Karlsruhe VersR 2006, 96, 97 (unter 2.) = HmbSeeRep 2005, 114 Nr. 102; OLG Schwerin VRS 5, 111; SchG St. Goar HmbSchRZ 2011, 225 Nr. 110 [16] und S. 226 Nr. 111 [4] „Lippischer Wald"; siehe auch SchG Wien ZfB 2015-10 (Slg. 2391) (unter 1.) „Stadt Wörth" mit Anm. *Csoklich* aaO.

tümers tritt der Ausrüster. Insbesondere entfällt eine Haftung des Eigentümers aus § 480, aus §§ 570 ff. oder aus § 523 Abs. 3. Gleiches gilt für die Einstandspflichten aus den Art. 2 ff. ZusÜSee. Allerdings kann der Eigentümer die Einwendung, dass der Ausrüster und nicht er, der Eigentümer, der Schuldner sei, nur nach Maßgabe des § 477 Abs. 3 erheben (siehe unten Rn 42–54). Unberührt bleibt auch die Haftung des (Nur-)Eigentümers gegenüber Dritten aus anderen Tatbeständen (dazu unten Rn 81–88). Der (Nur-) Eigentümer muss dem Dritten insbesondere auch einstehen, wenn diesem ein Schiffsgläubigerrecht zusteht (§§ 596 ff.) und der Eigentümer wegen der Forderung zur Duldung der Zwangsvollstreckung in das Schiff verpflichtet ist (siehe § 601 Abs. 1 und 2 sowie unten Rn 69–80). Endet die Rechtsstellung des Ausrüsters, so dass der Eigentümer wieder Reeder wird (§ 476), ändert dies nichts daran, dass der Eigentümer im Hinblick auf Ansprüche, die in der Person des Ausrüsters begründet wurden, frei bleibt (dazu noch oben Rn 14).

2. Die Rechte des Ausrüsters. Die Regelung des § 477 Abs. 2 ist umfassend und bezieht sich auch auf Rechte und insbesondere Ansprüche, die dem Ausrüster anstelle des Reeders zustehen. Dies gilt allerdings nur, soweit gerade dem Reeder eine entsprechende Rechtsposition eingeräumt wird und nicht lediglich der Eigentümer des Schiffes angesprochen ist. In den Regelungen des Fünften Buches findet sich beides. 34

a) Ansprüche aus dem Zusammenstoß von Schiffen. Die Frage, wer berechtigt ist, nach einem Zusammenstoß von Schiffen gegen den Reeder des haftenden Schiffes nach Maßgabe der §§ 570 ff. sowie Art. 2 ff. ZusÜSee Ansprüche geltend zu machen, beurteilt sich nach dem beeinträchtigten Rechtsgut. Dessen Inhaber ist Gläubiger der Ansprüche. Sind Sachen an Bord verloren gegangen oder beschädigt worden, insbesondere die Ladung, stehen die Ansprüche dem Eigentümer zu. Sind Personen zu Schaden gekommen, sind diese bzw. deren Erben anspruchsberechtigt. Den Schaden am Schiff kann nur der Eigentümer geltend machen, nicht der Ausrüster,[53] dessen Interesse nicht berührt ist. § 477 Abs. 2 ändert hieran nichts. Dagegen kann der Ausrüster Ersatz des Nutzungsausfalls verlangen, weil sein Interesse am durchgehenden Betrieb des Schiffes beeinträchtigt ist (und nicht lediglich auf Grundlage des § 477 Abs. 2). 35

b) Ansprüche aus Bergung. Werden Bergungsmaßnahmen von einem Schiff aus durchgeführt, steht der Anspruch auf Bergelohn und Ersatz der Bergungskosten oder Sondervergütung (§§ 576 bis 578) grundsätzlich dem Reeder dieses Schiffes zu. Dies wird in den §§ 574 ff. nirgends ausdrücklich formuliert, ergibt sich aber im Rückschluss aus § 581 Abs. 1. Die Vorschrift bezieht sich auf den Reeder. Soweit in § 581 Abs. 1 vom „Schiffseigner" die Rede ist, meint dies den Eigentümer eines Binnenschiffes im Sinne des § 1 BinSchG. Er wird in § 581 Abs. 1 mit erwähnt, weil seit Inkrafttreten des SHR-ReformG der neue § 93 Abs. 1 BinSchG für die Bergung in der Binnenschifffahrt auf die entsprechenden Vorschriften des Seehandelsrechts verweist. § 581 regelt die Einzelheiten der Verteilung des Bergelohns oder der Sondervergütung. Dies setzt gedanklich voraus, dass zunächst der Reeder allein Inhaber der Ansprüche ist. Nicht etwa sind er und die Personen der Schiffsbesatzung jeweils Teilgläubiger nach Maßgabe des (später aufgemachten) Verteilungsplans (§ 581 Abs. 2). Außerdem trägt § 581 die Überschrift „Ausgleichsanspruch". Gibt es einen Ausrüster, ist dieser nach § 477 Abs. 2 Inhaber der An- 36

---

[53] Unzutreffend daher AG Hamburg HmbSchRZ 2011, 156 Nr. 81 [9].

sprüche auf Bergelohn⁵⁴ und Ersatz der Bergungskosten oder auf Sondervergütung. Auch im Hinblick auf die Vorschrift des § 587 Abs. 4 Satz 2 kommt es auf den Reeder und dessen Weisungen an den Kapitän des Schiffes an. Die Vorschrift stellt klar, dass es bei der Einstandspflicht des Kapitäns auch dann bleibt, wenn er auf Weisung des Ausrüsters gehandelt hat. Unter den Voraussetzungen des § 477 Abs. 1 und 2 kommt es auf die Weisungen des Ausrüsters an.

37 **c) Ansprüche aus Großer Haverei.** An dem gesetzlichen Rechtsverhältnis der Großen Haverei (§§ 588 ff.) ist auf Seiten des Schiffes nur dessen Eigentümer beteiligt (§ 588 Abs. 2). Er ist beitragspflichtig (§ 591) und vergütungsberechtigt (§ 592 Abs. 1 Satz 1). Hierbei bleibt es auch, wenn das Schiff einen Ausrüster hat. Die Regelung des § 477 Abs. 2 bleibt außen vor. Abweichend von alldem ist nach § 594 Abs. 4 Satz 1 der Reeder verpflichtet und berechtigt, die auf dem Brennstoff und der Ladung ruhenden Pfandrechte wegen Große-Haverei-Beiträge auszuüben. Auch dies gilt nach § 477 Abs. 2 für den Ausrüster. In gleicher Weise ist für die Anwendung des § 594 Abs. 5 Satz 3 an die Weisungen des Ausrüsters anzuknüpfen. Ebenso bezieht sich Pflicht zur Aufmachung der Dispache nach § 595 Abs. 1 Satz 2 auf den Ausrüster.

38 **d) Die Nicht-Berechtigung des Eigentümers.** Macht der Eigentümer Ansprüche geltend, die dem Ausrüster zustehen, geht dies ins Leere. Eine Klage des Eigentümers wird wegen fehlender Anspruchsbefugnis als unbegründet abgewiesen. Erheben sowohl der Eigentümer als auch der Ausrüster Klage gegen den Schuldner, müssen sie darlegen, in welchem Verhältnis sie zu dem Anspruch stehen, insbesondere ob sie Gesamt- oder Teilgläubiger sind. § 477 Abs. 2 begründet gerade keine gemeinsame Berechtigung. Das AG Hamburg ist (im Rahmen eines Beschlusses nach § 91a ZPO) davon ausgegangen, dass die gemeinsame Geltendmachung des Anspruches als konkludente Abtretung des hälftigen Anspruches (durch den Ausrüster an den Eigentümer) zu verstehen sei.⁵⁵

39 **3. Sonstige Fälle.** Die Vertretungsbefugnis des Kapitäns nach § 479 Abs. 1 bezieht sich unter den Voraussetzungen des § 477 Abs. 1 auf den Ausrüster. Der Eigentümer bleibt außen vor. Entsprechendes gilt für die Anknüpfung der gesetzlichen Befugnis zur Vertretung des Reeders im Hinblick auf die Ausstellung von Konnossementen nach § 513 Abs. 1 Satz 2 (siehe auch §§ 518, 523 Abs. 3 Satz 1). Hier tritt der Ausrüster an die Stelle des Eigentümers. In den Fällen des § 518 ist der Ausrüster und nicht der Eigentümer anstelle des Verfrachters aus dem Konnossement berechtigt und verpflichtet. Zu den Bezugnahmen auf den Reeder in § 587 Abs. 4 Satz 2 siehe oben Rn 36 sowie in §§ 594 Abs. 4 Satz 1, Abs. 5 Satz 3, 595 Abs. 1 Satz 2 oben Rn 37.

40 Das Schiffsgläubigerrecht des § 596 Abs. 1 Nr. 5 sichert, wenn es einen Ausrüster gibt, nach § 477 Abs. 2 auch Ansprüche der Sozialversicherungsträger gegen den Ausrüster. Nach dem Zweck des § 596 Abs. 1 Nr. 5 muss es aber dabei bleiben, dass auch entsprechende Ansprüche gegen den Eigentümer – wenn es solche gibt – durch das Schiffsgläubigerrecht gesichert sind. Dieselben Vorbehalte sind bei der Anwendung des § 598 Abs. 2 Satz 1 zu machen. Das Schiffsgläubigerrecht erstreckt sich nach § 477 Abs. 2 auch auf Ersatzansprüche, die dem Ausrüster wegen des Verlusts oder der Beschädigung des

---

54 LG Hamburg HansGZ H 1912, 21 Nr. 10 (S. 23 rechte Spalte oben) „Konkurrent", „Anna", siehe auch OLG Hamburg HansGZ H 1912, 104 Nr. 47 „Konkurrent", „Traekfugler"; LG Flensburg Hansa 1958, 2444.
55 HmbSchRZ 2011, 156 Nr. 81 [9].

Schiffes gegen Dritte zustehen. Normalerweise hat der Ausrüster, der nicht Eigentümer des Schiffes ist, keine solchen Ansprüche (dazu oben Rn 35). Die Vorschrift des § 598 Abs. 2 Satz 1 gilt daher gleichermaßen für Ersatzansprüche des Eigentümers gegen Dritte. In derselben Weise ist die Ausnahmeregelung des § 596 Abs. 3 anzuwenden: Das Schiffsgläubigerrecht erstreckt sich nicht auf Forderungen aus einer Versicherung, die der Ausrüster (§ 477 Abs. 2) und der Eigentümer für das Schiff genommen haben. Nicht etwa können die Schiffsgläubiger auf die Ansprüche des Eigentümers gegen den Versicherer zugreifen.

4. § 2 Abs. 1 Nr. 19 GGVSee. Für die Zwecke der GGVSee enthält deren § 2 Abs. 1 41 Nr. 19 eine Begriffsbestimmung des Reeders. Dies ist zunächst der Eigentümer eines von ihm zum Erwerb durch Seefahrt betriebenen Schiffes. Die Umschreibung entspricht der des § 476. Daneben ist Reeder im Sinne des § 2 Abs. 1 Nr. 19 GGVSee, wer ein ihm nicht gehörendes Schiff zum Erwerb durch Seefahrt betreibt und vom Eigentümer die Verantwortung für den Betrieb des Schiffes übernommen und durch Übernahme dieser Verantwortung zugestimmt hat, alle dem Eigentümer auferlegten Pflichten und Verantwortlichkeiten zu übernehmen. Der erste Teil der Definition folgt § 477 Abs. 1. Die weiteren Voraussetzungen, dass der Betreffende außerdem „vom Eigentümer die Verantwortung für den Betrieb des Schiffes übernommen und durch Übernahme dieser Verantwortung zugestimmt hat, alle dem Eigentümer auferlegten Pflichten und Verantwortlichkeiten zu übernehmen", finden sich in § 477 Abs. 1 nicht. Sie sind offensichtlich der Umschreibung des „Unternehmens" im Sinne der ISM-Bestimmungen entnommen (siehe Art. 2 Nr. 3 Verordnung 336/2006, Regel IX/1.2 Anlage SOLAS-Ü, Ziffer 1.1.2 ISM-Code – oben Rn 119–125 Einleitung C). Die Vorschrift des § 2 Abs. 1 Nr. 19 GGVSee fasst kumulativ die Voraussetzungen des § 477 Abs. 1 mit denen der qualifizierten Übernahme der Eigentümer-Pflichten zusammen; siehe zur qualifizierten Übernahme der ISM-Pflichten oben Rn 121–125 Einleitung C. Reeder im Sinne des § 2 Abs. 1 Nr. 19 GGVSee ist daher auch der Ausrüster, der gleichzeitig Übernehmer aller Eigentümer-Pflichten ist, nicht aber ein Übernehmer der Eigentümer-Pflichten, der nicht außerdem die Rechtsstellung eines Ausrüsters hat. Damit ist etwa ein bloßer Manager in keinem Falle Reeder im Sinne des § 2 Abs. 1 Nr. 19 GGVSee.

III. Die Ausrüster-Einwendung (§ 477 Abs. 3)

§ 477 Abs. 2 gestattet dem Eigentümer, den Dritten, der gegen ihn, den Eigentümer, 42 Ansprüche geltend macht, an den Ausrüster zu verweisen. Diese Befugnis steht allerdings unter dem Vorbehalt des § 477 Abs. 3. Der Eigentümer muss dem Dritten unverzüglich nach Geltendmachung des Anspruchs den Namen und die Anschrift des Ausrüsters mitteilen. Der Anspruch gegen den Eigentümer auf Auskunft über den Ausrüster (oben Rn 18–21) bleibt von § 477 Abs. 3 unberührt. Nicht etwa muss der Gläubiger zunächst den Eigentümer „als Reeder" in Anspruch nehmen.

1. Die Inanspruchnahme „als Reeder". § 477 Abs. 3 kommt zur Anwendung, wenn 43 der Eigentümer des Schiffes „als Reeder" in Anspruch genommen wird. Erforderlich ist zunächst, dass der Dritte einen Anspruch gegen den Eigentümer erhebt. Die Inanspruchnahme „als Reeder" muss nicht ausdrücklich erklärt werden. Es genügt, dass sich der Dritte auf einen Sachverhalt beruft, der den Tatbestand von Vorschriften erfüllt, die eine Haftung des Reeders begründen. In der Regel wird es um eine außervertragliche Haftung gehen, namentlich aus § 480 sowie §§ 570 ff. oder § 523 Abs. 3. Die Anspruchsgrundlage muss nicht ausdrücklich genannt werden. Es genügt, dass der Anspruch erkennbar einen Bezug zum Schiff und zu seinem Betrieb hat. Ebenso wenig muss ein Schaden- oder Aufwendungsersatz beziffert werden.

44 Das SchOG Karlsruhe[56] hat es mit § 242 BGB für vereinbar gehalten, dass der Eigner die Einwendung des Ausrüster-Verhältnisses erstmals im Prozess geltend macht, nachdem er sich vorprozessual in Verhandlungen nur mit anderen Einwendungen verteidigt hat. Diese Rechtsprechung gilt weiterhin für das Binnenschifffahrtsrecht. Auf Grundlage des § 477 Abs. 3 verliert der Eigentümer dagegen die Einwendung des Ausrüster-Verhältnisses, wenn er nicht unverzüglich nach der Geltendmachung des Anspruchs den Ausrüster nennt.

45 Im Hinblick auf die Auskunftspflicht des Eigentümers (oben Rn 18–21) kommt § 477 Abs. 3 ebenso zur Anwendung, wenn der Gläubiger irrtümlich den Eigentümer für den Ausrüster hält und ihn daher „als Ausrüster" in Anspruch nimmt. Das gleiche gilt m.E., wenn der Eigentümer als „ausführender Verfrachter" (§ 509) in die Pflicht genommen wird. Auch hier gehen der ursprüngliche Befrachter bzw. der endgültige Empfänger davon aus, dass der Eigentümer das Schiff betreibt und daher die Voraussetzungen des § 509 Abs. 1 erfüllt. Er kann den Gläubiger nur unter Einhaltung des § 477 Abs. 3 an den Ausrüster verweisen. Hat der Dritte Kenntnis davon, dass der Eigentümer nicht der Reeder des Schiffes ist, weil ein Ausrüster-Verhältnis besteht, wird der Eigentümer gerade nicht als Reeder in Anspruch genommen. § 477 Abs. 3 außen vor, dem Eigentümer steht die Ausrüster-Einwendung weiterhin zu.

46 **2. Die Einwendung.** § 477 Abs. 2 gewährt dem Eigentümer die Einwendung, dass nicht er, sondern der Ausrüster der „richtige" Schuldner sei. Diese Einwendung bleibt dem Eigentümer, der als Reeder in Anspruch genommen wird (zuvor Rn 43–45), nach § 477 Abs. 3 nur erhalten, wenn er dem Dritten unverzüglich nach Geltendmachung des Anspruchs den Namen und die Anschrift des Ausrüsters mitteilt.

47 **a) Die Geltendmachung des Anspruchs.** Der Zeitpunkt der Geltendmachung des Anspruchs ist für den Beginn der Frist des § 477 Abs. 3 maßgeblich. Für die Geltendmachung des Anspruchs genügt es, dass zum Ausdruck kommt, dass der Eigentümer in die Pflicht genommen werden soll, insbesondere auf Schaden oder Aufwendungsersatz. Die Geltendmachung ist eine geschäftsähnliche Handlung, die den §§ 116 ff. BGB unterliegt. Die Erklärung kann durch Stellvertreter (§§ 164 ff. BGB) erklärt und entgegengenommen werden. Für die Geltendmachung sind keine weiteren Formalitäten vorgesehen, so dass sie auch mündlich oder stillschweigend erfolgen kann. Der Anspruch wird auch durch Erklärung der Aufrechnung (§§ 387 ff. BGB) gegen einen Anspruch des Eigentümers gegen den Dritten geltend gemacht. Außerdem kann der Dritte seinen Anspruch etwa geltend machen durch Erhebung einer Klage; durch Zustellung eines Mahnbescheids oder eines Europäischen Zahlungsbefehls; durch Geltendmachung der Aufrechnung im Prozess; durch Zustellung einer Streitverkündung; durch Zustellung eines Antrags auf Erlass eines Arrestes, insbesondere des Schiffes; durch Anmeldung des Anspruchs im Insolvenzverfahren über das Vermögen des Eigentümers; durch Anmeldung in einem Schifffahrtsrechtlichen Verteilungsverfahren; oder durch Beginn des schiedsrichterlichen Verfahrens.

48 **b) Die Frist.** Die Geltendmachung des Anspruchs (oben Rn 47) setzt eine Frist für die Erhebung der Einwendung des Ausrüsterverhältnisses in Gang, deren Dauer § 477 Abs. 3

---

56 TranspR 2008, 172 = HmbSeeRep 2008, 77 Nr. 35.

mit dem Wort „unverzüglich" umschreibt. Unverzüglich meint in Anlehnung an § 121 Abs. 1 Satz 1 BGB „ohne schuldhaftes Zögern". Maßgeblich sind die Umstände des Einzelfalles. Als Richtwert kann von einer Frist von zwei Wochen ausgegangen werden. Die Frist kann aber auch deutlich kürzer sein, insbesondere wenn die Geltendmachung des Anspruchs ersichtlich mit der drohenden Verjährung im Zusammenhang steht. M.E. gilt diese Frist auch dann, wenn dem Eigentümer in einem gerichtlichen oder schiedsgerichtlichen Verfahren eine Frist zur Stellungnahme zu dem Vorbringen, durch das der Anspruch geltend gemacht wird, gesetzt wird, die länger ist. Hier muss sich der Eigentümer ggf. außergerichtlich mit dem Dritten in Verbindung setzen, um sich die Einwendung des Ausrüsterverhältnisses zu erhalten.

c) Die Wahrung der Frist. Die Frist des § 477 Abs. 3 wird gewahrt, indem der Eigentümer dem Dritten Name und Anschrift des Ausrüsters mitteilt. Es handelt sich um eine geschäftsähnliche Handlung, für die die §§ 116 ff. BGB gelten. Die Mitteilung kann durch Stellvertreter (§§ 164 ff. BGB) erklärt und entgegengenommen werden. Erforderlich ist die Angabe der vollständigen Firma des Ausrüsters einschließlich aller Zusätze. Außerdem muss der Eigentümer die ladungsfähige Anschrift angeben. Der Dritte soll in den Stand versetzt werden, ggf. Klage gegen den Ausrüster zu erheben. Hierzu genügt die Nennung eines bloßen Postfaches nicht. Name und Anschrift müssen innerhalb der Frist vollständig angegeben werden. Die Vertretungsverhältnisse muss der Eigentümer nicht angeben. Für die Mitteilung von Name und Anschrift des Ausrüsters sieht das Geschäft keine weiteren Förmlichkeiten vor. Sie kann deswegen auch mündlich erfolgen. Zu Beweiszwecken ist aber eine Mitteilung mindestens in Textform naheliegend. Ist ein gerichtliches oder schiedsrichterliches Verfahren anhängig, kann die Mitteilung an den Dritten in einem Schriftsatz erfolgen. Es genügt nicht, dass der Eigentümer, der vom Dritten verklagt wird, lediglich dem Ausrüster den Streit verkündet.

Der Eigentümer muss dem Dritten „den Ausrüster" im Sinne des § 477 Abs. 1 benennen. Dies umfasst auch eine rechtliche Beurteilung der Merkmale des § 477 Abs. 1, namentlich des Betriebs des Schiffes und des Erwerbs durch die Seefahrt. Abweichend davon hat das AG Mannheim[57] es für § 2 BinSchG genügen lassen, dass lediglich die maßgeblichen Tatsachen mitgeteilt werden. Bei alldem sind ggf. auch Unter-Ausrüster-Verhältnisse (oben Rn 11) zu berücksichtigen, etwa eine Reihe von Sub-Bareboat-Chartern, so dass es nicht ausreicht, dass der Eigentümer lediglich Name und Anschrift „seines" Bareboat-Charterers angibt.

Die Frist des § 477 Abs. 3 wird nicht gewahrt, wenn der Eigentümer dem Dritten Namen und Anschrift des Ausrüsters nicht oder nicht innerhalb der Frist mitteilt. Gleiches gilt, wenn die Mitteilung des Eigentümers in sonstiger Weise nicht ordnungsgemäß ist, etwa wenn Name und Anschrift des Ausrüsters unrichtig angegeben sind; wenn eine nicht existierende Person genannt wird; oder wenn die angegebene Person existiert, aber tatsächlich nicht der Ausrüster ist. Kleinere Abweichungen wie Schreibfehler etc. schaden nicht, wenn der Dritte die richtigen Angaben unschwer anhand der zutreffenden weiteren Angaben ermitteln kann.

3. Der Verlust der Einwendung. Hat der Eigentümer die Frist des § 477 Abs. 3 nicht gewahrt, verliert er die Einwendung des Ausrüsterverhältnisses. Er kann den Dritten nicht mehr an den Ausrüster verweisen, sondern wird ihm gegenüber als Reeder des Schiffes behandelt. Der Dritte kann den Eigentümer insbesondere nach § 480 sowie

---

57 HmbSeeRep 2008, 259 Nr. 104.

§§ 570 ff. und § 523 Abs. 3 als Reeder in Anspruch nehmen. Der Verlust der Einwendung wirkt nicht schlechthin, sondern nur im Verhältnis zwischen dem Eigentümer und dem betreffenden Dritten. Anderen Dritten gegenüber bleibt dem Eigentümer kann die Einwendung erhalten bleiben. Erfährt der Dritte während des Laufs der Frist auf anderem Wege, dass es einen Ausrüster gibt und der Eigentümer daher nicht der Reeder ist, tritt die Rechtsfolge des § 477 Abs. 3 nicht ein. Erlangt der Dritte nach Fristablauf entsprechende Kenntnis, bleibt es bei dem Verlust der Einwendung. Derjenige, der „als Reeder" in Anspruch genommen wird, verliert nur die Einwendung des Ausrüsterverhältnisses. Er kann sich nicht darauf berufen, dass nicht er es ist, der das Schiff betreibt. Der Betreffende kann aber weiterhin geltend machen, dass er nicht als Reeder des Schiffes angesehen werden kann, weil es ihm nicht gehört oder weil es nicht zum Erwerb durch die Seefahrt betrieben wird. Dass der Eigentümer die Einwendung des Ausrüsterverhältnisses verliert und im Verhältnis zum Dritten als Reeder angesehen wird, ändert schließlich nichts daran, dass der Ausrüster weiterhin diese Rechtsstellung hat. Der Gläubiger kann daher nach § 477 Abs. 2 HGB den Ausrüster wie einen Reeder in Anspruch nehmen. Der Ausrüster und der Eigentümer haften dem Dritten als Reeder. Sie sind Gesamtschuldner (§§ 426 ff. BGB).

53   **4. Die sonstige Anwendung des § 477 Abs. 3.** Der Geltendmachung des Anspruchs im Sinne des § 477 Abs. 3 gleichzusetzen ist die Situation, dass sich der Dritte beim Eigentümer danach erkundigt, ob ein Ausrüsterverhältnis besteht. Dies kann etwa auch in der Form erfolgen, dass der Dritte den Eigentümer bittet zu bestätigen, dass er auch der Reeder des Schiffes sei. Hier fehlt es an einer Inanspruchnahme des Eigentümers und auch daran, dass der Dritte davon ausgeht, dass der Eigentümer der Reeder ist. Gleichwohl ist eine Anwendung des § 477 Abs. 3 auch in diesen Fällen geboten.

54   Dagegen bleibt § 477 Abs. 3 außen vor, wenn der Dritte anstelle des Eigentümers eine Person ausdrücklich „als Ausrüster" des Schiffes in Anspruch nimmt, diese aber tatsächlich nicht die Voraussetzungen eines Ausrüsters erfüllt. Der Dritte macht geltend, dass die Person zwar nicht Eigentümer des Schiffes sei, es aber zum Erwerb durch die Seefahrt betreibe. Hier fehlt es von vornherein an dem Anknüpfungsmoment des Eigentums. Solche Szenarien kommen insbesondere in Betracht, wenn es mehrere gestaffelte Sub-Bareboat-Chartern gibt, so dass nur „der letzte" Bareboat-Charterer auch der Ausrüster des Schiffes ist, der Dritte sich aber an einen der anderen Bareboat-Charterer gewandt hat.

IV. Der Ausrüster als unmittelbarer Adressat von Vorschriften

55   Manche seerechtlichen Vorschriften nehmen ausdrücklich Bezug auf den Ausrüster (sogleich Rn 56–63). Hier spielt § 477 keine Rolle. Andere Bestimmungen, insbesondere solche außerhalb des Seerechts, nennen zwar den Ausrüster nicht ausdrücklich, richten sich aber an die Person des Betreibers des Schiffes an (unten Rn 64). Auch hier wird im Ergebnis der Ausrüster ohne Rücksicht auf § 477 angesprochen. Der Abs. 2 der Vorschrift gilt nicht: Der Umstand, dass sich die betreffende Bestimmung mittelbar oder unmittelbar an den Ausrüster richtet, führt nicht etwa dazu, dass automatisch der Eigentümer frei wird. Schließlich kann der Ausrüster in eigener Person die Voraussetzungen sonstiger Tatbestände außerhalb des Seerechts erfüllen (unten Rn 65–68).

56   **1. Die Anknüpfung an die Person des Ausrüsters.** In einigen seerechtlichen Vorschriften wird ausdrücklich auf den Ausrüster Bezug genommen. Dies gilt für privatrechtliche wie für öffentlich-rechtliche Bestimmungen. Finden sich hier keine besonde-

ren Regelungen, in denen der Ausrüster umschrieben wird, ist für die Anwendung der betreffenden Vorschriften grundsätzlich die Legaldefinition des § 477 Abs. 1 heranzuziehen.

Bezugnahmen auf die Person des Ausrüsters finden sich – außerhalb des § 477 – 57 noch im HGB. Zu § 601 Abs. 2 siehe sogleich Rn 58 sowie unten Rn 73. Auch § 478 bezieht sich im Hinblick auf die Umschreibung der Schiffsbesatzung auf den Ausrüster, namentlich darauf, dass die sonstigen im Rahmen des Schiffsbetriebs tätigen Personen von Ausrüster angestellt sind oder ihm überlassen wurden. Dabei wird in § 478 der Ausrüster neben dem Reeder genannt. Klarzustellen ist, dass es entweder einen Reeder oder einen Ausrüster geben kann, aber nicht beides gleichzeitig, weil grundsätzlich nur eine Person das Schiff betreibt (oben Rn 20–23 zu § 476), die entweder dessen Eigentümer ist oder nicht. Nach dem Konzept des § 477 Abs. 2 ist die Nennung des Ausrüsters überflüssig. Es hätte eine Bezugnahme auf den Reeder genügt, an dessen Stelle wäre nach § 477 Abs. 2 ggf. der Ausrüster getreten. Zwar gilt dies nach § 477 Abs. 2 nur im Verhältnis zu Dritten, und § 478 hat als bloße Begriffsbestimmung keine Außenwirkung. Allerdings hilft § 478 ggf. im Tatbestand von Vorschriften aus, die ihrerseits im Verhältnis zu Dritten gelten,[58] wie insbesondere § 480. Damit wäre eine Bezugnahme nur auf den Reeder in § 478 nach § 477 Abs. 2 zwanglos als eine solche auf den Ausrüster zu verstehen. Dass § 478 sowohl den Reeder als auch den Ausrüster nennt, schadet andererseits aber nicht.

Dagegen ist es richtig, wenn § 601 Abs. 2 direkt auf den Ausrüster Bezug nimmt. 58 Grundsätzlich muss sich die Klage auf Duldung der Zwangsvollstreckung aus dem Schiffsgläubigerrecht gegen den Eigentümer des Schiffes richten, weil die Vollstreckung in das Eigentum eingreift. Der Eigentümer kann unter den Voraussetzungen des § 476 auch Reeder sein. § 601 Abs. 2 Satz 1 lässt es jetzt genügen, dass die Klage gegen den Ausrüster – dem das Schiff gerade nicht gehört – gerichtet wird. Entsprechend ordnet Satz 2 der Vorschrift die Wirkung des Urteils gegen den Ausrüster auch gegen den Eigentümer an. Diese Doppelwirkung hätte nur auf Grundlage des § 477 nicht erreicht werden können.

Im ÖlHÜ 1992 wird der Ausrüster in Art. I Nr. 3 Satz 2 erwähnt. Vor allem gehört der 59 Ausrüster nach Art. III Abs. 4 Satz 2 Hs. 1 (c) ÖlHÜ 1992 in der amtlichen deutschen Übersetzung zu dem Kreis der Personen, deren Haftung für Ölverschmutzungsschäden ausgeschlossen ist. Außerdem genannt werden der Charterer unter ausdrücklicher Einbeziehung des Bareboat-Charterers, der Betreiber des Schiffes sowie der mit der Betriebsführung Beauftragte. Der Bareboat-Charterer ist bereits der typische Ausrüster (oben Rn 13). Ebenso umfasst der Ausdruck „Betreiber des Schiffes" auch den Ausrüster im Sinne des § 477 Abs. 1. Die Übersetzung des Wortes „Manager" durch „Ausrüster" ist falsch; siehe dazu unten Rn 6 Anhang zu §§ 476, 477 (Manager) sowie Rn 46–47 zu Art. III ÖlHÜ 1992. Art. 7 Abs. 5 Hs. 1 (c) HNS-Ü 2010 (dort Rn 8) ist mit Art. III Abs. 4 Satz 2 Hs. 1 (c) ÖlHÜ 1992 wortgleich.

Ähnliche Verwirrung wie in Art. III Abs. 4 Satz 2 Hs. 1 (c) ÖlHÜ 1992 herrscht auch im 60 Hinblick auf Art. 1 Nr. 3 BunkerölÜ. Im verbindlichen englischen Wortlaut (Art. 19 BunkerölÜ) heißt es, Schiffseigentümer sei „ ... the owner, including the registered owner, bareboat charterer, manager and operator of the ship". Dies wird amtlich übersetzt mit „... eingetragener Eigentümer, Bareboat Charterer, Reeder und Ausrüster des Schiffes". Ausrüster im Sinne des § 477 Abs. 1 ist der Bareboat Charterer (oben Rn 13) und der „operator", also der Betreiber des Schiffes. Damit haftet normalerweise auch der Ausrüster als Schiffseigentümer nach Art. 3 Abs. 1 BunkerölÜ. Die Übersetzung „Reeder und Ausrüster

---

58 Offenbar anders und unklar SHR-ReformG-Begr S. 63 (vor „Zu § 479").

des Schiffes" für die Wendung „manager and operator" ist falsch; siehe unten Rn 6 Anhang §§ 476, 477 (Manager) sowie Rn 12–13 zu Art. 1 BunkerölÜ. Auch in Art. 1 Nr. 4 Satz 2 BunkerölÜ wird auf den „operator" des Schiffes Bezug genommen. Gemeint ist das privatrechtlich organisierte Unternehmen, das das Schiff für den Staat, der Eigentümer des Schiffes ist, betreibt. Die Umschreibung „operator" wird mit „Ausrüster" übersetzt. Dies ist in diesem Falle zutreffend, weil das Unternehmen als Ausrüster im Sinne des § 477 Abs. 1 anzusehen ist.

61 Auf den Ausrüster wird auch in der deutschen Übersetzung des Art. 1 Nr. 1 (b) AthenÜ 2002 bei der Umschreibung des ausführenden Beförderers Bezug genommen. Der Ausrüster steht hier in einer Reihe mit dem Schiffseigentümer, dem Charterer und dem Reeder. Die (verbindliche, Art. 28 Satz 1 AthenÜ 1974, Art. 25 AthenÜProt 2002) englische Fassung lautet: „... a person other than the carrier, being the owner, charterer or operator of a ship ...". Die Übersetzung des „operator" mit „Reeder oder Ausrüster" ist – seit Inkrafttreten des SHR-ReformG – sachgerecht, weil das zentrale Merkmal dieser beiden Rechtsfiguren der §§ 476, 477 Abs. 1 gerade der Betrieb des Schiffes ist. Die Begriffsbestimmung des Art. 1 Nr. 1 (b) AthenÜ 2002 ist nicht mit in die §§ 536ff. übernommen worden; siehe zum ausführenden Beförderer die Regelung des § 546.

62 Die Umschreibung „Ausrüster" findet sich auch in der amtlichen deutschen Übersetzung des Art. 1 Abs. 2 HBÜ 1996. Dort heißt es, dass der Ausdruck „Schiffseigentümer" den „Eigentümer, Charterer, Reeder und Ausrüster" des Schiffes umfasse; siehe entsprechend § 1 Abs. 3 Satz 1 Nr. 2 und 3 SVertO. Der verbindliche englische Wortlaut des Art. 1 Abs. 2 HBÜ 1996 verweist auf den „owner, charterer, manager and operator" des Schiffes. Offenbar bezieht sich die Wendung „Ausrüster" auf den „operator", also den Betreiber des Schiffes. Betrieben wird das Schiff, nach der Terminologie des deutschen Rechts (§§ 476, 477), je nach den Eigentumsverhältnissen, entweder von Reeder oder vom Ausrüster. Insgesamt ist die Übersetzung des „operator" (nur) durch „Ausrüster" nicht folgerichtig. Zutreffend ist die Übersetzung dann aber unter dem Gesichtspunkt, dass in der Aufzählung in Art. 1 Abs. 2 HBÜ 1996 in der amtlichen deutschen Übersetzung auch der Reeder genannt ist.

63 Darüber hinaus wird der Ausrüster auch in vielen weiteren Vorschriften öffentlich-rechtlichen Charakters unmittelbar angesprochen und in die Pflicht genommen; siehe § 4 Abs. 1 Satz 1 Nr. 2 SchUnfDatG (Erhebung von Daten über den Ausrüster); § 2a Abs. 1 Satz 1 Nr. 6 (b) (bb) und (cc), § 32b Abs. 1 Satz 2 Nr. 4 (b) und (c) EStG (noch mit inzwischen unzutreffender Verweisung auf § 510 HGB a.F.); §§ 7 Abs. 1 Satz 1, 11 Abs. 1 Satz 2, Abs. 2 FlRG, §§ 7 Abs. 1 Nr. 3, 8 Abs. 2 Nr. 3, Abs. 3 Nr. 3, 21 Abs. 2 Nr. 6 FlRV; §§ 2, 3, 6, 7, 8, 10, 11 Satz 2 Nr. 1, 14 Abs. 1 Nr. 3 und 4 SeeverkSiV; § 7 Abs. 2 und 3 AWG; § 114 Abs. 2 BetrVG; § 4 Abs. 1 Satz 2 VerkLG; § 30 Abs. 12 Satz 1 WaStrG (unten Rn 17 Anhang III.3 zu § 480 [Wrackbeseitigung]). Ziffer 1.1 Anlage AnlBV umschreibt den Betreiber als „Eigentümer, Reeder, Charterer oder Manager des Schiffes". Der Ausrüster im Sinne des § 477 Abs. 1, also der tatsächliche Betreiber des Schiffes, fällt nur unter Ziffer 1.1 Anlage AnlBV, wenn er der Bareboat-Charterer des Schiffes ist. Schließlich ist der Ausrüster Adressat von Vorschriften der Hafengesetze der Länder, namentlich im Hinblick auf die Haftung für Gebühren; siehe in Hamburg etwa § 3 Nr. 2 Hmb HafenGebO („Ausrüsterin und Ausrüster"); § 14 Nr. 2 Hmb HafenVerkSchG; § 7 Abs. 2 HmbSchEG.

64 **2. Die Anknüpfung an die Person des Betreibers.** Der Ausrüster kann auch, ausgehend davon, dass er es ist, der das Schiff zum Erwerb durch die Seefahrt betreibt, in dieser Funktion Adressat von Vorschriften sein, die sich gerade an den „Betreiber" bzw. „operator" des Schiffes richten; siehe Art. 1 Abs. 2 HBÜ 1996 (oben Rn 62), Art. III Abs. 4 (c) ÖlHÜ 1992 (oben Rn 59), Art. 1 Nr. 3 BunkerölÜ (oben Rn 60) sowie D.II (a) Anlage 1

IV. Der Ausrüster als unmittelbarer Adressat von Vorschriften — § 477

SchSV, § 7 Abs. 1 und 5, §§ 7b, 8a SeefahrtSichergV, § 11 SportSeeSchV, § 2 Abs. 2 AnlBV sowie Ziffer 1.1, 1.2, 2.1.1, 2.1.2, 2.2.1, 2.2.2, 2.3.2, 2.3.3, 2.4, 2.5.1, 3.1 Satz 1 (i), 3.2 Anlage AnlBV, § 1 Nr. 12, § 3e, § 9e Abs. 1 Satz 1 Nr. 3 SeeaufgG, Art. 1b, 1c MARPOL-G, § 22 Abs. 1 Satz 2 Nr. 9 SUG. In § 2 Nr. 6 GGBVOHH findet sich eine bemerkenswerte Umschreibung der Wendung „Betreiberin und Betreiber des Schiffes".[59]

3. Die Verwirklichung von Tatbeständen in eigener Person. Unabhängig von der Umschreibung der Adressaten von Vorschriften als Ausrüster bzw. Betreiber (zuvor Rn 56–63, 64) kann der Ausrüster aufgrund seiner tatsächlichen Beziehung zum Schiff und seiner Funktion als dessen Betreiber die Voraussetzungen von Tatbeständen erfüllen. So ist der Ausrüster im Sinne der § 2 Abs. 1 HaftPflG Inhaber von Anlagen, die sich an Bord befinden (siehe noch Rn 1 Anhang VII zu § 480 [Anlagenhaftung]). Ebenso ist der Ausrüster der Inhaber des Schiffes als Anlage im Sinne des § 89 Abs. 2 Satz 1 WHG (dazu Rn 2 Anhang VII zu § 480 [Anlagenhaftung]). Darüber hinaus muss der Ausrüster für sein eigenes Verhalten insbesondere nach Maßgabe der §§ 823 Abs. 1 oder 2 BGB einstehen (dazu unten Rn 2–9, 10–11 Anhang IV zu § 480 [BGB]). Insbesondere ist der Ausrüster im Hinblick auf die von dem Schiff ausgehenden Gefahren verkehrssicherungspflichtig[60] (dazu Rn 6–7 Anhang IV zu § 480 [BGB]). Der Ausrüster kann auch die Voraussetzungen eines Geschäftsherrn nach § 831 Abs. 1 Satz 1 BGB erfüllen, der einen anderen zu einer Verrichtung bestellt, mit der Folge, dass der Ausrüster nach Maßgabe des § 831 Abs. 1 BGB für Schäden einzustehen hat, die der Verrichtungsgehilfe Dritten zufügt (unten Rn 12–13 Anhang IV zu § 480 [BGB]). Verrichtungsgehilfen des Ausrüsters sind insbesondere der Kapitän des Schiffes[61] sowie dessen Besatzung (näher § 478). Darüber hinaus ist der Ausrüster normalerweise auch der ausführende Verfrachter im Sinne des § 509 sowie ausführender Frachtführer (§ 437) über die Seeteilstrecke einer Multimodalbeförderung. Ebenso ist der Ausrüster ausführender Beförderer nach Art. 4 AthenÜ 2002 und § 546. Damit ist er (und nicht der Eigentümer des Schiffes) verpflichtet, die Versicherung nach Art. 3 Abs. 1 VO Athen, Art. 4bis Abs. 1 AthenÜ 2002 im Hinblick auf die Ansprüche wegen Tod oder Körperverletzung von Reisenden aufrechtzuerhalten. 65

Im Falle einer Geschäftsführung ohne Auftrag (§§ 677 ff.) zugunsten „des Schiffes" kann sich die Frage stellen, ob der (Nur-)Eigentümer oder der Ausrüster als Geschäftsherr anzusehen ist. Maßgeblich ist hier, in wessen Interesse der Geschäftsführer tätig wird. Geht es um den Schutz des Schiffes vor ihm drohenden Gefahren, sind die Interessen des Eigentümers betroffen (vielfach wird es sich hier ohnehin um Bergungsmaßnahmen handeln, siehe Rn 32). Ist das Schiff Ursprung einer nach außen wirkenden Gefahr, deren Beseitigung Sache des Ausrüsters ist, wird der Geschäftsführer für ihn und nicht für den Eigentümer tätig. Insbesondere schuldet der Ausrüster hier ggf. nach §§ 683 Satz 1, 670 BGB Ersatz von Aufwendungen. Abweichend davon ist der Eigentümer nach § 578 Abs. 1 Satz 1 Schuldner des Anspruchs auf Sondervergütung (unten Rn 32). 66

Auch im Hinblick auf Ansprüche auf Schadenersatz „des Schiffes" aus unerlaubter Handlung gegen Dritte kann zu klären sein, ob diese dem (Nur-)Eigentümer oder dem Ausrüster zustehen. Wiederum ist nach den betroffenen Interessen zu unterscheiden. Ist die Substanz des Schiffes durch dessen Verlust oder Beschädigung beeinträchtigt, stehen die Ansprüche dem Eigentümer zu. Schäden, die sich aus einer Beeinträchtigung der 67

---

59 „Die Eigentümerin und der Eigentümer, die Reederin und der Reeder, der Charterer oder die Managerin und der Manager des Schiffes."
60 SchOG Karlsruhe VersR 2006, 96, 97 (unter 2.) = HmbSeeRep 2005, 114 Nr. 102.
61 Siehe BGHZ 82, 162 = NJW 1982, 992, 993 (vor II.) „Alex Emma".

Nutzung des Schiffes ergeben, sind dem Ausrüster zu ersetzen. Dies betrifft etwa Ansprüche auf Schadenersatz wegen des Ausfalls der Nutzung des Schiffes nach Sperrung der Schifffahrtstraße.[62]

68 Schließlich hat der BGH für die Binnenschifffahrt klargestellt, dass nur der Ausrüster und nicht der Eigentümer Schuldner der Ansprüche aus § 904 Satz 2 BGB ist (dazu Rn 17 Anhang IV zu § 480 [BGB]), wenn der Schiffer eine Notstandsmaßnahme trifft.[63] Dies gilt gleichermaßen für das Seerecht und den Kapitän des Schiffes. Sowohl im Binnenschifffahrts- wie im Seerecht genügt es, dass eine Person der Schiffsbesatzung (§ 21 Abs. 1 BinSchG, § 478) die Maßnahme durchführt.

V. Die Stellung des Ausrüsters im Hinblick auf Schiffsgläubigerrechte

69 Eine Forderung, die im Zusammenhang mit dem Betrieb des Schiffes entstanden ist, kann durch ein Schiffsgläubigerrecht (§§ 596 ff.) gesichert sein; zu den gesicherten Forderungen siehe § 596 Abs. 1. Bei dem Schiffsgläubigerrecht handelt es sich um ein besitzloses Pfandrecht am Schiff (§ 597 Abs. 1 Satz 1). Der Schiffsgläubiger kann vom Eigentümer Duldung der Zwangsvollstreckung in das Schiff verlangen. Das Sondervermögen „Schiff" des Eigentümers haftet für den Anspruch des Schiffsgläubigers. Die Forderung kann sich gegen den Eigentümer richten. Das Schiffsgläubigerrecht sichert aber auch Forderungen gegen eine andere Person als den Eigentümer. Dies hat das OLG Hamburg zuletzt – zum Binnenschifffahrtsrecht – in der „Tom Burmester" Entscheidung[64] klargestellt. Schuldner des persönlichen Anspruchs des Schiffsgläubigers kann auch der Ausrüster selbst sein.[65] Denkbar ist weiter, dass der Ausrüster Schiffsgläubiger ist, wobei sich die persönliche Forderung ggf. auch gegen den Eigentümer richten kann. Der Eigentümer kann dem Dritten, der von seinem Schiffsgläubigerrecht Gebrauch macht, nicht die Vorschrift des § 477 Abs. 2 entgegen halten. Ihm, dem Eigentümer, hilft es nicht, dass nicht er, sondern ein anderer das Schiff betreibt. § 477 Abs. 2 schützt den Eigentümer nur im Hinblick auf die persönliche Forderung. Andererseits gehört das Schiff nicht zum Vermögen des Ausrüsters. Damit betreffen ihn Schiffsgläubigerrechte zunächst nicht, unabhängig davon, ob sich die gesicherte Forderung gegen den Eigentümer, gegen einen Dritten oder gegen ihn, den Ausrüster, selbst richtet.

70 **1. Die gesetzliche Prozessstandschaft des Ausrüsters.** Der Ausrüster ist in das Verfahren zur Geltendmachung des Schiffsgläubigerrechts in eigenartiger Weise eingebunden. Nach der früheren Regelung des § 761 Abs. 2 HGB in der Fassung vor Inkrafttreten des 1. SRÄndG (dazu Rn 119 Einleitung A) musste sich die Klage des Schiffsgläubigers auf Duldung der Zwangsvollstreckung gegen den Reeder des Schiffes (oder den „Schiffer", also den Kapitän)[66] richten. An die Stelle des Reeders trat nach § 510 Abs. 1 HGB a.F. der Ausrüster. Nur er war passivlegitimiert,[67] obwohl er ja gerade nicht der Eigentümer des Schiffes war. Das 1. SRÄndG hat dann § 760 Abs. 2 dahingehend geändert, dass nach

---

62 RhSchG St. Goar HmbSchRZ 2011, 239 Nr. 118 [25] „Eiltank 21", „Waldhof", anschließend ZKR RdTW 2013, 227 "Waldhof", "Eiltank 21".
63 Siehe BGHZ 6, 102 = NJW 1952, 1132, 1133.
64 RdTW 2013, 144 [21] mit Anm. Ramming aaO. S. 147.
65 SchOG Karlsruhe VersR 2006, 96, 97 (unter 2.) = HmbSeeRep 2005, 114 Nr. 102.
66 Siehe den Fall OLG Hamburg HansRGZ 1935 B Sp. 524 Nr. 144 „Sanssouci".
67 Siehe BGHZ 25, 244 = NJW 1957, 1717, 1718 (rechte Spalte) „Anna B.", zuvor OLG Bremen Hansa 1956, 469; OLG Hamburg HansGZ H 1886, 69 Nr. 28 (S. 72ff.) „Petropolis", „Wallachia", zuvor LG Hamburg aaO.; OLG Hamburg HansGZ H 1900, 81 Nr. 37 (S. 83 rechte Spalte unten) „Marschall Keith"

Satz 1 der neuen Vorschrift die Klage auf Duldung der Zwangsvollstreckung grundsätzlich gegen den Eigentümer zu richten war.[68] Daneben waren auch der Ausrüster und der Kapitän passivlegitimiert. Insoweit bestand eine gesetzliche (passive) Prozessstandschaft.[69] Das gegen den Ausrüster bzw. den Kapitän gerichtete Urteil war nach § 761 Abs. 2 Satz 2 auch gegen den Eigentümer wirksam.[70] Diese Vorschriften hat das SHR-ReformG – unter Außerachtlassung des Kapitäns, aber im Übrigen unverändert – in den § 601 Abs. 2 übernommen. Für den Kapitän ist heute stattdessen in § 619 eine gesetzliche Zustellungsbefugnis im Hinblick auf Klagen der Schiffsgläubiger auf Duldung der Zwangsvollstreckung in das Schiff begründet.[71]

Die gesetzliche Prozessstandschaft des Ausrüsters für die Pfandklage besteht auch im Hinblick auf Schiffsgläubigerrechte, die bereits vor Beginn seiner Stellung als Ausrüster (oben Rn 14) entstanden sind.[72] Gleiches gilt im Hinblick auf Schiffsgläubigerrechte, die zu einer Zeit begründet wurden, als der jetzige Eigentümer, von dem der Ausrüster seine Rechtsstellung ableitet, noch nicht der Eigentümer des Schiffes war. 71

Die Rechtslage im Binnenschifffahrtsrecht heute entspricht der des Seerechts vor Inkrafttreten des 1. SRÄndG (oben Rn 70). Damit ist im Binnenschifffahrtsrecht die Pfandklage nach wie vor grundsätzlich gegen den Eigner und für den Fall, dass ein Ausrüster vorhanden ist, nach § 2 Abs. 1 BinSchG ausschließlich gegen diesen zu richten.[73] 72

a) Die Pfandklage gegen den Ausrüster. Im Seerecht besteht heute eine gesetzliche Prozessstandschaft des Ausrüsters für Klagen auf Duldung der Zwangsvollstreckung in das Schiff. Nicht etwa haftet der Ausrüster „mit dem Schiff",[74] das nicht zu seinem Vermögen gehört. Wird nach § 601 Abs. 2 Satz 1 gegen den Ausrüster (dazu schon oben Rn 58) in gesetzlicher Prozessstandschaft für den Eigentümer Klage auf Duldung der Zwangsvollstreckung erhoben, hat der Ausrüster die Rechtsstellung einer Partei.[75] Der Eigentümer ist nicht am Verfahren beteiligt. Sein Name muss in der Klage nicht angegeben werden.[76] Alle materiellen Einwendungen gegen das geltend gemachte Schiffsgläubigerrecht beurteilen sich ausgehend von der Person des Eigentümers, nicht von der des Ausrüsters. In prozessualer Hinsicht kommt es dagegen ausschließlich auf den Ausrüster an. Ist die Pfandklage gegen den Ausrüster erhoben worden, steht wegen § 602 Abs. 1 Satz 2 einer weiteren Klage des Schiffsgläubigers gegen den Eigentümer nach § 261 Abs. 3 Nr. 1 ZPO die Einrede der Rechtshängigkeit entgegen.[77] Dies gilt nicht, wenn der Schiffs- 73

---

68 1. SRÄndG-Begr S. 38 f. („Zu § 760 HGB").
69 Siehe 1. SRÄndG-Begr S. 38 f. („Zu § 760 HGB") sowie SHR-ReformG-Begr S. 137 („Zu § 619") (bisherige „Passivlegitimation" des Kapitäns); *Schaps-Abraham* Seehandelsrecht Rn 12 zu § 760.
70 Siehe 1. SRÄndG-Begr S. 38.
71 Siehe SHR-ReformG-Begr S. 137 („Zu § 619").
72 Siehe OLG Hamburg HansGZ H 1886, 69 Nr. 28 (S. 72, 73 f.) „Petropolis", „Wallachia", zuvor LG Hamburg aaO.; OLG Hamburg HansRGZ B 1935, 425 Nr. 113; OLG Hamburg TranspR 1994, 69, 70 (unter 2.) „Chesapeake Bay"; *Schaps-Abraham* Seehandelsrecht Rn 11, 21 zu § 760; *Eckardt* in MüKo/HGB Rn 2 zu § 760.
73 Siehe *v. Waldstein/Holland* Binnenschifffahrtsrecht Rn 24 zu §§ 103–105 BinSchG; *Ramming* HmbHdbBinSch Rn 71; 307; BGHZ 3, 34 = NJW 1952, 64, 66 (unter 4.); OLG Hamburg HansRGZ 1935 B Sp. 524 Nr. 144 (Sp. 528 f.) „Sanssouci" sowie noch RG Recht 1914 Nr. 526.
74 So aber ZKR ZfB 2001-7 S. 69 (S. 71 a.E.) (Slg. 1828) = HmbSeeRep 2001, 155 Nr. 126; ZKR ZfB 1997 Nr. 22 S. 34 (Slg. 1664) „Martin S".
75 LG Hamburg HansGZ 1900, 127 Nr. 58 (S. 128 rechte Spalte) „Leon Paucaldo"; siehe auch weiter in dem Fall HansGZ H 1900, 229 Nr. 39.
76 *Schaps-Abraham* Rn 12 zu § 760; siehe auch OLG Hamburg HansRGZ 1935 B Sp. 524 Nr. 144 (Sp. 528) „Sanssouci".
77 Anders ZKR ZfB 2001 Nr. 7 S. 69 (S. 71 rechte Spalte) (Slg. 1828) = HmbSeeRep 2001, 155 Nr. 126: fehlendes Rechtsschutzbedürfnis; zustimmend SchOG Köln HmbSchRZ 2011, 30 Nr. 14 [18].

gläubiger den Ausrüster lediglich als Schuldner der persönlichen Forderung in Anspruch nimmt.[78] Die gesetzliche Prozessstandschaft des Ausrüsters erstreckt sich nicht auf Aktivprozesse, etwa eine negative Feststellungsklage im Hinblick auf das Nicht-Bestehen eines Schiffsgläubigerrechts.

74 Ein solches sichert nach § 597 Abs. 2 auch die Kosten des Verfahrens. Schuldner der Kosten ist der verklagte Ausrüster (nicht: der Eigentümer). Wechselt während des Prozesses die Person des Eigentümers, hat dies auf das Verfahren der Pfandklage gegen den Ausrüster keinen Einfluss (siehe § 265 Abs. 2 Satz 1 ZPO).[79] Geht das Schiff verloren, ist die Pfandklage nicht automatisch gegenstandslos, weil sich das Schiffsgläubigerrecht auch auf die Ersatzansprüche gegen Dritte sowie auf die Große-Haverei-Beiträge des Schiffes erstreckt (§ 598 Abs. 2). Bestehen auch solche Ansprüche nicht, stellt der Verlust allerdings ein erledigendes Ereignis dar (§ 91a ZPO). Die Prozessstandschaft des Ausrüsters bleibt im Hinblick auf die Abwicklung des Verfahrens bestehen.

75 Der Eigentümer kann dem Rechtsstreit zwischen dem Dritten und dem Ausrüster von sich aus als Nebenintervenient beitreten (§§ 66 ff. ZPO), nicht aber den Prozess in dem Sinne übernehmen, dass er an die Stelle des Ausrüsters tritt. Ebenso kann der Ausrüster zum Zwecke der Herstellung der Interventionswirkung des § 68 ZPO dem Eigentümer den Streit verkünden (§§ 72 ff. ZPO). Der Eigentümer und der Ausrüster sind notwendige Streitgenossen im Sinne des § 62 ZPO, weil das Schiffsgläubigerrecht beiden gegenüber nur einheitlich festgestellt werden kann. Ist der Eigentümer dem Rechtsstreit beigetreten und veräußert er im Laufe des Prozesses das Schiff (siehe § 265 Abs. 1 ZPO), so dass er nicht mehr Eigentümer ist, führt er als gesetzlicher Prozessstandschafter des neuen Eigentümers das Verfahren fort.

76 Im laufenden Verfahren entfällt die gesetzliche Prozessstandschaft des Ausrüsters mit dem Ende der Rechtsstellung als Ausrüster[80] (oben Rn 28). Es kommt zu einem Parteiwechsel, an die Stelle des Ausrüsters tritt der Eigentümer. Dies ist kein Fall des § 265 Abs. 2 ZPO. Wird ein neuer Ausrüster bestellt, findet kein weiterer Parteiwechsel auf ihn statt. § 241 Abs. 1 ZPO kommt nicht, auch nicht analog zur Anwendung.[81] All dies gilt auch dann, wenn der Betrieb direkt vom neuen Ausrüster fortgeführt wird.

77 Das Urteil, das den Ausrüster zur Duldung der Zwangsvollstreckung verpflichtet, entfaltet Rechtskraft auch gegenüber dem nicht am Verfahren beteiligten Eigentümer. Dies ist für viele Fälle der gesetzlichen Prozessstandschaft ungeklärt (siehe § 325 Abs. 1 ZPO), wird für das Verhältnis zwischen Ausrüster und Eigentümer aber ausdrücklich in § 602 Abs. 1 Satz 2 bestätigt. Ebenso ist der Eigentümer an einen prozessualen Vergleich gebunden, der zwischen dem Schiffsgläubiger und dem Ausrüster geschlossen wird. Hat der Schiffsgläubiger die Pfandklage gegen den Eigentümer erhoben, entfaltet das Urteil keine Rechtskraft gegen den Ausrüster.

78 **b) Einstweilige Verfahren.** Die Prozessstandschaft gilt auch für einstweilige Verfahren,[82] namentlich für die Sicherung des Anspruchs aus dem Schiffsgläubigerrecht auf Duldung der Zwangsvollstreckung durch einen Arrest des Schiffes.[83] Hat der Schiffsgläubiger in einem Arrestverfahren gegen den Ausrüster auf Grundlage des Schiffsgläubigerrechts

---

78 SchOG Köln HmbSchRZ 2011, 30 Nr. 14 [18].
79 Siehe LG Hamburg HansGZ 1900, 229 Nr. 109 (S. 233 rechte Spalte) „Leon Paucaldo"; sowie auch die dort und in HansGZ 1900, 127 Nr. 58 wiedergegebenen weiteren Entscheidungen.
80 *Schaps-Abraham* Seehandelsrecht Rn 11 zu § 760; siehe auch RGZ 78, 307, 310.
81 A.A. *Schaps-Abraham* Seehandelsrecht Rn 17, 18 zu § 760 im Hinblick auf das frühere Recht zum Wechsel des Kapitäns.
82 Siehe *Schaps-Abraham* Seehandelsrecht Seehandelsrecht Rn 6, 12 zu § 760.
83 Siehe OLG Hamburg HansRGZ 1935 B Sp. 524 Nr. 144 „Sanssouci".

die Beschlagnahme des Schiffes erwirkt, ist der Ausrüster (nicht der Eigentümer) Inhaber des Anspruchs auf Schadenersatz aus § 945 ZPO. Aus der „Sanssouci" Entscheidung des OLG Hamburg[84] ergibt sich nichts anderes. Dort war das Arrestverfahren gegen den Schiffer eingeleitet worden. Das OLG Hamburg kam zu dem Ergebnis, dass sich das Verfahren tatsächlich gegen den „Träger der dinglichen Schiffshaftung" gerichtet habe. Dies sei der Ausrüster des Schiffes gewesen. Der wiederum war mit dem Schiffer identisch, so dass der Schiffer (in seiner Funktion als Ausrüster) die Ansprüche aus § 945 ZPO geltend machen konnte. Heute hat der Kapitän nicht mehr die Stellung eines Prozessstandschafters, sondern ist lediglich nach § 619 von Gesetzes wegen zustellungsbefugt.

c) Die Zwangsvollstreckung. Soll aus dem gegen den Ausrüster ergangenen Urteil auf Duldung der Zwangsvollstreckung nunmehr vollstreckt werden, muss der Betreffende auch jetzt noch diese Rechtsstellung haben.[85] Ist dies nicht der Fall, muss, um die Zwangsvollstreckung gegen den Eigentümer betreiben zu können, die Vollstreckungsklausel – in entsprechender Anwendung der §§ 727, 731 ZPO – gegen den Eigentümer erteilt und zugestellt werden.[86] Aus einem gegen den Eigentümer ergangenen Urteil auf Duldung der Zwangsvollstreckung kann nicht gegen den Ausrüster vollstreckt werden. Insoweit sieht § 601 Abs. 2 Satz 2 keine Erstreckung der Rechtskraft vor. Dies gilt unabhängig davon, ob der Ausrüster bereits während des Hauptsacheverfahrens Ausrüster war oder ob er dies erst später geworden ist. 79

2. Die widerrechtliche Verwendung des Schiffes. Die frühere Regelung des § 510 Abs. 2 HGB a.F. ist nicht mit in das neue Recht übernommen worden. Danach konnte der Eigentümer dem Schiffsgläubiger entgegenhalten, dass die Verwendung des Schiffes durch den Ausrüster widerrechtlich und der Schiffsgläubiger insoweit bösgläubig sei. Im Falle einer Klage gegen den Ausrüster stand dem Eigentümer die Drittwiderspruchsklage (§ 771 ZPO) zu. Eine Begründung für die Nichtübernahme des alten – und ohnehin wenig praktischen – § 510 Abs. 2 HGB a.F. findet sich in der SHR-RegE-Begr nicht.[87] Nach der Neuregelung des § 477 muss der Eigentümer die Geltendmachung des Schiffsgläubigerrechts auch in diesen Fällen hinnehmen. Der Eigentümer kann sich allenfalls noch auf den Gesichtspunkt des treuwidrigen Verhaltens berufen (§ 242 BGB). 80

VI. Der (Nur-)Eigentümer

Neben dem Ausrüster, der das Schiff zwar betreibt, dem es aber nicht gehört, steht noch der (Nur-)Eigentümer. Hat der Eigentümer das Schiff bareboat-verchartert, dient es ihm nicht zum Erwerb durch die Seefahrt, sondern zum Erwerb durch Vermietung.[88] Die Rolle des Eigentümers erschöpft sich keineswegs nur darin, das Eigentum am Schiff zu halten. Vielmehr ist auch der Eigentümer häufig Adressat von Vorschriften in und außerhalb des Fünften Buches (unten Rn 82–86). Daneben kann der Eigentümer als solcher in eigener Person und unabhängig vom Ausrüster Tatbestände erfüllen (unten Rn 87–88). Wird der Eigentümer auf dieser Grundlage in die Pflicht genommen, kann er nicht auf 81

---

84 HansRGZ 1935 B Sp. 524 Nr. 144.
85 LG Hamburg HansGZ 1900, 127 Nr. 58 (S. 128 rechte Spalte) „Leon Paucaldo"; siehe auch weiter in dem Fall HansGZ H 1900, 229 Nr. 109.
86 Siehe LG Hamburg HansGZ 1900, 127 Nr. 58 (S. 128 rechte Spalte) „Leon Paucaldo"; siehe auch weiter in dem Fall HansGZ H 1900, 229 Nr. 109.
87 Siehe S. 62f.
88 OLG Bremen RPfl 1977, 324.

§ 477 Abs. 2 und den Gläubiger an den Ausrüster verweisen (oben Rn 42–54). Dies gilt unabhängig davon, ob daneben noch eine selbständige Einstandspflicht des Ausrüsters besteht oder nicht. Siehe noch die Umschreibung des „Reeders" in § 4 Abs. 1 SeeArbG (dazu unten Rn 12 zu § 479).

82   **1. Der Eigentümer als Adressat von Vorschriften.** Das Rechtsverhältnis der Bergung (§§ 574 ff.) besteht lediglich zwischen dem Berger einerseits und dem Eigentümer des geborgenen Schiffes andererseits und nicht (auch) zum Ausrüster. Dies ist folgerichtig, denn der Berger wird zum Schutz des Schiffes und dessen Bewahrung tätig. Dies berührt die Interessen des Eigentümers und nicht die des Ausrüsters als bloßem Betreiber des Schiffes. Die §§ 574 ff. wenden sich ausdrücklich an den Eigentümer, der Reeder wird nur in §§ 581 Abs. 1, 587 Abs. 4 Satz 2 angesprochen (dazu oben oben Rn 36). Namentlich ist der Eigentümer und nicht der Ausrüster Schuldner der Ansprüche auf Bergelohn und Ersatz der Bergungskosten (§§ 576, 577). Weniger überzeugend ist diese Handhabung mit Blick auf die Sondervergütung (§ 578). Geht von dem Schiff eine Gefahr für die Umwelt aus (§ 575 Abs. 2), wird dies vielfach in den Verantwortungsbereich des Betreibers und damit des Ausrüsters fallen. Gleichwohl schuldet nach der ausdrücklichen Regelung des § 578 Abs. 1 Satz 1 nur der Eigentümer die Sondervergütung. Zu der Frage, wem umgekehrt die Ansprüche aus einer Bergung zustehen, siehe oben Rn 36.

83   In entsprechender Weise ist am Rechtsverhältnis der Großen Haverei (§§ 588 ff., § 596 Abs. 1 Nr. 4 Fall 2) auf Seiten des Schiffes stets der Eigentümer und nicht der Ausrüster als Vergütungsberechtigter und Beitragspflichtiger beteiligt; siehe dazu oben Rn 37. Schließlich treffen die (sachenrechtlichen) Wirkungen eines Schiffsgläubigerrechts nur den Eigentümer des Schiffes und nicht auch den Ausrüster; dieser ist allerdings bei der Durchsetzung des Schiffsgläubigerrechts in prozessualer Hinsicht eingebunden (oben Rn 69–80).

84   Der Eigentümer des Schiffes ist nach Art. III Abs. 1 bis 3, Art. I Nr. 3 ÖlHÜ 1992 alleiniger Gläubiger von Ansprüchen wegen Ölverschmutzungsschäden. Alle anderen am Schiffsbetrieb beteiligten Personen, einschließlich des Ausrüsters, sind nach Art. III Abs. 4 Satz 2 ÖlHÜ 1992 grundsätzlich von der Haftung befreit. Daneben gehört der Eigentümer zu den Schiffeigentümern im Sinne des Art. 1 Nr. 3 BunkerölÜ, die für Bunkerölverschmutzungsschäden nach Art. 3 Abs. 1 bis 4 BunkerölÜ einzustehen haben. Der Eigentümer kann ggf. nach Art. 1 Nr. 1 (b) AthenÜ 2002 auch ausführender Beförderer sein, so dass er nach Art. 4 AthenÜ 2002 bzw. § 546 den Fahrgästen auf Schadenersatz nach dem AthenÜ 2002 bzw. den §§ 536 ff. haftet. Schließlich ist der Eigentümer nach Art. 1 Abs. 2 HBÜ 1996 zur Beschränkung der Haftung berechtigt; siehe auch § 1 Abs. 3 Satz 1 Nr. 2 und 3 SVertO. Soweit im Hinblick auf das Schiff eine Versicherungspflicht geregelt ist, richtet sich diese normalerweise an den Eigentümer. Siehe dazu Art. VII Abs. 1 ÖlHÜ 1992, Art. 3 Abs. 1 ÖlHG, § 2 Abs. 1 ÖlSG (Ölverschmutzungen); Art. 7 Abs. 1 BunkerölÜ, § 2 Abs. 2 Satz 1 ÖlSG (Bunkerölverschmutzungen); Art. 12 Abs. 1 WBÜ, § 4 SeeVersNachwG (Kosten der Lokalisierung, Markierung und Beseitigung eines Wracks); § 2 Abs. 1 Satz 1, Abs. 2 SeeVersNachwG (Haftungs-Höchstbeträge); zukünftig Art. 12 Abs. 1 HNS-Ü 2010. In Art. 3 Abs. 1 VO Athen, Art. 4bis Abs. 1 AthenÜ 2002 ist im Hinblick auf die Ansprüche wegen Tod oder Körperverletzung von Reisenden der ausführende Beförderer zur Aufrechterhaltung der Versicherung verpflichtet.

85   Der Eigentümer ist umfassend Adressat von Vorschriften des Schiffssachen- (SchRG, SchRegO, SchRegDV, §§ 929, 932a BGB, oben Rn 119–219 Einleitung B) sowie des Flaggenrechts (FlRG, FlRV, oben Rn 89–118 Einleitung B). Der Eigentümer des Schiffes kann Betreiber im Sinne der Ziffer 1.1 Anlage AnlBV sein. Ebenso ist der Eigentümer das Unternehmen im Sinne der ISM-Bestimmungen (siehe Art. 2 Nr. 3 Verordnung 336/2006, Regel IX/1.2

Anlage SOLAS-Ü, Ziffer 1.1.2 ISM-Code), wenn nicht ein anderer die Verantwortung für den Betrieb des Schiffes übernommen hat (oben Rn 119–125 Einleitung C). Siehe auch noch § 30 Abs. 12 Satz 1 WaStrG (unten Rn 16–17 Anhang III.3 zu § 480 [Wrackbeseitigung]); §§ 5, 22 Abs. 1 Satz 2 Nr. 9 SUG; § 166 Abs. 1 ZVG; §§ 1 Nr. 12, 3e, 8 Abs. 2 und 4, 9 Abs. 1 Satz 1 Nr. 2a, Satz 3, 9e Abs. 1 Nr. 3, 16 Abs. 4 SeeaufgG; § 6 Abs. 1 und 2, § 7, § 8 Abs. 2 und 3, § 9 Abs. 1 Nr. 1, Abs. 2, § 10 Abs. 1 SchSG („Schiffseigentümer"); § 7 Abs. 4, § 8 Abs. 2 Satz 2, § 9 Abs. 3 Satz 2, § 13 Abs. 1, § 14 Abs. 1 SchSV sowie Ziffer B.I.1, B.II.5, D.I, D.IIb Anlage 1 SchSV, Ziffer B.3.7 Anlage 2 SchSV; § 6 SchBesFrFlV; Art. 1b, 1c MARPOL-G. Siehe zum Recht Hamburgs etwa § 35 Abs. 5 Hmb HafenVerkO, § 4 Abs. 3 Hmb HafenSDVO („Eigentümerin bzw. Eigentümer"), § 2 Nr. 6 GGBVOHH.

In vielen Fällen ist eine Haftung des Eigentümers für Kosten vorgesehen, siehe § 19 **86** Abs. 7 Satz 2 IGV-DG, § 45 Abs. 1 Satz 3 SeeLG, § 3 Satz 1 LTV, § 13 Abs. 1 Satz 2, 14 Abs. 3 Satz 2 SeeaufgG, § 1 Abs. 2 Satz 2 KanalStTarifV 2010 sowie in Hamburg § 7 Abs. 2 HmbSchEG („Eigner"), § 14 Nr. 2 Hmb HafenVerkSchG, § 3 Nr. 1 Hmb HafenGebO („Eigentümerin oder Eigentümer"). Das BVerfG hat bestätigt, dass eine Inanspruchnahme des (Nur-)Eigentümers für Hafenkosten nicht verfassungswidrig ist.[89] Dies gilt möglicherweise nicht, wenn der Ausrüster den Besitz am Schiff widerrechtlich erlangt hat oder dem Eigentümer das Schiff durch Beschlagnahme oder anderweit entzogen worden ist.[90]

2. Die Verwirklichung von Tatbeständen in eigener Person. Schließlich kann der **87** (Nur-)Eigentümer des Schiffes die Voraussetzungen sonstiger Tatbestände erfüllen. So haftet er Dritten ggf. nach Maßgabe etwa der §§ 823 Abs. 1 oder 2 BGB, weil ihm eine eigene unerlaubte Handlung vorzuwerfen ist. So etwa, wenn das dem Ausrüster überlassene Schiff bereits bei der Überlassung einen Mangel aufwies, der sich erst später ausgewirkt und zu einem Schaden des Dritten geführt hat. Hiervor schützt § 477 Abs. 2 den Eigentümer nicht. Andererseits ist der Eigentümer im Hinblick auf das Schiff, das er einem Ausrüster überlässt, normalerweise nicht mehr verkehrssicherungspflichtig. Vom Schiff ausgehende Gefahren für Dritte begründen keine Handlungspflichten des Eigentümers, sondern nur solche des Ausrüsters.[91] Siehe hierzu auch § 9 Abs. 2 SchSG. Der Eigentümer ist auch nicht mehr Inhaber des Schiffes oder seiner Teile, so dass eine Haftung für diese Anlagen grundsätzlich ausscheidet (siehe oben Rn 65). Er ist auch nicht Geschäftsherr der Mitglieder der Schiffsbesatzung im Sinne des § 831 Abs. 1 Satz 1 BGB. Ebenso kommt § 480 Satz 1 nicht zu Lasten des Nur-Eigentümers zur Anwendung, er muss für Schadenersatzpflichten einer Person der Schiffsbesatzung bzw. des an Bord tätigen Lotsen nicht einstehen.[92] Zur Haftung des Eigentümers aus Geschäftsführung ohne Auftrag (§§ 677 ff. BGB) sowie aus § 904 Satz 2 BGB siehe die Hinweise oben Rn 66, 68. Schließlich haftet der Eigentümer gegenüber einem Schiffsgläubiger weiterhin mit dem Schiff, ohne dass § 477 Abs. 2 entgegensteht (dazu noch oben Rn 69–80).

Trotz der Regelung des § 477 Abs. 2 können eigene Ansprüche des Eigentümers ge- **88** gen Dritte begründet sein, etwa im Falle eines Zusammenstoßes aus §§ 570 ff., Art. 7 Abs. 1 Nr. 1 EGHGB sowie Art. 2 ff. ZusÜSee (oben Rn 35), nach § 480 Satz 1 gegen den Reeder eines anderen Schiffes oder aus den allgemeinen Grundsätzen der §§ 823 Abs. 1 und 2, 831 BGB. Hier geht es jeweils um Fälle, in denen das Interesse des Eigentümers am Schiff betroffen ist, also um dessen Verlust oder Beschädigung.

---

89 BVerfGE 91, 207 = NVwZ 1995, 368.
90 BVerfGE 91, 207 = NVwZ 1995, 368 (unter B.).
91 SchOG Karlsruhe VersR 2006, 96, 96 f. (unter 1.) = HmbSeeRep 2005, 114 Nr. 102.
92 Siehe SchG Wien ZfB 2015-10 (Slg. 2391) (vor 2.) „Stadt Wörth" mit Anm. *Csoklich* aaO.

Anhang zu §§ 476, 477 (Manager)

Der Schiffsmanager

Literatur: *Hasche* Korrespondentreeder und „Vertragsreeder", Hansa 1952, 333–335; *Schwampe* Shipmanagement und Versicherung, VersR 2009, 316–321.

1 Neben dem Reeder, dem Ausrüster, den Charterern und dem Kapitän des Schiffes spielt in der Praxis des Schiffsbetriebs eine weitere Figur eine wichtige Rolle: Der Schiffsmanager. Er wird im Fünften Buch HGB an keiner Stelle angesprochen, hat aber in der Praxis im Hinblick auf den Betrieb des Schiffes häufig eine Schlüsselstellung. Der Betrieb des Schiffes ist das zentrale Merkmal der Umschreibungen in § 476 und § 477 Abs. 1. Der Reeder betreibt das ihm gehörende Schiff, der Ausrüster ein ihm nicht gehörendes Schiff. Sowohl der Reeder als auch der Ausrüster – der Auftraggeber – können einen Dritten mit dem Betrieb des Schiffes betrauen, der es für ihn, den Auftraggeber, übernimmt, die für den Betrieb erforderlichen Maßnahmen durchzuführen (siehe noch unten Rn 4). Tatsächlich ist der Betrieb eines Schiffes heute so anspruchsvoll, dass sie Einschaltung eines professionellen Schiffsmanagers der Normalfall ist. Manche Manager betreuen viele Dutzend oder gar Hundert Schiffe. In vielen Fällen spielt der Auftraggeber nur noch im Hinblick auf die Finanzierung des Schiffes eine Rolle, ohne selbst über die erforderlichen Kenntnisse und Erfahrungen im Hinblick auf den Betrieb des Schiffes zu verfügen. Dabei können auch personelle Verflechtungen zwischen dem Auftraggeber und dem Manager bestehen, wenn etwa die Gesellschafter des Auftraggebers ganz oder teilweise identisch sind. Typisch ist auch die Situation, dass mehrere Schiffe jeweils im Eigentum einzelner Einschiffs-Gesellschaften stehen, aber von einem Manager betrieben werden. Auch hier verhält es sich vielfach so, dass „im Hintergrund" dieselben Personen tätig sind.

I. Vertragsreeder, Bereederer, Korrespondentreeder, Manager

2 **1. Begrifflichkeiten.** In der Praxis werden im Hinblick auf den Manager uneinheitlich verschiedene Umschreibungen verwendet, etwa „Korrespondentreeder", „Vertragsreeder" oder auch „Bereederer". Die Umschreibungen „Vertragsreeder" und „Bereederer" beziehen sich auf den Dritten, der für den Auftraggeber (Reeder bzw. Ausrüster) das Schiff betreibt. Gemeint ist nichts anderes als der Manager.[1] Gleiches gilt heute auch für den Begriff des „Korrespondentreeders", der ebenfalls dem Manager gleichzustellen ist. Zu berücksichtigen ist allerdings, dass der Ausdruck „Korrespondentreeder" dadurch vorbelastet ist, dass er im früheren Recht eine besondere Rechtsfigur im Umkreis der Partenreederei bezeichnete (siehe sogleich Rn 3).

3 **2. Der Korrespondentreeder.** Die Partenreederei ist eine besondere Gesellschaftsform, die für den Betrieb eines Schiffes zum Erwerb durch die Seefahrt zur Verfügung steht. Die Bestimmungen der §§ 489 ff. HGB a.F. sind mit Inkrafttreten des SHR-ReformG entfallen. Neue Reedereien können nicht mehr entstehen, bereits bestehende Reedereien werden fortgeführt (siehe Art. 71 Abs. 1 EGHGB). Der Korrespondentreeder wurde von den Mitreedern einer Reederei bestellt (§ 492 HGB a.F.) und führte für sie den Reedereibe-

---

[1] Siehe *Pötschke* in MüKo/HGB Rn 2 zu § 476; BAG RdTW 2017, 17 [35]; *Herber* Seehandelsrecht S. 142 (unter IV.).

trieb. Die Rechtsstellung des Korrespondentreeders war in den §§ 493 ff HGB a.F. näher geregelt. Insbesondere hatte er gegenüber Dritten eine gesetzlich umschriebene Vertretungsbefugnis (§§ 493 bis 495 HGB a.F.). Wenn heute ohne Bezug zu einer Partenreederei von einem Korrespondentreeder die Rede ist, meint dies nichts anderes als den Manager (siehe zuvor Rn 2). Spricht der Managementvertrag vom „Korrespondentreeder", kann möglicherweise davon ausgegangen werden, dass die Stellung des Managers entsprechend der gesetzlichen Stellung des Korrespondentreeders ausgestaltet werden sollte, etwa indem im Managementvertrag ausdrücklich oder stillschweigend auf den Korrespondentreeder, dessen Befugnisse oder die für ihn geltenden Vorschriften Bezug genommen wird.[2] Soweit in heute geltenden Vorschriften noch auf den Korrespondentreeder Bezug genommen wird – siehe etwa § 616 Abs. 1 Satz 2 sowie § 9 Abs. 1 Satz 1 (a) SchSG, § 9 Abs. 3 FlRG, § 11 Abs. 1 Nr. 9, § 18 Abs. 1 SchRegO sowie § 28 Abs. 1 Nr. 2 [c], Nr. 5 [f], § 52 Abs. 1 Nr. 2 [a] SchRegDV, § 858 Abs. 3 Satz 2 Hs. 1 ZPO – gelten diese zunächst für noch existierende Partenreedereien. Darüber hinaus kommt eine analoge Anwendung dieser Bestimmungen auf den Manager als „Vertreter" des Reeders bzw. Ausrüsters des Schiffes in Betracht; zu § 616 Abs. 1 Satz 2 unten Rn 107. Denn der Korrespondentreeder war nichts anderes als der Manager der Reederei.

II. Der Betrieb des Schiffes für den Auftraggeber

Das entscheidende Merkmal für die Einordnung als Manager ist, dass der Betreffende das (ihm nicht gehörende) Schiff nicht für sich betreibt – andernfalls wäre er dessen Ausrüster[3] (§ 477 Abs. 1) –, sondern für einen anderen, den Auftraggeber; siehe zum Betrieb des Schiffes oben Rn 16–18 zu § 476. Der Auftraggeber kann der Ausrüster oder auch der Reeder (§ 476) des Schiffes sein, der seinerseits das Schiff durch den Manager für sich betreiben lässt.[4] Ob der Betreffende das Schiff für sich oder für den Auftraggeber (oder vielleicht für einen begünstigten Dritten) betreibt, ermittelt sich anhand des zwischen beiden geschlossenen Vertrages. Weisungen des Managers an die Besatzung erfolgen stets für den Auftraggeber. Hierbei bleibt es auch, wenn der Manager auch das Crewing des Schiffes übernommen hat (unten Rn 16–24). Nicht etwa verhält es sich so, dass der Manager seiner Besatzung unmittelbar eigene Weisungen erteilt; in diesem Falle würde der Manager das Schiff selbst betreiben und hätte die Stellung eines Ausrüsters. Auf die äußerliche Erkennbarkeit der Betriebsführung für einen anderen kommt es nicht an. Dies spielt ohnehin nur im rechtsgeschäftlichen Bereich eine Rolle (zum Schein-Ausrüster siehe Rn 15 zu § 477), wo die Grundsätze über die Vertretung, namentlich über das Handeln in Namen des Auftraggebers (unten Rn 86), über die Anscheins- und Duldungsvollmacht sowie über den Vertreter ohne Vertretungsmacht (§§ 177 ff. BGB) zum Tragen kommen.

4

III. Der Manager als Adressat von Vorschriften

Teilweise wird der Manager unmittelbar in Vorschriften, normalerweise öffentlich-rechtlichen Charakters, angesprochen. Soweit dort ohne eine nähere Umschreibung auf den „Betreiber" des Schiffes Bezug genommen wird, ist derjenige gemeint, der das Schiff

5

---

2 Siehe OLG Bremen Hansa 1951, 996; *Schaps/Abraham* Seehandelsrecht Rn 2 zu § 492; auch *Hasche* Hansa 1952, 332, 334 (unter 3.) sowie *Herber* Seehandelsrecht S. 142 (unter IV.).
3 Siehe *Herber* Seehandelsrecht S. 142 (unter IV.).
4 Unklar insoweit SchG Hamburg HmbSeeRep 2005, 49 Nr. 40 „Priwall IV".

für sich betreibt oder es für sich betreiben lässt. Dies umfasst gerade nicht auch den Manager, der das Schiff für seinen Auftraggeber betreibt. Ziffer 1.1 Anlage AnlBV umschreibt den Betreiber als „Eigentümer, Reeder, Charterer oder Manager des Schiffes". Als Betreiber des Schiffes unterliegt auch der Manager insbesondere den Meldepflichten auf Grundlage der Bestimmungen der Anlage der AnlBV. Nach § 2 Nr. 6 GGBVOHH ist „Betreiberin und Betreiber des Schiffes" auch „… die Managerin und der Manager …", so dass dieser auch nach § 3 Abs. 1 Satz 1 Nr. 1 und 2 und Satz 2, § 4 Abs. 1 GGBVOHH zur rechtzeitigen Anmeldung von Gefahrgut verpflichtet ist. Der Manager ist auch eine Person, die im Sinne des § 9 Abs. 1 Nr. 1 (d) SchSG die Verantwortung für den Betrieb des Schiffes übernommen hat, so dass der Manager im Rahmen des SchSG (dazu oben Rn 71–75 Einleitung C) neben dem Schiffseigentümer verantwortlich ist. Nach Art. 7 Abs. 5 Hs. 1 HNS-Ü 2010 ist zukünftig neben anderen Personen auch der Manager von der Haftung für HNS-Schäden befreit; siehe Rn 8 Anhang II zu § 480 (HNS-Ü 2010). Zu dem Fall, dass der Manager gleichzeitig das Unternehmen im Sinne der ISM-Bestimmungen ist, siehe unten Rn 83.

6   In manchen Fällen nehmen internationale Regelwerke in ihrem englischen Wortlaut auf den „Manager" Bezug, ohne dass dieser Begriff auch in der deutschen Übersetzung verwendet wird. Der Grund hierfür mag sein, dass verkannt wird, dass der Begriff des „Managers" in der deutschen Schifffahrtssprache inzwischen völlig geläufig ist. Es kann daher dazu kommen, dass der deutschen Übersetzung eines Regelwerks nicht unmittelbar zu entnehmen ist, dass der Manager angesprochen wird. Die wichtigsten Beispiele sind die deutschen Fassungen von Art. 1 Nr. 3 BunkerölÜ, aus der sich nicht ergibt, dass auch der Manager nach Art. 3 Abs. 1 BunkerölÜ für Bunkerölverschmutzungsschäden haftet (unten Rn 13 zu Art. 1 BunkerölÜ [Anhang I.5]); sowie von Art. 1 Abs. 2 HBÜ 1996 (dazu unten Rn 96–97), die nicht erkennen lässt, dass auch der Manager zur Beschränkung seiner Haftung nach Maßgabe des HBÜ 1996 berechtigt ist. In der deutschen Übersetzung von Art. III Abs. 4 Satz 2 Hs. 1 (c) ÖlHÜ 1992 wird allerdings „ein mit der Betriebsführung Beauftragter" genannt (dazu unten Rn 47 zu Art. III ÖlHÜ 1992 [Anhang I.1]). Siehe außerdem Art. 8 MARPOL-Ü 1978, Art. 1 Abs. 1 und 2 Protokoll I MARPOL-Ü 1978 (dazu oben Rn 29–60 Einleitung C); Regel IX/1.2 Anlage SOLAS-Ü, Ziffer 1.1.2 ISM-Code (oben Rn 116–130 Einleitung C); Art. 1 Abs. 9 WBÜ (siehe dort Rn 46–48 [Anhang III.1]). Dagegen wird in der deutschen Übersetzung der Regel I/1.25 Anlage STCW-Ü die Umschreibung „Manager" verwendet (oben Rn 123 Einleitung C).

IV. Der Managementvertrag

7   Im Managementvertrag übernimmt es der Manager, das Schiff für seinen Auftraggeber – den Reeder bzw. den Ausrüster – zu betreiben. Der Manager soll dafür sorgen, dass „es läuft", dass das Schiff für seine Zwecke eingesetzt werden kann und etwa Fracht bzw. Hire verdient.[5] Grundlage der Leistungen des Managers ist ein mit dem Auftraggeber – dem Reeder bzw. dem Ausrüster des Schiffes – geschlossener Managementvertrag. Die im Einzelnen vom Manager geschuldeten Tätigkeiten werden im Managementvertrag geregelt (unten Rn 7–11). Der Auftraggeber ist insbesondere zur Zahlung der Vergütung sowie der Aufwendungen des Managers für den Betrieb des Schiffes (§§ 675 Abs. 1, 670 BGB) verpflichtet (unten Rn 49–50, 51–59).

---

5 Zu der Situation, dass der Manager gleichzeitig Agent des Zeitcharterers des Schiffes ist, siehe BGH Hansa 1959, 373.

1. Rechtsnatur, anwendbare Vorschriften. Der Managementvertrag ist normaler- 8
weise ein Dienstvertrag, der eine Geschäftsbesorgung zum Gegenstand hat[6] (§ 675 Abs. 1
BGB). Der Manager schuldet lediglich ein Tätigwerden (§ 611 Abs. 1 BGB), nicht aber den
Betrieb des Schiffes als Erfolg (siehe Klausel 8 [a] Abs. 1 Shipman 2009). Er entscheidet
grundsätzlich eigenständig, welche Maßnahmen im Einzelnen durchgeführt werden
(siehe Klausel 3 Shipman 2009). Der Managementvertrag unterliegt zunächst den
dienstvertraglichen Vorschriften der §§ 611 ff. BGB; unberücksichtigt bleiben die Vorschriften, die nur Arbeitsverhältnisse betreffen. Insbesondere können § 612 Abs. 1 und 2,
§§ 613 bis 615, § 620 und § 621, § 624 bis § 628 BGB eine Rolle spielen. Über § 675 Abs. 1
BGB kommen auf den Managementvertrag daneben auch die §§ 665 bis 670 BGB zur
Anwendung. Zur Anwendung der §§ 492 bis 499 HGB a.F. siehe oben Rn 3. Der Managementvertrag ist außerdem ein Dauerschuldverhältnis. Abgesehen von dem Kerngehalt der §§ 314, 626 BGB, also dem Recht beider Parteien zur fristlosen Kündigung wegen Unzumutbarkeit des weiteren Festhaltens am Managementvertrag, ist in keiner der
genannten Vorschriften zwingend anwendbar. Den Parteien steht es frei, abweichende
Vereinbarungen zu treffen. Der Auftraggeber ist berechtigt, dem Manager im Hinblick
auf den Betrieb des Schiffes Weisungen zu erteilen. Dies folgt bereits aus dem Charakter
des Managementvertrag als Dienstvertrag, außerdem im Rückschluss aus §§ 675 Abs. 1,
665 BGB.

2. Die Standardformulare. In der Praxis wird gelegentlich das Shipman-Standard- 9
formular der BIMCO aus dem Jahr 2009 verwendet (Shipman 2009). Dieses Formular betrifft grundsätzlich alle Management-Tätigkeiten, einschließlich des Crewing (unten
Rn 16–24). Speziell für diesen Bereich hält die BIMCO zwei weitere Standardformulare
bereit, das Crewman A (Cost plus Fee) 2009 sowie das Crewman B (Lumpsum) 2009. Die
Wortlaute aller drei Standardformulare ähneln sich in weitem Umfang.

3. Allgemeine Geschäftsbedingungen. Bei den zuvor genannten Standardformula- 10
ren handelt es sich um AGB (§ 305 Abs. 1 Satz 1 BGB). Sie müssen wirksam in den Managementvertrag einbezogen werden. Dazu genügt es, dass eine Seite auf sie hinweist und
der andere Teil ihrer Geltung nicht widerspricht. Nicht notwendig, aber häufig ist der
Manager auch Verwender der Bedingungen. In diesem Falle erfolgt eine Auslegung der
Bedingungen zu seinen Lasten (§ 305c Abs. 2 BGB). Zusätzliche Vereinbarungen sind
üblich; sie gehen nach § 305b BGB den Regelungen in den Standardformularen vor.
Schließlich kann gegen den Verwender eine Inhaltskontrolle nach §§ 307, 310 Abs. 1
Satz 2 BGB stattfinden.

4. Schiedsvereinbarungen. In Managementverträgen sind Schiedsvereinbarungen 11
üblich. Eine solche findet sich auch in Klausel 23 Shipman 2009. Hier sind verschiedene
Alternativen vorgesehen, zwischen denen die Parteien wählen können (siehe Box 21 Part
I). Zur Auswahl steht die Entscheidung durch ein englisches, ein amerikanisches oder
ein sonstiges Schiedsgericht. Machen die Parteien von ihrem Wahlrecht keinen Gebrauch, ist nach Klausel 23 (e) Shipman 2009 ein Londoner Schiedsgericht vereinbart. Es
kommt auch vor, dass im Managementvertrag bestimmt ist, dass Streitigkeiten einem
GMAA-Schiedsgericht vorzulegen sind. Auch eine Mediation ist in Klausel 23 (d) Shipman 2009 vorgesehen.

---

[6] Siehe *Schaps/Abraham* Seehandelsrecht Rn 5 zu § 492 zum Korrespondentreeder.

V. Die Pflichten des Managers

12 Welche Leistungen der Manager im Einzelnen zu erbringen hat, ergibt sich aus den Vereinbarungen des Vertrages. Traditionell werden die Bereiche technisches Management (unten Rn 15), Crewing (unten Rn 16–24) und kommerzielles Management (unten Rn 25) unterschieden. Daneben hat der Manager eine ganze Reihe weiterer Nebenpflichten (unten Rn 26–44). Er kann sich zur Erfüllung seiner Pflichten aus dem Managementvertrag ggf. Hilfspersonen bedienen (unten Rn 45–47).

13 **1. Grundsätzliches.** Der Manager schuldet die Erbringung von Dienstleistungen, wie sie durch die jeweils vereinbarten Leistungen umschrieben werden. Er wird eigenständig tätig und entscheidet selbst, welche Maßnahmen nach den Umständen erforderlich sind (siehe Klausel 3 Satz 2 Shipman 2009); dies entspricht dem Charakter des Managementvertrages als Geschäftsbesorgungsvertrag (oben Rn 8). Im Hinblick auf die einzelnen Leistungen muss der Manager jeweils durchgehend tätig werden. Er muss von sich aus die erforderlichen Maßnahmen ergreifen. Welche diese jeweils sind, ergibt sich aus der Situation im Einzelfall; maßgeblich ist der Zweck des Vertrags, namentlich die Aufrechterhaltung des Betriebs des Schiffes. Nach ihm beurteilt sich, was der Manager als nächstes veranlassen muss. Das Schiff muss in Übereinstimmung mit den Vorschriften des Flaggenstaates, der örtlichen Gesetze (siehe Klauseln 20 und 3 Satz 2 Shipman 2009) sowie nach den Grundsätzen eines ordnungsgemäßen Schiffmanagements (*sound ship management practice*) betrieben werden (Klausel 3 Satz 2 Shipman 2009). Der Manager ist nach Klausel 18 (d) Shipman 2009 befugt, technischen oder rechtlichen Rat in allen Angelegenheiten einzuholen, die die Interessen des Auftraggebers im Hinblick auf das Schiff betreffen.

14 Von den typischen Bereichen technisches Management, Crewing und kommerzielles Management[7] (unten Rn 15, 16–24, 25) kann der Manager einen, mehrere oder alle übernehmen. Es kommt auch vor, dass der Auftraggeber für verschiedene Bereiche verschiedene Manager einsetzt. Entscheidet sich der Auftraggeber dafür, das Schiff aufzulegen, bleibt der Managementvertrag grundsätzlich wirksam (siehe Klausel 12 [d] Satz 1 Shipman 2009). Allerdings wirkt sich dieser Umstand auf die nunmehr vom Manager geschuldeten Tätigkeiten aus; zur Vergütung des Managers in diesen Fällen siehe Klausel 12 [d] Satz 1 Shipman 2009.

15 **2. Das technische Management.** Hierunter fällt grundsätzlich alles, was erforderlich ist, um das Schiff so herzurichten, dass es wie vorgesehen eingesetzt werden kann; es handelt sich um den traditionellen Bereich der „Inspektion" eines Schifffahrtsunternehmens. Siehe hierzu den Katalog der Klausel 4 Shipman 2009. Danach muss der Manager sicherstellen, dass das Schiff den Anforderungen des Flaggenstaates genügt, dass die ISM- sowie die ISPS-Bestimmungen eingehalten werden (dazu oben Rn 116–130, 131–140 Einleitung C). Der Manager muss außerdem ausreichend qualifiziertes Personal stellen, um die Wartung und Einsatzfähigkeit des Schiffes zu überwachen; das Eindocken des Schiffes, Reparaturarbeiten, bauliche Änderungen und die Wartung, wie mit dem Auftraggeber vereinbart, veranlassen und überwachen – dies unter dem Vorbehalt, dass der Manager berechtigt ist, die notwendigen Aufwendungen zu tätigen um sicherzustellen, dass das Schiff allen Anforderungen der Klasse sowie der Gesetze des Flaggenstaates und der Staaten genügt, die im weiteren Verlauf angelaufen werden, insbesondere im

---

7 Siehe BAG RdTW 2017, 17 [35].

Hinblick auf die Schiffsicherheit und die Verhütung von Meeresverschmutzungen;[8] das Schiff mit den notwendigen Vorräten, Ersatzteilen und Schmieröl versorgen; Besichtiger und technische Sachverständige beauftragen, wie der Manager es für notwendig erachtet; das Schiff mit Proviant versorgen, soweit dies nicht durch den Auftraggeber erfolgt; und für die Probenahme und die Analyse des Brennstoffs sorgen.

3. Das Crewing. Ein weiterer traditioneller Bereich des Schiffsmanagements ist das 16 Crewing. Hier übernimmt es der Manager, für die Bemannung des Schiffes zu sorgen (unten Rn 17–19). Abhängig von den vom Crewing-Manager übernommenen Pflichten können sich unterschiedliche rechtliche Gestaltungen ergeben (unten Rn 20–24).

a) Die vertragliche Übernahme der Bemannung des Schiffes. Im Hinblick auf das 17 Crewing sind in Klausel 5 (a) Shipman 2009 Regelungen getroffen worden. Der Manager ist verpflichtet, eine ausreichend qualifizierte Besatzung zu stellen, die den Anforderungen der STCW-Bestimmungen entspricht (in dem Shipman 2009 Standardformular wird noch auf die früheren STCW-Regelungen von 1995 Bezug genommen; siehe zu den STCW-Bestimmungen oben Rn 141–148 Einleitung C). Beispielhaft werden in Klausel 5 (a) (i) bis (vii) Shipman 2009 noch weitere Tätigkeiten des Crewing-Managers aufgeführt. So muss er die Mitglieder der Besatzung aussuchen, mit ihnen entsprechende Arbeitsverträge schließen und die nötigen Verwaltungsaufgaben erledigen, einschließlich der Zahlung der Heuer und Sozialabgaben nach Maßgabe des Heimatlandes betreffenden Besatzungsmitglieds; sicherstellen, dass die Anforderungen des Flaggenstaates im Hinblick auf den Rang, die Qualifikation sowie die Dokumentation der Befähigung der Besatzung sowie die weiteren Arbeitsvorschriften, insbesondere im Hinblick auf Steuern und Sozialabgaben, erfüllt sind; sicherstellen, dass alle Besatzungsmitglieder die anwendbaren Gesundheitsvorschriften erfüllen und dass dies hinreichend dokumentiert ist; sicherstellen, dass die Besatzung eine gemeinsame Arbeitssprache hat und über eine ausreichende Fähigkeit verfügt, in englischer Sprache zu kommunizieren, um ihren Aufgaben nachzukommen; die Besatzung von ihrem Heimatland zum Schiff und von dort wieder zurückschaffen; die Besatzung ausbilden; Verhandlungen mit Gewerkschaften führen. Ergeben sich aus den Bedingungen für die Gestellung der Besatzung Beschränkungen im Hinblick auf das Einsatzgebiet des Schiffes, stimmen sich der Manager und der Auftraggeber hierüber ab (Klausel 14 Shipman 2009).

Ist der Crewing-Manager gleichzeitig das Unternehmen im Sinne der ISM-Bestim- 18 mungen, muss der Manager sicherstellen, dass sich die Besatzungsmitglieder mit ihren Aufgaben im Hinblick auf das SMS vertraut machen und dass die wesentlichen Weisungen nach dem SMS ermittelt, dokumentiert und vor der Abfahrt des Schiffes den Besatzungsmitgliedern erteilt werden (Klausel 5 [a] [viii] Shipman 2009). Handelt es sich bei dem Crewing-Manager nicht um das Unternehmen im Sinne der ISM-Bestimmungen, muss der Manager dafür sorgen, dass die Besatzung, bevor sie an Bord geht, mit ihren Pflichten unter dem ISM-Code vertraut gemacht werden und dass die Besatzung angewiesen wird, allen angemessenen Weisungen des Unternehmens im Hinblick auf die Durchführung des SMS nachzukommen (Klausel 5 [a] [xi] Shipman 2009). Hat der Crewing-Manager nicht auch das technische Management des Schiffes übernommen, muss der Crewing-Manager außerdem sicherstellen, dass keine Person, die im Hinblick

---

[8] SeeA Kiel BOSeeAE 2001, 1, 20f. (unter 2c) „Pallas" = HmbSeeRep 2001, 87 Nr. 80: Fehlerhaftes Verhalten des Managers, weil die Funktionsfähigkeit der Brandklappen in den Lüftern nicht durchgehend sichergestellt war; Verstoß gegen Regel II-2/53 Nr. 2.3.4 und Regel II/48 in Verbindung mit Regel 6 Nr. 9 der Anlage zum SOLAS-Ü.

auf das Crew-Management tätig ist, sich ohne Erlaubnis des Auftraggebers an Bord begibt und dass in den Fällen, in denen die Vorgaben des Auftraggebers im Hinblick auf Drogen und Alkohol es erfordern, dass Maßnahmen ergriffen werden, bevor die Besatzung an Bord geht, das solche Maßnahmen auch ergriffen werden. Der Auftraggeber kann die Ersetzung von Besatzungsmitgliedern bei nächster Gelegenheit verlangen, die für die Dienste an Bord ungeeignet sind; hat der Manager seine Pflichten zur Stellung einer geeigneten Besatzung verletzt, erfolgt die Ersetzung auf Kosten des Managers (Klausel 15 Shipman 2009).

19 Für den Fall, dass der Crewing-Manager auch die Versicherung der Besatzung übernommen hat, muss er nach Klausel 5 (b) Shipman 2009 außerdem für eine Versicherung vergleichbar mit der entsprechender Schiffstypen bei akzeptablen Versicherern sorgen; sicherstellen, dass der Auftraggeber im Hinblick auf die Bedingungen der Versicherer informiert ist; sicherstellen, dass alle Versicherungsprämien fristgemäß entrichtet werden; sicherstellen, dass auch der Auftraggeber mitversichert ist; dem Auftraggeber die Erfüllung seiner Pflichten im Hinblick auf die Versicherung der Besatzung nachzuweisen.

20 **b) Die rechtliche Einordnung.** Die vertragliche Übernahme der Bemannung des Schiffes durch den Crewing-Manager kann, je nach den Umständen, unterschiedlich zu bewerten sein. Der Crewing-Manager kann Reeder im Sinne des SeeArbG und nach § 4 Abs. 2 Satz 1 SeeArbG für die Einhaltung der Rechte und Pflichten insbesondere nach dem SeeArbG sein. Es kommt auf Schiffe unter deutscher Flagge zur Anwendung (§ 1 Abs. 1 Satz 1 SeeArbG). Der Crewing-Manager hat die Rechtsstellung eines Reeders im Sinne des SeeArbG, wenn er vom Eigentümer des Schiffes die Verantwortung für dessen Betrieb übernommen und sich mit der Übernahme dieser Verantwortung in dem Vertrag mit dem Eigentümer verpflichtet hat, die Aufgaben und Pflichten zu erfüllen, die dem Reeder nach dem SeeArbG und den anderen Rechtsvorschriften zur Umsetzung der MLC 2006 auferlegt werden.[9] Weder das Shipman 2009 noch die Crewman A (Cost plus Fee) 2009 und Crewman B (Lumpsum) 2009 Standardformulare enthalten hierzu ausdrücklichen Regelungen. Für alle drei Formulare gibt es zusätzliche, von der BIMCO erstellte MLC 2006 Clauses. Aus diesen ergibt sich jeweils, dass der Crewing-Manager nicht der Reeder im Sinne des Übereinkommens ist.

21 Möglicherweise ist der Crewing-Manager zwar nicht Reeder im Sinne des § 4 Abs. 1 Nr. 2 SeeArbG, aber Arbeitgeber der Besatzungsmitglieder und damit anderer Arbeitgeber nach § 4 Abs. 2 Satz 2 Nr. 2 SeeArbG. Dann ist der Crewing-Manager nach § 4 Abs. 3 Satz 1 SeeArbG für die Einhaltung der Rechte und Pflichten insbesondere nach dem SeeArbG verantwortlich. Der Satz 2 der Vorschrift ergänzt, dass in diesem Falle außerdem der Reeder (§ 4 Abs. 1 SeeArbG) durch vertragliche Abreden mit dem Crewing-Manager sicherzustellen hat, dass dieser die ihm nach Satz 1 obliegenden Aufgaben und Pflichten gegenüber dem Besatzungsmitglied erfüllt. Außerdem haftet nach § 4 Abs. 4 SeeArbG auch der Reeder für die Ansprüche der Besatzungsmitglieder gegen den Crewing-Manager als ihr Arbeitgeber. Auch dem Crewing-Manager kommt in den hier erörterten Fällen die Haftungsbefreiung bei Arbeitsunfällen nach § 104 Abs. 1 SGB VII zugute (siehe § 107 Abs. 1 Satz 1 SGB VII); siehe hierzu näher unten Rn 41–54 zu § 480.

22 Die Tätigkeit des Crewing-Managers kann sich nach den Umständen als Arbeitnehmerüberlassung an den Auftraggeber (Entleiher) im Sinne des § 1 Abs. 1 S. 1 AÜG darstellen. So wird es sich häufig verhalten, wenn der Manager selbst Arbeitgeber der Seeleute

---

9 Siehe dazu VG Hamburg RdTW 2014, 216.

ist. Hier gilt das AÜG, wenn der Crewing-Manager (Verleiher) seinen Sitz in Deutschland hat; oder wenn das Schiff die deutsche Flagge führt, selbst wenn es im ISR (dazu oben Rn 112–115 Einleitung B) eingetragen ist[10] (siehe dazu auch § 3 Abs. 2 AÜG). Die Arbeitnehmerüberlassung ist nach Maßgabe der §§ 1ff. AÜG erlaubnispflichtig. Verfügt der Crewing-Manager über keine Erlaubnis, treten die Rechtsfolgen der §§ 9 und 10 AÜG ein. Von Gesetzes wegen besteht der Heuervertrag unmittelbar zwischen dem Seemann und dem Auftraggeber. Der Managementvertrag bedarf, soweit das Crewing betroffen ist, der Form des § 12 AÜG. Im Anwendungsbereich des AÜG gilt die auf Grundlage des § 3a Abs. 2 AÜG erlassene Verordnung über den Mindestlohn für Leiharbeiter.[11] Einer Arbeitnehmerüberlassung im Sinne des § 1 Abs. 1 S. 1 AÜG steht es nicht entgegen, dass der Crewing-Manager auch das technische bzw. kommerzielle Management des Schiffes übernommen hat (oben Rn 15, unten Rn 25) und der Besatzung Weisungen im Hinblick auf den Schiffsbetrieb erteilt.[12] Die Weisungen erfolgen stets für den Auftraggeber, für den der Manager das Schiff betreibt. Andernfalls wäre der Manager selbst Betreiber des Schiffes (und als Ausrüster anzusehen).

Schließlich können nach den Umständen die Vereinbarungen über das Crewing im Managementvertrag als Arbeitsvermittlung anzusehen sein. Der Heuervertrag kommt hier unmittelbar zwischen dem Seemann und dem Auftraggeber unter Vermittlung des Crewing Managers zustande. Siehe zur Seeleutevermittlung die §§ 24 bis 27 SeeArbG. Die §§ 24 Abs. 1 und 2, 25, 26 SeeArbG gelten für einen Vermittler mit Sitz in Deutschland. Der Vermittler muss dem Reeder eine Bescheinigung der BG Verkehr vorlegen, dass er die Vorgaben des § 25 SeeArbG einhält (§ 24 Abs. 1 SeeArbG); zur Bescheinigung siehe § 26 SeeArbG. Umgekehrt muss der Reeder dem Vermittler die Einhaltung der Anforderungen des § 24 Abs. 2 SeeArbG bestätigen. Schließlich darf ein Reeder einen Vermittler mit Sitz in Staaten, die die MLC 2006 nicht ratifiziert haben, nur dann für die Vermittlung von Seeleuten in Anspruch nehmen, wenn der Vermittler dem Reeder versichert hat, dass er die Vorschriften zur Anwerbung und Vermittlung nach der Regel 1.4 MLC 2006 erfüllt. 23

In jedem Falle sind die Mitglieder der Schiffsbesatzung nicht die Erfüllungshilfen des Crewing-Managers (§ 278 Satz 1 BGB), für deren schuldhaftes Verhalten muss er nicht einstehen. Der Crewing-Manager schuldet nicht die Führung und Bedienung des Schiffes, sondern dessen Bemannung mit geeignetem Personal. Allerdings muss er nach den Umständen für die Auswahl, Instruktion und Überwachung der von ihm gestellten Besatzung einstehen. 24

4. Das kommerzielle Management. Der weitere, traditionelle Bereich des kommerziellen Managements betrifft das Erzielen von Einnahmen durch den Einsatz des Schiffes für den vorgesehenen Zweck, insbesondere zur Beförderung von Gut, durch Abschluss entsprechender Verträge für und im Namen des Auftraggebers. Die Praxis umschreibt diese Leistungen auch als „Befrachtung".[13] In der Regel geht es um Reise- bzw. Zeitchartern, seltener um Stückgut-Frachtverträge. Einzelne Tätigkeiten des kommerziellen Ma- 25

---

10 *Bubenzer/Noltin/Preetz/Mallach* SeeArbG Rn 31 und 34 zu § 3.
11 Zweite Verordnung über eine Lohnuntergrenze in der Arbeitnehmerüberlassung vom 21. März 2014 (BAnz AT 26.3.2014 V1), die allerdings nur bis zum 31. Dezember 2016 galt und bislang nicht durch eine neue Verordnung ersetzt wurde.
12 So aber *Bubener/Noltin/Preetz/Mallach* SeeArbG Rn 32 zu § 3, wohl auch *Lindemann* SeeArbG Rn 10 zu § 3 – LAG Hamburg BeckRS 2014, 69019 (aus dem Jahre 1990) hat lediglich verneint, dass der Seemann dem in kommerzieller Hinsicht weisungsbefugten Zeitcharterer überlassen wurde.
13 Siehe OLG Düsseldorf ZfB 1994 Nr. 6 S. 21 (Slg. 1468).

nagements sind in Klausel 6 Shipman 2009 zusammengestellt. Sie betreffen das Suchen und Aushandeln einer Beschäftigung für das Schiff und den Abschluss sowie die Durchführung von Chartern und anderen Verträgen im Hinblick auf dessen Einsatz. Geht die Vertragsdauer über die Laufzeit des Managementvertrages hinaus, bedarf der Abschluss des Vertrages der Zustimmung des Auftraggebers. Außerdem muss der Manager ggf. Brennstoff der erforderlichen Qualität beschaffen; die Reise kalkulieren und abrechnen und die Hire, Fracht, Demurrage bzw. Despach berechnen; die zur Zahlung an den Auftraggeber fälligen Forderungen einziehen; Reiseinstruktionen erteilen; Agenten ernennen; Umschlagsunternehmen beauftragen; und Besichtigungen im Hinblick auf den kommerziellen Einsatz des Schiffes in Auftrag zu geben. Die Tätigkeiten eines kommerziellen Managers des Schiff entsprechen denen eines Handelsvertreters für den Auftraggeber; es gelten die §§ 84 ff. Nach § 92c Abs. 2 in Verbindung mit Abs. 1 sind in der Schifffahrt alle Bestimmungen der §§ 84 ff. abdingbar (siehe §§ 85 Satz 2, 86 Abs. 4, 86a Abs. 3, 87a Abs. 5, 87c Abs. 5, 89 Abs. 4 Satz 1, 90a).

5. Sonstige Pflichten

26 **a) Die Versicherung des Schiffes.** Typische weitere Aufgabe des Managers ist es, für die ausreichende Versicherung des Schiffes zu sorgen; siehe Klausel 7 in Verbindung mit Klausel 10 Shipman 2009 (siehe auch unten Rn 62). Danach muss die Versicherung insbesondere im Hinblick auf die Bedingungen, die versicherten Werte, die Franchisen sowie den Höchstbetrag den Anweisungen des Auftraggebers entsprechen. Im Detail können sich im Zusammenhang mit der Versicherung des Schiffes durch den Manager viele Fragen ergeben.[14] Der Manager kann seiner Pflicht zur Beschaffung von Versicherungsschutz grundsätzlich auf zweierlei Weise nachkommen. So kann er die maßgeblichen Versicherungsverträge im Namen des Auftraggebers schließen, so dass dieser sowohl VN als auch Versicherter ist. Ebenso kann der Manager selbst als VN die Versicherungsverträge zugunsten des Auftraggebers als Versichertem schließen. Hier liegt eine Versicherung für fremde Rechnung vor; siehe Ziffer 4 DTV-ADS. Siehe zur Einbeziehung des Managers in den Versicherungsschutz die Hinweise unten Rn 63.

27 Hat der Manager als VN die Versicherung zugunsten des Auftraggebers genommen,[15] haftet der Manager dem Versicherer für die Prämie, auch im Falle der Insolvenz des Auftraggebers. Die Rechte aus dem Versicherungsvertrag stehen dem Auftraggeber als dem Versicherten zu (Ziffer 5.1 Satz 1 DTV-ADS). Andererseits hat auch der Manager eine besonders ausgestaltete Rechtsstellung im Rahmen des Versicherungsvertrages. Er kann grundsätzlich im eigenen Namen über die Rechte des Auftraggebers aus dem Versicherungsvertrag verfügen (Ziffer 6.1 DTV-ADS; siehe aber auch Ziffer 6.2 und 6.3). Ebenso kann der Manager als VN die Ausstellung der Police verlangen (Ziffer 5.1 Satz 2, 16.1 DTV-ADS), was seine Position gegenüber dem Auftraggeber stärkt. Zur Police siehe Ziffer 16 DTV-ADS. Insbesondere ist der Versicherer nach Ziffer 16.1 DTV-ADS nur gegen Vorlage der Police zur Zahlung verpflichtet. Der Auftraggeber kann seine Rechte aus dem Versicherungsvertrag nicht wahrnehmen, wenn er nicht im Besitz der Police ist (Ziffer 5.2 DTV-ADS). Im Hinblick auf die Police stehen dem Manager gegenüber dem Auftraggeber ggf. Zurückbehaltungsrechte zu. Hat der Manager die Police noch im Besitz, ist er zur Annahme der Zahlung und zur Übertragung der Rechte des Auftraggebers auch ohne

---

14 Siehe dazu *Schwampe* VersR 2009, 316.
15 Zum folgenden siehe näher *Schwampe* VersR 2009, 316, 316 ff.

dessen Zustimmung befugt (Ziffer 6.2 DTV-ADS). Der Versicherer muss an den Manager zahlen, wenn er dem Versicherer nachweist, dass der Auftraggeber als Versicherter seine Zustimmung zu der Versicherung erteilt hat (Ziffer 6.3 DTV-ADS). Erforderlich ist die Zustimmung zum Abschluss des Versicherungsvertrages, nicht eine solche zur Zahlung an den Manager. Eine Zustimmung zur Versicherung ist jedenfalls erteilt, wenn der Manager verpflichtet war, die Versicherung zu nehmen; siehe Klausel 7 Shipman 2009.

b) Der An- und Verkauf des Schiffes. Gelegentlich übernimmt der Manager für den Auftraggeber auch den An- bzw. Verkauf des Schiffes. Dies markiert häufig gleichzeitig den Beginn bzw. den Abschluss der Tätigkeiten des Managers. Klausel 4 (h) Shipman 2009 betrifft den Verkauf des Schiffes. Danach ist der Manager im Rahmen des technischen Managements verpflichtet, den Verkauf und die Übergabe des Schiffes zu überwachen. Nicht zu den Aufgaben des Managers gehört die Verhandlungen über den Kaufvertrag sowie die Übereignung des Schiffes. 28

c) Ansprüche Dritter. Aufgabe des Managers ist es auch, Streitigkeiten mit Dritten, zu denen es im Zusammenhang mit dem Schiffsbetrieb kommt, wahrzunehmen. Siehe dazu Klausel 18 (b) Shipman 2009. Nach Klausel 18 (c) Shipman 2009 kann der Auftraggeber vom Manager verlangen, gerichtliche Verfahren einzuleiten oder gerichtlich gegen ihn, den Auftraggeber, geltend gemachte Ansprüche abzuwehren. Im Zusammenhang damit kann der Manager rechtliche oder technische Beratung durch Dritte in Anspruch nehmen (Klausel 18 [d] Shipman 2009). 29

d) Die Erstellung eines Budgets. Regelmäßiger Bestandteil der Pflichten des Managers ist die Aufstellung eines Budgets, also einer Übersicht, aus der sich die erwarteten Aufwendungen und ggf. auch Einnahmen ergeben; siehe hierzu auch Klausel 13 Shipman 2009. Üblicher Weise wird ein jährliches Budget erstellt. Es kann seinerseits die Grundlage für Vorauszahlungen des Auftraggebers an den Manager sein. Der Manager überwacht die Einhaltung des Budgets und ist verpflichtet, im Falle von Abweichungen der tatsächlichen von der erwarteten Entwicklung dem Auftraggeber unverzüglich Mitteilung zu machen. Der Manager muss im Hinblick auf die Durchführung seiner Tätigkeiten in ordnungsgemäßer Weise Konten führen. Diese sind dem Auftraggeber offen zu legen. Normaler Weise ist der Manager nicht verpflichtet, eigene Mittel aufzuwenden, um die für das Management des Schiffes geschuldeten Leistungen zu finanzieren (Klausel 13 [e] Shipman 2009). 30

e) Das Management mehrerer Schiffe. Ein Managementvertrag kann sich auf ein oder mehrere Schiffe beziehen. In beiden Fällen ist es denkbar, dass der Manager daneben für denselben oder für andere Auftraggeber Schiffe im Management hat. Hier kann es dazu kommen, dass es hinsichtlich der Kapazitäten des Managers zu Engpässen kommt. Eine typische Situation ist die, dass ein Schiff verunglückt, etwa auf Grund gerät oder in eine Kollision verwickelt wird, und der Manager sich daher vorrangig um dieses Schiff kümmern muss. Dies kann dazu führen, dass andere Schiffe in seinem Management vernachlässigt werden müssen. Der zuvor genannte Gesichtspunkt kann im Rahmen des Managementvertrages schon nach § 242 BGB berücksichtigt werden. Teilweise enthalten Managementverträge ausdrückliche Regelungen. So erlauben es Klausel 8 (a) Abs. 2 Shipman 2009 dem Manager, im Hinblick auf seine gleichermaßen für alle Schiffe unter seinem Management bestehende Verantwortung, die zur Verfügung stehenden Mittel nach seinem Ermessen einzusetzen. 31

6. Nebenpflichten

32 **a) Rechnungslegung und Buchführung.** Der Manager ist dem Auftraggeber verpflichtet, nach der Ausführung des Managementvertrages Rechnung zu legen (§§ 675 Abs. 1, 666 BGB). Rechnungspositionen sind insbesondere die Aufwendungen des Managers, seine Vergütung, ggf. die Einnahmen aus dem Betrieb des Schiffes (oben Rn 25) sowie die Zahlungen des Auftraggebers. Für die Abrechnung gilt die Vorschrift des § 259 BGB. Nach deren Abs. 1 muss der Manager insbesondere eine geordnete Zusammenstellung über die Ausgaben bzw. Einnahmen vorlegen. § 259 Abs. 1 BGB betrifft auch Belege. Dies sind die Dokumente, aus denen sich die in die Abrechnung eingestellten Beträge ergeben; in der Regel handelt es sich um Rechnungen für Leistungen Dritter, die der Manager in Auftrag gegeben hat. Solche Unterlagen sind nach §§ 675 Abs. 1, 667 BGB im Original an den Auftraggeber hinauszugeben und nicht lediglich, wie in § 259 Abs. 1 BGB vorgesehen, vorzulegen.

33 Der Manager ist zu einer ordnungsgemäßen Buchführung verpflichtet, die es ihm ermöglicht, dem Auftraggeber jederzeit Rechenschaft über die Einnahmen und Ausgaben abzulegen. Die umfasst die Einrichtung und die Aufrechterhaltung eines entsprechenden Buchführungssystems. Erst ein solches ermöglicht dem Manager auch die von ihm geschuldete Rechnungslegung (zuvor Rn 25). Siehe die entsprechenden Regelungen in Klauseln 11 und 13 (d) Shipman 1998.

34 Nach §§ 675 Abs. 1, 666 BGB ist der Manager verpflichtet, nach der Ausführung des Auftrags Rechenschaft zu legen (siehe oben Rn 8). Eine Prüfung von Abrechnungen und Unterlagen während der Laufzeit des Managementvertrages ist daher von Gesetzes wegen nicht vorgesehen. Eine solche Pflicht des Managers kann allerdings im Managementvertrag vereinbart werden. Dies ist etwa in Klausel 13 (d) Unterabs. 2 Shipman 2009 vorgesehen. Danach ist der Manager verpflichtet, dem Auftraggeber die Unterlagen zum Zwecke der Prüfung entsprechend den getroffenen Vereinbarungen vorzulegen.

35 **b) Die Erteilung von Auskünften.** Der Manager ist nach §§ 675 Abs. 1, 666 BGB gehalten, dem Auftraggeber „die erforderlichen Nachrichten zu geben" und „auf Verlangen über den Stand des Geschäftes Auskunft zu erteilen". Die erste Umschreibung verpflichtet den Manager dazu, den Auftraggeber von sich aus, ohne dessen Anfrage, zu benachrichtigen. Dagegen besteht die Pflicht zur Erteilung von Auskünften nur auf Verlangen des Auftraggebers. Im Hinblick auf die Benachrichtigungs- und Auskunftspflicht ist ein Zurückbehaltungsrecht des Managers (§ 273 BGB) ausgeschlossen. Nach Klausel 18 (a) Shipman 2009 muss der Manager den Auftraggeber alsbald über jedes Ereignis informieren, das zu Verzögerungen beim Schiffsbetrieb oder zu Ansprüchen Dritter führen kann.

36 **c) Die Herausgabe des Erlangten.** Nach §§ 675 Abs. 1, 667 BGB muss der Manager dem Auftraggeber herausgeben, was er, der Manager, im Zusammenhang mit der Durchführung des Managementvertrages erlangt hat. Soweit Sachen herauszugeben sind, kann dem Manager ein Zurückbehaltungsrecht nach § 273 BGB oder § 369 HGB zustehen. Verlangt der Auftraggeber die Herausgabe von Geld, kann der Manager mit Gegenansprüchen aufrechnen (§§ 387 ff. BGB).

37 Hat der Manager auch das kommerzielle Management, also die Befrachtung des Schiffes übernommen (oben Rn 25), betrifft die Herausgabepflicht grundsätzlich alle eingehenden Zahlungen, insbesondere also die Fracht bzw. Hire, Demurrage und Fautfracht. Üblicherweise führt der Manager für den Auftraggeber ein Treuhandkonto, auf dem die eingehenden Beträge verbucht werden (siehe Klausel 11 [a] und [c] Shipman

2009). Auch die Zinsen sind dem Auftraggeber gutzubringen (siehe § 675 Abs. 1, § 668 BGB). In der Regel ist der Manager berechtigt, im Hinblick auf seine Aufwendungen sowie seine Vergütung zu Lasten des Auftraggebers Abbuchungen vorzunehmen (siehe Klausel 11 [b] Shipman 2009).

Die Herausgabepflicht des Managers nach §§ 675 Abs. 1, 667 BGB erstreckt sich auf die Originale der Abrechnungsunterlagen; siehe zur Rechnungslegung oben Rn 32–34. Dies gilt unabhängig davon, ob die Unterlagen ausdrücklich an den Manager oder an den Auftraggeber adressiert sind. Nach Aushändigung der Unterlagen hat der Manager seine Pflicht erfüllt. Tritt der Auftraggeber später, nach Beendigung des Managementvertrags noch einmal an den Manager heran und bittet um Einsichtnahme bzw. Überlassung von Kopien, etwa weil die Originale verloren gegangen sind, muss der Manager dem grundsätzlich nicht nachkommen. Etwas anderes kann sich aus dem nachvertraglichen Rechtsverhältnis ergeben, dass beide Parteien weiterhin zum Schutz bzw. zur Rücksichtnahme verpflichtet (§ 241 Abs. 2 BGB). Solange die Unterlagen beim Manager noch vorhanden sind, namentlich unter Berücksichtigung der gesetzlichen Aufbewahrungspflichten für Belege, ist grundsätzlich von einer Pflicht des Managers auszugehen, dem Auftraggeber im Rahmen der Zumutbarkeit die Unterlagen zum Zwecke der Einsichtnahme und Anfertigung von Kopien zur Verfügung zu stellen. Der Auftraggeber ist allerdings zur Erstattung der dem Manager entstehenden Kosten (§§ 675 Abs. 1, 670 BGB), ggf. zur Zahlung eines Vorschusses hierauf (§§ 675 Abs. 1, 670 BGB) sowie zur Zahlung einer angemessenen Vergütung (siehe § 354 Abs. 1 HGB) verpflichtet. 38

d) Die Herausgabe von Unterlagen. Der Manager ist verpflichtet, dem Auftraggeber alle Unterlagen zur Verfügung zu stellen, die den Betrieb des Schiffes betreffen. Klausel 18 (e) Unterabs. 1 Shipman 2009 nimmt dies auf und bestimmt, dass der Manager dem Auftraggeber alle Dokumente, Informationen und Aufzeichnungen zu überlassen hat, die sich auf Angelegenheiten des Managementvertrages beziehen und die zwingende Vorschriften oder andere Pflichten des Auftraggebers im Hinblick auf das Schiff einschließlich der STCW-, ISM- und ISPS-Bestimmungen betreffen (Klausel 18 [e] Unterabs. 1 Shipman 2009 verweist noch auf die früheren STCW [1995] Bestimmungen). 39

e) Die Pflicht zum ordnungsgemäßen Wirtschaften. Der Manager ist verpflichtet, seine Tätigkeiten in wirtschaftlicher Weise und so durchzuführen, dass der Auftraggeber im Hinblick auf den Schiffsbetrieb mit möglichst geringen Kosten belastet wird. Hat der Manager auch das kommerzielle Management des Schiffes übernommen (oben Rn 25), ist er gehalten zu versuchen, bestmögliche Einnahmen zu erzielen und zu diesem Zweck das Schiff in entsprechender Weise zu beschäftigen. 40

Der Manager ist nach §§ 675 Abs. 1, 667 BGB verpflichtet, alle Vergünstigungen, die er im Rahmen der Durchführung seiner Tätigkeiten erhält, an den Auftraggeber weiterzugeben. Dies betrifft zum einen Preisnachlässe beim Erwerb von Leistungen für das Schiff und zum anderen Kommissionen im Zusammenhang mit der Befrachtung des Schiffes. Siehe hierzu auch Klausel 12 (e) Shipman 2009. Dies gilt auch, wenn die Vergünstigungen durch unmittelbare (Rück-)Zahlungen an den Manager gewährt werden, womöglich ohne dass sie in die Unterlagen, die für den Auftraggeber bestimmt sind, ausgewiesen werden. Der Manager, der das kommerzielle Management des Schiffes übernommen hat, daneben aber auch dem Auftraggeber den Einkauf von Brennstoff durch Empfehlung eines bestimmten Lieferanten und die Übernahme einer Bürgschaft für den Auftraggeber erleichtert, muss die ihm, dem Manager, jeweils ausgezahlten Rabatte an den Auftraggeber herausgeben, abzüglich einer dem Manager zustehenden Pro- 41 vision (§ 354 Abs. 1).[16] Das Einbehalten von Vergünstigungen, die dem Auftraggeber zustehen, kann außerdem eine Straftat darstellen, namentlich eine Unterschlagung (§ 246 StGB) oder einen Betrug (§ 263 StGB).

42 **f) Die Gewährung von Zugang zum Schiff.** Der Manager soll das Schiff für den Auftraggeber betreiben. Hieraus folgt, dass der Auftraggeber selbstverständlich das vertragliche Recht behält, sein Schiff zu betreten, es zu besichtigen und Überprüfungen vorzunehmen, sei es durch eigenes Personal, sei es durch beauftragte Dritte, und dass sich der Manager einem solchen Verlangen des Auftraggebers nicht verweigern darf. Ist der Auftraggeber außerdem Eigentümer des Schiffes, folgt diese Befugnis auch aus §§ 985, 1004 BGB. Nur in seltenen Fällen können sich unter dem Gesichtspunkt von Treu und Glauben (§ 242 BGB) Einschränkungen ergeben, etwa wenn die Schiffssicherheit betroffen ist. Nach Klausel 19 Shipman 2009 hat der Auftraggeber das Recht, das Schiff nach einer angemessenen Notiz an den Manager jederzeit zu jedem von ihm, dem Auftraggeber, für notwendig gehaltenen Zweck zu überprüfen. In der Praxis kann es hier zu Streit kommen, insbesondere wenn der Manager auch das Crewing übernommen hat (oben Rn 16–24) und die Besatzung seinen Weisungen folgt. Ggf. muss der Auftraggeber versuchen, sich auf Grundlage einer einstweiligen Verfügung gegen den Manager und die einzelnen Besatzungsmitglieder und im Rahmen der Zwangsvollstreckung mit Hilfe des Gerichtsvollziehers Zutritt zum Schiff zu verschaffen.

43 **g) Wahrung der geschäftlichen Interessen des Auftraggebers.** Der Manager ist verpflichtet, die geschäftlichen Interessen des Auftraggebers zu wahren. Dies umfasst nicht nur die (interne) Pflicht zum ordnungsgemäßen Wirtschaften (oben Rn 40–41). Auch darüber hinaus muss der Manager die Interessen des Auftraggebers im Auge haben. Hierzu gehört es, dass der Manager in seriöser Weise am Markt auftritt und sich nicht so verhält, dass der Ruf des Auftraggebers beeinträchtigt wird; siehe auch Klausel 8 (a) Shipman 2009.

44 **h) Die Abweichung von Weisungen.** Der Auftraggeber ist befugt, dem Manager im Hinblick auf den Betrieb des Schiffes Weisungen zu erteilen; siehe dazu oben Rn 8. Nach Maßgabe der §§ 675 Abs. 1, 665 Satz 1 BGB ist der Manager berechtigt, von Weisungen des Auftraggebers abzuweichen. Ergänzend dazu ergibt sich aus § 665 Satz 2 BGB, dass der Manager, wenn er beabsichtigt, eine Weisung des Auftraggebers nicht zu befolgen, dem Auftraggeber hiervon Mitteilung machen und dessen Entschließung abwarten muss.

45 **7. Die Einschaltung selbständiger Unternehmen durch den Manager.** Grundsätzlich muss der Manager seinen Pflichten mit eigenem Personal nachkommen. Es hängt von den im Einzelfall getroffenen Vereinbarungen ab, ob und unter welchen Voraussetzungen er Dritte mit der Erbringung von Leistungen für das Schiff beauftragen (und dem Auftraggeber die hierbei entstehenden Kosten in Rechnung stellen) darf. In manchen Fällen schuldet der Manager von vornherein nur die Einschaltung der betreffenden Unternehmer und damit deren sorgfältige Auswahl, Instruktion und Überwachung. Dies gilt im Rahmen des technischen Managements (oben Rn 15) für die Durchführung von Reparaturen und Instandhaltungsmaßnahmen oder die Versorgung des Schiffes mit Ausrüstung, Ersatzteilen und Schmierstoffen sowie mit Proviant und Brennstoff; ebenso im Hinblick auf das kommerzielle Management (oben Rn 25) für die Ein-

---

16 OLG Düsseldorf ZfB 1994 Nr. 6 S. 21 (Slg. 1468).

schaltung von Hafenagenten und Umschlagsunternehmen; schließlich allgemein für die Veranlassung von Besichtigungen sowie die Beauftragung von Gutachtern und Rechtsanwälten. In diesen Fällen sind die Dritten nicht Erfüllungsgehilfen des Managers (§ 278 Abs. 1 BGB), für ihr schuldhaftes Verhalten muss er nicht einstehen.

Davon zu unterscheiden ist die Frage, ob der Manager die von ihm selbst geschuldeten Leistungen durch Dritte erbringen lassen darf. Grundsätzlich ist dies der Fall. Dies ergibt sich daraus, dass in § 675 Abs. 1 BGB nicht auch auf § 664 Abs. 1 Satz 1 BGB verwiesen wird, wonach die Befugnis des Beauftragten, die Ausführung des Auftrages Dritten zu übertragen, im Zweifel ausgeschlossen ist. Diese Regelung geht § 613 Satz 1 BGB vor. Allerdings ist im Managementvertrag vielfach ausdrücklich vereinbart, dass der Manager die Dienste in Person zu leisten hat und die Erbringung der Leistungen durch Dritte der Zustimmung des Auftraggebers bedarf; siehe Klausel 16 Shipman 2009. Schaltet der Manager im Hinblick auf die von ihm geschuldeten Leistungen Dritte ein, so handelt es sich bei diesen um seinen Erfüllungsgehilfen (§ 278 Satz 1 BGB), für deren Verhalten er einzustehen hat. 46

In der Praxis kommt es gelegentlich zu Streit über die Frage, ob der Manager die Kosten für die Tätigkeiten der beauftragten Dritten dem Auftraggeber belasten kann. Hier ist entscheidend, ob der Manager eigene, von ihm selbst geschuldete Leistungen durch Dritte durchführen lässt. Die Erbringung dieser Leistungen wird durch die vereinbarte Vergütung abgegolten, eine Weitergabe der Kosten an den Auftraggeber ist ausgeschlossen. Schuldet der Manager dagegen die Beauftragung des Dritten, fallen die Kosten dem Auftraggeber zur Last, dem Manager stehen Ansprüche auf Aufwendungsersatz zu (§§ 675 Abs. 1, 670 BGB). 47

VI. Die Pflichten des Auftraggebers

Der Auftraggeber schuldet in erster Linie die Zahlung der vereinbarten Vergütung (sogleich Rn 49–50) sowie den Ersatz der Aufwendungen des Managers (unten Rn 51–59); siehe Klausel 12 Shipman 2009. Daneben ist der Auftraggeber etwa verpflichtet, dem Manager das Schiff zur Verfügung zu stellen (unten Rn 60), an der Erbringung der Leistungen des Managers mitzuwirken (unten Rn 61), einen angemessenen Versicherungsschutz des Schiffes aufrechtzuerhalten (unten Rn 62–63) und die geschäftlichen Interessen des Managers zu schützen (unten Rn 64). 48

1. Die Zahlung der Vergütung. Der Auftraggeber ist verpflichtet, dem Manager die vereinbarte Vergütung zu zahlen (§ 611 Abs. 1 BGB); siehe Klausel 12 (a) Shipman 2009. Ggf. ergibt sich der Anspruch auf Vergütung aus § 354 Abs. 1.[17] Die vereinbarte Vergütung ist häufig pro Zeiteinheit festgelegt, zahlbar ist ein Betrag pro Jahr oder pro Monat. In Klausel 12 (a) ist eine monatliche Zahlungsweise vorgesehen. Nach § 614 Satz 2 BGB ist die Vergütung jeweils erst nach Ablauf der betreffenden Zeitabschnitte fällig (§ 271 BGB). Üblicherweise ist allerdings eine Vorauszahlungspflicht des Auftraggebers vereinbart; siehe Klausel 12 (a) Shipman 2009. Die Vergütung kann auch auf andere Weise bestimmt sein, etwa, wenn der Manager auch das kommerzielle Management des Schiffes übernommen hat (oben Rn 25), als Kommission auf die Einnahmen. Bezieht sich die nach Zeit bemessene Vergütung des Managers auch auf die von ihm übernommene Befrachtung des Schiffes, hat der Manager darüber hinaus grundsätzlich keinen Anspruch auf Kommission. Ist in den im Hinblick auf den Einsatz des Schiffes geschlossenen Verträge eine 49

---

17 OLG Düsseldorf ZfB 1994 Nr. 6 S. 21 (Slg. 1468).

solche zugunsten des Managers vorgesehen, muss er sie nach § 675 Abs. 1, § 667 BGB dem Auftraggeber gutbringen (siehe oben Rn 40–41). Im Einzelfall kann vereinbart sein, dass dem Manager eine zu seinen Gunsten anfallende Kommission ganz oder teilweise zusteht. Möglicherweise wird die Höhe der Vergütung in bestimmten Abständen überprüft; siehe Klausel 12 (b) Shipman 2009. Sind keine Vereinbarungen über die Vergütung getroffen, gilt § 614 Abs. 1 und 2 BGB. Zur Einstellung des Vergütungsanspruchs in ein Kontokorrent siehe unten Rn 55–59. Zu der Frage, welche Leistungen des Managers durch die Vergütung abgedeckt sind und inwieweit er darüber hinaus Aufwendungsersatz verlangen kann, siehe unten Rn 51.

50 Entscheidet sich der Auftraggeber dafür, das Schiff aufzulegen, haben die vom Manager nunmehr geschuldeten Tätigkeiten einen geringeren Umfang. Dies allerdings wirkt sich auf den Vergütungsanspruch des Managers nach § 615 Satz 1 BGB grundsätzlich nicht aus; allerdings muss er sich nach Satz 2 der Vorschrift Ersparnisse anrechnen lassen. In Managementverträgen sind die Folgen des Auflegens des Schiffes häufig geregelt. So ist in Klausel 12 (d) Shipman 2009 vorgesehen, dass in den Fällen, in denen das Schiff für mehr als die vereinbarte Anzahl Monate aufliegt, eine von dann an geltende angemessene Herabsetzung der Vergütung des Managers zu vereinbaren ist. Die Herabsetzung gilt für den Zeitraum bis einen Monat vor der Wiederinbetriebnahme des Schiffes.

51 **2. Der Ersatz von Aufwendungen.** Der Auftraggeber hat dem Manager die Aufwendungen zu ersetzen, die er, der Manager, zur Durchführung des Managementvertrages macht und die er den Umständen nach für erforderlich halten durfte (§§ 675, 670 BGB). Für welche Zwecke der Manager Aufwendungen machen und vom Auftraggeber Ersatz verlangen darf, hängt im Einzelnen von den geschuldeten Leistungen ab; siehe dazu Klausel 12 (c) Satz 2 und 3 und 18 (g) Shipman 2009. Wie bei allen vertraglichen Ansprüchen auf Aufwendungsersatz ist auch bei dem Anspruch des Managers zu prüfen, ob die Aufwendungen möglicherweise bereits durch seine Vergütung abgegolten werden und daher nicht als selbstständige Aufwendungen zu ersetzen sind. Maßgeblich sind die Umstände des Einzelfalls, insbesondere die vertraglichen Vereinbarungen. Entsprechende Regelungen finden sich in Klausel 12 (c) Satz 1 Shipman 2009. Danach stellt der Manager ein Büro nebst Personal, die entsprechenden Einrichtungen sowie Schreibartikel.

52 **a) Vorschuss.** Der Manager kann nach §§ 675 Abs. 1, 669 BGB vom Auftraggeber im Hinblick auf die zur Ausführung des Managementvertrags erforderlichen Aufwendungen einen Vorschuss verlangen. Dieser Gedanke liegt auch den Regelungen der Klausel 13 (c) Shipman 2009 zugrunde. Ausgehend von dem Budget (siehe oben Rn 30) schätzt der Manager die erforderlichen Aufwendungen. Die Schätzung wird gegebenenfalls monatlich nachgebessert. Auf dieser Grundlage fordert der Manager den Auftraggeber monatlich auf, auf die voraussichtlichen Aufwendungen einen Vorschuss zu leisten. Dabei sind auch außerordentliche Aufwendungen, wie die Kosten für eine Notreparatur, zusätzliche Versicherungsprämien sowie zusätzlicher Brennstoff und Proviant zu berücksichtigen. Die erforderlichen Mittel hat der Auftraggeber innerhalb von zehn Tagen nach der Aufforderung des Managers zur Verfügung zu stellen.

53 **b) Von Dritten finanzierte Aufwendungen.** Durchaus häufig werden Gelder für Zahlungen, die der Manager für den Auftraggeber leistet, von Dritten im Rahmen eines Kredits zur Verfügung gestellt. Vielfach geht es um Bankkonten, die im Soll geführt werden. Das Vermögen des Managers wird nicht unmittelbar vermindert, vielmehr wird er (nur) den Ansprüchen der Bank ausgesetzt. Im Rahmen des Anspruchs gegen den Auf-

traggeber auf Ersatz seiner Aufwendungen kann der Manager daher lediglich Freihaltung von deren Forderungen verlangen. Die von der Bank berechneten Sollzinsen sind ebenfalls Aufwendungen des Managers. Gleicht er sie aus, kann er auch auf sie Fälligkeits- und ggf. Verzugszinsen verlangen. Andernfalls hat er insoweit lediglich einen Anspruch auf Freihaltung. Bei den Sollzinsen handelt es sich nicht um die Folge einer verspätet erbrachten Leistung des Auftraggebers, so dass sie nur im Falle seines Verzuges (§ 286 BGB) und gegebenenfalls erst nach einer Mahnung des Managers (§ 286 Abs. 1 BGB) zu ersetzen sind. Soweit dem Manager nur ein Anspruch auf Freihaltung zusteht, fallen weder Fälligkeits- noch Verzugszinsen an.

c) Der Manager als Kreditgeber. Normalerweise übernimmt ein Manager nicht die Funktion eines Kreditgebers. Auslagen des Managers sind vom Auftraggeber zu erstatten (§§ 675 Abs. 1, 670 BGB, oben Rn 51). Außerdem kann der Manager verlangen, dass der Auftraggeber die benötigten Gelder vorschießt (§§ 675 Abs. 1, 669 BGB, oben Rn 52). Im Einzelfall kann vereinbart sein, dass der Manager dem Auftraggeber in Kredit gewährt, indem der Manager dem Auftraggeber seine Ansprüche auf Aufwendungsersatz stundet oder indem der Manager, wenn er auch das kommerzielle Management des Schiffes übernommen hat, es zulässt, dass der Saldo aus Einnahmen und Ausgaben „im Minus" bleibt. In Klausel 13 (e) Shipman 2009 ist es ausdrücklich ausgeschlossen, dass der Manager für den Betrieb des Schiffes eigene Mittel aufwendet. Denkbar ist schließlich auch, dass der Manager das Risiko übernimmt, dass das Schiff Verluste macht; sind die Kosten höher als die Einnahmen, kann der Manager vom Auftraggeber keinen Ausgleich verlangen. Eine Vereinbarung dieses Inhalts ist allerdings untypisch und entspricht nicht dem Grundgedanken des Managementvertrages; es müssen schon sehr deutliche Anzeichen dafür vorhanden sein, dass Abreden dieser Art gewollt sind. 54

d) Das Kontokorrent. Ein geeignetes Mittel für die Abwicklung der Zahlungen zwischen Manager und Auftraggeber ist das Kontokorrent im Sinne der §§ 355 bis 357 HGB. Fehlt es an einer ausdrücklichen Vereinbarung, kann man ggf. von einer entsprechenden stillschweigend getroffenen Abrede ausgehen. Das zwischen dem Manager und dem Auftraggeber geführte Kontokorrent gibt Aufschlüsse über alle Vorgänge einschließlich solcher Ansprüche, die nicht durch eine Zahlung ausgeglichen, sondern verrechnet wurden, sowie über noch offene Ansprüche. 55

aa) Die in das Kontokorrent eingestellten Ansprüche und Leistungen. Welche Ansprüche und Leistungen der Manager und der Auftraggeber in das Kontokorrent einstellen müssen bzw. dürfen, hängt von den im Managementvertrag getroffenen Vereinbarungen bzw. den Umständen ab. Grundsätzlich fallen alle mit dem Betrieb des Schiffes zusammenhängenden Ansprüche und Leistungen in das Kontokorrent. Hierzu gehören insbesondere die Aufwendungen des Managers sowie seiner Vergütung einerseits und die Zahlungen des Auftraggebers andererseits. Hat der Manager auch das kommerzielle Management des Schiffes übernommen (oben Rn 25), werden im Kontokorrent auch die durch den Betrieb des Schiffes erzielten Einnahmen berücksichtigt. Das Kontokorrent kann auch bloße Freihalteansprüche des Managers gegen den Auftraggeber umfassen, namentlich wenn Aufwendungen durch Dritte, insbesondere durch eine Bank im Rahmen eines Überziehungskredites finanziert werden (siehe oben Rn 54). Zum Zwecke der Verrechnung (unten Rn 57) werden diese Ansprüche den unmittelbar auf Zahlung gerichteten Verbindlichkeiten gleichgestellt. Dagegen fallen beiderseitige, auf Schadenersatz gerichtete Ansprüche grundsätzlich nicht in das Kontokorrent. Etwas anderes kann im Einzelfall vereinbart werden. Dies betrifft auch die Kosten der Rechtsverfolgung im 56

Hinblick auf Ansprüche des Managers gegen den Auftraggeber und umgekehrt. Die in das Kontokorrent eingestellten Ansprüche können nicht selbständig außerhalb des Kontokorrents geltend gemacht werden. Deren Verjährung ist nach § 205 BGB bis zur nächsten Verrechnung (unten Rn 57) bzw. bis zur Beendigung der Kontokorrent-Abrede (unten Rn 58) gehemmt. Leistungen führen nicht zur Erfüllung von eingestellten Ansprüchen (§ 362 Abs. 1 BGB), sondern stellen lediglich Rechnungsposten dar.

57 **bb) Verrechnung, Überschuss, Saldo-Anerkenntnis.** Bestandteil der Kontokorrentabrede ist die Vereinbarung, dass regelmäßig ein Rechnungsabschluss erfolgt, bei dem die eingestellten Ansprüche und Leistungen verrechnet werden und der Überschuss festgestellt wird (§ 355 Abs. 1 HGB). In welchen zeitlichen Abständen dies geschieht, wird zwischen den Parteien vereinbart. Fehlt es an Abreden, erfolgt der Rechnungsabschluss nach § 355 Abs. 2 HGB jährlich. Der Überschuss besteht als sogenannter „kausaler Saldo" aus allen verrechneten Einzelforderungen des Überschuss-Gläubigers, die im Verhältnis der Summe der Forderungen des Überschuss-Gläubigers zu der Summe der Forderungen des Überschuss-Schuldners herabgesetzt werden. Beide Parteien sind verpflichtet, den jeweils zu ihren Lasten bestehenden Überschuss anzuerkennen (§ 782 BGB). Dem geht ggf. eine Prüfung der in das Kontokorrent eingestellten Ansprüche und Leistungen voraus. Möglicherweise besteht ein Anspruch auf Auszahlung des Überschusses. Er kann aber auch als (erster) Rechnungsposten in das Kontokorrent über den folgenden Abrechnungszeitraum übernommen werden oder von vornherein ebenfalls von der Kontokorrentabrede erfasst sein.

58 **cc) Die Beendigung des Kontokorrents.** Die Kontokorrentabrede kann durch einen Aufhebungsvertrag beseitigt oder, sofern dies nicht ausgeschlossen ist, jederzeit vom Manager oder vom Auftraggeber gekündigt werden (§ 355 Abs. 3 HGB). Ebenso endet die Kontokorrentvereinbarung mit der Beendigung des Managementvertrages. Anders als bei der regelmäßigen Verrechnung (zuvor Rn 57) kann der Überschuss sofort verlangt werden, ein Anspruch auf Anerkenntnis des Überschusses besteht nicht.

59 **dd) Klausel 11 Shipman 2009.** Mit den zuvor dargestellten Grundsätzen des Kontokorrents die Bestimmungen nicht so recht vereinbar. Nach Klausel 11 (a) Shipman 2009 sind alle Einnahmen des Managers (außer solchen aus dem kommerziellen Management des Schiffes, Klausel 11 [c] Shipman 2009) sowie die darauf entfallenden Zinsen auf einem getrennten Bankkonto zu buchen. Dem Manager ist es nach Klausel 11 (b) Shipman 2009 erlaubt, alle Aufwendungen einschließlich seiner Vergütung von diesem Konto zu bezahlen. Diese Regelungen betreffen lediglich die Abwicklung von Zahlungen, nicht aber ein Kontokorrent. Am Ende der Klausel 11 (b) Shipman 2009 heißt es außerdem, dass der Auftraggeber dem Manager in jedem Fall auf Verlangen die Aufwendungen zu erstatten hat. Dies aber schließt eine Kontokorrentabrede im eigentlichen Sinne aus, weil hier der sofortige Ausgleich offener Forderungen möglich bleiben und nicht durch eine regelmäßige Verrechnung aller angefallenen Positionen ersetzt werden soll.

60 **3. Die Zurverfügungstellung des Schiffes.** Der Auftraggeber muss, damit der Manager seinen Pflichten aus dem Vertrag nachkommen kann, das Schiff zur Verfügung stellen. Dies ist nicht im Sinne der Verschaffung von Besitz gemeint, sondern als Herstellung eines Zustands, in dem der Manager durch entsprechende Maßnahmen auf den Betrieb des Schiffes Einfluss nehmen kann. Dazu gehört es insbesondere, dass die Besatzung, namentlich der Kapitän des Schiffes, den Weisungen des Managers folgt; siehe Klausel 9 (b) (iii) Shipman 2009.

VI. Die Pflichten des Auftraggebers — **Anhang zu §§ 476, 477**

4. Die Mitwirkung des Auftraggebers. Im Managementvertrag kann vorgesehen 61
sein, dass der Auftraggeber auch in anderer Weise an der Durchführung des Vertrags
mitwirken soll. Entsprechende Regelungen finden sich etwa in Klausel 9 (b) bis (e) Shipman 2009. Hat der Manager das technische Management des Schiffes übernommen (oben Rn 15), muss der Auftraggeber nach Klausel 9 (b) Shipman 2009 dafür sorgen, dass dem Flaggenstaat Angaben zum Manager als Unternehmen im Sinne der ISM- und ISPS-Bestimmungen gemacht werden (zu diesem oben Rn 119–125 Einleitung C); dass die (nicht vom Manager gestellte) Besatzung den Anforderungen der STCW-Bestimmungen genügt (oben Rn 141–148 Einleitung C – Klausel 9 [a] [ii] Shipman 2009 verweist noch auf die heute veralteten STCW 1995 Regelungen); und dass die Besatzung den Weisungen des Managers in seiner Funktion als Unternehmen im Sinne der ISM-Bestimmungen im Hinblick auf die Durchführung des SMS nachkommt. Ist das technische Management hingegen nicht Sache des Managers, muss der Auftraggeber nach Klausel 9 (c) Shipman 2009 sicherstellen, dass beim Betrieb des Schiffes die Vorschriften des Flaggenstaates beachtet und dem Manager das Unternehmen im Sinne der ISM-Bestimmungen sowie dessen Änderungen angegeben werden; dass dem Flaggenstaat das Unternehmen im Sinne der ISM-Bestimmungen mitgeteilt wird, um den Vorgaben der ISM- und der ISPS-Regelungen zu entsprechen, und dass dem Manager die Anerkennung des Unternehmens durch den Flaggenstaat bestätigt wird; dass die Besatzung auf seine, des Auftraggebers, Kosten mit Proviant versorgt wird. Macht der Manager für den Auftraggeber das Crewing (oben Rn 16–24), muss der Auftraggeber dem Manager rechtzeitig anzeigen, dass das Schiff in ein Fahrtgebiet beordert wird, das im Rahmen der vom Manager für die Besatzung genommenen Versicherungen ausgeschlossen ist oder für das erhöhte Prämien gelten (siehe näher Klausel 9 [d] [i] Shipman 2009); muss der Auftraggeber einen Wechsel der Flagge des Schiffes mit dem Manager abstimmen (Klausel 9 [d] [ii] Shipman 2009); und muss der Auftraggeber der Besatzung angemessene Unterkunft und Lebensstandard an Bord gewähren (Klausel 9 [d] [iii] Shipman 2009). Ist der Manager nicht auch das Unternehmen im Sinne der ISM-Bestimmungen (oben Rn 119–125 Einleitung C), hat der Auftraggeber sicherzustellen, dass die Besatzung mit ihren Pflichten nach dem SMS vertraut ist und dass wesentliche Weisungen bezüglich des SMS ermittelt, dokumentiert und vor Beginn der Reise erteilt werden. Darüber hinaus muss der Auftraggeber dem Manager nach Klausel 18 (e) Unterabs. 2 Shipman 2009 alle Unterlagen zur Verfügung stellen, die der Manager zur Durchführung seiner Tätigkeiten benötigt. Außerdem ist der Auftraggeber verpflichtet, ggf. die notwendigen Sicherheiten zu stellen (Klausel 18 [f] Shipman 2009).

5. Die Aufrechterhaltung eines angemessenen Versicherungsschutzes

a) Die Pflicht des Auftraggebers. Grundsätzlich besteht die vertragliche Pflicht des 62
Auftraggebers, für einen angemessenen Versicherungsschutz des Schiffes zu sorgen und
diesen aufrecht zu erhalten. Das Eindecken einer Versicherung des Schiffes kann auch
eine der vom Manager geschuldeten Leistungen sein (siehe oben Rn 26–27). In welcher
Weise und in welchem Umfang das Schiff zu versichern ist, wird häufig im Managementvertrag festgelegt. Nach Klausel 10 (a) Shipman 2009 muss insbesondere eine Kasko-,
eine P&I- sowie eine Kriegsrisikoversicherung bestehen. Der Auftraggeber hat für die
pünktliche Zahlung der Prämien zu sorgen (Klausel 10 [b] Shipman 2009). Der Manager
kann verlangen, dass der Auftraggeber nachweist, dass er seiner Pflicht zur Versicherung des Schiffes nachgekommen ist (Klausel 10 [d] Shipman 2009).

b) Die Einbeziehung des Managers in den Versicherungsschutz. Der Manager 63
kann auf verschiedene Weise in den Schutzbereich des Versicherungsvertrages einbezo-

gen sein.[18] Hat er selbst den Versicherungsvertrag als VN zugunsten des Auftraggebers als Versichertem geschlossen (dazu oben Rn 26), ist – trotz der Regelung des ggf. analog anwendbaren § 86 Abs. 1 Satz 2 VVG – der Rückgriff des Versicherers beim Manager (seinem eigenen Vertragspartner) nicht automatisch ausgeschlossen.[19] Ist der Auftraggeber auch der VN, könnte der Manager als Mitversicherter in den Versicherungsvertrag einbezogen werden.[20] Klausel 10 (c) Shipmann 2009 sieht vor, dass der Manager bzw. von ihm benannte weitere Dritte, insbesondere von ihm eingeschaltete selbständige Hilfspersonen (oben Rn 45–47), mitversichert sein sollen. Eine andere Frage ist es, ob auch der Manager bzw. der Dritte dem betreffenden Versicherer gegenüber Schuldner der Prämie ist; siehe auch hierzu Klausel 10 (c) Shipman 2009. Alternativ kann im Versicherungsvertrag auch ein ausdrücklicher Regressverzicht zugunsten des Managers vorgesehen sein.

64   **6. Wahrung der geschäftlichen Interessen des Managers.** Ebenso wie der Manager (oben Rn 43) ist auch der Auftraggeber verpflichtet, die geschäftlichen Interessen seines Vertragspartners, des Managers, zu wahren und sich nicht so zu verhalten, dass der Ruf des Managers geschädigt wird. Dies kommt in der Praxis seltener vor als der umgekehrte Fall eines entsprechenden Fehlverhaltens des Managers. Gelegentlich finden sich im Management Vereinbarungen, die die Pflichten des Auftraggebers näher umschreiben. Siehe auch Klausel 18.1 (ii) (b) Shipman 2009, wo es heißt, dass der Auftraggeber das Schiff nicht auf eines gesetzeswidrige, gefährliche oder unangemessene (*improper*) Weise einsetzen darf. Siehe zu den daran anknüpfenden Kündigungsrechten des Managers Klausel 22 (b) (ii) Sipman 2009 (unten Rn 80).

VII. Die Haftung aus dem Managementvertrag

65   **1. Die Grundlagen der Haftung.** Für die wechselseitige Haftung des Managers und seines Auftraggebers aus dem Managementvertrag gelten die allgemeinen schuldrechtlichen Grundsätze. Im Falle einer Pflichtverletzung ist eine Haftung auf Schadenersatz nach § 280 Abs. 1 BGB begründet.[21] In den Fällen der §§ 281 bis 283 BGB bestehen Ansprüche auf Schadenersatz statt der Leistung. Geraten der Manager oder sein Auftraggeber mit Zahlungen in Verzug, haften sie nach §§ 280 Abs. 2, 286 BGB. In allen Fällen kann sich der Betreffende entlasten, indem er darlegt und beweist, dass ihn kein Verschulden trifft (§ 280 Abs. 1 Satz 2 BGB). Beide Parteien müssen sich das Verhalten ihrer Erfüllungsgehilfen nach § 278 Satz 1 BGB zurechnen lassen. Die Mitglieder der Besatzung des Schiffes sind nicht die Erfüllungsgehilfen des (Crewing-)Managers, weil er lediglich die Bemannung des Schiffes schuldet[22] (oben Rn 16–24); siehe auch Klausel 17 (b) (ii) Shipman 2009 (unten Rn 72).

66   Der Umfang der Haftung beurteilt sich nach Maßgabe der §§ 249 ff. BGB. Der Manager ist zur Beschränkung seiner Haftung nach Maßgabe des HBÜ 1996 berechtigt (dazu unten Rn 96–97). Dies gilt auch im Hinblick darauf, dass normalerweise auch der Auftraggeber als Reeder oder Ausrüster zu den Schiffseigentümern im Sinne des Art. 1 Abs. 1 und Abs. 2 HBÜ 1996 gehört und daher gleichermaßen zur Beschränkung der Haftung berechtigt wäre. Allerdings kann der Manager seine Haftung nicht für Ansprüche des Auftraggebers wegen Verlust oder Beschädigung des Schiffes beschränken. Denn das

---

18   Siehe dazu *Schwampe* VersR 2009, 316, 319 f.
19   Siehe *Schwampe* VersR 2009, 316, 319 (rechte Spalte) mit Nachweisen.
20   Dazu *Schwampe* VersR 2009, 316, 319 f. .
21   Siehe etwa SchG Hamburg HmbSeeRep 2005, 49 Nr. 40 „Priwall IV".
22   Anders aber wohl SchG Hamburg HmbSeeRep 2005, 49 Nr. 40 „Priwall IV".

Schiff selbst ist nicht im Sinne des Art. 2 Abs. 1 (a) HBÜ 1996 eine Sache, die an Bord oder in unmittelbarem Zusammenhang mit dem Betrieb des Schiffes zu Schaden kommt.

2. Haftungsfreizeichnungen. Eine Haftung des Managers bzw. des Auftraggebers entfällt, wenn und soweit sich jeweils der auf Schadenersatz in Anspruch genommene Manager oder Auftraggeber auf Haftungsbefreiungen und -beschränkungen zu seinen Gunsten berufen kann. Im Shipman 2009 Standardformular finden sich in Klausel 17 umfassende Haftungsfreizeichnungen zu Gunsten beider Parteien (unten Rn 68) sowie zu Gunsten des Managers (unten Rn 69–72). Ebenso regelt Klausel 17 (c) Shipman 2009 einen Freistellungsanspruch des Managers (unten Rn 73). Schließlich findet sich zu Gunsten bestimmter Hilfspersonen des Managers auch eine Himalaya-Regelung (unten Rn 74). 67

a) Klausel 17 (a) Shipman 2009. Die force-majeure-Regelung der Klausel 17 (a) Shipman 2009 wirkt in gleicher Weise für oder gegen beide Parteien. In der Klausel werden verschiedene Umstände aufgezählt, bei deren Vorliegen eine Haftung der Parteien ausgeschlossen ist. Genannt werden Acts of God; Maßnahmen von Regierungen; alle Umstände, die auf Krieg, die auf drohende Gefahr des Krieges oder kriegsähnlicher Maßnahmen, terroristische Handlungen, Sabotage oder Piraterie oder daraus entstehende Folgen zurückgehen; Aufstände, Blockaden oder Embargos; Epidemien; Erdbeben, Erdrutsche, Überflutungen oder andere außerordentliche Wetterbedingungen; Streiks, Aussperrungen oder sonstige Maßnahmen, sofern sich diese nicht auf die Angestellten der Partei bezieht, die sich auf die force-majeure-Regelung beruft – dies gilt nicht für die Besatzung des Schiffes; Feuer, Unfälle, Explosionen, sofern diese nicht durch das fahrlässige Verhalten derjenigen Partei herbeigeführt wurden, die die force-majeure-Regelung für sich geltend macht; sowie alle anderen ähnlichen Umstände außerhalb der Kontrolle der Parteien. Die zuvor genannten Gründe kommen zur Anwendung, wenn sie dazu führen, dass eine Partei daran gehindert wird, ihre Pflichten aus dem Managementvertrag ganz oder teilweise zu erfüllen. Außerdem muss die Partei, die die Klausel 17 (a) Shipman 2009 für sich geltend macht, alle angemessenen Anstrengungen unternommen haben, um die Auswirkungen des betreffenden Umstands zu vermeiden oder herabzusetzen. Im Hinblick auf eine mögliche Inhaltskontrolle nach § 307 BGB gegen den Manager (oben Rn 10) bietet die Klausel 17 (a) Shipman 2009 m.E. keinen Anlass für Beanstandungen. In der Regel es wird bei Vorliegen der genannten Umstände auch an einem Verschulden der betreffenden Partei fehlen, so dass sie ohnehin entlastet ist. Darüber hinaus ist die wechselseitige Geltung der Bestimmung zu berücksichtigen, Klausel 17 (a) Shipman 2009 wirkt auch in gleicher Weise zu Lasten des Managers. 68

b) Klausel 17 (b) Shipman 2009. Die Bestimmungen der Klausel 17 (b) Shipman 2009 enthalten drei Regelungen zugunsten des Managers. Klausel 17 (b) (i) Hs. 1 und 2 Shipman 2009 stellt dessen Haftung unter den Vorbehalt des Verschuldens (unten Rn 70). Die weitere Klausel 17 (b) (i) Hs. 3 Shipman 2009 sieht einen Höchstbetrag der Haftung des Managers vor (unten Rn 71). Schließlich muss der Manager nach Klausel 17 (b) (ii) Shipman 2009 nicht für das Verhalten der Besatzung des Schiffes einstehen (unten Rn 72). 69

aa) Klausel 17 (b) (i) Hs. 1 und 2 Shipman 2009. Gegenstand der Klausel 17 (b) Shipman 2009 ist eine Beschränkung der Haftung des Managers. In deren Abs. (i) Hs. 1 wird das Verschuldensprinzip festgeschrieben. Systematisch wird zunächst jegliche Haftung des Managers für Schäden des Auftraggebers, zu denen es bei der Durchführung 70 des Managementvertrages kommt, ausgeschlossen. Dies gilt ausdrücklich auch für Schäden wegen entgangenen Gewinns, die auf ein Festhalten des Schiffes oder auf Verzögerungen zurückzuführen sind. Daran anknüpfend stellt der Hs. 2 der Klausel 17 (b) (i) Shipman 2009 dann klar, dass die Haftungsbefreiung nicht gilt, wenn bewiesen wird, dass der Schaden ausschließlich auf ein Verschulden des Managers oder seiner Hilfspersonen zurückgeht. Diese Regelungen weichen letztlich nicht von dem in § 280 Abs. 1 Satz 2 BGB niedergelegten Verschuldenserfordernis ab.

71 **bb) Klausel 17 (b) (i) Hs. 3 Shipman 2009.** Etwas versteckt enthält Klausel 17 (b) (i) Hs. 3 Shipman 2009 eine Beschränkung der Haftung auf einen Höchstbetrag. Seine Einstandspflicht ist beschränkt auf einen Betrag in Höhe des 10-fachen der jährlichen Vergütung unter dem Managementvertrag. Der in Klammern gesetzte Vorbehalt der Klausel 17 (b) (i) Hs. 3 Shipman 2009 bestätigt, dass sich der Manager nicht auf den Höchstbetrag der Haftung berufen kann, wenn ihm ein persönliches qualifiziertes Verschulden vorzuwerfen ist. Systematik und Wortlaut der Klausel 17 (b) (i) Hs. 3 Shipman 2009 lassen offen, ob der Höchstbetrag der Haftung ausschließlich für Ansprüche des Auftraggebers gilt oder ob gemeint ist, dass der Manager gegenüber allen Gläubigern (einschließlich des Auftraggebers) lediglich in Höhe des Höchstbetrages einzustehen hat. M.E. ist hier lediglich eine Haftungsbeschränkung im Verhältnis zwischen dem Manager und dem Auftraggeber vereinbart. Die Klausel ist, wenn es sich um AGB des Managers handelt, nach § 305c Abs. 2 BGB gegen ihn auszulegen (oben Rn 10). Darüber hinaus kann eine Beschränkung der Haftung zu Lasten anderer Gläubiger, denen Ansprüche aus einem Ereignis gegen den Manager zustehen, ohnehin nicht im Managementvertrag vereinbart werden. Und schließlich ist der Manager bereits nach Maßgabe des HBÜ 1996 berechtigt, seine Haftung für alle Ansprüche aus einem Ereignis gegenüber allen Gläubigern zu beschränken.

72 **cc) Klausel 17 (b) (ii) Shipman 2009.** Schließlich bestimmt Klausel 17 (b) (ii) Shipman 2009, dass der Manager in keinem Falle für das Verhalten der Mitglieder der Besatzung verantwortlich ist. Etwas anderes gilt nur, wenn der Manager seinen Pflichten nach Klausel 5 (a) Shipman 2009 nicht nachgekommen ist. In diesem Falle ist die Haftung des Managers nach Maßgabe der Klausel 17 beschränkt. Auch die Klausel 17 (b) (ii) Shipman 2009 entspricht der normalerweise ohnehin geltenden Rechtslage. Wenn der Manager das Crewing übernommen hat, muss er schon nach allgemeinen Grundsätzen für das Verhalten der Besatzung gegenüber dem Auftraggeber nicht einstehen (oben Rn 16–24).

73 **c) Klausel 17 (c) Shipman 2009.** Die Haftungsbefreiungen und -beschränkungen der Klausel 17 (a) und (b) Shipman 2009 werden ergänzt um die Pflicht des Auftraggebers zur Freihaltung des Managers in Abs. (c). Soweit der Manager von Dritten in einem Maße in Anspruch genommen wird, das über den Rahmen der Klausel 17 (b) Shipman 2009 hinausgeht, ist der Auftraggeber verpflichtet, den Manager von den Ansprüchen freizustellen. Die Freihaltepflicht des Auftraggebers kommt auch den Personen zugute, die durch die Himalaya-Regelung der Klausel 17 (d) Shipman 2009 geschützt werden (siehe sogleich Rn 74).

74 **d) Die Himalaya-Regelungen (Klausel 17 [d]) Shipman 2009).** Schließlich enthält die Klausel 17 Shipman 2009 in ihrem Abs. (d) eine Himalaya-Regelung zu Gunsten der Hilfspersonen des Managers. Alle im Managementvertrag vorgesehenen Haftungsbefreiungen und -beschränkungen gelten in gleicher Weise zu Gunsten der Hilfspersonen des Managers. Dem Auftraggeber ist es daher verwehrt, die Hilfspersonen in einem weiteren

Umfange in Anspruch zu nehmen als den Manager.[23] Geschützt werden die Angestellten und Bediensteten (*employees or agents*) des Managers sowie ausdrücklich auch alle selbständigen Hilfspersonen, die der Manager zur Durchführung des Vertrages einschaltet. Werden die geschützten Personen von Dritten in einem Umfang in Anspruch genommen, der über die zu ihren Gunsten wirkenden Haftungsbefreiungen und -beschränkungen hinausgeht, steht ihnen nach Art. 17 (c) Shipman 2009 auch ein Freihalteanspruch gegen den Auftraggeber zu (siehe zuvor Rn 73). Am Ende der Klausel 17 (d) Shipman 2009 heißt es weiter, dass der Manager als Vertreter der betreffenden Hilfspersonen anzusehen sei und dass die Personen die Stellung von Parteien des Managementvertrages haben. Ausgehend vom deutschen Recht ist eine solche Regelung überflüssig, weil eine Wirkung vertraglicher Haftungsbefreiungen und -beschränkungen zu Gunsten Dritter vereinbart werden kann, ohne dass es derartiger Hilfserwägungen bedarf.

VIII. Die Beendigung des Managementvertrags

Der Managementvertrag endet grundsätzlich mit Ablauf der Vertragszeit (unten Rn 76) bzw. durch eine ordentliche Kündigung (unten Rn 77–78). Zu einer außerordentlichen vorzeitigen Beendigung kann es kommen, wenn eine der Parteien die Kündigung des Managementvertrags erklärt bzw. Schadenersatz statt der Leistung geltend macht (unten Rn 50). Daneben kann im Managementvertrag vorgesehen sein, dass er bei Vorliegen bestimmter Voraussetzungen automatisch endet (unten Rn 79). **75**

1. Der Ablauf der Vertragszeit. Der Managementvertrag endet automatisch und ohne dass es einer Erklärung der Parteien bedarf mit Ablauf der Zeit, für die er eingegangen ist (§ 620 Abs. 1 BGB). Im Vertrag kann ein bestimmter Termin vorgesehen sein, an dem der Vertrag endet, oder es kann ein bestimmter Zeitraum festgelegt werden, der zu einem bestimmten Zeitpunkt beginnt und mit dessen Ablauf der Vertrag endet. Wird der Managementvertrag vom Manager mit Wissen des Auftraggebers noch über den für die Beendigung des Vertrages vorgesehenen Zeitpunkt hinaus fortgesetzt, gilt der Vertrag nach § 625 BGB als auf unbestimmte Zeit verlängert. Er kann nunmehr allerdings von beiden Seiten ordentlich nach Maßgabe der §§ 620 Abs. 2, 621 BGB gekündigt werden (siehe sogleich Rn 77–78). **76**

2. Die ordentliche Kündigung. Eine solche kommt, wie sich aus § 620 Abs. 2 BGB ergibt, nur in Betracht, wenn nicht bereits die Dauer des Managementvertrages bestimmt ist (soeben Rn 76), denn anderenfalls wäre die Vereinbarung einer Vertragsdauer gegenstandslos. Die Dauer des Vertrages ist auch dann nicht (mehr) festgelegt, wenn der Managementvertrag nach § 625 BGB über die vorgesehene Zeit hinaus fortgeführt wird. Maßgeblich dafür, unter welchen Voraussetzungen eine ordentliche Kündigung erklärt werden kann, sind in erster Linie die Bestimmungen des Managementvertrages. Nach Klausel 21 (a) Shipman 2009 kann der Vertrag jederzeit mit der vereinbarten, ansonsten mit einer Frist von zwei Monaten gekündigt werden. Der Vertrag verlängert sich, wenn sich das Schiff zur Zeit des Wirksamwerdens der Kündigung nicht an einem für beide Parteien angemessenen Ort befindet (Klausel 21 [b] Shipman 2009). Zur Form der Kündigung siehe Klausel 24 Shipman 2009. **77**

---

[23] Siehe SchG Hamburg HmbSeeRep 2005, 49 Nr. 40 „Priwall IV" (Ansprüche dss Auftraggebers gegen den Kapitän).

78   Von Gesetzes wegen gelten für die ordentliche Kündigung nach § 620 Abs. 2 BGB die in § 621 BGB geregelten Fristen, die insbesondere davon abhängig sind, in welcher Weise die Vergütung des Managers berechnet wird. Erhält er eine monatliche Vergütung, kann spätestens am Fünfzehnten eines Monats für den Schluss des Kalendermonats gekündigt werden (Nr. 3); erhält er eine vierteljährliche oder nach längeren Zeitabschnitten bemessene Vergütung, ist die Kündigung unter Einhaltung einer Kündigungsfrist von sechs Wochen für den Schluss eines Kalendervierteljahres möglich (Nr. 4); wird die Vergütung auf andere Weise bestimmt, kann die Kündigung jederzeit erfolgen (Nr. 5). Gemäß § 624 Satz 1 BGB hat der Manager, wenn eine Laufzeit des Vertrages von mehr als fünf Jahren vereinbart ist, nach Ablauf von fünf Jahren das Recht, den Vertrag zu kündigen. Die Kündigungsfrist beträgt nach Satz 2 der Vorschrift sechs Monate. Die Regelung des Satz 1 gilt zwingend, die Parteien können keine anderweitigen Abreden treffen. Ist der Manager befugt, ohne Einhaltung einer Kündigungsfrist zu kündigen, gilt die Beschränkung des §§ 675 Abs. 1, 671 Abs. 2 Satz 1 BGB, wonach die Kündigung grundsätzlich nicht zur Unzeit erfolgen darf. Die Kündigung ist grundsätzlich formlos möglich. § 623 BGB betrifft nur Arbeitsverhältnisse und ist daher auf Managementverträge nicht anwendbar. Siehe aber auch Klausel 24 Shipman 2009.

79   **3. Die automatische Beendigung.** Im Managementvertrag kann von vornherein bestimmt sein, dass er bei Eintritt bestimmter Umstände automatisch endet, ohne dass es weiterer Erklärungen der Parteien bedarf. Hierdurch wird eine auflösende Bedingung im Sinne des § 158 Abs. 1 BGB vereinbart. In Klausel 22 (c) Shipman 2009 werden etwa genannt der Verkauf des Schiffes (dazu Klausel 22 [d] [i] Shipman 2009), der Totalverlust (dazu Klausel 22 [d] [ii] Shipman 2009) sowie die staatliche Inanspruchnahme, der Fall, dass das Schiff für verloren erklärt wird (dazu Klausel 22 [d] [iii] Shipman 2009), oder, wenn der Auftraggeber das Schiff in Bareboat-Charter hatte, dass diese Charter endet. Nicht unüblich sind auch Bestimmungen von der Art der Klausel 22 (f) Shipman 2009, in denen es um die Eröffnung des Insolvenzverfahrens über das Vermögen einer der Parteien, die Bestellung eines (vorläufigen) Insolvenzverwalters, um die Einstellung von Zahlungen oder des Geschäftsbetriebes oder den Abschluss besonderer Vereinbarungen mit den Gläubigern geht. Bis zum Zeitpunkt der Beendigung entstandene Ansprüche der Parteien bleiben nach Klausel 22 (j) Shipman 2009 unberührt.

80   **4. Störungen der Pflichten aus dem Managementvertrag.** Die Nicht- oder Schlechterfüllung von Pflichten aus dem Managementvertrag kann ebenfalls Anlass für die Beendigung des Vertrages sein. Eine entsprechende Abrede findet sich in Klausel 22 (a) Shipman 2009. Im Falle einer Pflichtverletzung kann der Gläubiger Abhilfe verlangen (dazu Klausel 24 Shipman 2009). Kommt der Schuldner dem nicht nach, kann der Gläubiger die Beendigung des Managementvertrages verlangen. Spezielle Regelungen finden sich in den Tatbeständen der Klausel 22 (b) (i) bis (iii) Shipman 2009. Sie beziehen sich auf das Ausbleiben von Zahlungen des Auftraggebers, die Inbesitznahme des Schiffes durch den Hypothekengläubiger, den vertragswidrigen Einsatz des Schiffes durch den Auftraggeber sowie die Verletzung von Pflichten zur Versicherung der Besatzung (siehe Klausel 5 [b] und 10 Shipman 2009). Weitere Kündigungsrechte bestehen nach Klausel 22 (e) Shipman 2009, wenn die Parteien sich nicht über das jährliche Budget (Klausel 13 Shipman 2009) oder im Hinblick auf den Flaggenwechsel des Schiffes (Klausel 9 [d] [ii] Shipman 2009) einigen können. Im Übrigen können Störungen der Pflichten des Managers und des Auftraggebers aus dem Managementvertrag auf Grundlage des § 323, der §§ 280 Abs. 1 und 2, 281 BGB oder im Falle der Verletzung einer Schutz- bzw. Rücksichtnahmepflicht (§ 241 Abs. 2 BGB) nach § 626, § 628 BGB – nicht: § 314, § 280 Abs. 1 und 2,

§ 281 BGB – die Befugnis zum Rücktritt bzw. zur Kündigung des Managementvertrages begründen. Schließlich kann die Vorschrift des § 313 BGB über die Störung der Geschäftsgrundlage zu berücksichtigen sein.

5. Die vereinbarte Fortzahlung der Vergütung. Grundsätzlich erlischt die Pflicht des Auftraggebers zur Zahlung der Vergütung mit der Beendigung des Managementvertrages. Teilweise wird bei einer nach Zeit festgelegten Vergütung allerdings vereinbart, dass die Vergütung für einen bestimmten weiteren Zeitraum nach der Beendigung, etwa für drei Monate zahlbar ist. Dies ist in Klausel 22 (g) Shipman 209 für grundsätzlich jede Beendigung des Managementvertrages bis auf den Fall vorgesehen, dass die Beendigung auf ein Verhalten des Managers zurückgeht. Hat der Manager auch das Crewing übernommen, können weitere Sonderregelungen gelten (siehe Klausel 22 [h] Shipman 2009). 81

6. Die Abwicklung des Managementvertrages. An die Beendigung des Managementvertrages schließt sich gegebenenfalls die Abwicklung des Vertrages an. Der Manager muss eine Schlussabrechnung erstellen (§§ 675 Abs. 1, 666 BGB) und seiner Herausgabepflicht nach § 675 Abs. 1, § 667 BGB nachkommen. Letztere bezieht sich namentlich auf Gelder, die der Manager noch für den Auftraggeber hält, sowie die Abrechnungsunterlagen. Klausel 22 (i) Shipman 98 ergänzt, dass dem Auftraggeber auf Verlangen die Originalunterlagen bzw. beglaubigte Kopien aller Dokumente, die sich auf das Schiff und seinen Betrieb beziehen, herauszugeben sind. Zur Beendigung eines möglicherweise vereinbarten Kontokorrents siehe oben Rn 58. Der Manager muss dem Auftraggeber außerdem das Schiff wieder zur Verfügung stellen. Hier kann es Schwierigkeiten geben, wenn der Manager auch das Crewing übernommen hat und die Besatzung weiterhin seine Anweisungen und nicht die des Auftraggebers oder des von ihm eingesetzten neuen Managers befolgt. Problematisch ist auch der Fall, dass die Besatzung noch Heuerforderungen hat, die der Manager nicht mehr auszugleichen bereit ist, und sie sich daher weigern, das Schiff zu verlassen. Hier muss der Auftraggeber bzw. sein neuer Manager ggf. für eine Auszahlung der noch offenen Heuern sorgen. Die Streitigkeiten zwischen dem (bisherigen) Manager, dem Auftraggeber bzw. dem neuen Manager und der Besatzung können so weit gehen, dass eine Räumung des Schiffes im Wege der Zwangsvollstreckung aufgrund einer einstweiligen Verfügung gegen den (bisherigen) Manager und die Besatzungsmitglieder erforderlich ist.[24] Der Wechsel des Managements ist unter dem Versicherungsvertrag ein nach Ziffer 25 DTV-ADS anzeigepflichtiger Umstand. 82

IX. Der Manager als Unternehmen im Sinne der ISM-Bestimmungen

Der Manager, der das technische Management des Schiffes übernimmt, erfüllt in der Regel auch die Voraussetzungen der Art. 2 Nr. 3 Verordnung 336/2006, Regel IX/1.2 Anlage SOLAS-Ü, Ziffer 1.1.2 ISM-Code und wird zum Unternehmen im Sinne der ISM- und damit auch der ISPS-Regelungen (zu diesen oben Rn 119–125 Einleitung C). Im Shipman 2009 Standardformular ist dies in Klausel 8 (b) vorgesehen; siehe außerdem auch Klausel 4 (b) und (c) Shipman 2009. Es kann sich aber auch so verhalten, dass der Manager nicht auch die Funktion des Unternehmens im Sinne der ISM-Bestimmungen wahrnimmt. Siehe hierzu die Regelungen der Klausel 5 (a) (ix), Klausel 9 (e) Shipman 2009. Der Manager kann dagegen in keinem Falle Reeder im Sinne des § 2 Abs. 1 Nr. 19 GGVSee 83

---

24 Siehe zu einem solchen Fall LG Stade HmbSeeRep 1998, 169 Nr. 173.

sein, weil er das Schiff nicht für sich, sondern für den Auftraggeber betreibt (siehe oben Rn 4 sowie Rn 41 zu § 477).

X. Der Manager als Vertreter des Auftraggebers

84 Der Grundgedanke des Managementvertrags ist, dass der Manager die für den Betrieb des Schiffes erforderlichen Rechtsgeschäfte stets als Stellvertreter (§§ 164 ff. BGB) des Auftraggebers und weder im eigenen Namen noch für eigene Rechnung schließt. Dies kommt nicht zuletzt auch in der häufig im Managementvertrag verwendeten Formulierung zum Ausdruck, der Manager werde vom Auftraggeber „ernannt"; siehe Klausel 2 Shipman 2009. Eine andere Frage ist es, ob bei der tatsächlichen Abwicklung des Vertrages im Einzelfall die Voraussetzungen einer wirksamen Stellvertretung dem betreffenden Dritten gegenüber vorliegen.

85 **1. Die Vertretungsbefugnis des Managers.** Regelmäßig wird der Manager im Managementvertrag vom Auftraggeber bevollmächtigt (§ 167 Abs. 1 BGB), die maßgeblichen Rechtsgeschäfte in seinem, des Auftraggebers, Namen zu tätigen; siehe etwa Klausel 3 Shipman 2009. Fehlt eine ausdrückliche Vereinbarung, ist dem typischen Zweck eines Managementvertrages zu entnehmen, dass der Manager bevollmächtigt sein soll, für den Auftraggeber zu handeln. Der Umfang der Bevollmächtigung ergibt sich aus den Abreden des Vertrages; fehlen solche, kann davon ausgegangen werden, dass der Manager befugt ist, im Namen des Auftraggebers alle Rechtsgeschäfte zu schließen, die zur Durchführung der von ihm, dem Manager, übernommenen Tätigkeiten erforderlich sind (siehe § 493 Abs. 1 HGB a.F. sowie dazu oben Rn 3).

86 **2. Das Handeln im Namen des Auftraggebers.** Ob der Manager im Namen des Auftraggebers auftritt (§ 164 Abs. 1 BGB), muss im Einzelfall geprüft werden. Typisch sind etwa ausdrückliche Vorbehalte wie „as agents for owners", „as managing owners" oder nur „as agents" oder „as managers". Sinnvollerweise verwendet der Manager diese Hinweise routinemäßig in seiner gesamten Korrespondenz, soweit die Rechtsgeschäfte den Betrieb des Schiffes betreffen. Dass der Manager nicht im eigenen, sondern in fremden Namen auftritt, kann sich auch aus den Umständen ergeben[25] (§ 164 Abs. 1 Satz 2 BGB). Insoweit genügt es grundsätzlich bereits, dass das Rechtsgeschäft erkennbar im Hinblick auf den Betrieb eines Schiffes getätigt wird und dem Vertragspartner bekannt ist, dass der Manager am Markt ausschließlich in dieser Funktion und nicht auch als Auftraggeber bzw. Ausrüster auftritt und Schiffe selbst betreibt. Ein Auftrag zur Reparatur des Schiffes wird nach den Umständen im Namen des Reeders[26] bzw. des Ausrüsters erteilt. Das OLG Hamburg hat in einem etwas anderen Zusammenhang außerdem darauf hingewiesen, dass eine gewisse Wahrscheinlichkeit dafür besteht, dass sich der Manager Dritten gegenüber grundsätzlich auch tatsächlich so verhält, wie im Managementvertrag vorgesehen;[27] dies gilt dann erst recht für den eingeschränkten Bereich des Handelns in fremden Namen. Hat der Manager nicht im Namen des Auftraggebers gehandelt, sondern im eigenen Namen, wird der Manager und nicht der Auftraggeber aus den betreffenden Rechtsgeschäften berechtigt und verpflichtet. Der Vertragspartner kann sich hier grundsätzlich nicht an den Auftraggeber halten. Etwas anderes gilt nur, wenn dem Ver-

---

25 Nach umfassender Prüfung verneint in BGH Hansa 1964, 1703.
26 LG Bremen RdTW 2015, 471 mit Anm *Steinmann* TranspR 2015, 301.
27 OLG Hamburg VersR 1978, 560 „Merweborg", „Finnrose".

tragspartner ein Schiffsgläubigerrecht zusteht (siehe §§ 596 ff.), aus dem der Eigentümer des Schiffes zur Duldung der Zwangsvollstreckung verpflichtet ist.

XI. Die Haftung des Managers gegenüber Dritten

1. Die Haftung des Managers. Der Manager haftet dem geschädigten Dritten nach Maßgabe der allgemeinen Vorschriften. § 480 Satz 1 kommt nicht zur Anwendung. Der Manager betreibt das Schiff nicht für sich, sondern für seinen Auftraggeber. Daher ist der Manager nicht Ausrüster des Schiffes (dazu oben Rn 4). Der geschädigte Dritte kann insbesondere auf die Vorschrift des § 823 Abs. 1 BGB stützen. Geschützte Rechtsgüter, die durch das Verhalten des Managers beeinträchtigt werden können, sind insbesondere das Eigentum, namentlich das Eigentum am beförderten Gut, der Besitz sowie das Recht am eingerichteten ausgeübten Gewerbebetrieb. Eine Haftung erfordert ein schuldhaftes Verhalten des Managers selbst, also ein solches seiner Organe bzw. Repräsentanten. Das Verhalten sonstiger Personen kann dem Manager nur nach Maßgabe des § 831 Abs. 1 BGB zugerechnet werden (dazu sogleich Rn 88). Ggf. kann der geschädigte Dritte auch den Tatbestand des § 823 Abs. 2 BGB für sich geltend machen. Hier wird an die Verletzung einer gesetzlichen Vorschrift angeknüpft, die bestimmte Dritte vor Schäden schützen soll. Das Schutzgesetz muss sich gerade (auch) an den Manager als Adressaten richten. Der Manager haftet grundsätzlich nur für sein eigenes Verhalten bzw. das seiner Organe und Repräsentanten (siehe auch unten Rn 100–107). In allen Fällen kann sich ein schuldhaftes Verhalten aus der Verletzung von Organisationspflichten ergeben. 87

Der Manager muss außerdem für das Verhalten der von ihm eingeschalteten Verrichtungsgehilfen nach § 831 Abs. 1 BGB einstehen. Erforderlich ist, dass die betreffende Person vom Manager im Sinne des § 831 Abs. 1 Satz 1 BGB zu einer Verrichtung bestellt worden ist. Die vom Manager mit der Durchführung von Aufgaben im Zusammenhang mit dem Schiffsbetrieb beauftragten selbständigen Unternehmer – wie etwa Werften und Reparaturbetriebe, Klassifikationsgesellschaften und Besichtiger oder Lieferanten von Brennstoff, Ersatzteilen, Frischwasser oder Proviant – sind grundsätzlich keine Verrichtungsgehilfen. Ebenfalls keine Verrichtungsgehilfen sind die Mitglieder der Schiffsbesatzung, und zwar auch dann nicht, wenn der Manager (auch) das Crewing übernommen hat. In jedem Falle kann sich der Manager nach § 831 Abs. 1 Satz 2 BGB entlasten. 88

Nach den Umständen können Dritte in den Schutzbereich des Managementvertrages in der Weise einbezogen sein, dass der Manager nicht nur dem Auftraggeber, sondern auch dem Dritten für Verletzungen von Pflichten aus dem Vertrag nach § 280 Abs. 1 BGB einzustehen hat. Klausel 26 Shipman 2009 schließt, abgesehen von der Himalaya-Regelung der Klausel 17 (c) und (d) (oben Rn 73, 74), allerdings jegliche Drittwirkung des Vertrages ausdrücklich aus. 89

2. Haftungsbefreiungen und -beschränkungen zugunsten des Managers. Der Manager, der von dem geschädigten Dritten auf Schadenersatz in Anspruch genommen wird, kann sich ggf. auf ihm zustehende Haftungsbefreiungen und -beschränkungen berufen. Solche können sich zunächst aus Himalaya-Regelungen ergeben (unten Rn 91–94). Zu Gunsten des Managers kann auch eine Kanalisierung der Haftung auf andere Personen wirken (unten Rn 95). Schließlich ist der Manager befugt, seine Haftung für alle Ansprüche aus einem Ereignis nach Maßgabe des HBÜ 1996 zu beschränken (unten Rn 96–97). 90

a) Die Himalaya-Regelungen. Möglicher Weise ist der geschädigte Dritte Partei eines Rechtsverhältnisses, in dem eine Himalaya-Regelung vorgesehen ist. Kommt eine 91 solche Regelung zu Gunsten des Managers zum Tragen, kann er sich gegenüber dem geschädigten Dritten auf die Haftungsbefreiungen und -beschränkungen des betreffenden Rechtsverhältnisses in gleicher Weise berufen wie der Vertragspartner des Dritten. Traditionell sind Himalaya-Regelungen im Zusammenhang mit der Haftung für Verlust und Beschädigung des Gutes vorgesehen (unten Rn 92). Sie sind aber auch Bestandteil des Régimes der Haftung von Fahrgästen des Schiffes wegen Tod oder Körperverletzung oder wegen Verlust, Beschädigung oder verspäteter Aushändigung von Gepäck (unten Rn 93). Ebenso können Himalaya-Regelungen in allen sonstigen Verträgen überall dort vereinbart werden, wo es darum geht, ein in dem Vertrag vorgesehenes System von Haftungsbefreiungen und -beschränkungen davor zu schützen, dadurch unterlaufen zu werden, dass der Gläubiger Hilfspersonen des Schuldners unbeschränkt in Anspruch nimmt, die ihrerseits Rückgriff beim Schuldner nehmen können. Ein Beispiel dafür ist Klausel 17 (d) Shipman 2009 (oben Rn 74).

92 **aa) Ansprüche wegen Verlust und Beschädigung von Gut.** Himalaya-Regelungen finden sich typischer Weise in Fracht- und Charterverträgen und betreffen hier die Haftung für den Verlust und die Beschädigung des Gutes; siehe einführend die Hinweise unten Rn 99–100 Anhang zu § 479 (Kapitän). Sie können zu Gunsten des Managers wirken, der wegen eines solchen Ladungsschadens in Anspruch genommen wird, wenn es sich bei dem geschädigten Dritten um den (Stückgut-)Befrachter, um den (Reise-, Zeit- oder Bareboat-)Charterer des Schiffes oder um einen Konnossements-Berechtigten handelt. Gesetzliche Himalaya-Regelungen sind insbesondere in § 508 Abs. 1 und 2 sowie in § 509 Abs. 5 vorgesehen (dazu unten Rn 103–105, 128–130 Anhang zu § 479 [Kapitän]). Allerdings kommen diese Vorschriften in keinem Falle zu Gunsten des Managers zur Anwendung. Sie schützen lediglich die Leute des Verfrachters sowie die Personen der Schiffsbesatzung und damit nicht selbständige Hilfspersonen wie den Manager. Ihm helfen daher allenfalls vertraglich vereinbarte Himalaya-Regelungen. Ob das Rechtsverhältnis, dessen Partei der geschädigte Dritte ist, entsprechende Vereinbarungen enthält, hängt von den Umständen ab. Siehe zu dem Anspruch gegen den geschädigten Dritten auf Auskunft über den Inhalt des Rechtsverhältnisses die Hinweise unten Rn 131 Anhang zu § 479 (Kapitän).

93 **bb) Ansprüche der Fahrgäste des Schiffes.** Ähnliche Fragen stellen sich, wenn es sich bei dem geschädigten Dritten um einen Fahrgast handelt, der auf dem Schiff zu Schaden gekommen ist und Ansprüche wegen Tod oder Körperverletzung oder wegen Verlust, Beschädigung oder verspäteter Aushändigung von Gepäck geltend macht. Hier sind in Art. 11 AthenÜ 2002, § 547 Himalaya-Regelungen gesetzlich vorgesehen (siehe zu diesen Rn 132–137 Anhang zu § 479 [Kapitän]). Richtigerweise ist der Manager des Schiffes als Bediensteter oder Beauftragter des ausführenden Beförderers nach Art. 11 AthenÜ 2002 geschützt (siehe Rn 134 Anhang zu § 479 [Kapitän]). Davon abweichend findet die parallele Vorschrift des § 547 Abs. 1 auf den Manager keine Anwendung. Sie erstreckt ihren Schutz ausdrücklich nur auf die Leute des vertraglichen und des ausführenden Beförderers (und die Mitglieder der Schiffsbesatzung, § 547 Abs. 1 Satz 2). Der Manager gehört als selbständige Hilfsperson nicht zu den Leuten.

94 **cc) Die Pflicht zur Vereinbarung von Himalaya-Regelungen in Verträgen mit Dritten.** Im Managementvertrag kann vereinbart werden, dass der Auftraggeber in allen von ihm abgeschlossenen Verträgen, namentlich in solchen des Frachtrechts, also in Stückgutfrachtverträgen und in Reise- und Zeitchartern sowie in von ihm ausgestellten Konnossementen Himalaya-Regelungen zu Gunsten des Managers vorsieht. Eine solche

Pflicht bedarf m.E. einer entsprechenden Vereinbarung im Managementvertrag. Sie ergibt sich nicht bereits als bloße Schutz- und Rücksichtnahmepflicht im Sinne des § 241 Abs. 2 BGB. Zudem kann der Auftraggeber verpflichtet werden, auch auf seine Vertragspartner in dem Sinne einzuwirken, dass diese in den von ihnen abgeschlossenen weiteren Verträgen Himalaya-Regelungen zu Gunsten des Managers vorsehen. Ist eine entsprechende Pflicht des Auftraggebers im Managementvertrag vereinbart und kommt der Auftraggeber dem nicht nach, mit der Folge, dass sein Vertragspartner nunmehr den Manager in Anspruch nimmt, stehen diesem nach § 280 Abs. 1 BGB ggf. Ansprüche auf Schadenersatz bzw. auf Freihaltung gegen den Auftraggeber zu.

b) Die Kanalisierung der Haftung auf andere Personen. Macht der Geschädigte 95 Ansprüche wegen Ölverschmutzungsschäden oder zukünftig wegen HNS-Schäden geltend, kommen dem Manager die Haftungsbefreiungen der Art. III Abs. 4 Satz 2 Hs. 1 (c) ÖlHÜ 1992, Art. 7 Abs. 5 Hs. 1 (c) HNS-Ü 2010 zugute; siehe dazu unten Rn 14–15 zu Art. III ÖlHÜ 1992 (Anhang I.1 zu § 480). Die amtliche deutsche Übersetzung des Art. III Abs. 4 Satz 2 Hs. 1 (c) ÖlHÜ 1992 nennt ausdrücklich „einen mit der Betriebsführung Beauftragten". Gemeint ist hier der Manager des Schiffes (siehe noch oben Rn 6. Die Haftungsbefreiung entfällt nach Art. III Abs. 4 Satz 2 Hs. 2 ÖlHÜ, Art. 7 Abs. 5 Hs. 1 (c) HNS-Ü 2010, wenn dem Manager ein persönliches qualifiziertes Verschulden vorzuwerfen ist. Schließlich ist der Manager von einer Haftung befreit, wenn Kernmaterial befördert wird, Dritte durch ein vom Manager verursachtes nukleares Ereignis geschädigt werden und der Inhaber der betreffenden Kernanlage auf Grundlage des ParisÜ 1982 haftet (siehe Art. 1 KernmaterialBefÜ sowie unten Rn 37 Anhang IV zu § 480 [maritime Nuklearhaftung]).

c) Das Recht des Managers zur Beschränkung seiner Haftung. Der Manager ist 96 berechtigt, seine Haftung für alle Ansprüche aus einem Ereignis nach Maßgabe des HBÜ 1996 auf einen oder mehrere Höchstbeträge zu beschränken. Diese Befugnis ergibt sich aus Art. 1 Abs. 1 in Verbindung mit Abs. 2 HBÜ 1996. Der Manager ist Schiffseigentümer im Sinne dieser Vorschriften.[28] Dies ist allerdings nicht aus der amtlichen deutschen Übersetzung zu entnehmen, wo sich die Umschreibung „Manager" oder etwa „Vertragsreeder" nicht findet. Maßgeblich ist der (verbindliche) englische Wortlaut der Vorschrift, die in Art. 1 Abs. 2 HBÜ 1996 ausdrücklich den Manager nennt; siehe zu anderen Fällen entsprechend unvollständiger Übersetzungen oben Rn 5–6. In den Materialien zum HBÜ 1976 wird bestätigt, dass auch der Korrespondentreeder (zu diesem oben Rn 3) zur Beschränkung der Haftung befugt sei.[29] Der Aufzählung in Art. 1 Abs. 2 HBÜ 1996 ist zu entnehmen, dass die zur Beschränkung der Haftung berechtigten Personen gerade mit dem Betrieb des Schiffes befasst sein müssen. Diese Voraussetzungen erfüllt m.E. auch der Manager, der (ausschließlich) das Crewing übernommen hat (oben Rn 16–24). Auch dieser hat mit dem Betrieb des Schiffes zu tun; die Aufrechterhaltung einer vorschriftsmäßigen Besetzung des Schiffes ist, ebenso wie etwa das technische Management (oben Rn 15), ein wesentlicher Beitrag zum Betrieb des Schiffes.

Daneben kann sich die Befugnis des Managers zur Beschränkung der Haftung aus 97 Art. 1 Abs. 4 HBÜ 1996 ergeben. Bei der Person, für deren Verhalten die zur Beschränkung der Haftung berechtigten Person, insbesondere die Schiffseigentümer, einzustehen haben, kann es sich um selbständige Unternehmer handeln.[30] Ob eine entsprechende

---

28 *Rittmeister* Haftungsbeschränkung, S. 16 f. (vor b);
29 HBÜ-1976-Denkschrift S. 23 (rechte Spalte oben).
30 *Herber* Haftungsrecht S. 50 (vor d); *Rittmeister* Haftungsbeschränkung S. 18 (unter c).

Einstandspflicht der Schiffseigentümer besteht, beurteilt sich nach dem Recht, dem der Anspruch des geschädigten Dritten gegen den betreffenden Schiffseigentümer unterliegt. Handelt es sich um einen Anspruch aus unerlaubter Handlung, kann – bei Anwendbarkeit deutschen Sachrechts – eine Zurechnung des Verhaltens des Managers nur nach Maßgabe des § 831 Abs. 1 Satz 1 und Abs. 2 BGB erfolgen.[31] Allerdings ist der Manager normalerweise nicht Verrichtungsgehilfe des Reeders bzw. Ausrüsters (unten Rn 108), so dass insoweit Art. 1 Abs. 4 HBÜ 1996 außen vor bliebe. Macht der geschädigte Dritte vertragliche Ansprüche gegen den Reeder bzw. Ausrüster geltend, kann der Manager nach den Umständen die Stellung eines Erfüllungsgehilfen haben, so dass der Reeder bzw. Ausrüster für sein Verhalten nach § 278 Satz 1 BGB einzustehen hätte (unten Rn 113). Hier käme Art. 1 Abs. 4 HBÜ 1996 zugunsten des Managers zur Anwendung. Missverständlich ist der Hinweis, dass es für die Anwendung des Art. 1 Abs. 4 HBÜ 1996 genüge, dass eine Haftung einer von Gesetzes wegen zur Beschränkung der Haftung berechtigten Person für den Betreffenden durch Vertrag begründet wird.[32] Es ist nicht ersichtlich, um welche Fälle es hier noch gehen soll – abgesehen von der ohnehin gegebenen Anwendung des § 278 Satz 1 BGB im Falle vertraglicher Ansprüche (siehe zuvor). Das Recht des Managers zur Beschränkung seiner Haftung nach Art. 1 Abs. 2 bleibt aber in jedem Falle unberührt.

98 **3. Der Rückgriff des Managers beim Auftraggeber.** Nimmt der geschädigte Dritte den Manager in Anspruch, steht diesem ggf. der Rückgriff bei seinem Auftraggeber zu. Ein Rückgriffsanspruch kann sich aus dem Managementvertrag ergeben, insbesondere als Schadenersatzanspruch wegen Pflichtverletzung (§ 280 Abs. 1 BGB) oder als Anspruch auf Aufwendungsersatz (oben Rn 51). Dabei sind auch die wechselseitigen Haftungsfreizeichnungen (oben Rn 68) zu berücksichtigen. Hat der Manager den Anspruch des Dritten noch nicht erfüllt, kann er ggf. vom Auftraggeber Freistellung verlangen (siehe Klausel 17 [c] Shipman 2009, oben Rn 73). Waren der Manager und der Auftraggeber im Verhältnis zum geschädigten Dritten Gesamtschuldner (§§ 421 ff. BGB), steht dem Manager der Anspruch aus § 426 Abs. 1 BGB zu. Darüber hinaus kann der Manager gegen den Auftraggeber aus dem übergegangenen Anspruch des geschädigten Dritten gegen den Auftraggeber vorgehen (§ 426 Abs. 2 BGB). Der Auftraggeber ist ggf. auch gegenüber dem Manager berechtigt, seine Haftung nach Maßgabe des HBÜ 1996 zu beschränken, auch für Rückgriffsansprüche (Art. 2 Abs. 2 Satz 1 HBÜ 1996). Normalerweise wird dies nicht zu m Trage kommen, weil regelmäßig bereits der Manager im Verhältnis zum geschädigten Dritten zur Beschränkung der Haftung berechtigt war.

XII. Die Haftung des Auftraggebers für den Manager

99 Der Manager ist im Hinblick auf den Schiffsbetrieb Repräsentant des Auftraggebers, so dass ihm das Verhalten des Managers nach § 31 BGB als eigenes zugerechnet wird (unten Rn 102, 105). Dagegen erfüllt der Manager normalerweise nicht die Voraussetzungen eines Verrichtungsgehilfen (unten Rn 108). Er kann in entsprechenden Fällen aber Erfüllungsgehilfe des Auftraggebers sein (unten Rn 113). Wird der Auftraggeber in Anspruch genommen, kann er ggf. beim Manager Rückgriff nehmen (unten Rn 114).

---

31 Siehe *Herber* Haftungsrecht S. 49 (unten); *Rittmeister* Haftungsbeschränkung S. 19 (vor d).
32 Siehe *Herber* Haftungsrecht S. 49 (unten); *Rittmeister* Haftungsbeschränkung S. 19 (vor d).

1. Der Manager als Repräsentant des Auftraggebers (§ 31 BGB). Ausgehend von 100
§ 31 BGB und der hier geregelten Organhaftung (unten Rn 101) hat die Rechtsprechung
die Einstandspflicht der Gesellschaft für ihre Repräsentanten (unten Rn 102) entwickelt.
Der Gesellschaft wird das Verhalten in Ausführung der dem Organ bzw. Repräsentanten
zustehenden Verrichtung zugerechnet (unten Rn 103). Der Manager ist als Repräsentant
des Auftraggebers anzusehen (unten Rn 105), was sich in verschiedener Hinsicht auswirkt (unten Rn 106–107).

a) Die Haftung der Gesellschaft für ihre Organe. Gesellschaften wird nach § 31 101
BGB das Verhalten der für sie handelnden Personen zugerechnet. Die Vorschrift gilt für
alle Gesellschaften und nicht nur für den Verein im Sinne der §§ 21 ff. BGB. Dagegen gilt
§ 31 BGB von vornherein nicht für natürliche Personen. Nach § 31 BGB muss die Gesellschaft für das Verhalten der Mitglieder seiner Organe einstehen. Der Wortlaut der Vorschrift, wonach der Verein für den zugefügten Schaden verantwortlich ist, ist missverständlich. § 31 BGB gilt grundsätzlich auch für die Verletzung vertraglicher Pflichten.
Das Verhalten des Organs wird als Verhalten der Gesellschaft betrachtet. Soweit § 31
BGB zur Anwendung gelangt, wird § 278 Satz 1 BGB verdrängt. § 278 Satz 2 BGB kommt
auf Organe nicht zur Anwendung, vielmehr bleibt es bei § 276 Abs. 3 BGB. Organe sind
die Personen, die von Gesetzes wegen für die Gesellschaft nach Maßgabe ihrer Verfassung tätig werden, namentlich der Vorstand einer Aktiengesellschaft bzw. dessen Mitglieder, die Geschäftsführer einer GmbH oder die geschäftsführenden Gesellschafter
von OHG und KG. Organe sind nicht nur Personen, die die Gesellschaft nach außen
rechtsgeschäftlich vertreten, sondern etwa auch der Aufsichtsrat einer Aktiengesellschaft. Zu den Organen gehören auch die nach der Verfassung der Gesellschaft bestell-
ten besonderen Vertreter (§ 30 BGB). Hierunter fiel im Hinblick auf die – mit Inkrafttreten des SHR-ReformG abgeschaffte – Reederei der Korrespondentreeder (§§ 492 bis 499
HGB a.F., oben Rn 3).

b) Die Haftung der Gesellschaft für ihre Repräsentanten. Die Rechtsprechung 102
wendet § 31 BGB auch auf solche Personen an, denen, so die immer wiederkehrende
Formulierung, durch die allgemeine Betriebsregelung und Handhabung bedeutsame,
wesensmäßige Funktionen der Gesellschaft zur selbständigen, eigenverantwortlichen
Erfüllung zugewiesen sind, die also die Gesellschaft auf diese Weise repräsentieren,[33]
ohne dass sie als Organe der Gesellschaft in ihrer Verfassung vorgesehen sein müssen.[34]
Für diese Personen wird auch die Bezeichnung „leitende Angestellte" verwendet. Sie
müssen weder rechtsgeschäftliche Vertretungsmacht noch einen Aufgabenbereich innerhalb der geschäftsführenden Verwaltungstätigkeit der Gesellschaft haben.[35] Der im
Rahmen des § 31 BGB maßgebliche Begriff des Repräsentanten ist zu unterscheiden von
der (durchaus vergleichbaren) Position des Repräsentanten des Versicherungsnehmers
bzw. des Versicherten im Versicherungsrecht. Der BGH hat zudem nicht nur natürliche
Personen, die (leitende) Angestellte der Gesellschaft sind, sondern auch selbständige

---

[33] RGZ 163, 21, 30 (oben); RG JW 1936, 915 (rechte Spalte unten); BGHZ 49, 19 = NJW 1968, 391, 391 f. (unter II. 1. a); BGH WM 1956, 1056, 1058 (vor II.); BGH VersR 1962, 664, 665 (unter II.); BGH NJW 1972, 334 (rechte Spalte); BGH NJW 1977, 2259, 2260 (unter 2. a); BGH NJW 1998, 1854, 1856 (unter 1. a); BGHZ 196, 340 = NJW 2013, 3399 [12]; BGH RdTW 2013, 398 [13].
[34] BGHZ 49, 19 = NJW 1968, 391 (unter II. 1. a); BGH NJW 1998, 1854, 1856 (unter 1. a); BGH VersR 1962, 664, 665 (unter II.).
[35] BGHZ 49, 19 = NJW 1968, 391, 391 f. (unter II. 1. a); BGHZ 196, 340 = NJW 2013, 3399 [12]; siehe auch BGH NJW 1998, 1854, 1856 (unter 1. a) und BGH RdTW 2013, 398 [13].

Unternehmer als Repräsentanten angesehen und sie damit für die Zwecke der Zurechnung ihres Verhaltens dessen Organen gleichgestellt.[36] Dabei ging es jeweils um selbständige Handelsvertreter. Schließlich sind mehrstufige Organverhältnisse möglich. Bei der Person, deren Verhalten sich die Gesellschaft nach § 31 BGB zurechnen lassen muss, kann es sich ihrerseits um eine (Organ-)Gesellschaft handeln.[37] Hier muss die Gesellschaft für das Verhalten der Organgesellschaft, namentlich für das ihrer Organe bzw. Repräsentanten einstehen. Dies betrifft etwa die Fälle, dass es sich bei den geschäftsführenden Gesellschaftern einer OHG oder KG wiederum um eine GmbH handelt. In entsprechender Weise kann es auch weitere mehrstufige Organ-Verhältnisse geben.

103   **c) In Ausführung der ihm zustehenden Verrichtungen.** Nicht jedes Verhalten des Organs bzw. des Repräsentanten geht zu Lasten der Gesellschaft, sondern nur ein solches, das, wie § 31 BGB es formuliert, in Ausführung der ihm zustehenden Verrichtungen erfolgt. Dieses Merkmal entspricht der für die Anwendung des § 278 Satz 1 BGB maßgeblichen Voraussetzung, dass dem Schuldner nur ein Verschulden des Erfüllungsgehilfen zugerechnet wird, zu dem es in Ausübung seiner Verrichtungen kommt. Erforderlich ist ein sachlicher Zusammenhang mit den Aufgaben, die dem Organ bzw. Repräsentanten übertragen wurden. Die Zurechnung des Verhaltens des Organs erstreckt sich gerade auch auf Fälle, in denen das Organ bzw. der Repräsentant die ihm eingeräumte Vertretungsmacht überschreitet.[38]

104   **d) Die parallele Haftung für Organisationsmängel.** Neben der ausdehnenden Anwendung des § 31 BGB auf Repräsentanten der Gesellschaft hat die Rechtsprechung einen anderen Ansatz herausgearbeitet. Danach ist die Gesellschaft verpflichtet, für alle wesentlichen Aufgaben einen verfassungsmäßig berufenen Vertreter im Sinne des § 30 BGB zu bestellen. Kommt die Gesellschaft dem nicht nach, muss sie sich so behandeln lassen, als sei der Betreffende ein besonderer Vertreter im Sinne des § 30 BGB, mit der Folge, dass auch für ihn § 31 BGB gilt. Der Gesellschaft ist es in diesem Bereich verwehrt, sich so zu organisieren, dass sie sich von einer Haftung für die betreffende Person entlasten kann.[39] Beide Ansätze – die erweiterte Anwendung des § 31 BGB wie die Haftung für Organisationsmängel – liefern übereinstimmende Kriterien zur Zurechnung des Verhaltens des Betreffenden als eigenes Verhalten der Gesellschaft und führen normalerweise zu gleichen Ergebnissen.

105   **e) Zwischenergebnis.** Der Manager erfüllt normalerweise alle Voraussetzungen eines Repräsentanten des Auftraggebers im Sinne des § 31 BGB, so dass ihm das Verhalten des Managers nach dieser Vorschrift zuzurechnen ist. Er betreibt für den Auftraggeber, also den Reeder bzw. den Ausrüster, das Schiff. Dies gilt für das technische Management (oben Rn 15) ebenso wie für das Crewing (oben Rn 16–24) und das kommerzielle Management (oben Rn 25). In letzterer Hinsicht entspricht seine Stellung der eines selbständi-

---

36   BGH NJW 1998, 1854, 1856f. (unter 2. b) mit Anmerkung *Reuter* in LM § 167 BGB Nr. 39; zuvor bereits BGH NJW 49, 19 = NJW 1968, 391, 391f. (unter II. 1.).
37   Siehe BGHZ 154, 88 = NJW 2003, 1445, 1446 (unter 2b).
38   Siehe BGHZ 49, 19 = NJW 1968, 391, 392 (unter 2. a); BGHZ 98, 148 = NJW 1986, 2941, 2942 (linke Spalte oben); BGHZ 1999, 298 = NJW 1987, 1193 (unter 2.); BGH NJW 1986, 2939, 2940 (unter 2. a); BGH NJW 1980, 115 (unter 1.).
39   RGZ 89, 136, 137; RGZ 157, 228, 235; RGZ 162, 129, 166f.; RG JW 1932, 2076 (Nr. 9); RG JW 1932, 3702 (Nr. 1); BGHZ 24, 200, 213f. (insoweit nicht in NJW 1957, 1315 wiedergegeben); BGHZ 39, 124 = NJW 1963, 902, 902f. (vor II.); BGH NJW 1965, 685, 686 (vor 3.); BGH NJW 1980, 2810, 2811; OLG Köln NJW-RR 1993, 31, 33 (rechte Spalte) – siehe auch RGZ 163, 21, 30 (oben); RG JW 1936, 915 (rechte Spalte unten).

gen Handelsvertreters (siehe oben Rn 102). Der Manager führt die jeweils erforderlichen Tätigkeiten selbstständig und eigenverantwortlich durch. Er vertritt „das Schiff" nach außen, während der Auftraggeber selbst im Hintergrund bleibt. Zwar werden Rechtsgeschäfte regelmäßig im Namen des Auftraggebers geschlossen. Dieser aber wird häufig namentlich gar nicht mehr bezeichnet und lediglich als „owners" umschrieben. Das LG Hamburg hat den Prokuristen des Vertragsreeders in versicherungsrechtlicher Hinsicht als Repräsentanten des Reeders angesehen.[40]

f) Die Rechtsfolgen. Aus der Stellung des Managers als Repräsentant des Auftraggebers folgt, dass dieser für das Verhalten des Managers in Ausführung der ihm zustehenden Verrichtungen (§ 31 BGB) einzustehen hat. Insoweit ist Verhalten des Managers, im Falle einer Gesellschaft also seiner Organe und Repräsentanten, als eigenes Verhalten des Auftraggebers anzusehen. Dies betrifft zunächst die außervertragliche Haftung gegenüber Dritten. Verwirklicht der Manager einen der Tatbestände der §§ 823 Abs. 1 und 2 BGB oder den des § 831 Abs. 1 BGB (oben Rn 87–88), haftet auch der Auftraggeber. Im Hinblick auf die Beurteilung von Haftungsbefreiungen und -beschränkungen ist auf die Person des haftenden Auftraggebers abzustellen, nicht auf die des Managers. Zu seinen Gunsten wirkende Himalaya-Regelungen, die er dem geschädigten Dritten entgegenhalten könnte, kommen dem Auftraggeber nicht zugute (allerdings wird normalerweise der Auftraggeber durch die Himalaya-Regelung ohnehin in gleicher Weise geschützt). Zur Stellung des Managers als Erfüllungsgehilfe (§ 278 Satz 1 BGB) siehe unten Rn 113. 106

Kommt es auf ein persönliches qualifiziertes Verschulden des Auftraggebers, also des Reeders bzw. des Ausrüsters des Schiffes an – etwa nach Art. 4 HBÜ 1996, Art. III Abs. 4 Satz 2 Hs. 2 ÖlHÜ 1992 (siehe dort Rn 19 [Anhang I.1 zu § 480]), Art. V Abs. 2 ÖlHÜ 1992 (dort Rn 6 zu Art. V, VI ÖlHÜ 1992 [Anhang I.1]), Art. 7 Abs. 5 Hs. 2 und Art. 9 Abs. 2 HNS-Ü und ggf. als ausführender Verfrachter bzw. Beförderer nach § 507 Nr. 1, auch in Verbindung mit § 509 Abs. 1, § 480 Satz 2 in Verbindung mit §§ 507 Nr. 1, 509 Abs. 1, Art. 13 Abs. 1 AthenÜ 2002, Art. 3 Abs. 1 VO Athen, § 545 – genügt ein persönliches qualifiziertes Verschulden des Managers. Insoweit kann der für den Korrespondenzreeder geltende § 616 Abs. 1 Satz 2 im Wege der Analogie herangezogen werden (oben Rn 3). Für die Beurteilung des persönlichen qualifizierten Verschuldens des Managers gilt wiederum § 616 Abs. 1 Satz 1. 107

2. Der Manager als Verrichtungsgehilfe (§ 831 Abs. 1 Satz 1 BGB). Der Auftraggeber haftet für das Verhalten des Managers normaler Weise nicht nach § 831 Abs. 1 Satz 1 BGB. Der Manager ist selbständiger Unternehmer und unter diesem Gesichtspunkt schon nicht Verrichtungsgehilfe im Sinne der Vorschrift. Unabhängig davon steht dem Auftraggeber ggf. die Entlastung nach § 831 Abs. 1 Satz 2 BGB zur Verfügung. 108

3. Der Manager als Hilfsperson bei der Erfüllung vertraglicher Pflichten. Schließlich kann der Manager die Funktion einer Hilfsperson bei der Erfüllung vertraglicher Pflichten seines Auftraggebers oder weiterer Personen haben. Dies betrifft namentlich die Obhutspflichten des Verfrachters bzw. des Vercharterers und des Beförderers im Hinblick auf den Schutz des Gutes (unten Rn 110) sowie der Reisenden an Bord (unten Rn 111). Ebenso ist der Manager Gehilfe des Vercharterers unter einer Zeitcharter (unten 109

---

[40] Siehe LG Hamburg HmbSeeRep 2005, 224 Nr. 185 (S. 229) „Cap Triunfo", anschließend OLG Hamburg HmbSeeRep 2006, 155 Nr. 104.

Rn 112). Aber auch darüber hinaus hat der Manager ggf. die Rolle eines Erfüllungsgehilfen nach § 278 Satz 1 BGB (unten Rn 113).

110   a) **Der Manager als Hilfsperson des Verfrachters (§ 501 Satz 2).** Ist der Auftraggeber oder ein Dritter Verfrachter bzw. Vercharterer im Rahmen eines Stückgutfrachtvertrages, einer Reisecharter oder eines Konnossements oder ist er ausführender Verfrachter (§ 509) und wird er wegen Verlust oder Beschädigung von Gut in Anspruch genommen, hat der Manager normaler Weise nicht die Rechtsstellung einer selbständigen Hilfsperson (§ 501 Satz 2). Hat er das technische Management des Schiffes übernommen, dienen seine Tätigkeiten lediglich der Bereitstellung des Schiffes und nicht der Durchführung der konkreten Beförderung. Entsprechendes gilt für das Crewing. Die Bemannung des Schiffes zum Zwecke der Durchführung von Reisen hat keinen Bezug zu der jeweils geschuldeten Beförderung und den insoweit bestehenden Obhutspflichten. Etwas anderes allerdings gilt für die Frage der Herstellung und Aufrechterhaltung der See- und Ladungstüchtigkeit des Schiffes vor und während der fraglichen Reise (siehe §§ 485, 527 Abs. 2 sowie § 498 Abs. 2 Satz 2). Insoweit muss sich der Verfrachter bzw. Vercharterer das Verhalten des Managers nach § 502 Satz 2 zurechnen lassen.

111   b) **Der Manager als Beauftragter des Beförderers (Art. 4 Abs. 2 AthenÜ 2002, § 540 Satz 2).** Der Beförderer und der ausführende Beförderer haften für Ansprüche von Reisenden bei Tod oder Körperverletzung, Beschädigung oder Verlust von Gepäck oder bei dessen verspäteter Aushändigung auf Grundlage der Art. 3ff. AthenÜ 2002 in Verbindung mit Art. 3 Abs. 1 VO Athen, §§ 538ff., § 77 BinSchG. Nach Art. 4 Abs. 2 AthenÜ 2002, §§ 540 Satz 2, 546 Abs. 1 Satz 1 müssen der Beförderer und der ausführende Beförderer ggf. auch für das Verhalten des Managers einstehen.

112   c) **Der Manager als Hilfsperson des Zeitvercharterers.** Im Rahmen einer Zeitcharter (§§ 557ff.) ist der Vercharterer verpflichtet, das Schiff während der Dauer des Vertrages in dem vertragsgemäßen Zustand zu erhalten (§ 560 Satz 1). Insbesondere muss er für die durchgehende Seetüchtigkeit des Schiffes und, wenn das Schiff für die Zwecke der Beförderung von Gut verchartert wurde, auch für dessen Ladungstüchtigkeit sorgen (§ 560 Satz 2). Im Hinblick auf diese Pflichten ist der Manager Erfüllungsgehilfe des Zeitvercharterers (§ 278 Satz 1 BGB, § 567). Dies gilt unabhängig davon, ob es sich bei dem Zeitvercharterer um den Auftraggeber oder um einen Dritten handelt.

113   d) **Der Manager als Erfüllungsgehilfe (§ 278 Satz 1 BGB).** Der Manager kann nach den Umständen auch sonstiger Erfüllungsgehilfe (§ 278 Satz 1 BGB) des Auftraggebers oder weiterer Personen sein. Anzuknüpfen ist hier jeweils an die vertragliche Pflicht, die der Auftraggeber, also der Reeder bzw. Ausrüster des Schiffes, gegenüber dem geschädigten Dritten verletzt hat. Der Manager ist Erfüllungsgehilfe, wenn und soweit sich der Auftraggeber zur Erfüllung dieser Verbindlichkeit des Managers bedient hat. Dies beurteilt sich anhand der Umstände des Einzelfalles.

114   **4. Der Rückgriff des Auftraggebers.** Wird der Auftraggeber aufgrund eines Fehlverhaltens des Managers, das ihm, dem Auftraggeber, zuzurechnen ist, von einem geschädigten Dritten in Anspruch genommen, kann er, der Auftraggeber, ggf. Rückgriff beim Manager nehmen. Grundlage hierfür ist zunächst der Managementvertrag. Im Falle einer Pflichtverletzung des Managers kommt ein Rückgriff nach § 280 Abs. 1 BGB in Betracht. Dabei sind auch die in dem Managementvertrag enthaltenen, ggf. wechselseitigen Haftungsfreizeichnungen zu beachten (siehe oben Rn 67–72). Steht dem geschädigten

Dritten ein Schiffsgläubigerrecht zu (§§ 596 ff.), haftet der Manager dem Auftraggeber, wenn er der Reeder (und damit Eigentümer) des Schiffes ist (§ 476), wegen der Beeinträchtigung des Eigentums am Schiff auch aus § 823 Abs. 1 BGB. Waren der Manager und sein Auftraggeber Gesamtschuldner (§§ 421 ff. BGB), können sich Rückgriffsansprüche des Auftraggebers aus § 426 Abs. 1 BGB sowie aus dem übergegangenen Anspruch des geschädigten Dritten gegen den Manager (§ 426 Abs. 2 BGB) ergeben. Auch im Hinblick auf den Ausgleich im Innenverhältnis spielen die Vereinbarungen des Managementvertrages, insbesondere die hier vorgesehenen Haftungsfreizeichnungen (oben Rn 67–72) eine Rolle. Der Manager ist ggf. auch gegenüber dem Auftraggeber berechtigt, seine Haftung nach Maßgabe des HBÜ 1996 zu beschränken (siehe oben Rn 96–97). Dies gilt auch für Rückgriffsansprüche (Art. 2 Abs. 2 Satz 1 HBÜ 1996). Normalerweise wird die Befugnis zu Beschränkung allerdings keine Rolle spielen, weil regelmäßig bereits der Auftraggeber als Reeder bzw. Ausrüster im Verhältnis zum Dritten zur Beschränkung der Haftung berechtigt war.

XIII. Internationalprivatrechtliche Gesichtspunkte

Bei der Ermittlung des auf den Managervertrag anwendbaren Sachrechts kommt es in erster Linie auf eine von den Parteien getroffene Rechtswahl an (Art. 3 Rom I). In Klausel 23 Shipman 2009 ist vorgesehen, dass Streitigkeiten durch ein Schiedsgericht entschieden werden sollen; zur Auswahl stehen englische, amerikanische und sonstige Schiedsgerichte (siehe oben Rn 11). Gleichzeitig ist vereinbart, dass das betreffende Schiedsgericht jeweils sein eigenes Recht anwendet (§ 1051 Abs. 1 Satz 1 ZPO). Dies ist grundsätzlich keine Gesamtverweisung auch auf das internationale Privatrecht, sondern nur eine solche auf das Sachrecht des betreffenden Staates (§ 1051 Abs. 1 Satz 2 ZPO). Eine Weiterverweisung ist daher ausgeschlossen. 115

Fehlt es an einer Rechtswahl, muss das auf den Managementvertrag anwendbare Sachrecht anhand einer objektiven Anknüpfung nach Art. 4 Rom I oder, wenn eine Schiedsvereinbarung getroffen wurde, nach § 1051 Abs. 2 ZPO bestimmt werden. Maßgeblich ist der Tatbestand des Art. 4 Abs. 1 (b) Rom I, der Managementvertrag hat eine Dienstleistung zum Gegenstand (oben Rn 8, 13). Danach kommt das Recht des Staates zur Anwendung, in dem der Manager seinen gewöhnlichen Aufenthalt hat (siehe Art. 19 Rom I). Gleiches würde sich im Übrigen aus der Hilfsanknüpfung des Art. 4 Abs. 2 Rom I ergeben. Keine Rolle spielt dagegen der Art. 5 Abs. 1 Rom I. Auch im Falle der Übernahme des kommerziellen Managements des Schiffes (oben Rn 25) durch den Manager erhält der Managementvertrag nicht den Charakter eines Frachtvertrages. Ein vereinbartes Schiedsgericht ermittelt das anwendbare Sachrecht im Rahmen einer objektiven Anknüpfung nach § 1051 Abs. 2 ZPO (entsprechend Art. 4 Abs. 4 Rom I). Maßgeblich ist das Sachrecht, zu dem der Gegenstand des Verfahrens die engsten Verbindungen aufweist. Hier steht nicht der Vertrag als Ganzes im Fokus, sondern nur der Gegenstand des Verfahrens und damit ggf. ein einzelner Anspruch. Dies kann dazu führen, dass hier ein anderes Sachrecht zu Anwendung gelangt als auf den Managementvertrag insgesamt. 116

§ 478
Schiffsbesatzung

Die Schiffsbesatzung besteht aus dem Kapitän, den Schiffsoffizieren, der Schiffsmannschaft sowie allen sonstigen im Rahmen des Schiffsbetriebs tätigen Personen, die vom Reeder oder Ausrüster des Schiffes angestellt sind oder dem Reeder oder Ausrüster von einem Dritten zur Arbeitsleistung im Rahmen des Schiffsbetriebs überlassen werden und die den Anordnungen des Kapitäns unterstellt sind.

Geschichte: § 481 HGB 1897, neu gefasst durch Art. 1 des Gesetzes vom 2. Juni 1902 (RGBl. 1902, 618), geändert durch Art. 1 Nr. 19 (b) des 1. SRÄndG – **Entstehung:** § 478 HGB-KomE, SHR-KomE-Begr S. 89; § 478 HGB-RefE, SHR-RefE-Begr S. 112; § 478 HGB-RegE, SHR-ReformG-Begr S. 63 – **Binnenschifffahrt:** § 3 Abs. 2, § 21 Abs. 1 BinSchG.

Literatur: Siehe zu § 480.

In § 478 findet sich eine Umschreibung der „Schiffsbesatzung". Die Vorschrift geht zurück auf § 481 HGB 1897. Eine entsprechende Bestimmung fand sich auch bereits im ADHGB. In § 481 HGB 1897 hieß es, dass zur Schiffsbesatzung der Schiffer, die Schiffsmannschaft sowie alle übrigen auf dem Schiff angestellten Personen gehörten. Durch Gesetz vom 2. Juni 1902[1] ist diese Aufzählung um die Schiffsoffiziere ergänzt worden. Dies erfolgte um Zwecke der Angleichung an die parallel erlassene frühere SeemO 1902. Diese wurde 1957 durch das SeemG ersetzt, ohne dass § 481 HGB 1902 geändert wurde. Erst Art. 1 Nr. 10 (b) des 1. SRÄndG hat im gesamten Vierten Buch (heute: Fünftes Buch) die Begriffe „Schiffer" durch den Ausdruck „Kapitän" ersetzt. Damit entsprach § 481 HGB 1972 dem heutigen Hs. 1 des § 478. Dieser wurde durch das SHR-ReformG umformuliert und um den Vorbehalt des Hs. 2 zu den sonstigen, im Rahmen des Schiffsbetriebes tätigen Personen ergänzt.

1

§ 478 HGB-KomE entsprach noch dem § 478 HGB 1972 und enthielt zunächst nur den heutigen Hs. 1 des § 478. Der umformulierte § 478 HGB-RefE nannte anstelle der Schiffsmannschaft die Schiffsleute. Außerdem wurden die sonstigen Personen neu umschrieben. Diese mussten im Rahmen des Schiffsbetriebs tätig sein und, so der erstmals aufgenommene Vorbehalt des Hs. 2, vom Reeder oder Ausrüster angestellt und seiner Weisungsbefugnis unterstellt sein.[2] Die heutige Fassung des § 478 bezieht sich wieder auf die Schiffsmannschaft. Außerdem wurde der auf die sonstigen Personen bezogene Vorbehalt des Hs. 2 dahingehend geändert,[3] dass es nunmehr auf die Anstellung der Person durch den Reeder oder den Ausrüster oder einen Dritten und die Anordnungsbefugnis des Kapitäns ankommt (dazu unten Rn 38–44, 45).

2

Eine dem § 478 entsprechende Vorschrift findet sich auch im BinSchG. Hier heißt es in § 3 Abs. 2 BinSchG, dass zur Schiffsbesatzung der Schiffer, die Schiffsmannschaft und alle übrigen auf dem Schiff angestellten Personen gehören. Damit entspricht der heutige § 3 Abs. 2 BinSchG noch der ursprünglichen Fassung des § 481 HGB 1897. Im Hinblick auf die Schiffsmannschaft verweist § 3 Abs. 2 BinSchG auf die Umschreibung des § 21 BinSchG. Nach dessen Abs. 1 zur Schiffsmannschaft die zum Schifffahrtsdienst auf dem

3

---

1 Gesetz, betreffend Abänderung seerechtlicher Vorschriften des Handelsgesetzbuchs, vom 2. Juni 1902 (RGBl. 1902, 618).
2 Kritisch hierzu SHR-RefE(DVIS) Rn 37, 38 und SHR-RefE(DGTR) S. 310 (unter 2.).
3 Siehe *Czerwenka* SHR-ReformG Rn 2 zu § 478.

Schiff angestellten Personen der Schiffsbesatzung (genannt werden die Steuerleute, Bootsleute, Matrosen, Schiffsknechte, Schiffsjungen, Maschinisten und Heizer), mit Ausnahme des Schiffers. Die Vorschriften des BinSchG sind ersichtlich veraltet. Anders als § 478, der als selbständige Norm „vor die Klammer" gezogen wurde, bezieht sich § 3 Abs. 2 BinSchG nur auf die Regelung des Abs. 1 und die dort im Tatbestand genannte Schiffsbesatzung.

4   § 478 hilft im Rahmen des Fünften Buches aus und ergänzt die Bestimmungen, die auf die Schiffsbesatzung Bezug nehmen. Keine Rolle spielt die Vorschrift im Rahmen der Regelungen über die Schiffsbesatzung (oben Rn 86 Einleitung C). § 478 lassen sich keine Vorgaben im Hinblick auf die Schiffsbesatzung entnehmen. Ebenso können „überzählige" Personen, die über die Mindestbesetzung des Schiffes hinaus an Bord sind, zur Schiffsbesatzung im Sinne des § 478 gehören.

5   Die Stellung des Betreffenden als Person der Schiffsbesatzung ist auch von dem zugrunde liegenden Heuer-, Arbeits- oder sonstigen Verhältnis zu unterscheiden. Dieses Rechtsverhältnis beginnt normalerweise früher als die Rechtsstellung als Person der Schiffsbesatzung und endet später, weil jeweils noch die An- und Rückreise der betreffenden Person im Rahmen des Heuer- etc. Verhältnisses abgewickelt wird. Im Übrigen kann eine Person auch bei Unwirksamkeit des Heuer- etc. Verhältnisses zur Schiffsbesatzung gehören.

I. Einleitung

6   Die Umschreibung des § 478 gilt für das gesamte Fünfte Buch. Immer wenn in Vorschriften auf die Schiffsbesatzung Bezug genommen wird, ist § 478 maßgeblich. Dies betrifft namentlich §§ 480, 501 Satz 1, 508 Abs. 1 Satz 2, 509 Abs. 5, 512 Abs. 2 Nr. 1, 540 Satz 1, 547 Abs. 1 Satz 2, 581 Abs. 2 Satz 1, Abs. 3, 591 Abs. 1, 596 Abs. 1 Nr. 1. In gleicher Weise gilt die Umschreibung des § 478 auch für die Bestimmungen des EGHGB; siehe Art. 6 Satz 1 Nr. 1 und Art. 7 Abs. 1 Nr. 1. Seinem Charakter nach ist § 478 keine Zurechnungsvorschrift von der Art des § 501 oder des § 278 BGB. Vielmehr dient § 478 lediglich der Ausfüllung von Tatbeständen anderer Vorschriften. Außerhalb des Fünften Buches und des EGHGB bleibt § 478 grundsätzlich unberücksichtigt. Es ist aber nicht ausgeschlossen, dass die Vorschrift in anderen Fällen herangezogen werden kann, um die zur Schiffsbesatzung gehörenden Personen zu ermitteln. Es kann sich auch so verhalten, dass ein Schiff unbemannt ist und damit über keine Besatzung verfügt. Das SeeArbG enthält in § 3 Abs. 3 und 4 eine ausführliche eigenständige Definition der Personen, die als „Besatzungsmitglieder" im Sinne des Gesetzes angesehen werden.

7   **1. Die Bedeutung der Vorschrift.** Ob eine Person zur Schiffsbesatzung im Sinne des § 478 gehört, kann in verschiedener Hinsicht entscheidend sein. So knüpft die (adjektizische) Haftung des Reeders aus § 480 Satz 1 an eine in einer Person der Schiffsbesatzung (oder eines an Bord tätigen Lotsen) begründete Schadenersatzpflicht an. § 478 ist auch zu berücksichtigen, wenn § 480 Satz 1 über Art. 6 Abs. 1 Satz 1 EGHGB (unten Rn 139–140 zu § 480) oder über Art. 7 Abs. 1 Nr. 1 EGHGB (dort Rn 10 [Anhang zu § 476]) zur Anwendung gelangt, auch wenn § 478 in Art. 6 Abs. 1 Satz 1 und Art. 7 Abs. 1 Nr. 1 EGHGB nicht ausdrücklich genannt ist. Nach § 501 Satz 1 muss der Verfrachter insbesondere für das Verschulden der Schiffsbesatzung einstehen. Auch hier gilt § 478, selbst wenn § 501 Satz 1 auf Grundlage des Art. 6 Abs. 1 Satz 1 Nr. 1 EGHGB (der § 478 nicht nennt) zur Anwendung kommt. Ein Mitglied der Schiffsbesatzung (§ 478), das wegen des Verlustes oder der Beschädigung von Gut in Anspruch genommen wird, kann sich nach §§ 508 Abs. 1 Satz 2, 509 Abs. 5 auf die in den §§ 498ff. sowie im Stückgutfrachtvertrag (und in

der Reisecharter, § 527 Abs. 2) vorgesehenen Haftungsbefreiungen und -beschränkungen berufen (dies können darüber hinaus nur die Leute des Verfrachters bzw. ausführenden Verfrachters, § 508 Satz 1, nicht aber deren sonstige Hilfspersonen). Diese Befugnis besteht im Hinblick auf Ansprüche des Befrachters und des Empfängers (siehe § 506 Abs. 1) sowie ggf. ebenso gegenüber Ansprüchen vertragsfremder Dritter (§ 506 Abs. 2). In gleicher Weise sind die Mitglieder der Schiffsbesatzung (§ 478) im Hinblick auf Ansprüche von Fahrgästen wegen Tod oder Körperverletzung oder wegen des Verlustes, der Beschädigung oder der verspäteten Aushändigung von Gepäck (§§ 536 ff.) geschützt (§ 547 Abs. 1 Satz 2). Darüber hinaus kann nach § 512 Abs. 2 Nr. 1 im Rahmen des Stückgutfrachtvertrages, der Reisecharter und des (Normal-)Konnossements vereinbart werden, dass dem Verfrachter im Hinblick auf Ansprüche wegen Verlust oder Beschädigung des Gutes das Verhalten der Schiffsbesatzung (§ 478) im Falle nautischen Verschuldens oder eines Feuers nicht zugerechnet wird. Nach Art. 6 Abs. 1 Satz 1 Nr. 1 EGHGB gilt dies bei Haag-Konnossementen schon von Gesetzes wegen. Der Besatzung eines Schiffes (§ 478), von dem aus Bergungsmaßnahmen (§§ 570 ff.) durchgeführt werden, steht nach Maßgabe des § 581 ein Anteil am Bergelohn bzw. der Sondervergütung zu (siehe dazu noch unten Rn 10). Die Personen der Schiffsbesatzung (§ 478) sind nach § 591 Abs. 1 von der Beitragspflicht in Großer Haverei befreit. Und schließlich steht den Personen der Schiffsbesatzung (§ 478) für ihre Heuerforderungen nach § 596 Abs. 1 Nr. 1 ein Schiffsgläubigerrecht zu.[4] „Heuerforderung" meint jeden Anspruch des Mitglieds der Schiffsbesatzung auf Vergütung für seine Tätigkeiten, auch wenn es sich nicht im Sinne der §§ 37 ff. SeeArbG um Heuer handelt.

2. Der § 478 als vorgezogenes Merkmal. § 478 hat die Funktion eines „vor die Klammer" gezogenen Tatbestandsmerkmals für weitere, daran anknüpfende Regelungen der §§ 480 etc. (siehe zuvor Rn 7). Unter diesem Gesichtspunkt ist Vorschrift systematisch aus sich heraus sowie gleichartig und unabhängig von den Vorschriften auszulegen, in denen § 478 zur Anwendung gelangt. Im Rahmen der Anwendung der §§ 480 etc. können möglicherweise nach dem Zweck der betreffenden Vorschrift in entsprechender Anwendung bestimmte Personen, die an sich unter § 478 fallen würden, nicht zur Schiffsbesatzung gerechnet oder weitere Personen der Schiffsbesatzung gleichgestellt werden. So gilt § 480 Satz 1 ausdrücklich und über die Umschreibung des § 478 hinaus auch für den an Bord tätigen Lotsen (siehe Rn 9–27 zu § 480). Außerdem ist anerkannt, dass etwa § 480 Satz 1 die Haftung des Reeders auch auf die Schadenersatzpflichten weiterer Personen erstreckt, die nicht mehr zu den Personen der Schiffsbesatzung im Sinne des § 478 gehören (unten Rn 65–94 zu § 480). Die erweiterte Anwendung des § 480 Satz 1 auf weitere Personen ist von der Auslegung des § 478 zu unterscheiden. Nicht etwa zählen die Personen, auf die § 480 Satz 1 entsprechend anzuwenden ist, auch nach § 478 (und damit in allen anderen genannten Bestimmungen der §§ 480 etc. [zuvor Rn 7]) zur Schiffsbesatzung. Auch für die Zwecke der Anwendung des § 547 Abs. 1 Satz 2 ist der Lotse der Schiffsbesatzung gleichzustellen (dazu unten Rn 143–145 Anhang zu § 478 [Lotse]). 8

3. Besatzung und Schiffsbesatzung. Soweit im Fünften Buch lediglich auf die „Besatzung" anstelle der „Schiffsbesatzung" abgestellt wird, gilt die Umschreibung des § 478 zunächst nicht. Dies betrifft insbesondere die §§ 553 Abs. 1, 557 Abs. 1, 564 Abs. 1. 9

---

4 Siehe BGHZ 26, 152 = NJW 1958, 220, 222 (a.E.) mit Anm. *Nörr* LM Nr. 5 zu § 485, zuvor OLG Hamburg VersR 1957, 383.

Für die Anwendung der §§ 553 Abs. 1, 557 Abs. 1 spielt die Frage, welche Personen zur Schiffsbesatzung gehören, normalerweise ohnehin keine Rolle. Etwas anderes gilt für § 564 Abs. 1. Danach trägt der Vercharterer die Kosten (nur) der Besatzung. Die Kosten der weiteren Personen übernimmt der Charterer. Hier kann trotz der Bezugnahme auf die „Besatzung" anstelle der „Schiffsbesatzung" die Vorschrift des § 478 herangezogen werden.

10   In § 581 geht es um die Verteilung des Bergelohns bzw. der Sondervergütung, von der die Besatzung des Schiffes ggf. einen Teil erhält. In der Vorschrift ist einerseits von der „Besatzung" und andererseits von der „Schiffsbesatzung" die Rede. Es ist allerdings nicht ersichtlich, dass die Umschreibungen eine verschiedene Bedeutung haben sollen. Richtiger Weise gilt für beide Formulierungen in § 581 die Legaldefinition des § 478.

11   **4. Internationalprivatrechtliche Gesichtspunkte.** Auch in internationalprivatrechtlicher Hinsicht wirkt sich aus, dass § 478 lediglich eine ergänzende Funktion hat. Die Vorschrift kommt zur Anwendung, wenn in Vorschriften des Fünften Buches auf die Schiffsbesatzung Bezug genommen wird (oben Rn 8). Sind diese Vorschriften nach den Grundsätzen des internationalen Privatrechts jeweils zur Anwendung berufen, gilt ergänzend auch § 478. Darüber hinaus, bei Anwendbarkeit eines ausländischen Sachrechts, kann die Vorschrift allenfalls in Ausnahmefällen zur Anwendung gelangen, etwa wenn die Vorfrage, welche Personen zur Schiffsbesatzung gehören, nach deutschem Sachrecht zu beantworten ist. Ist der Sachverhalt vollständig nach ausländischem Sachrecht zu beurteilen, bleibt § 478 außen vor. Dies gilt auch in Verfahren vor deutschen Gerichten. Darüber hinaus kommt es für die Anwendung des § 478 nicht darauf an, welche Flagge das Schiff führt, welche Staatsangehörigkeit die betreffenden Personen oder der Reeder bzw. der Ausrüster des Schiffes haben oder welchem Recht das Heuer- oder sonstige Arbeitsverhältnis unterliegt.

II. Der Kapitän

12   Zur Schiffsbesatzung gehört zunächst der Kapitän des Schiffes. Das Fünfte Buch HGB knüpft zwar verschiedentlich an die Person des Kapitäns an (siehe Rn 4 Anhang zu § 479 [Kapitän]), enthält aber keine Umschreibung. Allerdings kann die Begriffsbestimmung des § 5 Abs. 1 SeeArbG herangezogen werden: Kapitän ist das vom Reeder zur Führung des Schiffes bestellte Besatzungsmitglied (siehe § 3 Abs. 1 und 3 SeeArbG). Dabei ist zu beachten, dass die Umschreibung des Reeders in § 4 Abs. 1 SeeArbG von der des § 476 abweicht. Nach § 4 Abs. 1 Nr. 1 SeeArbG ist Reeder des Schiffes zunächst dessen Eigentümer. An seine Stelle tritt nach § 4 Abs. 1 Nr. 2 SeeArbG unter bestimmten weiteren Voraussetzungen jede andere Person, die die Verantwortung für den Betrieb des Schiffes übernommen hat.[5] Letztlich wird aber auch in § 4 Abs. 1 Nr. 2 SeeArbG, wie in §§ 476, 477, in etwas abweichender Form auf die Person des Betreibers des Schiffes abgestellt (siehe Rn 14–28 zu § 476). Die Umschreibung des § 4 Abs. 1 SeeArbG kann für die Zwecke der Anwendung des § 478 ergänzend auch dann herangezogen werden, wenn das Schiff nicht die deutsche Flagge führt (siehe § 1 Abs. 1 Satz 1 SeeArbG) und das Heuerverhältnis des Kapitäns nicht dem deutschen Sachrecht unterliegt.

13   Der Kapitän gehört kraft seines Amtes zur Schiffsbesatzung im Sinne des § 478; die Vorbehalte betreffend die sonstigen Personen, die (Leih-) Arbeitnehmer des Reeders bzw. Ausrüsters sein müssen (unten Rn 38–44), gelten nicht für den Kapitän. Der BGH

---

5 Siehe dazu VG Hamburg RdTW 2014, 216.

hat in einer der „Passat", „Dordrecht 26" Entscheidungen[6] offengelassen, ob der vom Charterer gestellte Schiffsführer zur Schiffsbesatzung gehört. Normalerweise gibt es nur einen Kapitän an Bord. Ein zweiter „Kapitän", der sich zum Zwecke der Einweisung an Bord aufhält oder mitfährt, ist Schiffsoffizier. Der Schiffsführungslotse (unten Rn 19–21 zu § 480) kann nicht als Kapitän angesehen werden. § 478 knüpft an die Stellung des Betreffenden als Kapitän an. Die Person, die dieses Amt jeweils innehat, kann, ggf. auch kurzfristig, wechseln. Kapitän des Schiffes ist auch der so genannte „Hafenkapitän", der nur für die Dauer des Hafenaufenthaltes des Schiffes dessen Kapitän ist. Ein Lotse, der ausnahmsweise nicht lediglich Berater ist, sondern die Führung des Schiffes übernimmt, erlangt insoweit die Stellung eines Kapitäns und ist also solcher Teil der Schiffsbesatzung.

Kapitän ist nur, wer vom Reeder im Sinne des § 4 Abs. 1 SeeArbG zur Führung des **14** Schiffes bestellt wurde. Ohne einen solchen Akt der Bestellung ist der Betreffende, auch wenn er tatsächlich das Schiff führt, nicht dessen Kapitän im Sinne des § 478. Die Bestellung zum Kapitän ist eine einseitige geschäftsähnliche Handlung des Reeders, die den §§ 116ff. BGB unterliegt. Sie ist nicht zugangsbedürftig (§ 130 Abs. 1 Satz 1 BGB). Außerdem ist die Bestellung formfrei, so dass sie Bestellung auch mündlich oder stillschweigend erfolgen kann. Auch die nachträgliche Bestellung des tatsächlichen Führers des Schiffes als Kapitän ist möglich (siehe auch § 184 Abs. 1 BGB). Die Rechtstellung als Kapitän endet mit dessen Abbestellung. Auch dies ist, wie die vorangegangene Bestellung, eine geschäftsähnliche Handlung. Zu Beginn und Ende der Rechtsstellung als Kapitän des Schiffes siehe unten Rn 76–78.

Der Kapitän gehört auch dann im Sinne des § 478 zur Schiffsbesatzung, wenn er **15** sich zeitweise nicht an Bord aufhält (unten Rn 78). Gleiches gilt, wenn er das Schiff nicht führen kann oder will oder wenn er nicht über die erforderlichen Befähigungszeugnisse verfügt (siehe § 5 Abs. 2 SeeArbG). Auch § 5 Abs. 3 Satz 1 SeeArbG kann im Rahmen des § 478 berücksichtigt werden; allerdings gehört der Erste Offizier bzw. der Alleinsteuermann als Schiffsoffizier schon kraft dieses Amtes zur Schiffsbesatzung (sogleich Rn 16–18). Der Kapitän eines Schiffes kann gleichzeitig Kapitän, Schiffsoffizier, Mitglied der Schiffsmannschaft oder sonstige Person auf einem anderen Schiff oder mehreren anderen Schiffen des Reeders, Ausrüster oder auch Dritter sein. Ebenso kann der Reeder, der Ausrüster oder der Eigentümer des Schiffes selbst die Funktion des Kapitäns übernehmen.

III. Die Schiffsoffiziere

Zur Schiffsbesatzung gehören nach § 478 weiter die Schiffsoffiziere. Diese werden im **16** Fünften Buch nicht noch einmal erwähnt. § 6 SeeArbG umschreibt die Schiffsoffiziere als die Besatzungsmitglieder (dazu § 3 Abs. 1 und Abs. 3 Satz 1 SeeArbG) „…des nautischen oder des technischen Dienstes, … sowie die Schiffsärztinnen und Schiffsärzte, die Seefunkerinnen und Seefunker, die Schiffselektrotechnikerinnen und Schiffselektrotechniker und die Zahlmeisterinnen und Zahlmeister". Auch diese Begriffsbestimmung kann für die Zwecke des § 478 herangezogen werden. Die Umschreibung des § 6 SeeArbG gilt im Rahmen des § 478 auch dann, wenn das Schiff nicht die deutsche Flagge führt (siehe § 1 Abs. 1 Satz 1 SeeArbG) und das Heuerverhältnis mit dem Schiffsoffizier nicht dem deutschen Sachrecht unterliegt. Der Schiffsoffizier gehört auch zur Schiffsbesatzung,

---

[6] BGH NJW-RR 1997, 538, 538f. (unter II.1) mit Anm. *Michaels* TranspR 1997, 330, zuvor RhSchOG Köln ZfB 1996 Nr. 6 S. 41 (Slg. 1590).

wenn er sich zeitweise nicht an Bord aufhält (unten Rn 78). Gleiches gilt, wenn er seine Aufgaben nicht ausführen kann oder will oder wenn er nicht über die erforderlichen Befähigungszeugnisse verfügt (siehe § 6 SeeArbG).

17 Schiffsoffiziere sind schon kraft Amtes Personen Schiffsbesatzung im Sinne des § 478; die Vorbehalte betreffend die sonstigen Personen, die (Leih-) Arbeitnehmer des Reeders bzw. Ausrüsters sein müssen (unten Rn 38–44), gelten nicht für die Schiffsoffiziere. § 478 knüpft an die Stellung des Betreffenden als Schiffsoffizier an. Die Person, die dieses Amt jeweils innehat, kann, ggf. auch kurzfristig, wechseln. Ein Schiffsoffizier eines Schiffes kann gleichzeitig Kapitän, Schiffsoffizier, Mitglied der Schiffsmannschaft oder sonstige Person auf einem anderen Schiff oder mehreren anderen Schiffen des Reeders, Ausrüster oder auch Dritter sein. Zählt man etwa – unzutreffend (unten Rn 66–68) – die Besatzung des Schleppers zur Besatzung des geschleppten Schiffes, wird die Besatzung des Schleppers sowohl für den Schlepper als auch für das geschleppte Schiff tätig.[7]

18 Der Reeder, der Ausrüster oder der Eigentümer des Schiffes kann auch selbst Schiffsoffizier sein. Zur Schiffsbesatzung zählen auch solche Schiffsoffiziere, die sich zusätzlich und über die maßgeblichen Vorschriften der Schiffsbesetzung (oben Rn 86 Einleitung C) hinaus an Bord befinden. Schiffsoffizier ist auch, wer nur für die Liegezeit im Hafen Dienste an Bord verrichtet,[8] anstelle eines anderen Schiffsoffiziers oder als zusätzlicher Schiffsoffizier. Solche Personen können in dieser Weise jeweils für alle Schiffe des jeweiligen Reeders, Ausrüsters oder Managers in einem Hafen tätig werden. Gibt es neben dem Kapitän einen zweiten „Kapitän", der sich zum Zwecke der Einweisung an Bord aufhält oder mitfährt, ist dieser ebenfalls Schiffsoffizier. Zu Beginn und Ende der Rechtsstellung als Schiffsoffizier siehe unten Rn 76–80.

IV. Die Schiffsmannschaft

19 § 478 nennt als weitere Teile der Schiffsbesatzung die Schiffsmannschaft. Auch diese wird in den sonstigen Vorschriften des Fünften Buches nicht noch einmal angesprochen. Die Schiffsmannschaft wird in § 478 von den „... sonstigen im Rahmen des Schiffsbetriebs tätigen Personen ..." (unten Rn 22–75) unterschieden. Hieraus ergibt sich, dass auch die Schiffsmannschaft im Rahmen des Schiffsbetriebs tätig ist (dazu unten Rn 31–37). Weitere Merkmale für eine Unterscheidung nennt § 478 nicht. Nach der Verkehrsanschauung gehören – unter Außerachtlassung des Kapitäns und der Schiffsoffiziere – zur Schiffsmannschaft diejenigen Personen, die auf Grundlage eines Heuervertrages im Kernbereich des Schiffsbetriebs arbeiten. Dies umfasst Decksleute, Maschinenpersonal sowie das Kombüsen-, Service- und Wäschereipersonal, soweit es die übrige Schiffsmannschaft, die Schiffsoffiziere und den Kapitän betreut. Diese Umschreibung ist enger als die der Besatzungsmitglieder in § 3 Abs. 1 SeeArbG. Erst Recht sind die in § 3 Abs. 3 Satz 1 SeeArbG genannten Personen nicht Teil der Schiffsmannschaft nach § 478.

20 Das Mitglied der Schiffsmannschaft gehört auch dann zur Schiffsbesatzung, wenn es sich zeitweise nicht an Bord aufhält (unten Rn 78). Gleiches gilt, wenn es seine Aufgaben nicht ausführen kann oder will oder wenn er nicht über die erforderlichen Qualifikationen verfügt. Die Person der Schiffsmannschaft ist schon kraft ihres Amtes Teil der Schiffsbesatzung im Sinne des § 478; die Vorbehalte betreffend die sonstigen Personen, die (Leih-) Arbeitnehmer des Reeders bzw. Ausrüsters sein müssen (unten Rn 38–44),

---

7 So in der Tat OLG Hamburg HansGZ H 1900, 1 Nr. 1 (S. 3 rechte Spalte) „Königin Carola".
8 *Schaps-Abraham* Seehandelsrecht Rn 5 zu § 481.

gelten nicht für die Personen der Schiffsmannschaft. § 478 knüpft an die Stellung des Betreffenden als Teil der Schiffsmannschaft an. Die Person, die dieses Amt jeweils innehat, kann, ggf. auch kurzfristig, wechseln. Das Mitglied der Schiffsmannschaft kann gleichzeitig Kapitän, Schiffsoffizier, Mitglied der Schiffsmannschaft oder sonstige Person auf einem anderen Schiff oder mehreren anderen Schiffen des Reeders, Ausrüster oder auch Dritter sein.

Zur Schiffsbesatzung zählen auch solche Mitglieder der Schiffsmannschaft, die sich 21 zusätzlich und über die maßgeblichen Erfordernisse der Schiffsbesetzung (oben Rn 86 Einleitung C) hinaus an Bord befinden. Wiederum ist es denkbar, dass der Reeder, der Ausrüster oder der Eigentümer des Schiffes selbst zur Schiffsmannschaft gehört. Teil der Schiffsmannschaft sind auch zusätzliche Personen, die in Übersee für einen begrenzten Zeitraum von Tagen oder Wochen zur Verstärkung der normalen Schiffsmannschaft an Bord kommen, um auf dem Schiff in und zwischen Häfen besonders personalaufwändige Arbeiten durchzuführen. Gleiches gilt für Personen, die nur in einem Hafen an Bord Arbeiten der Schiffsmannschaft erledigen, neben oder anstelle der Personen der normalen Schiffsmannschaft. Zu Beginn und Ende der Rechtsstellung als Mitglied der Schiffsmannschaft siehe unten Rn 76–78.

V. Die sonstigen Personen

Neben dem Kapitän, den Schiffsoffizieren und der Schiffsmannschaft rechnet § 478 22 bestimmte weitere Personen zur Schiffsbesatzung. Stets muss es sich um natürliche Personen handeln. Diese müssen im Rahmen des Schiffsbetriebs tätig sein (unten Rn 31–37). Darüber hinaus verlangt § 478, dass der Betreffende Arbeitnehmer oder jedenfalls Leiharbeitnehmer des Reeders oder Ausrüsters (unten Rn 38–44) und den Anordnungen des Kapitäns unterstellt ist (unten Rn 45). Die Vorgeschichte der Vorschrift, die sich bereits im ADHGB fand, ist uneinheitlich und ist im Laufe der Zeit von den Gerichten durchaus häufig und mit wechselnden Ergebnissen angewandt worden. Vor diesem Hintergrund ist zunächst eine Standortbestimmung unter Einbeziehung der Hinweise in der SHR-ReformG-Begr[9] erforderlich (unten Rn 24–30).

Die sonstige Person im Sinne des § 478 gehört auch dann zur Schiffsbesatzung, 23 wenn sie ihre Aufgaben nicht ausführen kann oder will oder wenn sie nicht über die erforderlichen Befähigungszeugnisse verfügt. Ebenso kann die sonstige Person der Schiffsbesatzung gleichzeitig Kapitän, Schiffsoffizier, Mitglied der Schiffsmannschaft oder sonstige Person auf einem anderen Schiff oder mehreren anderen Schiffen des Reeders, des Ausrüsters oder eines Dritten sein. Zu Beginn und Ende der Rechtsstellung als sonstige Person im Sinne des § 478 siehe unten Rn 76–78.

1. Grundlagen

a) Die Vorgeschichte. Die traditionelle, mehr als hundert Jahre gültige Umschrei- 24 bung des früheren § 481 HGB a.F. bezog sich auf „... sonstige, auf dem Schiffe angestellte Personen". Ausgehend vom Wortlaut ergibt sich das Merkmal des Angestelltseins, was auf das Vorliegen eines Dienstvertrages schließen lässt. Nun werden die meisten natürlichen Personen aufgrund eines Dienstvertrages mit einem Arbeitgeber tätig. Um überhaupt für eine Abgrenzung tauglich zu sein, muss es sich um einen Dienstvertrag gerade mit dem Reeder bzw. Ausrüster handeln. Zu anderen muss der Betreffende „auf dem

---

[9] S. 63 („Zu § 478").

Schiff" angestellt sein, also eine Tätigkeit an Bord übernommen haben. Die frühere Rechtsprechung hat diese Beschränkungen teils weit hinter sich gelassen. Dies erfolgte offenbar vor allem im Rahmen einer Anwendung der Haftungsvorschrift des § 485 HGB a.F. (heute: § 480). Hier kommt nach dem Zweck der Vorschrift in der Tat eine Erweiterung der Haftung des Reeders durch Einbeziehung weiterer Personen und ihrer Ersatzpflicht in Betracht (näher unten Rn 65–94 zu § 480). Dabei handelt es sich um eine analoge Anwendung des § 480 auf Personen, die an sich nicht unter den Tatbestand der Vorschrift fallen. Dies ist zu unterscheiden von einer erweiterten Auslegung des Merkmals „sonstige Personen" des § 478, die dann allgemeine Gültigkeit beanspruchen würde und auch in allen sonstigen Vorschriften, die an die „Schiffsbesatzung" anknüpfen (oben Rn 7, 8), beachtlich wäre. Systematisch richtig ist es daher, § 478 aus sich heraus und nicht unter Beachtung einzelner Anwendungsfälle auszulegen.

25   **b) Die SHR-ReformG-Begr.** § 478 knüpft bei der Umschreibung der sonstigen, zur Schiffsbesatzung gehörenden Personen gleich zwei Mal an deren Tätigkeit im Rahmen des Schiffsbetriebs an. Dieses Merkmal ersetzt die Vorgabe des § 481 HGB a.F., dass die Person „... auf dem Schiff angestellt ..." sein musste. Diese Formulierung sei, so die SHR-ReformGBegr,[10] unpräzise und gebe Anlass für Missverständnisse. Namentlich sei der BGH[11] zu dem Ergebnis gekommen, dass eine Person auch eine sonstige Person im Sinne des § 481 HGB a.F. sein könne, wenn sie ihre Arbeiten an der Schiffslängsseite, im Leichter oder am Kai zu verrichten habe. Die neue Formulierung der Tätigkeit „im Rahmen des Schiffsbetriebs" soll diesem Verständnis Rechnung tragen. Ausgehend davon soll das Merkmal der Tätigkeit im Rahmen des Schiffsbetriebes offenbar nur den Ort der Tätigkeit weiter ziehen. Dieser Hinweis der SHR-ReformG-Begr greift aber zu kurz. Denn tatsächlich wird mit der Bezugnahme auf den Betrieb des Schiffes in § 478 die Anknüpfung auf eine komplett neue Grundlage gestellt. Dies ist auch folgerichtig, nachdem auch die neuen §§ 476, 477 Abs. 1 den Betrieb des Schiffes in den Mittelpunkt stellen (oben Rn 14–28 zu § 476 und Rn 2 zu § 477).

26   Darüber hinaus bezieht sich die SHR-ReformG-Begr auf das Erfordernis, dass die betreffende Person vom Reeder oder Ausrüster angestellt wurde oder diesem zur Arbeitsleistung im Rahmen des Schiffsbetriebs überlassen wird. Hierdurch solle die nach dem früheren Recht bestehende Frage geklärt werden, ob und in welchem Umfang selbständig Tätige oder deren Bedienstete zur Schiffsbesatzung gezählt würden. Dies wird durch die Neuformulierung eindeutig ausgeschlossen. An dieser Stelle verweist die SHR-ReformG außerdem – und überflüssigerweise (siehe aber unten Rn 28–29, 34) – darauf, dass nur Personen erfasst würden, die „... in den arbeitsteiligen Organismus der Schiffsdienste und der Bordgemeinschaft eingegliedert ..." seien. Dieser Gesichtspunkt hat im Hinblick auf die Frage nach der Einbeziehung selbständiger Personen offenbar keine Bedeutung.

27   Schließlich ergänzt die SHR-ReformG-Begr, dass sich in diesen Fällen nach den anwendbaren Sonderbestimmungen, etwa § 501, beurteile, inwieweit sich der Reeder oder der Ausrüster das Verhalten selbständiger Hilfspersonen zurechnen lassen müsse. § 478 ist allerdings keine Zurechnungsnorm wie §§ 501, 428 oder § 278 Satz 1 BGB, sondern eine Begriffsbestimmung mit lediglich ergänzender Funktion. Nur im Rahmen des § 480 wirkt § 478 wie eine Zurechnungsvorschrift.

---

10   S. 63 („Zu § 478").
11   BGHZ 3, 34, 39, insoweit in NJW 1952, 64 nicht wiedergegeben.

c) Der Ausgangspunkt heute. Die frühere Vorschrift des § 481 HGB a.F. und auch **28** schon die entsprechende Regelung des ADHGB sind immer wieder Gegenstand der Rechtsprechung gewesen und dabei unterschiedlich ausgelegt und teils sehr weitgehend angewandt worden. Ausgangspunkt des heutigen Verständnisses der Reichweite des § 478 im Hinblick auf sonstige Personen ist die (binnenschifffahrtsrechtliche) Entscheidung BGHZ 3, 34.[12] Die SHR-ReformGBegr zitiert wörtlich Teile der entscheidenden Passagen des Urteils (die Personen seien „… in den arbeitsteiligen Organismus der Schiffsdienste und der Bordgemeinschaft eingegliedert …"), außerdem bezieht sie sich an anderer Stelle ausdrücklich auf BGHZ 3, 34. Die genannte Formulierung geht, wie in dem Urteil klargestellt ist, ihrerseits auf *Wüstendörfer*[13] zurück. Im weiteren Verlauf hat BGHZ 26, 152[14] die Umschreibung auch für das Seehandelsrecht übernommen. Sie ist in der Folge auch Anknüpfungspunkt weiterer Entscheidungen gewesen.[15] Damit sind viele der Urteile aus der Zeit vor BGHZ 3, 34 heute überholt.

Die SHR-ReformG-Begr hat die entscheidende Formulierung in BGHZ 3, 34 nicht **29** vollständig wiedergegeben. Dort heißt es, dass die Eingliederung in den Bordbetrieb „… als Arbeitnehmer kraft eines auf eine gewisse Dauer berechneten unmittelbaren Dienstverhältnisses …" erfolgen müsse. In der SHR-ReformG-Begr fehlt der Hinweis auf die Dauer des Dienstverhältnisses. Dies kann ein entscheidender Gesichtspunkt für die Einordnung des Betreffenden als sonstige Person im Sinne des § 478 sein (unten Rn 37). M.E. ist der fehlenden Bezugnahme in der SHR-ReformG-Begr auf die Dauer des Dienstverhältnisses nicht zu entnehmen, dass dieses Merkmal unberücksichtigt zu bleiben habe.

d) Sonstige Personen und Schiffsmannschaft. Die betreffende Person darf, um als **30** sonstige Person in Frage zu kommen, insbesondere nicht bereits Teil der Schiffsmannschaft sein. Zu dieser gehören auch Mitglieder der Schiffmannschaft, die überzählig an Bord sind. Wesentlich für die Einordnung einer Person als Mitglied der Schiffsmannschaft ist deren Tätigkeit auf Grundlage eines Heuervertrages im Kernbereich des Schiffsbetriebs (oben Rn 19–21). Zusätzliche Personen, die etwa im Hafen in diesem Bereich tätig sind, etwa als zusätzliche Decksleute, sind Teil der Schiffsmannschaft im Sinne des § 478 (und nicht sonstige Personen).[16]

2. Die Tätigkeit im Rahmen des Schiffsbetriebs. Zur Schiffsbesatzung zählen **31** nach § 478 auch alle sonstigen im Rahmen des Schiffsbetriebes (sogleich Rn 32–35) tätigen Personen. Dabei spielt auch die Dauer der Tätigkeit eine Rolle (unten Rn 37).

a) Der Schiffsbetrieb. Eine Tätigkeit im Rahmen des Schiffsbetriebs im Sinne des **32** § 478 erfordert ein Verhalten, also ein Handeln oder auch ein Unterlassen, für die Zwecke des Schiffsbetriebes. Zum Betrieb des Schiffes siehe oben Rn 16–18 zu § 476. Die Tätigkeit muss den Schiffsbetrieb zumindest fördern, ihm zugutekommen oder ihn erleichtern.

---

12 S. 39, insoweit in NJW 1952, 64 nicht wiedergegeben.
13 Seehandelsrecht S. 173.
14 = NJW 1958, 220, 221 (linke Spalte oben) mit Anm. *Nörr* LM Nr. 5 zu § 485, zuvor OLG Hamburg VersR 1957, 383.
15 BGHZ 70, 113 = NJW 1978, 948 (unter 2a) „Sagittarius"; BGH NJW-RR 1997, 538, 538f. (unter II.1) „Passat", „Dordrecht 26" mit Anm. *Michaels* TranspR 1997, 330, zuvor RhSchOG Köln ZfB 1996 Nr. 6 S. 41 (Slg. 1590); OLG Bremen Hansa 1956, 469 (rechte Spalte), Revision BGHZ 25, 244 = NJW 1957, 1717 „Anna B." – siehe auch BGH VersR 1979, 570 „Burg Hirschhorn", „Wildenburg", „Elfried".
16 Siehe RGZ 20, 84, 85 „Elisetta".

33 Maßgeblich für den Betrieb ist die Perspektive des Betreibers, also des Reeders oder des Ausrüsters und damit insbesondere nicht die eines Charterers. Insbesondere kann es sich so verhalten, dass der Reeder bzw. der Ausrüster das Schiff oder Teile davon lediglich einem anderen zur Verfügung zu stellen hat. Hier beschränkt sich der maßgebliche Schiffsbetrieb auf die Zurverfügungstellung des Schiffes. Personen, die außerhalb dieses Rahmens tätig sind, also insbesondere für die Zwecke desjenigen, dem das Schiff zur Verfügung gestellt wird, zählen nicht mehr zu den sonstigen Personen (siehe noch unten Rn 36).

34 Die SHR-ReformG-Begr verweist in Bezug auf § 478 außerdem darauf,[17] dass der Betreffende „... in den arbeitsteiligen Organismus der Schiffsdienste und der Bordgemeinschaft eingegliedert ..." sei (oben Rn 28–29). Das Merkmal der Eingliederung in die Bordgemeinschaft wird in § 478 nicht ausdrücklich genannt. Offenbar sieht die SHR-ReformG-Begr es lediglich als weiteres Merkmal der Tätigkeit im Rahmen des Schiffsbetriebes an. Unter dem Gesichtspunkt der Eingliederung ergibt sich, dass die betreffende Person als einheitlicher Teil der übrigen Besatzung erscheinen muss.

35 Soweit Personen schon keine Funktion im Rahmen des Schiffsbetriebes haben, scheidet eine Anwendung des § 478 aus. Zu diesen Personen gehören die Fahrgäste; Personen, die auf Einrichtungen vor der Küste tätig sind und dorthin befördert oder von dort abgeholt werden (Offshore-Personal – siehe § 3 Abs. 3 Satz 1 Nr. 7 SeeArbG); Flüchtlinge, die auf See vom Schiff aufgenommen werden; blinde Passagiere; Personen, die Mitglieder der Schiffsbesatzung privat an Bord besuchen; Vertreter der Behörden des Hafen- oder Flaggenstaates (siehe § 3 Abs. 3 Satz 1 Nr. 1 SeeArbG); der Hafenagent, der das Schiff betreut, und sein Personal; Vertreter der Versicherer des Schiffes oder der Klassifikationsgesellschaft; Vertreter eines Charterers, etwa des Supercargo;[18] Sachverständige und Rechtsanwälte, die zum Zwecke der Ermittlung von Sachverhalten oder der rechtlichen Beratung oder Vertretung an Bord sind; der von Land oder von einem anderen Schiff aus tätige Lotse;[19] das Personal von Assistenzschleppern; der an Land tätige Schiffsbefestiger;[20] das Personal von Lieferanten, die das Schiff vom Wasser oder von Land aus mit Brenn- und Schmierstoffen, mit Proviant, mit Frischwasser oder mit Ersatzteilen versorgen; das Personal von Unternehmen, die vom Wasser oder von Land aus für das Schiff Tätigkeiten der Entsorgung durchführen, etwa von Schiffsabfall oder -abwasser, von ölhaltigen Rückständen oder von Ladungsrückständen. Bei vielen dieser Personen kommt hinzu, dass sie sich ohnehin nicht lange genug an Bord sind (unten Rn 37) und dass es an einem (Leih-)Arbeitsverhältnis zum Reeder oder Ausrüster des Schiffes fehlt (unten Rn 38–44).

36 **b) Insbesondere die Zurverfügungstellung des Schiffes.** Was zum Schiffsbetrieb im Sinne des § 478 gehört, beurteilt sich aus der Perspektive des Reeders bzw. Ausrüsters. Muss er das Schiff oder Teile davon lediglich einem Dritten zur Verfügung stellen, ist gerade dies der maßgebliche Betrieb, während eine Tätigkeit für die Zwecke des Dritten, dem das Schiff zur Verfügung gestellt wurde, nicht mehr zum Schiffsbetrieb zählt. Ist das Laden, Stauen, Sichern und Entladen des Gutes nicht Aufgabe des Reeders bzw. Ausrüsters, sondern eines Charterers, können die Bediensteten von Umschlags- und Stauereiunternehmen nicht sonstige Personen der Schiffsbesatzung sein. Und umge-

---

17 S. 63 („Zu § 478").
18 *Czerwenka* SHR-ReformG Rn 5 zu § 478.
19 Siehe OLG Hamburg HansGZ H 1912, 269 Nr. 128 (S. 271) „Main", „Achilles".
20 Anders noch RGZ 119, 270 „Jan Molsen", zuvor OLG Hamburg HansGZ H 1927, 215 Nr. 94; OLG Hamburg HansGZ H 1913, 287, 288 Nr. 140 „Rhakotis", zuvor LG Hamburg aaO.

kehrt: Ist der Reeder bzw. Ausrüster für das Laden, Stauen, Sichern und Entladen des Gutes zuständig, kann das Umschlags- und Stauereipersonal Teil der Schiffsbesatzung sein (siehe zu alldem noch unten Rn 69–72). Entsprechendes gilt in anderen Fällen. Stellt der Reeder bzw. Ausrüster das Forschungsschiff einer Forschungseinrichtung zur Verfügung, sind deren Wissenschaftler nicht im Rahmen des Schiffsbetriebs tätig und nicht Teil der Schiffsbesatzung. Anders, wenn die Forschungseinrichtung selbst der Reeder bzw. Ausrüster ist und eigene Wissenschaftler an Bord einsetzt. Hat der Reeder bzw. Ausrüster eines Passagierschiffes oder einer Fähre den Betrieb von Restaurants, Bars, Kasinos, Läden oder Wellnesseinrichtungen an Bord einem Dritten überlassen und ggf. die betreffenden Flächen an ihn verpachtet, damit er die Einrichtung auf eigene Rechnung betreibt, zählt das Personal dieser Einrichtungen nicht zur Schiffsbesatzung.

c) Die Dauer. Die Tätigkeit der betreffenden Person für den Schiffsbetrieb muss von einer gewissen Dauer sein.[21] BGHZ 3, 34 gibt vor, dass die Eingliederung in den Bordbetrieb „... als Arbeitnehmer kraft eines auf eine gewisse Dauer berechneten unmittelbaren Dienstverhältnisses ..." erfolgen müsse (oben Rn 28–29). Personen, die von vornherein nur vorübergehend am Schiffsbetrieb teilnehmen, gehören daher nicht zur Schiffsbesatzung. Richtigerweise muss nicht das Dienstverhältnis von einer gewissen Dauer sein, sondern die tatsächliche Tätigkeit an Bord. Und es kommt nicht auf die einzelne Person an, sondern wiederum auf das betreffende „Amt" im Rahmen des Schiffsbetriebs. Werden die letztlich tätigen Personen jeweils so ausgetauscht, dass die Dauer der Tätigkeit des Einzelnen für sich nicht ausreicht, bleibt die jeweilige Person Mitglied der Schiffsbesatzung. Die Ermittlung des maßgeblichen Zeitraums hängt von den Umständen ab. Normalerweise muss die Person mehrere Tage lang tätig sein. Sie muss sich auch nicht laufend an Bord aufhalten, sondern kann beispielsweise während eines Hafenaufenthaltes des Schiffes in einer Unterkunft an Land wohnen. Auch das SeeArbG macht die Einordnung bestimmter Personen als Besatzungsmitglieder teilweise davon abhängig, für welchen Zeitraum sie sich an Bord befinden; siehe § 3 Abs. 3 Satz 1 Nr. 2, 3, 4, 5 sowie Satz 2 SeeArbG. An diesen Fristen kann man sich ggf. orientieren. 37

3. Vom Reeder bzw. Ausrüster angestellt. Die Vorschrift des § 478 verlangt weiter, dass der Betreffende, um sonstige Person der Schiffsbesatzung zu sein, vom Reeder oder Ausrüster des Schiffes angestellt ist. Dies kam auch schon in dem früheren Erfordernis des § 481 HGB a.F., dass die betreffende Person „auf dem Schiff angestellt" sein müsse, zum Ausdruck. Der unmittelbaren Anstellung der Person durch den Reeder bzw. den Ausrüster (unten Rn 39) stellt § 478 ausdrücklich die Überlassung durch einen Dritten zur Arbeitsleistung im Rahmen des Schiffsbetriebes gleich (unten Rn 40). Dasselbe muss m.E. für bestimmte weitere vertragliche Gestaltungen der Arbeitsleistung gelten (unten 41–43). Zu der Nennung sowohl des Reeders als auch des Ausrüsters in § 478 siehe bereits oben Rn 57 zu § 477. Abweichend von der Regelung des § 478 hat der BGH in einem Fall,[22] in dem eine Werft das Schiff teils mit eigenen Leuten, teils mit Leuten des Eigentümers überführt hat, für die Zwecke der Anwendung des § 485 HGB a.F. (heute: § 480) 38

---

21 Anders noch etwa RGZ 13, 114, 117 „Quarta"; RGZ 111, 37, 39 „Annie Hugo Stinnes 6", „Olga"; RGZ 119, 270 „Jan Molsen", zuvor OLG Hamburg HansGZ H 1927, 215 Nr. 94; RGZ 126, 35, 37 „Geddington Court" = HansRGZ B 1929, 739 Nr. 296, daran anknüpfend OLG Hamburg HansRGZ B 1930, 357 Nr. 130 „Rhodopolis"; OLG Hamburg HansGZ H 1912, 269 Nr. 128 „Main", „Achilles".
22 BGHZ 25, 244 = NJW 1957, 1717, 1718 (rechte Spalte) „Anna B.", zuvor OLG Bremen Hansa 1956, 469 (rechte Spalte).

erläutert, dass es nicht darauf ankomme, ob die betreffenden Personen Angestellte der Werft oder des Eigentümers seien.

39 **a) Arbeitnehmer des Reeders bzw. Ausrüsters.** Der Vorbehalt der Anstellung der betreffenden Person durch den Reeder oder Ausrüster des Schiffes in § 478 betrifft zunächst den Fall, dass ein unmittelbares, auf die Erbringung von Dienstleistungen im Rahmen des Schiffsbetriebes gerichtetes Rechtsverhältnis zwischen der Person und dem Reeder oder Ausrüster besteht, die Person also deren Arbeitnehmer ist. Für die Anwendung des § 478 ist es ohne Bedeutung, welchem Sachrecht der Vertrag unterliegt. Gilt das deutsche Sachrecht, kann ggf. ein Heuervertrag vorliegen (§§ 28 ff. SeeArbG). Der Zugehörigkeit zur Schiffsbesatzung steht es nicht entgegen, dass der mit der betreffenden Person geschlossene Heuer- oder sonstige Vertrag unwirksam ist. Auch im Hinblick auf den Kapitän, die Schiffsoffiziere und die Schiffsmannschaft (oben Rn 12–14, 16–18, 19–21) kann es sich so verhalten, dass diese Personen Arbeitnehmer des Reeders oder Ausrüsters sind. Bei diesen Personen kommt es für die Anwendung des § 478 hierauf allerdings nicht an.

40 **b) Überlassung zur Arbeitsleistung.** In Erweiterung der früheren Fassungen des § 481 HGB a.F. stellt der heutige § 478 dem unmittelbaren Rechtsverhältnis zwischen dem Reeder oder Ausrüster des Schiffes und der betreffenden Person (zuvor Rn 39) den Fall gleich, dass die Person dem Reeder oder Ausrüster von einem Dritten zur Arbeitsleistung im Rahmen des Schiffsbetriebes überlassen wird. § 478 greift hier eine in der Praxis typische Gestaltung auf, bei der der Arbeitgeber als Verleiher den Leiharbeitnehmer einem Dritten – hier: dem Reeder oder Ausrüster des Schiffes – zur Arbeitsleistung überlässt. Dies geschieht unter Einschaltung von Crewing Managern (oben Rn 16–24 Anhang §§ 476, 477 [Manager]) oder Crewing Agents. Auch in diesem Zusammenhang kommt es nicht darauf an, welchem Sachrecht der Arbeitnehmerüberlassungsvertrag zwischen dem Verleiher und dem Reeder oder Ausrüster und der Arbeitsvertrag zwischen dem Verleiher als Arbeitgeber und dem Arbeitnehmer unterliegt. Gilt insoweit das deutsche Sachrecht, wird häufig das AÜG sowie das SeeArbG zur Anwendung gelangen. Für die Anwendung des § 478 spielt es keine Rolle, ob der auf Überlassung des Leiharbeitnehmers gerichtete Vertrag zwischen dem Reeder oder Ausrüster und dem Entleiher bzw. der Arbeits- oder Heuervertrag zwischen dem Leiharbeitnehmer und dem Entleiher wirksam ist oder nicht. Auch der Kapitän, die die Schiffsoffiziere und die Schiffsmannschaft (oben Rn 12–14, 16–18, 19–21) werden dem Reeder bzw. Ausrüster häufig durch Crewing Manager oder Agents zur Verfügung gestellt. Diese Personen gehören allerdings schon kraft Amtes zur Schiffsbesatzung, so dass es auf die Frage der Arbeitnehmerüberlassung nicht ankommt.

41 **c) Sonstige Gestaltungen.** § 478 sieht nur vor, dass die betreffenden Personen, um sonstige Personen im Sinne der Vorschrift zu sein, als Arbeitnehmer oder als Leiharbeitnehmer des Reeders oder Ausrüsters im Rahmen des Schiffsbetriebes tätig sein müssen. M.E. sind dem bestimmte weitere Fälle gleichzustellen, nämlich das Ausgliedern von Teilen des Schiffsbetriebs auf selbständige Unternehmer (unten Rn 42) sowie die Durchführung der Tätigkeit an Bord durch Personen, die selbständige Unternehmer sind (unten Rn 43).

42 **aa) Die Ausgliederung von Teilen des Schiffsbetriebs.** § 478 ist m.E. auch heranzuziehen, wenn es nicht nur um eine Arbeitnehmerüberlassung geht, sondern der Reeder bzw. Ausrüster Teile des Schiffsbetriebs, die er normalerweise mit eigenem Personal durchführen würde, ausgegliedert und einem selbständigen Unternehmer anvertraut hat, der dies für Rechnung des Reeders bzw. Ausrüsters übernimmt („outsourcing"). Die SHR-ReformG-Begr lehnt dies ab,[23] mit Hinweis darauf, dass sich in diesen Fällen nach den anwendbaren Sonderbestimmungen, etwa § 501, beurteile, inwieweit sich der Reeder oder der Ausrüster das Verhalten selbständiger Hilfspersonen zurechnen lassen müsse (dazu oben Rn 25–27). Auch in den zuvor geschilderten Situationen kommt es für die Anwendung des § 478 nicht darauf an, welchem Sachrecht die betreffenden Verträge zwischen dem Reeder oder Ausrüster und dem selbständigen Unternehmer und die Verträge zwischen diesem und den an Bord letztlich tätigen Personen unterliegen.

bb) Selbstständige Personen. Aus § 478 ergibt sich weiter, dass sonstige Personen im Sinne der Vorschrift nur Arbeitnehmer sein können – des Reeders oder Ausrüsters, des Entleihers oder von Unternehmern, die den entsprechenden Teilbetrieb übernommen haben (zuvor Rn 39, 40, 41–42). Dieser Vorbehalt sollte m.E. aufgegeben werden.[24] Ist der Betreiber des Restaurants, der Bar, des Kasinos oder des Laden selbst an Bord tätig oder handelt es sich bei dem Künstler – der länger als 72 Stunden an Bord ist (unten Rn 64) – um einen selbständigen Unternehmer, besteht ebenfalls kein nachvollziehbarer Grund, gerade diese Personen nicht auch zur Schiffsbesatzung zu rechnen. Auch § 3 Abs. 1 SeeArbG stellt bei der Umschreibung des Besatzungsmitglieds selbständige Personen den Arbeitnehmern gleich. Wie zuvor kommt es in diesen Fällen für die Anwendung des § 478 nicht darauf an, welches Sachrecht für den Vertrag zwischen dem Reeder bzw. Ausrüster und dem Unternehmer maßgeblich ist.

d) Bedienstete sonstiger Unternehmer. Andere Personen als (Leih-)Arbeitnehmer des Reeders bzw. Ausrüsters (oben Rn 39, 40) – und richtigerweise auch (Leih-)Arbeitnehmer von Unternehmern, die ausgegliederte Teile des Schiffsbetriebes durchführen (oben Rn 42) sowie an Bord tätige Selbständige (oben Rn 43) – gehören nicht im Sinne des § 478 zur Schiffsbesatzung. Dies betrifft namentlich die Bediensteten sonstiger Unternehmer, die Leistungen im Hinblick auf das Schiff erbringen.[25]

4. Die Anordnungsbefugnis des Kapitäns. Schließlich nennt § 478 die weitere Voraussetzung, dass die betreffende Person den Anordnungen des Kapitäns unterstellt sein muss. Dieser Vorbehalt fand sich in den früheren § 481 HGB a.F. nicht. Der Sinn der Vorschrift erscheint fragwürdig. Personen, die im Rahmen des Schiffsbetriebs tätig sind, unterliegen normalerweise immer der Anordnungsbefugnis des Kapitäns. Hier kommt auf die tatsächlichen Verhältnisse an. Die Frage, ob und in welchem Umfang dem Kapitän eine Anordnungsbefugnis gegenüber Personen, die im Rahmen des Schiffsbetriebes tätig sind, zusteht, beurteilt sich nach dem Recht der Flagge des Schiffes. Ausgehend vom deutschen Recht ist der Kapitän nach § 121 Abs. 1 Satz 1 SeeArbG der Vorgesetzte aller Besatzungsmitglieder. Es hat nach § 121 Abs. 1 Satz 2 SeeArbG die oberste Anordnungsbefugnis, nicht nur gegenüber den Besatzungsmitgliedern im Sinne des § 3 SeeArbG, sondern auch gegenüber allen sonstigen Personen, die sich an Bord befinden. Man kann davon ausgehen, dass entsprechende Grundsätze auch in anderen Rechtsordnungen gelten.

---

23 S. 63 („Zu § 478"); siehe auch *Pötschke* in MüKo/HGB Rn 8 zu § 478.
24 Siehe auch RGZ 119, 270 „Jan Molsen", zuvor OLG Hamburg HansGZ H 1927, 215 Nr. 94 (selbständiger Schiffsbefestiger).
25 Anders noch OLG Hamburg HansGZ H 1913, 287, 288 Nr. 140 „Rhakotis", zuvor LG Hamburg aaO. (Stauer, Schiffsbefestiger).

46 **5. Einzelfälle.** Sonstige Personen zählen nach § 478 nur zur Schiffsbesatzung, wenn sie im Rahmen des Schiffsbetriebes tätig werden (oben Rn 32–34) und dies von einer gewissen Dauer ist (oben Rn 37) und wenn sie außerdem (Leih-)Arbeitnehmer des Reeders bzw. Ausrüsters sind (oben Rn 39, 40). Im Vergleich zu den früher vertretenen Auffassungen ist heute der Kreis der sonstigen Personen auf Grundlage des § 478 relativ beschränkt.

47 **a) Das Personal des Landbetriebes.** Es kommt vor, dass sich Personen des Landbetriebs des Schiffes im Hafen an Bord aufhalten oder mitreisen, etwa die Inspektoren. Diese Personen werden im Rahmen des Schiffsbetriebes tätig (oben Rn 32–35). Sie gehören jedoch nicht zur Schiffsmannschaft (oben Rn 19–21), weil ihre Tätigkeiten nicht in den Kernbereich des Schiffsbetriebs fallen. Das Personal des Landbetriebs kann daher höchstens als sonstige Personen im Sinne des § 478 eingeordnet werden.[26] Angesichts der kurzen Zeit, die das Personal des Landbetriebs häufig überhaupt an Bord ist – normalerweise nur während einer Hafenliegezeit des Schiffes – fehlt es in der Regel an dem Merkmal der Eingliederung in die Bordgemeinschaft. Hier kann an die 72-Stunden-Frist des § 3 Abs. 3 Nr. 4 SeeArbG angeknüpft werden. Sollen die Personen des Landbetriebes sich länger als 72 Stunden an Bord befinden, kann es sich um sonstige Personen der Schiffsbesatzung handeln. Dazu müssten sie außerdem (Leih-)Arbeitnehmer des Reeders bzw. des Ausrüsters sein (oben Rn 39, 40). Hat dieser einen Manager mit dem Betrieb des Schiffes betraut, wird es sich bei dem Personal des Landbetriebes häufig um dessen (Leih-)Arbeitnehmer handeln und nicht um solche des Reeders oder Ausrüsters. M.E. schadet dies nicht. Denn die Übertragung der Durchführung des (kompletten) Schiffsbetriebs auf den Manager ist ein Fall der Ausgliederung (oben Rn 42), so dass es für die Zwecke der Anwendung des § 478 auf das Personal des Landbetriebs genügt, dass die betreffenden Personen (Leih-) Arbeitnehmer des Managers sind.

48 **b) Techniker.** Häufig halten sich an Bord Personen auf, die etwa auf oder an dem Schiff Installations-, Wartungs-, Instandhaltungs- oder Reparaturarbeiten durchführen oder die Besatzung in die Bedienung von Anlagen an Bord einweisen (Techniker). Diese Personen können solche der Bauwerft des Schiffes sein, aber auch solche sonstiger Unternehmen, etwa des Herstellers der Anlagen. Die Techniker werden im Rahmen des Schiffsbetriebes tätig (oben Rn 32–35), denn die Tätigkeit der Betreffenden dient der Herrichtung des Schiffes. Allerdings ist nicht der Kernbereich des Schiffsbetriebes betroffen, so dass die Techniker nicht zur Schiffmannschaft zählen (oben Rn 19–21). Allenfalls kann es sich um sonstige Personen im Sinne des § 478 handeln. Normalerweise ist die Anwesenheit der Techniker an Bord aber nicht von hinreichender Dauer, um von einer Eingliederung in die Bordgemeinschaft ausgehen zu können. Auch hier könnte auf die Frist von 96 Stunden nach § 3 Abs. 3 Satz 1 Nr. 2 und 3 SeeArbG abgestellt werden. Allerdings sind die Techniker normalerweise nicht (Leih-)Arbeitnehmer des Reeders oder Ausrüsters (oben Rn 39, 40), sondern solche der Bauwerft, des Anlagenherstellers oder des sonstigen Betriebes. Auch eine Ausgliederung von Betriebsteilen (oben Rn 42) liegt normalerweise nicht vor, weil die betreffenden Unternehmer nur im Hinblick auf begrenzte Maßnahmen und nicht umfassend und dauernd für einen Bereich tätig werden. In der Regel gehören die Techniker daher nicht als sonstige Personen nach § 478 zur Schiffsbesatzung. Gleiches gilt, wenn sich das Schiff in der Werft befindet, für deren Mit-

---

[26] Siehe *Schaps/Abraham* Seehandelsrecht Rn 8 zu § 481 – RG SchlHAnz 1890, 17, 18 (rechte Spalte oben) „Carl" sieht den Maschineninspektor noch als Besatzungsmitglied an.

arbeiter. Hierbei bleibt es auch, wenn diese im Hinblick im Bereich des eigentlichen Schiffsbetriebes tätig werden, etwa den Landgang herrichten.[27] Denn es handelt sich in jedem Falle nicht um (Leih-) Arbeitnehmer des Reeders bzw. Ausrüsters.

c) Personen in der Ausbildung und Praktikanten. Personen, die sich zum Zwecke 49 der Berufsausbildung an Bord befinden, werden im Rahmen des Schiffsbetriebes tätig (oben Rn 32–35). Dies betrifft etwa Auszubildende zum Schiffsmechaniker nach See-BAV oder nautische und technische Offiziersassistenten (§§ 30, 39 SeeBV, OA-AusbRi). Diese Personen sind Teil der Schiffsmannschaft im Sinne des § 478. Damit kommt es nicht darauf an, ob das Ausbildungsverhältnis gerade mit dem Reeder oder Ausrüster des Schiffes oder mit einem Zeitcharterer geschlossen wurde. Personen in der Ausbildung gehören aber nach § 3 Abs. 3 Nr. 8 SeeArbG nicht zu den Besatzungsmitgliedern.

Eine Person, die an Bord ein Praktikum durchführt, gehört nicht zur Schiffsmann- 50 schaft. Sie ist aber als sonstige Person nach § 478 anzusehen, wenn ihr Aufenthalt an Bord nicht nur vorübergehend ist. Hier kann die 72-Stunden-Frist des § 3 Abs. 3 Satz 1 Nr. 4 und 5 SeeArbG herangezogen werden. Normalerweise ist ein Praktikant nicht (Leih-) Arbeitnehmer des Reeders oder Ausrüsters. M.E. genügt es, wenn der Betreffende auf dessen Veranlassung oder Zustimmung an Bord ist. Ein Praktikant gehört nicht zur Besatzung, wenn dessen Anwesenheit an Bord nicht auf den Reeder bzw. Ausrüster, sondern auf den Zeitcharterer des Schiffes zurückgeht. Praktikanten gehören nach § 3 Abs. 3 Nr. 9 und 10 SeeArbG nicht zu den Besatzungsmitgliedern.

d) Der Lotse. Ein Lotse gehört in den meisten Fällen nicht zur Schiffsbesatzung im 51 Sinne des § 478. Siehe zur Umschreibung des Lotsen unten Rn 10 zu § 480 sowie näher zur Tätigkeit des Lotsen in Anhang zu § 478 (Lotse). Der typische Fall des Lotsen ist der Revierlotse, der für ein begrenztes Gebiet zuständig ist (unten Rn 52–55). Daneben kann es Überseelotsen geben (unten Rn 56). In Ausnahmefällen übernimmt der Lotse die Schiffsführung (unten Rn 57). Zur Schiffsbesatzung kann überhaupt nur der an Bord tätige Lotse gehören (unten Rn 16–17 zu § 480), nicht aber der nicht an Bord tätige Lotse, der von vornherein nicht im Rahmen des Schiffsbetriebes tätig wird. Der Bordlotse wird im Rahmen des Schiffsbetriebes tätig (oben Rn 32–35). Er gehört jedoch nicht zu den Schiffsoffizieren und auch nicht zur Schiffsmannschaft (siehe aber unten Rn 57), sondern allenfalls zu den sonstigen Personen im Sinne des § 478. Die frühere Rechtsprechung[28] hat den Lotsen zur Schiffsbesatzung gezählt. Dies ergab sich im Übrigen auch aus § 3 Abs. 2 BinSchG in der ursprünglichen, bis zum Inkrafttreten des ZusÜBinG geltenden Fassung. Den hier war klargestellt, dass der Zwangslotse (dazu unten Rn 18–27 zu § 480) nicht zur Schiffsbesatzung gehörte. Dies bedeutet im Rückschluss, dass sonstige Lotsen sehr wohl als Teil der Schiffsbesatzung angesehen wurden.

---

27 OLG Hamburg MDR 1954, 44.
28 So noch RGZ 13, 114, 117 „Quarta"; RGZ 20, 84, 85 „Elisetta"; RGZ 59, 305, 311 „Steinbeck", „Unterweser X"; RGZ 126, 81 (oben) „Anna", „Sirius", zuvor RG JW 1927, 2203; RG SeuffA 44, 68 Nr. 39; BGH Hansa 1957, 1867, 1868 (unter c); OLG Hamburg HansG H 1896, 305 Nr. 109 (S. 306 linke Spalte oben) „Trave"; OLG Hamburg HansGZ H 1913, 11 Nr. 6 „Southport", „Hector", „Fairplay III"; OLG Hamburg HansGZ H 1913, 11 Nr. 6 „Southport", „Hector", „Fairplay III"; OLG Hamburg HansGZ H 1913, 221 Nr. 108 (S. 223) „Polynesia", zuvor LG Hamburg aaO.; OLG Kiel SchlHAnz 1908, 234 „Karl"; LG Hamburg HansGZ H 1912, 162 Nr. 75 „Galgate", „Cremon", RhSchOG St. Goar ZfB 1965, 428 „Wilhelm Gestmann VI", „Diersch X", anschließend RhSchOG St. Goar ZfB 1968, 69 (Slg. 5) – siehe auch BGHZ 50, 250 = VersR 1968, 940 „Mantric", zuvor OLG Hamburg Hansa 1967, 1163.

52 **aa) Der Revierlotse.** Lotsen kommen häufig in begrenzten Revieren an Bord, etwa in Häfen und ihren Zufahrten, bei flussaufwärts gelegenen Häfen auf den betreffenden Flüssen oder in Kanälen (Panama-, Suez-, Nord-Ostsee-Kanal). Siehe zu den deutschen See- und Hafenlotsen die Hinweise ausführlich im Anhang § 478 (Lotse). Die Revierlosten bleiben typischerweise nur wenige Stunden an Bord, so dass ihre Tätigkeit schon nicht von Dauer ist und sie nicht hinreichend in die Bordgemeinschaft eingegliedert sind,[29] um als sonstige Personen zu zählen (oben Rn 37). Sie gehören daher nicht zur Schiffsbesatzung.[30] Hierbei bleibt es auch, wenn der Lotse selbst das Ruder übernimmt[31] oder selbst die Maschine bedient.

53 Das gilt jedenfalls für alle deutschen Lotsreviere. Hierbei bleibt es auch, wenn der Lotse wegen schlechten Wetters nicht ausgeholt werden kann und zunächst weiter an Bord bleibt oder wenn er bereits im vorherigen Hafen an Bord kommt, weil an der Lotsenstation wegen schlechten Wetters keine Versetzung mehr stattfindet. Ohne Bedeutung ist es auch, ob für das betreffende Schiff eine Lotsenannahmepflicht besteht oder nicht; zu den deutschen See- und Hafenlotsen siehe unten Rn 9–10 Anhang zu § 478 (Lotse). Im Übrigen steht der Lotse möglicherweise zwar in einem Dienstverhältnis zum Reeder oder Ausrüster (unten Rn 89 Anhang zu § 478 [Lotse]), er ist aber in der Regel nicht deren (Leih-)Arbeitnehmer (oben Rn 39, 40). Schließlich gehören nach § 3 Abs. 3 Satz 1 Nr. 1 SeeArbG „Lotsen und Lotsinnen" nicht zu den Besatzungsmitgliedern im Sinne des Abs. 1 der Vorschrift.

54 Vor allem auch aus rechtssystematischen Gründen kann ein Revierlotse nicht zur Schiffsbesatzung im Sinne des § 478 gerechnet werden. Dies ergibt sich m.E. allerdings nicht schon aus § 1 Satz 2 SeeLG sowie § 1 Abs. 1 Satz 2 Hmb HafenLG, § 1 Abs. 2 BremLotsO, auch wenn dies dort sogar ausdrücklich angeordnet wird. Denn diese Vorschriften beziehen sich auf die Organisation des Lotswesens und grenzen unter diesem Gesichtspunkt die Rechtsstellung der See- und Hafenlotsen von der der Schiffsbesatzung ab. Dagegen ist § 478 eine Vorschrift des Seehandelsrechts. Und vor allem betreffen die § 1 Abs. 1 Satz 2 Hmb HafenLG, § 1 Abs. 2 BremLotsO nur die See- und Hafenlotsen, die diesen Vorschriften unterliegen, also in den deutschen Lotsrevieren tätig sind, nicht aber Lotsen, die in anderen, insbesondere ausländischen Revieren Dienste verrichten. Auch die frühere Fassung des § 3 Abs. 1 und 2 BinSchG hilft nicht weiter. Nach der ausdrücklichen Regelung des Abs. 2 gehörte Zwangslotse nicht zur Schiffsbesatzung, was im Rückschluss bedeutete, dass der sonstige Lotse sehr wohl als Mitglied der Schiffsbesatzung anzusehen war. Allerdings galt dies eben nicht allgemein, sondern nur für die Zwecke der Anwendung des Haftungstatbestands des § 3 Abs. 1 BinSchG a.F.[32]

55 Dass der Revierlotse nicht zur Schiffsbesatzung gehört, erschießt sich jedoch aus § 480 Satz 1 sowie früher aus § 485 Satz 1 HGB a.F. und ebenso aus § 737 Abs. 2 HGB 1972 und §§ 92 d, 92f Abs. 1 und 2, 117 Abs. 1 Nr. 7 BinSchG. Diesen Regelungen ist umgekehrt zu entnehmen, dass der Lotse nicht Teil der Schiffsbesatzung ist, weil es andernfalls nicht erforderlich gewesen wäre, ihn ausdrücklich zu erwähnen. Und der Ausschluss des Lotsen gilt nicht nur für See- und Hafenlotsen auf deutschen Revieren, die dem SeeLG, dem Hmb HafenLG oder der BremLotsO unterliegen, sondern schlechthin für alle Lotsen weltweit. Siehe näher zur Nennung des Lotsen in Rn 11–14 zu § 480.

---

29 Siehe auch BGHZ 59, 242 = NJW 1973, 101, 102 (unter b) „Rhenus 135", „Wal".
30 *Pötschke* in MüKo/HGB Rn 4 zu § 478.
31 Siehe BGHZ 59, 242 = NJW 1973, 101, 103 „Rhenus 135", „Wal".
32 Siehe BGHZ 59, 242 = NJW 1973, 101, 103 (vor c) „Rhenus 135", „Wal".

bb) Der Überseelotse. Lotsen (unten Rn 10 zu § 480) werden nicht nur in begrenz- 56
ten (deutschen und ausländischen) Revieren tätig, sondern können auch bei längeren
Fahrten in navigatorisch schwierigen Gewässern mit an Bord sein (Überseelotse). So
kann es sich ggf. bei Fahrten in den norwegischen Fjorden, im Gebiet von Feuerland
oder durch die Nordwest-Passage, aber auch bei Fahrten in Eisgebieten verhalten. Hier
kann sich der Lotse oder können sich die Lotsen auch für Zeiträume von mehreren Tagen
an Bord befinden. Dabei kann eine Lotsenannahmepflicht bestehen oder auch nicht. Die
Voraussetzungen des § 478 für eine Einordnung der Überseelotsen als sonstige Person
der Schiffsbesatzung werden hier häufig vorliegen. Der Lotse wird im Rahmen des
Schiffsbetriebes tätig, und zwar ggf. nicht nur vorübergehend, so dass die Tätigkeit auch
von der erforderlichen Dauer ist. Ebenso kann der Lotse aufgrund eines mit dem Reeder
oder Ausrüster geschlossenen Dienstvertrages an Bord sein. Auch ein Leiharbeitsverhältnis ist denkbar. Der Lotse kann richtigerweise auch selbständig tätig sein (oben
Rn 43). Ist allerdings der Lotse nicht vom Reeder bzw. Ausrüster, sondern von einem
Charterer des Schiffes beauftragt, gehört er keinesfalls zur Schiffsbesatzung. Entscheidend ist allerdings, dass auch der Überseelotse ein Lotse im Sinne des § 480 Satz 1 ist
(unten Rn 11–14 zu § 480), so dass seine Zugehörigkeit zur Schiffsbesatzung aus rechtssystematischen Gründen ausgeschlossen ist (zuvor Rn 54–55).

cc) Der Schiffsführungslotse. Ein „Lotse", der nicht nur die Schiffsführung berät, 57
sondern die Führung des Schiffes übernimmt (dazu Rn 19–21 zu § 480), tritt insoweit
an die Stelle des Kapitäns. Er ist daher schon unter diesem Gesichtspunkt Mitglied
der Schiffsbesatzung nach § 478.[33] Auf die Dauer seiner Tätigkeit und seine (Leih-)
Arbeitnehmerstellung kommt es nicht an. M.E. sind die systematischen Vorbehalte hinsichtlich der Zuordnung des Lotsen zur Schiffsbesatzung (oben Rn 54–55) hier nicht anwendbar. Eine andere Frage ist es, ob der Schiffsführungslotse im Rahmen der Anwendung der jeweiligen Vorschriften (oben Rn 7, 8) stets mit zu berücksichtigen ist oder ob
Ausnahmen geboten sind. Siehe zur Haftung des Reeders für eine Ersatzpflicht des
Schiffsführungslotsen nach § 480 Satz 1 HGB die Hinweise unten Rn 22–27 zu § 480.

e) Die Kanalsteurer. Die Kanalsteurer des Nord-Ostsee-Kanals (näher im Anhang zu 58
§ 478 [Kanalsteurer]) werden im Rahmen des Schiffsbetriebs tätig[34] (oben Rn 32–35). Sie
übernehmen während der Passage des Kanals das Ruder und verrichten Dienste im
Kernbereich des Schiffsbetriebes (oben Rn 19–21). Daher sind die Kanalsteurer zusätzliche Mitglieder der Schiffsmannschaft und damit der Schiffsbesatzung im Sinne des
§ 478.[35] Da es sich nicht um sonstige Personen handelt, kommt es auf die Dauer ihrer
Dienste an Bord sowie auf ihre Stellung als (Leih-)Arbeitnehmer des Reeders bzw. Ausrüsters nicht an (oben Rn 37, 39–40).

f) Das Offshore-Personal. Zum Offshore-Personal gehören Personen, die Tätigkei- 59
ten zur Errichtung, zum Aus- oder Umbau, zur Wartung, zur Reparatur oder zum Rückbau von schwimmenden oder festen Einrichtungen vor der Küste erbringen. Zu denken
ist hier namentlich an Offshore-Windanlagen. Wird das Offshore-Personal lediglich zu
der Einrichtung gebracht oder von dort abgeholt, handelt es sich letztlich nur um eine
Beförderung von Personen. Das Offshore-Personal hat den Status von Fahrgästen (die

---

33 Anders RGZ 119, 270 „Jan Molsen", zuvor OLG Hamburg HansGZ H 1927, 215 Nr. 94.
34 Siehe RGZ 111, 37, 39 „Annie Hugo Stinnes 6", „Olga".
35 Siehe OLG Kiel SchlHAnz 1909, 22 „Mathilde", „Tanger".

aber selbst keine Gegenleistung für die Beförderung erbringen). Diese Personen gehören nicht zur Schiffsbesatzung nach § 478.

60 Anders verhält es sich, wenn das Offshore-Personal von dem Schiff aus Arbeiten an den Einrichtungen durchführt, namentlich wenn das Schiff hierfür in besonderer Weise hergerichtet ist. Diese Tätigkeiten entsprechen dem Zweck des Betriebes eines solchen Schiffes (oben 32–35), fallen aber nicht in den Kernbereich des Schiffsbetriebes (oben Rn 19–21), so dass die betreffenden Personen nicht zur Schiffsmannschaft gehören. Sehr wohl sind sie aber sonstige Personen im Sinne des § 478, wenn mit dem Reeder bzw. Ausrüster ein (Leih-)Arbeitsverhältnis besteht (oben Rn 39, 40). Gleiches gilt m.E., wenn der Reeder bzw. Ausrüster diesen Betriebsteil ausgegliedert hat und von einem selbständigen Unternehmer durchführen lässt (oben Rn 42). Hat der Reeder bzw. Ausrüster das Schiff verchartert und wird das Offshore-Personal vom Charterer gestellt, gehören die betreffenden Personen nicht als sonstige Personen zur Schiffsbesatzung. Ebenso zählt das OffshorePersonal, das von Schiff aus tätig ist, gemäß § 3 Abs. 3 Satz 1 Nr. 7 SeeArG nicht zu den Besatzungsmitgliedern.

61 **g) Das Wachpersonal.** Personen, die das Schiff bewachen, werden im Rahmen des Schiffsbetriebes tätig (oben Rn 32–35). Dies gilt für Wachleute, die das Schiff im Hafen bewachen und den Zugang von Personen auf das Schiff kontrollieren. Sie nehmen Aufgaben im Kernbereich des Schiffsbetriebes wahr und sind daher Teil der Schiffsmannschaft[36] (oben Rn 19–21). Es kommt daher nicht darauf an, ob sie (Leih-)Arbeitnehmer des Reeders bzw. Ausrüsters sind. Nach BGHZ 3, 34[37] gehören Wachleute nicht zur Schiffsbesatzung.

62 Mitreisende Sicherheitskräfte (PCASP – Privately Contracted Armed Security Personnel) gehören m.E. nicht zur Schiffsmannschaft. Es kann sich aber um sonstige Personen im Sinne des § 478 handeln. Sie sind für die Dauer ihres Aufenthalts an Bord in die Bordgemeinschaft eingegliedert (dazu oben Rn 32–35). Das Sicherheitspersonal bleibt normalerweise auch für mehrere Tage an Bord, ihre Tätigkeit auf dem Schiff ist daher auch von hinreichender Dauer (oben Rn 37). Hat der Reeder bzw. Ausrüster des Schiffes den Vertrag über die Bewachung des Schiffes geschlossen, umfasst dies auch ein Leiharbeitsverhältnis mit den betreffenden Personen (siehe oben Rn 40). Damit liegen alle Voraussetzungen für Anwendung des § 478 vor, es handelt sich um sonstige Personen der Schiffsbesatzung. Dies gilt allerdings nicht, wenn nicht der Reeder oder Ausrüster, sondern eine andere Person, etwa der Zeitcharterer, Partei des Bewachungsvertrages ist. Das Sicherheitspersonal gehört nach § 3 Abs. 1 Satz 1 Nr. 12 SeeArbG nicht zu den Besatzungsmitgliedern.

63 **h) Das Restaurantpersonal (etc.) auf Fahrgastschiffen.** Das Personal von Restaurants, Bars, Kasinos, Läden oder Wellnesseinrichtungen an Bord von Fahrgastschiffen wird grundsätzlich im Rahmen des Schiffsbetriebes tätig (oben 32–35). Dies gehört allerdings nicht in dessen Kernbereich, so dass das Restaurant- etc. Personal nicht Teil der Schiffsmannschaft ist (oben Rn 19–21). Diese Personen sind normalerweise auch in die Bordgemeinschaft eingegliedert und auf Dauer an Bord. Um also sonstige Personen nach § 478 zur Besatzung zu gehören, müssen die Betreffenden außerdem (Leih-)Arbeitnehmer des Reeders oder Ausrüsters sein. M.E. genügt es, dass der Reeder bzw. Ausrüster

---

36 Siehe RG Recht 1914 Nr. 525, vermutlich die Revisionsentscheidung zu OLG Hamburg HansGZ H 1913, 215 Nr. 104 „Hans", „Nord Holland"; OLG Kiel SchlHAnz 1913, 106 „Hans".
37 S. 39, insoweit nicht in NJW 1952, 64 wiedergegeben.

den Betriebsteil „Restaurant" etc. ausgegliedert und den Betrieb einem selbständigen Unternehmer übertragen hat (oben Rn 42). In anderen Fällen gehört das Restaurant- etc. Personal nicht zu den sonstigen Personen. So verhält es sich, wenn der Reeder oder Ausrüster nicht lediglich den Restaurant- etc. Betrieb ausgegliedert hat, sondern die betreffenden Einrichtungen verpachtet hat, um dem Pächter deren Betrieb aus eigene Rechnung zu ermöglichen. Der Schiffsbetrieb erschöpft sich hier in der Zurverfügungstellung der Einrichtungen an den Pächter. Entsprechendes gilt, wenn der Reeder bzw. Ausrüster das Schiff einem Zeitcharterer überlassen hat, der die Restaurants etc. mit eigenem Personal und betreibt.

i) Das künstlerische Personal auf Fahrgastschiffen. Auf Fahrgastschiffen werden nicht selten Musiker, Schauspieler oder andere Künstler zum Zwecke der Unterhaltung der Fahrgäste eingesetzt. Dieses künstlerische Personal wird im Rahmen des Schiffsbetriebs tätig (oben Rn 32–35). Allerdings nicht in dessen Kernbereich, so dass diese Personen nicht Teil der Schiffsmannschaft sind (oben Rn 19–21). Nach § 3 Abs. 3 Satz 1 Nr. 5 SeeArbG müssen Künstler, um zu den Besatzungsmitgliedern gerechnet zu werden, länger als 72 Stunden an Bord tätig sein. Dieser Zeitraum kann auch für die Bemessung der Mindestdauer der Tätigkeit im Rahmen des Schiffsbetriebs für die Zwecke des § 478 herangezogen werden (oben Rn 37). Bei den Künstlern muss es sich außerdem um (Leih-)Arbeitnehmer des Reeders oder Ausrüsters handeln. M.E. genügt es, dass dieser einen selbständigen Unternehmer mit der Durchführung von Unterhaltungsveranstaltungen an Bord beauftragt (oben Rn 42). Ebenso können die Künstler richtigerweise auch selbständige Unternehmer sein (oben Rn 43). Das künstlerische Personal gehört nicht zur Schiffsbesatzung, wenn es lediglich im Auftrage eines Dritten, insbesondere des Zeitcharterers an Bord tätig wird. 64

j) Das wissenschaftliche Personal auf Forschungsschiffen. Bei Meeresforschungsschiffen wird das wissenschaftliche Personal grundsätzlich im Rahmen des Schiffsbetriebes tätig (oben Rn 32–35). Betroffen ist allerdings nicht der Kernbereich des Schiffsbetriebes, das wissenschaftliche Personal gehört daher nicht zur Schiffsmannschaft (oben Rn 19–21). Um zur Schiffsbesatzung zu gehören, muss die Tätigkeit des wissenschaftlichen Personals an Bord von einer gewissen Dauer sein (oben Rn 37). Auch § 3 Abs. 3 Satz 1 Nr. 6 SeeArbG nimmt von den Besatzungsmitgliedern dasjenige wissenschaftliche Personal aus, das nur vorübergehend an Bord tätig ist. M.E. kann auch hier die 72-Stunden-Frist des § 3 Abs. 3 Satz 1 Nr. 4 und 5 SeeArbG herangezogen werden. Um als sonstige Personen im Sinne des § 478 zu gelten, muss es sich bei den Wissenschaftlern um (Leih-)Arbeitnehmer des Reeders oder Ausrüsters handeln. Daher muss es grundsätzlich die Forschungseinrichtung selbst sein, die Reeder bzw. Ausrüster des Schiffes ist. Wissenschaftler anderer Forschungseinrichtungen, die der Reeder bzw. Ausrüster an Bord tätig werden lässt, fallen damit an sich nicht unter § 478. M.E. sollte in diesen Fällen der (Leih-)Arbeitnehmer-Vorbehalt allerdings nicht angewandt werden. Richtigerweise genügt es außerdem, dass der Betriebsteil „Forschung" des Reeders oder Ausrüsters ausgegliedert wurde und nunmehr von einem selbständigen Unternehmer durchgeführt wird (oben Rn 42). Auch hier gehört das wissenschaftliche Personal als sonstige Personen zur Schiffsbesatzung. Hat dagegen der Reeder oder Ausrüster das Schiff lediglich einem Charterer zur Verfügung stellt, damit dieser Forschungen mit seinem oder anderem wissenschaftlichen Personal durchführen kann, bleibt es dabei, dass die Zurverfügungstellung des Schiffes der maßgebliche Betrieb ist (oben Rn 36), so dass das wissenschaftliche Personal an Bord von vornherein nicht Teil der Schiffsbesatzung im Sinne des § 478 ist. 65

66 **k) Verschleppung und Assistenz.** Die Besatzung eines Schleppers, der für das Schiff tätig wird, gehört in keinem Falle zu den sonstigen Personen im Sinne des § 478. Dies gilt sowohl für die „echte" Verschleppung, bei der das Schiff ohne Benutzung des eigenen Antriebs geschleppt oder geschoben wird, als auch für den Fall der Assistenz. Ursprünglich hat die Rechtsprechung, im Hinblick auf eine Haftung aus § 485, §§ 734 ff. HGB a.F. (heute: § 480, §§ 570 ff.), die Besatzung des Schleppers zur Besatzung des Anhangs gerechnet.[38] Dies änderte sich für den Fall, dass der Schaden während der Verschleppung eingetreten ist, mit der grundlegenden Entscheidung RGZ 65, 382 „Herold": Das RG stellte darauf ab, wo die Führung des Schleppverbandes liegt. Trat der Schaden nicht im Zusammenhang mit der Verschleppung ein, etwa wenn der (unbemannte) Anhang vom Schlepper in einer Weise abgelegt wurde, dass Dritte gefährdet wurden, galten weiterhin die früheren Grundsätze.[39] Siehe näher zu alldem unten Rn 74–83, 84–86 zu § 480. Dabei geht es um eine analoge Anwendung des § 480 Satz 1 auf weitere Personen, die nicht mehr zur Schiffsbesatzung im Sinne des § 478 gehören, nicht aber um eine Auslegung des § 478 (dazu schon oben Rn 8).

67 Der maßgebliche Betrieb des geschleppten Schiffes bzw. des Schiffes, dem assistiert wird, ist das „Geschlepptwerden" bzw. die „Annahme" der Assistenz. Die Besatzungen der Schlepper werden daher von vornherein weder bei Durchführung eines Schleppvertrages noch im Falle der Assistenz im Rahmen des Schiffsbetriebes tätig[40] (oben Rn 32–35). Ebenso fehlt es an der Eingliederung der Schlepperbesatzung in die Bordgemeinschaft. Schließlich sind jedenfalls Assistenzschlepper normalerweise nicht lange genug für das Schiff tätig (oben Rn 37). Die Mitglieder der Besatzung des Schleppers sind zudem auch nicht gleichzeitig (Leih-)Arbeitnehmer des Reeders bzw. Ausrüsters des Schiffes (im Einzelfall mag es sich allerdings so verhalten).

68 Wird ein Schiff geschleppt bzw. wird einem Schiff assistiert, gehört dessen Besatzung nicht im Sinne des § 478 zur Schiffsbesatzung des Schleppers. Der Betrieb des Anhangs bzw. des Schiffes, dem assistiert wird, ist von dem des Schleppers zu unterscheiden. Dessen Betrieb umfasst nicht auch den des Anhangs bzw. des assistierten Schiffes. Nicht etwa stellen im Falle der Verschleppung der Schlepper und der Anhang als Schleppzug ein einheitliches Fahrzeug mit einer einheitlichen Besatzung dar, die sowohl für den Reeder bzw. Ausrüster des Schleppers als auch für den Reeder bzw. Ausrüster des Anhangs tätig ist.[41] Außerdem sind die Mitglieder der Schiffsbesatzung des Anhangs bzw. des Schiffes, dem assistiert wird, nicht (Leih-)Arbeitnehmer des Reeders bzw. Ausrüsters des Schleppers. Auch stellt sich der Betrieb des Anhangs bzw. des assistierten Schiffes normalerweise nicht als Auslagerung von Teilen des Betriebes des Schleppers dar (oben Rn 42). An der Zugehörigkeit von Mitgliedern der Schiffsbesatzung zum Schlepper bzw. zum Anhang ändert sich nichts, wenn sie zeitweise auf dem jeweils anderen Fahrzeug Dienste verrichten.

---

38 RGZ 20, 84, 86 f. „Elisetta"; RGZ 46, 42 „Königin Carola", zuvor OLG Hamburg HansGZ H 1900, 1 Nr. 1; RGZ 50, 33, 36 f. „Achroite", „Nor", „Cuxhaven"; OLG Hamburg HansGZ H 1886, 84 Nr. 33 „Lion", „Itzehoe", OLG Hamburg HansGZ H 1887, 33 Nr. 16 (S. 35 f.) „Taurus", zuvor LG Hamburg aaO., OLG Hamburg HansG H 1899, 217 Nr. 83 (S. 222) „Thetje", „Franiska"; OLG Hamburg HansGZ H 1905, 175 Nr. 79 „Paradies", „Dorothea"; OLG Hamburg HansGZ H 1913, 215 Nr. 104 „Nord Holland", „Hans"; siehe auch noch BGHZ 50, 250 = VersR 1968, 940 „Mantric", zuvor OLG Hamburg Hansa 1967, 1163.
39 RG Recht 1914 Nr. 525, vermutlich die Revisionsentscheidung zu OLG Hamburg HansGZ H 1913, 215 Nr. 104 „Hans", „Nord Holland".
40 Anders für die Assistenz aber BGH VersR 1976, 771, 773 „Johanna" „Stepan Khalturin" „Karl".
41 So aber OLG Hamburg HansGZ H 1887, 33 Nr. 16 (S. 35 f.) „Taurus", zuvor LG Hamburg aaO.

l) Das Personal von Umschlagsunternehmern. Das Laden, Stauen, Sichern und 69
Entladen von Gut (Umschlag) wird in vielen Fällen nicht von der normalen Besatzung
des Schiffes, sondern von selbständigen Unternehmern durchgeführt, deren Mitarbeiter
(Stauer) an Bord und an Land tätig werden. Diese Tätigkeiten gehören zum Schiffsbetrieb (oben Rn 32–35), jedoch nur insoweit, wie die Stauer tatsächlich „für das Schiff"
tätig sind und anstelle der normalen Besatzung den Umschlag durchführen (oben
Rn 36). Verfügt das Schiff über eigene Lade- und Löscheinrichtungen, gehört deren Bedienung sowie die „Entgegennahme" und die „Übergabe" des Gutes einschließlich der
hierfür erforderlichen Maßnahmen zum Schiffsbetrieb. Hat das Schiff keine eigenen
Lade- und Löscheinrichtungen, sind lediglich die Entgegennahme des Gutes an Bord
sowie dessen Übergabe an Bord Teil des Schiffsbetriebes. Das Stauen und Sichern des
Gutes nach dessen Entgegennahme und ebenso das Losmachen und Verbringen zum Ort
der Übergabe an Bord ist auch Teil des Schiffsbetriebs. Keinesfalls gehört dazu das Heranschaffen des Gutes an Land vor der Verladung sowie das Wegschaffen des Gutes an
Land nach dem Entladen.[42]

Soweit der Umschlag zum Schiffsbetrieb gehört, fällt er jedoch nicht in dessen Kern- 70
bereich, die Stauer sind daher nicht Teil der Schiffsmannschaft[43] (oben Rn 19–21). Im
Hinblick auf ihre Stellung als sonstige Personen wird es allerdings vielfach an einer dauerhaften Eingliederung in die Bordgemeinschaft fehlen, weil die Stauer nur während
des Aufenthalts des Schiffes im Hafen tätig werden.[44] Hierbei bleibt es auch, wenn die
Stauer nicht lediglich im Hinblick auf den Umschlag tätig werden, sondern tatsächlich
„Schiffsdienste" verrichten. Dies hat in der früheren Rechtsprechung eine Rolle gespielt,
wenn die Stauer das Schiff mit festgemacht haben,[45] beim Abbäumen tätig wurden[46] oder
den Schuten, die Gut gebracht oder abgeholt haben, Weisungen erteilt[47] oder die Schuten verholt haben.[48] Auch Tallyleute gehören nicht zur Schiffsbesatzung im Sinne des
§ 478.[49]

Im Übrigen sind die Stauer häufig nicht (Leih-)Arbeitnehmer des Reeders bzw. Aus- 71
rüsters (siehe oben Rn 40). Verhält es sich ausnahmsweise so, und sind die Betreffenden
nicht nur vorübergehend im Rahmen des Schiffsbetriebes an Bord tätig, können sie als
sonstige Personen nach § 478 zur Schiffsbesatzung gehören.[50] Die Zuweisung der betreffenden Person durch eine entsprechende Verteilerstelle – wie die GHBG in Hamburg – an
den Reeder bzw. Ausrüster stünde dem nicht entgegen.[51] Hat der Reeder bzw. Ausrüster
einen Umschlagsunternehmer beauftragt, handelt es sich bei den Stauern um seine
(Leih-) Arbeitnehmer (oder um die eines Sub-Unternehmers). Dies schließt eine Zugehö-

---

42 Siehe OLG Hamburg HansRGZ B 1930, 357 Nr. 130 (Sp. 358, 360) „Rhodopolis".
43 Siehe BGHZ 70, 113 = NJW 1978, 948 (unter 1a) „Sagittarius"; OLG Bremen Hansa 1964, 419, 420 (linke Spalte unten), anschließend BGH Hansa 1965, 1330.
44 Siehe auch OLG Bremen Hansa 1964, 419, 420 (linke Spalte unten), anschließend BGH Hansa 1965, 1330.
45 OLG Hamburg HansGZ H 1889, 188 Nr. 78 „Fidelio".
46 RG HansGZ H 1910, 263 Nr. 113 „Horatius", gegen OLG Hamburg HansGZ H 1909, 57 Nr. 28; OLG Hamburg HansGZ H 1902, 189 Nr. 80 (S. 190 rechte Spalte) „Liberty" „Minerva".
47 OLG Hamburg HansGZ 1907, 25 Nr. 11 (S. 26 f., 28 f.) „Messina", zuvor LG Hamburg aaO.
48 Siehe OLG Hamburg HansGZ H 1908, 280 Nr. 129 „Hudiksvall"; OLG Hamburg HansRGZ B 1930, 357 Nr. 130 „Rhodopolis".
49 OLG Hamburg VersR 1961, 51.
50 Siehe OLG Hamburg HansGZ H 1908, 280 Nr. 129 „Hudiksvall"; OLG Hamburg HansRGZ B 1940, 29 Nr. 14; OLG Hamburg Hansa 1968, 2102, 2103 (linke Spalte); OLG Bremen Hansa 1964, 419, 420 (linke Spalte unten), anschließend BGH Hansa 1965, 1330 – *Schaps/Abraham* Seehandelsrecht Rn 8 zu § 481.
51 Siehe OLG Hamburg HansRGZ B 1940, 29 Nr. 14.

rigkeit der Stauer zur Schiffsbesatzung aus.⁵² Von einer Ausgliederung des Betriebsteils „Umschlag" (oben Rn 42) kann hier m.E. nicht ausgegangen werden. Dagegen spricht die Kurzfristigkeit der betreffenden Tätigkeiten. Die Stauer gehören von vornherein nicht zur Schiffsbesatzung, wenn nicht der Reeder bzw. Ausrüster, sondern ein Charterer das Laden bzw. Löschen durchzuführen hat.⁵³ Hier beschränkt sich der Schiffsbetrieb – aus der Perspektive des Reeders oder Ausrüsters – auf die Zurverfügungstellung des Schiffes zu diesem Zweck (oben Rn 36).

72 All dies gilt gleichermaßen für „Zwangsstauer" (unten Rn 90 zu § 480), also sowohl für Pflichtstauer als auch für die (seltenen) weisungsungebundenen Stauer. Bei letzteren kommt hinzu, dass diese schon wegen der fehlenden Weisungsbefugnis des Reeders bzw. Ausrüsters nicht als dessen (Leih-)Arbeitnehmer angesehen werden können.

73 **m) Festmacher.** Personen, die außerhalb des Schiffes beim Fest- und Losmachen behilflich sind, entweder an Land oder unter Einsatz von Booten (Festmacher), werden normalerweise nicht im Rahmen des Schiffsbetriebs tätig (dazu oben Rn 32–35). Etwas anderes gilt nur, wenn es auf dem betreffenden Schiff, unter Berücksichtigung seiner Größe und Manövrierfähigkeit, üblich ist, dass die Besatzung diese Maßnahmen selbst durchführt und die betreffenden Personen nur im Einzelfall, vielleicht auch nur gefälligkeitshalber, tätig werden. In jedem Falle sind die Festmacher auch jeweils nur so kurz für das Schiff im Einsatz, dass eine Eingliederung in die Bordgemeinschaft nicht in Betracht kommt (dazu oben Rn 37). Außerdem sind die Festmacher normalerweise nicht (Leih-)Arbeitnehmer des Reeders bzw. Ausrüsters (oben Rn 40), sondern solche eines örtlichen Festmacherunternehmers. Hinzu kommt, dass dieser, wenn das Schiff in Zeitcharter fährt, häufig vom Zeitcharterer beauftragt wird. Damit gehören die Festmacher praktisch nie im Sinne des § 478 zu den sonstigen Personen der Schiffsbesatzung.⁵⁴

74 **n) Weitere Fälle.** Es kann vorkommen, dass sich das Schiff an seinem Liegeplatz befindet, ohne dass die Besatzung an Bord ist, und von Dritten (ohne Verwendung der Maschine, aber mit Hilfe von Leinen bzw. durch Schieben oder Stoßen) verholt wird, um für ein anderes Fahrzeug Platz zu machen. Hier stellt sich die Frage, ob diese dritten Personen zur Besatzung des verholten Schiffes zählen. Sie werden im Rahmen des Betriebs des verholten Schiffes tätig, sind allerdings nicht in dessen Bordgemeinschaft eingegliedert. Auch sind die dritten Personen nicht (Leih-)Arbeitnehmer des Reeders oder Ausrüsters des verholten Schiffes, und auch der Gedanke der Ausgliederung (oben Rn 42) kommt nicht zum Tragen. Die dritten Personen gehören nicht im Sinne des § 478 zur Besatzung.

75 Befindet sich das Schiff ohne eigene (vollzählige) Besatzung in der Werft und wird es vom Werftpersonal ein- oder ausgedockt oder von einer Werftpier zu einer anderen

---

52 BGHZ 26, 152 = NJW 1958, 220, 221 (linke Spalte oben) mit Anm. *Nörr* LM Nr. 5 zu § 485, zuvor OLG Hamburg VersR 1957, 383; OLG Hamburg HansG H 1887, 285 Nr. 121 (S. 286) „Professor Woermann"; OLG Hamburg HansGZ H 1901, 116 Nr. 51 „Rereus"; OLG Hamburg HansGZ H 1907, 25 Nr. 11 (S. 26f., 28f.) „Messina", zuvor LG Hamburg aaO.; LG Hamburg HansGZ H 1892, 248 Nr. 95 will zwischen „Zwangsstauern" und sonstigen Stauern unterscheiden – offen gelassen von RGZ 126, 35, 37f. „Geddington Court" = HansRGZ B 1929, 739 Nr. 296, daran anknüpfend OLG Hamburg HansRGZ B 1930, 357 Nr. 130 „Rhodopolis".
53 *Schaps/Abraham* Seehandelsrecht Rn 15 zu § 481 – offen gelassen von BGHZ 26, 152 = NJW 1958, 220, 221 (linke Spalte) mit Anm. *Nörr* LM Nr. 5 zu § 485, zuvor OLG Hamburg VersR 1957, 383.
54 Siehe RGZ 119, 270 „Jan Molsen", zuvor OLG Hamburg HansGZ H 1927, 215 Nr. 94; OLG Hamburg HansGZ H 1889, 188 Nr. 78 „Fidelio"; OLG Hamburg HansGZ H 1913, 287 Nr. 140 „Rhakotis", zuvor LG Hamburg aaO. sowie OLG Hamburg Hansa 1973, 2122 – anders noch RG JW 1896, 705 Nr. 48 „Möwe".

verholt, kann sich ebenfalls die Frage ergeben, ob das mit dem Manövrieren des Schiffes befasste Werftpersonal zu der Besatzung des Schiffes gehört. Wird das Schiff für die Zwecke der Werft verholt, um die übernommenen Arbeiten durchzuführen, gehören die Tätigkeiten des Werftpersonals nicht um Betrieb des Schiffes (oben Rn 32–35). Dieser besteht darin, das Schiff der Werft zur Verfügung zu stellen. Im Übrigen fehlt es an der Eingliederung in die Bordgemeinschaft. Die Personen des Werftpersonals sind nicht (Leih-)Arbeitnehmer des Reeders bzw. Ausrüsters des Schiffes (oben Rn 40). Auch eine Ausgliederung von Teilen des Schiffsbetriebs (oben Rn 42) entfällt. Damit gehört das Werftpersonal in den hier erörterten Fällen nicht zur Schiffsbesatzung im Sinne des § 478.[55] Im Einzelfall kann es sich aber auch so verhalten, dass die Werft als Ausrüster (§ 477) anzusehen ist. Aus deren Perspektive gehört das Verholen zu dem Betrieb des Schiffes, und zwar zu dessen Kernbereich. Dann können die Personen des Werftpersonals entsprechend ihrer Funktion als Kapitän, als Schiffsoffiziere oder als Schiffsmannschaft angesehen werden.

VI. Beginn und Ende der Stellung als Mitglied der Schiffsbesatzung

Zu welchem Zeitpunkt das Mitglied der Schiffsbesatzung nach § 478 diesen Status **76** erhält und von wann an die Person nicht mehr Mitglied der Schiffsbesatzung ist, hängt von den Umständen des Einzelfalles ab. Grundsätzlich muss die Person an Bord des Schiffes eingetroffen und „angekommen" sein, so dass sie ihren Dienst antreten kann. Gibt es einen Vorgesetzten muss sich die Person in der Regel bei ihm zum Dienst gemeldet haben (was auch sehr formlos geschehen kann). Entsprechendes gilt für das Ende der Stellung als Mitglied der Schiffsbesatzung. Sie endet, wenn sich das Besatzungsmitglied beim Vorgesetzten abmeldet und dieser mit dem Dienstende einverstanden ist. Die Person kann sich in der Folgezeit noch an Bord aufhalten, um die Abreise vorzubereiten oder auf die Abholung zu warten, gehört jetzt aber nicht mehr zur Besatzung.

Häufig werden Personen der Schiffsbesatzung abgelöst. Jedenfalls bei Kapitänen **77** und bei Schiffsoffizieren ist vielfach eine Übergabe der Geschäfte und eine, wenn auch möglicherweise nur kurze Einweisung des Nachfolgers erforderlich. Auch hier gelten die zuvor (Rn 76) dargelegten Grundsätze. Es ist nicht so, dass der Beginn der Stellung des Ablösers als Mitglied der Schiffsbesatzung und das Ende dieser Rechtsstellung der abgelösten Person stets zusammenfallen. Vielmehr kann der Ablöser schon vor der Ablösung und die abgelöste Person auch noch nach der Ablösung zur Schiffsbesatzung gehören. Es kommt andererseits vor, dass die Einweisung des Nachfolgers mehrere Tage dauert, insbesondere bei Schiffen mit besonderen Einrichtungen, mit denen der Nachfolger nicht vertraut ist. Hier gehört der Nachfolger auch schon während der Einweisung zur Schiffsbesatzung. Ein zusätzlicher „Kapitän" ist Schiffsoffizier im Sinne des § 478.

Personen, die an Bord regelmäßige Wachen gehen, gehören nicht nur während der **78** Wache zur Schiffsbesatzung, sondern auch in der wachfreien Zeit. Auch verlieren die Personen der Schiffsbesatzung ihren Status nicht, wenn sie das Schiff vorübergehend verlassen. Dies gilt für kurze dienstliche Tätigkeiten an Land. Die SHR-ReformG-Begr nennt Arbeiten an der Schiffslängsseite, im Leichter[56] oder am Kai.[57] Gleiches gilt, wenn Mitglieder der Schiffsbesatzung an Land tätig werden, um das Schiff fest- oder loszumachen.[58] Hierzu gehören auch Besprechungen oder Arztbesuche. Die Person gehört auch

---

55 Siehe OLG Hamburg HansGZ H 1912, 269 Nr. 128 (S. 271) „Main", „Achilles".
56 Siehe OLG Hamburg HansRGZ B 1940, 29 Nr. 14.
57 S. 63 („Zu § 478").
58 Siehe OLG Hamburg HansRGZ B 1940, 29 Nr. 14.

beim Landgang während der Freizeit zur Schiffsbesatzung. Bei Schiffen, die zeitweise unbesetzt oder nicht vollständig besetzt sind, etwa weil sie nur tagsüber Fahrten unternehmen, gehören die betreffenden Personen auch dann noch zur Schiffsbesatzung, wenn sie sich nicht an Bord aufhalten.

VII. Die Sportschifffahrt

79   Die Tatbestände des Art. 7 Abs. 1 EGHGB bringen eine Reihe von Vorschriften des Fünften Buches (das an sich nur für Erwerbsschiffe gilt, oben Rn 4–8 zu § 476), auch auf Nichterwerbsschiffe zur Anwendung. Im Rahmen dieser Vorschriften des Fünften Buches ist ggf, soweit es auf die Schiffsbesatzung ankommt, die Umschreibung des § 478 maßgeblich (auch wenn Art. 7 Abs. 1 EGHGB die Vorschrift des § 478 nicht nennt). Die Besetzung vieler Nichterwerbsschiffe entspricht denen von Erwerbsschiffen, so dass die Anwendung des § 478 und die Einordnung als Kapitän, Schiffsoffiziere, Schiffmannschaft und sonstige Personen keine Schwierigkeiten machen.

80   Dies verhält sich im Bereich der Sportschifffahrt und „familiär" besetzten Sport- und Vergnügungsfahrzeugen häufig anders. In vielen Fällen führt der Eigentümer das Schiff auch selbst. Oder: Die Eigentümerin (= Ehefrau) ist an Bord, der Ehemann führt das Schiff.[59] Auch gibt es normalerweise keine (Leih-)Arbeitsverhältnisse. Es genügt, dass die betreffende Person vom Eigentümer als Besatzungsmitglied eingesetzt und mit Wissen und Wollen des Eigentümers an Bord tätig wurde.[60] Die weiteren Personen sind zu Sport- und Vergnügungszwecken an Bord. Der Bootsführer entspricht dem Kapitän im Sinne des § 478. Es genügt, dass der Bootsführer aus Gefälligkeit tätig wird.[61] „Schiffsoffiziere" gibt es normalerweise nicht. Jede weitere Person, die irgendwie im Hinblick auf die Durchführung der Fahrt an Bord tätig (und vielleicht nur für den Proviant zuständig) ist, sei es auch nur für eine Fahrt, gehört zur Schiffsmannschaft. Dabei kann die Abgrenzung zu Fahrgästen, die ausschließlich zum Zwecke der Beförderung an Bord (und damit nicht Teil der Schiffsbesatzung) sind, schwerfallen. M.E. kann man im Grundsatz davon ausgehen, dass im Falle einer Fahrt zu Vergnügungs- oder Erholungszwecken mit Bekannten alle Personen, die sich an Bord befinden, zur Schiffsmannschaft zählen. Im Falle einer Segelprüfung ist nicht der Prüfling, sondern der Ausbilder der Schiffsführer.[62]

---

59 Siehe LG Dortmund RdTW 2015, 265 mit Anm. *Ramming* aaO.
60 Siehe LG Dortmund RdTW 2015, 265 [23] mit Anm. *Ramming* aaO.
61 BGHZ 57, 309 = NJW 1972, 538, 540 „Sonnenschein 9".
62 OLG Hamm HmbSeeRep 2008, 169 Nr. 71.

Anhang zu § 478 (Lotse)

Der Lotse

Literatur: *Diestel* Die Rechtsstellung des Hamburger Hafenlotsen, EE 33, 243–248; *Domine* „Nautische Führung" durch den Hamburger Hafenlotsen, HansRGZ A 1936, 265–272; *Ehlers* Seeverkehr, dort Kommentierung zum SeeLG; *Graf/Ehlers* Vereinheitlichung des Überseelotswesens in der Nordsee und im Englischen Kanal, Hansa 1974, 1579–1581; *Graf/Ehlers* Das deutsche Seelotswesen, Hansa 1979, 1342–1344 und 1422–1425; *Graf/Ehlers* Allgemeine Lotsenannahmepflicht, Hansa 1981, 341–343; *Hasche* Zur Haftung des Lotsen, Hansa 1952, 1368–1371; *Graf/Steinicke* Sorgfaltspflicht und Seemannsbrauch, Hansa 1971, 1889–1895; *Heinrich/Steinicke* Seelotswesen, 3. Auflage, 2011; *Kallus* Das Gesetz über das Seelotswesen, Hansa 1954, 1965–1970; *Lechner* Lotswesen und EU-Recht, Hansa 1999 Nr. 7 S. 31–33; *Lechner* Mögliche Änderungen im Lotswesen, Hansa 1999 Nr. 11 S. 26–30; *Ramming* Die beschränkbare Haftung des Lotsen, RdTW 2014, 301–309; *Segelken* Die Rechtsstellung des Lotsen, 1923; *Segelken* Seelotsenrecht, 1965; *Zschoche* Das Bedienen von Manöverelementen durch den Lotsen, Hansa 2009-5, 83–89; *Zschoche* Das Haftungsprivileg des § 21 Abs. 3 SeeLG und die Bedienung von Manöverelementen durch den Lotsen, VersR 2012, 1088–1094; *Zschoche* Civil Liability of Maritime Pilots Worldwide – An International Review, RdTW 2014, 194–201; *Zschoche* 60 Jahre Seelotsgesetz – Würdigung und Kritik, VersR 2014, 1029–1038; *Zschoche* Die Haftung des Lotsen im nationalen und internationalen Vergleich, TranspR 2016, 90–100.

Lotsen sind Personen, die die Schiffsführung beim Befahren von Gewässern beraten; **1** siehe zur Umschreibung des Lotsen näher unten Rn 10 zu § 480. Deutschland verfügt über ein staatlich organisiertes See- und Hafenlotswesen (unten Rn 2–40). Dies ist grundsätzlich hoheitliche Aufgabe des Bundes bzw. der Länder (unten Rn 3–5). Gleichwohl sind die maßgeblichen Rechtsverhältnisse zum Teil privatrechtlicher Natur, insbesondere das Nutzungsverhältnis (unten Rn 76–86) sowie das Verhältnis zwischen dem Lotsen und dem Reeder des Schiffes (unten Rn 87–124). Werden durch das Verhalten des Lotsen während seiner Tätigkeit Dritte geschädigt, haftet der Lotse ggf. auf Schadenersatz (unten Rn 126–163). Daneben muss normalerweise auch der Reeder des Schiffes dem Dritten für den Schaden einstehen; möglicherweise steht dem Reeder hier der Rückgriff gegen den Lotsen offen (unten Rn 164–166, 167–174).

I. Die Organisation des Seelotswesens in Deutschland

Traditionell war das Lotswesen in Deutschland sehr uneinheitlich und von Revier zu **2** Revier unterschiedlich strukturiert. Die in der Nordsee tätigen Lotsen waren freie Gewerbetreibende, die sich in Lotsengemeinschaften zusammengeschlossen hatten und für die das Erfordernis einer staatlichen Zulassung bestand. An der Ostseeküste sowie im Nord-Ostsee-Kanal waren die Lotsen dagegen teils staatliche Bedienstete. Zum Teil galt Bundesrecht, überwiegend aber Landesrecht. Für die verschiedenen Gewässer waren unterschiedlichen Lotsordnungen maßgeblich, die zudem zum großen Teil veraltet waren. Die Verschiedenartigkeit der örtlichen Regelungen machte erhebliche Schwierigkeiten. Aus diesem Grunde wurde das Seelotswesen in Deutschland im Jahre 1954 mit dem SeeLG 1954 umfassend modernisiert und einheitlich gestaltet.

1. Die Grundlagen. Für den Bereich des Seelotswesens ergibt sich die Gesetzge- **3** bungskompetenz des Bundes aus Art. 74 Nr. 21, Art. 72 Abs. 1 GG. Außerdem nimmt der Bund gemäß Art. 89 Abs. 2 Satz 2 GG die über den Bereich eines Landes hinausgehenden staatlichen Aufgaben der Seeschifffahrt wahr, die ihm durch Gesetz übertragen werden. Ausgehend davon bestimmt § 3 Abs. 1 SeeLG, dass die Einrichtungen und Unterhaltung des Seelotswesens sowie die Aufsicht über das Seelotswesen Aufgaben des Bundes sind.

Anh zu § 478 — Anhang zu § 478 (Lotse)

Im Übrigen wird das Seelotswesen in den Seelotsrevieren durch die Lotsenbrüderschaften und die Bundeslotsenkammer (unter Aufsicht des Bundes, § 41 SeeLG) in Selbstverwaltung durchgeführt (§ 3 Abs. 2 SeeLG, unten Rn 11–14). Vorhalt, Unterhalt und Betrieb der Lotseinrichtungen (feste und schwimmende Lotsenstationen, Versetz- und Zubringerfahrzeuge) sind nach § 6 Abs. 1 SeeLG Sache der Aufsichtsbehörden, die diese Aufgabe nach Maßgabe des Abs. 2 den Lotsenbrüderschaften oder der Bundeslotsenkammer bzw. Privatpersonen übertragen können (unten Rn 7–8). Die Fachaufsicht bleibt bei den Aufsichtsbehörden (§ 6 Abs. 3 SeeLG). Die eigentliche Beratung der Schiffsführung führt der Seelotse nach § 21 Abs. 2 Satz 1 SeeLG in eigener Verantwortung durch, wobei er nach Satz 2 der Vorschrift der Aufsicht durch den Bund unterliegt (§ 3 Abs. 1 SeeLG). Hierunter fällt etwa auch die Pflicht, bekannt gewordenen Fällen von Alkoholmissbrauch durch Seelotsen nachzugehen.[1] Der Anlass für die Einrichtung, die Unterhaltung und die Beaufsichtigung des Seelotswesens ist auch die Verkehrssicherungspflicht des Bundes im Hinblick auf die Seewasserstraßen.[2] Die Schifffahrt bedient sich des Seelotswesens im Rahmen der Grundsätze über die Nutzung einer Anstalt (unten Rn 76–86).

4   Ausgangspunkt der Vorschriften über das Seelotswesen in Deutschland ist das SeeLG (siehe zu den Hafenlotsen auch unten Rn 30–40). Das SeeLG betrifft die Seelotsen, die in § 1 Satz 1 umschrieben sind als Personen, die nach behördlicher Zulassung berufsmäßig Schiffe als orts- und schifffahrtskundige Berater geleiten (siehe auch § 1 Abs. 1 Satz 1 Hmb HafenLG, § 1 Abs. 1 BremLotsO). Klarstellend fügt § 1 Satz 2 SeeLG hinzu, dass der Seelotse nicht zur Schiffsbesatzung gehört (ebenso § 1 Abs. 1 Satz 2 Hmb HafenLG, § 1 Abs. 2 BremLotsO); siehe oben Rn 52–55 zu § 478. In räumlicher Hinsicht erstreckt sich der Anwendungsbereich des SeeLG nach § 1 Abs. 1 Satz 1 auf die Lotstätigkeit auf Seeschifffahrtsstraßen außerhalb der Häfen oder über See. Letzteres umfasst das deutsche Küstenmeer – nicht aber das Küstenmeer anderer Staaten – sowie alle sonstigen Seegebiete, einschließlich der AWZ von Staaten sowie der Hohen See (oben Rn 5, 6, 8 Einleitung C). Dagegen gilt das SeeLG nicht in Häfen; siehe auch § 1 Abs. 2 Hmb HafenLG, § 2 BremLotsO.

5   Neben dem SeeLG kommen eine Reihe von Rechtsverordnungen zur Anwendung. Die § 3 Abs. 3, §§ 4, 5, 9 Abs. 3, 43 SeeLG ermächtigen das BMVBS, bestimmte Fragen durch Rechtsverordnung näher zu regeln. Hinsichtlich der Lotsverordnungen nach § 5 Abs. 1 SeeLG kann das BMVBS die Ermächtigung nach Abs. 2 der Vorschrift auf die Aufsichtsbehörden übertragen. Die grundlegende Verordnung ist die ALV. In deren § 3 wird die GDWS als Aufsichtsbehörde festgelegt. Ihr wird in § 4 ALV die Ermächtigung der § 5 Abs. 1 Nr. 3 bis 5 SeeLG übertragen. Darüber hinaus regeln die SeeLAuFV und die NOK-SeeLAusbV die Aus- und Fortbildung der Seelotsen und die LTV die Lotsabgaben und Lotsgelder (dazu unten Rn 18–27). Für die insgesamt sieben Seelotsreviere (unten Rn 6) hat, auf Grundlage des § 5 Abs. 1 und 2 SeeLG, die GDWS insgesamt fünf Lotsverordnungen über die Verwaltung und Ordnung der Reviere erlassen: die Ems-LV, die Elbe-LV, die Weser/Jade-LV, die NOK-LV sowie die WIROST-LV. Die Lotsverordnungen enthalten Vorschriften über den Betrieb der Lotseinrichtungen, über die Anforderung von Seelotsen und über die Pflicht zur Annahme von Seelotsen (unten Rn 9–10). Schließlich regelt die SeeLRevV die Tätigkeit des Seelotsen außerhalb der eingerichteten Reviere (unten Rn 29). Bestimmungen über die Tätigkeit von Lotsen finden sich auch in A-VIII/2.49 und 50 STCW-Code (unten Rn 61) sowie in der Resolution A.960(23).

---

[1] Siehe OLG Hamburg TranspR 1992, 279, 283 (unter 2b) „Waylink", „Brady Maria"; auch schon RG Hansa 1912, 270.
[2] Siehe BGHZ 35, 111, 117; BGH VersR 1961, 653, 656 (unter 6.); OLG Hamburg TranspR 1992, 279, 281f. (unter 3a) „Waylink", „Brady Maria"; BOSA BOSeeAE 1998, 67, 77 (unter bb) „Nordlicht", „Harlekin I".

2. Die Seelotsreviere. Das SeeLG unterscheidet die Tätigkeit der Seelotsen in den 6
sogenannten Seelotsrevieren einerseits und außerhalb dieser Reviere andererseits (dazu
unten Rn 29). Seelotsreviere sind nach § 2 SeeLG Fahrtstrecken und Seegebiete, für die
zur Sicherheit der Schifffahrt die Bereitstellung einheitlicher, ständiger Lotsdienste angeordnet wird. Auf Grundlage des § 1 ALV sind an der deutschen Küste insgesamt sieben
Seelotsreviere eingerichtet worden, nämlich die Seelotsreviere Ems, Weser I, Weser
II/Jade, Elbe, Nord-Ostsee-Kanal I, Nord-Ostsee-Kanal II/Kieler Förde/Trave/Flensburger
Förde sowie Wismar/Rostock/Stralsund. Zum Seelotsrevier Ems siehe noch Art. 40 Ems-
Dollart-Vtrg, Art. 9 Abs. 1 und 2 KüstenmeerVtrg (NL) sowie Art. 5 Abs. 1 Satz 1 EmsSchInfo-Vtrg. Die Grenzen der Seelotsreviere sind in § 2 ALV sowie den Anlagen 1, 2 und 3 zur
ALV niedergelegt. Der Lotsdienst in den Seelotsrevieren obliegt den in der betreffenden
Lotsenbrüderschaft (unten Rn 12) zusammengeschlossenen Seelotsen; siehe § 2 Ems-LV,
§ 2 Abs. 1 Elbe-LV, § 2 Abs. 1 Weser/Jade LV, § 2 Abs. 1 NOK-LV, § 2 Abs. 1 WIROST-LV. Die
Aufsichtsbehörde für das Seelotswesen (§ 3 Abs. 3 SeeLG) ist die GDWS. Gleichzeitig
überträgt § 4 ALV die Ermächtigungen nach § 5 Abs. 1 Nr. 3 bis 5 SeeLG auf diese Aufsichtsbehörden, soweit die ALV nicht selbst Regelungen trifft.

3. Vorhaltung, Unterhaltung und Betrieb von Lotseinrichtungen. Lotseinrich- 7
tungen sind feste und schwimmende Lotsenstationen (dazu unten Rn 47) sowie Versetz-
und Zubringerfahrzeuge (§ 6 Abs. 1 SeeLG). Diese werden von den Aufsichtsbehörde,
also der GDWS, vorgehalten und betrieben. Die Aufsichtsbehörde kann diese Aufgaben
nach § 6 Abs. 2 SeeLG auf die Lotsenbrüderschaften (unten Rn 12), die Bundeslotsenkammer (unten Rn 13) oder private Personen übertragen. Die Lotsenbrüderschaften und
die Bundeslotsenkammer dürfen ihrerseits juristische Personen des privaten Rechts beauftragen (§ 6 Abs. 2 Satz 2 SeeLG). Dabei bleibt es bei der Fachaufsicht durch die GDWS
(§ 6 Abs. 3 SeeLG). Der Betrieb der Lotseinrichtungen einschließlich des Versetzdienstes
ist eine hoheitliche Aufgabe.[3]

Auf Grundlage des § 6 Abs. 2 SeeLG wurde nach § 6 Satz 1 ALV die Durchführung von 8
Betrieb und Unterhaltung der Lotseinrichtungen in den Seelotsrevieren Ems, Weser I,
Weser II/Jade, Elbe, Nord-Ostsee-Kanal I und Nord-Ostsee-Kanal II/Kieler Förde/Trave/
Flensburger Förde der Bundeslotsenkammer übertragen.[4] Dies erfolgte durch eine entsprechende Verwaltungsansordnung. Die Bundeslotsenkammer hat die Aufgabe an den
LBV weiter übertragen. Er betreibt vier Außenstellen in Emden, Bremerhaven, Cuxhaven
und Kiel und unterhält insgesamt 16 feste und drei schwimmende, jeweils durchgehend
besetzte Lotsenstationen sowie 26 Versetzfahrzeuge, die alle die deutsche Flagge führen.
Bei den drei schwimmenden Lotsenstationen die vor der Elbe- und der Weser/Jade-
Mündung zum Einsatz kommen, handelt es sich um besonders seegängige Fahrzeuge
mit moderner SWATH-Technik.[5] Im Lotsrevier Wismar/Rostock/Stralsund wird die
Durchführung von Betrieb und Unterhaltung der Lotseinrichtungen nach § 6 Satz 3 ALV
unmittelbar an private natürliche oder juristische Personen vergeben. Mit dieser Aufgabe
ist heute die LotsBetrGmbH-MV betraut.[6] Diese Gesellschaft wird in Bremerhaven und
Wilhelmshaven auch für die dortigen Hafenlotsen tätig. Der LBV sowie die LotsBetr-
GmbH-MV erbringen ihre Leistungen an die Bundeslotsenkammer. Zum Teil wird die

---

3   OLG Hamburg HmbSchRZ 2010, 278 Nr. 136 [34] "Alianca Sao Paulo", zuvor LG Hamburg HmbSchRZ
    2009, 84 Nr. 27; FinG Hamburg BeckRS 2007, 26024205 (unter I.b).
4   Siehe näher *Heinrich/Steinicke* Seelotswesen S. 134 ff. (unter 2.2 und 2.3).
5   Small Waterplan Twin Area Twin Hull.
6   Näher *Heinrich/Steinicke* Seelotswesen S. 138 f. (unter 3.2).

Versetzung der Lotsen auch mit Hubschraubern durchgeführt.[7] Zu diesem Zweck wird zurzeit die WIKING Helikopter Service GmbH für die Bundeslotsenkammer tätig.[8] Bei den genannten Personen handelt es sich um beliehene Unternehmer, die als Privatpersonen[9] eine hoheitliche Aufgabe durchführen. Die Lotsenversetzung ist keine Leistung an die Reeder der betreffenden Schiffe.[10]

9   **4. Die Lotsenannahmepflicht.** Die Pflicht zur Annahme von Bordlotsen – also solchen, die an Bord tätig werden – sind in den örtlichen Lotsordnungen, der Ems-LV, der Weser/Jade-LV, der Elbe-LV, der NOK-LV sowie der WIROST-LV im Grundsatz übereinstimmend, im Detail dann aber doch abweichend geregelt. Maßgeblich ist insbesondere die Größe, daneben aber auch die Art des Schiffes (siehe § 6 Ems-LV, § 6 Elbe-LV, § 6 Weser/Jade LV, § 6 NOK-LV, § 6 WIROST-LV). Bestimmte Schiffe des öffentlichen Dienstes sowie weitere Fahrzeuge sind von der Lotsenannahmepflicht ausgenommen (siehe im Einzelnen § 7 Ems-LV, § 7 Elbe-LV, § 7 Weser/Jade LV, § 7 NOK-LV, § 7 WIROST-LV). Die Börtordnungen der Lotsenbrüderschaften (unten Rn 12) können keine weitergehenden Pflichten zur Annahme eines Lotsen begründen.[11] Siehe die Sonderregeln für die Beförderung von LPG in der Emsmündung nach Emden Ziffer 1.2, 3.2 Anlage B zu Art. 2 Abs. 1 EmsSchO-Abk. Weitere Pflichten zu Annahme eines Lotsen sind in § 1 Abs. 1 in Verbindung mit Ziffer 8 Anlage AnlBV geregelt. Die Annahme eines Lotsen auf dem Oberrhein, die der LotsO unterliegt, nach § 1 Abs. 2 der Verordnung in jedem Falle freiwillig.

10   Unter bestimmten Voraussetzungen sind die Führer von Seeschiffen – nicht also: das Schiff selbst – von der Lotsenannahmepflicht befreit[12] (siehe § 8 bis 12 Ems-LV, § 8 bis 12 Elbe-LV, § 8 bis 12 Weser/Jade LV, § 8 bis 16 NOK-LV, § 8 bis 14 WIROST-LV).[13] Dies betrifft insbesondere solche Schiffsführer, die regelmäßig auf dem betreffenden Seelotsrevier unterwegs sind.[14] Führt der Stellvertreter des Schiffsführers das Schiff, müssen sowohl er als auch der Schiffsführer die Voraussetzungen für eine Befreiung erfüllen siehe (§ 11 Ems-LV, § 11 Elbe-LV, § 11 Weser/Jade LV, § 15 NOK-LV, § 13 WIROST-LV). Fahrzeuge, die von der Pflicht zur Annahme eines Seelotsen befreit sind, werden als „Freifahrer" bezeichnet (§ 2 Nr. 15 SeeSchStrO). Die Schifffahrtspolizeibehörde kann aus schifffahrtspolizeilichen Gründen die Annahme eines oder mehrerer Lotsen anordnen (§ 14 Abs. 1 Ems-LV, § 14 Abs. 1 Elbe-LV, § 14 Abs. 1 Weser/Jade-LV, § 18 Abs. 1 NOK-LV, § 15 Abs. 1 WIROST-LV) oder eine Befreiung von Annahmepflicht widerrufen (§ 14 Abs. 2 Ems-LV, § 14 Abs. 2 Elbe-LV, § 14 Abs. 2 Weser/Jade-LV, § 18 Abs. 2 NOK-LV, § 15 Abs. 2 WIROST-LV).

11   **5. Die Selbstverwaltung der Lotsen.** Dem Bund obliegt nach § 3 Abs. 1 SeeLG die Einrichtung und Unterhaltung des Seelotswesens sowie die Aufsicht hierüber. Die eigentliche Tätigkeit der Seelotsen wird in den Seelotsrevieren im Rahmen der Selbstver-

---

7   Siehe LG Hamburg NJWE-VHR 1996, 198.
8   Siehe näher *Heinrich/Steinicke* Seelotswesen S. 137 f. (unter 3.1).
9   Zur Umsatzsteuerpflicht der Lotsenversetzdienste siehe BFH BeckRS 2001, 24000968 und FG Hamburg BeckRS 2007, 26024205.
10 OLG Hamburg HmbSchRZ 2010, 278 Nr. 136 [34] "Alianca Sao Paulo", zuvor LG Hamburg HmbSchRZ 2009, 84 Nr. 27 – siehe auch FinG Hamburg BeckRS 2007, 26024205 (unter I.b) sowie schon BFH BeckRS 2001, 24000968.
11 VG Oldenburg (2000) BeckRS 2015, 54453.
12 Siehe SeeA Hamburg BOSeeAE 1998, 120, 133 „Janra", „Stolt Tenacity".
13 Dazu auch OVG Lüneburg BeckRS 2015, 50970 (aus 1992), zuvor VG Oldenburg BeckRS 2015, 50971 (aus 1990), anschließend BVerwG BeckRS 1993, 31241074.
14 Siehe SeeA Hamburg BOSeeAE 1995, 246 „Ingeborg".

waltung durchgeführt; dies ist Aufgabe der Lotsenbrüderschaften und der Bundeslotsenkammer (siehe § 3 Abs. 2 SeeLG sowie unten Rn 12, 13). Daneben gibt es weitere nationale und internationale Lotsenverbände (unten Rn 14). Zum LBV siehe oben Rn 8.

a) Die Lotsenbrüderschaften. Die Lotsenbrüderschaften sind in §§ 27 bis 33 SeeLG 12 geregelt. In jedem Seelotsrevier gibt es jeweils eine Lotsenbrüderschaft (siehe § 27 Abs. 1 SeeLG). Die Lotsenbrüderschaft besteht aus den Seelotsen, die für das betreffende Revier bestallt sind (§ 27 Abs. 1 Satz 1 SeeLG). Es handelt sich um Körperschaften des öffentlichen Rechts[15] (§ 27 Abs. 1 Satz 2 SeeLG). Die Lotsenbrüderschaft erfüllt die ihr durch Gesetz oder Verordnung übertragenen Aufgaben und hat im Rahmen der Selbstverwaltung die Belange des Seelotsreviers zu wahren und zu fördern (§ 27 Abs. 2 SeeLG). Eine Liste der Aufgaben der Lotsenbrüderschaft enthält § 28 Abs. 1 SeeLG. Dazu gehört insbesondere die Überwachung der Erfüllung der Berufspflichten;[16] die Aus- und Fortbildung der Seelotsen; die Regelung der Dienstfolge durch eine Börtordnung (dazu unten Rn 43–44); die Beratung und Unterstützung der Aufsichtsbehörde, also der GDWS (§ 3 ALV), bei der Erfüllung ihrer Aufgaben; die Einnahme der Lotsgelder (unten Rn 20–22) für Rechnung der Seelotsen sowie deren Verteilung an die Seelotsen. Die Dienste der Seelotsen werden in Bört- und Schiffslisten dokumentiert (§ 7 ALV). Die Lotsenbrüderschaft wird auf Grundlage der von ihr erlassenen Satzung (§ 29 SeeLG) und ggf. weiterer Regelwerke wie der Börtordnung[17] und der Untersuchungsordnung[18] tätig. Die Organe der Lotsenbrüderschaft sind der Ältermann sowie die Mitgliederversammlung (§ 30 Abs. 1 SeeLG). Der Ältermann vertritt die Lotsenbrüderschaft gerichtlich und außergerichtlich (§ 31 Abs. 1 SeeLG). Er und seine Stellvertreter werden durch die Mitgliederversammlung auf die Dauer von fünf Jahren gewählt (§ 31 Abs. 2 SeeLG). Dies bedarf der Bestätigung durch die Aufsichtsbehörde (§ 31 Abs. 3 SeeLG), also der GDWS. Zur Zulässigkeit von Zwangsmaßnahmen durch die GDWS siehe § 41 SeeLG.[19] Bei der Erfüllung der ihr übertragenen Aufgaben wird die Lotsenbrüderschaft hoheitlich und in Erfüllung einer Amtspflicht tätig.[20] Für Streitigkeiten zwischen der Lotsenbrüderschaft und den Lotsen sind die Verwaltungsgerichte zuständig.[21] Für Pflichtverletzungen muss die Lotsenbrüderschaft nach den Grundsätzen der Amtshaftung (§ 839 BGB, Art. 34 GG) einstehen.[22] Jedenfalls die Überwachung der Erfüllung der Berufspflichten der Seelotsen durch die Lotsenbrüderschaft nach § 28 Abs. 1 Nr. 1 SeeLG hat im Sinne des Art. 34 Satz 1 GG drittschützende Wirkung.[23] Dagegen muss die Lotsenbrüderschaft nicht für Pflichtverletzungen des Lotsen bei der Beratung der Schiffsführung einstehen.

b) Die Bundeslotsenkammer. Das zweite Organ der Selbstverwaltung der Seelot- 13 sen ist die Bundeslotsenkammer. Diese ist in den §§ 34 bis 40 SeeLG geregelt. Es handelt

---

15 Siehe VG Hamburg (2004) BeckRS 2015, 54455 (unter I.1) „Ming West".
16 Siehe dazu auch BVerwG 96, 189 = NVwZ-RR 1995, 241 (Verfassungswidrigkeit von Strafbeschlüssen der internen „Ehrengerichte" der Lotsenbrüderschaft).
17 Zur Rechtmäßigkeit einer in der Börtordnung als Sanktion festgelegten Zurückschreibung um 50 Borten im Falle einer Dienstpflichtverletzung siehe VG Hamburg (2004) BeckRS 2015, 54455 (unter I.2) „Ming West".
18 Zur Untersuchungsordnung der Lotsenbrüderschaft Elbe siehe VG Hamburg (2004) BeckRS 2015, 54455 (unter II.1) „Ming West".
19 sowie VG Schleswig BeckRS 2015, 54454: Aufrechterhaltung eines ständigen Lotsdienstes trotz Generalversammlung aller Lotsenbrüderschaften.
20 OLG Hamburg TranspR 1992, 279, 281 f. (unter 3a) „Waylink", „Brady Maria".
21 VG Hamburg (2004) BeckRS 2015, 54455 (unter I.1) „Ming West".
22 OLG Hamburg TranspR 1992, 279, 282 (vor b) „Waylink", „Brady Maria".
23 Offengelassen von OLG Hamburg TranspR 1992, 279, 282 (unter b) „Waylink", „Brady Maria".

sich um eine Körperschaft des öffentlichen Rechts (§ 34 Abs. 1 Satz 2 Hs. 1 SeeLG) und untersteht der Aufsicht des BMVBS (§§ 34 Abs. 2 Satz 1 SeeLG). Die Bundeslotsenkammer besteht aus den Lotsenbrüderschaften (§ 34 Abs. 1 Satz 1 SeeLG). Sie kommt den ihr durch Gesetz oder Verordnung übertragenen Aufgaben nach (§ 35 Abs. 1 SeeLG). Zu diesen gehören insbesondere die Vertretung der Gesamtheit der Lotsenbrüderschaften gegenüber Behörden und Organisationen; die Erstattung von Gutachten, die eine Verwaltungsbehörde oder ein Gericht in Angelegenheiten des Seelotswesens anfordert; die gutachtliche Begleitung der Gesetzgebung, soweit das Seelotswesen berührt ist; sowie der Ausgleich eventueller Mindereinnahmen einer Lotsenbrüderschaft zwischen den einzelnen Lotsenbrüderschaften (§ 35 Abs. 2 SeeLG). Das Nähere regelt die Satzung der Bundeslotsenkammer[24] (§ 36 SeeLG). Ihre Organe sind der Vorsitzende und die Mitgliederversammlung (§ 37 Abs. 1 SeeLG). Die Lotsenbrüderschaften werden in der Mitgliederversammlung durch ihre Ältermänner vertreten (§ 37 Abs. 2 Satz 1 SeeLG). Der Vorsitzende und der Stellvertreter werden aus der Reihe der Seelotsen von der Mitgliederversammlung auf die Dauer von fünf Jahren gewählt (§ 38 Abs. 1 Satz 1 SeeLG). Die Wahl bedarf der Bestätigung durch das BMVBS (§ 38 Abs. 1 Satz 2 SeeLG). Die zur Deckung des persönlichen und sachlichen Bedarfs der Bundeslotsenkammer erforderlichen Beiträge werden durch die Lotsenbrüderschaften im Verhältnis ihrer Mitgliederzahl aufgebracht (§ 40 SeeLG). Zur Zulässigkeit von Zwangsmaßnahmen durch die GDWS AST Nord bzw. Nordwest siehe § 41 SeeLG. Die Bundeslotsenkammer haftet nicht für Pflichtverletzungen des Lotsen bei der Beratung der Schiffsführung.

14 **c) Lotsenverbände.** Der BSHL ist ein Zusammenschluss der See- und Hafenlotsen, der auf Bundesebene die Interessen der Lotsen vertritt. Anlass der Gründung des BSHL war der Umstand, dass nur die Lotsenbrüderschaften Mitglieder der Bundeslotsenkammern sein konnten, so dass es an einer bundesweiten Interessenvertretung der Lotsen selbst fehlte. Auf europäischer Ebene sind die Lotsen in der EMPA zusammengeschlossen. Deren weltweites Gegenstück ist die IMPA. Bei dieser handelt es sich um den Dachverband der nationalen Lotsenvereinigungen.

15 **6. Eignung, Ausbildung und Bestallung des Seelotsen.** Wer den Beruf eines Seelotsen in einem Seelotsrevier ausüben will, bedarf nach § 7 SeeLG einer förmlichen Bestallung. Erforderlich ist zunächst eine Zulassung als Seelotsenanwärter (§§ 8 bis 11 SeeLG). Voraussetzung für die Zulassung zum Seelotsenanwärter sind die persönliche Eignung sowie Zuverlässigkeit (§ 9 Abs. 1 SeeLG). Erforderlich ist weiter der Besitz eines gültigen Befähigungszeugnisses zum Kapitän (§ 9 Abs. 2 Nr. 1 SeeLG) sowie eine Seefahrtszeit von mindestens zwei Jahren innerhalb der letzten fünf Jahre[25] (§ 9 Abs. 2 Nr. 1 SeeLG). Nach der für das betreffende Seelotsrevier vorgeschriebenen Ausbildung (siehe die SeeLAuFV sowie die NOK-SeelAusbV in Verbindung mit § 9 Abs. 3 Nr. 1 SeeLG) muss sich der Seelotsenanwärter einer Prüfung unterziehen (§ 10 SeeLG). Schließlich muss der Seelotsenanwärter körperlich und geistig für den Beruf des Seelotsen geeignet sein (siehe § 9 Abs. 1 Satz 1, Abs. 2 Nr. 3 SeeLG sowie die SeeLUntV). Nach bestandener Prüfung erfolgt die Bestallung zum Seelotsen (§ 11 SeeLG). Die Lotsverordnungen können vorsehen, dass der Seelotse nach seiner ersten Bestallung zunächst nur Schiffe bestimmter Art und Größe lotsen darf (§ 12 SeeLG); siehe dazu § 15 Ems-LV, § 15 Elbe-LV, § 15 Weser/Jade-LV, § 19 NOK-LV, § 16 WIROST-LV. Die Seelotsen eines Reviers dürfen ihre Tätigkeit

---

24 VkBl. 2002, 538.
25 Dieser Vorbehalt fehlte in den früheren Fassungen des § 9 II SeeLG – dazu VG Schleswig (2007) BeckRS 2015, 54456.

grundsätzlich nur in diesem Revier ausüben. Außerdem sind in bestimmtem Umfang Distanzlotsungen zulässig (§ 16 Hs. 1 Ems-LV, § 16 Satz 1 Hs. 1 Weser/Jade-LV, § 16 Satz 1 Elbe-LV, § 20 Satz 1 NOK-LV, § 17 Satz 1 WIROST-LV – unten Rn 28). Darüber hinaus dürfen die Seelotsen nicht tätig werden (§ 16 Hs. 2 Ems-LV, § 16 Satz 1 Hs. 2 Weser/Jade-LV, § 16 Satz 2 Elbe-LV, § 20 Satz 2 NOK-LV, § 17 Satz 2 WIROST-LV). Siehe zu allem auch noch Annex 1 Resolution A.960(23).

Unter bestimmten Voraussetzungen kann die Bestallung widerrufen werden[26] (§ 14 SeeLG). Ebenso kann dem Seelotsen die Berufsausübung vorläufig untersagt werden, wenn dringende Gründe für die Annahme bestehen, dass die Bestallung zurückgenommen oder widerrufen werden wird, und die Sicherheit der Schifffahrt dies erfordert[27] (§ 15 SeeLG). Die rechtswidrige vorläufige Untersagung kann Amtshaftungsansprüche (§ 839 BGB, Art. 34 GG) begründen.[28] Darf der Seelotse die Befugnisse seines zugrunde liegenden Befähigungszeugnisses aufgrund einer Untersagung durch ein Seeamt nicht mehr ausüben, wird dem Seelotsen die Berufsausübung ggf. zeitweilig untersagt (§ 16 Abs. 1 SeeLG). Im Falle eines Widerrufs der Bestallung nach § 14 SeeLG kann gemäß § 17 SeeL-Geine erneute Bestallung vorgenommen werden. Die Bestallung erlischt aus Altersgründen (§ 18 SeeLG), was weder grundrechts- noch europarechtswidrig ist.[29] Der Seelotse kann auf die Rechte aus der Bestallung verzichten (§ 20 SeeLG).

7. Die Rechtsstellung des Seelotsen. Der für ein Seelotsrevier bestallte Seelotse übt seine Tätigkeit als freien, nicht gewerblichen Beruf aus (§ 21 Abs. 1 SeeLG).[30] Die GewO findet auf den Seelotsen keine Anwendung (siehe § 6 Abs. 1 Satz 1 GewO). Er führt die Lotsung in eigener Verantwortung durch, unterliegt dabei allerdings der Aufsicht (§ 21 Abs. 2 Satz 1 SeeLG). Er hat sich durch sein Verhalten innerhalb und außerhalb seines Dienstes der Achtung und des Vertrauens würdig zu erweisen, die sein Beruf erfordert (§ 22 SeeLG). Ebenso muss er die für seine Lostätigkeit notwendigen Kenntnisse laufend ergänzen (siehe § 25 Abs. 1 SeeLG, die SeeLAuFV sowie § 7 Hmb HafenLG) und sich bei der Lostätigkeit der technischen Hilfsmittel bedienen, deren Anwendung durch den Seemannsbrauch, durch Weisungen der Aufsichtsbehörde oder durch die besonderen Umstände des Falles geboten sind (§ 25 Abs. 2 Satz 1, § 7 Hmb HafenLG). Schließlich muss der Seelotse die Lotseinrichtungen (oben Rn 7–8) pfleglich behandeln (§ 25 Abs. 2 Satz 2 SeeLG, § 7 Hmb HafenLG). Zur Mitwirkung des Lotsen im Rahmen der Seeunfalluntersuchung siehe § 22 Abs. 1 Nr. 10 SUG.

8. Lotsabgaben und Lotsgelder. Finanziert werden die Kosten des Lotswesens auf den Seelotsrevieren durch die Erhebung von Beiträgen von den Schiffen. Maßgeblich ist hier § 45 SeeLG sowie die auf Grundlage des Abs. 2 der Vorschrift ergangene LTV. Das Gesetz unterscheidet Lotsabgaben (unten Rn 19) sowie Lotsgelder (unten Rn 20).

a) Die Lotsabgaben. Nach § 45 Abs. 1 Satz 1 SeeLG, § 1 Abs. 1 Satz 1 LTV werden für die Bereitstellung der Lotseinrichtungen für ein Schiff, das ein Seelotsrevier befährt, Abgaben erhoben. Diese sind nach § 45 Abs. 3 SeeLG so zu bemessen, dass ihr Aufkommen höchstens die öffentlichen Ausgaben für Zwecke des Seelotswesens deckt; dabei ist das öffentliche Interesse an der Förderung des Verkehrs zu berücksichtigen (§ 45 Abs. 3

---

26 Zu § 14 Nr. 3 SeeLG siehe OLG Schleswig RdTW 2015, 353 [11–16].
27 Dazu OLG Schleswig RdTW 2015, 353 [17].
28 OLG Schleswig RdTW 2015, 353.
29 VG Oldenburg BeckRS 2009, 30168.
30 Siehe dazu auch BGH VersR 1961, 653, 656 (unter 6a).

Satz 1 SeeLG). Ausgelöst wird die Pflicht zur Zahlung der Lotsabgabe nach § 4 Abs. 1 LTV mit Befahren des Reviers. Es ist also grundsätzlich nicht erforderlich, dass Leistungen tatsächlich in Anspruch genommen werden, das Schiff also einen Bordlotsen nimmt oder Landradarberatung erfolgt. Die Lotsabgaben sind in Anlage 1 zur LTV näher bestimmt. Sie werden dort für verschiedene Gewässer in Abhängigkeit von der Größe Schiffes und der Fahrstrecke festgelegt. Lotsabgaben sind nach § 1 Abs. 1 Satz 2 LTV nicht zu entrichten für kleine Wasserfahrzeuge mit einer BRZ bis zu 300, die keine Beratung durch Seelotsen an Bord oder von einer Landradarzentrale aus in Anspruch nehmen; für Binnenschiffe (dazu oben Rn 63–85 Einleitung B), die keine Beratung durch Seelotsen an Bord oder von einer Landradarzentrale aus in Anspruch nehmen; sowie für Dienstfahrzeuge der Wasser- und Schifffahrtsverwaltung des Bundes, für Dienstfahrzeuge des Bundes, die der Wahrnehmung schifffahrtspolizeilicher Vollzugsaufgaben dienen, sowie für Fahrzeuge der Deutschen Gesellschaft zur Rettung Schiffbrüchiger. Kehrt ein Fahrzeug um oder tritt es nach Wegfall der die Umkehr veranlassenden Gründe die Fahrt in der ursprünglichen Richtung erneut an, ist die Lotsabgabe nur einmal zu entrichten (§ 1 Abs. 2 LTV). In bestimmten Fällen werden die Lotsabgaben ermäßigt (§ 1 Abs. 3 LTV) oder erhöht (§ 1 Abs. 4 LTV). Die GDWS kann von der Zahlung der Lotsabgaben nach § 7 Abs. 2 LTV aus Gründen des öffentlichen Interesses ganz oder teilweise befreien.

20 **b) Die Lotsgelder.** Lotsgelder im Sinne des § 45 Abs. 1 Satz 2 SeeLG ist das für die Leistung der Seelotsen erhobene Entgelt einschließlich der entstandenen Auslagen. Das Lotsgeld schließt nach § 45 Abs. 1 Satz 2 SeeLG Unterhaltsbeiträge für die Ausbildung der Seelotsenanwärter ein. Die Lotsgelder sind nach § 45 Abs. 3 Satz 2 SeeLG so zu bemessen, dass die Seelotsen bei normaler Inanspruchnahme ein Einkommen und eine Versorgung haben, die ihrer Vorbildung und der Verantwortung ihres Berufes entsprechen und die Seelotsenanwärter einen Unterhaltsbeitrag erhalten können. Nach § 45 Abs. 5 SeeLG ist es dem Seelotsen verboten, andere als die durch LTV festgesetzten Lotsgelder zu fordern, sich versprechen zu lassen oder anzunehmen.

21 Die Pflicht zur Entrichtung des Lotsgeldes entsteht nach § 4 Abs. 1 LTV mit der Anforderung des Seelotsen. Das Lotsgeld umfasst das Beratungsgeld, das Wartegeld sowie die Auslagen. Das Nähere bestimmt die Anlage 2 zur LTV. Wie bei den Lotsabgaben wird das Beratungsgeld in Anlage 2 Ziffer A.1 LTV von dem jeweiligen Gewässer, von der Schiffsgröße sowie von der Fahrstrecke im Einzelfall abhängig gemacht. Zum Wartegeld siehe Ziffer A.2 der Anlage 2 LTV. Die Auslagen können nach Maßgabe des tatsächlichen Aufwandes festgesetzt werden (§ 45 Abs. 3 Satz 3 SeeLG); siehe Ziffer A.3 der Anlage 2 LTV. Nehmen Fahrzeuge gleichzeitig mehrere Seelotsen an, erhöht sich das Beratungsgeld nach Maßgabe des § 2 Abs. 2 LTV. Werden mehrere Fahrzeuge von einem Seelotsen geleitet, ist für das vorausfahrende Fahrzeug das volle Beratungsgeld und für jedes nachfahrende Fahrzeug 25% des Beratungsgeldes zu entrichten. In bestimmten, in § 2 Abs. 4 LTV näher geregelten Fällen wird das Beratungsgeld ermäßigt oder nach Maßgabe des Abs. 5 der Vorschrift erhöht.

22 Der BGH ist (im Falle eines Bremerhavener Hafenlotsen) davon ausgegangen, dass es der Lotse sei, der aufgrund des mit dem Reeder geschlossenen Vertrages (dazu unten Rn 88, 89) das Lotsgeld beanspruchen könne.[31] Dies ist m.E. nicht richtig. Der Seelotse ist nicht Gläubiger des Lotsgeldes, das für ihn von der GDWS erhoben und eingezogen wird (sogleich Rn 23–27). Ebenso wenig stehen etwa allen Seelotsen des betreffenden Reviers gemeinschaftlich alle Ansprüche auf Lotsgelder zu.

---

31 BGH NJW-RR 2015, 1406, 1407 (linke Spalte oben).

c) Die Erhebung der Lotsabgaben und des Lotsgeldes. Nach § 45 Abs. 4 Satz 1 **23**
SeeLG werden die Lotsabgaben und Lotsgelder von den Aufsichtsbehörden oder der
Bundeslotsenkammer erhoben. Daran anknüpfend bestimmt § 7 Abs. 1 LTV, dass die
Lotsabgaben und Lotsgelder von der GDWS erhoben und eingezogen werden. Mit der
Entgegennahme der Zahlungen können Dritte beauftragt werden. Die Lotsgelder werden
an die jeweilige Lotsenbrüderschaft weitergeleitet und von dieser für Rechnung der Seelotsen eingenommen und an sie verteilt (§ 28 Abs. 1 Nr. 8 und 9 SeeLG). Der Seelotse hat
gegen die Lotsenbrüderschaft einen Anspruch auf Zahlung des auf ihn entfallenden Anteils des Lotsgeldes.[32] Nicht etwa ist der einzelne Seelotse jeweils nur Mitberechtigter der
Bruchteilsgemeinschaft aller Seelotsen des betreffenden Reviers an der Gesamtheit der
Forderungen aller Seelotsen gegen die Lotsenbrüderschaft. Der Anspruch des Seelotsen
gegen die Lotsenbrüderschaft ist als (ausschließliches) Vermögen des Seelotsen übertragbar und damit pfändbar (§ 851 ZPO). Bei dem Lotsgeld, das dem einzelnen Seelotsen
zusteht, handelt es sich – trotz des Umstands, dass der Seelotse seine Tätigkeit als freien
Beruf ausübt (§ 21 Abs. 1 SeeLG, oben Rn 17) – um Arbeitseinkommen im Sinne des § 850
Abs. 2 ZPO, so dass es dem Pfändungsschutz der §§ 850a ff. ZPO unterliegt.

Die Beitreibung der Lotsabgaben und Lotsgelder erfolgt auf Grundlage des VwVG **24**
(§ 45 Abs. 4 Satz 1 SeeLG). Zur Zahlung der Lotsabgaben und Lotsgelder sind nach § 45
Abs. 1 Satz 4 SeeLG, § 3 Satz 1 LTV diejenigen Personen verpflichtet, die das Befahren des
Reviers und die Inanspruchnahme der Leistungen der Seelotsen im eigenen oder fremden Namen veranlasst haben. Dies umfasst neben dem Reeder und Ausrüster auch alle
Charterer des Schiffes im Ganzen. Eine Mitveranlassung der Inanspruchnahme der Leistungen der Seelotsen genügt. Damit haften nach § 45 Abs. 1 Satz 4 SeeLG, § 3 Satz 1 LTV
auch Teilcharterer, einschließlich Slot-Charterer. Dies gilt nicht, wenn der betreffende
Hafen im Rahmen des Teilchartervertrages nur ein Zwischenhafen ist, wo weder geladen
noch gelöscht werden soll. Von vornherein nicht von § 45 Abs. 1 Satz 4 SeeLG, § 3 Satz 1
LTV erfasst werden bloße Stückgutbefrachter. Darüber hinaus werden nach der Vorschrift auch die Personen in die Pflicht genommen, die die Inanspruchnahme der Leistungen als Vertreter (§§ 164 ff. BGB) in fremdem Namen veranlassen. Dies betrifft insbesondere den Hafenagenten des Schiffes, der daher persönlich in Anspruch genommen
werden kann. Darüber hinaus haftet auch der (Nur-)Eigentümer des Schiffes nach § 45
Abs. 1 Satz 4 SeeLG, § 3 Satz 1 LTV für die Zahlung der Lotsabgaben und der Lotsgelder
(dazu oben Rn 86 zu § 477). Mehrere Zahlungspflichtige müssen nach § 45 Abs. 1 Satz 5
SeeLG, § 3 Satz 2 LTV als Gesamtschuldner für die Lotsabgaben und Lotsgelder einstehen.

Die Lotsabgaben und der Lotsgelder werden nach § 4 Abs. 2 Satz 1 LTV mit Rech- **25**
nungserteilung fällig. Die Beträge sind nach § 4 Abs. 2 Satz 2 LTV von dem fünfzehnten
Tag nach Fälligkeit an nach Maßgabe der §§ 288, 247 BGB zu verzinsen. § 4 Abs. 2 Satz 2
Hs. 2 LTV erklärt die Vorschrift des § 286 Abs. 4 BGB und das dort niedergelegte Erfordernis des Verschuldens als Voraussetzung des Verzuges für entsprechend anwendbar.
Im Falle eines Zahlungsrückstandes kann nach § 4 Abs. 3 LTV das Befahren des Reviers
und die Tätigkeit des Seelotsen von der Zahlung eines Vorschusses oder Leistung einer
Sicherheit abhängig gemacht werden.

Der Anspruch auf Zahlung der Lotsabgaben und der Lotsgelder verjährt nach § 5 **26**
Abs. 1 Satz 1 LTV nach drei Jahren. Die Verjährung beginnt nach Satz 2 der Vorschrift mit
Ablauf des Kalenderjahres, in dem der Anspruch fällig geworden ist. Da es sich nicht um
eine privatrechtliche Forderung handelt, gelten die weiteren Vorschriften des BGB nicht.

---

32 Siehe hierzu und zum Folgenden BGH NJW-RR 2015, 1406 [9–14].

Dies ergibt sich auch im Rückschluss daraus, dass in der LTV eine Regelung von der Art des § 1 Abs. 4 Satz 3 KanalStTarifV 2010 (unten Rn 6 Anhang zu § 478 [Kanalsteurer]) fehlt. Hier wird im Hinblick auf die Verjährung der Ansprüche auf die Kanalsteurerentgelte ausdrücklich auf die Vorschriften des BGB verwiesen. Damit gelten für den Anspruch auf Zahlung der Lotsabgaben und der Lotsgelder insbesondere die Hemmungstatbestände der §§ 203 ff. BGB nicht. Allerdings sieht § 5 Abs. 2 LTV vor, dass die Verjährung gehemmt ist, solange der Anspruch innerhalb der letzten sechs Monate der Frist wegen höherer Gewalt nicht verfolgt werden kann. In bestimmten Fällen wird nach Maßgabe des § 5 Abs. 3 LTV die Verjährung „unterbrochen". Gemeint ist, wie sich in der Zusammenschau mit Abs. 4 der Vorschrift ergibt, ein Neubeginn der Verjährung. Wird der Kostenbescheid angefochten, erlöschen nach § 5 Abs. 5 LTV die Ansprüche nicht vor Ablauf von sechs Monaten, nachdem die Entscheidung unanfechtbar geworden ist oder sich das Verfahren auf andere Weise erledigt hat.

27   Die Ansprüche der GDWS auf Zahlung der Lotsabgaben und der Lotsgelder sind durch Schiffsgläubigerrechte nach § 596 Abs. 1 Nr. 2 bzw., wenn es sich um ein Binnenschiff handelt, nach § 102 Nr. 1 und Nr. 3 BinSchG gesichert.[33] Diese betreffen öffentliche Schifffahrts- etc. Abgaben (§ 596 Abs. 1 Nr. 2 Fall 1, § 102 Nr. 1 BinSchG) sowie die Lotsbzw. die Lotsengelder (§ 596 Abs. 1 Nr. 2 Fall 2, § 102 Nr. 3 BinSchG). Das „Lotsgeld" bzw. das „Lotsengeld" nach § 596 Abs. 1 Nr. 2, § 102 Nr. 3 BinSchG meint das dem Lotsen zustehende Entgelt und entspricht daher dem Begriff des „Lotsgeldes" nach § 45 SeeLG und der LTV. Die Lotsabgaben fallen dagegen unter die Schifffahrts- etc Abgaben gemäß (§ 596 Abs. 1 Nr. 2 Fall 1, § 102 Nr. 1 BinSchG). Die Schiffsgläubigerrechte wegen der Lotsabgaben und wegen der Lotsgelder haben bei Seeschiffen den gleichen Rang, weil sie nebeneinander in § 596 Abs. 1 Nr. 2 genannt sind (siehe §§ 603 Abs. 1, 604 Abs. 1). Anders bei Binnenschiffen: Hier fallen die Lotsabgaben unter § 102 Nr. 1 BinSchG, während die Lotsgelder erst in der Nr. 3 der Vorschrift geführt werden. Damit genießt das Schiffsgläubigerrecht für die Lotsabgaben Vorrang (§ 107 BinSchG). Eine sachliche Rechtfertigung für diese Ungleichbehandlung ist nicht erkennbar. Es ergibt sich noch ein weiterer Unterschied: Das Schiffsgläubigerrecht am Seeschiff erlischt nach § 600 Abs. 1 mit Ablauf eines Jahres, während das Schiffsgläubigerrecht am Binnenschiff einer solchen zeitlichen Beschränkung nicht unterliegt. Die verschiedenartige Ausgestaltung der Sicherung der Ansprüche auf Zahlung der Lotsabgaben und der Lotsgelder durch Schiffsgläubigerrechte bei See- und Binnenschiffen ist problematisch.

28   **9. Distanzlotsungen.** Seelotsen, die für ein Revier bestallt wurden (oben Rn 15–16), sind grundsätzlich nur befugt, Schiffe in diesem Revier zu lotsen. Darüber hinaus dürfen sie so genannte „Distanzlotsungen" durchführen. Besondere „Distanzlotsen" gibt es daher nicht, es handelt sich stets um bestallte Seelotsen, die außerhalb ihres Reviers tätig werden. Daneben können (nicht bestallte) Seelotsen außerhalb der Seelotsreviere Schiffe lotsen (sogleich Rn 29). Die Regelung der Tätigkeit der Seelotsen über ihr Revier hinaus überlässt § 5 Abs. 1 Nr. 4 SeeLG den Lotsverordnungen. Danach sind Distanzlotsungen in beschränktem Umfang zulässig; siehe § 16 Hs. 1 Ems-LV, § 16 Satz 1 Hs. 1 Weser/Jade-LV, § 16 Satz 1 Elbe-LV (zwischen den Außenstationen der deutschen Nordseereviere), § 20 Satz 1 NOK-LV (bis zu den Ostseehäfen des Landes Schleswig-Holstein), § 17 Satz 1 WIROST-LV (Küstenbereich zwischen den Lotsenbezirken und den angrenzenden Bundeswasserstraßen).

---

33   Siehe OLG Hamburg RdTW 2013, 144 mit Anm. *Ramming* aaO. „Tom Burmester".

10. Das Seelotswesen außerhalb der Reviere. Gegenstand des SeeLG ist nicht nur 29
die Tätigkeit der Seelotsen innerhalb der eingerichteten Seelotsreviere (oben Rn 6), sondern auch außerhalb davon. Dies betrifft zunächst die Distanzlotsungen (soeben Rn 28) durch Seelotsen, die für ein Seelotsrevier bestallt sind. Darüber hinausgehende Lotsungen dürfen nur von Seelotsen durchgeführt werden, die nicht für ein Revier bestallt sind (§ 16 Hs. 2 Ems-LV, § 16 Satz 1 Hs. 2 Weser/Jade-LV, § 16 Satz 2 Elbe-LV, § 20 Satz 2 NOK-LV, § 17 Satz 2 WIROST-LV). Dieses weitere Seelotswesen regeln die §§ 42 bis 44 SeeLG sowie die SeeLRevV. Die Verordnung unterscheidet nach § 1 Abs. 1 SeeLRevV Überseelotsen, die die Tätigkeit eines Seelotsen über See ausüben, und sonstige Lotsen, die auf einer Seeschifffahrtsstraße tätig werden, die nicht zu den Revieren gehört; siehe hierzu die Aufzählung in § 1 Abs. 2 SeeLRevV. Die Tätigkeit als Seelotse außerhalb eines Reviers bedarf keiner Bestallung. Die Tätigkeit ist allerdings erlaubnispflichtig (§ 42 Abs. 1 SeeLG). Die Erlaubnis wird unter den Voraussetzungen des § 42 Abs. 2 SeeLG erteilt. Diese entsprechen im Wesentlichen den Anforderungen, die an Seelotsenanwärter sowie an die Bestallung zum Seelotsen gestellt werden; siehe auch §§ 1 bis 4 SeeLRevV. Die Erlaubnis kann widerrufen werden oder erlöschen, dem Seelotsen kann die Berufsausübung untersagt werden und der Seelote kann auf die Erlaubnis verzichten; siehe § 42 Abs. 3 Satz 1 und 4 SeeLG. Für die Tätigkeit der Seelotsen gelten nach § 42 Abs. 3 Satz 1 SeeLG die §§ 22 bis 26 SeeLG mit Ausnahme des § 24 Abs. 2 und 3 SeeLG. Die Seelotsen können das Seelotswesen eines bestimmten Fahrtgebietes durch Vereinbarungen ordnen. Diese bedürfen nach § 44 SeeLRevV der Genehmigung durch die Aufsichtsbehörden; siehe auch § 42 Abs. 3 Satz 2 SeeLG. Die Entgelte für die Leistungen der Seelotsen bedürfen der Genehmigung durch das BMVBS (§ 5 SeeLRevV). Einen behördlich vorgegebenen Tarif gibt es nicht. Die Erhebung und Durchsetzung der Ansprüche erfolgt durch die Seelotsen selbst, die Aufsichtsbehörde ist nicht eingebunden. Aufsichtsbehörde für Überseelotsen sowie für Seelotsen auf Seeschifffahrtsstraßen außerhalb der Reviere ist die GDWS (§ 6 Abs. 1 SeeLRevV).

11. Die Hafenlotsen. Das Hafenlotswesen ist nicht Gegenstand der Bundesgesetzge- 30
bung (oben Rn 3), sondern fällt in die Zuständigkeit der Länder. Entsprechend findet das SeeLG nach seinem § 1 Satz 1 nur auf die Tätigkeit der Seelotsen außerhalb der Häfen Anwendung. Eigene Hafenlotsen gibt es zurzeit nur in Hamburg und Bremerhaven (unten Rn 31–39). In anderen Häfen übernehmen die Seelotsen auch den Hafenlotsdienst (unten Rn 40).

a) Hamburg und Bremerhaven. Lediglich in Hamburg und Bremerhaven ist ein ei- 31
genständiges Hafenlotswesen eingerichtet. Dessen Grundlage sind in Hamburg das Hmb HafenLG sowie weitere Verordnungen (siehe § 3 Hmb HafenLG), namentlich die Hmb HafenLV, die Hmb HafenLTarifO, die Hmb HafenLUntO und die Hmb HafenLAusbV. Die Hafenlotsen in Hamburg waren zunächst noch Beamte. In Bremerhaven gilt die BremLotsO, die ursprünglich auf Grundlage des BreHafenG erlassen wurde und sich heute auf die Ermächtigung des § 20 Nr. 2 BreHafenBetrG stützt. Inhaltlich entsprechen in beiden Ländern die Bestimmungen über das Hafenlotswesen in vielerlei Hinsicht denen des SeeLG sowie der weiteren Lotsverordnungen. Teils wird ausdrücklich auf Vorschriften des SeeLG Bezug genommen.

aa) Der Hafenlotsbetrieb. In Hamburg umfasst das Hafenlotsrevier den Hamburger 32
Hafen im Sinne des § 1 Hmb HafenVerkSchG sowie die Bille und die Kanäle unterhalb des Billeschöpfwerkes (§ 1 Hmb HafenLG). Der Lotsdienst obliegt den in der Hafenlotsenbrüderschaft zusammengeschlossenen Hafenlotsen (§ 1 Hmb HafenLV). Das BreHa-

fenBetrG gilt für das Hafengebiet im Land Bremen (§§ 1 und 2 Abs. 1 BreHafenBetrG). Hinsichtlich der Zuständigkeiten des Hansestadt Bremischen Hafenamtes – Hafenkapitän – unterscheidet § 5 Abs. 2 BreHafenBetrG die stadtbremischen Häfen (Hafengruppe Bremen) und den stadtbremischen Überseehafen und das übrige Hafengebiet in Bremerhaven (Hafengruppe Bremerhaven). Die BremLotsO betrifft nach ihrem § 1 die Hafenlotsen, die in den bremischen Häfen der Hafengruppe Bremerhaven tätig sind.

33   Die Einrichtung, die Unterhaltung sowie die Beaufsichtigung des Hafenlotswesens einschließlich der Vorhaltung und des Betriebs der Lotseinrichtungen sind in Hamburg Aufgaben der Stadt (§ 2 Abs. 1 Satz 1 und 2 Hmb HafenLG). Nach § 14 Hmb HafenLG kann die Ausübung des Hafenlotsdienstes ganz oder teilweise dem Bund übertragen werden. In Bremerhaven unterhält die Hafenlotsengesellschaft keinen eigenen Versetzdienst. Die Stadt Bremen bedient sich hierzu geeigneter Dritter (§ 47a BremLotsO), nämlich der LotsBetrGmbH-MV.

34   Zur Lotsenannahmepflicht im Hamburger Hafen siehe §§ 5 und 11 Hmb HafenLV, zur Befreiung von der Annahmepflicht siehe §§ 6 bis 9 Hmb HafenLV und zum Wiederaufleben der Annahmepflicht trotz Befreiung bei Sichtweiten unter 500 Metern die Vorschrift des § 10 Satz 2 Hmb HafenLV. Auch im Bremer Hafengebiet besteht grundsätzlich Lotsenannahmepflicht, von der Befreiungen erteilt werden können (§ 10 Abs. 4 BreHafenBetrG). Das Nähere regelt § 11 BreHafenO. Die Vorschrift gilt auch für Bremerhaven (siehe § 42 BremLotsO).

35   **bb) Selbstverwaltung, Bestallung, Rechtsstellung.** In Hamburg obliegt die Selbstverwaltung der Hafenlotsen der Hafenlotsenbrüderschaft (§ 2 Abs. 2 Hmb HafenLG). Sie besteht aus den Hafenlotsen und ist eine Körperschaft des öffentlichen Rechts (§ 8 Abs. 1 Satz 1 und 2 Hmb HafenLG). Hinsichtlich der Tätigkeit der Hafenlotsenbrüderschaft verweist § 9 Hmb HafenLG umfassend auf Bestimmungen des SeeLG über die Lotsenbrüderschaft. Sie führt auch die Bört- und Schiffslisten (§ 15 Hmb HafenLV). Zur staatlichen Aufsicht der Hafenlotsenbrüderschaft siehe noch § 2 Satz 2 und § 10 Hmb HafenLG in Verbindung mit § 41 Abs. 1 und 2 SeeLG. Aufsichtsbehörde ist die HPA (§ 2 Abs. 1 Satz 3 Hmb HafenLG, Ziffer I Abs. 2 Zuständigkeitsanordnung[34]). In Bremerhaven ist die Selbstverwaltung Sache der Hafenlotsengesellschaft Bremerhaven (§§ 4 Satz 1, 5 Abs. 3 BremLotsO). Auch sie besteht aus den Bremerhavener Hafenlotsen und ist eine Körperschaft des öffentlichen Rechts (§ 5 Abs. 1 BremLotsO). Näher zu Organisation und Tätigkeit der Hafenlotsengesellschaft Bremerhaven §§ 30 bis 39 BremLotsO. Auch sie unterliegt der Aufsicht durch die Behörde (§ 3 BremLotsO), die gegen die Hafenlotsengesellschaft Bremerhaven Maßnahmen ergreifen darf (47 BremLotsO).

36   Das Verfahren der Bestallung der Hamburger Hafenlotsen entspricht dem der Seelotsen (oben Rn 15–16), § 6 Hmb HafenLG verweist auf die entsprechenden Regelungen des SeeLG. In der Zeit nach der erstmaligen Bestallung bestehen Beschränkungen hinsichtlich der Größe der Schiffe (§ 17 Hmb HafenLV). In Bremerhaven ist das Verfahren der Bestallung der Hafenlotsen in §§ 6 bis 22 BremLotsO geregelt.

37   Die Rechtsstellung der Hamburger Hafenlotsen ist wie die der Seelotsen ausgestaltet (oben Rn 17). § 7 Hmb HafenLG nimmt Bezug auf die betreffenden Bestimmungen der §§ 21 ff. SeeLG. Abweichend davon ist die Rechtsstellung der Bremerhavener Hafenlotsen in §§ 23 ff. BremLotsO eigenständig geregelt. Sie üben ihre Tätigkeit als freien, nicht gewerblichen Beruf und in eigener Verantwortung aus (§ 23 Abs. 1 und 2 BremLotsO).

---

34 Anordnung über Zuständigkeiten auf dem Gebiet des Hafenlotswesens vom 4. Oktober 2005 (Amtlicher Anzeiger 2006, 1810).

cc) Die Hafenlotsgelder. Für die Leistungen der Hafenlotsen sind Hafenlotsgelder **38** zu entrichten. Siehe für Hamburg §§ 4 und 5 Hmb HafenLG sowie die Hmb HafenLTV. Das Hafenlotsgeld umfasst in Hamburg nach § 1 Abs. 1 Hmb HafenLTV das Beratungsgeld (dazu Ziffer 1 Anlage Hmb HafenLTV sowie § 1 Abs. 2 und 3 Hmb HafenLTV) und das Wartegeld (Ziffer 2 Anlage Hmb HafenLTV). Hinzu kommen Auslagen (§ 4 Satz 2 Hmb HafenLG, § 1 Abs. 1 Hmb HafenLTV sowie Ziffer 3 der Anlage) einschließlich des Wegegeldes (Ziffer 3.1 der Anlage Hmb HafenLTV). Zur Zahlung der Hafenlotsgelder ist verpflichtet, wer den abgabepflichtigen Tatbestand oder die Inanspruchnahme von Leistungen im eigenen oder fremden Namen veranlasst (§ 4 Satz 3 Hmb HafenLTV, § 45 Abs. 1 Satz 3 SeeLG; dazu noch oben Rn 23–27). Mehrere Pflichtige haften als Gesamtschuldner (§ 4 Satz 3 Hmb HafenLTV, § 45 Abs. 1 Satz 4 SeeLG). Die Zahlungspflicht entsteht mit der Anforderung des Hafenlotsen (§ 2 Abs. 1 Hmb HafenLTV). Die Tätigkeit der Hafenlotsen kann ggf. von der Zahlung eines angemessenen Vorschusses oder von einer angemessenen Sicherheitsleistung abhängig gemacht werden (§ 2 Abs. 2 Hmb HafenLTV). Die Hafenlotsgelder und das Wegegeld werden von der Hafenlotsenbrüderschaft eingezogen (§ 5 Hmb HafenLG, § 9 Satz 1 HafenLG in Verbindung mit § 28 Abs. 1 Nr. 8 SeeLG, § 4 Hmb HafenLTV) und an die Hafenlotsen verteilt (§ 9 Satz 1 HafenLG in Verbindung mit § 28 Abs. 1 Nr. 9 SeeLG).

Auch Bremerhaven müssen für die Tätigkeit der Hafenlotsen Hafenlotsgelder ent- **39** richtet werden (siehe § 16 Abs. 1 Nr. 3 und Abs. 2 Nr. 2 BreHafenBetrG, §§ 43 und 44 BremLotsO). Nähere Regelungen enthält § 12 Brem HGebO. Das Hafenlotsgeld umfasst nach § 12 Abs. 1 Brem HGebO das Beratungsgeld (§ 12 Abs. 7 Brem HGebO), das zusätzliche Beratungsgeld (§ 12 Abs. 8 Brem HGebO), das Wartegeld (§ 12 Abs. 9 Brem HGebO) und die Auslagen (§ 12 Abs. 9 Brem HGebO). Das Hafenlotsgeld als Teil der Hafenabgaben (§ 16 Abs. 1 Nr. 3 BreHafenBetrG, § 2 Nr. 1 Brem HGebO) wird durch bremenports erhoben (§ 2 Nr. 2 und § 4 Brem HGebO, § 17 BreHafenBetrG, § 43 BremLotsO) und durch die Hafenlotsgesellschaft an die Hafenlotsen verteilt[35] (§ 35 Nr. 6 BremLotsO).

b) Die übrigen Häfen. Außer in Hamburg und Bremerhaven ist in den sonstigen **40** deutschen Häfen ein eigenständiges Lotswesen nicht eingerichtet. Hier ist häufig durch eine entsprechende Verwaltungsvereinbarung geregelt, dass der Hafenlotsdienst von den Seelotsen, die für das betreffende Seelotsrevier bestallt sind, mit wahrgenommen wird.[36] Ein Lotsenwechsel, wie in Hamburg und Bremerhaven, findet hier nicht statt. Bei einlaufenden Schiffen wird der Seelotse zunächst nach Maßgabe des SeeLG tätig, während er mit Passieren der Hafengrenzen auf Grundlage der landesrechtlichen Vorschriften seine Tätigkeiten ausübt. Beim Auslaufen verhält es sich umgekehrt.

II. Die Durchführung der Lotsung

Die Tätigkeit des Seelotsen an Bord (unten Rn 51–72) setzt voraus, dass zunächst **41** vom Schiff ein Lotse angefordert wird (unten Rn 42). Der betreffende Seelotse ist zur Durchführung der Lotsung verpflichtet (unten Rn 43–44). Der Seelotse muss sich an Bord begeben und nach Beendigung seiner Tätigkeit das Schiff wieder verlassen (unten Rn 45–50). Teilweise steht auch eine Landradarberatung zur Verfügung (unten Rn 73–75).

---

35 Siehe dazu noch BGH NJW-RR 2015, 1406.
36 Siehe hierzu die Hinweise bei *Heinrich/Steinicke* Seelotswesen S. 133.

42 **1. Die Anforderung des Lotsen.** Grundlage des Anspruchs darauf, dass ein Lotse an Bord tätig wird, und ebenso seiner Pflicht zum Tätigwerden (unten Rn 43–44), ist die Anforderung des Lotsen. Dies muss normalerweise eine bestimmte Zeit vor dem geplanten Anbordkommen des Lotsen erfolgen, ggf. in Abhängigkeit von dem Ort der Versetzung, wobei bestimmte Angaben zu machen sind. Nähere Regelungen hierzu finden sich in § 5 Abs. 1 bis 3 sowie Anlage 1 Ems-LV, § 5 Abs. 1 bis 3 sowie Anlage 1 Elbe-LV, § 5 Abs. 1 bis 3 sowie Anlage 1 Weser/Jade LV, § 5 Abs. 1 bis 3 sowie Anlage 1 NOK-LV, § 5 Abs. 1 bis 3 sowie Anlage 1 WIROST-LV, § 3 Abs. 1 bis 3 Hmb HafenLV, § 41 BremLotsO. Die Vorschrift des § 3 Abs. 4 Hmb HafenLV betrifft die Abbestellung des Hafenlotsen. Das OLG Hamburg entnimmt der Regelung des § 5 Abs. 2 Nr. 3 Elbe-LV – gleichlautend § 5 Abs. 2 Nr. 3 Ems-LV, § 5 Abs. 2 Nr. 3 Weser/Jade-LV, § 5 Abs. 2 Nr. 3 NOK-LV, § 5 Abs. 2 Nr. 3 WIROST-LV –, dass die Anforderung des Seelotsen die Position seiner Übernahme umfasst, so dass das Schiff auch der Ort vorgeben kann, an dem der Seelotse zu versetzen ist.[37] Siehe schließlich noch Ziffer 4 Annex 2 Resolution A.960(23).

43 **2. Die Pflicht zur Durchführung der Lotsung; Börtordnung.** Der jeweilige Lotse ist grundsätzlich verpflichtet, die nach der Börtordnung vorgesehene Lotsung durchzuführen; siehe § 8 Abs. 1 ALV, § 16 Abs. 1 Hmb HafenLV, §§ 2 Satz 1, 25 Abs. 3 BremLotsO. Nach § 16 Abs. 2 Hmb HafenLV muss der Hafenlotse nicht länger als eine Stunde warten. In besonderen Fällen kann der Lotse die Lotsung des Schiffes ablehnen, namentlich bei Unzumutbarkeit, wenn das Schiff Mängel aufweist oder es nicht ausreichend besetzt ist oder die Besatzung nicht ausreichend qualifiziert ist (siehe § 8 Abs. 2 ALV, § 16 Abs. 3 Hmb HafenLV sowie noch § 13 RheinLotsO). Gleiches kann gelten, wenn besondere, für das Revier vorgeschriebene Ausrüstungsgegenstände fehlen, etwa ein Suchscheinwerfer.[38] Siehe schließlich noch Ziffer 8 Annex 2 Resolution A.960(23).

44 Die Lotsenbrüderschaften der Seelotsen sowie die Hafenlotsenbrüderschaft für die Hamburger Hafenlotsen und die Hafenlotsengesellschaft für die Bremerhavener Hafenlotsen legen in einer Börtordnung die Dienstfolge der Lotsen fest; siehe § 28 Abs. 1 Nr. 3 SeeLG, § 9 Satz 1 Hmb HafenLG, § 35 Nr. 3 BremLotsO („Törnordnung"). Die Börtordnung bedarf der Genehmigung durch die Aufsichtsbehörde,[39] § 28 Abs. 2 SeeLG, § 9 Satz 1 Hmb HafenLG, § 36 Abs. 1 Satz 1 und Abs. 2 BremLotsO. Sie betrifft lediglich das interne Verhältnis zwischen den Lotsen und der Brüderschaft. Dagegen hat die Börtordnung keine Außenwirkung.[40]

45 **3. Lotse an bzw. von Bord.** Um seine Tätigkeit auf dem Schiff durchzuführen, muss sich der Lotse an Bord einfinden. Nach Beendigung der Tätigkeit verlässt er das Schiff. Befindet sich das Schiff an einem Liegeplatz, etwa auch in einer Schleuse, kann sich der Lotse ggf. mit einem Pkw zum Schiff bringen und vom Schiff abholen lassen. Nach den Umständen kann auch hier ein Lotsenversetzboot oder ein anderes Schiff zum Einsatz kommen. Befindet sich das Schiff in Fahrt oder liegt es zu Anker oder auf Grund, wird der Lotse mit einem Lotsenversetzboot zum Schiff gebracht oder von ihm abgeholt: Der Lotse wird „versetzt" oder „ausgeholt".[41] Siehe zu den Sonderrechten der Lotsenversetz-

---

37 OLG Hamburg HmbSchRZ 2010, 278 Nr. 136 [38] "Alianca Sao Paulo", zuvor LG Hamburg HmbSchRZ 2009, 84 Nr. 27.
38 Siehe SeeA Bremerhaven BOSeeAE 1997, 386 „RMS Mercator".
39 Siehe dazu OVG Schleswig BeckRS 1993, 10212.
40 Siehe VG Oldenburg (2000) BeckRS 2015, 54453.
41 Zur Weigerung des Lotsen, wegen der Strahlenbelastung bei nicht abgeschaltetem Radar des Versetzbootes an Bord des Schiffes zu gehen, siehe VG Hamburg (2004) BeckRS 2015, 54455 „Ming West".

fahrzeuge in den Zufahrten zum Nord-OstseeKanal § 45 Nr. 4 SeeSchStrO, A.20 und 21 Anlage I SeeSchStrO. Traditionell benutzt der Lotse zu diesem Zweck eine „Lotsentreppe", eine besonders konstruierte „Strickleiter" mit hölzernen „Stufen", die seitlich an der Bordwand des Schiffes hängt. Auch eine heruntergelassene Gangway kann zum Einsatz kommen. Bei größeren Schiffen kann in der Bordwand eine besondere Lotsenpforte vorhanden sein. Normalerweise wird der Lotse auf der Leeseite (der windabgewandten Seite) des Schiffes übernommen. Hierüber werden mit dem Lotsenversetzdienst in der Regel Absprachen getroffen, damit das Schiff entsprechende Vorbereitungen treffen kann und damit das Lotsenversetzboot die richtige Seite des Schiffes ansteuert. Die Annäherung des Lotsenbootes an das Schiff sowie die Benutzung der Lotsentreppe durch den Lotsen ist potenziell gefährlich.[42] Nach § 5 Abs. 5 WIROST-LV muss der Seelotse der Verkehrszentrale Beginn und Ende seiner Tätigkeit mitteilen. In der Ziffer 15 Anlage II SeeSchStrO sind Sichtzeichen vorgesehen, aus denen sich ergibt, ob ein Lotse angefordert wird oder abgesetzt werden soll.

Von dem Ort, an dem der Lotse an Bord gelangt ist, muss er sich auf dem Schiff zur Brücke begeben. Umgekehrt verhält es sich nach der Beendigung seiner Tätigkeit. Siehe zu den erforderlichen Sicherheitseinrichtungen und -maßnahmen die Bestimmungen der Regel V/23 Anlage SOLAS-Ü,[43] dazu auch gleichlautend § 5 Abs. 4 Ems-LV, § 5 Abs. 4 Elbe-LV, § 5 Abs. 4 Weser/Jade LV, § 5 Abs. 4 NOK-LV, § 5 Abs. 4 WIROST-LV sowie § 4 Abs. 1 Unterabs. 1 Hmb HafenLV und auch noch § 618 Abs. 1 BGB. Nähere Regelungen finden sich in der Entschließung A.1045(27) über Lotsenversetzeinrichtungen[44] (siehe A.I.5 Anlage SchSG) sowie im Rundschreiben MSC.1/Circ. 1428. 46

„Lotsenstationen" sind Einrichtungen, von denen aus der Einsatz der Lotsen koordiniert wird und von der aus die Versetzung bzw. Ausholung der Lotsen erfolgt; siehe § 3 Abs. 1 Ems-LV, § 3 Abs. 1 Elbe-LV, § 3 Abs. 1 Weser/Jade LV, § 3 WIROST-LV. Ggf. werden hier auch Unterkünfte und Aufenthaltsräume für die Lotsen bereitgehalten. Lotsenstationen können sich an Land befinden, ebenso auf offenem Wasser, wie namentlich im Falle der seewärtigen Außenpositionen der Seelotsreviere. Hier kommen schwimmende Lotsenstationen, so genannte „Lotsentender" zum Einsatz. Dabei handelt es sich um speziell hergerichtete und ausgerüstete Schiffe. Lotsenstationen befinden sich normalerweise in der Nähe von Lotsenversetzpositionen, wo Lotsen versetzt oder ausgeholt werden. Im Gebiet von Lotsenstationen kommt es häufig zu einem verstärkten Verkehrsaufkommen von Schiffen, die Lotsen aufnehmen oder abgeben, so dass beim Navigieren besondere Vorsicht geboten ist.[45] Zu den Außenpositionen der Seelotsreviere, die ggf. auf eine geschütztere Schlechtwetterposition[46] verlegt werden, siehe §§ 4, 1 Abs. 6 Ems-LV, § 1 Abs. 6 und 7, § 4 Elbe-LV, § 1 Abs. 7, § 4 Weser/Jade LV, § 4 Abs. 1 NOK-LV, § 4 WIROST-LV. Bleibt der Seelotse im Falle der Unterbrechung der Fahrt, oder weil eine Ausholung nicht möglich ist, zunächst an Bord,[47] muss er dort angemessen untergebracht werden; siehe § 14 ALV; § 4 Abs. 2 Hmb HafenLV. Ist die Versetzung an der Au- 47

---

42 Siehe BGH Hansa 1952, 307 (Nr. 2) mit Anm. *Burchard-Motz* Hansa 1953, 1322: Zusammenstoß mit Lotsenversetzboot; BOSA BOSeeA 1995, 190 „Kommodore Ruser": Kentern des Versetzbootes; SeeA Rostock BOSeeAE 1995, 271 „St. Christoph": Fall des Lotsen von der Lotsentreppe; BOSA BOSeeAE 2001, 152 „Kapitän Stoewahse", „Kanosha": Zusammenstoß mit Lotsenversetzboot – siehe auch SeeA Hamburg BOSeeAE 1997, 36 „Hanse", „Kapitän König".
43 Dazu BOSA BOSeeA 1995, 190 „Kommodore Ruser".
44 VkBl. 2014, 93.
45 Siehe SeeA Bremerhaven BOSeeAE 1995, 455 „Caraibe", „Polis".
46 Siehe dazu OLG Hamburg HmbSchRZ 2010, 278 Nr. 136 [37–40] "Alianca Sao Paulo", zuvor LG Hamburg HmbSchRZ 2009, 84 Nr. 27.
47 Siehe etwa BGHZ 27, 79, 80 „Irene Oldendorff" (insoweit nicht in NJW 1958, 1437 wiedergegeben).

ßenposition wegen schlechten Wetters fraglich oder soll sichergestellt werden, dass das Schiff ohne Verzögerung in das Seelotsrevier einläuft, kann der Seelotse bereits im vorherigen Abfahrtshafen an Bord kommen. In einem Seelotsrevier können mehrere Lotsbezirke eingerichtet sein; siehe § 2 Abs. 2 Elbe-LV, § 2 Abs. 2 Weser/Jade LV, § 2 Abs. 3 NOK-LV, § 2 Abs. 2 WIROST-LV. An den Grenzen benachbarter Seelotsreviere sowie von Lotsbezirken oder in sonstigen Fällen kann ein Lotsenwechsel erforderlich sein; siehe § 3 Abs. 2 Ems-LV, § 3 Abs. 2 bis 4 Elbe-LV, § 3 Abs. 2 Weser/Jade LV, § 4 Abs. 2 NOK-LV. Siehe zu allem auch Ziffer 3 Annex 2 Resolution A.960(23).

48 Die Versetzung bzw. Ausholung des Lotsen kann auch mit Hubschraubern erfolgen. Verfügt das Schiff nicht über einen Landeplatz, kann der Lotse auch ab- bzw. aufgewinscht werden.[48] Die Hinweise zuvor (Rn 45) über das Manövrieren des Schiffes sowie zu den Anforderungen an den Weg des Lotsen vom Landeplatz bzw. vom Abwinschort zur Brücke und umgekehrt gelten entsprechend.

49 Die Beförderung des Lotsen per Schiff oder Hubschrauber zum Zwecke des Versetzens oder der Ausholung oder, wenn sich das Schiff am Liegeplatz befindet, die Beförderung per Pkw, erfolgt durch private Unternehmer, namentlich den LBV sowie die LotsBetrGmbH-MV (oben Rn 7–8). Lotsen werden im Einzelfall auch durch andere Hafenfahrzeuge befördert, etwa durch Assistenzschlepper; siehe § 13 ALV. Diese Beförderungen erfolgen privatrechtlich und stellen keine hoheitliche Tätigkeit dar.[49] Der Unternehmer übernimmt die Beförderung des Lotsen auf Grundlage eines Vertrages mit der betreffenden staatlichen Stelle (siehe oben Rn 7–8). Es hängt von den Umständen, namentlich von der Ausgestaltung des Vertrages ab, ob es sich um einen Vertrag zugunsten des Lotsen handelt (§§ 328 ff. BGB), so dass er einen eigenen Beförderungsanspruch erwirbt. Jedenfalls hat der Vertrag Schutzwirkung zugunsten des Lotsen.[50] Der Unternehmer haftet dem Lotsen für Tod oder Körperverletzung sowie für den Verlust und die Beschädigung persönlicher Gegenstände auf vertraglicher Grundlage[51] nach Maßgabe des betreffenden Personenbeförderungsrechts, also namentlich gemäß §§ 536 ff., § 77 BinSchG, §§ 44 ff. LuftVG, § 7 ff. StVG, § 23 PBefG. Dem Lotsen bzw. den Hinterbliebenen stehen eigene vertragliche Ansprüche gegen den Unternehmer zu.

50 Im Falle des Untergangs des Lotsenversetzbootes nach einer Kollision mit einem anderen Schiff stehen dem Lotsen für die dabei erlittenen Verletzungen ggf. gegen den Unternehmer Ansprüche auf Schadenersatz zu.[52] Dies gilt unabhängig davon, ob es sich bei dem anderen Schiff um das zu lotsende oder um ein unbeteiligtes Schiff handelt. Das LG Hamburg hat die Klage eines Lotsen abgewiesen, der bei seiner Ausholung per Hubschrauber nach einem Windenausfall für einen Zeitraum von 15 Minuten ungeschützt unter dem Hubschrauber hing und der vom Unternehmer Ersatz des Verdienstausfalls sowie von Gutachterkosten und Schmerzensgeld verlangte.[53]

51 **4. Die Tätigkeit des Lotsen an Bord.** Die Aufgabe des Lotsen an Bord ist in erster Linie die Beratung der Schiffsführung (unten Rn 53–64). Dies kann nur sinnvoll erfolgen, wenn sowohl die Schiffsführung als auch der Lotse wechselseitig über alle für die Beratung maßgeblichen Umstände informiert sind (unten Rn 52). Der Lotse ist auch unmittelbarer Adressat verkehrsrechtlicher Vorschriften (unten Rn 65). Weitere Vorschriften be-

---

48 Siehe LG Hamburg NJWE-VHR 1996, 198.
49 LG Hamburg NJWE-VHR 1996, 198 (unter 1.) – siehe auch RGZ 140, 420.
50 Siehe LG Hamburg NJWE-VHR 1996, 198, 199 (unter b).
51 LG Hamburg NJWE-VHR 1996, 198 prüft in erster Linie Ansprüche aus unerlaubter Handlung.
52 RGZ 149, 167 „Jelö", „Pilot", anschließend auch RGZ 151, 271.
53 LG Hamburg NJWE-VHR 1996, 198.

fassen sich mit den Lotspapieren (unten Rn 66). Für Lotsen gilt eine 0,0-Promille-Grenze (unten Rn 67). Er ist verpflichtet, bestimmte, das Schiff betreffende Umstände an die Behörden zu melden (unten Rn 68–70). Die Beratung der Schiffsführung kann nach § 23 Abs. 1 Satz 2 SeeLG (§ 7 Hmb HafenLG) auch von einem anderen Schiff oder von Land aus erfolgen (zum Radarlotsen siehe unten Rn 73–75); siehe auch § 4 Abs. 2 Satz 2 Ems-LV.

a) Mitteilungs- und Erkundigungspflichten. Die Schiffsführung muss den Lotsen **52** über besondere Eigenschaften des Schiffes sowie über Mängel, soweit sie für die Tätigkeit den Lotsen von Bedeutung sind, unterrichten[54] (§ 12 Abs. 1 Satz 5 ALV, § 20 Abs. 1 Satz 1 Hmb HafenLV, siehe auch § 27 Abs. 1 BremLotsO). Dies sollte ggf. auch bereits bei der Anforderung des Lotsen geschehen. Der Seelotse ist nach (§ 12 Abs. 1 Satz 1 ALV verpflichtet, sich bei der Schiffsführung in entsprechender Weise zu erkundigen[55] (siehe auch § 14 Abs. 2 RheinLotsO). Für die Hafenlotsen kann letztlich nichts anderes gelten. Auch der Lotse selbst muss sich in angemessener Weise ein Bild über den Zustand des Schiffes machen (§ 12 Abs. 1 Satz 2 ALV, § 20 Satz 2 Hmb HafenLV) und darf jedenfalls die Augen vor offensichtlichen Unzulänglichkeiten nicht verschließen. Schließlich muss der Lotse die Schiffsführung über die Besonderheiten des Reviers unterrichten. Dies umfasst in entsprechenden Fällen auch die Aufklärung über behördliche Anordnungen sowie die schifffahrts- und hafenpolizeilichen Vorschriften[56] (§ 11 ALV, § 27 Abs. 2 BremLotsO, siehe auch § 14 Abs. 1 RheinLotsO); die Vorschrift des § 19 Hmb HafenLV richtet sich in entsprechender Weise an den Hafenlotsdienst.

b) Die Beratung des Kapitäns

aa) Die Beratung bei der Schiffsführung. Nach § 23 Abs. 1 Satz 1 SeeLG (§ 7 Hmb **53** HafenLG), § 24 Abs. 1 BremLotsO ist es die Aufgabe des Lotsen, den Kapitän bei der Führung des Schiffes zu beraten; siehe auch § 14 Abs. 1 Satz 1 Hs. 1 RheinLotsO. Diese Formulierung umschreibt die Tätigkeiten, die der Lotse zu erbringen verpflichtet ist. „Führung des Schiffes" meint die Führung in nautischer Hinsicht, also die Bewegung des Schiffes durchs Wasser mit Hilfe der Maschine, des Ruders, von Querstrahlrudern, des Ankers und von Assistenzschleppern. Dies umfasst auch die „sichere" Führung unter Einhaltung aller für die Bewegung des Schiffes maßgeblichen, örtlich anwendbaren Vorschriften („compliance"). Sache des Lotsen ist es, die Schiffsführung zu unterstützen, indem er Vorschläge für den Kurs macht und der Schiffsleitung über alles Auskunft erteilt, was mit der Navigation im Revier im Zusammenhang steht, insbesondere über die Eigenarten des Fahrwassers sowie die Betonnung und Befeuerung.[57] Nach § 4 Abs. 2 Hs. 2 SeeSchStrO, § 4 Abs. 2 Hs. 2 KVR-V, § 4 Abs. 2 Hs. 2 EmsSchEV hat der Seelotse den Fahrzeugführer und dessen Vertreter so zu beraten, dass sie die Vorschriften der betreffenden Verordnung befolgen können.[58]

bb) Die Beratung. Der Lotse berät nach § 23 Abs. 1 Satz 1 SeeLG (§ 7 Hmb HafenLG), **54** § 24 Abs. 1 BremLotsO den Kapitän bzw. Wachoffizier bei der Führung des Schiffes. Schon zuvor heißt es in den Umschreibungen der § 1 Satz 1 SeeLG, § 1 Abs. 1 Satz 1 Hmb

---

54 Siehe SeeA Hamburg BOSeeAE 1995, 254 „Fides".
55 Siehe SeeA Bremerhaven BOSeeAE 2000, 19 „Abbay Wonz".
56 Siehe auch SeeA Kiel BOSeeAE 1997, 257, 262 „Vectis Isle", „Batiyskiy 32".
57 OLG Hamburg MDR 1952, 681 mit Anm. *Hasche* Hansa 1952, 1368.
58 Siehe SeeA Rostock BOSeeAE 1997, 167 „Afrodite", „Anglia"; SeeA Kiel BOSeeAE 1999, 200 „Merkur".

HafenLG, § 1 Abs. 1 BremLotsO, dass der Lotse als orts- und schifffahrtskundiger Berater tätig ist. „Beratung" bedeutet vom Wortsinne her, dass er dem Kapitän bzw. Wachoffizier Empfehlungen zu den erforderlichen Maßnahmen der Schiffsführung erteilt. Dies umfasst ausschließlich eine verbale Kommunikation und nicht auch eine eigenhändige Bedienung der Manöverelemente des Schiffes (dazu unten Rn 62–63). Mittelbar bestätigt wird dies durch § 23 Abs. 1 Satz 2 SeeLG (§ 7 Hmb HafenLG), denn von einem anderen Schiff oder von Land aus kann es nur eine Kommunikation geben. Die Beratung in Form der Kommunikation findet nach der Vorstellung des Gesetzgebers (siehe § 23 Abs. 1 Satz 1 und Abs. 2 Hs. 2 SeeG) zwischen dem Lotsen und dem Kapitän statt. An die Stelle des Kapitäns tritt ggf. der Wachoffzier. § 23 Abs. 2 Hs. 2 SeeLG (§ 7 Hmb HafenLG), § 24 Abs. 2 Hs. 2 BremLotsO gehen außerdem davon aus, dass der Lotse auch selbständige „Anordnungen" erteilt.[59] Gemeint ist die Form der Empfehlung, die unmittelbar als Handlungsanweisung zur Bedienung der Manöverelemente formuliert sein kann. Die Anordnung kann an den Kapitän bzw. den Wachoffizier gerichtet sein, aber auch direkt an andere Personen wie den Rudergänger[60] oder Personen, die den Fahrhebel bedienen. Dies ist praktisch der Normalfall. In diesen Fällen verhält sich der Lotse dem äußeren Anschein nach wie ein Kapitän bzw. Wachoffizier. Hier stellen § 23 Abs. 2 Hs. 1 SeeLG (§ 7 Hmb HafenLG), § 24 Abs. 2 Hs. 1 BremLotsO klar, dass gleichwohl die Schiffsführung beim Kapitän (bzw. Wachoffizier) verbleibt.

55 Die Empfehlungen des Lotsen müssen klar und verständlich sein.[61] Er muss sich vergewissern, dass seine Empfehlungen richtig verstanden und umgesetzt werden.[62] Bei seiner Tätigkeit muss sich der Seelotse nach § 25 Abs. 2 Satz 1 SeeLG (§ 7 Hmb HafenLG) der technischen Hilfsmittel bedienen, deren Anwendung nach Seemannsbrauch, durch Weisungen der Aufsichtsbehörde oder durch besondere Umstände des Falles geboten sind. Dazu gehört insbesondere das Radargerät des gelotsten Schiffes.[63] Der Lotse ist verpflichtet, sich laufend und aktuell über die Situation im Revier zu informieren.[64] Benötigt der Lotse zur Durchführung seiner Tätigkeit an Bord die Unterstützung der Schiffsführung, muss er diese anfordern.[65] Die Pflichten des Lotsen zur Beratung der Schiffsführung umfassen nicht auch seine eigene Versetzung[66] bzw. Ausholung.

56 Der Lotse muss sich laufend mit der Schiffsführung abstimmen; siehe auch Ziffer 5 Annex 2 Resolution A.960(23). Gleiches gilt für die Schiffsführung.[67] Insbesondere muss er der Schiffsführung von einer von ihm, dem Lotsen, vorgesehenen bzw. vorgenommenen Kursänderung Mitteilung machen.[68] Der Lotse trifft über UKW auch Absprachen mit Kollegen auf anderen Schiffen im Revier,[69] und er übernimmt die Kommunikation mit der Revierzentrale, mit der Lotsenstation und mit Assistenzschleppern. Dies kann in der

---

59 Siehe auch BGHZ 50, 250 = VersR 1968, 940 (rechte Spalte) „Mantric", zuvor OLG Hamburg Hansa 1967, 1163.
60 Siehe OLG Hamburg MDR 1952, 681 mit Anm. *Hasche* Hansa 1952, 1368.
61 SeeA Kiel BOSeeAE 1998, 25 „Start".
62 SeeA Kiel BOSeeAE 1998, 374 „Yusup K" „Smit Frankrijk", „CT Star", Annegret", „Andries".
63 SeeA Rostock BOSeeAE 1996, 31 „DSR-Atlantic", „Uni-Humanity"; SeeA Rostock BOSeeAE 1997, 167 „Afrodite", „Anglia".
64 Siehe OLG Hamburg HansG H 1896, 305 Nr. 109 (S. 306 f.) „Trave".
65 LG Kiel HmbSeeRep 2008, 254 Nr. 103a (= BeckRS 2003, 17353), anschließend OLG Schleswig HmbSeeRep 2008, 258 Nr. 103b (= BeckRS 2003, 18187) (Beobachtung des Radargeräts beim Einlaufen in die Schleuse).
66 OLG Hamburg HmbSchRZ 2010, 278 Nr. 136 [35] "Alianca Sao Paulo", zuvor LG Hamburg HmbSchRZ 2009, 84 Nr. 27.
67 OLG Hamburg VersR 1970, 538, 540 (vor IV.) „Leonidas Voyazides", „Thälmann Pionier".
68 SeeA Hamburg BOSeeAE 2000, 322 „Hälsingland".
69 Siehe BGH BeckRS 1982 30374735 (unter 2b).

Praxis zu Schwierigkeiten führen, weil die Kommunikation normalerweise in deutscher Sprache stattfindet und die (ausländische) Schiffsführung ihr häufig nicht folgen kann; siehe dazu noch Ziffer 6 Annex 2 Resolution A.960(23).

Die Schiffsführung ist nicht verpflichtet, den Empfehlungen des Lotsen zu folgen. **57** Erkennt der Lotse, dass die selbständig handelnde Schiffsführung den Verkehr gefährdet, muss der Lotse einschreiten. Welche Maßnahmen in Betracht kommen, hängt von den Umständen des Falles ab. Das VG Hamburg[70] nennt deutlich ausgesprochene Empfehlungen; die Nachfrage bei der Schiffsführung; den Hinweis auf Ablehnung jeder Verantwortung; die Drohung, die Schifffahrtsverwaltung zu informieren; die Bitte um Unterstützung durch die Behörden; die Einstellung der Lotstätigkeit; und sogar den Eingriff in die Schiffsführung.

§ 23 Abs. 3 SeeLG (§ 7 Hmb HafenLG) betrifft den Fall, dass mehrere Seelotsen für das **58** Schiff tätig werden. Nur einer der Seelotsen berät den Kapitän, während die übrigen Seelotsen ihn dabei unterstützen. Vor Beginn der Tätigkeiten ist zu klären, wer als beratender Seelotse tätig wird (§ 23 Abs. 3 SeeLG, § 7 Hmb HafenLG). Sind der Schlepper und jeder von zwei Anhängen mit je einem Lotsen besetzt, von denen der Lotse des Schleppers die Führung hat, müssen Lotsen der Anhänge den führenden Lotsen auf Gefahren aufmerksam machen.[71]

cc) Beginn und Ende der Beratung. Die Pflicht des Lotsen zur Beratung beginnt, **59** wenn er an Bord kommt[72] – genauer: wenn er Kontakt mit der Schiffsführung hat, also normalerweise mit Eintreffen des Lotsen auf der Brücke.[73] Nur ausnahmsweise kann von einer früher einsetzenden Pflicht zur Beratung ausgegangen werden, etwa wenn sich der Lotse noch auf dem Versetzfahrzeug aufhält.[74] Hierfür ist erforderlich, dass sich das Schiff in Gefahr befindet, etwa auf Grund zu geraten droht, und dass der Lotse hiervon Kenntnis hat.[75]

Der Seelotsen muss seine Lotstätigkeit solange ausüben, bis er abgelöst oder vom **60** Kapitän entlassen[76] oder das Schiff den Bestimmungsort oder die Grenze des Seelotsreviers erreicht (§ 24 Abs. 1 SeeLG, siehe auch § 20 Abs. 3 Hmb HafenLV, § 25 Abs. 1 BremLotsO). Besteht für das Schiff eine Pflicht zur Annahme des Lotsen (oben Rn 9–10, 32–34), darf der Kapitän den Lotsen nicht entlassen, bevor die Grenze des Reviers erreicht wurde (§ 24 Abs. 2 SeeLG; siehe auch § 7 Hmb HafenLG und § 25 Abs. 2 BremLotsO). In Ausnahmefällen kann eine Pflicht zur Beratung auch darüber hinaus bestehen, ggf. auch noch, nachdem der Lotse von Bord gegangen ist. Er darf nicht sehenden Auges zulassen, dass „sein" Schiff selbst gefährdet wird oder andere in Gefahr bringt. Dies gilt namentlich, wenn eine seiner Empfehlungen noch nachwirkt. Kann der Seelotsen beim Verlassen des Seelotsreviers nicht ausgeholt werden – etwa wegen schlechten Wetters – ist er zu weiterer Lotstätigkeit nicht verpflichtet, jedoch auf Anforderung des Kapitäns berechtigt (§ 24 Abs. 3 SeeLG).

---

70 BeckRS 2015, 54836 (von 1992).
71 Siehe RGZ 126, 81 „Anna", „Sirius", zuvor RG JW 1927, 2203.
72 OLG Hamburg HmbSchRZ 2010, 278 Nr. 136 [42] "Alianca Sao Paulo", zuvor LG Hamburg HmbSchRZ 2009, 84 Nr. 27.
73 OLG Hamburg HmbSchRZ 2010, 278 Nr. 136 [47] "Alianca Sao Paulo", zuvor LG Hamburg HmbSchRZ 2009, 84 Nr. 27.
74 Siehe OLG Hamburg HmbSchRZ 2010, 278 Nr. 136 [42] "Alianca Sao Paulo", zuvor LG Hamburg HmbSchRZ 2009, 84 Nr. 27.
75 Siehe OLG Hamburg HmbSchRZ 2010, 278 Nr. 136 [42–44 sowie 45–46] "Alianca Sao Paulo", zuvor LG Hamburg HmbSchRZ 2009, 84 Nr. 27.
76 Siehe SeeA Kiel BOSeeAE 1999, 149 „Baltic Eider".

61 **dd) A-VIII/2.49 und 50 STCW-Code.** A-VIII/2.49 und 50 STCW-Code richten sich an die Schiffsführung und betreffen die Zusammenarbeit mit dem Lotsen.[77] Dessen Anwesenheit an Bord entbindet die Schiffsführung nicht von ihren Aufgaben und Verpflichtungen bezüglich der Sicherheit des Schiffes. Der Kapitän und der Lotse haben untereinander Angaben zur Navigation, örtliche Verhältnisse und Eigenschaften des Schiffes auszutauschen. Die Schiffsführung ist gehalten, eng mit dem Lotsen zusammenarbeiten sowie die Position und die Bewegungen des Schiffes genau zu überwachen; siehe auch § 13 Abs. 3 Nr. 4 Hs. 2 SchSV. Ist die Schiffsführung in Bezug auf die Maßnahmen oder Absichten des Lotsen im Zweifel, hat sie vom Lotsen eine Klarstellung zu erbitten. Der Wachoffizier hat im Falle von Zweifeln den Kapitän zu unterrichten und bis zu dessen Eintreffen die notwendigen Maßnahmen zu treffen.

ee) Die eigenhändige Bedienung von Manövereinrichtungen des Schiffes

Literatur: *Zschoche* Das Bedienen von Manöverelementen durch den Lotsen, Hansa 2009-5, 83–89; *Zschoche* Das Haftungsprivileg des § 21 Abs. 3 SeeLG und die Bedienung von Manöverelementen durch den Lotsen, VersR 2012, 1088–1094.

62 In der Praxis kommt es vor, dass der Lotse selbst Manövereinrichtungen des Schiffes wie den Fahrhebel oder Querstrahlruder bedient, Kurse an der automatischen Selbststeuereinrichtung oder die Wendegeschwindigkeit einstellt[78] oder gar am Ruder steht[79] (siehe auch § 14 Abs. 3 RheinLotsO). Dies steht mit dem Gedanken einer bloßen Beratung der Schiffsführung (oben Rn 54–58) nicht mehr in Einklang und entspricht auch nicht den Tatbeständen der § 23 Abs. 2 SeeLG (§ 7 HmbHafenLG), § 24 Abs. 2 BremLotsO, die lediglich Anordnungen zulassen.[80] Die selbständige Bedienung der Manövereinrichtungen durch den Lotsen findet daher m.E. außerhalb des durch § 23 Abs. 1 Satz 1 und Abs. 2 SeeLG, § 24 Abs. 1 und 2 BremLotsO gezogenen Rahmens statt.[81] Sie fällt auch nicht unter die Umschreibung „Lotstätigkeit", die sich insbesondere in §§ 23 Abs. 4, 24 Abs. 1 und 3, 25 Abs. 1 und 2 SeeLG findet. Denn die „Lotstätigkeit" ist nichts anderes als eine Kurzform der Wendung „Beratung bei der Führung des Schiffes". § 25 Abs. 2 SeeLG hilft ebenfalls nicht weiter. Die Vorschrift geht davon aus, dass sich der Lotse „bei der Lotstätigkeit" technischer Hilfsmittel bedient. Das sind nicht die Manövereinrichtungen des Schiffes, sondern Einrichtungen, die den Lotsen in den Stand setzen, die Beratung durchzuführen. Dies betrifft Einrichtungen, die dem Lotsen Informationen liefern oder die Kommunikation ermöglichen, etwa das Radargerät, das Echolot, Ortungssysteme oder Sprechfunkeinrichtungen des Schiffes. Zu den technischen Hilfsmitteln, derer sich der Lotse bedienen kann, zählen auch Einrichtungen außerhalb des Schiffes, etwa eine Landradarberatung. Andererseits ist die eigenhändige Bedienung von Manövereinrichtungen des Schiffes nicht verboten; siehe § 47 Abs. 1 Nr. 2 bis 5 SeeLG. Die eigenhändige Bedienung von Manövereinrichtungen des Schiffes durch den Lotsen erweitert das mit

---

77 Zu den entsprechenden früheren Vorschriften der Regel II/1 Nr. 10 Anlage STCW-Ü siehe SeeA Rostock BOSeeAE 1996, 31 „DSR-Atlantic", „Uni-Humanity"; SeeA Hamburg BOSeeAE 1999, 90 „Lima Chemist"; SeeA Bremerhaven BOSeeAE 1999, 208 „Hilda Knudsen".
78 Siehe SeeA Kiel BOSeeAE 1997, 257 „Vectis Isle", „Batiyskiy 32".
79 Siehe BGH NJW 1973, 1327, RhSchOG St. Goar ZfB 1965, 428 „Wilhelm Gestmann VI", „Diersch X", anschließend RhSchOG St. Goar ZfB 1968, 69 (Slg. 5) sowie ausführlich *Zschoche* Hansa 2009-5, 83.
80 Siehe SeeA Kiel BOSeeAE 1997, 257, 262 „Vectis Isle", „Batiyskiy 32" zu § 45 Nr. 5 SeeSchStrO a.F. (siehe heute § 42 Nr. 4 SeeSchStrO iVm. Ziffer 24 der Bekanntmachungen zur SeeSchStrO).
81 *Heinrich/Steinicke* Seelotsenwesen S. 47f. („Zu Absatz 2") – nachdrücklich anders *Zschoche* Hansa 2009-5, 83, 87ff., ebenso *Ehlers* Seeverkehr Rn 6 zu § 21 SeeLG.

dem Reeder bzw. Eigner bestehende Dienstverhältnis (unten Rn 89). An sich kann sich der Lotse insoweit auch nicht mehr auf die Regelungen des § 21 Abs. 3 Satz 1 und 2 SeeLG berufen; siehe aber auch unten Rn 90–91, 113–115.

Die Ausgangsposition des Gesetzes, dass die eigenhändige Bedienung von Manövereinrichtungen des Schiffes durch den Lotsen über eine Beratung der Schiffsführung (§ 23 Abs. 1 Satz 1 und Abs. 2 SeeLG) hinausgeht, entspricht m.E. nicht mehr den Gegebenheiten der Praxis und den Ansprüchen, die heute an den Dienstleister „Lotse" gestellt werden.[82] Hier sollte der Gesetzgeber tätig werden, um die entstandene Grauzone klar zu regeln. An sich hat die eigenhändige Bedienung von Manövereinrichtungen durch den Lotsen auch zur Folge, dass das Privileg des § 21 Abs. 3 SeeLG entfällt. Insoweit hilft allerdings die Rechtsprechung, nach der § 21 Abs. 3 SeeLG umfassend auf Lotsen anzuwenden ist; siehe unten Rn 90–91, 113–115. 63

ff) Kein Übergang der nautischen Schiffsführung. Aus der Umschreibung „Beratung bei der Führung des Schiffes" in § 23 Abs. 1 Satz 1 SeeLG (§ 7 Hmb HafenLG), § 24 Abs. 1 BremLotsO, zusammen mit einem Rückschluss aus dem Regelungen der § 23 Abs. 2 Hs. 1 SeeLG (§ 7 Hmb HafenLG), § 24 Abs. 2 Hs. 1 BremLotsO ergibt sich, dass von Gesetzes wegen die nautische Schiffsführung (oben Rn 53) stets beim Kapitän des Schiffes (oder dem Wachoffizier) verbleibt und nicht auf den Lotsen übergeht. Die nautische Schiffsführung umfasst das Recht und die Pflicht, eigene Entscheidungen über Maßnahmen der Schiffsführung zu treffen und diese durchzuführen, indem Weisungen für die Bedienung von Manövereinrichtungen des Schiffes erteilt oder diese direkt bedient werden. Der Lotse kann dem Kapitän bzw. dem Wachoffizier keine Weisungen erteilen. Es ist allerdings nicht ausgeschlossen, dass mit dem Lotsen die Übernahme der Schiffsführung vereinbart wird (dazu unten Rn 91). Die Bestimmungen des SeeLG stehen dem nicht entgegen. 64

c) Der Lotse als Adressat verkehrsrechtlicher Vorschriften. Nach § 4 Abs. 1 und 2 Hs. 1 SeeSchStrO, § 4 Abs. 1 und 2 Hs. 1 EmsSchEV hat neben dem Fahrzeugführer auch der Seelotse die Vorschriften der betreffenden Vorschriften über das Verhalten im Verkehr und über die Ausrüstung der Fahrzeuge mit Einrichtungen für das Führen und Zeigen der Sichtzeichen und das Geben von Schallsignalen zu befolgen; siehe auch § 4 Abs. 2 Hs. 1 KVR-V. Ergänzend bestimmen § 4 Abs. 2 Hs. 2 SeeSchStrO, § 4 Abs. 2 Hs. 2 KVR-V, § 4 Abs. 2 Hs. 2 EmsSchEV, dass der Seelotse den Fahrzeugführer und dessen Vertreter so zu beraten haben, dass sie die Vorschriften der jeweiligen Bestimmungen einhalten können. 65

d) Papierkram. Der Lotse muss einen auf ihn ausgestellten Lotsausweis bei sich führen, ebenso bestimmte weitere Regelwerke wie etwa die ALV, die Lotsverordnung des betreffenden Lotsreviers sowie des maßgeblichen Lotstarifs (siehe § 10 ALV, § 18 Hmb HafenLV, § 26 BremLotsO). Die Durchführung der Lotstätigkeit muss sich der Lotse von der Schiffsführung in einer Lotsbescheinigung bestätigen lassen (§ 12 Abs. 3 und 4 ALV, § 20 Abs. 2 bis 5 Hmb HafenLV, § 27 Abs. 3 und 4 BremLotsO). 66

e) Alkohol. Nach § 23 Abs. 4 SeeLG (§ 7 Hmb HafenLG) darf der Seelotse die Lotstätigkeit nicht ausüben, wenn er infolge körperlicher oder geistiger Mängel oder des Genusses alkoholischer Getränke oder anderer berauschender Mittel in der sicheren Ausübung der Beratung behindert ist. Abs. 5 der Vorschrift ergänzt, dass der Seelotse wäh- 67

---

82 Siehe *Zschoche* Hansa 2009-5, 83, 87 ff.; *Zschoche* VersR 2012, 1088, 1090 ff.

rend der Beratung alkoholische Getränke nicht zu sich nehmen und nicht unter der Wirkung solcher Getränke stehen darf. Für ihn gilt damit eine Grenze von 0,0 Promille.

68   f) Meldepflichten. Den Seelotsen treffen umfassende Pflichten zur Meldung bestimmter Umstände, die er während der Lotstätigkeit wahrnimmt (so auch Ziffer 7 Annex 2 Resolution A.960[23]). Nach § 26 Abs. 1 Satz 1 SeeLG (§ 7 Hmb HafenLG, § 29 Abs. 1 Satz 1 BremLotsO) muss der Seelotse jede Beobachtung, die die Sicherheit der Schifffahrt, insbesondere Veränderungen oder Störungen an Schifffahrtszeichen, oder eine Verschmutzung des Gewässers betrifft, unverzüglich auf schnellstem Übermittlungsweg mitteilen.[83] Dies können nach den Umständen auch alkoholbedingte Ausfallerscheinungen beim Kapitän sein, der Empfehlungen des Lotsen nicht oder unzureichend nachkommt.[84] Nach § 26 Abs. 1 Satz 2 SeeLG (ebenso § 21 Abs. 2 Hmb HafenLV, siehe auch § 7 Hmb HafenLG sowie § 29 Abs. 1 Satz 2 BremLotsO) hat er über jeden Unfall eines von ihm gelotsten Schiffes der Aufsichtsbehörde zu berichten und auf Verlangen weitere Auskünfte zu geben. Ein Unfall setzt nicht voraus, dass es zu einer Beschädigung des Schiffes gekommen ist, vielmehr genügt es, dass das Schiff an dem Vorfall beteiligt war.[85] Steht eine Strafbarkeit oder eine Haftung des Lotsen im Raume, ist er gleichwohl nach § 26 Abs. 1 Satz 2 SeeLG berichts- und auskunftspflichtig; die hiermit verbundene Pflicht zur Selbstbelastung ist ein verfassungsgemäßer Eingriff in das Persönlichkeitsrecht des Lotsen.[86] Nimmt der Lotse Mängel des Schiffes wahr, muss er den zuständigen Stellen Mitteilung machen (§ 12 Abs. 1 Satz 4 und 5 ALV, § 29 Abs. 2 BremLotsO). Schließlich kann der Lotse nach den Umständen verpflichtet sein, einen nachfolgenden Lotsen, der die Beratung übernimmt, auf die Eigenarten des Schiffes hinzuweisen. Hierzu kann auch eine Alkoholisierung des Kapitäns gehören.[87] Gleiches gilt für die aktuelle Verkehrslage.[88] Meldepflichten des Lotsen können sich auch aus den örtlichen Verkehrsvorschriften ergeben, auch wenn er in ihnen nicht ausdrücklich angesprochen wird; siehe etwa § 37 Abs. 2 SeeSchStrO.[89]

69   § 26 Abs. 2 SeeLG (§ 7 Hmb HafenLG, siehe auch § 29 Abs. 2 BremLotsO) ergänzt, dass der Seelotse, der an Bord eines Schiffes tätig ist, das sich im Hoheitsgebiet eines Mitgliedsstaates der EU auf der Fahrt zu oder von einem Liegeplatz oder zu einem Hafen befindet, die zuständige Behörde des Hafen- oder Küstenstaates unverzüglich unter genauer Bezeichnung des Schiffes einschließlich der Angabe seines Heimathafens über alle Mängel zu unterrichten hat, von denen er bei der Erfüllung seiner üblichen Pflichten Kenntnis erhält und die die sichere Fahrt des Schiffes oder die Meeresumwelt gefährden könnten. Die Vorschrift wurde im Jahre 1997 zum Zwecke der innerstaatlichen Umsetzung des Art. 13 Abs. 1 der seinerzeit geltenden Hafenstaatkontroll-Richtlinie[90] in das SeeLG eingefügt.[91] Siehe auch Art. 16 Abs. 1 (e) Richtlinie 2002/59. Die Regelungen des § 26 Abs. 2 SeeLG betrifft zunächst die Seelotsen, die auf den deutschen Seelotsrevieren tätig sind und die da-

---

83   Siehe zum folgenden auch BVerwG BeckRS 1993, 31241074, zuvor OLG Lüneburg BeckRS 2015, 50970 und VG Oldenburg BeckRS 2015, 50971.
84   Siehe SeeA Hamburg BOSeeAE 2002, 19 „Canum"; SeeA Kiel BOSeeAE 2001, 209 „Vitali Kojine".
85   OVG Lüneburg HmbSchRZ 2012, 158 Nr. 71 [26] „Rhonestern", „Zapadnyy".
86   OVG Lüneburg HmbSchRZ 2012, 158 Nr. 71 [27–37] „Rhonestern", „Zapadnyy".
87   Siehe SeeA Hamburg BOSeeAE 2002, 19 „Canum".
88   SeeA Hamburg BOSeeAE 1996, 383 „Celtic Commander", „Maya Evita".
89   Siehe SeeA Hamburg BOSeeAE 1999, 90 „Lima Chemist": Schiffsunfall im Sinne des § 37 II Nr. 2 SeeSchStrO.
90   Richtlinie 95/21/EG des Rates vom 19. Juni 1995 über die Kontrolle von Schiffen durch den Hafenstaat (ABl. 1995 Nr. L 157 S. 1), aufgehoben durch Art. 37 I Richtlinie 2009/16.
91   Durch Art. 3 Nr. 7 des Zweiten Gesetzes zur Änderung von Rechtsvorschriften auf dem Gebiet der Seeschiffahrt vom 17. Juli 1997 (BGBl. 1997 I S. 1832).

her die deutschen Behörden zu unterrichten verpflichtet sind. Die Vorschrift gilt aber ausdrücklich für alle „nach diesem Gesetz" tätigen Seelotsen und damit auch für die außerhalb der Reviere tätigen Seelotsen (§ 42 Abs. 3 Satz 1 verweist auf § 26 SeeLG), insbesondere für die Überseelotsen (oben Rn 29). Siehe auch § 21 Abs. 1 Hmb HafenLV.

Nach § 17 IGV-DG hat „die Lotsin oder der Lotse" den Kapitän über den Gesundheitszustand an Bord zu befragen und bei Anhaltspunkten für eine Gefahr für die öffentliche Gesundheit unverzüglich den zuständigen Hafenärztlichen Dienst zu informieren. Die Vorschrift dient der Umsetzung des Art. 37 Abs. 2 IGV. Aus Art. 37 Abs. 1 Hs. 1 IGV ergibt sich, dass es um die Ankunft des Schiffes im ersten Anlaufhafen des Hoheitsgebietes eines Vertragsstaates des Übereinkommens geht. Die Pflichten aus § 17 IGV-DG betreffen nur Lotsen, die im Hinblick auf das Anlaufen eines deutschen Hafens (siehe auch Art. 1 Abs. 1 „Ankunft" IGV, § 1 Abs. 2 Nr. 3a IGV-DV) tätig werden, also insbesondere die Seelotsen im Sinne des SeeLG. 70

g) Einzelfälle. Das Verhalten von Lotsen ist bereits häufig Gegenstand von Entscheidungen von Gerichten bzw. den Seeämtern gewesen: 71

Unzureichende Beratung über örtliche Verkehrsvorschriften;[92] keine Kenntnisnahme von schriftlich mitgeteilten Manöverdaten des Schiffes;[93] Unkenntnis von der aktuellen Betonnung des Fahrwassers;[94] Nichtbeachtung besonderer Bedingungen für das Befahren (Wolgaster Straßenbrücke; Durchfahrt nur am Tage, mit Schlepperassistenz und bestimmter Höchstgeschwindigkeit);[95] ungenügende Absprachen mit der (eigenen) Schiffsführung;[96] unklare Empfehlungen des Lotsen;[97] Einstellung der beratenden Tätigkeit während „unentwegter" Kommunikation mit anderen Fahrzeugen;[98] kein Bestehen auf die Bereitstellung eines Ausgucks bei schlechter Sicht geeigneten Brückenpersonals (Rudergängers);[99] nicht hinreichende Einweisung des ablösenden Lotsen;[100] Verlassen des Schiffes in ungünstiger Position;[101] ungenügende Reiseplanung;[102] unzureichende Beobachtung des Radars bei schlechter Sicht;[103] kein Ansprechen eines anderen Fahrzeugs über UKW zum Zwecke der Klärung der Situation;[104] Unterlassen der Abgabe von gebotenen Schallsignalen;[105] unzureichende Feststellung des eigenen Ortes;[106] kein ausreichendes Abhören des 72

---

92 SeeA Rostock BOSeeAE 1996, 31 „DSR-Atlantic", „Uni-Humanity"; SeeA Kiel BOSeeAE 1999, 200 „Merkur"; SeeA Kiel BOSeeAE 1998, 374, 387 (unten) „Yusup K" „Smit Frankrijk", „CT Star", Annegret", „Andries".
93 SeeA Rostock BOSeeAE 1996, 31 „DSR-Atlantic", „Uni-Humanity".
94 OLG Hamburg HansGZ H 1896, 305 Nr. 109 „Trave".
95 SeeA Rostock BOSeeAE 1997, 327 „Medway" – siehe auch SeeA Rostock BOSeeAE 1996, 232 „Peregrinus".
96 SeeA Hamburg BOSeeAE 2000, 322 „Hälsingland"; SeeA Hamburg BOSeeAE 2002, 25 „Punjab Senator", „Jochen Steffen"; SeeA Bremerhaven BOSeeAE 1999, 208 „Hilda Knudsen".
97 SeeA Kiel BOSeeAE 1998, 25 „Start".
98 SeeA Rostock BOSeeAE 1996, 31 „DSR-Atlantic", „Uni-Humanity".
99 OLG Hamburg VersR 1973, 542, 544 (rechte Spalte).
100 SeeA Hamburg BOSeeAE 1996, 383 „Celtic Commander", „Maya Evita"; SeeA Hamburg BOSeeAE 2002, 19 „Canum".
101 OLG Hamburg VersR 1973, 1116.
102 SeeA Hamburg BOSeeAE 2000, 322 „Hälsingland".
103 SeeA Rostock BOSeeAE 1997, 57 „Watermann", „Wittow"; SeeA Rostock BOSeeAE SeeA Kiel BOSeeAE 1996, 243 „Kabala"1997, 167 „Afrodite", „Anglia".
104 SeeA Emden BOSeeAE 1995, 357 „Leeswig", „Remake"/"Drakar"; SeeA Rostock BOSeeAE 1996, 31 „DSR-Atlantic", „Uni-Humanity".
105 BOSA Hansa 1957, 622 „Bremer Börse", „Gedania"; SeeA Hamburg BOSeeAE 1995, 197 „Nordstar", „Triton Reefer"; SeeA Hamburg BOSeeAE 1996, 46 „Bremer Flagge", „Feldberg"; BOSA BOSeeAE 2001, 237 „Christa", „Hual Angelita"; SeeA Hamburg BOSeeAE 1998, 285 „New Wave", „Sanssouci"; SeeA Kiel BOSeeAE 1998, 374 „Yusup K" „Smit Frankrijk", „CT Star", Annegret", „Andries".
106 SeeA Bremerhaven BOSeeAE 1996, 142 „RMS Mercator"; SeeA Hamburg BOSeeAE 1999, 90 „Lima Chemist".

maßgeblichen UKW-Kanals;[107] nicht hinreichend entschlossenes Manöver zur Verhinderung eines Zusammenstoßes mit fester Einrichtung;[108] Zusammenstoß mit Brücke, Aufgrundgeraten;[109] Anfahren einer Brücke;[110] Anfahren eines Dalbens;[111] nicht hinreichend entschlossene Durchführung eines anstehenden Manövers entgegen der Erwartung des übrigen Verkehrs;[112] keine hinreichende Feststellung der Möglichkeit der Gefahr eines Zusammenstosses;[113] Nichteinhaltung einer sicheren Geschwindigkeit;[114] überhöhte Geschwindigkeit, Gefahr von Sog- und Schwellschäden;[115] überhöhte Geschwindigkeit im Nord-Ostsee-Kanal;[116] überhöhte Geschwindigkeit in beengtem Fahrwasser;[117] Verstoß gegen Rechtsfahrgebot im Fahrwasser;[118] Nichtbeachtung der Vorfahrt des Fahrzeugs im Fahrwasser;[119] Nichteinhalten von Absprachen bezüglich eines Passierabstandes;[120] zu dichtes Passieren von Anlagen[121] und Schiffen;[122] zu dichtes Fahren am Rand des Fahrwassers;[123] Passieren eines Entgegenkommers in einer Engstelle;[124] unsachgemäßes Einleiten eines Überholmanövers, Überqueren der Radarlinie, Erfordernis der Annäherung an das überholte Fahrzeug;[125] kein Abbruch einer Brückenpassage, die bei Hochwasser besondere Schwierigkeiten macht;[126] Nichtberücksichtigung von Hinweisen der Radarberatung;[127] kein oder unzureichendes Manöver des letzten Augenblicks;[128] Zusammenstoß mit Entgegenkommer im Fahrwasser;[129] zu dichter Abstand bei Überholen im Fahrwasser;[130] keine Unterstützung des Überholmanövers durch das überholte Fahrzeug;[131] Kollision mit überholtem Fahrzeug, das der Lotse für einen Entgegenkommer hält;[132] Nichtbeachtung der

---

107 SeeA Hamburg BOSeeAE 1996, 383 „Celtic Commander", „Maya Evita".
108 SeeA Bremerhaven BOSeeAE 2000, 19 „Abbay Wonz".
109 ZKR ZfB 1997 Nr. 22 S. 37 (Slg. 1653) „Martin S".
110 ZKR ZfB 1982, 53 (Slg. 913) „Gefo Rotterdam", „Gefo Tank 6".
111 BGH VersR 1971, 563 „Hans Peter".
112 BOSA BOSeeAE 2002, 55 „Baltijas Cels", „Lem Alfa", zuvor SeeA Bremerhaven aaO.
113 SeeA Kiel BOSeeAE 1998, 374 „Yusup K" „Smit Frankrijk", „CT Star", Annegret", „Andries".
114 SeeA Hamburg BOSeeAE 1996, 46 „Bremer Flagge", „Feldberg", SeeA Emden BOSeeAE 1995, 377 „A. Abraham", „Hero", BOSA BOSeeAE 2002, 55 „Baltijas Cels", „Lem Alfa", zuvor SeeA Bremerhaven aaO.; SeeA Rostock BOSeeAE 1997, 167 „Afrodite", „Anglia"; SeeA Kiel BOSeeAE 1998, 374 „Yusup K" „Smit Frankrijk", „CT Star", Annegret", „Andries".
115 OLG Hamburg Hansa 1960, 491; LG Hamburg Hansa 1982, 1428; SeeA Hamburg BOSeeAE 1995, 439 „Regina Maersk".
116 SeeA Kiel BOSeeAE 1995, 501 „Al Qusayr", „Gisela Bartels"; SeeA Kiel BOSeeAE 1998, 374 „Yusup K" „Smit Frankrijk", „CT Star", Annegret", „Andries".
117 RGZ 126, 81 „Anna", „Sirius", zuvor RG JW 1927, 2203.
118 SeeA Bremerhaven BOSeeAE 1995, 216 „Lasbek", „Breen 3"; SeeA Hamburg BOSeeAE 1995, 279 „Vinga", „Swantje"; BOSA BOSeeA 1996, 147 „Maersk Euro Primo", „Aila", „Pia Theresa", „Deo Volente"; SeeA Hamburg BOSeeAE 1998, 285, 292 „New Wave", „Sanssouci".
119 SeeA Hamburg BOSeeAE 1995, 197 „Nordstar", „Triton Reefer".
120 SeeA Hamburg BOSeeAE 1995, 105 „Nosac Rover", „Biene".
121 SeeA Hamburg BOSeeAE 1995, 105 „Nosac Rover", „Biene".
122 SeeA Emden BOSeeAE 1995, 377 „A. Abraham", „Hero".
123 RGZ 59, 305, 310 (unter 2.) „Steinbeck", „Unterweser X".
124 OLG Hamburg VersR 1970, 538 „Leonidas Voyazides", „Thälmann Pionier".
125 SeeA Hamburg BOSeeAE 2002, 25 „Punjab Senator", „Jochen Steffen".
126 BGH ZfB 1973, 304 (Slg. 520) „Güno", „Rhenus 110".
127 SeeA Kiel BOSeeAE 1996, 463 „Ragna Gorthon".
128 SeeA Emden BOSeeAE 1995, 377 „A. Abraham", „Hero".
129 RGZ 74, 250 „Nauta", „Johanne"; RhSchOG St. Goar ZfB 1965, 428 „Wilhelm Gestmann VI", „Diersch X", anschließend RhSchOG St. Goar ZfB 1968, 69 (Slg. 5) – SeeA Rostock BOSeeAE 1996, 125 „Köthen", „Autvik"; SeeA Kiel BOSeeAE 1997, 257 „Vectis Isle", „Batyiskiy 32"; SeeS Kiel BOSeeAE 1998, 201 „Lass Mars", „Beerberg"; SeeA Bremerhaven BOSeeAE 1998, 236 „Lass Sun", „MSC Pamela", SeeA Kiel BOSeeAE 1998, 313 „Lass Saturn", „Christallo"; BOSA BOSeeAE 1998, 324 „Sabine D", „Baltic Champ"; SeeA Kiel BOSeeAE 1998, 374 „Yusup K" „Smit Frankrijk", „CT Star", Annegret", „Andries".
130 OLG Hamburg VersR 1975, 804, 805 ff. (unter 1.) „M. Bente", „Victoria"; SeeA Hamburg BOSeeAE 1995, 41 „Esso Parentis", „Merlin"; SeeA Hamburg BOSeeAE 1997, 419 „ZIM Anglia", „Borstel".
131 OLG Hamburg VersR 1975, 804, 805 ff. (unter 1.) „M. Bente", „Victoria".
132 SeeA Kiel BOSeeAE 1998, 374 „Yusup K" „Smit Frankrijk", „CT Star", Annegret", „Andries".

Vorfahrt des Fahrzeugs im Fahrwasser;[133] Nichtbeachtung der Vorfahrt des Fahrzeugs im Hauptfahrwasser;[134] Gebrauch des Ankers im Hamburger Hafen trotz Verbots, Beschädigung einer Dükerleitung;[135] unterlassene Annahme eines Schleppers und eines Kanalsteurers (zu diesen unten Anhang zu § 478 [Kanalsteurer]) sowie Nichtanmeldung als Weichenschiff beim Befahren des Nord-Ostsee-Kanals;[136] Einlaufen in die noch nicht freigegebene Zufahrt einer Schleuse;[137] Kollision mit Schifffahrtsanlage;[138] Kollision mit Molenkopf;[139] Hineinfahren in ein Buhnenfeld;[140] Fehleinschätzung im Hinblick auf ein Verdriften des Schiffes durch Windeinfluss;[141] keine oder unzureichende Verständigung mit vorausfahrendem Fahrzeug vor Überholen;[142] keine Absprache vor Queren des Fahrwassers;[143] Weisungen an den Assistenzschlepper;[144] zu dichtes Ansteuern der Pier beim Anlegen;[145] Einleitung des Anlegemanövers mit zu hoher Fahrt;[146] unsorgfältiges Ablegemanöver;[147] Unterspülung des Fundaments einer Kaimauer durch Gebrauch der Maschine;[148] ungeeigneter Einlaufkurs in Schleuse;[149] Anfahren des Schleusentores nach Einfahrt in die Schleuse;[150] zu schnelles Einlaufen in Schleuse.[151]

5. Die Landradarberatung. Nach § 23 Abs. 1 Satz 2 SeeLG kann die Beratung des Kapitäns bei der Schiffsführung auch von Land aus erfolgen („Verkehrsunterstützung", § 2 Abs. 1 Nr. 24 SeeSchStrO). Dies erfolgt in der Weise, dass ein Lotse das Geschehen auf dem Radar mitverfolgt und die Schiffsführung (und ggf. den Bordlotsen) über UKW berät. Die Zurverfügungstellung von Landradarberatung ist nach § 3 Abs. 1 SeeLG eine Aufgabe des Bundes. Zu diesem Zweck hat er Verwaltungsanordnungen gegenüber den betreffenden Lotsenbrüderschaften erlassen, die die Benutzung der Radaranlagen der Revierzentralen Bremen, Bremerhaven, Wilhelmshaven sowie Cuxhaven und Brunsbüttel durch Seelotsen zum Zwecke der Radarberatung regeln. Die Lotsenbrüderschaften werden verpflichtet, die Radarberatung einzelner Schiffe durchzuführen und den dazu erforderlichen UKW-Sprechfunkverkehr abzuwickeln. Dabei berät der Radarlotse häufig mehrere Schiffe gleichzeitig. Die Beratung greift nicht in die Beratung der Schiffsführung

73

---

133 SeeA Hamburg BOSeeAE 1996, 46 „Bremer Flagge", „Feldberg"; SeeA Rostock BOSeeAE 1997, 167 „Afrodite", „Anglia".
134 SeeA Hamburg BOSeeAE 1998, 285, 292 f. „New Wave", „Sanssouci".
135 BGH VersR 1968, 941, 942 „Conca d'Oro", „Batman".
136 OLG Hamburg HansGZ H 1908, 93 Nr. 44 und HansGZ H 1909, 21 Nr. 11 „Taormina".
137 VG Hamburg (1992) BeckRS 2015, 54836.
138 OLG Hamburg HansGZ H 1896, 305 Nr. 109 „Trave"; OLG Hamburg HansGZ H 1913, 11 Nr. 6 „Southport", „Hector", „Fairplay III"; BGHZ 50, 250 = VersR 1968, 940 „Mantric", zuvor OLG Hamburg Hansa 1967, 1163 – SeeA Hamburg BOSeeAE 1999, 90 „Lima Chemist"; SeeA Hamburg BOSeeAE 2000, 293 „Siekiewicz"; SeeA Kiel BOSeeAE 1999, 200 „Merkur".
139 BGHZ 107, 32 = NJW 1989, 3285 „Walküre" mit Anm. *Bemm* AP BGB § 611 Lotse Nr. 3 und *Korioth* NZV 1989, 428.
140 BGH RdTW 2016, 375 „Bellriva", zuvor RhSchOG Karlsruhe RdTW 2016, 108 mit Anm. *Jaegers* jurisPR-TranspR Anm. 4.
141 SeeA Kiel BOSeeAE 1995, 31 „TT-Traveller".
142 BOSA BOSeeA 1996, 147 „Maersk Euro Primo", „Aila", „Pia Theresa", „Deo Volente"; BOSA BOSeeAE 2001, 237 „Christa", „Hual Angelita".
143 SeeA Hamburg BOSeeAE 1995, 197 „Nordstar", „Triton Reefer".
144 BOSA Hansa 1957, 622 „Blexen"; BOSA BOSeeAE 2000, 1 „Eberhard", „Gigant".
145 SeeA Bremerhaven BOSeeAE 1999, 45 „Nikolaos G".
146 BOSA BOSeeAE 1996, 340 „Federal Fuji".
147 SeeA Kiel BOSeeAE 2000, 235 „Stella Riegel".
148 OLG Hamburg HansGZ 1913, 221 Nr. 108 „Polynesia", zuvor LG Hamburg aaO.
149 SeeA Kiel BOSeeAE 1996, 463 „Ragna Gorthon".
150 LG Kiel HmbSeeRep 2008, 255 Nr. 103a (= BeckRS 2003, 17353), anschließend OLG Schleswig HmbSeeRep 2008, 258 Nr. 103b (= BeckRS 2003, 18187); SeeA Kiel BOSeeAE 1995, 507 „Gotlandia"; SeeA Kiel BOSeeAE 1999, 200 „Merkur".
151 SeeA Kiel BOSeeAE 1995, 507 „Gotlandia".

durch den Bordlotsen ein[152] und umfasst nicht auch verkehrslenkende Maßnahmen,[153] die ggf. durch den NvD angeordnet werden. Dessen Maßnahmen haben Vorrang. Der Seelotse, der die Radarberatung durchführt, muss besondere Umstände, die er wahrnimmt, dem NvD melden. Die Pflicht zur Radarberatung besteht auch, wenn die Verkehrszentrale gegen ihre Pflicht, schifffahrtspolizeiliche Anordnungen zu treffen, verstößt.[154]

74   Die Landradarberatung steht nur in den Seelotsrevieren der Nordseeküste zu Verfügung (siehe § 13 Ems-LV, § 13 Weser/Jade-LV, § 13 Elbe-LV, § 17 NOK-LV), ebenso in Hamburg, nicht aber an der Ostsee. Siehe für den Bereich der Ems noch Art. 5 Abs. 1 Satz 1 sowie die weiteren Regelungen des EmsSchInfo-Vtrg. Die Landradarberatung findet auch nicht durchgehend statt (siehe § 13 Abs. 5 Satz 1 Ems-LV, § 13 Abs. 5 Satz 1 Weser/Jade-LV). Die Voraussetzungen, unter denen eine Landradarberatung durchgeführt wird, ist im Einzelnen unterschiedlich in den verschiedenen Lotsverordnungen geregelt (§ 13 Abs. 3 Ems-LV, § 13 Abs. 1 Elbe-LV, § 13 Abs. 1 bis 3 Weser/Jade-LV, § 17 Abs. 1 Nr. 1 und 2 NOK-LV).

75   In bestimmten Fällen muss die Landradarberatung von der Schiffsführung in Anspruch genommen werden, namentlich wenn keine Lotsenannahmepflicht besteht (oben Rn 9–10), wenn die Versetzung des Seelotsen auf einer Schlechtwetterposition erfolgt (oben Rn 47) oder bei schlechter Sicht; siehe § 13 Abs. 1 und 2 Ems-LV; § 13 Abs. 2 Elbe-LV; § 13 Abs. 1 und 2 Weser/Jade-LV sowie §§ 10 Satz 1, 11 Hmb HafenLV sowie noch Ziffer 3.2 Anlage B zu Art. 2 Abs. 1 EmsSchO-Abk. Auch aus anderen Gründen – gute Seemannschaft oder Regel 2, 5 und 19c KVR – kann sich bei schlechter Sicht die Pflicht der Schiffsführung ergeben, Radarberatung in Anspruch zu nehmen.[155] Ebenso wird Landradarberatung erteilt, wenn sie von der Schiffsführung angefordert[156] (§ 13 Abs. 4 Satz 1 Ems-LV, § 13 Abs. 3 Nr. 1 Elbe-LV, § 13 Abs. 4 Satz 1 Weser/Jade-LV, § 17 Abs. 1 Nr. 3 NOK-LV) oder schifffahrtspolizeilich angeordnet wird (§ 13 Abs. 4 Satz 1, Abs. 5 Satz 2, § 14 Abs. 1 Ems-LV, §§ 13 Abs. 3 Nr. 2, 14 Abs. 1 Elbe-LV, §§ 13 Abs. 4 Satz 1, 14 Abs. 1 Weser/Jade-LV, § 17 Abs. 1 Nr. 4 NOK-LV, § 11 Hmb HafenLV). Die Landradarberatung darf nicht angefordert werden, um die Annahme eines Bordlotsen zu umgehen (§ 13 Abs. 4 Satz 2 Ems-LV, § 13 Abs. 4 Elbe-LV, § 13 Abs. 5 Satz 2 Weser/Jade-LV, § 17 Abs. 2 NOK-LV).

III. Das Nutzungsverhältnis

76   Die Nutzung des Seelotsreviers durch die Schifffahrt erfolgt im Rahmen eines hierauf gerichteten Rechtsverhältnisses (unten Rn 77–79). Es wird bereits durch die Anforderung eines Seelotsen bzw. von Radarberatung begründet (unten Rn 80). Das Nutzungsverhältnis ist insbesondere auf die Gestellung eines Bordlotsen (unten Rn 81–85) bzw. die Zurverfügungstellung von Radarberatung gerichtet (unten Rn 86).

77   **1. Der Inhalt des Nutzungsverhältnisses.** An dem Nutzungsverhältnis sind auf Seiten des Schiffes dessen Reeder oder Eigner bzw. der Ausrüster (§§ 476, 477, § 2 Abs. 1 BinSchG) beteiligt. Diesen stehen die Betreiber des Seelotswesens gegenüber. Dies sind zunächst der Bund, der das Seelotswesen auf den Revieren einrichtet, unterhält und beaufsichtigt (siehe § 3 Abs. 1 SeeLG), sowie die Länder, soweit es um das Hafenlotswesen

---

152   SeeA Kiel BOSeeAE 1996, 463 „Ragna Gorthon".
153   BOSA BOSeeAE 1998, 67, 76 f. (unter b) „Nordlicht", „Harlekin I".
154   BOSA BOSeeAE 1998, 67, 77 (unter bb) „Nordlicht", „Harlekin I".
155   BOSA BOSeeAE 1998, 67, 76 (unter 1a) „Nordlicht", „Harlekin I".
156   Dazu BOSE BOSeeAE 1998, 67 (unter 1a) „Nordlicht", „Harlekin I".

geht. Soweit Aufgaben auf andere übertragen wurden, etwa die Vorhaltung, die Unterhaltung und der Betrieb der Lotseinrichtungen (§ 6 Abs. 1 und 2 SeeLG, oben Rn 7–8) oder die Aufgabe der Selbstverwaltung des Lotswesens (§ 3 Abs. 2 SeeLG), sind diese anstelle des Bundes bzw. der Länder am Nutzungsverhältnis beteiligt. Nicht mehr Gegenstand des Nutzungsverhältnisses ist eigentliche Beratung der Schiffsführung, die durch die Lotsen in eigener Verantwortung durchgeführt wird (§ 21 Abs. 2 Satz 1 SeeLG, § 7 Hmb HafenLG). Er ist nicht Partei des Nutzungsverhältnisses.

Das Nutzungsverhältnis wird durch bloße „Nutzung", also dem Befahren des Lotsreviers begründet, ggf. auch schon mit der Anforderung eines Bordlotsen bzw. Landradarberatung (unten Rn 80). Dies löst auch bereits die Pflicht zur Entrichtung der Lotsabgaben aus (siehe § 4 Abs. 1 LTV). Grundlage des Nutzungsverhältnisses sind m.E. die Grundsätze über die Anstaltsnutzung. Das Lotswesen des betreffenden Reviers wird im Rahmen der staatlichen Aufgabenerfüllung (oben Rn 3–4) auf Grundlage öffentlich-rechtlicher Vorschriften eingerichtet und aufrechterhalten. Das Nutzungsverhältnis selbst ist m.E. allerdings ein privatrechtliches Rechtsverhältnis.[157] Dies folgt auch aus dem Gedanken, dass die Einrichtung und der Betrieb des Lotswesens letztlich durch die Pflicht zur Sicherung des Verkehrs auf den Wasserstraßen veranlasst ist, die ihrerseits grundsätzlich privatrechtlicher Natur ist. Das Nutzungsverhältnis begründet keine Pflicht des Bundes oder des Landes, die Lotsung selbst durchzuführen; die Lotsen sind nicht deren Erfüllungsgehilfen (§ 278 Satz 1 BGB).[158] Auch ist die Beratung der Schiffsführung im Hinblick auf die Nutzung des Reviers nicht Bestandteil der Verkehrssicherungspflicht des Bundes bzw. der Länder.[159] **78**

Die Begründung des Nutzungsverhältnisses bedarf freilich keines (stillschweigend geschlossenen) Vertrages oder entsprechender Willenserklärungen (§§ 145 ff. BGB). Die Entstehung des Nutzungsverhältnisses ist auch nicht davon abhängig, ob ein Lotse an Bord des Schiffes tätig wird oder eine Landradarberatung stattfindet. Denn auch wenn dies nicht der Fall ist, kommt dem betreffenden Schiff zugute, dass die Sicherheit in dem Revier dadurch erhöht wird, dass andere Schiffe in Seelotsrevier unter (Bord- oder Radar-) Lotsenberatung unterwegs sind. **79**

2. Die Anforderung eines Bordlotsen bzw. von Landradarberatung. Wird der Bordlotse oder Landradarberatung (oben Rn 73–75) vom oder für das Schiff angefordert, entsteht das Nutzungsverhältnis (zuvor Rn 77–79) mit der Anforderung (wenn es nicht bereits durch das Befahren des Reviers begründet wurde, oben Rn 78). Darüber hinaus hat die Anforderung eines Bordlotsen oder von Landradarberatung zur Folge, dass die (privatrechtliche) Pflicht des Bundes bzw. des Landes begründet wird, einen Bordlotsen bzw. die Landradarberatung zur Verfügung zu stellen (unten Rn 81–85, 86). Dem steht ein korrespondierender Anspruch desjenigen, der den Bordlotsen bzw. die Landradarberatung bestellt, sowie des Reeders oder des Eigners bzw. des Ausrüsters gegenüber. Dieser Anspruch kann ggf. – vor den Zivilgerichten – eingeklagt werden. **80**

3. Die Gestellung eines Bordlotsen. Wird ein Bordlotse für ein Schiff angefordert, begründet dies die Pflicht des Bundes bzw. des betreffenden Landes, nach Maßgabe der **81**

---

[157] Anders offenbar OLG Hamburg HmbSchRZ 2010, 278 Nr. 136 [35] "Alianca Sao Paulo", zuvor LG Hamburg HmbSchRZ 2009, 84 Nr. 27.
[158] BGHZ 50, 250 = VersR 1968, 940, 941 (linke Spalte unten) „Mantric", zuvor OLG Hamburg Hansa 1967, 1163; BGH VersR 1968, 941, 942 „Conca d'Oro", „Batman".
[159] BGHZ 50, 250 = VersR 1968, 940, 941 (linke Spalte) „Mantric", zuvor OLG Hamburg Hansa 1967, 1163 – anders VG Hamburg (1992) BeckRS 2015, 54836.

jeweils anwendbaren Vorschriften einen Lotsen zu stellen (siehe § 3 Abs. 1 SeeLG, § 2 Abs. 1 Satz 1 Hmb HafenLG). Das Rechtsverhältnis ist auf die Verschaffung der Dienste des Lotsen gerichtet (und nicht auf die Beratung der Schiffsführung selbst, die allein Sache des Lotsen ist, siehe § 21 Abs. 2 Satz 1 SeeLG). Das Tätigwerden des Lotsen kann bei Zahlungsrückständen von der Zahlung eines Vorschusses oder einer Sicherheitsleistung abhängig gemacht werden (siehe § 4 Abs. 3 LTV). Der Lotse, der gestellt wird, muss geeignet und hinreichend qualifiziert sein, um die vorgesehene Lotsung durchzuführen. Er muss zur vorgesehenen Zeit zur Verfügung stehen. Mit dem Verbringen des Lotsen zum Schiff und dessen Abholung von dort, insbesondere mit der Versetzung bzw. Ausholung des Lotsen sind private Unternehmer beauftragt (oben Rn 7–8). Insoweit besteht das privatrechtliche Nutzungsverhältnis zwischen dem Reeder bzw. Eigner des Schiffes und der LBV bzw. im Revier Wismar/Rostock/Stralsund die LotsBetrGmbH-MV. Diese sind nicht Erfüllungsgehilfen (§ 278 Satz 1 BGB) des Bundes bzw. des Landes.

82 Verletzt eine der Parteien des Nutzungsverhältnisses im Hinblick auf die Gestellung des Bordlotsen ihre Pflichten, kommt eine Haftung nach Maßgabe der §§ 280 ff. BGB in Betracht. Wird trotz Anforderung kein Lotse gestellt, kann dies Ansprüche des Bestellers auf Schadenersatz statt der Leistung (§ 281 BGB) gegen den Bund bzw. das Land begründen. Wird der Lotse verspätet gestellt, kann dies zu einer Haftung nach §§ 280 Abs. 2, 286 ff. BGB aus Verzug gegenüber dem Besteller führen. Eine Rolle kann dies etwa spielen, wenn das Schiff aufgrund seiner Größe und den Gezeiten nur einen verhältnismäßig kurzen Zeitraum hat, in dem das betreffende Revier befahren werden kann. Eine Haftung aus Verzug kommt auch in Betracht, wenn das Schiff an der Lotsenstation auf das Ausholen des Lotsen warten muss.

83 Der Lotse muss geeignet, qualifiziert und in der Lage sein, die Lotsung durchzuführen. Eine Haftung des Bundes bzw. des Landes kann hier begründet sein, wenn der Lotse nicht ausreichend überprüft, instruiert und überwacht wurde.[160] Auch eine Einstandspflicht der betreffenden Lotsenbrüderschaft kommt in Betracht, soweit Aufgaben der Selbstverwaltung (oben Rn 11–13, 35–36) betroffen sind.

84 Wenn das Schiff bei der Versetzung des Lotsen durch das Lotsenfahrzeug verloren geht oder beschädigt wird,[161] kann dies nach den Umständen eine Haftung des privaten Unternehmers begründen, dem die Aufgabe der Lotsenversetzung übertragen wurde, namentlich des LBV sowie der LotsBetrGmbH-MV (oben Rn 7–8). Im Rahmen des privatrechtlichen Nutzungsverhältnisses ergeben sich die Ansprüche des Reeders bzw. Eigners gegen den Unternehmer m.E. aus §§ 280 Abs. 1, 241 Abs. 2 BGB. Diese müssen sich das Verhalten der Besatzung des Versetzbootes nach § 278 Satz 1 BGB zurechnen lassen. Gläubiger des Anspruchs ist der Reeder oder Eigner bzw. der Ausrüster als Partei des Nutzungsverhältnisses. Dieses hat m.E. auch Schutzwirkung zugunsten des (Nur-)Eigentümers (oben Rn 81–88 zu § 477), dem daher ebenfalls Ansprüche aus § 280 Abs. 1 BGB zustehen können. Daneben bleibt es bei der Haftung des Eigners bzw. Reeders oder Ausrüsters des Versetzfahrzeuges aus dem ZusÜSee bzw. den §§ 570 ff. HGB gegenüber dem Schiff. Diese Personen können ggf. auch ihre Haftung nach Maßgabe des HBÜ 1996, §§ 611 ff. oder §§ 4 ff. BinSchG beschränken. Kommt es umgekehrt bei der Versetzung des Lotsen aufgrund eines Manövers des Schiffes zum Verlust oder zu einer Beschädigung des Versetzfahrzeugs, haftet der Reeder oder Eigner bzw. der Ausrüster dem Unternehmer nach §§ 280 Abs. 1, 241 Abs. 2 BGB. Er muss sich das Verhalten der Besatzung nach

---

160 Siehe BGHZ 50, 250 = VersR 1968, 940, 940 sowie S. 941 (linke Spalte unten) „Mantric", zuvor OLG Hamburg Hansa 1967, 1163; BGH VersR 1968, 941, 942 (rechte Spalte) „Conca d'Oro", „Batman".
161 Siehe BGH Hansa 1952, 307 (Nr. 2) mit Anm. *Burchard-Motz* Hansa 1953, 1322; BOSA BOSeeAE 2001, 152 „Kapitän Stoewahse", „Kanosha".

§ 278 Satz 1 BGB zurechnen lassen. Auch hier besteht eine Schutzwirkung zugunsten des Eigners bzw. Reeders sowie des (Nur-)Eigentümers des Versetzfahrzeuges. Wiederum haftet daneben auch der Reeder des Schiffes dem Reeder oder Eigner bzw. dem Ausrüster des Versetzfahrzeuges aus dem ZusÜSee bzw. den §§ 570 ff. HGB.

Eine Verletzung der Pflichten aus dem Nutzungsverhältnis kann auch vorliegen, 85 wenn die Versetzung des Lotsen nicht an der Außenposition, sondern nur an der weiter innen gelegenen Schlechtwetterposition (oben Rn 47) stattfindet, obwohl die Wetterverhältnisse dies nicht rechtfertigen, so dass das Schiff zunächst ohne Lotsen zu der Schlechtwetterposition gelangen muss und dabei zu Schaden kommt.[162] Hier kommt eine Haftung des privaten Unternehmers aus dem Nutzungsverhältnis nach §§ 280 Abs. 1, 241 Abs. 2 BGB in Betracht, dem der Betrieb der (schwimmenden) Lotsenstation übertragen wurde (oben Rn 8). Gleiches gilt in dem Fall, dass die Lotsenstation dem Schiff die falsche Seite für die Übernahme des Lotsen vorgibt, so dass das Schiff veranlasst wird, vor der Versetzung des Lotsen zusätzliche Manöver zu fahren, um ihn auf der Leeseite zu übernehmen.[163] Bei alldem muss sich der Reeder ein Verhalten des Schiffsführung, das zu dem Schaden beigetragen hat, nach § 254 Abs. 1 und 2 Satz 2 BGB zurechnen lassen.[164]

4. Die Zurverfügungstellung von Landradarberatung. Unter bestimmten Voraus- 86 setzungen muss die Lotsenbrüderschaft dem Schiff auf Anforderung Landradarberatung durch einen Lotsen zur Verfügung stellen (oben Rn 73–75). Dies begründet im Rahmen des Nutzungsverhältnisses eine entsprechende Pflicht des Bundes (§ 3 Abs. 1 SeeLG). Der Seelotse, der die Landradarberatung durchführt, muss geeignet und hinreichend qualifiziert sein (siehe oben Rn 83). Der Bund muss auch dafür sorgen, dass der Seelotse zur vorgesehenen Zeit zur Verfügung steht. Ein Verstoß gegen diese Pflichten kann Ansprüche des Bestellers und des Reeders oder Eigners bzw. des Ausrüsters des Schiffes aus § 280 Abs. 1 BGB oder ggf. aus Verzug nach §§ 280 Abs. 2, 286 ff. BGB begründen. Die Beratung des Schiffes durch den Seelotsen ist nicht Gegenstand des Nutzungsverhältnisses.

IV. Das Verhältnis zwischen dem Lotsen und dem Reeder bzw. Eigner

Von dem auf Nutzung des Lotsewesens in dem Revier gerichteten Rechtsverhältnis 87 (zuvor Rn 76–86) ist das Rechtsverhältnis zwischen dem Lotsen, der die Beratung der Schiffsführung als Bordlotse durchführt (zum Radarlotsen siehe unten Rn 118–121), und dem Reeder oder Eigner bzw. dem Ausrüster des Schiffes zu unterscheiden. Seiner Rechtsnatur nach handelt es sich um ein privatrechtliches Rechtsverhältnis,[165] das dienstvertraglichen Charakter hat (unten Rn 89). Dessen Grundlage ist ein Vertrag zwischen dem betreffenden Lotsen und dem Reeder oder Eigner bzw. dem Ausrüster (unten Rn 88). Beide haften einander im Falle von Pflichtverletzungen auf Schadenersatz (unten Rn 92–115). Das Rechtsverhältnis zwischen dem Reeder und dem Lotsen unterliegt in der Regel dem deutschen Sachrecht (unten Rn 116–117).

---

162 OLG Hamburg HmbSchRZ 2010, 278 Nr. 136 [37–40] "Alianca Sao Paulo", zuvor LG Hamburg HmbSchRZ 2009, 84 Nr. 27.
163 Siehe OLG Hamburg HmbSchRZ 2010, 278 Nr. 136 [41] "Alianca Sao Paulo", zuvor LG Hamburg HmbSchRZ 2009, 84 Nr. 27.
164 OLG Hamburg HmbSchRZ 2010, 278 Nr. 136 [41] "Alianca Sao Paulo", zuvor LG Hamburg HmbSchRZ 2009, 84 Nr. 27.
165 Anders möglicherweise LG Hamburg NJWE-VHR 1996, 198 (unter 1.): Hoheitliche Tätigkeit.

Anh zu § 478 ——— Anhang zu § 478 (Lotse)

88   **1. Die Begründung des Rechtsverhältnisses.** Zwischen dem Reeder oder Eigner bzw. dem Ausrüster des Schiffes (Reeder) und dem Seelotsen, der letztlich als Bordlotse die Lotsung tatsächlich vornimmt, besteht ein unmittelbares privatrechtliches Rechtsverhältnis, das den Vorschriften des Dienstvertrages (§§ 611 ff. BGB) unterliegt (sogleich Rn 89). Dessen Ausgangspunkt ist ein zwischen den Parteien geschlossener Vertrag[166] (§§ 145 ff. BGB). Dieser ist möglicherweise bereits bei der Anforderung des Lotsen zustande gekommen, wenn der Reeder bzw. Eigner selbst die Lotsung in Auftrag gibt und der Betreiber der Lotsenstation als Vertreter (§§ 164 ff. BGB) für den Lotsen auftritt, der später die Lotsung durchführt. Das Dienstverhältnis ist aber jedenfalls dann begründet, wenn der betreffende Lotse an Bord kommt.[167] Es ist klar, dass der Lotse „für das Schiff" tätig werden soll und welche Aufgaben er hat. Hier kann von jeweils stillschweigend für den Reeder (vom Kapitän des Schiffes, § 479 Abs. 1 Satz 1 und 2) bzw. für den Eigner (vom Schiffsführer, § 15 Abs. 1 BinSchG) und dem betreffenden Lotsen abgegebenen Willenserklärungen ausgegangen werden. Das Schuldverhältnis ist auf die Erbringung von Beratungsleistungen durch den Lotsen gerichtet. Es schadet nicht, dass unmittelbar keine Abreden über eine Vergütung des Lotsen getroffen werden. Eine Vergütung gilt nach § 612 Abs. 1 BGB als stillschweigend vereinbart. Die gesetzlichen Regelungen über das Lotsgeld (oben Rn 20–22) sind als Taxe im Sinne des § 612 Abs. 2 BGB anzusehen.

89   **2. Inhalt und Rechtsnatur.** Das Schuldverhältnis zwischen dem Reeder bzw. Eigner des Schiffes und dem (Bord-)Lotsen hat die Rechtsnatur eines Dienstvertrages[168] (§ 611 ff. BGB). Die geschuldete Dienstleistung ist die Beratung der Schiffsführung. Das Dienstverhältnis umfasst allerdings nicht nur die eigentliche beratende Tätigkeit des Lotsen an Bord. Vielmehr beginnt es, ggf. als vorvertragliches Rechtsverhältnis (siehe § 311 Abs. 2 Nr. 2 BGB), bereits mit der Annäherung des Lotsen an das Schiff, namentlich dann, wenn hierfür ein Lotsenversetzboot zum Einsatz kommt. In gleicher Weise wirkt das Dienstverhältnis noch nach, bis der Lotse das Schiff verlassen hat (siehe oben Rn 45–50). Der Lotse ist zwar zur Dienstleistung verpflichtet, übt aber seine Tätigkeit nach § 21 Abs. 1 SeeLG, § 7 Hmb HafenLG, § 23 Abs. 1 BremLotsO als freien Beruf aus. Er ist daher nicht Arbeitnehmer des Reeders bzw. Eigners.[169] Dies gilt auch dann, wenn der Lotse selbst das Ruder übernimmt[170] oder selbst Manövereinrichtungen bedient (oben Rn 62–63). Der Lotse hat im Verhältnis zum Reeder auch keine arbeitnehmerähnliche Rechtsstellung.[171]

---

166   Siehe BGH NJW-RR 2015, 1406, 1407 (linke Spalte oben); *Ehlers* Seeverkehr Rn 5 zu § 21 SeeLG.
167   OLG Hamburg Hansa 1967, 1163, 1164 (unter c) „Mantric", anschließend BGHZ 50, 250 = VersR 1968, 940; OLG Hamburg HmbSchRZ 2010, 278 Nr. 136 [32, 35, 42] "Alianca Sao Paulo", zuvor LG Hamburg HmbSchRZ 2009, 84 Nr. 27.
168   BGHZ 27, 79 = NJW 1958, 1437, 1438 (unter I.) „Irene Oldendorff"; BGHZ 35, 111, 118; BGHZ 50, 250 = VersR 1968, 940, 941 (linke Spalte oben) „Mantric", zuvor OLG Hamburg Hansa 1967, 1163; OLG Hamburg MDR 1952, 681 mit Anm. *Hasche* Hansa 1952, 1368; OLG Hamburg VersR 1973, 1116; OLG Hamburg HmbSchRZ 2010, 278 Nr. 136 [32, 35] "Alianca Sao Paulo", zuvor LG Hamburg HmbSchRZ 2009, 84 Nr. 27; BGH RdTW 2016, 375 [14] „Bellriva", zuvor RhSchOG Karlsruhe RdTW 2016, 108 [40] mit Anm. *Jaegers* jurisPR-TranspR Anm. 4; LG Kiel HmbSeeRep 2008, 254 Nr. 103a (= BeckRS 2003, 17353), anschließend OLG Schleswig HmbSeeRep 2008, 258 Nr. 103b (= BeckRS 2003, 18187) – siehe auch BGHZ 107, 32 = NJW 1989, 3285, 3286 (unter 2a) „3" mit Anm. *Bemm* AP BGB § 611 Lotse Nr. 3 und *Korioth* NZV 1989, 428.
169   BGHZ 59, 242 = NJW 1973, 101, 102f. (unter b) „Rhenus 135", „Wal"; BGH RdTW 2016, 375 [30] „Bellriva", zuvor RhSchOG Karlsruhe RdTW 2016, 108 mit Anm. *Jaegers* jurisPR-TranspR Anm. 4; RhSchOG St. Goar ZfB 1965, 428 „Wilhelm Gestmann VI", „Diersch X", anschließend RhSchOG St. Goar ZfB 1968, 69 (Slg. 5) – siehe aber auch BGH VersR 1978, 819 „Lolalo", „Maria": Oberrheinlotse als Leiharbeitnehmer.
170   Siehe BGHZ 59, 242 = NJW 1973, 101, 103 „Rhenus 135", „Wal".
171   Siehe BGHZ 59, 242 = NJW 1973, 101, 103 (unter c) „Rhenus 135", „Wal".

IV. Das Verhältnis zwischen dem Lotsen und dem Reeder bzw. Eigner ——— **Anh zu § 478**

Hierbei bleibt es auch, wenn der Betreffende über eine lange Zeit immer wieder für denselben Reeder tätig ist.[172] Insbesondere gelten im Verhältnis zwischen dem Lotsen und dem Reeder bzw. Eigner auch nicht die Grundsätze über innerbetrieblichen Schadensausgleich (unten Rn 106). Zum Schutz des Lotsen muss der Reeder dafür sorgen, dass die Einrichtungen an Bord zur Übernahme und zur Abgabe des Lotsen insbesondere den Anforderungen der Regel V/23 Anlage SOLAS-Ü entspricht (oben Rn 46). Außerdem muss das Schiff insoweit den Anforderungen des § 618 Abs. 1 BGB genügen. Das OLG Hamburg stellt auf allgemeine Verkehrssicherungspflichten des Reeders ab.[173] Die Vorschrift des § 619a BGB kommt nicht zugunsten des Lotsen zur Anwendung. Bei Streitigkeiten zwischen dem Reeder bzw. Eigner und dem Lotsen sind auch nicht die Arbeitsgerichte, sondern die Zivilgerichte bzw. ggf. in Binnenschifffahrtssachen die Schifffahrtsgerichte zuständig.[174] Schließlich ist der Lotse auch nicht Arbeitnehmer der Lotsenbrüderschaft (bzw. der Hafenlotsenbrüderschaft oder der Hafenlotsengesellschaft Bremerhaven) oder des Bundes bzw. des betreffenden Landes.

3. Eigenhändige Bedienung von Manövereinrichtungen, Übernahme der Schiffs- 90
führung. Übernimmt der Lotse auch die eigenhändige Bedienung von Manövereinrichtungen des Schiffes (oben Rn 62–63) – auf Verlangen der Schiffsführung oder mit deren Duldung –, wird das von Gesetzes wegen nur auf Beratung der Schiffsführung gerichtete Dienstverhältnis erweitert.[175] Grundlage hierfür ist eine entsprechende, ggf. stillschweigend geschlossene Vereinbarung, getroffen zwischen dem Lotsen und dem Kapitän des Schiffes als Vertreter des Reeders (siehe § 479 Abs. 1 Satz 1, dort Rn 1–49, insbesondere Rn 20) oder dem Schiffer als Vertreter des Eigners (§ 15 Abs. 1 BinSchG). Der Lotse ist nunmehr zur eigenhändigen Bedienung von Manövereinrichtungen des Schiffes berechtigt, aber auch verpflichtet. Diese Tätigkeiten des Lotsen sind keine Beratung und erfolgen außerhalb des Anwendungsbereichs des SeeLG (oben Rn 62–63). Verlangt die Schiffsführung vom Lotsen, dass er Manöverelemente selbst bedient, überträgt sie ihm damit allerdings nicht die Führung des Schiffes[176] (dazu sogleich Rn 91). Soweit der Lotse Manöverelemente selbst bedient, verliert er an sich auch das Privileg des § 21 Abs. 3 SeeLG; siehe aber unten Rn 113–115.

Denkbar ist es auch, dass der Lotse die Schiffsführung übernimmt (oben Rn 64) und 91
insoweit an die Stelle des Kapitäns bzw. Wachoffiziers tritt, denen er zudem Weisungen im Hinblick auf Maßnahmen der Schiffsführung erteilt. Dem kann wiederum eine Vereinbarung zwischen dem Lotsen und dem Kapitän des Schiffes als Vertreter des Reeders (siehe § 479 Abs. 1 Satz 1, dort Rn 20) oder dem Schiffer als Vertreter des Eigners (§ 15 Abs. 1 BinSchG) zugrunde liegen. Diese Abrede kann auch stillschweigend getroffen werden. Möglicherweise genügt hierfür auch eine bloße Duldung durch den Kapitän bzw. Wachoffizier oder Schiffer. Die Vereinbarung steht auch unter dem Vorbehalt, dass sie jederzeit durch den Kapitän bzw. Wachoffizier oder Schiffer wieder rückgängig gemacht werden kann und dass sie ohnehin endet, wenn der Lotse wieder von Bord geht. Von einer Vereinbarung der kurzzeitigen Übernahme der Schiffsführung kann im Bereich des deutschen Lotsenwesens m.E. allerdings normalerweise nicht ausgegangwer-

---

172 RhSchOG St. Goar ZfB 1965, 428 „Wilhelm Gestmann VI", „Diersch X", anschließend RhSchOG St. Goar ZfB 1968, 69 (Slg. 5).
173 OLG Hamburg TranspR 2001, 315 „Marathon Breeze".
174 BGHZ 59, 242 = NJW 1973, 101, 102f. „Rhenus 135", „Wal"; sowie schon RhSchOG St. Goar ZfB 1965, 428 „Wilhelm Gestmann VI", „Diersch X", anschließend RhSchOG St. Goar ZfB 1968, 69 (Slg. 5).
175 Siehe *Heinrich/Steinicke* Seelotswesen S. 48.
176 Dazu *Zschoche* Hansa 2009 Nr. 5 S. 83, 87 ff.

den. Mit dem Gedanken einer grundsätzlich nur beratenden Tätigkeit des Lotsen ist dies nicht zu vereinbaren. Der Betreffende ist aufgrund dieses „Funktionswechsels" auch nicht mehr Lotse im Sinne der § 1 Satz 1 SeeLG, § 1 Abs. 1 Satz 1 Hmb HafenLG, § 1 Abs. 1 BremLotsO. Nicht etwa ist die Übernahme der kompletten Schiffsführung ein „Mehr", das die grundsätzlich nur beratende Tätigkeit des Lotsen mitumfasst. Die Folge der Übernahme der Schiffsführung ist, dass das Schiff jetzt keinen Lotsen mehr hat, so dass es ggf. gegen die Pflicht zur Annahme eines Lotsen verstößt (oben Rn 9–10). Der Umstand, dass der nautische Schiffsführer gleichzeitig ein für das Revier bestallter Lotse ist, führt nicht zur Befreiung von der Lotsenannahmepflicht. Zur Anwendung des § 21 Abs. 3 SeeLG in diesen Fällen siehe unten Rn 113–115.

92 **4. Die Haftung für Pflichtverletzungen.** Im Rahmen des Dienstverhältnisses zwischen dem Reeder bzw. Eigner des Schiffes und dem (Bord-)Lotsen gelten die allgemeinen Vorschriften über die Haftung für die Verletzung von Pflichten. Dies betrifft zum einen die Pflicht des Lotsen zur ordnungsgemäßen Beratung der Schiffsführung. Ebenso gibt es wechselseitige Schutz- und Rücksichtnahmepflichten (§ 241 Abs. 2 BGB), deren Verletzung Ansprüche auf Schadenersatz nach § 280 Abs. 1 BGB auslösen können.

a) Pflichtverletzungen des Reeders

93 **aa) Die Haftung.** Verstößt der Reeder bzw. Eigner gegen seine Pflichten aus dem Dienstverhältnis mit dem Lotsen, stehen dem Lotsen ggf. aus § 280 Abs. 1 BGB Ansprüche auf Schadenersatz zu. Dies betrifft namentlich die Fälle des Todes und der Körperverletzung des Lotsen[177] sowie den Verlust und die Beschädigung persönlicher Gegenstände. Die Haftung des Reeders bzw. Eigners gegenüber dem Lotsen unterliegt ggf. der Haftungsbeschränkung auf Grundlage des HBÜ 1996 und der §§ 611 ff. sowie der §§ 4 ff. BinSchG. Die Ausnahmeregelungen der Art. 3 (e) HBÜ 1996 mit § 611 Abs. 4 Nr. 1 sowie des § 5 Nr. 3 BinSchG gelten nicht, der Lotse ist nicht Bediensteter des Reeders bzw. Eigners im Sinne der Vorschriften. Der Umstand, dass der Lotse nach Art. 1 Abs. 4 HBÜ 1996, § 5c Abs. 1 Nr. 3 BinSchG gleichermaßen zur Beschränkung der Haftung berechtigt wäre (unten Rn 107), steht dem Recht des Reeders bzw. Eigners zur Beschränkung der Haftung nicht entgegen. Zum Rückgriff des Lotsen nach einer Inanspruchnahme durch einen geschädigten Dritten siehe unten Rn 158–163.

94 Der Reeder kann dem Lotsen ggf. entgegenhalten, dass er, der Reeder, unter dem Gesichtspunkt der Kanalisierung von der Haftung befreit sei. Dies kann sich zukünftig ergeben, wenn der Lotse einen durch HNS verursachten Personenschaden erlitten hat (siehe Art. 1 Abs. 6 HNS-Ü 2010). Ist der Reeder nicht auch der eingetragene Eigentümer (Art. 1 Abs. 3 HNS-Ü 2010), kann er sich auch gegenüber den Ansprüchen des Lotsen auf den Haftungsausschluss nach Art. 7 Abs. 5 HNS-Ü berufen. Dies gilt nicht im Falle eines qualifizierten Verschuldens des Reeders (Art. 7 Abs. 5 Hs. 2 HNS-Ü). Wird Kernmaterial befördert, der Lotse durch ein nukleares Ereignis geschädigt und haftet der Inhaber der betreffenden Kernanlage auf Grundlage des ParisÜ 1982, ist der Reeder von seiner Haftung gegenüber dem Lotsen befreit (siehe Art. 6 [a] Hs. 1 ParisÜ 1982 sowie unten Rn 21 Anhang IV zu § 480 [maritime Nuklearhaftung]). Werden sonstige radioaktive Stoffe be-

---

[177] Siehe zur Verletzung eines Lotsen, der sich an Land mit dem Fahrrad auf dem Weg zur Dienststelle befindet, durch nicht beleuchtete Leinen eines festgemachten Schiffes OLG Hamburg BeckRS 2000, 16776 „Taklift 4".

fördert und kommt der Lotse durch Strahlen zu Schaden (siehe § 26 Abs. 1 Satz 1 AtomG), kann sich der Reeder auf § 26 Abs. Abs. 6 AtomG berufen (unten Rn 37 Anhang IV zu § 480 [maritime Nuklearhaftung]).

bb) Versetzung und Ausholung des Lotsen. Besonders gefahrenträchtig ist die 95 Versetzung und das Ausholen des Lotsen mit einem Versetzboot. Das Dienstverhältnis zwischen dem Reeder bzw. Eigner des Schiffes und dem Lotsen beginnt bereits mit der Annäherung des Lotsenversetzbootes an das Schiff. Der Reeder bzw. Eigner ist verpflichtet, das Schiff so zu manövrieren, dass der Lotse weder bei Annäherung an das Schiff noch beim Anbordgehen gefährdet wird (so ausdrücklich § 4 Abs. 1 Unterabs. 1 Satz 1 Hmb HafenLV). Die Schiffsführung sowie die weiteren Besatzungsmitglieder, die zum Zwecke der Übernahme des Lotsen tätig werden, sind Hilfspersonen des Reeders bzw. Eigners im Sinne des § 278 Satz 1 BGB. Verunglückt der Lotse, bevor er an Bord gelangt, muss die Schiffsführung Hilfe leisten.[178] Die Ansprüche des Lotsen aus § 280 Abs. 1 BGB treten in Konkurrenz zu den Ansprüchen aus Art. 2ff. ZusÜSee, §§ 570ff. HGB, Art. 2ff. ZusÜBin, §§ 92ff. BinSchG, wenn sich der Lotse zu dem Zeitpunkt, in dem der Schaden eingetreten ist, noch an Bord des Lotsenversetzbootes befunden hat. Ansprüche nach § 280 Abs. 1 BGB können auch begründet sein, wenn der Zugang auf das Schiff und der weitere Weg bis zur Brücke nicht sicher hergerichtet sind (dazu oben Rn 45–46). Insoweit sind auch §§ 618 Abs. 1 und 3, 842ff. BGB zu beachten. Ein Dienstverhältnis besteht nicht, wenn der Lotse ein anderes Schiff besetzen soll.[179]

Das zuvor Dargelegte gilt entsprechend im Falle des Ausholens des Lotsen, auch 96 hier gelten die §§ 618 Abs. 1 und 3, 842ff. BGB.[180] Er muss den Ort an Bord, wo er das Schiff verlässt, sicher erreichen können. Im Falle der Ausholung des Lotsen mit einem Lotsenversetzboot enden die Schutzpflichten des Reeders bzw. Eigners, wenn das Ausholen abgeschlossen ist und das Lotsenversetzboot sich vom Schiff entfernt. Kann der Lotse nicht ausgeholt werden und bleibt er daher zunächst weiter an Bord, kommt § 618 Abs. 1 und 3 BGB weiterhin zur Anwendung (siehe sogleich zum „Irene Oldendorff" Fall). In gleicher Weise gilt § 618 Abs. 1 und 3 BGB, wenn der Lotse bereits im vorherigen Hafen an Bord kommt. Stets muss sich der Lotse ein Mitverschulden oder eine Mitverursachung seines Schadens entgegenhalten lassen (§ 254 Abs. 1 BGB).[181]

cc) Verkehrssicherungspflichten. Auch der „Arbeitsplatz" des Lotsen, also die 97 Brücke des Schiffes und die Brückennocken, müssen im Sinne des § 618 Abs. 1 BGB für die Tätigkeit des Lotsen sicher hergerichtet sein. Das OLG Hamburg musste sich mit der Haftung des Reeders für eine Verletzung des Lotsen befassen, der bei Dunkelheit in der Brückennock über den unbeleuchteten Podest des Peilkompasses gestürzt war. Das Gericht hat nicht § 618 Abs. 1 BGB herangezogen, sondern ist von Verkehrssicherungspflichten des Reeders ausgegangen.[182] Der Lotse muss sich auch hier ggf. nach § 254 Abs. 1 BGB ein Mitverschulden oder eine Mitverursachung entgegenhalten lassen.[183]

---

178 Siehe BOSA BOSeeA 1995, 190 „Kommodore Ruser": Ausklinken des Rettungsrings mit selbstzündendem Licht zum Zwecke der Markierung der Unfallstelle nach Kentern des Lotsenversezbootes.
179 Siehe SeeA Hamburg BOSeeAE 1997, 36 „Hanse", „Kapitän König": Gefährdung des Lotsenversetzbootes.
180 Siehe OLG Hamburg VersR 1973, 1116.
181 Siehe OLG Hamburg VersR 1973, 1116.
182 OLG Hamburg TranspR 2001, 315 „Marathon Breeze".
183 OLG Hamburg TranspR 2001, 315, 317 (unter III.) „Marathon Breeze".

98 **dd) Die „Irene Oldendorff".** In dem tragischen „Irene Oldendorff" Fall[184] konnte der Seelotse auslaufend Emden wegen schlechten Wetters nicht ausgeholt werden, so dass er weiter an Bord blieb. Kurze Zeit später kenterte das Schiff wegen unzureichender Stabilität. Der Seelotse und die gesamte Besatzung kamen ums Leben. Die Hinterbliebenen des Seelotsen machten gegen den Reeder Ansprüche nach §§ 618 Abs. 1 und 3, 842 ff. BGB geltend. Der BGH bestätigte, dass der Reeder im Hinblick auf die unzureichende Stabilität und die dadurch begründete Seeuntüchtigkeit des Schiffes gegen seine Pflichten aus § 618 Abs. 1 BGB verstoßen habe. Die Entlastung (heute: § 280 Abs. 1 Satz 2 BGB) sei dem Reeder nicht gelungen. Es komme nicht darauf an, dass der Seelotse seine Tätigkeit bereits beendet habe.

99 **ee) Schiffsgläubigerrechte.** Dem Lotsen steht wegen seiner Schadenersatzansprüche gegen den des Reeder bzw. Eigner des (See- oder Binnen-)Schiffes (oben Rn 63–85 Einleitung B) möglicherweise ein Schiffsgläubigerrecht zu (siehe § 596 Abs. 1 sowie § 102 BinSchG). Das Schiffsgläubigerrecht nach § 596 Abs. 1 Nr. 2, § 102 Nr. 3 BinSchG wegen des Anspruchs auf Lotsgeld (oben Rn 20–22) hilft nicht, denn das Lotsgeld als Vergütung für die Tätigkeit des Lotsen umfasst nicht auch Ansprüche auf Schadenersatz. Der Lotse gehört normalerweise nicht zur Schiffsbesatzung (oben Rn 51–57 zu § 478), so dass die § 596 Abs. 1 Nr. 1, § 102 Nr. 2 BinSchG nicht zu Anwendung gelangen. Die Ansprüche des Lotsen auf Schadenersatz wären auch keine Heuerforderungen nach § 596 Abs. 1 Nr. 1. Allerdings kommt ein Schiffsgläubigerrecht nach § 596 Abs. 1 Nr. 3, § 102 Nr. 4 BinSchG in Betracht. Im Falle des § 596 Abs. 1 Nr. 3, wenn also das gelotste Schiff ein Seeschiff war, gilt dies jedoch von vornherein nur bei Ansprüchen des Lotsen wegen Tod oder Körperverletzung. Im Hinblick auf Sachschäden des Lotsen kommt der Vorbehalt des § 596 Abs. 1 Nr. 3 Hs. 2 zum Tragen:[185] Die Forderung des Lotsen gegen den Reeder wird aus dem Dienstverhältnis hergeleitet bzw. kann auch aus einem solchen hergeleitet werden. Dagegen kennt § 102 Nr. 4 BinSchG für Binnenschiffe keine solche Einschränkung.

100 **b) Pflichtverletzungen des Lotsen.** Die Hauptpflicht des (Bord-)Lotsen im Rahmen des Dienstverhältnisses mit dem Reeder bzw. Eigner des Schiffes ist die Beratung der Schiffsführung. Erfolgt dies fehlerhaft, kann dies eine Haftung des Lotsen aus § 280 Abs. 1 BGB begründen (unten Rn 101–103). Er kann dem Reeder ein mitwirkendes Verhalten der Schiffsbesatzung entgegenhalten (unten Rn 104). Das Dienstverhältnis mit dem Lotsen schützt auch den (Nur-)Eigentümer des Schiffes (unten Rn 105). Der Lotse ist nicht durch die Grundsätze über die Haftungsbefreiung bzw. -beschränkung im Rahmen des innerbetrieblichen Schadensausgleichs geschützt (unten Rn 106). Und auch die Befugnis zur Beschränkung der Haftung steht ihm häufig nicht zu (unten Rn 107). Allerdings gilt zu seinen Gunsten die Regelung des § 21 Abs. 3 Satz 1 SeeLG (unten Rn 105–112). Siehe zu dem Fall, dass Dritte geschädigt werden, die zunächst den Reeder in Anspruch nehmen, so dass dieser beim Lotsen Rückgriff nimmt, die Hinweise unten Rn 167–174.

101 **aa) Die Tatbestände.** Insbesondere kann die fehlerhafte Beratung durch den Lotsen dazu führen, dass das Schiff beschädigt wird oder schlimmstenfalls verloren geht. Hier stehen dem Reeder bzw. Eigner des Schiffes aus dem Dienstverhältnis Ansprüche auf

---
[184] BGHZ 27, 79 = NJW 1958, 1437.
[185] Zu diesem siehe *Ramming* RdTW 2016, 161.

IV. Das Verhältnis zwischen dem Lotsen und dem Reeder bzw. Eigner — Anh zu § 478

Schadenersatz aus § 280 Abs. 1 BGB zu.[186] Die Haftung des Lotsen betrifft seine gesamte Tätigkeit und nicht nur den Bereich, in dem er auf eigene Kenntnisse der örtlichen Verhältnisse zurückgreift, auf die sich also die Schiffsführung ohne die Möglichkeit einer eigenen Überprüfung verlassen muss.[187] Folgt die Schiffsführung den Empfehlungen des Lotsen bzw. kommt das Schiff den direkten Weisungen des Lotsen nach, und führt dies zu einem Schaden, besteht auch bei Hinzutreten weiterer Umstände ein objektiver Zurechnungszusammenhang zwischen der Tätigkeit des Lotsen und dem Schaden. § 619a BGB bleibt außen vor, der Lotse ist nicht der Arbeitnehmer des Reeders (oben Rn 89). Der Lotse kann sich nach § 280 Abs. 1 Satz 2 BGB entlasten, indem er darlegt und beweist, dass er die Pflichtverletzung nicht zu vertreten hat (§ 276 Abs. 1 Satz 1 und Abs. 2 BGB). Dabei sieht § 21 Abs. 3 Satz 1 SeeLG (§ 7 Hmb HafenLG) zugunsten des Lotsen eine Haftungsmilderung im Sinne des § 276 Abs. 1 Satz 1 BGB vor: Er haftet dem Reeder für Vorsatz oder grobe Fahrlässigkeit (unten Rn 108–112). Ein Verschulden kann nach den Umständen ausscheiden, wenn es sich bei einer Entscheidung des Lotsen um einen „error in judgement" handelt, etwa im Falle eines Manövers des letzten Augenblicks bei drohender Gefahr ohne die Möglichkeit ausreichender Überlegung.[188] Der Lotse schuldet nicht auch seine eigene Versetzung bzw. Ausholung. Für ein schädigendes Verhalten der Personen des Lotsenversetzdienstes muss der Lotse nicht einstehen, sie sind nicht seine Erfüllungsgehilfen (§ 278 BGB).[189] Die Pflichtverletzung des Lotsen begründet keine Ansprüche des Reeders gegen den Bund bzw. die Länder, die jeweils nur zur Gestellung des Lotsen verpflichtet sind (oben Rn 89). Der Lotse ist auch nicht Verrichtungsgehilfe (§ 831 BGB) dieser Körperschaften.[190]

102 Fälle der Inanspruchnahme des Lotsen durch den Reeder bzw. Eigner: Kollision mit unter Wasser liegendem, gekennzeichnetem Wrack;[191] Aufgrundgeraten des Schiffes, als der Lotse noch versetzt wird;[192] Schiff berührt mit dem Ruder die Ankerkette eines Baggers und kollidiert mit Entgegenkommer;[193] der Rheinlotse, der nach § 14 Abs. 3 Satz 3 RheinLotsO die Stellung eines Schiffsführers hat, führt eine unzulässige Radarfahrt durch[194] oder gerät in ein Buhnenfeld.[195]

103 Die Haftung des Lotsen ist ausgeschlossen, wenn Kernmaterial befördert wird, das Schiff durch ein nukleares Ereignis beschädigt wird, dessen Ursache der Lotse gesetzt hat, und der Inhaber der betreffenden Kernanlage auf Grundlage des ParisÜ 1982 dem Reeder haftet (siehe Art. 6 [a] Hs. 1 ParisÜ 1982 sowie unten Rn 21 Anhang IV zu § 480 [maritime Nuklearhaftung]).

---

186 BGH RdTW 2016, 375 [14] „Bellriva", zuvor RhSchOG Karlsruhe RdTW 2016, 108 mit Anm. *Jaegers* jurisPR-TranspR Anm. 4.
187 OLG Hamburg MDR 1952, 681, 682 (linke Spalte) mit Anm. *Hasche* Hansa 1952, 1368.
188 OLG Hamburg MDR 1952, 681, 682 mit Anm. *Hasche* Hansa 1952, 1368.
189 OLG Hamburg HmbSchRZ 2010, 278 Nr. 136 [35, 38, 41, 42] "Alianca Sao Paulo", zuvor LG Hamburg HmbSchRZ 2009, 84 Nr. 27.
190 BGHZ 50, 250 = VersR 1968, 940, 941 (linke Spalte unten) „Mantric", zuvor OLG Hamburg Hansa 1967, 1163; BGH VersR 1968, 941, 942 „Conca d'Oro", „Batman" – siehe auch OLG Hamburg HansGZ H 1913, 11 Nr. 6 „Southport", „Hector", „Fairplay III"; OLG Hamburg HansGZ 1913, 221 Nr. 108 „Polynesia", zuvor LG Hamburg aaO. – anders noch RGZ 74, 250, 256 ff. „Nauta", „Johanne".
191 OLG Hamburg MDR 1952, 681 mit Anm. *Hasche* Hansa 1952, 1368.
192 OLG Hamburg HmbSchRZ 2010, 278 Nr. 136 "Alianca Sao Paulo", zuvor LG Hamburg HmbSchRZ 2009, 84 Nr. 27.
193 BGH VersR 1978, 819 „Lolalo", „Maria".
194 BGHZ 107, 32 = NJW 1989, 3285, 3286 (unter 2a) „Walküre" mit Anm. *Bemm* AP BGB § 611 Lotse Nr. 3 und *Korioth* NZV 1989, 428.
195 BGH RdTW 2016, 375 „Bellriva", zuvor RhSchOG Karlsruhe RdTW 2016, 108 mit Anm. *Jaegers* jurisPR-TranspR Anm. 4.

104 **bb) Mitwirkendes Verhalten des Schiffes.** Der Lotse, gegen den der Reeder bzw. Eigner Ansprüche geltend macht, kann dem Reeder bzw. Eigner nach § 254 Abs. 1 und 2 Satz 2, 278 Satz 1 BGB eine Mitverursachung bzw. ein Mitverschulden der Personen der Schiffsbesatzung, insbesondere der Schiffsführung, entgegenhalten.[196] Dazu gehört jedes Verhalten, das den Lotsen die Erfüllung seiner Pflichten gegenüber dem Reeder bzw. Eigner behindert, fehlerhaft beeinflusst oder stört,[197] etwa wenn die Schiffsführung den Lotsen nicht über besondere Manövriereigenschaften des Schiffes informiert[198] (siehe oben Rn 52). Der Lotse kann dem Reeder bzw. Eigner auch entgegenhalten, dass seine zutreffenden Empfehlungen und ggf. Weisungen von der Schiffsführung und der Besatzung nicht oder nicht richtig umgesetzt wurden. Bleiben gebotene Weisungen des Lotsen aus, muss die Schiffsführung ihrerseits sachgerecht reagieren.[199] Reeder bzw. Eigner muss sich die Verletzung von Pflichten gegenüber dem Lotsen entgegenhalten lassen; dagegen kann der Lotse nicht darauf verweisen, dass die Schiffsführung ihrer im eigenen Interesse bestehenden Obliegenheit zur Vermeidung des Schadens nicht nachgekommen sei, etwa im Falle eigener Kenntnisse der Schiffsführung von der Gefahr für das Schiff.[200] Der Lotse kann den Reeder bzw. Eigner nicht darauf verweisen, dass die Schiffsführung ihn, den Lotsen, nicht ordentlich überwacht habe, oder dass sie hätte erkennen müssen, dass eine Empfehlung oder Weisung nicht sachgerecht oder eine unterbliebene Empfehlung oder Weisung hätte erteilt werden müssen.

105 **cc) Einbeziehung des (Nur-)Eigentümers des Schiffes.** Besteht im Hinblick auf das Schiff ein Ausrüsterverhältnis (§ 477 Abs. 1 – dort Rn 2–16), ist der Ausrüster Partei des Dienstverhältnisses mit dem Lotsen (oben Rn 89). Es hat m.E. aber eine drittschützende Wirkung zu Gunsten des (Nur-)Eigentümers des Schiffes (oben Rn 81–88 zu § 477). Dieser kann sich daher im Hinblick auf Ansprüche gegen den Lotsen wegen des Verlustes oder der Beschädigung des Schiffes ebenfalls auf § 280 Abs. 1 BGB berufen.

106 **dd) Kein innerbetrieblicher Schadensausgleich.** Der Lotse ist nicht Arbeitnehmer des Reeders und hat auch keine arbeitnehmerähnliche Stellung (oben Rn 89). Er kann sich daher gegenüber dem Reeder nicht auf die Grundsätze des innerbetrieblichen Schadensausgleichs – früher: der „gefahrgeneigten" oder „betrieblich veranlassten" Tätigkeiten – berufen[201] (siehe hierzu Rn 17–21 Anhang zu § 479 [Kapitän]). Allerdings kann auf das Dienstverhältnis zwischen dem Reeder bzw. Eigner und dem Lotsen § 21 Abs. 3 Satz 1 SeeLG unmittelbar, über § 7 Hmb HafenLG oder analog zur Anwendung gelangen (unten Rn 108–112).

---

196 OLG Hamburg MDR 1952, 681, 682 (rechte Spalte) mit Anm. *Hasche* Hansa 1952, 1368.
197 OLG Hamburg MDR 1952, 681, 682 (rechte Spalte) mit Anm. *Hasche* Hansa 1952, 1368.
198 OLG Hamburg MDR 1952, 681, 682 (rechte Spalte) mit Anm. *Hasche* Hansa 1952, 1368.
199 Siehe OLG Hamburg HmbSchRZ 2010, 278 Nr. 136 [41] "Alianca Sao Paulo", zuvor LG Hamburg HmbSchRZ 2009, 84 Nr. 27.
200 OLG Hamburg MDR 1952, 681, 682f. mit Anm. *Hasche* Hansa 1952, 1368.
201 BGH RdTW 2016, 375 [27–34] „Bellriva", zuvor RhSchOG Karlsruhe RdTW 2016, 108 mit Anm. *Jaegers* jurisPR-TranspR Anm. 4; RhSchOG St. Goar ZfB 1968, 69 (Slg. 5) „Wilhelm Gestmann VI", „Diersch X", zuvor RhSchOG St. Goar ZfB 1965, 428 – noch in Betracht gezogen von BGHZ 50, 250 = VersR 1968, 940, 941 (rechte Spalte) „Mantric", zuvor OLG Hamburg Hansa 1967, 1163 sowie BGH VersR 1968, 941, 942 (linke Spalte unten) „Conca d'Oro", „Batman"; offen gelassen von BGHZ 107, 32 = NJW 1989, 3285, 3286f. (unter 4.) „Walküre" mit Anm. *Bemm* AP BGB § 611 Lotse Nr. 3 und *Korioth* NZV 1989, 428 – siehe aber auch BGH VersR 1978, 819 „Lolalo", „Maria".

ee) Das Recht des Lotsen zur Beschränkung der Haftung. Der (Bord-)Lotse ist **107** grundsätzlich berechtigt, seine Haftung für alle Ansprüche aus einem Ereignis auf Grundlage des HBÜ 1996 sowie der §§ 611ff. HGB bzw. der §§ 4ff. BinSchG zu beschränken; siehe hierzu näher unten Rn 150–151, 152–154. Die Befugnis zur Beschränkung der Haftung ergibt sich bei Seeschiffen aus Art. 1 Abs. 4 HBÜ 1996 und bei Binnenschiffen aus § 5c Abs. 1 Nr. 3 BinSchG. Der Schiffseigentümer (Art. 1 Abs. 2 HBÜ 1996) bzw. der Schiffseigner (§ 4 Abs. 1 Satz 1 BinSchG) haften für das Verhalten des Lotsen (siehe etwa § 480 Satz 1 sowie § 3 Abs. 1 BinSchG). Bei der Anwendung der Art. 1 Abs. 4 HBÜ 1996, § 5c Abs. 1 Nr. 3 BinSchG bleibt es auch dann, wenn nur um Ansprüche des Reeders bzw. Eigners des Schiffes gegen den Lotsen geht[202] und keine weiteren Personen eine Rolle spielen, selbst wenn Art. 1 Abs. 4 HBÜ 1996, § 5c Abs. 1 Nr. 3 BinSchG die Befugnis des Lotsen zur Beschränkung mit der des Reeders bzw. Eigners verknüpfen. Dem Recht des Lotsen zur Beschränkung der Haftung steht es auch nicht entgegen, dass der Reeder bzw. Eigner seinerseits in gleicher Weise zur Beschränkung der Haftung berechtigt wäre. Zugunsten des Lotsen gelten die herabgesetzten Höchstbeträge der § 615 Abs. 1 bis 3, §§ 5i, 5k Abs. 3 BinSchG. Die Befugnis zur Beschränkung der Haftung ist nach Art. 4 HBÜ 1996, § 5b Abs. 1 BinSchG bei qualifiziertem Verschulden des Lotsen ausgeschlossen. Wichtig ist allerdings, dass der Lotse auch gegenüber dem Reeder bzw. Eigner nur im Hinblick auf die in Art. 2 und 3 HBÜ 1996, § 4 BinSchG genannten Ansprüche zur Beschränkung berechtigt ist. Nicht hierunter fallen aber Ansprüche des Reeders bzw. Eigners wegen des Verlustes bzw. der Beschädigung des Schiffes (siehe unten Rn 76 Anhang zu § 479 [Kapitän]). Um solche Ansprüche wird es sich aber häufig handeln, so dass das die Befugnis des Lotsen zur Beschränkung der Haftung letztlich kaum eine Rolle spielt. Umso größere Bedeutung hat für den Lotsen daher das Privileg des § 21 Abs. 3 Satz 1 SeeLG (sogleich Rn 108–112).

ff) § 21 Abs. 3 Satz 1 SeeLG. Die Vorschrift des § 21 Abs. 3 SeeLG befasst sich mit der **108** Haftung des Seelotsen insbesondere im Verhältnis zum Reeder bzw. Eigner (zum Auftraggeber siehe unten Rn 112). Auch § 7 Hmb HafenLG verweist für die Hafenlotsen in Hamburg auf die Regelung des § 21 Abs. 3 SeeLG. Der BGH[203] hat die Vorschrift analog auch zugunsten eines Binnenlotsen angewandt, der auf Grundlage der RheinLotsO tätig geworden ist. Gleiches muss letztlich auch für die Hafenlotsen in Bremerhaven gelten, auch wenn eine ausdrückliche Regelung offenbar fehlt. Die Regelung des § 21 Abs. 3 Satz 1 SeeLG entspricht den Grundsätzen über den innerbetrieblicher Schadensausgleich (dazu unten Rn 17–21 Anhang zu § 479 [Kapitän]).

Die Vorschrift des § 21 SeeLG war ursprünglich nicht im SeeLG 1954 enthalten. Eingefügt **109** wurde sie als § 25 Abs. 3 durch Art. 1 Nr. 16 SeeLG-ÄndG 1984. Im Rahmen der anschließenden Neufassung unter Berücksichtigung der neuen Nummerierung[204] wurde die Vorschrift unverändert in den § 21 Abs. 3 verschoben. Der ursprüngliche Gesetzentwurf der Bundesregierung zum SeeLG-ÄndG 1984 hatte eine entsprechende Vorschrift noch nicht vorgesehen.[205] Erst aufgrund einer Empfehlung des Verkehrsausschusses wurde § 25 Abs. 3 in das SeeLG a.F. eingefügt.[206] In der Begründung heißt es dazu, dass

---

202 Siehe BGH RdTW 2016, 375 [34] „Bellriva", zuvor RhSchOG Karlsruhe RdTW 2016, 108 mit Anm. *Jaegers* jurisPR-TranspR Anm. 4.
203 BGHZ 107, 32 = NJW 1989, 3285, 3287 mit Anm. *Bemm* AP BGB § 611 Lotse Nr. 3 und *Korioth* NZV 1989, 428; BGH RdTW 2016, 375 [27] „Bellriva", zuvor RhSchOG Karlsruhe RdTW 2016, 108 mit Anm. *Jaegers* jurisPR-TranspR Anm. 4.
204 Siehe Art. 2 SeeLG-ÄndG 1984 sowie die Bekanntmachung der Neufassung (BGBl. 1984 I S. 1213).
205 Siehe BT-Drs 10/572 S. 4–9.
206 Siehe SeeLGÄndG 1984 Beschl.

die Haftung des Lotsen künftig auf Vorsatz und grobe Fahrlässigkeit beschränkt werden solle, weil die bei der Lotsentätigkeit in Betracht kommenden wirtschaftlichen Werte die Leistungsfähigkeit des einzelnen Lotsen bei weitem überstiegen und auch eine Haftpflichtversicherung zu wirtschaftlich tragbaren Prämien nicht möglich erscheine. Weiter heißt es dort, dass die Haftung des Seelotsen gegenüber Dritten durch ein geplantes Zweites Seerechts-Änderungsgesetz der Höhe nach begrenzt werde. Damit könne es im Außenverhältnis bei der Haftung des Seelotsen auch für leichte Fahrlässigkeit verbleiben. Sowohl dem Wortlaut des § 21 Abs. 3 SeeLG als auch der Gesetzbegründung ist zu entnehmen, dass sich die Vorschrift lediglich mit dem Innenverhältnis zwischen dem Reeder und dem Lotsen befasst. Dabei betrifft § 21 Abs. 3 Satz 1 SeeLG die Haftung des Lotsen gegenüber dem Reeder auf Schadenersatz. Satz 2 regelt ergänzend und in entsprechender Weise das Gesamtschuldner-Ausgleichsverhältnis (§ 426 BGB) zwischen Reeder und Lotsen, nachdem einer der beiden von dem geschädigten Dritten in Anspruch genommen wurde (dazu unten Rn 172–174).

110 § 21 Abs. 3 Satz 1 SeeLG stellt klar, dass der Lotse dem Reeder bzw. Eigner nur insoweit zum Ersatz verpflichtet ist, als ihm – dem Lotsen – Vorsatz oder grobe Fahrlässigkeit[207] zur Last fällt. Dies umfasst zweierlei. Zum einen muss der Lotse im Verhältnis zum Reeder nicht bzw. Eigner für leichte Fahrlässigkeit einstehen. Insoweit enthält § 21 Abs. 3 Satz 1 SeeLG einen Haftungsausschluss, den der Lotse dem Reeder bzw. Eigner namentlich im Hinblick auf dessen Ansprüche aus § 280 Abs. 1 BGB entgegenhalten kann. Zum anderen wird durch die Formulierung des § 21 Abs. 3 Satz 1 SeeLG klargestellt, dass es Sache des Reeders bzw. Eigners ist, die Voraussetzungen für ein vorsätzliches oder grob fahrlässiges Verhalten des Lotsen darzulegen und zu beweisen. Insofern weicht § 21 Abs. 3 Satz 1 SeeLG von § 280 Abs. 1 BGB zu Lasten des Reeders bzw. Eigners ab. Allerdings können in entsprechenden Fällen auch die Grundsätze über die sekundäre Darlegungs- und Beweislast zum Tragen kommen,[208] mit der Folge, dass es Sache des Lotsen ist, sich zu entlasten. Der BGH betont auch die Pflicht des Lotsen zur gewissenhaften Selbstprüfung, ob er den Anforderungen gewachsen ist.[209] Ein Augenblicksversagen schließt den Vorwurf der groben Fahrlässigkeit nicht automatisch aus.[210]

111 Der BGH hat in der „Bellriva" Entscheidung grobe Fahrlässigkeit eines Binnenlotsen angenommen, der bei schlechter Sicht in ein Buhnenfeld geraten war.[211] Das OLG Hamburg verneint grobe Fahrlässigkeit des Lotsen, der sich noch auf dem Versetzboot befand und offenbar nicht bemerkt hat, dass die Gefahr bestand, dass das Schiff auf Grund geriet.[212] Auch der BGH ging nicht von grober Fahrlässigkeit eines Binnenlosten aus, der bei schlechter Sicht mit dem Molenkopf einer Hafeneinfahrt kollidiert.[213]

---

207 Dazu OLG Hamburg HmbSchRZ 2010, 278 Nr. 136 [31, 46 a.E.] „Alianca Sao Paulo", zuvor LG Hamburg HmbSchRZ 2009, 84 Nr. 27; ausführlich auch BGH RdTW 2016, 375 [19, 20] „Bellriva", zuvor RhSchOG Karlsruhe RdTW 2016, 108 [45–56] mit Anm. *Jaegers* jurisPR-TranspR Anm. 4.
208 BGH RdTW 2016, 375 [20, 23] „Bellriva", zuvor RhSchOG Karlsruhe RdTW 2016, 108 [53–56] mit Anm. *Jaegers* jurisPR-TranspR Anm. 4.
209 BGH RdTW 2016, 375 [24] „Bellriva", zuvor RhSchOG Karlsruhe RdTW 2016, 108 mit Anm. *Jaegers* jurisPR-TranspR Anm. 4.
210 BGH RdTW 2016, 375 [26] „Bellriva", zuvor RhSchOG Karlsruhe RdTW 2016, 108 mit Anm. *Jaegers* jurisPR-TranspR Anm. 4.
211 BGH RdTW 2016, 375 [17–26] „Bellriva", zuvor RhSchOG Karlsruhe RdTW 2016, 108 [44 ff.] mit Anm. *Jaegers* jurisPR-TranspR Anm. 4.
212 OLG Hamburg HmbSchRZ 2010, 278 Nr. 136 [41–46] "Alianca Sao Paulo", zuvor LG Hamburg HmbSchRZ 2009, 84 Nr. 27.
213 BGHZ 107, 32 = NJW 1989, 3285, 3286 (unter 3.) mit Anm. *Bemm* AP BGB § 611 Lotse Nr. 3 und *Korioth* NZV 1989, 428.

IV. Das Verhältnis zwischen dem Lotsen und dem Reeder bzw. Eigner — **Anh zu § 478**

§ 21 Abs. 3 SeeLG bezieht sich auf den „Reeder" des gelotsten Schiffes. An dessen **112**
Stelle tritt nach § 477 ggf. der Ausrüster (dazu Rn 33 zu § 477). Wird der Lotse nicht auf
einem See-, sondern auf einem Binnenschiff tätig, gilt § 21 Abs. 3 SeeLG in gleicher Weise
für dessen Eigner (§ 1 BinSchG) und den Ausrüster (§ 2 Abs. 1 BinSchG). Darüber hinaus
nimmt § 21 Abs. 3 SeeLG neben dem Reeder auch auf „einen anderen Auftraggeber" Bezug. Diese Formulierung findet sich nur in § 21 Abs. 3 SeeLG und nirgends sonst in dem
Gesetz. Die Formulierung „Auftraggeber" meint offenbar diejenige (vom Reeder verschiedene) Person, die den Lotsen anfordert bzw. für die der Lotse angefordert wird. In
diesem Zusammenhang geht § 21 Abs. 3 Satz 1 SeeLG offenbar davon aus, dass auch zwischen ihr und dem Lotsen ein Rechtsverhältnis besteht, das privatrechtlicher Natur ist
und Grundlage einer Haftung des Lotsen gegenüber dem „Auftraggeber" sein kann, also
insbesondere Pflichten des Lotsen umfasst, deren Verletzung möglicherweise Schadenersatzansprüche des Auftraggebers begründet. Ebenso unterstellt § 21 Abs. 3 Satz 2
SeeLG, dass das Rechtsverhältnis zwischen dem Auftraggeber und dem Lotsen auch auf
Gesamtschuldnerausgleich gerichtet sein kann, dass also der Auftraggeber und der Lotsen einem geschädigten Dritten als Gesamtschuldner einzustehen haben. All dies erscheint mir nicht folgerichtig. Wie oben Rn 76–86 dargelegt, gibt es ein das gesamte
Lotsrevier betreffende Nutzungsverhältnis, an dem ggf. der Besteller als Partei beteiligt
ist. Auf dieser Grundlage kann es nach der hier vertretenen Auffassung zu einem unmittelbaren Rechtsverhältnis zwischen dem Besteller und dem Lotsen, der die Lotsung später tatsächlich durchführt, von vornherein nicht kommen. M.E. läuft § 21 Abs. 3 SeeLG
insoweit leer.

gg) Eigenhändige Bedienung von Manövereinrichtungen, Übernahme der **113**
Schiffsführung. Bedient der Lotse selbst Manöverelemente des Schiffes (oben Rn 62–63,
90–91), muss er dem Reeder bzw. Eigner des Schiffes nach § 280 Abs. 1 BGB für alle Schäden einstehen (§§ 249 ff. BGB), die mit seinem, des Lotsen, pflichtwidrigen Verhalten in
einem objektiven Zurechnungszusammenhang stehen. Dazu zählt namentlich eine Fehlbedienung der Manöverelemente. Eine solche kann sich gerade auch daraus ergeben,
dass der Lotse mit deren Handhabung nicht vertraut ist. Auch stellt sich die eigenhändige Bedienung der Manöverelemente möglicherweise als eine Verletzung seiner Beratungspflicht dar. Beispielsweise kann er durch die eigenhändige Bedienung der Manöverelemente in seiner Aufmerksamkeit und Wahrnehmung entsprechend beschränkt
sein.[214] Andererseits erfolgt die eigenhändige Bedienung der Manöverelemente aufgrund
einer Vereinbarung oder mit Duldung der Schiffsführung. Die damit verbundenen Beschränkungen der Tätigkeit des Lotsen muss der Reeder bzw. Eigner daher hinnehmen.
Dies kann zur Folge haben, dass dem Reeder keine Ansprüche zustehen oder dass diese
unter dem Gesichtspunkt des § 254 Abs. 1 BGB beschränkt sind. Zur Anwendung des § 21
Abs. 3 Satz 1 SeeLG (oben Rn 108–111) siehe unten Rn 115.

Übernimmt der Lotse die Schiffsführung (oben Rn 91), haftet er dem Reeder bzw. **114**
Eigner des Schiffes nach § 280 Abs. 1 BGB auf Ersatz aller Schäden, die ihnen durch ein
Verhalten des Lotsen bei der Schiffsführung entstehen. Zu den Pflichten des Lotsen vor
Übernahme der Schiffsführung gehört es auch, den Kapitän bzw. Wachoffizier oder
Schiffer darauf hinzuweisen, dass das Schiff jetzt ggf. gegen die Pflicht zur Annahme
eines Lotsen verstößt. Die Tätigkeit des Lotsen unterliegt nicht mehr dem SeeLG, so
dass auch § 21 Abs. 3 SeeLG an sich keine Anwendung findet; siehe aber sogleich
Rn 115. Außerdem finden möglicherweise die Grundsätze innerbetrieblicher Schadens-

---

214 Siehe *Heinrich/Steinicke* Seelotswesen S. 48.

ausgleichs Anwendung (dazu oben Rn 106 sowie näher Rn 17–21 Anhang zu § 479 [Kapitän]).

115 Der Lotse, der eigenhändig Manöverelemente des Schiffes bedient oder die Schiffsführung übernimmt, wird nicht mehr als Lotse im Sinne des SeeLG tätig. Damit würde er eigentlich auch den Schutz des § 21 Abs. 3 Satz 1 SeeLG verlieren. Dem steht allerdings eine gewichtige Rechtsprechung des BGH entgegen.[215] Er wendet die Vorschrift des § 21 Abs. 3 SeeLG analog auf den Binnenlotsen an, und zwar sogar dann, wenn er (auf Grundlage des § 14 Abs. 3 RheinLotsO) die Schiffsführung übernommen hat. Maßgeblich ist hier die formelle Stellung als Lotse. Ausgehend davon ist es geboten, § 21 Abs. 3 SeeLG auch auf den Schiffsführungslotsen in der Seeschifffahrt und, als mit umfasstes „Weniger", auch in den Fällen heranzuziehen, in denen er eigenhändig Manöverelemente bedient.

5. Internationalprivatrechtliche Gesichtspunkte

116 **a) Grundsätzliches.** Das Dienstverhältnis zwischen dem Reeder bzw. Eigner des Schiffes und dem Lotsen unterliegt normalerweise dem deutschen Sachrecht.[216] Dies ergibt sich m.E. aus Art. 4 Abs. 1 (b) Rom I. Der Lotse hat regelmäßig seinen gewöhnlichen Aufenthalt in Deutschland. Dies gilt auch, wenn der Reeder bzw. Eigner seinen gewöhnlichen Aufenthalt in einem anderen Staat hat und wenn das Schiff nicht die deutsche Flagge führt. Damit sind auch für die Haftung des Lotsen gegenüber dem Reeder bzw. Eigner die Grundsätze des deutschen Rechts maßgeblich. Für das Gebiet der Emsmündung sind wegen des ungeklärten Grenzverlaufs dort ggf. örtliche Sonderregelungen zu beachten (siehe dazu oben Rn 9 Einleitung C). Allerdings spielt Art. 32 Ems-Dollart-Vtrg (unten Rn 233–236 zu § 480) im hier erörterten Zusammenhang keine Rolle, weil Art. 4 Abs. 1 (b) Rom I nicht an das Schiff und dessen Ort anknüpft. Zu Art. 9 Abs. 3 KüstenmeerVtrg (NL) siehe sogleich Rn 117.

117 **b) Art. 9 Abs. 3 KüstenmeerVtrg (NL).** In der Bestimmung des Art. 9 Abs. 3 KüstenmeerVtrg (NL) (dazu oben Rn 9 Einleitung C) unterliegt die Haftung des Lotsen für Schäden, die durch ihn verursacht werden, dem Recht der Vertragspartei, die den betreffenden Lotsen zugelassen hat. Deutsche Lotsen haften nach den Grundsätzen des deutschen Rechts, niederländische Lotsen nach denen des niederländischen Rechts. Es handelt sich bei Art. 9 Abs. 3 KüstenmeerVtrg (NL) um eine Bestimmung des internationalen Privatrechts, denn sie ordnet als zweiseitige Kollisionsnorm für einen Sachverhalt mit Auslandsbezug die Anwendung sachrechtlicher Vorschriften Deutschlands oder der Niederlande an. Art. 9 Abs. 3 KüstenmeerVtrg (NL) betrifft allgemein die „Haftung" für Schäden und umfasst daher auch die Haftung des Lotsen gegenüber dem Reeder bzw. Eigner. Allerdings wird Art. 9 Abs. 3 KüstenmeerVtrg (NL) vollständig von den Bestimmungen der Rom I Verordnung verdrängt und ist damit unanwendbar. Zwar haben nach Art. 25 Abs. 1 Rom I Kollisionsnormen in internationalen Übereinkommen gegenüber den Bestimmungen der Verordnungen Vorrang. Der KüstenmeerVtrg (NL) ist ein solches Übereinkommen. Allerdings gilt der Vorrang nur für Kollisionsnormen solcher Übereinkommen, denen die betreffenden Mitgliedstaaten schon zurzeit der Annahme der Rom I Verordnung am 17. Juni 2008 angehörten. Art. 9 Abs. 3 KüstenmeerVtrg (NL) erfüllt diese

---

215 BGHZ 107, 32 = NJW 1989, 3285, 3287 mit Anm. *Bemm* AP BGB § 611 Lotse Nr. 3 und *Korioth* NZV 1989, 428; BGH RdTW 2016, 375 [27] „Bellriva", zuvor RhSchOG Karlsruhe RdTW 2016, 108 [44] mit Anm. *Jaegers* jurisPR-TranspR Anm. 4.
216 Siehe OLG Hamburg TranspR 2001, 315 (unter I.) „Marathon Breeze".

IV. Das Verhältnis zwischen dem Lotsen und dem Reeder bzw. Eigner ━━ Anh zu § 478

Voraussetzung nicht, so dass es beim Vorrang der Rom I Verordnung bleibt. Auf Art. 25 Abs. 2 Rom I kommt es daher gar nicht mehr an. Im Ergebnis wird sich der Ausschluss des Art. 9 Abs. 3 KüstenmeerVtrg (NL) in der Regel nicht auswirken. Denn die Anknüpfung an den Zulassungsstaat in Art. 9 Abs. 3 KüstenmeerVtrg (NL) wird sich häufig mit der Anknüpfung an den gewöhnlichen Aufenthalt des Lotsen nach Art. 4 Abs. 1 (b) Rom I decken.

6. Der Radarlotse

a) **Die Grundlagen.** Anders als beim Bordlotsen (oben Rn 87–91) kommt m.E. im Hinblick auf den Lotsen, der eine Landradarberatung (oben Rn 73–75, 86) durchführt, kein besonderes Rechtsverhältnis mit dem Reeder bzw. Eigner oder Ausrüster zustande. Der Radarlotse wird möglicherweise gleichzeitig für mehrere Schiffe tätig. Auch ist seine tatsächliche Beziehung zu dem betreffenden Schiff nicht so eng wie die des Bordlotsen. In der Regel werden im Verhältnis zwischen dem Radarlotsen und dem Reeder bzw. Eigner nur Fragen der Haftung (des Lotsen) eine Rolle spielen. **118**

Der Radarlotse haftet dem Reeder bzw. Eigner oder Ausrüster für eine unterbliebene oder falsche Beratung m.E. nicht auf Grundlage des § 280 Abs. 1 BGB. Vielmehr gelten hier die Grundsätze der Haftung aus unerlaubter Handlung. Damit kann der Reeder bzw. Eigner oder Ausrüster Ansprüche aus den Tatbeständen des § 823 Abs. 1 und 2 BGB geltend machen. Dies betrifft namentlich Fälle, in denen die Beratung durch den Radarlotsen zu einer Beschädigung des Schiffes oder gar dessen Verlust geführt hat. Auch der Radarlotse kann sich auf § 21 Abs. 3 Satz 1 SeeLG berufen,[217] so dass er dem Reeder bzw. Eigner oder Ausrüster für leichte Fahrlässigkeit nicht einzustehen hat (unten Rn 172–174). An sich kann der Radarlotse seine Haftung für alle Ansprüche aus einem Ereignis nach Maßgabe des § 615 Abs. 4 beschränken, wenn es sich bei dem gelotsten Schiff um ein Seeschiff handelt (siehe Rn 63–85 Einleitung B); dazu unten Rn 179. Dieses Recht stünde dem Radarlotsen auch im Hinblick auf Ansprüche des Reeders oder Ausrüsters zu. Allerdings gilt auch hier die sich aus Art. 2 Abs. 1 (a) HBÜ 1996 ergebende Beschränkung, dass die Haftung nicht für Ansprüche wegen des Verlustes und der Beschädigung des Schiffes selbst beschränkt werden kann (siehe Rn 76 Anhang zu § 479 [Kapitän]). **119**

Die Haftung des Radarlotsen, Einzelfälle: Aufforderung zum Queren des Fahrwassers, obwohl dies nicht ohne Gefährdung der Schifffahrt möglich ist;[218] vorzeitige Aufforderung zum Umschalten auf anderen UKW-Kanal, obwohl der für diesen vorgesehene Teil des Fahrwassers noch nicht erreicht wurde;[219] unzureichende Informationen an das Schiff über ein sich näherndes Fahrzeug;[220] keine hinreichende Beobachtung einer Annäherungssituation.[221] **120**

Die Haftung des Radarlotsen ist ausgeschlossen, wenn Kernmaterial befördert wird, das Schiff durch ein nukleares Ereignis beschädigt wird, dessen Ursache vom Radarlotsen gesetzt wurde, und der Inhaber der betreffenden Kernanlage auf Grundlage des ParisÜ 1982 dem Reeder haftet (siehe Art. 6 [a] Hs. 1 ParisÜ 1982 sowie unten Rn 21 Anhang IV zu § 480 [maritime Nuklearhaftung]). **121**

---

217 Anders *Ehlers* Seeverkehr Rn 6 zu § 21 SeeLG.
218 SeeA Hamburg BOSeeAE 1996, 383 „Celtic Commander", „Maya Evita".
219 SeeA Hamburg BOSeeAE 1996, 383 „Celtic Commander", „Maya Evita".
220 BOSA BOSeeAE 1998, 67 „Nordlicht", „Harlekin I".
221 BOSA BOSeeAE 1998, 67 „Nordlicht", „Harlekin I".

122 **b) Internationalprivatrechtliche Gesichtspunkte.** Der Radarlotse haftet dem Reeder bzw. Eigner normalerweise auf Grundlage des deutschen Sachrechts. Die Anknüpfung an den Schadensort (Art. 4 Abs. 1 Rom II), der regelmäßig in dem betreffenden Revier und damit in deutschem Hoheitsgebiet liegen wird, führt in der Regel hin zum deutschen Sachrecht. Ggf. kann auch die Anknüpfung an den gemeinsamen gewöhnlichen Aufenthalt eine Rolle spielen (Art. 4 Abs. 2 Rom II).

123 **c) Art. 6 EmsSchInfo-Vtrg.** Für den Bereich der Emsmündung können weitere Vorschriften zu beachten sein (siehe Rn 9 Einleitung C). Art. 9 Abs. 3 KüstenmeerVtrg (NL) (siehe oben Rn 117) gilt nicht, weil Art. 9 insgesamt lediglich Bordlotsen und nicht auch Radarlotsen betrifft. Eine klare Regelung enthält aber Art. 6 EmsSchInfo-Vtrg: Für die Haftung der deutschen Seelotsen bei der Beratung gilt deutsches Recht. Die Beratung in dem Revier erfolgt von der Radarzentrale auf der Knock (Art. 3 Abs. 2 Unterabs. 2 EmsSchInfo-Vtrg), also von deutschem Hoheitsgebiet aus. Nach Art. 5 Abs. 1 Satz 1 EmsSchInfo-Vtrg wird die Beratung ausschließlich durch deutsche Seelotsen durchgeführt. Art. 6 EmsSchInfo-Vtrg knüpft an den Handlungsort an. Ausgehend von dieser Vorschrift wäre das deutsche Haftungsrecht auch anwendbar, wenn es zu dem Schaden auf niederländischem Hoheitsgebiet kommt. Hierdurch weicht Art. 6 EmsSchInfo-Vtrg von der Regelung des Art. 4 Abs. 1 Rom II ab. Die Anknüpfung an den gemeinsamen gewöhnlichen Aufenthalt nach Art. 4 Abs. 2 Rom II lässt Art. 6 EmsSchInfo-Vtrg gänzlich unbeachtet. Allerdings hat die Rom II Verordnung Vorrang, Art. 6 EmsSchInfo-Vtrg ist unbeachtlich. Zwar gehörten Deutschland und die Niederlande dem EmsSchInfo-Vtrg bereits vor der Annahme der Rom II Verordnung am 11. Juli 2007 an, so dass zunächst Art. 28 Abs. 1 Rom II zum Tragen käme. Allerdings ist neben Deutschland und den Niederlande als Mitgliedstaaten der EU kein Drittstaat an der EmsSchInfo-Vtrg beteiligt. Damit aber gilt die Ausnahme des Art. 28 Abs. 2 Rom II, so dass es bei dem Vorrang der Verordnung bleibt. Entsprechend kommt es für die Anwendung des Art. 4 Abs. 1 Rom II darauf an, ob der Schaden in deutschem oder niederländischem Hoheitsgebiet entstanden ist.

124 An dieser Stelle kann m.E. wieder Art. 32 Ems-Dollart-Vtrg herangezogen werden (dazu unten Rn 233–236 zu § 480). Die Vorschrift legt angesichts der Grenzstreitigkeiten für die Zwecke der Anwendung von Rechtssätzen, die ihrerseits an den Ort eines Wasserfahrzeugs anknüpfen, fest, ob sich das Fahrzeug im Anwendungsbereich des deutschen oder des niederländischen Rechts befindet. Dabei stellen die Tatbestände des Art. 32 Abs. 1 Ems-Dollart-Vtrg einerseits auf die Flagge des Schiffes und andererseits auf dessen Bestimmungs- bzw. Abgangshafen ab. Wird der Radarlotse wegen Verlust oder Beschädigung des Schiffes oder wegen Tod oder Körperverletzung von Personen bzw. Verlust oder Beschädigung von Sachen, die sich an Bord befunden haben (Art. 32 Abs. 2 Ems-Dollart-Vtrg), in Anspruch genommen, ist unter Heranziehung der Grundsätze des Art. 32 Abs. 1 Ems-Dollart-Vtrg zu ermitteln, nach welchem Recht sich die Haftung des Radarlotsen beurteilt.

V. Die Haftung gegenüber Dritten

125 Die Tätigkeit des Seelotsen kann dazu führen, dass Dritte Schäden erleiden. Ggf. haftet der Seelotse selbst (unten Rn 126–163). Daneben kann eine Haftung des Reeders bzw. Eigners begründet sein (unten Rn 164–166), der möglicherweise beim Seelotsen Rückgriff nehmen kann (unten Rn 167–174).

126 **1. Die Haftung des Lotsen.** Für Schäden Dritter haftet der Lotse auf Grundlage der allgemeinen Vorschriften (unten Rn 127–128). Dass der Lotse unmittelbar durch den geschädigten Dritten in Anspruch genommen wird, kommt praktisch nicht häufig vor.[222] Besondere Regelungen gelten, wenn es um die Einstandspflicht des Lotsen für den Verlust oder die Beschädigung von Gut, das sich an Bord des Schiffes befunden hat (unten Rn 129–142), oder für die Ansprüche von Fahrgästen geht (unten 143–145). Ggf. kommt dem Lotsen eine Kanalisierung der Haftung auf andere Personen zugute (unten Rn 146). Die Haftung des Lotsen beurteilt sich in der Regel auf Grundlage des deutschen Sachrechts (unten Rn 147–148). Der Lotse ist befugt, seine Haftung für alle Ansprüche aus einem Ereignis auf einen oder mehrere Höchstbeträge zu beschränken (unten Rn 149–165). Dem geschädigten Dritten kann auch ein Schiffsgläubigerrecht zustehen (unten Rn 157). Dem Lotsen steht in entsprechenden Fällen der Rückgriff beim Reeder zu (unten Rn 158–163).

a) Die Grundlagen der Haftung. Führt die Tätigkeit des Lotsen an Bord dazu, dass eine Person getötet oder verletzt wird oder dass Sachen verloren gehen oder beschädigt werden, kommt eine Haftung aus unerlaubter Handlung in Betracht. Ansprüche können sich insbesondere aus den Vorschriften der §§ 823 Abs. 1 und 2 BGB ergeben.[223] Die getötete oder verletzte Person oder die verloren gegangene oder beschädigte Sache kann sich an Bord des betreffenden Schiffes, an Bord eines anderen Schiffes oder auch an anderer Stelle aufgehalten haben. Die in Deutschland tätigen Lotsen handeln nicht in Ausübung eines öffentlichen Amtes, so dass eine Haftung aus § 839 Abs. 1 BGB nicht in Betracht kommt. 127

Die Haftung aus § 823 Abs. 1 oder 2 BGB setzt ein Verschulden des Lotsen voraus. Der Schaden kann auf ein Verhalten des Lotsen bei der Beratung des Kapitäns oder Wachoffiziers bzw. des Schiffers zurückgehen, aber auch auf ein solches bei der eigenhändigen Bedienung von Manöverelementen des Schiffes oder gar bei der übernommenen Schiffsführung (oben Rn 113–115). Das Verschulden des Lotsen muss vom geschädigten Dritten dargelegt und bewiesen werden. Außerdem muss zwischen dem Verhalten des Lotsen und dem eingetretenen Schaden ein objektiver Zurechnungszusammenhang bestehen. Der Lotse kann dem geschädigten Dritten nicht entgegen halten, dass der Reeder bzw. Eigner und insbesondere die Schiffsführung ihrer Pflicht, ihn, den Lotsen, zu beaufsichtigen (unten Rn 175), nicht hinreichend nachgekommen seien. Ebenso kann sich der Lotse gegenüber dem geschädigten Dritten nicht auf § 21 Abs. 3 Satz 1 SeeLG und einen Haftungsausschluss für leichte Fahrlässigkeit berufen. Die Vorschrift betrifft lediglich das Innenverhältnis zum Reeder bzw. Eigner (oben Rn 108–112). 128

b) Die Haftung für Verlust oder Beschädigung des Gutes. Ist durch das Verhalten des Lotsen Gut, das sich an Bord des gelotsten Schiffes befunden hat, verloren gegangen oder beschädigt worden, können Ansprüche aus unerlaubter Handlung gegen den Lotsen begründet sein. Gläubiger des Anspruchs sind normalerweise die Ladungsbeteiligten des Schiffes (unten Rn 122–127 zu § 480) und vor allem der Eigentümer des Gutes. Unterliegen die Ansprüche dem deutschen Sachrecht (unten Rn 147–148), kommen namentlich Ansprüche aus § 823 Abs. 1 und 2 BGB in Betracht. Wie auch der Kapitän kann sich der Lotse gegenüber dem Geschädigten möglicherweise auf Haftungsbefreiungen und -beschränkungen berufen. Wiederum stehen verschiedene, sich überschneidende Mechanismen zur Verfügung, die der Lotse ggf. für sich geltend machen kann (siehe zum Kapitän unten Rn 111–112 zu § 480). So ist möglicherweise der Geschädigte seinerseits als 129

---

222 Siehe RGZ 74, 250, „Nauta", „Johanne": Schiffsführungslotse auf dem Nord-OstseeKanal.
223 BGH VersR 1968, 941, 942 „Conca d'Oro", „Batman".

Befrachter, Charterer oder Empfänger oder als Konnossements-Berechtigter an einem Rechtsverhältnis beteiligt, in dem die Haftungsbefreiungen und -beschränkungen im Wege einer Himalaya-Regelung auch zugunsten des Lotsen zur Anwendung gebracht werden (siehe § 508 Abs. 1 und unten Rn 130–139). Davon zu unterscheiden ist der Fall, dass von Gesetzes wegen die Haftungsbefreiungen und -beschränkungen eines Rechtsverhältnisses auf den Geschädigten als vertragsfremden Dritten erstreckt werden (siehe § 506 Abs. 2) und dass dies außerdem über die Himalaya-Regelung des betreffenden Rechtsverhältnisses (siehe § 508 Abs. 1) dem Lotsen zugutekommt (unten Rn 140). Schließlich kann der Lotse gegenüber bestimmten Geschädigten auch die Vorschrift des § 509 Abs. 5 für sich geltend machen (unten Rn 141).

130 **aa) Die Himalaya-Regelungen.** Möglicherweise ist der Geschädigte Partei eines Rechtsverhältnisses, in dem für den Fall des Verlustes und der Beschädigung von Gut in einer Himalaya-Regelung zugunsten des Lotsen Haftungsbefreiungen und -beschränkungen vorgesehen sind. Siehe zu den Grundgedanken der Himalaya-Regelung zunächst die Hinweise zum Kapitän unten Rn 99–100 Anhang zu § 479. Die Erwägungen dort gelten gleichermaßen für den Lotsen. Zum Tragen kommt eine Himalaya-Regelung zugunsten des Lotsen nur, wenn der Geschädigte Partei eines Rechtsverhältnisses ist, das die Haftungsbefreiungen und -beschränkungen zugunsten des Lotsen zur Anwendung bringt (näher unten Rn 101 Anhang zu § 479 ([Kapitän]). Die grundlegende Himalaya-Regelung des deutschen Seefrachtrechts ist die Bestimmung des § 508 Abs. 1. Danach können sich die Leute des Verfrachters sowie die Mitglieder der Schiffsbesatzung (Satz 2) auf die „... in diesem Untertitel ..." und im Stückgutfrachtvertrag zugunsten des Verfrachters vorgesehenen Haftungsbefreiungen und Haftungsbegrenzungen berufen.

131 **(1) Die Wirkung zugunsten des Lotsen.** Dem Lotsen kommt die Himalaya-Regelung nur zugute, wenn er gerade auch zu dem geschützten Personenkreis gehört. § 508 Abs. 1 schützt die Leute des Verfrachters sowie die Mitglieder der Schiffsbesatzung (Satz 2). Der Lotse gehört nicht zu den Leuten des Reeders und damit erst Recht nicht zu den Leuten eines an der Beförderung beteiligten Verfrachters. Er ist aber für die Zwecke der Anwendung § 508 Abs. 1 der Schiffsbesatzung zuzurechnen. Diese ist in § 478 umschrieben. Ausgehend davon gehört der Lotse nicht zur Schiffsbesatzung (ausführlich oben Rn 51–57 zu § 478). Dies schließt es aber nicht aus, den Lotsen im Rahmen des § 508 Abs. 1 gleichwohl der Schiffsbesatzung zuzurechnen (dazu auch oben Rn 8 zu § 478). M.E. ist ein solches Verständnis auch geboten.[224] Die Einbeziehung der Schiffsbesatzung in den Geltungsbereich des § 508 Abs. 1 dient auch dem Schutz dieser sozial schwächeren Personen. Deren Tätigkeit ist aufgrund des Umgangs mit dem Schiff mit dem Risiko erheblicher Schäden und damit einer entsprechenden ruinösen Haftung verbunden. Dies gilt in gleicher Weise für den Lotsen. Auch § 21 Abs. 3 SeeLG und die entsprechenden Regelungen in den Häfen (oben Rn 108–112, 172–174) ändern hieran nichts. Zum einen gelten die Vorschriften nur für in Deutschland tätige Lotsen, während § 508 Abs. 1 auf alle Beförderungen weltweit zur Anwendung gelangt. Zum anderen steht die Vorschrift des § 21 Abs. 3 SeeLG in direktem Gegensatz zu dem Gedanken des Schutzes des Systems der Haftungsbefreiungen und -beschränkungen, weil dessen Satz 2 dem in Anspruch genommenen Lotsen in Fällen einfacher Fahrlässigkeit gerade den Rückgriff beim Reeder erlaubt (unten Rn 172–173). Und ohnehin schützt § 21 Abs. 3 SeeLG den Lotsen nicht

---

[224] Anders aber *Herber* in MüKo/HGB Rn 6 zu § 508.

vor einer unmittelbaren Inanspruchnahme. Schließlich muss auch nicht berücksichtigt werden, dass der Lotse nach Art. 1 Abs. 4 HBÜ 1996, § 615 Abs. 1 bis 3, §§ 4 ff. BinSchG ein eigenes Recht zur Beschränkung der Haftung hat (unten Rn 149–156), was ihn vor einer existenzvernichtenden Haftung bewahrt. Denn den Personen der Schiffsbesatzung steht nach Art. 1 Abs. 4 HBÜ 1996, § 5c Abs. 1 Nr. 3 BinSchG ebenfalls die selbständige Befugnis zur Beschränkung der Haftung zu. Zuzugeben ist allerdings, dass bei Seeschiffen (oben Rn 63–85 Einleitung B) die besonderen, für den Lotsen maßgeblichen Höchstbeträge des § 615 Abs. 1 bis 3, für den nur die Einstiegs-Höchstbeträge und nicht auch die weiteren Erhöhungen gelten (§ 615 Abs. 1 und 2), in den meisten Fällen deutlich niedriger sind als die Höchstbeträge nach Art. 6 Abs. 1 (a) und (b) und Art. 7 HBÜ 1996, die für die Personen der Schiffsbesatzung maßgeblich wären.

(2) Gesetzliche Himalaya-Regelungen – § 508 Abs. 1. Damit stehen auch dem Lotsen nach § 508 Abs. 1 die „... in diesem Untertitel ..." zugunsten des Verfrachters vorgesehenen Haftungsbefreiungen und -beschränkungen zu. Diese ergeben sich aus den Vorschriften der §§ 498 ff. (dazu unten Rn 133–134). Dabei muss es sich bei dem maßgeblichen Rechtsverhältnis, dessen Partei der Geschädigte ist, um einen Stückgutfrachtvertrag, um eine Reisecharter (siehe § 527 Abs. 2) oder um ein Normal-Konnossement handeln. Eine Zeitcharter oder ein Haag-Konnossement helfen dem Lotsen nicht (näher dazu unten Rn 103–105 Anhang zu § 479 [Kapitän]). **132**

(3) Die Anwendung der Haftungsbefreiungen und -beschränkungen der §§ 498 ff. Der Lotse kann nach § 508 Abs. 1 (zuvor Rn 132) den Ansprüchen des Geschädigten wegen Verlust und die Beschädigung des Gutes die zugunsten des Verfrachters bestehenden Haftungsbefreiungen und -beschränkungen der §§ 498 ff. entgegen halten. Siehe hierzu ausführlich die Hinweise zum Kapitän unten Rn 106–107 Anhang zu § 479 (Kapitän). Die Vorschrift des § 499 Abs. 1 Satz 2 ist mit der Maßgabe anzuwenden, dass Satz 1 nicht zur Anwendung gelangt, wenn der Schaden durch die Sorgfalt eines ordentlichen Lotsen – nicht: Verfrachters – hätte abgewendet werden können. Die besonderen Pflichten des § 499 Abs. 3 und 4 betreffen nur den Verfrachter und nicht den Lotsen, so dass die Vorbehalte dieser Vorschriften nicht zur Anwendung gelangen. Der Tatbestand des § 500 bleibt außen vor. § 501 kommt nicht zum Tragen, der Lotse wird persönlich in Anspruch genommen. Ausgehend von § 823 Abs. 1 oder 2 BGB muss bereits der Anspruchsteller das Verschulden des Lotsen darlegen und beweisen, was nicht dem Konzept des § 498 Abs. 1 und 2 entspricht. Jedenfalls muss der Lotse für den Schaden nicht einstehen, wenn er nach § 498 Abs. 2 Satz 1 darlegt und beweist, dass der Verlust oder die Beschädigung auf Umständen beruht, die durch die Sorgfalt eines ordentlichen Lotsen – nicht: Verfrachters – nicht hätten abgewendet werden können. § 498 Abs. 2 Satz 2 spielt im Hinblick auf den Lotsen keine Rolle. Die Sonderregelung des Art. 6 Abs. 1 Satz 1 Nr. 1 EGHGB, die Haftungsbefreiung im Falle nautischen Verschuldens oder bei Feuer (dazu noch unten Rn 138), kommt dem Lotsen nicht zugute, weil Art. 6 Abs. 1 Satz 1 EGHGB schon den § 508 gar nicht erst zur Anwendung bringt (oben Rn 132). **133**

Der Lotse schuldet nach § 502 Wertersatz sowie ggf. nach § 503 die Kosten der Schadensfeststellung. Weiteren Schaden hat er nicht zu ersetzen. Für den Wertersatz und die Schadensfeststellungskosten haftet der Lotse darüber hinaus nach Maßgabe des § 504 nur in beschränkter Höhe. Eine Vereinbarung, durch die höhere als die in § 504 vorgesehenen Beträge festgesetzt werden (§ 512 Abs. 2 Nr. 2), ist für den Lotsen unbeachtlich. Für ihn bleiben die in § 504 vorgesehenen Beträge maßgeblich (Rechtsgedanke der §§ 509 Abs. 2, 437 Abs. 1 Satz 2, 546 Abs. 1 Satz 2). In allen Fällen ist eine Geltendmachung der zugunsten des Verfrachters vorgesehenen Haftungsbefreiungen und -beschränkungen **134** durch den Lotsen ausgeschlossen, wenn ihm ein qualifiziertes Verschulden vorzuwerfen ist (siehe § 508 Abs. 2). Kommt zugunsten des Lotsen gilt anstelle der Verjährung nach §§ 195 f. BGB die einjährige Verjährung nach § 605 Nr. 1, die nach § 607 Abs. 1 Satz 1 mit der tatsächlichen oder hypothetischen Ablieferung beginnt. Ebenso gilt der frachtrechtliche Tatbestand der Hemmung nach § 608.

135 **(4) Vertragliche Haftungsbefreiungen und -beschränkungen zugunsten des Verfrachters.** Der Lotse kann sich nach § 508 Abs. 1 gegenüber den Ansprüchen des Geschädigten wegen Verlust und die Beschädigung des Gutes auch auf alle im Frachtvertrag, in der Reisecharter oder im Konnossement zugunsten des Verfrachters wirksam vereinbarten Haftungsbefreiungen und -beschränkungen berufen. Siehe auch die Hinweise zum Kapitän unten Rn 108 zu Anhang § 479 (Kapitän). Die §§ 498 ff., 605 ff. sind im Rahmen des Stückgutfrachtvertrages AGB-fest, ebenso beim (Normal-)Konnossement (§§ 525 Satz 1, 609 Abs. 1 Satz 1). Gegenüber dem im Konnossement genannten Dritten sowie gegenüber dem Erwerber des Konnossements gelten die §§ 498 ff., 605 ff. einseitig zulasten des Verfrachters zwingend (§ 525 Satz 2, 609 Abs. 1 Satz 2). Bei der Reisecharter können dagegen ohne Beschränkungen abweichende Regelungen auch durch AGB getroffen werden (siehe § 527 Abs. 2, § 609 Abs. 1 Satz 1). Das qualifizierte Verschulden des Lotsen schließt die Geltendmachung der zugunsten des Verfrachters vereinbarten Haftungsbefreiungen und -beschränkungen aus (siehe § 508 Abs. 2). Zur Haftungsbefreiung für nautisches Verschulden und Feuer siehe unten Rn 138. Vereinbarungen, die die Haftung des Verfrachters bzw. Vercharterers erweitern, betreffen den Lotsen nicht. Für ihn gelten weiterhin die Regelungen der §§ 498 ff., 605 ff. (siehe zuvor Rn 133–134).

136 **(5) Vertragliche Himalaya-Regelungen zugunsten des Lotsen.** Bislang (oben Rn 132–135) ging es um den Fall, dass nach § 508 Abs. 1 oder aufgrund vertraglicher Abreden zugunsten des Verfrachters bzw. Vercharterers vorgesehene – von Gesetzes wegen bestehende oder vereinbarte – Haftungsbefreiungen und -beschränkungen auf den Lotsen erstreckt wurden. Davon zu unterscheiden sind vertragliche Himalaya-Regelungen, die die Haftungsbefreiungen und -beschränkungen bereits von sich aus auf die Hilfspersonen des Verfrachters für anwendbar erklären. Siehe hierzu die Hinweise zum Kapitän unten Rn 109–111 zu § 479 (Kapitän). Der betreffenden Himalaya-Regelung ist zu entnehmen, ob und unter welchen Voraussetzungen sie auch zugunsten des Lotsen wirkt und welche Haftungsbefreiungen und -beschränkungen der Lotse für sich geltend machen kann. Die betreffende Himalaya-Regelung hilft dem Lotsen zudem nur, wenn sie wirksam ist.

137 Die Frage, ob die Himalaya-Regelung gerade auch den Lotsen schützt, kann Schwierigkeiten machen. Ob dies der Fall ist, ergibt sich aus der Himalaya-Regelung, die ggf. der Auslegung bedarf (§§ 133, 157 BGB). Möglicherweise sind Lotsen ausdrücklich genannt. Erstreckt sich der Schutz der Himalaya-Regelung auf selbständige Hilfspersonen („independent sub-contractors" oder „sub-contractors"), kommt dies dem Lotsen nicht zugute. Er gehört auch nicht zu den Leuten („servants") des betreffenden Verfrachters bzw. Vercharterers. Möglicherweise soll die Himalaya-Regelung auch für die Personen der Schiffsbesatzung gelten. Hier wäre zu prüfen, ob ein Lotse unter diese Umschreibung fällt. Dies ist eine Frage der Auslegung der betreffenden vertraglichen oder gesetzlichen Bestimmung im Einzelfall. Ist der Anspruchsteller Befrachter bzw. Empfänger unter einem Stückgutfrachtvertrag, der den §§ 498 ff., 605 ff. unterliegt, ist eine Erstreckung der Haftungsbefreiungen und -beschränkungen der §§ 498 ff., 605 ff. auf den Lotsen unproblematisch, weil dies der ohnehin bestehenden Rechtslage entspricht. Ebenso verhält es sich im Hinblick auf die Reisecharter und das (Normal-) Konnossement und letztlich

auch beim Haag-Konnossement (zu diesem siehe unten Rn 110 Anhang § 479 zu [Kapitän]) und der Zeitcharter (unten Rn 111 Anhang § 479 zu [Kapitän]).

(6) Nautisches Verschulden und Feuer. Ggf. kann der Lotse einen Haftungsausschluss für nautisches Verschulden oder Feuer geltend machen; siehe hierzu ausführlich zum Kapitän unten Rn 112–116 Anhang zu § 479 (Kapitän). Namentlich eine Haftungsbefreiung für nautisches Verschulden hätte für den Lotsen eine erhebliche Bedeutung, weil die praktisch die gesamte Tätigkeit des Bordlotsen die Führung und Bedienung des Schiffes betrifft. Beim Stückgutfrachtvertrag kann nach § 512 Abs. 2 Nr. 1 auch in AGB (des Verfrachters) vorgesehen werden, dass der Verfrachter ein Verschulden insbesondere der Schiffsbesatzung nicht zu vertreten hat, wenn der Schaden durch ein Verhalten bei der Führung oder der sonstigen Bedienung des Schiffes oder durch Feuer oder Explosion an Bord des Schiffes entstanden ist. Bei der Reisecharter gilt dies ohnehin (siehe § 527 Abs. 2 und die fehlende Bezugnahme auf § 512). In den Bedingungen eines Normal-Konnossements kann ebenfalls bestimmt werden, dass der Verfrachter für nautisches Verschulden und bei Feuer nicht haftet, siehe §§ 525 Satz 1, 512 Abs. 1 und 2 Nr. 1 sowie § 525 Satz 2 und 3. Im Rahmen einer Zeitcharter kann dies zugunsten des Vercharterers grundsätzlich ohne weiteres und auch durch AGB vorgesehen werden. Im Wege einer Himalaya-Regelung kann dieser Haftungsausschluss auch auf den Lotsen erstreckt werden. Zur Rechtslage beim Haag-Konnossement siehe unten Rn 114 Anhang zu § 479 (Kapitän). Hier bedarf es einer ausdrücklichen Himalaya-Klausel zugunsten des Lotsen in den Bedingungen des Konnossements (oben Rn 136–137). Auch wenn die Ausschlussgründe „nautisches Verschulden" und „Feuer" in Deutschland traditionell als Ausschluss der Zurechnung des Verhaltens insbesondere der Schiffsbesatzung verstanden wird, kann der Lotse dem Geschädigten entgegenhalten, dass sein eigenes Verhalten die Voraussetzungen des nautisches Verschuldens erfüllt (siehe unten Rn 115 Anhang zu § 479 [Kapitän]). Gleiches gilt für das Verhalten des Lotsen als Ursache für Feuer (unten Rn 116 Anhang zu § 479 [Kapitän]).

(7) Internationalprivatrechtliche Gesichtspunkte. Zu den internationalprivatrechtlichen Fragestellungen siehe die Hinweise zum Kapitän unten Rn 117–118 Anhang zu § 479 (Kapitän). Der Anspruch des geschädigten Dritten gegen den Lotsen wird sich normalerweise nach deutschem Sachrecht beurteilen (unten Rn 147–148). Aus diesem ergibt sich auch, ob der Lotse sich gegenüber dem geschädigten Dritten auch auf Haftungsbefreiungen und -beschränkungen berufen kann (siehe Art. 15 [b] Rom II). Das deutsche Sachrecht erlaubt die Heranziehung von Haftungsbefreiungen und -beschränkungen zugunsten des Lotsen, die sich aus dem betreffenden Rechtsverhältnis mit dem geschädigten Dritten ergeben. Dieses Rechtsverhältnis ist internationalprivatrechtlich selbständig anhand der Grundsätze des deutschen internationalen Privatrechts anzuknüpfen.

bb) Die Wirkung von Haftungsbefreiungen und -beschränkungen zulasten des Geschädigten als vertragsfremdem Dritten. Der Lotse kann den Geschädigten, der Ansprüche wegen des Verlustes oder der Beschädigung von Gut geltend macht, möglicherweise nach §§ 508 Abs. 1, 506 Abs. 2 auf Haftungsbefreiungen und -beschränkungen sonstiger Rechtsverhältnisse verweisen. Erforderlich ist, dass das betreffende Rechtsverhältnis von Gesetzes wegen nach § 506 Abs. 2 Satz 1 dem Verfrachter bzw. Vercharterer erlaubt, die in §§ 498 ff. vorgesehenen und die vereinbarten Haftungsbefreiungen und -beschränkungen auch vertragsfremden Dritten entgegenzuhalten. Diese Befugnis kommt über die Himalaya-Regelung des § 508 Abs. 1 auch dem Lotsen zu (dazu oben

Rn 131). Siehe zu allem ausführlich die Hinweise zum Kapitän unten Rn 119–127 Anhang zu § 479 (Kapitän). Bei dem betreffenden Rechtsverhältnis, das den Lotsen ggf. in den Genuss der maßgeblichen Haftungsbefreiungen und -beschränkungen bringt, kann es sich um einen Stückgutfrachtvertrag, um eine Reisecharter oder um ein Normal-Konnossement handeln. Zu dem Vorbehalt des § 506 Abs. 2 Satz 2 und 3 siehe die Hinweise unten Rn 127 Anhang zu § 479 (Kapitän). Bei der Anwendung des § 506 Abs. 2 Satz 2 Nr. 2 kommt es auf die Kenntnis des Reeders und nicht auf die des Lotsen an. Die Ansprüche des vertragsfremden Dritten gegen den Lotsen unterliegen in der Regel dem deutschen Sachrecht (unten Rn 147–148), so dass damit auch die Regelungen der §§ 508, 506 Abs. 2 zugunsten des Lotsen gelten.

141   **cc) Die Himalaya-Regelung des § 509 Abs. 5.** Siehe zu § 509 Abs. 5 und der Anwendung der Vorschrift auf den Kapitän zunächst die Hinweise unten Rn 128–130 Anhang zu § 479 (Kapitän). Aus § 509 Abs. 5 in Verbindung mit § 508 ergibt sich, dass auch die Leute des ausführenden Verfrachters und die Mitglieder der Schiffsbesatzung, die vom ursprünglichen Befrachter oder dem endgültigen Empfänger wegen des Verlustes oder der Beschädigung von Gut in Anspruch genommen werden, auf alle Haftungsbefreiungen und -beschränkungen berufen können, die auch dem ausführenden Verfrachter zustehen. Ihm wiederum stehen die Einwendungen zu, die auch der vertragliche Verfrachter geltend machen könnte (§ 509 Abs. 3). Die betreffenden Haftungsbefreiungen und -beschränkungen wirken auch zugunsten der Leute des ausführenden Verfrachters. Die Schiffsbesatzung ist damit doppelt geschützt, nämlich sowohl nach § 508 Abs. 1 Satz 2 als auch nach §§ 509 Abs. 5, 508. Ausgehend von den Erläuterungen oben Rn 131 gehört der Lotse auch für die Zwecke der Anwendung des § 509 Abs. 5 zur Schiffsbesatzung. Ihm stehen daher gegenüber den Ansprüchen des ursprünglichen Befrachters oder des endgültigen Empfängers wegen des Ladungsschadens auch die Einwendungen zu, die der ausführende Verfrachter geltend machen könnte.

142   **dd) Der Anspruch des Lotsen auf Auskunft.** Der Lotse, der von dem Geschädigten gerichtlich in Anspruch genommen wird, ist ggf. darauf angewiesen, Auskünfte über möglicherweise zu seinen Gunsten bestehende Haftungsbefreiungen und -beschränkungen einzuholen. Siehe hierzu die Hinweise zum Kapitän unten Rn 131 Anhang zu § 479 (Kapitän). Wie der Kapitän steht auch der Lotse in einer Sonderverbindung zum Reeder, so dass insoweit ein Anspruch auf Auskunft in Betracht kommt.

143   **c) Die Haftung für Ansprüche von Fahrgästen.** Befördert das gelotste Schiff Fahrgäste, stehen diesen im Falle von Tod oder Körperverletzung, des Verlust oder der Beschädigung von Gepäck oder bei dessen verspäteter Aushändigung möglicherweise Ansprüche auf Schadenersatz gegen den Lotsen zu (oben Rn 127–128). Auch hier können Himalaya-Regelungen zugunsten des Lotsen zur Anwendung gelangen. Deren Grundlage sind die Vorschriften der VO Athen, des AthenÜ 2002, der §§ 536ff. sowie des § 77 BinSchG (näher unten Rn 133 Anhang zu § 479 [Kapitän]). Zugunsten des Lotsen können namentlich Art. 11 AthenÜ 2002 sowie § 547 wirken (sogleich Rn 144). Sie schützen ihn nur im Hinblick auf Ansprüche der Fahrgäste des eigenen, von ihm gelotsten Schiffes, nicht aber bei Ansprüchen geschädigter Fahrgäste anderer Schiffe, etwa nach einem vom Lotsen verursachten Zusammenstoß.

144   Art. 11 AthenÜ 2002 erstreckt die dem Beförderer zustehenden Einreden und Haftungsbeschränkungen des Übereinkommens auch auf die Bediensteten oder Beauftragten des Beförderers oder des ausführenden Beförderers (dazu unten Rn 134 Anhang zu § 479 [Kapitän]). Geschützt werden auch die Mitglieder der Schiffsbesatzung als Bedienstete oder Beauftragte des ausführenden Beförderers, also des Reeders bzw. Eigners oder des Ausrüsters. Für die Zwecke der Anwendung des Art. 11 AthenÜ 2002 muss m.E. der Lotse als Mitglied der Schiffsbesatzung angesehen werden (oben Rn 131). Ihm kommen daher im Hinblick auf die Ansprüche der geschädigten Fahrgäste die Einreden und Haftungsbeschränkungen des AthenÜ 2002 zugute. Gleiches gilt für die Einreden und Haftungsbeschränkungen der §§ 536 ff., auf die sich nach § 547 Abs. 1 Satz 2 auch die Mitglieder der Schiffsbesatzung berufen können. Ausgehend von § 478 gehört zwar der Lotse nicht zur Schiffsbesatzung (ausführlich oben Rn 52–55 zu § 478). Gleichwohl kann er für die Zwecke einzelner Vorschriften der Schiffsbesatzung zuzurechnen sein (oben Rn 7 zu § 478). So verhält es sich m.E. auch im Hinblick auf § 547 Abs. 1 Satz 2 (siehe hierzu noch die Hinweise zu § 508 Abs. 1 oben Rn 131).

Der Lotse kann nach Art. 11 AthenÜ und § 547 Abs. 1 den Ansprüchen der Fahrgäste **145** wegen Tod oder Körperverletzung oder wegen Verlust, Beschädigung oder verspäteter Aushändigung von Gepäck die Haftungsbefreiungen und -beschränkungen der Vorschriften des AthenÜ 2002 und der §§ 536 ff. entgegen halten. Siehe hierzu näher die Hinweise zum Kapitän unten Rn 134–135 Anhang zu § 479 (Kapitän). In internationalprivatrechtlicher Hinsicht ist zunächst zu ermitteln, nach welchem Sachrecht sich der Anspruch des Fahrgastes gegen den Lotsen beurteilt (dazu unten Rn 147–148). In der Regel wird das deutsche Sachrecht heranzuziehen sein. Siehe noch oben Rn 139. Ist auf den Beförderungsvertrag, den der geschädigte Fahrgast geschlossen hat, die VO Athen und damit das AthenÜ 2002 anwendbar, gilt unmittelbar Art. 11 AthenÜ 2002. Im Übrigen muss das für den Beförderungsvertrag maßgebliche Sachrecht bestimmt werden. Dies geschieht anhand der Grundsätze des deutschen internationalen Privatrechts und damit ausgehend von den Bestimmungen der Rom I Verordnung. Eine Rolle spielt hier zunächst eine Rechtswahl (Art. 3 und 5 Abs. 2 Unterabs. 2 Rom I), im Übrigen ist der Beförderungsvertrag objektiv nach Art. 5 Abs. 2 Unterabs. 1 Rom I anzuknüpfen.

d) Die Kanalisierung der Haftung auf andere Personen. Die Haftung für Ölver- **146** schmutzungsschäden aus dem ÖlHÜ 1992 sowie zukünftig für HNS-Schäden aus dem HNS-Ü 2010 ist in besonderer Weise ausgestaltet. Insbesondere ist dort (im Außenverhältnis) jeweils eine Kanalisierung der Haftung auf den eingetragenen Eigentümer des Schiffes vorgesehen, bei gleichzeitiger Freistellung der übrigen am Schiffsbetrieb beteiligten Personen (ausführlich dazu unten Rn 9–18 zu Art. III ÖlHÜ 1992 [Anhang I.1 zu § 480]). Dies kommt auch dem Lotsen des Schiffes zugute, was in Art. III Abs. 4 Satz 2 Hs. 1 (b) ÖlHÜ 1992, Art. 7 Abs. 5 Hs. 1 (b) HNS-Ü 2010 ausdrücklich klargestellt ist. Er haftet also bei Ölverschmutzungsschäden sowie HNS-Schäden dem Geschädigten grundsätzlich nicht. Dies gilt auch für den Radarlotsen. Die Haftungsbefreiung entfällt bei einem qualifizierten Verschulden des Lotsen (Art. III Abs. 4 Satz 2 Hs. 2 ÖlHÜ 1992, Art. 7 Abs. 5 Hs. 2 HNS-Ü 2010). Im Übrigen bleibt der Eigentümer des Schiffes befugt, ggf. beim Lotsen Rückgriff zu nehmen; siehe Art. III Abs. 5 ÖlHÜ 1992, Art. 7 Abs. 6 HNS-Ü 2010 sowie Rn 20–21 zu Art. III ÖlHÜ 1992 (Anhang I.1 zu § 480) und unten Rn 167–174. Ebenso ist die Haftung des Lotsen ausgeschlossen, wenn Kernmaterial befördert wird, Dritte durch ein vom Lotsen verursachtes nukleares Ereignis geschädigt werden und der Inhaber der betreffenden Kernanlage auf Grundlage des ParisÜ 1982 haftet (siehe Art. 1 KernmaterialBefÜ sowie unten Rn 35–38 Anhang IV zu § 480 [maritime Nuklearhaftung]).

e) Internationalprivatrechtliche Gesichtspunkte. Die Haftung des Lotsen gegen- **147** über den geschädigten Dritten ist eine solche aus unerlaubter Handlung. Die internationalprivatrechtliche Anknüpfung erfolgt nach Maßgabe der Rom II Verordnung, namentlich auf Grundlage der Tatbestände des Art. 4 Rom II. Ausgehend von den Regelungen des Abs. 1 gelangt grundsätzlich das Sachrecht des Ortes zur Anwendung, in dem der Schaden eingetreten ist (näher unten Rn 189–191 zu § 480). Die Seelotsreviere liegen im deutschen Küstenmeer bzw. den inneren Gewässern (dazu oben Rn 4 Einleitung C), also auf deutschem Hoheitsgebiet. Für die Häfen gilt dies ohnehin. Ausgehend davon führt die Anknüpfung nach Art. 4 Abs. 1 Rom II im Hinblick auf die Haftung des Bordlotsen in der Regel hin zum deutschen Sachrecht.[225] Aus der vorrangigen Anknüpfung nach Art. 4 Abs. 2 Rom II an den gemeinsamen gewöhnlichen Aufenthalt wird sich normalerweise nichts anderes ergeben. Eine Anwendung des Art. 4 Abs. 3 Satz 2 Rom II kommt in der Regel nicht in Betracht, weil zwischen dem geschädigten Dritten und dem Kapitän normalerweise kein anderweitiges Rechtsverhältnis besteht. Im Falle von Ansprüchen aus einer Umweltschädigung stellt Art. 7 Rom II eine alternative Anknüpfung an den Handlungsort zur Verfügung. Der Bordlotse wird auf dem Schiff tätig. Auch unter diesem Gesichtspunkt wird es normalerweise bei der Anwendbarkeit des deutschen Rechts bleiben. Art. 15 Rom II erläutert, welche Gesichtspunkte sich nach dem betreffenden Sachrecht beurteilen. Siehe zu den internationalprivatrechtlichen Fragestellungen im Hinblick auf die Himalaya-Regelungen bereits oben Rn 139 sowie zu den Anknüpfungen anhand der Tatbestände der Art. 4 und 7 Rom II ausführlich unten Rn 188–200, 200–205.

148 Im Bereich der Emsmündung sind die besonderen Regelungen zu beachten, die in den bilateralen deutsch-niederländischen Verträgen getroffen wurden (siehe Rn 9 Einleitung C). Allerdings spielt Art. 6 EmsSchInfo-Vtrg im hier erörterten Zusammenhang keine Rolle, diese Bestimmung gilt nur für Radarlotsen (unten Rn 123–124). Auch Art. 9 Abs. 3 KüstenmeerVtrg (NL) bleibt unberücksichtigt, weil die Bestimmungen der Rom II Verordnung vorrangig gelten (oben Rn 117). Maßgeblich ist allerdings Art. 32 Ems-Dollart-Vtrg (ausführlich unten Rn 233–236 zu § 480), der im Rahmen der Anwendung des Art. 4 Abs. 1 Rom I und die dort vorgesehene Anknüpfung an den Schadensort stattdessen eine Anknüpfung an die Flagge des Schiffes bzw. dessen Abgangs- oder Bestimmungshafen vorsieht. Dies betrifft Ansprüche der geschädigten Dritten für den Tod oder die Körperverletzung von Personen und den Verlust und die Beschädigung von Sachen an Bord des gelotsten Schiffes.

149 **f) Die beschränkbare Haftung des Lotsen.** Der Bordlotse haftet ggf. für alle gegen ihn gerichteten Ansprüche aus einem Ereignis nur in beschränkter Höhe. Errichtet einer der Schiffseigentümer bzw. der Schiffseigner einen Fonds, kommt dies auch dem Lotsen zugute. Unabhängig davon kann er auch aus eigenem Recht eine Beschränkung seiner Haftung für alle Ansprüche aus einem Ereignis herbeiführen[226] (zum Radarlotsen siehe unten Rn 179). Diese Befugnis besteht auch in den Fällen, in denen der Lotse aufgrund von Himalaya-Regelungen ohnehin nur in beschränktem Umfange für den Anspruch einzustehen hat (oben Rn 133–134, 145). Hier ist die Haftung ggf. zweifach beschränkt. Die Beschränkung erfolgt, wenn der Lotse auf einem Seeschiff tätig war, nach den Bestimmungen des HBÜ 1996 in Verbindung mit §§ 611 ff. (sogleich Rn 150–151) und bei Binnenschiffen nach Maßgabe der §§ 4 ff. BinSchG (unten Rn 152–154). Schwierigkeiten macht in diesem Zusammenhang die Bestimmung des Art. 5 Abs. 1 VO Athen (unten Rn 155–156).

---

225 Siehe OLG Hamburg Hansa 1967, 1163 (unter 1.) „Mantric", anschließend BGHZ 50, 250 = VersR 1968, 940.
226 Näher und zum Folgenden *Ramming* RdTW 2014, 301.

aa) Das HBÜ 1996. Der Lotse ist, wenn es sich bei dem gelotsten Schiff um ein See- 150
schiff gehandelt hat (zur Abgrenzung zu Binnenschiff oben Rn 63–85 Einleitung B), nach
Art. 1 Abs. 4 HBÜ 1996 berechtigt, seine Haftung zu beschränken. Der an Bord tätige Lotse ist eine Person, für die der Schiffseigentümer (Art. 1 Abs. 1 HBÜ 1996), namentlich der
Reeder oder Ausrüster (Art. 1 Abs. 2 HBÜ 1996) einzustehen hat. Dies ergibt sich für das
deutsche Recht aus § 480 Satz 1 (dort Rn 9–17). Art. 2 und 3 HBÜ 1996 bestimmen, für
welche Ansprüche der Lotse seine Haftung beschränken kann. Bei ihm werden häufig
der Tatbestand des Art. 2 Abs. 1 (a) HBÜ 1996 und Ansprüche wegen Tod oder Körperverletzung oder wegen Verlust oder Beschädigung von Sachen an Bord oder in unmittelbarem Zusammenhang mit dem Betrieb des Schiffes sowie um Folgeschäden eine Rolle
spielen. Der jeweils maßgebliche Personenschaden- und Sachschaden-Höchstbetrag
ermittelt sich nach Art. 6 (a) und (b) HBÜ 1996 anhand der Vermessung des Schiffes. Für
Ansprüche der Fahrgäste auf dem betreffenden Schiff (oben Rn 143–145) steht ein gesonderter Reisende-Höchstbetrag nach Art. 7 HBÜ 1996 zur Verfügung. Für diesen
kommt es nicht auf die Vermessung des Schiffes, sondern auf die Anzahl der Reisenden
an, die das Schiff befördern darf. Diese Höchstbeträge gelten nach Art. 9 Abs. 1 (a), Abs. 2
HBÜ 1996 für die Gesamtheit der aus demselben Ereignis entstandenen Ansprüche gegen
die Schiffseigentümer (Art. 1 Abs. 2 HBÜ 1996) sowie gegen deren Hilfspersonen (Art. 1
Abs. 4 HBÜ 1996) einschließlich des Lotsen. Die Befugnis des Lotsen zur Beschränkung
der Haftung ist nach Art. 4 HBÜ 1996 im Falle eines qualifizierten Verschuldens ausgeschlossen. Zum Durchgriff auf den Reeder bzw. Eigner in diesem Falle siehe unten Rn 157
sowie Rn 153–155 Anhang zu § 479 (Kapitän).

Die Vertragsstaaten sind befugt, im Hinblick auf den Lotsen (in Abweichung von 151
Art. 9 Abs. 1 [a] HBÜ 1996) eigene und niedrigere Höchstbeträge festzulegen. Dies ergibt
sich nicht aus dem HBÜ 1996. Allerdings herrschte hierüber auf der diplomatischen Konferenz, auf der das HBÜ 1976 verabschiedet wurde, Einigkeit.[227] Ausgehend davon hat
Deutschland in seinem nationalen Recht in § 615 Abs. 1 bis 3 bestimmt, dass es für den
Bordlotsen im Hinblick auf den Personenschaden-, den Sachschaden- und den Reisende-Höchstbetrag (Art. 6 Abs. 1 [a] und [b], Art. 7 HBÜ 1996) jeweils bei den Einstiegs-Höchstbeträgen bleibt. Siehe auch § 1 Abs. 3 Nr. 1 SVertO. Dagegen haftet etwa für der
Kapitän uneingeschränkt mit den vollen Höchstbeträgen (dazu unten Rn 142–143 Anhang zu § 479 [Kapitän]), ebenso der Kanalsteurer (unten Rn 13 Anhang § 478 [Kanalsteurer]). Auf die besonderen, für den Lotsen geltenden Höchstbeträge kommt es allerdings
nur an, wenn der Lotse direkt in Anspruch genommen wird und selbst einen Fonds errichtet (Art. 11 ff. HBÜ 1996, § 1 Abs. 2 Satz 2 SVertO) oder die Einrede der Haftungsbeschränkung nach Art. 10 Abs. 1 Satz 1 HBÜ 1996 erhebt. So kann es sich etwa auch verhalten, wenn der Lotse vom Reeder in Anspruch genommen wird (dazu oben Rn 107).
Errichtet dagegen einer der Schiffseigentümer einen Fonds (über die vollen Höchstbeträge des Art. 6 Abs. 1 [a] und [b], Art. 7 HBÜ 1996) kommt dies nach Art. 11 Abs. 3 HBÜ 1996
automatisch auch dem Lotsen zugute.

bb) §§ 4 ff. BinSchG. Auch der Binnenschifffahrt ist die Befugnis zur Beschränkung 152
der Haftung international einheitlich in der CLNI geregelt. Das Übereinkommen entspricht im Hinblick auf Aufbau und Systematik dem HBÜ 1996. Die CLNI findet allerdings innerstaatlich nicht unmittelbar Anwendung (siehe Art. 1 Abs. 2 CLNI-G). Stattdessen gelten die Regelungen der §§ 4 ff. BinSchG. Diese sehen in § 5e BinSchG einen Perso-

---

[227] 2. SRÄndG-Begr S. 19 f.; *Rittmeister* Haftungsbeschränkung S. 19–21; *Herber* Haftungsrecht S. 26 f. (unter d) und S. 50 f. (unter d).

nenschaden-Höchstbetrag, in § 5f Abs. 1 BinSchG einen Sachschadens-Höchstbetrag, in § 5h BinSchG einen gesonderten Gefahrgut-Höchstbetrag, in § 5j BinSchG einen gesonderten Wrackbeseitigungs-Höchstbetrag und in § 5k BinSchG einen Reisende-Höchstbetrag vor.

153 Ist das gelotste Schiff ein Binnenschiff (zur Abgrenzung von See- und Binnenschiffen siehe oben Rn 63–85 Einleitung B), ist der Lotse nach § 5c Abs. 1 Nr. 3 BinSchG berechtigt, seine Haftung zu beschränken. Der an Bord tätige Lotse ist eine Person, für die der Schiffseigner (§ 4 Abs. 1 Satz 1, § 3 Abs. 1 BinSchG) bzw. der Ausrüster (§ 5c Abs. 1 Nr. 1 BinSchG) einzustehen hat. Im deutschen Recht ergibt sich dies aus (§ 3 Abs. 1 BinSchG). Der Lotse kann nach § 4 Abs. 1 Satz 1 BinSchG namentlich seine Haftung für Ansprüche wegen Personenschäden (§ 4 Abs. 2 BinSchG) und wegen Sachschäden (§ 4 Abs. 3 BinSchG) beschränken, wenn der Schaden an Bord oder in unmittelbarem Zusammenhang mit dem Betrieb des Schiffes eingetreten ist. Das BinSchG sieht verschiedene Höchstbeträge für Ansprüche wegen Personenschäden (§ 5e), wegen Sachschäden (§ 5f), wegen Gefahrgutschäden (§ 5h), wegen Wrackbeseitigung (§ 5j) sowie wegen Tötung oder Verletzung von Reisenden (§ 5k) vor. Bei Vorliegen eines qualifizierten Verschuldens des Lotsen ist die Befugnis zur Beschränkung der Haftung ausgeschlossen (§ 5b Abs. 1 BinSchG). Zum Durchgriff auf den Reeder bzw. Eigner in diesem Falle siehe unten Rn 157 sowie Rn 153–155 Anhang zu § 479 (Kapitän).

154 Die CLNI regelt nicht, wie auch nicht das HBÜ 1996 (oben 150–151), dass für den Lotsen gesonderte Höchstbeträge gelten. Wiederum war man sich aber auf der diplomatischen Konferenz darüber einig, dass im nationalen Recht im Hinblick auf den Lotsen andere Höchstbeträge festgelegt werden könnten.[228] Das BinSchG nimmt dies auf und sieht in § 5i Satz 1 BinSchG vor, dass der Lotse, abweichend von §§ 5e, 5f Abs. 1 und § 5h BinSchG, seine Haftung wegen Personenschäden auf einen Höchstbetrag von 200.000 SZR sowie für Sachschäden auf einen solchen von 100.000 SZR beschränken kann. Da ausdrücklich auch von § 5h BinSchG abgewichen wird, gibt es für den Lotsen keinen gesonderten Gefahrgut-Höchstbetrag. Schließlich beträgt für den Lotsen der Reisende-Höchstbetrag nach § 5k Abs. 3 BinSchG in jedem Falle 720.000 SZR. Diese Sonderregelungen kommen nur zum Tragen, wenn der Lotse direkt in Anspruch genommen wird und einen eigenen Fonds errichtet (§ 5d Abs. 2 BinSchG, § 36 Abs. 3 Satz 2 SVertO) oder die Beschränkung einredeweise geltend macht (§ 5d Abs. 3 BinSchG). In Betracht kommt dies etwa auch, wenn der Eigner Ansprüche gegen den Lotsen geltend macht (unten Rn 168–171). Hat dagegen bereits der Schiffseigner oder einer der ihm nach § 5c Abs. 1 Nr. 1 BinSchG gleichgestellten Personen einen Fonds (mit den vollen Höchstbeträgen) errichtet, ist auch der Lotse in gleicher Weise geschützt.

155 **cc) Art. 5 VO Athen.** Die Vorschrift des Art. 5 Abs. 1 VO Athen stellt unter ausdrücklicher Bezugnahme auf das HBÜ 1996 und zukünftige Änderungen klar, dass das Recht des Beförderers und des ausführenden Beförderers zur Beschränkung der Haftung unberührt bleibt. Art. 19 AthenÜ 2002, der eine entsprechende Vorschrift enthält, ist in der der VO Athen als Anlage I beigefügten Fassung des AthenÜ 2002 (siehe Art. 1 Abs. 1 [a] VO Athen) nicht mit enthalten. Art. 5 Abs. 1 und 2 VO Athen bezieht sich nur auf den vertraglichen und den ausführenden Beförderer, nicht aber auf die in Art. 11 genannten Bediensteten und Beauftragten (zu diesen oben Rn 144). Abweichend davon werden diese Personen in (dem nicht mit in Anhang I VO Athen übernommenen, Art. 3 Abs. 1) Art. 19 AthenÜ 2002 neben dem vertraglichen und dem ausführenden Beförde-

---

[228] HaftBeschrBinÄndG-Begr S. 30 (linke Spalte).

rer ausdrücklich angesprochen. Dass die Bediensteten und Beauftragten nicht ebenfalls in Art. 5 Abs. 1 und VO Athen genannt werden, beruht offenbar auf einem Redaktionsversehen. Es ist kaum denkbar, dass die Bediensteten und Beauftragten im Anwendungsbereich der VO Athen nicht mehr zur Beschränkung der Haftung berechtigt sein sollen. Dies gilt auch für die Mitglieder der Schiffsbesatzung und damit ebenso für den Lotsen.

Problematisch ist auch die ausdrückliche Verweisung in Art. 5 Abs. 1 VO Athen auf **156** das HBÜ 1996 und die zu seiner Umsetzung ergangenen innerstaatlichen Rechtsvorschriften. Das HBÜ 1996 gilt für die Beschränkung der Haftung für Ansprüche aus dem Betrieb von Seeschiffen (Art. 1 Abs. 2 HBÜ 1996). Auch das AthenÜ 2002 enthält in seinem Art. 1 Nr. 3 eine Umschreibung des „Schiffes", bei dem es sich ausschließlich um ein Seeschiff handelt. Allerdings wird bei der Festlegung des Anwendungsbereichs der VO Athen in deren Art. 2 sowie in Art. 1 Nr. 9 AthenÜ 2002 offenbar nur an die Seebeförderung und nicht auch an die Eigenschaft des Schiffes als Seeschiff angeknüpft. M.E. kann daher eine Beförderung, auf die die VO Athen Anwendung findet, auch mit einem Binnenschiff durchgeführt werden. In diesen Fällen findet, ausgehend von Art. 5 Abs. 1 VO Athen, nicht etwa das HBÜ 1996 Anwendung. Ebenso wenig kann Art. 5 Abs. 1 VO Athen so verstanden werden, dass die Befugnis zur Beschränkung der Haftung im Falle der Unanwendbarkeit des HBÜ 1996 schlechthin ausgeschlossen sein soll. Vielmehr bleibt es dabei, dass der vertragliche und der ausführende Beförderer ihre Haftung ggf. auch nach Maßgabe der §§ 4 ff. BinSchG beschränken können. Dies gilt auch für den Lotsen.

g) Schiffsgläubigerrechte. Dem geschädigten Dritten, der Ansprüche gegen den **157** Lotsen verfolgt, steht normalerweise auch ein Schiffsgläubigerrecht zu. Dies ergibt sich für Seeschiffe aus § 596 Abs. 1 Nr. 3 und für Binnenschiffe aus § 102 Nr. 4 BinSchG; zur Abgrenzung zwischen See- und Binnenschiffen siehe oben Rn 63–85 Einleitung B. Es genügt, ist aber auch erforderlich, dass der Schaden aus der Verwendung des Schiffes entstanden bzw. in Zusammenhang mit dem Betrieb des Schiffes eingetreten ist. Dagegen schadet es nicht, dass sich die persönliche Forderung des geschädigten Dritten nicht auch gegen den (Nur-)Eigentümer des Schiffes richtet, ebenso wenig, dass es sich bei dem persönlichen Schuldner um den Lotsen handelt (zum Radarlotsen siehe unten Rn 178). Das OLG Hamburg hat in der „Tom Burmester" Entscheidung geklärt, dass es auf die Identität des persönlichen Schuldners nicht ankommt.[229] Unabhängig davon hat der Dritte normalerweise nach § 480 Satz 1 (dort Rn 96–100) bzw. § 3 Abs. 1 BinSchG auch einen gleichartigen Anspruch gegen den Reeder bzw. Eigner des Schiffes. Der (nur für Sachschäden maßgebliche) Vorbehalt des § 596 Abs. 1 Nr. 3 Hs. 2 spielt bei Ansprüchen gegen den Lotsen in der Regel keine Rolle, weil sie nicht aus einem Vertrag hergeleitet werden können. Siehe zu einem möglichen „Durchgriff" des geschädigten Dritten gegen den Reeder bzw. Eigner auf Grundlage des Schiffsgläubigerrechts im Falle eines qualifizierten Verschuldens des Lotsen die Hinweise zum Kapitän unten Rn 153–155 Anhang zu § 479 (Kapitän). Siehe zu dem ggf. bestehenden selbständigen Schiffsgläubigerrecht wegen des Anspruchs aus § 480 Satz 1 die Hinweise unten Rn 161–163, 164–165 zu § 480.

---

229 Siehe RdTW 2013, 144 [21] mit Anm. *Ramming* aaO. S. 147 sowie noch *Ramming* RdTW 2016, 161, 163 (unter 3.).

h) Der Rückgriff des Lotsen beim Reeder bzw. Eigner

158 **aa) Das Rechtsverhältnis zum Reeder bzw. Eigner.** Hat der geschädigte Dritte den Lotsen in Anspruch genommen, hat dieser möglicherweise gegen den Reeder bzw. Eigner einen Rückgriffsanspruch. Ein solcher kann sich im Rahmen des zwischen dem Lotsen und dem Reeder bzw. Eigner bestehenden Rechtsverhältnisses ergeben, insbesondere wenn die Inanspruchnahme durch den geschädigten Dritten auf eine Pflichtverletzung des Reeders zurückgeht (§ 280 Abs. 1 BGB). Die Grundsätze über den innerbetrieblichen Schadensausgleich (Rn 17–21 Anhang zu § 479 [Kapitän]) kommen nicht zur Anwendung (oben Rn 106). Möglicherweise kann sich der Lotse im Verhältnis zum Reeder bzw. Eigner im Hinblick auf den Rückgriff auch auf die Grundsätze über die Geschäftsführung ohne Auftrag berufen (§§ 677 ff., 683 Satz 1, 670 BGB). Praktisch wird es bei den Rückgriffsansprüchen des Lotsen gegen den Reeder bzw. Eigner häufig um einen Gesamtschuldnerausgleich gehen (§ 426 Abs. 1 und 2 BGB), bei dem auch die Vorschrift des § 21 Abs. 3 Satz 2 SeeLG eine Rolle spielt; siehe dazu unten Rn 161–163. Hat der Lotse den Anspruch des geschädigten Dritten noch nicht erfüllt, kann er vom Reeder bzw. Eigner Freistellung von dem Anspruch des Dritten verlangen.

159 **bb) Schiffsgläubigerrechte.** Die Rückgriffsansprüche des Lotsen gegen den Reeder bzw. Eigner sind nur in bestimmten Fällen durch ein Schiffsgläubigerrecht gesichert. § 596 Abs. 1 Nr. 2, § 102 Nr. 3 Hs. 1 BinSchG bleiben unberücksichtigt, sie gewähren ein Schiffsgläubigerrecht nur für Ansprüche auf Lotsgelder (oben Rn 20–22). Auch § 102 Nr. 2 BinSchG hilft dem Lotsen nicht. Sein Rechtsverhältnis zum Eigner hat zwar die Rechtsnatur eines Dienstvertrages (oben Rn 89), er ist allerdings nicht Mitglied der Schiffsbesatzung (§ 3 Abs. 2 BinSchG, oben Rn 51–57 zu § 478). Ein Schiffsgläubigerrecht des Lotsen ergibt sich aus § 596 Abs. 1 Nr. 3 Hs. 1, sofern es um Ansprüche wegen Tod oder Körperverletzung von Personen geht. Betrifft der Rückgriff des Lotsen gegen den Reeder Ansprüche wegen des Verlustes oder der Beschädigung von Sachen, kommt der Vorbehalt des § 596 Abs. 1 Nr. 3 Hs. 2 zum Tragen. Denn der Anspruch beruht m.E. auf dem vertragsähnlichen Rechtsverhältnis zwischen dem Kapitän und dem Reeder. Sachen im Sinne des § 596 Abs. 1 Nr. 3 Hs. 2 sind insbesondere die Ladung sowie das Gepäck von Fahrgästen. In der Binnenschifffahrt ist der Rückgriffsanspruch im Hinblick auf Forderungen wegen Personen- bzw. Sachschäden ein aus dem Schiffer-Eigner-Rechtsverhältnis begründeter Anspruch des Schiffers, der nach § 102 Nr. 2 BinSchG durch ein Schiffsgläubigerrecht gesichert ist. Eine dem § 102 Nr. 2 BinSchG entsprechende Regelung fand sich früher auch für das Seehandelsrecht in § 754 Nr. 3 HGB a.F.

160 **cc) Die beschränkbare Haftung.** Der Reeder bzw. Eigner kann seine Haftung für die Rückgriffsansprüche des Lotsen nach Maßgabe der Bestimmungen des HBÜ 1996 und der §§ 611 ff. sowie der §§ 4 ff. BinSchG beschränken. Der Beschränkung unterliegen ausdrücklich auch Rückgriffsansprüche (Art. 2 Abs. 2 Satz 1 HBÜ 1996, § 4 Abs. 1 Satz 2 Hs. 1 BinSchG). Die Ausnahmen der Art. 3 (e) HBÜ 1996, § 611 Abs. 4 Nr. 1 und § 5 Nr. 3 gelten nicht für den Lotsen, weil der nicht zur Schiffsbesatzung gehört. Auf die Beschränkbarkeit der Haftung seitens des Reeders bzw. Eigners wird es allerdings häufig nicht ankommen, weil ja bereits der Lotse im Verhältnis zum Dritten berechtigt war, die Haftung zu beschränken (dazu oben Rn 149–156). Außerdem sind die Höchstbeträge der Haftung des Lotsen nach §§ 615 Abs. 1 bis 3, § 5i Satz 1 BinSchG geringer als die Beträge, die für den Reeder bzw. Eigner maßgeblich sind.

dd) Der Gesamtschuldnerausgleich. Möglicherweise haftete der Lotse dem ge- 161
schädigten Gläubiger neben dem Reeder bzw. Eigner als Gesamtschuldner (§§ 421 ff., 840
Abs. 1 BGB). Hat der Lotse den Anspruch des Dritten erfüllt, kann im Innenverhältnis
zwischen dem Lotsen und dem Reeder bzw. Eigner ein Gesamtschuldnerausgleich stattfinden. Siehe hierzu zunächst die Hinweise zum Kapitän unten Rn 150–151 Anhang zu
§ 479 (Kapitän).

Dem Lotsen, der von dem geschädigten Gläubiger in Anspruch genommen wurde, 162
kann sich insbesondere auf die Regelung des § 21 Abs. 3 Satz 2 SeeLG berufen (dazu
unten Rn 172–174). In den Fällen des Rückgriffs des Lotsen, hat die Vorschrift die
Funktion einer Anspruchsgrundlage: Der Lotse kann, ausgehend von § 21 Abs. 3 Satz 2
SeeLG, vom Reeder bzw. Eigner Zahlung verlangen, wenn er, der Lotse, lediglich fahrlässig gehandelt hat. Insoweit verdrängt § 21 Abs. 3 Satz 2 SeeLG als die speziellere
Vorschrift die Bestimmung des § 426 Abs. 1 Satz 1 BGB. Der § 21 Abs. 3 Satz 2 SeeLG
kommt allerdings nicht zur Anwendung, wenn dem Lotsen grobfahrlässiges Verhalten
vorzuwerfen ist. Hier bleibt es bei § 426 Abs. 1 Satz 1 BGB und der Abwägung der Ve-
rursachungs- und Verschuldensbeiträge nach § 254 Abs. 1 BGB. Der Reeder bzw. Eigner
muss sich nach § 254 Abs. 2 Satz 2 BGB, § 480 Satz 1, § 3 Abs. 1 BinSchG das Verhalten
der Schiffsbesatzung zurechnen lassen. Die grobe Fahrlässigkeit auf Seiten des Lotsen
muss nicht automatisch dazu führen, dass ein Rückgriff beim Reeder bzw. Eigner ausgeschlossen ist. Denn auch diesem bzw. der Schiffsbesatzung kann ein entsprechend
schweres Verschulden vorzuwerfen sein. Hat der Lotse den Anspruch des geschädigten
Dritten noch nicht erfüllt, muss der Reeder bzw. Eigner den Lotsen von dem Anspruch
des Dritten freistellen. Auch dies ergibt sich aus § 21 Abs. 3 Satz 2 SeeLG und ebenso
aus § 426 Abs. 1 Satz 1 BGB. Der Rückgriffsanspruch des Lotsen gegen den Reeder bzw.
Eigner kann nach § 102 Nr. 2 BinSchG durch ein Schiffsgläubigerrecht gesichert sein
(oben Rn 157). Zur Beschränkbarkeit der Haftung des Reeders bzw. Eigners siehe oben
Rn 149–156.

Nach § 426 Abs. 2 BGB gehen, wenn der Lotse die Ansprüche des geschädigten Drit- 163
ten erfüllt, außerdem dessen Ansprüche gegen den Reeder bzw. Eigner auf den Lotsen
über. War der Anspruch des Gläubigers gegen den Reeder bzw. Eigner durch ein Schiffsgläubigerrecht gesichert, geht im Falle des Übergangs des Anspruchs auf den Lotsen
nach § 426 Abs. 2 BGB auch das Schiffsgläubigerrecht mit über (§§ 412, 401 Abs. 1 BGB).
Konnte der Reeder bzw. Eigner seine Haftung für die Ansprüche des geschädigten Dritten nach den Bestimmungen des HBÜ 1996 und §§ 611 ff. bzw. den §§ 4 ff. BinSchG beschränken, steht ihm diese Befugnis auch gegenüber dem Lotsen zu.

2. Die Haftung des Reeders für den Lotsen. Soweit der Lotse dem Dritten auf 164
Schadenersatz haftet (oben Rn 126–163), wird diese Einstandspflicht nach § 480 Satz 1,
§ 3 Abs. 1 BinSchG auf den Reeder oder Eigner bzw. Ausrüster des Schiffes erstreckt. Der
Bordlotse wird in § 480 Satz 1 ausdrücklich genannt (unten Rn 9–17 zu § 480), ebenso in
§ 3 Abs. 1 BinSchG. Dabei knüpft § 480 Satz 1 an eine (verschuldensunabhängige) Schadenersatzpflicht des Lotsen an, während § 3 Abs. 1 BinSchG (wie früher § 485 Satz 1 HGB
a.F.) auf die schuldhafte Schadenszufügung abstellt (dazu unten Rn 31–58 zu § 480). Auf
den Unterschied kommt es normalerweise nicht an, weil die Tatbestände des § 823 Abs. 1
und 2 BGB, die die Haftung des Lotsen begründen, ohnehin dessen Verschulden voraussetzen (oben Rn 127–128). Erforderlich ist darüber hinaus, dass die Ersatzpflicht des Lotsen in Ausübung seiner Tätigkeit begründet wurde (unten Rn 28–30 zu § 480). Geht es
um Ansprüche der Ladungsbeteiligten wegen Verlust oder Beschädigung von Gut, ist der
Vorbehalt des § 480 Satz 2 zu beachten (unten Rn 111–141 zu § 480). Eine entsprechende
Regelung fehlt in § 3 Abs. 1 BinSchG. Befinden sich mehrere Lotsen an Bord, die für das

Schiff tätig sind (§ 23 Abs. 3 SeeLG, § 7 Hmb HafenLG), haftet der Reeder für Schadenersatzpflichten in der Person jedes Lotsen, auch wenn nur ein Lotse das Schiff tatsächlich berät und die anderen ihn dabei unterstützen. Siehe zur Haftung des Reeders für die in der Person des Lotsen begründete Schadenersatzpflicht weiter noch Rn 96–100 zu § 480.

165 Der Reeder oder Eigner bzw. Ausrüster des Schiffes kann seine Haftung für die Ansprüche des Dritten nach Maßgabe der Bestimmungen des HBÜ 1996 sowie der §§ 611ff. HGB bzw. der §§ 4ff. BinSchG beschränken. Der Lotse und der Reeder oder Eigner bzw. Ausrüster des Schiffes haften dem geschädigten Dritten als Gesamtschuldner (§ 840 Abs. 1 BGB). Sie können dem geschädigten Dritten ein mitwirkendes Verhalten bzw. Verschulden entgegenhalten (§ 254 Abs. 1 BGB).

166 Für ein Fehlverhalten des Lotsen muss nur der Reeder einstehen. Eine Haftung der Lotsenbrüderschaft, der Bundeslotsenkammer oder des Bundes oder Landes ist ausgeschlossen.[230] Hat der „Zwangslotse" (unten Rn 18–27 zu § 480) die Schiffsführung übernommen, haftet der Reeder dem geschädigten Dritten aus § 904 Satz 2 BGB für Notstandsmaßnahmen des Lotsen.[231] Siehe zu einem möglichen „Durchgriff" des geschädigten Dritten gegen den Reeder bzw. Eigner auf Grundlage des Schiffsgläubigerrechts im Falle eines qualifizierten Verschuldens des Lotsen die Hinweise zum Kapitän unten Rn 144–146 Anhang § 479 (Kapitän).

167 **3. Der Rückgriff des Reeders bzw. Eigners beim Lotsen.** Leistet der Reeder oder Eigner bzw. Ausrüster des Schiffes dem geschädigten Dritten Schadenersatz, kann er, der Reeder oder Eigner bzw. Ausrüster, möglicherweise beim Lotsen Rückgriff nehmen (unten Rn 168–170). Dem Lotsen steht in den entsprechenden Fällen die Befugnis zur Beschränkung seiner Haftung zu (unten Rn 171). Vor allem aber gelten die Beschränkungen des § 21 Abs. 3 Satz 2 SeeLG (unten Rn 172–174).

168 **a) Das Rückgriffsverhältnis.** Dem Reeder oder Eigner bzw. Ausrüster des Schiffes stehen gegen den Lotsen insbesondere Ansprüche auf Schadenersatz aus § 280 Abs. 1 BGB zu, wenn der Anspruch des geschädigten Dritten darauf zurückzuführen ist, dass der Lotse gegen seine Pflicht zur sachgerechten Beratung der Schiffsführung verstoßen hat (oben Rn 100–103). Möglicherweise ist durch das Verhalten des Lotsen ein Schiffsgläubigerrecht des geschädigten Dritten begründet worden (oben Rn 157). Auch stellt die Belastung des Schiffes mit einem Schiffsgläubigerrecht eine Beeinträchtigung des Eigentums am Schiff dar, so dass dem Reeder bzw. Eigner (bzw. dem [Nur-]Eigentümer) Ansprüche aus § 823 Abs. 1 BGB gegen den Lotsen zustehen. Haften der Reeder oder Eigner bzw. Ausrüster und der Lotse darüber hinaus dem Dritten als Gesamtschuldner, bestehen ggf. Ausgleichsansprüche im Innenverhältnis.[232] Der Reeder oder Eigner bzw. Ausrüster kann daher den Lotsen aus § 426 Abs. 1 Satz 1 BGB in Anspruch nehmen. Schließlich geht auch nach § 426 Abs. 2 Satz 1 BGB der Anspruch des geschädigten Dritten aus § 823 Abs. 1 und 2 BGB gegen den Lotsen auf den Reeder oder Eigner bzw. Ausrüster des Schiffes über.

---

230 Siehe OLG Rstock OLG RSpr 14, 3 (keine Haftung des Staates für einen angestellten „Zwangslotsen") sowie noch Obergericht Danzig JW 1938, 1205, 1206 „Bernhard Blumenfeld", „Bergenske 5".
231 Obergericht Danzig JW 1938, 1205 „Bernhard Blumenfeld", „Bergenske 5".
232 Siehe die Fälle BGHZ 59, 242 = NJW 1973, 101, 102 (unter 1.) „Rhenus 135", „Wal"; LG Kiel HmbSeeRep 2008, 254 Nr. 103a (= BeckRS 2003, 17353), anschließend OLG Schleswig HmbSeeRep 2008, 258 Nr. 103b (= BeckRS 2003, 18187); RhSchOG St. Goar ZfB 1965, 428 „Wilhelm Gestmann VI", „Diersch X", anschließend RhSchOG St. Goar ZfB 1968, 69 (Slg. 5).

In welcher Höhe der Reeder oder Eigner bzw. Ausrüster des Schiffes beim Lotsen **169** Rückgriff nehmen kann, beurteilt sich grundsätzlich nach § 254 Abs. 1 BGB (unter Berücksichtigung des § 21 Abs. 3 Satz 2 SeeLG, unten Rn 172–174). Dies gilt für alle drei zuvor genannten Anspruchsgrundlagen (§ 280 Abs. 1 BGB, § 426 Abs. 1 BGB und die übergegangenen Ansprüche des geschädigten Dritten). Maßgeblich ist insbesondere, in welchem Maße der Schaden durch den Lotsen und den Reeder oder Eigner bzw. Ausrüster verursacht wurde. Im Rahmen dieser Abwägung muss sich der Reeder oder Eigner bzw. Ausrüster das Verhalten der Schiffsbesatzung zurechnen lassen (§ 480 Satz 1, dort Rn 105, sowie § 3 Abs. 1 BinSchG), etwa die Verletzung der Pflicht zur Überwachung des Lotsen[233] (unten Rn 175).

Bei alldem kommt es auf die Umstände des Einzelfalles an. Folgt die Schiffsführung **170** einer sachgerechten Empfehlung des Lotsen nicht,[234] haftet der Reeder oder Eigner bzw. Ausrüster des Schiffes allein. Umgekehrt kann der Lotse grundsätzlich nicht darauf verweisen, dass seine falsche Beratung für die Schiffsführung erkennbar gewesen sei, so dass ihr nicht zu folgen gewesen wäre.[235] Auch kann der Lotse nicht geltend machen, die Schiffsführung habe ihn, den Lotsen, nicht überwacht (dazu unten Rn 175). Etwas anderes gilt allerdings, wenn der Lotse seiner Beratung ersichtlich unrichtige Umstände zugrunde gelegt hat. Der Lotse kann nicht darauf verweisen, dass den geschädigten Dritten ein Mitverschulden treffe;[236] dies war bereits im Rahmen des Erstanspruchs gegen den Reeder oder Eigner bzw. Ausrüster des Schiffes zu berücksichtigen. Gleiches gilt umgekehrt für Rückgriffsansprüche des Reeder oder Eigner bzw. Ausrüster des Schiffes gegen den Lotsen.

b) Die beschränkbare Haftung des Lotsen. Das Recht des Lotsen zur Beschrän- **171** kung der Haftung nach den Bestimmungen des HBÜ 1996, der §§ 611 ff. bzw. §§ 4 ff. BinSchG (siehe oben Rn 150–151, 152–155) besteht auch gegenüber Rückgriffsansprüchen des Reeders oder Eigners bzw. Ausrüsters des Schiffes (siehe Art. 2 Abs. 2 Satz 1 HBÜ 1996, § 4 Abs. 1 Satz 2 Hs. 1 BinSchG). Dabei konnte sich ggf. auch schon der Reeder oder Eigner bzw. Ausrüster dem Dritten gegenüber bereits auf seine beschränkte Haftung berufen. Nimmt der Reeder oder Eigner bzw. Ausrüster nunmehr Rückgriff beim Lotsen, steht diesem ebenfalls aus eigenem Recht die Befugnis zur Beschränkung der Haftung zu. Es handelt sich bei dem Rückgriffsanspruch des Reeders oder Eigners bzw. Ausrüsters weiterhin um einen Anspruch des geschädigten Dritten und nicht etwa um einen solchen wegen des Verlustes oder der Beschädigung des gelotsten Schiffes (für den der Lotse die Haftung nicht beschränken könnte, oben Rn 107). Der im Wege des Rückgriffs in Anspruch genommene Lotse kann sich nunmehr zudem auf die herabgesetzten Höchstbeträge der § 615 Abs. 1 und 2, § 5i Satz 1 BinSchG berufen (oben Rn 150–151, 152–155). Selbst wenn also der Reeder oder Eigner bzw. Ausrüster des Schiffes dem Dritten nur in beschränkter Höhe einzustehen hatte, haftet der Lotse dem Reeder oder Eigner bzw. Ausrüster lediglich nochmals beschränkt. Dies hat zur Folge, dass die Differenz zwischen den vollen und den herabgesetzten, für den Lotsen geltenden Höchstbeträgen

---

233 RhSchOG St. Goar ZfB 1965, 428 „Wilhelm Gestmann VI", „Diersch X", anschließend RhSchOG St. Goar ZfB 1968, 69 (Slg. 5).
234 Siehe SeeA Hamburg BOSeeAE 2000, 322 „Hälsingland", SeeA Kiel BOSeeAE 2000, 342 „Symphony", SeeA Kiel BOSeeAE 1995, 542 „Marya", „Ebba", SeeA Hamburg BOSeeAE 1996, 259 „Dumbraveni", „Venlo"; SeeA Kiel BOSeeAE 2001, 209 „Vitali Kojine".
235 LG Kiel HmbSeeRep 2008, 254 Nr. 103a (= BeckRS 2003, 17353), anschließend OLG Schleswig HmbSeeRep 2008, 258 Nr. 103b (= BeckRS 2003, 18187).
236 LG Kiel HmbSeeRep 2008, 254 Nr. 103a (= BeckRS 2003, 17353), anschließend OLG Schleswig HmbSeeRep 2008, 258 Nr. 103b (= BeckRS 2003, 18187).

ggf. beim Reeder oder Eigner bzw. Ausrüster verbleibt. Zu den weiter gehenden Auswirkungen des § 21 Abs. 3 Satz 2 SeeLG siehe sogleich Rn 172–173.

172   **c) § 21 Abs. 3 Satz 2 SeeLG.** Die Vorschrift des § 21 Abs. 3 Satz 2 SeeLG (§ 7 Hmb HafenLG) betrifft den Fall des Gesamtschuldnerausgleichs zwischen dem Reeder oder Eigner bzw. Ausrüster des Schiffes und dem Lotsen. Siehe zu § 21 Abs. 3 SeeLG bereits ausführlich oben Rn 108–112. Die Vorschrift des § 21 Abs. 3 Satz 2 SeeLG geht davon aus, dass der Reeder oder Eigner bzw. Ausrüster und der Lotse dem geschädigten Dritten als Gesamtschuldner einzustehen haben. Daran anknüpfend regelt § 21 Abs. 3 Satz 2 SeeLG, in Übereinstimmung mit dem Satz 1 der Vorschrift, dass im Verhältnis zwischen dem Reeder oder Eigner bzw. Ausrüster und dem Lotsen der Reeder zum Ersatz verpflichtet ist, soweit nicht dem Lotsen Vorsatz oder grobe Fahrlässigkeit[237] zur Last fällt. Grobe Fahrlässigkeit des Lotsen ist angenommen worden, als er bei schlechter Sicht unter Missachtung mehrerer Weisungen der Verkehrszentrale auf die falsche, nicht geöffnete Schleuse zuhielt und dabei das Schleusentor beschädigte.[238] Hat der geschädigte Dritte zunächst den Reeder oder Eigner bzw. Ausrüster in Anspruch genommen, ist der Ausgleichanspruch gegen den Lotsen ausgeschlossen, wenn dieser lediglich fahrlässig gehandelt hat. § 21 Abs. 3 Satz 2 SeeLG wirkt zugunsten des Lotsen in verschiedener Funktion. Er begründet zunächst eine Einwendung des Lotsen gegen den Rückgriffsanspruch des Reeders bzw. Eigners. Umgekehrt ist § 21 Abs. 3 Satz 2 SeeLG auch eine Anspruchsgrundlage für den Rückgriff des Lotsen beim Reeder bzw. Eigner oder für den Anspruch des Lotsen auf Freistellung von der Forderung des geschädigten Gläubigers (oben Rn 161–163).

173   Aus der Systematik des § 21 Abs. 3 Satz 2 SeeLG ergibt sich, dass der Reeder bzw. Eigner den Vorsatz oder die grobe Fahrlässigkeit des Lotsen darzulegen und zu beweisen hat. Entsprechendes gilt umgekehrt. Hat sich der geschädigte Dritte zunächst an den Lotsen gehalten, kann dieser grundsätzlich in voller Höhe vom Reeder bzw. Eigner Ausgleich verlangen. Der Reeder bzw. Eigner kann dem nur entgehen, wenn er seinerseits Vorsatz oder grobe Fahrlässigkeit des Lotsen darlegt und beweist. Hat der Lotse grob fahrlässig gehandelt, so dass ein Gesamtschuldnerausgleich stattfinden kann, bedeutet dies nicht automatisch, dass der Lotse in vollem Umfang haftet. Denn nunmehr ist über § 254 Abs. 1 BGB auch ein Mitverschulden bzw. eine Mitverursachung auf Seiten des Reeders bzw. Eigners und insbesondere der Personen der Schiffsbesatzung, für deren Verhalten sie einzustehen haben (siehe § 254 Abs. 2 Satz 2 BGB, § 480 Satz 1, § 3 Abs. 1 BinSchG), mit zu berücksichtigen (siehe zuvor Rn 168–170). Soweit der Schaden darauf zurückgeht, dass der Lotse die Manövereinrichtungen des Schiffes eigenhändig in fehlerhafter Weise bedient hat, oder wenn der Lotse die Schiffsführung übernommen hat und der Schaden in diesem Zusammenhang entstanden ist (oben Rn 113–115), kommt § 21 Abs. 3 Satz 2 SeeLG an sich nicht zum Tragen. Siehe aber zur analogen Anwendung durch die Rechtsprechung die Hinweise oben Rn 115.

174   Unabhängig von der Regelung des § 21 Abs. 3 Satz 2 SeeLG kann der Lotse seine Haftung für Ansprüche des Reeders oder Eigners bzw. Ausrüsters nach den Bestimmungen des HBÜ 1996, der §§ 611ff. bzw. nach §§ 4ff. BinSchG und insbesondere der § 615 Abs. 1 bis 3, § 5i BinSchG beschränken (zuvor Rn 171). Eine Rolle spielt dies allerdings nur, soweit § 21 Abs. 3 Satz 2 SeeLG nicht mehr gilt, also im Falle grober Fahrlässigkeit des Lot-

---

[237] Dazu LG Kiel HmbSeeRep 2008, 254 Nr. 103a (= BeckRS 2003, 17353), anschließend OLG Schleswig HmbSeeRep 2008, 258 Nr. 103b (= BeckRS 2003, 18187).
[238] Siehe LG Kiel HmbSeeRep 2008, 254 Nr. 103a (= BeckRS 2003, 17353), anschließend OLG Schleswig HmbSeeRep 2008, 258 Nr. 103b (= BeckRS 2003, 18187).

sen. Andererseits schließt schon ein qualifiziertes Verschulden des Lotsen die Befugnis zur Beschränkung der Haftung nach Art. 4 HBÜ 1996, § 5b Abs. 1 BinSchG wieder aus. Die beschränkbare Haftung spielt demnach nur in dem schmalen Bereich zwischen grobem und qualifiziertem Verschulden des Lotsen eine Rolle.

4. Die Überwachung des Lotsen durch die Schiffsführung. Die Aufgabe des Lotsen ist es, die Schiffsführung zu beraten (oben Rn 53–64). Sie ist ihrerseits aber auch verpflichtet, die Tätigkeit des Lotsen zu überwachen.[239] Die Schiffsführung bleibt berechtigt und ist ggf. verpflichtet, selbst Maßnahmen zu ergreifen.[240] Ihr bleibt ein eigener Verantwortungsbereich, der die Eigenarten des Schiffes und dessen Manövriereigenschaften betrifft.[241] Dabei darf sich die Schiffsführung grundsätzlich darauf verlassen, dass der Lotse die Beratung in sachgerechter Weise durchführt.[242] Einer erkennbar falschen Empfehlung des Lotsen darf die Schiffsführung nicht Folge leisten.[243] Eine Empfehlung des Lotsen ist für die Schiffsführung nicht erkennbar falsch, wenn sie durch Anweisungen der Revierzentrale in deutscher Sprache veranlasst ist, die Schiffsführung diese aber nicht versteht.[244] Unterlässt der Lotse eine nach den Umständen erkennbar erforderliche Empfehlung, darf die Schiffsführung nicht untätig bleiben.[245] Gibt der Lotse direkte Weisungen an die Personen der Schiffsbesatzung, und sind diese nicht sachgerecht, muss die Schiffsführung einschreiten. Gibt er keine Weisungen, obwohl solche geboten sind, muss die Schiffsführung Weisungen erteilen. Die Überwachungspflicht der Schiffsführung erstreckt sich nicht auf lokale Gegebenheiten, die nur dem Lotsen bekannt sind.[246] Ist der Lotse aus körperlichen Gründen nicht oder nicht mehr in der Lage, seiner Pflicht zur Beratung nachzukommen, muss die Schiffsführung ebenfalls Maßnahmen ergreifen.[247] Gleiches gilt bei erkennbarer Unzuverlässigkeit des Lotsen.[248] Die unzureichende Überwachung des Lotsen begründet ein eigenes Verschulden der betreffenden Person der Schiffsführung.[249] Ist diese Person einem Dritten haftbar, muss auch der Reeder bzw. Eigner nach § 480 Satz 1, § 3 Abs. 1 BinSchG für diese Ersatzpflicht einstehen. 175

---

239 RhSchOG St. Goar ZfB 1965, 428 „Wilhelm Gestmann VI", „Diersch X", anschließend RhSchOG St. Goar ZfB 1968, 69 (Slg. 5); Obergericht Danzig JW 1938, 1205, 1206 (oben) „Bernhard Blumenfeld", „Bergenske 5" – SeeA Hamburg BOSeeAE 1995, 41 „Esso Parentis", „Merlin"; SeeA Kiel BOSeeAE 1995, 507 „Gotlandia"; SeeA Rostock BOSeeAE 1996, 31 „DSR-Atlantic", „Uni-Humanity"; SeeA Bremerhaven BOSeeAE 1999, 45, 53 „Nikolaos G".
240 OLG Hamburg Hansa 1967, 1163, 1164 (vor 4.) „Mantric", anschließend BGHZ 50, 250 = VersR 1968, 940; BOSA Hansa 1969, 1867 „Wandsbek"; SeeA Hamburg BOSeeAE 1995, 254 „Fides"; BOSA BOSeeAE 2001, 165 „Elena G"; siehe auch OLG Hamburg VersR 1970, 538 „Leonidas Voyazides", „Thälmann Pionier".
241 SeeA Bremerhaven BOSeeAE 1999, 45, 53 „Nikolaos G".
242 Siehe BGH ZfB 1973, 304 (Slg. 520) „Güno", „Rhenus 110"; OLG Hamburg HansGZ 1902, 115 Nr. 47 „Carl", „Stadt Lübeck"; OLG Hamburg HansGZ H 1908, 93 Nr. 44 (S. 95) „Taormina"; BOSA BOSeeAE 2001, 165 „Elena G" – enger LG Kiel HmbSeeRep 2008, 254 Nr. 103a (= BeckRS 2003, 17353), anschließend OLG Schleswig HmbSeeRep 2008, 258 Nr. 103b (= BeckRS 2003, 18187): Die Schiffsführung muss grundsätzlich jede Empfehlung auf Geeignetheit prüfen.
243 BGH ZfB 1973, 304 (Slg. 520) „Güno", „Rhenus 110".
244 LG Kiel HmbSeeRep 2008, 254 Nr. 103a (= BeckRS 2003, 17353), anschließend OLG Schleswig HmbSeeRep 2008, 258 Nr. 103b (= BeckRS 2003, 18187).
245 Siehe OLG Hamburg HansGZ 1902, 115 Nr. 47 „Carl", „Stadt Lübeck"; SeeA Kiel BOSeeAE 1998, 25 „Start".
246 LG Kiel HmbSeeRep 2008, 254 Nr. 103a (= BeckRS 2003, 17353), anschließend OLG Schleswig HmbSeeRep 2008, 258 Nr. 103b (= BeckRS 2003, 18187); BOSA Hansa 1969, 1867 „Wandsbek".
247 Siehe LG Kiel HmbSeeRep 2008, 254 Nr. 103a (= BeckRS 2003, 17353), anschließend OLG Schleswig HmbSeeRep 2008, 258 Nr. 103b (= BeckRS 2003, 18187).
248 BGH ZfB 1973, 304 (Slg. 520) „Güno", „Rhenus 110".
249 Siehe OLG Hamburg HansGZ 1902, 115, 115 Nr. 47 „Carl", „Stadt Lübeck", BOSA BOSeeAE 2001, 165 „Elena G".

176 **5. Der Radarlotse.** Wie der Bordlotse haftet auch der Radarlotse für Schäden Dritter, die er durch sein Verhalten verursacht, nach den Grundsätzen der unerlaubten Handlung (unten Rn 177). Dem geschädigten Dritten steht ein Schiffsgläubigerrecht zu (unten Rn 178). Der Radarlotse kann seine Haftung beschränken (unten Rn 179). Die Haftung unterliegt normalerweise dem deutschen Sachrecht (unten Rn 180). Aufgrund des Schiffsgläubigerrechts kann es dazu kommen, dass der Reeder für dem Schaden des Dritten aufzukommen hat, so dass ein Rückgriff des Reeders beim Radarlotsen in Betracht kommt (unten Rn 181–183).

177 **a) Die Grundlagen der Haftung.** Führt die Tätigkeit des Radarlotsen dazu, dass durch den Betrieb des Schiffes Dritte geschädigt werden, können auch diese ggf. Ansprüche gegen den Radarlotsen aus § 823 Abs. 1 und 2 BGB geltend machen. Er kann sich nicht darauf berufen, dass die Revierzentrale gegen ihre Pflicht verstoßen hat, schifffahrtspolizeiliche Anordnungen zu treffen.[250] Der Radarlotse gehört nicht zur Schiffsbesatzung und kann ihr auch für die Zwecke der Himalaya-Regelungen nicht gleichgestellt werden. Damit kommt im Falle des Verlustes oder der Beschädigung von Gut eine Anwendung der Haftungsbefreiungen und -beschränkungen des Frachtrechts (oben Rn 129–142) oder im Hinblick auf die Beförderung von Fahrgästen (oben Rn 143–145) auf Grundlage von Himalaya-Regelungen nicht in Betracht. Schließlich ist die Haftung des Radarlotsen ausgeschlossen, wenn Kernmaterial befördert wird, Dritte durch ein vom Radarlotsen verursachtes nukleares Ereignis geschädigt werden und der Inhaber der betreffenden Kernanlage auf Grundlage des ParisÜ 1982 haftet (siehe Art. 1 KernmaterialBefÜ sowie unten Rn 37 Anhang IV zu § 480 [maritime Nuklearhaftung]).

178 **b) Schiffsgläubigerrechte.** Häufig wird sich der von dem Dritten erlittene Schaden, der auf das Verhalten des Radarlotsen zurückgeht, im Sinne der § 596 Abs. 1 Nr. 3 bzw. § 102 Nr. 4 BinSchG als ein solcher darstellen, der aus der Verwendung des Schiffes bzw. in Zusammenhang mit dem Betrieb des Schiffes entstanden ist. Der Reeder bzw. Eigner des Schiffes haftet in diesen Fällen häufig nicht, weil er nach § 480 Satz 1, § 3 Abs. 1 BinSchG nur für das Verhalten des Bordlotsen, nicht aber für das des Radarlotsen einzustehen hat. Gleichwohl besteht m.E. ein Schiffsgläubigerrecht. Das OLG Hamburg hat in der „Tom Burmester" Entscheidung erläutert, dass es auf die Identität des persönlichen Schuldners nicht ankomme.[251] Damit kann auch der gegen den Radarlotsen gerichtete Anspruch Grundlage eines Schiffsgläubigerrechts sein, wenn die Voraussetzungen des § 596 Abs. 1 Nr. 3 bzw. des § 102 Nr. 4 BinSchG vorliegen. Der Vorbehalt des § 596 Abs. 1 Nr. 3 Hs. 2, der nur für Ansprüche wegen Sachschäden gilt, bleibt normalerweise unberücksichtigt, weil die Ansprüche gegen den Radarlotsen nicht aus einem Vertrag hergeleitet werden können.

179 **c) Die beschränkbare Haftung.** Eine Beschränkung der Haftung des Radarlotsen für alle Ansprüche aus einem Ereignis[252] ist im HBÜ 1996 nicht vorgesehen. Insbesondere gehört der Radarlotse nicht zu den in Art. 1 Abs. 4 HBÜ 1996 genannten Personen. Jedoch ist der Radarlotse auf Grundlage des autonomen deutschen Rechts nach § 615 Abs. 4 berechtigt, seine Haftung zu beschränken. Die Beschränkung ist ähnlich ausgestaltet wie die beschränkte Haftung des Bordlotsen nach § 615 Abs. 1 bis 3 (oben Rn 150–151). Aller-

---

250 BOSA BOSeeAE 1998, 67, 77 (unter bb) „Nordlicht", „Harlekin I".
251 RdTW 2013, 144 [21] mit Anm. *Ramming* aaO. S. 147 sowie noch *Ramming* RdTW 2016, 161, 163 (unter 3.).
252 Dazu *Ramming* RdTW 2013, 301, 308 f. (unter VII.).

dings sehen §§ 4 ff. BinSchG keine entsprechende Befugnis des nicht an Bord tätigen Lotsen vor. Damit hängt die Frage, ob der Radarlotse zur Beschränkung seiner Haftung berechtigt ist, davon ab, ob er für ein See- oder ein Binnenschiff tätig ist.

d) Internationalprivatrechtliche Gesichtspunkte. Für die internationalprivatrechtliche Beurteilung von Ansprüchen geschädigter Dritter gegen den Radarlotsen gelten die gleichen Grundsätze wie für die Ansprüche des Reeders bzw. Eigners gegen den Radarlotsen (oben Rn 122, 123–124), da auch dem Reeder bzw. Eigner lediglich Ansprüche aus unerlaubter Handlung zustehen. Maßgeblich sind daher die Anknüpfungen an den gemeinsamen gewöhnlichen Aufenthalt (Art. 4 Abs. 2 Rom II) bzw. den Erfolgsort (Art. 4 Abs. 1 Rom II). In der Regel wird das deutsche Sachrecht zur Anwendung gelangen. Die besondere, für den Bereich der Emsmündung maßgebliche Regelung des Art. 6 EmsSchInfo-Vtrg wird durch die Bestimmungen der Rom II Verordnung verdrängt. Dagegen kann wiederum auf Art. 32 Ems-Dollart-Vtrg zurückgegriffen werden (oben Rn 123–124). **180**

e) Die Haftung des Reeders; Rückgriff; Durchgriff. Der Reeder bzw. Eigner muss für das Verhalten des Radarlotsen nicht einstehen. Insbesondere betreffen § 480 Satz 1, § 3 Abs. 1 BinSchG nur den an Bord tätigen Lotsen. Allerdings steht dem geschädigten Dritten ggf. ein Schiffsgläubigerrecht zu (oben Rn 157), so dass der Dritte vom Reeder bzw. Eigner oder dem (Nur-)Eigentümer des Schiffes Duldung der Zwangsvollstreckung verlangen kann. Der Reeder bzw. Eigner oder dem (Nur-)Eigentümer und der Radarlotse sind wegen der Ungleichartigkeit der geschuldeten Leistungen jedoch nicht Gesamtschuldner. **181**

Die Belastung des Schiffes mit dem Schiffsgläubigerrecht des geschädigten Dritten stellt eine Beeinträchtigung des Eigentums am Schiff dar. Der Eigentümer kann daher vom Radarlotsen auf Grundlage des § 823 Abs. 1 BGB Schadenersatz verlangen. § 21 Abs. 3 Satz 2 SeeLG findet hier unmittelbar oder analog Anwendung, so dass die Haftung des Lotsen gegenüber dem Eigentümer in Fällen leichter Fahrlässigkeit ausgeschlossen ist (oben Rn 172–174). Der Radarlotse kann seine Haftung für den Rückgriffsanspruch des Reeders aus § 823 Abs. 1 BGB normalerweise nicht nach § 615 Abs. 4 beschränken (dazu oben Rn 179). Insbesondere fehlt es an den Voraussetzungen des Tatbestands des Art. 2 Abs. 1 (a) HBÜ 1996. Denn das mit dem Schiffsgläubigerrecht belastete Schiff ist keine Sache, „.... die an Bord oder in unmittelbarem Zusammenhang mit dem Betrieb des Schiffes ..." zu Schaden gekommen ist. **182**

Im Falle des qualifizierten Verschuldens des Radarlotsen entfällt nach §§ 615 Abs. 4, 611 Abs. 1 Satz 1 in Verbindung mit Art. 4 HBÜ 1996 das Recht zur Beschränkung der Haftung. Damit besteht auch das Schiffsgläubigerrecht des geschädigten Dritten in voller Höhe. Auch der Eigentümer kann seine Haftung für den Anspruch des Dritten auf Duldung der Zwangsvollstreckung nicht beschränken. Insbesondere schützt Art. 1 Abs. 5 HBÜ 1996 die Schiffseigentümer nicht vor einer Inanspruchnahme aus einem Schiffsgläubigerrecht (dazu unten Rn 155 Anhang zu § 479 [Kapitän]). Damit kann der Dritte sein Schiffsgläubigerrecht in voller Höhe verfolgen, ohne dass der Eigentümer des Schiffes die Möglichkeit einer Beschränkung hat. **183**

Anhang zu § 478 (Kanalsteurer)

Der Kanalsteurer

1   Auf dem Nord-Ostsee-Kanal steht mit den Kanalsteurern ein besonderer, in Deutschland einzigartiger Dienst zur Verfügung. Kanalsteurer besetzen während der Passage des Nord-Ostsee-Kanals das Ruder und steuern das Schiff. Damit treten sie an die Stelle des Rudergängers der Stammbesatzung. Anlass für die Einführung des Kanalsteurerdienstes war der Umstand, dass nach Eröffnung des Nord-Ostsee-Kanals am 22. Juni 1895 (damals noch: Kaiser-Wilhelm-Kanal) übermäßig viele Havarien auftraten, die auf fehlende Erfahrung beim Steuern von Schiffen in beengten Verhältnissen und bei Begegnungssituationen zurückzuführen waren. Entsprechende Dienste gab es auch auf Kanälen in den Niederlanden und in Belgien.

I. Die Organisation des Kanalsteurerdienstes

2   Ursprünglich war § 42 Abs. 5 SeeSchStrO – eine verkehrsrechtliche Vorschrift – die Grundlage des Kanalsteurerdienstes. § 42 Abs. 5 Satz 1 SeeSchStrO enthält für die Zwecke des Gesetzes eine Legaldefinition des Kanalsteurers: Ein von der Behörde (im Sinne des § 60 Abs. 1 SeeSchStrO) als zuverlässig und mit den Verhältnissen auf dem Nord-Ostsee-Kanal vertraut anerkannter Steurer. Gleichzeitig wird in § 42 Abs. 5 Satz 1 SeeSchStrO für die Kanalfahrt von bestimmten Schiffen die Annahme von Kanalsteurern vorgeschrieben. Ergänzende Bestimmungen über das Entgelt für die Dienste der Kanalsteurer fanden sich in § 14 Abs. 1 bis 3 SeeaufgG a.F. Diese Vorschrift ist vor kurzem um grundlegende Bestimmungen erweitert worden.[1] Der heute geltende § 14 Abs. 1 Satz 1 SeeaufgG stellt klar, dass die Ausübung des Berufs des Kanalsteurers hinsichtlich der Abwehr von Gefahren für die Sicherheit und Leichtigkeit des Verkehrs von einer Zulassung abhängig ist. Die Kanalsteurer stehen in keinem Arbeitsverhältnis mit dem Bund[2] und sind nicht Arbeitnehmer des VdKanalSt (unten Rn 4), wohl aber für die Dauer ihrer Tätigkeit solche des Reeders, Eigners bzw. Ausrüsters des Schiffes (§ 477, § 2 Abs. 1 BinSchG).

3   **1. Die Pflicht zur Annahme von Kanalsteurern.** Welche Schiffe verpflichtet sind, Kanalsteurer zu nehmen, ergibt sich aus § 42 Abs. 5 Satz 1 SeeStrO in Verbindung mit Ziffer 25 der Bekanntmachungen zur SeeSchStrO der GDWS (in Verbindung mit § 60 Abs. 1 SeeSchStrO). Normalerweise wird nur ein Kanalsteurer benötigt, in den Fällen der Ziffer 25.3 müssen zwei Kanalsteurer genommen werden. Daneben enthält § 42 Abs. 5 Satz 2 Nr. 1 bis 3 SeeSchStrO Ausnahmen von der Pflicht zur Annahme von Kanalsteurern für bestimmte Teile des Kanals sowie eine Befreiung von Fahrzeugen des öffentlichen Dienstes und Kriegsfahrzeugen. Hat ein Schiff trotz einer Pflicht zur Annahme von Kanalsteurern keinen solchen an Bord, kann die WSV nach § 42 Abs. 6 SeeSchStrO die Durchfahrt verweigern oder unter Auflagen gestatten.

4   **2. Der VdKanalSt.** Die Kanalsteurer sind in dem Jahre 1908 gegründeten „Verein der Kanalsteurer e.V." (VdKanalSt) organisiert. Es handelt sich nach seiner Satzung um einen Zusammenschluss von Arbeitnehmern. Der Verein nimmt verschiedene Aufgaben wahr. Er vertritt die Berufsinteressen der Kanalsteurer sowie deren soziale Belange.

---

1   Durch Art. 4 Nr. 8 des Gesetzes vom 25. November 2015 (BGBl. 2015 I S. 2095, 2099).
2   BAG MDR 1963, 1044.

Ebenso organisiert der Verein das Besetzen der Schiffe mit Kanalsteurern. Die Kanalsteurerentgelte werden von der GDWS eingezogen und an den Verein weitergeleitet. Dieser verteilt die Entgelte auf Grundlage einer vereinsinternen Regelung und nach Abführung von Steuern und Sozialabgaben weiter an seine Mitglieder. Ein Mitglied kann nach der Satzung des VdKanalSt jederzeit aus dem Verein ausgeschlossen werden.[3] Der VdKanalSt ist nicht Arbeitgeber der Kanalsteurer.[4] Für Streitigkeiten zwischen einem Kanalsteurer und dem VdKanalSt sind nicht die Arbeitsgerichte, sondern die Zivilgerichte zuständig.[5]

3. Die Zulassung zum Kanalsteurer. Als Kanalsteurer wird nach der neuen Vorschrift des § 14 Abs. 1 Satz 1 SeeaufgG zugelassen, wer die erforderlichen nautischen und seemännischen Kenntnisse besitzt, die für das sichere Steuern eines Fahrzeuges auf dem Nord-Ostsee-Kanal erforderlich sind, die erforderliche Seediensttauglichkeit besitzt und zuverlässig ist. Die erforderlichen nautischen und seemännischen Kenntnisse werden durch eine erfolgreiche Prüfung nachgewiesen (§ 14 Abs. 1 Satz 2 SeeaufgG). Die Anforderungen an die Seediensttauglichkeit der Kanalsteurer sind in § 13 MariMedV niedergelegt (siehe § 3 Abs. 1 Satz 1 Nr. 11, Abs. 4 Satz 3 sowie §§ 11 ff. SeeArbG). Nach § 14 Abs. 1 Satz 3 SeeaufgG besteht für zugelassene Kanalsteurer eine Fortbildungspflicht. Der neue § 14 Abs. 2 Satz 1 SeeaufgG enthält die Ermächtigung des BMVI, insbesondere die Zulassung zum Kanalsteurer, die Prüfung und die Fortbildung durch Rechtsverordnung näher zu regeln, ebenso Altersbeschränkungen sowie die Einführung einer Probezeit. Das BMVI kann nach § 14 Abs. 2 Satz 1 Nr. 6 Vorhaltung, Betrieb und Unterhaltung der für den Kanalsteurerdienst notwendigen Einrichtungen und die Zulassung zu Kanalsteurer einer juristischen Person des Privatrechts übertragen. Diese unterliegt bei Maßnahmen und Entscheidungen, die die Gewährleistung der Sicherheit und Leichtigkeit des Schiffsverkehrs berühren, der Fachaufsicht der Aufsichtsbehörden (§ 14 Abs. 2 Satz 1 Nr. 7 SeeaufgG), im Übrigen lediglich der Rechtsaufsicht (§ 14 Abs. 2 Satz 2 SeeaufgG). Die Verordnung ist bislang noch nicht erlassen worden.

4. Die Kanalsteurerentgelte. Für die Leistungen der Kanalsteurer werden nach Maßgabe des § 14 Abs. 3 SeeaufgG Entgelte erhoben. Das Nähere regelt die nach § 14 Abs. 4 SeeaufgG vom BMVI erlassene KanalStTarifV. Schuldner der Kanalsteurerentgelte ist nach § 14 Abs. 3 Satz 1 SeeaufgG, § 1 Abs. 2 Satz 1 KanalStTarifV 2010 derjenige, der die Leistungen im eigenen oder fremden Namen veranlasst hat (siehe zu den entsprechenden Regelungen in § 45 Abs. 1 Satz 4 SeeLG, § 3 Satz 1 LTV die Hinweise oben Rn 24 Anhang zu § 477 [Lotse]). Gemäß § 14 Abs. 3 Satz 2 SeeaufgG, § 1 Abs. 2 Satz 2 KanalStTarifV 2010 haftet auch der Eigentümer des Schiffes für die Kanalsteurerentgelte (dazu noch oben Rn 86 zu § 477). Mehrere Veranlasser sowie der Eigentümer des Schiffes sind Gesamtschuldner (§ 14 Abs. 1 Satz 3 SeeaufgG, § 1 Abs. 2 Satz 3 KanalStTarifV 2010). Die Kanalsteurerentgelte werden nach § 14 Abs. 5 SeeaufgG durch die GDWS eingezogen und ggf. auf Grundlage des VwVG beigetrieben. Der Anspruch wird mit Erteilung der Rechnung fällig (§ 1 Abs. 3 Satz 2 KanalStTarifV 2010; siehe auch § 4 Abs. 2 LTV) und ab dem fünfzehnten Tag nach §§ 288, 247 BGB zu verzinsen (§ 1 Abs. 3 Satz 3 KanalStTarifV 2010). Nach § 1 Abs. 3 Satz 3 KanalStTarifV 2010 ist § 286 Abs. 4 BGB – Verschulden als Voraus-

---

3 Siehe OLG Schleswig Beck RS 1998, 10880.
4 OLG Schleswig BeckRS 1998, 10880.
5 OLG Schleswig BeckRS 1998, 10880.

setzung des Verzuges – entsprechend anwendbar. Der Anspruch auf Kanalsteurerentgelt unterliegt einer Verjährungsfrist von drei Jahren (§ 1 Abs. 4 Satz 1 KanalStTarifV 2010). Sie beginnt mit dem Ablauf des Jahres, in dem der Anspruch entstanden ist (§ 1 Abs. 4 Satz 2 KanalStTarifV 2010). Schließlich verweist § 1 Abs. 4 Satz 3 KanalStTarifV 2010 ergänzend auf die Vorschriften des BGB über die Verjährung. Regelungen von der Art des § 4 Abs. 3, § 5 Abs. 2 bis 5 LTV fehlen. Die Ansprüche auf Zahlung der Kanalsteurerentgelte sind durch Schiffsgläubigerrechte gesichert. Dies ergibt sich für Seeschiffe aus § 596 Abs. 1 Nr. 2 und für Binnenschiffe aus § 102 Nr. 1 BinSchG. Die Kanalsteurerentgelte sind öffentliche Schiffs- oder Schifffahrtsabgaben. Siehe noch die Hinweise oben Rn 27 Anhang zu § 478 (Lotse) zum Schiffsgläubigerrecht zur Sicherung der Lotsabgaben und Lotsgelder.

II. Die Tätigkeit der Kanalsteurer an Bord

7   Die Aufgabe der Kanalsteurer ist es das betreffende Schiff zu steuern. Sie stehen am Ruder und ersetzen den normalerweise aus dem Kreis der Decksbesatzung gestellten Rudergänger. Der Kanalsteurer führt die Ruderkommandos der Schiffsführung aus. Diese können ggf. auch direkt vom Lotsen erteilt werden (oben Rn 54 Anhang zu § 478 [Lotse]). Offensichtlich falsche Kommandos darf der Kanalsteurer nicht befolgen. Bei Zweifeln muss er sofort Rücksprache halten. In der Praxis kommt es auch vor, dass der Kanalsteurer das Schiff selbständig und nicht nach ausdrücklichen Weisungen den Kanal entlang steuert. Zu den Pflichten des Kanalsteurers gehört es darüber hinaus, sofort ungewöhnliche Umstände in seinem Wahrnehmungsbereich zu melden, beispielsweise wenn das Ruder nicht mehr reagiert; wenn es langsamer reagiert (etwa weil eine von zwei Rudermaschinen ausgefallen ist); oder wenn das Schiff auf das gelegte Ruder nicht mehr reagiert, etwa wegen zu geringer Fahrt oder weil es aufgrund der Nähe zur Kanalböschung oder entgegen kommenden Fahrzeugen zu Ansaugeffekten kommt. Im Hinblick auf die Abwehr von Gefahren für das Schiff sowie im Hinblick auf die Aufrechterhaltung der Sicherheit und Ordnung an Bord unterstehen die Kanalsteurer der Anordnungsbefugnis des Kapitäns (§§ 36 Abs. 1 Satz 3, 126 SeeArbG).

III. Das Nutzungsverhältnis

8   Ähnlich wie bei den in Deutschland tätigen Lotsen (oben Rn 76–86 Anhang zu § 478 [Lotse]) besteht m.E. auch im Hinblick auf den Kanalsteurerdienst ein Nutzungsverhältnis. Es ist allerdings eingebettet in das umfassende Verhältnis der Nutzung des Nord-Ostsee-Kanals. Das Nutzungsverhältnis betreffend den Kanalsteurerdienst besteht zwischen dem Reeder oder Eigner bzw. der Ausrüster des Schiffes (§§ 476, 477, § 2 Abs. 1 BinSchG) und dem Bund und, soweit es um die Vorhaltung, den Betrieb und die Unterhaltung der für den Kanalsteurerdienst notwendigen Einrichtungen geht, mit dem VdKanalSt, dem diese Aufgaben übertragen wurden; siehe § 14 Abs. 2 Satz 1 Nr. 6 SeeaufgG sowie zukünftig die Verordnung über die Kanalsteurer nach § 14 Abs. 2 SeeaufgG). Die Tätigkeit des Steuerns des Schiffes durch den Kanalsteurer ist nicht mehr Teil des Nutzungsverhältnisses. Das Nutzungsverhältnis im Hinblick auf den Kanalsteurerdienst ist m.E. privatrechtlich ausgestaltet. Wird ein Kanalsteurer für ein Schiff angefordert, ist der Bund verpflichtet, einen solchen zu stellen. Der Kanalsteurer, der auf das Schiff entsandt wird, muss geeignet und hinreichend qualifiziert sein, um die vorgesehene Aufgabe durchzuführen. Andernfalls kommt eine Haftung des Bundes aus §§ 280 ff. BGB in Betracht. Gleiches gilt, wenn etwa der bestellte Kanalsteurer nicht oder insbesondere verspätet gestellt wird.

IV. Das Rechtsverhältnis zwischen Kanalsteurer und Reeder

Wie bei den Lotsen kommt zwischen dem Kanalsteurer und dem Reeder oder Eigner 9
bzw. Ausrüster des Schiffes (§ 477, § 2 Abs. 1 BinSchG) ein Dienstvertrag zustande
(§§ 611 ff. BGB); näher oben Rn 89 Anhang zu § 478 (Lotse). Anders als der Lotse ist der
Kanalsteurer allerdings Arbeitnehmer des Reeders, Eigners bzw. Ausrüsters des Schiffes.
Das OLG Schleswig[6] hat dies damit begründet, dass der Reeder das Entgelt für die Dienste des Kanalsteurers entrichte, dass der Reeder analog § 485 HGB a.F. (heute: § 480
Satz 1, unten Rn 93 zu § 480) für Fehler des Kanalsteurers und dadurch verursachte
Schäden hafte und dass der Kanalsteurer für die Dauer seines Dienstes auf dem Schiff
zur Schiffsbesatzung gehöre (siehe dazu oben Rn 58 zu § 478). Dagegen ist er im deutschen Seearbeitsrecht nach § 3 Abs. 3 Satz 1 Nr. 11 SeeArbG nicht Mitglied der Besatzung.
Allerdings werden die Kanalsteurer im Hinblick auf die Bestimmungen des § 36 SeeArbG
über das Weisungsrecht des Kapitäns in Notfällen nach § 36 Abs. 1 Satz 3 SeeArbG wie
Besatzungsmitglieder behandelt. Gleiches gilt nach § 126 SeeArbG für die Anwendung
der Vorschriften der §§ 120 ff. SeeArbG über die Einhaltung der Ordnung an Bord. Auch
für die Belange der Sozialversicherung stellt § 13 Abs. 1 Hs. 2 SGB IV die Kanalsteurer den
Seeleuten – dies sind alle abhängig beschäftigen Besatzungsmitglieder an Bord von Seeschiffen (§ 13 Abs. 1 Hs. 1 SGB IV) – gleich. Für das Dienstverhältnis zwischen dem Reeder oder Eigner bzw. Ausrüster des Schiffes und dem Kanalsteurer wird in der Regel nach
Art. 4 Abs. 1 (b) Rom I das deutsche Sachrecht gelten, der gewöhnliche Aufenthalt des
Kanalsteurers ist normalerweise in Deutschland.

V. Die Haftung im Verhältnis zwischen Kanalsteurer und Reeder

Verletzt der Reeder, Eigner bzw. Ausrüster des Schiffes (§ 477, § 2 Abs. 1 BinSchG) 10
seine Pflichten gegenüber dem Kanalsteurer, haftet der Reeder oder Eigner bzw. Ausrüster im Rahmen des zwischen ihnen bestehenden Rechtsverhältnisses nach Maßgabe des § 280 Abs. 1 BGB. Zu Schäden des Kanalsteuerers kann es, wie beim Lotsen,
etwa kommen, wenn er versetzt oder ausgeholt wird (dazu oben Rn 95–95 Anhang zu
§ 478 [Lotse]), oder ggf. auch, wenn der Reeder seine Pflichten nach § 618 Abs. 1 BGB
bzw. seine Verkehrssicherungspflichten verletzt (dazu oben Rn 97 Anhang zu § 478
[Lotse]). Der Reeder hat nach §§ 249 ff. BGB dem Kanalsteuerer aller durch die Pflichtverletzung in objektiv zurechenbarer Weise entstandenen Schäden zu ersetzen. Die
Ansprüche des Kanalsteuerers gegen den Reeder sind nach § 596 Abs. 1 Nr. 3, § 102
Nr. 4 BinSchG durch ein Schiffsgläubigerrecht gesichert; dies gilt bei Seeschiffen nicht
für Ansprüche auf Ersatz von Sachschäden (siehe dazu oben Rn 99 Anhang zu § 487
[Lotse]).

Der Kanalsteurer haftet aus dem Dienstverhältnis gegenüber dem Reeder, dem Eig- 11
ner bzw. Ausrüster des Schiffes für Pflichtverletzungen ebenfalls auf Grundlage des § 280
Abs. 1 BGB. Eine Pflichtverletzung des Kanalsteuerers kann insbesondere darin bestehen, dass er Ruderkommandos nicht, falsch oder verspätet durchführt, ggf. mit der Folge, dass es zu einer Kollision mit einem anderen Fahrzeug, mit einer Schleuse oder mit
einer sonstigen Schifffahrtseinrichtung oder der Böschung des Kanals kommt. Hier können Ansprüche des Reeders oder Eigners bzw. Ausrüsters des Schiffes wegen einer Beschädigung oder möglicherweise wegen des Verlustes des Schiffes begründet sein. Das
Rechtsverhältnis zwischen dem Kanalsteurer und dem Reeder oder Eigner bzw. Aus-

---

6 BeckRS 1998, 10880 Rn 18–20.

rüster hat m.E. drittschützende Wirkung auch zu Gunsten des (Nur-)Eigentümers (dazu oben Rn 105 Anhang § 478 [Lotse]).

12 Eine Vorschrift zugunsten des Kanalsteuerers von der Art des § 21 Abs. 3 Satz 1 SeeLG gibt es nicht. Auch eine analoge Anwendung dieser Vorschrift ist nicht geboten. Die Tätigkeiten des Kanalsteuerers sind, im Vergleich zu denen des Lotsen, relativ einfacher und mechanischer Art. Allerdings ist der Kanalsteuerer richtigerweise Arbeitnehmer des Reeders, Eigners bzw. Ausrüster des Schiffes (dazu oben Rn 9), so dass die Grundsätze über den innerbetrieblicher Schadensausgleich (dazu unten Rn 17–21 Anhang zu § 479 [Kapitän]) zum Tragen kommen. Im Ergebnis steht der Kanalsteurer daher ungefähr so, als wäre § 21 Abs. 3 Satz 1 SeeLG anwendbar.

13 Unabhängig davon kann der Kanalsteurer grundsätzlich auch im Verhältnis zum Reeder oder Eigner bzw. Ausrüster des Schiffes seine Haftung für alle Ansprüche aus einem Ereignis auf Grundlage des HBÜ 1996 sowie der §§ 611ff. HGB bzw. §§ 4ff. BinSchG beschränken (siehe auch unten Rn 76 Anhang zu § 479 [Kapitän]). Allerdings gilt dies nicht für Ansprüche des Reeders oder Eigners bzw. Ausrüsters wegen des Verlustes oder der Beschädigung des Schiffes, so dass insoweit die Befugnis des Kanalsteurers zur Haftungsbeschränkung praktisch keine Rolle spielen wird.

VI. Die Haftung gegenüber Dritten

14 **1. Die Grundlagen.** Dritte, die durch ein Verhalten des Kanalsteurers geschädigt werden, können ihn ggf. auf Grundlage der Tatbestände des § 823 Abs. 1 und 2 BGB auf Schadenersatz in Anspruch nehmen.[7] Der Geschädigte kann sich an Bord des gesteuerten Schiffes, auf einem anderen Schiff oder an anderer Stelle befunden haben. Der Kanalsteurer haftet nur im Falle eines Verschuldens, das grundsätzlich von dem Geschädigten dargelegt und ggf. bewiesen werden muss. Steuert der Kanalsteurer ein Schiff in Fahrt, das mit einem festgemachten Schiff zusammenstößt, wirkt die Vermutung, dass dies auf einem Verschulden des fahrenden Schiffes beruht, grundsätzlich auch gegen den Kanalsteurer.[8] Befolgt der Kanalsteurer fehlerhafte Weisungen, namentlich Ruderkommandos, der Schiffsführung, wird es häufig an einem Verschulden des Kanalsteurers fehlen. Dies gilt nicht, wenn die Fehlerhaftigkeit offensichtlich ist. Zu ersetzen hat der Kanalsteurer den objektiv zurechenbaren Schaden des Dritten. Der Kanalsteurer kann dem geschädigten Dritten nicht entgegen halten, dass die Schiffsführung bzw. der Lotse ihn, den Kanalsteurer, nicht hinreichend beaufsichtigt habe. Der Haftungsausschluss des § 21 Abs. 3 Satz 1 SeeLG bleibt ohnehin unberücksichtigt (oben Rn 108–112 Anhang zu § 478 [Lotse]), die Grundsätze über den innerbetrieblicher Schadensausgleich (dazu Rn 17–21 Anhang zu § 479 [Kapitän]) haben keine Außenwirkung.

15 Die Kanalsteurer sind im Rahmen des SGB VII gesetzlich unfallversichert (siehe § 13 Abs. 1 Hs. 2), so dass sie sich in den entsprechenden Fällen auf die Haftungsausschlüsse nach §§ 104 Abs. 1, 105 Abs. 1 Satz 1 in Verbindung mit § 106 Abs. 3 und 107 Abs. 1 Satz 1 und Abs. 2 SGB VII berufen können (näher unten Rn 41–54 zu § 480). Ebenso kommt dem Kanalsteurer bei Öl- und zukünftig bei HNS-Verschmutzungsschäden die Kanalisierung der Haftung auf den Eigentümer zugute (siehe Art. III Abs. 4 Satz 2 Hs. 1 ÖlHÜ 1992, Art. 7 Abs. 5 Hs. 1 HNS-Ü 2010); siehe Rn 139 Anhang zu § 479 (Kapitän). Der Kanalsteurer gehört richtigerweise im Sinne der Art. III Abs. 4 Satz 2 Hs. 1 [a] ÖlHÜ 1992, Art. 7 Abs. 5 Hs. 1 [a] HNS-Ü 2010 zur Schiffsbesatzung (oben Rn 58 zu § 478), jedenfalls leistet er ge-

---

[7] Siehe etwa OLG Kiel SchlHAnz 1909, 22 „Mathilde", „Tanger".
[8] OLG Kiel SchlHAnz 1909, 22 „Mathilde", „Tanger".

mäß Art. III Abs. 4 Satz 2 Hs. 1 [b] ÖlHÜ 1992, Art. 7 Abs. 5 Hs. 1 [b] HNS-Ü 2010 Dienste für das Schiff. Damit ist er von der Haftung für Ölverschmutzungs- und HNS-Schäden freigestellt, wenn ihm nicht ein qualifiziertes Verschulden zur Last gelegt werden kann (Art. III Abs. 4 Satz 2 Hs. 2 ÖlHÜ 1992, Art. 7 Abs. 5 Hs. 2 HNS-Ü 2010). Wird auf dem Schiff Kernmaterial befördert, werden Dritte durch ein vom Kanalsteurer verursachtes nukleares Ereignis geschädigt und haftet der Inhaber der betreffenden Kernanlage auf Grundlage des ParisÜ 1982, ist der Kanalsteurer ebenfalls von der Haftung befreit (siehe Art. 1 KernmaterialBefÜ sowie unten Rn 37 Anhang IV zu § 480 [maritime Nuklearhaftung]).

2. Internationalprivatrechtliche Gesichtspunkte. Die Haftung des Kanalsteurers 16 unterliegt normalerweise dem deutschen Sachrecht. Der Nord-Ostsee-Kanal befindet sich in deutschem Hoheitsgebiet, so dass der Schaden im Sinne des Art. 4 Abs. 1 Rom II ebenfalls hier eintritt. Die Anknüpfung nach Art. 4 Abs. 2 Rom II an den gemeinsamen gewöhnlichen Aufenthalt wird häufig ebenfalls zum deutschen Recht hinführen, weil der Kanalsteurer in der Regel seinen gewöhnlichen Aufenthalt in Deutschland haben wird. Schließlich würde auch die alternative Anknüpfung von Ansprüchen aus einer Umweltschädigung nach Art. 7 Rom II zu keinem anderen Ergebnis führen, weil der Kanalsteurer auf dem Schiff im Nord-Ostsee-Kanal und damit in Deutschland tätig wird. Siehe ausführlich zu den Tatbeständen des Art. 4 Abs. 1 bis 3 und Art. 7 Rom II unten Rn 188–199, 200–205.

3. Vertragliche Haftungsbefreiungen und -beschränkungen. Der Kanalsteurer 17 gehört im Sinne des § 478 zur Schiffsbesatzung (siehe dort Rn 58 zu § 478). Ihm können daher in den entsprechenden Fällen, namentlich bei Ansprüchen der Ladungsbeteiligten des Schiffes (unten Rn 122–127 zu § 480) oder insbesondere des Eigentümers der Ladung, die Haftungsbefreiungen und -beschränkungen der frachtvertraglichen Himalaya-Regelungen zugutekommen. Dies betrifft die Vorschriften der §§ 508 Abs. 1, 509 Abs. 5 sowie entsprechende vertragliche Vereinbarungen, namentlich auch die Haftungsbefreiung im Falle nautischen Verschuldens und bei Feuer (ausführlich zu allem unten Rn 98–118, 129–130 Anhang zu § 479 [Kapitän]). Normalerweise ist die gesamte Tätigkeit des Kanalsteurers an Bord als Führung oder sonstige Bedienung des Schiffes zu qualifizieren. Möglicherweise kann sich der Kanalsteurer auch gegenüber vertragsfremden Dritten auf frachtvertragliche Haftungsbefreiungen und -beschränkungen berufen (siehe unten Rn 119–128 Anhang zu § 479 [Kapitän]). Im Hinblick auf Ansprüche der Fahrgäste des gesteuerten Schiffes gegen den Kanalsteurer siehe die Hinweise unten Rn 132–137 Anhang zu § 479 [Kapitän]).

4. Die beschränkbare Haftung. Der Kanalsteurer haftet in entsprechenden Fällen 18 für alle Ansprüche aus einem Ereignis nach den Bestimmungen des HBÜ 1996 in Verbindung mit §§ 611 ff. und bei Binnenschiffen nach Maßgabe der §§ 4 ff. BinSchG nur in beschränkter Höhe (siehe die Hinweise zum Kapitän unten Rn 142–143 Anhang zu § 479 [Kapitän]). Errichtet einer der Schiffseigentümer bzw. der Schiffseigner einen Fonds, kommt dies auch dem Kanalsteurer zugute (siehe Art. 11 Abs. 3 HBÜ 1996). Unabhängig davon hat der Kanalsteurer nach Art. 1 Abs. 4 HBÜ 1996, § 5c Abs. 1 Nr. 3 BinSchG als Mitglied der Schiffsbesatzung ein eigenes Recht zur Beschränkung der Haftung. Anders als beim Lotsen (oben Rn 150–151, 152–154 Anhang zu § 478 [Lotse]) und wie bei der (Stamm-)Besatzung des Schiffes (zum Kapitän siehe Rn 142–143 Anhang zu § 479 [Kapitän]) gelten für den Kanalsteurer bei Seeschiffen keine niedrigeren Höchstbeträge. Dem geschädigten Dritten steht wegen seiner Ansprüche gegen den Kanalsteurer normalerweise auch ein Schiffsgläubigerrecht nach § 596 Abs. 1 Nr. 3, § 102 Nr. 4 BinSchG zu (dazu unten Rn 140 Anhang zu § 479 [Kapitän]).

19   **5. Die Haftung des Reeders für den Kanalsteurer.** Muss der Kanalsteurer dem geschädigten Dritten einstehen, haftet nach Maßgabe der § 480 Satz 1, § 3 Abs. 1 BinSchG daneben auch der Reeder oder Eigner bzw. Ausrüster des Schiffes (siehe näher unten Rn 152–155 Anhang zu § 479 [Kapitän]). Die Ersatzpflicht des Kanalsteurers muss in Ausübung seiner Tätigkeit begründet worden sein. Haftet der Kanalsteurer einem Ladungsbeteiligten wegen Verlust oder Beschädigung von Gut, kommt der Vorbehalt des § 480 Satz 2 zu Anwendung (unten Rn 114–141 zu § 480). Der Reeder oder Eigner bzw. Ausrüster kann ggf. geltend machen, dass die Schadenersatzpflicht bzw. die Haftung des Kanalsteurers gegenüber dem geschädigten Dritten nach §§ 104 Abs. 1, 105 Abs. 1 Satz 1 mit §§ 106 Abs. 3, 107 Abs. 1 Satz 1 und Abs. 2 SGB VII ausgeschlossen ist (näher unten Rn 41–54 zu § 480).

20   Der Kanalsteurer und der Reeder oder Eigner bzw. Ausrüster des Schiffes sind Gesamtschuldner (§ 840 Abs. 1 BGB). Wird einer von ihnen von dem geschädigten Dritten in Anspruch genommen, kann er beim Kanalsteurer Rückgriff nehmen (siehe dazu unten Rn 156 Anhang zu § 479 [Kapitän]). § 23 Abs. 3 Satz 2 SeeLG (oben Rn 172–174 Anhang zu § 478 [Lotse]) kommt nicht, auch nicht analog, zugunsten des Kanalsteurers zur Anwendung. Allerdings gelten die Grundsätze über die Haftungsbefreiung und -beschränkung aufgrund des innerbetrieblichen Schadensausgleichs (dazu unten Rn 17–21 Anhang zu § 479 [Kapitän]). Unabhängig davon kann der Kanalsteurer seine Haftung für die Ansprüche des Reeders oder Eigners bzw. Ausrüsters nach Maßgabe der Bestimmungen des HBÜ 1996 und der §§ 611 ff. und bei Binnenschiffen nach §§ 4 ff. BinSchG beschränken (dazu unten Rn 156 Anhang zu § 479 [Kapitän]).

21   **6. Die Überwachung des Kanalsteurers.** Die Schiffsführung bleibt verpflichtet, die Tätigkeit des Kanalsteurers zu überwachen. Geschieht dies nicht oder unzureichend, kann dies ein eigenes Verschulden des Kapitäns bzw. Wachoffiziers oder des Seelotsen darstellen, für das er nach § 823 Abs. 1 oder 2 BGB und daneben der Reeder oder Eigner bzw. Ausrüster des Schiffes nach § 480 Satz 1 einzustehen haben.[9] Stehen auf dem Schiff keine für die Kanalfahrt geeigneten Rudergänger zur Verfügung, kann das Schiff verpflichtet sein, auf freiwilliger Basis Kanalsteurer zu nehmen. Verursacht das Schiff bei der Passage des Kanals Schäden, weil schlecht gesteuert wird, kann dies auf einem eigenen Verschulden der Schiffsführung oder auch des Reeders oder Eigners bzw. Ausrüsters des Schiffes, möglicherweise auch des Lotsen beruhen, so dass diese ggf. für den Schaden einzustehen haben.[10]

---

9 Siehe OLG Hamburg HansGZ H 1909, 21 Nr. 11 „Taormina".
10 Siehe OLG Hamburg HansGZ H 1908, 93 Nr. 44 und HansGZ H 1909, 21 Nr. 11 „Taormina".

§ 479
Rechte des Kapitäns. Tagebuch

(1) ¹Der Kapitän ist befugt, für den Reeder alle Geschäfte und Rechtshandlungen vorzunehmen, die der Betrieb des Schiffes gewöhnlich mit sich bringt. ²Diese Befugnis erstreckt sich auch auf den Abschluss von Frachtverträgen und die Ausstellung von Konnossementen. ³Eine Beschränkung dieser Befugnis braucht ein Dritter nur dann gegen sich gelten zu lassen, wenn er sie kannte oder kennen musste.

(2) ¹Ist auf dem Schiff ein Tagebuch zu führen, so hat der Kapitän alle Unfälle einzutragen, die sich während der Reise ereignen und die das Schiff, Personen oder die Ladung betreffen oder sonst einen Vermögensnachteil zur Folge haben können. ²Die Unfälle sind unter Angabe der Mittel zu beschreiben, die zur Abwendung oder Verringerung der Nachteile angewendet wurden. ³Die durch den Unfall Betroffenen können eine Abschrift der Eintragungen zum Unfall sowie eine Beglaubigung dieser Abschrift verlangen.

§ 479 Abs. 1 – **Geschichte:** §§ 526 bis 531, 533 HGB 1900; § 528 HGB 1900 geändert, §§ 529, 530 HGB 1900 aufgehoben, § 533 HGB 1900 geändert durch Art. 1 Nr. 13 bis 15 SRÄndG – **Entstehung:** keine Vorschrift im HGB-KomE; § 479 HGB-RefE; SHR-RefE-Begr S. 113f.; § 479 HGB-RegE, SHR-ReformG-Begr S. 63f. – **SHSG:** §§ 117, 118 – **Binnenschifffahrt:** §§ 15 bis 19 BinSchG.

§ 479 Abs. 2 – **Geschichte:** §§ 519 bis 521 HGB 1900; § 520 HGB 1900 geändert und §§ 519, 521 HGB 1900 aufgehoben durch §§ 18 und 22 Nr. 10 des Gesetzes vom 24. Mai 1965 (BGBl. 1965 II S. 833) – § 525 Abs. 3 HGB 1900 (Anspruch auf Abschrift); § 525 HGB 1900 neu gefasst durch Art. 1 Nr. 12 des 1. SRÄndG – **Entstehung:** keine Vorschrift im HGB-KomE; § 479 HGB-RefE; SHR-RefE-Begr S. 113f.; § 479 HGB-RegE, SHR-ReformG-Begr S. 63f. – **SHSG:** keine Vorschrift – **Binnenschifffahrt:** keine Vorschrift.

Die Vorschrift des § 479 betrifft zwei Sachverhalte, die vor der Seerechtsreform in teils abweichender Weise in selbständigen Vorschriften geregelt waren. In § 479 Abs. 1 geht es um die gesetzlich umschriebene Vertretungsbefugnis des Kapitäns für den Reeder. Ergänzend verpflichtet § 479 Abs. 2 den Kapitän, bestimmte Tatbestände in das Schiffstagebuch einzutragen.

I. Der Kapitän als Vertreter des Reeders

Literatur: Siehe Anhang zu § 479 (Kapitän)

Gegenstand des § 479 Abs. 1 ist die gesetzlich umschriebene Vertretungsbefugnis 1 des Kapitäns (zu diesem unten Anhang § 479 [Kapitän]) für den Reeder. Der Satz 1 der Vorschrift enthält den Grundtatbestand, während Satz 2 ergänzt, dass sich die Vertretungsbefugnis des Kapitäns auch auf den Abschluss von Frachtverträgen und die Ausstellung von Konnossementen erstreckt (unten Rn 11, 12). Der Reeder kann die gesetzlich umschriebene Vertretungsbefugnis des Kapitäns beschränken. Dies wirkt Dritten gegenüber nach § 479 Abs. 1 Satz 3 allerdings nur, wenn diese die Beschränkung kannten oder kennen mussten (unten Rn 36–38).

Die Vorschrift des § 479 Abs. 1 ist eng verzahnt mit den Bestimmungen der §§ 164ff. 2 BGB über die Stellvertretung. In § 479 Abs. 1 geht um die Vertretungsmacht im Sinne des § 164 Abs. 1 Satz 1 HGB: Eine Willenserklärung, die ein Vertreter im Rahmen seiner Vertretungsbefugnis und im Namen des Geschäftsherrn abgibt, wirkt für und gegen den Geschäftsherrn und nicht für und gegen den Vertreter. Dabei geht § 479 Abs. 1 von dem Fall aus, dass der Kapitän als Vertreter eine Willenserklärung für den Reeder des Schiffes als Geschäftsherrn abgibt. Die Vorschrift betrifft nur ein Merkmal, nämlich die Vertretungsbefugnis, nicht aber die Frage, in wessen Namen der Kapitän handelt (dazu unten Rn 40–41).

3   Die §§ 164 ff. BGB gelten nicht nur für Willenserklärungen im Sinne der §§ 116 ff. BGB, sondern ebenso für geschäftsähnliche Handlungen. Auch in § 479 Abs. 1, der sich auf „Geschäfte und Rechtshandlungen" des Kapitäns bezieht, kommt dies zum Ausdruck. Dessen Befugnis, für den Reeder Geschäfte und Rechtshandlungen vorzunehmen, ist von dem zugrunde liegenden Kapitän-Reeder-Rechtsverhältnis zu unterscheiden (dazu unten Rn 22–83, insbesondere Rn 61–65 Anhang zu § 479 [Kapitän]). Zum Binnenschifffahrtsrecht siehe §§ 15 bis 19 BinSchG. Auch das SHSG sah in § 117 eine gesetzlich umschriebene Vertretungsbefugnis des Kapitäns für den Reeder vor.

4   § 479 Abs. 1 wird ergänzt um die gesetzliche Zustellungsvollmacht des Kapitäns nach § 619. Diese ist nicht umfassend, sondern beschränkt auf Klagen auf Duldung der Zwangsvollstreckung in das Schiff und Entscheidungen in Verfahren über einen Arrest in das Schiff. Beide Verfahren richten sich gegen den Eigentümer des Schiffes. Besteht ein Ausrüsterverhältnis (§ 477 Abs. 1 und 2), besteht die Zustellungsvollmacht des § 619 für den (Nur-)Eigentümer und nicht für den Ausrüster. Die frühere Befugnis des Kapitäns, für den Reeder gerichtliche Verfahren einzuleiten und durchzuführen[1] (§ 527 Abs. 2 HGB a.F.), ist entfallen, ebenso die Regelung des § 760 Abs. 2 HGB a.F., dass eine Klage des Schiffsgläubigers auf Duldung der Zwangsvollstreckung in das Schiff auch gegen den Kapitän gerichtet werden konnte.[2] Schließlich besteht nach § 586 Abs. 4 Satz 2 Hs. 1 im Zusammenhang mit einer Bergung eine besondere gesetzliche Prozessstandschaft des Kapitäns. Dem Berger stehen nach § 585 Abs. 2 wegen seiner Ansprüche auf Bergelohn, Sondervergütung und Ersatz der Bergungskosten Pfandrechte an den geborgenen Sachen zu; insbesondere geht es um die geborgene Ladung. Sind die Sachen noch nicht ausgeliefert, muss der Berger die Klage auf Duldung der Zwangsvollstreckung in die betreffenden Sachen nach § 586 Abs. 4 Satz 2 Hs. 1 gegen den Kapitän richten. Der Hs. 2 der Vorschrift ergänzt, dass das gegen den Kapitän ergangene Urteil auch gegen den Eigentümer der Sachen wirkt.

5   Die gesetzlich umschriebene Vertretungsbefugnis des Kapitäns für den Reeder nach § 479 Abs. 1 spielt in der Praxis nur noch bei unbedeutenderen Vorgängen eine Rolle. Ein Kapitän wird nur in seltenen Ausnahmefällen in eigener Initiative Geschäfte und Rechtshandlungen vornehmen. Alle erforderlichen Maßnahmen werden vom Landbetrieb des Schiffes koordiniert und veranlasst. Allenfalls geht es um Geschäfte und Rechtshandlungen, die für die Abwicklung von Lieferungen und Leistungen an das Schiff oder die Durchführung der vom Reeder geschlossenen Fracht- und Charterverträge sowie von Konnossementen erforderlich sind (unten Rn 16–33).

6   **1. Die Vertretungsbefugnis.** § 164 Abs. 1 BGB knüpft an die dem Vertreter zustehende Vertretungsmacht an. Im Hinblick auf den Kapitän kommt in erster Linie die in § 479 Abs. 1 Satz 1 und 2 geregelte Vertretungsbefugnis zum Tragen. Es handelt sich nicht um eine gesetzliche Vertretung, sondern um eine gesetzlich umschriebene Vertretungsbefugnis, ähnlich wie die eines Prokuristen nach § 48 ff. oder die eines Handlungsbevollmächtigten nach §§ 54 ff. Die Vorschrift des § 479 Abs. 1 hat nach Art. 2 Abs. 1 EGHGB

---

1   Siehe etwa die alten Entscheidungen OG Hamburg HGZ 1873, 253 Nr. 192 (S. 255), zuvor das HG aaO. „Falcon"; OG Hamburg HGZ 1877, 252 Nr. 150 (S. 87) „Halifax", zuvor das HG aaO.; OLG Hamburg HansGZ 1886, 273 Nr. 111 „Bedouin"; HG Hamburg HGZ 1869, 182 Nr. 147 „Germania", „Favorita"; HG Hamburg HGZ 1873, 80 Nr. 68 „Otto"; HG Hamburg HGZ 1873, 86 Nr. 75 „Josephine Oulton".
2   SHR-ReformG-Begr S. 64 (linke Spalte).

Vorrang gegenüber abweichenden Bestimmungen des BGB. Der neue § 479 Abs. 1 hat seinen Ursprung im früheren §§ 527 ff. HGB a.F. (unten Rn 7–12). Die Vertretungsbefugnis nach § 479 Abs. 1 Satz 1 und 2 betrifft den Kapitän des Schiffes als Vertreter und besteht für dessen Reeder als Geschäftsherrn (unten Rn 14–15). § 479 Abs. 1 gilt nur für See-Erwerbsschiffe (unten Rn 13). Die Vertretungsbefugnis hat den sich aus § 479 Abs. 1 Satz 1 und 2 ergebenden Umfang (unten Rn 16–33). Die gesetzlich umschriebene Vertretungsbefugnis schließt es nicht aus, dass der Reeder dem Kapitän rechtsgeschäftlich Vollmacht erteilt (§§ 167 ff. BGB), die ihrerseits über die in § 479 Abs. 1 Satz 1 und 2 umschriebene Vertretungsbefugnis hinausgeht oder diese auch beschränken kann (unten Rn 34–38). Überschreitet der Kapitän die Grenzen seiner Vertretungsbefugnis, kommt eine Haftung aus §§ 179, 180 BGB in Betracht (unten Rn 39).

a) Die frühere Rechtslage. Die Stellung des Kapitäns hat sich seit den Tagen des 7 ADHGB erheblich gewandelt, was sich deutlich in dem Unterschied zwischen den früheren, sehr ausführlichen Bestimmungen zum Kapitän und dem heutigen schlanken Kapitänsrecht wiederspiegelt (dazu unten Rn 2–4 Anhang zu § 479 [Kapitän]). Die Änderungen betreffen auch die deutlich gestrafften Regelungen über die gesetzlich umschriebene Vertretungsbefugnis des Kapitäns für den Reeder. Bereits das ADHGB enthielt in den Art. 495 bis 500, 502, 503 den Verhältnissen der damaligen Zeit entsprechende umfassende Bestimmungen, die neben Fragen der Geschäftsführung des Kapitäns für den Reeder und die Ladungsbeteiligten auch die Vertretungsbefugnis des Kapitäns betrafen. Die Regelungen wurden vom HGB 1900 in die §§ 526 bis 531, 533, 534 übernommen. Das 1. SRÄndG hat die §§ 528, 533, 534 HGB 1900 geändert und die §§ 529 und 530 HGB 1900 mit Bestimmungen über die Begründung einer persönlichen Haftung des Reeders und den Verkauf des Schiffes durch den Kapitän aufgehoben.[3] Die Vertretungsbefugnis des Kapitäns für den Reeder war unterschiedlich ausgestaltet, abhängig davon, ob sich das Schiff in seinem Heimathafen befand (unten Rn 8) oder nicht (unten 9–10); ebenso bis heute §§ 15, 16 BinSchG. Der Reeder konnte die gesetzlich umschriebene Vertretungsbefugnis des Kapitäns beschränken. Dritten gegenüber war dies nach § 531 HGB a.F. nur wirksam, wenn dies dem Dritten bekannt war.

aa) Die Vertretungsbefugnis im Heimathafen. Nach § 526 Abs. 1 HGB a.F. bestand 8 (abgesehen von der „Annahme" der Schiffsmannschaft, § 526 Abs. 2 HGB a.F.) im Heimathafen grundsätzlich keine Vertretungsbefugnis, sofern dem Kapitän keine Vollmacht erteilt war oder ein anderer besonderer Verpflichtungsgrund bestand, namentlich eine Geschäftsführung ohne Auftrag[4] (§§ 677 ff. BGB). Der Heimathafen war nach § 480 Abs. 1 HGB a.F. der Ort, von dem aus die Seefahrt mit dem Schiff betrieben wird, also der Geschäftssitz des Reeders bzw. Managers.[5] Ist dies kein Hafen (siehe § 4 Abs. 2 SchRegO), ist der (vom Reeder gewählte) Registerhafen der Heimathafen[6] (siehe § 9 Abs. 1 Satz 2 FlRG, § 4 Abs. 2 Fall 2 SchRegO). Insoweit bestand jedenfalls eine widerlegliche Vermutung.[7]

---

3   Art. 1 Nr. 13 bis 16 des 1. SRÄndG.
4   Siehe OLG Hamburg HansRGZ B 1928, 54 Nr. 20 (Sp. 55) „Partner" – anders KammerG OLGZ 76, 226, 227.
5   Siehe OLG Kiel HansRGZ B 1934, 340 Nr. 102 (S. 341 f.).
6   Siehe BGHZ 58, 170 = NJW 1972, 762, 763 (unter III.); OLG Hamburg MDR 1970, 513 (zweiter Leitsatz); KammerG OLGZ 76, 226, 228 f.; OLG Stettin Hansa 1933, 860 mit Anm. *Pflüger* aaO.; OLG Kiel HansRGZ B 1935, 439 Nr. 118 (Sp. 439); sowie noch OLG Oldenburg HansRGZ B 1935, 429 Nr. 114 (S. 432).
7   OLG Stettin Hansa 1933, 860 mit Anm. *Pflüger* aaO.; OLG Kiel HansRGZ B 1934, 340 Nr. 102 (S. 342).

9 **bb) Die Vertretungsbefugnis außerhalb des Heimathafens.** Außerhalb des Heimathafens war die Vertretungsbefugnis des Kapitäns nach §§ 527, 528 HGB a.F. durchaus umfassend. Er durfte auf Grundlage des § 527 Abs. 1 HGB a.F. für den Reeder alle Geschäfte und Rechtshandlungen vornehmen, die die Ausrüstung, die Bemannung, die Verproviantierung und die Erhaltung des Schiffes sowie überhaupt die Ausführung der Reise mit sich brachten. Nach § 527 Abs. 2 HGB a.F. erstreckten sich die Befugnisse des Kapitäns auch auf die Eingehung von Frachtverträgen sowie die „Anstellung" von Klagen (also die Prozessführung), die sich auf den Wirkungskreis des Kapitäns bezogen.

10 Die umfassende Vertretungsbefugnis des Kapitäns außerhalb des Heimathafens war in § 528 Abs. 1 HGB a.F. im Hinblick auf Kreditgeschäfte beschränkt.[8] Dies waren solche Geschäfte, bei denen die Zahlung der vom Reeder geschuldeten Vergütung nicht Zug um Zug mit der Leistung, sondern erst später erfolgen sollte. Kreditgeschäfte durfte der Kapitän nur schließen, wenn es für die Ausführung der Reise notwendig war und nur insoweit, als es zur Befriedigung des Bedürfnisses erforderlich war. § 528 Abs. 2 HGB a.F. regelte weiter, dass es für die Gültigkeit des Geschäfts nicht darauf ankam, ob die Vorbehalte des Abs. 1 hinsichtlich der Vertretungsbefugnis des Kapitäns gewahrt waren, ob die zwischen mehreren Geschäften getroffene Wahl des Kapitäns zweckmäßig war und ob die erworbenen Mittel für das Schiff verwendet wurden, es sei denn, dass dem Dritten dies bekannt oder infolge grober Fahrlässigkeit unbekannt war. Zu Wechselverbindlichkeiten siehe § 528 Abs. 3 HGB a.F. sowie § 15 Abs. 2 BinSchG.[9]

11 **cc) Die Vertretung bei Rechtsgeschäften.** Nach der ausdrücklichen Regelung des § 533 Abs. 1 HGB a.F. wurde durch ein Rechtsgeschäft, das der Kapitän innerhalb seiner Vertretungsbefugnis (siehe zuvor Rn 8, 9–10) in seiner Eigenschaft als Führer des Schiffes geschlossen hatte, „... sei es mit, sei es ohne Bezeichnung des Reeders ...", (nur) der Reeder berechtigt und verpflichtet. § 533 Abs. 2 Satz 1 HGB a.F. ergänzte ausdrücklich, dass der Kapitän selbst nicht in die Pflicht genommen wurde, sofern er keine persönliche Gewährleistung für die Erfüllung übernommen oder seine Befugnisse überschritten hatte.[10] Dies gilt in der Binnenschifffahrt nach § 19 BinSchG bis heute.

12 **dd) Die Haftung des Reeders mit Schiff und Fracht.** Bis zum Inkrafttreten des 1. SRÄndG haftete der Reeder nach § 486 Abs. 1 Nr. 1 HGB a.F. für Forderungen aus Rechtsgeschäften, die der „... Schiffer als solcher kraft seiner gesetzlichen Befugnisse und nicht mit Bezug auf eine besondere Vollmacht geschlossen hat ...", grundsätzlich nicht persönlich, sondern nur mit Schiff und Fracht (dazu unten Rn 246–249 zu § 480). Ganz entsprechend war der Anspruch gegen den Reeder nach § 754 Nr. 8 HGB a.F. durch ein Schiffsgläubigerrecht gesichert. Eine persönliche Verpflichtung des Reeders aus Rechtsgeschäften des Kapitäns konnte nur auf Grundlage des § 529 HGB a.F. erfolgen. Ausgehend davon mussten sich die Gerichte häufig mit der Frage auseinander setzen, ob

---

8 Siehe dazu auch ROHGE 25, 48 „Nordsee"; RGZ 83, 130 „Nordstern"; BGHZ 29, 195 = NJW 1959, 721 mit Anm. *Sieg* MDR 1959, 463; BGHZ 40, 126 = NJW 1963, 2323; BGHZ 58, 170 = NJW 1972, 762; OLG Hamburg HansGZ H 1896, 101 Nr. 37 (S. 104 linke Spalte) „Lubeca"; OLG Hamburg HansRGZ B 1928, 211 Nr. 86 (Sp. 212) „Desia", „Gretha", „Elina"; OLG Kiel HansRGZ B 1934, 343 Nr. 103 „Käthe"; OLG Königsberg HansRGZ B 1929, 483 Nr. 198; HG Hamburg HGZ 1876, 357 Nr. 215 „Anna Drothea"; OLG Stettin Hansa 1933, 860 mit Anm. *Pflüger* aaO.
9 sowie noch OLG Hamburg HansGZ H 1895, 49 Nr. 19 „Minna Craig"; OLG Hamburg HansGZ H 1896, 101 Nr. 37 (S. 104 linke Spalte) „Lubeca".
10 Siehe ROHGE 23, 199.

der Kapitän das Rechtsgeschäft aufgrund einer besonderen Vollmacht des Reeders – etwa aufgrund einer laufenden Geschäftsbeziehung, einer Rahmenvereinbarung oder eines Vertrags über eine laufende Belieferung zwischen dem Reeder und dem Dritten – geschlossen hatte, so dass eine persönliche Haftung des Reeders begründet war.[11] Diese Problematik erledigte sich mit dem 1. SRÄndG, das die beschränkte Haftung des Reeders mit Schiff und Fracht auf das Summenhaftungssystem umstellte. Gleichzeitig wurden auch das Schiffsgläubigerrecht des § 754 Nr. 8 HGB a.F. und die besonderen Voraussetzungen des § 529 HGB a.F. für eine persönliche Haftung des Reeders aufgehoben.

b) Der Anwendungsbereich des § 479 Abs. 1. Aus dem generellen Anwendungsvorbehalt des Fünften Buches (oben Rn 4–8 zu § 476) ergibt sich, dass § 479 Abs. 1 nur zur Anwendung gelangt, wenn der Kapitän Führer eines Seeschiffes ist, das des Erwerbes wegen betrieben wird. Die Vorschrift wird in Art. 7 Abs. 1 EGHGB nicht genannt, so dass eine Anwendung auf den Führer eines Nichterwerbsschiffes ausgeschlossen ist. Die gesetzlich umschriebene Vertretungsbefugnis nach § 479 Abs. 1 Satz 1 und 2 besteht auch dann, wenn der Reeder erreichbar ist und selbst tätig werden könnte.[12] Handelt es sich um ein Binnenschiff, gelten die Regelungen der §§ 15 bis 19 BinSchG. 13

c) Kapitän und Reeder. § 479 Abs. 1 Satz 1 und 2 räumt dem Kapitän des Schiffes Vertretungsbefugnis ein (zum Kapitän siehe näher unten Anhang § 479 [Kapitän]). Sie ist mit der Rechtsstellung als Kapitän verknüpft und beginnt und endet daher automatisch mit dem Beginn und dem Ende des Kapitän-Reeder-Rechtsverhältnisses (dazu unten Rn 27 Anhang zu § 479 [Kapitän]). An andere Besatzungsmitglieder richtet sich § 479 Abs. 1 nicht. Geschäfte und Rechtshandlungen, die der Kapitän im Rahmen seiner Vertretungsbefugnis vorgenommen hat, bleiben wirksam, auch wenn seine Rechtsstellung als Kapitän inzwischen beendet ist. 14

Die Vertretungsbefugnis des Kapitäns besteht nach § 479 Abs. 1 für den Reeder. Gemeint ist der Reeder des betreffenden Schiffes, dessen Führer der Kapitän ist. An die Stelle des Reeders tritt unter den Voraussetzungen des § 477 Abs. 1 und 2 der Ausrüster (dort Rn 33). Wechselt der Reeder oder der Ausrüster oder wird ein Ausrüsterverhältnis begründet oder beendet, wechselt automatisch auch der jeweilige Geschäftsherr. Ein wirksam im Namen des Reeders bzw. Ausrüsters vom Kapitän durchgeführtes Geschäft bzw. eine solche Rechtshandlung berechtigt und verpflichtet den betreffenden Reeder bzw. Ausrüster auch dann noch, wenn sie aus dieser Rechtsstellung ausgeschieden ist. Gleiches gilt, wenn dieselbe Person erst Reeder ist und dann Ausrüster wird und umgekehrt. Die Vertretungsbefugnis des § 479 Abs. 1 besteht in keinem Falle für den Nur-Eigentümer (oben Rn 81–88 zu § 477 – siehe aber auch § 584 Abs. 1 Satz 2 sowie unten Rn 47), für Charterer des Schiffes oder für einen Ladungsbeteiligten (siehe zu diesen unten 15

---

11 Siehe etwa RGZ 81, 283, 286 f. „Pera"; BGHZ 58, 170 = NJW 1972, 762, 763 (unter IV.); RG WarnRSpr 1917, 109 „Askania"; BGHZ 29, 195 = NJW 1959, 721, 722 (unter III. 1) mit Anm. Sieg MDR 1959, 463; BGHZ 58, 170 = NJW 1972, 762, 763 (unter IV.); OLG Hamburg HansGZ H 1887, 301 Nr. 128 (S. 303), zuvor das LG Hamburg aaO. „Paola"; OLG Hamburg HansRGZ B 1928, 54 Nr. 20 „Partner"; OLG Hamburg HansRGZ B 1928, 211 Nr. 82 (Sp. 212 bis 214) „Desia", „Gretha", „Elina"; OLG Hamburg HansRGZ B 1933, 64 Nr. 25 (Sp. 66 f.) „Consul Suckau"; OLG Hamburg Hansa 1933, 559; OLG Hamburg MDR 1954, 486; OLG Kiel SchlHolstAnz 1910, 156; OLG Kiel HansRGZ B 1934, 340, 341; OLG Kiel HansRGZ B 1934, 343 „Käthe"; OLG Kiel HansRGZ B 1935, 439 Nr. 117 (Sp. 441); OLG Celle MDR 1970, 513, 415 (linke Spalte); LG Hamburg BB 1952, 704; LG Hamburg Hansa 1964, 2106 – sowie zum Binnenschiffahrtsrecht SchOG Köln ZfB 2000 Nr. 6 S. 82 (Slg. 1787).
12 Siehe zum alten Recht BGHZ 40, 126 = NJW 1963, 2323 (rechte Spalte unten); BGHZ 58, 170 = NJW 1972, 762 (rechte Spalte oben).

Rn 121–132 zu § 480). Es besteht auch keine gesetzlich umschriebene Vertretungsbefugnis des Kapitäns für Verfrachter.[13] Nach § 118 SHSG war der Kapitän befugt, Rechtshandlungen auch für die Ladungsbeteiligten vorzunehmen.

16   **d) Der Umfang der Vertretungsbefugnis nach § 479 Abs. 1 Satz 1 und 2.** Die gesetzlich umschriebene Vertretungsbefugnis erstreckt sich nach § 479 Abs. 1 Satz 1 auf alle Geschäfte und Rechtshandlungen (unten Rn 17), die der Betrieb des Schiffes gewöhnlich mit sich bringt (unten Rn 18–21), einschließlich des Abschlusses von Frachtverträgen und der Ausstellung von Konnossementen (unten Rn 22–27, 28–31) sowie sonstiger Verträge über die Verwendung des Schiffes (unten Rn 32) und umfasst auch die Erteilung von Untervollmachten (unten Rn 32). Die Unterscheidung der Vertretungsbefugnisse im und außerhalb des Heimathafens (siehe §§ 527, 528 HGB a.F. und bis heute §§ 15, 16 BinSchG) ist im neuen Recht entfallen. Die SHR-ReformG-Begr weist zutreffend darauf hin, dass der Anlass für diese Unterscheidung angesichts der heute bestehenden weitreichenden Möglichkeiten der Kommunikation entfallen ist.[14] Auch der Vorbehalt des § 527 Abs. 1 HGB a.F., dass der Kapitän „... kraft seiner Anstellung ..." befugt sei, die fraglichen Geschäfte und Rechtshandlungen vorzunehmen, ist nicht mit in den § 479 Abs. 1 und 2 übernommen worden;[15] anders noch § 15 Abs. 1 BinSchG sowie § 117 Abs. 1 SHSG („... kraft seines Arbeitsrechtsverhältnisses ...").

17   **aa) Geschäfte und Rechtshandlungen.** Die Vorschrift des § 479 Abs. 1 betrifft Geschäfte und Rechtshandlungen. § 117 Abs. 1 SHSG nannte nur Rechtshandlungen; siehe auch § 15 Abs. 1 BinSchG. Diese Formulierung wurde aus § 527 Abs. 1 HGB a.F. übernommen (siehe auch § 493 Abs. 1 HGB a.F.). Sie umfasst zunächst die auf Durchführung eines Rechtsgeschäfts gerichtete Willenserklärung im Sinne der §§ 116 ff. BGB. Daneben gilt § 479 Abs. 1 auch für geschäftsähnliche Handlungen des Kapitäns. Die Erteilung einer Quittung (§ 368 ff. BGB) über Lieferungen an das Schiff ist eine Rechtshandlung.[16] Nach den Umständen kann sich die Bestätigung des Empfangs einer Lieferung als Schuldbeitritt darstellen.[17] Rechtshandlungen sind außerdem etwa auch Notstandsmaßnahmen des Kapitäns nach § 904 BGB zugunsten des Schiffes[18] (siehe dazu unten Rn 17 Anhang VI zu § 480 [BGB]) oder eine Geschäftsführung ohne Auftrag (§§ 677 ff. BGB, Rn 14–15 Anhang VI zu § 480 [BGB]). Rettet der Kapitän Personen aus Seenot, stellt sich dies als eine Geschäftsführung für den Reeder dar, der (neben dem Kapitän) zur Hilfeleistung verpflichtet ist; der Reeder kann von den geretteten Personen nach §§ 677, 683, 670 BGB Ersatz seiner Aufwendungen verlangen.[19]

18   **bb) Gewöhnlicher Betrieb des Schiffes.** Mit der Umschreibung des „Betrieb des Schiffes" knüpft § 479 Abs. 1 Satz 1 an die entsprechenden Formulierungen in § 476 und

---

13   Anders *Pötschke* in MüKo/HGB Rn 6 zu § 479.
14   SHR-ReformG-Begr S. 64 (linke Spalte).
15   SHR-ReformG-Begr S. 63 f. (Zu „§ 479").
16   Siehe OLG Karlsruhe TranspR 2003, 250, 252 (rechte Spalte) = HmbSeeRep 2003, 70 Nr. 54.
17   Siehe OLG Hamburg MDR 1969, 671; anders OLG Karlsruhe TranspR 2003, 250, 252 (rechte Spalte) = HmbSeeRep 2003, 70 Nr. 54.
18   Siehe RGZ 88, 211, 215 „Leda", „Blumenthal"; RGZ 113, 301, 303 f. „T 151"; OLG Hamburg Hansa 1953, 1337; OLG Hamburg Hansa 1965, 1789, 1790 a.E.; Obergericht Danzig JW 1938, 1205 „Bernhard Blumenfeld", „Bergenske 5" – sowie noch BGHZ 6, 102 = NJW 1952, 1132, 1133 (Binnenschifffahrtsrecht).
19   BGHZ 67, 368 = NJW 1977, 530; BGH VersR 1972, 456 „Tristan", „Schloss Benrath", „Shell 53"; BGH VersR 1979, 952 „NGB 702", „Anna Thekla" – siehe auch RhSchOG Köln ZfB 1999 Nr. 6 S. 80 (Slg. 1743) „Paula", „Weserland" = HmbSeeRep 1999, 128 Nr. 131.

§ 477 Abs. 1 an (siehe dazu oben Rn 16–18 zu § 476). Die frühere Anknüpfung an die „Ausführung der Reise" in § 527 Abs. 1 HGB a.F. habe, so die SHR-ReformG-Begr,[20] nicht mehr den Gegebenheiten der modernen Schifffahrt entsprochen und schwierige Abgrenzungsfragen aufgeworfen. Die Wendung „Betrieb des Schiffes" in § 479 Abs. 1 Satz 1 ist umfassend und betrifft alle Vorgänge der Herrichtung und Aufrechterhaltung eines Zustands des Schiffes, der es ermöglicht, mit dem Schiff Leistungen zu erbringen. Zu Verträgen über die Verwendung des Schiffes siehe unten Rn 32. Im Gegensatz dazu bezog sich die Vertretungsbefugnis des Kapitäns nach § 117 Abs. 1 SHSG auf „... den Betrieb und die Verwendung des Schiffes und die Betreuung und Sicherheit der an Bord befindlichen Personen oder die Sicherheit der an Bord befindlichen Sachen ...". Nach § 15 Abs. 1 BinSchG kommt es darauf an, ob die Geschäfte und Rechtshandlungen für die Ausführung der Reise erforderlich sind.

§ 479 Abs. 1 Satz 1 enthält die Einschränkung, dass sich die Vertretungsbefugnis des **19** Kapitäns nur auf den gewöhnlichen Betrieb des Schiffes erstreckt. Die Abgrenzung zu einem „außergewöhnlichen" Betrieb ist unscharf und kann im Einzelfall schwerfallen. Die frühere Vorschrift des § 527 Abs. 1 HGB a.f. enthielt den Vorbehalt, dass es um Geschäfte und Rechtshandlungen gehe, „... welche die Ausrüstung, die Bemannung, die Verproviantierung und die Erhaltung des Schiffes sowie überhaupt die Ausführung der Reise mit sich bringen". Hieraus ergab sich eine Beschränkung auf Vorgänge, die gerade die Durchführung der anstehenden Reise betrafen. Diese Voraussetzung gilt nicht mehr für § 479 Abs. 1 Satz 1.

Der gewöhnliche Betrieb des Schiffes umfasst die Versorgung des Schiffes mit Brennstoffen[21] und **20** Schmiermitteln, mit Ersatzteilen, mit Proviant[22] und Frischwasser, und zwar nicht nur für die anstehende, sondern auch für weitere Reisen;[23] ggf. die Versorgung des Schiffes mit Strom von Land; die Entsorgung von Rückständen aus dem Maschinenraum und der Ladung sowie von Schiffsmüll; Reparaturarbeiten kleineren Umfangs; den Einkauf von Material zum Laschen und Sichern der Ladung; die Reinigung von Laderäumen und Tanks; die Ein- und Ausklarierung des Schiffes; die Bestellung von Schleppern und Festmachern; das Anfordern eines Bordlotsen[24] oder eines Kanalsteurers (siehe Anhang zu § 478 [Kanalsteurer]) und die Begründung von Dienstverhältnissen zwischen diesen und dem Reeder (oben Rn 88, 89 Anhang zu § 478 [Lotse] sowie Rn 9 Anhang zu § 478 [Kanalsteurer]) sowie die Zahlung der Lotsabgaben und Lotsgelder;[25] die Zahlung der Hafenabgaben;[26] den Einkauf der erforderlichen Ausrüstung für den Decks- bzw. Maschinendienst wie beispielsweise Seekarten und nautische Handbücher, Flaggen, Leinen, Fender, Farbe und Malutensilien, Werkzeug, Arbeitskleidung; die Begründung, Durchführung und Beendigung von Heuerverhältnissen mit der Besatzung des Schiffes[27] – die ordentliche Kündigung gegenüber einem Schiffsoffizier kann nach § 65 Abs. 3 SeeArbG nur vom Reeder ausgesprochen werden; den Abschluss von Versicherungsverträgen für das Schiff; kleinere bauliche Änderungen am Schiff[28] wie das Anschweißen und Entfernen zusätzlicher Laschpunkte und das Errichten und Entfernen erforderlicher

---

20 S. 64 (linke Spalte).
21 Siehe etwa BGHZ 29, 195 = NJW 1959, 721, 722 (vor II.) mit Anm. *Sieg* MDR 1959, 463; OLG Hamburg MDR 1969, 671; OLG Karlsruhe TranspR 2003, 250 = HmbSeeRep 2003, 70 Nr. 54; OLG Hamburg HansGZ H 1896, 101 Nr. 37 (S. 104 linke Spalte) „Lubeca"; OLG Hamburg HansRGZ B 1928, 211 Nr. 86 (Sp. 212) „Desia", „Gretha", „Elina"; LG Hamburg Hansa 1964, 2106.
22 OLG Hamburg HansGZ H 1896, 101 Nr. 37 (S. 104 linke Spalte) „Lubeca".
23 Siehe OLG Hamburg HansRGZ B 1928, 211 Nr. 86 (Sp. 212) „Desia", „Gretha", „Elina".
24 Siehe OLG Hamburg HansGZ H 1896, 101 Nr. 37 (S. 104 linke Spalte) „Lubeca".
25 Siehe OLG Hamburg HansGZ H 1896, 101 Nr. 37 (S. 104 linke Spalte) „Lubeca".
26 OLG Hamburg HansGZ H 1896, 101 Nr. 37 (S. 104 linke Spalte) „Lubeca".
27 Siehe HansGZ H 1896, 137 Nr. 53 „Holstein" sowie OLG Hamburg HansZ H 1922, 307 Nr. 151 „Heinrich" = HansRZ 1923, 141 Nr. 28 (Versicherung von Effekten der Besatzung).
28 Siehe OLG Hamburg HansGZ H 1921, 273 Nr. 134 (S. 274 f.) „Emmy", „Mathilde" und zuvor das LG Hamburg aaO. (= HansRZ 1921, 908 Nr. 255): Anbringen von Geländern an Leichtern.

Laderaumschotten; Reparaturarbeiten am Schiff;[29] Beauftragung von Hafenagenten und Maklern;[30] Beauftragung von Besichtigern bei Schäden an Schiff oder Ladung; Abgabe von Erklärungen gegenüber Behörden; Stellung von Strafanträgen; Abschluss von Schleppverträgen;[31] Beauftragung von Assistenzschleppern; Aufträge zu Suchen und Bergen verlorener Anker;[32] Besichtigungen des Schiffes sowie erforderliche Arbeiten zum Zwecke der Erneuerung von Schiffszeugnissen oder der Wiederherstellung der Klasse;[33] Zahlungen in Empfang zu nehmen und überzahlte Beträge zu erstatten; die Zahlung einer Zollstrafe;[34] soweit Vertretungsbefugnis besteht, darf der Kapitän auch einen Vergleich schließen[35] oder ein Schuldversprechen oder -anerkenntnis (§§ 780, 781 BGB) erteilen[36] – dies gilt nicht, wenn das zugrunde liegende Geschäft vom Reeder selbst geschlossen wurde.[37]

21   Nicht mehr zu dem gewöhnlichen Betrieb gehören m.E. Umbaumaßnahmen am Schiff. Der Kapitän darf das Schiff auch nicht verkaufen oder übereignen oder mit einer Schiffshypothek belasten (siehe auch § 15 Abs. 2 BinSchG). Nicht von vornherein ausgeschlossen sind allerdings Geschäfte und Rechtshandlungen, die zur Folge haben, dass ein Schiffsgläubigerrecht (siehe §§ 596ff.) begründet wird. Der Kapitän ist aus § 479 Abs. 1 Satz 1 nicht befugt, Maßnahmen der Wrackbeseitigung in Auftrag zu geben.[38] Ist das Schiff in die Hände von Piraten gefallen, gehören Verhandlungen mit den Piraten und die Zahlung von Lösegeld für das Schiff nicht mehr zu dessen gewöhnlichen Betrieb. Ist das Schiff aufgrund einer gerichtlichen Verfügung mit Arrest belegt worden (siehe §§ 916ff. ZPO), ist auch das Betreiben des Arrestverfahrens, insbesondere das Einlegen von Rechtsmitteln oder die Hinterlegung einer Lösungssumme (siehe § 923 ZPO), nicht mehr Teil des gewöhnlichen Betrieb des Schiffes.

22   **cc) Frachtverträge (§ 479 Abs. 1 Satz 2).** Die Regelung des § 479 Abs. 1 Satz 2 stellt klar, dass der Kapitän auch befugt ist, Frachtverträge zu schließen[39] und Konnossemente auszustellen (dazu unten Rn 28–31). § 527 Abs. 2 Hs. 1 HGB a.F. nannte nur Frachtverträge, nicht auch Konnossemente. Nach § 15 Abs. 2 BinSchG erstreckt sich die gesetzlich umschriebene Vertretungsbefugnis des Schiffers nicht auf den Abschluss von Frachtverträgen (wohl aber auf die Ausstellung von Ladescheinen, § 16 Abs. 2 BinSchG.

23   § 479 Abs. 1 Satz 2 betrifft Frachtverträge, die Beförderungen zum Gegenstand haben, die mit dem jeweiligen, vom Kapitän geführten Schiff abgewickelt werden sollen, und nicht mit einem anderen Schiff des Reeders. Dies belegt auch der systematische Zusammenhang mit dem Satz 1 der Vorschrift, der auf den Betrieb des Schiffes abstellt. Die Frachtverträge müssen nicht sofort abgewickelt werden. Vielmehr darf der Kapitän nach § 479 Abs. 1 Satz 2 auch Frachtverträge schließen, die erst zukünftig, nach Beendigung

---

29 RGZ 83, 130, 132ff. „Nordstern"; BGHZ 40, 126 = NJW 1963, 2323; BGHZ 58, 170 = NJW 1972, 762, 763 (unter IV.).
30 Siehe OLG Kiel HansRGZ B 1934, 343 „Käthe"; HG Hamburg HGZ 1876, 192 Nr. 130 „Elise" und Nr. 131 „Raynwald Jarl".
31 OLG Hamburg HansGZ H 1922, 100 Nr. 56 = HansRZ 1923, 504, 504 f. „Inlandia".
32 Siehe BGH NJW 1969, 1205, 1207 (unter 4d) „Sugambria" mit Anm. *Liesecke* LM Nr. 24 zu § 683 BGB, zuvor RhSchOG Köln VersR 1968, 246.
33 Siehe RGZ 13, 79, 83 „Castor" und zuvor OLG Hamburg HansGZ H 1883, 11 Nr. 7.
34 Siehe HG Hamburg HGZ 1876, 357 Nr. 215 „Anna Drothea".
35 Siehe RGZ 13, 79, 84 (unten) „Castor" und zuvor OLG Hamburg HansGZ H 1883, 11 Nr. 7; HG Hamburg HGZ 1878, 182 Nr. 93 (S. 184) „Auguste Solcher".
36 Siehe RGZ 13, 79, 84 (unten) „Castor" und zuvor OLG Hamburg HansGZ H 1883, 11 Nr. 7; HG Hamburg HGZ 1874, 115 Nr. 66 (S. 116) und anschließend das OG aaO. S. 118 „Gladys".
37 Siehe OLG Hamburg HansGZ H 1921, 273 Nr. 134 (S. 274 f.) „Emmy", „Mathilde" und zuvor das LG Hamburg aaO. (= HansRZ 1921, 908 Nr. 255).
38 Siehe dazu RGZ 70, 274 „Kronprinz Wilhelm" (zu § 15 I BinSchG).
39 Siehe OLG Hamburg HansGZ H 1897, 83 Nr. 38 „Naritza".

anderweitiger Reisen, durchgeführt werden sollen. Die Befugnis des § 479 Abs. 1 Satz 2 umfasst nur den Abschluss von Frachtverträgen, die vollständig mit dem vom Kapitän geführten Schiff durchgeführt werden, also etwa nicht eine Durch-Beförderung mit einer weiteren Seeteilstrecke oder eine Multimodalbeförderung, bei der auf die Seeteilstrecke eine Landteilstrecke folgen soll. Schließlich gibt § 479 Abs. 1 Satz 2 dem Kapitän nicht die Befugnis, eine übernommene Beförderung von einem Unterverfrachter durchführen zu lassen und entsprechende Unter-Frachtverträge zu schließen.

Im Hinblick auf § 479 Abs. 1 Satz 2 besteht m.E. eine weitere Einschränkung, die sich auf die Ladung bezieht: Die Vorschrift erstreckt sich nur auf Gut, für dessen Beförderung das Schiff seiner Art nach eingerichtet ist (Container, Stückgut, Massengut, Flüssigladung). Denn das Geschäft wird ersichtlich von dem Kapitän des betreffenden Schiffes über eine Beförderung mit diesem Schiff geschlossen. Zudem gilt § 479 aufgrund seiner Stellung im Ersten Abschnitt des Fünften Buches HGB nicht nur für Frachtschiffe. Gleichwohl gibt § 479 Abs. 1 Satz 2 dem Kapitän eines Schiffes anderer Art – etwa eines Fahrgastschiffes, eines Forschungsschiffes – nicht die Befugnis, Frachtverträge zu schließen. 24

Der Kapitän ist nach § 479 Abs. 1 Satz 2 nicht darauf beschränkt, üblicherweise vom Reeder verwendete Standardformulare zu benutzen, sondern er kann die Bedingungen des Frachtvertrages auch für den Reeder im Einzelnen mit dem Befrachter aushandeln (siehe §§ 487 Abs. 2 Satz 3, 488 Abs. 5, 491 Abs. 5 Satz 3, 512 Abs. 1). Ebenso kann der Kapitän bereits geschlossene Frachtverträge durch weitere Vereinbarungen ändern oder aufheben. Dies gilt auch für die Kündigung bzw. den Rücktritt oder sonstige Erklärungen, die den Frachtvertrag vorzeitig beenden. Die insoweit bestehenden Befugnisse des Kapitäns sind nicht auf solche Frachtverträge beschränkt, die er (oder ein früherer Kapitän dieses Schiffes) abgeschlossen hat. Namentlich kann der Kapitän auch im Hinblick auf Frachtverträge tätig werden, die ursprünglich zunächst vom Reeder selbst oder die (durch Dritte) für ihn ohne Mitwirkung des Kapitäns geschlossen wurden. Es gibt keinen Grundsatz, dass ein Vertrag nur durch denjenigen aufgehoben, geändert etc. werden kann, der ihn (ggf. als Vertreter) geschlossen hat. Der Abschluss des Frachtvertrages durch den Reeder oder für ihn durch Dritte ist normalerweise nicht als Erklärung einer Beschränkung der Vertretungsbefugnis des Kapitäns im Hinblick auf den betreffenden Frachtvertrag zu verstehen (siehe § 167 Abs. 1, unten Rn 34–38). Auch nachteilige Änderungen eines vom oder durch Dritte für den Reeder geschlossenen Frachtvertrages darf der Kapitän m.E. vereinbaren.[40] Allerdings muss der Kapitän bei „fremden" Verträgen, die nicht er geschlossen hat, in besonderer Weise auf die Beschränkungen im Innenverhältnis aus dem Kapitän-Reeder-Rechtsverhältnis Rücksicht nehmen (siehe auch unten Rn 58–60 Anhang zu § 479 [Kapitän]). Eine Beschränkung im Außenverhältnis kann sich daraus ergeben, dass in der Reisecharter vorgesehen ist, dass der Kapitän Konnossemente „... without prejudice to this Charter ..." zeichnen darf; dies schließt eine Änderung des Frachtvertrages durch Ausstellung von Konnossementen mit abweichendem Inhalt aus.[41] 25

Darüber hinaus betrifft die Befugnis des Kapitäns aus § 479 Abs. 1 Satz 2 auch alle Geschäfte und Rechtshandlungen, die für die sonstige Abwicklung des Frachtvertrages für den Reeder als Verfrachter erforderlich sind. Bei Stückgutfrachtverträgen und über § 527 Abs. 2 auch bei Reisechartern sind dies etwa die Entgegennahme der Angaben zum Gut (§§ 482, 483 Abs. 1); Maßnahmen im Hinblick auf gefährliches Gut (§ 483 Abs. 2); die 26

---

40 Ebenso LG Hamburg HansGZ H 1882, 246 Nr. 128 (a.E.) „Phoenix"; HG HGZ 1878, 182 Nr. 93 „Auguste Solcher" – anders aber LG Hamburg TranspR 1985, 39 „Weena".
41 LG Hamburg TranspR 1985, 39 „Weena".

Annahme des Gutes zur Beförderung[42] und die Erteilung einer Quittung nach § 486 Abs. 1 Satz 2 und 3; die Entgegennahme der Kündigungserklärung nach § 489 Abs. 1 sowie die Geltendmachung der Ansprüche aus § 489 Abs. 2 Satz 1; Fristsetzung und Kündigung nach § 490; das Verlangen einer anderweitigen Sicherheit nach § 490 Abs. 3 Satz 3; die Benachrichtigung im Falle der Nichtbefolgung von Weisungen (§ 491 Abs. 4); das Einholen von Weisungen bei Beförderungs- und Ablieferungshindernissen (§ 492 Abs. 1 Satz 1); die Durchführung der Maßnahmen nach § 492 Abs. 3; die Bewirkung der Ablieferung des Gutes an den Empfänger[43] (§ 407 Abs. 1); die Durchsetzung der Ansprüche auf Fracht (§§ 407 Abs. 2, 493 Abs. 1 Satz 1), Ersatz von Aufwendungen (§ 493 Abs. 1 Satz 2) und zusätzliche Vergütung (§ 493 Abs. 4) (siehe auch § 15 Abs. 1 BinSchG), auch im Wege der Geltendmachung von Pfandrechten an dem Gut (§ 495) oder von Zurückbehaltungsrechten sowie der Aufrechnung; die Entgegennahme von Schadensanzeigen (§ 510); die Benachrichtigung vom Wiederauffinden des Gutes (§ 511 Abs. 3 und 4); sowie die Ausstellung von Seefrachtbriefen (§ 526). Entsprechendes gilt bei Reisechartern außerdem für die schriftliche Beurkundung der Charter (§ 527 Abs. 1 Satz 2); die Anzeige der Lade- bzw. Löschbereitschaft (§§ 529, 535 Abs. 1 Satz 1, Abs. 2); die Entgegennahme der Kündigungserklärung nach § 532 Abs. 1 sowie die Geltendmachung der Ansprüche aus §§ 532 Abs. 2, 489 Abs. 2 Satz 1; die Entgegennahme des Verlangens der Teilbeförderung sowie das Verlangen einer anderweitigen Sicherheit (§ 533 Abs. 1); die Fristsetzung nach § 533 Abs. 2; und die Kündigung nach § 534.

27 Die Regelung des § 479 Abs. 1 Satz 2 bezieht sich ausdrücklich nur auf Frachtverträge. Das sind die „Seefrachtverträge" des Ersten Unterabschnitts des Zweiten Abschnitts des Fünften Buches HGB, also der Stückgutfrachtvertrag (§§ 481 ff.) sowie die Reisecharter (§§ 527 ff.). Dies können bei Schleppern auch Frachtverträge in Form von Schleppverträgen sein (wobei § 479 Abs. 1 Satz 2 nur gilt, wenn es sich bei dem Schlepper um ein Seeschiff handelt). Nicht zu den Frachtverträgen gehören Bareboat- und Zeitchartern (§§ 553 ff., §§ 557 ff.), ebenso nicht Personenbeförderungsverträge, dies sogar dann nicht, wenn es sich bei dem Schiff um ein Fahrgastschiff handelt (siehe aber unten Rn 32).

28 **dd) Konnossemente (§§ 479 Abs. 1 Satz 2, 513 Abs. 1 Satz 2).** Der Kapitän ist nach § 479 Abs. 1 Satz 2 außerdem befugt, für den Reeder Konnossemente auszustellen. Dies ergibt sich auch aus § 513 Abs. 1 Satz 2. Die frühere Regelung des § 527 Abs. 2 Hs. 1 HGB a.F. nannte nur Frachtverträge, nicht auch Konnossemente, während die Befugnis des Kapitäns, Konnossemente auszustellen, in § 642 Abs. 4 HGB a.F. geregelt war. In der Binnenschifffahrt erstreckt sich die gesetzlich umschriebene Vertretungsbefugnis des Schiffers nicht auf den Abschluss von Frachtverträgen (siehe § 15 Abs. 2 BinSchG), wohl aber auf die Ausstellung von Ladescheinen (§ 16 Abs. 2 BinSchG). Auch § 29 Abs. 3 Satz 2 SHSG sah vor, dass der Kapitän Konnossemente unterzeichnen konnte. Die Ausstellung von Konnossementen gehört zur Abwicklung des zugrunde liegenden Frachtvertrages und wäre von daher von der Befugnis des Kapitäns zum Abschluss und zur Durchführung von Frachtverträgen mit umfasst. Umgekehrt stellen Regelungen von der Art der §§ 15 Abs. 2, 16 Abs. 2 BinSchG sowie § 29 Abs. 3 Satz 2 SHSG, die dem Kapitän nur die Befugnis zur Ausstellung von Konnossementen bzw. Ladescheinen gewähren, durchaus sinnvolle Einschränkungen dar, weil dem Reeder bzw. Eigner der Abschluss des zugrunde liegenden Frachtvertrages vorbehalten bleibt. Es ist für die Befugnis zur Ausstellung

---

42 Siehe OLG Hamburg HansGZ H 1887, 301 Nr. 128 (S. 303), zuvor das LG Hamburg aaO. „Paola".
43 Siehe OLG Hamburg HansGZ H 1887, 301 Nr. 128 (S. 303), zuvor das LG Hamburg aaO. „Paola".

von Konnossementen nach § 479 Abs. 1 Satz 2 und § 513 Abs. 1 Satz 2 nicht erforderlich, dass auch der zugrunde liegende Frachtvertrag, der die Pflicht zur Ausstellung des Konnossements begründet hat, vom Kapitän geschlossen wurde.

§ 479 Abs. 1 Satz 2 einerseits und § 513 Abs. 1 Satz 2 andererseits begründen jeweils **29** eine gesetzlich umschriebene Vertretungsbefugnis des Kapitäns zur Ausstellung von Konnossementen, allerdings mit etwas unterschiedlichem Ansatz. Nach § 479 Abs. 1 Satz 2 kann der Kapitän für den Reeder ein Konnossement ausstellen, unabhängig von den Bedingungen des zugrunde liegenden Frachtvertrages, der durch oder für den Reeder geschlossen wurde. Grundlage dieser Befugnis des Kapitäns ist das Kapitän-Reeder-Rechtsverhältnis (unten Rn 22–83 Anhang zu § 479 [Kapitän]). Die Vorschrift des § 479 Abs. 1 Satz 2 kommt zur Anwendung, wenn sich der Kapitän auf deutschem Hoheitsgebiet oder auf einem Schiff unter deutscher Flagge befindet (dazu unten Rn 42–45). Dagegen knüpft § 513 Abs. 1 Satz 2 an den betreffenden Frachtvertrag an. Der Kapitän kann für jeden Verfrachter Konnossemente ausstellen, und damit auch für den Reeder, wenn er die Rechtsstellung eines Verfrachters hat. § 513 Abs. 1 Satz 2 ist anwendbar, wenn der Frachtvertrag, der die Pflicht zu Ausstellung des Konnossements begründet, dem deutschen Sachrecht unterliegt. Gleichwohl bleibt es m.E. allerdings internationalprivatrechtlich bei der selbständigen Anknüpfung der Vertretungsbefugnis und hier bei der Verweisung an das Recht des Wirkungsstaates (unten Rn 42–45). Auch § 513 Abs. 1 Satz 2 kommt daher nur zur Anwendung, wenn der Kapitän auf deutschem Hoheitsgebiet oder auf einem Schiff unter deutscher Flagge tätig wird (und sich außerdem der Frachtvertrag nach deutschem Recht beurteilt). Insoweit spielt, in Bezug auf die Ausstellung des Konnossements durch den Kapitän für den Reeder, der engere § 513 Abs. 1 Satz 2 neben § 479 Abs. 1 Satz 2 keine Rolle (siehe auch noch unten Rn 48).

Die Befugnis des Kapitäns zur Ausstellung von Konnossementen für den Reeder **30** nach § 479 Abs. 1 Satz 2 umfasst die Erstellung des Dokuments, seine Unterzeichnung (§ 516 Abs. 1) sowie die Begebung an den im Konnossement benannten Berechtigten bzw. den Ablader (§ 513 Abs. 1 und 2). § 479 Abs. 1 Satz 2 unterscheidet nicht (was sinnvoll gewesen wäre) zwischen Bord- und Übernahmekonnossementen (siehe § 514). Damit kann der Kapitän auch ein Übernahmekonnossement ausstellen und die Empfangnahme des Gutes bestätigen, bevor es verladen wurde. Der Kapitän ist berechtigt, das Übernahmekonnossement für den Reeder mit einem Bordvermerk versehen (§ 514 Abs. 2 Satz 2), selbst wenn er, der Kapitän, nicht auch das Übernahmekonnossement ausgestellt hat. Die Vertretungsbefugnis aus § 479 Abs. 1 Satz 2 besteht generell und damit für Konnossemente, die die Übernahme bzw. die Verladung von Gut bestätigen, das tatsächlich nicht übernommen bzw. verladen worden ist.[44] Selbstverständlich darf der Kapitän im Innenverhältnis zum Reeder derartige Konnossemente nicht ausstellen.

Außerdem kann der Kapitän für den Reeder das Konnossement ändern (und die Än- **31** derung unterzeichnen, § 516 Abs. 1 Hs. 1), auch wenn er das Konnossement nicht selbst ausgestellt hat. Ebenso ist der Kapitän befugt, für den Reeder das Konnossement einzuziehen und ein neues Konnossement auszustellen, und zwar wiederum auch dann, wenn er, der Kapitän, das eingezogene Konnossement nicht auch zuvor ausgestellt hat. Weiter kann der Kapitän für den Reeder den Inhalt von Lademitteln überprüfen oder durch Dritte überprüfen lassen und das Ergebnis in das Konnossement eintragen (§ 517 Abs. 1 Satz 2). Ebenso ist er befugt, das Konnossement für den Reeder mit Vorbehalten zu versehen (§ 517 Abs. 2); Weisungen des Berechtigten für den Reeder entgegenzunehmen

---

44 Siehe den Hinweis in RG HansGZ H 1898, 273 Nr. 113 (S. 276 linke Spalte) „Alton".

(§ 520); sich das Konnossement vor der Ablieferung des Gutes für den Reeder vorlegen zu lassen (§ 521 Abs. 1, Abs. 2 und Abs. 3 Satz 1); für den Reeder Maßnahmen nach § 521 Abs. 3 Satz 2 und 3 zu ergreifen; und die Ablieferung des Gutes zu bewirken.[45]

32   **ee) Sonstige Verträge über die Verwendung des Schiffes.** Der Kapitän ist nach § 479 Abs. 1 Satz 1 auch befugt, Verträge über die Verwendung des Schiffes zu schließen, sofern es hierbei um den gewöhnlichen Betrieb des Schiffes geht. Dies ergibt sich nicht zuletzt im Rückschluss aus § 479 Abs. 1 Satz 2 (zuvor Rn 22–27, 28–31). Diese Vorschrift hat m.E. keinen abschließenden Charakter im Hinblick auf Rechtsgeschäfte über die Verwendung des Schiffes in dem Sinne, dass der Kapitän nur Frachtverträge schließen und Konnossemente ausstellen darf. Er ist daher nach § 479 Abs. 1 Satz 1 – nicht: Satz 2 – befugt, auch andere Verträge als Frachtverträge zu schließen. Auch hier ergibt sich eine Beschränkung aus der Art des Schiffes. Der Kapitän eines Frachtschiffes kann auch eine Zeitcharter, der Kapitän eines Fahrgastschiffes Verträge über die Beförderung von Fahrgästen schließen. M.E besteht aber eine Beschränkung im Hinblick auf die Dauer der Bindung an den Vertrag, die sich aus dem Vorbehalt des gewöhnlichen Betriebs des Schiffes ergibt: Verträge, die über die Dauer einer normalen Reise hinausgehen, ist der Kapitän nicht abzuschließen befugt. Dies betrifft Zeitchartern über einen längeren Zeitraum, Reisechartern über mehrere Reisen (siehe § 527 Abs. 1 Satz 1) oder Mengenverträge.

33   **ff) Die Unterbevollmächtigung.** Soweit der Kapitän in sachlicher Hinsicht (oben Rn 17–32) vertretungsbefugt ist, kann er auch Untervollmachten erteilen. Der Unterbevollmächtige ist befugt, im Namen des Reeders zu handeln. Nur dieser, nicht der Kapitän ist Geschäftsherr. Die Untervollmacht erstreckt sich nicht darauf, im Namen des Kapitäns tätig zu werden. Die Befugnis zur Erteilung von Untervollmachten betrifft auch die Befugnis nach § 479 Abs. 1 Satz 2, Frachtverträge zu schließen und Konnossemente auszustellen. Namentlich kommt es vor, dass der Kapitän dem Agenten des Schiffes eine Vertretungsbefugnis für die Ausstellung von Konnossementen für den Reeder einräumt. Der Agent muss in diesen Fällen das Konnossement im Namen des Reeders und nicht, wie es in der Praxis häufig geschieht, „for the master" ausstellen.

34   **e) Die abweichende Bevollmächtigung des Kapitäns.** § 479 Abs. 1 schließt es nicht aus, dass der Reeder den Kapitän zu Geschäften und Rechtshandlungen gesondert bevollmächtigt (§ 166 Abs. 2 Satz 1, 167ff. BGB). Die Erteilung der Vollmacht erfolgt nach § 167 Abs. 1 BGB durch Erklärung gegenüber dem Kapitän (Innenvollmacht) oder gegenüber dem betreffenden Dritten (Außenvollmacht). Die Innenvollmacht betrifft grundsätzlich nur den jeweiligen Kapitän und nicht auch dessen Nachfolger. Auch die Außenvollmacht ist in der Weise individualisiert, dass die Vollmacht gerade nur im Verhältnis zu dem betreffenden Dritten gilt. Die Außenvollmacht kann sich auf einen bestimmten, insbesondere den Kapitän beziehen, der das Schiff zurzeit führt, so dass sie erlischt, wenn dieser Kapitän seine Rechtsstellung verliert. Der Reeder kann dem Dritten aber auch erklären, dass alle Kapitäne des Schiffes, unabhängig von ihrer Person, bevollmächtigt sind. Nach den Umständen können auch die Grundsätze der Duldungs- oder der Anscheinsvollmacht eine Rolle spielen.[46] Der Reeder kann über den Umfang der Vollmacht bestimmen. Diese kann über § 479 Abs. 1 Satz 1 und 2 hinausgehen (sogleich Rn 35), so

---
45   Siehe OLG Hamburg HansGZ H 1887, 301 Nr. 128 (S. 303), zuvor das LG Hamburg aaO. „Paola".
46   OLG Düsseldorf ZfB 1966, 92.

dass die Befugnisse des Kapitäns erweitert werden. Die Vollmacht kann aber auch hinter der Umschreibung des § 479 Abs. 1 Satz 1 und 2 zurückbleiben (unten Rn 36–38).

aa) Die Erweiterung der gesetzlichen Vertretungsbefugnis. Der Reeder kann 35 dem Kapitän nach Maßgabe der §§ 167 ff. BGB eine Vollmacht erteilen, die über die gesetzlich umschriebene Vertretungsbefugnis des § 479 Abs. 1 Satz 1 und 2 hinausgeht. Die Vorschrift hat keinen zwingenden Charakter und ist daher nicht als abschließende Regelung zu verstehen. Die erweiterte Bevollmächtigung kann als Innenvollmacht (§ 167 Abs. 1 BGB) dem Kapitän als Vertreter oder als Außenvollmacht (§ 167 Abs. 1 BGB) dem Dritten gegenüber erklärt werden (zuvor Rn 34).

bb) Die Beschränkung der gesetzlichen Vertretungsbefugnis (§ 479 Abs. 1 36 **Satz 3).** Der Reeder ist auch befugt, die in § 479 Abs. 1 Satz 1 und 2 umschriebene Vertretungsbefugnis des Kapitäns zu beschränken; so ausdrücklich § 117 Abs. 2 SHSG. Die Vorschrift des § 479 Abs. 1 Satz 1 und 2 gilt auch insoweit nicht zwingend im Sinne einer Mindest-Vertretungsbefugnis des Kapitäns, so dass einschränkende Regelungen zulässig sind. Die kann („negativ") in der Weise geschehen, dass der Reeder erklärt, dass der Kapitän bestimmte Geschäfte und Rechtshandlungen, die der Betrieb des Schiffes gewöhnlich mit sich bringt, nicht vornehmen darf. Der Reeder kann dem Kapitän aber auch eine umschriebene („positive") Vollmacht erteilen, die allerdings in ihrem Umfang hinter den § 479 Abs. 1 Satz 1 und 2 zurückbleibt. Beide Vorgänge beurteilen sich nach den §§ 167 ff. BGB. Nur der Reeder kann die Vertretungsbefugnis des Kapitäns aus § 479 Abs. 1 Satz 1 und 2 beschränken, nicht aber ein Charterer des Schiffes. Die Beschränkung der Vertretungsbefugnis durch eine Erklärung gegenüber dem Kapitän (Innenvollmacht, § 167 Abs. 1 BGB), die ggf. (siehe § 479 Abs. 1 Satz 3, unten Rn 38) Wirkung nach außen hat, ist zu unterscheiden von der Weisung des Reeders im Rahmen des Kapitän-Reeder-Rechtsverhältnisses, von der Vertretungsbefugnis in bestimmter Weise (keinen) Gebrauch zu machen (dazu unten Rn 61–65 Anhang zu § 479 [Kapitän]).

Eine Beschränkung der Befugnisse aus § 479 Abs. 1 Satz 1 und 2 kann etwa darin be- 37 stehen, dass bestimmte Bereiche schlechthin ausgenommen sind, etwa dass der Kapitän bestimmte Arten von Rechtsgeschäften nicht schließen darf, beispielsweise Heuerverträge, Verträge über die Lieferung von Brennstoff oder Frachtverträge oder dass er keine Frachtbriefe oder Konnossemente ausstellen darf. Andere Beschränkungen können darin bestehen, dass der Kapitän bestimmte Rechtsgeschäfte nur oder nicht mit bestimmten Personen schließen oder Lieferungen an das Schiff nur in bestimmten Häfen bewirken darf; dass Beförderungen, über die der Kapitän Frachtverträge schließt, nur bestimmte Fahrten betreffen dürfen; oder dass nur eine höhere als eine Mindestfracht vereinbart werden darf.[47] Auch die Erteilung von Untervollmachten (oben Rn 33) kann ausgeschlossen sein. Nach den Umständen kann eine Beschränkung der Vertretungsbefugnis des Kapitäns bis hin zu einem vollständigen Ausschluss in Betracht kommen, wenn sich das Schiff in einem Hafen befindet, in dem der Reeder eine Agentur oder ein eigenes Büro unterhält, von wo aus Geschäfte und Rechtshandlungen für das Schiff durchgeführt werden. Gleiches kann gelten, wenn der Reeder im Hinblick auf bestimmte Leistungen für das Schiff, etwa die Belieferung mit Brennstoff, mit bestimmten Lieferanten Rahmenverträge geschlossen hat.

---

[47] Siehe RGZ 15, 207 = RG HansGZ H 1885, 7 Nr. 2 „Balder", zuvor OLG Hamburg HansGZ H 1884, 193 Nr. 95 (S. 198) und das LG Hamburg aaO.

38 Zu beachten ist in diesem Zusammenhang auch die Vorschrift des § 479 Abs. 1 Satz 3. Die Beschränkung ist – nach dem Vorbild des § 54 Abs. 3[48] – nur wirksam, wenn der betreffende Dritte sie kannte oder kennen musste; ebenso § 117 Abs. 3 SHSG. Der frühere § 531 HGB a.F. sah dies in entsprechender Weise vor, setzte allerdings nur Kenntnis des Dritten voraus, ebenso bis heute § 17 BinSchG. Maßgeblich ist der Zeitpunkt der Vornahme des Geschäfts bzw. der Rechtshandlung. Erhält der Dritte zu einem späteren Zeitpunkt Kenntnis davon, dass der Kapitän zu dieser Zeit lediglich eine beschränkte Vertretungsbefugnis für den Reeder hatte, lässt dies die Wirksamkeit des Geschäfts bzw. der Rechtshandlung unberührt. Gleiches gilt für den späteren Eintritt von Umständen, aus denen sich ergibt, dass der Dritte die Beschränkung der Vertretungsbefugnis kennen muss. Die Voraussetzungen des § 479 Abs. 1 Satz 3 sind normalerweise erfüllt, wenn der Reeder eine Außenvollmacht unmittelbar dem Dritten gegenüber erteilt hat (§ 167 Abs. 1 BGB). Im Falle einer Beschränkung durch bloße Innenvollmacht hängt die Kenntnis bzw. das Kennenmüssen von den Umständen ab. Der Kapitän, der seine im Innenverhältnis zum Reeder beschränkte Vertretungsbefugnis überschreitet, den Reeder im Außenverhältnis aber gleichwohl wirksam verpflichtet, weil die Voraussetzungen des § 479 Abs. 1 Satz 3 nicht vorliegen, verletzt seine Pflichten aus dem Kapitän-Reeder-Rechtsverhältnis (unten Rn 74–76 Anhang zu 479 [Kapitän]).

39 f) Der Kapitän als Vertreter ohne Vertretungsmacht. Führt der Kapitän im Namen des Reeders ein Geschäft bzw. eine Rechtshandlung durch, ohne dass eine entsprechende Vertretungsbefugnis besteht, treten die Wirkungen des § 164 Abs. 1 Satz 1 BGB nicht ein. Vielmehr ist das Geschäft bzw. die Rechtshandlung schwebend unwirksam. Der Reeder kann nach §§ 177 Abs. 1 und 2, 178, 184 Abs. 1 BGB seine Genehmigung erteilen. Das Geschäft bzw. die Rechtshandlung wird rückwirkend in der Person des Reeders wirksam. Die Genehmigung bedarf keiner Form und kann namentlich auch stillschweigend erklärt werden, insbesondere durch die tatsächliche Ausführung des Geschäfts durch den Reeder. Verweigert der Reeder die Genehmigung des vom Kapitän geschlossenen schwebend unwirksamen Geschäfts bzw. der Rechtshandlung, haftet der Kapitän dem Dritten nach Maßgabe der §§ 179, 180 BGB auf Erfüllung oder Schadenersatz. Hierfür muss der Reeder nicht nach § 480 Satz 1 einstehen (unten Rn 37 zu § 480).

40 2. Handeln im Namen des Reeders. Um ein Geschäft oder eine Rechtshandlung wirksam als Vertreter des Reeders vorzunehmen, muss der Kapitän nach § 164 Abs. 1 BGB im Namen des Reeders handeln. Im Vergleich dazu genügte es nach dem früheren § 533 Abs. 1 HGB a.F. bereits, dass der Kapitän das Rechtsgeschäft in seiner Eigenschaft als Führer des Schiffes geschlossen hatte.[49] Im Hinblick auf ein Handeln im Namen des Reeders ist bei Dokumenten in Schrift- oder Textform der Vorbehalt „for the owners" üblich und ausreichend. Er genügt auch dann, wenn tatsächlich ein Ausrüsterverhältnis besteht (§ 477 Abs. 1 und 2): Hier wird der Ausrüster berechtigt und verpflichtet, nicht etwa der Nur-Eigentümer (zu diesem siehe oben Rn 81–88 zu § 477).

41 Aus § 164 Abs. 1 Satz 2 BGB ergibt sich, dass es genügen kann, dass sich aus den Umständen ergibt, dass das Geschäft oder die Rechtshandlung im Namen des Reeders bzw. Ausrüsters erfolgt. So kann es sich verhalten, wenn der Kapitän an Bord des Schiffes eine zu dessen Betrieb gehöriges Geschäft oder eine entsprechende Rechtshandlung vornimmt. Abgrenzungsschwierigkeiten können sich allerdings ergeben, wenn das

---

48 SHR-ReformG-Begr S. 64 (linke Spalte unten).
49 Siehe OLG Hamburg HansGZ H 1922, 100 Nr. 56 = HansRZ 1923, 504, 504 f. „Inlandia" sowie AG Hamburg Hansa 1974, 1299, 1300 (vor b) mit Anm. *Trappe* aaO.

Schiff auf Zeit verchartert ist (§§ 557 ff. HGB). Hier kann der Kapitän in entsprechenden Fällen auch im Aufgabenbereich des Zeitcharterers tätig werden und in dessen Namen handeln wollen.[50] Hierfür kann etwa auch sprechen, dass das Schiff äußerlich eine Zugehörigkeit zum Zeitcharterer erkennen lässt, etwa wenn es im Schornstein dessen Marke führt, wenn dessen Name auf der Bordwand steht oder wenn der Name des Schiffes auf das Unternehmen des Zeitcharterers hindeutet.[51] Jedenfalls kann bei Geschäften oder Rechtshandlungen, die der Kapitän erkennbar im Hinblick auf das Schiff vornimmt, in der Regel davon ausgegangen werden, dass er nicht im eigenen Namen handeln will.[52] Das OLG Hamburg hat allerdings auch entschieden, dass die vom Kapitän bestätigte Empfangnahme einer Lieferung von Brennstoff „... im Auftrage und für Rechnung des Kapitäns und der Reederei und/oder den Zeitbefrachter ..." im eigenen Namen des Kapitäns und sowohl im Namen des Reeders als auch des Zeitcharterers erfolgte.[53] Für die Binnenschifffahrt ging das OLG Düsseldorf in einer älteren Entscheidung von einem Gewohnheitsrecht aus, dass vom Schiffer geschlossene Frachtverträge grundsätzlich den Eigner Schiffer binden, sofern dieser den Vertrag nicht für sich selbst schließt.[54]

3. Internationalprivatrechtliche Gesichtspunkte. Im Hinblick auf die internationalprivatrechtliche Anknüpfung ist zwischen der Stellvertretung einerseits (unten Rn 43) und der Vertretungsbefugnis als Vorfrage andererseits (unten Rn 44–45) zu unterscheiden. Die gewillkürte Stellvertretung soll zukünftig in einem neuen Art. 8 EGBGB geregelt werden.[55] 42

a) Die Stellvertretung. Fragen der Stellvertretung sind internationalprivatrechtlich grundsätzlich nach dem Recht zu beurteilen, dem das Geschäft oder die Rechtshandlung unterliegt oder das anzuwenden gewesen wäre, wenn es wirksam gewesen bzw. zustande gekommen wäre (siehe Art. 10 Abs. Rom I). Im Falle von Verträgen ist gemäß Art. 3 Rom I in erster Linie das gewählte Recht maßgeblich (Art. 3 Rom I), im Übrigen wird nach Maßgabe der Tatbestände des Art. 4 Rom I objektiv angeknüpft. Bei Frachtverträgen, die vom Kapitän geschlossen werden, erfolgt die objektive Anknüpfung auf Grundlage des Art. 5 Abs. 1 Satz 1 und 2, Abs. 3 Rom I. Für Verträge über die Beförderung von Fahrgästen gelten Art. 3 mit den Beschränkungen des Art. 5 Abs. 2 Unterabs. 2 sowie für die objektive Anknüpfung Art. 5 Abs. 2 Unterabs. 1 und Abs. 3 Rom I. In Bezug auf Haag-Konnossemente (die Art. 6 EGHGB unterliegen) beurteilt sich die Stellvertretung nach deutschem Sachrecht, weil Art. 6 Abs. 1 Satz 1 EGHGB unmittelbar auf § 513 Abs. 1 bezieht, der sich mit der Ausstellung des Konnossements befasst. Sonstige Geschäfte und Rechtshandlungen des Kapitäns sind internationalprivatrechtlich zu qualifizieren und den Tatbeständen etwa der Rom II Verordnung zuzuordnen. In vielen Fällen wird es um eine Geschäftsführung ohne Auftrag im Sinne des Art. 11 Rom II gehen, so dass es nach Abs. 3 darauf ankommt, in welchem Staat die Geschäftsführung erfolgte. Nach dem für das Geschäft oder die Rechtshandlung maßgeblichen Recht beurteilt sich insbesondere, 43

---

50 Siehe OLG Königsberg HansRGZ B 1929, 483 Nr. 198; OLG Karlsruhe TranspR 2003, 250, 252 (unter 2.) = HmbSeeRep 2003, 70 Nr. 54 – auch OLG Zweibrücken HmbSeeRep 2008, 202 Nr. 82.
51 Siehe OLG Karlsruhe TranspR 2003, 250, 252 (unter 2b) = HmbSeeRep 2003, 70 Nr. 54.
52 Siehe OLG Hamburg HansGZ 1886, 273 Nr. 111 „Bedouin".
53 OLG Hamburg MDR 1969, 671.
54 OLG Düsseldorf ZfB 1966, 92.
55 Siehe den Referentenentwurf des Bundesministeriums der Justiz und für Verbraucherschutz eines Gesetzes zur Änderung von Vorschriften im Bereich des Internationalen Privat- und Zivilverfahrensrechts (http://www.bmjv.de/SharedDocs/Gesetzgebungsverfahren/DE/Internationales_Privat_und_Zivilverfahrensrecht.html).

ob eine Vertretung durch Dritte überhaupt möglich ist, ob ein Handeln in fremdem Namen zulässig ist und welche Erfordernisse hierbei gelten, die Zurechnung von Willensmängeln sowie die Folgen einer Vertretung ohne Vertretungsmacht.

44 **b) Die Vertretungsbefugnis.** Die Vertretungsbefugnis des Kapitäns für den Reeder ist als Vorfrage selbständig anzuknüpfen. Im Falle einer Bevollmächtigung beurteilt sich die Vertretungsbefugnis nach dem Recht des Staates, in dem der Vertreter das Geschäft oder die Rechtshandlung vorgenommen hat bzw. in dem es vorgenommen werden sollte und in dem das Geschäft oder die Rechtshandlung zur Wirkung gekommen ist oder gekommen wäre (Wirkungsstaat). Diese Anknüpfung gilt m.E. auch für Geschäfte und Rechtshandlungen des Kapitäns für den Reeder. Der Kapitän ist nicht gesetzlicher Vertreter des Reeders. Dieser ist nicht etwa grundsätzlich unfähig, selbst wirksam Geschäfte oder Rechtshandlungen vorzunehmen. Die Erwägungen zum Schutze des Vertretenen, die bei einer gesetzlichen Vertretung zu berücksichtigen wären, bleiben außen vor. Der Reeder bedient sich ggf. des Kapitäns, um (auch) vor Ort, wo sich das Schiff befindet, tätig zu werden. Die Vertretungsbefugnis des Kapitäns für den Reeder ist daher internationalprivatrechtlich wie eine rechtsgeschäftliche Bevollmächtigung zu behandeln.

45 Ob und in welchem Umfang der Kapitän für den Reeder vertretungsbefugt ist, ermittelt sich nach dem Recht des Wirkungsstaates. Dies gilt auch für die Frage, ob die Vertretungsbefugnis gesetzlich umschrieben ist, ob Beschränkungen oder Erweiterungen dieser Vertretungsbefugnis zulässig sind und ob sie tatsächlich bestehen. Wirkungsstaat ist der Staat, in dem der Kapitän tatsächlich tätig wird, also Geschäfte oder Rechtshandlungen vornimmt. Verwendet der Kapitän für Erklärungen Kommunikationseinrichtungen wie email, Fax, Telefon oder ein Funkgerät, ist Wirkungsstaat der Staat, in dem der Kapitän die Erklärung abgibt, nicht also der Staat, in dem die Erklärung wahrgenommen wird. Befindet sich der Kapitän an Bord, ist der Wirkungsstaat der Staat, in dessen Hoheitsgebiet sich das Schiff befindet.[56] Dies betrifft den Fall, dass sich das Schiff im Hafen befindet oder zu Anker liegt oder auf Binnengewässern oder im Küstenmeer eines Staates unterwegs ist. Auf das Recht des Flaggenstaates kann dagegen nicht grundsätzlich,[57] sondern nur dann abgestellt werden, wenn das Schiff in staatsfreiem Gebiet jenseits des Küstenmeeres eines Staates unterwegs ist. § 479 Abs. 1 kommt daher namentlich (nur) zur Anwendung, wenn sich das Schiff zur Zeit der Vornahme des Geschäfts bzw. der Rechtshandlung in deutschem Hoheitsgebiet, namentlich in einem deutschen Hafen befindet oder wenn es sich in staatsfreiem Gebiet aufhält und die deutsche Flagge führt.

46 **4. Der Kapitän als Vertreter sonstiger Personen.** Neben der Vertretungsbefugnis aus § 479 Abs. 1 ist der Kapitän gesetzlich befugt, Verträge über eine Bergung des Schiffes zu schließen (unten Rn 47). Außerdem kann der Kapitän nach § 513 Abs. 1 Satz 2 für jeden Verfrachter Konnossemente ausstellen (unten Rn 48). Schließlich kann der Kapitän von jedem Dritten bevollmächtigt werden (§§ 167ff. BGB), für ihn, den Dritten, Geschäfte und Rechtshandlungen vorzunehmen (unten Rn 49).

---

56 Siehe OLG Stettin JW 1932, 2635 mit Anm. *Haudek* aaO. „Fricka".
57 So aber ROHGE 22, 88, 98 „Engelhart"; ROHGE 24, 83, 85f. „Activ", „H.F. Ulrichs" (Recht des Heimathafens); RGZ 15, 207 = RG HansGZ H 1885, 7 Nr. 2 „Balder", zuvor OLG Hamburg HansGZ H 1884, 193 Nr. 95 (S. 198) und das LG Hamburg aaO. (Recht des Heimathafens); RGZ 34, 72, 75 „Minna Craig"; RGZ 81, 283, 286 (oben) „Pera"; OLG Hamburg HansGZ H 1895, 139 Nr. 49 „Edenbridge"; OLG Hamburg HansGZ H 1896, 101 Nr. 37 (S. 103 rechte Spalte oben) „Lubeca"; LG Hamburg Hansa 1962, 2372, 2373 (linke Spalte).

a) Bergungsverträge. Der Kapitän ist nach § 584 Abs. 1 (Art. 6 Abs. 2 BerggÜ) be- 47
fugt, Verträge über Bergungsmaßnahmen abzuschließen. Die gesetzlich umschriebene
Vertretungsbefugnis besteht nach Satz 2 der Vorschrift für den Eigentümer des Schiffes
(Art. 6 Abs. 2 Satz 1 BerggÜ) – also ggf. nicht für den Ausrüster, sondern den Nur-
Eigentümer. Dies ist folgerichtig, denn Partei des Rechtsverhältnisses der Bergung (siehe
§§ 570 ff.) ist auf Seiten des Schiffes gerade der Eigentümer. Er schuldet ggf. insbesondere
den Bergelohn (§§ 576 f.) bzw. eine Sondervergütung (§ 578). Keine Vertretungsbefugnis
besteht im Hinblick auf eine Beseitigung des Wracks des Schiffes.[58] Außerdem begründet
§ 584 Abs. 1 Satz 1 (Art. 6 Abs. 2 Satz 2 BerggÜ) eine gesetzlich umschriebene Vertretungsbefugnis des Kapitäns für die Eigentümer der an Bord befindlichen Vermögensgegenstände. Zu letzteren gehören insbesondere die Ladung und der Brennstoff sowie ein
gefährdeter Anspruch auf Fracht (§ 574 Abs. 2 Satz 2). Der Kapitän vertritt hier von Gesetze wegen die Eigentümer der Ladung, den Eigentümer des Brennstoffs sowie den Verfrachter, der Gläubiger des gefährdeten Frachtanspruchs ist. Eigentümer des Brennstoffs
kann der Eigentümer des Schiffes selbst sein, wenn er das Schiff auch betreibt und damit
dessen Reeder ist (§ 476); ansonsten der Ausrüster (§ 477 Abs. 1 und 2); der Zeitcharterer
des Schiffes (siehe § 564 Abs. 2 Satz 2), im Falle mehrerer Sub-Zeitchartern der letzte Sub-
Zeitcharterer; sowie ggf. der Lieferant des Brennstoffs, der unter Eigentumsvorbehalt
verkauft hat. Zur internationalprivatrechtlichen Anknüpfung der Stellvertretung siehe
die Hinweise oben Rn 43 sowie Art. 8 Abs. 1 Satz 1 und 3 EGHGB.

b) Die Ausstellung von Konnossementen für die Verfrachter (§ 513 Abs. 1 48
Satz 2). Die Vorschrift des § 513 Abs. 1 Satz 2 gewährt insbesondere dem Kapitän die
Befugnis, für den Verfrachter Konnossemente auszustellen. Ist der Verfrachter gleichzeitig der Reeder des Schiffes, findet bereits § 479 Abs. 1 Satz 2 Anwendung (oben
Rn 28–31). Die Regelung des § 513 Abs. 1 Satz 2 gilt aber auch im Hinblick auf jeden anderen Verfrachter, also jede Person, die eine Pflicht zur Beförderung von Gut mit dem
betreffenden Schiff übernommen hat. Der Zeitvercharterer (§§ 557 ff.) ist nicht Verfrachter im Sinne des § 513 Abs. 1 Satz 2, auch wenn er im Rahmen der Zeitcharter zugesagt
hat, Konnossemente auszustellen (siehe § 568). Keinesfalls ist der Kapitän befugt, im
Namen „des Verfrachters" Frachtverträge zu schließen. Die Rechtsstellung eines Verfrachters wird durch den Frachtvertrag begründet. Eine generelle Befugnis zum Abschluss von Frachtverträgen für den Verfrachter liefe darauf hinaus, dass jeder beliebige Dritte als Verfrachter verpflichtet werden könnte. Die Befugnis zur Ausstellung von
Konnossementen umfasst ggf. auch die Befugnis, im Hinblick auf die Abwicklung des
Konnossements für den Verfrachter die erforderlichen Geschäfte und Rechtshandlungen vorzunehmen (dazu oben Rn 28–31). Der Verfrachter kann die Vertretungsbefugnis
des Kapitäns aus § 513 Abs. 1 Satz 2 zur Ausstellung von Konnossementen beschränken;
allerdings ist hier m.E. § 479 Abs. 1 Satz 3 analog anzuwenden (siehe dazu auch oben
Rn 36–38). § 513 Abs. 1 Satz 2 kommt nur zur Anwendung, wenn der Frachtvertrag, aus
dem sich die Pflicht zur Ausstellung des Konnossements ergibt, dem deutschen Sachrecht unterliegt. Außerdem ist in internationalprivatrechtlicher Hinsicht zu beachten,
dass die Vertretungsbefugnis selbständig und insoweit an den Wirkungsstaat angeknüpft wird (oben Rn 44–45). Auf § 513 Abs. 1 Satz 2 kann daher nur zurückgegriffen
werden, wenn der Kapitän auf deutschem Hoheitsgebiet oder auf einem Schiff unter
deutscher Flagge tätig wird.

---

58 Siehe dazu auch RGZ 70, 274 „Kronprinz Wilhelm" (zu § 15 I BinSchG).

49   **c) Der Kapitän als sonstiger Bevollmächtigter.** Über die Befugnis nach § 479 Abs. 1 Satz 1 hinaus ist eine rechtsgeschäftliche Bevollmächtigung des Kapitäns (§§ 167 ff. BGB) durch jeden Dritten möglich. Dies kann namentlich der oder einer der (Teil-) Charterer des Schiffes sein. Insbesondere hat möglicherweise der Zeitcharterer, der während der Abwicklung der Charter zur Beschaffung des Brennstoffs verpflichtet ist (§ 564 Abs. 2 Satz 2), den Kapitän bevollmächtigt, damit im Zusammenhang stehende Geschäfte und Rechtshandlungen vorzunehmen. Eine solche Bevollmächtigung ist erforderlich, der Kapitän ist nicht automatisch Vertreter des Zeitcharterers.[59] Dieser wird aus dem Kaufvertrag über die Lieferung des Brennstoffs berechtigt und verpflichtet, wenn der Kapitän in seinem, des Zeitcharterers, Namen handelt (§ 164 Abs. 1 BGB). Hier kann sich die Frage stellen, ob der Kapitän im Einzelfall für den Zeitcharterer oder für den Reeder (mit Vertretungsbefugnis aus § 479 Abs. 1 Satz 1) auftritt.[60]

II. Eintragungen in das Schiffstagebuch

50   Auf die Bestimmungen des § 479 Abs. 1 über die gesetzlich umschriebene Vertretungsbefugnis des Kapitäns für den Reeder folgen in Abs. 2 der Vorschrift Bestimmungen über die Eintragung von Vorgängen in das Tagebuch. § 479 Abs. 2 Satz 1 und 2 regelt die Pflicht zur Eintragung bestimmter Ereignisse, Satz 3 begründet einen Anspruch auf Erteilung von Abschriften. Die Vorschriften des § 479 Abs. 2 Satz 1 und 2 gehen zurück auf § 520 HGB a.F.[61] und dieser wiederum auf §§ 519, 520 HGB 1900. Der Anspruch auf Erteilung von Abschriften nach § 479 Abs. Satz 3 war ursprünglich im Rahmen der – heute abgeschafften – Verklarung in § 525 Abs. 3 HGB 1900 und seit Inkrafttreten des 1. SRÄndG im neu formulierten § 525 Abs. 1 HGB a.F. niedergelegt.[62]

51   **1. Seetagebücher.** Die Pflicht zur Führung eines Seetagebuches an Bord ergibt sich aus § 6 Abs. 3 SchSG (unten Rn 52). Ausführliche weitere Regelungen über Seetagebücher finden sich in Abschnitt B.II. der Anlage 1 zur SchSV (unten Rn 53–56). Welche Vorkommnisse im Seetagebuch einzutragen sind, ergibt sich aus vielen verstreut liegenden Tatbeständen (unten Rn 57).

52   **a) § 6 Abs. 3 SchSG.** Ausgangspunkt der Pflicht zur Führung eines Tagebuches ist § 6 Abs. 3 SchSG. Der Vorbehalt des § 1 Abs. 3 SchSG gilt insoweit nicht. § 6 Abs. 3 SchG betrifft, wie sich insbesondere aus § 2 Abs. 1 Nr. 1 SchSG ergibt, Schiffe unter deutscher Flagge. Nach § 6 Abs. 3 Satz 1 und § 8 Abs. 1 SchSG hat der Kapitän – grundsätzlich im Schiffstagebuch (dazu unten Rn 53) – unverzüglich durch entsprechende Eintragungen bestimmte Vorgänge zu dokumentieren. Diese werden in der Vorschrift umschrieben mit Vorkommnissen an Bord, die für die Sicherheit der Seefahrt einschließlich des Umweltschutzes auf See und des Arbeitsschutzes von besonderer Bedeutung sind. Die Regelung des § 6 Abs. 3 Satz 2 SchSG ergänzt, dass der Kapitän bei Unfällen soweit erforderlich und möglich für die Sicherstellung der Eintragungsunterlagen zu sorgen hat. § 6 Abs. 3 SchSG wird durch weitere Vorschriften der SchSV und über § 5 Abs. 2 insbesondere durch die detaillierten Regelungen in Abschnitt B.II. der ergänzenden Anforderungen zu § 6 des SchSG in der Anlage 1 zur SchSV ergänzt. Siehe auch noch § 9 Abs. 3 SeeaufgG

---

59   OLG Hamburg HansGZ H 1896, 101 Nr. 37 (S. 103 rechte Spalte oben) „Lubeca".
60   Siehe OLG Hamburg HansGZ H 1896, 101 Nr. 37 (S. 103 rechte Spalte oben) „Lubeca"; OLG Hamburg MDR 1969, 671; OLG Karlsruhe TranspR 2003, 250 = HmbSeeRep 2003, 70 Nr. 54.
61   SHR-ReformG-Begr S. 64 (linke Spalte unten).
62   Siehe SHR-ReformG-Begr S. 64 (vor „Zu § 480").

mit einer Verordnungsermächtigung an das BMVI zum Erlass von Regelungen über die Tagebuchführung.

b) Abschnitt B.II. der Anlage 1 zur SchSV. Nach § 5 Abs. 2 SchSV sind ergänzend 53
zu § 6 SchSG auf Schiffen unter deutscher Flagge die Vorschriften des Abschnitts B der Anlage 1 zur SchSV einzuhalten. Abschnitt B.II. betrifft Tagebücher. Nach Ziffer 1.1 sind Seetagebücher zum einen das Schiffstagebuch und zum anderen das Maschinentagebuch. Ergänzend heißt es für Binnenschiffe (siehe § 2 Abs. 1 Nr. 3 SchSG), dass wahlweise das Bordbuch und das Fahrtenbuch geführt werden können. Als Nebenbuch des Schiffstagebuches kann nach Ziffer 1.2 (a) Abschnitt B.II. der Anlage 1 SchSV das Brückenbuch geführt werden. Hier können in einer Art „Kladde" Eintragungen gemacht werden, die nicht alle in das Schiffstagebuch übernommen werden, etwa zu den Maschinenmanövern. Nebenbücher des Maschinentagebuches können das Peilbuch und das Manöverbuch sein. In dem Peilbuch werden die Ergebnisse der Peilungen von Bilgen und Tanks notiert. Im Manöverbuch werden ggf. namentlich die angeordneten Maschinenmanöver mitgeschrieben. Die Seetagebücher sind an Bord mitzuführen (Ziffer 1.3 Satz 1 Abschnitt B.II. der Anlage 1 SchSV). Verantwortlich hierfür ist der Kapitän (§ 6 Abs. 3 Satz 1 und § 8 Abs. 1 SchSG sowie § 13 Abs. 2 Nr. 11, § 14 Abs. 1 Nr. 2 [l] SchSV) und daneben der Schiffseigentümer (§ 9 Abs. 1 Nr. 1 und 3 SchSG sowie § 13 Abs. 1 Nr. 3, § 14 Abs. 1 Nr. 1 [c] SchSV). Eine Eintragungspflicht wird grundsätzlich durch Eintragung in das Schiffstagebuch erfüllt (Ziffer 1.3 Satz 2 Abschnitt B.II. der Anlage 1 SchSV).

Für die Führung des Maschinentagebuches ist neben dem Kapitän der Leiter der Ma- 54
schinenanlage („Chief") verantwortlich. Dabei kann die Führung des Maschinentagebuches auch den wachhabenden nautischen oder technischen Offizieren oder anderen geeigneten Besatzungsmitgliedern übertragen werden (Ziff 2.1 Abschnitt B.II. der Anlage 1 SchSV). Bestandteil des Maschinentagebuches ist eine Beschreibung der Maschinenanlage (Ziffer 2.2 Abschnitt B.II. der Anlage 1 SchSV). Unter bestimmten Voraussetzungen braucht ein Maschinentagebuch nicht geführt zu werden (Ziffer 2.3 Abschnitt B.II. der Anlage 1 SchSV).

Zu den Anforderungen an die Gestaltung des Schiffs- und des Maschinentagebuches 55
siehe im einzelnen Ziffer 3 Abschnitt B.II. der Anlage 1 SchSV. Eintragungen in Seetagebücher sind in deutscher Sprache oder in der an Bord verwendeten Arbeitssprache durchzuführen (Ziffer 4.1. Satz 1 Abschnitt B.II. der Anlage 1 SchSV). Maßgeblich ist die jeweilige Bordzeit (Ziffer 4.2 Abschnitt B.II. der Anlage 1 SchSV). Das Radieren und Unkenntlichmachen von Eintragungen in Seetagebüchern, das Entfernen von Seiten aus diesen Büchern sowie die Veränderung automatischer Aufzeichnungen sind nicht zulässig, Gestrichenes muss lesbar bleiben, Streichungen oder Zusätze sind mit Datum und Unterschrift zu bescheinigen (Ziffer 4.3 Abschnitt B.II. der Anlage 1 SchSV).[63] Alle Eintragungen in Seetagebücher sind von den für die Eintragung Verantwortlichen zu unterschreiben (Ziffer 4.4 Abschnitt B.II. der Anlage 1 SchSV).

Der Schiffseigentümer (siehe § 9 Abs. 1 Nr. 1 und 3 SchSG) hat durch Aufzeichnung 56
nachzuweisen, dass und wann er in regelmäßigen Abständen – grundsätzlich alle 12 Monate – den vollständigen aktuellen Inhalt der Tagebücher zur Kenntnis genommen hat (Ziffer 5 Abschnitt B.II. der Anlage 1 SchSV). Seetagebücher sind für die Dauer von drei Jahren aufzubewahren, auch wenn das Schiff vor Ablauf dieser Frist verkauft wird (Ziffer 6 Abschnitt B.II. der Anlage 1 SchSV, § 13 Abs. 1 Nr. 3, 14 Abs. 1 [c] SchSV). Dem

---

[63] Dazu BOSA Hansa 1969, 342, 343 (unter 3.) und S. 344 (rechte Spalte unten) „Birkenfels", „Marie Luise Bolten".

§ 479 —— Rechte des Kapitäns. Tagebuch

BMVI wird aufgegeben (Ziffer 7 Abschnitt B.II. der Anlage 1 SchSV), eine Liste von Vorgängen zu veröffentlichen, die nach den internationalen Regelungen oder sonstigen Rechtsvorschriften ausdrücklich im Seetagebuch eingetragen werden müssen. Dies ist durch die Tagebuch-Eintragg-Bktm erfolgt.[64] Für Schiffe unter Bundesflagge, die nicht im Schiffsregister eingetragen werden müssen, gelten im Hinblick auf die Führung von Tagebüchern Erleichterungen (siehe Ziffer 8 Abschnitt B.II. der Anlage 1 SchSV).

57   c) Die eintragungspflichtigen Vorkommnisse. Welche Vorgänge im Einzelnen im Seetagebuch einzutragen sind, ergibt sich aus unzähligen, verstreut geregelten Tatbeständen. Das BMVI hat auf Grundlage der Ziffer 7 Abschnitt B.II. der Anlage 1 SchSV die Tagebuch-Eintragg-Bktm erlassen, in der die maßgeblichen Tatbestände zusammengestellt sind. Dabei unterscheidet die Tagebuch-Eintragg-Bktm zwischen dem Schiffs- und dem Maschinentagebuch (Abschnitte A und B). Im Hinblick auf eintragungspflichtige Tatbestände verweist die Tagebuch-Eintragg-Bktm etwa auf das SOLAS-Ü, das SchSG, die SchSV, die SchSV 1986, die FahrgSch-Ri (§ 5 sowie Abschnitt D.12 Anlage SchSV), den STCW-Code, das SeeArbG, die TrinkwV, die UVV See, das SGB VII, das BetrVG, die SeefahrtSichergV, die BetrSichV, den IBC-Code, den IGC-Code, den GC-Code, die GGVSee, die Resolution A.916(22),[65] die GefStoffV, die STCW-Ri (§ 5 sowie Abschnitt D.6 Anlage SchSV), die AnlBV, den IS-Code 2008. Die Eintragungen in das Seetagebuch müssen ggf. laufend oder täglich, wöchentlich, monatlich oder in anderen Abständen oder zu bestimmten Anlässen erfolgen. Einige der in der Tagebuch-Eintragg-Bktm genannten Tatbestände gelten nicht ausdrücklich für Schiffe, sondern beziehen sich lediglich auf generelle Dokumentationspflichten, denen nach der Vorstellung der Tagebuch-Eintragg-Bktm durch Eintragung im Seetagebuch Genüge getan wird; siehe die BetrSichV (Ziffer B.1.3, B.1.4, B.7.2 Tagebuch-Eintragg-Bktm), § 14 Abs. 4 TrinkwV (Ziff A.12.2 Tagebuch-Eintragg-Bktm). Auch sind die in der Tagebuch-Eintragg-Bktm genannten Fundstellen teilweise nicht mehr aktuell. So verweist insbesondere Ziffer A.15.24 Tagebuch-Eintragg-Bktm noch auf den früheren § 520 HGB a.F. und nicht auf den heute geltenden § 479 Abs. 2 Satz 1 und 2. Hinzu gekommen ist etwa noch der Tatbestand der Regel 14.6 Anlage VI MARPOL-Ü 1978 (dazu § 13 Abs. 2 SeeUmwVerhV). Siehe auch Ziffer 5 Anhang IV und Art. 8 Abs. 1 HSC-Richtlinie.

58   2. Sonstige Tagebücher. Ggf. sind an Bord neben den Seetagebüchern (zuvor Rn 51–57) weitere Tagebücher zu führen, in denen bestimmte Vorgänge dokumentiert werden müssen. Dazu gehören etwa bei Öltankern und anderen Schiffen das Öltagebuch I (Regel 17 Anlage I MARPOL-Ü 1978 sowie noch Regel 3.5.6, 14.5.3.5, 16.2) und das Öltagebuch II (Regel 36 Anlage I MARPOL-Ü 1978 sowie noch Regel 10.3 und 10.10.2) (Muster in Anhang III), dazu noch § 4 SeeUmwVerhV; bei Chemikalientankschiffen das Ladungstagebuch (Regel 15 Anlage I MARPOL-Ü 1978 sowie noch Regel 13.6.1, 13.6.3.2, 16.2, 16.3, 16.4, 16.5, 16.7, Muster in Anhang 2, dazu noch § 7 SeeUmwVerhV); das Mülltagebuch (Regel 10.3 bis 10.5 Anlage V MARPOL-Ü 1978, Muster im Anhang, dazu § 10 SeeUmwVerhV); das Tagebuch über Stoffe, die zu einem Abbau der Ozonschicht führen (Regel 12.3.6, 12.3.7 Anlage VI); sowie zukünftig das Ballastwasser-Tagebuch (siehe Regeln B-2, B-4.5 sowie A-4.4 Anlage BallastwasserÜ, Muster im Anhang II, sowie Art. 9.1 [b] BallastwasserÜ und noch § 21 und § 20 Nr. 2 SeeUmwVerhV); außerdem das Unfall-

---

64 Tatbestände, die auf Grund besonderer Rechtsvorschriften in das Seetagebuch einzutragen sind, vom 1. August 2013 (VkBl. 2013, 835).
65 In der Tagebuch-Eintragg-Bktm offenbar irrtümlich als „Resolution A.916(21)" bezeichnet.

tagebuch (§ 51 UVVSee) sowie das Kontrollbuch (§ 183 Abs. 2 Satz 2 UVVSee, als Nebenbuch zum Schiffstagebuch).

3. Die Regelungen des § 479 Abs. 2. Die Vorschrift des § 479 Abs. 2 Satz 1 begründet 59 eine Pflicht zur Eintragung bestimmter Vorkommnisse und gibt in Satz 2 ergänzend Hinweise zum Umfang der Eintragungen (unten Rn 60–65). Nach § 479 Abs. 2 Satz 3 können Abschriften der Eintragungen verlangt werden (unten Rn 66–70). Das Tagebuch bzw. die Abschriften davon können im Prozess eine Rolle spielen (unten Rn 71). Die Regelungen des § 479 Abs. 2 stehen bewusst neben den entsprechenden sonstigen Vorschriften über die Pflicht zur Führung von Tagebüchern, die ihrerseits im öffentlichen Interesse bestehen. Dagegen solle, so die SHR-ReformG-Begr, die Vorschrift des § 479 Abs. 2 ausdrücklich privaten Interessen dienen, da das Schiffstagebuch auch die Funktion eines Beweismittels haben könne.[66]

a) Die Pflicht zur Eintragung (§ 479 Abs. 2 Satz 1 und 2). Die Regelung des § 479 60 Abs. 2 Satz 1 begründet die Pflicht des Kapitäns, bestimmte Vorkommnisse in das Tagebuch des Schiffes einzutragen. Dabei knüpft die Vorschrift an eine anderweitig bestehende Pflicht zur Führung des Tagebuches an.[67] Dies umfasst zweierlei. Zum einen wird in § 479 Abs. 2 Satz 1 nicht eine Pflicht zur Führung eines Tagebuches begründet. Zum zweiten reicht es nicht aus, dass tatsächlich ein Tagebuch geführt wird. Erforderlich ist außerdem das Bestehen einer entsprechenden Pflicht.[68] Eine solche kann sich insbesondere aus § 6 Abs. 3 SchSG in Verbindung mit § 5 Abs. 2 SchSV ergeben[69] (dazu oben Rn 52). Dabei bezieht sich § 479 Abs. 2 Satz 1 auf das Schiffstagebuch (dazu oben Rn 53 sowie Ziffer A.15.24 Tagebuch-Eintragg-Bktm).

aa) Die Voraussetzungen der Eintragungspflicht (§ 479 Abs. 2 Satz 1). Die Ein- 61 tragungspflicht nach § 479 Abs. 2 Satz 1 betrifft „Unfälle". Dies ist in einem weiten Sinne zu verstehen und umfasst alle ungewöhnlichen Vorgänge mit nachteiligen Folgen (siehe § 479 Abs. 2 Satz 2), die mit dem Schiff zu tun haben, sofern sie nicht eine lediglich untergeordnete Bedeutung haben. Der Unfall muss weiter „während der Reise" eingetreten sein. Dies meint nicht lediglich die Seereise. Auch Unfälle, zu denen es während der Liegezeit in einem Hafen oder dann kommt, wenn das Schiff vor Anker liegt, können eintragungspflichtig sein. Das Merkmal „während der Reise" hat daher keine eigene Bedeutung und hätte auch fortgelassen werden können.

Der Unfall muss darüber hinaus das Schiff, Personen oder die Ladung betreffen. 62 Zum Schiff gehört auch das Zubehör (§ 97 BGB) sowie alle sonst dem Schiffsbetrieb dienenden Sachen an Bord, einschließlich solcher, die zum Ge- bzw. Verbrauch bestimmt sind, wie Ausrüstung und Ersatzteile sowie Brennstoffe, Schmierstoffe, Frisch- und Ballastwasser. Die von dem Unfall betroffenen Personen können sich an Bord befinden, wie etwa die Mitglieder der Schiffsbesatzung, der Lotse oder Fahrgäste, aber auch Besucher, oder auch außerhalb des Schiffes, etwa auf einem anderen Schiff oder an Land. Zur Begründung der Eintragungspflicht nach § 479 Abs. 2 Satz 1 genügt es auch, dass der Unfall in sonstiger Weise einen Vermögensnachteil zur Folge haben kann. Dies betrifft unfreiwillig erlittene Nachteile, also Schäden, aber auch aufgrund freiwilligen Verhaltens entstandene Nachteile, also Aufwendungen. Die Nachteile können das Vermögen einer

---

66 SHR-ReformG-Begr S. 64 (rechte Spalte oben).
67 SHR-ReformG-Begr S. 64 (rechte Spalte oben).
68 SHR-ReformG-Begr S. 64 (rechte Spalte oben).
69 Siehe SHR-ReformG-Begr S. 64 (linke Spalte unten).

beliebigen Person betreffen, etwa des Reeders bzw. des Ausrüsters oder des Nur-Eigentümers, der Ladungsbeteiligten des Schiffes (unten Rn 122–127 zu § 480), des Eigentümers der Ladung sowie jeder beliebigen sonstige Person außerhalb des Schiffes.

63   Schließlich kommt § 479 Abs. 2 Satz 1 (und ebenso der Satz 2, siehe sogleich) m.E. nur zur Anwendung, wenn das Schiff die deutsche Flagge führt. Es handelt sich um Vorschriften öffentlich-rechtlichen Charakters, die den Kapitän des Schiffes in gleicher Weise in die Pflicht nehmen wie § 6 Abs. 3 SchSG, § 5 Abs. 2 SchSG. Die Grundlage hierfür ist die Flaggenhoheit Deutschlands. Dem steht es nicht entgegen, dass § 479 Abs. 2 Satz 1 und 2 dem Schutz privater Interessen dient (oben Rn 59).

64   **bb) Der Umfang der Eintragungspflicht (§ 479 Abs. 2 Satz 2).** Die ergänzende Vorschrift des § 479 Abs. 2 Satz 2 konkretisiert die in Satz 1 begründete Eintragungspflicht. Der Unfall ist zunächst „zu beschreiben", der Sachverhalt also zu darzustellen. Darüber hinaus ist in der Eintragung anzugeben, welche Mittel zur Abwendung oder Verringerung der Nachteile angewandt wurden.

65   **cc) Fehlende und fehlerhafte Eintragungen.** Die Eintragungen im Tagebuch nach § 479 Abs. 2 Satz 1 und 2 können fehlerhaft sein, weil sie sachlich unzutreffend oder unvollständig sind. Da es sich bei den Eintragungen im Tagebuch um einen bordinternen Vorgang handelt, ist es nicht ausgeschlossen, dass die Schilderung der Vorkommnisse von vornherein zugunsten des Schiffes „geschönt" oder nachträglich geändert werden.[70] Es kann sich auch so verhalten, dass Eintragungen, die nach § 479 Abs. 2 Satz 1 und 2 hätten erfolgen müssen, überhaupt unterbleiben. Fehlende und fehlerhafte Eintragungen stellen keine Ordnungswidrigkeit dar, weil es an einem entsprechenden Tatbestand fehlt. § 14 Abs. 2 Nr. 2 (l), § 13 Abs. 2 Nr. 11 SchSV beziehen sich lediglich auf Nichteintragung von Vorkommnissen an Bord, die für die Sicherheit in der Seefahrt von Bedeutung sind. § 479 Abs. 2 Satz 1 und 2 begründet auch keinen privatrechtlichen Anspruch betroffener Personen gegen den Kapitän oder den Reeder auf die Eintragung von Vorfällen oder auf Eintragungen mit einem bestimmten Inhalt. Ein solcher Anspruch ergibt auch nicht aus § 479 Abs. 2 Satz 3 (sogleich Rn 68). Die Vorschrift gewährt lediglich das Recht, Abschriften von Eintragungen zu verlangen. Das nachträgliche Entfernen oder die nachträgliche Änderung von Eintragungen sind unzulässig (siehe Ziffer 4.3 Abschnitt B.II. der Anlage 1 SchSV).

66   **b) Der Anspruch auf Erteilung von Abschriften (§ 479 Abs. 2 Satz 3).** Unter den Voraussetzungen des § 479 Abs. 2 Satz 3 (unten Rn 67) kann der Berechtigte eine Abschrift der Eintragungen verlangen (unten Rn 68), die ggf. zu beglaubigen ist (unten Rn 69). Die Vorschrift gilt nur, wenn der Anspruch dem deutschen Sachrecht unterliegt (unten Rn 70).

67   **aa) Der Tatbestand.** Schließlich heißt es in § 479 Abs. 2 Satz 3, dass die durch den Unfall Betroffenen eine Abschrift der Eintragungen zum Unfall sowie eine Beglaubigung dieser Abschrift verlangen können. Durch den Unfall betroffen ist jeder, der durch den Unfall einen (freiwilligen oder unfreiwilligen) Vermögensnachteil erlitten hat oder noch erleiden könnte. Die betreffende Person kann sich zur fraglichen Zeit an Bord oder auch außerhalb des Schiffes aufgehalten haben. Der Anspruch aus § 479 Abs. 2 Satz 3 richtet

---

[70] Dazu BOSA Hansa 1969, 342, 343 (unter 3.) und S. 344 (rechte Spalte unten) „Birkenfels", „Marie Luise Bolten".

sich m.E. nicht gegen den Kapitän, auch wenn der systematische Zusammenhang mit dem Satz 1 der Vorschrift dies nahezulegen scheint, sondern gegen den Reeder des Schiffes (bzw. dessen Ausrüster, § 477 Abs. 1 und 2). Der Anspruch aus § 479 Abs. 2 Satz 3 besteht auch, wenn die Abschrift benötigt wird, um Ansprüche gegen den Reeder verfolgt werden sollen und die Eintragungen für den Reeder nachteilig sind. Dass der Reeder sich mit der Erteilung der Abschrift ggf. selbst belasten kann, bleibt unberücksichtigt. Aber auch umgekehrt setzt § 479 Abs. 2 Satz 3 nicht voraus, dass die Abschrift gerade der Durchsetzung von Ansprüchen gegen den Reeder dienen soll. Der Anspruch ist auch begründet, wenn es um Forderungen zwischen anderen Beteiligten geht. Eine Abschrift kann nicht verlangt werden, wenn das Tagebuch verloren gegangen ist.[71] Schuldner des Anspruchs ist derjenige, der zur Zeit der Eintragung Reeder des Schiffes war. Hierbei bleibt es auch dann, wenn der Anspruch erst zu einer Zeit geltend gemacht wird, in der der Betreffende nicht mehr Reeder ist. § 479 Abs. 2 Satz 3 begründet einen privatrechtlichen Anspruch, der vor den Zivilgerichten zu verfolgen ist. Er entsteht, wenn die betreffende Eintragung vorgenommen wird, auch wenn der Anspruch erst später erhoben wird, und unterliegt der Verjährung nach Maßgabe der §§ 194 ff. BGB.

bb) Die Erfüllung des Anspruchs. Der Betroffene kann nach § 479 Abs. 2 Satz 3 eine Abschrift der Eintragungen zum Unfall verlangen. Normaler Weise erfolgt dies in Form einer Kopie der betreffenden Seiten des Tagebuches. Der Anspruch aus § 479 Abs. 2 Satz 3 richtet sich auf Erteilung von Abschriften der vollständigen Eintragungen. Der Anspruch erstreckt sich auch auf Eintragungen zum Unfall in Nebenbüchern, namentlich im Brückenbuch (dazu oben Rn 53). Eintragungen, die nicht (mehr) den Unfall betreffen, werden von § 479 Abs. 2 Satz 3 nicht erfasst. Der Anspruch aus § 479 Abs. 2 Satz 3 richtet sich auf Erteilung von Abschriften von durchgeführten Eintragungen, nicht aber auf die Eintragung von Vorfällen oder auf Eintragungen mit einem bestimmten Inhalt. Hat der Kapitän die gebotene Eintragung eines Vorkommnisses unterlassen, besteht kein Anspruch auf Erteilung einer Abschrift des Tagebuchs für den betreffenden Zeitraum ohne die Eintragung, etwa um deren Fehlen zu dokumentieren.

cc) Die Beglaubigung. Schließlich kann der Betroffene nach § 479 Abs. 2 Satz 3 eine Beglaubigung der Abschrift verlangen. Hierbei handelt es sich um die Erklärung, dass der Inhalt der Abschrift mit den Eintragungen im Tagebuch übereinstimmt. Diese Erklärung wird auf der Abschrift selbst vermerkt oder mit ihr verbunden und von dem Kapitän erteilt. Es muss sich nicht um den Kapitän handeln, der die Eintragung zuvor selbst vorgenommen hat oder der seinerzeit Kapitän war. Die Beglaubigung meint die öffentliche Beglaubigung des Vermerks, dass die Abschrift mit dem Original übereinstimmt. Für die öffentliche Beglaubigung gilt § 129 BGB. Die Bestätigung der inhaltlichen Übereinstimmung der Abschrift mit den Eintragungen des Tagebuchs umfasst auch die Bestätigung der Vollständigkeit. Die Kosten der Beglaubigung trägt der Reeder.

dd) Internationalprivatrechtliche Gesichtspunkte. Ein Anspruch gegen den Reeder auf Erteilung einer Abschrift aus dem Schiffstagebuch ist m.E. internationalprivatrechtlich als ein solcher auf Geschäftsführung ohne Auftrag zu qualifizieren. Das anwendbare Sachrecht ermittelt sich daher auf Grundlage der Art. 11 Rom II. Der Abs. 1 der Vorschrift sieht in erster Linie eine unselbständige Anknüpfung insbesondere an ein

---

[71] Siehe SeeA Flensburg Hansa 1974, 1773 „Hans Christopher": „bedauerlicher" Verlust des Tagebuchs beim Verlassen des Havaristen.

ohnehin bestehendes anderweitiges Rechtsverhältnis vor. Sie kommt namentlich zum Tragen, wenn der Berechtigte Ansprüche gegen den Reeder verfolgt und die Abschrift für diesen Zweck verlangt wird. Insbesondere ist an Ansprüche auf Schadenersatz zu denken. Anderweitige Rechtsverhältnisse können etwa vertragliche Beziehungen sein oder solche aus unerlaubter Handlung, etwa wegen eines Zusammenstoßes, in den das Schiff verwickelt war, oder weil der Berechtigte durch den Betrieb des Schiffes in sonstiger Weise geschädigt wurde. Auch die Geltendmachung von (vertraglichen oder außervertraglichen) Ansprüchen wegen Verlust oder Beschädigung von Gut gegen den Reeder können der Anlass sein, um von ihm Abschriften aus dem Tagebuch zu verlangen. Der Tatbestand des Art. 11 Abs. 2 Rom II knüpft an den gemeinsamen gewöhnlichen Aufenthalt der Parteien, hier also des Berechtigten und des Reeders an. Helfen die Anknüpfungen des Art. 11 Abs. 1 und 2 Rom II nicht weiter, kommt die des Abs. 3 zum Tragen. Danach ist das Recht des Ortes maßgeblich, an dem die Geschäftsführung erfolgt ist. Ausgangspunkt des Anspruchs ist die betreffende Eintragung im Tagebuch, auch wenn die Anfertigung der Abschrift erst später erfolgt. M.E. führt dies in allen Fällen hin zum Recht der Flagge des Schiffes, auch wenn die Eintragung vorgenommen wurde, als sich das Schiff im Hoheitsgebiet eines Staates befand. Bei dem Recht der Flagge bleibt es auch, wenn der Anspruch auf Erteilung von Abschriften geltend gemacht wird, nachdem das Schiff die Flagge gewechselt hat. Eine Anwendung des § 479 Abs. 2 Satz 3 kommt nur in Betracht, wenn der Anspruch gegen den Reeder auf Erteilung von Abschriften aus dem Tagebuch dem deutschen Sachrecht unterliegt. Abgesehen von den Tatbeständen des Art. 1 Abs. 1 und 2 Rom II wird dies im Hinblick auf das nach Abs. 3 maßgebliche Ortsrecht nur der Fall sein, wenn das Schiff die deutsche Flagge führt.

71 **c) Das Tagebuch im Prozess.** In einem gerichtlichen Verfahren hat das Tagebuch den Charakter einer Privaturkunde (§ 416 ZPO) und kann damit als Mittel des Beweises durch Urkunden (§§ 415 ff. ZPO) herangezogen werden. Gleiches gilt für die beglaubigte Abschrift von Eintragungen[72] (siehe § 479 Abs. 2 Satz 3). Dem Gericht steht es frei, in entsprechenden Fällen, namentlich wenn der Reeder verklagt wird oder selbst klagt, fehlerhafte oder unterbliebene Eintragungen in beweismäßiger Hinsicht zu würdigen.[73]

---

72 Siehe OLG Hamburg HansGZ H 1889, 81 Nr. 31 „Vernon".
73 Siehe BGH Hansa 1967, 17, 19; OLG Hamburg HansGZ H 1889, 81 Nr. 31 „Vernon".

Anhang zu § 479 (Kapitän)

Der Kapitän

Literatur: *Deutscher Nautischer Verein* Der zukünftige Kapitän und sein Schiff, Hansa 1978, 1961–1965; *van Dieken* Die Haftung des Kapitäns, Hansa 1977, 2057–2059; *Filzinger* Der Kapitän als Vertreter des Reeders im deutschen Seerecht, 1931; *Goesmann* Die Sorgfaltspflicht des Kapitäns im geltenden deutschen Seerecht, 1932; *Hanses* Die rechtliche Stellung des Kapitäns auf deutschen Seeschiffen unter besonderer Berücksichtigung der historischen Entwicklung, 1983; *Albrecht* Schiffsgläubigerrechte des Schiffsmaklers, Hansa 1953, 1261–1264 und 1290–1291; *Lorenz* Arbeitsrechtlicher Freistellungsanspruch der Besatzungsmitglieder und privilegierte Schiffseignerhaftung gemäß § 4 BSchG, ZfB 1975, 491–500 (Teil B) (Slg. 685–694); *Maczeyzik* Die Kapitänsvertretungsmacht, 1990; *Müller* Berufsbild und soziale Stellung des deutschen Handelsschiffskapitäns im Wandel der Zeiten, Hansa 1969, 1052–1058; *Pappenheim* Die Haftung des Reeders für Verbindlichkeiten aus Rechtsgeschäften seerechtlicher Bevollmächtigter, LZ 1913, 7–11 und 101–110; *Perels* Die Stellung des Kapitäns im deutschen Seehandelsrecht, ZHR (1906)57, 336–420 sowie ZHR (1907)58, 1–117; *Rabe* Gehört die unbeschränkte Haftung des Kapitäns der Vergangenheit an?, Hansa 1983, 1199–1200; *Sieg* Der Kapitän im Spannungsfeld der Interessen von Reeder und Charterer, TranspR 1997, 209–212; *Schmid* Die Ansprüche des geschädigten Dritten gegen den Fahrer als Arbeitnehmer im Bereich des Verkehrshaftungsrechtes, TranspR 1986, 49–53; *Schmidt* Die seerechtliche Kapitänsvertretungsmacht – normative Unstimmigkeiten und tatsächlicher Wandel, ZHR 141, 209–223; *Schröder* Gesetzliche Regelung und tatsächliche Rechtsstellung des Kapitäns im deutschen Seerecht, 1937; *Segelken* Kapitänsrecht, 2. Auflage 1974; *Sieg* Der Kapitän im Spannungsfeld der Interessen von Reeder und Charterer, TranspR 1997, 209–212; *Slabschi* Die Besetzung deutscher Schiffe und die Arbeitnehmerfreizügigkeit nach Art. 48 EGV, TranspR 1999, 188–193; *Thoma* Die rechtliche Stellung des Kapitäns eines Seeschiffes, 1943; *Wähmann* Die gesetzliche Vertretungsmacht des Schiffers im Seerecht, 1911; *Winnicker* Der Kapitän auf dem Schiff der Zukunft, seine Qualifikation und seine Aufgaben, Hansa 1979, 1819–1821; *Wittich* Zur Auslegung des § 526 Abs. 2 des Handelsgesetzbuchs, ZHR 57, 161–164; *Wodrich* Ist die strenge Haftung des Kapitäns heute noch zeitgemäß?, Hansa 1971, 820–826; *Zimmerer* Die öffentlich-rechtliche Stellung des Kapitäns und der Schiffsoffiziere auf deutschen Handelsschiffen, 1970.

1 Der Kapitän ist der Führer des Schiffes (siehe auch § 5 Abs. 1 SeeArbG). Im früheren Recht fand sich für die Zwecke des Fünften Buches HGB in § 511 HGB a.F. eine entsprechende Legaldefinition. Diese fehlt im heutigen Seehandelsrecht. Teils war früher auch die Bezeichnung „Schiffer" üblich. In der Binnenschifffahrt wird nur die Bezeichnung „Schiffer" verwendet (siehe § 7 Abs. 1 BinSchG). In anderen Vorschriften ist, namentlich des öffentlichen Rechts, taucht auch die Bezeichnung „Schiffsführer" auf. Sportfahrzeuge werden von „Schiffsführern", „Bootsführern" oder auch „Skipper" geführt, andere Fahrzeuge durch „Fahrzeugführer". Außerdem spricht beispielsweise die Hmb HafenlotsV gendergerecht von „Schiffsführerin und Schiffsführer" bzw. „Geräteführerin und Geräteführer". Der Kapitän und seine Rechtsstellung, seine Befugnisse und seine Pflichten sind Gegenstand einer Vielzahl von Vorschriften.

I. Die Entwicklung des Kapitänsrechts

2 Historisch war der Kapitän häufig gleichzeitig auch Unternehmer, der mit seinem eigenen Schiff zum Zwecke des Erwerbs Ladung oder Personen beförderte. Solche Reeder-Kapitäne gab es bis in die jüngere Zeit hinein; heute nur noch ausnahmsweise. Anders in der Binnenschifffahrt, hier ist der Schiffer häufig auch der Eigner des Schiffes. Eine der maßgeblichen Entwicklungen in der Seeschifffahrt war die Trennung der Stellung des Kapitäns von der des Unternehmers. Hinter dem Kapitän stand jetzt häufig ein Reeder, für den der Kapitän das Schiff führte und dessen Interessen, vor allem auch kommerzielle Interessen er wahrzunehmen hatte. Eine andere Entwicklungslinie waren die Fortschritte der Nachrichtentechnik. Ist der Reeder für den Kapitän nicht ohne weiteres erreichbar, bleibt er auf sich gestellt und muss eigene Entscheidungen im Hinblick auf die Aufrechterhaltung des Schiffsbetriebes und die kommerzielle Verwendung des Schiffes treffen. Mit der besser werdenden Nachrichtentechnik wurde die Notwendigkeit eigener Befugnisse des Kapitäns geringer. Ein Schiff ist heute normalerweise rund um die Uhr erreichbar. Entscheidungen über die kommerzielle Nutzung des Schiffes werden im Wesentlichen vom Reeder bzw. vom Charterer getroffen, die Rolle des Kapitäns ist beschränkt auf die eines Weisungsempfängers. Er ist letztlich nur noch ein Arbeitnehmer, freilich in einer herausgehobenen Position.

3   Das Kapitänsrecht des HGB hat mit dieser Entwicklung zunächst nicht Schritt gehalten. Die ausführlichen Bestimmungen des ADHGB über die seehandelsrechtliche Rechtsstellung des Kapitäns sind im Wesentlichen unverändert in das HGB 1897 übernommen worden. Hier blieben sie, ebenfalls ohne grundlegende Modernisierungen, bis zum Inkrafttreten des SHR-ReformG anwendbar. Das Fünfte Buch HGB enthielt bis zuletzt einen eigenen Dritten Abschnitt mit ausführlichen Vorschriften über den Kapitän (§§ 511 bis 555 HGB a.F.). Hier fanden sich Bestimmungen über die Haftung des Kapitäns gegenüber dem Reeder, dem Befrachter, dem Ablader, dem Ladungsempfänger, dem Reisenden und der Schiffsbesatzung (§§ 511, 513 HGB a.F.); über die Pflicht des Kapitäns zur Sorge für die See- und Reisetüchtigkeit des Schiffes (§ 513 HGB a.F.) und für das Laden und Entladen des Gutes und die Tüchtigkeit der dafür erforderlichen Vorrichtungen (§ 514 HGB a.F.); über die Pflicht des Kapitäns, ausländische Rechtsvorschriften zu beachten (§ 515 HGB a.F.), die Reise unverzüglich anzutreten (§ 516 HGB a.F.) und zur Bordanwesenheit (§ 517 HGB a.F.); über den Schiffsrat (§ 518 HGB a.F.); über das Schiffstagebuch (§ 520 HGB a.F., heute § 479 Abs. 2, siehe die Hinweise dort Rn 59–71); über die Verklarung (§§ 522 bis 525 HGB a.F.), wobei § 525 Abs. 1 HGB a.F. über den Anspruch der Beteiligten auf die Erteilung einer beglaubigten Abschrift aus dem Tagebuch nach § 479 Abs. 2 Satz 3 übernommen wurde (siehe dort Rn 66–70); über die Vertretungsbefugnis des Kapitäns für den Reeder (§§ 526 bis 531, 533 HGB a.F., heute § 479 Abs. 1, dort Rn 1–49); über die Geschäftsführung des Kapitäns ohne Auftrag des Reeders (§ 532 HGB a.F.); über die Befugnisse des Kapitäns gegenüber dem Reeder (§ 534 HGB a.F., dazu unten Rn 58–60); über die Geschäftsführung des Kapitäns für die Ladungsbeteiligten (§§ 535, 542 HGB a.F.) einschließlich der Verfügung über Ladungsteile (§§ 538 bis 542 HGB a.F.); über die Abweichung vom Reiseweg (§ 536 HGB a.F.); über die Pflicht des Kapitäns, Einnahmen dem Reeder gutzubringen (§ 543 HGB a.F.); über die Ausübung der Befugnisse nach einer Kündigung (§ 545 HGB a.F.); über den Fall, dass der Kapitän Mitreeder des Schiffes ist und unfreiwillig entlassen wird (§ 552 HGB a.F.); sowie über die Pflichten des Kapitäns nach dem Verlust des Schiffes (§ 555 HGB a.F.). Entsprechende, allerdings weniger ausführliche Regelungen über den Schiffer finden sich in § 7 bis § 20 BinSchG.

4   Die zuvor genannten Vorschriften sind mit Inkrafttreten des SHR-ReformG aus dem HGB entfernt worden. Das einstige Kapitänsrecht besteht heute nur noch aus der Vorschrift des § 479. Dessen Abs. 1 betrifft die gesetzlich umschriebene Vertretungsbefugnis des Kapitäns für den Reeder (näher oben Rn 1–49 zu § 479), die früher in den §§ 526 ff. HGB a.F. geregelt war. Gegenstand des § 479 Abs. 2 ist die Pflicht des Kapitäns, bestimmte Vorkommnisse in das Tagebuch einzutragen (dazu oben Rn 50–71 zu § 479). Wie auch schon im alten Recht gibt es im Fünften Buch weitere Vorschriften, die sich an den Kapitän richten: der Kapitän gehört nach § 478 zur Schiffsbesatzung (näher Rn 12–15 zu § 478); auf seine Kenntnis von der Gefährlichkeit des Gutes kommt es nach § 483 Abs. 2 an; der Kapitän ist befugt, für den Verfrachter Konnossemente auszustellen (§ 513 Abs. 1 Satz 2, dazu oben Rn 28–31 zu § 479); §§ 518 und 523 können zur Anwendung kommen,

wenn das Konnossement vom Kapitän ausgestellt wurde; auch im Recht der Bergung wird der Kapitän immer wieder angesprochen, siehe §§ 574 Abs. 3 und 4, 575 Abs. 1 Satz 1, 579 Abs. 2, 581 Abs. 1 bis 3, 584 Abs. 1, 586 Abs. 4, § 587 Abs. 4; seine Anordnungen sind der Ausgangspunkt der Großen Haverei (§ 588 Abs. 1); er wird im Hinblick auf die Auslieferung von Sachen, an denen der Berger ein Pfandrecht nach § 594 Abs. 1 hat, in die Pflicht genommen (§ 594 Abs. 5); der Kapitän hat hinsichtlich seiner Heuerforderungen ein Schiffsgläubigerrecht (§ 596 Abs. 1 Nr. 1); an ihn können nach § 619 bestimmte Dokumente zugestellt werden.

II. Die Stellung des Kapitäns an Bord

Der Kapitän hat als Führer des Schiffes historisch eine herausgehobene Rechtsstellung. Diese umfasst zunächst arbeitgeberähnliche Befugnisse, den Besatzungsmitgliedern und ggf. weiteren an Bord tätigen Personen im Hinblick auf die Durchführung des Schiffsbetriebs Anordnungen zu erteilen (unten Rn 6). Dies gilt in besonderem Maße, wenn dem Schiff oder Dritten Gefahren drohen (unten Rn 7). Darüber hinaus trägt der Kapitän Sorge für die Aufrechterhaltung der öffentlichen Sicherheit und Ordnung an Bord (unten Rn 8–10). Diese Unterscheidung wird auch im SeeArbG – das im Wesentlichen nur für Schiffe unter deutscher Flagge gilt (§ 1 Abs. 1 SeeArbG) – nachvollzogen. Vorschriften über die Aufrechterhaltung der öffentlichen Sicherheit und Ordnung an Bord finden sich insbesondere im Abschnitt 7 des SeeArbG. Ist auf dem Schiff ein Kapitän nicht vorhanden oder ist er verhindert, nimmt der Erste Offizier des Decksdienstes oder der Alleinsteuermann die Pflichten und Befugnisse des Kapitäns wahr (§ 5 Abs. 3 SeeArbG). Darüber hinaus ist der Kapitän ist Inhaber des durch § 123, § 240 StGB geschützten Hausrechts an Bord. Ebenso stehen ihm die Besitzschutzrechte aus §§ 860, 859, 858 BGB zu; näher zum Besitz an Schiff unten Rn 91 sowie Rn 124–126 Einleitung B. 5

1. Die Durchführung des Schiffsbetriebs. Der Kapitän ist Vorgesetzter aller Besatzungsmitglieder (siehe § 121 Abs. 1 Satz 1 SeeArbG). Ihm steht die oberste Anordnungsbefugnis gegenüber den Besatzungsmitgliedern und den sonstigen an Bord befindlichen Personen zu (§ 121 Abs. 1 Satz 2 SeeArbG). Das betreffende Besatzungsmitglied hat die Dienste zu verrichten, zu denen es im Rahmen des Heuerverhältnisses verpflichtet ist (§ 32 Satz 1 SeeArbG). Es muss dabei den Anordnungen der zuständigen Vorgesetzten Folge leisten (§ 32 Satz 1 SeeArbG). 6

2. Gefahren für das Schiff oder für Dritte. Besondere Befugnisse stehen dem Kapitän zu, wenn sich das Schiff oder außenstehende Dritte in Gefahr befinden. Nach § 36 Abs. 1 Satz 1 SeeArbG hat das Besatzungsmitglied jede Anordnung des Kapitäns zu befolgen, die dazu dienen soll, drohende Gefahr für Menschen, Schiff oder Ladung abzuwenden, einen großen Schaden zu vermeiden, schwere Störungen des Schiffsbetriebs zu verhindern oder öffentlich-rechtliche Vorschriften über die Schiffssicherheit zu erfüllen. In dringenden Fällen gilt das Gleiche für Anordnungen eines an Ort und Stelle befindlichen Vorgesetzten (§ 36 Abs. 1 Satz 2 SeeArbG). Gleiches gilt, wenn andere Schiffen und Menschen einer drohenden Gefahr ausgesetzt sind (§ 36 Abs. 2 SeeArbG). Bei Seegefahr, insbesondere bei drohendem Schiffbruch, darf das Besatzungsmitglied das Schiff ohne Einwilligung des Kapitäns nicht verlassen, solange dieser selbst an Bord bleibt (§ 36 Abs. 3 SeeArbG). Schließlich muss das Besatzungsmitglied bei Schiffbruch nach Anordnung des Kapitäns nach besten Kräften für die Rettung von Menschen und ihren Sachen sowie für die Sicherstellung der Schiffsteile, der Ausrüstung und der Ladung sorgen und 7 bei der Bergung Hilfe leisten. Ebenso hat der Kapitän hat das Recht, ohne Rücksicht auf die Arbeitszeiten (§§ 42ff. SeeArbG) für Besatzungsmitglieder die Arbeitsstunden anzuordnen, die für die unmittelbare Sicherheit des Schiffes und der Personen an Bord bei einer unmittelbaren Gefahr für die Ladung oder zur Hilfeleistung für in Seenot befindliche Schiffe oder Personen erforderlich sind (§ 47 Abs. 1 SeeArbG).

8 **3. Öffentliche Sicherheit und Ordnung an Bord.** Darüber hinaus hat der Kapitän eine besondere, öffentlich-rechtliche Rechtsstellung. Er hat an Bord polizeiliche Befugnisse. Insoweit ist er Beliehener im Sinne des Verwaltungsrechts. Er hat für die Erhaltung der Sicherheit und Ordnung an Bord zu sorgen und darf die hierfür erforderlichen Maßnahmen treffen (§ 121 Abs. 2 Satz 1 SeeArbG). Droht Menschen oder dem Schiff eine unmittelbare Gefahr, darf er die Anordnungen notfalls mit den erforderlichen Zwangsmitteln durchsetzen (§ 121 Abs. 3 Satz 1 SeeArbG). Kommt die Anwendung mehrerer Mittel in Frage, so ist das Mittel zu wählen, das den Betroffenen am wenigsten beeinträchtigt (§ 121 Abs. 3 Satz 3 SeeArbG). Auch eine vorübergehende Festnahme von Personen ist zulässig (§ 121 Abs. 3 Satz 1 Hs. 2 SeeArbG), wenn andere Mittel von vornherein unzulänglich erscheinen oder sich als unzulänglich erwiesen haben (§ 121 Abs. 4 Satz 1 SeeArbG). Die vorübergehende Festnahme sowie die Anwendung körperlicher Gewalt ist nur so lange erlaubt, als die Erfüllung der Aufgaben des Kapitäns im Rahmen der Erhaltung der öffentlichen Sicherheit und Ordnung an Bord und im Zusammenhang mit dem Betrieb des Schiffes (§ 121 Abs. 2 SeeArbG) oder die Abwendung einer Menschen oder dem Schiff drohenden unmittelbaren Gefahr (§ 121 Abs. 3 SeeArbG) dies erfordert (§ 121 Abs. 4 SeeArbG).

9 Der Kapitän kann die Ausübung der sich aus § 121 Abs. 1 bis 4 SeeArbG ergebenden Befugnisse nach Maßgabe des § 121 Abs. 5 und 5 SeeArbG auf den Ersten Offizier des Decksdienstes und den Leiter der Maschinenanlage innerhalb ihrer Dienstzweige übertragen, wenn er nicht in der Lage ist, sie selbst auszuüben. Auch den Schiffsoffizieren (§ 6 SeeArbG) und den anderen Vorgesetzten steht die Anordnungsbefugnis zur Erhaltung der öffentlichen Sicherheit und Ordnung an Bord und im Zusammenhang mit dem Betrieb des Schiffes in ihrem Verantwortungsbereich zu (§ 122 SeeArbG).

10 Die Besatzungsmitglieder (§ 3 SeeArbG) sind verpflichtet, Beistand zu leisten (§ 124 Abs. 1 Satz 3 SeeArbG). Ebenso müssen sie vollziehbare Anordnungen der Vorgesetzten unverzüglich befolgen (§ 124 Abs. 1 Satz 1 SeeArbG), insbesondere solche, die dazu dienen, eine drohende Gefahr für Menschen, für das Schiff oder dessen Ladung abzuwehren, schwere Störungen des Schiffsbetriebs zu verhindern oder Vorschriften über die Schiffssicherheit zu erfüllen (§ 124 Abs. 1 Satz 2 SeeArbG). Auch die sonstigen an Bord befindlichen Personen haben die vollziehbaren Anordnungen zu befolgen, die ihnen vom Kapitän oder in seiner Vertretung oder seinem Auftrag von einem Mitglied der Besatzung im Interesse der Erhaltung der öffentlichen Sicherheit und Ordnung an Bord und im Zusammenhang mit dem Betrieb des Schiffes erteilt werden (§ 124 Abs. 3 Satz 1 SeeArbG). Weder das Besatzungsmitglied noch die sonstigen an Bord befindlichen Personen sind verpflichtet, eine Anordnung auszuführen, die die Menschenwürde verletzt oder wenn durch das Ausführen der Anordnung eine Straftat oder eine Ordnungswidrigkeit begangen würde (§ 124 Abs. 2 und 3 Satz 2 SeeArbG).

11 **4. Die Sicherung der Entscheidungsfreiheit des Kapitäns.** Der Reeder und die Charterer, namentlich der Zeitcharterer des Schiffes sind daran interessiert, das Schiff möglichst wirtschaftlich einzusetzen. Zu diesem Zweck kann der Reeder dem Kapitän entsprechende Weisungen erteilen (unten Rn 68–72); siehe zum Charterer unten Rn 73. Ist das Schiff auf Zeit verchartert, bestimmt nach § 561 Abs. 1 Satz 1 der Zeitcharterer über

die Verwendung des Schiffes. Typischerweise enthält die Zeitcharter eine Employment-Klausel, aus der sich eine unmittelbare Weisungsbefugnis des Zeitcharterers gegenüber dem Kapitän im Hinblick auf die Beschäftigung („employment") des Schiffes ergibt. Hier kann zu Konflikten zwischen der wirtschaftlichen Nutzung des Schiffes einerseits und der Pflicht des Kapitäns andererseits kommen, für die Sicherheit der Besatzung und der sonstigen an Bord anwesenden Personen sowie für die Gefahrenabwehr zu sorgen und Meeresverschmutzungen zu verhindern. Letztlich muss hier dem Kapitän die abschließende Entscheidungsbefugnis zustehen. Besonders prägnant formuliert dies § 121 Abs. 2 Satz 2 SeeArbG, wo es heißt, dass der Kapitän vom Reeder nicht daran gehindert werden darf, alle Entscheidungen zu treffen, die nach seinem, des Kapitäns, fachlichen Ermessen für die Sicherheit des Schiffes und seine sichere Fahrt, seinen sicheren Betrieb oder die Sicherheit der Besatzungsmitglieder und der sonstigen an Bord befindlichen Personen erforderlich sind. Entsprechende Regelungen finden sich etwa auch Regel V/34-1 und Regel XI-2/8.1 Anlage SOLAS-Ü; § 9 SeefahrtSichergV; Ziffer 5.2 Satz 2 ISM-Code; Ziffer 6.1 ISPS-Code/A; Regel B-4.4 Anlage Ballastwasser-Ü; siehe auch § 8 Abs. 3 Satz 3 und 4 SchSG. Macht der Kapitän von seiner zuvor umschriebenen Entscheidungsfreiheit Gebrauch, ist sein Verhalten nicht rechtswidrig. Eine Pflichtverletzung des Kapitäns ist gerechtfertigt, sein Verhalten rechtmäßig. Eine Haftung des Kapitäns für Schäden des Reeders oder des Charterers ist ausgeschlossen. Hat das Verhalten des Kapitäns zur Folge, dass es in anderen Rechtsverhältnissen (Fracht- und Charterverträge, Konnossemente) zu Pflichtverletzungen, namentlich des Verfrachters oder Vercharterers kommt, fehlt es auch hier an der Rechtswidrigkeit, so dass keine Schadenersatzansprüche bestehen. Siehe hierzu auch § 499 Abs. 1 Satz 1 Nr. 8 und 9, wo die Haftung des Verfrachters für den Verlust und die Beschädigung von Gut ausgeschlossen wird, wenn der Schaden auf Maßnahmen zur Rettung von Menschen auf Seegewässern oder von Bergungsmaßnahmen auf Seegewässern zurückzuführen ist.

III. Die persönlichen Anforderungen

Der Kapitän eines Seeschiffes muss über ein für das betreffende Schiff gültiges, staatliches Befähigungszeugnis verfügen; siehe § 5 Abs. 2 SeeArbG, Regel II/2.1, 2.3, Regel II/3.2 und 3.5 Anlage STCW-Ü sowie noch § 5 Abs. 5 sowie D.III.3 Anlage SchSV. Das Nähere regelt die SeeBV. Bewerber um ein Befähigungszeugnis zum Kapitän müssen mindestens 20 Jahre alt sein (§ 6 Abs. 1 Satz 2 SeeBV). Darüber hinaus bestimmt § 4 Abs. 1 SchBesV, dass der Kapitän eines Schiffes unter deutscher Flagge (§ 1 Abs. 1 SchBesV) Unionsbürger sein muss. Aus § 1 Abs. 2 Satz 1 Nr. 3 und Satz 2 SchBesV ergibt sich, dass hierfür die Staatsangehörigkeit eines EU-Mitgliedsstaates oder eines sonstigen Vertragsstaates des EWR-Abkommens, also die isländische, liechtensteinische oder norwegische Staatsangehörigkeit erforderlich ist. Im Vergleich zum früheren Recht stellt dies eine erhebliche Erweiterung dar. Traditionell musste der Kapitän eines Schiffes unter deutscher Flagge deutscher Staatsangehöriger sein. Dies stand im Gegensatz zu der europäischen Arbeitnehmerfreizügigkeit.[1] Die Öffnung für EU-Ausländer wurde schließlich – nach Vorlage des OVG Schleswig[2] – durch den EuGH erzwungen.[3]

12

---

1 Siehe dazu *Slabschi* TranspR 1999, 188.
2 HmbSeeRep 2002, 53 Nr. 47.
3 Rechtssache C-47/02, Urteil vom 30. September 2003 (Albert Anker, Klaas Ras und Albertus Snoek ./. Bundesrepublik Deutschland); siehe parallel dazu Rechtssache C-405/01, Urteil vom 30. September 2003 (Colegio de Oficiales de la Marina Mercante Española ./. Administración del Estado).

IV. Öffentlich-rechtliche Pflichten

13   Der Kapitän als Führer des Schiffes wird naturgemäß in vielen Vorschriften öffentlich rechtlichen Charakters in die Pflicht genommen. Deren Anwendungsbereich ist durchaus unterschiedlich und muss im Einzelfall ermittelt werden. Grundsätzlich gelten die entsprechenden Bestimmungen des deutschen Rechts für Schiffe unter deutscher Flagge sowie ggf. für Schiffe unter fremder Flagge, die sich in deutschen Hoheitsgewässern aufhalten.

14   Der Kapitän muss etwa bestimmte behördlichen Überprüfungen unterstützen (§ 8 Abs. 2 sowie 4 SeeaufgG); die Anforderungen hinsichtlich des Verhaltens beim Schiffsbetrieb erfüllen (§ 8 Abs. 1 und 2, § 9 Abs. 1 Nr. 2 SchSG); die Vorschriften über die Gefahrenabwehr auf dem Schiff einhalten (§ 8 Abs. 4 SchSG); die amtliche Überwachung der Einhaltung der internationalen Schiffssicherheitsregelungen zu ermöglichen (§ 10 Abs. 1, § 9 Abs. 1 Nr. 2 SchSG); die Deviation des Magnetkompasses kontrollieren (§ 8 Abs. 3 Satz 2 SchSV); die Pflichten nach § 13 Abs. 2 SchSV erfüllen – diese betreffen etwa die Einhaltung des Mindestfreibords (§§ 13 Abs. 2 Nr. 1, 14 Abs. 1 Nr. 2a SchSV) und der Mindeststabilität (§§ 13 Abs. 2 Nr. 2, 14 Abs. 1 Nr. 2[b] SchSV), die Stauung von Deckladung (§§ 13 Abs. 2 Nr. 3, 14 Abs. 1 Nr. 2[c] SchSV), die Einhaltung der Anforderungen an die Sicht von der Brücke aus (§§ 13 Abs. 2 Nr. 4, 14 Abs. 1 Nr. 2[d] SchSV, Regel V/22 Anlage SOLAS-Ü), den Betrieb des AIS-Systems (§§ 13 Abs. 2 Nr. 4a, 14 Abs. 1 Nr. 2 [e] SchSV, Regel V/19.2.4 Satz 2 Anlage SOLAS-Ü), die Anbringung bestimmter Sicherheitsvorrichtungen an Decksladung oder auf Schiffen mit Holzfreibord (§§ 13 Abs. 2 Nr. 5 und 6, 14 Abs. 1 Nr. 2[f] und [g] SchSV), das Schließen der Lukendeckel (§§ 13 Abs. 2 Nr. 7, 14 Abs. 1 Nr. 2 [h] SchSV), die Genehmigung der Beförderung von Getreide (§§ 13 Abs. 2 Nr. 8, 14 Abs. 1 Nr. 2 [i] SchSV, Regel VI/9 Anlage SOLAS-Ü), die Vorkehrungen für den Wachdienst (§§ 13 Abs. 2 Nr. 9, 14 Abs. 1 Nr. 2[j] SchSV, Regel VIII/2 Abs. 2 Anlage STCW-Ü), die Anzahl der Personen an Bord (§§ 13 Abs. 2 Nr. 10, 14 Abs. 1 Nr. 2 [k] SchSV), bestimmte Zeugnisse und Bescheinigungen (§§ 13 Abs. 2 Nr. 12, 14 Abs. 1 Nr. 2 [m], § 9 Abs. 3 bis 5 SchSV). Der Kapitän muss außerdem den technischen Wachdienst absprechen (§ 13 Abs. 4 SchSV). Im Hinblick auf die Besetzung eines Schiffes unter deutscher Flagge muss der Kapitän Sorge tragen für die Besetzung nach Maßgabe des Schiffsbesatzungszeugnisses (§ 3 Nr. 1 SchBesV), für die Befolgung der Anordnungen der BG Verkehr nach § 9 Abs. 2 Satz 1 SchBesV (§ 3 Nr. 2 SchBesV), für das Mitführen und die Vorlage des Schiffsbesatzungszeugnisses (§§ 3 Nr. 3, 11 Nr. 3 SchBesV) und für den Aushang des Schiffsbesatzungszeugnisses an Bord (§§ 3 Nr. 4, 11 Nr. 4 SchBesV); zu den Pflichten des Kapitäns eines Schiffes unter fremder Flagge siehe § 6 SchBesFrFlV. Nach den Bestimmungen des SeeArbG muss der Kapitän etwa alle Unterlagen mit personenbezogenen Daten so an Bord verwahren, dass kein unberechtigter Dritter von ihnen Kenntnis erlangen kann (§ 8 Abs. 1 SeeArbG); für eine nach Anzahl, Qualifikation und Eignung ausreichende Schiffsbesatzung sorgen (§ 21 SeeArbG); eine Besatzungsliste erstellen und mitführen (§ 22 Abs. 2 und 4 SeeArbG); dafür sorgen, dass die Besatzungsmitglieder eine Sicherheitsunterweisung an Bord erhalten (§ 23 SchBesV); für eine Landverbindung sorgen (§ 35 Abs. 5 SeeArbG); dafür sorgen, dass der außerhalb der Arbeitszeit im Hafen oder auf Reede notwendige Wachdienst gleichmäßig auf die Besatzungsmitglieder verteilt wird (§ 35 Abs. 5 SeeArbG); für die Einhaltung der Arbeitszeitvorschriften sorgen (§§ 42 Abs. 3 und 4, 47, 48 SeeArbG); die Übersicht über die Arbeitsorganisation zu führen und an einem leicht zugänglichen Ort aushängen (§ 50 Abs. 1 Satz 2, Abs. 2SeeArbG); Arbeitszeitnachweise führen (§ 50 Abs. 2 und 3, § 145 Abs. 1 Nr. 7 SeeArbG); für die Bestattung verstorbener Besatzungsmitglieder sorgen (§ 79 Abs. 1 SeeArbG); die Sachen eines verstorbenen oder vermissten Besatzungsmitglieds zu übergeben (§ 80 Abs. 1 SeeArbG); die Unterkunftsräume und Freizeiteinrichtungen mindestens einmal monatlich besichtigen (§ 93 Abs. 3 SeeArbG); den Besatzungsmitgliedern Zugang zu Kommunikationseinrichtungen an Bord gewähren (§§ 94, 145 Abs. 1 Nr. 10 SeeArbG); den Besatzungsmitgliedern Besuche von Partnern, Verwandten und Freunden sowie Partnern das Mitreisen zu gestatten (§§ 95, 145 Abs. 1 Nr. 11 SeeArbG); mindestens monatlich Überprüfungen der Verpflegungs- und Trinkwasservorräte, aller Räume und Ausrüstungsgegenstände, die der Lagerung von Verpflegung und Trinkwasser dienen, und der Küchen und der anderen Ausrüstungen für die Zubereitung und das Servieren von Speisen durchführen (§ 99 SeeArbG); für Sachen und Heuerguthaben von zurückgelassenen Besatzungsmitgliedern sorgen (§§ 106, 145 Abs. 1 Nr. 12 und 13 SeeArbG); die medizinische Behandlung und Versorgung durchführen (§§ 109, 145 Abs. 1 Nr. 14 SeeArbG); neben dem Reeder für den sicheren Betrieb des Schiffes und der Arbeitsbereiche, Anlagen und Geräte an Bord sorgen und die Beschäftigung und den Ablauf der Arbeit regeln (§ 114 SeeArbG); für den besonderen Schutz von jugendlichen Besatzungsmitgliedern sorgen (§§ 117, 145 Abs. 1 Nr. 15 und 16 SeeArbG); für die Erhaltung der öffentlichen Sicherheit und Ordnung an Bord und im Zusammenhang mit dem Betrieb des Schiffes sorgen (§ 121 SeeArbG); Besatzungsmitglieder vor körperlicher Bestrafung, entwürdigender Behandlung, Nötigung, Misshandlung und sittlicher Gefährdung schützen (§ 123 SeeArbG); ggf. über eine Beschwerde eines Besatzungsmitglieds entscheiden (§ 128 SeeArbG); das Seearbeitszeugnis an Bord mitführen (§ 130 Abs. 1 SeeArbG); auf einem Schiff unter ausländischer Flagge sicherstellen, dass die Arbeits- und Lebensbedingungen der Besatzungsmitglieder an Bord den Anforderungen der Artikel und der Regeln in Verbindung mit Teil A des Codes MLC 2006 genügen (§ 137 Abs. 1 SeeArbG). Ggf. muss der Kapitän vor der Ankunft im ersten deutschen Hafen eine Seegesundheitserklärung abgeben (Art. 37 und Anlage 8 IGV, § 15 IGV-DG) und Auskünfte über die gesundheitlichen Verhältnisse an Bord geben (Art. 37 Abs. 2 IGV, § 17 IGV-DG). Der Kapitän ist verpflichtet, nach Maßgabe der örtlichen Vorschriften einen Lotsen zu nehmen; zu den deutschen Lotsrevieren siehe oben Rn 6 Anhang zu § 478 (Lotse). Zu den Pflichten des Kapitäns im Hinblick auf die Führung von Schiffstagebüchern und sonstigen Tagebüchern, zur Eintragung von Vorgängen, zur Unterzeichnung der Tagebücher, zur Erteilung von Abschriften und zur Aufbewahrung der Tagebücher an Bord siehe die Hinweise oben Rn 50–71 zu § 479. Der Kapitän muss die Bestimmungen des MARPOL-Ü 1978 einhalten (Art. 1 [b] MARPOL-G, §§ 4 bis 15 SeeUmwVerhV), siehe hierzu die Tatbestände des § 23 Abs. 2 Nr. 1 bis 31 SeeUmwVerhV sowie außerdem zu Bunkerliefereescheinigungen Regel 18.5 bis 18.8 und Anlage V Anlage VI MARPOL-Ü 1978, § 13 Abs. 3 Satz 1, § 15 Abs. 2 SeeUmwVerhV; er darf im Hinblick auf Ölrückstände die Anbringung verbotener weiterer Verbindungen nach außenbords nicht zulassen (§§ 6 Abs. 3, 23 Abs. 1 Nr. 8 SeeUwVerhV); er muss beim Befahren von Wasserflächen nach § 1 Abs. 1 Satz 3 SeeSchStrO und § 1 Abs. 1 EmsSchEV sowie von SECAs dafür sorgen, dass nur schwefelarmer Brennstoff verwendet wird (§§ 13 Abs. 1 Satz 1, 23 Abs. 1 Nr. 11 SeeUmwVerhV); er darf die Reise nach dem Bunkern nur fortsetzen, wenn für das vorgesehene Befahren von Wasserflächen nach § 1 Abs. 1 Satz 3 SeeSchStrO und § 1 Abs. 1 EmsSchEV sowie von SECAs ausreichend schwefelarmer Brennstoff an Bord ist (§§ 13 Abs. 3 Satz 2, 23 Abs. 1 Nr. 12 SeeUmwVerhV); er muss in den Fällen des § 13 Abs. 4 SeeUmwVerhV das Ziehen von Proben dulden; er muss beim Ziehen von Proben durch den Lieferanten des Brennstoffes für bordseitige Unterstützung sorgen (§§ 15 Abs. 2, 23 Abs. 1 Nr. 18 SeeUwVerhV); die Umstellung auf schwefelarmen Brennstoff muss beim Einlaufen in die SECAs Nordsee und Ostsee rechtzeitig genug erfolgen (Ziff 9.1 Abs. 2 Anlage AnlBV). Im Hinblick auf die Durchführung des AFS-Ü ist es dem Kapitän untersagt, deutsche Hoheitsgewässer zu befahren, wenn das Bewuchsschutzsystem nicht den Anforderungen entspricht (näher § 16 SeeUmwVerhV); er ist außerdem verpflichtet, das IAFS-Zeugnis, die IAFS-Erklärung bzw. die AFS-Bestätigung nach Art. 2 Abs. 4 Verordnung 536/2008 mitzuführen und auf Verlangen vorzulegen (§ 17 SeeUmwVerhV). Mit Inkrafttreten des BallastwasserÜ am 8. September 2017 muss der Kapitän den Ballastwasser-Behandlungsplan sowie das Ballastwasser-Tagebuch an Bord mitführen und auf Verlangen vorlegen (§ 20 SeeUmwVerhV) und für die Führung des Ballastwasser-Tagebuchs zu sorgen (§§ 21, 23 Abs. 1 Nr. 21 SeeUmwVerhV). Nach den Bestimmungen des SOLAS-Ü muss der Kapitän auf Fahrgastschiffen nach dem Beladen und vor dem Auslaufen Trimm und Stabilität des Schiffes bestimmen und sich vergewissern und schriftlich festhalten, dass das Schiff die Stabilitätskriterien der einschlägigen Regeln erfüllt (Regel II-1/20.1 Anlage SOLAS-Ü); er muss sicherstellen, dass ein wirksames Überwachungs- und Meldesystem für das Schließen und Öffnen von Türen nach Regel II-1/22.8 Anlage SOLAS-Ü sowie bei RoRo-Fahrgastschiffen nach Regel II-1/23.3 Anlage SOLAS-Ü angewendet wird (Regel II-1/22.11 und 23.4 Anlage SOLAS-Ü); er muss auf RoRo-Fahrgastschiffen sicherstellen, dass Fahrgästen während der Fahrt kein Zutritt zu einem geschlossenen RoRo-Deck erlaubt wird (Regel II-1/23.9 Anlage SOLAS-Ü); er muss für die gleichmäßige Verteilung ausgebildeter und sachkundiger Personen auf Überlebensfahrzeuge sorgen (Regel III/10.7 Anlage SOLAS-Ü); er muss im Falle von Änderungen bei der Besatzung die Sicherheitsrolle ändern bzw. erneuern (Regel III/37.7 Anlage SOLAS-Ü); er muss die Vorschriften für beschlossene Schiffsmeldesysteme einhalten und der zuständigen Behörde die vorgeschriebenen Angaben melden (Regel V/11.7 Anlage SOLAS-Ü); er muss beim Umschlag von festem Massengut mit dem Terminal einen Lade- bzw. Löschplan vereinbaren und darauf achten, dass die Arbeiten ununterbrochen überwacht werden (Regel VI/7.3, 4, 6 Anlage SOLAS-Ü). Der Kapitän muss Personen, die sich auf See in Gefahr befinden, sowie anderen Schiffen und sonstigen Gegenständen zu Hilfe kommen; siehe Art. 98 Abs. 1 SeerechtsÜ, Regel V/33 Anlage SOLAS-Ü, Art. 8 Abs. 1 ZusÜSee, Art. 10 BergÜ 1989, Art. 11 BergÜ 1910. Siehe noch zu den Pflichten des Kapitäns nach den ISM-Regelungen oben Rn 116–130 Einleitung C; nach den ISPS-Bestimmungen oben Rn 131–140 Einleitung C; im Hinblick auf gefährliche Güter oben Rn 87–115 Einlei-

Anh zu § 479 — Anhang zu § 479 (Kapitän)

tung C; zur Führung von Tagebüchern oben zu § 479; zur Führung und Bedienung des Schiffes unten Rn 47–48.

15 Der Kapitän wird auch umfassend im Hinblick auf die Meldung von Ereignissen in die Pflicht genommen. Zum MARPOL-Ü 1978 siehe Art. 8 in Verbindung mit Protokoll I und den Richtlinien für die Meldung von Ereignissen in Verbindung mit Schadstoffen; Regel 6.4.3 Anlage I, Regel 8.3.3 Anlage II, Regel 4.9 Anlage IV, Regel 5.6 Anlage VI MARPOL-Ü 1978, Regel I/10 (c) Anlage SOLAS-Ü betreffend Unfälle oder Fehler, die die Unversehrtheit des Schiffes oder die Leistungsfähigkeit oder Vollständigkeit seiner Ausrüstung wesentlich beeinträchtigen; Regel 40 f., insbesondere Regel 42 Anlage I MARPOL-Ü 1978, §§ 5 Abs. 1, 23 Abs. 1 Nr. 5 SeeUmwVerhV betreffend das Umpumpen von Ölladungen zwischen Öltankschiffen auf See. Art. 2 Abs. 1 des MaßnahmeÜ-G und des MaßnahmeProt-G begründen jeweils Pflichten des Kapitäns eines Schiffes unter deutscher Flagge, einen Seeunfall, der eine Verschmutzung der See durch Öl bzw. durch andere Stoffe als Öl verursachen und die Reinhaltung der Küsten oder verwandte Interessen eines Vertragsstaates des MaßnahmeG bzw. des MaßnahmeProt ernstlich gefährden kann, unverzüglich der Meldestelle des Bundes sowie dem gefährdeten Vertragsstaat zu melden. Auf Grundlage der AnlBV muss der Kapitän die allgemeinen und die besonderen Meldungen nach Ziff. 2.1 und 2.2 Anlage AnlBV, die Meldungen bei Anlaufen der inneren deutschen Bucht sowie des Hafens von Helgoland nach Ziffer 3.1 und 3.2 Anlage AnlBV, nach Ziffer 4 Anlage AnlBV die Meldungen nach Maßgabe des Anhangs II Richtlinie 2000/59 (siehe D.16 Anlage SchSG) sowie die Meldung der Umstellung auf schwefelarmen Brennstoff und deren Eintragung (siehe Ziffer 9.2 Anlage AnlBV) machen. Meldepflichten des Kapitäns bestehen auch im Hinblick auf Infektionskrankheiten an Bord (Art. 28 Abs. 4 IGV, § 16 IGV-DG). Unter dem SOLAS-Ü bestehen Meldepflichten insbesondere im Hinblick auf gefährliches Eis, ein gefährliches Wrack oder eine andere unmittelbare Gefahr für die Schifffahrt, einen tropischen Wirbelsturm, auf mit stürmischen Winden verbundene Lufttemperaturen unter dem Gefrierpunkt, schweren Eisansatz an den Aufbauten, Winde von 10 Beaufort oder mehr, für die keine Sturmwarnung empfangen wurde (Regel V/31, 32 Anlage SOLAS-Ü); im Hinblick auf Vorfälle, die Gefahrgut betreffen (Regel VII/6.1, 7-4.1 Anlage SOLAS-Ü, Ziffer 11 INF-Code).

V. Der Kapitän als Arbeitnehmer

16 Die Grundlage der Tätigkeit des Kapitäns an Bord ist normalerweise ein arbeitsrechtliches Heuerverhältnis. Daneben gibt es auch andere Gestaltungen, etwa wenn jemand es übernimmt, das Schiff als Schiffsführer zu überführen.[4] Grundlage des Heuerverhältnisses ist der Heuervertrag (siehe § 28 SeeArbG). Der Heuervertrag kann unmittelbar zwischen dem Kapitän und dem Reeder (im Sinne des § 4 Abs. 1 SeeArbG) geschlossen werden. Ggf. ist ein Vermittler beteiligt (siehe §§ 24 ff. SeeArbG, Regel 1.4 und 5.3 MLC 2006). In der Praxis verhält es sich häufig auch so, dass der Heuervertrag nicht mit dem Reeder, sondern mit einem anderen Arbeitgeber geschlossen wurde (siehe § 4 Abs. 2 Satz 2 Nr. 2 SeeArbG). Der andere Arbeitgeber verschafft dem Reeder die Dienste des Kapitäns. Es handelt sich um Arbeitnehmerüberlassung, die in Deutschland dem AÜG unterliegt. Als Vermittler bzw. andere Arbeitgeber werden Crewing Agents oder Crewing Manager tätig (dazu auch oben Rn 16–24 Anhang zu §§ 476, 477 [Manager]). Dass das Heuerverhältnis ggf. nicht unmittelbar mit dem Reeder, sondern mit einem anderen Arbeitgeber besteht, berührt die Rechtsstellung des Kapitäns als Führer des Schiffes nicht (oben Rn 5). In jedem Falle unterliegt der Kapitän im Hinblick auf den Schiffsbetrieb der Weisungsbefugnis des Reeders bzw. Ausrüsters (unten Rn 68–73). Findet auf das Heuerverhältnis das deutsche Recht Anwendung, gelten die Bestimmungen des SeeArbG, insbesondere §§ 28, 29 (Heuervertrag, Beschäftigungsbedingungen), §§ 37 ff. (Heuer), §§ 56 ff. (Urlaub), §§ 65 ff. (Kündigung und Beendigung des Heuerverhältnisses), §§ 73 ff. (Heimschaffung).

---

4 Siehe LAG Rheinland-Pfalz BeckRS 2007, 45673 (= HmbSeeRep 2007, 163 Nr. 99) sowie AG Oldenburg RdTW 2015, 152 [20–24].

Ggf. ist außerdem der MTV-See 2002 sowie der HTV-See 2015 zu berücksichtigen. Schließlich unterliegt das Heuerverhältnis den § 675 Abs. 1, §§ 611 ff. BGB. Zum internationalen Privatrecht des Heuervertrages siehe Art. 8 Rom I sowie noch § 21 Abs. 4 FlRG (oben Rn 112–115 Einleitung B).

VI. Der innerbetriebliche Schadensausgleich

Der Arbeitnehmer muss im Falle einer Pflichtverletzung für Schäden, die er seinem Arbeitgeber zufügt, nach Maßgabe der allgemeinen Vorschriften, insbesondere nach § 280 Abs. 1, § 276 Abs. 1 Satz 1 und Abs. 2, § 619a BGB einstehen. Allerdings kommt im Verhältnis zum Arbeitgeber bei Arbeiten, die durch den Betrieb veranlasst sind, die Vorschrift des § 254 BGB in besonderer Weise zum Tragen. Nach der grundlegenden Rechtsprechung des BAG[5] muss sich der Arbeitgeber im Rahmen der Abwägung nach Abs. 1 der Vorschrift das Betriebsrisiko anrechnen lassen. Dies führt grundsätzlich dazu, dass im Falle leichter Fahrlässigkeit des Arbeitnehmers der Arbeitgeber den Schaden allein trägt, bei einfacher Fahrlässigkeit eine Schadensteilung erfolgt und bei grober Fahrlässigkeit der Schaden allein vom Arbeitnehmer zu tragen ist. Auch bei grober Fahrlässigkeit des Arbeitnehmers kann eine Einschränkung der Haftung geboten sein, wenn anderenfalls dessen wirtschaftliche Existenz gefährdet wäre.[6] Die beschränkte Haftung des Arbeitnehmers hat grundsätzlich keine Außenwirkung.[7] Ein geschädigter Dritter kann den Arbeitnehmer etwa aus unerlaubter Handlung (§§ 823 Abs. 1 und 2 BGB) in voller Höhe auf Schadenersatz in Anspruch nehmen. Arbeitgeber und Arbeitnehmer haften dem Dritten ggf. als Gesamtschuldner (§§ 421 ff. BGB).

17

1. Die Anwendung der Grundsätze auf den Kapitän. Diese Grundsätze über den innerbetrieblichen Schadensausgleich gelten auch, wenn der Reeder bzw. Ausrüster selbst Arbeitgeber des Kapitäns ist und das Heuerverhältnis dem deutschen Recht unterliegt.[8] Der BGH hat dies bisher nur für das Binnenschifffahrtsrecht so entschieden[9] und für das Seerecht beiläufig offen gelassen.[10] Eine sozial und finanziell bessere Stellung des Kapitäns, die eine Anwendung der Grundsätze über den innerbetrieblichen Schadensausgleich möglicherweise ausschließen könnte, gibt es heute nicht mehr. Im Falle der Arbeitnehmerüberlassung kommen die Grundsätze über den innerbetrieblichen Schadensausgleich im Verhältnis zwischen dem Kapitän als Leiharbeitnehmer und dem Reeder bzw. Ausrüster als Entleiher zur Anwendung.[11]

18

---

5   BAG Großer Senat BAGE 5, 1 = NJW 1958, 235 sowie dann BAG Großer Senat BAGE 78, 56 = NJW 1995, 210 (insbesondere S. 211 unter 1. I).
6   BAGE 63, 127 = NJW 1990, 468, 469 f. (unter 2.); BAGE 90, 148 = NJW 1999, 966, 967 (unter 3a); BAG NZA 1998, 140, 141.
7   BGHZ 108, 305 = NJW 1989, 3273; BGH NJW 1994, 852, 854 f. (unter 2.).
8   *Herber* Seehandelsrecht S. 154 f. (unter 2.); *Lindemann* Seearbeitsgesetz Einführung Rn 140–143; *Segelken* Kapitänsrecht S. 684–691 (unter N); *von Waldstein/Holland* Binnenschiffahrtsrecht Rn 12, 13 zu § 7 BinSchG; *van Diecken* Hansa 1977, 2057, 2058 f.; *Wodrich* Hansa 1971, 820, 824 f. (unter III.) – anders aber noch *Schaps/Abraham* Seehandelsrecht Rn 16 zu § 511.
9   Noch offengelassen in BGHZ 41, 203 = NJW 1964, 1272, 1273 (vor a) mit Anm. *Liesecke* LM Nr. 1 zu § 739 HGB; dann aber BGHZ 66, 1 = VersR 1976, 485 (unter 1.) „T 7 Axel"; BGH VersR 1978, 189 (rechte Spalte unten) „Lolalo", „Maria"; OLG Hamburg VersR 1970, 1101, 1103 f. „John Lührs"; OLG Hamburg VersR 1972, 658, 659 f. „Anke".
10 BGHZ 41, 203 = NJW 1964, 1272, 1273 (unter b) mit Anm. *Liesecke* LM Nr. 1 zu § 739 HGB; siehe auch OLG Hamburg Hansa 1967, 1163, 1164 (a.E.) und LG Hamburg VersR 1982, 999, 1000 (a.E.).
11 BGH VersR 1978, 819 (rechte Spalte unten) „Lolalo", „Maria"; BGH NJW 1973, 2020, 2021 (unter 3a).

19 Beim innerbetrieblichen Schadensausgleich geht insbesondere eine eingeschränkte Betriebssicherheit des Schiffes zu Lasten des Reeders bzw. Ausrüsters.[12] Dabei ist es nicht ausgeschlossen, dass es auch im Falle grober Fahrlässigkeit des Kapitäns zu einem Schadensausgleich kommen kann. Die Schäden, die durch das Verhalten des Kapitäns am Schiff oder bei Dritten eintreten können, stehen offensichtlich in keinem Verhältnis zu der Heuer des Kapitäns. Der Umstand, dass ggf. ein Freistellungsanspruch des Kapitäns gegen den Reeder besteht (dazu unten Rn 20–21), wirkt sich auf die Einstandspflicht des Kapitäns gegenüber dem Berechtigten nicht aus.[13] Hat der geschädigte Dritte den Kapitän in Anspruch genommen (dazu näher unten Rn 93–138) und hat der Kapitän den Anspruch des Dritten erfüllt, kann der Kapitän, soweit er im Innenverhältnis zum Reeder bzw. Ausrüster nicht haftet, vom Reeder bzw. Ausrüster Ersatz des Geleisteten verlangen (näher unten Rn 147–151), etwa aus § 280 Abs. 1 BGB, nach den Grundsätzen über die Geschäftsführung ohne Auftrag (§§ 677 ff., 683 Abs. 1, 670 BGB) oder im Rahmen des Gesamtschuldnerausgleichs (§ 426 Abs. 1 und 2 BGB). Sind der Reeder und der Kapitän Gesamtschuldner und ist der Anspruch des Geschädigten gegen den Reeder durch ein Schiffsgläubigerrecht (§§ 596 ff.) gesichert, geht im Falle des Übergangs des Anspruchs gegen den Reeder auf den Kapitän nach § 426 Abs. 2 BGB auch das Schiffsgläubigerrecht mit über (§§ 412, 401 Abs. 1 BGB).

20 **2. Der Freistellungsanspruch des Kapitäns.** Nimmt der Dritte den Kapitän in Anspruch, hat der Kapitän, solange er nicht an den Dritten leistet, gegen den Reeder bzw. Ausrüster einen Anspruch auf Freistellung von dem Anspruch des Dritten. Die Vermögenslosigkeit des Kapitäns lässt dessen Freistellungsanspruch unberührt.[14] Dass die vom Reeder bzw. Ausrüster geschlossene Haftpflichtversicherung auch dem Kapitän als Mitversicherten zugutekommt, schließt dessen Freistellungsanspruch ebenfalls nicht aus.[15] Der Freistellungsanspruch umfasst auch die vom Kapitän im Hinblick auf die (erfolglose) Abwehr des Anspruchs des Dritten aufgewendeten Prozesskosten.[16] Zuständig für Entscheidungen über den Freistellungsanspruch sind die Arbeitsgerichte. Der Geschädigte kann sich den Freistellungsanspruch des Kapitäns abtreten lassen (§§ 398 ff. BGB) oder ihn pfänden. In den Händen des Geschädigten wandelt sich der Freistellungsanspruch in einen Anspruch gegen den Reeder bzw. Ausrüster auf Zahlung um. Dieser ist vor den ordentlichen Gerichten zu verfolgen. Der auf den Dritten übergegangene Anspruch des Kapitäns gegen den Reeder bzw. Ausrüster wird nicht dadurch beschränkt, dass Kapitän wirtschaftlich gar nicht in der Lage gewesen wäre, den Anspruch des Dritten zu erfüllen. Dem Reeder bzw. Ausrüster hilft es nicht, dass er sich, wenn er unmittelbar vom Dritten in Anspruch genommen würde, nach § 831 Abs. 1 Satz 2 BGB entlasten könnte; ohnehin würde der Reeder bzw. Ausrüster dem Dritten nach § 480 Satz 1 einzustehen haben. Der Reeder bzw. Ausrüster kann dem auf den Dritten übergegangenen, ehemals auf Freistellung und jetzt auf Zahlung gerichteten Anspruch des Kapitäns gegen ihn, den Reeder bzw. Ausrüster,[17] nicht entgegenhalten, dass der Kapitän den zunächst gegen ihn gerichteten Anspruch des Dritten aufgrund seiner finanziellen Lage nicht hätte erfüllen können.

---

12 BGHZ 66, 1 = VersR 1976, 485, 486 (vor 3.) „T 7 Axel": keine Umsteuerung der Hauptmaschine auf Rückwärts beim Einfahren in eine Schleuse.
13 Siehe BGHZ 50, 250 = VersR 1968, 940, 941 (a.E.) „Mantric" und zuvor das OLG Hamburg Hansa 1967, 1163; BGH VersR 1968, 962, 964 „Sam R." und zuvor das OLG Hamburg Hansa 1967, 1163.
14 BGHZ 66, 1 = VersR 1976, 485, 486 (unter 4.) „T 7 Axel"; anders zuvor BGHZ 41, 203 = NJW 1964, 1272.
15 BGHZ 66, 1 = VersR 1976, 485, 486 (unter 3.) „T 7 Axel".
16 BGHZ 66, 1 = VersR 1976, 485, 486 (unter 5.) „T 7 Axel".
17 Siehe LG Hamburg VersR 1982, 999, 1000 (a.E.).

Der Freistellungsanspruch des Kapitäns gegen den Reeder bzw. Ausrüster ist nicht **21** durch ein Schiffsgläubigerrecht gesichert. § 596 Abs. 1 Nr. 1 gewährt heute ein Schiffsgläubigerrecht ausdrücklich nur für Heuerforderungen, nicht also auch für einen auf Freistellung von einer Verbindlichkeit gerichteten Anspruch, der sich aus dem Heuerverhältnis ergibt. Auch § 596 Abs. 1 Nr. 3 hilft nicht weiter.[18] Zwar betrifft der Freistellungsanspruch ggf. Ansprüche des geschädigten Dritten auf Schadenersatz wegen Tod oder Körperverletzung von Personen und Verlust oder Beschädigung von Sachen. Allerdings wird der Freistellungsanspruch aus einem vertraglichen Rechtsverhältnis zwischen dem Kapitän und dem Reeder bzw. Ausrüster hergeleitet, so dass die Voraussetzungen des Vorbehalts des § 596 Abs. 1 Nr. 3 Hs. 2 vorliegen und das Schiffsgläubigerrecht ausgeschlossen ist. Etwas anderes gilt in der Binnenschifffahrt. Hier ist der Freistellungsanspruch eine aus dem Dienstvertrag herrührende Forderung des Kapitäns, die nach § 102 Nr. 2 BinSchG durch ein Schiffsgläubigerrecht gesichert ist.[19] Eine entsprechende Regelung fand sich früher auch für das Seehandelsrecht in § 754 Nr. 3 HGB a.F.

VII. Das seehandelsrechtliche Kapitän-Reeder-Rechtsverhältnis

Zwischen dem Kapitän des Schiffes und dessen Reeder besteht ein besonders ausge- **22** staltetes, auf dem Seehandelsrecht beruhendes Rechtsverhältnis (unten Rn 23–27). Es begründet insbesondere umfassende Dienstpflichten des Kapitäns (unten Rn 28–67). Dem Reeder steht gegenüber dem Kapitän die Weisungsbefugnis zu (unten Rn 68–73). Verletzt der Kapitän seine Pflichten aus dem Kapitän-Reeder-Rechtsverhältnis, haftet er dem Reeder ggf. auf Schadenersatz (unten Rn 74–76). Gleiches gilt aber auch umgekehrt für Pflichtverletzungen des Reeders (unten Rn 77–80).

1. Grundlagen. Ausgangspunkt des Kapitän-Reeder-Rechtsverhältnisses ist die **23** Rechtsstellung des Kapitäns als Führer des Schiffes. Dies begründet ein in besonderer Weise ausgestaltetes, privatrechtliches Rechtsverhältnis zum Reeder des Schiffes. An dessen Stelle tritt ggf. der Ausrüster (§ 477 Abs. 1 u. 2). Zur internationalprivatrechtlichen Anknüpfung des Kapitän-Reeder-Rechtsverhältnisses siehe unten Rn 81–83.

a) Seehandelsrecht und Arbeitsrecht. Das Kapitän-Reeder-Rechtsverhältnis als **24** ein solches des Seehandelsrechts von dem zugrunde liegenden arbeitsrechtlichen Rechtsverhältnis zu unterscheiden, also insbesondere von einem mit dem Reeder geschlossenen Heuervertrag oder einem Rechtsverhältnis zwischen dem Kapitän als Arbeitnehmer und dem Reeder als Entleiher. Das arbeitsrechtliche und das seehandelsrechtliche Rechtsverhältnis sind grundsätzlich voneinander selbständig.[20] Es bestehen allerdings auch Überschneidungen und Gemeinsamkeiten. So ist der Heuervertrag die Grundlage für das Tätigwerden des Kapitäns im Rahmen des Kapitän-Reeder-Rechtsverhältnisses. Ebenso prägen die Dienstpflichten des Kapitäns aus dem Kapitän-Reeder-Rechtsverhältnis auch seine Pflichten unter dem Heuervertrag. Schließlich kommen bestimmte arbeitsrechtliche Ansätze auch im Rahmen des Kapitän-Reeder-Rechtsverhältnisses zum Tragen. So finden die Grundsätze über den innerbetrieblichen Schadensausgleich, die zunächst nur für das Heuerverhältnis gelten (oben Rn 17–21), in glei-

---

18 Anders *Lindemann* Seearbeitsgesetz Einführung Rn 143.
19 BGHZ 66, 1 = VersR 1976, 486 f. (unter 6. und 7.) „T 7 Axel".
20 Siehe BGH VersR 1978, 319 (rechte Spalte unten) „Lolalo", „Maria" – anders wohl *Herber* Seehandelsrecht S. 155 f.

cher Weise auch im Kapitän-Reeder-Rechtsverhältnis Anwendung (dazu unten Rn 75). Ebenso gilt im Rahmen des Kapitän-Reeder-Rechtsverhältnisses zugunsten des Kapitäns auch die Vorschrift des § 619a BGB. Und schließlich gelten auch die Regelungen der Art. 3 (e) HBÜ 1996, § 611 Abs. 4 Nr. 1 für das Kapitän-Reeder-Rechtsverhältnis (dazu unten Rn 80).

25 **b) Die Rechtsquellen.** Das Fünfte Buch HGB enthält heute lediglich noch eine Vorschrift, die einen Teilbereich des Kapitän-Reeder-Rechtsverhältnisses betrifft. Dies ist die in § 479 Abs. 1 geregelte Vertretungsbefugnis des Kapitäns für den Reeder (dazu ausführlich dort Rn 1–49 sowie noch unten Rn 61–65). Im Gegensatz dazu fanden sich im früheren Recht in den §§ 511 ff. HGB a.F. umfassende Vorschriften, die sich im Einzelnen insbesondere mit den Dienstpflichten des Kapitäns sowie dessen Haftung im Falle eines Verstoßes befassten. Die Vorschriften gelten seit Inkrafttreten des SHR-ReformG nicht mehr. Gleichwohl können sie auch heute noch im Hinblick auf die Ausgestaltung des Kapitän-Reeder-Rechtsverhältnisses herangezogen werden.

26 Die früher geregelten Dienstpflichten des Kapitäns waren mit einer entsprechenden Haftung im Falle einer Verletzung der Pflichten verknüpft; siehe § 511 Satz 2 HGB a.F. Dabei haftete der Kapitän nicht nur gegenüber dem Reeder, sondern nach der ausdrücklichen Bestimmung des § 512 Abs. 1 HGB a.F. in gleicher Weise gegenüber dem Befrachter, dem Ablader, dem Empfänger, dem Reisenden und der Schiffsbesatzung. Auch die Vorschrift des § 512 Abs. 1 HGB a.F. ist im neuen Recht ersatzlos entfallen. Dies hat jedenfalls zur Folge, dass die Dienstpflichten des Kapitäns – die auch heute noch bestehen (dazu ausführlich unten Rn 28–67) – jedenfalls nicht mehr gegenüber anderen Personen als dem Reeder zur Wirkung kommen (zu den Ladungsbeteiligten des Schiffes siehe unten Rn 84–85). Dieser vollständige Umbau der früher ausführlich geregelten Pflichtenstellung des durch Aufhebung der §§ 511 ff. HGB a.F. mit Inkrafttreten des SHR-ReformG ist eine der einschneidendsten Änderungen des neuen Rechts. Die umfassende, im Einzelnen geregelte Pflichtenstellung des Kapitäns gegenüber den Ladungsbeteiligten, den Reisenden und der Besatzung ist beseitigt worden.[21] An deren Stelle sind allgemeine Verhaltenspflichten getreten, wie sie auf Grundlage sonstiger außervertraglicher Rechtsverhältnisse, namentlich im Rahmen einer unerlaubten Handlung oder einer Geschäftsführung ohne Auftrag bestehen. SHR-ReformG hat die §§ 7 ff. BinSchG unverändert gelassen. Hier finden sich bis heute Vorschriften, die das besondere handelsrechtliche Rechtsverhältnis zwischen dem Schiffer und dem Eigner ausgestalten. Diese Bestimmungen weisen im Hinblick auf Ausgestaltung und Inhalt erhebliche Gemeinsamkeiten mit den früheren §§ 511 ff. HGB a.F. auf.

27 **c) Beginn und Ende des Kapitän-Reeder-Rechtsverhältnisses.** Das Kapitän-Reeder-Rechtsverhältnis dauert an, solange der Betreffende der vom Reeder bestellte Führer des Schiffes ist. Das Rechtsverhältnis beginnt, wenn der Betreffende die Schiffsführung mit dem Willen des Reeders übernimmt.[22] Das Kapitän-Reeder-Rechtsverhältnis endet, wenn der Kapitän das Schiff nicht mehr führt. Im Falle einer Ablösung geht die Schiffsführung des bisherigen Kapitäns auf den ablösenden Kapitän über. Ebenso kann der Reeder die seehandelsrechtliche Rechtsstellung des Kapitäns jederzeit durch eine entsprechende Weisung beenden (siehe § 545 Satz 1 HGB a.F.); dazu unten Rn 68–73. Im Falle des Verlustes des Schiffes endet das Kapitän-Reeder-Rechtsverhältnis nicht auto-

---

21 Siehe *Herber* Seehandelsrecht S. 152 (vor II.).
22 Siehe OLG Schwerin VRS 5, 111.

matisch. Vielmehr muss der Kapitän auch darüber hinaus, soweit erforderlich, noch die Interessen des Reeders wahrnehmen (siehe § 555 HGB a.F.). Das Kapitän-Reeder-Rechtsverhältnis besteht fort, wenn das Schiff zwar untergegangen ist, aber noch gerettet werden kann und soll.[23] Wechselt der Reeder des Schiffes, etwa im Falle eines Verkaufs, setzt sich das Kapitän-Reeder-Rechtsverhältnis automatisch mit dem neuen Reeder fort. Entsprechendes gilt, wenn ein Ausrüsterverhältnis begründet oder beendet wird.

2. Die Dienstpflichten des Kapitäns. Das Kapitän-Reeder-Rechtsverhältnis begründet eine Reihe von Dienstpflichten des Kapitäns gegenüber dem Reeder. Zur näheren Umschreibung der Dienstpflichten können die Bestimmungen der früheren §§ 511ff. HGB a.F. herangezogen werden. Die Dienstpflichten des Kapitäns bestanden insbesondere gegenüber dem Reeder (§ 512 Abs. 1 HGB a.F.). Sie betreffen zunächst das Schiff (unten Rn 32). Insbesondere muss der Kapitän vor Antritt der Reise für dessen Seetüchtigkeit sorgen (siehe § 513 HGB a.F.). Auch im Hinblick auf die Durchführung der Reise hat der Kapitän umfassende Dienstpflichten (unten Rn 46–51). Namentlich muss er die Reise unverzüglich beginnen (§ 516 Abs. 1 HGB a.F.). Dienstpflichten des Kapitäns bestehen auch im Hinblick auf die Ladung (unten Rn 33–45), siehe § 514 HGB a.F. Der Kapitän muss außerdem die maßgeblichen Rechtsvorschriften, insbesondere ausländische Rechtsvorschriften, die seine Tätigkeiten regeln, einhalten (unten Rn 52); siehe § 515 HGB a.F. Darüber hinaus muss der Kapitän dafür sorgen, dass die Schiffspapiere und -unterlagen an Bord sind (unten Rn 53–57); siehe § 513 Fall 2 HGB a.F. Der Kapitän ist im Rahmen des Kapitän-Reeder-Rechtsverhältnisses zur Geschäftsführung für den Reeder berechtigt und verpflichtet (unten Rn 58–60); siehe § 534 HGB a.F. Namentlich muss der Kapitän von seiner von Gesetzes wegen bestehenden Vertretungsbefugnis für den Reeder (§ 479 Abs. 1, dort Rn 1–49) in sachgerechter Weise Gebrauch machen (unten Rn 61–65). Der Katalog der §§ 511ff. HGB a.F. war nicht abschließend, wie das Wort „insbesondere" in § 511 Satz 2 HGB a.F. klarstellt. Letztlich ergeben sich die Dienstpflichten im Einzelnen aus der Rechtstellung und den Aufgaben des Kapitäns an Bord. Er muss wie ein ordentlicher Kapitän (§ 511 Satz 1 HGB a.F.) für die Aufrechterhaltung des Schiffsbetriebes und die Durchführung der anstehenden Reisen sorgen. 28

a) Die Erfüllung der Dienstpflichten. Der Kapitän schuldet die Erfüllung seiner Dienstpflichten nicht im Sinne eines (werkvertraglichen) Erfolges. Es bleibt dabei, dass er letztlich nur zu einer Dienstleistung verpflichtet ist, die er allerdings weitgehend selbständig erledigen kann. Die Dienstpflichten des Kapitäns sind echte Leistungspflichten, der Reeder hat gegen den Kapitän einen klagbaren Anspruch darauf, dass der Kapitän seine Dienstpflichten erfüllt. 29

Ein Teil der Tätigkeiten, die zur Aufrechterhaltung des Schiffsbetriebes und zur Durchführung der anstehenden Reise notwendig sind, erbringt der Kapitän selbst. Dies betrifft zunächst die Organisation des Schiffsbetriebes (dazu auch unten Rn 31). Insoweit kann der Kapitän sich selbst Tätigkeiten zuweisen, die er entsprechend persönlich durchführt. So verhält es sich, wenn der Kapitän auf See oder im Hafen selbst Wache geht, ebenso im Hinblick auf den Umgang mit den Hafenbehörden, die Kommunikation mit dem Reeder bzw. Charterer oder Verwaltungstätigkeiten wie Abrechnungen oder Bestellungen. Im Übrigen werden die weiteren, für die Aufrechterhaltung des Schiffsbetriebs erforderlichen Tätigkeiten von den Besatzungsmitgliedern erbracht. Der 30

---

23 Siehe RGZ 165, 166, 168f. „Gotenhof".

Kapitän ist der Vorgesetzte aller Besatzungsmitglieder, ihm steht die oberste Anordnungsbefugnis zu (§ 121 Abs. 1 SeeArbG). Im Rahmen seiner Dienstpflichten muss der Kapitän im Hinblick auf die Aufrechterhaltung des Schiffsbetriebes und die Durchführung der anstehenden Reise sachgerechte Weisungen erteilen und deren Erledigung zu kontrollieren.[24] Er ist nicht Arbeitgeber der Besatzungsmitglieder. Die Dienstpflichten des Kapitäns erstrecken sich daher auf die Erteilung von Weisungen an die Besatzungsmitglieder und ggf. auf die Kontrolle der Durchführung. Die Besatzungsmitglieder sind nicht Gehilfen (§ 278 Satz 1 BGB) des Kapitäns im Hinblick auf die Erfüllung seiner Dienstpflichten.

31   Viele Abläufe an Bord sind bereits durch die traditionelle Organisation des Schiffsbetriebes vorgegeben, so dass keine weiteren (Einzel-)Weisungen mehr zu geben sind. Nach den Umständen können ändernde oder ergänzende Weisungen des Kapitäns geboten sein. Mit der Erteilung von Weisungen kann eine Pflicht des Kapitäns zur Kontrolle ihrer Durchführung einhergehen. Hier hängt alles von den Umständen ab. Der Kapitän braucht routinemäßige Tätigkeiten eines berufserfahrenen und mit dem Schiff vertrauten Besatzungsmitglieds ohne besonderen Grund nicht auf die ordnungsgemäße Ausführung zu prüfen.[25] Ist eine Prüfung geboten, kann der Kapitän ggf. seiner Pflicht zur Kontrolle nachkommen, indem er ein anderes geeignetes Besatzungsmitglied anweist, die Ausführung zu überprüfen.

32   **b) Das Schiff.** Der Kapitän hatte nach § 513 Fall 1 HGB dafür zu sorgen, dass das Schiff in seetüchtigem Stande, gehörig eingerichtet und ausgerüstet, gehörig bemannt[26] und verproviantiert, insgesamt also schlechthin seetüchtig ist[27] (siehe § 8 Abs. 1 BinSchG). Auch heute besteht noch eine entsprechende Dienstpflicht des Kapitäns. Sie umfasst auch die Überprüfung, ob Öffnungen ordnungsgemäß verschlossen sind, einschließlich der Kontrolle der hierfür zuständigen Besatzungsmitglieder.[28] Das Ankergerät muss seeklar sein.[29] Soll Ladung befördert werden, orientiert sich die erforderliche Soll-Beschaffenheit auch an der Ladung und den für sie erforderlichen Schutzmaßnahmen. Mit dieser Maßgabe entspricht die Seetüchtigkeit im Sinne des § 513 Fall 1 HGB a.F. der des § 485. Der Kapitän darf nicht zulassen, dass das Schiff überladen wird.[30] Ggf. muss er die dafür sorgen, dass ihm die Schiffspläne vorgelegt werden.[31] Die Seetüchtigkeit des Schiffes muss nach § 513 Fall 1 HGB a.F. vor dem Antritt der Reise bestehen. Gemeint ist jede einzelne Reise, unabhängig davon, ob es sich um eine Ladungs- oder eine Ballastreise handelt. § 514 Abs. 2 HGB a.F. nannte mit der Nicht-Überladung und dem erforderlichen Ballast (siehe § 8 Abs. 2 BinSchG)[32] außerdem zwei Teilbereiche der Seetüchtigkeit

---

24   Siehe OLG Bremen Hansa 1964, 419, 420 (rechte Spalte unten), anschließend BGH Hansa 1965, 1330.
25   Siehe BGH VersR 1983, 1075 f. (unter 5.) „Hamburg"; BGH TranspR 2005, 478, 479 (rechte Spalte oben) = HmbSeeRep 2005, 197 Nr. 168 (zum Aufbau eines Sonnendaches auf einem Fahrgastschiff in der Binnenschifffahrt).
26   OLG Schwerin VRS 5, 111.
27   Siehe zu Haftung wegen einer Verletzung der Pflichten zur Herstellung der See- bzw. Fahrtüchtigkeit BGH NJW 1995, 1831 (unter 2.) „Freedom" und anschließend SchOG Köln TranspR 2000, 130; OLG Hamburg VersR 1972, 636, 638 (rechte Spalte oben) „Ismene"; OLG Schwerin VRS 5, 111.
28   Siehe OLG Hamm NZV 1996, 451.
29   OLG Schwerin VRS 5, 111.
30   OLG Schwerin VRS 5, 111.
31   OLG Schwerin VRS 5, 111.
32   Siehe BGH VersR 1965, 230, 231 f. (unter III.) „Defender" und danach BGH VersR 1967, 798 (Überladung).

des Schiffes. § 513 Fall 1 HGB war keine abschließende Regelung im Hinblick auf die Pflicht des Kapitäns zur Herstellung der Seetüchtigkeit des Schiffes. Er bleibt auch nach Antritt der Reise verpflichtet, die Seetüchtigkeit des Schiffes aufrecht zu erhalten.[33]

c) Die Ladung

aa) Die Lade- und Löscheinrichtungen. Verfügt das Schiff über Lade- und Löscheinrichtungen, ist der Kapitän verpflichtet, für deren Einsatzfähigkeit zu sorgen (siehe § 514 Abs. 1 Fall 1 HGB a.F. sowie § 8 Abs. 2 BinSchG). Zu den Lade- und Löscheinrichtungen gehören etwa Kräne, Ladebäume, Ladepumpen oder Fördereinrichtungen für Massengut sowie Rampen für rollendes Gut, daneben aber auch Zubehör wie Drähte und Leinen, Anschlagmittel etc. Die Pflicht des Kapitäns besteht nicht nur vor Antritt der Reise, sondern durchgehend. Gemeint sind nur die Lade- und Löscheinrichtungen des Schiffes, nicht aber solche, die ein Umschlagsunternehmen einsetzt.[34] Hier muss der Kapitän unter dem Gesichtspunkt der Ladungsfürsorge (unten Rn 44) allenfalls bei offensichtlichen Mängeln einschreiten.[35] Ebenso betrifft die Dienstpflicht des Kapitäns auch nur die an Bord vorhandenen Einrichtungen; andere geeignete(re) Einrichtungen muss der Kapitän nicht beschaffen.[36]   33

Die Pflicht nach § 514 Abs. 1 Fall 1 HG a.F. bestand grundsätzlich auch, wenn das Laden bzw. Löschen durch ein Umschlagsunternehmen erfolgt, dessen Mitarbeiter die Einrichtungen des Schiffes benutzen. Der Vorbehalt in § 514 Abs. 1 HGB a.F. am Ende bezog sich auch auf den ersten Tatbestand der Vorschrift.[37] Allerdings ist der Kapitän nicht durchgehend zur Überwachung der Einrichtungen verpflichtet. Er darf sich darauf verlassen, dass die Mitarbeiter des Umschlagsunternehmens eine eintretende Untauglichkeit bemerken und die betreffende Einrichtung nicht weiter verwenden.[38]   34

Die Rechtsprechung hatte sich im Hinblick auf die Haftung des Kapitäns bereits häufiger mit dem Versagen von Lade- und Löscheinrichtungen zu befassen; etwa mit dem Reißen einer Brook;[39] dem Bruch eines Drahtes;[40] dem Bruch eines Windendrahtes;[41] Abgleiten eines Windendrahtes von der Trommel infolge unzureichender Führung;[42] dem Bruch einer Windenkette;[43] oder dem Bruch eines Taljehakens.[44]   35

bb) Die Entgegennahme der Güter. Eine weitere, (auch früher) an keiner Stelle geregelte, aber als selbstverständlich vorausgesetzte Dienstpflicht des Kapitäns ist es, die Güter entgegenzunehmen. Dies umfasst die Gestattung, die Güter an Bord zu bringen, sowie die Erbringung aller hierfür seitens des Schiffes erforderlichen Maßnahmen. Hierzu können etwa das Öffnen der Luken und Pforten, das Herrichten von Rampen, bei Flüssigladungen das Öffnen von Ventilen der zu den Ladetanks führenden Leitungen,   36

---

33 Siehe RGZ 110, 224, 226 „Hindenburg".
34 Anders RGZ 10, 18, 19 ff. „John Ormston"; siehe auch AG Hamburg HansRGZ B 1936, 183 Nr. 56 (S. 185 vor b) „Torni".
35 Weiter dagegen RGZ 10, 18, 21 „John Ormston": Pflicht zur Prüfung.
36 Siehe noch OLG Hamburg HansGZ H 1904, 9 Nr. 5 (S. 11 linke Spalte) „Garnia".
37 Siehe RGZ 10, 18, 20 „John Ormston".
38 OLG Hamburg HansGZ H 1909, 57 Nr. 28 (S. 59 rechte Spalte) „Horatius".
39 RGZ 10, 18 „John Ormston".
40 OLG Hamburg HansGZ H 1909, 57 Nr. 28 „Horatius".
41 OLG Hamburg HansGZ H 1913, 156 Nr. 73 „Hameln 18", „Fernmore".
42 OLG Hamburg HansRGZ B 1930, 355 Nr. 129 „Gerzen", „Paula".
43 OLG Hamburg HansGZ H 1906, 214 Nr. 100 „Michel".
44 OLG Hamburg HansGZ H 1904, 9 Nr. 5 „Garnia".

die Zurverfügungstellung von Strom an Deck zum Betrieb der Ladeeinrichtungen und der Laderaumbeleuchtung sowie in den entsprechenden Fällen die Verladung der Güter durch die Schiffsbesatzung selbst. Nach § 515 Abs. 2 HGB a.f. war es dem Kapitän verboten, „Kriegskonterbande" an Bord zu nehmen; siehe auch § 564 Abs. 2 HGB a.F. Hierbei handelt es sich um Güter, die in einer militärischen Auseinandersetzung verwendet werden können, insbesondere Waffen und Munition, und die zu einer kriegführenden Partei oder einen kriegführenden Staat befördert werden sollen.

37   cc) Die gehörige Stauung des Gutes. § 514 Abs. 1 Fall 2 HGB a.F. begründete eine Pflicht des Kapitäns zur gehörigen Stauung nach Seemannsbrauch;[45] siehe auch § 8 Abs. 2 BinSchG und § 8 Abs. 1 SchSG. Gemeint ist nicht nur das Stauen an sich, sondern ggf. auch das Trimmen sowie das Laschen bzw. Sichern des Gutes im Schiff. Aus § 514 Abs. 1 Fall 2 HGB a.f. ergab sich damit die umfassende, auch gegenüber dem Reeder bestehende Pflicht des Kapitäns sicherzustellen, dass die Ladung ordnungsgemäß gesichert wird.[46] Nicht zur Stauung im Sinne des § 514 Abs. 1 Fall 2 HGB a.F. gehört die Verladung der Güter an bzw. unter Deck,[47] dies ist vielmehr eine Frage der Ladungsfürsorge (unten Rn 44). Die Vorschrift stellt auf die Stauung und auf Stauer ab, was zeigt, dass lediglich Vorgänge vor Antritt der Reise gemeint sind (zur Ladungsfürsorge während der Reise unten Rn 44).

38   In dem Vorbehalt am Ende des § 514 Abs. 1 HGB a.F. hieß es, dass die Dienstpflicht des Kapitäns auch besteht, wenn die Stauung durch besondere Stauer bewirkt wird. Dies sind solche, die nicht zur Schiffsbesatzung gehören. Richtigerweise ist nur der Fall gemeint, dass die besonderen Stauer anstelle der Besatzung tätig werden und deren Aufgaben erfüllen. So verhält es sich, wenn das Stauereiunternehmen vom Kapitän selbst beauftragt wurde,[48] sei es unmittelbar oder durch Dritte, die im Namen des Kapitäns handeln, etwa den Hafenagenten. Dies kommt heute praktisch nicht mehr vor. Die besonderen Stauer werden aber auch anstelle der Besatzung tätig, wenn der Reeder Auftraggeber des Stauereiunternehmens ist. In diesen Fällen ist der Kapitän verpflichtet, die von den besonderen Stauern getroffenen Maßnahmen zu überwachen, um die ordnungsgemäße Stauung sicherzustellen.[49]

39   Umgekehrt besteht keine Dienstpflicht des Kapitäns im Hinblick auf die gehörige Stauung des Gutes wenn das Stauereiunternehmen im Auftrage eines Dritten seine Leistungen erbringt, insbesondere für einen der Ladungsbeteiligten in Erfüllung seiner Pflichten aus einer FIOS-Abrede.[50] Auch die Pflicht des Kapitäns zur Ladungsfürsorge (unten Rn 44) ändert hieran nichts. Entfällt die Pflicht zur gehörigen Stauung, so gilt

---

45 Zu dieser Umschreibung siehe AG Hamburg HansRGZ B 1936, 183 Nr. 56 (S. 185 unter b) „Torni".
46 Siehe BGH VersR 1960, 727, 728 (unter 2) sowie noch OLG Hamburg HansGZ H 1915, 133 Nr. 67 (S. 135) „Breslau", zuvor LG Bremen aaO.
47 So aber OLG Hamburg VersR 1967, 1173, 1175 f. (unter IV. 1) „Nordkap".
48 So in RGZ 10, 18 „John Ormston".
49 Siehe BGHZ 26, 152 = NJW 1958, 220, 221 (unter II.1) mit Anm. *Nörr* LM Nr. 5 zu § 485, zuvor OLG Hamburg VersR 1957, 383.
50 So richtig und ausführlich *Rabe* Seehandelsrecht Rn 9 bis 13 zu § 514 – anders aber die h.M.: BGHZ 26, 152 = NJW 1958, 220, 221 (unter II.1); OLG Hamburg ETR 1979, 737, 743 (unter 3.) „Leda" mit kritischer Anm. *Basedow* aaO. S. 744 (S. 748 ff. unter 2.); OLG Hamburg VersR 1968, 552, 553 (rechte Spalte); OLG Hamburg VersR 1977, 814, 815 (unter 3b) „Pia Vesta", Revisionsentscheidung BGHZ 73, 4 = NJW 1979, 1102, in OLG Hamburg VersR 1979, 812, 814 „Boekanier" als „etwas weitgehend" bezeichnet; BGH VersR 1984, 580 (rechte Spalte unten) „Rex Rheni" (zu § 8 II BSchG); auch BGH VersR 1981, 331, 332 ff. „Catharina Wiards" geht von der Anwendbarkeit des § 514 HGB aus, obwohl das (Stückgut-)Schiff in Zeitcharter fuhr, so dass das Laden und Löschen Sache des Zeitcharterers war; *Schaps/Abraham* Seehandelsrecht Rn 6 und 7 zu § 514.

dies gleichermaßen für die entsprechende Pflicht zur Überwachung der besonderen Stauer im Hinblick auf die gehörige Stauung[51] (§ 514 Abs. 1 HGB a.F. am Ende).

Sehr wohl aber blieb der Kapitän nach § 513 Fall 1 HGB a.F. verpflichtet, die Seetüchtigkeit des Schiffes herzustellen (oben Rn 32), und unter diesem Gesichtspunkt für eine ordnungsgemäße Stauung zu sorgen.[52] Insoweit besteht eine Pflicht des Kapitäns zur Überwachung der Stauer. Dies entspricht der Verteilung der Pflichten zwischen Vercharterer und Reisecharterer (§ 531) sowie zwischen Vercharterer und Zeitcharterer (§ 563 Abs. 1 und 2) sowie der Unterscheidung zwischen der beförderungssicheren und der betriebssicheren Verladung im allgemeinen Frachtrecht (§ 412 Abs. 1). Unabhängig von einer Beeinträchtigung der Seetüchtigkeit durch die Beladung bleibt der Kapitän unter dem Gesichtspunkt der Ladungsfürsorge (unten Rn 44) verpflichtet, auf eine offensichtlich unzureichende Stauung aufmerksam zu machen. 40

dd) Das Verladen bzw. Entladen des Gutes. §§ 511 ff. HGB a.F. enthielten keine Bestimmungen über die Dienstpflichten des Kapitäns im Hinblick auf das Verladen bzw. Entladen des Gutes. Dennoch können insoweit Dienstpflichten des Kapitäns bestehen. Die zuvor zur gehörigen Stauung entwickelten Grundsätze (Rn 37–40) gelten sinngemäß. Das Verladen bzw. Entladen des Gutes ist eine Dienstpflicht, wenn dies durch die Besatzung des Schiffes selbst erfolgen soll. Das gleiche gilt, wenn das Verladen bzw. Entladen von einem Umschlagsunternehmen vorgenommen wird und dieses vom Reeder beauftragt wurde, so dass es anstelle der Besatzung tätig wird. Hier ist der Kapitän zur Überwachung der Lade- bzw. Löscharbeiten verpflichtet. 41

Erfolgt die Verladung bzw. Entladung des Gutes durch das Umschlagsunternehmen für einen Dritten, insbesondere für einen Charterer des Schiffes, der seinen Pflichten aus einer FIO-Abrede nachkommt, besteht grundsätzlich nicht einmal eine Überwachungspflicht des Kapitäns.[53] Dies ergibt sich auch nicht aus dem Gesichtspunkt der Ladungsfürsorge (unten Rn 44), weil sich die Güter bis zu ihrem Eintreffen an Bord bzw. vom Verlassen des Schiffes an nicht mehr in der Kontrolle des Schiffes befinden. Andererseits darf der Kapitän es nicht hinnehmen, dass das Umschlagsunternehmen im Hinblick auf das Verladen bzw. Entladen offensichtlich ungeeignete Maßnahmen ergreift, die die Gefahr eines Verlustes oder einer Beschädigung des Gutes begründet. Insoweit besteht eine vor- bzw. nachwirkende Dienstpflicht des Kapitäns zur Ladungsfürsorge. 42

ee) Die Ladungstüchtigkeit. Eine weitere Dienstpflicht des Kapitäns betrifft die Sorge für die Ladungstüchtigkeit des Schiffes. Eine solche war weder in § 513 HGB a.F. noch an anderer Stelle in den §§ 511 ff. HGB a.F. geregelt – obwohl die Ladungstüchtigkeit in § 559 Abs. 1 HGB a.F. ausdrücklich genannt war –, bestand aber auch schon im früheren Recht.[54] Für die Dienstpflicht des Kapitäns zur Herstellung der Ladungstüchtig- 43

---

51 Anders ROHGE 19, 263, 266 (oben) „Anna"; RGZ 10, 18, 21 „John Ormston"; OLG Hamburg HansGZ H 1909, 57 Nr. 28 (S. 59 rechte Spalte) „Horatius"; AG Hamburg HansRGZ B 1936, 183 Nr. 56 (S. 185 unter b) sowie das LG aaO. Sp. 186 „Torni".
52 ROHGE 19, 263, 268f. „Anna"; insoweit zutreffend auch OLG Hamburg ETR 1979, 737, 743 (unter 3.) „Leda" mit zustimmender Anm. *Basedow* aaO. S. 744 (S. 750 vor 3.); OLG Hamburg VersR 1968, 552, 553; OLG Hamburg VersR 1983, 953, 954 (a.E.) mit Anm. *Rabe* VersR 1983, 1030.
53 Anders LG Hamburg HansRGZ B 1936, 1873 Nr. 56 (Sp. 186) „Torni" und zuvor das AG aaO.
54 Siehe etwa RGZ 60, 375, zuvor OLG Hamburg HansGZ H 1906, 13 Nr. 6, anschließend RG HansGZ H 1906, 275 Nr. 135 und zuvor OLG Hamburg HansGZ H 1906, 13 Nr. 6 (S. 15); RG SeuffA 91, 190, 192; BGHZ 49, 356 = NW 1968, 1567, 1568 (unter 2.); BGHZ 65, 364 = NJW 1976, 672, 673 (unter a) „Methusalem"; BGHZ 82, 162 = NJW 1982, 992, 993 (unter III.1) „Alex Emma"; BGH VersR 1966, 871, 872 (unter 3.) „Fraternité 2"; BGH VersR 1979, 906 907 (unter 3.) „Marcel"; siehe auch BGH VersR 1975, 823 (unter 2.) „Frisches Haff", „Stadt Königsberg".

keit gilt deren Umschreibung in § 485. Er muss das Schiff vor Antritt der Reise ladungstüchtig machen und während der Reise in diesem Zustand erhalten. Auf Ballastreisen entfällt die Pflicht, hier ist lediglich die Seetüchtigkeit des Schiffes maßgeblich (oben Rn 32). Werden die Güter im Rahmen desselben, vom Reeder geschlossenen Vertrages, von einem seiner Schiffe auf ein anderes seiner Schiffe umgeladen, ist auch der Kapitän des zweiten Schiffes verpflichtet, für dessen Ladungstüchtigkeit zu sorgen.[55]

44   **ff) Die Ladungsfürsorge.** Der Kapitän war nach dem früheren Recht im Rahmen seiner Dienstpflichten auch zur Ladungsfürsorge verpflichtet.[56] Sie wurde lediglich in § 535 Abs. 1 HGB a.F. in eigenartiger Weise angesprochen und war ebenso in § 606 Satz 1 HGB a.F. für den Verfrachter ausdrücklich geregelt. Die Dienstpflicht zur Ladungsfürsorge besteht auch heute noch. Der Kapitän muss alle erforderlichen Maßnahmen ergreifen, um die zur Beförderung übernommene Ladung vor Verlust und Beschädigung zu bewahren. Mit Teilaspekten der Ladungsfürsorge befasst sich § 514 Abs. 1 Fall 2 HGB a.F. (Pflicht zur gehörigen Stauung, oben Rn 37–40) und § 514 Abs. 2 HGB a.F. (erforderliche Garnierung,). Zur Ladungsfürsorge gehört auch die Entscheidung, ob die Güter an oder unter Deck zu stauen sind.[57] Die Pflicht zur Ladungsfürsorge kann es gebieten, dass der Kapitän zum Schutze der sonstigen Güter an Bord im Hinblick auf solche Güter, von denen eine konkrete Gefahr ausgeht, Maßnahmen ergreift. Entsprechende Befugnisse waren früher in §§ 564b Abs. 2, 564a Satz 2, 564 Abs. 5 HGB a.F. ausdrücklich vorgesehen, während sich heute § 483 Abs. 2 nur noch an den Verfrachter wendet. M.E. stehen dem Kapitän die gleichen Befugnisse zu wie dem Verfrachter. Die Pflicht des Kapitäns zur Ladungsfürsorge bestand nach dem früheren Recht nach § 632 Abs. 1 HGB a.F. bei Verlust des Schiffes im Hinblick auf die geborgenen Güter sowie nach § 634 Abs. 7 HGB a.F. auch in Fällen bestimmter hoheitlicher Maßnahmen oder des Ausbruchs eines Krieges (§ 629 Abs. 1 HGB a.F.).

45   **gg) Die Herausgabe des Gutes.** Auch die Herausgabe des Gutes in seinem Bestimmungshafen ist eine Dienstpflicht des Kapitäns. Dabei muss er von möglicherweise begründeten Zurückbehaltungs- oder Pfandrechten Gebrauch machen, die dem Reeder an dem Gut zustehen. Das Gleiche gilt im Falle einer vorzeitigen Beendigung der Beförderung (siehe § 632 Abs. 2 HGB a.F.). Der Kapitän darf außerdem im Falle einer vorangegangenen Bergung die Ladung nicht ohne Zustimmung des Bergers (§ 587 Abs. 3 und 4, unten Rn 86) sowie im Falle einer Großen Haverei den Brennstoff und die Ladung nicht ausliefern, ohne dass die auf diesen Gegenständen lastenden Große-Haverei-Beiträge gezahlt oder gesichert wurden (§ 594 Abs. 5, unten Rn 87).

d) Die Durchführung der Reise

46   **aa) Unverzüglicher Antritt der Reise.** Der Kapitän war nach § 516 Abs. 1 HGB a.F. verpflichtet, die Reise bei der ersten günstigen Gelegenheit anzutreten, sobald das Schiff zum Abgehen fertig ist. Dies ist auch heute eine Dienstpflicht des Kapitäns. Das Schiff ist reisefertig, wenn der Abfahrt keine tatsächlichen und rechtlichen Hindernisse mehr entgegenstehen. Die Abfahrt muss im Sinne des § 121 Abs. 1 Satz 1 BGB unverzüglich erfolgen. Der Reeder bzw. der Charterer kann abweichende Weisungen erteilen. § 516 Abs. 1

---

55   RG SeuffA 91, 190, 192.
56   Siehe RGZ 169, 257, 261 „Albert"; RG JW 1937, 29; BGH VersR 1971, 559, 560 (unter II.) „Thekla" und ausführlich zuvor das OLG Hamburg VersR 1969, 632, 632 f.; OLG Hamburg VersR 1967, 1173, 1175 f. (unter IV. 1) „Nordkap"; OLG Hamburg SeuffA 65, 287.
57   Siehe OLG Hamburg VersR 1967, 1173, 1175 f. (unter IV. 1) „Nordkap".

HGB a.F. ging ersichtlich noch von den Verhältnissen der Segelschiffszeit aus. Der Vorbehalt der günstigen Gelegenheit im Sinne der Vorschrift bezieht sich heute allenfalls noch auf Situationen, in denen für das Verlassen des Hafens bzw. Liegeplatzes ein bestimmter Wasserstand, in Tidegewässern etwa Hochwasser, erforderlich ist; in denen zunächst die für das Auslaufen notwendigen Schlepper oder ein Lotse nicht zur Verfügung stehen; oder in denen das Schiff aufgrund behördlicher Verfügungen, den Vorgaben der Klassifikationsgesellschaft oder auch nach Weisung des Reeders bzw. Charterers die Reise nur bei bestimmten Wetter- und Seegangsverhältnissen beginnen darf, etwa weil es beschädigt oder in besonderer Weise beladen ist, insbesondere mit großer, ungewöhnlicher Deckladung. Ebenso kann sich der Kapitän angesichts der herrschenden oder erwartenden schlechten Wetter-, Seegangs- oder Sichtverhältnisse, insbesondere im Hinblick auf die Sicherheit von Besatzung, Schiff und Ladung entscheiden, die Reise noch nicht anzutreten; zur Entscheidungsfreiheit des Kapitäns siehe bereits oben Rn 11. Nach den Umständen kann die Dienstpflicht bestehen, die Reise nicht anzutreten, sondern mit dem Schiff liegen zu bleiben.[58]

bb) Führung und Bedienung des Schiffes. Den Kapitän und die weiteren Personen der Schiffsführung treffen im Hinblick auf die Führung und Bedienung des Schiffes umfassende Pflichten. Diese sind teils sehr ausführlich insbesondere in Kapitel V Anlage SOLAS-Ü, in den STCW-Bestimmungen, in dem SchSG und der SchSV sowie in weiteren verbindlichen und unverbindlichen Regelwerken niedergelegt. 47

Reiseplanung: Regel V/34.1 und 2 sowie noch Regel V/16.2 Hs. 2 Anlage SOLAS-Ü, A-VIII/2.3 bis 2.7 STCW-Code, die ReiseplanRichtlinie (C.I.4.5 Anlage SchSG), die ReiseDokRi – *Wachdienst*: Regel VIII/1 und 2 Anlage STCW-Ü, A-VIII/2.8 und B-VIII/2.1 bis 2.33 STCW-Code, A.VI.1 und C.III Anlage SchSG, § 13 Abs. 2 Nr. 9, § 14 Abs. 2 (j) und C.III Anlage 1 SchSV, § 13 Abs. 3 und 4, § 14 Abs. 1 Nr. 3 und 4 SchSV; § 9a Abs. 1 SchBesV; *auf See*: A-VIII/2.9 bis 2.51 und B-VIII/2.2 STCW-Code; *Maschinenwache*: A-VIII/2.52 bis 2.83, B-VIII/2.6 bis 2.8 STCW-Code, § 13 Abs. 4 SchSV; *Funkwache*: A-VIII/2.84 bis 2.89 und B-VIII/2.9 bis 2.33 STCW-Code, § 13 Abs. 4a SchSV; *im Hafen*: A-VIII/2.90 bis 2.107 STCW-Code, § 9a Abs. 2 Nr. 3 SchBesV; *Ankerwache*: A-VIII/2.51, B-VIII/2.4 STCW-Code, § 9a Abs. 2 Nr. 3 SchBesV, die AnkerwacheAnl – *Information über Wetter- und Seegangsverhältnisse*: § 33 UVV-See – *Ruhezeiten/Übermüdung*: Regel VIII/1 Anlage STCW-Ü, A-VIII/1.1 bis 9 und B-VIII/1.1 bis 5 STCW-Code, FatigueRi – *Ausguck*: A-VIII/2.14 bis 2.17, 2.32, 2.45.2 STCW-Code, § 13 Abs. 3 Nr. 2, § 14 Abs. 3 (b) SchSV – *Zusammensetzung der Brückenwache*: A-VIII/2.17 STCW-Code – *Übernahme der Wache*: A-VIII/2.19 bis 2.23 STCW-Code – *Schiffsführung durch Kapitän bzw. Wachoffizier, Klarstellung*: A-VIII/2.24.3 STCW-Code – *Durchführung der Wache*: A-VIII/2.24 bis 2.42 STCW-Code, § 31 Abs. 1 UVV-See; bei klarem Wetter A-VIII/2.43 bis 2.44 STCW-Code; bei verminderter Sicht A-VIII/2.45 und 2.37 STCW-Code; bei Dunkelheit A-VIII/2.46 STCW-Code; in Küstengewässern und dicht befahrenen Gewässern A-VIII/2.47 und 2.48 STCW-Code; mit einem Lotsen A-VIII/2.49 bis 2.50 STCW-Code (oben Rn 61 Anhang zu § 478 [Lotse]), § 13 Abs. 3 Nr. 4, § 14 Abs. 3 (d) SchSV – *Anwesenheit des Wachoffiziers auf der Brücke*: A-VIII/2.24 STCW-Code, § 9a Abs. 2 Nr. 1 SchBesV; § 31 Abs. 2 UVV-See – *Einhaltung verkehrsrechtlicher Vorschriften*: siehe § 4 Abs. 1 Satz 1 KVR-V, § 4 Abs. 1 Satz 1 SeeSchStrO, § 4 Abs. 1 Satz 1 EmsSchEV – *Überprüfung von Kurs und Fahrt, Ort*: A-VIII/2.25 STCW-Code – *Radar*: A-VIII/2.28, 2.36, 2.37–39, 2.45.4 STCW-Code – *Echolot*: A-VIII/2.36 STCW-Code – *Überwachung der Stabilität*: IS-Code 2008 (E.16 Anlage SchSG), StabÜberwRi, StabBktm – *Vereisung*: Ziffer B.6 IS-Code 2008 (E.16 Anlage SchSG) – *Meldung an den Kapitän*: A-VIII/2.40 und 2.45.1 STCW-Code – *Aufzeichnungen*: A-VIII/2.31, 2.33 STCW-Code, die ReiseDokRi (zu Tagebüchern oben Rn 50–71 zu § 479) – *Automatik/Handruder*: Regel V/24 und 25 Anlage SOLAS-Ü, A-VIII/2.35 STCW-Code, § 13 Abs. 3 Nr. 1, § 14 Abs. 3 (a) SchSV – *Überwachung von Ruder- und Maschinenkommandos* § 13 Abs. 3 Nr. 3, § 14 Abs. 3 (c) SchSV – *Überwachung des Ankermanövers*: § 13 Abs. 3 Nr. 3, § 14 Abs. 3 (c) SchSV – *Alkohol/Drogen*: A-VIII/1.10, B-VIII/1.6 bis 9 STCW-Code. 48

---

58 Siehe OLG Hamburg VersR 1975, 801, 803 (unter IV.1) „Heinrich Behrmann" mit Anm. *Puttfarken* Hansa 1976, 361; auch BGH VersR 1980, 253 „Anton Hugo".

49 **cc) Die zügige Durchführung der Reise.** Eine wesentliche weitere Dienstpflicht des Kapitäns ist die zügige Durchführung der begonnenen Reise. Er hat dabei grundsätzlich die übliche Reisegeschwindigkeit des Schiffes einzuhalten, soweit der Reeder bzw. der Charterer keine abweichenden Weisungen erteilen. Diese können auf Einhaltung einer höheren Reisegeschwindigkeit gerichtet sein, etwa im Hinblick auf die Wahrnehmung eines vereinbarten laycan oder die Einhaltung eines Fahrplans, aber auch, zum Zwecke der Brennstoffersparnis, auf Einhaltung einer geringeren Reisegeschwindigkeit. Ebenso ist der Kapitän verpflichtet, den üblichen, normalerweise den kürzesten Reiseweg zu nehmen (dazu sogleich Rn 50).

50 **dd) Abweichungen von der vorgesehenen Reise.** Kann die Reise nicht wie vorgesehen durchgeführt werden, ist der Kapitän berechtigt und aufgrund seiner Dienstpflichten dem Reeder gegenüber verpflichtet, im Interesse des Reeders Maßnahmen zu ergreifen. In erster Linie muss der Kapitän den Reeder unterrichtet halten und dessen Weisungen einholen (siehe § 516 Abs. 2 Satz 1 Hs. 2 HGB a.F.; zur Weisungsbefugnis unten Rn 68–73). Kann der Reeder nicht erreicht werden oder bleiben Weisungen aus, muss der Reeder diejenigen Maßnahmen ergreifen, die dem Interesse des Reeders am ehesten entsprechen (siehe zum früheren Recht § 536 HGB a.F.). Namentlich darf und muss der Kapitän die Reise aus Gründen der Schiffssicherheit, zur Verhütung der Meeresverschmutzung oder der Gefahrenabwehr in jeder beliebigen Weise ändern, unterbrechen oder beenden. Eine Rolle können hier insbesondere die Wetter- und Seegangsverhältnisse spielen, ebenso entsprechende Vorhersagen, aber auch ein zu niedriger Wasserstand oder sonstige Gefahren der Schifffahrt, etwa Hindernisse wie Eisberge oder festgekommene, treibende oder gesunkene Schiffe oder sonstige Gegenstände. Auch eine Beschädigung des Schiffes insbesondere aufgrund einer Kollision oder einer Grundberührung kann ein hinreichender Anlass sein, von der vorgesehenen Reise abzuweichen. Die abschließende Entscheidung steht ausschließlich dem Kapitän zu (oben Rn 11). Das Recht bzw. die Pflicht zur Einstellung der Reise umfasst auch die Befugnis bzw. die Pflicht, sie gar nicht erst zu beginnen, den Hafen oder den Liegeplatz also (zunächst) gar nicht zu verlassen.

51 **ee) Die Rettung von Leben und Eigentum.** Siehe zu den Pflichten des Kapitäns, Personen, anderen Schiffen oder sonstigen Fahrzeugen in Not zu Hilfe zu kommen die oben Rn 14 a.E. zusammengestellten Vorschriften. Kommt der Kapitän diesen Pflichten nach, ist jede Abweichung von der vorgesehenen Reise und jede sonstige Verletzung von Dienstpflichten gerechtfertigt; siehe dazu noch § 636a HGB a.F. sowie heute § 499 Abs. 1 Satz 1 Nr. 7 und 8. Dabei kann das Tätigwerden des Kapitäns zum Zwecke der Bergung eines Schiffes oder anderer Vermögensgegenstände auch im Interesse des Reeders liegen, dem der größte Teil eines dabei verdienten Bergelohns oder einer Sondervergütung zusteht (§§ 576 f., 578, 581).

52 **e) Die Einhaltung ausländischer Rechtsvorschriften.** Der Kapitän hat weiter die Dienstpflicht, die jeweiligen ausländische Rechtsvorschriften, wie sie für ihn als Kapitän und das Schiff gelten, einzuhalten. Dies war früher in § 515 Abs. 1 HGB a.F. ausdrücklich formuliert. Beispielhaft wurden hier Polizei-, Steuer- und Zollgesetze genannt; siehe auch § 564 Abs. 2 HGB a.F. Der Kapitän unterliegt, wenn sich das Schiff im Hoheitsgebiet eines anderen Staates befindet, ohnehin den dort geltenden Rechtsvorschriften, soweit sie (auch) für Schiff unter ausländischer Flagge gelten. § 515 Abs. 1 HGB a.F. erhob dies zu einer Dienstpflicht des Kapitäns, und eine entsprechende Dienstpflicht besteht auch heute. Die Aufzählung von Polizei-, Steuer- und Zollgesetzen in § 515 Abs. 1 HGB a.F.

verweist auf Rechtsvorschriften öffentlich-rechtlichen Charakters. Der Kapitän ist aber in gleicher Weise auch zur Beachtung an ihn gerichteter privatrechtlicher Rechtsvorschriften verpflichtet. Dies gilt wiederum nicht für bloße Gebräuche.[59] Zur Einhaltung der Rechtsvorschriften des Flaggenstaates, namentlich der deutschen Bestimmungen (für die § 515 Abs. 1 HGB a.F. nicht galt), ist der Kapitän als unmittelbarer Adressat in jedem Falle verpflichtet.

f) Die Schiffspapiere. Der Kapitän ist nach § 8 Abs. 1 SchSG für das Mitführen und Vorlegen von Zeugnissen, Bescheinigungen und sonstigen Unterlagen verantwortlich; siehe auch § 8 Abs. 1 BinSchG sowie § 9 und Anlage 2 SchSV. Insoweit besteht auch eine Dienstpflicht des Kapitäns, die früher in § 513 Fall 2 HGB a.f. ausdrücklich geregelt war. 53

Zu den Schiffspapieren gehören Zeugnisse und Genehmigungen wie etwa das Schiffszertifikat bzw. das Schiffsvorzertifikat, der Flaggenschein, die Flaggenbescheinigung oder das Flaggenzertifikat (siehe § 3 FlRG sowie oben Rn 98–101 Einleitung B); die CSR-Bescheinigung (oben Rn 116 Einleitung B); der Schiffsmessbrief; das Ausrüstungs-Sicherungszeugnis, das Funk-Sicherheitszeugnis, das Bau-Sicherheitszeugnis bzw. das Sicherheitszeugnis für Frachtschiffe (oben Rn 25 Einleitung C); das Freibordzeugnis (oben Rn 27 Einleitung C); das Zeugnis über die Einhaltung der Anforderungen des RoRoStabÜ (oben Rn 28 Einleitung C) oder die entsprechende Bescheinigung nach der RoRoStabRichtlinie (dazu oben Rn 69 Einleitung C); früher der Fahrterlaubnisschein[60] (die Bestimmungen der UVVSee sind aufgehoben); das Schiffsbesatzungszeugnis (§ 8 SchBesV, Regel V/14.2 Anlage SOLAS-Ü, oben 86 Einleitung C); das Seearbeitszeugnis (§§ 130ff. SeeArbG); die Seearbeits-Konformitätserklärung (§ 132 SeeArbG); das IOPP-Zeugnis (Regel 6ff. Anlage I MARPOL-Ü 1978); das NLS-Zeugnis (Regel 7ff. Anlage II MARPOL-Ü 1978); das ISPP-Zeugnis (Regel 5ff. Anlage IV MARPOL-Ü 1978); das IAPP-Zeugnis (Regel 5ff. Anlage VI MARPOL-Ü 1978, Art. 3 der 8. MARPOL-ÄndV); das IEE-Zeugnis (Regel 6 Anlage VI MARPOL-Ü 1978); Art. 3 des 8. MARPOL-ÄndV); das EIAPP-Zeugnis (Ziffer 1.3.6, 2.1. bis 2.3 Anhang 1 TechnVorschrNO$_X$, Regel 13 Anlage VI MARPOL-Ü 1978, Art. 3 der 8. MARPOL-ÄndV); das IAFS-Zeugnis, die IAFS-Erklärung bzw. die AFS-Bestätigung (oben Rn 61–63); zukünftig das BWM-Zeugnis (oben Rn 64–66 Einleitung C); der Nachweis nach § 3 Abs. 2 Satz 3 GGVSee (oben Rn 107 Einleitung C); das INF-Zeugnis; das IBC- bzw. das BCH-Zeugnis; das IGC-Zeugnis bzw. das GC-Zeugnis; die Genehmigung nach Ziffer A.3.1 Getreide-Code; das Zeugnis über die Zulassung des Schiffes für die Beförderung von Pflanzenölen nebst Bestätigung des Belade- und der Verladelandes (Ziffer 2 und 3 Pflanzenöl-Richtlinie); Bescheinigung nach § 8 RoRoOstseeMoU; das SMC sowie eine Ausfertigung des DOC (oben Rn 130 Einleitung C); das ISPS-Zeugnis (oben Rn 137 Einleitung C); die Bescheinigung über die Versicherung oder sonstige finanzielle Sicherheit für die Haftung für Ölverschmutzungsschäden nach Art. VII Abs. 2 ÖlHÜ, § 2 und 3 ÖlSG (siehe Rn 5 zu Art. VII ÖlHÜ 1992 [Anhang I.1 zu § 480]), für Bunkeröl-Verschmutzungsschäden nach Art. 7 Abs. 2 Bunkeröl-Ü, § 2 und 3 ÖlSG (siehe Rn 5–6 zu Art. 7 BunkerölÜ [Anhang I.5 zu § 480] sowie zukünftig für HNS-Verschmutzungsschäden nach Art. 12 Abs. 2 HNS-Ü 2010 (siehe Rn 9 Anhang II zu § 480 [HNS-Ü 2010]); die Wrackbeseitigungshaftungsbescheinigung nach Art. 12 Abs. 2 WBÜ, § 5 SeeVersNachwG (siehe Rn 5 zu Art. 12 WBÜ [Anhang III.1 zu § 480]), die Personenhaftungsbescheinigung nach Art. 3 VO Athen in Verbindung mit deren Anhang I Art. 4bis Abs. 2, § 6 SeeVersNachwG, sowie die Versicherungsbescheinigung nach Art. 6 Abs. 2 der HBÜ-Ri, § 3 SeeVersNachwG; die Nachweise nach § 8 Abs. 2 LMHV; der Zulassungsnachweis für Tiertransportschiffe nach Art. 19 Verordnung 1/2005. 54

Ebenso sind Handbücher und andere Unterlagen über Betriebsabläufe an Bord mitzuführen, etwa das Handbuch für die Organisation von Sicherheitsmaßnahmen (oben Rn 128 Einleitung C); das Ladungssicherungshandbuch (oben Rn 19 Einleitung C); das COW-Handbuch (Regel 35 Anlage I MARPOL-Ü 1978); das Handbuch über Verfahren und Vorkehrungen nach Regel 14 und Anhang 4 Anlage II MARPOL-Ü 1978; die Dokumente nach Regel 4 Anlage III MARPOL-Ü 1978; die Unterlagen, die für eine sichere Beförderung von Chemikalien als Massengut erforderlichen Angaben enthalten, einschließlich einer Analyse der Ladung 55

---

59 OLG Hamburg HansGZ H 1902, 296 Nr. 127.
60 Zur Haftung der See-BG im Hinblick auf die Erteilung eines Fahrterlaubnisscheins siehe BGH Hansa 1981, 1068 „Tina Scarlett", „Diamant".

sowie eines Ladeplanes (Ziffer 16.2.3 IBC-Code, Ziffer 5.2.2 BCH-Code; siehe auch § 6 Abs. 5 Nr. 4 [c] und [d] GGVSee); das Handbuch nach Ziff 18.2 IGC-Code; Handbuch über den Zugang zu den schiffbaulichen Verbänden (Regel III1//3-6.4 Anlage SOLAS-Ü); das (Brandschutz-)Ausbildungshandbuch (Regel II-2/15.2.3 Anlage SOLAS-Ü); das Stabilitätshandbuch (Ziffer B.3.6 und 3.8 IS-Code 2008); die Stabilitätsunterlagen nach Ziffer A.3.2-4, A.6 Getreide-Code; zugelassene Stabilitäts- und Beladungsunterlagen (Regel 10 Abs. 1, 2 und 4 Anlage FreibordÜ – dazu oben Rn 26–27 Einleitung C); die Liste mit Angaben zu den Ladetanks (Ziffer 15.6 IGC-Code und Ziffer 15.2 GC-Code).

56 Darüber hinaus müssen auch verschiedene Pläne an Bord vorhanden sein, etwa der Lecksicherheitsplan (Regel II-1/19.1 Anlage SOLAS-Ü); der Brandschutzplan (Regel II-2/15.2.4 und 3.2 Anlage SOLAS-Ü); bei Fahrgastschiffen der Notfallplan als Entscheidungshilfe (Regel III/29 Anlage SOLAS); der Plan zur Gefahrenabwehr (oben Rn 135 Einleitung C); der SOPEP (Regel 37 Anlage I MARPOL-Ü 1978); der bordeigene Notfallplan für Ölverschmutzungen (Regel 37 Anlage I MARPOL-Ü 1978), der bordeigene Notfallplan für Meeresverschmutzungen durch schädliche flüssige Stoffe (Regel 17.1 Anlage II MARPOL-Ü 1978) sowie ggf. den bordeigenen Notfallplan für Meeresverschmutzungen (Regel 17.3 Anlage II MARPOL-Ü 1978) – siehe oben Rn 98 Einleitung C; der Müllbehandlungsplan (Regel 9 Abs. 2 Anlage V MARPOL-Ü 1978 – oben Rn 45 Einleitung C); der Plan für das Energieeffizienz-Management (SEEMP) (Regel 22.2 Revidierte Anlage VI MARPOL-Ü 1978); der Schiffsseitige Notfallplan nach Ziffer 10 INF-Code; zukünftig der Plan für die Ballastwasser-Behandlung (Regel B-1 Anlage Ballastwasser-Ü, oben 64–66 Einleitung C).

57 Schließlich müssen sich Texte bestimmter Regelwerke an Bord befinden, etwa der GGVSee (§ 6 Abs. 5 Nr. 1 [a] GGVSee); des IMDG-Code (§ 6 Abs. 5 Nr. 2 [a] GGVSee, § 9 Abs. 3 [a] RoRoOstseeMoU); ggf. der RID bzw. der ADR (§ 9 Abs. 3 [d] RoRoOstseeMoU); des IMSBC-Code (§ 6 Abs. 5 Nr. 3 [d] GGVSee); der IBC- bzw. der BCH-Code sowie der IGC- bzw. der GC-Code (Ziffer 16.2.1 IBC-Code, Ziffer 5.2.1 BCH-Code, Ziffer 18.1.2 IGC-Code; § 6 Abs. 5 Nr. 4 [a] und [b] GGVSee); der EmS-Leitfaden (Ziffer 5.4.3.2.1.3 IMDG-Code; § 6 Abs. 5 Nr. 2 [b] GGVSee, § 9 Abs. 3 [b] RoRoOstseeMoU); der MFAG (Ziffer 5.4.3.2.1.3 IMDG-Code; § 6 Abs. 5 Nr. 1 [b] GGVSee, § 9 Abs. 3 [c] RoRoOstseeMoU); die amtlichen Ausgaben der Schiffssicherheitsvorschriften und des Schiffssicherheitshandbuchs (§ 13 Abs. 1 Nr. 2 [b] SchSV).

58 **g) Die Geschäftsführung für den Reeder.** Nach dem alten Recht war der Kapitän in der in § 534 HGB a.F. in Verbindung mit §§ 526 bis 528 HGB a.F. umschriebenen Weise zur Geschäftsführung für den Reeder berechtigt. Diese Befugnis war außerhalb des Heimathafens sehr weitgehend (§§ 534 Abs. 1, 527, 528 HGB a.F.), was der damaligen selbständigen Rechtsstellung des Kapitäns entsprach. Die genannten Vorschriften sind mit Inkrafttreten des SHR-ReformG ersatzlos entfallen. Eine ausdrücklich erklärte oder stillschweigend zugestandene eigenständige Geschäftsführung des Kapitäns für den Reeder kommt nur noch bei innerbetrieblichen Vorgängen im Hinblick auf das Schiff in Betracht, etwa beim gelegentlichen Einkauf von Proviant, bei den Heuerabrechnungen oder den Verkauf von Zollwaren wie Alkohol und Zigaretten an die Personen an Bord. Der Kapitän darf nur solche Dokumente ausstellen und unterzeichnen, von deren inhaltlichen Richtigkeit er überzeugt ist.[61] Der Inhalt des Konnossements muss zutreffend sein.[62] Insbesondere ist der Kapitän verpflichtet, ggf. in formeller und inhaltlicher Hinsicht zutreffende Abschreibungen in das Konnossement aufzunehmen, um die Vermutungswirkungen der Angaben zum Gut zu beseitigen (siehe § 517 Abs. 2).

59 Im Übrigen muss der Kapitän im Rahmen des Kapitän-Reeder-Rechtsverhältnisses den Reeder von allen maßgeblichen Vorgängen an Bord unverzüglich unterrichten und ggf. um Weisungen nachsuchen (siehe § 534 Abs. 2 HGB a.F. sowie §§ 675 Abs. 1, 665 Satz 2, 666 BGB). Von Weisungen des Reeders (unten Rn 68–73) darf der Kapitän nach Maßgabe der §§ 675 Abs. 1 665 Satz 1 und 2 BGB abweichen. Der Kapitän ist verpflichtet, dem Reeder auf Verlangen über alle Vorgänge im Zusammenhang mit dem Schiffbetrieb

---

61 Siehe OLG Hamburg Hansa 1963, 530, 532 (unter II. 3 und IV.) „Victor" und zuvor BGHZ 34, 316 = NJW 1961, 823 (Ausstellung eines Gewichtszertifikats).
62 ROHGE 25, 192, 196 f. „Chin-Chin".

Auskünfte zu erteilen (§§ 675 Abs. 1, 666 BGB). Dass der Kapitän eigene Mittel für das Schiff aufwendet, kommt normalerweise nicht vor; ggf. hat er gegen den Reeder einen Anspruch auf Aufwendungsersatz (§§ 675 Abs. 1, 670 BGB). Jedenfalls muss der Kapitän die ihm zur Verfügung stehenden Mittel der Bordkasse verwalten und Rechenschaft legen (§§ 675 Abs. 1, 666 BGB § 534 Abs. 4 HGB a.F.).

Gerichtliche Dokumente, die dem Kapitän, etwa nach § 619, zugestellt wurden, muss **60** er unverzüglich dem Reeder zur Kenntnis bringen. Besteht ein Ausrüsterverhältnis, ist der Kapitän nach § 619 für den (Nur-)Eigentümer zustellungsbefugt. Ebenso besteht nach § 586 Abs. 4 Satz 2 Hs. 1 eine gesetzliche Prozessstandschaft des Kapitäns für die Eigentümer geborgener, aber noch nicht ausgelieferter Sachen im Hinblick auf Klagen des Bergers auf Duldung der Zwangsvollstreckung aus dem Pfandrecht nach § 585 Abs. 2. Umgekehrt ist der Kapitän gehalten, die Zustellung von Dokumenten, im Hinblick auf die er nicht zustellungsbefugt ist, zu verweigern.

h) Die Vertretung des Reeders. § 479 Abs. 1 begründet eine umfassende gesetzli- **61** che Vertretungsbefugnis des Kapitäns für den Reeder (dazu oben Rn 1–49 zu § 479). Ebenso kann der Kapitän nach § 584 Abs. 1 Satz 2 im Namen des Eigentümers Verträge über eine Bergung des Schiffes schließen. Dies betrifft das Kapitän-Reeder-Rechtsverhältnis, wenn nicht ein Ausrüster an die Stelle des Reeders getreten ist (§ 477 Abs. 1 und 2, dazu oben Rn 33 zu § 477), der Eigentümer das Schiff also selbst als Reeder betreibt (§ 476). Unabhängig davon kann der Reeder den Kapitän bevollmächtigen (§§ 167 ff. BGB), für ihn, den Reeder, Geschäfte und Rechtshandlungen vorzunehmen. Diese Vollmacht kann die gesetzliche Vertretungsbefugnis nach § 479 Abs. 1 Satz 1 und 2 beschränken oder über sie hinausgehen (oben Rn 34–38 zu § 479). Die Vertretungsbefugnis als besondere Rechtsmacht des Kapitäns ist von dem „Grundgeschäft", dem Kapitän-Reeder-Rechtsverhältnis zu unterscheiden (sogleich Rn 62–63). Im Hinblick auf die Wahrnehmung der Vertretungsbefugnis bestehen Pflichten des Kapitäns, deren Verletzung Ansprüche des Reeders auf Schadenersatz nach § 280 Abs. 1 BGB begründen können (unten Rn 74–76).

aa) Das Kapitän-Reeder-Rechtsverhältnis als Grundgeschäft. Grundlage und **62** Ausgangspunkt der Vertretungsbefugnis des Kapitäns für den Reeder ist das Kapitän-Reeder-Rechtsverhältnis. Das Rechtsverhältnis und die Vertretungsbefugnis sind voneinander zu unterscheiden und grundsätzlich voneinander selbständig. Allerdings beginnt und endet die gesetzliche Vertretungsbefugnis des Kapitäns nach § 479 Abs. 1 Satz 1 und 2, die gerade an diese Rechtsstellung und nicht an die Person des Kapitäns geknüpft ist, mit dem Kapitän-Reeder-Rechtsverhältnis. Gleiches gilt, wenn eine besondere Vollmacht erteilt wurde, etwa gegenüber einem bestimmten Dritten (Außenvollmacht, § 167 Abs. 1 BGB), die sich auf jeden Kapitän unabhängig von dessen Person bezieht. Hat der Reeder dagegen einen bestimmten Kapitän besonderes bevollmächtigt, endet die Vertretungsbefugnis nach § 168 Satz 1 BGB mit dem für diesen Kapitän maßgeblichen Kapitän-Reeder-Rechtsverhältnis.

Im Rahmen des Kapitän-Reeder-Rechtsverhältnisses kann der Reeder dem Kapitän **63** auch Weisungen (unten Rn 68–73) im Hinblick auf die Wahrnehmung der Vertretungsbefugnis erteilen. So kann der Reeder dem Kapitän beispielsweise im allgemeinen oder für den Einzelfall vorgeben, für ihn bestimmte Geschäfte oder Rechtshandlungen vorzunehmen oder nicht vorzunehmen, oder bestimmte Geschäfte oder Rechtshandlungen gegenüber bestimmten Personen, zu einer bestimmten Zeit oder mit einem bestimmten Inhalt vorzunehmen oder nicht vorzunehmen. In diesem Zusammenhang kommt den Regelungen des § 479 Abs. 1 Satz 1 und 2 auch eine Innenwirkung zu. Die Berechtigung des Kapitäns, im Rahmen des Kapitän-Reeder-Rechtsverhältnisses für den Reeder Geschäfte und Rechtshandlungen vorzunehmen, entspricht grundsätzlich dem sich aus § 479 Abs. 1 Satz 1 und 2 ergebenden Umfang. Dies war bis zur Seerechtsreform in § 534 Abs. 1 HGB a.F. ausdrücklich geregelt; siehe bis heute § 18 BinSchG. Eine Beschränkung dieser Befugnisse muss ggf. der Reeder, eine Erweiterung der Kapitän darlegen und beweisen. Eine Weisung des Reeders im Hinblick auf die Wahrnehmung der Vertretungsbefugnis kann darüber hinaus auch Außenwirkung entfalten und sich im Sinne einer Innenvollmacht (§ 167 Abs. 1 BGB) auch als Beschränkung oder Erweiterung der gesetzlichen Vertretungsbefugnis nach § 479 Abs. 1 Satz 1 und 2 oder einer bestehenden Vollmacht darstellen. Ob dies der Fall ist, hängt von den Umständen ab. Im Falle einer Beschränkung kommt die Regelung des § 479 Abs. 1 Satz 3 zum Tragen (oben Rn 36–38 zu § 479).

64 **bb) Pflichten und Pflichtverletzungen des Kapitäns.** Das Bestehen einer Vertretungsbefugnis für den Reeder begründet im Rahmen des Kapitän-Reeder-Rechtsverhältnisses Pflichten des Kapitäns. So muss der Kapitän die Grenzen der ihm eingeräumten Vertretungsbefugnis einhalten, darf also nicht (vermeintlich) für den Reeder Geschäfte oder Rechtshandlungen vornehmen, die außerhalb seiner Vertretungsbefugnis liegen. Dies gilt auch in den Fällen, in denen der Reeder die gesetzlich umschriebene Vertretungsbefugnis des § 479 Abs. 1 Satz 1 und 2 im Außenverhältnis wirksam beschränkt hat (oben Rn 36–38 zu § 479) und insbesondere dann, wenn die Beschränkung im Wege der Innenvollmacht (§ 167 Abs. 1 BGB) erfolgte und die Gefahr besteht, dass der Dritte diesen Umstand weder kannte noch kennen musste (§ 479 Abs. 1 Satz 3). Allerdings wird der Reeder durch Geschäfte und Rechtshandlungen des Kapitäns außerhalb seiner Vertretungsbefugnis grundsätzlich nicht gebunden (siehe § 177 BGB, oben Rn 39 zu § 479). Deren Überschreitung durch den Kapitän stellt eine Pflichtverletzung gegenüber dem Reeder dar, der Kapitän haftet ihm ggf. nach Maßgabe des § 280 Abs. 1 BGB auf Schadenersatz (dazu unten Rn 74). Es hängt von den Umständen ab, ob die Genehmigung (§§ 177 Abs. 1, 184 Abs. 1 BGB) eines schwebend unwirksamen Geschäfts oder einer schwebend unwirksamen Rechtshandlung die Pflichtverletzung nachträglich entfallen lässt oder als Maßnahme der Schadensminderung (§ 254 Abs. 2 Satz 1 a.E. BGB) anzusehen ist.

65 Auch innerhalb der ihm zustehenden Vertretungsbefugnisse unterliegt der Kapitän im Innenverhältnis gegenüber dem Reeder Beschränkungen. Er darf von seiner Vertretungsmacht nur in bestimmter Hinsicht Gebrauch machen. So darf der Kapitän etwa keine sinnlosen, überflüssige oder für den Reeder unerfüllbare Geschäfte oder Rechtshandlungen vornehmen, beispielsweise wenn der Kapitän mehr Brennstoff, Schmiermittel oder Frischwasser bestellt, als das Schiff übernehmen kann. Der Kapitän darf auch keine Konnossemente ausstellen, die die Übernahme bzw. die Verladung von Gut bestätigen, das tatsächlich nicht übernommen bzw. verladen worden ist (dazu noch oben Rn 28–31 zu § 479). Ebenso darf der Kapitän nicht mehrere, miteinander unvereinbare Frachtverträge oder ggf. Zeitchartern schließen oder Konnossemente ausstellen. Außerdem muss der Kapitän die wirtschaftlichen Interessen des Reeders berücksichtigen. Eine besondere Pflicht zur Wahrnehmung der Interessen des Reeders besteht im Hinblick auf die Abwicklung von „fremden", nicht ursprünglich vom Kapitän selbst geschlossenen Verträgen. Umgekehrt ist der Kapitän aber auch verpflichtet, von seiner Vertretungsbefugnis Gebrauch zu machen. So muss er sie ggf. überhaupt nutzen, darf also Geschäfte und Rechtshandlungen nicht deswegen unterlassen, weil er glaubt, selbst für die Ausführung einstehen zu müssen. Macht der Kapitän von seinen Vertretungsbefugnissen in unrechtmäßiger Weise Gebrauch (oder auch nicht), verletzt er seine Pflichten aus dem Ka-

pitän-Reeder-Rechtsverhältnis und haftet dem Reeder nach Maßgabe des § 280 Abs. 1 BGB auf Schadenersatz (dazu unten Rn 74).

i) Bordanwesenheit. Im Rahmen seiner Dienstpflichten muss sich der Kapitän 66 grundsätzlich an Bord des Schiffes aufhalten. Dies gilt namentlich auf See, während der Lade- bzw. Löscharbeiten, wenn das Schiff in einem nicht sicheren Hafen oder vor Anker liegt sowie in Fällen drohender Gefahr (siehe § 517 HGB a.F.). Der Kapitän darf das Schiff im normalen Betrieb nur in besonderen Ausnahmefällen verlassen. Während seiner Abwesenheit nimmt grundsätzlich der Erste Offizier seine Stellung ein (§ 5 Abs. 3 SeeArbG).

j) Alkohol. Nach § 3 Abs. 3 Satz 1 und Abs. 4 Satz 1 KVR-V, SeeSchStrO bzw. Ems- 67 SchEV darf ein Fahrzeug nicht führen oder dessen Kurs oder Geschwindigkeit nicht bestimmen, wer infolge des Genusses alkoholischer Getränke oder anderer berauschender Mittel in der sicheren Führung des Fahrzeugs gehindert ist. Das gleiche gilt nach den § 3 Abs. 4 Satz 1 der genannten Vorschriften für denjenigen, der einen AAK von 0,25 mg/l oder mehr oder einen BAK von 0,5 Promille hat. Für Kapitäne und das weitere Brückenpersonal von Öl-, Gas- und Chemikalientankschiffen sowie von Schiffen, die INF-Ladung befördern, gilt nach Maßgabe des § 3 Abs. 5 KVR-V bzw. SeeSchStrO in Verbindung mit § 30 Abs. 1 SeeSchStrO, § 3 Abs. 5 EmsSchEV in Verbindung mit Art. 21 Abs. 1 EmsSchO ein absolutes Alkoholverbot. Siehe auch A-VIII/1.10, B-VIII/1.6 bis 9 STCW-Code, Art. 15 Abs. 14 Richtlinie 2008/106 sowie § 8 Abs. 2 Nr. 1 ALV.

3. Die Weisungsbefugnis des Reeders

a) Die Pflicht des Kapitäns zur Befolgung von Weisungen. Der Reeder ist im 68 Rahmen des Kapitän-Reeder-Rechtsverhältnisses berechtigt, dem Kapitän Weisungen zu erteilen. Die Befugnis erstreckt sich auf schlechthin alle Gegenstände, die mit dem Einsatz und dem Betrieb des Schiffes zusammenhängen (siehe §§ 534 Abs. 1, 527 HGB a.F.). Die Nicht-Befolgung bzw. die verzögerte Befolgung einer Weisung des Reeders ist zunächst eine Verletzung von Dienstpflichten, für die der Kapitän einzustehen hat (unten Rn 74). Er darf nach §§ 675 Abs. 1, 665 Satz 1 BGB von den Weisungen abweichen, wenn er den Umständen nach annehmen durfte, dass der Reeder bei Kenntnis der Sachlage die Abweichung billigen würde. Der Kapitän muss dem Reeder von der beabsichtigten Abweichung Anzeige machen und dessen Entschließung abwarten; dies gilt nicht in Fällen der Gefahr (§§ 675 Abs. 1, 665 Satz 1 BGB). Soweit dem Kapitän die endgültige Entscheidungsbefugnis zusteht (oben Rn 11), sind Weisungen des Reeders unbeachtlich. Darf der Kapitän nach §§ 675 Abs. 1, 665 Satz 1 BGB oder aufgrund seiner endgültigen Entscheidungsbefugnis von Weisungen abweichen, ist die hierin liegende Verletzung von Dienstpflichten gerechtfertigt, so dass eine Haftung des Kapitäns entfällt.

b) Die Haftung des Kapitäns gegenüber Dritten. Einer rechtmäßigen Weisung des 69 Reeders muss der Kapitän auch nachkommen, wenn die Ladungsbeteiligten des Schiffes (unten Rn 122–127 zu § 480) oder sonstige Dritte geschädigt werden. Dies ergab sich früher im Rückschluss aus § 512 Abs. 2 HGB a.F. im Hinblick auf die Ladungsbeteiligten, wo es hieß, dass der Kapitän, der auf Anweisung des Reeders handelt, nicht von seiner Haftung befreit wird. Entsprechende Klarstellungen finden sich auch heute noch an anderer Stelle im Fünften Buch. Nach § 587 Abs. 4 Satz 1 haftet der Kapitän dem Berger, wenn er, der Kapitän, das geborgene Schiff oder geborgene Sachen von dem Ort, wo sie sich nach

Beendigung der Bergungsmaßnahmen befinden, entfernt, ohne dass die Forderungen des Bergers auf Bergelohn, Sondervergütung und Ersatz der Bergungskosten erfüllt wurden bzw. Sicherheit geleistet wurde oder dieser zugestimmt hat. Dass dies auf eine Weisung des Reeders zurückgeht, hilft dem Kapitän nach § 587 Abs. 4 Satz 2 nicht. Dazu korrespondierend haftet der Kapitän nach § 594 Abs. 5 Satz 1 und 3 den in Großer Haverei Vergütungsberechtigten auch im Falle einer entsprechenden Weisung des Reeders, wenn er Gegenstände, an denen Pfandrechte nach § 594 Abs. 1 bestehen, ausliefert, ohne dass die Ansprüche der Vergütungsberechtigten erfüllt wurden oder Sicherheit geleistet wurde. Dies betrifft nicht den Fall, dass der Kapitän (wenn kein Ausrüsterverhältnis besteht, § 477 Abs. 1 und 2) auf Weisung des Reeders Ladung ausliefert, auf der Ansprüche auf Zahlung einer Vergütung in Großer Haverei des Eigentümers (= Reeders) selbst lasten.

70 Der Kapitän, der auf Weisung des Reeders gehandelt hat, haftet für sein Verhalten dem geschädigten Dritten nach den Grundsätzen über die unerlaubte Handlung; siehe ausführlich dazu unten Rn 93–156. Dass er einer Weisung des Reeders entsprochen hat, hilft ihm nicht und schadet ihm nicht. Das Handeln bzw. Unterlassen des Kapitäns wird ohne Rücksicht auf die Weisung des Reeders und auf Grundlage seiner Sorgfaltspflichten beurteilt. Hat er nicht die Sorgfalt eines ordentlichen Kapitäns angewandt, hätte er insbesondere darauf aufmerksam werden können, dass die Befolgung der Weisung zu dem Schaden führen konnte, muss er für den Schaden einstehen, ohne geltend machen zu können, dass er einer Weisung nachgekommen ist. War der drohende Schaden für den Kapitän, nicht aber für den Reeder erkennbar, hilft dies dem Kapitän ebenfalls nicht. Konnte der Kapitän den Schaden nicht vorhersehen, fehlt es an einem Verschulden, so dass die Haftung des Kapitäns entfällt. Er muss sich hier auch nicht zurechnen lassen, dass möglicherweise der Reeder bei Erteilung der Weisung auf den drohenden Schadenseintritt hätte aufmerksam werden können.

71 **c) Die Haftung des Reeders.** Führt die Weisung des Reeders, die im Rahmen des Kapitän-Reeder-Rechtsverhältnisses rechtmäßig ist und vom Kapitän befolgt und umgesetzt wird, dazu, dass die Ladungsbeteiligten des Schiffes (unten Rn 122–127 zu § 480) oder Dritte geschädigt werden, haftet neben dem Kapitän auch der Reeder. Beide sind Gesamtschuldner (§§ 421 ff., §§ 830 Abs. 1 Satz 1 und Abs. 2, 840 Abs. 1 BGB). Die Haftung des Reeders wird sich häufig (unabhängig von der erteilten Weisung) bereits aus § 480 ergeben, weil er für die in der Person des Kapitäns begründete Schadenersatzpflicht einzustehen hat. Hat die Weisung zu einem Zusammenstoß mit einem anderen Schiff geführt, haftet der Reeder aus Art. 3, 4 ZusÜSee, §§ 570 ff. Sind Ölverschmutzungen oder Bunkerölverschmutzungen entstanden, gelten Art. III Abs. 1 bis 3, Abs. 4 Satz 1 ÖlHÜ 1992 (siehe dort), wenn er auch der eingetragene Eigentümer ist (Art. 1 Nr. 3 ÖlHÜ 1992), bzw. Art. 3 Abs. 1, 3, 4 und 5 BunkerölÜ (siehe dort). Geht es um Ladungsschäden und hat der Reeder die Rechtsstellung eines (vertraglichen) Verfrachters, kommt eine Haftung aus §§ 498 ff. in Betracht. Im Übrigen ist der Reeder möglicherweise ausführender Verfrachter, so dass er für den Ladungsschaden nach § 509 Abs. 1 bzw. § 480 Satz 2 (unten Rn 111–159 zu § 480) einzustehen hat. Führt die Weisung dazu, dass Fahrgäste getötet oder verletzt werden oder ihr Gepäck verloren geht, beschädigt wird oder verspätet ausgehändigt wird, und ist der Reeder gleichzeitig der vertragliche Beförderer, haftet er auf Grundlage der Art. 3 Abs. 1 VO Athen, Art. 3 Abs. 1 bis 4 AthenÜ, §§ 538, 539, 542. Ggf. ist der Reeder ausführender Beförderer, so dass er den Fahrgästen nach Art. 3 Abs. 1 VO Athen, Art. 4 Abs. 2 AthenÜ 2002, § 546 Abs. 1 einzustehen hat. Dass die Weisung des Reeders zu dem Schaden geführt hat, kann sich als persönliches qualifiziertes Verschulden des Reeders darstellen, mit der Folge, dass zu seinen Gunsten bestehende Haftungsbefreiungen und -beschränkungen entfallen; siehe Art. 4 HBÜ 1996, Art. V Abs. 2 ÖlHÜ 1992, § 507 Nr. 1 sowie Art. 3 Abs. 1 VO Athen, Art. 13 Abs. 1 AthenÜ 2002, § 545. Unabhängig davon kann aufgrund der erteilten Weisung unmittelbar in der Person des Reeders eine Haftung gegenüber den Geschädigten begründet sein, etwa nach § 823 Abs. 1 oder 2 BGB. Früher war in § 512 Abs. 3 HGB a.F. eine Einstandspflicht des Reeders gegenüber den in Abs. 1 genannten Personen für Weisungen an den Kapitän ausdrücklich geregelt.

d) Der Rückgriff des Kapitäns. Wird der Kapitän, der eine Weisung des Reeders befolgt hat, von dem Geschädigten in Anspruch genommen, kann er, der Kapitän, bei Reeder Rückgriff nehmen oder Freistellung verlangen. Dies ergibt sich, unabhängig vom Kapitän-Reeder-Rechtsverhältnis, aus einem möglicherweise bestehenden Gesamtschuldverhältnis: Dem Kapitän steht gegen den Reeder der Anspruch aus § 426 Abs. 1 BGB sowie der nach § 426 Abs. 2 Satz 1 BGB übergegangene Anspruch des Geschädigten zu. Außerdem können sich Ansprüche gegen den Reeder aus dem Kapitän-Reeder-Rechtsverhältnis ergeben, etwa unter dem Gesichtspunkt des Aufwendungs- (§§ 675 Abs. 1, 670 BGB) oder des Schadenersatzes (§ 280 Abs. 1 BGB). Dabei kommen dem Kapitän die Grundsätze über den innerbetrieblichen Schadensausgleich zugute (oben Rn 17–21 sowie unten Rn 147–151).

e) Die Übertragung der Weisungsbefugnis. Der Reeder kann seine Weisungsbefugnis aus dem Kapitän-Reeder-Rechtsverhältnis auf einen Charterer übertragen. Dies kommt insbesondere bei Zeitchartern (§§ 557 ff.) vor, bei denen der Charterer im Rahmen der Employment-Klausel[63] dem Kapitän unmittelbar Weisungen im Hinblick auf den Einsatz des Schiffes („... employment of the vessel ...") erteilen kann. Ist eine solche Übertragung der Weisungsbefugnis erfolgt, tritt der Zeitcharterer, soweit seine Weisungsbefugnis reicht, an die Stelle des Reeders. Auch im Verhältnis zum Zeitcharterer gelten die §§ 675 Abs. 1, 665 Satz 1 BGB, ebenso behält der Kapitän seine endgültige Entscheidungsbefugnis (oben Rn 11). Befolgt der Kapitän Weisungen des Zeitcharterers und kommt es hierdurch zu Schäden Dritter, beurteilt sich die Haftung des Kapitäns unabhängig von der Weisung des Zeitcharterers (oben Rn 69–70). Daneben kommt eine eigene Haftung des Zeitcharterers aus §§ 823 Abs. 1 oder 2 BGB in Betracht, ebenso, wenn es um Ladungsschäden geht, aus §§ 498 ff., wenn der Zeitcharterer die Rechtsstellung eines Verfrachters hat, oder bei Passagierschäden aus Art. 3 Abs. 1 VO Athen, Art. 3 Abs. 1 bis 4 AthenÜ, §§ 538, 539, 542, wenn der Zeitcharterer (vertraglicher) Beförderer ist. Außerdem kann sich eine Haftung des Reeders aus Art. 3, 4 ZusÜSee, §§ 570 ff., Art. 3 Abs. 1, 3, 4 und 5 BunkerölÜ, § 509 Abs. 1 bzw. § 480 Satz 2 oder Art. 3 Abs. 1 VO Athen, Art. 4 Abs. 2 AthenÜ 2002, § 546 Abs. 1 ergeben. Im Falle von Ölverschmutzungsschäden sind der Zeitcharterer und ebenso der Kapitän nach Art. III Abs. 4 Satz 2 Hs. 1 (a) und (c) ÖlHÜ 1992 von der Haftung befreit. Der Kapitän und der Zeitcharterer (sowie ggf. der Reeder) sind Gesamtschuldner (§§ 421 ff., §§ 830 Abs. 1 Satz 1 und Abs. 2, 840 Abs. 1 BGB). Die Weisung des Zeitcharterers kann sein persönliches qualifiziertes Verschulden begründen, so dass für ihn geltende Haftungsbefreiungen und -beschränkungen entfallen (siehe Art. III Abs. 4 Satz 2 Hs. 2 ÖlHÜ 1992, Art. 4 HBÜ 1996, § 507 Nr. 1). Der Kapitän kann nach § 426 Abs. 1 BGB sowie nach § 426 Abs. 2 Satz 1 BGB aus übergegangenem Recht des Geschädigten Rückgriff beim Zeitcharterer nehmen. Ebenso gelten m.E. im Verhältnis zwischen ihm und dem Kapitän die Grundsätze über den innerbetrieblichen Schadens-

---

63 Näher zu dieser *Ramming* TranspR 1993, 267.

ausgleich (oben Rn 17–21 sowie unten Rn 75). Soweit der Reeder die Weisungsbefugnis auf einen anderen übertragen hat, ist der Reeder nicht mehr berechtigt, dem Kapitän Weisungen zu erteilen. Geschieht dies gleichwohl, sind die Weisungen unrechtmäßig, der Kapitän darf ihnen nicht nachkommen.

4. Die Haftung des Kapitäns

74 **a) Die Grundlagen.** Verletzt der Kapitän seine Dienstpflichten aus dem Kapitän-Reeder-Rechtsverhältnis, haftet er dem Reeder nach § 280 Abs. 1 BGB auf Schadenersatz. Dies war früher ausdrücklich in den § 511 Satz 2, § 512 Abs. 1 HGB a.F. geregelt. Die Haftung des Kapitäns ist unabhängig davon, ob zum Reeder (arbeits-)vertragliche Beziehungen bestehen oder ob eines des in § 823 Abs. 1 BGB genannten Rechtsgüter des Reeders verletzt ist.[64] Wird der Kapitän vom Reeder in Anspruch genommen, muss der Reeder das Bestehen der Dienstpflicht sowie deren Verletzung darlegen und beweisen. Hat der Kapitän auf Weisung des Reeders gehandelt (oben Rn 68–73), fehlt es normalerweise an der Verletzung einer Dienstpflicht. Darüber hinaus kommt im Rahmen des Kapitän-Reeder-Rechtsverhältnisses m.E. auch § 619a BGB zur Anwendung. Diese Vorschrift ist zwar nicht in § 675 Abs. 1 BGB genannt. Gleichwohl ist das Kapitän-Reeder-Rechtsverhältnis dem Arbeitnehmer-Rechtsverhältnis letztlich so ähnlich, dass eine Heranziehung auch des § 619a BGB geboten erscheint. Abweichend von § 280 Abs. 1 Satz 2 BGB muss daher der Reeder auch darlegen und beweisen, dass der Kapitän die Pflichtverletzung zu vertreten hat (§ 276 Abs. 1 und 2 BGB). Der Kapitän verhält sich fahrlässig (§ 276 Abs. 2 BGB), wenn er nicht die Sorgfalt eines ordentlichen Kapitäns anwendet (siehe § 511 Satz 1 HGB a.F.). Die vom Kapitän geschuldete Sorgfalt kann ausnahmsweise herabgesetzt sein.[65] Die Haftung des Kapitäns ist ausgeschlossen, wenn Kernmaterial befördert wird, das Schiff durch ein nukleares Ereignis beschädigt wird, dessen Ursache vom Kapitän gesetzt wurde, und der Inhaber der betreffenden Kernanlage auf Grundlage des ParisÜ 1982 dem Reeder haftet (siehe Art. 6 [a] Hs. 1 ParisÜ 1982 sowie unten Rn 21 Anhang IV zu § 480 [maritime Nuklearhaftung]). Der Reeder, der von einem geschädigten Dritten in Anspruch genommen worden ist, kann ggf. beim Kapitän Rückgriff nehmen (dazu unten Rn 156).

75 **b) Der innerbetriebliche Schadensausgleich.** Die arbeitsrechtlichen Grundsätze über den innerbetrieblichen Schadensausgleich (oben Rn 17–21) gelten auch im Rahmen des Kapitän-Reeder-Rechtsverhältnisses, selbst wenn der Kapitän nicht Arbeitnehmer des Reeders ist[66] oder kein Leiharbeitsverhältnis besteht. Die Anwendung der Grundsätze ist unabhängig von der Frage, ob der Kapitän gegenüber dem Reeder nach §§ 611 ff. und den Bestimmungen des HBÜ 1996 zur Beschränkung der Haftung berechtigt wäre (siehe sogleich Rn 76). Wird der Kapitän vom Reeder wegen einer Verletzung von Dienstpflichten aus dem Kapitän-Reeder-Rechtsverhältnis in Anspruch genommen, können die Grundsätze über den innerbetrieblichen Schadensausgleich dazu führen, dass die Haftung des Kapitäns ausgeschlossen oder beschränkt ist.

76 **c) Die beschränkbare Haftung.** Der Kapitän ist, wie sich aus Art. 1 Abs. 4 HBÜ 1996 ergibt, grundsätzlich berechtigt, seine Haftung für alle gegen ihn gerichteten Ansprüche

---

64 Siehe SchG Hamburg HmbSeeRep 2005, 49 Nr. 40 „Priwall IV" (wobei unklar bleibt, ob der beklagte Unternehmer auch Reeder des Schiffes war).
65 Siehe RGZ 119, 397, 399 „Lisbeth".
66 BGH VersR 1978, 319 (rechte Spalte unten) „Lolalo", „Maria".

aus einem Ereignis nach Maßgabe der §§ 611 ff. und den Bestimmungen des HBÜ 1996 zu beschränken (unten Rn 142–143). Dies gilt gleichermaßen für Ansprüche des Reeders aus dem Kapitän-Reeder-Rechtsverhältnis gegenüber dem Reeder, auch man ihm einen vertragsähnlichen Charakter beimisst (siehe Art. 2 Abs. 2 Satz 1 HBÜ 1996. Der Umstand, dass auch der Reeder nach Art. 1 Abs. 1 und 2 HBÜ 1996 zu Beschränkung berechtigt wäre, steht dem nicht entgegen. Allerdings kann der Kapitän seine Haftung für Ansprüche des Reeders wegen des Verlustes und der Beschädigung des Schiffes nicht beschränken. Diese Ansprüche werden insbesondere nicht von Art. 2 Abs. 1 (a) HBÜ 1996 erfasst. Das Schiff selbst kann im Sinne der Vorschrift keine Sache sein, die an Bord oder im unmittelbaren Zusammenhang mit dem Betrieb des Schiffes verloren geht oder beschädigt wird. Im Hinblick auf andere Ansprüche bleibt der Kapitän ggf. zur Beschränkung berechtigt. Dies gilt etwa für Rückgriffsansprüche des Reeders (siehe Art. 2 Abs. 2 Satz 1 HBÜ 1996), der zuvor von dem geschädigten Dritten in Anspruch genommen wurde (unten Rn 142–143). Das Recht des Kapitäns zur Beschränkung der Haftung nach §§ 611 ff. und den Bestimmungen des HBÜ 1996 lässt die Anwendung der Grundsätze über den innerbetrieblichen Schadensausgleich (oben 17–21) unberührt. Diese spielen im Verhältnis des Kapitäns zum Reeder normalerweise auch die größere Rolle.

5. Die Haftung des Reeders. Das Kapitän-Reeder-Rechtsverhältnis begründet auch 77 Schutz- und Rücksichtnahmepflichten (§ 241 Abs. 2 BGB) des Reeders gegenüber dem Kapitän. Eine Verletzung dieser Pflichten kann eine Haftung des Reeders nach § 280 Abs. 1 BGB begründen. Ggf. kann sich der Reeder entlasten, wenn er darlegt und beweist, dass er die Pflichtverletzung nicht zu vertreten hat (§§ 280 Abs. 1 Satz 2, 276 Abs. 1 Satz 2, Abs. 2 BGB). Zum Rückgriff des Kapitäns nach einer Inanspruchnahme durch einen geschädigten Dritten siehe unten Rn 147–151.

a) Der Haftungsausschluss nach § 104 Abs. 1 SGB VII. Die Haftung des Reeders 78 für bestimmte Ansprüche des Kapitäns kann nach § 104 Abs. 1 SGB VII ausgeschlossen sein. Siehe zu den §§ 104 ff. SGB VII zunächst die Hinweise unten Rn 41–54 zu § 480. Der Haftungsausschluss betrifft Ansprüche des Kapitäns (bzw. seiner Hinterbliebenen) im Falle von Tod oder Körperverletzung. Eine Anwendung des § 104 Abs. 1 SGB VII setzt voraus, dass der Reeder Unternehmer im Sinne der Vorschriften des SGB VII ist und außerdem der Kapitän nach Maßgabe des SGB VII unfallversichert ist. Hat der Kapitän die Rechtsstellung eines Arbeitnehmers des Reeders, ist er im Hinblick auf seine Tätigkeit an Bord ohne weiteres im Sinne des § 104 Abs. 1 Satz 1 für das Unternehmen des Reeders tätig. Wird der Kapitän dagegen von einem Dritten, namentlich von einem Crewing Manager gestellt, verrichtet der Kapitän jedenfalls betriebliche Tätigkeiten auf der gemeinsamen Betriebsstätte „Schiff", so dass § 104 Abs. 1 SGB VII nach § 106 Abs. 3 SGB VII zur Anwendung gelangt. Unter diesen Voraussetzungen sind Ansprüche des Kapitäns wegen Personenschäden nach einem Arbeitsunfall (§ 8 SGB VII) gegen den Reeder ausgeschlossen. Dies gilt lediglich dann nicht, wenn der Reeder den Schaden vorsätzlich herbeigeführt hat.

b) Die Kanalisierung der Haftung auf Dritte. Der Reeder kann der Kapitän in ent- 79 sprechenden Fällen entgegenhalten, dass er, der Reeder, unter dem Gesichtspunkt der Kanalisierung von der Haftung befreit sei. Dies kann sich zukünftig ergeben, wenn der Kapitän einen durch HNS verursachten Personenschaden erlitten hat (siehe Art. 1 Abs. 6 HNS-Ü 2010). Ist der Reeder nicht auch der eingetragene Eigentümer (Art. 1 Abs. 3 HNS-Ü 2010), kann er sich auch gegenüber den Ansprüchen des Kapitäns auf den Haftungsausschluss nach Art. 7 Abs. 5 HNS-Ü berufen. Dies gilt nicht im Falle eines qualifizierten

Verschuldens des Reeders (Art. 7 Abs. 5 Hs. 2 HNS-Ü). Wird Kernmaterial befördert, der Kapitän durch ein nukleares Ereignis geschädigt und haftet der Inhaber der betreffenden Kernanlage auf Grundlage des ParisÜ 1982, ist der Reeder von seiner Haftung gegenüber dem Kapitän befreit (siehe Art. 6 [a] Hs. 1 ParisÜ 1982 sowie unten Rn 21 Anhang IV zu § 480 [maritime Nuklearhaftung]). Werden sonstige radioaktive Stoffe befördert und kommt der Kapitän durch Strahlen zu Schaden (siehe § 26 Abs. 1 Satz 1 AtomG), kann sich der Reeder auf § 26 Abs. Abs. 6 AtomG berufen (unten Rn 39–42 Anhang IV zu § 480 [maritime Nuklearhaftung]).

80   **c) Keine Beschränkung der Haftung nach HBÜ 1996, §§ 611ff.** Der Reeder ist im Hinblick auf Ansprüche des Kapitäns aus dem Kapitän-Reeder-Rechtsverhältnis nicht berechtigt, seine Haftung nach den Bestimmungen der §§ 611ff. und des HBÜ 1996 zu beschränken. Diese Befugnis wird durch Art. 3 (e) HBÜ 1996 in Verbindung mit § 611 Abs. 4 Nr. 1 für Ansprüche aus Dienstverträgen ausgeschlossen. Dem gleichzustellen sind Ansprüche des Kapitäns aus dem Kapitän-Reeder-Rechtsverhältnis.

81   **6. Internationalprivatrechtliche Gesichtspunkte.** Das von Gesetzes wegen entstehende, nicht auf einem Vertrag beruhende Kapitän-Reeder-Rechtsverhältnis ist internationalprivatrechtlich als ein solches aus Geschäftsführung ohne Auftrag zu qualifizieren. Das anwendbare Recht ermittelt sich daher nach Maßgabe des Art. 11 Rom II. Hier regelt Art. 11 Abs. 1 Rom II zunächst eine unselbständige Anknüpfung an ein zwischen den Parteien bestehendes vertragliches Rechtsverhältnis. Insoweit könnte ein unmittelbar zwischen dem Kapitän und dem Reeder bestehendes Heuerverhältnis oder, im Rahmen einer Arbeitnehmerüberlassung, ein zwischen dem Kapitän als Arbeitnehmer und dem Reeder als Entleiher bestehende Rechtsverhältnis bestehen. Ebenso sieht Art. 11 Abs. 2 Rom II, wenn die Regelung des Abs. 1 nicht weiterhilft, eine Anknüpfung an einen gemeinsamen gewöhnlichen Aufenthalt des Kapitäns und des Reeders vor. Erst in letzter Instanz kommt nach Art. 11 Abs. 3 Rom II das Recht des Staates zur Anwendung, in dem die Geschäftsführung erfolgt.

82   M.E. laufen alle Tatbestände des Art. 11 Abs. 1 bis 3 Rom II im Hinblick auf die Anknüpfung des Kapitän-Reeder-Rechtsverhältnisses leer. Richtiger Weise unterliegt das Kapitän-Reeder-Rechtsverhältnis stets dem Recht der Flagge des Schiffes. Die vorrangige Anknüpfung nach Art. 11 Abs. 1 Rom II führt nicht zu sachgerechten Ergebnissen, insbesondere weil in entsprechenden Fällen mit der Anknüpfung des Heuervertrages bzw. des Rechtsverhältnisses zwischen dem Kapitän als Arbeitnehmer und dem Reeder als Entleiher auch die Anknüpfung des Kapitän-Reeder-Rechtsverhältnisses wechselt. Der Tatbestand des Art. 11 Abs. 2 Rom II führt in der Regel ohnehin nicht weiter und, wenn der Kapitän und der Reeder tatsächlich einmal einen gemeinsam gewöhnlichen Aufenthalt haben, zu zufälligen Ergebnissen. Außerdem fehlt es an jedem Bezug des gemeinsamen gewöhnlichen Aufenthalts zur Tätigkeit des Kapitäns an Bord. Art. 11 Abs. 3 mit der Anknüpfung an das Recht des Staates, in dem die Geschäftsführung erfolgt, ist schließlich denkbar ungeeignet. Ausgehend davon würde das auf das Kapitän-Reeder-Rechtsverhältnis anwendbare Recht sich laufend mit den Anlaufen von Häfen in verschiedenen Staaten ändern. Lediglich in staatsfreien Gebieten käme es zu einer Anknüpfung an das Recht der Flagge des Schiffes.

83   Ich denke, dass an dieser Stelle die Regelung des Art. 11 Abs. 4 Rom II heranzuziehen ist. Es besteht eine offensichtlich enge Verbindung der Tätigkeiten des Kapitäns an Bord mit dem Flaggenstaat. Das Schiff steht unter dessen Hoheit. Die öffentlich-rechtliche Rechtsstellung des Kapitäns leitet sich aus der Flaggenhoheit ab. Die Verbindung zum Flaggenstaat ist auch enger als die Anknüpfung an das Heuerverhältnis bzw.

das Rechtsverhältnis zwischen dem Kapitän als Arbeitnehmer und dem Reeder als Entleiher (Art. 11 Abs. 1 Rom II) und als die völlig willkürliche Anknüpfung an das Recht des Staates des gemeinsam gewöhnlichen Aufenthalts (Abs. 2). Der Tatbestand des Art. 11 Abs. 3 Rom II kann wegen der sich laufend ändernden Anknüpfung ohnehin nicht sinnvoll angewandt werden. Die Beziehung des Kapitän-Reeder-Rechtsverhältnisses zu Flagge des Schiffes scheint mir die einzig sachgerechte Anknüpfung zu sein. Das Schiff ist der ruhende Pol und der am besten geeignete Bezugspunkt für die Anknüpfung des Kapitän-Reeder-Rechtsverhältnisses. Die zuvor dargelegten Grundsätze kommen daher nur zum Tragen, wenn das Schiff die deutsche Flagge führt.

VIII. Das Verhältnis zu den Ladungsbeteiligten

Nach dem früheren Recht war das Rechtsverhältnis zwischen dem Kapitän und den Ladungsbeteiligten (des Schiffes, unten Rn 122–127 zu § 480) Gegenstand ausdrücklicher und ausführlicher Vorschriften, die in den §§ 511 ff. HGB a.F. enthalten waren. § 511 Satz 1 HGB a.F. umschrieb die vom Kapitän geschuldete Sorgfalt bei der Erfüllung von Dienstpflichten, der Satz 2 der Vorschrift regelte daran anknüpfend die Haftung des Kapitäns für deren Verletzung, und § 512 Abs. 1 HGB a.F. stellte schließlich klar, dass die Haftung insbesondere auch gegenüber dem Befrachter, dem Ablader und dem Ladungsempfänger bestand. Der Grund für die spezielle Ausgestaltung des Rechtsverhältnisses zwischen dem Kapitän und den Ladungsbeteiligten war die besonders enge Beziehung dieser Personen zum Schiff und zu seinem Kapitän. Die Geltung der Dienstpflichten gegenüber den Ladungsbeteiligten und den anderen in § 512 Abs. 1 HGB a.F. genannten Personen war nicht davon abhängig, ob sich im Einzelfall auch um ein Schutzgesetz zugunsten des Betreffenden handelte.[67] Außerdem hat die Rechtsprechung teilweise auch im Verhältnis zu sonstigen, nicht in § 512 Abs. 1 HGB a.F. genannten Dritten auf die in den §§ 511 ff. HGB a.F., insbesondere in § 514 HGB a.F. geregelten Dienstpflichten des Kapitäns abgestellt.[68]

Nach der vollständigen Aufhebung der §§ 511 ff. HGB a.F. fehlt es heute an ausdrücklichen Regelungen über die Dienstpflichten des Kapitäns, auch im Verhältnis zu den Ladungsbeteiligten des Schiffes. Das Rechtsverhältnis ist außervertraglicher Natur, wechselseitige Rechte und Pflichten sowie die Haftung im Fall einer Verletzung dieser Pflichten ergeben sich aus allgemeinen Grundsätzen. Dazu gehören namentlich die Grundsätze über die Haftung aus unerlaubter Handlung, die bestimmte Verkehrspflichten des Kapitäns begründen können. Ebenso kann sich auch aus den Grundsätzen über die Geschäftsführung ohne Auftrag (§§ 677 ff. BGB). Ausgehend davon kann zur Konkretisierung der Pflichten des Kapitäns zu den Ladungsbeteiligten auf die früheren §§ 511 ff. HGB a.F. zurückgegriffen werden.

IX. Bergung; Große Haverei

Sind Bergungsmaßnahmen (auch) zugunsten der Ladung erbracht worden, darf der Kapitän nach § 587 Abs. 4 und Abs. 3 geborgene Ladung ohne Zustimmung des Bergers

---

67 In diesem Sinne aber BGH VersR 1965, 230, 231 f. (unter III.) „Defender" und danach BGH VersR 1967, 798 (zum Überladungsverbot des § 8 II BinSchG).
68 Siehe RGZ 10, 18 „John Ormston" und OLG Hamburg HansGZ H 1909, 57 Nr. 28 „Horatius" (Verletzung eines Stauereiarbeiters); OLG Hamburg HansGZ H 1913, 156 Nr. 73 „Hameln 18", „Fernmore" und LG Hamburg HansRGZ B 1936, 183 Nr. 56 „Torni" sowie zuvor das AG aaO. (Beschädigung des Fahrzeugs, aus dem geladen bzw. in das gelöscht wird).

nicht ausliefern, bevor dessen Ansprüche auf Bergelohn, Sondervergütung und Ersatz der Bergungskosten erfüllt wurden oder Sicherheit geleistet wurde. Der Kapitän haftet, wenn er schuldhaft gehandelt hat, nach § 587 Abs. 4 Satz 1 für den Schaden des Bergers. Dies gilt nach § 587 Abs. 4 Satz 2 auch, wenn der Kapitän auf Weisung des Reeders gehandelt hat (dazu oben Rn 69–70).

87   In ganz entsprechender Weise ist der Kapitän nach § 594 Abs. 5 im Falle einer Großen Haverei verpflichtet. Er darf Sachen, an denen nach § 594 Abs. 1 Pfandrechte bestehen, also insbesondere die Ladung, nicht ausliefern, ohne dass die auf diesen Gegenständen lastenden Große-Haverei-Beiträge gezahlt oder gesichert wurden (§ 594 Abs. 5 Satz 1). Kommt der Kapitän dieser Pflicht nicht nach, haftet er „den Vergütungsberechtigten" auf Schadenersatz, wenn ihn ein Verschulden trifft (§ 594 Abs. 5 Satz 1). Vergütungsberechtigt im Hinblick auf die Beiträge der Ladung ist der Eigentümer des Schiffes (§ 588 Abs. 2). Besteht kein Ausrüsterverhältnis (§ 477 Abs. 1 und 2), betreffen die Vorschriften des § 587 Abs. 4 das Kapitän-Reeder-Rechtsverhältnis. § 587 Abs. 4 Satz 2 stellt wiederum klar, dass der Kapitän den betroffenen Vergütungsberechtigten auch dann haftet, wenn er auf Weisung des Reeders gehandelt hat (oben Rn 69–70). Eine Haftung des Kapitäns entfällt allerdings, wenn die Ladung auf Weisung des Reeders ausgeliefert wird und er dadurch seine eigenen Ansprüche gegen die Ladung auf Zahlungen in Großer Haverei gefährdet.

X. Die Befugnisse des Kapitäns im Hinblick auf die Güter

88   Das frühere Recht sah umfassende Befugnisse des Kapitäns im Hinblick auf das Gut vor. § 564a Satz 2 Fall 1 und § 564b Abs. 1 Satz 2 HGB a.F. regelte die Befugnisse des Kapitäns für den Fall, dass Güter heimlich an Bord gebracht werden. § 564b Abs. 1 Satz 2 HGB a.F. betraf gefährliche Güter, § 564a Satz 2 Fall 1 HGB a.F. schlechthin alle Güter. Der Kapitän musste von seinen Befugnissen keinen Gebrauch machen und konnte das Gut an Bord behalten (siehe § 564a Satz 3 HGB a.F.). Dabei stand jeweils der Kenntnis des Kapitäns die „des Verfrachters" bzw. seines Agenten gleich (§ 564c HGB a.F.). Heimlich an Bord gebrachte Güter durfte der Kapitän nach § 564a Satz 2 Fall 1 HGB a.F. wieder an Land setzen. Bei gefährlichen Gütern durfte der Kapitän nach § 564b Abs. 1 Satz 2 HGB a.F. alle angemessenen Maßnahmen ergreifen, um die Güter unschädlich zu machen. Diese Befugnisse standen dem Kapitän unabhängig davon zu, ob denjenigen, der die Güter an Bord gebracht hat, ein Verschulden traf. Auch im Falle einer von dem Gut ausgehenden konkreten Gefahr standen dem Kapitän nach § 564b Abs. 2, § 564a Satz 2 Fall 2, § 564 Abs. 5 HGB bestimmte Befugnisse zu. Die Kenntnis des Kapitäns von der Gefährlichkeit des Gutes zur Zeit des Anbordbringens war ebenso ohne Bedeutung wie ein Verschulden auf Seiten der Ladungsbeteiligten. Es konnte auch eine (Dienst-)Pflicht des Reeders bestehen, von seinen Befugnissen auch Gebrauch zu machen.[69]

89   Die zuvor angesprochenen Bestimmungen sind alle aus dem neuen Fünften Buch entfernt worden. Ausdrückliche Befugnisse des Kapitäns im Hinblick auf das Gut sind nicht mehr ausdrücklich geregelt. Lediglich § 483 Abs. 2 Satz 1 sieht die Befugnis des Verfrachters – nicht: des Kapitäns – vor, gefährliches Gut auszuladen, einzulagern, zurückzubefördern oder, soweit erforderlich, zu vernichten oder unschädlich zu machen, ohne dem Befrachter deshalb ersatzpflichtig zu werden; siehe auch Art. 4 § 6 Haager bzw. Haag/Visby Regeln. War dem Verfrachter, dem Kapitän oder dem „Schiffsagenten"

---

[69] Siehe ROHGE 21, 154, 157 „Continental".

bei der Übernahme des Gutes die Art der Gefahr bekannt oder war sie ihm mitgeteilt worden, darf der Verfrachter nur dann nach Satz 1 vorgehen, ohne dem Befrachter ersatzpflichtig zu werden, wenn das gefährliche Gut Schiff oder Ladung gefährdet und die Gefahr nicht durch ein Verschulden des Verfrachters herbeigeführt worden ist. § 483 Abs. 2 weist Ähnlichkeiten mit § 410 Abs. 2 auf. Verglichen mit den früheren Regelungen sind die des § 483 Abs. 2 erheblich reduziert. Sie betreffen auch nur noch den Verfrachter, während es auf den Kapitän lediglich noch im Hinblick auf dessen Kenntnisse ankommt.

Unabhängig von § 483 Abs. 2 hat der Kapitän auch heute alle Befugnisse, Ladung, von der eine Gefahr für das Schiff, die Besatzung oder andere Ladung ausgeht, in angemessener und geeigneter Weise unschädlich zu machen. Dies ergibt sich aus den allgemeinen Regelungen des § 121 Abs. 2 und 3 SeeArbG über die Rechtsstellung des Kapitäns an Bord; siehe auch § 8 Abs. 1 SchSG. Der Kapitän darf unter Beachtung der Verhältnismäßigkeit die erforderlichen und ihm nach den Umständen möglichen Maßnahmen ergreifen, um die Gefahr zu beseitigen. Dies kann etwa umfassen das Löschen in Brand geratener Ladung; das Überbordwerfen oder -pumpen der Ladung, von der die Gefahr ausgeht; das Umstauen der Ladung; die Entladung des Gutes im nächsten Zwischenhafen; das Anlaufen eines Nothafens für diese Zwecke. Geht der Kapitän unter Beachtung der zuvor angesprochenen Grundsätze vor, handelt er rechtmäßig. Beeinträchtigungen des Gutes, von dem die Gefahr ausgeht, sind gerechtfertigt, also nicht rechtswidrig, so dass Ansprüche auf Schadenersatz gegen den Kapitän entfallen. Dies betrifft etwa das Kapitän-Reeder-Rechtsverhältnis (oben Rn 22–83) sowie vertragliche Ansprüche auf Schadenersatz im Rahmen von Rechtsverhältnissen, die die Beförderung des Gutes, von dem die Gefahr ausgeht, zum Gegenstand haben (Zeitcharter, Reisecharter, Stückgutfrachtverträge, Konnossemente). Der Kapitän kann auch verpflichtet sein, Maßnahmen gegen Ladung, von der eine Gefahr für andere Rechtsgüter ausgeht, zu ergreifen. Grundlage hierfür kann die (Dienst-)Pflicht des Kapitäns zum Schutz des Schiffes, der Besatzung und der Fahrgäste sowie zum Schutze anderer Ladung sein. Ist die Ladung, von der die Gefahr für andere Rechtsgüter ausgeht, außerdem selbst gefährdet, können Maßnahmen auch aus Gründen der Ladungsfürsorge zugunsten der betroffenen Ladung geboten sein.

XI. Der Kapitän als Besitzdiener des Reeders

Siehe zunächst zum Besitz am Schiff die Hinweise oben Rn 124–126. Der Kapitän ist im Sinne des § 855 BGB Besitzdiener des Reeders bzw. Ausrüsters, der unmittelbarer Besitzer ist. Das Kapitän-Reeder-Rechtsverhältnis ist ein ähnliches Verhältnis im Sinne des § 855 BGB Vorschrift, das auch eine unmittelbare Weisungsbefugnis des Reeders gegenüber dem Kapitän begründet. Der Kapitän ist Besitzdiener des Reeders sowohl im Hinblick auf das Schiff als auch im Hinblick auf die Ladung an Bord. Damit stehen dem Kapitän auch die Besitzschutzrechte nach § 860, § 859, § 858 BGB zu. Weder nach früherem Recht war noch ist der Kapitän heute im Hinblick auf das beförderte Gut Besitzdiener der Ladungsbeteiligten des Schiffes (unten Rn 122–127) oder auch nur der jeweiligen (Haupt-)Verfrachter. Ebenso wenig bestand früher und besteht heute zwischen dem Kapitän und den Ladungsbeteiligten des Schiffes ein Besitzmittlungsverhältnis im Sinne des § 868 BGB. Auch die teilweise, im Rahmen der Employment-Klausel auf den Zeitcharterer übertragene Weisungsbefugnis (oben Rn 73) macht den Kapitän nicht zum Besitzdiener des Zeitcharterers im Hinblick auf das Schiff. Ebenso wenig ergibt sich hieraus ein Besitzmittlungsverhältnis zwischen dem Kapitän und dem Zeitcharterer.

XII. Der Kapitän als Hilfsperson

92 Im Rahmen sonstiger, auf das Schiff bezogener, vertraglicher Rechtsverhältnisse kann der Kapitän die Rechtsstellung einer Hilfsperson haben. So muss sich ein Verfrachter nach § 501 Satz 1 das Verhalten der Schiffsbesatzung und damit des Kapitäns zurechnen lassen. Ggf. entfällt die Zurechnung im Falle eines nautischen Verschuldens, wenn dies vereinbart wurde (§ 512 Abs. 2 Nr. 1, § 525) oder wenn es um die Haftung aus einem Haag-Konnossement geht (Art. 6 Abs. 1 Satz 1 Nr. 1 EGHGB). Ebenso haben der Beförderer und der ausführende Beförderer bei Tod oder Körperverletzung, Beschädigung oder Verlust von Gepäck oder bei dessen verspäteter Aushändigung für Handlungen und Unterlassungen der Schiffsbesatzung einschließlich des Kapitäns als Bediensteten oder Beauftragtem des ausführenden Beförderers nach Art. 4 Abs. 2 AthenÜ 2002 einzustehen (siehe dazu noch unten Rn 134). Gleiches ergibt sich aus § 540 Satz 1. In anderen Vertragsverhältnissen kann der Kapitän die Rechtsstellung eines Erfüllungsgehilfen des Schuldners haben (§ 278 Satz 1 BGB). Im Rahmen einer Zeitcharter (§§ 557 ff.) ist er grundsätzlich Erfüllungsgehilfe des Vercharterers. Nach § 480 Satz 1 haftet der Reeder für eine in der Person des Kapitäns begründete Schadenersatzpflicht. Ebenso ist der Kapitän aufgrund des Kapitän-Reeder-Rechtsverhältnisses Verrichtungsgehilfe des Reeders, so dass dieser nach Maßgabe des § 831 Abs. 1 BGB für das Verhalten des Kapitäns einzustehen hat. Der Kapitän ist nicht Repräsentant des Reeders im Sinne des § 31 BGB (zum Repräsentanten oben Rn 100–107 Anhang zu §§ 476, 477 [Manager]). Geklärt worden ist dies unter dem Gesichtspunkt, dass nach den von der Rechtsprechung bereits vor Inkrafttreten des AGBG aufgestellten Grundsätzen die formularmäßige Freizeichnung für das grobfahrlässige Verhalten leitender Angestellten unzulässig war.[70] Schließlich ist der Kapitän Repräsentant des Versicherungsnehmers bzw. des Versicherten im Rahmen der Kasko-[71] und der Loss-of-Hire-Versicherung,[72] nicht aber in der Güterversicherung.[73]

XIII. Die Haftung gegenüber Dritten

93 Durch die Tätigkeit des Kapitäns an Bord kann es dazu kommen, dass Dritte Schäden erleiden. Insoweit kommt zunächst eine Haftung des Kapitäns selbst in Betracht (unten Rn 94–95). Eine Reihe von Besonderheiten gelten, wenn es um Ansprüche des geschädigten Dritten wegen des Verlustes oder der Beschädigung von Gut geht (unten Rn 96–131). Auch die Fahrgäste des Schiffes, die an Bord des Schiffes getötet oder ver-

---

[70] Siehe RGZ 120, 42, 45 f. „Kanal IV"; RG HansRGZ B 1931, 488 Nr. 163 (Sp. 503 unten sowie Sp. 504 oben) „Oder" und zuvor OLG Hamburg HansRGZ B 1930, 805, Nr. 284 (Sp. 808); RG HansRGZ B 1929, 597 Nr. 240 (Sp. 598) „Hermann", „Magdalene", „Mathilde" sowie zuvor OLG Hamburg HansRGZ B 1929, 19 Nr. 6 (Sp. 20); OLG Bremen VersR 1975, 759, 761 (rechte Spalte) „Fairplay XII" – siehe auch BGH NJW 1956, 1065, 1067 (unter 4.) sowie BGH NJW 1973, 2107, 2108 (rechte Spalte unten) (Setzschiffer in der Binnenschifffahrt).
[71] BGH VersR 1983, 479, 481(unter 4.) „United B.S." und zuvor das OLG Hamburg VersR 1982, 799; OLG Hamburg VersR 1987, 1004, 1006; LG Hamburg NJW-RR 2004, 677, 678 mit Anmerkung *Herber* TranspR 2004, 266 „Cap Triunfo" (siehe hierzu auch den Spruch des SeeA Emden BOSeeAE 2002, 67 = HmbSeeRep 2002, 215 Nr. 173) – ebenso für die Sportschifffahrt OLG Hamm RdTW 2015, 341 [67 ff.], anders aber OLG Köln r + s 2003, 296, 297 (unter 2a) „Shahallah" mit Anm *Roos* VersR 2003, 1252, OLG Karlsruhe NVersZ 1999, 387, 388 (unter 2.), LG Hamburg BeckRS 2005, 12739; offen gelassen OLG Köln RdTW 2014, 364; siehe auch OLG München VersR 2006, 970 und VersR 2006, 1492.
[72] LG Hamburg HmbSeeRep 2005, 224 Nr. 185 (S. 228) „Cap Triunfo", anschließend OLG Hamburg HmbSeeRep 2006, 155 Nr. 104.
[73] BGHZ 77, 88 = VersR 1980, 964, 965.

letzt wurden oder deren Gepäck verloren gegangen ist oder beschädigt oder verspätet ausgehändigt wurde, können möglicherweise den Kapitän in Anspruch nehmen (unten Rn 132–137). Handelt es sich bei dem Schiff um ein vom Staat oder einer sonstigen öffentlichen Stelle betriebenes Fahrzeug, kann sich die Haftung des Kapitäns auch nach § 839 Abs. 1 Satz 1 BGB, Art. 34 Satz 1 GG beurteilen (unten Rn 138). Ggf. kommt dem Kapitän eine Kanalisierung der Haftung auf eine andere Person zugute (unten Rn 139). Der Anspruch des geschädigten Dritten wird häufig durch ein Schiffsgläubigerrecht gesichert (unten Rn 140). Nach welchen sachrechtlichen Vorschriften sich die Haftung des Kapitäns beurteilt, ermittelt sich anhand der Grundsätze des internationalen Privatrechts (unten Rn 141). Ebenso kann dem Kapitän das Recht zur Beschränkung der Haftung zustehen (unten Rn 142–143). Der Kapitän, der von dem geschädigten Dritten in Anspruch genommen wurde, kann ggf. beim Reeder Rückgriff nehmen (unten Rn 147–151). Da sich der Schaden des Dritten normaler Weise im Rahmen des Schiffsbetriebes ergibt, kann neben der Haftung des Kapitäns auch eine solche des Reeders begründet sein (unten Rn 152–155). In diesen Fällen stellt sich die Frage, ob und in welchem Umfange der Reeder beim Kapitän Rückgriff nehmen kann (unten Rn 156).

1. Die Grundlagen der Haftung des Kapitäns. Wird durch das Verhalten des Kapitäns eine Person getötet oder verletzt oder gehen Sachen verloren oder werden sie beschädigt, kommt eine Haftung aus unerlaubter Handlung in Betracht. Ansprüche können sich insbesondere aus den Vorschriften der §§ 823 Abs. 1 und 2 BGB ergeben. Die getötete oder verletzte Person oder die verloren gegangene oder beschädigte Sache kann sich zum Zeitpunkt des Vorfalles an Bord des betreffenden Schiffes, an Bord eines anderen Schiffes oder auch an anderer Stelle befunden haben. Die Haftung aus § 823 Abs. 1 oder 2 BGB setzt ein Verschulden des Kapitäns voraus.[74] Das Verschulden muss vom geschädigten Dritten dargelegt und bewiesen werden. Außerdem muss zwischen dem Verhalten des Kapitäns und dem eingetretenen Schaden ein objektiver Zurechnungszusammenhang bestehen. Der Anspruch des geschädigten Dritten gegen den Kapitän verjährt nach Maßgabe der §§ 195 ff. BGB; näher hierzu unten Rn 106–110 zu § 480. In der Binnenschifffahrt gilt die kurze Verjährung nach § 117 Abs. 1 Nr. 1 BinSchG auch für Ansprüche geschädigter Dritter gegen den Schiffsführer.[75] Schließlich kann auch § 89 Abs. 1 Satz 1 WHG Grundlage für Ansprüche gegen den Kapitän sein (dazu noch Rn 35 zu § 480). 94

Zu der Situation, dass der Kapitän auf Weisung des Reeders oder auch, im Falle einer Übertragung der Weisungsbefugnis auf den Zeitcharterer (oben Rn 73), auf dessen Weisung gehandelt, siehe oben Rn 69. Geht das Verhalten des Kapitäns, das zu dem Schaden geführt hat, auf eine Empfehlung des Lotsen zurück, entlastet dies den Kapitän grundsätzlich nicht. Der Lotse ist normalerweise lediglich Berater der Schiffsführung (siehe Rn 53–64 Anhang zu § 478 [Lotse]). Betraf die Empfehlung allerdings die besonderen Gegebenheiten des Reviers, kann es an einem Verschulden des Kapitäns fehlen, wenn der Lotse nicht ersichtlich unzuverlässig und die fehlerhafte Beratung für den Kapitän nicht erkennbar war.[76] 95

2. Die Haftung für Verlust oder Beschädigung des Gutes. Hat das Verhalten des Kapitäns dazu geführt, dass Gut, das sich an Bord seines Schiffes befand, verloren gegangen ist oder beschädigt wurde, kann dies Ansprüche des Geschädigten aus unerlaub- 96

---

74 Siehe auch OHG TranspR 2010, 354 (plötzliche Ohnmacht des Schiffsführers).
75 SchG Mainz ZfB 2000 Nr. 1 S. 76 (Slg. 1770).
76 BGH NJW 1973, 1327.

ter Handlung nach Maßgabe der allgemeinen Vorschriften gegen den Kapitän begründen (unten Rn 97). Dabei können die im Rahmen der verschiedenen Rechtsverhältnisse (Fracht- und Charterverträge oder Konnossemente) zugunsten des Verfrachters bzw. Vercharterers vorgesehenen Haftungsbefreiungen und -beschränkungen auf unterschiedliche Weise zugunsten des Kapitäns wirken. So ist möglicherweise der Geschädigte seinerseits als Befrachter, Charterer oder Empfänger oder als Konnossements-Berechtigter an einem Rechtsverhältnis beteiligt, in dem die Haftungsbefreiungen und -beschränkungen im Wege einer Himalaya-Regelung auch zugunsten des Kapitäns zur Anwendung gebracht werden (siehe § 508 Abs. 1 und unten Rn 98–118). Davon zu unterscheiden ist der Fall, dass von Gesetzes wegen die Haftungsbefreiungen und -beschränkungen eines Rechtsverhältnisses auf den Geschädigten als vertragsfremden Dritten erstreckt werden (siehe § 506 Abs. 2) und dass dies außerdem über die Himalaya-Regelung des betreffenden Rechtsverhältnisses (siehe § 508 Abs. 1) dem Kapitän zugutekommt (unten Rn 119–127). Als dritter Mechanismus kann schließlich § 509 Abs. 5 wirken. Hierbei handelt es sich um eine besondere Himalaya-Regelung, die die Haftungsbefreiungen und -beschränkungen, die im Rahmen des § 509 zugunsten des Reeders als ausführendem Verfrachter wirken, auch zugunsten des Kapitäns zur Anwendung bringt (unten Rn 128–130).

97 **a) Die Grundlagen der Haftung.** Der Verlust und die Beschädigung des Gutes kann insbesondere Ansprüche der Ladungsbeteiligten des Schiffes (dazu unten Rn 122–127 zu § 480) sowie des Eigentümers des Gutes gegen den Kapitän begründen. Grundlage der Ansprüche sind, bei Anwendbarkeit deutschen Sachrechts (unten Rn 141), vor allem die Tatbestände des § 823 Abs. 1 und 2 BGB.

98 **b) Die Himalaya-Regelungen.** Möglicherweise ist der Geschädigte Partei eines Rechtsverhältnisses, in dem für den Fall des Verlustes und der Beschädigung von Gut zugunsten des Kapitäns Haftungsbefreiungen und -beschränkungen vorgesehen sind (unten Rn 99–100). Dabei kommt es darauf an, dass gerade der geschädigte Dritte die Haftungsbefreiungen und -beschränkungen vereinbart hat (unten Rn 101) und dass diese zugunsten des Kapitäns wirken (unten Rn 102). Die Himalaya-Regelung kann sich aus dem Gesetz ergeben, etwa aus § 508 Abs. 1 (unten Rn 103–105), oder unabhängig davon vertraglich vereinbart sein (unten Rn 109–111). Dem Kapitän können die Haftungsbefreiungen und -beschränkungen der §§ 498 ff. zugunsten des Verfrachters zugutekommen (unten Rn 106–107), oder auch sonstige vertraglich vorgesehene Haftungsbefreiungen und -beschränkungen zugunsten des Verfrachters (unten Rn 108). Denkbar ist auch, dass vereinbart ist, dass die Haftungsbefreiungen und -beschränkungen unmittelbar zugunsten des Kapitäns gelten sollen (unten Rn 109–111). Von besonderer Bedeutung für den Kapitän sind bei alldem die Haftungsausschlüsse für nautisches Verschulden und bei Feuer (unten Rn 112–115).

99 **aa) Die Grundgedanken der Himalaya-Regelungen.** Himalaya-Regelungen sind gesetzliche Vorschriften oder vertragliche Vereinbarungen, die bestimmen, dass die Hilfspersonen des Verfrachters bzw. Vercharterers dem Befrachter bzw. Charterer und dem Empfänger gegenüber in gleicher Weise haften wie der Verfrachter bzw. Vercharterer selbst. Bei dem Verfrachter bzw. Vercharterer muss es sich nicht um den Reeder bzw. Ausrüster des Schiffes handeln. Auch „entfernte" Rechtsverhältnisse, deren Partei der Geschädigte ist, können eine Schutzwirkung zugunsten des Kapitäns entfalten. Der Zweck der Himalaya-Regelungen ist, das zugunsten des Verfrachters bzw. Vercharterers bestehende System der Haftungsbefreiungen und -beschränkungen im Falle des Verlus-

tes oder der Beschädigung des Gutes auch auf seine Hilfspersonen auszudehnen. Damit soll vermieden werden, dass die Haftungsbefreiungen und -beschränkungen dadurch unterlaufen werden, dass Ansprüche nicht gegen den Verfrachter bzw. Vercharterer, sondern die betreffende Hilfsperson geltend gemacht werden. Würde diese unbeschränkt haften, stünde ihr möglicherweise im Innenverhältnis ein ebenfalls unbeschränkter Anspruch gegen den Verfrachter bzw. Vercharterer zu. Dies betrifft insbesondere solche Hilfspersonen, die in einem arbeitsrechtlich geprägten Verhältnis zum Verfrachter bzw. Vercharterer stehen, also namentlich seine Leute. Die Rechtsprechung hat unter diesem Gesichtspunkt anfänglich die zugunsten des Verfrachters bzw. Frachtführers vorgesehenen Haftungsbefreiungen und -beschränkungen dem Kapitän bzw. Schiffer zugutekommen lassen, soweit er sich im Verhältnis zum Verfrachter bzw. Frachtführer die Grundsätze über den innerbetrieblichen Schadensausgleich berufen konnte.[77] Daneben spielt auch der Gedanke des Schutzes sozial schwächerer Beteiligter eine Rolle. Kommen die Haftungsbefreiungen und -beschränkungen zugunsten des Kapitäns zur Anwendung, haftet er nur wie ein Verfrachter bzw. Vercharterer (unten Rn 106–107, 108). Für den Kapitän ist vor allem die Haftungsbefreiung im Falle nautischen Verschuldens interessant (siehe § 512 Abs. 2 Nr. 1, Art. 6 Abs. 1 Satz 1 Nr. 1 EGHGB und unten Rn 112–116).

100 Himalaya-Klauseln sind normalerweise fester Bestandteil aller Frachtvertrags- und Charter-Standardformulare, ebenso aller Konnossements-Bedingungen. Ebenso finden sich Himalaya-Regelungen seit ihrer erstmaligen Verwendung in Art. 4bis § 2 Haag-Visby Regeln heute in allen internationalen Vorschriften, die eine Haftung des Unternehmers für den Verlust oder die Beschädigung von Gut oder für Passagierschäden betreffen; siehe Art. 28 Abs. 2 CMR, Art. 30 MontrealÜ, Art. 25A WarschauAbk 1955, Art. 41 § 2, Art. 27 Abs. 2 Satz 2 CIM 1999, Art. 17 Abs. 3 CMNI. Auch im deutschen Frachtrecht sind Himalaya-Regelungen vorgesehen, siehe §§ 508, 509 Abs. 5 für das Seefrachtrecht (dazu unten Rn 103–105, 128–130) und §§ 436, 437 Abs. 4 für das allgemeine Frachtrecht einschließlich des Binnenschifffahrtsfrachtrechts. Für die Passagierbeförderung gelten die Art. 11 AthenÜ 2002 und § 547 (dazu unten Rn 134, 135).

101 **bb) Die Bindung des geschädigten Dritten.** Der Kapitän kann sich gegenüber dem Geschädigten, der Ansprüche wegen Verlust oder Beschädigung des Gutes geltend macht, nur dann auf eine Himalaya-Regelung berufen, wenn diese gerade Bestandteil des frachtvertraglichen Rechtsverhältnisses ist, dessen Partei der Geschädigte ist. Oder umgekehrt: Jeder Geschädigte muss sich nur die Himalaya-Regelungen des für ihn maßgeblichen Rechtsverhältnisses entgegen halten lassen. Dieses frachtvertragliche Rechtsverhältnis kann ein Stückgutfrachtvertrag, eine Reisecharter, eine Zeitcharter oder ein Konnossement sein. Eine Bindung des Geschädigten kommt daher in Betracht, wenn er Befrachter, Reisecharterer oder Empfänger, Zeitcharterer oder Berechtigter aus einem (Normal- oder Haag-)Konnossement ist. Auch ein Schleppvertrag, der als Werkvertrag zu qualifizieren ist, kann Himalaya-Regelungen zugunsten des Kapitäns enthalten.[78] Es ist nicht erforderlich, dass gerade auch der Reeder bzw. Ausrüster des Schiffes als Verfrachter oder Vercharterer Partei des Rechtsverhältnisses ist. Die Himalaya-Regelungen können auch Bestandteil von „entfernten" frachtvertraglichen Rechtsverhältnissen sein. Für den Kapitän besteht hier die Schwierigkeit, dass er normalerweise keine Kenntnis von

---

77 OLG Hamburg VersR 1970, 1101, 1103 f. „John Lührs" OLG Hamburg VersR 1972, 658, 659 f. „Anke".
78 Siehe RhSchOG Karlsruhe TranspR 1999, 304, 306 f. (unter 2.).

dem Inhalt dieser Rechtsverhältnisse und von möglicherweise zu seinen Gunsten bestehenden Himalaya-Regelungen hat.

102   **cc) Die Wirkung zugunsten des Kapitäns.** Ist der Geschädigte im Rahmen des für ihn maßgeblichen Rechtsverhältnisses an eine (von Gesetzes wegen bestehende oder wirksam vereinbarte, unten Rn 103–105, 109–111) Himalaya-Regelung gebunden, muss diese außerdem auch gerade den Kapitän schützen. Ob dies der Fall ist, ergibt sich aus der Himalaya-Regelung selbst, die ggf. auszulegen ist. Üblicherweise wirken Himalaya-Regelungen auch und gerade zugunsten der Schiffsbesatzung, so dass sie auch dem Kapitän zugutekommen.

103   **dd) Gesetzliche Himalaya-Regelungen – § 508 Abs. 1.** Die grundlegende Himalaya-Regelung des deutschen Seefrachtrechts ist die Vorschrift des § 508 Abs. 1 (zu § 509 Abs. 5 siehe unten Rn 128–130). Nach § 508 Abs. 1 können sich die Leute des Verfrachters sowie die Mitglieder der Schiffsbesatzung (Satz 2) auf die „… in diesem Untertitel …" und im Stückgutfrachtvertrag zugunsten des Verfrachters vorgesehenen Haftungsbefreiungen und Haftungsbegrenzungen berufen. Der Kapitän ist gemäß § 478 Mitglied der Schiffsbesatzung (dort Rn 12–15). Ihm kommen daher nach § 508 Abs. 1 die „… in diesem Untertitel …" vorgesehenen Haftungsbefreiungen und Haftungsbegrenzungen zugute. Diese ergeben sich aus den Vorschriften der §§ 498 ff. (dazu unten Rn 106–107). In gleicher Weise bringt § 508 Abs. 1 zugunsten des Kapitäns die Haftungsbefreiungen und -begrenzungen zur Anwendung, die Stückgutfrachtvertrag zugunsten des Verfrachters über die Haftungsbefreiungen und -beschränkungen §§ 498 ff. hinaus vereinbart worden sind. Über § 527 Abs. 2 gilt § 508 Abs. 1 gleichermaßen im Rahmen einer Reisecharter. Ebenso kann sich der Kapitän gegenüber dem Konnossements-Berechtigten auf die im (Normal-)Konnossement vorgesehenen Haftungsbefreiungen und -begrenzungen berufen, auch wenn es in § 508 Abs. 1 nicht ausdrücklich genannt ist. Für die Zeitcharter (§§ 557 ff.) gilt § 508 Abs. 1 dagegen nicht. Der Vercharterer haftet hier im Falle von Verlust oder Beschädigung des Gutes schon nicht auf Grundlage der §§ 498 ff., sondern gemäß § 567 nach Maßgabe des allgemeinen Schuldrechts, also insbesondere der §§ 280 ff. BGB.

104   Auch für das Haag-Konnossement gelten Ausnahmen. Art. 6 Abs. 1 Satz 1 EGHGB verweist nicht auch auf § 508. Weder die Leute des Verfrachters noch die Besatzung des Schiffes können sich daher von Gesetzes wegen im Falle einer Inanspruchnahme durch den Konnossements-Berechtigten auf die (durch Art. 6 Abs. 1 Satz 1 Nr. 1 bis 4 EGHGB modifizierten) Vorschriften des §§ 498 ff. oder die zugunsten des Verfrachters bestehenden Haftungsbefreiungen und -beschränkungen in den Konnossementsbedingungen berufen. Diese Nicht-Nennung des § 508 in Art. 6 Abs. 1 Satz 1 EGHGB ist so zu verstehen, dass beim Haag-Konnossement eine gesetzliche Himalaya-Regelung schlechthin ausgeschlossen sein soll, auch wenn das im Übrigen anwendbare Sachrecht eine solche vorsehen würde.[79] All dies betrifft gleichermaßen den Kapitän.

105   Insgesamt ergibt sich, dass § 508 Abs. 1 zugunsten des Kapitäns (nur) zur Anwendung gelangt, wenn der geschädigte Dritte Befrachter bzw. Charterer oder Empfänger unter einem Stückgutfrachtvertrag oder einer Reisecharter oder wenn er Berechtigter aus einem Normal-Konnossement ist. In diesen Fällen kann sich der Kapitän auf die Haftungsbefreiungen und -begrenzungen der §§ 498 ff. (unten Rn 106–107) sowie die zugunsten des Verfrachters bzw. Vercharterers vorgesehenen vertraglichen Haftungsbefrei-

---

79 Ausführlich dazu *Ramming* RdTW 2013, 173, 181 (unter g).

ungen und -begrenzungen berufen (unten Rn 108). Unabhängig von § 508 Abs. 1 helfen dem Kapitän ggf. auch vertragliche Himalaya-Klauseln, die unmittelbar zu seinen Gunsten wirken (unten Rn 109–111). Die Haftungsbefreiungen und -beschränkungen kommen dem Kapitän nach § 508 Abs. 2 nicht zugute, wenn ihm ein qualifiziertes Verschulden vorzuwerfen ist (siehe dazu unten Rn 144–146).

ee) Die Anwendung der Haftungsbefreiungen und -beschränkungen der §§ 498 ff. Kommen zugunsten des Kapitäns, der wegen des Verlustes und der Beschädigung von Gut in Anspruch genommen wird, die Haftungsbefreiungen und -beschränkungen der §§ 498 ff. zur Anwendung, stehen dem Kapitän zunächst die besonderen Ausschlussgründe des § 499 Abs. 1 Satz 1 zur Verfügung. Satz 2 der Vorschrift ist mit der Maßgabe anzuwenden, dass Satz 1 nicht zur Anwendung gelangt, wenn der Schaden durch die Sorgfalt eines ordentlichen Kapitäns – nicht: Verfrachters – hätte abgewendet werden können. Dem Kapitän kommt auch die Vermutung des § 499 Abs. 2 HGB zugute. Die besonderen Pflichten des § 499 Abs. 3 und 4 betreffen nur den Verfrachter und nicht den Kapitän, so dass die Vorbehalte dieser Vorschriften nicht zur Anwendung gelangen. Auch der Tatbestand des § 500 betrifft den Kapitän nicht. Da es um eine persönliche Haftung des Kapitäns geht, spielt auch § 501 keine Rolle. Im Falle einer Inanspruchnahme nach § 823 Abs. 1 oder 2 BGB muss bereits der Anspruchsteller das Verschulden des Kapitäns darlegen und beweisen. Dies weicht von dem Konzept des § 498 Abs. 1 und 2 ab. Jedenfalls muss der Kapitän für den Schaden nicht einstehen, wenn er nach § 498 Abs. 2 Satz 1 darlegt und beweist, dass der Verlust oder die Beschädigung auf Umständen beruht, die durch die Sorgfalt eines ordentlichen Kapitäns – nicht: Verfrachters – nicht hätten abgewendet werden können. Der besondere Entlastungstatbestand des § 498 Abs. 2 Satz 2 kommt im Hinblick auf den Kapitän nicht zum Tragen. Ist der Geschädigte Berechtigter aus einem Haag-Konnossement, kommt die Sonderregelung des Art. 6 Abs. 1 Satz 1 Nr. 1 EGHGB, die Haftungsbefreiung im Falle nautischen Verschuldens oder bei Feuer (dazu noch unten Rn 112–116), dem Kapitän nicht zugute, weil Art. 6 Abs. 1 Satz 1 EGHGB schon den § 508 gar nicht erst zur Anwendung bringt (oben Rn 104). **106**

Der Kapitän haftet nach Maßgabe des § 502 auf Wertersatz sowie ggf. nach § 503 für die Kosten der Schadensfeststellung. Weiteren Schaden hat er nicht zu ersetzen. Für den Wertersatz und die Schadensfeststellungskosten haftet der Kapitän darüber hinaus auch nur in beschränkter Höhe. Das Nähere regelt § 504. Eine Vereinbarung, durch die höhere als die in § 504 vorgesehenen Beträge festgesetzt werden (§ 512 Abs. 2 Nr. 2), ist für den Kapitän unbeachtlich. Für ihn bleiben die in § 504 vorgesehenen Beträge maßgeblich. Dies entspricht dem Rechtsgedanken der §§ 509 Abs. 2, 437 Abs. 1 Satz 2, 546 Abs. 1 Satz 2. Eine Wirkung der haftungserweiternden Vereinbarung auch im Verhältnis zum Kapitän wäre eine Abrede zu Lasten Dritter, die mit der deutsche Rechtsordnung grundsätzlich nicht vereinbar ist. In allen Fällen ist eine Geltendmachung der zugunsten des Verfrachters vorgesehenen Haftungsbefreiungen und -beschränkungen durch den Kapitän ausgeschlossen, wenn ihm ein qualifiziertes Verschulden vorzuwerfen ist (siehe § 508 Abs. 2 sowie unten Rn 144–146). Schließlich kommt zugunsten des Kapitäns anstelle der Verjährung nach §§ 195 f. BGB die einjährige Verjährung nach § 605 Nr. 1 zur Anwendung.[80] Sie beginnt nach § 607 Abs. 1 Satz 1 mit der tatsächlichen oder hypothetischen Ablieferung. Ebenso gilt der besondere Tatbestand der Hemmung nach § 608. **107**

---

80 Siehe zum früheren Recht BGH VersR 1973, 1038, 1039 f. (unter VII.).

108   **ff) Vertragliche Haftungsbefreiungen und -beschränkungen zugunsten des Verfrachters.** Der Kapitän kann sich nach §§ 508 Abs. 1 gegenüber den Ansprüchen des Geschädigten wegen Verlust und die Beschädigung des Gutes auch auf alle im Frachtvertrag, in der Reisecharter oder im Konnossement zugunsten des Verfrachters vereinbarten Haftungsbefreiungen und -beschränkungen berufen.[81] Diese Bedingungen müssen wirksam sein, dürfen also nicht von zwingenden Vorschriften abweichen. Im Rahmen des Stückgutfrachtvertrages sind die §§ 498 ff., 605 ff. AGB-fest, so dass eine im Einzelnen ausgehandelte Abrede erforderlich ist (§§ 512 Abs. 1, 609 Abs. 1). Dies gilt grundsätzlich in gleicher Weise für das (Normal-)Konnossement (§§ 525 Satz 1, 609 Abs. 1 Satz 1). Gegenüber dem im Konnossement genannten Dritten sowie gegenüber dem Erwerber des Konnossements gelten die §§ 498 ff., 605 ff. einseitig zulasten des Verfrachters zwingend (§ 525 Satz 2, 609 Abs. 1 Satz 2). Bei der Reisecharter können dagegen ohne Beschränkungen abweichende Regelungen auch durch AGB getroffen werden. § 527 Abs. 2 verweist nicht auch auf § 512, und § 609 Abs. 1 Satz 1 nennt die Reisecharter nicht. Im Falle eines qualifizierten Verschuldens des Kapitäns ist eine Geltendmachung der zugunsten des Verfrachters vereinbarten Haftungsbefreiungen und -beschränkungen ausgeschlossen (siehe §§ 508 Abs. 2 sowie unten Rn 144–146). Zur Haftungsbefreiung für nautisches Verschulden und Feuer siehe unten Rn 112–116. Vereinbarungen, die die Haftung des Verfrachters bzw. Vercharterers erweitern, wirken sich auf den Kapitän nicht aus. Für ihn gelten weiterhin die Regelungen der §§ 498 ff., 605 ff. (siehe zuvor Rn 106–107).

109   **gg) Vertragliche Himalaya-Regelungen zugunsten des Kapitäns.** In den zuvor erörterten Fällen ging es um eine Erstreckung der zugunsten des Verfrachters bzw. Vercharterers vorgesehenen – von Gesetzes wegen bestehenden oder vereinbarten – Haftungsbefreiungen und -beschränkungen auf den Kapitän nach § 508 oder auf Grundlage vertraglicher Vereinbarungen. In vielen Fällen enthalten die betreffenden Rechtsverhältnisse, an die der Geschädigte gebunden ist (oben Rn 101), vertragliche Himalaya-Regelungen, die die Haftungsbefreiungen und -beschränkungen bereits von sich aus auf die Hilfspersonen des Verfrachters und möglicherweise den Kapitän für anwendbar erklären. Ob dies der Fall ist, ergibt sich aus dem Wortlaut bzw. einer Auslegung der betreffenden Bestimmungen.[82] Der Himalaya-Regelung ist zu entnehmen, ob und unter welchen Voraussetzungen sie auch zugunsten des Kapitäns wirkt (dazu noch oben Rn 102) und welche Haftungsbefreiungen und -beschränkungen der Kapitän für sich geltend machen kann. Schließlich muss ermittelt werden, ob die jeweilige Himalaya-Regelung wirksam ist, was sich anhand der für das betreffende Rechtsverhältnis maßgeblichen Vorschriften beurteilt. Dies umfasst zweierlei: Zum einen muss die Haftungsbefreiung bzw. -beschränkung im Verhältnis zum Verfrachter bzw. Vercharterer wirksam sein. Zum anderen muss deren Erstreckung auf den Kapitän erlaubt sein. Soweit sich der Kapitän ohnehin auf entsprechende gesetzliche Himalaya-Regelungen berufen kann, laufen zusätzliche vertragliche Abreden leer. Schwierigkeiten können die Fälle machen, in denen zwar eine Himalaya-Regelung zugunsten der Hilfspersonen des Verfrachters bzw. Vercharterers vorhanden ist, die sich aber nicht auch auf den Kapitän erstreckt. Hier kann sich im Falle einer zwingenden Geltung ergeben, dass die vertragliche Einbe-

---

[81] Siehe zum früheren Recht bereits OLG Hamburg VersR 1970, 1101, 1103 f. „John Lührs"; OLG Hamburg VersR 1972, 658, 659 f. „Anke".
[82] Siehe BGH VersR 1960, 727, 728 ff (unter III.); BGH VersR 1977, 717, zuvor BGH VersR 1972, 40; BGH VersR 1971, 412 „Hannover"; BGHZ 130, 223 = NJW 1995, 2991, 2992; RhSchG Duisburg-Ruhrort VersR 1957, 774.

ziehung des Kapitäns unwirksam ist. Letztlich hängt hier alles von den Umständen des Falles ab.

Unterliegt der Geschädigte als Befrachter bzw. Empfänger unter einem Stückgut- 110
frachtvertrag den §§ 498 ff., 605 ff., entspricht eine vertragliche Himalaya-Regelung, die die Haftungsbefreiungen und -beschränkungen der §§ 498 ff., 605 ff. ausdrücklich auf den Kapitän erstreckt, der bestehenden Rechtslage. Gleiches gilt für den Befrachter bzw. Empfänger unter einer Reisecharter und den Berechtigten aus einem (Normal-) Konnossement. Schwieriger ist es, wenn der Geschädigte aus einem Haag-Konnossement berechtigt ist, das eine Himalaya-Klausel zugunsten des Kapitäns enthält. Aus dem Fehlen einer Verweisung auch auf § 508 in Art. 6 Abs. 1 Satz 1 EGHGB ergibt sich, dass es schlechthin keine gesetzliche Himalaya-Regelung geben soll, auch nicht auf Grundlage des im Übrigen anwendbaren Rechts. Dies gilt allerdings nicht zwingend. Denn die zwingende Geltung betrifft nach Art. 6 Abs. 1 Satz 1 Nr. 3 EGHGB nur die Verpflichtungen des Verfrachters. Diese werden m.E. durch eine Himalaya-Regelung nicht berührt. Eine Himalaya-Klausel in den Bedingungen eines Haag-Konnossements, die die Haftungsbefreiungen und -beschränkungen der §§ 498 ff., 605 ff. auf den Kapitän für anwendbar erklärt, ist daher wirksam.

Gleiches gilt auch für die Zeitcharter (§§ 557 ff.). Zwar bleiben die §§ 498 ff. hier unbe- 111
rücksichtigt (siehe § 567). Den Parteien steht es jedoch frei, die Haftung des Vercharterers für den Verlust oder die Beschädigung des Gutes etwa nach dem Vorbild der Haager oder Haag-Visby Regeln oder den §§ 498 ff. auszugestalten, beispielsweise im Wege einer Paramount-Klausel oder auch durch Einbeziehung des ICA 2011. Dieser Schutz des Vercharterers kann durch eine Himalaya-Regelung auch auf den Kapitän erstreckt werden. Von den §§ 557 ff. kann grundsätzlich ohne Beschränkungen abgewichen werden. Gegen eine Himalaya-Regelung zugunsten des Kapitäns bestehen daher keine Bedenken. Eine solche Bestimmung würde auch einer Inhaltskontrolle nach § 307 Abs. 1 Satz 1 und Abs. 2 BGB standhalten.

hh) Nautisches Verschulden und Feuer. Möglicher Weise kann sich der Kapitän 112
auch darauf berufen, dass seine Haftung im Falle nautischen Verschuldens und Feuers ausgeschlossen sei. Dies ist einer der traditionellen Haftungsausschlüsse der Haager bzw. Haag-Visby Regeln (Art. 4 § 2 [a] und [b]). Vor allem hätte eine Haftungsbefreiung für nautisches Verschulden für den Kapitän Bedeutung, weil ein Teil seiner Tätigkeit unmittelbar die Führung und Bedienung des Schiffes betrifft. Erforderlich ist für eine solche Befreiung, dass eine entsprechende wirksame Freistellung des Verfrachters in dem betreffenden Rechtsverhältnis vorgesehen ist und dass diese auf den Kapitän erstreckt wird. Entsprechende Ausschlusstatbestände für nautisches Verschulden und Feuer zugunsten des Verfrachters sind in den neuen §§ 498 ff. von Gesetzes wegen – anders als früher in § 607 Abs. 2 HGB a.F. – nicht mehr vorgesehen. Sie können aber vereinbart werden.

Für den Stückgutfrachtvertrag lässt § 512 Abs. 2 Nr. 1 es zu, dass auch in AGB (des 113
Verfrachters) bestimmt werden kann, dass der Verfrachter ein Verschulden insbesondere der Schiffsbesatzung nicht zu vertreten hat, wenn der Schaden durch ein Verhalten bei der Führung oder der sonstigen Bedienung des Schiffes oder durch Feuer oder Explosion an Bord des Schiffes entstanden ist. Im Rahmen einer Reisecharter sind die §§ 498 ff. ohnehin nicht AGB-fest, § 527 Abs. 2 verweist nicht auch auf § 512. Damit kann bei Reisechartern auch in AGB eine Haftungsbefreiung für nautisches Verschulden und Feuer vereinbart werden. Beim Normal-Konnossement sind die §§ 498 ff. nach §§ 525 Satz 1, 512 Abs. 1 ebenfalls grundsätzlich AGB-fest. Auch hier gilt allerdings die Ausnahme des § 512 Abs. 2 Nr. 1. Außerdem wird die Erweiterung der zwingenden Geltung gegenüber dem

benannten ersten Nehmer und dem Erwerber des Konnossements nach § 525 Satz 2 in Satz 3 der Vorschrift gerade für die Haftungsfreistellung bei nautischem Verschulden und Feuer wieder rückgängig gemacht. Schließlich kann ebenso für die Zeitcharter, auch in AGB, vorgesehen werden, dass für den Vercharterer im Hinblick auf Ladungsschäden bestimmte Haftungsbefreiungen und -beschränkungen gelten (oben Rn 111). Hier kann auch ein Haftungsausschluss für nautisches Verschulden und Feuer vorgesehen sein. Ist dies der Fall, kann dieser Schutz durch eine Himalaya-Klausel auch auf den Kapitän erstreckt werden.

114   Der geschädigte Dritte, der Ansprüche gegen den Kapitän erhebt, kann auch Berechtigter aus einem Haag-Konnossement sein. Nach Art. 6 Abs. 1 Satz 2 Nr. 1 EGHGB gelten die Haftungsausschlüsse für nautisches Verschulden und Feuer im Rahmen eines Haag-Konnossements von Gesetzes wegen. Es bedarf also keiner ausdrücklich hierauf gerichteten Klausel in den Konnossements-Bedingungen. Allerdings ist zu berücksichtigen, dass dem Kapitän möglicher Weise die in einem Haag-Konnossement vorgesehenen Haftungsbefreiungen und -beschränkungen ohnehin nicht zugutekommen, weil es in Haag-Konnossementen wegen der fehlenden Verweisung auch auf § 508 in Art. 6 Abs. 1 Satz 1 EGHGB keine gesetzliche Himalaya-Regelung gibt (dazu oben Rn 103–105). Dem Kapitän wird hier allenfalls geholfen, wenn die Bedingungen des betreffenden Haag-Konnossements eine Himalaya-Klausel zugunsten des Kapitän umfassen (oben Rn 109–111).

115   Im deutschen Seehandelsrecht sind die Ausschlussgründe „nautisches Verschulden" und „Feuer" traditionell nicht als bloßer Ausschluss der Haftung, sondern – abweichend von Art. 4 § 2 [a] und [b] Haager bzw. Haag-Visby Regeln – als Ausschluss der Zurechnung des Verhaltens insbesondere der Schiffsbesatzung formuliert; siehe § 607 Abs. 2 und 1 HGB a.F., § 512 Abs. 2 Nr. 1, Art. 6 Abs. 1 Satz 1 Nr. 1 EGHGB in Verbindung mit § 501. Der Verfrachter hat ein Verschulden namentlich der Schiffsbesatzung nicht zu vertreten, wenn der Schaden durch ein Verhalten bei der Führung oder der sonstigen Bedienung des Schiffes (nautisches Verschulden) entstanden ist. Bei strikter Anwendung einer entsprechenden Haftungsbefreiung des Verfrachters könnte sich der Kapitän lediglich auf ein nautisches Verschulden der übrigen Schiffsbesatzung berufen. Da wäre einigermaßen widersinnig, denn wenn der Schaden (ausschließlich) auf ein Verschulden der übrigen Schiffsbesatzung zurückgeht, wären von vornherein keine Ansprüche gegen den Kapitän begründet. Ihm wäre nur geholfen, wenn die Haftung für sein eigenes nautisches Verschulden ausgeschlossen wäre. M.E. sind entsprechende Abreden im Frachtvertrag, in der Reisecharter bzw. im Konnossement zu Gunsten des Kapitäns in der Tat auch in dieser Weise zu verstehen. Nur diese Auslegung entspricht dem Zweck der Himalaya-Regelungen, das frachtvertragliche System der Haftungsbefreiungen und -beschränkungen zugunsten des Verfrachters vor einer Aushöhlung zu schützen (oben Rn 99–100).

116   Entsprechendes gilt im Hinblick auf die Haftungsbefreiung für Feuer. Insoweit darf nach § 512 Abs. 2 Nr. 1, Art. 6 Abs. 1 Satz 1 Nr. 1 EGHGB in Verbindung mit § 501 ebenfalls nur bestimmt werden, dass der Verfrachter ein Verschulden insbesondere der Schiffsbesatzung nicht zu vertreten hat, wenn der Schaden durch Feuer oder Explosion an Bord des Schiffes entstanden ist. Auch im Hinblick auf Feuer sind wirksame vertragliche Vereinbarungen, die eine Zurechnung des Verhaltens der Schiffsbesatzung ausschließen, sowie Art. 6 Abs. 1 Satz 1 Nr. 1 EGHGB so zu verstehen, dass der Kapitän dem geschädigten Dritten nicht haftet, wenn sein eigenes Verhalten zu dem Feuer geführt hat.

117   **ii) Internationalprivatrechtliche Gesichtspunkte.** Nach den unten Rn 141 erläuterten Grundsätzen ermittelt sich, nach welchem Sachrecht sich der Anspruch des ge-

schädigten Dritten gegen den Kapitän beurteilt. Dieses Recht entscheidet auch darüber, ob sich der Kapitän gegenüber dem geschädigten Dritten auf Haftungsbefreiungen und -beschränkungen berufen kann (siehe Art. 15 [b] Rom II). Das deutsche Sachrecht schließt die Anwendung von Haftungsbefreiungen und -beschränkungen zugunsten des Kapitäns, die sich aus einem Rechtsverhältnis ergeben, das den geschädigten Dritten bindet, nicht aus. Es ist nicht ersichtlich, dass etwa § 508 Abs. 1 in dem Sinne abschließenden Charakter haben soll, dass vertragliche Haftungsbefreiungen und -beschränkungen nur akzeptiert werden, wenn das betreffende Rechtsverhältnis gerade dem deutschen Sachrecht unterliegt. Der Kapitän kann sich daher auf alle vertraglichen Haftungsbefreiungen und -beschränkungen berufen, auch wenn sich diese aus einem Rechtsverhältnis ergeben, für das ein anderes als das deutsche Recht maßgeblich ist.

Welche Haftungsbefreiungen und -beschränkungen zugunsten des Verfrachters **118** bzw. Vercharterers bestehen, beurteilt sich als internationalprivatrechtliche Vorfrage nach dem Sachrecht, dem das betreffende Rechtsverhältnis, an das der geschädigte Dritte gebunden ist, unterliegt.[83] Dies ist selbständig anhand der Grundsätze des deutschen internationalen Privatrechts zu ermitteln, also nach Art. 3 und 5 Abs. 1 und 3 Rom I sowie nach Art. 6 EGHGB und den Grundsätzen des deutschen internationalen Konnossementsrechts. Das Gleiche gilt für die Frage, ob diese Haftungsbefreiungen und -beschränkungen auch gerade zugunsten des Kapitäns zur Anwendung gelangen. Wird die Haftung des Verfrachters bzw. Vercharterers gesondert angeknüpft, etwa aufgrund einer Teilrechtswahl oder nach Art. 6 EGHGB, ist für die Frage der Geltung der Haftungsbefreiungen und -beschränkungen dieses (Teil-)Recht und nicht das für das Rechtsverhältnis im Übrigen geltende Sachrecht maßgeblich.

c) Haftungsbefreiungen und -beschränkungen zulasten des Geschädigten als **119** **vertragsfremdem Dritten.** In den Ausführungen zuvor Rn 98–118 ging es um die Situation, dass der Kapitän wegen des Verlustes und der Beschädigung von Gut von einer Person in Anspruch genommen wird, die Partei eines Rechtsverhältnisses mit einem Verfrachter bzw. Vercharterer ist, in dem zugunsten des Kapitäns im Rahmen einer klassischen Himalaya-Regelung Haftungsbefreiungen und -beschränkungen vorgesehen sind. Davon zu unterscheiden ist der Fall, dass der Kapitän dem Geschädigten die Haftungsbefreiungen und -beschränkungen entgegenhält, die sich aus einem Rechtsverhältnis ergeben, das kraft Gesetzes die dort zugunsten des Verfrachters bzw. Vercharterers vorgesehenen Haftungsbefreiungen und -beschränkungen auf vertragsfremde Dritte erstreckt (siehe § 506 Abs. 2).

aa) Das Prinzip. Der hier erörterte Ansatz auf Grundlage des § 506 Abs. 2 Satz 1 un- **120** terscheidet sich grundlegend von der klassischen Himalaya-Regelung. Im Rahmen des § 506 Abs. 2 Satz 1 werden die in §§ 498 ff. und im Vertrag vorgesehenen Haftungsbefreiungen und -beschränkungen auf vertragsfremde Dritte erstreckt, die Ansprüche wegen Verlust oder Beschädigung des Gutes gegen den Verfrachter bzw. Vercharterer geltend machen. Der vertragsfremde Dritte ist gerade nicht Partei des betreffenden Rechtsverhältnisses. Eine solche Regelung zu seinen Lasten bedarf daher einer gesetzlichen Anordnung und kann nicht, wie die klassische Himalaya-Regelung, im Wege einer Vereinbarung getroffen werden. Der hier erörterte Mechanismus zugunsten des Kapitäns kann grundsätzlich im Rahmen aller (Haupt- und Unter-)Fracht- und Charterverträgen, die die

---

83 Siehe BGH VersR 1971, 412 „Hannover": Anwendung von Freizeichnungen eines französischem Recht unterliegenden Konossements.

Beförderung des betroffenen Gutes zum Gegenstand haben, zur Anwendung kommen. Nicht etwa ist nur das „letzte" Rechtsverhältnis maßgeblich, das der Reeder bzw. Ausrüster mit seinem Vertragspartner geschlossen hat. Damit sich der Kapitän gegenüber dem Geschädigten nach §§ 506 Abs. 2, 508 Abs. 1 auf die Haftungsbefreiungen und -beschränkungen eines Rechtsverhältnisses berufen kann, müssen zwei Voraussetzungen erfüllt sein. Zum einen muss das betreffende Rechtsverhältnis die Vorschrift des § 506 Abs. 2 überhaupt zur Anwendung bringen (unten Rn 123–124). Unabhängig davon und darüber hinaus muss auch die Himalaya-Regelung, insbesondere eine solche nach § 508 Abs. 1, zugunsten des Kapitäns zum Tragen kommen (unten Rn 125–126).

121   Die Erstreckung der Haftungsbefreiungen und -beschränkungen nach § 506 Abs. 2 Satz 1, die auch dem Kapitän zugutekommt, ist strikt zu unterscheiden von der alleinigen Anwendung der klassischen Himalaya-Klausel des § 508. Letztere erfordert, dass der Geschädigte gerade Partei eines Rechtsverhältnisses ist, in dem die Himalaya-Regelung zum Tragen kommen kann. Dies ist für den Mechanismus des § 506 Abs. 2 Satz 1 in Verbindung § 508 Abs. 1 nicht erforderlich. Ein weiterer Vorteil der Anwendung der §§ 506 Abs. 2 Satz 1, 508 Abs. 1 ist, dass grundsätzlich jedes beliebige Rechtsverhältnis, das die Beförderung des verloren gegangenen oder beschädigten Gutes zum Gegenstand hat, eine geeignete Grundlage dafür sein kann, dass der Kapitän die dort vorgesehenen Haftungsbefreiungen und -beschränkungen jedem beliebigen Dritten entgegenhalten kann. Zu berücksichtigen sind allerdings die Vorbehalte des § 506 Abs. 2 (dazu unten Rn 127).

122   Im Hinblick auf eines der in Frage kommenden Rechtsverhältnisse kommen die §§ 506 Abs. 2 Satz 1, § 508 Abs. 1 allerdings nicht zur Geltung. Dies betrifft das Rechtsverhältnis, an dem der Geschädigte als Partei gebunden ist. Im Rahmen dieses Rechtsverhältnisses ist der Geschädigte gerade nicht vertragsfremder Dritter. Allerdings kann ihm der Kapitän auf Grundlage der alleinigen Anwendung der Himalaya-Regelung des § 508 Abs. 1 die Haftungsbefreiung und -beschränkungen dieses Rechtsverhältnisses entgegenhalten. Es ist sogar denkbar, dass §§ 506 Abs. 2 Satz 1, 508 Abs. 1 im Hinblick auf ein Rechtsverhältnis zur Anwendung gelangt, das in der Kette „oberhalb" des Rechtsverhältnisses steht, an dem der Geschädigte als Partei beteiligt ist.

123   **bb) Die Erstreckung der Haftungsbefreiungen und -beschränkungen auf vertragsfremde Dritte – § 506 Abs. 2 Satz 1.** Eine Anwendung des § 506 Abs. 2 Satz 1 im Hinblick auf außervertragliche Ansprüche vertragsfremder Dritter gegen den Verfrachter setzt voraus, dass er einen Stückgutfrachtvertrag geschlossen hat. Dieser muss sich auf das Gut beziehen, deren Verlust oder Beschädigung nunmehr von dem vertragsfremden Dritten geltend gemacht wird. Dem Stückgutfrachtvertrag steht die Reisecharter gleich (siehe § 527 Abs. 2). Der § 506 Abs. 2 Satz 1 kommt nicht zur Anwendung, wenn das Schiff auf Zeit verchartert wurde (§§ 557 ff.). Es genügt auch, dass ein Normal-Konnossement ausgestellt wurde. Zwar beziehen sich die Tatbestände des § 506 Abs. 2 Nr. 1 und Nr. 2 jeweils auf den „Befrachter", womit an Stückgutfrachtverträge oder Reisecharter angeknüpft wird. Allerdings ergibt sich im Rückschluss aus § 525 Satz 1, dass der Gesetzgeber davon ausgeht, dass § 506 im Rahmen des Konnossements-Rechtsverhältnisses zur Anwendung kommt. Dies gilt allerdings nicht für das Haag-Konnossement. Art. 6 Abs. 1 Satz 2 EGHGB verweist nicht auf § 506 und damit auch nicht auf dessen Abs. 2[84] (ebenso nicht auf § 508, dazu oben Rn 103–105).

---

84 Dazu *Ramming* RdTW 2013, 171, 181 (unter f).

Siehe zur Anwendung der gesetzlichen Haftungsbefreiungen und -beschränkungen **124**
der §§ 498 ff. zugunsten des Kapitäns oben Rn 106–107; zur Anwendung der vertraglichen Haftungsbefreiungen und -beschränkungen oben Rn 109–111; zum Haftungsausschluss wegen nautischen Verschuldens und Feuer oben Rn 111–115 sowie zu internationalprivatrechtlichen Erwägungen oben Rn 117–118 – all dies mit dem Vorbehalt, dass es anstelle des Rechtsverhältnisses, dessen Partei der Geschädigte ist, auf das Rechtsverhältnis ankommt, aus dem der Verfrachter seine Rechte herleitet.

cc) Die Anwendung der Himalaya-Regelung. Der Tatbestand der Himalaya- **125**
Regelung des § 508 Abs. 1 Satz 1 geht im weitesten Sinne davon aus, dass Ansprüche aus außervertraglicher Haftung wegen Verlust oder Beschädigung des Gutes geltend gemacht werden. Es ergeben sich keine Einschränkungen im Hinblick darauf, dass es sich bei dem Gläubiger etwa um eine Person handeln muss, die an dem betreffenden Rechtsverhältnis beteiligt ist. Damit gilt § 508 Abs. 1 ohne weiteres auch für den Fall des § 506 Abs. 2 Satz 1 und die dort angesprochene Situation, dass vertragsfremde Dritte Ansprüche geltend machen. Liest man § 508 Abs. 1 und § 506 Abs. 2 Satz 1 zusammen, ergibt sich, dass bei Vorliegen der entsprechenden Voraussetzungen der Kapitän den vertragsfremden Dritten die Haftungsbefreiungen und -beschränkungen des betreffenden Rechtsverhältnisses entgegen halten kann.

Der BGH hat dem Kapitän gegenüber dem Ladungseigentümer den Haftungsausschluss für nauti- **126**
sches Verschulden zugutekommen lassen, der in dem von ihm als Reeder geschlossenen Zeitcharter enthalten war.[85] In gleicher Weise konnten der Eigner und der Führer eines Schleppers dem geschädigten vertragsfremden Dritten den Ausschluss der Haftung für nautisches Verschulden in dem Schleppvertrag entgegenhalten.[86]

dd) Der Vorbehalt des § 506 Abs. 2 Satz 2 und 3. Die Befugnis des Kapitäns, dem **127**
Geschädigten als vertragsfremden Dritten nach §§ 506 Abs. 2 Satz 1, 508 die Haftungsbefreiungen und -beschränkungen des vom Reeder bzw. Ausrüster geschlossenen Vertrages entgegenzuhalten, steht unter dem Vorbehalt des § 506 Abs. 2 Satz 2 und 3. Der Kapitän kann die Einwendungen nicht geltend machen, wenn einer der Tatbestände der § 506 Abs. 2 Satz 2 Nr. 1 bis 3 erfüllt ist. So darf sich der Kapitän nach § 506 Abs. 2 Satz 2 Nr. 1 nicht auf Abreden im Stückgutfrachtvertrag oder in der Reisecharter berufen, die zu Lasten des Befrachters von den §§ 498 ff. abweichen. Zu diesen (ausgeschlossenen) Einwendungen gehört an sich auch die wirksam vereinbarte Nicht-Zurechnung des Verhaltens der Leute und der Schiffsbesatzung im Falle nautischen Verschuldens oder Feuers (siehe § 512 Abs. 2 Nr. 1 sowie oben Rn 112–115). Allerdings lässt § 506 Abs. 2 Satz 3 die Geltendmachung gerade dieser Beschränkungen doch wieder ausdrücklich zu. Dies gilt auch für und zugunsten des Kapitäns. Ebenso stehen dem Kapitän die Einwendungen der § 506 Abs. 1 nach Abs. 2 Satz 2 Nr. 2 nicht zu, wenn der vertragsfremde Dritte der Beförderung nicht zugestimmt hat und der Verfrachter die fehlende Befugnis des Befrachters, das Gut zu versenden, kannte oder infolge grober Fahrlässigkeit nicht kannte. Der Verfrachter im Sinne dieser Vorschrift ist in den hier erörterten Fällen der Reeder bzw. Ausrüster. Maßgeblich ist seine Kenntnis etc. und nicht die des Kapitäns (an der es praktisch immer fehlen wird). Schließlich kann der Kapitän den vertragsfremden Dritten

---

[85] BGH VersR 1980, 572 „Franz Held"; siehe auch BGH VersR 1983, 549, 551 „Nordholm", zuvor OLG Hamburg VersR 1982, 668.
[86] BGH VersR 1978, 836 „Schleppko 11", „Alstertal", zuvor OLG Hamburg VersR 1977, 812.

nach § 506 Abs. 2 Satz 2 Nr. 3 nicht auf Abs. 1 der Vorschrift verweisen, wenn das Gut vor der Übernahme zur Beförderung abhanden gekommen ist.

128   **d) Die Himalaya-Regelung des § 509 Abs. 5.** Die Vorschrift des § 509 betrifft die Haftung des ausführenden Verfrachters. Abs. 5 der Bestimmung nimmt den Fall auf, dass einer der Leute des ausführenden Verfrachters oder ein Mitglied der Schiffsbesatzung in Anspruch genommen wird, und verweist dazu auf § 508, der entsprechend anzuwenden ist. Nach § 509 Abs. 1 haftet der ausführende Verfrachter für Verlust und der Beschädigung des Gutes in gleicher Weise wie der vertragliche Verfrachter. Der ursprüngliche Befrachter, der den vertraglichen Verfrachter beauftragt hat, sowie der endgültige Empfänger haben wegen des Ladungsschadens einen unmittelbaren Anspruch auch gegen den ausführenden Verfrachter. Diesem stehen nach § 509 Abs. 3 alle Einwendungen zu, die auch der vertragliche Verfrachter geltend machen könnte. Der vertragliche und der ausführende Verfrachter haften als Gesamtschuldner (§ 509 Abs. 4). Die Einstandspflicht des ausführenden Verfrachters ist eine solche aus unerlaubter Handlung, so dass § 509 nur zur Anwendung gelangt, wenn die maßgeblichen Grundsätze des internationalen Privatrechts zum deutschen Sachrecht hinführen.[87] Maßgeblich sind hier die Tatbestände des Art. 4 Rom II.

129   § 509 Abs. 1 setzt voraus, dass sich bereits die Haftung des vertraglichen Verfrachters nach den §§ 498 ff. beurteilt, also dem deutschen Sachrecht unterliegt.[88] Der vertragliche Verfrachter kann einen Stückgutfrachtvertrag oder eine Reisecharter (§ 527 Abs. 2) geschlossen oder ein (Normal-)Konnossement ausgestellt haben. Im Rahmen einer Zeitcharter ist keine zusätzliche Haftung des ausführenden „Verfrachters" vorgesehen. Da Art. 6 Abs. 1 Satz 1 EGHGB nicht auch auf § 509 Bezug nimmt, kann auch ein Haag-Konnossement nicht Grundlage einer Haftung des ausführenden Verfrachters sein.

130   Die Verweisung in § 509 Abs. 5 auf § 508 unter Bezugnahme auf die Leute des ausführenden Verfrachters und die Mitglieder der Schiffsbesatzung ist so zu verstehen, dass sich auch diese Personen, wenn sie vom ursprünglichen Befrachter oder dem endgültigen Empfänger wegen des Verluste oder der Beschädigung des Gutes in Anspruch genommen werden, auf alle Haftungsbefreiungen und -beschränkungen berufen können, die auch dem ausführenden Verfrachter zustehen. Dies wiederum sind alle Einwendungen, die auch der vertragliche Verfrachter geltend machen könnte (§ 509 Abs. 3). Da der vertragliche Verfrachter dem ursprünglichen Befrachter und dem endgültigen Empfänger nach Maßgabe der §§ 498 ff. einstehen muss (zuvor Rn 129), gilt insoweit bereits die Vorschrift des § 508 Abs. 1. Im Zusammenspiel mit § 509 Abs. 5 kommt zu einer eigenartigen Erweiterung bzw. Verdoppelung des Schutzes bestimmter Hilfspersonen. Über § 508 Abs. 1 Satz 1 hinaus, der nur die Leute des vertraglichen Verfrachters einbezieht, kommen nach §§ 509 Abs. 5, 508 die Haftungsbefreiungen und -beschränkungen auch den Leuten des ausführenden Verfrachters zugute. Die Schiffsbesatzung ist dagegen doppelt geschützt, zum einen über § 508 Abs. 1 Satz 2 und zum anderen nach §§ 509 Abs. 5, 508. Dem Kapitän stehen daher gegenüber den Ansprüchen des ursprünglichen Befrachters oder des endgültigen Empfängers wegen des Ladungsschadens auch die Einwendungen zu, die der ausführende Verfrachter geltend machen könnte.

131   **e) Der Anspruch des Kapitäns auf Auskunft.** Aus den Ausführungen zuvor Rn 98–118, 119–127, 128–130 hat sich ergeben, dass dem Kapitän auf verschiedene Weise die in

---

[87] *Herber* in MüKo/HGB Rn 64 zu § 509; *Ramming* RdTW 2013, 81, 82, (unter II.).
[88] *Herber* in MüKo/HGB Rn 17 f., 64 zu § 509; *Ramming* RdTW 2013, 81, 85 (unter V.); *Paschke/Ramming* RdTW 2013, 1, 4 (unter d) .

bestimmten Rechtsverhältnissen vorgesehenen Haftungsbefreiungen und -beschränkungen zugutekommen können. In keinem Fall ist der Kapitän selbst Partei eines solchen Rechtsverhältnisses. In diesem Zusammenhang können sich insbesondere Schwierigkeiten im Hinblick darauf ergeben, dass der Kapitän gar keine Kenntnis von dem Inhalt der maßgeblichen Rechtsverhältnisse hat, die ihm die Befugnis zur Geltendmachung der darin vorgesehenen Haftungsbefreiungen und -beschränkungen gegenüber dem Geschädigten verschaffen. Wird der Kapitän von dem Geschädigten verklagt, würde er ihn, den Geschädigten, zunächst auf die Himalaya-Klausel desjenigen Rechtsverhältnisses verweisen, dessen Partei der Geschädigte ist. Der Kapitän, der sich gegenüber dem Kläger auf Haftungsbefreiungen und -beschränkungen beruft, muss deren Vorliegen darlegen und beweisen. Dazu gehören ggf. die gesetzlichen Voraussetzungen für die Anwendung des § 508 Abs. 1, also namentlich die Anwendbarkeit deutschen Sachrechts auf das betreffende Rechtsverhältnis. Außerdem müsste der Kapitän in entsprechenden Fällen darlegen und beweisen, dass zugunsten des Verfrachters oder Vercharterers oder unmittelbar zu seinen, de Kapitäns, Gunsten bestimmte Haftungsbefreiungen und -beschränkungen vereinbart wurden. Hier geht es um den Inhalt dieser Vereinbarungen sowie um deren Wirksamkeit, so dass der Kapitän ggf. darlegen und beweisen muss, dass Vereinbarungen im Einzelnen ausgehandelt wurden (§ 512 Abs. 1). Kann der Kapitän darlegen, dass das betreffende Rechtsverhältnis ach den Umständen wahrscheinlich zu seinen Gunsten bestimmte Haftungsbefreiungen und -beschränkungen vorsieht, kommt möglicherweise zu Lasten des Klägers die sekundäre Darlegungs- und Beweislast zum Tragen. In anderen Fällen beruft sich der Kapitän im Rahmen der §§ 506 Abs. 2 Satz 1, 508 Abs. 1 auf Haftungsbefreiungen und -beschränken, die ihm gegenüber dem Geschädigten als vertragsfremdem Dritten aus Rechtsverhältnissen zustehen, an denen auch der geschädigte Dritte nicht beteiligt ist. Hier ist der Kapitän darauf angewiesen, die Rechtsverhältnisse, ihren Inhalt und die Parteien zu ermitteln. Allerdings setzt ein Auskunftsanspruch voraus, dass zwischen dem Kapitän und der betreffenden Partei eine Sonderverbindung besteht. Einen allgemeinen Anspruch auf Auskunft gibt es nicht auch wenn die Auskunft für den betreffenden insbesondere wirtschaftlich bedeutsam ist. Eine Sonderverbindung besteht aber ohne weiteres zwischen dem Kapitän und dem Reeder. Damit könnte der Kapitän jedenfalls vom Reeder Auskunft über möglicherweise zu seinen, des Kapitäns, Gunsten vereinbarten Haftungsbefreiungen und -beschränkungen in den vom Reeder geschlossen Frachtvertrag oder Charter verlangen.

3. Die Haftung für Ansprüche von Fahrgästen. Hat das Verhalten des Kapitäns **132** dazu geführt, dass Fahrgäste an Bord des Schiffes getötet oder verletzt wurden, oder dass Gepäck verloren gegangen ist oder beschädigt oder verspätet ausgehändigt wurde, sind möglicherweise Ansprüche der Fahrgäste gegen den Kapitän auf Schadenersatz begründet (oben Rn 94–95). Auch hier können Himalaya-Regelungen zugunsten des Kapitäns zu Tragen kommen (unten Rn 134–136). Grundlage hierfür sind insbesondere die VO Athen in Verbindung mit dem AthenÜ 2002 oder §§ 536 ff., ggf. in Verbindung mit § 77 BinSchG (unten Rn 133). Die Himalaya-Regelungen schützen den Kapitän nur im Hinblick auf Ansprüche der Fahrgäste des „eigenen" Schiffes, nicht aber bei Ansprüchen geschädigter Fahrgäste anderer Schiffe, etwa nach einem vom Kapitän verursachten Zusammenstoß.

a) VO Athen, AthenÜ 2002, §§ 536 ff., § 77 BinSchG. Die Einstandspflicht des Be- **133** förderers für Ansprüche von Fahrgästen wegen Tod oder Körperverletzung oder wegen Verlust, Beschädigung oder verspäteter Aushändigung von Gepäck ist, wie auch die Haftung für Verlust und Beschädigung des Gutes (zuvor Rn 98–118), in eigenartiger Weise und unter Einbeziehung verschiedener Haftungsbefreiungen und -beschränkungen ausgestaltet. Im Anwendungsbereich der VO Athen gelten unmittelbar die Vorschriften des AthenÜ 2002 (siehe Art. 2 VO Athen). Die Verordnung betrifft nur die Beförderung von Reisenden über See (siehe Art. 2 VO Athen, Art. 1 Nr. 2 AthenÜ 2002). Ist die VO Athen nicht anwendbar und führen die für den Beförderungsvertrag maßgeblichen Grundsätze des internationalen Privatrechts hin zum deutschen Sachrecht, beurteilt sich die Haftung des Beförderers nach den §§ 536 ff., wenn der Beförderer eine Beförderung des Fahrgastes über See übernommen hat. Die §§ 536 ff. entsprechen den Vorschriften des AthenÜ 2002. Schuldet der Beförderer eine Beförderung über Binnengewässer, verweist § 77 BinSchG auf die §§ 536 ff. Wie im Frachtrecht haftet dem Fahrgast neben dem vertraglichen auch der ausführende Beförderer (siehe Art. 4 AthenÜ 2002, § 546).

134   **b) Die Himalaya-Regelungen des Art. 11 AthenÜ 2002.** Nach Art. 11 AthenÜ 2002 kommen die Einreden und Haftungsbeschränkungen, die nach AthenÜ 2002 für den Beförderer oder den ausführenden Beförderer gelten, auch weiteren Personen zugute. Diese werden mit „Bediensteter oder Beauftragter" des Beförderers oder des ausführenden Beförderers umschrieben. Diese Wendung übersetzt den (verbindlichen, Art. 25 AthenÜ 2002) englischen Wortlaut, der vom „servant or agent" spricht. Der Begriff „servants" meint die Personen, die im Frachtvertrag auch als die „Leute" des Beförderers bezeichnet werden, also sein eigenes Personal. Die Bedeutung des „agent" bzw. des „Beauftragten" ist unklar. Die SHR-ReformGBegr zu § 547 (der wiederum auf Art. 11 AthenÜ 2002 zurückgeht) verweist darauf, dass es im englischen Wortlaut weiter heiße, „.... if he [the servant or agent] proves that he acted within the scope of his employment ...", und dass dies nur weisungsabhängige Personen, also die „Leute" des vertraglichen und des ausführenden Verfrachters umfasse.[89] Diese Begründung scheint mir nicht zutreffend zu sein. Die Wendung „employment" wird hier in einem anderen Zusammenhang verwendet, nämlich bei dem Merkmal „... in Ausübung ihrer Verrichtungen ...". Zudem meint „employment" in dem Zusammenhang nur allgemein die „Beschäftigung" und verweist nicht auf ein arbeitnehmerähnliches Verhältnis. Richtig ist aber auch, dass der „agent" kein „independent sub-contractor" und der „Beauftragte" damit nicht „selbständige Hilfsperson" ist. M.E. betrifft die Umschreibung „agent" bzw. „Beauftragter" solche Personen, die selbständig, aber im und für das Unternehmen des Beförderers bzw. ausführenden Beförderers tätig sind, gewissermaßen deren Leute im weiteren Sinne. Hierzu zählt etwa der Manager des Schiffes (siehe oben Rn 111 Anhang zu §§ 476, 477 [Manager]). Er ist zwar nicht Bediensteter oder Beauftragter des vertraglichen Beförderers, wohl aber ein solcher des ausführenden Beförderers, also des Reeders oder des Ausrüsters. Auch die Mitglieder der Schiffsbesatzung sind grundsätzlich nicht Bedienstete oder Beauftragte des vertraglichen Beförderers. Allerdings handelt es sich richtigerweise auch hier um Bedienstete oder Beauftragte des ausführenden Beförderers. Damit gehört auch der Kapitän zu den Personen, die durch Art. 11 AthenÜ 2002 geschützt sind. Ihm kommen daher im Hinblick auf die Ansprüche der geschädigten Fahrgäste die Haftungsbefreiungen und -beschränkungen des AthenÜ 2002 zugute.

135   **c) Die Himalaya-Regelungen des § 547.** Nach dem Vorbild des Art. 11 AthenÜ 2002 ordnet § 547 Abs. 1 Satz 1 die Anwendung der für den Beförderer oder den ausführenden Beförderer geltenden Einreden und Haftungsbeschränkungen der §§ 536 ff. zugunsten ihrer Leute an. Daran anknüpfend erstreckt § 547 Abs. 1 Satz 2 diesen Schutz auch auf die

---

[89] S. 112 f.

Mitglieder der Schiffsbesatzung. Zu dieser gehört nach § 478 auch der Kapitän (siehe dort Rn 12–14).

d) Die Anwendung der Haftungsbefreiungen und -beschränkungen. Die Bestimmungen des AthenÜ 2002 und der §§ 536 ff. enthalten ein eigenartiges System von Haftungsbefreiungen und -beschränkungen, das nach Art. 11 AthenÜ und § 547 Abs. 1 auch dem Kapitän im Hinblick auf Ansprüche der Fahrgäste wegen Tod oder Körperverletzung oder wegen Verlust, Beschädigung oder verspäteter Aushändigung von Gepäck zugute kommt. Es ist zunächst Sache des Fahrgastes, die Voraussetzungen eines Anspruchs gegen den Kapitän darzulegen und zu beweisen. Im Hinblick auf die Ansprüche aus § 823 Abs. 1 und 2 BGB (oben Rn 94) gehört hierzu auch das Verschulden des Kapitäns. Dies entspricht auch den Regelungen der §§ 538 Abs. 1 Satz 1, 539 Abs. 1 Satz 1, Art. 3 Abs. 2 Satz 2, Abs. 3 Satz 1 AthenÜ 2002. Die Vermutungen der §§ 538 Abs. 1 Satz 2, 539 Abs. 1 Satz 2, Art. 3 Abs. 1 Satz 2, Abs. 3 Satz 2, Abs. 4 AthenÜ 2002 zugunsten des Fahrgastes bleiben im Verhältnis zum Kapitän dagegen unberücksichtigt. Ebenso laufen die in § 538 Abs. 2 Satz 1, Art. 3 Abs. 1 Satz 1 AthenÜ 2002 geregelten Ausnahmen von dem Verschuldenserfordernis leer. Der Kapitän könnte sich auf die Ausschlussgründe des § 538 Abs. 2 Satz 2, Art. 3 Abs. 1 Satz 1 AthenÜ 2002 berufen. Liegen die Voraussetzungen eines dieser Tatbestände vor, fehlt es jedoch von vornherein an einem Verschulden des Kapitäns, so dass bereits keine Ansprüche des Fahrgastes begründet sind. Der Haftungsausschluss des § 539 Abs. 3, Art. 5 AthenÜ 2002 für Wertsachen kommt auch dem Kapitän zugute. Eine Haftungsbefreiung im Falle nautischen Verschuldens oder bei Feuer ist in den §§ 536 ff. und im AthenÜ 2002 nicht vorgesehen. Für den Kapitän gelten ebenso die Höchstbeträge der Haftung nach §§ 541 Abs. 1 und 3, 542 Abs. 1 bis 3, Art. 7, 8 Abs. 1 bis 3 AthenÜ 2002, Ziffer 1.2 und 2.2 AthenÜ-IMO (siehe Art. 3 Abs. 1 und 2 VO Athen). Der Höchstbetrag des § 541 Abs. 2, Ziffer 1.2 und 2.2 AthenÜ-IMO läuft leer, weil es in den dort genannten Fällen wiederum an einem Verschulden des Kapitäns fehlt. Hat der vertragliche Beförderer einen Selbstbehalt nach § 542 Abs. 4, Art. 8 Abs. 4 AthenÜ 2002 vereinbart, kann sich auch der Kapitän darauf berufen. In allen Fällen ist eine Geltendmachung der Haftungsbefreiungen und -beschränkungen durch den Kapitän ausgeschlossen, wenn ihm ein qualifiziertes Verschulden vorzuwerfen ist (§ 547 Abs. 2, Art. 13 Abs. 2 AthenÜ 2002, dazu unten Rn 144–146).

e) Internationalprivatrechtliche Gesichtspunkte. Siehe zunächst die Hinweise oben Rn 117–118 zu den frachtvertraglichen Himalaya-Regelungen. In einem ersten Schritt muss ermittelt werden, welchem Sachrecht der Anspruch des Fahrgastes gegen den Kapitän unterliegt. Hat der Fahrgast einen Beförderungsvertrag geschlossen, auf den die VO Athen und damit das AthenÜ 2002 zur Anwendung gelangt, gilt Art. 11 AthenÜ 2002 ohne weiteres zugunsten des Kapitäns. Ansonsten ist als Vorfrage das für den Beförderungsvertrag maßgebliche Sachrecht zu bestimmen. Dies ermittelt sich anhand der Grundsätze des deutschen internationalen Privatrechts, namentlich nach den Bestimmungen der Rom I Verordnung. Maßgeblich ist hier zunächst eine Rechtswahl (Art. 3 und 5 Abs. 2 Unterabs. 2 Rom I). Fehlt eine solche, ist objektiv nach Art. 5 Abs. 2 Unterabs. 1 Rom I anzuknüpfen.

4. Die Haftung aus § 839 Abs. 1 Satz 1 BGB, Art. 34 Satz 1 GG. In entsprechenden Fällen kann auch eine Haftung des Kapitäns aus § 839 Abs. 1 Satz 1 BGB in Betracht kommen. Sie ist begründet, wenn er in Ausübung eines öffentlichen Amtes schuldhaft eine einem Dritten gegenüber bestehende Amtspflicht verletzt. Allerdings leitet Art. 34 Satz 1 GG die Haftung des Beamten auf den Staat bzw. die Anstellungskörperschaft über.

Dies hat zur Folge, dass der Beamte frei wird und dem geschädigten Dritten nicht mehr einzustehen hat. Das OLG Oldenburg hat eine Haftung des Kapitäns eines Saugbaggers, der bei der Durchführung von (schlichthoheitlichen) Unterhaltungsarbeiten für eine Wasserstraße fahrlässig einen Zusammenstoß mit einem anderen Schiff verursacht hat, nach § 839 Abs. 1 Satz 1 BGB, Art. 34 Satz 1 GG verneint.[90]

139   **5. Die Kanalisierung der Haftung auf andere Personen.** Die Einstandspflicht für Ölverschmutzungsschäden nach dem ÖlHÜ 1992 sowie zukünftig für HNS-Schäden auf Grundlage des HNS-Ü 2010 umfasst insbesondere (im Außenverhältnis) jeweils eine Kanalisierung der Haftung auf den eingetragenen Eigentümer des Schiffes. Die übrigen am Schiffsbetrieb beteiligten Personen sind freigestellt. Dies kommt auch dem Kapitän als Mitglied der Schiffsbesatzung zugute (siehe Art. III Abs. 4 Satz 2 Hs. 1 [b] ÖlHÜ 1992, dort Rn 10 [Anhang I.1 zu § 480]), sowie Art. 7 Abs. 5 Hs. 1 [b] HNS-Ü 2010, dort Rn 7 [Anhang II zu § 480 [HNS-Ü 2010]). Er haftet damit bei Ölverschmutzungsschäden sowie bei HNS-Schäden dem Geschädigten grundsätzlich nicht. Die Haftungsbefreiung entfällt bei einem qualifizierten Verschulden des Kapitäns (Art. III Abs. 4 Satz 2 Hs. 2 ÖlHÜ 1992, Art. 7 Abs. 5 Hs. 2 HNS-Ü 2010). Im Übrigen bleibt der eingetragene Eigentümer des Schiffes befugt, ggf. beim Kapitän Rückgriff zu nehmen; siehe Art. III Abs. 5 ÖlHÜ 1992, Art. 7 Abs. 6 HNS-Ü 2010 sowie Rn 20–21 zu Art. III ÖlHÜ 1992 und unten Rn 156. Ebenso ist die Haftung des Kapitäns ausgeschlossen, wenn Kernmaterial befördert wird, Dritte durch ein von ihm verursachtes nukleares Ereignis geschädigt werden und der Inhaber der betreffenden Kernanlage auf Grundlage des ParisÜ 1982 haftet (siehe Art. 1 KernmaterialBefÜ sowie unten Rn 37 Anhang IV zu § 480 [maritime Nuklearhaftung]).

140   **6. Schiffsgläubigerrechte.** Die Ansprüche des geschädigten Dritten gegen den Kapitän sind normalerweise durch ein Schiffsgläubigerrecht nach § 596 Abs. 1 Nr. 3 Hs. 1 gesichert. Es genügt, ist aber auch erforderlich, dass die Forderung aus der Verwendung des Schiffes entstanden ist. Der (nur für Sachschäden maßgebliche) Hs. 2 der Vorschrift bleibt außen vor, die Forderung des geschädigten Dritten gegen den Kapitän kann normalerweise nicht aus einem Vertrag hergeleitet werden. Es schadet nicht, dass sich die persönliche Forderung des geschädigten Dritten nur gegen den Kapitän richtet und nicht auch gegen den (Nur-)Eigentümer des Schiffes.[91] Unabhängig davon hat der Dritte regelmäßig nach § 480 Satz 1 auch einen gleichartigen Anspruch gegen den Reeder des Schiffes. Siehe zu dem ggf. bestehenden selbständigen Schiffsgläubigerrecht wegen des Anspruchs aus § 480 Satz 1 die Hinweise unten Rn 164–165 zu § 480.

141   **7. Internationalprivatrechtliche Gesichtspunkte.** Die Haftung des Kapitäns gegenüber dem geschädigten Dritten ist eine solche aus unerlaubter Handlung. Sie wird internationalprivatrechtlich nach Maßgabe des Art. 4 Rom II und im Falle einer Umweltschädigung nach Art. 7 Rom II angeknüpft. Ausgehend von Art. 4 Abs. 1 Rom II gelangt grundsätzlich das Sachrecht des Staates zur Anwendung, in dem der Schaden eingetreten ist. Im Einzelfall kann auch eine Anknüpfung nach Art. 4 Abs. 2 Rom II an den gemeinsamen gewöhnlichen Aufenthalt des geschädigten Dritten und des Kapitäns in Betracht kommen. Eine Anknüpfung nach Art. 4 Abs. 3 Satz 2 Rom II entfällt in der Regel, weil zwischen dem geschädigten Dritten und dem Kapitän normaler Weise kein anderweitiges Rechtsverhältnis besteht. Hierfür genügt es nicht, dass der Kapitän im Rahmen

---

90   OLG Oldenburg VkBl. 1970, 585.
91   Siehe RdTW 2013, 144 [21] „Tom Burmester" mit Anm. *Ramming* aaO. S. 147.

von Himalaya-Regelungen begünstigt wird (dazu oben Rn 98–118). Siehe zu den Tatbeständen des Art. 4 Abs. 1 bis 3 und Art. 7 Rom II und zu dem internationalprivatrechtlichen schiffsbezogenen Anknüpfungsmoment der Flagge des Schiffes die Hinweise unten Rn 212 zu § 480 sowie zu den internationalprivatrechtlichen Fragestellungen im Hinblick auf die Himalaya-Regelungen oben Rn 117–118, 137.

8. Die beschränkbare Haftung des Kapitäns. Die Haftung des Kapitäns für alle **142** Ansprüche aus einem Ereignis ist ggf. nach Maßgabe der Bestimmungen des HBÜ 1996 und der §§ 611 ff. auf einen oder mehrere Höchstbeträge beschränkt. Dies ergibt sich aus Art. 1 Abs. 4 HBÜ 1996. Der Kapitän ist eine Person, für die insbesondere der Schiffseigentümer (Art. 1 Abs. 1 HBÜ 1996), namentlich der Reeder oder Ausrüster (Art. 1 Abs. 2 HBÜ 1996) – auf Grundlage deutschen Rechts nach Maßgabe der §§ 480 Satz 1, 478 (siehe Rn 6–8 zu § 480) – einzustehen hat. Errichtet einer der Schiffseigentümer bzw. der Schiffseigner einen Fonds, kommt dies nach Art. 11 Abs. 3 HBÜ 1996 automatisch auch dem Lotsen zugute. Der Kapitän kann eine Beschränkung seiner Haftung aber auch aus eigenem Recht herbeiführen.

Für welche Ansprüche der Kapitän seine Haftung beschränken kann, ergibt sich aus **143** den Vorschriften der Art. 2 und 3 HBÜ 1996. Häufig wird es im Hinblick auf den Kapitän um den Tatbestand des Art. 2 Abs. 1 (a) HBÜ 1996 und Ansprüche wegen Tod oder Körperverletzung oder wegen Verlust oder Beschädigung von Sachen an Bord oder in unmittelbarem Zusammenhang mit dem Betrieb des Schiffes sowie um Folgeschäden gehen. Der jeweils maßgebliche Personenschaden- und Sachschaden-Höchstbetrag ermittelt sich nach Art. 6 (a) und (b) HBÜ 1996 anhand der Vermessung des Schiffes. Für Ansprüche der Fahrgäste des betreffenden Schiffes (oben Rn 132, 133) steht ein gesonderter Reisende-Höchstbetrag nach Art. 7 HBÜ 1996 zur Verfügung. Für diesen ist nicht die Vermessung des Schiffes, sondern die Anzahl der Reisenden maßgeblich, für deren Beförderung das Schiff zugelassen ist. Für den Kapitän sind die vollen Höchstbeträge maßgeblich, eine Begrenzung auf die Einstiegs-Höchstbeträge, wie für den Lotsen in § 615 Abs. 1 bis 3 bzw. § 5i Satz 1 BinSchG (oben Rn 150–151, 152–154 Anhang zu § 478 [Lotse]), ist für den Kapitän nicht vorgesehen. Das Recht zur Beschränkung der Haftung besteht auch in den Fällen, in denen der Kapitän aufgrund von Himalaya-Regelungen dem geschädigten Dritten ohnehin nur in beschränktem Umfange für den Anspruch einzustehen hat (oben Rn 98–118, 119–127, 128–130, 134, 135). Hier ist die Haftung ggf. zweifach beschränkt. Dies gilt auch im Anwendungsbereich des Art. 5 Abs. 1 VO Athen, der die Beschränkbarkeit der Haftung ausdrücklich bestätigt, allerdings nur im Hinblick auf den Beförderer und den ausführenden Beförderer und nicht auf deren Bedienstete und Beauftragte (dazu oben Rn 155–156 Anhang zu § 478 [Lotse]). Die Befugnis des Kapitäns zur Beschränkung der Haftung ist nach Art. 4 HBÜ 1996 im Falle eines qualifizierten Verschuldens ausgeschlossen.

9. Das qualifizierte Verschulden des Kapitäns. Hat der Kapitän den Schaden **144** durch ein qualifiziertes Verschulden herbeigeführt, kann dies dazu führen, dass zu seinen Gunsten bestehende Haftungsbefreiungen und -beschränkungen entfallen. So kann er sich im Falle eines qualifizierten Verschuldens nicht mehr auf die Himalaya-Regelungen der §§ 508 Abs. 1, 509 Abs. 5, Art. 4bis Abs. 2 Haag/Visby Regeln, § 607a Abs. 2 HGB a.F., §§ 436 Satz 1, 437 Abs. 4, Art. 17 Abs. 3 CMNI, Art. 11 AthenÜ 2002, § 547 Abs. 1 Satz 1 und 2 berufen; siehe §§ 508 Abs. 2, 509 Abs. 5, Art. 4bis Abs. 4 Haag/Visby Regeln, § 607a Abs. 4 HGB a.F.; §§ 436 Satz 2, 437 Abs. 4, Art. 21 Abs. 2 CMNI, Art. 13 Abs. 2 AthenÜ 2002, § 547 Abs. 2. Ist zu Gunsten des Kapitäns ein Haftungsausschluss für nautisches Verschulden vereinbart (siehe § 512 Abs. 2 Nr. 1, Art. 25 Abs. 1 [a] CMNI), entfällt dieses

Privileg in der Regel, wenn es sich um ein qualifiziertes nautisches Verschulden handelt (§ 508 Abs. 1 Satz 1 und 2, Abs. 2; siehe auch Art. 25 Abs. 1 [a] CMNI). Ebenso kann der Kapitän normaler Weise auch die Grundsätze über den innerbetrieblichen Schadensausgleich (dazu oben Rn 17–21) nicht mehr für sich geltend machen. Außerdem entfällt nach Art. 4 HBÜ 1996, § 5c Abs. 1 Nr. 3, § 5b Abs. 1 BinSchG, Art. 4 CLNI auch das Recht des Kapitäns, seine Haftung für alle Ansprüche aus einem Ereignis zu beschränken. Hat sich der Kapitän in qualifizierter Weise schuldhaft verhalten, wirkt sich dies in der Regel nicht auf die Haftung des Reeders bzw. Verfrachters aus. Das Recht des Reeders zur Beschränkung der Haftung nach §§ 611 ff. und den Bestimmungen des HBÜ 1996 bleibt unberührt. Art. 4 HBÜ 1996, ebenso § 5c Abs. 1 Nr. 3, § 5b Abs. 1 BinSchG, Art. 4 CLNI stellen klar, dass jeweils nur ein persönliches qualifiziertes Verschulden schadet („... von ihm selbst ..."). Gleiches gilt im Seefrachtrecht, siehe § 507 Nr. 1, Art. 4 § 5 (e) Haag/Visby Regeln, nicht aber im Land- und Binnenschifffahrtsfrachtrecht, siehe § 435 (anders aber Art. 21 Abs. 1 CMNI, „... er selbst ..."). Siehe aber unten Rn 153-155 zum „Durchgriff" auf den Reeder auf Grundlage des Schiffsgläubigerrechts des geschädigten Dritten.

145 Das qualifizierte Verschulden wird üblicher Weise dahingehend umschrieben, dass der Schaden vorsätzlich oder leichtfertig und in dem Bewusstsein herbeigeführt worden sein muss, dass der Schaden mit Wahrscheinlichkeit eintrete. Vorsätzliches Verhalten erfordert ein Handeln oder Unterlassen mit Wissen und Wollen des pflichtwidrigen Erfolgs. Dies braucht sich grundsätzlich nur auf den Tatbestand der Anspruchsnorm zu beschränken (die Rechtsgutverletzung, § 823 Abs. 1 BGB; die Verletzung des Schutzgesetzes, § 823 Abs. 2 BGB; die Amtspflichtverletzung, § 839 Abs. 1 Satz 1 BGB), nicht aber auf den dadurch eingetretenen Schaden. Die Leichtfertigkeit etc. ist mehr als grobe Fahrlässigkeit. Im allgemeinen Frachtrecht gibt es eine sehr differenzierte Rechtsprechung zu den Voraussetzungen der Leichtfertigkeit etc. Diese kann im Grundsatz auch herangezogen werden, um das Verschulden des Kapitäns zu beurteilen. Ein leichtfertiges Verhalten erfordert einen besonders schweren Pflichtenverstoß, bei dem sich der Kapitän in krasser Weise über die Sicherheitsinteressen des Geschädigten hinwegsetzt.[92] Dass darüber hinaus bestehende subjektive Erfordernis des Bewusstseins von der Wahrscheinlichkeit des Schadenseintritts ist eine sich dem Kapitän aus seinem leichtfertigen Verhalten aufdrängende Erkenntnis, es werde wahrscheinlich ein Schaden entstehen.[93]

146 Der Kapitän handelt qualifiziert schuldhaft, wenn er die Reise trotz erkennbar unzureichender Stabilität des Schiffes antritt oder fortsetzt,[94] wie die Gerichte insbesondere mehrfach im Fall der „Excelsior" bestätigt haben.[95] Ein qualifiziertes Verschulden kann in Betracht kommen, wenn der Kapitän die Verladung von Flüssiggut in Tanks zulässt, in denen sich noch Reste der Vorladung befinden.[96] Auch ein Zusammenstoß mit einem anderen Schiff kann auf qualifiziertem Verschulden beruhen.[97] Der Führer eines Schleppers, der es versäumt, auf dem seitlich befestigten, wesentlich höheren Schiffsbauwerk, das die

---

[92] OLG Frankfurt RdTW 2016, 302 [36] mit Anm. *Ramming* RdTW 2016, 326; siehe auch OLG Hamburg RdTW 2014, 251 [11].
[93] OLG Frankfurt RdTW 2016, 302 [47] mit Anm. *Ramming* RdTW 2016, 326; siehe auch OLG Hamburg RdTW 2014, 251 [11].
[94] Siehe BGH Hansa 1977, 536 und OLG Hamburg VersR 1968, 552 (grobes Verschulden).
[95] OLG Stuttgart HmbSchRZ 2009, 283 Nr. 110 (S. 287 f. unter 3a); LG Hamburg HmbSchRZ 2010, 76 Nr. 49 (S. 78 f. unter 3.); OLG Stuttgart HmbSchRZ 2010, 223 Nr. 120 [51–53]; OLG Hamburg HmbSchRZ 2010, 258 Nr. 127 [8–11] und S. 260 Nr. 128 sowie zuvor LG Hamburg HmbSchRZ 2010, 262 Nr. 129 [26]; OLG Hamburg RdTW 2014, 251 [8–11]; RhSchOG Köln HmbSchRZ 2012, 133 Nr. 64 [30–38].
[96] OLG Hamburg HmbSchRZ 2010, 185 Nr. 108 (S. 190 rechte Spalte) „Isabell Gerhard", zuvor LG Hamburg HmbSchRZ 2009, 218 Nr. 86 mit Anm. *Ramming* HmbSchRZ 2009, 224 Nr. 88.
[97] Siehe LG Bremen HmbSchRZ 2009, 203 Nr. 103 „Margreta", „Sichem Anne".

Rundumsicht des Schleppers erheblich beeinträchtigt, einen Ausguck zu stellen, so dass es zu einem Zusammenstoß mit einem entgegenkommenden Schiff kommt, handelt qualifiziert schuldhaft im Sinne des Art. 25 II (a) CMNI.[98] Der Kapitän handelt leichtfertig, wenn er die Fahrt durch den Nord-Ostsee-Kanal bei verminderter Sicht (200 Meter) fortsetzt, obwohl er nur über einen sicheren Rudergänger verfügt, das Schiff nicht mit Radar ausgerüstet ist und der Kompass ungenau anzeigt.[99] Grob fahrlässig ist es, wenn der Kapitän auf der Fahrt durch den Nord-Ostsee-Kanal bei verminderter Sicht (200 Meter) den Rudergänger durch einen anderen Rudergänger ersetzt, von dem er, der Kapitän, nicht weiß, ob er über genügend Erfahrung in der Kanalfahrt verfügt; und wenn er außerdem den Lotsen, der von dem Auswechseln des Rudergängers keine Kenntnis hat, nicht darüber informiert, dass der neue Rudergänger eine andere Sprache spricht als der alte, so dass es zunächst zu Verständigungsschwierigkeiten kommt.[100] Der Kapitän handelt grob fahrlässig, wenn er er zu einem ihm als geruchsempfindlich bezeichneten Gut (Mondamin) in den gleichen Raum noch ein stark riechendes Gut (Naphta) staut.[101]

10. Der Rückgriff des Kapitäns beim Reeder

a) Das Kapitän-Reeder-Rechtsverhältnis. Dem Kapitän, der von dem geschädigten 147 Dritten in Anspruch genommen wurde, steht möglicherweise ein Rückgriffsanspruch gegen den Reeder zu. Ein solcher kann sich insbesondere aus dem Kapitän-Reeder-Rechtsverhältnis ergeben, namentlich auf Grundlage des Anspruchs aus §§ 675 Abs. 1, 670 BGB auf Aufwendungsersatz oder als Anspruch nach § 280 Abs. 1 BGB auf Schadenersatz sowie vor allem aus den Grundsätzen über den innerbetrieblichen Schadensausgleich (oben Rn 17–21). Hat der Kapitän den Anspruch des geschädigten Dritten noch nicht erfüllt, kann er vom Reeder Freistellung verlangen. Soweit die Zahlungs- bzw. Freistellungsansprüche ihre Grundlage ausschließlich in dem handelsrechtlichen Kapitän-Reeder-Rechtsverhältnis haben, wären sie vor den ordentlichen Gerichten und nicht vor den Arbeitsgerichten geltend zu machen. Etwas anderes gilt, wenn der Kapitän auch Arbeitnehmer des Reeders ist.

b) Schiffsgläubigerrechte. Der Ansprüche des Kapitäns gegen den Reeder auf Zah- 148 lung bzw. Freistellung sind nicht durch ein Schiffsgläubigerrecht gesichert. § 596 Abs. 1 Nr. 1 gewährt ein Schiffsgläubigerrecht ausdrücklich nur für Heuerforderungen. Ein Schiffsgläubigerrecht ergibt sich auch nicht aus § 596 Abs. 1 Nr. 3.[102] Zwar betrifft der Anspruch des Kapitäns ggf. Schadenersatz wegen Tod oder Körperverletzung von Personen und Verlust oder Beschädigung von Sachen. Allerdings wird der Anspruch aus einem vertragsähnlichen Rechtsverhältnis zwischen dem Kapitän und dem Reeder hergeleitet, so dass die Voraussetzungen des Vorbehalts des § 596 Abs. 1 Nr. 3 Hs. 2 vorliegen. Etwas anderes gilt in der Binnenschifffahrt. Hier ist der Rückgriffsanspruch des Schiffers eine aus dem Schiffer-Eigner-Rechtsverhältnis begründete Forderung des Schiffers, die nach § 102 Nr. 2 BinSchG durch ein Schiffsgläubigerrecht gesichert ist. Eine entsprechende Regelung fand sich früher auch für das Seehandelsrecht in § 754 Nr. 3 HGB a.F.

c) Die beschränkbare Haftung. Der Reeder kann seine Haftung für die Rückgriffs- 149 ansprüche des Kapitäns auf Aufwendungs- oder Schadenersatz sowie für die Ansprüche im Rahmen des innerbetrieblichen Schadensausgleichs aus dem Kapitän-Reeder-Rechtsverhältnis nicht beschränken, Art. 3 (e) HBÜ 1996, § 611 Abs. 4 Nr. 1. Hierbei bleibt

---

98 OLG Frankfurt RdTW 2016, 302 [36–52, insbesondere 41] mit Anm. *Ramming* RdTW 2016, 326.
99 OLG Hamburg VersR 1973, 542, 543 (linke Spalte).
100 OLG Hamburg VersR 1973, 542, 543 (linke Spalte).
101 RG JW 1937, 29.
102 Anders *Lindemann* Seearbeitsgesetz Einführung Rn 143.

es auch im Falle eines qualifizierten Verschuldens des Kapitäns (Art. 4 HBÜ 1996, dazu oben Rn 144–146). Zur Möglichkeit des „Durchgriffs" des geschädigten Dritten auf Grundlage eines Schiffsgläubigerrechts siehe unten Rn 153–155.

150 **d) Der Gesamtschuldnerausgleich.** Haftete der Kapitän neben dem Reeder dem geschädigten Gläubiger als Gesamtschuldner (§§ 421 ff., 840 Abs. 1 BGB), kann der Kapitän, der den Anspruch des Gläubigers erfüllt, ggf. im Rahmen des Gesamtschuldnerausgleichs im Innenverhältnis beim Reeder Rückgriff nehmen. Dem Kapitän steht zunächst der Anspruch aus § 426 Abs. 1 Satz 1 BGB zu. Möglicherweise erfüllt er die Voraussetzungen eines der Tatbestände des Art. 2 Abs. 1 HBÜ 1996, insbesondere den der Nr. 1. Gleichwohl kann der Reeder seine Haftung für den Anspruch aus § 426 Abs. 1 Satz 1 BGB nicht beschränken. Zwar betrifft das Recht zur Beschränkung der Haftung nach Art. 2 Abs. 2 Satz 1 HBÜ 1996 ausdrücklich auch Rückgriffsansprüche. M.E. handelt es sich aber bei dem Anspruch aus § 426 Abs. 1 Satz 1 BGB gegen den Reeder um den Anspruch eines Bediensteten des Reeders im Sinne des Art. 3 (e) HBÜ 1996, für den die Beschränkbarkeit durch § 611 Abs. 4 Nr. 1 ausgeschlossen ist. Ebenso wenig ist der Anspruch aus § 426 Abs. 1 Satz 1 BGB durch ein Schiffsgläubigerrecht nach § 596 Abs. 1 Nr. 3 Hs. 1 gesichert. Denn der Anspruch kann im Sinne des Vorbehalts des Hs. 2 auch aus dem Kapitän-Reeder-Rechtsverhältnis hergeleitet werden.

151 Anders verhält es sich mit den Ansprüchen des geschädigten Gläubigers gegen den Reeder, die nach § 426 Abs. 2 Satz 1 BGB auf den Kapitän übergegangen sind und die der Kapitän nunmehr ganz oder teilweise gegen den Reeder verfolgen kann. Der Kapitän rückt in die Rechtsstellung des Gläubigers ein. Stand dem Reeder im Verhältnis zum Dritten die Befugnis zu, die Haftung nach Maßgabe der Bestimmungen des HBÜ 1996 und der §§ 611 ff. zu beschränken, gilt dies nunmehr auch gegenüber dem Kapitän. War der Anspruch des Gläubigers gegen den Reeder durch ein Schiffsgläubigerrecht gesichert, geht im Falle des Übergangs des Anspruchs gegen den Reeder auf den Kapitän nach § 426 Abs. 2 BGB auch das Schiffsgläubigerrecht mit über (§§ 412, 401 Abs. 1 BGB).

11. Die Haftung des Reeders für den Kapitän

152 **a) Die Ansprüche des geschädigten Dritten.** Soweit der Kapitän dem Dritten auf Schadenersatz haftet (oben Rn 94–95), wird diese Einstandspflicht nach § 480 Satz 1 auf den Reeder erstreckt. Der Kapitän ist nach § 478 Mitglied der Schiffsbesatzung (siehe dort Rn 12–15). Die Ersatzpflicht des Kapitäns muss in Ausübung seiner Tätigkeit begründet worden sein (dazu unten Rn 28–30 zu § 480). Bei Ansprüchen der Ladungsbeteiligten des Schiffes wegen Verlust oder Beschädigung von Gut ist der Vorbehalt des § 480 Satz 2 zu beachten (unten Rn 114–141 zu § 480). Der Kapitän und der Reeder haften dem geschädigten Dritten als Gesamtschuldner (§ 840 Abs. 1 BGB).

153 **b) Der „Durchgriff" auf den Reeder im Falle qualifizierten Verschuldens des Kapitäns.** Ist dem Kapitän ein qualifiziertes Verschulden vorzuwerfen, ist er nach Art. 4 HBÜ 1996 nicht mehr berechtigt, seine Haftung zu beschränken (dazu oben Rn 144–146). Hier stellt sich die Frage, ob in diesen Fällen die Möglichkeit eines „Durchgriffs" besteht, ob also der geschädigte Gläubiger die Möglichkeit, den Reeder in unbeschränkter Höhe in Anspruch zu nehmen, auch wenn dieser seine Haftung an sich beschränken könnte. Das qualifizierte Verschulden des Kapitäns allein genügt nicht, weil der Wegfall des Rechts zur Beschränkung der Haftung ein qualifiziertes Verschulden des Reeders selbst voraussetzt (Art. 4 HBÜ 1996, § 616).

Der Gläubiger könnte möglicherweise auf den Freistellungsanspruch des Kapitäns 154
gegen den Reeder aus dem Kapitän-Reeder-Rechtsverhältnis Zugriff nehmen, etwa im
Wege der Pfändung (§§ 828 ff., 845 ZPO). Allerdings wird es sich normalerweise so verhalten, dass ein Freistellungsanspruch im Falle eines qualifizierten Verschuldens des
Kapitäns entfällt oder jedenfalls erheblich reduziert ist.

Ein Durchgriff kann aber möglicherweise über das Schiffsgläubigerrecht erfolgen. 155
Der Anspruch des geschädigten Dritten gegen den Kapitän wird in der Regel durch ein
Schiffsgläubigerrecht gesichert sein, namentlich aus § 596 Abs. 1 Nr. 3. Es genügt, ist
aber auch erforderlich, dass der Schaden aus der Verwendung des Schiffes entstanden
bzw. in Zusammenhang mit dem Betrieb des Schiffes eingetreten ist. Dagegen schadet es
nicht, dass sich die persönliche Forderung des geschädigten Dritten nicht auch gegen
den (Nur-)Eigentümer des Schiffes richtet, ebenso wenig, dass es sich bei dem persönlichen Schuldner um den Kapitän handelt. Das OLG Hamburg hat in der „Tom Burmester"
Entscheidung klargestellt, dass es auf die Identität des persönlichen Schuldners nicht
ankommt.[103] Damit besteht auch das Schiffsgläubigerrecht, das den Anspruch gegen den
Kapitän sichert, in unbeschränkter Höhe. Nun bestimmt allerdings Art. 1 Abs. 5 HBÜ
1996, dass der – beschränkbaren – Haftung des Schiffseigentümers die Haftung für Ansprüche gegen das Schiff selbst gleichsteht. Diese Vorschrift betrifft jedoch lediglich die
„in rem" Verfahren des angelsächsischen Rechtskreises, in denen gewissermaßen „das
Schiff" als der persönliche Schuldner angesehen wird. Dies ist zu unterscheiden von der
dinglichen Haftung des (Nur-)Eigentümers mit dem Schiff. Damit bleibt m.E. es dabei,
dass das Schiffsgläubigerrecht des § 596 Abs. 1 Nr. 3 den unbeschränkten Anspruch gegen den Kapitän in voller Höhe sichert.

12. Der Rückgriff des Reeders beim Kapitän. Leistet der Reeder des Schiffes dem 156
geschädigten Dritten Schadenersatz, kann er, der Reeder, möglicherweise beim Kapitän
Rückgriff nehmen. Grundlage hierfür ist das Kapitän-Reeder-Rechtsverhältnis, das ggf.
nach § 280 Abs. 1 BGB Ansprüche des Reeders auf Schadenersatz gegen den Kapitän begründet. Ebenso stellt die Belastung des Schiffes mit einem Schiffsgläubigerrecht (oben
Rn 140) eine Beeinträchtigung des Eigentums am Schiff dar, so dass dem Reeder (bzw.
der [Nur-]Eigentümer) auch Ansprüche aus § 823 Abs. 1 BGB gegen den Kapitän zustehen. Haben der Reeder und der Kapitän dem Dritten als Gesamtschuldner gehaftet
(§§ 421 ff. BGB), können Ausgleichsansprüche im Innenverhältnis bestehen. Der Reeder
hat hier gegen den Kapitän Ansprüche aus § 426 Abs. 1 Satz 1 BGB. Außerdem geht nach
§ 426 Abs. 2 Satz 1 BGB der Anspruch des geschädigten Dritten gegen den Kapitän auf
den Reeder über. In welchem Umfang der Reeder beim Kapitän Rückgriff nehmen kann,
beurteilt sich insbesondere unter Berücksichtigung der Grundsätze über den innerbetrieblichen Schadensausgleich (oben Rn 17–21). Im Rahmen dieser Abwägung muss sich
der Reeder das Verhalten der übrigen Schiffsbesatzung zurechnen lassen (§ 480 Satz 1,
dort Rn 105). Der Kapitän kann seine Haftung auch für die Ansprüche des Reeders nach
Maßgabe der Bestimmungen des HBÜ 1996 und der §§ 611 ff. beschränken. Dies gilt auch
für Rückgriffsansprüche (Art. 2 Abs. 2 Satz 1 HBÜ 1996). Allerdings wird das Recht des
Kapitäns zur Haftungsbeschränkung nur selten zum Tragen kommen, weil regelmäßig
bereits der Reeder im Verhältnis zum Dritten zur Beschränkung der Haftung berechtigt
war.

---

[103] Siehe RdTW 2013, 144 [21] mit Anm. *Ramming* aaO. S. 147 sowie noch *Ramming* RdTW 2016, 161, 163 (unter 3.).

XIV. Der Reeder-Kapitän

157 Der Kapitän des Schiffes kann in einer Person auch gleichzeitig dessen Reeder oder Ausrüster (§ 477 Abs. 1 und 2) sein.[104] Dies war in der Frachtschifffahrt früher durchaus häufig, inzwischen ist der Reeder-Kapitän hier nur noch selten und allenfalls in der Küstenschifffahrt anzutreffen. In der Binnenschifffahrt kommt es verbreitet vor, dass Eigner und Schiffsführer identisch sind. Ist der Kapitän auch der Reeder des Schiffes, entfällt das Kapitän-Reeder-Rechtsverhältnis, die Rechte und Pflichten von Kapitän und Reeder vereinigen sich in einer Person. Als Kapitän steht ihm auch gegenüber dem Unternehmen (oben Rn 119–125 Einleitung C) sowie dem Charterer die abschließende Entscheidungsbefugnis zu (oben Rn 11). § 480 findet auf den Reeder-Kapitän keine Anwendung.[105] Die Beschränkungen des § 479 Abs. 1 Satz 1 gelten nicht, der Reeder-Kapitän kann grundsätzlich ohne Beschränkungen für sich Geschäfte und Rechtshandlungen vornehmen.[106] Ein qualifiziertes Verschulden des Reeder-Kapitäns in seiner Funktion als Kapitän ist auch ein persönliches qualifiziertes Verschulden als Reeder.

---

[104] Siehe etwa BGHZ 27, 79 = NJW 1958, 1437 „Irene Oldendorff", BGHZ 58, 170 = NJW 1972, 762; BGH VersR 1971, 559 „Thekla" und zuvor das OLG Hamburg VersR 1969, 632; BGH VersR 1980, 572 „Franz Held"; RG JW 1937, 29; OLG Hamburg HansRGZ B 1928, 54 Nr. 20 „Partner"; OLG Hamburg HansRGZ B 1935, 439 Nr. 117; OLG Hamburg VersR 1957, 356; OLG Hamburg Hansa 1957, 419; OLG Hamburg Hansa 1962, 840; OLG Hamburg VersR 1964, 1294; OLG Hamburg VersR 1967, 1173 „Nordkap"; OLG Hamburg VersR 1968, 552; OLG Hamburg VersR 1972, 1064; OLG Hamburg VersR 1975, 801 „Heinrich Behrmann" mit Anm. *Puttfarken* Hansa 1976, 361; OLG Oldenburg HansRGZ B 1935, 429 Nr. 114; OLG Stettin Hansa 1933, 860 mit Anm. *Pflüger* aaO.; OLG Kiel HansRGZ B 1934, 340 Nr. 162; OLG Schleswig VersR 1974, 55 „Wallo"; Hamburger Schiedsspruch vom 6. Dezember 1991, TranspR 1992, 375 „Polaris"; GMAA-Schiedsspruch vom 11. Dezember 2001, TranspR 2002, 294 „Nord Star" = HmbSeeRep 2002, 168 Nr. 148.
[105] BGH VersR 1980, 572 (unter I.) „Franz Held"; BGH VersR 1981, 229, 229 f. (unter 1.).
[106] Siehe zu § 526 HGB a.F. OLG Hamburg HansRGZ B 1928, 54 Nr. 20 „Partner".

§ 480
Verantwortlichkeit des Reeders für Schiffsbesatzung und Lotsen

¹Hat sich ein Mitglied der Schiffsbesatzung oder ein an Bord tätiger Lotse in Ausübung seiner Tätigkeit einem Dritten gegenüber schadensersatzpflichtig gemacht, so haftet auch der Reeder für den Schaden. ²Der Reeder haftet jedoch einem Ladungsbeteiligten für einen Schaden wegen Verlust oder Beschädigung von Gut, das mit dem Schiff befördert wird, nur so, als wäre er der Verfrachter; § 509 ist entsprechend anzuwenden.

Geschichte: § 485 HGB 1897; Satz 2 angefügt durch Art. 1 Nr. 1SeeFrG; Satz 1 neu gefasst durch § 59 Abs. 1 Nr. 1 SeeLG und geändert durch Art. 1 Nr. 1 des 2. SRÄndG – **Entstehung:** § 480 HGB-KomE, SHR-KomE-Begr S. 91f.; § 480 HGB-RefE; SHR-RefE-Begr S. 114 f.; § 480 HGB-RegE, SHR-ReformG-Begr S. 64ff. – **Binnenschifffahrt:** § 3 Abs. 1 BinSchG.

Literatur: *Blaschczok* Ladungsschäden im Mehrpersonenverhältnis, VersR 1980, 1104–1108; *Droege* Haftung des Reeders für Verschulden der Schauerleute?, Hansa 1929, 1942–1943; *Kamin* Die außervertragliche Haftung des Reeders für die selbständigen Stauer und die Rechtsbeziehungen zwischen beiden, 1951; *Lebuhn/Alpen* Zur Haftung des Ausrüsters für die Schiffsbesatzung, RIW 1957, 241–242; *Lindenmaier* Die außervertragliche Haftung des Reeders für Stauer, HansRGZ A 1940, 243–254; *Ohling* Haftung des Reeders und Konnossementsklauseln, AWD 1962, 315–317; *Pappenheim* Über den Begriff der Schiffsbesatzung im deutschen Privatrecht, Gruchot 43, 342–376; *Ramming* Internationalprivatrechtliche Fragen der Haftung des Reeders, TranspR 2010, 284–302; *Reinbeck* Zur Haftung des Reeders aus §§ 481, 485, 486 HGB; insbesondere für den Stauer, HansRGZ 1930 A Sp. 327–348; *Sotiropoulos* Die Haftung für die Hilfspersonen der Schiffsbesatzung nach deutschem, französischem und englischem Recht, 1960; *Sudmeyer* Zur Nichtbenutzung nicht vorgeschriebener Sicherheitseinrichtungen in der Schiffahrt, NZV 1992, 308–309; *Wauschkuhlen* Die außervertragliche Haftung des Reeders für das Verschulden der an Bord befindlichen Hilfspersonen, 1969; *Wehrmann* Die Anwendbarkeit der Bestimmungen des privaten Seerechts über die Haftung des Reeders für Verschulden der Schiffsbesatzung auf Kriegsschiffe und Dienstfahrzeuge der Marineverwaltung, 1939; *Westphal* Die Haftung des Schiffseigners bei Schwarzfahrten, ZfB 1957, 141–143; *Zeller* Die Umgehung der Haager Regeln durch die Ladungsbeteiligten und die Himalaja-Klausel im Seefrachtrecht, 1966; N.N., Gehört der Stauer zur Schiffsbesatzung?, Hansa 1910, 991–993, 1017–1018.

Der heutige § 480 HGB geht zurück auf § 485 HGB 1897. Eine entsprechende Regelung fand sich auch bereits in Art. 451 ADHGB. In § 485 HGB 1897 hieß es lediglich, dass der „Rheder" für den Schaden verantwortlich ist, den eine Person der Schiffsbesatzung einem Dritten durch ihr Verschulden in Ausführung ihrer Dienstverrichtungen zufügt. Art. 1 Nr. 1 SeeFrG hat dieser Vorschrift einen Satz 2 angefügt. Der Satz 2 stellte klar, dass der Reeder den Ladungsbeteiligten nur soweit haftet, wie der Verfrachter ein Verschulden der Schiffsbesatzung zu vertreten hat. Diese Bestimmung ist der Ausgangspunkt des heutigen § 480 Satz 2 (unten Rn 114–141). Durch § 59 Abs. 2 Nr. 1 SeeLG ist § 485 Satz 1 HGB 1937 neu gefasst worden. Insbesondere wurde nunmehr die Haftung des Reeders auf Ansprüche in der Person des an Bord tätigen Seelotsen ausgedehnt. Art. 1 Nr. 1 des 2. SRÄndG ersetzte dann in § 485 HGB a.F. das Wort „Seelotsen" durch die allgemeine Formulierung „Lotsen" (hierzu unten Rn 11–14). Im weiteren Verlauf blieb § 485 HGB a.F. unverändert, bis er durch das SHR-ReformG durch den heute geltenden § 480 ersetzt wurde. § 480 Satz 1 enthält den seehandelsrechtlichen Generaltatbestand der Haftung des Reeders für Schäden Dritter, die durch den Betrieb des Schiffes entstehen. Die Einstandspflicht ist als eigenartige „adjektizische" Haftung ausgestaltet (näher unten Rn 2–3). Anlass und Zweck der Regelung des § 480 ist es, dem Reeder die in § 831 Abs. 1 Satz 2 BGB vorgesehene Möglichkeit der Entlastung zu nehmen (unten Rn 12–13 Anhang VI zu § 480 [BGB]). Die Vorschrift des § 480 HGB begründet eine außervertragliche

1

Haftung des Reeders. Diese ist als eine solche aus unerlaubter Handlung zu qualifizieren (zur internationalprivatrechtlichen Anknüpfung siehe unten Rn 186–236). Für das Binnenschifffahrtsrecht findet sich in § 3 Abs. 1 BinSchG eine ganz parallele Vorschrift. Sie ist durch das SHR-ReformG unberührt geblieben und entspricht § 485 Satz 1 HGB a.F.

I. Einleitung

2   Die Einstandspflicht des Reeders ist als „adjektizische" Haftung in besonderer Weise ausgestaltet. Ausgangspunkt ist eine in einer Person der Schiffsbesatzung oder eines an Bord tätigen Lotsen begründete Schadenersatzpflicht. Diese Schadenersatzpflicht wird nach § 480 Satz 1 auf den Reeder in der Weise erstreckt, dass nunmehr auch dieser – neben der Person der Schiffsbesatzung bzw. dem Lotsen – dem Dritten für den Schaden einzustehen hat.[1] Auf ein eigenes Verschulden des Reeders kommt es nicht an. Die Rechtstechnik des § 480 Satz 1 unterscheidet sich daher von der der §§ 501, 428 und des § 278 Satz 1 BGB. Hier wird dem Schuldner das Verhalten seiner Hilfspersonen als eigenes zugerechnet. Abweichend davon regelt § 480 Satz 1 eine unmittelbare Mithaftung des Reeders. Der Mechanismus des § 831 Abs. 1 Satz 1 BGB ist wiederum ein anderer: Der Geschäftsherr haftet für eigenes (vermutetes) Fehlverhalten im Hinblick auf die Auswahl etc. des Verrichtungsgehilfen (siehe unten Rn 12–13 Anhang VI zu § 480 [BGB]).

3   § 480 Satz 1 soll sicherstellen, dass dem geschädigten Dritten, der einen Anspruch auf Schadenersatz gegen ein Mitglied der Schiffsbesatzung hat, ein zahlungskräftiger weiterer Schuldner zur Verfügung gestellt wird.[2] Der Dritte soll vom Reeder grundsätzlich nicht mehr, aber auch nicht weniger bekommen als von dem Besatzungsmitglied. Der Umfang der Haftung des Reeders ist durch den neuen § 480 Satz 1 im Vergleich zum früheren § 485 Satz 1 HGB a.F. erweitert worden. Hier hatte der Reeder für den Schaden einzustehen, den eine Person der Schiffsbesatzung etc. einem Dritten schuldhaft zugefügt hat. Dieser Vorbehalt ist in § 480 Satz 1 entfallen. Insoweit haftet der Reeder jetzt auch für Schäden Dritter, die durch das Besatzungsmitglied etc. verursacht wurde, ohne dass es auf deren Verschulden ankommt (näher unten Rn 31–58).

II. Der Tatbestand des § 480 Satz 1

4   Ausgangspunkt des Tatbestands des § 480 Satz 1 HGB ist eine Schadenersatzpflicht in der Person eines Mitgliedes der Schiffsbesatzung (unten Rn 6–8) oder eines an Bord tätigen Lotsen (unten Rn 9–27). Die Schadenersatzpflicht muss in Ausübung der Tätigkeiten des Betreffenden entstanden sein (unten Rn 28–30). § 480 Satz 1 begründet eine Haftung des Reeders des Schiffes; unter den Voraussetzungen des § 477 Abs. 1 und 2 tritt an dessen Stelle der Ausrüster (unten Rn 63). Gläubiger des Anspruchs aus § 480 Satz 1 HGB kann jeder Dritte sein, der einen Schaden erleidet (unten Rn 62). Die Vorschrift des § 480 findet auf den Reeder-Kapitän (oben Rn 157 Anhang zu § 479) keine Anwendung.[3] Die Vorschrift spielt ebenfalls keine Rolle, wenn sich der Reeder selbst schuldhaft verhalten hat (dazu unten Rn 172, 173–174). Dies betrifft auch Fälle, namentlich bei Sport-

---

[1] Siehe BGH VersR 1965, 230, 231 (unter II.) „Defender", anschl. BGH VersR 1967, 798; SchOG Nürnberg RdTW 2016, 235 [15] – auch *Herber* Seehandelsrecht S. 200.
[2] BGHZ 26, 152 = NJW 1958, 220, 221 (rechte Spalte oben) mit Anm. *Nörr* LM Nr. 5 zu § 485, zuvor OLG Hamburg VersR 1957, 383; RGZ 9, 158, 160, 162 „Admiral", „Amelie", „Möwe"; RGZ 63, 308, 310 „Auguste"; RG JW 1901, 619 Nr. 8 „Phönix"; ZKR RdTW 2013, 227 [21] „Waldhof", „Eiltank 21", zuvor RhSchG St. Goar HmbSchRZ 2011, 239 Nr. 118; OLG Bremen Hansa 1964, 419, 420 (linke Spalte), anschließend BGH Hansa 1965, 1330; siehe auch BGH Hansa 1955, 1886 (Nr. 1).
[3] BGH VersR 1980, 572 (unter I.) „Franz Held".

fahrzeugen, in denen der Eigner das Schiff selbst geführt hat.[4] Eines der wichtigsten Merkmale des § 480 Satz 1 ist, dass der Reeder sich nicht, wie nach § 831 Abs. 1 Satz 2 BGB, dadurch entlasten kann, dass er darlegt und beweist, das Besatzungsmitglied sorgfältig ausgewählt etc. zu haben (siehe Rn 12–13 Anhang VI zu § 480 [BGB]).

1. Das Schiff. § 480 Satz 1 begründet eine Haftung aus dem Betrieb des Schiffes. Dabei muss es sich um ein Seeschiff handeln (oben Rn 63–85 Einleitung B), das zudem des Erwerbes wegen betrieben wird (oben Rn 4–8 zu § 476); siehe allerdings auch Art. 7 Abs. 1 Nr. 1 EGHGB (oben Rn 7–10 Anhang § 476 [Art. 7 EGHGB]). Ist das Schiff ein Binnenschiff, gilt § 3 Abs. 1 BinSchG; hier wird nicht zwischen Erwerbs- und Nichterwerbsschiffen unterschieden. Schließlich betrifft § 480 nur Schiffe, also Gegenstände, die bereits die Schiffseigenschaft erlangt und noch nicht wieder verloren haben (dazu oben Rn 23, 24–27, 28 Einleitung). Die Vorschrift ist nicht anwendbar, solange es sich lediglich um ein Schiffsbauwerk handelt oder die Schiffseigenschaft vorübergehend ausgesetzt ist. Ebenso gilt § 480 bis zur Beendigung der Schiffseigenschaft und insbesondere nicht mehr, wenn das Schiff zu einem Wrack geworden ist (dazu oben Rn 237–240 Einleitung B). Maßgeblich ist der Zeitpunkt des Verhaltens, das zur Entstehung der Schadenersatzpflicht führt (unten Rn 8). Fehlte zu diesem Zeitpunkt die Schiffseigenschaft, bleibt § 480 unanwendbar, wenn der Gegenstand später zu einem Schiff wird. Entsprechendes gilt umgekehrt: Ist die Haftung aus § 480 begründet, bleibt sie bestehen, auch wenn das Schiff inzwischen keines mehr ist. Zu der Haftung für die von einem Wrack ausgehenden Gefahren siehe oben Rn 284–285 Einleitung B.

2. Das Mitglied der Schiffsbesatzung. § 480 Satz 1 knüpft an eine in der Person eines Mitgliedes der Schiffsbesatzung begründete Schadenersatzpflicht an (dazu unten Rn 31–58). Für die Umschreibung der Schiffsbesatzung ist die Regelung des § 478 maßgeblich. Zur Schiffsbesatzung gehören der Kapitän, die Schiffsoffiziere, die Schiffsmannschaft sowie alle sonstigen im Rahmen des Schiffsbetriebs tätigen Personen (näher dazu oben Rn 12–14, 16–18, 19–21, 22–75 zu § 478). Nicht zur Besatzung gehört der Schiffsführungslotse (unten Rn 19–21), auch wenn er anstelle des Kapitäns oder Wachoffiziers Aufgaben der Schiffsführung wahrnimmt. Ein Schiff kann auch unbemannt sein und über keine eigene Besatzung verfügen. Insoweit fehlt es an der für § 480 erforderlichen Anknüpfung, die Vorschrift ist nicht anwendbar. Allerdings kann § 480 im Rahmen der analogen Anwendung auf weitere Personen (unten Rn 65–94) zum Tragen kommen. Außerdem bleibt es bei unbemannten Schiffen insbesondere bei der Verkehrssicherungspflicht des Reeders selbst (unten Rn 6–7 Anhang VI zu § 480 [BGB]).

Es ist für die Anwendung des § 480 nicht erforderlich, dass zwischen dem Reeder und der betreffenden Person ein unmittelbares Arbeitsverhältnis besteht[5] oder dass der Reeder Entleiher der Person ist (zum Kapitän siehe oben Rn 16 Anhang zu § 479 [Kapitän]). Vielmehr genügt es (wie im Rahmen des § 278 Satz 1 BGB), dass die betreffende Person mit Wissen und Wollen des Reeders als Besatzungsmitglied des Schiffes tätig ist.[6] Ausreichend ist es auch, dass das Besatzungsmitglied nur gefälligkeitshalber auf dem Schiff tätig wird.[7] Der BGH hat § 3 Abs. 1 BinSchG analog auf Ansprüche des Eigners des

---

4 BGHZ 69, 62 = VersR 1977, 738 „Wildente", „Etna", zuvor BGH VersR 1974, 1015; OLG Köln VersR 2002, 1534.
5 LG Dortmund RdTW 2015, 265 [23] mit Anm. *Ramming* aaO.
6 Siehe LG Dortmund RdTW 2015, 265 [23] mit Anm. *Ramming* aaO.
7 BGHZ 57, 309 = NJW 1972, 538, 540 „Sonnenschein 9"; BGH VersR 1979, 570 „Burg Hirschhorn", „Wildenburg", „Elfried".

längsseits geschleppten Schiffes gegen das schleppende Schiff angewandt, obwohl zur Zeit des Schadenseintritts der Führer des geschleppten Schiffes gefälligkeitshalber Rudergänger des schleppenden Schiffes war.[8] Ebenso kam § 3 Abs. 1 BinSchG analog zur Anwendung auf einen Schiffsführer, der vom Charterer gestellt worden war.[9] § 480 Satz 1 findet jedenfalls analoge Anwendung (siehe unten Rn 65–94), wenn der Schiffsführer vom Charterer gestellt wird.[10] Der Reeder muss auch keine Kenntnis von der Identität der Person haben. Werden Personen, die zur Schiffsbesatzung gehören, bei der Durchführung von Lade- bzw. Löscharbeiten nicht für den Reeder, sondern für den Charterer tätig, muss der Reeder insoweit nicht für die in einer Person der Schiffsbesatzung begründete Schadenersatzpflicht einstehen. Schließlich kommt § 480 Satz 1 nicht zur Anwendung, wenn es an jeglichem Dienst- oder einem ähnlichen Rechtsverhältnis fehlt, etwa das Schiff einer Person zur freien Verfügung überlassen wird.[11] Hier wird normalerweise eine Leihe (§§ 598 ff. BGB) des Schiffes in Betracht kommen, so dass die betreffenden Person die Stellung eines Ausrüsters (§ 477 Abs. 1 und 2) hat.

8 Maßgeblicher Zeitpunkt für die Beurteilung der Eigenschaft als Besatzungsmitglied ist der des Verhaltens, der die Schadenersatzpflicht in der betreffenden Person begründet. Ist die Person jetzt noch nicht Mitglied der Besatzung, ist § 480 nicht anwendbar. Es ist aber nicht ausgeschlossen, dass der Reeder auf anderer Grundlage für das Verhalten der betreffenden Person einzustehen hat. § 480 wird auch nicht nachträglich anwendbar, wenn die Person jetzt Besatzungsmitglied wird. Entsprechendes gilt umgekehrt: Die Haftung des Reeders aus § 480 bleibt bestehen, auch wenn die betreffende Person jetzt nicht mehr Mitglied der Besatzung ist. Hat die Person nicht mehr die Rechtsstellung eines Besatzungsmitglieds, haftet der Reeder nicht mehr aus § 480 für eine in der Person begründete Schadenersatzpflicht. Möglicherweise haftet der Reeder aber auf anderer Grundlage für das Verhalten dieser Person.

9 **3. Der Lotse.** Den Mitgliedern der Schiffsbesatzung stellt § 480 Satz 1 den Lotsen gleich. Siehe zur Definition des Lotsen sogleich Rn 10. Zu den Lotsen gehören insbesondere die Revierlotsen einschließlich der See- und Hafenlotsen in den deutschen Lotsrevieren (oben Rn 52–54 zu § 478), ebenso die Überseelotsen (oben Rn 56 zu § 478). § 480 Satz 1 gilt darüber hinaus für alle Lotsen weltweit (unten Rn 15). Der Lotse muss für die Anwendung des § 480 Satz 1 an Bord des Schiffes tätig sein (Bordlotse, unten Rn 16–17). Der Reeder muss nach § 480 Satz 1 auch für eine Schadenersatzpflicht in der Person eines Zwangslotsen einstehen (unten Rn 18–27). Zur Haftung des Reeders für den Lotsen, der auf einem deutschen Lotsrevier tätig ist, siehe ausführlich oben Rn 164–166 Anhang § 478 (Lotse).

10 **a) Die Umschreibung.** Lotse ist jede Person, die nur zum Zweck der Fahrt durch bestimmte – navigatorisch schwierige – Gewässer sowie ggf. beim An- und Ablegen des Schiffes oder dem Anlaufen oder Verlassen eines Ankerplatzes an Bord ist und die Schiffsführung berät oder die Schiffsführung übernimmt; siehe auch die Umschreibung in § 1 Abs. 1 Satz 1 SeeLG. Auf die offizielle Dienstbezeichnung der betreffenden Person als „Lotse" oder „pilot" kommt es nicht an, ebenso wenig darauf, ob die Person über

---

[8] BGH VersR 1979, 570 „Burg Hirschhorn", „Wildenburg", „Elfried".
[9] BGH NJW-RR 1997, 538, 538 (unter II.1) „Passat", „Dordrecht 26" mit Anm. *Michaels* TranspR 1997, 330, zuvor RhSchOG Köln ZfB 1996 Nr. 6 S. 41 (Slg. 1590).
[10] BGH NJW-RR 1997, 538, 538 f. (unter II.1) „Passat", „Dordrecht 26" mit Anm. *Michaels* TranspR 1997, 330, zuvor RhSchOG Köln ZfB 1996 Nr. 6 S. 41 (Slg. 1590).
[11] KammerG VersR 1974, 564.

besondere Qualifikationen verfügen muss und ob, wenn dies der Fall ist, die Person die entsprechenden Voraussetzungen erfüllt.

b) Der Lotse im Sinne des § 480 Satz 1. Die Vorschrift des § 480 Satz 1 HGB nennt 11 heute neben der Schiffsbesatzung nur noch den „Lotsen". Ursprünglich wurde der Lotse als Teil der Schiffsbesatzung angesehen (siehe Rn 51–57 zu § 478), so dass eine gesonderte Nennung in nicht erforderlich erschien. § 485 HGB 1897 und die entsprechenden früheren Vorschriften des ADHGB enthielten noch keinen Hinweis auf den Lotsen. Die ausdrückliche Bezugnahme auf den Lotsen ist dann erstmals im Jahre 1954 durch § 59 Abs. 2 Nr. 1 SeeLG in den damaligen § 485 Satz 1 HGB a.F. (heute: § 480 Satz 1) eingefügt worden. Zunächst wurde lediglich der Seelotse genannt, was auch dem Regelungsgegenstand des SeeLG entsprach. Noch im Jahre 1957 sah der BGH (für die Zwecke der Anwendung des § 735 HGB a.F.) den Hamburger Hafenlotsen als Teil Schiffsbesatzung im Sinne des § 481 HGB a.F. an.[12] In der „Mantric" Entscheidung[13] stellte der BGH dann dem in § 485 Satz 1 HGB a.F. ausdrücklich genannten Seelotsen den Hafenlotsen in Hamburg gleich. Schließlich wurde § 485 Satz 1 HGB a.F. durch Art. 1 Nr. 1 des 2. SRÄndG nochmals dahingehend geändert, dass nunmehr allgemein auf „Lotsen" verwiesen wurde. In § 3 Abs. 1 BinSchG war die entsprechende Ergänzung um „den Lotsen" bereits mit Inkrafttreten des ZusÜBin-G im Jahre 1972 vollzogen worden.

Eine entsprechende Entwicklung fand auch im Rahmen der Vorschriften der früheren §§ 734 ff. HGB a.F. über die Haftung aus dem Zusammenstoß von Schiffen statt (heute: §§ 570 ff.). Nach § 738 HGB 1897 haftete der Reeder nicht für ein Verschulden des „Zwangslotsen" (dazu unten Rn 18–27). Auch nach der vollständigen Neufassung der §§ 734 ff. HGB 1897 durch das ZusÜSee-G schloss der neue § 737 HGB 1913 die Haftung des Reeders für das Verschulden des Zwangslotsen aus.

Im Jahre 1957 zählte der BGH für die Zwecke der Anwendung des § 735 HGB a.F. den 13 Hamburger Hafenlotsen noch zur Schiffsbesatzung im Sinne des § 481 HGB a.F.[14] Art. 1 Nr. 37 des 1. SRÄndG hat dann den § 737 HGB 1913 komplett neu gefasst. In § 737 Abs. 2 HGB 1972 wurde nunmehr ausdrücklich der an Bord tätige Seelotse den Mitgliedern der Schiffsbesatzung gleichgestellt. Eine Ausnahme für den Zwangslotsen war nicht mehr vorgesehen (näher zu alldem unten Rn 18–27). Art. 1 Nr. 15 des 2. SRÄndG ersetzte schließlich in § 737 Abs. 2 HGB 1972 das Wort „Seelotse" durch „Lotse". Im heutigen Recht der §§ 570 ff. ist das Nebeneinander der Besatzung und des an Bord tätigen Lotsen nicht mehr erkennbar, weil § 570 Satz 2 nur noch auf das Verschulden der in § 480 genannten Personen Bezug nimmt. Auch die binnenschifffahrtsrechtliche Regelung des § 3 Abs. 1 BinSchG ist durch Art. 1 Nr. 1 (a) ZusÜBin-G in der Weise erweitert worden, dass nunmehr auch die Schadenszufügung durch den an Bord tätigen Lotsen genügte, um eine Haftung des Eigners zu begründen. In gleicher Weise verweisen auch §§ 92d, 92f Abs. 1 und 2, 117 Abs. 1 Nr. 7 BinSchG neben der Schiffsbesatzung auf den Lotsen.

Andere Bestimmungen gehen teils abweichend mit dem Lotsen um. Die Vorschrift 14 des § 501 nennt den Lotsen gar nicht, ebenso nicht § 26 BinSchG, § 428. Der Lotse gehört nicht zur Schiffsbesatzung im Sinne des § 501 Satz 1. Er ist aber eine andere Person, derer sich der Verfrachter bzw. Frachtführer bei Ausführung der Beförderung bedient (§§ 501 Satz 2, 428 Satz 2). Anders wiederum die CMNI, die in Art. 20 Abs. 4 den Lotsen, der von einer Behörde bestimmt und nicht frei ausgewählt werden kann, nicht zu den Bediensteten und Beauftragten im Sinne des Abs. 1 der Vorschrift zählt (mit der Folge, dass der

---

12 Hansa 1957, 1867, 1868 (unter c).
13 BGHZ 50, 250 = VersR 1968, 940, zuvor OLG Hamburg Hansa 1967, 1163.
14 Hansa 1957, 1867, 1868 (unter c).

Frachtführer für dessen Verhalten nicht einzustehen hat). Im Rückschluss ergibt sich umgekehrt, dass sonstige Lotsen doch wieder Bedienstete oder Beauftragte des Frachtführers sein können. Nach § 16 Abs. 3 Satz 1 (l) IVTB 2010 haftet der Frachtführer nicht für Ladungsschäden, die auf das Verhalten des „Zwangslotsen" zurückgehen. In Art. 38 § 1 (a) und § 3 CIM 1999 wird das Verhalten des Lotsen dem der Schiffbesatzung gleichgestellt.

15   c) Die Geltung für alle Lotsen weltweit. Die Nennung des Lotsen neben der Schiffsbesatzung in den früheren § 485 HGB a.F. geht auf § 59 Abs. 2 Nr. 1 SeeLG zurück. Diese Vorschrift hat erstmals eine ausdrückliche Bezugnahme auf den Seelotsen in den § 485 HGB a.F. eingefügt. Aus der Verknüpfung mit dem SeeLG ergibt sich, dass der Seelotse im Sinne des § 485 HGB a.F. nur ein solcher war, der auch den Bestimmungen des SeeLG unterlag und insbesondere auf deutschen Seelotsrevieren tätig war. In der „Mantric" Entscheidung (oben Rn 11) wandte der BGH dann § 485 HGB a.F. auch auf „den Hafenlotsen" an, namentlich auf den Hamburger Hafenlotsen. Die Gleichstellung galt ohne weiteres auch für den Hafenlotsen in Bremerhaven. Aus Anlass dieser Entwicklungen wurde durch Art. 1 Abs. 1 Nr. 1 des 2. SRÄndG die Umschreibung „Seelotse" durch den allgemeinen und heute noch gültigen Begriff des „Lotsen" ersetzt.[15] Dies legt den Schluss nahe, dass mit dem „Lotsen" im Sinne des § 480 Satz 1 nur solche Lotsen gemeint sind, die dem SeeLG bzw. dem Hmb HafenLG oder der BremLotsO unterliegen, also insbesondere solche Lotsen, die auf deutschen Lotsrevieren tätig werden. Bei dieser Auslegung müsste der Reeder für eine Ersatzpflicht, die in der Person eines sonstigen Lotsen nicht nach § 480 Satz 1 einstehen. Dieses Ergebnis ist offensichtlich nicht sachgerecht. Richtigerweise umfasst der Ausdruck „Lotse" in § 480 Satz 1 schlechthin alle Lotsen (oben Rn 10), also auch im Sinne der §§ 42 bis 44 SeeLG und der SeeLRevV die Lotsen, die außerhalb der deutschen Lotsreviere tätig sind (oben Rn 56 zu § 478) sowie alle sonstigen Lotsen, die auf ausländischen Revieren oder sonst auf ausländischen Gewässern tätig sind. Zu dem Zwangslotsen siehe unten Rn 18–27.

16   d) An Bord tätig. § 480 Satz 1 setzt für den Lotsen – nicht aber: für die übrigen Mitglieder der Schiffsbesatzung – weiter voraus, dass der Lotse an Bord des betreffenden Schiffes tätig wird (Bordlotse). Dies ist in der Praxis in der Tat auch der Normalfall. Der Vorbehalt, dass der Lotse an Bord tätig sein muss, ist von Anfang an mit § 59 Abs. 2 Nr. 1 SeeLG in die früheren Fassungen des § 485 HGB a.F. aufgenommen worden[16] und seitdem unverändert geblieben. Der Zweck des Vorbehalts besteht offensichtlich darin, diesen Lotsen von dem an Land tätigen (Radar-)Lotsen abzugrenzen (zu diesem oben Rn 73–76 Anhang zu § 478 [Lotse]). Der Radarlotse ist häufig nicht lediglich im Hinblick auf ein Schiff tätig. Unter diesem Gesichtspunkt kann eine Zuordnung der Tätigkeit des Radarlotsen zu einem bestimmten Schiff Schwierigkeiten machen. Insgesamt scheint die Tätigkeit des Radarlotsen nicht hinreichend eng gerade dem betreffenden Schiff zugeordnet, so dass es gerechtfertigt ist, den Reeder nicht nach § 480 Satz 1 für eine in der Person des Radarlotsen begründete Ersatzpflicht haften zu lassen. Der Gesetzgeber hat in § 480 Satz 1 daher zu Recht lediglich den an Bord tätigen Lotsen genannt.

17   Es ist denkbar, dass der Lotse sich auf einem anderen Schiff befindet und von dort aus die Beratung durchführt. § 23 Abs. 1 Satz 2 SeeLG (§ 7 Hmb HafenLG) spricht dies

---

15   Siehe 2. SRÄndG-Begr S. 15 („Zu Nummer 1").
16   Die SeeLG-Begr äußert sich hierzu nicht (siehe S. 18 „Zu § 57").

ausdrücklich an. Hier ist m.E. nicht davon auszugehen, dass der Lotse im Sinne des § 480 Satz 1 an Bord des (gelotsten) Schiffes tätig ist. Davon gibt es allerdings Ausnahmen. Wird das Schiff geschleppt oder wird dem Schiff durch Schlepper assistiert (dazu auch unten Rn 84–86) und befindet sich der Lotse an Bord des Schleppers,[17] ist dies im Wege der Analogie dem Fall des unmittelbar an Bord tätigen Lotsen gleichzustellen. Voraussetzung hierfür ist, dass der auf dem Schlepper tätige Lotse tatsächlich gerade für das Schiff und dessen Führung tätig wird, und nicht lediglich für den Schlepper und dessen Anhang. Umgekehrt kann es sich so verhalten, dass der für den Schlepper tätige Lotse sich nicht an Bord des Schleppers befindet, sondern seine Tätigkeiten auf dem Anhang verrichtet. Gleiches gilt (umso mehr), wenn es um ein Schubboot und einen Schubleichter geht. Ebenso ist es denkbar, dass sich der für das Schiff bestimmte Lotse mit dem Lotsenversetzboot auf dem Weg zum Schiff befindet und bereits jetzt die Schiffsführung berät, etwa auch im Hinblick auf deren Manöver zum Zwecke der Übernahme des Lotsen. Gleiches gilt, wenn der Lotse ausgeholt wurde und die Schiffsführung noch vom Versetzboot aus berät. § 4 Abs. 2 Satz 2 und 3 Ems-LV spricht ausdrücklich den Fall an, dass wegen schlechten Wetters die Versetzung nicht möglich ist, das Lotsenversetzboot dem einkommenden Schiff entgegenfährt und es begleitet, bis der Seelotse versetzt werden kann, und dass der Seelotse hier die Beratung vom Lotsenversetzboot aus durchführt.

e) Der „Zwangslotse". In der Literatur und Rechtsprechung und ebenso in Rechtsvorschriften war und ist immer wieder vom „Zwangslotsen" die Rede. Diese Umschreibung ist ungenau, die Umschreibung wird für verschiedene Sachverhalte verwendet. Es kann sich bei dem „Zwangslotsen" um den „Schiffsführungslotsen", um den „Pflichtlotsen" oder um den „vorgegebenen Lotsen" handeln (sogleich Rn 19–21). Die Frage, ob der Reeder für das Verschulden des „Zwangslotsen" einzustehen hat, war zeitweise ausdrücklich und in unterschiedlicher Weise gesetzlich geregelt (unten Rn 22–27). 18

aa) Schiffsführungslotse, Pflichtlotse, vorgegebener Lotse. Der Begriff des „Zwangslotsen" ist – in gleicher Weise wie der des „Zwangsstauers" (unten Rn 90) – mehrdeutig. Zum einen wird unter „Zwangslotse" ein Lotse verstanden, der sich aufgrund einer örtlich geregelten Lotsenannahmepflicht an Bord befindet (Pflichtlotse);[18] zu den deutschen Seelotsrevieren siehe oben Rn 9–10 Anhang zu § 478 (Lotse), zu Hamburg und Bremerhaven oben Rn 34 Anhang zu § 478 (Lotse). Daneben gibt es den Zwangslotsen, der im Rahmen seiner Tätigkeit die Schiffsführung übernimmt und dem Kapitän, den Schiffsoffizieren und der Schiffsmannschaft unmittelbar Weisungen im Hinblick auf Führung des Schiffes und die Navigation erteilen kann, die von der Besatzung zu befolgen sind, so als kämen sie vom Kapitän oder dem Wachoffizier (Schiffsführungslotse).[19] 19

---

17 Siehe RGZ 20, 84, 86 (unten) „Elisetta".
18 Siehe OLG Hamburg Hansa 1967, 1163 (unter 3.) „Mantric", anschließend BGHZ 50, 250 = VersR 1968, 940.
19 Siehe ROHGE 25, 185; ROHGE 25, 229 „Milo", „Lady Catherine", RGZ 19, 7, 13 f. „Thuringia", „Mediator" (Hafen von Curaçao); RGZ 126, 81 „Anna", „Sirius", zuvor RG JW 1927, 2203 (Oder); RGZ 74, 250, 253 f. „Nauta", „Johanne", RG HansGZ H 1897, 4 Nr. 2 „München", „Czar Nicolai II.", zuvor OLG Hamburg HansGZ H 1896, 155 Nr. 60, RGZ 111, 37, 39 „Annie Hugo Stinnes 6", „Olga", OLG Hamburg HansGZ 1902, 115, 115 Nr. 47 „Carl", „Stadt Lübeck", OLG Hamburg HansGZ H 1913, 119 Nr. 53 „Hans Joost", „Jonny", OLG Hamburg HansGZ H 1908, 93 Nr. 44 und HansGZ H 1909, 21 Nr. 11 „Taormina", OLG Kiel SchlHAnz 1909, 22 „Mathilde", „Tanger" (Nord-Ostsee-Kanal); Obergericht Danzig JW 1938, 1205 „Bernhard Blumenfeld", „Bergenske 5"; OLG Hamburg HansGZ H 1915, 139 Nr. 69 „Helene", „Sedina" (Hafen von Riga); OLG Rostock OLG RSpr 14, 3 – anders OLG Hamburg HansGZ H 1912, 162 Nr. 75 „Galgate", „Cremon", OLG

Dem steht der Lotse gegenüber, der die Schiffsführung lediglich berät (Beratungslotse). Heute gibt es Schiffsführungslotsen im zuvor geschilderten Sinne lediglich noch unter bestimmten Voraussetzungen bei der Passage des Panama-Kanals; siehe aber auch § 14 Abs. 3 RheinLotsO.[20] Daneben ist der „vorgegebene Lotse" ein Lotse, den der Reeder nicht in Person ausgewählt hat, sondern der ihm in Rahmen der örtlichen Gesetze von Dritten zugeteilt wurde. Dies ist in staatlich organisierten Lotsrevieren der Normalfall.

20   Der Schiffsführungslotse, der die Schiffsführung übernimmt, mit der Folge, dass die entsprechenden Befugnisse des „eigentlichen" Kapitäns in gleicher Weise beschränkt werden, tritt insoweit an die Stelle des Kapitäns. Gleichwohl kann er nicht als Kapitän des Schiffes im Sinne des § 478 (dazu dort Rn 12–15) und damit als Mitglied der Schiffsbesatzung angesehen werden.[21] Der Schiffsführungslotse bleibt Lotse, so dass die Haftung des Reeders für eine in seiner Person begründete Ersatzpflicht unter diesem Gesichtspunkt zu prüfen ist. Ebenso steht der Schiffsführungslotse weiterhin unter der allgemeinen Aufsicht des Kapitäns, der Einschreiten muss, wenn beispielsweise der Schiffsführungslotse zur Ausübung seiner Tätigkeit nicht in der Lage ist[22] oder offensichtlich unrichtige Maßnahmen trifft,[23] etwa das Schiff gefährdet.[24]

21   Die oben getroffene Einteilung der Lotsen beziehen sich auf verschiedene Merkmale: Ob überhaupt ein Lotse genommen werden muss (Pflichtlotse), ob der Reeder die Person des Lotsen auswählen kann (vorgegebener Lotse) und welche Befugnisse der Lotse hat (Beratungs- oder Schiffsführungslotse). Der Schiffsführungslotse wird normalerweise auch Pflichtlotse sein, aber keinesfalls ist ein Pflichtlotse automatisch auch Schiffsführungslotse. Und sowohl der Pflichtlotse als auch der Schiffsführungslotse werden dem Reeder normalerweise auch vorgegeben.[25] Welche Bedeutung die Umschreibung „Zwangslotse" jeweils hat – vorgegebener Lotse, Pflichtlotse oder Schiffsführungslotse –, ermittelt sich im Einzelfall. Vielfach wird die Umschreibung „Zwangslotse" im Sinne von „Schiffsführungslotse" verstanden. Dies gilt namentlich für Art. 5 ZusÜSee.[26] Möglicherweise genügt das Bestehen einer Annahmepflicht für Lotsen, um von einem „Zwangslotsen" auszugehen. So betrifft Art. 5 ZusÜBin ausdrücklich den Lotsen, „... dessen Verwendung zwingend vorgeschrieben war ...", also gerade den Pflichtlotsen und nicht den Schiffsführungslotsen. Dagegen wird der vorgegebene Lotse üblicherweise nicht als Zwangslotse angesehen. Auf den deutschen Lotsrevieren ist der vorgegebene Pflicht-Beratungslotse der Normalfall.[27] Die Frage, ob eine Lotsenannahmepflicht besteht, ob und unter welchen Voraussetzungen der Lotse die Schiffsführung übernimmt

---

Hamburg HansGZ H 1913, 11 Nr. 6 „Southport", „Hector", „Fairplay III", OLG Hamburg HansGZ H 1913, 221 Nr. 108 (S. 223) „Polynesia", zuvor LG Hamburg aaO. (Hamburger Hafen); OLG Hamburg HansGZ H 1913, 117, 118 (rechte Spalte) Nr. 52 „Riol", „Peruvia" (Maas); LG Hamburg HansGZ H 1885, 9 Nr. 3 „Tristan", „Frey".
20   sowie ZKR ZfB 1982, 53 (Slg. 913) „Gefo Rotterdam", „Gefo Tank 6"; SchOG Nürnberg TranspR 1997, 349, RhSchOG Karlsruhe NZV 1996, 72 (unter 1b) „Regina W", „Gefo Basel", zuvor BGH NJW-RR 1993, 288; BGH RdTW 2016, 375 [15, 16] „Bellriva", zuvor RhSchOG Karlsruhe RdTW 2016, 108 [42] mit Anm. *Jaegers* jurisPR-TranspR Anm. 4.
21   Anders RGZ 119, 270 „Jan Molsen", zuvor OLG Hamburg HansGZ H 1927, 215 Nr. 94 – siehe auch BGH VersR 1978, 819 „Lolalo", „Maria".
22   Siehe OLG Hamburg HansGZ H 1913, 117, 118 (rechte Spalte) Nr. 52 „Riol", „Peruvia".
23   Siehe RGZ 19, 7, 14 „Thuringia", „Mediator"; OLG Hamburg HansGZ H 1913, 119 Nr. 53 „Hans Joost", „Jonny".
24   OLG Hamburg HansGZ H 1915, 139, 140 (rechte Spalte) Nr. 69 „Helene", „Sedina".
25   Siehe OLG Hamburg Hansa 1967, 1163 (unter 3.) „Mantric", anschließend BGHZ 50, 250 = VersR 1968, 940.
26   Siehe ZusÜBin-Denkschr S. 15 („Zu Artikel 5").
27   Siehe BGHZ 35, 111, 118; BGH VersR 1961, 653, 656 f. (unter 6b).

und ob der Lotse dem Schiff vorgegeben oder von Reeder ausgewählt wird, ist internationalprivatrechtlich nicht nach dem Recht zu beurteilen, dem die Haftung des Reeders unterliegt. Maßgeblich sind jeweils die örtlichen, für das Schiff geltenden Vorschriften.[28]

bb) Die Haftung für den Zwangslotsen. Der Zwangslotse und die Haftung des Reeders für dessen Verschulden war und ist bis heute Gegenstand gesetzlicher Vorschriften. Dies betrifft zum einen den Tatbestand des § 480 Satz 1 und dessen Vorgänger, daneben aber auch die Bestimmungen des ZusÜSee sowie der §§ 570 ff. und den entsprechenden früheren Regelungen über die Haftung der beteiligten Schiffe im Falle eines Zusammenstoßes. Entsprechende Entwicklungen gab es auch in den parallelen Bestimmungen des BinSchG unter Berücksichtigung des ZusÜBin. 22

Weder in § 480 Satz 1 noch in den früheren Fassungen des § 485 HGB wurde der Zwangslotse unmittelbar angesprochen. Allerdings haftete der Reeder im Falle des Zusammenstoßes von Schiffen nach § 738 HGB 1897 ausdrücklich nicht für ein Verschulden des Zwangslotsen. Dies war ein Lotse, der angenommen (Pflichtlotse) und dem die Schiffsführung übertragen werden musste[29] (Schiffsführungslotse). Soweit ein Verschulden des Schiffes vermutet wurde, betraf dies lediglich das Verschulden des Zwangslotsen. Der Anspruchsteller musste daher auch darlegen und ggf. beweisen dass der Zusammenstoß auf dem Verschulden einer Person der Schiffsbesatzung beruhte.[30] Eine Rolle spielte hier außerdem, ob die Überwachung der Bedienung der Manöverelemente des Schiffes, namentlich des Ruders, durch Mitglieder der Schiffsbesatzung auch zu dem Pflichtenkreis des Zwangslotsen gehörte, mit der Folge, dass Fehler bei der Bedienung der Manöverelemente dem Zwangslotsen zuzurechnen waren[31] (für dessen Verschulden der Reeder nicht einzustehen hatte). 23

Die §§ 734 ff. HGB 1897 wurden mit der Übernahme des ZusÜSee durch das ZusÜSeeG vollständig umgestaltet. Der neue § 737 HGB 1913 schloss, wie zuvor § 738 HGB 1897, die Haftung des Reeders für das Verschulden des Zwangslotsen aus.[32] Dies widersprach zwar Art. 5 ZusÜSee, der ausdrücklich eine Haftung auch für den Fall regelte, dass der Zusammenstoß auf ein Verschulden des Zwangslotsen zurückging. Allerdings stand diese Bestimmung unter dem Vorbehalt des Zusatzartikels zum ZusÜSee. Hier war vorgesehen, dass die Haftung auch für den Zwangslotsen nach Art. 5 des Übereinkommens erst in Kraft trat, wenn die Vertragsstaaten des ZusÜSee ein Übereinkommen zur Beschränkung der Haftung der Schiffseigentümer geschlossen haben. Damit durfte Deutschland es zunächst bei der Regelung belassen, dass der Reeder für ein Verschulden des Zwangs- 24

---

28 Siehe RGZ 19, 7, 13 f. „Thuringia", „Mediator"; OLG Hamburg HansGZ H 1913, 117 (rechte Spalte) Nr. 52 „Riol", „Peruvia".
29 RGZ 119, 270, 271 f. „Jan Molsen", zuvor OLG Hamburg HansGZ H 1927, 215 Nr. 94; OLG Hamburg HansGZ H 1913, 11 Nr. 6 „Southport", „Hector", „Fairplay III"; OLG Hamburg HansGZ H 1913, 117 Nr. 52 „Riol", „Peruvia"; OLG Hamburg HansGZ H 1913, 119 Nr. 53 „Hans Joost", „Jonny"; OLG Hamburg HansZ H 1913, 221 Nr. 108 (S. 223) „Polynesia", zuvor LG Hamburg aaO.; OLG Hamburg HansGZ H 1915, 139, 140 Nr. 69 „Helene", „Sedina" – siehe auch RGZ 19, 7, 13 f. „Thuringia", „Mediator"; RG HansGZ H 1897, 4 Nr. 2 „München", „Czar Nicolai II.", zuvor OLG Hamburg HansGZ H 1896, 155 Nr. 60; OLG Hamburg HansG H 1896, 305 Nr. 109 (S. 306 linke Spalte oben) „Trave" – RGZ 7, 24, 25 „Kreßmann", „Ovington" lässt bloße Annahmepflicht genügen.
30 Siehe ROHGE 25, 185 Nr. 45; ROHGE 25, 229 Nr. 57 „Milo", „Lady Catherine"; OLG Hamburg HansGZ H 1908, 93 Nr. 44 (S. 94 linke Spalte) „Taormina"; OLG Hamburg HansGZ H 1982, 280 Nr. 105 „Shaftesbury"; OLG Kiel SchlHAnz 1909, 22 „Mathilde", „Tanger".
31 OLG Kiel SchlHAnz 1909, 22 „Mathilde", „Tanger".
32 Siehe RGZ 126, 81 „Anna", „Sirius", zuvor RG JW 1927, 2203; OLG Hamburg Hansa 1967, 1163 (unter 3.) „Mantric", anschließend BGHZ 50, 250 = VersR 1968, 940.

lotsen nicht einzustehen habe. Der Ausschluss der Einstandspflicht des Reeders für den Schiffsführungslotsen nach § 737 HGB 1913 galt analog auch für die Regelung des § 485 HGB a.F.[33]

25 Das SeeLG von 1954 ließ § 737 HGB 1913 noch unberührt. Art. 1 Nr. 37 des 1. SRÄndG hat dann den § 737 HGB 1913 komplett neu gefasst. § 737 Abs. 2 HGB 1972 stellte nunmehr für die Anwendung der Vorschriften über den Zusammenstoß von Schiffen das Verschulden des an Bord tätigen Seelotsen dem Verschulden der Schiffsbesatzung gleich. Der Ausschluss im Hinblick auf das Verschulden des Zwangslotsen, so die 1. SRÄndG-Begr.,[34] sei entfallen, weil mit dem 1. SRÄndG auch das HBÜ 1957 in das deutsche Recht umgesetzt worden sei und daher – im Sinne des Zusatzartikels zum ZusÜSee – ein internationales Übereinkommen über die Beschränkung der Haftung in Kraft getreten sei. Allerdings bezog sich § 737 Abs. 2 HGB 1972 nur auf den Seelotsen, also auf eine Umschreibung aus dem SeeLG, die an sich nur die in diesem Gesetz geregelten Lotsen erfasste (dazu oben Rn 11). Zwangslotsen im Sinne des Art. 5 ZusÜSee, also Schiffsführungslotsen, fielen nicht hierunter. Die Ersetzung des „Seelotsen" durch den „Lotsen" in § 737 Abs. 2 HGB 1972 durch Art. 1 Nr. 15 des 2. SRÄndG war eigentlich durch die Einbeziehung der Hafenlotsen in Hamburg und Bremerhaven veranlasst (oben Rn 13). Jedoch umfasste diese allgemeine Bezugnahme auf den Lotsen in § 737 Abs. 2 HGB 1986 vor dem Hintergrund des Art. 5 ZusÜSee auch den Zwangslotsen im Sinne dieser Vorschrift. Damit haftete der Reeder nach den §§ 734 ff. HGB in der Fassung vor Inkrafttreten des SHR-ReformG auch für das Verschulden des Zwangslotsen in der Form des Schiffsführungslotsen. Nichts anderes gilt heute für §§ 570 ff., auch wenn der Lotse nicht mehr ausdrücklich erwähnt wird (siehe § 570 Satz 2). Dieses Verständnis schlägt auch auf die Generalvorschrift des § 480 Satz 1 durch. Damit haftet der Reeder auch nach § 480 Satz 1 für eine in der Person des Lotsen begründete Ersatzpflicht, selbst wenn es sich um einen Zwangslotsen im Sinne eines Schiffsführungslotsen handelt. Ebenso fallen der Pflichtlotse und der vorgegebene Lotse unter den Begriff des Lotsen in § 480 Satz 1.[35]

26 Die Entwicklung im Binnenschifffahrtsrecht verlief anders. Ursprünglich gehörte nach der ausdrücklichen Regelung des § 3 Abs. 2 BinSchG, der für die Zwecke der Generalklausel des § 3 Abs. 1 BinSchG (= § 480 Satz 1) die Schiffsbesatzung umschreibt, der Zwangslotse nicht zur Schiffsbesatzung. Daher galt aber auch umgekehrt: Andere Lotsen als Zwangslotsen waren sonstige Personen der Schiffsbesatzung, allerdings nur für die Zwecke des § 3 Abs. 1 BinSchG a.F.[36] Art. 2 Nr. 2 (b) ZusÜBin-G hat dann 1972 den Vorbehalt „…. mit Ausnahme des Zwangslotsen …" in § 3 Abs. 2 BinSchG gestrichen. Gleichzeitig wurde § 3 Abs. 1 BinSchG in der Weise neu gefasst, dass der Eigner nunmehr auch für den an Bord tätigen Lotsen verantwortlich war. Das Vorbild dieser Änderung war die vorangegangene entsprechende Ergänzung des § 485 Satz 1 HGB a.F. im Jahre 1954 um den Seelotsen.[37] Der damalige Wortlaut des § 3 Abs. 1 BinSchG gilt bis heute. Im Gegensatz dazu bezieht sich § 485 Satz 1 HGB a.F. erst seit Inkrafttreten des Art. 1 Nr. 1 des 2. SRÄndG im Jahre 1986 ebenfalls allgemein auf den Lotsen (oben Rn 13). Von jetzt an waren § 3 Abs. 1 BinSchG und § 485 Satz 1 HGB a.F. gleichgeschaltet.

---

33 Siehe OLG Hamburg Hansa 1967, 1163 (unter 3.) „Mantric", anschließend BGHZ 50, 250 = VersR 1968, 940.
34 S. 29 („Zu Nr. 37").
35 Siehe noch SHR-ReformG-Begr. S. 65 (linke Spalte unten, rechte Spalte oben); *Herber* in MüKo/HGB Rn 10 zu § 480; *Herber* Seehandelsrecht S. 202 (vor III.).
36 Siehe BGHZ 59, 242 = NJW 1973, 101, 103 (vor c) „Rhenus 135", „Wal".
37 ZusÜBin-G-Begr S. 4 („Zu Nummer 1").

Auch die Vorschriften des BinSchG über die Haftung aus dem Zusammenstoß von 27
Schiffen bezogen sich ehemals auf den Zwangslotsen. Ursprünglich begnügte sich das
BinSchG in seinem alten § 92 lediglich mit einer Verweisung auf die §§ 734 ff. HGB a.F. In
§ 738 HGB 1897 war die Haftung des Reeders für das Verschulden des Zwangslotsen noch
ausgeschlossen, ebenso in § 737 HGB 1913. Dies galt damit gleichermaßen im Rahmen
der Verweisung des § 92 BinSchG a.F. auf die §§ 734 ff. HGB a.F. Die Neuregelung des
§ 737 Abs. 2 HGB 1972 durch Art. 1 Nr. 37 des 1. SRÄndG stellte das Verschulden des an
Bord tätigen Seelotsen dem Verschulden der Schiffsbesatzung gleich. Die Änderung trat
am 6. April 1973 in Kraft.[38] Dies wirkte sich allerdings im Rahmen des BinSchG nicht
mehr aus, weil zuvor, am 6. September 1972, das ZusÜBin-G – noch vor dem Inkrafttreten
des ZusÜBin für Deutschland am 27. August 1973[39] – in Kraft getreten war[40] und für die
Haftung aus dem Zusammenstoß von Schiffen eigene binnenschifffahrtsrechtliche Regelungen insbesondere in den §§ 92 bis 92f BinSchG getroffen hatte. § 92e BinSchG sieht
seit damals und bis heute vor, dass das Verschulden des an Bord tätigen Lotsen dem
Verschulden eines Mitglieds der Schiffsbesatzung gleichsteht. Der Vorschrift bedurfte es,
weil gleichzeitig durch die im ZusÜBin-G parallel durchgeführten Änderungen des § 3
Abs. 1 und 2 BinSchG klargestellt wurde, dass der Lotse nicht mehr zur Schiffsbesatzung
gehörte. Da § 92d BinSchG auf Art. 5 ZusÜBin zurückgeht, umfasst der „Lotse" im Sinne
des § 92d BinSchG jedenfalls den Pflichtlotsen (oben Rn 19–21). Dieser kann vorgegeben
sein oder nicht und es kann sich um einen Schiffsführungslotsen handeln oder nicht
(siehe oben Rn 19–21). Auch dieses Verständnis wirkt sich in gleicher Weise auf die allgemeine Vorschrift des § 3 Abs. 1 BinSchG aus. Der Eigner haftet damit nach § 3 Abs. 1
BinSchG auch für das Verschulden des Zwangslotsen und damit des Schiffsführungslotsen und ebenso des vorgegeben Lotsen und des Pflichtlotsen.

4. In Ausübung der Tätigkeit. Der Reeder haftet nach § 480 Satz 1, wenn die Scha- 28
denersatzpflicht in Ausübung der Tätigkeit des Besatzungsmitglieds begründet wurde.
Fehlt es hieran, muss der Reeder für den Schaden nicht einstehen. Angeknüpft wird in
§ 480 Satz 1 an das Verhalten des Besatzungsmitglieds innerhalb seines Tätigkeitskreises
für das Schiff. Zwischen dieser Tätigkeit und dem schädigenden Verhalten muss ein unmittelbarer innerer Zusammenhang bestehen.[41] Zu dem Verhalten darf es nicht nur bei
Gelegenheit der Tätigkeit an Bord gekommen sein. Es kommt nicht darauf an, ob das
Besatzungsmitglied mit, ohne oder gegen den Willen des Reeders tätig wird.[42] In dem bis
zum Inkrafttreten des SHR-ReformG geltenden § 485 Satz 1 HGB a.F. hieß es noch, dass
die Schadenszufügung in Ausführung von Dienstverrichtungen erfolgt sein musste; so
formuliert § 3 Abs. 1 BinSchG heute noch.[43] Auch § 480 HGB-KomE sah noch, in Anlehnung an § 831 Abs. 1 Satz 1 BGB, die Umschreibung „... in Ausführung der Verrichtung ..."
vor. Von beiden Ansätzen wendet sich der heutige § 480 Satz 1 bewusst ab. Denn bei ihnen bleibe, so die SHR-ReformGBegr,[44] unklar, um welche Verrichtung es sich handele.

---

[38] BGBl. 1973 II S. 266.
[39] BGBl. 1973 II S. 1495; zum vorzeitigen Inkrafttreten des ZusÜBin-G siehe die ZusBin-G-Begr S. 7 („Zu Artikel 5").
[40] Siehe Art. 5 I ZusÜBin-G.
[41] Siehe *Herber* in MüKo/HGB Rn 14 zu § 480.
[42] BGHZ 50, 238 = Hansa 1968, 1631 „Sigrid Lamberti".
[43] Siehe dazu BGHZ 50, 238 = Hansa 1968, 1631 „Sigrid Lamberti"; BGH VersR 1965, 230, 231 f. (unter III.) „Defender", anschließend BGH VersR 1967, 798; BGH VersR 1976, 771, 772 (rechte Spalte unten) „Johanna", „Stepan Khalturin", „Karl".
[44] S. 65 (rechte Spalte oben).

Die Umschreibung „... in Ausübung ihrer Tätigkeit ..." werde gewählt, um zu vermeiden, dass der Schluss gezogen werde, dass es nur um solche Verrichtungen gehe, die dem Besatzungsmitglied ausdrücklich übertragen worden seien.[45] Damit ist jedenfalls klargestellt, dass nicht nur an ein Verhalten im Rahmen angewiesener Verrichtungen anzuknüpfen ist.

29   Zu den Tätigkeiten der Besatzungsmitglieder, ebenso des Lotsen und etwa der Kanalsteurer und des Stauereipersonals gehört es, dass sie sich vor Beginn ihrer Dienste an Bord einfinden und nach deren Beendigung das Schiff verlassen. Auch diese Abschnitte gehören zu ihrem Tätigkeitskreis, so dass nach den Umständen ggf. § 480 Satz 1 zur Anwendung gelangt. Das OLG Hamburg hat die Benutzung einer fremden Schute durch den Schiffer zu dem Zweck, an Bord seines Schiffes zu gelangen, wobei die Schute im weiteren Verlauf gesunken ist, nicht als Ausübung der Dienstverrichtungen des Schiffers angesehen.[46] Schließlich gilt § 480 Satz 1 nicht von vornherein nur für Tätigkeiten von Besatzungsmitgliedern etc., die an Bord verrichtet werden.[47] Auch ein Verhalten außerhalb des Schiffes, etwa im Wasser, an Land oder an Bord anderer Schiffe kann in einem unmittelbaren inneren Zusammenhang mit der Tätigkeit des Besatzungsmitglieds etc. stehen.

30   Der Kanalsteurer (oben Anhang § 478 [Kanalsteurer]) handelt in Ausübung seiner Tätigkeit, wenn er das Ruder eigenmächtig ohne entsprechende Weisungen bedient;[48] dies gilt gleichermaßen für den zur Besatzung des Schiffes gehörenden Rudergänger. Lässt der Kapitän zu, dass das Schiff überladen wird, handelt er in Ausübung seiner Tätigkeit.[49] Die Ladungsfürsorge gehört zu den Tätigkeiten des Kapitäns.[50] Der Diebstahl von Ladung durch eine Person der Schiffsbesatzung erfolgt in Ausübung ihrer Tätigkeit,[51] wenn ihre Stellung als Besatzungsmitglied dies ermöglicht. Hierbei bleibt es auch, wenn die Person nicht mit der Ladung befasst ist und etwa zum Maschinen- oder Servicebereich des Schiffes gehört. Gleiches gilt für Ladungsdiebstähle durch den Lotsen oder durch Mitarbeiter eines Umschlagsunternehmens. Der Schiffszimmermann, der in seiner Freizeit an Bord für den Umschlagsunternehmer arbeitet, handelt nicht in Ausübung seiner Tätigkeit für den Reeder.[52] Das Heranhieven des Schiffes an die Pier gehört zu den Tätigkeiten eines Decksmannes.[53] Der Führer eines Assistenzschleppers (dazu unten Rn 84–86) handelt in Ausübung seiner Tätigkeiten (für den Reeder des Schiffes), wenn er bei der Assistenz Manöver durchführt, auch wenn diese weder angeordnet noch notwendig waren.[54] Die Tätigkeit der Besatzungsmitglieder umfasst nicht nur Maßnahmen im Hinblick auf die Durchführung von rein schifffahrtsrechtlichen Rechtsgeschäften wie Fracht- und Schleppverträgen, sondern auch die Durchführung von Verträgen, die geschlossen werden, um entsprechend der Zweckbestimmung des Schiffes von diesem aus andere Schiffe zu versorgen; dies betrifft etwa Wasser-[55] oder Bunkerboote. Die Durchführung einer Schwarzfahrt durch Besatzungsmitglieder, bei der Dritte geschädigt werden, fällt in die Ausübung ihrer Tätigkeit.[56]

31   **5. Die Schadenersatzpflicht gegenüber einem Dritten.** Der Tatbestand des § 480 Satz 1 setzt weiter eine Schadenersatzpflicht gegenüber einem Dritten voraus, die in ei-

---

45   *Herber* in MüKo/HGB Rn 14 zu § 480; *Herber* Seehandelsrecht S. 202 (unter III.).
46   HansGZ H 1910, 144 Nr. 59.
47   *Herber* in MüKo/HGB Rn 7 zu § 480.
48   RGZ 111, 37, 39 f. „Annie Hugo Stinnes 6", „Olga".
49   Siehe BGH VersR 1965, 230, 231 f. (unter III.) „Defender", anschl. BGH VersR 1967, 798.
50   OLG Hamburg TranspR 1986, 294, 296 (unter III.) „Heinrich Arnold Schulte".
51   *Herber* in MüKo/HGB Rn 14 zu § 480; *Herber* Seehandelsrecht S. 202 (unter III.).
52   Siehe LG Hamburg HansGZ H 1882, 165 Nr. 81 „Roland", anschließend OLH Hamburg aaO.
53   RGZ 13, 114, 118 f. „Quarta".
54   BGH VersR 1976, 771, 772 f. „Johanna", „Stepan Khalturin", „Karl".
55   BGH Hansa 1958, 627, 628 (vor III.).
56   BGHZ 50, 238 = Hansa 1968, 1631 „Sigrid Lamberti" – dazu schon *Westphal* ZfB 1957, 141.

ner Person der Schiffsbesatzung oder des an Bord tätigen Lotsen (oder in einer Person, auf die § 480 Satz 1 analog zur Anwendung gelangt, unten Rn 65–94) begründet ist. Es genügt nicht, dass dem Dritten lediglich ein Schaden entstanden ist, sondern das Besatzungsmitglied muss darüber hinaus auch für den Schaden haften; Haftungsbefreiungen und -beschränkungen, die zugunsten des Besatzungsmitglieds bestehen, wirken auch zugunsten des Reeders[57] (unten Rn 40, 41–54). Es ist nicht erforderlich, dass dem Reeder auch ein durchsetzbarer (Rückgriffs-)Anspruch gegen das Besatzungsmitglied zusteht.[58] Die Haftung des Besatzungsmitglieds gegenüber dem geschädigten Dritten wird nach § 480 Satz 1 auf den Reeder erstreckt (unten Rn 96–100). Für die Anwendung des § 480 Satz 1 genügt es, dass eine Schadenersatzpflicht in einer Person der Schiffsbesatzung (oben Rn 6–8), dem an Bord tätigen Lotsen (oben Rn 9–27) oder einer der Personen begründet ist, auf die § 480 Satz 1 analog zur Anwendung gelangt (unten Rn 65–94). Es ist aber auch ohne weiteres möglich, dass sich mehrere Besatzungsmitglieder etc. nebeneinander gegenüber demselben Gläubiger schadenersatzpflichtig gemacht haben. Hier haftet der Reeder für jede einzelne Schadenersatzpflicht, insgesamt aber nur einmal. Der Anspruch des geschädigten Dritten kann nach § 596 Abs. 1 Nr. 3 durch ein Schiffsgläubigerrecht gesichert sein (dazu unten Rn 161–163).

a) Kein schuldhaftes Verhalten mehr erforderlich. In § 485 Satz 1 HGB a.F. war **32** noch vorausgesetzt, dass dem Dritten der Schaden schuldhaft zugefügt worden sein musste. Auch § 3 Abs. 1 BinSchG sieht dies bis heute vor. Der heutige § 480 Satz 1 knüpft nicht mehr an ein Verschulden, sondern nur noch an das Bestehen einer Schadenersatzpflicht an. Hierdurch wurde die Haftung des Reeders erweitert, weil er auch für verschuldensunabhängig begründete Schadenersatzpflichten in einer Person der Schiffsbesatzung oder des an Bord tätigen Lotsen (oder in einer Person, auf die § 480 Satz 1 analog zur Anwendung gelangt, unten Rn 65–94) einstehen muss.[59] Maßgeblich ist der (volle) Tatbestand der Schadenersatzpflicht: Erfordert dieser ein schuldhaftes Verhalten und ist das Besatzungsmitglied etc. wegen Geisteskrankheit schuldunfähig[60] (§ 827 Satz 1 BGB) oder kann sich das Besatzungsmitglied etc. durch Darlegung des Nicht-Verschuldens entlasten, entfällt ggf. eine Schadenersatzpflicht des Besatzungsmitglieds etc. und damit die Haftung des Reeders aus § 480 Satz 1. Ist das Besatzungsmitglied etc. infolge Trunkenheit schuldunfähig, gilt § 827 Satz 2 BGB.[61] Die neue Formulierung des § 480 Satz 1 bewirkt nicht etwa, dass das Tatbestandsmerkmal des Verschuldens unberücksichtigt bleibt oder dass die Entlastung durch Darlegung des Nicht-Verschuldens ausgeschlossen ist.

b) Die Grundlagen der Haftung des Besatzungsmitglieds etc. Die Schadener- **33** satzpflicht des Besatzungsmitglieds oder des an Bord tätigen Lotsen (oder einer Person, auf die § 480 Satz 1 analog zur Anwendung gelangt, unten Rn 65–94) kann sich insbesondere aus den „klassischen" Anspruchsgrundlagen des § 823 Abs. 1 und 2 BGB ergeben. Der geschädigte Dritte muss hier auch das Verschulden des Besatzungsmitglieds etc. darlegen und beweisen. Hiervon wird er durch die Neufassung des § 480 Satz 1 nicht

---

[57] BGHZ 26, 152 = NJW 1958, 220, 221 mit Anm. *Nörr* LM Nr. 5 zu § 485, zuvor OLG Hamburg VersR 1957, 383.
[58] BGHZ 50, 250 = VersR 1968, 940 (a.E.) „Mantric", zuvor OLG Hamburg Hansa 1967, 1163.
[59] SHR-ReformG-Begr S. 65 (rechte Spalte).
[60] OLG Düsseldorf ZfB 1966, 92: der Schiffer setzt beim Einlaufen in niederländische Hoheitsgewässer die Hakenkreuzflagge.
[61] Siehe BGHZ 50, 238 = Hansa 1968, 1631 „Sigrid Lamberti".

befreit (siehe zuvor Rn 32). In entsprechenden Fällen kommt als Anspruchsgrundlage auch die Vorschrift des § 839 Abs. 1 Satz 1 BGB in Betracht (dazu unten Rn 243).

34 Grundlage der Schadenersatzpflicht des Besatzungsmitglieds etc. können daneben auch verschuldensunabhängige Tatbestände sein. Die SHR-ReformG-Begr[62] nennt beispielhaft § 904 BGB. Gegenstand dieser Vorschrift sind Einwirkungen auf das Eigentum, die nach § 904 Satz 1 BGB gerechtfertigt und damit nicht rechtswidrig sind, aber nach § 904 Satz 2 BGB einen Schadensersatzanspruch des Eigentümers auslösen. Sind diese Voraussetzungen in der Person eines Besatzungsmitglieds etc. erfüllt, haftet nach § 480 Satz 1 auch der Reeder. Die Vorschrift spielt allerdings keine Rolle, wenn die Einwirkung auf die Sache durch das Besatzungsmitglied etc. von vornherein für den Reeder erfolgte (siehe dazu unten Rn 17 Anhang VI zu § 480 [BGB]). Hier richtet sich der Anspruch des Dritten aus § 904 Satz 2 BGB unmittelbar gegen den Reeder.

35 Eine verschuldensunabhängige Haftung des Besatzungsmitglieds etc. kann sich außerdem etwa aus § 89 Abs. 1 Satz 1 WHG ergeben.[63] Das Besatzungsmitglied muss für den Schaden einstehen, der einem anderen dadurch entsteht, dass das Besatzungsmitglied in ein Gewässer Stoffe einbringt oder einleitet oder in anderer Weise auf ein Gewässer einwirkt und dadurch die Wasserbeschaffenheit nachteilig verändert. Mehrere Schädiger haften als Gesamtschuldner (§ 89 Abs. 1 Satz 2 WHG). Zur Haftung des Reeders aus § 89 Abs. 2 WHG siehe unten Rn 2 Anhang VII zu § 480 (Anlagenhaftung).

36 Es ist für die Anwendung des § 480 Satz 1 nicht erforderlich, dass sich die Schadensersatzpflicht in der Person des Besatzungsmitglieds etc. nach deutschem Sachrecht beurteilt; zur internationalprivatrechtlichen Anknüpfung der Schadenersatzpflicht siehe unten Rn 58. Der Reeder muss nach § 480 Satz 1 auch für eine nach ausländischem Recht begründete Schadenersatzpflicht einstehen. Die Vorschrift des § 480 Satz 1 wiederum kommt dagegen nur zur Anwendung, wenn sich die Haftung des Reeders nach deutschem Sachrecht beurteilt (unten Rn 186–236). Werden die Haftung des Besatzungsmitglieds etc. und die des Reeders übereinstimmend nach Art. 4 Abs. 1 Rom II angeknüpft, werden die Ansprüche des Geschädigten gegen das Besatzungsmitglied etc. und gegen den Reeder regelmäßig demselben Sachrecht, ggf. also dem deutschen Recht unterliegen. Eine abweichende Anknüpfung der beiden Ansprüche kann sich aber etwa ergeben, wenn die Ansprüche unterschiedlich nach Art. 4 Abs. 2 oder 3 oder Art. 7 Rom II angeknüpft werden.

37 Eine Einstandspflicht des Reeders für eine Schadenersatzpflicht des Besatzungsmitglieds etc. scheidet aus, wenn der Kapitän als Vertreter des Reeders tätig geworden ist, beispielsweise ein Konnossement ausgestellt oder einen Frachtvertrag geschlossen hat, ohne dass er über eine entsprechende Vetretungsbefugnis verfügte, und der Reeder die Genehmigung des Rechtsgeschäfts verweigert (§§ 177 Abs. 1 und 2, 178, 184 Abs. 1 BGB), mit der Folge, dass der Kapitän dem Dritten nach Maßgabe der §§ 179, 180 BGB einstehen muss. § 480 Satz 1 kommt nicht zur Anwendung, der Reeder, der die Genehmigung verweigert, kann nicht gleichwohl in die Pflicht genommen werden. Eine Haftung aus § 480 Satz 1 für Ansprüche nach §§ 179, 180 BGB kommt aber in Betracht, wenn der Kapitän das Rechtsgeschäft im Namen eines Dritten vorgenommen hat, etwa für den Charterer ein Konnossement ausgestellt hat.

---

[62] S. 65 (rechte Spalte).
[63] Siehe OLG Hamburg HmbSchRZ 2010, 133 Nr. 81 (S. 136 unter 5a) „Containerships VI", „Oberon", dazu auch S. 137 Nr. 82, zuvor das LG Hamburg S. 123 Nr. 78 und noch OVG Hamburg (2011) BeckRS 2015, 49101; RhSchOG Karlsruhe VersR 1977, 566 „Stadt F.", „Mausi"; OLG Karlsruhe (1972) BeckRS 2014, 04371.

Fraglich ist die Anwendung des § 480 Satz 1, wenn das Besatzungsmitglied nicht auf 38
Schadenersatz haftet, sondern als Verhaltensstörer im Rahmen einer öffentlich-rechtlichen Kostenerstattung, insbesondere nach § 9 Abs. 1 Satz 1 USchadG als Verantwortlicher für die Kosten der Vermeidungs-, Schadenbegrenzungs- und Sanierungsmaßnahmen (dazu auch unten Rn 3 Anhang VIII zu § 480 [öffentlich-rechtliche Kostenerstattung]). M.E. ist in diesen Fällen aber eine analoge Anwendung des § 480 Satz 1 geboten.

c) Gegenüber einem Dritten. Die Schadenersatzpflicht in der Person des Besat- 39
zungsmitglieds oder des an Bord tätigen Lotsen (oder in einer Person, auf die § 480 Satz 1 analog zur Anwendung gelangt, unten Rn 65–94) muss nach § 480 Satz 1 gegenüber einem geschädigten Dritten bestehen. Geschädigt sein können alle Personen außer dem Reeder (bzw. Ausrüster, § 477 Abs. 1 und 2) und der jeweils schadenersatzpflichtigen Person selbst, also dem Besatzungsmitglied, dem an Bord tätigen Lotsen und den Personen, auf die § 480 Satz 1 analog zur Anwendung gelangt. Dritte sind etwa alle Personen außerhalb des Schiffes, die sich an Bord anderer Schiffe oder an Land befinden, einschließlich der Reeder bzw. Eigner, Ausrüster oder (Zeit- oder Reise-)Charterer anderer Schiffe. Der Dritte kann sich auch an Bord des eigenen Schiffes befunden haben. § 480 Satz 1 begründet in entsprechenden Fällen auch eine Haftung des Reeders gegenüber anderen Mitgliedern der Besatzung;[64] gegenüber den Reisenden[65] und allen sonst an Bord befindlichen Personen einschließlich des Lotsen; gegenüber dem an Bord tätigen Personal eines selbständigen Umschlagsunternehmers;[66] gegenüber den Ladungsbeteiligten des Schiffes (unten Rn 122–127) und den Ladungseigentümern; gegenüber allen Charterern des Schiffes; bei Bestehen eines Ausrüsterverhältnisses gegenüber dem Nur-Eigentümer.[67]

d) Die Haftungsbefreiungen und -beschränkungen. Alle Haftungsbefreiungen 40
und -beschränkungen, die dem Mitglied der Schiffsbesatzung oder dem an Bord tätigen Lotsen (oder der Person, auf die § 480 Satz 1 analog zur Anwendung gelangt, unten Rn 65–94) gegenüber dem geschädigten Dritten zustehen, kommen auch dem Reeder zugute. Siehe zu den Haftungsbefreiungen und -beschränkungen, auf die sich der Kapitän berufen kann, ausführlich oben Rn 96–131, 132–137, 138, 139 Anhang zu § 479 (Kapitän). Die Hinweise dort gelten entsprechend für die übrigen Besatzungsmitglieder. Zu den Haftungsbefreiungen und -beschränkungen zugunsten des Lotsen siehe oben Rn 129–142, 143–145, 146 Anhang zu § 479 (Lotse). Die Haftung eines minderjährigen Besatzungsmitglieds kann ggf. nach § 828 Abs. 3 BGB entfallen.[68] Zum Ausschluss der Haftung bei Arbeitsunfällen nach § 105 Abs. 1 Satz 1 SGB VII siehe unten Rn 52.

e) §§ 104 ff. SGB VII. Im Anwendungsbereich der Unfallversicherung auf Grundlage 41
des SGB VII (siehe § 1 Nr. 2) gelten für die Haftung für Personenschäden die wichtigen, in

---

64 Siehe RGZ 13, 114, 119 „Quarta"; RG HansGZ H 1883, 8 Nr. 5; OLG Bremen Hansa 1964, 419, 420, anschließend BGH Hansa 1965, 1330.
65 Siehe RGZ 119, 270 „Jan Molsen", zuvor OLG Hamburg HansGZ H 1927, 215 Nr. 94.
66 BGHZ 26, 152 = NJW 1958, 220, 221 mit Anm. *Nörr* LM Nr. 5 zu § 485, zuvor OLG Hamburg VersR 1957, 383; OLG Bremen Hansa 1964, 419, anschließend BGH Hansa 1965, 1330.
67 RG JW 1901, 619 Nr. 8 „Phönix".
68 Siehe LG Hamburg HmbSchRZ 2009, 345 Nr. 129 „Maria", anschließend OLG Hamburg HmbSchR 2009, 270 Nr. 107; siehe auch noch LG Hamburg HmbSchRZ 2009, 346 Nr. 130, OLG Schleswig HmbSchRZ 2009, 281 Nr. 109, zuvor LG Itzehoe HmbSchRZ 2009, 278 Nr. 108; sowie LG Hamburg HmbSchRZ 2009, 251 Nr. 199.

§§ 104 und 105 SGB VII geregelten Haftungsausschlüsse (unten Rn 47–48, 49–50), die sich bei der Anwendung des § 480 Satz 1 erheblich auswirken können (unten Rn 52).

42　　**aa) Einleitung.** Die gesetzliche Unfallversicherung betrifft insbesondere Ansprüche auf Leistungen nach Arbeitsunfällen (§ 7 Abs. 1 SGB VII), also Unfällen infolge einer versicherten Tätigkeit (§ 8 Abs. 1 Satz 1 SGB VII). Unfälle sind zeitlich begrenzte, von außen auf den Körper einwirkende Ereignisse, die zu einem Gesundheitsschaden oder zum Tod führen (§ 8 Abs. 1 Satz 2 SGB VII). In der See- und Binnenschifffahrt sind Versicherungsfälle auch Unfälle infolge von Elementarereignissen, der einem Hafen oder dem Liegeplatz eines Fahrzeugs eigentümlichen Gefahren, der Beförderung von Land zum Fahrzeug oder vom Fahrzeug zum Land, in der Seefahrt auch die Heimschaffung von Seeleuten (§ 10 SGB VII). Zu den versicherten Personen gehören insbesondere die Beschäftigten (§ 2 Abs. 1 Nr. 1 SGB VII, § 2 Nr. 1, § 7 Abs. 1 SGB IV) sowie die weiteren, in den Tatbeständen des § 2 SGB VII genannten Personen. Beschäftigte sind zunächst alle Seeleute (siehe § 13 Abs. 1 Satz 2 Hs. 1 SGB IV), die auf Seeschiffen unter deutscher Flagge tätig sind (§ 13 Abs. 2 SGB IV) und daher als in Deutschland beschäftigt gelten (§§ 3 Nr. 1, 10 Abs. 3 SGB IV). Auf die Staatsangehörigkeit der Seeleute oder deren gewöhnlichen Aufenthalt kommt es nicht an. Siehe zum Fall der Entsendung § 5 SGB IV.

43　　Seeschiffe sind solche, die zur Seefahrt bestimmt sind (§ 13 Abs. 2 SGB IV). Die Seefahrt im Sinne des SGB VII ist in dessen § 121 Abs. 3 umschrieben. Die Tatbestände des Satz 1 Nr. 1 entsprechen denen des § 1 FlRV, die bei der Abgrenzung der Binnen- von den Seegewässern heranzuziehen sind (oben Rn 78–85 Einleitung B). Darüber hinaus kann bei einer vorübergehenden Entsendung eines Beschäftigten auf ein fremdflaggiges Schiff eine Unfallversicherung aufgrund einer Entsendung bestehen („Ausstrahlung", § 4 Abs. 1 SGB IV). Seeleute mit deutscher Staatsangehörigkeit, die auf einem Seeschiff beschäftigt sind, das nicht berechtigt ist, die Bundesflagge zu führen, werden auf Antrag des Reeders (§ 13 Abs. 1 Satz 1 SGB IV) in der gesetzlichen Unfallversicherung versichert, wenn der Reeder das Seeschiff der Unfallverhütung und Schiffssicherheitsüberwachung durch die BG Verkehr unterstellt hat und der Staat, dessen Flagge das Seeschiff führt, dem nicht widerspricht (§ 2 Abs. 3 Satz 1 Nr. 2 SGB IV). Haben diese Seeleute außerdem ihren Wohnsitz oder gewöhnlichen Aufenthalt im Inland und sind sie auf einem Seeschiff beschäftigt, das im überwiegenden wirtschaftlichen Eigentum eines deutschen Reeders mit Sitz im Inland steht, ist der Reeder verpflichtet, unter den Voraussetzungen des § 13 Satz 1 Nr. 2 SGB IV einen entsprechenden Antrag zu stellen.

44　　Siehe zu Seeleuten aus EU-Mitgliedstaaten die Verordnung 883/2004 nebst Durchführungsverordnung 987/2009. Die Verordnungen gelten im Rahmen des EWR-Abk auch für isländische, liechtensteinische und norwegische Staatsangehörige sowie auf Grundlage des Freizügigkeits-Abkommens zwischen der EU und der Schweiz[69] für schweizerische Staatsangehörige. Auf Grundlage des SGB VII unfallversichert sind auch die Besatzungen der Lotsentender und Lotsenversetzboote (oben Rn 7–8 Anhang zu § 478 [Lotse]), die Kanalsteurer (oben Anhang zu § 478 [Kanalsteurer]; siehe § 13 Abs. 1 Satz 2 Hs. 2

---

[69] Abkommen zwischen der Europäischen Gemeinschaft und ihren Mitgliedstaaten einerseits und der Schweizerischen Eidgenossenschaft andererseits über die Freizügigkeit (ABl. 2002 L 114 S. 6), zuletzt geändert durch Beschluss Nr. 1/2015 des Gemischten Ausschusses, der mit Artikel 14 des Abkommens zwischen der Europäischen Gemeinschaft und ihren Mitgliedstaaten einerseits und der Schweizerischen Eidgenossenschaft andererseits über die Freizügigkeit eingesetzt wurde, vom 8. Juni 2015 (ABl. 2015 Nr. L 148 S. 38).

SGB IV); ebenso die Besatzungen von Hafenschleppern und Festmacher in Deutschland; nicht aber die See- und Hafenlotsen, die ihre Tätigkeit als freien Beruf ausüben (§ 21 Abs. 1 SeeLG, § 7 Hmb HafenLG, § 23 Abs. 1 und 2 BremLotsO).

Die gesetzliche Unfallversicherung wird nicht durch die versicherten Personen, sondern ausschließlich durch die Unternehmer finanziert, für deren Unternehmen die versicherten Personen tätig sind (§ 150 Abs. 1 Satz 1 SGB VII). Wird ein Seeschiff betrieben, ist dessen Reeder der Unternehmer (§ 136 Abs. 3 Nr. 4 SGB VII, siehe auch § 150 Abs. 2 Satz 1 Nr. 2 SGB VII). Zuständig für die Durchführung der gesetzlichen Unfallversicherung für Unternehmen der Seefahrt ist die BG Verkehr (§ 121 Abs. 2 Satz 1 Nr. 2 SGB VII). 45

Im Versicherungsfall gewährt die gesetzliche Unfallversicherung Leistungen, namentlich zur Heilbehandlung, zur Teilhabe am Arbeitsleben und am Leben in der Gemeinschaft und ergänzende Leistungen sowie Geldleistungen an Versicherte und Hinterbliebene (§§ 26 ff. SGB VII). Diese Leistungen entsprechen nicht in vollem Umfang den Leistungen, die im Rahmen einer Schadenersatzpflicht wegen Personenschäden beansprucht werden können. So zahlt die gesetzliche Unfallversicherung kein Schmerzensgeld (§ 253 Abs. 2 BGB). Zum Verfahren siehe noch die Bestimmungen der §§ 108, 109 SGB VII. 46

bb) Der Ausschluss von Ansprüchen gegen den Unternehmer (§ 104 SGB VII). 47
Besteht eine gesetzliche Unfallversicherung nach Maßgabe des SGB VII, werden Ansprüche wegen Personenschäden in bestimmten Fällen ausgeschlossen. So sind Unternehmer den Versicherten, die für ihre Unternehmen tätig sind oder zu ihren Unternehmen in einer sonstigen die Versicherung begründenden Beziehung stehen, sowie deren Angehörigen und Hinterbliebenen nach anderen gesetzlichen Vorschriften zum Ersatz des Personenschadens, den ein Versicherungsfall verursacht hat, nur verpflichtet, wenn sie insbesondere den Versicherungsfall vorsätzlich herbeigeführt haben (§ 104 Abs. 1 Satz 1 SGB VII). Ansprüche des Versicherten auf Grundlage anderer Vorschriften sind damit grundsätzlich ausgeschlossen, auch wenn sie über die Leistungen der Unfallversicherung hinausgehen, also etwa auch Schmerzensgeld (§ 253 Abs. 2 BGB) gewähren würden. Hat der Unternehmer den Versicherungsfall vorsätzlich oder grob fahrlässig herbeigeführt, haften sie den Sozialversicherungsträgern für die infolge des Versicherungsfalls entstandenen Aufwendungen, jedoch nur bis zur Höhe des zivilrechtlichen Schadenersatzanspruchs (§ 110 Abs. 1 Satz 1 SGB VII); siehe auch § 104 Abs. 3 SGB VII. Das Verschulden braucht sich nur auf das den Versicherungsfall verursachende Handeln oder Unterlassen zu beziehen (§ 110 Abs. 1 Satz 3 SGB VII). Die Sozialversicherungsträger können nach billigem Ermessen, insbesondere unter Berücksichtigung der wirtschaftlichen Verhältnisse des Schuldners, auf den Ersatzanspruch ganz oder teilweise verzichten (§ 110 Abs. 2 Satz 3 SGB VII). Nach § 104 Abs. 1 Satz 2 SGB VII ist auch der Übergang der Ansprüche des Geschädigten auf den Träger der Unfallversicherung nach § 116 SGB X ausgeschlossen. Er wird geschützt, weil er auch die Beiträge zur Unfallversicherung (allein) aufbringt.

Bei Unternehmen der Seefahrt gelten die zuvor genannten Grundsätze auch für die Ersatzpflicht anderer das Arbeitsentgelt schuldender Personen entsprechend (§ 107 Abs. 1 Satz 1 SGB VII). Damit wird neben dem Reeder ggf. auch ein Dritter, etwa eine Crewing Agency, geschützt, die die Besatzung des Schiffes stellt. Der Schutz des Unternehmers nach § 104 Abs. 1 SGB VII betrifft auch Ansprüche von Personen, die nach § 3 Abs. 1 Nr. 2 SGB VII als bloße auf der Unternehmensstätte anwesende Personen versichert sind (§ 106 Abs. 4 SGB VII). Die Unternehmensstätte umfasst insbesondere auch das Schiff (dazu auch sogleich Rn 49–51). Siehe zu dem Ausschluss der Haftung des Reeders nach § 104 Abs. 1 SGB VII für Ansprüche des Kapitäns oben Rn 78 Anhang § 479 48

(Kapitän) sowie für Ansprüche der Besatzungsmitglieder unten Rn 53–54. Zum Fall des Zusammenstoßes mehrerer Seeschiffe von Unternehmen, für die die BG Verkehr zuständig ist, siehe die Regelung des § 107 Abs. 2 SGB VII.

49 **cc) Die gemeinsame Betriebsstätte (§ 106 Abs. 3 SB VII).** Verrichten Versicherte mehrerer Unternehmen vorübergehend betriebliche Tätigkeiten auf einer gemeinsamen Betriebsstätte, kommt § 104 Abs. 1 SGB VII auch „überkreuz" zugunsten aller Unternehmen zur Anwendung (§ 106 Abs. 3 SGB VII). Namentlich sind unter diesen Voraussetzungen Ansprüche der Beschäftigten eines Unternehmens gegen den jeweils anderen Unternehmer ausgeschlossen. Eine gemeinsame Betriebsstätte kann insbesondere das Schiff sein.

50 In einer die Schifffahrt betreffenden Entscheidung hat der BGH das Merkmal der gemeinsamen Betriebsstätte erläutert.[70] Die Beurteilung müsse sich auf konkrete Arbeitsvorgänge beziehen. Es komme darauf an, dass in der konkreten Unfallsituation eine gewisse Verbindung der Tätigkeiten als solchen, die sich als bewusstes Miteinander im Betriebsablauf darstelle und im faktischen Miteinander der Beteiligten aufeinander bezögen, miteinander verknüpft oder auf gegenseitige Ergänzung oder Unterstützung ausgerichtet sei, gegeben sei. Der Haftungsausschluss nach § 106 Abs. 3 Fall 3 SGB VII sei (nur) im Hinblick auf die zwischen den Tätigen verschiedener Unternehmen bestehende Gefahrengemeinschaft gerechtfertigt. Er knüpft daran an, dass eine gewisse Verbindung zwischen den Tätigkeiten als solchen in der konkreten Unfallsituation gegeben ist. Weiter heißt es in dem Urteil,[71] dass die „gemeinsame Betriebsstätte" nicht durch vertragliche Vereinbarungen und deren Erfüllung begründet werde. Die vertraglichen oder sonstigen Beziehungen, die zu dem Tätigwerden der Arbeitnehmer verschiedener Unternehmen führten, spielten für die Beurteilung, ob eine gemeinsame Betriebsstätte vorliege, keine maßgebliche Rolle. Zwar könne die notwendige Arbeitsverknüpfung im Einzelfall auch dann bestehen, wenn die von den Beschäftigten verschiedener Unternehmen vorzunehmenden Maßnahmen sich nicht sachlich ergänzten und unterstützten, die gleichzeitige Ausführung der betreffenden Arbeiten wegen der räumlichen Nähe aber eine Verständigung über den Arbeitsablauf erforderten und hierzu konkrete Absprachen getroffen würden. Das sei etwa dann der Fall, wenn ein zeitliches und örtliches Nebeneinander dieser Tätigkeiten nur bei Einhaltung von besonderen beiderseitigen Vorsichtsmaßnahmen möglich sei und die Beteiligten solche vereinbarten. In der Sache ging es um die Verletzung eines Schiffbauers, der während der Werftliegezeit eines Binnenschiffes im Laderaum tätig war. Der Eigner wollte wegen einsetzenden Regens den Lukendeckel schließen, der verrutschte und in den Laderaum hinabfiel. Der BGH kam zu dem Ergebnis,[72] dass ein aufeinander bezogenes betriebliches Zusammenwirken des Geschädigten mit dem Eigner nicht gegeben gewesen sei. Der Geschädigte sei zur Erbringung seiner Arbeiten darauf weder angewiesen noch hätten die Werkleistungen der übrigen Mitarbeiter der Werft davon abgehangen, dass die Luke geschlossen würde. Es fehle sowohl das notwendige Miteinander im Arbeitsablauf als auch der wechselseitige Bezug der betrieblichen Aktivitäten. Ein Zusammenwirken der Parteien im konkreten Arbeitsvorgang habe zu diesem Zeitpunkt gefehlt. Die Tätigkeit des Eigners sei nicht in einem faktischen Miteinander mit der des Geschädigten aufeinander bezogen, miteinander verknüpft oder auf gegenseitige Ergänzung oder Unterstützung ausgerichtet gewesen, so dass die für eine „gemeinsame Betriebsstätte" typische Gefahr bestanden hätte, dass sich die Parteien bei den versicherten Tätigkeiten ablaufbedingt in die Quere kommen konnten.

51 Das Schiff kann nach den Umständen gemeinsame Betriebsstätte für die Besatzung und daneben für das an Bord tätige Personal von Umschlagsunternehmen sowie von Werften und Reparaturbetrieben, für Wachpersonal und für die Kanalsteurer sein (siehe dazu noch unten Rn 53–54).

---

70 BGH HmbSchRZ 2012, 65 Nr. 22 [9] „Vaterland" mit vielen weiteren Nachweisen.
71 BGH HmbSchRZ 2012, 65 Nr. 22 [11] „Vaterland".
72 BGH HmbSchRZ 2012, 65 Nr. 22 [10] „Vaterland".

dd) Der Ausschluss von Ansprüchen gegen andere Versicherte (§ 105 SGB VII). 52
Ausgeschlossen sind in den entsprechenden Fällen nicht nur Ansprüche des Geschädigten gegen den Unternehmer (§ 104 Abs. 1 SGB VII, zuvor Rn 49–51), sondern auch Ansprüche eines Versicherten gegen einen anderen Versicherten. Nach § 105 Abs. 1 Satz 1 SGB VII sind Personen, die durch eine betriebliche Tätigkeit einen Versicherungsfall von Versicherten desselben Betriebs verursachen, diesen sowie deren Angehörigen und Hinterbliebenen nach anderen gesetzlichen Vorschriften zum Ersatz des Personenschadens nur verpflichtet, wenn sie den Versicherungsfall insbesondere vorsätzlich herbeigeführt haben. Diese Regelungen dienen der Sicherung des Betriebsfriedens. Ausgeschlossen sind die anderweitigen Ansprüche auch insoweit, als sie über die Leistungen der Unfallversicherung hinausgehen würden und etwa auch Schmerzensgeld (§ 253 Abs. 2 BGB) umfassen. Wiederum findet ein Übergang von Ansprüchen auf den Unfallversicherungsträger nicht statt (§§ 105 Abs. 1 Satz 3, 104 Abs. 3 SGB VII). Der Ausschluss anderweitiger Ansprüche nach § 105 Abs. 1 Satz 1 SGB VII betrifft namentlich Ansprüche von Besatzungsmitgliedern eines Schiffes untereinander. Außerdem sind die Betriebsangehörigen nach § 105 Abs. 1 Satz 1 SGB VII vor Ansprüchen von Personen, die nach § 3 Abs. 1 Nr. 2 SGB VII als bloße auf der Unternehmensstätte, also namentlich auf dem Schiff, anwesende Personen versichert sind, geschützt (§ 106 Abs. 4 SGB VII). Im Falle einer vorübergehenden betrieblichen Tätigkeit der Versicherten mehrerer Unternehmen auf einer gemeinsamen Betriebsstätte (oben Rn 49–51) gilt § 105 Abs. 1 SGB VII auch im Verhältnis zwischen den Versicherten der jeweiligen Unternehmer (§ 106 Abs. 3 SGB VII). Schließlich ergänzt § 107 Abs. 1 Satz 2 SGB VII, dass § 105 SGB VII für den Lotsen entsprechend gilt. Damit sind Ansprüche der Besatzungsmitglieder gegen den Lotsen und umgekehrt Ansprüche des Lotsen gegen Besatzungsmitglieder nach Maßgabe des § 105 Abs. 1 Satz 1 SGB VII ausgeschlossen. Siehe noch zum Fall des Zusammenstoßes mehrerer Seeschiffe von Unternehmen, für die die BG Verkehr zuständig ist, die Regelung des § 107 Abs. 2 SGB VII.

ee) Der Ausschluss der Schadenersatzpflicht (§ 480 Satz 1). Ist der Schadenersatzanspruch des Dritten gegen die Person der Schiffsbesatzung, den an Bord tätigen Lotsen oder eine der Personen, auf die § 480 Satz 1 analog zur Anwendung gelangt, nach § 105 Abs. 1 SGB VII ausgeschlossen, kann sich auch der Reeder heraufberufen. Stets geht es ausschließlich um Personenschäden. So muss zunächst das Besatzungsmitglied etc. nach dem SGB VII unfallversichert sein. Gleiches muss für den geschädigten Dritten gelten. Beide müssen in demselben Betrieb tätig sein. So können Ansprüche nach § 105 Abs. 1 SGB VII ausgeschlossen sein, wenn sich ein Besatzungsmitglied des Schiffes gegenüber einem anderen Besatzungsmitglied schadenersatzpflichtig gemacht hat. Der Reeder kann sich aber auch darauf berufen, dass die schadenersatzpflichtige Person und der geschädigte Dritte gemeinsam in einem anderen Betrieb tätig waren. Gründet ein verunglückter Stauereiarbeiter seine Ansprüche auf eine Schadenersatzpflicht der Vorleute („Stauervizen") des Umschlagsunternehmers (für die der Reeder nach § 480 Satz 1 einzustehen hat, dazu unten Rn 87–90), kann der Reeder dem Anspruch den Ausschluss nach § 105 Abs. 1 SGB VII entgegen halten.[73] Entsprechendes muss für Ansprüche der Besatzungsmitglieder von Schleppern untereinander gelten. Auch ein ausländischer Reeder, der keine Beiträge zur Unfallversicherung nach SGB VII leistet, darf sich im 53

---

73 Siehe BGHZ 26, 152 = NJW 1958, 220, 221 mit Anm. *Nörr* LM Nr. 5 zu § 485, zuvor OLG Hamburg VersR 1957, 383.

Rahmen des § 480 Satz 1 auf den Haftungsausschluss unter Versicherten § 105 Abs. 1 SGB VII in einem anderen Betrieb berufen.[74]

54   Darüber hinaus spielt die ergänzende Regelung des § 106 Abs. 3 SGB VII eine Rolle, die die Anwendung insbesondere des § 105 Abs. 1 SGB VII in Fällen der Tätigkeit von Versicherten mehrerer Unternehmen auf einer gemeinsame Betriebsstätte anordnet (dazu oben Rn 49–51). Die gemeinsame Betriebsstätte kann insbesondere das Schiff sein. Das gilt aber nur, wenn auch der Reeder in der Unfallversicherung nach SGB VII beitragspflichtig ist, normalerweise also nicht für ausländische Schiffe.[75] So ist das Schiff eine gemeinsame Betriebsstätte der Schiffsbesatzung und des an Bord tätigen Lotsen. Macht der Lotse Ansprüche gegen den Reeder aus § 480 Satz 1 geltend, ausgehend von einer Schadenersatzpflicht eines Mitglieds der Schiffsbesatzung, kann sich der Reeder auf den Haftungsausschluss nach §§ 105 Abs. 1, 106 Abs. 3 SGB VII berufen. Ebenso ist das Schiff ggf. eine gemeinsame Betriebsstätte der Schiffsbesatzung und des Personals des Umschlagsunternehmers, so dass der Reeder dem Mitarbeiter des Umschlagsunternehmers, der eine Schadenersatzpflicht eines Mitglieds der Schiffbesatzung geltend macht, §§ 105 Abs. 1, 106 Abs. 3 SGB VII entgegenhalten kann.[76] Entsprechendes kann für Wachpersonal gelten, das an Bord tätig ist.[77] Auch ein Festmacher (unten Rn 92), der an Land beim Festmachen des Schiffes hilft, wird an der gemeinsamen Betriebsstätte „Schiff" tätig.[78]

55   **f) Die Haftung des Besatzungsmitglieds etc.** Der Umfang der Schadenersatzpflicht des Besatzungsmitglieds oder des an Bord tätigen Lotsen (oder einer Person, auf die § 480 Satz 1 analog zur Anwendung gelangt, unten Rn 65–94) ermittelt sich grundsätzlich anhand der §§ 249 ff. BGB. Zu ersetzen sind alle mit dem maßgeblichen Verhalten in einem objektiven Zurechnungszusammenhang stehenden Schäden. An einem solchen fehlt es, wenn wegen einer Grundberührung des Schiffes das Fahrwasser gesperrt ist, bei einem anderen Schiff, das zunächst wartet, bei der Fortsetzung der Fahrt einen Koppeldraht in die Schraube gerät.[79] Der Zurechnungszusammenhang kann auch bestehen, wenn ein Schiff einen Anker verliert, auf den später ein anderes Schiff auffährt (siehe unten Rn 63). Der Anspruch des geschädigten Dritten kann insbesondere auf Schadenersatz wegen Personen- oder wegen Sachschäden gerichtet sein. Ansprüche nach § 480 Satz 1 wegen Personenschäden können sich auch auf Ersatz von Verdienstausfall[80] oder Schmerzensgeld (§ 253 Abs. 2 BGB) beziehen.[81] Im Falle der Beschädigung einer Verladeanlage ist ggf. zu berücksichtigen, dass sie wegen des auslaufenden Pachtvertrages nur noch für einen beschränkten Zeitraum genutzt werden konnte.[82] Ist durch das Schiff ein

---

74 Siehe OLG Hamburg VersR 1957, 383, 384 (a.E.), anschließend in BGHZ 26, 152 = NJW 1958, 220, 221 mit Anm. Nörr LM Nr. 5 zu § 485 nicht weiter problematisiert.
75 Siehe OLG Hamburg VersR 1961, 501; OLG Bremen Hansa 1961, 1003; OLG Bremen Hansa 1964, 419, 421, anschließend BGH Hansa 1965, 1330.
76 Die nach früherem Recht erforderliche „Eingliederung" des Stauereipersonals in den Betrieb des Schiffes wurde von BGH Hansa 1965, 1330, 1330 f. (unter 1.), zuvor OLG Bremen Hansa 1964, 419 verneint; offengelassen von OLG Hamburg VersR 1961, 501, dann aber bejaht von OLG Hamburg Hansa 1968, 2102.
77 Ebenfalls unter dem Gesichtspunkt der „Eingliederung" verneint von BGHZ 21, 207 = NJW 1956, 1513.
78 OLG Hamburg Hansa 1973, 2122 geht von einer Eingliederung aus – dagegen ist der Festmacher einer Schute nicht in den Betrieb des Terminals eingegliedert, BGH Hansa 1956, 2303.
79 Siehe RhSchG St. Goar RdTW 2016, 114 [10, 11] „Eddie", „Sagittarius".
80 OLG Bremen Hansa 1964, 419, anschließend BGH Hansa 1965, 1330.
81 RGZ 119, 270 „Jan Molsen", zuvor OLG Hamburg HansGZ H 1927, 215 Nr. 94; BGH Hansa 1968, 1631; OLG Bremen Hansa 1964, 419, anschließend BGH Hansa 1965, 1330; SchOG Karlsruhe ZfB 2000 Nr. 6 S. 83 (Slg. 1788).
82 BGH Hansa 1972, 1475.

Dalben beschädigt worden, kann ggf. auch Ersatz des Schadens wegen der Beschädigung eines Fahrzeugs, das für die Ermittlung des Schadens am Dalben verwendet wird, verlangt werden.[83] Dem Besatzungsmitglied etc. steht ggf. die Einwendung des Mitverschuldens bzw. der Mitverursachung nach § 254 Abs. 1 BGB zu.[84] Der geschädigte Dritte hat grundsätzlich keinen Anspruch auf Ersatz des Arbeits- und Zeitaufwands für die Schadensermittlung und dessen außergerichtliche Abwicklung, wohl aber dann, wenn sich der Aufwand in einem Verdienstausfall niederschlägt oder wenn Maßnahmen der Schadensbeseitigung mit eigenem Personal durchgeführt wird.[85] Der Zahlungsanspruch des Geschädigten aus § 480 Satz 1 ist, da es sich um einen solchen des deutschen Sachrechts handelt, in inländischer Währung zu erfüllen, also in Euro; Schadenspositionen in anderer Währung sind lediglich Rechengrößen für die Ermittlung des Schadens.[86]

g) Das Recht des Besatzungsmitglieds etc. zur Beschränkung der Haftung. Möglicher Weise ist die Person der Schiffsbesatzung, des an Bord tätigen Lotsen oder die Person, auf die § 480 Satz 1 analog zur Anwendung gelangt, zur Beschränkung der Haftung nach Maßgabe der Bestimmungen des HBÜ 1996 und der §§ 611 ff. bzw. der §§ 4 ff. BinSchG berechtigt. M.E. kann der Reeder diese Befugnis auch dem Gläubiger im Rahmen des § 480 Satz 1 entgegen halten. Dem Reeder steht insoweit ein eigenes Recht zu, er ist nicht darauf angewiesen, dass das betreffende Besatzungsmitglied etc. von seiner Befugnis Gebrauch macht. In den meisten Fällen wird es auf die hiermit zusammenhängenden Fragen allerdings nicht ankommen. So kann etwa eine Person der Schiffsbesatzung nach Art. 1 Abs. 4 HBÜ 1996 zwar ihre Haftung beschränken. Die verschiedenen Höchstbeträge sind aber dieselben, die auch für den Reeder gelten würden. Die Schadenersatzpflicht des Besatzungsmitglieds etc. würde dann in derselben Höhe bestehen wie die des Reeders, wenn er von seinem eigenen Recht zur Beschränkung der Haftung Gebrauch machen würde.

Unter bestimmten Umständen sind allerdings die Höchstbeträge der Haftung des Besatzungsmitglieds etc. niedriger als die Höchstbeträge, die für den Reeder maßgeblich sind. So verhält es sich etwa, wenn eine Schadenersatzpflicht des an Bord tätigen Lotsen begründet ist. Für ihn gelten die herabgesetzten Höchstbeträge der § 615 Abs. 1 bis 3. Ebenso verhält es sich beispielsweise, wenn eine Schadenersatzpflicht in der Person des Mitglieds der Besatzung eines Assistenzschleppers besteht (dazu unten Rn 84–86). Diese Person kann sich nach Art. 1 Abs. 4 HBÜ bzw. § 5c Abs. 1 Nr. 3 BinSchG ggf. auf die Höchstbeträge berufen, die für den Schlepper gelten. Diese werden in der Regel geringer sein als die für den Reeder maßgeblichen Beträge. In den zuvor angesprochenen Fällen kann auch der Reeder im Rahmen des § 480 Satz 1 dem Geschädigten die geringeren Höchstbeträge, auf die sich das Besatzungsmitglied berufen könnte, entgegenhalten.

---

83 RhSchOG Karlsruhe HmbSeeRep 2002, 37 Nr. 30.
84 Siehe etwa ZKR ZfB 1995 Nr. 4 S. 37, 44 f. (unter V) (Slg. 1517) „Aland"; BerA-MoK ZfB 1997 Nr. 4 S. 33 (Slg. 1622) „Klingenburg", „Jessy"; RGZ 55, 316, 329 f. „Weser", „Cobra"; BGH VersR 1967, 949, 950 a.E. „Bourrasque" „Verseau"; BGH Hansa 1967, 1629, 1930 (unter IV.), zuvor OLG Hamburg Hansa 1965, 1504; OLG Hamburg HansGZ H 1896, 305 Nr. 109 (S. 309) „Trave"; OLG Hamburg MDR 1971, 667, 668; OLG Hamburg VersR 1976, 752, 753 (unter 3.) „Magnus 2", für den Fall ablehnend dann aber BGH VersR 1978, 712, 713 (unter 3.); OLG Bremen Hansa 1964, 419, 422 (rechte Spalte), anschließend BGH Hansa 1965, 1330; MoSchOG Köln TranspR 2007, 73, 74 „Invotis" = HmbSeeRep 2006, 173 Nr. 112 sowie zuvor in der Sache MoSchOG Köln ZfB 2005 Nr. 1/2 S. 64 = HmbSeeRep 2004, 227 Nr. 173, anschließend BGH VersR 2006, 290; RhSchOG Karlsruhe TranspR 1999, 304, 305 (unter 2.); LG Hamburg ZfB 1973, 105 (Slg. 497) „Maintank 2".
85 ZKR RdTW 2015, 100 „Eris".
86 BGH VersR 1956, 504, 506 (unter 3b).

58   h) Internationalprivatrechtliche Gesichtspunkte. § 480 Satz 1 knüpft an eine in der Person eines Mitglieds der Schiffsbesatzung, des an Bord tätigen Lotsen oder einer Person, auf die § 480 Satz 1 analog zur Anwendung gelangt, bestehende Schadenersatzpflicht an. Dieses Merkmal ist internationalprivatrechtlich selbständig von dem Anspruch gegen den Reeder anzuknüpfen (hierzu unten Rn 186–236). Für die Frage der Schadenersatzpflicht muss daher eine eigene kollisionsrechtliche Prüfung anhand der Grundsätze des internationalen Privatrechts stattfinden. Maßgeblich ist das deutsche internationale Privatrecht (und nicht das internationale Privatrecht des Rechts des Staates, nach dem sich der Anspruch gegen den Reeder beurteilt). Damit ermittelt sich im Hinblick auf die Schadenersatzpflicht des Besatzungsmitglieds etc. das anwendbare Sachrecht insbesondere anhand der Tatbestände des Art. 4 sowie im Falle einer Umweltschädigung nach Art. 7 Rom II (dazu ausführlich unten Rn 200–205), ggf. insbesondere unter Einbeziehung des internationalprivatrechtlichen schiffsbezogenen Anknüpfungsmoments der Flagge des Schiffes (unten Rn 212). Siehe bereits zur internationalprivatrechtlichen Anknüpfung der Haftung des Kapitäns gegenüber Dritten die Hinweise oben Rn 141 Anhang zu § 479 (Kapitän) sowie des Lotsen oben Rn 147–148, 180 Anhang § 478 (Lotse). Das im Hinblick auf die Schadenersatzpflicht des Besatzungsmitglieds etc. anwendbare Sachrecht entscheidet insbesondere über die Voraussetzungen der Haftung und die Entlastung des Besatzungsmitglieds etc. sowie außerdem über die Höhe des Anspruchs. Es steht einer Anwendung des § 480 Satz 1 nicht entgegen, dass sich die Schadenersatzpflicht des Besatzungsmitglieds etc. nach einem anderen als dem deutschen Sachrecht beurteilt. Andererseits wird sich häufig ein Gleichlauf ergeben, namentlich wenn sowohl die Schadenersatzpflicht als auch die Haftung des Reeders nach § 480 Satz 1 über den Tatbestand des Art. 4 Abs. 1 oder die Hauptanknüpfung des Art. 7 Rom II aus dem Erfolgsort oder die alternative Anknüpfung des Art. 7 Rom II aus dem Handlungsort beurteilt wird. Es sind aber auch Abweichungen denkbar, etwa wenn sich die Schadenersatzpflicht des Besatzungsmitglieds etc. oder die Haftung des Reeders anhand des gemeinsamen gewöhnlichen Aufenthalts (Art. 4 Abs. 2 Rom II) oder im Wegen einer unselbständigen Anknüpfung an ein bestehendes Rechtsverhältnis (Art. 4 Abs. 3 Satz 2 Rom II) ermittelt.

59   6. Die eigenen Einwendungen des Reeders. § 480 Satz 1 erstreckt die in der Person der Schiffsbesatzung oder des an Bord tätigen Lotsen (oder in einer Person, auf die § 480 Satz 1 analog zur Anwendung gelangt, unten Rn 65–94) begründete Schadenersatzpflicht auf den Reeder. Auf diesem Wege kommen ihm, dem Reeder, auch alle Einwendungen zugute, die dem Besatzungsmitglied etc gegen den Anspruch des geschädigten Dritten zustehen (dazu oben Rn 41–54, 55). Daneben kann der Reeder auch solche Einwendungen geltend machen, die ihm unmittelbar zustehen. Die Einwendungen können ausschließlich für ihn oder unabhängig voneinander sowohl für ihn als auch für das Besatzungsmitglied wirken. Die Geltendmachung eigener Einwendungen wird durch das Konzept der adjektizischen Haftung nach § 480 Satz 1 nicht ausgeschlossen. So kann im Falle des Verlustes oder der Beschädigung von Ladung zwar zugunsten des Reeders (unten Rn 142–151, 152–158, 159), nicht aber zugunsten des Besatzungsmitglieds etc. eine Himalaya-Regelung wirken, etwa weil eine solche zugunsten des Besatzungsmitglieds nicht vereinbart ist oder weil sie wegen eines qualifizierten Verschuldens nicht eingreift (zum Kapitän siehe oben Rn 98–118, 119–127, 128–130 Anhang zu § 479 [Kapitän]). Ebenso kann Reeder auch dann sein Haftung für alle Ansprüche aus einem Ereignis nach §§ 611 ff. und den Bestimmungen des HBÜ 1996 beschränken (unten Rn 142–143), wenn das Besatzungsmitglied etc. dies, wiederum wegen eines qualifizierten Verschuldens, nicht könnte (zum Kapitän siehe oben Rn 144–146 Anhang zu § 479

[Kapitän]); siehe aber auch die Hinweise Rn 153–155 Anhang zu § 479 [Kapitän]. Der Reeder kann allerdings nicht geltend machen, dass das Besatzungsmitglied etc. die Aufrechnung (§§ 387 ff.) mit einer eigenen Forderung gegen den geschädigten Dritten erklären könnte.

Insbesondere kann sich der Reeder ggf. auf den Haftungsausschluss nach § 104 Abs. 1 SGB VII berufen. Siehe zu den §§ 104 ff. SGB VII zunächst die Hinweise oben Rn 42–46 sowie zu den weiteren Voraussetzungen des Haftungsausschlusses nach § 104 Abs. 1 SGB VII außerdem oben Rn 78 Anhang § 479 (Kapitän). Eine Anwendung des § 104 Abs. 1 SGB VII kommt namentlich in Betracht, wenn der Reeder Unternehmer im Sinne des SGB VII ist und ein Mitglied der Besatzung seines Schiffes zu Schaden kommt (siehe auch § 107 Abs. 1 Satz 1 SGB VII). Ebenso kann sich der Reeder auf den Haftungsausschluss nach § 104 Abs. 1 SGB VII berufen, wenn Versicherte, die für andere Unternehmer tätig oder anderweitig nach Maßgabe des SGB VII unfallversichert sind, auf dem Schiff als gemeinsame Betriebsstätte (oben Rn 49–51) tätig werden (§ 106 Abs. 3 SGB VII). Der zuvor angesprochene Haftungsausschluss nach § 104 Abs. 1 SGB VII, der dem Reeder unmittelbar gegen den Anspruch des geschädigten Dritten aus § 480 Satz 1 zusteht, ist von dem Ausschluss der Schadenersatzpflicht des Besatzungsmitglieds etc. nach § 105 Abs. 1 Satz 1 SGB VII (oben Rn 52) zu unterscheiden, die dem Reeder ebenfalls mit haftungsausschließender Wirkung (aber auf andere Weise) zugutekommt. **60**

Ebenso kommt dem Reeder eine Kanalisierung der Haftung auf andere Personen zugute. So etwa, wenn er nicht der eingetragene Eigentümer des Schiffes ist und sich im Falle von Ölverschmutzungen auf Art. III Abs. 4 Hs. 1 (c) ÖlHÜ 1992 berufen kann. Entsprechendes gilt zukünftig für HNS-Schäden und die Regelung des Art. 7 Abs. 5 (c) HNS-Ü 2010. In gleicher Weise ist die Haftung des Reeders ausgeschlossen, wenn Kernmaterial befördert wird, Dritte durch ein nukleares Ereignis geschädigt werden und der Inhaber der betreffenden Kernanlage auf Grundlage des ParisÜ 1982 den Geschädigten haftet (siehe Art. 6 [a] Hs. 1 ParisÜ 1982 sowie unten Rn 21 Anhang IV zu § 480 [maritime Nuklearhaftung]). Schließlich kann sich m.E. der Reeder, wenn sonstige radioaktive Stoffe befördert und Dritte durch Strahlen geschädigt werden, auf § 26 Abs. Abs. 6 AtomG berufen (unten Rn 33–38 Anhang IV zu § 480 [maritime Nuklearhaftung]). **61**

7. Der Gläubiger des Anspruchs. Gläubiger des Anspruchs aus § 480 Satz 1 gegen den Reeder ist derjenige, dem auch die Ansprüche gegen das Besatzungsmitglied, den an Bord tätigen Lotsen oder diejenigen zustehen, auf die § 480 Satz 1 analog zur Anwendung gelangt. Dies wiederum ermittelt sich anhand der Rechtsvorschrift, aus der sich die Schadenersatzpflicht des Besatzungsmitglieds ergibt. Aus § 823 Abs. 1 BGB haften das Besatzungsmitglied etc. und damit auch der Reeder dem Inhaber des verletzten Rechtsgutes, ggf. der Besitzer der beschädigten Sache.[87] Nach § 823 Abs. 2 BGB stehen demjenigen Ansprüche zu, der durch die verletzte Rechtsnorm geschützt wird. Zu dem Merkmal der Schadenersatzpflicht „gegenüber einem Dritten" in § 480 Satz 1 siehe noch oben Rn 39. **62**

8. Der Schuldner des Anspruchs. Der Anspruch aus § 480 Satz 1 richtet sich nach dem ausdrücklichen Wortlaut der Vorschrift gegen den Reeder. An dessen Stelle tritt unter den Voraussetzungen des § 477 Abs. 1 und 2 der Ausrüster.[88] Besteht ein Ausrüster- **63**

---

[87] Siehe noch BGH NJW 1984, 2569 „Oranje II", „Moby Dick"; AG St. Goar (2012) BeckRS 2016, 05682.
[88] Siehe BGHZ 26, 152 = NJW 1958, 220 (unter I.) mit Anm. *Nörr* LM Nr. 5 zu § 485, zuvor OLG Hamburg VersR 1957, 383.

verhältnis, so dass der § 477 Abs. 1 und 2 gilt, begründet § 480 Satz 1 nicht (auch) eine Haftung des Nur-Eigentümers.[89] Es genügt, dass lediglich das schadensverursachende Verhalten des Besatzungsmitglieds, des an Bord tätigen Lotsen oder derjenigen Person, auf die § 480 Satz 1 analog zur Anwendung kommt, in die Zeit fällt, in der der Betreffende die Rechtsstellung eines Reeders hat, der Schaden aber erst danach eintritt, etwa wenn der Anker verloren geht und auf diesen erst später ein anderes Schiff auffährt.[90] Die Vorschrift des § 480 Satz 1 begründet eine Haftung des Reeders und kommt daher nicht zu Lasten des Nur-Eigentümers zur Anwendung. Dieser muss nicht nach § 480 Satz 1 für Schadenersatzpflichten von Mitgliedern der Schiffsbesatzung etc. einstehen.[91]

9. Einzelfälle

64   Beschädigungen der Ufermauer durch Festmachen bei Hochwasser;[92] Beschädigung einer Ufermauer, an der das Schiff festgemacht hat;[93] Beschädigung der Pier eines Terminals;[94] Beschädigung der Löschstelle nach Bruch eines Dalbens;[95] Beschädigung der Anlage einer Bootsvermietung;[96] Beschädigung eines Steges durch das festgemachte Schiff bei fallendem Wasser;[97] Anfahren einer Steganlage;[98] Beschädigung einer Containerbrücke beim Ablegen;[99] Anfahren eines Anlegers;[100] Beschädigung einer entfernten Steganlage durch Einfahren in Eisdecke;[101] keine Meldung an die Behörden über die Gefährlichkeit aus dem Schiff ausgetretener Chemieladung, die sich entzündet;[102] Verlust des Ankers, auf den ein anderes Schiff auffährt;[103] Beschädigung des Anhangs bei Verschleppung;[104] Untergang eines seitlich angekoppelten Pontons;[105] ein geschobener Neubauasko gerät nach plötzlich auftretendem starken Wind auf Grund;[106] Ablegen von Leichtern durch ein Schubboot, die dann vertreiben, so dass andere Schiffe auf die Leichter auffahren;[107] Aufschieben des Gewässerbodens durch Grundberührung, ein nachfolgendes Fahrzeug läuft auf,[108] Unterlassen der Meldung;[109] Überfahren[110] und Beschädigung[111] einer Tonne; zu schnelles Vorbeifah-

---

89 SchG Wien ZfB 2015-10, 4 (Slg. 2391) (S. 5f. unter 1.) mit Anm. *Csoklich* aaO.
90 Siehe BGH VersR 1983, 685 (unter III.1) „Anna Christine", „Büffel" mit Anm. *Dütemeyer* ZfB 1983 Nr. 8 S. 288 (Slg. 990).
91 Siehe SchG Wien ZfB 2015-10 (Slg. 2391) (vor 2.) „Stadt Wörth" mit Anm. *Csoklich* aaO.
92 MoSchG Köln ZfB 1999 Nr. 5 S. 75 (Slg. 1738).
93 MoSchOG Köln ZfB 1998 Nr. 12 S. 36 (Slg. 1694).
94 BGH VersR 1976, 771 „Johanna", „Stepan Khalturin", „Karl".
95 BGH VersR 1976, 242 „Mittelrhein".
96 SchG Hamburg ZfB 1969, 204 (Slg. 84) „Calypso".
97 OLG Hamburg VersR 1979, 816 „Bussard".
98 ZKR ZfB 2000 Nr. 8 S. 70 (Slg. 1791).
99 OLG Hamburg VersR 1976, 752 „Magnus 2", anschließend BGH VersR 1978, 712.
100 ZKR ZfB 2001 Nr. 8 S. 61 (Slg. 1831) = HmbSeeRep 2001, 137 Nr. 61.
101 SchOG Köln ZfB 2000 Nr. 4 S. 64 (Slg. 1782) „Pasto", „Derca 33".
102 BGH VersR 1969, 439, zuvor RhSchOG Köln VersR 1967, 872 „Eiltank 17", „Hedwig".
103 BGH VersR 1983, 685 „Anna Christine", „Büffel" mit Anm. *Dütemeyer* ZfB 1983, 288 (Slg. 990).
104 RG HRR 1941 Nr. 42 „Grete", Saale"; BGH VersR 1978, 836 „Schleppko 11", „Alstertal", zuvor OLG Hamburg VersR 1977, 812.
105 BGH VersR 1979, 570 „Burg Hirschhorn", „Wildenburg", „Elfried"; RhSchOG Karlsruhe TranspR 1999, 304.
106 AG St. Goar (2012) BeckRS 2016, 05682.
107 ZKR ZfB 1993 Nr. 22 S. 39 (Slg. 1448) „Labora", „Thyssen 1".
108 RhSchOG Köln ZfB 1999 Nr. 5 S. 76 (Slg. 1739) „Böhmerwald"; RhSchOG Karlsruhe ZfB 2000 Nr. 1 S. 74 (Slg. 1768) „Karl-Wilhelm", „RP Basel".
109 RhSchOG Karlsruhe ZfB 2000 Nr. 1 S. 74 (Slg. 1768) „Karl-Wilhelm", „RP Basel".
110 ZKR, Urteil vom 3. Juni 2002, 412 Z 1/02 (siehe BinSch-E), insoweit nicht in ZfB 2002 Nr. 12. S. 46 (Slg. 1882) wiedergegeben.
111 RhSchOG Köln ZfB 1992, 1280 (Slg. 1398) „Passat", „Falke".

ren an einem Terminal, Abreissen des Ladeschlauchs;[112] Verletzung eines Radfahrers, der an Land bei Dunkelheit Festmacherleinen des Schiffes übersieht, grundsätzlich keine Pflicht, die Leinen zu beleuchten;[113] Beschädigung einer am Hafenboden verlegten Dükerleitung im Hamburger Hafen durch Gebrauch des Ankers trotz entsprechenden Verbots;[114] Explosion an Bord, Beschädigung eines daneben liegenden Schiffes;[115] Anfahrung Dalben, Fahrgast fällt über Bord und ertrinkt;[116] Anfahren einer Brücke;[117] Beschädigung einer von einer Brücke herabgelassenen Messeinrichtung;[118] Ruderversagen;[119] Maschinenversagen, Umsteuern;[120] Verletzung eines Fahrgastes;[121] Fahrgäste, Verletzung bei niedriger Brückendurchfahrt;[122] Verletzung eines Schleusendecksmannes,[123] eines Schiffsbewachers,[124] eines Stauereiarbeiters;[125] Beschädigung des hinteren Schleusentores bei der Einfahrt;[126] Beweis des ersten Anscheins des Verschuldens des Schiffes bei Anfahren des hinteren Schleusentores;[127] Beschädigung der Schleuse durch zu tief gehendes Schiff;[128] Beschädigung sonstiger Schleuseneinrichtungen;[129] zu schnelles Einfahren in Schleuse, Beschädigung anderer Fahrzeuge;[130] Loskommen des Schiffes vom Hafenliegeplatz in schlechtem Wetter, Beschädigung von Dalben,[131] einer Verladebrücke;[132] Anfahren eines Dalbens;[133] zu schnelle Vorbeifahrt, Beschädigung eines Renneiners,[134] Beschädigung eines Sportbootes,[135] Brechen einer Leine, Verletzung

---

112 ZKR ZfB 1993 Nr. 18 S. 50 (Slg. 1442) „Eiltank 25".
113 OLG Hamburg BeckRS 2000, 16776 „Taklift 4".
114 BGH VersR 1968, 941, 942 „Conca d'Oro", „Batman".
115 OLG Hamburg HmbSchR 2009, 270 Nr. 107 „Maria", zuvor LG Hamburg HmbSchRZ 2009, 345 Nr. 129 und LG Hamburg HmbSchRZ 2009, 346 Nr. 130; BGH NJW-RR 2006, 1098, 1099 ([10] mit weiteren Nachweisen) „Goldstern", „Sutje" = HmbSeeRep 2006, 77 Nr. 46.
116 SchOG Karlsruhe ZfB 2000 Nr. 6 S. 83 (Slg. 1788).
117 ZKR ZfB 1997 Nr. 22 S. 34 (Slg. 1664) „Martin S"; ZKR ZfB 1982, 53 (Slg. 913) „Gefo Rotterdam", „Gefo Tank 6"; OLG München VersR 1960, 976.
118 ZKR ZfB 1992, 992 (Slg. 1388).
119 ZKR ZfB 2001 Nr. 8 S. 61 (Slg. 1831) = HmbSeeRep 2001, 137 Nr. 61; BGH VersR 1970, 35; RhSchOG Köln ZfB 1997 Nr. 4 S. 34 (Slg. 1623) „Lorette", „Atalante"; KammerG VersR 1976, 463 „Steglitz", „Apollo".
120 BGH VersR 1973, 541 „Willy"; MoSchOG Köln ZfB 1992, 1278 „Bianca"; SchOG Karlsruhe ZfB 1995 Nr. 9 S. 108 (Slg. 1551); MoSchG Köln HmbSchRZ 2010, 75 Nr. 48; OLG Hamm VersR 2000, 476; ZfB 2000 Nr. 1 S. 73 (Slg. 1767) „Europa".
121 BGH Hansa 1955, 1886.
122 AG Charlottenburg HmbSchRZ 2010, 52 Nr. 21, anschließend KammerG aaO. S. 54 Nr. 22.
123 OLG Hamburg Hansa 1973, 2122.
124 BGHZ 21, 207 = NJW 1956, 1513.
125 BGH Hansa 1965, 1330, zuvor OLG Bremen Hansa 1964, 419; OLG Hamburg VersR 1961, 501; OLG Hamburg Hansa 1968, 2102; OLG Bremen Hansa 1961, 1003; LG Hamburg HansGZ H 1882, 165 Nr. 81 „Roland", anschließend OLH Hamburg aaO.
126 BGH VRS 7, 287; BGH VersR 1973, 541 „Willy"; MoSchOG Köln ZfB 1992, 1278 „Bianca"; SchOG Karlsruhe ZfB 1995 Nr. 9 S. 108 (Slg. 1551); SchOG Karlsruhe VersR 1999, 257; OLG Hamm VersR 2000, 476; ZfB 2000 Nr. 1 S. 73 (Slg. 1767) „Europa"; OLG Hamburg VersR 1962, 949; OLG Hamburg VersR 1986, 232.
127 OLG Hamburg VersR 1962, 949, 950 (unter 2.); SchOG Karlsruhe ZfB 1995 Nr. 9 S. 108 (Slg. 1551); SchOG Karlsruhe VersR 1999, 257; OLG Hamm VersR 2000, 476; ZfB 2000 Nr. 1 S. 73 (Slg. 1767) „Europa"; LG Kiel HmbSeeRep 2008, 255 Nr. 103a (= BeckRS 2003, 17353), anschließend OLG Schleswig HmbSeeRep 2008, 258 Nr. 103b (= BeckRS 2003, 18187);.
128 OLG Hamburg VersR 1972, 779 „Marie Elisabeth".
129 ZKR ZfB 1976, 255 (Slg. 543) „Gefo Köln", „Gefo Tank 5"; SchOG Karlsruhe HmbSchRZ 2009, 79 Nr. 25.
130 MoSchG Köln HmbSchRZ 2010, 75 Nr. 48.
131 OLG Hamburg HansRGZ B 1935, 159 „Calliope".
132 BGH Hansa 1967, 1629, zuvor OLG Hamburg Hansa 1965, 1504.
133 BGHZ 50, 250 = VersR 1968, 940 „Mantric", zuvor OLG Hamburg Hansa 1967, 1163; BGH VersR 1971, 563 „Hans Peter", OLG Hamburg HansGZ H 1913, 11 Nr. 6 (S. 12 linke Spalte) „Southport", „Hector", „Fairplay III"; RhSchOG Karlsruhe VersR 1957, 664; RhSchOG Köln ZfB 1996 Nr. 10 S. 25 (Slg. 1608), anschließend BGH ZfB 1997 Nr. 22 S. 33 (Slg. 1662).
134 SchG St. Goar HmbSchRep 2006, 164 Nr. 109.
135 BerA-MoK ZfB 1997 Nr. 4 S. 33 (Slg. 1622) „Klingenburg", „Jessy".

eines unbeteiligten Dritten;[136] Kollision, Untergang des anderen Schiffes, das durch die verkehrssicherungspflichtige Behörde beseitigt wird, Ersatz der Kosten der Beseitigung[137] (heute: §§ 30 Abs. 12 Satz 1 Nr. 1, 25 Abs. 1 WaStrG); keine Haftung des Reeders, wenn nach dem Untergang des Schiffes ein anderes Schiff auf das Wrack aufläuft, wenn sich die Schiffsführung im Hinblick auf die Unterrichtung der zuständigen Behörden pflichtgemäß verhalten hat, diese aber das Wrack nicht ausreichend markieren.[138] Siehe auch die Zusammenstellungen zu Verlust und Beschädigung von Gut unten Rn 113 sowie zu Verkehrssicherungspflichten für vom Schiff ausgehende Gefahren die unten Rn 7 Anhang VI (BGB).

III. Die analoge Anwendung auf weitere Personen

65 § 480 Satz 1 knüpft unmittelbar an eine Schadenersatzpflicht an, die in einer Person der Schiffsbesatzung oder des an Bord tätigen Lotsen begründet ist. Darüber hinaus war seit langem (für die entsprechenden früheren Vorschriften vor § 480) in der Rechtsprechung anerkannt, dass sie analog auch auf andere Personen zur Anwendung gelangen, die beim Betrieb des Schiffes für den Reeder tätig sind (unten Rn 73–94). Allerdings stellt sich im Hinblick auf die Entstehung des § 480 die Frage, ob eine solche ausdehnende analoge Anwendung zulässig ist (unten Rn 66–72).

66 **1. Grundsätzliches.** Der Wortlaut des neuen § 480 Satz 1 weicht im Hinblick auf die Personen, für die der Reeder einstehen muss, nicht maßgeblich von dem früheren § 485 Satz 1 HGB a.F. ab: „... ein Mitglied der Schiffsbesatzung oder ein an Bord tätiger Lotse ..." (§ 480 Satz 1) bzw. „... eine Person der Schiffsbesatzung oder ein an Bord tätiger Lotse ..." (§ 485 Satz 1 HGB a.F.). Insoweit spricht nichts dagegen, weiterhin die traditionelle Rechtsprechung und die ausdehnende Anwendung zu berücksichtigen. Allerdings hat § 480 HGB-KomE den Versuch gemacht, durch eine erweiterte Formulierung der Rechtsprechung eine gesetzliche Grundlage zu geben.[139] Dem hat im weiteren Verlauf die SHR-ReformG-Begr eine Absage erteilt.[140] In der SHR-ReformG-Begr heißt es dazu:

67 Abweichend vom Vorschlag der Sachverständigengruppe, jedoch in Übereinstimmung mit dem bisherigen § 485 Satz 1 HGB hält § 480 Satz1 HGB-E daran fest, dass die „adjektizische Haftung" des Reeders nur die Haftung für Personen der Schiffsbesatzung und an Bord tätige Lotsen umfasst. Zwar hat die Rechtsprechung – entgegen dem Wortlaut des bisherigen § 485 Satz1 HGB – die adjektizische Haftung des Reeders auch für Personen bejaht, die sie nicht zur Schiffsbesatzung gezählt hat, so etwa für den Arbeitnehmer eines selbständigen Stauereiunternehmens (Urteil des Reichsgerichts vom 19. Oktober 1929, RGZ 126, 35 ff.; Urteil des Bundesgerichtshofs vom 12. Dezember 1957, BGHZ 26, 152, 155 f.), für Wachleute (Urteil des Bundesgerichtshofs vom 29. Juni 1951, BGHZ 3, 34, 39) oder für Festmacher (Urteil des Reichsgerichts vom 17. Dezember 1927, RGZ 119, 270). Es erscheint jedoch zweifelhaft, aufgrund dieser Entscheidungen den Regelungsbereich des § 480 HGB-E auszuweiten.

68 Die Rechtsprechung hat die entsprechende Anwendung des bisherigen § 485 Satz 1 HGB auf andere Personen als die Schiffsbesatzung damit begründet, dass es nicht sachgerecht sei, den Reeder, der für

---

136 SchOG Karlsruhe ZfB 1993-12, 38 (Slg. 1427).
137 OLG Hamburg HansGZ H 1909, 25 Nr. 15 (S. 28), zuvor LG Hamburg aaO. „Gertrud Woermann", „Wanderer" (angewandt wurde § 823 II BGB, in Verbindung mit verkehrsrechtlichen Vorschriften).
138 OLG Hamburg HansGZ H 1909, 30 Nr. 16 „Deutschfahrt VII", „Magdeburg".
139 „Der Reeder ist für den Schaden verantwortlich, den eine Person der Schiffsbesatzung, ein an Bord tätiger Lotse oder eine sonstige im Rahmen des Schiffsbetriebs tätige Person, die der Reeder auch nur vorübergehend einsetzt und die seiner Weisungsbefugnis untersteht, in Ausführung der Verrichtung einem Dritten zufügt und für den sie haftet" (ein S. 2 wie heute in § 480 war nicht vorgesehen).
140 S. 65 f. („Zu § 480").

eine nach dem Gesetz grundsätzlich von der Schiffsbesatzung unter Aufsicht des Kapitäns vorzunehmende Tätigkeit die Dienste eines selbständigen Unternehmers in Anspruch nehme, anders haften zu lassen als wenn er die Schiffsbesatzung einsetze (RGZ 126, 35, 38). Die adjektizische Haftung des Reeders beruhe auf dem Gedanken, dass wegen der mit der Schifffahrt verbundenen besonderen Gefahren für Schäden, die im Betriebe dieser Schifffahrt erwachsen seien, die Entlastungsmöglichkeit nach § 831 Absatz 1 Satz 2 BGB ausgeschaltet werden müsse. Die Haftung dürfe nicht von einem äußerlich nicht erkennbaren zufälligen Umstand der inneren Betriebsverfassung abhängig gemacht werden (RGZ 126, 35, 38). Diese Begründung hat der BGH jedoch in seiner Entscheidung vom 19. Dezember 1977 (BGHZ 70, 113 ff.) wieder relativiert. So hat er eine adjektizische Haftung des Reeders in einem Fall verneint, in dem der Schaden zwar bei der Vornahme von typischen, dem regelmäßigen laufenden Schiffsbetrieb eigentümlichen und mit den besonderen Gefahren der Schifffahrt verbundenen Schiffsdiensten entstanden war, der Verursacher des Schadens aber ein Arbeitnehmer eines nicht vom Reeder, sondern von einem Ladungsbeteiligten beauftragten selbständigen Dritten verursacht worden war. Zur Begründung hat sich der BGH darauf berufen, dass die Ausweitung der adjektizischen Haftung des Reeders im vorliegenden Fall zu einer „besonders starken" Annäherung dieser Haftung an eine Gefährdungshaftung führen würde. Diese aber habe das Handelsgesetzbuch bewusst nicht eingeführt. Außerdem knüpfe § 485 Satz 1 HGB die Reederhaftung nicht an das Verschulden irgendeiner einen Schiffsdienst ausübenden Person, sondern an das Verschulden der hierzu vom Reeder angestellten Leute, mithin solcher Personen, die seiner Auswahl, Überwachung und Weisungsbefugnis unterstehen (BGHZ 70, 113, 116). Für eine entsprechende Anwendung des § 485 Satz 1 HGB fehle in diesem Falle „jeder überzeugende Grund". Im Ergebnis bedeutet dies, dass es für die Frage, ob § 485 HGB entsprechend anzuwenden ist, entscheidend darauf ankommt, wer Auftraggeber der Tätigkeit war, die letztlich zum Schaden geführt hat. Damit aber werden die Rechtfertigungsgründe für die Ausweitung der adjektizischen Haftung, nämlich das besondere Schutzbedürfnis des im Betriebe der Schifffahrt Geschädigten sowie der Rechtsschein, dass typische, dem regelmäßigen laufenden Schiffsbetrieb eigentümliche Schiffsdienste von der Schiffsbesatzung erfüllt werden, obsolet.

Ich entnehme diesen Hinweisen, dass sich die SHR-ReformG-Begr insbesondere der „Sagittarius" Entscheidung BGHZ 70, 113[141] anschließen will: Eine analoge Anwendung des § 480 Satz 1 auf Personen, die nicht Bedienstete des Reeders, sondern eines von ihm verschiedenen, selbständigen Unternehmers sind, kommt weiterhin in Betracht, wenn der Unternehmer vom Reeder beauftragt wurde. Eine analoge Anwendung scheidet dagegen aus, wenn der selbständige Unternehmer von einem anderen, etwa vom Charterer des Schiffes eingeschaltet wird. Weiter gehen die Erläuterungen offenbar nicht. Insbesondere stellt sich die SHR-ReformG-Begr nicht gegen eine analoge Anwendung des § 480 Satz 1 schlechthin, und ebenso nicht gegen eine analoge Anwendung auf Bedienstete eines selbständigen Unternehmers, sofern dieser für den Reeder handelt (und die übrigen Voraussetzungen für eine analoge Anwendung vorliegen). Nichts anderes aber wollte auch § 480 HGB-KomE mit der ergänzenden Formulierung zum Ausdruck bringen, wie sich deutlich aus der SHR-KomE-Begr ergibt.[142] Es ist unklar, wogegen sich die SHR-ReformG-Begr eigentlich wendet. Im Ergebnis bleibt alles beim Alten: § 480 Satz 1 kann auf Grundlage der früheren Rechtsprechung analog auf weitere Personen angewendet werden. Dies unter Berücksichtigung der „Sagittarius" Entscheidung, die ohnehin schon Bestandteil der traditionellen Rechtsprechung war (dazu unten Rn 89). Hingewiesen sei an dieser Stelle aber auch darauf, dass der BGH in einer der „Passat", „Dordrecht 26" Entscheidungen die Vorschrift des § 3 BinSchG analog auf

69

---

141 BGHZ 70, 113 = NJW 1978, 948.
142 S. 91.

einen vom Charterer gestellten Schiffsführer angewandt hat.[143] Die SHR-ReformG-Begr fährt dann wie folgt fort:

70   In der Literatur wird daher eine entsprechende Anwendung des bisherigen § 485 Satz 1 HGB auf selbständige Hilfspersonen abgelehnt (vgl. hierzu Susanne Knöfel, Die Haftung des Güterbeförderers für Hilfspersonen, Dissertation 1995, S. 150 ff. mit weiteren Nachweisen). Diese Auffassung erscheint überzeugend. Daher soll der Regelungsbereich des § 480 Satz 1 HGB-E nicht im Vergleich mit dem bisherigen § 485 Satz 1 HGB ausgeweitet werden, sondern eine adjektizische Haftung des Reeders nur für Handlungen der Schiffsbesatzung und an Bord tätiger Lotsen geregelt werden. Die Beschränkung der adjektizischen Haftung des Reeders auf diese Personengruppe lässt sich damit rechtfertigen, dass der Reeder auf diese Personen in größerem Maße einwirken kann als auf selbständige Dritte und dass ihn daher auch eine größere Verantwortung für diese Personen trifft.

71   Festzuhalten ist, dass in der jüngeren Rechtsprechung und Literatur, soweit ersichtlich, nirgends vertreten worden ist, dass § 485 Satz 1 HGB a.F. analog auf selbständige Unternehmer anzuwenden sei. Dagegen spricht schon, dass selbständige Unternehmer nicht in die Reihe der in § 485 Satz 1 HGB a.F. genannten Personen passen („... eine Person der Schiffsbesatzung oder ein an Bord tätiger Lotse ..."), auch nicht unter Berücksichtigung des Wortlauts des § 481 HGB a.F., der zur Besatzung auch „... alle übrigen auf dem Schiffe angestellten Personen ..." gezählt hat. Im Übrigen kommt eine Schadenersatzpflicht, begründet in der Person eines selbständigen Unternehmers, also durch ein Verhalten seiner Organe, nur selten, etwa bei der Verletzung von Organisationspflichten oder einer schlechten Auswahl, Anleitung oder Überwachung der Bediensteten in Betracht. Eine analoge Anwendung des § 485 Satz 1 HGB a.F. in solchen Fällen ist ausgeschlossen, für hieraus entstehende Schäden Dritter muss der Reeder nicht einstehen, auch wenn er den Unternehmer beauftragt hat.

72   Möglicherweise ist den Hinweisen in der SHR-ReformG-Begr (oben Rn 67–68, 70) zu entnehmen, dass eine analoge Anwendung des § 480 Satz 1 auf Bedienstete selbständiger Unternehmer nicht mehr in Betracht komme. Auch *Knöfel* (auf die oben Rn 70 Bezug genommen wird) lehnt im Ergebnis gegen die von ihr ermittelte h.M. eine analoge Anwendung des Besatzungsbegriffs des § 485 Satz 1 HGB a.F. auf „selbständige Hilfspersonen" ab[144] (ohne zwischen selbständigen Unternehmern und deren Bediensteten zu unterscheiden). M.E. ist an der seit vielen Jahrzehnten bestehenden, gefestigten Rechtsprechung zur analogen Anwendung des § 485 Satz 1 HGB a.F. auch für § 480 Satz 1 festzuhalten.[145] Es geht nicht an, dies gewissermaßen mit einem Federstrich für beendet zu erklären, ohne dass sich im Wortlaut der maßgeblichen Vorschrift etwas ändert. Dies gilt umso mehr, als die Einwände in der SHR-ReformG-Begr gegen die vorgeschlagene Neufassung des § 480 HGB-KomE offenbar auf einem Missverständnis beruhen (oben Rn 69).

73   **2. Die Tatbestände.** Die analoge Anwendung des § 485 Satz 1 HGB a.F. auf Dritte ist von der Rechtsprechung anhand verschiedener Tatbestände herausgearbeitet worden. Die Hauptfälle sind die Verschleppung des Schiffes (unten Rn 74–83), die Schlepperassistenz (unten Rn 84–86) und insbesondere die Tätigkeit von Bediensteten eines selbständigen Stauereiunternehmers (unten Rn 87–90). Normalerweise werden die betref-

---

143 BGH NJW-RR 1997, 538, 538 (unter II.1) mit Anm. *Michaels* TranspR 1997, 330, zuvor RhSchOG Köln ZfB 1996 Nr. 6 S. 41 (Slg. 1590).
144 S. 155 (unter dd) – unklar auch *Herber* in MüKo/HGB Rn 8 zu § 480 sowie *Herber* Seehandelsrecht S. 202 (vor III.).
145 In diesem Sinne auch *Rabe* TranspR 2016, 139, 142 f. (unter 3.).

fenden Personen neben der Schiffsbesatzung bzw. dem Bordlotsen tätig. Eine Rolle kann die analoge Anwendung des § 480 Satz 1 auch spielen, wenn das Schiff über gar keine eigene Besatzung verfügt und sich eine Haftung des Reeders ausschließlich über eine Schadenersatzpflicht einer der weiteren Personen ergibt.

a) Die Verschleppung von Schiffen

aa) Die Ausgangslage. Bei einer Verschleppung geht es um einen Sachverhalt, bei dem ein Schlepper einem Anhang, der keinen eigenen Antrieb hat oder einen vorhandenen Antrieb nicht verwendet, seinen Antrieb zur Verfügung stellt, indem Schlepper und Anhang miteinander verbunden werden. Dabei macht bereits die Terminologie Schwierigkeiten. Der Ausdruck „Schlepper" für das Fahrzeug, das seinen Antrieb zur Verfügung stellt, ist unscharf, weil er von der Vorstellung ausgeht, dass dieses Schiff den Anhang „schleppt", also hinter sich herzieht. Aber die Verbindung von Schlepper und Anhang kann auch in der Weise erfolgen, dass der „Anhang" von dem antreibenden Schiff geschoben wird. Entsprechende Schubverbände sind in der Binnenschifffahrt ein geläufiger Anblick. Ebenso kann der Anhang seitlich am Schlepper befestigt sein. Über See wird ein Anhang normalerweise geschleppt. Im Folgenden werden trotz dieser Ungenauigkeiten grundsätzlich die Begriffe „Schleppen", „Verschleppung", „Schlepper" und „Anhang". Bei allem ist stets vorausgesetzt, dass der Anhang die Voraussetzungen eines Schiffes erfüllt[146] und dass die Reeder bzw. Eigner des Schleppers und des Anhangs verschiedene Personen sind. Der Schlepp- bzw. Schubverband kann auch mehrere Anhänge haben, die denselben oder verschiedene Reeder bzw. Eigner haben. 74

Die Fortbewegung des Anhangs durch das Wasser erfolgt ausschließlich durch den Schlepper und dessen Besatzung. Diese hat auch die nautische Führung des Schleppverbandes, wodurch sich die Verschleppung von der Assistenz unterscheidet (dazu unten 84–90). Der Schlepper begibt sich zum Liegeplatz des Anhangs. Die Besatzung des Schleppers stellt die Schleppverbindung her und schafft alle Voraussetzungen für den Antritt der Schleppreise, etwa auch durch das Losmachen des Anhangs. Anschließend führt der Schlepper die Schleppreise durch. Am Bestimmungsort legt der Schlepper den Anhang am Bestimmungsort ab. Der Anhang wird durch die Besatzung verankert bzw. an seinem Liegeplatz festgemacht und ggf. markiert. Bei all diesen Vorgängen kann die Besatzung des Schleppers auch an Bord des Anhangs tätig sein. Möglicherweise ist der Anhang mit Personal des Reeders bzw. des Eigners bemannt, das unterstützende Tätigkeiten erbringt. Insbesondere muss bei einer echten Verschleppung auf Binnengewässern der Anhang ggf. nachgesteuert werden (weswegen hier in beengten Verhältnissen in der Regel Schubschifffahrt stattfindet). 75

bb) Die Grundsätze. Zu der Frage, ob der Reeder bzw. Eigner des Anhangs nach § 480 Satz 1 bzw. § 3 Abs. 1 BinSchG für einen Schaden einzustehen hat, der aufgrund eines Verhaltens eines Besatzungsmitglieds des Schleppers verursacht wurde, und zu weiteren, damit zusammenhängenden Gesichtspunkten gibt es eine umfangreiche Rechtsprechung. Sie betrifft vor allem die Binnenschifffahrt und ist nicht immer widerspruchsfrei. Die folgenden Erwägungen gelten im Übrigen nicht nur für die Vorschriften 76

---

146 Siehe zur Haftung des Eigentümers einer geschleppten Docksektion RGZ 86, 424 „Bandalia", „Schelde", „Donau", ebenso in derselben Sache OLG Hamburg HansGZ H 1914, 289, 294 Nr. 132 (S. 296 linke Spalte oben), zuvor das LG Hamburg aaO.

der § 480 Satz 1 bzw. § 3 Abs. 1 BinSchG, sondern im Falle eines Zusammenstoßes des Anhangs mit einem anderen Schiff ebenso für die Haftung des Anhangs aus dem ZuÜSee und den §§ 570 ff. bzw. dem ZusÜBin und den §§ 92 ff. BinSchG. Eine Einstandspflicht des Reeders für die Besatzung des Schleppers scheidet aus, wenn nicht er, sondern ein anderer, insbesondere ein Charterer des Schiffes, dessen Verschleppung in Auftrag gegeben hat (oben Rn 69).

77   In der grundlegenden Entscheidung RGZ 65, 382 „Herold", einem Fall aus der Binnenschifffahrt, kam das Gericht – abweichend von der bis dahin maßgeblichen Rechtsprechung[147] – zu dem Ergebnis, dass der Reeder bzw. Eigner geschleppten Pontons nicht für Schäden haftet, die durch nautische Fehler der Besatzung des Schleppers verursacht wurde. Dies hat das RG in einer weiteren Entscheidung dann auch für einen Seeleichter bestätigt.[148] Der Ausschluss der Haftung des Reeders bzw. Eigners des Anhangs gilt namentlich für Schäden, zu denen es während der Schleppreise aufgrund nautischen Verschuldens des Schleppers durch Kollisionen des Anhangs oder des Schleppers mit anderen Schiffen oder Einrichtungen auf dem Wasser oder an Land kommt.[149] Gleiches gilt für Schäden, die im Zusammenhang mit der Herstellung oder dem Lösen der Schleppverbindung entstehen, etwa wenn die Weisung des Schleppers zum Lösen der Schleppverbindung zu früh erfolgt, der Anhang außer Kontrolle gerät und einen Schaden verursacht.[150] Dagegen kommt eine analoge Anwendung des § 480 Satz 1 bzw. § 3 Abs. 1 BinSchG in Betracht, wenn die Besatzung des Schleppers den Anhang nach Durchführung der Schleppreise unzureichend verankert oder festmacht.[151]

78   Die zuvor angesprochenen Grundsätze gelten auch bei der Anwendung des § 254 BGB und der Beurteilung eines Mitverschuldens des Reeders bzw. Eigners, der seinerseits wegen des Verlustes oder der Beschädigung des Anhangs Ansprüche auf Schadenersatz verfolgt: Der Reeder bzw. Eigner muss sich das Verhalten der Besatzung des Schleppers nicht anspruchsmindernd entgegenhalten lassen.[152] Unberührt bleibt in den zuvor geschilderten Fällen allerdings eine Einstandspflicht des Reeders bzw. Eigners des Anhangs, die sich daraus ergibt, dass er den Reeder bzw. Eigner des Schleppers bzw. dessen Besatzung nicht mit der jeweils maßgeblichen Sorgfalt ausgewählt, angeleitet und überwacht hat. Schließlich muss Reeder bzw. Eigner des Anhangs stets uneingeschränkt nach § 480 Satz 1 oder § 3 Abs. 1 BinSchG für Schadenersatzpflichten, die in der

---

147   Siehe RGZ 20, 84, 86 f. „Elisetta"; RGZ 46, 42 „Königin Carola", zuvor OLG Hamburg HansGZ H 1900, 1 Nr. 1; RG JW 1901, 619 Nr. 8 „Phönix"; OLG Hamburg HansGZ H 1886, 84 Nr. 33 „Lion", „Itzehoe"; OLG Hamburg HansGZ H 1887, 33 Nr. 16 (S. 35 f.) „Taurus", zuvor LG Hamburg aaO.; OLG Hamburg HansGZ H 1897, 271 Nr. 104 „Assistent"; OLG Hamburg HansGZ H 1899, 217 Nr. 83 (S. 222) „Thetje", „Franiska"; OLG Hamburg HansGZ H 1905, 175 Nr. 79 „Paradies", „Dorothea".
148   RGZ 78, 176, 178 f. „Schalk", „Brunshausen", „Flott", zuvor OLG Hamburg HansGZ H 1911, 73 Nr. 33.
149   RGZ 65, 382 „Herold"; RGZ 78, 176, 178 f. „Schalk", „Brunshausen", „Flott", zuvor OLG Hamburg HansGZ H 1911, 73 Nr. 33; siehe auch BGH VersR 1956, 504, 505 f. (unter III.b) sowie (unter dem Gesichtspunkt des Mitverschuldens) OLG Hamburg VersR 1979, 571– zu Schubverbänden siehe BGHZ 88, 309 = VersR 1984, 76, 77 (unter 3.) „Thaddeus", „Harpenschub 12" gegen RhSchOG Köln ZfB 1983, 255 (Slg. 985) mit Anm. *Dütemeyer*; noch offengelassen von BGHZ 70, 127 = VersR 1978, 226, 227 „Henriette", „Dr. Geier", „Mannesmann 5" mit Anm. *Bauer* LM Nr. 17a zu § 3 BinSchG und *Dütemeyer* ZfB 1978 Nr. 3 S. 90 (Slg. 630), zuvor RhSchOG Köln VersR 1977, 276 mit Anm. *Dütemeyer* ZfB 1976, 401 (Slg. 563).
150   Siehe RGZ 46, 42 „Königin Carola", zuvor OLG Hamburg HansGZ H 1900, 1 Nr. 1.
151   Siehe OLG Hamburg HansGZ H 1913, 215 Nr. 104 „Hans", „Nord Holland", anschließend vermutlich RG Recht 1914 Nr. 525; RhSchOG Köln VersR 1979, 832 (rechte Spalte unten) „Gertges III", „EWT 74" mit Anm. *Dütemeyer* ZfB 1979, 459 (Slg. 757).
152   OLG Hamburg HansGZ H 1921, 113 Nr. 54 (S. 114 linke Spalte) „Krammer", „Listrac"; OLG Hamburg Hansa 1966, 510, 511 (rechte Spalte).

Person eines Mitglieds der Besatzung des Schlepp- bzw. Schubbootes begründet sind, einstehen, wenn er auch dessen Reeder bzw. Eigner ist.[153]

cc) Frachtvertragliche Rechtsverhältnisse. Nach der Rechtsprechung des RG muss sich auch der Reeder bzw. Eigner des Anhangs, der im Rahmen frachtvertraglicher Rechtsverhältnisse als Verfrachter bzw. Frachtführer mit der Verschleppung seine Pflicht zur Beförderung des auf den Anhang verladenen Gutes erfüllt, das nautische Verschulden der Besatzung des Schleppers bei der Durchführung der Schleppreise – heute: nach § 501, § 26 BinSchG, § 428 oder § 278 Satz 1 BGB – nicht zurechnen lassen.[154] Ist im Frachtvertrag vereinbart, dass die Beförderung in der Weise durchgeführt werden soll, dass das Gut auf oder in einen Leichter des Verfrachters bzw. Frachtführers gestaut werden soll, haftet er lediglich für den see-, reise- und ladungstüchtigen Zustand des Leichters sowie die sorgfältige Auswahl, Anleitung und Überwachung des Schleppers bzw. seiner Besatzung. 79

dd) Die Haftung des Schleppers für die Besatzung des Anhangs. Schließlich kann sich auch die umgekehrte Frage stellen, nämlich ob der Reeder bzw. Eigner des Schleppers, der wegen eines vom Schlepper oder vom Anhang verursachten Schadens von einem geschädigten Dritten in Anspruch genommen wird, nach § 480 Satz 1 oder § 3 Abs. 1 BinSchG für eine in der Person eines Besatzungsmitglieds des Anhangs begründete Schadenersatzpflicht einstehen muss. M.E. kommen hier § 480 Satz 1 oder § 3 Abs. 1 BinSchG nur zur Anwendung, wenn die Besatzung des Anhangs während der Schleppreise Weisungen der Schiffsführung des Schleppers im Hinblick auf die Durchführung der Reise nachkommt. Hierzu gehört auch das laufende Nachsteuern durch den Anhang. 80

ee) § 4 Abs. 3 Satz 1 BinSchG 1898. Die frühere Vorschrift des § 4 Abs. 3 Satz 1 BinSchG 1898[155] stellte klar, dass sich im Falle eines Schleppzuges die Haftung nur auf das Schiff erstrecke, das den Schaden verursacht habe. Die Bestimmung gehörte zu § 4 BinSchG a.F., der sich mit der Haftung des Schiffseigners mit Schiff und Fracht befasste (siehe unten Rn 246–249). Hierzu hieß es in dem Bericht der Reichstagskommission, von der die Initiative zur Einführung des § 4 Abs. 3 BinSchG a.F. ausging,[156] 81

„... dass es nothwendig sei, in Bezug auf den Umfang der Haftung des Schleppzuges gesetzlich festzustellen, dass der Schleppzug keineswegs als ein untheilbares Ganzes aufzufassen sei. Es könne sowohl der Schleppdampfer allein, wie jedes einzelne im Schleppzug hängende Schiff Dritten einen Schaden zufügen. Der Führer des Schleppdampfers sei nicht im Stande, den Schleppzug so zu führen, dass Schäden vermieden werden müssen, wenn er dabei nicht von allen Führern der angehängten Schiffe durch richtiges Manövriren unterstützt werde, wie ebenso umgekehrt die Führer der geschleppten Schiffe diese nicht im richtigen Fahrwasser erhalten könnten, wenn der Schleppdampfer nicht richtig geführt werde. Nach reichsgerichtlicher Entscheidung sei die Besatzung des Schleppdampfers als zur Besatzung der geschleppten Schiffe gehörig zu betrachten, nach diesem Grundsatz also, wenn zufällig die am Schleppzug hängenden Schiffe demselben Schiffseigner gehörten wie der schleppende Dampfer, der Besitzer des Dampfschif- 82

---

153 Siehe BGHZ 70, 127 = VersR 1978, 226, 227 „Henriette", „Dr. Geier", „Mannesmann V" mit Anm. *Bauer* LM Nr. 17a zu § 3 BinSchG und *Dütemeyer* ZfB 1978 Nr. 3 S. 90 (Slg. 630), zuvor RhSchOG Köln VersR 1977, 276, 277 mit Anm. *Dütemeyer* ZfB 1976, 401 (Slg. 563); SchOG Karlsruhe VersR 2006, 96, 97 (unter 2.).
154 RGZ 91, 243 „Elizabeth", „Julius" – siehe auch RG HRR 1929 Nr. 1673 a.E.
155 „Sind mehrere Schiffe in einem Schleppzuge vereinigt, so erstreckt sich die Haftung nur auf dasjenige Schiff, welches den Schaden verursacht hat, und auf die Fracht dieses Schiffes."
156 Bericht der IX. Kommission über den derselben zur Vorberathung überwiesenen Gesetzentwurf, betreffend die privatrechtlichen Verhältnisse der Binnenschifffahrt, Verhandlungen des Reichstages, 9. Legislaturperiode, III. Session 1894/95, Zweiter Anlageband, Drucksache Nr. 253, S. 1071.

fes für einen von diesem verursachten Schaden nicht nur mit dem Dampfschiff, sondern auch mit sämmtlichen angehängten Fahrzeugen verhaftet. Das involvire eine große Ungerechtigkeit."[157]

83   In der weiteren Rechtsprechung wurde allerdings auch herausgearbeitet,[158] dass die Bestimmung des § 4 Abs. 3 Satz 1 BinSchG a.F. gar nicht die Frage berühre, welche Personen zur Besatzung des Anhangs zu rechnen seien. Entsprechend stehe § 4 Abs. 3 Satz 1 BinSchG a.F. einer analogen Anwendung des § 3 Abs. 1 BinSchG auf die Mitglieder der Besatzung des Schleppers nicht entgegen. Dies bestätigt auch die systematische Stellung des § 4 Abs. 3 Satz 1 BinSchG a.F. als Teil der Bestimmungen über die Haftung des Eigners mit Schiff und Fracht. Die Vorschrift ist im Übrigen im Rahmen der Neuregelung des Rechts der Haftungsbeschränkung in der Binnenschifffahrt durch das HaftBeschrBinÄndG und die Einführung der neuen §§ 4 ff. am 1. September 1998[159] aus dem BinSchG verschwunden.

84   **b) Die Assistenz von Schiffen.** Von der Verschleppung eines Schiffes (oben Rn 74–75) ist die bloße Assistenz durch Schlepper zu unterscheiden. Hier geht es normalerweise darum, dass ein oder mehrere Schlepper einem Schiff in beengten Verhältnissen beim Manövrieren helfen. Das Schiff verfügt über einen einsatzfähigen Antrieb, der auch verwendet wird, während der oder die Schlepper lediglich Hilfsdienste leisten. Dabei verhält es sich im Grundsatz so, dass das Schiff nach voraus oder achteraus mit Hilfe seiner Hauptmaschine manövriert, die Querbewegungen des Schiffes aber durch die Schlepper erfolgen. Diese können das Schiff schieben oder, nach Herstellung einer Leinenverbindung, ziehen. Schlepper sind insbesondere beim Fest- und Losmachen des Schiffes am Liegeplatz erforderlich. Hier kommen Schlepper zum Einsatz, die das Schiff an die Pier drücken oder Bug oder Heck von der Pier wegziehen. Auch das Drehen des Schiffes in beengten Verhältnissen im Hafen erfolgt in der Regel mit Hilfe von Schleppern. Verfügt das Schiff über ein Bugstrahlruder, kann möglicher Weise auf einen Vorschlepper verzichtet werden. In anderen Fällen begleitet der Schlepper das Schiff, um ggf. sofort zur Verfügung zu stehen. Dabei kann der Schlepper bereits angespannt haben oder auch nur neben dem Schiff herfahren. All diese Fälle haben durchweg gemeinsam, dass der Einsatz des oder der Schlepper vom Schiff aus geleitet wird. Die Schiffsführung bzw. in der Regel der Lotse geben Weisungen im Hinblick auf die gerade erforderlichen Manöver des Schleppers.

85   Den zuvor geschilderten Sachverhalten ist die Situation gleichzustellen, dass ein oder mehrere Schlepper ein „totes Schiff" schleppen, das über keinen eigenen Antrieb verfügt oder diesen nicht benutzt, wobei aber die nautische Führung des Schleppverbandes beim Schiff verbleibt. So kann es sich insbesondere verhalten, wenn bei einem Schiff die Maschine ausgefallen ist und es in einen Nothafen geschleppt wird oder innerhalb des Hafens verholt oder zu einer Werft geschleppt wird. Denkbar ist auch, dass die Benutzung der Maschine verboten ist, etwa bei einem vom Hafenstaat festgehaltenen Schiff, das zu einem anderen Liegeplatz verholt wird. Auch hier befolgen die Schlepper lediglich die Weisungen der Schiffsführung bzw. des Lotsen, die den Einsatz des oder der Schlepper leiten.

86   In den zuvor angesprochenen Fällen der „echten" Assistenz durch Schlepper sowie der Verschleppung eines „toten Schiffes" gehört die Besatzung des oder der Schlepper zu

---

157   http://www.reichstagsprotokolle.de/Blatt3_k9_bsb00018727_00241.html.
158   Siehe RGZ 46, 42, 44 ff. „Königin Carola", zuvor OLG Hamburg HansGZ H 1900, 1 Nr. 1; RGZ 50, 33 „Achroite", „Nor", „Cuxhaven"; RGZ 65, 382 „Herold".
159   Art. 21 HaftBeschrBinÄndG.

den Personen, auf die § 480 Satz 1 analog zur Anwendung gelangt.[160] Hat sich eine Person der Besatzung des Schleppers in Ausübung seiner Tätigkeit auf dem Schlepper schadenersatzpflichtig gemacht, haftet hierfür nach § 480 Satz 1 der Reeder. Er kann sich nicht darauf berufen, dass das Manöver des Schleppers, das zu dem Schaden geführt hat, nicht durch die Schiffsführung angewiesen worden oder für die Assistenz nicht erforderlich war. Dies gehörte bereits nach § 485 Satz 1 HGB a.F. zu den Dienstverrichtungen der Besatzung des Schleppers[161] und gilt heute im Rahmen des § 480 Satz 1, der nur auf den Tätigkeitsbereich des Betreffenden abstellt (oben Rn 28–30), erst Recht. Es hängt von den Umständen des Einzelfalles ab, wann der Zeitraum der Schlepperassistenz beginnt und wann er endet. Er beginnt jedenfalls, wenn der Schlepper vor Ort eintrifft und bereit ist, Weisungen des Schiffes nachzukommen. Entsprechendes gilt bei Beendigung der Assistenz. Eine Haftung nach § 480 Satz 1 kommt nicht in Betracht, wenn sich der Schlepper lediglich auf dem Weg zum Schiff oder nach Beendigung der Assistenz von ihm weg befindet. Eine Haftung des Reeders für die Besatzung des Schleppers entfällt allerdings, wenn nicht er, sondern ein anderer, insbesondere ein Charterer des Schiffes, die Schlepper bestellt hat (dazu oben Rn 69).

c) Das Personal von Umschlagsunternehmern. Wird das Laden bzw. Löschen des   87
Gutes sowie das Stauen und Sichern an Bord durch einen selbständigen Umschlagsunternehmer durchgeführt, kann sich die Haftung des Reeders aus § 480 Satz 1 auch auf Schadenersatzpflichten erstrecken, die in der Person von Mitarbeitern des Umschlagsunternehmers begründet sind. Dies gilt allerdings nur, wenn der Reeder dem Umschlagsunternehmer beauftragt hat (unten Rn 88), nicht aber wenn der Umschlagsunternehmer für einen Dritten, namentlich für einen Charterer des Schiffes tätig ist (unten Rn 89).

aa) Beauftragung des Umschlagsunternehmers durch den Reeder. Die Recht-   88
sprechung hat seit langem den früheren § 485 Satz 1 HGB a.F. analog auch zu Lasten des Reeders auf das Personal selbständiger Umschlagsunternehmern angewandt.[162] Auch heute muss der Reeder nach § 480 Satz 1 für eine Schadenersatzpflicht einstehen, die in der Person eines Mitarbeiters des Umschlagsunternehmers begründet ist. Dies gilt allerdings nur, wenn Umschlagsunternehmer für den Reeder tätig ist und nicht im Falle einer Beauftragung durch andere Personen, etwa durch einen Charterer (dazu unten Rn 89). Die Haftung aus § 480 Satz 1 erstreckt sich dabei auf alle Tätigkeit, die mit dem Laden und Löschen des Gutes zusammen hängen. Dies betrifft das eigentliche „Laden" des Gutes, also dessen Anbordbringen mit Hilfe entsprechender Vorrichtungen. Dabei kommt es nicht darauf an, ob für das Laden Einrichtungen des Schiffes oder etwa Landeinrichtungen verwendet werden. Zu dem Verladen gehört noch nicht das Heranschaffen des Gutes an das Schiff.[163] Die analoge Anwendung des § 480 Satz 1 beginnt frühestens, wenn sich das Gut neben dem Schiff befindet und der Vorgang des „Anbordbringens"

---

160 Siehe BGH VersR 1976, 771, 772f. (unter 4.) „Johanna" „Stepan Khalturin" „Karl"; RGZ 50, 33 „Achroite", „Nor", „Cuxhaven" – auch BGH VersR 1956, 504, 505f. (unter III.b), RGZ 59, 305, 309 „Steinbeck", „Unterweser X", RGZ 65, 382, 384 „Herold".
161 BGH VersR 1976, 771, 772f. (unter 4.) „Johanna" „Stepan Khalturin" „Karl".
162 BGHZ 26, 152 = NJW 1958, 220, 221 (linke Spalte) mit Anm. *Nörr* LM Nr. 5 zu § 485, zuvor OLG Hamburg VersR 1957, 383; BGHZ 70, 113 = NJW 1978, 948 (unter 2b) „Sagittarius"; BGH Hansa 1965, 1330, 1330f. (unter 1.), zuvor OLG Bremen Hansa 1964, 419; OLG Hamburg VersR 1961, 501; OLG Hamburg Hansa 1968, 2102; siehe auch OLG Hamburg HansRGZ B 1930, 357 Nr. 130 „Rhodopis"; offengelassen in OLG Hamburg HansRGZ B 1930, 355 Nr. 129 „Gerzen", „Paula" – siehe auch bereits RGZ 126, 35, 38ff. „Geddington Court" = HansRGZ B 1929, 739 Nr. 296 sowie RG SeuffA 44, 68 Nr. 39.
163 OLG Hamburg HansRGZ B 1930, 357 Nr. 130 „Rhodopis".

beginnt. In gleicher Weise kann § 480 Satz 1 HGB zur Anwendung gelangen, wenn das Gut an Bord an seinem Platz verbracht und dort gestaut wird. § 480 Satz 1 findet auch auf die Vorgänge der Sicherung des Gutes Anwendung. Ggf. muss der Reeder nach § 480 Satz 1 auch für die Tätigkeiten der Tallyleute einstehen.[164] Hierbei handelt es sich um Personen, die das geladene Gut zählen, wiegen oder messen. Zum Löschen des Gutes gehört das Lösen der Sicherungseinrichtungen, ggf. das Verbringen des Gutes zum Ort der Entladung, und schließlich das Vonbordbringen des Gutes. Dieser Vorgang endet, wenn sich das Gut neben dem Schiff befindet. Im Übrigen können sich schwierige Einzelfragen stellen. So beginnt das Laden von flüssigem Massengut mit Passieren des Schiffsanschlusses, während die Entladung umgekehrt ebenfalls mit dem Passieren des Schiffsanschlusses in anderer Richtung abgeschlossen ist. Im Falle von festem Massengut, das mit Greifern übernommen wird, beginnt das Verladen mit Aufnahme der einzelnen Hieve an Land. Die Entladung ist abgeschlossen, wenn der Greifer das Gut an Land oder in ein anderes Schiff ablegt. Bei trockenem Massengut, das über ein Fließband oder über ein Rohrleitungssystem angeliefert wird, beginnt die Verladung, wenn das Gut das Fließband bzw. das Rohr verlässt. Im Falle von RoRo-Schiffen beginnt die Verladung, wenn sich das Gut auf der Rampe, die zum Schiff führt, befindet. Die Entladung endet, wenn das Gut die Rampe verlässt.

89   **bb) Beauftragung des Umschlagsunternehmers durch einen Dritten.** In jedem Falle kommt eine analoge Anwendung des § 480 Satz 1 auf Personal des Umschlagsunternehmers nur in Betracht, wenn der Umschlagsunternehmer von dem Reeder beauftragt und für ihn tätig ist (siehe dazu auch oben Rn 69). So verhält es sich, wenn der Reeder im Rahmen der zwischen ihm und seinem (Zeit-, Reise-)Charterer oder seinen Stückgutbefrachtern geschlossenen Verträge es übernommen hat, das Gut zu laden oder löschen oder ggf. auch nur zu stauen und zu sichern. Ist dagegen das Laden bzw. Löschen Sache des Zeit- oder Reisecharterers oder ausnahmsweise des Stückgutbefrachters, scheidet eine Einstandspflicht des Reeders nach § 480 Satz 1 für das Personal des Umschlagsunternehmers aus.[165] Dies gilt nicht nur im Rahmen der zuvor genannten Vertragsverhältnisse, sondern auch gegenüber allen Dritten. Zu den gleichwohl verbleibenden Überwachungspflichten der Schiffsführung, für deren Verletzung der Reeder ebenfalls nach § 480 Satz 1 einzustehen hätte, siehe unten Rn 95.

90   **cc) Zwangsstauer, Pflichtstauer, weisungsungebundene Stauer.** Gelegentlich wird der Begriff des „Zwangsstauers" verwendet. Er kann, wie der des „Zwangslotsen" (oben Rn 18–27), nach den Umständen eine unterschiedliche Bedeutung haben. Zum einen handelt es sich möglicherweise bereits um „Zwangsstauer", wenn es der Schiffsbesatzung nach den örtlichen Vorschriften verboten ist, Lade- und Löscharbeiten durchzuführen, so dass letztlich eine Pflicht besteht, lokale Umschlagsunternehmer mit diesen Tätigkeiten zu beauftragen (Pflichtstauer). Dies kann sich auch auf die Bedienung der schiffseigenen Lade- und Löscheinrichtungen erstrecken. Hier untersteht der Umschlagsunternehmer und sein Personal weiterhin der Weisungsbefugnis des Auftraggebers und der Schiffsführung, namentlich im Hinblick auf die Seetüchtigkeit des Schiffes (siehe Rn 40 Anhang zu § 479 [Kapitän]). Denkbar ist auch, dass Pflichtstauer auf Grundlage der örtlichen Vorschriften ihre Tätigkeiten in vollem Umfange selbständig durch-

---

164   OLG Hamburg VerR 1961, 51 (unter 2.).
165   Nachdrücklich BGHZ 70, 113 = NJW 1978, 948 (unter 2b) „Sagittarius"; noch offengelassen von BGHZ 26, 152 = NJW 1958, 220, 221 (linke Spalte) mit Anm. *Nörr* LM Nr. 5 zu § 485, zuvor OLG Hamburg VersR 1957, 383 – siehe auch schon RGZ 126, 35, 38 ff. „Geddington Court" = HansRGZ B 1929, 739 Nr. 296.

führen, ohne dass die Schiffsführung befugt ist, Weisungen zu erteilen (weisungsungebundene Stauer). Auch hierfür wird die Umschreibung „Zwangsstauer" verwendet. Solche kommen in der Praxis offenbar nicht vor.

d) Wachpersonal. Anerkannt ist ebenfalls eine analoge Anwendung des § 480 **91** Satz 1 bzw. der entsprechenden früheren Vorschriften auf Personen, die zur Bewachung des Schiffes abgestellt sind. Dies betrifft insbesondere unbemannte Schiffe wie Schuten, Leichter und Pontons, die über keine eigene Besatzung verfügen und beladen oder leer vorüber gehend abgelegt wurden. Bedient sich der Reeder bzw. Eigner in diesen Fällen eines Wachdienstes, kommt § 480 Satz 1 auf diese Personen analog zur Anwendung.[166] Dabei kann es sich auch so verhalten, dass eine Person des Wachdienstes für mehrere Schiffe tätig ist. Eine Anwendung des § 480 Satz 1 scheidet aus, wenn nicht der Reeder bzw. Eigner, sondern etwa ein Charterer des Schiffes die Bewachung in Auftrag gegeben hat (oben Rn 69).

e) Festmacher. Bei Festmachern handelt es sich um Personen, die beim Eintreffen **92** des Schiffes am vorgesehenen Liegeplatz warten und die Leinen des Schiffes wahrnehmen und an Pollern und entsprechenden Einrichtungen belegen. Die Festmacher werden in der Regel an Land tätig und nutzen zum Einhieven der (teils sehr schweren) Leinen des Schiffes häufig Kraftfahrzeuge, die mit kleinen Winden ausgestattet sind. Ebenso können Festmacher von Booten aus tätig werden, etwa wenn das Schiff nicht an einer Pier, sondern an Dalben festmacht. In entsprechender Weise werden Festmacher auch bei der Abfahrt des Schiffes tätig, indem sie die Leinen des Schiffes vom Poller nehmen, damit sie vom Schiff eingehievt werden können. Die Festmacher werden normaler Weise nach Weisung des Kapitäns bzw. des Hafenlotsens tätig. Insbesondere erstreckt sich die Weisungsbefugnis in entsprechenden Fällen darauf, welcher von mehreren verfügbaren Pollern an der Pier für die jeweilige Leine verwendet werden soll. Wo genau das Schiff an der Pier festmacht, entscheidet die Schiffsführung bzw. der Hafenlotse, ggf. nach den Vorgaben des Betreibers des Terminals oder der Hafenbehörden. Für § 485 HGB a.F. und § 3 Abs. 1 BinSchG ist anerkannt, dass die Vorschriften analog auf Festmacher zur Anwendung gelangen.[167] Gleiches gilt heute für § 480 Satz 1. Eine Einstandspflicht des Reeders aus § 480 Satz 1 besteht allerdings nur, wenn er und nicht ein anderer, insbesondere ein Charterer des Schiffes, Auftraggeber der Festmacher ist (oben Rn 69).

f) Kanalsteurer. Zu den Kanalsteurern des Nord-Ostsee-Kanals siehe die Hinweise **93** oben Anhang zu § 478 (Kanalsteurer). Richtigerweise gehören die Kanalsteurer bereits zur Schiffsmannschaft im Sinne des § 478 (dort Rn 58), so dass der Reeder für eine Schadenersatzpflicht, begründet in der Person eines Kanalsteurers, schon in unmittelbarer Anwendung des § 480 Satz 1 einstehen muss. Jedenfalls aber ist eine analoge Anwendung der Vorschrift auch auf diese Personen geboten.[168]

g) Weitere Fälle. Die Rechtsprechung ist analog § 480 Satz 1 auch in anderen Fällen **94** von einer Einstandspflicht des Reeders für sonstige Personen ausgegangen, etwa für das

---

166 BGHZ 3, 34 = NJW 1952, 64, 65; RG Recht 1914 Nr. 525, vermutlich die Revisionsentscheidung zu OLG Hamburg HansGZ H 1913, 215 Nr. 104 „Hans", „Nord Holland" 65 – siehe auch BGHZ 21, 207 = NJW 1956, 1513.
167 RGZ 119, 270 „Jan Molsen", zuvor OLG Hamburg HansGZ H 1927, 215 Nr. 94; siehe auch OLG Hamburg MDR 1954, 44 sowie schon RG JW 1896, 705 Nr. 48 „Möwe".
168 Siehe RGZ 111, 37, 38 f. „Annie Hugo Stinnes 6", „Olga".

Landpersonal des Reeders, das im Hafen anstelle der Besatzung oder zusätzlich zu ihr an Bord tätig wird;[169] für Personen, die das Schiff verholen, etwa die Mitarbeiter einer Werft beim Ein- bzw. Ausdocken;[170] für Mitarbeiter der Werft, wenn sie für das Schiff den Landgang herrichten;[171] für einen Schiffsführer, der vom Charterer gestellt wurde;[172] oder für einen gefälligkeitshalber tätigen Rudergänger, der Schiffsführer eines seitlich angekoppelten Fahrzeugs war, das bei einer Kollision mit einem dritten Fahrzeug beschädigt wurde.[173] Keinesfalls muss der Reeder für Ansprüche gegen Personen einstehen, die am Bau des Schiffes[174] oder bei Umbaumaßnahmen mitwirken oder die Reparaturen ausführen;[175] oder die Brennstoff, Schmieröl, Frischwasser oder Proviant anliefern.

IV. Überwachungspflichten der Schiffsbesatzung

95 Zu den Pflichten der Schiffsbesatzung im Sinne des § 478 und insbesondere der Schiffsführung gehört es, „schiffsfremde" Personen zu überwachen. Dies gilt zum einen für den an Bord tätigen Lotsen (dazu oben Rn 175 Anhang zu § 478 [Lotse]). In gleicher Weise betrifft dies Personen, auf die ggf. § 480 Satz 1 analog zur Anwendung gelangt (zuvor Rn 65–94). Und schließlich können auch im Hinblick auf sonstige Dritte Überwachungspflichten der Schiffsbesatzung bestehen. Eine Verletzung der Überwachungspflichten kann ihrerseits eine Schadenersatzpflicht in einer Person der Schiffsbesatzung begründen, für die letztlich der Reeder nach § 480 Satz 1 einzustehen hat. In entsprechenden Fällen ist die Rechtsprechung von Überwachungspflichten im Hinblick auf die Tätigkeit von Personen ausgegangen, die den Landgang des Schiffes herrichten;[176] sowie von Personal des selbständigen Umschlagsunternehmers im Hinblick auf Stauerarbeiten an Bord,[177] einschließlich ggf. der von ihnen verwendeten Gerätschaften,[178] etwa auch wenn sie für das Schiff Leinenmanöver durchführen[179] oder Schuten verholen.[180] Eine Haftung des Reeders kann sich hier in mehrfacher Weise aus § 480 Satz 1 ergeben, nämlich wenn eine Schadenersatzpflicht einer Person begründet ist, auf die § 480 Satz 1 analog zur Anwendung kommt, und wenn daneben eine Verletzung von Überwachungspflichten eines Mitglieds der Schiffsbesatzung vorliegt.

V. Die Haftung des Reeders

96 Als Rechtsfolge sieht § 480 Satz 1 vor, dass der Reeder für den Schaden des Dritten in gleicher Weise haftet wie das Besatzungsmitglied, der an Bord tätige Lotse oder die Personen, auf die § 480 Satz 1 analog zur Anwendung gelangt. (oben Rn 65–94). Begründet wird, wie in der Person des Besatzungsmitglieds etc., eine Schadenersatzpflicht des Ree-

---

169 Siehe RGZ 13, 114 „Quarta"; RGZ 20, 84, 85 „Elisetta"; RG SchlHAnz 1890, 17, 18 „Carl".
170 OLG Hamburg HansGZ H 1912, 269 Nr. 128 „Main", „Achilles".
171 OLG Hamburg MDR 1954, 44.
172 BGH NJW-RR 1997, 538, 538f. (unter 2.) „Passat", „Dordrecht 26" mit Anm. *Michaels* TranspR 1997, 330, zuvor RhSchOG Köln ZfB 1996 Nr. 8 S. 41 (Slg. 1590).
173 BGH VersR 1979, 570 „Burg Hirschhorn", „Wildenburg", „Elfried".
174 Siehe BGHZ 21, 207 = NJW 1956, 1513.
175 RGZ 126, 35, 39 „Geddington Court" – siehe aber auch OLG Hamburg MDR 1954, 44 (Sicherung der Gangway durch Personal der Werft).
176 OLG Hamburg MDR 1954, 44.
177 BGHZ 26, 152 = NJW 1958, 220, 221 (unter II.1) mit Anm. *Nörr* LM Nr. 5 zu § 485, zuvor OLG Hamburg VersR 1957, 383; RGZ 10, 18 „John Ormsten".
178 RGZ 10, 18 „John Ormsten".
179 OLG Hamburg HansGZ H 1889, 188 Nr. 78 „Fidelio".
180 OLG Hamburg HansGZ H 1913, 287, 288 Nr. 140 „Rhakotis", zuvor LG Hamburg aaO.

ders. An dessen Stelle tritt ggf. der Ausrüster (§ 477 Abs. 1 und 2). Dem Reeder stehen alle Einwendungen zu, die auch das Besatzungsmitglied etc. geltend machen könnte. Kann sich das Besatzungsmitglied, das wegen Verlust oder Beschädigung von Gut in Anspruch genommen wird, auf § 508 berufen, gelten die maßgeblichen Haftungsbefreiungen und -beschränkungen auch zugunsten des Reeders.[181]

§ 480 Satz 1 begründet eine zusätzliche Haftung des Reeders, was durch die Formulierung, dass „... auch der Reeder für den Schaden ..." haftet, zum Ausdruck kommt. Die Einstandspflicht des Reeders aus § 480 Satz 1 tritt neben die Haftung der Person der Schiffsbesatzung, des Lotse bzw. der Person, auf die § 480 Satz 1 analog zur Anwendung gelangt (oben Rn 65–94). Beide haften nach § 840 Abs. 1 BGB als Gesamtschuldner (§§ 421 ff. BGB).[182] Ist es nacheinander zu mehreren Beschädigungen eines Gegenstandes durch mehrere Schiffe gekommen, findet zugunsten des geschädigten Dritten ggf. § 830 Abs. 1 BGB Anwendung.[183] 97

Hat der Reeder den Anspruch des Dritten erfüllt, kann er bei der Person der Schiffsbesatzung etc. möglicherweise schon aus einem zwischen ihnen bestehenden Rechtsverhältnis, jedenfalls aber nach § 426 Abs. 1 sowie aus dem auf ihn, den Reeder, übergegangenen (§ 426 Abs. 2 BGB) Anspruch des Geschädigten gegen das Besatzungsmitglied etc. Rückgriff nehmen; siehe zum Lotsen oben Rn 167–174 Anhang zu § 478 (Lotse) sowie zum Kapitän oben Rn 156 Anhang zu § 479 (Kapitän). Ggf. ist die Haftung des Reeders aus § 480 Satz 1 mehrfach begründet, wenn verschiedene Besatzungsmitglieder etc. in ihrer Person Schadenersatzpflichten verwirklicht haben. Hier haften alle Besatzungsmitglieder etc. zusammen mit dem Reeder dem geschädigten Dritten als Gesamtschuldner. 98

Der Dritte kann auch, nachdem er selbst in Anspruch genommen worden ist, auf Grundlage des § 480 Satz 1 Rückgriffsansprüche gegen den Reeder geltend machen. Dies umfasst ggf. auch die Kosten des Vorprozesses. Hat der Geschädigte, nachdem sein Dalben durch Kollision mit einem Schlepper, der einem Schiff assistiert, beschädigt wurde, zunächst den Eigner des Schleppers verklagt, der sich nach Aufklärung des Sachverhalts dann allerdings entlasten kann, hat der Geschädigte gegen den Reeder auch Anspruch auf Ersatz der Kosten dieses Prozesses.[184] 99

Nur noch von rechtshistorischem Interesse ist in diesem Zusammenhang Fall, dass früher, als die Hafenlotsen in Hamburg noch die Rechtsstellung von Beamten hatten, die Stadt Hamburg wegen der Beschädigung von Hafeneinrichtungen Ansprüche gegen den Reeder des Schiffes geltend machte und dieser einwendete, dass der Schaden auf ein Verschulden des Hafenlotsen zurückgehe und dass die Stadt als Dienstherr den Lotsen nicht in Anspruch nehmen könne, was auch ihm, dem Reeder zugutekomme. Die Gerichte haben diesen Gesichtspunkt stets zurückgewiesen, mit dem Hinweis darauf, dass der 100

---

181 Siehe BGH VersR 1983, 549, 551 „Nordholm", zuvor OLG Hamburg VersR 1982, 668; *Herber* in MüKo/HGB Rn 13 zu § 480; *Herber* Seehandelsrecht S. 203 (unter V.).
182 BGHZ 26, 152 = NJW 1958, 220, 221 (rechte Spalte) mit Anm. *Nörr* LM Nr. 5 zu § 485, zuvor OLG Hamburg VersR 1957, 383; BGH Hansa 1958, 1958, 1961 (unter 1.); OLG Hamburg VersR 1962, 949, 950 (unter 1.); OLG Hamburg Hansa 1962, 1063 (unter 1.); RhSchOG St. Goar ZfB 1965, 428 „Wilhelm Gestmann VI", „Diersch X", anschließend RhSchOG St. Goar ZfB 1968, 69 (Slg. 5); OLG Celle VersR 1990, 1297, 1298 (unter 4.); LG Hamburg HmbSchRZ 2009, 346 Nr. 130 „Maria", anschließend OLG Hamburg HmbSchR 2009, 270 Nr. 107 sowie zuvor LG Hamburg HmbSchRZ 2009, 345 Nr. 129 – *Herber* in MüKo/HGB Rn 15 zu § 480; *Herber* Seehandelsrecht S. 200.
183 Siehe OLG Hamburg Hansa 1964, 1167, 1168 (Dalben); LG Hamburg ZfB 1973, 105 (Slg. 497) „Maintank 2" (Ufermauer).
184 OLG Hamburg HansGZ H 1913, 11 Nr. 6 (a.E.) „Southport", „Hector", „Fairplay III".

Lotse bei seiner Tätigkeit für das Schiff nicht in Ausübung eines öffentlichen Amtes handele.[185]

VI. Die Darlegungs- und Beweislast

101 Der geschädigte Dritte, der Ansprüche gegen den Reeder aus § 480 Satz 1 geltend macht, muss grundsätzlich die Voraussetzungen des Tatbestands der Vorschrift darlegen und beweisen. Dies betrifft zunächst die Schadenersatzpflicht einer Person der Schiffsbesatzung, des an Bord tätigen Lotsen oder einer Person, auf die die Vorschrift des § 480 Satz 1 analog zur Anwendung gelangt. Dies umfasst zunächst die Darlegung und den Beweis der Voraussetzungen des Anspruchs, der die Schadenersatzpflicht begründet. Setzt der Tatbestand der Schadenersatzpflicht ein Verschulden des betreffenden Besatzungsmitglieds etc. voraus, muss der geschädigte Dritte auch dieses darlegen und beweisen. Hierauf kann nicht im Hinblick darauf verzichtet werden, dass § 480 Satz 1 heute nur noch an das Bestehen einer Schadenersatzpflicht anknüpft. Die Darlegung und der Beweis des Bestehens einer Schadenersatzpflicht umfasst in entsprechenden Fällen auch den Schaden sowie den objektiven Zurechnungszusammenhang zwischen dem Verhalten des Besatzungsmitglieds oder sonstigem haftungsbegründenden Vorgängen und dem Schaden.

102 Darüber hinaus muss der Gläubiger darlegen und beweisen, dass der Schaden durch eine Person der Schiffsbesatzung, den an Bord tätigen Lotsen oder eine der weiteren Personen verursacht wurde, auf die § 480 Satz 1 analog zur Anwendung gelangt. Der geschädigte Dritte muss die betreffende Person nicht namentlich identifizieren. Es genügt, dass dargelegt und bewiesen wird, dass irgendein Mitglied der Schiffsbesatzung oder der Bordlotse durch sein Verhalten die Schadenersatzpflicht begründet hat.[186] Ist der Schaden dadurch eingetreten, dass das Schiff mit einer festen Einrichtung kollidiert ist, kommt dem geschädigten Dritten ggf. die Vermutung des Verschuldens der Schiffsbesatzung zugute.[187] Dies gilt auch, wenn ein von einem Schubboot geschobener Gegenstand auf Grund gerät.[188] Hat „das Schiff" gegen verkehrsrechtliche Vorschriften verstoßen, kann dies für ein Verschulden der Schiffsführung sprechen.[189]

103 Will der Geschädigte geltend machen, dass der Reeder für die Schadenersatzpflicht einer anderen Person einzustehen hat, muss er darlegen und beweisen, dass die betreffende Person zu dem Kreis derjenigen Personen gehört, auf die § 480 Satz 1 analog zur Anwendung gelangt. Außerdem muss der Geschädigte darlegen und beweisen, dass die Schadenersatzpflicht in der Ausübung der Tätigkeit der betreffenden Person begründet wurde. Sofern feststeht, dass es um die Schadenersatzpflicht einer Person der Schiffsbesatzung oder des an Bord tätigen Lotsen geht, und ist dem Gläubiger nicht bekannt, wer

---

185 BGHZ 50, 250 = VersR 1968, 940 „Mantric", zuvor OLG Hamburg Hansa 1967, 1163; BGH VersR 1968, 941, 942 „Conca d'Oro", „Batman"; zuvor auch schon OLG Hamburg HansGZ H 1913, 11 Nr. 6 „Southport", „Hector", „Fairplay III"; OLG Hamburg HansGZ 1913, 221 Nr. 108 „Polynesia", zuvor LG Hamburg aaO. – siehe auch RGZ 74, 250 „Nauta", „Johanne" sowie BGH VersR 1971, 563 (unter II.) „Hans Peter".
186 BGHZ 50, 250 = VersR 1968, 940, 941 (rechte Spalte) „Mantric", zuvor OLG Hamburg Hansa 1967, 1163 (unter 2.); OLG Hamburg VersR 1970, 538, 540 (vor IV.) „Leonidas Voyazides", „Thälmann Pionier".
187 Siehe RGZ 120, 258, 263f. „Galicia", „Hastings County"; ZKR ZfB 1976, 255 (Slg. 543) „Gefo Köln", „Gefo Tank 5"; ZKR ZfB 2001 Nr. 8 S. 61 (Slg. 1831) = HmbSeeRep 2001, 137 Nr. 61; BGHZ 50, 238 = Hansa 1968, 1631 „Sigrid Lamberti"; OLG Hamburg Hansa 1970, 956; OLG Hamburg Hansa 1962, 1063 (unter 2.); OLG Hamburg Hansa 1964, 1167; OLG München VersR 1960, 976 – ausnahmsweises Nichtbestehen der Vermutung: ZKR ZfB 1997 Nr. 22 S. 37 (Slg. 1653) „Martin S", OLG Hamburg VersR 1976, 752, 753f. (unter 2a) „Magnus 2", anschließend BGH VersR 1978, 712.
188 AG St. Goar (2012) BeckRS 2016, 05682.
189 Siehe OLG Celle VersR 1990, 1297 (Rechtsfahrgebot).

die betreffende Person ist, muss der Reeder ggf. im Rahmen seiner sekundären Darlegungs- und Beweislast zumindest die Dienststellung der Person benennen, die schadenersatzpflichtig ist, um dem Geschädigten zu ermöglichen, darzulegen und zu beweisen, dass die Schadenersatzpflicht in der Ausübung ihrer Tätigkeit begründet wurde. Schließlich muss der Geschädigte ggf. auch das Verschulden der betreffenden Person darlegen und beweisen. Auch hier können dem Geschädigten die Grundsätze der sekundären Darlegungs- und Beweislast helfen. Bei der (primären) Darlegungs- und Beweislast hinsichtlich des Verschuldens bleibt es im Rahmen des § 480 Satz 1 auch, wenn dem Dritten konkurrierende vertragliche Ansprüche aus § 280 Abs. 1 Satz 1 BGB gegen den Reeder zustehen, bei denen die Entlastung nach Satz 2 der Vorschrift dem Reeder obliegt.[190]

Dagegen ist es Sache des in Anspruch genommenen Reeders, die Voraussetzungen von Haftungsbefreiungen und -beschränkungen darzulegen und zu beweisen. Dies betrifft zunächst diejenigen Haftungsbefreiungen und -beschränkungen, auf die sich das Mitglied der Schiffsbesatzung, der Lotse oder weitere Person verursacht wurde, auf die § 480 Satz 1 analog zur Anwendung gelangt (oben Rn 65–94). Darüber hinaus kann der Reeder alle sonstigen, nur ihm zur Verfügung stehende Haftungsbefreiungen und -beschränkungen geltend machen. **104**

VII. Die Anwendung des § 480 Satz 1 im Rahmen des Mitverschuldens

Die Vorschrift des § 480 Satz 1 hat nicht nur die Funktion einer Anspruchsgrundlage. Sie kommt auch zum Tragen, wenn der Reeder Schadenersatzansprüche gegen einen Dritten geltend macht und es um die Frage geht, wessen Verhalten sich der Reeder bei der Beurteilung eines Mitverschuldens oder einer Mitverursachung zurechnen lassen muss. Grundsätzlich gilt hier die Regelung des § 254 Abs. 2 Satz 2 BGB, die ihrerseits § 278 entsprechend zur Anwendung bringt. Im Rahmen außervertraglicher Schuldverhältnisse erfolgt die Zurechnung fremden Verhaltens im Rahmen des Mitverschuldens nach Maßgabe des § 831 Abs. 1 BGB. Der Gläubiger muss nur für das Verhalten von Verrichtungsgehilfen (§ 831 Abs. 1 Satz 1 BGB) einstehen. Und auch im Hinblick auf diese kann er sich entlasten, wenn er darlegt und beweist, dass er die betreffende Person sorgfältig ausgewählt und angeleitet hat (§ 831 Abs. 1 Satz 2 BGB). An die Stelle des § 831 Abs. 1 BGB tritt, wenn der Reeder Ansprüche verfolgt, die Vorschrift des § 480 Satz 1.[191] Danach muss sich der Reeder bei der Anwendung des § 254 Abs. 1 und Abs. 2 Satz 1 BGB ein Mitverschulden und eine Mitverursachung des Schadens durch die Personen der Schiffsbesatzung, durch den an Bord tätigen Lotsen sowie durch alle denjenigen Personen zurechnen lassen, auf die § 480 Satz 1 analog zur Anwendung gelangt. Die Entlastung nach § 831 Abs. 1 Satz 2 BGB steht daher dem Reeder nicht zur Verfügung.[192] All dies gilt auch für das Verhalten eines Kanalsteurers.[193] In Fällen der Verschleppung muss sich daher etwa der Eigner des Anhangs, der Ansprüche auf Schadenersatz gegen einen Dritten verfolgt, nicht das nautische Fehlverhalten der Besatzung des Schleppers nach § 254 BGB, sehr wohl aber ein eigenes Verschulden entgegenhalten lassen.[194] Macht der Reeder **105**

---

190 Siehe ZKR RdTW 2016, 103 [35] „Waalkade", „Rheinland".
191 RGZ 55, 316, 321 „Cobra", „Ostsee"; RGZ 59, 305, 311 „Steinbeck", „Unterweser X"; RGZ 85, 372; RGZ 111, 37 „Annie Hugo Stinnes 6", „Olga"; BGH Hansa 1959, 1958, 1961 (unter 2.); BGH VersR 1959, 991, 993f. (unter V.); OLG Hamburg Hansa 1958, 626; siehe auch BGH Hansa 1958, 627, 628 (unter IV.) – möglicherweise verkannt von BGH VersR 1956, 504, 505f. (unter III.b).
192 OLG Hamburg Hansa 1958, 626; RGZ 85, 372.
193 RGZ 111, 37 „Annie Hugo Stinnes 6", „Olga".
194 RGZ 55, 316, 320f. „Cobra", „Ostsee" – ebenso BGH VersR 1956, 504, 505f. (unter III.b und c) (ausgehend von § 831 I BGB), anders aber OLG Hamburg VersR 1979, 571.

Ansprüche aus Vertrag geltend, hat er sich nach § 254 Abs. 2 Satz 2 BGB ein mitwirkendes Verhalten seiner Erfüllungsgehilfen zuzurechnen. Zu diesen gehört, unter Heranziehung des § 480 Satz 1, auch der an Bord tätige Lotse.[195]

VIII. Die Verjährung des Anspruchs

106 Die Verjährung von Ansprüchen, die sich aus dem Fünften Buch HGB ergeben, ist zusammengefasst in den §§ 605 ff. geregelt. Für welche Ansprüche die Vorschriften gelten, ergibt sich aus §§ 605 und 606. Die Ansprüche aus § 480 Satz 1 werden hier allerdings nicht genannt. Ebenso verhielt es sich bereits früher mit den Verjährungsvorschriften der §§ 901 ff. HGB a.F. und dem Anspruch aus § 485 Satz 1 HGB a.F. Da die §§ 605 ff. nicht zur Anwendung gelangen, unterliegt der Anspruch aus § 480 Satz 1 den allgemeinen Vorschriften der §§ 195 ff. BGB.

107 In § 195 BGB ist grundsätzlich eine Verjährungsfrist von drei Jahren vorgesehen. Ansprüche wegen Körperschäden, die auf ein vorsätzliches Verhalten zurückgehen, unterliegen nach § 197 Nr. 1 BGB einer Verjährung von 30 Jahren. Die Verjährung beginnt nach Maßgabe des § 199 BGB. Grundsätzlich beginnt die Verjährung mit dem Schluss des Jahres, in dem der Anspruch entstanden ist (§ 199 Abs. 1 Nr. 1 BGB), wenn außerdem der Gläubiger von den den Anspruch begründenden Umständen und der Person des Schuldners Kenntnis erlangt hat oder ohne grobe Fahrlässigkeit hätte erlangen müssen (§ 199 Abs. 1 Nr. 2 BGB). Die Kenntnis des Gläubigers von der Person des Schuldners bezieht sich im Rahmen des § 480 Satz 1 nicht auf das schadenersatzpflichtige Besatzungsmitglied. Vielmehr kommt es auf die Kenntnis des Gläubigers von der Person des Reeders an. Insoweit genügt es, dass der Gläubiger den Schiffsnamen kennt oder kennen müsste. Mit Rücksicht auf den möglicherweise hinausgeschobenen Beginn der Verjährung sieht § 199 Abs. 2 und 3 BGB noch absolute Höchstfristen vor, die bei der Verjährung des Anspruchs aus § 480 Satz 1 eine Rolle spielen können. So verjähren Schadenersatzansprüche wegen Körperschäden nach § 199 Abs. 2 BGB in jedem Falle in 30 Jahren von dem schadensauslösenden Ereignis an. In allen übrigen Fällen gilt für die Verjährung von Ansprüchen aus § 480 Satz 1 die Vorschrift des § 199 Abs. 3 BGB. Hier sind zwei Fristen vorgesehen. Zum einen sieht § 199 Abs. 3 Satz 1 Nr. 1 BGB eine Frist von 10 Jahren ab Entstehung des Anspruchs vor. Daneben läuft nach § 199 Abs. 3 Satz 1 Nr. 2 BGB eine Frist von 30 Jahren, die mit dem schadensbegründenden Ereignis beginnt. Maßgeblich ist nach § 199 Abs. 3 Satz 2 BGB die früher endende Frist. All dies gilt in gleicher Weise für Rückgriffsansprüche des Geschädigten. Die Sonderregelung des § 607 Abs. 2 kommt nicht zur Anwendung.

108 Die hiernach für den Anspruch aus § 480 Satz 1 geltende Verjährung steht im Gegensatz zu den ein- oder zweijährigen Fristen der §§ 605 und 606. Noch deutlicher ist der Widerspruch zu der Verjährung, die für die entsprechenden Ansprüche gegen den Eigner nach § 3 Abs. 1 BinSchG gilt. Diese Ansprüche verjähren nach § 117 Abs. 1 Nr. 7 BinSchG mit dem Ablauf eines Jahres. Die Frist beginnt gemäß § 117 Abs. 2 BinSchG mit dem Schluss des Jahres, in dem die Forderung fällig geworden ist. In den entsprechenden Fällen kann es daher für die Frage, ob der Anspruch bereits verjährt ist oder nicht, entscheidend darauf ankommen, ob es sich bei dem Schiff um ein See- oder ein Binnenschiff handelt (dazu oben Rn 63–85 Einleitung B).

109 Für den Lauf der Verjährung des Anspruchs aus § 480 Satz 1 gelten die Bestimmungen der §§ 203 ff. BGB über die Hemmung, Ablaufhemmung und den Neubeginn der Ver-

---

[195] Siehe RGZ 59, 305, 311 „Steinbeck", „Unterweser X".

jährung. Insbesondere wird der Anspruch aus § 480 Satz 1 durch das Schweben von Verhandlungen nach § 203 Satz 1 BGB gehemmt. Außerdem ist hier die Ablaufhemmung nach § 203 Satz 2 BGB vorgesehen. Der Tatbestand der Hemmung der Verjährung durch Geltendmachung des Anspruchs nach § 608 kommt dem Geschädigten nicht zugute. Von Bedeutung sind außerdem die Tatbestände der Hemmung der Verjährung durch Rechtsverfolgung nach § 204 BGB. Der Eintritt der Verjährung des Anspruchs des geschädigten Dritten wirkt sich nach § 216 Abs. 1 BGB auf ein zu seinen Gunsten bestehendes Schiffsgläubigerrecht (unten Rn 140) nicht aus. Allerdings erlischt das Schiffsgläubigerrecht nach § 601 Abs. 1 ein Jahr nach Entstehung der Forderung, so dass normalerweise das Schiffsgläubigerrecht endet, bevor der Anspruch aus § 480 Satz 1 verjährt.

Der Umstand, dass der Anspruch des geschädigten Dritten gegen das Besatzungsmitglied, den Bordlotsen oder die Person, auf die § 480 Satz 1 analog zur Anwendung gelangt, verjährt ist, kommt dem Reeder nicht zugute. Hierzu kann es etwa kommen, wenn der geschädigte Dritte nur mit dem Reeder eine Verschiebung der Verjährung des Anspruchs aus § 480 Satz 1 vereinbart, wenn der Dritte nur mit dem Reeder verhandelt (§ 203 BGB) oder nur den Anspruch gegen den Reeder gerichtlich geltend macht (§ 204 Abs. 1 BGB). Der Reeder und das Besatzungsmitglied sind Gesamtschuldner (§§ 421 ff. BGB), die Verjährung des Anspruchs gegen einen Gesamtschuldner hat nur Einzelwirkung (§ 426 Abs. 2 BGB). 110

IX. Die Haftung für Verlust und Beschädigung von Gut

Die Haftung des Verfrachters für Verlust oder Beschädigung des Gutes ist in besonderer Weise und unter Einbeziehung eines Geflechts von Haftungsbefreiungen und -beschränkungen ausgestaltet. Diese können auf verschiedenen Wegen auch zugunsten des Reeders, der nicht der Verfrachter ist, zur Anwendung gelangen, wenn dieser auf außervertraglicher Grundlage, namentlich nach § 480 Satz 1, von dem geschädigten Dritten in Anspruch genommen wird. Insoweit besteht eine bemerkenswerte Gemengelage, die auch nicht frei von Widersprüchlichkeiten ist. 111

Insgesamt können fünf verschiedene Mechanismen zugunsten des Reeders wirken. Da wäre zunächst die Regelung des § 480 Satz 2, aus der sich ergibt, dass der Reeder, der dem geschädigten Dritten nach § 480 Satz 1 für den Verlust oder Beschädigung des Gutes einzustehen hat, lediglich wie ein Verfrachter nach Maßgabe der §§ 498 ff. haftet (dazu unten Rn 114–141). Unabhängig davon kann sich der Reeder zweitens ggf. auf Himalaya-Regelungen berufen, die zu seinen Gunsten die Haftungsbefreiungen und -beschränkungen des Rechtsverhältnisses zur Anwendung bringt, an das auch der geschädigte Dritte als Partei gebunden ist (unten Rn 142–151). Zum Dritten kann auch das Rechtsverhältnis, an dem der Reeder als Verfrachter oder Vercharterer beteiligt ist, ihn auch vor Ansprüchen vertragsfremder Personen und damit des geschädigten Dritten schützen (siehe § 506 Abs. 2 Satz 1, unten Rn 152–158). Viertens kann sich ergeben, dass in einem beliebigen anderen (Unter- oder Haupt-)Rechtsverhältnis, an dem weder der Reeder noch der Geschädigte als Partei beteiligt sind, eine Regelung von der Art des § 506 Abs. 2 zu Lasten des Geschädigten als vertragsfremdem Dritten und außerdem eine Himalaya-Regelung zugunsten des Reeders gilt (unten Rn 159). Und über allem steht schließlich die besondere Einstandspflicht des Reeders als ausführender Verfrachter nach § 509. Anders als die zuvor vorgestellten Ansätze handelt es sich hierbei nicht lediglich um einen selbständige Sammlung von Haftungsbefreiungen und -beschränkungen, die auf anderweitig bestehende außervertragliche Ansprüche zur Anwendung kommt. Die Vorschrift des § 509 umfasst eine eigene Anspruchsgrundlage, für die ebenfalls besondere Haftungsbefreiungen und -beschränkungen gelten. Diese entsprechen 112 ggf. denjenigen des (ersten) Rechtsverhältnisses, dessen Partei der geschädigte Dritte ist. Die im Folgenden erörterte Geltung von Haftungsbefreiungen und -beschränkungen zugunsten des Reeders ist zu unterscheiden von der Anwendung von Haftungsbefreiungen und -beschränkungen zugunsten des Besatzungsmitglieds, des an Bord tätigen Lotsen oder von Personen, auf die § 480 Satz 1 analog angewandt wird (dazu oben Rn 65–94).

113   Einzelfälle: Bunkerwände, die über Bord gehen, als das Schiff bei Verholen kentert;[196] Fahrtantritt trotz unzureichender Stabilität, Verlust von Containern beim Überholen des Schiffes;[197] Geruchsschaden an Tabak;[198] Nässeschaden durch Regen an Blechen;[199] Partie Ledermehl, Untergang des Schiffes;[200] Untergang des seitlich angekoppelten Pontons;[201] Beschädigung einer Partie Briketts durch Wassereinbruch nach Grundberührung;[202] Verderb von Blumenzwiebeln;[203] Verlust einer Partie Clorkalium nach Wassereinbruch;[204] Verlust einer Partie Kreide nach Aufgrundgeraten des Schiffes;[205] Nässeschäden an Baumaterial;[206] Nässeschaden an Profileisen infolge undichter Luken.[207]

114   **1. § 480 Satz 2.** Wird der Reeder nach § 480 Satz 1 wegen des Verlustes oder der Beschädigung von Gut in Anspruch genommen, das auf seinem Schiff befördert wurde, gestaltet der Satz 2 der Vorschrift die Einstandspflicht des Reeders in besonderer Weise aus. Nach § 480 Satz 2 Hs. 1 haftet der Reeder gegenüber den Ladungsbeteiligten so, als wäre er der Verfrachter. § 480 Satz 2 Hs. 1 ergänzt, dass § 509 entsprechend anzuwenden ist.

115   **a) Der Hintergrund der Regelung.** Eine Vorschrift von der Art des § 480 Satz 2 Hs. 1 fand sich auch im früheren Recht in § 485 Satz 1 HGB a.F. Der Vorbehalt ist durch das SeeFrG eingefügt worden. In der SHR-ReformG-Begr heißt es dazu, dass die Bestimmung des § 480 Satz 2 Hs. 1 auf Art. 4 § 5 Haager Regeln zurückgehe.[208] Tatsächlich beruht die Ergänzung, dass der Reeder den Ladungsbeteiligten gegenüber für Verlust und Beschädigung des Gutes nur wie ein Verfrachter haftet, auf den Bestimmungen der Haager Regeln über die Haftung für Verlust und Beschädigung des Gutes. Hier wird nicht nur in Art. 4 § 5, sondern auch an vielen anderen Stellen im Hinblick auf Haftungsfragen und -beschränkungen formuliert, dass diese gleichermaßen für „den Unternehmer [= den Verfrachter] ... und das Schiff..." gelten sollen; siehe Art. 3 § 6 Abs. 4, § 8 Satz 1, Art. 4 § 1 Satz 1 und § 2, § 5 Abs. 1 und Abs. 4. Diese Wendungen sind so zu verstehen, dass die Haftungsbefreiungen und -beschränkungen der Haager Regeln auch dem Reeder des Schiffes, der für Ladungsschäden in Anspruch genommen wird, zugutekommen

---
196   BGH VersR 1960, 727.
197   Siehe die Entscheidungen zur „Excelsior": OLG Stuttgart HmbSchRZ 2009, 283 Nr. 110; LG Hamburg HmbSchRZ 2010, 76 Nr. 49; OLG Stuttgart HmbSchRZ 2010, 223 Nr. 120; OLG Hamburg HmbSchRZ 2010, 258 Nr. 127 und S. 260 Nr. 128 sowie zuvor LG Hamburg HmbSchRZ 2010, 262 Nr. 129; OLG Hamburg RdTW 2014, 251 [8–11]; RhSchOG Köln HmbSchRZ 2012, 133 Nr. 64 – ebenso schon OLG Hamburg VersR 1968, 552.
198   BGH VersR 1972, 40, anschließend BGH VersR 1977, 717.
199   BGH VersR 1971, 412 „Hannover".
200   RhSchG Duisburg-Ruhrort VersR 1957, 774.
201   RhSchOG Karlsruhe TranspR 1999, 304.
202   BGH VersR 1965, 230 „Defender", anschl. BGH VersR 1967, 798.
203   OLG Hamburg TranspR 1986, 294 „Heinrich Arnold Schulte".
204   BGH VersR 1981, 229.
205   OLG Schwerin VRS 5, 111.
206   BGH VersR 1980, 572 „Franz Held".
207   BGH VersR 1983, 549 „Nordholm", zuvor OLG Hamburg VersR 1982, 668.
208   S. 65 (rechte Spalte unten).

sollen. Dies wurde durch § 485 Satz 2 HGB a.F. und wird heute durch § 480 Satz 2 Hs. 1 umgesetzt.

Der Reeder ist grundsätzlich auch ausführender Verfrachter im Sinne des § 509, so 116 dass er nach Abs. 1 für Verlust und Beschädigung des Gutes so haftet, als wäre er der Verfrachter. Damit stellt sich die Frage, ob es des § 480 Satz 2 Hs. 1 eigentlich bedurfte. Die SHR-ReformG-Begr geht hierauf ein und erläutert,[209] dass § 509 Abs. 1 nur zum Tragen komme, wenn der Reeder auch tatsächlich ausführender Verfrachter sei. Hat der Reeder das Schiff einem Zeitcharter überlassen, so sei er grundsätzlich nicht als ausführender Verfrachter anzusehen, soweit es um das Laden und Löschen des Gutes gehe. Denn für den Lade- und Löschvorgang sei grundsätzlich der Zeitcharterer verantwortlich (§ 563 Abs. 1). Daher dürfte, so die SHR-ReformG-Begr, bei einer solchen Fallkonstellation der Reeder jedenfalls dann nicht nach § 509 in Anspruch genommen werden können, wenn das Mitglied der Schiffsbesatzung als Erfüllungsgehilfe des Zeitcharterers bzw. als Hilfsperson anzusehen sei, für die der Zeitcharterer nach § 509 Abs. 5 in Verbindung mit § 508 HGB hafte. Davon ausgehend erläutert die SHR-ReformG-Begr, dass ohne § 480 Satz 2 der Reeder für diese Schäden noch nach § 480 Satz 1 in Anspruch genommen werden könne, ohne dass er sich auf die Haftungsbefreiungen und -beschränkungen des Seefrachtvertrages berufen könnte. Diese Folge werde durch den Vorbehalt, dass der Reeder nur insoweit hafte, als sei er Verfrachter, vermieden.

Diese Hinweise überzeugen nicht.[210] Beauftragt der Zeitcharterer und nicht der Ree- 117 der einen selbständigen Umschlagsunternehmer mit dem Laden und Löschen, muss der Reeder ohnehin nicht analog § 480 Satz 1 für Schadenersatzpflichten von Personal des Umschlagsunternehmers einstehen (oben Rn 89). Von daher hätte es des § 480 Satz 2 Hs. 1 nicht bedurft. Das Gleiche gilt, wenn Personen der Schiffsbesatzung im Rahmen der Lade- und Löscharbeiten für den Zeitcharterer tätig sind. Im Hinblick darauf geht der Schutz des § 480 Satz 2 Hs. 1 nicht über § 509 Abs. 1 hinaus. Allerdings rechtfertigt sich § 480 Satz 2 Hs. 1 unter dem Gesichtspunkt, dass § 509 Abs. 1 nur zur Anwendung gelangt, wenn der mit dem vertraglichen Verfrachter geschlossene Vertrag dem deutschen Sachrecht unterliegt. Die Wirkungen des § 480 Satz 2 Hs. 1 treten unabhängig davon ein. Von daher erweist sich eigentlich umgekehrt der § 509 als überflüssig.

b) Der Tatbestand des § 480 Satz 2 Hs. 1. Die Vorschrift des § 480 Satz 2 Hs. 1 be- 118 trifft die Haftung des Reeders gegenüber einem Ladungsbeteiligten für einen Schaden wegen Verlust oder Beschädigung von Gut, das mit dem Schiff befördert wird.

aa) Schaden wegen Verlust oder Beschädigung von Gut. § 480 Satz 2 Hs. 1 gilt 119 ausschließlich für den Fall der Inanspruchnahme des Reeders wegen Verlust oder Beschädigung von Gut. Dies entspricht auch dem Ursprung der Vorschrift in den Haager Regeln (siehe oben Rn 115). § 480 Satz 2 Hs. 1 kommt damit nicht auf Verspätungsschäden zur Anwendung. Ebenso betrifft § 480 Satz 2 Hs. 1 nicht Ansprüche von Fahrgästen des Schiffes wegen Tod oder Körperverletzung oder wegen Verlust, Beschädigung oder verspäteter Aushändigung von Gepäck. Dies wäre allerdings naheliegend und mit Blick auf die Regelungen der Art. 3 Abs. 1 VO Athen, Art. 4 Abs. 1 Satz 2 AthenÜ 2002, § 546 Abs. 1 über die Haftung des ausführenden Beförderers in gleicher Weise gerechtfertigt gewesen.

---

209 S. 65 f.
210 Siehe auch *Herber* in MüKo/HGB Rn 17 zu § 480; *Herber* Seehandelsrecht S. 201 (vor II.).

120 **bb) Mit dem Schiff befördert.** Weiter gilt die Vorschrift des § 480 Satz 2 Hs. 1 nur für Ansprüche wegen Verlust oder Beschädigung von Gut, „das mit dem Schiff befördert wird…". Zu welchem Zeitpunkt die Beförderung im Sinne dieser Vorschrift beginnt bzw. endet, hängt von den Umständen ab. Insbesondere ist hier maßgeblich, ob der Reeder auch das Verladen bzw. Entladen des Gutes übernommen hat. Ist dies der Fall, ist § 480 Satz 2 Hs. 1 mit Beginn der Verladung des Gutes anwendbar. In gleicher Weise endet die Geltung der Vorschrift, wenn die Entladung des Gutes am Bestimmungsort abgeschlossen ist. Erfolgt dagegen das Laden und Löschen des Gutes durch eine andere Person, insbesondere durch einen Zeit- oder Reisecharterer oder den Stückgutbefrachter, beginnt die von Reeder durchgeführte Beförderung im Sinne des § 480 Satz 2 Hs. 1 mit dem Abschluss der Verladung. In gleicher Weise endet die Beförderung mit dem Beginn der Entladung. Kommt es zwischen den zuvor umschriebenen Zeitpunkten zu einem Verlust oder einer Beschädigung des Gutes, haftet der Reeder den Ladungsbeteiligten (sogleich Rn 121–132) nur wie ein Verfrachter. Kommt es außerhalb dieses Zeitraumes zu einem Verlust oder Beschädigung des Gutes, muss der Reeder hierfür nicht nach § 480 Satz 1 einstehen. In diesen Fällen kommt im Übrigen § 480 Satz 1 auch nicht analog auf die Mitarbeiter des Umschlagsunternehmers zur Anwendung (dazu oben Rn 87–90).

121 **cc) Die Ladungsbeteiligten.** § 480 Satz 2 Hs. 1 betrifft die Haftung des Reeders gegenüber den Ladungsbeteiligten. Diese Figur wird ausschließlich in § 480 Satz 2 Hs. 1 angesprochen und nirgends sonst im Fünften Buch. Dies war im früheren Recht anders, das vielfach auf die Ladungsbeteiligten Bezug nahm; siehe neben § 485 Satz 2 etwa §§ 522 Abs. 1 Satz 2, 535 Abs. 1 und 2, 535 Abs. 4, 541 Abs. 1, 559 Abs. 2, 730, 732 Abs. 1 und 2 HGB a.F.

122 **(1) Die Ladungsbeteiligten (des Schiffes).** Die Vorschrift des § 480 Satz 2 Hs. 1 betrachtet die Ladungsbeteiligten gewissermaßen als Gegenspieler des Reeders: Dem „Schiff" steht die „Ladung" gegenüber. In § 7 Abs. 2 Satz 1 BinSchG findet sich eine Legaldefinition der Ladungsbeteiligten, zu denen der Absender und der Empfänger gehört. Gegenstand des § 7 Abs. 2 BinSchG ist die Haftung des Schiffers gegenüber den Ladungsbeteiligten. Die parallele Vorschrift des früheren Rechts war die des § 512 HGB a.F. Sie enthielt zwar keine Legaldefinition, nannte aber in Abs. 1 ausdrücklich den Befrachter, den Ablader und den Ladungsempfänger. Sowohl § 7 Abs. 2 BinSchG als auch § 512 HGB a.F. liegt bzw. lag die Vorstellung zugrunde, dass der Eigner bzw. der Reeder des Schiffes selbst einen Frachtvertrag bzw. eine Reisecharter geschlossen hat.

123 *(a) Der Kreis der Ladungsbeteiligten.* Ladungsbeteiligte im Sinne des § 480 Satz 2 Hs. 1 sind zunächst die Personen, die unmittelbar an dem betreffenden Rechtsverhältnis mit dem Reeder beteiligt sind. Dies sind im Falle eines Stückgutfrachtvertrages (§§ 481 ff.) und einer Reisecharter (§§ 527 ff.) der Befrachter und der Empfänger sowie der benannte Dritte (§ 482 Abs. 2). Der Empfänger wird erst zum Ladungsbeteiligten, wenn er die vollen Empfängerrechte erworben hat (§ 494 Abs. 1). Hat der Reeder mehrere Stückgutfrachtverträge oder mehrere Teilchartern (siehe § 527 Abs. 1 Satz 1) über mehrere Partien geschlossen, gehören alle Befrachter, alle Empfänger und alle benannten Dritten zu den Ladungsbeteiligten. Ist der Reeder Partei einer Zeitcharter, ist der Zeitcharterer Ladungsbeteiligter. Hat der Reeder ein Konnossement ausgestellt, haben auch der Konnossements-Berechtigte sowie der Ablader (§ 513 Abs. 2) die Rechtsstellung von Ladungsbeteiligten im Sinne des § 480 Satz 2. Bei Ausstellung mehrerer Konnossemente über mehrere Partien sind alle Konnossements-Berechtigten und alle Ablader Ladungsbeteiligte.

Darüber hinaus ist zu berücksichtigen, dass es weitere Haupt-Frachtverträge bzw. **124** Haupt-Reise- oder -Zeitchartern und ggf. auch Konnossemente gibt, die die gesamte Ladung oder einzelne Partien betreffen, die mit dem Schiff befördert werden. Der Reeder ist an diesen Rechtsverhältnissen nicht unmittelbar beteiligt, hat aber ggf. die Stellung eines ausführenden Verfrachters (§ 509); siehe hierzu schon oben Rn 115–117 sowie zu § 480 Satz 2 Hs. 2 und die Verweisung auf § 509 unten Rn 138. Auch diese „entfernten" Parteien sind m.E. Ladungsbeteiligte nach § 480 Satz 2 Hs. 1,[211] soweit vom Reeder aus eine lückenlose Kette von Haupt- bzw- Unter-Frachtverträgen, (Reise- und Zeit-)Charterverträgen oder Konnossementen zu diesen Personen hinführt.

Nicht zum Kreis der Ladungsbeteiligten im Sinne des § 480 Satz 2 Hs. 1 gehört der **125** Eigentümer des jeweiligen Gutes.[212] Allerdings kann er möglicherweise Partei eines der betreffenden Rechtsverhältnisse sein, das die Beförderung des Gutes zum Gegenstand hat (oben Rn 123). Ist ein Ausrüster an die Stelle des Reeders getreten (§ 477 Abs. 1 und 2), gehört der Nur-Eigentümer des Schiffes nicht zum Kreis der Ladungsbeteiligten. Ausgehend davon, dass einerseits möglicherweise viele Partien mit dem Schiff befördert werden, andererseits aber auch alle Haupt- und Unter-Rechtsverhältnisse zu berücksichtigen sind, hat es der Reeder ggf. mit einer Vielzahl von Ladungsbeteiligten zu tun.

(b) Beginn und Ende der Rechtsstellung. Die Rechtstellung als Ladungsbeteiligter beginnt, wenn „sein" Gut bei der Verladung an Bord gelangen und sie endet im Normalfall, **126** wenn das Gut im Rahmen der Entladung das Schiff verlässt. Maßgeblich ist, ob sich das Gut bereits bzw. noch in der Kontrolle des Schiffes, namentlich des Kapitäns und der Besatzung befindet. Diejenigen, deren Gut erst in Leichter an das Schiff zum Zwecke der Verladung herangeschafft wird, sind noch keine Ladungsbeteiligten.[213] Umgekehrt endet deren Rechtsstellung, wenn sich die Güter nach der Entladung in Leichtern befinden,[214] nicht aber bereits mit der Ankunft des Schiffes im Bestimmungshafen.[215] Bei Stückgütern, die durch Dritte, insbesondere Stauereiunternehmen ver- bzw. entladen werden, kommt es auf das Absetzen im oder auf dem bzw. das Abheben vom Schiff an. Dies gilt unabhängig davon, ob die dritten Personen Einrichtungen von Land oder die schiffseigene Einrichtungen verwenden. Lädt oder löscht die Besatzung selbst, muss auf das Anschlagen bzw. Abschlagen des Gutes von den Einrichtungen des Schiffes an der Pier abgestellt werden. Bei Flüssigladungen ist das Passieren des Schiffsanschlusses maßgeblich. Bei Massengütern ist ebenfalls deren Eintreffen im Laderaum und das Verlassen des Laderaums oder, wenn das Laden bzw. Löschen durch die Besatzung selbst erfolgt, der Aufnahme durch bzw. das Verlassen der entsprechenden Einrichtungen des Schiffes der entscheidende Zeitpunkt. Der Empfänger wird in jedem Falle erst mit Erwerb der Rechte als Empfänger (§ 494 Abs. 1) zum Ladungsbeteiligten.

Die Beurteilung, ob eine Person schon oder noch zu den Ladungsbeteiligten gehört, **127** ist im Falle von Stückgutfrachtverträgen (§§ 481 ff.) und Reisechartern (§§ 527 ff.) unab-

---

211 Anders BGH VersR 1960, 727, 728 (unter II.2) (zu § 7 II BinSchG).
212 Siehe BGH VersR 1960, 727, 728 (unter II.2), anders aber RGZ 56, 360, 362 „Henry", zuvor OLG Hamburg HansGZ H 1904, 16 Nr. 8 und das LG Hamburg aaO. (alle zu § 7 II BinSchG).
213 OLG Hamburg Hansa 1960, 1641, 1641 f. (unter a) „Darmstadt"; siehe auch RGZ 9, 158, 161 „Admiral", „Amelie", „Möwe".
214 Siehe OLG Hamburg Hansa 1966, 256, 257 (linke Spalte), das systematisch unrichtig auf den Haftungszeitraum des § 606 S. 2 HGB a.F. abstellt.
215 So aber OLG Hamburg HansRGZ B 1942, 172 Nr. 60 (Sp. 173 f.) „Albert" (Ende der Reise im Sinne des § 535 I HGB), dagegen insoweit richtig die Revisionsentscheidung RGZ 169, 357, 260 f. (unter 2.).

hängig davon, unter welchen Voraussetzungen nach dem betreffenden Rechtsverhältnis die Übernahme der Güter zur Beförderung bzw. ihrer Auslieferung erfolgt.[216] Ebenso endet die Rechtsstellung der Ladungsbeteiligten, wenn das Gut (versehentlich) vorzeitig entladen wird. Dasselbe gilt, wenn es während der Reise verloren geht, etwa im Falle des Diebstahls in einem Zwischenhafen oder des Verlustes von Deckladung. Auch wenn das Schiff aus anderen Gründen nicht mehr in der Lage ist, die Kontrolle über die Güter auszuüben, entfällt die Rechtsstellung der Ladungsbeteiligten, etwa im Falle der Aufgabe des Schiffes durch die Besatzung oder des Verlustes des Schiffes. Dagegen lässt die bloße vorzeitige Beendigung eines der maßgeblichen Rechtsverhältnisse für sich die einmal begründete Rechtsstellung der Ladungsbeteiligten unberührt. Die Partien, die Grundlage der Rechtsstellung der jeweiligen Ladungsbeteiligten sind, können in verschiedenen Häfen an Bord gekommen sein und werden möglicherweise in verschiedenen Häfen gelöscht. Damit ändert sich der „Bestand" der Ladungsbeteiligten laufend.

128   **(2) Die Ladungsbeteiligten des Frachtvertrages.** Der Ausdruck „Ladungsbeteiligte" wird auch in einer engeren Weise, bezogen auf den einzelnen Frachtvertrag, gebraucht. Maßgeblich ist die Sicht des Verfrachters. Zu den Ladungsbeteiligten des Frachtvertrages gehört namentlich der Befrachter, mit dem der Verfrachter den Frachtvertrag geschlossen hat, ebenso der Empfänger, an den der Verfrachter die Güter ausliefern soll. Weitere Ladungsbeteiligte des Frachtvertrages sind der benannte Dritte (§ 482 Abs. 2) bzw. ggf. der Ablader (§ 513 Abs. 2). Der Befrachter erlangt die Rechtsstellung eines Ladungsbeteiligten mit Abschluss des Frachtvertrages, der benannte Dritte dann, wenn er benannt wurde und das Gut dem Verfrachter übergibt, und der Empfänger mit Erwerb der Empfängerrechte (§ 494 Abs. 1 Satz 1). Ebenso kann der Empfänger außerdem aus einem vom Verfrachter ausgestellten Konnossement berechtigt sein. Keine Ladungsbeteiligten des Frachtvertrages sind die Auftraggeber des Befrachters und des Empfängers. Dies gilt im Hinblick auf den Befrachter auch, wenn dieser als (Haupt-)Verfrachter seinerseits für einen Befrachter die Beförderung übernommen hat und sie nunmehr vom (Unter-)Verfrachter durchführen lässt.

129   **(3) Die Ladungsbeteiligten einer Partie.** Von den Ladungsbeteiligten des Schiffes (oben Rn 122–127) und denen des Frachtvertrages (soeben Rn 128) können die Ladungsbeteiligten einer Partie unterschieden werden. Dies sind diejenigen (Haupt-, Unter-)Befrachter sowie der oder die Empfänger und der benannte Dritte (§ 482 Abs. 2) bzw. der Ablader (§ 513 Abs. 2) einer Partie, die Gegenstand mehrerer, in einer Kette geschlossener (Haupt-, Unter-)Frachtverträge und Charterverträge ist. Der oder die Empfänger können auch jeweils aus einem Konnossement berechtigt sein.

130   **(4) Die Rechtsverhältnisse der Ladungsbeteiligten untereinander.** Das Gut der verschiedenen Ladungsbeteiligten befindet sich gemeinsam an Bord und wird zusammen befördert. Zwischen den Ladungsbeteiligten bestehen unterschiedliche Rechtsverhältnisse. Die Ladungsbeteiligten eines Frachtvertrages (oben Rn 128) sind an den jeweiligen Frachtvertrag und ggf. das vom Verfrachter ausgestellte Konnossement gebunden. Die Ladungsbeteiligten einer Partie sind jeweils auf verschiedenen Stufen Parteien von (Haupt- und Unter-)Frachtverträgen bzw. Chartern sowie von Konnossementen. Die

---

[216] Auf die „Auslieferung" stellen dagegen RGZ 56, 391, 394 (unten) „Margarethe" (im Hinblick auf den Begriff der „Reise" in Art. 504 ADHGB) und RGZ 169, 257, 261 (oben) „Albert", zuvor OLG Hamburg HansRGZ B 1942, 172 Nr. 60 ab, wobei beide Entscheidungen letztlich zutreffend an die Herausgabe durch den Kapitän anknüpfen.

Konnossementsrechtsverhältnisse können auch übergreifend sein, wenn etwa ein Empfänger aus einem Konnossement des Reeders und aus einem Frachtvertrag mit einem vom Reeder verschiedenen Verfrachter berechtigt ist. Außerdem hat der Reeder allen Befrachtern und allen Empfängern gegenüber die Stellung eines ausführenden Verfrachters, so dass er, der Reeder – bei Anwendbarkeit deutschen Sachrechts – ggf. nach § 509 HGB haftet.

Zwischen den Ladungsbeteiligten verschiedener Partien gibt es in der Regel keine vertraglichen Beziehungen. Gleichwohl stehen sie sich nicht wie beliebige Dritte gegenüber. Es handelt sich um eine durchaus engere Verbindung, die geeignet ist, „Querwirkungen" zu erzeugen. Die Grundlage hierfür ist die gemeinsame Anwesenheit und die Nähe an Bord sowie die gemeinsame Beförderung. Diese Gemeinschaft ist etwa Grundlage der Vorschriften über die Große Haverei (§§ 570 ff.), in der bestimmte Schäden und Aufwendungen namentlich auch der verschiedenen Ladungen (siehe § 588 Abs. 2) auf das Schiff, den Brennstoff, die Fracht und insbesondere die anderen Ladungen verteilt werden (§ 591 Abs. 1). Im früheren Recht war ausdrücklich geregelt, dass der Teil-Charterer sowie der Stückgutbefrachter im Falle einer vorzeitigen Kündigung die Rückgabe des Gutes nach dessen Verladung bzw. nach Reiseantritt ggf. nur mit Zustimmung der anderen Befrachter verlangen konnte (siehe §§ 581, 582, 587 Nr. 2, 589 HGB a.F.). Ebenso war im früheren Recht vorgesehen, dass ein Befrachter bzw. Ablader, der seinem Verfrachter unrichtige Angaben zu Maß, Zahl oder Gewicht sowie Merkzeichen des Gutes (§ 563 Abs. 1 HGB a.F.) oder über dessen Art und Beschaffenheit macht (§ 564 Abs. 1 HGB a.F.), der Gut verlädt, das von Ein- bzw. Durch- oder Ausfuhrverboten erfasst wird (§ 564 Abs. 2 Fall 1 HGB a.F.), der bei der Abladung gesetzeswidrig handelt (§ 564 Abs. 2 Fall 1 HGB a.F.), der Gut heimlich an Bord schafft (§ 564a HGB a.F.) oder der gefährliches Gut an Bord bringt (§ 564b Abs. 1 HGB a.F.) nicht nur seinem Verfrachter, sondern auch „... den übrigen in § 512 Abs. 1 bezeichneten Personen ..." haftete. Dies waren insbesondere auch die Befrachter, Ablader und die Empfänger anderer Partien, also alle Ladungsbeteiligten des Schiffes. Keine der zuvor genannten Querwirkungen sind in das neue Recht übernommen worden. Insbesondere begründen die Tatbestände des § 488 nur noch eine Haftung des Befrachters, des benannten Dritten (§ 482 Abs. 2) und des Abladers (§ 513 Abs. 2) gegenüber dem Verfrachter. **131**

M.E. ist auch unter dem neuen Recht die besondere Beziehung der Ladungsbeteiligten verschiedener Partien geeignet, untereinander im Sinne des § 241 Abs. 2 BGB wechselseitige Schutz- und Rücksichtnahmepflichten zu begründen, für deren Verletzung die Ladungsbeteiligten jeweils nach § 280 Abs. 1 BGB einzustehen haben.[217] Hat einer von mehreren Empfängern verschiedener Teilladungen eine Verzögerung der Entladung verursacht, mit der Folge, dass alle Empfänger für den auf sie entfallenden Teil des Liegegeldes einzustehen haben, haftet der Empfänger, der die Verzögerung verursacht hat, den anderen Empfängern auf Schadenersatz.[218] Entsprechendes würde für Befrachter mehrerer Partien bei der Verladung gelten. Ich halte es schließlich auch für richtig, nach dem Vorbild der früheren §§ 563 Abs. 1, 564 Abs. 1, 564 Abs. 2 Fall 1 HGB, 564 Abs. 2 Fall 1, 564a, 564b Abs. 1 HGB a.F. (oben Rn 131) die Tatbestände des § 488 nicht nur zugunsten des Verfrachters anzuwenden, sondern ihnen auch Drittwirkung zugunsten der Ladungsbeteiligten anderer Partien zukommen zu lassen. Kommt es beispielsweise wegen der unzureichenden Sicherung des Gutes während der Reise zu einer Beschädigung anderer Partien, etwa weil auf ein Flat Rack gestautes Gut übergeht und daneben gestautes **132**

---

217 Siehe BGH VersR 1981, 331, 332 (vor IV.).
218 Siehe OLG Hamburg HansGZ H 1894, 127 Nr. 43 „Mimosa" (Empfänger).

Gut oder Container beschädigt, muss der Befrachter des unzureichend gesicherten Gutes dem Befrachter und dem Empfänger des beschädigten Gutes nach § 488 Abs. 1 Satz 1 Nr. 3 einstehen. Ebenso haftet der Befrachter von Gefahrgut, durch das anderes Gut zu Schaden kommt, dem Befrachter und Empfänger des geschädigten Gutes.[219]

133   **c) Die Rechtsfolge.** Liegen die Voraussetzungen des Tatbestands des § 480 Satz 2 Hs. 1 vor, haftet der Reeder den Ladungsbeteiligten auf Grundlage des § 480 Satz 1 (nur) so, als wäre er der Verfrachter. Hierdurch wird m.E. auf die Haftungsbefreiungen und -beschränkungen der §§ 498 ff. Bezug genommen. § 480 Satz 2 Hs. 1 verweist als Vorschrift des deutschen Sachrechts auf diese, ebenfalls zum deutschen Sachrecht gehörenden Bestimmungen. Hierbei bleibt es auch dann, wenn das (letzte) Rechtsverhältnis, aufgrund dessen der Reeder die Beförderung durchführt oder das (erste) Rechtsverhältnis, dessen Partei der Ladungsbeteiligte ist, einem anderen Sachrecht unterliegt.

134   **aa) Die Anwendung der §§ 498 ff.** Die Grundlage der Ansprüche des Ladungsbeteiligten gegen den Reeder ist § 480 Satz 1, nicht die Vorschrift des § 498 Abs. 1. Dem Reeder stehen die besonderen Ausschlussgründe des § 499 Abs. 1 Satz 1 zur Verfügung. Im Rahmen des § 499 Abs. 1 Satz 2 ist das Verhalten des Reeders maßgeblich. Auch bei der Anwendung des § 499 Abs. 3 und 4 ist nur auf seine Person und nicht auf die des Verfrachters abzustellen. Der Reeder kann sich nach § 498 Abs. 2 Satz 1 entlasten, indem er darlegt und beweist, dass er den Schaden durch die Sorgfalt eines ordentlichen Verfrachters nicht abwenden konnte. Die Entlastung muss sich auch auf das Verhalten seiner Hilfspersonen (§ 501) erstrecken, wobei es ausschließlich um die Hilfspersonen des Reeders (und nicht um die der vertraglichen Verfrachter) geht. War das Schiff see- bzw. ladungsuntüchtig, kann ggf. eine weitergehende Entlastung des Reeders nach § 498 Abs. 2 Satz 2 erforderlich sein. Der Reeder kann dem Ladungsbeteiligten nach § 498 Abs. 3 auch ein Mitverschulden entgegenhalten. Auf eine Haftungsbefreiung im Fall des nautischen Verschuldens oder Feuers kann sich der Reeder dagegen nicht berufen. Eine solche ist von Gesetzes wegen in den §§ 498 ff. nicht vorgesehen. Sie kann zwar nach § 512 Abs. 2 auch in AGB vorgesehen werden. Dies aber genügt nicht, um im Rahmen des § 480 Satz 1 Hs. 1 von dem Bestehen einer derartigen Haftungsfreizeichnung auszugehen.

135   Darüber hinaus haftet der Reeder nach Maßgabe des § 502 lediglich auf Wertersatz sowie nach § 503 für die Kosten der Schadensfeststellung. Insbesondere kann sich der Reeder auch auf den Höchstbetrag der Haftung nach § 504 berufen. Dieser errechnet sich nach § 504 Abs. 1 Satz 1 anhand eines Betrages von 666,67 SZR oder Stück oder die Einheit oder ein Betrag von 2 SZR pro Kilogramm des Rohgewichts des Gutes, je nachdem, welcher Betrag höher ist. Die Containerklausel des § 504 Abs. 1 Satz 2 und 3 bleibt komplett unberücksichtigt. Der Reeder haftet dem Ladungsbeteiligten nach § 480 Satz 1 aus unerlaubter Handlung. Dies setzt gerade voraus, dass zwischen diesen kein vertragliches Rechtsverhältnis besteht. Entsprechend fehlt es auch an einem vom Reeder ausgestellten Beförderungsdokument, das Grundlage für eine Anwendung der Containerklausel sein könnte. Die in den §§ 498 ff. vorgesehenen Haftungsbefreiungen und -beschränkungen entfallen, wenn dem Reeder ein persönliches qualifiziertes Verschulden vorzuwerfen ist (§ 507 Nr. 1). Schließlich gilt zugunsten des Reeders anstelle der Verjährung nach §§ 195 f. BGB (oben Rn 106–110) die einjährige Verjährung nach § 605 Nr. 1,[220] die mit der tatsäch-

---

219   Siehe BGH VersR 1981, 331, 332 (vor IV.).
220   Siehe zum früheren Recht bereits BGH VersR 1973, 1038, 1038 f. (unter II.).

lichen oder hypothetischen Ablieferung beginnt (§ 607 Abs. 1 Satz 1). Außerdem gilt der besondere Tatbestand der Hemmung nach § 608.

bb) Die unerlaubte Decksverladung (§ 500 Satz 1). Die Verweisung des § 480 136 Satz 2 Hs. 1 bezieht sich auch auf die Vorschrift des § 500 Satz 1, mit der seit Inkrafttreten des SHR-ReformG eine eigene weitere Anspruchsgrundlage für den Fall der unerlaubten Decksverladung geschaffen wurde. Mit Blick auf den Tatbestand des § 500 Satz 1 haftet auch der Reeder nach § 480 Satz 1 für den Verlust oder die Beschädigung von Decksladung, wenn und soweit sich ein gerade mit der Risiko der Decksverladung verbundenes Risiko verwirklicht hat. Eine Haftung des Reeders setzt weiter voraus, dass er selbst das Gut ohne die Zustimmung des Befrachters bzw. Abladers an Deck verladen hat. Eine Einstandspflicht des Reeders nach § 500 Satz 1 kommt daher von vornherein nicht in Betracht, wenn er die Verladung schon nicht selbst durchgeführt hat. Darüber hinaus scheidet eine Haftung nach § 500 Satz 1 aus, wenn der Reeder das Gut an Deck verladen durfte. Die Vermutung des § 500 Satz 2 wirkt auch im Rahmen des § 480 Satz 2 Hs. 1 gegen den Reeder. § 507 Nr. 2 sieht den Wegfall aller Haftungsbefreiungen und -begrenzungen vor, wenn der Verfrachter das Gut abredewidrig an Deck verlädt. Dies gilt auch zu Lasten des Reeders im Rahmen der Haftung nach § 480 Satz 2 Hs. 1, wenn er selbst die Verladung unter Deck zugesagt hat.

cc) Die Falschauslieferung (§ 521 Abs. 4). Neben § 498 Abs. 1 und § 500 Satz 1 fin- 137 det sich im Seefrachtrecht im Hinblick auf die Haftung des Verfrachters für den Verlust des Gutes in § 521 Abs. 4 ein weiterer, selbständiger Tatbestand. Es geht um den Fall, dass der Verfrachter ein Konnossement ausgestellt hat und das Gut einem Nichtberechtigten abliefert. Da nach § 480 Satz 2 Hs. 1 der Reeder so haftet, „als wäre er der Verfrachter", gilt auch § 521 Abs. 4 zu seinen Lasten. Der Reeder haftet auf Grundlage des § 480 Satz 1 nach Maßgabe des § 521 Abs. 4 jedenfalls dann, wenn er selbst das Konnossement, aus dem der geschädigte Dritte berechtigt ist, ausgestellt hat. Darüber hinaus ist m.E. der Gedanke des § 521 Abs. 4 allerdings nicht anzuwenden. Grundlage des § 521 Abs. 4 ist die Verletzung der grundlegenden Pflicht aus dem Konnossements-Rechtsverhältnis zur Ablieferung des Gutes. Besteht gegenüber dem geschädigten Dritten keine solche Pflicht, bleibt § 521 Abs. 4 unberücksichtigt. Der Reeder haftet daher nach § 480 Satz 1 und Satz 2 Hs. 1 nicht etwa jedem Ladungsbeteiligten, der aus einem Konnossement berechtigt ist, nach Maßgabe des § 521 Abs. 4.

d) Die Vorschrift des § 480 Satz 2 Hs. 2. Die Regelung des § 480 Satz 2 Hs. 1 wird 138 um den Vorbehalt des Hs. 2 ergänzt. Dort heißt es, dass § 509 entsprechend anzuwenden sei. Eine solche Regelung fehlte in § 485 Satz 2 HGB a.F. (vor Inkrafttreten des SHR-ReformG gab es auch noch keine Vorschrift über die Haftung des ausführenden Verfrachters). Die SHR-ReformG-Begr erläuterte dazu knapp,[221] dass durch die Verweisung auf § 509 sicher gestellt werden solle, dass dieselben Rechtsfolgen gälten, wie in den Fällen, in denen der Reeder zugleich ausführender Verfrachter sei. Hieraus ergibt sich, dass die Haftung nach § 480 Satz 1 in den Fällen des Satz 2 Hs. 1 nur den Schaden betrifft, der den Verlust oder Beschädigung des Gutes während der durch ihn, den Reeder, ausgeführten Beförderung entsteht. Dies gilt allerdings schon aufgrund eines entsprechenden Verständnisses der Beförderung mit dem Schiff im Sinne des § 480 Satz 2 Hs. 1. Nach § 509 wirken haftungserweiternde Vereinbarungen zwischen dem Befrachter oder

---

[221] S. 66 (linke Spalte oben).

Empfänger und dem vertraglichen Verfrachter gegen den Reeder nur, soweit er ihnen schriftlich zugestimmt hat. Dies kommt nicht vor. Nach § 509 Abs. 3 kann der Reeder alle Einwendungen und Einreden geltend machen, die „dem Verfrachter aus dem Stückgutfrachtvertrag" zustehen. Gemeint ist der Vertrag, dessen Partei der Ladungsbeteiligte ist, der Ansprüche gegen den Reeder geltend macht. Über den Wortlaut des § 509 Abs. 3 hinaus gilt die Regelung nicht nur für Stückgutfrachtverträge, sondern in gleicher Weise auch für Zeit- und Reisechartern sowie Konnossemente. Der Reeder kann daher ggf. auch einen wirksam vereinbarten Haftungsausschluss für nautisches Verschulden und Feuer geltend machen. Nach § 509 Abs. 4 haftet der Reeder neben dem vertraglichen Verfrachter als Gesamtschuldner.

139 **e) Die Anwendung des § 480 über Art. 6 Abs. 1 Satz 1 EGHGB.** Grundsätzlich kann sich auch ein Konnossements-Berechtigter im Hinblick auf seine außervertraglichen Ansprüche auf § 480 berufen (dazu oben Rn 123–124). Handelt es sich bei dem Konnossement allerdings um ein Haag-Konnossement, gelten die in Art. 6 EGHGB geregelten Besonderheiten. Insbesondere bringt Art. 6 Abs. 1 Satz 1 EGHGB unmittelbar die in der Vorschrift genannten Bestimmungen zur Anwendung. Hier wird nicht nur auf Vorschriften Bezug genommen, die sich unmittelbar auf das Konnossements-Rechtsverhältnis beziehen, sondern insbesondere auch auf § 480. Die Verweisung auf § 480 in Art. 6 Abs. 1 Satz 1 EGHGB ist so zu verstehen, dass sich der Berechtigte aus einem Haag-Konnossement im Hinblick auf seine außervertragliche Haftung unmittelbar auf § 480 stützen kann. Dies gilt, wie es in Art. 6 Abs. 1 Satz 1 ausdrücklich heißt, ohne Rücksicht auf das nach internationalem Privatrecht anzuwendende Recht. Damit bleiben die Bestimmungen der Rom II Verordnung außen vor. Allerdings wäre eine unselbständige Anknüpfung nach Art. 4 Abs. 3 Satz 2 Rom II an das ohnehin bestehende Rechtsverhältnis aus dem Haag-Konnossement geboten, was unabhängig von Art. 6 Abs. 1 Satz 1 EGHGB zur Anwendung des deutschen Sachrechts und damit des § 480 geführt hätte.

140 Art. 6 Abs. 1 Satz 1 EGHGB verweist ohne Vorbehalte auf § 480 und damit auch auf dessen Satz 2. Die Anordnung, dass der Reeder für Ladungsschäden nur so hafte, als wäre er der Verfrachter, ist im Anwendungsbereich des Art. 6 Abs. 1 Satz 1 EGHGB so zu verstehen, dass bei der Anwendung der §§ 498ff. auch die Maßgaben des Art. 6 Abs. 1 Satz 1 Nr. 1 bis 4 EGHGB zu berücksichtigen sind. Hieraus ergibt sich insbesondere, dass der Reeder dem Berechtigten aus einem Haag-Konnossement auch auf Grundlage des § 480 Satz 1 und unter Berücksichtigung des Art. 6 Abs. 1 Satz 1 Nr. 1 EGHGB nicht für das nautische Verschulden der Schiffsbesatzung oder für Feuer haftet. Außerdem entfällt nach Art. 6 Abs. 1 Satz 1 Nr. 2 EGHGB die in § 504 Satz 1 bei der Ermittlung des Höchstbetrages der Haftung vorgesehene Kilogramm-Alternative. Der Reeder haftet daher nach § 504 Abs. 1 Satz 1 in jedem Falle nur in Höhe von 666,67 SZR für das Stück oder die Einheit. Von Bedeutung ist auch, dass in dem Katalog in Art. 6 Abs. 1 Satz 1 EGHGB zusammengestellten Vorschriften nicht auch auf § 502 Bezug genommen wird. Damit kann sich der Reeder auch im Rahmen des § 480 nicht auf die sich aus dem Wertersatzprinzip ergebenden Beschränkungen berufen.

141 **f) Das Verhältnis zu § 509.** Neben die Haftung des Reeders gegenüber dem geschädigten Ladungsbeteiligten aus § 480 kann ggf. eine Haftung des Reeders als ausführender Verfrachter nach § 509 treten. Beide Vorschriften sind nebeneinander anwendbar. In beiden Fällen kann sich der Reeder auf die Haftungsbefreiungen und -beschränkungen der §§ 498ff. berufen, insofern bestehen keine Unterschiede. Gleiches gilt für wirksam vereinbarte weitergehende Haftungsbefreiungen und -beschränkungen, die zugunsten des vertraglichen Verfrachters vereinbart sind (§§ 509 Abs. 3, 480 Satz 2 Hs. 2), namentlich für den Ausschluss der Haftung für nautisches Verschulden und Feuer. Normalerweise haftet der Reeder dem geschädigten Ladungsbeteiligten auf Grundlage des § 509 in demselben Umfang wie aus § 480 Satz 1 und 2.

2. Die Himalaya-Regelungen. Der geschädigte Dritte, der wegen des Verlustes oder 142 der Beschädigung von Gut Ansprüche nach § 480 Satz 1 gegen den Reeder geltend macht, ist möglicher Weise seinerseits Beteiligter eines Rechtsverhältnisses, das zu Gunsten des Reeders eine Himalaya-Regelung enthält. Dies kommt namentlich in Betracht, wenn der geschädigte Dritte als Befrachter, Charterer oder Empfänger an einem Stückgutfrachtvertrag oder an einer Reisecharter beteiligt ist, wenn er eine Zeitcharter geschlossen hat oder wenn er Berechtigter aus einem (Normal- oder Haag-)Konnossement ist.

a) Gesetzliche Himalaya-Regelungen. In dem Rechtsverhältnis, an dem der ge- 143 schädigte Dritte als Befrachter, Charterer, Empfänger oder Konnossements-Berechtigter beteiligt ist, können ggf. von Gesetzes wegen Himalaya-Regelungen vorgesehen sein, die die maßgeblichen Haftungsbefreiungen und -beschränkungen zugunsten des Reeders zur Anwendung bringen. Siehe zu Himalaya-Regelungen zu Gunsten des Kapitäns bereits die Hinweise oben Rn 98–118 Anhang zu § 479 (Kapitän). Ob sich der Reeder auf gesetzliche Himalaya-Regelungen berufen kann, ermittelt sich anhand des Sachrechts, dem das betreffende Rechtsverhältnis unterliegt (siehe schon oben Rn 117–118 Anhang zu § 479 [Kapitän]). Ist das deutsche Sachrecht maßgeblich, kommen die §§ 498 ff. zur Anwendung, wenn es sich bei dem Rechtsverhältnis um einen Stückgutfrachtvertrag (§§ 481 ff.), um eine Reisecharter (§§ 527 ff.) oder um ein Konnossement (§§ 513 ff., Art. 6 Abs. 1 Satz 1 EGHGB) handelt. Dies hilft dem Reeder allerdings nicht, denn die Himalaya-Regelungen des § 508 Abs. 1 kommen nur den Leuten des Verfrachters sowie den Mitgliedern der Schiffsbesatzung zugute, nicht aber selbständigen Hilfspersonen wie dem Reeder. Bei einem Haag-Konnossement gilt nicht einmal die Vorschrift des § 508 Abs. 1, weil Art. 6 Abs. 1 Satz 1 EGHGB nicht auch auf sie verweist. Ist der geschädigte Dritte dagegen Zeitcharterer (§§ 557 ff.), bleiben die §§ 498 ff. von vornherein außen vor, so dass zugunsten des Reeders auch keine gesetzliche Himalaya-Regelung wirken kann.

b) Vertragliche Himalaya-Regelungen. Allerdings kann das Rechtsverhältnis 144 (Stückgutfrachtvertrag, Reise- oder Zeitcharter, Konnossement), dessen Partei der geschädigte Dritte ist, vertragliche Himalaya-Regelungen zu Gunsten des Reeders enthalten. Ob dies der Fall ist, hängt von den Umständen ab.[222] Zu prüfen ist, ob und ggf. welche Haftungsbefreiungen und -beschränkungen vorgesehen sind (unten Rn 145–146). Dabei kann es auf eine Haftungsausschluss für den Fall nautischen Verschuldens oder bei Feuer ankommen (unten Rn 147). Außerdem muss gerade auch der Reeder zu dem Kreis der Personen gehören, die durch die Himalaya-Regelung geschützt wird (unten Rn 148). Ist der geschädigte Dritte Berechtigter aus einem Haag-Konnossement, ergeben sich weitere Schwierigkeiten (unten Rn 149).

aa) Die vereinbarten Haftungsbefreiungen und -beschränkungen. Ausgangs- 145 punkt jeder Himalaya-Regelung ist, dass in dem betreffenden Rechtsverhältnis zunächst

---

[222] Siehe BGH VersR 1965, 230, 232 „Defender", anschließend BGH VersR 1967, 798.

Haftungsbefreiungen und -beschränkungen zugunsten des Verfrachters bzw. Vercharterers vorgesehen sind. Dies ist ggf. im Wege der Auslegung zu ermitteln (§§ 133, 157 und 305c Abs. 2 BGB). Hier kann insbesondere eine Paramount-Klausel eine Rolle spielen, die eines der Frachtrechtsübereinkommen, namentlich die Haager oder Haag-Visby Regeln, oder eine darauf beruhende Gesetzgebung zur Anwendung bringt.

146   Die Haftungsbefreiungen und -beschränkungen müssen darüber hinaus wirksam vereinbart sein. Unterliegt das betreffende Rechtsverhältnis dem deutschen Sachrecht, können die Beschränkungen der §§ 498 ff. zu Tragen kommen. Die §§ 498 ff. sind im Rahmen eines Stückgutfrachtvertrages AGB-fest (siehe § 512 Abs. 1). Unter einer Reisecharter sind Abweichungen grundsätzlich ohne Beschränkungen möglich, § 527 Abs. 2 verweist nicht auch auf § 512. Die §§ 498 ff. sind bei einem (Normal-)Konnossement nach § 525 Satz 1 ebenfalls AGB-fest. Darüber hinaus gelten die §§ 498 ff. im Verhältnis zu einem im Konnossement benannten Berechtigten und einem Erwerber des Konnossements zu Lasten des Verfrachters einseitig zwingend (§ 525 Satz 2). Ist schließlich der geschädigte Dritte Zeitcharterer, kommen die §§ 498 ff. und damit auch § 512 von vornherein nicht zur Anwendung, so dass die Haftung des Vercharterers für Verlust und Beschädigung des Gutes im Grundsatz beliebig ausgestaltet werden kann. Gehen bei einer Reise- oder einer Zeitcharter die Vereinbarungen auf AGB des Vercharterers zurück, findet gegen ihn ggf. eine Inhaltskontrolle nach § 307 BGB statt. Zum Haftungsausschluss für nautisches Verschulden und Feuer siehe sogleich Rn 147).

147   **bb) Nautisches Verschulden und Feuer.** Zugunsten des Verfrachters bzw. des Vercharterers ist im Stückgutfrachtvertrag, in der Reisecharter, in der Zeitcharter oder im (Normal-)Konnossement möglicherweise ein Haftungsausschluss für den Fall nautischen Verschuldens und bei Feuer vorgesehen. Dieser muss wirksam vereinbart sein. Für Stückgutfrachtverträge ist in § 512 Abs. 2 Nr. 1 ausdrücklich erlaubt, dass ein solcher Haftungsausschluss auch in AGB geregelt werden kann. Bei Reisechartern ist dies ohnehin möglich, weil die Beschränkungen des § 512 nicht gelten (siehe § 527 Abs. 2), ebenso bei Zeitchartern, wo die §§ 498 ff. insgesamt außen vor bleiben. Gleiches gilt beim (Normal-) Konnossement. § 525 Satz 1 verweist auf § 512 und damit auch auf die Ausnahmeregelung des § 512 Abs. 1 Nr. 1. Die Verschärfung der zwingenden Geltung in den Fällen des § 525 Satz 2 betrifft nach Satz 3 gerade nicht die Vereinbarung eines Haftungsausschlusses für nautisches Verschulden und Feuer. Beim Haag-Konnossement stellen sich die hier erörterten Fragen nicht, weil der Ausschluss für den Verfrachter bereits von Gesetzes wegen gilt (siehe Art. 6 Abs. 1 Satz 1 Nr. 1 EGHGB; siehe aber auch unten Rn 149). Im Rahmen einer Reise- und einer Zeitcharter unterliegt der Haftungsausschluss, wenn er in AGB des Vercharterers vereinbart wurde, einer Inhaltskontrolle nach § 307 BGB. M.E. bestehen insoweit keine Bedenken.

148   **cc) Die Einbeziehung des Reeders in den Schutz.** Von der Frage, ob in dem betreffenden Rechtsverhältnis (Stückgutfrachtvertrag, Reise- oder Zeitcharter, Konnossement) zugunsten des Verfrachters bzw. Vercharterers Haftungsbefreiungen und -beschränkungen vereinbart sind, ist der weitere Gesichtspunkt zu unterscheiden, ob sie gerade auch zugunsten des Reeders gelten sollen.[223] Auch diese zusätzliche Vereinbarung muss wirksam sein. Dies ist anhand des Sachrechts zu ermitteln, dem das Rechtsverhältnis unterliegt. Handelt es sich um einen Stückgutfrachtvertrag oder um eine Reisecharter, ist also

---

223   Siehe BGH VersR 1960, 727, 728 ff (unter III.); BGH VersR 1977, 717, zuvor BGH VersR 1972, 40; BGH VersR 1981, 229, 230 (unter d); BGHZ 130, 229 = NJW 1995, 2991, 2992; RhSchG Duisburg-Ruhrort VersR 1957, 774 – sowie *Herber* in MüKo/HGB Rn 10 zu § 508.

der geschädigte Dritte Befrachter, Reisecharterer oder Empfänger, und findet das deutsche Sachrecht Anwendung, gelten die §§ 498 ff. Die Himalaya-Regelung zugunsten des Reeders weicht von § 508 Abs. 1 ab, der lediglich die Leute des Verfrachters und die Mitglieder der Schiffsbesatzung schützt (zum Kapitän siehe die Hinweise oben Rn 103–105 Anhang zu § 479 [Kapitän]). Die Vorschrift des § 508 Abs. 1 ist AGB-fest (§ 512 Abs. 1). Eine Erstreckung der Haftungsbefreiungen und -beschränkungen der §§ 498 ff. sowie der Bestimmungen des Stückgutfrachtvertrages oder der Reisecharter auf den Reeder bedarf daher einer im Einzelnen ausgehandelten Vereinbarung. Gleiches gilt nach § 525 S. 1 zunächst, wenn der geschädigte Dritte Berechtigter aus einem (Normal-) Konnossement ist. Darüber hinaus kommt die Beschränkung des § 525 S. 2 zu Tragen. Die Erweiterung der Himalaya-Regelung zugunsten des Reeders weicht von § 508 Abs. 1 zulasten des Konnossements-Berechtigten ab, weil er den Reeder jetzt nicht mehr oder nur in einem geringeren Umfang in Anspruch nehmen könnte. Ist der geschädigte Dritte im Konnossement genannt oder hat er es erworben, ist die Erweiterung der Himalaya-Regelung nach § 525 S. 2 unwirksam, so dass auch der Reeder sie nicht für sich geltend machen kann. Hierbei bleibt es m.E. auch im Hinblick darauf, dass es in § 525 S. 2 heißt, dass sich „der Verfrachter" auf die betreffende Konnossementsbestimmung nicht mehr berufen kann. Zum Haag-Konnossement siehe die Hinweise unten (Rn 149). Hat der geschädigte Dritte die Rechtsstellung eines Zeitcharterers, bestehen hinsichtlich der Einbeziehung einer Himalaya-Regelung zugunsten des Reeders zunächst keine Bedenken. Die §§ 498 ff gelten nicht, § 512 Abs. 1 bleibt unberücksichtigt. Den Parteien steht es grundsätzlich frei, die Haftung des Vercharterers in beliebiger Weise auszugestalten und die Haftungsbefreiungen und -beschränkungen auf jeden Dritten einschließlich des Reeders zu erstrecken. Erfolgt dies in AGB des Vercharterers, unterliegen die Klauseln allerdings einer Inhaltskontrolle nach § 307 BGB. Soweit die zugunsten des Vercharterers vorgesehenen Haftungsbefreiungen und -beschränkungen als solche einer Inhaltskontrolle standhalten, gilt dies m.E. auch für die Vereinbarung einer Wirkung zugunsten des Reeders. Dies entspricht auch dem Ansatz des § 509, der dem Reeder ebenfalls alle Haftungsbefreiungen und -beschränkungen zugute kommen lässt.

dd) Das Haag-Konnossement. Bei einem Haag-Konnossement, das dem Art. 6 **149** EGHGB unterliegt, stellt sich in besonderer Weise die Frage, ob eine Himalaya-Klausel zugunsten des Reeders wirksam ist. Von Gesetzes wegen ist nicht einmal § 508 Abs. 1 anwendbar, weil Art. 6 Abs. 1 Satz 1 EGHGB nicht auf § 508 verweist. Der Nicht-Nennung des § 508 ist richtigerweise die Anordnung zu entnehmen, dass „das Gegenteil" gelten, dass also eine Erstreckung der Haftungsbefreiungen und -beschränkungen der §§ 498 ff. auf die Leute des Verfrachters und die Personen der Schiffsbesatzung ausgeschlossen sein soll, selbst wenn das im Übrigen anwendbare Sachrecht dies vorsehen würde. Ob der Ausschluss jeder Himalaya-Regelung nach Art. 6 Abs. 1 Satz 1 EGHGB zwingend gilt oder ob im Konnossement abweichende Bestimmungen getroffen werden können, beurteilt sich nach Art. 6 Abs. 1 Satz 1 Nr. 3 EGHGB. Dessen Anwendung macht Schwierigkeiten. Denn zum einen bezieht er sich auf „die nach diesem Artikel anzuwendenden Vorschriften" und nicht auch auf die (durch die Nicht-Nennung von Vorschriften angeordneten) ausschließenden Regelungen des Art. 6 Abs. 1 Satz 1 EGHGB. Und zum zweiten geht es in Art. 6 Abs. 1 Satz 1 Nr. 3 EGHGB nur um eine Abbedingung der „Verpflichtungen des Verfrachters". Gleichwohl kommt m.E. hinreichend deutlich zum Ausdruck, dass auch Himalaya-Klauseln zugunsten der Leute und der Schiffsbesatzung unzulässig sind. Dafür spricht auch, dass entsprechende Bestimmungen in den Haager Regeln (deren Geltung für Deutschland der Anlass für Art. 6 EGHGB sind) fehlen. Dies gilt dann erst Recht für Himalaya-Klauseln zugunsten des Reeders. Die Haftungsbefreiungen und

-beschränkungen eines Haag- Konnossements gelten daher nicht für den Reeder. Dies betrifft auch den Haftungsausschluss für nautisches Verschulden und Feuer (Art. 6 Abs. 1 Satz 1 Nr. 1 EGHGB, siehe auch zuvor Rn 148).

150   **c) Das Verhältnis zu § 480.** Es ist nicht erkennbar, dass § 480 Satz 2 eine abschließende Wirkung haben soll. Der Vorschrift ist nicht zu entnehmen, dass sich die Haftung des Reeders aus § 480 Satz 1 bei Verlust oder Beschädigung von Gut ausschließlich anhand der über den Satz 2 Hs. 1 anwendbaren §§ 498 ff. beurteilt. Damit steht § 480 Satz 2 einer Berücksichtigung von Himalaya-Regelungen zugunsten des Reeders nicht entgegen. Dies gilt insbesondere im Hinblick darauf, dass über die Himalaya-Regelung zugunsten des Reeders Haftungsbefreiungen und -beschränkungen zum Tragen kommen können, die über die der §§ 498 ff. hinausgehen. Auf diese Weise kann der Reeder ggf. in den Genuss eines Haftungsausschlusses für nautisches Verschulden und Feuer kommen, der in den §§ 498 ff. nicht vorgesehen ist.

151   **d) Das Verhältnis zu § 509.** Ist der geschädigte Dritte als Befrachter, Charterer, Empfänger oder Konnossements-Berechtigter Partei eines Stückgutfrachtvertrages, einer Reisecharter oder eines Konnossements und unterliegt dieses Rechtsverhältnis dem deutschen Sachrecht und damit den §§ 498 ff., kann er den Reeder als ausführenden Verfrachter nach § 509 für den Verlust und die Beschädigung des Gutes in Anspruch nehmen. Dies gilt nicht, wenn der geschädigte Dritte aus einem Haag-Konnossement berechtigt ist, weil Art. 6 Abs. 1 Satz 1 EGHGB nicht auch auf § 509 verweist. Im Übrigen entspricht die Haftung des Reeders als ausführendem Verfrachter im Grundsatz der des vertraglichen Verfrachters (§ 509 Abs. 3). Alle zu dessen Gunsten geltenden gesetzlichen und vertraglichen Haftungsbefreiungen und -beschränkungen kommen in gleicher Weise dem Reeder zugute. Eine vertragliche Himalaya-Regelung, die dies darüber hinaus auch noch ausdrücklich vorsieht, hat lediglich deklaratorische Wirkung und läuft letztlich leer. Eine Rolle spielen vertragliche Himalaya-Regelungen allerdings, wenn § 509 nicht zur Anwendung gelangt, insbesondere weil das Rechtsverhältnis, an dem der geschädigte Dritte beteiligt ist, nicht dem deutschen Sachrecht unterliegt.

152   **3. Haftungsbefreiungen und -beschränkungen zulasten des Geschädigten als vertragsfremdem Dritten.** Der dritte Mechanismus, der zugunsten des Reeders zum Tragen kommen kann, der aus § 480 Satz 1 wegen Verlust oder Beschädigung des Gutes in Anspruch wird (oben Rn 112), hat seine Grundlage in dem vom Reeder geschlossenen Vertrag, aufgrund dessen er als Verfrachter oder Vercharterer die Beförderung durchführt. In diesem Rechtsverhältnis können zugunsten des Reeders im Hinblick auf Ladungsschäden Haftungsbefreiungen und -beschränkungen vorgesehen sein. Diese kann der Reeder möglicherweise auch vertragsfremden Personen und damit dem geschädigten Dritten entgegen halten.[224] Nach deutschem Rechtsverständnis kann eine solche Erstreckung der Haftungsbefreiungen und -beschränkungen auf vertragsfremde Dritte nicht durch entsprechende Abreden zwischen den Parteien herbeigeführt werden. Eine entsprechende Wirkung kann allerdings vom Gesetzgeber angeordnet werden, wie in § 506 Abs. 2 geschehen.

---

[224] Siehe schon BGH VersR 1981, 229 (Verjährung); BGH VersR 1978, 836 „Schleppko 11", „Alstertal", zuvor OLG Hamburg VersR 1977, 812 (Ausschluss der Haftung für nautisches Verschulden); BGH NJW 1974, 2177 (ADSp).

a) § 506 Abs. 2 Satz 1. Nach § 506 Abs. 2 Satz 1 kann der Verfrachter, sofern kein Fall 153
des Satz 2 vorliegt (dazu unten Rn 156), auch gegenüber außervertraglichen Ansprüchen
Dritter wegen Verlust oder Beschädigung des Gutes die Einwendungen nach Abs. 1 der
Vorschrift geltend machen. Hier wird wiederum auf die in den §§ 498 ff. sowie die im
Stückgutfrachtvertrag vorgesehenen Haftungsbefreiungen und Haftungsbegrenzungen
Bezug genommen. Internationalprivatrechtlich handelt es sich bei § 506 Abs. 2 um eine
Regelung, die die Haftung aus unerlaubter Handlung betrifft. Sie kommt daher nur zur
Anwendung, wenn sich die Haftung des Verfrachters gegenüber dem vertragsfremden
Dritten nach deutschen Sachrecht beurteilt. Maßgeblich sind die verschiedenen Tatbestände des Art. 4 Rom II (dazu unten Rn 188–199). Ist man im Rahmen der internationalprivatrechtlichen Anknüpfung des Anspruchs des geschädigten Dritten zum deutschen
Sachrecht und damit zur Anspruchsgrundlage des § 480 Satz 1 gelangt, ist auch der Weg
frei zum § 506 Abs. 2, der ggf. die Einstandspflicht des Reeders näher ausgestaltet.

Auf der sachrechtlichen Ebene setzt die Anwendung des § 506 Abs. 2 in Verbindung 154
mit Abs. 1 voraus, dass der Reeder als Verfrachter einen Stückgutfrachtvertrag (§§ 481 ff.)
geschlossen hat. Dieser muss, als weiteres ungeschriebenes Tatbestandsmerkmal, wiederum dem deutschen Sachrecht unterliegen, so dass sich die Haftung des Verfrachters
für den Verlust und die Beschädigung des Gutes nach den §§ 498 ff. beurteilt. § 506 Abs. 2
gilt ebenfalls, wenn der Reeder die Rechtsstellung eines Vercharterers unter einer Reisecharter hat (§ 527 Abs. 2). Ebenso genügt es, dass der Reeder als Verfrachter ein (Normal-)
Konnossement (§§ 513 ff.) ausgestellt hat. Im Rahmen eines Haag-Konnossements kommt
§ 506 allerdings insgesamt und damit auch dessen Abs. 2 Satz 1 und Abs. 1 nicht zur Anwendung; siehe die fehlende Verweisung auf § 506 in Art. 6 Abs. 1 Satz 1 EGHGB. Hat der
Reeder als Vercharterer eine Zeitcharter geschlossen, gelten schon die §§ 498 ff. nicht
(siehe § 567), so dass auch § 506 Abs. 2 Satz 1 außen vor bleibt.

§ 506 Abs. 2 Satz 1 und Abs. 1 bringt zugunsten des Reeders, der von dem vertrags- 155
fremden Dritten wegen des Verlustes oder der Beschädigung von Gut in Anspruch genommen wird, die von Gesetzes wegen vorgesehenen sowie die in dem Stückgutfrachtvertrag (oder in der Reisecharter oder dem Konnossement) vereinbarten Haftungsbefreiungen und -beschränkungen zur Anwendung. Dies sind zunächst die Einwendungen,
die sich aus den §§ 498 ff. ergeben. Darüber hinaus stehen dem Reeder nach § 506 Abs. 2
Satz 1 in Verbindung mit Abs. 1 auch die in dem Stückgutfrachtvertrag (oder in der Reisecharter oder dem Konnossement) vorgesehenen Haftungsbefreiungen und -begrenzungen zu. Diese müssen wirksam vereinbart sein (oben Rn 145–146). Hier kann insbesondere eine Haftungsbefreiung für den Fall nautischen Verschuldens und Feuers
vorgesehen sein (oben Rn 147).

b) Die Vorbehalte des § 506 Abs. 2 Satz 2 und 3. Das Recht des Reeders, sich auf 156
die Haftungsbefreiungen und -beschränkungen des von ihm geschlossenen Frachtvertrages zu berufen, wird durch § 506 Abs. 2 S. 2 und 3 eingeschränkt. So kann sich der
Reeder nach § 506 Abs. 2 S. 2 Nr. 1 gegenüber dem vertragsfremden Dritten nicht auf eine
Vereinbarung berufen, die zu Lasten des Befrachters von den §§ 498 ff. abweicht.[225] Dies
gilt allerdings nicht für eine Vereinbarung, die die Haftung des Reeders im Falle nautischen Verschuldens und Feuers ausschließt (§ 506 Abs. 2 S. 3). Dem Reeder ist die Geltendmachung der Haftungsbefreiungen und -beschränkungen des § 506 Abs. 1 nach

---

[225] *Koller* TranspR 2015, 409, 417 f. (unter IV.1a) möchte die Beschränkung des § 506 Abs. 2 S. 2 Nr. 1 nicht anwenden, wenn der geschädigte Dritte den Transport erlaubt hat (ebenso *Koller* Transportecht Rn 11a zu § 434) – anders *Herber* in MüKo/HGB Rn 19 zu § 506 (Anwendung selbst bei Kenntnis des geschädigten Dritten von den nachteiligen Vereinbarungen); siehe auch *Rabe* TranspR 2016, 139.

Abs. 2 S. 1 Nr. 2 auch verwehrt, wenn der vertragsfremde Dritte, der die Ansprüche geltend macht, der Beförderung nicht zugestimmt hat und der Reeder die fehlende Befugnis seines Befrachters, das Gut zu versenden, kannte oder infolge grober Fahrlässigkeit nicht kannte. Und schließlich kann sich der Reeder nicht auf die Haftungsbefreiungen und -beschränkungen des § 506 Abs. 1 berufen, wenn das Gut dem vertragsfremden Dritten, der die Ansprüche geltend macht, oder einer Person, die von ihm ihr Recht zum Besitz ableitet, vor der Übernahme zur Beförderung abhanden gekommen ist (§ 506 Abs. 2 S. 1 Nr. 3).

157 **c) Das Verhältnis zu § 480.** Die Regelung des § 480 Satz 2 hat keine ausschließende Wirkung (oben Rn 150) und steht daher auch der Geltendmachung der zugunsten des Reeders als Verfrachter bzw. Vercharterer vorgesehenen Haftungsbefreiungen und -beschränkungen gegenüber dem vertragsfremden geschädigten Dritten nach § 506 Abs. 2 nicht entgegen. Grundsätzlich führen sowohl § 480 Satz 2 als auch § 506 Abs. 2 Satz 1 zur Anwendung der Haftungsbefreiungen und -beschränkungen der §§ 498 ff. Auf Grundlage des § 506 Abs. 2 Satz 1 kann sich der Reeder allerdings auch auf die zu seinen Gunsten vereinbarten vertraglichen Haftungsbefreiungen und -beschränkungen berufen, ggf. auch auf den Haftungsausschluss für nautisches Verschulden und Feuer.

158 **d) Das Verhältnis zu § 509.** Haftet der Reeder dem geschädigten Dritten nach Maßgabe des § 509 als ausführender Verfrachter, kommen zu seinen Gunsten sowohl die gesetzlichen Haftungsbefreiungen und -beschränkungen der §§ 498 ff. als auch die zugunsten des vertraglichen Verfrachters vorgesehenen vertraglichen Haftungsbefreiungen und -beschränkungen zum Tragen. M.E. schließt die Anwendbarkeit des § 509 im Verhältnis zwischen dem geschädigten Dritten und dem Reeder als ausführendem Verfrachter die Berücksichtigung der Haftungsbefreiungen und -beschränkungen des für den Reeder als Verfrachter bzw. Reisecharterer maßgeblichen Rechtsverhältnisses nach § 506 Abs. 2 Satz 1 (oben Rn 153) nicht aus. Der Reeder kann dem geschädigten Dritten daher auch die sich hieraus ergebenden Einwendungen entgegenhalten, insbesondere wenn sie über die hinausgehen, die dem Reeder als ausführendem Verfrachter zustehen. Dies gilt ggf. auch für den Ausschluss der Haftung für nautisches Verschulden und Feuer.

159 **4. Haftungsbefreiungen und -beschränkungen zulasten des Geschädigten als vertragsfremdem Dritten; Himalaya-Regelung.** Schließlich kann ein weiterer Schutz des Reeders im Falle seiner Inanspruchnahme wegen Verlust oder Beschädigung des Gutes (oben Rn 112) darin bestehen, dass ein beliebiges sonstiges (Unter- oder Haupt-) Rechtsverhältnis, an dem weder der Reeder noch der Geschädigte als Partei beteiligt sind und dessen Gegenstand die Beförderung des betreffenden Gutes ist, eine Regelung von der Art des § 506 Abs. 2 zu Lasten des Geschädigten als vertragsfremden Dritten enthält (oben Rn 152–158) und dass außerdem eine Himalaya-Regelung zugunsten des Reeders zum Tragen kommt (dazu oben Rn 142–151); siehe näher die Hinweise zum Kapitän oben Rn 119–127 Anhang zu § 479 (Kapitän). Unter diesen Voraussetzungen könnte der Reeder die Haftungsbefreiungen und -beschränkungen jedes beliebigen Rechtsverhältnisses in der Kette für sich geltend machen und dem Geschädigten entgegenhalten.

X. Schiffsgläubigerrechte

160 Der Anspruch des geschädigten Dritten aus § 480 Satz 1 HGB ist normalerweise durch Schiffsgläubigerrechte nach § 596 Abs. 1 Nr. 3 gesichert. Dabei ist zwischen dem Schiffsgläubigerrecht, das wegen des Anspruchs gegen das betreffende Besatzungsmit-

glied, den Bord tätigen Lotsen oder denjenigen, auf den § 480 Satz 1 analog zur Anwendung gelangt, besteht (unten Rn 161–163), und dem Schiffsgläubigerrecht zur Sicherung des Anspruchs aus § 480 Satz 1 gegen den Reeder zu unterscheiden (unten Rn 164–165).

1. Das Schiffsgläubigerrecht wegen des Anspruchs gegen das Besatzungsmitglied etc. Seit der „Tom Burmester" Entscheidung des OLG Hamburg[226] besteht Klarheit darüber, dass ein Schiffsgläubigerrecht auch dann begründet ist, wenn der Schuldner der persönlichen Forderung nicht der Reeder ist. Es kommt daher nicht darauf an, dass sich der Schadenersatzanspruch, der Anlass für die Anwendung des § 480 Satz 1 ist, lediglich gegen das Besatzungsmitglied etc. richtet. Als Grundlage des Schiffsgläubigerrechts kommt insbesondere § 596 Abs. 1 Nr. 3 in Betracht. Namentlich muss der Anspruch aus der Verwendung des Schiffes entstanden sein; siehe bereits oben Rn 140 Anhang zu § 479 (Kapitän) und Rn 157 Anhang § 478 (Lotse) zu den Schiffsgläubigerrechten wegen der Ansprüche geschädigter Dritter gegen den Kapitän und gegen den Lotsen. Der Vorbehalt des § 596 Abs. 1 Nr. 3 Hs. 2 spielt bei den Ansprüchen gegen das Besatzungsmitglied etc. normalerweise keine Rolle, weil sie nicht aus einem Vertrag hergeleitet werden oder aus einem solchen hergeleitet werden können. Für Personenschäden gilt § 596 Abs. 1 Nr. 3 Hs. 2 ohnehin nicht. 161

Das Schiffsgläubigerrecht besteht auch dann, wenn es um die Schadensersatzpflicht einer Person geht, die an Bord eines anderen Schiffes tätig war, insbesondere an Bord eines Schleppers. In analoger Anwendung des § 480 Satz 1 muss der Reeder ggf. auch für Schadenersatzpflichten einstehen, die sich gegen ein Besatzungsmitglied des Schleppers richten. Dies betrifft häufig nicht die Fälle einer Verschleppung des Schiffes (oben Rn 74–83), wohl aber die Assistenz durch Schlepper (oben Rn 84–86). Unter diesen Umständen sind die Schadenersatzansprüche m.E. auch im Sinne des § 596 Abs. 1 Nr. 3 Hs. 1 aus der Verwendung des Schiffes entstanden. Der Anspruch gegen das Besatzungsmitglied kann normalerweise nicht auch aus einem Vertrag hergeleitet werden, so dass der (ohnehin nur für Sachschäden geltende) Vorbehalt des § 596 Abs. 1 Nr. 3 Hs. 2 leerläuft. Damit hat der geschädigte Dritte wegen seiner Ansprüche gegen das Besatzungsmitglied des Schleppers ein Schiffsgläubigerrecht an dem Schiff. 162

Daneben hat der Dritte auch an dem Schlepper ein Schiffsgläubigerrecht, weil der Anspruch gleichermaßen aus der Verwendung des Schleppers entstanden ist (§ 596 Abs. 1 Nr. 3). Dies gilt nicht für Ansprüche wegen Sachschäden, wenn sich der geschädigte Dritte vom Schlepper den Vorbehalt des § 596 Abs. 1 Nr. 3 Hs. 2 entgegenhalten lassen muss. 163

2. Das Schiffsgläubigerrecht wegen des Anspruchs gegen den Reeder. Dem geschädigten Dritten steht häufig auch im Hinblick auf seinen Anspruch aus § 480 Satz 1 gegen den Reeder ein Schiffsgläubigerrecht nach § 596 Abs. 1 Nr. 3 zu. Der Anspruch ist aus der Verwendung des Schiffes entstanden. Schwierigkeiten kann allerdings der Vorbehalt des Hs. 2 machen. Geht es um Ansprüche wegen Sachbeschädigung und kann der geschädigte Dritte seinen Anspruch auch aus einem Vertrag herleiten, ist ein Schiffsgläubigerrecht ausgeschlossen. Ob es sich so verhält, hängt von den Umständen ab. Der für Ansprüche wegen Sachschäden maßgebliche Vorbehalt des § 596 Abs. 1 Nr. 1 Hs. 2 kann insbesondere zum Tragen kommen, wenn der geschädigte Dritte Ansprüche wegen des Verlustes oder Beschädigung von Ladung verfolgt, die mit dem Schiff befördert wur- 164

---

[226] Siehe RdTW 2013, 144 [21] mit Anm. *Ramming* aaO. S. 147 sowie noch *Ramming* RdTW 2016, 161, 163 (unter 3.).

de.[227] Möglicherweise ist in diesen Fällen das Schiffsgläubigerrecht ausgeschlossen. Dies wirkt sich allerdings nicht auf das Schiffsgläubigerrecht aus, das die Ansprüche des geschädigten Dritten gegen die Person der Schiffsbesatzung etc. sichert (zuvor Rn 161–162). Selbst wenn also wegen des Anspruchs aus § 480 Satz 1 kein Schiffsgläubigerrecht besteht, bleibt es bei dem Schiffsgläubigerrecht wegen des Anspruchs gegen das Besatzungsmitglied etc.

165 Aus dem zuvor Dargelegten folgt, dass in entsprechenden Fällen dem geschädigten Dritten zwei selbständige Schiffsgläubigerrechte zustehen, zum einen wegen des Anspruchs gegen das Besatzungsmitglied etc., zum anderen wegen des Anspruchs gegen den Reeder nach § 480 Satz 1. Beide Schiffsgläubigerrechte haben nach § 604 Abs. 1 und 2 den gleichen Rang. Sie schlagen letztlich aber nur einmal „zu Buche" und werden etwa im Falle einer Zwangsversteigerung des Schiffes nur einmal berücksichtigt. Die persönlichen Schuldner haften als Gesamtschuldner (§§ 421 ff. BGB), die Erfüllung eines Anspruchs führt zum Erlöschen des anderen Anspruchs (§ 422 Abs. 1 BGB). Damit endet nach § 599 auch das andere Schiffsgläubigerrecht.

XI. Konkurrenzen

166 Die Ansprüche des geschädigten Dritten gegen den Reeder aus § 480 Satz 1 können in Konkurrenz zu anderen Ansprüchen treten, insbesondere zu solchen aus den verschiedenen internationalen Haftungsübereinkommen (unten Rn 167–168), zu den Vorschriften über den Zusammenstoß von Schiffen (unten Rn 169–171), zu §§ 823 Abs. 1 und 2 BGB (unten Rn 172), § 831 BGB (unten Rn 173–174), zu § 509 Abs. 1 (unten Rn 175), zu Art. 3 Abs. 1 VO Athen, Art. 4 Abs. 1 Satz 2 AthenÜ 2002, § 546 Abs. 1 (unten Rn 176), zu §§ 987 ff. BGB (unten Rn 177) oder zu vertraglichen Ansprüchen (unten Rn 178–185).

167 **1. Das Verhältnis zu den internationalen Haftungsübereinkommen.** Die Einstandspflicht des Reeders aus dem ÖlHÜ 1992 wegen Ölverschmutzungen, aus dem BunkerölÜ wegen Bunkerölverschmutzungen aus dem WBÜ wegen der Kosten der Lokalisierung, Markierung und Beseitigung des Wracks sowie zukünftig aus dem HNS-Ü 2010 wegen Verschmutzungen durch HNS ist stets vorrangig vor der Haftung aus § 480 Satz 1. Zum einen stehen die Übereinkommen in der internationalprivatrechtlichen Hierarchie über den Vorschriften des autonomen unvereinheitlichten Rechts (unten Rn 187). Darüber hinaus ordnen Art. III Abs. 4 Satz 1 ÖlHÜ 1992, Art. 3 Abs. 5 BunkerölÜ, Art. 10 Abs. 3 Satz 1 WBÜ, Art. 7 Abs. 4 HNS-Ü 2010 ausdrücklich an, dass Ansprüche jeweils ausschließlich nach Maßgabe des betreffenden Übereinkommens verfolgt werden können. Dies betrifft sowohl den Fall, dass Ansprüche gegen den Reeder nach den Übereinkommen bestehen können, als auch die Situation, dass Ansprüche wegen der Kanalisierung der Haftung auf einen anderen ausdrücklich ausgeschlossen sind (dazu Rn 9–18 zu Art. III ÖlHÜ 1992). Hierdurch wird eine Heranziehung anderer Haftungsvorschriften, insbesondere solcher des autonomen Rechts, ausdrücklich ausgeschlossen. Dies gilt auch für § 480 Satz 1. Unter diesem Gesichtspunkt hat auch das KernmaterialBefÜ Vorrang, weil dort ein Ausschluss der Haftung für den Fall von Schäden aufgrund eines nuklearen Ereignisses von befördertem Kernmaterial angeordnet wird, wenn der Inhaber der Kernanlage haftet (dazu unten Rn 35–38 Anhang IV zu § 480 [maritime Nuklearhaftung]).

---

227 Näher dazu Ramming RdTW 2016, 161.

Ist der Reeder Inhaber eines Reaktorschiffes, haftet er für Schäden aus einem nukle- **168**
aren Ereignis auf Grundlage des § 25a Abs. 1 Nr. 1 AtomG und den Bestimmungen des
ReaktorschÜ (unten Rn 5–21 Anhang IV zu § 480 [maritime Nuklearhaftung]). Das ReaktorschÜ ist völkerrechtlich nicht in Kraft, kommt aber in Deutschland gleichwohl nach
§ 25a Abs. 1 Nr. 1 AtomG zur Anwendung. Damit scheidet ein Vorrang kraft internationalen Privatrechts aus (dazu oben Rn 187). Außerdem fehlt im ReaktorschÜ eine Bestimmung, dass sich die Einstandspflicht ausschließlich nach dem Übereinkommen beurteilt. Damit tritt die Haftung aus § 480 Satz 1 neben die aus dem ReaktorschÜ. Die
Ansprüche aus § 480 Satz 1 unterliegen der Beschränkung nach Art. XI ReaktorschÜ.

2. Das Verhältnis zu Art. 2 ff. ZusÜSee, §§ 570 ff. Geht der Schaden auf einen Zu- **169**
sammenstoß von Schiffen zurück, gelten die besonderen Regelungen der Art. 2 ff. ZusÜSee bzw., bei Anwendbarkeit des deutschen Sachrechts (unten Rn 186–236), der
§§ 570 ff. Die Einstandspflicht der Reeder der an der Kollision beteiligten Schiffe aus
den genannten Vorschriften hat ebenfalls „adjektizischen" Charakter, auch wenn dies
in den Vorschriften weniger deutlich zum Ausdruck kommt als in § 480 Satz 1 (oben
Rn 2). Zu einer Konkurrenz zu § 480 Satz 1 kann es unter zweierlei Gesichtspunkten
kommen. Zum einen können von dem anderen Schiff Ansprüche gegen den Reeder
nach Art. 2 ff. ZusÜSee, §§ 570 ff. verfolgt werden. Dies betrifft Ansprüche des Reeders
des anderen Schiffes wegen des Verlustes oder der Beschädigung des seines Schiffes
oder ggf. wegen Nutzungsausfalls; Ansprüche von Personen an Bord des anderen
Schiffes wegen Körper- oder Sachschäden; sowie Ansprüche der Eigentümer von Gegenständen, die sich an Bord des anderen Schiffes befunden haben, insbesondere der
Ladung, wegen Verlust oder Beschädigung. All diese Ansprüche der geschädigten Dritten aus Art. 2 ff. ZuÜSee, §§ 570 ff. treten in Konkurrenz zu dem Anspruch aus § 480
Satz 1. Zum anderen gelten die Art. 2 ff. ZusSee, §§ 570 ff. in gleicher Weise auch für
Ansprüche von Personen oder Sachen, insbesondere auch der Ladung, die sich auf
dem eigenen Schiff befunden haben. Insofern kann sich der Reeder auf Grundlage der
Art. 2 ff. ZusÜSee, §§ 570 ff. auch Ansprüchen der eigenen Besatzungsmitglieder und
Reisenden sowie Eigentümer der an Bord befindlichen Sachen, insbesondere der Ladung, ausgesetzt sehen.

Die Ansprüche aus Art. 2 ff. ZusÜSee, §§ 570 ff. einerseits und § 480 Satz 1 anderer- **170**
seits sind durchaus unterschiedlich ausgestaltet. Dies gilt namentlich für Ansprüche
wegen Sachschäden. Nach Art. 2 ff. ZusÜSee, §§ 570 ff. haften die Reeder der an dem
Zusammenstoß beteiligten Schiffe den Geschädigten nicht als Gesamtschuldner, sondern lediglich im Verhältnis des Verschuldens. Ist es zu dem Zusammenstoß also durch ein Verschulden beider Schiffe gekommen, können alle Geschädigten auf
Grundlage der Art. 2 ff. ZusÜSee, §§ 570 ff. gegen die Reeder lediglich anteilige Ansprüche geltend machen. Diese Beschränkung gilt dagegen nicht für Ansprüche aus § 480
Satz 1.

Die Frage der Konkurrenz wird in der Weise gelöst, dass § 480 Satz 1 verdrängt wird, **171**
soweit die Art. 2 ff. ZusÜSee, §§ 570 ff. über die Haftung der Reeder der an einem Zusammenstoß beteiligten Schiffe zur Anwendung gelangt.[228] Der Vorrang ergibt sich im Hinblick auf Art. 2 ff. ZusÜSee daraus, dass die Vorschriften Teil eines internationalen
Übereinkommens sind, während § 480 Satz 1 zum autonomen deutschen Recht gehört
(oben Rn 187). Im Übrigen sind die Art. 2 ff. ZusÜSee, §§ 570 ff. spezieller als § 480 Satz 1.
In entsprechenden Fällen bleibt § 480 Satz 1 daher unberücksichtigt. Dies führt insbe-

---

[228] SchOG Nürnberg RdTW 2016, 235 [15].

sondere dazu, dass bei einem Mitverschulden der an dem Zusammenstoß beteiligten Schiffe der Reeder lediglich anteilig in Höhe seines Verschuldens an dem Zusammenstoß in Anspruch genommen werden kann. Nicht etwa kann im Hinblick auf die Differenz auf § 480 Satz 1 zurückgegriffen werden.

172   **3. Das Verhältnis zu §§ 823 Abs. 1 und 2 BGB.** Die Vorschrift des § 480 Satz 1 kann auch in Konkurrenz zu den allgemeinen Grundsätzen über die unerlaubte Handlung, namentlich zu den §§ 823 Abs. 1 und 2 BGB treten. Siehe zur Haftung des Reeders aus §§ 823 Abs. 1 und 2 BGB auch unten Rn 2–9, 10–11 Anhang VI zu § 480 (BGB). Diese Vorschriften bleiben neben § 480 Satz 1 anwendbar.[229] Zu bedenken ist allerdings, dass § 480 Satz 1 einerseits und §§ 823 Abs. 1 und 2 BGB andererseits von unterschiedlichen Tatbeständen ausgehen. § 480 Satz 1 erstreckt eine in der Person eines Mitglieds der Schiffsbesatzung, des an Bord tätigen Lotsen oder einer Person, auf die § 480 Satz 1 analog zur Anwendung kommt, begründete Schadensersatzpflicht auf den Reeder. §§ 823 Abs. 1 und 2 BGB knüpfen dagegen an ein Verhalten des Reeders selbst, also insbesondere das seiner Organe an. Im Fall einer Pflichtverletzung durch den Reeder selbst, die zu Schadensersatzansprüchen nach § 823 Abs. 1 und 2 BGB führt, fehlt es bereits an den tatbestandlichen Voraussetzungen des § 480 Satz 1. Beide Vorschriften kommen nebeneinander zur Anwendung, wenn der Schaden einerseits zu einer Ersatzpflicht einer Person der Schiffsbesatzung etc. führt und darüber hinaus ein schuldhaftes Verhalten des Reeders selbst vorliegt.

173   **4. Das Verhältnis zu § 831 Abs. 1 BGB.** Die Vorschrift des § 831 Abs. 1 BGB (zu dieser näher unten Rn 12–13 Anhang VI zu § 480 [BGB]) weist ihrem Charakter nach durchaus Ähnlichkeiten zu § 480 Satz 1 auf. § 831 Abs. 1 BGB begründet eine Haftung des Reeders für seine Verrichtungsgehilfen. Im Hinblick auf den Betrieb des Schiffes entspricht dieser Personenkreis dem des § 480 Satz 1. Zu den Verrichtungsgehilfen zählen die Mitglieder der Schiffsbesatzung, der an Bord tätige Lotse sowie all die Personen, auf die § 480 Satz 1 analog zur Anwendung gelangt. § 480 Satz 1 knüpft an eine in der Person der Schiffsbesatzung etc. begründete Schadenersatzpflicht an, so dass die Voraussetzungen einer Anspruchsnorm erfüllt sein müssen. § 831 Abs. 1 Satz 1 BGB begnügt sich mit etwas weniger, nämlich mit einer bloßen widerrechtlichen Schadenszufügung. Eines Verschuldens des Gehilfen bedarf es (heute) in keinem Falle. Allerdings kann sich der Reeder von seiner Haftung nach § 831 Abs. 1 Satz 1 BGB nach Satz 2 der Vorschrift entlasten, wenn er darlegt und beweist, dass er die betreffenden Personen sorgfältig ausgewählt, angeleitet etc. hat. Ein solcher Vorbehalt fehlt in § 480 Satz 1. Auch bei Vorliegen der Voraussetzungen des § 831 Abs. 1 BGB im Übrigen wirkt eine Entlastung nach Satz 2 der Vorschrift nicht auch im Rahmen des § 480 Satz 1.[230]

174   Beide Vorschriften kommen nebeneinander zur Anwendung,[231] jedoch spielt wegen der Möglichkeit der Entlastung nach § 831 Abs. 1 Satz 2 BGB der Tatbestand des Abs. 1 Satz 1 heute normalerweise neben § 480 Satz 1 keine Rolle. Ursprünglich unterschied sich die Einstandspflicht des Reeders aus § 485 HGB a.F. durchaus von der aus § 831

---

229   Siehe BGH Hansa 1968, 1631.
230   OLG Bremen Hansa 1964, 419, 422 (rechte Spalte), anschließend BGH Hansa 1965, 1330; OLG Kiel SchlHAnz 1913, 106 „Hans".
231   RGZ 151, 296 „Kreuzsee"; BGHZ 57, 309 = NJW 1972, 538, 539 (unter I.) „Sonnenschein 9"; BGH VersR 1957, 286; BGH Hansa 1958, 627, 628 (unter III.); BGH Hansa 1967, 1629 (unter II.), zuvor OLG Hamburg Hansa 1965, 1504; OLG Hamburg Hansa 1966, 510, 511 (rechte Spalte); *Herber* in MüKo/HGB Rn 3 zu § 480 – anders noch OLG Kiel SchlHAnz 1913, 106 „Hans".

Abs. 1 BGB, es handelte sich um zwei verschieden ausgestaltete Haftungsrégimes. Für Ansprüche aus § 485 HGB a.F. haftete der Reeder nur mit Schiff und Fracht (§ 486 Unterabs. 1 Nr. 3 HGB a.F., dazu unten Rn 246–249), wobei der geschädigte Dritte durch ein Schiffsgläubigerrecht gesichert war (§ 754 Nr. 9 HGB a.F.); allerdings musste er auch das Verschulden des Besatzungsmitglieds etc. beweisen. Dagegen begründet der Anspruch aus § 831 Abs. 1 Satz 1 BGB eine persönliche Haftung des Reeders mit seinem ganzen Vermögen, jedoch ohne ein dingliches Sicherungsrecht am Schiff und mit der Möglichkeit der Entlastung nach § 831 Abs. 1 Satz 2 BGB.[232] Heute sind die Unterschiede weitgehend ausgeglichen: Die Haftung mit Schiff und Fracht ist durch das Summenhaftungssystem ersetzt worden, das die Haftung unabhängig von der Anspruchsgrundlage beschränkt; sowohl der Anspruch aus § 480 Satz 1 als auch der aus § 831 Abs. 1 Satz 1 BGB sind in gleicher Weise durch das Schiffsgläubigerrecht nach § 596 Abs. 1 Nr. 3 Hs. 1 gesichert (oder nicht, Hs. 2); und das Verschuldenserfordernis ist im neuen § 480 Satz 1 entfallen. Geblieben ist die Möglichkeit der Entlastung nach § 831 Abs. 1 Satz 2 BGB, die im Vergleich zu § 480 Satz 1 wie ein Fremdkörper wirkt.

5. Das Verhältnis zu § 509 Abs. 1. Der Reeder erfüllt in der Regel auch die Voraussetzungen eines ausführenden Verfrachters im Sinne des § 509 Abs. 1. Im Falle des Verlustes oder der Beschädigung von Gut an Bord seines Schiffes haftet er, wenn die weiteren Voraussetzungen der Vorschrift erfüllt sind, dem ursprünglichen Befrachter und dem endgültigen Empfänger als geschädigten Dritten nach Maßgabe der §§ 498 ff. auf Schadensersatz. Die Einstandspflicht aus § 509 Abs. 1 tritt neben die Haftung aus § 480 Satz 1, beide Vorschriften sind nebeneinander anwendbar (oben Rn 141). Siehe zu den Besonderheiten der Haftung des Reeders für Verlust oder der Beschädigung von Gut an Bord seines Schiffes auch § 480 Satz 2 sowie oben Rn 114–140. 175

6. Das Verhältnis zu Art. 3 Abs. 1 VO Athen, Art. 4 Abs. 1 Satz 2 AthenÜ 2002, § 546 Abs. 1. Auch im Hinblick auf die Beförderung von Reisenden hat der Reeder die Rechtsstellung eines ausführenden Beförderers. Unter diesem Gesichtspunkt haftet er nach Art. 3 Abs. 1 VO Athen, Art. 4 Abs. 1 Satz 2, 3 ff. AthenÜ 2002 sowie, die Anwendbarkeit deutschen Sachrechts unterstellt, nach § 546 Abs. 1 für den Schaden, der durch Tod oder Körperverletzung eines Fahrgastes oder durch Verlust, Beschädigung oder verspätete Aushändigung von Gepäck oder Fahrzeugen entsteht. Allerdings ist die Frage der Konkurrenz zu anderen Vorschriften ausdrücklich geregelt. Nach Art. 14 AthenÜ 2002, § 548 können die genannten Ansprüche wegen der Fahrgastschäden ausschließlich auf Grundlage des AthenÜ bzw. der §§ 536 ff. geltend gemacht werden. § 480 Satz 1 kommt in diesen Fällen daher von vornherein nicht zur Anwendung. 176

7. Das Verhältnis zu §§ 987 ff. BGB. Ist versehentlich nicht für das Schiff bestimmtes Gut verladen worden, das im weiteren Verlauf verloren geht, kommen Ansprüche des Ladungseigentümers aus dem Eigentümer-Besitzer-Verhältnis nach §§ 987 ff. BGB in Betracht.[233] Daneben können Ansprüche aus § 480 Satz 1 unter dem Gesichtspunkt bestehen, dass sich die für das Schiff tätigen Tallyleute schadenersatzpflichtig gemacht ha- 177

---

232 Siehe RGZ 151, 296 „Kreuzsee" (anders noch RGZ 116, 213, 214); RG JW 1928, 1733 „R.S.G. 16", „Haniel 15"; RG HRR 1941 Nr. 42 „Grete", Saale"; BGH VersR 1957, 286; BGH Hansa 1958, 627, 628 (unter III.); BGH Hansa 1967, 1629 (unter II.), zuvor OLG Hamburg Hansa 1965, 1504; BGH VersR 1971, 563 (unter I.) „Hans Peter"; ZKR ZfB 1976, 255 (Slg. 543) „Gefo Köln", „Gefo Tank 5" – sowie OLG Kiel SchlHAnz 1913, 106 „Hans".
233 OLG Hamburg VerR 1961, 51 (unter 2.).

ben. Die Ansprüche bestehen m.E. nebeneinander. Nicht etwa verdrängt der Anspruch aus § 480 Satz 1 die Ansprüche nach §§ 987 ff. BGB.[234]

178   **8. Das Verhältnis zu vertraglichen Ansprüchen.** Die Haftung des Reeders aus § 480 Satz 1 kann ggf. in Konkurrenz zu vertraglichen Ansprüchen des geschädigten Dritten auf Schadenersatz treten. Vertragliche Ansprüche können sich aus den typischen Rechtsgeschäften des Seefrachtrechts ergeben, also namentlich aus einem Stückgutfrachtvertrag, einer Reisecharter oder einem Konnossement (unten Rn 179–182), aus einer Zeitcharter (unten Rn 183) oder, wenn der Reeder als vertraglicher Beförderer mit Reisenden einen Beförderungsvertrag geschlossen hat, aus diesem Rechtsverhältnis (unten Rn 184). Aber auch andere vertragliche Rechtsverhältnisse zwischen dem Reeder und dem geschädigten Dritter sind denkbar (unten Rn 185). Als Grundlage konkurrierender vertraglicher Ansprüche kommen im Falle des Verluste oder der Beschädigung von Gut namentlich die §§ 498 ff. in Betracht. Daneben kann die Vorschrift des § 280 Abs. 1 BGB eine Rolle spielen. Dabei haben die Personen der Schiffsbesatzung und der an Bord tätige Lotse und ebenso die Personen, auf die § 480 Satz 1 analog zur Anwendung gelangt, im Rahmen vertraglicher Verhältnisse regelmäßig die Stellung von Erfüllungsgehilfen (§ 278 Satz 1 BGB) des Reeders. Grundsätzlich bestehen vertragliche und außervertragliche Ansprüche nebeneinander und selbständig voneinander. Dabei ist es nicht ausgeschlossen, dass bestimmte Modalitäten des vertraglichen Anspruchs auch für den außervertraglichen Anspruch gelten. Das Bestehen eines vertraglichen Rechtsverhältnisses zwischen dem Reeder und dem geschädigten Dritten auch in internationalprivatrechtliche Folgen. Nach Art. 4 Abs. 3 Satz 2 Rom II werden die außervertraglichen Ansprüche unselbständig angeknüpft, so dass sie demselben Sachrecht wie die vertraglichen Ansprüche unterliegen (näher dazu unten Rn 195–199).

179   **a) Stückgutfrachtvertrag, Reisecharter, Konnossement.** Zu einer Konkurrenz zwischen vertraglichen und außervertraglichen Ansprüchen aus § 480 Satz 1 kommt es etwa, wenn der Reeder als Verfrachter bzw. Vercharterer einen Stückgutfrachtvertrag (§§ 481 ff.) oder eine Reisecharter (§§ 527 ff.) mit einem Befrachter bzw. Reisecharterer geschlossen oder wenn Reeder als Verfrachter ein Konnossement ausgestellt hat (§§ 513 ff.). Von Gesetzes wegen unterliegen konkurrierende außervertragliche Schadenersatzansprüche nach § 610 den Verjährungsvorschriften, die für den vertraglichen Anspruch maßgeblich sind (unten Rn 181). Im Hinblick auf die Haftung des Reeders als Verfrachter bzw. Reisevercharterer für den Verlust und die Beschädigung von befördertem Gut ist außerdem eine umfassende Anwendung der für vertragliche Ansprüche geltenden Haftungsbefreiungen und -beschränkungen vorgesehen (unten Rn 182).

180   **aa) Anwendung der Haftungsbefreiungen und -beschränkungen.** Bestehen im Rahmen des Stückgutfrachtvertrages, der Reisecharter oder des Konnossements-Rechtsverhältnisses vertragliche Schadenersatzansprüche und treten außervertragliche Ansprüche aus unerlaubter Handlung hinzu, liegt es nahe, die für die vertraglichen Schadenersatzansprüche in dem Vertrag vorgesehenen Haftungsbefreiungen und -beschränkungen in gleicher Weise auch auf konkurrierende außervertraglichen Ansprüche anzuwenden. Von Gesetzes wegen ist dies nicht grundsätzlich vorgesehen. Vielmehr bleibt es dabei, dass sich vertragliche und parallele außervertragliche Ansprüche zunächst selbständig voneinander beurteilen. Allerdings steht es den Parteien frei, etwas anderes zu vereinba-

---

[234] Anders aber OLG Hamburg VerR 1961, 51 (unter 2.).

ren. Dies hängt allerdings von den Umständen des Einzelfalles ab. Ergeben sich im Hinblick auf den vertraglichen Schadenersatzanspruch aus dem Stückgutfrachtvertrag oder der Reisecharter Beschränkungen, ist jeweils zu prüfen, ob sich diese möglicherweise auch auf konkurrierende außervertragliche Ansprüche erstrecken. Dies kann namentlich unter dem Gesichtspunkt geboten sein, dass anderenfalls die im Vertrag vorgesehenen Haftungsbefreiungen und -beschränkungen unterlaufen würden.

bb) **Die Verjährung von Ansprüchen.** Bestehen neben dem Anspruch des Befrachters bzw. Reisecharterers gegen den Reeder als Verfrachter bzw. Vercharterer aus § 480 Satz 1 auch solche aus Vertrag, unterliegt der Anspruch aus § 480 Satz 1 nicht mehr der Verjährung nach §§ 195 ff. BGB (dazu oben Rn 106–110). Vielmehr ordnet § 610 an, dass die für den vertraglichen Anspruch maßgeblichen Bestimmungen auch für konkurrierende außervertragliche Ansprüche und damit auch für den Anspruch aus § 480 Satz 1 gelten. Ansprüche aus einem Stückgutfrachtvertrag, einer Reisecharter oder aus einem Konnossement unterliegen einer einjährigen Verjährung (§ 605 Nr. 1), die mit dem Tag beginnt, an dem das Gut abgeliefert wurde bzw. hätte abgeliefert werden müssen (§ 607 Abs. 1 Satz 1). Bei Reisechartern über mehrere Reisen ist die (tatsächliche oder hypothetische) Ablieferung am Ende der letzten Reise maßgeblich (§ 607 Abs. 1 Satz 2). Die Sonderregelungen für Rückgriffsansprüche (§ 607 Abs. 3 Satz 2, Abs. 2) gelten in gleicher Weise auch für den Anspruch aus § 480 Satz 1. Die Erstreckung der Bestimmungen über die Verjährung auf den Anspruch aus § 480 Satz 1 gilt für alle Ansprüche auf Schadenersatz, nicht nur für solche wegen des Verlustes oder der Beschädigung von Gut.

181

cc) **Ladungsschäden.** Wird der Reeder als Verfrachter bzw. Vercharterer wegen Verlust oder Beschädigung des Gutes aus einem Stückgutfrachtvertrag oder einer Reisecharter in Anspruch genommen, gelten für die vertraglichen Ansprüche die Regelungen der §§ 498 ff. Dies betrifft Ansprüche des Befrachters bzw. Reisecharterers sowie solche des Empfängers. Auch dem Konnossements-Berechtigten haftet der Verfrachter nach §§ 498 ff. Daneben können dem Befrachter bzw. Reisecharterer, dem Empfänger und dem Konnossements-Berechtigten jeweils außervertragliche Ansprüche auf Grundlage des § 480 Satz 1 zustehen (zur Anwendung des § 480 Satz 1 im Hinblick auf ein Haag-Konnossement siehe oben Rn 149). Im Rahmen der §§ 498 ff. muss der Reeder als Verfrachter bzw. Vercharterer nach § 501 Satz 1 für das Verhalten der Personen der Schiffsbesatzung einstehen. Ebenso rechnet § 501 Satz 2 dem Reeder das Verhalten der sonstigen Hilfspersonen zu, zu denen auch der an Bord tätige Lotse sowie diejenigen Personen gehören, auf die § 480 Satz 1 analog zur Anwendung gelangt. § 506 Abs. 1 sorgt hier für eine vollständige Gleichschaltung der vertraglichen und der außervertraglichen Ansprüche. Dies ist angesichts der umfassenden, für die vertraglichen Ansprüche vorgesehenen Haftungsbefreiungen und -beschränkungen vor einem Unterlaufen durch Geltendmachung konkurrierender außervertraglicher Ansprüche auch erforderlich. § 506 Abs. 1 bestimmt, dass alle von Gesetzes wegen vorgesehenen Haftungsbefreiungen und -beschränkungen sowie in gleicher Weise auch alle vertraglich vereinbarten Haftungsbefreiungen und -beschränkungen in derselben Weise auch auf außervertragliche Ansprüche zur Anwendung kommen. Gleiches ergibt sich nach § 610 auch für die Verjährung der Ansprüche (zuvor Rn 181).

182

b) **Die Zeitcharter.** Hat der Reeder als Vercharterer sein Schiff auf Zeit verchartert (§§ 557 ff.), können im Falle einer Pflichtverletzung des Reeders Ansprüche des Zeitcharterers auf Schadenersatz nach § 567 und § 280 Abs. 1 BGB begründet sein. Diese Ansprü-

183

che treten ggf. neben den Anspruch aus § 480 Satz 1. Die Personen der Schiffsbesatzung und der an Bord tätige Lotse können Erfüllungsgehilfen des Reeders sein (§ 278 Satz 1 BGB), normalerweise aber nicht die Personen, auf die § 480 Satz 1 analog zur Anwendung gelangt (oben Rn 65–94). Möglicher Weise sind in der Zeitcharter zu Gunsten des Reeders Haftungsbefreiungen und -beschränkungen vorgesehen. Dann muss im Einzelfall geprüft werden, ob sich diese ggf. auch auf konkurrierende außervertragliche Ansprüche erstrecken. § 610 ordnet jedenfalls die Geltung der für vertragliche Schadenersatzansprüche maßgeblichen Vorschriften über die Verjährung auch für konkurrierende außervertragliche Ansprüche an. Dies betrifft auch die Ansprüche aus § 480 Satz 1. Ansprüche aus einer Zeitcharter unterliegen einer einjährigen Verjährungsfrist (§ 605 Nr. 2), die mit dem Schluss des Jahres beginnt, in dem der Anspruch entstanden ist (§ 607 Abs. 3 Satz 1). Auch besonderen Bestimmungen des § 607 Abs. 3 Satz 2 und Abs. 2 für Rückgriffsansprüche gelten für den Anspruch aus § 480 Satz 1. Führt eine Pflichtverletzung des Reeders dazu, dass Gut verloren geht oder beschädigt wird, kommen die §§ 498 ff. nicht zur Anwendung. Vielmehr haftet der Reeder unter der Zeitcharter auch für Ladungsschäden von Gesetzes wegen nur nach Maßgabe der § 567, § 280 Abs. 1 BGB. Die in den §§ 498 ff. vorgesehenen Haftungsbefreiungen und -beschränkungen kommen dem Reeder nicht zugute. Ebenso wenig gilt die Vorschrift des § 506 Abs. 1. Allerdings sorgt § 610 auch hier für die Gleichschaltung der Verjährung der Ansprüche aus § 567, § 280 Abs. 1 BGB und § 480 Satz 1.

184 **c) Ansprüche von Fahrgästen.** Hat der Reeder als vertraglicher Beförderer mit Fahrgästen selbst Beförderungsverträge geschlossen, haftet er unter dem Vertrag für den Schaden, der durch Tod oder Körperverletzung eines Fahrgastes oder durch Verlust, Beschädigung oder verspätete Aushändigung von Gepäck oder Fahrzeugen entsteht, nach Maßgabe der Art. 3 Abs. 1 VO Athen, Art. 3 ff. AthenÜ 2002 bzw. der §§ 536 ff. Auch in diesen Fällen lässt sich die Frage nach dem Verhältnis zu konkurrierenden vertraglichen Ansprüchen schnell beantworten: Nach Art. 14 AthenÜ 2002, § 548 sind andere Ansprüche als solche auf Grundlage des AthenÜ 2002 ausgeschlossen. § 480 Satz 1 kommt daher nicht zur Anwendung.

185 **d) Sonstige vertragliche Ansprüche.** Zwischen dem Reeder und dem geschädigten Dritten können auch andere vertragliche Rechtsverhältnisse bestehen. Dabei kann es sich um unmittelbare Rechtsverhältnisse handeln, die durch etwa einen Vertrag begründet wurden, der zwischen dem Reeder und dem Dritten geschlossen wurde. Ebenso kann ein vertraglicher Anspruch aus einem Vertrag zwischen dem Reeder und einem Dritten zu Gunsten des geschädigten Dritten begründet sein. Beispiele für vertragliche Rechtsverhältnisse, aus denen sich konkurrierende Ansprüche aus § 480 Satz 1 ergeben können, sind etwa Heuerverträge, Verträge mit Werften und Reparaturbetrieben, Verträge mit Lieferanten, die Leistungen zu Gunsten des Schiffes erbringen, Schleppverträge, einschließlich Verträge über die Leistungen von Assistenzschleppern,[235] Verträge über die Bergung oder die Beseitigung des Wracks des Schiffes (wenn § 480 Satz 1 hier überhaupt zur Anwendung gelangt) sowie etwa Verträge mit Umschlagsbetrieben. Zu dem Kapitän-Reeder-Rechtsverhältnis siehe oben Rn 22–83 Anhang zu § 479 (Kapitän), zu dem Rechtsverhältnis zwischen dem Lotsen und dem Reeder oben Rn 87–124 Anhang § 478 (Lotse) sowie zu dem Kanalsteurer oben Rn 9 Anhang zu § 478 (Kanalsteurer). Es hängt von den Umständen des Einzelfalles ab, ob in dem vertraglichen Rechtsverhältnis zu Gunsten des

---

235 Siehe ZKR RdTW 2016, 103 [34] „Waalkade", „Rheinland".

Reeders vorgesehene Haftungsbefreiungen und -beschränkungen nicht nur für vertragliche Ansprüche, sondern auch für außervertragliche Ansprüche gelten. Der vertragliche Anspruch sowie der Anspruch aus § 480 Satz 1 unterliegen jeweils einer selbständigen Verjährung. § 610 bleibt im Wesentlichen unberücksichtigt, die Vorschrift gilt nur für Ansprüche aus den in §§ 605 und 606 genannten Rechtsverhältnissen. Allerdings sind in § 606 Nr. 4 Ansprüche wegen der Beseitigung eines Wracks genannt. Zu diesen gehören ggf. auch Ansprüche auf Schadenersatz aus einem Vertrag über die Beseitigung des Wracks, die in entsprechenden Fällen neben den Anspruch aus § 480 Satz 1 treten können (soweit die Vorschrift überhaupt noch zum Tragen kommt). Zu berücksichtigen ist aber im jedem Fall die Bestimmung des § 213 BGB: Die Hemmung, die Ablaufhemmung und der Neubeginn der Verjährung eines Anspruchs wirkt in gleicher Weise auch für den jeweils konkurrierenden (vertraglichen oder außervertraglichen) Anspruch.

XII. Internationalprivatrechtliche Gesichtspunkte

Die Vorschrift des § 480 kommt nur zum Tragen, wenn der Anspruch gegen den Reeder dem deutschen Sachrecht unterliegt. § 480 Satz 1 regelt einen Fall der unerlaubten Handlung. Deren internationalprivatrechtliche Anknüpfung erfolgt normalerweise anhand der Rom II Verordnung. Die Art. 38 bis 42 EGBGB werden verdrängt (Art. 3 Nr. 1 [a] EGBGB). Die Rom II Verordnung hält für die Anknüpfung von Ansprüchen aus unerlaubter Handlung verschiedene Tatbestände bereit. Im Schifffahrtsrecht sind insbesondere die Art. 4 Rom II (unten Rn 188–199) sowie im Falle von Umweltschäden Art. 7 Rom II maßgeblich (unten Rn 200–205). Vorrangig gelten in jedem Falle die Bestimmungen des staatsvertraglich vereinheitlichten Rechts, die sich aus anwendbaren internationalen Übereinkommen ergeben (unten Rn 187). Dies gilt auch für die Emsmündung und Art. 32 Ems-Dollart-Vtrg (unten Rn 233–236). **186**

1. Das international vereinheitlichte Haftungsrecht. Ist die Haftung des Reeders **187** Gegenstand international vereinheitlichter, in völkerrechtlichen Übereinkommen niedergelegten Vorschriften, kommen diese stets vorrangig zur Anwendung. Ein deutsches Gericht wendet die betreffenden Rechtsnormen unmittelbar an. Hierbei bleibt es auch, wenn die Bestimmungen der Rom-II-Verordnung oder das sonst anwendbare internationale Privatrecht auf das Sachrecht eines anderen Staates verweist, der nicht Vertragsstaat des betreffenden Übereinkommens ist und die Bestimmungen des Übereinkommens auch nicht in sein nationales Recht übernommen hat. Der grundsätzlich bestehende Vorrang des staatsvertraglich vereinheitlichten Rechts ergibt sich aus Art. 28 Abs. 1 Rom II sowie Art. 3 Satz 1 Nr. 2 EGBGB. Im Hinblick auf die Haftung des Reeders für Schäden aus dem Betrieb des Schiffes sind vorrangige Übereinkommen insbesondere das ZusÜSee, das ÖlHÜ 1992, das BunkerölÜ, das WBÜ sowie zukünftig das HNS-Ü 2010. Das ReaktorschÜ bleibt hier unberücksichtigt, weil es völkerrechtlich nicht in Kraft und für Deutschland nicht verbindlich ist, auch wenn es aufgrund der Regelung des § 25a Abs. 1 Nr. 1 AtomG innerstaatlich anwendbar ist (siehe Rn 22–31 Anhang IV zu § 480 [maritime Nuklearhaftung]). Maßgeblich und vorrangig zu beachten ist allerdings das KernmaterialBefÜ und der darin vorgesehene Ausschluss der Haftung für Schäden aus nuklearen Ereignissen (dazu Rn 33–38 Anhang IV zu § 480 [maritime Nuklearhaftung]).

2. Art. 4 Rom II. Die Vorschrift des Art. 4 Rom II enthält drei Anknüpfungstatbe- **188** stände. Nach seinem Abs. 1 kommt auf Ansprüche aus unerlaubter Handlung das Recht des Staates zur Anwendung, in dem es zu dem Schaden gekommen ist (unten Rn 189–191). Haben Gläubiger und Schuldner einen gemeinsamen gewöhnlichen Aufenthalt, wird nach Art. 4 Abs. 2 Rom II an das Recht dieses Staates angeknüpft (unten Rn 192). Über allem steht der Vorbehalt des Art. 4 Abs. 3 Satz 1 Rom II, dass keine offensichtlich engere Verbindung zu einem anderen Staat begründet ist (unten Rn 193). Im Tatbestand des Art. 4 Abs. 3 Satz 2 Rom II wird ausdrücklich auf ein zwischen den Parteien bereits bestehendes vertragliches Rechtsverhältnis Bezug genommen, das Anlass für eine unselbständige Anknüpfung sein kann (unten Rn 195–199).

189 **a) Die Anknüpfung an den Erfolgsort (Art. 4 Abs. 1 Rom II).** Der Grundtatbestand des Art. 4 Abs. 1 Rom II gibt vor, dass auf außervertragliche Schuldverhältnisse aus unerlaubter Handlung das Recht des Staates zur Anwendung kommt, in dem der Schaden eingetreten ist. Angeknüpft wird hier an den in der Kausalkette als erstes eingetretenen (Primär-)Schaden. Gemeint ist der Tod oder die Körperverletzung von Personen bzw. die Beschädigung oder den Verlust von Sachen. Ob es in dem Gebiet anderer Staaten zu Folgeschäden kommt, ist für die Anwendung des Art. 4 Abs. 1 Rom II ohne Bedeutung. Entsprechend heißt es in der Vorschrift, dass die „indirekten Schadensfolgen" bei der Anknüpfung unberücksichtigt bleiben. Klargestellt wird in Art. 4 Abs. 1 Rom II außerdem, dass es – anders als bei der Anknüpfung nach Art. 7 Rom II (dazu unten Rn 200–205) – auf den Ort des schadensbegründenden Ereignisses, also den Handlungsort, nicht ankommt.[236]

190 Die Formulierung „... Recht des Staates, in dem der Schaden eintritt ...", umfasst das gesamte Hoheitsgebiet des betreffenden Staates. Hierzu gehören insbesondere die Binnengewässer sowie die inneren Gewässer und das Küstenmeer (dazu oben Rn 5 Einleitung C). Kommt es in diesen Gebieten zu Schäden, beurteilt sich die Haftung des Reeders auf Grundlage des Art. 4 Abs. 1 Rom II nach dem Recht dieses Staates.[237] Hiervon sind zunächst alle Schäden betroffen, die an Bord des Schiffes selbst eintreten. Hier spielen dessen Flagge oder andere schiffsbezogene Anknüpfungsmomente (dazu unten Rn 211–216) von vornherein keine Rolle. Ebenso bleibt die Staatsangehörigkeit der getöteten oder verletzten Person bzw. des Eigentümers der verloren gegangenen oder beschädigten Sachen außen vor. Darüber hinaus beurteilen sich auch Ansprüche wegen Schäden, die außerhalb des Schiffes aufgrund des Schiffsbetriebes entstehen, nach dem Recht des jeweiligen (Küsten-)Staates. Wiederum kommt es auf eine abweichende Staatsangehörigkeit der getöteten oder verletzten Person oder der Eigentümer der verloren gegangenen oder beschädigten Sachen nicht an. Auch die frühere Rechtsprechung hat im Falle von Zusammenstößen im Hoheitsgebiet eines Staates das Recht dieses Staates herangezogen.[238]

191 Allerdings versagt die Anknüpfung nach Art. 4 Abs. 1 Rom II, wenn es zu dem Schaden in staatsfreiem Gebiet kommt, also jenseits des Küstenmeeres eines Staates, etwa in dessen AWZ, oberhalb seines Festlandsockels oder auf der Hohen See (dazu oben Rn 8 Einleitung C). Der Anknüpfung nach Art. 4 Abs. 1 Rom II wird durch die Anknüpfung an

---

236 So aber zum früheren Recht noch etwa RGZ 29, 90 „Dwina", „Venus", RGZ 37, 181; BGHZ 3, 321, 324 „Bothnia", „Schiff 10" (insoweit in NJW 1952, 259 nicht wiedergegeben); BGH VersR 1956, 504, 506 (unter 3b); BGH VersR 1965, 230, 231 (unter II. und III.) „Defender", anschl. BGH VersR 1967, 798; OLG Hamburg Hansa 1960, 491; OLG Hamburg VersR 1961, 51; OLG Bremen Hansa 1964, 419, 420 (linke Spalte oben), anschließend BGH Hansa 1965, 1330 – siehe etwa auch OLG Hamburg HmbSchRZ 2010, 133 Nr. 81, 136 (linke Spalte oben) „Containerships VI", „Oberon", dazu auch S. 137 Nr. 82, zuvor das LG Hamburg S. 123 Nr. 78 sowie OVG Hamburg (2011) BeckRS 2015, 49101; BGH VersR 1962, 514; BGH VersR 1962, 752, 753 (unter I.), zuvor OLG Bremen Hansa 1962, 240; BGH VersR 1969, 563; BGH IPrax 1981, 99.
237 Siehe AG St. Goar (2012) BeckRS 2016, 05682.
238 Siehe etwa BGH Hansa 1957, 1867, 1868 (unter a); BGHZ 29, 237 = NJW 59, 769; siehe auch BGHZ 34, 222 = NJW 1961, 731 (unter I.).

den gemeinsamen gewöhnlichen Aufenthalt (Art. 4 Abs. 2 Rom II, unten Rn 192) und der der offensichtlich engeren Verbindung (Art. 4 Abs. 3 Satz 1 und 2 Rom II, unten Rn 193) sowie durch die Sonderanknüpfung der Ansprüche aus einer Umweltschädigung nach Art. 7 Rom II (dazu unten Rn 200–205) verdrängt.

b) Die Anknüpfung an den gemeinsamen gewöhnlichen Aufenthalt (Art. 4 Abs. 2 Rom II). Ergibt sich, dass sowohl die geschädigte Person als auch der Schädiger zum Zeitpunkt des Schadenseintritts ihren gewöhnlichen Aufenthalt (dazu Art. 23 Rom II) in demselben Staat haben, so unterliegen nach Art. 4 Abs. 2 Rom II die Ansprüche aus unerlaubter Handlung dem Recht dieses Staates.[239] Diese Sonderanknüpfung entspricht einem im internationalen Privatrecht anerkannten traditionellen Grundsatz. Die Anknüpfung an den gemeinsamen gewöhnlichen Aufenthalt kann auch als Sonderfall des Art. 4 Abs. 3 Satz 1 Rom II einer offensichtlich engeren Verbindung verstanden werden (dazu unten Rn 193). Für die Anwendung des Art. 4 Abs. 2 Rom II bezieht sich die Umschreibung „geschädigte Person" auf den Berechtigten, dem die Ansprüche gegen den Schädiger zustehen. Nicht gemeint ist die Person, die letztlich den Schaden erlitten hat, der ggf. auf Grundlage einer Drittschadensliquidation vom Berechtigten geltend gemacht wird. Ist es zu dem Schaden aufgrund des Betriebes des Schiffes gekommen, gilt in entsprechenden Fällen das Sachrecht des Staates, in dem der Reeder seinen gewöhnlichen Aufenthalt hat, wenn außerdem auch der Geschädigte hier seinen gewöhnlichen Aufenthalt hat.[240] Die Anknüpfung an den gemeinsamen gewöhnlichen Aufenthalt nach Art. 4 Abs. 2 Rom II hat Vorrang vor der Anknüpfung nach Abs. 1 (dazu oben Rn 189–191). Andererseits steht die Anknüpfung nach Art. 4 Abs. 2 Rom II unter dem Vorbehalt des Abs. 3 Satz 1 (unten Rn 193), so dass insbesondere eine unselbständige Anknüpfung nach Art. 4 Abs. 3 Satz 2 Rom II vorgeht (zu dieser unten Rn 195–199). Die Anknüpfung an den gemeinsamen gewöhnlichen Aufenthalt nach Art. 4 Abs. 2 Rom II steht auch zur Verfügung, wenn der Schaden jenseits des Küstenmeeres eines Staates, namentlich in dessen AWZ oder auf der Hohen See eingetreten ist. Im Falle einer Umweltschädigung bleibt die Anknüpfung nach Art. 4 Abs. 2 Rom II unberücksichtigt, weil Art. 7 Rom II lediglich auf den Tatbestand des Art. 4 Abs. 1 Rom II Bezug nimmt (dazu unten Rn 203).

c) Die offensichtlich engere Verbindung (Art. 4 Abs. 3 Satz 1 Rom II). Die Tatbestände des Art. 4 Abs. 1 und 2 Rom II stehen unter dem Vorbehalt des Art. 4 Abs. 3 Satz 1 Rom II. In einer für das internationale Privatrecht typischen Bestimmung ist hier vorgesehen, dass für den Fall, dass die unerlaubte Handlung eine engere Verbindung zu einem anderen als dem anhand der Abs. 1 oder 2 ermittelten Staat aufweist, das Recht dieses Staates heranzuziehen ist. Wie schon nach Art. 4 Abs. 3 Rom I ist eine „offensichtlich" engere Verbindung erforderlich. Ob diese Voraussetzung vorliegt, beurteilt sich nach den Umständen des Einzelfalles.

d) Die Anknüpfung an die gemeinsame Flagge. Ist es zu der Beschädigung eines anderen Schiffes gekommen, insbesondere durch einen Zusammenstoß, das dieselbe Flagge führt wie das Schiff, das den Schaden verursacht hat, besteht m.E. eine offensichtlich engere Verbindung im Sinne des Art. 4 Abs. 3 Satz 1 Rom II zu dem Recht der gemeinsamen Flagge (siehe zur Flagge als schiffsbezogenes Anknüpfungsmerkmal unten Rn 212). Damit verdrängt die Anknüpfung an die gemeinsame Flagge die des Art. 4

---

239 Siehe OGH Wien ZfB 2014-1, 54 (Slg. 2260) (unnter 3.) „Grafenau", „Ybbs".
240 Siehe OGH RdTW 2014, 157 [16]; OLG Nürnberg RdTW 2017, 31 [28]; *Hartenstein* TranspR 2008, 143, 153 (unter 1.).

Abs. 1 Rom II. Das Recht der gemeinsamen Flagge kommt auch dann zur Anwendung, wenn der Schaden im Hoheitsgebiet eines anderen Staates eingetreten ist.[241] Ebenso geht die Anknüpfung an die gemeinsame Flagge der Anknüpfung an den gemeinsamen gewöhnlichen Aufenthalt nach Art. 4 Abs. 2 Rom II vor. Häufig werden sie allerdings beide zum selben Ergebnis führen. Die Anknüpfung an die gemeinsame Flagge bleibt jedoch unberücksichtigt, wenn eine unselbständige Anknüpfung nach Art. 4 Abs. 3 Satz 2 Rom II geboten ist (unten sogleich Rn 195–199).

195   **e) Die unselbständige Anknüpfung an ein bereits bestehendes Rechtsverhältnis (Art. 4 Abs. 3 Satz 2 Rom II).** Bei Rechtsverhältnissen aus unerlaubter Handlung verhält es sich normaler Weise so, dass vor dem Schadensereignis zwischen dem Geschädigten und dem Schädiger kein (vertragliches) Rechtsverhältnis bestanden hat. Hiervon kann es allerdings Ausnahmen geben. Im deutschen Recht ist anerkannt, dass ein vertraglicher Anspruch auf Schadenersatz wegen Pflichtverletzung auch konkurrierende außervertraglicher Ansprüche aus unerlaubter Handlung auslösen kann. Diese Situation nimmt Art. 4 Abs. 3 Satz 2 Rom II auf. Die Vorschrift ordnet an, dass hier eine unselbständige Anknüpfung vorzunehmen ist: Auch die unerlaubte Handlung soll sich internationalprivatrechtlich nach dem für das vertragliche Schuldverhältnis maßgeblichen Sachrecht beurteilen.[242]

196   Konkurrierende vertragliche Ansprüche können durchaus häufig bestehen. Dies betrifft insbesondere Fälle des Verlustes oder der Beschädigung von Gut, das auf dem Schiff befördert wird. Hat der Reeder als Verfrachter einen Stückgutfrachtvertrag (§§ 481 ff.), eine Reisecharter (§§ 527 ff.) oder eine Zeitcharter (§§ 557 ff.) geschlossen, können sich aus diesen Rechtsverhältnissen im Falle eines Ladungsschadens vertragliche Ansprüche ergeben. Im Falle der Anwendbarkeit deutschen Sachrechts kämen bei Stückgutfrachtverträgen und Reisechartern die §§ 498 ff. (§ 527 Abs. 2) zur Anwendung, im Rahmen einer Zeitcharter dagegen über § 567 die Bestimmungen des § 280 Abs. 1 BGB. Ein vom Reeder geschlossener sonstiger Vertrag kann eine Schutzwirkung zu Gunsten der geschädigten Person entfalten. Auch dies begründet ein vertragliches Schuldverhältnis und möglicher Weise vertragliche Ansprüche auf Schadenersatz, die zu den Ansprüchen aus unerlaubter Handlung in Konkurrenz treten können. Durch oder für den Reeder können außerdem Konnossemente ausgestellt werden (§§ 513 ff.), auch Haag-Konnossemente (Art. 6 Abs. 1 EGHGB), die ein Konnossements-Rechtsverhältnis zwischen dem Konnossements-Berechtigten und dem Reeder als Verfrachter begründen. In diesem Zusammenhang schadet es nicht, dass nach deutschem Rechtsverständnis das Konnossement an sich kein Vertrag ist, auf den in Art. 4 Abs. 3 Satz 2 Rom II, ausgehend von seinem Wortlaut, abgestellt wird. Ersichtlich erfolgt die Bezugnahme auf den Vertrag lediglich beispielhaft. Nach dem Verständnis des europäischen Rechts begründet das Konnossement ein vertragliches Rechtsverhältnis, was insbesondere durch die ausdrückliche Erwähnung in Erwägungsgrund (9) in Verbindung mit Art. 1 Abs. 1 (d) Rom I bestätigt wird. Damit ist auch ein vom Reeder ausgestelltes Konnossement geeignet, eine offensichtlich engere Verbindung zwischen dem Reeder und dem Konnossements-

---

241   Siehe BGHZ 34, 222 = NJW 1961, 731, 732 (unter II.); OLG Hamburg HansGZ H 1913, 117 Nr. 52 „Riol", „Peruvia"; OLG Hamburg HansGZ H 1915, 139 Nr. 69 „Helene", „Sedina"; OLG Hamburg HansRGZ B 1940, 6 Nr. 5 – *Steingröver* in MüKo/HGB Rn 13, 15 vor §§ 570; *Herber* Seehandelsrecht S. 393 und S. 422 f. (unter 2.); *Rauscher* Rom I Rom II (Unberath/Cziupka) Rn 138, 139 zu Art. 4 Rom II-VO; *Junker* in MüKo/BGB Rn 141 zu Art. 4 Rom II; *Palandt* (Thorn) Rn 22 zu Art. 4 Rom II.
242   *Rauscher* Rom I Rom II (Unberath/Cziupka) Rn 139 zu Art. 4 Rom II-VO; *Hartenstein* TranspR 2008, 143, 153 (unter 1.).

Berechtigten im Sinne des Art. 4 Abs. 3 Satz 1 Rom II herzustellen. Im Ergebnis unterliegen konkurrierende Ansprüche aus unerlaubter Handlung nach Art. 4 Abs. 3 Satz 2 Rom II dem Sachrecht, das auch für die Haftung aus dem vertraglichen Rechtsverhältnis (Stückgutfrachtvertrag, Reisecharter) oder dem (Haag-)Konnossement maßgeblich ist.

Eine Haftung des Reeders als ausführender Verfrachter nach § 509 Abs. 1 für den **197** Verlust oder die Beschädigung des Gutes ist kein geeigneter Ansatzpunkt für eine unselbständige Anknüpfung. Der Anspruch des ursprünglichen Befrachters bzw. endgültigen Empfängers gegen den ausführenden Verfrachter ist internationalprivatrechtlich richtiger Weise ebenfalls ein Anspruch aus unerlaubter Handlung. Allerdings werden ein Anspruch gegen den Reeder als ausführender Verfrachter und mögliche weitere Ansprüche aus unerlaubter Handlung in der Regel in derselben Weise anhand der Tatbestände des Art. 4 Abs. 1 und 2 bzw. den sonstigen Grundsätzen (unten Rn 218–219) anzuknüpfen sein, so dass beide Ansprüche ohnehin dem gleichen Sachrecht unterliegen werden.

Besonderheiten gelten im Hinblick auf Ansprüche von Fahrgästen wegen Tod oder **198** Körperverletzung oder wegen Verlust, Beschädigung oder verspäteter Aushändigung von Gepäck. Diese unterliegen den Bestimmungen des AthenÜ 2002, das über Art. 3 Abs. 1 VO Athen zur Anwendung gelangt. Hier haftet der Reeder unmittelbar aus Vertrag, wenn er die Rechtstellung als (vertraglicher) Beförderer hat. Gleiches gilt, im Falle der Anwendbarkeit deutschen Sachrechts auf den Beförderungsvertrag, für die Haftung aus §§ 536 ff. Ist der Reeder nicht vertraglicher Beförderer, hat er regelmäßig die Rechtstellung eines ausführenden Beförderers, sodass er nach Maßgabe der Art. 4 AthenÜ 2002, § 546 in derselben Weise wie der vertragliche Beförderer für die Ansprüche der Fahrgäste einzustehen hat. Allerdings spielt die Frage einer unselbständigen Anknüpfung in der Regel keine Rolle. Denn Art. 14 AthenÜ 2002 und § 548 schließen konkurrierende Ansprüche auf anderer Grundlage aus.

Erfolgt eine unselbständige Anknüpfung nach Art. 4 Abs. 3 Satz 2 Rom II, stellt sich **199** die Frage nicht, ob der Schaden im Hoheitsgebiet eines Staates eingetreten ist (Art. 4 Abs. 1 Rom II, oben Rn 189–191) oder ob eine schiffsbezogene Anknüpfung erfolgen muss (unten Rn 211–216). Ebenso geht die unselbständige Anknüpfung der Anknüpfung an den gemeinsamen gewöhnlichen Aufenthalt des Schädigers und der geschädigten Person nach Art. 4 Abs. 2 Rom. II vor. Ebenso verdrängt m.E. die unselbständige Anknüpfung nach Art. 4 Abs. 3 Satz 2 Rom II die Anknüpfung an die gemeinsame Flagge (oben Rn 194).

3. Die Anknüpfung von Ansprüchen wegen Umweltschäden nach Art. 7 Rom II. **200** Werden gegen den Reeder Ansprüche aus einer Umweltschädigung (unten Rn 201) geltend gemacht, kann die Sonderanknüpfung des Art. 7 Rom II zum Tragen kommen. Sie ist alternativ ausgestaltet. Die Anknüpfung nach Art. 7 Rom II geht der nach Art. 4 Rom II vor und verdrängt als speziellere Anknüpfung aller in Art. 4 vorgesehenen Tatbestände. Dies ergibt sich auch aus den einleitenden Worten des Art. 4 Rom II. Gemäß Art. 7 Rom II werden Ansprüche aus einer Umweltschädigung in erster Linie nach Art. 4 Abs. 1 Rom II angeknüpft (unten Rn 202–203). Nach Art. 7 Rom II kann der Geschädigte aber auch das Recht des Staates wählen, in dem das schadensbegründende Ereignis eingetreten ist (unten Rn 204).

a) Die Umweltschädigung. Die Vorschrift des Art. 7 Rom II geht von einer „Um- **201** weltschädigung" aus. Abweichend davon sprechen die auf diese Vorschrift bezogenen Erwägungsgründe (24) und (25) der Rom II Verordnung von einem „Umweltschaden".

Damit ist offenbar nichts anderes gemeint. Art. 7 Rom II enthält keine Umschreibung des Begriffes des „Umweltschädigung". Erwägungsgrund (24) der Rom II Verordnung beschreibt allerdings den Umweltschaden als nachteilige Veränderung einer natürlichen Ressource, wie Wasser, Boden oder Luft, eine Beeinträchtigung einer Funktion, die eine natürliche Ressource zum Nutzen einer anderen natürlichen Ressource oder der Öffentlichkeit erfüllt, oder eine Beeinträchtigung der Variabilität unter lebenden Organismen. Zu berücksichtigen ist außerdem die ausführliche Umschreibung des Umweltschadens in Art. 2 Nr. 1 der Richtlinie 2004/35 (siehe auch § 2 Nr. 1 und 2 USchadG). Die Anknüpfung nach Art. 7 Rom II betrifft im Übrigen nicht nur Ansprüche wegen Verschmutzungsschäden, sondern darüber hinaus auch Ansprüche wegen aus einer Umweltschädigung herrührender Personen- oder Sachschäden. Im Rahmen des Schiffsbetriebes geht es namentlich um eine nachteilige Veränderung des Wassers oder des Bodens des Gewässers oder des Ufers, in erster Linie bewirkt durch den Austritt von Stoffen, die als Ladung befördert werden, insbesondere durch Öl oder Chemikalien, oder durch an Bord verwendete Betriebsstoffe, insbesondere Brennstoff. Bei diesen Sachverhalten kommen allerdings in erster Linie das ÖlHÜ 1992, das BunkerölÜ sowie zukünftig das HNS-Ü zur Anwendung. Diese betreffen jedoch nur reine Verschmutzungsschäden und nicht auch Ansprüche wegen Personen- oder Sachschäden, die durch den Verschmutzungsschaden verursacht wurden (siehe Art. I Nr. 6 ÖlHÜ 1992, dort Rn 11–15 [Anhang I.1 zu § 480] sowie Art. 1 Nr. 9 BunkerölÜ). Insoweit bleibt Art. 7 Rom II auch im Anwendungsbereich des ÖlHÜ 1992 und des BunkerölÜ maßgeblich.

202   **b) Der Grundfall: Anknüpfung nach Art. 4 Abs. 1 Rom II.** Im Falle einer Umweltschädigung (zuvor Rn 201) ist nach Art. 7 Rom II in erster Linie das Sachrecht heranzuziehen, das sich anhand des Art. 4 Abs. 1 Rom II ermittelt. Hier wird auf das Recht des Staates verwiesen, in dem der (Primär-)Schaden eingetreten ist (oben Rn 189–191). Ausgehend von Art. 7 Rom II ist dieser Primärschaden die Umweltschädigung, an die die Vorschrift anknüpft. Art. 7 Rom II betrifft darüber hinaus auch Ansprüche wegen aus einer solchen Schädigung entstandener Personen- oder Sachschäden. Hierbei handelt es sich um Folgeschäden, die dem Recht des Staates unterliegen, in dem die Umweltschädigung eingetreten ist, auch wenn es zu dem Personen- oder Sachschaden im Einzelfall in einem anderen Staat gekommen ist.

203   Art. 7 Rom II nimmt lediglich Bezug auf den Abs. 1 des Art. 4 Rom II. Dies hat zur Folge, dass die Tatbestände des Art. 4 Abs. 2 und 3 Satz 1 Rom II nicht zum Tragen kommen, soweit es um Ansprüche aus Umweltschädigungen geht. Damit bleibt unberücksichtigt, dass etwa der Schädiger und die geschädigte Person einen gemeinsamen gewöhnlichen Aufenthalt in einem Staat haben oder dass eine offensichtlich engere Verbindung der Umweltschädigung zu einem anderen Staat besteht. Darüber hinaus entfällt auch eine unselbständige Anknüpfung nach Art. 4 Abs. 3 Satz 2 Rom II (dazu Rn 195–199).

204   **c) Die Alternative: Ort des schadensbegründenden Ereignisses.** Dem Geschädigten steht nach Art. 7 Rom II im Hinblick auf seine Ansprüche aus einer Umweltschädigung eine zweite alternative Anknüpfung zur Verfügung. Er ist berechtigt, seinen Anspruch auf das Recht des Staates zu stützen, in dem das schadensbegründende Ereignis eingetreten ist. Diese Bestimmung hat den Zweck, die Rechtsstellung des Geschädigten bei Umweltschädigungen zu verbessern (siehe Erwägungsgrund [2] Satz 1 Rom II). Dabei geht die Rom II Verordnung davon aus, dass sich die Frage, bis zu welchem Zeitpunkt der Beschädigung von dieser Befugnis Gebrauch machen kann, nach dem jeweils anwendbaren nationalen Recht beurteilt (Erwägungsgrund [25] Satz 2). In Art. 46a EGBGB ist hierzu vorgesehen, dass der Geschädigte sein Wahlrecht nur im ersten Rechtszug bis zum Ende des frühen ersten Termins oder dem Ende des schriftlichen Vorverfahrens ausüben kann. In vielen Fällen wird die in Art. 7 Rom II vorgesehene alternative Sonderanknüpfung ohnehin zu demselben Sachrecht wie die Hauptanknüpfung über Art. 4 Abs. 1 Rom II an den Erfolgsort führen (oben Rn 189–191). Geht eine Umweltschädigung auf den Betrieb des Schiffes zurück, hat das schadensbegründende Ereignis regelmäßig an Bord stattgefunden. Befand sich das Schiff zu dem Zeitpunkt des schadensbegründenden Ereignisses im Hoheitsgebiet eines Staates – innere Gewässer oder Küstenmeer (dazu oben Rn 4, 5 Einleitung C) –, kommt im Rahmen der alternativen Anknüpfung nach Art. 7 Rom II das Recht dieses Staates zur Anwendung.

d) Das Verhältnis zum ÖlHÜ 1992 bzw. zum BunkerölÜ. Gegenstand des ÖlHÜ 205
1992 ist die Haftung des Eigentümers des Schiffes für Öl- bzw. Bunkerölverschmutzungsschäden (siehe Art. I Nr. 6 ÖlHÜ 1992, Art. 1 Nr. 9 BunkerölÜ). Öl- bzw. Bunkerölverschmutzungsschäden führen normaler Weise zu einer Umweltschädigung im Sinne des Art. 7 Rom II. Damit gelten die Bestimmungen des ÖlHÜ 1992 und des BunkerölÜ vorrangig. Allerdings kann Art. 7 Rom II durchaus eine Rolle spielen. Dies betrifft insbesondere Personen- oder Sachschäden, die durch den Öl- bzw. Bunkerölverschmutzungsschaden verursacht wurden und die nicht in den Anwendungsbereich des ÖlHÜ 1992 und des BunkerölÜ fallen. Ebenso kann Art. 7 Rom II auch bei Öl- bzw. Bunkerölverschmutzungsschäden zur Anwendung gelangen, wenn diese in der AWZ bzw. den Hoheitsgewässern von Nicht-Vertragsstaaten eingetreten sind. Solange das HNS-Ü 2010 noch nicht in Kraft getreten ist, fallen HNS-Schäden in vollem Umfang in den Anwendungsbereich des Art. 7 Rom II.

4. Vorgänge in staatsfreien Gebieten. Die maßgeblichen Tatbestände der Anknüp- 206
fungen nach Art. 4 Abs. 1 und Art. 7 Rom II verweisen auf das Recht des Staates, in dem der (Primär-)Schaden oder in dem das schadensbegründende Ereignis eingetreten ist (dazu oben Rn 189–191). Ist es zu dem Schaden bzw. dem schadensbegründenden Ereignis in staatsfreiem Gebiet gekommen (dazu unten Rn 208–210), versagen beide Anknüpfungen. Möglich ist aber weiterhin die Anknüpfung an den gemeinsamen gewöhnlichen Aufenthalt im Rahmen des Art. 4 Abs. 2 Rom II (oben Rn 192), die allerdings nicht im Falle einer Umweltschädigung zur Anwendung gelangt (oben Rn 203). Entsprechendes gilt für den Vorbehalt der offensichtlich engeren Verbindung bzw. die unselbständige Anknüpfung nach Art. 4 Abs. 3 Satz 1 und 2 Rom II (dazu oben Rn 193, 195–199).

a) Die vorrangigen Anknüpfungen nach Art. 4 Abs. 2 und 3 Rom II. In bestimm- 207
ten Fällen spielt der Umstand, dass die Anknüpfung nach Art. 4 Abs. 1 Rom II an den Erfolgsort in staatsfreiem Gebiet nicht zur Verfügung steht, von vornherein keine Rolle. Entsprechendes gilt im Hinblick auf die alternative Anknüpfung nach Art. 7 Abs. 2 Rom II an den Handlungsort. So verhält es sich insbesondere, wenn nach Art. 4 Abs. 2 Rom II vorrangig an den gemeinsamen gewöhnlichen Aufenthaltsort des Geschädigten und des Reeders anzuknüpfen ist (oben Rn 192). Hier bleibt es bei der Anknüpfung nach Art. 4 Abs. 2 Rom II, auch wenn der Schaden in der AWZ oder über dem Festlandsockel eines Küstenstaates oder auf Hoher See eingetreten ist. Allerdings steht die vorrangige Anknüpfung nach Art. 4 Abs. 2 Rom II bei Ansprüchen aus Umweltschädigungen (Art. 7 Rom II) nicht zur Verfügung (oben Rn 203). Die Anknüpfung nach Art. 4 Abs. 1 Rom II an den Erfolgsort spielt auch dann keine Rolle, wenn insbesondere wegen eines ohnehin bestehenden Rechtsverhältnisses zwischen dem Geschädigten und dem Reeder unselbständig nach Art. 4 Abs. 3 Satz 2 Rom II anzuknüpfen ist (oben Rn 195–199). Auch

dies hilft im Rahmen des Art. 7 im Hinblick auf die Haftung aus Umweltschädigungen nicht weiter (oben Rn 203).

208 **b) Staatsfreie Gebiete.** Das Hoheitsgebiet eines Staates umfasst seine inneren Gewässer und das Küstenmeer (unten Rn 209). Dagegen gehören zu den staatsfreien Gebieten die AWZ sowie die Gewässer über den Festlandsockel eines Staates sowie schließlich die Hohe See (unten Rn 210).

209 **aa) Die inneren Gewässer und das Küstenmeer.** Zu den inneren Gewässern im Sinne des SeerechtsÜ siehe oben Rn 4 Einleitung C. Befindet sich das Schiff zum maßgeblichen Zeitpunkt in den inneren Gewässern eines Staates, sind Schäden oder schadensbegründende Ereignisse, zu denen es an Bord kommt (siehe Art. 4 Abs. 1 und die alternative Anknüpfung des Art. 7 Rom II) in diesem Staat eingetreten. Hierbei bleibt es auch, wenn die inneren Gewässer lediglich durchfahren werden, ohne dass ein Hafen oder Liegeplatz angelaufen oder verlassen wird. Völkerrechtlich wie internationalprivatrechtlich ist auch das Küstenmeer (oben Rn 5 Einleitung C) Teil des Hoheitsgebietes des Küstenstaates. Hält sich das Schiff im Küstenmeer eines Staates auf, treten Schäden oder schadensbegründende Ereignisse an Bord an Bord im Hoheitsgebiet des Küstenstaates ein. Die Anknüpfung nach Art. 4 Abs. 1 oder die alternative Anknüpfung des Art. 7 Rom II führt hin zum Sachrecht des Küstenstaates. Wiederum gilt dies unabhängig davon, ob das Schiff einen Hafen oder Liegeplatz im Küstenstaat anläuft oder verlässt oder ob das Küstenmeer lediglich durchfahren wird.

210 **bb) AWZ; Festlandsockel; Hohe See.** Die Anknüpfungen nach Art. 4 Abs. 1 und Art. 7 Rom II versagen, wenn der Schaden bzw. das schadensbegründende Ereignis an Bord eines Schiffes eingetreten ist, das sich in staatsfreiem Gebiet befindet. Zu den staatsfreien Gebieten zählt internationalprivatrechtlich auch die AWZ (zu dieser oben Rn 6 Einleitung C), sie ist insoweit nicht dem Hoheitsgebiet des Küstenstaates gleichzustellen.[243] Gleiches gilt für das Seegebiet über dem Festlandsockel. Für Deutschland stimmen der Festlandsockel und die AWZ gebietsmäßig überein. Siehe aber zu festen Einrichtungen, die in der AWZ bzw. auf dem Festlandsockel errichtet wurden, die Hinweise unten Rn 220–221. Schließlich ist auch die Hohe See (oben Rn 8 Einleitung C) in internationalprivatrechtlicher Hinsicht staatsfreies Gebiet. Befand sich das Schiff zum maßgeblichen Zeitpunkt in staatsfreiem Gebiet, muss bei der internationalprivatrechtlichen Anknüpfung auf ein anderes, schiffsbezogenes Anknüpfungsmoment zurückgegriffen werden (siehe sogleich Rn 211–216).

211 **c) Das schiffsbezogene Anknüpfungsmoment.** In den Fällen, in denen Schäden an Bord eines Schiffes eingetreten bzw. das schadensbegründende Ereignis an Bord eines Schiffes stattgefunden hat, das sich in staatsfreiem Gebiet befindet (zuvor Rn 208–210), muss ein internationalprivatrechtliches schiffsbezogenes Anknüpfungsmerkmal herangezogen werden. Richtiger Weise ist hier auf die Flagge des Schiffes abzustellen, mit der Folge, dass ggf. auf das Recht des Flaggenstaates ankommt (unten Rn 212). Ungeeignet sind dagegen m.E. die Anknüpfungen an das Schiffsregister, den Heimathafen des Schiffes oder den Geschäftssitz des Reeders bzw. Betreibers (unten Rn 213–214, 215, 216).

---

[243] So aber unzutreffend *Hille/Schröder/Dettmer/Visser* VersR 2010, 585, 591 (unter d) und wohl auch *Hartenstein* TranspR 2008, 143, 153 (unter III.1).

aa) Die Flagge des Schiffes. Traditionell ist das maßgebliche internationalprivat- 212
rechtliche Anknüpfungsmoment für Vorgänge an Bord die Flagge des Schiffes.[244] Bei der
Flaggenhoheit handelt es sich um eine eigenartige und in besonderer Weise ausgestaltete hoheitliche Befugnis. Die Rechte und Pflichten des Flaggenstaates und seine Flaggenhoheit sind in Art. 90 ff. SeerechtsÜ näher geregelt. Die Flaggenhoheit ist keine besondere Gebietshoheit, das Schiff ist kein losgelöster schwimmender Teil des Flaggenstaates.[245]
Gleichwohl ist die Flagge ein geeignetes internationalprivatrechtliches Anknüpfungsmoment. Hierfür spricht bereits, das sie normaler Weise äußerlich erkennbar ist. Die
Flagge des Schiffes kann ohne weiteres anhand der Schiffspapiere geklärt werden (zum
deutschen Recht siehe dazu oben Rn 98–101 Einleitung B). Darüber hinaus gehört die
Flagge des Schiffes zu dessen üblicher Weise genannten Merkmalen, etwa in Publikationen zum Schiff. Das internationale Privatrecht sucht im Ansatz nach derjenigen Rechtsordnung, zu dem das betreffende Rechtsverhältnis die engste Verbindung aufweist. Eine
Rechtsordnung besteht, weil ein Staat von seinen entsprechenden hoheitlichen Befugnissen zur Rechtssetzung Gebrauch macht. Die Flaggenhoheit ist hierfür ein angemessener Ansatzpunkt; siehe auch Art. 29 Abs. 3 Satz 2 CMNI. Außerdem kommt der Flaggenhoheit eine gewisse, der Gebietshoheit entsprechende völkerrechtliche Würde zu, was
sie als Anknüpfungsmoment sehr geeignet erscheinen lässt.[246] Bei all dem kann m.E.
außer Acht bleiben, dass das Schiff möglicherweise Häfen des Flaggenstaates selten oder
nie anläuft oder ohnehin wegen seiner Abmessungen nicht anlaufen kann oder dass es
sich bei dem Flaggenstaat um einen Binnenstaat handelt. Art. 90 SeerechtsÜ erkennt
auch das Recht von Binnenstaaten an, Schiffen das Führen der Flagge ihres Staates zu
erlauben.

bb) Ungeeignet: Das Schiffsregister. Als Anknüpfungsmoment für Vorgänge an 213
Bord ist m.E. das Schiffsregister nicht geeignet.[247] Abweichend davon knüpft Art. 29
Abs. 3 Satz 2 CMNI in erster Linie und noch vor der Flagge an das Schiffsregister an. Zum
deutschen Schiffsregister siehe die Hinweise oben Rn 98–101 Einleitung B. In vielen Fällen, wie auch in Deutschland, ist grundsätzlich die Berechtigung zur Führung der Flagge
eines Staates mit der Eintragung in dessen Schiffsregister oder ein Schiffsregister dieses
Staates verknüpft. Hier führt die Anknüpfung an das Schiffsregister oder an die Flagge
ohnehin zum selben Ergebnis. Möglicher Weise bleibt das Schiff im Schiffsregister eines
Staates eingetragen, erhält aber gleichwohl das Recht, die Flagge eines anderen Staates
zu führen. Auch bei Schiffen, die in einem deutschen Seeschiffsregister eingetragen sind,
ist dies möglich; siehe § 7 FlRG sowie oben Rn 107–111 Einleitung B. Führt das Schiff
nicht die Flagge des Staates, in dessen Schiffsregister es eingetragen ist, bleibt für die
internationalprivatrechtliche schiffsbezogene Anknüpfung die Flagge maßgeblich.[248]
Das Schiffsregister als Anknüpfungsmoment dokumentiert grundsätzlich lediglich die
privatrechtlichen Rechtsverhältnisse des Schiffes. Im Vergleich zu dessen Flagge scheint

---

[244] Siehe *Steingröver* in MüKo/HGB Rn 16, 17 vor §§ 570; *Herber* Seehandelsrecht S. 393 (vor VII.); *Junker* in MüKo/BGB Rn 143 zu Art. 4 Rom II; *Palandt* (Thorn) Rn 22 zu Art. 4 Rom II; sowie die Nachweise bei *Schaps/Abraham* Seehandelsrecht Rn 33–36 zu § 485 und Rn 25 vor § 734 – anders aber *Hille/Schröder/Dettmer/Visser* VersR 2010, 585, 589 f. (unter 3c); *Hartenstein* TranspR 2008, 143, 153 (unter III.1).
[245] So aber noch RGZ 138, 243, 246 „Casablanca", „Henry Stanley".
[246] Siehe auch BAG HmbSchRZ 2010, 109 Nr. 74 [47–50]; anders zuvor das LAG Mecklenburg-Vorpommern HmbSchRZ 2009, 9 Nr. 5.
[247] So auch *Steingröver* in MüKo/HGB Rn 16, 17 vor §§ 570.
[248] *Herber* Seehandelsrecht S. 410 (vor IV.) (in der 1. Auflage 1999).

dies allerdings kein überzeugenderes internationalprivatrechtliches Anknüpfungsmoment.

214   Für die Maßgeblichkeit des Schiffsregisters spricht allerdings auf den ersten Blick Art. 18 (b) des Entwurfs KOM(2003) 427[249] vom 22. Juli 2002 der Rom-II-Verordnung. Dort werden im Hinblick auf Schiffe, die sich auf Hoher See befinden, drei Anknüpfungen genannt, nämlich das Schiffsregister, die Ausstellung eines Schiffszertifikats oder die Staatsangehörigkeit des Reeders. Sie stehen offenbar in einem Rangverhältnis in der Reihenfolge ihrer Aufzählung. Von der Flagge des Schiffes ist nicht die Rede. Der erste Fall bezieht sich auf die Registrierung des Schiffes, der zweite auf ein Schiffszertifikat. Leider ist nicht klar, ob jeweils auf flaggen- oder zivilrechtliche Merkmale abgestellt wird. Der dritte Fall, bei dem es um die Staatsangehörigkeit des Eigentümers des Fahrzeugs geht, betrifft ein zivilrechtliches Merkmal. Die Regelung des damaligen Art. 18 stieß zunächst auf Zustimmung,[250] ist in den folgenden Fassungen der Entwürfe für die Rom-II-Verordnung aber nicht beibehalten worden.[251] War Art. 18 (b) des Entwurfs so zu verstehen, dass im ersten Fall vorrangig auf flaggenrechtliche Belange abgestellt wird, unterstützt die Regelung die Auffassung, dass die Flagge das maßgebliche Anknüpfungsmoment ist. Andernfalls wäre der Bestimmung nicht zu folgen. Letztlich kann daher die Regelung nichts zur Beantwortung der Frage beitragen, auf welchen Gesichtspunkt in internationalprivatrechtlicher Hinsicht anzuknüpfen ist

215   **cc) Ungeeignet: Der Heimathafen.** Für die Zwecke einer international privatrechtlichen schiffsbezogenen Anknüpfung kommt auch der Heimathafen des Schiffes in Betracht.[252] Dieser ist normaler Weise deutlich sichtbar am Heck des Schiffes vermerkt; zum deutschen Recht siehe § 9 FlRG sowie zum Heimathafen des Schiffes ausführlich oben Rn 86–88 Einleitung. M.E. ist auch der Heimathafen nicht geeignet, die Flagge als maßgebliches Anknüpfungsmoment zu verdrängen.[253] Mit dem Heimathafen mag die Vorstellung verbunden sein, dass das Schiff hier „zu Hause" ist und regelmäßig dorthin zurückkehrt. Dies entspricht nicht mehr der Rechtswirklichkeit. Es kommt häufig vor, dass Schiffe ihren Heimathafen nie anlaufen. Im Übrigen kann eine Verknüpfung zwischen dem Heimathafen und dem Ort des Schiffsregisters bestehen; siehe zum deutschen Recht die Regelung des § 4 Abs. 1 SchRegO. Hat der Reeder seinen Geschäftssitz nicht in einem Hafen, sondern im Binnenland, kann er das Schiffsregister, in das das Schiff einzutragen ist, nach § 4 Abs. 2 SchRegO wählen. In diesem Falle gilt der Ort des Schiffsregisters auch

---

249 Artikel 18 – Gleichstellung mit dem Hoheitsgebiet eines Staates
Für die Zwecke dieser Verordnung sind dem Hoheitsgebiet eines Staates gleichgestellt:
a) die Einrichtungen und sonstigen Anlagen zur Exploration und Gewinnung natürlicher Ressourcen, die sich in, auf oder über einem Teil des Meeresgrunds befinden, der außerhalb der Hoheitsgewässer dieses Staates liegt, soweit dieser Staat aufgrund des Völkerrechts ermächtigt ist, dort Hoheitsrechte zum Zwecke der Exploration und Gewinnung natürlicher Ressourcen auszuüben;
b) ein auf hoher See befindliches Seefahrzeug, das von diesem Staat oder in dessen Namen registriert oder mit einem Schiffszertifikat oder einem gleichgestellten Dokument versehen worden ist oder dessen Eigentümer Angehöriger dieses Staates ist;
c) ein im Luftraum befindliches Luftfahrzeug, das von diesem Staat oder in dessen Namen registriert oder im Luftfahrzeugregister eingetragen worden ist oder dessen Eigentümer Angehöriger dieses Staates ist.
250 Siehe die Stellungnahme des Europäischen Wirtschafts- und Sozialausschusses (ABl. 2004 Nr. C 241 S. 1) Ziffer 8.2.
251 Siehe den geänderten Vorschlag der Kommission KOM(2006) 83 endg. vom 21. Februar 2006, S. 22.
252 Siehe *Staudinger* (von Hoffmann) Rn 226 zu Art. 40 EGBGB.
253 *Steingröver* in MüKo/HGB Rn 16, 17 vor §§ 570; *Herber* Seehandelsrecht S. 393 (vor VII.) – siehe auch *Mankowski* TranspR 1996, 228–235 sowie schon RGZ 29, 90 „Dwina", „Venus".

als Heimathafen des Schiffes. Im Ergebnis folgt der Heimathafen letztlich dem Registerort, so dass der Heimathafen im Ergebnis keine überzeugendere internationalprivatrechtliche Anknüpfung liefert.

dd) Ungeeignet: Der Geschäftssitz des Reeders bzw. Betreibers. Als schiffsbezogene internationalprivatrechtliche Anknüpfung wird auch der Geschäftssitz des Reeders vorgeschlagen.[254] Daneben soll der Ort maßgeblich sein, an dem das Unternehmen, das das technische Management des Schiffes übernommen hat, seinen Sitz hat.[255] All diese Merkmale scheinen mir letztlich ungeeignet zu sein.[256] So lässt sich der Eigentümer des Schiffes in der Regel über das Schiffsregister ermitteln. Gleiches gilt aber nicht in jedem Falle auch für den Betreiber des Schiffes, der ggf. in das Register des Flaggenstaates eingetragen ist. Entscheidend erscheint mir jedoch, dass Schiffe weltweit eingesetzt werden und der vom Reeder bzw. Betreiber des Schiffes gewählte Geschäftssitz im Vergleich dazu einen eher willkürlichen Umstand darstellt. Für die Wahl des Geschäftssitzes sind andere Gesichtspunkte maßgeblich, die mit dem Schiff und seinem Bordbetrieb nichts zu tun haben. Damit steht der gewählte Geschäftssitz in keinem so hinreichend engen Verhältnis zu den Vorgängen an Bord, dass eine Übernahme als internationalprivatrechtliches schiffsbezogenes Anknüpfungsmoment angebracht erscheint. Abgesehen davon ist der Geschäftssitz des Reeders bzw. Betreibers des Schiffes häufig ohnehin in dem Flaggenstaat bzw. in dem Staat, in dem sich auch das Schiffsregister bzw. der Heimathafen befindet. 216

d) Einzelfälle. Die Anknüpfungen nach Art. 4 Abs. 1 und Art. 7 Rom II laufen leer, wenn der Schaden bzw. das schadensbegründende Ereignis außerhalb des Hoheitsgebietes eines Staates eingetreten ist. In diesen Fällen kann ggf. hilfsweise als geeignetes internationalprivatrechtliches schiffsbezogenes Anknüpfungsmerkmal an die Flagge des Schiffes angeknüpft werden (zuvor Rn 212). 217

aa) Der Eintritt des Schadens an Bord. Geht es um Ansprüche auf Ersatz von Personen- oder Sachschäden, zu denen es an Bord des Schiffes gekommen ist, muss m.E. die in Art. 4 Abs. 1 Rom II vorgesehene Anknüpfung an das Recht des Erfolgsortes sinngemäß fortgeschrieben werden. Entsprechend beurteilen sich Ansprüche Dritter wegen Schäden aus dem Betrieb des Schiffes, zu denen es an Bord gekommen ist, grundsätzlich nach dem Recht der Flagge des Schiffes.[257] Dabei kommt es weder auf die Staatsangehörigkeit der getöteten oder verletzten Personen oder des Eigentümers der betroffenen Sachen noch auf die Staatsangehörigkeit des Besatzungsmitglieds an, dessen Verhalten sich der Reeder zurechnen lassen muss und das zu dem Schaden geführt hat. Diese Anknüpfung gilt unabhängig von der „Art" des staatsfreien Gebietes, so dass es nicht darauf ankommt, ob sich das Schiff zur fraglichen Zeit in der AWZ eines Staates, über den Festlandsockel eines Staates oder auf der Hohen See aufgehalten hat. Hat sich das Schiff dagegen zum fraglichen Zeitpunkt im Hoheitsbereich eines Staates befunden, also in dessen Binnengewässern, den inneren Gewässern oder in seinem Küstenmeer, ergibt sich aus Art. 4 Abs. 1 Rom II die Geltung des Rechts des Küstenstaates.[258] In jedem Falle geht die Anknüpfung an den gemeinsamen gewöhnlichen Aufenthalt von Schädiger und Geschädigtem nach Art. 4 Abs. 2 Rom II vor (dazu oben Rn 192). 218

---

254 *Hartenstein* TranspR 2008, 143, 153 (unter III.1).
255 *Hille/Schröder/Dettmer/Visser* VersR 2010, 585, 590 (vor 4.).
256 Ebenso *Steingröver* in MüKo/HGB Rn 16, 17 vor §§ 570.
257 *Junker* in MüKo/BGB Rn 142 zu Art. 4 Rom II; *Palandt* (Thorn) Rn 23 zu Art. 4 Rom II.
258 Anders *Palandt* (Thorn) Rn 23 zu Art. 4 Rom II.

219 Daneben steht auch die vorrangige Anknüpfung nach Art. 4 Abs. 3 Satz 1 und 2 Rom II der offensichtlich engeren Verbindung einschließlich der unselbständigen Anknüpfung an ein vertragliches Schuldverhältnis (oben Rn 193, 195–199) zur Verfügung. Diese Anknüpfung verdrängt sowohl die Anknüpfung nach Art. 4 Abs. 2 Rom II (oben Rn 192) als auch die Anknüpfung anhand des Rechts der Flagge (oben Rn 212). Zwar stellt Art. 4 Abs. 3 Satz 1 Rom II ausdrücklich darauf ab, dass eine offensichtlich engere Verbindung mit einem anderen als dem in Abs. 1 bezeichneten Staat besteht. Jedoch kann diese Vorschrift in den hier erörterten Fällen gerade nicht angewandt werden. Die Anknüpfung an die Flagge tritt allerdings an die Stelle der Anknüpfung nach Art. 4 Abs. 1 Rom II. Damit rechtfertigt sich auch die vorrangige Anwendung des Art. 4 Abs. 3 Rom II.

220 **bb) Beschädigungen fester Einrichtungen in der AWZ bzw. auf dem Festlandsockel.** M.E. muss eine Beschädigung fester Einrichtungen in der AWZ bzw. auf dem Festlandsockel eines Staates durch ein Schiff in besonderer Weise angeknüpft werden. Es kann sich um Unterwassereinrichtungen handeln, ebenso um solche, die über die Wasseroberfläche hinaus ragen. Eine Rolle spielen hier namentlich Windenergieanlagen, die in der AWZ eines Küstenstaates errichtet werden. Allen diesen Einrichtungen ist gemeinsam, dass sie im Rahmen der hoheitlichen Befugnisse des Küstenstaates und aufgrund einer von ihm erteilten Genehmigung errichtet und betrieben werden (Art. 60 bzw. 80 SeerechtsÜ). Dies rechtfertigt es, wiederum in Fortschreibung der Anknüpfung an den Erfolgsort des Art. 4 Abs. 1 Rom II (oben Rn 189–191), Ansprüche aus unerlaubter Handlung wegen einer Beschädigung solcher Einrichtungen dem Recht des Küstenstaates zu unterstellen.[259] Dieses Ergebnis wird gestützt durch die Hinweise des EuGH in der Entscheidung Weber/Universal Ogden Services Ltd.,[260] dass im Sinne des Art. 5 Nr. 1 EuGVÜ (heute: Art. 5 Nr. 1 EuGVV 2012) die Arbeit auf einer festen oder schwimmenden Einrichtung zur Erforschung bzw. Ausbeutung der Ressourcen des Festlandsockels als im Hoheitsgebiet des Küstenstaates verrichtet anzusehen sei.

221 Auch in den hier erörterten Fällen bleibt es bei dem Vorrang der Anknüpfung an den gemeinsamen gewöhnlichen Aufenthalt des geschädigten Eigentümers und des Reeders des Schiffes nach Art. 4 Abs. 2 Rom II[261] (oben Rn 192). Ebenso ist vorrangig auf die offensichtlich engere Verbindung nach Art. 4 Abs. 3 Satz 1 Rom II abzustellen (oben Rn 192). Dabei spielt insbesondere die unselbständige Anknüpfung an ein ohnehin bestehendes vertragliches Rechtsverhältnis nach Art. 4 Abs. 3 Satz 2 Rom II (oben Rn 195–199) eine Rolle, auch wenn der Tatbestand des Abs. 1 nicht unmittelbar zur Anwendung gelangt (oben Rn 206). Beispielsweise kann ein vertragliches Rechtsverhältnis bestehen, wenn zwischen dem Reeder und dem Eigentümer der festen Einrichtung ein Vertrag über die Errichtung, die Wartung, die Versorgung oder den Rückbau der Einrichtungen geschlossen wurde.[262]

cc) Die Beschädigung eines anderen Schiffes

222 **(1) Anwendung des Rechts der Flagge des beschädigten Schiffes.** Führt der Betrieb eines Schiffes dazu, dass ein anderes Schiff zu Schaden kommt, beurteilt sich die Haftung des schädigenden Schiffes in erster Linie nach dem ZusÜSee, wenn die Voraus-

---

259 Siehe *Junker* in MüKo/BGB Rn 34 zu Art. 4 Rom II.
260 Rs. C-37/00 [27–36] – siehe die Anmerkungen *Junker* ZZPInt 7(2002), 230 und *Mankowski* IPrax 2003, 21.
261 *Hille/Schröder/Dettmer/Visser* VersR 2010, 585, 588 (unter V.).
262 Siehe *Hille/Schröder/Dettmer/Visser* VersR 2010, 585, 592. (vor VIII.).

setzungen für eine Anwendung des Übereinkommens erfüllt sind. Dazu muss insbesondere ein Zusammenstoß zwischen den Schiffen stattgefunden haben. Außerdem müssen alle beteiligten Schiffe die Flagge von Vertragsstaaten des Übereinkommens führen (Art. 12 Abs. 1 Hs. 1 ZusÜSee). Bleibt das ZusÜSee unberücksichtigt, oder geht es um Fragen, die im Übereinkommen nicht geregelt sind, muss das anwendbare Sachrecht auf andere Weise ermittelt werden. Hier kommt es wiederum auf das schiffsbezogene Anknüpfungsmoment der Flagge an (oben Rn 212). In Fortführung des Ansatzes des Art. 4 Abs. 1 Rom II, der auf das Recht des Erfolgsortes verweist (oben Rn 189–191), unterliegen die Ansprüche des Reeders des beschädigten anderen Schiffes dem Recht seines Flaggenstaates.[263] Der Reeder des schädigenden Schiffes haftet also nicht nach Maßgabe des Rechts seiner Flagge.[264]

(2) Beschädigung beider Schiffe. Sind durch den Vorfall beide Schiffe beschädigt 223 worden, können sich wechselseitige Ansprüche der beteiligten Reeder ergeben. Führen beide Schiffe dieselbe Flagge, unterliegen alle Ansprüche dem Recht dieses Staates. Anders aber, wenn die an dem Vorfall beteiligten Schiffe verschiedene Flaggen führen. Dies kann dazu führen, dass sich die wechselseitigen Ansprüche der beteiligten Reeder auf Schadenersatz nach verschiedenen Sachrechten beurteilen.[265] Dies ist misslich, entspricht aber dem generellen Ansatz der Rom II Verordnung, grundsätzlich nur einzelne Ansprüche anzuknüpfen. Die in diesem Zusammenhang erörterte Anwendung des Rechts des angerufenen Gerichts (*lex fori*) ist willkürlich und wird zu Recht abgelehnt.[266]

(3) Die Sonderanknüpfungen der Art. 4 Abs. 2 und 3 Rom II. Ergibt sich, dass die 224 Reeder der an dem Vorfall beteiligten Schiffe ihren gewöhnlichen Aufenthalt in demselben Staat haben, unterliegen die Ansprüche des Reeders des beschädigten Schiffes nach Art. 4 Abs. 2 Rom II dem Recht dieses Staates[267] (oben Rn 192). Dies gilt auch im Falle wechselseitiger Ansprüche, wenn durch das Ereignis beide Schiffe betroffen sind. In diesem Zusammenhang ist auch der Vorbehalt der offensichtlich engeren Verbindung nach Art. 4 Abs. 3 Satz 1 Rom II zu berücksichtigen (oben Rn 192), namentlich die Anknüpfung an die gemeinsame Flagge (oben Rn 194). Schließlich ist auch ein vorab bestehendes vertragliches Rechtsverhältnis zwischen den Reedern beider Schiffe denkbar (Art. 4 Abs. 3 Satz 2 Rom II, oben Rn 195–199), etwa wenn die Schiffe als Schlepper und Anhang zu einem Schleppzug gehörten und die Reeder einen Schleppvertrag geschlossen haben oder wenn das eine Schiff aufgrund eines Bergungsvertrages (siehe § 584) für das andere tätig geworden ist. Die hiernach gebotene unselbständige Anknüpfung geht auch der Anknüpfung an die gemeinsame Flagge vor.

---

263 *Palandt* (Thorn) Rn 22 zu Art. 4 Rom II; *Junker* in MüKo/BGB Rn 142 zu Art. 4 Rom II – siehe auch schon RGZ 138, 243, 246 „Casablanca", „Henry Stanley".
264 So aber *Steingröver* in MüKo/HGB Rn 27 vor §§ 570; *Herber* Seehandelsrecht S. 393 und S. 422f. (unter 2.).
265 Siehe *Schlegelberger/Liesecke* Seehandelsrecht Rn 8 zu § 485; *Hille/Schröder/Dettmer/Visser* VersR 2010, 585, 589 (unter 3a a.E.).
266 *Schaps/Abraham* Seehandelsrecht Rn 36 zu § 485, Rn 26 vor § 734; *Schlegelberger/Liesecke* Seehandelsrecht Rn 8 zu § 485; ausführlich *Lorenz* FS Duden (1977) S. 229, 250–260 (unter VI.); *Lorenz* in: v. Caemmerer (Hrsg.), Vorschläge und Gutachten zur Reform des deutschen internationalen Privatrechts der außervertraglichen Schuldverhältnisse, 1983, S. 440–463, 454–457; *Roth/Plett* RabelsZ 42(1978), 662, 691–693 (unter 4.); *Steingröver* in MüKo/HGB Rn 26 vor § 570.
267 *Steingröver* in MüKo/HGB Rn 19 vor §§ 570; *Junker* in MüKo/BGB Rn 142 zu Art. 4 Rom II.

225 **(4) Die Anknüpfung an das Recht einer festen Einrichtung.** Für einen Sonderfall des Zusammenstoßes von Schiffen in staatsfreiem Gebiet möchte ich von einer abweichenden Anknüpfung ausgehen. Haben die betroffenen Schiffe zum Zeitpunkt der Kollision Tätigkeiten für eine feste Einrichtung in der AWZ bzw. über dem Festlandsockel eines Küstenstaates erbracht (oben Rn 210), so gilt für alle wechselseitigen Ansprüche der Reeder wegen einer Beschädigung der Schiffe einheitlich das Recht des Küstenstaates. Nun handelt es sich weder bei der festen Einrichtung noch bei dem Bereich um die feste Einrichtung herum um Hoheitsgebiet des Küstenstaates. Aufgrund des Zwecks des Aufenthaltes der beteiligten Schiffe sowie der durch die Schiffe entfalteten Tätigkeiten besteht allerdings ein unmittelbarer Bezug zu der festen Einrichtung. Damit erscheint die Annahme einer hinreichend engen Verbindung zum Küstenstaat gerechtfertigt. Dabei ist eine gewisse räumliche Nähe des Ortes des Zusammenstoßes zu der festen Einrichtung erforderlich. Insbesondere kann der Zusammenstoß in der um die Einrichtung herum nach Maßgabe des Art. 60 Abs. 4 und 5, Art. 80 SeerechtsÜ errichteten, bis zu 500 Meter breiten Sicherheitszone ereignet haben. Darüber hinaus ist es nach den Umständen denkbar, dass auch weiter entfernte Vorfälle gleichwohl einen so hinreichend engen Bezug zu der festen Einrichtung haben, dass internationalprivatrechtlich die Anwendung des Rechts des Küstenstaates geboten ist. Letztlich sind die Umstände des Einzelfalles maßgeblich. Diese Anknüpfung verdrängt die Anknüpfung an das Recht der Flagge des beschädigten Schiffes. Andererseits muss m.E. die Anknüpfung an das Recht der festen Einrichtung hinter die Anknüpfung an eine gemeinsame Flagge der beteiligten Schiffe (oben Rn 194) und die unselbständige Anknüpfung nach Art. 4 Abs. 3 Satz 2 Rom II (oben Rn 195–199) zurücktreten.

226 **dd) Personen- und Sachschäden auf einem anderen Schiff bzw. einer festen Einrichtung.** Bei dem Betrieb eines Schiffes können auch Personen oder Sachen zu Schaden kommen, die sich nicht an Bord des betreffenden Schiffes, sondern an Bord eines anderen Schiffes bzw. auf oder in einer festen Einrichtung befinden, die in der AWZ bzw. auf dem Festlandsockel eines Staates errichtet wurde (oben Rn 210). Die Ursache dieser Schäden wird häufig eine Kollision des Schiffes mit einem anderen Schiff bzw. der festen Einrichtung sein. Dabei beurteilen sich Ansprüche von getöteten oder verletzten Personen (oder deren Hinterbliebene) bzw. der Eigentümer verloren gegangener oder beschädigter Sachen, die sich an Bord des anderen Schiffes befunden haben, nach dem Recht der Flagge jenes anderen Schiffes. Hierbei kommt es auf die Staatsangehörigkeit der getöteten bzw. verletzten Person und des Eigentümers der beschädigten Sachen nicht an. Entsprechendes gilt für getötete und verletzte Personen sowie beschädigte Sachen auf festen Einrichtungen, die in der AWZ oder auf dem Festlandsockel eines Küstenstaates errichtet wurden. Diese Ansprüche unterliegen dem Recht des Küstenstaates. Wiederum ist die Staatsangehörigkeit der getöteten oder verletzten Personen oder des Eigentümers der beschädigten Sachen ohne Bedeutung. Vorrangig kann die Sonderanknüpfung an den gemeinsamen gewöhnlichen Aufenthalt des Reeders des betreffenden Schiffes und der geschädigten Person nach Art. 4 Abs. 2 Rom II (oben Rn 192) zum Tragen kommen. Gleiches gilt für die offensichtlich engere Verbindung nach Art. 4 Abs. 3 Rom II (oben Rn 193).

227 **ee) Umweltschädigungen.** Kommt es in der AWZ eines Staates zu Umweltschädigungen (dazu oben Rn 201), gelten in erster Linie die Regelungen des ÖlHÜ 1992 sowie des BunkerölÜ. Eine Voraussetzung hierfür ist insbesondere, dass der Öl- bzw. der Bunkerölverschmutzungsschaden in der AWZ eines Vertragsstaates des betreffenden Übereinkommens eingetreten ist (Art. II [a] [ii] ÖlHÜ 1992, Art. 2 [a] [ii] BunkerölÜ). Daneben sind auch andere Fälle denkbar, in denen in der AWZ, über dem Festlandsockel eines Staates oder auf der Hohen See von einem Schiff Umweltschädigungen ausgehen. Diese können auch zu Personen- bzw. Sachschäden führen. Ansprüche der Geschädigten auf Schadenersatz werden internationalprivatrechtlich nach Art. 7 Rom II angeknüpft (dazu oben Rn 202–204).

Dabei wird die Verweisung des Art. 7 Rom II auf Art. 4 Abs. 1 Rom II in den meisten **228** Fällen leer laufen. Die Umweltschädigung wird normaler Weise zunächst das Wasser selbst betreffen. Dies ist der Primärschaden, auf den Art. 7, Art. 4 Abs. 1 Rom II abstellen (oben Rn 202–203). Dabei tritt in den hier erörterten Fällen der Schaden in staatsfreiem Gebiet ein, so dass sich das anwendbare Recht nicht ermitteln lässt. Hierbei bleibt es auch, wenn es aufgrund der Umweltschädigung zu Folgeschäden kommt, die, für sich betrachtet, eine Anknüpfung erlauben würden. So verhält es sich beispielsweise, wenn durch die Umweltschädigung ein anderes Schiff oder eine feste Einrichtung beschädigt wird; wenn Personen oder Sachen auf oder in dem anderen Schiff oder der festen Einrichtung beeinträchtigt werden[268] und an eine Anknüpfung an das Recht der Flagge oder des Küstenstaates zu denken wäre (oben Rn 226); oder wenn die Folgeschäden ohnehin im Hoheitsgebiet eines Staates eintreten.

All dies hindert aber nicht die Heranziehung der alternativen Anknüpfung des Art. 7 **229** Rom II an das Recht des Staates, in dem das schadensbegründende Ereignis eingetreten ist. Die Umweltschädigung geht von dem betreffenden Schiff aus. Dabei hat das schadensbegründende Ereignis an Bord stattgefunden. Damit führt die alternative Anknüpfung des Art. 7 Rom II hin zum Recht der Flagge des betreffenden Schiffes. Im Ergebnis ist dies im Falle von Umweltschädigungen, zu denen es in staatsfreiem Gebiet kommt, die einzig zur Verfügung stehende Anknüpfung.

5. Die Rechtswahl. Art. 14 Rom II erlaubt den Parteien, das Recht zu wählen, den das **230** außervertragliche Schuldverhältnis unterliegen soll. Insbesondere ist nach Art. 14 Abs. 1 Satz 1 (a) Rom II eine Rechtswahl nach Eintritt des schadensbegründenden Ereignisses zulässig. Unter den Voraussetzungen des Art. 14 Abs. 1 Satz 1 (b) Rom II ist auch vor Eintritt des Ereignisses eine Rechtswahl möglich. Erforderlich ist hierfür, dass alle Parteien einer kommerziellen Tätigkeit nachgehen. Dies wird in seehandelsrechtlichen Sachverhalten häufig der Fall und allenfalls bei der Beteiligung von Nichterwerbsschiffen fraglich sein (zum Betrieb des Schiffes des Erwerbes wegen siehe oben Rn 29–35 zu § 476). Eine Rechtswahl kommt insbesondere in Betracht, wenn zwischen den Parteien ohnehin ein vertragliches Rechtsverhältnis besteht, das eine Rechtswahl (Art. 3 Rom I) enthält. Hier kann nach Art. 14 Abs. 1 Rom II auch eine Rechtswahl für konkurrierende außervertragliche Ansprüche getroffen werden. Besteht eine Rechtswahl für das vertragliche Rechtsverhältnis, erscheint es wenig sinnvoll, für konkurrierende außervertragliche Ansprüche ein anderes Recht vorzusehen. Normaler Weise werden die Parteien konkurrierende außervertragliche Ansprüche demselben Sachrecht unterstellen. Unabhängig von all dem werden die konkurrierenden außervertraglichen Ansprüche ohnehin nach Art. 4 Abs. 3 Satz 2 Rom II unselbständig und in derselben Weise wie bestehende vertraglichen Ansprüche angeknüpft (dazu oben Rn 195–199). In formeller Hinsicht ergibt Art. 14 Abs. 1 Satz 2 Rom II vor, dass die Rechtswahl ausdrücklich erfolgen muss oder sich mit hinreichender Sicherheit aus den Umständen des Falles ergeben muss. Rechte Dritter bleiben durch die Rechtswahl unberührt. Außerdem sind im Hinblick auf die Zulässigkeit der Rechtswahl die Beschränkungen des Art. 14 Abs. 2 und 3 Rom II zu berücksichtigen.

---

[268] Anders offenbar *Hille/Schröder/Dettmer/Visser* VersR 2010, 585, 588 (unter IV.).

231 **6. Die Anwendung des betreffenden Sachrechts.** Ist auf Grundlage der Tatbestände des Art. 4 oder 7 Rom II Verordnung oder aufgrund einer Rechtswahl nach Art. 14 Rom II Verordnung das Recht eines Staates anwendbar, kommt nur dessen Sachrecht, nicht aber auch das internationale Privatrecht zur Anwendung. Eine Rück- oder Weiterverweisung ist ausgeschlossen (Art. 24 Rom II). Dabei kann die Anknüpfung nach der Rom II Verordnung auch zur Anwendbarkeit des Sachrechts eines Nicht-Mitgliedsstaates führen (Art. 3 Rom II). In allen Fällen ist außerdem der *ordre-public*-Vorbehalt des Art. 26 Rom II zu beachten. Zum Geltungsbereich des jeweils anzuwendenden Rechts siehe die Vorschriften des Art. 15 Rom II. Nach dem ermittelten anwendbaren Recht beurteilt sich namentlich der Grund und der Umfang der Haftung einschließlich der Person des Schuldners und des Gläubigers; Haftungsbefreiungen und -beschränkungen, die Übertragbarkeit, einschließlich der Vererbbarkeit, des Anspruchs auf Schadenersatz sowie die Bedingungen für das Erlöschen von Verpflichtungen, Verjährungs- und Ausschlussfristen einschließlich ihrer Hemmung, Unterbrechung bzw. Neubeginn sowie deren Wirkungen. Schließlich stellt Art. 15 (g) Rom II klar, dass das anzuwendende Recht auch für die Frage maßgeblich ist, ob ein Schuldner für die von einem anderen begangenen Handlungen einzustehen hat. Dies betrifft insbesondere § 480 Satz 1 und daneben etwa auch § 831 Abs. 1 BGB. Siehe noch zur internationalprivatrechtlichen Anknüpfung des Merkmals der Schadenersatzpflicht des § 480 Satz 1 oben Rn 58.

232 **7. Unbekannter Schadensort; gestreckter Schadenseintritt.** Eine Anknüpfung an den Ort des Schadenseintritts nach Art. 4 Abs. 1 und Art. 7 Rom II sowie an den Handlungsort im Rahmen der alternativen Anknüpfung nach Art. 7 Rom II setzt voraus, dass der Schadens- bzw. Handlungsort überhaupt ermittelt werden kann. Typischer Weise bewegt sich das Schiff auf einer Reise zunächst durch die inneren Gewässer und das Küstenmeer eines Staates, gelangt dann in staatsfreies Gebiet und läuft im weiteren Verlauf in das Küstenmeer und die inneren Gewässer des Bestimmungsstaates ein. Entscheidend für die Anknüpfung ist jeweils der Zeitpunkt, in welchem das Schiff das Küstenmeer eines Staates verlässt und zu dem es wieder in das Küstenmeer eines Staates einläuft. An diesen Stellen kann es jeweils zu Verschiebungen bei der internationalprivatrechtlichen Anknüpfung kommen. Schwierigkeiten entstehen etwa dann, wenn nicht ermittelt werden kann, wo der Schaden eingetreten ist. So kann beispielsweise erst im Bestimmungshafen beim Öffnen der Luken festgestellt werden, dass die Ladung durch eingedrungenes Seewasser aufgrund eines Risses in der Außenhaut des Schiffes beschädigt wurde. Hier lässt sich möglicher Weise nicht feststellen, wann es auf der Reise zu dieser Beschädigung gekommen ist. Darüber hinaus sind gestreckte Schadensverläufe denkbar. In dem Beispiel soeben kann es sich etwa auch so verhalten, dass bereits Seewasser eingedrungen ist, als sich das Schiff noch durch staatsfreies Gebiet bewegt hat, und dass weiterhin Wasser eingedrungen ist, nachdem das Schiff in das Küstenmeer des Bestimmungsstaates eingelaufen ist. Hier wird es häufig nicht möglich sein, die jeweiligen Schäden voneinander abzugrenzen. M.E. ist in Zweifelsfällen der zuvor geschilderten Art als „default"-Regelung das Recht der Flagge des Schiffes maßgeblich (dazu oben Rn 212). Dies ist einer Anknüpfung vorzuziehen, die etwa darauf abstellt, wann der Schaden erstmals zutage getreten ist. Vorrangig ist wiederum die Anknüpfung an den gemeinsamen gewöhnlichen Aufenthalt des geschädigten Dritten und des Reeders (Art. 4 Abs. 2 Rom II) sowie die unselbständige Anknüpfung an ein ohnehin bestehendes Rechtsverhältnis (Art. 4 Abs. 3 Satz 2 Rom II).

233 **8. Die Emsmündung (Art. 32 Ems-Dollart-Vtrg).** Zu der besonderen Rechtsordnung der Emsmündung, die auf den zwischen Deutschland und den Niederlanden ungeklärten Grenzverlauf zurückgeht, siehe zunächst oben Rn 9 Einleitung C. Zu diesem Bestand an Sonderregelungen gehört Art. 32 Ems-Dollart-Vtrg. Die Vorschrift enthält eine eigenartige Bestimmung, die sich auch im internationalen Privatrecht auswirkt. Es geht um die Frage, auf welchem Staatsgebiet sich Wasserfahrzeuge befinden. Und dies gerade für die Zwecke der Anwendbarkeit „von Rechtssätzen", als auch solchen des internationalen Privatrechts. Da der Verlauf der Grenze zwischen Deutschland und den Niederlanden streitig ist, wird eine Anknüpfung an die Staatszugehörigkeit (dazu oben Rn 89 Einleitung C) der Wasserfahrzeuge vorgesehen. Deutsche Wasserfahrzeuge gelten als im Anwendungsbereich des deutschen Rechts befindlich (auch wenn sie sich tatsächlich auf niederländischem Hoheitsgebiet aufhalten), niederländische Wasserfahrzeuge gelten als im Anwendungsbereich des niederländischen Rechts befindlich (auch wenn sie sich tatsächlich auf deutschem Hoheitsgebiet aufhalten). Bei Wasserfahrzeugen aus Drittstaaten wird durchgehend an den Bestimmungs- bzw. Ausgangshafen angeknüpft: Einlaufende Wasserfahrzeuge gelten als im Anwendungsbereich des deutschen Rechts befindlich, wenn der erste Bestimmungshafen ein deutscher Hafen ist (auch wenn sie niederländisches Hoheitsgebiet durchfahren), und als im Anwendungsbereich des niederländischen Rechts befindlich, wenn der erste Bestimmungshafen ein niederländischer Hafen ist (auch wenn sie deutsches Hoheitsgebiet durchfahren). Entsprechendes gilt umgekehrt für auslaufende Wasserfahrzeuge, bei denen an den letzten Ausgangshafen angeknüpft wird. Wasserfahrzeuge, die von einem Hafen an oder oberhalb der Emsmündung zu einem anderen Hafen in diesem Gebiet verkehren, gelten als im als im Anwendungsbereich des deutschen Rechts befindlich, wenn sie unterwegs zu einem deutschen Hafen sind (auch wenn sie niederländisches Hoheitsgebiet durchfahren), und als im Anwendungsbereich des niederländischen Rechts befindlich, wenn sie unterwegs zu einem niederländischen Hafen sind (auch wenn sie deutsches Hoheitsgebiet durchfahren). Nach der ausdrücklichen Bestimmung des Art. 32 Abs. 2 Ems-Dollart-Vtrg gelten die Regelungen auch für Personen und Sachen, die sich auf den Wasserfahrzeugen befinden. In dem ergänzenden KüstenmeerVtrg (NL) findet sich keine Vorschrift von der Art des Art. 32 Ems-Dollart-Vtrg. Die zuvor dargelegten Grundsätze kommen daher seewärts nur in dem Bereich des Küstenmeeres bis zu drei Seemeilen vor der Küste zur Anwendung.

Nach Art. 28 Abs. 1 Rom II, Art. 25 Abs. 1 Rom I haben Kollisionsnormen in internationalen Übereinkommen gegenüber den Bestimmungen der Verordnungen Vorrang. Bei dem Ems-Dollart-Vtrg handelt es sich um ein internationales Übereinkommen, dem mit Deutschland und den Niederlanden zwei Mitgliedstaaten angehören, und zwar auch schon zurzeit der Annahme der Verordnungen am 11. Juli 2007 (Rom II) bzw. 17. Juni 2008 (Rom I). Allerdings wären auch die Ausnahmen der Art. 25 Abs. 1 Rom I, Art. 28 Abs. 2 Rom II zu beachten. Den Verordnungen käme gleichwohl Vorrang zu, wenn an dem betreffenden Übereinkommen ausschließlich Mitgliedstaaten und keine Drittstaaten beteiligt sind. So aber verhält es sich gerade. **234**

Letztlich kommt es m.E. auf all dies nicht an. Denn Art. 32 Ems-Dollart-Vtrg enthält keine Kollisionsnorm, die anordnet, welche sachrechtlichen Rechtsvorschriften auf eine bestimmte Frage zur Anwendung gelangen sollen. Art. 25 Rom I, Art. 28 Rom I bleiben von vornherein außen vor. Vielmehr handelt es sich bei Art. 32 Ems-Dollart-Vtrg um eine allgemeine Hilfsregel für die Rechtsanwendung, um Unsicherheiten wegen des ungeklärten Grenzverlaufs und der Einordnung der Gewässer als deutsches oder niederländisches Hoheitsgebiet zu klären. Diese Hilfsregel kann auch bei der Anwendung von Vorschriften des internationalen Privatrechts herangezogen werden. **235**

Art. 32 Ems-Dollart-Vtrg spielt keine Rolle bei der Ermittlung des anwendbaren Sachrechts anhand einer Rechtswahl (Art. 14) sowie bei der Anknüpfung an den gemein- **236** samen gewöhnliche n Aufenthalt (Art. 4 Abs. 2 Rom II), ebenso nicht bei der Anknüpfung an die offensichtlich engere Verbindung (Art. 4 Abs. 3 Rom II). Auch bleibt es nach Art. 4 Abs. 1 Rom II bei der Anknüpfung an den Schadensort und nach Art. 7 Rom II bei der alternativen Anknüpfung an den Handlungsort. Allerdings ist die Ermittlung des Erfolgs- bzw. des Handlungsortes im Bereich der Emsmündung angesichts der Grenzstreitigkeiten gerade problematisch. Hier ist Art. 32 Ems-Dollart-Vtrg heranzuziehen, wenn ein Wasserfahrzeug beschädigt wird oder verloren geht, wenn Personen oder Sachen, die sich an Bord eines Wasserfahrzeugs befinden, betroffen sind, oder wenn, bei einer von einem Schiff ausgehenden Verschmutzung, für die Zwecke der alternativen Anknüpfung nach Art. 7 Rom II, der Handlungsort ermittelt werden soll. Zu beachten ist, dass sich in Art. 39 Ems-Dollart-Vtrg eine Sonderregelung für den Zusammenstoß von Schiffen findet. Art. 32 Ems-Dollart-Vtrg hilft nicht, wenn der Schaden nicht an oder auf einem Wasserfahrzeug eingetreten ist oder das schadensbegründende Ereignis (alternative Anknüpfung nach Art. 7 Rom II) nicht an Bord eines Wasserfahrzeugs eingetreten ist.

XIII. Die (frühere) Haftung mit Schiff und Fracht

237   Die seerechtliche Haftung des Reeders für Schäden aus dem Betrieb des Schiffes, wie wir sie heute kennen, wird durch mehrere Merkmale geprägt. Da ist zunächst die Ausgestaltung der Einstandspflicht aus § 480 Satz 1 als adjektizische Haftung (oben Rn 2–3), mit der dem Reeder die Möglichkeit der Entlastung, wie sie dem Geschäftsherrn nach § 831 Abs. 1 Satz 2 BGB zusteht, genommen wird. Die Haftung kann darüber hinaus nach Maßgabe des HBÜ 1996 sowie ergänzend der §§ 611 ff. auf bestimmte Höchstbeträge beschränkt werden. Außerdem ist der Anspruch des Geschädigten durch ein Schiffsgläubigerrecht gesichert (§ 596 Abs. 1 Nr. 3). Der Reeder haftet für den – ggf. der Höhe nach beschränkten – Anspruch grundsätzlich mit seinem gesamten Vermögen. Durch das Schiffsgläubigerrecht ist allerdings ein Teil dieses Vermögens gewissermaßen in bestimmter Weise für den Gläubiger „reserviert". Im Wege der Einleitung eines Verfahrens auf Beschränkung der Haftung und Errichtung eines Haftungsfonds kann der Reeder schließlich erreichen, dass die Ansprüche grundsätzlich nur noch gegen den Fonds und nicht mehr gegen sein sonstiges Vermögen verfolgt werden können (siehe Art. 13 Abs. 1 HBÜ 1996).

238   Dieses System der Haftung des Reeders ist das vorläufige Ende einer Entwicklung, die mit der anfangs bestehenden eigenartigen Einstandspflicht des Reeders „mit Schiff und Fracht" begann. § 485 HGB 1897 sah bereits die auch heute noch geläufige adjektizische Haftung vor (oben Rn 2–3). Ergänzend stellte § 486 Abs. 1 Nr. 3 HGB 1897 klar, dass der „Rheder" für den Anspruch nicht persönlich, sondern nur mit Schiff und Fracht einzustehen hatte. Er haftete dem Gläubiger also grundsätzlich nicht mit seinem gesamten, sondern nur mit dem durch die Worte „Schiff und Fracht" umschriebenen Teilvermögen. Hierin lag gleichzeitig eine höhenmäßige Beschränkung der Haftung, nämlich auf den Wert von Schiff und Fracht. Dieser konnte ggf. auch bei Null liegen, namentlich bei einem Verlust des Schiffes. Mit einer auf „Schiff und Fracht" beschränkten Haftung einher geht auch, dass der Gläubiger Zugriff auf diese Vermögensgegenstände hat. Zu diesem Zweck war sein Anspruch aus § 485 HGB 1897 durch ein Schiffsgläubigerrecht gesichert (§ 754 Nr. 9 HGB 1897), das sich auf das Schiff und die Frachtforderung erstreckte (näher §§ 755 ff. HGB 1897). In bestimmten Fällen wurde auch oder von vornherein nur eine persönliche Einstandspflicht des Reeders begründet, so dass er mit seinem gesamten Vermögen haftete, allerdings weiterhin beschränkt auf den Wert von Schiff und Fracht. So verhielt es sich insbesondere, wenn der Reeder das Schiff auf eine neue Reise aussandte

(§ 774 HGB 1897) oder im Hinblick auf eine bereits eingezogene Fracht (siehe § 771 HGB 1897). Bei Staatsschiffen war die Ausübung von Schiffsgläubigerrechten gehemmt, so dass auch insoweit eine persönliche, der Höhe nach beschränkte Haftung des Eigentümers bestand (siehe dazu Rn 45 zu Anhang § 476 [Art. 7 EGHGB]).

Bei der zuvor geschilderten Rechtslage blieb es für viele Jahrzehnte bis zum Inkrafttreten des 1. SRÄndG am 6. April 1973.[269] Hierdurch wurde das HBÜ 1957 in das innerstaatliche deutsche Recht umgesetzt. Dies erfolgte durch eine Änderung und Erweiterung der bisherigen §§ 486, 487 HGB a.F. durch neue §§ 486 bis 487d HGB 1972. Die Vorschriften ersetzten das alte System der Haftung mit Schiff und Fracht durch das System der Summenhaftung. Der Reeder haftete jetzt grundsätzlich mit seinem gesamten Vermögen, allerdings beschränkt auf bestimmte Höchstbeträge, die sich an der Größe des Schiffes orientierten. Durch Errichtung eines Haftungsfonds konnte der Reeder außerdem erreichen, dass der Gläubiger nur noch auf den Fonds zugreifen konnte (§ 487a Abs. 1 Satz 2 HGB 1972, Art. 2 Abs. 4 HBÜ 1957). Das Schiffsgläubigerrecht bestand weiterhin (§ 754 Abs. 1 Nr. 3 HGB 1972). Dies entsprach bereits im Grundsatz dem heutigen Recht; siehe das HBÜ 1996 und ergänzend die §§ 611 ff. sowie insbesondere Art. 13 Abs. 1 HBÜ 1996 und § 596 Abs. 1 Nr. 3.

239

In der Binnenschifffahrt war zunächst ebenfalls eine Haftung des Eigners mit Schiff und Fracht für Ansprüche aus § 3 Abs. 1 BinSchG (entspricht § 480) vorgesehen; siehe §§ 4 Abs. 1 Nr. 3, 102 Nr. 5 Abs. 2, 102 ff. BinSchG a.F. Durch Art. 2 des 2. SRÄndG von 1986 wurde unter anderem ein neuer § 4a in das BinSchG eingefügt, der zunächst nur für Ansprüche auf Schadenersatz aus der Tötung und der Verletzung von Reisenden die persönliche Haftung des Eigners vorsah. Diese war beschränkt auf einen Betrag, der nicht mehr anhand des Wertes des Schiffes ermittelt wurde, sondern ausgehend von der Anzahl der Fahrgäste, die das Schiff befördern durfte. Die umfassende Einführung des Systems der Summenhaftung erfolgte schließlich durch das BinHaftÄndG von 1998, das das BinSchG um vollständig neue §§ 4 bis 5m erweiterte. Hierdurch kam Deutschland seiner völkerrechtlichen Pflicht zur Umsetzung der CLNI in das innerstaatliche Recht nach.

240

XIV. Die Anwendung des § 480 auf Nichterwerbsschiffe

Aufgrund des generellen Anwendungsvorbehalts der § 476, Art. 7 Abs. 1 EGHGB (dazu oben Rn 4–8 zu § 476) gelten die Regelungen des Fünften Buches grundsätzlich nur für Schiffe, die zum Erwerb (durch die Seefahrt) betrieben werden. Nichterwerbsschiffe fallen zunächst aus dem Anwendungsbereich des Fünften Buches heraus. Allerdings werden in Art. 7 Abs. 1 bestimmte Vorschriften des Fünften Buches gleichwohl auch auf Nichterwerbsschiffe für anwendbar erklärt. Dies gilt nach Art. 7 Abs. 1 Nr. 1 EGHGB insbesondere für die Vorschrift des § 480. Damit unterliegen auch die Eigentümer von Nichterwerbsschiffen der besonders ausgestalteten „adjektizischen" Haftung des Reeders. Im Hinblick auf die Schiffsbesatzung kann, auch wenn Art. 7 Abs. 1 Nr. 1 EGHGB dies nicht ausdrücklich anordnet, die Vorschrift des § 478 herangezogen werden. Im Übrigen kommt § 480 Satz 1 auch im Rahmen des Art. 7 Abs. 1 Nr. 1 EGHGB analog auf Schadenersatzpflichten weiterer Personen zur Anwendung, siehe dazu ausführlich oben Rn 65–94. Zur Geltung des § 477 Abs. 1 und 2 für Nichterwerbsschiffe siehe oben Rn 6 zu § 477.

241

---

[269] BGBl. 1973 I S. 266.

XV. Die Anwendung des § 480 auf Staatsschiffe

242 Art. 7 Abs. 1 Nr. 1 EGHGB gilt § 480 für alle Nichterwerbsschiffe und damit auch für Schiffe, die vom Staat oder staatliche Einrichtungen betrieben werden (dazu oben Rn 7–10 Anhang zu § 476 [Art. 7 EGHGB]). Der Staat als Reeder bzw. Ausrüster des Schiffes haftet daher grundsätzlich in gleicher Weise wie eine Privatperson für Schäden aus dem Betrieb des Schiffes. Siehe zur Geltung der beschränkten Haftung mit dem Schiff nach früherem Recht im Hinblick auf Staatsschiffe oben Rn 45 Anhang zu § 476 (Art. 7 EGHGB).

243 **1. Hoheitlicher Betrieb des Schiffes.** Besonderheiten gelten, wenn das Schiff hoheitlich und dessen Besatzung in Ausübung eines öffentlichen Amtes tätig wird. Das OLG Oldenburg hat bei der Durchführung von Baggerarbeiten im Rahmen der staatlichen Verkehrssicherungspflicht und Fahrten zum Zwecke der Verklappung von Baggergut eine schlichthoheitliche Tätigkeit angenommen.[270] Unter diesen Umständen ergibt sich die Schadenersatzpflicht des Besatzungsmitglieds aus § 839 Abs. 1 Satz 1 BGB (siehe zum Kapitän oben Rn 138 Anhang zu § 479 [Kapitän] sowie noch unten Rn 16 Anhang IV zu § 480 [BGB]). Es gilt die Regelung des Art. 7 Abs. 1 Nr. 1 EGHGB, die Vorschrift des § 480 Satz 1 bleibt anwendbar und begründet eine Haftung des Staates als Eigentümer oder „Ausrüster" des Schiffes (oben Rn 7–10 Anhang zu § 476 [Art. 7 EGHGB]). Geklärt ist diesem Zusammenhang, dass sich der in Anspruch genommene Staat nicht auf den Nachrang der Haftung nach § 839 Abs. 1 Satz 2 berufen kann; dies widerspreche dem Zweck der Regelung des Art. 7 Abs. 1 Nr. 1 EGHGB.[271] Es bleibt allerdings bei dem Grundsatz des § 839 Abs. 3 BGB, der letztlich nichts anderes als eine Ausprägung des § 254 Abs. 1 BGB darstellt. Der geschädigte Dritte ist gehalten, den Schaden durch Gebrauch von Rechtsmitteln abzuwenden. Der Staat, der Eigentümer des Schiffes ist, kann dem Geschädigten allerdings nicht Art. 34 Satz 1 GG entgegen halten und darauf verweisen, dass die Person der Schiffsbesatzung von der Haftung freigestellt ist und dass stattdessen eine Haftung der (ggf. von dem Eigentümer verschiedenen) Anstellungskörperschaft besteht, für die er, der Eigentümer, nicht nach § 480 Satz 1 einzustehen hat. Wird das Schiff hoheitlich und dessen Besatzung in Ausübung eines öffentlichen Amtes tätig, gilt dies gleichermaßen für den Bordlotsen sowie die sonstigen Personen, auf die § 480 Satz 1 analog zur Anwendung gelangt (oben Rn 65–94).

244 **2. Das Verhältnis zu § 839 Abs. 1 Satz 1 BGB, Art. 34 Satz 1 GG.** Die Haftung des Staates als Eigentümer oder „Ausrüster" des Schiffes gegenüber dem geschädigten Dritten aus § 480 Satz 1, Art. 7 Abs. 1 Nr. 1 EGHGB (zuvor Rn 243) besteht, wenn das Schiff hoheitlich und die Besatzung in Ausübung eines öffentlichen Amtes tätig ist, neben der Einstandspflicht des Staates oder der Anstellungskörperschaft aus § 839 Abs. 1 Satz 1 BGB, Art. 34 Satz 1 GG. Handelt es sich um verschiedene Schuldner, kann der geschädigte Dritte den Eigentümer oder die Anstellungskörperschaft oder beide in Anspruch nehmen, in letzterem Falle als Gesamtschuldner (§ 840 Abs. 1 BGB). Haftet für die Ansprüche aus § 480 Satz 1, Art. 7 Abs. 1 Nr. 1 EGHGB und § 839 Abs. 1 Satz 1 BGB, Art. 34 Satz 1 GG derselbe Schuldner, stehen beide Ansprüche nebeneinander. Die Haftung des Staates aus § 480 Satz 1, Art. 7 Abs. 1 Nr. 1 EGHGB ist für den Geschädigten vorteilhafter, weil Einwand des Nachrangs der Haftung nach § 839 Abs. 1 Satz 2 BGB entfällt.

---

270 VkBl. 1970, 585.
271 BGHZ 3, 321 = NJW 1952, 259 „Bothnia", „Schiff 10"; OLG Oldenburg VkBl. 1970, 585; *Herber* Seehandelsrecht S. 139 (vor III.).

XVI. Prozessuales

1. Die gerichtliche Zuständigkeit. Soll gegen den Reeder wegen eines Anspruches 245
auf Schadenersatz Klage erhoben werden, sind in erster Linie die international einheitlich geregelten Sonderzuständigkeiten zu beachten. Dies gilt etwa für Art. IX ÖlHÜ 1992, Art. 9 BunkerölÜ sowie zukünftig Art. 38 HNS-Ü 2010. Ebenso regelt das ZusZustÜ in einem eigenständigen Übereinkommen die gerichtliche Zuständigkeit für Klagen wegen Ansprüchen aus dem Zusammenstoß von Schiffen. Im Übrigen sind im Hinblick auf die gerichtliche Inanspruchnahme des Reeders in erster Linie die Regelungen der EUGVV 2012 und des LuganoÜ 2007 zu beachten. Diese Regelwerke kommen zur Anwendung, wenn der Beklagte seinen Wohnsitz in einem Mitgliedsstaat bzw. in Dänemark, Island, Norwegen oder der Schweiz hat. Nach Art. 4 Abs. 1 EUGVV 2012, Art. 2 Abs. 1 LuganoÜ sind Ansprüche grundsätzlich vor den Gerichten des Staates des Wohnsitzes gerichtlich geltend zu machen. Darüber hinaus stellen Art. 7 Nr. 2 EUGVV 2012, Art. 5 Nr. 3 LuganoÜ 2007 noch den Gerichtsstand der unerlaubten Handlung zur Verfügung. Insoweit ist Klage vor dem Gericht des Ortes, an dem das schädigende Ereignis eingetreten ist oder einzutreten droht, zu erheben. Diese Regelungen versagen, wenn es zu dem schädigenden Ereignis auf hoher See oder in der AWZ eines Staates gekommen ist.

Ergänzend gelten die allgemeinen Gerichtsstände der §§ 12 ff. ZPO. In entsprechen- 246
den Fällen steht auch der Gerichtsstand des Vermögens nach Art. 23 Satz 1 ZPO zur Verfügung. Dies betrifft insbesondere den Fall, dass sich das Schiff, aus dessen Betrieb die Ansprüche entstanden sind, in einem deutschen Hafen befindet. Auch die ZPO regelt in ihrem Art. 32 einen besonderen Gerichtsstand der unerlaubten Handlung. Zuständig ist danach das Gericht, in dessen Bezirk die Handlung begangen ist. Auch diese Regelung ist nicht anwendbar, wenn sich das Schiff, auf dem die betreffende Handlung erfolgt, zum maßgebenden Zeitpunkt auf hoher See oder in der AWZ eines Staates aufgehalten hat. Der maßgebliche Zeitpunkt, an dem die unerlaubte Handlung begangen wird, ist der Eintritt der konkreten kritischen Lage, die unmittelbar zum Schaden führt; der Beginn der Reise in Deutschland begründet keinen hiesigen Gerichtsstand, wenn das Schiff vier Tage später in eine Kollision verwickelt wird.[272]

Schließlich kann der Gerichtsstand des § 30 Abs. 1 Satz 2 ZPO eine Rolle spielen, 247
wenn der Reeder als ausführender Verfrachter in Anspruch genommen wird. Die Klage kann auch in dem Gerichtsstand des (vertraglichen) Verfrachters erhoben werden. Im Hinblick auf den vertraglichen Verfrachter ergeben sich aus § 30 Abs. 1 Satz 1 ZPO Gerichtsstände an dem Ort der Übernahme oder an dem Ort der Ablieferung des Gutes. In entsprechender Weise kann auch der ausführende Verfrachter, also der Reeder, hier verklagt werden.

2. Adjektizische Haftung und Rechtskraft. Hat der geschädigte Dritte wegen sei- 248
nes Anspruchs gegen das Besatzungsmitglied, den an Bord tätigen Lotsen oder die Person, auf die § 480 Satz 1 analog zur Anwendung gelangt, Klage erhoben, und wurde diese rechtskräftig abgewiesen, steht aufgrund der Erstreckung der Rechtskraft des Urteils fest, dass auch der Reeder nicht haftet.[273] Auch wenn der Reeder und das Besatzungsmitglied etc. Gesamtschuldner sind (§§ 421 ff. BGB, oben Rn 97), kann der Reeder sich nicht auf eine Einzelwirkung der Klagabweisung nach § 425 Abs. 2 BGB berufen, weil sich aus

---

[272] SchOG Köln ZfB 1991, 1257 (Slg. 1352).
[273] BGH VersR 1965, 230, 231 (unter II.) „Defender", anschl. BGH VersR 1967, 798.

dem adjektizischen Charakter des § 480 Satz 1 gerade etwas anderes ergibt (§ 425 Abs. 1 BGB).[274] Umgekehrt gilt dies freilich nicht: Ist das Besatzungsmitglied verurteilt worden, wirkt dies nur im Verhältnis zwischen dem geschädigten Dritten und dem Besatzungsmitglied.[275] Der Reeder kann dem Dritten also entgegen halten, dass über die Klage gegen das Besatzungsmitglied unrichtig entschieden wurde.

---

274 BGH VersR 1965, 230, 231 (unter II.) „Defender", anschl. BGH VersR 1967, 798.
275 BGH VersR 1965, 230, 231 (unter II.) „Defender", anschl. BGH VersR 1967, 798.

Anhang zu § 480

Anhang I.1 zu § 480 (ÖlHÜ 1992)

Internationales Übereinkommen von 1992 über die zivilrechtliche Haftung für Ölverschmutzungsschäden (Haftungsübereinkommen von 1992)

(BGBl. 1996 II S. 670, 671) (amtliche deutsche Übersetzung)

Völkerrechtlich in Kraft am 30. Mai 1996 – für Deutschland in Kraft am 30. Mai 1996 (BGBl. 1995 II S. 974) – weitere Vertragsstaaten: Ägypten, Albanien, Algerien, Angola, Antigua und Barbuda, Argentinien, Aserbaidschan, Australien, Bahamas, Bahrain, Barbados, Belize, Benin, Brunei Darussalam, Bulgarien, Chile, China, Cookinseln, Dänemark, Dominica, Dominikanische Republik, Dschibuti, Ecuador, El Salvador, Estland, Fidschi, Finnland, Frankreich, Gabun, Georgien, Ghana, Grenada, Griechenland, Guinea, Indien, Indonesien, Iran, Irland, Island, Israel, Italien, Jamaika, Japan, Jemen, Kambodscha, Kamerun, Kanada, Kap Verde, Katar, Kenia, Kiribati, Kolumbien, Komoren, Kongo, Republik Korea, Kroatien, Kuwait, Lettland, Libanon, Liberia, Litauen, Luxemburg, Madagaskar, Malaysia, Malediven, Malta, Marokko, Marschallinseln, Mauritius, Mexiko, Republik Moldau, Monaco, Mongolei, Mosambik, Namibia, Neuseeland, Niederlande (karibischer Teil, Curacao, St. Martin), Nicaragua, Nigeria, Norwegen, Oman, Pakistan, Palau, Panama, Papua Neuguinea, Peru, Philippinen, Polen, Portugal, Rumänien, Russische Föderation, Salomonen, Samoa, Saudi-Arabien, Schweden, Schweiz, Senegal, Serbien, Seychellen, Sierra Leone, Singapur, Slowenien, Spanien, Sri Lanka, St. Kitts und Nevis, St. Lucia, St. Vincent und die Grenadinen, Südafrika, Syrien, Tansania, Togo, Tonga, Trinidad und Tobago, Tunesien, Türkei, Turkmenistan, Tuvalu, Ukraine, Ungarn, Uruguay, Vanuatu, Venezuela, Vereinigte Arabische Emirate, Vereinigtes Königreich, Vietnam, Zypern – BGBl. 1995 II S. 974; 1996 II S. 391, 2616; 1997 II S. 1604; 1998 II S. 72, 1565, 3026; 1999 II S. 289; 2000 II S. 703; 2001 II S. 84; 2011 II S. 433, 694; 2012 II S. 73, 720; 2014 II S. 406; 2015 II S. 1274; 2016 II 1218.

Materialien: ÖlHÜ 1969 Denkschrift BT-Drs 7/2299 (S. 58–75); Protokoll von 1976 Denkschrift BT-Drs 8/2596 (S. 27–29 unter A. und B.I); ÖlHÜ 1984 Denkschrift BT-Drs 11/892 (S. 44–55); ÖlHÜ 1992 Denkschrift BT-Drs 12/6364 (S. 44–55).

Literatur: *Arzt/Jürgens* Haftung für Ölverschmutzungsschäden?, KJ 1993, 146; *Brunn* Ergebnisse der Internationalen Konferenz über die Haftung und Schadenersatz bei der Beförderung von Öl und gefährlichen Stoffen auf See, VersR 1984, 908–911; *Detjen* The Pollution of the Seas – Prevention and Compensation, ZUR 2005, 387; *Ehlers* Sanierung von Meeresverschmutzungen – Verantwortlichkeit und Haftung, NuR 2006, Heft 2, 86; *Ganten* Entschädigung für Ölverschmutzungsschäden aus Tankerunfällen, Hansa 1980, 553–555; *Ganten* Die Protokolle von 1984 zum Ölhaftungsübereinkommen von 1969 und zum Fondsübereinkommen von 1971, DVIS B 17 (1986) S. 3–35; *Ganten* Die Regulierungspraxis des Internationalen Ölschadensfonds, VersR 1989, 329–334; *Graf/Ehlers* Haftung für Ölverschmutzungsschäden, Hansa 1975, 1165–1666, 1172; *von dem Hagen* Haftungsfragen zur Ölverschmutzung, Hansa 1967, 1213–1215; *Herber* Internationale Regelung der Haftung für Tankerunfälle?, Hansa 1970, 337–339; *Herber* Das Internationale Übereinkommen über die Haftung für Schäden durch Ölverschmutzung auf See, RabelsZ 34(1970), 223–252; *Jessen* Was ist ein „Schiff"? – Eine aktuelle Definitionsfrage mit versicherungsrechtlicher Relevanz für Offshore-Anlagen –, VersR 2014, 670–680; *Klumb* Rechtliche Probleme der Ölverschmutzung zur See, 1974; *Kunig* Ölverschmutzung durch Schiffe – das Verhältnis von Recht und Wirklichkeit am Beispiel der Nordsee, NuR 1986, 245–270; *Nöll* Haftungs- und Fondsabkommen zur Schadensbewältigung – Von CLC bis PLATO, Hansa 1986, 137–139; *Nützel* Haftungsrechtliche Fragen bei Unfällen von Tankschiffen auf hoher See, 1969; *Pfennigstorf* „Amoco Cadiz" vor Gericht – Zehn Jahre und kein Ende, VersR 1988, 1201–1207; *Ramming* Das Ölhaftungsübereinkommen, HmbSeeRep 1996, 43 Nr. 55; *Ramming* Das Fondsübereinkommen, HmbSeeRep 1996, 53 Nr. 65; *Ramming* Protokoll von 2003 zum FondsÜ 1991, HmbSeeRep 2004, 245 Nr. 186; *Ramming* Zur Zuständigkeit deutscher Gerichte für Ansprüche wegen Ölverschmutzungsschäden, TranspR 2007, 13–18; *Renger* Haftung und Entschädigung für Ölverschmutzungsschäden auf See, TranspR 1993, 132–135; *Renger* Zur Haftung und Entschädigung bei Gefahrgut- und Ölverschmutzungsschäden auf See, FS. F. Lorenz (1994) S. 433; *Rest/Leinemann* Die Umweltkatastrophe vor

Anh zu § 480 —— Anhang I.1 zu § 480 (ÖlHÜ 1992)

Alaska – wer bezahlt die Rechnung für Ölpest der „Exxon Valdez"? – VersR 1989, 653–664; *Steiger/Demel* Schutz der Küsten vor Verschmutzung vom Meer aus, DVBl. 1979, 205–221; *Stutz*, Aktuelle Probleme im Zusammenhang mit der internationalen Haftungs- und Entschädigungsregelung bei Ölschäden durch Tankerunfälle, VersR 1981, 897–903; *Stutz* Ölverschmutzungsschäden bei Tankerunfällen (auf See), RIW 1982, 90–96.

1   Das ÖlHÜ 1992 ist heute ein wichtiger Baustein im System der international vereinheitlichten Haftung für Verschmutzungen, die von Schiffen ausgehen. Das Übereinkommen betrifft (nur) Ölverschmutzungsschäden, die von Tankern ausgehen. Eine Rolle spielen daneben das BunkerölÜ (Anhang I.5 zu § 480) sowie das KernmaterialBefÜ (Anhang IV.3 zu § 480) und zukünftig das HNS-Ü 2010 (Anhang II zu § 480) sowie die besondere Antarktishaftung auf Grundlage der AntarktisV-UmwProt VI (Anhang V zu § 480). Das ÖlHÜ 1992 geht auf das ÖlHÜ 1969 zurück. Abgesehen von dem ReaktorschÜ (Anhang IV.2 zu § 480) vom 25. Mai 1962, das völkerrechtlich nicht in Kraft getreten ist, war das ÖlHÜ 1969 das erste internationale Haftungsübereinkommen der Schifffahrt. Es diente als Vorbild für weitere Übereinkommen, die vielfach die Systematik und teils auch den Wortlaut der Bestimmungen übernommen haben.

I. Die Entstehung des ÖlHÜ 1992 und des ÖlFÜ 1992

2   Der Anlass für das ursprüngliche ÖlHÜ 1969 war einer der ersten größeren Unfälle mit Tankschiffen, der Untergang der „Torrey Canyon" im Jahre 1967 vor der Küste Südenglands. Dabei traten erhebliche Mengen Rohöl aus, die zu großen Verschmutzungen führten. Dieses Ereignis war der Anstoß für die Einführung umfassender, international vereinheitlichter Regelungen über die Haftung für Ölverschmutzungsschäden. Das ÖlHÜ 1969 ist völkerrechtlich und für Deutschland am 18. August 1975 in Kraft getreten.[1] Das System der internationalen Haftung für Ölverschmutzungsschäden ist in besonderer Weise ausgestaltet. Das ÖlHÜ 1992, ebenso wie früher das ÖlHÜ 1969, sieht eine Kanalisierung der Haftung auf den Eigentümer des Tankschiffes vor, andere am Schiffsbetrieb beteiligte Personen sind ausdrücklich von der Haftung befreit (Art. III Abs. 1 und 4 Satz 2 ÖlHÜ 1992). Dies steht im Zusammenhang mit dem Umstand, dass in eigenartiger Weise auch die Ölindustrie in das Haftungssystem eingebunden ist und Mittel zur Verfügung stellt, um Ölverschmutzungsschäden zu beseitigen. Die Grundlage hierfür ist heute das ÖlFÜ 1992 (Anhang I.3 zu § 480), das ursprünglich auf das ÖlFÜ 1971 zurückgeht. Früher das ÖlHÜ 1969 und das ÖlFÜ 1969 und heute das ÖlHÜ 1992 und das ÖlFÜ 1992 sind aufeinander abgestimmte Übereinkommen. Deutschland hat sie auch durchgehend einheitlich behandelt. Gleichwohl handelt es sich um zwei selbständige Übereinkommen. Es gibt Vertragsstaaten des ÖlHÜ 1992, die nicht auch Vertragsstaaten des ÖlFÜ 1992 sind.[2] Ob hier die im ÖlHÜ 1992 vorgesehene Kanalisierung der Haftung auf den Eigentümer sinnvoll ist, erscheint fraglich.

3   Im Übrigen haben das ÖlHÜ 1992 und das ÖlFÜ 1992 eine wechselvolle Geschichte hinter sich. Beide Übereinkommen sind international zunächst parallel fortentwickelt worden. Durch das ÖlHÜProt 1976 und das ÖlFÜProt 1976, beide (zusammen mit einem entsprechenden Protokoll zur CMR) durch das GoldfrUmrG innerstaatlich umgesetzt, wurde die Einheit für die Berechnung des Höchstbetrages der Haftung von Goldfranken auf die heute geläufigen SZR umgestellt. Es folgten das ÖlHÜProt 1984 und das ÖlFÜProt 1984, die Änderungen jeweils des ÖlHÜ 1969 und des ÖlFÜ 1971 vorsahen. Die Protokolle

---

1 BGBl. 1975 II 1106.
2 Dies sind Aserbeidschan, Chile, China, Ägypten, El Salvador, Indonesien, Jordanien, Kuwait, Libanon, Mongolei, Pakistan, Peru, Republik Moldawien, Rumänien, Saudi-Arabien, Salomon-Inseln, Togo, Turkmenistan, Ukraine, Vietnam und Jemen.

von 1984 sind völkerrechtlich jedoch nie in Kraft getreten. Die Modernisierung gelang erst mit dem ÖlHÜProt 1992 und dem ÖlFÜProt 1992, die durch das ÖlProt1992-G innerstaatlich umgesetzt wurden und völkerrechtlich und für Deutschland am 30. Mai 1996 in Kraft getreten sind.[3] Tatsächlich wurden durch die Protokolle beide Übereinkommen praktisch neu gefasst. Das ÖlHÜ 1969 in der Fassung des Protokolls von 1992 wird als ÖlHÜ 1992, das ÖlFÜ 1971 in der Fassung des Protokolls wird als ÖlFÜ 1992 bezeichnet. Deutschland hat außerdem das ÖlHÜ 1969 und das ÖlHÜ 1971 völkerrechtlich mit Wirkung zum 15. Mai 1998 gekündigt.[4] Eine völkerrechtliche Verpflichtung zur Anwendung des ÖlHÜ 1992 und des ÖlFÜ 1992 besteht daher nur gegenüber den Vertragsstaaten des ÖlHÜProt 1992 und des ÖlFÜProt 1992, nicht aber gegenüber den Vertragsstaaten des ÖlHÜ 1969 und des ÖlFÜ 1971. Die Haftungshöchstbeträge des ÖlHÜ 1992 sowie die Entschädigungshöchstbeträge des ÖlFÜ 1992 sind mit Wirkung zum 1. November 2003 in den dafür vorgesehenen vereinfachten Verfahren nach Art. 15 ÖlHÜProt 1992 (siehe Anhang I.2 zu § 480), Art. 33 ÖlFÜProt 1992 (nicht: ÖlHÜ 1992 und ÖlFÜ 1992) erhöht worden. Die Änderungen wurden durch die ÖlProt1992-ÄndV in das innerstaatliche Recht übernommen.

II. Die ergänzenden innerstaatlichen Vorschriften

Die Bestimmungen des ÖlHÜ 1969 und des ÖlFÜ 1971 sind innerstaatlich unmittelbar **4** anzuwenden. Das ÖlSG hält weitere Regelungen bereit. Diese betreffen nicht nur das ÖlHÜ 1969 und das ÖlFÜ 1971, sondern daneben auch Bunkeröl. Die einleitende Vorschrift des § 1 Abs. 1 Nr. 1 ÖlSG bestimmt, dass sich die Haftung für Ölverschmutzungsschäden nach dem ÖlHÜ 1992, dem ÖlFÜ 1992 und dem ÖlFÜProt 2003 beurteilt. Allerdings kann die Haftung für Schäden, die die Voraussetzungen von Ölverschmutzungsschäden erfüllen, auch anderen Rechtsvorschriften unterliegen, insbesondere wenn die Schäden nicht im deutschen Hoheitsgebiet oder der deutschen AWZ eingetreten ist und die Grundsätze des internationalen Privatrechts auf das deutsche Sachrecht verweisen. § 1 Abs. 1 Nr. 1 ÖlSG ist daher lediglich eine Rechtsgrundverweisung, die lediglich den Vorrang der Übereinkommen gegenüber dem ÖlSG festschreibt.[5] Gegenstand des ÖlSG ist die Versicherungspflicht des Eigentümers nach Art. VII ÖlHÜ 1992 und der Nachweis der Versicherung, das Mitführen der Versicherungsbescheinigung, behördliche Zuständigkeiten, die Feststellung der erhaltenen Ölmengen sowie prozessuale Fragen der gerichtlichen Zuständigkeit und der Anerkennung und Vollstreckung von Urteilen. Ergänzend zum ÖlSG gelten die ÖlmeldeV und die ÖlHBeschV. Die Bestimmungen des Art. V und VI ÖlHÜ 1992 regeln das Recht des Eigentümers, seine Haftung für alle Ansprüche wegen Ölverschmutzungsschäden aus einem Ereignis auf einen Höchstbetrag zu beschränken (siehe § 611 Abs. 2 und 5). Insoweit sind nach § 617 Abs. 1 außerdem die Regelungen der SVertO heranzuziehen (siehe § 1 Abs. 1 SVertO).

III. Europarechtliche Fragen

Im Hinblick auf das europäische Recht kam es zu der Zeit, als die Ratifikation des **5** ÖlHÜ 1992 anstand, zu Überschneidungen mit den Bestimmungen des EuGVÜ und des LuganoÜ. Diese sahen, wie heute die EuGVV 2012, insbesondere ausführliche Regelungen über die gerichtliche Zuständigkeit sowie die Anerkennung und Vollstreckung von

---

3   BGBl. 1995 II S. 974.
4   BGBl. 1997 II S. 1678 und S. 1546.
5   Siehe die ÖlSGÄndG-Begr S. 11 („Zu Nummer 1").

Entscheidungen vor. Damit bestand ein Konflikt zwischen diesen Regelungen und denen des Art. IX und X ÖlHÜ 1992. Gleichwohl waren die Mitgliedsstaaten nicht gehindert, das ÖlHÜ 1992 zu ratifizieren. Denn nach Art. 57 Abs. 1 EuGVÜ, Art. 57 Abs. 1 LuganoÜ blieben andere Übereinkommen, die für besondere Rechtsgebiete die gerichtliche Zuständigkeit, die Anerkennung oder die Vollstreckung von Entscheidungen regeln, jeweils unberührt. Dies betraf ausdrücklich sowohl Übereinkommen, denen die Vertragsstaaten des EuGVÜ bzw. des LuganoÜ bereits angehörten, als auch zukünftige Übereinkommen. Die Problematik einer Kollision mit der EuGVV bzw. der EuGVV 2012 stellte sich seinerzeit noch nicht. Damit waren auch die Mitgliedsstaaten befugt, die Ratifikation des ÖlHÜ 1992 zu erklären. Dies änderte sich im weiteren Verlauf mit der Verkündung der EuGVV am 1. März 2002. Hierdurch hatte die EG von ihren Befugnissen nach Art. 61 (c), 65 EGV Gebrauch gemacht, mit der Folge, dass nunmehr den Mitgliedsstaaten die Befugnis genommen war, die Ratifikation von Übereinkommen zu erklären, die ihrerseits Regelungen über die gerichtliche Zuständigkeit oder die Anerkennung und Vollstreckung von Entscheidungen enthielten. Abhilfe wurde dadurch geschaffen, dass die Mitgliedsstaaten, die zu diesem Zeitpunkt nicht Vertragsstaat des ÖlHÜ 1992 waren, zu der Ratifikation dieses Übereinkommens ermächtigt wurden. Dies erfolgte mit der Entsch. 2004/246 des Rates. Sie betrifft unmittelbar die Ermächtigung der Mitgliedsstaaten zur Ratifikation des ÖlFÜProt 2003. In Art. 1 der Entsch. 2004/246 werden aber außerdem auch die Tschechische Republik, Estland, Luxemburg, Ungarn, Österreich und die Slowakei ermächtigt, den „zugrunde liegenden Instrumenten" beizutreten. Nach Art. 1 Abs. 4 handelt es sich hierbei um das ÖlHÜProt 1992 sowie das ÖlFÜProt 1992.

6   Vorschriften über die Haftung im Falle von Umweltschäden oder der unmittelbaren Gefahr des Eintritts solcher Schäden finden sich auch in der Richtlinie bzw. dem USchadG. Allerdings ist in Art. 4 Abs. 2 Richtlinie 2004/35 bestimmt, dass sie nicht für solche Umweltschäden gilt, die infolge eines Vorfalls eintreten, bei dem die Haftung oder Entschädigung in den Anwendungsbereich eines der in Anhang IV aufgeführten internationalen Übereinkommen fällt, einschließlich etwaiger künftiger Änderungen dieser Übereinkommen. Das ÖlHÜ 1969 ist ausdrücklich in Buchst. (a) Anhang IV genannt und gilt damit heute auch für das ÖlHÜ 1992. Das gleiche ergibt sich aus § 3 Abs. 3 Nr. 3 in Verbindung mit Anlage 2 (a) USchadG.

IV. Das Verhältnis zu anderen Haftungsrégimes

7   Das ÖlHÜ 1992 tritt in Konkurrenz zu anderen internationalen Übereinkommen, die die Haftung des Reeders betreffen. Hier kann es zu Überschneidungen kommen, die im Einzelfall zu beurteilen sind. Im Hinblick auf das BunkerölÜ bestimmt dessen Art. 4 Abs. 1, dass das BunkerölÜ nicht auf Ölverschmutzungsschäden im Sinne des ÖlHÜ 1992 anzuwenden ist, unabhängig davon, ob sich aus dem ÖlHÜ 1992 tatsächlich ein Anspruch auf Ersatz der Ölverschmutzungsschäden ergibt. Nach Art. 11 Abs. 1 (a) WBÜ haftet der eingetragene Eigentümer nicht für die Kosten der Lokalisierung, Markierung und Beseitigung des Wracks, soweit die Haftung im Widerspruch zu dem ÖlHÜ 1992 steht; siehe zu dazu näher unten Rn 8–11 zu Art. 11 WBÜ (Anhang III.1 zu § 480). Das Verhältnis des ÖlHÜ 1992 zukünftig zum HNS-Ü 2010 ist in dessen Art. 4 Abs. 3 (a) in gleicher Weise wie in Art. 4 Abs. 1 BunkerölÜ geregelt. Das HNS-Ü 2010 kommt auf Ölverschmutzungsschäden im Sinne des ÖlHÜ 1992 nicht zur Anwendung, unabhängig davon, ob im Einzelfall tatsächlich ein Anspruch auf Entschädigung nach Maßgabe des ÖlHÜ 1992 besteht. Denkbar ist darüber hinaus eine Überschneidung mit der in Art. 1 KernmaterialBefÜ vorgesehenen Haftungsbefreiung für Schäden, die durch ein nukleares Ereignis durch befördertes Kernmaterial entstanden sind. Art. 4 KernmaterialBefÜ nennt zwar

nicht ausdrücklich das ÖlHÜ 1969, bestimmt jedoch, dass das KernmaterialBefÜ allen bereits vorhandenen Übereinkommen, deren Regelungen zu denen des Kernmaterial-BefÜ im Widerspruch stehen, vorgeht. Dies gilt auch im Hinblick auf das ÖlHÜ 1992. Zu einer Überschneidung zwischen dem ÖlHÜ 1992 und den Bestimmungen der AntarktisV-UmwProt VI bzw. des AntHaftG-E (dazu unten Anhang V zu § 480 [Antarktishaftung]) kommt es nicht. Die Antarktis, wie sie in Art. VI AntarktisV umschrieben ist (das Gebiet südlich von 60° S), liegt nicht in der AWZ eines Staates.

Zu berücksichtigen ist weiter, dass das ÖlHÜ 1992 in seinen Art. V und VI ein eigen- 8 ständiges System der Beschränkung der Haftung für alle Ansprüche wegen Ölverschmutzungsschäden aus einem Ereignis vorsieht. Insoweit besteht eine Konkurrenz zu den Bestimmungen des HBÜ 1996. Diese wird dahingehend aufgelöst, dass das HBÜ 1996 nach seinem Art. 3 (b) keine Anwendung auf Ölverschmutzungsschäden im Sinne des ÖlHÜ 1992 findet (siehe dazu die ergänzende Regelung des § 611 Abs. 3).

Artikel I

Im Sinne dieses Übereinkommens haben die nachstehenden Ausdrücke folgende Bedeutung:

1. „Schiff" bedeutet ein Seeschiff oder ein sonstiges Seefahrzeug jeder Art, das zur Beförderung von Öl als Bulkladung gebaut oder hergerichtet ist; jedoch wird ein Schiff, das Öl und andere Ladungen befördern kann, als Schiff nur angesehen, wenn es tatsächlich Öl als Bulkladung befördert, und während jeder Fahrt, die auf eine solche Beförderung folgt, sofern nicht nachgewiesen wird, dass es keine Rückstände solcher Beförderung von Öl als Bulkladung an Bord hat;
2. „Person" bedeutet eine natürliche Person oder eine juristische Person des öffentlichen oder privaten Rechts einschließlich von Staaten und ihren Gebietskörperschaften;
3. „Eigentümer" bedeutet die Person oder Personen, in deren Namen das Schiff in das Schiffsregister eingetragen ist, oder, wenn keine Eintragung vorliegt, die Person oder Personen, denen das Schiff gehört. Jedoch bedeutet „Eigentümer" in Fällen, in denen ein Schiff einem Staat gehört und von einer Gesellschaft betrieben wird, die in dem betreffenden Staat als Ausrüster oder Reeder des Schiffes eingetragen ist, diese Gesellschaft;
4. „Staat des Schiffsregisters" bedeutet in Bezug auf eingetragene Schiffe den Staat, in dessen Schiffsregister das Schiff eingetragen ist, und in Bezug auf nicht eingetragene Schiffe den Staat, dessen Flagge das Schiff fuhrt;
5. „Öl" bedeutet beständiges Kohlenwasserstoffmineralöl wie Rohöl, Heizöl, schweres Dieselöl und Schmieröl, gleichviel ob es als Ladung oder in den Bunkern des Schiffes befördert wird;
6. „Verschmutzungsschäden" bedeuten
    a) Verluste oder Schäden, die außerhalb des Schiffes durch eine auf das Ausfließen oder Ablassen von Öl aus dem Schiff zurückzuführende Verunreinigung hervorgerufen werden, gleichviel wo das Ausfließen oder Ablassen erfolgt; jedoch wird der Schadenersatz für eine Beeinträchtigung der Umwelt, ausgenommen der auf Grund dieser Beeinträchtigung entgangene Gewinn, auf die Kosten tatsächlich ergriffener oder zu ergreifender angemessener Wiederherstellungsmaßnahmen beschränkt;
    b) die Kosten von Schutzmaßnahmen und weitere durch Schutzmaßnahmen verursachte Verluste oder Schäden;

7. „Schutzmaßnahmen" bedeuten die von einer Person nach Eintreten eines Ereignisses getroffenen angemessenen Maßnahmen zur Verhütung oder Einschränkung von Verschmutzungsschäden;
8. „Ereignis" bedeutet einen Vorfall oder eine Reihe von Vorfällen gleichen Ursprungs die Verschmutzungsschäden verursachen oder eine schwere, unmittelbar drohende Gefahr der Verursachung solcher Schäden darstellen;
9. „Organisation" bedeutet die Internationale Seeschiffahrts-Organisation;
10. „Haftungsübereinkommen von 1969" bedeutet das Internationale Übereinkommen von 1969 über die zivilrechtliche Haftung für Ölverschmutzungsschäden. Für Vertragsstaaten des Protokolls von 1976 zu jenem Übereinkommen bezeichnet dieser Ausdruck das Haftungsübereinkommen von 1969 in der durch das genannte Protokoll geänderten Fassung.

1 Art. I ÖlHÜ 1992 enthält den traditionellen Katalog von Umschreibungen von Begriffen, die im Rahmen des Übereinkommens gelten. Die Definitionen haben zum Teil erhebliche Bedeutung für den Anwendungsbereich des Übereinkommens. Andere Umschreibungen wirken gekünstelt oder enthalten an sich Selbstverständliches.

2 **1. Das „Schiff".** Nach Art. I Nr. 1 ÖlHÜ 1992 ist ein Schiff ein Seeschiff oder ein sonstiges Seefahrzeug jeder Art, das zur Beförderung von Öl als Bulkladung gebaut oder hergerichtet ist. Auf Art. I Nr. 1 ÖlHÜ 1992 wird in Art. 1 Nr. 2 ÖlFÜ 1992 und Art. 1 Nr. 6 ÖlFÜProt 2003 Bezug genommen. Die Umschreibung des Art. I Nr. 1 ÖlHÜ 1992 enthält genau genommen gar keine Definition des Begriffes „Schiff". Gesagt wird lediglich, dass ein „Schiff" ein „Seeschiff oder ein sonstiges Seefahrzeug jeder Art" sei.[6] Aus dem alternativen Merkmal des „Fahrzeugs" lässt sich nichts gewinnen. Auch aus den weiteren Bestimmungen des Übereinkommens ergibt sich nicht, was unter einem „Schiff" verstanden wird. Maßgeblich ist daher das Verständnis des im Übrigen anwendbaren Sachrechts. Siehe zum deutschen Recht die Hinweise oben Rn 11–46 Einleitung B. Klargestellt wird in Art. I Nr. 1 ÖlHÜ 1992 jedenfalls, dass es sich bei dem „Schiff" um ein Seeschiff oder ein sonstiges Seefahrzeug handeln muss. Auch hier ergibt sich weder aus der Umschreibung des Art. I Nr. 1 noch aus dem Übereinkommen im Übrigen, wie die Abgrenzung zwischen See- und Binnenschiffen bzw. -fahrzeugen zu erfolgen hat. Wiederum muss hier das im Übrigen anwendbare Sachrecht aushelfen. Siehe zum deutschen Recht die Hinweise oben Rn 63–85 Einleitung B. Handelt es sich bei dem Schiff um ein Seeschiff im Sinne des Art. I Nr. 1 ÖlHÜ 1992, spielt es keine Rolle, ob es zu dem Ölverschmutzungsschaden auf See- oder Binnengewässern gekommen ist.

3 Art. I Nr. 1 Hs. 1 ÖlHÜ enthält eine weitere Qualifikation. Das Seeschiff oder sonstige Seefahrzeug muss zur Beförderung von Öl als Bulkladung gebaut oder hergerichtet sein. Das Schiff bzw. Fahrzeug muss diesem Zweck dienen, wenn auch nicht, wie sich aus dem Hs. 2 ergibt, ausschließlich. Es muss sich daher bei dem Schiff um einen Tanker handeln. FSUs (floating storage units) sind daher keine Schiffe m Sinne des ÖlÜ 1992.[7] Das Schiff muss über feste Ladetanks verfügen, die zum Zwecke der Beförderung mit Öl befüllt werden. Es genügt also nicht, dass sich an Bord lediglich separate Behältnisse, etwa Tankcontainer, befinden, die mit Öl beladen sind. Art. I Nr. 1 ÖlHÜ 1992 betrifft Schiffe, die sowohl Öl als auch andere Ladungen – jeweils als Bulkladungen – befördern können. Ein solches Schiff ist nur dann ein Schiff im Sinne des ÖlHÜ 1992, wenn es tat-

---

6 Näher *Jessen* VersR 2014, 670.
7 Siehe die Consideration of the Definition of "Ship" (IOPC/OCT11/4/4 vom 14. September 2011), verfügbar unter www.iopcfunds.org.

sächlich Öl befördert. Dem gleichgestellt ist jede Fahrt, die auf eine solche Beförderung folgt, sofern nicht nachgewiesen wird, dass keine Rückstände der vorherigen Ölladung mehr an Bord sind. Dieser Vorbehalt trägt dem Umstand Rechnung, dass entladene Tanker, deren Ladetanks noch nicht gewaschen wurden, immer noch durchaus erhebliche Mengen Öl an Bord haben können, so dass weiterhin das Risiko von Ölverschmutzungsschäden besteht. Dies betrifft Ballastreisen mit noch nicht gewaschenen Tanks. Werden die Tanks nach der Entladung gewaschen, verliert das Schiff nach Art. I Nr. 1 Hs. 2 die Eigenschaft als Schiff im Sinne des ÖlHÜ.

2. Die „Person". Auf die Umschreibung der „Person" wird im ÖlHÜ 1992 noch in der weiteren Umschreibung der Art. I Nr. 7 ÖlHÜ 1992 abgestellt. Der Begriff ist denkbar weit gefasst. Er umfasst natürliche Personen sowie juristische Personen des öffentlichen oder privaten Rechts. Insbesondere meint die Umschreibung „Person" auch Staaten sowie ihre Gebietskörperschaften. Auf Art. I Nr. 2 ÖlHÜ 1992 wird in Art. 1 Nr. 2 ÖlFÜ 1992 und Art. 1 Nr. 6 ÖlFÜProt 2003 Bezug genommen. 4

3. Der „Eigentümer". Der Eigentümer des Schiffes (Art. I Nr. 1 ÖlHÜ 1992) ist im Hinblick auf die Haftung für Ölverschmutzungsschäden, die von dem Schiff ausgehen, die zentrale Figur. Auf ihn wird die Haftung für Ölverschmutzungsschäden kanalisiert, unter Freistellung der übrigen am Betrieb des Schiffes beteiligten Personen (siehe Art. III Abs. 4 Satz 2 ÖlHÜ 1992, dort Rn 9–18). Die Vorschrift des Art. I Nr. 3 ÖlHÜ 1992 definiert den Eigentümer des Schiffes als diejenige Person (Art. I Nr. 2 ÖlHÜ 1992), in deren Namen das Schiff (Art. I Nr. 1 ÖlHÜ 1992) in das Schiffsregister eingetragen wurde. Tatsächlich ist das Schiffsregister in besonderer Weise geeignet, die Eigentumsverhältnisse nachzuweisen; siehe zum öffentlichen Glauben des Schiffsregisters in Deutschland oben Rn 153 Einleitung B. Ist das Schiff nicht in einem Schiffsregister eingetragen, ist nach Art. I Nr. 3 Satz 1 ÖlHÜ 1992 Eigentümer derjenige, dem das Schiff gehört. Auf die Staatsangehörigkeit des Eigentümers kommt es nicht an. Allerdings besteht die Möglichkeit der Eintragung des Schiffes in ein Schiffsregister vielfach nur für Angehörige des betreffenden Staates (siehe zu den deutschen Schiffsregistern die Hinweise oben Rn 131–133 Einleitung B). Auf Art. I Nr. 3 ÖlHÜ 1992 wird in Art. 1 Nr. 2 ÖlFÜ 1992 und Art. 1 Nr. 6 ÖlFÜProt 2003 Bezug genommen. 5

Art. I Nr. 3 Satz 2 ÖlHÜ 1992 betrifft den Sonderfall, dass das Schiff im Eigentum eines Staates steht, allerdings von einer Gesellschaft – offenbar des privaten Rechts – betrieben wird, die in dem betreffenden Staat als Ausrüster oder Reeder des Schiffes eingetragen ist. Diese Umschreibung ist nach dem Verständnis des deutschen Rechts widersprüchlich. Ist eine Gesellschaft als Reeder des Schiffes eingetragen, ist sie auch Eigentümer. Das Schiff kann von daher nicht daneben auch noch einem anderen gehören. Anders verhält es sich im Hinblick auf den Ausrüster. Dieser betreibt nach deutschem Rechtsverständnis ein ihm nicht gehöriges Schiff (§ 477 Abs. 1 und 2). Daneben kann es einen Nur-Eigentümer geben bei dem es sich durchaus um einen Staat handeln kann. Nach Art. I Nr. 3 Satz 2 ist in diesen Fällen nicht der Staat, sondern die Gesellschaft, also der Ausrüster, Eigentümer des Schiffes im Sinne des ÖlHÜ 1992. 6

4. Der „Staat des Schiffsregisters". An die Umschreibung „Staat des Schiffsregisters" wird in Art. VII Abs. 6 ÖlHÜ 1992 angeknüpft. Nach Art. I Nr. 4 ÖlHÜ 1992 handelt es sich zunächst um den Staat, in dessen Schiffsregister das Schiff eingetragen ist. Ist das Schiff nicht eingetragen, ist der „Staat des Schiffsregisters" nach Art. I Nr. 4 ÖlHÜ 1992 der Staat, dessen Flagge das Schiff führt. 7

8 **5. Das „Öl".** Eines der zentralen Merkmale für die Anwendung des ÖlHÜ 1992 ist die Umschreibung des Begriffes „Öl". Art. I Nr. 5 ÖlHÜ 1992 definiert das „Öl" als beständiges Kohlenwasserstoffmineralöl.[8] Beispielhaft werden darüber hinaus Rohöl, Heizöl, schweres Dieselöl und Schmieröl genannt. Für Verschmutzungsschäden, die durch sonstige Stoffe verursacht werden, gilt das ÖlHÜ 1992 nicht. Auf Art. I Nr. 5 ÖlHÜ 1992 wird in Art. 1 Nr. 2 ÖlFÜ 1992 und Art. 1 Nr. 6 ÖlFÜProt 2003 Bezug genommen.

9 Die Umschreibung des Art. I Nr. 1 ÖlHÜ 1992 bezieht sich auf ein Schiff, das zur Beförderung von Öl als Bulkladung gebaut oder hergerichtet ist; es muss sich bei dem Schiff um einen Tanker handeln. Nach Art. I Nr. 5 Hs. 2 ÖlHÜ 1992 ist es ohne Bedeutung, ob das Öl als Ladung oder „in den Bunkern" des Schiffes befördert wird. Die Beförderung von Öl als Ladung in den Ladetanks des Schiffes ist der Normalfall. Die Umschreibung „in den Bunkern" bezieht sich auf den Brennstoff des Schiffes. Auch bei diesem muss es sich um ein beständiges Mineralöl handeln.

10 Die Umschreibung „Öl" im Sinne des Art. I Nr. 5 ÖlHÜ 1992 unterscheidet nicht zwischen Öl, das als Ladung befördert wurde, und Öl, das als Brennstoff an Bord ist. Dies erscheint im Falle einer Verschmutzung, die von dem Schiff ausgeht, letztlich auch wenig sinnvoll, wenn nicht ohnehin unmöglich. Es ist daher berechtigt, als Ladung beförderte Öl und den Brennstoff des Schiffes gleich zu behandeln. Die Formulierung, dass das Öl in den Bunkern des Schiffes „befördert" wird ist unglücklich. Das für den Antrieb des Schiffes bestimmte Öl befindet sich zum Zwecke des Verbrauchs an Bord und wird nicht im eigentlichen Sinne „befördert". Bei der Einbeziehung der Brennstoffe des Schiffes bleibt es auch dann, wenn sich kein Öl als Ladung an Bord befindet, insbesondere im Falle der auf einer Ladungsreise folgenden Ballastreise im Sinne des Art. I Nr. 1 Hs. 2 ÖlHÜ 1992. Zum Brennstoff des Schiffes siehe noch die Hinweise Rn 5–9 zu Art. 1 Bunkeröl Ü (Anhang I.5 zu § 480).

11 **6. Die „Verschmutzungsschäden".** Die Umschreibung des Verschmutzungsschadens ist eines der zentralen Merkmale für die Anwendung und das Verständnis des ÖlHÜ 1992. Nach Art. I Nr. 6 (a) Hs. 1 ÖlHÜ 1992 sind Verschmutzungsschäden Verluste oder Schäden, die außerhalb des Schiffes durch eine auf das Ausfließen oder Ablassen von Öl aus dem Schiff zurückzuführende Verunreinigung hervorgerufen werden. Auf Art. I Nr. 6 ÖlHÜ 1992 wird in Art. 1 Nr. 2 ÖlFÜ 1992 und Art. 1 Nr. 6 ÖlFÜProt 2003 Bezug genommen. Art. I Nr. 6 (a) Hs. 1 ÖlHÜ 1992 knüpft an die Verunreinigung an. Diese muss auf das Ausfließen oder Ablassen von Öl (Art. I Nr. 5 ÖlHÜ 1992) aus dem Schiff zurückzuführen sein. Die Verunreinigung kann das Wasser betreffen, ebenso die Küste oder das Ufer von Flüssen oder Kanälen. In gleicher Weise können feste Einrichtungen, etwa Hafenanlagen oder sonstige Bauwerke, verunreinigt werden. Gleiches gilt für schwimmende Gegenstände. Verunreinigt werden können insbesondere auch andere Schiffe, sonstige schwimmende Einrichtungen oder auch schwimmende Navigationshilfen.

12 Die Verunreinigung muss auf das Ausfließen oder Ablassen von Öl aus dem Schiff zurückzuführen sein. Die Umschreibung „Ablassen" bezieht sich auf eine willentliche Handlung, die dazu führt, dass von dem Schiff Öl austritt. Der Vorgang kann absichtlich eingeleitet worden sein, ebenso auch irrtümlich. Das „Ausfließen" von Öl meint jedes sonstige Austreten von Öl aus dem Schiff. Dies umfasst etwa eine Beschädigung des Schiffes, beispielsweise durch eine Kollision mit einem anderen Schiff oder einer sonstigen Einrichtung, die dazu führt, dass Lade- oder Brennstofftanks geöffnet werden. Öl fließt aber auch

---

[8] Siehe dazu die „Definition of the Term „Persistent Oil" (Article I.5 of CLC)" (Fund/A.4/11 vom 15. Juli 1981), verfügbar unter www.iopcfunds.org.

aus, wenn es durch hierfür vorgesehene Öffnungen in den Ladetanks außenbords gelangt, etwa wenn Lade- oder Brennstofftanks überfüllt werden, mit der Folge, dass durch Überlaufeinrichtungen Öl zunächst an Deck und von dort aus ins Wasser gelangt.

Erforderlich ist weiter, dass die Verunreinigung zu Verlusten oder Schäden geführt 13 hat. „Verluste" meint nicht das Abhandenkommen von Gegenständen. Vielmehr geht es um Vermögensnachteile. Insofern bedeuten „Verluste" und „Schäden" dasselbe. Der Verunreinigung durch das Öl muss zu den Verlusten oder Schäden geführt haben. Es geht um die Nachteile, die durch die Verunreinigung verursacht wurden. Bemessen werden diese anhand der Kosten für die Beseitigung der Verunreinigung. Zu den Schutzmaßnahmen siehe Art. I Nr. 6 (b) ÖlHÜ 1992 (unten Rn 16). Nicht zu den Verschmutzungsschäden im Sinne des ÖlHÜ 1992 gehören der Tod oder die Köperverletzung von Personen, zu denen es im Zusammenhang mit dem Ausfließen oder Ablassen des Öles kommt. Diese gehen nicht auf eine Verunreinigung durch das Öl zurück. Gleiches gilt für die Beschädigung von Sachen, soweit nicht die Verunreinigung als eine solche Beschädigung angesehen werden kann. Ölverschmutzungsschäden sind ebenfalls nicht solche Schäden, die auf eine Entzündung oder Explosion von Bunkeröl zurückgehen, auch wenn es bereits ausgetreten ist. Zu den Verlusten bzw. Schäden muss es außerhalb des Schiffes gekommen sein. Damit sind solche Schäden nicht ersatzfähig, die auf einen Verlust oder eine Beschädigung einschließlich einer Verunreinigung des Schiffes selbst zurückzuführen sind. In der Regel wird es um Verunreinigungen von Gewässern, Ufern, Anlagen und anderen Fahrzeugen gehen. Abweichend davon umfassen die HNS-Schäden nach Art. 1 Abs. 6 HNS-Ü 2010 auch Personen- und Sachschäden.

Art. I Nr. 6 (a) Hs. 2 ÖlHÜ 1992 enthält einen Vorbehalt, der eigentlich nicht mehr 14 in die Definition des Verschmutzungsschadens hinein gehört. Es geht um eine Klarstellung im Hinblick auf den geschuldeten Schadenersatz. Ist durch die Verunreinigung die Umwelt beeinträchtigt, beschränkt sich der Schadenersatz auf den Ersatz von Kosten tatsächlicher ergriffener oder zu ergreifender angemessener Wiederherstellungsmaßnahmen. Tatsächlich ergriffene Wiederherstellungsmaßnahmen sind solche, die bereits abgeschlossen sind. Zu ergreifende Wiederherstellungsmaßnahmen sind solche, zu denen es erst zukünftig kommen wird. Die Verwendung des Begriffes „Schadenersatz" in diesem Zusammenhang ist missverständlich. Letztlich geht es nicht um Schadens-, sondern um Aufwendungsersatz. Geschuldet werden in jedem Falle nur die Kosten angemessener Wiederherstellungsmaßnahmen. Es gibt also keinen Ersatz eines allgemeinen, abstrakten Umweltschadens etwa auf Grundlage der Menge verschmutzten Wassers. Der Formulierung „... oder zu ergreifender ... Wiederherstellungsmaßnahmen ..." in Art. I Nr. 6 (a) Hs. 2 ÖlHÜ 1992 ist zu entnehmen, dass der Schadenersatzanspruch wegen Umweltbeeinträchtigungen ggf. auch einen Anspruch auf Vorschuss umfasst. Eine entsprechende Regelung fehlt im Hinblick auf sonstige Verschmutzungsschäden und die Kosten von Schutzmaßnahmen, so dass Vorschuss dort nicht verlangt werden kann. Klargestellt ist in Art. I Nr. 6 (a) Hs. 2 ÖlHÜ 1992 allerdings, dass auch im Falle bloßer Umweltbeeinträchtigungen ein entgangener Gewinn, also ein kaufmännischer Verlust, zu ersetzen ist. Dies wiederum betrifft den Ersatz von Schäden und nicht von bloßen Aufwendungen. Aus dem Vorbehalt ergibt sich, dass sich die Umschreibung „Verluste oder Schäden" in Art. I Nr. 6 (a) Hs. 1 ÖlHÜ 1992 auch auf Vermögensschäden erstreckt.

Art. I Nr. 6 (b) ÖlHÜ 1992 bestätigt, dass zu den Verschmutzungsschäden auch die 15 Kosten von Schutzmaßnahmen sowie weitere durch Schutzmaßnahmen verursachte Verluste oder Schäden gehören. Zu den Schutzmaßnahmen siehe Art. I Nr. 7 ÖlHÜ 1992 (sogleich Rn 16). Durch Schutzmaßnahmen verursachte Verluste oder Schäden sind sonstige Nachteile, die auf Schutzmaßnahmen zurückzuführen sind. Hierzu gehören etwa Körperschäden von Personen, die Schutzmaßnahmen durchführen, oder Sachschäden, die aufgrund der Schutzmaßnahmen eintreten.

16 **7. Die „Schutzmaßnahmen".** Art. I Nr. 7 ÖlHÜ 1992 enthält eine Umschreibung der „Schutzmaßnahmen", auf die in Art. I Nr. 6 (b) ÖlHÜ 1992 Bezug genommen wird. Schutzmaßnahmen sind Maßnahmen zur Verhütung oder Einschränkung von Verschmutzungsschäden. Die „Einschränkung" von Verschmutzungsschäden meint eine Verminderung ihres Umfangs. Dies umfasst auch eine vollständige Beseitigung der Verschmutzungsschäden. In gleicher Weise können Schutzmaßnahmen auch der Verhütung von Verschmutzungsschäden dienen. Diese Maßnahmen haben den Zweck, den Eintritt von Verschmutzungsschäden schlechthin oder deren Vergrößerung zu verhindern. Die Maßnahmen müssen von einer Person (siehe Art. I Nr. 2 ÖlHÜ 1992) getroffen werden. Zu den Personen gehören insbesondere auch juristische Personen des öffentlichen Rechts sowie Staaten und Gebietskörperschaften, also nicht notwendig nur Privatpersonen. Art. I Nr. 7 ÖlHÜ 1992 setzt weiter voraus, dass die Maßnahmen zur Verhütung oder Einschränkung von Verschmutzungsschäden nach Eintreten des Ereignisses getroffen werden. Hierunter fallen nicht solche Maßnahmen, die gewissermaßen routinemäßig und im Vorwege zur Verhütung von Verschmutzungsschäden getroffen werden, etwa wenn beim Be- oder Entladen eines Tankers am Terminal Vorsorgemaßnahmen für den Fall einer Verunreinigung getroffen werden. Auf Art. I Nr. 7 ÖlHÜ 1992 wird in Art. 1 Nr. 2 ÖlFÜ 1992 und Art. 1 Nr. 6 ÖlFÜProt 2003 Bezug genommen.

17 **8. Das „Ereignis".** Das „Ereignis" meint zunächst einen Vorfall, der einen Verschmutzungsschaden (Art. I Nr. 6 ÖlHÜ 1992) verursacht. Dem gleichgestellt sind mehrere Vorfälle dieser Art, die auf den „gleichen Ursprung" zurückgehen. Es genügt aber auch, dass ein Verschmutzungsschaden lediglich droht. Art. I Nr. 8 ÖlHÜ 1992 umschreibt das „Ereignis" darüber hinaus als einen Vorfall oder mehrere Vorfälle, die eine schwere, unmittelbar drohende Gefahr des Eintritts von Verschmutzungsschäden begründen. Unmittelbar drohend ist eine Gefahr, wenn der Schadenseintritt sehr wahrscheinlich ist. Das Erfordernis einer „schweren Gefahr" bezieht sich auf den Umfang des drohenden Schadens. Dieser darf nicht unerheblich sein. Auf Art. I Nr. 8 ÖlHÜ 1992 wird in Art. 1 Nr. 2 ÖlFÜ 1992 und Art. 1 Nr. 6 ÖlFÜProt 2003 Bezug genommen.

18 Tatsächlich kann die Frage, ob ein Verschmutzungsschaden auf ein Ereignis oder auf mehrere Ereignisse zurückgeht, von erheblicher praktischer Bedeutung sein. Es von den Umständen des Einzelfalles ab, ob ein Ereignis oder mehrere Ereignisse stattgefunden haben, wobei die Abgrenzung von Ereignissen erhebliche Schwierigkeiten machen kann. Wenn es sich um mehrere Ereignisse handelt, gilt der Höchstbetrag der Haftung nach Art. V ÖlHÜ 1992 für jedes einzelne Ereignis.

19 **9. Die „Organisation".** Im Rahmen des ÖlHÜ 1992 sowie der ÖlFÜ 1992 bzw. des ÖlFÜProt 2003 hat die „Organisation" bestimmte Aufgaben. Aus Art. I Nr. 9 ÖlHÜ 1992 ergibt sich, dass mit „Organisation" die IMO gemeint ist. Auf die Umschreibung nimmt Art. 1 Nr. 2 ÖlFÜ 1992 Bezug; sieh auch Art. 1 Nr. 6 ÖlFÜProt 2003.

20 **10. Das „Haftungsübereinkommen von 1969".** Die Umschreibung des Haftungsübereinkommens von 1969 kommt im Rahmen der Übergangsbestimmungen des Art. XIIbis zum Tragen. Gemeint ist das ÖlHÜ 1969, ggf. in der Fassung des ÖlHÜProt 1976. Siehe hierzu näher oben Rn 2–3 vor Art. I ÖlHÜ 1992.

Artikel II

Dieses Übereinkommen gilt ausschließlich
a) für Verschmutzungsschäden, die verursacht worden sind
   i) im Hoheitsgebiet einschließlich des Küstenmeers eines Vertragsstaats und
   ii) in der nach Völkerrecht festgelegten ausschließlichen Wirtschaftszone eines Vertrags Staats oder, wenn ein Vertragsstaat eine solche Zone nicht festgelegt hat, in einem jenseits des Küstenmeers dieses Staates gelegenen, an dieses angrenzenden Gebiet, das von diesem Staat nach Völkerrecht festgelegt wird und sich nicht weiter als 200 Seemeilen von den Basislinien erstreckt, von denen aus die Breite seines Küstenmeers gemessen wird;
b) für Schutzmaßnahmen zur Verhütung oder Einschränkung dieser Schäden, gleichviel wo sie getroffen worden sind.

Die Regelungen des Art. II ÖlHÜ 1992 umschreiben den räumlichen Anwendungsbereich des Übereinkommens. Dabei wird auf den Ort abgestellt, an dem die Verschmutzungsschäden (Art. I Nr. 6 ÖlHÜ 1992) verursacht worden sind. Gemeint ist der Ort, an dem jeweils die Verunreinigung, die die Verschmutzungsschäden verursacht hat, eingetreten ist. Die Verluste oder Schäden (= Verschmutzungsschäden) können als Folge davon auch woanders eingetreten sein. **1**

Das ÖlHÜ 1992 kommt nach Art. II (a) (i) zur Anwendung, wenn die Verunreinigungen im Hoheitsgebiet einschließlich des Küstenmeeres eines Vertragsstaates entstanden sind. Zum Hoheitsgebiet eines Vertragsstaates gehören neben dem Landgebiet auch dessen innere Gewässer (oben Rn 4 Einleitung C). Darüber hinaus erfasst das Übereinkommen auch Verschmutzungsschäden, die im Küstenmeer eines Vertragsstaates verursacht worden sind. Zum Küstenmeer siehe Art. 2 ff. SeerechtsÜ sowie die Hinweise oben Rn 5 Einleitung C. **2**

Der Anwendungsbereich des Übereinkommens reicht nach Art. II (a) (ii) ÖlHÜ 1992 über das Küstenmeer hinaus. Angeknüpft wird hier an die AWZ im Sinne des SeerechtsÜ (dazu Art. 55 ff. sowie oben Rn 6 Einleitung C). Hat ein Vertragsstaat in Übereinstimmung mit dem Völkerrecht, also insbesondere mit Art. 57 SeerechtsÜ, eine AWZ festgelegt, ist diese für den Anwendungsbereich des Übereinkommens maßgeblich. Hat der Vertragsstaat dies nicht getan, wird für die Zwecke der Anwendung des Übereinkommens unterstellt, dass er von seiner Befugnis zur Festlegung einer AWZ Gebrauch gemacht habe. Zu diesem Zweck umschreibt Art. II (a) (ii) Fall 2 ÖlHÜ 1992 ein entsprechendes, an das Küstenmeer seewärts angrenzende Gebiet. Dieses wird nach den Vorgaben des Völkerrechts ermittelt. Es erstreckt sich bis höchstens 200 Seemeilen von den Basislinien aus, von der aus die Breite des Küstenmeeres gemessen wird (zu diesen Art. 5 ff. SeerechtsÜ). Entsprechens-Vorschriften von der Art des Art. II (a) (ii) Fall 2 ÖlHÜ 1992 sind im internationalen Haftungsrecht der Schifffahr üblich und finden sich auch in Art. II (a) (ii) ÖlHÜ 1992, Art. 3 (a) (ii) ÖlFÜ 1992, Art. 3 (a) (ii) ÖlFÜProt 2003, Art. (a) (ii) BunkerölÜ und Art. 3 (b) HNS-Ü 2010. **3**

Für Schutzmaßnahmen gilt die Sonderregelung des Art. II (b) ÖlHÜ 1992. Siehe zur Umschreibung der „Schutzmaßnahmen" bereits Art. I Nr. 7 ÖlHÜ 1992 (oben Rn 16 zu Art. I ÖlHÜ 1992). Das Übereinkommen findet Anwendung auf Schutzmaßnahmen, unabhängig davon, wo sie getroffen wurden. Insbesondere können sie auch im Hoheitsgebiet einschließlich des Küstenmeeres eines anderen Vertragsstaates oder auch eines Nicht-Vertragsstaates, in der AWZ oder einem entsprechenden Gebiet eines Vertragsstates oder eines Nicht-Vertragsstaates oder auch auf der Hohen See durchgeführt worden sein. In jedem Falle müssen die Schutzmaßnahmen der Verhütung oder Einschränkung **4**

„dieser Schäden" dienen. Dies bezieht sich zurück auf die Regelung des Art. II (a) (ii) ÖlHÜ 1992, wo es um Verschmutzungsschäden geht, die innerhalb des Hoheitsgebietes einschließlich des Küstenmeeres oder der AWZ oder eines entsprechenden Gebietes eines Vertragsstaates eingetreten sind.

Artikel III

(1) Außer in den Fällen der Absätze 2 und 3 haftet der Eigentümer eines Schiffes im Zeitpunkt des Ereignisses oder, wenn das Ereignis aus einer Reihe von Vorfällen besteht, im Zeitpunkt des ersten Vorfalls für alle Verschmutzungsschäden, die infolge des Ereignisses durch das Schiff verursacht wurden.

(2) Der Eigentümer haftet nicht für Verschmutzungsschäden, wenn er nachweist, dass die Schäden
a) durch Kriegshandlung, Feindseligkeiten, Bürgerkrieg, Aufstand oder ein außergewöhnliches, unvermeidliches und unabwendbares Naturereignis entstanden sind,
b) ausschließlich durch eine Handlung oder Unterlassung verursacht wurden, die von einem Dritten in Schädigungsabsicht begangen wurde, oder
c) ausschließlich durch die Fahrlässigkeit oder eine andere rechtswidrige Handlung einer Regierung oder einer anderen für die Unterhaltung von Lichtern oder sonstigen Navigationshilfen verantwortlichen Stelle in der Wahrnehmung dieser Aufgabe verursacht wurden.

(3) Beweist der Eigentümer, dass die Verschmutzungsschäden ganz oder teilweise entweder auf eine in Schädigungsabsicht begangene Handlung oder Unterlassung der geschädigten Person oder auf deren Fahrlässigkeit zurückzuführen sind, so kann er von seiner Haftung gegenüber dieser Person ganz oder teilweise befreit werden.

(4) Schadenersatzansprüche wegen Verschmutzungsschäden können gegen den Eigentümer nur nach diesem Übereinkommen geltend gemacht werden. Vorbehaltlich des Absatzes 5 können Schadenersatzansprüche wegen Verschmutzungsschäden weder auf Grund dieses Übereinkommens noch auf anderer Grundlage geltend gemacht werden gegen
a) die Bediensteten oder Beauftragten des Eigentümers oder die Mitglieder der Besatzung;
b) den Lotsen oder eine andere Person, die, ohne Mitglied der Besatzung zu sein, Dienste für das Schiff leistet;
c) einen Charterer (wie auch immer er bezeichnet ist, einschließlich Bareboat-Charterer), Ausrüster oder Betreiber des Schiffes sowie einen mit der Betriebsführung Beauftragten;
d) eine Person, die mit Einwilligung des Eigentümers oder auf Weisung einer zuständigen Behörde Bergungs- oder Hilfeleistungsarbeiten ausführt;
e) eine Person, die Schutzmaßnahmen trifft;
f) alle Bediensteten oder Beauftragten der unter den Buchstaben c, d und e bezeichneten Personen,
sofern nicht die Schäden auf eine Handlung oder Unterlassung zurückzuführen sind, die von ihnen selbst entweder in der Absicht, solche Schäden herbeizuführen, oder leichtfertig und in dem Bewußtsein begangen wurde, dass solche Schäden wahrscheinlich eintreten würden.

(5) Dieses Übereinkommen beeinträchtigt nicht das Rückgriffsrecht des Eigentümers gegen Dritte.

In Art. III ÖlHÜ 1992 finden sich die zentralen Vorschriften über die Haftung des **1** Eigentümers für Ölverschmutzungsschäden. Grundlage des Anspruchs ist Art. III Abs. 1 ÖlHÜ 1992 (unten Rn 2–4). Der Eigentümer kann sich (nur) nach Maßgabe des Art. III Abs. 2 und 3 ÖlHÜ 1992 entlasten (unten Rn 5–7). Art. III Abs. 4 Satz 1 ÖlHÜ 1992 enthält eine Ausschließlichkeitsregelung (unten Rn 8). Die eigentümliche Bestimmung des Art. III Abs. 4 Satz 2 ÖlHÜ 1992 stellt alle sonstigen Personen von der Haftung frei und erreicht auf diese Weise eine „Kanalisierung" der Haftung auf den Eigentümer des Schiffes (unten Rn 9–18). Art. III Abs. 5 ÖlHÜ 1992 enthält schließlich eine Klarstellung im Hinblick auf einen möglichen Rückgriffsanspruch des Eigentümers (unten Rn 20–21).

I. Die Grundlage des Anspruchs

Die Voraussetzungen für einen Anspruch auf Grundlage des ÖlHÜ sind in dessen **2** Art. III Abs. 1 knapp formuliert: Der Eigentümer (Art. I Nr. 3 ÖlHÜ 1992) des Schiffes (Art. I Nr. 1 ÖlHÜ 1992) haftet für alle vom Schiff infolge des Ereignisses (Art. I Nr. 8 ÖlHÜ 1992) ausgehenden Verschmutzungsschäden (Art. I Nr. 6 ÖlHÜ 1992).

Das zentrale Merkmal des Tatbestands des Art. III Abs. 1 ÖlHÜ 1992 sind die Ver- **3** schmutzungsschäden, die durch das Schiff verursacht wurden. Wie sich im Zusammenspiel mit Art. I Nr. 6 (a) ÖlHÜ 1992 ergibt, müssen die Verunreinigungen, die Ausgangspunkt des Verschmutzungsschadens sind, auf das Ausfließen oder Ablassen von Öl (Art. I Nr. 5 ÖlHÜ 1992) zurückzuführen sein. Die Verknüpfung mit dem „Ereignis" in Art. III Abs. 1 ÖlHÜ 1992 dient zweierlei Zwecken. Die Wendung „Eigentümer eines Schiffes im Zeitpunkt des Ereignisses" soll die Haftung desjenigen festschreiben, der zum maßgeblichen Zeitpunkt Eigentümer war. Eine spätere Änderung des Eigentums lässt die Einstandspflicht des Betreffenden unberührt. Ergänzend heißt es weiter, dass es in den Fällen, in denen das Ereignis aus einer Reihe von Vorfällen besteht, der Zeitpunkt des ersten Vorfalles maßgeblich ist. Eine andere Funktion hat die Anknüpfung an das Ereignis in der weiteren Formulierung, dass der Verschmutzungsschaden „infolge des Ereignisses" verursacht worden sein muss. Die nochmalige Anknüpfung an das Ereignis verdeutlicht noch einmal den Zusammenhang mit der Umschreibung des Art. I Nr. 8 ÖlHÜ 1992, aus der sich ergibt, dass es bereits genügt, dass eine schwere und unmittelbar drohende Gefahr der Verursachung eines Verschmutzungsschadens genügt, um die Einstandspflicht des Eigentümers auszulösen.

Schuldner des Anspruchs ist, wie Art. III Abs. 1 ÖlHÜ 1992 klar festlegt, der Eigen- **4** tümer des Schiffes; siehe zu diesem Art. I Nr. 3 ÖlHÜ 1992 (dort Rn 5–6). Alle anderen an dem Schiffsbetrieb beteiligten Personen sind nach Art. III Abs. 4 Satz 2 ÖlHÜ 1992 von einer Haftung grundsätzlich freigestellt (dazu unten Rn 9–18). Diese Kanalisierung der Haftung aus dem ÖlHÜ 1992 auf den Eigentümer hat seinen Grund in dem besonders ausgestalteten System der Haftung für Ölverschmutzungsschäden. Dies ergibt sich letztlich aus dem Zusammenspiel mehrerer Mechanismen. Ausgangspunkt ist die Einstandspflicht des Eigentümers, die zudem nach Maßgabe des Art. V ÖlHÜ 1992 beschränkbar ist. Darüber hinaus haftet der Eigentümer des Schiffes grundsätzlich nicht. Ölverschmutzungsschäden können allerdings ohne weiteres den jeweils maßgeblichen Höchstbetrag weit übersteigen. In diesen Fällen greift ergänzend eine Haftung des Ölfonds und ggf. des Zusatzfonds ein (zu diesen siehe unten Anhang I.3 und I.4 zu § 480). Die Mittel, die diesen Fonds zur Verfügung stehen, werden durch die Ölindustrie aufgebracht. Auf diese Weise müssen auch die übrigen Marktbeteiligten, namentlich diejenigen, die letztlich von der Beförderung von Öl über See profitieren, für Ölverschmutzungsschäden mit einstehen. Zu diesen weiteren Beteiligten gehören ggf. auch Unternehmen, die etwa als

Charterer von Schiffen am Markt auftreten. Die Kanalisierung der „Grundhaftung" auf den Eigentümer hat den Zweck, die Einstandspflichten der verschiedenen Beteiligten voneinander abzugrenzen.

II. Die Entlastung des Eigentümers

5   Ist die Haftung des Eigentümers nach Art. III Abs. 1 ÖlHÜ 1992 begründet, hat er die Möglichkeit, sich nach Maßgabe der Abs. 2 und 3 zu entlasten. Die hier geregelten Tatbestände für einen Ausschluss der Haftung sind sehr eingeschränkt, so dass ihre Voraussetzungen nur unter besonderen Umständen vorliegen werden. Insbesondere spielt ein (Nicht-)Verschulden auf Seiten des Eigentümers keine Rolle. Im Ergebnis wird der Eigentümer nur in seltenen Fällen einer Haftung entgehen können. Sowohl Art. III Abs. 2 als auch Abs. 3 ÖlHÜ 1992 stellen klar, dass es Sache des Eigentümers ist, die Voraussetzungen der jeweiligen Entlastungstatbestände darzulegen und zu beweisen. In Art. III Abs. 2 ÖlHÜ 1992 ist von einem „Nachweis" die Rede, während Abs. 3 ausdrücklich von einem „Beweis" spricht. In jedem Falle ist es Sache des Eigentümers, die Ursache für die Verschmutzung aufzuklären und, ausgehend davon, das Vorliegen eines der Tatbestände des Art. III Abs. 2 und 3 ÖlHÜ 1992 darzulegen und zu beweisen. Art. III Abs. 2 (a) bis (c) ÖlHÜ 1992 beziehen sich auf bestimmte Ursachen für den Verschmutzungsschaden (unten Rn 6). Art. III Abs. 3 ÖlHÜ 1992 gewährt dem Eigentümer den Einwand der Mitverschuldens durch den Geschädigten selbst (unten Rn 7).

6   **1. Bestimmte äußere Umstände.** Nach Art. III Abs. 2 ÖlHÜ 1992 haftet der Eigentümer nicht für Verschmutzungsschäden, wenn die Schäden durch einen der Tatbestände der Buchst. (a) bis (c) verursacht wurden. Buchst. (a) bezieht sich auf Gewalthandlungen, die umschrieben werden mit Kriegshandlung, Feindseligkeiten, Bürgerkrieg oder Aufstand. Darüber hinaus kann sich der Eigentümer von der Haftung befreien, wenn er nachweist, dass der Verschmutzungsschaden durch ein außergewöhnliches, unvermeidliches und unabwendbares Naturereignis entstanden ist. Der weitere Tatbestand des Art. III Abs. 2 (b) ÖlHÜ 1992 betrifft terroristische Handlungen und wird umschrieben mit einem Verhalten, das von einem Dritten in Schädigungsabsicht begangen wurde. Dritter im Sinne des Art. III Abs. 2 (b) ÖlHÜ 1992 ist jede Person mit Ausnahme des Eigentümers. Dritter kann insbesondere auch eine der in Art. III Abs. 4 Satz 2 Hs. 1 ÖlHÜ 1992 genannten Personen sein. Der letzte Tatbestand des Art. III Abs. 2 (c) ÖlHÜ 1992 mutet daneben schon fast kurios an. Der Eigentümer kann sich von der Haftung nach Art. III Abs. 1 ÖlHÜ 1992 entlasten, wenn er darlegt und beweist, dass der Verschmutzungsschaden von einer für die Unterhaltung von Lichtern oder sonstigen Navigationshilfen verantwortlichen Stelle in der Wahrnehmung dieser Aufgabe verursacht wurde. Der Sache nach geht es um fehlerhafte Navigationshilfen außerhalb des Schiffes. Deren Fehlerhaftigkeit muss auf ein Verhalten der unterhaltspflichtigen Stelle zurückgehen. Es genügt also nicht, dass etwa die Navigationshilfe durch einen Unfall beschädigt wurde. Zu den Navigationshilfen, die fehlerhaft sein können, zählen insbesondere Tonnen und sonstige Seezeichen, Richtfeuer oder Leuchtfeuer die wiederum optische, akustische oder elektromagnetische Signale zum Zwecke der Navigation aussenden können. Gedacht ist im Hinblick auf den Tatbestand des Art. III Abs. 2 (c) ÖlHÜ 1992 insbesondere an den Fall, dass es aufgrund einer fehlerhaften Navigationshilfe zu einer Grundberührung oder einem Zusammenstoß mit einem anderen Schiff oder einer festen Einrichtung kommt. Wortgleiche Ausschlusstatbestände finden sich auch in Art. 3 Abs. 3 BunkerölÜ und Art. 7 Abs. 2 HNS-Ü 2010.

2. Das Mitverschulden des Geschädigten. Der Eigentümer kann sich zu seiner Ent- 7
lastung von der Haftung aus Art. III Abs. 1 ÖlHÜ 1992 außerdem nach Abs. 3 der Vorschrift darauf berufen, dass der Geschädigte selbst den Verschmutzungsschaden ganz oder teilweise aufgrund eigenen Verschuldens herbeigeführt hat (siehe auch Art. 3 Abs. 4 BunkerölÜ, Art. 7 Abs. 3 HNS-Ü 2010). Die Vorschrift des Art. III Abs. 1 ÖlHÜ 1992 bezieht sich auf eine in Schädigungsabsicht begangene Handlung oder Unterlassung oder auf Fahrlässigkeit, umfasst also jeden Grad schuldhaften Verhaltens. Ein solches ist für die Entlastung des Eigentümers auch erforderlich, es genügt nicht, dass das Verhalten des Geschädigten den Schaden lediglich (mit)verursacht hat. Das Verschulden des Geschädigten muss, wie die Formulierung des Art. III Abs. 3 ÖlHÜ 1992 klar stellt, vom Eigentümer bewiesen werden. Es reicht aus, dass das Mitverschulden des Geschädigten den Schaden teilweise herbeigeführt hat. Das Mitverschulden des Geschädigten kann sich zum einen auf den Verschmutzungsschaden als solchen beziehen, den er mit herbeigeführt hat. In gleicher Weise geht es aber auch um die Höhe des vom Geschädigten geltend gemachten Schadens hat er durch sein Verschulden den Schaden vergrößert, kann der Eigentümer dies dem Geschädigten anspruchsmindernd entgegen halten. Die Geltendmachung des Mitverschuldens des Geschädigten kann zu einer vollständigen Haftungsbefreiung oder auch zu einer Herabsetzung der Haftung des Eigentümers führen. Der Geschädigte muss für die Zwecke der Anwendung des Art. III Abs. 3 ÖlHÜ 1992 sowohl für sein eigenes Verhalten (einschließlich das seiner Organe und Repräsentanten, oben Rn 101–104 Anhang zu §§ 476, 477 [Manager]) als auch, nach §§ 254 Abs. 2 Satz 2, 278 Satz 1 BGB, für das seiner Gehilfen einstehen. Gibt es mehrere Geschädigte, findet Art. III Abs. 3 ÖlHÜ 1992 nur im Verhältnis zwischen dem Eigentümer und dem betreffenden Geschädigten Anwendung. Dem Eigentümer ist es verwehrt, einem Geschädigten das Mitverschulden eines anderen, ebenfalls Geschädigten entgegen zu halten. Dies gilt auch dann, wenn der andere Geschädigte den Verschmutzungsschaden im vollen Umfange durch eigenes Verschulden herbeigeführt hat. Etwas anderes gilt nur im Fall des Art. III Abs. 2 (b) ÖlHÜ 1992.

III. Der Ausschluss anderer Ansprüche

Art. III Abs. 4 Satz 1 ÖlHÜ 1992 bestimmt, dass Schadenersatzansprüche wegen Öl- 8
verschmutzungsschäden gegen den Eigentümer nur nach Maßgabe des Übereinkommens geltend gemacht werden können. Die Regelung betrifft konkurrierende Ansprüche. Diese sind nach Art. III Abs. 4 Satz 1 ÖlHÜ 1992 ausgeschlossen, der Geschädigte kann sich nicht auf sonstige Grundlagen berufen, namentlich solche des im Übrigen anwendbaren Sachrechts. Das gilt auch insoweit, als aufgrund der sonstigen Ansprüche ein höherer Schadenersatz zu zahlen wäre als nach dem ÖlHÜ 1992. Der Vorrang betrifft nur Schadenersatzansprüche wegen Verschmutzungsschäden. Sonstige Ansprüche auf Schadenersatz gegen den Eigentümer bleiben unberührt. Ausgeschlossen werden nicht nur konkurrierende außervertragliche Ansprüche, also – bei Anwendbarkeit deutschen Sachrechts im Übrigen (oben Rn 186–236 zu § 480) – etwa solche nach § 480 Satz 1 oder §§ 823 Abs. 1 und 2, 831 BGB, sondern auch vertragliche Ansprüche des Geschädigten gegen den Eigentümer. Entsprechende Regelungen finden sich in Art. 3 Abs. 5 BunkerölÜ, Art. 10 Abs. 3 Satz 1 WBÜ und Art. 7 Abs. 4 HNS-Ü 2010.

IV. Die Freistellung der übrigen Beteiligten

Art. III Abs. 4 Satz 2 Hs. 1 ÖlHÜ 1992 ist eine für das Haftungsrecht außergewöhnli- 9
che Bestimmung: Abgesehen vom Eigentümer sind alle sonstigen, am Schiffsbetrieb be-

teiligten Personen, mit Ausnahme des Eigentümers, ausdrücklich von der Haftung wegen Ölverschmutzungsschäden befreit. Gegen diese Personen können Ansprüche weder auf Grundlage des ÖlHÜ noch auf anderer Grundlage geltend gemacht werden. Der Ausschluss betrifft sowohl außervertragliche als auch vertragliche Schadenersatzansprüche. Die Personen, die nach Art. III Abs. 4 Satz 2 Hs. 1 ÖlHÜ 1992 von der Haftung für Ölverschmutzungsschäden befreit sind, werden in den Tatbeständen der Buchst. (a) bis (f) ausdrücklich aufgeführt. Eine entsprechende Freistellung ist auch in Art. 7 Abs. 5 HNS-Ü 2010 vorgesehen. Ebenso ist Kanalisierung der Haftung auf den Inhaber der Kernenergieanlage bzw. den Inhaber des Reaktorschiffes ist auch typisch für die Haftung aus nuklearen Ereignissen (näher dazu Anhang IV [maritime Nuklearhaftung]).

10   **1. Die Bediensteten oder Beauftragten des Eigentümers.** Von der Haftung für Ölverschmutzungsschäden freigestellt sind nach Art. III Abs. 4 Satz 2 Hs. 1 (a) ÖlHÜ 1992 die Bediensteten und Beauftragten des Eigentümers. Dies umfasst zunächst seine Leute, also seine Mitarbeiter und Angestellten. Bedienstete und Beauftragte des Eigentümers sind auch seine weiteren Hilfspersonen, einschließlich unselbständiger Hilfspersonen, die von ihm im Hinblick auf den Betrieb des Schiffes eingeschaltet wurden. Neben den Bediensteten und Beauftragten sind auch die Mitglieder der Besatzung nach Art. III Abs. 4 Satz 2 Hs. 1 (a) ÖlHÜ 1992 privilegiert. Das Übereinkommen enthält keine eigenständige Definition der Besatzung. Bei Anwendbarkeit deutschen Sachrechts im Übrigen gilt daher die Umschreibung des § 478.

11   **2. Der Lotse und sonstige Personen.** Die Befreiung von der Haftung kommt nach Art. III Abs. 4 Satz 2 Hs. 1 (b) ÖlHÜ 1992 auch dem Lotsen sowie anderen Personen, die Dienste für das Schiff leisten, zugute. Der „Lotse" ist jedenfalls der an Bord tätige Lotse. Darüber hinaus ist der Begriff des „Lotsen" umfassend und erstreckt sich auch auf jeden anderen Lotsen, der für das Schiff tätig ist. Art. III Abs. 4 Satz 2 Hs. 1 (b) ÖlHÜ 1992 kommt daher auch dem Radarlotsen zugute. Der Schutz des Art. III Abs. 4 Satz 2 Hs. 1 (b) ÖlHÜ 1992 erstreckt sich auch auf sonstige Personen, die Dienste für das Schiff leisten. Es ist nicht ersichtlich, dass diese an Bord tätig gewesen sein müssen. Der Personenkreis umfasst m.E. etwa auch die Besatzung eines Schleppers, der das Schiff schleppt oder der dem Schiff assistiert, das Personal von Umschlagsunternehmern, Wachpersonal, Festmacher sowie etwa Kanalsteurer. Aus Art. I Nr. 2 ÖlHÜ 1992 ergibt sich, dass zu den Personen im Sinne des Art. III Abs. 4 Hs. 1 (b) ÖlHÜ 1992 auch juristische Personen gehören.

12   **3. Charterer; Betreiber; mit der Betriebsführung Beauftragter.** Nach Art. III Abs. 4 Satz 2 Hs. 1 (c) ÖlHÜ 1992 im verbindlichen englischen Wortlaut sind auch „any charterer (how so ever described, including a bareboat charterer), manager or operator of the ship" von der Haftung für Ölverschmutzungsschäden befreit. In der amtlichen deutschen Übersetzung des Art. III Abs. 4 Satz 2 Hs. 1 (c) ÖlHÜ 1992 heißt es nicht ganz übereinstimmend: „.... ein Charterer (wie auch immer er bezeichnet ist, einschließlich Bareboat Charterer), Ausrüster oder Betreiber des Schiffes sowie ein mit der Betriebsführung Beauftragter".

13   **a) Der Charterer.** Die Umschreibung „Charterer" umfasst den Bareboat-Charterer, den Zeitcharterer, den Reisecharterer sowie alle Teil-Charterer. Der Bareboat-Charterer ist in dem Einschub in Klammern in Art. III Abs. 4 Satz 2 Hs. 1 (c) ÖlHÜ 1992 ausdrücklich erwähnt. Nicht zu diesem Kreis von Personen zählt der bloße Stückgutbefrachter. Allerdings werden in der Tankschifffahrt Teilladungen, etwa in einzelnen Ladetanks des

Schiffes, häufig auf Grundlage von Teilchartern und nicht im Rahmen von Stückgutfrachtverträgen befördert.

b) Ausrüster oder Betreiber. Art. III Abs. 4 Satz 2 Hs. 1 (c) ÖlHÜ 1992 stellt auch den 14 Ausrüster oder Betreiber des Schiffes von der Haftung für Ölverschmutzungsschäden frei. Sollte es sich hierbei um eine Übersetzung der Wendung „manager oder operator of the ship" handeln, ist diese missglückt, denn der „manager" ist nicht der Ausrüster des Schiffes (siehe aber sogleich Rn 15). Aus Sicht des deutschen Rechts sind die Begrifflichkeiten der deutschen Übersetzung widersprüchlich. Jedenfalls ist ausdrücklich auch der Ausrüster (§ 477 Abs. 1 und 2) privilegiert. Dies ergibt sich in der Regel bereits aus dem Umstand, dass er Bareboat-Charterer des Schiffes ist. Andererseits können auch andere Personen als der Bareboat-Charterer die Voraussetzungen eines Ausrüsters erfüllen (siehe oben Rn 13 zu § 477). Die Vorschrift des Art. III Abs. 4 Satz 2 Hs. 1 (c) ÖlHÜ 1992 nennt darüber hinaus noch den Betreiber des Schiffes. Auch dies ist aus der Perspektive des deutschen Rechts überflüssig. Entweder betreibt der Eigentümer selbst das Schiff, so dass er Reeder ist (§ 476) (und nach Art. III Abs. 1 ÖlHÜ 1992 für den Ölverschmutzungsschaden haftet), oder das Schiff wird von einem Ausrüster betrieben (§ 477 Abs. 1).

c) Ein mit der Betriebsführung Beauftragter. Die deutsche Übersetzung fügt dem 15 Art. III Abs. 4 Satz 2 Hs. 1 (c) ÖlHÜ 1992 noch „einen mit der Betriebsführung Beauftragten" hinzu. Gemeint ist die Person, die für und im Namen eines anderen den Schiffsbetrieb durchführt, also der Manager des Schiffes (zu diesem oben Anhang §§ 476, 477 [Manager]). Dies entspricht letztlich auch dem verbindlichen englischen Wortlaut, der ebenfalls – wenn auch an anderer Stelle – den „Manager" nennt. Für die Freistellung nach Art. III Abs. 4 Satz 2 Hs. 1 (c) ÖlHÜ 1992 genügt es, dass der Betreffende im Hinblick auf einen Teilbereich der Manager des Schiffes ist, also das technische oder das kommerzielle Management oder das Crewing übernommen hat (dazu oben Rn 15, 16–24, 25 Anhang zu §§ 476, 477 [Manager]).

4. Der Berger. Auch eine Person (siehe Art. I Nr. 2 ÖlHÜ 1992), die Bergungs- oder 16 Hilfeleistungsarbeiten ausführt, kann unter dem Schutz des Art. III Abs. 4 Hs. 1 (d) ÖlHÜ 1992 fallen. Die etwas umständliche amtliche Übersetzung des englischen Begriffes „salvage operations" mit „Bergungs- oder Hilfeleistungsarbeiten" entspricht der früher im Bergungsrecht verwendeten Terminologie. Seit Übernahme der Bestimmungen des BergÜ 1989 durch das 3. SRÄndG ist grundsätzlich nur noch von „Berger" und „Bergung" die Rede. Erforderlich ist außerdem, was Art. III Abs. 4 Hs. 1 (d) ÖlHÜ 1992 nicht ausdrücklich formuliert, dass die Maßnahme der Bergung zu Gunsten des Schiffes erfolgen muss. Eine weitere Voraussetzung der Freistellung von der Haftung ist, dass die Maßnahmen des Bergers mit Einwilligung des Eigentümers oder auf Weisung einer zuständigen Behörde durchgeführt werden.

5. Die Personen, die Schutzmaßnahmen treffen. Nach Art. III Abs. 4 Hs. 1 (e) 17 ÖlHÜ 1992 sind auch Personen (Art. I Nr. 2 ÖlHÜ 1992), die Schutzmaßnahmen (Art. I Nr. 7 ÖlHÜ 1992) durchführen, von der Haftung für Ölverschmutzungsschäden befreit.

6. Die Bediensteten oder Beauftragten. Die Befreiung von der Haftung für Ölver- 18 schmutzungsschäden gilt nach Art. III Abs. 4 Hs. 1 (f) ÖlHÜ 1992 auch für alle Bediensteten oder Beauftragten der der Charterer des Schiffes, seines Ausrüsters oder Betreibers sowie des Managers (Buchst. c), des Bergers (Buchst. d) sowie der Personen, die Schutzmaßnahmen treffen (Buchst. e). Die Ausdehnung des Schutzes des Art. III Abs. 4 Hs. 1

ÖlHÜ 1992 auf diese Personen im Sinne einer Himalaya-Klausel dient der Absicherung der Freistellung der in Art. III Abs. 4 Hs. 1 (c) bis (e) ÖlHÜ 1992 genannten Personen. Auch wenn Art. III Abs. 4 Hs. 1 (f) ÖlHÜ 1992 sich nicht ausdrücklich auf „Personen" im Sinne des Art. I Nr. 2 ÖlHÜ 1992 bezieht, umfasst die Wendung „Bedienstete oder Beauftragte" sowohl natürliche als auch juristische Personen.

V. Der Ausschluss der Befreiung im Falle qualifizierten Verschuldens

19 Nach Art. III Abs. 4 Hs. 2 ÖlHÜ entfällt die Haftungsbefreiung nach den Tatbeständen des Hs. 1, wenn der Verschmutzungsschaden auf einem qualifizierten Verschulden des Betreffenden beruht. Dieses wird in der international im Haftungsrecht üblichen Weise umschrieben mit einer Handlung oder Unterlassung, die von der Person selbst in der Absicht, solche Schäden herbeizuführen, oder leichtfertig und in dem Bewusstsein begangen wurde, dass solche Schäden wahrscheinlich eintreten werden. Liegen die Voraussetzungen für eine absichtliche Schadensherbeiführung vor, ist allerdings der Eigentümer ohnehin nach Art. III Abs. 2 (b) ÖlHÜ 1992 im vollen Umfange und auch mit Wirkung gegenüber allen Gläubigern von der Haftung befreit. Im Übrigen muss es sich um ein persönliches qualifiziertes Verschulden handeln. Dem Betreffenden wird nicht das Verhalten von Hilfspersonen zugerechnet, auch das seiner Bediensteten oder Beauftragten (Art. III Abs. 4 Hs. 1 [e] ÖlHÜ 1992). Ist einer der in dem Katalog des Art. III Abs. 4 Satz 2 Hs. 1 ÖlHÜ 1992 genannten Personen ein qualifiziertes Verschulden vorzuwerfen, berührt dies nicht die Haftungsbefreiungen der sonstigen Personen. Zum qualifizierten Verschulden des Kapitäns siehe oben Rn 144–146 Anhang zu § 479 (Kapitän).

VI. Der Rückgriff des Eigentümers

20 Den Regelungen des Art. III Abs. 1 ÖlHÜ 1992 betreffen die Außenhaftung des Eigentümers gegenüber dem geschädigten Dritten. Art. III Abs. 5 ÖlHÜ 1992 stellt klar, dass dem Eigentümer, der von dem geschädigten Dritten in Anspruch genommen wurde, berechtigt bleibt, Rückgriff zu nehmen. Dabei ist Art. III Abs. 5 ÖlHÜ 1992 nicht die Grundlage des Anspruchs. Ob und in welchem Umfang der Eigentümer Rückgriff nehmen kann, ergibt sich aus dem im Übrigen anwendbaren Recht. Die Ansprüche des Eigentümers können vertraglicher oder außervertraglicher Natur sein. Der Rückgriff steht dem Eigentümer auch gegen die in Art. III Abs. 4 Satz 2 Hs. 1 ÖlHÜ 1992 genannten Personen zu. Der Ausschluss ihrer Haftung für Ölverschmutzungsschäden gilt nur im Außenverhältnis gegenüber den Geschädigten.

21 Ausgehend vom deutschen Recht kommen vertragliche oder außervertragliche Rückgriffsansprüche des Eigentümers auf Aufwendungs- oder Schadenersatz in Betracht. Ebenso sind Ansprüche auf Grundlage eines Gesamtschuldnerausgleichs denkbar (§ 426 Abs. 1 und 2 BGB). Dies gilt allerdings nicht, soweit Rückgriff bei den in Art. III Abs. 4 Satz 2 Hs. 1 ÖlHÜ 1992 genannten Personen genommen werden soll und diese gegenüber den geschädigten Dritten von der Haftung befreit sind, weil es hier bereits an einem Gesamtschuldverhältnis fehlt. Die im Wege des Rückgriffs in Anspruch genommenen Personen sind ggf. ihrerseits berechtigt, ihre Haftung nach Maßgabe der Bestimmungen des HBÜ 1996 und der §§ 611 ff. zu beschränken. Der Rückgriffsanspruch ist m.E. kein Anspruch wegen eines Ölverschmutzungsschadens, für den das Recht zur Beschränkung der Haftung nach Art. 3 (b) HBÜ 1996 ausgeschlossen wäre (siehe aber auch § 612). Vielmehr handelt es sich um einen sonstigen Anspruch, der aus dem Sachschadens-Höchstbetrag des Art. VI Abs. 1 (b) HBÜ 1996 auszugleichen wäre.

Artikel IV

Tritt ein Ereignis ein, an dem mehr als ein Schiff beteiligt ist, und entstehen daraus Verschmutzungsschäden, so haften die Eigentümer aller beteiligten Schiffe, sofern sie nicht nach Artikel III befreit sind, gesamtschuldnerisch für alle Schäden, die sich nicht hinreichend sicher trennen lassen.

Die Regelung des Art. IV ÖlHÜ 1992 betrifft den Fall, dass an der Verunreinigung mehr als „ein Schiff" beteiligt ist. Auch insoweit gilt die Umschreibung des Art. I Nr. 1 ÖlHÜ 1992, so dass es ausschließlich um die Beteiligung zweier Tanker geht, die beide für sich auch die weiteren Voraussetzungen des Art. I Nr. 1 ÖlHÜ 1992 erfüllen. Zu denken ist insbesondere an einem Zusammenstoß zweier Schiffe. Hier kann es dazu kommen, dass eine Verunreinigung durch das Ausfließen oder Ablassen von Öl aus beiden Schiffen kommt. Dabei werden sich häufig die Verunreinigungen, die von dem einen oder von dem anderen Schiff ausgehen, nicht voneinander trennen lassen. Art. IV ÖlHÜ 1992 ordnet daher an, dass in den Fällen, in denen durch ein Ereignis, an denen mehr als ein Schiff beteiligt ist, aus dem Verschmutzungsschäden entstehen, grundsätzlich die Eigentümer aller beteiligten Schiffe als Gesamtschuldner für die Ölverschmutzungsschäden haften. Dies gilt im Hinblick auf Verschmutzungsschäden, die sich nicht hinreichend sicher voneinander trennen lassen. Sollte dies nach den Umständen möglich sein, bleibt es dabei, dass der Eigentümer jeweils nur für den Verschmutzungsschaden einzustehen hat, der von seinem Schiff ausgeht. Ein weiterer Fall der hinreichend sicheren Trennung liegt vor, wenn von einem an dem Ereignis beteiligten Schiff letztlich überhaupt keine Verschmutzungen ausgehen. 1

Im Ergebnis haftet bei Anwendbarkeit des Art. IV ÖlHÜ 1992 jedes der beteiligten Schiffe für den gesamten Schaden. Es spielt etwa im Hinblick darauf eine Rolle, dass die Gesamtheit aller Ölverschmutzungsschäden den für das betreffende Schiff maßgeblichen Höchstbetrag überschreitet. Für die beteiligten Schiffe können verschiedene Höchstbeträge gelten (siehe unten Art. V ÖlHÜ 1992) Schließlich kann es sich auch so verhalten, dass ein Teil der geschädigten Dritten sich wegen ihrer Schäden an das eine Schiff und der andere Teil der Geschädigten an das andere Schiff hält und „ihr" Schiff jeweils als Gesamtschuldner für ihren gesamten Schaden in Anspruch nehmen. Darüber hinaus stellt sich die Frage, wie ggf. ein Ausgleich im Innenverhältnis stattzufinden hat. Art. IV ÖlHÜ 1992 sieht keine Regelung von der Art des Art. III Abs. 5 ÖlHÜ 1992 vor. Gleichwohl muss es m.E. möglich sein, dass unter den Eigentümern der an dem Ereignis beteiligten Schiffe ggf. ein Gesamtschuldnerausgleich stattfindet. Schwierigkeiten kann hier die Durchführung des Ausgleichs machen, wenn beispielsweise die Schiffe ein unterschiedlich erhebliches Mitverschulden an dem Ereignis trifft oder wenn unterschiedliche Mengen Öl aus den beteiligten Schiffen ausgetreten sind. 2

Dass zwei Schiffe im Sinne des Art. I Nr. 1 ÖlHÜ 1992, also zwei Tanker, an dem Ereignis beteiligt sind, wird möglicher Weise nicht häufig vorkommen. Denkbar ist aber, dass ein Tanker und daneben ein sonstiges Schiff beteiligt sind. Hier kann es dazu kommen, dass die Verschmutzung sowohl von dem Tanker ausgeht als auch von dem anderen Schiff, aus dem Brennstoff austritt. Art. IV ÖlHÜ 1992 ist nicht anwendbar. Hat das Ereignis auch im Anwendungsbereich des BunkerölÜ stattgefunden, kommt auch dessen Art. V – wortgleich mit Art. IV ÖlHÜ – nicht zur Anwendung, weil an dem Ereignis nicht nur Schiffe im Sinne des Art. I Nr. 1 BunkerölÜ beteiligt waren. Für den hier geschilderten Fall eine Beteiligung sowohl eines Tankers wie eines Nicht-Tankers gibt es keine übereinstimmende Regelung von der Art des Art. IV ÖlHÜ 1992 bzw. Art V BunkerölÜ. Lassen sich die Verunreinigungen, die von den beiden Schiffen ausgegangen sind, nicht 3 hinreichend sicher voneinander trennen, kommt aber möglicher Weise eine gesamtschuldnerische Haftung auf Grundlage des im Übrigen anwendbaren Rechts in Betracht, bei Geltung deutschen Rechts etwa nach § 840 BGB.

Artikel V

(1) Der Eigentümer eines Schiffes ist berechtigt, seine Haftung auf Grund dieses Übereinkommens für jedes Ereignis auf einen Gesamtbetrag zu beschränken, der sich wie folgt errechnet:
a) 4.510.000 Rechnungseinheiten für ein Schiff mit bis zu 5.000 Raumgehaltseinheiten,
b) für ein Schiff mit einem darüber hinausgehenden Raumgehalt erhöht sich der unter Buchstabe a genannte Betrag für jede zusätzliche Raumgehaltseinheit um 631 Rechnungseinheiten;
dieser Gesamtbetrag darf jedoch 89.770.000 Rechnungseinheiten nicht überschreiten.

(2) Der Eigentümer ist nicht berechtigt, seine Haftung auf Grund dieses Übereinkommens zu beschränken, wenn nachgewiesen wird, dass die Verschmutzungsschäden auf eine Handlung oder Unterlassung zurückzuführen sind, die von ihm selbst entweder in der Absicht solche Schäden herbeizuführen, oder leichtfertig und in dem Bewusstsein begangen wurde, dass solche Schäden wahrscheinlich eintreten würden.

(3) [1] Um sich auf die in Absatz 1 vorgesehene Beschränkung berufen zu können, hat der Eigentümer für den Gesamtbetrag seiner Haftung einen Fonds bei dem Gericht oder einer sonstigen zuständigen Stelle eines der Vertragsstaaten zu errichten, in dem nach Artikel IX Klage erhoben wird, oder, wenn keine Klage erhoben wird, bei jedem Gericht oder jeder sonstigen zuständigen Stelle in einem der Vertragsstaaten, in denen nach Artikel IX Klage erhoben werden kann. [2] Der Fonds kann entweder durch Hinterlegung des Betrags oder durch Vorlage einer Bankgarantie oder einer anderen nach den Rechtsvorschriften des Vertragsstaats, in dem der Fonds errichtet wird, zulässigen und von dem Gericht oder jeder sonstigen zuständigen Stelle für ausreichend erachteten Garantie errichtet werden.

(4) Der Fonds wird unter die Geschädigten im Verhältnis der Höhe ihrer nachgewiesenen Forderungen verteilt.

(5) Hat der Eigentümer oder sein Bediensteter oder Beauftragter oder eine Person, die ihm eine Versicherung oder sonstige finanzielle Sicherheit gewährt, vor Verteilung des Fonds infolge des betreffenden Ereignisses Schadenersatz für Verschmutzungsschäden gezahlt, so tritt diese Person bis zur Höhe des gezahlten Betrags in die Rechte ein, die dem Schadenersatzempfänger auf Grund dieses Übereinkommens zugestanden hätten.

(6) Das in Absatz 5 vorgesehene Eintrittsrecht kann auch von einer anderen als der darin genannten Person für einen von ihr gezahlten Schadenersatzbetrag für Verschmutzungsschäden ausgeübt werden, soweit ein derartiger Eintritt nach dem anzuwendenden innerstaatlichen Recht zulässig ist.

(7) Weist der Eigentümer oder ein anderer nach, dass er gezwungen sein könnte, einen solchen Schadenersatzbetrag, für den ihm ein Eintrittsrecht nach Absatz 5 oder 6 zugestanden hätte, wenn der Schadenersatz vor Verteilung des Fonds bezahlt worden wäre, zu einem späteren Zeitpunkt ganz oder teilweise zu zahlen, so kann das Gericht oder die sonstige zuständige Stelle des Staates, in dem der Fonds errichtet worden ist, anordnen, dass ein ausreichender Betrag vorläufig zurückgestellt wird, um

es dem Betreffenden zu ermöglichen, zu dem genannten späteren Zeitpunkt seinen Anspruch gegen den Fonds geltend zu machen.

(8) Ansprüche auf Grund von angemessenen Kosten oder Opfern, die der Eigentümer freiwillig auf sich nimmt, um Verschmutzungsschäden zu verhüten oder einzuschränken, sind anderen Ansprüchen gegen den Fonds gleichrangig.

(9)
a) ¹Die in Absatz 1 genannte „Rechnungseinheit" ist das Sonderziehungsrecht des Internationalen Währungsfonds. ²Die in Absatz 1 genannten Beträge werden in die Landeswährung entsprechend dem Wert dieser Währung gegenüber dem Sonderziehungsrecht am Tag der Errichtung des in Absatz 3 genannten Fonds umgerechnet. ³Der in Sonderziehungsrechten ausgedrückte Wert der Landeswährung eines Vertrags Staats, der Mitglied des Internationalen Währungsfonds ist, wird nach der vom Internationalen Währungsfonds angewendeten Bewertungsmethode errechnet, die an dem betreffenden Tag für seine Operationen und Transaktionen gilt. Der in Sonderziehungsrechten ausgedrückte Wert der Landeswährung eines Vertrags Staats, der nicht Mitglied des Internationalen Währungsfonds ist, wird auf eine von diesem Staat bestimmte Weise errechnet.
b) ¹Dessen ungeachtet kann ein Vertragsstaat, der nicht Mitglied des Internationalen Währungsfonds ist und dessen Recht die Anwendung des Buchstabens a nicht zulässt, bei der Ratifikation, der Annahme oder der Genehmigung dieses Übereinkommens oder dem Beitritt zu dem Übereinkommen oder jederzeit danach erklären, dass die unter Buchstabe a genannte Rechnungseinheit 15 Goldfranken entspricht. ²Der unter diesem Buchstaben genannte Goldfranken entspricht 65 ½ Milligramm Gold von 900/1000 Feingehalt. ³Die Umrechnung des Goldfranken in die Landeswährung erfolgt nach dem Recht des betreffenden Staates.
c) ¹Die unter Buchstabe a letzter Satz genannte Berechnung und die unter Buchstabe b genannte Umrechnung erfolgen in der Weise, dass die Beträge nach Absatz 1, in der Landeswährung des Vertragsstaats ausgedrückt, soweit wie möglich dem tatsächlichen Wert entsprechen, der sich aus der Anwendung des Buchstabens a Sätze 1 bis 3 ergeben würde. ²Die Vertrags Staaten teilen dem Verwahrer die Art der Berechnung nach Buchstabe a oder das Ergebnis der Umrechnung nach Buchstabe b bei der Hinterlegung einer Ratifikations-, Annahme-, Genehmigungs- oder Beitrittsurkunde zu diesem Übereinkommen sowie immer dann mit, wenn sich die Berechnungsart oder das Umrechnungsergebnis ändert.

(10) Raumgehalt des Schiffes im Sinne dieses Artikels ist die Bruttoraumzahl, errechnet nach den in Anlage I des Internationalen Schiffsvermessungsübereinkommens von 1969 enthaltenen Bestimmungen über die Vermessung des Raumgehalts.

(11) ¹Der Versicherer oder sonstige finanzielle Sicherheitsgeber ist berechtigt, nach diesem Artikel einen Fonds zu denselben Bedingungen und mit derselben Wirkung zu errichten wie der Eigentümer. ²Dieser Fonds kann selbst dann errichtet werden, wenn nach Absatz 2 der Eigentümer nicht berechtigt ist seine Haftung zu beschränken, beeinträchtigt jedoch dann nicht die Rechte der Geschädigten gegen den Eigentümer.

Artikel VI

(1) Hat der Eigentümer nach einem Ereignis einen Fonds gemäß Artikel V errichtet und ist er berechtigt, seine Haftung zu beschränken,

a) so können Ansprüche wegen Verschmutzungsschäden, die sich aus diesem Ereignis ergeben, nicht gegen andere Vermögenswerte des Eigentümers geltend gemacht werden,
b) so ordnet das Gericht oder die sonstige zuständige Stelle eines Vertragsstaats die Freigabe des Schiffes oder sonstiger dem Eigentümer gehörender Vermögenswerte, die auf Grund eines Anspruchs wegen sich aus dem Ereignis ergebender Verschmutzungsschäden beschlagnahmt worden sind, sowie die Freigabe jeder Kaution oder sonstigen zur Vermeidung dieser Beschlagnahme gestellten Sicherheit an.

(2) Dies gilt jedoch nur, wenn der Kläger Zugang zu dem Gericht hat, das den Fonds verwaltet, und wenn der Fonds tatsächlich zur Befriedigung seines Anspruchs verwendet werden kann.

1 Eingebauter Bestandteil des ÖlHÜ 1992 sind in dessen Art. V und VI Regelungen über das Recht des Eigentümers, seine Haftung für alle Ansprüche wegen Ölverschmutzungsschäden aus einem Ereignis auf einen Höchstbetrag zu beschränken. Insoweit entspricht das ÖlHÜ 1992 dem HNS-Ü 2010 (siehe dort Art. 9 und 10, Rn 8 Anhang II zu § 480 [HNS-Ü 2010]), dem ReaktorschiffÜ (dort Art. III – Rn 27 Anhang IV zu § 480 [maritime Nuklearhaftung]) und der Antarktishaftung bei umweltgefährdenden Notfällen (siehe Art. 9 AntarktisV-UmwProt VI, § 13 AntHaftG-E, Rn 11 Anhang V zu § 480 [Antarktishaftung]). Die Bestimmungen des Art. V und VI ÖlHÜ 1992 entsprechen im Grundsatz denen des HBÜ 1996. Während dort allerdings mehrere Höchstbeträge (für Personenschäden, für sonstige Schäden und für die Ansprüche von Reisenden) vorgesehen sind, kann sich Art. V ÖlHÜ 1992 mit einem einzigen Höchstbetrag begnügen, da es ausschließlich um die Beschränkung der Haftung für Ansprüche wegen Ölverschmutzungsschäden geht. Siehe auch § 611 Abs. 2. Ergänzend gelten die Bestimmungen der SvertO, die im Rahmen der §§ 1ff. über das Seerechtliche Verteilungsverfahren das Verfahren der Haftungsbeschränkung nach Art. V und VI ÖlHÜ 1992 gewissermaßen nebenbei mitregeln.

2 Soweit es um die Beschränkung der Haftung des Eigentümers für Ölverschmutzungsschäden geht, gelten ausschließlich Art. V und VI ÖlHÜ 1992. Die Bestimmungen des HBÜ 1996 kommen daneben nicht zur Anwendung. In Art. 3 (b) HBÜ 1996 ist außerdem klargestellt, dass Ansprüche wegen Ölverschmutzungsschäden im Sinne des ÖlHÜ 1992 nicht auf Grundlage des HBÜ 1996 beschränkt werden können. Dabei ergibt sich allerdings eine Regelungslücke: Der Ausschluss der Ansprüche wegen Ölverschmutzungsschäden in Art. 3 (b) HBÜ 1996 gilt schlechthin und ist nicht davon abhängig, ob das ÖlHÜ 1992 oder eines seiner Vorgänger-Übereinkommen eine Beschränkung der Haftung ermöglicht. Daher bleibt es auch dann etwa bei dem Ausschluss nach Art. 3 (b) HBÜ 1996, wenn der Ölverschmutzungsschaden in der AWZ oder dem Hoheitsgebiet eines Nicht-Vertragsstaates des ÖlHÜ 1992 eingetreten ist. In diesen Fällen kann die Haftung weder auf Grundlage des ÖlHÜ 1992 noch nach dem HBÜ 1996 beschränkt werden.

3 Hier sieht allerdings das autonome deutsche Recht eine eigenständige Regelung vor. Nach § 611 Abs. 3 können die in Art. I HBÜ 1996 genannten Personen ihre Haftung für Ansprüche wegen Ölverschmutzungsschäden aus einem Ereignis in entsprechender Anwendung der Bestimmungen des HBÜ 1996 beschränken. Maßgeblich ist der Sachschadens-Höchstbetrag des Art. VI Abs. 1 (b) HBÜ 1996. Dazu bestimmt § 611 Abs. 3 Satz 2, dass ein selbständiger Höchstbetrag für die Ansprüche wegen Ölverschmutzungsschäden gilt, der neben dem allgemeinen Sachschadens-Höchstbetrag steht.

I. Das Recht zur Beschränkung der Haftung

Nach Art. V Abs. 1 Hs. 1 ÖlHÜ 1992 ist der Eigentümer berechtigt, seine Haftung auf Grundlage des ÖlHÜ 1992 für Ölverschmutzungsschäden für jedes Ereignis auf einen Höchstbetrag zu beschränken; siehe auch § 1 Abs. 3 Nr. 4 SVertO. In gleicher Weise und unabhängig vom Eigentümer ist auch der Versicherer im Sinne des Art. VII Abs. 1 ÖlHÜ 1992 aus eigenem Recht befugt, ein Verteilungsverfahren einzuleiten und einen Fonds zu errichten (§ 1 Abs. 3 Satz 2 SVertO). Die Befugnis des Eigentümers aus Art. V Abs. 1 Hs. 1 ÖlHÜ 1992 besteht ausschließlich im Hinblick auf Ansprüche wegen Ölverschmutzungsschäden auf Grundlage des ÖlHÜ 1992. Auf die Flagge des Schiffes, den Ort des Schiffsregisters oder den Geschäftssitz des Reeders kommt es ebenso wenig an wie die Staatsangehörigkeit der beteiligten Personen.

Ausdrücklich gilt das Recht des Eigentümers zur Beschränkung der Haftung nur „... für jedes Ereignis ..."; zu diesem siehe die Umschreibung in Art. I Nr. 8 ÖlHÜ 1992. Dabei kann die Frage eine Rolle spielen, ob ein Ereignis oder mehrere Ereignisse vorliegen. In letzterem Falle muss der Eigentümer seine Haftung für jedes Ereignis gesondert beschränken, also auch mit entsprechend mehreren Höchstbeträgen für den Schaden einstehen. Die Abgrenzung von Ereignissen und die Frage, ob möglicherweise von mehreren Ereignissen auszugehen ist, kann daher in der Praxis eine erhebliche Bedeutung erlangen.

Das Recht des Eigentümers zur Beschränkung der Haftung nach Art. V Abs. 1 Hs. 1 ÖlHÜ 1992 ist ausgeschlossen, wenn der Verschmutzungsschaden auf sein qualifiziertes Verschulden zurückgeht. Erforderlich ist ein persönliches qualifiziertes Verschulden des Eigentümers selbst (siehe § 616). Ein qualifiziertes Verschulden anderer am Schiffsbetrieb beteiligter Personen ist dem Eigentümer nicht zuzurechnen. Dies hätte lediglich zur Folge, dass die Freistellung des Betreffenden von der Haftung nach Art. III Abs. 4 Satz 2 Hs. 1 ÖlHÜ 1992 entfällt. Erfüllt das qualifizierte Verschulden des weiteren Beteiligten allerdings darüber hinaus die Voraussetzungen des Art. III Abs. 2 (b) ÖlHÜ 1992, entfällt bereits die Haftung des Eigentümers nach dem ÖlHÜ 1992 insgesamt.

II. Der Höchstbetrag

Der Betrag, auf den der Eigentümer seine Haftung beschränken kann, ergibt sich aus den Bestimmungen des Art. V Abs. 1 Hs. 1 (a) und (b) sowie Hs. 2 ÖlHÜ 1992. Der Einstiegs-Höchstbetrag liegt bei 4,51 Millionen SZR (Art. V Abs. 1 Hs. 1 [a] ÖlHÜ 1992), der für Schiffe mit einer BRZ bis zu 5.000 gilt (siehe Art. V Abs. 10 ÖlHÜ 1992). Bei größeren Schiffen erhöht sich der Mindest-Höchstbetrag für jede Raumgehaltseinheit um 631 SZR (Art. V Abs. 1 Satz 1 [b] ÖlHÜ 1992). Bei den „Rechnungseinheiten", an die Art. V Abs. 1 Hs. 1 anknüpft handelt es sich, wie in den meisten internationalen Haftungsübereinkommen, um das Sonderziehungsrecht des Internationalen Währungsfonds (SZR); siehe im einzelnen Art. V Abs. 9 ÖlHÜ 1992. Der Höchstbetrag gilt für alle Verschmutzungsschäden, auch wenn die Verunreinigungen zu dem Tod oder der Verletzung einer Person geführt haben. In jedem Falle ist der Höchstbetrag der Haftung, unabhängig von der Schiffsgröße, auf 89,77 Millionen SZR beschränkt (Art. V Abs. 1 Hs. 2). Die zuvor genannten Beträge gelten seit dem 1. November 2003, nachdem die ursprünglichen Werte im Wege des vereinfachten Verfahrens nach Art. 15 ÖlHÜProt 1992 erhöht wurden.[9] Auf

---

[9] Siehe die Entschließung LEG.2(82) vom 18. Oktober 2000 über Änderungen **der** Entschädigungshöchstbeträge im Protokoll von 1992 zur Änderung des Internationalen Übereinkommens von 1971 über die Errichtung eines Internationalen Fonds zur Entschädigung für Ölverschmutzungsschäden, in

Grundlage der STOPIA 2006 wird der Einstiegs-Höchstbetrag des Art. V Abs. 1 (a) ÖlHÜ 1992 im Verhältnis zu Ölfonds erhöht; siehe dazu näher Rn 35 zu Anhang I.3 zu § 480 (ÖlFÜ 1992).

III. Die Geltendmachung der Haftungsbeschränkung

8   Nach Art. V Abs. 3 Satz 1 ÖlHÜ 1992 macht der Eigentümer die Haftungsbeschränkung geltend, indem er für den Gesamtbetrag seiner Haftung einen Fonds errichtet. Dies muss bei dem Gericht oder einer sonst zuständigen Stelle eines Vertragsstaates erfolgen. Ist gegen den Eigentümer Klage erhoben worden, ist nach Art. V Abs. 3 Satz 1 ÖlHÜ 1992 der Fonds bei dem Gericht oder der sonst zuständigen Stelle dieses Vertragsstaates zu errichten. Es genügt die Klage eines Geschädigten gegen den Eigentümer, der daraufhin errichtete Fonds wirkt im Hinblick auf alle Geschädigten. Der verklagte Eigentümer ist nach Art. V Abs. 3 Satz 1 ÖlHÜ 1992 gezwungen, den Fonds vor dem zuständigen Gericht dieses Staates zu errichten. Voraussetzung hierfür ist allerdings, dass das Gericht, in dem er verklagt worden ist, nach Maßgabe des Art. IX ÖlHÜ 1992 zuständig war. Der Eigentümer, der die Beschränkung seiner Haftung für Ansprüche wegen Ölverschmutzungsschäden herbeiführen möchte, ist aber nicht darauf angewiesen abzuwarten, bis Klage gegen ihn erhoben wird. Er hat auch die Befugnis, von sich aus einen Fonds zu errichten, um die Beschränkung der Haftung herbeizuführen. Dies kann nach Art. V Abs. 3 Satz 1 ÖlHÜ 1992 allerdings nur vor dem Gericht oder sonst zuständigen Stelle eines Vertragsstaates erfolgen, in denen nach Maßgabe des Art. IX ÖlHÜ 1992 Klage gegen ihn erhoben werden kann. Anders als nach Art. 10 HBÜ 1996 ist in Art. V und VI ÖlHÜ 1992 nicht vorgesehen, dass der Eigentümer die Haftungsbeschränkung lediglich im Wege der Einrede geltend machen kann (siehe auch § 617 Abs. 2, der nur auf das HBÜ 1996 verweist). Zur Errichtung des Fonds in Deutschland siehe § 617 Abs. 2 sowie die Regelungen der SVertO.

9   Art. V Abs. 3 Satz 2 ÖlHÜ 1992 bestimmt außerdem, dass der Fonds durch Hinterlegung des Höchstbetrages oder durch Vorlage der Garantie einer Bank oder einer sonstigen Person errichtet wird, die nach den Rechtsvorschriften des Staates, in dem der Fonds errichtet wird, für zulässig und ausreichend erachtet wird. Die Errichtung des Fonds erfolgt durch Einleitung eines seerechtlichen Verteilungsverfahrens nach Maßgabe der §§ 1 ff. SVertO, § 617 Abs. 1. Siehe zu dem Eröffnungsverfahren die Regelungen des §§ 4 ff. SVertO. Erforderlich ist ein Antrag des Eigentümers (§ 4 SVertO). Hierdurch wird das Gericht veranlasst, nach § 5 Abs. 1 SVertO die Haftungssumme festzusetzen, die zur Errichtung des Fonds einzuzahlen ist. Nach § 5 Abs. 2 SVertO kann das Gericht zulassen, dass anstelle der Einzahlung der Haftungssumme eine Sicherheit geleistet wird. Zur Einzahlung der Haftungssumme bzw. Stellung einer anderweitig zugelassenen Sicherheit siehe § 6 SVertO. Sobald die Haftungssumme eingezahlt bzw. Sicherheit geleistet wurde, beschließt das Gericht nach § 7 SVertO über die Eröffnung des Verteilungsverfahrens. Damit gilt gemäß § 8 Abs. 1 Satz 1 SVertO der Fonds als errichtet.

Deutschland umgesetzt durch die Verordnung zu den Änderungen des Protokolls vom 27. November 1992 zur Änderung des Internationalen Übereinkommens von 1969 über die zivilrechtliche Haftung für Ölverschmutzungsschäden und des Protokolls vom 27. November 1992 zur Änderung des Internationalen Übereinkommens von 1971 über die Errichtung eines Internationalen Fonds zur Entschädigung für Ölverschmutzungsschäden vom 22. März 2002 (BGBl. 2002 II S. 943).

IV. Die Wirkungen der Errichtung des Haftungsfonds

Hat der Eigentümer, der zur Beschränkung der Haftung berechtigt ist, einen Fonds errichtet, können nach Art. VI Abs. 1 (a) ÖlHÜ 1992 Ansprüche wegen Verschmutzungsschäden nicht mehr gegen andere Vermögenswerte des Eigentümers geltend gemacht werden. Dies sorgt für einen umfassenden Schutz des Eigentümers. Gläubiger, die Ansprüche wegen Ölverschmutzungsschäden aus dem Ereignis gegen den Eigentümer haben, müssen sich an den Haftungsfonds halten und können ihre Ansprüche nicht mehr gegen das sonstige Vermögen des Eigentümers erfolgen. Dies gilt unabhängig davon, ob die Gläubiger ursprünglich einmal Klage gegen den Eigentümer erhoben haben (siehe Art. V Abs. 3 Satz 1 ÖlHÜ 1992) oder ob die Gläubiger überhaupt Kenntnis von der Errichtung des Fonds durch den Eigentümer haben.

Diese umfassenden Wirkungen der Fondserrichtung gehen deutlich über die Wirkungen der Einleitung eines Verteilungsverfahrens auf Grundlage des HBÜ 1996 hinaus. Dort ist in Art. 13 Abs. 1 nur vorgesehen, dass ein Gläubiger, der Ansprüche gegen den Fonds geltend gemacht hat, nicht mehr gegen das sonstige Vermögen des zur Beschränkung der Haftung Berechtigten vorgehen kann. Dies schützt lediglich vor einer doppelten Inanspruchnahme des zur Beschränkung Berechtigten, nachdem sich der Gläubiger bereits an den Fonds gehalten hat. Der Gläubiger wird allerdings nicht davon abgehalten, seine Ansprüche nicht gegen den Fonds, sondern ausschließlich gegen das sonstige Vermögen des Betreffenden zu verfolgen, der insoweit nicht zur Beschränkung berechtigt ist. Im Vergleich dazu sorgt Art. VI Abs. 1 (a) ÖlHÜ 1992 für einen umfassenden Schutz des Eigentümers.

Darüber hinaus führt die Errichtung des Haftungsfonds nach Art. V Abs. 3 ÖlHÜ 1992 dazu, dass eine Beschlagnahme des Schiffes oder sonstiger Vermögenswerte des Eigentümers, die durch die Gläubiger zum Zwecke der Sicherung ihrer Ansprüche wegen Ölverschmutzungsschäden erwirkt wurde, nach Art. VI Abs. 1 (b) ÖlHÜ 1992 aufzuheben ist. Die Vorschrift bezieht sich auf das Schiff, auf sonstige dem Eigentümer gehörende Vermögenswerte, einschließlich Forderungen gegen Dritte, sowie die zur Abwendung und Vermeidung von Sicherungsmaßnahmen gestellten Sicherheiten. Letzteres umfasst auch Sicherheiten, die „freiwillig" vom Eigentümer zur Abwendung sichernder Maßnahmen gestellt wurden, ohne dass tatsächlich ein einstweiliges Verfahren eingeleitet wurde. Art. VI Abs. 2 ÖlHÜ 1992 enthält zu Gunsten der Gläubiger noch den Vorbehalt, dass die in Abs. 1 (a) und (b) geregelten Wirkungen nur eintreten, wenn der Gläubiger Zugang zu dem Gericht hat, das den Fonds verwaltet und wenn der Fonds tatsächlich zur Befriedigung seines Anspruchs verwendet werden kann.

Weitere Wirkungen der Errichtung des Fonds sind in § 8 SVertO geregelt. Anhängige Rechtsstreitigkeiten werden unterbrochen, bis sie nach § 19 SVertO wieder aufgenommen werden oder bis das Verteilungsverfahren aufgehoben oder eingestellt wird (§ 8 Abs. 3 SVertO). Verfügt der betreffende Gläubiger bereits über einen Titel, ist die Zwangsvollstreckung nach § 8 Abs. 4 Satz 1 SVertO und den weiteren Bestimmungen des Abs. 4 und 5 unzulässig, bis das Verteilungsverfahren aufgehoben oder eingestellt wird. Nach § 8 Abs. 7 Satz 1 SVertO kann der Gläubiger nicht mehr mit einem eigenen Anspruch gegen den Eigentümer aufrechnen. Ebenso ist der Gläubiger verpflichtet, von einem ggf. bestehenden Schiffsgläubigerrecht zur Sicherung seines Anspruchs wegen Ölverschmutzungsschäden keinen Gebrauch zu machen (§ 8 Abs. 7 Satz 2 SVertO).

§ 51 SVertO befasst sich mit den Wirkungen der Errichtung eines Fonds in einem anderen Vertragsstaat des ÖlHÜ 1992. Hat der Eigentümer in einem anderen Vertragsstaat einen Fonds errichtet, gelten § 8 Abs. 4 und 5 SVertO entsprechend (§ 51 Abs. 1 Satz 1 SVertO). Ebenso gelten § 8 Abs. 2 und 3 SVertO, wenn das für die Errichtung und Verteilung des Fonds maßgebliche Recht der Errichtung des Fonds diese Rechtsfolgen beilegt. § 51 Abs. 2 SVertO übernimmt die Regelung des Art. VI Abs. 2 ÖlHÜ 1992.

15   Sind aus einem Ereignis sowohl Ölverschmutzungsschäden eingetreten, für die der Eigentümer einzustehen hat, als auch sonstige Schäden, für die zu Gunsten der jeweils zur Beschränkung der Haftung berechtigten Personen die Höchstbeträge des HBÜ 1996 gelten, findet nach § 1 Abs. 4 Satz 2 SVertO für diese Ansprüche jeweils ein gesondertes Verteilungsverfahren statt. Etwas verwirrend ist, dass die Vorschrift bis heute auf die Vorschriften der §§ 486 Abs. 1 und 486 Abs. 3 Satz 1 HGB a.F. abstellt. Tatsächlich hätten diese Vorschriften durch das SHR-ReformG durch Bezugnahmen auf § 611 Abs. 1 bzw. § 611 Abs. 3 Satz 1 ersetzt werden müssen. Eine entsprechende Änderung ist in Art. IX SHR-ReformG nicht vorgesehen. Dessen Nr. 1 bezieht sich auf § 1 Abs. 3 Satz 1 SVertO, während eine Änderung des § 1 Abs. 4 SVertO, die in gleicher Weise geboten gewesen wäre, nicht durchgeführt wird.

V. Das Verfahren

16   Nach Art. V Abs. 4 ÖlHÜ 1992 wird der Fonds unter den Geschädigten im Verhältnis der Höhe ihrer Forderungen verteilt. Es erfolgt eine anteilige Befriedigung. Alle Ansprüche sind gleichrangig. Dies gilt auch für solche Ansprüche wegen Verschmutzungsschäden, die zum Tod oder zur Körperverletzung von Personen geführt haben (siehe dagegen die Regelungen des Art. 6 Abs. 1 [a] und Abs. 2 HBÜ 1996), oder für Ansprüche wegen der Verschmutzung von Hafenanlagen, Hafenbecken, Wasserstraßen und Navigationshilfen (anders Art. 6 Abs. 3 HBÜ 1996, § 614). Von Bedeutung ist außerdem die Bestimmung des Art. VIII Abs. 3 ÖlHÜ 1992, die bestätigt, dass nach Errichtung eines Haftungsfonds nach Art. V ÖlHÜ 1992 in einem Vertragsstaat die Gerichte dieses Staates im Hinblick auf alle Fragen der Zuteilung und Verteilung des Haftungsfonds ausschließlich zuständig sind.

17   Art. V Abs. 5 ÖlHÜ 1992 nimmt sich des Falles an, dass ein Gläubiger bereits vor der Verteilung des Fonds Zahlungen auf seine Ansprüche für Ölverschmutzungsschäden erhält. Nach Art. V Abs. 5 ÖlHÜ 1992 tritt derjenige, der den Gläubiger entschädigt hat, bis zur Höhe des gezahlten Betrages in die Rechte ein, die dem Gläubiger zugestanden hätten. Dies gilt nicht für jeden Dritten, sondern nur für den Eigentümer oder einen Bediensteten oder Beauftragten, sofern dieser die Zahlung nicht ohnehin für den Eigentümer geleistet hat. Die gleiche Befugnis steht dem Versicherer nach Art. VII Abs. 1 ÖlHÜ 1992 zu. Haben diese Personen Gläubiger entschädigt, können sie nach Art. V Abs. 5 ÖlHÜ 1992 die Ansprüche der Gläubiger gegen den Fonds geltend machen. Dies führt nicht zum Erlöschen der Ansprüche. Vielmehr nehmen der Eigentümer selbst und ggf. der Versicherer als Gläubiger an dem weiteren Verfahren teil. Wird ein Gläubiger durch eine sonstige, nicht in Art. V Abs. 5 ÖlHÜ 1992 genannte Person entschädigt, kommt es nicht zu dem in der Vorschrift geregelten Rechtsübergang. Allerdings stellt Art. V Abs. 6 ÖlHÜ 1992 klar, dass der Eintritt des Leistenden in die Rechtsstellung des entschädigten Gläubigers stattfindet, wenn das jeweils anwendbare innerstaatliche Recht dies erlaubt. Im deutschen Recht sind ist ein derartiges allgemeines Ablösungsrechte insbesondere im § 268 BGB geregelt. Art. V Abs. 7 ÖlHÜ 1992 betrifft die mögliche zukünftige Entschädigung eines Gläubigers. Der Eigentümer und jeder Dritte, der eine Eintrittsbefugnis nach Art. V Abs. 6 ÖlHÜ 1992 hätte, kann geltend machen, dass er gezwungen sein könnte, zu einem späteren Zeitpunkt einen der Gläubiger zu entschädigen. In diesem Falle kann das Gericht anordnen, dass ein entsprechender Betrag zurückgestellt wird, um die spätere Geltendmachung des Betrages durch den leistenden Dritten gegen den Fonds sicherzustellen. Macht der Eigentümer selbst Aufwendungen, um Verschmutzungsschäden zu

verhüten, kann er die hierfür entstandenen Kosten nach Art. V Abs. 8 ÖlHÜ 1992 gegen den Fonds geltend machen. Diese Ansprüche haben den gleichen Rang wie die Ansprüche anderer Gläubiger.

Bei der Eröffnung des Verteilungsverfahrens bestellt das Gericht nach § 9 Abs. 1 **18** SVertO einen Sachwalter, der nach Maßgabe der weiteren Bestimmungen der Vorschrift tätig wird. Das Gericht erlässt eine öffentliche Aufforderung (§ 10 SVertO) und macht den Inhalt des Beschlusses über die Festsetzung der Haftungssumme und über die Eröffnung des Verteilungsverfahrens sowie die öffentliche Aufforderung und den allgemeinen Prüfungstermin öffentlich bekannt (§ 11 SVertO). Nunmehr sind die Gläubiger gehalten, ihre Ansprüche in dem Verfahren anzumelden (§ 13 SVertO). Die angemeldeten Ansprüche werden in dem allgemeinen Prüfungstermin erörtert (§ 18 SVertO). Wird dem Anspruch eines Gläubigers im Prüfungstermin nicht widersprochen oder kann ein erhobener Widerspruch im Prüfungstermin erledigt werden, ist der Anspruch festgestellt. Andernfalls wird über den Anspruch im streitigen Verfahren entschieden (§ 19 SVertO). Mit der Feststellung des Anspruchs erlöschen nach Maßgabe des § 20 SVertO die zu Gunsten der Gläubiger bestehenden Schiffsgläubigerrechte. Bereits eingeleitete Maßnahmen der Zwangsvollstreckung werden eingestellt bzw. aufgehoben (§ 21 SVertO). Dies gilt grundsätzlich auch im Hinblick auf die Ansprüche von Gläubigern, die ihre Ansprüche nicht angemeldet haben (§ 22 SVertO).

Im Weiteren wird der Fonds an die Gläubiger der festgestellten Ansprüche im Ver- **19** hältnis zur Höhe der Ansprüche verteilt (§ 23 Abs. 1 SVertO). Mit der Auszahlung des auf den jeweiligen Gläubiger entfallenden Anteils endet die Haftung des Eigentümers mit seinem sonstigen Vermögen. Zu dem weiteren Verfahren bei der Verteilung des Fonds siehe die §§ 26 bis 29 SVertO sowie zu den Kosten §§ 31 bis 33 SVertO.

Artikel VII

(1) Der Eigentümer eines in das Schiffsregister eines Vertrags Staats eingetragenen Schiffes, das mehr als 2.000 Tonnen Öl als Bulkladung befördert, hat eine Versicherung oder sonstige finanzielle Sicherheit, z.B. eine Bankbürgschaft oder eine von einem internationalen Schadenersatzfonds ausgestellte Bescheinigung über die nach Maßgabe der Haftungsgrenzen des Artikels V Absatz 1 festgesetzten Beträge aufrechtzuerhalten, um seine Haftung für Verschmutzungsschäden auf Grund dieses Übereinkommens abzudecken.

(2)[1] Nachdem die zuständige Behörde eines Vertragsstaats sich vergewissert hat, dass die Voraussetzungen des Absatzes 1 erfüllt sind, wird für jedes Schiff eine Bescheinigung darüber ausgestellt, dass eine Versicherung oder sonstige finanzielle Sicherheit nach diesem Übereinkommen in Kraft ist. [2] Für ein in das Schiffsregister eines Vertragsstaats eingetragenes Schiff wird diese Bescheinigung von der zuständigen Behörde des Staates des Schiffsregisters ausgestellt oder bestätigt; für ein nicht in das Schiffsregister eines Vertragsstaats eingetragenes Schiff kann sie von der zuständigen Behörde jedes Vertragsstaats ausgestellt oder bestätigt werden. [3] Die Form dieser Bescheinigung hat dem als Anlage beigefügten Muster zu entsprechen und folgende Angaben zu enthalten:
a) Name des Schiffes und Heimathafen:
b) Name und Hauptgeschäftssitz des Eigentümers;
c) Art der Sicherheit;
d) Name und Hauptgeschäftssitz des Versicherers oder sonstigen Sicherheitsgebers und gegebenenfalls Geschäftssitz, an dem die Versicherung oder Sicherheit gewährt wird;

e) Geltungsdauer der Bescheinigung, die nicht länger sein darf als die Geltungsdauer der Versicherung oder sonstigen Sicherheit.

(3) ¹Die Bescheinigung wird in der oder den Amtssprachen des ausstellenden Staates abgefasst. ²Ist die verwendete Sprache weder Englisch noch Französisch, so ist eine Übersetzung in eine dieser Sprachen beizufügen.

(4) Die Bescheinigung wird an Bord des Schiffes mitgefühlt; eine Durchschrift wird bei der Behörde hinterlegt, die das betreffende Schiffsregister führt, oder, wenn das Schiff nicht in das Schiffsregister eines Vertrags Staats eingetragen ist, bei der Behörde des Staates, der die Bescheinigung ausstellt oder bestätigt.

(5) ¹Eine Versicherung oder sonstige finanzielle Sicherheit genügt nicht den Erfordernissen dieses Artikels, wenn sie aus anderen Gründen als dem Ablauf der in der Bescheinigung nach Absatz 2 bezeichneten Geltungsdauer binnen drei Monaten nach dem Tag, an dem ihre Beendigung der in Absatz 4 bezeichneten Behörde angezeigt wird, außer Kraft treten kann, sofern nicht innerhalb der genannten Frist die Bescheinigung dieser Behörde übergeben oder eine neue Bescheinigung ausgestellt worden ist. ²Diese Bestimmungen gelten auch für Änderungen, die dazu führen, dass die Versicherung oder Sicherheit den Erfordernissen dieses Artikels nicht mehr genügt.

(6) Der Staat des Schiffsregisters bestimmt vorbehaltlich dieses Artikels die Ausstellungs- und Geltungsbedingungen für die Bescheinigung.

(7) ¹Die nach Absatz 2 im Namen eines Vertragsstaats ausgestellten oder bestätigten Bescheinigungen werden von anderen Vertrags Staaten für die Zwecke dieses Übereinkommens anerkannt; sie messen ihnen die gleiche Wirkung bei wie den von ihnen selbst ausgestellten oder bestätigten Bescheinigungen, und zwar auch dann, wenn sie für ein Schiff ausgestellt oder bestätigt worden sind, das nicht in das Schiffsregister eines Vertragsstaats eingetragen ist. ²Ein Vertragsstaat kann jederzeit den ausstellenden oder bestätigenden Staat um eine Konsultation ersuchen, wenn er glaubt, dass der in der Bescheinigung genannte Versicherer oder Sicherheitsgeber finanziell nicht in der Lage ist, die Verpflichtungen aus diesem Übereinkommen zu erfüllen.

(8) ¹Ein Schadenersatzanspruch wegen Verschmutzungsschäden kann unmittelbar gegen den Versicherer oder eine andere Person, die für die Haftung des Eigentümers für Verschmutzungsschäden finanzielle Sicherheit leistet, geltend gemacht werden. ²Hierbei kann sich der Beklagte, auch wenn der Eigentümer nach Artikel V Absatz 2 nicht berechtigt ist, seine Haftung zu beschränken, auf die in Artikel V Absatz 1 vorgesehene Haftungsbeschränkung berufen. ³Er kann ferner dieselben Einreden (mit Ausnahme des Konkurses oder der Liquidation des Eigentümers) geltend machen, die der Eigentümer selbst hätte erheben können. ⁴Außerdem kann der Beklagte die Einrede geltend machen, dass sich die Verschmutzungsschäden aus einem vorsätzlichen Verschulden des Eigentümers selbst ergaben; jedoch kann der Beklagte keine anderen Einreden geltend machen, die er in einem vom Eigentümer gegen ihn eingeleiteten Verfahren hätte erheben können. ⁵Der Beklagte hat in jedem Fall das Recht zu verlangen, dass dem Eigentümer der Streit verkündet wird.

(9) Die aus einer Versicherung oder sonstigen finanziellen Sicherheit nach Absatz 1 verfügbaren Beträge sind ausschließlich zur Befriedigung von Ansprüchen auf Grund dieses Übereinkommens zu verwenden.

(10) Ein Vertragsstaat wird einem seine Flagge führenden Schiff, auf das dieser Artikel Anwendung findet, nur gestatten, Handel zu treiben, wenn eine Bescheinigung nach Absatz 2 oder 12 ausgestellt worden ist.

(11) Vorbehaltlich dieses Artikels stellt jeder Vertragsstaat durch seine innerstaatlichen Rechtsvorschriften sicher, dass für jedes Schiff, das einen Hafen in seinem Hoheitsgebiet anläuft oder verlässt oder das einen vor der Küste innerhalb seines Küstenmeers gelegenen Umschlagplatz anläuft oder verlässt ungeachtet des Ortes, an dem das Schiff in das Schiffsregister eingetragen ist, eine Versicherung oder sonstige Sicherheit in dem in Absatz 1 bezeichneten Umfang besteht, wenn das Schiff tatsächlich mehr als 2.000 Tonnen Öl als Bulkladung befördert.

(12) ¹Besteht für ein einem Vertragsstaat gehörendes Schiff keine Versicherung oder sonstige finanzielle Sicherheit, so finden die darauf bezüglichen Bestimmungen dieses Artikels auf dieses Schiff keine Anwendung; es hat jedoch eine von den zuständigen Behörden des Staates des Schiffsregisters ausgestellte Bescheinigung mitzuführen, aus der hervorgeht, dass das Schiff dem betreffenden Staat gehört und dass seine Haftung innerhalb der in Artikel V Absatz 1 festgesetzten Grenzen gedeckt ist. ²Diese Bescheinigung hat soweit wie möglich dem in Absatz 2 vorgeschriebenen Muster zu entsprechen.

Gegenstand der ausführlichen Vorschrift des Art. VII ÖlHÜ 1992 ist die Pflicht des Eigentümers zur Vorhaltung einer Versicherung im Hinblick auf seine Haftung für Ölverschmutzungsschäden. Geregelt wird auch ein eigenartiges Verfahren des Nachweises der Versicherung (unten Rn 5–10). In Art. VII Abs. 8 ÖlHÜ 1992 ist ein Direktanspruch gegen den Versicherer vorgesehen (unten Rn 11). 1

I. Die Pflicht zur Versicherung

Die Grundlage der Pflichtversicherung ist Art. VII Abs. 1 ÖlHÜ 1992. Der Eigentümer des Schiffes ist verpflichtet, eine Versicherung oder sonstige finanzielle Sicherheit zur Deckung seiner Haftung für Ölverschmutzungsschäden aufrecht zu erhalten. Die Pflicht trifft den Eigentümer (Art. I Nr. 3 ÖlHÜ 1992), wenn das Schiff mehr als 2.000 Tonnen Öl befördert. Keine Versicherungspflicht besteht, wenn sich weniger als 2.000 Tonnen oder gar kein Öl als Bulkladung an Bord ist. Art. VII Abs. 1 ÖlHÜ 1992 betrifft nur Schiffe, die im Schiffsregister eines Vertragsstates des Übereinkommens eingetragen sind (dazu Art. I Nr. 4 ÖlHÜ 1992); siehe aber auch Art. VII Abs. 11 ÖlHÜ 1992. Die Sicherheit kann in Form einer Versicherung vorgehalten werden. Dem gleichgestellt ist nach Art. VII Abs. 1 ÖlHÜ 1992 eine sonstige finanzielle Sicherheit. Genannt wird beispielhaft eine Bankbürgschaft oder eine von einem internationalen Schadenersatzfonds ausgestellte Bescheinigung. Die Durchsetzung der Versicherungspflicht obliegt nach Art. VII Abs. 10 ÖlHÜ 1992 insbesondere dem Flaggenstaat. Er wird dem Schiff unter seiner Flagge nur gestatten, Handel zu treiben, wenn eine entsprechende Versicherungsbescheinigung nach Art. VII Abs. 2 bzw. 12 ÖlHÜ 1992 ausgestellt wurde. Zum deutschen Recht siehe § 3 Abs. 4 Nr. 1 ÖlSG sowie die Strafvorschriften des § 7 Abs. 1 ÖlSG. 2

II. Der Gegenstand der Versicherung

Die Versicherung muss nach Art. VII Abs. 1 ÖlHÜ 1992 die Haftung des Eigentümers für Ölverschmutzungsschäden auf Grundlage des Übereinkommens abdecken. Das ÖlHÜ 1992 gilt für Ölverschmutzungsschäden, zu denen es im Hoheitsgebiet oder der AWZ oder eines entsprechendes Gebietes eines Vertragsstaates kommt (siehe Art. II). Damit braucht sich die Sicherheit nicht auf Ölverschmutzungsschäden im Hoheitsgebiet bzw. der AWZ eines Nicht-Vertragsstaates zu erstrecken. Dem Betrag nach muss die Versicherung in Höhe des jeweils für das Schiff maßgeblichen Höchstbetrages nach Art. V Abs. 1 3

ÖlHÜ 1992 bestehen. Die aus der Versicherung verfügbaren Beträge stehen ausschließlich für Ansprüche wegen Ölverschmutzungsschäden auf Grundlage des ÖlHÜ 1992 gegen den Eigentümer zur Verfügung (Art. VII Abs. 9 ÖlHÜ 1992).

III. Die Anforderungen an die Versicherung

4   Art. VII Abs. 5 ÖlHÜ 1992 enthält weitere Bestimmungen über die Versicherung. Sie genügt nicht den Erfordernissen des Art. VII, wenn sie aus anderen Gründen als dem Ablauf ihrer Geltung innerhalb von drei Monaten nach dem Tag, an dem die Beendigung der zuständigen Behörde angezeigt wird, außer Kraft treten kann, sofern nicht innerhalb der Frist die Bescheinigung der Behörde übergeben oder eine neue Bescheinigung ausgestellt worden ist. Diese Regelung hat den Zweck sicherzustellen, dass die Behörde die Versicherungsbescheinigung ggf. rechtzeitig einziehen kann (siehe § 6 ÖlHBeschV). Dem Außerkrafttreten der Versicherung sind in Art. VII Abs. 5 Satz 2 ÖlHÜ 1992 entsprechende Änderungen gleichgestellt.

IV. Der Nachweis der Versicherung

5   **1. Die Versicherungsbescheinigung.** Das Bestehen der Versicherung nach Art. VII Abs. 1 ÖlHÜ 1992 muss nach Abs. 2 der Vorschrift in besonderer Weise nachgewiesen werden. Hierbei werden die Behörden der Vertragsstaaten einbezogen. Es reicht nicht aus, dass das Schiff etwa eine unmittelbar von einem Versicherer ausgestellte Bescheinigung mitführt. Nachgewiesen werden kann das Bestehen einer Versicherung allein durch eine behördliche Versicherungsbescheinigung (Art. VII Abs. 2 Satz 1 ÖlHÜ 1992). In ihr bestätigt die zuständige Behörde des Vertragsstaates, dass eine Versicherung nach Maßgabe des Art. VII Abs. 1 ÖlHÜ 1992 für das Schiff in Kraft ist. Ist das Schiff in das Schiffsregister eines Vertragsstaates eingetragen, wird die Bescheinigung von der zuständigen Behörde dieses Staates ausgestellt (Art. VII Abs. 2 Satz 2 Hs. 1 ÖlHÜ 1992). Ist das Schiff nicht in das Schiffsregister eines Vertragsstaates eingetragen, kann die Bescheinigung von der zuständigen Behörde jedes Vertragsstaates ausgestellt werden (Art. VII Abs. 2 Satz 2 Hs. 2 ÖlHÜ 1992). Im Falle von Staatsschiffen – wenn das ÖlHÜ 1992 überhaupt auf sie zur Anwendung gelangt (siehe Art. XI ÖlHÜ 1992) – tritt an die Stelle der Versicherungsbescheinigung die Bescheinigung nach Art. VII Abs. 12 ÖlHÜ 1992. Nach § 3 Abs. 1 Satz 1 und 2 ÖlSG ist sowohl der Eigentümer des Schiffes als auch der Schiffsführer verpflichtet, die Ölhaftungsbescheinigung an Bord mitzuführen. Der Schiffsführer muss sie nach § 3 Abs. 1 Satz 2 ÖlSG der zuständigen Behörde auf Verlangen vorlegen. Wird die Ölhaftungsbescheinigung nicht an Bord mitgeführt oder kann sie nicht vorgelegt werden, kann nach § 3 Abs. 2 ÖlSG die Beförderung und der Umschlag von Ladung untersagt werden. Zu unbrauchbar gewordenen oder verloren gegangenen Ölhaftungsbescheinigungen siehe § 4 Abs. 4 ÖlHBeschV. Unter den Voraussetzungen des § 6 ÖlHBeschV kann das BSH die Ölhaftungsbescheinigungen einziehen.

6   **2. Die Voraussetzungen für die Ausstellung.** Der Staat des Schiffsregisters bestimmt nach Art. VII Abs. 7 ÖlHÜ 1992 über die Ausstellungs- und Geltungsbedingungen der Bescheinigung. In Deutschland ist der Nachweis der Versicherung nach Art. VII Abs. 1 ÖlHÜ 1992 in den Bestimmungen der § 2 Abs. 1, 3 und 4 ÖlSG und der ÖlHBeschV näher geregelt. Eine Ölhaftungsbescheinigung (§ 1 Nr. 1 ÖlHBeschV, § 2 Abs. 3 ÖlSG) wird ausgestellt, wenn der Eigentümer nachweist, dass eine entsprechende Versicherung besteht (§ 2 Abs. 4 Satz 1 ÖlSG); siehe auch § 3 Abs. 2 Nr. 1 ÖlHBeschV. Die zuständige Behörde ist in Deutschland das BSH (§ 2 ÖlHBeschV). Erforderlich ist neben dem Antrag (§ 3

Abs. 1 ÖlHBeschV) eine Erklärung des Versicherers, dass die Versicherung den Anforderungen des ÖlHÜ 1992 entspricht (§ 3 Abs. 2 Nr. 1 ÖlHBeschV). Grundlage dieser Bestätigung ist international gebräuchlich eine entsprechende Bestätigung des Versicherers, die sogenannte Blue Card. Nach § 2 Abs. 4 Satz 1 ÖlSG darf es darüber hinaus keinen begründeten Anlass für die Annahme geben, dass der Versicherer nicht in der Lage sein wird, seine Verpflichtungen zu erfüllen. Ölhaftungsbescheinigungen werden sowohl Eigentümern von Schiffen unter deutscher Flagge als auch Eigentümern von Schiffen unter der Flagge von Nicht-Vertragsstaaten ausgestellt. Nach Art. VII Abs. 10 ÖlHÜ 1992 dürfen Vertragsstaaten einem Schiff, das ihre Flagge führt, nur gestatten, Handel zu treiben, wenn eine Ölhaftungsbescheinigung ausgestellt ist. Der Eigentümer wird nach § 5 ÖlHBeschV in Verbindung mit § 2 Abs. 4 und 3 ÖlSG verpflichtet, eine vorzeitige Beendigung der Versicherung und jede Änderung, die dazu führt, dass sie den Anforderungen des Art. VII Abs. 1 ÖlHÜ 1992 nicht mehr genügt, unverzüglich dem BSH mitzuteilen.

3. Der Inhalt der Versicherungsbescheinigung. Die Versicherungsbescheinigung muss dem Muster entsprechen, das dem ÖlHÜ 1992 als Anlage beigefügt ist (Art. VII Abs. 2 Satz 3 ÖlHÜ 1992); siehe auch § 4 Abs. 1 ÖlHBeschV. Außerdem muss die Versicherungsbescheinigung bestimmte, in Art. VII Abs. 2 Satz 3 ÖlHÜ 1992 genannte Angaben enthalten. Dazu gehören der Name des Schiffes und der Heimathafen, der Name und der Hauptgeschäftssitz des Eigentümers, die Art der Sicherheit, der Name und Hauptgeschäftssitz des Versicherers sowie die Geltungsdauer der Bescheinigung. Letztere darf nicht länger sein als die Geltungsdauer der Versicherung (siehe auch § 4 Abs. 2 ÖlHBeschV). Traditionell haben die von den P&I Clubs gestellten Versicherungen Laufzeiten von jeweils einem Jahr, jeweils beginnend und endend mit dem 20. Februar. Zur Sprache der Versicherungsbescheinigung siehe Art. VII Abs. 3 ÖlHÜ 1992. Die Versicherungsbescheinigung ist an Bord mitzuführen (Art. VII Abs. 4 Hs. 1 ÖlHÜ 1992). Eine Durchschrift wird bei der Behörde des Schiffsregisters bzw. bei der Behörde des Staates, der die Bescheinigung ausgestellt hat, hinterlegt (Art. VII Abs. 4 Hs. 2 ÖlHÜ 1992, siehe auch § 4 Abs. 3 ÖlHBeschV). 7

4. Die Anerkennung der Versicherungsbescheinigung. Nach Art. VII Abs. 7 ÖlHÜ 1992 werden die ausgestellten Versicherungsbescheinigungen jeweils von den anderen Vertragsstaaten des ÖlHÜ 1992 für die Zwecke des Übereinkommens anerkannt. Dies gilt auch, wenn die Behörde eines Vertragsstaates eine Versicherungsbescheinigung für ein Schiff unter der Flagge eines Nicht-Vertragsstaates ausgestellt hat. Bestehen Zweifel daran, dass der in der Bescheinigung genannte Versicherer finanziell in der Lage ist, seinen Verpflichtungen nachzukommen, kann der betreffende Vertragsstaat den ausstellenden Staat nach Art. VII Abs. 7 Satz 2 ÖlHÜ 1992 um eine Konsultation ersuchen. Weitergehende Befugnisse haben die Vertragsstaaten nach dem ÖlHÜ 1992 nicht. Insbesondere kann sich der betreffende Staat im Falle einer formell ordnungsgemäßen Versicherungsbescheinigung nicht auf den Standpunkt stellen, dass eine Versicherung gleichwohl nicht oder nicht im hinreichenden Umfang besteht. 8

5. Die unzutreffende Versicherungsbescheinigung. Das Bestehen einer Versicherung nach Art. VII Abs. 1 ÖlHÜ 1992 wird unter Einbeziehung der Behörden der Vertragsstaaten und den von ihr ausgestellten Versicherungsbescheinigungen nachgewiesen. Die Behörden sind gehalten, sich das Bestehen der Versicherung nachweisen zu lassen; siehe § 2 Abs. 4 ÖlSG. Hier besteht die Gefahr, dass Versicherungsbescheinigungen ausgestellt werden, obwohl tatsächlich keine oder nur eine unzureichende Versicherung 9 besteht. Verhält es sich so, können gegen die ausstellende Behörde möglicher Weise Ansprüche aus Staatshaftung geltend gemacht werden.

10   In Deutschland kämen Ansprüche aus Amtshaftung nach § 839 BGB, Art. 34 GG in Betracht. Die zuständigen Behörden tun gut daran, dass Bestehen einer Versicherung sorgfältig zu prüfen, bevor eine Bescheinigung ausgestellt wird. Letztlich wird eine Haftung der Behörde für eine unzutreffende Versicherungsbescheinigung allerdings nur selten in Betracht kommen. Hier stellen sich insbesondere Fragen des objektiven Zurechnungszusammenhangs. Gläubiger eines solchen Amtshaftungsanspruchs wären die Geschädigten, die Ölverschmutzungsschäden erlitten haben und darauf angewiesen sind, den Versicherer in Anspruch zu nehmen, weil sie ihre Ansprüche gegen den Eigentümer nicht durchsetzen können; siehe auch § 839 Abs. 1 Satz 2 BGB. Außerdem muss auch der Direktanspruch aus Art. VII Abs. 8 Satz 1 ÖlHÜ 1992 gegen den Versicherer scheitern, weil dieser nicht leistungsfähig ist. Auch jetzt kommt ein Anspruch des Geschädigten gegen die ausstellende Behörde nur in Betracht, wenn er gerade ein besonderes Vertrauen in das Bestehen der Versicherung gesetzt hatte, wie sie behördlich in der Versicherungsbescheinigung bestätigt wurde. Dies ist nicht ohne weiteres der Fall. Denkbar wäre, dass ein Geschädigter Kosten für Beseitigungsmaßnahmen geltend macht, die er gerade durchgeführt hat, nachdem er sich vergewissert hat, dass eine Versicherungsbescheinigung für das Schiff ausgestellt war. Schließlich bedarf es auf Seite der Behörde auch eines Verschuldens (§ 839 Abs. 1 Satz 1 BGB). Eine Regelung von der Art der Art. 7 Abs. 8 BunkerölÜ, Art. 12 Abs. 8 WBÜ fehlt in Art. VII ÖlHÜ 1992.

V. Der Direktanspruch

11   Die Geschädigten können ihre Ansprüche wegen Ölverschmutzungsschäden nach Art. VII Abs. 8 Satz 1 ÖlHÜ 1992 auch unmittelbar gegen den Versicherer geltend machen. Dem Versicherer steht nach Art. VII Abs. 8 Satz 2 ÖlHÜ 1992 eine eigene Befugnis zu, seine Haftung auf die in Art. V Abs. 1 ÖlHÜ 1992 vorgesehenen Beträge zu beschränken. Hierbei bleibt es auch dann, wenn der Eigentümer selbst, etwa im Falle eines qualifizierten Verschuldens, nicht zur Beschränkung der Haftung berechtigt ist. Art. VII Abs. 8 Satz 3 ÖlHÜ 1992 stellt außerdem klar, dass dem Versicherer dem geschädigten Dritten gegenüber alle Einwendungen zustehen, die auch der Eigentümer hätte erheben können. Ausgeschlossen ist allerdings der Einwand, dass der Eigentümer insolvent ist oder sich in Liquidation befindet. Insbesondere kann der Versicherer dem geschädigten Dritten gegenüber grundsätzliche keine Einwendungen erheben, die sich aus dem Versicherungsverhältnis zum Eigentümer ergeben (Art. VII Abs. 8 Satz 4 Hs. 2 ÖlHÜ 1992). Hiervon macht Art. VII Abs. 8 Satz 4 Hs. 1 ÖlHÜ 1992 allerdings eine Ausnahme: Der Versicherer kann darauf verweisen, dass der Schaden auf ein vorsätzliches Verhalten des Eigentümers selbst zurückzuführen ist. Art. VII Abs. 8 Satz 5 ÖlHÜ 1992 ergänzt, dass der Versicherer, gegen den Klage erhoben worden ist, befugt ist, dem Eigentümer den Streit zu verkünden.

Artikel VIII

¹**Schadenersatzansprüche nach diesem Übereinkommen erlöschen, wenn nicht binnen drei Jahren nach Eintritt der Schäden Klage erhoben wird. ²Jedoch kann nach Ablauf von sechs Jahren nach dem Ereignis, das die Schäden verursachte, nicht mehr Klage erhoben werden. ³Besteht dieses Ereignis aus einer Reihe von Vorfällen, so beginnt die Sechsjahresfrist mit dem Zeitpunkt des ersten Vorfalls.**

Gegenstand des Art. VIII ÖlHÜ 1992 sind die Fristen, innerhalb derer Schadenersatz- **1**
ansprüche auf Grundlage des Übereinkommens geltend zu machen sind. Die Fristen gelten für den Anspruch des Geschädigten gegen den Eigentümer ebenso wie für den Direktanspruch gegen den Versicherer nach Art. VII Abs. 8 Satz 1 ÖlHÜ 1992. Art. VIII Satz 1 und 2 ÖlHÜ 1992 betreffen jeweils Ausschluss- und nicht lediglich Verjährungsfristen, die nur die Durchsetzbarkeit des Anspruchs beschränken (siehe §§ 214 ff. BGB). Der Wortlaut des Art. VIII Satz 1 ÖlHÜ 1992 ist eindeutig, dort ist als Rechtsfolge vorgesehen, dass die Ansprüche erlöschen.

Die Frist beträgt nach Art. VIII Satz 1 ÖlHÜ 1992 grundsätzlich drei Jahre. Sie beginnt **2**
mit dem Eintritt des Verschmutzungsschadens (Art. I Nr. 6 ÖlHÜ 1992). Gewahrt wird die Frist nach dem Wortlaut des Art. VIII Satz 1 ÖlHÜ 1992 durch Erhebung einer Klage. Dabei wird die Frist durch die Klage nur im Verhältnis zum jeweiligen Schuldner gewahrt. Insbesondere hindert die Erhebung der Klage gegen den Eigentümer (Art. I Nr. 3 ÖlHÜ 1992) nicht das Erlöschen des Direktanspruchs gegen den Versicherer nach Art. VII Abs. 8 Satz 1 ÖlHÜ 1992 oder der Ansprüche gegen den Ölfonds aus Art. 4 Abs. 1 Satz 1 ÖlFÜ 1992 bzw. den Zusatzfonds aus Art. 4 Abs. 1 ÖlFÜProt 2003. Die Klage muss, um fristwahrende Wirkung zu haben, vor einem Gericht erhoben werden, das nach Art. IX Abs. 1 ÖlHÜ 1992 international zuständig ist. Die Erhebung der Klage vor einem anderen Gericht hindert das Erlöschen des Anspruchs nicht. Bei ergänzender Anwendung deutschen Rechts bemessen sich die Fristen anhand der §§ 186 ff. BGB. Insbesondere gilt auch die Vorschrift des § 193 BGB.

Die Frist des Art. VIII Satz 1 ÖlHÜ 1992 beginnt mit Eintritt des Ölverschmutzungs- **3**
schadens. Möglicher Weise entsteht dieser erst nach dem Ereignis im Sinne des Art. I Nr. 8 ÖlHÜ 1992. Für diesen Fall sieht Art. VIII Satz 2 ÖlHÜ 1992 eine hilfsweise Regelung vor, die nicht an den Eintritt des Verschmutzungsschadens, sondern an das Ereignis anknüpft. Art. VIII Satz 2 ÖlHÜ 1992 bestimmt, dass in jedem Falle die Klage nach Ablauf von sechs Jahren nach dem Ereignis nicht mehr erhoben werden kann. Diese Regelung kommt zum Tragen, wenn die Ausschlussfrist nach Art. VIII Satz 1 ÖlHÜ 1992 noch nicht abgelaufen ist. Besteht das Ereignis aus mehreren Vorfällen (siehe Art. I Nr. 8 ÖlHÜ 1992), beginnt nach Art. VIII Satz 3 ÖlHÜ 1992 die 6-Jahres-Frist mit dem Zeitpunkt des ersten Vorfalls.

Eine Hemmung, Unterbrechung oder ein Neubeginn der Frist ist weder in Art. VIII **4**
ÖlHÜ 1992 noch an anderer Stelle im Übereinkommen vorgesehen. Damit können, die Anwendbarkeit deutschen Sachrechts im Übrigen unterstellt, nicht auf die für die Verjährung vorgesehenen Hemmungs-, Ablaufhemmungs- und Neubeginns-Tatbestände herangezogen werden Insbesondere werden die Fristen des Art. VIII ÖlHÜ 1992 nicht durch Verhandlungen gehemmt (siehe § 203 BGB). Wird die Klage rechtzeitig erhoben, sind die Fristen des Art. 8 ÖlHÜ 1992 gewahrt. Sie laufen nicht etwa weiter, wenn das Verfahren abgeschlossen wird.

Die für die Wahrung der Fristen des Art. VIII ÖlHÜ 1992 erforderliche Klage kann auf **5**
Leistung oder Feststellung gerichtet sein. Ist eine Schiedsvereinbarung getroffen worden, genügt auch die Einleitung eines schiedsrichterlichen Verfahrens. Sollen entsprechende Maßnahmen in der Deutschland durchgeführt werden, kann nicht automatisch auf den Katalog des § 204 Abs. 1 BGB zurückgegriffen werden. Insbesondere genügt für die Wahrung der Frist nicht die in § 204 Abs. 1 Nr. 6 BGB vorgesehene Streitverkündung. Dasselbe gilt etwa für die Zustellung eines Mahnbescheids, die Geltendmachung der Aufrechnung des Anspruchs im Prozess, die Zustellung des Antrags auf Durchführung eines selbständigen Beweisverfahrens oder die Zustellung des Antrags auf Einleitung eines einstweiligen Verfahrens (siehe § 204 Abs. 1 Nr. 3, 5, 7 und 9 BGB). Über den Wortlaut des Art. 8 Satz 1 ÖlHÜ 1992 hinaus muss es auch genügen, dass der Geschädigte,

nach dem der Eigentümer sei Haftung nach Maßgabe der Art. V und VI ÖlHÜ 1992 beschränkt hat, im schifffahrtsrechtlichen Verteilungsverfahren nach Maßgabe der SVertO anmeldet (siehe § 204 Abs. 1 Nr. 10 BGB). Ebenso genügt auch die Anmeldung des Anspruchs im Insolvenzverfahren (siehe § 204 Abs. 1 Nr. 10). Im Falle eines Verfahrens vor deutschen Gerichten kommt auch die Vorschrift des § 167 ZPO zur Anwendung. Titulierte Ansprüche aus dem ÖlHÜ 1992 unterliegen, da die Fristen des Art. VIII ÖlHÜ 1992 jetzt keine Rolle mehr spielen, der 30jährigen Verjährung nach § 197 Abs. 1 Nr. 3 BGB.

6   Die Regelungen des Art. VIII ÖlHÜ 1992 verdrängen alle Vorschriften des im Übrigen anwendbaren Sachrechts, die ein Erlöschen der Ansprüche durch Zeitablauf vorsehen. Verdrängt werden ebenfalls alle Vorschriften des im Übrigen anwendbaren Sachrechts, die lediglich eine Verjährung der Ansprüche vorsehen. Bei Geltung deutschen Sachrechts bleiben daher die §§ 195 ff. BGB vollständig unberücksichtigt. Außerdem stellt Art. III Abs. 4 Satz 1 (dazu oben Rn 8 zu Art. III ÖlHÜ 1992) klar, dass die Schadenersatzansprüche gegen den Eigentümer nur nach Maßgabe des ÖlHÜ 1992 geltend gemacht werden können. Weder kann der Eigentümer dem geschädigten Dritten vor Ablauf der Frist des Art. VIII ÖlHÜ 1992 entgegen halten, dass die Ansprüche bereits verjährt seien, noch kann sich der Geschädigte nach Ablauf der Fristen des Art. VIII ÖlHÜ 1992 darauf berufen, dass die Verjährung nach dem im Übrigen anwendbaren Sachrecht noch nicht eingetreten sei.

Artikel IX

(1) [1] Sind durch ein Ereignis Verschmutzungsschäden im Hoheitsgebiet einschließlich des Küstenmeers oder eines in Artikel II genannten Gebiets eines oder mehrerer Vertragsstaaten entstanden oder sind in diesem Hoheitsgebiet einschließlich des Küstenmeers oder Gebiets Schutzmaßnahmen getroffen worden, um Verschmutzungsschäden zu verhüten oder einzuschränken, so können Schadenersatzklagen nur vor den Gerichten des oder der betreffenden Vertragsstaaten anhängig gemacht werden. [2] Der Beklagte ist über derartige Klagen binnen angemessener Frist zu unterrichten.

(2) Jeder Vertragsstaat trägt dafür Sorge, dass seine Gerichte die erforderliche Zuständigkeit haben, um über derartige Schadenersatzklagen zu erkennen.

(3) Nach Errichtung des Fonds gemäß Artikel V sind die Gerichte des Staates, in dem der Fonds errichtet worden ist, für die Entscheidung über alle Fragen der Zuteilung und Verteilung des Fonds ausschließlich zuständig.

1   Die Vorschrift des Art. IX ÖlHÜ 1992 betrifft Fragen der Gerichtsbarkeit und insbesondere der gerichtlichen Zuständigkeit für Ansprüche der Geschädigten wegen Ölverschmutzungsschäden. Die Regelungen gelten sowohl für Ansprüche der Geschädigten gegen den Eigentümer aus Art. III Abs. 1 ÖlHÜ 1992 als auch für deren Direktansprüche gegen den Versicherer nach Art. VII Abs. 8 Satz 1 ÖlHÜ 1992.

I. Die gerichtlichen Zuständigkeiten

2   Die grundlegende Vorschrift über gerichtliche Zuständigkeiten für Ansprüche der Geschädigten auf Schadenersatz wegen Ölverschmutzungsschäden ist die des Art. IX Abs. 1 Satz 1 ÖlHÜ 1992 (unten Rn 2–17). Sie betrifft die internationale Zuständigkeit und wird im Hinblick auf die örtliche Zuständigkeit (unten Rn 6–12) ergänzt durch die in der ZPO geregelten Zuständigkeiten sowie § 6 Abs. 2 Nr. 1 ÖlSG. Zu berücksichtigen sind

schließlich die Zuständigkeitsregelungen der EuGVV 2012 und des LuganoÜ 2007 (unten Rn 13–17).

1. Die Regelungen des Art. IX Abs. 1 Satz 1 ÖlHÜ 1992. Die gerichtliche Zuständig- 3 keit für Ansprüche wegen Ölverschmutzungsschäden ergibt sich aus Art. IX Abs. 1 Satz 1 ÖlHÜ 1992. Dabei wird an den Ort des Eintritts der Verschmutzungsschäden angeknüpft. Sind die Ölverschmutzungsschäden im Hoheitsgebiet einschließlich des Küstenmeeres oder in der AWZ oder einem entsprechenden Gebiet eines Vertragsstaates eingetreten (siehe Art. II ÖlHÜ 1992), sind die Gerichte des betreffenden Vertragsstaates zuständig. Geregelt wird hier (nur) die internationale Zuständigkeit. Die sonstige, insbesondere die örtliche Zuständigkeit bestimmt sich anhand der prozessrechtlichen Bestimmungen des betreffenden Staates; zu Deutschland siehe § 6 Abs. 2 Nr. 1 ÖlSG (unten Rn 8–9). Außerdem ist die Zuständigkeit nach Art. IX Abs. 1 Satz 1 ÖlHÜ 1992 ausschließlicher Natur, wie in der Vorschrift ausdrücklich klargestellt wird. Gerichten anderer Staaten, auch von Vertragsstaaten, sind nicht zuständig.

Den Verschmutzungsschäden werden in Art. IX Abs. 1 Satz 1 ÖlHÜ 1992 Schutzmaß- 4 nahmen gleichgestellt, um Verschmutzungsschäden zu verhüten oder einzuschränken (dazu Art. I Nr. 7 ÖlHÜ 1992). Sind Schutzmaßnahmen außerhalb des Hoheitsgebietes bzw. der AWZ oder eines entsprechenden Gebietes eines Vertragsstaates durchgeführt worden, versagt die Regelung des Art. IX Abs. 1 Satz 1 ÖlHÜ 1992. Haben die Schutzmaßnahmen dazu gedient, Verschmutzungsschäden im Hoheitsgebiet einschließlich des Küstenmeeres bzw. in der AWZ oder eines entsprechenden Gebietes eines Vertragsstaates zu verhüten oder einzuschränken, können Klagen wegen der Schutzmaßnahmen auch vor den Gerichten dieses Vertragsstaates mit geltend gemacht werden. Es ist nicht erkennbar, dass Art. IX Abs. 1 Satz 1 ÖlHÜ 1992 insoweit eine einschränkende Wirkung haben soll.

Art. IX Abs. 1 Satz 1 ÖlHÜ 1992 regelt auch den Fall, dass es im Hoheitsgebiet ein- 5 schließlich des Küstenmeeres, in der AWZ bzw. eines entsprechenden Gebietes mehrerer Vertragsstaaten zu Ölverschmutzungsschäden aufgrund eines Ereignisses gekommen ist. Hierzu bestimmt Art. IX Abs. 1 Satz 1 ÖlHÜ 1992, dass Schadenersatzklagen vor den Gerichten der betreffenden Vertragsstaaten anhängig gemacht werden müssen. Es ist nicht vorgesehen, dass insoweit eine Aufteilung zu erfolgen hat, etwa in der Weise, dass Ölverschmutzungsschäden, die im Gebiet des Vertragsstaates A eingetreten sind, nicht vor den Gerichten des Vertragsstaates B verfolgt werden dürfen. Gleiches gilt für den Fall, dass im Vertragsstaat A nur Ölverschmutzungsschäden eingetreten sind und im Vertragsstaat B Schutzmaßnahmen getroffen wurden. Auch hier können alle Ansprüche ganz oder teilweise vor den Gerichten des einen oder des anderen Vertragsstaates verfolgt werden.

2. Die örtliche Zuständigkeit. Art. IX Abs. 2 ÖlHÜ 1992 wendet sich an die Vertrags- 6 staaten. Ihnen wird aufgegeben, dafür Sorge zu tragen, dass ihre Gerichte die erforderlichen Zuständigkeiten haben, um über „derartige Schadenersatzklagen" – gemeint sind solche nach Art. IX Abs. 1 Satz 1 ÖlHÜ 1992 – zu entscheiden. Hierdurch wird den Vertragsstaaten ein Mehrfaches aufgegeben. Es muss eine gerichtliche Zuständigkeit für Klagen wegen Ölverschmutzungsschäden bzw. Schutzmaßnahmen im eigenen Hoheitsgebiet einschließlich des Küstenmeeres und in der AWZ bzw. eines entsprechenden Gebietes vorhanden sein. Außerdem müssen die innerstaatlichen Regelungen eine Zuständigkeit für den Fall vorsehen, dass Ölverschmutzungsschäden sowohl im eigenen als auch in dem Hoheitsgebiet etc. eines anderen Vertragsstaates eingetreten sind bzw. dass Schutzmaßnahmen nur oder auch im Hoheitsgebiet eines anderen Vertragsstaates durchgeführt wurden. Die örtliche Zuständigkeit deutscher Gerichte ergibt sich zum einen aus den in der ZPO vorgesehenen Gerichtsständen (unten Rn 7) sowie der in § 6 Abs. 2 Nr. 1 ÖlSG geregelten Sonderzuständigkeit (unten Rn 8–9). Im Hinblick auf eine gebietsmäßige Zuständigkeit für die deutsche AWZ besteht allerdings eine Lücke (unten Rn 10–12). Vorrangig gelten in jedem Falle die Regelungen der EuGVV 2012 und des LuganoÜ 2007 (unten Rn 13–17).

7 **a) Die Gerichtsstände der ZPO.** Die Bestimmungen des Art. IX Abs. 1 Satz 1 ÖlHÜ 1992 über die internationale Zuständigkeit bedürfen der Ergänzung durch die Regelungen über die örtliche Zuständigkeit. Hier kommen zunächst die allgemeinen Regelungen der ZPO über den Gerichtsstand in Betracht. Die §§ 12, 17 ZPO begründen eine örtliche Zuständigkeit am Wohn- bzw. Geschäftssitz des Beklagten. Hat also der Eigentümer oder der Versicherer, der wegen eines Ölverschmutzungsschadens nach Art. III Abs. 1 bzw. Art. VII Abs. 8 Satz 1 ÖlHÜ 1992 in Anspruch genommen werden soll, seinen Geschäftssitz in Deutschland, kann die Klage am dortigen Gericht erhoben werden. Auch aus § 23 ZPO kann sich die örtliche Zuständigkeit eines deutschen Gerichts ergeben. Die Vorschrift knüpft insbesondere an die Anwesenheit von Vermögen des Beklagten in einem bestimmten Gerichtsbezirk an. Dies kann etwa auch eine Geldforderung sein, die gegen einen Drittschuldner besteht (§ 23 Satz 2 ZPO). Im Hinblick auf den Eigentümer des Schiffes kann insbesondere der Aufenthalt des Schiffes in einem deutschen Hafen den Gerichtsstand des Vermögens begründen (§ 23 Satz 2 ZPO). Örtlich zuständig ist nach § 32 ZPO auch das Gericht, in dessen Bezirk das schädigende Ereignis eingetreten ist oder einzutreten droht oder in dessen Bezirk die Handlung begangen wurde. Einen entsprechenden Gerichtsstand begründet auch § 6 Abs. 2 Nr. 1 ÖlSG (sogleich Rn 8–9).

8 **b) Die Sonderzuständigkeit nach § 6 Abs. 2 Nr. 1 ÖlSG.** Die Bestimmung des § 6 Abs. 2 Nr. 1 ÖlSG regelt eine besondere Zuständigkeit für Ansprüche wegen Öl- und Bunkerölverschmutzungsschäden. Im Hinblick auf Ölverschmutzungsschäden betrifft § 6 Abs. 2 Nr. 1 ÖlSG Klagen auf Ersatz von Schäden gegen den Eigentümer aus Art. III Abs. 1 ÖlHÜ 1992, gegen mehrere gesamtschuldnerisch haftende Eigentümer nach Art. IV ÖlHÜ 1992 sowie Direktansprüche nach Art. VII Abs. 8 Satz 1 ÖlHÜ 1992 gegen den Versicherer. Die Zuständigkeit nach § 6 Abs. 2 Nr. 1 ÖlSG ist nicht ausschließlich. Dies wird durch die Formulierung, dass „auch" das betreffende Gericht zuständig sei, ausdrücklich klargestellt. § 6 Abs. 2 Nr. 1 ÖlSG lässt also anderweitig bestehende örtliche Zuständigkeiten unberührt; siehe hierzu zuvor Rn 7.

9 § 6 Abs. 2 Nr. 1 ÖlSG sieht eine Zuständigkeit des Gerichts vor, in dessen Bezirk das schädigende Ereignis oder der Verschmutzungsschaden eingetreten ist oder Schutzmaßnahmen ergriffen oder angeordnet worden sind. Die gerichtlichen Bezirke deutscher Gerichte umfassen auch die inneren Gewässer Deutschlands. Ebenso erstrecken sich die Gerichtsbezirke auf den Bereich des deutschen Küstenmeeres, das vollständig verschiedenen Gerichten zugeordnet ist. Insoweit ist daher stets eine örtliche Zuständigkeit nach § 6 Abs. 2 Nr. 1 ÖlSG begründet. Allerdings enden in allen Fällen die gerichtlichen Zuständigkeiten an der Außengrenze des deutschen Küstenmeeres.

10 **c) Die Zuständigkeitslücke.** Für die deutsche AWZ ist bis heute keine gebietsmäßige Zuständigkeit ziviler Gerichte vorgesehen, obwohl dieser Umstand bereits seit vielen Jahren bekannt ist.[10] Für die Strafgerichtsbarkeit ergibt sich die Zuständigkeit für Strafta-

---

10 Zum Folgenden siehe *Ramming* TranspR 2007, 13.

ten in der deutschen AWZ (und in allen sonstigen Bereichen des Meeres) aus § 10a StPO. Dort ist die Zuständigkeit Hamburger Gerichte bzw. des AG Hamburg vorgesehen. Eine entsprechende Regelung für die zivile Gerichtsbarkeit fehlt. Vorbild einer solchen Regelung könnte etwa der (noch nicht in Kraft getretene) § 40a Abs. 1 Satz 2 AtomG n.F. sein (näher unten Rn 18–20 Anhang IV zu § 480 [maritime Nuklearhaftung]). Das Fehlen besonderer Regelungen über die örtliche Zuständigkeit kann in entsprechenden Fällen dazu führen, dass im Hinblick auf Ölverschmutzungsschäden, zu denen es in der deutschen AWZ gekommen ist, zwar deutsche Gerichte nach Art. IX Abs. 1 Satz 1 ÖlHÜ 1992 international zuständig sind, gleichwohl aber keine örtliche Zuständigkeit eines bestimmten deutschen Gerichts begründet ist.

Die Situation erinnert an die frühere Situation im Hinblick auf Art. 31 Abs. 1 Satz 1 (b) CMR. Die Vorschrift regelt die (ausschließliche, Satz 2) internationale Zuständigkeit von Gerichten des Staates des Ortes der Übernahme oder dem Ort der Ablieferung des Gutes. Hierdurch konnte die internationale Zuständigkeit deutscher Gerichte begründet sein. Allerdings fehlte es anfangs im innerstaatlichen deutschen Recht an Vorschriften, die auch eine entsprechende örtliche Zuständigkeit vorsahen. Der BGH hat bestätigt, dass Klagen, die gleichwohl vor deutschen Gerichten erhoben worden waren, unzulässig waren.[11] Der Gesetzgeber hat im weiteren Verlauf Abhilfe durch Einführung des Art. 1a CMR-G geschaffen. Heute gelten die ausdrücklich in § 30 Abs. 1 Satz 1 ZPO geregelten Gerichtsstände. Des Art. 1a CMR-G bedarf es daher nicht mehr. **11**

Für den Bereich der Zuständigkeit für Ansprüche wegen Ölverschmutzungsschäden bleibt es allerdings dabei, dass keine örtliche Zuständigkeit für Klagen wegen Ansprüchen bei Ölverschmutzungsschäden begründet ist, die in der deutschen AWZ eingetreten sind. Damit ist es dem Geschädigten, wenn kein sonstiger Gerichtsstand begründet ist – etwa nach §§ 12 ff. ZPO oder § 23 ZPO (oben Rn 7) – nicht möglich, vor einem deutschen Gericht Klage zu erheben. Hinzu kommt, dass in diesen Fällen nach Art. IX Abs. 1 Satz 1 ÖlHÜ 1992 die ausschließliche internationale Zuständigkeit deutscher Gerichte begründet ist. Die Geschädigten wären daher auch daran gehindert, wegen ihrer Ansprüche Gerichte anderer Vertragsstaaten anzurufen. Die fehlende örtliche Zuständigkeit für Ansprüche wegen Verschmutzungsschäden in der deutschen AWZ stellt einen eindeutigen Verstoß gegen die völkerrechtlichen Pflichten Deutschlands aus Art. IX Abs. 2 ÖlHÜ 1992 dar. **12**

3. EuGVV 2012, LuganoÜ 2007. In Europa gelten im Hinblick auf gerichtliche Zuständigkeiten die Regelungen der Art. 4 ff. EuGVV 2012 und der Art. 2 ff. LuganoÜ 2007. Sie kommen zur Anwendung, wenn die Person, gegen die Klage erhoben werden soll, ihren Wohnsitz in einem Mitglieds- bzw. Vertragsstaat hat. Grundsätzlich ist die Klage vor den Gerichten dieses Staates zu erheben (Art. 4 Abs. 1 EuGVV 2012, Art. 2 Abs. 1 LuganoÜ 2007). Soll die Person, die ihren Wohnsitz in einem Mitglieds- bzw. Vertragsstaat hat, in einem anderen Mitglieds- bzw. Vertragsstaat verklagt werden, gelten nach Art. 5 Abs. 1 EuGVV 2012, Art. 3 Abs. 1 LuganoÜ 2007 die besonderen weiteren europäischen Zuständigkeitsregelungen. Sie haben Vorrang vor dem autonomen Recht des betreffenden Staates (unten Rn 14). Allerdings treten die Zuständigkeitsregelungen der EuGVV 2012 und des LuganoÜ 2007 hinter die des Art. IX Abs. 1 Satz 1 ÖlHÜ 1992 zurück (unten Rn 15), was sich im Hinblick auf die internationale Zuständigkeit (unten Rn 16), nicht aber bei der örtlichen Zuständigkeit auswirkt (unten Rn 17). **13**

---

11 BGHZ 79, 332 = NJW 1981, 1902 mit Anm. *Kropholler* aaO S. 1904, bestätigt in VersR 1983, 282.

14 **a) Der Vorrang.** Die EuGVV 2012 gilt unmittelbar in allen Mitgliedstaaten (Art. 288 Abs. 2 AEUV) und hat damit automatisch Vorrang vor allen Vorschriften ihres autonomen Rechts. Die EuGVV 2012 kommt im Verhältnis zu Dänemark nicht zur Anwendung. Allerdings ist durch das EG-Dk-Abk die Geltung der EuGVV 2012 durch eine besondere völkerrechtliche Vereinbarung auf Dänemark erstreckt worden. Es handelt sich um ein von der EU geschlossenes Übereinkommen, das ebenfalls Vorrang vor dem autonomen Recht der Mitgliedstaaten und damit auch dem des deutschen Rechts hat. Im Verhältnis zu Dänemark, Island, Norwegen und der Schweiz gelten wiederum die Zuständigkeitsregelungen der Art. 2 ff. LuganoÜ 2007. Auch hier ist die EU Partei des Übereinkommens, so dass die Bestimmungen des LuganoÜ 2007 grundsätzlich Vorrang vor denen des autonomen nationalen Rechts haben.

15 **b) Art. 71 Abs. 1 EuGVV 2012, Art. 67 Abs. 1 Satz 1 LuganoÜ 2007.** Der grundsätzlich bestehende Vorrang der Zuständigkeitsregelungen der EuGVV 2012 und des LuganoÜ 2007 wird in Art. 71 Abs. 1 EuGVV 2012, Art. 67 Abs. 1 Satz 1 LuganoÜ 2007 allerdings im Verhältnis zu bereits bestehenden internationalen Übereinkommen zurückgenommen. Deren Zuständigkeitsbestimmungen kommen daher grundsätzlich vor denen der EuGVV 2012 und des LuganoÜ 2007 zur Anwendung. Jedoch müssen wiederum die Erwägungen des EuGH in der TNT/AXA[12] sowie weiteren Entscheidungen[13] berücksichtigt werden, wonach die Anwendung der Vorschriften der besonderen Übereinkommen in den von diesen geregelten Bereichen nicht die Grundsätze beeinträchtigen dürften, auf denen die justizielle Zusammenarbeit in Zivil- und Handelssachen in der EU beruhe, zu denen namentlich die in den Erwägungsgründen 6, 11, 12 und 15 bis 17 der EuGVV 2012 genannten Grundsätze des freien Verkehrs der Entscheidungen in Zivil- und Handelssachen, der Vorhersehbarkeit der zuständigen Gerichte und somit der Rechtssicherheit für die Bürger, der geordneten Rechtspflege, der möglichst weitgehenden Vermeidung der Gefahr von Parallelverfahren und des gegenseitigen Vertrauens in die Justiz im Rahmen der Union gehörten.

16 **c) Die internationale Zuständigkeit.** Es kann zu Überschneidungen zwischen den Zuständigkeitsregelungen der Art. 4 ff. EuGVV 2012, Art. 2 ff. LuganoÜ 2007 und denen des Art. IX Abs. 1 Satz 1 ÖlHÜ 1992 kommen. Dies wird durch Art. 71 Abs. 1 EuGVV 2012, Art. 67 Abs. 1 Satz 1 LuganoÜ 2007 zugunsten des Art. IX Abs. 1 Satz 1 ÖlHÜ 1992 gelöst. Die Bestimmungen des Art. IX Abs. 1 Satz 1 ÖlHÜ 1992 gehen daher auch im Verhältnis zwischen den Mitgliedstaaten sowie zu Dänemark, Island, Norwegen und der Schweiz stets vor. Allerdings betrifft der Konflikt nur die internationale Zuständigkeit der Gerichte, während sich die örtliche Zuständigkeit weiter vorrangig anhand der Vorschriften der Art. 4 ff. EuGVV 2012, Art. 2 ff. LuganoÜ 2007 beurteilt.

17 **d) Die örtliche Zuständigkeit.** Die Zuständigkeitsregelungen der EuGVV 2012 und des LuganoÜ 2007 betreffen teils nur die internationale und teils auch die örtliche Zuständigkeit. Werden die Bestimmungen über die internationale Zuständigkeit durch Art. IX Abs. 1 Satz 1 ÖlHÜ 1992 gesperrt (siehe zuvor Rn 16), bleiben in der EuGVV 2012 und im LuganoÜ 2007 mitgeregelte örtliche Zuständigkeiten unberührt. Voraussetzung hierfür ist allerdings, dass die sich aus der EuGVV 2012 und dem LuganoÜ 2007 ergeben-

---

[12] EuGH Rs C-533/08 TNT Express Nederland BV/AXA Versicherung AG = NJW 2010, 1736 [49].
[13] EuGH Rs. C-452/12 Nipponkoa Insurance Co. (Europe) Ltd/Inter-Zuid Transport BV = RdTW 2014, 12 [36]; EuGH Rs C-157/13 Nickel & Goeldner Spedition GmbH/„Kintra" UAB = RdTW 2014, 406 [38] – siehe zu allem *Mankowski* TranspR 2014, 129.

de internationale Zuständigkeit mit der nach Art. IX Abs. 1 Satz 1 ÖlHÜ 1992 übereinstimmt. Führt Art. IX Abs. 1 Satz 1 ÖlHÜ 1992 zur internationalen Zuständigkeit der Gerichte des Staates A und die Regelungen der EuGVV 2012 und des LuganoÜ 2007 zu der des Staates B, laufen die weitergehenden Bestimmungen der EuGVV 2012 und des LuganoÜ 2007 zur örtlichen Zuständigkeit leer. Denn diese gelten nur für die nach der EuGVV 2012 und dem LuganoÜ 2007 auch international zuständigen Gerichte. Eine örtliche Zuständigkeit ergibt sich etwa aus Art. 7 Nr. 2 EuGVV 2012, Art. 5 Nr. 3 LuganoÜ 2007 für den Ort des Schadens aus einer unerlaubten Handlung sowie aus Art. 13 Abs. 2 in Verbindung mit Art. 11 und 12 EuGVV 2012, Art. 11 Abs. 2 zusammen mit Art. 9 und 10 LuganoÜ 2007 für Direktansprüche gegen den Versicherer nach Art. VII Abs. 8 Satz 1 ÖlHÜ 1992 (wobei in Art. 11 Abs. 1 [b] EuGVV 2012, Art. 9 Abs. 1 [b] LuganoÜ 2007 sogar ein ungewöhnlicher Klägergerichtsstand vorgesehen ist).

II. Die weiteren Regelungen des Art. IX ÖlHÜ 1992

Art. IX Abs. 1 Satz 2 ÖlHÜ 1992 enthält noch eine Bestimmung prozessualer Art. Der **18** Beklagte ist über Klagen wegen Ölverschmutzungsschäden binnen angemessener Frist zu unterrichten ist. Schließlich enthält Art. IX Abs. 3 ÖlHÜ 1992 eine weitere Zuständigkeitsregelung. Sie bestätigt, dass nach Errichtung eines Haftungsfonds nach Art. V ÖlHÜ 1992 in einem Vertragsstaat die Gerichte dieses Staates im Hinblick auf alle Fragen der Zuteilung und Verteilung des Haftungsfonds ausschließlich zuständig sind.

Artikel X

(1) Ein von einem nach Artikel IX zuständigen Gericht erlassenes Urteil, das in dem Ursprungsstaat, in dem es nicht mehr mit ordentlichen Rechtsmitteln angefochten werden kann, vollstreckbar ist, wird in jedem Vertragsstaat anerkannt, es sei denn,
a) dass das Urteil durch betrügerische Machenschaften erwirkt worden ist oder
b) dass der Beklagte nicht binnen angemessener Frist unterrichtet und dass ihm keine angemessene Gelegenheit zur Vertretung seiner Sache vor Gericht gegeben worden ist.
(2) [1] Ein nach Absatz 1 anerkanntes Urteil ist in jedem Vertragsstaat vollstreckbar, sobald die in dem betreffenden Staat vorgeschriebenen Förmlichkeiten erfüllt sind. [2] Diese Förmlichkeiten dürfen keine erneute Entscheidung in der Sache selbst zulassen.

Das ÖlHÜ 1992 enthält in seinem Art. X ein eigenständiges System der gegenseitigen **1** Anerkennung und Vollstreckung von Urteilen, die von Gerichten anderer Vertragsstaaten des Übereinkommens erlassen wurden. Nach Art. X Abs. 1 ÖlHÜ 1992 wird ein solches Urteil grundsätzlich in jedem Vertragsstaat anerkannt. Das Urteil muss von einem nach Art. IX ÖlHÜ 1992 international zuständigen Gericht erlassen worden sein. Zudem muss das Urteil in diesem Staat vollstreckbar sein und nicht mehr mit ordentlichen Rechtsmitteln angefochten werden können. Die Statthaftigkeit außerordentlicher Rechtsbehelfe bleibt unberücksichtigt. Welche dies sind, hängt von dem Rechtssystem des betreffenden Ursprungsstaates ab. In Deutschland sind etwa die Gehörsrüge nach § 321a ZPO oder die Verfassungsbeschwerde keine ordentlichen Rechtsmittel, wohl aber die Nichtzulassungsbeschwerde (§ 544 ZPO).

Das Urteil des Gerichts eines anderen Vertragsstaates wird nicht anerkannt, wenn es **2** durch betrügerische Machenschaften erwirkt worden ist (Art. X Abs. 1 [a] ÖlHÜ 1992).

Gleiches gilt, wenn der Beklagte von dem Verfahren nicht binnen angemessener Frist unterrichtet und das ihm keine angemessene Gelegenheit zur Vertretung seiner Sache vor Gericht gegeben worden ist (Art. X Abs. 1 [b] ÖlHÜ 1992).

3   Ist das Urteil des Gerichts eines anderen Vertragsstaates auf Grundlage des Art. X Abs. 1 ÖlHÜ 1992 anerkannt worden, ist es nach Abs. 2 Satz 1 der Vorschrift in jedem Vertragsstaat vollstreckbar. Art. X Abs. 2 Satz 1 ÖlHÜ 1992 bestätigt, dass die in dem Vollstreckungsstaat maßgeblichen Förmlichkeiten erfüllt sein müssen. Außerdem gibt Art. X Abs. 2 Satz 2 ÖlHÜ 1992 vor, dass die Förmlichkeiten keine erneute Entscheidung in der Sache selbst erlauben dürfen. Die Anerkennung bzw. Vollstreckung des Urteils erfolgt im Übrigen auf Grundlage der jeweiligen prozessualen Vorschriften des Anerkennungs- bzw. Vollstreckungsstaates. In Deutschland kommen ergänzend zu Art. X Abs. 2 Satz 1 ÖlHÜ 1992 die Grundsätze des § 328 sowie der §§ 722, 723 ZPO zur Anwendung.

4   Wiederum kann es zu einer Kollision zwischen Art. X ÖlHÜ 1992 und den europäischen Anerkennungs- und Vollstreckungsregelungen der Art. 36 ff. EuGVV 2012, Art. 32 ff. LuganoÜ 2007 kommen. So verhält es sich, wenn ein Urteil eines Gerichts eines Mitgliedstaates über Ansprüche wegen eines Ölverschmutzungsschadens in einem anderen Mitgliedstaat anerkannt und vollstreckt werden soll. Art. 71 Abs. 2 Satz 2 EuGVV 2012, Art. 67 Abs. 5 Satz 1 LuganoÜ 2007 bestätigt die Geltung der Übereinkunft über ein besonderes Rechtsgebiet und damit die Anwendbarkeit des Art. X ÖlHÜ 1992 in diesen Fällen. Allerdings kann die Anerkennung und Vollstreckung des Urteils nach Art. 71 Abs. 2 Satz 3 EuGVV 2012, Art. 67 Abs. 5 Satz 2 LuganoÜ 2007 auch auf Grundlage der Art. 36 ff. EuGVV 2012, Art. 32 ff. LuganoÜ 2007 erfolgen. Dies bedeutet für die Vollstreckung eine Erleichterung gegenüber Art. X ÖlHÜ 1992, weil eine gerichtliche Vollstreckbarerklärung nicht mehr erforderlich ist. Die Regelungen des § 6a ÖlSG, die ausdrücklich den Vorrang der europäischen Anerkennungs- und Vollstreckungsregelungen festschreibt, betrifft nur das BunkerölÜ, nicht aber das ÖlHÜ 1992.

Artikel XI

(1) Dieses Übereinkommen gilt nicht für Kriegsschiffe oder sonstige Schiffe, die einem Staat gehören oder von diesem betrieben werden und die zu der betreffenden Zeit ausschließlich im nichtgewerblichen staatlichen Dienst eingesetzt sind.

(2) Für Schiffe, die einem Vertragsstaat gehören und für gewerbliche Zwecke benutzt werden, kann jeder Staat vor den in Artikel IX bezeichneten Gerichten belangt werden; dabei verzichtet er auf alle Einreden, die sich auf seine Stellung als souveräner Staat gründen.

1   Art. XI Abs. 1 ÖlHÜ 1992 regelt eine Ausnahme vom Anwendungsbereich des Übereinkommens. Das ÖlHÜ 1992 gilt nicht für Schiffe im Sinne des Art. I Nr. 1 ÖlHÜ 1992, bei denen es sich um Kriegsschiffe handelt. Darüber hinaus kommt das Übereinkommen nicht auf sonstige Schiffe zur Anwendung, die einem Staat angehören oder von diesem betrieben werden und die zu der „betreffenden Zeit" – also der des Ereignisses (Art. I Nr. 8 ÖlHÜ 1992) – ausschließlich im nichtgewerblichen staatlichen Dienst eingesetzt waren. In beiden Fällen kommt es nicht darauf an, ob das Kriegs- bzw. sonstige Schiff die Flagge eines Vertragsstaates führt oder nicht. Die Ausnahme des Art. XI Abs. 1 ÖlHÜ 1992 gilt nicht für Schiffe, die zwar einem Staat gehören und von diesem betrieben werden, allerdings gewerblich eingesetzt werden.

2   Im Hinblick auf gewerblich genutzte Staatsschiffe, die nicht unter Art. XI Abs. 1 ÖlHÜ 1992 fallen und auf die das ÖlHÜ 1992 daher zur Anwendung kommt, trifft Art. XI Abs. 2 Hs. 1 ÖlHÜ 1992 eine besondere Regelung. Möglicher Weise kann sich der betref-

fende Staat, der als Eigentümer aufgrund des ÖlHÜ 1992 wegen eines Ölverschmutzungsschadens in Anspruch genommen wird, auf die Immunität berufen, was zur Folge hätte, dass er nicht der Gerichtsbarkeit des betreffenden Vertragsstaates unterfallen würde. Art. XI Abs. 2 Hs. 1 ÖlHÜ 1992 bestimmt, dass im Falle eines gewerblich genutzten Staatsschiffes der betreffende Staat vor einem nach Art. IX ÖlHÜ 1992 zuständigen Gericht verklagt werden kann. Nach Art. XI Abs. 2 Hs. 2 ÖlHÜ 1992 verzichtet dieser Staat auf alle Einreden, die sich aus seiner Stellung als souveräner Staat ergeben. Die Beschränkungen des Art. XI Abs. 2 ÖlHÜ 1992 gelten nur für Schiffe, die einem Vertragsstaat gehören, nicht aber für Staatsschiffe von Nicht-Vertragsstaaten.

Artikel XII

Dieses Übereinkommen geht allen internationalen Übereinkünften vor, die an dem Tag, an dem das vorliegende Übereinkommen zur Unterzeichnung aufgelegt wird, in Kraft sind oder zur Unterzeichnung, zur Ratifikation oder zum Beitritt aufgelegt sind, soweit solche Übereinkünfte mit dem vorliegenden Übereinkommen in Widerspruch stehen; dieser Artikel lässt jedoch die Verpflichtungen von Vertragsstaaten gegenüber Nichtvertragsstaaten auf Grund solcher internationaler Übereinkünfte unberührt.

Art. XII ÖlHÜ 1992 nimmt sich des Falles an, dass das Übereinkommen mit anderen internationalen Übereinkommen, die auch die Haftung des Schiffes wegen Ölverschmutzungsschäden betreffen, kollidiert. Dazu bestimmt Art. XII Hs. 1 ÖlHÜ 1992, dass das ÖlHÜ 1992 allen älteren Übereinkommen vorgeht. Maßgeblich ist der Tag, an dem das ÖlHÜProt 1992 zur Zeichnung aufgelegt wurde, also der 15. Januar 1993 (Art. 12 Abs. 1 ÖlHÜProt 1992). Altübereinkommen im Sinne des Art. XII Hs. 1 ÖlHÜ 1992 sind solche, die an diesem Tag in Kraft sind oder zur Unterzeichnung, zur Ratifikation oder zum Beitritt aufgelegt wurden. Der Vorrang des ÖlHÜ 1992 gilt nach Art. XII Hs. 1 nur insoweit, als die Altübereinkommen zum ÖlHÜ 1992 in Widerspruch stehen. Im Rückschluss aus Art. XII Hs. 2 ÖlHÜ 1992 ergibt sich, dass der Vorrang des ÖlHÜ 1992 ausschließlich im Verhältnis zwischen den Vertragsstaaten des ÖlHÜ 1992 gilt. Positiv bestimmt Art. XII Hs. 2 ÖlHÜ 1992, dass der Vorrang des Hs. 1 die völkerrechtlichen Pflichten von Vertragsstaaten gegenüber Nicht-Vertragsstaaten des ÖlHÜ 1992 im Rahmen der Altübereinkommen unberührt lässt. Ein solches Altübereinkommen wäre auch das ÖlHÜ 1969. Dessen Verhältnis zum ÖlHÜ 1992 ist in Art. XIIIbis ÖlHÜ 1992 allerdings gesondert geregelt.

Artikel XIIbis
Übergangsbestimmungen

Folgende Übergangsbestimmungen gelten hinsichtlich eines Staates, der im Zeitpunkt eines Ereignisses Vertragspartei sowohl dieses Übereinkommens als auch des Haftungsübereinkommens von 1969 ist:
a) **Hat ein Ereignis Verschmutzungsschäden im Anwendungsbereich dieses Übereinkommens verursacht, so gilt die Haftung nach diesem Übereinkommen als abgegolten, falls und soweit sie auch nach dem Haftungsübereinkommen von 1969 besteht;**
b) **hat ein Ereignis Verschmutzungsschäden im Anwendungsbereich dieses Übereinkommensverursacht und ist der Staat Vertragspartei sowohl dieses Übereinkommens als auch des Internationalen Übereinkommens von 1971 über die Errichtung eines Internationalen Fonds zur Entschädigung für Ölverschmut-**

zungsschäden, so besteht eine nach Anwendung des Buchstabens a verbleibende Haftung auf Grund dieses Übereinkommens nur insoweit, als Verschmutzungsschäden nach Anwendung des genannten Übereinkommens von 1971 unentschädigt bleiben;

c) bei der Anwendung des Artikels III Absatz 4 ist der Ausdruck „dieses Übereinkommen" so auszulegen, als beziehe er sich je nach Fall auf dieses Übereinkommen oder auf das Haftungsübereinkommen von 1969;

d) bei der Anwendung des Artikels V Absatz 3 ist der Gesamtbetrag des zu errichtenden Fonds um den Betrag zu verringern, in dessen Höhe die Haftung nach Buchstabe a als abgegolten gilt.

1 Die verschiedenen Regelungen des Art. XIIbis ÖlHÜ 1992 nehmen sich des Falles an, dass ein Staat im Zeitpunkt des Ereignisses (Art. 1 Nr. 8 ÖlHÜ 1992) Vertragsstaat sowohl des ÖlHÜ 1992 als auch des ÖlHÜ 1969, ggf. in der Fassung des ÖlHÜProt 1976 ist. Dieser Staat ist völkerrechtlich gegenüber den Vertragsstaaten des ÖlHÜ 1992 verpflichtet, dieses Übereinkommen zur Anwendung zu bringen, ebenso gegenüber den Vertragsstaaten des ÖlHÜ 1969, jenem Übereinkommen Wirksamkeit zu verleihen. Den Konflikt versuchen die verschiedenen Tatbestände des Art. XIIbis ÖlHÜ 1992 zu lösen. Art. XIIbis (a) ÖlHÜ 1992 betrifft zunächst die Situation, dass es im (räumlichen) Anwendungsbereich des ÖlHÜ 1969 zu Ölverschmutzungsschäden gekommen ist. Hier gilt die Haftung nach dem ÖlHÜ 1992 als abgegolten, wenn und soweit eine Haftung nach dem HBÜ 1969 besteht. Gegenstand des Art. XIIbis (b) ÖlHÜ 1992 ist, dass ein Staat Vertragsstaat des ÖlHÜ 1992 und des ÖlHÜ 1969 und außerdem Vertragsstaat des FondsÜ 1971 ist. Hier besteht nach Anwendung des Art. XIIbis (a) ÖlHÜ 1992 eine „überschießende" Haftung auf Grundlage des ÖlHÜ 1992 nur insoweit, als Ölverschmutzungsschäden nach dem FondsÜ 1971 unentschädigt bleiben. Art. XIIbis (c) ÖlHÜ 1992 stellt weiter klar, dass die Tatbestände des Art. III Abs. 4 Satz 1 und Satz 2 ÖlHÜ 1992 unabhängig von der doppelten Zugehörigkeit eines Staates sowohl zum ÖlHÜ 1992 als auch zum ÖlHÜ 1969 gelten. Ist nach Art. XIIbis (a) ÖlHÜ 1992 mit der Haftung nach dem ÖlHÜ 1969 auch die Haftung nach dem ÖlHÜ 1992 abgegolten, bleibt es dabei auch im Hinblick auf Art. III Abs. 4 Satz 1 ÖlHÜ 1992. Nicht etwa erlaubt es die Vorschrift, gegen den Eigentümer weitere Ansprüche nach Maßgabe des ÖlHÜ 1992 geltend zu machen. Ebenso schließt Art. XIIbis (c) ÖlHÜ 1992 es aus, dass eine Differenz zwischen der Haftung nach dem ÖlHÜ 1992 und der Haftung nach dem ÖlHÜ 1969 gleichwohl bei den Personen geltend gemacht wird, die nach Maßgabe des Art. III Abs. 4 Satz 2 Hs. 1 ÖlHÜ 1992 von der Haftung befreit sein sollen. Schließlich bestimmt Art. XIIbis (c) ÖlHÜ 1992, dass es auch im Hinblick auf die vom Eigentümer zu errichtenden Haftungsfonds nach Art. V Abs. 3 ÖlHÜ 1992 bei dem Betrag bleibt, der sich anhand des ÖlHÜ 1969 ermittelt.

Artikel XII[ter]
Schlussbestimmungen

(nicht mit abgedruckt)

Anhang I.2 zu § 480 (Art. 15 ÖlHÜProt 1992)

Protokoll von 1992 zur Änderung des Internationalen Übereinkommens von 1969 über die zivilrechtliche Haftung für Ölverschmutzungsschäden

Das ÖlHÜProt 1992 ändert in seinen Art. 2 bis 9 die Regelungen des ÖlHÜ 1969 ab. **1** Darüber hinaus enthält das ÖlHÜProt 1992 in Art. 15 eine Bestimmung, die sich mit der Änderung des Höchstbetrages nach Art. V Abs. 1 ÖlHÜ 1992 (siehe Rn 7 zu Art, V, VI ÖlHÜ 1992 [Anhang I.1 zu § 480]) in einem vereinfachten Verfahren befasst. Entsprechende Vorschriften finden sich auch in Art. 33 ÖlFÜProt 1992 sowie in Art. 24 und 25 ÖlFÜProt 2003, ebenso noch in Art. 23 HNS-ÜProt 2010, Art. 20 CLNI 1988 und Art. 20 CLNI 2012, in Art. 8 HBÜProt 1996, in Art. 24 MontrealÜ und Art. 37 CMNI sowie Art. 33 Hamburg Regeln, und schließlich in Art. 23 AthenÜ 2002 (dazu Art. 9 I Unterabs. 1 VO Athen). Von den Verfahren ist auch schon einige Male Gebrauch gemacht worden, nämlich im Hinblick die Höchstbeträge des Art. 21 Abs. 1, 22 MontrealÜ[1] und zuletzt im Hinblick auf die Höchstbeträge des HBÜ 1996.[2] Auch die Höchstbeträge des Art. V Abs. 1 ÖlHÜProt 1992 sowie die Entschädigungshöchstbeträge des ÖlFÜ 1992 sind mit Wirkung zum 1. November 2003 auf Grundlage des Art. XV ÖlHÜProt 1992 erhöht worden. Die Änderungen wurden durch die ÖlProt1992-ÄndV in das innerstaatliche Recht übernommen.

Artikel 15
Änderungen der Haftungshöchstbeträge

(1) Auf Ersuchen von mindestens einem Viertel der Vertragsstaaten wird jeder Vorschlag zur Änderung der Haftungshöchstbeträge, die in Artikel V Absatz 1 des Haftungsübereinkommens von 1969 in der durch dieses Protokoll geänderten Fassung vorgesehen sind, vom Generalsekretär allen Mitgliedern der Organisation und allen Vertragsstaaten übermittelt.

(2) Jede vorgeschlagene und auf die obige Weise übermittelte Änderung wird dem Rechtsausschuss der Organisation frühestens sechs Monate nach dem Tag der Übermittlung zur Beratung vorgelegt.

(3) Alle Vertragsstaaten des Haftungsübereinkommens von 1969 in der durch dieses Protokoll geänderten Fassung, gleichviel ob sie Mitglieder der Organisation sind oder nicht, sind berechtigt, an dem Verfahren des Rechtsausschusses zur Beratung von Änderungen und zur Beschlussfassung darüber teilzunehmen.

(4) Änderungen sind mit Zweidrittelmehrheit der Vertragsstaaten zu beschließen, die in dem nach Absatz 3 erweiterten Rechtsausschuss anwesend sind und an der Abstimmung teilnehmen, vorausgesetzt, dass mindestens die Hälfte der Vertragsstaaten bei der Abstimmung anwesend ist.

(5) [1]Bei der Beratung eines Vorschlags zur Änderung der Haftungshöchstbeträge hat der Rechtsausschuss die aus Ereignissen gewonnenen Erfahrungen und

---

1 Verordnung über die Inkraftsetzung der angepassten Haftungshöchstbeträge des Montrealer Übereinkommens vom 14. Dezember 2009 (BGBl. 2009 II S. 1258).
2 Siehe die SeeHBV sowie näher *Ramming* RdTW 2015, 241.

insbesondere den Umfang der daraus entstandenen Schäden, die Geldwertveränderungen so wie die Auswirkungen der vorgeschlagenen Änderung auf die Versicherungskosten zu berücksichtigen. ²Er hat ferner das Verhältnis zwischen den Höchstbeträgen in Artikel V Absatz 1 des Haftungsübereinkommens von 1969 in der durch dieses Protokoll geänderten Fassung und denen in Artikel 4 Absatz 4 des Internationalen Übereinkommens von 1992 über die Errichtung eines Internationalen Fonds zur Entschädigung von Ölverschmutzungsschäden zu berücksichtigen.

(6)
a) ¹Eine Änderung der Haftungshöchstbeträge auf Grund dieses Artikels darf frühestens am 15. Januar 1998 und frühestens fünf Jahre nach dem Tag des Inkrafttretens einer früheren Änderung auf Grund dieses Artikels beraten werden. ²Vor Inkrafttreten dieses Protokolls darf eine Änderung auf Grund dieses Artikels nicht beraten werden.
b) Ein Höchstbetrag darf nicht so weit erhöht werden, dass er einen Betrag übersteigt, der dem im Haftungsübereinkommen von 1969 in der durch dieses Protokoll geänderten Fassung festgesetzten Höchstbetrag, zuzüglich 6 v.H. pro Jahr, errechnet nach dem Zinseszins-Prinzip vom 15. Januar 1993 an, entspricht.
c) Ein Höchstbetrag darf nicht so weit erhöht werden, dass er einen Betrag übersteigt, der dem Dreifachen des im Haftungsübereinkommen von 1969 in der durch dieses Protokoll geänderten Fassung festgesetzten Höchstbetrags entspricht.

(7) ¹Die Organisation notifiziert allen Vertragsstaaten jede nach Absatz 4 beschlossene Änderung. ²Die Änderung gilt nach Ablauf einer Frist von achtzehn Monaten nach dem Tag der Notifikation als angenommen, sofern nicht innerhalb dieser Frist mindestens ein Viertel der Staaten, die zur Zeit der Beschlussfassung über die Änderung durch den Rechtsausschuss Vertragsstaaten waren, der Organisation mitgeteilt haben, dass sie die Änderung nicht annehmen; in diesem Fall ist die Änderung abgelehnt und wird nicht wirksam,

(8) Eine nach Absatz 7 als angenommen geltende Änderung tritt achtzehn Monate nach ihrer Annahme in Kraft.

(9) ¹Alle Vertragsstaaten sind durch die Änderung gebunden, sofern sie nicht dieses Protokoll nach Artikel 16 Absätze 1 und 2 spätestens sechs Monate vor Inkrafttreten der Änderung kündigen. ²Die Kündigung wird mit Inkrafttreten der Änderung wirksam,

(10) ¹Ist eine Änderung vom Rechtsausschuss beschlossen worden, die Frist von achtzehn Monaten für ihre Annahme jedoch noch nicht abgelaufen, so ist ein Staat, der während dieser Frist Vertragsstaat wird, durch die Änderung gebunden, falls sie in Kraft tritt. ²Ein Staat, der nach Ablauf dieser Frist Vertragsstaat wird, ist durch eine Änderung, die nach Absatz 7 angenommen worden ist, gebunden. ³In den in diesem Absatz genannten Fällen ist ein Staat durch eine Änderung gebunden, sobald diese Änderung in Kraft tritt oder sobald dieses Protokoll für diesen Staat in Kraft tritt, falls dieser Zeitpunkt später liegt.

1 Die verschiedenen Bestimmungen des Art. 15 ÖlHÜProt 1992 betreffen die Durchführung des Verfahrens, das Wirksamwerden der Änderungen sowie die Bindung der Vertragsstaaten an den geänderten Höchstbetrag. Von dem Verfahren nach Art. 15 ÖlHÜProt 1992 ist bislang einmal Gebrauch gemacht worden (siehe oben vor Art. 15 ÖlHÜProt 1992).

I. Ersuchen, Beratung, Beschlussfassung

Ausgangspunkt für eine Änderung des Höchstbetrages nach Art. 15 ÖlHÜProt 1992 ist 2
ein Ersuchen von Mindestens einem Viertel der Vertragsstaaten des ÖlHÜ 1992. Dieses wird dem Generalsekretär der IMO an alle Vertragsstaaten des ÖlHÜ 1992 sowie den Mitgliedern der IMO übermittelt (Art. 15 Abs. 1 ÖlHÜProt 1992). Frühestens sechs Monate nach der Übermittlung wird der Vorschlag zur Änderung des Höchstbetrages dem Rechtsausschuss der IMO zur Beratung vorgelegt (Art. 15 Abs. 2 ÖlHÜProt 1992). Im Rechtsausschuss erfolgt eine Beratung des Vorschlags sowie ggf. eine Beschlussfassung. Zur Teilnahme an den Beratungen sind alle Vertragsstaaten des HBÜ 1992 berechtigt (Art. 15 Abs. 3 ÖlHÜProt 1992). Die Bestimmung des Art. 15 Abs. 5 ÖlHÜProt 1992 macht Vorgaben im Hinblick auf Gesichtspunkte, die bei den Beratungen zu berücksichtigen sind. Genannt werden die aus den Ereignissen (siehe Art. 1 Nr. 8 ÖlHÜ 1992, dort Rn 17–18 [Anhang I.1 zu § 480]) gewonnenen Erfahrungen und insbesondere den Umfang der daraus entstandenen Schäden, die Geldwertveränderungen sowie die Auswirkungen der vorgeschlagenen Änderung auf die Versicherungskosten (Art. 15 Abs. 5 Satz 1 ÖlHÜProt 1992). Ebenfalls zu berücksichtigen ist das Verhältnis zwischen dem Höchstbetrag des Art. V Abs. 1 ÖlHÜ 1992 und dem des Art. 4 Abs. 4 ÖlFondsÜ 1992. Änderungen des Höchstbetrages sind mit der Zweidrittelmehrheit der Vertragsstaaten zu beschließen, die bei den Beratungen anwesend sind und an der Abstimmung teilnehmen. Außerdem muss mindestens die Hälfte der Vertragsstaaten bei der Abstimmung anwesend sein (Art. 15 Abs. 4 ÖlHÜProt 1992). Weitere Beschränkungen finden sich in Art. 15 Abs. 6 ÖlHÜProt 1992. In zeitlicher Hinsicht durfte eine Änderung im vereinfachten Verfahren nach Art. 15 Abs. 6 (a) ÖlHÜProt 1992 frühestens am 15. Januar 1998 durchgeführt werden. Außerdem können Änderungen frühestens fünf Jahre nach dem Tag des Inkrafttretens einer früheren Änderung beraten werden (Art. 15 Abs. 6 [a] ÖlHÜProt 1992). Eine Erhöhung des Höchstbetrages wird nach Maßgabe Art. 15 Abs. 6 (b) ÖlHÜProt 1992 beschränkt. Der geänderte Höchstbetrag darf nicht höher sein als der Betrag, der in Art. V Abs. 1 ÖlHÜ 1992 festgelegt ist, zuzüglich einer Erhöhung von 6% pro Jahr, errechnet nach dem Zinseszins-Prinzip, beginnend mit dem 15. Januar 1993. Außerdem enthält Art. 15 Abs. 6 (c) ÖlHÜProt 1992 eine absolute Obergrenze. Ein höherer Betrag als das Dreifache des in Art. V Abs. 1 ÖlHÜ 1992 genannten Betrages kann nicht festgelegt werden.

II. Das Inkrafttreten der Änderungen

Ist eine Änderung des Höchstbetrages im erweiterten Rechtsausschuss der IMO be- 3
schlossen, erfolgt eine Notifikation an alle Vertragsstaaten (Art. 15 Abs. 7 Satz 1 ÖlHÜProt 1992). Die Änderung gilt nach Ablauf einer Frist von 18 Monaten nach dem Tag der Notifikation als angenommen, sofern nicht innerhalb dieser Frist mindestens ein Viertel der Staaten, die zur Zeit der Beschlussfassung über die Änderung durch den Rechtsausschuss Vertragsstaaten waren, der IMO mitgeteilt haben, dass sie die Änderung nicht annehmen (Art. 15 Abs. 7 Satz 2 Hs. 1 ÖlHÜProt 1992). Sind innerhalb dieser Frist eine ausreichende Anzahl von Nichtannahme-Erklärungen erfolgt, ist die Änderung abgelehnt und wird nicht wirksam (Art. 15 Abs. 7 Satz 2 Hs. 2 ÖlHÜProt 1992). Eine als angenommen geltende Änderung tritt (weitere) 18 Monate nach ihrer Annahme in Kraft (Art. 15 Abs. 8 ÖlHÜProt 1992).

III. Die Bindung der Vertragsstaaten

Grundsätzlich sind alle Vertragsstaaten des ÖlHÜ 1992 durch die Änderung gebun- 4
den. Dies gilt insbesondere auch für solche Vertragsstaaten, die an den Beratungen im

Rechtsausschuss oder an der Beschlussfassung dort nicht teilgenommen oder die die Änderung nach Art. 15 Abs. 7 Satz 2 Hs. 1 ÖlHÜProt 1992 abgelehnt haben (ohne dass dies jedoch das Inkrafttreten der Änderung verhindert hat). Allerdings haben die Vertragsstaaten die Möglichkeit, das Protokoll nach Maßgabe des Art. 16 Abs. 1 und 2 ÖlHÜProt 1992 zu kündigen. Dies muss sechs Monate vor Inkrafttreten der Änderung erfolgen. Die Kündigung wird mit Inkrafttreten der Änderung wirksam (Art. 15 Abs. 9 ÖlHÜProt 1992). Staaten, die innerhalb der Annahmefrist des Art. 15 Abs. 7 Satz 2 Hs. 1 ÖlHÜProt 1992 oder innerhalb der Inkrafttretensfrist des Art. 15 Abs. 8 ÖlHÜProt 1992 Vertragsstaaten werden, sind mit Inkrafttreten des Höchstbetrages an diesen gebunden (Art. 15 Abs. 10 ÖlHÜProt 1992).

Anhang I.3 zu § 480 (ÖlFÜ 1992)

Internationales Übereinkommen von 1992 über die Errichtung eines Internationalen Fonds zur Entschädigung für Ölverschmutzungsschäden (Fondsübereinkommen von 1992)

(BGBl. 1994 II S. 1150, 1169) (amtliche deutsche Übersetzung)

Völkerrechtlich in Kraft am 30. Mai 1996 – für Deutschland in Kraft am 30. Mai 1996 (BGBl. 1995 II S. 972) – weitere Vertragsstaaten: Albanien, Algerien, Angola, Antigua und Barbuda, Argentinien, Australien, Bahamas, Bahrain, Barbados, Belgien, Belize, Benin, Brunei, Darussalam, Bulgarien, China, Cookinseln, Côte d'Ivoire, Dänemark, Dominica, Dominikanische Republik, Dschibuti, Ecuador, Estland, Fidschi, Finnland, Frankreich, Gabun, Georgien, Ghana, Grenada, Griechenland, Guinea, Indien, Iran, Irland, Island, Israel, Italien, Jamaika, Japan, Jordanien, Kambodscha, Kamerun, Kanada, Kap Verde, Katar, Kenia, Kiribati, Kolumbien, Komoren, Kongo, Republik Korea, Kroatien, Lettland, Liberia, Litauen, Luxemburg, Madagaskar, Malaysia, Malediven, Malta, Marokko, Marshallinseln, Mauretanien, Mauritius, Mexiko, Monaco, Montenegro, Mosambik, Namibia, Neuseeland, Nicaragua, Niederlande, Nigeria, Niue, Norwegen, Oman, Palau, Panama, Papua-Neuguinea, Philippinen, Polen, Portugal, Russische Föderation, Samoa, Schweden, Schweiz, Senegal, Serbien, Seychellen, Sierra Leone, Singapur, Slowakei, Slowenien, Spanien, Sri Lanka, St. Kitts and Nevis, St. Lucia, St. Vincent und die Grenadinen, Südafrika, Syrien, Tansania, Tonga, Trinidad und Tobago, Tunesien, Türkei, Tuvalu, Ungarn, Uruguay, Vanuatu, Venezuela, Vereinigte Arabische Emirate, Vereinigtes Königreich, Zypern – BGBl. 1995 II S. 972, 1996 II S. 391 und 2616, 1997 II S. 801, 1348 und 1547, 1998 II S. 73 und 323, 1999 II S. 9 und 290, 2000 II S. 83 und 703, 2001 II S. 83, 2011 II S. 437 und 693, 2012 II S. 141, 2014 II S. 422 und 757, 2015 II S. 1274.

Materialien: ÖlFÜ 1971 Denkschrift BT-Drs 7/2299 (S. 58–75); Protokoll von 1976 Denkschrift BT-Drs 8/2596 (S. 27–30 unter A. und B.II); ÖlFÜ 1984 Denkschrift BT-Drs 11/892 (S. 44–55); ÖlFÜ 1992 Denkschrift BT-Drs 12/6364 (S. 44–55).

Literatur: Siehe Anhang I.1 zu § 480 (ÖlHÜ 1992).

Das ÖlFÜ 1992, zusammen mit dem ÖlFÜProt 2003, ergänzt das ÖlHÜ 1992 zu einem einheitlichen und zurzeit einzigartig aufgebauten System einer Haftung für Ölverschmutzungsschäden. Ausgangspunkt ist das ÖlHÜ 1992, das eine Haftung des eingetragenen Eigentümers für Ölverschmutzungsschäden vorsieht (Art. III Abs. 1 ÖlHÜ 1992). Die Haftung ist auf einen Höchstbetrag begrenzt (Art. V Abs. 1 ÖlHÜ 1992). Es besteht eine Versicherungspflicht, wobei die Geschädigten den Versicherer auch unmittelbar in Anspruch nehmen können (Art. VII Abs. 1 und Abs. 8 Satz 1 ÖlHÜ 1992). Diese Einstandspflicht des Eigentümers bzw. des Versicherers wird durch das ÖlFÜ 1992 ergänzt um eine darüber hinausgehende Einstandspflicht des Ölfonds. Bei diesem handelt es sich um eine juristische Person mit Sitz in London.[1] Die Mittel für seine Tätigkeit und für die Leistung von Entschädigungen an Geschädigte erhält der Ölfonds von der Ölindustrie. All dies ist im Einzelnen im ÖlFÜ 1992 geregelt. Neben dem Ölfonds gibt es eine weitere entsprechende Einrichtung, den Zusatzfonds, der auf Grundlage des ÖlFÜProt 2003 errichtet wurde und ggf. weitere Entschädigungsleistungen erbringt. Ein ähnliches System der Haftung wird es zukünftig auch für HNS-Schäden nach dem HNS-Ü 2010 geben. Hier sind die Regelungen über den HNS-Fonds schon im HNS-Ü 2010 selbst, dort Art. 13 ff., enthalten.

---

[1] www.iopcfunds.org.

I. Einleitung

2   Ausgangspunkt des ÖlFÜ 1992, wie wir es heute kennen, ist das ÖlFÜ 1971. Durch das ÖlFÜProt 1976 wurden die Rechnungseinheiten im ÖlHÜ 1971 auf die heute geläufigen SZR umgestellt. Das ÖlFÜProt 1984 blieb erfolglos und ist völkerrechtlich nicht in Kraft getreten. Erst das ÖlFÜProt 1992 fand weltweite Anerkennung. Siehe zur parallelen Entstehung und Fortentwicklung des ÖlHÜ 1992 und des ÖlFÜ 1992 die Hinweise oben Rn 2–3 vor Art. I ÖlHÜ 1992 (Anhang I.1 zu § 480 [ÖlHÜ 1992]). Gegenstand des ÖlFÜ 1992 ist die Errichtung des Ölfonds und dessen Organisation und Verwaltung (Art. 16 ff. ÖlFÜ 1992). Im Falle von Ölverschmutzungen können unter bestimmten Voraussetzungen den Geschädigten Ansprüche gegen den Ölfonds auf Zahlung einer Entschädigung zustehen (Art. 4, 6 ÖlFÜ 1992). Darüber hinaus enthält das ÖlFÜ 1992 ausführliche Bestimmungen über die Zahlung von Beiträgen an den Ölfonds (Art. 10 ff. ÖlFÜ 1992). Schließlich umfasst das ÖlFÜ 1992 in Art. 7 und 8 Regelungen über die gerichtliche Zuständigkeit für Klagen der Geschädigten gegen den Ölfonds sowie über die Anerkennung und Vollstreckbarkeit von Urteilen gegen ihn.

II. Europarechtliche Fragen

3   Zu der Zeit, als die Ratifikation des ÖlFÜProt 1992 zur Diskussion stand, waren noch die EuGVÜ und das LuganoÜ und noch nicht die EuGVV in Kraft. Nach Art. 57 Abs. 1 EuGVV, Art. 57 Abs. 1 LuganoÜ hatten Übereinkommen für besondere Rechtsgebiete, die die gerichtliche Zuständigkeit sowie die Anerkennung und die Vollstreckung von Entscheidungen zum Gegenstand hatten, Vorrang vor dem EuGVÜ bzw. dem LuganoÜ. Dabei unterschieden Art. 57 Abs. 1 EuGVÜ, Art. 57 Abs. 1 LuganoÜ nicht zwischen solchen Übereinkommen, denen die Vertragsstaaten der EuGVÜ bzw. des LuganoÜ bereits angehörten, und zukünftigen Übereinkommen. Unter diesem Gesichtspunkt stand einer Ratifikation des ÖlFÜProt 1992 seinerzeit nichts im Wege. Dies änderte sich mit Inkrafttreten der EuGVV am 1. März 2002. Nachdem nunmehr die EG von ihren Befugnissen nach Art. 61 (c), 65 EGV Gebrauch gemacht hatte, war es den Mitgliedsstaaten verwehrt, das ÖFÜProt 1992 zu ratifizieren. Allerdings wurden diejenigen Mitgliedsstaaten, die nicht Vertragsstaat des ÖlFÜProt 1992 waren – die Tschechische Republik, Estland, Luxemburg, Ungarn, Österreich und die Slowakei –, durch die Entsch. 2004/246 des Rates zur Ratifikation des ÖlFÜProt 1992 ermächtigt. Siehe zu allem näher die Hinweise oben Rn 5–6 vor Art. I ÖlFÜ 1992 (Anhang I.1 zu § 480 [ÖlHÜ 1992]).

4   Darüber hinaus kommt es zu einer Überschneidung zwischen den Regelungen des ÖlFÜ 1992 und dem Régime der Richtlinie 2004/35 bzw. des USchadG. Allerdings bestimmt Art. 4 Abs. 2 Richtlinie 2004/35, dass sie nicht für Umweltschäden oder die unmittelbare Gefahr solcher Schäden gilt, die in Folge eines Vorfalls eintreten, bei dem die Haftung oder Entschädigung in den Anwendungsbereich eines der in Anhang IV aufgeführten internationalen Übereinkommen, einschließlich etwaiger künftiger Änderungen dieser Übereinkommen fällt. Buchst. (b) des Anhangs IV nennt ausdrücklich das ÖlFÜ 1971. Das ÖlFÜ 1992 ist eine künftige Änderung des ÖlFÜ 1971 im Sinne der Vorschrift. Gleiches ergibt sich aus § 3 Abs. 3 Nr. 3 in Verbindung mit Buchst. (b) Anlage 2 USchadG.

III. Der Anwendungsbereich

5   Der sachliche Anwendungsbereich des ÖlFÜ 1992 entspricht im Grundsatz dem des ÖlHÜ 1992. Auf Grundlage des ÖlFÜ 1992 zahlt der Ölfonds den Geschädigten, die Öl-

verschmutzungsschäden erlitten haben, eine Entschädigung. Im Hinblick auf die Umschreibung des „Verschmutzungsschadens" verweist Art. 1 Nr. 2 ÖlFÜ 1992 auf Art. I Nr. 6 ÖlHÜ 1992 (siehe dort Rn 11–15 [Anhang I.1 zu § 480 [ÖlHÜ 1992]). Nach Art. 3 ÖlFÜ 1992 gilt das Übereinkommen für Ölverschmutzungsschäden, zu denen es im Hoheitsgebiet einschließlich des Küstenmeeres eines Vertragsstaates – des ÖlFÜ 1992, nicht des ÖlHÜ 1992 – oder in der AWZ oder eines entsprechenden Gebiets eines Vertragsstaates gekommen ist. Im Hinblick auf Schutzmaßnahmen (Art. 1 Nr. 2 ÖlFÜ 1992, Art. I Nr. 7 ÖlHÜ 1992) ist es ohne Bedeutung, wo die Maßnahmen getroffen wurden. Art. 3 ÖlFÜ 1992 entspricht wörtlich Art. II ÖlHÜ 1992 (siehe die Hinweise dort [Anhang I.1 zu § 480]).

IV. Die Entschädigung

Nach Art. 2 Abs. 1 (a) ÖlFÜ 1992 besteht die wesentliche Aufgaben des Ölfonds darin, **6** Entschädigungen für Ölverschmutzungsschäden zu zahlen, soweit der durch das ÖlHÜ 1992 gewährte Schutz nicht ausreicht. Art. 4 ÖlFÜ 1992 regelt die Voraussetzungen, unter denen den Geschädigten gegen den Ölfonds Ansprüche wegen Ölverschmutzungen zustehen (unten Rn 7–14). Die Ansprüche gegen den Ölfonds sind auf einen Höchstbetrag begrenzt (unten Rn 18–20). Die Geschädigten können sich unmittelbar an den Ölfonds wenden (unten Rn 21). Er kann ggf. bei Schädiger Rückgriff nehmen (unten Rn 22). Die Ansprüche gegen den Ölfonds unterliegen den bereits aus dem ÖlHÜ 1992 geläufigen Fristen (unten Rn 23).

1. Die Tatbestände. Ein Anspruch aus Art. 4 Abs. 1 ÖlFÜ 1992 gegen den Ölfonds **7** wegen eines Ölverschmutzungsschadens setzt voraus, dass es zu dem Schaden im Hoheitsgebiet bzw. in der AWZ oder einem entsprechenden Gebiet eines Vertragsstaates des ÖlFÜ 1992 – nicht: des ÖlHÜ 1992 – gekommen ist (siehe Art. 3 ÖlFÜ 1992). Weitere Voraussetzungen ergeben sich aus Art. 4 Abs. 1 Satz 1 (a) bis (c) ÖlFÜ 1992. Das gemeinsame, gewissermaßen vor die Klammer gezogene Merkmal ist, dass der Betreffende nach dem ÖlHÜ 1992 nicht voll und angemessen für den Schaden entschädigt werden konnte.

a) Keine Haftung des Eigentümers. Eine Einstandspflicht des Ölfonds nach Art. 4 **8** Abs. 1 Satz 1 (a) ÖlFÜ 1992 kommt in Betracht, wenn sich aus dem ÖlHÜ 1992 keine Verpflichtung des Eigentümers zur Haftung für den Ölverschmutzungsschaden ergibt. In diesen Fällen kann auch der Versicherer nicht nach Art. VII Abs. 8 Satz 1 ÖlHÜ 1992 in Anspruch genommen werden. Zu denken ist hier namentlich an den Fall, dass sich der Eigentümer auf einen der Ausschlussgründe des Art. 3 Abs. 2 ÖlHÜ 1992 berufen kann (dort Rn 5–7 [Anhang I.1 zu § 480]).

b) Ausfall des Eigentümers und des Versicherers. Der Geschädigte kann nach **9** Art. 4 Abs. 1 Satz 1 (b) Hs. 1 ÖlFÜ 1992 auch dann vom Ölfonds eine Entschädigung verlangen, wenn der Eigentümer zwar nach Art. III Abs. 1 ÖlHÜ 1992 für den Ölverschmutzungsschaden haftet, jedoch nicht in der Lage ist, seinen Verpflichtungen nachzukommen, und wenn darüber hinaus die vom Eigentümer genommene Versicherung nach Art. VII Abs. 1 ÖlHÜ 1992 den Schaden nicht deckt oder wenn die Versicherung nicht ausreicht, um die Ansprüche des Geschädigten zu befriedigen. Der Tatbestand des Art. 4 Abs. 1 Hs. 1 (b) Hs. 1 ÖlFÜ 1992 erfasst verschiedene Situationen. So kann der Eigentümer bereits Schwierigkeiten haben, die Ansprüche bis zu dem in Art. V Abs. 1 ÖlHÜ 1992 geregelten Höchstbetrag zu erfüllen. Normalerweise kommt jetzt der Direktanspruch gegen den Versicherer nach Art. VII Abs. 8 ÖlHÜ 1992 zum Tragen. Erst wenn auch dieser ausfällt, haftet der Ölfonds den Geschädigten nach Art. 4 Abs. 1 Hs. 1 (b) Hs. 1 ÖlFÜ 1992.

10   Die Vorschrift betrifft auch den Fall, dass dem Eigentümer ein qualifizierten Verschulden nach Art. III Abs. 3 ÖlHÜ 1992 vorzuwerfen ist, so dass er sich nicht auf die Haftungsbeschränkungen nach Abs. 1 berufen kann und dem Geschädigten in voller Höhe einzustehen hat. Das qualifizierte Verschulden des Eigentümers lässt die Einstandspflicht des Versicherers grundsätzlich unberührt. Der Versicherer kann jedoch nach Art. VII Abs. 8 Satz 2 ÖlHÜ 1992 die Haftungsbeschränkung für sich geltend machen. Der Versicherer haftet den Geschädigten daher bis in Höhe des Höchstbetrages des Art. V Abs. 1 ÖlHÜ 1992. Können die Geschädigten ihre darüber hinaus gehenden Ansprüche gegen den unbeschränkt haftenden Eigentümer nicht realisieren, steht der Ölfonds nach Art. 4 Abs. 1 Hs. 1 (b) Hs. 1 ÖlFÜ 1992 hierfür ein.

11   Gleiches gilt im Hinblick auf den gesamten Schaden (auch für den unterhalb des Höchstbetrages), wenn der unbeschränkt haftende Eigentümer seinen Pflichten aus Art. III Abs. 1 ÖlHÜ 1992 nicht nachkommen kann und außerdem auch der Versicherer den Geschädigten nicht nach Art. VII Abs. 8 Satz 1 ÖlHÜ 1992 für den Schaden einzustehen hat. Der Versicherer kann nach Art. 7 Abs. 8 Satz 3 und Satz 4 Hs. 2 ÖlHÜ 1992 dieselben Einwendungen erheben, die auch dem Eigentümer zustehen. Dies gilt allerdings nicht für die Insolvenz oder die Liquidation des Eigentümers (so ausdrücklich Art. 7 Abs. 8 Satz 3 ÖlHÜ 1992) und erst recht nicht für bloße Zahlungsschwierigkeiten des Eigentümers. Auch aus dem Versicherungsverhältnis mit dem Eigentümer kann der Versicherer dem geschädigten Dritten gegenüber grundsätzlich keine Einwendungen herleiten. Eine Ausnahme gilt nach Art. 7 Abs. 8 Satz 4 Hs. 1 ÖlHÜ 1992 allerdings für eine vorsätzliche Herbeiführung der Ölverschmutzungsschäden. Kann sich der Versicherer hierauf berufen und kommt der (unbeschränkt haftende) Eigentümer seinen Pflichten aus Art. III Abs. 1 ÖlHÜ 1992 nicht nach, kann nach Art. 4 Abs. 1 Hs. 1 (b) Hs. 1 ÖlFÜ 1992 der Ölfonds in Anspruch genommen werden.

12   Art. 4 Abs. 1 Satz 1 (b) Hs. 2 ÖlFÜ 1992 betrifft schließlich die Frage, welche Anstrengungen der Geschädigte unternehmen muss, um den Eigentümer und den Versicherer in Anspruch zu nehmen. Von dem Geschädigten wird verlangt, alle zumutbaren Maßnahmen im Hinblick auf die ihm zur Verfügung stehenden Rechtsbehelfe durchzuführen. Dies umfasst grundsätzlich die Erhebung einer Klage gegen den Eigentümer bzw. den Versicherer sowie ggf. die Einlegung ordentlicher Rechtsmittel.

13   **c) Die überschießende Haftung.** Den praktisch wichtigsten Fall der Haftung des Ölfonds regelt Art. 4 Abs. 1 Hs. 1 (c) ÖlFÜ 1992. Hat sich der Geschädigte an den Eigentümer bzw. den Versicherer gewandt und hat er Schaden- bzw. Aufwendungsersatz bis zur Höhe der beschränkten Haftung nach Art. V Abs. 1 ÖlHÜ 1992 erhalten, und hat der Geschädigte darüber hinaus Schäden erlitten, kann er sich nunmehr im Hinblick auf seine weitergehenden Ansprüche an den Ölfonds wenden.

14   **d) Ansprüche des Eigentümers selbst.** Den Ölverschmutzungsschäden werden in Art. 4 Abs. 1 Satz 2 ÖlHÜ 1992 solche angemessenen Kosten und Opfer gleichgestellt, die der Eigentümer freiwillig aufwendet, um Verschmutzungsschäden zu verhüten oder einzuschränken. Damit können im Ergebnis auch dem Eigentümer selbst Ansprüche gegen den Ölfonds zustehen.

15   **2. Die Einwendungen des Ölfonds.** Die Einwendungen, die der Ölfonds den Ansprüchen der Geschädigten entgegen halten kann, sind sehr begrenzt. Maßgeblich sind die Tatbestände des Art. 4 Abs. 2 und 3 ÖlHÜ 1992. So ist der Ölfonds ist nach Art. 4 Abs. 2 (a) ÖlFÜ 1992 nicht zur Zahlung einer Entschädigung verpflichtet, wenn er beweist, dass der Ölverschmutzungsschaden die Folge von Kriegshandlungen, Feindselig-

keiten, Bürgerkrieg oder Aufwand war oder durch Öl (Art. 1 Abs. 2 ÖlFÜ 1992, Art. I Nr. 5 ÖlHÜ 1992) verursacht wurde, das aus einem Kriegsschiff oder einem anderen Schiff ausgeflossen ist oder abgelassen wurde, das einem Staat gehört oder von diesem betrieben wird und zur Zeit des Ereignisses ausschließlich im nicht gewerblichen staatlichen Dienst eingesetzt war (siehe dazu Art. XI ÖlHÜ 1992).

Art. 4 Abs. 2 (b) ÖlFÜ 1992 sieht weiter eine Haftungsbefreiung des Ölfonds vor, **16** wenn der Geschädigte nicht beweisen kann, dass der Schaden die Folge eines Ereignisses ist, in das ein oder mehrere Schiffe verwickelt waren. Schiffe im Sinne des ÖlFÜ 1992 sind, wie sich aus Art. 1 Nr. 2 ÖlFÜ 1992 in Verbindung mit Art. 1 Nr. 1 ÖlHÜ 1992 ergibt (dort Rn 2–3 [Anhang I.1 zu § 480]), lediglich Tankschiffe, die sich auf einer Ladungsreise oder auf einer Reise befinden, die sich unmittelbar an eine solche anschließt, ohne dass die Tanks gewaschen wurden.

Art. 4 Abs. 3 ÖlFÜ 1992 regelt weitere Tatbestände einer Freistellung des Ölfonds, die **17** ihrerseits an den zu Gunsten des Eigentümers wirkenden Ausschlusstatbestand des Art. III Abs. 3 ÖlHÜ 1992 anknüpfen. Der Sache nach geht es um ein Mitverschulden des Geschädigten selbst. Der Fonds wird ganz oder teilweise von seinen Pflichten gegenüber dem betreffenden Geschädigten frei, wenn dieser den Ölverschmutzungsschaden absichtlich oder fahrlässig herbeigeführt hat. Art. 4 Abs. 3 Satz 1 ÖlFÜ 1992 stellt klar, dass die Darlegungs- und Beweislast beim Ölfonds liegt. In jedem Falle muss der Ölfonds dem Geschädigten nicht einstehen, wenn bereits der Eigentümer nach Art. III Abs. 3 ÖlHÜ 1992 von der Haftung befreit ist. Wichtig ist schließlich die Rückausnahme des Art. 4 Abs. 3 Satz 3 ÖlFÜ 1992: Die Freistellung des Fonds betrifft nicht Ansprüche des Geschädigten wegen Schutzmaßnahmen (Art. 1 Nr. 2 ÖlFÜ 1992, Art. 1 Nr. 7 ÖlHÜ 1992).

3. Der Höchstbetrag. Der Ölfonds haftet für alle Ansprüche wegen Ölverschmut- **18** zungsschäden aus einem Ereignis (Art. 1 Nr. 2 ÖlFÜ 1992, Art. I Nr. 8 ÖlHÜ 1992) bis zu einem bestimmten Höchstbetrag. Dieser liegt nach Art. 4 Abs. 4 (a) ÖlFÜ 1992 bei 203 Millionen SZR (hierzu siehe Art. 4 Abs. 4 [e] ÖlFÜ 1992). Hat bereits der Eigentümer bzw. der Versicherer eine Entschädigung gezahlt, haftet der Ölfonds nur für die Differenz. Ist das Ereignis auf ein außergewöhnliches, unvermeidbares und unabwendbares Naturereignis zurückzuführen (so dass der Eigentümer nach Art. III Abs. 2 [a] ÖlHÜ 1992 von der Haftung befreit ist), steht der Ölfonds ebenfalls bis zu einem Höchstbetrag von 203 Millionen SZR ein (Art. 4 Abs. 4 [b] ÖlFÜ 1992). Der Höchstbetrag kann nach Art. 33 ÖlFÜProt 1992 im Wege des vereinfachten Verfahrens geändert werden; siehe dazu die Hinweise im Anhang I.2 zu § 480 (Art. 15 ÖlHÜProt 1992). Der Höchstbetrag ist bereits einmal mit Wirkung zum 1. November 2003 erhöht worden.[2]

Unter den Voraussetzungen des Art. 4 Abs. 4 (c) ÖlFÜ 1992 erhöht sich der Höchstbe- **19** trag auf 300,74 SZR. Hierfür ist es erforderlich, dass das Ereignis während eines Zeitabschnitts eintritt, in denen auf drei Vertragsstaaten eine Menge beitragspflichtigen Öls während des vorangegangenen Kalenderjahres 600 Millionen Tonnen oder mehr entfiel. Die Erhöhung des Höchstbetrages steht hier im Zusammenhang mit der Leistungsfähigkeit des Ölfonds.

---

2 Siehe die Entschließung LEG.2(82) vom 18. Oktober 2000 über Änderungen der Entschädigungshöchstbeträge im Protokoll von 1992 zur Änderung des Internationalen Übereinkommens von 1971 über die Errichtung eines Internationalen Fonds zur Entschädigung für Ölverschmutzungsschäden, in Deutschland umgesetzt durch die Verordnung zu den Änderungen des Protokolls vom 27. November 1992 zur Änderung des Internationalen Übereinkommens von 1969 über die zivilrechtliche Haftung für Ölverschmutzungsschäden und des Protokolls vom 27. November 1992 zur Änderung des Internationalen Übereinkommens von 1971 über die Errichtung eines Internationalen Fonds zur Entschädigung für Ölverschmutzungsschäden vom 22. März 2002 (BGBl. 2002 II S. 943).

20 Machen mehrere Geschädigte Ansprüche gegen den Ölfonds geltend und überschreitet die Summe dieser Ansprüche den nach Art. 4 Abs. 4 ÖlFÜ 1992 zur Verfügung stehenden Betrag, so werden die Ansprüche der Geschädigten nach Art. 4 Abs. 5 ÖlFÜProt 2003 jeweils anteilig erfüllt. Normaler Weise hat bereits der in erster Linie aus dem ÖlHÜ 1992 haftende Eigentümer bzw. dessen Versicherer seine Haftungsbeschränkung geltend gemacht und einen (Haftungs-)Fonds errichtet, aus dem die Geschädigten ebenfalls im Verhältnis befriedigt werden (Art. V Abs. 4 ÖlHÜ 1992). Nach Art. 4 Abs. 6 ÖlFÜ 1992 kann der Ölfonds beschließen, dass eine Entschädigung nach Art. 4 Abs. 1 ÖlFÜ 1992 auch dann gezahlt wird, wenn der Eigentümer keinen Fonds errichtet hat.

21 **4. Der Anspruch gegen den Ölfonds.** Die Geschädigten, die Ölverschmutzungsschäden erlitten haben, können den Ölfonds nach Art. 4 Abs. 1 ÖlFÜ 1992 unmittelbar in Anspruch nehmen. Zur gerichtlichen Zuständigkeit für Klagen der Geschädigten gegen den Ölfonds siehe Art. 7 Abs. 1 und 3 ÖlFÜ 1992 (unten Rn 30–32). Art. 7 Abs. 2 ÖlFÜ 1992 gibt den Vertragsstaaten auf, dafür Sorge zu tragen, dass ihre Gerichte die erforderliche Zuständigkeit haben, um über Klagen gegen den Ölfonds zu erkennen; siehe hierzu auch § 6 Abs. 1 Nr. 1 ÖlSG. Haben Vertragsstaaten an die Geschädigten eine Entschädigung für Ölverschmutzungsschäden gezahlt, treten die Vertragsstaaten nach Art. 9 Abs. 3 ÖlFÜ 1992 in die Rechte ein, die den Geschädigten nach dem ÖlFÜ 1992 zugestanden hätten. Die Vertragsstaaten können nunmehr gegen den Ölfonds Ansprüche auf Entschädigung geltend machen.

22 **5. Der Rückgriff des Ölfonds.** Hat der Ölfonds an die Geschädigten eine Entschädigung gezahlt, kann er ggf. bei demjenigen, der den Ölverschmutzungsschaden verursacht hat, Rückgriff nehmen. Dies gilt nach Art. 9 Abs. 1 ÖlFÜ 1992 jedenfalls für die Ansprüche des Geschädigten aus Art. III Abs. 1 und Art. VII Abs. 8 ÖlHÜ 1992 gegen den Eigentümer und den Versicherer. Ist der Ölverschmutzungsschaden durch einen Dritten verursacht worden, tritt der Ölfonds in die Rechtsstellung des Geschädigten ein, wenn das im Übrigen anwendbare Sachrecht dies vorsieht (siehe Art. 9 Abs. 2 Satz 1 ÖlFÜ 1992). Insoweit wird der Ölfonds wie ein Versicherer des Geschädigten angesehen (Art. 9 Abs. 2 Satz 2 ÖlFÜ 1992), so dass es in den entsprechenden Fällen etwa zu einem Übergang der Ansprüche des Geschädigten gegen den Dritten auf den Ölfonds kommt (siehe im deutschen Recht etwa § 86 Abs. 1 VVG).

23 **6. Die Fristen.** Art. 6 ÖlFÜ 1992 sieht für die Ansprüche der Geschädigten auf Entschädigung gegen den Ölfonds verschiedene Fristen vor. Die Regelungen entsprechen im Wesentlichen denen des Art. VIII ÖlHÜ 1992; siehe die Hinweise dort. Auch Art. 6 ÖlFÜ 1992 betrifft Ausschluss- und nicht lediglich Verjährungsfristen. Ansprüche auf Entschädigung nach Art. 4 Abs. 1 ÖlFÜ 1992 erlöschen innerhalb von drei Jahren (Art. 6 Satz 1 ÖlFÜ 1992). Die Frist beginnt mit dem Eintritt des Ölverschmutzungsschadens. Gewahrt wird die Frist durch Erhebung einer Klage gegen den Ölfonds. Ausreichend ist auch eine Streitverkündung des Geschädigten an den Ölfonds in einem Rechtsstreit gegen den Eigentümer bzw. den Versicherer. Unabhängig von der dreijährigen Frist des Art. 6 Satz 1 ÖlFÜ 1992 erlischt nach dem Satz 2 der Regelung der Anspruch nach Ablauf von sechs Jahren seit dem Ereignis, das den Schaden verursacht hat.

V. Der Ölfonds

24 **1. Die Grundlagen.** Der Ausgangspunkt für die Errichtung des Ölfonds ist Art. 2 ÖlFÜ 1992. Der Zweck des Fonds besteht nach Art. 2 Abs. 1 ÖlFÜ 1992 zum einen darin, im Falle von Ölverschmutzungsschäden eine Entschädigung zu leisten, soweit die Haftung nach dem ÖlHÜ 1992 nicht ausreicht. Darüber hinaus hilft der Ölfonds dabei, die mit der Entschädigungszahlung verbundenen Ziele des Übereinkommens zu erreichen. Der Ölfonds wird in jedem Vertragsstaat als juristische Person anerkannt. Sie ist nach den Vorschriften dieses Vertragsstaates rechtsfähig und vor den Gerichten dieses Vertragsstaates parteifähig ist (Art. 2 Abs. 2 Satz 1 ÖlFÜ 1992). Jeder Vertragsstaat erkennt darüber hinaus den Direktor des Ölfonds (siehe Art. 28 ff. ÖlFÜ 1992) als gesetzlichen Vertreter des Ölfonds an (Art. 2 Abs. 2 Satz 2, Art. 28 Abs. 2 ÖlFÜ 1992).

2. Die Beiträge. Die Mittel zur Erfüllung seiner Aufgaben erhält der Ölfonds aus 25 jährlichen Beiträgen der Ölindustrie (siehe Art. 10 ff. ÖlFÜ 1992). Die Beitragspflicht ist in Art. 10 ÖlFÜ 1992 geregelt. Die Beiträge werden für jeden Vertragsstaat von allen Personen erbracht, die im Kalenderjahr insgesamt mehr als 150.000 Tonnen beitragspflichtiges Öl erhalten haben. Die Umschreibung „beitragspflichtiges Öl" ist in Art. 1 Nr. 3 ÖlFÜ 1992 näher umschrieben und umfasst Rohöl sowie Heizöl. Beitragspflichtig sind die Personen, die in Häfen oder Umschlagplätzen (Art. 1 Nr. 8 ÖlFÜ 1992) im Hoheitsgebiet des betreffenden Vertragsstaates beitragspflichtiges Öl erhalten haben, das auf dem Seeweg dorthin befördert worden ist (Art. 10 Abs. 1 [a] ÖlFÜ 1992). Dem gleichgestellt sind Personen, die beitragspflichtiges Öl in Anlagen im Hoheitsgebiet eines Vertragsstaates erhalten haben, das auf dem Seeweg befördert wurde und in einem Hafen oder Umschlagplatz eines Nicht-Vertragsstaates gelöscht worden ist. Maßgeblich ist nur die erste Entgegennahme des betreffenden Öls in einem Vertragsstaat nach seiner Entladung in einem Nicht-Vertragsstaat. Nach Maßgabe des Art. 10 Abs. 2 ÖlFÜ 1992 wird bei der Ermittlung der erhaltenen Menge beitragspflichtigen Öles auch das erhaltene beitragspflichtige Öl bestimmter assoziierter Personen mit berücksichtigt (siehe auch § 5 Abs. 5 ÖlSG).

Die Höhe des Jahresbeitrages der beitragspflichtigen Personen ermittelt sich nach 26 den Vorschriften des Art. 12 ÖlFÜ 1992. Zu diesem Zweck wird zunächst der Bedarf des Ölfonds nach Art. 12 Abs. 1 ÖlFÜ 1992 unter Berücksichtigung von Ausgaben und Einnahmen des Ölfonds ermittelt. Ausgehend davon und unter Berücksichtigung der von den betreffenden Personen erhaltenen Mengen beitragspflichtigen Öls wird der Betrag bestimmt, der von den einzelnen beitragspflichtigen Personen für das Kalenderjahr zu zahlen ist. Die Beiträge werden nur von den jeweils beitragspflichtigen Personen geschuldet, nicht aber von den betreffenden Vertragsstaaten (siehe aber auch Art. 14 ÖlFÜ 1992). Die Vertragsstaaten werden verpflichtet, dafür Sorge zu tragen, dass die beitragspflichtigen Personen ihren Pflichten gegenüber dem Ölfonds nachkommen (Art. 13 Abs. 2 ÖlFÜ 1992).

Es ist Aufgabe des Ölfonds, seine Ansprüche auf ausstehende Beiträge bei den je- 27 weils beitragspflichtigen Personen geltend zu machen (Art. 13 Abs. 3 ÖlFÜ 1992). Zu diesem Zweck werden die Vertragsstaaten verpflichtet, dem Ölfonds diejenigen Personen zu benennen, die in ihrem Hoheitsgebiet beitragspflichtiges Öl erhalten haben und daher gegenüber dem Ölfonds zur Zahlung von Beiträgen verpflichtet sind (Art. 15 Abs. 1 ÖlFÜ 1992). Der Vertragsstaat muss dem Ölfonds Namen und Anschrift der betreffenden Personen sowie die maßgeblichen Mengen beitragspflichtigen Öls mitteilen (siehe Art. 15 Abs. 2 ÖlFÜ 1992). Dazu führt der Ölfonds eine Liste der beitragspflichtigen Personen (Art. 15 Abs. 1 ÖlFÜ 1992), für die im Hinblick auf die Identität der Personen und ihrer Beiträge die Vermutung der Richtigkeit gilt (Art. 15 Abs. 3 ÖlFÜ 1992). Kommt ein Vertragsstaat seinen Verpflichtungen zur Mitteilung über beitragspflichtige Personen und die erhaltenen Mengen beitragspflichtigen Öls nicht nach, haftet der Vertragsstaat dem Ölfonds nach Art. 15 Abs. 4 ÖlFÜ 1992.

28 Das deutsche Recht hält in § 5 ÖlSG ergänzende Regelungen bereit. Nach § 5 Abs. 1 ÖlSG übernimmt es das BMWi, dem Ölfonds die erforderlichen Angaben hinsichtlich des beitragspflichtigen Öls zu machen, das im Hoheitsgebiet Deutschlands erhalten wurde. § 5 Abs. 2 ÖlSG verpflichtet die Personen, die beitragspflichtiges Öl erhalten haben, die erforderlichen Angaben zu machen und deren Richtigkeit ggf. zu beweisen. Das Nähere regelt die auf Grundlage des § 5 Abs. 7 ÖlSG ergangene ÖlmeldeV. Macht eine mitteilungspflichtige Person (§ 5 Abs. 2 ÖlSG) nicht oder nicht rechtzeitig die erforderlichen Angaben, kann das BMWi nach Ablauf einer angemessenen Nachfrist seine Mitteilung an den Ölfonds eine im Wege der Schätzung ermittelte Menge beitragspflichtigen Öls zugrunde legen (§ 5 Abs. 3 ÖlSG). Der Ölfonds, der seine Ansprüche auf Beiträge gegen die beitragspflichtigen Personen verfolgt, muss ggf. Klage erheben. § 6 Abs. 1 Nr. 3 ÖlSG stellt klar, dass insoweit der Rechtsweg zu den ordentlichen Gerichten gegeben ist. Außerdem enthält § 6 Abs. 2 Nr. 2 ÖlSG Bestimmungen über die gerichtliche Zuständigkeit (dazu unten Rn 30).

29 **3. Organisation und Verwaltung.** Die Art. 16 ff. ÖlFÜ 1992 enthalten Regelungen über die Organisation und die Verwaltung des Ölfonds. Der Direktor ist nach Art. 29 Abs. 1 Satz 1 ÖlFÜ 1992 der höchste Verwaltungsbedienstete des Fonds. Zu seinen Aufgaben siehe näher Art. 24 ÖlFÜ 1992. Der Direktor vertritt den Ölfonds nach außen (Art. 28 Abs. 2, Art. 2 Abs. 2 Satz 2 ÖlFÜ 1992). Zum Sekretariat des Fonds siehe Art. 28 Abs. 1 ÖlFÜ 1992. Außerdem gibt es die Versammlung, die sich aus allen Vertragsstaaten des ÖlFÜ 1992 zusammensetzt (siehe Art. 17 ÖlFÜ 1992). Zu den Aufgaben der Versammlung siehe Art. 18 ÖlFÜ 1992, zu ihren Tagungen Art. 19 ÖlFÜ 1992 sowie zu Fragen der Abstimmung Art. 32 und 33 ÖlFÜ 1992. Der Ölfonds ist nach Maßgabe des Art. 34 ÖlFÜ 1992 in allen Vertragsstaaten steuerbefreit.

VI. Prozessuales

30 Der Geschädigte, der einen Ölverschmutzungsschaden erlitten hat, ist berechtigt, seine Ansprüche auf Entschädigung aus Art. 4 Abs. 1 ÖlFÜ 1992 unmittelbar beim Ölfonds geltend zu machen. Zuständig ist nach Art. 7 Abs. 1 ÖlFÜ 1992 das Gericht, das nach Art. IX ÖlHÜ 1992 für Klagen gegen den Eigentümer zuständig ist oder gewesen wäre. Dies gilt auch dann, wenn sich der Eigentümer auf einen der Ausschlussgründe des Art. III Abs. 2 ÖlHÜ 1992 berufen könnte. Art. 7 Abs. 2 ÖlFÜ 1992 gibt darüber hinaus jedem Vertragsstaat auf, dafür Sorge zu tragen, dass seine Gerichte die erforderlichen Zuständigkeit haben. Siehe zu den internationalen und örtlichen Zuständigkeiten für Klagen gegen den Eigentümer bzw. den Versicherer aus Art. III Abs. 1, Art. VII Abs. 8 ÖlHÜ 1992 ausführlich die Hinweise oben Rn 2–17 zu Art. IX ÖlHÜ 1992 (Anhang I.1 zu § 480). Ebenso besteht nach § 6 Abs. 2 Nr. 2 ÖlSG eine Sonderzuständigkeit des Gerichts, in dessen Bezirk das schädigende Ereignis oder der Verschmutzungsschaden eingetreten ist oder Schutzmaßnahmen (Art. I Nr. 7 ÖlHÜ 1992) ergriffen oder angeordnet worden sind. Siehe insbesondere oben Rn 10–12 zu Art. IX ÖlHÜ 1992 (Anhang I.1 zu § 480) zu der fehlenden gebietsmäßigen Zuständigkeit von Gerichten für die deutsche AWZ.

31 Art. 7 Abs. 3 ÖlFÜ 1992 sieht eine Konzentration von Klagen bei einem Gericht vor. Hat ein Geschädigter bei einem nach Art. IX ÖlHÜ 1992 zuständigen Gericht eine Klage gegen den Eigentümer des Schiffes oder gegen den Versicherer anhängig gemacht, so ist dieses Gericht wegen der vom Geschädigten verfolgten Ansprüche auch ausschließlich zuständig für alle Klagen gegen den Ölfonds auf Entschädigung nach Art. 4 Abs. 1 ÖlFÜ 1992. Dies gilt nach Art. 7 Abs. 3 Satz 2 ÖlFÜ 1992 jedoch nicht, wenn der Geschädigte seine Klage gegen den Eigentümer bzw. den Versicherer vor dem Gericht eines Vertragsstaates des ÖlHÜ 1992 erhoben hat, der nicht auch Vertragsstaat des ÖlFÜ 1992 ist. In diesem Falle muss der Geschädigte seine Klage gegen den Ölfonds entweder bei einem Gericht, in dem der Fonds seinen Sitz hat – also vor englischen Gerichten – oder vor den Gerichten eines Staates anhängig machen, der sowohl Vertragsstaat des ÖlHÜ 1992 als auch des ÖlFÜ 1992 ist.

Art. 7 Abs. 4 ÖlFÜ 1992 gibt den Vertragsstaaten auf, dafür zu sorgen, dass der Öl- **32** fonds berechtigt ist, aus eigener Befugnis jedem Rechtsstreit, der nach Art. IX ÖlHÜ 1992 bei einem zuständigen Gericht des betreffenden Staates gegen den Eigentümer bzw. den Versicherer anhängig gemacht worden ist, als Nebenintervenient beizutreten. Grundsätzlich ist nach Art. 7 Abs. 5 ÖlFÜ 1992 der Ölfonds durch Urteile und Entscheidungen, die in Verfahren zwischen dem Geschädigten und dem Eigentümer bzw. dem Versicherer ergehen, oder an Vergleiche im Rahmen dieser Verfahren nicht gebunden. Hiervon regelt Art. 7 Abs. 6 ÖlFÜ 1992 allerdings eine Ausnahme. Ist vor einem zuständigen Gericht eines Vertragsstaates des ÖlFÜ 1992 gegen einen Eigentümer oder seinen Versicherer eine Klage wegen Ansprüchen wegen Ölverschmutzungsschäden anhängig gemacht worden, kann jede Partei dem Ölfonds den Streit verkünden, wenn dies in dem Prozessrecht des betreffenden Staates vorgesehen ist. Erfolgt die Streitverkündung in ordnungsgemäßer Weise, kann nach Maßgabe des Art. 7 Abs. 6 Satz 2 ÖlFÜ 1992 zu Lasten des Ölfonds eine Bindungswirkung eintreten, unabhängig davon, ob der Ölfonds tatsächlich den Beitritt zu dem Verfahren erklärt hat.

Art. 8 ÖlFÜ 1992 enthält Regelungen über die Anerkennung und Vollstreckung von **33** Entscheidungen von Urteilen gegen den Ölfonds. Ein Urteil, das von einem nach Art. 7 Abs. 1 bzw. 3 ÖlFÜ 1992 zuständigen Gericht gegen den Ölfonds ergangen ist, wird in jedem Vertragsstaat anerkannt und ist nach Maßgabe der Vorschriften des Art. X ÖlHÜ 1992 vollstreckbar, wenn es im Ursprungsstaat vollstreckbar geworden ist und in diesem Staat nicht mehr mit ordentlichen Rechtsmitteln angefochten werden kann; siehe hierzu die Hinweise zu Art. X ÖlHÜ 1992. Nach Art. 71 Abs. 2 Satz 2 EuGVV 2012 kann die Anerkennung und Vollstreckung eines Urteils des Gerichts eines Mitgliedstaates gegen den Ölfonds auch nach Maßgabe und unter den erleichterten Voraussetzungen der Art. 36 ff. EuGVV 2012 erfolgen. Die Anerkennung und Vollstreckung von Entscheidungen steht nach Art. 8 Abs. 1 ÖlFÜ 1992 unter dem Vorbehalt der Haftungsbeschränkung nach Maßgabe des Art. 4 Abs. 5 ÖlFÜ 1992.

VII. STOPIA 2006 und TOPIA 2006

Das System der Ölhaftung, bestehend aus dem ÖlHÜ 1992, dem ÖlFÜ 1992 sowie **34** dem ÖlFÜProt 2003, wird ergänzt durch zwei weitere Regelwerke. Es geht um das Small Tanker Oil Pollution Indemnification Agreement (STOPIA) 2006 und das Tanker Oil Pollution Indemnification Agreement (TOPIA) 2006. Beide sind am 20. Februar 2006 in Kraft getreten. Die Geltung des STOPIA 2006 bzw. des TOPIA 2006 wird jeweils zwischen den Eigentümern und ihren P&I Clubs, wenn diese Mitglied der International Group of P&I Clubs sind, im Rahmen des Versicherungsvertrages vereinbart. In der International Group haben sich die 13 bedeutendsten P&I Versicherer zusammengeschlossen, die zusammen ungefähr 98% der Welt-Tankertonnage versichern. Obwohl der Ölfonds nicht Partei der Vereinbarung wird, ist er gleichwohl begünstigter Dritter und kann auf dieser Grundlage ggf. unmittelbar Ansprüche gegen den Eigentümer des betreffenden Schiffes geltend machen. Für die Geschädigten ändert sich in der Abwicklung von Entschädigungsleistungen für Ölverschmutzungsschäden nichts. Sowohl der Ölfonds als auch der Zusatzfonds leisten wie bisher Entschädigungen auf Grundlage der Regelungen des ÖlFÜ 1992 sowie des ÖlFÜProt 2003. Allerdings kann sich der der Ölfonds bzw. des Zusatzfonds wegen bestimmter weiterer Ansprüche an den betreffenden Eigentümer halten.

35 Auf Grundlage des STOPIA 2006 wird (im Verhältnis zwischen dem Ölfonds und dem betreffenden Eigentümer) der Einstiegs-Höchstbetrag, abweichend von Art. V Abs. 1 (a) ÖlHÜ 1992, für Tankschiffe bis zu einer BRZ von 29.548 auf 20 Millionen SZR erhöht. Dem liegt die Erwägung zu Grunde, dass der Höchstbetrag bei kleinen Schiffen im Verhältnis zu den Entschädigungsleistungen, die vom Ölfonds erbracht werden, relativ gering ist. Außerdem kommt es bei diesen Schiffen häufiger vor, dass Ansprüche gegen den Ölfonds geltend gemacht werden. Soweit der Ölfonds in Anspruch genommen worden ist, weil der Eigentümer dem Geschädigten nach Art. V Abs. 1 ÖlHÜ 1992 lediglich bis zu einem geringeren Höchstbetrag als 20 Millionen SZR haftete, stehen dem Ölfonds im Innenverhältnis Ausgleichsansprüche gegen den Eigentümer zu.

36 Im Hinblick auf das TOPIA 2006 spielen andere Überlegungen eine Rolle. Durch die Errichtung des Zusatzfonds auf Basis des ÖlFÜProt 2003 wurde die Ölindustrie im Hinblick auf ihre Beiträge in einem weiteren Umfang in die Pflicht genommen wurde, ohne dass sich auch die Beteiligung des Eigentümers und dessen Haftung auf Grundlage des ÖlHÜ 1992 entsprechend erhöht hat. Als Ausgleich sieht das TOPIA 2006 vor, dass dem Zusatzfonds, der eine Entschädigung wegen Ölverschmutzungsschäden leistet, Ansprüche gegen den Eigentümer in Höhe von 50% der Entschädigungsleistungen zustehen, die der Zusatzfonds an Geschädigte geleistet hat.

Allgemeine Bestimmungen

Artikel 1

Im Sinne dieses Übereinkommens haben die nachstehenden Ausdrücke folgende Bedeutung:
1. „Haftungsübereinkommen von 1992" bedeutet das Internationale Übereinkommen von 1992 über die zivilrechtliche Haftung für Ölverschmutzungsschäden.
1bis [1] „Fondsübereinkommen von 1971" bedeutet das Internationale Übereinkommen von 1971 über die Errichtung eines Internationalen Fonds zur Entschädigung für Ölverschmutzungsschäden. [2] Für die Vertragsparteien des Protokolls von 1976 zu jenem Übereinkommen bezeichnet dieser Ausdruck das Fondsübereinkommen von 1971 in der durch das genannte Protokoll geänderten Fassung.
2. „Schiff", „Person", „Eigentümer", „Öl", „Verschmutzungsschäden", „Schutzmaßnahmen", „Ereignis" und „Organisation" haben dieselbe Bedeutung wie in Artikel 1 des Haftungsübereinkommens von 1992.
3. „Beitragspflichtiges Öl" bedeutet Rohöl und Heizöl entsprechend der Begriffsbestimmung unter den Buchstaben a und b:
    a) „Rohöl" bedeutet jedes natürlich in der Erde vorkommende flüssige Kohlenwasserstoffgemisch, gleichviel ob es für Beförderungszwecke behandelt worden ist oder nicht. Dazu gehören auch Rohöle, aus denen bestimmte Destillatsteile entfernt worden sind (gelegentlich als leicht destillierte Rohöle bezeichnet) oder denen bestimmte Destillatsteile zugesetzt worden sind (gelegentlich als „versetzte" oder „aufbereitete Rohöle" bezeichnet).

b) „Heizöl" bedeutet schwere Destillate oder Rückstände von Rohöl oder Gemische solcher Stoffe, die zur Verwendung als Heizmaterial für die Erzeugung von Wärme oder Energie bestimmt sind und deren Qualität der Spezifikation der „American Society for Testing and Materials' für Nummer vier Heizöl (Bezeichnung D 396-69) entspricht oder schwerer ist als dieses.
4. „Rechnungseinheit" hat dieselbe Bedeutung wie in Artikel V Absatz 9 des Haftungsübereinkommens von 1992.
5. „Raumgehalt des Schiffes" hat dieselbe Bedeutung wie in Artikel V Absatz 10 des Haftungsübereinkommens von 1992.
6. „Tonne" bedeutet in Bezug auf Öl eine Tonne nach metrischem System.
7. „Sicherheitsgeber" bedeutet jede Person, die eine Versicherung oder sonstige finanzielle Sicherheit zur Deckung der Haftung eines Eigentümers nach Artikel VII Absatz 1 des Haftungsübereinkommens von 1992 gewährt.
8. „Umschlagplatz" bedeutet jeden Platz für die Lagerung von Öl als Massengut, der geeignet ist, zu Wasser befördertes Öl aufzunehmen, einschließlich jeder vor der Küste gelegenen und mit einem solchen Platz verbundenen Anlage.
9. Besteht ein Ereignis aus einer Reihe von Vorfällen, so gilt es als zur Zeit des ersten dieser Vorfälle eingetreten.

Artikel 2

(1) Hiermit wird ein „Internationaler Entschädigungsfonds von 1992 für Ölverschmutzungsschäden" genannter und im Folgenden als „Fonds" bezeichneter internationaler Fonds für folgende Zwecke errichtet:
a) Entschädigung für Verschmutzungsschäden zu bieten, soweit der durch das Haftungsübereinkommen von 1992 gewährte Schutz nicht ausreicht;
b) die hiermit verbundenen Ziele dieses Übereinkommens zu erreichen.

(2) ¹Der Fonds wird in jedem Vertragsstaat als juristische Person anerkannt, die nach den Rechtsvorschriften dieses Staates rechtsfähig und bei Rechtsstreitigkeiten vor den Gerichten dieses Staates parteifähig ist. ²Jeder Vertragsstaat erkennt den Direktor des Fonds (im Folgenden als „Direktor" bezeichnet) als gesetzlichen Vertreter des Fonds an.

Artikel 3

Dieses Übereinkommen gilt ausschließlich für
a) Verschmutzungsschäden, die verursacht worden sind
   i) im Hoheitsgebiet einschließlich des Küstenmeers eines Vertragsstaats und
   ii) in der nach Völkerrecht festgelegten ausschließlichen Wirtschaftszone eines Vertragsstaats oder, wenn ein Vertragsstaat eine solche Zone nicht festgelegt hat, in einem jenseits des Küstenmeers dieses Staates gelegenen, an dieses angrenzenden Gebiet, das von diesem Staat nach Völkerrecht festgelegt wird und sich nicht weiter als 200 Seemeilen von den Basislinien erstreckt, von denen aus die Breite seines Küstenmeers gemessen wird.
b) für Schutzmaßnahmen zur Verhütung oder Einschränkung dieser Schäden, gleichviel wo sie getroffen worden sind.

Entschädigung

Artikel 4

(1) ¹Um seine Aufgaben nach Artikel 2 Absatz 1 Buchstabe a erfüllen zu können, zahlt der Fonds jedem, der Verschmutzungsschäden erlitten hat, eine Entschädigung, wenn der Betreffende nach dem Haftungsübereinkommen von 1992 nicht voll und angemessen für den Schaden entschädigt werden konnte,
a) weil sich aus dem Haftungsübereinkommen von 1992 keine Verpflichtung zur Haftung für den Schaden ergibt;
b) weil der nach dem Haftungsübereinkommen von 1992 haftpflichtige Eigentümer finanziell nicht in der Lage ist, seinen Verpflichtungen voll nachzukommen, und eine etwaige finanzielle Sicherheit nach Artikel VII jenes Übereinkommens den Schaden nicht deckt oder nicht ausreicht, um die Entschädigungsansprüche zu befriedigen; ein Eigentümer gilt als finanziell nicht in der Lage, seine Verpflichtungen zu erfüllen, und eine finanzielle Sicherheit gilt als nicht ausreichend, wenn es dem Geschädigten, nachdem er alle zumutbaren Maßnahmen im Hinblick auf die ihm zur Verfügung stehenden Rechtsbehelfe getroffen hat, nicht möglich war, den vollen ihm nach dem Haftungsübereinkommen von 1992 zustehenden Entschädigungsbetrag zu erlangen;
c) weil der Schaden die Haftung des Eigentümers übersteigt, wie sie durch Artikel V Absatz 1 des Haftungsübereinkommens von 1992 oder durch eine andere, zum Zeitpunkt des vorliegenden Übereinkommens in Kraft befindliche oder zur Unterzeichnung, zur Ratifikation oder zum Beitritt aufgelegte internationale Übereinkunft beschränkt wird.

²Angemessene Kosten oder Opfer, die der Eigentümer freiwillig auf sich nimmt, um Verschmutzungsschäden zu verhüten oder einzuschränken, gelten als Verschmutzungsschäden im Sinne dieses Artikels.

(2) Der Fonds ist von der Verpflichtung nach Absatz 1 frei,
a) wenn er beweist, dass der Verschmutzungsschaden die Folge von Kriegshandlungen, Feindseligkeiten, Bürgerkrieg oder Aufstand war oder durch Öl verursacht wurde, das aus einem Kriegsschiff oder einem anderen Schiff ausgeflossen ist oder abgelassen wurde, das einem Staat gehört oder von diesem betrieben wird und zur Zeit des Ereignisses ausschließlich im nichtgewerblichen staatlichen Dienst eingesetzt war, oder
b) wenn der Antragsteller nicht beweisen kann, dass der Schaden die Folge eines Ereignisses ist, in das ein oder mehrere Schiffe verwickelt waren.

(3) ¹Beweist der Fonds, dass die Verschmutzungsschäden ganz oder teilweise entweder auf eine in Schädigungsabsicht begangene Handlung oder Unterlassung der geschädigten Person oder auf deren Fahrlässigkeit zurückzuführen sind, so kann er von seiner Entschädigungsverpflichtung gegenüber dieser Person ganz oder teilweise befreit werden. ²Der Fonds wird in jedem Fall in dem Umfang befreit, in dem der Schiffseigentümer gegebenenfalls nach Artikel III Absatz 3 des Haftungsübereinkommens von 1992 befreit worden ist. ³Eine solche Befreiung des Fonds erfolgt jedoch nicht in Bezug auf Schutzmaßnahmen.

(4)
a) Sofern die Buchstaben b und c nicht entgegenstehen, ist der Gesamtbetrag der vom Fonds nach diesem Artikel für ein einzelnes Ereignis zu zahlenden Entschädigung so begrenzt, dass die Gesamtsumme aus diesem Betrag und dem

Betrag, der nach dem Haftungsübereinkommen von 1992 für innerhalb des in Artikel 3 bestimmten Anwendungsbereichs entstandene Verschmutzungsschäden tatsächlich gezahlt worden ist, 203.000.000 Rechnungseinheiten nicht überschreitet.

b) Sofern Buchstabe c nicht entgegensteht, darf die Gesamtsumme der Entschädigung, die vom Fonds nach diesem Artikel für Verschmutzungsschäden zu zahlen ist, die durch ein außergewöhnliches, unvermeidbares und unabwendbares Naturereignis verursacht worden sind, 203.000.000 Rechnungseinheiten nicht überschreiten,

c) der Höchstbetrag der unter den Buchstaben a und b genannten Entschädigung beträgt 300.740.000 Rechnungseinheiten hinsichtlich eines einzelnen Ereignisses, das während eines Zeitabschnitts eintritt, in dem es drei Vertragsparteien dieses Übereinkommens gibt, in Bezug auf welche die gesamte maßgebliche Menge beitragspflichtigen Öls, die Personen in den Hoheitsgebieten dieser Vertragsparteien während des vorangegangenen Kalenderjahres erhalten haben, 600 Millionen Tonnen oder mehr betrug.

d) Zinsen, die gegebenenfalls für einen nach Artikel V Absatz 3 des Haftungsübereinkommens von 1992 errichteten Fonds anfallen, werden für die Berechnung der vom Fonds nach diesem Artikel zu zahlenden Höchstentschädigung nicht berücksichtigt.

e) Die in diesem Artikel genannten Beträge werden in die Landeswährung entsprechend dem Wert dieser Währung gegenüber dem Sonderziehungsrecht am Tag des Beschlusses der Versammlung des Fonds über den ersten Zeitpunkt einer Entschädigungszahlung umgerechnet.

(5) Überschreitet der Betrag der festgestellten Ansprüche gegen den Fonds die nach Absatz 4 zu zahlende Gesamtsumme der Entschädigung, so wird der zur Verfügung stehende Betrag so aufgeteilt, dass jeweils das Verhältnis zwischen dem festgestellten Anspruch und dem Entschädigungsbetrag, den der Geschädigte nach diesem Übereinkommen tatsächlich erhalten hat für alle Geschädigten dasselbe ist.

(6) ¹Die Versammlung des Fonds kann beschließen, dass in Ausnahmefällen eine Entschädigung nach diesem Übereinkommen auch dann gezahlt werden kann, wenn der Eigentümer des Schiffes keinen Fonds nach Artikel V Absatz 3 des Haftungsübereinkommens von 1992 errichtet hat. ²In diesem Fall findet Absatz 4 Buchstabe e des vorliegenden Artikels entsprechend Anwendung.

(7) Auf Antrag eines Vertragsstaats verwendet sich der Fonds dafür, diesem Staat nach Bedarf bei der baldigen Beschaffung des Personals und Materials sowie der Dienstleistungen zu helfen, die der Staat benötigt, um Maßnahmen zur Verhütung oder Einschränkung von Verschmutzungsschäden auf Grund eines Ereignisses durchzuführen, für das der Fonds möglicherweise nach diesem Übereinkommen Entschädigung zahlen muss.

(8) Der Fonds kann unter Bedingungen, die in der Geschäftsordnung festzulegen sind, Kreditmöglichkeiten gewähren, damit Schutzmaßnahmen gegen Verschmutzungsschäden auf Grund eines bestimmten Ereignisses durchgeführt werden können, für das der Fonds möglicherweise nach diesem Übereinkommen Entschädigung zahlen muss.

Artikel 5

(gestrichen)

Artikel 6

¹Ansprüche auf Entschädigung nach Artikel 4 erlöschen, wenn nicht innerhalb von drei Jahren nach Eintritt des Schadens eine Klage nach den genannten Artikeln anhängig gemacht worden oder eine Streitverkündung nach Artikel 7 Absatz 6 erfolgt ist. ²Nach Ablauf von sechs Jahren seit dem Ereignis, das den Schaden verursachte, kann jedoch keine Klage mehr anhängig gemacht werden.

Artikel 7

(1) Vorbehaltlich der weiteren Bestimmungen dieses Artikels kann eine Klage gegen den Fonds wegen Entschädigung nach Artikel 4 dieses Übereinkommens nur bei einem Gericht anhängig gemacht werden, das nach Artikel IX des Haftungsübereinkommens von 1992 für Klagen gegen den Eigentümer zuständig ist, der für Verschmutzungsschäden, die durch das betreffende Ereignis verursacht wurden, haftbar ist oder gewesen wäre, wenn die Vorschriften des Artikels III Absatz 2 des letztgenannten Übereinkommens nicht bestünden.

(2) Jeder Vertragsstaat trägt dafür Sorge, dass seine Gerichte die erforderliche Zuständigkeit haben, um über die in Absatz 1 genannten Klagen gegen den Fonds zu erkennen.

(3) ¹Ist bei einem nach Artikel IX des Haftungsübereinkommens von 1992 zuständigen Gericht eine Klage auf Entschädigung für Verschmutzungsschäden gegen den Eigentümer eines Schiffes oder seinen Sicherheitsgeber anhängig gemacht worden, so ist dieses Gericht ausschließlich zuständig für alle Klagen gegen den Fonds auf Entschädigung nach Artikel 4 des vorliegenden Übereinkommens wegen dieser Schäden. ²Ist jedoch eine Klage auf Entschädigung für Verschmutzungsschäden nach dem Haftungsübereinkommen von 1992 bei einem Gericht eines Staates anhängig gemacht worden, der Vertragspartei des Haftungsübereinkommens von 1992, nicht jedoch des vorliegenden Übereinkommens ist, so steht es dem Kläger frei eine Klage gegen den Fonds nach Artikel 4 des vorliegenden Übereinkommens entweder bei einem Gericht des Staates, in dem der Fonds seinen Sitz hat, oder bei einem nach Artikel IX des Haftungsübereinkommens von 1992 zuständigen Gericht eines Vertragsstaats des vorliegenden Übereinkommens anhängig zu machen.

(4) Jeder Vertragsstaat trägt dafür Sorge, dass der Fonds das Recht hat, jedem Rechtsstreit, der nach Artikel IX des Haftungsübereinkommens von 1992 bei einem zuständigen Gericht des betreffenden Staates gegen den Schiffseigentümer oder seinen Sicherheitsgeber anhängig gemacht worden ist, als Nebenintervenient beizutreten.

(5) Soweit Absatz 6 nichts anderes bestimmt, ist der Fonds durch Urteile und Entscheidungen, die in Verfahren ergehen, in denen er nicht Partei war, oder durch Vergleiche, an denen er nicht beteiligt war, nicht gebunden.

(6) ¹Unbeschadet des Absatzes 4 ist in Fällen, in denen vor einem zuständigen Gericht eines Vertragsstaats gegen einen Eigentümer oder seinen Sicherheitsgeber eine Klage nach dem Haftungsübereinkommen von 1992 auf Entschädigung für Verschmutzungsschäden anhängig gemacht worden ist, jede Prozesspartei nach dem Recht des betreffenden Staates berechtigt, dem Fond in dem Verfahren den Streit zu verkünden. ²Erfolgt diese Streitverkündung nach den Förmlichkeiten, die das Recht des angerufenen Gerichts vorschreibt, und zu einer Zeit und in einer Weise, die es dem Fonds tatsächlich ermöglicht, dem Verfahren wirksam als Ne-

benintervenient beizutreten, so wird ein Urteil des Gerichts in diesem Verfahren nach Eintritt der Rechtskraft und Vollstreckbarkeit in dem Staat, in dem es ergangen ist, für den Fonds in dem Sinne verbindlich, dass die Sachverhaltsfeststellung und der Urteilsspruch vom Fonds nicht angegriffen werden können, auch wenn dieser dem Verfahren nicht beigetreten war.

Artikel 8

Vorbehaltlich einer Entscheidung über die in Artikel 4 Absatz 5 erwähnte Verteilung wird jedes Urteil gegen den Fonds, das von einem nach Artikel 7 Absätze 1 und 3 zuständigen Gericht erlassen wurde, in jedem Vertragsstaat anerkannt und nach den in Artikel X des Haftungsübereinkommens von 1992 vorgeschriebenen Bedingungen vollstreckbar, wenn es im Ursprungsstaat vollstreckbar geworden ist und in diesem Staat nicht mehr mit ordentlichen Rechtsmitteln angefochten werden kann.

Artikel 9

(1) Der Fonds tritt bezüglich aller Entschädigungsbeträge für Verschmutzungsschäden, die von ihm nach Artikel 4 Absatz 1 dieses Übereinkommens gezahlt worden sind, in die dem Empfänger der Entschädigung gegenüber dem Eigentümer oder seinem Sicherheitsgeber nach dem Haftungsübereinkommen von 1992 zustehenden Rechte ein.

(2) ¹Dieses Übereinkommen beeinträchtigt nicht etwaige Rückgriffs- oder Eintrittsrechte des Fonds gegenüber anderen als den in Absatz 1 genannten Personen. ²In jedem Fall ist das Recht des Fonds, in Rechte gegen solche Personen einzutreten, nicht geringer als das eines Versicherers des Empfängers einer Entschädigung.

(3) Unbeschadet etwaiger anderer Eintritts- oder Rückgriffsrechte gegen den Fonds treten Vertragsstaaten oder deren Stellen, die nach innerstaatlichem Recht Entschädigung für Verschmutzungsschäden gezahlt haben, in die Rechte ein, die dem Entschädigungsempfänger nach diesem Übereinkommen zugestanden hätten.

Beiträge

Artikel 10

(1) Jahresbeiträge zum Fonds werden für jeden Vertragsstaat von allen Personen erbracht, die in dem in Artikel 12 Absatz 2 Buchstabe a oder b erwähnten Kalenderjahr insgesamt mehr als 150.000 Tonnen
a) beitragspflichtiges Öl in Häfen oder Umschlagplätzen im Hoheitsgebiet dieses Staates erhalten haben, das auf dem Seeweg zu diesen Häfen oder Umschlagplätzen befördert worden ist, und
b) beitragspflichtiges Öl in Anlagen, die im Hoheitsgebiet dieses Vertragsstaats liegen, erhalten haben, das auf dem Seeweg befördert und in einem Hafen oder Umschlagplatz eines Nichtvertragsstaats gelöscht worden ist, wobei beitragspflichtiges Öl nach dieser Vorschrift nur bei der ersten Entgegennahme in einem Vertragsstaat nach seiner Löschung in dem Nichtvertragsstaat berücksichtigt wird.

(2)
a) Für die Zwecke des Absatzes 1 zahlt in Fällen, in denen die Menge des im Hoheitsgebiet eines Vertragsstaats von einer Person während eines Kalenderjahrs erhaltenen beitragspflichtigen Öls, zusammengerechnet mit der Menge beitragspflichtigen Öls, das in diesem Vertragsstaat in demselben Jahr eine oder mehrere assoziierte Personen erhalten haben, 150.000 Tonnen überschreitet, die Person Beiträge für die tatsächlich erhaltene Menge, auch wenn diese Menge 150.000 Tonnen nicht überschreitet.
b) „Assoziierte Person" ist jede Tochtergesellschaft und jeder gemeinsam kontrollierte Rechtsträger. Ob eine Person unter diese Begriffsbestimmung fällt, bestimmt sich nach dem Recht des betreffenden Staates.

Artikel 11

(gestrichen)

Artikel 12

(1) Zur Ermittlung des gegebenenfalls zu zahlenden Jahresbeitrags erstellt die Versammlung unter der Berücksichtigung der Tatsache, dass stets ausreichend flüssige Mittel vorhanden sein müssen, für jedes Kalenderjahr einen Voranschlag in Form eines Haushaltsplans über
i) Ausgaben
   a) Unkosten und Ausgaben für die Verwaltung des Fonds im betreffenden Jahr sowie etwaige Fehlbeträge aus den vorangegangenen Jahren;
   b) Zahlungen des Fonds im betreffenden Jahr zur Befriedigung von Ansprüchen gegen den Fonds nach Artikel 4, soweit die Gesamtsumme solcher Ansprüche bezüglich jedes einzelnen Ereignisses vier Millionen Rechnungseinheiten nicht überschreitet, einschließlich Rückzahlungen auf Darlehen, die der Fonds zur Befriedigung solcher Ansprüche aufgenommen hatte;
   c) Zahlungen des Fonds im betreffenden Jahr zur Befriedigung von Ansprüchen gegen den Fonds nach Artikel 4, soweit die Gesamtsumme solcher Ansprüche bezüglich jedes einzelnen Ereignisses vier Millionen Rechnungseinheiten überschreitet, einschließlich Rückzahlungen auf Darlehen, die der Fonds zur Befriedigung solcher Ansprüche aufgenommen hatte;
ii) Einnahmen
   a) Überschüsse aus der Tätigkeit vorangegangener Jahre, einschließlich etwaiger Zinsen;
   b) Jahresbeiträge, falls zur Ausgleichung des Haushalts erforderlich;
   c) sonstige Einnahmen.
(2) [1]Die Versammlung setzt den Gesamtbetrag der zu erhebenden Beiträge fest. [2]Auf der Grundlage dieses Beschlusses errechnet der Direktor in Bezug auf jeden Vertragsstaat für jede in Artikel 10 genannte Person die Höhe ihres Jahresbeitrags wie folgt:
a) soweit der Betrag der Befriedigung der in Absatz 1 Ziffer i Buchstaben a und b genannten Verpflichtungen dient, unter Zugrundelegung eines festen Betrags für jede Tonne beitragspflichtigen Öls, das eine solche Person in dem betreffenden Staat während des vorangegangenen Kalenderjahrs erhalten hat, und

b) soweit der Beitrag der Befriedigung der in Absatz 1 Ziffer i Buchstabe c genannten Verpflichtungen dient, unter Zugrundelegung eines festen Betrags für jede Tonne beitragspflichtigen Öls, das eine solche Person während des Kalenderjahrs erhalten hat, das dem Jahr, in dem sich das fragliche Ereignis zugetragen hat, vorangegangen ist, sofern der Staat zur Zeit des Ereignisses Vertragspartei dieses Übereinkommens war.

(3) Die in Absatz 2 genannten Beträge werden errechnet, indem die Gesamtsumme der zu entrichtenden Beiträge durch die Gesamtsumme des in allen Vertragsstaaten im betreffenden Jahr erhaltenen beitragspflichtigen Öls geteilt wird.

(4) [1]Der Jahresbeitrag ist zu dem in der Geschäftsordnung des Fonds festzulegenden Termin fällig. [2]Die Versammlung kann einen anderen Zahlungstermin festsetzen.

(5) Die Versammlung kann unter Voraussetzungen, die in der Finanzordnung des Fonds festzulegen sind, beschließen, zwischen den nach Artikel 12 Absatz 2 Buchstabe a und den nach Artikel 12 Absatz 2 Buchstabe b eingenommenen Beträgen Übertragungen vorzunehmen.

Artikel 13

(1) Nach Artikel 12 fällige rückständige Beiträge werden mit einem nach der Geschäftsordnung des Fonds zu bestimmenden Zinssatz mit der Maßgabe verzinst, dass je nach den Umständen verschiedene Zinssätze festgesetzt werden können.

(2) Jeder Vertragsstaat trägt dafür Sorge, dass eine Verpflichtung nach diesem Übereinkommen, für im Hoheitsgebiet dieses Staates erhaltenes Öl einen Beitrag an den Fonds zu zahlen, erfüllt wird; er trifft die geeigneten gesetzlichen Maßnahmen, einschließlich der Auferlegung der ihm zur wirksamen Erfüllung dieser Verpflichtungen erforderlich erscheinenden Sanktionen, wobei sich jedoch diese Maßnahmen nur gegen Personen richten dürfen, die verpflichtet sind, einen Beitrag zum Fonds zu leisten.

(3) [1]Erfüllt ein nach den Artikeln 10 und 12 Beitragspflichtiger seine Verpflichtungen hinsichtlich eines solchen Beitrags oder eines Teiles desselben nicht und ist er damit im Rückstand, so trifft der Direktor namens des Fonds alle geeigneten Maßnahmen gegen den Betreffenden, um den fälligen Beitrag einzutreiben. [2]Ist jedoch der säumige Beitragspflichtige offensichtlich zahlungsunfähig oder liegen andere rechtfertigende Umstände vor, so kann die Versammlung auf Empfehlung des Direktors beschließen, dass gegen den Beitragspflichtigen keine Maßnahmen getroffen oder fortgesetzt werden.

Artikel 14

(1) [1]Jeder Vertragsstaat kann bei Hinterlegung seiner Ratifikations- oder Beitrittsurkunde oder jederzeit danach erklären, dass er Verpflichtungen eines Beitragspflichtigen nach Artikel 10 Absatz 1 in Bezug auf Öl, das jener im Hoheitsgebiet dieses Staates erhalten hat, selbst übernimmt. [2]Eine solche Erklärung ist schriftlich abzugeben und hat die übernommenen Verpflichtungen im Einzelnen aufzuführen.

(2) Wird eine Erklärung nach Absatz 1 vor dem Inkrafttreten dieses Übereinkommens nach Artikel 40 abgegeben, so wird sie beim Generalsekretär der Orga-

nisation hinterlegt, der sie nach Inkrafttreten des Übereinkommens dem Direktor mitteilt.

(3) Eine nach Inkrafttreten dieses Übereinkommens gemäß Absatz 1 abgegebene Erklärung wird beim Direktor hinterlegt.

(4) ¹Eine nach diesem Artikel abgegebene Erklärung kann von dem betreffenden Staat durch schriftliche Mitteilung an den Direktor zurückgenommen werden. ²Eine solche Mitteilung wird drei Monate nach ihrem Eingang beim Direktor wirksam.

(5) Jeder Staat, der durch eine nach diesem Artikel abgegebene Erklärung gebunden ist, verzichtet in einem Verfahren, das wegen einer der in der Erklärung aufgeführten Verpflichtungen vor einem zuständigen Gericht gegen ihn anhängig gemacht wird, auf jede Immunität, die er anderenfalls geltend machen könnte.

Artikel 15

(1) Jeder Vertragsstaat trägt dafür Sorge, dass jede Person, die in seinem Hoheitsgebiet beitragspflichtiges Öl in solchen Mengen erhält, dass sie dem Fonds gegenüber zu Beitragszahlungen verpflichtet ist, in einer Liste aufgeführt wird, die vom Direktor entsprechend den folgenden Bestimmungen dieses Artikels anzulegen und auf dem laufenden zu halten ist.

(2) Für die in Absatz 1 angeführten Zwecke teilt jeder Vertragsstaat dem Direktor schriftlich zu der Zeit und in der Weise, wie sie in der Geschäftsordnung zu bestimmen sind, Namen und Anschrift aller Personen mit, die hinsichtlich dieses Staates verpflichtet sind, nach Artikel 10 Beiträge zum Fonds zu leisten, und macht Angaben über die maßgeblichen Mengen beitragspflichtigen Öls, die diese Personen während des vorangegangenen Kalenderjahrs erhalten haben.

(3) Für die Feststellung, welche Personen zu einer bestimmten Zeit nach Artikel 10 Absatz 1 dem Fonds gegenüber beitragspflichtig sind, und für die Bestimmung der Ölmengen, die gegebenenfalls für jede dieser Personen bei der Festsetzung ihrer Beiträge zu berücksichtigen sind, gelten die Angaben in der Liste bis zum Beweis des Gegenteils als richtig.

(4) ¹Erfüllt ein Vertragsstaat nicht seine Verpflichtung, dem Direktor die in Absatz 2 bezeichnete Mitteilung zu machen, und ergibt sich daraus für den Fonds ein finanzieller Verlust, so ist dieser Vertragsstaat verpflichtet, den Fonds für diesen Verlust zu entschädigen. ²Die Versammlung beschließt auf Empfehlung des Direktors, ob diese Entschädigung von dem betreffenden Vertragsstaat zu zahlen ist.

Organisation und Verwaltung

Artikel 16

Der Fonds hat eine Versammlung und ein von einem Direktor geleitetes Sekretariat.

Die Versammlung

Artikel 17

Die Versammlung setzt sich aus allen Vertragsstaaten dieses Übereinkommens zusammen.

Artikel 18

Die Versammlung hat folgende Aufgaben:
1. Sie wählt bei jeder ordentlichen Tagung ihren Vorsitzenden und zwei stellvertretende Vorsitzende, die bis zur nächsten ordentlichen Tagung amtieren;
2. sie bestimmt im Rahmen dieses Übereinkommens ihre eigenen Verfahrensregeln;
3. sie beschließt die für den ordnungsgemäßen Betrieb des Fonds notwendige Geschäftsordnung;
4. sie ernennt den Direktor und erlässt Vorschriften für die Ernennung sonstigen erforderlichen Personals; sie bestimmt die Anstellungsbedingungen des Direktors und des sonstigen Personals;
5. sie genehmigt den Jahreshaushalt und setzt die Jahresbeiträge fest;
6. sie ernennt Rechnungsprüfer und genehmigt die Rechnungslegung des Fonds;
7. sie genehmigt die Regelung von Ansprüchen gegen den Fonds, beschließt über die Verteilung des zur Verfügung stehenden Entschädigungsbetrags unter die Geschädigten entsprechend Artikel 4 Absatz 5 und bestimmt die Bedingungen, nach denen vorläufige Zahlungen und Ansprüche geleistet werden, um sicherzustellen, dass von Verschmutzungsschäden Betroffene so schnell wie möglich entschädigt werden;
8. (gestrichen)
9. sie setzt die ihr erforderlich erscheinenden zeitweiligen oder ständigen Unterorgane ein, bestimmt deren Aufgabenbereiche und erteilt ihnen die Befugnisse, die zur Durchführung der ihnen übertragenen Aufgaben notwendig sind; bei der Ernennung der Mitglieder dieser Organe bemüht sich die Versammlung, für eine ausgewogene geographische Verteilung der Mitglieder zu sorgen und sicherzustellen, dass die Vertragsstaaten, in denen die größten Mengen beitragspflichtigen Öls in Empfang genommen werden, angemessen vertreten sind; die Verfahrensregeln der Versammlung können für die Tätigkeit dieser Unterorgane entsprechend angewendet werden;
10. sie bestimmt, welche Nichtvertragsstaaten und welche zwischenstaatlichen und internationalen nichtstaatlichen Organisationen ohne Stimmrecht zur Teilnahme an den Sitzungen der Versammlung und der Unterorgane zugelassen werden;
11. sie erteilt dem Direktor und den Unterorganen Weisungen für die Verwaltung des Fonds;
12. (gestrichen)
13. sie überwacht die ordnungsgemäße Durchführung des Übereinkommens und ihrer eigenen Beschlüsse;
14. sie nimmt alle sonstigen Aufgaben wahr, die ihr nach dem Übereinkommen übertragen oder die sonst für den ordnungsgemäßen Betrieb des Fonds erforderlich sind.

Artikel 19

(1) Ordentliche Tagungen der Versammlung finden nach Einberufung durch den Direktor einmal in jedem Kalenderjahr statt.

(2) ¹Außerordentliche Tagungen der Versammlung werden auf Antrag mindestens eines Drittels der Mitglieder der Versammlung vom Direktor einberufen; der Direktor kann auch von sich aus nach Konsultation des Vorsitzenden der

Versammlung eine außerordentliche Tagung einberufen. ²Der Direktor unterrichtet die Mitglieder mindestens dreißig Tage im Voraus von einer solchen Tagung.

Artikel 20

Die Versammlung ist beschlussfähig, wenn die Mehrheit ihrer Mitglieder bei einer Sitzung anwesend ist.

Artikel 21 bis 27

(gestrichen)

Das Sekretariat

Artikel 28

(1) Das Sekretariat setzt sich aus dem Direktor und dem für die Verwaltung des Fonds erforderlichen Personal zusammen.
(2) Der Direktor ist der gesetzliche Vertreter des Fonds.

Artikel 29

(1) ¹Der Direktor ist der höchste Verwaltungsbedienstete des Fonds. ²Vorbehaltlich der ihm von der Versammlung erteilten Weisungen nimmt er die ihm durch dieses Übereinkommen, die Geschäftsordnung des Fonds und die Versammlung übertragenen Aufgaben wahr.
(2) Der Direktor hat insbesondere folgende Aufgaben:
a) Er ernennt das für die Verwaltung des Fonds erforderliche Personal;
b) er trifft alle zur ordnungsgemäßen Verwaltung des Fondsvermögens erforderlichen Maßnahmen;
c) er zieht unter besonderer Beachtung des Artikels 13 Absatz 3 die nach diesem Übereinkommen zu zahlenden Beiträge ein;
d) soweit die Regelung von gegen den Fonds geltend gemachten Ansprüchen und die Durchführung der anderen Aufgaben des Fonds es erfordern, nimmt er die Hilfe von Rechts-, Finanz- und anderen Sachverständigen in Anspruch;
e) er trifft alle geeigneten Maßnahmen zur Regelung von gegen den Fonds geltend gemachten Ansprüchen nach Maßgabe der Geschäftsordnung, einschließlich der endgültigen Regelung von Ansprüchen ohne vorherige Genehmigung der Versammlung, sofern die Geschäftsordnung dies vorsieht;
f) er erstellt für jedes Kalenderjahr den Finanzbericht und die Haushaltsvoranschläge und legt sie der Versammlung vor;
g) er erstellt im Benehmen mit dem Vorsitzenden der Versammlung einen Bericht über die Tätigkeit des Fonds im vorangegangenen Kalenderjahr und veröffentlicht ihn;
h) er erstellt, sammelt und verteilt die Schriftstücke, Unterlagen, Tagesordnungen, Protokolle und Informationen, die für die Arbeit der Versammlung und der Unterorgane benötigt werden.

Artikel 30

¹Bei der Erfüllung ihrer Pflichten dürfen der Direktor, das von ihm ernannte Personal und die von ihm bestimmten Sachverständigen von einer Regierung oder einer anderen Stelle außerhalb des Fonds Weisungen weder erbitten noch entgegennehmen. ²Sie haben sich jeder Tätigkeit zu enthalten, die mit ihrer Stellung als internationale Bedienstete unvereinbar ist. ³Jeder Vertragsstaat verpflichtet sich seinerseits, den ausschließlich internationalen Charakter der Aufgaben des Direktors, des von ihm ernannten Personals und der von ihm bestimmten Sachverständigen zu achten und nicht zu versuchen, sie bei der Erfüllung ihrer Pflichten zu beeinflussen.

Finanzen

Artikel 31

(1) Jeder Vertragsstaat übernimmt die Gehälter, die Reisekosten und die sonstigen Ausgaben für seine Delegation bei der Versammlung und für seine Vertreter in den Unterorganen.

(2) Alle anderen durch die Tätigkeit den Fonds entstehenden Kosten werden von diesem übernommen.

Abstimmung

Artikel 32

¹Die Abstimmungen in der Versammlung unterliegen folgenden Bestimmungen
a) Jedes Mitglied hat eine Stimme;
b) sofern Artikel 33 nichts anderes vorsieht, bedürfen die Beschlüsse der Versammlung der Mehrheit der anwesenden und abstimmenden Mitglieder;
c) Beschlüsse, für die eine Dreiviertel- oder Zweidrittelmehrheit erforderlich ist, bedürfen einer Dreiviertel- bzw. Zweidrittelmehrheit der anwesenden Mitglieder;
d) im Sinne dieses Artikels bedeutet der Ausdruck „anwesende Mitglieder" „Mitglieder, die zur Zeit der Abstimmung bei der Sitzung anwesend sind", der Ausdruck „anwesende und abstimmende Mitglieder" bedeutet „Mitglieder, die anwesend sind und eine Ja- oder Nein- Stimme abgeben". ²Mitglieder, die sich der Stimme enthalten, gelten als nicht an der Abstimmung teilnehmend.

Artikel 33

Folgende Beschlüsse der Versammlung bedürfen einer Zweidrittelmehrheit:
a) ein Beschluss nach Artikel 13 Absatz 3, keine Maßnahmen gegen einen Beitragspflichtigen zu treffen oder fortzusetzen;
b) die Ernennung des Direktors nach Artikel 18 Nummer 4;
c) die Einsetzung von Unterorganen nach Artikel 18 Nummer 9 und die mit dieser Einsetzung zusammenhängenden Angelegenheiten.

Artikel 34

(1) Der Fonds, seine Guthaben, seine Einnahmen einschließlich der Beiträge und seine sonstigen Vermögenswerte sind in den Vertragsstaaten von jeder direkten Steuer befreit.

(2) Kauft der Fonds in beträchtlichem Umfang bewegliche oder unbewegliche Vermögenswerte oder lässt er größere Arbeiten durchführen, die für die Ausübung einer amtlichen Tätigkeit erforderlich sind und deren Kosten indirekte oder Verkaufsabgaben einschließen, so treffen die Regierungen der Mitgliedstaaten nach Möglichkeit geeignete Maßnahmen zum Erlass oder zur Erstattung dieser Abgaben.

(3) Eine Befreiung wird nicht gewährt bei Steuern, Gebühren und sonstigen Abgaben, die lediglich eine Vergütung für Dienstleistungen öffentlicher Versorgungsbetriebe darstellen.

(4) [1]Der Fonds genießt Befreiung von allen Zöllen, Steuern und anderen damit zusammenhängenden Abgaben auf Waren, die von ihm oder in seinem Namen für seinen amtlichen Gebrauch ein- oder ausgeführt werden. [2]Auf diese Weise eingeführte Waren dürfen weder gegen Bezahlung noch unentgeltlich im Hoheitsgebiet des Staates, in den sie eingeführt worden sind, abgegeben werden, es sei denn zu Bedingungen, denen die Regierung des betreffenden Staates zugestimmt hat.

(5) Personen, die Beiträge zum Fonds leisten, sowie Geschädigte und Schiffseigentümer, die vom Fonds Entschädigung erhalten, unterliegen den Steuervorschriften des Staates, in dem sie steuerpflichtig sind; ihnen wird insoweit keine besondere Befreiung oder sonstige Vergünstigung gewährt.

(6) Auskünfte, die über einzelne Beitragspflichtige für die Zwecke dieses Übereinkommens erteilt wurden, dürfen außerhalb des Fonds nur dann bekanntgegeben werden, wenn dies unbedingt erforderlich ist, um dem Fonds die Durchführung seiner Aufgaben, insbesondere als Kläger oder Beklagter in einem Rechtsstreit, zu ermöglichen.

(7) Unabhängig von bestehenden oder künftigen Devisen- oder Transferbestimmungen gestatten die Vertragsstaaten die uneingeschränkte Transferierung und Zahlung aller Beiträge an den Fonds und der vom Fonds gezahlten Entschädigungsbeträge.

Übergangsvorschriften

Artikel 35

Entschädigungsansprüche nach Artikel 4, die sich aus Ereignissen ergeben, die nach Inkrafttreten dieses Übereinkommens eingetreten sind, können gegen den Fonds nicht vor Ablauf von hundertzwanzig Tagen nach diesem Zeitpunkt geltend gemacht werden.

Artikel 36

[1]Der Generalsekretär der Organisation beruft die Versammlung zu ihrer ersten Tagung ein. [2]Diese Tagung findet so bald wie möglich nach Inkrafttreten dieses Übereinkommens statt, jedoch keinesfalls später als dreißig Tage nach seinem Inkrafttreten.

Artikel 36bis

Folgende Übergangsbestimmungen gelten in der Zeit, im folgenden als „Übergangszeit" bezeichnet, die mit dem Tag des Inkrafttretens dieses Übereinkommens beginnt und mit dem Tag endet, an dem die in Artikel 31 des Protokolls von 1992 zum Fondsübereinkommen von 1971 vorgesehenen Kündigungen wirksam werden:

a) Bei der Anwendung des Artikels 2 Absatz 1 Buchstabe a umfasst die Bezugnahme auf das Haftungsübereinkommen von 1992 die Bezugnahme auf das Internationale Übereinkommen von 1969 über die zivilrechtliche Haftung für Ölverschmutzungsschäden entweder in seiner ursprünglichen Fassung oder in der durch das Protokoll von 1976 zu jenem Übereinkommen geänderten Fassung (in diesem Artikel als „Haftungsübereinkommen von 1969" bezeichnet) und auch auf das Fondsübereinkommen von 1971.

b) Hat ein Ereignis Verschmutzungsschäden innerhalb des Anwendungsbereichs dieses Übereinkommens verursacht, so zahlt der Fonds an eine Person, die Verschmutzungsschäden erlitten hat, eine Entschädigung nur, wenn und soweit diese Person nach dem Haftungsübereinkommen von 1969, dem Fondsübereinkommen von 1971 und dem Haftungsübereinkommen von 1992 nicht voll und angemessen für den Schaden entschädigt werden konnte; in Bezug auf Verschmutzungsschäden innerhalb des Anwendungsbereichs des vorliegenden Übereinkommens für eine Vertragspartei des Übereinkommens, die nicht Vertragspartei des Fondsübereinkommens von 1971 ist, zahlt der Fonds an eine Person, die Verschmutzungsschäden erlitten hat, eine Entschädigung jedoch nur, wenn und soweit diese Person nicht voll und angemessen für den Schaden hätte entschädigt werden können, wenn der betreffende Staat Vertragspartei jedes der genannten Übereinkommen gewesen wäre.

c) Bei der Anwendung des Artikels 4 umfasst der Betrag, der bei der Feststellung des Gesamtbetrags der vom Fonds zu zahlenden Entschädigung zu berücksichtigen ist, auch den gegebenenfalls auf Grund des Haftungsübereinkommens von 1969 tatsächlich gezahlten Entschädigungsbetrag sowie den auf Grund des Fondsübereinkommens von 1971 tatsächlich gezahlten oder als gezahlt geltenden Entschädigungsbetrag.

d) Artikel 9 Absatz 1 findet auch auf die nach dem Haftungsübereinkommen von 1969 zustehenden Rechte Anwendung.

Artikel 36ter

(1) Vorbehaltlich des Absatzes 4 darf der Gesamtbetrag der Jahresbeiträge, die für beitragspflichtiges Öl, das in einem einzelnen Vertragsstaat während eines Kalenderjahrs in Empfang genommen wurde, zu zahlen sind, 27,5 v.H. des Gesamtbetrags der Jahresbeiträge gemäß dem Protokoll von 1992 zum Fondsübereinkommen von 1971 für dieses Kalenderjahr nicht überschreiten.

(2) Würde die Anwendung des Artikels 12 Absätze 2 und 3 dazu führen, dass der Gesamtbetrag der von Beitragspflichtigen in einem einzelnen Vertragsstaat für ein bestimmtes Kalenderjahr zu zahlenden Beiträge 27,5 v.H. der gesamten Jahresbeiträge überschreitet, so werden die von allen Beitragspflichtigen in diesem Staat zu zahlenden Beiträge anteilig so herabgesetzt, dass ihre Beiträge insgesamt 27,5 v.H. der gesamten Jahresbeiträge an den Fonds für dieses Jahr entsprechen.

(3) Werden die von Personen in einem bestimmten Vertragsstaat zu zahlenden Beiträge nach Absatz 2 herabgesetzt, so werden die von Personen in allen anderen Vertragsstaaten zu zahlenden Beiträge anteilig erhöht, um sicherzustellen, dass der Gesamtbetrag der Beiträge, die von allen zur Zahlung von Beiträgen an den Fonds verpflichteten Personen für das betreffende Kalenderjahr zu zahlen sind, den von der Versammlung beschlossenen Gesamtbetrag der Beiträge erreicht.

(4) Die Absätze 1 bis 3 finden Anwendung, bis die Gesamtmenge des in allen Vertragsstaaten in einen Kalenderjahr in Empfang genommenen beitragspflichtigen Öls 750 Millionen Tonnen erreicht hat oder bis ein Zeitraum von fünf Jahren nach dem Inkrafttreten des genannten Protokolls verstrichen ist, je nachdem, welcher Zeitpunkt früher liegt.

Artikel 36^{quater}

Ungeachtet der Bestimmungen dieses Übereinkommens gelten folgende Bestimmungen für die Verwaltung des Fonds während der Zeit, in der sowohl das Fondsübereinkommen von 1971 als auch dieses Übereinkommen in Kraft sind:

a) Das durch das Fondsübereinkommen von 1971 eingerichtete Sekretariat des Fonds (im folgenden als „Fonds von 1971" bezeichnet) und der Direktor, der es leitet, können auch als Sekretariat und Direktor des Fonds tätig sein.

b) Sind nach Buchstabe a das Sekretariat und der Direktor des Fonds von 1971 auch als Sekretariat und als Direktor des Fonds tätig, so wird der Fonds bei Interessenkollisionen zwischen dem Fonds von 1971 und dem Fonds durch den Vorsitzenden der Versammlung des Fonds vertreten.

c) Der Direktor, das von ihm ernannte Personal und die von ihm bestimmten Sachverständigen worden bei der Erfüllung ihrer Pflichten nach diesem Übereinkommen und dem Fondsübereinkommen von 1971 nicht so angesehen, als verstießen sie gegen Artikel 30 dieses Übereinkommens, soweit sie ihre Pflichten im Einklang mit dem vorliegenden Artikel erfüllen.

d) [1]Die Versammlung des Fonds bemüht sich, keine Beschlüsse zu fassen, die mit Beschlüssen der Versammlung des Fonds von 1971 unvereinbar sind. [2]Kommt es zu Meinungsverschiedenheiten bezüglich gemeinsamer Verwaltungsfragen, so versucht die Versammlung des Fonds, im Geist der Zusammenarbeit und unter Beachtung der gemeinsamen Ziele beider Organisationen Einvernehmen mit der Versammlung des Fonds von 1971 herzustellen.

e) Der Fonds kann in die Rechte, die Pflichten und das Vermögen des Fonds von 1971 eintreten, wenn die Versammlung des Fonds von 1971 dies nach Artikel 44 Absatz 2 des Fondsübereinkommens von 1971 beschließt.

f) Der Fonds erstattet dem Fonds von 1971 alle Kosten und Auslagen für Verwaltungsdienstleistungen, die der Fonds von 1971 im Namen des Fonds erbracht hat.

Artikel 36^{quinquies}
Schlussabstimmungen

(nicht mit abgedruckt)

Anhang I.4 zu § 480 (ÖlFÜProt 2003)

Protokoll von 2003 zum Internationalen Übereinkommen von 1992 über die Errichtung eines Internationalen Fonds zur Entschädigung für Ölverschmutzungsschäden

(BGBl. 2004 II S. 1290, 1291) (amtliche deutsche Übersetzung)

Völkerrechtlich in Kraft am 3. März 2005 – für Deutschland in Kraft am 3. März 2005 (BGBl. 2005 II S. 353) – weitere Vertragsstaaten: Australien, Barbados, Belgien, Dänemark, Estland, Finnland, Frankreich, Griechenland, Irland, Italien, Japan, Kanada, Kongo, Republik Korea, Kroatien, Lettland, Litauen, Marokko, Montenegro, Niederlande (einschließlich Bonaire, Saba, St. Eustacius), Norwegen, Polen, Portugal, Schweden, Slowakei, Slowenien, Spanien, Türkei, Ungarn, Vereinigtes Königreich (einschließlich Guernsey) – BGBl. 2005 II S. 353, 2010 II S. 371, 2011 II S. 439, 2015 II S. 453.

Materialien: Denkschrift BT-Drs 15/2947 (S. 20–24)

Literatur: Siehe Anhang I.1 zu § 480 (ÖlHÜ 1992).

Die Regelungen des ÖlHÜProt 2003 knüpfen an die des ÖlFÜ 1992 an und bauen auf ihnen auf. Gegenstand des ÖlHÜProt 2003 ist die Errichtung eines weiteren Fonds, des Zusatzfonds, neben dem Ölfonds. Das ÖlHÜProt 2003 weist viele Gemeinsamkeiten mit dem ÖlFÜ 1992 auf. Beide Übereinkommen haben teils wortgleiche Vorschriften. Der Zusatzfonds haftet den Geschädigten, die Ansprüche wegen einer Ölverschmutzung haben, ggf. neben dem Ölfonds. Auch bei dem Zusatzfonds handelt es sich um eine juristische Person mit Sitz in London.[1] Wie der Ölfonds erhält auch der Zusatzfonds die Mittel für seine Tätigkeit und für die Leistung von Entschädigungen an Geschädigte von der Ölindustrie. Siehe zunächst zur Entwicklung des ÖlHÜ 1992 und des ÖlFÜ 1992 die Hinweise oben Rn 2–3 vor Art. I ÖlHÜ 1992 (Anhang I.1 zu § 480). Das ÖlHÜProt 2003 ist völkerrechtlich und für Deutschland am 3. März 2005 in Kraft getreten.[2] 1

I. Einleitung

Das ÖlHÜProt 2003 befasst sich mit der Errichtung des Zusatzfonds und dessen Organisation und Verwaltung (Art. 16 ff. ÖlHÜProt 2003). Im Falle von Ölverschmutzungen können den Geschädigten unter bestimmten Voraussetzungen Ansprüche gegen den Ölfonds und darüber hinaus gegen den Zusatzfonds auf Zahlung einer Entschädigung zustehen (siehe Art. 4 bis 6 ÖlHÜProt 2003). Wie das ÖlFÜ 1992 enthält das ÖlHÜProt 2003 ausführliche Bestimmungen über die Zahlung von Beiträgen an den Zusatzfonds (Art. 10 ff. ÖlHÜProt 2003 1992). Schließlich finden sich auch im ÖlHÜProt 2003 in dessen Art. 7 und 8 Regelungen über die gerichtliche Zuständigkeit von Klagen der Geschädigten gegen Zusatzfonds sowie über die Anerkennung und Vollstreckbarkeit von Urteilen gegen ihn. 2

II. Europarechtliche Fragen

Bestandteil des ÖlFÜProt 2003 sind in Art. 7 und 8 Bestimmungen über die gerichtliche Zuständigkeit für Klagen gegen den Zusatzfonds sowie über die Anerkennung und 3

---

[1] www.iopcfunds.org.
[2] BGBl. 2005 II S. 353.

Vollstreckung von Urteilen von Gerichten eines Vertragsstaates des ÖlFÜProt 2003. Das ÖlFÜProt 2003 enthält keine REIO-Regelung, die es Organisationen wie der EU ermöglicht, selbst Partei des Übereinkommens zu werden (wie etwa Art. 19 AthenÜProt 2002, Art. 93 Rotterdam Regeln). Damit war es ausgeschlossen, dass die EU bzw. seinerzeit die EG Partei des ÖlHÜProt 2003 wurde. Andererseits hatte die EG mit Erlass der EuGVV vom 22. Dezember 2000 zuvor von ihren Kompetenzen nach Art. 61 (c), 65 und 67 EGV im Hinblick auf den Bereich der justiziellen Zusammenarbeit in Zivilsachen Gebrauch gemacht. Dies führte dazu, dass es den Mitgliedsstaaten verwehrt war, ihrerseits die Ratifikation des ÖlFÜProt 2003 zu erklären. Gelöst wurde das Problem durch die Entsch. 2004/246 des Rates, die die Mitgliedsstaaten ermächtigte, das ÖlFÜProt 2003 zu ratifizieren. Mit dieser Maßnahme wurden die bis dahin beschränkten Außenkompetenzen der Mitgliedsstaaten im Hinblick auf eine Ratifikation des ÖlFÜProt 2003 wieder hergestellt. Die Entsch. 2004/246 ermächtigt außerdem die Tschechische Republik, Estland, Luxemburg, Ungarn, Österreich und die Slowakei, die bislang noch nicht Vertragsstaaten des ÖlHÜ 1992 und des ÖlFÜ 1992 waren, auch zur Ratifikation des ÖlHÜProt 1992 und das ÖlFÜProt 1992.

4   Zwischen den Bestimmungen des ÖlHÜProt 2003 und den Regelungen der Richtlinie 2004/35 bzw. des USchadG kann es zu Überschneidungen kommen. Aus Art. 4 Abs. 2 Richtlinie 2004/35 ergibt sich allerdings, dass sie nicht für Umweltschäden oder die unmittelbare Gefahr solcher Schäden gilt, die in Folge eines Vorfalls eintreten, bei dem die Haftung oder Entschädigung in den Anwendungsbereich eines der in Anhang IV aufgeführten internationalen Übereinkommen, einschließlich etwaiger künftiger Änderungen dieser Übereinkommen fällt. Buchst. (b) des Anhangs VI nennt das ÖlHÜ 1992. Das ÖlHÜProt 2003 ist eine künftige Änderung des ÖlFÜ 1992. Gleiches ergibt sich im Übrigen aus § 3 Abs. 3 Nr. 3 in Verbindung mit Buchst. (b) Anlage 2 USchadG.

III. Der Anwendungsbereich

5   In sachlicher Hinsicht entspricht der Anwendungsbereich des ÖlHÜProt 2003 zunächst dem des ÖlFÜ 1992. Im Mittelpunkt des ÖlHÜProt 2003 steht die Zahlung einer Entschädigung im Falle von Ölverschmutzungsschäden an die Geschädigten. Im Hinblick auf die Umschreibung des „Verschmutzungsschadens" verweist Art. 1 Nr. 6 ÖlHÜProt 2003 auf Art. I Nr. 6 ÖlHÜ 1992. Dabei stellt Art. 3 ÖlHÜProt 2003 klar, dass das Übereinkommen ausschließlich für Ölverschmutzungsschäden gilt, zu denen es im Hoheitsgebiet einschließlich des Küstenmeeres eines Vertragsstaates – des ÖlHÜProt 2003, nicht des ÖlFÜ 1992 oder des ÖlHÜ 1992 – oder in der AWZ oder eines entsprechenden Gebietes eines Vertragsstaates gekommen ist. Bei Schutzmaßnahmen (Art. 1 Nr. 6 ÖlHÜProt 2003, Art. I Nr. 7 ÖlHÜ 1992 kommt es nicht darauf an, wo die Maßnahmen getroffen wurden. Art. 3 ÖlHÜProt 2003 entspricht wörtlich den Vorschriften des Art. 3 ÖlFÜ 1992 und Art. II ÖlHÜ 1992 (siehe die Hinweise dort).

IV. Die Entschädigung

6   Art. 4 ÖlHÜProt 2003 regelt die Voraussetzungen, unter denen den Geschädigten gegen den Zusatzfonds Ansprüche wegen Ölverschmutzungen zustehen (unten Rn 7). Die Ansprüche gegen den Zusatzfonds sind auf einen Höchstbetrag begrenzt (unten Rn 8). Die Geschädigten können sich unmittelbar an den Zusatzfonds wenden (unten Rn 9). Er kann ggf. Rückgriff beim Schädiger nehmen (Rn 10). Die Ansprüche gegen den Zusatzfonds unterliegen denselben Fristen wie die Ansprüche gegen den Ölfonds (unten Rn 11).

1. Die Haftung. Der Anspruch aus Art. 4 Abs. 1 ÖlHÜProt 2003 gegen die Zusatz- 7
fonds wegen eines Ölverschmutzungsschadens setzt zunächst voraus, dass der Schaden
im Hoheitsgebiet bzw. in der AWZ oder einem entsprechenden Gebiet eines Vertragsstaates des ÖlHÜProt 2003 eingetreten ist (siehe Art. 3 ÖlHÜProt 2003) – nicht: eines Vertragsstaates de ÖlFÜ 1992 oder des ÖlHÜ 1992. Weitere Voraussetzung des Anspruchs aus
Art. 4 Abs. 1 ÖlHÜProt 2003 ist, dass der Geschädigte nach dem ÖlFÜ 1992 nicht voll und
angemessen für einen festgestellten Anspruch entschädigt werden konnte, weil der Gesamtschaden den Höchstbetrag des Art. 4 Abs. 4 ÖlFÜ 1992 übersteigt oder zu übersteigen droht. Ein festgestellter Anspruch ist nach Art. 1 Nr. 8 ÖlHÜProt 2003 ein solcher, der
vom Ölfonds anerkannt worden ist und für den in voller Höhe Entschädigung gezahlt
worden wäre, wenn die Summe aller Ansprüche aus dem betreffenden Ereignis nicht den
Höchstbetrag des Art. 4 Abs. 4 ÖlFÜ 1992 überschritten hätte. Insoweit ist die Einstandspflicht des Zusatzfonds mit der des Ölfonds verknüpft. Siehe zur vorläufigen bzw. endgültigen Versagung der Entschädigung für den Fall, dass der betreffende Vertragsstaat
seinen Mitteilungspflichten nicht nachgekommen ist, die Regelungen des Art. 15 Abs. 2
und 3 ÖlHÜProt 2003 (dazu unten Rn 17).

2. Der Höchstbetrag. Der Zusatzfonds haftet für die Ansprüche wegen Ölverschmut- 8
zungsschäden aus einem Ereignis (Art. 1 Nr. 6 ÖlHÜProt 2003, Art. I Nr. 8 ÖlHÜ 1992) bis
zu einem bestimmten Höchstbetrag. Dieser liegt nach Art. 4 Abs. 2 (a) ÖlHÜProt 2003 bei
750 Millionen SZR (siehe Art. 1 Nr. 7 ÖlHÜProt 2003, Art. 1 Nr. 4 ÖlFÜ 1992, Art. V Abs. 9
ÖlHÜ 1992). Hat bereits der Eigentümer bzw. der Versicherer auf Grundlage des ÖlHÜ
1992 bzw. der Ölfonds auf Grundlage des ÖlFÜ 1992 eine Entschädigung gezahlt, muss
der Zusatzfonds nur für die Differenz einstehen. Siehe zur Umrechnung des SZR noch
Art. 4 Abs. 2 (b) ÖlHÜProt 2003. Der Höchstbetrag des Art. 4 Abs. 2 (a) ÖlHÜProt 2003
kann nach Art. 24 ÖlFÜProt 2003 im Wege des vereinfachten Verfahrens geändert werden; siehe dazu die Hinweise in Anhang I.2 zu § 480 (Art. 15 ÖlHÜProt 1992). Machen
mehrere Geschädigte Ansprüche gegen den Zusatzfonds geltend und überschreitet die
Summe dieser Ansprüche den in Art. 4 Abs. 2 (a) ÖlHÜProt 2003 festgelegten Betrag,
werden die Ansprüche der Geschädigten nach Art. 4 Abs. 3 ÖlHÜProt 2003 jeweils anteilig erfüllt. Siehe zu den weiteren Formalitäten noch Art. 5 ÖlHÜProt 2003.

3. Der Anspruch gegen den Zusatzfonds. Art. 4 Abs. 1 ÖlHÜProt 2003 stellt klar, 9
dass die Geschädigten ggf. den Zusatzfonds unmittelbar in Anspruch nehmen können.
Zur gerichtlichen Zuständigkeit für Klagen der Geschädigten gegen den Zusatzfonds siehe Art. 7 Abs. 1 ÖlHÜProt 2003 und die dortige Verweisung auf die entsprechenden Bestimmungen des Art. 7 ÖlFÜ 1992 (unten Rn 19–21). Aus Art. 7 Abs. 1 ÖlHÜProt 2003 in
Verbindung mit Art. 7 Abs. 2 ÖlHÜ 1992 ergibt sich, dass die Vertragsstaaten dafür Sorge
zu tragen haben, dass ihre Gerichte die erforderliche Zuständigkeit haben, um über Klagen gegen den Zusatzfonds zu erkennen; siehe hierzu auch § 6 Abs. 1 Nr. 2 ÖlSG. Haben
Vertragsstaaten an die Geschädigten eine Entschädigung für Ölverschmutzungsschäden
gezahlt, treten die Vertragsstaaten nach Art. 9 Abs. 4 ÖlHÜProt 2003 in die Rechte ein,
die den Geschädigten nach dem ÖlHÜProt 2003 zugestanden hätten. Auf diese Weise
kann es dazu kommen, dass die Vertragsstaaten gegen den Zusatzfonds Ansprüche auf
Entschädigung geltend machen können.

4. Der Rückgriff des Zusatzfonds. Hat der Zusatzfonds an die Geschädigten eine 10
Entschädigung gezahlt, kann er ggf. bei demjenigen, der den Ölverschmutzungsschaden
verursacht hat, Rückgriff nehmen. Dazu stellt Art. 9 Abs. 1 ÖlHÜProt 2003 zunächst klar,
dass der Zusatzfonds im Hinblick auf Ansprüche des Geschädigten aus Art. III Abs. 1 und

Art. VII Abs. 8 ÖlHÜ 1992 gegen den Eigentümer und den Versicherer eintritt. In gleicher Weise können nach Art. 9 Abs. 2 ÖlHÜProt 2003 dem Zusatzfonds Ansprüche gegen den Ölfonds auf Grundlage des ÖlHÜ 1992 zustehen. Hat ein Dritter den Ölverschmutzungsschaden verursacht, tritt der Zusatzfonds in die Rechtsstellung des Geschädigten ein, wenn das im Übrigen anwendbare Sachrecht dies vorsieht (siehe Art. 9 Abs. 3 Satz 1 ÖlHÜProt 2003). Insoweit wird der Zusatzfonds einem Versicherer des Geschädigten gleichgestellt (Art. 9 Abs. 3 Satz 2 ÖlHÜProt 2003). In entsprechenden Fällen kann es daher etwa zu einem Übergang der Ansprüche des Geschädigten gegen den Dritten auf den Zusatzfonds kommen (siehe für das deutsche Recht etwa § 86 Abs. 1 VVG). Zu den Ansprüchen des Zusatzfonds gegen den Eigentümer auf Grundlage des TOPIA 2006 siehe die Hinweise oben Rn 34–36 Anhang I.3 zu § 480 (ÖlFÜ 1992).

11 **5. Die Fristen.** Auch im Hinblick auf die Fristen sind die Bestimmungen des ÖlHÜProt 2003 eng mit denen des ÖlFÜ 1992 verknüpft. Grundsätzlich erlöschen Ansprüche auf Entschädigung wegen Ölverschmutzungsschäden gegen den Zusatzfonds nur, wenn sie nach Maßgabe des Art. 6 ÖlFÜ 1992 auch gegen den Ölfonds erlöschen. Für die Anwendung des Art. 6 ÖlHÜProt 2003 gilt ein gegen den Ölfonds geltend gemachter Anspruch gleichzeitig als von dem betreffenden Geschädigten gegen den Zusatzfonds geltend gemachter Anspruch.

V. Der Zusatzfonds

12 **1. Die Grundlagen.** Der Ausgangspunkt für die Errichtung des Zusatzfonds ist Art. 2 Abs. 1 ÖlHÜProt 2003. Der Zusatzfonds wird in jedem Vertragsstaat als juristische Person anerkannt. Er ist nach den Vorschriften dieses Vertragsstaates rechtsfähig und vor den Gerichten dieses Vertragsstaates parteifähig (siehe Art. 2 Abs. 2 Satz 1 ÖlHÜProt 2003). Jeder Vertragsstaat erkennt den Direktor des Zusatzfonds (siehe Art. 16 Abs. 2 ÖlHÜProt 2003, Art. 28 ff. ÖlFÜ 1992) als dessen gesetzlichen Vertreter an (Art. 2 Abs. 2 Satz 2, Art. 16 Abs. 2 ÖlHÜProt 2003, Art. 28 Abs. 2 ÖlFÜ 1992). Der Direktor des Zusatzfonds und der des Ölfonds können identisch sein (Art. 16 Abs. 2 ÖlHÜProt 2003).

13 **2. Die Beiträge.** Der Zusatzfonds wird aus jährlichen Beiträgen der Ölindustrie finanziert (näher dazu Art. 10 ff. ÖlFÜProt 2003). Die Pflicht zur Zahlung von Beiträgen ergibt sich aus Art. 10 ÖlFÜProt 2003. Die Beiträge werden für jeden Vertragsstaat von allen Personen erbracht, die im Kalenderjahr insgesamt mehr als 150.000 Tonnen beitragspflichtiges Öl (Art. 1 Nr. 7 ÖlFÜProt 2003, Art. 1 Nr. 3 ÖlFÜ 1992) erhalten haben. Beitragspflichtig sind die Personen, die in Häfen oder Umschlagplätzen (Art. 1 Nr. 7 ÖlFÜProt 2003, Art. 1 Nr. 8 ÖlFÜ 1992) im Hoheitsgebiet des betreffenden Vertragsstaates beitragspflichtiges Öl erhalten haben, das auf dem Seeweg dorthin befördert worden ist (Art. 10 Abs. 1 [a] ÖlFÜProt 2003). Gleiches gilt für Personen, die beitragspflichtiges Öl in Anlagen im Hoheitsgebiet eines Vertragsstaates des ÖlFÜProt 2003 erhalten haben, das auf dem Seeweg befördert wurde und in einem Hafen oder Umschlagplatz eines Nicht-Vertragsstaates gelöscht worden ist. Dabei ist nur die erste Entgegennahme des betreffenden Öls in einem Vertragsstaat nach seiner Entladung in einem Nicht-Vertragsstaat maßgeblich. Mitberücksichtigt wird nach Art. 10 Abs. 2 ÖlFÜProt 2003 in Verbindung mit Art. 10 Abs. 2 ÖlFÜ 1992 auch das von bestimmten assoziierten Personen erhaltene beitragspflichtige Öl (siehe auch § 5 Abs. 5 ÖlSG).

14 Die Höhe des Jahresbeitrages der beitragspflichtigen Personen ermittelt sich auf Grundlage des Art. 11 ÖlFÜProt 2003. Wie schon beim ÖlFÜ 1992 wird zunächst der Bedarf des Zusatzfonds anhand des Art. 11 Abs. 1 ÖlFÜProt 2003 ermittelt. Ausgehend da-

von und unter Berücksichtigung der von den betreffenden Personen erhaltenen Mengen beitragspflichtigen Öls wird der Betrag festgelegt, der von den jeweiligen beitragspflichtigen Personen für das Kalenderjahr zu zahlen ist (Art. 11 Abs. 2 und 3 ÖlFÜProt 2003). Schuldner der Beiträge sind nur die jeweils beitragspflichtigen Personen nicht aber die betreffenden Vertragsstaaten (siehe aber auch Art. 12 Abs. 2 ÖlFÜProt 2003, Art. 14 ÖlFÜ 1992). Die Vertragsstaaten werden verpflichtet, dafür Sorge zu tragen, dass die beitragspflichtigen Personen ihren Pflichten gegenüber dem Zusatzfonds nachkommen (Art. 12 Abs. 1 ÖlFÜProt 2003, Art. 13 Abs. 2 ÖlFÜ 1992).

Es ist Sache des Zusatzfonds, seine Ansprüche auf ausstehende Beiträge bei den **15** jeweils beitragspflichtigen Personen geltend zu machen (Art. 12 Abs. 1 ÖlFÜProt 2003, Art. 13 Abs. 3 ÖlFÜ 1992). Zu diesem Zweck sind die Vertragsstaaten verpflichtet, dem Zusatzfonds diejenigen Personen zu benennen, die in ihrem Hoheitsgebiet beitragspflichtiges Öl erhalten haben und daher gegenüber dem Zusatzfonds zur Zahlung von Beiträgen verpflichtet sind (Art. 13 Abs. 1 ÖlFÜProt 2003, Art. 15 Abs. 1 ÖlFÜ 1992). Dazu führt der Zusatzfonds eine Liste der beitragspflichtigen Personen (Art. 13 Abs. 1 ÖlFÜProt 2003, Art. 15 Abs. 1 ÖlFÜ 1992). Im Hinblick auf die Identität der Personen und ihrer Beiträge gilt nach Art. 13 Abs. 1 ÖlFÜProt 2003, Art. 15 Abs. 3 ÖlFÜ 1992 die Vermutung der Richtigkeit. Kommt ein Vertragsstaat seinen Verpflichtungen zur Mitteilung über beitragspflichtige Personen und die erhaltenen Mengen beitragspflichtigen Öls nicht nach, haftet der Vertragsstaat dem Zusatzfonds nach Art. 13 Abs. 2 ÖlFÜProt 2003.

Abweichend von den Bestimmungen des ÖlFÜ 1992 wird nach Art. 14 ÖlFÜProt 2003 **16** für die Zwecke des Protokolls angenommen, dass jeder Vertragsstaat mindestens eine Million Tonnen beitragspflichtiges Öl in Empfang nimmt. Ist die Menge beitragspflichtigen Öls tatsächlich geringer, übernimmt nach Art. 14 Abs. 2 ÖlFÜProt 2003 der betreffende Vertragsstaat die Pflichten einer beitragspflichtigen Person.

Anders als das ÖlFÜ 1992 enthält das ÖlFÜProt 2003 in seinem Art. 15 darüber hin- **17** aus Vorschriften für den Fall, dass ein Vertragsstaat seiner Mitteilungspflicht nicht oder nur unzureichend nachkommt. Nach Art. 15 Abs. 2 ÖlFÜProt 2003 steht die Pflicht des Zusatzfonds zur Zahlung einer Entschädigung für Ölverschmutzungsschäden unter dem Vorbehalt, dass der Vertragsstaat seiner Mitteilungspflicht für alle dem Ereignis vorangegangenen Jahre nachgekommen ist. Der vorläufigen Versagung der Entschädigung nach Art. 15 Abs. 2 ÖlFÜProt 2003 kann nach Abs. 3 der Vorschrift eine endgültige Versagung folgen, wenn der betreffende Vertragsstaat seiner Mitteilungspflicht nicht innerhalb eines Jahres nachkommt (Art. 15 Abs. 3 ÖlFÜProt 2003). Neu ist ebenfalls die ausdrückliche Befugnis des § 15 Abs. 4 ÖlFÜProt 2003 zur Aufrechnung. Fällige Beitragszahlungen an den Zusatzfonds werden mit einer der beitragspflichtigen Person zustehenden Entschädigung verrechnet. Eine solche Verrechnung kann auch im Hinblick auf Ansprüche auf Entschädigung erfolgen, die einem Beauftragten des Schuldners, also der beitragspflichtigen Person zusteht. Siehe zum deutschen Recht die ergänzenden Regelungen in § 5 ÖlSG sowie der ÖlmeldeV die Hinweise oben Rn 25–28 Anhang I.3 zu § 480 (ÖlFÜ 1992). Der Zusatzfonds muss seine Ansprüche auf Beiträge gegen die beitragspflichtigen Personen ggf. durch eine Klage verfolgen. § 6 Abs. 1 Nr. 4 ÖlSG stellt klar, dass insoweit der Rechtsweg zu den ordentlichen Gerichten gegeben ist. Außerdem enthält § 6 Abs. 2 Nr. 2 ÖlSG Bestimmungen über die gerichtliche Zuständigkeit.

3. Organisation und Verwaltung. In Art. 16 und 17 ÖlFÜProt 2003 finden sich wei- **18** tere Regelungen über die Organisation und die Verwaltung des Zusatzfonds. Im Wesentlichen verweist Art. 16 Abs. 2 und 3 ÖlFÜProt 2003 zu diesem Zweck auf die entsprechenden Vorschriften des ÖlHÜ 1992. Das Sekretariat und der Direktor des Zusatzfonds können jeweils identisch mit dem Sekretariat und dem Direktor des ÖlHÜ 1992 sein. Zum Fall einer Interessenkollision siehe die Regelungen des Art. 17 Abs. 2 und 3 ÖlFÜProt 2003, zu möglicher Weise widersprechenden Beschlüssen der Versammlung des Zusatzfonds einerseits und des Ölfonds andererseits siehe Art. 17 Abs. 4 ÖlFÜProt 2003. Erbringt der Ölfonds zu Gunsten des Zusatzfonds Verwaltungsdienstleistungen, erstattet der Zusatzfonds die hierfür anfallenden Kosten und Auslagen.

VI. Prozessuales

19   Der Geschädigte kann seine Ansprüche wegen Ölverschmutzungsschäden nach Art. 4 Abs. 1 ÖlFÜProt 2003 unmittelbar beim Zusatzfonds geltend machen. Dies muss nach Art. 7 Abs. 1 ÖlFÜProt 2003, Art. 7 Abs. 1 ÖlFÜ 1992 bei dem Gericht erfolgen, das nach Art. IX ÖlHÜ 1992 für Klagen gegen den Eigentümer zuständig ist oder gewesen wäre. Hierbei bleibt es auch, wenn sich der Eigentümer auf einen der Ausschlussgründe des Art. III Abs. 2 ÖlHÜ 1992 berufen könnte und daher für den Schaden nicht einzustehen hat. Nach Art. 7 Abs. 1 ÖlFÜProt 2003, Art. 7 Abs. 2 ÖlFÜ 1992 muss jeder Vertragsstaat dafür Sorge tragen, dass seine Gerichte die erforderliche Zuständigkeit haben. Siehe zu den internationalen und örtlichen Zuständigkeiten für Klagen gegen den Eigentümer bzw. den Versicherer nach Art. III Abs. 1, Art. VII Abs. 8 ÖlHÜ 1992 ausführlich die Hinweise zu Art. IX ÖlHÜ 1992 (Anhang I.1 zu § 480). In gleicher Weise besteht nach § 6 Abs. 2 Nr. 2 ÖlSG eine Sonderzuständigkeit des Gerichts, in dessen Bezirk das schädigenden Ereignis oder der Verschmutzungsschaden eingetreten ist oder Schutzmaßnahmen (Art. 1 Nr. 6 ÖlFÜProt 2003, Art. I Nr. 7 ÖlHÜ 1992) ergriffen oder angeordnet worden sind. Zu der fehlenden gebietsmäßigen Zuständigkeit von Gerichten für die deutsche AWZ siehe die Hinweise oben Rn 10–12 zu Art. IX ÖlHÜ 1992 (Anhang I.1 zu § 480).

20   Weitere Regelungen über gerichtliche Zuständigkeiten finden sich in Art. 7 Abs. 2 und 3 ÖlFÜProt 2003. Hat ein Geschädigter den Eigentümer oder den Versicherer vor einem nach Art. IX ÖlHÜ 1992 zuständigen Gericht verklagt, ist dieses Gericht ausschließlich zuständig für alle Klagen gegen den Zusatzfonds. Ist allerdings der Staat, vor dessen Gerichten die Klage anhängig ist, kein Vertragsstaat des ÖlFÜProt 2003, kann der Kläger nach Art. 7 Abs. 2 ÖlFÜProt 2003 seine Klage auf Entschädigung gegen den Zusatzfonds entweder vor den Gerichten des Staates, in dem der Zusatzfonds seinen Sitz hat – also vor englischen Gerichten – oder vor einem nach Art. IX ÖlHÜ 1992 zuständigen Gericht eines Vertragsstaates des ÖlFÜProt 2003 anhängig machen. Die weitere Regelung des Art. 7 Abs. 3 ÖlFÜProt 2003 betrifft den Fall, dass der Ölfonds von einem Geschädigten vor dem Gericht eines Staates in Anspruch genommen wird, der Vertragsstaat des ÖlFÜ 1992, nicht aber des ÖlFÜProt 2003 ist. Hier kann der Kläger eine damit zusammenhängende Klage gegen den Zusatzfonds entweder vor englischen Gerichten oder bei einem nach Art. 7 Abs. 1 ÖlFÜProt 2003 zuständigen Gericht eines Vertragsstaates (des ÖlFÜProt 2003) anhängig machen.

21   Nach Art. 7 Abs. 1 ÖlFÜProt 2003, Art. 7 Abs. 4 ÖlFÜ 1992 müssen die Vertragsstaaten dafür sorgen, dass der Zusatzfonds befugt ist, aus eigenem Recht jedem Rechtsstreit, der nach Art. IX ÖlHÜ 1992 bei einem zuständigen Gericht des betreffenden Staates gegen den Eigentümer bzw. den Versicherer anhängig gemacht worden ist, als Nebenintervenient beizutreten. Grundsätzlich ist nach Art. 7 Abs. 1 ÖlFÜProt 2003, Art. 7 Abs. 5 ÖlFÜ 1992 der Zusatzfonds durch Urteile und Entscheidungen, die in Verfahren zwischen dem Geschädigten und dem Eigentümer bzw. dem Versicherer ergehen, oder an Vergleiche im Rahmen dieser Verfahren nicht gebunden. An dieser Stelle

macht Art. 7 Abs. 1 ÖlFÜProt 2003, Art. 7 Abs. 6 ÖlFÜ 1992 eine Ausnahme. Ist vor einem zuständigen Gericht eines Vertragsstaates des ÖlFÜ 1992 gegen einen Eigentümer oder seinen Versicherer eine Klage zur Verfolgung von Ansprüchen wegen Ölverschmutzungsschäden anhängig gemacht worden, kann jede Partei dem Zusatzfonds den Streit verkünden, wenn dies in dem Prozessrecht des betreffenden Staates vorgesehen ist. Erfolgt eine ordnungsgemäße Streitverkündung, kann nach Maßgabe des Art. 7 Abs. 1 ÖlFÜProt 2003, Art. 7 Abs. 6 Satz 2 ÖlFÜ 1992 zu Lasten des Zusatzfonds eine Bindungswirkung eintreten, unabhängig davon, ob der Zusatzfonds tatsächlich den Beitritt zu dem Verfahren erklärt hat.

Jedes Urteil gegen den Zusatzfonds, das von einem nach Art. 7 ÖlFÜProt 2003 zuständigen Gericht erlassen wurde, wird in jedem Vertragsstaat (des ÖlFÜProt 2003) anerkannt und ist nach den in Art. X ÖlHÜ 1992 vorgeschriebenen Bedingungen vollstreckbar, wenn es im Ursprungsstaat vollstreckbar geworden ist und in diesem Staat nicht mehr mit ordentlichen Rechtsmittel angefochten werden kann; siehe hierzu die Hinweise zu Art. X ÖlHÜ 1992. Die Anerkennung bzw. Vollstreckung der Entscheidung steht nach Art. 8 Abs. 1 ÖlFÜProt 2003 unter dem Vorbehalt der Haftungsbeschränkung nach Art. 4 Abs. 3 ÖlFÜProt 2003. **22**

Art. 8 Abs. 2 ÖlFÜProt 2003 erlaubt den Vertragsstaaten ausdrücklich, andere Regelungen als die des Abs. 1 für die Anerkennung und Vollstreckung von Urteilen anzuwenden. Dies gilt unter dem Vorbehalt, dass sichergestellt ist, dass die Urteile mindestens in gleichem Umfange wie nach Art. 9 Abs. 1 ÖlFÜProt 2003 anerkannt und vollstreckt werden. Diese Regelung gab es im ÖlFÜ 1992 noch nicht. Sie zielt ersichtlich darauf ab, den besonderen Gegebenheiten über die Anerkennung und Vollstreckung von Urteilen innerhalb der Mitgliedsstaaten der EU Rechnung zu tragen. Der Vorbehalt des Art. 9 Abs. 2 ÖlFÜProt 2003 nimmt die (später eingeführte) Regelung des Art. 71 Abs. 2 Satz 2 EuGVV 2012 vorweg. Danach kann die Anerkennung und Vollstreckung eines Urteils des Gerichts eines Mitgliedstaates gegen den Zusatzfonds auch nach Maßgabe und unter den erleichterten Voraussetzungen der Art. 36 ff. EuGVV 2012 erfolgen. **23**

Die Vertragsstaaten dieses Protokolls –
eingedenk des Internationalen Übereinkommens von 1992 über die zivilrechtliche Haftung für Ölverschmutzungsschäden (im Folgenden „das Haftungsübereinkommen von 1992"), im Hinblick auf das Internationale Übereinkommen über die Errichtung eines Internationalen Fonds zur Entschädigung für Ölverschmutzungsschäden (im Folgenden „das Fondsübereinkommen von 1992"),

in Bestätigung dessen, dass es wichtig ist, die Brauchbarkeit der internationalen Regelungen über die Haftung und Entschädigung für Ölverschmutzungsschäden zu erhalten,

unter Hinweis darauf, dass die höchste nach dem Fondsübereinkommen von 1992 zu leistende Entschädigung möglicherweise nicht ausreicht, unter bestimmten Umständen den Entschädigungsbedarf in einigen Vertragsstaaten des Übereinkommens zu decken,

in der Erkenntnis, dass eine Reihe von Vertragsstaaten des Haftungsübereinkommens von 1992 und des Fondsübereinkommens von 1992 es für dringend notwendig erachten, durch Schaffung einer Zusatzregelung, der die Staaten, wenn sie es wünschen, beitreten können, zusätzliche Mittel für die Entschädigung bereitzustellen,

in der Überzeugung, dass die Zusatzregelung sicherstellen soll, dass von Ölverschmutzungsschäden Betroffene für ihren Verlust oder Schaden voll entschä-

digt werden und dass sie die Schwierigkeiten für die Betroffenen in den Fällen mildern soll, in denen die Gefahr besteht, dass der nach dem Haftungsübereinkommen von 1992 und dem Fondsübereinkommen von 1992 verfügbare Entschädigungsbetrag nicht ausreicht, um festgestellte Ansprüche in voller Höhe zu befriedigen, und infolgedessen der Internationale Entschädigungsfonds von 1992 für Ölverschmutzungsschäden vorläufig entschieden hat, nur einen Teil eines festgestellten Anspruchs zu zahlen,

in der Erwägung, dass der Beitritt zu der Zusatzregelung nur den Vertragsstaaten des Fondsübereinkommens von 1992 offen stehen soll –

sind wie folgt übereingekommen:

Allgemeine Bestimmungen

Artikel 1

Im Sinne dieses Protokolls haben die nachstehenden Ausdrücke folgende Bedeutung:
1. „Haftungsübereinkommen von 1992" bedeutet das Internationale Übereinkommen von 1992 über die zivilrechtliche Haftung für Ölverschmutzungsschäden.
2. „Fondsübereinkommen von 1992" bedeutet das Internationale Übereinkommen von 1992 über die Errichtung eines Internationalen Fonds zur Entschädigung für Ölverschmutzungsschäden.
3. „Fonds von 1992" bedeutet den nach dem Fondsübereinkommen von 1992 errichteten Internationalen Entschädigungsfonds von 1992 für Ölverschmutzungsschäden.
4. „Vertragsstaat" bedeutet Vertragsstaat dieses Protokolls, wenn nichts anderes angegeben ist.
5. Soweit Bestimmungen des Fondsübereinkommens von 1992 durch Bezugnahme in dieses Protokoll eingefügt werden, bedeutet „Fonds" im Übereinkommen „Zusatzfonds", wenn nichts anderes angegeben ist.
6. „Schiff", „Person", „Eigentümer", „Öl", „Verschmutzungsschäden", „Schutzmaßnahmen" und „Ereignis" haben dieselbe Bedeutung wie in Artikel I des Haftungsübereinkommens von 1992.
7. „Beitragspflichtiges Öl", „Rechnungseinheit", „Tonne", „Sicherheitsgeber" und „Umschlagplatz" haben dieselbe Bedeutung wie in Artikel 1 des Fondsübereinkommens von 1992, wenn nichts anderes angegeben ist.
8. „Festgestellter Anspruch" bedeutet einen Anspruch, der vom Fonds von 1992 anerkannt oder durch einen für den Fonds von 1992 verbindlichen Beschluss eines zuständigen Gerichts, der nicht den gewöhnlichen Formen der Überprüfung unterliegt, als zulässig angenommen worden ist und für den in voller Höhe Entschädigung gezahlt worden wäre, wenn die in Artikel 4 Absatz 4 des Fondsübereinkommens von 1992 festgelegte Begrenzung nicht auf das betreffende Ereignis angewendet worden wäre.
9. „Versammlung" bedeutet die Versammlung des Internationalen Zusatzentschädigungsfonds von 2003 für Ölverschmutzungsschäden, wenn nichts anderes angegeben ist.
10. „Organisation" bedeutet die Internationale Seeschifffahrtsorganisation.
11. „Generalsekretär" bedeutet den Generalsekretär der Organisation.

Artikel 2

(1) Hiermit wird ein „Internationaler Zusatzentschädigungsfonds von 2003 für Ölverschmutzungsschäden" genannter und im Folgenden als „Zusatzfonds" bezeichneter internationaler Zusatzentschädigungsfonds für Ölverschmutzungsschäden errichtet.

(2) ¹Der Zusatzfonds wird in jedem Vertragsstaat als juristische Person anerkannt, die nach den Rechtsvorschriften dieses Staates rechtsfähig und bei Rechtsstreitigkeiten vor den Gerichten dieses Staates parteifähig ist. ²Jeder Vertragsstaat erkennt den Direktor des Zusatzfonds (im Folgenden als „Direktor" bezeichnet) als gesetzlichen Vertreter des Zusatzfonds an.

Artikel 3

Dieses Protokoll gilt ausschließlich
a) für Verschmutzungsschäden, die verursacht worden sind
   i) im Hoheitsgebiet einschließlich des Küstenmeers eines Vertragsstaats und
   ii) in der nach Völkerrecht festgelegten ausschließlichen Wirtschaftszone eines Vertragsstaats oder, wenn ein Vertragsstaat eine solche Zone nicht festgelegt hat, in einem jenseits des Küstenmeers dieses Staates gelegenen, an dieses angrenzenden Gebiet, das von diesem Staat nach Völkerrecht festgelegt wird und sich nicht weiter als 200 Seemeilen von den Basislinien erstreckt, von denen aus die Breite seines Küstenmeers gemessen wird;
b) für Schutzmaßnahmen zur Verhütung oder Einschränkung dieser Schäden, gleichviel wo sie getroffen worden sind.

Zusatzentschädigung

Artikel 4

(1) Der Zusatzfonds zahlt jedem, der Verschmutzungsschäden erlitten hat, eine Entschädigung, wenn der Betreffende nach dem Fondsübereinkommen von 1992 nicht voll und angemessen für einen festgestellten Anspruch in Bezug auf den Schaden entschädigt werden konnte, weil der Gesamtschaden die in Artikel 4 Absatz 4 des Fondsübereinkommens von 1992 festgelegte Begrenzung der Entschädigung für ein einzelnes Ereignis übersteigt oder zu übersteigen droht.

(2)
a) Der Gesamtbetrag der vom Zusatzfonds nach diesem Artikel für ein einzelnes Ereignis zu zahlenden Entschädigung ist so begrenzt, dass die Gesamtsumme aus diesem Betrag und dem Betrag, der nach dem Haftungsübereinkommen von 1992 und dem Fondsübereinkommen von 1992 innerhalb des Anwendungsbereichs dieses Protokolls tatsächlich gezahlt worden ist, 750 Millionen Rechnungseinheiten nicht überschreitet.
b) Der in Buchstabe a genannte Betrag von 750 Millionen Rechnungseinheiten wird in die Landeswährung entsprechend dem Wert dieser Währung gegenüber dem Sonderziehungsrecht an dem Tag umgerechnet, den die Versammlung des Fonds von 1992 für die Umrechnung des nach dem Haftungsübereinkommen von 1992 und dem Fondsübereinkommen von 1992 zu zahlenden Höchstbetrags bestimmt.

(3) Überschreitet der Betrag der festgestellten Ansprüche gegen den Zusatzfonds die nach Absatz 2 zu zahlende Gesamtsumme der Entschädigung, so wird der zur Verfügung stehende Betrag so aufgeteilt, dass jeweils das Verhältnis zwischen dem festgestellten Anspruch und dem Entschädigungsbetrag, den der Geschädigte nach diesem Protokoll tatsächlich erhalten hat, für alle Geschädigten dasselbe ist.

(4) Der Zusatzfonds zahlt Entschädigung für festgestellte Ansprüche, wie sie in Artikel 1 Absatz 8 definiert sind, und zwar nur für derartige Ansprüche.

Artikel 5

[1]Der Zusatzfonds zahlt Entschädigung, wenn die Versammlung des Fonds von 1992 der Meinung ist, dass der Gesamtbetrag der festgestellten Ansprüche die Gesamtsumme der nach Artikel 4 Absatz 4 des Fondsübereinkommens von 1992 zur Verfügung stehenden Entschädigung überschreitet oder zu überschreiten droht, und infolgedessen die Versammlung des Fonds von 1992 vorläufig oder abschließend entschieden hat, dass Zahlungen nur für einen Teil eines festgestellten Anspruchs geleistet werden. [2]Die Versammlung des Zusatzfonds entscheidet dann, ob und in welchem Umfang der Zusatzfonds den nicht nach dem Haftungsübereinkommen von 1992 und dem Fondsübereinkommen von 1992 gezahlten Teil eines festgestellten Anspruchs zahlt.

Artikel 6

(1) Vorbehaltlich des Artikels 15 Absätze 2 und 3 erlöschen Ansprüche auf Entschädigung gegen den Zusatzfonds nur dann, wenn sie nach Artikel 6 des Fondsübereinkommens von 1992 gegen den Fonds von 1992 erlöschen.

(2) Ein von einem Geschädigten gegen den Fonds von 1992 geltend gemachter Anspruch gilt als ein vom selben Geschädigten gegen den Zusatzfonds geltend gemachter Anspruch.

Artikel 7

(1) Die Bestimmungen des Artikels 7 Absätze 1, 2, 4, 5 und 6 des Fondsübereinkommens von 1992 finden auf Klagen wegen Entschädigung Anwendung, die nach Artikel 4 Absatz 1 dieses Protokolls gegen den Zusatzfonds anhängig gemacht werden.

(2) [1]Ist bei einem nach Artikel IX des Haftungsübereinkommens von 1992 zuständigen Gericht eine Klage auf Entschädigung für Verschmutzungsschäden gegen den Eigentümer eines Schiffes oder seinen Sicherheitsgeber anhängig gemacht worden, so ist dieses Gericht ausschließlich zuständig für alle Klagen gegen den Zusatzfonds auf Entschädigung nach Artikel 4 dieses Protokolls wegen dieser Schäden. [2]Ist jedoch eine Klage auf Entschädigung für Verschmutzungsschäden nach dem Haftungsübereinkommen von 1992 bei einem Gericht eines Staates anhängig gemacht worden, der Vertragsstaat des Haftungsübereinkommens von 1992, nicht jedoch dieses Protokolls ist, so steht es dem Kläger frei, eine Klage gegen den Zusatzfonds nach Artikel 4 dieses Protokolls entweder bei einem Gericht des Staates, in dem der Zusatzfonds seinen Sitz hat, oder bei einem nach Artikel IX des Haftungsübereinkommens von 1992 zuständigen Gericht eines Vertragsstaats dieses Protokolls anhängig zu machen.

(3) Ist eine Klage auf Entschädigung für Verschmutzungsschäden gegen den Fonds von 1992 bei einem Gericht eines Staates anhängig gemacht worden, der Vertragsstaat des Haftungsübereinkommens von 1992, nicht jedoch dieses Protokolls ist, so steht es ungeachtet des Absatzes 1 dem Kläger frei, eine damit zusammenhängende Klage gegen den Zusatzfonds entweder bei einem Gericht des Staates, in dem der Zusatzfonds seinen Sitz hat, oder bei einem nach Absatz 1 zuständigen Gericht eines Vertragsstaats anhängig zu machen.

Artikel 8

(1) Vorbehaltlich einer Entscheidung über die in Artikel 4 Absatz 3 dieses Protokolls erwähnte Verteilung wird jedes Urteil gegen den Zusatzfonds, das von einem nach Artikel 7 dieses Protokolls zuständigen Gericht erlassen wurde, in jedem Vertragsstaat anerkannt und nach den in Artikel X des Haftungsübereinkommens von 1992 vorgeschriebenen Bedingungen vollstreckbar, wenn es im Ursprungsstaat vollstreckbar geworden ist und in diesem Staat nicht mehr mit ordentlichen Rechtsmitteln angefochten werden kann.

(2) Ein Vertragsstaat kann andere Regeln für die Anerkennung und Vollstreckung von Urteilen anwenden, vorausgesetzt, damit ist sichergestellt, dass Urteile mindestens im gleichen Umfang wie nach Absatz 1 anerkannt und vollstreckt werden.

Artikel 9

(1) Der Zusatzfonds tritt bezüglich aller Entschädigungsbeträge für Verschmutzungsschäden, die von ihm nach Artikel 4 Absatz 1 dieses Protokolls gezahlt worden sind, in die dem Empfänger der Entschädigung gegenüber dem Eigentümer oder seinem Sicherheitsgeber nach dem Haftungsübereinkommen von 1992 zustehenden Rechte ein.

(2) Der Zusatzfonds tritt in die dem Empfänger der Entschädigung gegenüber dem Fonds von 1992 nach dem Fondsübereinkommen von 1992 zustehenden Rechte ein.

(3) [1]Dieses Protokoll beeinträchtigt nicht etwaige Rückgriffs- oder Eintrittsrechte des Zusatzfonds gegenüber anderen als den in den Absätzen 1 und 2 genannten Personen. [2]In jedem Fall ist das Recht des Zusatzfonds, in Rechte gegen solche Personen einzutreten, nicht geringer als das eines Versicherers des Empfängers einer Entschädigung.

(4) Unbeschadet etwaiger anderer Eintritts- oder Rückgriffsrechte gegen den Zusatzfonds treten Vertragsstaaten oder deren Stellen, die nach innerstaatlichem Recht Entschädigung für Verschmutzungsschäden gezahlt haben, in die Rechte ein, die dem Entschädigungsempfänger nach diesem Protokoll zugestanden hätten.

Beiträge

Artikel 10

(1) Jahresbeiträge zum Zusatzfonds werden für jeden Vertragsstaat von allen Personen erbracht, die in dem in Artikel 11 Absatz 2 Buchstabe a oder b erwähnten Kalenderjahr insgesamt mehr als 150.000 Tonnen

a) beitragspflichtiges Öl in Häfen oder Umschlagplätzen im Hoheitsgebiet dieses Staates erhalten haben, das auf dem Seeweg zu diesen Häfen oder Umschlagplätzen befördert worden ist, und
b) beitragspflichtiges Öl in Anlagen, die im Hoheitsgebiet dieses Vertragsstaats liegen, erhalten haben, das auf dem Seeweg befördert und in einem Hafen oder Umschlagplatz eines Nichtvertragsstaats gelöscht worden ist, wobei beitragspflichtiges Öl nach dieser Vorschrift nur bei der ersten Entgegennahme in einem Vertragsstaat nach seiner Löschung in dem Nichtvertragsstaat berücksichtigt wird.

(2) Die Bestimmungen des Artikels 10 Absatz 2 des Fondsübereinkommens von 1992 finden Anwendung in Bezug auf die Verpflichtung, Beiträge an den Zusatzfonds zu zahlen.

Artikel 11

(1) Zur Ermittlung des gegebenenfalls zu zahlenden Jahresbeitrags erstellt die Versammlung unter Berücksichtigung der Tatsache, dass stets ausreichend flüssige Mittel vorhanden sein müssen, für jedes Kalenderjahr einen Voranschlag in Form eines Haushaltsplans über

i) Ausgaben
   a) Unkosten und Ausgaben für die Verwaltung des Zusatzfonds im betreffenden Jahr sowie etwaige Fehlbeträge aus den vorangegangenen Jahren;
   b) Zahlungen des Zusatzfonds im betreffenden Jahr zur Befriedigung von Ansprüchen gegen den Zusatzfonds nach Artikel 4, einschließlich Rückzahlungen auf Darlehen, die der Zusatzfonds zur Befriedigung solcher Ansprüche aufgenommen hatte;

ii) Einnahmen
   a) Überschüsse aus der Tätigkeit vorangegangener Jahre, einschließlich etwaiger Zinsen;
   b) Jahresbeiträge, falls zur Ausgleichung des Haushalts erforderlich;
   c) sonstige Einnahmen.

(2) ¹Die Versammlung setzt den Gesamtbetrag der zu erhebenden Beiträge fest. ²Auf der Grundlage dieses Beschlusses errechnet der Direktor in Bezug auf jeden Vertragsstaat für jede in Artikel 10 genannte Person die Höhe ihres Jahresbeitrags wie folgt:
a) soweit der Betrag der Befriedigung der in Absatz 1 Ziffer i Buchstabe a genannten Verpflichtungen dient, unter Zugrundelegung eines festen Betrags für jede Tonne beitragspflichtigen Öls, das eine solche Person in dem betreffenden Staat während des vorangegangenen Kalenderjahrs erhalten hat, und
b) soweit der Betrag der Befriedigung der in Absatz 1 Ziffer i Buchstabe b genannten Verpflichtungen dient, unter Zugrundelegung eines festen Betrags für jede Tonne beitragspflichtigen Öls, das eine solche Person während des Kalenderjahrs erhalten hat, das dem Jahr, in dem sich das fragliche Ereignis zugetragen hat, vorangegangen ist, sofern der Staat zur Zeit des Ereignisses Vertragsstaat dieses Protokolls war.

(3) Die in Absatz 2 genannten Beträge werden errechnet, indem die Gesamtsumme der zu entrichtenden Beiträge durch die Gesamtsumme des in allen Vertragsstaaten im betreffenden Jahr erhaltenen beitragspflichtigen Öls geteilt wird.

(4) ¹Der Jahresbeitrag ist zu dem in der Geschäftsordnung des Zusatzfonds festzulegenden Termin fällig. ²Die Versammlung kann einen anderen Zahlungstermin festsetzen.

(5) Die Versammlung kann unter Voraussetzungen, die in der Finanzordnung des Zusatzfonds festzulegen sind, beschließen, zwischen den nach Absatz 2 Buchstabe a und den nach Absatz 2 Buchstabe b eingenommenen Beträgen Übertragungen vorzunehmen.

Artikel 12

(1) Die Bestimmungen von Artikel 13 des Fondsübereinkommens von 1992 finden Anwendung auf die Beiträge zum Zusatzfonds.

(2) Ein Vertragsstaat kann nach dem in Artikel 14 des Fondsübereinkommens von 1992 beschriebenen Verfahren selbst die Verpflichtung übernehmen, Beiträge zum Zusatzfonds zu entrichten.

Artikel 13

(1) Die Vertragsstaaten machen dem Direktor des Zusatzfonds Mitteilung über erhaltenes Öl in Übereinstimmung mit Artikel 15 des Fondsübereinkommens von 1992, wobei jedoch Mitteilungen an den Direktor des Fonds von 1992 nach Artikel 15 Absatz 2 des Fondsübereinkommens von 1992 so angesehen werden, als seien sie auch nach diesem Protokoll gemacht worden.

(2) ¹Erfüllt ein Vertragsstaat nicht seine Verpflichtung, dem Direktor die in Absatz 1 bezeichnete Mitteilung zu machen, und ergibt sich daraus für den Zusatzfonds ein finanzieller Verlust, so ist dieser Vertragsstaat verpflichtet, den Zusatzfonds für diesen Verlust zu entschädigen. ²Die Versammlung beschließt auf Empfehlung des Direktors des Zusatzfonds, ob diese Entschädigung von dem betreffenden Vertragsstaat zu zahlen ist.

Artikel 14

(1) Ungeachtet des Artikels 10 wird für die Zwecke dieses Protokolls angenommen, dass jeder Vertragsstaat mindestens 1.000.000 Tonnen beitragspflichtiges Öl in Empfang nimmt.

(2) Ist die Gesamtmenge des in einem Vertragsstaat in Empfang genommenen beitragspflichtigen Öls geringer als 1.000.000 Tonnen, so übernimmt der Vertragsstaat die Verpflichtungen, die nach diesem Protokoll einer Person obliegen würden, die für im Hoheitsgebiet dieses Vertragsstaats in Empfang genommenes beitragspflichtiges Öl dem Zusatzfonds gegenüber beitragspflichtig wäre, soweit für die Gesamtmenge in Empfang genommenen Öls kein Beitragspflichtiger festzustellen ist.

Artikel 15

(1) Gibt es in einem Vertragsstaat keine Person, welche die Voraussetzungen des Artikels 10 erfüllt, so macht dieser Vertragsstaat dem Direktor des Zusatzfonds für die Zwecke dieses Protokolls davon Mitteilung.

(2) ¹Der Zusatzfonds zahlt nur dann Entschädigung für Verschmutzungsschäden im Hoheitsgebiet, im Küstenmeer oder in einer nach Artikel 3 Buchstabe a Zif-

fer ii bestimmten Wirtschaftszone oder in einem danach bestimmten Gebiet eines Vertragsstaats in Bezug auf ein bestimmtes Ereignis oder für Schutzmaßnahmen zur Verhütung oder Einschränkung dieser Schäden, gleichviel wo sie getroffen worden sind, wenn die Verpflichtung zur Mitteilung an den Direktor des Zusatzfonds nach Artikel 13 Absatz 1 und Absatz 1 dieses Artikels in Bezug auf diesen Vertragsstaat für alle dem betreffenden Ereignis vorausgehenden Jahre erfüllt worden ist. ²Die Versammlung legt in der Geschäftsordnung fest, unter welchen Umständen davon auszugehen ist, dass ein Vertragsstaat seine Verpflichtungen nicht erfüllt hat.

(3) Ist Entschädigung nach Absatz 2 vorläufig versagt worden, wird sie für das betreffende Ereignis auf Dauer versagt, wenn die Verpflichtung zur Mitteilung an den Direktor des Zusatzfonds nach Artikel 13 Absatz 1 und Absatz 1 dieses Artikels nicht innerhalb eines Jahres ab dem Zeitpunkt, in dem der Direktor des Zusatzfonds den Vertragsstaat auf dessen Versäumnis hingewiesen hat, erfüllt worden ist.

(4) Fällige Beitragszahlungen an den Zusatzfonds werden mit der dem Schuldner oder den Beauftragten des Schuldners zustehenden Entschädigung verrechnet.

Organisation und Verwaltung

Artikel 16

(1) Der Zusatzfonds hat eine Versammlung und ein von einem Direktor geleitetes Sekretariat.

(2) Die Artikel 17 bis 20 und 28 bis 33 des Fondsübereinkommens von 1992 finden Anwendung auf die Versammlung, das Sekretariat und den Direktor des Zusatzfonds.

(3) Artikel 34 des Fondsübereinkommens von 1992 findet Anwendung auf den Zusatzfonds.

Artikel 17

(1) Das Sekretariat des Fonds von 1992 und der Direktor, der es leitet, können auch als Sekretariat und Direktors des Zusatzfonds tätig sein.

(2) Sind nach Absatz 1 das Sekretariat und der Direktor des Fonds von 1992 auch als Sekretariat und als Direktor des Zusatzfonds tätig, so wird der Zusatzfonds bei Interessenkollisionen zwischen dem Fonds von 1992 und dem Zusatzfonds durch den Vorsitzenden der Versammlung vertreten.

(3) Der Direktor des Zusatzfonds, das von ihm ernannte Personal und die von ihm bestimmten Sachverständigen werden bei der Erfüllung ihrer Pflichten nach diesem Protokoll und nach dem Fondsübereinkommen von 1992 nicht so angesehen, als verstießen sie gegen die Bestimmungen von Artikel 30 des Fondsübereinkommens von 1992 in der Anwendung durch Artikel 16 Absatz 2 dieses Protokolls, soweit sie ihre Pflichten im Einklang mit diesem Artikel erfüllen.

(4) ¹Die Versammlung bemüht sich, keine Beschlüsse zu fassen, die mit Beschlüssen der Versammlung des Fonds von 1992 unvereinbar sind. ²Kommt es zu Meinungsverschiedenheiten bezüglich gemeinsamer Verwaltungsfragen, so versucht die Versammlung, im Geiste der Zusammenarbeit und unter Beachtung der gemeinsamen Ziele beider Organisationen Einvernehmen mit der Versammlung des Fonds von 1992 herzustellen.

(5) Der Zusatzfonds erstattet dem Fonds von 1992 alle Kosten und Auslagen für Verwaltungsdienstleistungen, die der Fonds von 1992 im Namen des Zusatzfonds erbracht hat.

Artikel 18
Übergangsvorschriften

(1) Vorbehaltlich des Absatzes 4 darf der Gesamtbetrag der Jahresbeiträge, die für beitragspflichtiges Öl, das in einem einzelnen Vertragsstaat während eines Kalenderjahrs in Empfang genommen wurde, zu zahlen sind, 20 v.H. des Gesamtbetrags der Jahresbeiträge gemäß diesem Protokoll für dieses Kalenderjahr nicht überschreiten.

(2) Würde die Anwendung des Artikels 11 Absätze 2 und 3 dazu führen, dass der Gesamtbetrag der von Beitragspflichtigen in einem einzelnen Vertragsstaat für ein bestimmtes Kalenderjahr zu zahlenden Beiträge 20 v.H. der gesamten Jahresbeiträge überschreitet, so werden die von allen Beitragspflichtigen in diesem Staat zu zahlenden Beiträge anteilig so herabgesetzt, dass ihre Beiträge insgesamt 20 v.H. der gesamten Jahresbeiträge an den Zusatzfonds für dieses Jahr entsprechen.

(3) Werden die von Personen in einem bestimmten Vertragsstaat zu zahlenden Beiträge nach Absatz 2 herabgesetzt, so werden die von Personen in allen anderen Vertragsstaaten zu zahlenden Beiträge anteilig erhöht, um sicherzustellen, dass der Gesamtbetrag der Beiträge, die von allen zur Zahlung von Beiträgen an den Zusatzfonds verpflichteten Personen für das betreffende Kalenderjahr zu zahlen sind, den von der Versammlung beschlossenen Gesamtbetrag der Beiträge erreicht.

(4) Die Absätze 1 bis 3 finden Anwendung, bis die Gesamtmenge des in allen Vertragsstaaten in einem Kalenderjahr in Empfang genommenen beitragspflichtigen Öls, einschließlich der in Artikel 14 Absatz 1 genannten Mengen, 1.000 Millionen Tonnen erreicht hat oder bis ein Zeitraum von zehn Jahren nach dem Inkrafttreten dieses Protokolls verstrichen ist, je nachdem, welcher Zeitpunkt früher liegt.

Schlussbestimmungen

Artikel 19
Unterzeichnung, Ratifikation, Annahme, Genehmigung und Beitritt

(1) Dieses Protokoll liegt vom 31. Juli 2003 bis zum 30. Juli 2004 in London zur Unterzeichnung auf.

(2) Die Staaten können ihre Zustimmung, durch dieses Protokoll gebunden zu sein, ausdrücken,
a) indem sie es ohne Vorbehalt der Ratifikation, Annahme oder Genehmigung unterzeichnen,
b) indem sie es vorbehaltlich der Ratifikation, Annahme oder Genehmigung unterzeichnen und später ratifizieren, annehmen oder genehmigen, oder
c) indem sie ihm beitreten.

(3) Nur Vertragsstaaten des Fondsübereinkommens von 1992 können Vertragsstaat dieses Protokolls werden.

(4) Die Ratifikation, die Annahme, die Genehmigung oder der Beitritt erfolgt durch Hinterlegung einer entsprechenden Urkunde beim Generalsekretär.

Artikel 20
Mitteilung über beitragspflichtiges Öl

Bevor dieses Protokoll für einen Staat in Kraft tritt, teilt dieser bei der Unterzeichnung nach Artikel 19 Absatz 2 Buchstabe a oder bei der Hinterlegung einer der in Artikel 19 Absatz 4 bezeichneten Urkunden und danach jährlich in einem vom Generalsekretär zu bestimmenden Tag dem Generalsekretär Namen und Anschrift aller Personen mit, die hinsichtlich dieses Staates verpflichtet wären, nach Artikel 10 Beiträge zum Fonds zu leisten, und macht Angaben über die maßgeblichen Mengen beitragspflichtigen Öls, die diese Personen im Hoheitsgebiet dieses Staates während des vorangegangenen Kalenderjahrs erhalten haben.

Artikel 21
Inkrafttreten

(1) Dieses Protokoll tritt drei Monate nach dem Tag in Kraft, an dem folgende Voraussetzungen erfüllt sind:
a) Mindestens acht Staaten haben das Protokoll ohne Vorbehalt der Ratifikation, Annahme oder Genehmigung unterzeichnet oder eine Ratifikations-, Annahme-, Genehmigungs- oder Beitrittsurkunde beim Generalsekretär hinterlegt, und
b) der Generalsekretär hat vom Direktor des Fonds von 1992 die Mitteilung erhalten, dass diejenigen Personen, die nach Artikel 10 Beiträge zu leisten hätten, während des vorangegangenen Kalenderjahrs eine Gesamtmenge von mindestens 450 Millionen Tonnen beitragspflichtigen Öls einschließlich der in Artikel 14 Absatz 1 genannten Mengen erhalten haben.

(2) Für jeden Staat, der dieses Protokoll ohne Vorbehalt der Ratifikation, Annahme oder Genehmigung unterzeichnet oder dieses Protokoll ratifiziert, annimmt, genehmigt oder ihm beitritt, nachdem die Voraussetzungen in Absatz 1 für das Inkrafttreten erfüllt sind, tritt das Protokoll drei Monate nach dem Tag in Kraft, an dem dieser Staat die entsprechende Urkunde hinterlegt hat.

(3) Ungeachtet der Absätze 1 und 2 tritt dieses Protokoll für einen Staat erst dann in Kraft, wenn das Fondsübereinkommen von 1992 für den betreffenden Staat in Kraft getreten ist.

Artikel 22
Erste Tagung der Versammlung

[1]Der Generalsekretär beruft die erste Tagung der Versammlung ein. [2]Diese Tagung findet so bald wie möglich nach Inkrafttreten dieses Protokolls und in jedem Fall nicht später als dreißig Tage nach dem Inkrafttreten statt.

Artikel 23
Revision und Änderung

(1) Die Organisation kann eine Konferenz zur Revision oder Änderung dieses Protokolls einberufen.

(2) Die Organisation hat eine Konferenz der Vertragsstaaten zur Revision oder Änderung des Protokolls einzuberufen, wenn mindestens ein Drittel der Vertragsstaaten dies verlangt.

Artikel 24
Änderung der Entschädigungshöchstbeträge

(1) Auf Ersuchen von mindestens einem Viertel der Vertragsstaaten wird jeder Vorschlag zur Änderung der Entschädigungshöchstbeträge, die in Artikel 4 Absatz 2 Buchstabe a vorgesehen sind, vom Generalsekretär allen Mitgliedern der Organisation und allen Vertragsstaaten übermittelt.

(2) Jede vorgeschlagene und auf die obige Weise übermittelte Änderung wird dem Rechtsausschuss der Organisation frühestens sechs Monate nach dem Tag der Übermittlung zur Beratung vorgelegt.

(3) Alle Vertragsstaaten dieses Protokolls, gleichviel ob sie Mitglieder der Organisation sind oder nicht, sind berechtigt, an dem Verfahren des Rechtsausschusses zur Beratung von Änderungen und zur Beschlussfassung darüber teilzunehmen.

(4) Änderungen sind mit Zweidrittelmehrheit der Vertragsstaaten zu beschließen, die in dem nach Absatz 3 erweiterten Rechtsausschuss anwesend sind und an der Abstimmung teilnehmen, vorausgesetzt, dass mindestens die Hälfte der Vertragsstaaten bei der Abstimmung anwesend ist.

(5) Bei der Beratung eines Vorschlags zur Änderung der Höchstbeträge hat der Ausschuss die aus Ereignissen gewonnenen Erfahrungen und insbesondere den Umfang der daraus entstandenen Schäden sowie die Geldwertveränderungen zu berücksichtigen.

(6)
a) Eine Änderung der Höchstbeträge auf Grund dieses Artikels darf nicht vor Inkrafttreten dieses Protokolls und frühestens drei Jahre nach dem Tag des Inkrafttretens einer früheren Änderung auf Grund dieses Artikels beraten werden.
b) Ein Höchstbetrag darf nicht so weit erhöht werden, dass er einen Betrag übersteigt, der dem in diesem Protokoll festgesetzten Höchstbetrag entspricht, zuzüglich 6 v.H. pro Jahr, errechnet nach dem Zinseszinsprinzip von dem Tag, an dem dieses Protokoll zur Unterzeichnung aufgelegt wird, bis zum Tag des Inkrafttretens des Beschlusses des Rechtsausschusses.
c) Ein Höchstbetrag darf nicht so weit erhöht werden, dass er einen Betrag übersteigt, der dem Dreifachen des in diesem Protokoll festgesetzten Höchstbetrags entspricht.

(7) ¹Die Organisation notifiziert allen Vertragsstaaten jede nach Absatz 4 beschlossene Änderung. ²Die Änderung gilt nach Ablauf einer Frist von zwölf Monaten nach dem Tag der Notifikation als angenommen, sofern nicht innerhalb dieser Frist mindestens ein Viertel der Staaten, die zur Zeit der Beschlussfassung über die Änderung durch den Rechtsausschuss Vertragsstaaten waren, der Organisation mitgeteilt haben, dass sie die Änderung nicht annehmen; in diesem Fall ist die Änderung abgelehnt und wird nicht wirksam.

(8) Eine nach Absatz 7 als angenommen geltende Änderung tritt zwölf Monate nach ihrer Annahme in Kraft.

(9) ¹Alle Vertragsstaaten sind durch die Änderungen gebunden, sofern sie nicht dieses Protokoll nach Artikel 26 Absätze 1 und 2 spätestens sechs Monate vor Inkrafttreten der Änderung kündigen. ²Die Kündigung wird mit Inkrafttreten der Änderung wirksam.

(10) ¹Ist eine Änderung vom Rechtsausschuss beschlossen worden, die Frist von zwölf Monaten für ihre Annahme jedoch noch nicht abgelaufen, so ist ein

Staat, der während dieser Frist Vertragsstaat wird, durch die Änderung gebunden, falls sie in Kraft tritt. ²Ein Staat, der nach Ablauf dieser Frist Vertragsstaat wird, ist durch eine Änderung, die nach Absatz 7 angenommen worden ist, gebunden. ³In den in diesem Absatz genannten Fällen ist ein Staat durch eine Änderung gebunden, sobald diese Änderung in Kraft tritt oder sobald dieses Protokoll für diesen Staat in Kraft tritt, falls dieser Zeitpunkt später liegt.

Artikel 25
Protokolle zum Fondsübereinkommen von 1992

(1) ¹Sind die im Fondsübereinkommen von 1992 festgesetzten Höchstbeträge durch ein Protokoll zu jenem Übereinkommen erhöht worden, so kann der in Artikel 4 Absatz 2 Buchstabe a festgesetzte Höchstbetrag um denselben Betrag nach dem in Artikel 24 vorgesehenen Verfahren erhöht werden. ²Die Bestimmungen von Artikel 24 Absatz 6 finden in diesen Fällen keine Anwendung.

(2) Ist das in Absatz 1 genannte Verfahren angewandt worden, so wird jede spätere Änderung des in Artikel 4 Absatz 2 festgesetzten Höchstbetrags in Anwendung des Verfahrens nach Artikel 24 für die Zwecke des Artikels 24 Absatz 6 Buchstaben b und c auf der Grundlage des neuen, nach Absatz 1 erhöhten Höchstbetrags errechnet.

Artikel 26
Kündigung

(1) Dieses Protokoll kann von jedem Vertragsstaat jederzeit gekündigt werden, nachdem es für den betreffenden Staat in Kraft getreten ist.

(2) Die Kündigung erfolgt durch Hinterlegung einer Urkunde beim Generalsekretär.

(3) Eine Kündigung wird nach Ablauf eines Jahres oder eines längeren in der Kündigungsurkunde genannten Zeitabschnitts nach Hinterlegung der Urkunde beim Generalsekretär wirksam.

(4) ¹Die Kündigung des Fondsübereinkommens von 1992 gilt als Kündigung dieses Protokolls. ²Die Kündigung wird an dem Tag wirksam, an dem die Kündigung des Protokolls von 1992 zum Fondsübereinkommen von 1971 nach Artikel 34 jenes Protokolls wirksam wird.

(5) Ungeachtet einer Kündigung dieses Protokolls durch einen Vertragsstaat nach diesem Artikel behalten Vorschriften dieses Protokolls, die sich auf Verpflichtungen zur Beitragsleistung an den Zusatzfonds für ein in Artikel 11 Absatz 2 Buchstabe b angeführtes Ereignis beziehen, das vor dem Wirksamwerden der Kündigung eingetreten ist, ihre Gültigkeit.

Artikel 27
Außerordentliche Tagungen der Versammlung

(1) ¹Jeder Vertragsstaat kann binnen neunzig Tagen nach Hinterlegung einer Kündigungsurkunde, die nach seiner Auffassung eine beträchtliche Erhöhung des Beitragsniveaus der übrigen Vertragsstaaten nach sich ziehen wird, den Direktor des Zusatzfonds um Einberufung einer außerordentlichen Tagung der Versammlung ersuchen. ²Der Direktor des Zusatzfonds beruft die Versammlung zu einer binnen sechzig Tagen nach Eingang des Ersuchens abzuhaltenden Tagung ein.

(2) Der Direktor des Zusatzfonds kann von sich aus eine außerordentliche Tagung der Versammlung einberufen, die binnen sechzig Tagen nach Hinterlegung einer Kündigungsurkunde zusammentritt, wenn er der Auffassung ist, dass eine solche Kündigung eine beträchtliche Erhöhung des Beitragsniveaus der übrigen Vertragsstaaten nach sich ziehen wird.

(3) Beschließt die Versammlung auf einer nach Absatz 1 oder 2 einberufenen außerordentlichen Tagung, dass die Kündigung eine beträchtliche Erhöhung des Beitragsniveaus der übrigen Vertragsstaaten nach sich ziehen wird, so kann jeder dieser Staaten spätestens hundertzwanzig Tage vor dem Tag, an dem die Kündigung wirksam wird, dieses Protokoll mit Wirkung von demselben Tag kündigen.

Artikel 28
Außerkrafttreten

(1) Dieses Protokoll tritt an dem Tag außer Kraft, an dem die Zahl der Vertragsstaaten auf weniger als sieben sinkt oder die Gesamtmenge des in den übrigen Vertragsstaaten in Empfang genommenen beitragspflichtigen Öls einschließlich der in Artikel 14 Absatz 1 genannten Mengen auf weniger als 350 Millionen Tonnen sinkt, je nachdem, welcher Zeitpunkt früher liegt.

(2) Staaten, die vor dem Tag, an dem dieses Protokoll außer Kraft tritt, durch das Protokoll gebunden sind, ermöglichen dem Zusatzfonds die Wahrnehmung seiner Aufgaben nach Artikel 29 und bleiben, jedoch lediglich zu diesem Zweck, durch das Protokoll gebunden.

Artikel 29
Liquidation des Zusatzfonds

(1) Tritt dieses Protokoll außer Kraft, so ist der Zusatzfonds dennoch
a) gehalten, seinen Verpflichtungen mit Bezug auf Ereignisse nachzukommen, die vor dem Außerkrafttreten des Protokolls eingetreten sind;
b) berechtigt, seine Ansprüche auf Beitragszahlung geltend zu machen, soweit er diese Beiträge benötigt, um seinen Verpflichtungen nach Buchstabe a, einschließlich der hierfür erforderlichen Verwaltungskosten, nachzukommen.

(2) Die Versammlung trifft alle zur vollständigen Liquidation des Zusatzfonds geeigneten Maßnahmen, einschließlich der gerechten Verteilung etwaiger verbleibender Vermögenswerte unter die Personen, die Beiträge zum Zusatzfonds geleistet haben.

(3) Der Zusatzfonds bleibt für die Zwecke dieses Artikels eine juristische Person.

Artikel 30
Verwahrer

(1) Dieses Protokoll und alle nach Artikel 24 angenommenen Änderungen werden beim Generalsekretär hinterlegt.

(2) Der Generalsekretär
a) unterrichtet alle Staaten, die das Protokoll unterzeichnet haben oder ihm beigetreten sind,
  i) von jeder weiteren Unterzeichnung oder Hinterlegung einer Urkunde unter Angabe des Zeitpunkts;

ii) vom Zeitpunkt des Inkrafttretens dieses Protokolls;
iii) von jedem nach Artikel 24 Absatz 1 unterbreiteten Vorschlag zur Änderung der Entschädigungshöchstbeträge;
iv) von jeder nach Artikel 24 Absatz 4 beschlossenen Änderung;
v) von jeder nach Artikel 24 Absatz 7 als angenommen geltenden Änderung unter Angabe des Zeitpunkts, zu dem die betreffende Änderung nach den Absätzen 8 und 9 jenes Artikels in Kraft tritt;
vi) von der Hinterlegung einer Urkunde zur Kündigung dieses Protokolls unter Angabe des Hinterlegungszeitpunkts und des Zeitpunkts, zu dem die Kündigung wirksam wird;
vii) von jeder nach einem Artikel dieses Protokolls erforderlichen Mitteilung;
b) übermittelt allen Unterzeichnerstaaten und allen beitretenden Staaten beglaubigte Abschriften dieses Protokolls.

(3) Sobald dieses Protokoll in Kraft tritt, übermittelt der Generalsekretär dem Sekretariat der Vereinten Nationen den Wortlaut des Protokolls zur Registrierung und Veröffentlichung nach Artikel 102 der Charta der Vereinten Nationen.

Artikel 31
Sprachen

Dieses Protokoll ist in einer Urschrift in arabischer, chinesischer, englischer, französischer, russischer und spanischer Sprache abgefasst, wobei jeder Wortlaut gleichermaßen verbindlich ist.

Geschehen zu London am 16. Mai 2003.

Anhang I.5 zu § 480 (BunkerölÜ)

Internationales Übereinkommen von 2001 über die zivilrechtliche Haftung für Bunkerölverschmutzungschäden

vom 23. März 2001 (BGBl. 2006 II S. 579)

(amtliche deutsche Übersetzung)

Völkerrechtlich in Kraft am 21. November 2008 – für Deutschland in Kraft am 21. November 2008 (BGBl. 2008 II S. 786) – weitere Vertragsstaaten: Ägypten, Albanien, Antigua und Barbuda, *Aserbaidschan, Äthiopien, Australien, Bahamas, Barbados, Belgien, Belize, Bulgarien, China, Cookinseln,* Côte d'Ivoire, Dänemark, Dschibuti, Estland, Fidschi, Finnland, Frankreich, Griechenland, Indonesien, Iran, Irland, Italien, Jamaika, Jordanien, Kanada, Kenia, Kiribati, Kongo, Demokratische Volksrepublik Korea, Republik Korea, Kroatien, Lettland, Liberia, Litauen, Luxemburg, Malaysia, Malta, Marokko, Marshallinseln, Mauritius, Mongolei, Montenegro, Neuseeland, Nicaragua, Niederlande, Nigeria, Niue, Norwegen, Österreich, Palau, Panama, Polen, Portugal, Rumänien, Russische Föderation, St. Lucia, Schweden, Schweiz, Samoa, Serbien, Sierra Leone, Singapur, Slowakei, Slowenien, Spanien, St. Kitts and Nevis, St. Vincent und die Grenadinen, Syrien, Togo, Tonga, Tschechische Republik, Tunesien, Türkei, Tuvalu, Ungarn, Vanuatu, Vereinigtes Königreich (einschließlich Bermuda, Gibraltar, Insel Man), Vietnam, Zypern – BGBl. 2008 II S. 786, 2010 II S. 894, 2011 II S. 1032, 2012 II S. 226 und 720, 2014 II S. 1021, 2015 II S. 67, 1174 und 1676, 2016 II S. 502 und 988.

Materialien: Denkschrift BT-Drs 16/736 (S. 23–30).

Literatur: *Dörfelt* Gerichtsstand sowie Anerkennung und Vollstreckung nach dem Bunkeröl-Übereinkommen, IPRax 2009, 470–474; *Hasche* Neues Bunkeröl-Übereinkommen, Hansa 2008 Nr. 8 S. 112; *Ramming* Das Bunkeröl-Übereinkommen, VersR 2007, 306–322; DVIS A 104 mit Beiträgen von *Schlingmann* (Das Bunkeröl-Übereinkommen – Einführung und Überblick –, S. 1–7), *Hasche/Sethmann* (Die Haftung der Schiffseigner, S. 9–15), *Ramming* (Die Beschränkbarkeit der Haftung für Verschmutzungsschäden, S. 17–32), *Peltzer* (Versicherungsrechtliche Aspekte, S. 33–38), *Boës* (Amtshaftung bei Ausstellung unrichtiger Versicherungsbescheinigungen, S. 39–45) sowie *Dörfelt* (Die Gerichtsstandsregelungen des Übereinkommens, S. 47–56).

Das BunkerölÜ ergänzt das umfassende System des ÖlHÜ 1992, des ÖlFÜ 1992 sowie **1** des ÖlHÜProt 2003 (Anhänge I.1, I.3 und I.4 zu § 480) über die international vereinheitlichte Haftung des Eigentümers eines Schiffes für Verschmutzungsschäden, die vom Schiff ausgehen, um einen weiteren Baustein. Das ÖlHÜ 1992, das ÖlFÜ 1992 und das ÖlFÜProt 2003 betreffen Ölverschmutzungsschäden, die durch Tankschiffe verursacht werden. Eine ganz entsprechende Einstandspflicht des Eigentümers ist auch im BunkerölÜ vorgesehen, das allerdings grundsätzlich für alle Schiffe gilt. Vervollständigt wird das System der international vereinheitlichten Haftung für Verschmutzungsschäden zukünftig durch das HNS-Ü 2010, dessen Gegenstand HNS-Schäden sind. Zum Verhältnis zwischen dem BunkerölÜ und dem WBÜ siehe dessen Art. 11 Abs. 1 (d) (dort Rn 21–25 [Anhang III.1 zu § 480).

I. Einleitung

Das BunkerölÜ hat vieles mit dem ÖlHÜ 1992 gemeinsam. Beide Übereinkommen **2** weisen eine grundsätzlich gleichartige Systematik auf, teils finden sich wortgleiche Regelungen. Allerdings gibt es auch erhebliche Unterschiede. Im BunkerölÜ ist keine Kanalisation der Haftung auf eine Person, insbesondere auf den eingetragenen Eigentümer (wie im ÖlHÜ 1992) vorgesehen; siehe zu diesem Art. 1 Nr. 3 BunkerölÜ. Außerdem enthält das BunkerölÜ kein eigenes, eingebautes System der Haftungsbeschränkung. Vielmehr verweist Art. 6 BunkerölÜ auf die sonstigen Vorschriften über die Haftungsbeschränkung. Außerdem gibt es für das BunkerölÜ keine ergänzenden Regelungen über von der Art des ÖlFÜ 1992 und des ÖlFÜProt 2003, die dem Geschädigten im Falle von Ölverschmutzungen weitere Gläubiger in der Person des Ölfonds und des Zusatzfonds zur Verfügung stellen. Andererseits sind die Geltungsbereiche des BunkerölÜ einerseits und des ÖlHÜ 1992 andererseits in entsprechender Weise umschrieben. Auch die Haftung der Eigentümer aus dem BunkerölÜ und dem ÖlHÜ 1992 ist ganz ähnlich ausgestaltet. Ebenso wie beim ÖlHÜ 1992 ist auch in Art. 7 BunkerölÜ eine Pflicht des Eigentümers vorgesehen, im Hinblick auf Ansprüche der Geschädigten wegen Bunkerölverschmutzungsschäden eine Versicherung vorzuhalten. Zudem besteht nach Art. 7 Abs. 10 BunkerölÜ ebenfalls ein Direktanspruch der Geschädigten gegen den Versicherer. Auch die Fristen, denen die Ansprüche der Geschädigten aus dem BunkerölÜ unterliegen, sind die des ÖlHÜ 1992. Schließlich umfasst das BunkerölÜ in seinen Art. 9 und 10 auch Regelungen über die Zuständigkeit von Gerichten sowie die Anerkennung und Vollstreckung von Urteilen von Gerichten anderer Vertragsstaaten. An dieser Stelle kam es wiederum zu Konflikten mit der (seinerzeit noch geltenden) EuGVV (dazu sogleich Rn 3). Das BunkerölÜ ist völkerrechtlich und für Deutschland am 21. November 2008 in Kraft getreten. Ergänzend zu den Bestimmungen des BunkerölÜ gelten in Deutschland die Regelungen des ÖlSG.

II. Europarechtliche Fragen

3   Das BunkerölÜ enthält in seinen Art. 9 und 10 Bestimmungen über die Gerichtsbarkeit, insbesondere über die gerichtliche Zuständigkeit für Klagen im Hinblick auf Bunkerölverschmutzungsschäden sowie über die Anerkennung und Vollstreckung von Urteilen. Damit kam es seinerzeit zu Überschneidungen mit den Regelungen der EuGVV. Mit deren Erlass hat die EG von ihren Außenkompetenzen nach Art. 61 (c), 65 EGV Gebrauch gemacht. Dies hatte zur Folge, dass die Mitgliedsstaaten ihre Befugnis verloren haben, sich ihrerseits an internationalen Übereinkommen zu beteiligen, die ebenfalls Bestimmungen umfassten, die in Konflikt zu denen der EuGVV treten würden. Entsprechend war es den Mitgliedsstaaten verwehrt, das BunkerölÜ insgesamt zu ratifizieren; siehe hierzu schon oben Rn 5 vor Art. I ÖlHÜ 1992 (Anhang I.1 zu § 480 [ÖlHÜ 1992]). Wie schon das ÖlHÜ 1992 enthält auch das BunkerölÜ keine REIO-Regelung, die es der EU bzw. seinerzeit der EG ermöglicht hätte, Partei des BunkerölÜ zu werden. Die Situation wurde mit der Entsch. 2002/762 des Rates bereinigt. In ihr werden die Mitgliedsstaaten ermächtigt, das BunkerölÜ zu ratifizieren. Gleichzeitig wurde den Mitgliedsstaaten aufgegeben, bei der Ratifikation einen Vorbehalt dahingehend zu machen, dass Urteile von Mitgliedsstaaten nach Maßgabe der Gemeinschaftsvorschriften anerkannt und vollstreckt werden (Art. 2 Entsch. 2002/762). Siehe hierzu näher unten zu Art. 10 BunkerölÜ.

4   Darüber hinaus kommt es zu einer Überschneidung zwischen den Bestimmungen des BunkerölÜ und denen der Richtlinie 2004/35 bzw. des USchadG. Dem hilft Art. 4 Abs. 2 Richtlinie 2004/35 ab. Sie gilt nicht für Umweltschäden oder die unmittelbare Gefahr solcher Schäden, die infolge eines Vorfalls eintreten, bei dem die Haftung oder Entschädigung in den Anwendungsbereich eines der in Anhang IV der Richtlinie 2004735 aufgeführten internationalen Übereinkommen fällt. Buchst. (c) des Anhangs IV nennt ausdrücklich das BunkerölÜ. Entsprechendes ergibt sich aus § 3 Abs. 3 Nr. 3 in Verbindung mit Buchst. (c) Anlage 2 USchadG.

III. ÖlSG, ÖlHBesch

Wie das ÖlHÜ 1992 bedurfte auch das BunkerölÜ weiterer innerstaatlicher Ausführungsbestimmungen. Zu diesem Zweck wurden die bislang nur auf das ÖlHÜ 1992 bezogenen Bestimmungen des ÖlSG und der ÖlHBeschV so geändert und ergänzt, dass auch die Belange des BunkerölÜ mitgeregelt wurden. Ursprünglich war vorgesehen, dies im Rahmen eines Vierten Seerechtsänderungsgesetzes[1] durchzuführen. An dessen Stelle ist dann allerdings das ÖlSGÄndG getreten, durch dessen Art. 1, 3 und 6 die entsprechenden Änderungen und Ergänzungen vorgenommen wurden. Gegenstand des ÖlSG ist die Versicherungspflicht des Eigentümers nach Art. 7 BunkerölÜ und der Nachweis der Versicherung, das Mitführen der Versicherungsbescheinigung, behördliche Zuständigkeiten sowie prozessuale Fragen der gerichtlichen Zuständigkeit und der Anerkennung und Vollstreckung von Urteilen. Ergänzend zum ÖlSG gilt die ÖlHBeschV.

5

Die einleitende Vorschrift des § 1 Abs. 1 Nr. 2 ÖlSG bestimmt, dass sich die Haftung für Bunkerölverschmutzungsschäden nach dem BunkerölÜ beurteilt. Allerdings kann die Haftung für Schäden, die die Voraussetzungen von Bunkerölverschmutzungsschäden erfüllen, kann sehr wohl auch anderen Rechtsvorschriften unterliegen, insbesondere wenn die Schäden nicht im deutschen Hoheitsgebiet oder der deutschen AWZ eingetreten ist und die Grundsätze des internationalen Privatrechts auf das deutsche Sachrecht verweisen. § 1 Abs. 1 Nr. 2 ÖlSG ist daher lediglich eine Rechtsgrundverweisung. Sie will klarstellen, dass die Bestimmungen des BunkerölÜ gegenüber denen des ÖlSG vorrangig gelten.[2]

6

IV. Die Resolutionen

Das BunkerölÜ wird durch drei für die Vertragsstaaten nicht verbindliche Resolutionen ergänzt. Die erste fordert die Vertragsstaaten auf, das Protokoll von 1996 zum HBÜ 1976 zu ratifizieren, sofern sie dies noch nicht getan haben.[3] Die zweite Resolution betrifft die Förderung der technischen Zusammenarbeit und die Unterstützung bei der Übernahme der Bestimmungen des BunkerölÜ in das nationale Recht. Es wird angeregt, mit der Umsetzung des Übereinkommens in das nationale Recht bereits vor dem völkerrechtlichen Inkrafttreten zu beginnen. In der dritten Resolution werden die Vertragsstaaten aufgefordert, bei der Übernahme des BunkerölÜ in das nationale Recht zu erwägen, Vorschriften über eine beschränkte Haftung von Personen zu erlassen, die tätig werden, um einen Verschmutzungsschaden zu verhindern oder zu beschränken, soweit ihnen kein qualifiziertes Verschulden vorzuwerfen ist. Als Vorbild werden die entsprechenden Regelungen in Art. 7 Abs. 5 (e) und (f) HNS-Ü empfohlen (gleichlautend schon Art. III [e] und [f] ÖlHÜ 1992).

7

Die Vertragsstaaten dieses Übereinkommens –
im Hinblick auf Artikel 194 des Seerechtsübereinkommens der Vereinten Nationen von 1982, der vorsieht dass die Staaten alle Maßnahmen ergreifen, die notwendig sind, um die Verschmutzung der Meeresumwelt zu verhüten, zu verringern und zu überwachen,

---

1 Siehe den Referentenentwurf eines Gesetzes zur Änderung der Haftung für Bunkerölverschmutzungsschäden und Passagierschäden in der Schifffahrt (Viertes Seerechtsänderungsgesetz) vom 16. November 2004 (Bundesministerium der Justiz III A 4 – 3503/2).
2 Siehe die ÖlSGÄndG-Begr S. 11 („Zu Nummer 1").
3 BunkerölÜ-Denkschrift (Fn 4) S. 27 („Zu Artikel 6").

ferner im Hinblick auf Artikel 235 jenes Übereinkommens, der vorsieht, dass die Staaten bei der Weiterentwicklung einschlägiger Vorschriften des Völkerrechts zusammenarbeiten, um eine umgehende und angemessene Entschädigung für alle durch Verschmutzung der Meeresumwelt verursachten Schäden zu gewährleisten,

in Anbetracht des Erfolgs des Internationalen Übereinkommens von 1992 über die zivilrechtliche Haftung für Ölverschmutzungsschäden und des Internationalen Übereinkommens von 1992 über die Errichtung eines Internationalen Fonds zur Entschädigung für Ölverschmutzungsschäden, mit denen gewährleistet wird, dass Personen, die Schäden erleiden, die durch Verschmutzung infolge des Ausfließens oder Ablassens von als Bulkladung von Schiffen auf See befördertem Öl verursacht werden, Entschädigung erhalten,

ferner in Anbetracht der Annahme des Internationalen Übereinkommens von 1996 über Haftung und Entschädigung für Schäden bei der Beförderung gefährlicher und schädlicher Stoffe auf See mit dem Ziel, eine angemessene, umgehende und wirksame Entschädigung für Schäden vorzusehen, die durch Ereignisse im Zusammenhang mit der Beförderung gefährlicher und schädlicher Stoffe auf See verursacht werden,

in Anerkennung der Bedeutung einer Gefährdungshaftung für alle Formen der Ölverschmutzung, verbunden mit einer angemessenen Haftungsbeschränkung, in der Erwägung, dass ergänzende Maßnahmen notwendig sind, um die Zahlung einer angemessenen, umgehenden und wirksamen Entschädigung für Schäden zu gewährleisten, die durch Verschmutzung infolge des Ausfließens oder Ablassens von Bunkeröl aus Schiffen verursacht werden,

in dem Wunsch, einheitliche internationale Vorschriften und Verfahren zur Regelung von Haftungsfragen und einer angemessenen Entschädigung in solchen Fällen anzunehmen –

sind wie folgt übereingekommen:

8   Den Bestimmungen des BunkerölÜ sind mehrere Erwägungsgründe mit allgemeinen Hinweisen zu Ziel und Zweck des Übereinkommens vorangestellt. Betont wird die Bedeutung des Schutzes vor Verschmutzungen und der Gewährung einer angemessenen Entschädigung. Erwägungsgrund (3) verweist ausdrücklich auf das ÖlHÜ 1992, Erwägungsgrund (4) auf das HNS-Ü (noch in der ursprünglichen Fassung von 1996). Erwägungsgrund (5) schreibt die Bedeutung einer Gefährdungshaftung für alle Formen der Ölverschmutzung fest und stellt dies ausdrücklich unter den Vorbehalt einer angemessenen Beschränkung der Haftung.

Artikel 1
Begriffsbestimmungen

Im Sinne dieses Übereinkommens haben die nachstehenden Ausdrücke folgende Bedeutung:
1. „Schiff" bedeutet jede Art von Seeschiff oder sonstigem seegängigen Gerät.
2. „Person" bedeutet eine natürliche Person oder eine juristische Person des öffentlichen oder privaten Rechts einschließlich eines Staates oder seiner Gebietskörperschaften.
3. „Schiffseigentümer" bedeutet den Eigentümer, einschließlich des eingetragenen Eigentümers, Bareboat Charterer, Reeder und Ausrüster des Schiffes.
4. [1]„Eingetragener Eigentümer" bedeutet die Person oder Personen, in deren Namen das Schiff in das Schiffsregister eingetragen ist, oder, wenn keine Ein-

tragung vorliegt, die Person oder Personen, denen das Schiff gehört. ²Jedoch bedeutet „eingetragener Eigentümer" in Fällen, in denen ein Schiff einem Staat gehört und von einer Gesellschaft betrieben wird, die in dem betreffenden Staat als Ausrüster des Schiffes eingetragen ist, diese Gesellschaft.

5. „Bunkeröl" bedeutet jedes Kohlenwasserstoffmineralöl, einschließlich Schmieröl, das für den Betrieb oder Antrieb des Schiffes verwendet wird oder verwendet werden soll, sowie jegliche Rückstände solchen Öls.
6. „Haftungsübereinkommen" bedeutet das Internationale Übereinkommen von 1992 über die zivilrechtliche Haftung für Ölverschmutzungsschäden in der jeweils geltenden Fassung.
7. „Schutzmaßnahmen" bedeuten die von einer Person nach Eintreten eines Ereignisses getroffenen angemessenen Maßnahmen zur Verhütung oder Einschränkung von Verschmutzungsschäden.
8. „Ereignis" bedeutet einen Vorfall oder eine Reihe von Vorfällen gleichen Ursprungs, die Verschmutzungsschäden verursachen oder eine schwere, unmittelbar drohende Gefahr der Verursachung solcher Schäden darstellen.
9. „Verschmutzungsschäden" bedeuten
   a) Verluste oder Schäden, die außerhalb des Schiffes durch eine auf das Ausfließen oder Ablassen von Bunkeröl aus dem Schiff zurückzuführende Verunreinigung verursacht werden, gleichviel wo das Ausfließen oder Ablassen erfolgt; jedoch wird der Schadenersatz für eine Beeinträchtigung der Umwelt, ausgenommen der aufgrund dieser Beeinträchtigung entgangene Gewinn, auf die Kosten tatsächlich ergriffener oder zu ergreifender angemessener Wiederherstellungsmaßnahmen beschränkt;
   b) die Kosten von Schutzmaßnahmen und weitere durch Schutzmaßnahmen verursachte Verluste oder Schäden.
10. „Staat des Schiffsregisters" bedeutet in Bezug auf ein eingetragenes Schiff den Staat, in dessen Schiffsregister das Schiff eingetragen ist, und in Bezug auf ein nicht eingetragenes Schiff den Staat, dessen Flagge das Schiff zu führen berechtigt ist.
11. „Bruttoraumzahl" bedeutet die nach den in Anlage I des Internationalen Schiffsvermessungsübereinkommens von 1969 enthaltenen Bestimmungen über die Vermessung des Raumgehalts errechnete Bruttoraumzahl.
12. „Organisation" bedeutet die Internationale Seeschifffahrts-Organisation.
13. „Generalsekretär" bedeutet den Generalsekretär der Organisation.

Art. 1 BunkerölÜ enthält den in moderneren internationalen Übereinkommen üblichen Katalog vorangestellter Begriffsbestimmungen. Manche von ihnen haben im Hinblick darauf erhebliche Bedeutung, dass sie in maßgeblicher Weise den Anwendungsbereich des BunkerölÜ umschreiben. Der Katalog des Art. 1 entspricht teilweise wörtlich dem des Art. I ÖlHÜ 1996. Dies gilt für die Umschreibung der „Person" in Art. 1 Nr. 2 BunkerölÜ (siehe hierzu Rn 4 zu Art. I ÖlHÜ 1992 [Anhang I.1 zu § 480]); für den „eingetragenen Eigentümer" des Art. 1 Nr. 4, der dem „Eigentümer" in Art. I Nr. 3 ÖlHÜ 1992 entspricht (siehe dort Rn 5–6); für die „Schutzmaßnahmen", deren Umschreibung in Art. 1 Nr. 7 BunkerölÜ die des Art. I Nr. 7 ÖlHÜ übernimmt (dort Rn 16); für das „Ereignis", das in Art. 1 Nr. 8 BunkerölÜ wortgleich wie Art. I Nr. 8 ÖlHÜ 1992 umschrieben wird (dort Rn 17–18); für die „Verschmutzungsschäden" in Art. 1 Nr. 9 BunkerölÜ, die im Wesentlichen genau der Definition des Art. I Nr. 6 ÖlHÜ 1992 (dort Rn 11–15) entsprechen, mit dem Unterschied, dass in Art. 1 Nr. 9 (a) Hs. 1 BunkerölÜ von „Bunkeröl" anstelle von „Öl" die Rede ist; für den „Staat des Schiffsregisters", der in Art. 1 Nr. 10 BunkerölÜ in derselben Weise umschrieben ist wie in Art. I Nr. 4 ÖlHÜ 1992 (siehe dort Rn 7). Im Hinblick auf die „Bruttoraumzahl" verweist Art. 1 Nr. 11 BunkerölÜ auf die entsprechenden Bestimmungen des SchVermÜ. Soweit im BunkerölÜ auf die „Organisation" Bezug genommen wird, meint dies nach Art. 1 Nr. 12 BunkerölÜ die IMO. Der „Generalsekretär" bezieht sich auf den Generalsekretär der IMO (Art. 1 Nr. 13 BunkerölÜ).

2   1. Das Schiff. Art. 1 Nr. 1 BunkerölÜ umschreibt das „Schiff" als jede Art von Seeschiff oder sonstigem seegängigen Gerät. Dieser Definition ist nicht zu entnehmen, was ein Schiff im Sinne des BunkerölÜ ausmacht und wie es sich etwa von dem sonstigen seegängigen Gerät unterscheidet. Insoweit können die Grundsätze des im Übrigen anwendbaren Sachrechts herangezogen werden. Siehe zum deutschen Recht die Hinweise oben Rn 11–46 Einleitung B. Jedenfalls ergibt sich aus Art. 1 Nr. 1 BunkerölÜ, dass es sich bei dem Schiff um ein Seeschiff handeln muss. Dies bestimmt den Anwendungsbereich des BunkerölÜ dahingehend, dass es nicht für Bunkerölverschmutzungsschäden gilt, die von einem Binnenschiff ausgehen; siehe zur Abgrenzung zwischen See- und Binnenschiffen oben Rn 63–85 Einleitung B.

3   2. Der „Schiffseigentümer". Art. 1 Nr. 3 BunkerölÜ betrifft den „Schiffseigentümer". Obwohl dort im Singular von dem Schiffseigentümer die Rede ist, gibt es, anders als beim ÖlHÜ 1992, häufig mehrere Personen, die die Voraussetzungen des Art. 1 Nr. 3 BunkerölÜ erfüllen. Die Schiffseigentümer haben im Rahmen des Haftungssystems des BunkerölÜ eine zentrale Funktion. Sie müssen ggf. nebeneinander für die Bunkerölverschmutzungsschäden, die vom Schiff ausgehen, einstehen (siehe Art. 3 Abs. 1 BunkerölÜ).

4   Die amtliche deutsche Übersetzung des Art. 1 Nr. 3 BunkerölÜ umschreibt die Schiffseigentümer als „... Eigentümer, einschließlich des eingetragenen Eigentümers, Bareboat Charterer, Reeder und Ausrüster ...". Dies stimmt mit dem verbindlichen englischen Wortlaut der entsprechenden Regelung nicht überein, wo vom „... owner, including the registerred owner, bareboat charterer, manager and operator ..." die Rede ist. Die Wendung „owner, including the registerred owner, bareboat charterer" ist zutreffend mit „Eigentümer, einschließlich des eingetragenen Eigentümers, Bareboat Charterer" übersetzt. Gemeint ist der Reeder des Schiffes bzw. der Nur-Eigentümer (siehe § 476 und sowie Rn 81–88 zu § 477), der normaler Weise mit dem eingetragenen Eigentümer identisch ist. Schiffseigentümer im Sinne des Art. 1 Nr. 3 BunkerölÜ ist auch der Bareboat Charterer (siehe §§ 553 ff.). Die Übersetzung der Worte „manager and operator" mit „Reeder und Ausrüster" ist unglücklich. Der Reeder des Schiffes wird in § 476 umschrieben als dessen Eigentümer, der das Schiff zum Erwerb durch die Seefahrt (selbst) betreibt. Insoweit ist der Reeder identisch mit dem zuvor genannten Eigentümer, einschließlich des eingetragenen Eigentümers. Auch die Nennung des „Ausrüsters" in Art. 1 Nr. 3 BunkerölÜ ist an sich überflüssig, weil das Ausrüsterverhältnis typischer Weise durch eine Bareboat Charter begründet wird (dazu oben Rn 13 zu § 477). Die Umschreibung „operator" im englischen Wortlaut meint den „Betreiber" des Schiffes. Insofern kann auf die deutsche Übersetzung mit „Reeder und Ausrüster" Bezug genommen werden, die gemeinsam haben, dass sie das Schiff betreiben (siehe § 476 und 477 Abs. 1).

5   Von Bedeutung ist aber, dass der „manager", der in dem verbindlichen englischen Wortlaut des Art. 1 Nr. 3 BunkerölÜ ausdrücklich genannt ist, in der deutschen Übersetzung nicht vorkommt. Der Manager ist derjenige, der im Auftrag und für den Eigentümer das Schiff betreibt. Er ist nicht selbst Betreiber, sondern führt alle seine Tätigkeiten für den Eigentümer durch; siehe die Hinweise oben Rn 4 Anhang zu §§ 476, 477

(Manager). Im Ergebnis haftet auch der Manager auf Grundlage des BunkerölÜ für Bunkerölverschmutzungsschäden, ohne dass dies in der amtlichen deutschen Übersetzung zum Ausdruck kommt. Es genügt, dass der Manager mit der Durchführung eines Teils des Betriebes des Schiffes betraut ist, also das technische oder das kommerzielle Management oder das Crewing übernommen hat (dazu oben Rn 15, 16–24, 25 Anhang zu §§ 476, 477 [Manager]). Allerdings muss der Vorfall einen Bezug zu dem Aufgabenbereich des Managers haben. Damit wird häufig der Manager, der das Schiff in kommerzieller Hinsicht betreut, nicht Schiffseigentümer im Sinne des Art. 1 Nr. 3 BunkerölÜ sein.

3. Das „Bunkeröl". Die Wendung „Bunkeröl" wird in Art. 1 Nr. 5 BunkerölÜ definiert als jedes Kohlenwasserstoffmineralöl, das für den Betrieb oder Antrieb des Schiffes verwendet wird oder verwendet werden soll, sowie jegliche Rückstände solchen Öls. Erfasst wird damit auch Bunkeröl, das lediglich für Hilfsaggregate, insbesondere Hilfsdiesel zur Stromversorgung oder durch selbständige Maschinen wie Bug- oder Heckstrahlruder, verwendet wird oder werden soll, die dem Betrieb, nicht aber dem Antrieb des Schiffes dienen. Dies gilt auch, wenn das Schiff über keinen eigenen Antrieb verfügt, sich aber Hilfsaggregate, die mit Bunkeröl betrieben werden, an Bord befinden. Art. 1 Nr. 5 BunkerölÜ gilt auch für den Brennstoff von Hilfsfahrzeugen des Schiffes wie Arbeits- und Rettungsboote. Zum Bunkeröl im Sinne des Übereinkommens gehört damit Schweröl, Diesel und ggf. Benzin. 6

Art. 1 Nr. 5 BunkerölÜ bezieht Schmieröl ausdrücklich ein, auch wenn es nicht in Verbrennungsmotoren, sondern in sonstigen Einrichtungen des Schiffes Verwendung findet. Außerdem gilt die Umschreibung des Art. 1 Nr. 5 BunkerölÜ für „jedes" Öl, das insbesondere für den Betrieb des Schiffes verwendet wird. Damit fällt auch Hydrauliköl unter Art. 1 Nr. 5 BunkerölÜ, das an Bord etwa bei Kränen, Winden, Lade- und Löscheinrichtungen, Lukendeckeln, Bug-, Heck- und Seitenklappen oder -pforten, bei der Ruderanlage oder bei Verstellpropellern zum Einsatz kommt. 7

Es kommt nicht darauf an, ob das Bunkeröl gerade auch im Eigentum eines der Schiffseigentümer steht. Dies ist häufig nicht der Fall, wenn etwa das Schiff auf Zeit verchartert worden ist und der an Bord vorhandene Brennstoff, wie üblich, bei der Anlieferung des Schiffes dem Charterer übereignet wurde und er bei der weiteren Durchführung der Charter das Schiff selbst mit Brennstoff versorgt und auch Eigentümer des erworbenen Brennstoffs wird; wenn Brennstoff sicherungsübereignet wurde; oder wenn er unter Eigentumsvorbehalt gekauft wurde. Auch sonstige Rechte spielen kein Rolle, beispielsweise wenn der Brennstoff mit dem Pfandrecht eines Dritten belastet ist, etwa das eines Bergers (§ 751 HGB), oder wenn er im Rahmen von Vollstreckungsmaßnahmen gepfändet wurde. 8

Brennstoff kann sich in den üblichen Tanks oder schon im Tagestank, Schmier- und Hydrauliköle in den dafür vorgesehenen Tanks oder in Fässern, auch an Deck, befinden. Ebenso kann das Bunkeröl durch schiffseigene Leitungen fließen oder in ihnen stehen. Es muss sich aber zumindest eine kurze Zeit an Bord befunden haben. Soll Bunkeröl angeliefert werden, so genügt es nicht, dass es zwar für das betreffende Schiff bestimmt ist, aber noch nicht angeliefert wurde; in diesem Sinne ist der Ausdruck „... oder verwendet werden soll ..." in Art. 1 Nr. 5 BunkerölÜ nicht zu verstehen. Die besondere Haftung der Schiffseigentümer nach dem BunkerölÜ beginnt erst, wenn das Bunkeröl an Bord gelangt ist. Hier kommt es auf die Umstände des Einzelfalles an. Das Bunkeröl ist an Bord, wenn es die Außenhaut des Schiffes passiert oder wenn es an Deck eintrifft, also dessen Außenkanten bzw. das Schanzkleid oder die Reling passiert. Dies gilt sowohl für eine Anlieferung durch Schläuche als auch für eine solche mit Hilfe einzelner Behältnisse, 9

10 etwa von Fässern, unabhängig davon, ob die Schläuche oder die Einrichtungen, mit denen die Behältnisse ab Bord gebracht werden, etwa Kräne, zum Schiff gehören oder nicht.

Art. 1 Nr. 5 BunkerölÜ bezieht Schmieröl ausdrücklich ein, auch wenn es nicht in Verbrennungsmotoren, sondern in sonstigen Einrichtungen des Schiffes Verwendung findet. Außerdem gilt die Umschreibung des Art. 1 Nr. 5 BunkerölÜ für „jedes" Öl, das insbesondere für den Betrieb des Schiffes verwendet wird. Damit fällt auch Hydrauliköl unter Art. 1 Nr. 5 BunkerölÜ, das an Bord etwa bei Kränen, Winden, Lade- und Löscheinrichtungen, Lukendeckeln, Bug-, Heck- und Seitenklappen oder -pforten, bei der Ruderanlage oder bei Verstellpropellern zum Einsatz kommt.

Artikel 2
Geltungsbereich

Dieses Übereinkommen gilt ausschließlich
a) **für Verschmutzungsschäden, die verursacht worden sind**
   i) **im Hoheitsgebiet einschließlich des Küstenmeers eines Vertragsstaats und**
   ii) **in der nach dem Völkerrecht festgelegten ausschließlichen Wirtschaftszone eines Vertragsstaats oder, wenn ein Vertragsstaat eine solche Zone nicht festgelegt hat, in einem jenseits des Küstenmeers dieses Staates gelegenen, an dieses angrenzenden Gebiet, das von diesem Staat nach dem Völkerrecht festgelegt wird und sich nicht weiter als 200 Seemeilen von den Basislinien erstreckt von denen aus die Breite seines Küstenmeers gemessen wird;**
b) **für Schutzmaßnahmen zur Verhütung oder Einschränkung dieser Schäden, gleichviel wo sie getroffen worden sind.**

1 Art. 2 BunkerölÜ umschreibt den räumlichen Anwendungsbereich des Übereinkommens. Es gilt für Bunkerölverschmutzungsschäden, zu denen es im Hoheitsgebiet einschließlich des Küstenmeeres eines Vertragsstaates bzw. in dessen AWZ oder einem entsprechenden Gebiet gekommen ist. Ebenso findet das BunkerölÜ auf Schutzmaßnahmen (Art. 1 Nr. 7 BunkerölÜ) Anwendung, unabhängig davon, wo sie getroffen worden sind. Art. 2 BunkerölÜ stimmt wörtlich mit Art. II ÖlHÜ 1992 sowie Art. 3 ÖlFÜ 1992 und Art. 3 ÖlFÜProt 2003 überein; siehe die Hinweise Art. II ÖlHÜ 1992 (Anhang I.1 zu § 480). Ein Vertragsstaat des BunkerölÜ kann nach Art. 7 Abs. 15 BunkerölÜ erklären, dass er die Bestimmungen des Art. 7 BunkerölÜ über die Versicherungspflicht nicht auf Schiffe anwendet, die ausschließlich in seinem Hoheitsgebiet einschließlich seines Küstenmeeres Reisen durchführen. Deutschland hat von der Befugnis des Art. 7 Abs. 15 BunkerölÜ keinen Gebrauch gemacht.

Artikel 3
Haftung des Schiffseigentümers

(1) Außer in den Fällen der Absätze 3 und 4 haftet der Schiffseigentümer im Zeitpunkt des Ereignisses für Verschmutzungsschäden, die durch an Bord befindliches oder von dem Schiff stammendes Bunkeröl verursacht werden; besteht ein Ereignis aus einer Reihe von Vorfällen gleichen Ursprungs, so haftet der Schiffseigentümer im Zeitpunkt des ersten Vorfalls.

(2) Ist mehr als eine Person nach Absatz 1 haftbar, so haften diese Personen gesamtschuldnerisch.

(3) Der Schiffseigentümer haftet nicht für Verschmutzungsschäden, wenn er nachweist,
a) dass die Schäden durch Kriegshandlung, Feindseligkeiten, Bürgerkrieg, Aufstand oder ein außergewöhnliches, unvermeidliches und unabwendbares Naturereignis entstanden sind,
b) dass die Schäden ausschließlich durch eine Handlung oder Unterlassung verursacht wurden, die von einem Dritten in Schädigungsabsicht begangen wurde, oder
c) dass die Schäden ausschließlich durch die Fahrlässigkeit oder eine andere rechtswidrige Handlung einer Regierung oder einer anderen für die Unterhaltung von Lichtern oder sonstigen Navigationshilfen verantwortlichen Stelle in Wahrnehmung dieser Aufgabe verursacht wurden.
(4) Weist der Schiffseigentümer nach, dass die Verschmutzungsschäden ganz oder teilweise entweder auf eine in Schädigungsabsicht begangene Handlung oder Unterlassung der geschädigten Person oder auf deren Fahrlässigkeit zurückzuführen sind, so kann er von seiner Haftung gegenüber dieser Person ganz oder teilweise befreit werden.
(5) Schadenersatzansprüche wegen Verschmutzungsschäden können gegen den Schiffseigentümer nur nach diesem Übereinkommen geltend gemacht werden.
(6) Dieses Übereinkommen beeinträchtigt nicht ein unabhängig von diesem Übereinkommen bestehendes Rückgriffsrecht des Schiffseigentümers.

Art. 3 BunkerölÜ gestaltet die Haftung der Schiffseigentümer für Bunkerölverschmutzungsschäden aus.[4] Die Regelungen des Art. 3 BunkerölÜ finden sich teils entsprechend auch in Art. III ÖlHÜ 1992. Die Vorschrift des Art. 3 Abs. 1 BunkerölÜ umschreibt den Tatbestand der Haftung (unten Rn 2–3). Art. 3 Abs. 3 BunkerölÜ betrifft die (wenigen) Tatbestände der Ausschluss der Haftung (unten Rn 4). Eine Konkurrenz mit anderen Anspruchsgrundlagen wird in Art. 3 Abs. 5 BunkerölÜ zu Gunsten des Übereinkommens gelöst (unten Rn 5). Die Schiffseigentümer sind ggf. berechtigt, Rückgriff zu nehmen (unten Rn 6–7).

I. Die Begründung der Haftung

Art. 3 Abs. 1 BunkerölÜ enthält den grundlegenden Haftungstatbestand. Der Schiffseigentümer haftet im Zeitpunkt des Ereignisses für Bunkerölverschmutzungsschäden (Art. 1 Nr. 9 BunkerölÜ), die durch an Bord befindliches oder von dem Schiff stammendes Bunkeröl (Art. 1 Nr. 5 BunkerölÜ) verursacht werden. Die wesentliche Verknüpfung wird durch die Wendung „an Bord befindliches oder von dem Schiff stammendes Bunkeröl" umrissen. Im Gegensatz dazu heißt es in Art. III Abs. 1 ÖlHÜ 1992, dass der Ölverschmutzungsschaden durch das Schiff verursacht worden sein muss. Für die Anwendung des Art. 3 Abs. 1 Hs. 1 BunkerölÜ genügt es, dass das Bunkeröl, das die Verschmutzung verursacht hat, sich an Bord befunden hat oder in sonstiger Weise von dem Schiff stammt. Dabei spielt es keine Rolle, ob das Bunkeröl sich an Bord in einem dafür vorgesehenen Behältnis, insbesondere in einem Tank befunden hat oder ob es in sonstiger Weise vom Schiff stammt. Zu denken ist hier beispielsweise an den Fall, dass es bei der Übernahme von Brennstoff zu einem Austritt von Brennstoff kommt, mit der

---

4 Siehe *Hasche* DVIS A 104 S. 9–15.

Folge, dass Brennstoff zunächst an Deck und von dort über die Kante des Schiffes in das Wasser gelangt. Ebenso genügt es, dass durch einen Unfall ein Tank mit Bunkeröl geöffnet wird und dass auf diese Weise Bunkeröl in das Wasser gelangt.

3   Nach Art. 3 Abs. 1 Hs. 1 BunkerölÜ haften die Schiffseigentümer für Bunkerölverschmutzungsschäden „im Zeitpunkt des Ereignisses" (Art. 1 Nr. 8 BunkerölÜ). Dieses Merkmal hat zum einen im Hinblick auf den Beginn der Frist des Art. 8 Satz 2 BunkerölÜ (siehe dort) Bedeutung. Zum anderen haften die Personen, die im Zeitpunkt des Ereignisses Schiffseigentümer waren. Diejenigen, die noch nicht oder nicht mehr Schiffseigentümer sind, können nicht nach Art. 3 Abs. 1 BunkerölÜ in Anspruch genommen werden. Art. 3 Abs. 1 Hs. 2 BunkerölÜ nimmt sich des Falles an, dass das Ereignis aus einer Reihe von Vorfällen gleichen Ursprungs besteht. Hier wird für die Zwecke der Anwendung des Hs. 1 der Zeitpunkt des ersten Vorfalles für maßgeblich erklärt. Art. 3 Abs. 2 BunkerölÜ bestätigt, dass alle Schiffseigentümer, die nach Abs. 1 für den Bunkerölverschmutzungsschaden einzustehen haben, als Gesamtschuldner haften.

II. Der Ausschluss der Haftung

4   Art. 3 Abs. 3 (a) bis (c) BunkerölÜ enthält sehr enge Tatbestände, bei deren Vorliegen eine Haftung der Schiffseigentümer nach Art. 3 Abs. 1 ausgeschlossen ist. Die Tatbestände entsprechen wörtlich denen des Art. III Abs. 2 ÖlHÜ 1992 (siehe dort Rn 5–7 [Anhang I.1 zu § 480]). Darüber hinaus enthält Art. 3 Abs. 4 BunkerölÜ einen speziellen Ausschlusstatbestand, der sich gerade gegen den betreffenden Geschädigten richtet, der Ansprüche wegen Bunkerölverschmutzungen geltend macht. Hat er den Bunkerölverschmutzungsschaden absichtlich oder aufgrund fahrlässigen Verhaltens herbeigeführt, werden die Schiffseigentümer gegenüber diesem Geschädigten ganz oder teilweise von der Haftung frei. Dies entspricht dem Rechtsgedanken des § 254 BGB. Der Geschädigte muss nach Art. 3 Abs. 4 BunkerölÜ sowohl für sein eigenes Verhalten, einschließlich das seiner Organe und Repräsentanten, oben Rn 101–104 Anhang zu §§ 476, 477 (Manager), als auch nach §§ 254 Abs. 2 Satz 2, 278 Satz 1 BGB für das seiner Gehilfen einstehen. Es geht um die Zurechnung des Verhaltens Dritter im Hinblick auf die Obliegenheit aus § 254 Abs. 1 BGB und nicht um die Frage eines persönlichen Verschuldens des Geschädigten; es fehlt damit auch an einem Widerspruch zu § 616 Abs. 1 Satz 1.[5] Nach Art. 3 Abs. 4 BunkerölÜ liegt insoweit die Darlegungs- und Beweislast im vollen Umfange bei den Schiffseigentümern. Ein entsprechender Tatbestand findet sich auch in Art. III Abs. 3 ÖlHÜ 1992 (siehe dort Rn 7 [Anhang I.1 zu § 480]).

III. Der Ausschluss anderer Ansprüche

5   Gegenstand des Art. 3 Abs. 5 BunkerölÜ ist das Verhältnis der Ansprüche aus Art. 3 Abs. 1 BunkerölÜ wegen der Bunkerölverschmutzungsschäden zu parallelen Ansprüchen gegen die Schiffseigentümer. Die Konkurrenz löst Art. 3 Abs. 5 BunkerölÜ dahingehend, dass Ansprüche wegen Bunkerölverschmutzungsschäden gegen die Schiffseigentümer auf anderer Grundlage als den Bestimmungen des BunkerölÜ ausgeschlossen sind.

---

5   Anders offenbar *Eckardt* in MüKo/HGB Rn 3 zu § 616 (dort Fn 3).

IV. Der Rückgriff der Schiffseigentümer

Sind die Schiffseigentümer auf Grundlage des Art. 3 Abs. 1 BunkerölÜ für den Bunkerölverschmutzungsschaden von den Geschädigten in Anspruch genommen worden, steht ihnen ggf. der Rückgriff gegenüber denjenigen Personen zu, die den Bunkerölverschmutzungsschaden verursacht haben. Art. 3 Abs. 6 BunkerölÜ stellt klar, dass dieses Rückgriffsrecht der Schiffseigentümer unbeeinträchtigt bleibt. Art. 3 Abs. 6 BunkerölÜ ist keine Anspruchsgrundlage. Ob und in welchem Umfang die Schiffseigentümer zum Rückgriff berechtigt sind, ergibt sich aus dem im Übrigen anwendbaren Sachrecht die Ansprüche der Schiffseigentümer können dabei vertraglicher oder außervertraglicher Natur sein. Der Rückgriff steht jedem einzelnen Schiffseigentümer auch gegen eine Person zu, die ebenfalls die Voraussetzungen eines Schiffseigentümers im Sinne des Art. 3 Nr. 1 BunkerölÜ erfüllt und die von dem Geschädigten nicht in Anspruch genommen worden ist.

Auf Grundlage des deutschen Rechts kommen vertragliche oder außervertragliche Rückgriffsansprüche der Schiffseigentümer auf Aufwendungs- oder Schadenersatz in Betracht. Auch auf Grundlage eines Gesamtschuldnerausgleichs können sich Ansprüche ergeben (§ 426 Abs. 1 und 2 BGB). Die im Wege des Rückgriffs in Anspruch genommenen Personen sind ggf. ihrerseits berechtigt, ihre Haftung nach Maßgabe der Bestimmungen des HBÜ 1996 und der §§ 611 ff. zu beschränken. Richtiger Weise handelt es sich bei diesem Rückgriffsanspruch nicht um einen solchen wegen Bunkerölverschmutzungsschäden. Aber selbst wenn es sich so verhielte, stellt § 611 Abs. 1 Satz 2 ausdrücklich klar, dass die Beschränkung der Haftung auch für Ansprüche wegen Bunkerölverschmutzungsschäden auf Grundlage des HBÜ 1996 zum Tragen kommt.

**Artikel 4
Ausschlüsse**

(1) Dieses Übereinkommen ist nicht anzuwenden auf Verschmutzungsschäden im Sinne des Haftungsübereinkommens, gleichviel ob für diese Schäden nach jenem Übereinkommen Schadenersatz zu leisten ist.

(2) Sofern in Absatz 3 nichts anderes vorgesehen ist, findet dieses Übereinkommen keine Anwendung auf Kriegsschiffe, Flottenhilfsschiffe und sonstige Schiffe, die einem Staat gehören oder von ihm eingesetzt sind und die zum gegebenen Zeitpunkt im Staatsdienst ausschließlich für andere als Handelszwecke genutzt werden.

(3) Ein Vertragsstaat kann beschließen, dieses Übereinkommen auf seine Kriegsschiffe oder sonstige in Absatz 2 bezeichnete Schiffe anzuwenden; in diesem Fall notifiziert er seinen Beschluss dem Generalsekretär unter Angabe der Bedingungen für diese Anwendung.

(4) Für Schiffe, die einem Vertragsstaat gehören und für Handelszwecke genutzt werden, kann jeder Staat vor den in Artikel 9 bezeichneten Gerichten belangt werden; dabei verzichtet er auf alle Einreden, die sich auf seine Stellung als souveräner Staat gründen.

Art. 4 BunkerölÜ enthält Regelungen verschiedener Art, die den Anwendungsbereich des Übereinkommens betreffen. Einige der Bestimmungen finden sich auch bereits im ÖlHÜ 1992. Gegenstand des Art. 4 Abs. 1 BunkerölÜ ist das Verhältnis dieses Übereinkommens zum ÖlHÜ 1992. Die Vorschrift bestätigt, dass das BunkerölÜ nicht auf Verschmutzungsschäden im Sinne des ÖlHÜ 1992 anzuwenden ist. Damit wird der Vorrang des ÖlHÜ 1992 gegenüber dem BunkerölÜ sichergestellt. Dieser ist umfassend und gilt insbesondere auch dann, wenn nach dem ÖlHÜ 1992 keine Ansprüche gegen den Eigentümer bzw. den Versicherer bestehen. Eine Überschneidung zwischen dem ÖlHÜ 1992 und dem BunkerölÜ kann sich insbesondere unter dem Gesichtspunkt ergeben, dass als „Öl" im Sinne des Art. I Nr. 5 ÖlHÜ 1992 auch der Brennstoff des Schiffes angesehen wird. Sind Ansprüche im Hinblick auf Ölverschmutzungsschäden durch den Brennstoff des (Tank-)Schiffes ausgeschlossen, können sich die Geschädigten nicht irgendwie hilfsweise auf die Regelungen des BunkerölÜ berufen.

2   Nach Art. 4 Abs. 2 BunkerölÜ findet das Übereinkommen grundsätzlich keine Anwendung auf Staatsschiffe, sofern sie nicht für Handelszwecke genutzt werden. Diese Regelung entspricht der des Art. XI Abs. 1 ÖlHÜ 1992. Allerdings kann ein Vertragsstaat des BunkerölÜ beschließen, das Übereinkommen gleichwohl auf seine Staatsschiffe zur Anwendung zu bringen. Eine entsprechende Regelung fehlt im ÖlHÜ 1992. Sofern Staatsschiffe für Handelszwecke genutzt werden, findet das das BunkerölÜ Anwendung. Dazu bestätigt Art. 4 Abs. 4 Hs. 1BunkerölÜ, dass der betreffende Vertragsstaat vor dem nach Art. 9 BunkerölÜ zuständigen Gericht in Anspruch genommen werden kann. In diesem Falle kann sich der betreffende Staat nicht auf seine Immunität berufen (Art. 4 Abs. 4 Hs. 2 BunkerölÜ). Die Regelung des Art. 4 Abs. 4 BunkerölÜ entspricht der des Art. XI Abs. 2 ÖlHÜ 1992. Die Vorbehalte des Art. 4 Abs. 2 bis 4 BunkerölÜ gelten nur für Schiffe von Vertragsstaaten des BunkerölÜ.

Artikel 5
Ereignisse, an denen mehrere Schiffe beteiligt sind

Tritt ein Ereignis ein, an dem mehr als ein Schiff beteiligt ist, und entstehen daraus Verschmutzungsschäden, so haften die Schiffseigentümer aller beteiligten Schiffe, sofern sie nicht nach Artikel 3 befreit sind, gesamtschuldnerisch für alle Schäden, die sich nicht hinreichend sicher trennen lassen.

1   Gegenstand des Art. 5 BunkerölÜ ist der Fall, dass an einem Ereignis (Art. 1 Nr. 8 BunkerölÜ) mehr als ein Schiff (Art. 1 Nr. 1 BunkerölÜ) beteiligt ist und daraus Bunkerölverschmutzungsschäden entstehen. Ein typisches Ereignis dieser Art ist insbesondere ein Zusammenstoß zwischen den Schiffen. Nach Art. 5 BunkerölÜ haften die Schiffseigentümer aller beteiligten Schiffe für die Bunkerölverschmutzungsschäden als Gesamtschuldner. Voraussetzung hierfür ist, dass sich die Schäden nicht hinreichend sicher voneinander trennen lassen. Ob dies der Fall ist, hängt von den Umständen ab. Ist etwa nur eines der beiden Schiffe beschädigt worden, mit der Folge, dass Bunkeröl ausgetreten ist, kann das andere, unbeschädigt gebliebene Schiff nicht nach Art. 3 Abs. 1 BunkerölÜ in Anspruch genommen werden. Kommt es aufgrund des Ereignisses zu einem Austritt von Bunkeröl von allen beteiligten Schiffen, werden die Voraussetzungen für eine gesamtschuldnerische Haftung nach Art. 5 BunkerölÜ normaler Weise vorliegen.

2   Schwierigkeiten können sich ergeben, wenn eines der beteiligten Schiffe ein Tankschiff im Sinne des Art. I Nr. 1 ÖlHÜ 1992 ist, mit der Folge, dass eine Haftung auf Grundlage des ÖlHÜ 1992 in Betracht kommt. Verschmutzungsschäden, die von diesem Schiff ausgehen, sind Ölverschmutzungsschäden, für die das BunkerölÜ nach seinem Art. 4 Abs. 1 nicht gilt. Damit kommen weder Art. 5 BunkerölÜ noch Art. IV ÖlHÜ 1992 zur Anwendung. Ob eine Gesamtschuldnerschaft besteht, ergibt sich daher anhand des im Übrigen anwendbaren Rechts. Ausgehend vom deutschen Recht kann sich eine gesamtschuldnerische Haftung der Schiffseigentümer nach dem BunkerölÜ und des Eigentümers auf Grundlage des ÖlFÜ 1992 aus § 840 BGB ergeben.

Artikel 6
Haftungsbeschränkung

Dieses Übereinkommen berührt nicht das Recht des Schiffseigentümers und der eine Versicherung oder sonstige finanzielle Sicherheit leistenden Person oder Personen, die Haftung nach einem anwendbaren nationalen oder internationalen Regelwerk, wie etwa dem Übereinkommen von 1976 über die Beschränkung der Haftung für Seeforderungen in der jeweils geltenden Fassung, zu beschränken.

Werden die Schiffseigentümer auf Grundlage des Art. 3 Abs. 1 BunkerölÜ oder der Versicherer nach Art. 7 Abs. 10 BunkerölÜ wegen eines Bunkerölverschmutzungsschadens in Anspruch genommen, können sie sich ggf. auf die ihnen zustehenden Befugnisse zur Beschränkung der Haftung berufen.[6] Dies bestätigt ausdrücklich Art. 6 BunkerölÜ. An dieser Stelle weicht das BunkerölÜ von dem Regime des ÖlHÜ 1992 ab, das in Art. V und VI ein separates und eigenständiges System der Haftungsbeschränkung vorsieht. Art. 6 BunkerölÜ verweist dagegen im Hinblick auf das Recht der Schiffseigentümer und des Versicherers zur Beschränkung der Haftung auf die allgemeinen Vorschriften. Dabei ist Art. 6 BunkerölÜ durchaus offen formuliert. Bezug genommen wird auf jedes anwendbare nationale oder internationale Regelwerk. Beispielhaft werden das HBÜ 1976 in der jeweils geltenden Fassung genannt. 1

I. Das anwendbare Recht

Bei Art. 6 BunkerölÜ handelt es sich um eine Rechtsgrundverweisung. Es muss im Einzelfall selbständig geprüft werden, ob ein und ggf. welches Régime im Hinblick auf eine Beschränkung der Haftung der Schiffseigentümer zur Anwendung gelangt. Dies beginnt mit einer internationalprivatrechtlichen Fragestellung. Geklärt werden muss zunächst, welches das „anwendbare" Recht der Haftungsbeschränkung ist. Die internationalprivatrechtliche Anknüpfung der Befugnis zur Beschränkung der Haftung für alle Ansprüche aus einem Ereignis ist im Einzelnen unklar. Richtiger Weise kommt insoweit das Recht des Staates zur Anwendung, in dem die Beschränkung der Haftung geltend gemacht wird.[7] 2

II. HBÜ 1996, §§ 611 ff.

Gelangt man über die internationalprivatrechtliche Anknüpfung zum deutschen Sachrecht, gelten die Bestimmungen des HBÜ 1996 sowie der §§ 611 ff. Hier stellt § 611 Abs. 1 Satz 2 ausdrücklich klar, dass die Haftung für Bunkerölverschmutzungsschäden auf Grundlage des BunkerölÜ nach Maßgabe des HBÜ 1996 beschränkt werden kann. Die Befugnis zur Beschränkung der Haftung nach § 611 Abs. 1 Satz 2 und den Bestimmungen des HBÜ 1996 besteht nur, soweit die Bunkerölverschmutzung durch ein (See-)Schiff verursacht wurde. Dem Schiff gleichgestellt sind in Art. 1 Nr. 1 BunkerölÜ auch sonstige seegängige Geräte. Deren Eigentümer und sonstige an deren Betrieb beteiligte Personen sind von vornherein nicht zur Beschränkung der Haftung befugt. Ebenso scheidet in jedem Falle Heranziehung der §§ 4ff. BinSchG aus, weil sich die Ansprüche aus dem Bun- 3

---

6 Zum Folgenden siehe ausführlich *Ramming* DVIS A 104 S. 17–32.
7 Ausführlich hierzu *Ramming* HmbSchRZ 2009, 181 Nr. 73.

kerölÜ nur gegen die Eigentümer von Seeschiffen bzw. seegängige Geräte richten (siehe Art. 1 Nr. 1 BunkerölÜ).

4 **1. Die zur Beschränkung der Haftung berechtigten Personen.** Die in Art. 1 Nr. 3 BunkerölÜ umschriebenen Schiffseigentümer sind alle zur Beschränkung der Haftung berechtigt. Bei ihnen handelt es sich um „Schiffseigentümer" im Sinne des Art. 1 Abs. 2 HBÜ 1996. Dies gilt für den Eigentümer, auch für den eingetragenen Eigentümer des Schiffes; den Bareboat Charterer, der ein Charterer im Sinne des Art. 1 Abs. 2 HBÜ 1996 ist; sowie für den „Reeder und Ausrüster" des Schiffes, die beide in derselben Weise in Art. 1 Nr. 3 BunkerölÜ und Art. 1 Abs. 2 HBÜ 1996 umschrieben werden. Im Hinblick auf Art. 1 Abs. 2 HBÜ 1996 ergibt sich letztlich dieselbe Problematik wie bei Art. 1 Nr. 3 BunkerölÜ (dort Rn 3–5). Auch die amtliche deutsche Übersetzung des Art. 1 Abs. 2 HBÜ 1996 ist unzutreffend und umfasst insbesondere nicht auch den im verbindlichen englischen Wortlaut genannten Manager des Schiffes. Im Ergebnis haftet auch der Manager für Bunkerölverschmutzungsschäden auf Grundlage des BunkerölÜ, ist aber auch nach Art. 1 Abs. 2 HBÜ 1996 zur Beschränkung der Haftung berechtigt. Neben den Schiffseigentümern kann sich der Geschädigte, der einen Bunkerölverschmutzungsschaden erlitten hat, nach Art. 7 Abs. 10 BunkerölÜ auch unmittelbar an den Versicherer halten. Diesem stehen nach Art. 7 Abs. 10 Satz 2 BunkerölÜ gegenüber dem Geschädigten alle Einreden zu, die auch dem Eigentümer zugestanden hätten. Dabei stellt Art. 7 Abs. 10 Satz 2 BunkerölÜ ausdrücklich klar, dass dies auch für das Recht des Eigentümers zur Beschränkung der Haftung nach Art. 6 BunkerölÜ in Verbindung mit den jeweils maßgeblichen Bestimmungen über die Haftungsbeschränkung gilt. Unabhängig davon ist der Versicherer auch nach Art. 1 Abs. 6 HBÜ 1996 aus eigenem Recht zur Beschränkung der Haftung berechtigt.

5 **2. Die Ansprüche, die der Beschränkung unterliegen.** Alle Ansprüche, die sich aus dem BunkerölÜ ergeben können, unterliegen der Haftungsbeschränkung. Den Regelungen des Art. 3 Abs. 1, Art. 1 Nr. 7 und 9 BunkerölÜ sind die verschiedenen ersatzfähigen Positionen zu entnehmen. Die Ansprüche können gerichtet sein auf Schadenersatz wegen Beschädigung von Sachen aufgrund einer Verunreinigung durch Bunkeröl (Art. 3 Abs. 1, Art. 1 Nr. 9 [a] Hs. 1 BunkerölÜ – unten Rn 6); im Falle von Umweltbeeinträchtigungen auf Ersatz der Kosten für die Wiederherstellung (Art. 3 Abs. 1, Art. 1 Nr. 9 [a] Hs. 2 BunkerölÜ – unten Rn 7) und auf Ersatz des entgangenen Gewinns (Art. 3 Abs. 1, Art. 1 Nr. 9 [a] Hs. 2 BunkerölÜ – unten Rn 8); auf Erstattung der Kosten von Schutzmaßnahmen (Art. 3 Abs. 1, Art. 1 Nr. 9 [b] Art. 1 Nr. 7 BunkerölÜ) sowie auf Ersatz der durch Schutzmaßnahmen verursachten Verluste und Schäden (Art. 3 Abs. 1, Art. 1 Nr. 9 [b], Art. 1 Nr. 7 BunkerölÜ – unten Rn 8).

6 **a) Schadenersatz wegen Beschädigung von Sachen.** Im Falle einer Beschädigung von Sachen (einschließlich Hafenanlagen, Hafenbecken, Wasserstraßen und Navigationshilfen, dazu noch unten Rn 10) aufgrund einer Verunreinigung durch Bunkeröl einschließlich weiterer Schäden durch entgangenen Gewinn kann die Haftung nach Art. 2 Abs. 1 (a) HBÜ 1996 beschränkt werden, wenn der Schaden insbesondere in unmittelbarem Zusammenhang mit dem Betrieb des Schiffes entstanden ist.

7 **b) Umweltbeeinträchtigungen, Kosten der Wiederherstellung.** Im Falle einer Umweltbeeinträchtigung kann die Haftung für Ansprüche auf Ersatz der Kosten für die Wiederherstellung möglicher Weise nach Art. 2 Abs. 1 (d) HBÜ 1996 beschränkt werden. Das Bunkeröl, das den Verschmutzungsschaden ausgelöst hat, hat sich an Bord des betreffenden Schiffes befunden. Weitere Voraussetzung für das Recht zur Beschränkung nach Art. 2 Abs. 2 (d) HBÜ 1996 ist, dass das Schiff, von dem das Bunkeröl stammt, gesunken, havariert oder gestrandet ist oder verlassen wurde. Allerdings findet Art. 2 Abs. 1 (d) HBÜ 1996 in Deutschland keine Anwendung. Deutschland hat von seiner Befugnis nach Art. 18 Abs. 1 Satz 1 (a) HBÜ 1996 Gebrauch gemacht und die Anwendung der genannten Vorschrift ausgeschlossen. Damit war der Weg frei für eine eigenständige nationale Regelung. Der Gesetzgeber hat die Beschränkung der Haftung unter anderem für die in Art. 2 Abs. 1 (d) HBÜ 1996 genannten Ansprüche eigenständig in § 612 geregelt. Die Umschreibung des Art. 2 Abs. 1 (d) HBÜ 1996 findet sich wörtlich in § 612 Abs. 1 Satz 1 Nr. 1. Damit bleibt es dabei, dass die in Art. 2 Abs. 1 (d) HBÜ 1996 bzw. § 612 Abs. 1 Satz 1 Nr. 1 genannten Ansprüche der Beschränkung unterliegen; siehe zu dem maßgeblichen (Wrackbeseitigungs-)Höchstbetrag aber auch unten Rn 11.

c) Sonstige Ansprüche. Im Übrigen kann die Haftung für Ansprüche wegen Umweltbeeinträchtigungen durch Bunkerölverschmutzungsschäden einschließlich des entgangenen Gewinns nach Art. 2 Abs. 1 (c) HBÜ 1996 beschränkt werden. Die Einstandspflicht des Schiffseigentümers auf Erstattung der Kosten von Schutzmaßnahmen kann nach Art. 2 Abs. 1 (f) HBÜ beschränkt werden. Dies gilt gleichermaßen für die durch Schutzmaßnahmen verursachten Verluste und Schäden, die ausdrücklich auch in Art. 2 Abs. 1 (f) HBÜ 1996 erwähnt werden. 8

3. Die Höchstbeträge

a) Der Sachschadens-Höchstbetrag. Die Ansprüche gegen die Schiffseigentümer wegen Bunkerölverschmutzungsschäden fallen grundsätzlich in den Sachschadens-Höchstbetrag des Art. 6 Abs. 1 (a) HBÜ 1996. Dies betrifft namentlich den Schadenersatz wegen Beschädigungen von Sachen (Art. 3 Abs. 1, Art. 1 Nr. 9 (a) Hs. 1 BunkerölÜ). Soweit im Falle von Umweltbeeinträchtigungen Ansprüche auf Ersatz der Kosten für die Wiederherstellung sowie auf entgangenen Gewinn bestehen, sind diese Ansprüche ebenfalls aus dem Sachschadens-Höchstbetrag zu erfüllen; siehe aber auch sogleich Rn 10. Gleiches gilt für Ansprüche auf Erstattung der Kosten von Schutzmaßnahmen (Art. 3 Abs. 1, Art. 1 Nr. 9 [b], Art. 1 Nr. 7 BunkerölÜ) sowie auf Ersatz der durch Schutzmaßnahmen verursachten Verluste und Schäden (Art. 3 Abs. 1, Art. 1 Nr. 9 [b], Art. 1 Nr. 7 BunkerölÜ). Die Gläubiger von Ansprüchen wegen Bunkerölverschmutzungsschäden sind im Vergleich zu anderen Gläubigern, die ebenfalls Ansprüche gegen den Sachschadens-Höchstbetrag geltend machen, nicht privilegiert. Bei der Verteilung des Sachschadens-Höchstbetrages sind auch die sonstigen Ansprüche mit zu berücksichtigen. Im Ergebnis kann dies dazu führen, dass die Gläubiger der Ansprüche wegen Bunkerölverschmutzungsschäden erhebliche Beschränkungen ihrer Ansprüche hinnehmen müssen. 9

Außerdem haben Ansprüche wegen einer Beschädigung von Hafenanlagen, Hafenbecken, Wasserstraßen und Navigationshilfen nach § 614 Vorrang vor allen sonstigen Ansprüchen (siehe Art. 6 Abs. 3 HBÜ 1996). Dieser Vorrang gilt unabhängig davon, ob Ansprüche wegen Bunkerölverschmutzungsschäden oder sonstige Ansprüche geltend gemacht werden. Die Privilegierung der Ansprüche wegen einer Beschädigung von Hafenanlagen, Hafenbecken, Wasserstraßen und Navigationshilfen gilt, je nach den Umständen, für die Ansprüche wegen Bunkerölverschmutzungsschäden untereinander, für die sonstigen Ansprüche untereinander und ebenso für beide Arten von Ansprüchen im Verhältnis zu beiden Arten von Ansprüchen wegen Beschädigungen sonstiger Sachen. 10

11   **b) Der Wrackbeseitigungs-Höchstbetrag.** In bestimmten Fällen steht für die Ansprüche wegen Bunkerölverschmutzungsschäden der besondere Wrackbeseitigungs-Höchstbetrag des § 612 zur Verfügung. Deutschland hat von der Befugnis, einen Vorbehalt nach Art. 18 Abs. 1 Satz 1 (a) HBÜ 1996 einzulegen, Gebrauch gemacht und die Beschränkbarkeit der Haftung für die in Art. 2 Abs. 1 (d) und (e) HBÜ 1996 genannten Ansprüche gesondert in § 612 geregelt. Ansprüche wegen Bunkerölverschmutzungsschäden, die die Voraussetzungen des § 612 Abs. 1 Satz 1 erfüllen, können gegen den besonderen Wrackbeseitigungs-Höchstbetrag geltend gemacht werden. Dies bedeutet nach den Umständen eine erhebliche Privilegierung, weil der Wrackbeseitigungs-Höchstbetrag ausschließlich den Gläubigern der in § 612 Abs. 1 Satz 1 genannten Ansprüche zur Verfügung steht. § 612 Abs. 1 Satz 1 Nr. 1 betrifft Ansprüche auf Erstattung der Kosten für die „.... Beseitigung, Vernichtung oder Unschädlichmachung eines gesunkenen, havarierten, gestrandeten oder verlassenen Schiffes, samt allem, was sich an Bord eines solchen Schiffes ... befunden hat ...". Verursacht ein Schiff einen Bunkerölverschmutzungsschaden, hat sich das betreffende Bunkeröl an Bord des Schiffes befunden. Die Voraussetzungen des § 612 Abs. 1 Satz 1 Nr. 1 liegen vor, wenn das betreffende Schiff außerdem gesunken, havariert oder gestrandet ist oder verlassen wurde.

Artikel 7
Pflichtversicherung oder finanzielle Sicherheit

(1) Der eingetragene Eigentümer eines in das Schiffsregister eines Vertragsstaats eingetragenen Schiffes mit einer Bruttoraumzahl von mehr als 1.000 hat eine Versicherung oder sonstige finanzielle Sicherheit, wie etwa die Bürgschaft einer Bank oder eines ähnlichen Finanzinstituts, aufrechtzuerhalten, um die Haftung des eingetragenen Eigentümers für Verschmutzungsschäden in Höhe eines Betrags abzudecken, der den Haftungsgrenzen nach den anwendbaren nationalen oder internationalen Beschränkungen entspricht, in keinem Fall jedoch einen nach dem Übereinkommen von 1976 über die Beschränkung der Haftung für Seeforderungen in der jeweils geltenden Fassung errechneten Betrag übersteigt.

(2) [1]**Nachdem die zuständige Behörde eines Vertragsstaats sich vergewissert hat, dass die Voraussetzungen des Absatzes 1 erfüllt sind, wird für jedes Schiff eine Bescheinigung darüber ausgestellt, dass eine Versicherung oder sonstige finanzielle Sicherheit nach diesem Übereinkommen in Kraft ist.** [2]**Für ein in das Schiffsregister eines Vertragsstaats eingetragenes Schiff wird diese Bescheinigung von der zuständigen Behörde des Staates des Schiffsregisters ausgestellt oder bestätigt; für ein nicht in das Schiffsregister eines Vertragsstaats eingetragenes Schiff kann sie von der zuständigen Behörde jedes Vertrags Staats ausgestellt oder bestätigt werden.** [3]**Die Form dieser Bescheinigung hat dem als Anlage zu diesem Übereinkommen beigefügten Muster zu entsprechen und folgende Angaben zu enthalten:**
a)   Name des Schiffes, Unterscheidungssignal und Heimathafen;
b)   Name und Hauptgeschäftssitz des eingetragenen Eigentümers;
c)   IMO-Schiffsidentifizierungsnummer;
d)   Art und Laufzeit der Sicherheit;
e)   Name und Hauptgeschäftssitz des Versicherers oder sonstigen Sicherheitsgebers und gegebenenfalls Geschäftssitz, an dem die Versicherung oder Sicherheit gewährt wird;
f)   Geltungsdauer der Bescheinigung, die nicht länger sein darf als die Geltungsdauer der Versicherung oder sonstigen Sicherheit.

(3)
a) ¹Ein Vertragsstaat kann eine von ihm anerkannte Einrichtung oder Organisation ermächtigen, die in Absatz 2 genannte Bescheinigung auszustellen. ²Diese Einrichtung oder Organisation unterrichtet den betreffenden Staat von der Ausstellung jeder Bescheinigung. ³In allen Fällen garantiert der Vertragsstaat die Vollständigkeit und Richtigkeit der so ausgestellten Bescheinigung und verpflichtet sich, für die dafür notwendigen Vorkehrungen zu sorgen.
b) ¹Ein Vertragsstaat notifiziert dem Generalsekretär
  i) die genauen Verantwortlichkeiten und Bedingungen hinsichtlich der Ermächtigung, die er der von ihm anerkannten Einrichtung oder Organisation erteilt hat;
  ii) den Widerruf dieser Ermächtigung und
  iii) den Zeitpunkt, an dem die Ermächtigung oder der Widerruf der Ermächtigung wirksam wird.
²Eine erteilte Ermächtigung wird frühestens drei Monate nach dem Zeitpunkt wirksam, an dem die diesbezügliche Notifikation an den Generalsekretär erfolgte.
c) ¹Die nach diesem Absatz zur Ausstellung von Bescheinigungen ermächtigte Einrichtung oder Organisation ist mindestens ermächtigt, die Bescheinigungen zu widerrufen, wenn die Bedingungen, unter denen sie ausgestellt wurden, nicht mehr aufrechterhalten werden. ²In allen Fällen meldet die Einrichtung oder Organisation einen solchen Widerruf dem Staat, für den die Bescheinigung ausgestellt wurde.

(4) ¹Die Bescheinigung wird in der oder den Amtssprachen des ausstellenden Staates abgefasst. ²Ist die verwendete Sprache weder Englisch noch Französisch noch Spanisch, so ist eine Übersetzung in eine dieser Sprachen beizufügen; auf die Amtssprache kann verzichtet werden, wenn der betreffende Staat dies beschließt.

(5) Die Bescheinigung wird an Bord des Schiffes mitgeführt; eine Durchschrift wird bei der Behörde hinterlegt, die das betreffende Schiffsregister führt, oder, wenn das Schiff nicht in das Schiffsregister eines Vertrags Staats eingetragen ist, bei der Behörde, welche die Bescheinigung ausstellt oder bestätigt.

(6) ¹Eine Versicherung oder sonstige finanzielle Sicherheit genügt nicht den Erfordernissen dieses Artikels, wenn sie aus anderen Gründen als dem Ablauf der in der Bescheinigung nach Absatz 2 bezeichneten Geltungsdauer binnen drei Monaten nach dem Tag, an dem ihre Beendigung der in Absatz 5 bezeichneten Behörde angezeigt wird, außer Kraft treten kann, sofern nicht innerhalb der genannten Frist die Bescheinigung dieser Behörde übergeben oder eine neue Bescheinigung ausgestellt worden ist. ²Diese Bestimmungen gelten auch für Änderungen, die dazu führen, dass die Versicherung oder Sicherheit den Erfordernissen dieses Artikels nicht mehr genügt.

(7) Der Staat des Schiffsregisters bestimmt vorbehaltlich dieses Artikels die Ausstellungs- und Geltungsbedingungen für die Bescheinigung.

(8) ¹Dieses Übereinkommen ist nicht so auszulegen, als hindere es einen Vertragsstaat, sich auf Informationen zu verlassen, die er von anderen Staaten oder der Organisation oder anderen internationalen Organisationen bezüglich der finanziellen Lage des Versicherers oder der eine finanzielle Sicherheit leistenden Person für die Zwecke dieses Übereinkommens erlangt. ²In derartigen Fällen ist der Vertragsstaat, der sich auf solche Informationen verlässt, nicht seiner Verantwortung als der die Bescheinigung ausstellende Staat im Sinne des Absatzes 2 enthoben.

(9) ¹Die im Namen eines Vertrags Staats ausgestellten oder bestätigten Bescheinigungen werden von anderen Vertrags Staaten für die Zwecke dieses Über-

einkommens anerkannt; sie messen ihnen die gleiche Wirkung bei wie den von ihnen selbst ausgestellten oder bestätigten Bescheinigungen, und zwar auch dann, wenn sie für ein Schiff ausgestellt oder bestätigt worden sind, das nicht in das Schiffsregister eines Vertragsstaats eingetragen ist. ²Ein Vertragsstaat kann jederzeit den ausstellenden oder bestätigenden Staat um eine Konsultation ersuchen, wenn er glaubt, dass der in der Versicherungsbescheinigung genannte Versicherer oder Sicherheitsgeber finanziell nicht in der Lage ist, die Verpflichtungen aus diesem Übereinkommen zu erfüllen.

(10) ¹Ein Schadenersatzanspruch wegen Verschmutzungsschäden kann unmittelbar gegen den Versicherer oder eine andere Person, die für die Haftung des eingetragenen Eigentümers für Verschmutzungsschäden finanzielle Sicherheit leistet, geltend gemacht werden. ²Hierbei kann der Beklagte die Einreden (mit Ausnahme des Konkurses oder der Liquidation des Schiffseigentümers) geltend machen, die der Schiffseigentümer hätte erheben können, einschließlich der Beschränkung nach Artikel 6. ³Außerdem kann der Beklagte, auch wenn der Schiffseigentümer nicht nach Artikel 6 berechtigt ist, die Haftung zu beschränken, die Haftung auf einen Betrag beschränken, der dem Betrag der nach Absatz 1 erforderlichen Versicherung oder sonstigen finanziellen Sicherheit entspricht. ⁴Darüber hinaus kann der Beklagte die Einrede geltend machen, dass sich die Verschmutzungsschäden aus einem vorsätzlichen Verschulden des Schiffseigentümers selbst ergaben; jedoch kann der Beklagte keine anderen Einreden geltend machen, die er in einem vom Schiffseigentümer gegen ihn eingeleiteten Verfahren hätte erheben können. ⁵Der Beklagte hat in jedem Fall das Recht zu verlangen, dass dem Schiffseigentümer der Streit verkündet wird.

(11) Ein Vertragsstaat wird den Betrieb eines seine Flagge führenden Schiffes, auf das dieser Artikel Anwendung findet, nur dann gestatten, wenn eine Bescheinigung nach Absatz 2 oder 14 ausgestellt worden ist.

(12) Vorbehaltlich dieses Artikels stellt jeder Vertragsstaat durch sein innerstaatliches Recht sicher, dass für jedes Schiff mit einer Bruttoraumzahl von mehr als 1.000, das einen Hafen in seinem Hoheitsgebiet anläuft oder verlässt oder das eine vor der Küste innerhalb seines Küstenmeers gelegene Einrichtung anläuft oder verlässt, ungeachtet des Ortes, an dem das Schiff in das Schiffsregister eingetragen ist, eine Versicherung oder sonstige Sicherheit in dem in Absatz 1 bezeichneten Umfang besteht.

(13) Unbeschadet des Absatzes 5 kann ein Vertragsstaat dem Generalsekretär notifizieren, dass für die Zwecke des Absatzes 12 Schiffe nicht verpflichtet sind, beim Anlaufen oder Verlassen eines Hafens oder beim Anlaufen oder Verlassen einer vor der Küste in seinem Hoheitsgebiet gelegenen Einrichtung die nach Absatz 2 erforderliche Bescheinigung an Bord mitzuführen oder vorzuweisen, sofern der Vertragsstaat, der die nach Absatz 2 erforderliche Bescheinigung ausstellt, dem Generalsekretär notifiziert hat, dass er allen Vertrags Staaten zugängliche Unterlagen in elektronischer Form führt, die das Vorhandensein der Bescheinigung belegen und es den Vertragsstaaten ermöglichen, ihre Verpflichtung nach Absatz 12 zu erfüllen.

(14) ¹Besteht für ein einem Vertragsstaat gehörendes Schiff keine Versicherung oder sonstige finanzielle Sicherheit, so finden die darauf bezüglichen Bestimmungen dieses Artikels auf dieses Schiff keine Anwendung; es hat jedoch eine von den zuständigen Behörden des Staates des Schiffsregisters ausgestellte Bescheinigung mitzuführen, aus der hervorgeht, dass das Schiff dem betreffenden Staat gehört und dass seine Haftung innerhalb der in Absatz 1 festgesetzten Grenzen gedeckt ist. ²Diese

Bescheinigung hat so weit wie möglich dem in Absatz 2 vorgeschriebenen Muster zu entsprechen.

(15) ¹Ein Staat kann im Zeitpunkt der Ratifikation. ²Annahme oder Genehmigung dieses Übereinkommens oder des Beitritts zu diesem oder jederzeit danach erklären, dass er diesen Artikel nicht auf Schiffe anwendet, die ausschließlich das in Artikel 2 Buchstabe a Ziffer i genannte Gebiet dieses Staates befahren.

Die ausführlichen Bestimmungen des Art. 7 BunkerölÜ betreffen die Pflicht des eingetragenen Eigentümers, im Hinblick auf seine Haftung für Bunkerölverschmutzungsschäden eine Versicherung vorzuhalten.[8] Ganz entsprechende und teils wörtlich übereinstimmende Regelungen finden sich in Art. VII ÖlHÜ 1992 und Art. 12 WBÜ. Im Vergleich zu Art. VII ÖlHÜ 1992 sind die Bestimmungen des Art. 7 BunkerölÜ zum Teil etwas moderner und berücksichtigen weitere Gesichtspunkte. Wie in Art. VII ÖlHÜ 1992 und Art. 12 WBÜ ist auch in Art. 7 BunkerölÜ ein eigenartiges System des Nachweises des Bestehens einer solchen Versicherung vorgesehen (unten Rn 5–11). Ebenso wie in Art. VII Abs. 8 ÖlHÜ 1992 und Art. 12 Abs. 10 WBÜ ist auch in Art. 7 Abs. 10 Satz 1 BunkerölÜ ein Direktanspruch der Geschädigten gegen den Versicherer vorgesehen (unten Rn 12).

I. Die Pflicht zur Versicherung

Die Pflicht, eine Versicherung für Ansprüche wegen Bunkerölverschmutzungsschäden vorzuhalten, ist in Art. 7 Abs. 1 BunkerölÜ geregelt. Die Vorschrift richtet sich nur an den eingetragenen Eigentümer (Art. 1 Nr. 4 BunkerölÜ). Die sonstigen Schiffseigentümer (Art. 1 Nr. 3 BunkerölÜ) sind nicht verpflichtet, eine Versicherung im Hinblick auf die gegen sie gerichteten Ansprüche zu nehmen. Die Versicherungspflicht besteht auch nur im Hinblick auf die gegen den eingetragenen Eigentümer gerichteten Ansprüche wegen Bunkerölverschmutzungsschäden. Darüber hinaus betrifft die Versicherungspflicht nur die eingetragenen Eigentümer von Schiffen mit einer BRZ von mehr als 1.000. Das Schiff muss außerdem in das Schiffsregister eines Vertragsstaates eingetragen sein (dazu auch Art. 1 Nr. 10 BunkerölÜ); siehe auch Art. 7 Abs. 12 BunkerölÜ. Die Sicherheit kann in Form einer Versicherung geleistet werden. Dem gleichgestellt ist nach Art. 7 Abs. 1 eine sonstige finanzielle Sicherheit. Die Durchsetzung der Versicherungspflicht ist nach Art. 7 Abs. 11 BunkerölÜ Sache des betreffenden Vertragsstaates in seiner Funktion als Flaggenstaat. Er wird dem Betrieb eines Schiffes, das seine Flagge führt, nur gestatten, wenn eine Versicherungsbescheinigung nach Art. 7 Abs. 2 bzw. 14 BunkerölÜ ausgestellt wurde. Im Hinblick auf das deutsche Recht siehe noch § 3 Abs. 4 Nr. 2 ÖlSG sowie die Strafvorschriften des § 7 ÖlSG.

II. Der Gegenstand der Versicherung

Nach Art. 7 Abs. 1 BunkerölÜ muss die Versicherung die Haftung des eingetragenen Eigentümers für Bunkerölverschmutzungsschäden auf Grundlage des BunkerölÜ decken. Dies betrifft Bunkerölverschmutzungsschäden, zu denen es im Hoheitsgebiet einschließlich des Küstenmeeres eines Vertragsstaates des BunkerölÜ oder in dessen ausschließlichen Wirtschaftszone bzw. in einem entsprechenden Gebiet gekommen ist (Art. 2 BunkerölÜ). Die Versicherung braucht sich in räumlicher Hinsicht nicht darüber

---

8 Siehe schon *Steltzer* DVIS A 104 S. 33–38.

hinaus zu erstrecken. Dem Betrag nach muss die Versicherung nach Art. 7 Abs. 1 BunkerölÜ der maßgeblichen Haftungsgrenze „nach den anwendbaren nationalen oder internationalen Beschränkungen" entsprechen. Welche dies sind, kann sich nur anhand der Umstände des Einzelfalles beurteilen. Ggf. würde sich der maßgebliche Höchstbetrag von Küstenstaat zu Küstenstaat ändern. Dazu stellt Art. 7 Abs. 1 BunkerölÜ klar, dass der Betrag der Versicherung in keinem Falle höher als der nach dem HBÜ 1976 ermittelten Betrag liegt. Gleichzeitig macht die Vorschrift den Vorbehalt, dass das HBÜ 1976 in der jeweils geltenden Fassung zu berücksichtigen ist. Um welche Fassung es sich hierbei handelt, ergibt sich wiederum aus der Sicht des betroffenen Küstenstaates. Insbesondere geht es um die Frage, ob der Höchstbetrag des HBÜ 1976 oder der des HBÜ 1996 heranzuziehen ist. Die aus der Versicherung verfügbaren Beträge stehen ausschließlich für Ansprüche wegen Bunkerölverschmutzungsschäden auf Grundlage des BunkerölÜ gegen den eingetragenen Eigentümer zur Verfügung. Eine entsprechende Regelung sieht Art. VII Abs. 9 ÖlHÜ 1992 vor; sie fehlt in Art. 7 BunkerölÜ. Beschränkt also der eingetragene Eigentümer seine Haftung auf den Höchstbetrag und gibt es neben den Gläubigern, die Ansprüche wegen Bunkerölverschmutzungsschäden verfolgen, weitere Gläubiger mit sonstigen (Sachschadens-) Ansprüchen, wird der Versicherer letztlich nicht in voller Höhe in Anspruch genommen.

III. Die Anforderungen an die Versicherung

4   Die Versicherung genügt nach Art. 7 Abs. 6 BunkerölÜ nicht den Erfordernissen, wenn sie aus anderen Gründen als dem Ablauf der Geltungsdauer innerhalb von drei Monaten nach dem Tag, an dem die Beendigung der zuständigen Behörde angezeigt wird, außer Kraft treten kann, sofern nicht innerhalb der Frist die Bescheinigung der Behörde übergeben oder eine neue Bescheinigung ausgestellt worden ist. Hier soll sichergestellt werden, dass die Behörde die Versicherungsbescheinigung ggf. rechtzeitig einziehen kann (siehe § 6 ÖlHBeschV). Dem Außerkrafttreten der Versicherung sind in Art. 7 Abs. 6 Satz 2 BunkerölÜ entsprechende Änderungen gleichgestellt.

IV. Der Nachweis der Versicherung

5   **1. Die Versicherungsbescheinigung.** Das Bestehen der Versicherung nach Art. 7 Abs. 1 BunkerölÜ muss nach Abs. 2 der Vorschrift in besonderer Weise nachgewiesen werden. Dies erfolgt unter Einbeziehung der Behörden der Vertragsstaaten. Dabei genügt es nicht, dass das Schiff etwa eine unmittelbar von einem Versicherer ausgestellte Bescheinigung mitführt. Vielmehr kann das Bestehen einer Versicherung allein durch eine behördliche Versicherungsbescheinigung (Art. 7 Abs. 2 Satz 1 BunkerölÜ) nachgewiesen werden. Die zuständige Behörde des Vertragsstaates bestätigt, dass eine Versicherung nach Maßgabe des Art. 7 Abs. 1 BunkerölÜ für das Schiff in Kraft ist. Für Schiffe, die in das Schiffsregister eines Vertragsstaates eingetragen sind, wird die Bescheinigung von der zuständigen Behörde dieses Staates ausgestellt (Art. 7 Abs. 2 Satz 2 Hs. 1 BunkerölÜ). Ist das Schiff nicht in das Schiffsregister eines Vertragsstaates eingetragen, kann die Bescheinigung von der zuständigen Behörde jedes Vertragsstaates ausgestellt werden (Art. 7 Abs. 2 Satz 2 Hs. 2 BunkerölÜ). Im Falle von Staatsschiffen – wenn das BunkerölÜ überhaupt auf sie zur Anwendung gelangt (siehe Art. 4 Abs. 2 bis 4 BunkerölÜ) – tritt an die Stelle der Versicherungsbescheinigung die Bescheinigung nach Art. 7 Abs. 14 BunkerölÜ. Siehe zur „elektronischen" Versicherungsbescheinigung die Bestimmungen des Art. 7 Abs. 13 BunkerölÜ (eine entsprechende Regelung fehlt in Art. VII ÖlHÜ 1992)

Gemäß § 3 Abs. 1 Satz 1 ÖlSG ist sowohl der Eigentümer des Schiffes als auch der 6
Schiffsführer verpflichtet, die Ölhaftungsbescheinigung an Bord mitzuführen. Sie ist
vom Schiffsführer nach § 3 Abs. 1 Satz 2 ÖlSG der zuständigen Behörde auf Verlangen
vorzulegen. Wird die Ölhaftungsbescheinigung nicht an Bord mitgeführt oder kann sie
nicht vorgelegt werden, kann nach § 3 Abs. 2 ÖlSG die Beförderung und der Umschlag
von Ladung untersagt werden. Zu unbrauchbar gewordenen oder verloren gegangenen
Ölhaftungsbescheinigungen siehe § 4 Abs. 4 ÖlHBeschV auf Grundlage des § 6 ÖlH-
BeschV kann das BSH die Ölhaftungsbescheinigung einziehen.

2. Die Voraussetzungen für die Ausstellung. Der Staat des Schiffsregisters (Art. 1 7
Nr. 10 BunkerölÜ) bestimmt nach Art. 7 Abs. 7 BunkerölÜ über die Ausstellung- und
Gestaltungsbedingungen der Versicherungsbescheinigung. In Deutschland ist der
Nachweis der Versicherung nach Art. 7 Abs. 1 BunkerölÜ in den Bestimmungen der § 2
Abs. 1, 3 und 4 ÖlSG und der ÖlHBeschV näher geregelt. Eine Ölhaftungsbescheinigung
(§ 1 Nr. 1 ÖlHBeschV, § 2 Abs. 3 ÖlSG) wird ausgestellt, wenn der eingetragene Eigentümer nachweist, dass eine entsprechende Versicherung besteht (§ 2 Abs. 4 Satz 1 ÖlSG);
siehe auch § 3 Abs. 2 Nr. 1 ÖlHBeschV. Grundlage der Bestätigung ist international gebräuchlich eine entsprechende Bestätigung des Versicherers, die sogenannte Blue Card.
§ 2 Abs. 4 Satz 1 ÖlSG macht weiter den Vorbehalt, dass es keinen begründeten Anlass
für die Annahme geben darf, dass der Versicherer nicht in der Lage sein wird, seine
Verpflichtungen zu erfüllen. Ölhaftungsbescheinigungen werden sowohl Eigentümern
von Schiffen unter deutscher Flagge als auch Eigentümern von Schiffen unter der Flagge von Nicht-Vertragsstaaten ausgestellt. Art. 7 Abs. 11 BunkerölÜ gibt den Vertragsstaaten auf, einem Schiff, das ihre Flagge führt, nur zu gestatten, Handel zu treiben,
wenn eine Ölhaftungsbescheinigung ausgestellt ist. Der eingetragene Eigentümer wird
nach § 5 ÖlHBeschV in Verbindung mit § 2 Abs. 4 und 3 ÖlSG verpflichtet, eine vorzeitige Beendigung der Versicherung und jede Änderung, die dazu führt, dass sie den Anforderungen des Art. 7 Abs. 1 BunkerölÜ nicht mehr genügt, unverzüglich dem BSH
mitzuteilen. Die Bestimmung des Art. 7 Abs. 3 BunkerölÜ, die sich nicht auch in Art. VII
ÖlHÜ 1992 findet, betrifft den Fall, dass ein Vertragsstaat eine anerkannte Einrichtung
oder Organisation (Recognized Organisation – RO) ermächtigt, die Versicherungsbescheinigung auszustellen. Im Hinblick auf die Ermächtigung enthält Art. 7 Abs. 3 BunkerölÜ weitere Bestimmungen. Für Deutschland sind diese ohne Bedeutung, weil die
Ölhaftungsbescheinigungen vom BSH ausgestellt werden (dazu oben Rn 6 zu Art. VII
ÖlHÜ 1992 [Anhang I.1 zu § 480).

3. Der Inhalt der Versicherungsbescheinigung. Die Versicherungsbescheinigung 8
muss dem Muster entsprechen, dass dem BunkerölÜ als Anlage beigefügt ist (siehe Art. 7
Abs. 2 Satz 3 BunkerölÜ); dazu auch § 4 Abs. 1 ÖlHBeschV. Darüber hinaus muss die Versicherungsbescheinigung bestimmte, in Art. 7 Abs. 2 Satz 3 BunkerölÜ genannte Angaben enthalten. Dazu gehören der Name des Schiffes und der Heimathafen, der Name und
der Hauptgeschäftssitz des eingetragenen Eigentümers, die Art der Sicherheit, der Name
und Hauptgeschäftssitz des Versicherers sowie die Geltungsdauer der Bescheinigung.
Letztere darf nicht länger sein als die Geltungsdauer der Versicherung (siehe auch § 4
Abs. 2 ÖlBeschV). Versicherungen, die von P&I Clubs ausgestellt sind, haben traditionell
jeweils Laufzeiten von einem Jahr, die am 20. Februar beginnen bzw. enden. Zur Sprache
der Versicherungsbescheinigung siehe Art. 7 Abs. 3 BunkerölÜ. Sie ist an Bord mitzuführen (Art. 7 Abs. 4 Hs. 1 BunkerölÜ). Eine Durchschrift wird bei der Behörde des Schiffsregisters bzw. bei der Behörde des Staates, der die Bescheinigung ausgestellt hat, hinterlegt (Art. 7 Abs. 4 Hs. 2 BunkerölÜ, siehe auch § 4 Abs. 3 ÖlHBeschV).

9 **4. Die Anerkennung der Versicherungsbescheinigung.** Nach Art. 7 Abs. 9 BunkerölÜ erkennen die anderen Vertragsstaaten des BunkerölÜ die ausgestellten Versicherungsbescheinigungen für die Zwecke des Übereinkommens an. Hierbei bleibt es auch, wenn die Behörde eines Vertragsstaates eine Versicherungsbescheinigung für ein Schiff unter der Flagge eines Nicht-Vertragsstaates ausgestellt hat. Im Falle von Zweifeln, dass der in der Bescheinigung genannte Versicherer finanziell in der Lage ist, seinen Verpflichtungen nachzukommen, kann der betreffende Vertragsstaat den ausstellenden Staat nach Art. 7 Abs. 9 Satz 2 BunkerölÜ um eine Konsultation ersuchen. Darüber hinausgehende Befugnisse haben die Vertragsstaaten nach dem BunkerölÜ nicht. Insbesondere ist es dem betreffenden Staat verwehrt, sich im Falle einer formell ordnungsgemäßen Versicherungsbescheinigung auf den Standpunkt zu stellen, dass eine Versicherung gleichwohl nicht oder nicht im hinreichenden Umfang besteht.

10 **5. Die unzutreffende Versicherungsbescheinigung.** Der Nachweis des Bestehens einer Versicherung nach Art. 7 Abs. 1 BunkerölÜ erfolgt unter Einbeziehung der Behörden der Vertragsstaaten und den von ihr ausgestellten Versicherungsbescheinigungen. Dazu müssen sich die Behörden das Bestehen der Versicherung nachweisen lassen; siehe dazu auch § 2 Abs. 4 ÖlSG. Dabei besteht die Gefahr, dass Versicherungsbescheinigungen ausgestellt werden, obwohl tatsächlich keine oder nur eine unzureichende Versicherung besteht. In entsprechenden Fällen können gegen die ausstellende Behörde möglicher Weise Ansprüche aus Staatshaftung geltend gemacht werden.

11 In Deutschland kommen in entsprechenden Fällen Ansprüche aus Amtshaftung nach § 839 BGB, Art. 34 GG in Betracht;[9] siehe hierzu die Hinweise oben Rn 10 zu Art. VII ÖlHÜ 1992 (Anhang I.1 zu § 480). Im Hinblick auf das nach § 839 Abs. 1 Satz 1 BGB erforderliche Verschulden der Behörde kann die Regelung des Art. 7 Abs. 8 BunkerölÜ maßgeblich werden. Entsprechende Bestimmungen fehlen im ÖlHÜ 1992 (siehe aber Art. 12 Abs. 8 WBÜ). Die Regelung des Art. 7 Abs. 8 Satz 1 BunkerölÜ bestätigt, dass sich die Behörden grundsätzlich auf Informationen über die finanzielle Lage des Versicherers verlassen dürfen, die sie von anderen Staaten (siehe Art. 7 Abs. 9 Satz 2 BunkerölÜ), von der IMO oder von anderen internationalen Organisationen erhalten. Allerdings stellt Art. 7 Abs. 8 Satz 2 BunkerölÜ auch klar, dass es in diesen Fällen bei der eigenen Verantwortung des Vertragsstaates (bzw. der zuständigen Behörde) bleibt.

V. Der Direktanspruch

12 Die Personen, die Bunkerölverschmutzungsschäden erlitten haben, können nach Art. 7 Abs. 10 Satz 1 BunkerölÜ unmittelbar gegen den Versicherer geltend gemacht werden. Ihm stehen nach Art. 7 Abs. 10 Satz 2 BunkerölÜ dem geschädigten Dritten gegenüber alle Einwendungen zu, die auch der eingetragene Eigentümer hätte erheben können. Dies umfasst ausdrücklich auch den Einwand der Haftungsbeschränkung nach Art. 6 BunkerölÜ. Ausgeschlossen ist nach Art. 7 Abs. 10 Satz 2 BunkerölÜ allerdings der Einwand, dass der eingetragene Eigentümer insolvent ist oder sich in Liquidation befindet. Der Versicherer kann sich gegenüber dem Geschädigten auch dann auf die beschränkte Haftung des eingetragene Eigentümers berufen, wenn dieser nicht berechtigt ist, seine Haftung zu beschränken (Art. 7 Abs. 10 Satz 3 BunkerölÜ). Dies betrifft namentlich den Fall, dass dem eingetragenen Eigentümer ein qualifiziertes Verschulden vorzuwerfen ist (Art. 4 HBÜ 1996). Darüber hinaus kann der Versicherer dem geschädigten

---

[9] Näher auch *Boës* DVIS A 104 S. 39–45.

Dritten gegenüber grundsätzlich keine Einwendungen erheben, die sich aus dem Versicherungsverhältnis zum eingetragenen Eigentümer ergeben (siehe Art. 7 Abs. 10 Satz 4 Hs. 2 BunkerölÜ. Insoweit macht Art. 7 Abs. 10 Satz 4 Hs. 1 BunkerölÜ allerdings eine Ausnahme: Der Versicherer kann dem geschädigten Dritten entgegen halten, dass er, der Versicherer, nicht für den Schaden einzustehen hat, weil der eingetragene Eigentümer den Schaden vorsätzlich herbeigeführt habe. Art. 7 Abs. 10 Satz 5 BunkerölÜ bestätigt, dass der gerichtlich in Anspruch genommene Versicherer befugt ist, den Schiffseigentümern – also nicht nur dem eingetragenen Eigentümer – den Streit zu verkünden.

Artikel 8
Ausschlussfristen

¹Schadenersatzansprüche nach diesem Übereinkommen erlöschen, wenn nicht binnen drei Jahren nach Eintritt der Schäden Klage erhoben wird. ²Jedoch kann nach Ablauf von sechs Jahren nach dem Ereignis, das die Schäden verursachte, nicht mehr Klage erhoben werden. ³Besteht dieses Ereignis aus einer Reihe von Vorfällen, so beginnt die Sechsjahresfrist mit dem Zeitpunkt des ersten Vorfalls.

Art. 8 BunkerölÜ entspricht wörtlich den Bestimmungen des Art. VIII ÖlHÜ 1992. Auf **1** die ausführlichen Hinweise dort sei zunächst verwiesen. Im Hinblick auf die Fristen des Art. 8 BunkerölÜ besteht die Besonderheit, dass sich die Ansprüche aus Art. 3 Abs. 1 BunkerölÜ gegen die Schiffseigentümer, also gegen mehrere Personen richten können. Diese haften nach Art. 3 Abs. 2 BunkerölÜ als Gesamtschuldner. Hier kann sich die Frage stellen, ob die Wahrung der Fristen gegenüber einem der Schiffseigentümer automatisch auch im Hinblick auf die übrigen Schiffseigentümer gilt. Ausgehend vom deutschen Recht hat die Wahrung der Frist gegenüber einem Gesamtschuldner hat nach § 425 BGB grundsätzlich lediglich Einzel-, nicht aber Gesamtwirkung.

Artikel 9
Gerichtsbarkeit

(1) Sind durch ein Ereignis Verschmutzungsschäden im Hoheitsgebiet einschließlich des Küstenmeers oder in einem in Artikel 2 Buchstabe a Ziffer ii genannten Gebiet eines oder mehrerer Vertragsstaaten entstanden oder sind in diesem Hoheitsgebiet einschließlich des Küstenmeers oder in einem solchen Gebiet Schutzmaßnahmen getroffen worden, um Verschmutzungsschäden zu verhüten oder einzuschränken, so können Schadenersatzklagen gegen den Schiffseigentümer, den Versicherer oder eine andere Person, die für die Haftung des Schiffseigentümers eine Sicherheit leistet, nur vor den Gerichten der betreffenden Vertragsstaaten anhängig gemacht werden.

(2) Jeder Beklagte ist über Klagen nach Absatz 1 binnen angemessener Frist zu unterrichten.

(3) Jeder Vertragsstaat trägt dafür Sorge, dass seine Gerichte die Zuständigkeit haben, über Schadenersatzklagen nach diesem Übereinkommen zu erkennen.

Art. 9 BunkerölÜ betrifft verschiedene Fragen der Gerichtsbarkeit, insbesondere die **1** gerichtliche Zuständigkeit.[10] Dabei entspricht Art. 9 Abs. 1 BunkerölÜ nahezu wörtlich

---

10   Siehe schon *Dörfelt* DVIS A 104 S. 47–56.

der Vorschrift des Art. IX Abs. 1 Satz 1 ÖlHÜ 1992. Ebenso findet sich Art. 9 Abs. 2 BunkerölÜ in Art. IX Abs. 1 Satz 2 ÖlHÜ 1992. Darüber hinaus stimmt Art. 9 Abs. 3 BunkerölÜ mit Art. IX Abs. 3 ÖlHÜ 1992 überein. Andererseits fehlt in Art. 9 BunkerölÜ eine Regelung von der Art des Art. IX Abs. 3 ÖlHÜ 1992. Siehe zu den Bestimmungen des Art. 9 Abs. 1 BunkerölÜ oben Rn 7 zu Art. IX ÖlHÜ 1992 (Anhang I.1 zu § 480); zu der örtlichen Zuständigkeit nach Maßgabe der ZPO, zur Sonderzuständigkeit nach § 6 Abs. 2 Nr. 1 ÖlSG sowie zur fehlenden gebietsmäßigen örtlichen Zuständigkeit deutscher Gerichte für Vorfälle in der AWZ die Hinweise oben Rn 8–9, 10–12 zu Art. VIII ÖlHÜ 1992 (Anhang I.1 zu § 480); sowie zu der Rolle der Regelungen der EuGVV 2012 und des LuganoÜ 2007 im Hinblick auf die gerichtliche Zuständigkeit oben Rn 13–17 zu § IX ÖlHÜ 1992 (Anhang I.1 zu § 480). Darüber hinaus stellt Art. 9 Abs. 2 BunkerölÜ klar, dass jeder Beklagte über Klagen nach Abs. 1 der Vorschrift binnen angemessener Frist zu unterrichten ist. Im Hinblick auf das BunkerölÜ und die in dessen Art. 9 vorgesehenen Regelungen über die Gerichtsbarkeit ergab sich eine Überschneidung mit den Bestimmungen der EuGVV. Auch insoweit waren daher die Mitgliedsstaaten, nachdem die EG von ihren Kompetenzen nach Art. 61 (c), 65 EGV Gebrauch gemacht hatte, zunächst nicht befugt, das BunkerölÜ zu ratifizieren. Dem wurde durch die Entsch. 2002/762 des Rates abgeholfen, die die Mitgliedsstaaten ausdrücklich ermächtigt hat, die Ratifikation des BunkerölÜ zu erklären. Siehe dazu auch die Hinweise oben Rn 3 vor Art. 1 BunkerölÜ.

Artikel 10
Anerkennung und Vollstreckung von Urteilen

(1) Ein von einem nach Artikel 9 zuständigen Gericht erlassenes Urteil, das in dem Ursprungsstaat vollstreckbar ist, in dem es nicht mehr mit ordentlichen Rechtsmitteln angefochten werden kann, wird in jedem Vertragsstaat anerkannt, es sei denn,
a) dass das Urteil durch betrügerische Machenschaften erwirkt worden ist oder
b) dass der Beklagte nicht binnen angemessener Frist unterrichtet und dass ihm keine angemessene Gelegenheit zur Vertretung seiner Sache vor Gericht gegeben worden ist.

(2) ¹Ein nach Absatz 1 anerkanntes Urteil ist in jedem Vertragsstaat vollstreckbar, sobald die in dem betreffenden Staat vorgeschriebenen Förmlichkeiten erfüllt sind. ²Diese Förmlichkeiten dürfen eine erneute Entscheidung in der Sache selbst nicht zulassen.

1 Art. 10 BunkerölÜ enthält Vorschriften über die Anerkennung und Vollstreckung von Urteilen von zuständigen Gerichten anderer Vertragsstaaten des Übereinkommens.[11] Die Bestimmungen entsprechen wörtlich denen des Art. X ÖlHÜ 1992. Auf die Hinweise dort sei verwiesen. Im Hinblick auf seinerzeit bestehenden die Überschneidungen mit der EuGVV kommt wiederum die ausdrückliche Ermächtigung der Mitgliedsstaaten in der Entsch. 2002/762 des Rates zum Tragen. In deren Art. 2 wird den Mitgliedsstaaten vorgegeben, bei der Ratifikation des BunkerölÜ ausdrücklich zu erklären, dass Entscheidungen von Gerichten anderer Mitgliedsstaaten nach den einschlägigen internen Gemeinschaftsvorschriften anerkannt und vollstreckt werden. Deutschland hat bei der Ratifikation des BunkerölÜ einen entsprechenden Vorbehalt erklärt.[12] Ein solcher ist im

---

11 Siehe schon *Dörfelt* DVIS A 104 S. 47–56.
12 Siehe BunkerölÜ-Denkschrift S. 29 f. („Zu Artikel 10"); ÖlSGÄndG-Begr S. 13 („Zu Nummer 6").

BunkerölÜ nicht vorgesehen und daher völkerrechtlich unzulässig. Unabhängig davon schreibt auch Art. 71 Abs. 2 Satz 2 EuGVVÜ 2012 (und entsprechend auch schon Art. 71 Abs. 2 Satz 2 EuGVV) ausdrücklich die alternative Anwendung der Art. 36 ff. EuGVV 2012 in diesen Fällen fest. Siehe auch die Hinweise Rn 3 vor Art. 1 BunkerölÜ.

Artikel 11
Vorrangklausel

Dieses Übereinkommen geht jeder Übereinkunft vor, die an dem Tag, an dem dieses Übereinkommen zur Unterzeichnung aufgelegt wird, in Kraft ist oder zur Unterzeichnung, zur Ratifikation oder zum Beitritt aufgelegt ist, soweit eine solche Übereinkunft mit diesem Übereinkommen in Widerspruch steht; dieser Artikel lässt jedoch die aus einer solchen Übereinkunft erwachsenden Verpflichtungen der Vertragsstaaten gegenüber Nichtvertragsstaaten dieses Übereinkommens unberührt.

Art. 11 BunkerölÜ entspricht wörtlich dem Art. XI ÖlHÜ 1992. Es geht um den Fall, **1** dass das BunkerölÜ mit anderen internationalen Übereinkommen, die ebenfalls die Haftung des Schiffes wegen Verschmutzungen betreffen, kollidiert. Dazu regelt Art. 11 Hs. 1 BunkerölÜ, dass das Übereinkommen allen älteren Übereinkommen vorgeht. Maßgeblich ist der Tag, an dem das BunkerölÜ zur Zeichnung aufgelegt wurde, also der 1. Oktober 2001 (Art. 12 Abs. 1 BunkerölÜ). Altübereinkommen im Sinne des Art. 11 Hs. 1 BunkerölÜ sind solche, die an diesem Tag in Kraft sind oder zur Unterzeichnung, zur Ratifikation oder zum Beitritt aufgelegt wurden. Dabei gilt der Vorrang des BunkerölÜ nach Art. 11 Hs. 1 nur insoweit, als die Altübereinkommen zum BunkerölÜ in Widerspruch stehen. Im Rückschluss aus Art. 11 Hs. 2 BunkerölÜ ergibt sich, dass der Vorrang des BunkerölÜ ausschließlich im Verhältnis zwischen den Vertragsstaaten des BunkerölÜ gilt. Entsprechend bestimmt Art. 11 Hs. 2 BunkerölÜ, dass der Vorrang des Hs. 1 die völkerrechtlichen Pflichten von Vertragsstaaten gegenüber Nicht-Vertragsstaaten des BunkerölÜ im Rahmen der Altübereinkommen unberührt lässt. Ein solches Altübereinkommen wäre das ÖlHÜ 1992. Dieser Konflikt wird allerdings auf andere Weise gelöst. Art. 4 Abs. 1 BunkerölÜ regelt einen Vorrang des ÖlHÜ 1992 im Hinblick auf Ölverschmutzungsschäden.

Artikel 12–19
(Schlussbestimmungen)

(nicht mit abgedruckt)

Anlage

Bescheinigung über die Versicherung oder sonstige finanzielle Sicherheit für die zivilrechtliche Haftung für Bunkerölverschmutzungsschäden

(nicht mit abgedruckt)

Anhang II zu § 480 (HNS-Ü 2010)

Literatur: *Brunn* Ergebnisse der Internationalen Konferenz über die Haftung und Schadenersatz bei der Beförderung von Öl und gefährlichen Stoffen auf See, VersR 1984, 908–911; *Ganten* Internationale Gefahrguthaftung beim Seetransport, TranspR 1997, 397–403; *Sieg* Zum Entwurf eines Übereinkommens über die Haftung bei der Beförderung gefährlicher Stoffe auf See, RIW 1984, 346–350; *de Wilde* Die HNS Convention – Kann das System optimiert werden?, TranspR 1995, 278–283.

1   Das HNS-Ü 2010 ist der vorläufig letzte Baustein im System der internationalen Haftung für Verschmutzungen, die vom Schiff ausgehen. Das Übereinkommen ist völkerrechtlich noch nicht in Kraft. Aufbau und Systematik des HNS-Ü 2010 entsprechen denen des ÖlHÜ 1992 und des ÖlFÜ 1992, teils enthalten die Übereinkommen wortgleiche Regelungen.

I. Das Protokoll von 2010

2   Das ursprüngliche HNS-Übereinkommen aus dem Jahre 1996 ist nicht in Kraft getreten. Der Grund hierfür waren erhebliche Schwierigkeiten bei der Handhabung des HNS-Ü 1996. Dies betraf in erster Linie die die Pflicht der Vertragsstaaten nach Art. 20 HNS-Ü 1996, über die Identität der Empfänger von HNS sowie die Mengen empfangener HNS Bericht zu erstatten. Insbesondere Hinblick auf verpackte HNS, die alle Stoffe umfassten, die Gegenstand des IMDG-Codes sind (siehe Art. 5 [a] [iv] HNS-Ü 1996), erwies sich eine Erfüllung der Pflichten angesichts der Vielfalt von Stoffen und der Vielzahl von Empfängern als praktisch nicht durchführbar. Die im Protokoll von 2010 vorgesehene Lösung bestand darin, es zwar weiterhin bei der Haftung für die verpackten HNS zu belassen, sie aber von der Beitragspflicht auszunehmen (siehe die neu eingeführten Regelungen des Art. 1 Nr. 5bis und 5ter HNS-Ü 2010). Als Ausgleich wurde ein selbständiger und höherer Höchstbetrag der Haftung für verpackte HNS eingeführt (siehe Art. 9 Abs. 1 [b] HNS-Ü 2010). Darüber hinaus nahm das HNS-Ü 1996 im Hinblick Beiträge für LNG den Eigentümer der Ladung in die Pflicht (Art. 19 Abs. 1 [b] HNS-Ü 1996). Dieser wiederum hat möglicherweise seinen gewöhnlichen Aufenthalt nicht im Zuständigkeitsbereich eines Vertragsstaates, mit der Folge, dass die Durchsetzung seiner Beitragspflicht schwierig war. Das HNS-Ü 2010 bestimmt dagegen, dass grundsätzlich wiederum der Empfänger des LNG für die Beiträge einzustehen hat, sofern dies nicht vom Eigentümer übernommen wird (siehe Art. 19 Abs. 1bis HNS-Ü 2010). Schließlich waren die Vertragsstaaten auf Grundlage des HNS-Ü 1996 verpflichtet, bei Erklärung der Ratifikation des Übereinkommens und in jährlichen Abständen danach Berichte im Hinblick auf die Empfänger und die empfangenen Mengen HNS vorzulegen (siehe Art. 21 HNS-Ü 1996). Für den Fall des Ausbleibens der Berichte waren im HNS-Ü 1996 (abgesehen von einer Haftung des Vertragsstaates für Verluste des HNS-Fonds, Art. 21 Abs. 4 HNS-Ü 1996), keine Sanktionen vorgesehen. Im neuen Art. 21bis Abs. 2 und 3 HNS-Ü 2010 wird dagegen bestimmt, dass der HNS-Fonds keine Zahlungen für HNS-Schäden leistet, die in dem betreffenden Staat eingetreten sind, bis die Berichtspflicht erfüllt wird. Hiervon sind nach Art. 21bis Abs. 5 HNS-Ü 2010 lediglich Ansprüche wegen Tod oder Körperverletzung ausgenommen.

3   Das HNS-Prot 2010 (und damit das HNS-Ü 2010, Art. 46) tritt nach seinem Art. 21 nach Ablauf einer Frist von 18 Monaten nach dem Datum in Kraft, an dem zwei Voraussetzungen erfüllt sind. Zum einen muss das Protokoll von mindestens 12 Staaten ratifiziert werden, darunter vier Staaten mit einer jeweils einer Handelsflotte von nicht weniger als 2 Millionen Tonnen. Außerdem müssen die beitragspflichtigen Personen in dem betreffenden Staat im vorangegangenen Kalenderjahr mindestens 40 Millionen Tonnen HNS im Hinblick auf das Allgemeine Konto erhalten haben. Eine Ratifikation des HNS-Ü

2010 setzt nach Art. 45 Abs. 4 und 5 voraus, dass der ratifizierende Staat Angaben über die im Jahr vor der Erklärung der Ratifikation erhaltenen beitragspflichtigen HNS macht. Hierfür ist es erforderlich, dass in dem betreffenden Staat ein System zur Erfassung der HNS eingerichtet wird. Dies ist der wesentliche Grund dafür, dass bisher kein Vertragsstaat die Ratifikation erklärt hat.

II. Der Anwendungsbereich des HNS-Ü 2010

In Übereinstimmung mit Art. II (a) ÖlHÜ 1992 und Art. 3 (a) ÖlFÜ 1992 sowie Art. 2 (a) BunkerölÜ findet das HNS-Ü 2010 nach seinem Art. 3 (a) auf HNS-Schäden (Art. 1 Abs. 5 bis 7 HNS-Ü 2010) Anwendung, zu denen es im Hoheitsgebiet eines Vertragsstaates einschließlich seines Küstenmeeres sowie in der AWZ eines Vertragsstaates bzw. eines entsprechenden Gebietes gekommen ist. Im Hinblick auf Schutzmaßnahmen zur Verhütung oder Einschränkung von HNS-Schäden bestehen nach Art. 3 (d) HNS-Ü 2010 keine räumlichen Beschränkungen (ebenso Art. II [b] ÖlHÜ 1992 und Art. 3 [b] ÖlFÜ 1992 sowie Art. 2 [b] BunkerölÜ). Abweichend von dem ÖlHÜ 1992, dem ÖlFÜ 1992 und dem BunkerölÜ gilt das HNS-Ü 2010 nach seinem Art. 3 (c) auch für HNS-Schäden außerhalb des Hoheitsgebietes irgend eines Staates, sofern der Schaden durch HNS verursacht wurde, der sich an Bord eines Schiffes unter der Flagge eine Vertragsstaates befunden hat und sofern es sich nicht um Umweltschäden handelt. **4**

In sachlicher Hinsicht bezieht sich das Übereinkommen auf Schäden, die auf HNS zurückzuführen sind (siehe Art. 1 Nr. 5 HNS-Ü 2010). Hierzu gehören als Massengut befördertes Öl im Sinne der Regel 1 Anlage I MARPOL 1973/1978; als Massengut beförderte schädliche flüssige Stoffe im Sinne der Regel 1.10 der Anlage II MARPOL 1973/1978; als Massengut beförderte schädliche flüssige Stoffe im Sinne des Kapitels 17 IBC-Code; verpacktes Gefahrgut, das Gegenstand des IMDG-Codes ist; verflüssigte Gase im Sinne des Kapitel 19 IGC-Code; als Massengut beförderte flüssige Stoffe mit einem Flammpunkt von nicht mehr als 60°C; Schüttladungen mit gefährlichen chemischen Eigenschaften im Sinne des IMSBC-Code, sofern diese, wenn sie in verpackter Form befördert würden, unter den IMDG-Code in der Fassung des Jahres 1996 fielen; sowie Rückstände aus einer vorangegangenen Beförderung der zuvor genannten Stoffe als Massengut. Verpackte HNS sind solche Soffe, für die der IMDG-Codes gilt (Art. 1 Nr. 5ter HNS-Ü 2010), alle anderen zuvor genannten HNS sind HNS als Massengut (Art. 1 Nr. 5bis HNS-Ü 2010). **5**

In einer Hinsicht geht das HNS-Ü 2010 weiter als das ÖlHÜ 1992, das ÖlFÜ 1992 und das BunkerölÜ. Diese Übereinkommen regeln jeweils nur die Haftung für Verschmutzungsschäden und Schutzmaßnahmen (siehe Art. I Nr. 6 und 7 ÖlHÜ 1992, Art. 1 Nr. 2 ÖlFÜ 1992, Art. 1 Nr. 9 BunkerölÜ, ebenso Art. 1 Nr. 6 [c] und [d] HNS-Ü 2010). Dagegen umfassen die HNS-Schäden nach dem HNS-Ü 2010 auch Personenschäden, zu denen es an Bord des betreffenden Schiffes oder außerhalb des Schiffes gekommen ist sowie Sachschäden außerhalb des Schiffes (Art. 1 Nr. 6 [a] und [b] HNS-Ü 2010). **6**

III. Die Haftung für HNS-Schäden

Die Einstandspflicht für HNS-Schäden ist in den Bestimmungen des HNS-Ü 2010 in ähnlicher Weise ausgestaltet wie im ÖlHÜ 1992. Nach Art. 7 Abs. 1 HNS-Ü 2010 haftet der eingetragene Eigentümer des Schiffes (Art. 1 Nr. 3 HNS-Ü 2010). Alle übrigen am Schiffsbetrieb beteiligten Personen sind nach Art. 7 Abs. 5 HNS-Ü 2010 von der Haftung grundsätzlich freigestellt. Die Haftungsbefreiung entfällt, soweit den betreffenden Personen ein qualifiziertes Verschulden vorzuwerfen ist (Art. 7 Abs. 5 Satz 2 HNS-Ü 2010). Die Einstandspflicht des eingetragenen Eigentümers ist von einem Verschulden unabhängig. **7**

Er kann zu seiner Entlastung lediglich die beschränkten Ausschlusstatbestände des Art. 7 Abs. 2 HNS-Ü 2010 geltend machen. Die des Art. 7 Abs. 2 (a) bis (c) HNS-Ü 2010 stimmen mit denen der Art. III Abs. 2 ÖlHÜ 1992 und Art. 3 Abs. 3 BunkerölÜ überein. Darüber hinaus hält Art. 7 Abs. 2 (d) HNS-Ü 2010 einen weiteren Ausschluss bereit. Er haftet nicht, wenn er von der Gefährlichkeit des Gutes keine Kenntnis hatte oder hätte haben müssen und ihm die Gefährlichkeit des Gutes nicht mitgeteilt worden ist, sofern dies für den HNS-Schaden ursächlich war oder dazu geführt hat, dass der eingetragene Eigentümer keine Versicherung im Sinne des Art. 12 HNS-Ü 2010 genommen hat. Der Anspruch gegen den eingetragenen Eigentümer auf Ersatz eines HNS-Schadens unterliegt nach Art. 37 Abs. 1 HNS-Ü 2010 einer Ausschlussfrist von drei Jahren. Die Frist beginnt, wenn der Geschädigte von dem Schaden und der Identität des eingetragenen Eigentümers Kenntnis hatte oder hätte haben müssen. In jedem Fall erlischt der Anspruch zehn Jahre nach dem Vorfall (Art. 37 Abs. 3 HNS-Ü 2010). Schließlich enthält Art. 38 HNS-Ü 2010 Bestimmungen über die gerichtliche Zuständigkeit für die Geltendmachung von Ansprüchen gegen den eingetragenen Eigentümer. Nach Maßgabe des Art. 40 HNS-Ü 2010 wird ein Urteil des zuständigen Gerichts in allen anderen Vertragsstaaten des Übereinkommens anerkannt und vollstreckt.

IV. Die Beschränkung der Haftung

8   Wie schon nach Art. V und VI ÖlHÜ 1992 umfasst auch das HNS-Ü 2010 ein „eingebautes" System der Haftungsbeschränkung. Der eingetragene Eigentümer kann nach Art. 9 bis 11 HNS-Ü 2010 seine Haftung für alle Ansprüche auf Ersatz von HNS-Schäden aus einem Ereignis auf einen Höchstbetrag beschränken. Dies geschieht durch Errichtung eines Haftungsfonds (siehe Art. 9 HNS-Ü 2010). Der Höchstbetrag hängt nach Art. 9 Abs. 1 HNS-Ü 2010 insbesondere von der Größe des Schiffes sowie davon ab, ob der Schaden ausschließlich durch HNS entstanden ist, das als Massengut befördert wurde. In diesem Fall sind für ein Schiff mit einer BRZ von 2.000 ein Einstiegs-Höchstbetrag von 10 Millionen SZR und eine Obergrenze von 100 Millionen SZR vorgesehen. Ist der Schaden durch verpackte HNS oder sowohl durch verpackte HNS als auch durch als Massengut beförderte HNS entstanden oder lässt sich nicht klären, ob verpackte oder als Massengut beförderte HNS die Ursache waren, ist in Art. 9 Abs. 1 (b) HNS-Ü 2010 ein Einstiegs-Höchstbetrag von 11,5 Millionen SZR und eine Obergrenze von 115 Millionen SZR vorgesehen. Bis zu einer Höhe von Zweidrittel des jeweils maßgebliche Höchstbetrages haben Ansprüche wegen Personenschäden Vorrang (Art. 11 HNS-Ü 2010). Der eingetragene Eigentümer ist nach Art. 9 Abs. 2 HNS-Ü 2010 nicht zur Beschränkung der Haftung berechtigt, wenn ihm ein persönliches qualifiziertes Verschulden vorzuwerfen ist.

V. Die Versicherungspflicht

9   Der eingetragene Eigentümer des Schiffes ist verpflichtet, nach Maßgabe des Art. 12 HNS-Ü 2010 eine Versicherung im Hinblick auf HNS-Schäden aufrecht zu erhalten. Diese muss sich auf die für das Schiff maßgeblichen Höchstbeträge pro Ereignis erstrecken. Insoweit entsprechen die Bestimmungen des HNS-Ü 2010 denen des Art. VII ÖlHÜ 1992 und des Art. 7 BunkerölÜ. Der Versicherer kann nach Art. 12 Abs. 8 HNS-Ü 2010 von den Geschädigten unmittelbar in Anspruch genommen werden. Das Bestehen der Versicherung wird durch eine Versicherungsbescheinigung nachgewiesen, die an Bord mitzuführen ist (Art. 12 Abs. 2 bis 7 HNS-Ü 2010). Jeder Vertragsstaat stellt sicher, dass jedes Schiff, das einen Hafen oder einen anderen Ort im Küstenmeer anläuft, über eine solche Versicherung verfügt (Art. 12 Abs. 11 HNS-Ü 2010), unabhängig davon, ob es die Flagge eines Vertragsstaates führt.

VI. Der HNS-Fonds

Das HNS-Ü 2010 umfasst in den Art. 13 bis 36 auch Regelungen über die Einrichtung **10** eines HNS-Fonds. Dieser entspricht dem Öl- bzw. dem Zusatzfonds, die auf Grundlage des ÖlFÜ 1992 und des ÖlFÜProt 2003 errichtet wurden und betrieben werden. Der HNS-Fonds steht in bestimmten Fällen für HNS-Schäden ein, wenn und soweit der eingetragene Eigentümer bzw. sein Versicherer für die eingetretenen HNS-Schäden nicht haftet (siehe Art. 14 Abs. 2 und 3 HNS-Ü 2010). Dies gilt allerdings nur dann, wenn der betreffende Vertragsstaat, in dessen Hoheitsgebiet bzw. in dessen AWZ es zu dem HNS-Schaden gekommen ist, seiner Berichtspflicht nachgekommen ist (siehe Art. 21bis Abs. 2 HNS-Ü 2010). Personenschäden sind von diesem Vorbehalt ausgenommen (Art. 21bis Abs. 5 HNS-Ü 2010). Die Obergrenze der Einstandspflicht des HNS-Fonds liegt bei 250 Millionen SZR (siehe Art. 14 Abs. 5 HNS-Ü 2010). Ist die Summe der Ansprüche wegen HNS-Schäden höher, werden die Ansprüche anteilig befriedigt (Art. 14 Abs. 6 Satz 1 HNS-Ü 2010). Bis in Höhe von Zweidrittel des Höchstbetrages haben Ansprüche wegen Personenschäden Vorrang (Art. 14 Abs. 6 Satz 2 HNS-Ü 2010). Die Ansprüche der Geschädigten gegen den HNS-Fonds unterliegen nach Art. 37 Abs. 2 HNS-Ü 2010 einer Ausschlussfrist von drei Jahren. Die Frist beginnt zu dem Zeitpunkt, an dem der Geschädigte von dem Schaden Kenntnis hatte oder hätten haben müssen. In jedem Falle erlischt der Anspruch mit einer Frist von zehn Jahren nach dem Ereignis (Art. 37 Abs. 3 HNS-Ü 2010). Art. 39 HNS-Ü 2010 enthält Bestimmungen über die gerichtliche Zuständigkeit für Klagen der Geschädigten gegen den HNS-Fond. Nach Maßgabe des Art. 41 HNS-Ü 2010 ist der HNS-Fonds, der an geschädigte Personen eine Entschädigung gezahlt hat, berechtigt, Rückgriff zu nehmen.

Bei dem HNS-Fonds handelt es sich, wie bei dem Ölfonds und dem Zusatzfonds, um **11** eine selbständige juristische Person (siehe Art. 13 HNS-Ü 2010). Der HNS-Fonds kann unmittelbar von den Geschädigten in Anspruch genommen werden. Die zur Erfüllung seiner Aufgaben erforderlichen Mittel erhält der HNS-Fonds von den beitragspflichtigen Personen (siehe Art. 16 ff. HNS-Ü 2010). Dies sind grundsätzlich die Empfänger der HNS in den jeweiligen Vertragsstaaten des Übereinkommens. Der HNS-Fonds führt insoweit verschiedene Konten, nämlich das Allgemeine Konto (mit verschiedenen Sektoren, Art. 18 Abs. 1 HNS-Ü 2010), das Ölkonto, das LNG-Konto und das LPG-Konto. Die Ver- tragsstaaten sind verpflichtet, über die betreffenden Empfänger und die empfangenen Mengen Bericht zu erstatten (Art. 21 HNS-Ü 2010). Kommt der Vertragsstaat dem nicht nach, haftet er dem HNS-Fonds auf Schadenersatz (Art. 21bis Abs. 1 HNS-Ü 2010). Außerdem leistet der HNS-Fonds zeitweise oder endgültig keine Entschädigung im Hinblick auf HNS-Schäden, zu denen es im Gebiet des betreffenden Vertragsstaates gekommen ist (Art. 21bis Abs. 2 und 3 HNS-Ü 2010), sofern es nicht um Personenschäden geht (Art. 21bis Abs. 5 HNS-Ü 2010).

VII. Europarechtliche Gesichtspunkte

Die Bestimmungen des HNS-Ü 2010 überschneiden sich zum Teil mit Vorschriften **12** des europäischen Rechts.[1] Zu Konflikten kommt es namentlich mit der EuGVV 2012 sowie mit der Richtlinie 2004/35 (dazu näher unten Rn 14). Würde das HNS-Ü 2010 für die Mit-

---

[1] Zum folgenden siehe die Hinweise in der Begründung zu dem Vorschlag für einen Beschluss des Rates über die Ratifizierung des Protokolls von 2010 zu dem internationalen Übereinkommen über die Haftung und Entschädigung für Schäden bei der Beförderung schädlicher und gefährlicher Stoffe auf See durch die Mitgliedsstaaten im Namen der Union und ihren Beitritt zu diesem Protokoll, in Bezug auf Aspekte im Zusammenhang mit der justiziellen Zusammenarbeit in Zivilsachen – COM (2015) 305 final vom 22. Juni 2015 (S. 2–13).

gliedsstaaten in Kraft treten, würde sich dies auf den Geltungsbereich europäischer Vorschriften auswirken. Im Sinne des Art. 3 Abs. 2 AEUV würden gemeinsame Regeln beeinträchtigt oder deren Tragweite verändert. Damit fällt die Ratifikation des HNS-Ü 2010 in die ausschließliche Zuständigkeit der EU. Allerdings enthält das HNS-Ü 2010, wie schon das HNS-Ü 1996, keine REIO-Regelung, die es der EU ermöglichen würde, selbst Partei des Übereinkommens zu werden. Damit bleibt nur der Weg, dass die Ratifikation des HNS-Prot 2010 durch die Mitgliedsstaaten aufgrund einer entsprechenden Ermächtigung des Rates erfolgt; siehe zu allem schon oben Rn 5 vor Art. I ÖlHÜ 1992 (Anhang I.1).

13 Entsprechende Fragen haben sich bereits im Hinblick auf das HNS-Ü 1996 gestellt. Auch dessen Art. 38 und 39 HNS-Ü 1996 enthielten Bestimmungen über gerichtliche Zuständigkeit für Klagen von Geschädigten gegen den eingetragenen Eigentümer des Schiffes, von Klagen der Geschädigten gegen den HNS-Fonds bzw. von Klagen, die durch den HNS-Fonds erhoben werden. Außerdem umfasste Art. 40 HNS-Ü 1996 Vorschriften über die Anerkennung und Vollstreckung gerichtlicher Entscheidungen in anderen Vertragsstaaten des Übereinkommens. Damit wäre es zu einer Überschneidung mit den Regelungen der seinerzeit geltenden EuGVV gekommen, so dass den Mitgliedstaaten die Zuständigkeit für eine Ratifikation des HNS-Ü 1996 genommen war. Auch hier blieb als Lösung nur die Ermächtigung der Mitgliedstaaten zur Erklärung der Ratifikation. Diese erfolgte mit Beschluss 2002/971/EG des Rates.[2] In Art. 2 des Beschlusses wurden die Mitgliedstaaten verpflichtet, bei der Ratifikation zu erklären, dass Entscheidungen anderer Mitgliedstaaten (mit Ausnahme Dänemarks) nach Maßgabe der EuGVV anerkannt und vollstreckt würden. Außerdem hieß es in Art. 3, dass die Ratifikation innerhalb eines angemessenen Zeitraums und möglichst vor dem 30. Juni 2006 erfolgen solle.

14 Im Hinblick auf das HNS-Ü 2010 gibt es ganz entsprechende Schwierigkeiten. An die Stelle der EuGVV ist mittlerweile die EuGVV 2012 getreten. Insofern stellen sich im Hinblick auf das Verhältnis dieser Verordnung zu den Bestimmungen der Art. 38 bis 40 HNS-Ü 2010 über die gerichtliche Zuständigkeit und die Anerkennung und Vollstreckung von Entscheidungen dieselben Fragen wie bereits früher im Hinblick auf das HNS-Ü 1996. Darüber hinaus hat die EU inzwischen mit der Richtlinie 2004/35 (in Deutschland durch das USchadG umgesetzt) auch im Hinblick auf die Haftung für Umweltschäden Vorschriften erlassen. Allerdings bestimmt Art. 4 Abs. 2 Richtlinie 2004/35, dass sie nicht für Umweltschäden oder die unmittelbare Gefahr solcher Schäden gilt, die infolge eines Vorfalls eintreten, bei dem die Haftung oder Entschädigung in den Anwendungsbereich eines der in Anhang IV aufgeführten internationalen Übereinkommen, einschließlich etwaiger künftiger Änderungen dieser Übereinkommen fällt. Buchst. (d) des Anhangs IV nennt ausdrücklich das HNS-Ü 1996. Das HNS-Ü 2010 ist eine künftige Änderung des HNS-Ü 1996 in diesem Sinne. Entsprechendes ergibt sich aus § 3 Abs. 3 Nr. 3 in Verbindung mit Anlage 2 USchadG. Würde das HNS-Ü 2010 für die Mitgliedsstaaten in Kraft treten, käme die Ausnahmeregelung des Art. 4 Abs. 2 Richtlinie 2004/35 in Verbindung mit Buchst. (d) des Anhangs IV zur Anwendung, mit der Folge, dass der der Geltungsbereich der Richtlinie 2004/35 im Sinne des Art. 3 Abs. 2 AEUV beschränkt würde.

15 Darüber hinaus verweist Ziffer 1.4 der Begründung zum Vorschlag für eine Ermächtigung des Rates an die Mitgliedstaaten zur Ratifikation des HNS-Ü 2010 (siehe sogleich) auf Art. 7 Abs. 4 HNS-Ü 2010, so dass Ansprüche auf Ersatz von HNS-Schäden gegen den eingetragenen Eigentümer ausschließlich nach Maßgabe des HNS-Ü 2010 und nicht auf

---

2 Beschluss 2002/971/EG des Rates vom 18. November 2002 zur Ermächtigung der Mitgliedstaaten, im Interesse der Gemeinschaft das Internationale Übereinkommen über Haftung und Entschädigung für Schäden bei der Beförderung schädlicher und gefährlicher Stoffe auf See von 1996 (HNS-Übereinkommen) zu ratifizieren oder diesem beizutreten (ABl. 2002 Nr. L337 S. 55).

andere Weise geltend gemacht werden könnten. Damit könnten, so die Begründung weiter, Ansprüche nicht mehr auf die Richtlinie 2004/35 gestützt werden, was sich ebenfalls auf deren Geltungsbereich auswirke. Ob dies tatsächlich ein selbständiger weiterer und von dem zuvor genannten Gesichtspunkt zu unterscheidender Aspekt ist, erscheint fraglich, spielt aber auch keine Rolle.

Jedenfalls ist ein Beschluss des Rates für eine Ermächtigung der Mitgliedstaaten, das **16** HNS-Ü 2010 zu ratifizieren, zurzeit in Vorbereitung und Gegenstand eines Vorschlags der Kommission.[3] Die Ermächtigung findet sich in Art. 1 des Vorschlags. Art. 2 Nr. 1 verpflichtet die Mitgliedstaaten zur umgehenden Ratifikation des Protokolls, jedenfalls innerhalb von zwei Jahren ab dem Tag des Inkrafttretens des Beschlusses. Nach Art. 3 müssen sie die im Anhang des Vorschlags wiedergegebene Erklärung abgeben, dass gerichtliche Entscheidungen von Gerichten anderer Mitgliedstaaten nach Maßgabe der EuGVV 2012, des EG-Dk-Abk und des LuganoÜ 2007 werden.

INTERNATIONAL CONVENTION ON LIABILITY AND COMPENSATION FOR DAMAGE IN CONNECTION WITH THE CARRIAGE OF HAZARDOUS AND NOXIOUS SUBSTANCES BY SEA, 2010 (2010 HNS CONVENTION)[4,5]

(Consolidated text of the International Convention on Liability and Compensation for Damage in Connection with the Carriage of Hazardous and Noxious Substances by Sea, 1996, and the Protocol of 2010 to the Convention)

Chapter I
General Provisions

Article 1
Definitions[6]

For the purposes of this Convention:
(1) „Ship" means any seagoing vessel and seaborne craft, of any type whatsoever.

---

[3] Vorschlag für einen Beschluss des Rates über die Ratifizierung des Protokolls von 2010 zu dem internationalen Übereinkommen über die Haftung und Entschädigung für Schäden bei der Beförderung schädlicher und gefährlicher Stoffe auf See durch die Mitgliedstaaten im Namen der Union und ihren Beitritt zu diesem Protokoll, in Bezug auf Aspekte im Zusammenhang mit der justiziellen Zusammenarbeit in Zivilsachen – COM (2015) 305 final vom 22. Juni 2015.
[4] Article 18 (Interpretation and application) of the Protocol of 2010 provides as follows:
„1. The Convention and this Protocol shall, as between the Parties to this Protocol, be read and interpreted together as one single instrument.
2. Articles 1 to 44 and Annexes I and II of the Convention, as amended by this Protocol and the annex thereto, together with articles 20 to 29 of this Protocol (the final clauses), shall *mutatis mutandis* constitute and be called the International Convention on Liability and Compensation for Damage in Connection with the Carriage of Hazardous and Noxious Substances by Sea, 2010 (2010 HNS Convention). Articles 20 to 29 of this Protocol shall be renumbered sequentially with the preceding articles of the Convention. References within the final clauses to other articles of the final clauses shall be renumbered accordingly."
[5] Article 2 of the Protocol of 2010 provides as follows: „The Parties to this Protocol shall give effect to the provisions of this Protocol and the provisions of the Convention, as amended by this Protocol."
[6] Article 1 of the Protocol of 2010 contains definitions which apply only to the Protocol and are not amendments to the 1996 Convention.

(2) „Person" means any individual or partnership or any public or private body, whether corporate or not, including a State or any of its constituent subdivisions.

(3) ¹„Owner" means the person or persons registered as the owner of the ship or, in the absence of registration, the person or persons owning the ship. ²However, in the case of a ship owned by a State and operated by a company which in that State is registered as the ship's operator, „owner" shall mean such company.

(4) „Receiver" means either:
(a) the person who physically receives contributing cargo discharged in the ports and terminals of a State Party; provided that if at the time of receipt the person who physically receives the cargo acts as an agent for another who is subject to the jurisdiction of any State Party, then the principal shall be deemed to be the receiver, if the agent discloses the principal to the HNS Fund; or
(b) the person in the State Party who in accordance with the national law of that State Party is deemed to be the receiver of contributing cargo discharged in the ports and terminals of a State Party, provided that the total contributing cargo received according to such national law is substantially the same as that which would have been received under (a).

(5) „Hazardous and noxious substances" (HNS) means:
(a) any substances, materials and articles carried on board a ship as cargo, referred to in (i) to (vii) below:
   (i) oils, carried in bulk, as defined in regulation 1 of annex I to the International Convention for the Prevention of Pollution from Ships, 1973, as modified by the Protocol of 1978 relating thereto, as amended;
   (ii) noxious liquid substances, carried in bulk, as defined in regulation 1.10 of Annex II to the International Convention for the Prevention of Pollution from Ships, 1973, as modified by the Protocol of 1978 relating thereto, as amended, and those substances and mixtures provisionally categorized as falling in pollution category X, Y or Z in accordance with regulation 6.3 of the said Annex II;
   (iii) dangerous liquid substances carried in bulk listed in chapter 17 of the International Code for the Construction and Equipment of Ships Carrying Dangerous Chemicals in Bulk, as amended, and the dangerous products for which the preliminary suitable conditions for the carriage have been prescribed by the Administration and port administrations involved in accordance with paragraph 1.1.6 of the Code;
   (iv) dangerous, hazardous and harmful substances, materials and articles in packaged form covered by the International Maritime Dangerous Goods Code, as amended;
   (v) liquefied gases as listed in chapter 19 of the International Code for the Construction and Equipment of Ships Carrying Liquefied Gases in Bulk, as amended, and the products for which preliminary suitable conditions for the carriage have been prescribed by the Administration and port administrations involved in accordance with paragraph 1.1.6 of the Code;
   (vi) liquid substances carried in bulk with a flashpoint not exceeding 60°C (measured by a closed-cup test);
   (vii) solid bulk materials possessing chemical hazards covered by the International Maritime Solid Bulk Cargoes Code, as amended, to the extent that these substances are also subject to the provisions of the International

Maritime Dangerous Goods Code in effect in 1996, when carried in packaged form; and
(b) residues from the previous carriage in bulk of substances referred to in (a)(i) to (iii) and (v) to (vii) above.

(5bis) „Bulk HNS" means any hazardous and noxious substances referred to in article 1, paragraph 5(a)(i) to (iii) and (v) to (vii) and paragraph 5(b).

(5ter) „Packaged HNS" means any hazardous and noxious substances referred to in article 1, paragraph 5(a) (iv).

(6) [1] „Damage" means:
(a) loss of life or personal injury on board or outside the ship carrying the hazardous and noxious substances caused by those substances;
(b) loss of or damage to property outside the ship carrying the hazardous and noxious substances caused by those substances;
(c) loss or damage by contamination of the environment caused by the hazardous and noxious substances, provided that compensation for impairment of the environment other than loss of profit from such impairment shall be limited to costs of reasonable measures of reinstatement actually undertaken or to be undertaken; and
(d) the costs of preventive measures and further loss or damage caused by preventive measures.

[2] Where it is not reasonably possible to separate damage caused by the hazardous and noxious substances from that caused by other factors, all such damage shall be deemed to be caused by the hazardous and noxious substances except if, and to the extent that, the damage caused by other factors is damage of a type referred to in article 4, paragraph 3.

[3] In this paragraph, „caused by those substances" means caused by the hazardous or noxious nature of the substances.

(7) „Preventive measures" means any reasonable measures taken by any person after an incident has occurred to prevent or minimize damage.

(8) „Incident" means any occurrence or series of occurrences having the same origin, which causes damage or creates a grave and imminent threat of causing damage.

(9) [1] „Carriage by sea" means the period from the time when the hazardous and noxious substances enter any part of the ship's equipment, on loading, to the time they cease to be present in any part of the ship's equipment, on discharge. [2] If no ship's equipment is used, the period begins andends respectively when the hazardous and noxious substances cross the ship's rail.

(10) [1] „Contributing cargo" means any bulk HNS which is carried by sea as cargo to a port or terminal in the territory of a State Party and discharged in that State. [2] Cargo in transit which is transferred directly, or through a port or terminal, from one ship to another, either wholly or in part, in the course of carriage from the port or terminal of original loading to the port or terminal of final destination shall be considered as contributing cargo only in respect of receipt at the final destination.

(11) The „HNS Fund" means the International Hazardous and Noxious Substances Fund established under article 13.

(12) „Unit of account" means the Special Drawing Right as defined by the International Monetary Fund.

(13) „State of the ship's registry" means in relation to a registered ship the State of registration of the ship, and in relation to an unregistered ship the State whose flag the ship is entitled to fly.

(14) „Terminal" means any site for the storage of hazardous and noxious substances received from waterborne transportation, including any facility situated off-shore and linked by pipeline or otherwise to such site.
(15) „Director" means the Director of the HNS Fund.
(16) „Organization" means the International Maritime Organization.
(17) „Secretary-General" means the Secretary-General of the Organization.

Article 2
Annexes

The Annexes to this Convention shall constitute an integral part of this Convention.

Article 3
Scope of Application

This Convention shall apply exclusively:
(a) to any damage caused in the territory, including the territorial sea, of a State Party;
(b) to damage by contamination of the environment caused in the exclusive economic zone of a State Party, established in accordance with international law, or, if a State Party has not established such a zone, in an area beyond and adjacent to the territorial sea of that State determined by that State in accordance with international law and extending not more than 200 nautical miles from the baselines from which the breadth of its territorial sea is measured;
(c) to damage, other than damage by contamination of the environment, caused outside the territory, including the territorial sea, of any State, if this damage has been caused by a substance carried on board a ship registered in a State Party or, in the case of an unregistered ship, on board a ship entitled to fly the flag of a State Party; and
(d) to preventive measures, wherever taken, to prevent or minimize such damage as referred to in (a), (b) and (c) above.

Article 4

(1) This Convention shall apply to claims, other than claims arising out of any contract for the carriage of goods and passengers, for damage arising from the carriage of hazardous and noxious substances by sea.

(2) This Convention shall not apply to the extent that its provisions are incompatible with those of the applicable law relating to workers' compensation or social security schemes.

(3) This Convention shall not apply:
(a) to pollution damage as defined in the International Convention on Civil Liability for Oil Pollution Damage, 1969, as amended, whether or not compensation is payable in respect of it under that Convention; and
(b) to damage caused by a radioactive material of class 7 either in the International Maritime Dangerous Goods Code, as amended, or in the International Maritime Solid Bulk Cargoes Code, as amended.

(4) Except as provided in paragraph 5, the provisions of this Convention shall not apply to warships, naval auxiliary or other ships owned or operated by a State and used, for the time being, only on Government non-commercial service.

(5) A State Party may decide to apply this Convention to its warships or other vessels described in paragraph 4, in which case it shall notify the Secretary-General thereof specifying the terms and conditions of such application.

(6) With respect to ships owned by a State Party and used for commercial purposes, each State shall be subject to suit in the jurisdictions set forth in article 38 and shall waive all defences based on its status as a sovereign State.

Article 5

(1) A State may, at the time of ratification, acceptance, approval of, or accession to, this Convention, or any time thereafter, declare that this Convention does not apply to ships:
(a) which do not exceed 200 gross tonnage; and
(b) which carry hazardous and noxious substances only in packaged form; and
(c) while they are engaged on voyages between ports or facilities of that State.

(2) Where two neighbouring States agree that this Convention does not apply also to ships which are covered by paragraph 1(a) and (b) while engaged on voyages between ports or facilities of those States, the States concerned may declare that the exclusion from the application of this Convention declared under paragraph 1 covers also ships referred to in this paragraph.

(3) Any State which has made the declaration under paragraph 1 or 2 may withdraw such declaration at any time.

(4) A declaration made under paragraph 1 or 2, and the withdrawal of the declaration made under paragraph 3, shall be deposited with the Secretary-General who shall, after the entry into force of this Convention, communicate it to the Director.

(5) The HNS Fund is not liable to pay compensation for damage caused by substances carried by a ship to which the Convention does not apply pursuant to a declaration made under paragraph 1or 2, to the extent that:
(a) the damage as defined in article 1, paragraph 6(a), (b) or (c) was caused in:
  (i) the territory, including the territorial sea, of the State which has made the declaration, or in the case of neighbouring States which have made a declaration under paragraph 2, of either of them; or
  (ii) the exclusive economic zone, or area mentioned in article 3(b), of the State or States referred to in (i);
(b) the damage includes measures taken to prevent or minimize such damage.

Article 6
Duties of State Parties

Each State Party shall ensure that any obligation arising under this Convention is fulfilled and shall take appropriate measures under its law including the imposing of sanctions as it may deem necessary, with a view to the effective execution of any such obligation.

Chapter II
Liability

Article 7
Liability of the Owner

(1) Except as provided in paragraphs 2 and 3, the owner at the time of an incident shall be liable for damage caused by any hazardous and noxious substances in connection with their carriage by sea on board the ship, provided that if an incident consists of a series of occurrences having the same origin the liability shall attach to the owner at the time of the first of such occurrences.

(2) No liability shall attach to the owner if the owner proves that:
(a) the damage resulted from an act of war, hostilities, civil war, insurrection or a natural phenomenon of an exceptional, inevitable and irresistible character; or
(b) the damage was wholly caused by an act or omission done with the intent to cause damage by a third party; or
(c) the damage was wholly caused by the negligence or other wrongful act of any Government or other authority responsible for the maintenance of lights or other navigational aids in the exercise of that function; or
(d) the failure of the shipper or any other person to furnish information concerning the hazardous and noxious nature of the substances shipped either:
  (i) has caused the damage, wholly or partly; or
  (ii) has led the owner not to obtain insurance in accordance with article 12;
  provided that neither the owner nor its servants or agents knew or ought reasonably to have known of the hazardous and noxious nature of the substances shipped.

(3) If the owner proves that the damage resulted wholly or partly either from an act or omission done with intent to cause damage by the person who suffered the damage or from the negligence of that person, the owner may be exonerated wholly or partially from liability to such person.

(4) No claim for compensation for damage shall be made against the owner otherwise than in accordance with this Convention.

(5) Subject to paragraph 6, no claim for compensation for damage under this Convention or otherwise may be made against:
(a) the servants or agents of the owner or the members of the crew;
(b) the pilot or any other person who, without being a member of the crew, performs services for the ship;
(c) any charterer (howsoever described, including a bareboat charterer), manager or operator of the ship;
(d) any person performing salvage operations with the consent of the owner or on the instructions of a competent public authority;
(e) any person taking preventive measures; and
(f) the servants or agents of persons mentioned in (c), (d) and (e);
unless the damage resulted from their personal act or omission, committed with the intent to cause such damage, or recklessly and with knowledge that such damage would probably result.

(6) Nothing in this Convention shall prejudice any existing right of recourse of the owner against any third party, including, but not limited to, the shipper or the

receiver of the substance causing the damage, or the persons indicated in paragraph 5.

Article 8
Incidents involving two or more Ships

(1)[1] Whenever damage has resulted from an incident involving two or more ships each of which is carrying hazardous and noxious substances, each owner, unless exonerated under article 7, shall be liable for the damage. [2] The owners shall be jointly and severally liable for all such damage which is not reasonably separable.

(2) However, owners shall be entitled to the limits of liability applicable to each of them under article 9.

(3) Nothing in this article shall prejudice any right of recourse of an owner against any other owner.

Article 9
Limitation of Liability

(1) The owner of a ship shall be entitled to limit liability under this Convention in respect of any one incident to an aggregate amount calculated as follows:
(a) Where the damage has been caused by bulk HNS:
  (i) 10 million units of account for a ship not exceeding 2,000 units of tonnage; and
  (ii) for a ship with a tonnage in excess thereof, the following amount in addition to that mentioned in (i):
    for each unit of tonnage from 2,001 to 50,000 units of tonnage, 1,500 units of account;
    for each unit of tonnage in excess of 50,000 units of tonnage, 360 units of account;
    provided, however, that this aggregate amount shall not in any event exceed 100 million units of account.
(b) Where the damage has been caused by packaged HNS, or where the damage has been caused by both bulk HNS and packaged HNS, or where it is not possible to determine whether the damage originating from that ship has been caused by bulk HNS or by packaged HNS:
  (i) 11.5 million units of account for a ship not exceeding 2,000 units of tonnage; and
  (ii) for a ship with a tonnage in excess thereof, the following amount in addition to that mentioned in (i):
    for each unit of tonnage from 2,001 to 50,000 units of tonnage, 1,725 units of account;
    for each unit of tonnage in excess of 50,000 units of tonnage, 414 units of account; provided, however, that this aggregate amount shall not in any event exceed 115 million units of account.

(2) The owner shall not be entitled to limit liability under this Convention if it is proved that the damage resulted from the personal act or omission of the owner, committed with the intent to cause such damage, or recklessly and with knowledge that such damage would probably result.

(3)[1] The owner shall, for the purpose of benefitting from the limitation provided for in paragraph 1, constitute a fund for the total sum representing the limit of liability established in accordance with paragraph 1 with the court or other competent authority of any one of the States Parties in which action is brought under article 38 or, if no action is brought, with any court or other competent authority in any one of the States Parties in which an action can be brought under article 38. ²The fund can be constituted either by depositing the sum or by producing a bank guarantee or other guarantee, acceptable under the law of the State Party where the fund is constituted, and considered to be adequate by the court or other competent authority.

(4) Subject to the provisions of article 11, the fund shall be distributed among the claimants in proportion to the amounts of their established claims.

(5) If before the fund is distributed the owner or any of the servants or agents of the owner or any person providing to the owner insurance or other financial security has as a result of the incident in question, paid compensation for damage, such person shall, up to the amount that person has paid, acquire by subrogation the rights which the person so compensated would have enjoyed under this Convention.

(6) The right of subrogation provided for in paragraph 5 may also be exercised by a person other than those mentioned therein in respect of any amount of compensation for damage which such person may have paid but only to the extent that such subrogation is permitted under the applicable national law.

(7) Where owners or other persons establish that they may be compelled to pay at a later date in whole or in part any such amount of compensation, with regard to which the right of subrogation would have been enjoyed under paragraphs 5 or 6 had the compensation been paid before the fund was distributed, the court or other competent authority of the State where the fund has been constituted may order that a sufficient sum shall be provisionally set aside to enable such person at such later date to enforce the claim against the fund.

(8) Claims in respect of expenses reasonably incurred or sacrifices reasonably made by the owner voluntarily to prevent or minimize damage shall rank equally with other claims against the fund.

(9)
(a) ¹The amounts mentioned in paragraph 1 shall be converted into national currency on the basis of the value of that currency by reference to the Special Drawing Right on the date of the constitution of the fund referred to in paragraph 3. ²The value of the national currency, in terms of the Special Drawing Right, of a State Party which is a member of the International Monetary Fund, shall be calculated in accordance with the method of valuation applied by the International Monetary Fund in effect on the date in question for its operations and transactions. ³The value of the national currency, in terms of the Special Drawing Right, of a State Party which is not a member of the International Monetary Fund, shall be calculated in a manner determined by that State.
(b) ¹Nevertheless, a State Party which is not a member of the International Monetary Fund and whose law does not permit the application of the provisions of paragraph 9(a) may, at the time of ratification, acceptance, approval of or accession to this Convention or at any time thereafter, declare that the unit of account referred to in paragraph 9(a) shall be equal to 15 gold francs. ²The gold franc referred to in this paragraph corresponds to sixty-five-and-a-half milligrammes of gold of millesimal fineness nine hundred. ³The conversion of the gold franc into the national currency shall be made according to the law of the State concerned.

(c) ¹The calculation mentioned in the last sentence of paragraph 9(a) and the conversion mentioned in paragraph 9(b) shall be made in such manner as to express in the national currency of the State Party as far as possible the same real value for the amounts in paragraph 1 as would result from the application of the first two sentences of paragraph 9(a). ²States Parties shall communicate to the Secretary-General the manner of calculation pursuant to paragraph 9(a), or the result of the conversion in paragraph 9(b) as the case may be, when depositing an instrument of ratification, acceptance, approval of or accession to this Convention and whenever there is a change in either.

(10) For the purpose of this article the ship's tonnage shall be the gross tonnage calculated in accordance with the tonnage measurement regulations contained in Annex I of the International Convention on Tonnage Measurement of Ships, 1969.

(11) ¹The insurer or other person providing financial security shall be entitled to constitute a fund in accordance with this article on the same conditions and having the same effect as if it were constituted by the owner. ²Such a fund may be constituted even if, under the provisions of paragraph 2, the owner is not entitled to limitation of liability, but its constitution shall in that case not prejudice the rights of any claimant against the owner.

Article 10

(1) Where the owner, after an incident, has constituted a fund in accordance with article 9 and is entitled to limit liability:
(a) no person having a claim for damage arising out of that incident shall be entitled to exercise any right against any other assets of the owner in respect of such claim; and
(b) the court or other competent authority of any State Party shall order the release of any ship or other property belonging to the owner which has been arrested in respect of a claim for damage arising out of that incident, and shall similarly release any bail or other security furnished to avoid such arrest.

(2) The foregoing shall, however, only apply if the claimant has access to the court administering the fund and the fund is actually available in respect of the claim.

Article 11
Death and Injury

Claims in respect of death or personal injury have priority over other claims save to the extent that the aggregate of such claims exceeds two-thirds of the total amount established in accordance with article 9, paragraph 1.

Article 12
Compulsory Insurance of the Owner

(1) The owner of a ship registered in a State Party and actually carrying hazardous and noxious substances shall be required to maintain insurance or other financial security, such as the guarantee of a bank or similar financial institution, in the sums fixed by applying the limits of liability prescribed in article 9, paragraph 1, to cover liability for damage under this Convention.

(2) ¹A compulsory insurance certificate attesting that insurance or other financial security is in force in accordance with the provisions of this Convention shall be issued to each ship after the appropriate authority of a State Party has determined that the requirements of paragraph 1 have been complied with. ²With respect to a ship registered in a State Party such compulsory insurance certificate shall be issued or certified by the appropriate authority of the State of the ship's registry; with respect to a ship not registered in a State Party it may be issued or certified by the appropriate authority of any State Party. ³This compulsory insurance certificate shall be in the form of the model set out in Annex I and shall contain the following particulars:
(a) name of the ship, distinctive number or letters and port of registry;
(b) name and principal place of business of the owner;
(c) IMO ship identification number;
(d) type and duration of security;
(e) name and principal place of business of insurer or other person giving security and, where appropriate, place of business where the insurance or security is established; and
(f) period of validity of certificate, which shall not be longer than the period of validity of the insurance or other security.

(3) ¹The compulsory insurance certificate shall be in the official language or languages of the issuing State. ²If the language used is neither English, nor French nor Spanish, the text shall include a translation into one of these languages.

(4) The compulsory insurance certificate shall be carried on board the ship and a copy shall be deposited with the authorities who keep the record of the ship's registry or, if the ship is not registered in a State Party, with the authority of the State issuing or certifying the certificate.

(5) ¹An insurance or other financial security shall not satisfy the requirements of this article if it can cease, for reasons other than the expiry of the period of validity of the insurance or security specified in the certificate under paragraph 2, before three months have elapsed from the date on which notice of its termination is given to the authorities referred to in paragraph 4, unless the compulsory insurance certificate has been surrendered to these authorities or a new certificate has been issued within the said period. ²The foregoing provisions shall similarly apply to any modification which results in the insurance or security no longer satisfying the requirements of this article.

(6) The State of the ship's registry shall, subject to the provisions of this article, determine the conditions of issue and validity of the compulsory insurance certificate.

(7) ¹Compulsory insurance certificates issued or certified under the authority of a State Party in accordance with paragraph 2 shall be accepted by other States Parties for the purposes of this Convention and shall be regarded by other States Parties as having the same force as compulsory insurance certificates issued or certified by them even if issued or certified in respect of a ship not registered in a State Party. ²A State Party may at any time request consultation with the issuing or certifying State should it believe that the insurer or guarantor named in the compulsory insurance certificate is not financially capable of meeting the obligations imposed by this Convention.

(8) ¹Any claim for compensation for damage may be brought directly against the insurer or other person providing financial security for the owner's liability for damage. ²In such case the defendant may, even if the owner is not entitled to limi-

tation of liability, benefit from the limit of liability prescribed in accordance with paragraph 1. ³The defendant may further invoke the defences (other than the bankruptcy or winding up of the owner) which the owner would have been entitled to invoke. ⁴Furthermore, the defendant may invoke the defence that the damage resulted from the wilful misconduct of the owner, but the defendant shall not invoke any other defence which the defendant might have been entitled to invoke in proceedings brought by the owner against the defendant. ⁵The defendant shall in any event have the right to require the owner to be joined in the proceedings.

(9) Any sums provided by insurance or by other financial security maintained in accordance with paragraph 1 shall be available exclusively for the satisfaction of claims under this Convention.

(10) A State Party shall not permit a ship under its flag to which this article applies to trade unless a certificate has been issued under paragraph 2 or 12.

(11) Subject to the provisions of this article, each State Party shall ensure, under its national law, that insurance or other security in the sums specified in paragraph 1 is in force in respect of any ship, wherever registered, entering or leaving a port in its territory, or arriving at or leaving an offshore facility in its territorial sea.

(12) ¹If insurance or other financial security is not maintained in respect of a ship owned by a State Party, the provisions of this article relating thereto shall not be applicable to such ship, but the ship shall carry a compulsory insurance certificate issued by the appropriate authorities of the State of the ship's registry stating that the ship is owned by that State and that the ship's liability is covered within the limit prescribed in accordance with paragraph 1. ²Such a compulsory insurance certificate shall follow as closely as possible the model prescribed by paragraph 2.

Chapter III
Compensation by the International Hazardous and Noxious Substances Fund (HNS Fund)

Article 13
Establishment of the HNS Fund

(1) The International Hazardous and Noxious Substances Fund (HNS Fund) is hereby established with the following aims:
(a) to provide compensation for damage in connection with the carriage of hazardous and noxious substances by sea, to the extent that the protection afforded by chapter II is inadequate or not available; and
(b) to give effect to the related tasks set out in article 15.

(2) ¹The HNS Fund shall in each State Party be recognized as a legal person capable under the laws of that State of assuming rights and obligations and of being a party in legal proceedings before the courts of that State. ²Each State Party shall recognize the Director as the legal representative of the HNS Fund.

Article 14
Compensation

(1) For the purpose of fulfilling its function under article 13, paragraph 1(a), the HNS Fund shall pay compensation to any person suffering damage if such person has been unable to obtain full and adequate compensation for the damage under the terms of chapter II:

(a) because no liability for the damage arises under chapter II;
(b) because the owner liable for the damage under chapter II is financially incapable of meeting the obligations under this Convention in full and any financial security that may be provided under chapter II does not cover or is insufficient to satisfy the claims for compensation for damage; an owner being treated as financially incapable of meeting these obligations and a financial security being treated as insufficient if the person suffering the damage has been unable to obtain full satisfaction of the amount of compensation due under chapter II after having taken all reasonable steps to pursue the available legal remedies;
(c) because the damage exceeds the owner's liability under the terms of chapter II.

(2) Expenses reasonably incurred or sacrifices reasonably made by the owner voluntarily to prevent or minimize damage shall be treated as damage for the purposes of this article.

(3) The HNS Fund shall incur no obligation under the preceding paragraphs if:
(a) it proves that the damage resulted from an act of war, hostilities, civil war or insurrection or was caused by hazardous and noxious substances which had escaped or been discharged from a warship or other ship owned or operated by a State and used, at the time of the incident, only on Government non-commercial service; or
(b) the claimant cannot prove that there is a reasonable probability that the damage resulted from an incident involving one or more ships.

(4) [1] If the HNS Fund proves that the damage resulted wholly or partly either from an act or omission done with intent to cause damage by the person who suffered the damage or from the negligence of that person, the HNS Fund may be exonerated wholly or partially from its obligation to pay compensation to such person. [2] The HNS Fund shall in any event be exonerated to the extent that the owner may have been exonerated under article 7, paragraph 3. [3] However, there shall be no such exoneration of the HNS Fund with regard to preventive measures.

(5)
(a) Except as otherwise provided in subparagraph (b), the aggregate amount of compensation payable by the HNS Fund under this article shall in respect of any one incident be limited, so that the total sum of that amount and any amount of compensation actually paid under chapter II for damage within the scope of application of this Convention as defined in article 3 shall not exceed 250 million units of account.
(b) The aggregate amount of compensation payable by the HNS Fund under this article for damage resulting from a natural phenomenon of an exceptional, inevitable and irresistible character shall not exceed 250 million units of account.
(c) Interest accrued on a fund constituted in accordance with article 9, paragraph 3, if any, shall not be taken into account for the computation of the maximum compensation payable by the HNS Fund under this article.
(d) The amounts mentioned in this article shall be converted into national currency on the basis of the value of that currency with reference to the Special Drawing Right on the date of the decision of the Assembly of the HNS Fund as to the first date of payment of compensation.

(6) [1] Where the amount of established claims against the HNS Fund exceeds the aggregate amount of compensation payable under paragraph 5, the amount available shall be distributed in such a manner that the proportion between any estab-

lished claim and the amount of compensation actually recovered by the claimant under this Convention shall be the same for all claimants. ²Claims in respect of death or personal injury shall have priority over other claims, however, save to the extent that the aggregate of such claims exceeds two-thirds of the total amount established in accordance with paragraph 5.

(7) ¹The Assembly of the HNS Fund may decide that, in exceptional cases, compensation in accordance with this Convention can be paid even if the owner has not constituted a fund in accordance with chapter II. ²In such cases paragraph 5(d) applies accordingly.

Article 15
Related Tasks of the HNS Fund

For the purpose of fulfilling its function under article 13, paragraph 1(a), the HNS Fund shall have the following tasks:
(a) to consider claims made against the HNS Fund;
(b) to prepare an estimate in the form of a budget for each calendar year of:
  Expenditure:
  (i) costs and expenses of the administration of the HNS Fund in the relevant year and any deficit from operations in the preceding years; and
  (ii) payments to be made by the HNS Fund in the relevant year;
  Income:
  (iii) surplus funds from operations in preceding years, including any interest;
  (iv) initial contributions to be paid in the course of the year;
  (v) annual contributions if required to balance the budget; and
  (vi) any other income;
(c) to use at the request of a State Party its good offices as necessary to assist that State to secure promptly such personnel, material and services as are necessary to enable the State to take measures to prevent or mitigate damage arising from an incident in respect of which the HNS Fund may be called upon to pay compensation under this Convention; and
(d) to provide, on conditions laid down in the internal regulations, credit facilities with a view to the taking of preventive measures against damage arising from a particular incident in respect of which the HNS Fund may be called upon to pay compensation under this Convention.

Article 16
General Provisions on Contributions

(1) The HNS Fund shall have a general account, which shall be divided into sectors.

(2) The HNS Fund shall, subject to article 19, paragraphs 3 and 4, also have separate accounts in respect of:
(a) oil as defined in article 1, paragraph 5(a)(i) (oil account);
(b) liquefied natural gases of light hydrocarbons with methane as the main constituent (LNG) (LNG account); and
(c) liquefied petroleum gases of light hydrocarbons with propane and butane as the main constituents (LPG) (LPG account).

(3) There shall be initial contributions and, as required, annual contributions to the HNS Fund.

(4) ¹Contributions to the HNS Fund shall be made into the general account in accordance with article 18, to separate accounts in accordance with article 19 and to either the general account or separate accounts in accordance with article 20 or article 21, paragraph 5. ²Subject to article 19, paragraph 6, the general account shall be available to compensate damage caused by hazardous and noxious substances covered by that account, and a separate account shall be available to compensate damage caused by a hazardous and noxious substance covered by that account.

(5) For the purposes of article 18, article 19, paragraph 1(a)(i), paragraph 1(a)(ii) and paragraph 1(b), article 20 and article 21, paragraph 5, where the quantity of a given type of contributing cargo received in the territory of a State Party by any person in a calendar year when aggregated with the quantities of the same type of cargo received in the same State Party in that year by any associated person or persons exceeds the limit specified in the respective subparagraphs, such a person shall pay contributions in respect of the actual quantity received by that person notwithstanding that that quantity did not exceed the respective limit.

(6) ¹„Associated person" means any subsidiary or commonly controlled entity. ²The question whether a person comes within this definition shall be determined by the national law of the State concerned.

Article 17
General Provisions on Annual Contributions

(1) Annual contributions to the general account and to each separate account shall be levied only as required to make payments by the account in question.

(2) Annual contributions payable pursuant to articles 18, 19 and article 21, paragraph 5, shall be determined by the Assembly and shall be calculated in accordance with those articles on the basis of the units of contributing cargo received during the preceding calendar year or such other year as the Assembly may decide.

(3) ¹The Assembly shall decide the total amount of annual contributions to be levied to the general account and to each separate account. ²Following that decision the Director shall, in respect of each State Party, calculate for each person liable to pay contributions in accordance with article 18, article 19, paragraph 1 and paragraph 1bis, and article 21, paragraph 5, the amount of that person's annual contribution to each account, on the basis of a fixed sum for each unit of contributing cargo reported in respect of the person during the preceding calendar year or such other year as the Assembly may decide. ³For the general account, the above-mentioned fixed sum per unit of contributing cargo for each sector shall be calculated pursuant to the regulations contained in Annex II to this Convention. ⁴For each separate account, the fixed sum per unit of contributing cargo referred to above shall be calculated by dividing the total annual contribution to be levied to that account by the total quantity of cargo contributing to that account.

(4) The Assembly may also levy annual contributions for administrative costs and decide on the distribution of such costs between the sectors of the general account and the separate accounts.

(5) The Assembly shall also decide on the distribution between the relevant accounts and sectors of amounts paid in compensation for damage caused by two or more substances which fall within different accounts or sectors, on the basis of an estimate of the extent to which each of the substances involved contributed to the damage.

Article 18
Annual Contributions to the General Account

(1) Subject to article 16, paragraph 5, annual contributions to the general account shall be made in respect of each State Party by any person who was the receiver in that State in the preceding calendar year, or such other year as the Assembly may decide, of aggregate quantities exceeding 20,000 tonnes of contributing cargo, other than substances referred to in article 19, paragraph 1 and paragraph 1bis, which fall within the following sectors:
(a) solid bulk materials referred to in article 1, paragraph 5(a)(vii);
(b) substances referred to in paragraph 2; and (c) other substances.

(2) ^{1}Annual contributions shall also be payable to the general account by persons who would have been liable to pay contributions to a separate account in accordance with article 19, paragraph 1 and paragraph 1bis, had its operation not been postponed or suspended in accordance with article 19. ^{2}Each separate account the operation of which has been postponed or suspended under article 19 shall form a separate sector within the general account.

Article 19
Annual Contributions to Separate Accounts

(1) Subject to article 16, paragraph 5, annual contributions to separate accounts shall be made in respect of each State Party:
(a) in the case of the oil account,
  (i) by any person who has received in that State in the preceding calendar year, or such other year as the Assembly may decide, total quantities exceeding 150,000 tonnes of contributing oil as defined in article 1, paragraph 3 of the International Convention on the Establishment of an International Fund for Compensation for Oil Pollution Damage, 1971, as amended, and who is or would be liable to pay contributions to the International Oil Pollution Compensation Fund in accordance with article 10 of that Convention; and
  (ii) by any person who was the receiver in that State in the preceding calendar year, or such other year as the Assembly may decide, of total quantities exceeding 20,000 tonnes of other oils carried in bulk listed in appendix I of Annex I to the International Convention for the Prevention of Pollution from Ships, 1973, as modified by the Protocol of 1978 relating thereto, as amended;
(b) in the case of the LPG account, by any person who in the preceding calendar year, or such other year as the Assembly may decide, was the receiver in that State of total quantities exceeding 20,000 tonnes of LPG.
(1bis)
(a) In the case of the LNG account, subject to article 16, paragraph 5, annual contributions to the LNG account shall be made in respect of each State Party by any person who in the preceding calendar year, or such other year as the Assembly may decide, was the receiver in that State of any quantity of LNG.
(b) However, any contributions shall be made by the person who, immediately prior to its discharge, held title to an LNG cargo discharged in a port or terminal of that State (the titleholder) where:

(i) the titleholder has entered into an agreement with the receiver that the titleholder shall make such contributions; and
(ii) the receiver has informed the State Party that such an agreement exists.
(c) ¹If the titleholder referred to in subparagraph (b) above does not make the contributions or any part thereof, the receiver shall make the remaining contributions. ²The Assembly shall determine in the internal regulations the circumstances under which the titleholder shall be considered as not having made the contributions and the arrangements in accordance with which the receiver shall make any remaining contributions.
(d) Nothing in this paragraph shall prejudice any rights of recourse or reimbursement of the receiver that may arise between the receiver and the titleholder under the applicable law.

(2) Subject to paragraph 3, the separate accounts referred to in paragraph 1 and paragraph 1bis above shall become effective at the same time as the general account.

(3) The initial operation of a separate account referred to in article 16, paragraph 2 shall be postponed until such time as the quantities of contributing cargo in respect of that account during the preceding calendar year, or such other year as the Assembly may decide, exceed the following levels:
(a) 350 million tonnes of contributing cargo in respect of the oil account;
(b) 20 million tonnes of contributing cargo in respect of the LNG account; and
(c) 15 million tonnes of contributing cargo in respect of the LPG account.

(4) The Assembly may suspend the operation of a separate account if:
(a) the quantities of contributing cargo in respect of that account during the preceding calendar year fall below the respective level specified in paragraph 3; or
(b) when six months have elapsed from the date when the contributions were due, the total unpaid contributions to that account exceed ten per cent of the most recent levy to that account in accordance with paragraph 1.

(5) The Assembly may reinstate the operation of a separate account which has been suspended in accordance with paragraph 4.

(6) ¹Any person who would be liable to pay contributions to a separate account the operation of which has been postponed in accordance with paragraph 3 or suspended in accordance with paragraph 4, shall pay into the general account the contributions due by that person in respect of that separate account. ²For the purpose of calculating future contributions, the postponed or suspended separate account shall form a new sector in the general account and shall be subject to the HNS points system defined in Annex II.

Article 20
Initial Contributions

(1) In respect of each State Party, initial contributions shall be made of an amount which shall, for each person liable to pay contributions in accordance with article 16, paragraph 5, articles 18, 19 and article 21, paragraph 5, be calculated on the basis of a fixed sum, equal for the general account and each separate account, for each unit of contributing cargo received in that State during the calendar year preceding that in which this Convention enters into force for that State.

(2) The fixed sum and the units for the different sectors within the general account as well as for each separate account referred to in paragraph 1 shall be determined by the Assembly.

(3) Initial contributions shall be paid within three months following the date on which the HNS Fund issues invoices in respect of each State Party to persons liable to pay contributions in accordance with paragraph 1.

Article 21
Reports

(1) Each State Party shall ensure that any person liable to pay contributions in accordance with articles 18, 19 or paragraph 5 of this article appears on a list to be established and kept up to date by the Director in accordance with the provisions of this article.

(2) For the purposes set out in paragraph 1, each State Party shall communicate to the Director, at a time and in the manner to be prescribed in the internal regulations of the HNS Fund, the name and address of any person who in respect of the State is liable to pay contributions in accordance with articles 18, 19 or paragraph 5 of this article, as well as data on the relevant quantities of contributing cargo for which such a person is liable to contribute in respect of the preceding calendar year.

(3) For the purposes of ascertaining who are, at any given time, the persons liable to pay contributions in accordance with articles 18, 19 or paragraph 5 of this article and of establishing, where applicable, the quantities of cargo to be taken into account for any such person when determining the amount of the contribution, the list shall be *prima facie* evidence of the facts stated therein.

(4) If in a State Party there is no person liable to pay contributions in accordance with articles 18, 19 or paragraph 5 of this article, that State Party shall, for the purposes of this Convention, inform the Director of the HNS Fund thereof.

(5) [1] In respect of contributing cargo carried from one port or terminal of a State Party to another port or terminal located in the same State and discharged there, States Parties shall have the option of submitting to the HNS Fund a report with an annual aggregate quantity for each account covering all receipts of contributing cargo, including any quantities in respect of which contributions are payable pursuant to article 16, paragraph 5. [2] The State Party shall, at the time of reporting, either:
(a) notify the HNS Fund that that State will pay the aggregate amount for each account in respect of the relevant year in one lump sum to the HNS Fund; or
(b) instruct the HNS Fund to levy the aggregate amount for each account by invoicing individual receivers, or, in the case of LNG, the titleholder if article 19, paragraph 1bis(b) is applicable, for the amount payable by each of them. [3] If the titleholder does not make the contributions or any part thereof, the HNS Fund shall levy the remaining contributions by invoicing the receiver of the LNG cargo. [4] These persons shall be identified in accordance with the national law of the State concerned.

Article 21bis
Non-Reporting

(1) [1] Where a State Party does not fulfil its obligations under article 21, paragraph 2, and this results in a financial loss for the HNS Fund, that State Party shall be liable to compensate the HNS Fund for such loss. [2] The Assembly shall, upon

recommendation of the Director, decide whether such compensation shall be payable by a State.

(2) ¹No compensation for any incident shall be paid by the HNS Fund for damage in the territory, including the territorial sea of a State Party in accordance with article 3(a), the exclusive economic zone or other area of a State Party in accordance with article 3(b), or damage in accordance with article 3(c) in respect of a given incident or for preventive measures, wherever taken, in accordance with article 3(d), until the obligations under article 21, paragraphs 2 and 4, have been complied with in respect of that State Party for all years prior to the occurrence of an incident for which compensation is sought. ²The Assembly shall determine in the internal regulations of the HNS Fund the circumstances under which a State Party shall be considered as not having fulfilled these obligations.

(3) Where compensation has been denied temporarily in accordance with paragraph 2, compensation shall be denied permanently if the obligations under article 21, paragraphs 2 and 4, have not been fulfilled within one year after the Director has notified the State Party of its failure to fulfil these obligations.

(4) Any payments of contributions due to the HNS Fund shall be set off against compensation due to the debtor, or the debtor's agents.

(5) Paragraphs 2 to 4 shall not apply to claims in respect of death or personal injury.

Article 22
Non-Payment of Contributions

(1) The amount of any contribution due under articles 18, 19, 20 or article 21, paragraph 5 and which is in arrears shall bear interest at a rate which shall be determined in accordance with the internal regulations of the HNS Fund, provided that different rates may be fixed for different circumstances.

(2) ¹Where a person who is liable to pay contributions in accordance with articles 18, 19, 20 or article 21, paragraph 5, does not fulfil the obligations in respect of any such contribution or any part thereof and is in arrears, the Director shall take all appropriate action, including court action, against such a person on behalf of the HNS Fund with a view to the recovery of the amount due. ²However, where the defaulting contributor is manifestly insolvent or the circumstances otherwise so warrant, the Assembly may, upon recommendation of the Director, decide that no action shall be taken or continued against the contributor.

Article 23
Optional Liability of States Parties for the Payment of Contributions

(1) ¹Without prejudice to article 21, paragraph 5, a State Party may, at the time when it signs without reservation as to ratification, acceptance or approval, or deposits its instrument of ratification, acceptance, approval or accession or at any time thereafter, declare that it assumes responsibility for obligations imposed by this Convention on any person liable to pay contributions in accordance with articles 18, 19, 20 or article 21, paragraph 5, in respect of hazardous and noxious substances received in the territory of that State. ²Such a declaration shall be made in writing and shall specify which obligations are assumed.

(2) Where a declaration under paragraph 1 is made prior to the entry into force of this Convention in accordance with article 46, it shall be deposited with the

Secretary-General who shall after the entry into force of this Convention communicate the declaration to the Director.

(3) A declaration under paragraph 1 which is made after the entry into force of this Convention shall be deposited with the Director.

(4) ¹A declaration made in accordance with this article may be withdrawn by the relevant State giving notice thereof in writing to the Director. ²Such a notification shall take effect three months after the Director's receipt thereof.

(5) Any State which is bound by a declaration made under this article shall, in any proceedings brought against it before a competent court in respect of any obligation specified in the declaration, waive any immunity that it would otherwise be entitled to invoke.

Organization and Administration

Article 24

The HNS Fund shall have an Assembly and a Secretariat headed by the Director.

Assembly

Article 25

The Assembly shall consist of all States Parties to this Convention.

Article 26

The functions of the Assembly shall be:
(a) to elect at each regular session its President and two Vice-Presidents who shall hold office until the next regular session;
(b) to determine its own rules of procedure, subject to the provisions of this Convention;
(c) to develop, apply and keep under review internal and financial regulations relating to the aim of the HNS Fund as described in article 13, paragraph 1(a), and the related tasks of the HNS Fund listed in article 15;
(d) to appoint the Director and make provisions for the appointment of such other personnel as may be necessary and determine the terms and conditions of service of the Director and other personnel;
(e) to adopt the annual budget prepared in accordance with article 15(b);
(f) to consider and approve as necessary any recommendation of the Director regarding the scope of definition of contributing cargo;
(g) to appoint auditors and approve the accounts of the HNS Fund;
(h) to approve settlements of claims against the HNS Fund, to take decisions in respect of the distribution among claimants of the available amount of compensation in accordance with article 14 and to determine the terms and conditions according to which provisional payments in respect of claims shall be made with a view to ensuring that victims of damage are compensated as promptly as possible;
(i) to establish a Committee on Claims for Compensation with at least 7 and not more than 15 members and any temporary or permanent subsidiary body it

may consider to be necessary, to define its terms of reference and to give it the authority needed to perform the functions entrusted to it; when appointing the members of such body, the Assembly shall endeavour to secure an equitable geographical distribution of members and to ensure that the States Parties are appropriately represented; the Rules of Procedure of the Assembly may be applied, *mutatis mutandis*, for the work of such subsidiary body;
(j) to determine which States not party to this Convention, which Associate Members of the Organization and which intergovernmental and international non-governmental organizations shall be admitted to take part, without voting rights, in meetings of the Assembly and subsidiary bodies;
(k) to give instructions concerning the administration of the HNS Fund to the Director and subsidiary bodies;
(l) to supervise the proper execution of this Convention and of its own decisions;
(m) to review every five years the implementation of this Convention with particular reference to the performance of the system for the calculation of levies and the contribution mechanism for domestic trade; and
(n) to perform such other functions as are allocated to it under this Convention or are otherwise necessary for the proper operation of the HNS Fund.

Article 27

(1) Regular sessions of the Assembly shall take place once every calendar year upon convocation by the Director.
(2) ¹Extraordinary sessions of the Assembly shall be convened by the Director at the request of at least one-third of the members of the Assembly and may be convened on the Director's own initiative after consultation with the President of the Assembly. ²The Director shall give members at least thirty days' notice of such sessions.

Article 28

A majority of the members of the Assembly shall constitute a quorum for its meetings.

Secretariat

Article 29

(1) The Secretariat shall comprise the Director and such staff as the administration of the HNS Fund may require.
(2) The Director shall be the legal representative of the HNS Fund.

Article 30

(1) ¹The Director shall be the chief administrative officer of the HNS Fund. ²Subject to the instructions given by the Assembly, the Director shall perform those functions which are assigned to the Director by this Convention, the internal regulations of the HNS Fund and the Assembly.
(2) The Director shall in particular:
(a) appoint the personnel required for the administration of the HNS Fund;

(b) take all appropriate measures with a view to the proper administration of the assets of the HNS Fund;
(c) collect the contributions due under this Convention while observing in particular the provisions of article 22, paragraph 2;
(d) to the extent necessary to deal with claims against the HNS Fund and to carry out the other functions of the HNS Fund, employ the services of legal, financial and other experts;
(e) take all appropriate measures for dealing with claims against the HNS Fund, within the limits and on conditions to be laid down in the internal regulations of the HNS Fund, including the final settlement of claims without the prior approval of the Assembly where these regulations so provide;
(f) prepare and submit to the Assembly the financial statements and budget estimates for each calendar year;
(g) prepare, in consultation with the President of the Assembly, and publish a report on the activities of the HNS Fund during the previous calendar year; and
(h) prepare, collect and circulate the documents and information which may be required for the work of the Assembly and subsidiary bodies.

Article 31

[1] In the performance of their duties the Director and the staff and experts appointed by the Director shall not seek or receive instructions from any Government or from any authority external to the HNS Fund. [2] They shall refrain from any action which might adversely reflect on their position as international officials. [3] Each State Party on its part undertakes to respect the exclusively international character of the responsibilities of the Director and the staff and experts appointed by the Director, and not to seek to influence them in the discharge of their duties.

Finances

Article 32

(1) Each State Party shall bear the salary, travel and other expenses of its own delegation to the Assembly and of its representatives on subsidiary bodies.

(2) Any other expenses incurred in the operation of the HNS Fund shall be borne by the HNS Fund.

Voting

Article 33

[1] The following provisions shall apply to voting in the Assembly:
(a) each member shall have one vote;
(b) except as otherwise provided in article 34, decisions of the Assembly shall be made by a majority vote of the members present and voting;
(c) decisions where a two-thirds majority is required shall be a two-thirds majority vote of members present; and
(d) for the purpose of this article the phrase „members present" means „members present at the meeting at the time of the vote", and the phrase „members pre-

sent and voting" means „members present and casting an affirmative or negative vote". ²Members who abstain from voting shall be considered as not voting.

Article 34

The following decisions of the Assembly shall require a two-thirds majority:
(a) a decision under article 19, paragraphs 4 or 5 to suspend or reinstate the operation of a separate account;
(b) a decision under article 22, paragraph 2, not to take or continue action against a contributor;
(c) the appointment of the Director under article 26(d);
(d) the establishment of subsidiary bodies, under article 26(i), and matters relating to such establishment; and
(e) a decision under article 51, paragraph 1, that this Convention shall continue to be in force.

Tax Exemptions and Currency Regulations

Article 35

(1) The HNS Fund, its assets, income, including contributions, and other property necessary for the exercise of its functions as described in article 13, paragraph 1, shall enjoy in all States Parties exemption from all direct taxation.

(2) ¹When the HNS Fund makes substantial purchases of movable or immovable property, or of services which are necessary for the exercise of its official activities in order to achieve its aims as set out in article 13, paragraph 1, the cost of which include indirect taxes or sales taxes, the Governments of the States Parties shall take, whenever possible, appropriate measures for the remission or refund of the amount of such duties and taxes. ²Goods thus acquired shall not be sold against payment or given away free of charge unless it is done according to conditions approved by the Government of the State having granted or supported the remission or refund.

(3) No exemption shall be accorded in the case of duties, taxes or dues which merely constitute payment for public utility services.

(4) ¹The HNS Fund shall enjoy exemption from all customs duties, taxes and other related taxes on articles imported or exported by it or on its behalf for its official use. ²Articles thus imported shall not be transferred either for consideration or gratis on the territory of the country into which they have been imported except on conditions agreed by the Government of that country.

(5) Persons contributing to the HNS Fund as well as victims and owners receiving compensation from the HNS Fund shall be subject to the fiscal legislation of the State where they are taxable, no special exemption or other benefit being conferred on them in this respect.

(6) Notwithstanding existing or future regulations concerning currency or transfers, States Parties shall authorize the transfer and payment of any contribution to the HNS Fund and of any compensation paid by the HNS Fund without any restriction.

Confidentiality of Information

Article 36

Information relating to individual contributors supplied for the purpose of this Convention shall not be divulged outside the HNS Fund except in so far as it may be strictly necessary to enable the HNS Fund to carry out its functions including the bringing and defending of legal proceedings.

Chapter IV
Claims and Actions

Article 37
Limitation of Actions

(1) Rights to compensation under chapter II shall be extinguished unless an action is brought thereunder within three years from the date when the person suffering the damage knew or ought reasonably to have known of the damage and of the identity of the owner.

(2) Rights to compensation under chapter III shall be extinguished unless an action is brought thereunder or a notification has been made pursuant to article 39, paragraph 7, within three years from the date when the person suffering the damage knew or ought reasonably to have known of the damage.

(3) In no case, however, shall an action be brought later than ten years from the date of the incident which caused the damage.

(4) Where the incident consists of a series of occurrences, the ten-year period mentioned in paragraph 3 shall run from the date of the last of such occurrences.

Article 38
Jurisdiction in respect of Action against the Owner

(1) Where an incident has caused damage in the territory, including the territorial sea or in an area referred to in article 3(b), of one or more States Parties, or preventive measures have been taken to prevent or minimize damage in such territory including the territorial sea or in such area, actions for compensation may be brought against the owner or other person providing financial security for the owner's liability only in the courts of any such States Parties.

(2) Where an incident has caused damage exclusively outside the territory, including the territorial sea, of any State and either the conditions for application of this Convention set out in article 3(c) have been fulfilled or preventive measures to prevent or minimize such damage have been taken, actions for compensation may be brought against the owner or other person providing financial security for the owner's liability only in the courts of:
(a) the State Party where the ship is registered or, in the case of an unregistered ship, the State Party whose flag the ship is entitled to fly; or
(b) the State Party where the owner has habitual residence or where the principal place of business of the owner is established; or
(c) the State Party where a fund has been constituted in accordance with article 9, paragraph 3.

(3) Reasonable notice of any action taken under paragraph 1 or 2 shall be given to the defendant.

(4) Each State Party shall ensure that its courts have jurisdiction to entertain actions for compensation under this Convention.

(5) After a fund under article 9 has been constituted by the owner or by the insurer or other person providing financial security in accordance with article 12, the courts of the State in which such fund is constituted shall have exclusive jurisdiction to determine all matters relating to the apportionment and distribution of the fund.

Article 39
Jurisdiction in respect of Action against the HNS Fund
or taken by the HNS Fund

(1) Subject to the subsequent provisions of this article, any action against the HNS Fund for compensation under article 14 shall be brought only before a court having jurisdiction under article 38 in respect of actions against the owner who is liable for damage caused by the relevant incident or before a court in a State Party which would have been competent if an owner had been liable.

(2) In the event that the ship carrying the hazardous or noxious substances which caused the damage has not been identified, the provisions of article 38, paragraph 1, shall apply *mutatis mutandis* to actions against the HNS Fund.

(3) Each State Party shall ensure that its courts have jurisdiction to entertain such actions against the HNS Fund as are referred to in paragraph 1.

(4) Where an action for compensation for damage has been brought before a court against the owner or the owner's guarantor, such court shall have exclusive jurisdiction over any action against the HNS Fund for compensation under the provisions of article 14 in respect of the same damage.

(5) Each State Party shall ensure that the HNS Fund shall have the right to intervene as a party to any legal proceedings instituted in accordance with this Convention before a competent court of that State against the owner or the owner's guarantor.

(6) Except as otherwise provided in paragraph 7, the HNS Fund shall not be bound by any judgement or decision in proceedings to which it has not been a party or by any settlement to which it is not a party.

(7) [1]Without prejudice to the provisions of paragraph 5, where an action under this Convention for compensation for damage has been brought against an owner or the owner's guarantor before a competent court in a State Party, each party to the proceedings shall be entitled under the national law of that State to notify the HNS Fund of the proceedings. [2]Where such notification has been made in accordance with the formalities required by the law of the court seized and in such time and in such a manner that the HNS Fund has in fact been in a position effectively to intervene as a party to the proceedings, any judgement rendered by the court in such proceedings shall, after it has become final and enforceable in the State where the judgement was given, become binding upon the HNS Fund in the sense that the facts and findings in that judgement may not be disputed by the HNS Fund even if the HNS Fund has not actually intervened in the proceedings.

Article 40
Recognition and Enforcement

(1) Any judgement given by a court with jurisdiction in accordance with article 38, which is enforceable in the State of origin where it is no longer subject to ordinary forms of review, shall be recognized in any State Party, except:
(a) where the judgement was obtained by fraud; or
(b) where the defendant was not given reasonable notice and a fair opportunity to present the case.

(2) ¹A judgement recognized under paragraph 1 shall be enforceable in each State Party as soon as the formalities required in that State have been complied with. ²The formalities shall not permit the merits of the case to be reopened.

(3) Subject to any decision concerning the distribution referred to in article 14, paragraph 6, any judgement given against the HNS Fund by a court having jurisdiction in accordance with article 39, paragraphs 1 and 3 shall, when it has become enforceable in the State of origin and is in that State no longer subject to ordinary forms of review, be recognized and enforceable in each State Party.

Article 41
Subrogation and Recourse

(1) The HNS Fund shall, in respect of any amount of compensation for damage paid by the HNS Fund in accordance with article 14, paragraph 1, acquire by subrogation the rights that the person so compensated may enjoy against the owner or the owner's guarantor.

(2) ¹Nothing in this Convention shall prejudice any rights of recourse or subrogation of the HNS Fund against any person, including persons referred to in article 7, paragraph 2(d), other than those referred to in the previous paragraph, in so far as they can limit their liability. ²In any event the right of the HNS Fund to subrogation against such persons shall not be less favourable than that of an insurer of the person to whom compensation has been paid.

(3) Without prejudice to any other rights of subrogation or recourse against the HNS Fund which may exist, a State Party or agency thereof which has paid compensation for damage in accordance with provisions of national law shall acquire by subrogation the rights which the person so compensated would have enjoyed under this Convention.

Article 42
Supersession Clause

This Convention shall supersede any convention in force or open for signature, ratification or accession at the date on which this Convention is opened for signature, but only to the extent that such convention would be in conflict with it; however, nothing in this article shall affect the obligations of States Parties to States not party to this Convention arising under such convention.

Chapter V
Transitional provisions

Article 43
First Session of the Assembly

The Secretary-General shall convene the first session of the Assembly. This session shall take place as soon as possible after the entry into force of this Convention and, in any case, not more than thirty days after such entry into force.

Article 44[7]

Final clauses of the International Convention on Liability and Compensation for Damage in Connection with the Carriage of Hazardous and Noxious Substances by Sea, 2010.
The final clauses of the International Convention on Liability and Compensation for Damage in Connection with the Carriage of Hazardous and Noxious Substances by Sea 2010 shall be the final clauses of the Protocol of 2010 to the International Convention on Liability and Compensation for Damage in Connection with the Carriage of Hazardous and Noxious Substances by Sea, 1996.

Chapter VI
Final Clauses

[Articles 20 to 29 of the Protocol of 2010 to the International Convention on Liability and Compensation for Damage in Connection with the Carriage of Hazardous and Noxious Substances by Sea, 1996[8]]

Article 45
Signature, Ratification, Acceptance, Approval and Accession [P20]

(1) This Protocol shall be open for signature at the Headquarters of the Organization from 1 November 2010 to 31 October 2011 and shall thereafter remain open for accession.
(2) Subject to the provisions in paragraphs 4 and 5, States may express their consent to be bound by this Protocol by:
(a) signature without reservation as to ratification, acceptance or approval; or
(b) signature subject to ratification, acceptance or approval followed by ratification, acceptance or approval; or
(c) accession.
(3) Ratification, acceptance, approval or accession shall be effected by the deposit of an instrument to that effect with the Secretary-General.

---

7 It may be noted that article 19 of the Protocol of 2010 inserts this article as number 44*bis*; however, since article 16 of the Protocol of 2010 deletes article 43 of the Convention and renumbers article 44 as article 43, the Secretariat has renumbered this article as 44, instead of 44*bis*.
8 The Secretariat has renumbered the Final Clauses in accordance with the instruction in article 18, paragraph 2, of the 2010 HNS Protocol (text reproduced in footnote 1). For ease of reference the corresponding numbers of the articles in the Protocol are shown in square brackets: e.g. [P20].

(4) An expression of consent to be bound by this Protocol shall be accompanied by the submission to the Secretary-General of data on the total quantities of contributing cargo liable for contributions received in that State during the preceding calendar year in respect of the general account and each separate account.

(5) An expression of consent which is not accompanied by the data referred to in paragraph 4 shall not be accepted by the Secretary-General.

(6) Each State which has expressed its consent to be bound by this Protocol shall annually thereafter on or before 31 May until this Protocol enters into force for that State, submit to the Secretary-General data on the total quantities of contributing cargo liable for contributions received in that State during the preceding calendar year in respect of the general account and each separate account.

(7) A State which has expressed its consent to be bound by this Protocol and which has not submitted the data on contributing cargo required under paragraph 6 for any relevant years shall, before the entry into force of the Protocol for that State, be temporarily suspended from being a Contracting State until it has submitted the required data.

(8) A State which has expressed its consent to be bound by the International Convention on Liability and Compensation for Damage in Connection with the Carriage of Hazardous and Noxious Substances by Sea, 1996 shall be deemed to have withdrawn this consent on the date on which it has signed this Protocol or deposited an instrument of ratification, acceptance, approval or accession in accordance with paragraph 2.

Article 46
Entry into Force [P21]

(1) This Protocol shall enter into force eighteen months after the date on which the following conditions are fulfilled:
(a) at least twelve States, including four States each with not less than 2 million units of gross tonnage, have expressed their consent to be bound by it; and
(b) the Secretary-General has received information in accordance with article 45 [P20], paragraphs 4 and 6, that those persons in such States who would be liable to contribute pursuant to article 18, paragraphs 1(a) and (c), of the Convention, as amended by this Protocol, have received during the preceding calendar year a total quantity of at least 40 million tonnes of cargo contributing to the general account.

(2) For a State which expresses its consent to be bound by this Protocol after the conditions for entry into force have been met, such consent shall take effect three months after the date of expression of such consent, or on the date on which this Protocol enters into force in accordance with paragraph 1, whichever is the later.

Article 47
Revision and Amendment [P22]

(1) A conference for the purpose of revising or amending the Convention, as amended by this Protocol, may be convened by the Organization.

(2) The Secretary-General shall convene a conference of the States Parties to this Protocol, for revising or amending the Convention, as amended by this Proto-

col, at the request of six States Parties or one third of the States Parties, whichever is the higher figure.

(3) Any instrument of ratification, acceptance, approval or accession deposited after the date of entry into force of an amendment to the Convention, as amended by this Protocol, shall be deemed to apply to the Convention as amended.

Article 48
Amendment of Limits [P23]

(1) Without prejudice to the provisions of article 47 [P22], the special procedure in this article shall apply solely for the purposes of amending the limits set out in article 9, paragraph 1, and article 14, paragraph 5, of the Convention, as amended by this Protocol.

(2) Upon the request of at least one half, but in no case less than six, of the States Parties, any proposal to amend the limits specified in article 9, paragraph 1, and article 14, paragraph 5, of the Convention, as amended by this Protocol, shall be circulated by the Secretary-General to all Members of the Organization and to all Contracting States.

(3) Any amendment proposed and circulated in accordance with paragraph 2 shall be submitted to the Legal Committee of the Organization (the Legal Committee) for consideration at a date at least six months after the date of its circulation.

(4) All Contracting States, whether or not Members of the Organization, shall be entitled to participate in the proceedings of the Legal Committee for the consideration and adoption of amendments.

(5) Amendments shall be adopted by a two-thirds majority of the Contracting States present and voting in the Legal Committee, expanded as provided in paragraph 4, on condition that at least one half of the Contracting States shall be present at the time of voting.

(6) ¹When acting on a proposal to amend the limits, the Legal Committee shall take into account the experience of incidents, in particular the amount of damage resulting therefrom, changes in the monetary values, and the effect of the proposed amendment on the cost of insurance. ²It shall also take into account the relationship between the limits established in article 9, paragraph 1, and those in article 14, paragraph 5, of the Convention, as amended by this Protocol.

(7)
(a) No amendment of the limits under this article may be considered less than five years from the date this Protocol was opened for signature nor less than five years from the date of entry into force of a previous amendment under this article.
(b) No limit may be increased so as to exceed an amount which corresponds to a limit laid down in this Protocol increased by six per cent per year calculated on a compound basis from the date on which this Protocol was opened for signature.
(c) No limit may be increased so as to exceed an amount which corresponds to a limit laid down in this Protocol multiplied by three.

(8) ¹Any amendment adopted in accordance with paragraph 5 shall be notified by the Organization to all Contracting States. ²The amendment shall be deemed to have been accepted at the end of a period of eighteen months after the date of notification, unless within that period no less than one-fourth of the States which were Contracting States at the time of the adoption of the amendment have communi-

cated to the Secretary-General that they do not accept the amendment, in which case the amendment is rejected and shall have no effect.

(9) An amendment deemed to have been accepted in accordance with paragraph 8 shall enter into force eighteen months after its acceptance.

(10) ¹All Contracting States shall be bound by the amendment, unless they denounce this Protocol in accordance with article 49 [P24], paragraphs 1 and 2, at least six months before the amendment enters into force. ²Such denunciation shall take effect when the amendment enters into force.

(11) ¹When an amendment has been adopted but the eighteen-month period for its acceptance has not yet expired, a State which becomes a Contracting State during that period shall be bound by the amendment if it enters into force. ²A State which becomes a Contracting State after that period shall be bound by an amendment which has been accepted in accordance with paragraph 8. ³In the cases referred to in this paragraph, a State becomes bound by an amendment when that amendment enters into force, or when this Protocol enters into force for that State, if later.

Article 49
Denunciation [P24]

(1) This Protocol may be denounced by any State Party at any time after the expiry of one year following the date on which this Protocol comes into force for that State.

(2) Denunciation shall be effected by the deposit of an instrument to that effect with the Secretary-General.

(3) A denunciation shall take effect twelve months, or such longer period as may be specified in the instrument of denunciation, following its receipt by the Secretary-General.

(4) Notwithstanding a denunciation by a State Party pursuant to this article, any provisions of this Protocol relating to obligations to make contributions under articles 18, 19 or article 21, paragraph 5, of the Convention, as amended by this Protocol, in respect of such payments of compensation as the Assembly may decide relating to an incident which occurs before the denunciation takes effect shall continue to apply.

Article 50
Extraordinary Sessions of the Assembly [P25]

(1) ¹Any State Party may, within ninety days after the deposit of an instrument of denunciation the result of which it considers will significantly increase the level of contributions from the remaining States Parties, request the Director to convene an extraordinary session of the Assembly. ²The Director shall convene the Assembly to meet not less than sixty days after receipt of the request.

(2) The Director may take the initiative to convene an extraordinary session of the Assembly to meet within sixty days after the deposit of any instrument of denunciation, if the Director considers that such denunciation will result in a significant increase in the level of contributions from the remaining States Parties.

(3) If the Assembly, at an extraordinary session convened in accordance with paragraph 1 or 2, decides that the denunciation will result in a significant increase

in the level of contributions from the remaining States Parties, any such State may, not later than one hundred and twenty days before the date on which the denunciation takes effect, denounce this Protocol with effect from the same date.

Article 51
Cessation [P26]

(1) ¹This Protocol shall cease to be in force:
(a) on the date when the number of States Parties falls below six; or
(b) twelve months after the date on which data concerning a previous calendar year were to be communicated to the Director in accordance with article 21 of the Convention, as amended by this Protocol, if the data show that the total quantity of contributing cargo to the general account in accordance with article 18, paragraphs 1(a) and (c), of the Convention, as amended by this Protocol, received in the States Parties in that preceding calendar year was less than 30 million tonnes.
²Notwithstanding subparagraph (b), if the total quantity of contributing cargo to the general account in accordance with article 18, paragraphs 1(a) and (c), of the Convention, as amended by this Protocol, received in the States Parties in the preceding calendar year was less than 30 million tonnes but more than 25 million tonnes, the Assembly may, if it considers that this was due to exceptional circumstances and is not likely to be repeated, decide before the expiry of the above-mentioned twelve-month period that the Protocol shall continue to be in force. ³The Assembly may not, however, take such a decision in more than two subsequent years.

(2) States which are bound by this Protocol on the day before the date it ceases to be in force shall enable the HNS Fund to exercise its functions as described under article 52 [P27] and shall, for that purpose only, remain bound by this Protocol.

Article 52
Winding up of the HNS Fund [P27]

(1) If this Protocol ceases to be in force, the HNS Fund shall nevertheless:
(a) meet its obligations in respect of any incident occurring before this Protocol ceased to be in force; and
(b) be entitled to exercise its rights to contributions to the extent that these contributions are necessary to meet the obligations under (a), including expenses for the administration of the HNS Fund necessary for this purpose.

(2) The Assembly shall take all appropriate measures to complete the winding up of the HNS Fund including the distribution in an equitable manner of any remaining assets among those persons who have contributed to the HNS Fund.

(3) For the purposes of this article the HNS Fund shall remain a legal person.

Article 53
Depositary [P28]

(1) This Protocol and any amendment adopted under article 48 [P23] shall be deposited with the Secretary-General.

(2) The Secretary-General shall:
(a) inform all States which have signed this Protocol or acceded thereto, and all Members of the Organization, of:
   (i) each new signature or deposit of an instrument of ratification, acceptance, approval or accession together with the date thereof and data on contributing cargo submitted in accordance with article 45 [P20], paragraph 4;
   (ii) data on contributing cargo submitted annually thereafter, in accordance with article 45 [P20], paragraph 6, until the date of entry into force of this Protocol;
   (iii) the date of entry into force of this Protocol;
   (iv) any proposal to amend the limits on the amounts of compensation which has been made in accordance with article 48 [P23], paragraph 2;
   (v) any amendment which has been adopted in accordance with article 48 [P23], paragraph 5;
   (vi) any amendment deemed to have been accepted under article 48 [P23], paragraph 8, together with the date on which that amendment shall enter into force in accordance with article 48 [P23], paragraph 9;
   (vii) the deposit of any instrument of denunciation of this Protocol together with the date on which it is received and the date on which the denunciation takes effect; and (viii) any communication called for by any article in this Protocol; and
(b) transmit certified true copies of this Protocol to all States that have signed this Protocol or acceded thereto.
(3) As soon as this Protocol enters into force, a certified true copy thereof shall be transmitted by the depositary to the Secretary-General of the United Nations for registration and publication in accordance with Article 102 of the Charter of the United Nations.

Article 54
Languages [P29]

¹This Protocol is established in a single original in the Arabic, Chinese, English, French, Russian and Spanish languages, each text being equally authentic.
²DONE AT London this thirtieth day of April two thousand and ten.
³IN WITNESS WHEREOF the undersigned, being duly authorized by their respective Governments for that purpose, have signed this Protocol.

Annex I
Certificate of Insurance

CERTIFICATE OF INSURANCE OR OTHER FINANCIAL SECURITY IN RESPECT OF LIABILITY FOR DAMAGE CAUSED BY HAZARDOUS AND NOXIOUS SUBSTANCES (HNS)

[das Muster der Versicherungsbescheinigung sowie die Explanatory Notes dazu sind nicht wiedergegeben]

Annex II

Regulations for the Calculation of Annual Contributions to the General Account

Regulation 1

1   The fixed sum referred to in article 17, paragraph 3 shall be determined for each sector in accordance with these regulations.
2   When it is necessary to calculate contributions for more than one sector of the general account, a separate fixed sum per unit of contributing cargo shall be calculated for each of the following sectors as may be required:
    (a) solid bulk materials referred to in article 1, paragraph 5(a)(vii);
    (b) oil, if the operation of the oil account is postponed or suspended;
    (c) LNG, if the operation of the LNG account is postponed or suspended;
    (d) LPG, if the operation of the LPG account is postponed or suspended;
    (e) other substances.

Regulation 2

1   For each sector, the fixed sum per unit of contributing cargo shall be the product of the levy per HNS point and the sector factor for that sector.
2   The levy per HNS point shall be the total annual contributions to be levied to the general account divided by the total HNS points for all sectors.
3   The total HNS points for each sector shall be the product of the total volume, measured in metric tonnes, of contributing cargo for that sector and the corresponding sector factor.
4   A sector factor shall be calculated as the weighted arithmetic average of the claims/volume ratio for that sector for the relevant year and the previous nine years, according to this regulation.
5   Except as provided in paragraph 6, the claims/volume ratio for each of these years shall be calculated as follows:
    (a) established claims, measured in units of account converted from the claim currency using the rate applicable on the date of the incident in question, for damage caused by substances in respect of which contributions to the HNS Fund are due for the relevant year; divided by
    (b) the volume of contributing cargo corresponding to the relevant year.
6   In cases where the information required in paragraphs 5(a) and (b) is not available, the following values shall be used for the claims/volume ratio for each of the missing years:
    (a) solid bulk materials referred to in article 1, paragraph 5(a)(vii)   0
    (b) oil, if the operation of the oil account is postponed   0
    (c) LNG, if the operation of the LNG account is postponed   0
    (d) LPG, if the operation of the LPG account is postponed   0
    (e) other substances   0.0001
7   The arithmetic average of the ten years shall be weighted on a decreasing linear scale, so that the ratio of the relevant year shall have a weight of 10, the year prior to the relevant year shall have a weight of 9, the next preceding year shall have a weight of 8, and so on, until the tenth year has a weight of 1.

8   If the operation of a separate account has been suspended, the relevant sector factor shall be calculated in accordance with those provisions of this regulation which the Assembly shall consider appropriate.

Anhang III.1 zu § 480 (WBÜ)

Internationales Übereinkommen von Nairobi von 2007 über die Beseitigung von Wracks

vom 18. Mai 2007 (BGBl. 2013 II S. 530)

(amtliche deutsche Übersetzung)

Völkerrechtlich in Kraft am 14. April 2015 – in Kraft für Deutschland am 14. April 2015 – weitere Vertragsstaaten: Albanien, Antigua und Barbuda, Bulgarien, Dänemark, Cookinseln, Frankreich, Indien, Islamische Republik Iran, Jordanien, Kenia, Liberia, Malaysia, Malta, Marokko, Marschallinseln, Niederlande, Nigeria, Niue, Palau, Panama, Rumänien, Schweiz, St. Kitts und Nevis, Südafrika, Tonga, Tuvalu, Vereinigtes Königreich (einschließlich Insel Man und Gibraltar) – BGBl. 2014 II S. 1113, 2015 II S. 517, 908, 1218, 2016 II S. 428, 891, 1128.

Materialien: Denkschrift BT-Drs 17/12343 S. 29–36

Literatur: *Claußen* Das neue Wrackbeseitigungsübereinkommen – Abfallrechtliche Gesichtspunkte, DVIS A 103 S. 25–32; *Kröger* Nairobi Abkommen zur Wrackbeseitigung – Einführung und Überblick, DVIS A 103 S. 1–6; *Lagoni* Das Wrackbeseitigungsübereinkommen und das Völkerrecht, DVIS A 103 S. 15–24 (= TranspR 2008, 352–357); *Ramming* Das neue Wrackbeseitigungs-Übereinkommen, HmbSeeRep 2007, 237 Nr. 139; *Ramming* Das Wrackbeseitigungsübereinkommen und seine Umsetzung im deutschen Recht, RdTW 2014, 129–147; *Ramming* Zum Verhältnis von Wrackbeseitigung und Bergung – Überlegungen anlässlich des Inkrafttretens des WBÜ, RdTW 2015, 121–128; *Rittmeister* Die Haftung des Eigentümers für Wrackbeseitigungskosten nach dem Wrackbeseitigungsübereinkommen 2007, DVIS A 103 S. 33–43; *Scholz,* Das neue Wrackbeseitigungsübereinkommen – Die Bedeutung des Übereinkommens aus Sicht der Bundesregierung, DVIS A 103 S. 7–13; *Schwampe* Versicherungsrechtliche Fragen des Wrackbeseitigungsübereinkommens, DVIS A 103 S. 45–56.

I. Überblick

1   Das WBÜ ist am 18. Mai 2007 auf einer diplomatischen Konferenz in Nairobi verabschiedet worden.[1] Gegenstand des WBÜ sind Maßnahmen, die ein Küstenstaat in den Gewässern vor seiner Küste zu deren Schutz und zum Schutz damit zusammenhängender Interessen im Hinblick auf Gefahren ergreifen darf, die von Wracks ausgehen.[2] In seinem eigenen Hoheitsgebiet einschließlich des Küstenmeeres ist jeder Staat grundsätzlich ohne völkerrechtliche Beschränkungen berechtigt, Maßnahmen im Hinblick auf die Beseitigung von Wracks zu ergreifen. Zur Situation in Deutschland, insbesondere zu den Befugnissen nach §§ 24 ff. WaStrG, siehe die Hinweise unten Anhang II.3 zu § 480. Völkerrechtlich schwierig ist die Situation im Hinblick auf entsprechende Maßnahmen seewärts außerhalb des Küstenmeeres. Diese Seegebiete gehören nicht mehr zum Hoheitsgebiet des Küstenstaates. Gleichwohl kann er ein erhebliches Interesse daran haben, auch hier zum Schutz seiner Küste und damit zusammenhängender Interessen Maßnahmen in Bezug auf Wracks zu ergreifen.[3]

---

1   Siehe zur Entstehung des Übereinkommens die WBÜ-Denkschrift S. 29 (unter A.1) sowie *Scholz* DVIS A 103 (2008), 7, 7 ff.
2   Übersichten bei *Kröger* DVIS A 103 (2008), 1, *Scholz*, DVIS A 103 (2008), 7 und *Ramming* TranspR 2010, 284, 289–290 – zu abfallrechtlichen Gesichtspunkten siehe ausführlich *Claußen* DVIS A 103 (2008), 25.
3   Ausführlich dazu *Lagoni* DVIS A 103 (2008), 15, 15 ff.

Das WBÜ regelt die Rechte und Pflichten der Küstenstaaten im Hinblick auf die Beseitigung von Wracks in der AWZ (dazu Rn 6 Einleitung C) bzw. eines entsprechenden Gebietes vor seiner Küste. Hier geht es zum einen um die Lokalisierung und Markierung des Wracks sowie um Befugnis, die Beseitigung des Wracks anzuordnen bzw. dies selbst durchzuführen. Dies sind nach den Vorstellungen des deutschen Rechts Fragen, die dem Verwaltungsrecht zuzuordnen sind. Im Mittelpunkt steht die die Feststellung des betroffenen Staates, dass von dem Wrack eine Gefahr ausgeht. Hieran knüpft das WBÜ eine Reihe von Rechtsfolgen. Im Hinblick auf die Befugnisse des Küstenstaates zum Ergreifen von Maßnahmen steht das WBÜ neben dem MaßnahmeÜ und dem MaßnahmeProt (unten Rn 7–17). **2**

Zum anderen betrifft das WBÜ die zivilrechtliche Haftung des eingetragenen Eigentümers des Schiffes für die Kosten der Beseitigung des Wracks. Im Hinblick auf die Haftung des eingetragenen Eigentümers des Schiffes für die Kosten der Lokalisierung, Markierung und Beseitigung des Wracks entspricht das WBÜ im Wesentlichen den entsprechenden Vorschriften des ÖlHÜ 1992, des BunkerölÜ sowie des HNS-Ü; zu dem Verhältnis des WBÜ zu diesen Übereinkommen siehe die Hinweise zu Art. 11 WBÜ. Anders als diese Übereinkommen enthält das WBÜ keine Vorschriften über die Zuständigkeit von Gerichten für Ansprüche aus dem Übereinkommen oder die Anerkennung von Entscheidungen von Gerichten anderer Vertragsstaaten über solche Ansprüche. Damit stellt sich insoweit auch die Frage nach einer Überschneidung mit der EuGVV 2012 und den LuganoÜ 2007 nicht (siehe die Erläuterungen zu Art. IX und X ÖlHÜ), so dass es auch keiner entsprechenden Ermächtigung des Rates bedurfte; zum BunkerölÜ siehe Rn 3 vor Art. 1 BunkerölÜ (Anhang I.5 zu § 480) und zum HNS-Ü 2010 dort Rn 12–15 (Anhang II zu § 480). **3**

II. Das völkerrechtliche Inkrafttreten des WBÜ

Das WBÜ ist nach seinem Art. 18 Abs. 1 zwölf Monate nach dem Tag in Kraft getreten, an dem zehn Staaten die Ratifikation, die Annahme oder die Genehmigung des Übereinkommens erklärt haben. Die Ratifikation durch Dänemark als zehntem Staat erfolgte am 14. April 2014. Das WBÜ ist damit am 14. April 2015 völkerrechtlich in Kraft getreten.[4] Die Vertragsstaaten können durch die Erklärung des „Opt-in" den Anwendungsbereich des WBÜ auf ihr Hoheitsgebiet (Art. 3 Abs. 2 bis 5, dort Rn 3–8) sowie ihre Staatsschiffe (Art. 4 Abs. 2 und 3, dort Rn 5) erstrecken. Weitere völkerrechtlich Vorbehalte sind in im WBÜ nicht vorgesehen. **4**

III. Die Anwendung des WBÜ in Deutschland

Deutschland hat mit dem Vertragsgesetz[5] die Voraussetzungen für die Ratifikation des Übereinkommens geschaffen. Die Ratifikation ist am 20. Juni 2013 erfolgt. Von der Befugnis des „Opt-in" nach Art. 3 Abs. 2 WBÜ hat Deutschland keinen Gebrauch gemacht (unten Rn 7–8 zu Art. 3 WBÜ), ebenso wenig von der Möglichkeit der Anwendung des Übereinkommens auf Staatsschiffe (Art. 4 Abs. 2). **5**

Die Umsetzung des WBÜ in das deutsche Recht hat mehrere Änderungen und Ergänzungen des innerstaatlichen Rechts erforderlich gemacht. Diese erfolgten durch das SeeverkÄndG sowie die parallel dazu erlassene SeeverkÄndV. Gegenstand des Art. 2 See- **6**

---

4 BGBl. 2014 II S. 1113.
5 BGBl. 2013 II S. 530.

verkÄndG waren Änderungen des SeeaufgG. Der neue § 9 Abs. 1 Satz 1 Nr. 2a SeeaufgG ermächtigt das BMVDI zum Zwecke der Gefahrenabwehr Rechtsverordnungen über die Durchsetzung der Verpflichtung des Eigentümers von Schiffen unter deutscher Flagge zur Wrackbeseitigung zu erlassen. Außerdem erlaubt der neue § 9e Abs. 1 Satz 1 Nr. 12 SeeaufgG die Erhebung von Angaben zur Art des Schadens und zum Zustand eines Wracks sowie seiner Position. Durch Art. 5 SeeverkÄndG wurde das SeeVersNachwG, das unter anderem den Nachweis der in Art. 12 WBÜ vorgesehenen Pflichtversicherung regelt, und durch Art. 6 SeeverkÄndG das WrBesKoDG erlassen (siehe dort). Die SeeverkÄndV hat in ihrem Art. 2 die SeefahrtSichergV abgeändert. Die neuen §§ 7b und 7c betreffen Fragen der Wrackbeseitigung. Durch Art. 3 SeeverkÄndV wurde schließlich die SeeVersNachwV erlassen.

IV. Das MaßnahmeÜ und das MaßnahmeProt

7   Das WBÜ ist in vielerlei Hinsicht dem MaßnahmeÜ nachgebildet. Einige Bestimmungen des MaßnahmeÜ sind direkt in das WBÜ übernommen worden. Ausgangspunkt des MaßnahmeÜ war der Untergang des Tankers „Torrey Canyon". Das Schiff war am 18. März 1967 voll beladen auf einer Reise nach Milford Haven vor der Südwestspitze Großbritanniens auf Grund geraten. Das Schiff brach auseinander und ging später unter. Die gesamte Ladung Rohöl wurde freigesetzt und verursachte erhebliche Verschmutzungen in Großbritannien und in Frankreich. In dem Versuch, der Ölverschmutzung Herr zu werden, wurde das Schiff von britischen Marinefliegern bombardiert. Es handelte sich um den ersten größeren Ölunfall der Geschichte. Die Katastrophe war der Anlass für die Verabschiedung des MaßnahmeÜ auf einer Konferenz in Brüssel am 29. November 1969. Das Übereinkommen ist am 6. Mai 1975 völkerrechtlich und am 5. August 1975 für Deutschland in Kraft getreten.[6] Das MaßnahmeÜ wird durch das MaßnahmeProt vom 2. November 1973 ergänzt, das völkerrechtlich am 30. März 1983 und am 19. November 1985 für Deutschland[7] in Kraft getreten ist. Zu den Überschneidungen zwischen dem WBÜ und dem MaßnahmeÜ sowie dem MaßnahmeProt und deren Vorrang vor dem WBÜ siehe unten Rn 2–4 zu Art. 4 WBÜ.

8   **1. Das MaßnahmeÜ.** Die grundlegende Regelung enthält Art. I Abs. 1 MaßnahmeÜ: die Vertragsstaaten können auf Hoher See die erforderlichen Maßnahmen zur Verhütung, Verringerung oder Beseitigung unmittelbarer ernster Gefahren für ihre Küsten aus einer tatsächlichen oder drohenden Verschmutzung der See durch Öl treffen. Der Gefahr für die Küste gleichgestellt ist die Gefährdung verwandter Interessen, die ihrerseits in Art. II Nr. 4 MaßnahmeÜ umschrieben sind. „Öl" im Sinne des Übereinkommens umfasst Rohöl, Heizöl, Dieselöl und Schmieröl (Art. II Nr. 3 MaßnahmeÜ), also nicht nur Öl, das als Ladung befördert wird. Vielmehr genügt es, dass eine tatsächliche oder drohende Verschmutzung etwa durch Brennstoff eines Schiffes in Rede steht. Der Ausgangspunkt der Verschmutzung muss ein Seeunfall oder damit verbundene Handlungen sein. Der Seeunfall ist in Art. II Nr. 1 MaßnahmeÜ definiert als Schiffszusammenstoß, das Stranden oder ein anderer nautischer Vorfall oder ein sonstiges Ereignis an Bord oder außerhalb eines Schiffes, durch die Sachschaden an Schiff oder Ladung entsteht oder unmittelbar zu entstehen droht. Die unmittelbaren ernsten Gefahren, zu deren Verhütung, Verringerung oder Beseitigung der Vertragsstaat tätig wird, müssen aller Wahrschein-

---

[6] BGBl. 1975 II S. 1196.
[7] BGBl. 1986 II S. 402.

lichkeit nach schwerwiegende schädliche Auswirkungen haben. Das MaßnahmeG berechtigt nicht zu Maßnahmen gegenüber Kriegs- oder Staatsschiffen (Art. I Abs. 2).

Art. I Abs. 1 MaßnahmeÜ erlaubt Maßnahmen auf Hoher See. Zur Zeit der Verabschiedung des Übereinkommens war das SeerechtsÜ noch nicht in Kraft. Der Ausdruck „Hohe See" in dem Übereinkommen geht daher über den entsprechenden Begriff des SeerechtsÜ (Art. 86 ff. SeerechtsÜ) hinaus. Nach der früheren Terminologie begann die Hohe See jenseits des Hoheitsgebietes des Küstenstaates. Damit umfasst der Begriff „Hohe See" im MaßnahmeÜ insbesondere auch die heutige AWZ.[8] Siehe auch Art. 58 Abs. 2 SeerechtsÜ, der die wesentlichen Regelungen des SeerechtsÜ für die Hohe See auch in der AWZ für anwendbar erklärt. Nicht zur „Hohen See" gehört dagegen das Küstenmeer, wie es heute in Art. 2 ff. SeerechtsÜ umschrieben ist. Innerhalb des Küstenmeeres hat der Vertragsstaat unabhängig von MaßnahmeG alle Befugnisse zum Schutze seiner Küsten. 9

Die Maßnahmen nach Art. I Abs. 1 MaßnahmeÜ können sich gegen das Schiff richten, von dem das Öl bzw. die anderen Stoffe ausgetreten sind bzw. auszutreten drohen, aber auch gegen die ausgetretenen Stoffe selbst. Andererseits gibt Art. I Abs. 1 MaßnahmeÜ nicht vor, dass die Verschmutzung von einem Schiff ausgehen muss. Allerdings knüpft die Umschreibung des „Seeunfalls" in Art. II Nr. 1 MaßnahmeÜ an Vorfälle an, an denen ein Schiff beteiligt ist. Das „Schiff" ist seinerseits in Art. II Nr. 2 (a) und (b) MaßnahmeÜ umschrieben als Seeschiff jeder Art (zur Abgrenzung von See- und Binnenschiffen siehe oben Rn 63–85 Einleitung B) sowie jedes schwimmende Fahrzeug. Ausgenommen sind nach Art. II Nr. 2 (b) MaßnahmeÜ Einrichtungen oder Vorrichtungen, die der Erforschung und Ausbeutung des Meeresbodens dienen. 10

Art. III MaßnahmeÜ begründet verschiedene Konsultations- und Notifikationspflichten des Küstenstaates, der Maßnahmen ergreifen will. So muss er die anderen durch einen Seeunfall betroffenen Staaten, insbesondere den Flaggenstaat des Schiffes, konsultieren (Art. III [a] MaßnahmeÜ). Außerdem muss der Küstenstaat unverzüglich allen betroffenen Personen die beabsichtigten Maßnahmen notifizieren. Der Küstenstaat kann vor Durchführung einer Maßnahme unabhängige Sachverständige konsultieren (Art. III [c] MaßnahmeÜ). Diese sind in einer Liste zusammengestellt, die von der IMO (Art. II Nr. 5 MaßnahmeÜ) aufgestellt und auf dem Laufenden gehalten wird; siehe näher Art. III (c) und Art. IV MaßnahmeÜ. Durchgeführte Maßnahmen werden ebenfalls den betroffenen Staaten sowie Personen, soweit sie bekannt sind, mitgeteilt (Art. III [f] MaßnahmeÜ). Lediglich in Fällen äußerster Dringlichkeit darf der Küstenstaat die durch die dringliche Lage notwendig gewordenen Maßnahmen ohne vorherige Notifikation oder Konsultation oder ohne Fortsetzung bereits begonnener Konsultationen treffen (Art. III [d] MaßnahmeÜ). 11

Das MaßnahmeÜ enthält Regelungen dazu, in welchem Umfange der Küstenstaat Maßnahmen ergreifen darf. Sie haben nach Art. V Abs. 1 MaßnahmeÜ den ihm, dem Küstenstaat, entstandenen oder drohenden Schaden zu entsprechen. Die Maßnahmen dürfen nicht über das hinausgehen, was nach vernünftigem Ermessen notwendig ist, um das Ziel zu erreichen. Die Maßnahmen sind einzustellen, sobald das Ziel erreicht ist. Es dürfe nicht unnötig in die Rechte und Interessen des Flaggenstaates, dritter Staaten und etwa betroffener Personen eingreifen (Art. V Abs. 2 MaßnahmeÜ). Bei der Abwägung, ob die Maßnahmen dem Schaden entsprechen, ist nach Art. V Abs. 3 (a) bis (c) MaßnahmeÜ das Ausmaß und die Wahrscheinlichkeit der drohenden Schäden, falls diese Maßnahmen nicht getroffen werden; die Wahrscheinlichkeit eines Erfolgs dieser Maßnahmen; 12

---

[8] Siehe *Lagoni* DVIS A 103 S. 15 Rn 9 mit Nachweisen.

und das Ausmaß der Schäden, die diese Maßnahmen verursachen können, zu berücksichtigen.

13 Das MaßnahmeÜ enthält, anders als das WBÜ, keine Regelungen über eine Erstattung der Kosten des Küstenstaates durch das Schiff bzw. durch die Ladung, gegen die sich die Maßnahmen richten. Andererseits ist nicht erkennbar, dass das MaßnahmeÜ solche Ansprüche ausschließen will. Damit beurteilt sich eine Haftung des Reeders des betreffenden Schiffes, des Ladungseigentümers oder sonstiger Personen nach dem im Übrigen anwendbaren nationalen Recht. Nach Art. VI MaßnahmeÜ ist der Vertragsstaat, der unter Verstoß gegen die Vorgaben des MaßnahmeÜ Maßnahmen getroffen hat, zu Schadenersatz verpflichtet, soweit der Schaden, der durch die Maßnahmen verursacht wurde, über die nach vernünftigem Ermessen zur Erreichung des Zieles notwendigen Maßnahmen hinaus geht. Anspruchsberechtigt sind, wie sich im Rückschluss aus Art. VIII Abs. 1 MaßnahmeÜ ergibt, sowohl andere Vertragsstaaten als auch Privatpersonen. Gleiches muss für Drittstaaten gelten.

14 Darüber hinaus sieht Art. VIII MaßnahmeÜ zusammen mit den Kapiteln I und II der Anlage ein detailliert geregeltes Streitbeilegungssystem vor. Zunächst ist eine Verhandlung über die Ansprüche vorgesehen. Scheitern die Verhandlungen, findet ein Vergleichsverfahren nach Kapitel I statt. Scheitert auch dieses, kann ein Schiedsverfahren auf Grundlage des Kapitels 2 der Anlage eingeleitet werden. Dies muss nach Art. 13 Abs. 2 der Anlage innerhalb von 180 Tagen nach dem Scheitern des Vergleichsverfahrens erfolgen. Die Parteien können nach Art. VIII MaßnahmeÜ, Art. 12 der Anlage ein anderes Verfahren vereinbaren. Das Verhältnis dieses besonderen Verfahrens auf Grundlage der Anlage zu dem Verfahren vor den ordentlichen Gerichten – des in Anspruch genommenen Staates oder eines anderen Staates – ist nicht eindeutig. M.E. ist die Erhebung einer Klage zu den ordentlichen Gerichten ausgeschlossen. Aus Art. VIII Abs. 2 MaßnahmeÜ ergibt sich nichts anderes. Hier wird lediglich klargestellt, dass der betroffene Staat, der auf Schadenersatz in Anspruch genommen wird, nicht einwenden kann, dass nicht zunächst die Rechtsmittel seines innerstaatlichen Rechts erschöpft wurden. An diesen Vorrang des Verfahrens nach Art. VIII MaßnahmeÜ unter Ausschluss des ordentlichen Rechtswegs sind alle Vertragsstaaten und alle Privatpersonen gebunden. Lediglich Drittstaaten können den betreffenden Staat vor dem ordentlichen Gericht verklagen. Im Verhältnis zu ihnen findet das besondere Streitbeilegungssystem des Art. VIII MaßnahmeÜ keine Anwendung.

15 **2. Das MaßnahmeProt.** Das MaßnahmeG ist durch ein Protokoll vom 2. November 1973 ergänzt worden. Das MaßnahmeProt gewährt den Vertragsstaaten die Befugnisse, die sie im Falle von Ölverschmutzungen außerhalb ihres Hoheitsgebietes, also außerhalb des Küstenmeeres ergreifen dürfen, auch im Hinblick auf bestimmte andere Stoffe als Öl. Im Übrigen verweist das MaßnahmeProt in Art. II auf die entsprechenden Bestimmungen im MaßnahmeÜ. Dies gilt auch für das besondere Streitbeilegungssystem des Art. VIII MaßnahmeÜ und der Anlage zum Übereinkommen.

16 Die anderen Stoffe als Öl, auf die sich das MaßnahmeProt bezieht, sind in einer Anlage zum MaßnahmeProt zusammengestellt (siehe Art. I Abs. 2 [a]). Zuständig für die Zusammenstellung der Liste ist nach Art. I Abs. 2 (a), Art. III MaßnahmeProt ein von der IMO (Art. II Nr. 5 MaßnahmeÜ, Art. II MaßnahmeProt) bestimmtes Gremium. Die IMO hat den MEPC als zuständiges Gremium bestimmt.[9] Diese Anlage zum MaßnahmeProt kann nach Maßgabe des Art. III des Protokolls in einem *tacit-acceptance*-Verfahren geändert

---

9 Entschließung A.296(VIII), angenommen am 23. November 1973.

werden. Dies ist inzwischen auch mehrfach geschehen.[10] Seit dem 22. Juni 2004, mit Inkrafttreten der Entschließung MEPC.100(48), enthält die Anlage anstelle der bis dahin einzeln aufgeführten Stoffe lediglich noch Verweisungen auf andere Gefahrgut-Regelwerke. Ziffer 1 der Anlage betrifft Öle, Ziffer 2 schädliche flüssige Stoffe, Ziffer 3 Schadstoffe in verpackter Form, Ziffer 4 radioaktive Stoffe sowie Ziffer 5 verflüssigte Gase. Das MaßnahmeProt findet auf diese Produkte Anwendung, wenn sie entweder an Bord eines Schiffes als Ladung befördert werden oder Rückstände solcher vorher beförderten Produkte sind.

Darüber hinaus zählen zu den „anderen Stoffen als Öl" nach Art. I Abs. 2 (b) **17** MaßnahmeProt auch solche Stoffe, die zwar nicht in der Liste nach Buchst. (a) der Vorschrift enthalten sind, aber gleichwohl geeignet sind, die menschliche Gesundheit zu gefährden, die lebenden Naturschätze und die Tier- und Pflanzenwelt des Meeres sowie die Annehmlichkeiten der Umwelt zu schädigen oder die sonstige rechtmäßige Nutzung des Meeres zu beeinträchtigen. Der Vertragsstaat, der Maßnahmen im Hinblick auf einen Stoff trifft, der nicht in der Liste genannt ist, muss nach Art. I Abs. 3 MaßnahmeProt beweisen, dass der Stoff unter den zur Zeit der Maßnahme herrschenden Umständen aller Wahrscheinlichkeit nach eine unmittelbare ernste Gefahr entsprechend derjenigen darstellen könnte, die ein Stoff, der in der Liste enthalten ist, darstellt.

**Die Vertragsstaaten dieses Übereinkommens –
in dem Bewusstsein, dass Wracks, die nicht beseitigt werden, eine Gefahr für die Schifffahrt oder die Meeresumwelt darstellen können,
überzeugt von der Notwendigkeit, einheitliche internationale Vorschriften und Verfahren anzunehmen, um eine umgehende und wirkungsvolle Beseitigung von Wracks und eine Entschädigungszahlung für die damit verbundenen Kosten sicherzustellen,
in Anbetracht dessen, dass sich viele Wracks im Hoheitsgebiet von Staaten einschließlich ihres Küstenmeers befinden können,
in Anerkennung der Vorteile, die sich durch die Einheitlichkeit der Rechtsordnungen bei der Zuständigkeit und Haftung für die Beseitigung von gefährlichen Wracks erzielen lassen,
eingedenk der Bedeutung des in Montego Bay am 10. Dezember 1982 beschlossenen Seerechtsübereinkommens der Vereinten Nationen und des völkerrechtlichen Seegewohnheitsrechts sowie der sich daraus ergebenden Notwendigkeit, dieses Übereinkommen im Einklang mit diesen Bestimmungen durchzuführen –
sind wie folgt übereingekommen:**

Die Erwägungsgründe des WBÜ stellen dem Übereinkommen unverbindliche **18** Grundsätze und Leitlinien voran. Diese können für das allgemeine Verständnis des Übereinkommens von Bedeutung sein. Erwägungsgrund (1) betont einleitend, dass von Wracks, die nicht beseitigt werden, eine Gefahr für die Schifffahrt oder die Meeresumwelt ausgehen kann. Die Beseitigung der Gefahr, die durch ein Wrack begründet wird, ist in der Tat eines der zentralen Anliegen des WBÜ. Daran anknüpfend umschreibt Erwä-

---

10 Siehe Entschließung MEPC.49(31), angenommen am 4. Juli 1991; Entschließung MEPC.72(38), angenommen am 10. Juli 1996 (BGBl. 1998 II S. 2561); Entschließung MEPC.100(48), angenommen am 11. Oktober 2002 (BGBl. 2004 II S. 754, berichtigt S. 1200); Entschließung MEPC.165(56), angenommen am 13. Juli 2007 (BGBl. 2011 II S. 1174).

gungsgrund (2) den Zweck des WBÜ. In international vereinheitlichter Weise soll dafür Sorge getragen werden, dass Wracks umgehend und wirkungsvoll beseitigt und die damit verbundenen Kosten vom Schiff getragen werden. Erwägungsgrund (3) mutet zunächst etwas merkwürdig an, weil sich der Anwendungsbereich des WBÜ grundsätzlich gerade nicht auf das Hoheitsgebiet der Vertragsstaaten einschließlich ihres Küstenmeeres bezieht (Art. 3 Abs. 1, Art. 1 Abs. 1 WBÜ). Lediglich im Falle des Opt-in (Art. 3 Abs. 2 WBÜ, dort Rn 3–8) erstreckt sich ausnahmsweise des Anwendungsbereich des WBÜ auch auf das Hoheitsgebiet von Staaten. Erwägungsgrund (4) verweist auf die Vorteile, die sich aus der Einheitlichkeit der Rechtsordnungen in Hinblick auf die Zuständigkeit („responsibility") und Haftung für die Beseitigung von Wracks ergeben. Auch die Regelung, welcher Staat das Geschehen im Hinblick auf die Beseitigung des Wracks in der Hand hat, war eines der Zwecke des WBÜ. Das Übereinkommen weist die Verantwortlichkeit für die Beseitigung des Wracks dem betroffenen Staat zu (Rn 49 zu Art. 1 WBÜ). Schließlich stellt Erwägungsgrund (5) klar, dass das WBÜ im Schatten sowohl des SeerechtsÜ wie des völkerrechtlichen Seegewohnheitsrechts steht; dies wird in Art. 16 im Übereinkommen selbst noch einmal ausdrücklich geregelt.

Artikel 1
Begriffsbestimmungen

Im Sinne dieses Übereinkommens haben die nachstehenden Ausdrücke folgende Bedeutung:

(1) „Übereinkommensgebiet" bedeutet die im Einklang mit dem Völkerrecht festgelegte ausschließliche Wirtschaftszone eines Vertragsstaats, oder, wenn ein Vertragsstaat eine solche Zone nicht festgelegt hat, ein von diesem Staat im Einklang mit dem Völkerrecht festgelegtes, jenseits des Küstenmeers dieses Staates gelegenes und an dieses angrenzendes Gebiet, das sich nicht weiter als 200 Seemeilen von den Basislinien erstreckt, von denen aus die Breite seines Küstenmeers gemessen wird.

(2) „Schiff" bedeutet ein seegängiges Wasserfahrzeug jeder Art und umfasst Tragflächenboote, Luftkissenfahrzeuge, Unterwassergerät, schwimmendes Gerät und schwimmende Plattformen, ausgenommen diese Plattformen befinden sich zur Erforschung, Ausbeutung oder Gewinnung mineralischer Ressourcen des Meeresbodens vor Ort im Einsatz.

(3) „Seeunfall" bedeutet einen Schiffszusammenstoß, das Stranden oder einen anderen nautischen Vorfall oder ein sonstiges Ereignis an Bord oder außerhalb eines Schiffes, durch die Sachschaden an Schiff oder seiner Ladung entsteht oder unmittelbar zu entstehen droht.

(4) „Wrack" infolge eines Seeunfalls bedeutet
a) ein gesunkenes oder gestrandetes Schiff oder
b) ein beliebiges Teil eines gesunkenen oder gestrandeten Schiffes, einschließlich aller Gegenstände, die sich an Bord dieses Schiffes befinden oder befunden haben, oder
c) alle Gegenstände, die ein Schiff auf See verloren hat und die gestrandet oder gesunken sind oder auf dem Meer treiben, oder
d) ein sinkendes oder strandendes Schiff oder ein Schiff, das aller Voraussicht nach sinken oder stranden wird, wenn keine wirksamen Hilfsmaßnahmen für das Schiff oder den Gegenstand in Gefahr ergriffen werden.

(5) „Gefahr" bedeutet jeden Umstand oder jede Bedrohung, der beziehungsweise die

a) eine Gefahr oder ein Hindernis für die Schifffahrt darstellt oder
b) aller Voraussicht nach schädliche Folgen größeren Umfangs für die Meeresumwelt haben wird oder Schäden für die Küste oder für damit zusammenhängende Interessen eines oder mehrerer Staaten nach sich ziehen kann.

(6) „Damit zusammenhängende Interessen" bedeutet die Interessen eines Küstenstaats, die von einem Wrack unmittelbar betroffen oder bedroht sind, zum Beispiel
a) mit der See verbundene Tätigkeiten in Küsten-, Hafen- oder Mündungsgebieten, einschließlich der Fischerei, soweit sie ein wesentliches Mittel zum Lebensunterhalt der betroffenen Personen darstellen;
b) touristische Anziehungspunkte und andere wirtschaftliche Interessen in dem betroffenen Gebiet;
c) die Gesundheit der Küstenbevölkerung und das Wohl des betroffenen Gebiets, einschließlich der Erhaltung der lebenden Schätze des Meeres sowie der Tier- und Pflanzenwelt;
d) Einrichtungen vor der Küste und unter Wasser.

(7) ¹„Beseitigung" bedeutet jede Form der Verhütung, Verringerung oder Abwendung der von einem Wrack ausgehenden Gefahr. ²Die Ausdrücke „beseitigen" und „beseitigt" sind entsprechend auszulegen.

(8) ¹„Eingetragener Eigentümer" bedeutet die Person oder Personen, in deren Namen das Schiff in das Schiffsregister eingetragen ist, oder, wenn keine Eintragung vorliegt, die Person oder Personen, denen das Schiff zum Zeitpunkt des Seeunfalls gehört. ²Jedoch bedeutet „eingetragener Eigentümer" in Fällen, in denen das Schiff einem Staat gehört und von einer Gesellschaft betrieben wird, die in dem betreffenden Staat als Ausrüster des Schiffes eingetragen ist, diese Gesellschaft.

(9) „Betreiber des Schiffes" bedeutet den Eigentümer des Schiffes oder eine sonstige Organisation oder Person, wie zum Beispiel den Geschäftsführer oder den Bareboat Charterer, die vom Eigentümer des Schiffes die Verantwortung für den Betrieb des Schiffes übernommen hat und die sich durch Übernahme dieser Verantwortung einverstanden erklärt hat, alle durch den Internationalen Code für Maßnahmen zur Organisation eines sicheren Schiffsbetriebs in der jeweils geltenden Fassung begründeten Pflichten und Verantwortlichkeiten zu übernehmen.

(10) „Betroffener Staat" bedeutet den Staat, in dessen Übereinkommensgebiet sich das Wrack befindet.

(11) „Staat des Schiffsregisters" bedeutet in Bezug auf ein eingetragenes Schiff den Staat, in dessen Schiffsregister das Schiff eingetragen ist, und in Bezug auf ein nicht eingetragenes Schiff den Staat, dessen Flagge das Schiff zu führen berechtigt ist.

(12) „Organisation" bedeutet die Internationale Seeschifffahrts-Organisation.
(13) „Generalsekretär" bedeutet den Generalsekretär der Organisation.

Die erste Vorschrift des WBÜ enthält, wie in entsprechenden Übereinkommen üblich, eine Sammlung von Umschreibungen zu Begriffen, die an anderer Stelle im Übereinkommen verwendet werden. Zum Teil entsprechen die Definitionen wörtlich denen des ÖlHÜ 1992, des BunkerölÜ sowie des HNS-Ü 2010. Diese Umschreibungen sind zum Teil maßgeblich für den sachlichen Anwendungsbereich des HBÜ. 1

I. Das Übereinkommensgebiet (Art. 1 Abs. 1 WBÜ)

2   Die erste Begriffsbestimmung des Art. 1 Abs. 1 WBÜ betrifft das „Übereinkommensgebiet". An diese Umschreibung wird insbesondere in der zentralen Anwendungsvorschrift des Art. 3 Abs. 1 WBÜ angeknüpft (dort Rn 2). Zu dem Übereinkommensgebiet gehören die AWZ bzw. das entsprechende Gebiet eines Vertragsstaates (sogleich Rn 3) sowie ggf. die Hoheitsgewässer einschließlich des Küstenmeeres von Vertragsstaaten (Art. 3 Abs. 2 WBÜ, dort Rn 3–8). Das Übereinkommensgebiet ist daher keine zusammenhängende Fläche, sondern wie ein Flickenteppich überall auf der Welt verteilt.

3   Das Übereinkommensgebiet ist nach Art. 1 Abs. 1 WBÜ zunächst die AWZ eines Vertragsstaates. Sie muss im Einklang mit dem Völkerrecht festgelegt sein, also insbesondere den Art. 55 SeerechtsÜ entsprechen. Siehe hierzu sowie zur deutschen AWZ oben Rn 6 Einleitung C Art. 1 Abs. 1 WBÜ greift auch den Fall auf, dass der Vertragsstaat keine AWZ festgelegt hat. Der AWZ gleichgestellt ist ein Gebiet, dass der Vertragsstaat im Einklang mit dem Völkerrecht jenseits des Küstenmeeres festlegt. Dies muss zumindest auch zum Zwecke der Anwendung des WBÜ erfolgen. Das Gebiet darf sich nicht weiter als 200 Seemeilen von den Basislinien erstrecken, von denen aus die Breite des Küstenmeeres gemessen wird. Hier wird die für die AWZ geltende Regelung des Art. 57 SeerechtsÜ übernommen. Entsprechende Regelungen finden sich in Art. II (a) (ii) ÖlHÜ 1992, Art. 3 (a) (ii) ÖlFÜ 1992, Art. 3 (a) (ii) ÖlFÜProt 2003, Art. (a) (ii) BunkerölÜ, Art. 3 (b) HNS-Ü 2010. Das Übereinkommensgebiet ist ausschließlich die AWZ bzw. ein entsprechendes Gebiet eines Vertragsstaates. Das Küstenmeer des Vertragsstaates (Art. 2 ff. SeerechtsÜ, Rn 5 Einleitung C) sowie dessen inneren Gewässer (Rn 4 Einleitung C) gehören daher grundsätzlich nicht zum Übereinkommensgebiet, sofern er nicht von der in Art. 3 Abs. 2 WBÜ geregelten Möglichkeit des Opt-in Gebrauch gemacht hat (dort Rn 3–8). Nicht zum Übereinkommensgebiet gehören die AWZ, das Küstenmeer und die inneren Gewässer von Nicht-Vertragsstaaten. Die hohe See ist in keinem Falle Übereinkommensgebiet.

II. Das Schiff (Art. 1 Abs. 2 WBÜ)

4   In Art. 1 Abs. 2 WBÜ findet sich die Definition des „Schiffes". Sie ist insbesondere für die Umschreibung des Wracks in Art. 1 Abs. 4 WBÜ (unten Rn 15–34) von Bedeutung. Ein „Schiff" im Sinne des WBÜ ist nach Art. 1 Abs. 2 ein seegängiges Wasserfahrzeug jeder Art (siehe auch die Regelung in Art. II Nr. 2 MaßnahmeÜ, Art. II MaßnahmeProt). Die Umschreibung des Wasserfahrzeugs in Art. 1 Abs. 2 WBÜ ist eigenständig. Darauf, wie das im Übrigen anwendbare Sachrecht (siehe Rn 2–8 Anhang zum WrBesKoDG [Anhang III.2 zu § 480]) das Schiff definiert, kommt es nicht an. Zum deutschen Recht siehe Rn 11–46 Einleitung B. Im Ergebnis werden sich allerdings häufig kaum Abweichungen ergeben. Keine Schiffe sind Tonnen oder andere schwimmende Einrichtungen, die der Navigation dienen, oder schwimmende Steganlagen, die etwa an festen Einrichtungen festgemacht sind und für ihre Versorgung verwendet werden. Die Umschreibung des Art. 1 Abs. 2 WBÜ ist, anders als die der Abs. 3 und 4 („Seeunfall" und „Wrack", unten Rn 7–14, 15–34), nicht mit in den § 7b Abs. 5 SeefahrtSichergV übernommen worden.

5   Das „seegängige Wasserfahrzeug" nach Art. 1 Abs. 2 WBÜ ist ein Seeschiff,[11] wie die (verbindlichen, Art. 21 WBÜ) englischen und französischen Fassungen belegen („sea-

---

[11] Anders noch *Ramming* RdTW 2014, 129, 130 (unter 1a aa).

going vessel", „bâtiment de mer"). Auch Art. II Nr. 2 (a) MaßnahmeÜ (Art. II Maßnahme-Prot) bezieht sich ausdrücklich auf Seeschiffe. Für die Anwendung des Art. 1 Abs. 2 WBÜ kann auf die Grundsätze des im Übrigen geltenden Sachrechts zur Abgrenzung von See- und Binnenschiffen zurückgegriffen werden; zum deutschen Recht siehe Rn 63–85 Einleitung B. Tatsächlich wird es nicht häufig vorkommen, dass ein Binnenschiff in der AWZ oder einem entsprechenden Gebiet (oben Rn 2–3) unterwegs ist. Sehr wohl aber könnte ein Binnenschiff die Hoheitsgewässer einschließlich des Küstenmeeres eines (Vertrags)Staates befahren, der von dem Opt-in nach Art. 3 Abs. 2 WBÜ (siehe dort Rn 3–8) Gebrauch gemacht hat. Hier ist das WBÜ unanwendbar. Für die Anwendung des WBÜ spielt es keine Rolle, ob das Schiff gewerblich betrieben wird oder nicht. Das WBÜ gilt damit etwa auch für Sportboote. Allerdings sind Staatsschiffe nach Art. 4 Abs. 2 WBÜ (dort Rn 5) vom Anwendungsbereich ausgenommen.

Die weitere Aufzählung der seegängigen Wasserfahrzeuge in Art. 1 Abs. 2 WBÜ dient ersichtlich lediglich der Klarstellung. „Schiffe" im Sinne des WBÜ sind auch Tragflächenboote, Luftkissenfahrzeuge, Unterwassergerät, schwimmendes Gerät und schwimmende Plattformen. Letztere sind allerdings wieder ausgenommen, wenn sie sich zur Erforschung, Ausbeutung oder Gewinnung mineralischer Ressourcen des Meeresbodens vor Ort im Einsatz befinden. In diesem Fällen kommt das WBÜ auf die Plattformen nicht zur Anwendung. Die Plattformen unterliegen allerdings dem WBÜ, soweit sie nicht „im Einsatz" sind, sondern etwa zu ihrem Einsatzort hin oder von ihrem Einsatzort weg oder zwischen Einsatzorten bewegt werden. Siehe auch die entsprechende Beschränkung in der Umschreibung des Art. II Nr. 2 (b) MaßnahmeÜ (Art. II MaßnahmeProt). 6

III. Der Seeunfall (Art. 1 Abs. 3 WBÜ)

Die Legaldefinition des Art. 1 Abs. 3 WBÜ umschreibt des „Seeunfall". An diesen Begriff wird namentlich bei der Umschreibung des Wracks in Art. 1 Abs. 4 WBÜ (unten Rn 15–34) angeknüpft. Die Bestimmung des Art. 1 Abs. 3 WBÜ nennt vier Tatbestände: Den Schiffszusammenstoß, das Stranden, den anderen nautischen Vorfall sowie das sonstige Ereignis. Außerdem muss ein Schaden entstanden sein oder die Schadensentstehung drohen (unten Rn 12–13). Die Regelung des Art. 1 Abs. 3 WBÜ ist in § 7b Abs. 4 SeefahrtSichergV übernommen worden. Die Definition des Seeunfalls in Art. 1 Abs. 3 WBÜ entspricht wörtlich der des Art. II Nr. 1 MaßnahmeÜ (Art. II MaßnahmeProt). 7

1. Der Schiffszusammenstoß. Art. 1 Abs. 3 WBÜ nennt zunächst den Tatbestand des Schiffszusammenstoßes, also eine Kollision zwischen zwei (oder mehr) Schiffen. Insoweit ist wiederum die übereinkommensinterne Umschreibung des „Schiffes" in Art. 1 Abs. 2 WBÜ heranzuziehen (oben Rn 4–6). Sind an der Kollision etwa ein Schiff und eine (von der Definition ausgenommene) schwimmende Plattform im Einsatz oder ein See- und ein Binnenschiff beteiligt, liegt daher kein Schiffszusammenstoß vor (sehr wohl aber ein anderer nautischer Vorfall, unten Rn 10). Ein Zusammenstoß erfordert eine körperliche Berührung der beteiligten Schiffe. Es genügt, dass sich Teile des Schiffes berühren, etwa bei ankernden Schiffen die Kette oder über die Schiffsseite hinausragende Kräne oder andere Ladeeinrichtungen. Eine Fernschädigung im Sinne der Art. 13 ZusÜSee, § 572 genügt nicht; diese ist aber normalerweise ein anderer nautischer Vorfall (unten Rn 10). 8

2. Das Stranden. Die zweite Spielart des Seeunfalls ist nach Art. 1 Abs. 3 WBÜ das Stranden des Schiffes, also eine Grundberührung ohne vorangegangenen Verlust der Schwimmfähigkeit (siehe unten Rn 17). Das Verständnis dieses Tatbestands macht 9

Schwierigkeiten. Nach Art. 1 Abs. 4 (a) WBÜ wird ein Schiff zum Wrack, wenn es gestrandet ist (unten Rn 18). Dies ist ggf. aber gleichzeitig der maßgebliche Seeunfall nach Art. 1 Abs. 3 WBÜ. Die Voraussetzung einer Strandung „infolge einer Strandung" ist sinnlos. Schlimmer noch: Nach Art. 1 Abs. 4 (d) WBÜ genügt es, dass das Schiff in Begriff ist, zu stranden, oder dass es voraussichtlich stranden wird (unten Rn 12–13). Es ist also gerade noch nicht gestrandet. Damit fehlt es in dieser Phase an dem Seeunfall in Form der Strandung. Entsprechend liegen auch die Voraussetzungen des Art. 1 Abs. 4 (d) WBÜ nicht vor, das Schiff ist kein Wrack und das Übereinkommen findet (noch) keine Anwendung. Praktisch wird die Variante der Strandung für den Seeunfall keine Rolle spielen. Vielfach ist der (bevorstehenden) Strandung aber ein anderer nautischer Vorfall oder ein sonstiges Ereignis vorangegangen (unten Rn 10, 11).

10   **3. Der andere nautische Vorfall.** Darüber hinaus ist ein Seeunfall im Sinne des Art. 1 Abs. 3 WBÜ jeder andere nautische Vorfall. Dieser Tatbestand steht im Zusammenhang mit der in der Vorschrift unmittelbar zuvor genannten Strandung. Andere nautische Vorfälle sind Ereignisse, die mit der Fortbewegung des Schiffes zusammenhängen. Zu denken ist etwa an den Zusammenstoß eines Schiffes (oben Rn 8) mit einer festen Einrichtung oder mit schwimmenden Objekten, die keine Schiffe sind, also etwa mit einer schwimmenden Plattform, die sich vor Ort im Einsatz befindet, mit einem Binnenschiff oder mit einem Staatsschiff (siehe Art. 4 Abs. 2 WBÜ, dort Rn 5).

11   **4. Das sonstige Ereignis.** Art. 1 Abs. 3 WBÜ nennt weiter jedes sonstiges Ereignis an Bord oder außerhalb eines Schiffes. Dies ist ein denkbar weiter Tatbestand, der letztlich jede beliebige Situation umfasst und daher keine eigenständige Bedeutung hat. Er dient lediglich als allgemeines Anknüpfungsmoment für das weitere Erfordernis des Schadenseintritts (sogleich Rn 12–13).

12   **5. Die Entstehung des Schadens.** Schließlich regelt Art. 1 Abs. 3 WBÜ das zusätzliche Erfordernis, dass durch die zuvor genannten Tatbestände ein Sachschaden am Schiff oder seiner Ladung entsteht oder unmittelbar zu entstehen droht. Dies belegt, wie die Verwendung des Plurals nahelegt („... durch die Sachschaden ... entsteht..."), dass sich der Vorbehalt nicht nur auf das zuletzt genannte sonstige Ereignis bezieht, sondern mindestens auch auf den unmittelbar zuvor genannten anderen nautischen Vorfall. Richtigerweise gilt der Vorbehalt für alle in Art. 3 Abs. 3 WBÜ genannten Umstände, also auch für den Schiffszusammenstoß sowie das Stranden.

13   Durch das betreffende Ereignis muss ein Sachschaden am Schiff oder an seiner Ladung entstanden sein. Personenschäden spielen keine Rolle, ebenso wenig Schäden an dem Gepäck von Fahrgästen oder von ihnen mitgeführten Fahrzeugen. Insbesondere kann ein Schiffszusammenstoß oder ein anderes nautisches Ereignis zu einer Beschädigung des Schiffes oder der Ladung führen. Ladung wird auch dadurch beschädigt, dass sie über Bord geht. Das Versagen eines Ventils, der Bruch einer Leitung, die zum Ausfall der Maschinen- oder Ruderanlage führen, sind Sachschäden am Schiff. Gleiches gilt etwa für den Bruch von Sicherungseinrichtungen, der dazu führt, dass Decksladung verloren geht. Es genügt nach Art. 1 Abs. 3 WBÜ auch, dass der Sachschaden unmittelbar zu entstehen droht. Es muss nach den Umständen eine erhebliche Wahrscheinlichkeit bestehen, dass ein Sachschaden an Schiff oder Ladung eintreten wird.

14   **6. Der Ort des Seeunfalls.** Nach Art. 3 Abs. 1 WBÜ gilt das Übereinkommen für Wracks im Übereinkommensgebiet (unten Rn 2). Der Seeunfall muss sich dagegen nicht im Übereinkommensgebiet ereignet haben. Zu ihm kann es auch auf der hohen See, in

der AWZ eines Nicht-Vertragsstaates, im Hoheitsgebiet eines Nicht-Vertragsstaates, namentlich in dessen Küstenmeer, oder im Hoheitsgebiet (einschließlich Küstenmeer) eines Vertragsstaates (sofern dieser die Anwendung des WBÜ nicht nach Art. 3 Abs. 2 WBÜ hierauf erstreckt hat; siehe dort Rn 3–8) gekommen sein. Ebenso muss der Seeunfall nicht im Übereinkommensgebiet des betroffenen Staates stattgefunden haben, in dem sich das Wrack befindet (Art. 1 Abs. 10 WBÜ, unten Rn 49).

IV. Das Wrack (Art. 1 Abs. 4 WBÜ)

Das „Wrack" als Begriff des WBÜ ist in dessen Art. 1 Abs. 4 in Verbindung mit Abs. 3 und 2 der Vorschrift in etwas unübersichtlicher Weise umschrieben. Wracks können, unter bestimmten weiteren Voraussetzungen, namentlich Schiffe, Teile oder Gegenstände von Schiffen oder verlorene Gegenstände sein. Art. 1 Abs. 4 WBÜ ist in die Regelung des § 7b Abs. 5 SeefahrtSichergV übernommen worden. **15**

1. Gesunkenes oder gestrandetes Schiff. Wracks im Sinne des WBÜ sind nach dem ersten Tatbestand des Art. 1 Abs. 4 (a) Schiffe, die gesunken oder gestrandet sind. Das Schiff ist in Art. 1 Abs. 2 WBÜ definiert (oben Rn 4–6). Das Sinken und das Stranden eines Schiffes erfordern einen Kontakt mit dem Meeresboden. Hieran fehlt es, wenn das Schiff an einem festen Bauwerk, an einem anderen Schiff oder an einem sonstigen schwimmenden Objekt festgekommen ist. **16**

a) Das gesunkene Schiff. Ein Schiff ist gesunken, wenn es aufgrund eines vollständigen Verlustes seiner Schwimmfähigkeit auf dem Meeresboden aufliegt. Es spielt keine Rolle, ob das Schiff dabei vollständig von Wasser bedeckt ist oder ob Teile des Schiffes über die Wasseroberfläche hinausragen. **17**

b) Das gestrandete Schiff. Ein Schiff ist gestrandet, wenn es Grundberührung hat und dies nicht auf dem vollständigen Verlust der Schwimmfähigkeit beruht Die Umschreibung „Strandung" ist irreführend. Zum einen legt sie das Auflaufen auf „Strand", also auf Sand nahe. Auf die Art des Untergrundes kommt es aber nicht an, eine Strandung kann auch auf Geröll, Felsen oder Korallen erfolgen. Vor allem aber scheint die Wendung „Strandung" darauf hinzudeuten, dass das Schiff an einer Küste und damit auf Land auflaufen muss. Dies gibt es in der AWZ bzw. einem entsprechenden Gebiet (Art. 1 Abs. 1 WBÜ, oben Rn 2–3) allerdings normalerweise nicht, weil Landgebiete einschließlich des vorgelagerten Küstenmeeres zum Hoheitsgebiet eines Staates und damit gerade nicht zur AWZ gehören. Ohnehin wird es nicht häufig vorkommen, dass in der AWZ oder in dem entsprechenden Gebiet eines Staates eine so geringe Wassertiefe herrscht, dass eine Grundberührung droht. Denkbar ist das Auflaufen auf Land allerdings, wenn ein Vertragsstaat von der Möglichkeit des Opt-in Gebrauch gemacht hat (Art. 3 Abs. 2 WBÜ, dort Rn 3–8). Siehe noch oben Rn 9 zur Strandung als Variante des Seeunfalls. **18**

2. Teile und Gegenstände eines Schiffes. Unter die Umschreibung „Wrack" im Sinne des WBÜ fällt nach Art. 1 Abs. 4 (b) des Übereinkommens auch jedes Teil eines gesunkenen oder gestrandeten (oben Rn 16–18) Schiffes, einschließlich aller Gegenstände, die sich an Bord dieses Schiffes befinden oder befunden haben. **19**

a) Teile. Teile eines Schiffes sind zunächst die fest miteinander verbundenen Bestandteile des Schiffes wie Rumpf, Aufbauten, Masten, Kräne, Schornstein etc. Haben sich diese Teile vom Schiff gelöst, kann jedes von ihnen Gegenstand des WBÜ sein. Ist **20**

der Rumpf des Schiffes in mehrere Teile auseinandergebrochen, stellt jedes Teil ein Wrack im Sinne des Art. 1 Abs. 4 (b) WBÜ dar. Zu den Teilen des Schiffes gehören auch zwar an sich selbständige, mit dem Schiff aber dauerhaft verbundene Objekte wie etwa Anker,[12] Rettungsboote und -inseln, Lukendeckel oder Landgänge.

21 Das Schiff, um dessen Teile es geht, muss gestrandet oder gesunken sein. Es kommt nicht darauf an, ob sich die Teile vor oder nach dem Sinken oder Stranden vom Schiff gelöst haben. Die Loslösung muss aber durch den Seeunfall (Art. 1 Abs. 3 WBÜ, oben Rn 7–14) verursacht worden sein. Das Teil selbst muss nicht gesunken oder gestrandet sein. Ist das Schiff auseinander gebrochen, so genügt es, dass ein Teil gesunken oder gestrandet ist.

22 Der Vorbehalt des Art. 1 Abs. 4 (b) WBÜ, „... die sich an Bord des Schiffes befinden oder befunden haben ...", bezieht sich nur auf die Gegenstände (unten Rn 23–24), nicht auch auf die Teile des Schiffes. Der Vorbehalt steht im Plural („... Gegenstände, die ..."), während in der Vorschrift vom „Teil" nur im Singular die Rede ist. Im Übrigen macht die Zuordnung von Teilen eines Schiffes zu einem bestimmten Schiff normalerweise weniger Schwierigkeiten als die Zuordnung von Gegenständen, die sich grundsätzlich auf jedem Schiff befinden können.

23 **b) Gegenstände.** „Gegenstände" im Sinne des Art. 1 Abs. 4 (b) WBÜ sind Objekte, die nur zeitweise an Bord sind. Der Einordnung als „Gegenstand" steht es nicht entgegen, dass die Objekte an Bord gesichert sind. Gegenstände sind nur körperliche Objekte, nicht aber Flüssigkeiten oder sonstige Stoffe. Keine Gegenstände sind daher etwa Brenn- oder Schmierstoffe sowie Frisch- und Ballastwasser. Insbesondere gehört zu den Gegenständen auch die Ladung, namentlich Stückgut und insbesondere Container, nicht aber Flüssig- und Bulkladungen.

24 Die Gegenstände müssen sich an Bord des gesunkenen oder gestrandeten Schiffes befinden oder befunden haben. „An Bord" meint in oder auf dem Schiff. Es genügt nach Art. 1 Abs. 4 (b) WBÜ, dass sich die Gegenstände an Bord befunden haben. Die Trennung muss durch den Seeunfall (Art. 1 Abs. 3 WBÜ, oben Rn 7–14) verursacht worden sein. Dabei kann die Trennung auch durch das Schiff selbst veranlasst werden, etwa wenn es erforderlich wird, Deckladung zu werfen. Zu der Trennung der Gegenstände vom Schiff kann es vor oder nach dem Sinken oder Stranden gekommen sein.

25 **3. Verlorene Gegenstände.** Außerdem gehören nach Art. 1 Abs. 4 (c) WBÜ zu den Wracks alle Gegenstände (oben Rn 23–24), die ein Schiff auf See verloren hat. Anders als nach Art. 1 Abs. 4 (b) WBÜ muss das Schiff nicht gesunken oder gestrandet sein. „Verloren" sind Gegenstände, wenn sie sich ohne den Willen der Schiffsführung vom Schiff getrennt haben. Dies betrifft vor allem die Ladung des Schiffes, namentlich über Bord gegangene Deckladung, insbesondere Container.[13] Art. 1 Abs. 4 (c) WBÜ setzt weiter voraus, dass die Gegenstände selbst gestrandet oder gesunken sind (dazu oben Rn 16–18). Es fällt auf, dass hier zuerst das Stranden und dann das Sinken genannt wird. Insofern weicht Art. 1 Abs. 4 (c) WBÜ von den anderen Tatbeständen der Buchst. (a), (b) und (d) ab. Irgendeine Bedeutung kommt dem allerdings nicht zu. Es genügt nach Art. 1 Abs. 4 (c) WBÜ auch, dass die Gegenstände (ohne gestrandet oder gesunken zu sein) „auf dem Meer" treiben. Die Formulierung legt nahe, dass sich die Gegenstände zumindest zu einem kleinen Teil oberhalb der Wasseroberfläche befinden müssen. M.E. genügt

---

12 WBÜ-Denkschrift S. 30 (linke Spalte).
13 WBÜ-Denkschrift S. 30 (linke Spalte).

es, dass sie im Wasser vollständig untergetaucht schweben. Gegenstände sind nicht verloren, wenn sie mit dem Willen der Schiffsführung, etwa aufgrund eines Notfalls, von Bord geworfen werden. Wenn nicht auch das Schiff oder der Gegenstand selbst sinkt oder strandet (Art. 1 Abs. 4 [a] und [b] WBÜ), zählen geworfene Gegenstände nicht zu den Wracks, so dass das WBÜ unberücksichtigt bleibt.

4. Bevorstehendes Sinken oder Stranden. Unter bestimmten Voraussetzungen 26 findet das WBÜ bereits Anwendung, wenn das Schiff zwar noch nicht gesunken oder gestrandet ist (dazu oben Rn 16–18), dies aber bevorsteht (Art. 1 Abs. 4 [d] WBÜ); siehe noch oben Rn 9 zur Strandung als Variante des Seeunfalls.

a) Sinken oder Stranden. Das WBÜ gilt nach Art. 1 Abs. 4 (d) WBÜ zunächst für 27 sinkende oder strandende Schiffe. Die Formulierung im Partizip Präsens meint, dass das Schiff in Begriff ist, zu sinken oder zu stranden. Der Vorgang des Sinkens im Sinne der Beeinträchtigung der Schwimmfähigkeit, die zum Untergang des Schiffes führt, muss bereits begonnen haben. Ein strandendes Schiff hat bereits eine erste, wenn auch vielleicht nur leichte Grundberührung. Art. 1 Abs. 4 (d) WBÜ nennt weiter den Fall, dass das Schiff aller Voraussicht nach sinken oder stranden wird, wenn keine wirksamen Hilfsmaßnahmen ergriffen werden. Die Umschreibung „aller Voraussicht nach" meint eine erhebliche Wahrscheinlichkeit des Untergangs bzw. der Grundberührung. Zu dem Beurteilungsspielraum des betroffenen Staates im Hinblick auf die Frage, ob das Schiff bereits sinkt oder strandet oder aller Voraussicht nach sinken oder stranden wird, siehe Rn 5 zu Art. 6 WBÜ. Die WBÜ-Denkschrift nennt hier wegen Ausfalls der Ruderanlage nautisch nicht mehr beherrschbare Gefahrenlagen durch hilflos treibende Schiffe.[14] Art. 1 Abs. 4 (d) WBÜ ermögliche dem betroffenen Staat präventive Maßnahmen, die letztlich zur Schadensbegrenzung oder sogar -verhinderung führen könnten.

b) Keine wirksamen Hilfsmaßnahmen. Erforderlich ist nach Art. 1 Abs. 4 (d) 28 WBÜ in der amtlichen deutschen Übersetzung weiter, dass sich die Gefahr des Sinkens oder des Strandens realisieren wird, wenn keine wirksamen Hilfsmaßnahmen für das Schiff ergriffen werden. Dieser Vorbehalt bezieht sich auf beide Tatbestände, also sowohl auf das sinkende oder strandende Schiff wie auf das voraussichtlich sinkende oder strandende Schiff. M.E. enthält der amtliche deutsche Wortlaut des Art. 1 Abs. 4 (d) WBÜ einen Übersetzungsfehler. In der (verbindlichen, Art. 21 WBÜ) englischen Fassung heißt es „… where effective measures to assist the ship … are not already being taken". Das Wort „already" fehlt in der Übersetzung. Richtig müsste sie etwa lauten: „… wenn nicht bereits wirksame Hilfsmaßnahmen für das Schiff … ergriffen werden". Dieser Vorbehalt stellt klar, dass ein Schiff in Gefahr, dem bereits geholfen wird, kein Wrack ist.

Art. 1 Abs. 4 (d) WBÜ ist eine Vorschrift an der Schnittstelle zwischen der Bergung 29 des Schiffes und der Beseitigung des Wracks; ausführlich hierzu unten Rn 26–33 zu Art. 11 WBÜ. Die Rettung des Schiffes hat Vorrang. Werden Hilfsmaßnahmen zugunsten des Schiffes durchgeführt, ist eine Beseitigung des Schiffes als Wrack ausgeschlossen. Der englische Wortlaut des Art. 1 Abs. 4 (d) WBÜ sagt dies ausdrücklich. Auf Grundlage der amtlichen deutschen Übersetzung gilt nichts anderes. Die Beseitigung des Schiffes als Wrack scheidet aber auch dann aus, wenn (noch) keine Hilfsmaßnahmen stattfinden,

---

14   WBÜ-Denkschrift S. 30 (linke Spalte).

solche aber geboten sind. Insoweit ist eine Beschränkung des Tatbestands des Art. 1 Abs. 4 (d) WBÜ und letztlich des Anwendungsbereichs des Übereinkommens erforderlich.

30   c) „Gegenstand in Gefahr". Art. 1 Abs. 4 (d) WBÜ bezieht sich in eigenartiger Weise auch auf „Gegenstände". Vollständig und unter Außerachtlassung der anderweitigen Regelungen lautet die Definition: „ „Wrack" ... bedeutet ... ein Schiff, das aller Voraussicht nach sinken oder stranden wird, wenn keine wirksamen Hilfsmaßnahmen für das Schiff oder den Gegenstand in Gefahr ergriffen werden." Anzumerken ist zunächst, dass die deutsche Übersetzung „Gegenstände" in der amtlichen Übersetzung des Art. 1 Abs. 4 (d) WBÜ nicht folgerichtig ist. Der (verbindliche, Art. 21 WBÜ) englische Wortlaut der Tatbestände des Art. 1 Abs. 4 (b) und (c) WBÜ spricht von „object". Dies wird in der deutschen Fassung mit „Gegenstand" übersetzt. In Art. 1 Abs. 4 (d) WBÜ ist dagegen von „property in danger" die Rede, also nicht mehr von „objects", während die deutsche Übersetzung hier wieder das Wort „Gegenstand" verwendet. Dies legt Parallelen zu den Tatbeständen des Art. 1 Abs. 4 (b) und (c) WBÜ nahe, die sich aus dem englischen Wortlaut nicht ergeben.

31   Die Wendung „Gefahr" in Art. 1 Abs. 4 (d) WBÜ bezieht sich offenbar nicht auf die Begriffsbestimmung des Art. 1 Abs. 5 WBÜ (unten Rn 35–40). Denn dort geht es ersichtlich um eine von einem Umstand (nämlich dem Wrack) ausgehende Gefahr. Die Gefahr, von der in Art. 1 Abs. 4 (d) WBÜ die Rede ist, droht dem Gegenstand selbst. Klargestellt wird dies durch den (verbindlichen, Art. 21 WBÜ) englischen Wortlaut des Übereinkommens, der in Art. 1 Abs. 5 WBÜ die Umschreibung „hazard" und in Abs. 4 (d) den Begriff „danger" verwendet. Im Übrigen ist nicht ohne weiteres nachvollziehbar, wie Hilfsmaßnahmen für einen Gegenstand in Gefahr verhindern sollen, dass das Schiff sinkt oder strandet.

32   M.E. ist es trotz dieser Unklarheiten gleichwohl geboten, auch sinkende oder strandende Gegenstande oder Gegenstände, die voraussichtlich sinken oder stranden werden, wenn keine wirksamen Hilfsmaßnahmen ergriffen werden (dazu zuvor Rn 30), als Wrack im Sinne des Art. 1 Abs. 4 WBÜ anzusehen. Dies Gebietet die Parallelität der Tatbestände des Art. 1 Abs. (b) und (c) WBÜ, die Schiff und von ihnen verloren gegangene Gegenstände gleichstellt.

33   **5. Die Verursachung durch einen Seeunfall.** Das Schiff, das Teil eines Schiffes oder der Gegenstand muss nach Art. 1 Abs. 4 WBÜ die Eigenschaften eines Wracks infolge eines Seeunfalles erlangt haben (Art. 1 Abs. 3 WBÜ, oben Rn 7–14). Der Seeunfall muss die Ursache des Sinkens, Strandens bzw. Verlorengehens im Sinne der Tatbestände der Art. 1 Abs. 4 (a) bis (d) WBÜ sein. Es gelten die Grundsätze des objektiven Zurechnungszusammenhangs. Typische Fälle sind der Schiffszusammenstoß, der zum Sinken des Schiffes oder dazu führt, dass Ladung über Bord geht, oder der Ausfall der Maschinen- oder Ruderanlage, aufgrund dessen das Schiff strandet. Zum Tatbestand des Strandens siehe außerdem oben Rn 9.

34   Der Seeunfall des Art. 1 Abs. 3 WBÜ wird dem Sinken, Stranden bzw. Verlorengehen normalerweise zeitlich vorangehen. Hier kann es um Zeiträume von Minuten, Stunden oder auch Tagen, Wochen oder möglicherweise Monaten gehen. So kann es sich etwa verhalten, wenn der Seeunfall außerhalb des Übereinkommensgebietes stattgefunden hat (Art. 1 Abs. 1 WBÜ, oben Rn 2–3) und das Schiff, die Teile des Schiffes oder die Gegenstände erst später in das Übereinkommensgebiet hineingelangen. Im Falle des Strandens des Schiffes, das gleichzeitig der maßgebliche Seeunfall ist (dazu oben Rn 9), kann beides zusammenfallen.

V. Die Gefahr (Art. 1 Abs. 5 WBÜ)

Art. 1 Abs. 5 (a) und (b) WBÜ nennt mehrere Tatbestände, die jeweils eine Gefahr im 35
Sinne der Vorschrift begründen: Die Schifffahrtsgefahr (unten Rn 36), die Beeinträchtigung der Meeresumwelt und der Küste (unten Rn 37–40). Beschrieben wird eine Gefahr, die von einem Umstand ausgeht und außerhalb liegende Interessen betrifft. Auch wenn dies nicht ausdrücklich geregelt ist: Der maßgebliche Umstand ist das Wrack; nur in diesem Zusammenhang wird das Wort „Gefahr" im WBÜ verwendet. Art. 1 Abs. 5 WBÜ gilt nicht für die Gefahr, von der in Art. 1 Abs. 4 (d) WBÜ die Rede ist (oben Rn 30–32). Die Vorschrift des Art. 1 Abs. 5 WBÜ ist ihrerseits Ausgangspunkt des Art. 6 WBÜ, der eine Reihe von Gesichtspunkten nennt, die bei der Feststellung, ob von dem Wrack eine Gefahr ausgeht, berücksichtigt werden sollen.

1. Die Schifffahrtsgefahr (Art. 1 Abs. 5 [a] WBÜ). Von dem Wrack (Art. 1 Abs. 4 36
WBÜ, oben Rn 15–34) geht nach Art. 1 Abs. 5 (a) WBÜ eine Gefahr aus, wenn es eine Gefahr oder ein Hindernis für die Schifffahrt darstellt. Dies betrifft mögliche Beeinträchtigungen anderer Teilnehmer am Schiffsverkehr, insbesondere anderer Schiffe im Sinne des Art. 1 Abs. 2 WBÜ (oben Rn 4–6), aber auch sonstiger Fahrzeuge, die nicht die Voraussetzungen dieser Vorschrift erfüllen, unter Einschluss von Staatsschiffen (siehe Art. 4 Abs. 2 WBÜ, dort Rn 5). Die Beeinträchtigung dieser anderen Verkehrsteilnehmer besteht insbesondere darin, dass sie möglicherweise mit dem Schiff, dem Teil des Schiffes oder dem Gegenstand kollidieren bzw. dass sie, um dies zu vermeiden, gezwungen sind, sich in einer besonderen Weise zu verhalten, namentlich dem Wrack auszuweichen. Ein Schiff, das im Fahrwasser gesunken ist, oder ein Container, der in einem Schifffahrtsweg oder in dessen Nähe treibt, stellt in aller Regel eine Gefahr für die Schifffahrt im Sinne des Art. 1 Abs. 5 (a) WBÜ dar.

2. Die Beeinträchtigung der Meeresumwelt und der Küste (Art. 1 Abs. 5 [b] 37
WBÜ). Die Tatbestände des Art. 1 Abs. 5 (b) Fall 1 und 2 WBÜ knüpfen an die Fälle der Beeinträchtigung der Meeresumwelt (unten Rn 38) sowie der Küste (unten Rn 39) an, die aller Voraussicht nach eintreten werden (unten Rn 40).

a) Die Meeresumwelt. Eine Gefahr, die vom Wrack (oben Rn 15–34) ausgeht, kann 38
sich nach Art. 1 Abs. 5 (b) Fall 1 WBÜ daraus ergeben, dass aller Voraussicht nach (unten 40) schädliche Folgen für die Meeresumwelt eintreten werden. Schädliche Folgen meint insbesondere die Beeinträchtigung der Qualität des Wassers. Hier geht es namentlich um die Verunreinigung der Gewässer durch Stoffe, die aus dem Schiff, dem Teil des Schiffes oder dem sonstigen Gegentand austreten. Dies können Brenn- oder Schmierstoffe sein, die an Bord verwendet werden, oder auch flüssige, feste oder verpackte Ladung. Erforderlich sind schädliche Folgen „größeren Umfangs". Ob dies der Fall ist, hängt von den Umständen des Einzelfalles ab, insbesondere von der Art und Menge des Stoffes und der von ihm ausgehenden Gefährdung.

b) Die Küste. Nach Art. 1 Abs. 5 (b) Fall 2 WBÜ ist außerdem eine Gefahr begründet, 39
wenn aller Voraussicht nach (unten Rn 40) Schäden für die Küste oder für damit zusammenhängende Interessen (Art. 1 Abs. 6 WBÜ, unten Rn 41–43) eines oder mehrerer Staaten drohen. In dem in Art. 1 Abs. 1 WBÜ umschriebenen Übereinkommensgebiet (oben Rn 2–3), also in der AWZ bzw. dem entsprechenden Gebiet eines Vertragsstaates, gibt es definitionsgemäß kein Land und damit keine Küste. Vielmehr ist der Küste stets zunächst das Küstenmeer vorgelagert. Die vom Wrack ausgehenden Gefahren müssen

daher, bildlich gesprochen, zunächst das Küstenmeer überwinden, um sich schädlich auf die Küste auszuwirken. Das Küstenmeer gehört grundsätzlich nicht zu dem Übereinkommensgebiet. Etwas anderes gilt nur, wenn ein Vertragsstaat das WBÜ auch auf sein Hoheitsgebiet erstreckt hat (Art. 3 Abs. 2 WBÜ, dort Rn 3–8). Nicht etwa betrifft Art. 1 Abs. 5 (b) Fall 2 WBÜ nur diesen Fall. Es genügt die Bedrohung der Küste irgendeines Staates. Es muss weder die Küste des betroffenen Staates (Art. 1 Abs. 10 WBÜ) noch überhaupt die Küste eines Vertragsstaates sein. Auch Nicht-Vertragsstaaten werden ggf. geschützt. Schließlich kann der Schaden der Küste mehrerer Staaten drohen. Schäden für die Küste sind insbesondere Verschmutzungen des Ufers durch Stoffe, die aus dem Schiff, dem Teil des Schiffes oder dem sonstigen Gegentand stammen. Hierzu gehören Brenn- oder Schmierstoffe, die an Bord verwendet werden, oder auch flüssige, feste oder verpackte Ladung. Dem gleichgestellt sind Schäden für damit zusammenhängende Interessen; siehe dazu Art. 1 Abs. 6 WBÜ und unten Rn 41–43.

40 **c) Aller Voraussicht nach.** Die schädlichen Folgen für die Meeresumwelt sowie die Schäden für die Küste und damit zusammenhängende Interessen müssen nach Art. 1 Abs. 5 (b) WBÜ aller Voraussicht nach drohen. Dieses Merkmal bezieht sich auf beide Fälle des Art. 1 Abs. 5 (b) WBÜ. „Aller Voraussicht nach" meint, dass die schädlichen Folgen noch nicht eingetreten sind, dass aber eine erhebliche Wahrscheinlichkeit besteht, dass dies geschehen wird, wenn keine Maßnahmen ergriffen werden. Sind die schädlichen Folgen für die für die Meeresumwelt sowie die Schäden für die Küste und damit zusammenhängende Interessen bereits in vollem Umfang eingetreten – etwa wenn bereits der gesamte Brennstoff des Schiffes ausgelaufen und an die Küste gelangt ist – können die Voraussetzungen des Art. 1 Abs. 5 (b) WBÜ nicht mehr eintreten. Insoweit geht von dem Wrack keine Gefahr mehr aus.

VI. Damit zusammenhängende Interessen (Art. 1 Abs. 6 WBÜ)

41 Den Schäden für die Küste (oben Rn 37–40) stellt Art. 1 Abs. 5 (b) Fall 2 WBÜ die Schäden für damit – mit der Küste – zusammenhängende Interessen gleich. Hierzu findet sich in Art. 1 Abs. 6 WBÜ eine Umschreibung; sie entspricht nahezu wörtlich der Vorschrift des Art. II Nr. 4 MaßnahmeÜ (Art. II MaßnahmeProt). „Damit zusammenhängende Interessen" im Sinne des Art. 1 Abs. 6 WBÜ bedeutet die Interessen eines Küstenstaates, die von einem Wrack unmittelbar betroffen oder bedroht sind. Die Beeinträchtigung kann sich auf die Interessen des betroffenen Staates, anderer Vertragsstaaten oder auch von Nicht-Vertragsstaaten beziehen. Ebenso können die Interessen eines oder mehrerer Staaten berührt sein.

42 Art. 1 Abs. 6 WBÜ nennt Beispiele für „damit zusammenhängende Interessen". Der Katalog umfasst die wichtigsten Fälle. Er ist nicht abschließend. Es geht um mit der See verbundene Tätigkeiten in Küsten-, Hafen- oder Mündungsgebieten, einschließlich der Fischerei, soweit sie ein wesentliches Mittel zum Lebensunterhalt der betroffenen Personen darstellen (Buchst. a); touristische Anziehungspunkte und andere wirtschaftliche Interessen in dem betroffenen Gebiet (Buchst. b); die Gesundheit der Küstenbevölkerung und das Wohl des betroffenen Gebiets, einschließlich der Erhaltung der lebenden Schätze des Meeres sowie der Tier- und Pflanzenwelt (Buchst. c); sowie Einrichtungen vor der Küste und unter Wasser (Buchst. d).

43 Die betreffenden Interessen des Küstenstaates müssen von dem Wrack unmittelbar betroffen oder bedroht sein. Dies bezieht sich auf den Ursachenzusammenhang zwischen der von dem Wrack ausgehenden Gefahr und der Beeinträchtigung der Interessen des Küstenstaates. Stellen diese lediglich entferntere Folgen der Anwesenheit des

Wracks dar, geht von ihm insoweit keine Gefahr aus. Auch hier kommt es auf die Umstände des Einzelfalles an. Zumeist wird es um Situationen gehen, in denen von dem Wrack eine Verschmutzung ausgeht oder auszugehen droht, die allerdings die Küste nicht erreicht (dies wäre ein Schaden für die Küste, oben Rn 39), sondern sich im Küstenstaat etwa auf die Fischerei, auf die Fischzucht oder auf den Tourismus auswirkt.

VII. Die Beseitigung (Art. 1 Abs. 7 WBÜ)

Was unter der „Beseitigung" des Wracks zu verstehen ist, wird in Art. 1 Abs. 7 WBÜ **44** umschrieben. Die Beseitigung umfasst nach Satz 1 der Vorschrift jede Form der Verhütung, Verringerung oder Abwendung der von einem Wrack ausgehenden Gefahr. „Verhütung" meint die Verhinderung der Entstehung, „Verringerung" jede quantitative oder qualitative Herabsetzung und „Abwendung" die vollständige Beseitigung der Gefahr. Art. 1 Abs. 7 WBÜ stellt zunächst klar, dass „Beseitigung" nicht bedeutet, dass das betreffende Objekt, also das Schiff, das Teil des Schiffes oder der Gegenstand (oben Rn 19–24), stets körperlich von seinem Ort zu entfernen ist. Stattdessen knüpft Art. 1 Abs. 7 WBÜ an die von dem Wrack ausgehende Gefahr an. Diese, nicht das Wrack als Objekt, ist zu beseitigen. Zum anderen bedeutet „Beseitigung" nicht, dass die Gefahr in jedem Falle vollständig zu beseitigen ist. Es kann nach den Umständen genügen, dass die von dem Wrack ausgehende Gefahr lediglich „verringert" wird. Der Umfang, in dem die Beseitigung zu erfolgen hat, ergibt sich aus Art. 2 WBÜ. Die weitere Regelung des Art. 1 Abs. 7 Satz 2 WBÜ stellt klar, dass dem Substantiv „Beseitigung" die Verwendung entsprechender Verben und Verbformen gleichsteht.

VIII. Der eingetragene Eigentümer (Art. 1 Abs. 8 WBÜ)

De Umschreibung des eingetragenen Eigentümers in Art. 1 Abs. 8 WBÜ entspricht **45** nahezu wörtlich der des Art. I Nr. 3 ÖlHÜ 1992; siehe die Hinweise in Rn 5–6 zu Art. 1 ÖlHÜ 1992 (Anhang I.1). Die einzige Abweichung in Art. 1 Abs. 8 WBÜ ist die hier aufgenommene Klarstellung, dass es im Falle des Fehlens einer Eintragung auf das Eigentum am Schiff zum Zeitpunkt des Seeunfalles ankommt (dazu oben Rn 7–14).

IX. Der Betreiber des Schiffes (Art. 1 Abs. 9 WBÜ)

Art. 1 Abs. 9 WBÜ befasst sich mit der Umschreibung „Betreiber des Schiffes". An **46** ihn wird im WBÜ nur an einer Stelle angeknüpft, nämlich in Art. 5 Abs. 1 WBÜ. Die Vertragsstaaten müssen dafür Sorge tragen, dass der Kapitän und der Betreiber bestimmte Meldungen machen. Der Betreiber des Schiffes ist nach Art. 1 Abs. 9 WBÜ zunächst dessen Eigentümer. Art. 1 Abs. 9 WBÜ spricht nicht vom „eingetragenen Eigentümer" des Schiffes (Art. 1 Abs. 8 WBÜ, zuvor Rn 45). Gleichwohl ist aber offenbar gerade dieser gemeint.

An die Stelle des Eigentümers kann nach Art. 1 Abs. 9 WBÜ als Betreiber des Schiffes **47** eine sonstige Organisation oder Person treten, wenn diese vom Eigentümer die Verantwortung für den Betrieb des Schiffes übernommen hat. Sie muss sich außerdem damit einverstanden erklärt haben, alle durch den ISM-Code in der jeweils geltenden Fassung begründeten Pflichten und Verantwortlichkeiten zu unternehmen. Es handelt sich um „das Unternehmen" im Sinne der ISM-Gesetzgebung (dazu Rn 119–125 Einleitung C). Eine Übernahme der Pflichten und Verantwortlichkeiten nach Maßgabe der ISM-Gesetzgebung genügt. Die zusätzliche ausdrückliche Übernahme der Pflichten im Zusammenhang mit dem WBÜ ist nicht erforderlich.

48 Als Beispiel für die sonstige Person nennt Art. 1 Abs. 9 WBÜ den „Geschäftsführer" und den „Bareboat-Charterer" (siehe zum deutschen Recht die §§ 553 ff.). Die Umschreibung „Geschäftsführer" in der amtlichen deutschen Übersetzung ist unglücklich. Gemeint ist nicht der Geschäftsführer des Eigentümers im Sinne des Gesellschaftsrechts. Es geht vielmehr um die Person, die in der (verbindlichen, Art. 21 WBÜ) englischen Fassung als „Manager" umschrieben ist. Anders als es durch die Formulierung „Geschäftsführer" nahegelegt wird, handelt sich bei dem Manager normalerweise um eine selbständige (juristische) Person. Bei der Bezeichnung „Manager" hätte man es in der amtlichen deutschen Übersetzung belassen können (siehe zum Manager die Hinweise oben Rn 6 Anhang zu §§ 476, 477 [Manager]).

X. Der betroffene Staat (Art. 1 Abs. 10 WBÜ)

49 Die zentrale Figur bei der Durchführung des WBÜ ist der betroffene Staat. Diese Wendung ist in Art. 1 Abs. 10 WBÜ umschrieben. Es ist eines der wesentlichen Anliegen des WBÜ, die Zuständigkeit für die Lokalisierung, Markierung und Beseitigung des Wracks (Art. 7, 8 und 9 WBÜ) auf einen Staat zu konzentrieren. Die Anwesenheit des Wracks in seinem Übereinkommensgebiet ist ein angemessener Anknüpfungspunkt. Der betroffene Staat ist nach Art. 1 Abs. 10 WBÜ der Staat, in dessen Übereinkommensgebiet sich das Wrack befindet. Dies umfasst die AWZ des Staates bzw. ein entsprechendes Gebiet (Art. 1 Abs. 1 WBÜ, oben Rn 2–3) sowie ggf. sein Hoheitsgebiet einschließlich des Küstenmeeres (Opt-in, Art. 3 Abs. 2 WBÜ, dort Rn 3–8). Nur ein Vertragsstaat kann betroffener Staat sein. Und stets gibt es pro Wrack nur einen betroffenen Staat.[15] Dies muss nicht derjenige Staat sein, dessen Küste oder dessen Interessen (siehe Art. 1 Abs. 6 WBÜ, oben Rn 41–43) durch das Wrack gefährdet werden.[16] Gelangt das Wrack aus dem Übereinkommensgebiet eines Vertragsstaates in das Übereinkommensgebiet eines anderen Vertragsstaates, wird dieser anstelle des vorherigen Staates zum betroffenen Staat.[17] Bereits begründete Ansprüche des vorherigen betroffenen Staates aus Art. 10 bis 12 WBÜ bleiben von dem Wechsel der Zuständigkeit unberührt.

XI. Der Staat des Schiffsregisters (Art. 1 Abs. 11 WBÜ)

50 In mehreren Vorschriften des WBÜ wird auf den „Staat des Schiffsregisters" Bezug genommen; siehe Art. 2 Abs. 3, Art. 9 Abs. 1 (a) und (b) und Abs. 8, Art. 12 Abs. 2 und 7 WBÜ. Die Bestimmung des Art. 1 Abs. 11 WBÜ definiert diese Umschreibung in zweifacher Weise. In Fällen, in denen das Schiff in einem Schiffsregister eingetragen ist, wird auf den betreffenden Staat, durch den das Schiffsregister geführt wird, Bezug genommen. In gleicher Weise findet Art. 1 Abs. 11 WWÜ Anwendung, in denen es in einem Staat mehrere Schiffsregister gibt, wie insbesondere in Deutschland (oben Rn 128–129 Einleitung B). Die (verbindliche, Art. 21 WWÜ) englische Fassung stellt dies durch die Formulierung „State of registration" klar. Ist das Schiff nicht in einem Schiffsregister eingetragen, gilt als „Staat des Schiffsregisters" der Flaggenstaat.

---

15 WBÜ-Denkschrift S. 30 (rechte Spalte).
16 WBÜ-Denkschrift S. 30 (rechte Spalte).
17 WBÜ-Denkschrift S. 30 (rechte Spalte).

XII. Die Organisation (Art. 1 Abs. 12 WBÜ)

Siehe die Hinweise zur gleichlautenden Vorschrift des Art. 1 Nr. 9 ÖlHÜ 1992 (dort Rn 9 [Anhang I.1 zu § 480]). 51

XIII. Der Generalsekretär (Art. 1 Abs. 13 WBÜ)

Siehe die Hinweise zur gleichlautenden Vorschrift des Art. 1 Nr. 13 BunkerölÜ (dort Rn 1 [Anhang I.5 zu § 480). 52

Artikel 2
Ziele und allgemeine Grundsätze

(1) Ein Vertragsstaat kann im Einklang mit diesem Übereinkommen Maßnahmen in Bezug auf die Beseitigung eines Wracks ergreifen, das eine Gefahr im Übereinkommensgebiet darstellt.

(2) Die durch den betroffenen Staat nach Absatz 1 ergriffenen Maßnahmen müssen in einem angemessenen Verhältnis zu der Gefahr stehen.

(3) Derartige Maßnahmen dürfen nicht über das Maß dessen hinausgehen, was vernünftigerweise für die Beseitigung eines Wracks, das eine Gefahr darstellt, notwendig ist; sie sind einzustellen, sobald das Wrack beseitigt ist, und dürfen nicht unnötig die Rechte und Interessen anderer Staaten, einschließlich des Staates des Schiffsregisters, und aller betroffenen natürlichen oder juristischen Personen beeinträchtigen.

(4) Die Anwendung dieses Übereinkommens innerhalb des Übereinkommensgebiets berechtigt einen Vertragsstaat nicht dazu, über irgendeinen Teil der Hohen See Souveränität oder souveräne Rechte zu beanspruchen oder auszuüben.

(5) Die Vertragsstaaten bemühen sich um Zusammenarbeit, wenn die Auswirkungen eines Seeunfalls, durch den ein Wrack entsteht, einen anderen Staat als den betroffenen Staat betreffen.

Art. 2 WBÜ betrifft mehrere zentrale Anliegen des Übereinkommens. Abs. 1 bestätigt, dass die Vertragsstaaten berechtigt sind, im Hinblick auf Wracks im Übereinkommensgebiet Maßnahmen zu ergreifen. Abs. 2 und 3 WBÜ stellen allgemeine Grundsätze zu der Frage auf, wie weit diese Maßnahmen gehen dürfen. Abs. 4 schreibt die Freiheit der Hohen See fest. Nach Abs. 5 sind die Vertragsstaaten zur Zusammenarbeit verpflichtet. 1

I. Die Befugnis zur Beseitigung

Nach Art. 2 Abs. 1 WBÜ darf ein Vertragsstaat Maßnahmen in Bezug auf die Beseitigung eines Wracks (Art. 1 Abs. 4 WBÜ, oben Rn 15–34 zu Art. 1 WBÜ) ergreifen. Die Vorschrift richtet sich nach seinem Wortlaut an den Vertragsstaat, nicht an den betroffenen Staat (Art. 1 Abs. 10 WBÜ, oben Rn 49 zu Art. 1 WBÜ). Dies ist möglicherweise ein Redaktionsversehen. Denn nach dem Konzept des Übereinkommens ist gerade nur ein Staat, nämlich der betroffene Staat, für die Beseitigung des Wracks zuständig. Zudem spricht Art. 2 Abs. 2 WBÜ davon, dass der betroffene Staat Maßnahmen nach Abs. 1 ergreift. Diese müssen zudem verhältnismäßig sein (unten Rn 10–14). Hieraus würde sich im Rückschluss ergeben, dass dieses Erfordernis des Abs. 2 nicht auch für Maßnahmen der sonstigen Vertragsstaaten nach Abs. 1 gilt. Jedenfalls wendet sich Art. 2 Abs. 1 WBÜ auch an den betroffenen Staat. 2

3 Art. 2 Abs. 1 WBÜ bezieht sich nur auf Maßnahmen zur Beseitigung des Wracks. Das Übereinkommen betrifft aber auch die Lokalisierung und die Markierung des Wracks (Art. 7 und 8 WBÜ). Die insoweit begründeten Rechte und Pflichten des betroffenen Staates bleiben von Art. 2 WBÜ und insbesondere von den Vorbehalten der Abs. 2 und 3 (unten Rn 10–14) unberührt.

4 Die Befugnis des betroffenen Staates nach Art. 2 Abs. 1 WBÜ, in Bezug auf die Beseitigung Maßnahmen zu ergreifen, hat auch eine rechtfertigende Wirkung: Soweit der betroffene Staat (zulässige) Maßnahmen ergreift, handelt er nicht rechtswidrig. In diesem Zusammenhang stellt Art. 2 Abs. 1 WBÜ klar, dass die Maßnahmen im Einklang mit dem Übereinkommen stehen müssen. Darüber hinausgehende Maßnahmen sind nicht gerechtfertigt und daher möglicherweise rechtswidrig, auch wenn sie nach dem im Übrigen anwendbaren nationalen Recht erlaubt wären.

5 Art. 2 Abs. 1 WBÜ macht die Befugnisse des betroffenen Staates davon abhängig, dass das Wrack eine Gefahr im Übereinkommensgebiet darstellt. Dies ist ungenau: Nach Art. 9 WBÜ kommt es darauf an, dass der betroffene Staat wirksam festgestellt hat, dass von dem Wrack eine Gefahr ausgeht (dazu Rn 2–4, 6–7 Art. 6 WBÜ). Von diesem Erfordernis weicht trotz der nicht übereinstimmenden Formulierung auch Art. 2 Abs. 1 WBÜ nicht ab.

II. Der Umfang der Beseitigung

6 Aus Art. 1 Abs. 7 WBÜ (dort Rn 44) ergibt sich, dass die „Beseitigung" des Wracks in dem Sinne zu verstehen ist, dass die von dem Wrack ausgehende Gefahr verhütet, verringert oder abgewandt wird. Insbesondere kann für die Herstellung des Zustands „Beseitigung des Wracks" ggf. auch eine graduelle Herabsetzung der Gefahr durch entsprechende Maßnahmen genügen, ohne dass das betreffende Objekt – das Schiff, der Teil des Schiffes, der Gegenstand (Art. 1 Abs. 4 WBÜ, dort Rn 16–18, 19–24) – vollständig von seinem Ort entfernt wird. Umgekehrt kann es ausnahmsweise genügen, dass das Wrack lediglich markiert wird (Art. 9 WBÜ) und keine weiteren Maßnahmen der Beseitigung erforderlich sind.

7 Das WBÜ regelt nicht ausdrücklich, bis auf welches Maß die Gefahr herabzusetzen ist, damit das Wrack im Sinne des Übereinkommens beseitigt ist. Dies ist aber für die Frage entscheidend, wie weit die Pflicht des Eigentümers aus Art. 9 Abs. 2 WBÜ zur Beseitigung des Wracks bzw. ergänzend dazu die Befugnisse des betroffenen Staates im Hinblick auf eigene Maßnahmen reichen (dazu Rn 26, 31 zu Art. 9 WBÜ).

8 Hinweise zum Umfang der Beseitigung finden sich allerdings in Art. 2 Abs. 2 und 3 WBÜ, wo insbesondere auf die Angemessenheit und die Erforderlichkeit verwiesen wird (unten Rn 11–12). Genaugenommen befasst sich Art. 2 Abs. 2 und 3 WBÜ nur mit der Frage, mit welchen Mitteln der Zustand „Beseitigung des Wracks" herbeizuführen ist. Der Zustand selbst wird nicht umschrieben. Gleichwohl lässt Art. 2 Abs. 2 und 3 WBÜ auch hierauf Rückschlüsse zu; und andere Regelungen finden sich im Übereinkommen nicht.

9 Schließlich spricht Art. 2 Abs. 2 WBÜ von den „nach Absatz 1 ergriffenen Maßnahmen". Es geht also dem Wortsinne nach um Maßnahmen, die der betroffene Staat selbst durchführt. Dies liefert aber gleichzeitig auch den Maßstab dafür, wie weit die Beseitigungspflicht des Eigentümers nach Art. 9 Abs. 2 WBÜ reicht. Der Eigentümer muss nicht mehr und braucht nicht weniger tun als der betroffene Staat selbst. Zuständig für die Festlegung des Umfangs der Beseitigung ist der betroffene Staat (unten Rn 15).

10 **1. Der Maßstab (Art. 2 Abs. 2 und 3 WBÜ).** Den Regelungen des Art. 2 Abs. 2 und 3 WBÜ ist in etwas unübersichtlicher Weise zu entnehmen, in welchem Umfang die vom

Wrack ausgehende Gefahr zu reduzieren ist, damit es im Sinne des Übereinkommens beseitigt ist. Zum Teil erinnern die Bestimmungen an den aus dem deutschen Verwaltungsrecht geläufigen Grundsatz der Verhältnismäßigkeit. Im Mittelpunkt steht die Vorschrift des Art. 2 Abs. 2 WBÜ, ergänzt durch Abs. 3 Hs. 1 (unten Rn 13). Weitere Gesichtspunkte regelt Abs. 3 Hs. 2 und 3 (unten Rn 14).

a) Angemessenheit und Erforderlichkeit (Art. 2 Abs. 2 und 3 Hs. 1 WBÜ). M.E. 11 ergibt sich das Maß, auf das eine von einem Wrack ausgehende Gefahr herabzusetzen ist, damit es im Sinne des WBÜ beseitigt ist, aus den Regelungen des Art. 2 Abs. 2 und Abs. 3 Hs. 1 WBÜ. Dabei gibt Art. 2 Abs. 2 WBÜ vor, dass die durch den betroffenen Staat ergriffenen bzw. dem Eigentümer vorgegeben Maßnahmen zur Beseitigung des Wracks in einem angemessenen Verhältnis zu der Gefahr stehen müssen. Außerdem dürfen nach Art. 2 Abs. 3 Hs. 1 WBÜ die Maßnahmen nicht über das Maß dessen hinausgehen, was vernünftiger Weise für die Beseitigung eines Wracks, das eine Gefahr darstellt, notwendig ist. Durch die Umschreibung „vernünftigerweise" wird ein objektivierter Maßstab eingeführt. Dies erinnert an den aus dem deutschen Verwaltungsrecht geläufigen Grundsatz der Verhältnismäßigkeit. Siehe auch bereits Art. V Abs. 1 und Abs. 2 Hs. 1 MaßnahmeÜ (Art. II MaßnahmeProt).

Nach Art. 2 Abs. 2 und Abs. 3 Hs. 1 WBÜ sind zwei Gesichtspunkte gegeneinander 12 abzuwägen: Zum einen das Ausmaß der von dem Wrack ausgehenden Gefahr und andererseits der für die Maßnahmen erforderliche Aufwand. Diese Interessen müssen sich die Waage halten. Eine Reduzierung der Gefahr auf Null um jeden Preis, etwa durch die vollständige Entfernung des jeweiligen Objekts, verlangt das WBÜ nicht. Gleichwohl kann dies im Einzelfall für die Beseitigung erforderlich sein, wenn die Gefahr erheblich bzw. die Maßnahmen nicht aufwendig sind. Umgekehrt mag sich das WBÜ mit einer Herabsetzung der Gefahr begnügen (und das Restrisiko hinzunehmen sein), wenn bereits dies mit einem entsprechend hohen Aufwand verbunden wäre. Die WBÜ-Denkschrift bestätigt,[18] dass die Beseitigung sowohl den Regelfall der vollständigen Bergung umfasse als auch, nach Maßgabe der Verhältnismäßigkeit, Maßnahmen zum Abbergen der Ladung und das Zurückbauen auf eine geringere Höhe. Siehe noch Art. II Abs. 3 MaßnahmeÜ (Art. II MaßnahmeProt), der in ganz ähnlicher Weise eine Abwägung vorgibt.

b) Die Einstellung der Maßnahmen (Art. 2 Abs. 3 Hs. 2 WBÜ). Art. 2 Abs. 3 Hs. 2 13 WBÜ regelt eine weitere Beschränkung, die sich an sich bereits aus der Natur der Sache ergibt: Ist das Wrack beseitigt, ist also die Gefahr auf den hierfür erforderlichen Umfang reduziert (zuvor Rn 11–12), sind die Maßnahmen einzustellen. Dies gilt sowohl in zeitlicher wie auch in sachlicher Hinsicht. Siehe auch bereits Art. V Abs. 2 Hs. 2 MaßnahmeÜ (Art. II MaßnahmeProt).

c) Die Berücksichtigung von Drittinteressen (Art. 2 Abs. 3 Hs. 3 WBÜ). Art. 2 14 Abs. 3 Hs. 3 WBÜ führt einen weiteren Gesichtspunkt in die Abwägung ein. Die von dem betroffenen Staat ergriffenen bzw. vorgegebenen Maßnahmen dürfen nicht unnötig in die Rechte und Interessen anderer Staaten und aller betroffenen natürlichen oder juristischen Personen beeinträchtigen; siehe auch bereits Art. V Abs. 2 Hs. 3 MaßnahmeÜ (Art. II MaßnahmeProt). Zu den betroffenen Staaten zählt Art. 2 Abs. 3 Hs. 3 WBÜ ausdrücklich den Staat des Schiffsregisters (Art. 1 Abs. 11 WBÜ, dort Rn 50). Andere von den

---

18 S. 30.

Maßnahmen betroffene Staaten können etwa der Flaggenstaat oder weitere Küstenstaaten sein. Die Pflicht zur Rücksichtnahme nach Art. 2 Abs. 3 Hs. 3 WBÜ betrifft nicht nur Vertragsstaaten des Übereinkommens. Außerdem müssen die Rechte und Interessen (natürlicher oder juristischer) Personen des Privatrechts berücksichtigt werden. Dies können die weiteren am Betrieb des betreffenden Schiffes beteiligten Personen sein, etwa die Charterer, die Ladungseigentümer, die Besatzung oder die Fahrgäste. Gleiches gilt für Eigentümer anderer Schiffe sowie für Beteiligte an deren Betrieb. Ebenso bezieht sich der Vorbehalt auf die Rechte und Interessen der Eigentümer fester Bauwerke, die sich im Übereinkommensgebiet befinden, beispielsweise von Plattformen, Terminals, Windernergieanlagen oder sonstigen Einrichtungen, oder im Falle des Opt-in (Art. 3 Abs. 2 WBÜ, dort 3–8), von Hafenanlagen oder sonstigen Einrichtungen an der Küste.

15 **2. Die Festlegung des Umfangs der Beseitigung.** Dem WBÜ lässt sich jedenfalls mittelbar entnehmen, in welchem Umfange die von einem Wrack ausgehende Gefahr herabzusetzen ist, damit es im Sinne des Übereinkommens als „beseitigt" angesehen werden kann (zuvor Rn 10–14). Keine Regelungen finden sich allerdings zu der Frage, ob dies eine objektive, in vollem Umfange gerichtlich überprüfbare Vorgabe ist, oder ob hier ein Beurteilungsspielraum besteht und ggf., wem dieser zusteht. M.E. gibt es einen Beurteilungsspielraum des betroffenen Staates. Dies ergibt sich letztlich aus der besonderen Rechtsstellung, die das WBÜ dem betroffenen Staat zuweist (Art. 1 Abs. 10 WBÜ, dort Rn 49). Es ist dessen Recht und dessen Pflicht, im Rahmen der Art. 2 Abs. 2 und 3 WBÜ zu bestimmen, welche Maßnahmen im Hinblick auf die Beseitigung des Wracks zu ergreifen sind. Dies gilt sowohl im Hinblick auf das eigene Tätigwerden im Falle der Selbstvornahme oder des unmittelbaren Eingreifens (Art. 9 Abs. 7 und 8 WBÜ, dort Rn 23–27, 28–31) als auch gegenüber dem Eigentümer (Art. 9 Abs. 2 WBÜ, dort Rn 13–22). Insbesondere kann der betroffene Staat festlegen, ob eine bloße Verringerung der von dem Wrack ausgehenden Gefahr genügt und ggf., auf welchen Umfang die Gefahr zu reduzieren ist.

III. Die Freiheit der Hohen See

16 Art. 2 Abs. 4 WBÜ stellt klar, dass kein Vertragsstaat des WBÜ – nicht nur: der betroffene Staat (Art. 1 Abs. 10 WBÜ, dort Rn 49) – durch das Übereinkommen berechtigt wird, über irgendeinen Teil der Hohen See (dazu Rn 8 Einleitung C) Souveränität oder souveräne Rechte auszuüben. Hierdurch wird der Vorrang des Art. 89 SeerechtsÜ bestätigt. Die Wirkungen des WBÜ beschränken sich auf die AWZ bzw. die entsprechenden Gebiete der Vertragsstaaten (Art. 1 Abs. 1 WBÜ, dort Rn 2–3). Der Vorbehalt des Art. 2 Abs. 4 WBÜ gilt nach Art. 4 Abs. 4 (a) (i) WBÜ im Falle des Opt-in (Art. 3 Abs. 2 WBÜ, dort 3–8) nicht in dem Hoheitsgebiet des betreffenden Vertragsstaates.

IV. Die Zusammenarbeit der Vertragsstaaten

17 Aus Art. 2 Abs. 5 WBÜ ergibt sich die Pflicht der Vertragsstaaten zur Zusammenarbeit. Die Bestimmung knüpft an den Fall an, dass die Auswirkungen eines Seeunfalls (Art. 1 Abs. 3 WBÜ, dort Rn 7–14), durch den ein Wrack entsteht (Art. 1 Abs. 4 WBÜ, dort Rn 15–34), die Interessen eines anderen Staates als den betroffenen Staat berühren. Der Seeunfall kann sich außerhalb des Übereinkommensgebietes ereignet haben. Das Wrack muss sich im Übereinkommensgebiet des betroffenen Staates befinden (Art. 1 Abs. 10 WBÜ, dort Rn 49).

Artikel 3
Geltungsbereich

(1) Sofern in diesem Übereinkommen nichts anderes bestimmt ist, findet es auf Wracks im Übereinkommensgebiet Anwendung.

(2) ¹Ein Vertragsstaat kann vorbehaltlich des Artikels 4 Absatz 4 die Anwendung dieses Übereinkommens auf Wracks erstrecken, die sich in seinem Hoheitsgebiet einschließlich des Küstenmeers befinden. ²In diesem Fall notifiziert er dies dem Generalsekretär zu dem Zeitpunkt, zu dem er seine Zustimmung ausdrückt, durch dieses Übereinkommen gebunden zu sein, oder zu jedem späteren Zeitpunkt. ³Hat ein Vertragsstaat notifiziert, dieses Übereinkommen auf in seinem Hoheitsgebiet einschließlich des Küstenmeers befindliche Wracks anzuwenden, so lässt dies die Rechte und Verpflichtungen dieses Staates unberührt, andere Maßnahmen in Bezug auf in seinem Hoheitsgebiet einschließlich des Küstenmeers befindliche Wracks als ihre Lokalisierung, Markierung und Beseitigung im Einklang mit diesem Übereinkommen zu ergreifen. ⁴Die Artikel 10, 11 und 12 dieses Übereinkommens finden nicht auf andere auf diese Weise ergriffene Maßnahmen Anwendung als auf diejenigen, die in den Artikeln 7, 8 und 9 dieses Übereinkommens genannt sind.

(3) Hat ein Vertragsstaat eine Notifikation nach Absatz 2 vorgenommen, so umfasst das „Übereinkommensgebiet" des betroffenen Staates das Hoheitsgebiet einschließlich des Küstenmeers dieses Vertragsstaats.

(4) ¹Eine nach Absatz 2 vorgenommene Notifikation wird für den betreffenden Vertragsstaat mit Inkrafttreten dieses Übereinkommens wirksam, wenn er sie vorgenommen hat, bevor das Übereinkommen für ihn in Kraft getreten ist. ²Wird die Notifikation nach Inkrafttreten dieses Übereinkommens für den betreffenden Vertragsstaat vorgenommen, so wird sie sechs Monate nach ihrem Eingang beim Generalsekretär wirksam.

(5) ¹Ein Vertragsstaat, der eine Notifikation nach Absatz 2 vorgenommen hat, kann diese jederzeit durch eine an den Generalsekretär gerichtete Rücknahmenotifikation zurücknehmen. ²Eine solche Rücknahmenotifikation wird sechs Monate nach ihrem Eingang beim Generalsekretär wirksam, es sei denn, in der Notifikation ist ein späterer Zeitpunkt angegeben.

Bei Art. 3 WBÜ handelt es sich um die zentrale Regelung des Anwendungsbereichs des Übereinkommens. Die grundlegenden Anknüpfungsmomente umschreibt Art. 3 Abs. 1 WBÜ (unten Rn 2). Ergänzend sieht Art. 3 Abs. 2 bis 4 WBÜ die Möglichkeit des Opt-in vor (unten Rn 3–8).

I. Der Ausgangspunkt: Art. 3 Abs. 1 WBÜ

Das WBÜ gilt nach seinem Art. 3 Abs. 1 grundsätzlich für Wracks (Art. 1 Abs. 4 WBÜ, dort Rn 15–34) im Übereinkommensgebiet (Art. 1 Abs. 1 WBÜ, dort Rn 2–3). Dieses kann sich nach einem Opt-in auch auf das Hoheitsgebiet eines Vertragsstaates erstrecken (unten Rn 3–8). Zu beachten sind außerdem die Ausschlusstatbestände des Art. 4 WBÜ. Umgekehrt spielt für die Frage der Anwendung des WBÜ die Flagge des Schiffes keine Rolle, insbesondere muss es nicht die Flagge eines Vertragsstaates führen. Das WBÜ kommt auch zur Anwendung, wenn das Schiff die Flagge des betroffenen Staates selbst führt. Im Übereinkommen ist nicht vorgesehen, dass in diesen Fällen etwa nur das innerstaatliche Recht gelten soll. Maßnahmen deutscher Behörden auf Grundlage des

WBÜ gegenüber Schiffen unter deutscher Flagge unterliegen im Anwendungsbereich des WBÜ den Bestimmungen des Übereinkommens. In gleicher Weise kommt es nicht auf die Staatsangehörigkeit oder den gewöhnlichen Aufenthalt des eingetragenen Eigentümers (Art. 1 Abs. 8 WBÜ, dort Rn 45) oder der sonstigen, am Schiffsbetrieb beteiligten Personen an.

II. Die Möglichkeit des Opt-in (Art. 3 Abs. 2 bis 4 WBÜ)

3   Ein Vertragsstaat kann nach Art. 3 Abs. 2 Satz 1 WBÜ die Anwendung des Übereinkommens auf Wracks erstrecken, die sich in seinem Hoheitsgebiet einschließlich des Küstenmeeres befinden.

4   **1. Die Erklärung des Opt-in.** Die Erstreckung der Anwendung des WBÜ auf das Hoheitsgebiet des Vertragsstaates einschließlich seines Küstenmeeres erfolgt durch eine entsprechende Erklärung (Notifikation) des Vertragsstaates. Die Notifikation kann nach Art. 3 Abs. 2 Satz 2 WBÜ bereits mit der Ratifikation etc. (siehe Art. 17 WBÜ) oder auch zu einem späteren Zeitpunkt erfolgen. Im Falle der Notifikation zusammen mit der Ratifikation etc. wird die Notifikation mit Inkrafttreten des Übereinkommens für den Vertragsstaat wirksam (Art. 3 Abs. 4 Satz 1 WBÜ). Eine selbständige Notifikation nach Inkrafttreten des Übereinkommens wird sechs Monate nach ihrem Eingang beim Generalsekretär (Art. 1 Abs. 13 WBÜ) wirksam (Art. 3 Abs. 4 Satz 2 WBÜ). Die Erstreckung muss sich auf das gesamte Hoheitsgebiet des Vertragsstaates einschließlich des Küstenmeeres beziehen. Eine sachlich oder räumlich etwa auf bestimmte Gewässer beschränkte Erstreckung ist im WBÜ nicht vorgesehen. Das Opt-in kann nach Maßgabe des Art. 3 Abs. 5 WBÜ von dem betreffenden Vertragsstaat durch eine Rücknahmenotifikation rückgängig gemacht werden. Von der Möglichkeit des Opt-in haben bislang Albanien,[19] Bulgarien,[20] Dänemark,[21] Frankreich,[22] Kenia,[23] die Marschallinseln,[24] Niederlande (für ihren europäischen Teil),[25] Niue,[26] Panama,[27] Tonga[28] und das Vereinigte Königreich[29] (auch im Hinblick auf Gibraltar, aber nicht für die Insel Man)[30] Gebrauch gemacht.

5   **2. Die Folgen des Opt-in.** Die wichtigste Folge der wirksamen Notifikation der Erstreckung der Anwendung des Übereinkommens auf das Hoheitsgebiet einschließlich des Küstenmeeres des betreffenden Vertragsstaates ist, dass diese Gewässer nach Art. 3 Abs. 3 WBÜ nunmehr Teil des Übereinkommensgebietes sind. Allerdings kommt das WBÜ in den Hoheitsgebieten der betreffenden Vertragsstaaten nicht uneingeschränkt, sondern nur mit bestimmten Maßgaben zur Anwendung. Nach Art. 4 Abs. 4 (a) und (b) WBÜ bleiben die Vorschriften der Art. 2 Abs. 4, Art. 9 Abs. 1, 5, 7, 8, 9 und 10 sowie Art. 15

---

19 BGBl. 2015 II S. 908.
20 BGBl. 2014 II S. 1113.
21 BGBl. 2014 II S. 1113.
22 BGBl. 2016 II S. 428.
23 BGBl. 2015 II S. 908.
24 BGBl. 2015 II S. 517.
25 BGBl. 2016 II S. 891.
26 BGBl. 2015 II S. 908.
27 BGBl. 2015 II S. 1218.
28 BGBl. 2015 II S. 908.
29 BGBl. 2014 II S. 1113.
30 BGBl. 2015 II S. 908.

WBÜ außen vor (siehe jeweils dort). Außerdem gilt Art. 9 Abs. 4 WBÜ, jedoch mit einem etwas geänderten Wortlaut (dort Rn 16–17).

Der Vertragsstaat, der die Anwendbarkeit des Übereinkommens in seinem Hoheits- 6 gebiet erklärt hat, ist nicht darauf beschränkt, Maßnahmen nach Maßgabe des WBÜ zu ergreifen (Lokalisierung, Markierung und Beseitigung von Wracks). Vielmehr stellt Art. 3 Abs. 2 Satz 3 WBÜ klar, dass die nach nationalem Recht begründeten Rechte und Pflichten der Vertragssaaten (besondere Maßnahmen) in ihrem Hoheitsgebiet unberührt bleiben. Art. 3 Abs. 2 Satz 4 WBÜ ergänzt, dass die Art. 10, 11 und 12 WBÜ nicht auch für die besonderen Maßnahmen nach dem nationalen Recht gelten. Damit können die Ansprüche des betroffenen Staates auf Ersatz der Kosten dieser besonderen Maßnahmen insbesondere nicht auf Grundlage der Art. 10 und 11 WBÜ geltend gemacht werden. Art. 10 Abs. 3 Satz 2 WBÜ bestätigt (überflüssiger Weise), dass die Regelung des Satz 1 der Vorschrift (Verdrängung anderer Anspruchsgrundlagen, siehe Rn 19 zu Art. 10 WBÜ) nicht für die Ansprüche auf Ersatz der Kosten der besonderen Maßnahmen gilt. Insoweit besteht auch keine Versicherungspflicht nach Art. 12 WBÜ und damit auch kein Direktanspruch nach Abs. 10. Ebenso wenig umfasst die bestehende Versicherung nach Art. 12 WBÜ die Haftung des eingetragenen Eigentümers für die Kosten der besonderen Maßnahmen.

3. Die Haltung Deutschlands: Kein Opt-in. Deutschland hat von der Möglichkeit 7 des Opt-in des Hoheitsgebietes einschließlich des Küstenmeeres keinen Gebrauch gemacht. Die Denkschrift zum WBÜ erläutert hierzu,[31] dass im Falle des Opt-in zwar in der AWZ sowie in Küstennähe und auf den Seeschifffahrtsstraßen ein einheitliches Regime zur Wrackbeseitigung zur Verfügung stünde, einschließlich eines ansonsten nicht begründeten Direktanspruchs gegen den Haftpflichtversicherer. Ausschlaggebend sei jedoch, dass in Deutschland bereits ein differenziertes System des Rechts der Wrackbeseitigung bestehe (§§ 24 ff. WaStrG, dazu unten Anhang III zu § 480). Dieses System lasse auch die Inanspruchnahme von Handlungsstörern und sogenannten Nicht-Störern zu und ermögliche insgesamt eine flexiblere Geltendmachung von Ansprüchen. In der Tat sieht das WBÜ lediglich Ansprüche gegen den Eigentümer vor (Rn 14–15 zu Art. 10 WBÜ). Im Falle der Erstreckung des WBÜ auf deutsche Hoheitsgewässer, so die Denkschrift weiter, könnten Ansprüche nur nach Maßgabe des Übereinkommens verfolgt werden.

Die Folge der Nicht-Erstreckung des WBÜ auf das deutsche Hoheitsgebiet ist, dass 8 für Fragen der Wrackbeseitigung räumlich getrennt zwei unterschiedliche Régimes gelten. Die Grenze ist die seewärtige Begrenzung des deutschen Küstenmeeres. Jenseits davon gilt das WBÜ, diesseits die §§ 24 ff. WaStrG mit einer Pflicht zum Ersatz der Kosten nach §§ 677 ff. BGB (dazu Anhang II.3 zu § 480). Maßgeblich für die Anwendbarkeit ist, wo sich das Wrack befindet. Bewegt es sich von der AWZ in das Küstenmeer oder umgekehrt, kommt es zu einer Änderung der anwendbaren Vorschriften. Die Befugnisse deutscher Behörden und die Rechtmäßigkeit von Maßnahmen beurteilen sich nach den jeweils geltenden Rechtsvorschriften, auch wenn sich das Wrack inzwischen in dem anderen Gebiet befindet. Gleiches gilt für die Ansprüche auf Ersatz von Kosten. So kann etwa die Lokalisierung des Wracks in dem einen Gebiet und die Markierung und die Beseitigung in dem anderen Gebiet erfolgt sein. Der Direktanspruch gegen den Versicherer aus Art. 12 Abs. 10 WBÜ (dort Rn 10) steht nur für Ansprüche wegen Maßnahmen zur Verfügung, die in der AWZ durchgeführt wurden.

---

31   S. 31 („Zu Artikel 3").

III. Die Anwendung in zeitlicher Hinsicht

9   Am 14. April 2015, dem Tag des völkerrechtlichen Inkrafttretens des WBÜ (oben Rn 4 vor Art. 1 WBÜ) haben die AWZ, die entsprechenden Gebiete und die ggf. durch Opt-in einbezogenen Hoheitsgebiete (Rn 3–8 zu Art. 3 WBÜ) der betreffenden Vertragsstaaten ihren Status als Übereinkommensgebiet (Rn 2–3 zu Art. 1 Abs. 1 WBÜ) erhalten. Mit dem Hinzukommen weiterer Vertragsstaaten wird das Übereinkommensgebiet stetig größer.

10   Das WBÜ kommt in jedem Falle auf Wracks zur Anwendung, bei denen alle Voraussetzungen der maßgeblichen Tatbestände nach Entstehung bzw. Ausdehnung des Übereinkommensgebiets eintreten: Die Voraussetzungen eines Wracks (Art. 1 Abs. 4 WBÜ, dort Rn 15–34), der Anwesenheit des Wracks im Übereinkommensgebiet (Art. 3 Abs. 1 WBÜ, dort Rn 2–3) sowie der Seeunfall, zu dem es auch außerhalb des Übereinkommensgebietes gekommen sein kann (Art. 1 Abs. 3 WBÜ, dort Rn 7–14). Außerdem steht es einer Anwendung des WBÜ nicht entgegen, wenn der Seeunfall vor Inkrafttreten des WBÜ bzw. vor der Ausdehnung des Übereinkommensgebietes auf die AWZ etc. weiterer Vertragsstaaten stattgefunden hat, die Voraussetzungen eines Wracks aber erst nach diesem Zeitpunkt eingetreten sind. Allerdings beginnt die Frist des Art. 13 Satz 2 WBÜ (dort Rn 3), abweichend vom Wortlaut der Vorschrift, erst mit Inkrafttreten des Übereinkommens für das betreffende Gebiet, nicht schon mit dem vorzeitigen Seeunfall. Im Hinblick auf Wracks, die sich zu dem Zeitpunkt, in dem das betreffende Gebiet dann zum Übereinkommensgebiet wird, bereits hier befunden haben, enthält das WBÜ keine ausdrücklichen Regelungen. Das Übereinkommen kommt m.E. von dem jeweils maßgeblichen Zeitpunkt an auch auf diese Wracks zur Anwendung. Die Frist des Art. 13 Satz 2 WBÜ (dort Rn 3) beginnt allerdings erst, wenn das Übereinkommen für das betreffende Gebiet in Kraft getreten ist.

Artikel 4
Ausschlüsse

(1) Dieses Übereinkommen findet keine Anwendung auf Maßnahmen, die aufgrund des Internationalen Übereinkommens von 1969 über Maßnahmen auf Hoher See bei Ölverschmutzungs-Unfällen in der jeweils geltenden Fassung oder des Protokolls von 1973 über Maßnahmen auf Hoher See bei Fällen von Verschmutzung durch andere Stoffe als Öl in der jeweils geltenden Fassung ergriffen werden.

(2) Dieses Übereinkommen findet keine Anwendung auf Kriegsschiffe oder sonstige Schiffe, die einem Staat gehören oder von ihm eingesetzt sind und die zum gegebenen Zeitpunkt im Staatsdienst ausschließlich für andere als Handelszwecke genutzt werden, sofern dieser Staat nicht etwas anderes beschließt.

(3) Beschließt ein Vertragsstaat, dieses Übereinkommen auf seine Kriegsschiffe oder sonstige in Absatz 2 bezeichnete Schiffe anzuwenden, so hat er dies dem Generalsekretär unter Angabe der Bedingungen einer solchen Anwendung zu notifizieren.

(4)
a) Hat ein Vertragsstaat eine Notifikation nach Artikel 3 Absatz 2 vorgenommen, so finden die folgenden Bestimmungen dieses Übereinkommens in seinem Hoheitsgebiet einschließlich des Küstenmeers keine Anwendung:
   i) Artikel 2 Absatz 4,
   ii) Artikel 9 Absätze 1, 5, 7, 8, 9 und 10 und
   iii) Artikel 15.

b) Artikel 9 Absatz 4 hat, soweit er auf das Hoheitsgebiet einschließlich des Küstenmeers eines Vertragsstaats Anwendung findet, folgenden Wortlaut: **Vorbehaltlich des innerstaatlichen Rechts des betroffenen Staates kann der eingetragene Eigentümer mit einem beliebigen Berger oder jeder anderen Person im Namen des Eigentümers einen Vertrag über die Beseitigung des Wracks abschließen, von dem festgestellt wurde, dass es eine Gefahr darstellt. Vor Beginn der Beseitigung kann der betroffene Staat Bedingungen für eine Beseitigung nur in dem Umfang festlegen, der notwendig ist, um sicherzustellen, dass die Beseitigung in einer Art und Weise vonstattengeht, die mit Gesichtspunkten der Sicherheit und des Schutzes der Meeresumwelt vereinbar ist.**

Art. 4 WBÜ regelt im Hinblick auf die Anwendung des Übereinkommens einige Ausnahmen und Modifikationen. Das MaßnahmeÜ und das MaßnahmeProt haben Vorrang (Abs. 1, unten Rn 2–4). Außerdem gilt das WBÜ nicht für Kriegs- und Staatsschiffe (Abs. 2 und 3, unten Rn 5). Und schließlich kommt das Übereinkommen im Falle des Opt-in nach Art. 3 Abs. 2 WBÜ im Hoheitsbereich des betreffenden Staates nur mit bestimmten Modifikationen zur Anwendung (Abs. 4, unten Rn 6). 1

I. Vorrang des MaßnahmeÜ und des MaßnahmeProt

Die Anwendungsbereiche des MaßnahmeÜ bzw. des MaßnahmeProt einerseits und des WBÜ andererseits können sich überschneiden. Hierzu kann es kommen, wenn ein Staat, der gleichzeitig Vertragsstaat des MaßnahmeÜ bzw. des MaßnahmeProt und gleichzeitig Vertragsstaat und betroffener Staat im Sinne des WBÜ ist und dieser Staat Maßnahmen gegen ein Schiff in seiner AWZ durchführt oder durchzuführen beabsichtigt. Außerdem kann eine Überschneidung auch in Bezug auf Maßnahmen gegen die Ladung gegeben sein. Zu den Wracks gehören ggf. Gegenstände im Sinne des Art. 1 Abs. 4 (b) und (c) WBÜ, die sich an Bord befunden haben (dort Rn 23–24). Hierzu zählen nicht flüssige Stoffe, auf die wiederum das MaßnahmeÜ und das MaßnahmeProt anwendbar sein kann. Jedoch gehören zu den anderen Stoffen als Öl im Sinne des MaßnahmeProt auch verpackte gefährliche Güter (Rn 15–17 vor Art. 1 WBÜ). 2

Ob die betreffenden Maßnahmen des Küstenstaates dem MaßnahmeG bzw. dem MaßnahmeProt oder dem WBÜ unterliegen, hängt in erster Linie von dem Zweck der (vorgesehenen) Maßnahmen ab. Das WBÜ bezieht sich auf die Beseitigung von Gefahren, die von dem Schiff bzw. Teil des Schiffes oder den Gegenständen ausgehen. Das MaßnahmeG bzw. das MaßnahmeProt befasst sich dagegen mit Maßnahmen zur Verhütung, Verringerung oder Beseitigung einer drohenden Verschmutzung der See durch Öl oder andere Stoffe. Andererseits sind nach Art. 6 (h) WBÜ Art und Menge der sich im Wrack befindlichen Stoffe ein Gesichtspunkt, der bei der Feststellung, dass von dem Wrack eine Gefahr ausgeht, zu berücksichtigen ist. Dies ist allerdings nur einer aus einer ganzen Reihe von Kriterien, die bei dieser Feststellung eine Rolle spielen (näher Rn 3–4 zu Art. 6 WBÜ). 3

Art. 4 Abs. 1 WBÜ stellt klar, dass das Übereinkommen keine Anwendung auf Maßnahmen findet, die aufgrund des MaßnahmeÜ bzw. des MaßnahmeProt ergriffen werden. Dienen die Maßnahmen des betreffenden Staates in erster Linie der Abwendung einer Gefahr, die von dem Öl bzw. anderen Stoffen als Öl ausgeht, gelten das MaßnahmeÜ bzw. das MaßnahmeProt und nicht das WBÜ. Hier spielt es keine Rolle, ob sich das Öl bzw. der andere Stoff als Öl noch im oder auf dem Schiff befindet oder nicht. Bei der Geltung des MaßnahmeÜ bzw. des MaßnahmeProt bleibt es auch dann, wenn gewisser- 4 maßen als Nebeneffekt die von dem Wrack selbst ausgehende Gefahr mitbeseitigt wird. Finden das MaßnahmeÜ bzw. das MaßnahmeProt Anwendung, muss der betreffende Staat nach Maßgabe dieser Übereinkommen vorgehen. Insbesondere müssen seine Maßnahmen den Vorgaben des Art. III MaßnahmeÜ (Art. II MaßnahmeProt) entsprechen. Der betreffende Staat hat aus dem dem MaßnahmeÜ bzw. dem MaßnahmeProt keinen Anspruch auf Ersatz der Kosten. Ob und in welchem Umfange er für die getroffenen Maßnahmen Kostenerstattung verlangen kann, ergibt sich aus dem im Übrigen anwendbaren nationalen Recht. Anders als nach dem WBÜ besteht im Hinblick auf diese Kosten auch keine Versicherungspflicht und auch kein Direktanspruch gegen einen Versicherer. Außerdem droht dem betreffenden Staat, der die Vorgaben des MaßnahmeÜ bzw. des MaßnahmeProt nicht einhält, nach Art. VI eine Haftung auf Schadenersatz.

II. Kriegs- und Staatsschiffe

5   Darüber hinaus kommt das WBÜ, wie sich aus Art. 4 Abs. 2 ergibt, nicht auf Kriegs- oder sonstige Staatsschiffe zu Anwendung. Dies gilt auch für Teile solcher Schiffe sowie für Gegenstände, die sich an Bord solcher Schiffe befinden oder befunden haben oder die ein solches Schiff verloren hat (Art. 1 Abs. 4 [c] und [d] WBÜ, dort Rn 19–24, 25). Ein Vertragsstaat kann nach Art. 4 Abs. 3 WBÜ erklären, dass das Übereinkommen auch auf seine Kriegs- oder sonstigen Staatsschiffe zur Anwendung gelangt. Deutschland hat hiervon keinen Gebrauch gemacht, ebenso wenig die anderen Vertragsstaaten des WBÜ.

III. Modifikationen im Falle des Opt-in

6   Macht ein Vertragsstaat von der in Art. 3 Abs. 2 WBÜ vorgesehenen Möglichkeit des Opt-in Gebrauch, so dass sich der Anwendungsbereich des Übereinkommens auch auf das Hoheitsgebiet einschließlich des Küstenmeeres des betreffenden Vertragsstaates erstreckt, hätte dies zur Folge, dass die Bestimmungen des Übereinkommens in gleicher Weise auch im Hoheitsgebiet einschließlich des Küstenmeeres zur Anwendung gelangen. Art. 4 Abs. 4 sieht bestimmte Modifikationen bei der Anwendung der Bestimmungen des WBÜ vor, die dem Umstand Rechnung tragen, dass im Hoheitsgebiet einschließlich des Küstenmeeres, anders als in der AWZ, der betreffende Staat grundsätzlich über uneingeschränkte Hoheitsrechte verfügt. Nach Art. 4 Abs. 4 (a) WBÜ finden die Vorschriften der Art. 2 Abs. 4, Art. 9 Abs. 1, 5, 7, 8, 9 und 10 sowie Art. 15 WBÜ keine Anwendung; siehe jeweils die Kommentierung zu diesen Vorschriften. Darüber hinaus sieht Art. 4 Abs. 4 (b) WBÜ für den Fall des Opt-in im Hinblick auf die Anwendung des Übereinkommens in dem Hoheitsgebiet einschließlich des Küstenmeeres des betreffenden Staates für Art. 9 Abs. 4 WBÜ einen alternativen Wortlaut vor, der sich mit dem Abschluss eines Wrackbeseitigungsvertrages befasst; siehe hierzu die Hinweise in Rn 16–17 zu Art. 9 WBÜ.

Artikel 5
Meldung von Wracks

(1) ¹Ein Vertragsstaat verlangt vom Kapitän und vom Betreiber eines Schiffes, das seine Flagge führt, dass sie es dem betroffenen Staat unverzüglich melden, wenn das Schiff in einen Seeunfall verwickelt war, durch den ein Wrack entstanden ist. ²Soweit die in diesem Artikel vorgesehene Meldepflicht entweder durch den Kapitän oder durch den Betreiber des Schiffes erfüllt worden ist, ist die jeweils andere Person nicht zur Meldung verpflichtet.

(2) In diesen Meldungen müssen der Name und der Hauptgeschäftssitz des eingetragenen Eigentümers sowie alle sachdienlichen Angaben enthalten sein, die der betroffene Staat benötigt, um festzustellen, ob das Wrack eine Gefahr nach Artikel 6 darstellt, einschließlich
a)   der genauen Position des Wracks;
b)   des Typs, der Größe und der Bauart des Wracks;
c)   der Art des Schadens und des Zustands des Wracks;
d)   der Art und der Menge der Ladung, insbesondere gefährliche und giftige Stoffe, und
e)   der sich an Bord befindlichen Mengen und Arten von Öl, einschließlich Bunkeröl und Schmieröl.

Art. 5 WBÜ betrifft die völkerrechtliche Pflicht der Vertragsstaaten, dafür zu sorgen, dass Schiffe unter ihrer Flagge, wenn sie in einen Seeunfall verwickelt waren, durch den ein Wrack entstanden ist, unverzüglich eine Meldung machen. **1**

I. Die zu verpflichtenden Personen

Im Hinblick auf die Meldung muss der Vertragsstaat nach Art. 5 Abs. 1 Satz 1 WBÜ den Kapitän und den Betreiber des Schiffes in die Pflicht nehmen. Der Betreiber ist in Art. 1 Abs. 9 WBÜ umschrieben (siehe dort Rn 46–48). Nach Art. 5 Abs. 1 2 WBÜ genügt die Meldung durch einen der beiden. **2**

II. Die Meldung

Der Kapitän bzw. der Betreiber des Schiffes müssen nach Art. 5 Abs. 1 Satz 1 WBÜ verpflichtet werden, die Meldung unverzüglich zu machen. Die hiermit verbundene Frist beginnt mit der Entstehung des Wracks, und dies auch das erst, wenn es sich im Übereinkommensgebiet befindet (Art. 1 Abs. 1 WBÜ, dort Rn 2–3). Der Seeunfall kann sich außerhalb des Übereinkommensgebietes ereignet haben. Ist das Wrack auch außerhalb des Übereinkommensgebietes entstanden, beginnt die Pflicht zur Meldung des Wracks erst, wenn es das Übereinkommensgebiet erreicht. Es schadet nicht, wenn die Meldung vorzeitig abgegeben wird. **3**

Zur Form der Meldung enthält Art. 5 WBÜ keine Regelungen. Sie kann daher auch mündlich über UKW oder per E-Mail erfolgen. Sie ist nach Abs. 1 Satz 1 der Vorschrift an den betroffenen Staat zu richten, in dessen Übereinkommensgebiet sich das Wrack befindet (Art. 1 Abs. 10 WBÜ, dort Rn 49). Der Inhalt der Meldung, die abzugeben der Vertragsstaat den Kapitän bzw. Betreiber des Schiffes verpflichten muss, ist in Art. 5 Abs. 2 WBÜ näher umschrieben. Zu nennen ist zunächst der Name und der Hauptgeschäftssitz des eingetragenen Eigentümers (Art. 1 Abs. 8 WBÜ, dort Rn 45). Im Hinblick auf die Angaben nach Art. 9 WBÜ kann sich der betroffene Staat an den auf diese Weise identifizierten Eigentümer halten (Art. 9 Abs. 11 WBÜ). Darüber hinaus sind alle sachdienlichen Angaben zu machen, die der betroffene Staat benötigt, um festzustellen, ob von dem Wrack eine Gefahr ausgeht (siehe Rn 3–4 zu Art. 6 WBÜ). Art. 5 Abs. 2 WBÜ regelt den weiteren Mindest-Inhalt der Meldung („einschließlich"): Die genaue Position des Wracks (Buchst. a); dessen Typ, Größe und Bauart (Buchst. b); die Art des Schadens und den Zustand des Wracks (Buchst. c); die Art und die Menge der Ladung, insbesondere gefährliche und giftige Stoffe (Buchst. d); sowie die an Bord befindlichen Mengen und Arten von Öl, einschließlich Brennstoff und Schmieröl (Buchst. e). Diese Gesichtspunkte passen nicht in allen Fällen, etwa auf verloren gegangene Ladung. **4**

III. Das deutsche Recht

5   Deutschland kommt seiner völkerrechtlichen Pflicht zur Umsetzung des Art. 5 WBÜ auf Grundlage des § 7b SeefahrtSichergV nach (siehe § 9 Abs. 1 Satz 1 SeeaufgG). Hier werden die Formulierungen des WBÜ über Meldepflichten teils wörtlich übernommen. Nach § 7b Abs. 1 Satz 1 SeefahrtSichergV haben der Schiffsführer, der sonst für die Sicherheit des Schiffes Verantwortliche und der Betreiber des Schiffes der jeweils zuständigen Verkehrszentrale unverzüglich zu melden, wenn das Schiff in einen Seeunfall verwickelt war, aus dem ein Wrack entstanden ist, das sich in der deutschen AWZ befindet. § 7b Abs. 2 Satz 1 SeefahrtSichergV betrifft den Fall, dass sich das Wrack in der AWZ, im sonstigen Gebiet oder im Küstenmeer, auf das die Geltung des WBÜ erstreckt worden ist, eines anderen Vertragsstaates befindet. Hier ist die Meldung an die zuständige Behörde dieses Staates zu richten. Die Meldestellen werden nach § 7b Abs. 2 Satz 2 SeefahrtSichergV im Verkehrsblatt bekannt gemacht. § 7b Abs. 3 SeefahrtSichergV regelt den Inhalt der Meldung. Die Vorschrift entspricht Art. 5 Abs. 2 WBÜ. Darüber hinaus übernimmt § 7b Abs. 4 SeefahrtSichergV die Umschreibung des Seeunfalls (Art. 1 Abs. 3 WBÜ) sowie in § 7b V SeefahrtSichergV die des Wracks (Art. 1 Abs. 4 WBÜ). Außerdem wurden die Ordnungswidrigkeiten-Tatbestände des § 10 Abs. 1 SeefahrtSichergV durch eine neue Nr. 5a ergänzt. Ordnungswidrig im Sinne des § 15 Abs. 1 Nr. 2 SeeaufgG handelt, wer vorsätzlich oder fahrlässig eine Meldung nicht, nicht richtig, nicht vollständig oder nicht rechtzeitig macht. Die zuvor genannten Bestimmungen gelten nach § 11 Abs. 1 SeefahrtSichergV ab dem Tag, an dem das WBÜ für Deutschland in Kraft tritt. Dies war am 14. April 2015.[32] Siehe zu Meldepflichten im Hinblick auf gefährliche Wracks Regel V/31.1 Satz 1 Anlage SOLAS-Ü.

Artikel 6
Feststellung einer Gefahr

Bei der Feststellung, ob von einem Wrack eine Gefahr ausgeht, soll der betroffene Staat folgende Kriterien berücksichtigen:
a) Typ, Größe und Bauart des Wracks;
b) Wassertiefe in diesem Bereich;
c) Tidenhub und Strömungen in diesem Bereich;
d) besonders empfindliche Meeresgebiete, die nach den von der Organisation angenommenen Richtlinien bestimmt und gegebenenfalls festgelegt wurden, oder ein genau bezeichnetes Gebiet in der ausschließlichen Wirtschaftszone, in dem besondere obligatorische Maßnahmen nach Artikel 211 Absatz 6 des Seerechtsübereinkommens der Vereinten Nationen von 1982 ergriffen wurden;
e) Nähe von Schifffahrtswegen oder festgelegten Fahrwassern;
f) Verkehrsdichte und -häufigkeit;
g) Art des Verkehrs;
h) Art und Menge der sich im Wrack befindlichen Ladung, Menge und Arten von Öl (wie etwa Bunkeröl und Schmieröl) an Bord des Wracks und insbesondere der Schaden, der wahrscheinlich eintritt, wenn die Ladung oder das Öl in die Meeresumwelt freigesetzt werden;
i) Schwachstellen der Hafenanlagen;

---

32   Siehe die Bekanntmachung BGBl. 2015 I S. 320.

j) vorherrschende meteorologische und hydrographische Bedingungen;
k) unterseeische Topographie des Gebiets;
l) **Höhe des Wracks ober- oder unterhalb der Wasseroberfläche beim niedrigstmöglichen Gezeitenwasserstand;**
m) akustische und magnetische Profile des Wracks;
n) Nähe von vor der Küste gelegenen Einrichtungen, Rohrleitungen, Fernmeldekabeln und ähnlichen Anlagen und
o) alle sonstigen Umstände, die eine Beseitigung des Wracks erforderlich machen können.

Die offizielle Feststellung des betroffenen Staates, dass von einem Wrack eine Gefahr ausgeht, ist einer der wesentlichen Knotenpunkte des WBÜ. Im Übereinkommen ist dieser Vorgang allerdings nicht Gegenstand ausdrücklicher Vorschriften, sondern wird lediglich mittelbar geregelt. Die Grundlage ist an sich Art. 1 Abs. 5 WBÜ, ergänzt durch Abs. 6. Hieran knüpft wiederum Art. 6 WBÜ an. Die Feststellung erfordert eine förmliche Erklärung des betroffenen Staates (unten Rn 6–7). Die wirksam getroffene Feststellung löst eine Reihe von Rechtsfolgen aus (unten Rn 8). 1

I. Ausgehen einer Gefahr von dem Wrack

Art. 1 Abs. 5 WBÜ enthält eine Begriffsbestimmung der „Gefahr", die von dem Wrack ausgeht (dort Rn 35). Die im Tatbestand des Art. 1 Abs. 5 (b) WBÜ verwendete Umschreibung „damit zusammenhängende Interessen" wird im Abs. 6 definiert (siehe Rn 41–43 zu Art. 1 WBÜ). In Anschluss daran nennt Art. 6 WBÜ eine Reihe von Gesichtspunkten, die bei der Feststellung, ob von dem Wrack eine Gefahr ausgeht, berücksichtigt werden sollen. Dem Vertragsstaat steht dabei ein eigener Beurteilungsspielraum zu (unten Rn 5). 2

1. Die Kriterien des Art. 6 WBÜ. Bei der Einschätzung, ob von dem Wrack eine Gefahr im Sinne des Art. 1 Abs. 5 WBÜ ausgeht, können die in Art. 6 WBÜ aufgelisteten Kriterien maßgeblich sein. Es handelt sich um eine bloße Soll-Vorschrift, und die Gesichtspunkte sind lediglich „zu berücksichtigen". Die Gefahr kann sich auch aus anderen, nicht genannten Gesichtspunkten ergeben. Ebenso können genannte Gesichtspunkte außen vor bleiben. 3

Art. 6 WBÜ nennt Typ, Größe und Bauart des Wracks (Buchst. a); die Wassertiefe in diesem Bereich (Buchst. b); Tidenhub und Strömungen in diesem Bereich (Buchst. c); besonders empfindliche Meeresgebiete, die nach den von der IMO (Art. 1 Abs. 12 WBÜ) angenommenen Richtlinien bestimmt und ggf. festgelegt wurden, oder ein genau bezeichnetes Gebiet in der AWZ, in dem besondere obligatorische Maßnahmen nach Art. 211 Abs. 6 SeerechtsÜ ergriffen wurden (Buchst. d); die Nähe von Schifffahrtswegen oder festgelegten Fahrwassern (Buchst. e); Verkehrsdichte und -häufigkeit (Buchst. f); die Art des Verkehrs (Buchst. g); die Art und Menge der sich im Wrack befindlichen Ladung, Menge und Arten von Öl (wie etwa Bunkeröl und Schmieröl) an Bord des Wracks und insbesondere der Schaden, der wahrscheinlich eintritt, wenn die Ladung oder das Öl in die Meeresumwelt freigesetzt werden (Buchst. h) – hier können sich Überschneidungen mit dem MaßnahmeÜ sowie dem MaßnahmeProt ergeben, die sich mit dem Schutz vor Gefahren befassen, die von diesen Stoffen ausgehen (dazu oben Rn 2–4 zu Art. 4); Schwachstellen der Hafenanlagen (Buchst. i; siehe sogleich); vorherrschende meteorologische und hydrografische Bedingungen (Buchst. j); unterseeische Topographie des Gebiets (Buchst. k); Höhe des Wracks ober- oder unterhalb der Wasseroberfläche beim niedrigstmöglichen Gezeitenwasserstand (Buchst. l); akustische und magneti- 4 sche Profile des Wracks (Buchst. m); Nähe von vor der Küste gelegenen Einrichtungen, Rohrleitungen, Fernmeldekabel und ähnlichen Anlagen (Buchst. n); sowie alle sonstigen Umstände, die eine Beseitigung des Wracks erforderlich machen können (Buchst. o). Der Gesichtspunkt „Schwachstellen von Hafenanlagen" (Art. 6 [i] WBÜ) mutet eigenartig an. Es handelt sich um eine Übersetzung des Ausdrucks „vulnerability of port facilities" des verbindlichen (Art. 21 WBÜ) englischen Wortlauts. Gemeint ist die „Verletzbarkeit", also eher die Gefährdung von Hafenanlagen.

5 **2. Der Beurteilungsspielraum des Vertragsstaates.** Dem betroffenen Staat steht nach dem WBÜ im Hinblick auf die Feststellung, ob von dem Wrack eine Gefahr ausgeht, ein Beurteilungsspielraum zu. Dies ergibt sich aus den einleitenden Worten des Art. 6 WBÜ. Der Beurteilungsspielraum betrifft ggf. auch den Tatbestand des Art. 1 Abs. 4 (d) WBÜ (dort Rn 26–32), wo es im Hinblick auf die Frage, ob das Schiff ein Wrack ist, darauf ankommt ob es aller Voraussicht nach Sinken oder Stranden wird. Die Feststellung, dass von dem Wrack eine Gefahr ausgeht, ist daher nur in beschränktem Umfange nachprüfbar. Dies gilt sowohl gegenüber anderen Vertragsstaaten (siehe Art. 15 WBÜ) als auch gegenüber dem eingetragenen Eigentümer (Art. 1 Abs. 8 WBÜ, dort Rn 45). Der betroffene Staat kann auch feststellen, dass von dem Wrack keine Gefahr ausgeht.

II. Die Feststellung

6 Die wesentlichen Rechtsfolgen des WBÜ (unten Rn 8) treten nur ein, wenn festgestellt wird, dass von dem Wrack eine Gefahr ausgeht. Erforderlich ist eine förmliche Feststellung.[33] Diese kann nur von dem betroffenen Staat getroffen werden (Art. 1 Abs. 10 WBÜ, dort Rn 49), also dem Vertragsstaat, in dessen AWZ bzw. entsprechendem Gebiet (Art. 1 Abs. 1 WBÜ, dort Rn 2–3) oder, im Falle des Opt-in (Art. 3 Abs. 2 WBÜ, dort Rn 3–8), in dessen Hoheitsgebiet sich das Wrack befindet. Es ist nicht erforderlich, dass sich auch der Seeunfall hier ereignet hat. Nicht zur Feststellung befugt ist der Vertragsstaat, in dessen AWZ, entsprechendem Gebiet oder Hoheitsgebiet sich lediglich der Seeunfall ereignet hat, oder, im Falle des Art. 1 Abs. 5 (b) WBÜ, dessen Küste betroffen ist (dort Rn 39). Nicht-Vertragsstaaten können ohnehin keine Feststellung treffen.

7 Die Feststellung als solche ist nach dem Konzept des WBÜ zunächst nur ein interner Vorgang. Nach Art. 9 Abs. 1 (a) WBÜ muss der betroffene Staat den Staat des Schiffsregisters sowie den Eigentümer unverzüglich unterrichten (dort Rn 2). Das WBÜ sieht für die Feststellung keine weiteren Förmlichkeiten vor. Dem Inhalt nach genügt die Erklärung, dass von einem bestimmten, näher bezeichneten Wrack eine Gefahr ausgeht. Eine Begründung ist nach dem WBÜ nicht vorgeschrieben. Der betroffene Staat kann die einmal getroffene Feststellung durch eine entsprechende Erklärung auch wieder aufheben. Zu dem Rechtsschutz im Hinblick auf die Feststellung siehe unten Rn 9–11.

III. Die Rechtsfolgen

8 Hat der betroffene Staat festgestellt, dass von dem Wrack eine Gefahr ausgeht, hat dies verschiedene Rechtsfolgen. Teils werden Pflichten des betroffenen Staates begründet. Dies betrifft die Markierung des Wracks (Art. 8 WBÜ) sowie die Unterrichtungs- und Konsultationspflichten nach Art. 9 Abs. 1 WBÜ (dort Rn 3). Nach Art. 7 Abs. 2 WBÜ genügt es, dass der betroffene Staat Anlass zu der Annahme hat, dass eine Gefahr von dem

---

33 Siehe *Rittmeister* DVIS A 103 (2008), 33 Rn 6.

Wrack ausgeht (Rn 4–5 zu Art. 7 WBÜ). Vor allem aber begründet die Feststellung einer Gefahr Pflichten des eingetragenen Eigentümers. Nach Art. 9 Abs. 1 WBÜ bestehen nunmehr Unterrichtungs- und Konsultationspflichten (dort Rn 2, 3). Vor allem ist der eingetragene Eigentümer nach Art. 9 Abs. 2 WBÜ nunmehr ohne weiteres verpflichtet, das Wrack zu beseitigen (dort Rn 13–22). Außerdem muss der Eigentümer nach Art. 9 Abs. 3 WBÜ dem betroffenen Staat das Bestehen der Versicherung nachweisen (dort Rn 4).

IV. Der Rechtsschutz

Die Feststellung des betroffenen Staates, dass von dem Wrack eine Gefahr ausgeht, hat erhebliche Folgen (zuvor Rn 8), insbesondere für den eingetragenen Eigentümer. Umgekehrt kann es sich auch so verhalten, dass im Hinblick auf ein Wrack die Voraussetzungen einer Feststellung zwar vorliegen, der betroffene Staat aber keine Feststellung trifft, eine solche ablehnt oder die Feststellung aufhebt, obwohl die Voraussetzungen weiterhin gegeben sind. Dabei ist zu unterscheiden: Es können die Rechte von Privatpersonen, insbesondere des eingetragenen Eigentümers, und solche der Vertragsstaaten bzw. von Drittstaaten betroffen sein. 9

1. Das Verhältnis zu Privatpersonen. Soweit das WBÜ keine Regelungen über die Feststellung trifft, unterliegt das Rechtsverhältnis zwischen dem betroffenen Staat, namentlich den für ihn handelnden Behörden, und Privatpersonen, insbesondere dem eingetragenen Eigentümer, dem nationalen Recht des betroffenen Staates. Nach deutscher Rechtsvorstellung gehört die Feststellung der Gefahr, soweit es um die Rechtswirkungen gegenüber Privaten geht, zum Verwaltungsrecht. Ist das deutsche Verwaltungsrecht maßgeblich, weil es um die Feststellung der Gefahr durch die zuständige Behörde geht (§ 3 WrBesKoDG), handelt es sich um einen feststellenden Verwaltungsakt (§§ 35 ff. VwVerfG). Er kann mit dem normalen Instrumentarium des Verwaltungsrechts angefochten werden. Denkbar ist auch, dass dritte Privatpersonen gegen die zuständige Behörde einen Anspruch auf Beseitigung eines Wracks verfolgen wollen. Dies erfolgt im Wege der Verpflichtungsklage und unter Berücksichtigung insbesondere des in Art. 6 WBÜ geregelten Ermessensspielraums. Die Klage ist auf das Tätigwerden der Behörde zu richten, nicht lediglich auf die Feststellung, dass von dem Wrack eine Gefahr ausgeht. 10

2. Das Verhältnis zu Staaten. Denkbar ist auch, dass ein anderer Vertragsstaat, insbesondere ein solcher, in dem sich die Gefahr auswirkt oder auszuwirken droht (in seiner AWZ etc. oder an seiner Küste), ein Tätigwerden des betreffenden Staates verlangt. Dies wäre ein Anwendungsfall der Streitbeilegungsregeln des Art. 15 WBÜ. Die Vorschrift kommt allerdings nicht zur Anwendung, wenn sich das Wrack im Hoheitsgebiet eines Opt-in-Vertragsstaates (Art. 3 Abs. 2 WBÜ, dort Rn 3–8) befindet (siehe Art. 4 Abs. 4 [a] WBÜ). In diesem Fall sowie im Verhältnis zu Nicht-Vertragsstaaten gelten die allgemeinen völkerrechtlichen Streitbeilegungsverfahren. 11

Artikel 7
Lokalisierung von Wracks

(1) Nachdem der betroffene Staat von einem Wrack Kenntnis erhalten hat, muss er alle praktisch möglichen Mittel einsetzen, einschließlich der guten Dienste von Staaten und Organisationen, um die beteiligten Seeleute und Staaten so schnell wie möglich von der Art und Position des Wracks zu unterrichten.

(2) Hat der betroffene Staat Anlass zu der Annahme, dass von einem Wrack eine Gefahr ausgeht, so muss er sicherstellen, dass alle praktisch möglichen Schritte ergriffen werden, um die genaue Position des Wracks zu ermitteln.

1   Art. 7 WBÜ befasst sich seiner Überschrift nach mit der Lokalisierung des Wracks. Tatsächlich geht es in Abs. 1 um Pflichten zur Unterrichtung der betroffenen Personen und Staaten, während die Ermittlung des Ortes des Wracks Gegenstand des Abs. 2 ist. Beide Vorschriften knüpfen an Art. 5 WBÜ an, der die Pflicht zur Meldung von Wracks betrifft. Der betroffene Staat kann mit der Erfüllung seiner Pflichten aus Art. 7 WBÜ auch Dritte beauftragen, etwa Privatpersonen oder andere selbständige Rechtspersonen des öffentlichen Rechts, beispielsweise Teilstaaten (in Deutschland etwa die Bundesländer) oder andere Körperschaften.

I. Die Unterrichtung der Betroffenen

2   Ein Vertragsstaat, der von einem Wrack Kenntnis erhalten hat, muss nach Art. 7 Abs. 1 WBÜ alle praktisch möglichen Mittel einsetzen, einschließlich der „guten Dienste" von Staaten und Organisationen, um die beteiligten Seeleute und Staaten so schnell wie möglich von der Art und Position des Wracks zu unterrichten. Im Hinblick auf die Unterrichtungspflicht nach Art. 7 Abs. 1 WBÜ kommt es auf die Feststellung einer Gefahr (Art. 6 WBÜ) nicht an. Das Wrack muss sich, damit der Anwendungsbereich des WBÜ eröffnet ist, im Übereinkommensgebiet befinden (Art. 1 Abs. 1 WBÜ, oben Rn 2–3). Die Unterrichtung nach Art. 7 Abs. 1 WBÜ fällt begrifflich nicht unter die „Lokalisierung" des Wracks.

3   Die in Art. 7 Abs. 1 WBÜ verwendete Formulierung „gute Dienste", offensichtlich eine Übersetzung der Umschreibung „good offices" der englischen Fassung, erscheint mir missglückt. Die Formulierung „good offices" (einschließlich des „good") meint für sich bereits „Dienste", „Dienstleistungen" oder „Service"; das Wort „gut" ist in der Übersetzung überflüssig. Im Übrigen ist die Wendung „gute Dienste" in der deutschen Sprache nicht gebräuchlich.

II. Die Ermittlung des Ortes des Wracks

4   Art. 7 Abs. 2 WBÜ greift den Fall auf, dass der betroffene Staat Anlass zu der Annahme hat, dass von einem Wrack eine Gefahr ausgeht. Eine entsprechende förmliche Feststellung (Rn 6–7 zu Art. 6 WBÜ) ist nicht erforderlich. Ob Anlass zu der Annahme einer von dem Wrack ausgehenden Gefahr besteht, hängt von den Umständen ab. Der Tatbestand des Art. 7 Abs. 2 WBÜ ist „erst recht" erfüllt, wenn der Vertragsstaat die von dem Wrack ausgehende Gefahr – ggf. unabhängig von der Kenntnis seiner genauen Position – bereits festgestellt hat.

5   Als Rechtsfolge sieht Art. 7 Abs. 2 WBÜ vor, dass der Vertragsstaat verpflichtet ist, sicherzustellen, dass alle praktisch möglichen Schritte ergriffen werden, um die genaue Position des Wracks zu ermitteln. Die Verpflichtung aus Art. 7 Abs. 2 WBÜ ist zunächst völkerrechtlicher Natur und besteht nur gegenüber den anderen Vertragsstaaten. Die Vorschrift ist gegenstandslos, soweit der Ort des Wracks ohnehin bereits bekannt ist. Insbesondere im Falle von Gegenständen, die sich an Bord eines gesunkenen oder gestrandeten Schiffes befunden haben (Art. 1 Abs. 4 [b] WBÜ) oder die ein Schiff verloren hat (Art. 1 Abs. 4 [c] WBÜ), kann sich die Suche sehr aufwändig gestalten, etwa wenn Luftfahrzeuge eingesetzt werden müssen. Zu denken ist namentlich an zahlreich verloren gegangene Container. Zur Ermittlung des Ortes des Wracks gehört auch das lau-

fende Mitverfolgen seiner Position, namentlich von voraussichtlich sinkenden oder strandenden Schiffen (Art. 1 Abs. 4 [d] WBÜ, dort Rn 26–32) oder von Gegenständen (Art. 1 Abs. 4 [b] und [c] WBÜ, dort Rn 23–24, 25). Die Kosten der Lokalisierung hat der eingetragene Eigentümer dem betroffenen Staat nach Maßgabe der Art. 10 und 11 WBÜ zu ersetzen.

Artikel 8
Markierung von Wracks

(1) Stellt der betroffene Staat fest, dass von einem Wrack eine Gefahr ausgeht, so muss dieser Staat sicherstellen, dass alle angemessenen Schritte ergriffen werden, um das Wrack zu markieren.

(2) Bei der Markierung des Wracks sind alle praktisch möglichen Schritte zu ergreifen, um sicherzustellen, dass die Markierungen dem international anerkannten Schifffahrtszeichensystem entsprechen, das in dem Gebiet, in dem sich das Wrack befindet, verwendet wird.

(3) Der betroffene Staat gibt die Einzelheiten der Markierung des Wracks mit allen geeigneten Mitteln, einschließlich der entsprechenden nautischen Veröffentlichungen, bekannt.

Nach Art. 8 Abs. 1 WBÜ muss der betroffene Staat sicherstellen, dass alle angemessenen Schritte ergriffen werden, um das Wrack zu markieren. Voraussetzung hierfür ist, dass er festgestellt hat, dass von dem Wrack eine Gefahr ausgeht (siehe Rn 2–5 zu Art. 6 WBÜ). Die Markierungen müssen gemäß Art. 8 Abs. 2 WBÜ dem in dem betreffenden Gebiet maßgeblichen, international anerkannten Schifffahrtszeichensystem entsprechen. Dies ist offenbar eine Verweisung auf die Richtlinien der IALA, einer internationalen Organisation, die sich unter anderem mit der Vereinheitlichung von Schifffahrtszeichen befasst. Schließlich muss der Staat nach Art. 8 Abs. 3 WBÜ die Markierung des Wracks mit allen geeigneten Mitteln, einschließlich der entsprechenden nautischen Veröffentlichungen, bekannt machen. Der betroffene Staat kann mit der Erfüllung seiner Pflichten aus Art. 8 WBÜ auch Dritte beauftragen, etwa Privatpersonen oder andere selbständige Rechtspersonen des öffentlichen Rechts, beispielsweise Teilstaaten (wie etwa die Bundesländer) oder andere Körperschaften. Die Kosten der Markierung hat der eingetragene Eigentümer dem betroffenen Staat nach Art. 10 und 11 WBÜ zu ersetzen. 1

Artikel 9
Maßnahmen zur Erleichterung der Beseitigung von Wracks

(1) Stellt der betroffene Staat fest, dass von einem Wrack eine Gefahr ausgeht, so muss dieser Staat unverzüglich
a) **den Staat des Schiffsregisters und den eingetragenen Eigentümer unterrichten und**
b) **den Staat des Schiffsregisters und die anderen durch das Wrack betroffenen Staaten zu den Maßnahmen konsultieren, die im Hinblick auf das Wrack zu ergreifen sind.**

(2) Der eingetragene Eigentümer muss ein Wrack beseitigen, bei dem festgestellt wurde, dass es eine Gefahr darstellt.

(3) Wurde bei einem Wrack festgestellt, dass von ihm eine Gefahr ausgeht, so haben der eingetragene Eigentümer oder andere Beteiligte der zuständigen Be-

hörde des betroffenen Staates den Nachweis der nach Artikel 12 erforderlichen Versicherung oder sonstigen finanziellen Sicherheit zu erbringen.

(4) ¹Der eingetragene Eigentümer kann mit einem beliebigen Berger oder jeder anderen Person im Namen des Eigentümers einen Vertrag über die Beseitigung des Wracks abschließen, von dem festgestellt wurde, dass es eine Gefahr darstellt. ²Vor Beginn der Beseitigung kann der betroffene Staat Bedingungen für eine Beseitigung nur in dem Umfang festlegen, der notwendig ist, um sicherzustellen, dass die Beseitigung in einer Art und Weise durchgeführt wird, die mit Gesichtspunkten der Sicherheit und des Schutzes der Meeresumwelt vereinbar ist.

(5) Nach Beginn der in den Absätzen 2 und 4 genannten Beseitigung kann der betroffene Staat nur in dem Umfang in die Beseitigung eingreifen, der notwendig ist, um sicherzustellen, dass die Beseitigung wirksam in einer Art und Weise vonstattengeht, die mit Gesichtspunkten der Sicherheit und des Schutzes der Meeresumwelt vereinbar ist.

(6) Der betroffene Staat
a) setzt eine angemessene Frist, innerhalb derer der eingetragene Eigentümer das Wrack beseitigen muss, wobei die Art der nach Artikel 6 festgestellten Gefahr zu berücksichtigen ist;
b) unterrichtet den eingetragenen Eigentümer schriftlich von der von ihm gesetzten Frist und weist ihn darauf hin, dass er für den Fall, dass der eingetragene Eigentümer das Wrack nicht innerhalb dieser Frist beseitigt, das Wrack auf Kosten des eingetragenen Eigentümers beseitigen kann, und
c) unterrichtet den eingetragenen Eigentümer schriftlich davon, dass er umgehend einzugreifen beabsichtigt, wenn die Gefahr ein besonders schwerwiegendes Ausmaß annimmt.

(7) Beseitigt der eingetragene Eigentümer das Wrack nicht innerhalb der nach Absatz 6 Buchstabe a gesetzten Frist oder ist es unmöglich, mit ihm Kontakt aufzunehmen, so kann der betroffene Staat das Wrack unter Berücksichtigung von Gesichtspunkten der Sicherheit und des Schutzes der Meeresumwelt mit den geeignetsten und schnellsten verfügbaren Mitteln beseitigen.

(8) In Fällen, in denen umgehendes Eingreifen erforderlich ist und der betroffene Staat den Staat des Schiffsregisters und den eingetragenen Eigentümer entsprechend unterrichtet hat, kann er das Wrack unter Berücksichtigung von Gesichtspunkten der Sicherheit und des Schutzes der Meeresumwelt mit den geeignetsten und schnellsten verfügbaren Mitteln beseitigen.

(9) Die Vertragsstaaten ergreifen im Rahmen ihres innerstaatlichen Rechts geeignete Maßnahmen, um sicherzustellen, dass ihre eingetragenen Eigentümer die Absätze 2 und 3 einhalten.

(10) Wenn erforderlich, geben die Vertragsstaaten dem betroffenen Staat ihre Zustimmung, nach den Absätzen 4 bis 8 zu handeln.

(11) Der betroffene Staat gibt die in diesem Artikel genannten Angaben an den eingetragenen Eigentümer weiter, der in den Meldungen nach Artikel 5 Absatz 2 genannt ist.

1   Art. 9 WBÜ enthält eine ganze Fülle von Bestimmungen, die sich nicht nur mit der Vorbereitung der Beseitigung des Wracks befassen, wie die Überschrift des Artikels andeutet, sondern auch und vor allem mit der Durchführung der Beseitigung. Abs. 1 betrifft Unterrichtungs- und Konsultationspflichten des betroffenen Staates (unten Rn 2, 3). Der Abs. 2 enthält die die zentrale Anordnung des WBÜ, nämlich die Pflicht des eingetragenen Eigentümers zur Beseitigung des Wracks. Sie wird in Abs. 3 durch die Pflicht des

eingetragenen Eigentümers ergänzt, die Versicherung nach Art. 12 WBÜ nachzuweisen (unten Rn 4). Im Normalfall erfolgt die Beseitigung durch den eingetragenen Eigentümer selbst (Art. 9 Abs. 4 bis 6 WBÜ, unten Rn 13–22). Unter bestimmten Voraussetzungen ist der betroffene Staat zur Selbstvornahme (Abs. 7, unten 23–27) oder zum umgehenden Eingreifen berechtigt (Abs. 8, unten Rn 28–31). Die Kosten hierfür trägt der eingetragene Eigentümer nach Art. 10 und 11 WBÜ. Soweit der betroffene Staat im Rahmen des Art. 9 WBÜ tätig wird, kann er auch Dritte beauftragen, etwa Privatpersonen oder andere selbständige Rechtspersonen des öffentlichen Rechts, beispielsweise Teilstaaten (wie etwa die Bundesländer) oder andere Körperschaften.

I. Die Unterrichtung der Betroffenen

Der betroffene Staat, der festgestellt hat, dass von dem Wrack eine Gefahr ausgeht (siehe Rn 2–5, 6–7 zu Art. 6 WBÜ), muss nach Art. 9 Abs. 1 (a) WBÜ den Staat des Schiffsregisters (Art. 1 Abs. 11 WBÜ, dort Rn 50) sowie den eingetragenen Eigentümer hiervon unverzüglich unterrichten; siehe auch bereits Art. III (b), (d) und (f) MaßnahmeÜ (Art. II MaßnahmeProt). Der betroffene Staat kann sich hierzu gemäß Art. 9 Abs. 11 WBÜ an den Eigentümer halten, der in der Meldung nach Art. 5 Abs. 2 WBÜ genannt wird (dort Rn 3–4). Art. 9 Abs. 1 WBÜ findet nach Art. 4 Abs. 4 (a) (ii) WBÜ keine Anwendung, wenn sich das Wrack in dem Hoheitsgebiet einschließlich des Küstenmeeres eines Vertragsstaates befindet, der von der Möglichkeit des Opt-in Gebrauch gemacht hat (Rn 3–8 zu Art. 3 WBÜ).

II. Konsultationen

Darüber hinaus verpflichtet Art. 9 Abs. 1 (b) WBÜ dem betroffenen Staat, der festgestellt hat, dass von dem Wrack eine Gefahr ausgeht (Rn 2–5, 6–7 zu Art. 6 WBÜ), den Staat des Schiffsregisters (Art. 1 Abs. 11 WBÜ, dort Rn 50) und die anderen durch das Wrack betroffenen Staaten zu den Maßnahmen zu konsultieren, die im Hinblick auf das Wrack zu ergreifen sind; siehe auch bereits Art. III (a), (d) und (f) MaßnahmeÜ (Art. II MaßnahmeProt). Ebenso bleibt Art. 9 Abs. 1 (b) WBÜ nach Art. 4 Abs. 4 (a) (ii) WBÜ unberücksichtigt, wenn sich das Wrack in dem Hoheitsgebiet einschließlich des Küstenmeeres eines Vertragsstaates befindet, der von der Möglichkeit des Opt-in Gebrauch gemacht hat (Rn 3–8 zu Art. 3 WBÜ).

III. Der Nachweis der Versicherung (Art. 9 Abs. 3 WBÜ)

Hat der betroffene Saat festgestellt, dass von dem Wrack eine Gefahr ausgeht (Rn 2–5, 6–7 zu Art. 6 WBÜ), haben der eingetragene Eigentümer oder andere Beteiligte nach Art. 9 Abs. 3 WBÜ der zuständigen Behörde des betroffenen Staates das Bestehen der nach Art. 12 WBÜ erforderlichen Versicherung nachzuweisen. Dies gilt nur, wenn überhaupt eine Versicherungspflicht nach Art. 12 Abs. 1 WBÜ begründet ist (dort Rn 2). Der Nachweis wird insbesondere durch Vorlage der Versicherungsbescheinigung nach Art. 12 Abs. 2 WBÜ geführt (dort Rn 5–9). § 5 Abs. 4 in Verbindung mit § 4 Satz 1 Nr. 1 SeeVersNachwG sieht ebenfalls eine entsprechende Pflicht des eingetragenen Eigentümers vor. Andere Beteiligte im Sinne des Art. 9 Abs. 3 WBÜ sind etwa der Flaggenstaat, der Staat des Schiffsregisters (Art. 1 Abs. 11 WBÜ, dort Rn 50), der Versicherer, die Schiffsführung selbst (siehe Art. 12 Abs. 5 Hs. 1 WBÜ) oder die Behörde des Vertragsstaates, die die Bescheinigung ausgestellt hat (Art. 12 Abs. 2 Satz 2 WBÜ, dort Rn 5).

IV. Die Pflicht zur Beseitigung des Wracks (Art. 9 Abs. 2 WBÜ)

5   Hat der betroffene Staat festgestellt, dass von dem Wrack eine Gefahr ausgeht (Rn 2–5, 6–7 zu Art. 6 WBÜ), ist der eingetragene Eigentümer nach Art. 9 Abs. 2 WBÜ verpflichtet, das Wrack zu beseitigen. Dies ist die zentrale und bedeutsamste Regelung des Übereinkommens. Abgesehen von der Feststellung bedarf es keiner weiteren Erklärung oder Aufforderung des betroffenen Staates, um die Beseitigungspflicht zu begründen. Die „Beseitigung" ist in Art. 1 Abs. 7 WBÜ umschrieben (dort Rn 44), weitere Regelungen finden sich in Art. 2 Abs. 2 und 3 WBÜ. Welche Maßnahmen im Einzelnen für die Beseitigung erforderlich sind, bestimmt der betroffene Staat (Rn 6–14, 15 zu Art. 2 WBÜ). Zur Beseitigung verpflichtet ist ausschließlich der eingetragene Eigentümer und keinesfalls etwa der Versicherer (Art. 12 WBÜ) oder gar der Flaggenstaat oder der Staat des Schiffsregisters (Art. 1 Abs. 11 WBÜ, dort Rn 50), auch wenn es sich um Vertragsstaaten handelt.

6   **1. Die völkerrechtliche Bedeutung der Beseitigungspflicht.** Die im WBÜ festgelegte Pflicht des eingetragenen Eigentümers zur Beseitigung des Wracks, verbunden mit der Befugnis des betroffenen Staates, ggf. selbst tätig zu werden (unten Rn 23–27, 28–31), hat auch eine erhebliche völkerrechtliche Komponente. Der betroffene Staat hat das Recht, die Beseitigung des Wracks durchzusetzen, und zwar auch im Verhältnis zum Flaggenstaat des betreffenden Schiffes, unter dessen Hoheitsgewalt das Schiff steht, sowie im Verhältnis zum Staat des Schiffsregisters (Art. 1 Abs. 11 WBÜ, dort Rn 50).

7   Unter diesem Gesichtspunkt ist es bemerkenswert, dass es für die Anwendung des WBÜ nicht darauf ankommt, ob auch der Flaggenstaat Vertragsstaat des Übereinkommens ist. Ist dies nicht der Fall, hat die Zuweisung der Befugnis zur Durchsetzung der Beseitigung den Charakter eines Vertrages zu Lasten Dritter. Aus meiner Sicht bestehen in dieser Hinsicht durchaus Zweifel an der völkerrechtlichen Wirksamkeit des Konzepts des WBÜ.

8   Andererseits ist der betroffene Staat grundsätzlich nicht verpflichtet, in jedem Falle für die Beseitigung des Wracks zu sorgen, auch wenn der Eigentümer seiner Beseitigungspflicht nicht nachkommt. Das WBÜ begründet keine völkerrechtliche Pflicht des betroffenen Staates, das Wrack zu beseitigen, und zwar auch nicht, wenn er festgestellt hat, dass von ihm eine Gefahr ausgeht (Rn 2–5, 6–7 zu Art. 6 WBÜ). Eine entsprechende Pflicht des Betroffenen Staates kommt allenfalls in Betracht, wenn das Wrack Rechte Dritter beeinträchtigt oder zu beeinträchtigen droht. Eine Pflicht des betroffenen Staates zur Beseitigung des Wracks kann sich allerdings aus dem nationalen Recht unter dem Gesichtspunkt der staatlichen Verkehrssicherungspflicht ergeben.

9   **2. Die Formalitäten der Beseitigung.** Art. 9 Abs. 6 WBÜ regelt weitere Formalitäten im Hinblick auf die Beseitigung des Wracks. Der betroffene Staat setzt eine Frist, innerhalb derer der eingetragene Eigentümer das Wrack beseitigen muss (unten Rn 10). Außerdem droht er die Selbstvornahme (unten Rn 11) und kündigt die Absicht des umgehenden Eingreifens an (unten Rn 12).

10 **a) Die Fristsetzung zur Beseitigung.** Nach Art. 9 Abs. 6 (a) und (b) WBÜ setzt der betroffene Staat dem eingetragenen Eigentümer eine Frist für die Beseitigung des Wracks. Es genügt, dass derjenige Eigentümer unterrichtet wird, der in der Meldung nach Art. 5 Abs. 2 WBÜ genannt wurde (Art. 9 Abs. 11 WBÜ). Die Frist muss angemessen sein; dabei ist die Art der nach Art. 6 WBÜ festgestellten Gefahr zu berücksichtigen (Art. 9 Abs. 6 [a] WBÜ). Der drohende Ablauf der Fristen des Art. 13 WBÜ ist kein Kriteri-

um der Angemessenheit. „Beseitigung" im Sinne des Art. 9 Abs. 6 (a) WBÜ meint die vollständige Durchführung der für die Beseitigung im Einzelfall erforderlichen Maßnahmen (dazu Rn 6–14 zu Art. 2 WBÜ), nicht lediglich deren Beginn. Die Unterrichtung des eingetragenen Eigentümers erfolgt nach Art. 9 Abs. 6 (b) WBÜ schriftlich. Dieser Begriff ist im WBÜ nicht definiert. M.E. genügt es, dass die Unterrichtung von der Fristsetzung dem eingetragenen Eigentümer auf elektronischem Wege, etwa per Telefax oder E-Mail, zugeht.

b) Die Androhung der Selbstvornahme. Art. 9 Abs. 6 (b) WBÜ sieht weiter vor, 11 dass der betroffene Staat den eingetragenen Eigentümer darauf hinweist, dass für den Fall, dass der eingetragene Eigentümer das Wrack nicht innerhalb der Frist beseitigt, der betroffene Staat das Wrack auf Kosten des eingetragenen Eigentümers beseitigen kann. Es genügt, dass derjenige Eigentümer unterrichtet wird, der in der Meldung nach Art. 5 Abs. 2 WBÜ genannt wurde (Art. 9 Abs. 11 WBÜ). Nach dem Wortlaut des Art. 9 Abs. 6 (b) WBÜ erstreckt sich das Schriftlichkeitserfordernis nicht auf die Androhung der Selbstvornahme. Gleichwohl schadet die schriftliche Androhung nicht. Die Fristsetzung und die Androhung der Selbstvornahme können zusammen erfolgen.

c) Der Vorbehalt des umgehenden Eingreifens. Nach Art. 9 Abs. 6 (c) WBÜ unter- 12 richtet der betroffene Staat den eingetragenen Eigentümer davon, dass er, der Staat, umgehend einzugreifen beabsichtige, wenn die Gefahr ein besonders schwerwiegendes Ausmaß annehme. Dies hat schriftlich zu erfolgen (dazu oben Rn 10). Es genügt, dass derjenige Eigentümer unterrichtet wird, der in der Meldung nach Art. 5 Abs. 2 WBÜ genannt wurde (Art. 9 Abs. 11 WBÜ). Der Vorbehalt des umgehenden Eingreifens nach Art. 9 Abs. 6 (c) WBÜ kann und sollte zusammen mit der Unterrichtung von der gesetzten Frist und der Androhung der Selbstvornahme nach Buchst. (b) erfolgen (zuvor Rn 11). Art. 9 Abs. 6 (c) WBÜ betrifft nach seinem Wortlaut den Fall, dass sich die von dem Wrack ausgehende Gefahr erhöht. Das umgehende Eingreifen ist zum Zeitpunkt der Unterrichtung noch nicht erforderlich. Die Umschreibung „besonders schwerwiegendes Ausmaß" wird in den Definitionen des Art. 1 WBÜ nicht aufgegriffen. Gedacht ist an eine dramatisch erhöhte Gefahr, weil sich die bislang bestehende Gefahr „quantitativ" erhöht oder weil sich die Gefahr „qualitativ" durch Hinzukommen von Gefahrenmomenten anderer Art verstärkt. Siehe zu allem noch unten Rn 28–31.

3. Die Beseitigung durch den eingetragenen Eigentümer. Der eingetragene Ei- 13 gentümer ist nach Art. 9 Abs. 2 und 6 (a) WBÜ verpflichtet, innerhalb der von dem betroffenen Staat gesetzten Frist das Wrack zu beseitigen. Die Beseitigung durch den eingetragenen Eigentümer selbst ist der im WBÜ vorgesehene Normalfall. Der betroffene Staat gibt dem eingetragenen Eigentümer vor, welche Maßnahmen im Hinblick auf die Beseitigung des Wracks durchzuführen sind (unten Rn 14). Zum Zwecke ihrer Durchführung schließt der eingetragene Eigentümer mit einem Unternehmer einen Vertrag (unten Rn 15–17). Das WBÜ schützt dabei die Entscheidungsfreiheit des eingetragenen Eigentümers und gesteht dem betroffenen Staat, solange der eingetragene Eigentümer tätig ist, grundsätzlich nur beschränkte Befugnisse zu (unten Rn 18–21). Die Vertragsstaaten erteilen nach Art. 9 Abs. 10 WBÜ dem betroffenen Staat ggf. ihre Zustimmung. Diese werde, so die WBÜ-Denkschrift, regelmäßig bereits mit der Ratifikation erklärt.[34] Art. 9 Abs. 10 WBÜ findet nach Art. 4 Abs. 4 (a) (ii) WBÜ keine Anwendung, wenn sich das

---

34 S. 33 (linke Spalte oben).

Wrack in dem Hoheitsgebiet einschließlich des Küstenmeeres eines Vertragsstaates befindet, der von der Möglichkeit des Opt-in Gebrauch gemacht hat (Rn 3–8 zu Art. 3 WBÜ).

14 **a) Die Vorgabe des Umfangs der Maßnahmen durch den betroffenen Staat.** Die Beseitigung des Wracks erfordert nicht in jedem Falle, dass das betreffende Objekt – das Schiff, das Teil des Schiffes oder der Gegenstand (Art. 1 Abs. 4 WBÜ, dort Rn 16–18, 19–24, 25) – von seinem Ort entfernt wird. Nach den Umständen kann es genügen, dass andere Maßnahmen zur Herabsetzung der von dem Wrack ausgehenden Gefahr getroffen werden. Dies wird im Einzelfall von dem betroffenen Staat festgelegt, dem insoweit ein eigener Beurteilungsspielraum zusteht (Rn 15 zu Art. 2 WBÜ). Der betroffene Staat gibt dem eingetragenen Eigentümer vor, welche Maßnahmen er zu ergreifen hat, um das Wrack zu beseitigen. Dieses Prinzip wird im WBÜ allenfalls mittelbar angesprochen, ist aber für die Durchführung des Übereinkommens von entscheidender Bedeutung. Die Regelung des Art. 9 Abs. 4 Satz 2 WBÜ (unten Rn 20) steht dem nicht entgegen. Sie bezieht sich auf die Art und Weise der Durchführung der Beseitigung, also nicht auf das Recht des betroffenen Staates, anzuordnen, welche Maßnahmen im Hinblick auf die Beseitigung zu treffen sind. Nach dem Verständnis des deutschen Rechts ist diese Befugnis öffentlich-rechtlicher Natur. Ob und in welchem Umfange Rechtsmittel gegen die Anordnung gegeben sind, beurteilt sich nach dem Recht des betroffenen Staates. Ausgehend vom deutschen Verwaltungsrecht ist die Vorgabe der zuständigen Behörde (§ 3 WrBesKoDG) an den eingetragenen Eigentümer, welche Maßnahmen im Hinblick auf die Beseitigung des Wracks durchzuführen sind, ein Verwaltungsakt (§§ 35 ff. VwVfG).

15 **b) Der Wrackbeseitigungsvertrag.** Nach Art. 9 Abs. 4 Satz 1 Hs. 1 WBÜ kann der Eigentümer mit einem beliebigen Berger oder jeder anderen Person einen Vertrag über die Beseitigung des Wracks abschließen. Wichtig ist die Hervorhebung, dass es sich um einen beliebigen Unternehmer handeln kann. Insbesondere darf der betroffene Staat dem Eigentümer keinen Unternehmer, etwa einen solchen aus dem betreffenden Staat selbst, vorgeben. Der Vorbehalt des Hs. 2, dass festgestellt worden sein muss, dass das Wrack eine Gefahr darstellt, ist überflüssig, denn dies ist bereits die wesentliche Voraussetzung für die Begründung der Pflicht des Eigentümers zur Beseitigung (Art. 9 Abs. 2 WBÜ). Der eingetragene Eigentümer ist nicht verpflichtet, die Beseitigung des Wracks durch einen Dritten durchführen zu lassen. In entsprechenden Fällen kann er auch selbst die erforderlichen Maßnahmen ergreifen.

16 Art. 4 Abs. 4 (b) WBÜ sieht einen alternativen Wortlaut des Art. 9 Abs. 4 WBÜ für den Fall vor, dass sich das Wrack in dem Hoheitsgebiet einschließlich des Küstenmeeres eines Vertragsstaates befindet, der von der Möglichkeit des Opt-in Gebrauch gemacht hat (Rn 3–8 zu Art. 3 WBÜ). Der alternative Wortlaut unterscheidet sich von dem des Art. 9 Abs. 4 WBÜ nur durch die einleitenden Worte „Vorbehaltlich des innerstaatlichen Rechts des betroffenen Staates ...". Damit kann der betroffene Staat, soweit es um Wracks in seinem Hoheitsgebiet geht, abweichend von Art. 9 Abs. 4 Satz 1 WBÜ festlegen, dass der eingetragene Eigentümer einen bestimmten Unternehmer mit der Beseitigung des Wracks zu beauftragen hat oder dass er nur unter bestimmten Unternehmern wählen darf. Der Vorbehalt betrifft nicht die Regelung des Art. 9 Abs. 4 Satz 2 WBÜ. Es bleibt also dabei, dass der betroffene Staat auch im Hinblick auf Wracks in seinem Hoheitsgebiet nur in bestimmtem Umfang Bedingungen für die Art und Weise der Durchführung der Beseitigung stellen kann.

17 Die amtliche deutsche Übersetzung des Art. 9 Abs. 4 Satz 1 WBÜ, ebenso wie die des alternativen Wortlauts nach Art. 4 Abs. 4 (b) WBÜ, enthält offenbar einen Fehler. Der

(verbindliche, Art. 21 WBÜ) englische Wortlaut der Vorschrift bestimmt am Ende („... on behalf of the owner"), dass die Beseitigung für den Eigentümer zu erfolgen hat. Dies soll offensichtlich klarstellen, dass der Eigentümer der Auftraggeber ist und die Beseitigung durchführen lässt, und nicht etwa der betroffene Staat. Die Wendung „on behalf of the owner" ist in die amtliche deutsche Übersetzung der Art. 9 Abs. 4 Satz 1, Art. 4 Abs. 4 (b) WBÜ sinnentstellend übernommen worden. Dort heißt es, der „... eingetragene Eigentümer [kann] mit einem beliebigen Berger oder jeder anderen Person im Namen des Eigentümers einen Vertrag ... abschließen ...". Richtig müsste es m.E. heißen: „... der eingetragene Eigentümer [kann] mit einem beliebigen Berger oder jeder anderen Person einen Vertrag über die Beseitigung des Wracks für den Eigentümer abschließen ...".

c) Die Befugnisse des betroffenen Staates. Wie die Beseitigung des Wracks durchgeführt wird, ist grundsätzlich Sache des Eigentümers. Dem betroffenen Staat stehen allerdings insoweit Befugnisse zu, wie es um die Sicherheit und den Schutzes der Meeresumwelt geht (unten Rn 19). Insoweit kann er Bedingungen für die Beseitigung festlegen (unten Rn 20) und ggf. einschreiten (unten Rn 21). **18**

aa) Die Sicherheit und der Schutz der Meeresumwelt. Art. 9 Abs. 4 Satz 2, Abs. 5, Abs. 7 und Abs. 8 WBÜ stellen im Hinblick auf die Befugnisse des betroffenen Staates für die Vorgabe von Bedingungen für die Beseitigung des Wracks (unten Rn 20), für das Eingreifen während der Beseitigung (unten Rn 21) sowie im Hinblick auf die Selbstvornahme (unten Rn 23–27) und das umgehende Eingreifen (unten Rn 28–31) auf die Gesichtspunkte der Sicherheit und des Schutzes der Meeresumwelt ab. „Sicherheit" meint zunächst den Schutz vor Gefahren für die mit der Beseitigung befassten Personen, aber auch vor Gefahren etwa für die eingesetzten Fahrzeuge. Dem gleichgestellt ist der Schutz der Meeresumwelt, namentlich vor Verunreinigungen durch aus dem Wrack austretende Stoffe oder Gegenstände, wie Brenn- oder Schmierstoffe oder Ladung. **19**

bb) Die Bedingungen für die Beseitigung. Vor Beginn der Maßnahmen zur Beseitigung des Wracks kann der betroffene Staat hierfür nach Art. 9 Abs. 4 Satz 2 WBÜ Bedingungen festlegen. Diese Befugnis besteht nur in dem Umfang, der notwendig ist, um sicherzustellen, dass die Beseitigung des Wracks in einer Art und Weise durchgeführt wird, die mit Gesichtspunkten der Sicherheit und des Schutzes der Meeresumwelt vereinbar ist (zuvor Rn 19). Die Vertragsstaaten erteilen dem betroffenen Staat ggf. ihre Zustimmung (Art. 9 Abs. 10 WBÜ). Die Beschränkung der Befugnis des betroffenen Staates, im Hinblick auf die Art und Weise der Beseitigung des Wracks Bedingungen zu stellen, betrifft nicht sein umfassendes Recht, den Umfang der erforderlichen Maßnahmen zur Beseitigung vorzugeben (oben Rn 14). Die Regelung des Art. 9 Abs. 4 Satz 2 WBÜ bestätigt, dass der eingetragene Eigentümer im Übrigen frei ist zu bestimmen, wie er das vom betroffenen Staat festgelegte Ziel erreichen möchte. Im Hinblick auf die Festlegung der nach Art. 9 Abs. 4 Satz 2 WBÜ zulässigen Bedingungen für die Beseitigung des Wracks besteht ein eigener Beurteilungsspielraum des betroffenen Staates. Ebenso wie die Bestimmung der erforderlichen Maßnahmen (oben Rn 14) gehört auch die Festlegung von Bedingungen im Hinblick auf die Art und Weise der Beseitigung des Wracks nach deutscher Rechtsvorstellung zum öffentlichen Recht. Ob und in welchem Umfang Rechtsmittel gegen diese Vorgabe bestehen, beurteilt sich nach dem nationalen Recht des betroffenen Staates. Ausgehend vom deutschen Verwaltungsrecht ist die Vorgabe der zuständigen Behörde (§ 3 WrBesKoDG) an den eingetragenen Eigentümer, welche Bedingungen im Hinblick auf die Art und Weise der Beseitigung des Wracks zu beachten sind, ein Verwaltungsakt (§§ 35 ff. VwVfG). **20**

21 **cc) Das Eingreifen während der Beseitigung.** Während der Durchführung der Maßnahmen zur Beseitigung des Wracks durch den Eigentümer darf der betroffene Staat ebenfalls nur in beschränktem Umfange eingreifen. Nach Art. 9 Abs. 5 WBÜ muss das Eingreifen notwendig sein, um sicherzustellen, dass die Beseitigung wirksam in einer Art und Weise vonstatten geht, die mit Gesichtspunkten der Sicherheit und des Schutzes der Meeresumwelt vereinbar ist (oben Rn 19). Die Vertragsstaaten erteilen dem betroffenen Staat ggf. ihre Zustimmung (oben Rn 13). Über den Rahmen des Art. 9 Abs. 5 WBÜ hinaus darf sich der betroffene Staat in die Beseitigung des Wracks durch den Eigentümer nicht einmischen. Etwas anderes gilt nur unter den Voraussetzungen der Selbstvornahme (unten Rn 23–27) und des umgehenden Eingreifens bei Gefahrerhöhung (unten Rn 27–31). Art. 9 Abs. 5 WBÜ findet nach Art. 4 Abs. 4 (a) (ii) WBÜ keine Anwendung, wenn sich das Wrack in dem Hoheitsgebiet einschließlich des Küstenmeeres eines Vertragsstaates befindet, der von der Möglichkeit des Opt-in Gebrauch gemacht hat (Art. 3 Abs. 2 WBÜ, dort Rn 3–8).

22 **d) Das Untätigbleiben des eingetragenen Eigentümers.** Bleibt der eingetragene Eigentümer, der zur Beseitigung des Wracks verpflichtet ist, untätig, ist der betroffene Staat ggf. berechtigt, nach Art. 9 Abs. 7 WBÜ im Wege der Selbstvornahme die erforderlichen Maßnahmen durchzuführen (unten Rn 23–27) und sich wegen der Kosten an den eingetragenen Eigentümer zu halten (Art. 10 Abs. 1 WBÜ). Insoweit wäre der eingetragene Eigentümer zur Beschränkung seiner Haftung berechtigt (siehe Art. 10 Abs. 2 WBÜ, dort Rn 18 sowie Rn 11–18 Anhang zum WrBesKoDG [Anhang III.2 zu § 480 [WrBesKoDG]). Nach den Umständen kann es sich so verhalten, dass die Kosten für die Beseitigung des Wracks den Höchstbetrag der Haftung übersteigen. Käme der eingetragene Eigentümer seiner Pflicht zur Beseitigung des Wracks nach, indem er einen Wrackbeseitigungsvertrag (oben Rn 15–17) abschließt, wäre die Differenz zwischen dem Höchstbetrag und den tatsächlichen Kosten vom eingetragenen Eigentümer zu tragen. Denn die Haftung des eingetragenen Eigentümers für die vertraglichen Ansprüche des Unternehmers auf Vergütung unterliegt normalerweise nicht der Beschränkung; zum deutschen Recht siehe § 612 Abs. 1 Satz 2 HGB, § 4 Abs. 1 2 Hs. 2 BinSchG. Bliebe der eingetragene Eigentümer dagegen untätig, so dass der betroffene Staat die erforderlichen Maßnahmen der Wrackbeseitigung ergreifen und sich wegen der Kosten an den eingetragenen Eigentümer halten müsste, könnte sich der eingetragene Eigentümer grundsätzlich auf die Haftungsbeschränkung berufen (unten Rn 15 Anhang zum WrBesKoDG [Anhang III.2 zu § 480 [WrBesKoDG]). Allerdings kann das Untätigbleiben des eingetragenen Eigentümers nach den Umständen die Voraussetzungen eines qualifizierten Verschuldens erfüllen, so dass er etwa nach Art. 4 HBÜ 1996 das Recht zur Beschränkung der Haftung verlieren würde (näher unten Rn 16–17 Anhang zum WrBesKoDG Anhang zum WrBesKoDG [Anhang III.2 zu § 480 [WrBesKoDG]).

23 **4. Die Selbstvornahme.** Unter bestimmten Voraussetzungen (unten Rn 24–25) steht dem betroffenen Staat nach Art. 9 Abs. 7 WBÜ das Recht zu, das Wrack selbst zu beseitigen (unten Rn 26). Die Vertragsstaaten erteilen dem betroffenen Staat ggf. ihre Zustimmung (Art. 9 Abs. 10 WBÜ, oben Rn 13). Art. 9 Abs. 7 WBÜ findet nach Art. 4 Abs. 4 (a) (ii) WBÜ keine Anwendung, wenn sich das Wrack in dem Hoheitsgebiet einschließlich des Küstenmeeres eines Vertragsstaates befindet, der von der Möglichkeit des Opt-in Gebrauch gemacht hat (Art. 3 Abs. 2 WBÜ, dort Rn 3–8).

a) Die Tatbestände

24 **aa) Der Verzug des Eigentümers.** Die Selbstvornahme kann nach Art. 9 Abs. 7 Fall 1 WBÜ erfolgen, wenn der eingetragene Eigentümer das Wrack nicht innerhalb der nach

Abs. 6 (b) gesetzten Frist beseitigt. Erforderlich ist insoweit die schriftliche Fristsetzung nebst Androhung der Selbstvornahme (oben Rn 10, 11). Fehlt es an der Androhung, ist die Selbstvornahme nicht zulässig. Hat der eingetragene Eigentümer am Tag des Fristablaufs noch nicht mit der Beseitigung begonnen oder stehen noch Arbeiten aus, kann nunmehr der betroffene Staat tätig werden. Irgendeiner weiteren Erklärung des betroffenen Staates bedarf es nach dem WBÜ nicht. Im Übereinkommen ist nicht vorgesehen, dass der betroffene Staat bereits vor dem Tag des Fristablaufs tätig werden kann, wenn etwa feststeht, dass die Beseitigung nicht rechtzeitig erfolgen wird. Dies darf der betroffene Staat nur unter den Voraussetzungen des umgehenden Eingreifens (unten Rn 27–31).

bb) Unmöglichkeit der Kontaktaufnahme. Ebenso ist der betroffene Staat nach 25 Art. 9 Abs. 7 Fall 2 WBÜ zur Selbstvornahme berechtigt, wenn es unmöglich ist, mit dem eingetragenen Eigentümer Kontakt aufzunehmen. Dies knüpft an die in Art. 9 Abs. 6 (b) und (c) WBÜ geregelten Unterrichtungspflichten an (oben Rn 11–12). Die „Unmöglichkeit" der Kontaktaufnahme scheint durchaus hohe Anforderungen zu stellen. Tatsächlich heißt es in dem (verbindlichen, Art. 21 WBÜ) englischen Wortlaut des Übereinkommens „.... cannot be contacted ...". Es genügt, dass der betroffene Staat ernsthaft und unter Ausschöpfung aller angemessenen Maßnahmen versucht hat, mit dem eingetragenen Eigentümer in Kontakt zu treten.

b) Die Durchführung der Selbstvornahme. Liegen die Voraussetzungen des Art. 9 26 Abs. 7 WBÜ vor, kann der betroffene Staat das Wrack selbst beseitigen. Er ist hierzu nicht verpflichtet, sondern kann sich auch dafür entscheiden, keine Maßnahmen zu ergreifen (oben Rn 8). Die Selbstvornahme muss unter Berücksichtigung von Gesichtspunkten der Sicherheit und des Schutzes der Meeresumwelt (oben Rn 19) mit den geeignetsten und schnellsten verfügbaren Mitteln erfolgen. Der betroffene Staat darf die geeignetsten Mittel einsetzen, auch wenn weniger geeignete Mittel (zu geringeren Kosten) verfügbar wären. Und er darf die schnellsten verfügbaren Mittel einsetzen, auch wenn (zu geringeren Kosten) gleich geeignete, aber weniger schnell verfügbare Mittel vorhanden wären. Siehe zur Durchführung des umgehenden Eingreifens unten Rn 31. Der betroffene Staat kann die Beseitigung mit eigenen Mitteln durchführen oder einen privaten Unternehmer beauftragen.

c) Die Beschränkungen. Die Maßnahmen, die der betroffene Staat zum Zwecke der 27 Beseitigung des Wracks ergreifen darf (zuvor Rn 26), unterliegen auch den Beschränkungen des Art. 2 Abs. 2 und Abs. 3 WBÜ (siehe Rn 10–14 Art. 2 WBÜ). In Abs. 2 ist klargestellt, dass die Maßnahmen in einem angemessenen Verhältnis zu der Gefahr stehen müssen. Sie dürfen außerdem nach Abs. 3 Hs. 1 nicht über das Maß dessen hinausgehen, was vernünftigerweise für die Beseitigung eines Wracks, das eine Gefahr darstellt, notwendig ist. Weiter ordnet Art. 2 Abs. 3 Hs. 2 WBÜ an, dass die Maßnahmen einzustellen sind, sobald das Wrack beseitigt ist. Darüber hinaus dürfen die Maßnahmen nicht unnötig die Rechte und Interessen anderer Staaten, einschließlich des Staates des Schiffsregisters (Art. 1 Abs. 11 WBÜ) und aller betroffenen natürlichen oder juristischen Personen beeinträchtigen. Maßnahmen des betroffenen Staates, die über die zuvor genannten Vorgaben hinausgehen, sind rechtswidrig. Insbesondere sind insoweit auch keine Ansprüche nach Art. 10 Abs. 1 WBÜ auf Ersatz der Kosten der Beseitigung begründet.

5. Das umgehende Eingreifen. Das WBÜ befasst sich auch mit der Erforderlichkeit 28 des umgehenden Eingreifens des betroffenen Staates. In zwei Fällen, die allerdings in

Art. 9 Abs. 8 und 6 (c) WBÜ im Einzelnen unklar geregelt sind (unten Rn 29–30), darf der betroffene Staat das Wrack sofort selbst beseitigen (unten 31). Die Vertragsstaaten erteilen dem betroffenen Staat ggf. ihre Zustimmung (Art. 9 Abs. 10 WBÜ). Das WBÜ begründet keine völkerrechtliche Pflicht des betroffenen Staates, das Wrack zu beseitigen (oben Rn 8). Art. 9 Abs. 8 WBÜ findet nach Art. 4 Abs. 4 (a) (ii) WBÜ keine Anwendung, wenn sich das Wrack in dem Hoheitsgebiet einschließlich des Küstenmeeres eines Vertragsstaates befindet, der von der Möglichkeit des Opt-in Gebrauch gemacht hat (Rn 3–8 zu Art. 3 Abs. 2 WBÜ). Siehe auch bereits Art. III (d) MaßnahmeÜ (Art. II MaßnahmeProt).

a) Die Tatbestände

29   **aa) Die Gefahrerhöhung.** Nach Art. 9 Abs. 6 (c) WBÜ kann sich der betroffene Staat im Zusammenhang mit der Fristsetzung nach Buchst. (a) die Absicht des umgehenden Eingreifens vorbehalten (oben Rn 12). Dies setzt gedanklich voraus, dass der betroffene Staat unter den weiter genannten Voraussetzungen („... wenn die Gefahr ein besonders schwerwiegendes Ausmaß annimmt ...") auch tatsächlich befugt ist, umgehend einzugreifen. M.E. wird an dieser Stelle auf den Tatbestand (und die Rechtsfolge, unten Rn 31) des Art. 9 Abs. 8 WBÜ Bezug genommen. Hier wird als weitere Voraussetzung die Unterrichtung des Staates des Schiffsregisters (Art. 1 Abs. 11 WBÜ) und des eingetragenen Eigentümers von dem bevorstehenden umgehenden Eingreifen genannt. Dessen bedarf es auch in dem in Art. 9 Abs. 6 (c) WBÜ geregelten Fall der Gefahrerhöhung. Keine Gefahrerhöhung ist der drohende Ablauf der Fristen des Art. 13 WBÜ. Das Schriftlichkeitserfordernis der Tatbestände des Art. 9 Abs. 6 WBÜ fehlt in Abs. 8.

30   **bb) Das sofortige umgehende Eingreifen.** Aus Art. 9 Abs. 8 WBÜ ergibt sich m.E., dass der betroffene Staat auch zum sofortigen umgehenden Eingreifen berechtigt ist, ohne zunächst den Weg des Art. 9 Abs. 6 WBÜ zu gehen und dem Eigentümer eine Frist für die Beseitigung zu setzen. In Art. 9 Abs. 8 WBÜ ist als Voraussetzung lediglich genannt, dass das umgehende Eingreifen „erforderlich" ist und dass der Staat des Schiffsregisters und der Eigentümer unterrichtet werden, und zwar vor Beginn der Maßnahmen („... unterrichtet hat ..."). Auch hier genügt es nach Art. 9 Abs. 11 WBÜ, dass derjenige Eigentümer unterrichtet wird, der in der Meldung nach Art. 5 Abs. 2 WBÜ genannt wurde. Aus der Zusammenschau mit Art. 9 Abs. 6 (c) WBÜ und auf Grundlage eines Erst-recht-Schlusses ergibt sich m.E. als weitere Voraussetzung für die Zulässigkeit des sofortigen umgehenden Eingreifens nach Art. 9 Abs. 8 WBÜ, dass die Gefahr ein besonders schwerwiegendes Ausmaß hat. Der drohende Ablauf der Fristen des Art. 13 WBÜ genügt nicht.

31   **b) Die Durchführung des umgehenden Eingreifens.** Hat die Gefahr ein besonders schwerwiegendes Ausmaß und ist der Staat des Schiffsregisters und der Eigentümer entsprechend unterrichtet worden, ist der betroffene Staat nach Art. 9 Abs. 8 und 6 (c) WBÜ berechtigt (aber nicht verpflichtet, oben Rn 8), das Wrack unter Berücksichtigung von Gesichtspunkten der Sicherheit und des Schutzes der Meeresumwelt (oben Rn 19) mit dem geeignetsten und schnellsten verfügbaren Mitteln zu beseitigen. Siehe ergänzend die Hinweise zur Durchführung der Selbstvornahme (oben Rn 26). Auch das umgehende Eingreifen unterlegt den Beschränkungen des Art. 2 Abs. 2 und Abs. 3 WBÜ (oben Rn 27).

32   **6. Die Sicherstellung der Erfüllung der Beseitigungspflicht.** Art. 9 Abs. 9 WBÜ verpflichtet die Vertragsstaaten dazu, geeignete Maßnahmen zu ergreifen, um sicherzu-

stellen, dass ihre eingetragenen Eigentümer ihrer Pflichten zur Beseitigung eines Wracks nach Art. 9 Abs. 2 WBÜ (oben Rn 13–22) sowie zum Nachweis der Versicherung nach Art. 9 Abs. 3 WBÜ (oben Rn 4) nachkommen. Art. 9 Abs. 9 WBÜ stellt ausdrücklich klar, dass dies im Rahmen des innerstaatlichen Rechts zu erfolgen hat. Der Anwendungsbereich des WBÜ ist auf das Übereinkommensgebiet beschränkt (Rn 2 zu Art. 3 WBÜ), so dass auch die völkerrechtliche Pflicht aus Art. 9 Abs. 9 WBÜ nur Wracks betrifft, die sich im Übereinkommensgebiet befinden. Art. 9 Abs. 9 WBÜ findet nach Art. 4 Abs. 4 (a) (ii) WBÜ keine Anwendung auf Wracks in dem Hoheitsgebiet einschließlich des Küstenmeeres eines Vertragsstaates, der von der Möglichkeit des Opt-in Gebrauch gemacht hat (Art. 3 Abs. 2 WBÜ, dort Rn 3–8).

Deutschland kommt seiner völkerrechtlichen Pflicht nach Art. 9 Abs. 9 WBÜ durch **33** § 7c SeefahrtSichergV nach. Die GDWS kann anordnen, dass der Eigentümer eines Schiffes unter deutscher Flagge seiner Beseitigungspflicht nach Art. 9 Abs. 2 WBÜ und dazu festgelegter Anordnungen des betroffenen Staates nachzukommen hat, wenn dieser festgestellt hat, dass von dem Wrack eine Gefahr ausgeht. § 10 Abs. 1 Nr. 5b SeefahrtSichergV enthält einen ergänzenden Ordnungswidrigkeiten-Tatbestand für den Fall der Zuwiderhandlung gegen eine vollziehbare Anordnung. Die Pflichten des Eigentümers aus Art. 9 Abs. 3 WBÜ werden in § 7c SeefahrtSichergV nicht angesprochen.

Artikel 10
Haftung des Eigentümers

(1) Der eingetragene Eigentümer haftet vorbehaltlich des Artikels 11 für die Kosten, die für die Lokalisierung, Markierung und Beseitigung des Wracks nach den Artikeln 7, 8 und 9 anfallen, sofern nicht der eingetragene Eigentümer nachweist, dass der Seeunfall, der zu dem Wrack geführt hat,
a) **durch Kriegshandlung, Feindseligkeiten, Bürgerkrieg, Aufstand oder ein außergewöhnliches, unvermeidliches und unabwendbares Naturereignis verursacht wurde;**
b) **ausschließlich durch eine Handlung oder Unterlassung verursacht wurde, die von einem Dritten in Schädigungsabsicht begangen wurde, oder**
c) **ausschließlich durch die Fahrlässigkeit oder eine andere rechtswidrige Handlung einer Regierung oder einer anderen für die Unterhaltung von Lichtern oder sonstigen Navigationshilfen verantwortlichen Stelle in Wahrnehmung dieser Aufgabe verursacht wurde.**
(2) Dieses Übereinkommen berührt nicht das Recht des eingetragenen Eigentümers, die Haftung nach einem anwendbaren nationalen oder internationalen Regelwerk, wie etwa dem Übereinkommen von 1976 über die Beschränkung der Haftung für Seeforderungen in der jeweils geltenden Fassung, zu beschränken.
(3) ¹Die in Absatz 1 genannten Kostenforderungen können gegen den eingetragenen Eigentümer nur nach diesem Übereinkommen geltend gemacht werden. ²Dies gilt unbeschadet der Rechte und Verpflichtungen eines Vertragsstaats, der nach Artikel 3 Absatz 2 eine Notifikation in Bezug auf in seinem Hoheitsgebiet einschließlich seines Küstenmeers befindliche Wracks vorgenommen hat, die sich nicht auf die Lokalisierung, Markierung und Beseitigung nach diesem Übereinkommen bezieht.
(4) Dieser Artikel beeinträchtigt nicht ein Rückgriffsrecht gegen Dritte.

Im Anschluss an die Art. 7, 8 und 9 WBÜ über die Lokalisierung, die Markierung und **1** die Beseitigung von Wracks regelt Art. 10 WBÜ die Haftung des eingetragenen Eigentümers für die für diese Maßnahmen angefallenen Kosten. Der Anspruch ergibt sich aus Art. 10 Abs. 1 Satz 1 Hs. 1 WBÜ, während dem eingetragenen Eigentümer für seine Entlastung lediglich die eingeschränkten Tatbestände des Hs. 2 zur Verfügung stehen. Ganz wichtig ist die Klarstellung des Art. 10 Abs. 2 WBÜ: Der eingetragene Eigentümer bleibt berechtigt, seine Haftung für die Kosten der Lokalisierung, der Markierung und der Beseitigung des Wracks zu beschränken. Nach Art. 10 Abs. 3 WBÜ können diese Kosten ausschließlich nach Maßgabe des Übereinkommens geltend gemacht werden. Konkurrierende Ansprüche sind damit ausgeschlossen. Der eingetragene Eigentümer, der wegen der Kosten der der Lokalisierung, der Markierung und der Beseitigung des Wracks in Anspruch genommen wurde, ist nach Art. 10 Abs. 4 WBÜ berechtigt, ggf. Rückgriff zu nehmen. Der Anspruch unterliegt den Fristen des Art. 13 WBÜ.

I. Die Begründung der Haftung

2   Der eingetragene Eigentümer haftet auf Grundlage des Art. 10 Abs. 1 Hs. 1 WBÜ für die Kosten, die für die Lokalisierung, Markierung und Beseitigung des Wracks nach den Art. 7, 8 und 9 WBÜ anfallen. Dieser Anspruch ist seiner Rechtsnatur nach ein solcher auf Aufwendungsersatz, nicht auf Schadenersatz.[35] Durch die Verweisung auf die Art. 7, 8 und 9 stellt Art. 10 Abs. 1 Hs. 1 WBÜ klar, dass die Haftung eingetragenen Eigentümers für die Kosten nur begründet ist, wenn die in diesen Vorschriften ggf. niedergelegten weiteren Voraussetzungen erfüllt sind.

3   **1. Die Kosten der Lokalisierung des Wracks.** Nach Art. 7 Abs. 1 WBÜ muss der betroffene Staat, der von einem Wrack Kenntnis erhalten hat, die beteiligten Seeleute und Staaten hiervon unterrichten. Die hierfür ggf. entstehenden Kosten des betroffenen Staates sind nach Art. 10 Abs. 1 WBÜ erstattungsfähig. Unter den Voraussetzungen des Art. 7 Abs. 2 WBÜ ist der betroffene Staat verpflichtet, die genaue Position des Wracks zu ermitteln. Auch die insoweit entstandenen Kosten hat der Eigentümer nach Art. 10 Abs. 1 WBÜ zu erstatten. Insbesondere muss der betroffene Staat Anlass zu der Annahme gehabt haben, dass von dem Wrack eine Gefahr ausgeht. Fehlt es hieran, sind die Kosten nicht erstattungsfähig. Bei der Erstattungspflicht bleibt es auch, wenn sich nach der Lokalisierung des Wracks ergibt, dass es nicht markiert bzw. nicht beseitigt werden muss, es also ausschließlich um die Kosten der Lokalisierung geht.

4   **2. Die Kosten der Markierung.** Im Rahmen des Art. 8 Abs. 1 und Abs. 3 WBÜ ist der betroffene Staat verpflichtet, das Wrack zu markieren und dies bekannt zu geben. Die dafür entstehenden Kosten sind nach Art. 10 Abs. 1 WBÜ zu erstatten. Voraussetzung der Markierungspflicht ist, dass der betroffene Staat in wirksamer Weise festgestellt hat, dass von dem Wrack eine Gefahr ausgeht (siehe Art. 6 WBÜ). Ist dies nicht wirksam geschehen, muss der eingetragene Eigentümer für die Kosten nicht einstehen. Bei der Haftung des eingetragenen Eigentümers bleibt es auch, wenn die Markierung des Wracks ausreicht, um die von ihm ausgehende Gefahr zu beseitigen, weitere Maßnahmen also nicht erforderlich sind.

5   **3. Die Kosten der Beseitigung.** Schließlich haftet der eingetragene Eigentümer gemäß Art. 10 Abs. 1 WBÜ für die Kosten der Beseitigung des Wracks nach Art. 9 WBÜ. Stets müssen alle Voraussetzungen für das Tätigwerden des betroffenen Staates vorlie-

---

35 Nachdrücklich *Rittmeister* DVIS A 103 (2008), 33 Rn 4.

gen. Insbesondere muss er in allen Fällen in wirksamer Weise festgestellt haben, dass von dem Wrack eine Gefahr ausgeht (Art. 6 WBÜ). Soweit der Eigentümer seiner Pflicht nach Art. 9 Abs. 2 WBÜ zur Beseitigung des Wracks selbst nachkommt, entstehen dem betroffenen Staat keine Kosten.

Zu ersetzen sind allerdings die Kosten, die der betroffene Staat im Hinblick auf die Festlegung der für die Beseitigung des Wracks erforderlichen Maßnahmen (Rn 15 zu Art. 2 WBÜ) hat, etwa durch die Ermittlung der für die Beurteilung maßgeblichen Umstände, beispielsweise für den Einsatz von Tauchern oder Tauchfahrzeugen, oder durch die Einschaltung von Sachverständigen, die die Situation beurteilen und den erforderlichen Umfang der Maßnahmen ermitteln. **6**

Erstattungsfähige Kosten können dem betroffenen Staat auch entstehen, wenn er Bedingungen für die Beseitigung festlegt (Art. 9 Abs. 4 Satz 2 WBÜ, dort Rn 20), namentlich im Hinblick auf die Ermittlung dieser Bedingungen, beispielsweise im Falle der Beauftragung von Sachverständigen. Entsprechendes gilt, wenn der betroffene Staat in die Beseitigung durch den eingetragenen Eigentümer eingreift (Art. 9 Abs. 5 WBÜ, dort Rn 22). Das Festlegen von Bedingungen für die Beseitigung und das Eingreifen in die Beseitigung müssen den Zweck haben, sicherzustellen, dass den Gesichtspunkten der Sicherheit und des Schutzes der Meeresumwelt Rechnung getragen wird. Fehlt es hieran, sind die Kosten nicht erstattungsfähig. **7**

Nach Art. 10 Abs. 1 WBÜ sind außerdem die Kosten der Selbstvornahme (Art. 9 Abs. 7 WBÜ, dort Rn 23–27) durch den betroffenen Staat zu ersetzen. Die Selbstvornahme ist nur zulässig, wenn dem eingetragenen Eigentümer eine angemessene Frist gesetzt und die Selbstvornahme angedroht wurde und die Frist abgelaufen ist, ohne dass das Wrack (vollständig) beseitigt wurde (Art. 9 Abs. 6 [b] und Abs. 7 WBÜ), oder wenn es für den betroffenen Staat unmöglich war, zu dem eingetragenen Eigentümer Kontakt aufzunehmen (Art. 9 Abs. 7 WBÜ). Liegen diese Voraussetzungen nicht vor, sind die Kosten nicht erstattungsfähig. **8**

Schließlich haftet der eingetragene Eigentümer für die Kosten, die dem betroffenen Staat für die Beseitigung des Wracks entstanden sind, wenn ein umgehendes Eingreifen erforderlich war (Art. 9 Abs. 8 WBÜ, dort Rn 28–31). Der Tatbestand der Gefahrerhöhung setzt voraus, dass die Gefahr, die von dem Wrack ausgeht, ein besonders schwerwiegendes Ausmaß angenommen hat, dass das umgehende Eingreifen angedroht wurde und dass der Staat des Schiffsregisters und der Eigentümer zuvor unterrichtet wurden. Das sofortige umgehende Eingreifen ist nur zulässig, wenn die Gefahr ein besonders schwerwiegendes Ausmaß angenommen hat und der Staat des Schiffsregisters und der Eigentümer zuvor unterrichtet wurden. Fehlt es jeweils an einer dieser Voraussetzungen, kann der eingetragene Eigentümer wegen der Kosten der Beseitigung nicht in Anspruch genommen werden. **9**

II. Die Entlastung

Ist die Haftung des eingetragenen Eigentümers für die Kosten der Lokalisierung etc. des Wracks nach Art. 10 Abs. 1 Hs. 1 WBÜ begründet, stellt sich die Frage nach der Entlastung. Hierfür stehen dem eingetragenen Eigentümer die sehr eingeschränkten Tatbestände des Art. 10 Abs. 1 Hs. 2 (a) bis (c) WBÜ zur Verfügung.[36] Er muss nachweisen, dass der Seeunfall (Rn 7–14 zu Art. 1 WBÜ) durch bestimmte unabwendbare Ereignisse (Buchst. a), durch absichtliche Schädigung (Buchst. b) oder durch die Fahrlässigkeit oder eine andere rechtswidrige Handlung einer Regierung oder einer anderen für die **10**

---

36 Siehe *Rittmeister* DVIS A 103 (2008), 33 Rn 10–12.

Unterhaltung von Lichtern oder sonstigen Navigationshilfen verantwortlichen Stelle in Wahrnehmung dieser Aufgabe verursacht wurde (Buchst. c). Wortgleiche Ausschlusstatbestände finden sich auch in Art. III Abs. 2 ÖlHÜ 1992, Art. 3 Abs. 3 BunkerölÜ und Art. 7 Abs. 2 HNS-Ü 2010; siehe im Einzelnen die Erläuterungen zu Art. III Abs. 2 ÖlHÜ 1992, dort Rn 5–7 (Anhang I.1 zu § 480). Insbesondere kann der eingetragene Eigentümer nicht geltend machen, dass ihn und seine Hilfspersonen kein Verschulden treffe.

III. Der Anspruch

11   Liegen die Voraussetzungen der Haftung des eingetragenen Eigentümers nach Art. 10 Abs. 1 Hs. 1 WBÜ vor und scheitert die Entlastung nach Hs. 2, stehen dem betroffenen Staat die Ansprüche auf Ersatz der Kosten der Lokalisierung, Markierung und ggf. Beseitigung des Wracks zu. Die Ansprüche unter dem WBÜ stehen dem betroffenen Staat zu, der lediglich eigene Kosten geltend machen kann. Schuldner des Anspruchs ist der eingetragenen Eigentümer. Die Ansprüche werden sofort fällig und können zu verzinsen sein. Sie sind durch ein Schiffsgläubigerrecht gesichert (dazu unten Rn 10 Anhang zum WrBesKoDG [Anhang III.2 zu § 480]). Zum Zwecke der Sicherung des Anspruchs kann ggf. ein Arrestverfahren gegen das Schiff durchgeführt werden (unten Rn 9 Anhang zum WrBesKoDG [Anhang III.2 zu § 480]).

12   **1. Der Gläubiger.** Gläubiger des Anspruchs auf Erstattung der Kosten nach Art. 10 Abs. 1 WBÜ ist der betroffene Staat. Durch wen bzw. welche Behörde der betroffene Staat bei der Geltendmachung von Ansprüchen vertreten wird, regelt dessen innerstaatliches Recht. Zu den Verhältnissen in Deutschland siehe §§ 2 und 3 WrBesKoDG.

13   **2. Eigene Kosten des betroffenen Staates.** Der betroffene Staat kann nach Art. 10 Abs. 1 WBÜ nur Ersatz derjenigen Kosten verlangen, die ihm selbst entstanden sind. Hat er die jeweiligen Maßnahmen durch Dritte ausführen lassen – etwa durch Privatpersonen oder andere selbständige Rechtspersonen des öffentlichen Rechts (einschließlich Teilstaaten) – muss er deren Ansprüche auf Vergütung oder Ersatz von Aufwendungen erfüllen, um den Anspruch aus Art. 10 Abs. 1 WBÜ auf Ersatz der Kosten gegen den eingetragenen Eigentümer verfolgen zu können. Es genügt nicht, dass dem betroffenen Staat lediglich eine Verbindlichkeit entstanden ist. Die Geltendmachung von Kosten Dritter im Wege einer „Drittkostenliquidation" ist im WBÜ nicht vorgesehen.

14   **3. Der eingetragene Eigentümer als Schuldner.** Für die Kosten der Lokalisierung etc. des Wracks haftet nach Art. 10 Abs. 1 WBÜ ausschließlich der eingetragene Eigentümer; siehe Art. 1 Abs. 8 Satz 1 WBÜ. Dies ist, wenn das Schiff in einem Schiffsregister eingetragen ist, der dort genannte Eigentümer. Es muss sich nicht um das Schiffsregister eines Vertragsstaates handeln. Fehlt es an einer Eintragung, so ist gemäß Art. 1 Abs. 8 Satz 2 WBÜ „eingetragener Eigentümer" derjenige, dem das Schiff gehört. Maßgeblich sind die Eigentumsverhältnisse zum Zeitpunkt des Seeunfalls (Art. 1 Abs. 3 WBÜ, dort Rn 714). Nach Art. 1 Abs. 8 Satz 1 WBÜ betrifft dieser Vorbehalt nur den Fall der Nicht-Eintragung. Richtigerweise haftet auch ein in einem Register eingetragener Eigentümer nur, wenn diese Eintragung zur Zeit des Seeunfalles bestand. Eine Änderung der Eintragung oder eine Änderung der Eigentumsverhältnisse nach dem Seeunfall – insbesondere die Aufgabe des Eigentums[37] – lässt die Haftung dieser Person unberührt. Dies gilt auch,

---

37 Siehe WBÜ-Denkschrift S. 32 (linke Spalte).

wenn alle weiteren Merkmale – Entstehung des Wracks, Durchführung der Lokalisierung, Markierung und Beseitigung des Wracks – erst nach dem Seeunfall eintreten. Neben dem eingetragenen Eigentümer haftet dem betroffenen Staat ggf. nach Art. 12 Abs. 10 WBÜ auch der Versicherer (dort Rn 10).

Andere am Schiffsbetrieb beteiligte Personen werden vom WBÜ nicht in die Pflicht genommen. Dies gilt insbesondere auch für Bareboat-, Zeit- und Reisecharterer. Eine Regelung des im Übrigen anwendbaren Sachrechts, wonach ein Ausrüster an die Stelle des Reeders tritt – zum deutschen Recht siehe § 477 HGB –, findet keine Anwendung. Selbst wenn ein Ausrüsterverhältnis, insbesondere mit einem Bareboat-Charterer besteht, haftet nach Art. 10 Abs. 1 WBÜ nur der eingetragene Eigentümer. Diese Gestaltung weicht von der des BunkerölÜ ab, das unter der Sammelbezeichnung „Schiffseigentümer" auch andere beteiligte Personen in die Pflicht nimmt (Art. 1 Nr. 3 BunkerölÜ, dort Rn 3–5 [Anhang I.5 zu § 480]). Zur Haftung der anderen Personen für die Kosten der Lokalisierung, Markierung und Beseitigung von Wrack siehe die Hinweise unten Rn 21.

4. Die Fälligkeit des Anspruchs. Das WBÜ enthält keine Regelungen zu der Frage, wann die Ansprüche aus Art. 10 Abs. 1 fällig werden. Bei Anwendbarkeit deutschen Sachrechts im Übrigen gilt § 271 BGB. Nach dessen Abs. 1 werden die Ansprüche sofort fällig. Damit kann Deutschland als betroffener Staat alle Kosten, die nach und nach für die Lokalisierung, Markierung und Beseitigung anfallen, jeweils sofort ersetzt verlangen. Insbesondere muss nicht erst die Beendigung der Maßnahmen der Lokalisierung, der Markierung und insbesondere der Beseitigung des Wracks abgewartet werden.

5. Zinsen. Das WBÜ bestimmt nicht, ob und unter welchen Voraussetzungen die Ansprüche aus Art. 10 Abs. 1 WBÜ gegen den eingetragenen Eigentümer zu verzinsen sind. Kommt ergänzend das deutsche Sachrecht zur Anwendung, können nach Maßgabe der §§ 280 Abs. 3, 286 ff. BGB Verzugszinsen anfallen.

IV. Die Beschränkung der Haftung

Art. 10 Abs. 2 WBÜ stellt klar, dass die Befugnis des Eigentümers, seine Haftung für die Ansprüche aus Abs. 1 der Vorschrift nach „einem anwendbaren nationalen oder internationalen Regelwerk" zu beschränken, unberührt bleibt. Damit sieht das WBÜ davon ab – anders als das ÖlHÜ 1992 (Art. 5 und 6) und das HNS-Ü 2010 (Art. 9 und 10) und in Übereinstimmung mit dem BunkerölÜ (Art. 6) – ein eigenes Régime für die Beschränkbarkeit der Haftung vorzusehen.[38] Beispielhaft verweist Art. 10 Abs. 2 WBÜ auf das HBÜ 1976 in der jeweils geltenden Fassung. Welches Regelwerk im Einzelfall zur Anwendung gelangt, beurteilt sich nach dem für die Frage der Beschränkbarkeit der Haftung maßgeblichen internationalprivatrechtlichen Grundsätzen (siehe die Hinweise in 2 zu Art. 6 BunkerölÜ [Anhang I.5]); grundsätzlich kommt das Recht des Staates des angerufenen Gerichts zu Anwendung (*lex fori*). Art. 10 Abs. 2 WBÜ ist eine Rechtsgrundverweisung, das jeweils maßgebliche Recht entscheidet auch darüber, ob der eingetragene Eigentümer die Haftung beschränken kann. Dabei kann sich ergeben, dass eine Beschränkung der Haftung ausgeschlossen ist, namentlich im Falle eines qualifizierten Verschuldens (siehe Art. 4 HBÜ 1996). Ein solches qualifiziertes Verschulden kann sich zum einen auf den Seeunfall beziehen (Art. 1 Abs. 3 WBÜ, dort Rn 7–14), zum anderen aber auch auf die Nichterfüllung der Pflicht zur Beseitigung des Wracks (Art. 9 Abs. 2 WBÜ, dazu oben

---

38 Siehe *Rittmeister* DVIS A 103 (2008), 33 Rn 16–20.

Rn 22 zu Art. 9 WBÜ sowie unten Rn 16–17 Anhang WrBesKoDG [Anhang III.2 zu § 480]). Nach dem anwendbaren Recht beurteilt sich auch, ob ein selbständiger Wrackbeseitigungs-Höchstbetrag zur Verfügung steht (siehe § 612) oder ob die Ansprüche wegen Wrackbeseitigung zusammen mit anderen Ansprüche gegen den Sachschadens-Höchstbetrag geltend zu machen sind. Zum deutschen Recht siehe die Hinweise unten Rn 12–13 Anhang WrBesKoDG [Anhang III.2 zu § 480].

V. Anspruchskonkurrenzen

19 Nach Art. 10 Abs. 3 Satz 1 WBÜ können die Ansprüche gegen den eingetragenen Eigentümer für die Kosten der Lokalisierung, Markierung und Beseitigung des Wracks ausschließlich nach dem Übereinkommen geltend gemacht werden. Die parallelen Vorschriften des nationalen Rechts sind damit unanwendbar.[39] Entsprechende Vorschriften finden sich auch in Art. III Abs. 4 Satz 1 ÖlHÜ 1992, Art. 3 Abs. 5 BunkerölÜ sowie Art. 7 Abs. 4 HNS-Ü 2010. Darüber hinaus sieht Art. 10 Abs. 3 Satz 2 WBÜ eine ergänzende Regelung für Vertragsstaaten vor, die von der Möglichkeit des Opt-in Gebrauch gemacht haben (oben Art. 3 WBÜ Rn 3–8). Deren Rechte und Pflichten, die sich nicht auf die Lokalisierung, Markierung und Beseitigung des Wracks beziehen (besondere Maßnahmen), bleiben unberührt. Auch dies dient lediglich der Klarstellung. Art. 10 Abs. 3 Satz 2 WBÜ knüpft an die Vorschrift des Art. 3 Abs. 2 Satz 3 und 4 WBÜ an (dort Rn 6).

20 M.E. enthält die amtliche deutsche Übersetzung des Art. 10 Abs. 3 Satz 2 WBÜ einen sinnentstellenden Fehler. Die (verbindliche, Art. 21 WBÜ) englische Fassung sagt: „This is without prejudice to the rights and obligations of a State Party ... other than locating, marking and removing in accordance with this Convention". Der Vorbehalt des zweiten Halbsatzes bezieht sich auf "rights and obligations", nicht auf die "notification". Die Formulierung „.... a notification ... in relation to wrecks ... other than locating, marking and removing in accordance with this Convention" ist sinnlos. Eine Notifikation im Hinblick auf Wracks, die sich nicht auf deren Lokalisierung, Markierung und Beseitigung bezieht, ist im WBÜ nirgends vorgesehen. Die deutsche Übersetzung zwingt aber zu genau diesem Verständnis, weil das Wort „bezieht" am Ende des Satzes im Singular steht und deswegen auf die „Notifikation" und nicht auf „Rechte und Verpflichtungen" verweist. Anstelle des Wortes „bezieht" hätte es „beziehen" heißen müssen. Art. 10 Abs. 3 Satz 2 WBÜ knüpft an Art. 3 Abs. 2 Satz 3 und 4 WBÜ an. Auch diese Bestimmungen betreffen andere (besondere) Maßnahmen als die Lokalisierung, Markierung und Beseitigung des Wracks.

VI. Die Haftung anderer Personen

21 Ansprüche des betroffenen Staates auf Ersatz der Kosten der Lokalisierung, Markierung und Beseitigung des Wracks gegen andere Personen als den eingetragenen Eigentümer sind nach dem WBÜ nicht ausgeschlossen. Abweichend von Art. 3 Abs. 4 Satz 2 ÖlHÜ 1992 oder Art. 7 Abs. 5 HNS-Ü 2010 findet also gerade keine Kanalisierung der Haftung auf den eingetragenen Eigentümer statt.[40] Ob Ansprüche gegen andere Personen bestehen, beurteilt sich nach dem im Übrigen anwendbaren Recht. Hier kann es auf die Grundsätze der polizeilichen Störerhaftung oder entsprechende Konzepte ankommen. Bei Anwendbarkeit deutschen Privatrechts können sich Ansprüche aus §§ 683, 670 BGB

---

39 Siehe noch *Rittmeister* DVIS A 103 (2008), 33 Rn 13.
40 Anders *Rittmeister* DVIS A 103 (2008), 33 Rn 3.

ergeben; das WrBesKoDG findet keine Anwendung, da es nur die Ansprüche gegen den eingetragenen Eigentümer betrifft.

VII. Der Rückgriff des eingetragenen Eigentümers

Der eingetragene Eigentümer, der vom betroffenen Staat aus Art. 10 Abs. 1 WBÜ für die Kosten der Lokalisierung, Markierung und Beseitigung des Wracks in Anspruch genommen wird, kann ggf. seinerseits Rückgriff nehmen.[41] Art. 10 Abs. 4 WBÜ stellt klar, dass diese Befugnis des eingetragenen Eigentümers unberührt bleibt. Ein Rückgriff kommt in Betracht, wenn der Seeunfall, infolge dessen das Wrack entstanden ist (siehe Art. 1 Abs. 4 WBÜ), auf das Verhalten eines Dritten zurückzuführen ist, etwa im Falle eines Zusammenstoßes (siehe Art. 1 Abs. 3 WBÜ); wenn der Seeunfall auf entzündliche oder explosive Ladung zurückgeht; oder wenn der Charterer die Deckladung, die dann verloren gegangen ist, unzureichend gesichert hat.

VIII. Ansprüche des eingetragenen Eigentümers auf Schadenersatz

Art. VI MaßnahmeÜ (Art. II MaßnahmeProt) (oben Rn 7–17 vor Art. 1 WBÜ) sieht eine ausdrückliche Schadenersatzpflicht des Küstenstaates für den Fall vor, dass die von ihm getroffenen Maßnahmen unverhältnismäßig sind. Im WBÜ finden sich keine entsprechenden Vorschriften. Dies ist m.E. keine abschließende Regelung in dem Sinne, dass in Fällen der Wrackbeseitigung eine Haftung des betroffenen Staates ausgeschlossen sein soll. Vielmehr können Ansprüche des eingetragenen Eigentümers gegen den betroffenen Staat auf Grundlage des im Übrigen anwendbaren nationalen Rechts begründet sein. Nach deutschem Recht kommen ggf. Ansprüche aus Amtshaftung (§ 839 BGB, Art. 34 GG) oder enteignendem oder enteignungsgleichem Eingriff in Betracht.

**Artikel 11
Haftungsausschluss**

(1) Der eingetragene Eigentümer haftet nach diesem Übereinkommen nicht für die in Artikel 10 Absatz 1 genannten Kosten, sofern und soweit die Haftung für solche Kosten im Widerspruch steht zu
a) dem Internationalen Übereinkommen von 1969 über die zivilrechtliche Haftung für Ölverschmutzungsschäden in der jeweils geltenden Fassung;
b) dem Internationalen Übereinkommen von 1996 über Haftung und Entschädigung für Schäden bei der Beförderung gefährlicher und schädlicher Stoffe auf See in der jeweils geltenden Fassung;
c) dem Übereinkommen von 1960 über die Haftung gegenüber Dritten auf dem Gebiet der Kernenergie in der jeweils geltenden Fassung oder dem Wiener Übereinkommen von 1963 über die zivilrechtliche Haftung für nukleare Schäden in der jeweils geltenden Fassung oder innerstaatlichen Rechtsvorschriften über die Haftungsbeschränkung oder das Verbot der Haftungsbeschränkung für nukleare Schäden oder
d) dem Internationalen Übereinkommen von 2001 über die zivilrechtliche Haftung für Bunkerölverschmutzungsschäden in der jeweils geltenden Fassung,
vorausgesetzt, das betreffende Übereinkommen ist anwendbar und in Kraft.

---

[41] Siehe *Rittmeister* DVIS A 103 (2008), 33 Rn 15.

(2) Soweit Maßnahmen nach diesem Übereinkommen als Bergung nach dem geltenden innerstaatlichen Recht oder einem internationalen Übereinkommen gelten, kommen diese Rechtsvorschriften oder dieses Übereinkommen bei Fragen der Vergütung oder Entschädigung der Bergungsunternehmen unter Ausschluss der Vorschriften dieses Übereinkommens zur Anwendung.

1 Art. 11 Abs. 1 WBÜ stellt klar, dass die Haftung des eingetragenen Eigentümers auf Grundlage bestimmter Haftungsübereinkommen Vorrang vor seiner Einstandspflicht aus Artikel 10 Abs. 1 WBÜ hat. Darüber hinaus spricht Art. 11 Abs. 2 WBÜ das Verhältnis von Wrackbeseitigung und Bergung an. Die amtliche deutsche Übersetzung der Überschrift des Art. 11 („Haftungsausschluss") weicht von der (verbindlichen, Art. 21 WBÜ) englischen Fassung ab, wo von „Exceptions" (= „Ausnahmen") die Rede ist.

I. Vorrang der Haftungsübereinkommen

2 Art. 11 Abs. 1 WBÜ nennt mehrere Haftungsübereinkommen: Das ÖlHÜ 1969, das HNS-Ü 1996, das ParisÜ bzw. das WienÜ sowie entsprechende innerstaatliche Rechtsvorschriften sowie das BunkerölÜ. In allen Fällen bezieht sich die Verweisung auf das Übereinkommen „in der jeweils geltenden Fassung". Außerdem gilt die Verweisung nur, wenn das betreffende Übereinkommen anwendbar und in Kraft ist. Als Rechtsfolge ordnet Art. 11 Abs. 1 WBÜ an, dass der eingetragene Eigentümer nicht für die Kosten der Lokalisierung, Markierung und Beseitigung des Wracks haftet, sofern und soweit diese Haftung zu den genannten Übereinkommen im Widerspruch steht.[42]

3 **1. Die jeweils geltenden Fassung; anwendbar und in Kraft.** Die Vorschrift des Art. 11 Abs. 1 WBÜ nimmt Bezug auf die genannten Haftungsübereinkommen in der jeweils gelten Fassung. Hierdurch soll dem Umstand Rechnung getragen werden, dass die Übereinkommen geändert werden, sei es durch ein Protokoll oder ggf. im Wege eines *tacit-acceptance*-Verfahrens (siehe Rn 5 Einleitung A). Die Verweisung in Art. 11 Abs. 1 WBÜ bezieht sich auf die jeweils neueste Fassung. Außerdem muss das Übereinkommen anwendbar und in Kraft sein.

4 Diese Gesichtspunkte beurteilen sich nach dem Sachrecht des Staates des angerufenen Gerichts (*lex fori*), nicht etwa nach dem Recht des betroffenen Staates. Die Grundsätze des internationalen Privatrechts des maßgeblichen Staates bleiben außen vor, eine Verweisung auf das Sachrecht eines anderen Staates scheidet aus. Der Staat des angerufenen Gerichts wird normalerweise ein Vertragsstaat des WBÜ sein. Das betreffende Haftungsübereinkommen muss für diesen Staat völkerrechtlich in Kraft sein. Spielt die Frage eine Rolle, ob die Anwendbarkeit des jeweiligen Haftungsübereinkommens durch Vorbehalte modifiziert wurde, kommt es ebenfalls auf diesen Staat an. Auch im Hinblick darauf, welche Fassung des Haftungsübereinkommens heranzuziehen ist, ist das Recht dieses Staates maßgeblich. Ist für ihn beispielsweise ein Protokoll völkerrechtlich nicht in Kraft, sondern nur das Ausgangsübereinkommen, gilt dies auch für die Anwendung des Art. 11 Abs. 1 WBÜ. Hierbei bleibt es auch, wenn für andere Vertragsstaaten des WBÜ das Protokoll in Kraft ist. Es spielt keine Rolle, wie der maßgebliche Staat das Übereinkommen innerstaatlich umgesetzt hat. Die unmittelbare Geltung genügt genauso wie die Einarbeitung der Bestimmungen des Übereinkommens in nationale Gesetze. Art. 11 Abs. 1 WBÜ betrifft jedoch nicht autonomes nationales Recht, das sich auf Tatbestände

---

42 Siehe *Rittmeister* DVIS A 103 (2008), 33 Rn 25–26.

bezieht, die auch Gegenstand der Haftungsübereinkommen sind, ohne dass jedoch eine völkerrechtliche Bindung des betreffenden Staates besteht (anders nur Art. 11 Abs. 1 [c] WBÜ, unten Rn 17–18). So verhält es sich auch, wenn das nationale Recht dieselben oder entsprechende Regelungen trifft. Hier gilt weiterhin uneingeschränkt das WBÜ. In zeitlicher Hinsicht kommt es in allen zuvor genannten Fällen auf den der Zeitpunkt des Seeunfalls an (Art. 1 Abs. 3 WBÜ, dort Rn 7–14). Hierbei bleibt es auch, wenn die weiteren Maßnahmen erst – ggf. Jahre – später durchgeführt und beendet werden, die Ansprüche des betroffenen Staates also erst später zur Entstehung gelangen.

2. Die Subsidiarität der Haftung aus dem WBÜ. Art. 11 Abs. 1 WBÜ ordnet an, dass 5 der eingetragene Eigentümer nicht für die Kosten der Kosten der Lokalisierung, Markierung und Beseitigung des Wracks haftet, sofern und soweit die Haftung für diese Kosten im Widerspruch zu den genannten Übereinkommen bzw. innerstaatlichen Vorschriften steht. Der Vorrang der Haftungsübereinkommen bezieht sich ausschließlich auf die Haftung des eingetragenen Eigentümers aus Art. 10 Abs. 1 WBÜ. Alle anderen Rechte und Pflichten der Vertragsstaaten bzw. des betroffenen Staates aus dem WBÜ bleiben unberührt. Dies gilt namentlich für die die Befugnis des betroffenen Staates, festzustellen, dass von dem Wrack eine Gefahr ausgeht, mit der Folge, dass es vom eingetragenen Eigentümer zu beseitigen ist (Art. 9 Abs. 2 WBÜ). Außerdem kommt der Vorrang der Haftungsübereinkommen nur so weit zum Tragen, wie es zu einer Überschneidung mit der Einstandspflicht aus dem WBÜ kommt. Daher bleibt es normalerweise bei der Haftung des eingetragenenen Eigentümers aus Art. 10 Abs. 1 WBÜ für die Kosten der Lokalisierung und Markierung des Wracks. Schließlich ergibt sich aus Art. 11 Abs. 1 WBÜ ergibt sich, dass sich die Haftung des eingetragenen Eigentümers ausschließlich nach den entsprechenden Bestimmungen des jeweiligen Haftungsübereinkommens beurteilt. Eine weiter gehendere Haftung wird von dem WBÜ ebenso hingenommen wie eine Herabsetzung oder gar der Ausschluss der Haftung.

3. Die Kollision. Die Frage nach dem Verhältnis der Einstandspflicht aus dem WBÜ 6 zu der aus den Haftungsübereinkommen stellt sich nur, soweit es zu einer Überschneidung kommt. Dies erfordert zunächst, dass es gerade um Ansprüche des betroffenen Staates gegen den eingetragenen Eigentümer geht. Zum anderen muss das Objekt, das als Wrack beseitigt wird, auch gerade der Anknüpfungspunkt in den entsprechenden Tatbeständen der Haftungsübereinkommen sein. Fehlt es hieran, liegt keine Kollision vor, die Ansprüche stehen selbständig nebeneinander.

4. Die Haftungsübereinkommen. Aus der Sicht Deutschlands besteht die Subsidi- 7 arität des WBÜ nach Art. 11 Abs. 1 im Verhältnis zum ÖlHÜ 1992 (unten Rn 8–11), zukünftig zum HNS-Ü 2010 (unten Rn 12–16), zu bestimmten Vorschriften der maritimen Nuklearhaftung (unten Rn 17–18) sowie zum BunkerölÜ (unten Rn 21–25).

a) Das ÖlHÜ 1992

aa) Die Anwendungsbereiche von ÖlHÜ 1992 und WBÜ. Für Deutschland gilt das 8 ÖlHÜ 1969 in der Fassung des Protokolls von 1992 (siehe dazu Rn 2–3 Einleitung ÖlHÜ 1992). Nach Art. III Abs. 1 ÖlHÜ 1992 haftet der Eigentümer des Schiffes für Ölverschmutzungsschäden, die von dem Schiff ausgehen. Die Umschreibung des „Eigentümers" in Art. I Nr. 3 ÖlHÜ 1992 entspricht teils wörtlich dem entsprechenden Tatbestand des eingetragenen Eigentümers in Art. 1 Abs. 8 WBÜ. Die Ölverschmutzungsschäden müssen nach Art. II (a) ÖlHÜ 1992 im Hoheitsgebiet einschließlich des Küstenmeeres oder in der

AWZ oder einem entsprechenden Gebiet eines Vertragsstaates des ÖlHÜ 1992 eingetreten sein. Die Definition des Übereinkommensgebietes in Art. 1 Abs. 1 WBÜ, in dem sich das Wrack befinden muss (Art. 3 Abs. 1 WBÜ), weicht hiervon ab. Danach zählt grundsätzlich nur die AWZ oder ein entsprechendes Gebiet eines Vertragsstaates zum Übereinkommensgebiet und nur ausnahmsweise, im Falle des Opt-in (Art. 3 Abs. 2 WBÜ, dort Rn 3–8), auch dessen Küstenmeer. Geht es um die Haftung für Ölverschmutzungsschäden im Küstenmeer eines Vertragsstaates des WBÜ, der kein Opt-in erklärt hat, scheidet eine Kollision zwischen dem ÖlHÜ 1992 und dem WBÜ aus.

9   **bb) Einzelfälle.** Ob es zu einer Überschneidung zwischen dem ÖlHÜ 1992 und dem WBÜ kommt, hängt von den Umständen des Einzelfalles ab. Tatsächlich wird dies nur selten der Fall sein. Die Beseitigung von Ölverschmutzungsschäden ist nicht einer Wrackbeseitigung gleichzusetzen. Öl ist als flüssiger Stoff (siehe Art. 1 Nr. 5 ÖlHÜ 1992) kein Gegenstand des Art. 1 Abs. 4 (b) und (c) WBÜ. Erfüllt ein Schiff die Voraussetzungen des Art. 1 Abs. 4 (a), (b) oder (d) WBÜ, wird es also zum Wrack, und tritt vor oder nach diesem Zeitpunkt Öl aus dem Schiff aus, so bestehen ggf. voneinander selbständige Ansprüche des betroffenen Staates aus dem WBÜ für die Kosten der Beseitigung des Wracks sowie aus dem ÖlHÜ 1992 wegen der Beseitigung der Ölverschmutzungsschäden.

10   Ist der eingetragene Eigentümer selbst im Hinblick auf die Beseitigung des Wracks tätig geworden (Art. 9 Abs. 2 WBÜ) und führt der betroffene Staat nach dem Austritt des Öls Maßnahmen der Beseitigung durch, kann der betroffene Staat nach Art. III Abs. 1 ÖlHÜ 1992 Ersatz der Ölverschmutzungsschäden verlangen. Dies gilt unabhängig davon, dass der eingetragene Eigentümer im Hinblick auf die Wrackbeseitigung tätig wird. Möglicherweise erfolgt die Beseitigung des Wracks durch den betroffenen Staat selbst, namentlich im Falle der Selbstvornahme (Art. 9 Abs. 6 [b] und Abs. 7 WBÜ) oder des umgehenden Eingreifens (Art. 9 Abs. 8 WBÜ). Kommt es dabei zu einem Ölaustritt, kann der betroffene Staat unabhängig voneinander die Kosten der Beseitigung des Wracks und die Kosten für die Beseitigung der Ölverschmutzung beim eingetragenen Eigentümer geltend machen. Möglicherweise kann der eingetragene Eigentümer den betroffenen Staat im Hinblick auf dessen Anspruch auf Erstattung der Kosten für die Beseitigung der Ölverschmutzung nach Art. III Abs. 3 ÖlHÜ darauf verweisen, dass er, der betroffene Staat, selbst die Ursache für die Entstehung der Verschmutzung gesetzt habe (oben Rn 7 zu Art. III ÖlHÜ 1992 [Anhang I.1 zu § 480]).

11   Wird der betroffene Staat im Hinblick auf die Beseitigung eines Wracks tätig, in dem sich noch Öl befindet, ohne dass es zu einem Austritt kommt, liegen die Voraussetzungen für einen Anspruch aus Art. III Abs. 1 ÖlHÜ 1992 grundsätzlich nicht vor. Allerdings kann nach den Umständen das Tätigwerden des betroffenen Staates im Hinblick auf die Beseitigung des Wracks als Maßnahme zur Verhütung von Ölverschmutzungsschäden angesehen werden. Dies hätte zur Folge, dass die hierfür entstehenden Kosten dem Ölverschmutzungsschaden gleichgesetzt werden (Art. I Nr. 6 ÖlHÜ 1992, dort Rn 11–15 [Anhang I.1 zu § 480])), so dass der Eigentümer für die Kosten einzustehen hat. Dies wäre ein Anwendungsfall des Art. 11 Abs. 1 (a) WBÜ. Der betroffene Staat kann in diesem Fall die Kosten ausschließlich nach Maßgabe des ÖlHÜ 1992 und nicht auf Grundlage des WBÜ ersetzt verlangen.

b) Das HNS-Ü 2010

12   **aa) Die Anwendungsbereiche des HNS-Ü 2010 und des WBÜ.** Das HNS-Ü ist weder in der ursprünglichen Fassung 1996 noch in der Fassung des Protokolls von 2010 völkerrechtlich in Kraft (dazu unten Rn 2–3 Anhang II zu § 480 [HNS-Ü 2010]). Die Frage

nach einer Überschneidung mit dem WBÜ stellt sich daher zurzeit nicht. Insoweit läuft Art. 11 Abs. 1 (b) WBÜ leer.

Im Folgenden sei unterstellt, dass das HNS-Ü 2010 anwendbar ist. Nach dessen Art. 7 Abs. 1 haftet der Eigentümer des Schiffes für HNS-Schäden im Zusammenhang mit der Beförderung von HNS. Die Umschreibung des „Eigentümers" in Art. 1 Abs. 3 HNS-Ü 2010 entspricht teils wörtlich dem entsprechenden Tatbestand des eingetragenen Eigentümers in Art. 1 Abs. 8 WBÜ. Die HNS-Schäden müssen nach Art. 3 (a) und (b) HNS-Ü 2010 im Hoheitsgebiet einschließlich des Küstenmeeres oder in der AWZ oder dem entsprechenden Gebiet eines Vertragsstaates des HNS-Ü 2010 eingetreten sein. Gemäß Art. 3 (c) HNS-Ü 2010 fallen auch andere als HNS-Verschmutzungsschäden, zu denen es außerhalb des Hoheitsgebietes eines Staates einschließlich seines Küstenmeeres kommt, wenn die betreffende HNS auf einem Schiff unter der Flagge eines Vertragsstaates befördert wurde. Maßnahmen zur Abwendung von HNS-Schäden in dem zuvor beschriebenen räumlichen Anwendungsbereich des Übereinkommens können nach Art. 3 (d) auch außerhalb getroffen werden. **13**

Die Definition des Übereinkommensgebietes in Art. 1 Abs. 1 WBÜ, in dem sich das Wrack befinden muss (Art. 3 Abs. 1 WBÜ), weicht von den Regelungen des Art. 3 HNS-Ü 2010 ab. Das WBÜ findet grundsätzlich nur in der AWZ oder einem entsprechenden Gebiet eines Vertragsstaates und lediglich ausnahmsweise, im Falle des Opt-in (Art. 3 Abs. 2 WBÜ, dort Rn 3–8 [Anhang III.1 zu § 480]), auch in dessen Hoheitsgebiet einschließlich seines Küstenmeeres Anwendung. Geht es um die Haftung für HNS-Schäden im Küstenmeer eines Vertragsstaates des WBÜ, der kein Opt-in erklärt hat, kommt es zu keiner Kollision zwischen dem HNS-Ü 2010 und dem WBÜ. Das WBÜ enthält auch keine Tatbestände von der Art des Art. 3 (c) und (d) HNS-Ü 2010. **14**

bb) Einzelfälle. Die HNS-Schäden umfassen nach Art. 1 Abs. 6 (a) und (b) HNS-Ü 2010 auch Personen- und Sachschäden. Soweit es um Ansprüche dieser Art geht, kann es nicht zu einer Überschneidung mit dem WBÜ kommen, weil hier lediglich Ansprüche auf Ersatz der Kosten der Wrackbeseitigung vorgesehen sind. Allerdings zählen zu den HNS-Schäden nach Art. 1 Abs. 6 Satz 1 (c) und (d), Abs. 7 HNS-Ü 2010 auch Verluste und Schäden der Umwelt sowie die Kosten von Schutzmaßnahmen. Im Hinblick auf Ansprüche nach dem HNS-Ü 2010 für HNS in Bulk siehe die Hinweise oben Rn 11 zu den Ölverschmutzungsschäden. **15**

Im Hinblick auf verpackte HNS (Art. 1 Abs. 5ter HNS-Ü 2010) ergeben sich Abweichungen. Verpackte HNS, die ein Schiff verloren hat, sind Gegenstände im Sinne des Art. 4 (c) und (d) WBÜ und erfüllen damit für sich die Voraussetzungen eines Wracks. Wird der betroffene Staat im Hinblick auf ihre Beseitigung tätig, könnte er zum einen nach Art. 10 Abs. 1 WBÜ und zum anderen nach Art. 7 Abs. 1, Art. 1 Abs. 6 Satz 1 (d) und Abs. 7 HNS-Ü 2010 Ersatz seiner Kosten verlangen. In diesem Zusammenhang ordnet Art. 11 Abs. 1 (b) WBÜ an, dass die Einstandspflicht des eingetragenen Eigentümers aus dem HNS-Ü 2010 Vorrang hat. **16**

c) ParisÜ, WienÜ, innerstaatliches Recht. Art. 11 Abs. 1 (c) WBÜ regelt einen Vorrang des ParisÜ bzw. des WienÜ über die Haftung für Nuklearschäden bzw. der entsprechenden innerstaatlichen Rechtsvorschriften über die Haftungsbeschränkung oder das Verbot der Haftungsbeschränkung. Siehe zu der Haftung für Schäden aus einem nuklearen Ereignis die Hinweise unten Anhang IV zu § 480 (maritime Nuklearhaftung). Siehe zu der Frage, anhand welchen Rechts sich die „jeweils geltende Fassung" der Übereinkommen oder die innerstaatlichen Rechtsvorschriften ermitteln, die Hinweise oben Rn 3–4. Deutschland hat das WienÜ nicht ratifiziert, es bleibt daher unberücksichtigt. **17**

Das ParisÜ gilt in Deutschland in der Fassung des Protokolls von 1982. Der Vorbehalt zugunsten der jeweils geltenden Fassung in Art. 11 Abs. 1 (c) WBÜ erstreckt sich im Hinblick auf das ParisÜ 1982 auch auf das ParisZusatzÜProt 1982. Auch das ReaktorschÜ ist im Rahmen des Art. 1 Abs. 1 (c) WBÜ zu berücksichtigen. Es wird zwar in der Vorschrift nicht genannt und ist auch völkerrechtlich nicht in Kraft, aber nach § 25a Abs. 1 Nr. 1 AtomG innerstaatlich gleichwohl anzuwenden. Auch auf das KernmaterialBefÜ nimmt Art. 1 Abs. 1 (c) WBÜ nicht Bezug. M.E muss es aber trotzdem bei der Anwendung der Vorschrift herangezogen werden.

18   Art. 1 Abs. 1 (c) WBÜ verweist auf Regelungen „... über die Haftungsbeschränkung oder das Verbot der Haftungsbeschränkung für nukleare Schäden ...". Dieser Vorbehalt gilt sowohl für die anfangs genannten Übereinkommen wie auch für die innerstaatlichen Rechtsvorschriften. Dadurch unterscheidet sich Art. 1 Abs. 1 (c) WBÜ von den Tatbeständen der (a), (b) und (d), die nur allgemein auf das ÖlHÜ 1969, das HNS-Ü 1996 und das BunkerölÜ 2001 verweisen. Trotzdem muss Art. 1 Abs. 1 (c) WBÜ in derselben Weise verstanden werden wie die anderen Vorschriften: Soweit die Bestimmungen über die Haftung für nukleare Schäden zur Anwendung gelangen, bleibt das WBÜ außen vor. Immer dann, wenn es zu Schäden aus einem nuklearen Ereignis gekommen ist, gelten für die Ansprüche der Geschädigten die besonderen Vorschriften des Nuklearhaftungsrechts. Dies sind im hier erörterten Zusammenhang insbesondere das ReaktorschÜ, das eine Haftung des Inhabers des Reaktorschiffes für Schäden vorsieht, die durch ein nukleares Ereignis verursacht werden, das auf Kernbrennstoffe des Schiffes oder auf dem Schiff erzeugte radioaktive Erzeugnisse oder Abfälle zurückzuführen ist (siehe Art. II ReaktorschÜ). Die Haftung ist nach Maßgabe des Art. XI ReaktorschÜ beschränkbar. Werden Kernmaterialien auf dem Schiff befördert, kommt es zu Schäden aufgrund eines nuklearen Ereignisses und muss der Inhaber der Kernanlage, für das die Materialien befördert werden, für den Schaden einstehen, ist insbesondere der eingetragene Eigentümer nach Art. 1 KernmaterialBefÜ von einer Haftung befreit. Befördert das Schiff sonstige radioaktive Stoffe und erleiden Dritte Schäden durch Strahlen (§ 26 Abs. 1 Satz 1 AtomG), ist der „Beförderer" nach § 26 Abs. 6 AtomG von der Haftung frei.

19   Zu dem völlig ungeklärten Verhältnis der Nuklearhaftung zu den Grundsätzen der Wrackbeseitigung können hier nur einige grundsätzliche Erwägungen angestellt werden. Die (Nicht-)Haftung für nukleare Ereignisse betrifft in erster Linie den Ersatz daraus entstehender Schäden, die Wrackbeseitigung dagegen die Erstattung der Kosten für Maßnahmen der Beseitigung. Die §§ 26 ff. AtomG befassen sich nur mit Personen- und Sachschäden. § 31 Abs. 3 Satz 1 AtomG stellt klar, dass im Falle einer Sachbeschädigung auch die Kosten für die Sicherung der von ihr ausgehenden Strahlengefahr von der Haftung umfasst werden. Gemeint ist allerdings nur die Sache, die durch Strahlen beschädigt wurde und nun ihrerseits strahlt. Nach Art. II Abs. 3 ReaktorschÜ fällt ein nuklearer Schaden, den das Reaktorschiff selbst erleidet, nicht unter die Haftung des Inhabers. Auch hieraus ergibt sich für das Verhältnis zur Wrackbeseitigung nichts.

20   Eindeutig ist zunächst, dass sich, wenn es zu keinem nuklearen Ereignis kommt, die gesamte Beseitigung des Wracks ausschließlich nach dem WBÜ beurteilt. Das Wrack eines Reaktorschiffes fällt grundsätzlich, wie das Wrack eines jeden anderen Schiffes, in den Anwendungsbereich des WBÜ, ebenso beförderte Kernmaterialien und beförderte sonstige radioaktive Stoffe. Dabei kann sich die Beseitigung dieser Gegenstände wegen der Gefahr von nuklearen Schäden als besonders aufwändig erweisen. Auch dies ist aber noch kein nukleares Ereignis. M.E sind alle Maßnahmen, die der Beseitigung der Folgen eines nuklearen Ereignisses dienen, nach den nuklearrechtlichen Vorschriften und nicht nach dem WBÜ zu beurteilen. Ist ein Reaktorschiff aufgrund eines nuklearen Ereignisses, das Kernbrennstoffe des Schiffes oder auf dem Schiff erzeugte radioaktive Erzeug-

nisse oder Abfälle betrifft, zu einem Wrack geworden, das jetzt zu beseitigen ist, bleibt das WBÜ im Hinblick auf die Frage des Ersatzes der Kosten unberücksichtigt. Entsprechendes gilt, wenn ein Reaktorschiff zunächst aus anderen Gründen als Wrack anzusehen ist und es zu dem nuklearen Ereignis etwa erst im Laufe der Beseitigungsmaßnahmen gekommen ist. Auch Kernmaterial, das auf dem Schiff befördert wird oder das es verloren hat, kann Gegenstand von Wrackbeseitigungsmaßnahmen sein. Hier gilt das WBÜ, soweit kein nukleares Ereignis eingetreten ist oder eintritt. Ist dies Fall kommt das KernmaterialBefÜ zum Tragen, das eine Haftung des eingetragenen Eigentümers für die (weiteren) Kosten der Wrackbeseitigung ausschließt (Art. 1 KernmaterialBefÜ). Entsprechendes gilt nach § 26 Abs. 6 AtomG für auf dem Schiff beförderte sonstige radioaktive Stoffe.

d) Das BunkerölÜ. Das BunkerölÜ und das ÖlHÜ 1992 folgen im Wesentlichen denselben Grundgedanken (Rn 2 vor Art. 1 BunkerölÜ [Anhang I.5 zu § 480]). Damit stellen sich auch die Beziehungen zwischen dem WBÜ einerseits und dem BunkerölÜ und dem ÖlHÜ 1992 andererseits ähnlich dar (zum ÖlHÜ 1992 oben Rn 8–11). 21

aa) Die Anwendungsbereiche von BunkerölÜ und WBÜ. Nach Art. 3 Abs. 1 BunkerölÜ haften die Schiffseigentümer für Bunkerölverschmutzungsschäden, die von dem Schiff ausgehen. Die Umschreibung der „Schiffseigentümer" in Art. 1 Nr. 3 BunkerölÜ geht über die des „eingetragenen Eigentümers" in Art. 1 Abs. 6 WBÜ hinaus. Insbesondere kann Schiffseigentümer im Sinne des Art. 1 Nr. 3 BunkerölÜ neben dem eingetragenen Eigentümer auch ein Bareboat Charterer oder der Ausrüster sein (oben Rn 3–5 zu Art. 1 BunkerölÜ [Anhang I.5 zu § 480]). Sofern es um Ansprüche aus dem BunkerölÜ gegen diese Personen geht, scheidet eine Überschneidung zwischen dem BunkerölÜ und dem WBÜ von vornerein aus. 22

Die Bunkerölverschmutzungsschäden müssen, um in den Anwendungsbereich des BunkerölÜ zu fallen, im Hoheitsgebiet einschließlich des Küstenmeeres eines Vertragsstaates oder in der AWZ oder dem entsprechenden Gebiet eines Vertragsstaates eingetreten sein; siehe Art. 2 (a) (i) und (ii) BunkerölÜ. Schutzmaßnahmen zur Verhütung oder Einschränkung eines Bunkerölverschmutzungsschadens unterliegen nach Art. 2 (b) BunkerölÜ dem Übereinkommen, unabhängig davon, wo sie durchgeführt wurden. Abweichend davon gehört zum Übereinkommensgebiet nach Art. 1 Abs. 1 WBÜ, in dem sich das Wrack befinden muss (Rn 2 zu Art. 3 Abs. 1 WBÜ [Anhang III.1 zu § 480]), nur die AWZ oder das entsprechende Gebiet eines Vertragsstaates und nur ausnahmsweise, im Falle des Opt-in (Art. 3 Abs. 2 WBÜ, dort Rn 3–8, [Anhang III.1 zu § 480]), auch dessen Hoheitsgebiet einschließlich seines Küstenmeeres. Auch hier entfällt eine Kollision zwischen dem WBÜ und dem BunkerölÜ, soweit es um die Haftung für Bunkerölverschmutzungsschäden im Küstenmeer eines Vertragsstaates des WBÜ geht, der ein Opt-in nicht erklärt hat. 23

bb) Einzelfälle. Tatsächlich wird es nur selten zu einer Überschneidung zwischen dem BunkerölÜ und dem WBÜ kommen. Normalerweise ist die Beseitigung von Bunkerölverschmutzungsschäden nicht auch eine Wrackbeseitigung. Das BunkerölÜ betrifft Bunkeröl im Sinne des Art. 1 Nr. 5 (dort Rn 5–9 [Anhang I.5 zu § 480]), also flüssige Stoffe. Dies aber sind keine Gegenstände im Sinne des Art. 1 Abs. 4 (b) und (c) WBÜ, so dass sie nicht unter den Begriff des Wracks fallen (Rn 24 zu Art. 1 WBÜ [Anhang III.1 zu § 480]). Ist ein Schiff zu einem Wrack nach Art. 1 Abs. 4 (a) (b) oder (d) WBÜ geworden, und tritt vor oder nach diesem Zeitpunkt Bunkeröl aus dem Schiff aus, stehen dem betroffenen Staat ggf. selbständige Ansprüche nach dem WBÜ für die Kosten der Beseiti- 24 gung des Wracks und aus Art. 3 Abs. 1 wegen der Beseitigung der Bunkerölverschmutzungsschäden zu. Wird der eingetragene Eigentümer in Hinblick auf die Beseitigung des Wracks selbst tätig (Art. 9 Abs. 2 WBÜ) und führt der betroffene Staat nach dem Austritt des Bunkeröls, Maßnahmen zur Beseitigung durch, kann der betroffene Staat nach Art. 3 Abs. 1 BunkerölÜ Ersatz der Bunkerölverschmutzungsschäden verlangen. Der Umstand, dass der eingetragene Eigentümer in eigener Person mit der Beseitigung des Wracks befasst ist oder war, steht dem nicht entgegen. Wird der betroffene Staat selbst in Hinblick auf die Beseitigung des Wracks tätig, insbesondere unter den Voraussetzungen der Selbstvornahme (Art. 9 Abs. 6 [b] und Abs. 7 WBÜ) oder des umgehenden Eingreifens (Art. 9 Abs. 8 WBÜ), und kommt es dabei zu einem Austritt von Bunkeröl, kann der betroffene Staat unabhängig voneinander die Kosten der Beseitigung des Wracks und die Kosten für die Beseitigung der Bunkerölverschmutzung beim eingetragenen Eigentümer geltend machen. Ggf. kann der eingetragene Eigentümer dem betroffenen Staat nach Art. 3 Abs. 4 BunkerölÜ entgegenhalten kann, dass er, der betroffene Staat, die Bunkerölverschmutzung selbst verursacht habe (siehe Rn 4 zu Art. 3 BunkerölÜ [Anhang I.5 zu § 480]).

25 Ergreift der betroffene Staat Maßnahmen im Hinblick auf eine Beseitigung des Wracks, in dem sich noch Bunkeröl befindet, ohne dass es zu einem Austritt kommt, sind Ansprüche aus Art. 3 Abs. 1 BunkerölÜ grundsätzlich nicht begründet. Nach den Umständen kann aber möglicherweise das Tätigwerden des betroffenen Staates in Hinblick auf die Beseitigung des Wracks als Maßnahme zur Verhütung von Bunkerölverschmutzungsschäden angesehen werden. Die hierfür entstehenden Kosten werden nach Art. 1 Nr. 9 (b) BunkerölÜ dem Bunkerölverschmutzungsschaden gleichgesetzt. Ausgehend davon hätte der eingetragene Eigentümer nach Art. 3 Abs. 1 BunkerölÜ für diese Kosten einzustehen. In diesem Fall stehen nach Art. 11 Abs. 1 (d) WBÜ dem betroffenen Staat ausschließlich Ansprüche auf Grundlage des Art. 3 Abs. 1 BunkerölÜ zu.

II. Wrackbeseitigung und Bergung

26 Art. 11 Abs. 2 WBÜ nimmt sich der Frage nach dem Verhältnis von Wrackbeseitigung und Bergung an.[43] Die Vorschrift geht von dem Fall aus, dass Maßnahmen nach dem WBÜ gleichzeitig die Voraussetzungen von Bergungsmaßnahmen erfüllen. Hier sieht Art. 11 Abs. 2 WBÜ im Hinblick auf Fragen der Vergütung oder Entschädigung der Bergungsunternehmen einen Vorrang des Bergungsrechts vor.

27 **1. Die Qualifikation als Maßnahme der Bergung oder der Wrackbeseitigung.** Ob eine Maßnahme, die auf Grundlage des WBÜ getroffen wird, gleichzeitig als Bergung anzusehen ist, beurteilt sich gemäß Art. 11 Abs. 2 WBÜ „nach dem geltenden innerstaatlichem Recht oder einem internationalen Übereinkommen". Auch hierfür ist das Recht des angerufenen Gerichts (*lex fori*) maßgeblich. Art. 11 Abs. 2 WBÜ ist auch zu entnehmen, dass es unmittelbar auf das innerstaatliche Sachrecht unter Ausschluss der Grundsätze des internationalen Privatrechts ankommt. Eine Weiterverweisung auf das Sachrecht eines anderen Staates findet in keinem Falle statt. Ein deutsches Gericht würde daher die Frage, ob die betreffenden Maßnahmen eine Bergung darstellen, anhand der §§ 574 ff. HGB beurteilen. Deutschland hat zwar das BerggÜ 1989 ratifiziert und ist völkerrechtlich zur Anwendung des Übereinkommens verpflichtet. Allerdings findet es nach Art. 1 Abs. 2 BerggÜ-G innerstaatlich keine unmittelbare Anwendung. Stattdessen

---

43 Siehe hierzu schon *Ramming* RdTW 2015, 121.

waren bis zum Inkrafttreten des SHR-ReformG die §§ 740 ff. HGB a.F. und sind heute die gleichlautenden §§ 574 ff. HGB heranzuziehen.

Die Frage, ob eine Tätigkeit als Bergungsmaßnahme anzusehen ist, beantwortet sich 28 anhand des § 574 Abs. 1 HGB. Eine Bergung liegt vor, wenn sich ein Schiff oder ein Vermögensgegenstand in Gefahr befindet und der Betreffende dem Schiff oder Vermögensgegenstand Hilfe leistet. Die Tätigkeit dieser Person ist auf Wahrung und Erhaltung gerade des Schiffes bzw. des Vermögensgegenstandes gerichtet. Abweichend dazu dienen Maßnahmen der Wrackbeseitigung der Reduzierung bzw. Beseitigung der von dem jeweiligen Gegenstand ausgehenden Gefahr für Dritte. Dies wird dadurch besonders deutlich, dass eine der zentralen Anknüpfungen des WBÜ die in Art. 6 geregelte formelle Feststellung ist, dass von dem Wrack eine Gefahr ausgeht. Entscheidend ist mithin der Zweck der jeweils durchgeführten Tätigkeiten. Typisch für die Wrackbeseitigung ist, dass sie nicht freiwillig vom Eigentümer veranlasst wird, weil sie ihm keine wirtschaftlichen Vorteile mehr verschafft, sondern vielfach auf Grundlage hoheitlicher Zwangsmaßnahmen durchgeführt wird.

Die Einordnung einer Tätigkeit als Bergung oder Wrackbeseitigung hat ggf. erhebli- 29 che Bedeutung. Einerseits gibt es Übereinstimmungen etwa im Hinblick darauf, dass der Berger und der Unternehmer, der die Wrackbeseitigung durchführt, ihre Haftung für Ansprüche, denen sie aufgrund ihrer Maßnahmen ausgesetzt sind, beschränken können (siehe Art. 1 Abs. 1 und Abs. 3 Satz 1 und 2 HBÜ 1996, § 5c Abs. 1 Nr. 2 BinSchG); und dass ihre Ansprüche auf Bergelohn, Sondervergütung und Ersatz der Bergungskosten (§§ 576 bis 578) bzw. Vergütung durch ein Schiffsgläubigerrecht gesichert sind (§ 596 Abs. 1 Nr. 4 Hs. 1 und 3). Letzteres gilt allerdings nicht im Binnenschifffahrtsrecht, hier ist zwar nach §§ 93 Abs. 2, 102 Nr. 3 BinSchG ein Schiffsgläubigerrecht für die Ansprüche des Bergers auf Bergelohn, Sondervergütung und Ersatz der Bergungskosten, nicht aber ein solches für Ansprüche aus Wrackbeseitigung vorgesehen. Insoweit kann es also darauf ankommen, ob es sich bei dem Schiff um ein Binnen- oder ein Seeschiff handelt.

Dramatisch sind allerdings die Unterschiede zwischen Bergung und Wrackbeseiti- 30 gung im Hinblick auf die Bemessung der Entlohnung: Der Berger erwirbt besonders großzügig bemessene Ansprüche auf Bergelohn, Sondervergütung und Ersatz der Bergungskosten, während der Unternehmer grundsätzlich nur seine Kosten erstattet erhält. Und es geht noch weiter: Der Eigentümer muss für die Ansprüche des Bergers auf Bergelohn, Sondervergütung und Ersatz der Bergungskosten einstehen, ohne seine Haftung beschränken zu können (Art. 3 [a] HBÜ 1996, § 5 Abs. 1 Nr. 1), während der Eigentümer im Hinblick auf die Ansprüche des Unternehmers aus Wrackbeseitigung zur Beschränkung berechtigt ist (§ 612, siehe auch Art. 10 Abs. 2 WBÜ; § 5j BinSchG).

Ob Maßnahmen im Hinblick auf ein Schiff oder andere Gegenstände deren Rettung 31 und Erhaltung oder dem Schutz Dritter vor von ihnen ausgehenden Gefahren dienen, entscheidet sich nach den Umständen des Einzelfalles. Grundsätzlich kann sich eine solche Maßnahme sowohl als Bergung als auch als Wrackbeseitigung darstellen. Maßnahmen, die der Rettung eines Schiffes oder sonstigen Vermögensgegenstandes dienen, können sich gleichzeitig als Wrackbeseitigung darstellen, wenn und soweit, gewissermaßen als Nebeneffekt, auch eine von dem Schiff oder Vermögensgegenstand ausgehende Gefahr beseitigt wird. In anderen Fällen können Maßnahmen auch nur den einen oder nur den anderen Charakter haben, was sich nach den Umständen beurteilt. Denkbar ist auch, dass eine Maßnahme als Bergung begonnen wird, bis sich herausstellt, dass eine solche nicht erfolgreich sein wird (so dass kein Bergelohn verdient wird, § 576 Abs. 1 Satz 1), um dann als Wrackbeseitigung fortgesetzt zu werden. Ebenso kann sich im Rahmen einer als Wrackbeseitigung begonnenen Tätigkeit ergeben, dass doch „noch etwas zu retten ist", so dass sich die weiteren Maßnahmen als Bergung darstellen.

32 **2. Der Vorrang des Bergungsrechts nach Art. 11 Abs. 2 WBÜ.** Art. 11 Abs. 2 WBÜ bestimmt, dass, soweit Bergungsmaßnahmen vorliegen, sich die Vergütung oder Entschädigung nach Maßgabe des Bergungsrechts und nicht nach den Bestimmungen des WBÜ beurteilt. Dies betrifft den Fall der Überschneidung, wenn sich die Maßnahmen sowohl als solche der Bergung als auch als Maßnahmen der Wrackbeseitigung qualifizieren lassen (oben Rn 31). Der betroffene Staat kann daher ggf, wenn sein innerstaatliches Recht dies zulässt, Ansprüche auf Bergelohn, Sondervergütung und Ersatz der Bergungskosten geltend machen und muss sich nicht mit dem Ersatz der Kosten der Beseitigung begnügen. Zu einer Überschneidung kann es normalerweise nur im Hinblick auf Maßnahmen des betroffenen Staates im Hinblick auf die Wrackbeseitigung kommen, nicht aber bei solchen der Lokalisierung und Markierung des Wracks (Art. 7 und 8 WBÜ). Für diese haftet der eingetragene Eigentümer auch dann, wenn sich tatsächlich eine Bergung anschließt.

33 Haben die Tätigkeiten als Maßnahmen der Bergung begonnen und wurden sie als Wrackbeseitigung fortgesetzt, ist m.E. der Zeitpunkt der Zweckänderung maßgeblich. Von jetzt an kann Erstattung der Aufwendungen verlangt werden. Für die Maßnahmen vor diesem Zeitpunkt erhält der Berger nichts, auch keine Erstattung von Bergungskosten (§ 576 Abs. 2 Satz 2). Denn die Bergungsmaßnahmen waren erfolglos (§ 576 Abs. 1 Satz 1). Hierbei bleibt es m.E. auch dann, wenn im Rahmen der Bergung Maßnahmen durchgeführt wurden, die die spätere Wrackbeseitigung erleichtert haben. Dies ist eine Folge der umfassenden Anordnung des Vorrangs des Bergungsrechts in Art. 11 Abs. 2 WBÜ. Der umgekehrte Fall ist m.E. etwas anders zu beurteilen. Wird eine Wrackbeseitigung im weiteren Verlauf zu einer Bergung, ist das Bergungsrechts durchgehend maßgeblich, auch in der Zeit, als dem Zweck nach noch eine Wrackbeseitigung durchgeführt wurde. Im Nachhinein wird der ganze Vorgang als eine Bergung angesehen. Auch dies entspricht dem in Art. 11 Abs. 2 WBÜ angeordneten Vorrang des Bergungsrechts. Schließlich kann Berger nicht etwa für die anfangs durchgeführten Maßnahmen der Wrackbeseitigung zusätzlich unter diesem Gesichtspunkt Erstattung der Kosten verlangen.

Artikel 12
Pflichtversicherung oder sonstige finanzielle Sicherheit

(1) Der eingetragene Eigentümer eines Schiffes mit einer Bruttoraumzahl von 300 und mehr, das die Flagge eines Vertragsstaats führt, hat eine Versicherung oder sonstige finanzielle Sicherheit, wie etwa die Bürgschaft einer Bank oder einer ähnlichen Einrichtung, aufrechtzuerhalten, um seine Haftung nach diesem Übereinkommen in Höhe eines Betrags abzudecken, der den Haftungsgrenzen nach den anwendbaren nationalen oder internationalen Beschränkungen entspricht, in keinem Fall jedoch einen nach Artikel 6 Absatz 1 Buchstabe b des Übereinkommens von 1976 über die Beschränkung der Haftung für Seeforderungen in der jeweils geltenden Fassung errechneten Betrag übersteigt.

(2) [1]Nachdem die zuständige Behörde des Schiffsregisterstaats sich vergewissert hat, dass die Voraussetzungen des Absatzes 1 erfüllt sind, stellt sie für jedes Schiff mit einer Bruttoraumzahl von 300 und mehr eine Bescheinigung darüber aus, dass eine Versicherung oder sonstige finanzielle Sicherheit nach diesem Übereinkommen in Kraft ist. [2]Für ein in das Schiffsregister eines Vertragsstaats eingetragenes Schiff wird diese Bescheinigung von der zuständigen Behörde des Staates des Schiffsregisters ausgestellt oder bestätigt; für ein nicht in das Schiffsregister eines Vertragsstaats eingetragenes Schiff kann sie von der zuständigen Behörde jedes Vertragsstaats ausgestellt oder bestätigt werden. [3]Die Form dieser

Artikel 12 – Pflichtversicherung oder sonstige finanzielle Sicherheit — **Anh zu § 480**

Bescheinigung über die Pflichtversicherung hat dem als Anlage zu diesem Übereinkommen beigefügten Muster zu entsprechen und folgende Angaben zu enthalten:
a) Name des Schiffes, Unterscheidungssignal und Heimathafen;
b) Bruttoraumzahl des Schiffes;
c) Name und Hauptgeschäftssitz des eingetragenen Eigentümers;
d) IMO-Schiffsidentifikationsnummer;
e) Art und Laufzeit der Sicherheit;
f) Name und Hauptgeschäftssitz des Versicherers oder sonstigen Sicherheitsgebers und gegebenenfalls Geschäftssitz, an dem die Versicherung oder Sicherheit gewährt wird, und
g) Geltungsdauer der Bescheinigung, die nicht länger sein darf als die Geltungsdauer der Versicherung oder sonstigen finanziellen Sicherheit.

(3)
a) [1] Ein Vertragsstaat kann eine von ihm anerkannte Einrichtung oder Organisation ermächtigen, die in Absatz 2 genannte Bescheinigung auszustellen. [2] Diese Einrichtung oder Organisation unterrichtet den betreffenden Staat von der Ausstellung jeder Bescheinigung. [3] In allen Fällen garantiert der Vertragsstaat die Vollständigkeit und Richtigkeit der so ausgestellten Bescheinigung und verpflichtet sich, für die dafür notwendigen Vorkehrungen zu sorgen.
b) [1] Ein Vertragsstaat notifiziert dem Generalsekretär
   i) die genauen Verantwortlichkeiten und Bedingungen hinsichtlich der Ermächtigung, die er der von ihm anerkannten Einrichtung oder Organisation erteilt hat;
   ii) den Widerruf dieser Ermächtigung und
   iii) den Zeitpunkt, zu dem die Ermächtigung oder der Widerruf der Ermächtigung wirksam wird.
   [2] Eine erteilte Ermächtigung wird frühestens drei Monate nach dem Zeitpunkt wirksam, zu dem die diesbezügliche Notifikation an den Generalsekretär erfolgte.
c) [1] Die nach diesem Absatz zur Ausstellung von Bescheinigungen ermächtigte Einrichtung oder Organisation ist mindestens ermächtigt, die Bescheinigungen zu widerrufen, wenn die Bedingungen, unter denen sie ausgestellt wurden, nicht mehr aufrechterhalten werden. [2] In allen Fällen meldet die Einrichtung oder Organisation einen solchen Widerruf dem Staat, für den die Bescheinigung ausgestellt wurde.

(4) [1] Die Bescheinigung wird in der oder den Amtssprachen des ausstellenden Staates abgefasst. [2] Ist die verwendete Sprache weder Englisch noch Französisch noch Spanisch, so ist eine Übersetzung in eine dieser Sprachen beizufügen; auf die Amtssprache(n) kann verzichtet werden, wenn der betreffende Staat dies beschließt.

(5) Die Bescheinigung wird an Bord des Schiffes mitgeführt; eine Durchschrift wird bei der Behörde hinterlegt, die das betreffende Schiffsregister führt, oder, wenn das Schiff nicht in das Schiffsregister eines Vertragsstaats eingetragen ist, bei der Behörde, welche die Bescheinigung ausstellt oder bestätigt.

(6) [1] Eine Versicherung oder sonstige finanzielle Sicherheit genügt nicht den Erfordernissen dieses Artikels, wenn sie aus anderen Gründen als dem Ablauf der in der Bescheinigung nach Absatz 2 bezeichneten Geltungsdauer binnen drei Monaten nach dem Tag, an dem ihre Beendigung der in Absatz 5 bezeichneten Behörde angezeigt wird, außer Kraft treten kann, sofern nicht innerhalb der genannten

Frist die Bescheinigung dieser Behörde übergeben oder eine neue Bescheinigung ausgestellt worden ist. ²Diese Bestimmungen gelten auch für Änderungen, die dazu führen, dass die Versicherung oder Sicherheit den Erfordernissen dieses Artikels nicht mehr genügt.

(7) Der Staat des Schiffsregisters bestimmt vorbehaltlich dieses Artikels und unter Berücksichtigung etwaiger von der Organisation angenommener Leitlinien über die finanzielle Haftung der eingetragenen Eigentümer die Ausstellungs- und Geltungsbedingungen für die Bescheinigung.

(8) ¹Dieses Übereinkommen ist nicht so auszulegen, als hindere es einen Vertragsstaat, sich auf Informationen zu verlassen, die er von anderen Staaten oder der Organisation oder anderen internationalen Organisationen bezüglich der finanziellen Lage des Versicherers oder der eine finanzielle Sicherheit leistenden Person für die Zwecke dieses Übereinkommens erlangt. ²In derartigen Fällen ist der Vertragsstaat, der sich auf solche Informationen verlässt, nicht seiner Verantwortung als der die Bescheinigung ausstellende Staat im Sinne des Absatzes 2 enthoben.

(9) ¹Die im Namen eines Vertragsstaats ausgestellten und bestätigten Bescheinigungen werden von anderen Vertragsstaaten für die Zwecke dieses Übereinkommens anerkannt; sie messen ihnen die gleiche Wirkung bei wie den von ihnen selbst ausgestellten oder bestätigten Bescheinigungen, und zwar auch dann, wenn sie für ein Schiff ausgestellt oder bestätigt worden sind, das nicht in das Schiffsregister eines Vertragsstaats eingetragen ist. ²Ein Vertragsstaat kann jederzeit den ausstellenden oder bestätigenden Staat um eine Konsultation ersuchen, wenn er glaubt, dass der in der Bescheinigung genannte Versicherer oder Sicherheitsgeber finanziell nicht in der Lage ist, die Verpflichtungen aus diesem Übereinkommen zu erfüllen.

(10) ¹Ein Entschädigungsanspruch für Kosten aus diesem Übereinkommen kann unmittelbar gegen den Versicherer oder eine andere Person, die finanzielle Sicherheit für die Haftung des eingetragenen Eigentümers leistet, geltend gemacht werden. ²Hierbei kann der Beklagte die Einreden (mit Ausnahme des Konkurses oder der Liquidation des eingetragenen Eigentümers) geltend machen, die der eingetragene Eigentümer hätte erheben können, einschließlich einer Haftungsbeschränkung nach einem anwendbaren nationalen oder internationalen Regelwerk. ³Außerdem kann der Beklagte, auch wenn der eingetragene Eigentümer nicht berechtigt ist, die Haftung zu beschränken, die Haftung auf einen Betrag beschränken, der dem Betrag der nach Absatz 1 erforderlichen Versicherung oder sonstigen finanziellen Sicherheit entspricht. ⁴Darüber hinaus kann der Beklagte die Einrede geltend machen, dass der Seeunfall durch vorsätzliches Verschulden des eingetragenen Eigentümers selbst verursacht wurde; jedoch kann der Beklagte keine anderen Einreden geltend machen, die er in einem vom eingetragenen Eigentümer gegen ihn eingeleiteten Verfahren hätte erheben können. ⁵Der Beklagte hat in jedem Fall das Recht, zu verlangen, dass dem eingetragenen Eigentümer der Streit verkündet wird.

(11) Ein Vertragsstaat wird den Betrieb eines seine Flagge führenden Schiffes, auf das dieser Artikel Anwendung findet, nur dann gestatten, wenn eine Bescheinigung nach Absatz 2 oder 14 ausgestellt worden ist.

(12) Vorbehaltlich dieses Artikels stellt jeder Vertragsstaat durch sein innerstaatliches Recht sicher, dass für jedes Schiff mit einer Bruttoraumzahl von 300 und mehr, das einen Hafen in seinem Hoheitsgebiet anläuft oder verlässt oder das eine vor der Küste innerhalb seines Küstenmeers gelegene Einrichtung anläuft

oder verlässt, ungeachtet des Ortes, an dem das Schiff in das Schiffsregister eingetragen ist, eine Versicherung oder sonstige Sicherheit in dem nach Absatz 1 erforderlichen Umfang besteht.

(13) Unbeschadet des Absatzes 5 kann ein Vertragsstaat dem Generalsekretär notifizieren, dass für die Zwecke des Absatzes 12 Schiffe nicht verpflichtet sind, beim Anlaufen oder Verlassen eines Hafens in seinem Hoheitsgebiet oder beim Anlaufen oder Verlassen einer vor der Küste in seinem Küstenmeer gelegenen Einrichtung die nach Absatz 2 erforderliche Bescheinigung an Bord mitzuführen oder vorzuweisen, sofern der Vertragsstaat, der die nach Absatz 2 erforderliche Bescheinigung ausgestellt, dem Generalsekretär notifiziert hat, dass er allen Vertragsstaaten zugängliche Unterlagen in elektronischer Form führt, die das Vorhandensein der Bescheinigung belegen und es den Vertragsstaaten ermöglichen, ihre Verpflichtung nach Absatz 12 zu erfüllen.

(14) ¹Besteht für ein einem Vertragsstaat gehörendes Schiff keine Versicherung oder sonstige finanzielle Sicherheit, so finden die darauf bezüglichen Bestimmungen dieses Artikels auf dieses Schiff keine Anwendung; es hat jedoch eine von den zuständigen Behörden des Registerstaats ausgestellte Bescheinigung mitzuführen, aus der hervorgeht, dass es dem betreffenden Staat gehört und dass seine Haftung innerhalb der in Absatz 1 festgesetzten Grenzen gedeckt ist. ²Diese Bescheinigung hat so weit wie möglich dem in Absatz 2 vorgeschriebenen Muster zu entsprechen.

Art. 12 WBÜ enthält ausführliche Regelungen über die Pflicht des eingetragenen Eigentümers des Schiffes, im Hinblick auf seine Haftung aus dem WBÜ eine Versicherung vorzuhalten. Ganz entsprechende und teils wörtlich übereinstimmende Regelungen finden sich auch in Art. VII ÖlHÜ 1992, Art. 12 BunkerölÜ sowie Art. 12 HNS-Ü 2010 und ebenso in Art. 4bis AthenÜ 2002. Im Vergleich zu diesen Bestimmungen wurde Art. 12 WBÜ leicht fortentwickelt. Im deutschen Recht finden sich ergänzende Regelungen im SeeVersNachwG sowie in der SeeVersNachwV. 1

I. Die Pflicht zur Aufrechterhaltung der Versicherung

Nach Art. 12 Abs. 1 WBÜ ist der eingetragene Eigentümer des Schiffes verpflichtet, eine Versicherung oder sonstige finanzielle Sicherheit zur Deckung seiner Haftung aus dem WBÜ aufrecht zu erhalten (siehe § 4 Satz 1 Nr. 2 SeeVersNachwG). Betroffen sind nur Schiffe mit einer BRZ von 300 oder mehr. Außerdem muss das Schiff die Flagge eines Vertragsstaates führen. Allerdings regelt die *not-more-favourable-treatment*-Bestimmung des Art. 12 Abs. 12 WBÜ, dass jeder Vertragsstaat verpflichtet ist, für alle Schiffe, ungeachtet ihrer Flagge, die einen Hafen in seinem Hoheitsgebiet eine vor der Küste innerhalb seines Küstenmeeres gelegene Einrichtung anlaufen oder verlassen, eine entsprechende Versicherung aufrecht erhält. Dieser Pflicht kommt Deutschland durch die Regelung des § 4 Satz 1 Nr. 2 SeeVersNachwG nach. Gemäß § 4 Satz 2 SeeVersNachwG gilt die Versicherungspflicht nicht für Kriegs- und sonstige Staatsschiffe (siehe Art. 4 Abs. 2 und 3 WBÜ). 2

II. Der Gegenstand der Versicherung

Die Versicherung muss sich auf die Haftung des eingetragenen Eigentümers nach dem WBÜ beziehen, also auf möglicher Weise gegen ihn gerichtete Ansprüche betroffener Staaten wegen der Lokalisierung, der Markierung und der Beseitigung des Wracks 3

(Art. 12 Abs. 1 WBÜ, § 4 Satz 1 SeeVersNachwG). Der Höhe nach muss die Versicherung nach Art. 12 Abs. 1 WBÜ den Haftungsgrenzen nach den „... anwendbaren nationalen oder internationalen Beschränkungen ..." entsprechen. Maßgeblich wäre danach das Recht des jeweiligen Hafen- bzw. Küstenstaates, so dass sich die Anforderungen an die Versicherung laufend ändern würden, je nachdem, wo sich das Schiff befindet. Letztlich kommt es auf dieses Merkmal ohnehin nicht an. Denn Art. 12 Abs. 1 WBÜ regelt weiter, dass die Haftungsgrenze in keinem Falle einen nach Art. 6 Abs. 1 (b) HBÜ 1976 errechneten Betrag übersteigt. Dabei ist das HBÜ 1976 „... in der jeweils geltenden Fassung ..." maßgeblich. Welche Fassung dabei jeweils zu beachten ist, insbesondere ob das HBÜ 1976 oder das HBÜ 1996 gilt, bestimmt sich m.E. wiederum anhand des Rechts des jeweiligen Hafenstaates. Diese Anknüpfung versagt, wenn der betreffende Staat gar nicht des Vertragsstaat des HBÜ 1976 oder des HBÜ 1996 ist. Bei der Obergrenze nach Art. 6 Abs. 1 (b) HBÜ 1976 (in der jeweils geltenden Fassung) nach Art. 12 Abs. 1 WBÜ bleibt es jedenfalls unabhängig davon, ob der jeweilige Hafen-, Küsten- oder auch der Flaggenstaat des Schiffes möglicher Weise von seiner Befugnis nach Art. 18 Abs. 1 Satz 1 HBÜ 1996 Gebrauch gemacht und eine Beschränkung der Haftung für Ansprüche aus Wrackbeseitigung ausgeschlossen hat. Der Höchstbetrag nach Art. 6 Abs. 1 (b) HBÜ 1976 (in der jeweils geltenden Fassung) ist auch dann maßgeblich, wenn der betreffende Staat einen anderen Betrag als den Sachschadens-Höchstbetrag des Art. 6 Abs. 1 (b) HBÜ 1976 (in der jeweils geltenden Fassung) für Ansprüche wegen Wrackbeseitigung festgelegt oder die Beschränkung der Haftung schlechthin ausgeschlossen hat. Letztlich bleibt dem eingetragenen Eigentümer, der sicherstellen will, dass sein Schiff weltweit eingesetzt werden kann, nur die Möglichkeit, sich am Sachschadens-Höchstbetrag des Art. 6 Abs. 1 (b) HBÜ 1996 zu orientieren, der seinerseits mit Wirkung zum 8. Juni 2015 deutlich erhöht wurde.[44] Auch aus dem SeeVersNachwG, insbesondere aus dessen § 4, ergibt sich nicht, welcher Höchstbetrag der Haftung maßgeblich ist.

III. Die Anforderungen an die Versicherung

4   Art. 12 Abs. 6 WBÜ betrifft weitere Anforderungen an die Versicherung. Sie kann mit Ablauf der Geltungsdauer der Versicherungsbescheinigung (dazu unten Rn 7) ablaufen. Allerdings muss die Versicherung, wenn sie vorzeitig endet, mindestens drei Monate über den Tag hinaus fortgelten, an dem die Beendigung der ausstellenden Behörde angezeigt wird, wenn nicht vor Ablauf dieser Frist die Versicherungsbescheinigung zurückgegeben oder eine neue Bescheinigung ausgestellt wurde. Entsprechendes gilt für Änderungen der Versicherung, die dazu führen, dass sie nicht mehr den Anforderungen des Art. 12 WBÜ entspricht.

IV. Der Nachweis der Versicherung

5   **1. Die Versicherungsbescheinigung.** Das Bestehen der Versicherung des eingetragenen Eigentümers im Sinne des Art. 12 WBÜ wird in besonderer Weise und unter Einbeziehung der Verwaltungen der Vertragsstaaten nachgewiesen. Es genügt nicht, dass das Schiff etwa eine unmittelbar von einem Versicherer ausgestellte Bestätigung mitführt. Vielmehr wird das Bestehen der Versicherung durch eine Bescheinigung dokumentiert, die von der zuständigen Behörde des Registerstaates ausgestellt wird. Die Behörde bestätigt in der Bescheinigung, dass eine Versicherung nach Maßgabe des WBÜ für das Schiff

---

44   Siehe dazu *Ramming* RdTW 2015, 241.

in Kraft ist (Art. 12 Abs. 2 Satz 1 WBÜ, § 5 Abs. 1 SeeVersNachwG). Ist das Schiff in das Schiffsregister eines Vertragsstaates eingetragen, wird die Bescheinigung unmittelbar durch die Behörde des Registerstaates ausgestellt (Art. 12 Abs. 2 Satz 2 Hs. 1 WBÜ). Für ein Schiff, das nicht in das Schiffsregister eines Vertragsstaates eingetragen ist, kann die Bescheinigung von den zuständigen Behörden eines jeden Vertragsstaates ausgestellt werden. Ein Vertragsstaat kann nach Maßgabe des Art. 12 Abs. 3 WBÜ eine anerkannte Einrichtung oder Organisation (Recognized Organisation – RO) ermächtigen, die Bescheinigung auszustellen. Siehe zur „elektronischen" Versicherungsbescheinigung die Bestimmungen des Art. 12 Abs. 13 WBÜ. Im Falle von Staatsschiffen – wenn das Übereinkommen überhaupt auf sie zur Anwendung gelangt (siehe Art. 4 Abs. 2 und 3 WBÜ) – tritt an die Stelle der Versicherungsbescheinigung die Bescheinigung nach Art. 12 Abs. 14 WBÜ. Die Bestimmung des § 5 Abs. 3 Satz 1 und 2 SeeVersNachwG verpflichtet sowohl den eingetragenen Eigentümer des Schiffes als auch den Schiffsführer dazu, die Wrackbeseitigungshaftungsbescheinigung an Bord mitzuführen. Der Schiffsführer muss sie nach § 5 Abs. 3 Satz 2 SeeVersNachwG der zuständigen Behörde auf Verlangen vorlegen. Wird die Wrackhaftungsbescheinigung nicht an Bord mitgeführt oder kann sie nicht vorgelegt werden, kann das Schiff festgehalten werden, bis die Bescheinigung vorgelegt worden ist (§ 7 Abs. 1 SeeVersNachwG). Zu unbrauchbar gewordenen Versicherungsbescheinigungen siehe § 4 Abs. 5 SeeVersNachwV.

2. Die Voraussetzungen für die Ausstellung. Der Staat des Schiffsregisters bestimmt über die Ausstellungs- und Geltungsbedingungen für die Bescheinigung (Art. 12 Abs. 7 WBÜ). In Deutschland ist der Nachweis der Versicherung in § 5 SeeVersNachwG geregelt. Eine Wrackhaftungsbescheinigung wird unter den Voraussetzungen des § 5 Abs. 2 SeeVersNachwG ausgestellt; siehe näher § 2 SeeVersNachwV. Zuständig ist in Deutschland das BSH (§ 8 Abs. 2 SeeVersNachwG). Nach § 5 Abs. 2 Satz 1 Nr. 1 SeeVersNachwG muss nachgewiesen werden, dass eine entsprechende Versicherung besteht; siehe dazu § 2 Abs. 2 Nr. 1 SeeVersNachwV. Grundlage hierfür ist international gebräuchlich eine entsprechende Bestätigung des Versicherers, die so genannte Blue Card. Darüber hinaus darf es nach § 5 Abs. 2 Satz 1 Nr. 2 SeeVersNachwG keinen begründeten Anlass für die Annahme geben, dass der Versicherer nicht in der Lage sein wird, seine Verpflichtungen zu erfüllen. Nach § 5 Abs. 2 Satz 1 und 2 SeeVersNachwG werden sowohl Eigentümern von Schiffen unter deutscher Flagge als auch Eigentümern von Schiffen unter der Flagge von Nicht-Vertragsstaaten Wrackbeseitigungshaftungsbescheinigungen ausgestellt. Art. 12 Abs. 11 WBÜ gibt den Vertragsstaaten auf, dem eingetragenen Eigentümer den Betrieb eines seine Flagge führenden Schiffes nur dann zu gestatten, wenn ein Versicherungsnachweis ausgestellt worden ist. Der eingetragene Eigentümer muss nach § 5 Abs. 1 SeeVersNachwV die vorzeitige Beendigung der Versicherung und jede Änderung, die dazu führt, dass sie den Anforderungen des Art. 12 Abs. 1 WBÜ nicht mehr genügt, unverzüglich dem BSH mitteilen.

3. Der Inhalt der Versicherungsbescheinigung. Die Versicherungsbescheinigung nach Art. 12 WBÜ muss den formellen Anforderungen des Abs. 2 Satz 3 sowie dem Muster, das dem WBÜ als Anlage beigefügt ist, entsprechen; siehe auch § 4 Abs. 1 und Anlage I SeeVersNachwV. Die Bescheinigung enthält die in Art. 12 Abs. 2 Satz 3 (a) bis (d) WBÜ genannten Angaben. Art. 12 Abs. 2 Satz 3 (g) WBÜ bestimmt weiter, dass die Geltungsdauer der Bescheinigung nicht länger sein darf als die Geltungsdauer der Versicherung; siehe § 4 Abs. 3 SeeVersNachwV. Traditionell haben die von den P&I Clubs gestellten Versicherungen Laufzeiten von jeweils einem Jahr, jeweils beginnend und endend mit dem 20. Februar. Zu der Sprache, in der die Bescheinigung auszustellen ist, siehe

Art. 12 Abs. 4 WBÜ. Die Versicherungsbescheinigung wird an Bord des Schiffes mitgeführt (Art. 12 Abs. 5 Hs. 1 WBÜ). Eine Durchschrift verbleibt bei der zuständigen Behörde; dazu § 4 Abs. 4 SeeVersNachwV.

8 **4. Die Anerkennung der Versicherungsbescheinigung.** Die für einen Vertragsstaat ausgestellte Versicherungsbescheinigung wird von anderen Vertragsstaaten für die Zwecke des WBÜ anerkannt, auch wenn sie für ein Schiff ausgestellt wurde, das nicht die Flagge eines Vertragsstaates führt (Art. 12 Abs. 9 Satz 1 WBÜ). Bestehen Zweifel daran, dass der in der Bescheinigung genannte Versicherer finanziell in der Lage ist, seine Verpflichtungen nachzukommen, kann ein Vertragsstaat den ausstellenden Staat nach Art. 12 Abs. 9 Satz 2 WBÜ um eine Konsultation ersuchen. Weiter reichen die Befugnisse der Vertragsstaaten nach dem WBÜ nicht. Insbesondere kann sich der Staat im Falle einer formell ordnungsgemäßen Versicherungsbescheinigung nicht auf den Standpunkt stellen, dass tatsächlich keine oder nur eine unzureichende Versicherung besteht.

9 **5. Die unzutreffende Versicherungsbescheinigung.** Die Einbeziehung der Behörden der Vertragsstaaten, die verpflichtet sind, sich das Bestehen einer Versicherung nachweisen zu lassen und dies in einer eigenen Bescheinigung zu bestätigen, begründet die Gefahr, dass Versicherungsbescheinigungen ausgestellt werden, obwohl keine oder nur eine unzureichende Versicherung besteht. Ist dies der Fall, können gegen die ausstellende Behörde möglicher Weise Ansprüche aus Staatshaftung geltend gemacht werden. Gläubiger eines solchen Anspruches wäre der betroffene Staat, der die Kosten der Lokalisierung, Markierung und Beseitigung des Wracks nicht vom eingetragenen Eigentümer erhalten kann und darauf angewiesen ist, den Versicherer in Anspruch zu nehmen. Erst wenn dieser Anspruch scheitert, wäre an einen Anspruch aus Staatshaftung zu denken. Dabei kann insbesondere Schwierigkeiten machen, dass Gläubiger des Anspruchs selbst ein Staat ist. Zum anderen stellen sich Fragen des objektiven Zurechnungszusammenhangs. Ein Anspruch gegen die ausstellende Behörde kommt grundsätzlich nur in Betracht, wenn der betroffene Staat gerade auch im Vertrauen auf das Bestehen einer Versicherung tätig geworden ist. Außerdem bedarf es ggf. eines Verschuldens auf Seiten der Behörden des Vertragsstaates, die die Versicherungsbescheinigung ausstellen. Die Regelung des Art. 12 Abs. 8 Satz 1 WBÜ bestätigt, dass sich die Behörden grundsätzlich auf Informationen über die finanzielle Lage des Versicherers verlassen dürfen, die sie von anderen Saaten (siehe Art. 12 Abs. 9 Satz 2 WBÜ), von der IMO oder von anderen internationalen Organisationen erhalten. Art. 12 Abs. 8 Satz 2 WBÜ stellt darüber hinaus aber auch klar, dass es auch in diesen Fällen bei der eigenen Verantwortung des Vertragsstaates (bzw. der zuständigen Behörde) bleibt.

V. Der Direktanspruch

10 Der betroffene Staat, der Ansprüche gegen den eingetragenen Eigentümer wegen der Lokalisierung, Markierung und Beseitigung des Wracks hat, kann sich nach Maßgabe des Art. 12 Abs. 10 WBÜ unmittelbar an den Versicherer halten. Dem Versicherer stehen alle Einwendungen zu, die auch der eingetragene Eigentümer hätte erheben können (Art. 12 Abs. 10 Satz 2 WBÜ). Dies gilt allerdings nicht für die Insolvenz oder Liquidation des Eigentümers. Die Einwendungen des Versicherers umfassen insbesondere auch die der beschränkten Haftung. Art. 12 Abs. 10 Satz 3 WBÜ stellt klar, dass selbst dann, wenn der eingetragene Eigentümer nicht berechtigt ist, seine Haftung zu beschränken, der Versicherer die Haftung auf einen Betrag beschränken kann, der dem Betrag der erforderlichen Versicherung entspricht. Einwendungen, die sich aus dem Innenverhältnis

zwischen dem Versicherer und dem eingetragenen Eigentümer ergeben, kann der Versicherer dem betroffenen Staat nur im beschränkten Umfange entgegen halten. So kann der Versicherer geltend machen, dass der Seeunfall (Art. 1 Abs. 3 WBÜ) durch ein vorsätzliches Verhalten des eingetragenen Eigentümers selbst verursacht worden sei. Darüber hinaus sind Einwendungen des Versicherers aus dem Innenverhältnis zum eingetragenen Eigentümer nach Art. 12 Abs. 10 Satz 4 Hs. 2 WBÜ ausgeschlossen. Art. 12 Abs. 10 Satz 5 WBÜ enthält schließlich noch eine prozessuale Vorschrift. Der Versicherer, gegen den Klage erhoben wird, ist befugt, dem eingetragenen Eigentümer den Streit zu verkünden.

Artikel 13
Ausschlussfristen

[1] Ansprüche auf Entschädigung der Kosten nach diesem Übereinkommen erlöschen, wenn nicht binnen drei Jahren nach Feststellung der Gefahr nach diesem Übereinkommen Klage erhoben wird. [2] Jedoch kann nach Ablauf von sechs Jahren nach dem Seeunfall, durch den das Wrack entstanden ist, nicht mehr Klage erhoben werden. [3] Besteht der Seeunfall aus einer Reihe von Vorfällen, so beginnt die Sechsjahresfrist mit dem Zeitpunkt des ersten Vorfalls.

Als abschließende Bestimmung der vereinheitlichten privatrechtlichen Vorschriften des WBÜ regelt Art. 13 Satz 1 und 2 zwei Fristen. Es handelt sich in beiden Fällen um Ausschlussfristen, deren Ablauf zum Erlöschen des Anspruchs des betroffenen Staates führt, und nicht lediglich um Verjährungsfristen, deren Ablauf nur die Folgen der §§ 214 ff. BGB hat. Die Fristen des Art. 13 WBÜ betreffen den Anspruch des betroffenen Staates gegen den eingetragenen Eigentümer aus Art. 10 Abs. 1 WBÜ sowie den Direktanspruch des betroffenen Staates gegen den Versicherer aus Art. 12 Abs. 10 Satz 1 WBÜ (dort Rn 10). 1

I. Die Drei-Jahres-Frist (Art. 13 Satz 1 WBÜ)

Nach Art. 13 Satz 1 WBÜ erlöschen die Ansprüche auf Entschädigung aus dem WBÜ, wenn nicht binnen drei Jahren nach Feststellung der Gefahr (oben Rn 6-7 zu Art. 6 WBÜ) Klage erhoben wird. Sie beginnt mit dem Zeitpunkt der Feststellung der Gefahr. Wird die Feststellung angefochten, beginnt die Frist mit der rechtskräftigen Feststellung. 2

II. Die Sechs-Jahres-Frist (Art. 13 Satz 2 und 3 WBÜ)

Außerdem sieht Art. 13 Satz 2 WBÜ eine weitere Ausschlussfrist von sechs Jahren vor. Sie beginnt mit dem Seeunfall, durch den das Wrack entstanden ist (oben Rn 7-14 zu Art. 1 WBÜ). Die Sechs-Jahres-Frist gilt unabhängig von der Feststellung einer Gefahr. Maßgeblich ist diejenige Frist des Satzes 1 oder 2, die früher abläuft. Art. 13 Satz 2 WBÜ ist für den betroffenen Staat im Hinblick darauf von Bedeutung, dass er alsbald entscheiden sollte, ob von dem Wrack eine Gefahr ausgeht. Lässt er sich länger als drei Jahre Zeit, wird die Drei-Jahres-Frist des Satz 1 gegenstandslos und die für die Durchsetzung der Ansprüche verbleibende Zeit verkürzt. Besteht der Seeunfall aus einer Reihe von Vorfällen, beginnt die Frist des Art. 13 Satz 2 WBÜ nach Satz 3 der Vorschrift mit dem Zeitpunkt des ersten Vorfalles. Zur Anwendung des Art. 13 Satz 2 und 3 WBÜ in den Fällen, in denen es zu dem Seeunfall vor Inkrafttreten des WBÜ gekommen ist, die Hinweise in Rn 9-10 zu Art. 3 WBÜ. 3

III. Die Wahrung der Fristen

4 Gewahrt werden die Fristen des Art. 13 WBÜ durch Erhebung einer Klage. Diese kann auf Leistung oder Feststellung gerichtet sein. Ist eine Schiedsvereinbarung getroffen worden, genügt auch die Einleitung eines schiedsrichterlichen Verfahrens. Im Falle der Verfahrenseinleitung in Deutschland gilt nicht automatisch der Katalog des § 204 Abs. 1 BGB.[45] Insbesondere genügt für die Wahrung der Frist nicht die in § 204 Abs. 1 Nr. 6 BGB vorgesehene Streitverkündung. Dasselbe gilt etwa für die Zustellung eines Mahnbescheids, die Geltendmachung der Aufrechnung des Anspruchs im Prozess, die Zustellung des Antrags auf Durchführung eines selbständigen Beweisverfahrens oder die Zustellung des Antrags auf Einleitung eines einstweiligen Verfahrens (siehe § 204 Abs. 1 Nr. 3, 5, 7 und 9 BGB). Allerdings muss es mit Blick auf die ausdrückliche Regelung des Art. 10 Abs. 2 WBÜ (dort Rn 18) ausreichen, dass betroffene Staat den Anspruch in einem schifffahrtsrechtlichen Verteilungsverfahren nach Maßgabe der SVertO anmeldet[46] (siehe § 204 Abs. 1 Nr. 10 BGB). Ebenso genügt auch die Anmeldung des Anspruchs im Insolvenzverfahren (siehe § 204 Abs. 1 Nr. 10 BGB). Im Falle eines Verfahrens vor deutschen Gerichten kommt außerdem die Vorschrift des § 167 ZPO zur Anwendung. Sind die Ausschlussfristen nach Art. 13 WBÜ durch Erhebung einer Klage gewahrt, gelten auch die Regelungen des § 204 Abs. 2 BGB über die Dauer der Hemmung der Frist. Titulierte Ansprüche nach dem WBÜ unterliegen, da die Fristen des Art. 13 gewahrt sind, nunmehr der 30jährigen Verjährung nach § 197 Abs. 1 Nr. 3 BGB.

IV. Der Lauf der Fristen

5 Die sonstigen, im nationalen Recht für Verjährungs- oder Ausschlussfristen vorgesehenen Hemmungs-, Ablaufhemmungs- und Neubeginns-Tatbestände gelangen nicht zur Anwendung. Insbesondere werden, wenn im Übrigen deutsches Sachrecht maßgeblich ist (Rn 2–8 Anhang zum WrBesKoDG [Anhang III.2 zu § 480]), die Fristen des Art. 13 WBÜ nicht durch Verhandlungen gehemmt (siehe § 203 BGB). Im Übereinkommen ist nicht vorgesehen, dass die Fristen des Art. 13 WBÜ verlängert werden können. M.E. sollte es aber möglich sein, zwischen den Parteien eine entsprechende Vereinbarung zu treffen. Die Vereinbarung einer Verlängerung betrifft, wenn nichts Anderes gewollt ist, grundsätzlich beide Fristen.

V. Kritik

6 Ich halte die Regelung der Fristen in Art. 13 WBÜ für wenig sinnvoll. Zunächst ist das Vorhandensein zweier Fristen verwirrend. Vor allem aber belasten die Regelungen des Art. 13 WBÜ den betroffenen Staat in erheblicher Weise. Die Ansprüche des betroffenen Staates werden laufend fällig (siehe Rn 1 Anhang zum WrBesKoDG [Anhang III.2 zu § 480]). Je später sie fällig werden, desto weniger Zeit bleibt bis zum Ausschluss der Ansprüche. Es ist auch ohne weiteres denkbar, dass sich die Beseitigung des Wracks durch den betroffenen Staat so lange hinzieht, dass die Ansprüche auf Erstattung der Kosten ausgeschlossen sind, bevor sie fällig werden. Der Eigentümer hat hier an sich keine Veranlassung, einer Fristverlängerung zuzustimmen (zuvor Rn 5). Der betroffene Staat kann in gewissem Rahmen durch eine entsprechende Fristsetzung nach Art. 9 Abs. 6 (b) WBÜ

---

45 *Rittmeister* DVIS A 103 (2008), 33 Rn 24.
46 *Rittmeister* DVIS A 103 (2008), 33 Rn 24.

(dort Rn 10) gegensteuern. Allerdings ist der drohende Ablauf der Fristen des Art. 13 WBÜ kein Kriterium für die Angemessenheit der Frist des Art. 9 Abs. 6 (b) WBÜ. Ebenso wenig rechtfertigt der drohende Fristablauf die Selbstvornahme oder das umgehende Eingreifen (Rn 6 zu Art. 9 WBÜ). Besser wäre es gewesen, eine Frist festzulegen, die mit der Entstehung des jeweiligen Anspruchs, also mit Fälligkeit, oder auch mit dem Abschluss der Beseitigungsmaßnahmen beginnt.

VI. Die Fristen des im Übrigen anwendbaren nationalen Rechts

Die Ausschlussfristen des Art. 13 WBÜ gehen allen Ausschlussfristen des nationalen Rechts vor (siehe Art. 10 Abs. 3 Satz 1 WBÜ, dort Rn 19–20). Auch alle Verjährungsfristen des nationalen Rechts werden durch Art. 13 WBÜ verdrängt.[47] Kommt im Übrigen das deutsche Recht zur Anwendung (Rn 2–8 Anhang WrBesKoDG [Anhang III.2 zu § 480]), bleibt die Zwei-Jahres-Frist des § 606 Nr. 4, 607 Abs. 7 HGB außen vor.[48] Dies gilt auch im Hinblick darauf, dass diese Vorschrift lediglich eine Verjährung regelt, während Art. 13 WBÜ Ausschlussfristen vorsieht. Art. 13 WBÜ ist zu entnehmen, dass bis zum Ablauf der dort genannten Fristen die Ansprüche des betroffenen Staates ohne Einschränkungen geltend gemacht werden können. Dies schließt die Möglichkeit der Erhebung der Einrede der Verjährung und die damit verbundene Beschränkung der Durchsetzbarkeit des Anspruches aus. 7

Artikel 14
Änderungsbestimmungen

(1) Die Organisation hat eine Konferenz zur Revision oder Änderung dieses Übereinkommens einzuberufen, wenn mindestens ein Drittel der Vertragsstaaten dies verlangt.

(2) Jede Zustimmung, durch dieses Übereinkommen gebunden zu sein, die nach dem Zeitpunkt des Inkrafttretens einer Änderung des Übereinkommens ausgedrückt wird, gilt als auf das Übereinkommen in seiner geänderten Fassung bezogen.

Art. 14 Abs. 1 WBÜ verpflichtet die IMO, eine diplomatische Konferenz zur Änderung des WBÜ einzuberufen, wenn mindestens ein Drittel der Vertragsstaaten dies verlangt. Auf der Konferenz wird die Änderung des WBÜ (in Form eines Protokolls zu dem Übereinkommen) verhandelt. Für das Protokoll und sein Inkrafttreten gelten dieselben Grundsätze wie für ein Übereinkommen (siehe die Hinweise oben Rn 5 Einleitung A). Insbesondere führt Art. 14 Abs. 1 WBÜ kein *tacit-acceptance*-Verfahren im Hinblick auf Änderungen des Übereinkommens ein. Die Ratifikation des Protokolls muss jeweils gesondert erklärt werden. Für Vertragsstaaten des Ursprungsübereinkommens, die das Protokoll nicht ratifizieren, bleibt das Ursprungsübereinkommen maßgeblich. Ergänzend zu Art. 14 Abs. 1 WBÜ stellt dessen Abs. 2 klar, dass sich jede Ratifikation des Übereinkommens, die nach dem Zeitpunkt des Inkrafttretens des Protokolls erklärt wird, auf das WBÜ in seiner geänderten Fassung bezieht. Eine Ratifikation des Übereinkommens in seiner früheren Fassung ist ausgeschlossen. Für die Vertragsstaaten, die das 1

---

47 Siehe *Rittmeister* DVIS A 103 (2008), 33 Rn 22 sowie zum BunkerölÜ bereits *Ramming* VersR 2007, 306, 313 (unter 8.).
48 Siehe BGH NJW-RR 2005, 1122 zu der entsprechenden Situation unter dem WarschauAbk.

Protokoll nicht ratifiziert haben, bleibt dagegen ausschließlich das WBÜ in seiner früheren Fassung maßgeblich.

Artikel 15
Beilegung von Streitigkeiten

(1) Entsteht zwischen zwei oder mehr Vertragsstaaten eine Streitigkeit über die Auslegung oder Anwendung dieses Übereinkommens, so bemühen sich die Vertragsstaaten zunächst durch Verhandlung, Untersuchung, Vermittlung, Vergleich, Schiedsspruch, gerichtliche Entscheidung, Inanspruchnahme regionaler Einrichtungen oder Abmachungen oder durch andere friedliche Mittel ihrer Wahl um deren Beilegung.

(2) Kann die Streitigkeit nicht innerhalb eines angemessenen Zeitraums von höchstens zwölf Monaten, nachdem ein Vertragsstaat einem anderen notifiziert hat, dass eine Streitigkeit zwischen ihnen besteht, beigelegt werden, so finden sinngemäß die in Teil XV des Seerechtsübereinkommens der Vereinten Nationen von 1982 enthaltenen Bestimmungen über die Beilegung von Streitigkeiten Anwendung, und zwar unabhängig davon, ob die Streitparteien auch Vertragsstaaten des Seerechtsübereinkommens der Vereinten Nationen von 1982 sind.

(3) Jedes Verfahren, das ein Vertragsstaat dieses Übereinkommens, der auch Vertragsstaat des Seerechtsübereinkommens der Vereinten Nationen von 1982 ist, nach Artikel 287 des letztgenannten Übereinkommens gewählt hat, wird für die Beilegung von Streitigkeiten nach diesem Artikel angewandt, sofern dieser Vertragsstaat nicht bei der Ratifikation, Annahme oder Genehmigung dieses Übereinkommens, beim Beitritt zu ihm oder zu jedem späteren Zeitpunkt ein anderes Verfahren nach Artikel 287 für die Beilegung von Streitigkeiten aus diesem Übereinkommen wählt.

(4) [1] Einem Vertragsstaat dieses Übereinkommens, der nicht Vertragsstaat des Seerechtsübereinkommens der Vereinten Nationen von 1982 ist, steht es bei der Ratifikation, Annahme oder Genehmigung dieses Übereinkommens, beim Beitritt zu ihm oder zu jedem späteren Zeitpunkt frei, durch eine schriftliche Erklärung eines oder mehrere der in Artikel 287 Absatz 1 des Seerechtsübereinkommens der Vereinten Nationen von 1982 genannten Mittel zur Beilegung von Streitigkeiten nach diesem Artikel zu wählen. [2] Artikel 287 findet Anwendung auf eine derartige Erklärung sowie auf jede Streitigkeit, deren Partei dieser Staat ist und die nicht von einer gültigen Erklärung erfasst ist. [3] Für die Zwecke des Vergleichs und des Schiedsverfahrens nach den Anlagen V und VII des Seerechtsübereinkommens der Vereinten Nationen von 1982 ist dieser Staat berechtigt, zur Beilegung von Streitigkeiten aus diesem Übereinkommen Schlichter und Schiedsrichter zu ernennen, die in die in Anlage V Artikel 2 beziehungsweise in Anlage VII Artikel 2 genannten Listen aufzunehmen sind.

(5) Eine nach den Absätzen 3 und 4 abgegebene Erklärung wird beim Generalsekretär hinterlegt, der den Vertragsstaaten hiervon Abschriften übermittelt.

1   Art. 15 WBÜ enthält eine umfassende Regelung über die Beilegung von Streitigkeiten zwischen zwei oder mehr Vertragsstaaten über die Auslegung oder Anwendung des Übereinkommens. Ein Beispiel hierfür kann die Frage sein, ob der Versicherer, der in einer von einem Vertragsstaat ausgestellten Versicherungsbescheinigung genannt ist, finanziell in der Lage ist, seinen Pflichten aus dem WBÜ nachzukommen (siehe Art. 12 Abs. 9 Satz 2 WBÜ). Nach Art. 15 Abs. 1 WBÜ sind die Vertragsstaaten zunächst gehalten, zu versuchen, durch Verhandlung, Untersuchung, Vermittlung, Vergleich, Schiedsspruch, ge-

richtliche Entscheidung, Inanspruchnahme regionaler Einrichtungen oder Abmachungen oder durch andere friedliche Mittel ihrer Wahl beizulegen. Auch bereits Art. VIII sowie die Anlage zum MaßnahmeÜ (Art. II MaßnahmeProt) enthalten sehr ausführliche Regelungen über die Beilegung von Streitigkeiten. Art. 15 Abs. 1 WBÜ nennt bereits weitgehend alle Möglichkeiten, die grundsätzlich zur Verfügung stehen, um den Streit beizulegen. Die Vorschrift findet nach Art. 4 Abs. 4 (a) (ii) WBÜ keine Anwendung auf Wracks in dem Hoheitsgebiet einschließlich des Küstenmeeres eines Vertragsstaates, der von der Möglichkeit des Opt-in Gebrauch gemacht hat (Art. 3 Abs. 2 WBÜ, dort Rn 3–8).

Gleichwohl wird in Art. 15 Abs. 2 WBÜ weiter der Fall geregelt, dass die Streitigkeit nicht innerhalb eines angemessenen Zeitraums von höchsten 12 Monaten beigelegt werden kann. Nunmehr finden die in Teil XV SeerechtsÜ (Art. 286–299) enthaltenen Bestimmungen über die Beilegung von Streitigkeiten sinngemäß Anwendung. Dies gilt unabhängig davon, ob die betreffenden Vertragsstaaten des WBÜ auch Vertragsstaaten des SeerechtsÜ sind. Insbesondere sieht Art. 287 Abs. 1 SeerechtsÜ mehrere Verfahren zur Streitbeilegung vor, nämlich ein Verfahren vor dem Internationalen Seegerichtshof, ein Verfahren vor dem Internationalen Gerichtshof, ein Verfahren vor einem nach Anlage VII SeerechtsÜ gebildeten Schiedsgericht oder ein Verfahren vor einem nach Anlage VIII SeerechtsÜ gebildeten besonderen Schiedsgericht. Die Vertragsstaaten des SeerechtsÜ können bei der Ratifikation des Übereinkommens oder auch später eines oder mehrere Verfahren wählen. Kommt es später zu Streit und haben alle beteiligten Vertragsstaaten dasselbe Verfahren gewählt, ist dieses maßgeblich (Art. 287 Abs. 4 SeerechtsÜ). Andernfalls ist ein Schiedsverfahren nach Maßgabe der Anlage VII SeerechtsÜ durchzuführen (Art. 287 Abs. 5 SeerechtsÜ). 2

Ist ein Vertragsstaat des WBÜ auch ein solcher des SeerechtsÜ, gilt nach Art. 15 Abs. 3 WBÜ ein nach Art. 287 SeerechtsÜ gewähltes Streitbeilegungsverfahren grundsätzlich auch für Streitigkeiten nach dem WBÜ. Ist ein Vertragsstaat des WBÜ nicht auch Vertragsstaat des SeerechtsÜ, kann er für die Zwecke der Beilegung von Streitigkeiten unter dem WBÜ ein Verfahren nach Art. 287 Abs. 1 SeerechtsÜ zu wählen (näher Art. 15 Abs. 4 WBÜ). 3

Artikel 16
Verhältnis zu anderen Übereinkommen und internationalen Übereinkünften

Durch dieses Übereinkommen werden die Rechte und Verpflichtungen eines Staates aus dem Seerechtsübereinkommen der Vereinten Nationen von 1982 und aus dem völkerrechtlichen Seegewohnheitsrecht nicht berührt.

Art. 16 WBÜ stellt klar, dass das Übereinkommen die Rechte und Pflichten eines Staates aus dem SeerechtsÜ sowie aus dem völkerrechtlichen Seegewohnheitsrecht unangetastet lässt. Dies ist nicht in einem deklaratorischen Sinne zu verstehen, sondern konstitutiv als Begrenzung des Anwendungsbereichs des WBÜ: Das SeerechtsÜ sowie das Gewohnheitsrecht haben Vorrang; siehe auch bereits Erwägungsgrund (5) der Präambel sowie Art. 2 Abs. 4 WBÜ (dort Rn 16). 1

Artikel 17
Unterzeichnung, Ratifikation, Annahme, Genehmigung und Beitritt

(1) Dieses Übereinkommen liegt vom 19. November 2007 bis zum 18. November 2008 am Sitz der Organisation zur Unterzeichnung auf; danach steht es zum Beitritt offen.

a) Die Staaten können ihre Zustimmung, durch dieses Übereinkommen gebunden zu sein, ausdrücken,
   i) indem sie es ohne Vorbehalt der Ratifikation, Annahme oder Genehmigung unterzeichnen,
   ii) indem sie es vorbehaltlich der Ratifikation, Annahme oder Genehmigung unterzeichnen und später ratifizieren, annehmen oder genehmigen oder
   iii) indem sie ihm beitreten.
b) Die Ratifikation, die Annahme, die Genehmigung oder der Beitritt erfolgt durch Hinterlegung einer entsprechenden Urkunde beim Generalsekretär.

1   Dem Text des Art. 17 wird, offenbar aufgrund eines Redaktionsversehens, die Bezeichnung „(1)", also „Abs. 1", vorangestellt, obwohl es keine weiteren Absätze gibt. Art. 17 WBÜ enthält die üblichen Regelungen zum völkerrechtlichen Inkrafttreten des Übereinkommens. Es hat für ein Jahr vom 19. November 2007 bis zum 18. November 2008 am Sitz der IMO in London zur Unterzeichnung aufgelegen. Seit dem 19. November 2008 ist lediglich noch der Beitritt zum Übereinkommen möglich. Die völkerrechtliche Bindung konnte bis zum 18. November 2008 durch eine vorbehaltlose Zeichnung herbeigeführt werden. Daneben bestand die Möglichkeit der Zeichnung unter Vorbehalt der Ratifikation, Annahme oder Genehmigung (Ratifikation etc.), die im weiteren Verlauf erklärt werden konnte. Die Ratifikation etc. durch die Zeichnerstaaten bzw. der Beitritt erfolgt nach Art. 17 Abs. 1 (b) WBÜ durch Hinterlegung einer entsprechenden Urkunde beim Generalsekretär der IMO (Art. 1 Abs. 13 und Abs. 12 WBÜ).

Artikel 18
Inkrafttreten

(1) Dieses Übereinkommen tritt zwölf Monate nach dem Tag in Kraft, an dem es zehn Staaten entweder ohne Vorbehalt der Ratifikation, Annahme oder Genehmigung unterzeichnet oder Ratifikations-, Annahme-, Genehmigungs- oder Beitrittsurkunden beim Generalsekretär hinterlegt haben.

(2) Für jeden Staat, der dieses Übereinkommen ratifiziert, annimmt, genehmigt oder ihm beitritt, nachdem die Voraussetzungen in Absatz 1 für das Inkrafttreten erfüllt sind, tritt es drei Monate nach dem Tag in Kraft, an dem dieser Staat die entsprechende Urkunde hinterlegt hat, jedoch nicht, bevor das Übereinkommen nach Absatz 1 in Kraft getreten ist.

1   Nach Art. 18 Abs. 1 ist das WBÜ 12 Monate nach dem Tag in Kraft getreten, an dem zehn Staaten erklärt haben, durch das Übereinkommen gebunden zu sein. Dies konnte durch Ratifikation, Annahme oder Genehmigung (Ratifikation etc.) ohne Vorbehalt nach Art. 17 Abs. 1 [a] [i] WBÜ oder durch Erklärung der Ratifikation etc. nach Art. 17 Abs. 1 [a] [ii] WBÜ oder, nach dem 18. November 2008, durch Erklärung des Beitritts erfolgen. Dänemark hat das Übereinkommen als zehnter Staat am 14. April 2014 ratifiziert, so dass das WBÜ am 14. April 2015 in Kraft getreten ist. Für die Zeichnerstaaten, die die Ratifikation etc. nach dem 18. November 2008 erklären sowie für die (Nichtzeichner-)Staaten, die dem Übereinkommen beitreten, tritt es nach Art. 18 Abs. 2 WBÜ drei Monate nach Hinterlegung der Ratifikations-(etc.) -urkunde in Kraft.

Artikel 19
Kündigung

(1) Dieses Übereinkommen kann von einem Vertragsstaat jederzeit nach Ablauf eines Jahres nach dem Tag gekündigt werden, an dem es für den betreffenden Staat in Kraft getreten ist.
(2) Die Kündigung erfolgt durch Hinterlegung einer diesbezüglichen Urkunde beim Generalsekretär.
(3) Eine Kündigung wird nach Ablauf eines Jahres oder eines längeren in der Kündigungsurkunde genannten Zeitabschnitts nach Eingang der Urkunde beim Generalsekretär wirksam.

Den Vertragsstaaten des WBÜ steht das Recht zu, jederzeit die Kündigung des Übereinkommens zu erklären. Dies erfolgt nach Art. 19 Abs. 2 WBÜ durch Hinterlegung einer entsprechenden Urkunde beim Generalsekretär der IMO (Art. 1 Abs. 13 und 12 WBÜ). Das Recht zur Erklärung der Kündigung entsteht nach Art. 19 Abs. 1 WBÜ erst nach Ablauf eines Jahres nach dem Tag, an dem das Übereinkommen für den betreffenden Staat in Kraft getreten ist. Die völkerrechtliche Bindung des kündigenden Staates an das WBÜ endet nach Art. 19 Abs. 3 nach Ablauf eines Jahres nach Zugang der Kündigungsurkunde. Dem Vertragsstaat steht es frei, in der Kündigungsurkunde einen längeren Zeitraum bis zum Außerkrafttreten zu bestimmen. 1

Artikel 20
Verwahrer

(1) Dieses Übereinkommen wird beim Generalsekretär hinterlegt.
(2) Der Generalsekretär
a) unterrichtet alle Staaten, die das Übereinkommen unterzeichnet haben oder ihm beigetreten sind,
   i) von jeder weiteren Unterzeichnung oder Hinterlegung einer Ratifikations-, Annahme-, Genehmigungs- oder Beitrittsurkunde unter Angabe des Zeitpunkts;
   ii) vom Zeitpunkt des Inkrafttretens dieses Übereinkommens;
   iii) von der Hinterlegung jeder Urkunde zur Kündigung dieses Übereinkommens unter Angabe des Zeitpunkts der Hinterlegung und des Zeitpunkts, zu dem die Kündigung wirksam wird;
   iv) von weiteren Erklärungen und Notifikationen, die nach diesem Übereinkommen eingegangen sind;
b) übermittelt allen Staaten, die dieses Übereinkommen unterzeichnet haben oder ihm beigetreten sind, beglaubigte Abschriften dieses Übereinkommens.
(3) Sobald dieses Übereinkommen in Kraft tritt, übermittelt der Generalsekretär dem Generalsekretär der Vereinten Nationen eine beglaubigte Abschrift des Wortlauts des Übereinkommens zur Registrierung und Veröffentlichung nach Artikel 102 der Charta der Vereinten Nationen.

Das WBÜ wird nach Art. 20 Abs. 1 beim Generalsekretär der IMO (Art. 1 Abs. 13 und Abs. 12 WBÜ) hinterlegt. Art. 20 Abs. 2 betrifft die Pflichten des Generalsekretärs gegenüber den Vertragsstaaten. Der Generalsekretär muss die Vertragsstaaten über die Hinterlegung weiterer Ratifikations-, Annahme- oder Genehmigungs- (Ratifikations- etc.) -urkunden, über das Inkrafttreten des WBÜ am 15. April 2015, von der Hinterlegung jeder 1

Kündigungsurkunde sowie des Zeitpunkts, zu dem die Kündigung wirksam wird sowie von weiteren Erklärungen und Notifikationen der Vertragsstaaten unterrichten. Außerdem übermittelt der Generalsekretär nach Art. 20 Abs. 1 (b) WBÜ Abschriften des Übereinkommens. Schließlich sorgt der Generalsekretär nach Art. 20 Abs. 3 für die Registrierung und Veröffentlichung des WBÜ durch die Vereinten Nationen.

Artikel 21
Sprachen

Dieses Übereinkommen ist in einer Urschrift in arabischer, chinesischer, englischer, französischer, russischer und spanischer Sprache abgefasst, wobei jeder Wortlaut gleichermaßen verbindlich ist.

1   Das WBÜ ist in arabischer, chinesischer, englischer, französischer, russischer und spanischer Sprache abgefasst. Jeder Wortlaut ist gleichermaßen verbindlich. Im BGBl. II sind die verbindlichen englischen und französischen Fassungen sowie eine amtliche deutsche Übersetzung wiedergegeben. Weicht diese von den verbindlichen Wortlauten ab, sind letztere maßgeblich; siehe zu Art. 1 Abs. 4 (d) WBÜ dort Rn 28–29, 30, zu Art. 1 Abs. 9 WBÜ dort Rn 48, zu Art. 6 (i) WBÜ dort Rn 4, zu Art. 7 Abs. 1 WBÜ dort Rn 3, zu Art. 9 Abs. 4 Satz 1 WBÜ dort Rn 17, zu Art. 10 Abs. 3 Satz 2 dort Rn 20 sowie zu Art. 11 WBÜ dort Rn 1.

Anhang III.2 zu § 480 (WrBesKoDG)

Gesetz über die Durchsetzung von Kostenforderungen aus dem Internationalen Übereinkommen von Nairobi von 2007 über die Beseitigung von Wracks (Wrackbeseitigungskostendurchsetzungsgesetz)

vom 4. Juni 2013 – Art. 6 des Gesetzes vom 4. Juni 2013
(BGBl. I S. 1471, 1478)

Die Regelungen des WBÜ über die Befugnisse des Küstenstaates im Hinblick auf die 1 Beseitigung von Wracks werden durch die Bestimmungen des WrBesKoDG ergänzt. Das Gesetz ist als Art. 6 des SeeverkÄndG erlassen worden. Das WrBesKoDG enthält lediglich vier kurze Vorschriften, die in § 5 um eine (inzwischen gegenstandslose) Regelung zum Inkrafttreten ergänzt werden.

§ 1

Kommt der eingetragene Eigentümer eines Schiffes seiner Pflicht zur Beseitigung nach Artikel 9 Absatz 2 des Internationalen Übereinkommens von Nairobi von 2007 über die Beseitigung von Wracks (BGBl. 2013 II S. 530, 531) (Wrackbeseitigungsübereinkommen) nicht nach, erfolgt die Beseitigung im Rahmen des Artikels 9 Absatz 6 bis 8 des Wrackbeseitigungsübereinkommens durch die nach § 3 zuständige Behörde nach Maßgabe der §§ 677 bis 687 des Bürgerlichen Gesetzbuches.

§ 1 WrBesKoDG betrifft die Situation, dass der eingetragene Eigentümer (Art. 1 Abs. 8 1 WBÜ) seiner Beseitigungspflicht nach Art. 9 Abs. 2 WBÜ nicht nachkommt. Daran anknüpfend ordnet § 1 WrBesKoDG an, dass die Beseitigung im Rahmen des Art. 9 Abs. 6 bis Abs. 8 WBÜ durch die nach § 3 WrBesKoDG zuständige Behörde nach Maßgabe der §§ 677 bis 687 BGB erfolgt. Gegenstand der Vorschrift sind (nur) die die Selbstvornahme (Art. 9 Abs. 7 WBÜ) sowie das umgehende Eingreifen in Fällen der Gefahrerhöhung und der Erforderlichkeit (Art. 9 Abs. 6 [c] und Abs. 8 WBÜ). Als Rechtsfolge sieht § 1 WrBesKoDG vor, dass die Beseitigung des Wracks durch die zuständige Behörde nach Maßgabe der §§ 677 ff. BGB (über die Geschäftsführung ohne Auftrag) durchgeführt wird. Dies ist die eigentliche Regelung des § 1 WrBesKoDG: Die zuständige Behörde wird insoweit stets privatrechtlich und nicht öffentlich-rechtlich (auf Grundlage der §§ 3 ff. SeeaufgG) tätig. Außerdem bestätigt § 1 WrBesKoDG, dass die §§ 677 ff. BGB auch auf Maßnahmen in der deutschen AWZ, also außerhalb des Hoheitsgebietes, zur Anwendung gelangen.

Die Vorschrift des § 1 WrBesKoDG bezieht sich nicht auf die Eingriffe des betroffenen 2 Staates nach Art. 9 Abs. 4 und 5 WBÜ zur Sicherstellung der Beseitigung in einer Art und Weise, die mit Gesichtspunkten der Sicherheit und des Schutzes der Meeresumwelt vereinbar ist (Rn 19 zu Art. 9 WBÜ [Anhang III.1 zu § 480]). Ebenso betrifft § 1 WrBesKoDG nicht die vorangehenden Maßnahmen der Lokalisierung und Markierung des Wracks nach Art. 7 und 8 WBÜ. All dem kann aber nicht im Rückschluss die Regelung entnommen werden, dass die Eingriffe nach Art. 9 Abs. 4 und 5 WBÜ sowie die Lokalisierung und Markierung des Wracks durch die zuständige Behörde nicht privatrechtlich nach §§ 677 bis 687 BGB, sondern im Rahmen des öffentlichen Rechts durchgeführt werden. Vielmehr spricht nichts dagegen, dass auch diese Maßnahmen privatrechtlich auf

Grundlage der §§ 677 bis 687 BGB erfolgen können. Dies legt § 2 WrBesKoDG sogar nahe, der (auch) für die Ansprüche wegen der Kosten der Lokalisierung und der Markierung die Geltung der §§ 683 und 670 BGB anordnet.

3   § 1 WrBesKoDG hat den Charakter einer Kollisionsnorm in dem Sinne, dass sie über den Konflikt zwischen der Geltung öffentlich-rechtlicher und privatrechtlicher Vorschriften entscheidet, und zwar zugunsten letzterer. Dagegen ist § 1 WrBesKoDG keine Vorschrift des internationalen Privatrechts, die etwa durch eine vorschriftenbezogene Verweisung anordnet, dass die Maßnahmen der zuständigen Behörde unter Ausschluss der (privatrechtlichen) Vorschriften anderer Staaten stets dem deutschen Sachrecht unterliegen. Andererseits: Wenn eine Behörde privatrechtlich tätig wird, unterliegt sie auch den Grundsätzen des IPR, so dass möglicherweise ausländisches Sachrecht zur Anwendung gelangt. In den hier erörterten Fällen von Maßnahmen der nach § 1 WrBesKoDG zuständigen Behörde in der deutschen AWZ wird es in aller Regel bei der Geltung deutschen Sachrechts bleiben, weil die Anknüpfung nach Art. 11 Rom II normalerweise zum deutschen Sachrecht hinführt (unten Rn 2–8 Anhang WrBesKoDG).

4   Die Bestimmungen des WBÜ haben als staatsvertraglich vereinheitlichtes Recht gegenüber den §§ 677 ff. BGB stets Vorrang (siehe hierzu Rn 187 zu § 480). Soweit die §§ 677 ff. BGB für die Zulässigkeit der Geschäftsführung eigenständige Regelungen enthalten, sind diese in dem Umfange unbeachtlich, wie sie von denen des WBÜ abweichen. Dies gilt insbesondere für das Erfordernis der Wahrung des Interesses des Geschäftsherrn mit Rücksicht auf dessen wirklichen oder mutmaßlichen Willen nach § 677 BGB; für die Regelungen der §§ 678, 679 BGB zur Übernahme der Geschäftsführung in Widerspruch zum Willen des Geschäftsherrn; sowie für §§ 681, 666 bis 668 BGB über die weiteren Pflichten des Geschäftsherrn. Die Bezugnahme auf die §§ 677 bis 683 BGB in § 2 WrBesKoDG ist nicht in einem abschließenden Sinne zu verstehen. Neben den genannten Vorschriften gelten auch die allgemeinen Vorschriften der §§ 241 ff. BGB über Schuldverhältnisse.

§ 2

Auf den Aufwendungsersatz nach den Artikeln 10, 11 und 12 des Wrackbeseitigungsübereinkommens sind die §§ 683 und 670 des Bürgerlichen Gesetzbuches anzuwenden.

1   Die Regelung des § 2 WrBesKoDG führt den Ansatz des § 1 WrBesKoDG fort, der die Anwendbarkeit der Vorschriften über die Geschäftsführung ohne Auftrag (§§ 677 ff. BGB) auf Maßnahmen der zuständigen Behörde zur Beseitigung des Wracks anordnet. Die Ansprüche auf Ersatz von Aufwendungen nach den Art. 10, 11 und 12 WBÜ für die Lokalisierung, Markierung und Beseitigung des Wracks unterliegen nach § 2 WrBesKoDG den §§ 683 und 670 BGB. Die Grundlage der Ansprüche ist die Regelung des Art. 10 Abs. 1 Hs. 1 WBÜ. Die weiteren Vorschriften der Art. 10 Abs. 1 Hs. 2, Abs. 2 bis 4 sowie Art. 11 WBÜ gestalten den Anspruch näher aus. Die Bezugnahme auf Art. 12 WBÜ in § 2 WrBesKoDG betrifft den Direktanspruch gegen den Versicherer aus Art. 12 Abs. 10 WBÜ (Rn 10 zu Art. 12 WBÜ [Anhang III.1 zu § 480]). Die Vorschrift des § 2 WrBesKoDG geht über die des § 1 hinaus, weil sie sich ebenso auf die Kosten der Lokalisierung und Beseitigung des Wracks (Art. 7 und 8 WBÜ) bezieht.

2   § 2 WrBesKoDG hat keinen internationalprivatrechtlichen Charakter (siehe zu § 1 WrBesKoDG dort Rn 3). Es handelt sich bei § 2 WrBesKoDG nicht um eine einseitige Kollisionsnorm in dem Sinne, dass der Anspruch stets den §§ 683, 670 BGB unterliegt. Diese Vorschriften sowie § 2 WrBesKoDG gelten nur, wenn das deutsche Sachrecht zur Anwen-

dung gelangt;[1] normalerweise ist dies der Fall (dazu unten Rn 2–8 Anhang WrBesKoDG). Die Regelungen des WBÜ über die Voraussetzungen und den Inhalt des Anspruchs auf Ersatz der Aufwendungen haben Vorrang gegenüber den §§ 683, 670 BGB. Hiervon betroffen ist das Erfordernis der Wahrung des Interesses des Geschäftsherrn mit Rücksicht auf dessen wirklichen oder mutmaßlichen Willen nach § 683 BGB; für die Regelungen der §§ 678, 679, 683 Abs. 2 BGB zur Übernahme der Geschäftsführung in Widerspruch zum Willen des Geschäftsherrn; sowie für die Vorgabe des § 670 BGB, dass der Beauftragte die Aufwendungen für erforderlich halten darf.

§ 3
Zuständige Behörde im Sinne der §§ 1 und 2 ist die für die Maßnahmen nach den Artikeln 6 bis 8 und 9 Absatz 1 und 4 des Wrackbeseitigungsübereinkommens zuständige Schifffahrtspolizeibehörde des Bundes.

§ 3 WrBesKoDG bestimmt die Behörde, die für die Durchführung der Beseitigung des 1
Wracks nach § 1 und die Geltendmachung des Kostenanspruchs nach § 2 zuständig ist. Dies ist die zuständige Schifffahrtspolizeibehörde des Bundes, die für die Maßnahmen nach Art. 6 bis 8 und 9 Abs. 1 WBÜ (Feststellung einer Gefahr, Lokalisierung und Markierung von Wracks, vorbereitende Maßnahmen) zuständig ist. Dabei handelt es sich nach § 3 Abs. 1 Satz 2, § 1 Nr. 3 (a) SeeaufgG um die WSV.

§ 4
In Streitigkeiten nach dem Wrackbeseitigungsübereinkommen wegen der Ansprüche nach § 2 ist das Landgericht im ersten Rechtszug zuständig, in dessen Bezirk die nach § 3 zuständige Behörde ihren Sitz hat.

Im WBÜ finden sich keine Bestimmungen über die Zuständigkeit von Gerichten für 1
Ansprüche aus dem Übereinkommen. Es gelten die allgemeinen Grundsätze sowie ergänzend § 4 WrBesKoDG. Nach dieser Vorschrift ist für Streitigkeiten aus dem WBÜ wegen der Ansprüche nach § 2 WrBesKoDG das Landgericht zuständig, in dessen Bezirk die nach § 3 WrBesKoDG zuständige Behörde ihren Sitz hat. Der Gerichtsstand des § 4 WrBesKoDG ist nicht ausschließlich. Insbesondere kann steht es dem Bund frei, den Eigentümer vor einem anderen Gericht in Anspruch zu nehmen. § 30a ZPO betrifft Bergungen und bleibt unberücksichtigt.

§ 4 WrBesKoDG regelt bemerkenswerterweise nur die örtliche, nicht aber auch die 2
internationale Zuständigkeit.[2] Die internationale Zuständigkeit deutscher Gerichte muss unter anderen Gesichtspunkten begründet sein. Damit ist der Anwendungsbereich des § 4 WrBesKoDG praktisch sehr gering. Es gibt keinen allgemeinen Grundsatz, dass für die Beurteilung von Vorgängen auf deutschem Hoheitsgebiet deutsche Gerichte international zuständig sind. Erst recht gilt dies nicht für Vorgänge in der deutschen AWZ. Die §§ 12 ff. ZPO über den allgemeinen Gerichtsstand und der § 23 ZPO über den Gerichtsstand des Vermögens betreffen die örtliche und darüber hinaus die internationale Zuständigkeit. Diese beiden Zuständigkeiten sind jeweils miteinander verbunden. Nicht etwa kann der eingetragene Eigentümer, der seinen Wohn- bzw. Geschäftssitz in

---
[1] Begründung des Entwurfs eines Gesetzes zur Änderung seeverkehrsrechtlicher und sonstiger Vorschriften mit Bezug zum Seerecht (BT-Drs 17/12348, S. 15–30) S. 28 („Zu § 2").
[2] So ausdrücklich die Gesetzesbegründung (BT-Drs 17/12348, S. 15–30) S. 28 („Zu § 4").

Deutschland hat (§§ 12 ff. ZPO) oder der hier über Vermögen verfügt (§ 23 ZPO) – so dass deutsche Gerichte international zuständig wären – stattdessen am Gerichtsstand des § 4 WrBesKoDG verklagt werden. Das Gleiche gilt umgekehrt für Klagen des eingetragenen Eigentümers gegen den Bund in Deutschland. Hier bleibt es bei der Anwendung des § 18 ZPO, der die internationale und damit verbunden die örtliche Zuständigkeit begründet. § 4 WrBesKoDG läuft daher insoweit vollständig leer.

3   Für die Frage der gerichtlichen Zuständigkeit für Klagen im Zusammenhang mit den Kosten der Beseitigung des Wracks nach Art. 10 Abs. 1 WBÜ wäre in erster Linie die EuGVV 2012 maßgeblich.[3] Trotz der Beteiligung des Bundes als Partei würde eine Zivil- bzw. Handelssache vorliegen. Denn der Bund handelt nach §§ 1 und 2 WrBesKoDG gerade privatrechtlich. Andererseits hat der EuGH noch für das EuGVÜ entschieden,[4] dass keine Zivil- oder Handelssache vorliege, wenn der Rechtsstreit Ansprüche des Verwalters einer öffentlichen Wasserstraße gegen den Pflichtigen wegen der Kosten der Beseitigung eines Wracks betrifft. Maßgeblich war für den EuGH das Verständnis, dass der Staat die Beseitigung des Wracks stets im Rahmen seiner hoheitlichen Befugnisse durchführt. Dies gelte unabhängig von der Art des Verfahrens, das das nationale Recht hierfür bereithalte. Dass der weitere Anspruch auf Kostenersatz dann privatrechtlicher Natur war, hielt der EuGH nicht für ausschlaggebend. Ausgehend davon findet die EuGVV 2012 und ebenso das LuganoÜ 2007 auf die Ansprüche des betroffenen Staates aus dem WBÜ keine Anwendung. Andererseits ist in § 2 WrBesKoDG ausdrücklich bestimmt, dass die Maßnahmen auf privatrechtlicher Grundlage durchgeführt werden.

4   Kommt die EuGVV 2012 zur Anwendung, steht nur die allgemeine Zuständigkeit des Art. 2 Abs. 1 zur Verfügung. Grundsätzlich sind keine besonderen Zuständigkeiten begründet,[5] etwa nach Art. 5, 8 ff., 15 ff., 18 ff. EuGVV 2012. Der Bund kann den Eigentümer nur vor den Gerichten des Mitgliedsstaates verklagen, in dem dieser seinen Wohnsitz hat (Art. 60 Abs. 1 EuGVV 2012). Auch umgekehrt steht dem eingetragenen Eigentümer nach Art. 2 Abs. 1 EuGVV 2012 nur der Weg zu deutschen Gerichten offen. Hier würde sich die örtliche Zuständigkeit allerdings nach § 4 WrBesKoDG beurteilen.

5   Nach § 4 WrBesKoDG ist stets das Landgericht zuständig. Dies gilt insbesondere unabhängig vom Streitwert, die Zuständigkeit des Amtsgerichts ist ausgeschlossen (siehe § 23 Nr. 1 GVG). Insoweit regelt § 4 WrBesKoDG die sachliche Zuständigkeit, die von der der internationalen und der örtlichen Zuständigkeit zu unterscheiden ist. § 4 WrBesKoDG kann nicht die Regel entnommen werden, dass für Streitigkeiten wegen der Ansprüche nach Art. 10 I WBÜ vor jedem deutschen Gericht stets das jeweilige Landgericht sachlich zuständig ist. Vielmehr besteht die sachliche Zuständigkeit des Landgerichts nur in dem örtlichen Gerichtsstand des § 4 WrBesKoDG (die allerdings praktisch nie begründet ist). Streitigkeiten wegen Ansprüchen aus Art. 10 Abs. 1 WBÜ sind nach § 95 Abs. 1 Nr. 4 (f) GVG Handelssachen, so dass ggf. die Kammer für Handelssachen entscheidet.

§ 5
Übergangsregelung

[inzwischen gegenstandslos]

---

3   Siehe *Rittmeister* DVIS A 103 (2008), 33 Rn 31.
4   Rechtssache C-814/79 (EuGH 1980, 3807), Niederlande/Reinhold Rüffer.
5   So auch schon *Rittmeister* DVIS A 103 (2008), 33 Rn 31.

Anhang zum WrBesKoDG

Nach § 1 WrBesKoDG führen die zuständigen Behörden der WSV (§ 3 WrBesKoDG) **1** die Maßnahmen der Beseitigung des Wracks auf Grundlage des Privatrechts und nach Maßgabe der §§ 677 ff. BGB durch. Vorrangig gelten die Vorschriften des WBÜ. Letztlich bleibt den §§ 677 ff. BGB nur ein relativ schmaler eigener Anwendungsbereich. Dies gilt etwa für § 680 BGB. Die Regelungen der §§ 1 und 2 WrBesKoDG sind nicht in einem abschließenden Sinne zu verstehen. Auf die Ansprüche nach Art. 10 Abs. 1 WBÜ sind etwa auch die Vorschriften über die Fälligkeit (§ 271 BGB) sowie über den Verzug (§§ 280 Abs. 2, 286 ff. BGB) anzuwenden. Die Vorschriften des deutschen Sachrechts kommen zur Anwendung, wenn die Grundsätze des IPR auf das deutsche Sachrecht verweisen. Nach dem im Übrigen anwendbaren Recht beurteilen sich auch andere Fragen, die sich nicht aus dem WBÜ heraus beantworten lassen. Dies betrifft beispielsweise die für die Anwendung des Art. 1 Abs. 2 WBÜ (dort Rn 4–6 [Anhang III.1 zu § 480]) und damit der Geltung des WBÜ insgesamt maßgebliche Abgrenzung zwischen See- und Binnenschiffen (dazu oben Rn 63–85 Einleitung B).

I. Internationalprivatrechtliche Gesichtspunkte

Soweit der Anspruch des betroffenen Staates aus Art. 10 Abs. 1 WBÜ auf Ersatz der **2** Kosten der Lokalisierung, Markierung und Beseitigung des Wracks im Übereinkommen nicht selbst geregelt wird, kommen die Vorschriften des jeweils im Übrigen anwendbaren nationalen Rechts zur Anwendung. Dieses ermittelt sich anhand der Grundsätze des internationalen Privatrechts. Die Bestimmungen des WBÜ gehen vor (siehe zum Vorrang des staatsvertraglich vereinheitlichten Rechts auch Rn 187 zu § 480). Ein deutsches Gericht, ebenso die Gerichte aller anderen Mitgliedsstaaten, ermitteln das anwendbare Sachrecht anhand der Tatbestände des Art. 11 Rom II. Die Ansprüche des betroffenen Staates auf Ersatz der Kosten der Lokalisierung, Markierung und Beseitigung des Wracks sind als solche aus Geschäftsführung ohne Auftrag im Sinne der Verordnung zu qualifizieren.

1. Die unselbständige Anknüpfung (Art. 11 Abs. 1 Rom II). Der Tatbestand des **3** Art. 11 Abs. 1 Rom II stellt bei der Ermittlung des anwendbaren Sachrechts die unselbständige Anknüpfung an die erste Stelle. Ausgangspunkt ist ein zwischen den Parteien bestehendes vertragliches Rechtsverhältnis oder ein solches aus unerlaubter Handlung. Knüpft die Geschäftsführung hieran an und besteht eine enge Verbindung zu der Geschäftsführung, unterliegt sie dem Recht, das auch für den Vertrag oder die unerlaubte Handlung maßgeblich ist. Die Voraussetzungen einer unselbständigen Anknüpfung werden im Verhältnis zwischen dem betroffenen Staat und dem eingetragenen Eigentümer nur selten vorliegen.

Ein vertragliches Rechtsverhältnis kann bestehen, wenn der eingetragene Eigentü- **4** mer mit seinem Schiff für den betroffenen Staat als Auftraggeber Leistungen erbringt, beispielsweise aufgrund eines Werkvertrages oder im Rahmen einer Charter. Eine unselbständige Anknüpfung kommt in Betracht, wenn es im Zusammenhang mit der Abwicklung des Vertrages zum Seeunfall kommt und das Wrack entsteht. Hier würde auf die Ansprüche im Übrigen das Sachrecht zur Anwendung gelangen, dem auch der betreffende Vertrag unterliegt.

Art. 11 Abs. 1 Rom II nennt neben dem Vertrag auch noch die unerlaubte Hand- **5** lung, an die unselbständig angeknüpft werden kann. Es wird nicht häufig vorkommen, dass der eingetragene Eigentümer eine unerlaubte Handlung begeht, durch die der betroffene Staat geschädigt wird, und dass außerdem in einem hinreichend engen Zusammenhang damit Maßnahmen der Wrackbeseitigung erforderlich werden. Denkbar wäre dies allenfalls, wenn das Schiff oder das Wrack das Eigentum des betroffenen Staates beschädigt. Dabei kann es sich um feste Einrichtungen oder auch um ein Schiff des betroffenen Staates handeln. Hier wäre bei der Ermittlung des anwendbaren Sachrechts im Wege der unselbständigen Anknüpfung nach Art. 11 Abs. 1 Rom II die Bestimmung des Art. 4 Abs. 1 Rom II anzuwenden, die das Recht des Staates zur Anwendung bringt, in dem der Schaden eintritt. Diese Regel versagt in staatsfreiem Gebiet, also in der AWZ bzw. dem entsprechenden Gebiet des betroffenen Staates (dazu Rn 208–210 zu § 480). Werden Einrichtungen des betroffenen Staates in seiner AWZ beschädigt, unterliegen dessen Ansprüche seinem Recht (siehe Rn 225 zu § 480). Geht es um die Beschädigung eines Schiffes des betroffenen Staates, das seine Flagge führt, gelangt man ebenfalls zu dessen Sachrecht (siehe Rn 222 zu § 480). Die unselbständige Anknüpfung nach Art. 11 Abs. 1 Rom II an die zugrunde liegende unerlaubte Handlung wird daher häufig zur Anwendung des Sachrechts des betroffenen Staates führen.

6 **2. Der gemeinsame gewöhnliche Aufenthalt (Art. 11 Abs. 2 Rom II).** Scheitert die Anknüpfung nach Art. 11 Abs. 1 Rom II, bestimmt Abs. 2, dass das Recht des gemeinsamen gewöhnlichen Aufenthaltes anzuwenden ist. Danach gilt das Recht des betroffenen Staates, wenn auch der eingetragene Eigentümer dort seinen gewöhnlichen Aufenthalt hat. Diese Voraussetzung kann im Einzelfall erfüllt sein; die Anwendung des WBÜ ist unter diesen Umständen nicht ausgeschlossen (siehe Rn 2 zu Art. 3 WBÜ).

7 **3. Der Ort der Geschäftsführung.** Ergibt sich das anzuwendende Sachrecht nicht aus Art. 11 Abs. 1 oder 2 WBÜ, kommt nach Abs. 3 der Vorschrift das Recht des Staates zur Anwendung, in dem die Geschäftsführung erfolgt ist. Dies verweist auf den Staat, in dessen Hoheitsgebiet die Beseitigung des Wracks erfolgte. Allerdings gehört die AWZ eines Staates oder ein entsprechendes Gebiet (Rn 3–2 zu Art. 1 Abs. 1 WBÜ) nicht zu dessen Hoheitsgebiet. Auf Maßnahmen zur Beseitigung eines Wracks in der AWZ oder eines entsprechenden Gebietes findet Art. 11 Abs. 3 Rom II daher keine Anwendung. Etwas anderes gilt lediglich für solche Vertragsstaaten, die von dem Recht zum Opt-in Gebrauch gemacht haben (Art. 3 Abs. 2 WBÜ, dort Rn 3–8) und es um Maßnahmen der Wrackbeseitigung im Hoheitsgebiet, insbesondere im Küstenmeer geht. Die Regelung des Art. 11 Abs. 4 Rom II hilft ebenfalls nicht weiter. Es handelt sich lediglich um eine Ausnahmevorschrift für den Fall, dass das anwendbare Recht nicht anhand der Abs. 1 bis 3 ermittelt werden konnte. Abs. 3 ist jedoch unanwendbar, soweit es um eine Geschäftsführung in staatsfreien Gebieten geht.

8 M.E. sollte, wenn sich das anwendbare Recht nicht aus Art. 11 Abs. 1 und 2 Rom II ergibt, von dem Grundsatz ausgegangen werden, dass Maßnahmen zur Beseitigung eines Wracks in der AWZ bzw. in dem entsprechenden Gebiet eines Staates in analoger Anwendung des Art. 11 Abs. 3 Rom II grundsätzlich dem Recht dieses Staates unterliegen. Ausgehend davon würde das deutsche Sachrecht zur Anwendung gelangen, wenn die Maßnahmen zur Beseitigung des Wracks in der deutschen AWZ durchgeführt wurden.

II. Der Arrest des Schiffes

9 Ggf. kann der betroffene Staat seine Ansprüche aus Art. 10 Abs. 1 WBÜ auf Ersatz der Kosten der Lokalisierung, Markierung und Beseitigung des Wracks gegen den Eigentü-

mer im Wege des Arrestes verfolgen, um eine Sicherheit zu erlangen oder um ein zu seinen Gunsten bestehendes Schiffsgläubigerrecht (unten Rn 10) durchzusetzen. Die Voraussetzungen des Arrestes richten sich nach den Bestimmungen des Staates, in dem der Arrest stattfindet. Soll in Deutschland arrestiert werden, kann ggf. die Regelung des § 917 Abs. 2 Satz 2 ZPO zur Anwendung gelangen, wonach es eines Arrestgrundes im Falle des Arrestes eines Schiffes nicht mehr bedarf. Ansprüche des betroffenen Staates gegen den Eigentümer wegen Beseitigung des Wracks sind keine Seeforderungen im Sinne des Art. 1 Abs. 1 ArrestÜ. Damit ist ein Arrest im Anwendungsbereich des Übereinkommens ausgeschlossen (siehe Art. 2 Hs. 1 ArrestÜ). Der betroffene Staat kann sich allerdings ggf. auf Art. 2 Hs. 2 ArrestÜ berufen. Danach bleiben insbesondere Befugnisse von Staaten und Behörden, Schiffe zu beschlagnahmen, unberührt. Dies betrifft die öffentlich-rechtlichen Befugnisse. Deutschland könnte allerdings m.E. Art. 2 Hs. 2 ArrestÜ nicht für sich geltend machen, weil in § 1 WrBesKoDG ausdrücklich eine Entscheidung dahingehend getroffen wurde, dass die Beseitigung von Wracks auf privatrechtlicher Grundlage erfolgt.

III. Die Sicherung des Anspruchs durch ein Schiffsgläubigerrecht

Möglicherweise sind die Ansprüche des betroffenen Staates nach Art. 10 Abs. 1 WBÜ auf Ersatz der Kosten der Lokalisierung, Markierung und Beseitigung des Wracks durch ein Schiffsgläubigerrecht gesichert. Diese Frage beantwortet sich nach dem jeweils anwendbaren Recht, das anhand der Grundsätze des IPR ermittelt wird. Nach Art. 45 Abs. 2 Satz 1 EGBGB beurteilt sich die Entstehung von Schiffsgläubigerrechten nach dem Recht, das auf die zu sichernde Forderung anzuwenden ist. Unterliegen die Ansprüche aus Art. 10 Abs. 1 WBÜ im Übrigen dem deutschen Sachrecht (oben Rn 2–8), gilt § 596 Abs. 1 Nr. 4 Hs. 3 HGB: Danach sind Forderungen wegen der Beseitigung des Wracks durch ein Schiffsgläubigerrecht gesichert. Dies betrifft insbesondere die Forderungen auf Ersatz von Aufwendungen für die Beseitigung des Wracks. Der Umschreibung „Wrack" im Sinne des § 596 Abs. 1 Nr. 4 Hs. 3 HGB muss eigenständig ausgelegt werden. Er umfasst nicht auch auf See verlorene Gegenstände (siehe Art. 1 Abs. 4 [c] WBÜ, dort Rn 25 [Anhang III.1 zu § 480]). Im Übrigen entsprechen die Begriffe einander. Zu den Aufwendungen für die Beseitigung des Wracks im Sinne des § 596 Abs. 1 Nr. 4 Hs. 3 HGB gehören nicht die Kosten für dessen Lokalisierung und Markierung (Art. 7 und 8 WBÜ). Hat das Wrack die Eigenschaft eines Schiffes verloren, setzt sich das Schiffsgläubigerrecht als einfaches Pfandrecht an dem Wrack fort. Bei Nichterwerbsschiffen steht kein Schiffsgläubigerrecht zur Verfügung, Art. 7 Abs. 1 EGHGB verweist nicht auch auf die §§ 596 ff. HGB. In der Binnenschifffahrt ist für Ansprüche aus der Beseitigung von Wracks von vornherein kein Schiffsgläubigerrecht vorgesehen (siehe § 102 BinSchG). Dem Bund steht nach § 30 Abs. 4 bis 9 WaStrG das pfandrechtsähnliche, dinglich wirkende Befriedigungsrecht an den beseitigten Gegenständen zu (siehe dazu unten Rn 12–14 Anhang zu § 480 [Wrackbeseitigung]).

10

IV. Die Beschränkbarkeit der Haftung

Das WBÜ bestätigt in Art. 10 Abs. 2, dass das Recht des eingetragenen Eigentümers, seine Haftung für die Ansprüche des betroffenen Staates wegen der Lokalisierung, Markierung und Beseitigung des Wracks zu beschränken, unberührt bleibt (siehe dort Rn 18). Nach welchem Recht sich die Frage der Beschränkbarkeit der Haftung für Ansprüche aus einem Ereignis beurteilt, ermittelt sich anhand der maßgeblichen Grundsätze des internationalen Privatrechts der Haftungsbeschränkung. Richtigerweise kommt

11

insoweit grundsätzlich das Recht des mit der Sache befassten Gerichts zum Tragen (*lex fori*).[6]

12 **1. Die Befugnis zur Beschränkung der Haftung.** Ist das deutsche Recht maßgeblich, unterliegt das Recht zur Beschränkung der Haftung für Ansprüche aus dem Betrieb eines Seeschiffes (nur für solche gilt das WBÜ, siehe Rn 5 zu Art. 1 WBÜ) grundsätzlich dem HBÜ 1996. Der eingetragene Eigentümer (Art. 1 Abs. 8 WBÜ) ist nach Art. 1 Abs. 2 HBÜ 1996 zur Beschränkung berechtigt. Darüber hinaus kann die Haftung für Ansprüche aus der Beseitigung eines Wracks nach Art. 2 Abs. 1 (d) und (e) HBÜ 1996 beschränkt werden. Die hier umschriebenen Ansprüche entsprechen den im WBÜ geregelten Ansprüchen auf Erstattung der Kosten der Lokalisierung, Markierung und Beseitigung von Wracks. Deutschland hat allerdings von der Befugnis nach Art. 18 Abs. 1 Satz 1 (a) HBÜ 1996 Gebrauch gemacht und bei der Ratifikation einen Vorbehalt erklärt.[7] Damit kommt das HBÜ 1996 auf diese Ansprüche zunächst nicht zur Anwendung. Allerdings hat der deutsche Gesetzgeber in § 612 Abs. 1 Satz 1 die Anwendbarkeit des HBÜ 1996 auf die in den Nr. 1 und 2 der Vorschrift genannten Ansprüche gesondert angeordnet. Die in § 612 Abs. 1 Satz 1 Nr. 1 und 2 aufgeführten Ansprüche entsprechen denen des Art. 2 Abs. 1 (d) und (e) HBÜ 1996. Die Regelung des § 612 HGB findet nach Art. 7 Abs. 1 Nr. 4 EGHGB auch auf Nichterwerbsschiffe und damit etwa auch auf Sportboote Anwendung. Die Haftung für vertragliche Ansprüche des vom Eigentümer mit der Beseitigung des Wracks beauftragten Unternehmers unterliegt nach § 612 Abs. 1 Satz 2 HGB nicht der Beschränkung (siehe Art. 2 Abs. 2 Satz 2 HBÜ 1996). Im Falle eines persönlichen qualifizierten Verschuldens des eingetragenen Eigentümers entfällt nach § 612 Abs. 1 Satz 1, Art. 4 HBÜ 1996 die Befugnis zur Beschränkung der Haftung. Im Hinblick auf Ansprüche des betroffenen Staates wegen der Lokalisierung, Markierung und Beseitigung des Wracks kann sich ein qualifiziertes Verschulden namentlich unter dem Gesichtspunkt ergeben, dass den eingetragenen Eigentümer im Hinblick auf den Seeunfall (Art. 1 Abs. 3 WBÜ, dort Rn 7–14) ein qualifiziertes Verschulden trifft. Zu dem Fall, dass sich das qualifizierte Verschulden auf die Nichterfüllung der Pflicht aus Art. 9 Abs. 2 WBÜ zur Beseitigung des Wracks bezieht, siehe die Hinweise unten Rn 16.

13 **2. Der Höchstbetrag der Haftung.** Die gegen den eingetragenen Eigentümer gerichteten Ansprüche auf Erstattung der Kosten der Lokalisierung, Markierung und Beseitigung von Wracks aus dem WBÜ unterliegen nach § 612 Abs. 1 Satz 1 der Beschränkung auf Grundlage des HBÜ 1996. Dies allerdings mit der Maßgabe, dass für diese Ansprüche ein selbständiger Höchstbetrag gilt, der sich nach Art. 6 Abs. 1 (b) HBÜ 1996 bemisst (§ 612 Abs. 2 Satz 1 und 2). Hierdurch werden die Gläubiger von Ansprüchen aus Wrackbeseitigung privilegiert, weil sie den Wrackbeseitigungs-Höchstbetrag nicht mit Gläubigern anderer Ansprüche teilen müssen. Eine weitere Verbesserung der Rechtsstellung der Gläubiger von Ansprüchen aus Wrackbeseitigung ergibt sich daraus, dass nach § 612 Abs. 2 Satz 3 Hs. 2 die Überlauf-Regelung des Art. 6 Abs. 2 HBÜ 1996 im Hinblick auf unbefriedigte Ansprüche wegen Personenschäden nicht zur Anwendung gelangt. Auch der Vorrang der Ansprüche wegen Beschädigung von Hafenanlagen, Hafenbecken, Wasserstraßen und Navigationshilfen spielt keine Rolle (siehe Art. 6 Abs. 3 HBÜ 1996, § 612 Abs. 2 Satz 3 Hs. 2 und § 614).

---

[6] Näher dazu *Ramming* TranspR 2010, 248.
[7] Siehe noch die WBÜ-Denkschrift S. 33 („Zu Artikel 10") sowie *Rittmeister* DVIS A 103 (2008), 33 Rn 18.

3. Die Nichterfüllung der Pflicht zur Beseitigung des Wracks (Art. 9 Abs. 2 WBÜ). Die Pflicht des eingetragenen Eigentümers zur Beseitigung des Wracks ergibt sich ausdrücklich aus Art. 9 Abs. 2 WBÜ als Rechtsfolge der Feststellung des betroffenen Staates, das von dem Wrack eine Gefahr ausgeht (Art. 6 WBÜ); siehe außerdem Art. 9 Abs. 9 WBÜ und § 1 WrBesKoDG. Kommt der eingetragene Eigentümer dieser Pflicht nicht nach, kann der betroffene Staat im Wege der Selbstvornahme das Wrack beseitigen und den eingetragenen Eigentümer anschließend nach Maßgabe der Art. 9 Abs. 7 und 10 Abs. 1 WBÜ wegen der Kosten in Anspruch nehmen. Diese Kosten sind auch und sogar vorrangig dem betroffenen Staat dadurch entstanden, dass der eingetragene Eigentümer seiner Pflicht zur Beseitigung des Wracks nicht nachgekommen ist.

a) (Nicht-) Anwendung der Regelungen über die Beschränkung der Haftung? Im Falle der Nichterfüllung der der Pflicht zur Beseitigung des Wracks sich zunächst die Frage, ob es sich bei den Kosten, die dem betroffenen Staat daraufhin im Hinblick auf die Beseitigung des Wracks entstanden sind, überhaupt um Kosten aus einer Wrackbeseitigung im Sinne des § 612 Abs. 1 Satz 1 Nr. 1 und 2 handelt. Denn die unmittelbare Ursache für die Entstehung dieser Kosten ist nicht der Seeunfall und das anschließende Geschehen, sondern in erster Linie die spätere Nichterfüllung der Pflicht zur Beseitigung des Wracks. Träfe dies zu, würde sich weder aus § 612 Abs. 1 Satz 1 noch aus einem der Tatbestände des Art. 2 Abs. 1 HBÜ 1996 ein Recht zur Beschränkung der Haftung ergeben. Ausgehend davon hätte der Eigentümer, den ein qualifiziertes Verschulden im Hinblick auf die Nichterfüllung der Beseitigungspflicht trifft, für die Kosten der Beseitigung des Wracks dem betroffenen Staat ohne die Möglichkeit einer Beschränkung der Haftung einzustehen. M.E. wird man allerdings die Kosten gleichwohl noch als solche aus Wrackbeseitigung ansehen müssen, auch wenn sie den betroffenen Staat letztlich erst durch ein weiteres und vom Seeunfall selbständiges Verhalten des eingetragenen Eigentümers entstanden sind.

b) Das qualifizierte Verschulden. Kommt der eingetragene Eigentümer seiner Pflicht aus Art. 9 Abs. 2 WBÜ zur Beseitigung des Wracks nicht nach, kann dies nach den Umständen auf seinem qualifizierten Verschulden beruhen. Möglicherweise hat der eingetragene Eigentümer die erforderlichen Maßnahmen bewusst nicht eingeleitet, weil er davon ausging, dass die Kosten für die Beseitigung des Wracks, die ihm entstanden wären, den Höchstbetrag der Haftung überschritten hätten (oben Rn 22 zu Art. 9 WBÜ). Hier wäre ggf. sogar von Vorsatz auszugehen. Aber auch andere Situationen sind denkbar, die ein qualifiziertes Verschulden begründen können. Hier mag ein Seitenblick auf die Rechtsprechung zu den Voraussetzungen angezeigt sein, unter denen im Hinblick auf die Nichterfüllung einer Zahlungspflicht von einem qualifizierten Verschulden ausgegangen werden kann.[8] Diese Grundsätze könnten in entsprechender Weise bei der Beurteilung eines qualifizierten Verschuldens im Hinblick auf die Nichterfüllung zur Beseitigung des Wracks herangezogen werden. Liegt insoweit ein qualifiziertes Verschulden des eingetragenen Eigentümers vor, verliert er das Recht zur Beschränkung der Haftung (siehe Art. 4 HBÜ 1996).

Ein direkt in Anspruch genommener Versicherer könnte sich nach Art. 12 Abs. 10 Satz 3 WBÜ trotz des qualifizierten Verschuldens des eingetragenen Eigentümers gleichwohl auf die Beschränkung der Haftung berufen. Der Versicherer könnte dem eingetragenen Eigentümer im Innenverhältnis unter dem Versicherungsvertrag möglicher-

---

[8] Siehe BGH HmbSchRZ 2010, 129 Nr. 80; OLG Düsseldorf RdTW 2014, 358; LG Hamburg RdTW 2015, 387.

weise entgegenhalten, dass er, der eingetragenen Eigentümer, den Versicherungsfall vorsätzlich herbeigeführt habe. Diese Einwendung steht dem Versicherer gegen den betroffenen Staat allerdings nicht zu. Denn Art. 12 Abs. 10 Satz 4 Hs. 1 WBÜ bestimmt ausdrücklich, dass der Versicherer lediglich geltend machen kann, dass *der Seeunfall* auf ein vorsätzliches Verhalten zurückzuführen ist. Alle weiteren Einwendungen sind nach Hs. 2 der Vorschrift ausgeschlossen. Der betroffene Staat könnte sich daher auch im Falle der vorsätzlichen Nichterfüllung der Beseitigungspflicht des eingetragenen Eigentümers bis in Höhe des Höchstbetrages an den Versicherer halten.

18 **4. Das Binnenschifffahrtsrecht.** Die Wrackbeseitigung kann auch ein Binnenschiff betreffen (dazu oben Rn 63–85 Einleitung B). Allerdings kommt das WBÜ nicht zu Anwendung, weil es nach Art. 1 Abs. 2 WBÜ nur für Seeschiffe gilt. Im Binnenschifffahrtsrecht unterliegt die Beseitigung von Wracks daher ausschließlich dem autonomen deutschen Recht (dazu unten Anhang III.3 zu § 480 [Wrackbeseitigung]). Internationalprivatrechtlich kommt zunächst § 5m BinSchG zur Anwendung, der direkt zu den §§ 4ff. BinSchG hinführt, und im Übrigen die allgemeinen internationalprivatrechtlichen Grundsätze (siehe oben Rn 2–8). Das Recht zur Beschränkung der Haftung steht nach § 5c Abs. 1 Nr. 1 BinSchG insbesondere dem Eigner zu. Der Beschränkung unterliegen namentlich auch die Ansprüche aus Wrackbeseitigung (§ 4 Abs. 1 Satz 1 und Abs. 4 BinSchG). Nach § 5j BinSchG gilt wiederum ein gesonderter Höchstbetrag in Höhe der Hälfte des Personenschaden-Höchstbetrages (§ 5e BinSchG) und damit in Höhe des Sachschaden-Höchstbetrages (§ 5f BinSchG). Jedoch kommen die §§ 4ff. BinSchG nach ihrem § 4 Abs. 1 Satz 1 Hs. 2 nicht auf Nichterwerbsschiffe zur Anwendung. Die Haftung des Eigners für die vertraglichen Ansprüche des Unternehmers aus einem Wrackbeseitigungsvertrag kann nach § 4 Abs. 1 Satz 2 Hs. 2 BinSchG nicht beschränkt werden. Die Befugnis des Eigners zur Beschränkung der Haftung entfällt nach § 5b Abs. 1 BinSchG, wenn ihm ein persönliches qualifiziertes Verschulden vorgeworfen werden kann.

Anhang III.3 zu § 480 (Wrackbeseitigung)

Literatur: *Bartlsperger* Die Aufwendungsansprüche der Wasserstraßenverwaltung für Schiffs- und Ankerbergungen, ZfB 1975, 439–448 (Slg. S. 673–682); *Bischoff* Kriegsschiffwracks – Welches Recht gilt für Fragen des Eigentums, der Beseitigung und der Haftung, Zeitschrift für ausländisches öffentliches Recht und Völkerrecht (ZaöRV) 2006, 455–490; *Botsch* Zur Frage der Kostenbelastung bei Erst-Bergung, Hansa 1949, 870–871; *Botsch* Wer trägt die Kosten der Wrackbeseitigung?, Hansa 1949, 1004–1005; *Dabelstein* Wer trägt die Kosten der Wrackbeseitigung?, Hansa 1950, 1143; *Fehrentz* Öffentlich-rechtliche Kostenhaftung in der Diskussion ZfB 2010 Nr. 1 S. 76–77 (Slg. 2064–2065); *Laubinger* Die öffentlich-rechtliche Haftung des Schiffseigners bei Wrackbeseitigung, Ankerbergung und nach § 22 Wasserhaushaltsgesetz, ProblBinSchR III (1982), 5–59; *Looks* Neuere Rechtsfragen bei der Wrackbeseitigung, DVIS A 29 (1977); *Tanrack* Die Rechtslage kriegsversenkter Schiffe und Güter, 1919; *Schenke* Probleme der Unterhaltungs- und Verkehrssicherungspflicht auf öffentlichen Wasserstrassen, VersR 2001, 533–539; *Schenke* Die öffentlich-rechtliche Kostenhaftung des Binnenschifffahrtsunternehmers, ProblBinSchR XII (2009), 1–20; *Wegerer* Wer trägt die Kosten der Wrackbeseitigung?, Hansa 1949, 888.

Das WBÜ gilt lediglich im Übereinkommensgebiet im Sinne des Art. 1 Abs. 1 (siehe **1** dort Rn 2–3 [Anhang III.1 zu § 480]). Zu diesem gehören in erster Linie die AWZ der Vertragsstaaten bzw. entsprechende Gebiete sowie im Falle des Opt-in auch die Hoheitsgebiete der betreffenden Vertragsstaaten einschließlich ihres Küstenmeeres (siehe Art. 3 Abs. 2 WBÜ, dort Rn 3–8 [Anhang III.1 zu § 480]). Deutschland hat von der Möglichkeit des Opt-in keinen Gebrauch gemacht, so dass das WBÜ im Hinblick auf Deutschland ausschließlich in der AWZ zur Anwendung gelangt. Im deutschen Küstenmeer sowie in den inneren deutschen Gewässern gilt das WBÜ nicht. Hier kommen die autonomen nationalen Vorschriften zur Anwendung. Auf Bundeswasserstraßen gilt das WaStrG, das in seinen §§ 24 ff. WaStrG die strompolizeilichen Befugnisse der WSV regelt (unten Rn 2–21). Außerhalb der Bundeswasserstraßen richten sich die Befugnisse der Behörden nach den jeweiligen örtlichen Vorschriften (unten Rn 22).

I. Strompolizeiliche Maßnahmen auf Bundeswasserstraßen

Bundeswasserstraßen unterliegen dem Régime des WaStrG. Zu den Bundeswasser- **2** straßen zählen die Binnenwasserstraßen sowie die Seewasserstraßen (siehe § 1 Abs. 1 Nr. 1 und 2 WaStrG). Die Seewasserstraßen umfassen auch das deutsche Küstenmeer (§ 1 Abs. 2 Satz 1 WaStrG). Zu den Bundeswasserstraßen gehören auch die die bundeseigenen Schifffahrtsanlagen und die ihrer Unterhaltung dienenden Einrichtungen (§ 1 Abs. 4 WaStrG). Die Vorschrift des § 24 Abs. 1 WaStrG weist die Aufgabe der Gefahrenabwehr im Hinblick auf die Strompolizei der WSV zu. „Strom" im Sinne dieser Regelungen meint nicht lediglich „Fluss", sondern ist eine traditionelle Umschreibung für alle Hoheitsgewässer. Die strompolizeilichen Aufgaben sind abzugrenzen von den schifffahrtspolizeilichen Maßnahmen (siehe § 1 Nr. 2 SeeaufgG, § 1 Abs. 1 Nr. 2 BinSchAufgG), die auf Grundlage der §§ 3 ff. SeeaufgG durchgeführt werden. Sowohl die Strom- als auch die Schifffahrtspolizei obliegen dem Bund. Allerdings sind bestimmte schifffahrtspolizeiliche Vollzugsangelegenheiten den Wasserschutzpolizeien der Länder übertragen. Strompolizeiliche Maßnahmen sind insbesondere die Strompolizeiverordnung (§ 27 WaStrG), die strompolizeiliche Verfügung (§ 28 Abs. 1 WaStrG, siehe sogleich Rn 3) und der sofortige Vollzug strompolizeilicher Maßnahmen (§ 28 Abs. 3 WaStrG, unten Rn 7). Im Hinblick auf die Beseitigung von Schifffahrtshindernissen kann die WSV auch nach § 30 WaStrG vorgehen (unten Rn 9–21).

a) Die strompolizeiliche Verfügung. Die WSV ist nach § 28 Abs. 1 WaStrG befugt, **3** zur Erfüllung ihrer Aufgaben nach § 24 Abs. 1 WaStrG strompolizeiliche Verfügungen zu erlassen. Durch sie werden bestimmten Personen (siehe unten Rn 4–5) bestimmte Verhaltensregeln im Sinne eines Handelns (Gebot) oder eines Unterlassens (Verbot) aufgegeben. Es handelt sich um Verwaltungsakte (§ 35 VwVfG). Zur Form der Verfügung siehe § 28 Abs. 2 Satz 1 WaStrG. Sie muss inhaltlich hinreichend bestimmt sein (§ 28 Abs. 2 Satz 2 WaStrG) und unterliegt dem verfassungsrechtlichen Gebot der Verhältnismäßigkeit, muss also geeignet, erforderlich und verhältnismäßig im engeren Sinne sein. Dies nimmt § 29 WaStrG auf. Die strompolizeiliche Verfügung darf nicht zu einem Schaden führen, der zu dem beabsichtigten Erfolg erkennbar außer Verhältnis steht (§ 29 Abs. 1 Satz 1 WaStrG). Ggf. bestimmt die WSV das Mittel zur Abwehr der Gefahr oder zur Beseitigung der Störung, wenn dies für den Betroffenen nach den Umständen nicht ohne weiteres erkennbar ist (§ 29 Abs. 1 Satz 2 WaStrG). Bei mehreren möglichen Maßnahmen ist die Schonendste zu wählen (§ 29 Abs. 1 Satz 3 WaStrG). Eine fehlende wirtschaftliche Leistungsfähigkeit der verantwortlichen Person und die zweifelhafte Realisierbarkeit des Anspruchs auf Erstattung der Kosten spielt für die Rechtmäßigkeit der strompolizeilichen Verfügung keine Rolle.[1] Auf Antrag des Betroffenen kann der Betroffene an Stelle der durch die strompolizeiliche Verfügung angedrohten oder festgelegten Mittel ein von ihm angebotenes anderes Mittel anwenden, das die Gefahr ebenso wirksam abzuwenden geeignet ist (siehe § 29 Abs. 2 WaStrG).

4 **b) Störer und Nichtstörer.** Die strompolizeiliche Verfügung ist bei Maßnahmen, die durch das Verhalten von Personen erforderlich wird, gegen die Person zu richten, die die Gefahr oder Störung verursacht haben (§ 25 Abs. 1 Satz 1 WaStrG – Verhaltensstörer). Ggf. ist der Geschäftsherr, der einen Verrichtungsgehilfen bestellt hat, für dessen Verhalten verantwortlich (§ 25 Abs. 2 WaStrG). Dabei ist eine Entlastung des Geschäftsherrn, wie sie in § 831 Abs. 1 Satz 2 BGB vorgesehen ist, ausgeschlossen. § 25 Abs. 2 WaStrG betrifft namentlich die Mitglieder der Schiffsbesatzung und den an Bord tätigen Lotsen, die im Sinne der Vorschrift Verrichtungsgehilfen des Reeders sind. Das betreffende Verhalten muss für die Gefahr bzw. die Störung ursächlich gewesen sein. Werden strompolizeiliche Maßnahmen aufgrund des Zustands einer Sache erforderlich, sind die Verfügungen gegen den Eigentümer bzw. denjenigen zu richten, der die tatsächliche Gewalt ausübt, also unmittelbarer Besitzer ist (§ 25 Abs. 3 Satz 1 und 2 WaStrG – Zustandsstörer). Hat der Reeder das Eigentum aufgegeben, bleibt es jedenfalls bei der Verantwortlichkeit als Geschäftsherr der Mitglieder der Schiffsbesatzung nach § 25 Abs. 2 WaStrG.[2] Es kann nebeneinander auch mehrere verantwortliche Personen geben. Die WSV kann hier nach ihrem Ermessen einen, mehrere oder alle von ihnen in Anspruch nehmen. Im Falle eines Zusammenstoßes von Schiffen haben normalerweise alle Beteiligten als Verhaltens- bzw. Zustandsstörer verantwortlich. Auf ein Verschulden der verantwortlichen Person im Hinblick auf den Eintritt der Gefahr bzw. der Störung kommt es nicht an.

5 § 26 WaStrG betrifft den polizeilichen Notstand. Nach Maßgabe der Vorschrift kann mit einer strompolizeilichen Verfügung auch ein Nichtstörer in Anspruch genommen werden. Dies betrifft insbesondere Maßnahmen der Hilfeleistung. Die Inanspruchnahme eines Nichtstörers kommt nach § 26 Abs. 1 Satz 1 WaStrG nur in Betracht zur Abwehr einer unmittelbar bevorstehenden Gefahr oder zur Beseitigung einer bereits eingetretenen Störung. Erforderlich ist weiter, dass die nach § 25 WaStrG verantwortliche Person nicht in Anspruch genommen werden kann und dass eigene Maßnahmen der WSV nicht möglich oder ausreichend sind. Schließlich müssen die heranzuziehenden Personen ohne

---

[1] BVerwG, Beschluss vom 22. Dezember 1980 – 4 B 193/80 – „Hendrika" (BeckRS 1980, 31288602) (unter 1d), siehe in der Sache auch VGH Baden-Württemberg ZfW 1981, 102.
[2] BVerwG, Urteil vom 22. August 1975 – IV C 52.72 – „Addio" (BeckRS 2015, 49103).

erhebliche eigene Gefahr oder Verletzung überwiegender anderweitiger Verpflichtungen in Anspruch genommen werden können. Sie haben für durch die Maßnahmen entstandene Schäden Anspruch auf eine angemessene Entschädigung in Geld (§ 26 Abs. 1 Satz 2 WaStrG). Gegen Nichtstörer dürfen Maßnahmen nur solange und soweit getroffen und aufrechterhalten werden, als nicht andere Maßnahmen zur Beseitigung der Gefahr oder Störung getroffen werden können (§ 26 Abs. 2 WaStrG).

c) Die Durchsetzung der strompolizeilichen Verfügung. Kommt der betreffende 6 Adressat der strompolizeilichen Verfügung nicht nach, kann sie mit Zwangsmitteln auf Grundlage des VwVG sowie des UZwG durchgesetzt werden. Als Zwangsmittel stehen die Ersatzvornahme (§ 10 VwVG), das Zwangsgeld (§ 11 VwVG) sowie der unmittelbare Zwang (§ 12 VwVG) zur Verfügung. Im Fall einer vertretbaren Handlung wird bei der Ersatzvornahme (§ 10 VwVG) ein Dritter mit der Vornahme der Handlung auf Kosten des Pflichtigen betraut. Die Kostenforderung gegen den Störer wird wiederum nach §§ 1ff. VwVG vollstreckt. Die Zwangsmittel sind jeweils anzudrohen, ggf. bereits in der strompolizeilichen Verfügung selbst (§ 13 VwVG), und festzusetzen (§ 14 VwVG). Die Regelungen der § 6 Abs. 2, § 12 VwVG über den sofortigen Vollzug wird durch § 28 Abs. 3 WaStrG verdrängt (siehe sogleich Rn 7).

d) Sofortiger Vollzug (§ 28 Abs. 3 WaStrG). Unter den Voraussetzungen des § 28 7 Abs. 3 WaStrG ist die WSV zum sofortigen Vollzug der strompolizeilichen Maßnahme ohne vorausgehende strompolizeiliche Verfügung berechtigt. Erforderlich ist hierfür nach § 28 Abs. 3 Satz 1 WaStrG, dass der nach § 25 WaStrG verantwortliche Störer (oder auch Nichtstörer, oben Rn 4–5) nicht oder nicht rechtzeitig zu erreichen ist. Dies ist der Fall, wenn die sich aus der fehlenden Erreichbarkeit ergebenden Verzögerungen die Abwehr der Gefahr oder Störung behindern oder wirkungslos machen würde. Es genügt nicht, dass zu befürchten ist, dass die verantwortliche Person der strompolizeilichen Verfügung nicht nachkommen wird.[3] Andererseits ist es für die Anwendung des § 28 Abs. 3 Satz 1 WaStrG nicht erforderlich, dass ein sofortiges Einschreiten erforderlich ist; dies wäre die Grundlage für Maßnahmen nach § 30 WaStrG (unten Rn 9–21). Jedenfalls ist er nach § 28 Abs. 3 Satz 2 WaStrG von der Maßnahme unverzüglich (nachträglich) zu unterrichten. Entstehen durch die Maßnahme Kosten, können sie dem Verantwortlichen nach § 28 Abs. 3 WaStrG auferlegt werden.[4] Die Forderung wird nach Maßgabe der §§ 1ff. VwVG vollstreckt.

e) Die Beschränkung der Haftung. § 28 Abs. 4 WaStrG stellt schließlich klar, dass 8 im Falle einer Inanspruchnahme der verantwortlichen Person die Vorschriften der §§ 611 bis 617 sowie der §§ 4 bis 5m BinSchG unberührt bleiben. Dies gilt für die Kosten der Ersatzvornahme nach § 10 VwVG (oben Rn 6) sowie für die des sofortigen Vollzuges nach § 28 Abs. 3 Satz 3 WaStrG (oben Rn 7). Die verantwortlichen Personen sind daher ggf. befugt, ihre Haftung für die Kosten der Maßnahme zu beschränken. Dazu müssen sie zu den zur Beschränkung der Haftung berechtigten Personen gehören. Geschützt sind insbesondere der (See-)Schiffseigentümer in Sinne des Art. 1 Abs. 2 HBÜ 1996 sowie der Schiffseigner (§ 4 Abs. 1 Satz 1 BinSchG) und ihm gleichgestellte Personen (§ 5c Abs. 1 Nr. 1 BinSchG). Außerdem müssen die Ansprüche in sachlicher Hinsicht der Beschrän-

---

3 Siehe BVerwG, Beschluss vom 22. Dezember 1980 – 4 B 193/80 – „Hendrika" (BeckRS 1980, 31288602) (unter I.), siehe in der Sache auch VGH Baden-Württemberg ZfW 1981, 102; BVerwG NJW 1981, 1571 (4 C 60/77).
4 Siehe dazu BVerwG NJW 1981, 1571 (4 C 71/78).

kung unterliegen (Art. 2 Abs. 1 HBÜ 1996, § 612 Abs. 1 Satz 1, § 4 BinSchG). Die Befugnis zur Beschränkung betrifft auch Ansprüche auf öffentlich-rechtlicher Grundlage (Art. 7 Abs. 2 EGHGB, § 4 Abs. 1 Satz 2 Hs. 1 BinSchG). Die verantwortliche Person ist nicht zur Beschränkung berechtigt, wenn ihr ein qualifiziertes Verschulden vorzuwerfen ist (Art. 4 HBÜ 1996, § 5b Abs. 1 BinSchG). Dies kann sich zum einen auf die Herbeiführung der Gefahr oder der Störung beziehen, daneben aber auch auf die Nichterfüllung der Pflicht zur Beseitigung der Gefahr oder der Störung, die nunmehr ein eigenes Tätigwerden der Behörden insbesondere im Wege der Ersatzvornahme erforderlich macht; siehe hierzu näher oben Rn 22 zu Art. 9 WBÜ und Rn 18 zu Art. 10 WBÜ (Anhang III.1 zu § 480) sowie Rn 16–17 Anhang WrBesKoDG (Anhang III.2 zu § 480).

9   **2. Die Beseitigung von Schifffahrtshindernissen (§ 30 WaStrG).** Im Hinblick auf Maßnahmen zur Beseitigung von Schifffahrtshindernissen hält § 30 WaStrG eine besondere Regelung bereit. Systematisch entspricht sie dem sofortigen Vollzug einer der strompolizeilichen Maßnahme ohne vorausgehende strompolizeiliche Verfügung nach § 28 Abs. 3 WaStrG (oben Rn 7). Dabei ist § 30 WaStrG im Hinblick auf die Voraussetzungen wie die Rechtsfolge eine eigenständige Regelung. Die Eingriffsvoraussetzungen des § 30 Abs. 1 WaStrG werden in ihrem wesentlichen Teil von denen der §§ 24 Abs. 1, 28 Abs. 1 WaStrG umfasst.[5] Abweichend von § 28 Abs. 3 WaStrG ist es allerdings nach § 30 Abs. 1 WaStrG notwendig, dass ein sofortiges Einschreiten erforderlich ist.[6] § 30 Abs. 1 WaStrG erlaubt auch nur die Beseitigung des Schifffahrtshindernisses. Außerdem sieht § 30 Abs. 4 Satz 1 WaStrG eine besondere dingliche Haftung der beseitigten Gegenstände vor (unten Rn 11–14). Dies gilt allerdings nicht für die Beseitigung von Schiffen, von Teilen von Schiffen oder von Gegenständen, die von Schiffen stammen, einschließlich der Ladung (unten Rn 15). Die WSV kann anstelle des § 30 WaStrG alternativ weiterhin Maßnahmen nach § 28 Abs. 1 oder 3 WaStrG ergreifen (unten Rn 19). Sie ist auch befugt, auf Grundlage des Privatrechts unter dem Gesichtspunkt der Geschäftsführung ohne Auftrag zum Zwecke der Beseitigung von Schifffahrtshindernissen vorzugehen (unten Rn 20–21). Anders als im Anwendungsbereich des WBÜ (dort Art. 12), ist in § 30 WaStrG keine Versicherungspflicht und kein Direktanspruch gegen den Versicherer vorgesehen.

10   **a) Die Voraussetzungen der Beseitigung.** § 30 Abs. 1 WaStrG betrifft die Situation, dass der für die Schifffahrt erforderliche Zustand einer Bundeswasserstraße oder die Sicherheit oder Leichtigkeit des Verkehrs auf einer Bundeswasserstraße durch hilflos treibende, festgekommene, gestrandete oder gesunkene Fahrzeuge oder schwimmende Anlagen oder durch andere treibende oder auf Grund geratene Gegenstände beeinträchtigt wird. Weitere entscheidende Voraussetzung des Tatbestands des § 30 Abs. 1 WaStrG ist, dass ein sofortiges Einschreiten zur Beseitigung des Schifffahrtshindernisses erforderlich ist. Darüber hinaus muss die Heranziehung einer nach § 25 WaStrG verantwortlichen Person – Störer oder Nichtstörer – in bestimmter Weise problematisch sein. Entweder kann eine verantwortliche Person nicht oder nicht rechtzeitig herangezogen werden (insoweit übereinstimmend mit § 28 Abs. 3 WaStrG). Oder es besteht die Besorgnis, dass die verantwortliche Person das Hindernis nicht oder nicht wirksam beseitigen wird. Diese

---

5   BVerwG, Urteil vom 22. August 1975 – IV C 52.72 – „Addio" (BeckRS 2015, 49103) ; BVerwG, Beschluss vom 25. Januar 1977 – IV B 196.76 – (BeckRS 1977, 30429027).
6   Dazu siehe BVerwG, Urteil vom 22. August 1975 – IV C 52.72 – „Addio" (BeckRS 2015, 49103); BVerwG, Beschluss vom 22. Dezember 1980 – 4 B 193/80 – „Hendrika" (BeckRS 1980, 31288602) (unter 1b), siehe in der Sache auch VGH Baden-Württemberg ZfW 1981, 102.

Voraussetzung ist jedenfalls erfüllt, wenn die verantwortliche Person ernsthaft erklärt, sie werde das Schifffahrtshindernis nicht beseitigen.[7]

b) Die Beseitigung. Unter den Voraussetzungen des § 30 Abs. 1 WaStrG ist die WSV befugt, das Schifffahrtshindernis zu beseitigen. Die Befugnis endet, wenn der für die Schifffahrt erforderliche Zustand der Bundeswasserstraße oder die Sicherheit oder Leichtigkeit des Verkehrs auf der Bundeswasserstraße wieder hergestellt ist. Hat die WSV erkennbar mit der Beseitigung begonnen, dürfen ohne ihre Zustimmung das Hindernis nicht anderweitig beseitigt oder Gegenstände fortgeschafft werden (§ 30 Abs. 2 Satz 1 WaStrG). Das Verbot richtet sich an alle, nicht nur an die nach § 25 WaStrG verantwortlichen Personen. Es dient der Sicherung der dinglichen Haftung der beseitigten Gegenstände nach § 30 Abs. 4 Satz 1 WaStrG (unten Rn 12–14). Die nach § 25 WaStrG verantwortliche Person und jedenfalls auch der Eigentümer der beseitigten Gegenstände sind über die begonnene Beseitigung unverzüglich zu unterrichten (§ 30 Abs. 2 Satz 2 WaStrG). Nach der Beseitigung gibt die WSV den verantwortlichen Personen und den Eigentümern der beseitigten Gegenstände nach § 30 Abs. 3 WaStrG die Gelegenheit, innerhalb einer von ihr zu bestimmenden Frist die Kosten der Beseitigung zu erstatten oder für sie Sicherheit zu leisten. Dies betrifft die gesamten Kosten, nicht lediglich den erwarteten Erlös aus der Verwertung der Gegenstände.

c) Die Haftung der beseitigten Gegenstände (§ 30 Abs. 4 Satz 1 WaStrG). Soweit die Kosten der Beseitigung nicht erstattet werden oder nicht Sicherheit für sie geleistet wird (§ 30 Abs. 3 WaStrG), sind sie nach § 30 Abs. 4 Satz 1 WaStrG „aus den beseitigten Gegenständen" zu zahlen. Hierdurch wird eine besondere dingliche Haftung der beseitigten Gegenstände angeordnet; dies gilt nicht für Schiffe, von Teile von Schiffen oder von Gegenständen, die von Schiffen stammen, einschließlich der Ladung (dazu unten Rn 15). Das pfandrechtsähnliche Befriedigungsrecht entsteht von Gesetzes wegen dem Beginn der Beseitigung der Gegenstände (§ 30 Abs. 2 WaStrG). Diese Regelung kann nicht auf sonstige strompolizeiliche Maßnahmen angewandt werden. Von Bedeutung ist weiter die Bestimmung des § 30 Abs. 10 WaStrG: Verfährt die WSV nach Maßgabe des § 30 Abs. 2 bis 8 WaStrG, ist insbesondere § 28 Abs. 3 Satz 3 WaStrG nicht anzuwenden. Die verantwortlichen Personen haften daher nicht für die Kosten der Beseitigung, auch nicht für eine etwa verbleibende Differenz nach der Verwertung der Gegenstände.[8] Eine solche ergänzende Einstandspflicht kann auch nicht aus den privatrechtlichen Grundsätzen der Geschäftsführung ohne Auftrag (§§ 677 ff. BGB) hergeleitet werden[9] (unten Rn 20). Keine besonderen Rechte entstehen schließlich nach § 30 Abs. 9 WaStrG an den Effekten der Besatzung und der Reisenden sowie an Post.

Nach § 30 Abs. 5 Satz 1 WaStrG erfolgt die Vollstreckung im Wege des Verwaltungszwangsverfahrens auf Grundlage des VwVG. Vollstreckungsbehörde ist nach § 30 Abs. 5 Satz 2 WaStrG die GDWS. Die Vollstreckung erfolgt gegen die Eigentümer der beseitigten Gegenstände, die nach § 30 Abs. 5 Satz 2 WaStrG zur Duldung der Zwangsvollstreckung verpflichtet sind. Nach § 30 Abs. 5 Satz 3 WaStrG haben die Rechte des Bundes an den beseitigten Gegenständen Vorrang vor allen anderen Rechten.

---

7 BVerwG, Urteil vom 22. August 1975 – IV C 52.72 – „Addio" (BeckRS 2015, 49103).
8 Siehe BGHZ 65, 384 = NJW 1976, 748 „Fortuna" sowie BVerwG, Urteil vom 22. August 1975 – IV C 52.72 – „Addio" (BeckRS 2015, 49103); BVerwG, Urteil vom 22. August 1975 – IV C 52.72 – „Addio" (BeckRS 2015, 49103); WaStrG-Begr S. 25 (zu „Absatz 10").
9 Siehe BGHZ 65, 384 = NJW 1976, 748 „Fortuna".

14 § 30 Abs. 6 bis 8 WaStrG befassen sich mit weiteren Formalitäten der Verwirklichung der Haftung der Gegenstände. Dabei ist zunächst die Frist des § 30 Abs. 6 WaStrG zu beachten. Die WSV ist nach § 30 Abs. 7 Satz 1 WaStrG berechtigt, die Gegenstände öffentlich versteigern zu lassen. Dies gilt nicht für Gegenstände, die der Zwangsvollstreckung in das unbewegliche Vermögen unterliegen. § 30 Abs. 7 Satz 2 WaStrG verweist auf die §§ 979, 980 BGB. Aus dem Erlös sind vorab die Kosten der Beseitigung und der Verwertung zu entnehmen (§ 30 Abs. 7 Satz 3 WaStrG). Ein Überschuss wird unter Verzicht auf das Recht der Rücknahme hinterlegt (§ 30 Abs. 8 WaStrG).

15 **d) Die Beseitigung von Schiffen etc.** Auf Grundlage und unter den Voraussetzungen des § 30 Abs. 1 WaStrG kann die WSV auch im Hinblick auf die Beseitigung von Schiffen, von Teilen von Schiffen oder von Gegenständen, die von Schiffen stammen, einschließlich der Ladung Maßnahmen ergreifen.[10] Wie sich aus § 30 Abs. 4 Satz 2 in Verbindung mit Abs. 12 WaStrG ergibt, entsteht in diesen Fällen kein dingliches Befriedigungsrecht an dem Schiff etc. Vielmehr wird eine persönliche Haftung der in § 30 Abs. 12 Satz 1 Nr. 1 und 2 WaStrG genannten Personen (sogleich Rn 16–17) begründet. Diese sind ggf. befugt, ihre Haftung zu beschränken (§ 30 Abs. 12 Satz 3 WaStrG, unten Rn 18). Auch § 30 Abs. 2 WaStrG, dessen Regelungen das Befriedigungsrecht aus § 30 Abs. 4 Satz 1 WaStrG sichern soll, ist im Falle der Beseitigung von Schiffen etc. nicht anwendbar.

16 **aa) Die persönliche Haftung.** Nach § 30 Abs. 12 Satz 1 Nr. 1 WaStrG haftet der nach § 25 Abs. 1 WaStrG verantwortliche Verhaltensstörer, wenn er der Schiffseigentümer, der Schiffseigner, der Charterer, der Reeder oder der Ausrüster eines Schiffes, wenn das Schifffahrtshindernis durch sein Verhalten entstanden und im unmittelbaren Zusammenhang mit dem Betrieb des Schiffes verursacht worden ist. Die Regelung gilt auch für den in § 25 Abs. 2 WaStrG genannten Geschäftsherrn (oben Rn 4). Daneben begründet § 30 Abs. 12 Satz 1 Nr. 2 WaStrG unter Bezugnahme auf § 25 Abs. 3 WaStrG eine Zustandsverantwortung, sofern es sich bei dem Betreffenden um den Schiffseigentümer, den Schiffseigner, den Charterer, den Reeder oder den Ausrüster des Schiffes handelt. Der Tatbestand des § 30 Abs. 12 Satz 1 Nr. 2 WaStrG betrifft seinem Wortlaut nach nur die Beseitigung eines Schiffes. Dies umfasst mit Blick auf § 612 Abs. 1 Satz 1 Nr. 1 und 2, Art. 2 Abs. 1 (d) und (e) HBÜ 1996 sowie § 4 Abs. 4 Satz 1 BinSchG richtigerweise darüber hinaus auch die Beseitigung von Teilen des Schiffes sowie aller Gegenstände, die sich an Bord befinden oder befunden haben, einschließlich der Ladung, unabhängig davon, ob das Schiff selbst hilflos treibt oder festgekommen, gestrandet oder gesunken ist oder die Gegenstände nur verloren hat.[11]

17 Die Umschreibungen „Schiffseigentümer, Schiffseigner, Charterer, Reeder oder Ausrüster" in § 30 Abs. 12 Satz 1 Nr. 1 und 2 WaStrG überschneiden sich. Als „Schiffseigner" wird der Eigentümer eines Binnenschiffes bezeichnet (§ 1 BinSchG). Mit der Umschreibung „Reeder" wird auf § 476, mit der Umschreibung „Ausrüster" auf die des § 477 bzw. § 2 Abs. 1 BinSchG Bezug genommen. Oberbegriff für diese Personen ist der „Schiffseigentümer". § 30 Abs. 12 Satz 1 WaStrG nennt darüber hinaus auch der „Charterer" des Schiffes. Zu diesen gehört daher der Bareboat-Charterer – und soweit ergibt sich eine Überschneidung mit dem Ausrüster –, der Zeitcharterer sowie der Reisecharterer. Ebenso

---

[10] Zum früheren Recht siehe BGH NJW 1955, 340.
[11] Anders aber *Friesecke* WaStrG Rn 23 zu § 30.

umfasst der Begriff alle Teil-Charterer einschließlich eines Slot-Charterers. Mehrere Verpflichtete haften nach § 30 Abs. 12 Satz 2 WaStrG als Gesamtschuldner.

bb) Die Beschränkung der Haftung. Wie schon § 28 Abs. 4 WaStrG stellt auch § 30 Abs. 12 Satz 3 WaStrG klar, dass die Vorschriften über das Recht zur Beschränkung der Haftung unberührt bleiben.[12] Die in § 30 Abs. 12 Satz 1 Nr. 1 und 2 WaStrG genannten Personen sind durchweg nach Art. 1 Abs. 1 und 2 HBÜ 1996, § 612 Abs. 1 sowie § 4 Abs. 1 Satz 1, § 5c Abs. 1 Nr. 1 BinSchG zur Beschränkung der Haftung berechtigt.[13] Die Ansprüche auf Ersatz der Kosten der Beseitigung des Schiffes etc. sind solche nach Art. 2 Abs. 1 (d) und (e) HBÜ 1996. Für diese Ansprüche kann die Haftung nach Maßgabe des § 612 beschränkt werden (dazu oben Rn 11–18 Anhang WrBesKoDG [Anhang III.2 zu § 480]). In gleicher Weise regeln § 4 Abs. 1 Satz 1 und Abs. 4, § 5j BinSchG das Recht zur Beschränkung der Haftung für Ansprüche aus Wrackbeseitigung in der Binnenschifffahrt. Die Befugnis zur Beschränkung betrifft auch Ansprüche auf öffentlich-rechtlicher Grundlage (Art. 7 Abs. 2 EGHGB, § 4 Abs. 1 Satz 2 Hs. 1 BinSchG). Zu den Schwierigkeiten, die sich im Hinblick auf den Wegfall des Rechts zur Beschränkung der Haftung im Falle eines qualifizierten Verschuldens ergeben, siehe die Hinweise oben Rn 14–17 Anhang WrBesKoDG (Anhang III.2 zu § 480). Dies gilt insbesondere für die Frage, ob sich ein qualifiziertes Verschulden auch im Hinblick auf die Nichterfüllung einer Pflicht zur Beseitigung des Schifffahrtshindernisses, insbesondere nach § 1004 BGB, ergeben kann.

e) Das Verhältnis zu den Befugnissen nach § 28 Abs. 1 bzw. 3 WaStrG. Die Befugnisse der WSV aus § 30 WaStrG im Hinblick auf die die Beseitigung von Schifffahrtshindernissen sind nicht abschließend. In den entsprechenden Fällen steht es im Ermessen der WSV, ob sie im Wege einer strompolizeilichen Verfügung (§ 28 Abs. 1 WaStrG, oben Rn 3), des sofortigen Vollzuges der strompolizeilichen Maßnahme ohne vorausgehende strompolizeiliche Verfügung (§ 28 Abs. 3 WaStrG, oben Rn 7) oder auf Grundlage des § 30 WaStrG vorgeht.[14] Dies ist jedoch nicht unumstritten.[15] Die WSV kann daher auch dann Maßnahmen nach § 28 Abs. 1 oder 3 WaStrG durchführen, wenn sich hierdurch die Einstandspflicht der verantwortlichen Personen für die Kosten im Vergleich mit der in § 30 Abs. 4 bis 10 WaStrG vorgesehenen Verwertung erhöht. Im Hinblick auf Schiffe etc. spielen diese Fragen nur noch eine untergeordnete Rolle, weil sowohl § 28 Abs. 4 als auch § 30 Abs. 12 Satz 3 WaStrG klarstellen, dass das Recht zur Beschränkung der Haftung unberührt bleibt.

f) Das privatrechtliche Vorgehen der WSV. Die WSV kann sich auch dafür entscheiden, die Maßnahmen zur Beseitigung des Schifffahrtshindernisses auf Grundlage des Privatrechts im Wege einer Geschäftsführung ohne Auftrag (§§ 677 ff. BGB) durchzuführen.[16] Die §§ 24 ff. WaStrG und ebenso § 30 WaStrG haben keine ausschließliche Wir-

---

12 Zur Anwendung der früheren Beschränkung der Haftung auf Schiff und Fracht im Hinblick auf Ansprüche aus Wrackbeseitigung siehe RhSchOG Köln MDR 1955, 485.
13 Siehe bereits SchOG Köln TranspR 2007, 75, 77 f. (unter 3.) „Avanti" = HmbSeeRep 2006, 197 Nr. 123.
14 So die WaStrG-Begr S. 25 (zu „Absatz 1").
15 Siehe dazu ausführlich mit verfassungsrechtlichen Bedenken BVerwG, Urteil vom 22. August 1975 – IV C 52.72 – „Addio" (BeckRS 2015, 49103) sowie BVerwG, Beschluss vom 25. Januar 1977 – IV B 196.76 – (BeckRS 1977, 30429027) und *Friesecke* WaStrG Rn 19 zu § 30, *Herber* Haftungsrecht S. 231.
16 Grundlegend BGHZ 65, 384 = NJW 1976, 748 „Fortuna"; zuvor schon BGH NJW 1969, 1205 „Sugambria" mit Anm. *Liesecke* LM Nr. 24 zu § 683 BGB, zuvor RhSchOG Köln VersR 1968, 246; OLG Schleswig VkBl. 1978, 362; OLG Hamburg RdTW 2014, 363; SchOG Köln ZfB 2001 Nr. 11 S. 61 (Slg. 1839) „Ursula, Amazone" = HmbSeeRep 2001, 118 Nr. 97; SchOG Köln TranspR 2007, 75 „Avanti" = HmbSeeRep

kung, die einer alternativen Heranziehung der §§ 677 ff. BGB entgegenstünde.[17] Die Anwendung der §§ 677 ff. BGB ist jedoch ausgeschlossen, wenn die WSV die Entscheidung trifft, nach § 28 Abs. 3 oder 30 WaStrG vorzugehen.[18] Im Anwendungsbereich des WBÜ wird die WSV nach § 1 WrBesKoDG stets privatrechtlich auf Grundlage der §§ 677 ff. BGB tätig. Entscheidet sich die WSV für ein Vorgehen auf Grundlage des Privatrechts, ist eine Haftung der beseitigten Gegenstände nach § 30 Abs. 4 Satz 1 WaStrG ausgeschlossen. Sie kann allerdings vom Geschäftsherrn auf Grundlage der §§ 683, 670 BGB die Aufwendungen für die Beseitigung des Schiffes etc. ersetzt verlangen. Auch hier bleibt die Befugnis des Geschäftsherrn, seine Haftung nach Maßgabe des HBÜ 1996, § 612, § 5j BinSchG zu beschränken, unberührt. Nicht etwa hat § 30 Abs. 12 Satz 3 WaStrG insoweit eine abschließende Wirkung. Hat die WSV auf Grundlage des § 30 WaStrG mit Maßnahmen begonnen, ist ein Aufwendungsersatz aus §§ 683, 670 BGB ausgeschlossen. Laufende Wechsel zwischen öffentlich- und privatrechtlichem Vorgehen sind nicht zulässig.[19]

21 Einzelfälle: Der Ersatz von Aufwendungen auf Grundlage der §§ 677 ff. BGB hat eine Rolle gespielt im Hinblick auf Maßnahmen der Hebung eines gesunkenen Schiffes;[20] der Bergung eines verlorenen Ankers;[21] der Bergung verlorener Container nach einer Havarie des Schiffes;[22] zur Verkehrssicherung nach dem Untergang des Schiffes;[23] der (ggf. auch erfolglosen) Suche nach verloren gegangenen Teilen des Schiffes, namentlich nach Ankern[24] oder Lukendeckeln.[25]

II. Maßnahmen außerhalb der Bundeswasserstraßen

22 Auf Veranlassung der Behörden können auch außerhalb der Bundeswasserstraßen (§ 1 Abs. 1, 2 und 4 WaStrG) nach Maßgabe der örtlichen Vorschriften und ihrer Eingriffsbefugnisse Maßnahmen der Wrackbeseitigung veranlasst und durchgeführt werden. Nach den örtlichen Vorschriften ermittelt sich auch, ob und in welchem Umfang verantwortliche Personen als Verhaltens- oder Zustandsstörer[26] wegen der Kosten herangezogen werden können, etwa auf Grundlage einer Ersatzvornahme oder des sofortigen Vollzugs der Maßnahme. Auch hier können die Behörden berechtigt sein, auf Grundlage des Privatrechts nach den Vorschriften über die Geschäftsführung ohne Auftrag (§§ 677 ff. BGB) vorzugehen. Voraussetzung hierfür ist, dass die betreffenden öffentlich-rechtlichen Bestimmungen, die die Eingriffsbefugnisse der Behörden und die zulässigen Maßnah-

---

2006, 197 Nr. 123 – siehe auch bereits BGH NJW 1955, 340 sowie SchOG Köln HmbSchRZ 2009, 249 Nr. 98; VwG Münster HmbSchRZ 2011, 56 Nr. 23.
17 BGHZ 65, 384 = NJW 1976, 748 „Fortuna"; OLG Schleswig VkBl. 1978, 362; OLG Hamburg RdTW 2014, 363 [6, 7].
18 BGHZ 65, 384 = NJW 1976, 748 „Fortuna"; OLG Schleswig VkBl. 1978, 362.
19 OLG Hamburg RdTW 2014, 363 [8].
20 Siehe BGH NJW 1955, 340; ZKR ZfB 1978, 476 (Slg. 698) „Hollandia"; OLG Hamburg VRS 1(1949), 193; RhSchOG Köln MDR 1955, 485; SchOG Köln ZfB 2001 Nr. 11 S. 61 (Slg. 1839) „Ursula", Amazone" = HmbSeeRep 2001, 118 Nr. 97.
21 Siehe SchOG Köln HmbSchRZ 2010, 197 Nr. 111.
22 SchOG Köln HmbSchRZ 2009, 249 Nr. 98.
23 SchOG Köln ZfB 2001 Nr. 11 S. 61 (Slg. 1839) „Ursula", Amazone" = HmbSeeRep 2001, 118 Nr. 97; SchOG Köln TranspR 2007, 75 „Avanti" = HmbSeeRep 2006, 197 Nr. 123 – siehe noch BGH 1964, 1990 (Ansprüche aus §§ 812 ff. BGB).
24 BGHZ 65, 384 = NJW 1976, 748 „Fortuna"; BGH NJW 1969, 1205 „Sugambria" mit Anm. *Liesecke* LM Nr. 24 zu § 683 BGB, zuvor RhSchOG Köln VersR 1968, 246; BGH VersR 1971, 816 „Essen", anschließend SchOG Köln ZfB 1972, 509 (Slg. 481).
25 BGHZ 65, 384 = NJW 1976, 748 „Fortuna".
26 Siehe VwG Münster HmbSchRZ 2011, 56 Nr. 23: Der Bund als Zustandsstörer.

men regeln, keinen abschließenden Charakter haben.[27] Die verantwortlichen Personen, die wegen der Kosten der Beseitigungsmaßnahmen herangezogen werden, können ggf. ihre Haftung auf Grundlage des HBÜ 1996, des § 612 sowie der § 4 Abs. 1 Satz 1, Abs. 4, § 5c Abs. 1 Nr. 1 BinSchG beschränken. Diese Befugnis besteht auch im Falle einer Inanspruchnahme nach öffentlichem Recht (Art. 7 Abs. 2 EGHGB, § 4 Abs. 1 Satz 2 BinSchG).

---

27 Siehe auch VG Schleswig VkBl. 1979, 180.

Anhang IV zu § 480 (maritime Nuklearhaftung)

Literatur (zum ReaktorschÜ): *Bernaerts* Neues Haftpflichtrecht für NS „Otto Hahn", Hansa 1976, 1050–1052; *v.d. Hagen/Sieveking* Rechtsprobleme im Zusammenhang mit dem Betrieb von Atomschiffen, MDR 1961, 274–280; *Hoog* Die Konvention über die Haftung der Inhaber von Atomschiffen, 1970; *Hovy* Die Konvention über die Haftung der Inhaber von Atomschiffen vom 25. Mai 1962, 1970; *Möller* Wirtschaftliche und rechtliche Probleme der Versicherung von Reaktorschiffen, Drittes Jahrbuch der Studiengesellschaft zur Förderung der Kernenergieverwendung in Schiffbau und Schifffahrt e.V., 1974, S. 114; *Röhreke* Die Haftung für atomgetriebene Schiffe, Hansa 1960, 290–293; *Sotiropoulos* Das Verhältnis von herkömmlichen und atomaren Haftungsnormen im Bereich der Seeschifffahrt, ZVersWirt 1965, 81.

Literatur (KernmatBefÜ): *Fischer* Haftung bei Nukleartransporten, TranspR 1989, 4–9; *Ganten* Seetransport von Kernmaterial. Das Brüsseler Haftungsübereinkommen, Hansa 1972, 440–441; *Huck* Haftung und Deckung beim Transport radioaktiver Stoffe unter besonderer Berücksichtigung des atomrechtlichen Genehmigungsverfahrens, TranspR 1994, 129–142; *v. Welck* Die Haftung für nukleare Schäden beim Seetransport von Kernmaterialien nach der Londoner Konvention vom 17. Dezember 1971, VersR 1972, 313–317.

1   Die Haftung für Schäden aus nuklearen Ereignissen ist in eigenartiger Weise ausgestaltet, unter Berücksichtigung der besonderen Gefahren, die von Nuklearanlagen und radioaktiven Stoffen ausgehen. Ausgangspunkt des internationalen Haftungsrechts sind das ParisÜ 1982 sowie das ParisZusatzÜ 1982. Die Übereinkommen betreffen die Haftung für Schäden betrifft, die aus dem Betrieb einer Kernanlage entstehen. Das ReaktorschÜ regelt darüber hinaus die Haftung des Inhabers eines Reaktorschiffes. Die Beförderung von Kernmaterialien ist Gegenstand des KernmatBefÜ. Innerstaatlich gelten die Regelungen des AtomG, insbesondere die §§ 25 ff. AtomG.

I. Grundlagen

2   Das erste internationale Übereinkommen über die Haftung für Nuklearschäden war das ParisÜ, das inzwischen in der Fassung des Protokolls von 1982 zur Anwendung gelangt. Deutschland ist Vertragsstaat des ParisÜ 1982. Das Übereinkommen regelt die Haftung des Inhabers einer Kernanlage (Abs. 1 Nr. 6 Anlage 1 zu § 2 Abs. 4 AtomG) für Schäden Dritter durch ein nukleares Ereignis. Das Protokoll von 2004 zum ParisÜ 1982 ist bislang nicht in Kraft getreten. Die Bestimmungen des ParisÜ wurden teils von Anfang an als unzureichend angesehen. Dies führte dazu, dass bereits im Jahre 1963 das ParisZusatzÜ verabschiedet wurde. Deutschland ist Vertragsstaat des ParisZusatzÜ. Es gilt heute in der Fassung des Protokolls von 1982. Auch zum ParisZusatzÜ 1982 gibt es ein Protokoll von 2004, das völkerrechtlich bisher nicht in Kraft getreten ist. Das ParisZusatzÜ 1982 hebt die Entschädigungsbeträge des ParisÜ 1982 deutlich an. Es ist in seiner Anwendbarkeit an das ParisÜ 1982 gekoppelt (siehe Art. 1 und Art. 23 Abs. 1 ParisZusatzÜ 1982).

3   Neben dem ParisÜ 1982 und dem ParisZusatzÜ 1982 gibt es im internationalen Atomhaftungsrecht ein selbständiges weiteres Régime, das auf das WienÜ zurückgeht. Das Haftungssystem des WienÜ sollte, so der Zweck des Übereinkommens, auch für wirtschaftlich schwächere Staaten attraktiv sein. Das WienÜ ist völkerrechtlich in Kraft getreten, wurde aber von Deutschland nicht ratifiziert. Das Nebeneinander der beiden Haftungssysteme wird im ParisWienProt geregelt. Deutschland ist Vertragsstaat des Protokolls.

4   Ergänzend zum ParisÜ 1982, zum ParisZusatzÜ 1982 und zum ParisWienProt enthält das AtomG in seinen §§ 25 ff. ergänzende und zusätzliche Vorschriften über die Haftung des Inhabers einer Kernanlage für ein nukleares Ereignis (siehe Abs. 1 Nr. 1 und 2 Anlage 1 zu § 2 Abs. 4 AtomG). Hier macht der deutsche Gesetzgeber auch von einer Reihe von Freiheiten Gebrauch, die das ParisÜ 1982 und das ParisZusatzÜ 1982 für die Ver-

tragsstaaten vorsehen. § 25 Abs. 1 Satz 1 AtomG stellt klar, dass in erster Linie die Bestimmungen des ParisÜ 1982 (siehe § 2 Abs. 5 AtomG) sowie des ParisWienProt (siehe § 2 Abs. 7 AtomG) zur Anwendung gelangen. Darüber hinaus bestimmt § 25 Abs. 1 Satz 2 AtomG, dass das ParisÜ 1982 unabhängig von seiner völkerrechtlichen Verbindlichkeit für Deutschland innerstaatlich anzuwenden ist.

II. Die Haftung des Inhabers der Kernanlage

1. Die Grundlagen der Haftung. Ausgangspunkt der Haftung ist Art. 3 (a) ParisÜ 1982. Danach haftet der Inhaber einer Kernanlage (siehe Art. 1 [a] [vi] und [ii] ParisÜ 1982) für Personen- und Sachschäden, die durch ein nukleares Ereignis (siehe Art. 1 [a] [i] ParisÜ 1982) verursacht worden sind, das in der Kernanlage oder auf aus der Kernanlage stammende Kernmaterialien (siehe Art. 1 [a] [v] sowie [iii] und [iv] ParisÜ 1982; Abs. 1 Nr. 3, 4 und 5 Anlage 1 zu § 2 Abs. 4 AtomG) zurückzuführen ist. Der Inhaber haftet für Personenschäden sowie für Sachschäden. Ausgenommen sind die Kernanlage selbst und andere Kernanlagen auf dem betreffenden Gelände sowie jegliche Vermögenswerte auf dem Gelände, die im Zusammenhang mit einer solchen Anlage verwendet werden oder verwendet werden sollen (siehe Art. 3 [a] [i] und [ii] ParisÜ 1982). 5

Darüber hinaus sieht Art. 6 (b) Hs. 1 ParisÜ 1982 eine Kanalisierung der Haftung auf den Inhaber der Kernanlage vor. Von der Haftung befreit sind grundsätzlich alle Dritten Personen wie etwa Mitarbeiter des Inhabers, Zulieferer, Handwerker oder Sachverständige. Zu den engen Ausnahmen siehe Art. 6 (c) (i) ParisÜ 1982. Ein Wegfall der Haftungsbefreiung im Falle eines Verschuldens, auch eines qualifizierten Verschuldens ist nicht vorgesehen. Der Inhaber der Kernanlage haftet ausschließlich auf Grundlage des Übereinkommens (siehe Art. 6 [c] [ii] ParisÜ). Er hat nur ein beschränktes Recht zum Rückgriff gegen Dritte (siehe Art. 6 [f] ParisÜ). Soweit ein solches Recht besteht, kann der Inhaber dies den möglicherweise bestehenden Ansprüchen der betreffenden Dritten entgegenhalten (siehe Art. 6 [g] ParisÜ 1982). Siehe auch Art. 5 ParisÜ 1982, § 33 AtomG zu dem Fall, dass eine Haftung mehrerer Inhaber von Kernanlagen in Betracht kommt. 6

Art. 2 ParisÜ 1982 betrifft den Anwendungsbereich des Übereinkommens, es gilt grundsätzlich nicht für nukleare Ereignisse im Hoheitsgebiet von Nicht-Vertragsstaaten sowie nicht für dort entstandene Schäden. Das Recht des Staates, in dem sich die betreffende Kernanlage befindet, kann etwas anderes bestimmen. Dies tut etwa § 25 Abs. 4 AtomG, wo es heißt, dass der Inhaber unabhängig davon haftet, wo der Schaden eingetreten ist. Schließlich haftet der Inhaber einer Kernanlage nach § 25 Abs. 5 AtomG nicht nach Maßgabe des ParisÜ 1982, sofern der Schaden durch eine der in Anlage 2 zum AtomG genannten Kernmaterialien (von geringer Aktivität oder Menge) entstanden ist. Im Übrigen kommt es auf die Staatsangehörigkeit, den Wohnsitz und den Aufenthaltsort der Beteiligten, namentlich der Geschädigten, nach Art. 14 (a) ParisÜ 1982 nicht an. 7

2. Die Entlastung des Inhabers. Die Einstandspflicht des Inhabers der Kernanlage aus Art. 3 (a) ParisÜ 1982 ist verschuldensunabhängig. Der Inhaber kann lediglich die Ausschlüsse nach Art. 9 ParisÜ 1982 für sich geltend machen. Sie betreffen Schäden, die auf einen bewaffneten Konflikt, auf Feindseligkeiten, auf einen Bürgerkrieg oder Aufstand oder auf schwere Naturkatastrophen außergewöhnlicher Art zurückzuführen sind. Insoweit können die Vertragsstaaten abweichende Regelungen treffen. Deutschland hat von dieser Befugnis Gebrauch gemacht und in § 25 Abs. 3 Satz 1 AtomG die Anwendung des Art. 9 ParisÜ 1982 grundsätzlich ausgeschlossen. Ist der Schaden in einem anderen Staat eingetreten, gilt nach § 25 Abs. 3 Satz 2 AtomG die Regelung des Satz 1 nur im Falle der Gegenseitigkeit. 8

9   **3. Die Einstandspflicht des Inhabers.** Die Haftung des Inhabers der Kernanlage nach aus Art. 3 (a) ParisÜ 1982 unterliegt in Deutschland den weiteren Bestimmungen der §§ 27 ff. AtomG (siehe Art. 11 ParisÜ 1982). So ist nach § 254 BGB ein Mitverschulden des Geschädigten zu berücksichtigen (§ 27 AtomG). Geregelt wird weiter der Umfang des Schadenersatzes im Falle der Tötung (§ 28 AtomG) oder der Körperverletzung einer Person (§ 29 AtomG). Im letzterem Falle besteht ggf. auch ein Anspruch auf Schmerzensgeld (§ 29 Abs. 2 AtomG) oder eine eine Geldrente zu zahlen (§ 30 AtomG). Für Sachschäden haftet der Inhaber der Kernanlage nach § 31 Abs. 3 Satz 1 AtomG nur bis zur Höhe des gemeinen Wertes der beschädigten Sache zzgl. der Kosten für die Sicherung gegen die von ihr ausgehenden Strahlengefahr. Zur Haftung des Inhabers der Kernanlage für Schäden am Schiff siehe die Hinweise unten Rn 21.

10   **4. Der Höchstbetrag der Haftung.** Art. 7 (b) Satz 1 ParisÜ 1982 setzt den Höchstbetrag der Haftung des Inhabers der Kernanlage mit 15 Millionen SZR fest. Allerdings steht es den Vertragsstaaten nach Satz 2 der Vorschrift frei, in ihrem innerstaatlichen Recht abweichende Beträge vorzusehen, die nicht unter 5 Millionen SZR liegen dürfen. Insbesondere erlaubt Art. 15 (a) ParisÜ 1982 eine Erhöhung des Höchstbetrages. Soweit dieser durch öffentliche Mittel bereitgestellt wird, können auch Bestimmungen getroffen werden, die von denen des ParisÜ 1982 abweichen (siehe Art. 15 [b] ParisÜ 1982).

11   Diese Regelungen des ParisÜ 1982 werden in Art. 3 ParisZusatzÜ 1982 zugunsten eines Höchstbetrages von 300 Millionen SZR abgeändert. Für die Aufbringung dieses Betrages ist ein dreistufiges System vorgesehen. Auf der ersten Stufe muss bis zu einer Höhe von 5 Millionen SZR der Versicherer für den Schaden einstehen (Art. 3 [b] [i] ParisZusatzÜ 1982). Für den darüber hinausgehenden Schaden haftet bis zu einem Betrag von 175 Millionen SZR der Vertragsstaat, in dessen Hoheitsgebiet sich die betreffende Kernanlage befindet (siehe Art. 3 [b] [ii] und Art. 11 ParisZusatzÜ 1982). Schließlich werden bis zu einer Höhe von 300 SZR die erforderlichen Mittel durch die Gemeinschaft der Vertragsstaaten aufgebracht (siehe Art. 3 [b] [iii] sowie Art. 10 und Art. 12 ParisZusatzÜ 1982). Die Vorschrift des Art. 3 (c) ParisZusatzÜ 1982 zeigt verschiedene Wege auf, wie die Haftung des Inhabers unter Berücksichtigung der Vorgaben des Abs. (b) geregelt werden kann. Im Hinblick auf die dreistufig festgesetzten Beträge dürfen die Vertragsstaaten von ihrer Befugnis nach Art. 15 (b) ParisÜ 1982, eigene Bedingungen vorzusehen, keinen Gebrauch machen (Art. 3 [e] ParisZusatzÜ 1982).

12   Die zuvor angesprochenen Regelungen sind der Ausgangspunkt des § 31 AtomG. Trotz des ParisZusatzÜ 1982 bleibt es bei der Befugnis der Vertragsstaaten aus Art. 15 (a) ParisÜ 1982, höhere Höchstbeträge vorzusehen (siehe auch Art. 14 [a] ParisZusatzÜ 1982). Nach § 31 Abs. 1 Satz 1 AtomG haftet der Inhaber einer Kernanlage grundsätzlich summenmäßig unbegrenzt. Liegt einer der in § 25 Abs. 3 Satz 1 AtomG genannten Umstände vor, ist nach § 31 Abs. 1 Satz 2 AtomG die Haftung auf den Höchstbetrag der staatlichen Freistellungsverpflichtung begrenzt. Dieser beträgt 2,5 Milliarden Euro (§ 34 Abs. 1 Satz 2 AtomG). Treten die Schäden in einem anderen Staat ein, gilt die abgestufte Regelung des § 31 Abs. 2 AtomG. Eine unbeschränkte Haftung nach § 31 Abs. 1 AtomG bzw. der Höchstbetrag nach Satz 2 kommen nur im Falle der Gegenseitigkeit zum Tragen (§ 31 Abs. 2 Satz 1 AtomG). Andernfalls gelten die Höchstbeträge, die der andere Staat im Hinblick auf Schäden vorsieht, die in Deutschland eintreten und durch ein nukleares Ereignis in dem betreffenden Staat entstanden sind (§ 31 Abs. 2 Satz 3 AtomG). Befinden sich in dem anderen Staat keine Kernanlagen, gilt der Höchstbetrag des ParisZusatzÜ 1982. Dieser liegt bei 300 Millionen SZR (siehe Art. 3 [a] ParisZusatzÜ 1982).

5. Ausschluss und Verjährung von Ansprüchen. Der Ausschluss von Ansprüchen 13
der Geschädigten gegen den Inhaber der Kernanlage ist Gegenstand der Art. 8 ParisÜ
1982, Art. 6 und 7 ParisZusatzÜ 1982. In dieser Vorschrift werden den Vertragsstaaten
erhebliche Gestaltungsmöglichkeiten eingeräumt. § 32 Abs. 1 AtomG sieht eine Verjährung von drei Jahren vor, beginnend mit dem Zeitpunkt, zu dem der Ersatzberechtigte
von dem Schaden und der Person des Ersatzpflichtigen Kenntnis erlangt hat oder hätte
erlangen müssen. Stets gilt eine absolute Frist von 30 Jahren. In den Fällen verloren gegangenen Kernmaterials (Art. 8 [b] ParisÜ 1982, unten Rn 28) tritt an die Stelle der 30-
jährigen Frist nach § 32 Abs. 2 AtomG eine solche von 20 Jahren. Sie beginnt mit dem
Diebstahl, dem Verlust, dem Überbordwerfen oder der Besitzaufgabe. Ansprüche wegen
Personenschäden auf Grundlage des ParisÜ 1982, die innerhalb von 10 Jahren nach dem
betreffenden Ereignis gerichtlich geltend gemacht werden, haben im Rahmen der Verteilung nach § 35 AtomG Vorrang vor Ansprüchen, die nach Ablauf der Frist erhoben werden (§ 32 Abs. 3 AtomG, Art. 8 [a] Satz 2 ParisÜ 1982). Eine Verhandlung über die Ansprüche bewirkt nach § 32 Abs. 4 AtomG eine Hemmung der Verjährung. Darüber hinaus
verweist § 32 Abs. 5 AtomG auf die Vorschriften des BGB über die Verjährung.

6. Die atomrechtliche Deckungsvorsorge. Der Inhaber der Kernanlage ist ver- 14
pflichtet, im Hinblick auf seine Haftung für Schäden aus einem nuklearen Ereignis Vorsorge zu treffen und eine entsprechende Versicherung aufrecht zu erhalten (Deckungsvorsorge, § 13 Abs. 1 Hs. 1 AtomG). Nähere Regelungen hierzu finden sich in Art. 10
ParisÜ 1982 sowie insbesondere in § 13 bis 15 AtomG und der AtDeckV. Deckungsvorsorge muss in einer im Einzelfall festgelegten Höhe getroffen werden, höchstens bis zu
2,5 Milliarden Euro (§ 13 Abs. 3 Satz 2 Hs. 1 AtomG). Die Deckungsvorsorge muss sich auf
die gesetzlichen Schadenersatzverpflichtungen des Inhabers der Kernanlage beziehen
(§ 13 Abs. 5 Satz 1 AtomG). Wird die Deckungsvorsorge durch eine Haftpflichtversicherung erbracht, gelten grundsätzlich die §§ 117 und 119 bis 122 VVG entsprechend (§ 14
Abs. 1 Hs. 1 AtomG). Ein Direktanspruch gegen den Versicherer nach § 115 VVG ist ausgeschlossen (§ 14 Abs. 1 Hs. 1 AtomG, Art. 6 [a] ParisÜ 1982).

7. Die Freistellungsverpflichtung des Bundes. § 34 Abs. 1 AtomG sieht zugunsten 15
des Inhabers der Kernanlage eine staatliche Freistellungsverpflichtung des Bundes vor.
Diese betrifft Schäden, die von der Deckungsvorsorge (zuvor Rn 14) nicht gedeckt sind
oder aus ihr nicht erfüllt werden können. Die Freistellungsverpflichtung gilt nach § 39
AtomG nicht für Ansprüche von industriellen Abnehmern von Energie der Kernanlage
sowie für Ansprüche auf Schmerzensgeld nur in schweren Fällen Der Höchstbetrag der
Freistellungsverpflichtung beträgt 2,5 Milliarden Euro. Nach § 34 Abs. 3 gelten für die
Freistellungsverpflichtung die Regelungen der §§ 83 und 87 VVG sowie die Bestimmungen der §§ 100 ff. VVG über die Haftpflichtversicherung mit Ausnahme der §§ 103 und 118.
Ein Direktanspruch gegen den Bund ist nach § 34 Abs. 3 AtomG ausgeschlossen. Überschreiten die Ansprüche der Geschädigten aus einem Ereignis die zur Verfügung stehenden Mittel, wird deren Verteilung auf die Geschädigten nach § 35 AtomG vorläufig durch
Rechtsverordnung und abschließend durch Gesetz geregelt (siehe Art. 8 ParisZusatzÜ
1982). Nach Maßgabe des § 37 AtomG kann der Bund, der nach § 34 AtomG den Inhaber
der Kernanlage von Schadensersatzverpflichtungen freigestellt hat, beim Inhaber Rückgriff nehmen.

8. Die Ausgleichspflicht des Bundes. § 38 AtomG sieht schließlich eine Aus- 16
gleichspflicht des Bundes in Höhe der staatlichen Freistellungsverpflichtung in bestimmten Fällen vor, in denen ein Geschädigter seinen Schaden im deutschen Hoheits-

gebiet erlitten hat, ohne dass ihm Ansprüche auf Schadenersatz zustehen. Ansprüche von industriellen Abnehmern von Energie der Kernanlage sowie Ansprüche wegen Schmerzensgeld, sofern es nicht um schwere Fälle geht, sind vom Ausgleich nach § 39 AtomG ausgenommen.

17 **9. Internationalprivatrechtliche Fragen.** § 40 AtomG enthält schließlich einige internationalprivatrechtliche Bestimmungen. Ein nach den Tatbeständen des Art. 13 ParisÜ zuständiges deutsches Gericht (siehe sogleich Rn 18) entscheidet über Klagen gegen den Inhaber einer Kernanlage in einem anderen Vertragsstaat auf Grundlage der Vorschrift des AtomG. Hiervon sieht § 40 Abs. 2 AtomG im Hinblick auf bestimmte Einzelfragen Ausnahmen vor. Um welche Gegenstände es sich handelt, ist dem Katalog des § 40 Abs. 2 Nr. 1 bis 7 AtomG zu entnehmen. Diese Einzelfragen beurteilen sich nach dem Recht des Vertragsstaates, in dem sich die Kernanlage befindet.

10. Gerichtliche Zuständigkeiten

18 **a) Der Ausgangspunkt.** Klagen von Geschädigten gegen den Inhaber der Kernanlage können ausschließlich vor den in Art. 13 ParisÜ 1982 genannten Gerichten geltend gemacht werden. Grundsätzlich sind nach Art. 13 (a) ParisÜ 1982 die Gerichte desjenigen Vertragsstaates zuständig, in deren Hoheitsgebiet das nukleare Ereignis eingetreten ist. Tritt ein nukleares Ereignis außerhalb der Hoheitsgebiete der Vertragsstaaten ein oder kann der Ort des Ereignisses nicht mit Sicherheit festgestellt werden, so sind nach Art. 13 (b) ParisÜ die Gerichte desjenigen Vertragsstaates zuständig, in dessen Hoheitsgebiet sich die Kernanlage des betreffenden Inhabers befindet. Ist danach die Zuständigkeit mehrerer Gerichte begründet, gelten die Regelungen des Art. 13 (c) ParisÜ. Diese Regelungen betreffen lediglich die internationale Zuständigkeit. Die örtliche Zuständigkeit deutscher Gerichte ergibt sich, weil (zurzeit, siehe sogleich Rn 19) das AtomG keine entsprechenden Vorschriften enthält, aus den allgemeinen Grundsätzen der §§ 12 ff. ZPO. Schließlich enthält Art. 13 (d) ParisÜ Regelungen über die Anerkennung und Vollstreckbarkeit von Urteilen der Gerichte eines Vertragsstaates in anderen Vertragsstaaten.

19 **b) Die neuen §§ 40aff. AtomG n.F.** Das AtomG enthält bislang keine Vorschriften über die gerichtliche Zuständigkeit für Klagen im Rahmen der §§ 25 ff. AtomG. Das wird sich möglicherweise zukünftig ändern. Das ParisÜProt 2004 sieht eine komplette Neufassung des Art. 13 ParisÜ 1982 vor. Die durch das ParisÜProt 2004 durchgeführten Änderungen und die hierdurch erforderlich werdenden innerstaatlichen Neuregelungen sind Gegenstand des Änderungsgesetzes von 2008[1] zum AtomG. In dessen Art. 1 Nr. 18 ist die Einführung neuer §§ 40a bis 40c AtomG mit Regelungen über Gerichtsstände vorgesehen.[2] § 40a Abs. 1 Satz 1 AtomG n. F. kommt der Aufforderung des Art. 13 (h) ParisÜ 2004 nach und trifft eine Regelung zur örtlichen Zuständigkeit nach dem Vorbild des § 32a ZPO. Zum neuen § 40a Abs. 1 Satz 2 AtomG siehe sogleich Rn 20. Die Regelung des § 40b AtomG n.F., die von dem Generaltatbestand des § 18 ZPO abweicht, betrifft die Zuständigkeit für Klagen gegen den Bund auf Freistellung nach § 34 AtomG (oben Rn 15). Schließlich erlaubt ein neuer § 40c AtomG Staaten – im Sinne einer gesetzliche Pro-

---

[1] Gesetz zur Änderung haftungsrechtlicher Vorschriften des Atomgesetzes und zur Änderung sonstiger Rechtsvorschriften vom 9. August 2008 (BGBl. 2008 I S. 1793).
[2] Siehe zum Folgenden die Begründung zum Gesetzentwurf der Bundesregierung eines Gesetzes zur Änderung haftungsrechtlicher Vorschriften des Atomgesetzes und zur Änderung sonstiger Rechtsvorschriften (BT Drucksache 16/9077, S. 11–21) S. 19f („Zu Nummer 18").

zessstandschaft – Schadenersatzansprüche für Geschädigte gerichtlich geltend zu machen, die einen nuklearen Schaden erlitten haben und Angehörige des betreffenden Staates sind, ihren gewöhnlichen Aufenthalt dort haben oder sich mit der Erhebung der Klage durch den Staat einverstanden erklärt haben. Hierdurch kommt Deutschland seinen Pflichten aus Art. 13 (g) ParisÜ 2004 nach. Das Änderungsgesetz von 2008 und damit die neuen §§ 40a bis 40c AtomG treten nach Art. 5 Abs. 1 Satz 1 des Änderungsgesetzes erst in Kraft, wenn das Protokoll von 2004 zum ParisÜ für Deutschland in Kraft tritt.

c) Insbesondere § 40a Abs. 1 Satz 2 AtomG n.F. Der neue Art. 13 (b) ParisÜ 2004 **20** bestimmt, dass in den Fällen, in denen ein nukleares Ereignis innerhalb der AWZ oder eines entsprechenden Gebietes eines Vertragsstaates eintritt, für Klagen wegen eines nuklearen Schadens für die Zwecke des ParisÜ 2004 ausschließlich die Gerichte dieses Vertragsstaates zuständig sind. Die örtliche Zuständigkeit deutscher Gerichte endet an der seewärtigen Grenze des deutschen Küstenmeeres. Der neue § 40a Abs. 1 Satz 2 AtomG begründet für den zuvor genannten Fall eine ausschließliche Zuständigkeit des LG Hamburg für Schadenersatzklagen aufgrund des ParisÜ 2004. Auch § 40a Abs. 1 Satz 2 AtomG n.F. tritt erst mit dem Protokoll von 2004 zum ParisÜ 1982 in Kraft. Die durch Art. 13 (b) ParisÜ 2004 aufgeworfene und durch § 40a Abs. 1 Satz 2 AtomG n.F. geregelte Problematik besteht in gleicher Weise im Hinblick auf Klagen Geschädigter auf Ersatz von Öl- und Bunkerölverschmutzungsschäden auf Grundlage des ÖlHÜ 1992 bzw. des BunkerölÜ; siehe näher dazu die Hinweise Rn 10–12 zu Art. IX ÖlHÜ 1992 [Anhang I.1 zu § 480].

11. Die Haftung des Inhabers für Beschädigungen des Schiffes. Wird Kernmaterial **21** auf einem Schiff befördert, und kommt es aufgrund eines nuklearen Ereignisses zu einer Beschädigung des Schiffes, haftet dem Reeder nach Art. 3 (a) (ii) Nr. 2 ParisÜ 1982 grundsätzlich der Inhaber der Kernanlage, aus der das Kernmaterial stammt. Die Kanalisierung der Haftung auf den Inhaber nach Art. 6 (a) Hs. 1 Paris-Ü 1982 wirkt auch zugunsten jedes (Zeit- und Reise-) Charterers; jeder Teilcharterer, auch wenn sich die Teilcharter nicht gerade auf die betreffenden Kernmaterialien bezieht; jeder Stückgutbefrachter und jeder Empfänger, auch wenn der Stückgutfrachtvertrag bzw. das Konnossement nicht die betreffenden Kernmaterialien zum Gegenstand haben; die Mitglieder der Schiffsbesatzung (§ 478); und der an Bord tätige ebenso wie der nicht an Bord tätige (Radar-)Lotse. Allerdings gelten für die Einstandspflicht des Inhabers der Kernanlage einige Besonderheiten. Ausgehend von Art. 7 (c) ParisÜ 1982 kommt in bestimmten Fällen den Ansprüchen anderer Geschädigter Vorrang zu. Ggf. kann der Reeder vom Bund einen Ausgleich nach § 38 Abs. 1 Nr. 3 AtomG verlangen. In internationalprivatrechtlicher Hinsicht beurteilt sich Haftung des Inhabers der Kernanlage nach dem Recht des Vertragsstaates, in dem sich die Kernanlage befindet (§ 40 Abs. 2 Nr. 4 ParisÜ 1982). Nach § 14 Abs. 1 Hs. 1 AtomG ist der Ablauf der Frist des § 117 Abs. 2 VVG im Falle der Beförderung von Kernmaterialien für die Dauer der Beförderung gehemmt.

III. Die Haftung für Reaktorschiffe

Eine besondere atomrechtliche Haftung besteht auch im Hinblick auf Reaktorschiffe; **22** zu diesen siehe die Bestimmungen des Kapitels VIII Anlage SOLAS-Ü. Grundlage der Einstandspflicht ist das ReaktorschÜ. Zwar ist das Übereinkommen völkerrechtlich nicht in Kraft getreten. Allerdings wird es in § 25a Abs. 1 Nr. 1 AtomG unabhängig von seiner völkerrechtlichen Verbindlichkeit innerstaatlich für anwendbar erklärt. Die weiteren Regelungen des § 25a AtomG gestalten die Haftung näher aus.

23 Ein Reaktorschiff im Sinne des Art. I Nr. 1 ReaktorschÜ ist ein Schiff, das mit einer Kernenergieanlage ausgerüstet ist. In Deutschland wurde insbesondere zu Forschungszwecken in den 1960er und 70er Jahren das mit einem Nuklearantrieb ausgestattet Schiff „Otto Hahn" betrieben. Dessen Einsatz erwies sich letztlich wegen der beschränkten Einsatzmöglichkeiten aufgrund fehlender Anlauf- und Durchfahrtgenehmigungen als schwierig. Atomgetriebene Handelsschiffe gibt es in Deutschland nicht. Allerdings sind in anderen Staaten teils Kriegsschiffe mit nuklearen Antriebsanlagen ausgestattet. Nach Maßgabe des Art. XV ReaktorschÜ bedarf der Betrieb eines Reaktorschiffes einer Genehmigung des Flaggenstaates. Das ReaktorschÜ lässt das Recht der Vertragsstaaten unberührt, ein Reaktorschiff, das von einem Vertragsstaat genehmigt wurde, den Zugang zu seinen Gewässern und Häfen zu verweigern (Art. XVII ReaktorschÜ). Nach § 25a Abs. 1 Nr. 1 AtomG tritt das ReaktorschÜ für die Zwecke der Anwendung der §§ 25 ff. AtomG an die Stelle des ParisÜ 1982. Grundsätzlich unterliegt die Einstandspflicht allen weiteren Bestimmungen der §§ 25 ff. AtomG.

24 **1. Der Anwendungsbereich des ReaktorschÜ.** Das Übereinkommen gilt für alle durch ein nukleares Ereignis (Art. I Nr. 8 ReaktorschÜ) verursachten Schäden, die durch Kernbrennstoffe (Art. I Nr. 5 ReaktorschÜ) eines die Flagge eines Vertragsstaats führenden Reaktorschiffes (Art. I Nr. 1 ReaktorschÜ) oder durch dessen radioaktive Erzeugnisse oder Abfälle (Art. I Nr. 6 ReaktorschÜ) verursacht worden sind, unabhängig davon, wo das Ereignis eingetreten ist (Art. XIII ReaktorschÜ). Zum Begriff des Schiffes siehe oben Rn 11–46 Einleitung B. Ein Reaktorschiff ist nach Art. 1 Nr. 1 ReaktorschÜ ein solches, das mit einer Kernenergieanlage ausgerüstet ist (Art. I Nr. 9 und 10 ReaktorschÜ). Zwischen See- und Binnenschiffen wird nicht unterschieden. In zeitlicher Hinsicht findet das ReaktorschÜ vom Zeitpunkt des Stapellaufes des Reaktorschiffes Anwendung (siehe Art. XVI Satz 1). Es gilt für Reaktorschiffe unter der Flagge von Vertragsstaaten und unabhängig davon, wo das nukleare Ereignis stattgefunden hat. Bei Reaktorschiffen, die nicht berechtigt sind, die Bundesflagge zu führen, sind gemäß § 25 Abs. 1 Nr. 4 AtomG die Regelungen §§ 25 ff. AtomG nur maßgeblich, wenn die nuklearen Schäden im deutschen Hoheitsgebiet eingetreten sind. Das ReaktorschÜ betrifft grundsätzlich auch Staatsschiffe einschließlich Kriegsschiffe (siehe Art. 1 Nr. 11 ReaktorschÜ), allerdings gelten für sie die Grundsätze der Immunität (siehe Art. X Abs. 3 ReaktorschÜ). Auf die Staatsangehörigkeit, den Wohnsitz und den Aufenthaltsort der Beteiligten, namentlich der Geschädigten, kommt es nach Art. XII Abs. 3 ReaktorschÜ nicht an.

25 **2. Die Begründung der Haftung.** Der Inhaber eines Reaktorschiffes haftet nach Art. II Abs. 1 ReaktorschÜ „ohne weitere Voraussetzungen" für jeden nuklearen Schaden, der durch ein nukleares Ereignis verursacht worden ist, das auf Kernbrennstoffe des Schiffes oder auf dem Schiff erzeugte radioaktive Erzeugnisse oder Abfälle zurückzuführen ist (siehe die Umschreibungen in Art. I Nr. 5 bis 8 sowie Art. XVIII ReaktorschÜ). Der nukleare Schaden umfasst nach Art. I Nr. 7 ReaktorschÜ insbesondere Personen- und Sachschäden, jedoch nicht Schäden des Schiffes selbst, seiner Ausrüstung oder seiner Brennstoff- oder sonstigen Vorräte (Art. 2 Abs. 3 ReaktorschÜ). Inhaber des Reaktorschiffes ist diejenige Person, dem der Betrieb des Reaktorschiffes erlaubt wurde (siehe Art. I Nr. 4 ReaktorschÜ). Art. VII ReaktorschÜ regelt die ggf. gesamtschuldnerische Haftung mehrerer Inhaber von Reaktorschiffen wegen eines nuklearen Schadens. Wiederum ist eine Kanalisierung der Haftung für Schäden aus einem nuklearen Ereignis auf den Inhaber vorgesehen (Art. II Abs. 2 ReaktorschÜ). Dagegen fehlt eine Regelung des Inhalts, dass Ansprüche gegen den Inhaber ausschließlich nach Maßgabe des Übereinkommens geltend gemacht werden können. Art. II Abs. 4 ReaktorschÜ umschreibt den Haftungszeitraum. Er beginnt mit Übernahme der Kernbrennstoffe oder der radioaktiven Erzeugnisse oder Abfälle und endet mit deren Übernahme durch eine andere Person. Nach Maßgabe des Art. II Abs. 6 ReaktorschÜ ist der Inhaber des Reaktorschiffes berechtigt, Rückgriff zu nehmen.

3. Die Entlastung. Von der Haftung nach Art. II Abs. 1 ReaktorschÜ ist Inhaber eines 26 Reaktorschiffes nur unter sehr engen Voraussetzungen befreit. Er haftet nach Art. VIII nicht für einen Schaden, der auf eine Kriegshandlung, auf Feindseligkeiten, auf einen Bürgerkrieg oder auf einen Aufstand zurückzuführendes nukleares Ereignis zurückgeht. Siehe außerdem den besonderen Tatbestand des Mitverschuldens in Art. II Abs. 5 ReaktorschÜ.

4. Der Höchstbetrag der Haftung. Die Haftung des Inhabers des Reaktorschiffes ist 27 auf einen Höchstbetrag beschränkt. Nach Art. III Abs. 1 ReaktorschÜ beträgt dieser 1,5 Millionen Franken für jedes nukleare Ereignis; siehe zum Franken die Regelung des Art. III Abs. 4 ReaktorschÜ. Diese Rechnungseinheit ist vor der umfassenden Einführung des SZR in Haftungsübereinkommen üblich gewesen. Bei der Haftungsbeschränkung nach Art. III Abs. 1 ReaktorschÜ bleibt es auch, wenn das Ereignis auf einem Verschulden des Inhabers beruht. Damit wäre auch ein qualifiziertes Verschulden nicht geeignet, die Haftung zu durchbrechen. Grundsätzlich gilt allerdings die summenmäßig unbegrenzte Haftung nach § 31 Abs. 1 AtomG. Ist der Schaden in einem anderen Staat eingetreten, ist nach § 25a Abs. 1 Nr. 2 AtomG Gegenseitigkeit erforderlich. Die staatliche Freistellungsverpflichtung des Bundes nach § 34 AtomG gilt nur für Reaktorschiffe, die berechtigt sind, die Bundesflagge zu führen (§ 25a Abs. 1 Nr. 3 Satz 1 AtomG).

5. Ausschluss und Verjährung von Ansprüchen. Art. V ReaktorschÜ betrifft Aus- 28 schluss- und Verjährungsfristen für Ansprüche der Geschädigten. Grundsätzlich gilt nach Art. V Abs. 1 eine Ausschlussfrist von 10 Jahren. Diese kann durch das innerstaatliche Recht verlängert werden. Im Falle verloren gegangener Kernbrennstoffe, radioaktiver Erzeugnisse oder Abfälle bestimmt Art. V Abs. 2 eine Frist von 20 Jahren. Art. V Abs. 3 ReaktorschÜ erlaubt es dem betreffenden Vertragsstaat, bestimmte abweichende Fristen festzulegen. Maßgeblich sind die Regelungen den § 32 Abs. 1, 4 und 5 AtomG und letztlich die entsprechenden Bestimmungen des BGB.

6. Deckungsvorsorge und staatliche Freistellung. Nach Art. III Abs. 2 Satz 1 Reak- 29 torschÜ ist der Inhaber des Reaktorschiffes verpflichtet, zur Deckung seiner Haftung für nukleare Schäden eine Versicherung aufrecht zu erhalten. Nähere Regelungen über einen Nachweis der Versicherung fehlen. Ergänzend gelten die §§ 13 ff. AtomG und die AtDeckV (siehe dort § 6 Abs. 7). Ein Direktanspruch gegen den Versicherer ist nach § 14 Abs. 1 AtomG (Art. XVIII ReaktorschÜ) ausgeschlossen. Nach Art. III Abs. 2 Satz 2 ReaktorschÜ stellt der Genehmigungsstaat die Erfüllung der gegen den Inhaber festgestellten Schadenersatzansprüche sicher, soweit die Versicherung zur Erfüllung der Ansprüche nicht ausreicht. Insoweit kommt § 34 AtomG zur Anwendung, wenn das Reaktorschiff berechtigt ist, die Bundesflagge zu führen (§ 25a Abs. 1 Nr. 3 AtomG).

7. Das Verteilungsverfahren. Das ReaktorschÜ enthält auch, wie das ÖlHÜ 1992 30 und das HNSÜ 2010, ein „eingebautes" System der Haftungsbeschränkung. Stellt ein Gericht des Genehmigungsstaates, also des Flaggenstaates (Art. I Nr. 2 ReaktorschÜ), fest, dass die Höhe der Schadenersatzansprüche aufgrund eines nuklearen Ereignisses wahrscheinlich den Höchstbetrag überschreiten, wird dieser vom Inhaber oder dem Genehmigungsstaat dem Gericht zur Verfügung gestellt. Dieser Betrag gilt für dieses nukleare Ereignis als Haftungsbeschränkungsfonds (Art. XI Abs. 1 ReaktorschÜ). Die weiteren Regelungen des Art. XI betreffen die Verteilung des Fonds an die Geschädigten.

31   **8. Gerichtliche Zuständigkeiten.** Art. X Abs. 1 und 2 ReaktorschÜ regelt die gerichtliche Zuständigkeit für Klagen der Geschädigten gegen den Inhaber des Reaktorschiffes auf Ersatz der nuklearen Schäden. Nach § 25a Abs. 1 Nr. 5 Hs. 1 AtomG sind für Klagen der Geschädigten auf Schadenersatz die Gerichte des Staates international zuständig, dessen Flagge das Reaktorschiff zu führen berechtigt ist. Hat ein ausländisches Reaktorschiff einen nuklearen Schaden auf deutschem Hoheitsgebiet verursacht, ist das Gericht örtlich zuständig, in dessen Bezirk der Schaden eingetreten ist (§ 25a Abs. 1 Nr. 5 Hs. 2 AtomG).

32   **9. Das Verhältnis des ReaktorschÜ zum sonstigen Haftungsrecht.** Das ReaktorschÜ betrifft die Haftung für Schäden aus einem nuklearen Ereignis (Art. I Nr. 8 ReaktorschÜ). Ansonsten unterliegt die Haftung des Reeders des Reaktorschiffes für Schäden Dritter den allgemeinen Grundsätzen einschließlich des § 480 Satz 1. Kommt es etwa zu einem Zusammenstoß des Reaktorschiffes mit einem anderen Schiff, ohne dass ein nukleares Ereignis eine Rolle spielt, gelten für die Haftung des Reeders des Reaktorschiffes und des anderen Reeders die Art. 2ff. ZusÜSee bzw. im Falle der Geltung deutschen Sachrechts die §§ 570ff. Im Übrigen können erhebliche Zweifelsfragen auftreten, namentlich wenn nur ein Teil der vom Reaktorschiff verursachten Schäden auf ein nukleares Ereignis zurückgeht. Hier muss eine Abgrenzung versucht werden. Die durch das nukleare Ereignis verursachten Schäden unterliegen dem besonderen Régime des ReaktorschÜ. Ein Rückgriff des Inhabers des Reaktorschiffes gegen das andere Schiff ist weitgehend ausgeschlossen (siehe Art II Abs. 6 [a] ReaktorschÜ), auch dieses den Zusammenstoß (mit)verursacht hat. Lässt sich der Schaden aus dem nuklearen Ereignis nicht sicher trennen, gilt die Regelung des Art. IV ReaktorschÜ.

IV. Die Haftung für beförderte Kernmaterialien

33   **1. Die Regel: Haftung des Inhabers der Kernanlage.** Die besondere atomrechtliche Haftung kann auch eine Rolle spielen, wenn Dritte im Rahmen eines nukleares Ereignisses auf einem Beförderungsmittel, insbesondere auf einem Schiff (Art. 1 [a] [i] ParisÜ 1982), durch Kernmaterialien (= Kernbrennstoffe, radioaktive Erzeugnisse und Abfälle, Art. 1 [a] [v] ParisÜ 1982; Abs. 1 Nr. 3, 4 und 5 Anlage 1 zu § 2 Abs. 4 AtomG) geschädigt werden. Die atomrechtlichen Vorschriften gehen in diesem Zusammenhang davon aus, dass die Kernmaterialien von einer Kernanlage oder zu einer Kernanlage hin befördert werden. Diesen Fall greifen die Tatbestände des Art. 4 (a) und (b) ParisÜ 1982 auf. Geregelt wird hier, unter welchen Voraussetzungen der Inhaber der betreffenden Kernanlage dem geschädigten Dritten nach Maßgabe der allgemeinen Vorschriften haftet. Der Inhaber muss dem Beförderer nach Art. 4 (c) ParisÜ 1982 eine Bescheinigung seines Versicherers über das Bestehen der Deckungsvorsorge zur Verfügung stellen.

34   **2. Die Ausnahme: Haftung des Beförderers.** Der Reeder als Beförderer kann nach Art. 4 (d) ParisÜ 1982 auch an die Stelle des Inhabers der Kernanlage treten. Dabei gilt nach § 25 Abs. 2 AtomG der Reeder als Inhaber der Kernanlage, wenn er anstelle des Inhabers durch Vertrag die Haftung übernimmt. Ein solcher Vertrag bedarf nach § 25 Abs. 2 Satz 2 AtomG der Schriftform. Die Haftungsübernahme ist nach § 25 Abs. 2 Satz 3 AtomG genehmigungsbedürftig. Die Genehmigung darf nur erteilt werden, wenn der Beförderer

in Deutschland „als Frachtführer" zugelassen ist oder „als Spediteur" seine geschäftliche Hauptniederlassung in Deutschland hat. Außerdem muss auch der Inhaber der Kernanlage seine Zustimmung erklärt haben. Ist der Reeder als Beförderer Inhaber der Kernanlage, haftet er geschädigten Dritten gegenüber wie ein solcher.

3. Die Haftungsbefreiung nach dem KernmatBefÜ. Bleibt es dabei, dass der Reeder als Beförderer nicht auch Inhaber der Kernanlage anzusehen ist, haftet er grundsätzlich nicht nach Maßgabe der atomrechtlichen Vorschriften. An dieser Stelle kommt das KernmatBefÜ ins Spiel. Das Übereinkommen ist völkerrechtlich und für Deutschland in Kraft getreten und umfasst nur wenige Regelungen. Der Zweck des KernmatBefÜ ist die Vermeidung einer weiteren Haftung neben der ohnehin bestehenden Haftung des Inhabers der Kernanlage. Dies entspricht dem Gedanken der Kanalisierung der Haftung auf ihn (siehe Art. 6 [b] ParisÜ 1982). Aus dem ersten Erwägungsgrund des KernmatBefÜ ergibt sich, dass es um den Fall geht, dass Kernmaterial, das insbesondere unter das ParisÜ 1982 fällt, auf See befördert wird und durch ein nukleares Ereignis einen Schaden verursacht. 35

Der Tatbestand des Art. 1 KernmatBefÜ geht davon aus, dass jemand aufgrund von Vorschriften, die für die Beförderung auf See gelten, für einen Schaden haftet, der durch ein nukleares Ereignis verursacht worden ist. Außerdem muss der Inhaber einer Kernanlage nach Maßgabe des ParisÜ 1982 oder mindestens gleichwertiger innerstaatliche Rechtsvorschriften für den Schaden haften. Als Rechtsfolge sieht Art. 1 KernmatBefÜ die Befreiung von der Haftung vor. Dies bezieht sich nicht auf die Haftung des Inhabers eines Reaktorschiffes (Art. 3 KernmatBefÜ). Die Haftungsbefreiung kann auch eintreten, wenn der Inhaber der Kernanlage nicht haftet. Dies betrifft nach Art. 2 KernmatBefÜ den Fall, dass die Kernanlage oder Sachen auf dem Gelände der Anlage, die in Verbindung mit der Anlage verwendet oder verwendet werden sollen, beschädigt wird. Gleiches gilt für Schäden an dem Schiff, auf dem sich das betreffende Kernmaterial im Zeitpunkt des nuklearen Ereignisses befand. 36

Dem KernmatBefÜ ist nicht unmittelbar zu entnehmen, wem die Haftungsbefreiung zugute kommen soll. Die Formulierung des Art. 1 KernmatBefÜ ist denkbar weit („Wer ... haftbar gemacht werden kann ..."). Angesichts des Zwecks der Regelung, die Haftung für Schäden aus einem nuklearen Ereignis auf den Inhaber der Kernanlage zu kanalisieren, bleibt nur der Schluss, dass schlechthin alle Personen, die aufgrund einer für die Beförderung auf See geltenden Vorschrift in Anspruch genommen werden können, befreit werden. Der Kreis dieser Personen ist denkbar weit. Ausgenommen ist nach Art. 2 Abs. 2 KernmatBefÜ allerdings eine natürliche Person, die in Schädigungsabsicht handelt. Damit ist auch geklärt, dass die Befreiung zugunsten von natürlichen und juristischen Personen wirken kann. Geschützt sind damit insbesondere der Reeder; der Ausrüster und der Nur-Eigentümer; der Manager des Schiffes; jeder (Zeit- und Reise-) Charterer; jeder Teilcharterer, auch wenn sich die Teilcharter nicht gerade auf die betreffenden Stoffe bezieht; jeder Stückgutbefrachter und jeder Empfänger, auch wenn der Stückgutfrachtvertrag bzw. das Konnossement nicht die betreffenden Stoffe zum Gegenstand haben; die Mitglieder der Schiffsbesatzung (§ 478); und der an Bord tätige ebenso wie der nicht an Bord tätige (Radar-)Lotse. 37

Die betreffenden Haftungsvorschriften können international vereinheitlicht sein oder auf autonomem innerstaatlichem Recht beruhen. Es kommt nicht darauf an, wessen Staates Sachrecht zur Anwendung gelangt und ob dies ein Vertragsstaat des KernmatBefÜ ist oder nicht. Es muss sich bei den Haftungsvorschriften nicht um seerechtliche Vorschriften handeln. Denn es genügt nach Art. 1 KernmatBefÜ, dass sie nur für die Beförderung auf See gelten, was auch auf allgemeine Vorschriften zutreffen kann. Die be- 38 treffenden Bestimmungen können öffentlich-rechtlichen oder privatrechtlichen Charakter haben und vertragliche oder außervertragliche Ansprüche begründen.

V. Die Haftung für beförderte sonstige radioaktive Stoffe

39 § 26 ff. AtomG regeln weiter die Haftung für Schäden aufgrund der Strahlen eines radioaktiven Stoffes, bei dem es sich nicht um Kernmaterialien handelt. Solche Stoffe können an Bord von Schiffen befördert werden. Im Falle von Personen oder Sachschäden haftet nach § 26 Abs. 1 Satz 1 AtomG der Besitzer des radioaktiven Stoffes. Befinden sich die Stoffe an Bord eines Schiffes, ist deren Besitzer in der Regel der Reeder des Schiffes. Nach § 26 Abs. 1 Satz 1 AtomG haftet der Besitzer des Stoffes für den daraus entstehenden Schaden nach Maßgabe der §§ 27 bis 30, 31 Abs. 3, 32 Abs. 1, 4 und 5 sowie § 33 AtomG. Die Vorschrift des § 26 Abs. 1 Satz 1 AtomG ist nicht abschließend, weitergehende Ansprüche gegen den Reeder auf anderer Grundlage sind nicht ausgeschlossen (§ 26 Abs. 7 Fall 1 AtomG). Ebenso wenig hat Haftung des Reeders als Besitzer des radioaktiven Stoffes hat keine kanalisierende Wirkung, die Inanspruchnahme Dritter ist nicht ausgeschlossen (siehe § 26 Abs. 7 Fall 2 AtomG).

40 Der Besitzer des radioaktiven Stoffes kann sich nach § 26 Abs. 1 Satz 2 AtomG dadurch entlasten, dass er darlegt und beweist, dass er den Schaden auch bei Anwendung jeder nach den Umständen gebotenen Sorgfalt nicht vermeiden konnte und dass er weder auf einen Fehler der Beschaffenheit der Schutzeinrichtungen noch auf einem Versagen ihrer Verrichtungen beruht. Die Entlastung des Besitzers erstreckt sich auch auf alle für ihn im Zusammenhang mit dem Besitz tätigen Personen. Dies betrifft namentlich insbesondere die Mitglieder der Schiffsbesatzung. Im Falle des § 26 Abs. 1a AtomG ist die Entlastung des Besitzers ausgeschlossen. Der Besitzer der radioaktiven Stoffe haftet für die Personen- bzw. Sachschäden nach Maßgabe der §§ 27 bis 30 und 31 Abs. 3 AtomG. Für die Verjährung gelten die § 32 Abs. 1 sowie 4 und 5 AtomG. Hat der (früheren) Besitzer den radioaktiven Stoff verloren, ohne ihn auf eine berechtigte Person zu übertragen, haftet der frühere Besitzer nach § 26 Abs. 3 AtomG weiter auf Grundlage des § 26 Abs. 1 Satz 1 AtomG. Daneben muss ggf. auch der neue Besitzer für Schäden einstehen.

41 Nach § 26 Abs. 6 AtomG entfällt allerdings die Haftung, wenn der Besitzer die radioaktiven Stoffe für einen anderen befördert hat. Dies wird im Hinblick auf die Beförderung an Bord eines Schiffes und die Haftung des Reeders in der Regel der Fall sein. Auf Grundlage des § 26 Abs. 6 Satz 2 AtomG haftet unter diesen Voraussetzungen grundsätzlich „der Absender", ohne dass es darauf ankommt, ob er auch Besitzer der betreffenden Stoffe ist. Die Haftung des Absenders endet, wenn der Empfänger die Stoffe übernommen hat. Der Absender im Sinne des § 26 Abs. 6 Satz 2 AtomG ist normaler Weise nicht der Befrachter oder Charterer des Schiffes, der mit dem Reeder einen Stückgutfrachtvertrag oder eine Charter geschlossen hat. Absender im Sinne des § 26 Abs. 6 Satz 2 AtomG ist m.E. vielmehr derjenige, der die Beförderung der radioaktiven Stoffe ursprünglich veranlasst hat. Die Befreiung des Reeders von der Haftung nach § 26 Abs. 6 AtomG muss m.E. in gleicher Weise für sonstige Anspruchsgrundlagen gelten, auf sich der Geschädigte Dritte berufen könnte, etwa für § 480 Satz 1. Andernfalls liefe die in § 26 Abs. 6 AtomG vorgesehene Kanalisierung der Haftung leer.

42 Die Haftung des Reeders als Besitzer der radioaktiven Stoffe nach § 26 Abs. 1 Satz 1 AtomG ist eine solche aus unerlaubter Handlung. Internationalprivatrechtlich ist nach Maßgabe der Rom II Verordnung anzuknüpfen. Nach dem jeweils anwendbaren Sachrecht entscheidet sich auch, ob die Haftung des Reeders nach § 26 Abs. 6 AtomG ausgeschlossen ist (siehe Art. 15 [b] Rom II). Die §§ 26 ff. AtomG sind nur anwendbar, wenn die

Anknüpfung nach der Rom II Verordnung zum deutschen Sachrecht hinführt. Dies ist insbesondere dann der Fall, wenn der Schaden auf deutschem Hoheitsgebiet eingetreten ist (Art. 4 Abs. 1 Rom 1) oder, wenn es zu dem Schaden in staatsfreiem Gebiet gekommen ist, das Schiff die deutsche Flagge führt; näher zu allem oben Rn 186–236 zu § 480.

Anhang IV.1 (§ 25a AtomG)

§ 25a AtomG
Haftung für Reaktorschiffe

(1) Auf die Haftung des Inhabers eines Reaktorschiffes finden die Vorschriften dieses Abschnitts mit folgender Maßgabe entsprechende Anwendung:
1. ¹An die Stelle der Bestimmungen des Pariser Übereinkommens treten die entsprechenden Bestimmungen des Brüsseler Reaktorschiff-Übereinkommens (BGBl. 1975 II S. 977). ²Dieses ist unabhängig von seiner völkerrechtlichen Verbindlichkeit für die Bundesrepublik Deutschland innerstaatlich anzuwenden, soweit nicht seine Regeln eine durch das Inkrafttreten des Übereinkommens bewirkte Gegenseitigkeit voraussetzen.
2. ¹Tritt der Schaden in einem anderen Staat ein, so gilt § 31 Abs. 1 hinsichtlich des den Höchstbetrag des Brüsseler Reaktorschiff-Übereinkommens überschreitenden Betrags nur, soweit das Recht dieses Staates zum Zeitpunkt des nuklearen Ereignisses eine auch im Verhältnis zur Bundesrepublik Deutschland anwendbare, nach Art, Ausmaß und Höhe gleichwertige Regelung der Haftung der Inhaber von Reaktorschiffen vorsieht. ²§ 31 Abs. 2, §§ 36, 38 Abs. 1 und § 40 sind nicht anzuwenden.
3. ¹§ 34 gilt nur für Reaktorschiffe, die berechtigt sind, die Bundesflagge zu führen. ²Wird ein Reaktorschiff im Geltungsbereich dieses Gesetzes für einen anderen Staat oder Personen eines anderen Staates gebaut oder mit einem Reaktor ausgerüstet, so gilt § 34 bis zu dem Zeitpunkt, in dem das Reaktorschiff in dem anderen Staat registriert wird oder das Recht erwirbt, die Flagge eines anderen Staates zu führen. ³Die sich aus § 34 ergebende Freistellungsverpflichtung ist zu 75 vom Hundert vom Bund und im Übrigen von dem für die Genehmigung des Reaktorschiffs nach § 7 zuständigen Land zu tragen.
4. Bei Reaktorschiffen, die nicht berechtigt sind, die Bundesflagge zu führen, gilt dieser Abschnitt nur, wenn durch das Reaktorschiff verursachte nukleare Schäden im Geltungsbereich dieses Gesetzes eingetreten sind.
5. Für Schadensersatzansprüche sind die Gerichte des Staates zuständig, dessen Flagge das Reaktorschiff zu führen berechtigt ist; in den Fällen der Nummer 4 ist auch das Gericht des Ortes im Geltungsbereich dieses Gesetzes zuständig, an dem der nukleare Schaden eingetreten ist.

(2) Soweit internationale Verträge über die Haftung für Reaktorschiffe zwingend abweichende Bestimmungen enthalten, haben diese Vorrang vor den Bestimmungen dieses Gesetzes.

Anhang IV.2 zu § 480 (ReaktorschiffÜ)

Übereinkommen vom 25. Mai 1962 über die Haftung der Inhaber von Reaktorschiffen nebst Zusatzprotokoll

(BGBl. 1975 II S. 957, 977)

Das Übereinkommen ist völkerrechtlich nicht in Kraft, aber nach § 25a Abs. 1 Nr. 1 AtomG innerstaatlich gleichwohl anzuwenden; näher oben Rn 22–32 Anhang IV zu § 480 (maritime Nuklearhaftung).

DIE VERTRAGSPARTEIEN –
IN ANERKENNUNG der Zweckmäßigkeit einer vertraglichen Festlegung einheitlicher Regeln über die Haftung der Inhaber von Reaktorschiffen –
HABEN BESCHLOSSEN, zu diesem Zweck ein Übereinkommen zu schließen, und haben demgemäß folgendes vereinbart:

Artikel l
Im Sinne dieses Übereinkommens haben die nachstehenden Ausdrücke folgende Bedeutung:
1. „Reaktorschiff" bedeutet ein Schiff, das mit einer Kernenergieanlage ausgerüstet ist.
2. „Genehmigungsstaat" bedeutet den Vertragsstaat, der ein Reaktorschiff unter seiner Flagge betreibt oder den Betrieb eines Reaktorschiffs unter seiner Flagge erlaubt hat.
3. „Person" bedeutet eine natürliche Person sowie eine Gesellschaft oder eine Körperschaft des öffentlichen oder privaten Rechts mit oder ohne Rechtspersönlichkeit, einschließlich eines Staates und seiner Gebietskörperschaften.
4. „Inhaber" bedeutet die Person, welcher der Genehmigungsstaat den Betrieb eines Reaktorschiffs erlaubt hat, oder, wenn ein Vertragsstaat ein Reaktorschiff betreibt, diesen Vertragsstaat.
5. „Kernbrennstoff" bedeutet einen Stoff, der geeignet ist, durch einen sich selbst tragenden Kernspaltungsvorgang Energie zu erzeugen, und der in einem Reaktorschiff verwendet wird oder verwendet werden soll.
6. „Radioaktive Erzeugnisse oder Abfälle" bedeuten Stoffe einschließlich von Kernbrennstoffen, die infolge der Verwendung von Kernbrennstoffen in einem Reaktorschiff durch Neutronenbestrahlung radioaktiv geworden sind.
7. „Nuklearer Schaden" bedeutet die Tötung oder Körperverletzung eines Menschen und den Verlust oder die Beschädigung von Sachen, sofern der Schaden von den radioaktiven Eigenschaften oder einer Verbindung der radioaktiven Eigenschaften mit giftigen, explosiven oder sonstigen gefährlichen Eigenschaften von Kernbrennstoffen oder radioaktiven Erzeugnissen oder Abfällen herrührt oder sich daraus ergibt; sonstige hiervon herrührende oder sich hieraus ergebende Verluste, Schäden oder Aufwendungen sind nur eingeschlossen, wenn und soweit das anzuwendende innerstaatliche Recht dies vorsieht.
8. „Nukleares Ereignis" bedeutet das einen nuklearen Schaden verursachende Ereignis oder eine Reihe solcher aufeinanderfolgender Ereignisse desselben Ursprungs.

9. „Kernenergieanlage" bedeutet eine Kraftanlage, in der ein Kernreaktor als Kraftquelle für den Schiffsantrieb oder für einen sonstigen Zweck benutzt wird oder benutzt werden soll.
10. „Kernreaktor" bedeutet eine Anlage, die Kernbrennstoffe in einer solchen Anordnung enthält, daß darin ohne eine zusätzliche Neutronenquelle eine sich selbst tragende Kettenreaktion einer Kernspaltung stattfinden kann.
11. ¹„Kriegsschiff" bedeutet ein Schiff, das zu den Seestreitkräften eines Staates gehört und die äußeren Kennzeichen der Kriegsschiffe seiner Staatszugehörigkeit trogt. ²Der kommandierende Offizier muss im Staatsdienst stehen, sein Name muss in der Rangliste der Seestreitkräfte enthalten sein, und die Besatzung muss den Regeln militärischer Disziplin unterworfen sein.
12. „Anzuwendendes innerstaatliches Recht" bedeutet das innerstaatliche Recht des Gerichts, das nach diesem Übereinkommen Gerichtsbarkeit ausübt, einschließlich der Kollisionsnormen des innerstaatlichen Rechts.

Artikel II

(1) Der Inhaber eines Reaktorschilfs haftet ohne weitere Voraussetzungen für jeden nuklearen Schaden, wenn bewiesen wird, dass dieser Schaden durch ein nukleares Ereignis verursacht worden ist, das auf Kernbrennstoffe dieses Schiffes oder auf dem Schiff erzeugte radioaktive Erzeugnisse oder Abfälle zurückzuführen ist.

(2) Soweit nicht in diesem Übereinkommen etwas anderes bestimmt ist, haftet für einen solchen nuklearen Schaden niemand außer dem Inhaber.

(3) Ein nuklearer Schaden, den das Schiff selbst, seine Ausrüstung oder seine Brennstoff- und sonstigen Vorräte erleiden, fällt nicht unter die Haftung des Inhabers nach diesem Übereinkommen.

(4) Der Inhaber haftet nicht für nukleare Ereignisse, die eintreten, bevor er die Kernbrennstoffe übernommen hat oder nachdem die Kernbrennstoffe oder radioaktiven Erzeugnisse oder Abfälle von einer anderen Person übernommen worden sind, die dazu gesetzlich ermächtigt ist und für den durch diese Stoffe verursachten nuklearen Schaden haftet.

(5) Beweist der Inhaber, dass der nukleare Schaden ganz oder teilweise durch eine in der Absicht, Schaden herbeizuführen, begangene Handlung oder Unterlassung einer verletzten natürlichen Person verursacht worden ist, so können die zuständigen Gerichte den Inhaber von seiner Haftung gegenüber dieser Person ganz oder teilweise befreien.

(6) Ungeachtet des Absatzes 1 hat der Inhaber das Recht des Rückgriffs,
a) wenn das nukleare Ereignis die Folge einer in der Absicht, Schaden herbeizuführen, begangenen Handlung oder Unterlassung ist, und zwar gegen die natürliche Person, welche die Handlung oder Unterlassung mit solcher Absicht begangen hat;
b) wenn das nukleare Ereignis als Folge der Bergung eines Wracks eingetreten ist, gegen die Person oder Personen, welche die Bergungsarbeiten ohne Erlaubnis des Inhabers oder des Staates, der die Betriebsgenehmigung für das gesunkene Schiff erteilt hat, oder des Staates, in dessen Hoheitsgewässern sich das Wrack befindet, ausgeführt haben;
c) wenn der Rückgriff vertraglich ausdrücklich vereinbart ist.

Artikel III

(1) Die Haftung des Inhabers ist für jedes Reaktorschiff auf 1.500 Millionen Franken wegen jedes einzelnen nuklearen Ereignisses beschränkt, selbst wenn das Ereignis auf einem Verschulden des Inhabers beruht; dieser Betrag umfasst nicht Zinsen und Kosten, die von einem Gericht in einem Schadenersatzprozess nach diesem Übereinkommen zugesprochen werden.

(2) [1]Der Inhaber ist verpflichtet, zur Deckung seiner Haftung für nukleare Schäden eine Versicherung oder sonstige finanzielle Sicherheit aufrechtzuerhalten, deren Höhe, Art und Bedingungen von dem Genehmigungsstaat bestimmt werden. [2]Der Genehmigungsstaat hat die Erfüllung der gegen den Inhaber festgestellten Schadenersatzansprüche wegen eines nuklearen Schadens durch Bereitstellung der notwendigen Mittel bis zu der in Absatz 1 vorgesehenen Höhe sicherzustellen, soweit die Versicherung oder sonstige finanzielle Sicherheit zur Erfüllung dieser Ansprüche nicht ausreicht.

(3) Absatz 2 verpflichtet die Vertragsstaaten oder deren Gebietskörperschaften wie Länder, Republiken oder Kantone jedoch nicht, zur Deckung ihrer Haftung als Inhaber von Reaktorschiffen eine Versicherung oder sonstige finanzielle Sicherheit aufrechtzuerhalten.

(4) [1]Der in Absatz 1 genannte Franken ist eine Rechnungseinheit im Werte von 65 ½ Milligramm Gold von 900/1 000 Feingehalt. [2]Der zugesprochene Betrag kann unter Abrundung in die nationalen Währungen umgerechnet werden. [3]Die Umrechnung in eine nationale Währung, die nicht Goldwährung ist, wird auf der Grundlage des Goldwerts dieser Währung am Tage der Zahlung vorgenommen.

Artikel IV

[1]Werden durch ein nukleares Ereignis oder gemeinsam durch ein nukleares Ereignis und ein oder mehrere andere Ereignisse sowohl ein nuklearer als auch ein nichtnuklearer Schaden verursacht und lassen sich der nukleare und der nichtnukleare Schaden nicht hinreichend sicher trennen, so gilt für die Zwecke dieses Übereinkommens der gesamte Schaden als ein ausschließlich durch das nukleare Ereignis verursachter nuklearer Schaden. [2]Wird jedoch ein Schaden gemeinsam durch ein nukleares Ereignis im Sinne des Übereinkommens und durch ionisierende Strahlung oder durch ionisierende Strahlung in Verbindung mit giftigen, explosiven oder sonstigen gefährlichen Eigenschaften der nicht unter das Übereinkommen fallenden Strahlenquelle verursacht, so wird die gegenüber den Geschädigten oder im Wege des Rückgriffs oder als Ausgleichsanspruch bestehende Haftung von Personen, die im Zusammenhang mit der Aussendung ionisierender Strahlung oder wegen der giftigen, explosiven oder sonstigen gefährlichen Eigenschatten der nicht unter das Übereinkommen fallenden Strahlenquelle haftbar gemacht werden können, durch das Übereinkommen weder eingeschränkt noch in sonstiger Weise berührt.

Artikel V

(1) [1]Schadenersatzansprüche nach diesem Übereinkommen erlöschen, wenn nicht binnen zehn Jahren nach dem nuklearen Ereignis Klage erhoben wird. [2]Ist jedoch nach dem Recht des Genehmigungsstaats die Haftung des Inhabers für einen Zeitraum von mehr als zehn Jahren durch eine Versicherung oder sonstige

finanzielle Sicherheit oder eine staatliche Schadloshaltung gedeckt, so kann das anzuwendende innerstaatliche Recht bestimmen, dass Schadenersatzansprüche gegen den Inhaber erst nach einer Frist erlöschen, die langer sein kann als zehn Jahre, aber nicht länger als die Frist, während deren die Haftung des Inhabers nach dem Recht des Genehmigungsstaats auf die genannte Weise gedeckt wird. [3]Fine solche Verlängerung der Frist für das Erlöschen des Schadenersatzanspruchs berührt jedoch nicht den nach diesem Übereinkommen bestehenden Schadenersatzanspruch einer Person, die vor Ablauf der genannten Frist von zehn Jahren gegen den Inhaber eine Klage wegen Tötung oder Körperverletzung erhoben hat.

(2) Ist ein nuklearer Schaden durch Kernbrennstoffe oder durch radioaktive Erzeugnisse oder Abfälle verursacht worden, die Bestehen, verloren oder über Bord geworfen worden sind oder deren Besitz aufgegeben worden ist, so wird die in Absatz 1 bestimmte Frist vom Zeitpunkt des nuklearen Ereignisses an berechnet, das den nuklearen Schaden verursacht hat; die Frist läuft jedoch spätestens zwanzig Jahre nach dem Diebstahl, dem Verlust, dem Überbordwerfen oder der Besitzaufgabe ab.

(3) Das anzuwendende innerstaatliche Recht kann für das Erlöschen des Anspruchs oder für seine Verjährung eine Frist bestimmen, die mindestens drei Jahre von dem Zeitpunkt an beträgt, zu dem die Person, die Ansprüche wegen eines nuklearen Schadens erhebt, von dem Schaden und von der Person des Haftpflichtigen Kenntnis erlangt hat oder zumutbarer Weise hatte haben müssen; dadurch darf jedoch die in den Absätzen 1 und 2 bestimmte Frist nicht überschritten werden.

(4) Eine Person, die behauptet, einen nuklearen Schaden erlitten zu haben und innerhalb der nach diesem Artikel maßgebenden Frist eine Schadenersatzklage erhoben hat, kann ihre Klage wegen einer Vergrößerung des Schadens auch nach Ablauf dieser Frist erweitern, solange noch kein rechtskräftiges Urteil ergangen ist.

Artikel VI

[1]Wenn die Systeme der staatlichen Krankenversicherung, der Sozialversicherung, der sozialen Sicherheit, der Versicherung gegen Arbeitsunfälle und Berufskrankheiten Entschädigungen für nukleare Schäden vorsehen, gilt im Rahmen dieser Systeme für die Ansprüche der Begünstigten, für die Übertragung solcher Ansprüche sowie für die Rückgriffsansprüche gegen den Inhaber das Recht des Vertragsstaats, der diese Systeme errichtet hat. [2]Gestattet jedoch das Recht des Vertragsstaats, dass Ansprüche der Begünstigten, Ansprüche aus der Übertragung solcher Ansprüche oder Rückgriffsansprüche nach Maßgabe dieses Übereinkommens gegen den Inhaber geltend gemacht werden können, so darf dies nicht zu einer über den in Artikel III Absatz 1 genannten Betrag hinausgehenden Haltung des Inhabers führen.

Artikel VII

(1) [1]Sind wegen eines nuklearen Schadens mehrere Inhaber haftbar und lässt sich den auf jeden entfallende Schadensanteil nicht hinreichend sicher bestimmen, so haften die beteiligen Inhaber für diesen Schaden gesamtschuldnerisch. [2]Die Haftung jedes einzelnen Inhabers darf jedoch den in Artikel III festgelegten Betrag nicht übersteigen.

(2) Ist bei einem nuklearen Ereignis der nukleare Schaden durch den Kernbrennstoff oder die radioaktiven Erzeugnisse oder Abfälle mehrerer Reaktorschifte desselben Inhabers verursacht worden, so hattet dieser für jedes Schiff bis zu dem in Artikel II festgelegten Betrag.

(3) Im Falle der gesamtschuldnerischen Haftung und vorbehaltlich des Absatzes 1
a) hat jeder Inhaber einen Ausgleichsanspruch gegen die anderen nach dein Maß des jedem von ihnen zuzurechnenden Verschuldens;
b) wird die gesamte Haftung zu gleichen Anteilen getragen, wenn es nach den Umständen nicht möglich ist, den Beteiligten ein bestimmtes Maß des Verschuldens zuzurechnen.

Artikel VIII

Der Inhaber haftet nach diesem Übereinkommen nicht für einen nuklearen Schaden, der durch ein unmittelbar auf eine Kriegshandlung, auf Feindseligkeiten, auf einen Bürgerkrieg oder auf einen Aufstand zurückzuführendes nukleares Ereignis verursacht worden ist.

Artikel IX

Die aus einer Versicherung, einer sonstigen finanziellen Sicherheit oder aus staatlicher Schadloshaltung nach Artikel III Absatz 2 verfügbaren Beträge sind ausschließlich für Schadenersatzleistungen nach diesem Übereinkommen zu verwenden.

Artikel X

(1) Schadenersatzklagen sind nach Wahl des Klägers entweder bei den Gerichten des Genehmigungsstaats oder bei den Gerichten des oder der Vertragsstaaten zu erheben, in deren Hoheitsgebiet der nukleare Schaden eingetreten ist.

(2) Ist von dem Genehmigungsstaat verlangt worden, dass er die Erfüllung von Schadenersatzansprüchen nach Artikel III Absatz 2 sicherstellt, oder könnte dies von ihm verlangt werden, so kann er jedem Verfahren beitreten, das gegen den Inhaber anhängig ist.

(3) [1] Auf Immunität von der Gerichtsbarkeit nach dem innerstaatlichen Recht oder dem Völkerrecht wird hinsichtlich der sich aus diesem Übereinkommen ergebenden oder der zum Zweck seiner Anwendung übernommenen Verpflichtungen verzichtet. [2] Durch das Übereinkommen werden Kriegsschiffe und andere nicht kommerziellen Zwecken dienende Staatsschiffe weder einem Arrest, einer Pfändung oder einer Beschlagnahme unterworfen, noch wird für Kriegsschiffe die Gerichtsbarkeit auf die Gerichte eines ausländischen Staates übertragen.

Artikel XI

(1) Stellt ein Gericht des Genehmigungsstaats auf Antrag des Inhabers, eines Klägers des Genehmigungsstaats fest, dass die Höhe der Schadenersatzansprüche auf Grund eines nuklearen Ereignisses wahrscheinlich den in Artikel III festgesetzten Betrag überschreiten wird, so stellen der Inhaber oder der Genehmigungsstaat

diesen Betrag dem Gericht zur Erfüllung der Ansprüche zur Verfügung; dieser Betrag gilt als Haftungsbeschränkungsfonds für dieses nukleare Ereignis.

(2) Der Betrag nach Absatz 1 kann dem Gericht entweder durch Zahlung oder durch Leistung einer Bürgschaft oder anderen Sicherheit zur Verfügung gestellt werden, die ausreicht, um das Gericht davon zu überzeugen, dass die Mittel zur Befriedigung von festgestellten Schadenersatzansprüchen sofort bereitstehen werden.

(3) Nach Errichtung des Fonds gemäß Absatz 1 ist das Gericht des Genehmigungsstaats für die Entscheidung über alle Angelegenheiten der Zuteilung und Verteilung des Fonds ausschließlich zuständig.

(4)
a) Rechtskräftige gerichtliche Entscheidungen, die von einem nach Artikel X zuständigen Gericht erlassen worden sind, werden im Hoheitsgebiet eines anderen Vertragsstaats anerkannt, es sei denn,
   i) dass die gerichtliche Entscheidung durch betrügerische Machenschaften erlangt worden ist oder
   ii) dass dem Inhaber keine angemessene Gelegenheit zur Vertretung seiner Sache vor Gericht gegeben worden ist.
b) Wird die Vollstreckung einer anerkannten rechtskräftigen gerichtlichen Entscheidung nach den gesetzlichen Förmlichkeiten des Vertragsstaats beantragt, in dem die Vollstreckung nachgesucht wird, so ist die Entscheidung in gleicher Weise zu vollstrecken, als handelte es sich um die Entscheidung eines Gerichts dieses Vertragsstaats.
c) Die Begründetheit des dem Urteil zugrunde liegenden Anspruchs unterliegt keiner weiteren gerichtlichen Nachprüfung.

(5)
a) [1]Hat ein Staatsangehöriger eines Vertragsstaats, der nicht der Inhaber ist, für einen nuklearen Schaden auf Grund einer internationalen Übereinkunft oder des Rechts eines Nichtvertragsstaats Schadenersatz geleistet, so erwirbt er die Ansprüche des Entschädigten nach dem vorliegenden Übereinkommen in Höhe der geleisteten Zahlung. [2]Dieser Rechtsübergang tritt jedoch nicht ein, wenn und soweit der Inhaber ein Rückgriffsrecht oder einen Ausgleichsanspruch nach diesem Übereinkommen gegen den Betreffenden hat.
b) Ist ein Haftungsbeschränkungsfonds errichtet worden und
   i) hat der Inhaber vor Errichtung des Fonds Ersatz für einen nuklearen Schaden geleistet oder
   ii) hat der Inhaber nach Errichtung des Fonds auf Grund einer internationalen Übereinkunft oder des Rechts eines Nichtvertragsstaats Ersatz für einen nuklearen Schaden geleistet, so kann er bis zur Höhe des von ihm geleisteten Betrags aus dem Fonds den Betrag zurückerhalten, den der Entschädigte bei der Verteilung des Fonds erhalten hätte.
c) Ist kein Haftungsbeschränkungsfonds errichtet worden, so wird der Inhaber, der für einen nuklearen Schaden aus anderen als den in Artikel III Absatz 2 genannten Mitteln Ersatz geleistet hat, durch dieses Übereinkommen nicht gehindert, bis zur Höhe des von ihm geleisteten Betrags von demjenigen, der eine finanzielle Sicherheit nach Artikel III Absatz 2 gewährt, oder von dem Genehmigungsstaat den Betrag zurückzuerhalten, den der hotschädigte nach dem Übereinkommen erhalten hätte.
d) Der Begriff „Staatsange höriger eines Vertragsstaats" im Sinne dieses Absatzes schließt Vertragsstaaten und ihre Gebietskörperschaften sowie Gesellschaften

und Körperschaften des öffentlichen oder privaten Rechts mit oder ohne Rechtspersönlichkeit ein, sofern sie ihren Sitz in einem Vertragsstaat haben.

(6) Ist kein Fonds nach diesem Artikel errichtet worden, so trifft der Genehmigungsstaat die notwendigen Maßnahmen, damit ein ausreichender Betrag, der von ihm selbst oder durch eine Versicherung oder sonstige finanzielle Sicherheit nach Artikel III Absatz 2 bereitzustellen ist, für die Befriedigung von Ansprüchen zur Verfügung steht, die durch eine nach Absatz 4 des vorliegenden Artikels anzuerkennende Entscheidung eines Gerichts eines anderen Vertragsstaats für begründet erklärt werden; der Betrag ist nach Wahl des Klägers entweder in dem Genehmigungsstaat oder in dem Vertragsstaat, in dem der Schaden eingetreten ist, oder in dem Vertragsstaat, in dem der Kläger seinen gewöhnlichen Aufenthalt hat, zur Verfügung zu stellen.

(7) Nach Errichtung des Haftungsbeschränkungsfonds gemäß Absatz 1 oder in Fällen, in denen bei Nichterrichtung eines solchen Fonds die von dem Genehmigungsstaat oder auf Grund einer Versicherung oder sonstigen finanziellen Sicherheit aufzubringenden Mittel nach Absatz 6 zur Erfüllung von Schadenersatzansprüchen bereitgestellt sind, kann der Kläger seinen Anspruch wegen eines nuklearen Schadens nicht mehr gegen das sonstige Vermögen des Inhabers geltend machen; von dem Inhaber oder für ihn in einem Vertragsstaat geleistete Sicherheiten (mit Ausnahme der Sicherheiten für Kosten) sind freizugeben.

Artikel XII

(1) Die Vertragsstaaten verpflichten sich, die notwendigen Maßnahmen zur Durchführung dieses Übereinkommens zu treffen, insbesondere geeignete Maßnahmen, um eine schnelle und gerechte Verteilung der für den Ersatz von nuklearen Schäden zur Verfügung stehenden Beträge sicherzustellen.

(2) Die Vertragsstaaten verpflichten sich, die notwendigen Maßnahmen zu treffen, damit Versicherungs- und Rückversicherungsprämien sowie Beträge, die auf Grund einer Versicherung, einer Rückversicherung oder einer sonstigen finanziellen Sicherheit oder von den Vertragsstaaten selbst nach Artikel III Absatz 2 bereitgestellt werden, in die Währungen des Vertragsstaats, in dem der Schaden eingetreten ist, des Vertragsstaats, in dem der Anspruchsberechtigte seinen gewöhnlichen Aufenthalt hat, oder, soweit Versicherungs- und Rückversicherungsprämien und -leistungen in Betracht kommen, in die im Versicherungs- oder Rückversicherungsvertrag bezeichneten Währungen frei transferiert werden können.

(3) Dieses Übereinkommen ist ohne Diskriminierung wegen der Staatsangehörigkeit, des Wohnsitzes oder des Aufenthaltsorts anzuwenden.

Artikel XIII

Dieses Übereinkommen findet auf alle durch ein nukleares Ereignis verursachten Schäden Anwendung, die durch Kernbrennstoffe eines die Flagge eines Vertragsstaats führenden Reaktorschiffs oder durch dessen radioaktive Erzeugnisse oder Abfälle verursacht worden sind, gleichviel wo das Ereignis stattgefunden hat.

Artikel XIV

Dieses Übereinkommen geht allen internationalen Übereinkünften vor, die an dem Tage, an dem das vorliegende Übereinkommen zur Unterzeichnung aufgelegt wird, in Kraft sind oder zur Unterzeichnung, zur Ratifizierung oder zum Beitritt aufgelegt sind, soweit solche Übereinkünfte mit dem vorliegenden Übereinkommen in Widerspruch stehen; diese Bestimmung lässt jedoch die Verpflichtungen von Vertragsstaaten gegenüber Nichtvertragsstaaten auf Grund solcher internationaler Übereinkünfte unberührt.

Artikel XV

(1) Jeder Vertragsstaat verpflichtet sich, alle notwendigen Maßnahmen zu treffen, um zu verhindern, dass ein seine Flagge führendes Reaktorschiff ohne eine von ihm erteilte Genehmigung oder Erlaubnis betrieben wird.

(2) Wird ein nuklearer Schaden durch Kernbrennstoffe oder durch radioaktive Erzeugnisse oder Abfälle eines die Flagge eines Vertragsstaats führenden Reaktorschiffs verursacht, dessen Betrieb zur Zeit des nuklearen Ereignisses nicht von dem betreffenden Staat genehmigt oder erlaubt war, so gilt für die Anwendung dieses Übereinkommens der Eigentümer des Reaktorschiffs zur Zeit des nuklearen Ereignisses als Inhaber; seine Haftung ist jedoch nicht auf einen bestimmten Betrag begrenzt.

(3) In einem solchen Falle gilt für die Anwendung dieses Übereinkommens der Vertragsstaat, dessen Flagge das Reaktorschiff führt, als Genehmigungsstaat; er ist insbesondere verpflichtet, den Geschädigten entsprechend der einem Genehmigungsstaat durch Artikel III auferlegten Verpflichtung und bis zu dem in jenem Artikel genannten Betrag Ersatz zu leisten.

(4) ¹Jeder Vertragsstaat verpflichtet sich, weder eine Genehmigung noch eine andere Erlaubnis für den Betrieb eines Reaktorschiffs zu erteilen, das die Flagge eines anderen Staates führt. ²Dieser Absatz hindert jedoch einen Vertragsstaat nicht daran, die Vorschriften seines innerstaatlichen Rechts über den Betrieb eines Reaktorschiffs in seinen inneren Gewässern und in seinem Küstenmeer anzuwenden.

Artikel XVI

¹Dieses Übereinkommen findet auf ein Reaktorschiff vom Zeitpunkt seines Stapellaufs ab Anwendung. ²Vom Zeitpunkt seines Stapellaufs bis zu dem Zeitpunkt, zu dem es zur Führung einer Flagge ermächtigt wird, gilt das Reaktorschiff als von dem Eigentümer betrieben und als ein Schiff, das die Flagge des Staates führt, in dem es gebaut worden ist.

Artikel XVII

Dieses Übereinkommen berührt nicht das einem Vertragsstaat nach dem Völkerrecht möglicherweise zustehende Recht, einem von einem anderen Vertragsstaat genehmigten Reaktorschiff den Zugang zu seinen Gewässern und Häfen zu verweigern, selbst wenn es allen Bestimmungen des Übereinkommens förmlich entspricht.

Artikel XVIII

Eine Klage auf Ersatz eines nuklearen Schadens ist gegen den Inhaber zu richten; sie kann auch gegen den Versicherer und, den Genehmigungsstaat ausgenommen, gegen jede andere Person gerichtet werden, die dem Inhaber nach Artikel III Absatz 2 finanzielle Sicherheit gewährt hat, wenn eine solche Klage nach dem anzuwendenden innerstaatlichen Recht zulässig ist.

Artikel XIX

Auch nach dein Außerkrafttreten dieses Übereinkommens oder nach seiner Kündigung durch einen Vertragsstaat gemäß Artikel XXVII bleibt das Übereinkommen auf alle nuklearen Schäden anwendbar, die durch ein nukleares Ereignis verursacht worden sind, an dem Kernbrennstoffe oder radioaktive Erzeugnisse oder Abfälle eines Reaktorschiffs beteiligt sind, dessen Betrieb von einem Vertragsstaat vor dem Außerkrafttreten oder der Kündigung des Übereinkommens genehmigt oder auf andere Weise erlaubt wurde, sofern das nukleare Ereignis vor dem Außerkrafttreten oder der Kündigung des Übereinkommens oder aber nach diesem Zeitpunkt, jedoch binnen fünfundzwanzig Jahren nach der Genehmigung oder sonstigen Erlaubnis zum Betrieb des Schiffes stattgefunden hat.

Artikel XX

[1]Unbeschadet des Artikels X wird jede Streitigkeit zwischen zwei oder mehr Vertragsparteien über die Auslegung oder Anwendung dieses Übereinkommens, die nicht durch Verhandlungen beigelegt werden kann. [2]Auf Antrag einer der Parteien einem Schiedsverfahren unterworfen. [3]Kinnen sich die Parteien binnen sechs Monaten nach dem Datum des Antrags auf das Schiedsverfahren übe die Ausgestaltung des Verfahrens nicht einigen, so jede der Parteien die Streitigkeit dem Internationalen Gerichtshof unterbreiten, indem sie einen seinem Statut entsprechenden Antrag stellt.

Artikel XXI

(1) [1]Jede Vertragspartei kann bei der Unterzeichnung, der Ratifikation oder dem Beitritt zu diesem Übereinkommen erklären, dass sie sich durch Artikel XX nicht als gebunden betrachtet. [2]Die anderen Vertragsparteien sind gegenüber einer Vertragspartei, die einen solchen Vorbehalt gemacht hat, durch jenen Artikel nicht gebunden.

(2) Jede Vertragspartei, die einen Vorbehalt nach Absatz 1 gemacht hat, kann diesen Vorbehalt jederzeit durch eine an die belgische Regierung zu richtende Notifikation zurückziehen.

Artikel XXII

Dieses Übereinkommen liegt für die auf der elften Tagung (1961/1962) der Diplomatischen Seerechtskonferenz vertretenen Staaten zur Unterzeichnung auf.

Artikel XXIII

Dieses Übereinkommen bedarf der Ratifikation; die Ratifikationsurkunden werden bei der belgischen Regierung hinterlegt.

Artikel XXIV

(1) Dieses Übereinkommen tritt drei Monate nach Hinterlegung der Ratifikationsurkunde durch mindestens einen Genehmigungsstaat und einen weiteren Staat in Kraft.

(2) Dieses Übereinkommen tritt für jeden Unterzeichnerstaat, der es nach seinem Inkrafttreten gemäß Absatz 1 ratifiziert, drei Monate nach Hinterlegung der Ratifikationsurkunde dieses Staates in Kraft.

Artikel XXV

(1) Mitgliedstaaten der Vereinten Nationen, Mitglieder der Sonderorganisationen sowie Mitglieder der Internationalen Atomenergie-Organisation, die auf der elften Tagung der Diplomatischen Seerechtskonferenz nicht vertreten waren, können diesem Übereinkommen beitreten.

(2) Die Beitrittsurkunden werden bei der belgischen Regierung bluterlegt.

(3) Dieses Übereinkommen tritt für den beitretenden Staat drei Monate nach Hinterlegung seiner Beitrittsurkunde in Kraft, jedoch nicht vor dem Inkrafttreten des Übereinkommens nach Artikel XXIV, Absatz 1.

Artikel XXVI

(1) Die belgische Regierung und die Internationale Atomenergie-Organisation berufen fünf Jahre nach dem Inkrafttreten dieses Übereinkommens eine Konferenz zu dessen Revision ein.

(2) Eine solche Konferenz wird von der belgischen Regierung und der Internationalen Atomenergie-Organisation auch vor oder nach Ablauf dieser Frist einberufen, wenn ein Drittel der Vertragsstaaten einen entsprechenden Wunsch äußert.

Artikel XXVII

(1) Jeder Vertragsstaat kann dieses Übereinkommen jederzeit nach der ersten gemäß Artikel XXVI Absatz 1 abgehaltenen Revisionskonferenz durch eine an die belgische Regierung zu richtende Notifikation kündigen.

(2) Die Kündigung wird ein Jahr nach Eingang der Notifikation bei der belgischen Regierung wirksam.

Artikel XXVIII

Die belgische Regierung notifiziert den auf der elften Tagung der Diplomatischen Seerechtskonferenz vertretenen Staaten sowie den Staaten, die dem Übereinkommen beitreten:
1. Unterzeichnungen, Ratifikationen und Beitritte nach den Artikeln XXII, XXIII und XXV,
2. den Zeitpunkt, zu dem das Übereinkommen nach Artikel XXIV in Kraft tritt,
3. den Eingang von Kündigungen nach Artikel XXVII

ZU URKUND DESSEN haben die unterzeichneten Bevollmächtigten, deren Vollmachten in guter und gehöriger Form befunden wurden, dieses Übereinkommen unterschrieben.

GESCHEHEN zu Brüssel am 25. Mai 1962 in englischer, französischer, russischer und spanischer Sprache in einer Urschrift, die im Archiv der belgischen Regierung hinterlegt wird; diese erteilt beglaubigte Abschriften.

Bei Nichtübereinstimmung der Texte sind der englische und der französische Wortlaut verbindlich.

Zusatzprotokoll

Bei Unterzeichnung des Internationalen Übereinkommens über die Haftung der Inhaber von Reaktorschiffen haben die unterzeichneten Bevollmächtigten dieses Protokoll angenommen; es hat dieselbe Gültigkeit, als seien seine Bestimmungen in den Wortlaut des Übereinkommens selbst aufgenommen worden, auf das es sich bezieht.

Die Vertragsparteien behalten sich ausdrücklich das Recht vor, dieses Übereinkommen entweder dadurch in Kraft zu setzen, dass ihm Gesetzeskraft verliehen wird, oder dadurch, dass seine Bestimmungen in einer ihrem innerstaatlichen Recht angepassten Form in dieses Recht übernommen wird.

GESCHEHEN zu Brüssel am 25. Mai 1962 in englischer, französischer, russischer und spanischer Sprache in einer Urschrift, die im Archiv der belgischen Regierung hinterlegt wird; diese erteilt beglaubigte Abschriften.

Bei Nichtübereinstimmung der Texte sind der englische und der französische Wortlaut verbindlich.

Anhang IV.3 zu § 480 (KernmatBefÜ)

Übereinkommen vom 17. Dezember 1971 über die zivilrechtliche Haftung bei der Beförderung von Kernmaterial auf See

(BGBl. 1975 II S. 957, 1026)

Völkerrechtlich in Kraft am 30. Dezember 1975 – in Kraft für Deutschland am 30. Dezember 1975 (BGBl. 1976 II S. 307) – Vertragsstaaten: Argentinien, Belgien, Dänemark, Deutschland, Finnland, Frankreich, Gabun, Italien, Jemen, Liberia, Norwegen, Schweden, Spanien – BGBl. 1976 II S. 307, BGBl. 1979 II S. 375, BGBl. 1980 II S. 1306, 1981 II S. 192 und S. 529, BGBl. 1982 II S. 279, BGBl. 1991 II 942.

Siehe zu dem Übereinkommen die Hinweise oben Rn 33–38 Anhang IV zu § 480 (maritime Nuklearhaftung).

Die Hohen Vertragsparteien –
VON DER ERWÄGUNG GELEITET, dass das Pariser Übereinkommen vom 29. Juli 1960 über die zivilrechtliche Haftung auf dem Gebiet der Kernenergie und sein Zusatzprotokoll vom 28. Januar 1964 (im folgenden als „Pariser Übereinkommen" bezeichnet) sowie das Wiener Übereinkommen vom 21. Mai 1963 über die zivilrechtliche Haftung für nukleare Schäden (im folgenden als „Wiener Übereinkommen" bezeichnet) vorsehen, dass bei Schäden, die während der Beförderung des unter die genannten Übereinkommen fallenden Kernmaterials auf See durch ein nukleares Ereignis verursacht werden, der Inhaber einer Kernenergieanlage für die Schäden haftet,
IN DER ERWÄGUNG, dass in einigen Staaten ähnliche innerstaatliche Rechtsvorschriften in Kraft sind,
IN DER ERWÄGUNG, dass alle früheren internationalen Übereinkünfte über die Beförderung auf See auch weiterhin Anwendung finden,
IN DEM WUNSCH, zu gewährleisten, dass für Schäden, die durch ein nukleares Ereignis während der Beförderung von Kernmaterial auf See verursacht werden, ausschließlich der Inhaber einer Kernenergieanlage haftet –
SIND wie folgt ÜBEREINGEKOMMEN:

Artikel 1

Wer auf Grund einer für die Beförderung auf See geltenden internationalen Übereinkunft oder eines entsprechenden innerstaatlichen Gesetzes für einen Schaden haftbar gemacht werden kann, der durch ein nukleares Ereignis verursacht worden ist, wird von dieser Haftung befreit,
a) wenn der Inhaber einer Kernenergieanlage auf Grund des Pariser oder des Wiener Übereinkommens für den Schaden haftet oder
b) wenn der Inhaber einer Kernenergieanlage auf Grund eines innerstaatlichen Gesetzes über die Haftung für solche Schäden für den Schaden haftet, vorausgesetzt, dass dieses Gesetz für die Geschädigten in jeder Hinsicht ebenso günstig ist wie das Pariser oder das Wiener Übereinkommen.

Artikel 2

(1) Die in Artikel 1 vorgesehene Befreiung gilt auch für den durch ein nukleares Ereignis verursachten Schaden

a) an der Kernenergieanlage selbst oder an Sachen auf dem Gelände dieser Anlage, die in Verbindung mit der Anlage verwendet werden oder verwendet werden sollen, oder
b) an dem Beförderungsmittel, auf dem sich das betreffende Kernmaterial im Zeitpunkt des nuklearen Ereignisses befand,

für den der Inhaber der Kernenergieanlage nicht hattet, weil seine Haftung für einen solchen Schaden nach dem Pariser oder dem Wiener Übereinkommen oder – in den in Artikel 1 Buchstabe b bezeichneten Fallen – durch entsprechende Bestimmungen des darin erwähnten innerstaatlichen Gesetzes ausgeschlossen worden ist.

(2) Die Haftung einer natürlichen Person für einen Schaden, der die Folge einer in Schädigungsabsicht begangenen Handlung oder Unterlassung ist, wird jedoch von Absatz 1 nicht berührt.

Artikel 3

Die Haftung des Inhabers eines Reaktorschiffes für einen Schaden, der durch ein nukleares Ereignis verursacht worden ist, das auf Kernbrennstoffe dieses Schiffes oder auf dem Schiff erzeugte radioaktive Erzeugnisse oder Abfälle zurückzuführen ist, wird durch dieses Übereinkommen nicht berührt.

Artikel 4

Dieses Übereinkommen geht allen internationalen Übereinkünften über die Beförderung auf See vor, die an dem Tag, an dem das vorliegende Übereinkommen zur Unterzeichnung aufgelegt wird, in Kraft sind oder zur Unterzeichnung, zur Ratifizierung oder zum Beitritt aufgelegt sind, soweit solche Übereinkünfte mit dem vorliegenden Übereinkommen im Widerspruch stehen; diese Bestimmung lässt jedoch die Verpflichtungen der Vertragsparteien des vorliegenden Übereinkommens gegenüber Nichtvertragsparteien auf Grund solcher internationaler Übereinkünfte unberührt.

Artikel 5

(1) Dieses Übereinkommen wird in Brüssel zur Unterzeichnung aufgelegt; es liegt in London am Sitz der Zwischenstaatlichen Beratenden Seeschifffahrtsorganisation (im folgenden als „Organisation" bezeichnet) bis zum 31. Dezember 1972 zur Unterzeichnung und danach zum Beitritt auf.

(2) Mitgliedstaaten der Vereinten Nationen, einer ihrer Sonderorganisationen oder der Internationalen Atomenergie- Organisation sowie Vertragsstaaten des Status des Internationalen Gerichtshofs können Vertragsparteien dieses Übereinkommens werden,
a) indem sie es ohne Vorbehalt der Ratifikation, Annahme oder Genehmigung unterzeichnen;
b) indem sie es vorbehaltlich der Ratifikation, Annahme oder Genehmigung unterzeichnen und später ratifizieren, annehmen oder genehmigen; oder
c) indem sie ihm beitreten.

(3) Die Ratifikation, die Annahme, die Genehmigung oder der Beitritt erfolgt durch Hinterlegung einer entsprechenden förmlichen Urkunde beim Generalsekretär der Organisation.

Artikel 6

(1) Dieses Übereinkommen tritt am neunzigsten Tag nach dem Zeitpunkt in Kraft, an dem fünf Staaten es ohne Vorbehalt der Ratifikation, Annahme oder Genehmigung unterzeichnet haben oder eine Ratifikations-, Annahme-, Genehmigungs- oder Beitrittsurkunde beim Generalsekretär der Organisation hinterlegt haben.

(2) Für jeden Staat, der dieses Übereinkommen später ohne Vorbehalt der Ratifikation, Annahme oder Genehmigung unterzeichnet oder seine Ratifikations-, Annahme-, Genehmigungs- oder Beitrittsurkunde hinterlegt, tritt das Übereinkommen am neunzigsten Tag nach dem Zeitpunkt dieser Unterzeichnung oder Hinterlegung in Kraft.

Artikel 7

(1) Dieses Übereinkommen kann von jeder Vertragspartei jederzeit gekündigt werden, nachdem es für den betreffenden Staat in Kraft getreten ist.

(2) Die Kündigung erfolgt durch eine an den Generalsekretär der Organisation zu richtende schriftliche Notifikation.

(3) Die Kündigung wird ein Jahr nach Eingang der Notifikation beim Generalsekretär der Organisation oder nach Ablauf eines längeren, in der Notifikation bezeichneten Zeitabschnitts wirksam.

(4) Ungeachtet der Kündigung durch eine Vertragspartei gemäß diesem Artikel bleibt dieses Übereinkommen auf jeden Schaden anwendbar, der durch ein vor dem Wirksamwerden der Kündigung eingetretenes nukleares Ereignis verursacht worden ist.

Artikel 8

(1) Die Vereinten Nationen als Verwaltungsmacht eines Hoheitsgebiets oder eine Vertragspartei dieses Übereinkommens, die für die internationalen Beziehungen eines Hoheitsgebiets verantwortlich ist, können jederzeit durch eine an den Generalsekretär der Organisation gerichtete schriftliche Notifikation erklären, dass sich das Übereinkommen auf das betreffende Hoheitsgebiet erstrecken soll.

(2) Dieses Übereinkommen wird vom Tag des Eingangs der Notifikation oder von einem anderen in der Notifikation bezeichneten Zeitpunkt an auf das darin genannte Hoheitsgebiet erstreckt.

(3) Die Vereinten Nationen oder eine Vertragspartei, die eine Erklärung gemäß Absatz 1 abgegeben haben, können jederzeit nach dem Zeitpunkt, zu dem dieses Übereinkommen auf ein Hoheitsgebiet erstreckt worden ist, durch eine an den Generalsekretär der Organisation gerichtete schriftliche Notifikation erklären, dass sich das Übereinkommen nicht mehr auf das in der Notifikation genannte Hoheitsgebiet erstrecken soll.

(4) Dieses Übereinkommen tritt für das in einer solchen Notifikation genannte Hoheitsgebiet ein Jahr nach Eingang der Notifikation beim Generalsekretär der Organisation oder nach Ablauf eines längeren, in der Notifikation bezeichneten Zeitabschnitts außer Kraft.

Artikel 9

(1) Die Organisation kann eine Konferenz zur Revision oder Änderung dieses Übereinkommens einberufen.

(2) Die Organisation beruft eine Konferenz der Vertragsparteien dieses Übereinkommens zu seiner Revision oder Änderung ein, wenn mindestens ein Drittel der Vertragsparteien dies beantragt.

Artikel 10

¹Eine Vertragspartei kann diejenigen Vorbehalte einlegen, die den von ihr gegenüber dem Pariser oder dein Wiener Übereinkommen rechtsgültig eingelegten Vorbehalten entsprechen. ²Vorbehalte können bei der Unterzeichnung, der Ratifikation, der Annahme, der Genehmigung oder dem Beitritt eingelegt werden.

Artikel 11

(1) Dieses Übereinkommen wird beim Generalsekretär der Organisation hinterlegt.

(2) Der Generalsekretär der Organisation
a) unterrichtet alle Staaten, die dieses Übereinkommen unterzeichnet haben oder ihm beigetreten sind,
   i) von jeder neuen Unterzeichnung und jeder Hinterlegung einer Urkunde sowie von dem entsprechenden Zeitpunkt;
   ii) von jedem nach diesem Übereinkommen eingelegten Sachverhalt;
   iii) vorn Zeitpunkt des Inkrafttretens dieses Übereinkommens;
   iv) von jeder Kündigung dieses Übereinkommens und von dein Zeitpunkt, zu dem sie wirksam wird;
   v) von der Erstreckung dieses Übereinkommens auf ein Hoheitsgebiet nach Artikel 8 Absatz 1 und von der Beendigung einer solchen Erstreckung nach Absatz 4 jenes Artikels; dabei gibt er in jedem Fall den Zeitpunkt an, zu dem die Erstreckung dieses Übereinkommens beginnt oder endet;
b) übermittelt allen Unterzeichnerstaaten dieses Übereinkommens und allen Staaten, die ihm beigetreten sind, beglaubigte Abschriften des Übereinkommens.

(3) Sobald dieses Übereinkommen in Kraft tritt, übermittelt der Generalsekretär der Organisation dem Sekretariat der Vereinten Nationen eine beglaubigte Abschrift desselben zur Registrierung und Veröffentlichung nach Artikel 102 der Charta der Vereinten Nationen.

Artikel 12

¹Dieses Übereinkommen wird in einer Urschrift in englischer und französischer Sprache abgefasst, wobei jeder Wortlaut gleichermaßen verbindlich ist. ²Amtliche Übersetzungen in die russische und die spanische Sprache werden vom Sekretariat der Organisation gefertigt und mit der unterzeichneten Urschrift hinterlegt.

ZU URKUND DESSEN haben die hierzu von ihren Regierungen gehörig befugten Unterzeichneten dieses Übereinkommen unterschrieben.

GESCHEHEN zu Brüssel am 17. Dezember 1971.

Anhang V zu § 480 (Antarktishaftung)

1   Das jüngste internationale Regelwerk, das die Haftung des Reeders für vom Schiff ausgehende Gefahren betrifft, ist die neue Anlage VI des AntarktisV-UmwProt. Dabei geht es um die Einführung eines besonderen Haftungsrégimes für umweltgefährdende Notfälle im Zusammenhang mit bestimmten Tätigkeiten im Gebiet der Antarktis.

I. Die Grundlagen

2   Ausgangspunkt der neuen Bestimmungen über die Antarktishaftung ist mit dem AntarktisV ein Übereinkommen, das bereits seit einigen Jahrzehnten in Kraft ist. Der AntarktisV schreibt fest, dass der Kontinent Antarktis und seine angrenzenden Gewässer der friedlichen Nutzung, insbesondere der wissenschaftlichen Forschung vorbehalten bleiben sollen. Der AntarktisV ist zwischenzeitlich um mehrere Protokolle ergänzt worden, die ihrerseits Anlagen enthalten. Eines der Protokolle zum AntarktisV ist das in Madrid beschlossene AntarktisV-UmwProt mit umfangreichen Regelungen zu vielen Fragen des Umweltschutzes. Die Anlagen betreffen die Umweltverträglichkeitsprüfung (Anlage I), die Erhaltung der antarktischen Tier- und Pflanzenwelt (Anlage II), die Beseitigung und Behandlung von Abfällen (Anlage III) und die Verhütung der Meeresverschmutzung (Anlage IV). Nach Art. 9 Abs. 2 AntarktisV-UmwProt können weitere Anlagen vereinbart werden, die nach Maßgabe des AntarktisV in Kraft treten. Zwischenzeitlich ist eine neue Anlage V mit Regelungen über den Schutz und die Verwaltung von Gebieten der Antarktis beschlossen worden und in Kraft getreten.

3   Nach Art. 16 AntarktisV-UmwProt sind die Vertragsstaaten des Protokolls verpflichtet, Regeln und Verfahren in Bezug auf die Haftung für Schäden auszuarbeiten, welche durch Tätigkeiten entstehen, die in der Antarktis durchgeführt werden. Diese Regeln sollen in weitere Anlagen zum AntarktisV-UmwProt aufgenommen werden. Nach mehr als 13jährigen Verhandlungen ist am 14. Juni 2005 in Stockholm eine neue Anlage VI über die Haftung bei umweltgefährdenden Notfällen vereinbart worden. Die AntarktisV-UmwProt VI tritt nach Art. 9 Abs. 2 AntarktisV-UmwProt in Verbindung mit Art. IX Abs. 4 AntarktisV in Kraft, wenn sie von allen Teilnehmern der Konsultativstaaten des AntarktisV genehmigt worden ist. Die Genehmigung entspricht in völkerrechtlicher Hinsicht einer Ratifikation. Deutschland beabsichtigt, die Genehmigung der Anlage VI des AntarktisV-UmwProt zu erklären. Ein entsprechendes Vertragsgesetz ist in Vorbereitung. Die Bestimmungen der AntarktisV-UmwProt VI bedürfen einer Umsetzung in das innerstaatliche Recht. Dies soll durch das AntHaftG erfolgen, das bislang lediglich als Entwurf existiert (unten Rn 15–19).

II. Die neue AntarktisV-UmwProt VI

4   **1. Die Grundlagen.** Art. 1 der AntarktisV-UmwProt VI umschreibt den Anwendungsbereich der Anlage. Sie gilt für umweltgefährdende Notfälle im Gebiet des AntarktisV im Zusammenhang mit wissenschaftlichen Forschungsprogrammen, mit dem Tourismus oder mit sonstigen staatlichen oder nicht staatlichen Tätigkeiten im Gebiet des AntarktisV, für die nach Art. VII Abs. 5 des Vertrages eine Unterrichtung im Voraus erforderlich ist, einschließlich der dazugehörigen logistischen Unterstützung (Art. 1 Satz 1 AntarktisV-UmwProt VI). Außerdem betrifft die Anlage VI Maßnahmen und Pläne zu dem Zweck, solche Notfälle zu vermeiden oder auf sie zu reagieren (Art. 1 Satz 2 AntarktisV-UmwProt VI). Insbesondere findet die Anlage VI Anwendung auf alle Touristikschiffe (Art. 1 Satz 3 AntarktisV-UmwProt VI) sowie auf umweltgefährdende Notfälle im Gebiet des AntarktisV im Zusammenhang mit anderen Schiffen und Tätigkeiten, die im Nachhinein noch festgelegt werden (Art. 1 Satz 4 AntarktisV-UmwProt VI).

Art. 2 (b) AntarktisV-UmwProt VI umschreibt den umweltgefährdenden Notfall als ein Unfallereignis, das zu erheblichen nachteiligen Auswirkungen für die antarktische Umwelt führt oder unmittelbar zu führen droht. Zentrale Figur der AntarktisV-UmwProt VI ist der „Betreiber". Dieser wiederum wird in Art. 2 (c) AntarktisV-UmwProt VI umschrieben als eine natürliche oder eine staatliche oder nicht staatliche juristische Person, die im Gebiet des AntarktisV durchzuführende Tätigkeiten organisiert. Der Begriff umfasst nicht natürliche Personen, die Bedienstete einer juristischen Person ist. Ebenfalls kein Betreiber ist eine juristische Person, die als Auftragnehmer oder Unterauftragnehmer im Namen eines staatlichen Betreibers tätig ist (Art. 2 [c] Satz 2 Hs. 2 AntarktisV-UmwProt VI). Ein Betreiber in diesem Sinne kann auch der Reeder eines Schiffes sein.

2. Die Vorsorge. Nach Art. 3 AntarktisV-UmwProt VI verlangt jede Vertragspartei von ihren Betreibern (Art. 2 [d] AntarktisV-UmwProt VI), vernünftige Vorsorgemaßnahmen (Art. 2 [e] AntarktisV-UmwProt VI) zu ergreifen, um die Gefahr umweltgefährdender Notfälle und ihre möglichen nachteiligen Auswirkungen zu verhindern. Art. 4 AntarktisV-UmwProt VI gibt den Vertragsstaaten weiterhin auf, von ihren Betreibern zu verlangen, Einsatzpläne aufzustellen. In gleicher Weise verpflichtet Art. 5 AntarktisV-UmwProt VI die Vertragsstaaten, von jedem ihrer Betreiber zu verlangen, umgehende und wirksame Gegenmaßnahmen in umweltgefährdenden Notfällen zu ergreifen, die durch seine Tätigkeiten entstehen. Ergreift ein Betreiber nicht umgehende und wirksame Gegenmaßnahmen, ermutigt Art. 5 Abs. 2 AntarktisV-UmwProt VI den betreffenden Vertragsstaat selbst sowie andere Vertragsstaaten, entsprechende Maßnahmen zu ergreifen. Siehe zu allem auch bereits Art. 15 AntarktisV-UmwProt. Art. 5 Abs. 3 und 4 AntarktisV-UmwProt VI enthält weitere formelle Regelungen.

3. Die Haftung des Betreibers. In Art. 6 AntarktisV-UmwProt VI finden sich die maßgeblichen Haftungsvorschriften. Den Grundtatbestand regelt Art. 6 Abs. 1 AntarktisV-UmwProt VI: Ein Betreiber, der es unterlässt, in umweltgefährdenden Notfällen die durch seine Tätigkeit entstehen, umgehende und wirksame Gegenmaßnahmen zu ergreifen, haftet gegenüber den Vertragsparteien, die Gegenmaßnahmen ergriffen haben (siehe Art. 5 Abs. 2 AntarktisV-UmwProt VI), für die Kosten dieser Maßnahmen. Dem Charakter nach handelt es sich um einen Anspruch auf Aufwendungsersatz aus Geschäftsführung ohne Auftrag. Gläubiger des Anspruchs sind allerdings Staaten und nicht die Privatpersonen, die tatsächlich tätig geworden sind.

Die Haftung des Betreibers betrifft noch eine zweite Situation, die in Art. 6 Abs. 2 AntarktisV-UmwProt VI angesprochen wird. Es geht um den Fall, dass wirksame Gegenmaßnahmen hätten ergriffen werden müssen, diese aber tatsächlich nicht durchgeführt wurden. Nach Maßgabe des Art. 6 Abs. 2 AntarktisV-UmwProt VI sind in diesem Falle die Kosten für die Gegenmaßnahmen, die hätten ergriffen werden müssen, an den Antarktisfonds zu zahlen (zu diesem unten Rn 13).

Art. 6 Abs. 3 AntarktisV-UmwProt VI stellt klar, dass die Haftung verschuldensunabhängig ist. Eine Entlastung ist nur unter den engen Voraussetzungen des Art. 8 AntarktisV-UmwProt VI möglich. Der Betreiber haftet nicht, wenn der umweltgefährdende Notfall verursacht wurde durch eine Handlung oder Unterlassung zum Schutz des Lebens oder der Sicherheit von Menschen; durch ein Ereignis, das bei den Gegebenheiten in der Antarktis eine Naturkatastrophe mit Ausnahmecharakter darstellt; durch eine terroristische Gewalttat; oder durch eine gegen die Tätigkeit des Betreibers gerichtete kriegerische Handlung. Haften mehrere Betreiber, so sind sie nach Art. 6 Abs. 4 AntarktisV-UmwProt VI Gesamtschuldner.

10   Nach Art. 7 Abs. 1 Satz 3 AntarktisV-UmwProt VI sind Klagen eines Vertragsstaates, der Gegenmaßnahmen ergriffen hat und gegen einen nichtstaatlichen Betreiber Ansprüche nach Art. 6 Abs. 1 AntarktisV-UmwProt VI geltend macht, innerhalb von drei Jahren nach Beginn der Gegenmaßnahmen oder innerhalb von drei Jahren nach dem Tag einzureichen, an dem der klagenden Vertragsstaat die Identität des Betreibers bekannt war oder nach menschlichem Ermessen hätte bekannt sein müssen, je nachdem, welcher Zeitpunkt der spätere ist. Art. 7 Abs. 1 Satz 4 AntarktisV-UmwProt VI sieht eine absolute Obergrenze von 15 Jahren nach Beginn der Gegenmaßnahmen vor.

11   **4. Die Beschränkung der Haftung.** Die Haftung des Betreibers nach Art. 6 Abs. 1 oder 2 AntarktisV-UmwProt VI ist gemäß Art. 9 AntarktisV-UmwProt VI auf bestimmte Beträge beschränkt. Ist der umweltgefährdende Notfall in Folge eines Ereignisses unter Beteiligung eines Schiffes eingetreten, gilt für Schiffe mit einer BRZ bis zu 2.000 ein Einstiegs-Höchstbetrag von einer Million SZR. Dieser erhöht sich mit zunehmender Größe des Schiffes. Ein absoluter Höchstbetrag ist nicht vorgesehen. Ist an dem Ereignis, das zu dem umweltgefährdenden Notfall geführt hat, kein Schiff beteiligt, gilt ein Höchstbetrag von drei Millionen SZR (Art. 9 Abs. 1 [b] AntarktisV-UmwProt VI). Weiter regelt Art. 9 Abs. 2 AntarktisV-UmwProt VI, dass die Regelungen des Abs. 1 über die Höchstbeträge die Haftung oder das Recht auf Haftungsbeschränkung aufgrund eines anwendbaren internationalen Vertrages über Haftungsbeschränkung unberührt lässt. Gleiches gilt für die Anwendung eines Vorbehalts, mit dem die Geltung bestimmter Höchstbeträge für bestimmte Ansprüche ausgeschlossen wird (Art. 9 Abs. 2 (a) (ii) AntarktisV-UmwProt VI). Im Falle eines qualifizierten Verschuldens des Betreibers entfällt die Haftungsbeschränkung (Art. 9 Abs. 3 AntarktisV-UmwProt VI). Die Höchstbeträge können in einem vereinfachten Verfahren geändert werden (Art. 9 Abs. 4 AntarktisV-UmwProt VI).

12   **5. Die Versicherungspflicht.** Art. 11 Abs. 1 AntarktisV-UmwProt VI sieht vor, dass jeder Vertragsstaat seine Betreiber verpflichtet, eine Versicherung aufrecht zu erhalten, um die Haftung gegenüber den Vertragsstaaten, die Gegenmaßnahmen ergriffen haben, nach Art. 6 Abs. 1 der AntarktisV-UmwProt VI zu decken. Darüberhinaus kann jeder Vertragstaat nach Art. 11 Abs. 2 AntarktisV-UmwProt VI für seine Betreiber (Art. 2 [d] AntarktisV-UmwProt VI) vorsehen, dass die Versicherung auch die hypothetischen Kosten der Gegenmaßnahmen nach Art. 6 Abs. 2 AntarktisV-UmwProt VI deckt. Deutschland wird eine solche erweiterte Versicherungspflicht vorsehen, § 14 Abs. 1 Satz 1 AntHaftG-E verweist auch auf Art. 11 Abs. 2 AntarktisV-UmwProt VI.

13   **6. Der Fonds.** Art. 12 der AntarktisV-UmwProt VI betrifft den Fonds. Es handelt es sich nicht, anders als der Ölhaftungsfonds, der Zusatzfonds oder der HNS-Fonds, um eine selbständige juristische Person. Vielmehr besteht der Fonds lediglich aus Geldmitteln. Er wird unterhalten und verwaltet vom Sekretariat des AntarktisV mit Sitz in Buenos Aires.[1] Aus dem Fonds werden angemessene und begründete Kosten erstattet, die den Vertragsparteien beim Ergreifen von Gegenmaßnahmen nach Art. 5 Abs. 2 AntarktisV-UmwProt VI entstehen. Bei der Entscheidung über eine Kostenerstattung aus dem Fonds sind die besonderen Umstände des Art. 12 Abs. 3 AntarktisV-UmwProt VI zu berücksichtigen.

---

1 Siehe www.ats.aq.

7. Prozessuale Gesichtspunkte. Art. 7 AntarktisV-UmwProt VI enthält Vorschriften 14
prozessualen Charakters. In Art. 7 Abs. 1 AntarktisV-UmwProt VI geht es um Klagen eines Vertragsstaates, der Gegenmaßnahmen nach Art. 5 Abs. 2 ergriffen hat und nunmehr Ansprüche nach Art. 6 Abs. 1 auf Kostenerstattung gegen den nichtstaatlichen Betreiber geltend macht (Art. 7 Abs. 1 Satz 1 Hs. 1 AntarktisV-UmwProt VI). Die Klage kann bei dem Gericht des Vertragsstaates eingereicht werden, bei dem der Betreiber amtlich eingetragen ist oder seinen Hauptgeschäftssitz oder seinen gewöhnlichen Aufenthalt hat (Art. 7 Abs. 1 Satz 1 Hs. 2 Anlage VI). Art. 7 Abs. 2 AntarktisV-UmwProt VI verpflichtet die Vertragsstaaten, sicherzustellen, dass ihre Gerichte die erforderliche Zuständigkeit für die Klagen nach Abs. 1 haben. All diese Regelungen betreffen nichtstaatliche Betreiber. Ansprüche eines Vertragsstaates nach Art. 6 Abs. 1 AntarktisV-UmwProt VI gegen einen staatlichen Betreiber können nur nach Maßgabe der besonderen Verfahren des Art. 7 Abs. 4 AntarktisV-UmwProt VI verfolgt werden.

III. Das AntHaftG

Die maßgeblichen Regelungen der AntarktisV-UmwProt VI sind im AntarktisV- 15
UmwProt VI vielfach als Pflichten an die Vertragsstaaten formuliert. Aus diesem Grund sind sie aufgrund ihres Wortlauts nicht geeignet, innerstaatlich unmittelbar zur Anwendung gebracht zu werden. Entsprechend ist eine gesonderte Umsetzung der betreffenden Regelungen des AntarktisV-UmwProt VI in das innerstaatliche Recht erforderlich. In Deutschland wird dies durch das AntHaftG geschehen. Von diesem gibt es bislang lediglich einen Entwurf (AntHaftG-E). Hier werden außerdem ergänzende Regelungen getroffen, die für die Durchführung der AntarktisV-UmwProt VI innerstaatlich erforderlich sind.

§ 2 Abs. 1 AntHaftG-E umschreibt den Anwendungsbereich des Gesetzes. Es gilt für 16
umweltgefährdende Notfälle einschließlich der Maßnahmen zu deren Vermeidung im Zusammenhang mit bestimmten Tätigkeiten in der Antarktis. Zu diesem gehören insbesondere Expeditionen, Reisen, einschließlich solcher von Touristikschiffen, Versorgungsfahrten und dem Bau, Umbau, Abbau sowie Betrieb wissenschaftlicher Stationen und sonstiger Anlagen und Einrichtungen. § 3 AntHaftG-E sieht eine ganze Reihe von Begriffsbestimmungen vor. Ausdrücklich geregelt sind weiter die Pflichten der Betreiber, nämlich Vorsorgemaßnahmen zu ergreifen (§ 4 AntHaftG-E), Einsatzpläne vorzuhalten (§ 5 AntHaftG-E), bei Eintritt eines umweltgefährdenden Notfalles unverzüglich Gegenmaßnahmen zu ergreifen (§ 6 AntHaftG-E) sowie umweltgefährdender Notfälle an das Umweltbundesamt zu melden (§ 7 AntHaftG-E).

§ 8 Abs. 1 AntHaftG-E betrifft den Haftungsfall. Liegen Tatsachen vor, die die An- 17
nahme begründen, dass ein Betreiber seine Pflicht zur Sicherstellung von Gegenmaßnahmen nach § 6 AntHaftG-E nicht erfüllt hat, kann das Umweltbundesamt von ihm Auskunft verlangen. Bei Vorliegen eines Haftungsfalles kann das Umweltbundesamt anstelle des nach § 6 verpflichteten Betreibers vertraglich einen anderen Betreiber damit beauftragen, Gegenmaßnahmen vorzunehmen. Der verpflichtete Betreiber muss nach § 9 Abs. 2 Satz 2 AntHaftG-E die voraussichtlichen Kosten der Gegenmaßnahmen vorschießen. § 10 AntHaftG-E sieht vor, dass dem Vertragsstaat, der Gegenmaßnahmen im Sinne des Art. 5 Abs. 2 AntarktisV-UmwProt VI ergreift, der Betreiber für die Kosten der Gegenmaßnahmen haftet. § 11 AntHaftG-E nimmt sich der Situation an, dass keine Vertragspartei Gegenmaßnahmen ergreift. Hier muss nach Art. 11 Abs. 1 AntHaftG-E der verpflichtete Betreiber eine Ersatzzahlung leisten. Diese bemisst sich nach den Kosten, die dem Betreiber voraussichtlich entstanden wären, wenn er die erforderlichen Gegenmaßnahmen ergriffen hätte. Die Ersatzzahlung ist nach § 11 Abs. 3 AntHaftG-E an den „Umwelthaf-

tungsfonds" zu leisten. Diese Umschreibung wird im AntHaftG-E für den Fonds im Sinne des Art. 12 AntarktisV-UmwProt VI verwendet (siehe § 3 Nr. 7 AntHaftG-E). Die Vorschrift des § 12 AntHaftG-E übernimmt die Ausschlussgründe der Haftung, § 13 AntHaftG-E die Regelungen über den Höchstbetrag der Haftung. Gegenstand des Art. 14 AntHaftG-E ist die Sicherheit, die der Betreiber gegenüber dem Umweltbundesamt aufrecht zu erhalten hat. Nach § 14 Abs. 1 Satz 1 AntHaftG-E in Verbindung mit Art. 11 Abs. 2 AntarktisV-UmwProt VI muss sich die Versicherung auch auf die Kosten hypothetischer Gegenmaßnahmen erstrecken.

18 Relativ ausführlich sind die Vorschriften des Vierten Teils AntHaftG-E über den Rechtsschutz und behördliche Verfahren. § 15 Abs. 1 AntHaftG-E stellt klar, dass für Klagen gegen nichtstaatliche Betreiber aufgrund ihrer Haftung aus § 10 und 11 Abs. 1 AntarktisV-UmwProt VI der Verwaltungsrechtsweg gegeben ist. Unzulässig ist die Klage, wenn der Kläger bereits bei dem Gericht eines anderen Vertragsstaates Klage erhoben hat oder wenn sie gegen einen Betreiber gerichtet ist, der keinen Wohnsitz, Sitz oder gewöhnlichen Aufenthalt in Deutschland hat. Die Klage ist nach § 15 Abs. 2 Satz 2 AntHaftG-E jedoch zulässig, wenn sie gegen einen Betreiber der Bundesrepublik Deutschland gerichtet ist, der seinen Wohnsitz, Sitz oder gewöhnlichen Aufenthalt in keiner Vertragspartei hat. § 15 Abs. 3 AntHaftG-E übernimmt die Bestimmungen des Art. 7 Abs. 1 Satz 3 und 4 AntarktisV-UmwProt VI über die Klagefristen. Im Hinblick auf die Kenntnis des Vertragsstaates kommt es nach § 15 Abs. 3 Satz 3 AntHaftG-E auf die Kenntnis des Umweltbundesamtes an.

19 Die Ersatzzahlungspflicht gegen nichtstaatliche Betreiber nach § 11 Abs. 1 AntarktisV-UmwProt VI wird nach § 16 Abs. 1 AntHaftG-E durch das Umweltbundesamt festgesetzt. Das Verfahren kann nur gegenüber solchen Betreibern erfolgen, die ihren Wohnsitz, Sitz oder gewöhnlichen Aufenthalt in Deutschland haben oder Betreiber der Bundesrepublik Deutschland sind. Für die Vollstreckung gelten nach § 16 Abs. 2 AntHaftG-E die Bestimmungen des VwVG. Abgerundet wird das AntHaftG-E in §§ 18, 19 durch Bußgeld- und Strafvorschriften.

Anhang VI zu § 480 (BGB)

Eine Haftung des Reeders für Schäden Dritter, die durch den Betrieb des Schiffes 1
verursacht werden, kann sich auch aus den Vorschriften des BGB ergeben. § 480 Satz 1
hat keinen abschließenden Charakter.[1] Anwendbar sind neben § 480 Satz 1 insbesondere
die Vorschriften des § 823 Abs. 1 und 2 BGB (unten Rn 2–9, 10–11). Daneben spielt auch
die Regelung des § 831 BGB eine Rolle gespielt (unten Rn 12–13). Im Falle von Staatsschiffen kann es zu Amtspflichtverletzungen kommen, die sich nach § 839 BGB, Art. 34 Satz 1
GG beurteilen (unten Rn 16). Ebenso hat sich die Rechtsprechung mit Ansprüchen aus
§§ 677, 683 Satz 1, 670 BGB (unten Rn 14–15), § 904 Satz 2 BGB (unten Rn 17) und aus den
Regelungen des Eigentümer-Besitzer-Verhältnisses der §§ 987 ff. BGB (unten Rn 18) befassen müssen. Zur Haftung des Reeders, dessen Schiff zu einem Wrack geworden ist,
siehe die Hinweise oben Rn 5 zu § 480 sowie oben Rn 248–249 Einleitung B.

I. § 823 Abs. 1 BGB

Die Grundtatbestände des deutschen Deliktsrechts finden sich in § 823 Abs. 1 und 2 2
BGB. Anknüpfungspunkt des § 823 Abs. 1 BGB ist die Beeinträchtigung eines geschützten
Rechtsgutes. Diese sind in § 823 Abs. 1 BGB genannt und umfassen das Leben, den Körper, die Gesundheit, die Freiheit, das Eigentum oder ein sonstiges Recht. Eine Beeinträchtigung des Eigentums kann sich auch daraus ergeben, dass eine Sache mit einem
Pfandrecht oder ein Schiff mit einem Schiffsgläubigerrecht (§§ 596 ff.) belastet wird.
Pfandrechte an Sachen, namentlich an der Ladung eines Schiffes sind von Gesetzes wegen zur Sicherung von Ansprüchen gegen die Ladung auf Zahlungen von Beiträgen in
Großer Haverei[2] (§ 594) sowie zur Sicherung von Ansprüchen gegen die Ladung auf Bergelohn und Ersatz der Bergungskosten (§ 585 Abs. 2 und 3). Als sonstiges geschütztes
Rechtsgut nach § 823 Abs. 1 BGB kommen das Recht am eingerichteten und ausgeübten
Gewerbetrieb in Betracht,[3] außerdem etwa Aneignungs-, insbesondere Fischereirechte,[4]
nicht aber das Vermögen als solches[5] (auch nicht, wenn das Vermögen durch Ansprüche
Dritter beeinträchtigt ist, die ihrerseits auf die Verletzung eines geschützten Rechtsguts
zurückgehen);[6] ebenso nicht der Gemeingebrauch an einer Wasserstraße.[7] Zu dem Fall,
dass das Schiff eine Sperrung der Schifffahrtsstraße verursacht und dadurch andere
Schiffe behindert,[8] siehe näher unten Rn 9 Anhang IX zu § 480. Kommt es aufgrund des

---

[1] OVG Rheinland-Pfalz HmbSeeRep 2008, 179 Nr. 77 „Caricia" (zu § 3 I BinSchG), anschließend BVerwG HmbSchRZ 2011, 29 Nr. 13.
[2] Offenbar übersehen von BGH VersR 1979, 905 „Christoph Weber", „Helmut".
[3] Siehe BGHZ 55, 153 = NJW 1971, 888; ZKR RdTW 2013, 227 [27] „Waldhof", „Eiltank 21", zuvor RhSchG St. Goar HmbSchRZ 2011, 239 Nr. 118; MoSchOG Köln HmbSchRZ 2009, 60 Nr. 16 (S. 61 unter 1c) „Nomadisch"; OLG Köln RdTW 2015, 225 [24] „Patmos", anschließend BGH RdTW 2016, 346 [16–21] mit Anm. *Jaegers* TranspR 2016, 398, zuvor AG Duisburg-Ruhrort BeckRS 2015, 03203.
[4] Siehe OLG Karlsruhe VersR 2004, 133 = HmbSeeRep 2003, 29 Nr. 20.
[5] Siehe BGH VersR 1979, 905, 906 (unter 3.) „Christoph Weber", „Helmut"; ZKR RdTW 2013, 227 [23] „Waldhof", „Eiltank 21", zuvor RhSchG St. Goar HmbSchRZ 2011, 239 Nr. 118; SchG Duisburg-Ruhrort HmbSchRZ 2011, 53 Nr. 22 [14] „Excelsior".
[6] SchG Duisburg-Ruhrort HmbSchRZ 2011, 53 Nr. 22 [14] „Excelsior".
[7] Siehe BGHZ 55, 153 = NJW 1971, 886, 888; ZKR RdTW 2013, 227 [26] "Waldhof", "Eiltank 21", zuvor RhSchG St. Goar HmbSchRZ 2011, 239 Nr. 118.
[8] Siehe ZKR RdTW 2013, 227 "Waldhof", "Eiltank 21", zuvor RhSchG St. Goar HmbSchRZ 2011, 239 Nr. 118; SchOLG Köln ZfB 1976, 21 (Slg. 521) „Poney" mit Anm. aaO.; OLG Köln RdTW 2015, 225 „Patmos", zuvor AG Duisburg-Ruhrort BeckRS 2015, 03203, anschließend BGH RdTW 2016, 346 [16–21] mit Anm. *Jaegers* TranspR 2016, 398; RhSchG Duisburg-Ruhrort ZfB 2008 Nr. 7 S. 86 (Slg. 1983) – siehe auch noch RhSchG St. Goar RdTW 2016, 114 „Eddie", "Sagittarius".

Einsatzes des Bugstrahlruders beim Warten vor einer Schleuse zu einer Verschmutzung der Uferböschung, an der Bauarbeiten stattfinden, fehlt es sowohl an einer Beeinträchtigung des Eigentums des Bauunternehmers als auch an einem betriebsbezogenen Eingriff in dessen Gewerbebetrieb.[9]

3   Derjenige, auf dessen widerrechtliches Verhalten die Rechtsgutverletzung zurückgeht, haftet für alle Schäden (§§ 249 ff. BGB), die durch sein Verhalten in objektiv zurechenbarer Weise durch die Beeinträchtigung der geschützten Rechtsgüter entstehen. Der Schädiger muss schuldhaft gehandelt haben und für vorsätzliches und fahrlässiges Verhalten (§ 276 Abs. 1 Satz 1 und Abs. 2 BGB) einstehen. Das Verschulden des Schädigers ist grundsätzlich vom Geschädigten im vollen Umfange darzulegen und zu beweisen. Die Haftung entfällt, wenn ein pflichtwidriges Verhalten weder dargelegt noch bewiesen wird.[10] Ungeklärt ist, ob und in welchem Umfang die Beweislastverteilung des § 836 Abs. 1 Satz 1 BGB gilt.[11]

4   Der Tatbestand des § 823 Abs. 1 BGB begründet eine Schadenersatzpflicht lediglich derjenigen Person, die durch ihr Verhalten das geschützte Rechtsgut verletzt. Im Falle eines Schadens, der aus dem Betrieb des Schiffes entsteht, haftet nach § 823 Abs. 1 BGB daher grundsätzlich nur das betreffende Besatzungsmitglied oder die sonstige Person, die im Zusammenhang mit dem Betrieb des Schiffes tätig geworden ist. Siehe zur Haftung des Kapitäns oben Rn 93–156 Anhang zu § 479 (Kapitän) sowie zur Haftung des Lotsen oben Rn 125–183 Anhang § 478 (Lotse). Der Reeder kann aus § 823 Abs. 1 BGB nur in Anspruch genommen werden, wenn er selbst in seiner Person die Tatbestände des Abs. 1 oder 2 verwirklicht. Eine Zurechnung fremden Verhaltens, wie nach § 278 Satz 1 BGB, ist bei den Tatbeständen des § 823 BGB nicht vorgesehen. Eine juristische Person haftet, wenn eines ihrer Organe oder einer ihrer leitenden Angestellten (Repräsentanten) den Schaden durch ihr Verhalten herbeigeführt haben (dazu Rn 101–104 Anhang zu §§ 476, 477 [Manager]). Bei einer GmbH geht es etwa um das Verhalten ihrer Geschäftsführer. Der Kapitän ist in diesem Sinne nicht Repräsentant des Reeders (oben Rn 92 Anhang zu § 479 [Kapitän]) und erst Recht nicht ein solcher eines Verfrachters bzw. Vercharterers. Auch der nautische bzw. technische Inspektor des Reeders, der durchaus selbständig mit der Sorge zur Durchführung und Überwachung des Schiffsbetriebes betraut ist, erfüllt nicht die Voraussetzungen eines Repräsentanten (leitenden Angestellten) des Reeders.[12] Für das Verhalten dieser Personen müssen daher weder der Reeder noch die betreffenden Verfrachter bzw. Vercharterer nach § 31 BGB einstehen.

5   Dass ein Organ einer juristischen Person durch sein eigenes (spontanes) Verhalten einen Schaden herbeiführt, kommt nicht häufig vor. Allerdings hat die Rechtsprechung seit langem Ansätze entwickelt, anhand derer sich auch bestimmte deliktische Verhaltenspflichten des Unternehmers selbst ergeben. So geht sie seit langem davon aus, dass derjenige, der es sich als Unternehmer zur Aufgabe macht, zum Zwecke des eigenen Erwerbes fremdes Eigentum als Lagerhalter zu verwahren oder als Spediteur oder Frachtführer zu befördern, unabhängig von den daneben im Einzelfall aufgrund Vertrages

---

9   Siehe MoSchOG Köln HmbSchRZ 2009, 60 Nr. 16 (S. 61 unter 1c) „Nomadisch".
10 ZKR ZfB 1995 Nr. 11 S. 45 (Slg. 1562) „Biberach" (ordnungsgemäßes Festmachen des Schiffes).
11 Offengelassen in BGH NJW-RR 2006, 1098, 1099 ([10] mit weiteren Nachweisen) „Goldstern", „Sutje" = HmbSeeRep 2006, 77 Nr. 46; KammerG VersR 2008, 238 (unter 2.) = HmbSeeRep 2008, 62 Nr. 29, zuvor AG Charlottenburg ZfB 2009 Nr. 7 S. 75 (Slg. 2031) = HmbSeeRep 2008, 58 Nr. 28.
12 BGH NJW 1956, 1065, 1067 (unter 4.); siehe auch RG HansRGZ B 1929, 597 Nr. 240 (Sp. 598) „Hermann", „Magdalene", „Mathilde" sowie zuvor OLG Hamburg HansRGZ B 1929, 19 Nr. 6 (Sp. 20) (mit Überwachung des Hafenbetriebs eines Hafenunternehmens betrauter Inspektor) sowie RG HansRGZ B 1931, 515, Nr. 167 (Sp. 516 f.) „Oderland" und zuvor OLG Hamburg HansRGZ B 1931, 83 Nr. 30 (Sp. 85) (Betriebsingenieur und Dockmeister einer Werft).

übernommenen Verpflichtungen, eine Obhuts- und Überwachungspflicht an allen in seinem Gewerbebetrieb an ihn gelangenden, in fremdem Eigentum stehenden Gütern trifft.[13] Dies gilt in gleicher Weise auch für den Verfrachter und in den entsprechenden Fällen auch für den Reeder, soweit er als Verfrachter auftritt.

Einstehen muss der Reeder möglicherweise auch für ein Unterlassen, insbesondere **6** für eine Verletzung von Verkehrssicherungspflichten zum Schutze Dritter vor den vom Schiffsbetrieb ausgehenden Gefahren; siehe auch § 3 SchSG. Der Reeder kann die Wahrnehmung der Verkehrssicherungspflichten (mit Wirkung gegenüber Dritten) auf andere übertragen;[14] siehe auch § 13 FährV. Schwierigkeiten kann die Frage machen, ob jeweils tatsächlich der Reeder verkehrssicherungspflichtig ist oder ob insoweit lediglich eine Pflicht der Schiffsführung besteht (so dass eine Haftung aus § 480 in Betracht kommt).

Einzelfälle zu Verkehrssicherungspflichten: Maßnahmen gegen Explosion und Inbrandgeraten des **7** Schiffes;[15] die See- bzw. Fahrtüchtigkeit des Schiffes;[16] Sicherung von Lukendeckeln vor Wegwehen;[17] Einsetzen eines Scherstockes zum Schließen der Luke;[18] Sicherung der Ladung im Zwischendeck vor Herabfallen in den Unterraum bei geöffneter Zwischendecksluke;[19] Sicherheit des Lade- und Löscheinrichtungen;[20] Beschaffenheit des Laderaums, so dass Lade- bzw. Löscheinrichtungen (Greifer) nicht beschädigt werden;[21] Überwachung der Gäste einer Tanzveranstaltung an Bord im Hinblick auf Alkoholkonsum;[22] Warnung der Passagiere auf dem Oberdeck bei niedrigen Brückendurchfahrten;[23] Sicherung des Ausstiegs beim Vonbordgehen von Fahrgästen;[24] ordnungsgemäßes Festmachen des Schiffes;[25] Ablegen des Schiffes am Rand des Fahrwassers;[26] Überprüfung des Ankers und des Ankergeschirrs;[27] gefahrloses Verlassens des

---

13 Grundlegend RGZ 102, 38, 42 ff., zuvor schon RGZ 63, 308, 310 f. „Auguste"; RGZ 105, 302; RGZ 120, 121, .122 f. „Haniel 15", „R.S.G. 16"; RG HansRGZ B 1928, 547 Nr. 234 (Sp. 550) „Pregel", „Alster"; BGHZ 9, 301 = NJW 1953, 1180, 1182 (unter 3.); BGHZ 46, 140 = NJW 1967, 42, 43 (unter III.1); BGH VersR 1960, 727, 730 (unter IV.); BGH VersR 1962, 37 (unter 1.); BGH VersR 1971, 617, 618 (vor 2a) (Umschlagsunternehmen); BGH VersR 1971, 623, 624 (unter II.1) (Umschlagsunternehmen); BGH VersR 1977, 662, 664 (unter II.); BGH VersR 1982, 902 (unter IV.); BGH NJW-RR 1988, 479, 480 (unter bbb); BGH NJW-RR 1996, 545, 546 (linke Spalte); BGH NJW-RR 1996, 1121, 1122 (unter II.1); BGH TranspR 2007, 314, 316 (Nr. 28) (CMR); OLG Hamburg VersR 1977, 811, 812 „Leningrad", „Reinbek"; OLG Hamburg VersR 1979, 128, 129 f.; OLG Hamburg VersR 1982, 800; OLG Bremen Hansa 1961, 997, 1000 (rechte Spalte oben); OLG Düsseldorf TranspR 1985, 95 (FrR); OLG Düsseldorf TranspR 1991, 9, 11 (unter II.); OLG Düsseldorf TranspR 1991, 235, 238 (vor III.); OLG Düsseldorf NJW-RR 1994, 996, 998 (a.E.); OLG Düsseldorf NJW-RR 1994, 1522, 1523 (unter II.); OLG Düsseldorf NJW-RR 1998, 609; OLG Köln HmbSchRZ 2010, 27 Nr. 13 (S. 30 linke Spalte oben), anschließend BGH HmbSchRZ 2010, 25 Nr. 12; OLG Hamm TranspR 1997, 72, 73 – anders noch RGZ 49, 92, 95 ff., zuvor OLG Hamburg HansGZ H 1901, 121 Nr. 54 (S. 124 f.).
14 SchOG Karlsruhe VersR 2006, 96, 97 (linke Spalte) = HmbSeeRep 2005, 114 Nr. 102.
15 ZKR ZfB 1995 Nr. 4 S. 37, 44 (unter IV.1) (Slg. 1517) „Aland"; BGH NJW-RR 2006, 1098 [12] „Goldstern", „Sutje"; KammerG VersR 2008, 238 (unter II.1) = HmbSeeRep 2008, 62 Nr. 29, zuvor AG Charlottenburg ZfB 2009 Nr. 7 S. 75 (Slg. 2031) = HmbSeeRep 2008, 58 Nr. 28.
16 ZKR ZfB 1976, 255 (Slg. 543) „Gefo Köln", „Gefo Tank 5".
17 SchOG Karlsruhe VersR 2006, 96, 97 (rechte Spalte oben) = HmbSeeRep 2005, 114 Nr. 102.
18 Siehe BGHZ 26, 152 = NJW 1958, 220 mit Anm. *Nörr* LM Nr. 5 zu § 485, zuvor OLG Hamburg VersR 1957, 383.
19 OLG Bremen Hansa 1964, 419, 420, anschließend BGH Hansa 1965, 1330.
20 OLG Hamburg HansRGZ B 1930, 355 Nr. 129 „Gerzen", „Paula".
21 SchOG Köln ZfB 1994 Nr. 6 S. 21 (Slg. 1468).
22 OLG Frankfurt a.M. HmbSeeRep 2008, 43 Nr. 18, zuvor LG Frankfurt HmbSeeRep 2008, 11 Nr. 5.
23 AG Charlottenburg HmbSchRZ 2010, 52 Nr. 21, anschließend KammerG aaO. S. 54 Nr. 22.
24 OLG Köln ZfB 1993-12, 39 (Slg. 1428).
25 Siehe ZKR ZfB 1995 Nr. 11 S. 45 (Slg. 1562) „Biberach"; OLG Hamburg VersR 1972, 660 „Sina", „Bonavita"; SchOG Köln ZfB 1953, 205; RhSchOG Köln ZfB 1997 Nr. 11 S. 36 (Slg. 1665) „Phönix", „Taragona"; SchOG Nürnberg VersR 2009, 1645 = HmbSeeRep 2008, 81 Nr. 37.
26 BerA-MoK (1995) HmbSeeRep 2008, 184 Nr. 78 „Toul".
27 BGH VersR 1969, 441 „Arti", „Leontine"; BGH VersR 1983, 685 (unter III.1) „Anna Christine", „Büffel" mit Anm. *Dütemeyer* ZfB 1983 Nr. 8 S. 288 (Slg. 990).

Liegeplatzes an einer Baggerschiff, das einen Haltedraht fieren muss, um die Ausfahrt zu ermöglichen;[28] Vorhandensein ordnungsgemäßer Stabilitätsunterlagen;[29] Schutz von Kleinbooten vor dem Schaufelrad eines Museumsschiffes;[30] Gewährleistung eines sicheren Zugangs zum Schiff;[31] Verletzung von Personen durch brechende Leine;[32] Sicherung der Verladerampe einer Fähre bei Abwesenheit;[33] Kenntlichmachung des Sockels eines Peilkompasses in der Brückennock;[34] Kenntlichmachung einer Schleppverbindung;[35] Ermöglichung des sicheren Auffahrens auf eine Fähre;[36] Schutz passierender Schiffe beim Betrieb einer Seilfähre;[37] Blockade des Liegeplatzes durch Kentern des Schiffes.[38]

8   Eine Haftung des Reeders aus § 823 Abs. 1 BGB ist auch begründet, wenn er Organisationspflichten verletzt und Dritte hierdurch geschädigt werden. Der Reeder muss seinen Geschäftsbetrieb in der Weise organisieren, dass er Kenntnis von Beschädigungen des Schiffes erhält, die dazu führen, dass die Klasse ruht.[39] Ebenso muss er dafür sorgen, dass die Schiffsführung vor Beginn der Reise eine ausreichende Kontrolle der Stabilität des Schiffes durchführt.[40] Organisationspflichten haben auch eine Rolle gespielt im Hinblick auf die Sicherung des verladenen Schwergutes;[41] auf die die Übernahme von Frischwasser;[42] auf die Bewachung des Schiffes;[43] und auf die Befestigung, Beleuchtung und Bewachung von Leichtern.[44]

9   Ist es nacheinander zu mehreren Beschädigungen einer Einrichtung, etwa eines Dalbens, gekommen, kann zugunsten des geschädigten Dritten § 830 Abs. 1 BGB zur Anwendung gelangen.[45] Zum Verhältnis des § 823 Abs. 1 BGB zu § 480 Satz 1 siehe dort Rn 172. Die Vorschrift des § 823 Abs. 1 BGB gilt im Anwendungsbereich der Bestimmungen des ÖlHÜ 1992 und des BunkerölÜ nicht (siehe Art. III Abs. 4 Satz 1 ÖlHÜ 1992, Art. 3 Abs. 5 BunkerölÜ).

II. § 823 Abs. 2 BGB

10   Im Vergleich zu § 823 Abs. 2 BGB ist der Ansatz des Abs. 2 ein anderer. Hier wird an die Verletzung einer gesetzlichen Vorschrift angeknüpft, die dem Schutz eines Dritten dient. Hierfür ist jede Rechtsnorm geeignet (Art. 2 EGBGB). Ob eine Vorschrift drittschützenden Charakter hat, beurteilt sich nach den Umständen des Einzelfalles. Schuldner des Anspruchs ist derjenige, der durch sein Verhalten das Schutzgesetz verstößt. Die Ansprüche aus § 823 Abs. 2 BGB stehen demjenigen zu, der durch das Gesetz ge-

---

28 ZKR RdTW 2016, 174 „Kla-Grie".
29 OLG Hamburg VersR 1969, 660, 664 (unter IV.) „Neuwied", Rev. BGHZ 56, 300 = NJW 1971, 2223.
30 SchOG Nürnberg HmbSchRZ 2010, 38 Nr. 17.
31 BGH ZfB 1970, 88 (Slg. 150) „Bremen 5", „Transcanada"; RG JW 1938, 2358; SchOG Hamm ZfB 1971, 246 (Slg. 222) „Drefra".
32 SchOG Karlsruhe ZfB 1993-12, 38 (Slg. 1427).
33 RhSchOG Karlsruhe NJW-RR 1993, 855.
34 OLG Hamburg TranspR 2001, 315 „Marathon Breeze".
35 BerA-MoK HmbSchRZ 2009, 313, 315 f. Nr. 120 „Calypso".
36 RhSchG St. Goar HmbSeeRep 2006, 182 Nr. 116.
37 SchG Bremen HmbSeeRep 2006, 241 Nr. 142 „Wiking".
38 Siehe SchOG Köln HmbSchR 2012, 75 Nr. 30.
39 Siehe ZKR HmbSchRZ 2010, 271 Nr. 132 „Michael".
40 OLG Stuttgart HmbSchRZ 2010, 223 Nr. 120 [93] „Excelsior"; RhSchOG Köln HmbSchRZ 2012, 133 Nr. 64 [57–60] „Excelsior".
41 BGH VersR 1960, 727, 730 (unter IV.).
42 BGH Hansa 1958, 627, 628 (unter IV.).
43 OLG Hamburg VersR 1970, 1101 „John Lührs".
44 OLG Kiel SchlHAnz 1913, 106 „Hans".
45 OLG Hamburg Hansa 1964, 1167, 1168.

schützt ist und aufgrund der Verletzung einen Schaden erlitten hat. In jedem Falle ist ein Verschulden des Schädigers erforderlich, das grundsätzlich vom Geschädigten darzulegen und zu beweisen ist. Bei dem Verschuldenserfordernis bleibt es auch dann, wenn der Verstoß gegen das Schutzgesetz auch ohne ein Verschulden möglich ist. Der Schädiger haftet für alle mit dem Verstoß gegen das Schutzgesetz einem objektiven Zurechnungszusammenhang stehenden Schäden (§§ 249 ff. BGB). Ggf. kommt zugunsten des geschädigten Dritten auch § 830 Abs. 1 BGB zur Anwendung.[46] Die Vorschrift des § 823 Abs. 2 BGB steht ggf. in Konkurrenz zu § 480 Satz 1 (siehe oben Rn 172 zu § 480). Im Geltungsbereich der Bestimmungen des ÖlHÜ 1992 und des BunkerölÜ ist § 823 Abs. 2 BGB nicht anwendbar (siehe Art. III Abs. 4 Satz 1 ÖlHÜ 1992, Art. 3 Abs. 5 BunkerölÜ).

§ 6.20 sowie § 1.14 und § 1.04 MoSchPV schützen den Eigentümer von Anlagen einschließlich der Uferbefestigungen, nicht aber einen dort tätigen Bauunternehmer;[47] Anordnungen vorübergehender Art nach § 1.22 MoSchPV dienen der Sicherheit und Leichtigkeit der Schifffahrt und schützen daher nicht einen Bauunternehmer, der am Ufer Bauarbeiten durchführt;[48] § 6.28 Nr. 8 BinSchStrO schützt den Eigentümer der Schleuse;[49] die Meldepflichten aus § 1.12 Nr. 3 RhSchPV sind keine Schutzgesetze;[50] § 14 Abs. 4 Hamburger Hafenschutzverordnung, die anordnet, dass beim Bunkern sicherzustellen ist, dass keine Flüssigkeit vorbeifließt und in das Hafenwasser gelangt, ist kein Schutzgesetz zugunsten des Eigentümers des bebunkerten Schiffes;[51] § 1.04 BinSchStrO schützt das Leben und die Gesundheit vor Gefahr, die Schifffahrt vor Behinderungen sowie das Eigentum an Fahrzeugen, Schwimmkörpern, Anlagen und Einrichtungen an und in der Wasserstraße einschließlich an dieser selbst schützen, nicht aber das Vermögen von Personen, deren Güter auf der Wasserstraße befördert werden;[52] die Bestimmungen der Seestraßen-Ordnung (heute: SeeSchStrO) schützen die unterhaltspflichtige Behörde;[53] das Gebot der Anpassung der Fahrt zur Vermeidung von Gefährdungen durch Sog oder Wellenschlag (§§ 3 Abs. 1 Satz 1, 26 Abs. 1 Nr. 4 SeeSchStrO) schützt die Eigentümer von Einrichtungen, die zu Schaden kommen;[54] die Pflicht des Schiffsführers eines festgefahrenen oder gesunkenen Fahrzeugs oder Schwimmkörpers nach § 1.17.1 Satz 1 RhSchPV, so bald wie möglich für die für die Benachrichtigung der nächsten zuständigen Behörde zu sorgen, schützt andere Verkehrsteilnehmer – hier: Aufschiebung des Bodens durch das festgekommene Schiff, ein nachfolgendes Schiff läuft auf;[55] § 315a StGB, § 1.04 und § 1.07 RhSchPV schützt nicht bloße Vermögensinteressen von Reedern bzw. Eignern, insbesondere nicht im Hinblick auf den Ausfall von Nutzungen des Schiffes;[56] die Bestimmungen der RhSchPV schützen nicht die Vermögensinteressen anderer Verkehrsteilnehmer;[57] § 8 BinSchG ist ein Schutzgesetz zugunsten der Ladungsbeteiligten;[58] § 8 Abs. 2 BinSchG schützt die Ladungsbeteiligten vor den Folgen einer Überladung des Schiffes;[59] das GewichtsbezG ist kein Gesetz zugunsten

---

46 OLG Hamburg Hansa 1964, 1167, 1168.
47 MoSchOG Köln HmbSchRZ 2009, 60 Nr. 16 (S. 61 unter 1d) „Nomadisch".
48 MoSchOG Köln HmbSchRZ 2009, 60 Nr. 16 (S. 61 unter 1d) „Nomadisch".
49 SchOG Karlsruhe HmbSchRZ 2009, 79 Nr. 25 (S. 80 unter II.A).
50 SchOG Köln HmbSchRZ 2010, 197 Nr. 111 (S. 199 unter 3a).
51 LG Hamburg HmbSchRZ 2010, 123 Nr. 78 (S. 128 unter 4.) „Containerships VI", „Oberon", anschließend OLG Hamburg HmbSchRZ 2010, 133 Nr. 81 sowie S. 137 Nr. 82 und noch OVG Hamburg (2011) BeckRS 2015, 49101.
52 BGH VersR 1979, 905, 906 (unter 4.) „Christoph Weber", „Helmut"; siehe auch OLG Hamburg Hansa 1964, 1167.
53 OLG Hamburg HansGZ H 1909, 25 Nr. 15 (S. 28), zuvor LG Hamburg aaO. „Gertrud Woermann", „Wanderer".
54 Siehe LG Hamburg Hansa 1982, 1428.
55 RhSchOG Karlsruhe ZfB 2000 Nr. 1 S. 74 (Slg. 1768) „Karl-Wilhelm", „RP Basel".
56 ZKR RdTW 2013, 227 [28–34] "Waldhof", "Eiltank 21", zuvor RhSchG St. Goar HmbSchRZ 2011, 239 Nr. 118.
57 OLG Köln RdTW 2015, 225 [24] „Patmos", zuvor AG Duisburg-Ruhrort BeckRS 2015, 03203, anschließend BGH RdTW 2016, 346 [16–21] mit Anm. *Jaegers* TranspR 2016, 398.
58 OLG Düsseldorf ZfB 1966, 92.
59 BGH VersR 1965, 230, 231 f. (unter III.) „Defender", anschl. BGH VersR 1967, 798.

des Reeders bzw. Eigners des Schiffes;[60] das Verbot der Durchführung funkenverursachender Arbeiten im Bereich der Schleusenanlagen des Nord-Ostsee-Kanals nach § 4 Abs. 2 Schleusenbetriebsverordnung[61] schützt den Bund als Eigentümer der Schleusenanlagen[62] sowie die Reeder bzw. Eigner anderer Schiffe, die die Schleusen nutzen,[63] nicht aber, (wenn solche Arbeiten an Bord durchgeführt werden), den Charterer des Schiffes;[64] das Gebot, im Fahrwasser rechts zu fahren (Regel 9 [a] KVR, siehe auch § 22 SeeSchStrO), schützt nach Auffassung des OLG Celle den Eigentümer fester Einrichtungen[65] – umgekehrt ist das GewichtsbezG ist kein Gesetz zugunsten des Reeders bzw. Eigners des Schiffes.[66]

III. § 831 Abs. 1 BGB

12   Eine Haftung des Reeders kann sich ggf. auch aus § 831 Abs. 1 BGB ergeben. Die Vorschrift geht davon aus, dass ein Geschäftsherr einen Verrichtungsgehilfen bestellt. Einem solchen wird eine Tätigkeit von einem Geschäftsherrn übertragen, unter dessen Einfluss der Gehilfe handelt und zu dem er in einer gewissen Abhängigkeit steht. Verrichtungsgehilfen des Reeders sind insbesondere der Kapitän[67] und die übrigen Besatzungsmitglieder[68] sowie der an Bord tätige Lotse.[69] Besatzungsmitglieder, die im Hinblick auf Lade- bzw. Löscharbeiten für einen Charterer tätig sind, erfüllen insoweit nicht die Voraussetzungen von Verrichtungsgehilfen des Reeders, sondern sind Verrichtungsgehilfen des betreffenden Charterers. Auch eine Person, der (etwa im Rahmen der Sportschifffahrt) das Schiff zur freien Verfügung überlassen wurde, ist nicht Verrichtungsgehilfe des Eigentümers,[70] sondern ggf. Entleiher des Schiffes (und damit dessen Ausrüster, § 477 Abs. 1 und 2). Ebenfalls keine Verrichtungsgehilfen sind selbständige Hilfspersonen wie der Umschlagsunternehmer;[71] oder die Betreiber von Schleppern, die zum Schleppen des Schiffes eingesetzt werden oder ihm assistieren. Die Mitarbeiter des vom Charterer beauftragten Umschlagsunternehmers werden auch nicht dadurch zu Verrichtungsgehilfen des Reeders, dass der Kapitän verpflichtet ist, für die ordentliche Stauung des Gutes zu sorgen (siehe § 514 Abs. 1 Fall 2 HGB a.F. sowie oben Rn 37–40 Anhang zu § 479 [Kapitän]); hier fehlt es an einer Übertragung dieser Tätigkeiten auf die Mitarbeiter

---

60   SchG Duisburg-Ruhrort HmbSchRZ 2011, 53 Nr. 22 [15 ff.] „Excelsior"; siehe auch OLG Hamburg Hansa 1967, 2055.
61   Verordnung über den Betrieb der Schleusenanlagen im Bereich des Nord-Ostsee-Kanals, des Achterwehrer Schifffahrtskanals, des Gieselau-Kanals und der Eider (Schleusenbetriebsverordnung) vom 30. August 1999 (VkBl. 1999, 653), geändert durch Art. 1 der Verordnung vom 1. Dezember 2009 (VkBl. 2009, 821).
62   OLG Schleswig HmbSchRZ 2009, 281 Nr. 109 „Maria", zuvor LG Itzehoe HmbSchRZ 2009, 278 Nr. 108.
63   OLG Hamburg HmbSchR 2009, 270 Nr. 107 „Maria", zuvor LG Hamburg HmbSchRZ 2009, 345 Nr. 129 und LG Hamburg HmbSchRZ 2009, 346 Nr. 130.
64   LG Hamburg HmbSchRZ 2009, 251 Nr. 199.
65   OLG Celle VersR 1990, 1297.
66   SchG Duisburg-Ruhrort HmbSchRZ 2011, 53 Nr. 22 [15 ff.] „Excelsior"; siehe auch OLG Hamburg Hansa 1967, 2055.
67   RG HansRGZ B 1936, 475, 478 f. „Kreuzsee" (insoweit nicht in RGZ 151, 296 wiedergegeben); RG HRR 1941 Nr. 42 „Grete", Saale"; BGH Hansa 1965, 1160, 1161 (unter II.); BGH VersR 1965, 230, 231 f. (unter III.) „Defender", anschl. BGH VersR 1967, 798; BGH VersR 1980, 574, 575 f. (unter II.2) – siehe auch OLG Düsseldorf ZfB 1966, 92.
68   Siehe LG Hamburg HmbSchRZ 2010, 123 Nr. 78 (S. 127 unter III.1) „Containerships VI", „Oberon", anschließend OLG Hamburg HmbSchRZ 2010, 133 Nr. 81 sowie S. 137 Nr. 82, siehe auch OVG Hamburg (2011) BeckRS 2015, 49101; SchOG Karlsruhe TranspR 2001, 213, 215 (unter bb) = HmbSeeRep 2001, 97 Nr. 84.
69   BGH VersR 1968, 941, 942 (rechte Spalte) „Conca d'Oro", „Batman".
70   KammerG VersR 1974, 564.
71   BGHZ 26, 152 = NJW 1958, 220, 221 (unter II.1) mit Anm. *Nörr* LM Nr. 5 zu § 485, zuvor OLG Hamburg VersR 1957, 383.

des Umschlagsunternehmers durch den Reeder.[72] Ebenso wenig findet die Regelung des § 618 BGB zugunsten des Mitarbeiters des Umschlagsunternehmers Anwendung.[73]

Erforderlich ist weiter, dass der Gehilfe in Ausführung der Verrichtungen tätig wurde. Die Schadenszufügung muss rechtswidrig, darf also nicht gerechtfertigt sein. Auf ein Verschulden des Gehilfen kommt es dagegen nicht an. Der Reeder kann sich nach § 831 Abs. 1 S. 2 BGB von der Haftung entlasten.[74] Er kann darlegen, dass er den Gehilfen sorgfältig ausgewählt hat; dass er bei der Beschaffung von Vorrichtungen und Gerätschaften oder der Anleitung des Gehilfen sorgfältig gehandelt hat; oder dass sein Verhalten hinsichtlich der Auswahl etc. des Gehilfen nicht zu dem Schaden geführt hat. Gelingt die Entlastung nicht[75] oder unternimmt der Reeder keinen Versuch, sich zu entlasten,[76] haftet er nach § 831 Abs. 1 S. 1 BGB dem Geschädigten für alle Schäden (§§ 249 ff. BGB), die ihm durch das widerrechtliche Verhalten des Gehilfen im Rahmen des objektiven Zurechnungszusammenhangs entstanden sind. Der Gehilfe haftet daneben ggf. selbst auf Grundlage des § 823 Abs. 1 oder 2 BGB. Er und der Reeder sind Gesamtschuldner (§ 840 Abs. 1 BGB). Ggf. kommt zugunsten des geschädigten Dritten auch § 830 Abs. 1 BGB zur Anwendung.[77] Die Vorschrift des § 831 Abs. 1 BGB steht in Konkurrenz zu § 480 S. 1 (dazu oben Rn 173–174 zu § 480) und wird durch die Tatbestände des ÖlHÜ 1992 und des BunkerölÜ verdrängt. **13**

IV. §§ 677, 683 Satz 1, 670 BGB

Wird ein Dritter zu Gunsten des Schiffes tätig, können ihm gegen den Reeder aus Geschäftsführung ohne Auftrag nach §§ 677, 683 Satz 1, 670 BGB Ansprüche auf Aufwendungsersatz zustehen. Teils werden diese Vorschriften allerdings durch spezialgesetzliche Regelungen verdrängt. Im Falle einer Bergung des Schiffes können nach §§ 574 ff., Art. 8 EGHGB Ansprüche auf Bergelohn, Sondervergütung sowie Ersatz der Bergungskosten begründet sein. Werden Maßnahmen der Wrackbeseitigung auf Grundlage des WBÜ durchgeführt, haftet der eingetragene Eigentümer, wie § 2 WrBesKoDG (Anhang III.2 zu § 480) klarstellt, nach §§ 683, 670 BGB. Auf Bundeswasserstraßen und im Geltungsbereich des WaStrG kann die WSV die Maßnahmen als Geschäftsführer ohne Auftrag (§§ 677 ff. BGB) durchführen (oben Rn 20–21 Anhang III.3 zu § 480 [Wrackbeseitigung]), ebenso ggf. die zuständigen örtlichen Behörden außerhalb der Bundeswasserstraßen (oben Rn 22 Anhang III.3 zu § 480 [Wrackbeseitigung]). **14**

Eine Anwendung der §§ 677, 683 Satz 1 BGB ist ausgeschlossen, wenn der Geschäftsführer zu einem unentgeltlichen Tätigwerden verpflichtet ist.[78] Ansprüche aus §§ 677, 683 Satz 1 BGB haben eine Rolle gespielt bei Hilfeleistungen zugunsten des Schiffes[79] oder seiner Besatzung[80] (ohne dass die Voraussetzungen einer Bergung vorliegen, §§ 574 ff.); bei **15**

---

72 BGHZ 26, 152 = NJW 1958, 220, 221 (unter II.1) mit Anm. *Nörr* LM Nr. 5 zu § 485, zuvor OLG Hamburg VersR 1957, 383.
73 BGHZ 26, 152 = NJW 1958, 220, 222 mit Anm. *Nörr* LM Nr. 5 zu § 485, zuvor OLG Hamburg VersR 1957, 383.
74 Siehe BGH VersR 1980, 574, 575 f. (unter II.2).
75 Siehe BGH VersR 1965, 230, 232 „Defender", anschl. BGH VersR 1967, 798: Ungeeignetheit des Kapitäns aufgrund hohen Alters – sowie OLG Hamburg OLG RSpr 20, 2.
76 OLG Hamburg Hansa 1970, 956.
77 OLG Hamburg Hansa 1964, 1167, 1168.
78 SchOG Köln HmbSchRZ 2009, 249 Nr. 98.
79 SchOG Köln ZfB 1998 Nr. 23 S. 43 (Slg. 1708) „Rheinland", „Theba".
80 BGHZ 67, 368 = NJW 1977, 530; BGH VersR 1972, 456 „Tristan", „Schloss Benrath", „Shell 53"; BGH VersR 1979, 952 „NGB 702", „Anna Thekla" – siehe auch RhSchOG Köln ZfB 1999 Nr. 6 S. 80 (Slg. 1743) „Paula", „Weserland" = HmbSeeRep 1999, 128 Nr. 131.

Reinigungsmaßnahmen nach einem Überläufer bei der Übernahme von Brennstoff;[81] im Hinblick auf Maßnahmen zur Verkehrssicherung nach einer Grundberührung, die zu Bodenaufschüben im Strombett und damit zu Untiefen geführt hat.[82]

V. § 839 Abs. 1 Satz 1 BGB, Art. 34 Satz 1 GG

16   Auch die Bundesrepublik Deutschland oder deutsche staatliche Einrichtungen können als Reeder ein (See-)Schiff betreiben. Eine Anwendung der § 839 Abs. 1 Satz 1 BGB, Art. 34 Satz 1 GG kommt in Betracht, wenn das Schiff hoheitliche Aufgaben durchführt und die Besatzung in Ausübung eines öffentlichen Amtes schuldhaft eine einem Dritten gegenüber bestehende Amtspflicht verletzt. Diese Haftung des Besatzungsmitglieds wird durch Art. 34 Satz 1 GG auf den Staat oder die Körperschaft, in deren Diensten das Besatzungsmitglied steht, übergeleitet, das Besatzungsmitglied wird frei (zum Kapitän siehe oben Rn 138 Anhang § 479 [Kapitän]). Dies muss nicht notwendig auch der (staatliche) Eigentümer des Schiffes sein. Der Staat oder die Anstellungskörperschaft kann sich dabei auf den Nachrang der Haftung des Besatzungsmitglieds nach § 839 Abs. 1 Satz 2 BGB berufen, ebenso ggf. auf die Einwendung des § 839 Abs. 3 BGB. Zum Verhältnis zu § 480 Satz 1, Art. 7 Abs. 1 Nr. 1 EGHGB siehe oben Rn 242–244 zu § 480.

VI. § 904 Satz 2 BGB

17   Eine weitere Vorschrift, die Gerichte im Zusammenhang mit Schäden aus dem Betrieb des Schiffes immer wieder herangezogen haben, ist die des § 904 Satz 2 BGB. Die Bestimmung des § 904 Satz 1 BGB geht davon aus, dass es zu dem Verlust oder der Beschädigung einer Sache kommt, dass der Schädiger allerdings in gerechtfertigter Weise und damit nicht widerrechtlich gehandelt hat. Einen Rechtfertigungsgrund liefert unmittelbar § 904 Satz 1 BGB. Die Beeinträchtigung ist nicht rechtswidrig, wenn sie zur Abwendung einer gegenwärtigen Gefahr notwendig und der drohende Schaden gegenüber dem aus der Einwirkung dem Eigentümer entstehenden Schaden unverhältnismäßig groß ist. Hieran knüpft wiederum § 904 Satz 2 BGB an, die eine Haftung desjenigen begründet, der auf die betroffene Sache einwirkt. All dies gilt grundsätzlich auch für den Reeder des Schiffes. Dabei ist die Rechtsprechung durchaus flexibel vorgegangen, indem sie davon ausging, dass Schäden, die durch ein Verhalten des Kapitäns oder des Lotsen herbeigeführt wurden, Ansprüche aus § 904 Satz 2 BGB gegen den Reeder begründeten. Im Hinblick auf den Kapitän kann von einer Rechtshandlung ausgegangen werden, im Hinblick auf die der Kapitän nach § 479 Abs. 1 Satz 1 von Gesetzes wegen bevollmächtigt ist (oben Rn 17 zu § 479). Ansprüche aus § 904 Satz 2 BGB sind erörtert worden etwa im Falle der Beschädigung eines Kabels durch den Anker;[83] der Beschädigung eines Schiffes bei einem Ausweichmanöver;[84] der Beschädigung der Slipanlage einer Werft durch den Anker;[85] der Beschädigung von Einrichtungen eines Liegeplatzes;[86] der Beschädigung

---

81   RhSchOG Karlsruhe VersR 1997, 1165.
82   RhSchOG Köln 1989, 225 (Slg. 1272) „Mathias Stinnes", dort auch eine weitere Entscheidung des RhSchOG Köln zu dem Fall; SchOG Köln (1996) HmbSeeRep 2000, 46 Nr. 48 „Albtatros".
83   Siehe RGZ 113, 201, 201 ff. „T 151".
84   RG JW 1938, 1205 „Bergenske 5", „Bernhard Blumenfeld".
85   BGH 6, 102 = NJW 1952, 1132, anschl. BGHZ 19, 82 = NJW 1956, 381.
86   OLG Hamburg Hansa 1953, 1337.

einer Ufermauer, weil ein Schiff wegen Hochwassers dort festmachen musste;[87] sowie der Beschädigung von Dalben.[88]

VII. §§ 987 ff. BGB

In entsprechenden Fällen kann auch eine Haftung des Reeders, der unrechtmäßig Besitz an Sachen erworben hat, nach §§ 987 ff. BGB aus dem Eigentümer-Besitzer-Verhältnis in Betracht. So verhält es sich etwa, wenn versehentlich nicht für das Schiff bestimmtes Gut auf das Schiff verladen worden, das im weiteren Verlauf verloren geht.[89] Zum Verhältnis der §§ 987 ff. BGB zur Haftung aus § 480 Satz 1 siehe oben Rn 177 zu § 480. Im Falle Beseitigung eines Wracks können sich Ansprüche des Besitzers des Wracks gegen den Reeder aus § 994 Abs. 1 BGB ergeben,[90] ebenso bei Bergung eines Ankers des Schiffes.[91] Ansprüche aus §§ 987 ff. BGB kommen auch im Falle der unberechtigten Nutzung eines Liegeplatzes durch das Schiff in Betracht.[92]

18

---

87 MoSchOG Köln ZfB 1998 Nr. 12 S. 36 (Slg. 1694).
88 OLG Hamburg Hansa 1965, 1789.
89 OLG Hamburg VerR 1961, 51 (unter 2.).
90 BGH NJW 1955, 340; OLG Hamburg VRS 1, 193.
91 BGH NJW 1969, 1205, 1207 (unter 4c) „Sugambria" mit Anm. *Liesecke* LM Nr. 24 zu § 683 BGB, zuvor RhSchOG Köln VersR 1968, 246.
92 Siehe SchOG Karlsruhe ZfB 1997 Nr. 10 S. 44 (Slg. 1639).

Anhang VII zu § 480 (Anlagenhaftung)

Literatur: *Köhler* Zur Schadenshaftung nach § 22 Wasserhaushaltsgesetz, DRiZ 1972, 17–21; *Larenz* Die Schadenshaftung nach dem Wasserhaushaltsgesetz im System der zivilrechtlichen Haftungsgründe, VersR 1963, 593–605; *Laubinger* Die öffentlich-rechtliche Haftung des Schiffseigners bei Wrackbeseitigung, Ankerbergung und nach § 22 Wasserhaushaltsgesetz, ProblBinSchR III (1982), 5–59; *Lorenz* § 22 WHG und die beschränkte Haftung des Schiffseigners, ZfB 1973, 491 (S. 500–502 Teil C) (Slg. 694–696); *Wassermeyer* Die Bedeutung von § 22 WHG für die Binnenschifffahrt, ZfB 1973, 483–487 (Slg. 531–535) mit Stellungnahme *Pabst* aaO. S. 484–485 (Slg. 532–533).

1   Der Reeder ist Inhaber des Schiffes, so dass nach den Umständen eine Anlagenhaftung in Betracht kommen kann. Eine solche kann sich zunächst aus § 2 Abs. 1 HaftPflG ergeben.[1] Zwar ist das Schiff selbst keine Anlage im Sinne der Vorschrift.[2] Solche können sich aber an Bord befinden, so dass der Reeder als Inhaber dieser Anlagen haftet.

2   Ebenso ist ein Schiff eine Anlage im Sinne des § 89 Abs. 2 WHG, so dass bei einer vom Schiff ausgehenden Gewässerverunreinigung nach den Umständen der Tatbestand des § 89 Abs. 2 WHG erfüllt sein kann, so dass der Reeder ggf. für den Schaden einzustehen hat.[3] Das WHG gilt nach seinem § 2 Abs. 1 Satz 1 Nr. 1 und 2 insbesondere für oberirdische Gewässer (§ 3 Nr. 1 WHG) sowie für Küstengewässer, zu denen namentlich das Küstenmeer gehört (§ 3 Nr. 2 WHG). Wird ein Schiff durch ein Bunkerboot mit Brennstoff beliefert, sind das Bunkerboot und das Schiff zusammen möglicherweise eine Gesamtanlage.[4] Die Haftung des Eigners eines Binnenschiffes aus § 89 WHG ist gemäß § 5 Nr. 4 BinSchG nicht beschränkbar. Im Hinblick auf Seeschiffe fehlt ein entsprechender Vorbehalt. Zur Haftung von Besatzungsmitgliedern aus § 89 Abs. 1 Satz 1 WHG siehe oben Rn 35 zu § 480.

3   In seltenen Fällen kann eine Einstandspflicht nach § 1 UmweltHG in Betracht kommen. Dazu muss es zu einem Personen- oder Sachschaden gekommen sein, der durch eine Umwelteinwirkung entstanden ist, die von einer im Anhang I genannten Anlage ausgeht. Grundsätzlich sind nach § 3 Abs. 2 UmweltHG Anlagen lediglich ortsfeste Einrichtungen und Lager und daher nicht auch Beförderungsmittel und Schiffe. Allerdings kann es sich bei dem Schiff um ein Fahrzeug handeln, das zu einer der im Anhang 1 genannten Anlagen gehört (siehe § 3 Abs. 3 [a] UmweltHG). Dabei begründet § 1 UmweltHG eine Haftung des Inhabers der Anlage (§ 1 UmweltHG). Zum USchadG siehe die Hinweise unten Rn 3 Anhang VIII (öffentlich-rechtliche Kostenerstattung).

---

1   Siehe OLG Hamm NJW-RR 2006, 1319; KammerG VersR 2008, 238, 239 (unter III.) = HmbSeeRep 2008, 62 Nr. 29, zuvor das AG Charlottenburg ZfB 2009 Nr. 7 S. 75 (Slg. 2031) = HmbSeeRep 2008, 58 Nr. 28.
2   Siehe RGZ 32, 104, 105 „Präsident Herwig".
3   Siehe BGHZ 76, 39 = NJW 1980, 943; BGHZ 76, 312 = NJW 1981, 2576, 2577 (unter b) „Oetje", zuvor OLG Schleswig VersR 1979, 999; BGH VersR 1969, 439, zuvor RhSchOG Köln VersR 1967, 872 „Eiltank 17", „Hedwig"; BGH VersR 1969, 925 „Offenberg", „Freiheit", zuvor RhSchOG Köln VersR 1966, 485; BGH Hansa 1970, 205; OLG Hamburg HmbSchRZ 2010, 133 Nr. 81 (S. 136 unter 5b) „Containerships VI", „Oberon", dazu auch S. 137 Nr. 82, zuvor das LG Hamburg S. 123 Nr. 78 sowie OVG Hamburg (2011) BeckRS 2015, 49101; RhSchOG Köln VersR 1967, 872 „Hedwig", „Eiltank 17"; LG Bremen HmbSeeRep 2006, 176 Nr. 113 „Blue Arabella", „Spandau DT 61" – siehe auch RhSchOG Karlsruhe VersR 1977, 566 „Stadt F.", „Mausi".
4   OLG Hamburg HmbSchRZ 2010, 133 Nr. 81 (S. 136 unter 5b) „Containerships VI", „Oberon", siehe dazu auch S. 137 Nr. 82 und zuvor das LG Hamburg S. 123 Nr. 78 und noch OVG Hamburg (2011) BeckRS 2015, 49101.

Anhang VIII zu § 480 (öffentlich-rechtliche Kostenerstattung)

Der Reeder kann in entsprechenden Fällen auf Grundlage des öffentlichen Rechts **1**
von der zuständigen Behörde als Verhaltens- oder Zustandsstörer auf Kostenerstattung
in Anspruch genommen werden. Dies kann etwa im Falle von Maßnahmen der Wrackbeseitigung eine Rolle spielen. Im Anwendungsbereich des WBÜ gehen allerdings die §§ 1
und 2 WrBesKoDG die Anwendung der §§ 677 ff. BGB vor. Auf öffentlich-rechtlicher
Grundlage haftet der Reeder allerdings, wenn er als verantwortliche Person nach einer
strompolizeilichen Verfügung (§§ 24 ff. WaStrG) für die Kosten der Ersatzvornahme (§ 10
VwVG)oder im Rahmen der sofortigen Vollziehung einer strompolizeilichen Maßnahme
(§ 28 Abs. 3 WaStrG) für deren Kosten einzustehen hat und die WSV sich nicht für ein
Vorgehen auf privatrechtlicher Grundlage nach §§ 677 ff. BGB entschieden hat (dazu jeweils oben Rn 6, 7, 20–21 Anhang III.3 zu § 480 [Wrackbeseitigung]). Auch außerhalb der
Bundeswasserstraßen und dem Régime des WaStrG können die Behörden Maßnahmen
der Wrackbeseitigung durchführen, für deren Kosten der Reeder auf Grundlage des öffentlichen Rechts haftet (oben Rn 22 Anhang III.3 zu § 480 [Wrackbeseitigung]).

In anderen Fällen kommt eine Kostenerstattung auf öffentlich-rechtlicher Grundlage **2**
in Betracht, wenn zugunsten des Schiffes Maßnahmen der Bergung[1] bzw. Beseitigung[2]
durchgeführt werden. Ebenso kann der Reeder etwa, nachdem vom Schiff aus Brennstoff
oder Flüssigladung in das Wasser oder auf das Land gelangt ist und Maßnahmen der
Verhütung und Beseitigung der Verschmutzungen getroffen wurden, wegen der Kosten
herangezogen werden.[3] Dabei hat namentlich der „AN.KA" Fall, in dem letztlich das
BVerwG entschieden hat, für einiges Aufsehen gesorgt.[4] Die Ansprüche auf Grundlage
des öffentlichen Rechts werden durch § 480 Satz 1 bzw. § 3 Abs. 1 BinSchG nicht ausgeschlossen.[5]

Schließlich kann auch eine Einstandspflicht des Reeders als Verantwortlicher aus **3**
dem USchadG begründet sein. Das Gesetz dient der Umsetzung der Richtlinie 2004/35.
Ein Umweltschaden im Sinne des § 2 Nr. 1 (b) USchadG ist insbesondere eine Schädigung
(§ 2 Nr. 2 USchadG) von Gewässern nach Maßgabe des § 90 WHG. Dies ist jeder Schaden
mit erheblichen nachteiligen Auswirkungen auf den Zustand eines oberirdischen Gewässers (§ 3 Nr. 1 WHG), eines Küstengewässers sowie eines Meeresgewässers (§ 90 Abs. 1
Hs. 1 Nr. 1, 2 und 4 WHG). Die Küstengewässer umfassen auch das Küstenmeer, die Meeresgewässer auch den Bereich der deutschen AWZ (§ 3 Nr. 2 und 2a WHG); siehe auch § 3
Abs. 2 USchadG. Die zentrale Figur des USchadG ist der Verantwortliche. Dies ist nach § 2

---

1 Siehe VGH Baden-Württemberg HmbSchRZ 2011, 145 Nr. 76 (Baden-Württembergisches Feuerwehrgesetz); OVG Rheinland-Pfalz HmbSeeRep 2008, 179 Nr. 77 „Caricia", anschließend BVerwG HmbSchRZ 2011, 29 Nr. 13 (Rheinland-Pfälzisches Brand- und Katastrohenschutzgesetz).
2 Siehe BVerwG NVwZ 1997, 381.
3 Siehe OVG Hamburg (2011) BeckRS 2015, 49101,„Containerships VI", „Oberon" sowie noch OLG Hamburg HmbSchRZ 2010, 133 Nr. 81 (S. 136 unter 5a), dazu auch S. 137 Nr. 82, zuvor das LG Hamburg S. 123 Nr. 78; Niedersächsisches OVG ZfB 2002 Nr. 7/8 S. 58 (Slg. 1870) = HmbSeeRep 2002, 181 Nr. 150; VG Frankfurt ZfB 1997 Nr. 15/16 S. 60 (Slg. 1653); OVG Münster RdTW 2014, 288; OVG Hamburg RdTW 2015, 310.
4 Siehe BVerwG HmbSchRZ 2012, 25 Nr. 13 mit Anm. *Schmidt* ZfB 2012 Nr. 5 S. 71 (Slg. 2181) und *Ramming* HmbSchRZ 2012, 219 Nr. 91, zuvor VG Darmstadt HmbSchRZ 2009, 152 Nr. 62 (zuvor noch 2009, 151 Nr. 61) mit Anm. *Schmidt* ZfB 2008 Nr. 11 S. 80 (Slg. 2000), 2011, 122 Nr. 65 (zuvor noch 2011, 120 Nr. 64) und 2011, 218 Nr. 107, sowie Hessischer VGH HmbSchRZ 2011, 114 Nr. 63 – siehe in der Sache auch noch die Entscheidungen des SchG Mainz HmbSee-Rep 2007, 217 Nr. 127 sowie anschließend des OLG Karlsruhe HmbSeeRep 2007, 220 Nr. 128.
5 Siehe OVG Rheinland-Pfalz HmbSeeRep 2008, 179 Nr. 77 „Caricia", anschließend BVerwG HmbSchRZ 2011, 29 Nr. 13.

Nr. 3 USchadG jede natürliche oder juristische Person, die eine berufliche Tätigkeit (§ 2 Nr. 4 USchadG) ausübt oder bestimmt und dadurch unmittelbar einen Umweltschaden oder die unmittelbare Gefahr eines solchen Schadens verursacht hat. Zu den beruflichen Tätigkeiten gehören solche, die in Anlage 1 USchadG aufgeführt sind. Die Ziffer 8 nennt die Beförderung gefährlicher oder umweltschädlicher Güter auf Binnengewässern oder auf See. Der Verantwortliche ist verpflichtet, Maßnahmen zur Vermeidung eines unmittelbar drohenden Umweltschadens zu ergreifen (§ 5 USchadG) und nach Eintritt des Umweltschadens die erforderlichen Schadensbegrenzungsmaßnahmen vorzunehmen und die erforderlichen Sanierungsmaßnahmen (§ 8 USchadG) zu ergreifen (§ 6 Nr. 1 und 2 USchadG). Außerdem haftet der Verantwortliche nach § 9 Abs. 1 Satz 1 USchadG für die Kosten der Maßnahmen. § 9 Abs. 3 USchadG bestätigt, dass die Befugnis des Verantwortlichen, seine Haftung auf Grundlage der §§ 611ff. und den Bestimmungen des HBÜ 1996 bzw. der §§ 4ff. BinSchG zu beschränken, unberührt bleibt. Eine Beschränkung ist ausgeschlossen, wenn der Verantwortliche qualifiziert schuldhaft gehandelt hat (Art. 4 HBÜ 1996, § 5b Abs. 1 BinSchG). Wiederum kann sich das qualifizierte Verschulden des Verantwortlichen zum einen auf die Herbeiführung des Umweltschadens oder der unmittelbaren Gefahr eines solchen Schadens beziehen, zum anderen aber auch auf die Nichterfüllung der Pflichten aus §§ 5 und 6 USchadG, so dass die die Behörden nunmehr selbst tätig werden und den Verantwortlichen nach § 9 Abs. 1 Satz 1 USchadG wegen der Kosten in die Pflicht nehmen. Siehe hierzu die Hinweise oben Rn 22 zu Art. 9 WBÜ (Anhang III.1 zu § 480) sowie Rn 16–17 Anhang zum WrBesKoDG (Anhang III.2 zu § 480). Das USchadG gilt gemäß § 3 Abs. 3 Nr. 3 nicht, wenn eines der in Anlage 2 genannten Übereinkommen zur Anwendung gelangt. Hier wird namentlich auf das ÖlHÜ 1992 sowie das BunkerölÜ verwiesen. Die Bezugnahme auf das HNS-Ü läuft leer, das Übereinkommen (in der Fassung des Protokolls von 2010, siehe näher oben Anhang II zu § 480 [HNS-Ü 2010]) ist noch nicht in Kraft getreten. Damit beurteilt sich heute die Haftung für HNS-Schäden nach dem USchadG.

Anhang IX zu § 480 (Ansprüche des Reeders)

1. Die Tatbestände. Ist es zu einem Zusammenstoß mit einem anderen Schiff gekommen, beurteilt sich die Haftung des anderen Schiffes nach den Art. 2 ff. ZusÜSee bzw., bei Anwendbarkeit deutschen Sachrechts (siehe dazu oben Rn 186–236zu § 480), nach den §§ 570 ff., Art. 7 Abs. 1 EGHGB. Ist das Schiff durch Öl oder Bunkeröl verschmutzt, können dem Reeder Ansprüche aus Art. III Abs. 1 ÖlHÜ 1992, Art. 3 Abs. 1 BunkerölÜ zustehen. Wurde der Schaden durch ein anderes Schiff verursacht und ist das deutsche Sachrecht maßgeblich, kommen Ansprüche aus § 480 Satz 1 in Betracht. Im Übrigen kann sich der Reeder ggf. auf die allgemeinen Tatbestände der § 823 Abs. 1 und 2, § 831 Abs. 1 BGB berufen; siehe zu den Voraussetzungen oben Rn 2–9, 10–11, 12–13 Anhang VI zu § 480 (BGB) und die Zusammenstellung sogleich Rn 2 sowie zu Verkehrssicherungspflichten unten Rn 3. Wird der Reeder, nachdem es durch eine Grundberührung des Schiffes zu Bodenaufschüben gekommen ist, vom Verkehrssicherungspflichtigen auf Ersatz der Kosten für die Beseitigung in Anspruch genommen, kann er, der Reeder ggf. auf ein Mitverschulden (§ 254 Abs. 1 BGB) wegen einer Verletzung von Verkehrssicherungspflichten verweisen.[1] Auch Ansprüche des Reeders aus § 839 Abs. 1, Art. 34 Satz 1 GG können in Betracht kommen; siehe zum Tatbestand oben Rn 16 Anhang IV zu § 480 (BGB) sowie die Zusammenstellung unten Rn 4. Schließlich können dem Reeder, der von einem geschädigten Dritten als Gesamtschuldner (§ 840 Abs. 1 BGB) in Anspruch genommen wird, Ansprüche aus § 426 Abs. 1 BGB sowie nach § 426 Abs. 2 BGB aus übergegangenem Recht gegen den oder die anderen Gesamtschuldner zustehen.[2] Ist es während der Beförderung von Kernmaterialien aufgrund eines von ihnen ausgehenden nuklearen Ereignisses zu Schäden am Schiff gekommen, haftet ausschließlich der Inhaber der Kernanlage, von der aus oder zu der die Kernmaterialien hin befördert wurden, nach Art. 3 (a) ParisÜ 1982, §§ 25 ff. AtomG (näher oben Rn 21 Anhang IV zu § 480 [maritime Nuklearhaftung]). 1

Einzelfälle: Beschädigung des Schiffes bei Umschlagsarbeiten;[3] Beschädigung des Schiffes bei Anlieferung von Frischwasser durch ein Wasserboot durch Platzen des Tanks;[4] Beschädigung des Schiffes durch Berührung der Pier aufgrund des Schraubenstroms eines anderen Schiffes;[5] Beschädigung durch das Seil einer Seilfähre;[6] Beschädigung durch Stapellauf eines anderen Schiffes;[7] Aufgrundgeraten des Schiffes bei Ausweichen vor einem Peilrahmen;[8] Beschädigung des Schiffes bei Passieren einer Baustelle;[9] Verschmutzung des Schiffes durch im Wasser treibendes Öl;[10] Verschmutzung des Schiffes durch Wasser, das von dem nach oben öffnenden Tor eines Schiffshebewerks auf das Schiff herabtropft;[11] Beschädigung durch 2

---

1 SchOG Köln (1996) HmbSeeRep 2000, 46 Nr. 48 „Albtatros".
2 Siehe RhSchOG Karlsruhe Hansa 1958, 1281 (Ausgleichsansprüche gegen den Bund, Verletzung von Verkehrssicherungspflichten).
3 BGH VersR 1980, 573; SchOG Köln HmbSeeRep 2002, 158 Nr. 133 „Eiwald"; SchOG Köln ZfB 2004 Nr. 10 S. 53 „Beata" = HmbSeeRep 2004, 143 Nr. 100; SchOG Köln ZfB 1963, 28; RhSchOG Karlsruhe ZfB 1994 Nr. 24 S. 24 (Slg. 1504); SchG St. Goar RdTW 2016, 237 [30 ff.]; RhSchOG Karlsruhe ZfB 1994 Nr. 22 S. 23 (Slg. 1500) „Klaas", „Stark I" (dazu auch RhSchOG Karlsruhe ZfB 1994 Nr. 24 S. 24 [Slg. 1504]) – siehe auch BGH VersR 1984, 552 „Rex Rheni".
4 BGH Hansa 1958, 627.
5 BGH Hansa 1965, 1326.
6 OLG Schleswig SchlHolstAnz 1963, 21.
7 LG Aurich MDR 1975, 490.
8 BGH VersR 1958, 883, anschließend BGH VersR 1963, 551.
9 SchOG Nürnberg HmbSeeRep 2008, 203 Nr. 83.
10 LG Aurich ZfB 1975, 210 (Slg. 630).
11 SchG Hamburg HmbSeeRep 2005, 48 Nr. 39 „Arne".

Anh zu § 480 —— Anhang IX zu § 480 (Ansprüche des Reeders)

Auflaufen auf von einem anderen Schiff verlorenen Anker;[12] Aufgrundgeraten des Schiffes auf Untiefe, die zuvor durch ein anderes Schiff, das dort auf Grund geraten war, aufgeschoben worden ist;[13] Beschädigung des Schiffes durch den Schlepper während einer Verschleppung[14] oder bei der Assistenz; Beschädigung durch auf dem Wasser treibende Chemikalien, die sich entzünden;[15] Haftung des Sprengmeisters, der die Behörden nicht darauf hinweist, dass durch die Sprengung einer Brücke ein Zementbrocken in das Fahrwasser gelangt ist, sowie seines Auftraggebers (aus § 831 Abs. 1 BGB);[16] unzutreffende Angaben zum Gewicht der verladenen Container;[17] Verweigerung des Zugangs zum Hafen bei drohendem schlechten Wetter.[18] Ein Streik von Bediensteten einer Schleuse betrifft normalerweise nicht das Recht des Reeders am eingerichteten und ausgeübten Gewerbebetrieb.[19]

3   Verkehrssicherungspflichten im Hinblick auf Schifffahrtsstraßen und -anlagen: Freihalten des Fahrwassers[20] und der Liegeplätze;[21] Bauart einer Brücke, die eine sichere Durchfahrt gewährt;[22] Ersetzung fehlender Tonnen;[23] Mitteilung über die Verlegung einer Tonne;[24] Sichtbarkeit von Tonnen;[25] Freihaltung

---

12   ZKR ZfB 1978, 389 (Slg. 685) „Christiane", „Oberon"; BGH VersR 1969, 441 „Arti", „Leontine"; BGH VersR 1969, 509 „Rheintreue", „Odenwald 2", „Heinrich Adolf"; BGH Hansa 1969, 1773; BGH ZfB 1977, 108 (Slg. 576) „Katharina", „Tonga"; BGH VersR 1983, 685 (unter III.1) „Anna Christine", „Büffel" mit Anm. *Dütemeyer* ZfB 1983 Nr. 8 S. 288 (Slg. 990).
13   RhSchOG Köln ZfB 1999 Nr. 5 S. 76 (Slg. 1739) „Böhmerwald"; RhSchOG Karlsruhe ZfB 2000 Nr. 1 S. 74 (Slg. 1768) „Karl-Wilhelm", „RP Basel".
14   BGH VersR 1968, 1138 „Käthe", Mathias".
15   BGH VersR 1969, 439, zuvor RhSchOG Köln VersR 1967, 872 „Eiltank 17", „Hedwig".
16   BGH VersR 1975, 1094, 1095 f. (unter I. und II.) „VTG 102", zuvor BGH VersR 1975, 1041.
17   SchG Duisburg-Ruhrort HmbSchRZ 2011, 53 Nr. 22 „Excelsior".
18   SchOG Karlsruhe NVZ 1996, 449.
19   ArbG Herne RdTW 2014, 170; ArbG Wesel RdTW 2013, 412 – zur Benachteiligung von Schifffahrtsunternehmen aufgrund eines Vorschleusungsrechts für Containerschiffe auf dem Neckar siehe VG Mainz RdTW 2014, 34 mit Anm. *Jaegers* jurisPR-TranspR 2/2014 Anm. 6.
20   Siehe RG HRR 1933 Nr. 1488; BGHZ 9, 373 = NJW 1953, 1297 mit Anm. *Frisius* NJW 1953, 1625; BGHZ 35, 111; BGHZ 37, 69 = NJW 1962, 1051, siehe dazu noch BGH VersR 1965, 336; BGH Hansa 1955, 1000; BGH VersR 1956, 504; BGH Hansa 1958, 1281; BGH Hansa 1965, 1790, 1791 (II.); BGH Hansa 1967, 2053; BGH Hansa 1968, 2106; BGH VersR 1969, 1132 „Neska 91"; BGH VersR 1972, 435 „Expreß 39"; BGH VersR 1975, 1041 „VTG 102", anschließend BGH VersR 1975, 1094; OLG Hamburg VersR 1979, 571; RhSchOG Köln VersR 1951, 245 „Dora", „Peter"; RhSchOG Köln Hansa 1953, 308 Nr. 5; RhSchOG Köln ZfB 1963, 29; RhSchOG Köln ZfB 1982, 437 (Slg. 953); RhSchOG Köln ZfB 1982, 439 (Slg. 955) „Friede"; SchOG Köln (1996) HmbSeeRep 2000, 46 Nr. 48 „Albtatros"; MoSchOG Köln ZfB 2000 Nr. 12 S. 68 (Slg. 1807) = HmbSeeRep 2000, 163 Nr. 151; MoSchOG Köln ZfB 2005 Nr. 1/2 S. 64 „Invotis" = HmbSeeRep 2004, 227 Nr. 173, anschließend BGH VersR 2006, 290 sowie noch MoSchOG Köln TranspR 2007, 73, 74 = HmbSeeRep 2006, 173 Nr. 112; RhSchOG Karlsruhe VersR 1957, 662; RhSchOG Karlsruhe ZfB 1995 Nr. 5 S. 41 (Slg. 1529); SchOG Karlsruhe HmbSeeRep 2003, 71 Nr. 55; SchOG Karlsruhe ZfB 2007 Nr. 4 S. 68, 70, zuvor SchG Mannheim HmbSeeRep 2008, 74 Nr. 33; SchOG Nürnberg ZfB 1976, 437 (Slg. 567); SchOG Naumburg HmbSeeRep 2008, 56 Nr. 27, zuvor SchG Magdeburg HmbSeeRep 2008, 53 Nr. 26; OLG Celle Hansa 1952, 1503 – siehe auch BGHZ 60, 92 = NJW 1973, 655, OLG Oldenburg VkBl. 1970, 585 sowie ZfB 1953, 204.
21   ZKR ZfB 1993 Nr. 23/24 S. 38 (unter I.1) (Slg. 1451) „Laurent" = HmbSeeRep 2008, 192 Nr. 80b, zuvor RhSchG Kehl (1992) HmbSeeRep 2008, 190 Nr. 80a, dazu auch RhSchOG Karlsruhe (1996) HmbSeeRep 2008, 198 Nr. 80c, zuvor RhSchG Kehl (1995) HmbSeeRep 2008, 195 Nr. 80c; BGH Hansa 1955, 1887; BGH VersR 1964, 424, 426 (unter 2.) und S. 427 f. (unter VI.2); BGH VersR 1965, 1169; BGH ZfB 1979, 336 (Slg. 746) „Express 76" = VersR 1979, 437; BGH VersR 1974, 768 „Saargold"; BGH VersR 1978, 842 „Navex 18"; OLG Hamburg Hansa 1966, 510; OLG Hamburg Hansa 1966, 1615; OLG Hamburg MDR 1972, 327; OLG Hamburg VersR 1974, 1124 „Johannes T"; SchOG Hamburg ZfB 1987 Nr. 6 S. 20 (Slg. 1213); SchOG Hamburg HmbSeeRep 2004, 28 Nr. 20 „Lübbecke"; RhSchOG Köln 1989, 225 (Slg. 1272) „Mathias Stinnes", Nichtannahmebeschluss des BGH aaO., dort auch eine weitere Entscheidung des RhSchOG Köln zu dem Fall; RhSchOG Köln ZfB 1991, 239 (Slg. 1314); SchOG Köln ZfB 1996 Nr. 12 S. 26 (Slg. 1614); RhSchOG Frankfurt/Main Hansa 1955, 1511 – siehe auch LG Hamburg ZfB 1973, 105 (Slg. 497) „Maintank 2".
22   RhSchOG Köln ZfB 1991, 348 (Slg. 1316), anschließend BGH aaO.
23   MoSchOGKöln ZfB 1982, 437 (Slg. 953) „Kiruna"/„Kiruna II", „Karoline"; OLG Hamburg HansG H 1896, 305 Nr. 109 (S. 307 f.) „Trave".
24   MoSchOG Köln ZfB 1997 Nr. 22 S. 43 (Slg. 1668) „Dillingen".
25   SchOG Köln ZfB 1988, 19 (Slg. 1220) „Herbert".

des Hafenwassers von Öl;[26] Überprüfung des Hafenbeckens im Hinblick auf Sprengkörper;[27] gefahrloser Betrieb von Schleusen;[28] Ausstattung von Schleusen mit Pollern;[29] Einsatz eines Schleusenwagens bei Durchführung der Schleusung;[30] Gestattung der Einfahrt in die Schleuse bei zu tief gehendem Schiff;[31] Gestattung der Einfahrt in die Schleuse, wenn das Schiff wegen anderer bereits darin liegender Schiffes nicht mehr hineinpasst;[32] Sicherheit der Verladeeinrichtungen;[33] zu niedrige Verladeeinrichtungen, die beim Anlegen des Schiffes beschädigt werden;[34] Anheben von Verladeeinrichtungen, um ein gefahrloses Anlegen des Schiffes zu ermöglichen,[35] dazu zählen etwa auch Containerbrücken; Sicherheit des Liegeplatzes im Hinblick auf Fender[36] und Poller;[37] Befestigung eines Festmacheringes in einer Ufermauer;[38] Schutz vor Austritt von Wasser aus einem Rohr am Liegeplatz;[39] sichere Durchführung von Wasserbauarbeiten;[40] Warnung bei hohen Wasserständen, Einschränkung der Brückendurchfahrten;[41] Geeignetheit von Dalben;[42] Zustand einer Kaimauertreppe;[43] Beseitigung von Sprengkörpern;[44] das Lotsen von Schiffen gehört nicht zur Verkehrssicherungspflicht.[45] Mehrere Verkehrssicherungspflichtige haften als Gesamtschuldner (§ 840 Abs. 1 BGB).[46]

Ansprüche des Reeders aus § 839 Abs. 1, Art. 34 Satz 1 GG: unrechtmäßiges Festhalten des Schiffes im Rahmen einer Hafenstaatkontrolle;[47] Anordnungen des Schleusenpersonals;[48] Kollision, schlichthoheitliches Handeln bei Baggerarbeiten;[49] Verletzung von Verkehrssicherungspflichten auf dem Nord-Ostsee-Kanal;[50] Tätigkeit der Schiffsuntersuchungskommission (SUK);[51] verspätete Mitteilung von einer Schifffahrtssperre.[52] **4**

Wird das Schiff zugunsten eines anderen Schiffes tätig, das Hilfe benötigt, kann dies Ansprüche aus Geschäftsführung ohne Auftrag auf Aufwendungs- und Schadenersatz **5**

---

26 LG Aurich ZfB 1975, 210 (Slg. 630).
27 BGHZ 60, 92 = NJW 1973, 655 „Mova", „Damco 161".
28 BGHZ 20, 57 = NJW 1956, 946 „Neckar VII", „Hans-Thoma"; BGH BeckRS 1959, 31207240 (= VersR 1959, 991) „Merak"; BGH Hansa 1965, 1790 (I.) S. 1790 f. (unter 2.); BGH Hansa 1966, 1613; BGH VersR 1975, 799 „Eljo"; SchOG Hamburg ZfB 1954, 98; SchOG Hamburg (1999) BeckRS 2016, 02850 „Freiheit I" = HmbSeeRep 2008, 148 Nr. 66; SchOG Karlsruhe (1990) BeckRS 2016, 02822 = (1990) HmbSeeRep 2008, 199 Nr. 81; SchOG Karlsruhe ZfB 1995 Nr. 5 S. 39 (Slg. 1527); SchOG Karlsruhe VersR 1999, 212 = HmbSeeRep 1999, 212 Nr. 39; SchG Mannheim RdTW 2016, 116 [10, 11] „Wolfgang Krieger", anschließend SchOG Karlsruhe aaO.
29 OLG Hamburg VersR 1986, 232; siehe auch BGH VersR 1965, 512, 513 (linke Spalte) „Animo", „D 207", „Siegmund".
30 BGH VersR 1959, 991.
31 OLG Hamburg VersR 1972, 779 „Marie Elisabeth".
32 BGH VersR 1965, 512, 513 (linke Spalte) „Animo", „D 207", „Siegmund".
33 BGH Hansa 1968, 471.
34 BGH VersR 1967, 949 „Bourrasque", „Verseau".
35 SchOG Köln ZfB 1992, 1147 (Slg. 1394).
36 BGH VersR 1962, 1161.
37 Siehe BGH ZfB 1989, 17 (Slg. 1244).
38 RhSchG St. Goar HmbSeeRep 2006, 163 Nr. 108.
39 SchOG Köln ZfB 1988, 216 (Slg. 1241) „Berlemar".
40 RhSchOG Karlsruhe ZfB 1995 Nr. 5 S. 41 (Slg. 1529).
41 BGH Hansa 1955, 1887, zuvor OLG Stuttgart Hansa 1954, 1029.
42 OLG Hamburg VersR 1982, 375.
43 Siehe SchOG Karlsruhe ZfB 1993 Nr. 12 S. 36 (Slg. 1425).
44 ZKR ZfB 1974, 385 (Slg. 581) „Damco 161"; BGH Vers 1972, 90 „Kalypso", zuvor BGH VersR 1968, 1137.
45 BGH VersR 1956, 504, 506 (unter 3b).
46 RhSchOG Karlsruhe ZfB 1995 Nr. 5 S. 41 (Slg. 1529).
47 BGH TranspR 2005, 74 „Visvliet" = HmbSeeRep 2005, 1 Nr. 1 sowie die Vorentscheidungen OLG Hamburg HmbSeeRep 2003, 233 Nr. 191 und LG Hamburg HmbSeeRep 2001, 113 Nr. 96.
48 BGH VersR 1980, 1025.
49 OLG Oldenburg VkBl. 1970, 585.
50 BGH VersR 1961, 653.
51 SchOG Köln HmbSeeRep 2002, 38 Nr. 31 „Schloss Arenfels".
52 BGH Hansa 1960, 488.

nach §§ 677, 683, 679, 670 BGB begründen[53] (wenn es sich nicht um eine Bergung handelt, §§ 574 ff.). Dies gilt auch, wenn das Schiff Besatzungsmitglieder eines anderen Schiffes rettet.[54] Ebenso bestehen ggf. Ansprüche des Reeders aus § 904 Satz 2 BGB, wenn die Beeinträchtigung des Eigentums am Schiff nach Satz 1 der Vorschrift gerechtfertigt ist (dazu oben Rn 17 Anhang VI zu § 480 (BGB). Nach Art. 115 SeerechtsÜ sind die Vertragsstaaten verpflichtet sicherzustellen, dass der Reeder, der etwa einen Anker oder ein Fischfanggerät geopfert hat, um die Beschädigung eines unterseeischen Kabels oder einer unterseeischen Rohrleitung zu vermeiden, vom Eigentümer des Kabels oder der Rohrleitung entschädigt wird (siehe auch noch Art. 113 und 114 SeerechtsÜ). Möglicherweise stehen dem Reeder Ansprüche aus § 89 Abs. 1 oder 2 WHG zu.[55] Er kann nach verwaltungsrechtlichen Grundsätzen Ansprüche geltend machen, wenn er unberechtigt als Störer in Anspruch genommen wurde.[56]

6   Schließlich können vertragliche Ansprüche eine Rolle spielen, etwa wenn bei Arbeiten am Schiff das Schiff zu Schaden kommt, im Rahmen der Gewährleistung oder nach § 280 Abs. 1 BGB als Folge von Pflichtverletzungen.[57] Hat der Reeder im Rahmen eines Stückgutfrachtvertrages, einer Reise- oder einer Zeitcharter oder eines Konnossements die Stellung eines Verfrachters oder Vercharterers und ist der Befrachter bzw. der Charterer zum Laden bzw. Löschen verpflichtet – aus §§ 531 Abs. 1 Satz 1, 535 Abs. 1 Satz 1 oder § 563 Abs. 1 bzw. aufgrund einer entsprechenden (FIO-) Vereinbarung – und wird das Schiff bei der Ver- oder der Entladung des Gutes beschädigt, stehen dem Reeder vertragliche Ansprüche aus § 280 Abs. 1 BGB zu.[58] Gleiches gilt, wenn das Schiff an dem vom Befrachter bzw. (Reise- oder Zeit-)Charterer für die Verladung des Gutes oder vom Empfänger für die Entladung zugewiesenen Liegeplatz zu Schaden kommt[59] (siehe §§ 528 Abs. 2, 535 Abs. 1 Satz 1, 561 Abs. 1 Satz 2) oder wenn es an dem Liegeplatz der Reparaturwerft beschädigt wird.[60] Der Eigner eines Wasserbootes haftet dem Reeder, wenn bei der Befüllung des Tanks das Schiff beschädigt wird.[61] Kommt es während einer Verschleppung[62] oder im Falle der Assistenz durch Schlepper zu einer Beschädigung des Schiffes, haftet ggf. der Schleppunternehmer aus Vertrag auf Schadenersatz. Zu den Ansprüchen des Reeders gegen den Lotsen siehe oben Rn 100–115 Anhang zu § 478 (Lotse), gegen den Kanalsteurer oben Rn 11–12 Anhang § 478 (Kanalsteurer) sowie gegen den Kapitän aus dem Kapitän-Reeder-Rechtsverhältnis oben Rn 74–76 Anhang § 479 (Kapitän).

7   Vertragliche Ansprüche ergeben sich in den entsprechenden Fällen auch aus Verträgen zwischen Dritten zugunsten des Reeders (§§ 328 ff. BGB) oder aus Verträgen mit Schutzwirkung für den Reeder. Zu letzteren können etwa auch Umschlagsverträge zwischen einem Auftraggeber und einem Terminal gehören, so dass im Falle der Beschädigung des Schiffes dem Reeder vertragliche Ansprüche aus § 280 Abs. 1 BGB gegen den

---

53 SchOG Köln ZfB 1998 Nr. 23 S. 43 (Slg. 1708) „Rheinland", „Theba".
54 BGHZ 67, 368 = NJW 1977, 530; BGH VersR 1972, 456 „Tristan", „Schloss Benrath", „Shell 53"; BGH VersR 1979, 952 „NGB 702", „Anna Thekla" – siehe auch RhSchOG Köln ZfB 1999 Nr. 6 S. 80 (Slg. 1743) „Paula", „Weserland" = HmbSeeRep 1999, 128 Nr. 131.
55 Siehe OLG Hamburg HmbSchRZ 2010, 133 Nr. 81 „Containerships VI", „Oberon", dazu auch S. 137 Nr. 82 und zuvor das LG Hamburg S. 123 Nr. 78 und noch OVG Hamburg (2011) BeckRS 2015, 49101.
56 OLG Karlsruhe RdTW 2013, 368.
57 Siehe BGH Hansa 1967, 1162; SchOG Karlsruhe ZfB 1994-07/08, 33; OLG Düsseldorf RdTW 2015, 293; OLG Düsseldorf RdTW 2016, 216.
58 Siehe etwa SchOG Hamburg Hansa 1965, 309, 310 f. (unter II.).
59 Siehe BGH VersR 1965, 1169; SchOG Hamburg ZfB 1987 Nr. 6 S. 20 (Slg. 1213).
60 BGH VersR 1962, 1161.
61 BGH Hansa 1958, 627 (aus abgetretenem Recht des Zeitcharterers, der die Lieferung bestellt hat).
62 Siehe BGH VersR 1968, 1138 „Käthe", Mathias".

Umschlagsunternehmer zustehen.[63] Entsprechendes kann nach den Umständen für einen Vertrag über die Lieferung von Brennstoff an das Schiff gelten, die vom Zeitcharterer in Auftrag gegeben wurde.[64] Auch ein (Haupt-)Frachtvertrag, an dem der Reeder nicht beteiligt ist, kann im Hinblick auf die ordnungsgemäße Beladung des Schiffes zu seinen Gunsten Schutzwirkungen entfalten.[65] Ebenso kann der Reeder Empfänger aus einem Frachtvertrag (§§ 407 ff.) über die Lieferung von Sachen an das Schiff sein; der Frachtführer haftet dem Reeder im Falle einer Beschädigung des Schiffes im Rahmen der Ablieferung ggf. nach § 280 Abs. 1 BGB.[66]

Der Reeder, der Schadenersatzansprüche wegen einer Beschädigung des Schiffes 8 geltend macht, muss in entsprechenden Fällen nicht zunächst versuchen, seine Schäden und Aufwendungen im Rahmen der Großen Haverei bei den anderen Beteiligten zu liquidieren, so dass der Schädiger nur wegen der Differenz in Anspruch genommen werden kann.[67] Der Reeder muss sich nach § 254 Abs. 1 BGB ein Mitverschulden bzw. eine Mitverursachung des Schadens entgegenhalten lassen. Insbesondere wird ihm das Verhalten der Personen der Schiffsbesatzung zugerechnet, etwa im Rahmen vertraglicher Rechtsverhältnisse nach §§ 254 Abs. 2 Satz 2, 278 Satz 1 BGB[68] bzw. § 501 Satz 1, ansonsten auf Grundlage des § 480 Satz 1 (nicht: § 831 Abs. 1 BGB, oben Rn 105 zu § 480). Auch ein eigenes Mitverschulden des Reeders selbst oder eine eigene Mitverursachung ist nach § 254 Abs. 1 BGB gegen ihn zu berücksichtigen, etwa eine Verletzung von Organisationspflichten[69] oder eine schlechte Auswahl, Anleitung oder Überwachung der Besatzung. Ebenso geht es zulasten des Vermieters eines Segelbootes, das beschädigt wird, wenn er das Boot bei starkem Wind einem erkennbar unerfahrenen Mieter überlässt.[70]

2. Insbesondere die Sperrung der Schifffahrtsstraße. Die Rechtsprechung hat 9 sich auch vielfach mit Ansprüchen des Reeders bzw. Eigners befasst, deren Schiffe durch Schifffahrtshindernisse, die auf das Verschulden Dritter zurückgehen, behindert wurden. Ausgangspunkt war der bekannte „Fleet"-Fall des BGH[71] war ein Schiff wegen des Einsturzes einer Ufermauer für einen Zeitraum von mehr acht Monaten in einem Fleet „eingesperrt", so dass es die Verladestelle nicht verlassen konnte, während ein weiteres Schiff wegen des Hindernisses nicht in den Fleet einlaufen und die Verladestelle erreichen konnte. In Hinblick auf das eingesperrte Schiff liege, so der BGH,[72] eine Verletzung des Eigentums und damit eines nach § 823 Abs. 1 BGB geschützten Rechts am Schiff

---

63 Siehe OLG Köln VersR 1967, 553; SchOG Köln HmbSeeRep 2002, 158 Nr. 133 „Eiwald"; SchOG Köln ZfB 2004 Nr. 10 S. 53 „Beata" = HmbSeeRep 2004, 143 Nr. 100; SchOG Köln HmbSchRZ 2012, 72 Nr. 29 [9 ff.]; SchG Duisburg-Ruhrort HmbSchRZ 2012, 181 Nr. 76 [19]; SchG St. Goar RdTW 2016, 237 [26]; siehe auch SchOG Köln ZfB 1963, 28 – BGH VersR 1980, 573 lässt vertragliche Ansprüche unberücksichtigt.
64 Siehe LG Hamburg HmbSchRZ 2010, 123 Nr. 78 (S. 125 unter II.1) „Containerships VI", „Oberon", anschließend OLG Hamburg S. 133 Nr. 81 und S. 137 Nr. 82, siehe auch OVG Hamburg (2011) BeckRS 2015, 49101.
65 Siehe BGH VersR 1984, 552 „Rex Rheni".
66 Siehe OLG Hamburg VersR 1974, 1124 „Johannes T"; LG Hamburg HmbSchRZ 2010, 123 Nr. 78 (S. 125 unter 1.) „Containerships VI", „Oberon", anschließend OLG Hamburg S. 133 Nr. 81 und S. 137 Nr. 82, dazu auch OVG Hamburg (2011) BeckRS 2015, 49101.
67 RhSchOG Karlsruhe ZfB 2000 Nr. 1 S. 74 (Slg. 1768) „Karl-Wilhelm", „RP Basel".
68 Siehe OLG Hamburg VersR 1974, 1124, 1125 (unter 2.) „Johannes T".
69 BGH Hansa 1958, 627, 628 (unter IV.).
70 OLG Hamburg Hansa 1964, 500.
71 BGHZ 55, 153 = NJW 1971, 886; siehe auch ZKR RdTW 2013, 227 [24] "Waldhof", „Eiltank 21", zuvor RhSchG St. Goar HmbSchRZ 2011, 239 Nr. 118; BGH VersR 1979, 905, 906 (unter 3.) „Christoph Weber", „Helmut"; SchOLG Köln ZfB 1976, 21 (Slg. 521) „Poney" mit Anm. aaO. – siehe auch BGH RdTW 2015, 95.
72 BGHZ 55, 153 = NJW 1971, 886, 888.

vor.[73] Es sei als Transportmittel praktisch ausgeschaltet und seinem bestimmungsgemäßen Gebrauch entzogen. Bei den nur ausgesperrten Schiffen, die nur die Verladestelle nicht erreichen, im Übrigen aber ohne Beschränkungen hätten verwendet werden können, fehle es dagegen an einer Eigentumsbeeinträchtigung. Es liege auch kein Eingriff in den eingerichteten und ausgeübten Gewerbetrieb des Eigners vor. Die Schiffbarkeit einer Wasserstraße gehört nicht zum Bereich des Gewerbebetriebes eines Schifffahrttreibenden, auch wenn der betreffende Eigner die Verladestelle nahezu allein benutze und er durch die Nichterreichbarkeit an der Ausübung vertraglicher Verpflichtungen gehindert sei. Der bloße Gemeingebrauch der Wasserstraße sei kein sonstiges Recht im Sinne des § 823 Abs. 1 BGB. Im Hinblick auf das „Einsperren" des Schiffes hat das OLG Köln ergänzt, dass eine Einschließung des Schiffes in einen 10 Kilometer langen Kanalabschnitt für eine Eigentumsbeeinträchtigung genüge.[74] Ausgehend von dem Fleet-Urteil des BGH hat die Rechtsprechung im Falle der zeitweisen Sperrung einer Schifffahrtsstraße, die zur Folge hatte, dass Schiffe bis zur Aufhebung der Sperre warten mussten, den Eingriff in das Eigentum an den wartenden Schiffen[75] und ebenso einen solchen in den Gewerbetrieb der Eigner abgelehnt.[76] Im Hinblick auf die Eigentumsbeeinträchtigung und deren Erheblichkeit spielt nach der Rechtsprechung des OLG Köln auch die Dauer der Sperre eine Rolle.[77] Ein einziger Tag genüge jedenfalls nicht. Auch eine Dauer von drei[78] oder fünf Tagen[79] hat die Rechtsprechung nicht für ausreichend gehalten.

10   **3. Insbesondere der Nutzungsausfall.** Kann der Reeder das Schiff zeitweise nicht nutzen, stehen ihm möglicherweise Ansprüche auf Schadenersatz wegen Nutzungsausfalls zu (§ 252 BGB). Grundlage hierfür können außervertragliche Ansprüche sein, etwa aus einem Zusammenstoß mit einem anderen Schiff nach Art. 2ff. ZusÜSee bzw., bei Anwendbarkeit deutschen Sachrechts (dazu oben Rn 186–236 zu § 480), der §§ 570ff.; die § 480 Satz 1 bzw. § 3 Abs. 1 BinSchG, wenn der Schaden durch ein anderes Schiff verursacht wurde; oder die allgemeinen Grundsätzen (§ 823 Abs. 1 oder 2, § 831 BGB). Auch vertragliche Ansprüche etwa nach § 280 Abs. 1 BGB können auf Ersatz des Nutzungsausfalls gerichtet sein. Wie der Nutzungsausfall berechnet wird, hängt von den Umständen ab.[80] Hat der Reeder das Schiff auf Zeit verchartert (§§ 557 ff.), kann ggf. die vereinbarte Hire zugrunde gelegt werden, wenn das Schiff für den fraglichen Zeitraum off-hire gegangen ist (§ 565 Abs. 2). Ebenso können die Einnahmen aus nicht durchgeführten Rei-

---

73 Nachdrückliche Bestätigung in BGH RdTW 2016, 346 [16–21] „Patmos" mit Anm. *Jaegers* TranspR 2016, 398, zuvor OLG Köln RdTW 2015, 225 und AG Duisburg-Ruhrort BeckRS 2015, 03203.
74 SchOLG Köln ZfB 1976, 21 (Slg. 521) „Poney" mit Anm. aaO. - siehe auch SchG Mannheim HmbSeeRep 2006, 110 Nr. 72 (13,5 Kilometer).
75 ZKR RdTW 2013, 227 [24–26] "Waldhof", "Eiltank 21", zuvor RhSchG St. Goar HmbSchRZ 2011, 239 Nr. 118.
76 ZKR RdTW 2013, 227 [27] "Waldhof", "Eiltank 21", zuvor RhSchG St. Goar HmbSchRZ 2011, 239 Nr. 118; siehe auch ArbG Wesel RdTW 2013, 412 [23].
77 OLG Köln RdTW 2015, 225 [21–23] „Patmos", zuvor AG Duisburg-Ruhrort BeckRS 2015, 03203, anschließend BGH RdTW 2016, 346 [16–21] mit Anm. *Jaegers* TranspR 2016, 398.
78 SchG Mannheim HmbSeeRep 2006, 110 Nr. 72.
79 RhSchG Duisburg-Ruhrort ZfB 2008 Nr. 7 S. 86 (Slg. 1983) (mit Anm. *Fischer* aaO.) = HmbSeeRep 2008, 222 Nr. 93.
80 Siehe im Einzelnen etwa ZKR, 18. Oktober 1978, 92 Z –15/78 (BinSchRS); BGH VersR 1977, 31, 32f. (unter II.), zuvor OLG Hamburg VersR 1974, 1125, 1126f. (unter 2.); OLG Hamburg VersR 1974, 1216, 1217 (unter 6.) „Orchidee"; SchOG Karlsruhe ZfB 1998 Nr. 24 S. 41 (S. 42 unter 3b) (Slg. 1715); RhSchOG Köln, 23. Februar 1996, 3 U 56/95 BSch Rh (BinSchRS) „Haniel 158"; RhSchOG Köln ZfB 1998 Nr. 24 S. 43 (Slg. 1717) „Colombia", „Breughel"; SchOG Hamburg HmbSeeRep 2004, 28 Nr. 20 „Lübbecke"; KammerG VersR 1976, 463 „Steglitz", „Apollo".

sechartern zugrunde gelegt werden, oder ggf. die Einnahmen aus den vorangegangenen Reisen, jeweils unter Abzug der ersparten Aufwendungen.

In der Binnenschifffahrt gestattet die Rechtsprechung es dem Eigner, seine Ansprüche anhand der gesetzlich festgelegten Liegegeldsätze zu berechnen, wie sie früher in Frachtentarifen, in § 32 BinSchG a.F. und schließlich in der BinSchLV niedergelegt waren.[81] In einer ausführlich begründeten Entscheidung hat das RhSchOG Köln es dann allerdings abgelehnt, die BinSchLV heranzuziehen.[82] Maßgeblich seien vielmehr die Liegegeldsätze des früheren § 32 BinSchG a.F. (der im Jahre 1986 zunächst aufgehoben[83] zum 27. April 1994 wieder eingeführt worden war[84]), die Liegegeldsätze seien anhand des Verbraucherpreisindexes anzupassen. Der BGH hat diesen Ansatz gebilligt und klargestellt, dass der Nutzungsausfall nicht zwingend nach den Liegegeldsätzen der BinSchLV berechnet werden müsse.[85] Auf die vom RhSchOG Köln erarbeiteten Grundsätze hat die Rechtsprechung seitdem immer wieder zurückgegriffen.[86] In der Seeschifffahrt gibt es keine gesetzlich bestimmten Vorgaben für das Liegegeld, so dass entsprechende Richtwerte fehlen. Entfällt eine Haftung für mittelbare Schäden (etwa weil Ansprüche aus § 480 Satz 1 bzw. § 3 Abs. 1 BinSchG bestehen und zugunsten des Kapitäns bzw. Schiffers Himalaya-Regelungen zum Tragen kommen, oben Rn 142–151, 152–158, 159 sowie 112 Anhang zu § 480 [Kapitän]), ist ein Ersatz für den Nutzungsverlust ausgeschlossen.[87]

11

---

81 Siehe BGH VersR 1965, 351, 353 f. (unter V.), zuvor BGH BeckRS 1958, 31395116; BGH VersR 1965, 375; OLG Hamburg OLG RSpr 6, 358 (Nr. 57a α); OLG Hamburg Hansa 1966, 1076, 1077 (a.E.); KammerG VersR 1976, 463, 463 f. (unter 2.) „Steglitz", „Apollo"; RhSchOG Köln TranspR 2002, 244 „Alsleben", „Susann" mit kritischer Anm. *Dütemeyer* ZfB 2002 Nr. 9 S. 55 (Slg. 1873); OLG Karlsruhe OLG RSpr 6, 359 (Nr. 57a β); SchOG Karlsruhe ZfB 1995 Nr. 3 S. 37 (unter 2a) (Slg. 1515); SchOG Karlsruhe VersR 1998, 1127, 1128 (vor 4.); SchOG Karlsruhe TranspR 1999, 310, 311 (unter 3.); SchOG Karlsruhe ZfB 2007 Nr. 4 S. 68, 70, zuvor SchG Mannheim HmbSeeRep 2008, 74 Nr. 33; OLG Bamberg HmbSeeRep 2008, 86 Nr. 39, zuvor LG Würzburg HmbSeeRep 2008, 82 Nr. 38; SchG Hamburg HmbSeeRep 1997, 177 Nr. 192 (a.E.); RhSchG St. Goar HmbSeeRep 2008, 91 Nr. 41; SchG Bremen HmbSeeRep 2006, 241 Nr. 142 „Wiking"; SchG Magdeburg HmbSeeRep 2008, 5 Nr. 26, zuvor OLG Naumburg HmbSeeRep 2008, 56 Nr. 27; SchG Manheim VkBl. 2006, 635 = HmbSeeRep 2006, 110 Nr. 72 – siehe noch BGH VersR 1965, 351, 353 (unter V.); BGH VersR 1965, 373, 374; OLG Hamburg VersR 1974, 1216, 1217 (unter 6.) „Orchidee"; SchOG Karlsruhe TranspR 1999, 310, 311 (unter 3b); SchG Duisburg-Ruhrort ZfB 1998 Nr. 20 S. 44 (Slg. 1709); sowie zur gerichtlichen Kostenerstattung AG Hanau ZfB 1997 Nr. 14 S. 36 (Slg. 1649), anders zuvor SchOG Karlsruhe ZfB 1982, 402 (Slg. 952); siehe auch BGH ZfB 1971, 43 (Slg. 191) – zu allem auch umfasset *Otte* TranspR 2005, 391.
82 ZfB 2008 Nr. 3 S. 66 (Slg. 1974) = HmbSeeRep 2008, 1 Nr. 1.
83 Art. 3 Nr. 4 des Gesetzes vom 21. April 1986 (BGBl. 1986 I S. 551, 555).
84 Art. 1 Nr. 1 des Gesetzes vom 26. April 1994 (BGBl. 1994 I S. 886).
85 HmbSchRZ 2009, 49 Nr. 14.
86 RhSchOG Köln HmbSchRZ 2009, 112 Nr. 45 (S. 113 f. unter c); OLG Düsseldorf RdTW 2015, 293 [58–63]; OLG Karlsruhe RdTW 2013, 368 [21–28]; SchG Duisburg-Ruhrort HmbSchRZ 2012, 181 Nr. 76 [41–46]; SchG Mannheim RdTW 2016, 116 [12, 13] „Wolfgang Krieger", anschließend SchOG Karlsruhe aaO.
87 RhSchOG Karlsruhe TranspR 1999, 304, 307.

Stichwortverzeichnis

Ablader **Einleitung A** 140
Abweichung vom Reiseweg **Einleitung A** 67
adjektizische Haftung, siehe HGB § 480
Änderung eines internationalen Übereinkommens
 Einleitung A 5, **Art. 15 ÖlHÜProt 1992** 1–4
AFS-Regelungen **Einleitung C** 61–63
Alkohol
– Kapitän **Anhang zu § 479 (Kapitän)** 67
– Lotse **Anhang zu § 478 (Lotse)** 67
Amtshaftung
– Ansprüche des Reeders **Anhang IX zu § 480 (Ansprüche des Reeders)** 4
– des Kapitäns **Anhang zu § 479 (Kapitän)** 138
– des Reeders **Anhang VI zu § 480 (BGB)** 16
Anerkennung und Vollstreckung ausländischer Urteile
– Ansprüche wegen Bunkerölverschmutzungsschäden **Art. 10 BunkerölÜ** 1
– Ansprüche wegen Ölverschmutzungsschäden **Art. X ÖlHÜ 1992** 1–4
– gegen den Ölfonds **Anhang I.3 zu § 480 (ÖlFÜ 1992)** 32–33
– gegen den Zusatzfonds **Anhang I.4 zu § 480 (ÖlFÜProt 2003)** 22–23
Anlagenhaftung des Reeders **Anhang VII zu § 480 (Anlagenhaftung)**
Anna B. **§ 476** 37, **Anhang zu § 476 (Art. 7 EGHGB)** 25, 36
Antarktishaftung **Anhang V zu § 480 (Antarktishaftung)**
– siehe AntarktisV-UmwProt VI
– AntHaftG **Anhang V zu § 480 (Antarktishaftung)** 15–19
– Grundlagen **Anhang V zu § 480 (Antarktishaftung)** 2–3
– ÖlHÜ 1992, Verhältnis zu **Anhang I.1 zu § 480 (ÖlHÜ 1992)** 7
AntarktisV-UmwProt VI **Anhang V zu § 480 (Antarktishaftung)** 4–14
– AntHaftG **Anhang V zu § 480 (Antarktishaftung)** 15–19
– Beschränkung der Haftung **Anhang V zu § 480 (Antarktishaftung)** 11
– Fonds **Anhang V zu § 480 (Antarktishaftung)** 13
– Grundlagen **Anhang V zu § 480 (Antarktishaftung)** 4–5
– Haftung des Betreibers **Anhang V zu § 480 (Antarktishaftung)** 7–10
– Prozessuales **Anhang V zu § 480 (Antarktishaftung)** 14
– Versicherungspflicht **Anhang V zu § 480 (Antarktishaftung)** 12

– Vorsorge **Anhang V zu § 480 (Antarktishaftung)** 6
AntHaftG **Anhang V zu § 480 (Antarktishaftung)** 15–19
Arbeitgeber, Crewing-Manager als **Anhang zu §§ 476, 477 (Manager)** 21
Arbeitnehmerüberlassung **Anhang zu §§ 476, 477 (Manager)** 22, **§ 478** 40
arbeitsteiliger Organismus **§ 478** 28–29, 32–35
Arbeitsvermittlung **Anhang zu §§ 476, 477 (Manager)** 23
Arrest, siehe Schiffsarrest
ArrestÜ **Einleitung A** 107
AthenÜ 2002 **Einleitung A** 100
– Art. 11 **Anhang zu § 479 (Kapitän)** 134
– Ausrüster **§ 477** 61
AtomG
– § 25a **Einleitung A** 102
– §§ 26 ff. **Anhang IV zu § 480 (maritime Nuklearhaftung)** 39–42
AÜG **Anhang zu §§ 476, 477 (Manager)** 22
Ausflaggung, Genehmigung zur **Einleitung B** 107–111
Ausrüster-Einwendung (§ 477 Abs. 3) **§ 477** 42–54
– Inanspruchnahme „als Reeder" **§ 477** 43–45, 53–54
– Geltendmachung des Anspruchs **§ 477** 47
– unverzügliche Erhebung **§ 477** 48
– Verlust der Einwendung **§ 477** 52
– Wahrung der Frist **§ 477** 49–51
Ausrüster
– siehe auch Ausrüster-Einwendung
– § 510 HGB a.F., Verhältnis zu § 477 **§ 477** 7–10
– Adressat, unmittelbarer, von Vorschriften **§ 477** 55–63
– Ansprüche des A. **§ 477** 34–37
– Auskunftsanspruch gegen den Eigentümer **§ 477** 17–27
– AthenÜ 2002 Art. 1 Nr. 1 (b) **§ 477** 61
– Beginn und Ende der Rechtsstellung **§ 477** 14
– (Nicht-)Berechtigung des Eigentümers **§ 477** 38
– Bergung **§ 477** 36
– Betrieb des Schiffes zum Erwerb durch die Seefahrt **§ 477** 5
– BunkerölÜ Art. 1 Nr. 3 **§ 477** 60, **Art. 1 BunkerölÜ** 4
– Darlegung und Beweis **§ 477** 16
– (Nur-) Eigentümer als Reeder (§ 477 Abs. 3) **§ 477** 22
– Eigentümer des Schiffes, Innenverhältnis zum **§ 477** 11–12, 13

– Einzelfälle § 477 13
– Freiwerden des (Nur-) Eigentümers § 477 33
– Geschäftsherr § 477 65, 66
– Große Haverei § 477 37
– Haftung des A. als Reeder § 477 30–32
– Haftung des A., unmittelbare § 477 65–68
– HBÜ 1996 Art. 1 Abs. 2 § 477 62
– Nicht-Eigentümer des Schiffes § 477 3–4
– Nichterwerbsschiff **Anhang zu § 476 (Art. 7 EGHGB)** 10, 25, 36, § 477 6
– ÖlHÜ 1992 Art. III Abs. 4 Satz 2 Hs. 1 (c) § 477 59
– Pfandklage gegen den A. § 477 73–77
– Prozessstandschaft, gesetzliche, Schiffsgläubigerrechte § 477 70–79
– als Reeder § 477 28–29
– Schein-Ausrüster § 477 15
– Umschreibung § 477 2–27
– Verjährung von Ansprüchen § 477 25–27
– Vertretung des A., Kapitän § 477 39
– Verwendung des Schiffes, wiederrechtliche § 477 80
– Zusammenstoß von Schiffen § 477 35
– Zwangsvollstreckung in das Schiff aus Urteil gegen den Ausrüster § 477 79
ausführender Verfrachter **Einleitung A** 137
– Erwerbsschiff-Vorbehalt § 476 8
ausschließliche Wirtschaftszone (AWZ) **Einleitung C** 6, **Art. II ÖlHÜ 1992** 3
Außenkompetenz der Mitgliedstaaten, Verlust der **Einleitung A** 115, **Anhang I.1 zu § 480 (ÖlHÜ 1992)** 5, **Anhang I.3 zu § 480 (ÖlFÜ 1992)** 3–4, **Anhang I.4 zu § 480 (ÖlFÜProt 2003)** 3–4, **Anhang I.5 zu § 480 (BunkerölÜ)** 3–4, **Art. 9 BunkerölÜ** 1, **Anhang II zu § 480 (HNS-Ü 2010)** 12–16

Ballastwasser-Übereinkommen **Einleitung C** 64–66
Bareboat-Charter, Scheingeschäft § 477 12
BCH-Code **Einleitung C** 96
Beauftragter des (Fahrgast-)Beförderers
– Manager **Anhang zu §§ 476, 477 (Manager)** 111
Beendigung des Managementvertrages **Anhang zu §§ 476, 477 (Manager)** 75–82
– Ablauf der Vertragszeit **Anhang zu §§ 476, 477 (Manager)** 76
– Abwicklung **Anhang zu §§ 476, 477 (Manager)** 82
– automatische Beendigung **Anhang zu §§ 476, 477 (Manager)** 79
– Kündigung, ordentliche **Anhang zu §§ 476, 477 (Manager)** 78
– Störungen des Managementvertrages **Anhang zu §§ 476, 477 (Manager)** 80

– Vergütung, Fortzahlung **Anhang zu §§ 476, 477 (Manager)** 81
„Bellriva" **Anhang zu § 478 (Lotse)** 111
Bereederer **Anhang zu §§ 476, 477 (Manager)** 2
Bergung
– Ansprüche des Ausrüsters aus B. § 477 36
– Kapitän, Pflichten **Anhang zu § 479 (Kapitän)** 86
– Nichterwerbsschiff **Anhang zu § 476 (Art. 7 EGHGB)** 26–36
– (Nur-) Eigentümer, Stellung des § 477 82
– Wrackbeseitigung, Verhältnis zu **Art. 11 WBÜ** 27–31
BerggÜ 1989 **Einleitung A** 105–106, **Anhang zu § 476 (Art. 7 EGHGB)** 28
Besatzung des Schiffes, siehe Schiffsbesatzung
Beschädigung des Gutes, siehe Ladungsschäden
Beschränkbarkeit der Haftung
– siehe ÖlHÜ, Beschränkbarkeit der Haftung (Art. V und VI)
– autonomes deutsches Recht **Anhang zu § 476 (Art. 7 EGHGB)** 41–44
– für Ansprüche aus dem BunkerölÜ **Art. 6 BunkerölÜ** 1–11
– für Ansprüche wegen der Beseitigung des Schiffes (§ 30 WaStrG) **Anhang III.3 zu § 480 (Wrackbeseitigung)** 18
– für sonstige Ansprüche (Art. 7 Abs. 2 EGHGB) **Anhang zu § 476 (Art. 7 EGHGB)** 57–65
– für Kosten der Wrackbeseitigung (WBÜ Art. 10 Abs. 2) **Art. 10 WBÜ** 18, **Anhang zum WrBesKoDG** 11–18
– Höchstbeträge für Ansprüche aus dem BunkerölÜ **Art. 6 BunkerölÜ** 9–11
– Manager **Anhang zu §§ 476, 477 (Manager)** 96–97
– Nichterwerbsschiffe, Art. 7 Abs. 1 Nr. 4 **Anhang zu § 476 (Art. 7 EGHGB)** 37–45
– des Kapitäns gegenüber Dritten **Anhang zu § 479 (Kapitän)** 142–143
– des Kapitäns gegenüber dem Reeder **Anhang zu § 479 (Kapitän)** 76
– des Kanalsteurers gegenüber dem Reeder **Anhang zu § 478 (Kanalsteurer)** 13
– des Kanalsteurers gegenüber Dritten **Anhang zu § 478 (Kanalsteurer)** 18
– des Lotsen gegenüber dem Reeder **Anhang zu § 478 (Lotse)** 107
– des Lotsen gegenüber Dritten **Anhang zu § 478 (Lotse)** 149–156
– des Lotsen gegenüber Dritten nach §§ 4 ff. BinSchG **Anhang zu § 478 (Lotse)** 152–154
– des Lotsen gegenüber Dritten nach dem HBÜ 1996 **Anhang zu § 478 (Lotse)** 150–151

- ÖlHÜ 1992, Verhältnis zu **Anhang I.1 zu § 480 (ÖlHÜ 1992)** 7
- Ölverschmutzungsschäden, Beschränkbarkeit der Haftung **Art. V und VI ÖlHÜ 1992** 2–3
- des Radarlotsen gegenüber dem Reeder **Anhang zu § 478 (Lotse)** 119
- des Radarlotsen gegenüber Dritten **Anhang zu § 478 (Lotse)** 179
- des Reeders gegenüber dem Kapitän **Anhang zu § 479 (Kapitän)** 80
- des Reeders gegenüber dem Lotsen **Anhang zu § 478 (Lotse)** 93
- Rückgriffsansprüche des Kapitäns gegen den Reeder **Anhang zu § 479 (Kapitän)** 149
- Rückgriffsansprüche des Lotsen gegen den Reeder **Anhang zu § 478 (Lotse)** 160
- Rückgriffsansprüche des Reeders gegen den Lotsen **Anhang zu § 478 (Lotse)** 171
- nach dem AntarktisV-UmwProt VI **Anhang V zu § 480 (Antarktishaftung)** 11
- nach dem ReaktorschÜ **Anhang IV zu § 480 (maritime Nuklearhaftung)** 30
- der Schadenersatzpflicht des Besatzungsmitglieds (§ 480 Satz 1) **§ 480** 56–57
- SeeHBV **Anhang zu § 476 (Art. 7 EGHGB)** 69
- Staatsschiffe **Anhang zu § 476 (Art. 7 EGHGB)** 45
- strompolizeiliche Verfügung (WaStrG § 28 Abs. 4) **Anhang III.3 zu § 480 (Wrackbeseitigung)** 8
- Überleitungsrecht (Art. 7 Abs. 3 EGHGB) **Anhang zu § 476 (Art. 7 EGHGB)** 66–69

Beseitigung des Wracks
- Angemessenheit und Erforderlichkeit (WBÜ Art. 2 Abs. 2 und 3) **Art. 2 WBÜ** 11–12
- Aufwendungen, Ersatz von **WrBesKoDG § 2** 1–2
- Bedingungen für die B. **Art. 9 WBÜ** 20
- Befugnis zur B. **Art. 2 WBÜ** 2–5
- BGB §§ 677 ff. Anwendung der **WrBesKoDG § 1** 1–4
- betroffener Staat, Befugnisse **Art. 9 WBÜ** 18–21
- durch den eingetragenen Eigentümer **Art. 9 WBÜ** 13–22
- Eingreifen während der B. durch den eingetragenen Eigentümer **Art. 9 WBÜ** 21
- Fristsetzung **Art. 9 WBÜ** 10
- Geschäftsführung ohne Auftrag **WrBesKoDG § 1** 1–4
- Konsultationen **Art. 9 WBÜ** 3
- Pflicht des eingetragenen Eigentümers zur B. (WBÜ Art. 9 Abs. 2) **Art. 9 WBÜ** 5–33, **WrBesKoDG § 1** 1–4
- Schadenersatz, Ansprüche gegen den betroffenen Staat **Art. 10 WBÜ** 23

- Schiffsgläubigerrecht für Forderungen aus B. **Einleitung B** 247
- Selbstvornahme, Androhung **Art. 9 WBÜ** 11
- Selbstvornahme, Durchführung **Art. 9 WBÜ** 23–27
- Sicherheit und der Schutz der Meeresumwelt **Art. 9 WBÜ** 19
- Sicherstellung der Erfüllung der Beseitigungspflicht **Art. 9 WBÜ** 32–33
- Umfang der B. **Art. 2 WBÜ** 6–15
- umgehendes Eingreifen **Art. 9 WBÜ** 28–31
- Umschreibung, WBÜ Art. 1 Abs. 7 **Art. 1 WBÜ** 44
- Untätigbleiben des eingetragenen Eigentümers **Art. 9 WBÜ** 22
- Unterrichtung der Betroffenen **Art. 9 WBÜ** 2
- Versicherung, Nachweis der **Art. 9 WBÜ** 4
- Vorbehalt des umgehenden Eingreifens **Art. 9 WBÜ** 12
- völkerrechtliche Bedeutung **Art. 9 WBÜ** 6–8
- Wrackbeseitigungsvertrag **Art. 9 WBÜ** 15–17

Besetzung des Schiffes **Einleitung C** 86
Besitz am Schiff **Einleitung B** 124–126
- Besitzdiener, Kapitän **Anhang zu § 479 (Kapitän)** 91

Betrieb des Schiffes **§ 476** 14–28
- siehe auch Betreiber des Schiffes; Erwerb, Betrieb des Schiffes zum; Managementvertrag; Manager; Schiffsbetrieb
- Beginn der B. **§ 476** 28
- Betreiber **§ 476** 19–27
- Darlegung und Beweis **§ 476** 26
- Ende des Betriebs **§ 476** 28
- Herr des Betriebes **§ 476** 20–23
- Umschreibung **§ 476** 16–18
- Vermutung **§ 476** 27
- Zeitcharter **§ 476** 25
- Zurverfügungstellung des Schiffes **§ 476** 24, **§ 478** 36

Betreiber des Schiffes
- Anknüpfung an Rechtsstellung **§ 477** 64
- Meldepflichten **Art. 5 WBÜ** 1–5
- WBÜ Art. 1 Abs. 9 **Art. 1 WBÜ** 46–48

Beweis, siehe Darlegung und Beweis
Binnen- und Seegewässer
- Haager Regeln (Art. 1 [b] Hs. 1) **Einleitung A** 25
Binnen- und Seeschiff, Abgrenzung, siehe See- und Binnenschiff
Binnenschifffahrt
- Betrieb des Schiffes des Erwerbes wegen **§ 476** 35
BIMCO **§ 476** 49
BLU-Code **Einleitung C** 20, 69
Bördordnung **Anhang zu § 478 (Lotse)** 44
BunkerölÜ **Einleitung A** 101

- siehe auch BunkerölÜ, Haftung aus; BunkerölÜ, Pflichtversicherung (Art. 7)
- Anerkennung und Vollstreckung ausländischer Urteile **Art. 10 BunkerölÜ** 1
- Anwendungsbereich **Art. 2 BunkerölÜ** 1, **Art. 4 BunkerölÜ** 1–2
- Außenkompetenz, Mitgliedstaaten **Anhang I.5 zu § 480 (BunkerölÜ)** 3–4
- Bunkeröl **Art. 1 BunkerölÜ** 6–10
- EuGVV, Verhältnis zu **Anhang I.5 zu § 480 (BunkerölÜ)** 3
- HGB § 480, Konkurrenz zu **§ 480** 167
- innerstaatliche Vorschriften, ergänzende **Anhang I.5 zu § 480 (BunkerölÜ)** 5–6
- ÖlHÜ 1992, Verhältnis zu **Anhang I.1 zu § 480 (ÖlHÜ 1992)** 7, **Anhang I.5 zu § 480 (BunkerölÜ)** 1
- Resolutionen zum B. **Anhang I.5 zu § 480 (BunkerölÜ)** 7
- Rom II Art. 7, Anknüpfung der Umweltschädigung, Verhältnis zu **§ 480** 205
- Schiff **Art. 1 BunkerölÜ** 2
- Schiffseigentümer **§ 477** 60, **Art. 1 BunkerölÜ** 3–5
- Staatsschiffe **Art. 4 BunkerölÜ** 2
- Überblick **Anhang I.5 zu § 480 (BunkerölÜ)** 2
- und USchadG **Anhang I.5 zu § 480 (BunkerölÜ)** 4
- Vorrang gegenüber älteren Übereinkommen **Art. 11 BunkerölÜ** 1
- WBÜ, Verhältnis zum **Art. 11 WBÜ** 24–25

BunkerölÜ, Haftung aus
- Ausschluss der Haftung **Art. 3 BunkerölÜ** 4
- Ausschlussfristen **Art. 8 BunkerölÜ** 1
- Begründung der Haftung **Art. 3 BunkerölÜ** 2–3
- Beschränkbarkeit der Haftung **Art. 6 BunkerölÜ** 1–11
- gerichtliche Zuständigkeit **Art. 9 BunkerölÜ** 1
- Konkurrenzen **Art. 3 BunkerölÜ** 5
- mehrere Schiffe, Beteiligung **Art. 5 BunkerölÜ** 1–2
- Rückgriff der Schiffseigentümer **Art. 3 BunkerölÜ** 6–7
- Schiffseigentümer **§ 477** 60, **Art. 1 BunkerölÜ** 3–5

BunkerölÜ, Pflichtversicherung (Art. 7)
- Anerkennung der Versicherungsbescheinigung **Art. 7 BunkerölÜ** 9
- Anforderungen an die Versicherung **Art. 7 BunkerölÜ** 4
- Ausstellung der Versicherungsbescheinigung **Art. 7 BunkerölÜ** 7
- Direktanspruch **Art. 7 BunkerölÜ** 12
- Gegenstand der Versicherung **Art. 7 BunkerölÜ** 3
- Inhalt der Versicherungsbescheinigung **Art. 7 BunkerölÜ** 8
- Nachweis der Versicherung **Art. 7 BunkerölÜ** 5–8
- unzutreffende Versicherungsbescheinigung **Art. 7 BunkerölÜ** 10–11
- Versicherungsbescheinigung **Art. 7 BunkerölÜ** 5–6
- Versicherungspflicht **Art. 7 BunkerölÜ** 2

Charter-Konnossement, Abschaffung des **Einleitung A** 139
CLNI 1988 **Einleitung A** 104
CLNI 2012 **Einleitung A** 104
Crewing **Anhang zu §§ 476, 477 (Manager)** 16–24
- siehe auch Crewing-Manager; Unternehmen
- Bemannung des Schiffes **Anhang zu §§ 476, 477 (Manager)** 17–19
- Versicherung der Besatzung **Anhang zu §§ 476, 477 (Manager)** 19
Crewing-Manager **Anhang zu §§ 476, 477 (Manager)** 16–24
- Arbeitgeber **Anhang zu §§ 476, 477 (Manager)** 21
- Arbeitsvermittler **Anhang zu §§ 476, 477 (Manager)** 23
- Besatzung, Erfüllungsgehilfen des C. **Anhang zu §§ 476, 477 (Manager)** 24
- Betreiber des Schiffes **§ 476** 20–23
- Reeder im Sinne des SeeArbG **Anhang zu §§ 476, 477 (Manager)** 20
- Verleiher **Anhang zu §§ 476, 477 (Manager)** 22
CSS-Code **Einleitung C** 17
CTU-Code **Einleitung C** 19
Cyber-Angriffe **Einleitung C** 140

Darlegung und Beweis
- Betrieb des Schiffes **§ 476** 26
- Erwerb, Betrieb des Schiffes zum **§ 476** 34
- Haftung aus § 480 Satz 1 **§ 480** 101–104
- Verwendung des Schiffes zur Schifffahrt **§ 476** 39
- Verwendung des Schiffes zur Seefahrt **§ 476** 44
deviation, unreasonable **Einleitung A** 67
Dienstpflichten des Kapitäns **Anhang zu § 479 (Kapitän)** 28–67
- Abweichungen von der Reise **Anhang zu § 479 (Kapitän)** 50
- Alkohol **Anhang zu § 479 (Kapitän)** 67
- Antritt der Reise, unverzüglicher **Anhang zu § 479 (Kapitän)** 46
- ausländische Rechtsvorschriften, Einhaltung **Anhang zu § 479 (Kapitän)** 52

- Bordanwesenheit **Anhang zu § 479 (Kapitän)** 66
- Durchführung der Reise, zügige **Anhang zu § 479 (Kapitän)** 49
- Entgegennahme der Güter **Anhang zu § 479 (Kapitän)** 36
- Entladen des Gutes **Anhang zu § 479 (Kapitän)** 41–42
- Erfüllung der D. **Anhang zu § 479 (Kapitän)** 29–31
- Führung und Bedienung des Schiffes **Anhang zu § 479 (Kapitän)** 47–48
- Geschäftsführung für den Reeder **Anhang zu § 479 (Kapitän)** 58–60
- Herausgabe des Gutes **Anhang zu § 479 (Kapitän)** 45
- Lade-, Löscheinrichtungen **Anhang zu § 479 (Kapitän)** 33–35
- Ladung, Sorge für **Anhang zu § 479 (Kapitän)** 33–45
- Ladungsfürsorge **Anhang zu § 479 (Kapitän)** 44
- Ladungstüchtigkeit **Anhang zu § 479 (Kapitän)** 43
- Reise, Durchführung der **Anhang zu § 479 (Kapitän)** 46–51
- Rettung von Leben und Eigentum **Anhang zu § 479 (Kapitän)** 51
- Schiff, Sorge für das **Anhang zu § 479 (Kapitän)** 32
- Schiffspapiere **Anhang zu § 479 (Kapitän)** 53–57
- Stauung des Gutes **Anhang zu § 479 (Kapitän)** 37–40
- Verladen des Gutes **Anhang zu § 479 (Kapitän)** 41–42
- Vertretung des Reeders **Anhang zu § 479 (Kapitän)** 58–63

Distanzlotsung **Anhang zu § 478 (Lotse)** 28
Dritter, „abladender" **Einleitung A** 140
Dritter, benannter **Einleitung A** 140

ECSA **§ 476** 48
Eigentum am Schiff **Einleitung B** 120–123
- siehe Nur-Eigentümer
- Ausrüster **§ 477** 3–4
- Erwerb des E. **Einleitung B** 121
- Ermittlung des Eigentümers **§ 476** 13
- Miteigentum **Einleitung B** 123
- Schutz des E. **Einleitung B** 122
- Übereignung **Einleitung B** 157–161
Eigentümer, Pflicht zur Auskunft über den Ausrüster **§ 477** 17–27
- (Nur-)Eigentümer als Reeder (§ 477 Abs. 3) **§ 477** 22

- Erfüllung **§ 477** 23
- Verjährung **§ 477** 25–27
- Verletzung der Auskunftspflicht **§ 477** 24
EGHGB
- Art. 6 **Einleitung A** 74, 77, 85–87, **§ 480** 139–140
- Art. 8 **Anhang zu § 476 (Art. 7 EGHGB)** 35
- Art. 45 Abs. 1, 46 **Einleitung B** 216–219
Ems, Mündung der **Einleitung C** 9
Ems-Dollart-Vtrg Art. 32 **Anhang zu § 478 (Lotse)** 124, 148, **§ 480** 233–236
EmS-Leitfaden **Einleitung C** 109
EmsSchInfo-Vtrg Art. 6 **Anhang zu § 478 (Lotse)** 123–132, 148
Erfüllungsgehilfe
- Kapitän **Anhang zu § 479 (Kapitän)** 92
- Manager, für den Auftraggeber **Anhang zu §§ 476, 477 (Manager)** 109–113
Erika **Einleitung C** 70
Erika I bis III Pakete **Einleitung C** 70
Erwerb, Betrieb des Schiffes zum **§ 476** 29–35
- siehe auch Nichterwerbsschiffe
- Binnenschifffahrt **§ 476** 35
- Darlegung und Beweis **§ 476** 34
- Erwerb **§ 476** 30–32
- zeitweiser Betrieb zum Erwerb **§ 476** 33
Erwerbsschiff-Vorbehalt **§ 476** 4–8, **Anhang zu § 476 (Art. 7 EGHGB)** 20, **§ 479** 13
„Estonia" **Einleitung C** 69
EuGVV 2012 **Einleitung A** 113–115
- ÖlFÜ 1992, Verhältnis zu **Anhang I.3 zu § 480 (ÖlFÜ 1992)** 3
- Ansprüche aus dem WBÜ **WrBesKoDG § 4** 2–3
- Anerkennung und Vollstreckung, Verhältnis zu Art. X ÖlHÜ 1992 **Art. X ÖlHÜ 1992** 4
- Verhältnis zu den Zuständigkeitsregeln des Art. IX Abs. 1 Satz 1 ÖlHÜ 1992 **Art. VIII ÖlHÜ 1992** 13–17
- Verhältnis zu den Zuständigkeitsregeln des Art. 9 BunkerölÜ **Art. 9 BunkerölÜ** 1
europäisches Recht **Einleitung C** 67–70
- Abschnitt D Anlage SchSG **Einleitung C** 73
gutgläubiger Erwerb, Eigentum am Schiff **Einleitung B** 162–163

Fahrgäste, Schäden der, Haftung
- des Kapitäns **Anhang zu § 479 (Kapitän)** 132–137
- des Lotsen **Anhang zu § 478 (Lotse)** 143–145
- des Managers **Anhang zu §§ 476, 477 (Manager)** 93
- Himalaya-Regelungen **Anhang zu §§ 476, 477 (Manager)** 94, **Anhang zu § 479 (Kapitän)** 133–136
Fernschädigung **Einleitung B** 248

Festlandsockel **Einleitung C** 7
Feststellung der Gefahr (WBÜ Art. 6)
- Beurteilungsspielraum **Art. 6 WBÜ** 5
- Feststellung **Art. 6 WBÜ** 6–7
- Kriterien **Art. 6 WBÜ** 3–4
- Rechtsfolgen **Art. 6 WBÜ** 8
- Rechtsschutz **Art. 6 WBÜ** 9–11
Feuer, Ausschluss der Haftung
- nach Art. 4 § 2 (b) Haag-/Visby Regeln **Einleitung A** 58–59
- im Fünften Buch HGB **Einleitung A** 141
- in Himalaya-Regelungen **Anhang zu § 478 (Lotse)** 138, **Anhang zu § 478 (Kanalsteurer)** 17, **Anhang zu § 479 (Kapitän)** 112–116, **§ 480** 147
Flagge des Schiffes **Einleitung B** 89–118
- Ausweise über die Berechtigung zum Führen des Bundesflagge **Einleitung B** 98–101
- Bundesflagge, Recht und Pflicht zur Führung **Einleitung B** 93–97
- Flaggenhoheit **Einleitung B** 89–92
- Flaggenregister **Einleitung B** 102
- Flaggenstaatkontrolle **Einleitung B** 117–118
- Flaggenstaataudit **Einleitung C** 23
- Führung der Bundesflagge **Einleitung B** 103–106
- Genehmigung zur Ausflaggung **Einleitung B** 107–111
- Seeschiffsregister, internationales (ISR) **Einleitung B** 112–115
- Staatszugehörigkeit des Schiffes **Einleitung B** 92
Frachtverträge, Vertretungsbefugnis des Kapitäns **§ 479** 22–27
Freibord-Übereinkommen **Einleitung C** 26–27

GasChemTankReg **Einleitung C** 108
GC-Code **Einleitung C** 97
Gefahrgut **Einleitung C** 87–115
- siehe GGVSee
- BCH-Code **Einleitung C** 96
- Beförderungsdokumente **Einleitung C** 114
- GC-Code **Einleitung C** 97
- EmS-Leitfaden **Einleitung C** 109
- europäische Vorschriften **Einleitung C** 103
- deutsche Vorschriften (Bund) **Einleitung C** 104–111
- deutsche Vorschriften (Länder) **Einleitung C** 112
- GasChemTankReg **Einleitung C** 108
- Gefahrgutbeauftragter **Einleitung C** 115
- GGBefG **Einleitung C** 105
- IBC-Code **Einleitung C** 96
- IGC-Code **Einleitung C** 97
- IMDG-Code **Einleitung C** 89, 92–95
- IMSBC-Code **Einleitung C** 17, 100–101

- MFAG **Einleitung C** 110
- Pflichten der Beteiligten **Einleitung C** 113
- Qualifikation des Personals **Einleitung C** 115
- MARPOL-Ü Anlage II **Einleitung C** 98
- MARPOL-Ü (revidierte) Anlage III **Einleitung C** 99
- RoRoOstseeMoU **Einleitung C** 102
- SOLAS-Ü Regel II-2/19 Anlage **Einleitung C** 91
- UN-DGTranspRec **Einleitung C** 87
gefährliche Güter
- Unschädlichmachung, erlaubte (Art. 4 § 6 Haag-/Visby Regeln) **Einleitung A** 68
- Haftung des Befrachters **Einleitung A** 72
- Kapitän, Befugnisse des **Anhang zu § 479 (Kapitän)** 88–90
Gesamtschuldner, Ausgleich unter
- Reeder und Kapitän **Anhang zu § 479 (Kapitän)** 150–151, 156
- Reeder und Lotse **Anhang zu § 478 (Lotse)** 161–163
- Reeder und Kanalsteurer **Anhang zu § 478 (Kanalsteurer)** 20
Geschäftsführung ohne Auftrag **Anhang VI zu § 480 (BGB)** 14–15
- §§ 677 ff. BGB, Anwendung der **WrBesKoDG § 1** 1–4
- Aufwendungen, Ersatz von **WrBesKoDG § 2** 1–3
- internationales Privatrecht **Anhang zum WrBesKoDG** 2–8
- Wahl zwischen öffentlich-rechtlichem und privatrechtlichem Vorgehen **Anhang III.3 zu § 480 (Wrackbeseitigung)** 20–21
- Wrack, Pflicht zur Beseitigung **WrBesKoDG § 1** 1–4
GGBefG **Einleitung C** 105
GGVSee **Einleitung C** 106–107
- § 2 Abs. 1 Nr. 19 **§ 477** 41
Große Haverei
- Anwendung auf Nichterwerbsschiffe (Art. 7 Abs. 1 EGHGB) **Anhang zu § 476 (Art. 7 EGHGB)** 46
- Ausrüster **§ 477** 37
- (Nur-)Eigentümer, Stellung des **§ 477** 83
- Kapitän, Pflichten des **Anhang zu § 479 (Kapitän)** 87
Gut, befördertes
- Kapitän, Befugnisse des **Anhang zu § 479 (Kapitän)** 88–90
- Schiff als befördertes Gut **Einleitung B** 42

Haag/Visby Regeln **Einleitung A** 80–87
- Art. 4 § 5 **Einleitung A** 81, 84
- Art. 4bis **Einleitung A** 82
- Art. 10 **Einleitung A** 83

Stichwortverzeichnis

– Änderung der Haager Regeln **Einleitung A** 80–83
– Bedeutung für Deutschland **Einleitung A** 85–87
Haager Regeln **Einleitung A** 17–78
– Art. 1 (b) **Einleitung A** 24, 31–32
– Art. 1 (c) **Einleitung A** 27
– Art. 1 (e) **Einleitung A** 30
– Art. 3 § 1 **Einleitung A** 52–54
– Art. 3 § 2 **Einleitung A** 55–56
– Art. 3 § 3 **Einleitung A** 47–48
– Art. 3 § 4 **Einleitung A** 49, 80
– Art. 3 § 6 Abs. 1–3 **Einleitung A** 61, 80
– Art. 3 § 6 Abs. 4 **Einleitung A** 63, 80
– Art. 3 § 8 **Einleitung A** 34
– Art. 4 § 2 **Einleitung A** 58–59
– Art. 4 § 4 **Einleitung A** 67
– Art. 4 § 5 Haag/Visby Regeln **Einleitung A** 81
– Art. 4 § 5 Abs. 1–3 **Einleitung A** 34, 64–66
– Art. 4 § 5 Abs. 4 **Einleitung A** 60
– Art. 4 § 6 **Einleitung A** 68
– Art. 5 Abs. 1 **Einleitung A** 35
– Art. 6 **Einleitung A** 38–40, 143
– Art. 7 **Einleitung A** 36
– Art. 10 **Einleitung A** 29
– Ablader **Einleitung A** 42
– Änderung durch das Protokoll vom 1979 **Einleitung A** 84
– Änderung durch das Visby Protokoll **Einleitung A** 80–83
– Anwendungsbereich **Einleitung A** 18–40
– Bedeutung für das heutige Seefrachtrecht **Einleitung A** 78
– Befrachter **Einleitung A** 42, 60, 69–72
– Frachtvertrag und Konnossement **Einleitung A** 18–22
– Deutschland, Anwendung der H. in **Einleitung A** 73–77
– gefährliche Güter **Einleitung A** 68–72
– Gut, befördertes (Art. 1 [c]) **Einleitung A** 27
– gleichartige Titel (Art. 1 [b] Hs. 1) **Einleitung A** 24
– Haftung des Befrachters **Einleitung A** 69–72
– Haftung des Unternehmers für Ladungsschäden **Einleitung A** 50–68
– Höchstbetrag der Haftung **Einleitung A** 64–66
– Inkrafttreten **Einleitung A** 73
– Konnossement **Einleitung A** 45–49
– Konnossement, Pflicht zur Ausstellung **Einleitung A** 46
– Konnossement, Geltung für **Einleitung A** 28
– Konnossement und Charter **Einleitung A** 23
– Ladungsfürsorge, Pflicht des Unternehmers zur **Einleitung A** 52–54
– Ladungsschäden **Einleitung A** 50–68

– Landschadensklausel (Art. 7) **Einleitung A** 36
– multimodale Beförderungen **Einleitung A** 32–33
– nicht handelsübliche Verschiffungen **Einleitung A** 38–40
– Schadensanzeige **Einleitung A** 61
– Schiff **Einleitung A** 26
– Seebeförderungen **Einleitung A** 25
– Seetüchtigkeit des Schiffes **Einleitung A** 52–54
– *tackle-to-tackle* (Art. 1 [e]) **Einleitung A** 30
– unrichtige Angaben des Befrachters zu den Gütern **Einleitung A** 60, 71
– Unternehmer **Einleitung A** 41
– Verluste und Schäden in Bezug auf die Güter **Einleitung A** 57
– Vertragsstaat, Ausstellung des Konnossements in (Art. 10) **Einleitung A** 29
– Zeichnungsprotokoll **Einleitung A** 40
– zwingende Geltung **Einleitung A** 33–37
Hafenlotse **Anhang zu § 478 (Lotse)** 30–40
– Hafenlotsenbrüderschaft **Anhang zu § 478 (Lotse)** 32
– Hafenlotsgelder **Anhang zu § 478 (Lotse)** 38–39
– außerhalb Hamburgs und Bremerhavens **Anhang zu § 478 (Lotse)** 40
– in Hamburg und Bremerhaven **Anhang zu § 478 (Lotse)** 31–39
Haftung aus dem Managementvertrag **Anhang zu §§ 476, 477 (Manager)** 65–74
– Beschränkung der Haftung durch den Manager **Anhang zu §§ 476, 477 (Manager)** 66
– Freizeichnung **Anhang zu §§ 476, 477 (Manager)** 67–73
Haftung des Reeders
– siehe auch Verkehrssicherungspflicht
– Schiffswrack, Haftung für **Einleitung B** 248–249
Haftung des Managers gegenüber Dritten **Anhang zu §§ 476, 477 (Manager)** 87–98
– Fahrgäste, Schäden **Anhang zu §§ 476, 477 (Manager)** 93
– Grundlagen **Anhang zu §§ 476, 477 (Manager)** 87–89
– Gut, Verlust oder Beschädigung von **Anhang zu §§ 476, 477 (Manager)** 92
– Kanalisierung der Haftung auf andere Personen **Anhang zu §§ 476, 477 (Manager)** 95
– Himalaya-Regelungen **Anhang zu §§ 476, 477 (Manager)** 91–94
Hamburg Regeln **Einleitung A** 88–93
HBÜ 1996 **Einleitung A** 104
Heimathafen des Schiffes **Einleitung B** 86–88, 129
„Herold" **§ 480** 77
HGB § 480

- siehe HGB § 480, analoge Anwendung; HGB § 480, Konkurrenzen; HGB § 480, Ladungsschäden; HGB § 480, Schadenersatzpflicht
- adjektizische Haftung § 480 2
- adjektizische Haftung und Rechtskraft § 480 248
- Ausübung der Tätigkeit § 480 28–30
- Betrieb eines Seeschiffes § 480 5
- Bordlotse § 480 16–17
- Darlegung und Beweis § 480 101–104
- Einwendungen, eigene, des Reeders § 480 59–61
- Einzelfälle § 480 64
- Geschichte § 480 1
- Gläubiger des Anspruchs § 480 62
- Haftung des Reeders § 480 96–100
- internationales Privatrecht § 480 186–236
- Lotse § 480 9–27
- Mitglied der Schiffsbesatzung § 480 6–8
- Mitverschulden des Reeders, Anwendung des H. § 480 105
- Nichterwerbsschiffe, Anwendung auf § 480 241
- Rechtskraft und adjektizische Haftung § 480 248
- schuldhaftes Verhalten des Besatzungsmitglieds § 480 32
- Schuldner des Anspruchs § 480 63
- Staatsschiffe, Anwendung auf § 480 242–244
- Tatbestand § 480 4–64
- Überwachungspflichten der Schiffsbesatzung § 480 95
- Verjährung des Anspruchs § 480 106–110
- Zwangslotse § 480 18–27
- Zweck § 480 3
HGB § 480, analoge Anwendung § 480 65–94
- Assistenz von Schiffen § 480 84–85
- BinSchG 1898 § 4 Abs. 3 Satz 1 § 480 81–83
- Festmacher § 480 92
- Grundsätzliches § 480 66–72
- Haftung des Schleppers für die Besatzung des Anhangs § 480 80
- Kanalsteurer § 480 93
- Überwachungspflichten der Schiffsbesatzung § 480 95
- Umschlag von Gut § 480 87–90
- Umschlagsunternehmer, Beauftragung durch den Reeder § 480 88–89
- Verschleppung von Schiffen § 480 74–83
- Wachpersonal § 480 91
- Zwangsstauer § 480 90
HGB § 480, Konkurrenzen
- Ansprüche aus Stückgutfrachtvertrag, Reisecharter, Konnossement § 480 179–182
- Ansprüche aus Zeitcharter § 480 183

- AthenÜ 2002 Art. 4 Abs. 1 Satz 2, HGB § 546 Abs. 1 § 480 176, 184
- BGB § 823 Abs. 1 und 2 § 480 172
- BGB § 831 Abs. 1 § 480 173–174
- BGB § 839 Abs. 1 Satz 1, GG Art. 34 Satz 1 § 480 244
- BGB §§ 987 ff. § 480 177
- BunkerölÜ § 480 167
- HGB § 509 Abs. 1 § 480 175
- HNS-Ü 2010 § 480 167
- maritime Nuklearhaftung § 480 168
- ÖlHÜ 1992 § 480 167
- WBÜ § 480 167
- vertragliche Ansprüche § 480 178–185
- ZusÜSee Art. 2 ff., HGB §§ 570 ff. § 480 169–171
HGB § 480, Ladungsschäden § 480 111–159
- siehe auch Himalaya-Regelungen
- Anwendung über EGHGB Art. 6 Abs. 1 Satz 1 § 480 139–140
- Haftungsbefreiungen und -beschränkungen, verschiedene Mechanismen § 480 112
- HGB § 480 Satz 2, Zweck der Regelung § 480 115–117
- HGB § 480 Satz 2 Hs. 2 § 480 138
- HGB §§ 498 ff., Anwendung § 480 134–135
- HGB § 500 Satz 1 (unerlaubte Decksverladung), Anwendung § 480 136
- HGB § 521 Abs. 4 (Falschausliefierung) § 480 137
- Ladungsbeteiligte § 480 121–132
- Schaden wegen Verlust und Beschädigung von Gut § 480 119
- mit dem Schiff befördert § 480 120
- Verhältnis zu HGB § 509 § 480 141
- Verweisung auf HGB §§ 498 ff. § 480 133–137
HGB § 480, Schadenersatzpflicht
- Ausschluss nach SGB VII § 105 Abs. 1 § 480 53–54
- Beschränkbarkeit der Haftung § 480 56–57
- Grundlagen § 480 33–38
- Haftungsbefreiungen und -beschränkungen § 480 40
- internationales Privatrecht § 480 58
- SGB VII §§ 104 ff. § 480 41–54
- Umfang § 480 55
- Schadenersatzpflicht gegenüber einem Dritten § 480 31–58
HGB Fünftes Buch, Entwicklung und Änderungen **Einleitung A** 116–147
Hilfsperson des Verfrachters (§ 501 Satz 2)
- Manager **Anhang zu §§ 476, 477 (Manager)** 110
Himalaya-Regelungen
- siehe auch Himalaya-Regelungen (ausführender Verfrachter, § 509 Abs. 5)

Stichwortverzeichnis

- §§ 498 ff., Anwendung der **Anhang zu § 478 (Lotse)** 133–134, **Anhang zu § 479 (Kapitän)** 106–107
- AthenÜ 2002 Art. 11 **Anhang zu § 479 (Kapitän)** 134
- Auskunft, Anspruch auf, über Haftungsbefreiungen und -beschränkungen **Anhang zu § 478 (Lotse)** 142, **Anhang zu § 479 (Kapitän)** 131
- Bindung des Geschädigten **Anhang zu § 479 (Kapitän)** 101
- Fahrgäste, Schäden der **Anhang zu §§ 476, 477 (Manager)** 94, **Anhang zu § 479 (Kapitän)** 134–137
- gesetzliche H. **Anhang zu § 478 (Lotse)** 132, **Anhang zu § 479 (Kapitän)** 103–105, **§ 480** 143
- Grundgedanken **Anhang zu § 479 (Kapitän)** 99–100
- Haag-Konnossement **§ 480** 149
- Haftungsbefreiungen und -beschränkungen, Fahrgäste, Schäden der, Anwendung **Anhang zu § 479 (Kapitän)** 136
- im Managementvertrag **Anhang zu §§ 476, 477 (Manager)** 74
- internationales Privatrecht **Anhang zu § 478 (Lotse)** 139, **Anhang zu § 479 (Kapitän)** 117–118, 137
- Kapitän, H. zugunsten des **Anhang zu § 479 (Kapitän)** 102
- Kanalsteurer, H. zugunsten des **Anhang zu § 478 (Kanalsteurer)** 17
- Lotse, H. zugunsten des **Anhang zu § 478 (Lotse)** 130–139
- Manager, H. zugunsten des **Anhang zu §§ 476, 477 (Manager)** 91–94, 106
- Reeder, zugunsten des **§ 480** 142–151
- nautisches Verschulden und Feuer **Anhang zu § 478 (Lotse)** 138, **Anhang zu § 479 (Kapitän)** 112–116, **§ 480** 147
- Shipman Klausel 17 (d) **Anhang zu §§ 476, 477 (Manager)** 74
- Vereinbarung von H., Pflicht zur **Anhang zu §§ 476, 477 (Manager)** 94
- vertragliche H. **Anhang zu § 478 (Lotse)** 135–138
- vertragliche H. und HGB § 480 Satz 2 **§ 480** 150
- vertragliche H. und HGB § 509 **§ 480** 151
- vertragliche H. zugunsten des Kapitäns **Anhang zu § 479 (Kapitän)** 109–111
- vertragliche H. zugunsten des Lotsen **Anhang zu § 478 (Lotse)** 136–137
- vertragliche H. zugunsten des Reeders **§ 480** 144–149
- vertragliche H. zugunsten des Verfrachters **Anhang zu § 478 (Lotse)** 135, **Anhang zu § 479 (Kapitän)** 108
- Himalaya-Regelungen (ausführender Verfrachter, § 509 Abs. 5)
- siehe auch Himalaya-Regelungen
- zugunsten des Kapitäns **Anhang zu § 479 (Kapitän)** 128–130
- zugunsten des Lotsen **Anhang zu § 478 (Lotse)** 141
- HNS-Ü 2010 **Einleitung A** 101, **Anhang II zu § 480 (HNS-Ü 2010)** 1–16
- Anwendungsbereich **Anhang II zu § 480 (HNS-Ü 2010)** 4–6
- Außenkompetenz der Mitgliedstaaten **Anhang II zu § 480 (HNS-Ü 2010)** 12–16
- Beschränkbarkeit der Haftung **Anhang II zu § 480 (HNS-Ü 2010)** 8
- Haftung für HNS-Schäden **Anhang II zu § 480 (HNS-Ü 2010)** 7
- HGB § 480, Konkurrenz zu **§ 480** 167
- HNS-Fonds **Anhang II zu § 480 (HNS-Ü 2010)** 10–11
- ÖlHÜ 1992, Verhältnis zu **Anhang I.1 zu § 480 (ÖlHÜ 1992)** 7
- Protokoll von 2010 **Anhang II zu § 480 (HNS-Ü 2010)** 2–3
- Versicherungspflicht **Anhang II zu § 480 (HNS-Ü 2010)** 9
- WBÜ, Verhältnis zu **Art. 11 WBÜ** 12–16
- Hohe See **Einleitung C** 8
- Höchstbetrag der Haftung für Ladungsschäden
- Haag-/Visby Regeln **Einleitung A** 64–66

IAPP-Zeugnis **Einleitung C** 47
IBC-Code **Einleitung C** 96
ICS **§ 476** 47
IG-Code **Einleitung C** 20
IGC-Code **Einleitung C** 97
IMDG-Code **Einleitung C** 89, 92–95
IMSBC-Code **Einleitung C** 17, 100–101
Inhaber der Kernanlage, Haftung des **Anhang IV zu § 480 (maritime Nuklearhaftung)** 5–21
- Ausschlussfristen **Anhang IV zu § 480 (maritime Nuklearhaftung)** 13
- Beschädigung des Schiffes **Anhang IV zu § 480 (maritime Nuklearhaftung)** 21
- Deckungsvorsorge, atomrechtliche **Anhang IV zu § 480 (maritime Nuklearhaftung)** 14
- Entlastung **Anhang IV zu § 480 (maritime Nuklearhaftung)** 8
- Freistellungs-, Ausgleichspflicht des Bundes **Anhang IV zu § 480 (maritime Nuklearhaftung)** 15–16

Stichwortverzeichnis

- Grundlagen **Anhang IV zu § 480 (maritime Nuklearhaftung)** 5-7
- Haftung **Anhang IV zu § 480 (maritime Nuklearhaftung)** 9
- internationales Privatrecht **Anhang IV zu § 480 (maritime Nuklearhaftung)** 17
- Höchstbetrag **Anhang IV zu § 480 (maritime Nuklearhaftung)** 10-12
- Verjährung **Anhang IV zu § 480 (maritime Nuklearhaftung)** 13
- Zuständigkeiten, gerichtliche **Anhang IV zu § 480 (maritime Nuklearhaftung)** 18-20
innerbetrieblicher Schadensausgleich **Anhang zu § 479 (Kapitän)** 17
- Freistellungsanspruch des Kapitäns **Anhang zu § 479 (Kapitän)** 20-21
- zugunsten des Kanalsteurers **Anhang zu § 478 (Kanalsteurer)** 12
- zugunsten des Kapitäns **Anhang zu § 479 (Kapitän)** 18-21, 75
- zugunsten des Lotsen **Anhang zu § 478 (Lotse)** 106
innere Gewässer **Einleitung C** 4
internationales Privatrecht (IPR)
- siehe auch internationales Privatrecht, Haftung des Reeders
- Anwendung des Sachrechts **§ 480** 231
- Abschriften aus dem Tagebuch, Erteilung von **§ 479** 70
- Dienstverhältnis Lotse/Reeder **Anhang zu § 478 (Lotse)** 116-117
- Dienstverhältnis Kanalsteurer/Reeder **Anhang zu § 478 (Kanalsteurer)** 9
- Ems-Dollart-Vtrg Art. 32 **Anhang zu § 478 (Lotse)** 124 **§ 480** 236
- EmsSchInfo-Vtrg Art. 6 **Anhang zu § 478 (Lotse)** 123-132
- Himalaya-Regelungen **Anhang zu § 478 (Lotse)** 139, **Anhang zu § 479 (Kapitän)** 117-118, 137
- Inhaber der Kernanlage, Haftung des **Anhang IV zu § 480 (maritime Nuklearhaftung)** 17
- Kapitän, Haftung gegenüber Dritten **Anhang zu § 479 (Kapitän)** 141
- Kapitän-Reeder-Rechtsverhältnis **Anhang zu § 479 (Kapitän)** 81-83
- Kanalsteurer, Haftung gegenüber Dritten **Anhang zu § 478 (Kanalsteurer)** 16
- KüstenmeerVtrg (NL) Art. 9 Abs. 3 **Anhang zu § 478 (Lotse)** 117
- Lotse, Haftung gegenüber Dritten **Anhang zu § 478 (Lotse)** 147-148
- Managementvertrag, Anknüpfung **Anhang zu §§ 476, 477 (Manager)** 115-116

- Radarlotse, Haftung gegenüber dem Reeder **Anhang zu § 478 (Lotse)** 122-124
- Radarlotse, Haftung gegenüber Dritten **Anhang zu § 478 (Lotse)** 180
- Rechtswahl **§ 480** 230
- Sachenrecht, Schiff **Einleitung B** 216-219
- Schadenersatzpflicht (§ 480 Satz 1) **§ 480** 58
internationales Privatrecht, Haftung des Reeders **§ 480** 186-236
- siehe auch staatsfreies Gebiet, international-privatrechtliche Anknüpfung
- Anwendung des Sachrechts **§ 480** 231
- Erfolgsort, Anknüpfung (Rom II Art. 4 Abs. 1) **§ 480** 189-191
- gemeinsamer gewöhnlicher Aufenthalt, Anknüpfung **§ 480** 192, **Anhang zum WrBesKoDG** 2
- gemeinsame Flagge, Anknüpfung **§ 480** 194
- Geschäftsführung ohne Auftrag **Anhang zum WrBesKoDG** 2-8
- Rechtswahl **§ 480** 230
- schadensbegründendes Ereignis, Ort des (Rom II Art. 7) **§ 480** 204
- Schadenseintritt, gestreckter **§ 480** 232
- Umweltschäden, Anknüpfung (Rom II Art. 7) **§ 480** 200-205
- Umweltschädigung (Rom II Art. 7) **§ 480** 201
- unbekannter Schadensort **§ 480** 232
- unselbständige Anknüpfung **§ 480** 195-199, **Anhang zum WrBesKoDG** 3-5
- Verbindung, offensichtlich engere **§ 480** 193
- vereinheitlichtes Recht, Vorrang **§ 480** 187
IOPP-Zeugnis **Einleitung C** 35
„Irene Oldendorff" **Anhang zu § 478 (Lotse)** 98
ISM-Regelungen **Einleitung C** 116-130
- siehe auch Unternehmen
- DOC **Einleitung C** 129
- SMC **Einleitung C** 130
- SMS **Einleitung C** 126-128
ISPS-Regelungen **Einleitung C** 131-139
- Gefahrenabwehr **Einleitung C** 136-138
- Gefahrenabwehr im Hafen **Einleitung C** 139
- Gefahrenstufen **Einleitung C** 138
- Plan zur Gefahrenabwehr **Einleitung C** 135

Kanalisierung der Haftung auf andere Personen
- zugunsten des Kapitäns **Anhang zu § 479 (Kapitän)** 139
- zugunsten des Kanalsteurers **Anhang zu § 478 (Kanalsteurer)** 15
- zugunsten des Lotsen **Anhang zu § 478 (Lotse)** 146
- zugunsten des Managers **Anhang zu §§ 476, 477 (Manager)** 95
- zugunsten des Radarlotsen **Anhang zu § 478 (Lotse)** 121

- zugunsten des Reeders **Anhang zu § 478 (Lotse)** 94, **Anhang zu § 479 (Kapitän)** 79, **§ 480** 61
Kanalsteurer **Anhang zu § 478 (Kanalsteurer)** 1–21
- Annahme. Pflicht zur **Anhang zu § 478 (Kanalsteurer)** 3
- Beschränkbarkeit der Haftung gegenüber Dritten **Anhang zu § 478 (Kanalsteurer)** 18
- Beschränkbarkeit der Haftung gegenüber dem Reeder **Anhang zu § 478 (Kanalsteurer)** 13
- Entgelt, des K. **Anhang zu § 478 (Kanalsteurer)** 6
- Haftung gegenüber Dritten **Anhang zu § 478 (Kanalsteurer)** 14–21
- Haftung des K gegenüber dem Reeder **Anhang zu § 478 (Kanalsteurer)** 11
- Haftung des Reeders gegenüber K. **Anhang zu § 478 (Kanalsteurer)** 10
- Haftung des Reeders für den K. **Anhang zu § 478 (Kanalsteurer)** 19–20
- Himalaya-Regelungen **Anhang zu § 478 (Kanalsteurer)** 17
- innerbetrieblicher Schadenausgleich **Anhang zu § 478 (Kanalsteurer)** 12
- internationales Privatrecht, Dienstverhältnis zum Reeder **Anhang zu § 478 (Kanalsteurer)** 9
- internationales Privatrecht, Haftung gegenüber Dritten **Anhang zu § 478 (Kanalsteurer)** 16
- Kanalisierung der Haftung auf andere Personen **Anhang zu § 478 (Kanalsteurer)** 15
- Kanalsteurerdienst, Organisation **Anhang zu § 478 (Kanalsteurer)** 1–6
- Nutzungsverhältnis **Anhang zu § 478 (Kanalsteurer)** 8
- Reeder, Verhältnis zum **Anhang zu § 478 (Kanalsteurer)** 9
- SeeLG § 21 Abs. 3, keine Anwendung **Anhang zu § 478 (Kanalsteurer)** 12
- SGB VII §§ 104 ff., Anwendung der **Anhang zu § 478 (Kanalsteurer)** 15
- als sonstige Person der Schiffsbesatzung (§ 478) **§ 478** 58
- Tätigkeit an Bord **Anhang zu § 478 (Kanalsteurer)** 7
- VdKanalSt **Anhang zu § 478 (Kanalsteurer)** 4
- Überwachung durch die Schiffsführung **Anhang zu § 478 (Kanalsteurer)** 21
- Zulassung zum K. **Anhang zu § 478 (Kanalsteurer)** 5
Kapitän
- siehe Kapitän, Haftung gegenüber Dritten; Kapitän, Vertreter des Reeders; Kapitän-Reeder-Rechtsverhältnis

- Abschriften aus dem Tagebuch, Erteilung von **§ 479** 67–70
- als Adressat öffentlich-rechtlicher Vorschriften **Anhang zu § 479 (Kapitän)** 13–15
- Anforderungen, persönliche **Anhang zu § 479 (Kapitän)** 12
- als Arbeitnehmer **Anhang zu § 479 (Kapitän)** 16
- Bergung, Pflichten des K. **Anhang zu § 479 (Kapitän)** 86
- Bergungsmaßnahmen, Verträge über, Vertretungsbefugnis **§ 479** 47
- Besitzdiener des Reeders **Anhang zu § 479 (Kapitän)** 91
- Entscheidungsfreiheit des Kapitäns, Sicherung **Anhang zu § 479 (Kapitän)** 11
- als Erfüllungsgehilfe **Anhang zu § 479 (Kapitän)** 92
- Große Haverei, Pflichten des K. **Anhang zu § 479 (Kapitän)** 87
- Gut, Befugnisse des K. **Anhang zu § 479 (Kapitän)** 88–90
- als Hilfsperson des (ausführenden) Beförderers **Anhang zu § 479 (Kapitän)** 92
- als Hilfsperson des (ausführenden) Verfrachters **Anhang zu § 479 (Kapitän)** 92
- Himalaya-Klausel zugunsten des K. **Anhang zu § 479 (Kapitän)** 102
- innerbetrieblicher Schadensausgleich **Anhang zu § 479 (Kapitän)** 17–21
- Kapitänsrecht, Geschichte **Anhang zu § 479 (Kapitän)** 3–4
- Ladungsbeteiligte, Verhältnis zu den **Anhang zu § 479 (Kapitän)** 84–85
- Prozessstandschaft, gesetzliche, nach § 586 Abs. 4 Satz 2 Hs. 1 **§ 479** 4
- qualifiziertes Verschulden **Anhang zu § 479 (Kapitän)** 144–146
- Meldepflichten des K. **Anhang zu § 479 (Kapitän)** 15, **Art. 5 WBÜ** 1–5
- als Mitglied der Schiffsbesatzung **§ 478** 12–15
- Reeder-Kapitän **Anhang zu § 479 (Kapitän)** 157
- als Repräsentant des Reeders **Anhang zu § 479 (Kapitän)** 92
- Schiff, Gefahren für **Anhang zu § 479 (Kapitän)** 7
- Schiffsbetrieb, Durchführung **Anhang zu § 479 (Kapitän)** 6
- Schiffstagebuch, Pflicht zur Eintragung (§ 479 Abs. 2) **§ 479** 60–65
- Sicherheit und Ordnung an Bord **Anhang zu § 479 (Kapitän)** 8–10
- Stellung an Bord **Anhang zu § 479 (Kapitän)** 5–11

Stichwortverzeichnis

– als Verrichtungsgehilfe **Anhang zu § 479 (Kapitän)** 92
– Vertreter des Ausrüsters **§ 477** 39
– Vertreter des Verfrachters, Ausstellung von Konnossementen **§ 479** 48
Kapitän, Haftung gegenüber Dritten **Anhang zu § 479 (Kapitän)** 93–143
– Amtshaftung **Anhang zu § 479 (Kapitän)** 138
– Beschränkbarkeit der Haftung **Anhang zu § 479 (Kapitän)** 141–143
– Grundlagen der Haftung **Anhang zu § 479 (Kapitän)** 94–95
– internationales Privatrecht **Anhang zu § 479 (Kapitän)** 141
– Kanalisierung der Haftung auf andere **Anhang zu § 479 (Kapitän)** 139
– Ladungsschäden **Anhang zu § 479 (Kapitän)** 96–131
– qualifiziertes Verschulden **Anhang zu § 479 (Kapitän)** 144–146
– Rückgriff beim Reeder **Anhang zu § 479 (Kapitän)** 147–151
– Schiffsgläubigerrechte **Anhang zu § 479 (Kapitän)** 140
– Weisungen des Reeders, Befolgung von **Anhang zu § 479 (Kapitän)** 69–70
Kapitän, Vertreter des Reeders **§ 479** 1–46
– Betrieb des Schiffes, gewöhnlicher, Vertretungsbefugnis **§ 479** 18–21
– Bevollmächtigung, abweichende **§ 479** 34–38
– Frachtverträge, Vertretungsbefugnis **§ 479** 22–27
– Geschäfte und Rechtshandlungen **§ 479** 17
– gesetzliche Zustellungsvollmacht nach § 619 **§ 479** 4
– Handeln im Namen des Reeders **§ 479** 40–41
– Innenverhältnis, Kapitän-Reeder-Rechtsverhältnis **Anhang zu § 479 (Kapitän)** 61–65
– internationales Privatrecht **§ 479** 42–45
– Konnossemente, Vertretungsbefugnis **§ 479** 28–31
– Pflichtverletzungen des K. **Anhang zu § 479 (Kapitän)** 64–65
– sonstige Verträge über die Verwendung des Schiffes **§ 479** 32
– Unterbevollmächtigung **§ 479** 33
– Vertreter ohne Vertretungsmacht **§ 479** 39
– Vertretungsbefugnis für den Reeder **§ 479** 14
– Vertretungsbefugnis nach § 479 Abs. 1, Umfang **§ 479** 16–33
– Vertretungsbefugnis, früheres Recht **§ 479** 6–12
– Vertretungsbefugnis, gesetzliche, Beschränkung (§ 479 Abs. 1 Satz 3) **§ 479** 36–38
– Vertretungsbefugnis, gesetzliche, Erweiterung **§ 479** 35

Kapitän-Reeder-Rechtsverhältnis **Anhang zu § 479 (Kapitän)** 22–83
– siehe auch Dienstpflichten des Kapitäns
– und Arbeitsrecht **Anhang zu § 479 (Kapitän)** 24
– Beschränkbarkeit der Haftung **Anhang zu § 479 (Kapitän)** 76, 80
– Beginn des K. **Anhang zu § 479 (Kapitän)** 27
– Ende des K. **Anhang zu § 479 (Kapitän)** 27
– Grundlagen **Anhang zu § 479 (Kapitän)** 23–26
– Haftung des Kapitäns **Anhang zu § 479 (Kapitän)** 74–76
– Haftung des Reeders **Anhang zu § 479 (Kapitän)** 77–80
– innerbetrieblicher Schadensausgleich **Anhang zu § 479 (Kapitän)** 75
– internationales Privatrecht **Anhang zu § 479 (Kapitän)** 81–83
– Rechtsquellen **Anhang zu § 479 (Kapitän)** 25–26
– Reeder-Kapitän **Anhang zu § 479 (Kapitän)** 157
– Rückgriff des Kapitäns nach Befolgung von Weisungen **Anhang zu § 479 (Kapitän)** 72
– Rückgriff des Kapitäns nach Inanspruchnahme durch Dritte **Anhang zu § 479 (Kapitän)** 147–151
– Rückgriff des Reeders nach Inanspruchnahme durch Dritte **Anhang zu § 479 (Kapitän)** 156
– Übertragung der Weisungsbefugnis auf andere **Anhang zu § 479 (Kapitän)** 73
– Weisungsbefugnis des Reeders **Anhang zu § 479 (Kapitän)** 68–73
Kaufmann, der Reeder als **§ 476** 45
Kernmaterialien, beförderte, Haftung für **Anhang IV zu § 480 (maritime Nuklearhaftung)** 33–38
– Beförderer, ausnahmsweise Haftung **Anhang IV zu § 480 (maritime Nuklearhaftung)** 34
– Befreiung von der Haftung **Anhang IV zu § 480 (maritime Nuklearhaftung)** 35–38
– Inhaber der Kernenergieanlage, grundsätzliche Haftung **Anhang IV zu § 480 (maritime Nuklearhaftung)** 33
– KernmaterialBefÜ **Einleitung A** 102
– ÖlHÜ 1992, Verhältnis zu **Anhang I.1 zu § 480 (ÖlHÜ 1992)** 7
Kleinfahrzeuge **Einleitung B** 6, 7, 44–46
Konnossement
– Ausstellung, Pflicht zur (Art. 3 § 3 Abs. 1 Haager Regeln) **Einleitung A** 45
– Beweisfunktion **Einleitung A** 49
– Haager Regeln **Einleitung A** 28, 45–49
– Inhalt **Einleitung A** 47–48
– Vertretungsbefugnis des Kapitäns **§ 479** 28–31

Kontokorrent, Managementvertrag **Anhang zu §§ 476, 477 (Manager)** 55–59
– Beendigung **Anhang zu §§ 476, 477 (Manager)** 58
– Durchführung **Anhang zu §§ 476, 477 (Manager)** 57
– eingestellte Ansprüche und Leistungen **Anhang zu §§ 476, 477 (Manager)** 56
– Shipman Klausel 11 **Anhang zu §§ 476, 477 (Manager)** 59
kommerzielles Management **Anhang zu §§ 476, 477 (Manager)** 25
Korrespondentreeder **§ 476** 10, **Anhang zu §§ 476, 477 (Manager)** 3
Küstenmeer **Einleitung C** 5
KüstenmeerVtrg (NL) **Anhang zu § 478 (Lotse)** 117, 148, **Art. II ÖlHÜ 1992** 2

Ladungsbeteiligte **§ 480** 121–132
– des Frachtvertrages **§ 480** 128
– Kapitän, Verhältnis zu den L. **Anhang zu § 479 (Kapitän)** 84–85
– einer Partie **§ 480** 129
– die Rechtsverhältnisse untereinander **§ 480** 130–132
– des Schiffes **§ 480** 122–127
Ladungsfürsorge, Pflicht des Unternehmers zur, nach Art. 3 § 2 Haag-/Visby Regeln **Einleitung A** 52–54
Ladungsschäden, Haftung für
– siehe auch Himalaya-Regelungen; Ladungsschäden, Haftung für, Ausschlussgründe; Ladungsschäden, Höchstbetrag der Haftung;
– des Kapitäns **Anhang zu § 479 (Kapitän)** 96–131
– des Lotsen **Anhang zu § 478 (Lotse)** 129–142
– des Managers **Anhang zu §§ 476, 477 (Manager)** 92–94
– des Reeders **§ 480** 111–159
– des Unternehmers im Sinne der Haag-/Visby Regeln **Einleitung A** 50–68
Ladungsschäden, Haftung für, Grundlagen
– Haag-/Visby Regeln **Einleitung A** 50–68
– Kapitän **Anhang zu § 479 (Kapitän)** 97
– Lotse **Anhang zu § 478 (Lotse)** 129
Ladungsschäden, Haftung für, Ausschlussgründe
– nach Art. 4 § 2 Haag-/Visby Regeln **Einleitung A** 58–59
– Schadensanzeige (Art. 3 § 6 Haag-/Visby Regeln) **Einleitung A** 61
– unrichtige Angaben des Befrachters(Art. 4 § 5 Abs. 4 Haag-/Visby Regeln) **Einleitung A** 60
Ladungsschäden, Haftungsbefreiungen und -beschränkungen

– drei Mechanismen **Anhang zu § 479 (Kapitän)** 96, **§ 480** 112
Ladungsschäden, Höchstbetrag der Haftung
– Haag-/Visby Regeln **Einleitung A** 64–66
LASH-System **Einleitung B** 43
Lotsabgabe, Lotsgeld **Anhang zu § 478 (Lotse)** 17–27
– Beitreibung **Anhang zu § 478 (Lotse)** 24
– Charterer, Haftung des **Anhang zu § 478 (Lotse)** 24
– Gläubiger **Anhang zu § 478 (Lotse)** 23
– Hafenlotsgelder **Anhang zu § 478 (Lotse)** 38–39
– Fälligkeit **Anhang zu § 478 (Lotse)** 25
– Schiffsgläubigerrecht **Anhang zu § 478 (Lotse)** 27
– Schuldner **Anhang zu § 478 (Lotse)** 24
– Verjährung der Ansprüche **Anhang zu § 478 (Lotse)** 26
– Vertreter, Haftung des **Anhang zu § 478 (Lotse)** 24
Lotsgeld, siehe Lotsabgabe
Lotse
– siehe auch Hafenlotse; Lotse, Haftung gegenüber dem Reeder; Lotse, Haftung gegenüber Dritten; Lotse, Verhältnis zum Reeder; Radarlotse; Reeder, Haftung gegenüber dem Lotsen; Schiffsführungslotse; Seelotswesen; Zwangslotse
– als Adressat verkehrsrechtlicher Vorschriften **Anhang zu § 478 (Lotse)** 65
– Ausholen **Anhang zu § 478 (Lotse)** 96
– Bedienung von Manövereinrichtungen, eigenhändige **Anhang zu § 478 (Lotse)** 62–63, 90
– Beginn der Beratung **Anhang zu § 478 (Lotse)** 59
– an Bord und von Bord **Anhang zu § 478 (Lotse)** 45–50
– Alkohol **Anhang zu § 478 (Lotse)** 67
– Anforderung des L. **Anhang zu § 478 (Lotse)** 42
– Ausbildung **Anhang zu § 478 (Lotse)** 15–16
– Beförderung des L., durch Private **Anhang zu § 478 (Lotse)** 49
– Beratung der Schiffsführung **Anhang zu § 478 (Lotse)** 53–64
– Bestallung **Anhang zu § 478 (Lotse)** 15–16, 36
– Beruf, freier, nichtgewerblicher **Anhang zu § 478 (Lotse)** 17, 37
– Börtordnung **Anhang zu § 478 (Lotse)** 44
– Dokumente **Anhang zu § 478 (Lotse)** 66
– Durchführung der Lotsung, Pflicht zur **Anhang zu § 478 (Lotse)** 43
– Eignung **Anhang zu § 478 (Lotse)** 15–16
– Einzelfälle, Verhalten des L. **Anhang zu § 478 (Lotse)** 72
– Ende der Beratung **Anhang zu § 478 (Lotse)** 60

- Erkundigung, Pflicht zur, bei Schiffsführung **Anhang zu § 478 (Lotse)** 52
- HGB § 480, Lotse im Sinne des **§ 480** 11–14
- Lotsabgaben **Anhang zu § 478 (Lotse)** 18–27
- Lotsenannahmepflicht **Anhang zu § 478 (Lotse)** 9–10, 34
- Lotsenstation **Anhang zu § 478 (Lotse)** 47
- Lotsgeld **Anhang zu § 478 (Lotse)** 18–27
- mehrere L. **Anhang zu § 478 (Lotse)** 58
- Meldepflichten des L. **Anhang zu § 478 (Lotse)** 68–70
- Mitteilung, Pflicht zur, der Schiffsführung **Anhang zu § 478 (Lotse)** 52
- Nur-Eigentümer, Haftung des L. gegenüber dem **Anhang zu § 478 (Lotse)** 105
- Revierlotse als sonstige Person der Schiffsbesatzung **§ 478** 52–55
- Schiffsführung, Übergang auf den L. **Anhang zu § 478 (Lotse)** 64, 91
- Schiffsführungslotse als sonstige Person der Schiffsbesatzung **§ 478** 57
- Selbstverwaltung **Anhang zu § 478 (Lotse)** 11–14, 34
- als sonstige Person der Schiffsbesatzung **§ 478** 51–57
- STCW-Code A-VIII/2.49 und 50 **Anhang zu § 478 (Lotse)** 61
- Überseelotse als sonstige Person der Schiffsbesatzung **§ 478** 56
- Überwachung durch die Schiffsführung **Anhang zu § 478 (Lotse)** 175
- Umschreibung **§ 480** 10
- Versetzung **Anhang zu § 478 (Lotse)** 95

Lotse, Haftung gegenüber dem Reeder **Anhang zu § 478 (Lotse)** 100–115
- siehe auch SeeLG § 21 Abs. 3
- Beschränkbarkeit der Haftung **Anhang zu § 478 (Lotse)** 107, 119
- Einzelfälle **Anhang zu § 478 (Lotse)** 102 120
- Grundlagen der Haftung **Anhang zu § 478 (Lotse)** 101–103
- innerbetrieblicher Schadensausgleich **Anhang zu § 478 (Lotse)** 106
- Manövereinrichtungen, eigenhändige Bedienung **Anhang zu § 478 (Lotse)** 113
- mitwirkendes Verhalten des Reeders **Anhang zu § 478 (Lotse)** 104
- Nur-Eigentümer **Anhang zu § 478 (Lotse)** 105
- Radarlotse **Anhang zu § 478 (Lotse)** 118–124
- Rückgriff des Reeders **Anhang zu § 478 (Lotse)** 167–174
- Schiffsführung, Übernahme der **Anhang zu § 478 (Lotse)** 113–115
- Überwachung durch die Schiffsführung **Anhang zu § 478 (Lotse)** 175

Lotse, Haftung gegenüber Dritten **Anhang zu § 478 (Lotse)** 125–163
- siehe auch qualifiziertes Verschulden, Durchgriff, Schiffsgläubigerrecht
- Beschränkbarkeit der Haftung **Anhang zu § 478 (Lotse)** 149–156
- Beschränkbarkeit der Haftung nach dem HBÜ 1996 **Anhang zu § 478 (Lotse)** 150–151
- Beschränkbarkeit der Haftung nach §§ 4 ff. BinSchG **Anhang zu § 478 (Lotse)** 152–154
- Fahrgäste, Schäden der **Anhang zu § 478 (Lotse)** 143–145
- Grundlagen **Anhang zu § 478 (Lotse)** 127–128
- internationales Privatrecht **Anhang zu § 478 (Lotse)** 147–148
- Kanalisierung der Haftung auf andere Personen **Anhang zu § 478 (Lotse)** 146
- Ladungsschäden, Haftung für **Anhang zu § 478 (Lotse)** 129–142
- Schiffsgläubigerrechte **Anhang zu § 478 (Lotse)** 157
- VO Athen Art. 5 **Anhang zu § 478 (Lotse)** 155–156

Lotse, Verhältnis zum Reeder **Anhang zu § 478 (Lotse)** 86–117
- siehe auch Lotse, Haftung gegenüber dem Reeder; Lotse, Haftung gegenüber Dritten; Reeder, Haftung gegenüber dem Lotsen
- Begründung des Rechtsverhältnisses **Anhang zu § 478 (Lotse)** 88
- internationales Privatrecht **Anhang zu § 478 (Lotse)** 116–117
- Inhalt **Anhang zu § 478 (Lotse)** 89
- Radarlotse **Anhang zu § 478 (Lotse)** 118–124
- Rechtsnatur **Anhang zu § 478 (Lotse)** 89

LuganoÜ 2007 **Einleitung A** 113–115
- Verhältnis zu den Zuständigkeitsregeln des Art. IX Abs. 1 Satz 1 ÖlHÜ 1992 **Art. VIII ÖlHÜ 1992** 13–17

MARPOL-Übereinkommen 1978 **Einleitung C** 29–60
- Anlage I **Einleitung C** 34–42
- Anlage II **Einleitung C** 98
- (revidierte) Anlage III **Einleitung C** 99
- Anlage IV **Einleitung C** 43–44
- (revidierte) Anlage V **Einleitung C** 45
- (revidierte) Anlage VI **Einleitung C** 46–60
- Meldung von Ereignissen **Einleitung C** 31

Managementvertrag **Anhang zu §§ 476, 477 (Manager)** 7–11
- siehe auch Beendigung des M.; Haftung aus dem Managementvertrag; Kontokorrent
- AGB **Anhang zu §§ 476, 477 (Manager)** 10

- An- und Verkauf des Schiffes **Anhang zu §§ 476, 477 (Manager)** 28
- Auftraggeber, Pflichten des **Anhang zu §§ 476, 477 (Manager)** 48–64
- Aufwendungen, Ersatz von **Anhang zu §§ 476, 477 (Manager)** 51–59
- Auskünfte **Anhang zu §§ 476, 477 (Manager)** 35
- Buchführung **Anhang zu §§ 476, 477 (Manager)** 32–34
- Budget, Erstellung eines **Anhang zu §§ 476, 477 (Manager)** 30
- Einschaltung selbständiger Unternehmer **Anhang zu §§ 476, 477 (Manager)** 45–47
- Herausgabe des Erlangten **Anhang zu §§ 476, 477 (Manager)** 36–38
- Interessen, geschäftliche, Wahrung **Anhang zu §§ 476, 477 (Manager)** 43, 64
- internationales Privatrecht **Anhang zu §§ 476, 477 (Manager)** 115–116
- Kredit **Anhang zu §§ 476, 477 (Manager)** 54
- Mitwirkung des Auftraggebers **Anhang zu §§ 476, 477 (Manager)** 61
- Pflichten des Managers **Anhang zu §§ 476, 477 (Manager)** 26–44
- Rechnungslegung **Anhang zu §§ 476, 477 (Manager)** 32–34
- Rechtsnatur **Anhang zu §§ 476, 477 (Manager)** 8
- Schiedsvereinbarungen **Anhang zu §§ 476, 477 (Manager)** 11
- Standardformulare **Anhang zu §§ 476, 477 (Manager)** 9
- Streitigkeiten mit Dritten **Anhang zu §§ 476, 477 (Manager)** 29
- Unterlagen, Herausgabe von **Anhang zu §§ 476, 477 (Manager)** 39
- Vergütung **Anhang zu §§ 476, 477 (Manager)** 49–50
- Versicherung des Schiffes **Anhang zu §§ 476, 477 (Manager)** 26–27, 62–63
- Vorschuss **Anhang zu §§ 476, 477 (Manager)** 52
- Weisungen des Auftraggebers **Anhang zu §§ 476, 477 (Manager)** 8, 44
- Wirtschaften, ordnungsgemäßes **Anhang zu §§ 476, 477 (Manager)** 40–41
- Zugang zum Schiff **Anhang zu §§ 476, 477 (Manager)** 42
- Zurverfügungstellung des Schiffes durch den Auftraggeber **Anhang zu §§ 476, 477 (Manager)** 60

Manager
- siehe Crewing; Crewing-Manager; Haftung des Managers gegenüber Dritten; Managementvertrag; Kontokorrent, Managementvertrag; Unternehmen
- Adressat, unmittelbarer, von Vorschriften **Anhang zu §§ 476, 477 (Manager)** 5–6
- als Beauftragter des Beförderers **Anhang zu §§ 476, 477 (Manager)** 111
- Beschränkbarkeit der Haftung **Anhang zu §§ 476, 477 (Manager)** 96–97
- Betrieb des Schiffes für den Auftraggeber **§ 476** 23, **Anhang zu §§ 476, 477 (Manager)** 4
- BunkerölÜ, Haftung des M. aus **Art. 1 BunkerölÜ** 5
- als Erfüllungsgehilfe **Anhang zu §§ 476, 477 (Manager)** 109–113
- Haftung gegenüber Dritten **Anhang zu §§ 476, 477 (Manager)** 87–98, **Art. 1 BunkerölÜ** 5
- Haftung des Auftraggebers für den M. **Anhang zu §§ 476, 477 (Manager)** 99–114
- Handeln im Namen des Auftraggebers **Anhang zu §§ 476, 477 (Manager)** 86
- als Hilfsperson des Verfrachters **Anhang zu §§ 476, 477 (Manager)** 110
- kommerzielles Management **Anhang zu §§ 476, 477 (Manager)** 25
- mehrere Schiffes **Anhang zu §§ 476, 477 (Manager)** 31
- Pflichten des **Anhang zu §§ 476, 477 (Manager)** 12–47
- qualifiziertes Verschulden **Anhang zu §§ 476, 477 (Manager)** 107
- Repräsentant des Auftraggebers **Anhang zu §§ 476, 477 (Manager)** 100–107
- technisches Management **Anhang zu §§ 476, 477 (Manager)** 15
- Übersetzung der Umschreibung „Manager" **Anhang zu §§ 476, 477 (Manager)** 6
- Unternehmer im Sinne der ISM-Regelungen **Einleitung C** 123, **Anhang zu §§ 476, 477 (Manager)** 18, 83
- Verrichtungsgehilfe des Auftraggebers **Anhang zu §§ 476, 477 (Manager)** 108
- Vertreter des Auftraggebers **Anhang zu §§ 476, 477 (Manager)** 84–86
- Vertretungsbefugnis für den Auftraggeber **Anhang zu §§ 476, 477 (Manager)** 85

Manövereinrichtungen, eigenhändige Bedienung durch den Lotsen **Anhang zu § 478 (Lotse)** 62–63, 90, 113–115

MaßnahmeÜ, MaßnahmeProt **Anhang III.1 zu § 480 (WBÜ)** 7–17, **Art. 4 WBÜ** 2–4, **Art. 10 WBÜ** 23

Meldepflichten
- Betreiber **Art. 5 WBÜ** 1–5
- Lotse **Anhang zu § 478 (Lotse)** 68–70

– Kapitän **Anhang zu § 479 (Kapitän)** 15, **Art. 5 WBÜ** 1–5
MFAG **Einleitung C** 110

nautisches Verschulden, Ausschluss der Haftung
– nach Art. 4 § 2 (a) Haag-/Visby Regeln **Einleitung A** 58–59
– im Fünften Buch HGB **Einleitung A** 141
– in Himalaya-Regelungen **Anhang zu § 478 (Lotse)** 138, **Anhang zu § 478 (Kanalsteurer)** 17, **Anhang zu § 479 (Kapitän)** 112–116, **§ 480** 147
Nichterwerbsschiffe **Anhang zu § 476 (Art. 7 EGHGB)** 3–56
– siehe auch Staatsschiffe
– **§ 478**, Anwendung des **§ 478** 79
– **§ 480**, Anwendung des **Anhang zu § 476 (Art. 7 EGHGB)** 7–10, **§ 480** 241
– §§ 570 ff., Anwendung der **Anhang zu § 476 (Art. 7 EGHGB)** 11–25
– §§ 574 ff., Anwendung der **Anhang zu § 476 (Art. 7 EGHGB)** 26–36
– §§ 588 ff., Anwendung der **Anhang zu § 476 (Art. 7 EGHGB)** 46
– §§ 596 ff., Anwendung der **Anhang zu § 476 (Art. 7 EGHGB)** 47–54
– §§ 611 ff., Anwendung der **Anhang zu § 476 (Art. 7 EGHGB)** 37–45
– Art. 8 EGHGB **Anhang zu § 476 (Art. 7 EGHGB)** 35
– Ausrüster **Anhang zu § 476 (Art. 7 EGHGB)** 10, 25, 36, **§ 477** 6
– Umschreibung der Schiffsbesatzung in § 478 **§ 478** 7
– Wechsel des Erwerbs **Anhang zu § 476 (Art. 7 EGHGB)** 50
Nießbrauch am Schiff **Einleitung B** 215
Nuklearhaftung
– siehe Inhaber der Kernanlage, Haftung des; Reaktorschiffe, Haftung für; Kernmaterialien, beförderte, Haftung für
– ParisÜ, ParisZusatzÜ **Anhang IV zu § 480 (maritime Nuklearhaftung)** 2–4
– sonstige radioaktive Stoffe, beförderte Haftung für (§§ 26 ff. AtomG) **Anhang IV zu § 480 (maritime Nuklearhaftung)** 39–42
– WBÜ, Verhältnis zum **Art. 11 WBÜ** 17–20
Nur-Eigentümer des Schiffes **§ 476** 51, **§ 477** 81–88
– siehe auch Ausrüster-Einwendung
– Adressat von Vorschriften **§ 477** 82–86
– Berechtigung, fehlende, Ausrüster **§ 477** 38
– Freiwerden, Haftung des Ausrüsters **§ 477** 33
– Haftung des N. **§ 477** 87
– Kosten, Haftung für **§ 477** 86

– als Reeder (§ 477 Abs. 3) **§ 477** 22
– WBÜ Art. 1 Abs. 8 **Art. 1 WBÜ** 45
– Zusammenstoß, Ansprüche des N., Ausrüster **§ 477** 35, 88
Nutzung des Seelotsreviers **Anhang zu § 478 (Lotse)** 76–86
– Begründung des Nutzungsverhältnisses **Anhang zu § 478 (Lotse)** 78–79
– Inhalt des Nutzungsverhältnisses **Anhang zu § 478 (Lotse)** 77–79
– Pflicht zur Stellung eines Bordlotsen **Anhang zu § 478 (Lotse)** 81–85
– Zurverfügungstellung von Landradarberatung **Anhang zu § 478 (Lotse)** 86
Nutzungsausfall, Ansprüche des Reeders **Anhang IX zu § 480 (Ansprüche des Reeders)** 10–11

öffentlich-rechtliche Kostenerstattung **Anhang VIII zu § 480 (öffentlich-rechtliche Kostenerstattung)**
ÖlFÜ 1992 **Einleitung A** 101
– Ansprüche des Eigentümers selbst **Anhang I.3 zu § 480 (ÖlFÜ 1992)** 14
– Anerkennung und Vollstreckung, Urteile gegen den Ölfonds **Anhang I.3 zu § 480 (ÖlFÜ 1992)** 33
– Anwendungsbereich **Anhang I.3 zu § 480 (ÖlFÜ 1992)** 5
– Ausfall des Eigentümers und des Versicherers, Haftung des Ölfonds **Anhang I.3 zu § 480 (ÖlFÜ 1992)** 9–12
– Außenkompetenz, Mitgliedstaaten **Anhang I.1 zu § 480 (ÖlHÜ 1992)** 5, **Anhang I.3 zu § 480 (ÖlFÜ 1992)** 3–4
– Einwendungen des Ölfonds **Anhang I.3 zu § 480 (ÖlFÜ 1992)** 15–17
– Entschädigung, Anspruch auf **Anhang I.3 zu § 480 (ÖlFÜ 1992)** 6–23
– Entschädigung, Tatbestände **Anhang I.3 zu § 480 (ÖlFÜ 1992)** 7–14
– Fristen **Anhang I.3 zu § 480 (ÖlFÜ 1992)** 23
– Grundlagen **Anhang I.3 zu § 480 (ÖlFÜ 1992)** 2
– Geschichte **Anhang I.1 zu § 480 (ÖlHÜ 1992)** 2–3
– Höchstbetrag der Haftung **Anhang I.3 zu § 480 (ÖlFÜ 1992)** 18–20
– Inanspruchnahme des Ölfonds, unmittelbare **Anhang I.3 zu § 480 (ÖlFÜ 1992)** 21
– innerstaatliche Vorschriften, ergänzende **Anhang I.1 zu § 480 (ÖlHÜ 1992)** 4
– Ölfonds, Beiträge **Anhang I.3 zu § 480 (ÖlFÜ 1992)** 25–28
– Ölfonds, Grundlagen **Anhang I.3 zu § 480 (ÖlFÜ 199 2)** 24

– Ölfonds, Organisation und Verwaltung **Anhang I.3 zu § 480 (ÖlFÜ 1992)** 29
– ÖlSG § 15 **Anhang I.3 zu § 480 (ÖlFÜ 1992)** 28
– Rückgriff des Ölfonds **Anhang I.3 zu § 480 (ÖlFÜ 1992)** 22
– überschießende Haftung des Ölfonds **Anhang I.3 zu § 480 (ÖlFÜ 1992)** 13
– und USchadG **Anhang I.1 zu § 480 (ÖlHÜ 1992)** 6
– Zuständigkeit für Klagen gegen den Ölfonds **Anhang I.3 zu § 480 (ÖlFÜ 1992)** 30–32
ÖlFÜProt 2003 **Einleitung A** 101
– Anerkennung und Vollstreckung, Urteile gegen den Zusatzfonds **Anhang I.4 zu § 480 (ÖlFÜProt 2003)** 22–23
– Ansprüche gegen den Zusatzfonds **Anhang I.4 zu § 480 (ÖlFÜProt 2003)** 9
– Anwendungsbereich **Anhang I.4 zu § 480 (ÖlFÜProt 2003)** 5
– Außenkompetenz, Mitgliedstaaten **Anhang I.1 zu § 480 (ÖlHÜ 1992)** 5, **Anhang I.4 zu § 480 (ÖlFÜProt 2003)** 3–4
– Beiträge an den Zusatzfonds **Anhang I.4 zu § 480 (ÖlFÜProt 2003)** 13–17
– Entschädigung **Anhang I.4 zu § 480 (ÖlFÜProt 2003)** 6–11
– Fristen **Anhang I.4 zu § 480 (ÖlFÜProt 2003)** 11
– Geschichte **Anhang I.1 zu § 480 (ÖlHÜ 1992)** 2–3
– Grundlagen **Anhang I.4 zu § 480 (ÖlFÜProt 2003)** 2
– Haftung des Zusatzfonds **Anhang I.4 zu § 480 (ÖlFÜProt 2003)** 7
– Höchstbetrag **Anhang I.4 zu § 480 (ÖlFÜProt 2003)** 8
– innerstaatliche Vorschriften, ergänzende **Anhang I.1 zu § 480 (ÖlHÜ 1992)** 4
– ÖlFÜ 1992, Verhältnis zu **Anhang I.4 zu § 480 (ÖlFÜProt 2003)** 1
– Rückgriff des Zusatzfonds **Anhang I.4 zu § 480 (ÖlFÜProt 2003)** 10
– und USchadG **Anhang I.1 zu § 480 (ÖlHÜ 1992)** 6, **Anhang I.4 zu § 480 (ÖlFÜProt 2003)** 4
– Zusatzfonds **Anhang I.4 zu § 480 (ÖlFÜProt 2003)** 12–18
– Zusatzfonds, Organisation und Verwaltung **Anhang I.4 zu § 480 (ÖlFÜProt 2003)** 18
– Zuständigkeit für Klagen gegen den Zusatzfonds **Anhang I.4 zu § 480 (ÖlFÜProt 2003)** 19–21
ÖHÜ 1992 **Einleitung A** 101
– siehe ÖlFÜ 1992; ÖlFÜProt 2003; ÖlHÜ 1992, Beschränkbarkeit der Haftung; ÖlHÜ 1992, Haftung des Eigentümers; ÖlHÜ 1992, Kanalisierung der Haftung; ÖlHÜ 1992, Pflichtversicherung
– AntarktisV-UmwProt VI bzw. AntHaftG-E, Verhältnis zu **Anhang I.1 zu § 480 (ÖlHÜ 1992)** 7
– Außenkompetenz, Mitgliedstaaten **Anhang I.1 zu § 480 (ÖlHÜ 1992)** 5
– BunkerölÜ, Verhältnis zu **Anhang I.1 zu § 480 (ÖlHÜ 1992)** 7
– Eigentümer (Art. I Nr. 3) **Art. I ÖlHÜ 1992** 5–6
– Ereignis (Art. I Nr. 6) **Art. I ÖlHÜ 1992** 17–18
– Geschichte **Anhang I.1 zu § 480 (ÖlHÜ 1992)** 2–3
– Grundlage des Anspruchs gegen den Eigentümer **Art. III ÖlHÜ 1992** 2–4
– HBÜ 1996, Verhältnis zu **Anhang I.1 zu § 480 (ÖlHÜ 1992)** 8
– HGB § 480, Konkurrenz zu **§ 480** 167
– HNS-Ü 2010, Verhältnis zu **Anhang I.1 zu § 480 (ÖlHÜ 1992)** 7
– innerstaatliche Vorschriften, ergänzende **Anhang I.1 zu § 480 (ÖlHÜ 1992)** 4
– KernmaterialBefÜ, Verhältnis zu **Anhang I.1 zu § 480 (ÖlHÜ 1992)** 7
– mehrere Schiffe, Beteiligung **Art. IV ÖlHÜ 1992** 1–3
– Öl (Art. I Nr. 5) **Art. I ÖlHÜ 1992** 8–10
– Person (Art. I Nr. 2) **Art. I ÖlHÜ 1992** 4
– Rom II Art. 7, Anknüpfung der Umweltschädigung, Verhältnis zu **§ 480** 205
– und USchadG **Anhang I.1 zu § 480 (ÖlHÜ 1992)** 6
– Schiff (Art. I Nr. 1) **Art. I ÖlHÜ 1992** 2–3
– Schutzmaßnahmen **Art. I ÖlHÜ 1992** 16, **Art. II ÖlHÜ 1992** 4
– Übereinkommen, andere, Verhältnis zu **Art. XII ÖlHÜ 1992** 1
– Übergangsbestimmungen **Art. XII ÖlHÜ 1992** 1
– Verschmutzungsschäden (Art. I Nr. 6) **Art. I ÖlHÜ 1992** 11–15
– WBÜ, Verhältnis zu **Anhang I.1 zu § 480 (ÖlHÜ 1992)** 7, **Art. 11 WBÜ** 8–11
ÖlHÜ, Beschränkbarkeit der Haftung (Art. V und VI)
– Errichtung des Haftungsfonds, Wirkungen **Art. V und VI ÖlHÜ 1992** 10–15
– Geltendmachung der Beschränkung **Art. V und VI ÖlHÜ 1992** 8–9
– Grundlagen **Art. V und VI ÖlHÜ 1992** 1
– Höchstbetrag **Art. V und VI ÖlHÜ 1992** 7
– Höchstbetrag, Änderung, *tacit acceptance* **Art. 15 ÖlHÜProt 1992** 1–4
– HBÜ 1996, Verhältnis zu **Art. V und VI ÖlHÜ 1992** 2–3

– qualifiziertes Verschulden **Art. V und VI ÖlHÜ 1992** 6
– das Recht zu Beschränkung **Art. V und VI ÖlHÜ 1992** 4–6
– Staatsschiffe, Anwendung auf **Art. XI ÖlHÜ 1992** 1–2
– Verfahren **Art. V und VI ÖlHÜ 1992** 16–19
ÖlHÜ 1992, Haftung des Eigentümers
– Ausschluss der Haftung **Art. III ÖlHÜ 1992** 6
– Ausschlussfrist **Art. VIII ÖlHÜ 1992** 1–6
– Eigentümer (Art. I Nr. 3) **Art. I ÖlHÜ 1992** 5–6
– Entlastung **Art. III ÖlHÜ 1992** 5–7
– Grundlage des Anspruchs gegen den Eigentümer **Art. III ÖlHÜ 1992** 2–4
– konkurrierende Ansprüche **Art. III ÖlHÜ 1992** 8
– mehrere Schiffe, Beteiligung **Art. IV ÖlHÜ 1992** 1–3
– Mitverschulden **Art. III ÖlHÜ 1992** 7
– Verjährung des Anspruchs **Art. VIII ÖlHÜ 1992** 1–6
– Zuständigkeit, gerichtliche **Art. IX ÖlHÜ 1992** 1–17
ÖlHÜ 1992, Kanalisierung der Haftung
– zugunsten des Ausrüsters **§ 477** 59, **Art. III ÖlHÜ 1992** 14
– zugunsten der Bediensteten und Beauftragten **Art. III ÖlHÜ 1992** 10, 18
– zugunsten des Bergers **Art. III ÖlHÜ 1992** 16
– zugunsten des Betreibers **Art. III ÖlHÜ 1992** 14
– zugunsten des mit der Betriebsführung Beauftragten **Art. III ÖlHÜ 1992** 15
– zugunsten des Charterers **Art. III ÖlHÜ 1992** 13
– zugunsten des Lotsen und der sonstigen Personen **Art. III ÖlHÜ 1992** 11
– Rückgriff des Eigentümers **Art. III ÖlHÜ 1992** 20–21
– qualifiziertes Verschulden **Art. III ÖlHÜ 1992** 19
– Freistellung der übrigen Beteiligten **Art. III ÖlHÜ 1992** 9–18
ÖlHÜ 1992, Pflichtversicherung (Art. VII)
– Anerkennung der Versicherungsbescheinigung **Art. VII ÖlHÜ 1992** 8
– Anforderungen an die Versicherung **Art. VII ÖlHÜ 1992** 4
– Ausstellung der Versicherungsbescheinigung **Art. VII ÖlHÜ 1992** 6
– Direktanspruch **Art. VII ÖlHÜ 1992** 11
– Gegenstand der Versicherung **Art. VII ÖlHÜ 1992** 3
– Inhalt der Versicherungsbescheinigung **Art. VII ÖlHÜ 1992** 7
– Nachweis der Versicherung **Art. VII ÖlHÜ 1992** 5–10

– unzutreffende Versicherungsbescheinigung **Art. VII ÖlHÜ 1992** 9–10
– Versicherungsbescheinigung **Art. VII ÖlHÜ 1992** 5
– Versicherungspflicht **Art. VII ÖlHÜ 1992** 2
Öltagebuch **Einleitung C** 37, 41
Organ, Haftung der Gesellschaft für **Anhang zu §§ 476, 477 (Manager)** 101, 103
– Verrichtungen, in Ausführung der **Anhang zu §§ 476, 477 (Manager)** 103
owner pro hac vice **§ 477** 1

Pflichtversicherung
– Anerkennung der Versicherungsbescheinigung **Art. VII ÖlHÜ 1992** 8
– Anforderungen an die Versicherung **Art. VII ÖlHÜ 1992** 4
– Ausstellung der Versicherungsbescheinigung **Art. VII ÖlHÜ 1992** 6
– Direktanspruch **Art. VII ÖlHÜ 1992** 11
– Gegenstand der Versicherung **Art. VII ÖlHÜ 1992** 3
– Inhalt der Versicherungsbescheinigung **Art. VII ÖlHÜ 1992** 7
– Nachweis der Versicherung **Art. VII ÖlHÜ 1992** 5–10
– unzutreffende Versicherungsbescheinigung **Art. VII ÖlHÜ 1992** 9–10
– Versicherungsbescheinigung **Art. VII ÖlHÜ 1992** 5
– Versicherungspflicht **Art. VII ÖlHÜ 1992** 2
„Prestige" **Einleitung C** 70
Plattformen, Einordnung als Schiff **Einleitung B** 29–36
Polar-Code **Einleitung C** 24
Polargewässer, Schifffahrt in **Einleitung C** 24
Protokoll vom 1979 zu den Haager Regeln **Einleitung A** 84
Prozessstandschaft, gesetzliche,
– Ausrüster, Schiffsgläubigerrecht **§ 477** 70–79
– Kapitän, nach § 586 Abs. 4 Satz 2 Hs. 1 **§ 479** 4

qualifiziertes Verschulden
– siehe qualifiziertes Verschulden, Durchgriff, Schiffsgläubigerrecht
– der freigestellten Personen (Art. III Abs. 4 ÖlHÜ 1992) **Art. III ÖlHÜ 1992** 19
– des Kapitäns **Anhang zu § 479 (Kapitän)** 144–146
– des Managers als Repräsentanten des Auftraggebers **Anhang zu §§ 476, 477 (Manager)** 107
– Pflicht zur Beseitigung des Wracks, Nichterfüllung **Anhang zum WrBesKoDG** 14–17

– Wegfall der Befugnis zur Beschränkung der Haftung für Ölverschmutzungsschäden **Art. V und VI ÖlHÜ 1992** 6
qualifiziertes Verschulden, Durchgriff, Schiffsgläubigerrecht
– Kapitän **Anhang zu § 479 (Kapitän)** 153–155
– Lotse **Anhang zu § 478 (Lotse)** 157, 166
– Radarlotse **Anhang zu § 478 (Lotse)** 183

Radarlotse **Anhang zu § 478 (Lotse)** 73–75, 118–124, 176–183
– siehe auch Radarlotse, Haftung für Schäden Dritter
– Beratung der Schiffsführung durch R. **Anhang zu § 478 (Lotse)** 73
– Haftung gegenüber dem Reeder **Anhang zu § 478 (Lotse)** 118–121
– Pflicht zur Inanspruchnahme **Anhang zu § 478 (Lotse)** 75
– Pflicht zur Durchführung von Landradarberatung **Anhang zu § 478 (Lotse)** 86

Radarlotse, Haftung für Schäden Dritter **Anhang zu § 478 (Lotse)** 176–183
– Beschränkbarkeit der Haftung **Anhang zu § 478 (Lotse)** 179
– Grundlagen **Anhang zu § 478 (Lotse)** 177
– internationales Privatrecht **Anhang zu § 478 (Lotse)** 180
– Reeder, Haftung für den R. **Anhang zu § 478 (Lotse)** 181–183
– Schiffsgläubigerrechte **Anhang zu § 478 (Lotse)** 178
– qualifiziertes Verschulden, Durchgriff, Schiffsgläubigerrecht **Anhang zu § 478 (Lotse)** 183

Reaktorschiffe, Haftung für **Anhang IV zu § 480 (maritime Nuklearhaftung)** 22–32
– Begründung der Haftung **Anhang IV zu § 480 (maritime Nuklearhaftung)** 25
– Beschränkbarkeit der Haftung **Anhang IV zu § 480 (maritime Nuklearhaftung)** 30
– Freistellung, staatliche **Anhang IV zu § 480 (maritime Nuklearhaftung)** 29
– Deckungsvorsorge **Anhang IV zu § 480 (maritime Nuklearhaftung)** 29
– Entlastung **Anhang IV zu § 480 (maritime Nuklearhaftung)** 26
– Höchstbetrag **Anhang IV zu § 480 (maritime Nuklearhaftung)** 27
– ReaktorschiffÜ **Einleitung A** 102, **Anhang IV zu § 480 (maritime Nuklearhaftung)** 22–23
– ReaktorschiffÜ, Anwendungsbereich **Anhang IV zu § 480 (maritime Nuklearhaftung)** 24

– sonstiges Haftungsrecht, Verhältnis zu **Anhang IV zu § 480 (maritime Nuklearhaftung)** 32
– Verjährungs-, Ausschlussfristen **Anhang IV zu § 480 (maritime Nuklearhaftung)** 28
– Zuständigkeiten, gerichtliche **Anhang IV zu § 480 (maritime Nuklearhaftung)** 31

Reeder
– siehe Betrieb des Schiffes; Erwerb, Betrieb des Schiffes zum; Erwerbsschiff-Vorbehalt; Reeder, Ansprüche des; Reeder, Haftung für den Lotsen; Reeder, Haftung gegenüber Dritten; Reeder, Haftung gegenüber dem Lotsen; Reederverbände; Verwendung des Schiffes zur Schifffahrt; Verwendung des Schiffes zur Seefahrt
– Abschriften aus dem Tagebuch, Pflicht zur Erteilung von **§ 479** 67–70
– Anknüpfung an die Person des R. **§ 476** 50
– Eigentümer des Schiffes **§ 476** 12
– Ermittlung des Eigentümers **§ 476** 13
– Geschäftsführung des Kapitäns für den R. **Anhang zu § 479 (Kapitän)** 58–60
– Haftung des K. gegenüber dem Reeder **Anhang zu § 478 (Kanalsteurer)** 11
– Haftung des R. gegenüber dem Kanalsteurer **Anhang zu § 478 (Kanalsteurer)** 10
– Haftung des R. für den Kanalsteurer **Anhang zu § 478 (Kanalsteurer)** 19–20
– Kanalsteurer, Verhältnis zum **Anhang zu § 478 (Kanalsteurer)** 9
– Kaufmann, R. als **§ 476** 45
– Reeder-Kapitän **Anhang zu § 479 (Kapitän)** 157
– Umschreibung des R. **§ 476** 3
– Vertretung des R. durch den Kapitän **Anhang zu § 479 (Kapitän)** 61–65

Reeder, Ansprüche des **Anhang IX zu § 480 (Ansprüche des Reeders)** 1–11
– aus BGB § 839 Abs. 1, Art. 34 Satz 1 GG **Anhang IX zu § 480 (Ansprüche des Reeders)** 4
– drittschützende vertragliche Wirkungen zugunsten des Reeders **Anhang IX zu § 480 (Ansprüche des Reeders)** 7
– aus Geschäftsführung ohne Auftrag **Anhang IX zu § 480 (Ansprüche des Reeders)** 5
– Mitverschulden **Anhang IX zu § 480 (Ansprüche des Reeders)** 8
– Nutzungsausfall **Anhang IX zu § 480 (Ansprüche des Reeders)** 10–11
– Sperrung der Schifffahrtsstraße **Anhang IX zu § 480 (Ansprüche des Reeders)** 9
– aus unerlaubter Handlung **Anhang IX zu § 480 (Ansprüche des Reeders)** 1–2

Stichwortverzeichnis

– Verkehrssicherungspflichten im Hinblick auf Schifffahrtsstraßen und -anlagen **Anhang IX zu § 480 (Ansprüche des Reeders)** 3
– vertragliche Ansprüche **Anhang IX zu § 480 (Ansprüche des Reeders)** 6
Reeder, Haftung für den Kapitän **Anhang zu § 479 (Kapitän)** 152–155
Reeder, Haftung für den Lotsen **Anhang zu § 478 (Lotse)** 164–166
Reeder, Haftung gegenüber Dritten
– siehe HGB § 480
– Anlagenhaftung **Anhang VII zu § 480 (Anlagenhaftung)**
– BGB § 823 Abs. 1 **Anhang VI zu § 480 (BGB)** 2–9
– BGB § 823 Abs. 2 **Anhang VI zu § 480 (BGB)** 10–11
– BGB § 831 Abs. 1 **Anhang VI zu § 480 (BGB)** 12–13
– BGB § 839 Abs. 1 Satz 1, Art. 34 Satz 1 GG **Anhang VI zu § 480 (BGB)** 16
– BGB § 904 Satz 2 **Anhang VI zu § 480 (BGB)** 17
– BGB §§ 987 ff. **Anhang VI zu § 480 (BGB)** 18
– Befolgung von Weisungen durch den Kapitän **Anhang zu § 479 (Kapitän)** 71
– öffentlich-rechtliche Kostenerstattung **Anhang VIII zu § 480 (öffentlich-rechtliche Kostenerstattung)**
– Organisationspflichten **Anhang VI zu § 480 (BGB)** 8
– Rechtskraft und adjektizische Haftung **§ 480** 248
– aus USchadG **Anhang VIII zu § 480 (öffentlich-rechtliche Kostenerstattung)** 3
– Verkehrssicherungspflichten **Anhang VI zu § 480 (BGB)** 6–7
– Zwangslotse, Haftung für **§ 480** 22–27
– Zuständigkeit, gerichtliche **§ 480** 245–247
Reeder, Haftung gegenüber dem Lotsen **Anhang zu § 478 (Lotse)** 93–99
– Ausholen des Lotsen **Anhang zu § 478 (Lotse)** 96
– Beschränkbarkeit der Haftung **Anhang zu § 478 (Lotse)** 93
– Kanalisierung der Haftung auf andere Personen **Anhang zu § 478 (Lotse)** 94
– Schiffsgläubigerrechte **Anhang zu § 478 (Lotse)** 99
– Tatbestände **Anhang zu § 478 (Lotse)** 93–94
– Rückgriff **Anhang zu § 478 (Lotse)** 158–163
– Verkehrssicherungspflichten **Anhang zu § 478 (Lotse)** 97
– Versetzung des Lotsen **Anhang zu § 478 (Lotse)** 95

Reederverbände **§ 476** 46–49
Repräsentant, Haftung der Gesellschaft für **Anhang zu §§ 476, 477 (Manager)** 102–103
– Kapitän **Anhang zu § 479 (Kapitän)** 92
– Organisationsmängel **Anhang zu §§ 476, 477 (Manager)** 104
– Verrichtungen, in Ausführung der **Anhang zu §§ 476, 477 (Manager)** 103
Richtlinie 2004/35 **Einleitung A** 111–112
Richtlinie 2008/106 **Einleitung C** 141–148
Rom I Verordnung **Einleitung A** 112
Rom II Verordnung **Einleitung A** 112
RoRoOstseeMoU **Einleitung C** 102
RoRoStabÜ **Einleitung C** 28, 69
Rotterdam Regeln **Einleitung A** 94–99
Rückgriff
– siehe auch Gesamtschuldner, Ausgleich unter
– des eingetragenen Eigentümers wegen der Kosten der Wrackbeseitigung **Art. 10 WBÜ** 22
– des Eigentümers bei den freigestellten Personen (ÖlHÜ 1992 Art. III Abs. 5) **Art. III ÖlHÜ 1992** 20–21
– des Managers beim Auftraggeber **Anhang zu §§ 476, 477 (Manager)** 98
– des Kapitäns beim Reeder **Anhang zu § 479 (Kapitän)** 147–151
– des Lotsen beim Reeder **Anhang zu § 478 (Lotse)** 158–163
– des Reeders beim Kapitän **Anhang zu § 479 (Kapitän)** 156
– des Reeders beim Lotsen **Anhang zu § 478 (Lotse)** 167–174
– Schiffsgläubigerrecht **Anhang zu § 478 (Lotse)** 159

Sachenrecht des Schiffes **Einleitung B** 119–219
„Sagittarius" **§ 480** 69
Schadensanzeige (Art. 3 § 6 Haag-/Visby Regeln) **Einleitung A** 61
Schiff, allgemeine Umschreibung **Einleitung B** 11–46
– Amphibienfahrzeuge **Einleitung B** 39
– Beginn der Schiffseigenschaft **Einleitung B** 23
– BGH, Definition des **Einleitung B** 11–13
– BunkerölÜ Art. 1 Nr. 1 **Art. 1 BunkerölÜ** 2
– Ende der Schiffseigenschaft **Einleitung B** 28
– Fortbewegung auf oder unter Wasser **Einleitung B** 17–18
– Gegenstand, schwimmfähiger **Einleitung B** 14
– Größe, nicht unbedeutende **Einleitung B** 16
– Hohlkörper **Einleitung B** 15
– Kleinfahrzeuge **Einleitung B** 6, 7, 44–46
– Luftkissenfahrzeuge **Einleitung B** 40

- ÖlHÜ 1992 Art. I Nr. 1 **Art. I ÖlHÜ 1992** 2–3
- Plattformen **Einleitung B** 29–36
- Schwimmdocks **Einleitung B** 41
- Tragen von Personen oder Sachen **Einleitung B** 19–20
- Unterbrechung der Schiffseigenschaft **Einleitung B** 24–27
- WBÜ Art. 1 Abs. 2 **Art. 1 WBÜ** 4–6
Schiff, Bestandteile **Einleitung B** 47–55
- einfache Bestandteile **Einleitung B** 53
- wesentliche Bestandteile **Einleitung B** 48–52
- Schiffshypothek **Einleitung B** 178
Schiff, gesetzliche Umschreibungen des **Einleitung B** 4–10
- BerggÜ 1989, § 574 Abs. 2 Satz 1 **Einleitung B** 5
- CLNI Art. 1 Abs. 2 (b) Hs. 1 **Einleitung B** 7
- Haager Regeln **Einleitung A** 26
- ÖlHÜ 1992 Art. I Nr. 1 **Einleitung B** 9
- WBÜ Art. 1 Abs. 2 **Einleitung B** 9
Schiff und Fracht
- Haftung mit **Anhang zu § 476 (Art. 7 EGHGB)** 38, 49, **§ 479** 12, **§ 480** 237–240
- Rechtsgeschäfte des Kapitäns **§ 479** 12
Schiff, Zubehör **Einleitung B** 56–62
- Bedeutung der Einordnung **Einleitung B** 60–62
- Voraussetzungen **Einleitung B** 56–58
- Schiffshypothek **Einleitung B** 178
Schiff, Zwangsvollstreckung in das **Einleitung B** 225–235
- ausländische Schiffe **Einleitung B** 231–233
- eingetragene Schiffe **Einleitung B** 226–229
- Geldforderungen, Vollstreckung von **Einleitung B** 225–234
- Herausgabe **Einleitung B** 235
- Schiffshypothek, Eintragung einer **Einleitung B** 227
- Zwangsversteigerung **Einleitung B** 228–229, 232
- Zwangsverwaltung **Einleitung B** 230
Schifffahrtshindernis, Beseitigung (§ 30 WaStrG) **Anhang III.3 zu § 480 (Wrackbeseitigung)** 9–22
- Beschränkbarkeit der Haftung **Anhang III.3 zu § 480 (Wrackbeseitigung)** 18
- Beseitigung **Anhang III.3 zu § 480 (Wrackbeseitigung)** 11
- Bundeswasserstrassen, außerhalb von **Anhang III.3 zu § 480 (Wrackbeseitigung)** 22
- Haftung, persönliche, bei Schiffen **Anhang III.3 zu § 480 (Wrackbeseitigung)** 16
- Haftung der beseitigten Gegenstände **Anhang III.3 zu § 480 (Wrackbeseitigung)** 12–14
- privatrechtliches Vorgehen **Anhang III.3 zu § 480 (Wrackbeseitigung)** 20–21

- Schiffe, Beseitigung von **Anhang III.3 zu § 480 (Wrackbeseitigung)** 15–18
- Verhältnis zu der strompolizeilichen Verfügung **Anhang III.3 zu § 480 (Wrackbeseitigung)** 219
- Voraussetzungen **Anhang III.3 zu § 480 (Wrackbeseitigung)** 10
Schiffsarrest
- Arrestgrund, Wegfall des **Einleitung A** 144, **Anhang zum WrBesKoDG** 9
- Anspruch auf Duldung der Zwangsvollstreckung **§ 477** 78
- Ansprüche aus WBÜ Art. 10 Abs. 1 **Anhang zum WrBesKoDG** 9
- Schiffswrack, Arrest **Einleitung B** 250
Schiffsbauwerk **Einleitung B** 220–223
- Schiffsbauwerkhypothek **Einleitung B** 212–213
- Schiffsbauwerkregister **Einleitung B** 154
- Übereignung **Einleitung B** 221
- Zwangsvollstreckung in ein S. **Einleitung B** 222
Schiffsbesatzung
- siehe sonstige Personen im Sinne des § 478
- Beginn und Ende der Stellung als Mitglied der S. **§ 478** 76–78
- Besatzung und Schiffsbesatzung **§ 478** 9–10
- Binnenschifffahrt **§ 478** 3
- Funktion des § 478 **§ 478** 8
- Geschichte des § 478 **§ 478** 1–2
- internationales Privatrecht **§ 478** 11
- Kapitän **§ 478** 12–15
- Kernbereich des Schiffsbetriebs **§ 478** 19–20
- Nichterwerbsschiffe, Geltung des § 478 **§ 478** 7
- Schiffsoffiziere **§ 478** 16–18
- Schiffsmannschaft **§ 478** 19–21
- Sportschifffahrt **§ 478** 79–80
- Umschreibung des § 478, Bedeutung **§ 478** 7
Schiffsbesetzung **Einleitung C** 86
Schiffsbetrieb
- Kernbereich des **§ 478** 19–20
- im Sinne des § 478 **§ 478** 32–35
- Zurverfügungstellung des Schiffes **§ 478** 36
Schiffsführungslotse
- als Person der Schiffsbesatzung **§ 478** 57
- Übernahme der Schiffsführung **Anhang zu § 478 (Lotse)** 91, 113–115
Schiffsgläubigerrecht
- siehe auch Tom Burmester; qualifiziertes Verschulden, Durchgriff, Schiffsgläubigerrecht
- Ansprüche des Kanalsteurers gegen den Reeder **Anhang zu § 478 (Kanalsteurer)** 10
- Ansprüche des Lotsen gegen den Reeder **Anhang zu § 478 (Lotse)** 99
- Ansprüche Dritter gegen den Kapitän **Anhang zu § 479 (Kapitän)** 140

Stichwortverzeichnis

- Ansprüche Dritter gegen den Lotsen **Anhang zu § 478 (Lotse)** 157
- Ansprüche Dritter gegen den Radarlotsen **Anhang zu § 478 (Lotse)** 178
- Ansprüche Dritter gegen den Reeder **§ 480** 160–165
- Ansprüche nach WBÜ Art. 10 Abs. 1 **Anhang zum WrBesKoDG** 10
- Arrest des Schiffes **§ 477** 78
- Ausrüster **§ 477** 40, 69–80
- Ausrüster, gesetzliche Prozessstandschaft **§ 477** 70–79
- Bergelohn, Ansprüche auf **Anhang zu § 476 (Art. 7 EGHGB)** 51–54
- Freistellungsansprüche des Kapitäns **Anhang zu § 479 (Kapitän)** 21
- Lotsabgaben und Lotsgelder, Ansprüche auf **Anhang zu § 478 (Lotse)** 27
- an Nichterwerbsschiffen **Anhang zu § 476 (Art. 7 EGHGB)** 47–54
- Pfandklage gegen den Ausrüster **§ 477** 73–77
- Rückgriff des Kapitäns beim Reeder **Anhang zu § 479 (Kapitän)** 148
- Rückgriff des Lotsen beim Reeder **Anhang zu § 478 (Lotse)** 159
- Schiffshypothek und S. **Einleitung B** 171–175
- am Schiffswrack **Einleitung B** 246–247
- Verwendung des Schiffes, widerrechtliche **§ 477** 80
- Wrackbeseitigung, S. für Forderungen wegen **Einleitung B** 247

Schiffshypothek **Einleitung B** 164–214
- Änderung der S. **Einleitung B** 198
- Aufhebung der S. **Einleitung B** 199
- Begründung der S. **Einleitung B** 165–166
- Einwendungen des Eigentümers **Einleitung B** 190
- Erlöschen der S. **Einleitung B** 199–207
- Ersetzungsbefugnis des Eigentümers **Einleitung B** 206
- Forderung, gesicherte **Einleitung B** 177, 189–194
- Forderung, gesicherte, Erfüllung durch den Eigentümer **Einleitung B** 192
- Forderung, gesicherte, Erlöschen **Einleitung B** 200
- Forderung, gesicherte, Gläubiger- bzw. Schuldnerwechsel **Einleitung B** 193
- Forderung, gesicherte, Pfändung **Einleitung B** 194
- Forderungen als Gegenstand der S. **Einleitung B** 179
- Gegenstände, von der S. erfasste **Einleitung B** 178–183
- Geltendmachung der S. **Einleitung B** 195–196

- Gesamtschiffshypothek **Einleitung B** 211
- Höchstbetragsschiffshypothek **Einleitung B** 210
- Konsolidation **Einleitung B** 202
- Rang **Einleitung B** 167–176
- Rangänderung **Einleitung B** 169
- Rangvorbehalt **Einleitung B** 170
- Schiffsbauwerkshypothek **Einleitung B** 212–213
- Schiffsgläubigerrechte und S. **Einleitung B** 171–175
- am Schiffswrack **Einleitung B** 244
- Schutz der S. **Einleitung B** 184–188
- Schwimmdock **Einleitung B** 155, 214
- Übergang der S. **Einleitung B** 207
- verbriefte Forderungen, S. für **Einleitung B** 208–209
- Vollstreckung, Eintragung einer S. **Einleitung B** 227
- Übertragung der S. **Einleitung B** 197
- Versicherungsforderungen, Erstreckung der S. auf **Einleitung B** 180–183
- Verzicht auf die S. **Einleitung B** 201

Schiffsmanager, siehe Manager

Schiffsmannschaft, als Mitglieder der Schiffsbesatzung **§ 478** 19–21
- Kernbereich des Schiffsbetriebs **§ 478** 19–20
- und sonstige Personen der Schiffsmannschaft **§ 478** 30

Schiffsoffiziere, als Mitglieder der Schiffsbesatzung **§ 478** 16–18

Schiffspapiere **Anhang zu § 479 (Kapitän)** 53–57
- Handbücher **Anhang zu § 479 (Kapitän)** 55
- Pläne **Anhang zu § 479 (Kapitän)** 56
- Regelwerke, Texte von **Anhang zu § 479 (Kapitän)** 57
- Zeugnisse und Genehmigungen **Anhang zu § 479 (Kapitän)** 54

Schiffsregister **Einleitung B** 127–156
- Antrag auf Eintragungen **Einleitung B** 139
- Änderung von Umständen, Eintragung **Einleitung B** 135
- Berichtigung des S. **Einleitung B** 144–146
- Bewilligung der Eintragung **Einleitung B** 140–142
- Eintragung des Schiffes **Einleitung B** 131–136
- Führung des S. **Einleitung B** 129
- Inhalt des S. **Einleitung B** 130
- Löschung der Eintragung des Schiffes **Einleitung B** 136
- Löschung sonstiger Eintragungen **Einleitung B** 152
- öffentlicher Glaube **Einleitung B** 153
- Rechtsbehelfe gegen Entscheidungen des S. **Einleitung B** 156
- Schiffsurkunde **Einleitung B** 137
- Schiffswrack **Einleitung B** 243

850

- Schutzvermerk **Einleitung B** 150
- Übereignung des Schiffes **Einleitung B** 157–161
- Verfügungsverbote und -beschränkungen **Einleitung B** 151
- Voreintragung **Einleitung B** 147
- Vormerkung **Einleitung B** 148
- Widerspruch **Einleitung B** 149
- Zustimmung zur Eintragung **Einleitung B** 143
- Zweck des S. **Einleitung B** 128

Schiffssicherheitszeugnisse **Einleitung C** 25

Schiffstagebuch
- Abschriften, Erteilung von, Pflicht des Reeders **§ 479** 66–70
- Beglaubigung von Abschriften **§ 479** 69
- Brückenbuch **§ 479** 53
- Maschinentagebuch **§ 479** 53–56
- im Prozess **§ 479** 71
- SchSG § 6 Abs. 3 **§ 479** 52
- SchSV Anlage 1 Abschnitt B.II. **§ 479** 53–56
- Seetagebücher **§ 479** 51–57
- Tagebücher, sonstige **§ 479** 58
- Vorkommnisse, eintragungspflichtige **§ 479** 57, 60–65

Schiffsurkunde **Einleitung B** 137

Schiffswrack **Einleitung B** 236–250
- siehe auch Beseitigung des Wracks
- Arrest des S. **Einleitung B** 250
- Umschreibung des S. **Einleitung B** 237–240
- Eigentum, Übergang **Einleitung B** 245
- Flagge **Einleitung B** 241
- Haftung des Eigentümers **Einleitung B** 248–249
- Sachenrecht **Einleitung B** 242–247
- Schiffsgläubigerrechte **Einleitung B** 246–247
- Schiffshypothek **Einleitung B** 244
- Schiffsregister **Einleitung B** 243
- Verkehrssicherungspflicht **Einleitung B** 249
- WBÜ Art. 1 Abs. 4 **Art. 1 WBÜ** 15–34

SchSG **Einleitung C** 71–75
- § 6 Abs. 3 **§ 479** 52
- Anlage SchSG **Einleitung C** 72–74
- Anwendungsbereich **Einleitung C** 75
- Pflichten aus dem S. **Einleitung C** 75

SchSV **Einleitung C** 76–84
- Abschnitt B.III Anlage 1 **§ 479** 53–56
- Anwendungsbereich **Einleitung C** 76
- Pflichten aus der S. **Einleitung C** 77, 79
- Richtlinien nach § 6 **Einleitung C** 82

Schwefelgehalt von Brennstoffen
- Regel 14 und 18 Revidierte Anlage VI MARPOL-Ü 1978 **Einleitung C** 51–60
- Richtlinie 2016/802 **Einleitung C** 54
- Brennstofflieferanten **Einleitung C** 56
- Bunkerlieferbescheinigung **Einleitung C** 57–58
- Grenzwerte **Einleitung C** 52
- Überprüfung **Einleitung C** 59

- Sanktionen bei Nichteinhaltung **Einleitung C** 60
- Verfügbarkeit geeigneter Brennstoffe **Einleitung C** 55

Schwimmdock **Einleitung B** 224
- Schiffseigenschaft **Einleitung B** 41
- Schiffshypothek am S. **Einleitung B** 155, 214

See- und Binnengewässer, Abgrenzung **Einleitung B** 78–85

See- und Binnenschiff, Abgrenzung **Einleitung B** 63–85
- Bedeutung der Abgrenzung **Einleitung B** 64–71, **Anhang zu § 476 (Art. 7 EGHGB)** 46
- ÖlHÜ 1992 Art. I Nr. 1 **Art. I ÖlHÜ 1992** 2–3
- übliche Verwendung des Schiffes **Einleitung B** 72–77

Seebeförderung
- Haager Regeln **Einleitung A** 25

SeeEigensichV **Einleitung C** 133

SeeFrG **Einleitung A** 73–76, 118

SeeFrGDV **Einleitung A** 29, 76, 118

SeeHBV **Anhang zu § 476 (Art. 7 EGHGB)** 69

Seeleutevermittlung **Anhang zu §§ 476, 477 (Manager)** 23

SeeLG § 21 Abs. 3 **Anhang zu § 478 (Lotse)** 108–112, 115, 118, 162, 172–174, 182, **Anhang zu § 478 (Kanalsteurer)** 12

Seelotsen, siehe Lotsen

Seelotswesen **Anhang zu § 478 (Lotse)** 2–40
- siehe Hafenlotsen; Nutzung des Seelotsreviers
- Anforderung des Seelotsen **Anhang zu § 478 (Lotse)** 42
- Ausbildung **Anhang zu § 478 (Lotse)** 15–16
- außerhalb des Reviers, S. **Anhang zu § 478 (Lotse)** 29
- Beförderung des Seelotsen, durch Private **Anhang zu § 478 (Lotse)** 49
- Beruf des Seelotsen, freier, nichtgewerblicher **Anhang zu § 478 (Lotse)** 17, 37
- Bestallung **Anhang zu § 478 (Lotse)** 15–16, 36
- Börtordnung **Anhang zu § 478 (Lotse)** 44
- Bundeslotsenkammer **Anhang zu § 478 (Lotse)** 13
- Distanzlotsung **Anhang zu § 478 (Lotse)** 27
- Eignung als Seelotse **Anhang zu § 478 (Lotse)** 15–16
- Geschichte **Anhang zu § 478 (Lotse)** 2
- Hubschrauber, Versetzung bzw. Ausholung des Lotsen mit **Anhang zu § 478 (Lotse)** 48
- Rechtsgrundlagen **Anhang zu § 478 (Lotse)** 3–5
- Lotsabgaben **Anhang zu § 478 (Lotse)** 18–27
- Lotseinrichtungen, Unterhaltung und Betrieb **Anhang zu § 478 (Lotse)** 7–8, 33
- Lotsenannahmepflicht **Anhang zu § 478 (Lotse)** 9–10, 34

Stichwortverzeichnis

- Lotsenbrüderschaft **Anhang zu § 478 (Lotse)** 12, 32
- Lotsenstation **Anhang zu § 478 (Lotse)** 47
- Lotsenverbände **Anhang zu § 478 (Lotse)** 14
- Lotsgeld **Anhang zu § 478 (Lotse)** 18–27
- Seelotsreviere **Anhang zu § 478 (Lotse)** 6
- Selbstverwaltung **Anhang zu § 478 (Lotse)** 11–14, 34
- Überseelotse **Anhang zu § 478 (Lotse)** 29

SeerechtsÜ **Einleitung C** 1–8
- AWZ **Einleitung C** 6
- innere Gewässer **Einleitung C** 4
- Festlandsockel **Einleitung C** 7
- Hohe See **Einleitung C** 8
- Küstenmeer **Einleitung C** 5
- WBÜ, Verhältnis zu **Art. 16 WBÜ** 1

Seeschiffsregister, internationales (ISR) **Einleitung B** 112–115

Seetüchtigkeit des Schiffes, Haftung für
- nach Art. 3 § 1 Haag-/Visby Regeln **Einleitung A** 52–54
- Kapitän, Dienstpflicht des **Anhang zu § 479 (Kapitän)** 32

SeeUmwVerhV **Einleitung C** 85

SGB VII §§ 104 ff. **§ 480** 41–54
- Anwendungsbereich **§ 480** 42–46
- Ausschluss der Schadenersatzpflicht (§ 480 Satz 1) **§ 480** 53–54
- Ausschluss von Ansprüchen gegen andere Versicherte **§ 480** 52
- Betriebsstätte, gemeinsame **§ 480** 49–51
- Einwendungen des Reeders, eigene (§ 480 Satz 1) **§ 480** 60
- Kanalsteurer **Anhang zu § 478 (Kanalsteurer)** 15, 19
- Kapitän-Reeder-Rechtsverhältnis **Anhang zu § 479 (Kapitän)** 78
- Unternehmer, Ausschluss von Ansprüchen **§ 480** 47–48

SHR-ReformG **Einleitung A** 123–147, **Anhang zu § 476 (Art. 7 EGHGB)** 9
- Entstehung **Einleitung A** 124–128
- Neuregelungen des Fünften Buches **Einleitung A** 129–134
- Neuregelungen außerhalb des Fünften Buches **Einleitung A** 135
- Überleitungsrecht **Einleitung A** 145–147

Sportschifffahrt
- Anwendung des § 478 **§ 478** 80

SOLAS-Übereinkommen **Einleitung C** 11–25
- Kapitel V Anlage **Einleitung C** 14–16
- Kapitel VI Anlage **Einleitung C** 17–20
- Kapitel VII Anlage **Einleitung C** 88–90
- Kapitel IX Anlage **Einleitung C** 116–130
- Kapitel XI-1 Anlage **Einleitung C** 21
- Kapitel XI-2 Anlage **Einleitung C** 131–139
- Kapitel XII Anlage **Einleitung C** 22
- Kapitel XIII Anlage **Einleitung C** 23
- Kapitel XIV Anlage **Einleitung C** 24
- Regel II-2/19 Anlage **Einleitung C** 91
- Schiffssicherheitszeugnisse **Einleitung C** 25

sonstige Personen der Schiffsbesatzung (§ 478) **§ 478** 22–75
- angestellt, vom Reeder oder Ausrüster **§ 478** 38–44
- Anordnungsbefugnis des Kapitäns (§ 478) **§ 478** 45
- Ausbildung, Personen in **§ 478** 49
- Ausgliederung von Teilen des Schiffsbetriebs **§ 478** 42
- Assistenzschlepper, Besatzung des **§ 478** 67
- Dauer der Tätigkeit **§ 478** 37
- Festmacher **§ 478** 73
- Geschichte des § 478 **§ 478** 24
- Landbetrieb, Personal des **§ 478** 47
- Lotse **§ 478** 51–57
- Kanalsteurer **§ 478** 58
- künstlerisches Personal **§ 478** 64
- Offshore-Personal **§ 478** 59–60
- PCASP **§ 478** 62
- Praktikanten **§ 478** 50
- im Rahmen des Schiffsbetriebes tätig **§ 478** 32–37
- Restaurant- etc. Personal **§ 478** 63
- und Schiffsmannschaft **§ 478** 30
- Schlepper, Besatzung des **§ 478** 66
- selbständige Personen **§ 478** 43
- das SHR-ReformG und § 478 **§ 478** 25–27, 28–29
- Umschlagsunternehmer, Personal des **§ 478** 69–72
- Techniker **§ 478** 48
- Verholen des Schiffes **§ 478** 74
- Verständnis des § 478 **§ 478** 28–29
- Wachpersonal **§ 478** 61
- Werftpersonal **§ 478** 75
- wissenschaftliches Personal **§ 478** 65

SO_x-Emissionen **Einleitung C** 51–54
- siehe Schwefelgehalt von Brennstoffen

Sperrung der Schifffahrtsstraße, Ansprüche des Reeders **Anhang IX zu § 480 (Ansprüche des Reeders)** 9

SRÄndG
- 1. SRÄndG **Einleitung A** 119, **Anhang zu § 476 (Art. 7 EGHGB)** 13, 39, 58–60, **§ 477** 70
- 2. SRÄndG **Einleitung A** 76, 85–87, 100, 120, **Anhang zu § 476 (Art. 7 EGHGB)** 8, 40, 61–63
- 3. SRÄndG **Einleitung A** 121, **Anhang zu § 476 (Art. 7 EGHGB)** 13, 23, 27

staatsfreies Gebiet, internationalprivatrechtliche Anknüpfung, unerlaubte Handlung § 480 206–229
- Anknüpfung nach Rom II Art. 4 Abs. 2 und 3, Vorrang § 480 207
- Beschädigung eines anderen Schiffes § 480 222–225
- Beschädigungen fester Einrichtungen in der AWZ bzw. auf dem Festlandsockel § 480 220–221
- Eintritt des Schadens an Bord § 480 218–219
- Flagge, Anknüpfung an § 480 212
- Geschäftssitz des Reeders, Anknüpfung an § 480 216
- Heimathafen, Anknüpfung an § 480 215
- Personen- und Sachschäden auf einem anderen Schiff bzw. einer festen Einrichtung § 480 226
- schiffsbezogene Anknüpfungsmomente § 480 211–216
- Schiffsregister, Anknüpfung an § 480 213–214
- staatsfreie Gebiete § 480 208–210
- Umweltschädigungen § 480 227–229
Stammdatendokumentation, lückenlose (CSR) Einleitung B 116
Staatsschiffe
- Anwendung des § 480 Anhang zu § 476 (Art. 7 EGHGB) 10, § 480 242–244
- Anwendung der §§ 570 ff. Anhang zu § 476 (Art. 7 EGHGB) 16
- Anwendung der §§ 574 ff. Anhang zu § 476 (Art. 7 EGHGB) 31–34
- Anwendung der §§ 611 ff. Anhang zu § 476 (Art. 7 EGHGB) 45
- Anwendung des BunkerölÜ Art. 4 BunkerölÜ 2
- Anwendung des ÖlHÜ 1992 Art. XI ÖlHÜ 1992 1–2
- hoheitlicher Betrieb des Schiffes § 480 243
- Staatsschiff-Vorbehalt Anhang zu § 476 (Art. 7 EGHGB) 21
- WBÜ, Anwendung des Art. 4 WBÜ 5
STCW-Regelungen Einleitung C 141–148
- Anwendungsbereich Einleitung C 143
- *endorsements* Einleitung C 146–148
- Seeleute-Befähigungs-Verzeichnis Einleitung C 148
- STCW-Code A-VIII/49 und 50 Anhang zu § 478 (Lotse) 61
- White List Einleitung C 147
Stellvertretung
- siehe Kapitän, Vertreter des Reeders; Vertreter ohne Vertretungsmacht; Vertretungsbefugnis
- des Managers für den Auftraggeber Anhang zu §§ 476, 477 (Manager) 84–86

- Handeln im Namen des Geschäftsherrn Anhang zu §§ 476, 477 (Manager) 86, § 479 40–41
- internationales Privatrecht § 479 42–45
STOPIA 2006 Anhang I.3 zu § 480 (ÖlFÜ 1992) 34–36
Strompolizei Anhang III.3 zu § 480 (Wrackbeseitigung) 2–8
- siehe auch Schifffahrtshindernis, Beseitigung (§ 30 WaStrG)
- Beschränkbarkeit der Haftung Anhang III.3 zu § 480 (Wrackbeseitigung) 8
- sofortiger Vollzug Anhang III.3 zu § 480 (Wrackbeseitigung) 7
- Störer, Nichtstörer Anhang III.3 zu § 480 (Wrackbeseitigung) 4–5
- strompolizeiliche Verfügung Anhang III.3 zu § 480 (Wrackbeseitigung) 3
- strompolizeiliche Verfügung, Durchsetzung Anhang III.3 zu § 480 (Wrackbeseitigung) 6

Tagebuch, siehe Schiffstagebuch
technisches Management Anhang zu §§ 476, 477 (Manager) 15
„Tina Scarlett" Einleitung B 237, § 476 37, Anhang zu § 476 (Art. 7 EGHGB) 55, 56
„Tom Burmester" § 477 69, Anhang zu § 478 (Lotse) 157, 178, § 480 161
TOPIA 2006 Anhang I.3 zu § 480 (ÖlFÜ 1992) 34–36

Übereignung des Schiffes
- Binnenschiff Einleitung B 160–161
- Seeschiff Einleitung B 158–159
- Schiffswrack Einleitung B 245
Übereinkommen, internationales
- Änderung Einleitung A 5
- Auslegung Einleitung A 14–15
- Bindung der Vertragsstaaten Einleitung A 6
- Entstehung Einleitung A 3
- Inkrafttreten, völkerrechtliches Einleitung A 4, 12
- Ratifikation Einleitung A 4
- *tacit acceptance* Verfahren Einleitung A 5
- Umsetzung in das innerstaatliche Recht Einleitung A 7–12, 16, 73–77
Übersetzung
- Manager Anhang zu §§ 476, 477 (Manager) 6
Umsetzung eines Übereinkommens in das innerstaatliche Recht Einleitung A 7–12
- Einarbeitung in Rechtsvorschriften Einleitung A 8–10
- Haager Regeln Einleitung A 73–77
- Übernahme als Ganzes Einleitung A 7–10
- Umsetzung in Deutschland Einleitung A 11–12
- ohne völkerrechtliche Bindung Einleitung A 16

Unternehmen (im Sinne der ISM-Regelungen) **Einleitung C** 119–125, **§ 477** 41, **Anhang zu §§ 476, 477 (Manager)** 18, 83, **Art. 1 WBÜ** 46–48
Unternehmer im Sinne der Haag-/Visby Regeln **Einleitung A** 41
– Haftung für Ladungsschäden **Einleitung A** 50–68
USchadG **Einleitung A** 111
– und ÖlFÜ 1992 **Anhang I.3 zu § 480 (ÖlFÜ 1992)** 4
– und ÖlHÜ 1992 **Anhang I.1 zu § 480 (ÖlHÜ 1992)** 6
– Reeder, Haftung des **Anhang VIII zu § 480 (öffentlich-rechtliche Kostenerstattung)** 3
Überleitungsrecht,
– HBÜ 1976 bzw. 1996 (Art. 7 Abs. 3 EGHGB) **Anhang zu § 476 (Art. 7 EGHGB)** 66–69
– SHR-ReformG **Einleitung A** 144–147
Überseelotse **Anhang zu § 478 (Lotse)** 29

VDR **§ 476** 46
VGM-Bestimmungen **Einleitung C** 18
vereinheitlichtes Recht
– Verhältnis zum unvereinheitlichten Recht **Einleitung A** 2, 13–15
Verjährung
– des Anspruchs aus § 480 Satz 1 **§ 480** 106–110
– des Anspruchs gegen den (Nur-)Eigentümer auf Auskunft über den Ausrüster und gegen den Ausrüster **§ 477** 25–27
– der Ansprüche wegen Ölverschmutzungsschäden **Art. VIII ÖlHÜ 1992** 1–6
– der Ansprüche aus dem Zusammenstoß von Schiffen **Anhang zu § 476 (Art. 7 EGHGB)** 23–24
– Art. 3 § 6 Abs. 4 Haag-/Visby Regeln **Einleitung A** 63
Verkehrssicherungspflicht
– bei Schiffswrack **Einleitung B** 249
– des Reeders gegenüber dem Lotsen **Anhang zu § 478 (Lotse)** 97
Verlust des Gutes, siehe Ladungsschäden
Verordnung 725/2004 **Einleitung C** 132
Verordnung 336/2006 **Einleitung C** 116–130
Verrichtungsgehilfe **Anhang VI zu § 480 (BGB)** 12–13
– Kapitän **Anhang zu § 479 (Kapitän)** 92
– Manager, V. des Auftraggebers **Anhang zu §§ 476, 477 (Manager)** 108
verspätete Ablieferung des Gutes **Einleitung A** 138
vertragsfremder Dritter, Wirkung von Haftungsbefreiungen und -beschränkungen (§ 506 Abs. 2)
– Grundgedanken **Anhang zu § 479 (Kapitän)** 120–126

– Kapitän, zugunsten des **Anhang zu § 479 (Kapitän)** 119–127
– Kanalsteurer, zugunsten des **Anhang zu § 478 (Kanalsteurer)** 17
– Lotse, zugunsten des **Anhang zu § 478 (Lotse)** 140
– Reeder, zugunsten des **§ 480** 152–159
– Vorbehalt des § 506 Abs. 2 S. 2 und 3 **Anhang zu § 479 (Kapitän)** 127
Vertragsreeder **Anhang zu §§ 476, 477 (Manager)** 2
Vertretung, siehe Stellvertretung
Vertreter ohne Vertretungsmacht
– Kapitän **§ 479** 39
Vertretungsbefugnis
– (rechtsgeschäftliche) Bevollmächtigung des Kapitäns **§ 479** 34–38, 49
– des Kapitäns, gesetzliche, Bergungsverträge **§ 479** 47
– des Kapitäns, gesetzliche, Konnossemente, Ausstellung **§ 479** 48
– des Kapitäns, gesetzliche, für den Reeder **§ 479** 16–32
– des Managers für den Auftraggeber **Anhang zu §§ 476, 477 (Manager)** 85
– internationales Privatrecht **§ 479** 44–45
– (rechtsgeschäftliche) Bevollmächtigung des Kapitäns **§ 479** 34–38, 49
Verwendung des Schiffes zur Schifffahrt **§ 476** 36–39
– Darlegung und Beweis **§ 476** 39
– gelegentliche Schifffahrt **Anhang zu § 476 (Art. 7 EGHGB)** 55–56
Verwendung des Schiffes zur Seefahrt **§ 476** 40–44
– Darlegung und Beweis **§ 476** 44
– Seefahrt **§ 476** 41
– Wechsel der Verwendung **§ 476** 42–43
Visby Protokoll **Einleitung A** 79–87
VO Athen **Einleitung A** 110
– Art. 5 **Anhang zu § 478 (Lotse)** 155–156
Vollstreckung ausländischer Urteile, siehe Anerkennung und Vollstreckung
VVG-ReformG **Einleitung A** 122

WBÜ **Einleitung A** 102
– siehe auch MaßnahmeÜ, MaßnahmeProt; Beseitigung des Wracks; Feststellung der Gefahr (WBÜ Art. 6); WBÜ, Pflichtversicherung; Wrackbeseitigung, Haftung des Eigentümers (WBÜ Art. 10)
– Änderungen des Übereinkommens **Art. 14 WBÜ** 1
– Anwendungsbereich, zeitlicher **Art. 3 WBÜ** 9–10
– AWZ, Anwendung in der **Art. 1 WBÜ** 2–3

– Behörde, zuständige **WrBesKoDG § 3** 1
– Bergung, Vorrang (Art. 11 Abs. 2) **Art. 11 WBÜ** 32–33
– Beseitigung des Wracks **Art. 1 WBÜ** 44, **Art. 2 WBÜ** 2–15
– Betreiber des Schiffes **Art. 1 WBÜ** 46–48
– bevorstehendes Sinken oder Stranden **Art. 1 WBÜ** 26–32
– Bunkeröl Ü, Verhältnis zum **Art. 11 WBÜ** 21–25
– Deutschland, Opt-in **Art. 3 WBÜ** 7–8
– Eigentümer, eingetragener **Art. 1 WBÜ** 45
– Erwägungsgründe **Anhang III.1 zu § 480 (WBÜ)** 18
– Gefahr **Art. 1 WBÜ** 35–40
– Gegenstand in Gefahr **Art. 1 WBÜ** 30–32
– Gegenstände, verlorene **Art. 1 WBÜ** 25
– Haftungsübereinkommen, Verhältnis zu anderen **Art. 11 WBÜ** 1–6
– HGB § 480, Konkurrenz zu **§ 480** 167
– Hohe See, Freiheit der **Art. 2 WBÜ** 16
– Hilfsmaßnahmen, keine wirksamen **Art. 1 WBÜ** 28–29
– HNS-Ü 2010, Verhältnis zu **Art. 11 WBÜ** 12–16
– Inkrafttreten **Anhang III.1 zu § 480 (WBÜ)** 4, **Art. 17 WBÜ** 1, **Art. 18 WBÜ** 1
– Interessen, damit zusammenhängende **Art. 1 WBÜ** 41–43
– Kündigung **Art. 19 WBÜ** 1
– Lokalisierung des Wacks **Art. 7 WBÜ** 1–5
– Markierung des Wracks **Art. 8 WBÜ** 1
– MaßnahmeÜ, MaßnahmeProt, Vorrang **Art. 4 WBÜ** 2–4
– Meeresumwelt und Küste, Beeinträchtigung **Art. 1 WBÜ** 37–40
– Meldung von Wracks **Art. 4 WBÜ** 1–5
– Nuklearhaftung, Verhältnis zu **Art. 11 WBÜ** 17–20
– ÖlHÜ 1992, Verhältnis zu **Anhang I.1 zu § 480 (ÖlHÜ 1992)** 7, **Art. 11 WBÜ** 8–11
– Opt-in (Art. 3 Abs. 2 bis 4) **Art. 3 WBÜ** 3–8, **Art. 4 WBÜ** 6
– Schaden, durch Seeunfall **Art. 1 WBÜ** 12–13
– Schiff **Art. 1 WBÜ** 4–6
– Schiff, gesunkenes oder gestrandetes **Art. 1 WBÜ** 16–18
– Schiff, Teile und Gegenstände **Art. 1 WBÜ** 19–24
– Schifffahrtsgefahr **Art. 1 WBÜ** 36
– Schiffszusammenstoß, Seeunfall **Art. 1 WBÜ** 8
– SeerechtsÜ, Verhältnis zu **Art. 16 WBÜ** 1
– Seeunfall **Art. 1 WBÜ** 7–14
– Seeunfall, Verursachung **Art. 1 WBÜ** 33–34
– Sicherheit und der Schutz der Meeresumwelt **Art. 9 WBÜ** 19
– Sprachen **Art. 21 WBÜ** 1

– Staat des Schiffsregisters **Art. 1 WBÜ** 50
– Staat, betroffener **Art. 1 WBÜ** 49
– Staatsschiffe **Art. 4 WBÜ** 5
– Stranden, Seeunfall **Art. 1 WBÜ** 9
– Streitbeilegung **Art. 15 WBÜ** 1–3
– Überblick **Anhang III.1 zu § 480 (WBÜ)** 1–3
– Übereinkommensgebiet **Art. 1 WBÜ** 2–3, **Art. 3 WBÜ** 2
– Umschreibung des Wracks (WBÜ Art. 1 Abs. 4) **Einleitung B** 239, **Art. 1 WBÜ** 15–34
– Verwahrer **Art. 20 WBÜ** 1
– Vorschriften, ergänzende **Anhang III.1 zu § 480 (WBÜ)** 5–6
WBÜ, Pflichtversicherung (Art. 12)
– Anerkennung der Versicherungsbescheinigung **Art. 12 WBÜ** 8
– Anforderungen an die Versicherung **Art. 12 WBÜ** 4
– Ausstellung der Versicherungsbescheinigung **Art. 12 WBÜ** 6
– Direktanspruch **Art. 12 WBÜ** 10
– Gegenstand der Versicherung **Art. 12 WBÜ** 3
– Inhalt der Versicherungsbescheinigung **Art. 12 WBÜ** 7
– Nachweis der Versicherung **Art. 12 WBÜ** 5–8
– unzutreffende Versicherungsbescheinigung **Art. 12 WBÜ** 9
– Versicherungsbescheinigung **Art. 12 WBÜ** 5–6
– Versicherungspflicht **Art. 12 WBÜ** 2
Wrack
– siehe Schiffswrack; WBÜ; Wrackbeseitigung, Haftung des Eigentümers (WBÜ Art. 10)
Wrackbeseitigung, Haftung des Eigentümers (WBÜ Art. 10)
– andere Personen, Haftung **Art. 10 WBÜ** 21
– Ansprüche des betroffenen Staates **Art. 10 WBÜ** 11–17
– Arrest des Schiffes **Anhang zum WrBesKoDG** 9
– Begründung der Haftung **Art. 10 WBÜ** 2–9
– Bergung, Verhältnis zu **Art. 11 WBÜ** 27–31
– Beschränkbarkeit der Haftung **Art. 10 WBÜ** 18, **Anhang zum WrBesKoDG** 11–18
– Beseitigung des Wracks, Kosten der **Art. 10 WBÜ** 5–9
– Entlastung des eingetragenen Eigentümers **Art. 10 WBÜ** 10
– Fälligkeit der Ansprüche des betroffenen Staates **Art. 13 WBÜ** 6
– Fristen **Art. 13 WBÜ** 1–7
– Fristen, Wahrung der **Art. 13 WBÜ** 4
– internationales Privatrecht **Anhang zum WrBesKoDG** 1–7
– Konkurrenzen **Art. 10 WBÜ** 19–20
– Lokalisierung, Kosten der **Art. 10 WBÜ** 3

- Markierung, Kosten der **Art. 10 WBÜ** 4
- Pflicht zur Beseitigung, Nichterfüllung, qualifiziertes Verschulden **Anhang zum WrBesKoDG** 14–17
- Rückgriff des eingetragenen Eigentümers **Art. 10 WBÜ** 22
- Schiffsgläubigerrecht **Anhang zum WrBesKoDG** 10
- Zuständigkeit, gerichtliche **WrBesKoDG § 4** 1–5

Zeitcharter
- Betrieb des Schiffes **§ 476** 25

Zus-BerggÜ-1910-G **Einleitung A** 117

Zusammenstoß von Schiffen
- Ausrüster, Ansprüche des **§ 477** 35
- Verjährung von Ansprüchen **Anhang zu § 476 (Art. 7 EGHGB)** 23–24
- Zuständigkeit, gerichtliche **Anhang zu § 476 (Art. 7 EGHGB)** 17–22
- ZusÜSee und §§ 570 ff. **Anhang zu § 476 (Art. 7 EGHGB)** 14–15
- Zusammenstoß mit Wrack **Einleitung B** 248–249

Zuständigkeit, gerichtliche
- §§ 40a ff. AtomG **Anhang IV zu § 480 (maritime Nuklearhaftung)** 19
- § 40a Abs. 1 Satz 2 AtomG n.F **Anhang IV zu § 480 (maritime Nuklearhaftung)** 20
- Ansprüche gegen den Ölfonds **Anhang I.3 zu § 480 (ÖlFÜ 1992)** 30–32
- Ansprüche gegen den Zusatzfonds **Anhang I.4 zu § 480 (ÖlFÜProt 2003)** 19–20
- Ansprüche wegen Bunkerölverschmutzungsschäden **Art. 9 BunkerölÜ** 1
- Ansprüche wegen Ölverschmutzungsschäden **Art. VIII ÖlHÜ 1992** 1–17
- Ansprüche gegen den Reeder **§ 480** 245–247
- Ansprüche aus dem ReaktorschÜ **Anhang IV zu § 480 (maritime Nuklearhaftung)** 31
- Ansprüche aus dem WBÜ **WrBesKoDG § 4** 1–5
- Inhaber der Kernenergieanlage, Haftung **Anhang IV zu § 480 (maritime Nuklearhaftung)** 18–20
- ÖlSG § 6 Abs. 2 Nr. 1 **Art. VIII ÖlHÜ 1992** 8–9
- Verschmutzungsschäden in der deutschen AWZ, Zuständigkeitslücke **Art. VIII ÖlHÜ 1992** 10–12
- Zusammenstoß von Schiffen **Anhang zu § 476 (Art. 7 EGHGB)** 17–22

Zuständigkeitslücke, Verschmutzungsschäden in der deutschen AWZ **Art. VIII ÖlHÜ 1992** 10–12, **Anhang IV zu § 480 (maritime Nuklearhaftung)** 20

ZusÜBin **Einleitung A** 103
ZusÜSee **Einleitung A** 103, **Anhang zu § 476 (Art. 7 EGHGB)** 14–15
ZusZustÜ **Einleitung A** 108, **Anhang zu § 476 (Art. 7 EGHGB)** 17–22

Zwangslotse **§ 480** 18–27
- Pflichtlotse **§ 480** 19–21
- Schiffsführungslotse **§ 480** 19–21
- vorgegebener Lotse **§ 480** 19–21
- Haftung des Reeders für den Z. **§ 480** 22–27

Zwangsvollstreckung in das Schiff
- Urteil gegen den Ausrüster **§ 477** 79

Zwangsversteigerung des Schiffes **Einleitung B** 228–229, 232

Zwangsverwaltung des Schiffes **Einleitung B** 230

im Lesesaal vom 11. AUG. 2017
bis